8459

ENCYCLOPÉDIE
MÉTHODIQUE,
OU
PAR ORDRE DE MATIERES;
PAR UNE SOCIÉTÉ DE GENS DE LETTRES, DE SAVANS ET D'ARTISTES;

Précédée d'un Vocabulaire universel, *servant de Table pour tout l'Ouvrage*, ornée des Portraits de MM. DIDEROT & D'ALEMBERT, premiers Éditeurs de l'Encyclopédie.

AVIS.

Ce second tome du *Dictionnaire d'Architecture*, publié en deux parties, a été imprimé à deux époques; savoir, la première partie, depuis la page 1 jusqu'à la page 358 (inclusivement), en 1801, et la seconde, complétant le volume, en 1820.

On a cru devoir rappeler ici, et dans un nouveau titre, ces deux dates, pour rendre raison de beaucoup d'objets dont il est fait mention dans la dernière partie de ce volume, et qui n'étoient pas connus lors de la publication de la première moitié.

ENCYCLOPÉDIE
MÉTHODIQUE.

ARCHITECTURE,
Par M. QUATREMERE DE QUINCY.
TOME SECOND.

A PARIS,

Chez Mme. veuve AGASSE, Imprimeur-Libraire, rue des Poitevins, n°. 6.

M. DCCCI — M. DCCCXX.

COL

COLOSSAL, adj. masc. C'est une épithète qui, dans les arts du dessin, se donne à tout ouvrage dont la mesure excède les dimensions ordinaires de la nature.

L'emploi de cette épithète convient bien plus particulièrement aux ouvrages de peinture ou de sculpture, qu'à ceux de l'architecture, parce que, comme on le devine aisément, ce dernier art n'ayant point dans la nature de modèle sensible, auquel il puisse se comparer matériellement, ses dimensions n'ont d'autre règle que la volonté de l'intelligence qui lui donne l'être, d'autre mesure que celle qu'aperçoit dans les relations physiques & morales d'un édifice, le génie qui en est le créateur.

Le goût du *colossal* fut celui des plus anciens peuples qui ont laissé à leurs monuments le soin de leur renommée ; chacun s'est plu à chercher & à rendre des raisons de ce goût. Il en est plusieurs que tout le monde connoît, & qui tiennent simplement à l'amour de tout ce qui est grand & merveilleux, passion naturelle à cette époque, qu'on appelle peut-être à contre-sens l'enfance des sociétés, & plus naturelle encore aux pays & aux climats qui, les premiers, ont vu germer les arts. Je dirai les autres au mot *Colosse* & à l'art. de l'*Architecture égyptienne*. (*Voyez ces mots.*)

Quelles que soient toutes ces causes & l'autorité sur laquelle on en fonde la réalité, elles ont presque toutes disparues des usages modernes, & n'ont presque plus d'influence sur le système actuel des arts.

La seule raison sur laquelle on puisse fonder aujourd'hui l'emploi des dimensions *colossales* dans les imitations du corps humain, est le rapport des proportions qu'exigent l'harmonie oculaire, ou les convenances de la perspective, entre un édifice & les figures qu'on emploie à sa décoration, entre une place & la statue qu'on se propose d'y élever ; enfin, entre l'objet à voir & les facultés visuelles du spectateur.

Il faut nécessairement agrandir les dimensions des figures en proportion de celles qu'a l'édifice où elles doivent trouver place. Cette juste corrélation n'est pas une des moins difficiles à sentir & à régler dans l'ensemble d'une décoration. L'église de Saint-Pierre peut offrir en ce genre plus d'une espèce de leçon, par les bons & les mauvais exemples qu'elle présente à la critique. Tout le monde connoît le juste rapport qui existe entre cet édifice & plusieurs objets de sculpture, dont l'œil n'avoue les véritables dimensions qu'après s'en être assuré par des mesures. Ces sortes d'illusions optiques sont le plus sûr témoignage de la

COL

correspondance exacte & de l'harmonie des rapports entre les parties d'un édifice. Les archivoltes de la même église n'offrent pas, à beaucoup près, dans leur décoration, la même intelligence : on diroit aux disparates de dimensions qui existent entre les figures qui les couronnent, qu'on auroit voulu en faire un cours d'essais & de démonstrations relatives à l'objet de cet article.

Il n'y a personne qui n'ait remarqué que les figures placées sur les archivoltes des deux arcades voisines de l'entrée sortent, d'une manière choquante, de la mesure que prescrivoient le local & la perspective. Il résulte de cette exagération de dimensions dans ces figures, deux vices, qui seront communs à toutes celles qui seront dans le même cas. Le premier est, que leur dimension démesurée rapetisse l'architecture, dont la grandeur ne peut valoir que par la comparaison des objets environnans ; & cela est une très-grande mal-adresse. Le second est, que ces figures, à force de vouloir paroître gigantesques, cessent de paroître grandes, & manquent le but qu'elles outre-passent. L'œil trop attiré par elles cesse de croire à une grandeur ambitieuse, qui se dément par son exagération même.

Ainsi, l'on voit que les figures qui entrent dans la décoration des édifices, doivent en suivre le module de la même manière, que les oves, les fleurons, les gouttes, les triglyphes, & toutes les autres parties de détail ou d'ornement de l'architecture : &, si ce module est bien suivi, les figures qui seront colossales, en elles-mêmes, cesseront de le paroître . du moment que l'œil, au premier aspect, les jugera telles, sans le secours de la réflexion, il y aura un vice de rapport dans les dimensions.

Il est pourtant quelques cas où l'art pourra se permettre cette enflure de dimensions qui contredit, dans une figure, la juste harmonie de ses rapports avec toutes les parties d'un édifice. Les Grecs nous en ont fourni quelques exemples, mais qu'on doit regarder plutôt comme des exceptions à la théorie générale ou comme des licences vraiment poétiques.

Ce fut une idée grande & belle que d'avoir fait la statue de Jupiter, si hors de proportion avec le temple où on la plaça, que sa tête en touchoit la voûte. Elle sembloit dire que la divinité ne pouvoit être comprise dans l'espace ; elle sembloit dire, par cette sublime disproportion, qu'il ne peut exister de rapport entre elle & aucune des choses créées ; elle avertissoit les foibles mortels sous l'allégorie de cette disparate mystérieuse, que les efforts de l'entendement qui prétend la

Dict. d'Architect. Tome II.

A

mesurer, sont aussi vains que les calculs de l'art qui veut l'assujettir à son compas.

Mais des écarts de ce genre n'appartiennent ni à tous les peuples, ni à tous les artistes ; peut-être même une telle idée ne sauroit-elle se reproduire une seconde fois. L'art qui tenteroit cette redite, chez un peuple dont l'imagination ne seroit pas au niveau de ce mode de conceptions, courroit tous les risques du ridicule qui semble toujours faire le revers du sublime.

La proportion des figures avec les édifices doit donc se déterminer ordinairement par les règles générales de cette convenance, qui établit une corrélation de grandeur dans toutes les parties d'un tout. Perrault, dans sa théorie du changement des proportions, ne semble pas avoir assez compris cette règle, & l'obscurité qui se trouve dans ses principes à cet égard, résulte de l'habitude qu'il a de confondre l'idée de proportion, avec celle de dimension. Les anciens en changeant, en exagérant les dimensions des figures, ne changeoient rien à leurs proportions ; ainsi, Perrault ne changeoit pas non plus les proportions de la statue équestre qui devoit servir de couronnement à son arc de triomphe ; mais il en devoit proportionner la dimension à la masse de l'édifice & à l'éloignement où elle devoit être du véritable point de vue ; c'est ce qu'il devoit dire, au lieu de prétendre, comme il le fait, que son intention étoit de faire paroître sa figure colossale.

La grandeur n'existe que par rapport : ainsi, une figure très-colossale, comparée à la statue humaine, peut devenir un pygmée si on la place à une très-grande distance de l'œil, ou sur un monument dont les masses seroient prodigieusement gigantesques. Perrault devoit faire une figure colossale, puisque la masse de son monument étoit énorme ; mais il ne devoit pas prétendre à la faire paroître telle, car alors elle eût paru sans proportion avec l'édifice.

En rapportant uniquement à l'harmonie de l'art, et à la corrélation naturelle des parties dont se compose un édifice, la mesure des statues ou figures qui forment sa décoration, on auroit tort de se flatter qu'il pût exister de règle tellement fixe & déterminée, que le goût n'eût plus de part à cet accord. Si les membres même de l'architecture sont soumis à une variété de mesure & de proportion, que le mode & le caractère des édifices laissent à l'arbitraire du sentiment, l'on doit sentir combien ce rapport de grandeur, entre les figures & l'architecture, est moins susceptible encore de pouvoir se calculer avec précision ; c'est à l'artiste à sentir ce genre d'harmonie, d'après le principe général qu'on a indiqué.

Il est encore moins aisé de fixer les dimensions des statues qu'on élève au milieu des places publiques. Les deux seules règles à suivre seront celles qui tendront à établir un rapport de mesure entre la grandeur de la place, des édifices qui l'entourent, & celle de la statue qui en sera la décoration, ainsi que celles qui peuvent déterminer la relation du monument avec le sens auquel l'art doit s'adresser. Ce qui met le plus d'incertitude dans ces règles déjà très-vagues & très-générales, est la difficulté de fixer au plus grand nombre des spectateurs, le véritable point de vue pour lequel a été fait le monument ; car malheureusement, après avoir donné des règles aux artistes, il en faudroit aussi donner à ceux qui les jugent, & le public auroit aussi besoin d'apprendre à voir les ouvrages de l'art. Tout monument est fait pour être vu d'un certain point, & ce point est celui d'où l'œil peut l'embrasser en entier sans se mouvoir, sans contraction, sans rétrécissement ni dilatation. (*Voyez* ANGLE VISUEL.) C'est de ce point qu'il faut juger les dimensions d'un ouvrage d'art ; elles seront vicieuses si, estimées & appréciées de ce point de vue, elles offrent des rapports outrés avec les objets environnans, & qu'aucun motif allégorique n'auroit produits, ou ne sauroit justifier. (*Voyez* COLOSSE.)

COLOSSALE, COLONNE. J'ai dit que l'idée de *colossal* ne pouvoit qu'improprement s'appliquer à l'architecture, parce qu'aucun modèle pris dans la nature ne pouvoit donner à cet art de dimensions déterminées ; cependant, l'usage permet d'appliquer ce mot & l'idée qu'il représente, à ces *colonnes isolées*, dont la hauteur prodigieuse sort si évidemment de la dimension ordinaire de celles qu'on emploie dans les plus grands édifices. De ce genre sont les colonnes triomphales des Romains qu'on admire encore, & qui peut-être ont dû leur salut à l'admiration qu'elles ont su inspirer aux barbares des différens âges. On peut voir la description de ces monumens aux articles ANTONINE, TRAJANNE, &c.

La colonne la plus *colossale* qui existe & qui ait peut-être jamais été construite, est celle de Londres, qu'on appelle le *monument*. Elle fut érigée à l'occasion d'un grand incendie qui ravagea cette ville ; elle est cannelée, d'ordre dorique, & a depuis le pavé deux cens pieds anglois, son diamètre en a quinze, & le piédestal quarante de haut.

On trouve la description de ce monument à l'article WREN, célèbre architecte Anglois qui en fut le créateur.

COLOSSE, subst. masc. La définition de ce mot se trouve dans son étymologie *colos*, grand, & *ossos*, œil ; c'est-à-dire grand à la vue.

D'après cela, ce terme peut s'employer pour exprimer tout ouvrage qui se fait remarquer par une grandeur hors des mesures ordinaires ; l'usage cependant l'a affecté aux représentations du corps humain, dans lesquelles la sculpture exagère les dimensions naturelles de l'homme.

Les exemples de ce goût pour les figures colossales, furent aussi communs chez les peuples de l'antiquité qu'ils sont devenus rares chez les modernes. C'est ordinairement à l'orgueil de quelques hommes, & à l'adulation de la multitude, qu'on attribue cette exagération dans le langage des arts. Il y a, suivant moi, une autre raison de son origine, & dont l'analogie est d'autant moins apparente qu'elle tient de plus près à l'histoire même des arts. On est obligé de s'en convaincre lorsqu'on fait réflexion que ce goût pour les dimensions gigantesques chez la plûpart des peuples contemporains de l'enfance de l'art, a précédé la science des proportions & celle de l'imitation; l'Asie & l'Egypte en font foi, dans les restes de leurs plus antiques monumens.

Lorsque les arts d'imitation sont privés des moyens intellectuels de parler à l'esprit, il faut bien qu'ils employent les signes matériels & grossiers qui frappent les sens. Ne pouvant exprimer la force, la puissance, par l'entremise du dessin & des proportions, ils appellent à leur secours la grandeur des dimensions: à-peu-près comme les pantomimes qui, réduits aux gestes, sont obligés de les outrer, & d'exagérer tous les signes qui peuvent les faire comprendre; telle est une des causes du goût gigantesque qui règne dans les simulacres de l'Egypte & de l'Asie.

Les divinités colossales furent très en usage dans ces contrées. La description du palais & du temple attribués à Sémiramis en présente plusieurs, & entr'autres un simulacre de Jupiter de quarante pieds de hauteur. On voit dans Daniel, qu'en effet les temples, ainsi que les palais des Babyloniens étoient remplis de statues d'une grandeur énorme. Toutes les contrées de l'Asie offrent encore aujourd'hui de ces monumens monstrueux par leur dimension; quelques-uns remontent à la plus haute antiquité. Les têtes de trois statues du temple de l'isle d'Eléphanta ont cinq pieds de longueur; d'où l'on peut conclure quelle doit être la mesure de ces statues entières. La Chine, l'Inde & le Japon remplissent leurs pagodes d'idoles gigantesques. Le voyageur Rubriquis, dans un voyage qu'il fit à la suite de l'empereur Kamg-hi, du côté de la grande muraille, mesura une idole qui occupoit toute une grotte, & la trouva de cinquante pieds chinois de hauteur.

Les Egyptiens égalèrent les Asiatiques dans ce goût pour les figures gigantesques, & ils les surpassèrent, sinon dans la hardiesse des dimensions, au moins dans la beauté du travail & de la matière.

Sésostris semble être le premier, selon l'histoire, qui ait élevé de ces masses colossales; on dit qu'il fit donner trente coudées de hauteur à sa statue & à celle de sa femme, qu'il plaça devant le temple de Vulcain; celles de ses quatre enfans, qui les accompagnoient, avoient vingt coudées.

Ses successeurs imitèrent cet exemple. La statue colossale, dont on voit encore les débris parmi les ruines de Thèbes, fut élevée par Aménophis I. sous le nom de Memnon; l'épouse d'Aménophis III eut une statue de vingt coudées; Rhamsinite fit ériger à Memphis, près du temple de Vulcain, deux statues de vingt coudées chacune, dont l'une s'appeloit l'été & l'autre l'hiver. Si les statues colossales de l'Egypte sont plus connues que celles de l'Asie, c'est que lors de la conquête des Romains, il en existoit encore un grand nombre. Appien, dans Pline, dit que de son temps on y voyoit un Sérapis de neuf coudées tout garni d'émeraudes, & le temple de Thèbes présentoit encore trois *colosses*, dont le principal, représentant Oïmander, avoit cinquante pieds d'hauteur. La statue de Semnesestres, que Pythagore alla visiter, qui fut transportée à Rome & placée dans le grand cirque sous Auguste, étoit de cent vingt-cinq pieds sans son piédestal.

Le goût pour les statues colossales, identifié chez ces peuples avec le culte de la divinité, devoit naturellement se communiquer aux Grecs avec toutes les superstitions qui filtrèrent chez cette nation. Il paroît que ce genre de langage qui tantôt semble appartenir à l'enfance des peuples & à la disette des facultés intellectuelles que l'étude n'a su y amener, & qui tantôt paroît être le *maximum* des efforts de l'imitation & comme le résultat d'une articulation surnaturelle, se développa en Grèce dans tous les périodes de l'art. L'histoire nous montre de semblables monumens dans la ville de Chamnis: le haut du vestibule du temple de Persée, fils d'Alchemène, étoit couronné par des *colosses* de pierre.

On en voyoit, dit Pausanias, de fort anciens dans la Laconie, & par conséquent de fort grossiers; ils avoient trente coudées de hauteur, mais à peine la tête, les mains & le bout des pieds sortoient-ils de l'enveloppe grossière où la timidité de l'art avoit laissé le reste de la figure. Faire l'énumération de tous les *colosses* qu'on admiroit en Grèce seroit l'objet d'un travail fort étranger à cet article.

On ne sauroit cependant se refuser à faire mention de celui que les historiens ont tant célébré, & qui ornoit l'entrée du port de Rhodes. Apollon ou le Soleil étoit représenté sous les traits de cette figure gigantesque, à laquelle on ne sauroit donner, d'après le rapprochement de tous les calculs, moins de cent vingt-huit pieds de hauteur. Peu d'hommes pouvoient embrasser son pouce; & ses doigts avoient la hauteur ordinaire d'un homme; les vaisseaux passoient entre ses jambes; ce qui n'étonnera pas, si l'on fait attention que, d'une part, elles étoient placées elles-mêmes sur des rochers qui les exhaussoient encore, & que de l'autre, les vaisseaux de ce temps étoient bien moins élevés en mâture que ceux du nôtre. Charès, disciple de Lysippe, fut l'auteur de cet ouvrage, que sa hauteur démesurée, moins peut-être que la foiblesse des points d'appui, ne put faire résister aux secousses d'un tremblement de terre. Rhodes comptoit une centaine de *colosses*, quoique inférieurs en hauteur à celui qu'on vient

A 2

de décrire ; trois étoient de la main de Briaxis ; artiste d'une grande réputation.

Les statuaires les plus célèbres de la Grèce se piquoient d'émulation dans la fabrication de ces énormes statues. Phidias s'immortalisa dans le souvenir des hommes par plusieurs de ces prodiges de l'art. Le beau *colosse* de Tarente, haut de quarante coudées, avoit eu Lysippe pour auteur ; la difficulté du transport, plus que la modération du vainqueur, empêchèrent Fabius de le transporter à Rome avec l'Hercule de la même ville. Praxitelle fut l'auteur du *colosse* érigé à Platon, près du temple de Junon.

Il appartenoit à Alexandre d'inspirer à l'art, des conceptions d'une nature encore plus gigantesque ; toutes les ressources de l'industrie humaine parurent trop foibles à l'architecte Strasicrates, & tous les moyens d'immortalité jusqu'alors en usage, lui semblèrent trop périssables & trop peu dignes d'un homme tel qu'Alexandre. « J'ai résolu, lui dit-il, » de fabriquer l'image de ta personne, en une manière vive qui a des racines immortelles, & une » stabilité immuable. Je veux former du mont » Athos une statue digne de toi, dont les pieds » toucheront à la mer ; l'une des mains portera » une ville de dix mille habitans, & de l'autre » sortira un fleuve qui se jetera dans la mer. « L'histoire qui nous apprend cette monstrueuse flatterie, nous apprend aussi que plusieurs difficultés d'exécution empêchèrent celui qui en étoit l'objet de l'accueillir, & sur cela il semble que le refus d'Alexandre doit prouver plus que l'offre de Strasicrates.

Si l'on en croit cependant quelques voyageurs, de telles entreprises ne seroient ni sans exemple ni hors de la possibilité. On assure que la montagne de Fokieu, dans le Katai, est taillée en forme d'idole, dont, à deux milles de distance, on distingue les yeux, la bouche & le nez. Les habitans de Katai adorent cette montagne ainsi déifiée. On ne sauroit dire aussi jusqu'à quel point les dispositions fortuites de la nature, & le concours singulier de combinaisons dans la formation des rochers, pourroient, par les jeux du hasard, faciliter les opérations de l'art.

Les statues colossales furent d'usage en Italie, avant que Rome eût contracté celui de dépouiller de leurs monumens les peuples qu'elle privoit de leur liberté. Le Jupiter des Léontins avoit sept coudées de hauteur, & l'Apollon de bois transporté d'Etrurie & placé dans la bibliothèque d'Auguste, étoit de cinquante pieds. On voit à Portici deux statues de mesure colossale, que l'attitude assise, l'aigle qui est aux pieds, la barbe & le diadême font présumer être des répétitions du Jupiter Olympien, tel qu'on le voit sur les médailles. Une tête colossale du même Dieu, trouvée dans les ruines de Puozzolo, fait juger qu'il y avoit là une pareille statue.

Le premier monument de cette nature qui ait été fabriqué à Rome, fut la statue du même Dieu que Sp. Carvilius plaça dans le capitole après sa victoire sur les Samnites ; mais Rome vit augmenter dans la suite le nombre des *colosses*. On en comptoit cinq qui étoient les plus remarquables ; savoir, deux d'Apollon, deux de Jupiter, & un du Soleil. On a déterré à *Monte Cavallo* une statue colossale de Rome qui étoit au nombre des divinités tutélaires de l'empire.

Les superbes colosses de Castor & Pollux qui ont donné à la place de *Monte Cavallo* le nom qu'elle porte, sont des ouvrages grecs & étrangers à l'art des Romains. Ils prouvent seulement que l'honneur des statues colossales passa des grands dieux jusqu'aux divinités subalternes.

Mais l'orgueil & l'ambition des Empereurs en fit bientôt des attributs de leur puissance. Néron voulut avoir une statue qui surpassa toutes les autres en grandeur. Ce colosse qui, suivant l'expression d'un écrivain, sembloit être plutôt le dernier terme de la folie, que des efforts de l'art devoit avoir cent pieds d'élévation : il avoit donné son nom à l'amphithéâtre appelé *Colosseum*, Colisée. Domitien ambitionna aussi une statue colossale, avec la tête d'Apollon. Près du temple de la Paix s'élevoit celle de Vespasien à la hauteur de trente coudées. Il est parlé d'une statue curule d'Adrien, placée sur son tombeau (aujourd'hui le château Saint-Ange) : elle étoit d'une grandeur prodigieuse & proportionnée au monument. Cet empereur en fit lui-même ériger une à Lucius Verus, & de plus ordonna qu'on en exécuteroit de pareilles dans tout l'empire. On sait qu'Alexandre Sévère érigea plusieurs *colosses* dans Rome : les indices en existent encore, & se voient dans les fragmens de quelques doigts & membres mutilés qu'on contemple avec étonnement au capitole. Comme si l'orgueil des empereurs eût crû en raison inverse de la grandeur & de la prospérité de l'empire, Galien voulut encore enchérir sur toutes les boursouflures de la vanité de ses prédécesseurs. Son ambition trouva cette fois un terme dans les ressources de l'art. Il paroit que la proportion démesurée de *colosse* fit avorter l'ouvrage. L'ambitieux tyran devoit dominer sur le mont Esquilin : son effigie devoit avoir les emblêmes du Soleil : sa main auroit tenu une pique creusée de manière à recevoir un escalier par lequel un enfant eût pu monter jusqu'au sommet. Un char magnifique, posé sur une base assortie à la grandeur du tout, devoit recevoir cette prodigieuse figure.

Le goût des *colosses* avoit aussi gagné les provinces de l'Empire ; un pouce d'une grosseur prodigieuse, trouvé dans les ruines de Nîmes, y atteste l'existence de quelque figure colossale. On sait que Zénodore avoit fabriqué en Auvergne un simulacre de Mercure, haut de quarante pieds, composé d'osier & de plâtre. Nicephor parle d'une statue équestre qu'on voyoit à Constantinople au vestibule de Sainte-Sophie, & que l'on croyoit représenter l'empereur Justinien. Les dimensions qu'il donne de cette figure peuvent la faire ranger au nombre des plus grands *colosses*.

Les siècles modernes ont bien peu à opposer en ce genre aux prodiges de l'antiquité. Les seuls ouvrages qu'on puisse leur comparer sont quelques-unes des statues qui décorent l'église de S. Pierre, & les figures équestres que plusieurs nations de l'Europe ont élevées à leurs rois. Cependant, comme on l'a dit au mot COLOSSAL ; ce seroit improprement que ces figures, assez gigantesques, voudroient se comparer aux colosses dont l'antiquité nous a fourni tant d'exemples. Il est bien visible que les dimensions de toutes ces statues, n'ont été ainsi augmentées que pour établir une proportion entre elles & le local dont elles devoient faire l'ornement, & nullement pour paroître ce qu'elles sont. On voit cependant en Italie deux véritables *colosses*. L'un est une statue assez médiocre de Jupiter dans les jardins Doria à Gênes ; l'autre est l'effigie de Saint-Charles-Boromée à Arona, dans l'état de Milan. Cette figure de soixante pieds de haut est en bronze, & dans son intérieur est pratiqué un escalier, par lequel on monte facilement, pour opérer toutes les restaurations dont de tels ouvrages, faits de morceaux rapportés, sont ordinairement susceptibles.

COLOSSICOTERA (*Opéra.*) C'est un mot employé par Vitruve pour exprimer des ouvrages d'une grandeur colossale.

COLUMBARIA. Il faut plusieurs mots françois pour exprimer ce mot latin, parce que *Columba* signifie un pigeon, qui fait ordinairement son nid dans les trous qu'on a laissés aux murailles, lorsqu'on a ôté les boulins ou solives qui avoient servi à faire les échafauds quand on les a maçonnés ; c'est ce qu'on appelle *trous de boulins*.

COLUMBARIUM. La similitude des trous où les pigeons font leurs nids, soit dans les murs où ils trouvent des asyles, soit dans les demeures que la main de l'homme leur prépare, avec les petites niches destinées à recevoir les urnes d'une même famille, fit donner ce nom, chez les Romains, à l'espèce de sépulcres qu'on va décrire.

L'étymologie du mot, & l'analogie qui la justifie, établissent assez clairement la nature de ce genre de monumens funèbres, pour dispenser de preuves relatives à une distinction qui se prononce d'elle-même. Le caractère propre du *Columbarium* est d'être un réceptacle d'urnes cinéraires (*ollæ cinerariæ*), & non de sarcophages ou d'ossuaires (*ossuaria*) ; aussi dans un très-petit espace, ces monumens contenoient les restes d'un grand nombre de corps.

Parmi tous les édifices funéraires dont le temps semble avoir dédaigné de triompher au milieu de la défaite universelle de l'orgueil romain, il n'en est point où le voyageur porte avec plus d'intérêt un pas religieux, que dans ces asyles de la mort ; dont la violation même ajoute encore au sentiment de la profonde mélancolie qu'ils inspirent. Toutes les idées d'union, tous ces doux sentimens qui font le charme de la vie, tous ces souvenirs touchans que retrace le nom seul de famille, rappellent l'ame à cet état d'émotion que la seule image de la mort ne sauroit produire. Ici deux urnes saintement rapprochées sous le même couvercle racontent encore dans leur fidèle union les douceurs du lien conjugal ; là cette urne veuve & solitaire semble gémir des injustices du sort. Sous cette niche plus élevée j'aperçois la place destinée au chef de la maison ; il semble présider toujours cette famille de morts : plus bas, ces vases d'argile, ces simples briques qui leur servent de couvercle, m'indiquent une différence de rang que me confirment les noms d'affranchis que j'y lis encore. Entrons dans quelqu'un de ces monumens pour en décrire la forme.

Elle n'avoit rien qui la fît distinguer extérieurement : fermé comme tous les sépulcres à la lumière du jour, le *Columbarium* ne recevoit que la lueur des lampes religieuses qui éclairoient les cérémonies des funérailles. Ses murs intérieurs étoient percés de plusieurs étages de petites niches formées ordinairement par un demi-cercle. La profondeur de ces niches étoit quelquefois capable de contenir quatre urnes ; celles-ci variables dans leur forme, leur mesure & leur matière, varioient encore dans leur disposition. Tantôt debout & isolées, elles occupoient avec évidence l'espace entier de la niche ; le plus souvent enfoncées dans la profondeur de l'espace qui sépare les différens étages de niches, elles ne laissent apercevoir que leur couvercle ; plusieurs sont tellement ajustées & scellées dans les trous qui les reçoivent, que leur déplacement ne peut s'opérer sans effraction. Le nombre de ces urnes, ainsi enclavées sous chaque niche, varie depuis un jusqu'à quatre.

Le *Columbarium* de la famille *Pompeia*, est un des plus beaux que le temps nous ait conservé : cinq rangs de niches en ornent le pourtour : l'intervalle d'un rang à l'autre est garni de tablettes où se lisent les épitaphes, qui consistent dans les noms & qualités de chaque mort. On observe dans la décoration de ce *Columbarium* une progression de richesses, depuis le rang de niches inférieures, jusqu'à l'étage d'en haut destiné sans doute à des morts plus qualifiés. Des figures d'hommes & de femmes caryatides y forment un genre nouveau d'ordonnance dont on a fait mention à l'article *Caryatide*. (*Voyez ce mot.*)

Les anciens, dans leur langage, comme dans leurs usages, avoient pris soin d'écarter de l'idée de la mort tout ce qu'elle peut offrir de contrariant pour l'imagination. S'il falloit fournir la preuve de leur délicatesse en ce genre, on la trouveroit non-seulement dans les pratiques de leurs funérailles, mais encore dans tous les détails d'ornemens, dont plusieurs *Columbaria* présenteroient les modèles les plus élégans. L'Arabesque & tout ce qu'il offre de riantes inventions ; la Mosaïque avec le charme de ses configurations & de ses couleurs ; l'art des stucs, la variété des compartimens de plafonds, tous les plaisirs de la décoration enfin, s'introduisirent dans ces demeures de la mort ; mais ces réflexions & les descriptions qu'elles sollicitent, appartiennent à l'article général où l'on passera en revue les différentes sortes de tombeaux. (*Voyez* TOMBEAU, SÉPULCRE.)

COLUMELLA. Petite colonne. On donnoit ce nom aux cippes que l'on élevoit sur les sépultures. Cicéron nous apprend que le législateur Pittacus avoit fixé à un cippe, ou *columella*, de trois coudées de hauteur, les ornemens des sépultures. *Pittacus super terrâ tumulum noluit quid statui, nisi columellam tribus cubitis ne altiorem.*

COLYMBETERA. C'étoient dans les bains de grands bassins où l'on pouvoit nager.

COLYSEUM, *Colysée*. (*Voyez* COLISEUM.)

COM

COMBINAISON. s. f. Ce mot expliqué par son étymologie offre l'idée d'un rapprochement d'objets deux à deux, mais l'usage & sur-tout le langage des arts en ont étendu la signification ; & il présente tantôt l'idée d'assemblages très-composés, tantôt celle d'un mélange d'élémens & d'agens dans les opérations de l'esprit & de l'art.

C'est dans la plus grande extension de ce mot qu'on l'emploie, lorsqu'on l'applique à l'architecture, cet art qui exige de la part de ceux qui l'exercent, une grande multiplicité de *combinaisons*. Cela est vrai sans doute, si l'on songe à tous les rapports d'utilité, de convenance, d'harmonie, de proportion que demande la confection d'un grand édifice. Cependant si l'on applique ce mot & l'idée qu'il renferme au système de l'architecture, on se persuadera que la beauté de cet art consiste dans les *combinaisons* les plus simples ; qu'elles seules peuvent produire ces grands effets qui affectent d'autant plus l'ame que rien ne détourne son attention d'un but prédominant. L'on se convaincra au contraire que les *combinaisons* très-composées qui sont pour l'entendement des énigmes, dont l'œil se fatigue à trouver la solution, n'apportent à l'ame que des sensations pénibles ou des plaisirs illusoires.

COMBLE, subst. masc. Assemblage de pièces de bois, formé au-dessus d'une maison, pour soutenir les tuiles, ardoises ou autres matières qui la couvrent. Il ne faut donc pas confondre le mot *Comble* avec le mot *Couverture*, ni l'un & l'autre,

en particulier, avec le mot *Toit*, qui réunit en lui la signification de tous deux, parce qu'un *toit* est composé d'un *comble* & d'une *couverture*. Mais comme on se sert souvent des mots *Comble* & *Couverture* au lieu du mot *Toit*, l'usage permet peu de dire la *couverture du toit*, & *moins encore le comble du toit*. (*Voyez* TOIT & COUVERTURE.) C'est au *Comble* seul qu'appartient cet article.

Ce mot vient de *Culmen*, & *Culmen*, dans le sens rigoureux, signifie *Chaume* ; or, les Latins appelant *Culmen* le comble de leurs maisons, on ne peut douter qu'ils ne l'aient d'abord construit en chaume ; quoique, dans la suite, ils eurent soin d'employer des matériaux plus solides, ils ne changèrent pas le nom primitif du comble, & peut-être l'habitude constante de désigner par *Culmen* la partie supérieure de tous leurs édifices, les amena-t-elle à généraliser ce mot, jusqu'à lui faire signifier une élévation quelconque : nouvelle acception qui n'est point étrangère au comble : en effet, élevé par lui-même et par la place qu'il occupe, il a des pentes, des croupes & un sommet comme une montagne. *Culmen ædis, culmen alpium.*

La nature a donc indiqué aux hommes comment et avec quoi ils devoient construire leurs combles : cependant les Asiatiques & les Égyptiens ne paroissent pas avoir profité de cette indication ; et cela, sans doute, parce que chez eux les pluies étoient infiniment rares & les neiges inconnues ; mais les Grecs au contraire ne la négligèrent pas. Avertis par l'inconstance des saisons ils donnèrent à leurs *combles* cette forme qui dans la suite produisit, entre leurs mains, les corniches et les frontons. Instruits par les Grecs, mais plus soumis qu'eux à l'influence des saisons, les Romains élevèrent davantage les *combles*, & les nations du nord qu'ils subjuguèrent en accrurent encore la hauteur. L'art composa chez elles avec la nécessité, jusqu'à ce qu'il se fût enfui devant les Goths & les Vandales : alors les *combles* perdirent toute proportion, et la féodalité, qui rechercha leur abri, ne les mesura plus que sur son orgueil. Un comte, un baron étoit jaloux que l'on aperçût de loin, les sommets rembrunis de son château ; il croyoit inspirer par-là le respect & la terreur. Ces temps affreux s'étant écoulés, les hauts combles subsistèrent encore, & les artistes les approuvèrent, sans doute pour flatter le souvenir des tyrans dépossédés. Ils enseignèrent que le *comble* devoit avoir en hauteur, le quart, ou le tiers, ou la moitié de l'édifice qu'il couvroit, afin que celui-ci en eût plus d'apparence & de majesté. Bientôt, entraînés par le caprice, ils tronquèrent, brisèrent, contournèrent toutes les faces du comble, & ils appellèrent ces nouveautés, recherche & magnificence.

Le goût du changement, plutôt peut-être que

celui de la règle, fit reconnoître que, pour nous garantir des neiges & des pluies, le comble n'avoit pas besoin de tant d'élévation, et à l'instant on passa d'un ridicule à un autre. On avoit regardé le comble comme une beauté : on regarda le comble en lui-même comme difforme ; ou le masqua par des balustrades, des trophées, des attiques ; à peine en vit-on le faîte, à peine parut-il appartenir à l'édifice dont il faisoit réellement partie. Ce n'est enfin que depuis peu de temps, qu'on s'est aperçu que le comble devoit naître à la cymaise de la corniche, et ne s'élever qu'à la hauteur déterminée pour les frontons, relativement à leurs bases.

Voilà l'histoire du comble, & en voici les diverses formes.

COMBLE A CROUPE. Comble soutenu par une enrayure qui porte un poinçon et deux arrêtiers.

— A PIGNON. Comble soutenu par un mur de pignon, comme celui des deux grandes salles du palais, à Paris.

— BRISÉ OU COUPÉ. Ce comble appelé aussi comble à la mansarde, est composé du vrai comble, dont la pente est roide, et du faux comble qui est au-dessus, & qui ordinairement a une pente fort douce. (*Voyez* MANSARD) (François.)

— EN PAVILLON. Comble qui a deux croupes, & est à un, ou deux, ou quatre poinçons, tels que ceux des pavillons angulaires du château des Tuileries.

— EN IMPÉRIALE. Comble dont le contour a la forme d'un talon renversé.

— EN DÔME. Comble dont le plan est carré & l'élévation ceintrée ; on en voit un au Louvre & un aux Tuileries.

— EN PATTE D'OYE. Comble qui a plusieurs pans, formés par plusieurs arrêtiers, & dont le plan est un polygone.

— ROND. Comble dont le plan est rond, ou ovale, & le profil en pente droite.

— EN TERRASSE, ou TRONQUÉ. Comble qui, au lieu de se terminer à un faîte, ou à un poinçon, est coupé carrément à une certaine hauteur, et est couvert d'une terrasse qu'on entoure quelquefois d'une balustrade, comme au Vieux-Louvre & au Luxembourg.

— ENTRAPÉZÉ : mieux, EN TRAPÈZE, & non ENTRAPÉTÉ, malgré l'usage, puisque le profil de ce comble est un trapèze isocèle ; ayant une large base, il auroit une trop grande hauteur : ainsi il est coupé par une terrasse de plomb, élevé un peu vers le milieu, & où sont pratiquées des trapes qu'on lève, pour que quelques pièces interposées obtiennent de l'air & du jour.

— POINTU, ou A DEUX ÉGOUTS. Comble dont les deux côtés font un angle d'au plus soixante dégrés.

— PLAT, ou SURBAISSÉ. Comble dont la hauteur se rapproche de celle d'un fronton triangulaire, c'est-à-dire, dont l'angle du faîte est obtus.

— EN ÉQUERRE. Comble dont l'angle du faîte est droit, et qui par conséquent tient le milieu pour la hauteur entre le comble pointu et le comble surbaissé.

— A POTENCE. Appentis composé de deux ou de plusieurs demi-fermes d'assemblage, et porté sur le mur auquel il est adossé.

Entre tous ces combles, le propriétaire choisira toujours le *pointu*, ou le *brisé*, parce qu'ils lui paroîtront plus propres que le *surbaissé*, ou celui *en équerre*, à contenir un plus grand nombre de logemens ; mais c'est à l'architecte à l'éclairer et à lui présenter des plans qui puissent le satisfaire & être en même temps avoués de l'art.

Pour atteindre ce double but, je crois que les architectes devroient en général construire les *combles* selon la manière simple & hardie inventée par Philibert de Lorme, mise en pratique par lui à Saint-Germain-en-Laye, &, depuis peu d'années, renouvelée plusieurs fois dans Paris, & avec succès, par MM. *Legrand & Molinos*. L'ouvrage de Philibert subsiste sans altération depuis plus de deux siècles, & ceux de ses imitateurs promettent une égale durée. De pareils *combles* ne fatiguent ni les bâtimens, ni la fortune de leurs propriétaires ; on y pratique aisément des chambres habitables & mêmes des galeries. Le jour qui les éclaire vient d'en haut, conséquemment il n'est point faux comme celui qui entre par les lucarnes ordinaires, & il est favorable aux travaux de différens artistes. Quelques particuliers ont déjà eu le bon esprit de vouloir que leurs maisons n'eussent point d'autres *combles*, et leur exemple seroit sans doute plus suivi, si les hommes n'étoient pas aussi lents à mettre en usage les inventions qui leur sont utiles, qu'ils sont ardens à les désirer.

COMBLE, subst. masc. (CONSTRUCTION.) Ce mot qui vient du latin *culmen*, désigne la partie supérieure d'un édifice, servant à le garantir des pluies, des neiges & autres intempéries de l'air. Les *combles* sont ordinairement des ouvrages de charpente couverts en tuiles, en ardoises, ou en plomb, quelquefois même en dalles de pierres. Il y a des combles formés par des voûtes en maçonnerie ; M. Angot, architecte, a trouvé depuis peu, un moyen fort ingénieux de faire des combles en fer.

Les *combles* sont presque toujours formés par des surfaces planes, plus ou moins inclinées, selon la température du pays, où les édifices qu'ils doivent couvrir sont situés ; ainsi ils sont fort bas dans les pays méridionaux de l'Europe, & très-élevés dans les pays septentrionaux. Il y a aussi des *combles* dont la surface extérieure est courbe.

Les *combles* ne sont en usage que dans les pays froids & les pays tempérés; dans les pays chauds qui sont ou qui avoisinent la zône-torride, les bâtimens sont couverts en terrasse, pour lesquelles il ne faut qu'un simple plancher; mais l'expérience a fait connoître que dans les pays tempérés, dont la latitude est de plus de quarante-deux degrés; les terrasses, quelque bien faites qu'elles puissent être, durent peu, & ne conservent pas les édifices aussi bien que les toits, sur-tout dans les pays humides & dans les pays froids, où la neige est long-temps à fondre.

On distingue en général les toits en *combles* simples & en *combles* brisés, ou à la mansarde; les uns & les autres se distinguent encore par le nombre des égouts; ceux qui n'ont qu'un égout se nomment appentis: ils sont formés par une seule pente simple ou brisée. (*Voyez les figures* 135 *&* 136.

Les *combles* à deux égouts, formés par deux pentes brisées ou simples, inclinées en sens contraire, qui forment un angle au sommet & dont les extrémités sont terminées par des murs triangulaires, auxquels on donne le nom de pignon, se nomment *combles* à deux égouts, ou simplement *combles*; tels sont ceux représentés par les figures 137 & 138.

Quelquefois, au lieu de pignons, ces espèces de *combles* sont terminées par des pentes triangulaires formant égouts, auxquelles on donne le nom de *croupe*, alors les grandes faces se nomment *longs pans*; les angles, formés par la rencontre des *croupes* & des *longs pans*, se nomment *arrétiers*. Lorsque deux pentes de *comble* qui se rencontrent, forment ensemble un angle rentrant, on lui donne le nom de *noué*.

Les *combles* élevés sur un édifice dont le plan est carré ou formé par quelqu'autre poligone régulier, & qui sont composés d'autant de pentes triangulaires que le poligone a de côtés, de manière qu'ils forment ensemble une pyramide, se nomment *combles en pavillon*. On distingue ces pavillons en y ajoutant le nom du *poligone* qui leur sert de base: ainsi on dit un pavillon carré, triangulaire, pentagonal, &c. Les figures 139, 140 & 141 représentent les plans de différens pavillons.

Les *combles* brisés ou à la mansarde, représentés par le profil 138, sont composés de quatre surfaces inclinées en sens contraire; les deux supérieures qui forment ce que l'on appelle le faux-comble, sont très-peu inclinées, & les parties inférieures auxquelles on donne le nom de vrai-comble, sont extrêmement roides. L'arête horisontale qui se forme à la jonction de ses deux pentes, se nomme *brisis*.

De la pente des Combles.

La pente des *combles* doit être relative à la température des pays où ils se trouvent situés & à la manière dont ils doivent être recouverts. Dans les pays chauds, il pleut plus rarement que dans les pays tempérés, mais les pluies y sont plus abondantes; la quantité d'eau qui tombe à la fois, & la température de l'air, sont cause qu'il faut très-peu de pente pour la faire écouler, & que les toits sont secs presqu'aussitôt que la pluie a cessé. Dans les pays tempérés, les pluies sont plus fréquentes & moins abondantes, l'eau qu'elles produisent a plus de difficulté à couler, ses toits étant plus long-temps à sécher, il leur faut plus de pente. Dans les pays froids, les pluies sont plus fines, la température de l'air plus humide, enfin les neiges qui séjournent long-temps sur les toits, nécessitent une pente encore plus considérable que dans les pays tempérés.

Les *combles* qui doivent être couverts en plomb ou en cuivre exigent peu de pente, sur-tout lorsque l'ensemble de la couverture ne doit former qu'une seule pièce. Les tuiles creuses, les tuiles flamandes & les tuiles romaines, ont besoin de plus de pente que le plomb, & les tuiles plates, & l'ardoise plus que les tuiles creuses. (*Voyez les mots* TOITS, TUILES *&* COUVERTURES.)

Il paroit que les architectes & les constructeurs n'ont jusqu'à présent suivi aucune règle fixe pour déterminer la pente des *combles*. On trouve dans un même pays des édifices dont les toits sont fort élevés & d'autres qui sont fort bas; il y a même des *combles* où cette inégalité se trouve réunie, tels sont ceux qu'on appelle *à la mansarde*, imaginés dans un temps où l'on pensoit que les toits & les lucarnes devoient être un des principaux ornemens des bâtimens. Les parties supérieures de cette espèce de *comble*, qui est un chef-d'œuvre de contradiction, ne sont inclinées que de 24 à 25 degrés, tandis que les parties inférieures le sont de 64 à 66: d'où il résulte que l'une ou l'autre de ces pentes est abusive; car si la pente de la partie supérieure est suffisante pour garantir les bâtimens des intempéries de l'air, pourquoi donner tant de pente à la partie inférieure? C'est, dira-t-on, pour pratiquer dans le bas du *comble* un étage logeable; mais ne vaudroit-il pas mieux prolonger la pente de la partie supérieure & élever le mur de face jusqu'à sa rencontre, ce qui procureroit un étage carré, au lieu d'un étage en mansarde: ainsi qu'on le voit ponctué à la figure 142? Ce dernier étant moins commode & beaucoup moins agréable, à cause du chêneau qui passe au-devant des lucarnes & de la saillie de l'entablement qui empêche de voir dans la rue, il ne faut pas croire que le mur de face qu'il faudroit élever soit plus cher que la partie inférieure du *comble* à laquelle on le substitueroit; car si on ajoutoit ensemble ce que coûteroit la charpente, la couverture en tuiles ou en ardoises & le lambrissage en plâtre de cette partie inférieure, on trouveroit que la somme seroit plus que double de celle que coûteroit un mur en moellons de quinze à seize pouces d'épaisseur, enduit & ravalé des deux côtés. Il faut encore observer que ce mur exigeroit un entretien infiniment moindre que la partie de comble dont il tiendroit la place. Il faut cependant convenir que la partie supérieure des combles à la mansarde seroit trop peu incliné pour un comble simple, sur-tout dans un climat humide comme celui de Paris.

Un comble aussi peu incliné ne garantiroit pas assez de la pluie l'édifice qu'il couvriroit, dans les temps d'orage & de certains vents qui feroient remonter l'eau au-dessus des recouvremens des tuiles & des ardoises ; cette eau pourriroit bientôt la charpente des combles & des planchers au-dessous. On a remarqué aussi que dans les temps humides, & lorsqu'il tombe des pluies fines, le dessous des tuiles ou ardoises des combles qui ont peu de pente, est presque aussi mouillé que le dessus, parce que le peu d'eau qui en résulte, remonte en dessous, plutôt que de couler, ne pouvant surmonter par son poids, son adhérence aux doubles surfaces des recouvremens déjà humectées par l'humide de l'air. Ces recouvremens font alors l'effet des tuyaux capillaires. Le même effet arrive lorsque les neiges commencent à fondre. Il est plus sensible aux toits couverts en ardoises, qu'à ceux couverts en tuiles, & plus encore aux couvertures en vitrage. En général, plus les surfaces des matières dont on se sert pour couvrir sont dures & compactes, plus l'eau ou l'humidité est sujette à remonter, & plus il faut donner de recouvremens aux tuiles & de pente aux combles. Aussi voit-on que les charpentes des combles plats ou à la mansarde durent beaucoup moins que celles des anciens combles.

Quant à la partie inférieure des combles à la mansarde, elle est certainement de beaucoup trop roide, & ce seroit tomber dans le défaut contraire que de leur donner tant de pente, ce qui exigeroit inutilement une charpente fort coûteuse, & une élévation de toit plus grande que celle des combles, des édifices gothiques & de quelques anciens châteaux des provinces septentrionales de France. La plus grande pente de ces toits n'étant que de 63 degrés & demi, tandis que celles des parties inférieures des combles à la mansarde est ordinairement de 66 degrés.

Tout ce que nous venons de dire sur la pente des combles, paroît prouver que celle qui conviendroit le mieux aux toits situés dans Paris & les environs, devroit être moyenne entre la pente des parties supérieures des combles à la mansarde, & celle de leur partie inférieure, ce qui reviendroit à-peu-près à 45 degrés ; c'est la pente que plusieurs habiles architectes ont pensé qu'il falloit donner aux combles des grands édifices pour les mettre

Dict. d'Architect. Tome II.

entièrement à l'abri de toutes les intempéries de l'air, & pour que la charpente de ces combles puisse se conserver long-temps. Cependant on a construit depuis une vingtaine d'années plusieurs édifices considérables, aux combles desquels on a donné beaucoup moins de pente. Les combles des nefs de la nouvelle église de Sainte-Geneviève qui sont couverts en ardoises, n'ont que 26 degrés & demi de pente, ce qui revient à très-peu de chose près, au quart de la largeur prise hors d'œuvre, pour un comble à deux égouts. Mais on a été obligé de prendre des précautions extraordinaires pour obvier au peu d'inclinaison ; au lieu de clouer les ardoises sur des voliges à claire-voie, on a posé sur les chevrons des planches de sapin jointives, à recouvrement en biseau, bien arrêtées sur chaque chevron. (*Voyez* la figure 143.)

Beaucoup de constructeurs pensent que la moindre inclinaison qu'on puisse donner aux combles à deux égouts couvert en ardoises, doit être, pour le climat de Paris, le tiers de la largeur hors œuvres, ce qui revient à-peu-près à 33 degrés & demi de pente.

Plusieurs recherches & observations faites sur les combles d'une infinité d'édifices, anciens & modernes, situés en différens pays, nous ont fait connoître que la pente des combles qui se sont le mieux conservés, est toujours proportionnée à la température du climat, et que les combles trop bas durent peu dans les climats humides, & ne garantissent pas assez les édifices qu'ils couvrent, des intempéries de l'air. Avant de donner aucune règle pour déterminer la pente des combles, nous allons expliquer ce que nous entendons par le mot de *climat*, auquel on donne différentes significations ; nous prenons ce mot dans l'acception des géographes. Selon eux, les climats forment sur le globe des bandes de largeur inégales, comprises entre deux cercles parallèles à l'équateur ; ils comptent depuis l'équateur jusqu'au cercle polaire 24 climats de demi-heure, c'est-à-dire, que le plus long jour de l'année, d'un lieu situé au commencement d'un climat, est toujours plus court, d'une demi-heure, que celui du lieu qui seroit situé à la fin de ce même climat, ou au commencement de celui qui suit, en allant de l'équateur au cercle polaire. Cette différence dans la longueur des jours, occasionnée par le plus ou moins d'obliquité du tropique avec l'horizon, contribue aux différens degrés de température des pays qui répondent aux différens climats ; il ne faut cependant pas croire que la température soit exactement la même pour tous les lieux situés de même dans l'étendue d'un climat, parce qu'il y a des circonstances qui rendent un pays plus ou moins froid ou humide, alors il est nécessaire de rapporter la pente des combles des édifices qui s'y trouvent à un lieu plus ou moins avancé au nord. Il faut observer encore que les combles qui doivent être couverts en tuiles creuses, comme

B

celles dont on se sert dans les provinces méridionales de France, exigent moins de pente que les tuiles romaines, qui sont alternativement plates & rondes, et que pour ces dernières il en faut moins que pour les tuiles plates et ardoises, parce que les couvertures en tuiles creuses sont disposées de manière que toute l'eau se rassemble dans des rangées de tuiles qu'on nomme chéneaux, où elle coule avec beaucoup plus de facilité que les eaux éparses sur les couvertures en tuiles plates ou en ardoise, que le moindre vent fait refluer sous les recouvremens. Il résulte de toutes ces observations que la pente des *combles* en tuiles creuses devroit être d'environ trois dégrés par climat en commençant de l'équateur, & qu'il faut ajouter trois dégrés à l'inclinaison trouvée, lorsque les *combles* doivent être couverts en tuiles romaines ; six dégrés, s'ils doivent être couverts en ardoise, & huit dégrés pour les tuiles plates.

Ainsi, Paris étant situé au commencement du neuvième climat, la moindre inclinaison qu'il conviendroit de donner au *comble* d'un édifice de cette ville que l'on voudroit couvrir en tuiles creuses devroit être de 24 dégrés 36 minutes ; si on vouloit le couvrir en tuiles romaines, il faudroit augmenter la pente de 3 dégrés, ce qui donneroit 27 dégrés 36 minutes ; pour un *comble* en ardoise, il faudroit 30 dégrés 36 minutes, et pour un *comble* en tuiles plates, 32 dégrés 35 minutes. Il est très-facile de savoir dans quel climat se trouve l'édifice que l'on a à couvrir ; il suffit pour cela de savoir à quelle heure le soleil se couche pour ce lieu, dans les plus long jour d'été. Si du nombre qui exprime l'heure du coucher du soleil, on ôte six, le reste étant doublé donnera le rang du climat que l'on cherche ; par exemple, sachant que le soleil se couche à Lyon, le jour du solstice d'été à 7 heures 50 minutes, si on en ôte 6 heures, le reste étant doublé, donnera 3 heures 40 minutes, ou 7 demi-heures et un tiers, qui indiquent que Lyon est placé au tiers du huitième climat ; ainsi, comptant trois dégrés pour chaque climat qui précède celui où la ville de Lyon se trouve, & un dégré pour le tiers, on aura pour la moindre pente des *combles* couverts en tuiles creuses, qui y sont en usage . . . . 22 d

Pour les tuiles romaines. 25
Pour ceux en ardoises. 28
Et pour les tuiles plates. 30

Cette règle donne des résultats qui s'accordent assez bien avec l'expérience ; car la hauteur des toits de Lyon étant ordinairement le cinquième de la base, pour les *combles* à deux égouts, donne à-peu-près 22 dégrés ; avec la pente des frontons des édifices antiques. Les ruines d'Athènes, par exemple, étant situées vers le milieu du sixième climat, la pente des frontons devroit y être de 16d ½ d'inclinaison. Or, on voit par les restes du fronton du temple de Minerve, que la pente du *comble* de cet édifice étoit d'environ 16 d ″

Celle du temple d'Frectée, de . . . . 15 ½
            de Thésé, de . . . . 15 ″
Le fronton des Propilées, de . . . . . 14 ½

Rome est situé au tiers du septième climat ; les *combles* y sont couverts avec des tuiles alternativement creuses & plates. Comme ces toits exigent 3 dégrés de pentes de plus que ceux qui sont couverts tout en tuiles creuses, ainsi que nous l'avons ci-devant remarqué, il résulte que la pente des frontons de Rome devroit être de 22 d ″

Les pentes du fronton de Septime-Sévère, ont . . . . 23 ″
Celles du temple de la Concorde, . . . 23 ½
       de Mars-le-Vengeur, . . 23 ½
       de la Fortune-Virile, . 24 ″
       du Panthéon, ... 24 ″
       d'Antonin & Faustine, 24 ½
Les pentes du fronton tracé par la règle
de Serlio . . . . 23 ″
Les pentes du toit de la basilique de
Saint-Paul, hors les murs, ... 23 ″
Les pentes du toit de l'Académie de
France à Rome, ... 23 ″
Celles du toit du théâtre d'Argentine, 24 ½

La France s'étend du midi au nord depuis le commencement du septième climat jusqu'à la fin du neuvième. Dans le septième climat se trouvent la Provence, le Languedoc, la Gascogne, la Guienne, une partie de l'Auvergne & du Dauphiné. Dans le huitième, se trouvent le Poitou, la Marche, l'autre partie de l'Auvergne, le Lyonnois, le surplus du Dauphiné, la Franche-Comté, la Bourgogne, le Nivernois, l'Orléanois, la Touraine, l'Anjou, le Perche, le Maine, la Bretagne, une partie de la Normandie, de l'Isle-de-France, de la Champagne, de la Lorraine & de l'Alsace.

Le neuvième climat comprend le surplus de la Normandie, de l'Isle-de-France, de la Champagne, de la Lorraine & de l'Alsace, & de plus la Picardie, l'Artois, la Flandre & le Hainault François.

Les *combles* des édifices situés dans le septième climat devroient avoir depuis 21 jusqu'à 24 dégrés d'inclinaison pour les tuiles creuses ; depuis 24 jusqu'à 27 pour les couvertures en ardoises ; & enfin depuis 26 jusqu'à 29 pour les tuiles plates.

Dans le huitième climat, la pente des *combles* en tuiles creuses devroit être, depuis 24 jusqu'à 27 d
Pour les couvertures en ardoises,
depuis . . . . 27 jusqu'à 30.
Et pour celles en tuiles plates,
depuis . . . . 29 jusqu'à 32.

Dans le neuvième climat, les couvertures en tuiles creuses ne peuvent plus être d'usage à cause de la trop grande pente qu'on seroit obligé de donner aux *combles*, afin de garantir la charpente de l'humidité causée par les pluies fines, les neiges & les brouillards.

Quant aux couvertures d'ardoises, elles devroient avoir, depuis . . . . 30 jusqu'à 33ᵈ.
Et celles en tuiles plates, depuis 32 jusqu'à 35.

D'après tout ce que nous venons de dire, nous avons calculé la table suivante pour les principales villes de l'Europe; elle est divisée en huit colonnes: la première contient le nom des villes; la seconde, celui des pays; la troisième, le climat; la quatrième, la longueur du plus grand jour; la cinquième, la pente pour les *combles* en tuiles creuses; la sixième, pour ceux en tuiles romaines; la septième, pour ceux en ardoises; & la huitième, pour ceux en tuiles plates.

TABLE

De la pente qu'il conviendroit donner aux combles des édifices des principales villes de l'Europe, relativement aux climats où ces villes sont situées & aux différentes espèces de tuiles dont on peut faire usage.

VILLES.	PAYS.	Climats.	Durée du plus long jour.	COUVERTURES			
				en tuiles creuses.	en tuiles romaines.	en ardoises.	en tuiles plates.
			h. m.	d. m.	d. m.	d. m.	d. m.
Aix,	France,	VII.	15 22	20 12	23 12	26 12	28 12
Amiens,	Idem.	IX.	16 18	25 48	28 48	31 48	33 48
Amsterdam,	Hollande,	X.	16 44	28 24	31 24	34 24	36 24
Angers,	France,	VIII.	15 52	23 12	26 12	29 12	31 12
Antibes,	Idem.	VII.	15 22	20 12	23 12	26 12	28 12
Anvers,	Pays-Bas,	IX.	16 30	27 0	30 0	33 0	35 0
Arles,	France,	VII.	15 22	20 12	23 12	26 12	28 12
Arras,	Idem.	IX.	16 22	26 12	29 12	32 12	34 12
Avignon,	Comtat Venaissin,	VII.	15 23	20 24	23 24	25 24	28 24
Autun,	France,	VIII.	15 48	22 48	25 48	28 48	30 48
Auxerre,	Idem.	Idem.	15 36	23 36	26 36	29 36	31 36
Basle,	Suisse,	IX.	15 58	23 48	26 48	29 48	31 48
Bar-le-Duc,	France,	IX.	16 6	24 36	27 36	30 36	32 36
Barcelone,	Espagne,	VII.	15 8	18 48	21 48	24 48	26 48
Bayeux,	France,	IX.	16 12	25 12	28 12	31 12	33 12
Bayonne,	Idem.	VII.	15 20	20 0	23 0	26 0	28 0
Beauvais,	Idem.	IX.	16 12	25 12	28 12	31 12	33 12
Bergen,	Norwège,	XIV.	18 44	40 24	43 24	46 24	48 24
Berlin,	Allemagne,	X.	16 45	28 36	32 36	34 36	36 36

VILLES.	PAYS.	Climats.	Durée du plus long jour.	COUVERTURES			
				en tuiles creuses.	en tuiles romaines.	en ardoises.	en tuiles plates.
			h. m.	d. m.	d. m.	d. m.	d. m.
Besançon,	France,	VIII.	15 52	23 12	26 12	29 12	31 12
Béziers,	Idem.	VII.	15 30	20 0	23 0	26 0	28 0
Blois,	Idem.	VIII.	15 34	23 34	26 34	29 34	31 34
Bologne,	Italie,	VII.	15 28	20 48	23 48	26 48	28 48
Bordeaux,	France,	VII.	15 30	21 0	23 0	26 0	28 0
Bourges,	Idem.	VIII.	15 50	23 0	26 0	29 0	31 0
Breslaw,	Allemagne,	IX.	16 48	26 48	29 48	32 48	34 48
Brest,	France,	Idem.	16 2	24 12	27 12	30 12	32 12
Briançon,	Idem.	VII.	15 30	21 0	23 0	26 0	28 0
Bruxelles,	Pays-Bas,	IX.	16 26	26 36	29 36	32 36	34 36
Cadix,	Espagne,	VI.	14 36	15 36	18 55	21 36	23 36
Caen,	France,	IX.*	16 10	25 0	28 0	31 0	33 0
Calais,	Idem.	Idem.	16 26	26 36	29 36	32 36	34 36
Carthagène,	Espagne,	VI.	14 42	16 12	19 12	22 12	24 12
Chartres,	France,	IX.	16 2	24 12	27 12	30 12	32 12
Colmar,	Idem.	VIII.	16 0	24 0	27 0	30 0	32 0
Cologne,	Allemagne,	IX.	16 28	26 48	29 48	32 48	34 48
Constantinople,	Turquie,	VII.	15 4	18 24	21 24	24 24	26 24
Coppenhague,	Dannemark,	XI.	17 28	32 48	35 48	38 48	40 48
Coutances,	France,	IX.	16 2	24 48	27 48	30 48	32 48
Cracovie,	Pologne,	IX.	16 20	26 0	29 0	32 0	34 0
Dantzik,	Idem.	XI.	17 2	30 48	33 48	36 48	38 48
Dieppe,	France,	IX.	16 18	25 48	28 48	31 48	33 48
Dijon,	Idem.	VIII.	15 52	23 12	26 12	29 12	31 12
Dresde,	Allemagne,	X.	17 0	30 0	33 0	36 0	38 0
Dunkerque,	France,	IX.	16 28	26 48	29 48	32 48	34 48
Édimbourg,	Écosse,	XII.	17 32	33 12	36 12	39 12	41 12
Embrun,	France,	VII.	15 28	20 48	23 48	26 48	28 48
Évreux,	Idem.	IX.	16 2	24 48	27 48	30 48	32 48
Florence,	Italie,	VII.	15 22	20 12	23 12	26 12	28 12
Francfort-sur-le-Mein,	Allemagne,	IX.	16 18	25 48	28 48	31 48	33 48

VILLES.	PAYS.	Climats.	Durée du plus long jour.	COUVERTURES			
				en tuiles creuses.	en tuiles romaines.	en ardoises.	en tuiles plates.
			h. m.	d. m.	d. m.	d. m.	d. m.
Francfort-sur-l'Oder,	Idem.	X.	16 44	28 24	31 24	34 24	36 24
Fréjus,	France,	VII.	15 20	20 0	23 0	26 0	28 0
Gênes,	Italie,	VII.	15 28	20 48	23 48	26 48	28 48
Genève,	Suisse,	VIII.	15 44	22 24	25 24	28 24	30 24
Grenoble,	France,	VIII.	15 34	21 24	24 24	27 24	29 24
Havre-de-Grace,	Idem.	IX.	16 12	25 12	28 12	31 12	33 12
Hambourg,	Allemagne,	X.	16 58	29 48	32 48	35 48	37 48
La Haye,	Hollande,	X.	16 40	28 0	31 0	34 0	36 0
Kiell,	Allemagne,	XI.	17 10	31 0	34 0	37 0	39 0
Langres,	France,	VIII.	15 58	23 48	26 48	29 48	31 48
Lille,	Idem.	IX.	16 24	26 24	29 24	31 24	33 24
Limoges,	Idem.	VIII.	15 40	22 0	25 0	28 0	30 0
Lisbonne,	Portugal,	VI.	14 52	17 0	20 0	23 0	25 0
Lisieux,	France,	IX.	16 10	25 0	28 0	31 0	33 0
Londres,	Angleterre,	X.	16 34	27 24	30 24	31 24	31 24
Lunéville,	France,	IX.	16 4	24 24	27 24	30 24	32 24
Lyon,	Idem.	VIII.	15 40	22 0	25 0	28 0	30 0
Macon,	Idem.	VIII.	15 44	22 24	25 24	28 24	30 24
Madrid,	Espagne,	VI.	15 0	18 0	21 0	24 0	26 0
Manheim,	Allemagne,	IX.	16 12	25 12	28 12	31 12	33 12
Marseille,	France,	VII.	15 20	20 0	23 0	26 0	28 0
Mayence,	Allemagne,	IX.	16 18	25 48	28 48	31 48	33 48
Metz,	France,	IX.	16 10	25 0	28 0	31 0	33 0
Milan,	Italie,	VIII.	15 36	21 36	24 36	27 36	29 36
Modène,	Idem.	VII.	15 28	20 48	23 48	26 48	28 48
Montpellier,	France,	Idem.	15 22	20 12	23 12	25 12	28 12
Moscow,	Russie,	XI.	17 22	32 12	35 12	38 12	40 12
Moulins,	France,	VIII.	15 46	22 36	25 36	28 36	30 36
Munick,	Allemagne,	VIII.	15 58	23 48	26 48	29 48	31 48
Nancy,	France,	IX.	16 4	24 24	27 24	30 24	32 24
Nantes,	Idem.	VIII.	15 52	23 12	26 12	29 12	31 12

VILLES.	PAYS.	Climats.	Durée du plus long jour.	COUVERTURES			
				en tuiles creuses.	en tuiles romaines.	en ardoises.	en tuiles plates.
			h. m.	d. m.	d. m.	d. m.	d. m.
NAPLES,	Italie,	VII.	15 2	18 12	21 12	23 12	25 12
NARBONNE,	France,	VII.	15 10	20 0	23 0	26 0	28 0
NISMES,	Idem.	VII.	15 22	20 12	23 12	26 12	28 12
NUREMBERG,	Allemagne,	IX.	16 12	25 12	28 12	31 12	33 12
OLMUTZ,	Moravie,	IX.	16 12	25 12	28 12	31 12	33 12
ORANGE,	France,	VII.	15 24	20 24	23 24	26 24	28 24
L'ORIENT,	Idem.	VIII.	15 36	23 36	26 36	29 36	31 36
ORLÉANS,	Idem.	VIII.	15 48	23 48	26 48	29 48	31 48
PALERME,	Italie,	VI.	14 48	16 48	19 48	22 48	24 48
PAMIERS,	France,	VI.	15 18	19 48	22 48	25 48	27 48
PARIS,	Idem.	IX.	16 6	24 36	27 36	30 36	32 36
PAU,	Idem.	VII.	15 20	20 0	23 0	26 0	28 0
PÉRIGUEUX,	Idem.	VIII.	15 24	21 24	24 24	27 24	29 24
PÉRONNE,	Idem.	IX.	16 18	25 48	28 48	31 48	33 48
PERPIGNAN,	Idem.	VII.	15 36	19 36	22 36	25 36	27 36
PÉTERSBOURG,	Russie,	XIV.	18 44	40 24	43 24	46 24	48 24
PÉZENAS,	France,	VII.	15 20	20 0	23 0	26 0	28 0
PLAISANCE,	Italie,	VIII.	15 32	21 12	24 12	27 12	29 12
POITIERS,	France,	VIII.	15 46	22 36	25 36	28 36	30 36
PRAGUES,	Allemagne,	IX.	16 19	25 54	28 54	31 54	33 54
SAINT-QUENTIN,	France,	IX.	16 15	25 48	28 48	31 48	33 48
QUIMPERCORENTIN,	Idem.	VIII.	15 58	23 48	26 48	29 48	31 48
RATISBONNE,	Allemagne,	IX.	16 8	24 48	27 48	30 48	32 48
REIMS,	France,	IX.	16 10	25 0	28 0	31 0	32 0
RENNES,	Idem.	VIII.	15 58	23 48	26 48	29 48	31 48
RMETEL,	Idem.	IX.	16 14	25 24	28 24	31 24	33 24
ROCHEFORT,	Idem.	VIII.	15 42	22 12	25 12	28 12	30 12
ROME,	Italie,	VII.	15 10	19 0	22 0	25 0	27 0
ROUEN,	France,	IX.	16 12	25 12	28 12	31 12	33 12
SAINTES,	Idem.	VIII.	15 40	22 0	25 0	28 0	30 0
SALINS,	Idem.	VIII.	15 50	23 0	26 0	29 0	31 0

VILLES.	PAYS.	Climats.	Durée du plus long jour.	COUVERTURES			
				en tuiles creuses.	en tuiles romaines.	en ardoises.	en tuiles plates.
			h. m.	d. m.	d. m.	d. m.	d. m.
Sens,	Idem.	VIII.	16 0	24 0	27 0	30 0	32 0
Stockholm,	Suède,	XIII.	18 30	39 0	42 0	45 0	47 0
Strasbourg,	France,	IX.	16 2	24 12	27 12	30 12	32 12
Tolède,	Espagne.	VI.	14 58	17 48	20 48	23 48	25 48
Toul,	France,	IX.	16 4	24 24	27 24	30 24	32 24
Toulon,	Idem.	VII.	15 18	19 48	22 48	25 48	27 48
Toulouse,	Idem.	VII.	15 22	20 12	23 12	26 12	28 12
Tours,	Idem.	VIII.	15 52	23 12	26 12	29 12	31 12
Trèves,	Allemagne,	IX.	16 16	25 36	28 36	31 36	33 36
Troyes,	France,	VIII.	16 0	24 0	27 0	30 0	32 0
Turin,	Italie,	VIII.	15 34	21 24	24 24	27 24	29 24
Valenciennes,	France,	IX.	16 12	26 12	29 12	32 12	34 12
Verdun,	Idem.	IX.	16 10	25 0	28 0	31 0	33 0
Warsovie,	Pologne,	X.	16 42	28 12	31 12	34 12	36 12
Venise,	Italie,	VII.	15 34	21 24	24 24	27 24	29 24
Vienne,	Allemagne,	VIII.	16 0	24 0	27 0	30 0	32 0
Vienne,	France,	VIII.	15 58	21 48	24 48	27 48	29 48
Zurich,	Suisse,	VIII.	15 54	23 24	26 24	29 24	31 24

Les pentes indiquées dans la table précédente sont celles qui conviennent à la température moyenne de chaque climat ; on pourra l'augmenter de deux ou trois degrés pour les édifices situés dans le fond des vallons, exposés au nord, ou situés dans des lieux humides ou marécageux.

Des combles en charpente.

Quelle que soit la pente des combles en charpente, & la figure de leur profil, on peut les considérer comme des surfaces inclinées, soutenues d'espace en espace par des murs, & terminées obliquement ou en pointe, auxquels on donne le nom de pignon, ou par des assemblages de charpente, qui en tiennent lieu, qu'on appelle ferme. Nous renvoyons à ce mot pour la forme, la disposition & les dimensions de toutes les pièces qui entrent dans la composition de cet ouvrage de charpente.

Les murs de pignons ou les fermes d'un comble en charpente étant érigés, on pose de l'un à l'autre un ou plusieurs rangs de pièces de bois, auxquelles on donne le nom de pannes, ainsi qu'on le voit à la figure 144, & aux autres figures relatives aux combles où ces pièces de bois sont indiquées par la lettre P. Les pannes étant posées sur des pièces de bois inclinées, on les soutient par des tasseaux attachés sur ces dernières avec des chevilles de fer, afin de les empêcher de glisser ; sur les pannes on pose suivant la pente, d'autres pièces de bois de 3 à 4 pouces de grosseur, espacées de 12 à 15 pouces. On appelle ordinairement ces pièces de bois chevrons, sur ces chevrons qu'on appelle bigues, dans les provinces méridionales de France, on cloue les planches, les lattes ou les voliges qui doivent recevoir les tuiles creuses, plates ou ardoises. (Voyez le mot COUVERTURE.)

En Italie, & sur-tout à Rome, au lieu de planches ou lattes, on pose sur les chevrons de grandes briques, d'environ 11 pouces de longueur, qui portent d'un chevron à l'autre; ces briques forment ensemble une surface plane inclinée sur laquelle on pose les tuiles. Cette espèce de couverture étant fort lourde & peu inclinée, on est obligé de mettre moins d'espace entre les fermes, les pannes & les chevrons.

Dans les provinces septentrionales, au lieu de briques ou de planches, on cloue sur les chevrons des lattes qui servent à accrocher les tuiles plates, ou des voliges à claire-voie sur lesquelles on cloue l'ardoise.

En 1561, Philibert Delorme publia un ouvrage, intitulé : *Invention pour bien bâtir & à petit frais*, dans lequel il propose une nouvelle manière de construire des *combles* avec des courbes en planches doubles, entretenues par des liernes & assemblées par le bas dans une sablière, ainsi qu'on peut le voir par la fig. 145. Ces espèces de *combles* sont de véritables voûtes en bois; chaque courbe sert en même-temps de ferme & de chevron, l'intérieur étant latté & recouvert en plâtre, forme une voûte. Pour l'extérieur, on ajoute à chaque courbe deux parties de planches qui forment un angle au-dessus du sommet de la voûte, afin d'obvier à son peu d'inclinaison; vers le bas on raccorde les courbes, jusque sur l'entablement, par d'autres planches taillées en adoucissement, auxquels on donne le nom de *coyaux*; on a fait usage de ce moyen pour couvrir la cour de la nouvelle Halle-au-Blé.

A Venise, le dôme de la *Salute* qui a 76 pieds de diamètre extérieur est construit à-peu-près de même; cependant, les courbes, au lieu d'être formées de deux épaisseurs de planches, sont composées de quatre épaisseurs, faisant ensemble 5 pouces 9 lignes; ces planches sont unies ensemble avec des clous. Les courbes, qui sont au nombre de 96, sont assemblées par le bas dans un cercle formé de plusieurs rangs de planches en liaisons, clouées les unes sur les autres. Environ vers le tiers de la hauteur, ces courbes sont unies ensemble par un grand cercle de fer posé à l'extérieur & cloué sur chaque courbe. Ce procédé est beaucoup plus simple que celui proposé par Philibert Delorme. Toutes les entailles, les chevilles, les clés & les coins que cet auteur propose pour assembler les courbes avec les liernes, les affoiblissent & sont capables de les faire fendre dans un temps humide, si on les a trop serré dans un temps sec, parce que l'humidité fait renfler le bois; ces bois venant à sécher de nouveau par la chaleur, les coins & les clés ne tiennent plus & ne servent plus de rien; il vaudroit beaucoup mieux entretenir ces courbes par des tringles clouées en dessus & en dessous & entaillées de leur épaisseur dans les courbes. (*Voyez*, pour un plus long détail, l'article VOUTE EN BOIS.)

En 1754, M. le ch^{er} Despie composa un petit ouvrage sur la manière de construire des *combles* en briques, afin de rendre les édifices incombustibles. Il établit ses *combles* sur les voûtes surbaissées, composées d'un double rang de briques posées à plat. Lorsqu'il s'agit d'un *comble* à deux égouts, on établit, sur l'extrados de la voûte, des cloisons en briques de champ doubles, dans le sens de la largeur (*fig.* 146 & 147.) Ces cloisons sont espacées d'un pied l'une de l'autre; pour ne point trop charger le milieu de la voûte, on pratique dans chaque cloison une arcade de six pieds de largeur; ayant arrasé ces cloisons, selon la pente que doit avoir le toit, on forme deux surfaces planes inclinées, avec des briques de 15 pouces de longueur, qui portent d'une cloison à l'autre, & pour plus grande solidité on les fait de deux rangs de briques posées en liaison avec du plâtre ; c'est sur ce second rang couvert d'un aire que l'on pose les tuiles ou ardoises.

Il faut remarquer que cette espèce de *comble* est extrêmement lourd & compliqué ; que la quantité de briques qu'il faut pour l'exécuter le rendroit fort coûteux.

On a imité les *combles* briquetés du ch^{er} Despie, à Paris, dans plusieurs grands édifices, & sur-tout au Palais-Bourbon; mais, au lieu de toutes les cloisons de briques, on a construit une partie de voûte gothique au-dessus de celle en plein cintre sur laquelle le *comble* est établi.

Ces différens procédés ne valent point ceux qu'on a employé pour couvrir les bâtimens circulaires de la Halle-au-Blé, représentées par les figures 148 & 149. Ces *combles*, au lieu de fermes de charpente, sont composés d'arcs-doubleaux extradossés à deux pentes, qui lient la voûte intérieure avec celle qui forme les surfaces inclinées sur lesquelles posent les tuiles. Ces arcs-doubleaux sont espacés d'environ 9 pieds, & les parties de voûtes plates & rampantes sont bandées de l'une à l'autre; cette construction, qui est fort bien exécutée & bien entendue, est la seule qui conviendroit aux édifices publics pour les rendre solides, durables, & les mettre à l'abri des incendies ; c'est ainsi qu'on auroit dû couvrir la cour de cet édifice, au lieu d'une voûte de bois dont la foiblesse & le peu de durée contraste d'une manière frappante avec le surplus de l'édifice.

Au Théâtre des Variétés, le *comble* est une espèce de charpente en fer, composée de fermes moisées qui soutient une voûte en briques creuses; ces nouvelles briques, que l'on appelle aussi *pots*, ont l'avantage de former, avec moins de poids, une voûte plus épaisse que les briques massives, & par conséquent plus propres à terminer un édifice. (*Voyez* le mot VOUTE.)

M. Angot, architecte, a trouvé aussi un moyen fort ingénieux de former des *combles*, & des planchers

planchers tout en fer. Comme tout l'art de ces *combles* dépend de l'arrangement des pièces qui composent les fermes, nous renvoyons encore à cet article.

COMBLER, v. act. Combler un fossé, un précipice. Les travailleurs comblent les fossés d'une ville; le temps a comblé les canaux de l'Egypte & de l'Assyrie; la plûpart des édifices anciens sont comblés de terre.

COMMISSURE, subst. fém. Point d'union de deux corps appliqués l'une à l'autre, ligne, selon laquelle ils sont joints ensemble. Ce mot vient de *commissura*, employé par Vitruve; il signifie jointure dans cet auteur, & Philibert Delorme appelle *commissure* les joints des pierres.

COMMISSURE DE PENTE. Joints qui sont en pente, tels que ceux des claveaux d'une plate-bande ou d'une architrave. *Voyez* JOINTS.

COMMODITÉS, pron. fém. On dit qu'un appartement a toute sorte de commodités quand il est bien distribué, quand on y trouve plusieurs cabinets ou petites pièces de dégagement, & sur-tout quand il est approprié à nos usages habituels. *Voyez* MOEURS, USAGES.

De l'observation des règles de l'art, il résulte souvent plus de commodités dans un édifice, que de l'asservissement aux fantaisies de la mode.

On a donné par euphémisme le nom de *commodités* aux *latrines*. Voyez ce mot.

COMMUN, subst. masc. C'est, dans un palais, un corps de bâtiment où l'on prépare les mets qui doivent couvrir la table du prince & celle de ses officiers. Dans un hôtel, c'est simplement une salle où mangent les gens de maison; dans une maison religieuse, c'est le réfectoire des domestiques; enfin, c'est en d'autres endroits, le logement des gens de service.

Les grands ont fait augmenter leur *commun* dès qu'ils ont cru qu'il étoit de leur dignité d'avoir une table plus abondante & des valets plus nombreux: ainsi il y a à Versailles un *grand* & un *petit commun*.

Le *grand commun* est remarquable par son étendue; il est bâti à la gauche du château dont il est isolé; il est double en son circuit & renferme une cour carrée. *Hardouin Mansard* en a donné les dessins. *Voyez* MANSARD.

COMMUNICATION, subst. fém. Moyen établi pour aller d'un lieu à un autre. Une tranchée ser. de *communication* à divers points d'attaques; une forteresse a une *communication* avec une autre forteresse, par des chemins couverts; une galerie ouvre à plusieurs appartemens une *communication* entre eux. Le canal de Languedoc est la *communication* des deux mers. Plus on établira de *communication* entre les villes, plus elles pourront se fournir. La force d'Athènes étoit dans sa *communication* avec le Pyrée.

COMPAGNON, subst. masc. Nom que l'on donne dans les ateliers à ceux qui travaillent journalièrement sous les ordres d'un maître.

On appelle un ouvrage de routine, un ouvrage de *compagnon*.

Tel qui n'a fait que des ouvrages de *compagnon* a cependant passé pour artiste.

COMPARER, v. act. Opposer les monumens d'un peuple à ceux d'un autre peuple, ceux d'un siècle à ceux d'un autre siècle, en examiner les rapports & les différences, rapprocher les différens âges de l'art.

Il faut *comparer* pour connoître, juger & choisir; on connoîtra mal, on jugera faux, on choisira sans goût, si l'on compare avec prévention, & si, avant de comparer, on n'est instruit de la température de chaque climat, des matériaux qu'il produit, des mœurs des peuples qui l'habitent & des colonies qui ont pu s'y établir.

L'architecte qui a vu & n'a point *comparé*, emploie indistinctement ce qu'il se rappelle, & ne produit qu'un mélange bizarre de parties disparates.

COMPARTIMENT, subst. masc. Disposition de figures formées de lignes droites ou courbes, & servant à décorer les surfaces avec grace & régularité.

Compartiment, selon l'expression italienne; *distribuzione*, signifie encore *distribution*. Nous ne l'employons guères en ce sens, que dans les deux exemples suivans.

COMPARTIMENT DE RUES. Division intérieure des quartiers d'une ville; des rues percées au hasard, & qui se rencontrent de même; des quais qui suivent les sinuosités du fleuve qu'ils renferment, & des îles dont les bords sont inégaux n'offrent ensemble que des irrégularités & non des *compartimens*. En général, ceux-ci ont toujours été assez rares, & Dicœarque, disciple d'Aristote, nous dit que, de son temps, les rues d'Athènes n'étoient point alignées. *Voyez* VILLE, RUE, &c.

COMPARTIMENT DE PARTERRE. Il ne faut pas le confondre avec *parterre de compartiment*. Voyez PARTERRE. *Compartiment de parterre* s'entend des sentiers qui séparent les diverses pièces parallèles dont un parterre étendu est ordinairement composé. Si l'on donne le nom de *compartimens* à ces sentiers, on peut, sans doute, le donner aussi aux allées d'un jardin ou d'un parc; cela est une suite nécessaire de l'application du même mot à des rues bien disposées. Mais passons au *compartiment*, tel que je l'ai défini d'abord, & qui signifie, en deux mots, *ornement symétrisé*.

Depuis le sauvage qui se peint de diverses couleurs & se fait graver sur le corps les figures les plus déliées, jusqu'à l'artiste qui décore un édifice, des plus beaux marbres & des plus riches métaux; tous les hommes ont plus ou moins le goût des *compartimens* : aussi n'est-il point d'art, & presque point de métiers qui n'aient adopté quelques *compartimens*. De-là le sens étendu de ce mot, & son emploi fréquent; je me restrains à ceux qu'il a dans l'architecture.

COMPARTIMENS DE TUILES OU D'ARDOISES. Les premiers sont une disposition régulière de tuiles blanches, rouges & vernissées qui couvrent les combles de quelques anciennes églises & les tourelles de quelques vieux châteaux. Les seconds sont des ardoises taillées en écailles, en étoiles; & formant des échiquiers, des losanges, & même un assemblage de chiffres ou de lettres; ces *compartimens* avoient le mérite d'égayer un peu la triste hauteur des toits gothiques; ils ne sont plus en usage, & je ne crois pas qu'ils doivent y revenir.

COMPARTIMENS DE VITRES. Ce sont des verres blancs ou des verres de couleurs qui, taillés diversement, sont rassemblés les uns avec les autres par des plombs, & représentent des figures appelées *bâtons rompus*, *bornes debout*, *bornes couchées*, *tranchoirs* & autres, aussi ridicules de nom que d'effet. Ces prétendus *compartimens* ont remplacé les peintures historiques. *Voyez* VITRAUX. Ils sont tous rectilignes, & quand on en a choisi un, on doit le répéter dans tous les panneaux du vitrage que l'on exécute. Les verres de couleurs servent d'encadrement à ces panneaux réunis, & ils sont, en outre, disposés différemment que les verres, dont ceux-ci sont formés. Ce n'est que peu-à-peu, qu'on a reconnu la mesquinerie & la puérilité de ces sortes d'ouvrages, & qu'on s'est déterminé à n'employer que les seules vitres blanches, & en pièces carrées. *Voyez* VITRES.

COMPARTIMENS DES MURS DE FACES. Décoration symétrique des murs, à l'extérieur. Des matériaux choisis, traités avec soin & joints avec précision composent souvent seuls ces sortes de *compartimens*. La proportion relative des fenêtres & des trumeaux, les chambranles & les appuis des unes, les paremens rustiqués, unis ou briquetés des autres, des cours de plinthes indiquant les planchers, des bossages sagement employés; tous ces objets forment des *compartimens* d'autant plus riches, que la plûpart de nos maisons n'ont qu'un crépi & quelques bandeaux de plâtre badigeonnés. *Voyez* MAÇONNERIE.

COMPARTIMENS DES LAMBRIS. Décoration symétrique des murs, dans l'intérieur. Les anciens varioient ces *compartimens*, selon la matière qu'ils mettoient en œuvre, & le lieu qu'ils vouloient orner. Dans les tombeaux, ils se servoient du stuc & de la peinture à fresque; dans leurs musées, salles, étuves & bains, ils employoient les pierres de rapport & les relevoient par des moulures d'or ou de bronze en lames. Nous ne pourrions atteindre à ce dernier degré de magnificence, & nous ne faisons nos *compartimens* que de plâtre, de pierre, quelquefois de stuc & rarement de marbre. L'architecte qui bâtit en des lieux où se trouvent des marbres de différentes couleurs, peut cependant les employer à l'exemple des anciens qui ont exprimé par divers marbres les diverses saillies, comme pilastres, corniches, impostes, archivoltes, &c. La variété des couleurs contribue à faire détacher toutes ces parties, & la décoration n'en paroit que plus belle. Mais il faut être attentif à ce que ces couleurs soient parfaitement assorties; car rien ne répugne tant à l'œil que celles qui, à force d'être tranchantes, se détruisent mutuellement. Voulez-vous en juger? entrez dans l'église des grands Augustins, à Paris; examinez le jubé où des colonnes & des tables de marbre noir sont sur un fond de pierre blanche; ne vous offre-t-il pas un contraste insupportable? Oui, sans doute, & le champ devroit être de brêche ou de blanc veiné de gris. L'église des Bénédictins de Saint Georges-le-majeur, à Venise, bâtie par Palladio, & la chapelle de Notre-Dame de Pitié, ouvrage de Michel-Ange dans l'église Saint-André, *della valle*, à Rome, sont de vrais modèles dans l'art de réunir différens marbres. Ils y sont, en effet, tellement assortis pour les couleurs, qu'il est impossible de rencontrer ailleurs en ce genre une plus parfaite harmonie. *Voyez* MARBRE & COULEURS.

Privés de la plûpart de ces marbres, nous les remplaçons par des *compartimens* en bois. La menuiserie est l'art de travailler ce bois; mais lorsqu'un ouvrage entier de cette sorte, n'est point borné à de simples panneaux d'assemblage, le dessin en appartient à l'architecture, ou à la sculpture, et l'exécution à celle-ci seulement. Les *compartimens* de menuiserie doivent donc suivre les principes établis pour les autres. (*Voyez* MENUISERIE & LAMBRIS DE MENUISERIE.)

COMPARTIMENS DES VOUTES ET PLAFONDS. Arrangement des objets de décoration qui leur sont convenables. Lorsque les anciens ont enrichi de *compartimens* leurs voûtes et leurs plafonds, ils avoient sans doute remarqué que, quand on entre dans un lieu, on porte d'abord la vue vers les parties supérieures, & qu'ainsi il étoit nécessaire qu'elles lui offrissent un aspect agréable. Ils ont travaillé d'après cette observation, et leur travail a fait loi. L'architecture gothique s'y est elle-même soumise, & elle est vraiment surprenante dans ses *compartimens*, formés par des arcs doubleaux, liernes & tiercerons qui prennent naissance des branches et croisées d'ogives. Il y a de ces faillies ou nervures qui sont détachées de la douelle des pendentifs, & qui ne laissent pas de porter des culs-de-lampes, des lanternes à jour & autres caprices, tous des plus hardis & des plus extraordinaires. Il ne faut pas cependant mettre en parallèle de tels *compartimens* avec ceux qui ont été faits dans les temps de la bonne antiquité; les uns ne brillent que par la témérité du travail, les autres se distinguent par le goût du dessin et la sagesse de l'exécution. Ce qui subsiste encore de ceux-ci dans les plafonds des arcs de triomphe, du temple de la paix, & sur-tout du panthéon, à Rome, mérite tous les hommages que l'admiration peut rendre au génie.

Il y a deux espèces de *compartimens* pour les voûtes; les *grands* & les *petits*. Les *grands* sont composés de vastes panneaux assemblés avec d'autres beaucoup moindres; ceux-ci contiennent des chiffres, médaillons ou grotesques, & ils servent d'accompagnement aux premiers qui renferment des objets plus importans. Les *petits* sont carrés ou losanges, ronds ou ovales, exagones ou octogones, et ils ont chacun une rose ou un fleuron conforme à leur figure; lorsqu'on les exécute, on doit éviter la profusion. Une richesse affectée est souvent fausse; la voûte du Val-de-Grace à Paris en est la preuve.

Quelques succès que la sculpture ait toujours eu en ce genre de décorations, la peinture n'en a pas moins osé le tenter, et elle y a parfaitement réussi; mais comme une voûte, entièrement sculptée, paroissoit trop pesante, et qu'une voûte, entièrement peinte, paroissoit peu solide, on a voulu corriger ces aspects fautifs en réunissant la peinture et la sculpture. On a donc enrichi d'ornemens sculptés, les arcs doubleaux qui naissent du fond; on a posé des figures de stuc sur les corniches & attiques, & on a peint le nud de la voûte & des lunettes qui l'éclairent. Quelquefois on y a peint des sujets historiés, séparés par des *compartimens* tracés & imitant le relief. D'autres fois on s'est contenté d'y peindre des *compartimens* de grisaille ou de marbre, rehaussés d'or.

Lorsque les édifices ne sont pas voûtés, ils ont alors des plafonds; ces plafonds, ou sont ceintrés en anse de panier, très-surbaissée, ou sont droits, &, de-là, appelés *sofites* & *lambris*. Dans les plafonds ceintrés, la partie surbaissée est abandonnée à la fécondité du pinceau: les parties en voussure sont occupées par des cadres variés & d'un profil léger, & les angles rentrans des coins disparoissent en arrondissement ornés de camayeux, de bas-reliefs ou de statues de stuc.

Entre les plafonds droits, les uns ont des *compartimens* en saillie, avec cadre sur un fond uni; les autres semblent faits de poutres assemblées en *compartimens* réguliers, qui laissent des renfoncemens bordés de corniches architravées, avec des rosons dans les plus petits espaces, et dans les plus grands, des génies, guirlandes, grotesques, devises et autres ornemens peints à fond-d'or, ou d'or à fond d'azur. La plate-bande du dessous de ces poutres, est décorée de guillochis ou entrelas continus, entre deux lisels; et aux endroits où les mêmes poutres se croisent, des roses sont attachées en forme de pendentifs.

Les divers *compartimens* que je viens de retracer, sont exécutés dans les monumens modernes de l'Italie, et l'on en voit quelques imitations dans plusieurs des anciens palais; mais aujourd'hui on ne décore plus les voûtes & les plafonds des basiliques & des palais qu'avec des caissons; & lorsque ces parties ont moins d'étendue & d'élévation, on les enrichit d'arabesques peints ou en relief.

En général, le genre arabesque peut paroître plus propre que tout autre à ce décoration, en ce qu'il contente les yeux et ne les fatigue pas. S'il est vrai qu'en entrant dans un lieu, l'homme élève d'abord ses yeux vers la voûte ou le plafond, il est également vrai qu'il les abaisse aussitôt, parce que cette position leur est pénible. Il ne peut donc connoître que peu à peu & par morceau les vastes *compartimens* qui sont au-dessus de sa tête, et souvent la contrainte qu'il a éprouvée à les voir une première fois l'empêche de les considérer une seconde. Ces grandes compositions de peinture & de sculpture qui semblent peser sur lui, l'éblouissent & l'épouvantent. Il n'en est pas de même du genre arabesque; il se prête à la mobilité des yeux; il se joue, pour ainsi dire, avec nos regards, & il ne demande que ceux que nous pouvons lui accorder sans peine. D'ailleurs, il est la plus fidelle image de l'esprit de l'homme, et, par conséquent, celle qu'on doit lui exposer davantage. Que l'homme, en effet, laisse un moment agir son esprit sans détermination particulière, le voilà qui s'occupe d'une rose, d'un bosquet, d'un oiseau, d'une nymphe, d'une fontaine & de mille objets qu'il unit & sépare, confond & distingue, & parmi lesquels il erre & se promène; enfin, ce qui nous fait complaire en cette espèce de rêverie où l'on tombe insensiblement, au sein du travail, même le plus réfléchi, qu'est-ce autre chose qu'un enchaînement d'arabesques qui se présente à notre imagination?

COMPARTIMENS DE PAVÉ. Ordre des pierres dont on couvre la superficie d'un sol destiné au passage des gens de pied et des voitures. Le grès est la pierre qu'on y emploie le plus ici, à cause de sa dureté. Le grand pavé de grès est presque cubique, il ne présente guères de *compartimens* que quand il est bien liaisonné, & que les revers, pointes et ruisseaux sont bien observés. Le petit pavé se manie avec plus d'aisance; on peut lui faire suivre quelque dessin, & la cour de l'hôtel des monnoies, à Paris, offre un *compartiment* de petits pavés représentans les armes de France; on leur a joint souvent d'autres pavés de pierres-à-fusil, ou de pierres de Caën, pour former des roses, des losanges, des échiquiers dans des arrières-cours, grottes, salles basses, &c. La cour du château d'Ecouën est pavée ainsi, & elle est vraiment singulière par le soin qu'on y a apporté.

On pave quelquefois en briques les villes où il n'y a point de charrois, les chemins relevés pour les gens de pied & les terrasses; on les pose de plat ou de champ, et des *compartimens* s'en font en liaison, ou en épi. L'épi est une forme angulaire & liaisonnée tout ensemble. (*Voyez* PAVÉS, BRIQUES, POUZZALANES, LAVES.

COMPARTIMENT DE CARREAUX DE TERRE. Ces carreaux sortent de la fabrique avec la forme qui fixe leur *compartiment*. Ils sont maintenant carrés ou exagones, mais on emploie les carrés que dans les âtres. On en faisoit autrefois de triangulaires, d'octogones, &c. & on en plaçoit un carré & vernissé dans le vide que les octogones laissent nécessairement entre eux; ce dernier *compartiment* a fait place aux seuls exagones. (*Voyez* CARREAUX.

COMPARTIMENS DE CARREAUX DE PIERRES. Lorsque ces carreaux sont faits de pierres d'un même grain, on les dispose carrément, ou en losanges & on les borde de plates-bandes; mais lorsqu'ils sont, les uns de pierre blanche & les autres de pierre noire, on en varie autant les *compartimens*, que l'on peut combiner de figures régulières, de deux couleurs, & on est même parvenu jusqu'à en faire en manière de labyrinthes, composés de frises & de sentiers en guillochis. On en voit un semblable dans la grande église de Saint-Quentin, en Picardie; je le cite comme exemple, & non pas comme modèle.

COMPARTIMENS DES PAVÉS DE MARBRE. On les divise en grands & en petits *compartimens*. Les plate-bandes des *grands compartimens* sont reglées par les dimensions des avant-corps & arrière-corps des pilastres, par les pans coupés, portions de cercle & autres dispositions des plans. Les panneaux doivent répondre aux *compartimens* des voûtes & sofites, & se distinguer par des marbres de diverses couleurs; dans les figures rondes ou ovales, on fait des *compartimens* de roses, appelés *compartimens polygones*. Ils sont formés de figures régulières & répétées, qui peuvent être comprises dans un cercle; tels sont ceux du Val-de-Grâce & de l'Assomption à Paris. Les *compartimens carrés* ne sont donc point admissibles dans une figure circulaire; & les *compartimens ronds* ne le sont pas plus dans les figures carrées: cependant les uns & les autres ont été ainsi employés, & sans doute on y a applaudi; car bien souvent on a pris des contradictions pour des oppositions.

Quant aux *petits compartimens*, ils se font de mosaïque ou de pierres de rapport, distribuées par plate-bandes, lesquelles sont carrément ou circulairement entrelacées; & renferment différentes sortes de figures. Le pavé de Sainte-Sophie à Constantinople, & celui de l'église Saint-Marc, à Venise, sont faits de cette manière. Il y a encore d'autres petits *compartimens*, ce sont ceux qui représentent en marbre, les mêmes figures que les *compartimens de vitres*; on en trouve de pareils dans l'église de l'abbaye de Joyenval près Saint-Germain-en-Laye; mais, en général, tous ces *petits compartimens* paroissent aussi déplacés dans de vastes édifices, que *grands compartimens* le seroient dans des édifices médiocres.

Les *compartimens* de pavé de marbre exigent autant que ceux de lambris, l'union & l'accord des couleurs; mais pour inquiéter la vue & tromper les pieds, on ne doit pas donner à leur surface unie une apparence raboteuse; il faut donc éviter les *compartimens* d'octogones mi-partis, de dez ou de cubes, de pointes de diamans, d'étoiles doubles ou confuses, & enfin de toutes les figures qui vous offrent l'illusion d'un relief, & sur lesquelles on ne pourroit ni avancer ni se soutenir, si elles existoient réellement. On ne marche point avec plaisir parmi des ronces, des ornières & des cailloux; mais on ne se lasse point de marcher dans une verte prairie, sur des feuillages ou sur des fleurs.

Une grande partie des édifices de l'Italie renferment d'excellens modèles de pavé de marbre; &, sans sortir de la France, l'église des Invalides & les châteaux de Versailles & de Trianon présentent des morceaux en ce genre, dont on ne peut trop admirer la délicatesse & l'agrément.

COMPARTIMENS ASIATIQUES. Combinaison de carreaux de porcelaine, ou d'autres terres cuites, de diverses formes & couleurs. On les appelle asiatiques, parce qu'ils sont très-anciens en Asie, & que les peuples de cette belle partie du monde, en revêtent les murs, voûtes & pavés de la plûpart de leurs édifices. Les Maures, conquérans de l'Espagne, les employèrent autrefois à la décoration des monumens qu'ils élevèrent dans ce royaume, & dont plusieurs subsistent encore. L'éclat de ces *compartimens* inspira le désir de les imiter; &, en effet, on en trouve de pareils dans quelques villes d'Espagne & de Portugal. Le château de Madrid, près Paris, avoit été ainsi décoré; les arts & leur histoire en perdant ce monument, ont perdu plus d'une espèce de leçons ou de souvenirs utiles, & plus d'un exemple de goût & de magnificence.

J'ai rappelé ici les *compartimens asiatiques*, persuadé qu'ils peuvent être perfectionnés & heureusement employés, sur-tout dans la France, où le marbre est rare & où la porcelaine se fabrique avec succès. Si les orientaux l'emportoient encore sur nous par la vivacité des couleurs, qu'ils doivent à leur climat plutôt qu'à leur art, nous l'emporterions incontestablement sur eux, par la variété des objets & la beauté du dessin, & nous charmerions les yeux qu'ils se contentent d'éblouir.

Je termine l'article des *compartimens*; en observant que chaque *compartiment* doit être relatif au lieu qu'il doit orner, aux objets dont il est composé & aux matériaux que l'on met en œuvre; car chaque matière a un emploi convenable à sa nature, chaque objet une disposition conforme à sa figure, & chaque lieu une décoration analogue à sa destination: ainsi, l'art des *compartimens* veut du goût, de l'entente & de la raison, & sans cela il cesse d'être, ou n'est que puéril.

COMPARTIMENT, subst. m. (CONSTRUCTION.) On appelle ainsi, en architecture, la distribution régulière des parties qui doivent former un tout. Les voûtes, les plafonds, les lambris de menuiserie, le pavé des appartemens, les vitrages, les jardins, les parcs & même les villes sont susceptibles d'être divisés en parties régulières disposées symétriquement, auxquels on donne le nom de *compartiment*.

Les *compartimens* que l'on forme dans les voûtes, sont ordinairement formés par des arcs-doubleaux, ou des renfoncemens qui peuvent être carrés, losanges, octogones, exagones, circulaires, &c.; on leur donne le nom de caissons. (*Voyez* ce mot.) Tels sont les *compartimens* de la grande voûte du Panthéon, de celles du temple de la Paix à Rome; du Val-de-Grace & d'autres édifices du même genre.

En Italie, où l'on construit ordinairement les voûtes en briques, lorsqu'on veut qu'elles soient ornées d'un *compartiment* de caissons, on forme sur le ceintre, avant de construire la voûte, les contre-parties des panneaux ou caissons qui doivent former les *compartimens*, avec les moulures & ornemens autour; ces ornemens se font avec de la terre glaise, de manière qu'en sortant de dessus les ceintres, tous les renfoncemens se trouvent faits & les ornemens ébauchés.

Lorsque les voûtes doivent être construites en pierre de taille; on peut disposer leur appareil de manière à pouvoir ébaucher les pierres avant de les poser en place, afin d'avoir moins de pierre à ôter sur place & de ne pas fatiguer la voûte.

On divise aussi les plafonds en *compartimens* qui paroissent formés par la disposition des poutres ou principales pièces de bois qui servent à leur construction: tels sont les *compartimens* des plafonds de Ste.-Marie majeure, & des autres basiliques de Rome. (*Voyez le mot* PLAFOND.)

Les lambris de menuiserie sont composés de panneaux & de pilastres combinés d'une infinité de manières différentes; ces *compartimens* sont aussi utiles à la décoration qu'à la solidité de cette espèce d'ouvrage, par la combinaison des pièces de bois qui le composent, & à la disposition des traverses qui encadrent les panneaux, qui se réunissent en tous sens, à bois de bout; d'où il résulte que le renflement du bois, dans les temps humides & sa retraite dans les temps secs, ne cause aucune désunion; cet effet alternatif du bois se faisant sentir dans le sens de la largeur, on a le soin d'assembler les panneaux dans les traverses, en pratiquant, dans ces derniers, des rainures plus profondes que les languettes des panneaux qui doivent y entrer; de cette manière, les panneaux & même les traverses peuvent augmenter de largeur, sans que les désunions paroissent, parce que cet effet se perd dans le fond des rainures.

Il n'en est pas de même des *compartimens* en panneaux écrasés, comme les parquets; c'est pourquoi ils sont sujets à des désunions auxquelles on ne peut obvier.

Les *compartimens* des pavés se forment de parties semblables ou variés, distinguées par des couleurs différentes. Les figures les plus ordinaires qui servent à former les *compartimens* des pavés sont les carrés, les rectangles, les losanges, les triangles équilatéraux, l'exagones, l'octogone, &c. (*Voyez les mots* CARREAU & PAVÉ.)

Les vitrages se divisoient aussi, autrefois, en compartimens, sur-tout ceux d'église & des maisons religieuses; on y employoit des pièces de verre de toute sorte de forme, assemblées avec de petites lames de plomb. Quelquefois ces pièces de verre étoient colorées, de manière que l'ensemble formoit un tableau, un écusson ou un ornement quelconque. (*Voyez les mots* VITRAGE, VITRE & VITRIER.)

Les *compartimens* de jardins sont formés par des allées, des plate-bandes, des pièces de gazon, des massifs d'arbustes qui peuvent se varier d'une infinité de manières différentes.

Il y a des villes, des bois, des forêts qui sont percés symétriquement par des rues, des allées, des chemins, qui forment, avec les places & les carrefours, des *compartimens* réguliers dont le plan est agréable.

COMPARTIR. v. act. *Partire*, ou *partiri cum ordine*. Partager, départir avec ordre, faire des *compartimens*. Compartir est inusité; cependant, il me semble que l'on diroit aussi bien compartir des festons, que faire des *compartimens* de festons, le verbe faire étant d'ailleurs assez fréquemment employé dans notre langue.

COMPAS. subst. masc. Instrument de mathématique, dont on se sert pour décrire des cercles, espacer des lignes, fixer des points & mesurer des distances.

On attribue l'invention du *compas* à Talus, neveu de Dédale, par sa sœur. (*Voyez* TALUS & DÉDALE.) Il faudroit plutôt l'attribuer aux Egyptiens, qui avoient construit des édifices vastes & réguliers, long-temps avant le siècle où parurent ces deux artistes; mais comme elle est une suite de l'idée de mesure, je crois que ceux auxquels elle appartient furent ceux qui firent les premiers partages.

Le *compas* est composé de deux branches, ou jambes, dont la partie supérieure est ordinairement de laiton, & dont la partie inférieure est de fer ou d'acier ; ces branches s'unissent par une charnière & finissent en pointes très-affilées. Le rivet qui traverse la charnière ne doit pas tant la serrer, que les doigts ne puissent aisément ouvrir & fermer le *compas*, & il doit en même-temps la serrer assez, pour que le *compas* reste au dégré d'ouverture qu'on lui a donné.

Il y a plusieurs sortes de *compas*.

COMPAS A TROIS BRANCHES. Il sert à prendre à la fois trois positions ; &, par-là, il est très-commode à ceux qui ont quelque plan, ou carte, à copier promptement ; les trois branches sont pareilles, & s'unissent comme celles du *compas* simple.

COMPAS A POINTES CHANGEANTES. C'est celui dont l'une des pointes d'acier se démonte & fait place, soit à un porte-crayon, soit à une pointe servant de plume, soit à quelqu'autre encore ; ce *compas* est du plus grand usage dans tous les dessins d'architecture.

COMPAS D'APPAREILLEUR. Il a des branches longues de près de deux pieds, & qui sont plates, droites & également larges, depuis le haut jusqu'à la naissance des pointes. Il est construit ainsi, parce qu'il a deux emplois : celui de tracer sur les pierres les différentes lignes que le ciseau doit suivre, & celui de mesurer des angles de diverses proportions.

Je n'ai parlé ici que des *compas* ordinaires, & je renvoie pour les autres, au *dictionnaire de mathématiques*, & à celui *des arts & métiers*. En effet, la plûpart des arts & métiers ont des *compas* qui leur sont propres ; & les sciences exactes en ont inventé plusieurs, dont il leur appartient de démontrer l'usage & l'utilité ; on ne peut donc trop consulter à ce sujet, les ouvrages que je viens d'indiquer.

COMPAS. subst. masc. (*Construction.*) C'est ordinairement un instrument composé de deux branches unies d'un bout par une charnière & terminées en pointes de l'autre, de manière que l'on peut ouvrir ou fermer le *compas* à volonté, pour prendre toute sorte de mesure ; il faut que la charnière d'un *compas* soit un peu roide, pour qu'il puisse rester ouvert sans se déranger à une ouverture déterminée.

On se sert pour faire les *compas* de plusieurs sortes de métaux, tels que le fer, le cuivre, ou laiton ; on en fait aussi d'or & d'argent avec des pointes d'acier, qui servent pour dessiner l'architecture. L'usage ordinaire des *compas* est de décrire des circonférences, ou des arcs de cercle, & de prendre des mesures, ou des distances en ligne droite.

La grandeur des *compas* qui servent à dessiner l'architecture, est depuis 2 pouces jusqu'à 6 ou 7 pouces ; on en distingue de deux sortes ; savoir, les *compas* simples, ou à deux pointes, qu'on appelle encore *compas* ordinaires ; & les *compas* à plusieurs pointes, ou à pointes changeantes. Le *compas* simple est celui que nous venons de décrire ; le *compas* à pointes changeantes, a ordinairement l'une de ses pointes fixes ; à l'autre branche est un trou, dans lequel on peut placer successivement plusieurs autres pointes ajustées exprès, & que l'on fixe par le moyen d'une vis. Sous le nom de pointes changeantes, on comprend une pointe ordinaire, une pointe à l'encre, ou un tireligne, un petit porte-crayon, & quelquefois une petite roulette qui sert à ponctuer.

Il y a des *compas* à la françoise, à l'allemande & à l'angloise ; ceux à la françoise & à l'allemande different peu ; ils sont cambrés de manière que les pointes ne se touchent que par le bas ; les jambes des *compas* à l'angloise se joignent dans toute leur longueur ; ces derniers sont les plus estimés.

Il se trouve des *compas* qui, au lieu d'être à pointes changeantes, sont à pointes tournantes, pour n'être pas obligé de changer les pointes. Le corps de ces *compas* est fait comme celui des *compas* ordinaires ; vers le bas & en dehors, on ajoute aux pointes ordinaires deux autres pointes, dont l'une porte un crayon & l'autre sert de plume ; elles sont ajustées de manière qu'on peut les tourner pour se servir de celle dont on a besoin.

Les ouvriers en bâtimens se servent de *compas* à deux pointes, qui sont ordinairement tout en fer ; tels sont ceux des menuisiers, des charpentiers, des maçons, des tailleurs de pierres.

Le *compas* d'appareilleur est un grand *compas* de fer d'environ deux pieds de longueur ; ces branches sont plates, l'une est double, disposée de manière à recevoir la branche simple, lorsque le *compas* est fermé ; ces branches sont terminées par des pointes qui forment une ligne droite avec le dos des branches, de manière qu'il peut servir à prendre des angles, comme une fausse équerre, & à tracer, comme les *compas* ordinaires, des circonférences & des arcs de cercle, & enfin à prendre toute sorte de mesure en ligne droite.

Le *compas* à verge est un instrument composé d'une tringle, ordinairement de bois, qui peut avoir jusqu'à 15 pieds de longueur ; on ajuste à cette tringle deux poupées, ou boîtes à pointes changeantes si l'on veut ; une de ces poupées est fixe à l'extrémité de la tringle, & l'autre peut couler dans toute sa longueur, pour prendre telle mesure que l'on veut ; on fixe cette poupée mobile par une vis de pression.

Lorsqu'on veut donner à cette espèce de *compas* toute la perfection dont il est susceptible, on ajoute à la poupée fixe une vis de rappel qui la fait mouvoir d'une manière presqu'insensible, afin de pouvoir prendre avec la plus grande précision, les mesures dont on a besoin ; sans ce secours, il est quelquefois très-difficile d'ajuster la poupée mobile à un point fixe ou à une mesure déterminée. Les *compas* à verges sont extrêmement utiles pour tracer, en grand, toutes sortes d'opérations relatives à la construction des édifices. (*Voyez* ÉPURES.)

COMPAS DE RÉDUCTION. C'est une espèce de *compas* double, dont les branches fendues se réunissent à volonté par le moyen d'une boîte ou coulisse qui peut glisser le long des branches, & se fixer où l'on veut, selon les réductions que l'on a à faire, en ralongeant les branches d'un côté & les raccourcissant de l'autre.

Sur l'une des branches de *compas*, il y a des divisions qui servent à partager les lignes en un nombre quelconque de parties égales, pour réduire les figures ; sur l'autre, il y a des divisions, pour inscrire toute sorte de polygones réguliers dans un cercle donné. L'usage des divisions marqué sur la première branche est aisé. Supposé, par exemple, qu'on veuille diviser une ligne droite en trois parties égales ; poussez la coulisse jusqu'à ce que la vis soit directement sur le nombre 3 ; & l'ayant fixé là, prenez la longueur de la ligne donnée avec les branches du *compas* les plus longues ; la distance entre les deux plus courtes, sera le tiers de la ligne donnée. On peut de la même manière diviser une ligne en un nombre quelconque de parties.

Usage des divisions pour les polygones.

Supposez, par exemple, qu'on veuille inscrire un pentagone régulier dans un cercle ; poussez la coulisse jusqu'à ce que le milieu de la vis soit vis-à-vis le 5, nombre des côtés d'un pentagone ; prenez avec les jambes du *compas* les plus courtes, le rayon du cercle donné ; l'ouverture des pointes des jambes les plus longues, sera le côté du pentagone qu'on vouloit inscrire dans le cercle. On en fera de même pour un polygone quelconque. On se sert utilement de ce *compas*, en architecture, pour réduire avec facilité & précision des plans ou des desseins de grand en petit, ou de petit en grand.

COMPAS A OVALE. C'est un instrument avec lequel on peut tracer toutes sortes d'ellipses ; il est composé de deux règles assemblées en croix dont les quatre branches sont égales. Ces règles sont en bois dans les grands instrumens dont on se sert pour tracer les épures, & en cuivre pour les petits instrumens qui servent à dessiner sur le papier.

Lorsqu'il ne s'agit de tracer en grand qu'un quart d'ellipse, le *compas* à ovale est une simple équerre,

sur les côtés de laquelle on fait couler deux pivots attachés à certaine distance, à une règle au bout de laquelle est un crayon pour tracer : lorsqu'on ne veut tracer qu'une demi-ellipse, il faut un instrument composé de deux équerres, avec une coulisse entre deux, comme on voit à la fig. 150 ABCE, & afin que la branche du milieu soit plus ferme, on y ajoute des liens, comme m n, MN, qui empêchent qu'elles ne puissent s'incliner vers A, ni vers B.

On prend ensuite une règle RT, qu'on fait entrer dans trois anneaux de fer ou de cuivre carrés H, G & K, dans lesquels on l'enfile ; & afin de pouvoir les fixer où l'on veut, on y ajoute une vis.

A deux de ces anneaux, faits en façon de petite boîte, tient une queue en forme de pivot conique, qu'on fait entrer par les bouts de la rainure CE, & dans la rainure AB, si l'on en fait une, qui n'est nécessaire que pour mieux assujétir le mouvement de la règle RT ; c'est pourquoi on fait ces rainures plus larges au fond que par le haut, & les pivots étant coniques, quoiqu'ils puissent être cylindriques à la boîte K, au lieu de pivot, on met un crayon ou une pointe, comme on le juge à propos, pour mieux tracer.

L'instrument étant ainsi fait, il ne s'agit que de savoir déterminer la distance des pivots H G entre eux, & à l'égard du crayon K, pour tracer l'ellipse, suivant la longueur des axes donnés.

Ayant porté sur le grand axe AB, la longueur CD de la moitié du petit, de A en F, la différence de deux demi-axes FC, sera cette distance que l'on cherche du pivot H au pivot G ; & la longueur CD sera celle du pivot G au crayon K.

Les pivots & les crayons étant ainsi arrêtés par le moyen des vis, afin qu'ils ne puissent varier, il n'y a qu'à faire mouvoir la règle RT sur ces pivots, ensorte qu'il y en ait toujours un engagé dans la rainure des coulisses AB, FC, qui sont ici à angle droit, parce que les axes sont donnés ; & à mesure que la règle tournera sur ces deux pivots, le crayon K tracera l'ellipse demandée.

Il y a des *compas* à trois pointes, avec lesquels on peut prendre, d'un seul coup, les trois côtés d'un triangle ; & des *compas* à quatre pointes pour prendre les quatre côtés d'un quadrilatère, &c. ; mais ces *compas* sont plus curieux qu'utiles.

Le *compas* courbe sert à prendre le diamètre des corps circulaires ; ils ne diffèrent des *compas* ordinaires qu'en ce que leurs pointes sont courbes.

COMPAS DE PROPORTION. Cet instrument est plus à l'usage des mathématiques que de l'architecture ; cependant on peut s'en servir utilement pour rapporter les plans ou les réduire, & surtout pour faire des angles d'un nombre de degrés déterminé ou pour les mesurer. Nous allons expliquer les différens cas qui peuvent avoir rapport à l'architecture.

Le *compas de proportion* est composé de deux règles de cuivre assemblées à charnière, comme un pied-de-roi ; sur chaque face de ces règles sont tracées plusieurs lignes avec des divisions. Les lignes marquées, parties égales, peuvent servir d'échelle, pour mettre en mesure toute sorte de plans ou de dessins.

On peut se servir du *compas de proportion* pour diviser une ligne donnée en un nombre quelconque de parties égales ; comme, par exemple, en cinq : on prendra la longueur de la ligne à diviser avec un *compas* ordinaire ; on ouvrira le *compas de proportion* jusqu'à ce que cette mesure puisse être contenue entre deux mêmes nombres de l'échelle des parties égales, divisible par cinq, par exemple, de 50 en 50 ; ensuite sans changer l'ouverture du *compas de proportion*, on prendra la mesure entre les nombres 10 & 10 de la même échelle ; cette mesure portée sur la ligne donnée, la divisera en cinq parties égales.

Pour réduire un plan, on prendra une dimension quelconque du plan à réduire que l'on portera sur l'échelle des parties égales : supposons qu'elle se trouve avoir 120 parties, connoissant le rapport de la réduction du plan, qu'il soit, par exemple, des deux tiers, on prendra les deux tiers de 120, c'est-à-dire, 80 parties ; on ouvrira le *compas de proportion* jusqu'à ce qu'il se trouve exactement 80 parties entre celles numérotées 120, sur l'échelle double des parties égales. Ayant fixé le *compas de proportion* à cette ouverture, on aura la réduction de toutes les autres lignes du plan, en les portant sur une des échelles des parties égales, depuis le centre, & prenant la distance qui se trouve entre les nombres correspondans aux échelles, qui répondront à ces mesures, & ainsi des autres.

Pour faire un angle d'un nombre de degrés déterminé ; par exemple, de 40 degrés, en se servant du *compas* de proportion, il faut prendre sur la ligne des cordes avec un *compas* ordinaire, la mesure de celle de 60 degrés, qui est égale au rayon du cercle auquel conviendroient toutes les cordes du *compas* de proportion ; de l'extrémité d'une des lignes tirées pour former l'angle, on décrira avec cette mesure, un arc indéfini, sur lequel on portera la corde de 40 degrés, & on tirera par ce point une seconde ligne qui fera avec la première, un angle de 40 degrés.

Si l'on avoit à mesurer un angle donné, du sommet de cet angle, avec une ouverture de *compas* égale à la corde de 60 degrés, on décrira un arc de cercle, entre les jambes de l'angle, prolongées s'il le faut : ayant la mesure de la corde de cet arc, on la portera sur le *compas* de proportion, sur l'échelle des cordes, depuis le centre, & on aura alors la mesure de l'angle donné.

On peut faire encore usage du *compas* de proportion pour décrire des poligones réguliers, en se servant de l'échelle des cordes, ou de celle appelée ligne des poligones.

Premier moyen par l'échelle des cordes.

Pour cela il faut, 1°. tracer avec la corde de 60 degrés pour rayon, une circonférence de cercle ; 2°. diviser 360 par le nombre de côtés que doit avoir le poligone ; le quotient sera l'expression de la corde qui doit former le côté du poligone. Supposons, par exemple, qu'il s'agisse de tracer un octogone régulier qui a 8 côtés ; ayant divisé 360 par 8, le produit 45 désignera que c'est la corde de 45 degrés, qui doit former le côté de l'octogone régulier que l'on cherche. On observera cependant qu'il peut arriver deux cas, le poligone que l'on aura tracé de cette manière, sera plus grand ou plus petit que celui dont on auroit besoin ; si il est plus petit, on décrira du même centre qui a servi à décrire le grand poligone, une circonférence capable du poligone dont on a besoin ; ensuite de tous les angles du grand poligone, on tirera des rayons qui marqueront sur la petite circonférence, la position des angles du poligone que l'on cherche.

Lorsque le poligone que l'on a besoin de tracer est plus grand, on prolonge tous les rayons du poligone primitif, jusqu'à la rencontre du cercle capable du poligone qu'il faut tracer ; ils marqueront sur ce dernier cercle les angles du poligone dont on a besoin.

Si l'on veut se servir des échelles de poligone gravées sur le *compas* de proportion, il faut, après avoir décrit le cercle dans lequel il doit être inscrit, ouvrir le *compas* de proportion, jusqu'à ce que le rayon de ce cercle puisse être compris entre les points 6 et 6, de l'échelle des poligones ; cela fait, si c'est un octogone que l'on veut tracer, on prendra la distance entre les points 8 & 8, de l'échelle des poligones ; ce sera le côté du poligone que l'on cherche, qui divisera la circonférence décrite en 8 parties égales.

Si le poligone étoit trop grand pour pouvoir être tracé par le moyen des échelles de poligone, du *compas* de proportion, il faudroit après avoir tracé le plus grand poligone possible, prolonger les rayons tirés du centre de ce poligone, jusqu'à la rencontre du cercle capable du poligone dont on auroit besoin.

On trouve encore sur les *compas* de proportions, des échelles, que l'on appelle lignes des plans ; on peut se servir de ces lignes pour faire des plans dont la superficie soit en raison donnée avec d'autres plans, c'est-à-dire, qui en soient la moitié, les trois quarts, le double, &c.
Comme

Comme toutes sortes de figures rectilignes peuvent se réduire en triangles, nous allons d'abord supposer qu'il s'agit de faire un triangle dont la superficie soit les trois quarts d'un autre triangle semblable. On prendra un des côtés quelconques de ce triangle, & on ouvrira le *compas* jusqu'à ce que la longueur de ce côté puisse être contenue entre les divisions marquées 4 & 4 de l'échelle des plans : ensuite, sans déranger l'ouverture du *compas de proportion*, on prendra la distance entre les divisions 3 & 3 ; cette distance sera un des côtés du triangle que l'on cherche ; on en fera autant pour avoir les deux autres côtés.

S'il s'agissoit d'un cercle, au lieu de côté, on prendroit le rayon ; ainsi, s'il falloit tracer un cercle dont la superficie fût les deux tiers d'un autre cercle donné, on ouvriroit le *compas de proportion*, jusqu'à ce que le rayon du grand cercle pût être compris entre les divisions 3 & 3 de l'échelle des plans, la distance des points 2 & 2 de la même échelle, seroit le rayon du cercle que l'on cherche. Cette opération peut servir à trouver le diamètre ou rayon d'un tuyau qui devroit débiter une quantité d'eau, qui auroit un rapport donné, avec celle d'un autre. *Voyez* l'article TUYAU.

COMPASSER, v. act. Se servir du *compas*, prendre des mesures avec le *compas*. Il est indispensable de se servir du *compas* pour rendre un édifice régulier dans son plan & dans son élévation, & établir entre toutes ses parties, un rapport d'où résultent les proportions & la solidité de l'ensemble ; mais il faut souvent laisser au coup-d'œil & même à la liberté d'un crayon indépendant, la recherche des détails, des ornemens, & même des profils. L'habitude de tout *compasser*, circonscrit & abâtardit l'imagination ; elle ne sort plus des cercles où on l'a renfermée, & l'art de bâtir, n'est presque plus que celui de manier le *compas* & la règle.

Il n'est pas d'architecte qui ne jette les premiers produits de son imagination sur le papier, & qui n'en essaie sans *compas* & comme au hazard les masses principales ; mais le besoin de déterminer d'une manière précise les mesures pour l'exécution, l'oblige bientôt à assujettir ces essais à la sévérité du *compas* & du calcul ; le vrai talent est celui qui sait passer à propos de l'une à l'autre manière de travailler, & qui emploie tour à tour le crayon sans s'égarer, & le *compas* sans se refroidir.

COMPLUVIUM. sub. neut. latin. Ce mot a différentes significations ; d'après plusieurs autorités, je l'ai rendu par le mot *citerne*, lorsque j'ai parlé du *cavædium* ; quoique j'aie alors adopté ce sens, je crois devoir rappeler ici ceux qu'on lui donne encore. Il signifie donc pente de toit, auvent, conduit par où l'eau de la pluie se rassemble de divers toits en un même lieu, partie supérieure & répondante à *l'impluvium*, (*voy.* IMPLUVIUM & CAVÆDIUM.) Galliani, savant traducteur & commentateur de Vitruve, rend dans le même chapitre, *compluvium* par *cortile*, cour, & par *Gronda*, -gouttière, égout-. Le texte de Vitruve semble permettre le choix entre ces divers sens.

COMPOSÉE (IDÉE, FORME.) Pour bien comprendre ce qu'on entend par ce mot, dans la *théorie* métaphysique de l'art, il faut avoir recours à son contraire qui est l'unité. L'architecture plus qu'aucun autre art, comporte deux espèces d'unité qui se fondent ensemble par le principe, mais que l'analyse parvient à séparer ; je veux dire l'unité intellectuelle ou morale, et l'unité matérielle ou sensible.

L'unité intellectuelle d'un édifice consiste, dans le juste rapport de sa destination, de ses usages, avec l'expression apparente de ses formes générales et partielles, ensorte qu'un œil intelligent puisse y découvrir, comme dans les ouvrages de la nature, une corrélation de parties liées ensemble par un motif universel, et tendantes à un but uniforme.

L'unité matérielle d'un édifice consiste, soit dans les lignes qui en décrivent les contours, soit dans les rapports symétriques des parties, ensorte que l'œil le moins exercé puisse par une seule partie, ou par un seul aspect, conjecturer la similitude des parties qu'il ne voit pas.

La première espèce d'unité, peut exister dans tous les édifices, quoiqu'elle y soit très-rare : c'est-là le secret de l'art & le chef-d'œuvre de l'artiste. La seconde n'est pas si importante à observer, elle dépend d'une multitude de convenances qui s'y opposent ; lorsqu'elle se réunit à la première, elle complète tout le plaisir qu'on peut attendre de l'architecture.

Maintenant si l'on veut avoir le secret du peu d'impression et de plaisir que nous font la plupart des édifices, il n'y a qu'à opposer au développement des deux espèces d'unité que je viens d'analyser, celui que le mot *composé* renferme quant aux idées ou aux formes de l'architecture.

Une *idée composée* dans un édifice, est celle qui se combinant de l'expression variée de plusieurs usages ou destinations n'y produit qu'un caractère vague et indéterminé, dont l'effet est de produire dans l'esprit du spectateur, ou une ambiguïté pénible, ou un sentiment d'indifférence.

Une *forme composée* dans un édifice, est celle qui, participant de plusieurs autres ne fait éprouver à l'œil du spectateur que l'embarras de la contradiction ou l'ennui de la diffusion, ensorte que l'âme ne reçoit que des sensations rompues, ou laborieuses.

Les *idées composées* sont souvent moins le résultat des architectes que des mœurs de leur pays. Plus les usages d'une nation se compliquent & se modifient, par les élémens divers, & tous les agens de la société, du luxe, du plaisir & de tous ses besoins; plus aussi, on perd de vue ce type primitif, que la main de la nature imprime aux premiers ouvrages de l'art. De la multiplication des besoins naît la combinaison des moyens, & la perte de l'unité morale.

Les *formes composées* sont plus du fait de l'architecte: mais le vice de leur emploi résulte aussi de l'habitude du plaisir que le peuple contracte, par l'épuisement des plaisirs simples, dans tout ce qui tient à la variété, & au renouvellement successif de toutes les formes que le caprice subordonne à son goût. Ce besoin de changement dans tout les arts qui se lient aux usages comme aux plaisirs de la société, est un des caractères bien distinctifs des peuples modernes ; tant que les causes qui produisent ce besoin existeront, il faudra se résoudre à voir les arts d'imitation subordonnés au pouvoir de la mode, passer indistinctement du bien au mal, du faux au vrai, sans aucune autre raison que celle de la nécessité & de l'empire aveugle qui soumet tout à l'opinion irréfléchie de la multitude.

Par-tout où le peuple aura contracté l'habitude de changer quatre fois par an les formes de ses habits, de ses coiffures, de ses meubles, de tous les objets enfin qui entrent dans le commerce habituel de la vie ; par-tout où l'industrie, fondée sur ce renouvellement continuel, calculera ses ressources d'après le fond inépuisable des inventions du caprice, il faudra s'attendre à rencontrer jusque dans les arts du génie l'empreinte de cette mobilité de goût. Mais de quelle manière ces arts peuvent-ils servir dans ceux qui les emploient, cette étrange manie d'inconstance & de changement. C'est en allant quelquefois graduellement, & quelquefois aussi subitement, des formes simples aux formes *composées*, c'est en combinant leurs ouvrages d'élémens divers, & souvent contradictoires, c'est en mêlant les principes, en confondant les types & les caractères ; ainsi l'architecture crut avoir inventé quelque chose de nouveau, lorsqu'après avoir combiné les formes & les ornemens de deux chapiteaux, elle en eut formé celui qu'on appelle *composé*. (*Voyez* ce mot.)

De cette manie, poussée au plus ridicule excès chez les modernes, sont nés tous ces plans mixtilignes assemblages bizarres de formes ovales, octogones, de parties rentrantes & saillantes, ces combinaisons grotesques, qui semblent n'être qu'une réunion fortuite de fragmens d'édifices. De-là sont sortis tous ces produits monstrueux d'ornemens sans sujets, de partis de décorations sans motif, & dont le seul but était de présenter aux yeux, quelque chose d'insolite & de nouveau ; de-là est né ce mélange indiscret de tous les caractères confondus & appliqués indistinctement à tous les genres d'édifices, uniquement pour en varier l'aspect & présenter aux yeux des spectacles d'un nouveau genre.

Lorsqu'une telle complaisance de la part des arts a habitué le peuple à tous ces changemens de scènes, on ne sauroit désespérer de voir la lassitude du mauvais, reproduire quelquefois le bon, il s'opère périodiquement une réaction qui du composé ramène l'art au simple ; mais peut-on compter sur la stabilité des effets qui résultent d'une cause aussi mobile.

Pour moi, je pense qu'il n'appartiendroit qu'à une révolution dans les mœurs de l'Europe actuelle, dans son industrie & son commerce de ramener les peuples à un état de choses, où le luxe changeant de direction, d'agens & de principes, le goût du beau, l'amour du vrai, fondé sur la simplicité des besoins & des convenances, deviendroit la règle des ouvrages, où la persévérance des usages deviendroit une vertu, où l'idée de la mode s'appuieroit non sur la facilité de changer, mais sur la difficulté de perfectionner.

C'est alors que dans tous les monumens, on verroit s'établir un caractère fixe, hors du quel il ne seroit pas permis d'inventer, alors tous les édifices rentreroient dans l'enceinte naturelle du type essentiel qui leur donna l'être ; tout mélange d'idée, d'emploi, de destination répugneroit à l'intelligence comme au goût du peuple ; toute idée toute forme *composée*, blesseroit les sens d'hommes dont toutes les habitudes seroient simples.

Les arts sont les copistes de l'homme, il n'appartient qu'aux originaux de changer et de modifier leurs copies.

COMPOSÉ ou COMPOSITE, (*Ordre*) Cet ouvrage est probablement le dernier où l'on verra paroître, comme doué d'une existence particulière, le soi-disant ordre auquel les préjugés modernes ont donné le nom de *composé* ou *composite* ; le présent article a donc pour objet de prouver qu'il n'existe point *d'ordre composé*, & de faire voir la source des erreurs & des méprises qui ont pu donner à ce prétendu ordre une consistance imaginaire.

Ce n'est point chez les Romains où l'on prétend découvrir l'origine de ce nouvel ordre, qu'il faut espérer de rencontrer des autorités capables d'en justifier la formation ; je ferai voir d'une manière péremptoire, qu'un examen plus approfondi des inventions romaines dans les ordres d'architecture, prouve la nullité complète de celui dont il est question, & que jamais les Romains qu'on donne pour en être les inventeurs n'en soupçonnèrent chez eux l'existence.

L'ordre, appelé *composé*, ne doit celle dont il a joui qu'aux modernes ; mais il faut dire à quel genre de méprise on doit l'attribuer.

J'en vois deux principales, l'une que j'apelle erreur de raisonnement, & qui résulte de l'ignorance des véritables principes sur lesquels se fonde l'invention en architecture, & l'autre que je nomme erreur de fait, & qui a sa source dans l'ignorance même des monumens, & un équivoque d'exemples très-facile à détruire.

J'ai dit que la première erreur sur laquelle se fonde l'existence contestée de l'ordre en question est une erreur de raisonnement. L'orgueil a contribué autant que l'ignorance à la produire & à l'accréditer. Depuis la renaissance des arts, il n'est point d'efforts que les peuples modernes n'aient tentés pour faire ce qu'ils apellent des conquêtes en invention dans l'architecture. Les ouvrages de ceux qui ont écrit sur la nature, & les principes de cet art ne retentissent que des regrets de n'avoir plus rien à inventer, ou des jactances d'une folle présomption sur la facilité de faire de nouvelles découvertes. Rien de plus ridicule que le désespoir des uns, & l'ambition des autres; il est constant qu'ils ne différent ainsi d'opinion, que parce qu'ils placent l'invention où elle n'est pas. (*Voyez* INVENTION.)

Ceux qui croient que tout est dit dans cet art, en jugent ainsi d'après toutes les tentatives infructueuses qu'on a faites, pour ajouter de nouveaux ordres à ceux que les Grecs nous ont transmis; & ceux qui pensent qu'en fait d'ordres, on peut dire des choses toujours nouvelles, se persuadent qu'il suffit de changer pour inventer, & que l'on compose du nouveau quand on décompose l'antique.

Je prouve ailleurs, avec plus de détail, que les ordres sont à l'architecture ce que sont les tons à la musique, ou les proportions du corps humain aux arts du dessin, & qu'il seroit aussi ridicule de chercher de nouveaux modes d'architecture, que de nouvelles proportions dans la structure de l'homme. Je me contenterai de faire voir ici que cette fausse idée de l'invention qui a usé si gratuitement le génie de certains architectes, est la véritable origine de l'ordre soi-disant composite.

La principale méprise de ceux qui croient à l'invention de nouveaux ordres, repose sur une illusion bien facile à dissiper; ils s'imaginent dans leur manie inventive, qu'il suffit de composer un chapiteau dans un goût d'ajustement nouveau pour produire un nouvel ordre; ils croient qu'il suffit de changer les profils d'une base, de mettre un quart de rond à la place d'une scotie, ou d'adapter à la colonne quelques symboles, & emblêmes allégoriques à leur pays, pour lui faire honneur d'une découverte nouvelle en architecture, & pour attacher la gloire à celle de l'ordre nouveau dont ils se croient les créateurs.

On a bien de s'étonner qu'un des hommes qui ont écrit le plus judicieusement sur l'architecture, après avoir reconnu une partie de ces illusions, se soit laissé prendre encore à cette puérile amorce de gloire. Laugier reconnoît que l'invention d'un ordre ne consiste pas uniquement dans la colonne, mais dans toutes les parties constituantes de l'ordonnance; cela est une grande vérité; mais on riroit de voir comment Laugier croit changer toutes les parties de l'ordonnance, lorsqu'il ne fait que les transposer; tout son secret est de transporter à l'ordonnance le faux principe d'invention que des esprits plus étroits n'avoient appliqué qu'à la colonne, ou à son chapiteau.

Une seule réflexion auroit épargné bien de la dépense en ce genre d'invention, bien des tourmens & bien des regrets; c'est que les ordres d'architecture reposent sur l'expression des qualités que cet art peut rendre sensibles, & que ces qualités premières, qui sont comme les couleurs primitives de l'architecture, se réduisent nécessairement à un très-petit nombre, qu'au-delà de ce petit nombre il peut bien exister une multitude de nuances; mais que ces teintes n'existent que par le mélange des couleurs entières.

« Les ordres, dit Galiani, ne sont que les
» moyens d'exécution qu'emploient l'architecture,
» & dans le fond il ne peut y en avoir que trois,
» qui, tous ensemble, expriment les divers degrés
» de richesse dont elle est susceptible, & comme
» rien ne peut être plus riche que ce qui l'est au
» superlatif, & ne peut l'être moins que ce qui
» l'est au positif, aucun ordre ne peut mériter ce
» nom, s'il passe ou l'un ou l'autre de ces deux
» termes; car tout ce que l'on feroit de plus
» seroit trop, & ce que l'on mettroit de moins ne
» seroit pas assez. Quant aux termes de comparaison
» que l'on peut placer entre la plus grande
» & la moindre richesse qui convienne à l'architecture,
» ils ne rendent tous que l'idée d'une
» chose moins riche que celle qui l'est le plus,
» & plus riche que celle qui l'est le moins ».

Si l'on applique cette réflexion très-fine de Galiani aux autres qualités essentielles de l'architecture, on en tirera la même conséquence; que chaque ordre grec étant l'expression la plus juste de la qualité qui lui est propre, on ne peut aller au-delà ou rester en deçà qu'en outrant ou en atténuant le caractère. Ainsi l'ordre, soi-disant toscan, que les modernes ont cru être un superlatif du dorique, n'a réellement été qu'un diminutif du caractère de force attaché à cet ordre; ainsi le soi-disant *composé* se plaçant par sa conformation entre l'Ionique & le corinthien n'a su avoir ni la délicatesse de l'un, ni la richesse de l'autre. C'est ainsi que pour prendre un point de comparaison dans un autre ordre de choses, rien n'est plus éloigné de toutes les vertus morales que toutes ces qualités qui semblent limitrophes, mais qui manquent d'autant plus sûrement le but, qu'elles l'outrepassent.

L'on ne veut point inférer de-là que, bornée à l'emploi de trois seules couleurs entières, l'architecture ne puisse ni ne doive les fondre quand il lui plaît, pour exprimer les diverses nuances que comportent les monumens. Au contraire, c'est dans ces heureuses combinaisons que ressortira le talent de l'architecte; & d'abord les proportions de chaque ordre sont tellement susceptibles de variétés, que l'art y puisera ses plus nombreuses ressources pour l'expression des différens caractères. Et puis on ne sauroit nier que les proportions étant le véritable caractéristique de chaque ordre, il sera permis au goût de varier quelquefois des accessoires, qui sont plus distinctifs encore de l'apparence que du fonds même de l'ordre.

On peut mettre les chapiteaux des colonnes au nombre de ces parties accessoires. Quoique le chapiteau soit à la colonne, à peu-près ce qu'est la tête ou le visage au corps humain, c'est-à-dire le signe distinctif le plus aisé à saisir, il n'est pas vrai cependant qu'il soit le plus important. On reconnoît à la figure les âges, mais on les reconnoit bien plus encore à la conformation & à la proportion; ainsi ce ne sera ni à un quart de rond ni à des volutes, ni à des feuillages que l'œil intelligent appliquera les caractères essentiellement distinctifs des ordres, & si les proportions peuvent les modifier, à plus forte raison doit-on se croire permis pour les chapiteaux, qui ne sont en quelque sorte que les physionomies des colonnes & des ordres.

Si l'on peut se permettre de tels changemens dans les chapiteaux, à plus forte raison le peut-on dans la décoration des chapiteaux, chose encore fort différente de leur forme. Je ferai voir à l'article *corinthien* que la décoration du chapiteau de ce nom est tout-à-fait indépendante de sa forme, & je ferai voir tout-à-l'heure que les anciens, sans changer sa forme essentielle, ont diversifié sa décoration à l'infini.

L'erreur de raisonnement que je combats, par rapport au chapiteau prétendu *composé*, réside donc dans la fausse opinion que la décoration constitue le chapiteau, & que tout ornement nouveau, appliqué à sa forme peut produire un nouveau genre de chapiteau. Si cela est évidemment faux, il l'est bien plus encore de faire dépendre l'existence d'un nouvel ordre, non pas d'une composition nouvelle de proportions, non pas d'une distribution particulière de modinatures & de formes, non pas d'une formation caractéristique de chapiteau, mais seulement d'une nouvelle combinaison d'ornemens ou de parties de chapiteaux.

Or, l'ordre prétendu *composé* a les mêmes proportions, la même modinature, les mêmes principes & la même forme de chapiteau que l'ordre corinthien; il n'en diffère que par la combinaison de deux ornemens de chapiteaux, il n'y a donc pas là de quoi constituer un ordre nouveau.

Maintenant il faut faire voir que cette erreur de raisonnement s'appuie sur une erreur de fait, & que l'ignorance des principes a peut-être pour base l'ignorance même des monumens.

L'époque à laquelle l'ordre dont je combats l'existence, commença à s'accréditer chez les modernes, étoit fort éloignée d'être celle de l'analyse & de l'expérience. Les monumens de l'antiquité commençoient à sortir de la poussière du temps & de l'oubli; mais la terre n'avoit encore restitué qu'une petite partie des larcins qu'elle recéloit. Le goût des voyages, les recherches savantes des amis de l'antiquité, n'avoient pu encore reproduire à la lumière du parallèle, tous ces précieux fragmens, sur lesquels devoit s'appuyer un jour un système plus réfléchi de méthode & d'autorités.

Un monument célèbre par la nature des sujets historiques que l'art du ciseau y représenta, s'étoit conservé de manière à attirer particulièrement l'attention des savans, des curieux & des artistes. L'arc de Titus, remarquable à tant de titres, étoit orné de quatre colonnes, dont les chapiteaux se composent de feuillages corinthiens & de volutes ioniques, on en conclut sur-le-champ l'existence d'un ordre *composé* ou *composite*.

Cette espèce de supplément aux ordres d'architecture, passa sur le champ dans toutes les méthodes, & même dans tous les monumens. Les architectes ne s'occupèrent plus que des moyens propres à caractériser, d'une manière plus précise, cette amplification de l'ordre corinthien. Tous leurs soins n'ont abouti qu'à prouver l'inexistence de cette prétendue invention. Un simple coup-d'œil sur le monument qui a servi de prétexte à sa naissance doit la faire rentrer dans le néant. En effet, si l'on examine l'architecture de l'arc de Titus, on ne trouve ni dans les profils de l'entablement, ni dans la base de la colonne, ni dans les proportions, ni dans la décoration de l'ordonnance, d'autres variétés que celles que l'on trouve fréquemment dans l'antique entre un monument corinthien et un autre monument corinthien. Il y a, sous tous les rapports, plus loin du corinthien du frontispice de Néron à celui du Panthéon, ou des thermes de Dioclétien, que du prétendu *composé* de l'arc de Titus au corinthien du frontispice de Néron; la seule différence est dans le chapiteau.

Mais si la différence d'un chapiteau constitue un ordre, je prétends qu'alors il doit y avoir autant d'ordres qu'on trouvera de chapiteaux différens, & qu'en conséquence on peut en compter plusieurs centaines.

Voici où est l'erreur de fait.

Les anciens, & sur-tout les Romains, considérèrent le chapiteau des colonnes, plutôt sous le rapport significatif que l'allégorie pouvoit y attacher pour rendre sensible aux yeux la destination

& l'objet des édifices, que sous le rapport des types caractéristiques de l'architecture. Le chapiteau corinthien, sur-tout par la grandeur de ses développemens, par la variété de ses aspects, par la facilité d'en modifier au gré de l'allégorie la décoration, par la richesse des sculptures qu'il comporte, fut celui qui servit le mieux leur goût pour les symboles & la magnificence des attributs ; aussi voyons-nous une quantité innombrable de chapiteaux qui ont à peine conservé du corinthien la forme constitutive, & dont le type primitif disparoît presqu'entièrement sous les emblêmes dont ils sont plutôt chargés que décorés. L'habitude de changer arbitrairement la décoration du chapiteau corinthien livra bientôt sa composition dans les édifices, au caprice des décorateurs. Du changement d'ornement, motivé par le plaisir ou le besoin de l'allégorie, on passa naturellement au changement même de la forme essentielle, la fantaisie seule décida de ces variantes. Après avoir vu des dauphins, des tritons, des trophées dans la composition d'un chapiteau corinthien, on vit des volutes ioniques, sans s'inquiéter du motif qui les y amenoit ; le plaisir seul des yeux devint bientôt la règle de ces compositions, & l'amour du changement n'eut plus d'autre borne que la possibilité de changer.

Alors on vit les trois formes connues de chapiteaux grecs s'entremêler & se fondre indistinctement ; les feuilles corinthiennes se soumirent aux tores du dorique ; l'abaque & le tore de celui-ci se placèrent sur la campane corinthienne, l'ionique prêta ses volutes aux deux autres ordres, & reçut en échange le droit de s'approprier leurs dépouilles.

Ce que j'avance ici repose sur les autorités les plus connues, & j'en donnerai tout-à-l'heure les preuves.

De-là résulte une vérité bien constante, c'est que si le mélange de deux chapiteaux pouvoit constituer un ordre, il n'y auroit pas plus de raison d'admettre comme tel celui où le corinthien & l'ionique sont mêlés, que celui qui se forme de la combinaison du dorique & du corinthien. Si l'on consultoit même la convenance des rapprochemens, & l'ordre naturel de l'analogie dans l'ajustement des ornemens & la combinaison des formes, il n'y a pas de doute que la copulation du corinthien & du dorique ne donne un chapiteau beaucoup plus agréable & beaucoup plus simple que le soi-disant composé.

Si cependant, malgré cela, & malgré les autorités antiques les plus positives, il n'est venu dans l'esprit de personne de prendre cet amalgame du dorique & du corinthien pour un chapiteau élémentaire ; la conséquence des faits, des autorités, du goût & du raisonnement, n'est-elle pas que tous ces chapiteaux composés sont, par la nature même de leur combinaison & de leur nom, frappés de bâtardise, & qu'aucun esprit raisonnable ne peut rejeter l'un pour admettre l'autre ?

On pourra, (en jetant les yeux sur la figure 51 & suivantes du volume des planches annexées à cet ouvrage) se convaincre de ce que j'avance. J'y ai fait choix d'un nombre de chapiteaux composés, pris parmi plusieurs centaines du même genre, échappés à la destruction de la magnificence romaine ; on verra que l'opinion moderne sur l'existence de l'ordre prétendu composé, n'est que l'effet d'un préjugé que les rénovateurs de l'architecture nous ont transmis, & qui se détruit de lui-même par le rapprochement indiqué.

Ne pouvant appuyer cette discussion d'un nombre de planches aussi considérable que quelques personnes pourroient le désirer, j'y vais suppléer par une énumération de chapiteaux dont les dessins, faits d'après les originaux de M. Clerisseau, m'ont été communiqués par ce fidèle & savant dessinateur de l'antique, pour venir à l'appui de cette théorie.

Je range dans un ordre numérique ceux que je veux faire connoître, & je me flatte que mes expressions seront assez claires pour que, d'après elles, le crayon puisse tenter quelques esquisses.

1ᵉʳ. Une tête de bœuf décharné occupe le milieu de ce chapiteau, sur les côtés, de grandes feuilles s'élèvent jusqu'aux voûtes ; celles-ci sont en sens contraire des volutes ordinaires, & sont en forme de cornes de bellier ; elles sont attachées à leur naissance, par une agrasse d'où sort la fleur de l'abaque.

2ᵉ. Il n'a qu'un rang de feuillages au-dessus de l'astragale, & un soldat dont la partie inférieure du corps se confond avec eux, tient d'une main son bouclier, & de l'autre son casque sur lequel porte la corne de l'abaque ; le milieu de ce chapiteau est rempli par une figure assez extraordinaire, & coiffée de fleurons.

3ᵉ. Des enfans soutiennent avec leur tête les cornes de l'abaque : entre eux est une femme assise & étendant ses mains sur une corne d'abondance qu'ils ont sous leurs bras ; elle a des ailes, & sa tête pose sur l'ove de l'abaque. Au dessous de ces figures règne un rang de feuillages.

4ᵉ. De jeunes femmes nues, un pied sur l'astragale, & l'autre engagé parmi les feuilles, soutiennent les volutes de l'épaule & de la main ; le long de leur corps, descend une guirlande de fleurs, sur laquelle leur autre bras se repose ; elle est surmontée de divers ornemens.

5ᵉ. Deux poissons tiennent dans leur gueule une coquille dont les bords touchent l'astragale : le corps de chacun de ces poissons, remonte vers les cornes de l'abaque ; il forme une volute en se repliant, & ramène sa queue au milieu de de l'abaque auquel elle sert de fleuron.

6°. Il n'a aucun feuillage; des griffons sont assis sur l'astragale : derrière eux, des cornes d'abondance s'élèvent, passent au-dessus de leurs têtes, & vont soutenir les cornes de l'abaque; entre les deux cornes d'abondance est un candélabre ailé, d'où s'élancent deux serpens qui se croisent deux fois, & se retrouvent en face l'un de l'autre sur l'abaque, lequel est formé d'une doucine entre deux listels.

7°. Au-dessus de l'astragale est un rinceau, & au-dessus de celui-ci une petite baguette; sur cette moulure sont assis deux corps de sphinx qui se réunissent en une seule tête, laquelle porte un panier de fleurs, jusqu'au haut de l'abaque; les quadruples ailes de ce sphinx, sont déployées dans l'espace qui se trouve entre sa chevelure & les volutes.

8°. Un cheval ailé, pose ses pieds de devant sur la sommité des feuilles inférieures; sa tête soutient la corne de l'abaque, & son corps se termine en rosaces et rinceaux.

9°. Sur un simple listel règne un rang de feuilles doubles; au-dessus est un petit tore, entre deux autres listels. Sur le listel supérieur, sont placées des pommes de pins, derrière lesquelles s'élèvent jusqu'à l'abaque des serpens écaillés, dont les têtes ressemblent à celle de l'homme & du chien; les cornes de l'abaque se terminent par des têtes aussi monstrueuses, & qui sont en saillie sur les volutes.

10°. La campane représente une corbeille dont les joncs ou les osiers sont diversement travaillés; au bas, sont rangées de petites feuilles, de la pointe desquelles s'élève une rose; quatre grandes feuilles refendues montent depuis l'astragale jusqu'aux volutes qui sortent de la corbeille en forme de cornes de bélier; cette corbeille est remplie de fleurs & de fruits, & au milieu d'eux, est une femme vue à mi-corps, dont la tête fait l'ornement de l'abaque.

11°. Entre deux astragales règne une frise; des consoles formant volutes, portent les cornes de l'abaque, & descendent jusque sur l'astragale supérieur; l'intervalle des consoles est rempli de canelures avec filets, & celles-ci sont séparées de l'abaque, par un nouvel astragale taillé en grains ronds & oblongs, & une échine ornée d'oves.

12°. L'abaque n'a régulièrement, comme l'on sait, que quatre cornes : ici il en a huit également espacées; entre chacune d'elles est une rose, & sous chacune une tête. Sous les nouvelles, ce sont des têtes de lion, & sous les autres, des têtes de beliers, dont les cornes forment volutes; entre ces différentes têtes s'étendent des faisceaux de feuilles de chêne, & des feuilles d'ornemens revêtant tout le corps de la campane.

13°. Il n'a point d'abaque, & ainsi point de volutes, ni d'objets qui en tiennent la place; il présente une simple campane ornée d'un rang de feuillages, sur lesquels sont perchés des oiseaux; au-dessus sont des festons attachés par les nœuds de ruban à des clous figurés. Le rebord qui termine cette campane, a un peu plus d'épaisseur qu'à l'ordinaire, sans doute pour marquer davantage, puisque rien ne doit le couvrir.

14°. Après des canelures avec filets, & cachées en partie par des feuillages, on voit des roses au milieu de divers entrelas qui forment ceinture, & qui sont surmontées d'une doucine ornée de feuilles d'eau, & d'un quart de rond ornée d'oves. Ces membres sont séparés par des listels; au-dessus des oves, & un peu en saillie sur elles, est le tailloir dorique accompagné de son talon & de son listel, qui, tous trois, sont coupés à l'angle comme l'abaque. Sous la partie restante, un large feuillage s'étend & se replie avec plus de grâce qu'une volute même.

15°. Entre l'astragale & une baguette taillée en grains ronds & oblongs, est un rang de feuilles simples. La baguette a deux listels; de son listel supérieur, à un autre listel qui est dessous une baguette ornée de feuilles tournantes, il y a un grand espace uni, au milieu duquel sont des rosaces. Au-dessus de la baguette est une doucine d'une grande hauteur; elle est séparée du tailloir par un filet, & le tailloir est couronné par un talon, qui est décoré de sculptures, ainsi que la doucine.

16°. Le chapiteau dorique romain, avec tous ses ornemens, couronne deux rangs de feuillages. Il y a plusieurs chapiteaux de ce genre, & ils ne diffèrent entre eux que par quelque variété dans les feuilles ou les moulures; les deux chapiteaux précédens en sont des exemples.

17°. Au-dessus de l'astragale, règne une frise qui est surmontée d'un chapiteau ionique, dont les volutes sont ovales & renferment une rose. Le tailloir est enrichi de rinceaux, & le coussinet est coupé en plusieurs parties, dont chacune est différemment ornée.

18°. Celui-ci est du même genre que le précédent; un rang de feuilles est entre un astragale, & une baguette taillée en grains ronds, & accompagnée de listels; un rang de masques occupe la place des oves & de l'écorce, & ils n'ont au-dessus d'eux que la partie de celle-ci, qui ressemble à un filet. Ce filet, surmonté du talon ordinaire dont se forme le tailloir, commence la volute en prenant quelques feuillages, & il remonte en se changeant en corne d'abondance, d'où, parmi des fleurs & des fruits, sort le reste de la volute, au milieu de laquelle est une rose.

Le recueil des fragmens antiques de Piranesi, pourroit nous fournir encore bien d'autres exemples de cette fertilité des anciens, dans la composition de leurs chapiteaux, & dans la décoration du corinthien. Je ne prolongerai pas davantage cette énumération, & je renverrai ceux qui désireront se convaincre par leurs propres yeux, à l'ouvrage de la magnificence des romains, par Piranesi, d'où l'on a extrait quelques-unes des figures qui sont gravées à la suite de cet ouvrage.

Les raisonnemens & les autorités prouvent donc de la manière la plus positive, que le chapiteau prétendu *composé*, n'est qu'un des mille & tant de chapiteaux inventés par les Romains, que rien ne lui assigne un droit plus particulier de figurer parmi les ordres, qu'à tous ceux qu'on vient de passer en revue. Tout prouve au contraire que s'il falloit choisir parmi ces produits du luxe & de la fantaisie des Romains, plus d'un mériteroit la préférence sur le prétendu *composé*, qui a véritablement pour défaut essentiel dans la composition, d'avoir peu de caractéristique, & de se confondre aisément avec le corinthien, dont il outre plutôt, qu'il ne surpasse la richesse.

Quelque crédit que l'habitude & l'exemple aient pu lui donner, il s'est rencontré des critiques judicieux qui ont dans tous les temps protesté contre l'usurpation de cet ordre parasite. » Il est, » à mon avis, disoit Chambrai, (il y a plus d'un » siècle,) déraisonnable de lui donner le nom » d'ordre, & il en est encore plus indigne que le » toscan.

» Il a été la cause de toute la confusion qui » s'est introduite dans l'architecture, depuis que » les artistes ont pris la licence de se dispenser de » ceux que les antiques nous ont prescrit, pour » en gothifer à leur caprice une infinité qui passent » tous sous ce nom. Le bon Vitruve prévoyoit » de son temps le mauvais effet que ceux de la » profession alloient faire naître, par l'amour de » la nouveauté qui les emportoit déjà au liberti- » nage, & au mépris des règles de l'art, qui » devoient être inviolables, tellement que c'est » un mal envieilli qui va tous les jours encore » empirant, & est quasi sans remède. Néanmoins » si les modernes vouloient donner quelques bornes » à leur licence, & demeurer dans les limites de » l'ordre romain qui est le vrai *composite*, & qui » a ses règles aussi bien que tous les autres, » je n'y trouverois rien à redire, puisqu'on en » voit des exemples parmi les vestiges des siècles » les plus florissans, comme celui de Titus-Vespa- » sianus, auquel le sénat après la prise de Jérusalem » fit ériger un arc de triomphe magnifique, qui » est dans cet ordre; mais il ne faut l'employer » que bien à propos & toujours seul. C'est ainsi » qu'en ont usé les inventeurs, qui connoissant » bien son foible, évitèrent de le mettre en com- » paraison avec les autres ordres.

» Les architectes modernes n'ayant pas eu cette » considération, sont tombés souvent dans une » erreur inexcusable, de faire poser le fort sur le » foible. Scamozzi est le premier qui en a parlé » dans son *traité des cinq Ordres*, où il donne » au Corinthien la plus haute place. Toutefois » pour éviter toute sorte de contestation, je trouve » plus sûr de ne les mêler jamais ensemble, » puisque les antiques ne l'ont pas fait. Quoi- » que Philibert Delorme, & Sébastien Serlio, » pensent tous deux l'avoir vu au colisée, & » qu'ils en rapportent même le dessin, pour » être l'exemple de leur ordre *composite*; mais » ils ont fait une observation très-fausse; car, » ce sont deux Corinthiens l'un sur l'autre.

Je dois terminer cet article par une réflexion très-judicieuse du même Chambrai, sur le *composite*. » Il n'est pas question à un architecte, d'employer » son industrie & son étude, à trouver de nou- » veaux ordres pour donner du prix à ses ouvrages, » ni pour se rendre habile homme, non plus qu'à » un orateur pour acquérir la réputation d'être » éloquent, d'inventer des mots qui n'aient encore » jamais été dits, ni à un poëte de faire des » vers d'une autre cadence, ou d'autre mesure » que l'ordinaire; cette affectation étant puérile » & impertinente; & s'il arrivoit par occasion » qu'on voulût prendre quelque liberté semblable, » il faut que ce soit à propos, qu'un chacun en » voye incontinent la raison. C'est ainsi que les » antiques en ont usé, mais avec une si grande » retenue, qu'ils ont borné toute leur licence » à la seule forme du chapiteau, dont ils ont » fait cent compositions gentilles, & singulières » à certains sujets, où ils réussissent à merveille, » hors desquels aussi on ne sauroit que fort imper- » tinemment les mettre en œuvre. »

Toute la théorie de l'ordre, soi-disant *composé*, est renfermée dans ce dernier paragraphe de Chambrai, qui admet la variété de décoration dans les chapiteaux, selon la nature des sujets; mais qui ne croit pas que décorer d'une manière nouvelle un chapiteau, soit constituer un ordre nouveau.

COMPOSITION, subst. fém. *Composition* & *conception* ne sont point synonimes. La *conception* semble se borner à cette idée première & générale qui ne donne encore à l'artiste que les masses principales, que la disposition d'ensemble de son sujet. La *composition* embrasse non-seulement cette première idée; mais la recherche successive des détails, leur choix, leur convenance, leur rapport, leur effet d'ensemble ; en un mot, tout ce dont l'assemblage doit *composer* le sujet, & en préparer, faciliter & assurer l'exécution.

Le peintre & le sculpteur jouissent à cet égard d'un avantage dont l'architecte est privé; ils composent & exécutent eux-mêmes; & seuls responsables de leurs succès, ils en recueillent aussi toute la gloire. Tout est à eux, le faire, le coloris, le dessin, la touche même, comme la disposition des groupes & des plans, le choix des sites, des costumes & des expressions. Plus variés & plus divers, les moyens de l'architecte tiennent à des arts différens, & exigent un concours d'hommes & de choses dont l'artiste n'est pas également le maître. L'architecte *compose*, en faisant son esquisse, son dessin, son modèle même; mais ce n'est point lui qui exécute. L'*exécution* pour lui, tient à des moyens, subordonnés, si l'on veut; à sa direction & à sa surveillance, mais dont il n'est pas aussi directement responsable, & qui ne lui appartiennent pas aussi immédiatement que les desseins d'après lesquels il les dirigera.

Ces deux parties, la *composition* & l'*exécution* sont donc plus distinctes & plus séparées en architecture, qu'en peinture ou en sculpture; mais il faut bien se garder d'en conclure que les études relatives à la seconde soient indifférentes à l'éducation de l'artiste.

Il ne suffit pas pour savoir *composer* d'être en état de dessiner d'imagination, une esquisse ou un projet; le succès de ce projet, ce qui peut en faire ou un monument digne d'honorer l'art, ou une production soit médiocre, soit vicieuse, tient à la recherche des détails, à l'examen des convenances, aux moyens physiques & économiques d'exécution, à l'étude des plans, à des effets d'optique, de perspective, de lumière, dont le dessin le mieux fait n'est pas en état de rendre compte, au style même, ainsi qu'au caractère à assigner, de préférence, aux sculptures, peintures, ou autres ornemens qui doivent entrer dans sa décoration; tout cela doit être prévu en *composant*, & le choix à faire pour l'emploi de tous ces détails, fait réellement partie de la *composition*.

Ainsi, ce seroit favoriser d'une manière bien dangereuse, la paresse d'un élève, que de lui persuader qu'il sait *composer*, lorsqu'il a appris à tirer des lignes ou à laver des dessins; ces dessins ont beau être d'imagination, ils peuvent même, en ce cas, honorer le talent d'un dessinateur, mais ils ne suffisent pas pour constituer celui d'un architecte. Cet art de dessiner l'architecture, ou, si l'on veut, celui de *composer* ce qu'on appelle des projets académiques, est malheureusement assez étendu, assez compliqué pour séduire. Les détails en sont attrayans, ils fixent toute l'attention d'un élève, ils l'occupent tout entier. Une fois engagé dans cette route, il s'abandonne à des recherches purement relatives à ce genre d'études, & trop souvent indépendantes des convenances morales, des besoins de la société, & des moyens d'exécution. De-là ces projets bizarres qui donnent à des loges de commis le caractère des temples de la Grèce, à l'escalier d'une petite maison, toute l'étendue & la magnificence d'un vestibule de palais; en un mot, toutes ces productions plus dignes d'un peintre de décorations que d'un architecte, dans lesquelles formellement épris de quelques combinaisons de plans, ou de quelques effets de colonnes, l'artiste oublie pour eux, la convenance, la commodité, & les bornes pécuniaires que la sagesse eût dû lui prescrire.

De-là encore ces plaintes trop fréquentes contre le danger d'employer des architectes, cette répugnance à se servir d'eux, & cette préférence fâcheuse qu'obtiennent trop souvent sur eux des hommes moins instruits & sans goût, mais qui ont du moins le mérite de ne point ruiner ceux qui les emploient par les écarts de leur imagination. Il n'est pas d'édifice si simple, où un homme de goût ne puisse se faire honneur de son talent, sans blesser la convenance, ni l'économie; c'est donc abuser de ce talent, c'est même en manquer, que d'en prodiguer les recherches, lorsque la sagesse & la sobriété des idées l'eût fait valoir davantage. Cette faute est d'un jeune homme à demi-formé, pressé de paroître, qui ne connoît encore de son art que ce que l'on apprend à l'école, & qui, *composant* toujours comme au temps de ses premières études, fait comme ces médecins qui, pratiquant avant de savoir, hasardent aux dépens de la vie de leurs malades des expériences & des recettes périlleuses.

Il est donc utile de laisser le moins possible les élèves à la merci de cette fureur de *composer* qui devient trop facilement une passion séduisante & irrésistible, ou plutôt de mêler d'aussi bonne heure qu'on le puisse faire, à leurs études, les leçons de l'expérience, de l'observation & du calcul. Je voudrois, par exemple, qu'aux programmes qu'elle donne pour le concours au prix, l'académie d'architecture joignît l'indication de la dépense à laquelle les élèves devroient se borner; qu'à leurs dessins rendus, ceux-ci joignissent un devis calculé de cette dépense, la description des moyens nouveaux ou recherchés de construction, dont ils seroient dans le cas de se servir, & les traits un peu en grand de leurs profils ou détails principaux. Alors, les architectes cessant de regarder ce travail comme un travail subalterne, le regarderoient au contraire comme une partie d'autant plus essentielle de l'art, que la convenance est une beauté réelle, & qu'il y a plus de mérite à faire facilement de bonnes choses, qu'à sacrifier à son imagination la possibilité & l'économie. On admireroit un peu moins ceux qui ne savent que *composer* des projets, ou plutôt, on ne se vanteroit de savoir *composer*, qu'autant qu'on seroit en état de bien faire exécuter ses idées, & de mériter la confiance publique par la sagesse de ses moyens & l'économie de ses ressources. L'art y gagneroit, car le public le redouteroit moins & s'en serviroit davantage; & loin de craindre le talent que l'on acquiert dans les études académiques, il le regarderoit au contraire comme le plus sûr garant de la

sagesse

sagesse de l'artiste, & comme la principale base de sa confiance.

COMPOSTO. subst. masc. (CONSTRUCTION.) Mot italien dont on se sert pour indiquer une composition avec laquelle on forme le pavé des appartemens, en plusieurs endroits d'Italie, & sur-tout à Venise, où on l'appelle aussi *Terrazza*.

Ces espèces d'aires se font, 1°. sur le sol à rez-de-chaussée; 2°. sur des voûtes; 3°. sur des planchers. Les *composto* qui se font à rez-de-chaussée s'établissent sur des massifs de maçonnerie en blocage, bien garnis de mortier & battus à plusieurs reprises; on fait un semblable massif pour les *composto* qui doivent être établis sur des voûtes; il faut que ces massifs soient arrasés bien de niveau.

Lorsque ces espèces de pavés doivent se faire sur des planchers, il faut que les solives soient un peu plus fortes que pour les planchers ordinaires, c'est-à-dire, qu'elles doivent avoir 7 ou 8 pouces de gros sur 12 pieds de portée, & être espacées tant plein que vide; ces solives doivent être recouvertes par des plancers posées en travers & clouées sur chaque solive; il faut avoir soin d'y employer du bois bien sec, qui ne soit pas sujet à se tourmenter; dans plusieurs circonstances, ce seroit le cas de poser un second rang de planches qui croise le premier, comme le pratiquoient les anciens. (*Voyez l'article* AIRE.)

Les matières dont on fait le *composto* en Italie, sont des tuileaux & des morceaux de briques bien cuites, le plus souvent de l'un & de l'autre mêlés ensemble; pour le préparer, on met sur trois parties de ce mélange, une partie de chaux; on broye bien le tout, jusqu'à ce qu'il forme un bon mortier moyennement gras.

Si le *composto* doit être fait sur un plancher, on commence par couvrir le bois avec de la paille; on étend ensuite, en une seule fois, une couche de ce mortier à laquelle on donne environ 4 pouces d'épaisseur; après l'avoir bien égalisé avec un rateau à dents de fer, on la laisse reposer pendant un jour ou deux, suivant la saison; quand il a pris une certaine consistance, on le bat avec une barre de fer coudée, dont la partie qui est faite pour frapper est méplate & arrondie en langue. On commence à battre le long d'un des murs, & on continue, en se reculant, jusqu'à ce que l'on soit arrivé au mur opposé; chaque coup imprime une trace perpendiculaire au mur le long duquel on a commencé; après cette première battue, on le laisse reposer un jour; ensuite on en recommence une seconde, dont les coups croisent ceux de la première; lorsqu'on sent, par la réaction de la batte, que la couche a acquis assez de fermeté, on en étend une seconde d'un pouce d'épaisseur, composée de tuileaux écrasés, beaucoup plus fins & passés au tamis. On étend cette couche avec des truelles

Dict. d'Architect. Tome II.

longues & étroites dont le manche est extrêmement haut, afin que l'ouvrier n'aye pas besoin de tant se baisser: sur cette couche, encore fraiche, on seme des petits morceaux de marbre de différentes couleurs, que l'on fait entrer dans la couche de ciment encore fraiche, en roulant dessus un cylindre de pierre de deux pieds & demi de long sur dix à onze pouces de diametre. Pour faire cette opération, les ouvriers marchent sur des planches, ou des nattes, qu'ils étendent sur la couche fraiche, afin de ne pas enfoncer les pieds dedans. Lorsque cette derniere couche a pris un peu de consistance, on la bat comme la précédente, en laissant toujours un jour d'intervalle entre chaque battue; au bout de dix à douze jours, on commence à travailler le *composto*, c'est-à-dire, à le dresser avec une pierre de grès enmanchée au bout d'un bâton, en jetant de l'eau à mesure que l'on frotte; on continue ainsi jusqu'à ce que la face de tous les morceaux de marbre soit bien découverte; & comme les joints se dégradent un peu par cette opération, on fait une espèce de ciment, de la couleur que l'on veut, avec des terres colorées & de la chaux: on en remplit bien les joints, on emploie pour cela une espèce de pierre tendre qui sert de molette. Pour donner le lustre à cette espèce de ciment, on use d'un outil de fer ressemblant à une truelle, dont la lame est plus épaisse, plus étroite & un peu arrondie en dessous; on finit le *composto* par une ou deux couches d'huile de lin qui, étant appliquée très-chaude, pénetre jusqu'à une certaine profondeur, & lui donne une consistance favorable au poli très-brillant qu'il reçoit.

On fait quelquefois de ces *composto* avec des compartimens très-riches, des ornemens, des fleurs; on diroit des tapis. Voici comme on s'y prend pour les exécuter: après avoir fait la première couche, comme il a été dit ci-devant, on dessine en grand, sur un papier un peu gros, un quart du pavé que l'on veut faire; on pique ce dessin, & après avoir divisé le pavé en quatre parties, par deux lignes qui se croisent à angles droits, on ponce avec du noir de charbon d'abord la première partie, renversant ensuite le dessin, on ponce la seconde, & les deux autres *idem*, ayant attention de bien faire raccorder chaque partie l'une avec l'autre. Cela fait, on prend des éclats de marbres de toutes sortes de couleurs que l'on casse à la grosseur de deux ou trois lignes pour les avoir tous à-peu-près de même grosseur, on les fait passer au travers d'un grillage de fil-de-fer, dont les mailles sont assez fines pour retenir les morceaux de grandeur convenable, & laisser passer ceux qui sont trop petits. Pour faire le triage de ceux qui sont trop gros, on jette ces morceaux sur une nouvelle grille, qui retient tous ceux qui sont trop gros; on les écrase de nouveau jusqu'à ce qu'ils soient réduits à la grosseur convenable; on les range en tas différens, selon leurs couleurs, & on remplit les différens compartimens, d'après le dessin ; pour cela, on se sert de cartons découpés, que l'on applique sur le poncif tracé sur la dernière couche du *composto*. Ces cartons ne laissent paroître que ce qui doit être d'une même couleur ; en seme dans le vide du carton, le plus également qu'il est possible, des petits morceaux de marbre de la couleur indiquée par le dessin ; on les enfonce dans l'enduit avec un morceau de bois plat.

Il y a une certaine attention à avoir en semant le marbre ; lorsqu'on en met trop, les morceaux se détachent facilement ; & lorsqu'il y en a trop peu, les parties de ciment qui ne sont pas si dures que le marbre, se creusent & produisent un mauvais effet.

Quand tous les compartimens du dessin ont été garnis des marbres de la couleur qui leur convient, on passe le cylindre de pierre à plusieurs reprises, pour unir également toute la superficie : on laisse ensuite reposer l'ouvrage pendant quelques jours, au bout desquels on le bat par intervalles, jusqu'à ce qu'il ait acquis assez de consistance, pour pouvoir être dressé au grès & poli, comme il a été dit ci-devant. L'opération finie, pour rendre les contours plus nets, on les retrace avec une pointe d'acier bien tranchante, & l'on remplit le trait avec du noir de fumée broyé avec de l'huile de noix.

Lorsqu'on veut que le compartiment se conserve long-temps beau, il faut avoir soin de choisir des marbres d'une dureté à-peu-près égale, parce que lorsqu'on mêle des marbres durs avec des marbres tendres, ces derniers, qui s'usent plus vite, forment des inégalités désagréables.

Dans les maisons des particuliers, on ne fait les *composto* que d'une seule couleur de marbre, ou de plusieurs mêlées indistinctement, qui produisent l'effet du granit. Ceux qui sont moins riches se contentent de l'enduit de ciment peint en rouge, & frotté comme les appartemens carrelés de Paris, avec cette différence que la surface du *composto*, est plus droite & plus unie que le carreau ne peut l'avoir. On trace sur le *composto* des lignes pour imiter différens compartimens de carreaux.

CON

CONCAVE. adj. Il se dit de la surface intérieure d'un corps creux, particulièrement s'il est circulaire. Une ligne ou surface courbe, *concave* d'un côté, est convexe du côté opposé.

CONCAVITÉ. s. f. Nom de la surface concave d'un corps ou de l'espace que cette surface renferme.

CONCEPTION. s. f. Se dit, en architecture, du parti général qu'embrasse le plan & l'ensemble d'un édifice ; ainsi, dans ce sens, l'on dit de l'église de Saint-Pierre & de sa place, que c'est une grande *conception* ; que l'idée de réunir les Tuilleries au Louvre est une heureuse & belle *conception*. Ce mot se prend encore pour esquisse ou idée qui n'est point définitivement arrêtée. (*Voyez* COMPOSITION.)

CONCHOÏDE, s. f (CONSTRUCTION.) Courbe dont plusieurs architectes se sont servi pour tracer le profil de la diminution des colonnes. On attribue l'invention de cette courbe à Nicomède, géomètre grec qui vivoit il y a deux mille ans. Les anciens géomètres se sont servi de cette courbe pour résoudre le problème de la duplication du cube, & celui de la trisection de l'angle. Voyez à ce sujet le *dictionnaire des mathématiques*. Dans cet article, nous nous contenterons d'en donner la description générale & la manière de s'en servir pour tracer la diminution des colonnes.

Description de la Conchoïde, fig. 152.

Ayant tiré la ligne indéfinie KM, 1°. d'un point quelconque P, pris hors de cette ligne, on lui abbaissera une perpendiculaire PT, qu'on prolongera en S d'une longueur arbitraire ; 2°. du point P, on tirera un nombre indéfini d'obliques, telles que PA, PB, PF, PG, de l'un & de l'autre côté de la perpendiculaire ; 3°. on portera sur chacune de ces obliques la longueur TS, depuis la ligne KM ; 4°. par tous les points marqués sur les obliques, on tracera, par le moyen d'une règle pliante, une ligne courbe qui sera la *conchoïde* de Nicomède. Le point fixe P, où aboutissent les obliques, est appelé *pôle* ; la perpendiculaire SP est l'axe ; le point S le sommet ; les lignes égales TS, rA, uB, &c. sont appelées *rayons générateurs* ; & la droite KM, *asymptote*.

Indépendamment du profil de la diminution des colonnes, cette courbe peut servir dans une infinité de cas où l'on ne peut donner que très-peu de courbure à un ouvrage, comme, par exemple, à un plafond ou voûte plate, 1°. parce qu'elle est facile à tracer, 2°. parce que sa courbure est agréable.

Tracer le profil d'une colonne avec renflement, par le moyen de la Conchoïde, fig. 153.

Ayant divisé l'axe de la colonne en trois parties égales, du point C, placé au premier tiers, on lui élèvera une perpendiculaire indéfinie, sur laquelle on portera, de C, en D, le demi-diamètre de la grosseur que l'on veut donner à la colonne, à l'endroit du renflement ; on tracera ensuite le demi-diamètre de la grosseur du haut en EF. Du point F, comme centre, avec une ouverture de compas égale à CD, on décrira un arc de cercle qui coupera l'axe en un point I, par lequel & par le point F on tirera une ligne droite, que l'on prolongera jusqu'à ce qu'elle rencontre la perpendiculaire menée du point C en un point G. Ce point G sera le *pôle* de la partie de *conchoïde* qui doit former le profil de X en F ; DG sera l'*axe*, & V I l'*assymptote*. Cela posé, pour avoir autant de points que l'on voudra pour tracer cette partie de courbe, on tirera du pôle G les obliques HK, LM, NO, PQ, RS, TU, VX, sur lesquelles on portera, depuis l'axe ou *assymptote*, la longueur du demi-diametre CD ; & par les points marqués sur chacune des obliques, on fera passer une courbe ; par le moyen d'une regle pliante, qui indiquera le profil de la colonne. Le profil des colones intérieures de la ci-devant nouvelle église de Sainte-Geneviéve est tracé de cette maniere ; la diminution par le haut est d'un septieme, & le renflement d'un quarante-deuxieme.

Si l'on vouloit que la colonne ne fût pas renflée, & que sa diminution ne commençât que du tiers, on ne tireroit du pôle G, que les obliques PQ, NO, LM, HK, pour ne tracer que la partie de courbe comprise entre F & D ; & du point D, on tireroit, en racordement avec la courbe ; une parallele à l'axe D Z.

On peut, par le même procédé, tracer le profil d'une colonne qui diminueroit depuis le bas sans renflement, *fig. 154*. Pour cela, après avoir tracé l'axe AB de la colonne, & fixé les diametres du haut en BG & du bas en AD, on portera le demi-diametre AD, de G, en H ; par les points G & H, on tirera une oblique indéfinie ; & du point A, extrémité de l'axe & de la colonne, une perpendiculaire à cet axe, qui rencontrera l'oblique en un point C, qui sera le pôle de la *conchoïde* qui doit former le profil de la colonne. De ce rayon, ayant tiré autant d'obliques que l'on veut avoir de points pour tracer la courbe, on portera, comme il est dit ci-devant, sur chacune la grandeur du demi-diametre AD ; & par le moyen de tous ces points F, on tracera, avec une regle pliante, la courbe qui doit former le profil de la colonne.

Le grand Blondel a fait voir qu'il étoit possible de tracer cette courbe par un mouvement continu, avec un instrument qu'il prétend inventé par Nicomède. Cet instrument est composé de deux regles, MN, OP, *fig. 155*, dont une est assemblée perpendiculairement à l'autre au tiers de sa longueur. La regle MN, a une rainure dans toute sa longueur, qui est plus large dans le fond que par le haut ; on ajuste dans cette rainure, une piece de bois à languette S, qui peut couler dans cette rainure ; cette piece porte en dessus un tourillon percé d'un trou pour y passer une tringle T V ; cette tringle porte à une de ses extrémités une pointe recourbée, lorsqu'elle est passée dans le trou du tourillon, on fixe la partie S T, qui représente le rayon générateur, par le moyen d'une vis.

L'autre regle O P, n'est point creusée, on y ajuste une espece de boîte ou coulisse, qui peut se mouvoir le long de cette regle & se fixer par le moyen d'une vis R, à l'endroit où doit être le pôle de la courbe. Cette coulisse porte en dessus un tourillon percé, comme celui de la piece S, qui coule dans la rainure de la regle MN ; la tringle T V, étant enfilée dans les deux tourillons, avec cette différence qu'elle doit être arrêtée par une vis dans le tourillon de la piece S, qui est mobile, et qu'au contraire cette tringle doit couler dans le tourillon de la coulisse Q, qui doit être fixe et arrêtée par le moyen de la vis R.

Lorsqu'on veut faire usage de cet instrument pour tracer la courbe qui doit former le profil d'une colonne, il faut poser la regle M N, de maniere que le milieu de la rainure réponde à l'axe, et que le milieu de la regle O P, réponde à la perpendiculaire à l'axe, où doit se trouver le renflement ou la plus forte grosseur de la colonne ; on arrêtera ensuite la coulisse Q, à l'endroit où doit être le pôle de la courbe, & ayant enfilé la tringle T V, on fera la partie S T, égale au demi-diametre de la colonne, à l'endroit du renflement, ou de sa plus forte grosseur ; ayant fixé cette partie par le moyen de la vis R, on fera couler la piece S, tout le long de la rainure, et la pointe T tracera la courbe du profil de la colonne qui sera une *conchoïde* du premier ordre.

Le même auteur a fait voir que l'on pouvoit former le profil de la diminution des colonnes, avec des portions d'ellypse, de parabole ou d'hyperbole ; mais la courbe qui convient le mieux est certainement la *conchoïde*, & c'est d'ailleurs la plus simple & la plus facile à tracer. *V.* RENFLEMENT.

CONCOURS. s. m. On se sert de ce mot pour exprimer dans la république des arts, la maniere dont les productions des artistes peuvent s'évaluer par la comparaison que leur rapprochement permet de faire entre elles.

Rien n'existe véritablement, & n'acquiert sa valeur que par comparaison ; ainsi la nature seule des choses, fait de tout ce qui se voit, & se comprend dans l'ordre physique, comme dans l'ordre moral, un *concours* perpétuel. Mais quand les arts ne tendroient pas naturellement à raprocher leurs produits, l'ambition, ce principale mobile de ceux qui les exercent, porteroit bientôt les artistes à se chercher pour se combattre, à se disputer la primauté, et à vivre entre eux dans une espece d'état de guerre habituelle.

L'ambition, ou le désir d'être le premier, ce puissant aiguillon des artistes dégénere bientôt en jalousie. Cette passion des petites ames qui s'alimente sur-tout des préférences particulieres, perdra de sa maligne activité, si l'on peut ouvrir aux efforts des combattans, une arene assez publique, pour que les rangs & les distinctions entre les artistes et leurs ouvrages ne puissent plus se supposer le résultat d'aucune espece de faveur ou de prédilection ; c'est ce qui pourroit faire désirer l'établissement d'une institution de *concours* publics, de laquelle émaneroient ou des jugemens raisonnés sur les ouvrages publics, dont les modèles seroient présentés par les concurrens, ou de simples prix offerts au génie dans les combats généraux, qui n'auroient que la gloire pour objet.

Mais le plus grand avantage de cette institution, seroit de préserver les artistes de l'humiliation que leur fait éprouver l'orgueil ignorant des protecteurs, & de faire échapper les ouvrages publiques à l'intrigue des solliciteurs, ou à l'ignorance des hommes en place ; ce seroit aussi une source féconde d'encouragemens.

Un des moyens les plus propres à suppléer par les ressorts d'une heureuse émulation, aux encouragemens souvent trop précaires d'une inutile & fastueuse protection, seroit sans doute d'établir un système de dispensation des ouvrages publics, (& par ce nom, j'entends ceux qui sont payés des deniers publics,) tel, que d'une part, le talent éminent fût sûr de trouver sans faveur, le prix qui l'attendroit, & que de l'autre le peuple pût être moralement assuré que les fonds consacrés aux dépenses des arts et des monumens, en devenant l'encouragement du mérite, augmenteroient encore la richesse publique, par le prix que la beauté de l'art ajoute aux travaux de la nécessité.

Cette idée est du nombre de celles qui, par leur simplicité se rencontrent dans tous les esprits, mais aussi comme toutes les idées de ce genre, elle n'est simple que par son principe, elle se compose ensuite infiniment dans l'application de ses conséquences.

Elle est simple, parce qu'elle se rapproche des notions élémentaires de la justice naturelle, & qu'on n'y voit d'abord qu'un jugement à porter entre des objets faciles à discerner.

Elle est complexe, parce qu'en premier lieu la jurisprudence du goût à laquelle doivent ressortir de semblables jugemens, n'ayant rien de positif, le plus grand embarras naît de cela même qui semble être institué pour éviter la difficulté, c'est-à-dire des règles à suivre pour être juste. Ensuite vient l'embarras de la composition d'un tribunal naturellement exclusif de ce qui forme ailleurs l'essence des tribunaux, ou de la justice ; c'est-à-dire l'impartialité des juges. Il faut encore, & ce n'est pas la moindre difficulté, discerner quels sont les objets susceptibles de devenir des sujets de *concours*, & quels sont ceux qui, n'étant par leurs rapports, que des dépendances d'un ouvrage déjà adjugé au *concours*, ne peuvent plus se soumettre à d'autres choix ou à d'autres jugemens que celui de l'artiste chargé du tout, & responsable de l'ensemble. Enfin, le *concours* est une de ces institutions, qui pour être bonne, doit se considérer plutôt pratiquement dans les effets, que théoriquement dans les principes, & qu'il importe de rapporter toujours à son vrai but, qui est le meilleur choix des meilleurs ouvrages, plutôt qu'aux élémens abstraits de moralité, d'égalité ou de justice distributive, qui peuvent aussi en conseiller l'emploi, mais qui pourroient, comme dans beaucoup d'autres institutions, ne pas se trouver bien étroitement d'accord avec les résultats de la pratique.

Je m'explique ; si les arts & les artistes vivent d'émulation, & d'ambition c'est-à-dire de passions, l'institution dont il s'agit, a tout l'air de ne pouvoir trouver de base bien parfaite dans la morale. Créée elle-même pour diriger & pour accroître par un utile direction les passions qu'elle met en mouvement, elle doit bien se garder de repousser ce qui doit en faire l'ame et la vie, savoir le désir de primer. Si donc il arrivoit que, soit par le hasard des jugemens, soit par la vicieuse organisation du mode même de *concours*, soit par le discrédit qu'un choix mal-fait de concurrens, où l'admission illimitée des rivaux, pourroit jetter sur l'institution, les hommes du talent le plus recommandable, dédaignassent d'y prendre part ; en vain réclameroit-on la justice des principes, si l'on ne pouvoit démontrer la justesse des conséquences.

Ce seroit d'abord une erreur produite par de faux rapprochemens, qui persuaderoit à quelques hommes d'une vue courte, que leur institution ne seroit responsable que de la justice des principes, & qui les rendroit indifférens aux résultats. Mais il y a plus, c'est que l'application même de leurs principes de justice seroit ici tout-à-fait erronée.

En effet, l'égalité à laquelle on auroit voulu ramener l'institution en ouvrant indistinctement dans tous les *concours*, la carrière à tous ceux qui s'y présenteroient ; cette égalité, dis-je, n'y existeroit pas.

Tout *concours* est un combat de talens, dans lequel un seul triomphe, & tous les rivaux sont censés vaincus par lui. Mais croit-on que tous les athlètes qui se présenteront à une semblable lice, ne courront qu'un risque égal ? non sans doute : parce que les mises de réputation et d'honneur n'étant point les mêmes, les pertes ne peuvent même par proportion, se présumer égales. L'homme inconnu, d'un talent jusqu'alors ignoré, ne risque que de gagner ; s'il l'emporte, sa gloire en est plus grande, s'il succombe il n'a rien perdu ; car il n'avoit apporté aucune gloire à risquer ; mais l'homme précédé d'une réputation de primauté sur laquelle se fonde sa fortune, ne met-il pas au jeu plus que l'autre, & outre le risque de l'avenir, ne compromet-il pas toutes les acquisitions du passé ?

Quelle apparence y a-t-il donc, qu'il veuille jouer à chances si inégales, & comment ne pas voir, que ce qu'on avoit cru posé sur le principe d'égalité, n'a paru tel, qu'en dénuant l'institution de l'accessoire des moralités, et que dans ce calcul, comme dans beaucoup d'autres, on avoit oublié ce qui donne aux nombres moraux des valeurs si différentes, savoir les passions et les intérêts ?

C'en est assez pour faire sentir qu'un *concours* mal réglé, ou ce qui revient au même, un *concours* qui ne le seroit point du tout, en prétendant faire jouir tous ceux qui le voudroient, de cette faveur publique, frustreroit précisément le public, pour l'avantage duquel il se fait aussi, de la faveur d'obtenir les meilleurs ouvrages. Le secret de cette institution seroit précisément de forcer au *concours* les plus habiles ; car s'il devient l'appas ou la proie des ignorans, on ne voit pas ce que les arts y peuvent gagner, quand même on ne voudroit pas voir ce qu'ils doivent y perdre.

Mais comment forcer les hommes habiles, & déjà renommés dans leur art, à courir les chances du *concours* ? C'est ce que je me contenterai d'indiquer par la suite, en laissant à d'autres le soin de trouver une telle combinaison des intérêts de l'amour-propre & de l'ambition, que le vaincu puisse l'être, sans être humilié de sa défaite.

Je tire donc de cette première considération une conséquence, c'est que l'admission libre & égale de tous les artistes, dans un *concours*, étant une induction erronée des principes de l'égalité, chaque artiste y apportant une mesure infiniment inégale des risques à courir, l'institution du *concours* n'a pas besoin, pour être juste, d'ouvrir tous les jours, & dans tous les cas, l'arène à tous les combattans qui se présenteroient. On peut donc fixer, régler & modifier le nombre & la qualité des concurrens.

Si les passions des hommes, sur lesquelles l'institution doit se régler, répugnent à l'admission illimitée & indéfinie des concurrens, l'intérêt même, dans plus d'une occasion, rendroit encore cette liberté illusoire. En effet, outre le risque de compromettre leur réputation que quelques-uns courroient dans les hasards auxquels ils voudroient se livrer, il faudroit encore mettre en ligne de compte, la dépense de temps, du temps dont le sacrifice est aux artistes ce qu'est aux entrepreneurs une avance de fonds, sans oublier aussi les frais indispensables aux modèles qui devront concourir. S'il entre dans les conditions du *concours* que ces avances seront remboursées, vous augmentez à un tel degré la dépense du monument ou de l'ouvrage à entreprendre, que la somme des *concours* pourroit absorber & au-delà celle de l'ouvrage qui doit en être le produit. Ce renchérissement des ouvrages de l'art deviendroit bientôt funeste à l'art lui-même.

Si l'on refuse d'acquitter les avances des modèles sur lesquels doit s'asseoir le jugement de l'ouvrage à adjuger, vous courrez risque ou d'éloigner, par cette parsimonie, le talent pauvre qui doit à sa subsistance, l'emploi de tous ses momens, & le talent opulent ou occupé, qui négligera de faire une diversion gratuite à ses travaux ordinaires; vous courrez risque de ne voir arriver au *concours* que des esquisses insuffisamment travaillées, pour faire apprécier le mérite des ouvrages ; à peine pourrez-vous en deviner les motifs : souvent sous le trompeur dehors d'une pensée heureuse, mais négligemment rendue, l'artifice fait cacher l'ignorance des vraies ressources de l'art et de la véritable science, souvent une pensée moins brillante dans son esquisse, se seroit développée dans un travail plus rendu, & par conséquent plus dispendieux pour son auteur.

Il paroît donc, pour obtenir ce qu'on se propose des *concours*, qu'il conviendroit de payer les frais des modèles ou esquisses sur lesquels le jugement devroit se porter ; &, si cela est, ou du moins il en résulte la conséquence toute naturelle, qu'on ne sauroit admettre indéfiniment au *concours* tous ceux qui s'y présenteroient.

Ces premières considérations ne sont pas les plus importantes, & les difficultés qu'elles présentent ne sont pas les plus difficiles à résoudre ; le vrai point de la difficulté est dans la manière de procéder au jugement des concurrens.

Tout jugement suppose des juges institués, & des règles établies, ou des lois d'après lesquelles ils rendent leurs décisions.

Mais ici nulle similitude à trouver entre cette sorte de justice, & les principes de celle qui prononce sur les intérêts des hommes.

Dans cette dernière, tout peut, du moins jusqu'à un certain point devenir positif. Dans la première, tout est condamné à rester sous l'empire de l'arbitraire. Dans la justice des tribunaux, il ne s'agit que de prononcer sur l'existence d'un fait & sur l'application de la loi au fait déterminé ; il ne s'agit donc que de faire décider le fait par des hommes qui ne puissent avoir aucun intérêt à voir les choses autrement qu'elles ne sont, & de faire prononcer l'application de la loi par des hommes assez éclairés & assez désintéressés pour bien voir la loi, & pour ne voir qu'elle. On conçoit donc que de sages institutions pourroient assez facilement faire parvenir l'exercice de la justice, à n'être que ce qu'elle doit être, une opération simple de l'entendement humain, qui s'exerce sur les rapports faciles des choses & des faits, abstraction faite des personnes, & par conséquent des passions & des intérêts qui détruisent l'idée élémentaire de la justice. On conçoit aussi que cette opération peut se simplifier assez pour n'avoir besoin que des hommes, & du sens le plus ordinaire.

Dans le jugement, au contraire, à porter sur la primauté entre les ouvrages des artistes, je ne vois ni fait positif à trouver, ni application de loi positive, ni juge naturel, ni juge impartial.

Je ne vois point de juge naturel ; car vouloir que les concurrens eux-mêmes soient juges entre eux, c'est ouvrir la carrière moins au talent qu'à l'intrigue, & puis si l'idée d'intéressé, est essentiellement exclusive de l'idée de juge, quelle impartialité attendre de la combinaison, ou pour mieux dire, du choc des passions les plus jalouses & les plus haineuses, forcées au sacrifice de ce que l'homme a de plus cher, l'opinion de sa supériorité, & condamnées au tourment de préparer le triomphe de son ennemi. D'ailleurs, l'inconvénient de cette espèce de jugement consiste sur-tout, dans la facilité que quelques intrigans auroient de se ménager des voix, soit en désintéressant une partie des concurrens, soit en faisant participer au *concours*, des hommes qui ne se feroient combattans, que pour acquérir le droit d'être juges de la victoire, & de faire pencher la balance du côté de leur favori. Et qu'on ne suppose pas à ceux qui exercent les arts, cette générosité romanesque dont quelques-uns voudroient se vanter, & que l'expérience de tous les siècles ne permet pas de croire possible: D'abord, lorsqu'on calcule une institution, on ne doit mettre en compte, que les passions des hommes; & puis, si, dans les *concours*, il n'étoit question que d'adjuger des prix d'honneur, il pourroit être permis de se fier, outre mesure, à ces beaux sentimens, dont je ne nie pas que les hommes d'un grand talent sur-tout, sont susceptibles: mais n'oublions pas que le *concours* doit avoir pour objet l'adjudication des ouvrages publics. Et de ce nombre seront des entreprises lucratives en peinture & en sculpture, & sur-tout les édifices publics, dont l'exécution ne peut qu'éveiller au plus haut degré l'intérêt & la cupidité.

Comment se garder, dans un *concours* illimité pour le nombre, & qui doit avoir pour juges ses propres concurrens, de ces associations d'intéressés, qui, désespérant chacun en particulier d'obtenir le lot du mérite, mettront en commun leurs chances, & se réuniront sur un objet dévoué à leurs combinaisons, pour se partager ensuite le fruit de l'entreprise? comment échapper aux spéculations de celui qui saura ajouter aux voix qui pourroient lui être légitimement acquises dans le jugement, celles de tous les concurrens dont il auroit d'avance façonné les ouvrages, ou flatté les espérances! Avec quelle défaveur ne paroîtroit pas dans une semblable lutte l'homme isolé, sans autre ressource que celle de son talent, contre des rivaux qui auroient su calculer toutes les chances du jeu, & qui arriveroient entourés de tant de moyens de fraude. Ignore-t-on que, dans l'exercice des arts, & sur-tout dans l'architecture, tel compte un grand nombre d'élèves & de sujets de tout genre, liés à lui par la reconnoissance & l'espérance, lorsque tel autre, par la nature de ses études & de ses entreprises, ou par le peu d'occasions favorables, n'a jamais pu avoir ni protecteurs ni protégés. Le jugement par les concurrens ne seroit donc, comme on le voit, qu'un jeu d'intrigues, dont le vrai talent n'oseroit approcher, & ce jugement seroit ordinairement une insulte faite à la justice.

Il n'est pas plus aisé de découvrir la manière de procurer aux concurrens des juges irrécusables, si ce choix leur est donné: mêmes difficultés que les précédentes: les mêmes intrigues, les mêmes calculs d'intérêts & de spéculation agiront & se concerteront dans l'élection des juges, puisque d'eux dépendra le succès des combinaisons dont on a parlé. Ajoutons que dans l'hypothèse d'un *concours* illimité pour le nombre des concurrens, ou bien les plus habiles artistes auront refusé d'y combattre; &, comme on l'a vu, l'objet du *concours* est manqué; ou ils seront partie des concurrens, & alors comment trouver des juges, si on ne peut plus les prendre parmi les plus habiles.

Infailliblement le talent doit être la première de toutes les conditions requises pour être juge des productions des artistes; mais en supposant que hors du *concours* il y ait encore des hommes du premier talent, qui les nommera; car ce choix à faire suppose aussi des connoissances, le goût du beau & du vrai & un sentiment éclairé. Tout ceci ressemble, comme on le voit, à une perpétuelle *pétition de principes*.

Le *concours* a pour objet principal d'ôter aux ignorans le choix des artistes qui sont chargés des travaux publics, & d'empêcher que l'intrigue n'usurpe les travaux dûs au talent. Il faut donc d'une part que les artistes ne puissent point intriguer, & de l'autre que les ignorans ne puissent pas choisir; mais si les artistes se jugent, ou se nomment des juges, voilà l'intrigue qui s'agite de plus belle, & s'ils ne se jugent pas, ou ne nomment pas leurs juges, voilà l'ignorance qui de nouveau influe sur les choix.

Je n'ai point encore parlé de la difficulté de juger, & de tout l'arbitraire auquel de tels jugemens seroient nécessairement soumis; & d'abord le *concours* auroit moins pour objet de prononcer sur les talens relatifs des artistes que sur le mérite des esquisses qui concourroient pour l'adjudication d'un ouvrage: voilà la plus grande difficulté.

Et prenons pour exemple les ouvrages d'un art dans lequel il n'est possible de concourir que sur des esquisses; je parle de l'architecture. S'il n'étoit question que de décider pour confier une grande entreprise dans ce genre, quel est l'architecte le plus capable, le *concours* seroit inutile. Il suffiroit d'interroger tous les monumens faits par des architectes vivans, & de déclarer quel est celui qui a le plus ou qui a le mieux bâti. Mais on veut que le *concours* ait lieu sur le programme de l'édifice à faire, & que le jugement se porte sur les esquisses faites d'après; ces esquisses seront ou sur papier ou en relief.

Premier inconvénient.

Vous, juge, vous ignorerez si le modèle que vous examinez est bien l'ouvrage de celui qui le présente, s'il ne s'est pas fait aider dans son invention, s'il n'a pas emprunté des secours étrangers dans la partie la plus importante, celle de la construction.

Second inconvénient.

Vous ne pourrez pas juger du petit au grand de la possibilité des moyens d'exécution, & vous êtes condamné en n'appréciant que les modèles que vous avez sous les yeux, à confier quelquefois une grande & difficile entreprise à un homme entièrement incapable de réaliser en grand ce que l'imagination ou des moyens d'emprunt lui avoient suggéré en petit.

Troisième inconvénient.

Si vous ne pouvez comparer les projets en petit d'un architecte avec des monumens déjà exécutés en grand par lui, il vous sera impossible de présumer son talent ; car, dans l'architecture, tout dépend plus qu'on ne pense de l'exécution ; souvent tout le mérite d'un dessin disparoit à cette épreuve ; & si l'architecte ne vous donne dans ce genre des gages publics de son talent, il n'est au pouvoir de personne de discerner cela sur des esquisses.

Mais dans les autres arts, vous obtiendrez encore sur des esquisses des résultats plus équivoques.

Et qui m'assurera que tel peintre est capable de faire en grand ce qu'il me présente en petit. Dans ce genre, toute induction est erronée. Qui n'eût pas adjugé au Poulin tous les prix sur ses petits tableaux. Cependant ce grand nom ne étoit un foible peintre, quand il sortoit de ses proportions accoutumées. Et qui ne sait en outre combien est trompeur cet art de faire paroitre dans une esquisse tout ce qu'on ne sait pas, & de dissimuler ses fautes par l'indécision naturelle à cette sorte de production. Qui ne sait encore que l'homme exercé en ce genre, l'emportera facilement par je ne sais quel charme que donne l'habitude, sur l'artiste consommé dans les grands travaux, qui ne fait des esquisses que pour arrêter sa pensée, & que comme un auteur fait des brouillons, c'est-à-dire, pour lui & non pour les autres.

Ce sera bien pis encore dans la sculpture, si, comme il est nécessaire, le concours a lieu sur des esquisses en terre ; c'est ici, n'en doutez pas, que l'ignorance & la médiocrité vont établir leur niveau victorieux sur le talent le plus recommandable. Indépendamment du désavantage que l'homme habile aura peut-être dans l'art des esquisses ; qu'on me dise comment on pourra discerner d'après d'aussi équivoques essais, le vrai savoir nécessaire à l'exécution d'un grand ouvrage, & ce sentiment du vrai qui ne se développe que sous des proportions convenables, & l'expression des passions qui dans des esquisses ne peuvent jamais être que des grimaces, & ce grand caractère de dessin & ce sublime qui souvent tient au simple, & ces principes savans d'imitation que tout le génie possible ne saura produire dans l'espace insuffisant & raccourci de ce qu'on appelle *une esquisse*. Et puis l'art de la sculpture décomposé par l'esprit de méthode & de division de travail, qu'y ont amené les temps modernes, suppose dans son exécution diverses sortes d'opérations assez indépendantes, & dont les artistes de nos jours réunissent assez rarement d'habitude. Tel exercé au maniement de l'argile ignore complétement celui des autres matières. Cette division, dans le travail de la sculpture, a produit une classe d'artistes qui compose & une autre qui ne fait qu'exécuter. Ainsi arrive-t-il qu'une figure peut sous la main du praticien, chargé de la traduire en marbre, perdre tout ce que son modèle avoit donné de mérite, & plus encore tout ce qu'il avoit promis. Combien le risque à courir ne seroit-il pas plus grand encore si, sur un simple essai, peu propre à faire apprécier même l'invention, l'on adjuge l'exécution d'une statue, sans avoir de garantie que celui qu'on en charge, n'en chargera pas un autre.

En vain exigeroit-on dans le *concours* de la part des contendans des garanties de ce genre. S'il faut y apporter, outre l'objet du programme, des certificats de sa capacité dans des ouvrages antérieurs & étrangers, l'esprit du *concours* se compose & se détermine tellement de son but qu'autant vaudroit n'en point faire. Le *concours* reviendroit alors à être non plus entre les choses, mais entre les personnes. Si l'on pouvoit dans la balance de ces jugemens, faire intervenir, comme poids déterminans, les suffrages précédemment obtenus, & y recevoir en compte chacun selon la proportion de ses mérites passés : on voit que le *concours* ne seroit en définitif qu'une manière d'éluder la concurrence ; on voit qu'une telle latitude accordée au jugement ne seroit qu'un retour à un autre genre d'arbitraire. Cette méthode vague & indéterminée auroit sur-tout l'inconvénient de mécontenter l'amour-propre des uns & l'envie des autres, & d'être repoussée par ceux qui veulent, comme par ceux qui ne veulent pas de *concours*.

Tant d'objections, & tant d'autres que je laisse de côté, contre l'usage ou l'institution du *concours*, sembleroient annoncer que la somme d'inconvéniens & de difficultés y surpasseroit peut-être les avantages que l'on s'en promet. J'avoue qu'on peut être de cet avis à ne consulter encore que l'expérience & l'histoire des arts. Et d'abord on n'y voit dans aucun temps que cette méthode ait jamais été en usage, & sauf quelques exceptions, dont je parlerai tout-à-l'heure, où une sorte de *concours* eut lieu, & dont les résultats furent heureux, les artistes n'ont jamais dû les ouvrages publics qu'à ce qu'on appelle le hasard & l'arbitraire des choix, ou à ce que j'appelerai l'ascendant de leur réputation ; & cependant comment expliquer l'accord constant du hasard dans ces choix avec la justice & le talent ? comment s'est-il donc toujours fait que les travaux publics ont été le patrimoine des plus grands artistes ? comment est-il arrivé qu'à la réserve de quelques plaintes d'injustice de ce genre, & encore entre des hommes sur le compte desquels les contemporains ne furent pas du même avis que la postérité, les grands hommes ont toujours eu, sans le moyen des *concours*, une part si grande & presqu'exclusive aux largesses de leurs siècles & de leur pays ? comment, sous le régime de tous les gouvernemens absolus & sous le régime des cours, c'est-à-dire, sous l'empire de la faveur, voyons-nous chez tous les princes d'Italie les plus habiles hommes appelés à la direction des grands travaux. Autrement compterions-nous en si grand nombre les ouvrages & les monumens des grands maîtres.

Je ne veux point pousser ces preuves jusqu'à la démonstration minutieuse qui résulteroit d'un relevé exact des faits en ce genre. La notoriété sur ce point suffit ; elle suffit sur-tout au résultat que j'en veux tirer. Ce résultat n'est point contraire à l'institution des *concours* ; mais il me semble qu'il nous ramène au seul & véritable esprit de l'institution, & à la seule théorie raisonnable en ce genre.

Il faut que je parle cependant de deux occasions où une espèce de *concours* a produit dans les arts des effets sur lesquels s'appuie la demande des *concours*, & dont je tirerai aussi des conséquences utiles.

Personne n'a oublié que les portes fameuses du baptistère de Florence sont le fruit d'une espèce de *concours* ; je dis d'une espèce, car d'abord le nombre des concurrens fut réduit à sept, & puis ces concurrens avoient été choisis par les commissaires de la fabrique, ce qui s'éloigne fort de ce que l'on exigeroit aujourd'hui d'un *concours* régulier. Le fameux bas-relief d'Algardi qui décore un des autels de l'église de Saint-Pierre, ne fut pas non plus commandé à cet artiste. Son génie prévint les demandes du pape. Il exposa son modèle, &, sur-le-champ, l'opinion publique se déclara pour un homme jusqu'alors ignoré ; le choix du pape ne put résister à l'expression du vœu des connoisseurs. Voilà les plus notables exemples, &, l'on peut dire, les seuls que l'histoire des arts puisse citer, d'ouvrages obtenus par la voie de l'approbation publique & par une espèce de concurrence.

Nous voyons donc que ces *concours* n'ont été astreints à aucune des formalités qui pouvoient donner à leur jugement toute l'authenticité légale sur laquelle on voudroit faire reposer aujourd'hui l'institution dont il s'agit ; & cependant le véritable talent en est sorti vainqueur, & cependant Lorenzo Ghiberti fut proclamé par ses rivaux avant d'avoir été jugé par ses juges.

J'infère de-là que toute la force d'un *concours* est dans l'effet moral qui en résulte, plutôt que dans les formalités légales dont on voudroit l'appuyer ; j'infère aussi de tout ce qui a été dit, qu'en ce genre, comme en beaucoup d'autres, il faut prendre garde de substituer une force à une autre. Que le véritable point d'appui de l'institution étant l'opinion publique, on aura fait assez si on lui procure son libre cours, que rien ne pouvant résister à son jugement, la seule chose à régler est la manière dont il se prononcera.

Si le jugement qui doit établir les différens degrés entre les artistes & leurs ouvrages est celui de l'opinion publique ; ce qu'il faut chercher, c'est de lui donner un organe. Car encore que le jugement soit porté dans tous les esprits, faut-il bien cependant que l'arrêt se prononce ; & de quelque façon que l'on s'y prenne, il faut des hommes pour le prononcer.

La seule précaution à prendre en ce genre est de faire que les hommes chargés de prononcer le jugement de l'opinion publique soient aussi désintéressés que l'exigeroit la mission dont ils seroient chargés. A cet égard, les moyens à employer seront de plus d'un genre ; l'âge, le sort, une espèce de tour de rôle, bien d'autres combinaisons fort simples pourront procurer l'objet qu'on se propose ; l'essentiel sera que le nombre de ces juges soit très-peu considérable, & même si l'on entendoit bien les intérêts de cette responsabilité, il faudroit que le juge fût unique.

J'ai déjà dit, & je dois répéter que l'institution dont il s'agit ne doit reposer que sur des moralités. Si on la presse du poids des formalités légales ; si on a la mal-adresse de l'astreindre par un faux parallèle à la rigueur des institutions judiciaires, un malheureux esprit de chicane & d'intrigue s'y insinuera & y pervertira tout ; c'est ici que les lois sans les mœurs seroient insuffisantes. Qu'on se souvienne d'ailleurs que de tels jugemens n'offrent rien de positif, & qu'en définitif tout jugement est toujours plus ou moins arbitraire. Certes, s'il en est quelqu'un où le danger de l'erreur soit léger, c'est bien sans doute là où elle ne produit que des arrêts dont l'appel est toujours ouvert au tribunal suprême de l'opinion.

Je pense donc que, par-tout où il existe une arène ouverte à tous les artistes, dans une exposition publique & périodique de leurs ouvrages, on a les moyens naturels & suffisans de *concours*. Que des prix, consistans en travaux, se distribuent à la fin de chaque exposition à ceux qui auront mérité ces encouragemens ; qu'on laisse l'opinion publique s'exercer de toutes les manières pendant un temps donné sur la prééminence relative des ouvrages ; qu'un ou trois juges, pris par le sort parmi ceux des artistes qui ne devroient point avoir part à cette distribution, prononcent par écrit & en motivant leur jugement sur ce qu'ils auront estimé être l'opinion publique ; que ce jugement soit définitif, & l'on aura ce que la raison, la convenance & la justice peuvent faire de mieux dans cette ordre de choses.

Je sais toutes les objections qu'on peut faire contre ce système ; mais je sais qu'il en existe aussi contre le système du monde, & contre tout ce que les hommes se sont accordés de tout temps à croire juste & vrai ; ce que je sais encore, c'est que tous les inconvéniens qu'on m'objectera, le céderont beaucoup à ceux qui résultent du jugement par les concurrens, ou par les juges qu'ils auront nommés ;
enfin

enfin; quoiqu'on puisse dire contre l'institution d'un petit nombre de juges, dispensateurs de la louange & du blâme public, je prétends qu'une telle fonction, ayant pour garantie de son impartialité l'œil perçant de la censure publique, y trouveroit le plus fort contrepoids qu'on puisse donner au danger de l'arbitraire. Que chacun veuille bien un moment se supposer chargé de cette mission, sous l'œil perçant de la censure publique, & qu'il dise s'il éprouveroit d'autre intérêt que celui d'être impartial, d'autre besoin que celui d'être juste.

Si une semblable institution se réalisoit une fois pour ces *concours* indéterminés, où tous les artistes sont admis à se disputer d'une manière générale la prééminence du talent, je ne vois pas ce qui empêcheroit d'appliquer ce mode de concurrence & de jugemens aux ouvrages publics, pour lesquels le *concours* auroit lieu d'après un programme donné.

Quelques esprits se sont tourmentés à chercher la solution du problème des *concours*, & ont cru la trouver dans la formation d'une espèce de *jury*, composé d'un assez grand nombre de personnes, parmi lesquels les concurrens choisiroient un petit nombre de juges. Tous ces rapprochemens ne sont que spécieux & illusoires. Comme il n'y a aucune analogie dans la nature des choses, on en chercheroit en vain dans la ressemblance des moyens; & puis je le soutiens, si l'on veut à toute force introduire ici des idées prises de l'ordre judiciaire, c'est au public à faire en ce genre la fonction de *jury*. Qu'on ne croye pas que ce premier jugement soit si aisément récusable. Dans le temps même où l'opinion publique n'étoit pas ce qu'on ne pouvoit pas l'empêcher d'être, elle forçoit toujours en ce genre les jugemens des autorités les plus arbitraires. Dans les pays où le choix des artistes n'a jamais dépendu que de ce pouvoir, nous le voyons ployer toujours sous le joug de l'opinion. Alexandre VII avoit juré de ne plus employer le Bernin; celui-ci fait le modèle de la fontaine Navonne, & le place sur le passage du pape: *il faudra donc, malgré moi*, s'écrie le pape, *employer le Bernin*. Si cette force d'opinion a jusqu'ici fait fléchir les despotes, comment imaginer que des juges y pourroient résister.

Je ne proposerois donc pour le *concours* des ouvrages publics qui en sont susceptibles, d'autre forme que celle dont je viens de parler, & qui se trouve déjà à moitié établie par la liberté d'exposition publique.

C'est-là que se présenteroient les concurrens sur les modèles ou esquisses dont la nature auroit été déterminée par le programme; c'est-là que le scrutin public s'exerceroit pendant une espace de temps donné; ce seroit aux juges, que le sort auroit fait tomber pour l'année, à recueillir le vœu de l'opinion publique & à le motiver par écrit.

Dict. d'Architect. Tome II.

Il faudroit régler, sans doute, un grand nombre d'objets de détail très-importans sur cette matière: il faudroit discerner quels sont les travaux susceptibles de *concours* & ceux qui s'y refusent; quels sont les objets, tels que les parties d'une décoration générale, qui doivent rester subordonnées, pour l'exécution & le choix des artistes, au goût de celui qui répond de l'ensemble & de l'harmonie générale, & quels sont ceux qui peuvent en s'isolant devenir le sujet d'un *concours* particulier? Il faudroit déterminer dans quel cas un *concours* pourroit s'ouvrir indistinctement à tous les artistes, & dans quel cas il devroit être limité pour le nombre; quels sont les sujets qui, exigeant des indemnités pour les modèles ou esquisses, exigeroient aussi que le nombre des concurrens fût réduit; de quelle manière cette réduction pourroit s'opérer; dans quelles occasions ceux qui par leur place sont responsables de la réussite des travaux, pourroient proposer un nombre d'artistes, entre lesquels le *concours* auroit lieu, & auroient le droit de choisir les concurrens; dans quelles occasions le choix de ces concurrens se feroit nécessairement parmi ceux qu'une suite de prix ou de victoires indiqueroit comme les plus dignes des suffrages publics?

Tous ces détails feroient l'objet, ou d'une théorie complète sur cette matière, ou d'une loi. Je n'ai prétendu ici ni compléter l'une, ni ébaucher l'autre; j'ai voulu seulement exposer les avantages du *concours*; montrer les inconvéniens auxquels une institution mal réglée pourroit exposer les arts; faire voir de quelle manière simple, & comment à l'aide d'un petit nombre de réglemens, on pourroit confier à l'usage, aux mœurs & à l'opinion publique, le soin d'accorder ensemble les passions des hommes, les intérêts des arts, & ceux de la nation qui les encourage.

CONDUIRE, v. act. (*construction*) C'est diriger les différens ouvrages nécessaires à la construction d'un édifice. Son objet étant la perfection & la solidité, on peut le considérer comme une des parties les plus essentielles de l'art de bâtir. Cette partie exige, de la part de l'architecte, une connoissance générale de tous les arts qui concourent à la construction des édifices & des différens matériaux qu'on y emploie, de leur nature, de leurs propriétés, & de la meilleure manière de les mettre en œuvre, afin de ne rien commander qui ne puisse s'exécuter, & qui ne contribue en même temps à la solidité & à la perfection de chaque partie d'ouvrage, comme aussi à l'économie, en ne faisant rien faire de superflu. Dans les grands édifices, les architectes ont sous eux des inspecteurs chargés de surveiller les ouvriers & de *conduire* les ouvrages.

Il faut cependant distinguer deux manières de *conduire*, l'une générale, qui est du ressort de l'architecte, & l'autre particulière, qui regarde les maîtres ou entrepreneurs : ces derniers étant responsables de leurs ouvrages, sont intéressés à les surveiller. Les entrepreneurs qui occupent beaucoup d'ouvriers, tels que les maîtres maçons, les charpentiers, les menuisiers, serruriers, &c. ont sous eux des commis, des piqueurs, des chefs ou premiers compagnons auxquels on donne différens noms, qu'il est quelquefois utile de connoître : ainsi, le chef des ouvriers maçon prend le titre de *maître compagnon* ; celui des tailleurs de pierre se nomme *appareilleur* : les compagnons charpentiers appellent leur chef *gâcheux* ; le chef des compagnons menuisiers & serruriers est appelé *gorêt*. Ces premiers compagnons conduisent, sous les ordres du maître, les autres ouvriers, en travaillant avec eux : c'est de leur habileté que dépend, en grande partie, la perfection de l'ouvrage. Il est de l'intérêt d'un entrepreneur de choisir d'habiles ouvriers pour leur premier compagnon, 1°. parce que leur ouvrage étant bien fait, leur fait honneur, 2°. parce que les bons ouvriers emploient mieux leur temps & ménagent davantage les matériaux.

CONDUIRE se dit aussi de la manière d'amener les eaux d'un endroit à un autre ; cette partie de l'architecture hidraulique exige des connoissances particulières de géométrie & de mathématiques, pour prendre les nivellemens justes des endroits par où elles doivent passer, lorsque le pays est inégal ou montueux, & trouver les moyens de surmonter les obstacles qui peuvent se rencontrer. Lorsqu'il s'agit de *conduire* les eaux d'un lieu à un autre, on est quelquefois obligé de les élever à une certaine hauteur par le moyen des machines, comme à Marly ; quelquefois il faut percer des montagnes, construire des aqueducs pour leur faire traverser des vallées profondes ; quelquefois il ne s'agit que de creuser un fossé, de former des rigoles ou des *pierrées*. Lorsque les eaux que l'on a à *conduire* sont en petite quantité, on se sert de tuyaux, qui peuvent être en bois, en terre cuite, en plomb ou en fer. On use aussi des tuyaux de bois & de terre cuite dans les campagnes, lorsque les eaux que l'on a à *conduire* ne sont pas forcées, & de tuyaux de plomb ou de fer quand elles sont forcées ou qu'elles doivent passer sous le pavé des rues, parce que les tuyaux de grès ou de bois ne peuvent pas résister à l'ébranlement causé par le roulement des voitures. (*Voyez les mots* TUYAUX & CONDUITE.)

Les anciens Romains, qui n'épargnoient rien pour se procurer avec abondance des eaux pures & salubres, ont préféré les aqueducs à tous les autres moyens de *conduire* les eaux. C'est en effet celui qui convient le mieux & qui est le plus durable, lorsque la quantité d'eau est un peu considérable ; c'est le moyen le plus propre à conserver les bonnes qualités de l'eau, sa pureté, & même sa fraîcheur ; c'est le seul dont on devroit faire usage, lorsque les eaux que l'on a à *conduire* sont destinées à la boisson & à préparer les alimens des habitans d'une grande ville. *Voyez le mot* AQUEDUC.

Les eaux que l'on conduit dans des *rigoles*, des *pierrées*, ou des *canaux découverts* sont sujettes à être gâtées par la poussière & les ordures que les vents entraînent, par les orages & les grandes pluies ; le soleil même contribue à les corrompre & à les rendre mauvaises. Les eaux conduites de cette manière ne sont propres que pour former des canaux, des pièces d'eau, des usines, des arrosemens, &c. *Voyez les mots* CANAL, PIERRÉE & RIGOLE.

La première opération à faire lorsqu'on a des eaux à *conduire* est de chercher à connoître leur position par rapport au lieu où elles doivent être conduites & aux endroits où elles doivent passer, leur volume, leur usage, la nature des terreins qu'elles auront à parcourir, les obstacles qui pourront se rencontrer, & les matériaux que l'on pourra y employer.

Pour *conduire* l'eau dans les rigoles, des canaux découverts, des conduits ou des aqueducs, il faut que son point de départ soit plus élevé que celui où elle doit arriver, afin qu'on puisse lui donner une pente suffisante. Le cas le plus avantageux est lorsque cette pente peut être uniforme ; quand il se trouve, entre le point de départ & celui d'arrivée, des endroits plus élevés ou plus bas que la ligne de pente, on est obligé d'y creuser ou de les élever, afin que l'eau n'ait jamais à remonter, & qu'elle ait, au contraire, une pente convenable.

Lorsque la partie élevée est une montagne, ou une éminence considérable, on est quelquefois contraint de la percer, pour faire passer l'eau au travers ; quelquefois il est plus expédient de lui faire faire le tour. Dans tous ces cas, il y a une infinité de précautions à prendre, pour que l'eau ne se perde pas, comme de glaiser le fond des canaux ou rigoles, ou de les paver en ciment ; de les établir sur un fond solide, de former des conduits pour les parties souterraines.

Quoique la dépense de percer une montagne paroisse considérable, il est cependant quelquefois plus économique de le faire, que de pratiquer un canal autour, à cause de la trop grande longueur du circuit qu'on seroit obligé de faire, & d'une infinité d'obstacles qui pourroient se rencontrer pour asseoir le canal solidement, & lui donner une pente uniforme. (*Voyez ce qui a été dit à ce sujet aux articles Aqueducs & Canaux, & les articles Conduits & Rigoles.*)

Lorsqu'il se trouve, dans les terreins que les canaux ont à traverser des parties trop basses, il faut former des levées pour soutenir ces canaux ; si ce sont des vallées profondes, on élevera le canal sur des murs ou des arcades en maçonnerie, en observant toutes les précautions ci-devant indiqué à l'article AQUEDUC.

CONDUIT, subst. masc. Dans l'art de bâtir, on donne ce nom à un corridor long & étroit, pratiqué dans un massif de maçonnerie ou sous terre, pour communiquer d'un endroit à un autre, on en trouve plusieurs dans les édifices antiques, appelés *cryptæ* & *hypogeæ ambulationes*. Il s'en trouve encore dans d'anciennes forteresses qui s'étendent fort loin, & qui ont été faits pour se procurer des issues secretes: ces *conduits* ont été construits quelquefois pour servir de retraite aux habitans d'un pays dans les temps de guerre. Chambers dit que, dans la province du nouveau Mexique, il y a un *conduit* souterrain en forme de grotte, qui s'étend en longueur l'espace de deux cents lieues.

Les *conduits* qui sont pratiqués dans des terres fermes, des tufs, des pierres tendres ou du roc, n'ont pas besoin d'être revêtus de maçonnerie; mais lorsque le terrein n'a pas assez de consistance pour se soutenir, on construit deux murs parallèles réunis par une voûte en berceau; c'est ainsi que sont faits presque tous ceux que l'on a découverts dans les ruines des édifices antiques.

On appelle encore *conduit* un aqueduc en maçonnerie, destiné à conduire les eaux, lorsqu'il est couvert d'une voûte. Pour construire ces *conduits*, il faut beaucoup plus de précautions que pour ceux dont nous venons de parler, qui ne servent que pour communiquer d'un lieu à un autre; soit par rapport au nivellement, soit pour que les eaux ne se perdent point. C'est sur-tout dans la construction de cette espèce d'ouvrage que les anciens Romains ont excellé. De quelque manière que leur *conduit* fût formé, soit qu'il fût creusé dans le roc, ou qu'il fût construit en maçonnerie de moilons, de briques ou de pierres de taille, ils avoient le soin de revêtir la partie inférieure, dans laquelle l'eau devoit couler, d'une forte couche de ciment, bien battue: cette couche a ordinairement six pouces d'épaisseur; elle est composée de chaux, de sable & de tuileaux pilé. Ce ciment acquéroit avec le temps une plus grande dureté que la pierre, & formoit un canal d'une seule pièce impénétrable à l'eau.

Procope, parlant des aqueducs de Rome, dit que les *conduits* de ces aqueducs avoient une hauteur & une largeur telles qu'un homme à cheval auroit pu facilement les parcourir.

Comme ce passage de Procope, cité par tous les compilateurs, nous paroît exagéré, & ne donne pas une idée juste de la grandeur de ces *conduits*, nous avons jugé à propos de placer ici les mesures des *conduits* des principaux aqueducs de Rome que nous avons prises sur les lieux.

Le *conduit* de l'aqueduc de l'eau *Claudia* a cinq pieds quatre pouces de hauteur sur trois pieds huit pouces de large; il est construit en pierre de taille, & revêtu à l'intérieur d'une couche de ciment de quatre à cinq pouces d'épaisseur.

La partie de *conduit* de l'aqueduc du nouvel *Anio*, qui est au-dessus de la porte majeure, a six pieds cinq pouces de hauteur, sur deux pieds trois pouces six lignes de large: ce *conduit* est construit en briques, revêtu à l'extérieur en pierres de taille & à l'intérieur d'un fort enduit de ciment.

Le *conduit* des arcs *Néroniens* qui étoit une suite de celui du nouvel *Anio*, a aussi six pieds cinq pouces de hauteur, sur deux pieds six pouces de largeur; il est construit en briques, ainsi que les arcs qui le soutiennent, & revêtu à l'intérieur d'un enduit de ciment.

Il n'y a point d'aqueduc à Rome dont le *conduit* ait une élévation plus grande que celle de ces deux dernières parties; ce qui n'est pas encore suffisant pour le passage d'un homme à cheval, qui suppose au moins sept pieds & demi de hauteur, sur trois pieds & demi de large.

Le *conduit* de l'eau *Marcia*, construit en pierres de taille, revêtu à l'intérieur en ciment, a cinq pieds six pouces de hauteur, sur deux pieds trois pouces six lignes de large.

Le *conduit* d'une partie d'aqueduc en briques, composé de deux rangs d'arcades, cité par Fabretti, & qu'il croit être un reste de l'aqueduc bâti par Alexandre Sévère, a cinq pieds quatre pouces de hauteur, sur deux pieds quatre pouces de large.

Les *conduits* de l'eau *Julia* & *Tepula* n'avoient que trois pieds & demi de hauteur, sur deux pieds de largeur.

Une autre partie de *conduit* au-dessus de l'arc de *Drusus*, a six pieds trois pouces de hauteur, sur deux pieds six pouces de large.

CONDUITE, subst. fém. (*construction.*) C'est dans l'art de bâtir, l'action de diriger les opérations des ouvriers, pour former un ouvrage quelconque, tel que de maçonnerie, de charpente ou de menuiserie, &c. *Voyez* l'article CONDUIRE.

CONDUITE D'EAU. Dans l'architecture hydraulique, on donne ce nom à une suite de tuyaux de plomb, de fer, de terre cuite ou de bois, servant à conduire les eaux.

Des conduites en plomb.

De toutes les manières de faire les *conduites*, la plus avantageuse est celle où l'on employe des tuyaux de plomb, parce qu'ils se joignent parfaitement les uns au bout des autres, qu'ils ne perdent rien de la quantité d'eau qu'ils conduisent, & qu'ils peuvent se prêter à toute sorte de contours, de direction & de sinuosité, sans que cela nuise à leur solidité, ni à l'eau qui y coule. Le seul inconvénient qu'on peut leur reprocher est

F 2

d'être coûteuses; cependant c'est l'unique moyen dont on puisse faire usage pour la distribution des eaux, lorsque la quantité que l'on a à conduire est fort petite, & que par conséquent les tuyaux doivent avoir un très-petit diamètre. *Voyez* TUYAUX DE PLOMB.

Des conduites en fer.

Après les *conduites* en plomb, les *conduites* en tuyaux de fer fondu, sont celles qui valent le mieux ; elles ont les mêmes avantages, lorsqu'il s'agit de conduire les eaux en ligne droite, ou que les contours sont très-alongées ; elles ont de plus l'avantage d'être plus solides, plus durables & moins coûteuses. Ces *conduites* sont excellentes lorsqu'on a une grande quantité d'eau à conduire. Avec cette matière, on est venu à bout de faire des tuyaux qui ont jusqu'à trois pieds de diamètre. Les tuyaux qui sont terminés par des embases carrés, se joignent par le moyen de quatre vis & de rondelles de plomb ou de cuir. *Voyez* l'article TUYAU DE FER.

Les *conduites* qui doivent être placées sous le pavé des rues des grandes villes, valent mieux en plomb qu'en fer, parce qu'on a éprouvé que celles en plomb résistent mieux au roulement des voitures, & que ces roulemens occasionnent un frémissement qui fait que l'eau s'échappe par les jointures des *conduites* en fer, malgré toutes les précautions que l'on peut prendre pour y obvier.

Des conduites en grès ou tuyau de terre cuite.

Ces *conduites* sont les meilleures dont on puisse se servir, pour conduire les eaux qui sont destinées à être bues, parce qu'étant vernissés à l'intérieur, le limon n'y attache point, & que l'eau y conserve sa pureté & sa fraîcheur, & qu'elle n'acquiert en y coulant ni mauvais goût, ni qualité nuisible, comme dans les tuyaux de métal ou de bois.

On ferme les *conduites* en grès avec des tuyaux qui s'emboîtent l'un dans l'autre ; on garnit les joints avec de la filasse & du ciment gras. En quelques endroits de l'Italie, on fait usage d'un mastic qui m'a paru excellent, & qui acquiert avec le temps beaucoup de dureté : il est composé de fleur de chaux & de marbre pilé, broyé avec de l'huile de lin ; on y ajoute quelquefois du verre pulvérisé.

On fait encore du mastic, en éteignant de la chaux-vive avec de l'huile ; on y ajoute du coton ou de la laine hachés bien menu, & le tout bien mêlé.

Il y en a qui font un mastic avec de la poix radoucie, avec de la cire neuve, un peu de térébenthine & de la poussière de verre ; le tout employé bien chaud.

Nos fontainiers font usage d'une composition à laquelle ils donnent le nom de *ciment perpétuel* ; composé de poterie de grès pulvérisée, de mâchefer, de tuileau, de pierre de meulière & de chaux-vive ; toutes ces matières bien broyées ensemble forment un ciment excellent qui durcit beaucoup dans l'eau & à l'humidité.

Les *conduites* en grès sont plus économiques que celles en plomb ou en fer ; mais on ne doit les employer que pour les eaux que les fontainiers appellent *eaux roulantes* ; c'est-à-dire, qui ne sont pas forcées à remonter, parce que leur fragilité ne leur permet pas de résister au refoulement de l'eau, sur-tout lorsque la charge de celle-ci est considérable. Dans ces cas là, on a beau envelopper les tuyaux avec des chemises de ciment, & les poser sur de bons massifs de maçonnerie, on a bien de la peine à les empêcher de fuir, & quelquefois ils crèvent, à moins qu'ils ne se trouvent renfermés dans des massifs considérables ; ce qui devient alors fort coûteux.

Les *conduits* en tuyaux de terre cuite sont trop fragiles pour être placés sous le pavé des rues, à moins de les placer dans des aqueducs.

Lorsque ces *conduites* ne sont pas revêtues en ciment, qu'on n'emploie pas de la chaux dans le mastic dont on se sert pour unir les tuyaux les uns au bout des autres, que l'eau coule trop lentement, que l'eau qui entre dans ces *conduites* est stagnante, elles sont sujettes à ce que les fontainiers appellent *queues de renard* : ce sont des racines fort menues qui s'insinuent par les nœuds de mastic qui pourrissent en terre, quand ils ne sont faits qu'avec du ciment gras et de la filasse. Quelquefois les *queues de renard* deviennent si grosses et si longues, qu'elles finissent par boucher le tuyau ; on a trouvé de ces queues qui avaient 5 à 6 toises de longueur. Pour obvier à ces inconvéniens, il ne faut employer pour joindre les tuyaux, que du ciment fait avec de la chaux ; donner le plus de pente ou de charge d'eau qu'il sera possible à la *conduite* pour augmenter la vitesse du courant ; mettre des grilles ou des champignons à l'entrée de la *conduite*, pour qu'il ne puisse s'y introduire, ni herbe, ni ordure qui soit dans le cas de donner lieu aux *queues de renard*. A Constantinople, on *conduit* toutes les eaux dans des tuyaux de terre cuite fort épais, & qui ont depuis 7 jusqu'à 10 pouces de diamètre.

Des conduites en pierre.

On peut se servir quelquefois au lieu de tuyaux de terre cuite, de grandes pierres dures que l'on perce avec des trépans, on choisit les plus longues pour éviter les joints ; pour les unir ensemble, on forme des tenons & des entailles, & on les pose à bain de ciment sur un massif de maçonnerie. Les eaux de la fontaine d'Asolo dans la marche Trévisane, sont *conduites* de cette manière. On a trouvé dans les ruines des édifices antiques, des blocs de marbres de 12 pieds de longueur, percés d'un bout à l'autre d'un trou rond de huit pouces de diamètre, qui avoit servi à conduire de l'eau.

En Italie, on fabrique des *conduites* avec un mortier fait comme la *terrazza* de Venise, composé de chaux blanche, de petits cailloux et de tuileaux pilés avec des éclats de marbre, le tout bien broyé avec de l'huile de lin ; cette pâte ou ciment sert à l'intérieur du tuyau. Pour le former on a un rouleau de bois bien uni, autour duquel on met plusieurs couches du ciment dont nous venons de parler, en ayant soin de le bien étendre, de les battre à mesure, de les lisser ensuite avec un outil de fer ou d'acier, afin de leur donner plus de fermeté & de consistance, & qu'il ne se fasse point de gerçure. Lorsque cette enveloppe a une certaine épaisseur, c'est-à-dire environ le quart du diamètre intérieur, on le renferme dans une bonne maçonnerie de blocage faite à bain de ciment.

Des conduites en bois.

Ces espèces de *conduites* sont les plus économiques dont on puisse faire usage, mais elles ne valent rien pour conduire l'eau destinée à être bue, à cause du goût, souvent désagréable que les tuyaux de bois lui communiquent. On peut employer avec succès les *conduites* en bois dans les endroits marécageux & humides, lorsqu'il s'agit de conduire les eaux pour des arrosemens ou des desséchemens, ou de former des pièces d'eau pour l'embellissement des parcs. Les eaux de Dampierre, de Liancourt & une partie de celle de Chantilli, sont *conduites* dans des tuyaux de bois. Dans les pays secs, les *conduites* en bois durent peu, & sont sujettes à beaucoup d'entretien.

De quelque matière que soient fait les tuyaux d'une *conduite*, il faut 1°. avoir la précaution de les poser le plus en ligne droite qu'il est possible ; 2°. de les établir sur un sol ferme, dont la pente soit uniforme ; 3°. d'éviter les angles, y suppléer par des contours coulans et arrondis, parce que c'est ordinairement par ces endroits que l'eau fatigue le plus les tuyaux.

Les *conduites* qui méritent le plus d'attention, sont celles qu'on est obligé de faire descendre dans le fond des vallées, pour remonter ensuite. Les fontainiers donnent le nom de *gorge* ou *ventris* à ces parties de *conduite*.

Lorsque les gorges ne sont pas profondes, & qu'elles ne sont pas d'une grande étendue, il vaut beaucoup mieux faire, quand il est possible, une levée ou un massif, pour continuer l'uniformité de la pente que de forcer l'eau à descendre pour remonter ; quant à l'économie, elle n'est souvent qu'illusoire, parce que les tuyaux d'eau forcée devant être plus forts, sont nécessairement plus chers, et que de plus, ils sont sujets à plus d'entretien que ceux qui ne contiennent que des eaux roulantes.

L'expérience a fait connoître que lorsque la profondeur d'une gorge étoit de plus de cent pieds, les tuyaux de fer qui sont les plus forts & les seuls que l'on puisse employer dans ce cas là, ont bien de la peine à résister au refoulement de l'eau qui se perd par les jointures, & fait quelquefois crever les tuyaux. Dans ces circonstances, il vaudroit infiniment mieux construire des aqueducs en arcades ; j'en ai vu à Trapani en Sicile, & à Malte, bâtis en moilons, de la manière la pas plus économique.

Lorsque les *conduites* sont fort longues, il est nécessaire d'établir de distance en distance des regards, c'est-à-dire, de petits bâtimens, dans lesquels on construit soit des réservoirs en maçonnerie, revêtus de ciment, soit des cuvettes en pierres, ou en plomb, qui reçoivent l'eau d'un côté, par le bout de la *conduite* supérieure, auquel on donne le nom de *tuyau de chasse* ; ce tuyau doit être élevé un peu au-dessus du fond du réservoir. L'eau qui arrive dans ces réservoirs ou cuvettes, est transmise dans la partie inférieure de la *conduite*, par son extrémité à laquelle on donne le nom de *tuyau de suite*. Celui-ci doit être aussi élevé au-dessus du fond des réservoirs ou cuvettes, pour ne recevoir que l'eau épurée, qui a déposé son limon dans le fond. On adapte à ce fond un tuyau de décharge, garni d'un robinet que l'on ouvre de temps-en-temps, pour mettre la *conduite* en décharge, & pour nétoyer les réservoirs des vases & ordures qui s'y sont déposées.

Il est à propos de placer les regards dans les endroits où la *conduite* est le moins enterrée, afin que la décharge trouve plus aisément à s'écouler, & qu'on ne soit pas obligé de creuser des puisards exprès.

Dans les *conduites* qui ont plusieurs pentes & contre-pentes, les regards doivent se placer aux endroits où elles sont le plus élevées : alors on pratique une décharge au lieu le plus bas de la plongée. En ouvrant cette décharge & celle du regard supérieur, on peut mettre la partie de *conduite* intermédiaire à sec, & on a la facilité de faire, à l'aise, les réparations dont elle peut avoir besoin.

Les anciens Romains pratiquoient pour toutes leurs *conduites* des petits puits, éloignés d'un *acte*, c'est-à-dire, de 120 pieds romains l'un de l'autre. Ils servoient à déposer le limon que les eaux troubles pouvoient charrier ; ces puits étoient construits en briques ou en maçonnerie de blocage, revêtus à l'intérieur d'un enduit de ciment.

Les parties de *conduite*, ou de tuyaux qui aboutissoient à ces puits, étoient disposées de manière que celle qui amenoit l'eau étoit un peu plus élevé que celle qui la recevoit après le puits ; à l'ouverture de cette dernière, on plaçoit une petite grille pour retenir les grosses ordures, comme des herbages, des racines, &c. La profondeur de ces puits étoit proportionnée à la quantité d'eau que fournissoit la *conduite*.

Il faut, autant qu'il est possible, que les *conduites* formées par des tuyaux, soient enfoncées à une certaine profondeur dans la terre, afin qu'elle se conserve fraîche en été, & qu'elle ne soit pas trop exposées à la gelée en hiver. Cette profondeur doit être proportionnée au climat ; ainsi dans le nôtre, elle doit être d'environ deux pieds dans les villes, & trois pieds dans les campagnes ; la crainte de la gelée dans les pays plus froids engagera à porter encore les *conduites* à une plus grande profondeur.

Les tuyaux de *conduite* qui sont au-dessus de terre, devroient être renfermés dans un massif de maçonnerie.

CONDUITE D'EAU, s. f. *Hydraulique*. Suite de tuyaux pour *conduire* les eaux d'une source à une fontaine, ou d'un réservoir à un bassin : lorsque les tuyaux aboutissent à un ajutage, d'où l'eau s'élance en jet, la *conduite* doit être déterminée relativement à cet ajutage, & à la hauteur des réservoirs ; ainsi l'expérience nous apprend *qu'un jet venant d'un réservoir de 52 pieds de haut, demande une conduite de 3 pouces, & un ajutage de 6 lignes de diamètre pour avoir le plus d'élan possible*. Delà on a déduit les proportions suivantes que nous représentons ici d'après d'*Aviler*.

Hauteurs des réservoirs.	Diam. des conduites d'eau.	
Depuis 1 jusqu'à 11	2 pouces.	0 lignes.
Depuis 11 jusqu'à 21	2	6
Depuis 22 jusqu'à 41	3	0
Depuis 41 jusqu'à 81	3	6

D'Aviler, après avoir observé qu'un réservoir est rarement à plus de 82 pieds d'élévation, donne une règle pour assujettir cette petite table aux différens diamètres de l'ajutage ; cette règle est que *la dépense de l'eau est proportionnelle au carré du diamètre de l'ajutage*.

CONDUITE DE FER. *Conduite* faite de tuyaux de fer, fondu par tronçons, égaux en diamètre & en longueur. Cette *conduite* se fait de deux manières ; on appelle l'une *conduite de fer à bride*, & l'autre *conduite de fer à manchons*. Dans la première, les tuyaux se tiennent bout-à-bout par leurs oreillons, qui, ayant entre eux un cuir chargé de mastic, sont serrés avec des vis & des écrous ; dans la seconde, les tuyaux s'encastrent, & la filasse & le mastic consolident leur jonction.

CONDUITE DE PLOMB. *Conduite* faite de plusieurs tuyaux de plomb, moulés ou soudés de long ; & emboîtés avec nœuds de soudure.

CONDUITE DE TERRE OU DE POTERIE. *conduite* faite de tuyaux de terre ou de grès cuit, recouverts de mastic à leur emboîture.

Cette *conduite* est la meilleure pour les eaux à boire, parce qu'étant vernissée intérieurement, le limon ne s'y attache pas.

CONDUITE DE TUYAUX DE BOIS. *Conduite* faite ordinairement de tiges de bois d'aune, de chêne ou d'ormes, creusées dans toute leur longueur, & qui se pénétrant les uns les autres, sont enduites de poix à leur jointure.

Les Anglois, chez qui cette sorte de *conduite* est très en usage, ont soin de n'y employer que des bois tortueux, qui ne pourroient servir ailleurs. Ils ont trouvé l'art d'en suivre les courbes en les forant, & ainsi de conserver autour de la perforation, dans toute son étendue, une épaisseur presque toujours égale.

CONDUITS A VENT. p. m. Ce sont des soupiraux ou lieux souterrains, dans lesquels les vents se conservent frais, & d'où, par des tubes, tuyaux ou voûtes, ils se communiquent aux appartemens que les grandes chaleurs, sans eux, rendroient inhabitables. Ces *conduits* sont fort en usage en Italie, où on les nomme *ventidotti* : en France, on les nomme *prison des vents*, ou *palais d'Eole*.

CONUDPLICABILES FORES, autrement *Quadrifores*. Portes antiques à deux batans, dont chacun est brisé de haut en bas ; tels sont les volets des appartemens actuels : je ne sais pourquoi on n'en fait point de même aux portes ; elles n'embarrasseroient point alors par leurs battans, qui, le plus souvent, sont entièrement en saillie hors du lambris lorsqu'on les ouvre, & qui offusquent toujours la vue, quoique, depuis long-temps, ils soient par-tout en usage. (*Voy.* PORTE & VOLETS.)

CONE, ou ENCAISSEMENT, subst. masc. On donne ce nom à de grands bâtis de charpente qu'on enfonce dans l'eau, & qui, remplis de matériaux, servent à faire des massifs de construction pour des levées, des digues & des ports. On les appelle *cônes*, parce que leur forme est véritablement conique ou pyramidale, afin de leur donner une assiette plus solide & plus capable de résister aux mouvemens des flots & à l'action de la mer.

Le plus grand exemple de ce genre de construction hydraulique, est celui de la rade de Cherbourg, où toutes les forces de la mécanique & toute l'intelligence de l'art, ont été portés à un degré, auquel il n'a peut-être manqué que de plus grandes ressources & des circonstances plus heureuses, pour triompher des plus grands obstacles de la nature. Quelqu'incertain que soit succès, on ne doit pas moins conserver le souvenir de cette grande tentative, & la description des moyens prodigieux qui l'ont exécutée en partie, mérite une place dans cet ouvrage.

La caisse de charpente qui fait l'enveloppe d'un *cône* est à jour & sans fond ; elle a 60 pieds de diamètre au cercle supérieur, 148 à sa base, & 60 de hauteur perpendiculaire.

La circonférence à la base est de 465 pieds, ou de 77 toises ; son cercle supérieur est de 188 pieds ; par conséquent, elle occupe une superficie de 17,212 pieds carrés ; la surface du cercle supérieur est de 2,828 pieds carrés.

Le *cône* se construit sans fond, afin d'éviter dans la submersion le contact sur le terrain avec les parties saillantes des rochers qui pourroient s'y rencontrer ; mais on y met un filet de greslin, d'environ 9 pouces, qui tient toutes les pièces droites, ou montans, & les empêche de s'écarter lors du coulage.

Il entre dans une caisse conique, 19,416 pieds cubes de bois de chêne, & 20,664 pieds de bois de hêtre, évalués l'un dans l'autre au poids de 56 livres par pieds cubes, à cause des différentes espèces de bois ; elle pèse donc 2,244,380 livres.

Voici la manière de conduire le *cône* au lieu de sa destination.

On se sert pour le faire flotter de 66 grosses tonnes, en état de supporter chacune 30 milliers pesant, & de 42 petites tonnes capables de soulever chacune 12 milliers, de sorte que toutes ces tonnes réunies ensemble portent au moins le poids de 2,484,000 liv. ainsi il reste 239,520 livres d'excédent pour parer aux événemens. Le tangage devient de peu de conséquence, au moyen des tonnes qui refoulent & décomposent en quelque sorte les vagues.

La remorque se fait à l'aide de 9 cabestans, dont l'un placé sur le ponton conducteur voie continuellement ; 56 hommes y sont toujours occupés, & se remplacent par intervalle ; les 8 autres cabestans chacun sur un navire, ne servent pour ainsi dire qu'à mettre la caisse dans le véritable endroit où elle doit être placée ; plusieurs grandes chaloupes plates, garnies de 20 rames chacunes, y sont également employées ; par ce moyen, on fait à-peu-près 36 pieds de longueur par minute en un temps calme.

L'immersion se fait en une demi-heure, en détachant successivement les tonnes, 4 par 4, aux quatres côtés diamétralement opposés. On se sert pour cette opération de grands couteaux, pesant à-peu-près 90 livres, emboîtés dans des coulisses qui prennent du sommet de la caisse, où règne une galerie, & aboutissent aux soupentes qui attachent les tonnes ; telle est la manière de conserver l'équilibre à mesure de l'immersion.

Cette immersion est de 36 pieds dans les plus basses eaux, & de 56 pieds dans la plus haute mer de l'équinoxe.

La solidité d'un *cône* est d'environ 630,200 pieds cubes, ou de 2,778 ⅓ toises cubes, qu'on peut réduire à 2,678 toises cubes, pour le solide du vide intérieur d'entre les pierres & à cause des bois dont on déduit la masse : ainsi, on remplit cette caisse avec 2,678 toises cubes de pierres, qu'on ne compte que pour 180 livres pesant par pieds cubes, à cause du vide occasionné par l'incohérence des pierres ; vide, qui toutefois ne doit pas être bien considérable, puisqu'elles sont jetées une à une.

La toise cube pèse donc 38,880 livres ; en y ajoutant le poids de la caisse de 2,244,480 livres, la masse entière du *cône*, où celle du rocher qui se formera dans la suite, sera de 106,365,120 liv.

La configuration d'un *cône* est telle que la poussée de la pierre glissante sur un angle de 60 degrés n'agit qu'avec un effort de 6 livres par pieds carrés sur les parois de l'intérieur, force absolument nécessaire pour attacher la caisse au noyau de pierre & empêcher la mer de donner à la charpente un mouvement de rotation.

D'après cela, si l'on suppose le *cône* assailli par la plus forte tempête, l'action de la mer agira avec une force de 2,778 ⅓ toises cubes d'eau que le *cône* déplace, & qu'on peut fixer dans l'équilibre à 15,760 livres par toise cube d'eau ; ainsi les 2,778 ⅓ toises cubes d'eau, agiront sur le *cône* avec une pression de 437,865,330 liv., qui, déduites de la masse du *cône*, laisseront 62,578,587 livres de masse au-dessus de l'équilibre pour la pesanteur excédente du rocher, sur l'effort de la mer. A mer basse, la stabilité est plus assurée ; le *cône* ne déplace que 2,060 toises cubes d'eau, ou 324,656,000 liv., qui, déduites de 186,365,120 liv., donnent pour reste 73,899,520 livres au-dessus de l'équilibre, &, dans tous les cas, sa forme circulaire & son talus de 7 pouces par pied de hauteur, affoibliront beaucoup l'effort de la mer.

D'après les forts de Risban, bâtis par Louis XIV au milieu des jetées qui conduisoient à Dunkerque, & qui ont été démolis à la paix de 1712 ; d'après l'expérience des jetées de Hollande, la partie de bois qui sera toujours dans l'eau ne se détruira pas ; elle résistera d'autant mieux, qu'on ne connoît pas dans la rade de Cherbourg de vers qui mange le bois. Déjà le goémon & le varech enveloppent une partie de la première caisse.

Mais pour la partie de charpente qui s'élève au-dessus de l'eau, on a eu l'attention de la construire & de la doubler en bois de chêne ; le doublage est fort épais. Par ce moyen, elle pourra durer assez long-temps pour que la masse des pierres prenne toute la consistance nécessaire, ce qui doit rendre par la suite la partie de cette charpente absolument inutile.

CONFESSION, subst. fém. Nom que l'on donnoit autrefois aux autels qu'on élevoit sur les tombeaux des martyrs, ou plutôt aux lieux où étoient placés ces tombeaux même.

On appelle à Rome, *confession de Saint-Pierre*, une chapelle qui est immédiatement au-dessous du grand autel de l'église dédiée à ce saint. On y descend par deux escaliers qui sont au-devant du baldaquin; ils sont entourés de balustrades chargées de cornes d'abondance, qui servent de support à plus de cent lampes d'argent, l'intérieur de cette *confession* est revêtu de marbres précieux, parmi lesquels on remarque le noir, le verd, le jaspe antique, & quatre colonnes du plus fin albâtre. Ces riches lambris sont encore relevés par des guirlandes, des figures d'anges, & des statues de saint Pierre & de saint Paul, en bronze doré: une partie de ces objets accompagnent une porte de même métal qui ferme l'entrée d'une voûte oblongue & décorée de mosaïque, où, sous une lame d'argent infixée dans le pavé, sont conservées les reliques des deux apôtres. (*Voyez* BALDAQUIN, BERNIN. EGLISE SOUTERREINE.)

Paul V fit décorer la *confession de saint-Pierre*, sur les desseins de *Carlo Maderni*, selon *Fontana*.

Quelquefois on appeloit *confession*, un oratoire & peut-être même une châsse. En effet, on lit que le pape Anastase, fit faire, en argent, du poids de cent livres, la *confession* de saint-Laurent martyr.

CONFESSIONAL, subst. masc. Ouvrage de menuiserie composé de trois niches ou cellules, séparées par une cloison adossées à un mur, ou à un pilier; elles sont élevées sur une ou deux marches, & composent un avant-corps carré, demi-circulaire ou à trois pans; elles sont couvertes en dôme, en plate-forme, ou en amortissement. La niche du milieu a une porte pleine jusqu'à la moitié de sa hauteur, & à clairvoye dans tout le reste. Cette niche contient un siège, & a de droite & de gauche, des volets battans sur un grillage en bois, à travers lequel on voit dans les niches de côtés; celles-ci n'ont point de portes & ont un accoudoir au lieu de siège.

Les *confessionnaux* n'ont pas toujours eu la forme que je viens de décrire, & dans les siècles où le pénitent s'asseyoit à côté du prêtre, ils en avoient, sans doute, une assez différente.

Les *confessionnaux* doivent être commodes & simples; cependant plusieurs sont ornés de sculptures, de dorures, & même de glaces, étalage opposé à l'esprit de leur institution, & propre à distraire ceux qui viennent s'y humilier.

Jusqu'à présent dans nos églises, les *confessionnaux* n'ont point eu de place déterminée. Ils obstruent les bas côtés, ils embarrassent les chapelles, ils masquent les pieds droits & les pilastres auxquels on les adosse; enfin, ils importunent l'œil par-tout où ils les rencontre.

Je conseillerois de les enfermer dans les embrasures de fenêtres, comme on l'a fait à Saint-Philipe-du-Roule, si les premiers rits du christianisme n'indiquoient la place qu'ils doivent occuper.

On sait qu'autrefois les pénitens restoient aux portes des églises; quelques rituels ont, en conséquence, ordonné que les *confessionaux* y fussent placés; mais comment, dira-t-on, accorder cette disposition avec le climat, & le recueillement que le repentir demande? Le voici: en même temps, le moyen de renouveler l'ancien baptistaire, si mesquinement remplacé par nos *chapelles des fonds*; il faudroit donc entre le péristile & la nef d'une église, laisser une espace couvert que l'on diviseroit en trois parties; celle du milieu formeroit un vestibule qui conduiroit du péristile dans cette église, & par des portes de côté, dans les deux autres parties, dont l'une contiendroit les *confessionaux*, & l'autre *les fonds*: la première seroit décorée avec la sévérité qui convient à une juridiction religieuse; & la seconde, avec les attributs qui caractériseront la régénération chrétienne. On auroit soin de placer alors les *bénitiers* dans le vestibule, & ainsi tout ce qui concerne les purifications seroit séparé du temple. Cette règle qui fut constamment observée chez les anciens, & dans les premiers siècles de l'église, les modernes ont abandonné avec d'autres encore. Par ces abandons successifs, nos temples ne présentent aucune partie significative & déterminée, & ils ne sont tous que de longues nefs entourées de bas côtés.

CONFIGURATION, subst. fém. Forme extérieure ou surface qui borne les corps, & leur donne une figure particulière.

La plûpart des ouvrages ont une même *configuration*, parce que leurs auteurs n'ont eu à eux tous qu'une manière. Copistes timides, ils ne veulent faire que ce qui a été fait, & ils répètent sans cesse des *configurations* empruntées des maitres dont le nom leur en impose le plus.

Le génie, avec peu de matière, produit mille *configurations* diverses, & la stérilité, avec beaucoup, ne produit que des *configurations* froidement ressemblantes.

CONFUSION, subst. fém. Ce vice en architecture affecte particulièrement la décoration & l'ornement; lorsque cette maladie attaque la disposition même des plans, & l'ordonnance générale d'un édifice, on l'apelle de préférence *désordre*.

Une décoration confuse est ou celle qui se compose d'un mélange d'idées hétérogènes, où celle dont le dessein est tel que l'œil & l'esprit en saisissent difficilement le motif général & n'en débrouillent qu'avec peine les parties.

La *confusion* dans l'ornement résulte ou d'une stérile fécondité qui, pour dire trop, s'explique mal,

mal, ou d'une fausse combinaison entre les richesses & les repos.

CONGÉ, subst. masc. Portion de cercle, ou adoucissement en forme de cavet, qui joint le fût de la colonne à ses deux ceintures. On le nomme aussi *apophyge*, qui, en grec signifie *fuite*, & *scape*, du latin *scapus*, le tronc d'une colonne. On emploie le *congé* presque toutes les fois qu'on se sert de l'astragale; mais il est souvent élégant de le supprimer, surtout lorsqu'on a besoin de caractériser un profil.

CONGÉLATIONS, subst. fém. Sucs divers consolidés dans le sein de la terre. On trouve dans les Alpes, et dans diverses grottes naturelles, des *congélations* aussi étonnantes par leur variété que par leur nombre. On appelle aussi *congélations* ou glaçons une sorte d'imitation des écoulemens d'eau congélés successivement, & accumulés par couches les uns sur les autres. On fait usage de ces deux espèces de *congélations*, dans la décoration des grottes artificielles, des châteaux d'eau, des fontaines.

CONISTERIUM, subst. neut. latin, de κονις, poussière. Lieu où l'on gardoit une sorte de poussière très-fine que l'on faisoit venir d'Egypte pour les lutteurs. Ils s'en couvroient mutuellement, afin de mieux se saisir & se colleter, parce que l'huile & la sueur auroient, sans ce moyen, rendu leur peau trop glissante.

Le *conisterium* étoit à la droite de l'*ephebeum*; mais il en étoit séparé par le *coriceum*. Ces pièces, ainsi que d'autres dont il sera parlé, étoient le long du double portique des Palestres, lequel regardoit toujours le midi.

CONNOISSEUR; subst. masc. On entend, ou du moins l'on doit entendre par ce mot un homme qui sans faire profession d'un art ou des arts en général, a, ou se donne pour avoir les connoissances qui peuvent mettre à portée d'en bien juger les productions.

On compte dans la sphère des arts trois sortes de degrés d'action; ce qui constitue dans cet empire trois classes d'individus connus sous le nom d'artistes, de *connoisseurs* & d'amateurs.

Il est difficile de supposer qu'un véritable artiste ne soit pas tout à-la-fois *connoisseur* & amateur. Cependant, à prendre ces deux derniers mots dans toute l'étendue & selon la variété de leur acception, il est possible que l'artiste n'ait pas même dans l'art qu'il professe toutes les qualités & tous les genres de savoir qui peuvent constituer un *connoisseur*. Quant à l'amour de l'art, cette passion qui est le premier besoin & le sentiment dominant de celui que la nature a fait artiste, il n'est pas douteux qu'il l'emporte chez lui sur l'amour & la passion qui caractérisent l'amateur. Mais le goût de l'amateur est aussi d'un autre genre. Il le porte vers la possession des produits de l'art. Cet amour n'est pas celui qui crée les chef-d'œuvres. Mais il peut être l'occasion de leur création, & sous ce rapport, l'amateur même peu instruit doit se considérer comme un consommateur utile.

Diction. d'Archit. Tome II.

Il résulte de cette distinction que l'*amateur* peut l'être par l'effet d'un goût instruit & éclairé, comme aussi en ne suivant que les illusions de la fantaisie & même les inspirations de la vanité. Il est mal-aisé qu'il ne se mêle pas un peu de manie & d'orgueil dans ces collections dont l'amateur aime à faire parade. En général l'usage donne ce nom à tous ceux qui font des cabinets & des recueils des ouvrages de l'art. Et voici où est la distinction entre l'amateur & le *connoisseur*, d'après l'habitude du langage: c'est le cabinet qui constitue l'amateur. N'est réputé amateur que celui qui possède une collection d'ouvrages d'art. On est *connoisseur*, ou l'on peut être réputé tel, sans cela. Ce sera surtout par des voyages, par des écrits ou des ouvrages sur la théorie d'un art, qu'on obtiendra le titre de *connoisseur*, quoiqu'on puisse l'être même sans avoir fait de telles preuves.

L'architecture est de tous les arts celui qui doit en ce sens, avoir le moins d'*amateurs*, & peut avoir le plus de *connoisseurs*. Les produits de cet art ne sont pas de nature à pouvoir former des collections. Et quand on supposeroit que de petits modèles d'édifices, ou des dessins d'architecture puissent fournir encore une assez abondante matière au zèle de l'amateur, il n'y auroit rien en ce genre qui pût flatter sa vanité, ni donner une haute idée de son opulence; aussi le mot d'*amateur* n'est point dans les vocabulaires de l'architecture, & nous ne l'avons pas inséré dans ce Dictionnaire.

Celui de *connoisseur* devoit s'y trouver; car si en fait d'architecture l'amateur & le *connoisseur* se confondent, il faut dire aussi qu'il n'y a point d'art qui ait un plus grand nombre de prétendans à être *connoisseurs*.

Il seroit assez naturel que l'architecture comptât plus de *connoisseurs* dans le sens qu'on a donné à ce mot, que ne peuvent le faire les autres arts. Il y a, dans cet art, des parties qui se lient aux sciences exactes; il y en a qui sont en rapport avec l'économie civile; il s'y en trouve qui exigent les recherches de l'antiquité, d'autres qui reposent sur les plus subtiles notions de la métaphysique, sur les règles les plus abstraites du goût, sur la connoissance du beau & l'analyse des sensations. Nul art ne comporte autant de diversité dans ses études, & ne peut offrir à un homme de goût qui ne cherche qu'à être *connoisseur*, une carrière plus étendue de recherches à faire & de connoissances à acquérir, toutes indépendantes de la pratique & de l'exercice technique qui doivent être le lot exclusif de l'architecte.

Cependant très-peu d'écrits ont eu lieu sur cette matière qu'on pourroit appeler la littérature de l'architecture; & il faut le dire, très-peu d'hommes sans être artistes ont écrit sur cet art. De-là résulte particulièrement le manque de *connoisseurs*.

Les écrits des artistes sur les arts ne peuvent guères être lus que par les artistes eux-mêmes. Le don de rendre intéressant pour le commun des lecteurs les préceptes & la doctrine des arts, est lui-même un talent qui suppose des études spéciales. Ce seroit une autre espèce d'art qui n'a pas autant de rapport qu'on

G

pourroit le croire avec les arts même qui en sont l'objet. Le meilleur poëte n'est guères celui qui fait la meilleure poétique. C'est d'après lui qu'on la fait.

Presque tous les architectes qui ont écrit sur l'architecture se sont contenté de fixer dans des méthodes plus ou moins concises, les proportions qu'ils avoient adaptées aux formes de leurs édifices, & leurs écrits n'offrent qu'un texte aussi sec qu'insignifiant pour quiconque est étranger à l'art. Il s'est trouvé quelques hommes qui ont tenté de généraliser les préceptes de leur art. Mais soit que leur goût fût peu exercé, soit que leurs développemens soient trop vagues, soit que leur style soit vicieux, leurs écrits n'ont pu trouver de lecteurs. De ce nombre est J.-F. Blondel, auteur d'écrits assez volumineux sur l'architecture.

On conçoit dès-lors combien il est difficile qu'il se forme une classe un peu nombreuse de *connoisseurs* en architecture, dans les pays surtout où le nombre des monumens capables de former le goût est peu considérable, & où l'on compte encore moins d'écrits qui puissent ou exciter la curiosité en ce genre, ou faire naître ces controverses littéraires, si utiles aux progrès des lettres & des arts, ou enfin éveiller l'attention publique sur une partie toutefois si intéressante & si féconde des connoissances humaines.

Malgré cela, beaucoup d'hommes se donnent pour *connoisseurs* en architecture. Cet art se lie si intimement avec un si grand nombre des besoins de la société, que presque personne ne se croit absolument étranger à ce qui doit constituer le mérite d'un édifice ou le talent d'un architecte. Les uns se portent & se prononcent juges dans ce qui regarde la commodité, les autres décident en maître sur la solidité, d'autres sur la convenance & le caractère, d'autres sur les proportions, d'autres sur le goût. Tous veulent être bons juges sur l'effet total d'un bâtiment. Chacun croit que le beau étant tel par sa nature, que tous les hommes ignorans comme savans en doivent être frappés, il lui appartient de décider d'après ce seul instinct qu'on appelle sentiment.

Il y a plus d'une erreur dans cette prétention si commune, & qu'on entend élever si fréquemment sur la question de compétence dans le jugement des ouvrages de l'art. D'abord, est-il bien vrai que tous les hommes sont également avertis par un instinct irrésistible de la présence du beau dans les œuvres même de la nature. Est-il bien vrai que la connoissance de ses beautés n'exige point d'études, & qu'elles sont à la portée de l'ignorant comme du savant. Pour l'affirmer, il faudroit soutenir que la vue intellectuelle qui constitue ce sentiment, qu'on prétend appartenir à tous, n'est susceptible de recevoir de l'expérience & de la comparaison aucun perfectionnement, tandis que la vue extérieure, c'est-à-dire la faculté visuelle physique, ne reçoit, à l'égard des objets extérieurs, son entier développement que chez un très-petit nombre d'hommes. Si l'on apprend à voir, & si, sans cette étude, on

n'est pas capable de bien voir, comment prétendroit-on que, sans étude, on puisse apprécier les beautés de la nature.

Ensuite, quand il y auroit, dans le beau naturel, quelque chose qui, se trouvant en harmonie avec quelques-unes de nos facultés & avec nos organes, devroit se faire sentir à tous, encore y auroit-il une grande différence entre un sentiment passif, & ce sentiment éclairé & actif qui jouit & se rend compte de sa jouissance.

Mais tout ce qu'on pourroit dire à l'égard des beautés naturelles, ne seroit pas encore applicable aux beautés de l'imitation. Qu'il y ait entre les objets naturels & un homme quel qu'il soit, des points de rapport & de sympathie, c'est ce qu'il est difficile de nier. Mais l'imitation repose sur des conventions : mais entre son action sur l'ame, & cet instinct appelé sentiment, il y a l'interposition de l'art ; c'est-à-dire, d'un agent qui nous fait voir non la nature mais son apparence : en sorte que pour jouir de cette apparence, il faut comparer. La comparaison exige rapprochement entre deux objets. Cette opération morale n'est certainement pas à la portée de tous les hommes ; mais l'idée de comparaison suppose la nécessité de la connoissance des deux choses que l'on compare. Pour juger les œuvres de l'art, il faut donc la connoissance de la nature qui sert de modèle à l'imitation, & la connoissance des moyens qu'emploie l'imitation pour rivaliser avec la nature. De-là il suit qu'il faut de l'étude pour obtenir des connoissances. De-là il suit qu'il n'y a de *connoisseur* que celui qui a fait cette étude. De-là il suit que le plus grand nombre des hommes ne pouvant faire cette étude, le plus grand nombre des hommes ne sauroit être *connoisseur*.

Cependant on ne sauroit nier que cette étude ne puisse se faire de plusieurs manières, & ne puisse aussi devenir familière & facile à tout un peuple. Ce n'est pas toujours dans les écoles qu'on apprend à étudier la nature. C'est encore moins dans les livres. Il est en ce genre un enseignement plus étendu & plus actif. C'est celui des monumens eux-mêmes, lorsque les arts devenus le besoin de tous & liés à toutes les institutions sociales, arrivent à être une langue presqu'universelle. Alors les ouvrages se multiplient à un tel point, que les yeux étant continuellement frappés de leur spectacle, l'ame reçoit de leur parallèle involontaire, des impressions supérieures à toutes les leçons de la théorie. Alors cet instinct, appelé sentiment, se perfectionne à la vue de l'imitation, de la même manière que l'habitude des accords rend l'oreille délicate & sensible aux dissonances.

Qu'on joigne encore à cela, si l'on veut, pour former de vrais *connoisseurs* dans les arts, ces hautes considérations qui, jadis, annoblissoient leur emploi, ce vif intérêt que l'on portoit à la beauté de monumens, qui étoient l'expression durable des idées les plus relevées qui portoient l'empreinte de l'amour de la patrie, du sens timent qui peut le plus annoblir l'espèce humaine; & qui oseroit honorer du nom d'art, les jouissances énervées des peuples amollis par la servitude, qui oseroit attendre de tels peuples les nobles élans, les fières conceptions, les hautes idées, & l'irrépressible indépendance du génie. (*V.* CARACTÈRE).

CONSERVES, s. f. Réservoirs où l'on amasse les eaux, pour de là les distribuer par des acqueducs ou canaux, en autant de lieux qu'il est nécessaire. Les anciens appeloient ces réservoirs *castella*; & c'est à leur imitation que nous employons au même usage le mot de *château d'eau*.

CONSERVE, voyez CONTRE-GARDE.

CONSOLE, s. f. Corps saillant qui le plus souvent a la forme de la lettre S, & dont l'emploi est de porter ou d'arcbouter; les *consoles* qui arcboutent, s'appellent *consoles en adoucissement*, parce qu'elles n'ont d'enroulement qu'à leur partie inférieure. On les connoîtra au mot *pilier-buttant*, je ne parlerai ici que des autres consoles.

Elles servent à soutenir des corniches, ou à porter des vases, des bustes, des figures ou d'autres objets; voyez ces mots: voyez aussi *clef* & *contre-clef*. Vitruve appelle ces *consoles*, *ancones*, de *ancon*, coude, chose courbée; & *prothirides* de *pro*, devant, & *turis*, porte. Ces noms grecs indiquent la forme & la place qu'eurent les premières *consoles*, & ils aident à en faire connoître l'origine. En effet ces *courbes* mises au *devant des portes*, à quoi pouvoient-elles servir, si ce n'est à soutenir quelque objet en saillie? & celui-ci que pouvoit-il être, sinon un *auvent*, que dans la suite une *corniche* a remplacé? ce qui vient à l'appui de ce que j'avance, c'est la proportion que *Vitruve* assigne aux consoles, proportion qui, en démontrant qu'elles étoient de simples planches, prouve qu'elles n'ont pu porter qu'un abri également fait en planches. *Les consoles*, dit cet architecte, *auront en largeur par le haut, la troisième partie du chambranle, et par le bas, elles auront une quatrième partie de moins que par le haut*. Si on avoit d'abord fait en pierre les *consoles* & la corniche, les premières auroient été plus massives, & on peut s'en convaincre par les parties d'architecture qui n'ont point eu la charpente pour modèle.

Lorsqu'on substitua la pierre au bois, on ne changea pas la proportion des *consoles*; sans-doute on réfléchit qu'elles ne seroient plus que des soutiens de précaution & d'accompagnement, la *corniche* étant adhérente au mur, & n'ayant d'ailleurs que peu de moulures, afin de mieux ressembler à son type. D'après cela on ne peut point approuver la proportion de la plûpart des *consoles* modernes. En les voyant aussi fortes, on est tenté de croire qu'elles portent seules la *corniche*; apparence défectueuse, puisque la réalité le seroit elle-même. On ne doit pas feindre une construction que la solidité réprouve.

Les *consoles* représentant les supports d'un *auvent*, la *corniche*, l'auvent même, ainsi que je l'ai dit plus haut, il semble qu'elles ne devroient pas s'employer à décorer les senêtres & les portes, que l'on pratique sous les portiques & péristiles; car, pourquoi donner des *auvents* à ce qui est déjà pleinement couvert? On combattra mon opinion par des exemples imposans, je l'avoue; mais que peuvent-t-ils contre la raison, qui ne permet pas que, sous un vaste toit, on en mette d'autres plus petits, & par conséquent inutiles? Si chaque partie, en architecture, doit être représentative de son type, elle doit aussi être placée d'une manière convenable à ce type; & certainement les hommes qui abritèrent les premiers, par un *auvent*, leurs fenêtres & leurs portes, n'avoient point autour de leurs maisons de portiques ni de péristiles.

CONSOLE ADOSSÉE. Petit enroulement de serrurerie représentant deux SS en opposition, ou tournée l'une vers l'autre.

CONSOLE ARRASÉE. *Console* dont les enroulemens n'ont point de saillie, & qui affleurant le chambranle ne sont vus que d'un côté.

CONSOLE AVEC ENROULEMENS. *Console* qui a des volutes en haut & en bas; celle du haut est ordinairement la plus forte.

CONSOLE COUDÉE. *Console* dont le contour en ligne courbe, est interrompue par quelque partie droite ou anguleuse.

CONSOLE EN ENCORBELLEMENT. Nom général que l'on donne à toute *console* qui sert à porter les *mézianes* & balcons, & qui par ses ornemens se distingue du corbeau.

CONSOLE GRAVÉE. *Console* ornée de glyphes, ou de canelures, & quelquefois d'écailles.

CONSOLE PLATE. Mutule ou corbeau avec glyphes & goutes.

CONSOLE RAMPANTE. *Console* qui suit la pente d'un fronton, pour en soutenir les corniches.

CONSOLE RENVERSÉE. *Console* dont le plus grand enroulement est en bas, & sert d'adoucissement aux ornemens qu'on emploie dans les décorations.

CONSTANTINOPLE. Cette ville fameuse, jadis connue sous le nom de *Byzantium* dut à Constantin, & le nom qu'elle porte encore aujourd'hui, & l'avantage d'être devenue une des métropoles des arts.

Le siège de l'empire transféré en Asie, les arts ne tardèrent pas d'y aller chercher la protection que Rome ne pouvoit plus leur offrir. Constantin vouloit que ce nouveau centre de l'univers fît oublier par sa magnificence celui que tant de siècles & tant d'efforts avoient rendu digne d'être la capitale du monde. Il chercha donc à embellir Constantinople aux dépens de Rome. Un grand nombre de monumens & des statues fut transféré d'Occident en Orient; mais malheureusement la puissance d'enlever des monumens n'a rien de commun avec le génie qui les produit. Constantin pouvoit amasser dans sa nouvelle cité les chefs-d'œuvres de Memphys d'Athènes & de Rome, il ne pouvoir transférer les édifices dont ces ouvrages recevoient autant d'éclat & de beauté qu'ils leur en donnoient ; il ne pouvoit reproduire sur-tout cette harmonie qui résulte d'un accord parfait entre les divers arts qui se prêtent réciproquement de leurs charmes. Ainsi, tout ce que Constantin & ses successeurs firent pour orner leur nouvelle capitale, par des édifices somptueux, a bien moins signalé leur magnificence, que l'impuissance où les arts étoient alors de répondre à l'ambition de leurs protecteurs.

Les monumens qui restent de l'antique *Constantinople*, & qui ont échappés à l'insouciance ou à la barbarie des Turcs, ne prouvent que trop ce que je viens d'avancer. Une courte description de ces fragmens toujours précieux pour l'histoire de l'art, faite d'après M. Cassas, un des plus modernes voyageurs en ce pays, suffira pour contenter la curiosité du lecteur.

Ce qui frappe d'abord l'homme qui cherche au milieu des Turcs, le souvenir de l'ancienne capitale de l'orient, c'est une vaste enceinte de murailles qui règne sur un contour de près de deux lieues, & environnoit la nouvelle ville; car l'ancienne Bysance occupée aujourd'hui, par ce qu'on appelle le sérail, n'étoit pas comprise dans ces murs. Produit successif de divers temps & de plus d'un empereur, cet ouvrage est également, quant à la construction, composé de fragmens & de matériaux divers. La pierre, le marbre, la brique qui s'y trouvent mêlés, annoncent que ces murs, comme tous les ouvrages du bas-empire furent faits aux dépens de la gloire des générations passées. Leur disposition présente des moyens de défense plus combinées que l'on n'en voit aux autres restes de murailles ou de fortifications antiques. Trois enceintes forment autour de la ville un triple rempart; la première consistant en un simple mur, est défendue par un grand fossé; la seconde l'est par des tours rondes & quarrées placées alternativement ; la troisième est flanquée dans toute son étendue par deux tours octogones.

Une des portes dont ces murailles étoient percées, nous est parvenue avec tout ce qui peut faire juger de la magnificence des empereurs Grecs qui l'ont bâtie. Sa richesse plus, peut-être, qu'aucune autre raison lui a fait donner le nom de *porte-dorée*. C'est ainsi que les Turcs l'appellent aujourd'hui ; elle est flanquée de deux grosses tours carrés, couronnées par une corniche dont les angles sont ornés d'un aigle, symbole de l'empire. La porte se composoit de trois ouvertures, les deux collatérales plus petites, sont aujourd'hui bouchées; celle du milieu qui est la porte principale est for- mée d'un arc porté sur deux colonnes de marbre & d'un ordre corinthien. De l'un & de l'autre côté de la porte, sont deux petits corps avancés ornés de deux ordres de colonnes. Entre celles du bas étoient des reliefs dont on voit encore les vestiges. L'ordre supérieur étoit composé de colonnes de marbre actuellement existantes, adossées au mur & ayant pour stylobate des consoles isolées, selon l'usage assez général des monumens du bas-empire.

Dans un pan de mur qui donne sur la propontide ou mer de *Marmora*, est enclavé un reste assez curieux d'antiquité. La nature de ce fragment indiqueroit une façade d'un petit bâtiment, dont le restant seroit de l'autre côté du mur ; mais comme ce mur n'est pas loin de l'enceinte du sérail, les recherches qu'il faudroit faire pour s'en assurer deviennent impossibles; ce qu'on en voit, consiste en une façade ornée de quatre gros pilastres portés sur des piédestaux, qui ont pour support des consoles. Les entrepilastres sont remplis par des chambranles de croisées simulées. Ce qui semble offrir l'apparence des vitreaux, se compose de compartimens, dont les circonvolutions sont semblables à celles sous lesquelles les anciens dans plus d'un bas relief, ou dans les pierres gravées, ont représenté les circuits du labyrinthe. D'un côté & de l'autre de cette façade, également sur des consoles, sont assis deux lions dans la même position que ceux d'Athènes, & qu'on voit aujourd'hui à l'arsenal de Venise. La difficulté qu'on éprouve à faire des recherches d'antiquité à *Constantinople*, n'a permis jusqu'à ce jour à aucun voyageur d'appuyer sur des autorités suffisantes l'explication de la plûpart des monumens échappés à la destruction. On n'a pas deviné à quelle sorte d'édifice pouvoit appartenir ce bisare fragment ; quelques vestiges de colonnes & de constructions antiques enclavées aussi dans le même mur moderne, & à peu de distance de notre façade, ont fait croire que tous ces fragmens maintenant isolés pouvoient être les parties d'un même tout. Cependant quand on se rappelle que le tombeau, dit de Téron à Agrigente, offre de ces croisées simulées, & que ce genre d'ornemens ne pouvoit bien convenir, qu'à cette espèce d'édifice fermé à la lumière du jour, il est permis de croire comme encore aux simulacres des deux lions dont on a parlé, que le reste tel qu'on vient de le décrire étoit la façade d'un tombeau. La hauteur de son soubassement baigné des eaux de la mer, appuieroit encore cette opinion.

Ce qui devoit le mieux rappeler à *Constantinople* l'image de la magnificence romaine, c'étoit sans doute l'hippodrome construit à l'imitation de ce qu'il y avoit de plus somptueux dans Rome. On peut se former encore aujourd'hui une idée de sa grandeur par la place qu'occupent quelques-uns de ses vestiges; il y avoit dit, Pockocke, un grand nombre de colonnes & d'obélisques, il n'en reste que trois : savoir, l'obélisque de granit rouge, la colonne de bronze dite aux trois serpens, qui en est éloignée de trente pas, & l'obélisque de pierre de taille qui est à quarante pas de celle-ci.

La colonne aux serpens passe pour être extrêmement ancienne, l'on prétend qu'elle servit à soutenir le fameux trépied d'or que les Grecs, après la bataille de Platée, firent faire d'une partie des trésors qu'ils trouvèrent dans le camp de Mardonius. D'autres pensent que ce monument n'est tout simplement qu'une colonne torse, à laquelle on aura pu par analogie rapporter des têtes de serpens; elle a environ quinze pieds de haut, & se forme d'un entrelacement de serpens tournées en spirale. Leurs contours diminuent insensiblement depuis la base jusques vers les cols des serpens, & leurs têtes écartées sur les côtés en manière de trépied, composent une espèce de chapiteau. On dit que Sultan Moura cassa la tête à un de ces serpens, la colonne fût renversée; & les têtes des deux autres furent cassées en 1700, après la paix de Carlowitz.

L'obélisque de pierre de taille qui ornoit la *spina* du cirque ou de l'hippodrome, n'est remarquable que par la pauvreté de la matière dont il est construit; mais cela même & les vestiges très-sensibles dont la pierre est empreinte, annoncent qu'elle fut jadis revêtue d'une matière plus précieuse, & cette matière aura sans doute été de granit, taillé par grandes dalles qui couvroient les quatre faces; on le présume du moins du celui auquel il servoit de pendant, & qui est un ouvrage Egyptien.

Cet obélisque de granit rouge ou pierre thébaïque a selon Pockocke, cinquante pieds de hauteur; il paroît qu'il fût plus élevé; tous les voyageurs s'accordent sur ce point. Les figures du bas, encore endommagées, font présumer que la partie inférieure des hiéroglyphes avoit été totalement usée: & comme ces sortes de caractères n'avoient plus pour les yeux d'autre valeur que celle de leur forme & de leur travail, on sacrifia sans peine la portion de l'obélisque que le temps avoit corrodée. C'est ce que l'on prouve & par des caractères qui sont coupés, & par la forme raccourcie que cette réduction a fait prendre à *l'aiguille*. Du reste, on s'accorde, d'après la beauté de travail des hiéroglyphes, à ranger ce monument parmi les plus remarquables ouvrages de l'Egypte. Théodose qui l'avoit élevé dans le cirque de *Constantinople*, l'avoit surmonté d'une pomme de pin en bronze, qu'on dit avoir été abattue par un tremblement de terre, il l'avoit orné aussi, ou peut-être, pour mieux dire, défiguré par des plaques de bronze, comme on le voit aux trous faits pour recevoir les crampons qui les attachoient. Cet empereur paroît avoir attaché un grand prix pour sa gloire à l'érection de l'obélisque en question. Le piédestal de marbre blanc sur lequel il est placé, offre pour sujet d'un des bas-reliefs de sa plinthe, l'opération & le jeu des machines qui servirent à transporter & à dresser cette énorme masse. D'autres bas-reliefs représentent sur une autre face de la plinthe, la vue du cirque & de sa *spina*, ornée de tous ses monuments, on y distingue la *meta*. L'empereur, environné des gardes du prétoire, se voit dans une espèce de loge qui étoit la loge impériale, assistant aux jeux du cirque. Les différentes espèces de balustrades qui servent d'enceintes aux spectateurs, sont remarquables par la variété de leurs dessins. On remarque celle de l'empereur fermée par de petites termes. L'obélisque est posé sur des dés de granit; le milieu a pour plus de solidité un support formé d'un massif en marbre, & ce socle est posé sur la plinthe où sont sculptés les bas-reliefs qu'on vient de décrire.

La colonne *brûlée* qu'on appelle ainsi, ou parce que le feu du ciel l'a endommagée, ou parce qu'elle s'est trouvée enveloppée dans quelque incendie, est un des monuments les plus curieux de *Constantinople*. Dans son état d'intégrité, elle pouvoit passer pour une des plus belles colonnes du monde; sa singularité & sa matière forment aujourd'hui son plus grand prix. On prétend que Constantin la fit apporter de Rome, & qu'il plaça dessus la belle figure d'Apollon, à laquelle on avoit donné le nom de cet empereur. Elle est aujourd'hui si noire & si enfumée, qu'on a peine à discerner qu'elle est de porphyre. Son piédestal est engagé dans les maisons qui l'entourent, on a beaucoup de peine à le voir; cependant Pockocke assure qu'il est de marbre fort endommagé, qu'il a environ vingt pieds de hauteur, &, selon toute apparence, il y avoit des marches autour. Le même voyageur porte les dimensions du fust de la colonne & de son diamètre, beaucoup plus haut que le voyageur moderne, (*Cassas*.) sur les dessins & l'autorité duquel je donne les détails des antiquités de *Constantinople*. Selon Pockocke, la colonne auroit eu huit & même dix assises de porphyre; selon le dessin qui me sert d'autorité, elle n'en auroit que six, il est vrai que la partie inférieure de la colonne se trouve enveloppée d'une sorte de base à la manière turque, & que le reste, engagé dans les constructions de la mosquée d'Ali-Pacha, a échappé aux recherches du nouveau voyageur. Il paroît, au milieu de toutes ces incertitudes, que la colonne pouvoit avoir, sans son piédestal, de 50 à 60 pieds d'élévation.

Elle est construite en assises, ou tronçons de porphyre, dont les joints se trouvent cachés par la rencontre des couronnes de lauriers qui forment autour du fust autant de cercles que l'on compte d'assises. La dernière de ces couronnes ou la première, à partir du haut, sert d'astragale au chapiteau; elles sont exécutées comme des tores de feuillages & avec la simplicité & la dureté de porphyre produit dans ces sortes d'ouvrages: des formes circulaires qui pouvoient être des patères, sont répandues de distances en distances sur la longueur de la couronne.

Rien de plus équivoque & de moins intelligible

que la description que Pockocke nous donne du chapiteau de cette colonne. Toutes les proportions, qu'on peut lui soupçonner, d'après sa relation, indiquent une ordonnance corinthienne ou composée. Cependant, il dit qu'on la croit dorique; la douzième pierre, dit-il, a la forme d'un chapiteau toscan & deux pieds d'épaisseur. Le dessein du voyageur Cassas donne, au contraire, la preuve que le chapiteau fut corinthien. Ce qui a pu induire quelques voyageurs en erreur, c'est qu'il ne reste plus de ce chapiteau que le corps ou le vase, construit par assises de pierres, & autour duquel étoient les feuillages ou ornemens en bronze qui font la décoration ou le revêtissement du chapiteau corinthien. Les ornemens ont disparu, le corps du chapiteau a été lui-même endommagé; cependant sur une de ces pierres on découvre encore les traces d'une inscription grecque qui marque, dit-on, ou l'érection ou la restauration du monument par quelque empereur. Au lieu modeste où elle se trouve placée, sous les ornemens de bronze qui la cachoient, on pourroit plutôt soupçonner que cette inscription porte le nom de l'architecte ou du restaurateur de la colonne.

Dans l'état où elle se trouve aujourd'hui, toute enveloppée qu'elle est de cercles de fer, & menacée d'une ruine prochaine, elle offriroit encore les moyens les plus faciles d'être rappelée à sa première beauté. Si jamais le goût des arts pouvoit revivre à *Constantinople*, cette colonne deviendroit un des premiers objets de leurs soins & un des plus rares monumens de l'Europe. Elle peut toujours servir à prouver comment, avec plusieurs assises, on peut donner à une colonne isolée, un intérêt & une beauté que ce genre de monumens semble n'attendre ordinairement que de la grandeur & de l'intégrité d'un seul bloc.

Pockocke nous parle d'une autre colonne qui a échappé à la curiosité de plusieurs voyageurs; on l'appelle la colonne de l'empereur Marcian, quoique les Turcs la nomment Kish-Tash (la pierre ou la colonne de la pucelle), elle est corinthienne & de granit gris; son piédestal environné de marches, est très-bien proportionné; son fust paroit avoir vingt-cinq pieds de hauteur. On croit qu'il y avoit dessus une inscription en bronze, du moins on en juge ainsi par des trous qui doivent avoir servi à attacher des lettres. On a transporté une colonne pareille dans les jardins du sérail, on la voit de Pera à travers les arbres.

Il y avoit à *Constantinople* deux colonnes triomphales, dans le genre de celles de Trajan & d'Antonin à Rome. Celle de Constantin n'existe plus; mais il reste encore le piédestal & la première assise du fust de celle qui fut érigée à Arcadius par Théodose. Il en subsistoit une grande partie au commencement de ce siècle, & ces précieux bas-reliefs, dessinés par Gentil Bellin, forment une suite de vingt-trois planches, dont la collection se vend à Venise. Ce que ces bas-reliefs offrent de remarquable, est moins le goût de la sculpture qui ne sauroit entrer en parallèle avec les monumens de Rome, que la diversité des édifices publics qui sont sculptés sur ses fonds, que la nature de certains habillemens & costumes, & diverses particularités qu'on ne retrouve sur aucun autre ouvrage de l'antiquité.

L'extraordinaire richesse du piédestal & la foiblesse de sa sculpture, présentent une nouvelle preuve de ce que l'on a tant de fois avancé, que les arts sont riches, alors qu'ils ne peuvent plus faire beau. Il n'existe pas sur toute cette masse de piédestal une seule partie qui ne soit surchargée d'ornemens, & l'on y en remarque même qui sont placés sur d'autres, je parle de cette petite danse d'enfans qui se tiennent par des draperies, & surmontent la guirlande même dont le congé est orné. L'espace que la guirlande, en se relevant sur les angles laisse vide, est rempli par des figures de fleuves; la plinthe est chargée de rinceaux, le tore de feuillages, le filet d'un entrelas. Les faces du piédestal sont occupées par trois rangées de bas-reliefs, dont on compare le style, la proportion & l'exécution à la sculpture de l'arc de Septime Sevère à Rome. Au-dessous du dernier rang de figures, est un ornement bizarre qui se compose de petites colonnes soutenant des arcades.

La première ou, si l'on veut, la dernière assise du fust de la colonne, a conservé des restes de bas-reliefs qui indiquent des marches militaires, c'est le même système de composition, la même disposition de sculpture historique que l'on observe aux colonnes de Rome. Un escalier en spirale conduisoit par l'intérieur au sommet du monument. L'entrée existe encore dans le piédestal, qui a dix-huit pieds carrés, le diamètre de la colonne étoit de huit.

Nous n'avons, jusqu'à ce jour, que des notices imparfaites d'un aqueduc assez considérable, dont on attribue la construction à Justinien. On le voit à Bellegrade, village voisin de *Constantinople*. Il est formé de trois rangs d'arcades, bâties en pierres de taille & ornées de bossage; cet aqueduc unissoit deux vallées; trois arcs composent sa partie inférieure; on en compte onze dans le milieu, le rang supérieur est de vingt-un. Sa construction est pyramidale, c'est-à-dire que l'épaisseur de chaque rang d'arcade va graduellement en diminuant jusqu'à conduit placé sur le dernier rang. L'eau y coule encore & continue d'être portée par lui jusqu'à *Constantinople*.

Des restes de citernes construites sur des colonnes se font remarquer dans le voisinage de la Basilique, appelée de S. Jean Studius. Ce dernier édifice est bien conservé: il est décoré de 27 colonnes à deux rangs l'un sur l'autre; elles sont de verd antique: le goût de cette architecture, se rapproche de celle d'un monument qu'on appelle à Rome, le Baptistère de Constantin. Le plan de la Basilique est celui de toutes celles qu'on connoît, & qu'on a décrites au mot *Basilique*. (*Voyez* cet article.)

Un des plus beaux édifices auxquels on a donné ce nom est celui qui depuis a pris le nom de mosquée, & que l'on connoît sous celui d'église de Sainte-Sophie. Il est parvenu jusqu'à nous dans son intégrité. La situation de ce monument est avantageuse. Il se trouve dans un des plus beaux endroits de *Constantinople*, sur le haut de l'ancienne ville de Byzance & de la colline qui aboutit à la mer par la pointe du sérail. Il paroît lourd extérieurement, dit Pockocke, & montre au dehors peu de magnificence. Son plan est carré, & le dôme, qui en est l'objet le plus important, posé sur quatre contreforts effroyables par leur masse. Ce sont des espèces de tours massives qu'on a été obligé de faire après coup pour soutenir la construction & la mettre à l'abri des tremblemens de terre qui arrivent fréquemment dans ce pays.

Le frontispice n'a rien de bien remarquable, ni qui réponde à l'idée qu'on se fait de ce monument ; on entre dans un portique d'environ six toises de large, & qui a servi de vestibule du temps des empereurs grecs ; ce portique communique à la mosquée par neuf portes de marbre dont les battans ou venteaux de bronze sont enrichis de bas-reliefs d'une grande magnificence ; celle du milieu a conservé quelques restes de mosaïque, & même quelques souvenirs de peinture. Ce vestibule est contigu à un autre qui lui est parallèle ; mais ce dernier n'a que cinq portes de bronze sans bas-reliefs. Leurs battans avoient pour emblèmes des croix auxquelles les turcs ont enlevé ce qui les faisoit reconnoître pour le signe du christianisme. On n'entre point dans ces portiques par leur front, mais seulement par des portes ouvertes sur les côtés, & cela selon certains rites, ou pour se conformer à certaines pratiques de l'église grecque. Les turcs ont bâti un grand cloître parallèle à ces vestibules pour y loger les officiers de la mosquée.

Ce qui forme presque tout l'intérieur est cette fameuse coupole, dont la structure extraordinairement hardie pour ce temps, a véritablement quelque chose d'admirable en soi : elle s'élève au-dessus d'une colonnade qui forme une galerie de cinq toises de large. A la naissance & sur la corniche du dôme règne une autre petite galerie, ou plutôt une balustrade qui n'a de largeur qu'autant qu'il en faut pour laisser passer une personne : ou en a encore pratiqué une autre au-dessus de celle-ci ; ces balustrades font un effet merveilleux dans le temps du *Ramazan*, car alors elles sont toutes garnies de lampes.

A peine les colonnes du dôme ont-elles un renflement sensible. Les chapiteaux sont d'un goût capricieux : le dôme a 18 toises de diamètre dans œuvre & porte sur quatre gros piliers d'environ 8 toises d'épaisseur ; la voûte forme une demi-sphère parfaite : elle est éclairée par vingt-quatre fenêtres, disposées & percées dans sa circonférence.

De la partie orientale du dôme on passe dans une autre partie de l'édifice qui est *l'hémicycle* qu'on remarque dans toutes les basiliques ; cette partie, comme on l'a dit ailleurs, étoit devenu le sanctuaire des chrétiens ; c'étoit là aussi que se trouvoit placé l'autel de Sainte-Sophie. On n'y voit maintenant que la grande niche où l'on met l'alcoran ; la chaise du muphti n'est pas loin de là.

Cette fameuse basilique, bâtie en croix grecque, c'est-à-dire raccourcie & presque carrée, a dans œuvres, 42 toises de long sur 38 de large ; ainsi, comme l'on voit, presque tout l'espace est occupé par la coupole. On y compte, à ce qu'on assure, cent sept colonnes de porphyre ou de granit d'Égypte. Le pavé du dôme est un composé de toutes sortes de marbre ; celui de la galerie est de mosaïque formée de vitrifications. Tous les jours, dit Pockocke, il s'en détache des parties, & ce sont des dez de verre dont la couleur est inaltérable.

L'histoire de ce grand édifice manque à l'histoire des arts. Sainte-Sophie actuelle n'est pas celle que Constantin avoit bâtie ; mais soit que cette basilique eût été trop petite ou qu'elle eût été renversée par un tremblement de terre, Constantin son fils fit construire sur le même terrain une église beaucoup plus étendue. La plus grande partie en fut détruite sous l'empire d'Arcadius, dans la sédition excitée contre saint Jean Crysostôme, patriarche de *Constantinople*. L'on assure même que ce furent ceux de son parti qui mirent le feu ; elle fut encore brûlée sous Honorius, & rétablie par le jeune Théodose. Mais la cinquième année de l'empire de Justinien, l'incendie qui désola une grande partie de la ville n'épargna pas Sainte-Sophie. Ce fut la même année que Justinien commença le superbe édifice qui subsiste encore aujourd'hui ; cependant il ne nous est pas parvenu sans altération. La trente-deuxième année du règne de cet empereur, un tremblement de terre renversa l'hémicycle, & la chûte écrasa l'autel. L'empereur avoit attaché à cet édifice l'intérêt de sa renommée, dans l'enthousiasme qu'il lui inspira lorsqu'il le vit terminé, on dit qu'il s'écria : *Je t'ai surpassé, Salomon.* Il employa à réparer cet accident jusqu'à la statue d'argent de Théodose, élevée par Arcadius & qui pesoit sept mille quatre cent livres. Il fit servir à la couverture du dôme les canaux de plomb qui conduisoient dans la ville l'eau des aqueducs. Les plus habiles architectes du temps, Anthemius de Trales & Isidore de Milet parvinrent enfin à l'achever ; cependant sa construction avoit déjà éprouvée des dégradations sous l'empereur Basyle le macédonien qui fit réparer en plus d'un endroit l'hémicycle. Enfin, sous l'impératrice Anne & Jean Paléologue son fils, cette basilique nécessita de nouvelles réparations qui exigèrent & beaucoup de temps & beaucoup de dépense.

On lit dans Codin *de constructione templi sancta Sophiæ*, p. 76, que pour bâtir ce temple on faisoit bouillir de l'orge dans de grandes chaudières, & que cette eau fut la seule dont on se servît pour mettre dans la chaux, & dans le ciment. On avoit soin que l'eau d'orge ne fut ni trop chaude ni trop froide, mais tiede. On coupoit des écorces d'orme pour les mêler avec la chaux. Il ajoute, p. 87, qu'on enduisit tout l'extérieur du temple de chaux, dans laquelle on avoit mis de l'huile au lieu d'eau, afin de lui donner plus de consistance & de solidité.

CONSTRUCTEUR. subst. masc. C'est pour ainsi dire un nouveau mot dans l'art de bâtir, emprunté de l'architecture navale. Depuis quelques temps on désigne par ce mot un artiste qui connoît bien la pratique de tous les arts qui peuvent concourir à la formation de toute sorte d'édifice.

Un bon *Constructeur* doit être bien instruit des principes de méchanique, de calcul & de géométrie qui doivent servir de base aux différentes opérations de l'art de bâtir, telles que la coupe des pierres, le trait de charpente, de menuiserie ; l'art de lever les plans, de faire des nivellemens, d'évaluer, par la toisé, la quantité de travail & de matière nécessaire à un ouvrage quelconque. Il faut de plus qu'il ait une connoissance particulière de la nature & des propriétés des matériaux dont il peut faire usage, ainsi que de la manière de les mettre en œuvre, afin de pouvoir avec sûreté déterminer les formes, les dimensions & les dispositions des parties qui doivent former l'édifice ; diriger le travail des ouvriers dans toutes leurs opérations, pour qu'il en résulte la solidité & l'économie qui doivent caractériser tous les ouvrages de construction. *Voyez* l'article Construction.

Toutes ces connoissances font qu'un bon *Constructeur* est dans le cas de pouvoir rendre raison de tous les procédés des ouvriers, & le mettent en état de juger, 1°. de la possibilité d'exécuter un ouvrage ; 2°. des difficultés qui peuvent se rencontrer ; 3°. d'indiquer ou d'imaginer les moyens de réaliser les projets dont l'exécution lui est confiée, lorsque les moyens ordinaires sont insuffisans ; 4°., de rectifier les procédés vicieux fondés sur une routine aveugle.

On doit observer au reste que l'idée attachée de notre temps au mot *Constructeur*, est due à l'esprit d'analyse ou de composition que le systême d'étude moderne a introduit dans tous les arts, mais sur-tout dans l'architecture. On a déjà fait sentir au mot *Architecte*, quels abus & quelle foiblesse cette division des deux parties d'un même art y avoient portés. Les architectes anciens, s'ils revenoient, auroient peine à concevoir comment il a été possible de faire dans un même ouvrage deux articles séparés de deux mots qui, pour le bien de l'art, devroient être synonymes. On l'a fait cependant pour obéir aux lois de l'analyse, plus encore que pour se conformer à l'usage ; c'est dans le même sens que le mot Construction va devenir l'objet d'un article séparé.

CONSTRUCTION. subst. fém. Ce mot sert à indiquer la manière dont un ouvrage est fait : ainsi, en parlant d'un édifice, on dit que la *construction* en est belle, solide, savante, hardie, légère, économique, ou qu'elle a tous les vices contraires. Il sert encore à indiquer les matières qu'on a employées ou qu'on peut employer à leur exécution ; par exemple, la *construction* d'un édifice peut être en moëllons, en pierres de taille, en briques, en bois, &c.

La *construction* considérée comme partie de l'architecture est l'art de faire exécuter tout ce qui entre dans la composition d'un édifice. L'objet essentiel de cet art doit être de réunir la perfection, la solidité & l'économie. On obtient la perfection en confiant l'exécution d'un ouvrage à de bons ouvriers ; la solidité en donnant à chaque partie les justes dimensions qu'elles doivent avoir, relativement à leur position, au fardeau qu'elles ont à soutenir, ou aux efforts auxquels elles ont à résister, & à la consistance des matériaux ; l'économie en employant les matériaux les plus convenables, de bonne qualité, mis en œuvre avec soin, sans dégât ni ouvrage superflu.

Quels sont les causes qui ont rendu la construction des édifices extrèmement couteuse & souvent peu solide ?

Depuis le renouvellement de l'architecture antique, la plûpart de ceux qui se sont adonnés à cet art, ont négligé l'étude de la *construction* pour ne s'occuper que de la décoration qu'ils ont regardé comme l'objet principal de l'architecture, tandis que ce n'est qu'un accessoire ; car un édifice peut parfaitement remplir l'objet de sa destination, quoiqu'il ne soit pas décoré, tandis qu'un autre dont la décoration seroit fort belle ne le rempliroit pas.

Cet abus, du moins on peut le soupçonner, vient de ce que les premiers qui renouvelèrent l'architecture antique, furent des peintres, des sculpteurs ou des dessinateurs, qui n'eurent en vue que la décoration, parce que cette partie étoit plus de leur effort que la construction qui exige des connoissances particulières. C'est pour cette raison que les productions de ces premiers architectes, ne sont la plûpart que des massifs décorés, & presqu'indépendans de l'essentiel de l'édifice. Il en est résulté une architecture lourde & dispendieuse, où tout est assujetti au caprice du décorateur, de manière que si l'on supprimoit de quelques-uns de ces édifices, les colonnes, les pilastres & les autres ornemens, il ne resteroit que des masses informes, auxquelles on a sacrifié la commodité, la convenance & l'économie ; cependant dans les beaux édifices antiques, dont

dont ils n'ont cherché à imiter que les ornemens, on voit que les colonnes, les frontons & les autres parties principales de la décoration, étoient des choses essentielles à l'édifice ; c'est ce qui donnoit à leurs ouvrages, un caractère de grandeur & de convenance qui excite encore l'admiration, quoique ce qui reste soit dépouillé de la plus grande partie de ses ornemens.

La protection particulière que l'on a accordé jusqu'à présent à ceux qui ne se sont occupés que de la décoration, est cause que la plûpart des architectes actuels ont aussi dédaigné la *construction*, pour se livrer à la partie favorisée par les distinctions & les récompenses. De-là tous ces projets chimériques & ruineux, souvent même inexécutables, où l'on voit que le principal est sacrifié à de vains accessoires, où l'on ne fait presque aucune attention à l'usage auquel un édifice est destiné, ni à la dépense qu'il faudroit pour l'exécuter. C'est souvent un style à la mode qui détermine les jeunes architectes. Tout ce qui ne peut pas se plier aujourd'hui aux formes du premier style de l'architecture grecque, est rejeté comme n'étant plus en vogue ; aussi voit-on que c'est leur principale étude : ils savent que c'est à celui qui s'en acquitte le mieux, que l'on accorde le prix & les récompenses, & les grades de l'école. Tant pis pour un particulier qui tombe entre les mains d'un architecte qui aspire à ces grades, parce qu'il sacrifiera les intérêts & les convenances au goût dominant de l'école.

On vient de publier les projets des élèves qui ont été couronnés par l'académie d'architecture, depuis que le nombre des architectes décorateurs a prévalu sur celui des artistes sages, qui s'occupent utilement de toutes les parties de l'architecture. En examinant sérieusement ces projets, peut-on s'empêcher de convenir que le plus grand nombre paroît être le fruit d'une imagination exaltée qui ne cherche qu'à produire des effets pittoresques, & que les plus ingénieux ne sont propres qu'à être mis en perspective pour former des décorations de théâtre ? Si c'é là le but qu'on s'est proposé en établissant l'académie d'architecture, ne seroit-il pas plus nuisible qu'avantageux ? pourroit-on consulter cette académie sur des projets utiles ? n'auroit-on pas à craindre que ses suffrages ne se réunissent pour des projets où l'utilité & l'économie seroient sacrifiés à de vaines décorations ? pour obvier à de tels abus ne seroit-il pas à propos, d'admettre dans ce corps les artistes qui se sont distingués par la distribution & la construction, qui sont les parties les plus essentielles de l'art de bâtir ?

Puisque l'architecture comprend trois parties, n'est-il pas juste & même avantageux, d'accorder à ceux, qui se distinguent dans chacune, les mêmes avantages, & la même considération ? ainsi ne seroit-il pas à propos qu'il se trouvât à-peu-près un nombre égal de maîtres dans chaque partie ?

Dict. d'Architect. Tome II.

c'est alors qu'il seroit réellement avantageux de soumettre tous les projets au jugement de cette compagnie. Ce ne seroit plus le décorateur qui auroit la préférence ; mais celui qui auroit le mieux satisfait aux trois principes fondamentaux de l'architecture.

Au lieu d'un seul professeur d'architecture qui ne parle que de décoration, il faudroit qu'il y eût un professeur pour chaque partie, que les concours pour les prix de mois fussent alternativement sur la décoration, la distribution & la construction, & que le grand prix de chaque année fût sur ces trois parties réunies. Il est évident que ce seroit le seul moyen de rendre cet établissement utile à la nation & au progrès de l'art.

Les gens en place & les amateurs n'ont pas assez réfléchi sur la nature & l'objet de l'architecture ; cet art n'est pas comme la poésie, la peinture, la sculpture, la musique, un art de pur agrément qui puisse souffrir tous les écarts de l'imagination, c'est au contraire un art essentiellement utile, qui exige beaucoup de connoissance, de prudence & d'habileté pour allier dans un même édifice, la beauté, la commodité, la solidité & l'économie. C'est véritablement en quoi consiste la science de l'architecte, science qu'il est si difficile d'acquérir. Quoique notre nation se glorifie d'être une des plus instruites, peut-être pourroit-on en dire, avec Platon, qu'elle auroit bien de la peine à produire un architecte accompli.

Les architectes actuels étant pour la plûpart plus décorateurs que constructeurs, ils connoissent à peine les procédés des arts qu'il faut mettre en œuvre pour exécuter leurs projets, d'où il résulte que lorsqu'ils se trouvent chargés de l'exécution de quelque édifice important, étant indécis sur les moyens, ils changent & varient sans cesse, ils font recommencer plusieurs fois des parties d'ouvrages, sans pouvoir se satisfaire eux-mêmes, & après plusieurs tentatives aussi coûteuses qu'inutiles, ils finissent par se confier à des entrepreneurs, gens ordinairement avides & rusés, qui ne cessent de leur tendre des pièges, pour les faire entrer dans leurs vues intéressées, en prodiguant inutilement la matière & les ouvrages superflus. Telle est la source de cette infinité d'abus qui ruinent les particuliers les plus riches, & épuisent l'état sans rien produire.

Moyens de rendre la construction des édifices moins coûteuse.

Lorsqu'il s'agit de quelqu'édifice public ou de quelqu'ouvrage considérable, il faudroit remettre à l'architecte un mémoire circonstancié, fait par quelqu'un de bien instruit de toutes les particularités relatives à l'usage auquel l'édifice doit être destiné. Ce mémoire serviroit à guider l'architecte dans la composition de son projet.

L'architecte devroit être obligé de joindre à son projet une description raisonnée, pour justifier la disposition, les formes & les dimensions de toutes les parties qui le composent, & afin de mettre ceux pour qui il est destiné, en état de juger eux-mêmes s'il a rempli leur objet.

Il ne suffit pas que le projet d'un édifice contienne toutes les parties nécessaires à l'objet pour lequel on le destine; que l'ensemble & les détails soient d'une belle forme; que les ornemens soient bien choisis, de bon goût & relatifs au genre de l'édifice, il faut de plus qu'il puisse être construit avec solidité & économie. C'est pourquoi, après que les projets d'un édifice auroient été arrêtés par rapport à la distribution & à la décoration, il seroit très-important, avant de passer à l'exécution, d'en examiner de nouveau toutes les parties, pour se rendre raison des moyens de construction, afin de reconnoître s'ils sont les meilleurs, les plus simples, les moins coûteux, si ce sont les plus convenables au genre de l'édifice & aux matériaux qui se trouvent dans le pays où il doit être situé. Sans cette sage précaution, on risque d'employer inutilement beaucoup de temps, de matières & de dépenses à des ouvrages superflus mal combinés, qui ne peuvent s'exécuter que par des moyens extraordinaires, toujours fort coûteux & qu'on peut éviter en les prévoyant.

De la construction en pierre de taille.

Cette manière de bâtir est la plus belle, la plus solide & la plus durable, celle qui exige le plus d'art & de connoissances; mais aussi elle est la plus dispendieuse; cependant c'est la seule dont on devroit faire usage pour les édifices ou parties d'édifices, qui exigent une très-grande solidité.

La solidité des ouvrages en pierre de taille doit être indépendante du ciment ou mortier que l'on peut y employer. On a remarqué que toutes les constructions antiques de ce genre sont faites sans mortier; que les pierres sont taillées avec tant de précision & de justesse, qu'à peine on aperçoit les joints, & que dans ceux qui paroissent il n'est pas possible d'y introduire la lame d'un couteau, si mince qu'elle puisse être.

Tout l'art de construire en pierre de taille, consiste dans l'appareil & la pose. *Voyez ces mots & coupe des pierres.* Dans plusieurs constructions antiques, on a trouvé que les Romains ont fait usage de crampons de bronze ou de fer scellés en plomb, pour unir plus solidement les pierres de taille les unes avec les autres; ils ont quelquefois fait usage de clés de bois durs, taillés en queue d'aronde. *Voyez pour un plus grand détail les articles, murs, massifs, point d'appui, revêtement, voûte.*

Pour les constructions en moëllons & en brique. *Voyez l'article maçonnerie,* & pour celles en bois, l'article *charpente.*

CONTOUR. Sub. masc. Génériquement parlant, ce mot signifie la ligne qui marque les formes & les extrémités d'un corps ou d'une superficie. Dans les arts du dessin, il emporte l'idée simple du trait qu'on emploie à cet usage; il est d'un fréquent emploi dans la peinture pour exprimer le trait dans lequel une figure se trouve renfermée; dans la sculpture, quoique l'idée de ligne tracée soit moins positivement vraie, il n'est pas moins utile pour rendre l'extrémité de toutes les formes, & c'est par analogie & en quelque sorte par métaphore que l'espace occupé par une figure saillante se dit & se croit comprise entre une ligne qui en fait le *contour.* Cette ligne & ce *contour* sont véritablement intellectuels. Il en est de même pour tous les corps saillans dont se compose l'architecture.

Le mot *contour* se prend ensuite dans une acception plus vague, & il devient dans le langage ordinaire des arts synonyme de forme, de configuration, d'ensemble. Ainsi l'on dit le *contour* d'une colonne, d'un dôme, d'un profil; on dit au pluriel les *contours* d'un édifice; on dit les *contours* de la volute ionique pour exprimer ses circonvolutions.

CONTOURNER. v. act. Ce mot, dans son acception simple & positive, signifie tracer la ligne qui marque les extrémités d'un corps ou d'une superficie. Cependant il est peu d'usage en ce sens dans la langue des arts du dessin, & par une de ces bizarreries dont on ne sauroit demander compte à aucune espèce de langue, lorsque faire le *contour* d'une figure est une locution qui n'exprime qu'une opération naturelle, le verbe *contourner* qui, d'un seul mot, rend la même idée, se prend toujours dans une acception défavorable. Ainsi *contourner* une figure signifie lui donner un contour faux, outré; dire d'un peintre ou d'un sculpteur que ses figures sont *contournées,* c'est lui faire le reproche de vice, de manière, ou de fausse grace que le bon goût a toujours fait au Primatice, à quelques maîtres Florentins, au Parmegiano, au Bernin, & plus encore à ses élèves.

De l'architecture *contournée* n'exprime pas une idée plus favorable; cette injurieuse épithète se donne ou à celle dont les contours mixtilignes produisent des plans trop composés, & où les formes ne semblent être que les jeux bizarres de l'imagination, ou à celle dont les profils découpés ou ressautés produisent ce manque de continuité qui fait sortir l'architecture de la vraisemblance nécessaire à la raison. Le Boromini, le Guarini, le P. Pozzo sont faits de l'architecture *contournée;* ce goût fut celui de la fin du dernier siècle & de la moitié de celui-ci. On sent bien qu'il résulte de la lassitude du simple & du besoin de changer, que les hommes en société éprouvent plus ou moins dans les arts, selon que ceux-ci sont plus ou moins adhérens aux mœurs, & plus ou moins liés aux divers intérêts qui les séparent des plaisirs de la vie ou des jouissances du luxe. Lorsque le vice que l'on vient de décrire se trouve porté dans l'architecture jusqu'au ridicule & jusqu'à l'excès, il s'exprime par le mot *chantourner*, qui indique encore une plus grande découpure de formes.

Au reste, le mot *contourner* pourroit quelquefois s'employer en moins mauvaise part, mais ce seroit alors par opposition au vice contraire. Celui qui auroit dans la peinture & la sculpture un style anguleux, & dans l'architecture une manière de profiler âpre & roide, on pourroit lui dire de *contourner* un peu plus ses formes; cependant dans ce cas, le mot d'arrondir ou d'arrondissement seroit plus usité.

CONTRACTURA. C'est le mot latin que Vitruve emploie pour désigner ce que nous appelons la *diminution* dans l'art de fuseler une colonne. Perrault, en traduisant ce mot par *diminution*, observe que c'est pour se conformer à la manière de parler des gens de l'art, que cette expression pouvant s'appliquer à la réduction qu'un corps peut éprouver dans ses différentes dimensions, le mot français le plus capable de rendre l'idée de *contractura* est celui de *rétrécissement*. (*Voyez* Diminution, Rétrecissement.)

CONTRE-ALLÉE f. fem. (*jardinage.*) Allée qui accompagne parallèlement une allée principale. Les *contre-allées* sont à celle-ci ce que sont dans nos églises les bas-côtés à la nef. (*Voyez* Allée.)

CONTRASTE. fub. masc. L'étymologie de ces deux mots en donne la définition la plus exacte. Dans son sens naturel, *contraste* signifie la situation d'une chose qui se trouve à l'encontre d'une autre.

Du sens simple de ce mot à son acception intellectuelle & métaphorique dans les arts d'imitation, il y a peu de distance; la seule nuance qui différencie, selon moi, ces deux acceptions, est le plus ou moins de naturel, de vraisemblance ou d'extraordinaire qui se trouve dans la rencontre des choses qui produisent ce que dans le langage des arts on appelle des *contrastes*.

Ainsi *contraste* & *opposition* ne sont pas la même chose; tout ce qui forme *contraste* est sans doute en opposition avec quelque chose; mais il n'y a pas réciprocité, & l'opposition peut fort bien ne pas former un *contraste*.

L'idée d'opposition entraîne celle de deux choses qui ne sont point amies; l'idée de *contraste*, offre celle de deux choses qui se combattent; l'idée d'opposition semble offrir l'idée d'un état habituel & permanent de dissemblance ou d'inimitié; l'idée de *contraste* offre celle de choc entre les objets, ou de quelque chose de subit & d'inopiné qui fait jaillir davantage la dissemblance. Les oppositions dans les caractères sont nécessaires au poète pour faire valoir ses personnages. les *contrastes* ne lui servent qu'accidentellement, & s'ils forment le mode habituel de son sujet, il en résulte selon le degré de délicatesse avec lequel il est manié, ou le plaisant, ou le ridicule, ou le comique, ou le burlesque.

Dans les mœurs, on met aussi une grande différence entre les caractères ou les esprits qui sont opposés, & ceux qui *contrastent* entre eux: mais par une singularité facile à expliquer, on verra les hommes de caractère opposé vivre plus difficilement entre eux que ceux qui sont en *contraste*; c'est que, lorsqu'on n'est qu'opposé, on ne perd pas l'espoir de se faire céder, & c'est la source de beaucoup de disputes: lorsqu'au contraire de trop sensibles *contrastes* mettent deux caractères à de trop grands intervalles, on désespère trop de se rapprocher pour avoir même l'idée de se combattre.

Si l'on applique cette définition du *contraste* aux arts, & sur-tout à ceux du dessin, on la trouvera juste. La peinture, par exemple, n'existe que par des oppositions, elle n'emploie pas toujours le *contraste*; c'est par l'opposition calculée des couleurs, c'est-à-dire, de l'ombre & du clair qu'elle rend ses produits visibles, & cette théorie d'oppositions constitue les élémens de cet art; mais ses couleurs ne sont en *contraste* que lorsqu'elle doit rendre quelques-uns de ces effets rares & accidentels de la nature, ou de ces prestiges de l'imagination auxquels on est convenu d'accorder ce qu'on appelle la vraisemblance poétique. L'éclair & le trait de feu qui sillonne l'horizon dans la nuit obscure, la flamme des volcans, la lueur d'un incendie, voilà ce qui donne à la peinture des effets de *contraste*. L'ange qui, dans la nuit du Corrège, semble un foyer de lumière, & comme un astre lumineux apparoît subitement au milieu de l'obscurité de tout ce qui l'environne, est un des plus heureux & des plus étonnans *contrastes* que l'on cite en peinture. Plusieurs peintres se sont faits un genre de ces sortes d'effets, plusieurs autres recherchant plus dans la peinture ce qui frappe fortement la vue, que ce qui parle à l'esprit, ont mis leur plus grand soin à rechercher tout ce qui pouvoit produire le *contraste*. Mais, comme on le dira plus bas, l'usage habituel des moyens *contrastans* en affoiblit bientôt l'effet. Le premier éclair qui frappe votre œil au milieu de la nuit vous surprend; si l'orage a de la durée, cette succession d'éclairs dégénère en un état qui n'est plus le *contraste*; ainsi il n'y a plus de *contraste*, mais bien de la dureté dans ce genre de peindre à effet, que quelques artistes ont préféré aux moyens doux & aux oppositions tranquilles que leur fournissent les ressources naturelles de l'art.

Presque tout dans la nature est dans un état qu'on peut appeler d'opposition, si par ce mot on entend les effets produits par les différences de couleurs, de formes, de plans, de dimensions, de caractères, d'expressions ; en effet, rien n'est parfaitement semblable. C'est par des diffimulitudes continuelles & infinies que tout se distingue, & c'est cette prodigieuse variété qui, outre qu'elle fait discerner les objets, donne encore à ce qu'on appelle l'ame, le plaisir qu'elle éprouve à voir. Si tout étoit semblable, l'ame ne seroit plus attirée par le besoin de juger, de comparer, de discerner, & elle tomberoit bientôt dans cet état de langueur & de paralysie, qu'on appelle ennui. Cet état on l'éprouve partiellement, soit en entendant des sons monotones & prolongés sans changemens d'intervalles ou de mesure, soit en ayant la vue continuellement fixée sur des objets uniformes ou d'une teinte égale comme l'horizon d'une mer tranquille, ou d'une plaine de sable. S'il étoit possible de composer à un homme un état de choses qui se combineroit de tous les genres d'uniformité physique & morale, on peut affirmer que cet état seroit celui d'une maladie de langueur.

Je ne dirai pas que la nature a produit cette variété, ces oppositions, ces *contrastes* dont elle se compose, pour le plaisir de notre ame ; cette idée seroit vide de sens ; mais je dirai que tout ce qui est dans l'ensemble de la nature est en harmonie avec chacune de ses parties ; cet état de choses est comme l'élément moral dans lequel chaque être est obligé de vivre ; si ce qui est hors de l'homme n'existoit pas comme il existe, l'homme seroit lui-même différent ; il me suffit de savoir que l'homme ne peut pas plus se passer des variétés de la nature qu'il ne peut se passer de l'air qu'il respire.

Les arts qui veulent rivaliser en quelque sorte avec la nature, dans les images des choses qu'ils présentent à l'appétit que l'homme a de voir, de juger & de discerner, doivent donc bien connoître deux choses, la manière dont la nature procède dans les dissemblances des objets, & le degré comme la nature du besoin que l'ame a de ces dissemblances.

La nature a-t-elle des règles fixes dans sa manière de varier les objets ? On peut dire que si elle n'a pas de règles invariables, cela vient du système même de variété ou de mouvement auquel il semble que ces loix aussi sont assujeties ; mais on ne sauroit douter que des observations constantes ne nous conduisent à reconnoître des principes généraux dont elle ne s'écarte point.

Si l'on remarque de quelle manière la nature procède, dans quelqu'ordre de choses qu'on veuille épier sa marche, on verra que c'est par progressions, c'est-à-dire, par une succession d'intervalles doux & plus ou moins légers. Ainsi, comme rien n'est semblable dans la nature, rien aussi n'est fixe ni stationnaire ; un mouvement inaperçu jusques dans les choses les plus durables en déplace incessamment les parties & les fait changer de formes. Si on examine la nature dans l'ordre moral, dans les facultés de l'ame, dans les impressions qu'elle reçoit, on la voit subordonnée à cette même marche graduelle & progressive. L'ame a besoin de mouvement, elle veut changer de situations ; mais en général lorsqu'elle est laissée à elle-même, elle répugne à ces changemens brusques qui la fatiguent.

Si la nature procède en général par nuance, elle éprouve aussi par fois de ces transitions subites qui ont l'air d'être des exceptions aux loix ordinaires qui règlent son cours ; si ces transitions sont rares, à plus forte raison les arts d'imitation doivent-ils s'en montrer économes.

Ils devront mettre une bien plus grande réserve encore dans l'emploi des *contrastes*, si comme on l'a dit, le *contraste* présente toujours un grand intervalle à franchir, l'on ne sauroit dire si l'homme a plus besoin de repos que de mouvement ; c'est à étudier la disposition de l'ame que l'artiste doit apporter ses soins, &, comme par ses ouvrages il produit, dirige ou maîtrise cette disposition, c'est à lui de la rendre telle que l'ame désire le *contraste*.

Il faut dire, au reste, que tout est relatif dans la théorie du *contraste* ; on ne sauroit tellement le définir, que ce qui est un *contraste* dans un ouvrage le soit nécessairement dans un autre. Quel est l'homme sensible aux effets de la nature & des arts, qui n'a pas observé que son ame éprouvoit souvent entre deux nuances voisines une impression de *contraste* aussi puissante qu'entre deux teintes très-opposées. Un seul son même consonant, s'élevant tout-à-coup de quelques degrés, au milieu d'un chant jusque là contenu dans le cercle des cordes les plus voisines, peut produire en musique un effet aussi saillant, aussi *contrasté*, que l'emploi des modulations les plus hardies ou des intervalles les plus étendues.

L'effet du *contraste* tient donc beaucoup à la disposition actuelle de l'ame, à l'état où elle se trouve au moment où l'arrivée d'une impression nouvelle la saisit, le *contraste* lui offrant un déplacement violent, il lui sera pénible si elle se trouve trop engourdie, il sera nul, si elle est dans une trop grande agitation.

L'art de produire un *contraste* n'est autre que celui de donner à l'ame une impression qui excite en elle un mouvement, un changement d'état, un déplacement sensible. Avide de mouvemens, elle se plaît à ces déplacemens, mais il est des précautions à prendre pour les lui faire subir sans qu'elle en murmure. Le but des arts est non-seulement d'émouvoir mais de plaire, & ils ne réussissent à faire l'un & l'autre qu'autant qu'ils subordonnent les moyens qui peuvent y servir, aux vraisemblances & aux convenances sans lesquelles l'ame se refuseroit bientôt à suivre l'artiste, dans des routes trop éloignées de la convention qu'elle a bien voulu faire avec lui. Loin de l'émouvoir, & à plus forte raison de lui plaire, une trop grande distance à franchir, seroit pour elle une distraction, qui produiroit à l'instant même l'indifférence ou le déplaisir. Il lui sembleroit entendre tout-à-coup une langue étrangère inconnue, & sourde à ce nouvel idiôme, elle secoueroit avec impatience le joug même des impressions qu'elle auroit déjà reçues. Pour lui conserver sa docilité, l'art ne sauroit trop caresser ses désirs, ses craintes, ses répugnances, & jusqu'à ses caprices. Aux prises avec la nature, il faut bien qu'elle cède aux impressions fortuites, aux *contrastes* tranchans que celle-ci lui fait subir ; mais l'art n'existe que pour elle & que par elle ; elle a le droit d'exiger de lui qu'il ne lui imprime d'autres impulsions que celles qu'elle voudra lui permettre, d'autres mouvemens que ceux qu'il lui plaira de recevoir.

La raison & le sentiment de la convenance, ou si l'on veut la connoissance éclairée & réfléchie des vraisemblances, des besoins & des limites du sujet à traiter, est ce que l'artiste doit le plus étudier pour la sûreté des effets qu'il veut produire ; malheur au sujet lui-même, si l'art pour le traiter avoit besoin de trop braver la raison & la vraisemblance. Ainsi, le *contraste*, pour être heureux, a besoin d'être également d'accord & avec la raison & avec le sentiment. Les règles précises sur de tels sujets sont hors de toute théorie, comme elles excéderoient beaucoup trop l'étendue que j'ai résolu de donner à cet article. Chaque art, au reste, pourroit avoir en ce genre sa théorie particulière ; parce que chacun agissant sur l'ame par des instrumens particuliers, & s'adressant à elle par le moyen d'organes différens, il seroit possible que les principes généraux, vrais, à l'égard de tous, souffrissent beaucoup de diversité dans leurs applications.

Par exemple, l'architecture est un art qui s'adresse à l'entendement, ou à la partie intelligente de l'ame, beaucoup plus qu'à sa partie sensitive ; c'est sur-tout par le moyen des rapports & de leur combinaison qu'elle parle à l'entendement ; or, cette partie de notre ame, est celle qui se prête le moins aux *contrastes*. Les rapports que l'art lui présente, sont aussi de ces objets dans lesquels le plaisir du *contraste* entre pour très-peu. Les passions & les affections qui se plaisent dans les autres arts à être remuées par des effets ou des situations inattendues, ne sont presque pour rien dans les jouissances de l'architecture ; cet art est trop tributaire de la raison, pour se permettre de badiner avec elle. Tout *contraste*, proprement dit, & tel qu'on l'a défini, me paroit même ne pouvoir s'y introduire.

Je n'appelerai pas en effet des *contrastes*, mais seulement des oppositions, tous les moyens de variétés que l'architecture emploie pour donner de la valeur aux rapports dont se composent ses ouvrages. Il est bien vrai que la richesse de quelques parties ne brille qu'aux dépens de la simplicité de certaines autres ; qu'un fond simple & sans ornemens reçoive un péristyle orné, celui-ci paroitra plus riche que si son fonds eût disputé avec lui l'attention du spectateur.

Que je veuille vous frapper par l'éclat & la magnificence d'un riche salon, j'aurai soin que ses vestibules & avant-pièces, lui soient très-inférieures en ornemens ; mais ces graduations, on auroit tort de les appeler des *contrastes* ; un *contraste* en architecture, seroit le passage subit & brusque d'un souterrain taillé dans les formes les plus rustiques & les plus gigantesques, à un temple d'ordre ionique, décoré des marbres les plus gais, où toutes les couleurs les plus riantes, tireroient encore d'un jour brillant un éclat nouveau ; mais comme on le voit, de telles combinaisons appartiennent beaucoup plutôt à l'art de la décoration de théâtre qu'à celui de l'architecture ; & comme on a observé que l'ame vouloit de la vraisemblance dans les *contrastes*, l'on peut affirmer que si de pareils effets se trouvoient produits par une architecture réelle, sans que le besoin en motivât l'obligation ; la raison seroit là, pour s'opposer à l'espèce de plaisir que de semblables jeux optiques pourroient procurer à des yeux ignorans.

Si sortant de ces données capricieuses, on veut examiner l'architecture procédant avec les moyens qui lui sont propres, c'est-à-dire, les ordres qui sont comme ses tons, on la verra beaucoup plus impuissante qu'aucun autre art à produire des *contrastes*. En effet, la musique qu'on lui compare habituellement, comme bornée à un petit nombre de moyens, a cependant & de bien plus grands intervalles & de beaucoup plus sensibles extrêmes, entre le *piano* le plus doux, & le plus grand *forte*, il existe un si grand intervalle, que le rapprochement subit de l'un à l'autre, peut produire de violens *contrastes* ; il y aura toujours celui qui résulte d'un passage rapide du silence au bruit ; mais je ne vois pas que du dorique grec au corinthien, par exemple, il y ait de quoi former un *contraste*, pour un œil non-versé dans ces sortes de conventions. Il y a mieux, c'est que les ordres ne sont pas opposés entre eux, mais différens. Si le corinthien signifie richesse, le dorique signifie force, & en mettant l'idée de force en pendant avec celle de richesse, vous pouvez opérer une dissonnance, mais non pas un *contraste*.

Que la nature me fasse passer subitement dans les scènes que le paysage me présente d'un site aride & sauvage, à un point de vue riant & fertile, d'un aspect resserré entre des rochers à un horizon étendu, il y a là *contraste* ; c'est-à-dire, rapprochement d'extrêmes ; que l'architecture veuille produire de semblables effets, d'abord elle ne le fera qu'imparfaitement avec les moyens qui lui sont propres, parce que du plus pauvre, qui est l'absence d'ornemens, au plus riche qui suppose une surcharge de décoration, il n'y a pas pour l'œil la valeur de deux extrêmes, attendu que le plus pauvre ne sera pas assez pauvre, ni le plus riche assez riche; à moins qu'on ne suppose de l'argile mis en opposition avec de l'or, comme cela se pratique quelquefois dans ces chaumières de luxe & de caprice qu'on place dans les jardins anglois (voyez CHAUMIÈRE.); mais qui ne sont que des jeux de la fantaisie : & puis si l'on pouvoit supposer, dans le rapprochement des extrêmes de l'architecture, la valeur d'un *contraste*, ce rapprochement ne seroit qu'un vice ou un ridicule gratuitement prononcé. Comme la raison demande compte de tout à l'architecture, elle ne lui pardonneroit pas ce sacrifice inutile des convenances, à une combinaison qui n'auroit d'autre objet que d'amuser les yeux. En définitif l'architecture n'imite la nature que dans sa marche & ses principes d'ordre ; tout chez elle doit tendre au plus grand ordre possible, & les *contrastes* étant des exceptions à l'ordre, on ne sauroit prévoir les cas où cet art pourroit se permettre de semblables licences.

Il résulte de tout ceci, que le *contraste*, proprement dit , considéré comme moyen de plaire, & de remuer l'ame par des secousses imprévues, n'est pas de l'essence de l'architecture, c'est-à-dire, d'un art qui procède plus par raisonnement que par émotion, qui parle à l'intelligence plus qu'aux affections, &qui , soit par la différence de ses moyens, soit par l'espèce d'imitation qui lui est propre, soit par les relations qui l'unissent plus ou moins directement aux besoins de la société, ne sauroit se permettre de ces écarts, dont la nature donne bien quelquefois l'exemple aux autres arts , mais qu'elle semble interdire à celui qui prend pour modèle, moins la nature, que l'ordre qui règne dans la nature, qui doit enfin en suivre les règles, & non les exceptions.

Si l'on veut appeler en preuves de ceci les ouvrages de l'art, on verra à quel point se sont égarés les architectes qui se sont imaginés faire des *contrastes* dans leurs plans ou dans leurs élévations ; ils n'ont produit que des contradictions.

Suivez, si vous le pouvez, dans leurs plans, soi-disant *contrastés*, Boromini, & tous ceux qui forment son école, suivez-les dans leurs contours mixtilignes, qu'y éprouvez-vous ? Aucune émotion du genre de celles que le *contraste* produit dans les arts où il peut se montrer. Êtes-vous étonné, votre ame éprouve-t-elle de ces suspensions imprévues qui lui donnent au moins le plaisir de la nouveauté; de ces coups subits qui la tirent de la monotonie des situations ordinaires ? Non, vous n'éprouverez que l'embarras qui résulte d'un discours sans suite, produit par la folie ou l'ignorance, & non par la passion. Vous sentez la peine de mal voir, votre œil se tourmente, votre ame se fatigue, vous vous trouvez comme dans une disposition maladive; c'est qu'il y a dans tout cela du désordre, & que votre ame veut de l'ordre, que c'est pour elle un besoin d'en jouir dans les ouvrages

enfans de la combinaison, & qu'elle sait mauvais gré à celui qui lui présente des rapports à saisir, lorsqu'il lui donne de l'embarras à démêler, ou de la confusion à débrouiller.

Si le plaisir des *contrastes* ne sauroit se trouver dans cette architecture qu'on appelle *contrastée*, où donc le chercher. Eh par quels moyens l'art parviendroit-il à le rencontrer ? Croiroit-on, par exemple, le produire, en opposant dans les combinaisons architecturales, les dimensions extrêmes, comme en vous faisant passer d'un lieu bas, étroit, à un local immense & élevé; il pourroit y avoir là du *contraste* ; car si l'architecture a la faculté de trouver des extrêmes & d'en produire le rapprochement, ce ne peut être que dans ce qu'on appelle les dimensions. Ainsi un très-petit ordre, opposé à un ordre très-gigantesque, va produire matériellement un *contraste*. Mais d'abord nous donnons pour règle de l'art des *contrastes*, la vraisemblance, sans laquelle ce genre d'effets perd tout son mérite. Or, qui ne voit pas que ces rapprochemens grossiers trahiroient d'eux-mêmes le secret de l'artiste, & que le *contraste* ici ne seroit plus que disparate ? L'art sans doute emploie pour faire valoir ses dimensions & en donner la mesure, des moyens de comparaison, des points d'oppositions; mais encore un coup, il ne faut pas confondre cela avec le *contraste*; que les petites colonnes du péristile de Saint-Pierre, servent à faire valoir & discerner la hauteur colossale du grand ordre , (je laisse à part ce qu'on peut dire & penser de cette ordonnance) je vois là un moyen d'opposition fort bon & fort ingénieux ; mais pour opérer le *contraste*, il eût fallu que les petites colonnes n'eussent pas trente pieds de haut. Voulez-vous voir ce que vous donnera l'essai de pareils *contrastes*, où le plus petit se trouve à côté du plus grand ; entrez dans une église gothique, c'est là que vous verrez à côté des dimensions, les plus gigantesques, les découpures les plus exiguës, des colonnes qui sont des roseaux, sur des piliers qui sont des tours, des ornemens qui ne sont que des broderies ou des dentelles, à côté de masses énormes, & à des hauteurs où l'œil les perd de vue ; enfin définissez bien, sous tous les rapports, le *contraste* dans l'architecture, & vous aurez le gothique ou l'arabesque.

CONTRASTE, (*jardinage*). C'est une espèce d'opposition qui résulte de la comparaison d'un objet avec un autre dissemblable , le *contraste* est un moyen de produire des émotions très-vives , & de rendre plus énergiques les impressions des objets ; la nature s'en sert dans ses plus superbes paysages , & d'habiles peintres l'ont imité avec succès dans des tableaux d'une certaine étendue.

On trouve un exemple du *contraste* dans la description que fait Brydone des environs de Naples.

« Vous y apercevez, dit-il, un mélange surprenant de l'antique & du moderne ; des édifices

» qui s'élèvent, & d'autres qui tombent en ruines ;
» des palais élevés sur le faîte d'autres palais, & la
» magnificence des anciens foulée aux pieds par
» l'extravagance des modernes ; on y voit des mon-
» tagnes & des îles, célèbres autrefois par leur
» fertilité qui ne sont plus que des déserts stériles ;
» des champs jadis incultes, qui ont été convertis
» en prairies fécondes & en riches vignobles ; des
» montagnes changées en plaines, & des plaines de-
» venues des montagnes ; des lacs desséchés par des
» volcans, & des volcans éteints qui ont formé des
» lacs ; la terre toujours fumante en plusieurs en-
» droits, & en d'autres vomissant des flammes. »

Il n'est presque point de pays un peu étendu où la nature n'amuse par quelques dégrés de *contraste* ; l'artiste jardinier doit imiter le paysagiste, en suivant cet indice, il sera attention aux remarques suivantes, touchant la production des *contrastes*.

1. Ce n'est proprement que dans de grands paysages, non dans une contrée champêtre circonscrite, que la nature nous charme par le *contraste* des objets ; le jardin où l'on en voudra ménager, ne sera donc pas d'une médiocre étendue ; & il faut que la nature l'ait déja préparé d'avance, ou que du moins on y puisse faire aisément les dispositions nécessaires ; chercher à produire du *contraste* dans un petit emplacement, ce seroit le surcharger & par conséquent l'embarrasser.

2. On ne s'occupera pas péniblement du soin de pratiquer le *contraste* dans les jardins, ni de le pratiquer par-tout ; en observant la nature, on s'aperçoit qu'elle s'abandonne à une espèce de négligence réfléchie, quand elle fait *contraster* des objets, & qu'elle ne se fatigue pas à mettre par-tout de l'inégalité & des oppositions frappantes, mais que plutôt elle fait souvent se succéder une suite de décorations semblables ; le contraire meneroit à la bizarrerie & à l'affectation.

3. Le *contraste* peut avoir lieu entre des objets d'espèce & de nature différentes, ou entre des objets de même nature, & qui ne different que par leurs propriétés ; le premier de ces *contrastes* fait sans contredit le plus d'effet, mais il ne faut l'employer qu'avec beaucoup de précaution dans un jardin, parce que l'artiste jardinier peut facilement être induit à présenter des objets qui ne s'accordent pas avec l'ensemble, ou même qui troublent l'impression principale ; cette sorte de *contraste* règne sur-tout dans les paysages, & peut très-bien trouver place dans de vastes parcs ; l'autre est plus ordinaire dans les jardins moins grands, & produit un effet plus foible ; on tâchera de réunir habilement ces deux sortes de *contrastes*, autant que pourront le permettre l'étendue du jardin, & son caractère qu'on ne doit point perdre de vue.

4. A force d'être attaché au premier de ces *contrastes*, on est tombé dans les excès les plus étranges ; on a voulu imiter quelques-unes de ces scènes romanesques que la nature crée quelquefois en se jouant, & l'on donna dans le ridicule, principalement lorsqu'on commença à se faire une occupation capitale de ce que la nature n'offre que rarement ; tout objet de terreur ne s'accorde point avec la destination des jardins, soit qu'on l'emploie par pure fantaisie, soit qu'on le fasse par amour pour la nouveauté & pour le *contraste* ; même dans un emplacement vaste, les objets qui n'ont qu'une foible teinte de terrible sont si difficiles à lier heureusement avec l'ensemble, qu'il vaut mieux ne les y point admettre.

Nous finirons cet article par les préceptes de *Home*, sur le vrai *contraste*, entre les objets du ressort des jardins.

« Les émotions, dit-il, causées par l'art des
» jardins, sont si foibles de leur nature, qu'il faut
» employer tous les artifices possibles pour leur don-
» ner plus grand dégré de vigueur. On peut distribuer
» un terrain en scènes majestueuses, douces,
» gaies, élégantes, sauvages & mélancoliques ; &
» quand on les fait succéder l'une à l'autre, on
» doit opposer le majestueux à l'élégant, le régulier
» au sauvage, le gai au mélancolique, ensorte
» que chaque émotion soit suivie de son émotion
» contraire. Bien plus on augmente le plaisir en
» entremêlant cette succession d'objets, de places
» incultes & stériles, & de points de vue non ter-
» minés, qui en eux-mêmes sont désagréables,
» mais qui dans cette succession rehaussent le
» sentiment des objets agréables ; ici nous avons
» pour guide la nature qui parsème souvent ses
» plus rians paysages de rochers raboteux, de
» marais fangeux & de bruyères nues & pier-
» reuses. »

CONTRASTER. v. act. C'est produire des *contrastes* ou des rapprochemens de formes, de couleurs, de situations contraires, & qui emportent toujours avec elles l'idée d'extrême. (*Voyez* CONTRASTE.)

Dans le langage habituel des arts, langage très-peu perfectionné, parce que le sentiment qui le créa, l'a confié à la routine qui le défigure, & que l'esprit d'analyse ne s'y est pas encore introduit, on se sert souvent du verbe *contraster* dans le sens du verbe opposer. J'ai fait voir cependant à l'article *contraste* la différence que l'étymologie de ces deux mots indique, & le peu de synonimie qui règne entre eux. Opposer vient de *ob* & *positus* posé devant ; *contraster* vient de *contra* & *stare* être contre, ce qui indique dans ce dernier mot une nuance d'inimitié, de contrariété beaucoup plus forte ; ainsi, en poésie on met une grande différence entre une opposition & un contraste. Pourquoi les arts du dessin n'adopteroient-ils pas en ce genre la définition grammaticale que les arts du style leur donnent ?

Cependant, comme on a vu que dans l'architecture, ce qu'on est convenu d'appeler *contraste*, ne peut presque pas avoir lieu sans y être un vice ou un ridicule, il n'eſt pas étonnant que le mot *contraſte* ſoit devenu ſynonime de celui d'oppoſition.

En général, par *contraſter*, on entend faire des configurations compoſés de lignes ou de contours différens. Une partie circulaire *contraſte* avec une partie carrée ; on fait *contraſter* des figures en les mettant dans des mouvemens, ſinon contraires, au moins diſſemblables. Si par exemple, dit Mengs, dans un groupe de trois figures, l'une ſe montre de face, l'autre de profil, & la troiſième de face, il y aura un bon contraſte.

On voit que le mot *contraſter* ſe prend très-ſouvent comme ſynonyme d'oppoſition, de diſſemblance & ſimplement même de variété.

CONTRE-BAS & CONTRE-HAUT. ſub. maſ. Termes dont on ſe ſert dans l'architecture civile & militaire, pour exprimer du *haut en bas* & du *bas en haut*, de quelqu'hauteur que ce puiſſe être.

CONTRE-BOUTER ou BUTER, v. a. Retenir par un pilier la pouſſée d'une voûte ou d'une plate-bande, afin d'en empêcher l'écartement. Quand au lieu d'un pilier, on employe un arc-rampant, on dit *arc-boutant*. Voyez ce mot.

CONTRE-CHASSIS. ſ. maſc. (*Voyez* CHASSIS DOUBLE.)

CONTRE-CLEF. ſubſt fém. Claveau en ſaillie, placé immédiatement, entre la clef & les autres claveaux d'une arcade, ou d'une plate-bande.

On ne donne point de *contre-clefs* à une *clef* faite en agraffe ou en conſole. Les *contre-clefs*, ayant un caractère de force & de ruſticité ne s'accordent pas avec ce qui annonce la délicateſſe & l'élégance ; elles ne peuvent accompagner qu'une *clef* à boſſage, ou à pointes de diamant ; &, en lui ſervant d'arrière-corps, elles la font reſſortir plus avantageuſement. Les *contre-clefs* doivent être taillées par le bas, en ligne droite, & non profilées comme une doucine ou un talon, ainſi qu'il a plû à quelques architectes de les faire ; cette recherche en détruit l'effet, & les rend meſquines & lourdes tout enſemble. Les *contre-clefs* conviennent mieux à des bayes de grande proportion, qu'à celles de proportion médiocre.

CONTRE-CŒUR. ſubſt maſc. Partie de mur qui eſt entre les deux jambages d'une cheminée, & qui forme le dos du foyer. On l'appelle communément, *le fond* de la cheminée.

Le *contre-cœur* doit être de brique ou de tuileau, ordinairement on le garnit au milieu d'une petite plaque de fonte, & on couvre le reſte d'un enduit de plâtre, que l'on peint en détrempe couleur d'ardoiſe. Dans les maiſons un peu importantes, ou bien lorſqu'on veut obtenir plus de chaleur & de ſolidité, on revêt entièrement de fonte le *contre-cœur*, ainſi que le côté intérieur des jambages. On l'appelle alors *contre-cœur de fer*. Les plaques de fonte deſtinées à cet emploi, ſont le plus ſouvent ornées de bas-reliefs ; mais ceux-ci devroient être peu chargés, & ne repréſenter que des ſujets analogues au feu & à l'hyver.

On a long-temps garni les *contre-cœurs* de carreaux de fayence verniſſée, ou peinte de diverſes couleurs ; ils donnoient aux intérieurs de cheminées, une propreté & un éclat que ne leur donnent pas des plaques de fonte, toujours noires & groſſières, & ils s'accordoient beaucoup mieux qu'elles, avec le marbre, ou les autres pierres dont on fait les chambranles ; on auroit dû continuer à ſe ſervir de ces carreaux, ſur-tout pour les cheminées d'appartement, & il faut eſpérer que l'inconſtance, qui les a fait abandonner, les remettra en uſage chez nous, ainſi qu'ils le ſont encore en Flandre & en Hollande.

CONTRE-FICHES. p. f. Ce ſont dans les fermes d'un comble, des pièces de bois qui d'un bout portent ſur les poinçons, & de l'autre ſoutiennent les forces.

On appelle *contre-fiche* toute pièce de bois miſe en pente contre une autre, ou contre une muraille pour l'étayer.

CONTRE-FORTS. p. m. Eſpèce de piliers conſtruits en dedans d'un mur de quai ou de terraſſe & en même-temps que ce mur, lorſque, par économie, on ne lui donne pas une épaiſſeur ſuffiſante pour réſiſter ſeul à la pouſſée des terres.

On appelle auſſi *contre-forts*, de grands piliers-butans qu'on élève après coup pour retenir un mur dont on craint l'écroulement.

Les *contre-forts* ſont carrés, triangulaires ou circulaires, & ont ordinairement beaucoup de fruit.

En général, le mot *contre-fort* donne l'idée d'un appui, ſans en indiquer la forme, & il devient par-là le nom commun de tous les corps conſtruits pour réſiſter à une pouſſée quelconque. Voyez ARCS-BUTTANS, PILIERS-BUTTANS, EPERON.

CONTRE-FRUIT. ſubſt maſc. *Voyez* FRUIT.

CONTRE-GARDE. ſ. f. ARCH. MILITAIRE. C'eſt un ouvrage qui forme un angle ſaillant, & qui couvre & défend un baſtion ; ce qui la fait auſſi appeler conſerve.

CONTRE-GARDE. Eſpèce de crèche faite de grands quartiers de pierre dure, ſeulement équarris & poſés à ſec, dont en environne les piles d'un pont de pierre, & qui les garantit de la violence des eaux & des glaces ; on a pratiqué avec ſuccès des *contre-gardes* au pont Saint-Eſprit, ſur le Rhône.

CONTRE-HACHER,

CONTRE-HACHER. verb. act. C'est fortifier des ombres formées par des lignes parallèles, en traçant sur celles-ci d'autres parallèles, qui les coupent carrément ou obliquement, selon ce que l'on veut représenter.

CONTRE-HAUT, f. masc. De bas en haut. *Voyez* CONTRE-BAS.

CONTRE-JAUGER, v. act. *Terme de charpenterie*; on dit *contre-jauger les assemblages*; c'est transporter la largeur d'une mortoise sur l'endroit d'une pièce de bois où doit être le tenon, afin que le tenon soit convenable à la mortoise. *Voyez* JAUGER.

CONTRE-JOUR. f. m. Lumière ou fenêtre opposée à quelque objet, & qui le fait paroître avec désavantage. L'envie de trop éclairer les intérieurs produit souvent des *contre-jours*, sur-tout dans les églises & palais. Un peu d'obscurité seroit cependant préférable à tous ces *jours* qui se croisent, se combattent, & projettent sur toutes les surfaces, des ombres fausses, dures & rompues; un tableau à *contre-jour* peut-être déplacé, mais une colonne est immobile. & si elle est mal éclairée, on ne sentira jamais le charme de ses proportions; il en est de même d'une frise, d'un bas-relief, & de toutes les autres parties d'ornemens.

CONTRE-JUMELLES. f. f. p. Ce sont dans le milieu des ruisseaux, les pavés qui se joignent deux à deux, & font liaison avec les caniveaux & les morces.

CONTRE-LATTES. f. f. p. Tringle de bois mince & large qu'on attache en hauteur contre les lattes entre les chevrons d'un comble; les *contre-lattes* sont ordinairement de la longueur des lattes.

CONTRE-LATTE DE FENTE. Bois fendu par éclat mince pour les tuiles.

CONTRE-LATTE DE SCIAGE. *Contre-latte* refendue à la scie & qui sert pour les ardoises; on la nomme aussi *Latte-volice*.

CONTRE-LATTER. v. act. C'est latter une cloison ou un pan de bois devant et derrière, pour ensuite le couvrir de plâtre.

CONTRE-MUR. f. m. Petit mur que l'on adosse à un mur mitoyen, pour empêcher que celui-ci ne soit endommagé par les constructions que l'on veut faire auprès; le *contre-mur* ne doit point être lié avec le vrai mur, & quelquefois même on laisse entre eux un vide que l'on remplit de terre-glaise, ainsi qu'il est prescrit pour les fosses d'aisance, citernes, bassins, &c.

CONTRE-MUR. Se dit aussi d'un mur extérieur bâti autour du mur principal d'une ville.

Dict. d'Architect. Tome II.

CONTRE-MURER. v. act. Faire un contre-mur; la coutume oblige de *contre-murer* les âtres, les écuries, les fosses d'un privé, &c.; cette obligation est fondée autant sur la salubrité que sur la solidité, & sans doute elle sera toujours maintenue.

CONTRE-PILASTRE. f. m. Pilastre qui est à l'opposite d'un autre dans une galerie ou un portique; les *contre-pilastres* sont censés porter la corniche, les arcs doubleaux des voûtes, &c. à Paris, la plûpart des églises modernes sont ornées de *contre-pilastres*; je parlerai de ce genre de décoration au mot *pilastre*, afin de ne point faire perdre de vue, en les divisant, mes principes ou opinions sur le *pilastre* en lui-même, & sur ses divers emplois.

CONTRE-POIDS. f. m. C'est dans nos théâtres, un corps pesant qui, en se haussant ou se baissant, en fait hausser ou baisser un autre; tel est le moyen simple par lequel on exécute les descentes, les vols, les changemens, &c. *Voyez* THEATRE.

CONTRE-PORTE. f. f. Seconde porte pratiquée à l'entrée d'une ville fortifiée, pour mieux la défendre de l'ennemi; c'est encore une double porte que l'on fait pour se défendre du vent; celle-ci est ordinairement d'étoffe tendue sur un châssis de bois, & elle se pose & dépose à volonté.

CONTRE-POSEUR. *Voyez* POSEUR.

CONTRE-EPREUVER. v. act. C'est passer sous une presse de graveur, un dessin à la mine de plomb, au crayon rouge, ou à la pierre noire, après l'avoir humecté par derrière avec une éponge, ainsi que le papier blanc qui en doit recevoir l'impression.

CONTRE-RETABLE. f. m. Lambris élevé au-dessus d'un autel pour recevoir un bas-relief, ou un tableau représentant le saint auquel l'autel est dédié; le *contre-retable* ne convient absolument qu'aux autels non isolés des chapelles.

Lorsqu'on adosse un tabernacle au *contre-retable*, il faut que le sujet peint ou sculpté, soit relatif au mystère qu'annonce le tabernacle, de même lorsqu'un *contre-retable* est composé d'un bas-relief qui sert de soubassement à un tableau, ce dont on a quelques exemples, l'action différente exprimée dans l'un & dans l'autre doit appartenir au même personnage; cette observation est fondée sur ce que diviser l'attention, c'est presque la distraire; & qu'elle doit être fixée & non amusée auprès d'un autel.

Quoique veuille l'usage on n'adossera jamais des gradins à un *contre-retable*; les gradins déplacés sur tous les autels, le sont encore plus sur ceux à *contre-retable*, parce que les chandeliers dont on les garnit empêchent de voir nettement ce que le *contre-retable* représente ; en effet, on sait que nos chandeliers d'église plus lourds encore de dessin que de matière, ne manquent jamais, pour ainsi dire, d'être armés de cierges démésurés, qui portent la lumière où elle est inutile, & qui brûlent au-dessus de la tête du saint, au lieu de brûler à ses pieds, comme il est de la nature de tout sacrifice ; le *contre-retable* doit être entièrement libre & à découvert.

Un autel peut avoir un *contre-retable* & ne point avoir de *retable* ; mais il n'a jamais celui-ci indépendamment de l'autre.

CONTR'ESCARPE. s. f. arch. milit. Le talu ou la pente du fossé, en regard d'une place forte ou d'un château ; la *contr'escarpe* est quelquefois de pierre & sans talu. elle est toujours à l'opposite de l'*escarpe*. (*Voyez* ce mot.)

CONTR'ESPALIER. s. m. *espalier* isolé & parallèle à l'*espalier* proprement dit, lequel est toujours appliqué à un mur ; le *contr'espalier* se fait ordinairement en treillage que l'on soutient par des pieux ou des montans de fer ; on ne lui donne que trois ou quatre pieds de hauteur, afin qu'il ne borne pas la vue & ne porte pas trop d'ombre, & on pratique de chaque côté une plate-bande autant pour le faire ressortir & lui donner plus d'apparence, que pour empêcher qu'il ne soit endommagé par ceux qui se promènent auprès ; on palisse sur le *contr'espalier* des arbres nains, de la vigne, & quelquefois des rosiers, des jasmins, &c. ; les *contr'espaliers* se prêtent à toutes les figures régulières, aussi s'en sert-on pour border les allées & les grands quarrés des jardins où l'on veut à la fois fertilité & propreté.

CONTRE-TERRASSE. s. f. Terrasse appuyée contre une autre ou élevée au dessus pour quelque élévation de parterre ou raccordement de terrain.

CONTRE-TIRER. v. act. C'est prendre le trait d'un dessin à travers une étoffe fine, un papier huilé bien sec, ou à la vitre sur un papier blanc ; *contre-tirer* n'a précisément que ce sens, on le rend aussi par *calquer*. *Voyez* ce mot.

CONTRE-VENTER. v. act. Contre-bouter par des pièces de bois obliquement posées, des fermes, des pans & autres assemblages de charpente, afin d'en empêcher le mouvement, & de les maintenir dans les différentes secousses qu'ils pourroient éprouver.

CONTRE-VENTS. p. m. Ce sont, dans les ouvrages de charpenterie, les pièces de bois obliques qui contre-buttent les pièces d'aplomb. *Voyez* GUETTES.

CONTRE-VENTS DE CROISÉE. Volets qui ferment les croisées en dehors, dans toute leur hauteur ; ils ressemblent à des portes pleines & sont collés, emboîtés, & peints des deux côtés, afin de mieux résister à l'air ; on les emploie communément dans les maisons de campagne pour les rendre plus sûres, & pour défendre les vitres & châssis des vents & de la grêle.

Les croisées qui ont des *contre-vents* ne doivent point avoir de chambranles ; ils se nuisent mutuellement : en effet, les chambranles, par leur saillie empêchent que les *contre-vents* lorsqu'on les ouvrent, ne s'appliquent sur le mur de face, ce qui seroit nécessaire pour que l'air ne les agitât pas, & les *contre-vents*, étant ouverts, couvrent les montans des chambranles, & n'en laissent voir que la traverse qui paroît alors sans soutien, & par conséquent ridicule ; ces observations relatives aux *contre-vents*, peuvent également convenir aux *jalousies*. *Voyez* ce mot.

Les *contre-vents* sont une fermeture forte & même un peu rustique, ainsi les maisons où on les emploient doivent avoir un extérieur simple & solide ; un ravalement propre & soigné suffit à sa décoration.

CONTRÔLEUR, s. m. Nom de celui qui dans les bâtimens de quelque importance est chargé d'inspecter la qualité des matériaux, de les enregistrer selon leur date, valeur et quantité, & de donner des certificats de leur réception à l'attelier : le *contrôleur* est en outre, chargé de veiller à ce que les desseins soient fidèlement exécutés, & à ce que les règles de l'art, & les conditions des devis & marchés soient également observés.

Un *contrôleur* de *bâtimens* doit avoir de l'ordre, du goût & de la probité ; il est l'homme de confiance & pour justifier ce titre il doit avoir une partie des connoissances que Vitruve exige de l'architecte. *Voyez* ARCHITECTE.

CONTUCCI (*Andri*), fils d'un paysan, nommé Dominique, il naquit en 1460, au mont Sansovino d'où il fut appelé dans la suite, le *Sansovin*.

Dès son enfance, tandis qu'il gardoit les troupeaux, il s'amusoit à modeler de petites figures, Simon *Vespucci*, alors bailli du lieu le surprit plusieurs fois ainsi occupé ; & présageant par ses jeux, ce que seroient un jour ses travaux ; il le demanda à son père, l'emmena à Florence, & lui fit donner dans cette ville une éducation convenable à ses dispositions naturelles & rares.

Contucci répondit aux soins de son bienfaiteur, en s'égalant aux plus habiles maîtres ; les statues dont il orna Gênes, Florence & Rome, attestèrent la fécondité de son génie ; cependant la sculpture n'avoit pas été le seul objet de ses études ; il avoit compris de bonne heure, qu'il existoit entre elle & l'architecture, une affinité qui souvent rendoit celle-ci dépendante de l'autre, ainsi il les cultiva ensemble, & il y obtient les mêmes succès ; en effet, on admire dans l'église du Saint-Esprit à Florence, la chapelle du Saint-

Sacrement, dont il donna les plans & desseins; les proportions & l'exécution en sont telles qu'on seroit tenté de la c. fondre d'une seule pierre; on vante également le Sacrifice de la même église; elle est ornée de douze colonnes Corinthiennes qui portent une architrave, une frise & une corniche; au-dessus est une voûte à lunette, décorée de compartimens, exécutés avec beaucoup de soin.

La réputation de Contucci, dans les deux arts qu'il exerçoit, ne tarda pas à se répandre au loin. Emmanuel, roi de Portugal, fit prier Laurent de Médicis, surnommé le Magnifique de le lui envoyer; l'artiste fit le voyage, & bâtit en Portugal plusieurs édifices, parmi lesquels on distingue un palais flanqué de quatre tours, destiné pour le souverain. Après avoir passé neuf ans dans ce pays, Contucci revint en Italie, comblé d'honneurs & de présens, mais il n'y resta pas long-temps. Léon X. le chargea de divers travaux à Lorette; Contucci fortifia cette ville, décora de beaux bas-reliefs l'extérieur de la Santa-Casa, & acheva le logement des chanoines que Bramante avoit commencé; le pape lui accordoit quatre mois de vacances par chaque année qu'il le retenoit à Lorette, & Contucci les passoit à Sansovino sa patrie, au milieu de ses parens & des amis de sa jeunesse; il y acheta quelques terres, y bâtit une maison pour lui, & un couvent avec une chapelle, pour des religieux de l'ordre de Saint-Augustin; il se plaisoit dans cette campagne, aux détails de la vie rustique; mais s'étant un jour très-fatigué à porter des palissades, il fut attaqué d'une pleurésie dont il mourut, en 1529.

Les vertus de Contucci lui acquirent autant d'admirateurs que ses talens; il n'étoit pas moins cher aux gens de Lettres qu'aux artistes, & il voyoit fréquemment les plus célèbres d'entre eux. Il a laissé quelques desseins, un traité des décorations de théâtre, & une dissertation manuscrite sur les mesures des anciens, & sur les proportions en architecture.

CONVENANCE. L'idée qu'exprime ce mot rentre, sous plus d'un rapport, dans celle de *bienséance*. (*Voyez* ce mot.) En effet, ce qui sied bien, ce qui convient, paroît être assez synonime. Malheureusement on a trop peu écrit sur les arts, & ceux qui les pratiquent sont trop peu exercés à l'analyse grammaticale; de-là, la confusion d'idées & de mots employés par les artistes dans des sens souvent contraires.

Il n'est aucun mot que l'on ne confonde avec son synonime; & celui de *convenance* a plus qu'aucun autre, éprouvé ce sort; cela doit arriver lorsque les nuances qui séparent deux idées sont très-légères.

Le mot de *bienséance* emporte avec lui une idée qui se joint à celle de la pudeur, de la modestie à quelques sentimens enfin plus individuels & qui supposent qu'une chose est bien par elle-même, indépendamment des convention & de l'opinion. Le terme de *convenance* indique plus de rapport avec autre chose, plus d'accord entre la chose qui plaît & ceux à qui elle plaît, plus d'arbitraire peut-être, & même plus de caprice.

Ainsi la bienséance a plus de rapport aux mœurs, & la *convenance* aux manières : ainsi un tableau blesse la bienséance par des sujets obscènes; des figures choquent la *convenance* par l'infidélité du costume. On manqueroit à la bienséance dans un édifice, selon Vitruve, si l'on manquoit de lui donner la mesure de caractère & le mode propre à sa destination. Ainsi, c'est un manque de bienséance que de donner à la demeure d'un particulier les formes, la grandeur & la richesse d'un temple. Mais on pêche contre la *convenance*, lorsque l'on place un entablement fort riche, sur une ordonnance fort simple.

Les anciens, à ce qu'il paroit par Vitruve, rendoient dans l'architecture l'idée de bienséance, & celle de *convenance*, par le mot *décor*. Mais lorsque cet écrivain architecte définissant ce mot, donne pour second principe de ce qu'il appelle *décor*, l'usage ou ce que les grecs expriment par le mot *thématismos*, il est clair qu'il rend l'idée précise de ce que nous appellons *convenance*.

« Cet usage, dit-il, qui est la seconde base du
» *décor*, demande que, si l'intérieur des édifices
» est riche & somptueusement décoré, le dehors
» & les vestibules le soient dans la même pro-
» portion. Si le contraire existoit, que le dedans
» eût de l'élégance & de la beauté, tandis que
» les abords seroient pauvres & chétifs, la *con-
» venance* seroit choquée. On en violeroit aussi
» les règles, si dans des architraves doriques, on
» plaçoit des denticules; si l'on tailloit des tri-
» glyphes sur des architraves ioniques, soutenues
» par des colonnes de cet ordre, parce qu'en trans-
» posant ainsi les formes propres d'un ordre, &
» les attribuant à un autre, on blesse les yeux
» du spectateur habitué à voir ces choses disposées
» d'une autre manière. »

Ce que l'on appelle *convenance*, emporte, comme l'on voit, l'idée de respect pour ce que l'usage a introduit, & par conséquent il s'y mêle quelque chose de ce qu'on appelle *convention*. (*Voyez* ce mot.)

Il est peu d'arts, il n'en est pas même qui repose sur un plus grand nombre de conventions, que l'architecture. Cet art, par ses rapports intellectuels avec sa nature, trouve sans doute une place très-réelle dans le cercle des arts d'imitation; mais dans ce qu'il a de positif, aucun n'est soumis à plus d'incertitude dans les jugemens du public, à plus de controverse dans l'intelligence de ses règles, à plus de versatilité dans les maximes du goût qui en dirige les opérations, à plus d'équivoque & d'arbitraire dans la manière d'en entendre les principes, & d'appliquer leurs conséquences.

Il n'y a pas jusqu'au système fondamental de cet art, & jusqu'aux principes de son imitation qu'on n'ait cherché à attaquer, comme reposant sur des bases arbitraires & captieuses. On a déjà répondu à tous ces sophismes dans les articles *architecture*, *charpente*, &c. (*Voyez* ces mots.) Si l'on est forcé d'avouer que l'architecture dans sa partie positive ne trouve pas de base d'imitation aussi réelle que les autres arts; on est également forcé de convenir qu'il faut rejetter tout, ou admettre tout. Qu'on cesse de reconnoître dans les parties constitutives de l'architecture une imitation des modèles primitifs que les premières constructions ont indiquées à l'art, qu'on se refuse, si l'on veut, à cette transposition des types de la charpente dans les formes architecturales; mais que, pour être conséquent, on sorte entièrement de ces données que l'on trouve factices & mensongères; car rien n'est plus absurde que d'avouer ce système dans une partie, & de le désavouer dans une autre, que d'employer dans un édifice tous les membres représentatifs du modèle qu'on méconnoît; c'est, cependant, ce qu'ont fait ceux-là même qui ont affecté le plus grand scepticisme sur les idées qu'un long usage avoit accréditées.

C'est aussi dans les ouvrages de ces novateurs que se trouve portée à son plus haut degré la disconvenance. On les voit mêler indistinctement les formes caractéristiques de chaque ordre : par exemple, sous le prétexte que le triglyphe n'est qu'un ornement indépendant de l'origine que la tradition & la nature lui assignent; ils l'emploieront dans l'ordre ionique; cet abus étoit assez fréquent du temps de Vitruve : ils transposent tous les chapiteaux, les bases, les formes et les détails de la modinature d'un ordre à l'autre, sans respect pour la conformité que le goût & la nature des choses mettent entre les différens modes & la destination des édifices : ils confondront ces nuances sous prétexte qu'un entablement peut, au moyen des efforts de la construction ou de ses secrets, se ployer à tous les contours du caprice : ils briseront dans toutes sortes de sens les frontons ; ils ne les regarderont que comme des objets de décoration & les introduiront, les multiplieront, ou les chantourneront sans autre règle que la fantaisie; & lorsque l'on vient à se demander en quoi de tels changemens tournent au profit du plaisir que l'art peut opérer sur les sens, en quoi ces objets ainsi modifiés, déplacés & détournés de leur ancienne position, ont droit, à quelque préférence, on s'étonne qu'on ait pris un soin aussi inutile, & que tant de changemens aient eu pour but, non de faire mieux, mais de faire autrement.

Ce sera donc dans le respect non aveugle, mais raisonné sur toutes ces choses consacrées par l'usage, que résidera ce qu'on appelle l'observation des *convenances*. Ce n'est pas qu'un calcul rigoureux, plusieurs de ces *convenances* ne puissent subir la critique d'un esprit éclairé : il est beaucoup de pratiques établies dans l'architecture, beaucoup d'objets de détail sur lesquels un respect trop religieux deviendroit une superstition ridicule. C'est particulièrement au tribunal du sentiment que doit ressortir le jugement des *convenances*. La première règle doit être de ne point offenser l'usage sans une raison bien plausible, de ne point innover dans les choses reçues & accréditées, sans que le motif du changement puisse en justifier ou la nécessité, ou tout au moins l'agrément. Jamais, par exemple, les anciens n'ont offensé dans leurs ouvrages, les principes généraux de la modinature, & les grecs, sur-tout, inventeurs de ce système, ont été, dans tous leurs monumens, les plus religieux observateurs des règles qui dérivent de l'imitation de la charpente. Toutes les variétés qu'on observe chez eux, sur-tout dans le dorique, ne sont que des variétés de proportion commandées par l'ensemble d'un édifice, ou par le caractère qu'ils vouloient lui imprimer, ou dépendantes du goût de l'architecture & des règles de l'optique. Cependant nous voyons ces mêmes Grecs, lorsqu'ils placent deux ordres l'un sur l'autre dans l'intérieur de leurs temples, supprimer l'entablement du premier ordre, les parties qu'on appelle frise & corniche, & ne conserver que celle qui porte le nom d'architrave. Cet exemple, dont plus d'un architecte pourroit abuser, est le meilleur exemple qu'on puisse donner & de la délicatesse du sentiment de ce peuple dans l'observation des *convenances*, & de la manière dont celles-ci peuvent autoriser & prescrire même des changemens. En effet, tout ordre de colonne qui porte un entablement complet, annonce dans le système de l'architecture pris à la rigueur, un édifice terminé, car tout est fini aux parties de la corniche qui annoncent le comble, ou à celles de la frise, qui indiquent le plancher. Lorsqu'on compose un édifice de deux rangs de colonnes, il faut qu'on puisse admettre, ou du moins supposer deux rangs de toits; mais cette supposition étoit impossible à faire dans l'intérieur d'une nef de temple, il étoit donc *convenant* de ne point ajouter à l'architrave la frise ni la corniche, & c'est, ce que nous voyons avoir été fait au grand temple de Pæstum ainsi qu'à plusieurs autres.

Ce qu'on vient de dire suffit sans doute pour faire voir dans quel sens la *convenance* veut qu'on respecte les choses établies & accréditées par l'usage, & de quelle manière elle permet de faire des changemens, lorsqu'ils s'appuient sur des motifs d'utilité ou sur le raisonnement. Enumérer tous les cas où l'on doit respecter l'usage & où l'on peut composer avec lui, seroit une entreprise aussi fastidieuse qu'inutile; c'est en architecture sur-tout, qu'il convient de donner des principes de direction au sentiment de l'artiste, & de se fier ensuite à ce sentiment éclairé. Il y a dans cet

a tout de relatif, & ce qui s'y trouve de positif est encore sujet à tant de controverse, qu'il faut se contenter de persuader, sans jamais vouloir convaincre. Ce qu'on doit dire, c'est que le sentiment des *convenances* est si intimement lié avec ce qu'on appelle le goût, dans les autres arts, qu'on doit désespérer de le donner à qui n'a pas reçu de la nature cette délicatesse d'organes, cette sensibilité qui fait l'artiste; encore plus, devra-t-on renoncer à l'inspirer à celui chez qui une raison trop rigide exclueroit toute manière de voir par les yeux du sentiment, & chez lequel le raisonnement fermeroit l'accès à toute inspiration qui n'arriveroit à son ame que par l'imagination.

Mais, encore moins, faudra-t-il l'attendre de celui dont l'esprit indocile, fait pour tout confondre & tout brouiller, ne cherche dans l'architecture des vérités que pour les nier, des principes que pour les combattre, des usages que pour les fronder, & qui croit que rien ne se prouve par cela, que tout ne peut pas se démontrer. Pour ces sortes d'esprits il n'y a aucune théorie qui puisse les réduire, & il faut que le mépris public fasse lui-même justice de leur sotte présomption.

Je n'ai traité le mot de *convenance* que dans son acception la plus précise; cependant le langage des arts en abuse encore pour le rendre synonime de convention; c'est dans ce sens qu'on dit les *convenances* de l'architecture, pour exprimer les différens accords que cet art, comme tous les autres, est obligé de faire avec notre entendement ou nos sensations; je parle de ces accommodemens tacites qu'il faut bien faire avec tous les genres d'imitation, si l'on veut qu'ils puissent arriver à leur fin. Il faut bien se prêter de part & d'autre, & c'est toujours au moyen de ces complaisances mutuelles de l'art, par rapport aux facultés de l'ame, & de l'esprit, par rapport aux moyens plus ou moins bornés de chaque art, que s'opère le travail & le plaisir de l'imitation; mais voyez pour cet objet distinct de l'acception grammaticale du mot *convenance*, l'article CONVENTION.

CONVENTION. sub. fem. On appelle ainsi dans l'usage ordinaire de ce mot, tout acte résultant du concours de plusieurs personnes. L'étymologie même du mot indique trop l'idée de réunion pour qu'on insiste davantage sur sa signification élémentaire.

Je ne dirai point à combien de sortes d'usages le mot de *convention* s'applique. Je passe sur-le-champ à l'emploi qu'on en fait par rapport aux arts, & je ramenerai promptement cette légère théorie à l'architecture.

On se sert souvent du mot *convention* dans les arts du génie; dans quel sens l'emploie-t-on, &. que doit on entendre par cette expression?

C'est toujours dans la définition de ce mot que je trouve le développement de son aplication aux arts.

En examinant attentivement les principes d'imitation de chaque art, on s'aperçoit qu'il se fait entre l'art & son auteur & la nature imitée, & entre l'art & le spectateur, certains pactes ou contrats, qu'on appelle *conventions*. C'est au moyen de ces *conventions* que l'art produit les plaisirs qu'on est en droit d'attendre de lui.

C'est en composant avec la vérité absolue que l'imitation nous donne des jouissances qui disparoîtroient si le spectateur ne vouloit souffrir aucun accommodement entre la nature, telle qu'elle est, & les moyens de la représenter.

La nature se présente à l'art de l'imitation sous plusieurs rapports; chacun de ces rapports généraux forme un domaine particulier de l'empire de l'imitation. Les différens arts du génie se les sont partagés. Soit que chacun d'eux exprime les formes & les images matérielles par les instrumens ou les moyens intellectuels, soit qu'il rende les affections de l'ame ou les sensations morales par les formes de la matière, ou l'entremise médiate des sens, chacun ne peut réellement saisir la nature que sous un rapport ou un point de vue. Il y a, par conséquent, dans la re-production que chaque art fera d'un sujet, une partie de vérité & une partie d'accommodement avec la vérité.

Ainsi la peinture & la sculpture dans la représentation d'un objet, l'une par la couleur sans la réalité de la forme, l'autre au moyen des formes, mais dénuée de couleurs, offrent déjà au spectateur une de ces *conventions* nécessaires qui tiennent à l'essence même des arts. Par une singularité qu'on n'expliquera point ici, le plaisir attaché à l'imitation de ces arts tient à ce défaut même de vérité ou d'illusion. Mais ces deux arts sont obligés à d'autres *conventions* encore avec la nature; par exemple, ils ne peuvent jamais saisir qu'un moment dans l'action, & quoique les figures qu'ils nous expriment dans les attitudes les plus prononcées du mouvement le plus énergique, ne puissent se supposer ainsi que le très-court espace du moment qui devroit être déjà passé après le premier coup-d'œil, cependant il y a entre l'art & le spectateur une *convention* secrète de ne point se roidir contre cette espèce d'invraisemblance.

Toutes les sortes de capitulations que ces arts imitateurs font avec leur modèle & avec leurs spectateurs, seroient le sujet d'un long ouvrage. On peut dire même que presque toutes les règles de la peinture & de la sculpture (je parle des règles du goût & de celles qui composent la théorie la plus recherchée de ces arts) ne sont qu'un recueil de *conventions* plus ou moins délicates, au moyen desquels ces arts produisent tous leurs effets.

Ce que l'on vient de faire sentir des *conventions* de la peinture & de la sculpture avec la nature, deviendroit encore plus palpable en l'appliquant à d'autres arts, & particulièrement aux arts dramatiques. Ainsi la danse pantomime, qui parle par action & peint tout par le geste; la musique, dont tous les mouvements sont dans les combinaisons des tons ou des accens de la voix, les représentations de la scène, dont les illusions sont si puissantes ne feroient qu'ajouter de nouvelles forces à cette théorie, si l'on vouloit faire voir combien sont nombreuses toutes les *conventions* sur lesquelles repose le système de leur action & de leurs effets.

J'en ai dit assez pour la véritable intelligence du mot *convention*, mot qui s'emploie tantôt en bonne & tantôt en mauvaise part dans le langage des arts, & ce que j'ai dit peut servir à expliquer le double usage de ce mot. Il y a, comme l'on voit dans chaque art, des *conventions* nécessaires & qui tiennent à l'essence même de l'art, il en est de plus indirectes ou de subordonnées, & qui, dans l'exécution de chaque art, sont des conséquences des premières; mais il est aussi un point où elles doivent s'arrêter, car passé ce point que le goût seul ou le sentiment éclairé du beau peuvent fixer, on tombe dans l'arbitraire & delà dans le bizarre. C'est alors qu'on appelle par critique style de *convention*, forme de *convention*, tout ce qui s'éloigne par trop des premières *conventions*, c'est-à-dire, toute composition avec la vérité naturelle, qui n'a pas la vérité imitative pour objet, ou tout accord fait avec le plaisir des yeux qui ne seroit pas fondé aussi sur le plaisir de l'esprit ou de l'entendement. Ceci s'explique aisément par toutes ces formes dont on décore des meubles, des objets de goût & d'agrément, dont l'essence & le type s'éloigne trop des modèles que la nature & le besoin ont pu originairement leur imprimer, mais cela va s'expliquer encore mieux par l'application de ces idées à l'art de l'architecture qui est notre objet.

L'art de l'architecture, abstraction faite de l'imitation intellectuelle ou métaphysique de la nature, sous le rapport de laquelle elle peut établir un système de principes & de règles capables de soumettre la raison, n'est véritablement dans son imitation positive qu'un composé de *conventions*. Cette imitation dont on a développé les principes aux articles ARCHITECTURE, ARBRE, &c. (*Voyez* ces mots) n'est elle-même qu'une *convention* très-ingénieuse faite avec le spectateur. Cette transposition du système de la charpente ou de la construction en bois aux procédés de la construction en pierre; cette fiction sur laquelle repose une grande partie des plaisirs de l'architecture grecque, devenue celle de toute l'Europe; cette métaphore de l'art ne peut exister rigoureusement sans une multitude de compositions avec la vérité. Il ne faut donc pas s'étonner que cet art soit si facile à s'égarer dans de ridicules absurdités; comme la base de son imitation est elle-même mobile & fugitive, soit qu'une raison trop austère veuille presser cette imitation, soit qu'une imagination trop complaisante s'en empare, on peut aisément ou la porter au-delà, ou la faire rétrograder en-deçà du point que le sentiment de la vérité indique au bon goût.

L'on est convenu de regarder comme positif ce système d'imitation, & quoique le modèle n'en soit pas essentiellement dans la nature, puisque ce modèle est lui-même déjà un résultat de l'art, on est convenu que l'ouvrage dicté par le sentiment le plus simple, & pour ainsi dire, par l'instinct de la nature, seroit à l'architecture ce que les ouvrages de la nature sont à la peinture & à la sculpture.

De-là l'imitation matérielle de l'architecture.

Ainsi tout édifice dont l'ensemble & les détails rentreront avec le plus de précision dans les données de ce type élémentaire de l'art, passera pour être le plus près de la nature.

Mais on voit bien que l'architecture soumise à tant de besoins divers dans tous les édifices que la société exige d'elle, a dû nécessairement faire fléchir à un grand nombre de convenances la rigueur de son imitation.

C'est toujours par analogie que procède cette imitation, & l'analogie n'a point de bornes.

Le goût cependant lui en a posées. On les trouvera dans les *conventions* que l'usage & l'autorité des grands maîtres a fixées.

Du nombre de ces *conventions*; car on ne sauroit les énumérer toutes, est l'usage des parties représentatives du comble dans les intérieurs des édifices, ainsi que l'emploi des entablements dans une multitude d'endroits, où il est impossible de supposer l'existence réelle des pièces constitutives de la charpente que ces entablemens désignent. On ne sauroit appeler d'un autre nom la méthode appuyée par l'usage même de l'antiquité d'élever plusieurs ordres de colonnes avec des entablemens où se trouvent répétées plus d'une fois les parties caractéristiques des pannes & chevrons d'un comble. Les pilastres dont on doit blâmer le fréquent emploi sans qu'on puisse en bannir totalement l'usage de l'architecture, reposent aussi sur une véritable *convention*.

On en a dit assez, & dans cet article, & à celui de *convenance*, pour faire sentir à un esprit droit de quel intérêt il est de connoître la valeur des différentes *conventions* de l'architecture, & combien il importe d'en respecter les *convenances*. On n'en diroit jamais assez pour ceux qui prendroient à tâche de tout contester, & se prévaudroient de ce qui existe de conventionnel dans un art pour faire tout retomber dans l'empire de l'arbitraire.

CONVENTIONNEL, adj. masc. On appelle ainsi tout système, tout principe qui repose sur des conventions; les deux arts qui ont le plus de *conventionnel* sont, sans contredit, la musique & l'architecture, puisque leur imitation n'a point de modèle positif qui puisse amener une démonstration ; ainsi, les règles du beau dans ces deux arts sont entièrement soumises à ce que l'on appelle le goût ; rien donc n'est plus facile que d'abuser & des règles & des exceptions presque aussi nombreuses que les règles. (*Voyez* les articles CONVENTION & CONVENANCE).

CONVEXE, ad. m. & f. Se dit de la surface extérieure d'un corps rond, par opposition à sa surface intérieure qui est creuse ou *concave*. (*Voyez* CONCAVE).

CONVEXITÉ, s. f. Se dit de la qualité qu'une surface a d'être *convexe*. Les mots *concave* & *convexe* sont relatifs, & s'appliquent particulièrement aux corps sphériques ; ce qui est *convexe* d'un côté, est *concave* de l'autre. L'intérieur d'un dôme est une *concavité*, l'extérieur est une *convexité*.

COP

COPIE, s. f. Double ou répétition d'un ouvrage quelconque ; une *copie*, pour être bonne, en qualité pure & simple de *copie*, doit avoir les beautés & les défauts de l'original.

Quoiqu'on ait dit que les moindres *originaux* sont plus estimables que les meilleures *copies*, je crois cependant que beaucoup d'architectes modernes auroient mieux fait de nous offrir, dans leurs édifices, de bonnes *copies* des ouvrages grecs & romains, que des *originaux* sans caractère.

Le mot *copie* représentant l'effet dont le mot *copier* exprime l'action, & le résultat dépendant de la manière dont on procède pour l'obtenir, je renvoie pour de plus grands détails au mot *copier*.

COPIER, v. act. faire une copie.

L'étymologie de ce mot, qui est le mot italien *copia*, indique avec assez de précision le véritable sens attaché à l'idée de *copier*. *Copia*, qui veut dire copple ou double d'une chose quelconque, a fait le mot *copiare*, qui veut dire faire le double d'un objet. C'est dans la région de l'imitation l'emploi précis du mot *copier* & la définition de l'idée qu'il exprime.

Imiter, comme on le dira à son article, offre une idée extrêmement abstraite & complexe à-la-fois. Sa définition générale étant l'idée de répétition d'un objet par & dans un autre objet, la théorie de l'imitation présente autant de divisions ou d'espèces d'imitation qu'il y a de manières différentes de répéter un objet dans un autre objet.

Comme il y a des manières de produire la répétition d'un objet par les ressources de l'art & du génie, ce qui constitue la sphère la plus relevée de l'imitation, ou l'imitation proprement dite dans son sens moral, il y en a aussi qui ne produisent la répétition d'un objet que par des procédés mécaniques & des moyens, où la pensée, le sentiment & le génie n'entrent pour rien, ce qui constitue la classe subalterne de l'imitation réduite à l'idée simple de répétition dans le sens matériel ; entre ces deux degrés se trouve placé l'art de *copier*.

L'imitation demande du génie, la répétition ne veut que des mesures ou des moules ; la copie peut emprunter des moyens mécaniques, mais comme elle est encore plus le résultat de l'homme que d'un procédé technique indépendant de l'homme, elle suppose de la justesse dans l'œil, de la facilité d'exécution & le sentiment des beautés de son original. Elle exige par conséquent du talent.

Copier n'est donc pas une chose tout-à-fait étrangère à l'art, mais simplement à l'invention.

L'idée d'imitation s'applique aux œuvres de la nature, l'idée de copie s'applique aux ouvrages de l'art.

Comme c'est ordinairement dans les ouvrages de l'art qu'on apprend à connoître & à imiter ceux de la nature, c'est toujours par des copies que procèdent les commençans. Les ouvrages de l'art ont quelque chose de fixe, de déterminé & de plus facile à saisir ; c'est pourquoi on en donne à étudier les modèles aux jeunes élèves.

Ainsi, c'est toujours par *copier* que commencent ceux qui se destinent à imiter.

Nous avons dit que l'idée de copie étoit exclusive de l'idée d'invention, & nous avons dit que l'invention constituoit éminemment la véritable imitation. D'où il résulte que si l'on doit commencer par *copier* pour apprendre à imiter, il ne faut pas se condamner trop long temps à un travail qui, laissant dans l'inertie la faculté inventive, l'empêche quelquefois de se développer.

Il y a toutefois dans l'étude même qu'on fait des ouvrages de l'art, une manière d'en tirer parti en imitateur plutôt qu'en copiste. C'est-là le secret même du génie. Mais ce secret que les maîtres, par les leçons & les exemples, peuvent révéler à leurs élèves, est difficile à communiquer par la théorie.

On a vu de grands hommes imiter les œuvres de leurs prédécesseurs, s'en approprier les beautés & n'en pas être moins originaux, n'en pas moins passer pour inventeurs. Il est, en effet, possible d'exercer sur les idées & les conceptions d'autrui l'empire même de l'invention. Il est possible de les suivre avec une telle liberté, que l'invention se montre dans le choix de ce qu'on en conserve, comme dans le choix de ce qu'on y ajoute, de ce qu'on en supprime ou de ce qu'on y modifie, dans l'emploi, dans l'application du sujet, comme dans la recherche de ses détails. C'est de cette manière que dans tous les arts, de grands hommes ont étudié les ouvrages ou les devanciers ou de leurs contemporains, y ont puisé sans être plagiaires, & les ont imité sans être copistes.

Ce qui différencie en ce genre l'imitateur des ouvrages de l'art, de celui qui n'est que leur copiste, c'est que le premier pénètre le secret de leur création, sait lire dans les inventions d'autrui les maximes ou les inspirations qui les produisirent, sait retrouver les routes par lesquelles ont passé leurs conceptions, a appris à s'en frayer de semblables, & imite moins leurs œuvres que l'esprit le système ou les principes qui présidèrent à leur confection; lorsque le second ne sait que répéter l'idée d'autrui, & se traînant servilement sur ses traces, n'a réellement de mérite qu'autant qu'il sait disparoître effectivement lui-même pour ne faire voir que son original. Ce qui fait le mérite de l'imitateur, constitue le vice du copiste.

Comme c'est dans la vue de former des imitateurs, que l'on rend les élèves copistes dans leurs premières études, on ne sauroit trop les habituer à faire cette distinction entre l'imitateur & le copiste. Il faut *copier*, sans doute, pour apprendre à imiter; mais il faut imiter de bonne heure aussi pour apprendre à n'être pas copiste. On devra tâcher de tenir le juste milieu entre ces études superficielles qui ne font qu'effleurer toutes les connoissances, qui, trop légères pour dompter l'esprit, ne peuvent assouplir à l'exécution le ressort trop actif de l'imagination, & ces méthodes péniblement mécaniques, sous le joug desquelles les facultés inventives s'engourdissent & se trouvent à la fin paralisées sans ressource.

Il n'y a, je crois, point d'art dont l'étude demande plus l'application de cette distinction que l'art de l'architecture. Il n'y en a pas, en effet, où la confusion soit plus facile entre l'idée de *copier* & l'idée d'imiter. Si, comme on l'a dit plus d'une fois, l'idée de *copier* (dans son rapport avec les arts du dessin) s'applique aux ouvrages de l'art, & l'idée d'imiter à ceux de la nature; l'on comprend sans peine qu'un art qui n'a point de modèle positif dans la nature, & dont par conséquent l'imitation est plus intellectuelle & plus métaphysique que celle des autres arts, doit trouver plus facilement & produire plus de copistes que d'imitateurs, c'est-à-dire, plus d'hommes répétant les idées & les conceptions d'autrui, que de créateurs & de véritables inventeurs.

C'est ce que l'expérience n'a que trop prouvé, & ne démontre que trop tous les jours.

Il étoit difficile, & il le sera toujours, de bien établir dans l'architecture la véritable séparation entre l'imitation inventive & l'imitation copiste. Les maîtres n'ayant à présenter aux sens d'autres modèles que des ouvrages de l'art, l'esprit & les yeux s'habituent à n'en chercher les règles & les principes que dans les monumens de la main de l'homme. Il faut ou un sentiment profond du beau & du vrai, ou une assez grande force d'entendement pour arriver jusqu'au véritable modèle de l'architecture, pour pouvoir le saisir, l'embrasser, l'étudier & en tirer avantage. Il est beaucoup plus simple de voir ce qui a été fait & de le répéter par les ressources banales des mesures, du compas, & des procédés faciles avec lesquels l'architecture peut se *copier*. Car il faut le dire encore, s'il n'y a point d'art où l'imitation dans son sens moral soit plus difficile, il n'y en a pas non plus où la copie dans le sens mécanique que l'on peut donner à ce mot, soit plus aisée. La mesure & le compas ne suffisent pas pour répéter une statue. Un édifice, au contraire, peut se *copier* mécaniquement.

Mais sans prendre ici le mot *copier* dans un sens trop matériel, nous dirons que les architectes modernes ont presque toujours été dans l'alternative d'être de vrais copistes ou de faux inventeurs. La prétention au génie & à l'invention, a presque autant nui à l'art que l'absence d'invention & de génie. Il s'est trouvé, dans tous les temps, des hommes qui, incapables de saisir le point de vérité, & ce milieu où elle se trouve ordinairement, pour fuir le reproche de copiste, ont placé l'invention dans une sorte d'extrême, qui, toutefois, n'en est un qu'en ce qu'il est le *nec plus ultra* de la déraison. Jugeant indigne d'eux de répéter ce qui avoit été fait avant eux, ils ont cru être originaux en créant, de toutes les choses trouvées, des combinaisons dont le seul mérite auroit été d'être nouvelles, si l'on pouvoit appeler nouveau ce qui n'est qu'insolite. Ils se sont imaginés que la nouveauté étoit de l'invention, & ils ne se sont pas apperçus que s'il y a du nouveau dans toutes les inventions, il n'y a pas réciproquement de l'invention dans toutes les nouveautés.

L'étude de l'antique a, depuis quelques années, désabusé les esprits de ces fausses inventions & de ces stériles inventeurs, auxquels on préféreroit sans contredit le mécanisme des copies & des copistes, pourvu que leurs originaux fussent bons. Cependant, on n'a presque encore su ni *copier* l'antique ni l'imiter. Un esprit de routine s'est emparé déjà des uns, & la manie de l'innovation a déjà corrompu les autres. L'on voit sacrifier à un courant de mode les caractères dont les Grecs formèrent l'écriture architecturale, & à l'aide desquels ils surent exprimer un si grand nombre d'idées & de sensations diverses.

Comme si ces caractères n'étoient pas assez nombreux pour subvenir à tous les besoins du génie moderne, les artistes se tourmentent vainement à en imaginer de nouveaux : & cependant, loin d'avoir épuisé les combinaisons naturelles des caractères, on peut affirmer qu'aucun des ordres n'a encore reçu dans aucun monument moderne sa véritable perfection. Tout est encore à faire en ce genre: n'importe, on s'épuise en tentatives & en essais infructueux d'ordres ou de modes nouveaux.

On ne sait quel souvenir irraisonné de l'architecture antique attribue au dorique grec une place exclusive dans tous les édifices. On diroit que ce seroit pour l'opposer au genre arabesque & au génie gothique. Ce style barbare, que les grands hommes qui présidèrent à la renaissance des arts avoient cru étouffer, renaît déjà de toute part. Partagés entre lui, & je ne sais quel caprice qui a érigé en mode & consacré jusqu'à la décoration des plus légères salles de spectacle,

tacle, le style le plus pesant de l'architecture grecque, nos artistes blasés sont devenus insensibles à ces nuances innombrables que les anciens avoient créées, à ces variétés de style si délicates & si fécondes, ils ne sentent plus que les deux genres extrêmes, ils ne connoissent plus que deux modes, le Dorique grec et le Gothique.

Ces observations, chagrines sans doute; mais que les vrais amis de l'art ne pourront s'empêcher de partager, se rapprochent de la distinction que nous avons établie au commencement de cet article, entre les mots *copier* & *imiter*. Elles se rapprochent également de celles qui, selon nous, doivent présider à l'imitation du style *antique*, (voyez ANTIQUE) & qui développées ailleurs, ne se retrouveront point ici. Ce n'est donc point de *copier* l'antique qu'il s'agit, mais de *l'imiter*; c'est-à-dire, d'en pénétrer l'esprit, de s'en approprier les procédés, & non d'en répéter au hasard & sans réflexion, les détails et les formes. Et comment en effet se flatter raisonnablement d'atteindre par de pareilles *copies* à la gloire immortelle des artistes anciens, lorsqu'on pense à l'extrême différence qui se trouve entre nos mœurs, nos usages, nos loix, et celles de ces peuples? Pour être dignes de marcher sur leurs traces, il faut sentir comme eux; mais il faut sentir aussi librement qu'eux, car le *copiste* servile ne sent pas; il ne fait que se traîner pesamment & aveuglément dans une route dont il ne voit pas le but. Ainsi le véritable imitateur de l'éloquence antique n'est point celui qui hérisse un discours lourd & pédantesque d'applications, de citations, de répétitions intempestives, de fragmens tirés des anciens orateurs, c'est celui qui, plein du beau feu qui animoit Démosthène, produit sans le *copier*, les mêmes impressions que lui ; & remuant comme lui des ames humaines, ne semble avoir emprunté les procédés de son art sublime, que comme un flambeau qui s'allume à un autre, exerce indépendamment & par lui-même la faculté que celui-ci lui a communiquée, & consacre à des usages nouveaux & différens sa flamme & sa lumière.

Telles sont d'ailleurs les ressources de l'art, telle est l'inépuisable variété des applications dont elles sont susceptibles, qu'il est vraiment inconcevable que nos artistes, maîtres, en *imitant* le style antique, de se réserver tout ce mérite d'invention si flatteur pour l'amour-propre, & si nécessaire à la véritable appropriation des moyens de l'art, aient préféré à ce mérite réel, le servile talent de retracer sans modification comme sans motifs, un petit nombre de formes & de combinaisons. Sans doute, les proportions antiques sont faites pour séduire; sans doute il y a déjà du mérite à les *copier* de préférence; mais elles n'étoient qu'un moyen chez les grecs, le véritable but de l'art, le véritable triomphe du

Dict. d'Architect. Tome II.

génie qui les inventa, fut bien moins de les avoir créées et mesurées, que d'en avoir tellement uni l'emploi aux mœurs du temps & aux destinations locales, qu'un art en apparence purement géométrique étoit parvenu à se former une poésie presqu'aussi riche, presqu'aussi expressive que la peinture & la sculpture. C'est dans l'étude profonde des effets divers, des caractères différens, des expressions variées qui résultoient de l'application de ces formes & de ces proportions, que les artistes anciens puisèrent cet art sublime qui fit de l'architecture un véritable langage. C'est en cela qu'il est beau de les *copier*; c'est à leur exemple qu'il convient, & qu'il est encore temps d'étudier les impulsions nouvelles, que les progrès du temps, des mœurs, & des lumières, ont imprimées aux peuples modernes, de chercher dans les moyens immédiats & invariables de l'art que les grecs nous ont transmis, les analogies secrètes que la nature peut avoir établies entre ces moyens & nos usages; car quelque différens que ces usages puissent être des usages antiques, ils sont comme eux un résultat de la même nature, de cette même nature humaine, plus ou moins développée sans doute, mais également susceptible dans tous les temps des mêmes sentimens, des mêmes facultés & des mêmes efforts.

Ainsi l'imitation de l'antique cessera d'être une *copie* servile & presqu'humiliante; nous parlerons la même langue, mais par cela même que nous l'appliquerons à des mœurs nouvelles, l'emploi des mêmes mots exprimera de nouvelles idées, & produira de véritables inventions. Quelle est d'ailleurs, dans la pratique de l'art, l'occasion tellement pareille à une autre, qu'elle exige la répétition exacte des mêmes procédés? Une étude plus précise des divers styles & de leur corrélation avec les usages divers auxquels ils pourront convenir, tendra, je l'avoue, à classer d'une manière plus distincte & plus sûre, l'emploi des diverses formes & des diverses proportions, & à déterminer plus techniquement, si j'ose le dire, l'emploi de certains plans, de certaines combinaisons. Mais dans cette uniformité même, combien l'imagination & le sentiment ne trouveront-ils pas encore de ressources ? Il n'est peut-être pas dans l'antique deux colonnes du même ordre qui aient exactement les mêmes proportions, pas deux profils qui aient entre eux une parfaite ressemblance. La variété des plans, des sites, des dimensions est infinie, & chacune de ces suppositions diverses peut & doit influer sur la manière d'employer un détail ou une forme donnée, comme elle peut influer sur la manière de sentir. C'est là, c'est dans cette manière de sentir que réside véritablement l'indépendance du génie, il faut avoir une pour être digne de professer les arts ; & lorsqu'on en a une à soi, on peut *imiter* sans doute, mais l'on ne *copie* jamais.

K

COPISTE. s. m. & f. Il résulte des observations & des principes contenus en l'article précédent, (voyez COPIER) qu'il y a une grande différence entre la qualité d'imitateur & celle de copiste, & que le talent particulier & dernier ne peut même être compté pour rien en architecture. En effet la destination & le caractère de l'édifice à construire seront conformes ou non à ceux d'un édifice antérieur. S'ils y sont conformes, il suffira d'une différence dans les dimensions ou dans la forme du terrain, pour empêcher l'artiste de se borner au simple & servile mérite de copier, & quand ils s'y trouveroient conformes, en ce dernier point même, quel seroit l'homme digne du titre d'artiste qui n'oseroit ou ne pourroit en ce cas chercher à faire autrement qu'on n'a fait avant lui? s'ils n'y sont pas conformes, alors le programme est autre, & le copiste de l'idée d'autrui ne méritera pas même le titre de copiste, il ne sera qu'un stérile & méprisable plagiaire.

COQ

COQUILLAGE. s. m. Arrangement de diverses coquilles, soit artificielles, soit naturelles, dont on forme des compartimens de lambris, de voûtes, de pavé, même des ordonnances assez régulières de colonnes ou de pilastres, & dont on fait des marques, festons ou autres ornemens, pour en revêtir & décorer les grottes, portiques, niches & bassins de fontaine dans les jardins, dans les laiteries, pièces de bains, & même quelquefois dans les salles à manger. Il est aisé de sentir ce que l'emploi de formes aussi capricieuses que celles de ce genre d'ornemens peut avoir de licencieux, & que les cas mêmes où l'on se permet de les soumettre à une certaine régularité d'ordonnance, ne sont pas ceux où l'on peut avoir besoin de sévérité, ni même de pureté dans le style. Aussi ce genre est-il borné maintenant à un très-petit nombre d'usages. Cependant ses formes, ainsi que celles aussi bizarres des cartels, des contours chantournés, des rocailles, et des courbes corrompues, n'ont pas laissé d'être pendant plus d'un demi-siècle l'unique, mais inépuisable fond où ce qu'on appeloit l'architecture françoise, puisoit ses ornemens. Ces formes extravagantes avoient fini par se glisser jusques dans les plans mêmes. (Voyez GROTTE, ROCAILLE.

COQUILLE. s. m. C'est un ornement de sculpture imité des conques ou autres corps marins, & qui se met, soit au cul de four d'une niche, soit au couronnement d'une croisée, soit à d'autres usages de décoration comme à des frises, chapiteaux ou autres parties d'ornement auxquelles on veut donner le caractère d'un édifice aquatique. On appelle *coquilles* doubles, celles qui ont deux ou trois lèvres. Il y a une semblable *coquille* de Michel Ange à l'escalier du Capitole.

On donne aussi ce nom à des compartimens de gazon ou broderie dont le dessin se rapproche de la forme d'une *coquille* dans les parterres & jardins du genre français.

La forme des *coquilles* s'emploie convenablement soit à des bassins de fontaine ou de cascade, soit à des bénitiers, soit à des cuvettes de salle à manger, soit à tous autres usages de décoration & d'utilité dans lesquels l'eau entre pour quelque chose.

Cette sorte d'ornement partage avec un petit nombre d'autres, l'avantage de former un attribut décidé & propre dès-lors à caractériser la destination des édifices auxquels il convient de l'employer. L'emploi des attributs de ce genre entroit pour beaucoup dans le choix que les anciens faisoient de tel ou tel ornement dans leurs monumens, & concouroit avec les proportions & les formes générales à en déterminer plus précisément le caractère. (Voyez ORNEMENT, SCULPTURE, MOULURE, SYMBOLES, CARACTÈRE.)

COQUILLE D'ESCALIER. C'est dans un escalier à vis de pierre, le dessous des marches qui tournent en limaçon, & qui portent leur délardement; c'est aussi dans un escalier de bois rond ou quarré, le dessous des marches délardées, lattées & ravalées de plâtre.

COQUILLE DE MÉTAL. Nom général que donnent les ouvriers à deux morceaux de métal pareils, forgés ou aboutis en relief, pour être soudés ensemble, comme les deux moitiés d'une boule, d'une fleur de lys, & d'autres ornemens à deux paremens & isolés.

COR

CORA. Un petit bourg de ce nom, situé à trois lieues de Velletri, du côté de Naples, & à deux lieues de Cisterna, a conservé le nom & quelques vestiges très-remarquables d'une antique ville du *Latium*, habitée par les Volsques.

Quelques marbres précieux, des fragmens de plus d'un genre sont encore là les irrécusables témoins de la magnificence des peuples qui habitèrent cette ville. De grands & superbes restes de murailles attestent aussi qu'elle dût jouer un rôle important comme place de guerre. La Montagne sur laquelle elle s'élevoit offre dans son enceinte plusieurs étages de murs. On y remarque en distance en distance des plate-formes d'où les assiégés pouvoient se défendre, & auxquelles on arrivoit par des conduits souterrains taillés dans le roc.

La construction de ces murailles est formée de grands blocs de pierres, placées & taillées *à joints incertains*; c'est-à-dire que leurs bases ne sont point horizontales, mais que leurs figures forment des polyèdres irréguliers qui s'emboîtent les uns dans les autres, à la manière des pavés des routes antiques. Cette méthode de bâtir les murailles a été décrite par Vitruve; c'est celle qu'il désigne par les mots *opus incertum*, en la comparant à l'*opus reticulatum*. Elle est, dit-il, moins agréable à l'œil que le *reticulatum*; mais elle est moins sujette à l'inconvénient de la désunion; c'est pour cela qu'on l'employoit dans les fortifications. Ce genre de construction n'est pas rare dans les villes ruinées de l'antiquité. Palæstrine & Fundi nous en ont conservé d'autres exemples; s'ils eussent été bien connus du temps de Perrault, ce commentateur de Vitruve n'auroit pas sans doute changé le mot d'*incertum* en celui d'*insertum*.

Il est plus que probable que la nature a donné elle-même l'idée tout à-la-fois & le modèle d'une telle méthode de construire. Les montagnes du Latium & de la Toscane présentent souvent à la vue comme d'immenses murailles, dont les paremens ont été composés par la nature, de blocs de pierres irrégulièrement concassées, & dont la terre qui remplit leurs joints semble faire la liaison: soit que ces pierres, ainsi coupées, aient fait naître l'idée de les employer sous leurs formes naturelles, soit qu'elles aient inspiré le principe d'appareil & de coupe qu'on a décrite, il est peu de construction qui réunisse plus de simplicité à plus de solidité.

L'on doit aux recherches des antiquaires beaucoup plus qu'au respect du temps, la connoissance d'un temple de *Cora*, dont cette ville n'offre que d'équivoques fragmens. Son ordre étoit corinthien; la pierre dont il étoit construit, & qui est celle du pays, quoique supérieure en finesse à celle qu'on appelle *Travertin*, & susceptible du plus beau poli, étoit cependant, selon Piranesi, revêtue de stuc. Un morceau de l'entablement qui reste, & un autre fragment renversé, nous apprennent que ce temple étoit dédié à Castor & Pollux. On évalue sa longueur à quatre-vingts pas, & cela d'après les vestiges de son pavé en mosaïque. Vignole, dans son traité sur la colonne antonine, prétend que cet édifice fut construit par M. Calvius, sous l'empereur Claude. D'autres assurent que la ville de *Cora* étoit déjà détruite sous le règne de cet empereur, & rapportent à une époque beaucoup plus reculée les monumens de cette ville. Ils se fondent sur le mot *curavit*, écrit *caravit*, qui se trouve, comme on le verra plus bas, de la même manière au temple d'Hercule dont on va donner la description. Ils soutiennent que cet usage est très-antérieur au règne de Claude, quoiqu'on trouve cette même manière d'écrire au pont Fabricius, bâti du temps de Cicéron, & après La conjuration de Catilina, ainsi que Dion nous l'apprend.

Quoiqu'il en soit, le P. Volpi, qui avoit fait à *Cora* les recherches les plus étendues sur ce temple, & d'après l'autorité des fragmens beaucoup plus nombreux qu'on y voyoit de son temps, nous représente le monument en question comme orné de portiques de la plus grande magnificence: on y voyoit soixante colonnes dans le goût dorique, étrusque & corinthien. La tradition des habitans du lieu, & une quantité prodigieuse de fragmens, de portes, d'entablemens, & de statues mutilées, attestoient son antique richesse.

Aujourd'hui ces restes précieux ont disparu: on est obligé de chercher sous l'herbe qui cache son enceinte une base & deux chapiteaux. Cependant trois colonnes restées sur pied servent aux curieux d'indicateur sûr & fidèle. On reconnoît aux formes de l'entablement & à la position de ces colonnes, qu'elles faisoient partie du *Pronaos*, & par l'une d'elles, qui se trouve en retour, que c'étoit l'angle du péristyle. Les parties de l'entablement, quoique fort mutilées, laissent cependant assez bien juger de leur sculpture pour qu'on puisse prononcer que le goût en étoit excellent, d'une manière élégante & assez semblable au style des temples de la Sybille à Tivoli, & de Palæstrine. Quant à la disposition intérieure du monument, tout ce qu'on pourroit en dire ne seroit que l'ouvrage du descripteur, & ne mériteroit que peu la confiance du lecteur.

Il faut considérer le monument beaucoup mieux conservé qu'on va décrire, comme un des plus curieux dans l'histoire de l'architecture.

Sur le sommet de la montagne de *Cora*, est situé le temple appelé vulgairement d'Hercule. Le seul fondement de cette dénomination est une petite inscription trouvée dans la ville, par le P. Volpi, avec ces paroles: *Herculi sacrum*; mais comme on ignore le lieu précis où elle fut trouvée, rien n'est plus douteux que la conséquence de son rapport avec le nom du temple.

L'inscription de ce monument, & les particularités de cette inscription, ont fort occupé les antiquaires; je ne la rapporterai que comme témoignage de l'époque à laquelle il seroit bien intéressant de pouvoir fixer la construction de l'édifice:

M. MANLIUS, M. F. L. TURPILIUS,
L. F. DUOMVIRES DE SENATUS SENTENTIA
ÆDEM. FACIENDAM CŒRAVERUNT
EISDEMQUE. PROBAVERE.

Les mots *duomvires* pour *duomviri*, & *cœraverunt* pour *curaverunt*, ont paru à quelques savans devoir donner une date fort ancienne à ce monument.

Mais son architecture, ou pour mieux dire le style presqu'unique de cette architecture m'a paru une preuve moins hypothétique de l'opinion qu'on peut prendre de son antiquité. Avant de développer mes conjectures sur cet objet, il convient de décrire ses restes remarquables.

Ce qui en subsiste aujourd'hui consiste dans le mur & la porte de la partie antérieure de la *Cella*, avec une portion en retour de cette même *Cella*, dans un *pronaos* ou péristyle antérieur, que l'on peut dire être entier puisqu'il ne lui manque que la couverture. Il se compose de quatre colonnes de face, & de trois sur le retour, en comptant deux fois celles de l'angle. Rien ne nous apprend si ce temple fut amphiprostyle ; mais sa position ne permet guères de le croire. Le temps a tellement dégradé les fondations de l'édifice qu'il a mis au jour cette construction souterraine ; on voit par le déchaussement & par la suppression des degrés qui conduisoient au temple, que les colonnes du péristyle ne posoient point sur un massif qui fut commun à toutes, mais que chacune avoit sa fondation particulière bâtie de plusieurs assises circulaires, taillées rustiquement & inégalement en manière de bossages. Le terrain sur lequel est construit le temple, se trouvant très-montueux, l'aire en avoit été nivelée & aplanie par l'art. La construction de ce soubassement offroit, dans les angles & dans les côtés, des pierres régulièrement équarries. Le milieu du corps avancé est bâti comme les murs de la ville dont on a parlé, en blocs de pierres irrégulièrement taillés ; mais les degrés du temple cachoient cette dernière construction. Ces degrés n'alloient point en retour ; les seules de profils du soubassement latéral indiquent que l'on n'y montoit point par les côtés.

Ce temple est d'un ordre dorique, mais tel que ses proportions & son mode différent en beaucoup de celui des grecs, & de celui qu'on trouve chez les romains.

Voici les détails & les mesures d'après lesquelles on pourra le juger :

Les colonnes ont plus de huit diamètres de hauteur ; les entrecolonnemens un peu plus de deux de largeur ; ceux des côtés sont de quelque chose plus étroits. L'architrave ne domine point dans l'entablement comme on le voit au dorique vraiment grec. Les triglyphes de la frise sont cependant disposés comme chez les grecs, de manière que ceux des angles ne portent point d'aplomb sur l'axe de la colonne, & que le dernier métope de chaque côté se trouve avoir plus de largeur que les autres. Entre chaque entrecolonnement se trouvent trois triglyphes ; mais, soit par erreur, soit par une raison que l'on ne sauroit deviner, il s'en trouve quatre dans l'entrecolonnement, en retour du côté droit du temple.

La corniche n'a rien de particulièrement remarquable : on observe seulement que la cymaise est ornée de têtes de lions.

Les colonnes sont cannelées jusqu'aux deux tiers ; dans le tiers inférieur la cannelure n'est indiquée que par pans. Le style de ces cannelures est à-peu-près grec ; c'est-à-dire qu'elles ont peu de renfoncement, & sont taillées à vive-arête. Elles ne se terminent point par une partie circulaire dans le haut. Une partie lisse qui sert comme de gorgerin au chapiteau, en termine quarrément le sommet. Au-dessus de ce gorgerin sont trois petits listels ou filets carrés, ressemblant à ceux des chapiteaux doriques grecs. L'échine du chapiteau, quoiqu'en plus petit, tient aussi de ce style, ainsi que le tailloir ou abaque qui est assez prononcé.

La colonne est, à proprement parler, sans base, quoiqu'elle pose sur un tore sans moulure : les plinthes qu'on voit aujourd'hui sous chaque tore ne sont que l'effet du déchaussement du soubassement, ou stylobate, auquel une corniche faisoit plinthe continue.

La porte du temple arrive à la hauteur des chapiteaux ; selon le précepte de Vitruve, elle est pyramidale, & les pilastres qui sont au mur extérieur de la *Cella* sont d'un moindre diamètre que les colonnes ; ces pilastres ont aussi, selon l'usage grec, un chapiteau différent de celui des colonnes.

De judicieux observateurs de l'ordre dorique ont remarqué, dans les monumens, trois styles bien distinctement caractéristiques des changemens qu'a essuyé cet ordre. Winckelmann n'a pu voir le monument qu'on vient de décrire sans y remarquer une quatrième manière, ou époque des variations du dorique. Il seroit fort à désirer, comme on l'a dit, qu'on pût fixer, d'une manière moins conjecturale, la date de la construction de cet édifice, & que quelque certitude chronologique pût venir à l'appui des inductions qu'on peut tirer du goût ou du caractère de cette architecture, & qui nous pressent de l'attribuer aux temps républicains.

Cette architecture, à l'irrégularité près, de ce triglyphe surnuméraire qu'on a fait observer, est pure & sage ; mais le style en est grêle, & la manière en est maigre. Tout enfin y porte l'empreinte de ce goût, communiqué aux Romains par les Etrusques ; avant que l'influence directe du goût des Grecs, & le luxe des empereurs, dans leurs vastes entreprises eussent donné aux monumens cet air de grandeur qu'ils respirèrent dans la suite.

Il règne dans cet édifice un certain mélange de goût étrusque, qu'il est plus facile de sentir que de démontrer. Le chapiteau a quelque chose de toscan, la largeur des entrecolonnemens, l'addition d'une espèce de base, la multiplicité des triglyphes, qui paroissent jouer dans la frise plutôt le rôle d'un ornement de fantaisie qu'y être une représentation de la construction primitive ; le caractère petit de l'exécution ; toutes ces choses, & beaucoup d'autres nuances faciles à saisir par un œil habitué à ce discernement, empêchent d'y voir le dorique élémentaire. Il existe, entre le goût de ce monument & celui des monumens vraiment grecs, la même différence pour l'art, qu'entre les monnoies républicaines & celles des villes grecques. Quoique le principe y soit le même, l'art y paroit cependant rapetissé & rétréci, mais d'une manière qui annonce plutôt la timidité que le vice de l'imitation.

Nous n'aurions osé, sur de telles inductions, produire de semblables conjectures, si nous n'avions en faveur de notre opinion celle du célèbre Raphaël.

Ce grand homme ayant été nommé architecte de l'église de S. Pierre de Rome, & ayant résolu d'examiner par lui-même les vestiges les plus célèbres de l'antiquité, avoit dessiné & mesuré le temple de *Cora*. Le dessin précieux de cet édifice a été entre les mains de Winckelmann, qui nous apprend que malgré tous les caractères doriques qu'on trouve dans ce temple, Raphaël l'avoit jugé un édifice de l'ordre toscan; ce jugement est écrit au bas du dessin, de la main de Raphaël.

On seroit donc tenté de croire, sur-tout d'après l'inspection du monument, que ce qu'on appelle l'ordre toscan, & qui n'a jamais pu être que le dorique dépouillé de ses principaux caractéristiques, après s'être introduit à Rome, commença à recouvrer les caractères du dorique; c'est-à-dire à se fondre dans le dorique par la communication des ouvrages grecs, & que l'édifice en question est comme la nuance ou le passage du dorique étrusque au dorique grec. Les colonnes en effet sont dans les proportions que Vitruve indique au toscan; car, selon Vitruve & Pline, le toscan avoit un diamètre de plus que le dorique: *Quæ septimam tuscanicæ*, dit Pline. Or, nos colonnes, sans le chapiteau & le tore d'en bas, ont sept diamètres. De plus le toscan avoit une base & six colonnes en ont une; mais les triglyphes que n'admettoit point le prétendu ordre des toscans, mais les cannelures qu'il rejettoit aussi, appartiennent au mode dorique: d'où il résulte qu'on peut regarder ce monument comme un amalgame des deux modes toscans & doriques, & en même temps comme le passage de l'art & du goût étrusque, chez les Romains, à l'art & au goût des Grecs.

La ville de *Cora* n'offre plus à la recherche des artistes que des fragmens de monumens mutilés, au milieu desquels on doit cependant distinguer un bel autel de marbre, orné de têtes de béliers, de guirlandes & autres symboles du même genre.

CORBEAU, s. m. Pierre de taille qui a plus de saillie que de hauteur, & qui sert à soulager la portée d'une poutre, ou à soutenir, par encorbellement, un arc doubleau de voûte qui n'a pas de dosserets de fond; on en voit un exemple à la grande écurie des Tuileries, bâtie par Philibert de l'Orme.

La dernière pierre d'une jambe sous poutre, forme toujours *corbeau*, & lorsque cette jambe est une pièce de bois debout, on met entre elle & la poutre un autre pièce de bois qui forme également *corbeau*.

Les *corbeaux* sont quelquefois taillés comme les modillons corinthiens, & plus souvent comme les mutules doriques, ce qui les fait aussi appeler *modillons* & *mutules*.

Il y a encore des *corbeaux* en consoles, qui font des glyphes, des gaines & même des ailes;
le portique de Septime-Sévère, à Rome, en offre de cette espèce, ainsi que le grand salon de Marly où ils portent des balcons.

CORBEAU DE FER. Morceau de fer carré, qui sert à porter les sablières d'un plancher, & qu'on scelle dans le mûr avec tuileaux & plâtre; on voit encore à Paris d'anciens balcons soutenus par des *corbeaux de fer*.

CORBEAU. Nom de différentes machines de guerre chez les Romains.

CORBEILLE, s. f. Ouvrage de sculpture qui imite les *corbeilles* de joncs ou d'osier, & que l'architecture emploie dans la décoration. Les statues des Canephores, représentans des prêtresses portant sur leurs têtes des corbeilles consacrées à Cérès, ont peut-être introduit par analogie dans les Caryatides des espèces de chapiteaux faits ou décorés en forme de corbeilles. (*Voyez* CANEPHORE.)

Les *corbeilles*, ornement assez insipide de l'architecture moderne, sont toujours remplies de fleurs ou de fruits, & quelquefois accompagnées de festons; on en fait en plein relief, que l'on place sur des piedestaux ou des pieds droits, & en bas-relief, que l'on met dans des cadres ou des panneaux; on voit des exemples des unes à l'orangerie de Versailles, & des autres au portail du Val-de-Grace.

J'ai lu qu'autrefois les bergers de Sicile ornoient leurs *corbeilles* rustiques de bas-reliefs en cire, représentant des sujets champêtres: j'invite les sculpteurs modernes à orner également de bas-reliefs, leurs *corbeilles* de marbre & de pierre, & à leur donner par-là ce dégré d'intérêt qui leur manque, lorsqu'elles ne sont que de simples imitations d'ouvrages de Vanier. (*Voyez* VASE ET FLEURS.)

CORDAGES, s. m. Amas de cordes; cordes moins fortes que les cables, dont les maçons se servent pour lier les unes aux autres les perches qui soutiennent leurs échafauds.

CORDEAU, s. m. Corde longue & menue, dont les architectes & les arpenteurs font usage pour lever des plans, & les charpentiers pour aligner les pièces de bois, les scier & les tailler régulièrement.

Les jardiniers emploient aussi le *cordeau*, & à l'aide d'un piquet qu'ils attachent à chaque bout, ils tracent les figures des bosquets & parterres; le *cordeau*, avec ses deux piquets ou plantoirs, s'appelle communément, *compas de jardinier*.

CORDELIERE, s. f. Petit ornement taillé en forme de corde sur les baguettes.

CORDERIE, s. f. Nom d'un grand bâtiment couvert, fort long & peu large, destiné dans un Arsenal de marine, à la fabrique des cables & cordages nécessaires aux vaisseaux.

La *corderie* de Rochefort, à l'embouchure de la Charente, est une des plus considérables que l'on puisse citer; elle a été bâtie par François Blondel.

CORDON, s. f. Moulure ronde & très-faillante qui, dans un mur de revêtement, se prolonge entre la partie inférieure qui contrebute les terres, & la partie supérieure qui forme appui; elle sert à raccorder le talud de l'une avec l'aplomb de l'autre, & à indiquer le rez-de-chaussée; on fait également régner un *cordon* au-dessus de l'extrados des arches de pont, au niveau des banquettes ou trottoirs.

On appelle aussi *cordon* toute moulure ronde au pied de la lanterne d'un dôme, de l'attique d'un comble, &c.

CORDON DE SCULPTURE. espèce de tore qu'on emploie dans les corniches de l'intérieur des appartemens, & sur lequel on taille des fleurs, des feuilles de chêne ou de laurier, continues ou par bouquets, & quelquefois entortillées de rubans.

CORDON DE GAZON. Cercle ou bordure de gazon d'une largeur déterminée par le dessin d'un parterre, dans les compartimens duquel on l'emploie; on entoure quelquefois les bassins & pièces d'eau d'un cordon de gazon.

CORDON (hidraul.) C'est un tuyau que l'on fait tourner autour d'une fontaine pour former une suite de jets, placés au milieu ou sur les bords.

CORFOU, autrefois *Corcyre*; île de la mer Ionienne, située en face de l'Epire, dont elle n'est séparée que par un canal assez étroit; elle renfermoit plusieurs villes, dont les principales étoient *Cassiope* & *Corcyre*; la première, célèbre par un temple dédié à Jupiter-Casius n'est plus qu'une forteresse sans nom & abandonnée; la seconde, riche & brillante par son commerce, ne subsiste plus que dans quelques ruines. Elle avoit un port ouvert à tous les vaisseaux, & ce port encombré ne peut plus recevoir que de petites barques; on voit encore le lieu où étoit attachée la chaîne qui le fermoit, & les restes d'un acqueduc qui s'étendoit de la ville au port, pour fournir d'eau les galères; des inscriptions tronquées, des marbres brisés & mille autres fragmens invitent, là comme ailleurs, à former des conjectures qu'on a toujours regret de ne pouvoir changer en certitudes.

Tous ces débris sont dans l'un des fauxbourgs de la ville moderne, laquelle est appelée *Corfou*, ainsi que l'île dont elle est la capitale; cette nouvelle ville est grande, peuplée, a un port & une citadelle; elle renferme plusieurs églises, dont l'une est en croix grecque, avec un petit dôme au milieu; on lit au-dessus du portail une inscription du sixième ou septième siècle; la forme de cet édifice indique assez qu'il fut construit par quelque architecte de Constantinople, car les autres ne bâtissoient alors que dans le goût gothique.

CORIA, sub. pl. de *Corium*, neut. Ce mot, chez les Latins, signifie des cuirs, & métaphoriquement des couches de mortier, parce que dans les murailles elles sont étendues entre les assises comme des cuirs; & de-là ce nom est devenu celui des assises même; c'est en effet celui que Vitruve leur donne dans plusieurs chapitres de son ouvrage.

CORICEUM, s. m. Nom d'une grande salle, qui dans les palestres étoit placée entre l'*ephebum* & le *conisterium*. *Voyez* ces mots. On s'y exerçoit à la *coricomachie*, espèce de jeu qui consistoit à pousser & repousser un sac de cuir coriace, rempli de sable, de la forme d'un gros ballon, & suspendu à l'une des poutres. Ce jeu devint fort en usage, sur-tout depuis qu'Hypocrate l'eût recommandé aux personnes trop chargées d'embonpoint, d'ailleurs il n'étoit pas inutile aux athlètes qui avoient intérêt de conserver leur souplesse & leur légereté.

CORINTHE. Ville ancienne, située dans l'Isthme auquel elle donne son nom, & qui joint le Péloponèse à la Terre-Ferme. Elle fut célèbre par son commerce, sa magnificence & ses revers; elle étoit entre deux ports, Leche & Cenchrée; elle avoit une citadelle bâtie sur la pointe d'une montagne, & appelée pour cette raison Ærocorinthe, ou Corinthe-l'Aigue; cette forteresse souvent réparée, subsiste encore, & n'est occupée que par quelques soldats qui la gardent, mais Corinthe n'est plus. Une bourgade, appelée *Corito*, occupe une partie de son sol, la charrue a passée sur l'autre.

Pausanias avoit vu à Corinthe des temples de Jupiter, de Neptune, de Diane & d'Apollon; le tombeau de Laïs & beaucoup d'autres monumens; mais de tous ces édifices il ne reste que les ruines d'un gros bâtiment de briques, qui semble, d'après les petites cellules qu'il renferme, n'avoir pu servir que de bains publics, & 14 colonnes de pierre qui sont encore debout près du Bazar; la proportion mâle de leur ordonnance, en attestant leur haute antiquité, a servi aussi à les faire triompher des efforts destructeurs du temps & de l'orgueil des Romains, qui conduits par Lucius-Mummius détruisirent cette superbe ville, ornée des plus brillantes productions des beaux arts dont ils s'enrichirent.

Leroy, dans son voyage de la Grèce, fait la description des restes de ce temple, & en donne les dessins; il étoit d'ordre dorique sans bases & cannelé; c'est, sans contredit, un de ceux de la Grèce qui mérite le plus d'attention, par les lumières qu'il peut répandre sur l'histoire de l'architecture; ses colonnes sont les plus courtes de proportion que l'on connoisse, puisqu'elles n'ont pas quatre diamètres de hauteur; leur diamètre est de six pieds, & leur hauteur d'environ vingt-deux pieds & demi; l'entre-colonnement n'est que d'un diamètre; elles supportent une partie d'architecture, dont la grande dimension fait présumer celle que devoient avoir la frise & la corniche ; cette architecture est faite de pierres de douze pieds de long : de ces quatorze colonnes, huit sont sur une même ligne & annoncent la façade du temple ; les autres sont en retour. La colonne qui est dans l'intérieur & qui faisoit l'angle du second portique n'a point de chapiteau, & étoit plus élevée que celles du devant ; ce qui se remarque ordinairement dans les temples des anciens. Celui-ci est bâti tout en pierre, & diffère par-là de ceux d'Athènes, qui le sont tous en marbre. Ses colonnes sont à plusieurs assises & prodigieusement pyramidales ; il paroît avoir été construit pour passer à la postérité la plus reculée ; mais comme il n'existe aucune inscription, on ne peut dire dans quel temps ni par qui il a été construit.

Si le Bazar de *Corito* est réellement à la place où fut le marché de Corinthe ; les colonnes dont je viens de parler pourroient bien être un débris du temple que les Corinthiens élevèrent à la Diane d'Éphèse ; &, si l'on peut prononcer par leur proportion, elles sont les plus anciennes de toutes celles qui nous restent de l'ordre dorique. *Voyez* DORIQUE.

Les environs de Corinthe excitent autant que Corinthe même la curiosité des voyageurs. Près du port de *Lechaum*, on découvre quelques parties de la muraille qui bordoit le chemin de communication de ce port avec la ville, & au pied de la montagne où est la forteresse, on suit encore la trace des travaux entrepris plusieurs fois pour couper l'Isthme ; les Péloponésiens en avoient jadis défendu l'entrée par un mur que les Vénitiens restaurèrent plusieurs siècles après, lorsqu'ils possédèrent ce pays, sous le nom de Morée ; mais ce mur n'arrête plus que par ses décombres.

Là, dit Spon dans son voyage : « Je vis de beaux » restes d'un théâtre de pierre blanche & de » plusieurs temples ; une inscription que je dé- » couvris m'apprit qu'il y en avoit eu un grand » nombre ».

En allant de Corinthe à Sparte, on arrive après trois ou quatre heures de chemin, dans une plaine fertile, mais peu étendue ; on y trouve les ruines de la petite ville de Cléone & celles d'un temple de Minerve ; ce temple étoit d'ordre dorique ; ses colonnes n'avoient pas plus d'un pied de diamètre : l'entablement qui les couronnoit étoit orné de denticules, particularité assez remarquable. Pausanias en parle, & dit qu'il renfermoit une statue de Minerve, faite par Scyllis & Dipœne disciples de Dédale ; près de-là sont aussi quelques ruines, fragmens d'un tombeau que l'on croit être celui d'Eurytus, roi d'Œchalie, vaincu & tué à la lutte par Hercule. Le temps a égalé l'humble Cléone à la superbe Corinthe ; toutes deux sont renversées, & qui sait si des mains barbares n'achèveront pas de détruire les foibles & derniers restes dont nous venons de parler, & par lesquels ces deux villes peuvent intéresser les arts.

CORINTHIEN. (Ordre) subst. masc. C'est le nom qu'on donne à celui des trois ordres de l'architecture grecque, qui par ses proportions, sa décoration, son ensemble & ses détails, est spécialement propre à exprimer l'idée de la plus grande richesse.

Je ne dirai point ici ce que l'on doit entendre par le mot d'*ordre* ; l'article qui a ce mot pour objet, présente le développement de tous les rapports sous lesquels on peut le considérer. Je dois dire cependant, que ce que l'on appelle un *ordre*, pouvant dans la théorie s'envisager sous trois rapports, celui de ses mesures qui appartient à la partie classique ou élémentaire de l'architecture ; celui de sa forme & de sa composition, qui est plus du ressort de la partie historique, & celui de sa signification qui rentre dans la partie métaphysique, j'ai résolu de ne traiter ici l'*ordre corinthien* que sous son second rapport. La connoissance didactique des parties constitutives de l'ordre appartient à tous les mots où chacune se trouve traitée séparément. (*Voyez* COLONNE, BASE, ARCHITECTURE, CORNICHE, &c.)

Quant à la propriété, à la signification, à l'emploi de l'*ordre corinthien*, ces notions, sans être étrangères à cet article, trouvent leur place aux mots de théorie générale, tels que CARACTÈRE, MODE, ORDRE, &c.

Le mot *corinthien* indiqueroit d'une manière bien abusive l'origine de la forme & de la composition de l'ordre en question. Les Grecs, on ne sauroit le révoquer en doute, furent les vrais inventeurs de l'architecture, considérée sous les rapports qui en ont fait un art d'imitation par un système de comparaisons, de proportions, de modes, & de nuances applicables aux diverses sensations de l'ame.

Ce juste tempérament de l'imagination, qui agrandit tout ; & de la raison qui calcule tout, se trouva chez les Grecs, dans la proportion qu'exige l'architecture, pour contenter à la fois les yeux & l'entendement. La découverte des ordres comme moyens d'exprimer diverses qualités par une combinaison de rapports différens, doit sans doute se rapporter à ce peuple. Cependant, long-temps avant lui, de prodigieux édifices avoient étonné l'univers. Des carrières & des montagnes de marbre ou de granit, avoient vu tailler dans leur sein des colonnes de toute espèce. Tout ce que l'art de bâtir a de prodigieux, tout ce que celui d'embellir a de merveilleux, avoit été épuisé dans ces monumens, où git encore, après tant de siècles de destruction l'orgueil de l'antique Egypte. C'est encore dans ces ruines immortelles, qu'un œil attentif peut découvrir quelques-uns de ces larcins, que la vanité grecque sut habilement déguiser sous des noms qui devoient induire en erreur la postérité.

Ce n'est point à Corinthe, qu'il faut aller chercher l'origine des formes sous lesquelles se distingue l'*ordre corinthien*. Il est assez indifférent de savoir si l'architecte Callimaque, auquel on attribue si gratuitement l'invention d'un chapiteau qui exiſtoit avant lui, étoit de Corinthe, ou ſi c'eſt dans cette ville que parurent pour la première fois des chapiteaux faits en forme de vaſe & ornés de plantes, appelées acanthes. Long-temps avant Callimaque, & long-temps avant que les Grecs euſſent fait des colonnes & des chapiteaux, on avoit taillé en Egypte des colonnes dont la tête s'ornoit ou de diverſes eſpèces de *Nymphées*, ou des feuilles du palmier ou de celles du loto, ainſi que de diverſes plantes ſacrées.

Quelle fut la raiſon qui porta les Egyptiens à donner à une de leurs eſpèces de chapiteaux la forme évaſée, qui eſt celle du chapiteau *corinthien* ? Je doute qu'il ſoit poſſible d'en trouver une bien péremptoire chez un peuple, où les formes de l'art ſe trouvoient aſſujetties à des rites ſacrés auſſi bien qu'à la routine des opérations méchaniques. Il ne faut que jetter un coup-d'œil ſur ce qui nous eſt reſté des chapiteaux de l'Egypte, (*Voyez* EGYPTIENNE ARCHITECTURE,) pour ſe convaincre qu'un grand nombre de leurs configurations ſont dues au caprice, & qu'aucune règle, ni proportion ne préſidoit à leur compoſition. Cependant il ſemble qu'on pourroit trouver à la forme élémentaire du chapiteau à *campane*, une raiſon au moins bien plauſible dans les élémens même de la conſtruction primitive, que les premières leçons du beſoin enſeignèrent aux Egyptiens.

Nous voyons en effet ces bizarres & nombreuſes configurations de chapiteaux égyptiens, ſe réduire à un petit nombre de formes élémentaires. La plus ſimple & ſans doute la première de toutes, conſiſte en un dé de pierre, plus ou moins élevé, ou en un tailloir qui poſe à cru ſur la colonne, ſans y être uni par aucun profil, & qui déborde aſſez peu ſon diamètre.

En Egypte, où le principe élémentaire de l'architecture paroît s'être combiné des uſages de la charpente ou du bois, & de l'emploi de la pierre, on ne ſauroit affirmer que ce couronnement de la colonne ait eu le même objet qu'en Grèce. On peut lui en ſuppoſer d'autres; mais le plus vraiſemblable paroît avoir été d'exhauſſer la colonne. Il ſeroit difficile de ſe refuſer à cette préſomption, lorſqu'on voit dans pluſieurs monumens trois formes de chapiteau placées l'une ſur l'autre. Un chapiteau égyptien rapporté par nous, fait voir ſept aſſiſes ou plateaux impoſés & débordans l'un ſur l'autre, de manière qu'ils vont du bas vers le haut, toujours en élargiſſant.

Lorſqu'à cet aſſemblage de pierres allant ainſi en pyramide, ou en cône renverſé, on compare d'autres chapiteaux égyptiens, tel que celui dont Paul Lucas nous a donné le deſſin, & dans lequel une ſeule pierre, taillée quarrément en biſeau, remplace les aſſiſes du précédent, la marche analogique de l'eſprit d'invention permet de croire que l'inconvénient de tant de morceaux, aura fait naître l'idée d'y en ſubſtituer un ſeul de la même hauteur.

L'uſage une fois établi d'employer des morceaux d'une telle élévation au-deſſus de la colonne, le goût ſeul ou le plaiſir des yeux devoit s'occuper des moyens d'en façonner la forme & d'en évaſer le contour, quand même l'analogie du chapiteau à pluſieurs aſſiſes, n'en auroit pas fait naître l'idée.

Cette forme évaſée étoit la plus naturelle de toutes celles qui pouvoient joindre l'apparence à la réalité de la ſolidité. On verra à l'article de l'architecture égyptienne, comment le procédé contraire a dû produire la forme, qui nous paroît ſi bizarre, du chapiteau à renflement.

Lorſqu'on cherche l'origine de formes ou l'indication de la nature, & l'empreinte fugitive de ſa marche ſemblent toujours vouloir ſe cacher ſous le voile du caprice, ou les apparences de ce qu'on appelle le hazard, il ſeroit ridicule d'exiger des démonſtrations rigoureuſes ou mathématiques. Il me ſemble, que ce qu'on a vu juſqu'à préſent, peut ſuffire à tout ce qu'on a droit d'attendre de ſemblables recherches : & ſi l'on n'en a pas aſſez pour ſe convaincre de l'origine vraiſemblable des chapiteaux à *campane* de l'Egypte, ce qui va ſuivre, démontrera ſans réplique, que ce chapiteau fut le type de celui qui fait le caractère eſſentiel de *l'ordre corinthien*.

Que l'on conſulte les différentes figures des chapiteaux égyptiens rapportées (*Fig.* 373 & *ſuiv.*), & l'on verra combien la forme à cloche ou en manière de vaſe, étoit multipliée dans les monumens de l'Egypte. Tous les voyageurs ſont d'accord ſur cette forme, & les variétés qui ſe rencontrent dans leurs deſſins ſont la meilleure preuve de la véracité de leurs rapports. Il paroît d'après ces différens deſſins, qu'aucun uſage conſtant n'avoit réglé cette configuration. Là, où l'emploi de toutes ſortes de chapiteaux dans un même édifice, avoit lieu, on ne s'étonnera pas ſi le même type de chapiteaux ſe trouvoit lui-même ſubordonné à beaucoup de diverſités. Je ne doute pas qu'elles ne ſoient plus nombreuſes encore, que les voyageurs ne nous le laiſſent ſoupçonner. Parmi tant de ſortes d'évaſemens, on doit remarquer celui de la fig. 273, où l'on trouve la forme bien prononcée d'un vaſe ; mais en concluera-t-on la moindre intention d'imiter un vaſe ? non ſans doute. La même main, qui au milieu du nombre infini de formes de vaſes a conduit celle du potier, a dirigé auſſi celle du ſculpteur dans la conformité que la figure de ce chapiteau paroît avoir avec celle d'un vaſe. De telles analogies ne ſauroient être que fortuites, & il n'appartiendroit qu'à un puéril eſprit de ſyſtème, d'y voir autre choſe que la rencontre naturelle des procédés de l'art & de la main ; rencontre qui s'opère d'elle-même, & à des diſtances de temps & de lieu, qui ne peuvent faire ſoupçonner ni l'intention, ni la poſſibilité de copier.

A voir dans les monumens de l'Egypte le chapiteau à *campane* ou évaſé, employé tantôt liſſe &

& tantôt embelli de symboles ou de feuillages, la première réflexion qui résulte de son analyse, c'est que son type ou sa forme élémentaire n'a rien de commun avec sa décoration. Ce qui en fait le caractère principal, c'est la hauteur ; & à cet égard les Grecs qui furent si ingénieusement régler les différens modes de l'architecture par le plus ou le moins de force ou d'élégance, de pésanteur ou de légéreté, de simplicité ou de richesse, ne purent faire un meilleur usage du chapiteau à *campane* que sur l'ordre auquel ils avoient assigné & approprié tous les caractères d'élégance, de légéreté ou de richesse. Ainsi le chapiteau à *campane*, quelque lisse & dénué d'ornemens, qu'on voulût le supposer dans son origine, seroit encore par sa forme alongée, tel, qu'il devroit particulièrement convenir à la colonne, dont les proportions seroient les plus élégantes.

Si le type du *chapiteau corinthien* se trouve si évidemment être originaire de l'Egypte doit-on en conclure que les Grecs l'ayent été puiser dans cette source ? Il pourroit encore être permis de révoquer en doute un emprunt, dont l'authenticité reposeroit sur des ressemblances de forme, que la nature seule des choses auroit pu opérer. Mais lorsqu'on ▪ ce chapiteau recouvert de plantes de toute espèce, tantôt enlacées & tantôt recourbées comme celles de l'acanthe, offrir des points de parallèle si frappans avec le chapiteau des Grecs, lorsqu'on sait ensuite qu'elles furent en divers genres les larcins que la Grèce fit à l'Egypte, il faut avouer que jamais analogie n'eût moins besoin de preuves de l'histoire, & que jamais généalogie d'invention ne fût plus évidente & moins contestable que celle dont il s'agit.

La question de savoir si les Grecs sont véritablement en ce genre tributaires de l'Egypte seroit encore fort indépendante de l'histoire du chapiteau *corinthien*. Il suffit à celle-ci qu'il se trouve en Egypte des chapiteaux, dont la forme élémentaire soit en forme de cloche renversée ou de vase ornée de feuillages & de plantes, pour qu'on puisse hardiment prononcer que ce chapiteau est originaire d'Egypte. De savoir si, quand et comment les Grecs ont transporté dans leurs édifices cette forme & cette décoration ; c'est ce qu'aucune autorité ne peut aider à résoudre.

Je ne m'amuserai pas non plus à combattre les visions de Villalpande, sur l'origine qu'il lui plaît de donner à l'ordre *corinthien*. Que le temple de Jérusalem ait eu des chapiteaux ornés de feuilles de palmier, rien de plus vraisemblable ; mais ce qui l'est encore plus, c'est que cette décoration y aura été empruntée de l'Egypte, qui avoit déjà des temples magnifiques, lorsque le peuple hébreu menoit sous la tente la vie pastorale, ou cherchoit au travers des déserts un asyle à ses hordes fugitives.

C'en est assez, je pense, pour se convaincre que l'Egypte donna naissance à la forme & à la décoration du chapiteau qui forme le principal caractéristique de l'ordre *Corinthien*, je n'ai peut-être

Dict. d'Architect. Tome II.

que trop essayé de chercher ce qui put donner en Egypte, l'idée d'une semblable forme. Je nois dire encore cependant, que cette forme si évasée, paroît avoir été la plus générale et repandue dans les monumens de ce pays ; on la retrouve couronnant tous les édifices par une grande *scotie* qui leur tient lieu de corniche. Quant à l'embellissement de ce chapiteau, l'on ne sauroit douter qu'il ne tint, comme tous ceux de l'Egypte, à des rites ou à des formes religieuses. De même que cette partie que nous appelons la frise, & que les Grecs nommèrent *zophoros*, portoit les figures des animaux sacrés ; on peut croire de même que les plantes sculptées sur les contours des chapiteaux ne s'y trouvèrent pas, comme cela se pratiqua depuis uniquement pour le plaisir des yeux.

Il nous est parvenu beaucoup moins de monumens *Corinthiens* faits par les Grecs, que de ceux des autres ordres ; si l'on en jugeoit par le nombre très-nombreux de leurs villes détruites ou ensevelies, on pourroit croire qu'ils donnèrent toujours la préférence à cet ordre indiqué dans lequel la nature & l'art semblent avoir trouvé ce juste point de réunion, qui laisse à douter lequel du plaisir ou du besoin a fait les frais de l'invention. Presque tous les temples qui restent sur pied sont d'ordre dorique ; un petit nombre d'ioniques subsiste encore. Quant à quelques monumens Corinthiens qu'on trouve à Athènes & dans d'autres villes Grecques, ils sont, pour la plûpart, des ouvrages Romains, ou ils furent construits sous l'influence de leur puissance & de leur goût, chez les peuples qu'ils avoient conquis.

Cette disette d'ouvrages *Corinthiens*, en Grèce, ne viendroit-elle pas de ce que les Romains, ces illustres brigands, qui décoroient du nom de conquête & leurs vols & leurs ravages, trouvèrent dans la richesse du *Corinthien* de quoi mieux satisfaire leur orgueilleuse cupidité. On ne sauroit douter que les marbres les plus précieux n'aient été affectés de préférence aux ordonnances Corinthiennes. La délicatesse du chapiteau & de ses attributs, les ornemens que comprirent les diverses parties de la modinature, tout dut engager les Grecs à employer dans ce mode d'architecture, les matières les plus riches. Si à l'appui de cette présomption, on considère ce nombre infini de marbres étrangers à l'Italie, dont est formé cet immense recueil de colonnes que Rome a jusqu'à ce jour encore conservés comme en dépôt ; si l'on examine la supériorité de travail d'un si grand nombre de chapiteaux *Corinthiens*, la nature & la qualité de leurs marbres, on ne doutera point que la Grèce ne se soit vu enlever avec ses statues les plus rares, la plus grande & la plus belle partie de ses colonnes *Corinthiennes*.

C'est donc à Rome qu'il faut aller chercher les plus beaux modèles de l'ordre *Corinthien* ; cependant, il convient d'examiner quelle fut la pro-

L

gression de l'art des Grecs, dans la forme & la composition de cet ordre, & quelques monumens authentiques restés en Grèce, quelques autres qui portent l'empreinte indubitable des beaux temps de l'art en ce pays, vont confirmer l'analyse que j'ai déjà donnée.

Les deux édifices les plus remarquables, entre tous ceux que le temps a épargnés dans Athènes, sont la tour des vents & le petit monument, appelé vulgairement la lanterne de Demosthène. Les chapiteaux de la tour des vents sont fort éloignés d'offrir l'agencement de feuillages auquel on est convenu de reconnoître un chapiteau Corinthien. La forme de cloche renversée y est bien prononcée, & elle n'est ornée que d'un rang de feuilles d'olive & d'un autre de feuilles d'eau. On n'y trouve ni volutes, ni caulicoles, ni rosaces. Le chapiteau de la lanterne de Demosthènes a bien des volutes, mais rien n'y ressemble à la composition ordinaire du chapiteau Corinthien. Le premier rang de feuilles ou celui d'en bas est de feuilles d'eau; il n'y a point d'astragale & l'acanthe n'est encore pour rien dans sa décoration.

Ces deux exemples suffiroient pour prouver combien étoit alors arbitraire la décoration du chapiteau, quoique sa forme soit constamment la même.

Si l'on s'en rapporte à des chapiteaux qui ornent le péristyle d'un temple dans un bas-relief de la Villa-Albani, que son style & son exécution dénotent pour un ouvrage grec des plus anciens; on se persuadera qu'avant d'avoir été orné de feuillages ou d'allégories, le tambour du chapiteau fut souvent employé comme en Egypte, lisse, & sans autre ornement que celui de sa forme. Rien ne rappelle mieux les chapiteaux Egyptiens que ceux de ce bas-relief rapporté dans les Monumenti inediti de Vinckelmann.

On croit voir aussi les chapiteaux de l'Egypte, dans ceux des belles caryatides qui ornent un petit péristyle de la même Villa-Albani. Ces figures sont des ouvrages grecs: leur style, leur habillement, leur exécution l'annonceroient encore au défaut de l'inscription grecque trouvée à l'une d'elle, & qui porte, que Criton & Nicolaus, athéniens, en furent les auteurs. On trouve entre leurs chapiteaux & ceux de l'Egypte cette nouvelle conformité, que le tailloir fait corps avec le tambour & se le déborde pas. Un de ces chapiteaux montre à nud la forme de cloche; quant aux autres, leurs ornemens n'ont point de saillie: ils décorent le chapiteau sans en excéder le contour ni la forme, & sont absolument comme le chapiteau égyptien de Philæ, (V. fig. 280) composés de tigettes de plantes ou de fleurons rangés par étage.

Le feuillage qui décore les chapiteaux des deux édifices d'Athènes, dont on a parlé, est évidemment la feuille de l'olive. On ne s'étonnera pas que l'arbre consacré à la déesse tutélaire d'Athènes ait prêté sa feuille aux premiers chapiteaux corinthiens de l'Attique; cette feuille est encore aujourd'hui consacrée à l'ordre corinthien, & les architectes même en préfèrent la forme à celle de l'acanthe.

Si l'on rapproche de l'état primitif de l'ordre corinthien, l'histoire de Callimaque, (Voyez CALLIMAQUE) ne semble-t-il pas que son invention se réduira à avoir substitué la feuille d'acanthe à celle de l'olive. Callimaque n'inventa sûrement pas la forme du vase: il n'inventa pas cette manière de le décorer de feuillages, puisque les monumens nous ont conservé des chapiteaux où cette forme existe sans feuillages, & d'autres où ce feuillage n'est point de l'acanthe. Il seroit contraire à la marche ordinaire de l'invention, de supposer que le plus simple soit venu après le composé, & que la décoration de notre chapiteau ait été en diminuant de richesse. Ce qu'on raconte d'ailleurs de Callimaque de la découverte de son chapiteau, prouve que sa forme & l'usage de l'embellir de feuillages, existoit déjà lorsque le hasard lui fit apercevoir ce panier, ou ce vase recouvert d'une tuile, sous les rebords de laquelle se courboient des branches d'acanthe. En effet, il est improbable que dans un pays où aucun chapiteau de ce genre n'eût existé, la foible indication dont je viens de parler, eût suffit à un architecte, pour concevoir, composer & hasarder une pareille nouveauté. Ce n'est jamais ainsi que procède l'esprit humain dans les inventions des arts. Mais au contraire, c'est parce que Callimaque étoit habitué déjà & familiarisé à la forme de vase en chapiteau, c'est parce que l'usage étoit de l'entourer d'ornemens en feuillages, que l'analogie lui fit voir un chapiteau orné de feuilles, dans la rencontre fortuite d'un vase avec des branches d'acanthes. L'histoire des monumens & la vraisemblance se réunissent donc pour nous faire voir à quoi doit se réduire la découverte de Callimaque.

On n'est pas trop d'accord au reste sur le temps auquel vécut cet architecte: ce fut sans doute avant la quatre-vingt-quinzième olympiade; car c'est à cette époque, que Pausanias place la construction par Scopas, d'un temple, dans lequel au-dessus du premier rang des colonnes doriques, étoit un second rang de colonnes d'ordre corinthien.

L'histoire des monumens corinthiens subsistans en Grèce, a bien pu nous apprendre ce que pouvoir être l'ordre en question, avant la composition par laquelle il paroît que Callimaque fixa son chapiteau. Maintenant, c'est hors de la Grèce, qu'il faut aller chercher les modèles, dans lesquels l'art est convenu de reconnoître ses règles.

Le chapiteau corinthien, tel qu'on le voit aux plus beaux édifices de Rome & dans les ouvrages qui sont le produit d'un ciseau grec, se compose d'un corps ou tambour fait en forme de vase sans renflement, avec un tailloir ou plateau échancré dans chacune de ses faces. Le corps du chapiteau est orné de 3 rangs de feuilles formant panache, c'est-à-dire que leur sommité se recourbe & penche en avant. Les quatre angles du tailloir sont supportés par des volutes qui naissent & sortent du second rang de feuilles

& semblent supportées elles-mêmes par des feuilles qu'on appelle *caulicoles*, ou tiges de plantes. De plus petites volutes se réunissent aussi dans le milieu de la partie échancrée du tailloir, & semblent porter ce qu'on appelle l'œil ou la rosace du chapiteau.

Je renvoie au mot chapiteau, (*voyez cet article*) pour avoir les détails de toutes les parties dont celui-ci se compose. Il n'est pas possible qu'une combinaison aussi variée & aussi complexe n'ait produit les plus nombreuses dissemblances. On peut affirmer qu'il n'existe pas deux monumens où le chapiteau qu'on vient de décrire, soit parfaitement le même.

La principale différence qu'on y remarque, est dans le choix du genre de feuille. L'olive & l'acanthe partagent les goûts. L'acanthe a quelque chose de plus riche, mais aussi de plus lourd : les refends que produit la feuille d'olive, sont plus fermes & donnent à la sculpture plus de légéreté.

La hauteur des masses ou rangées de feuilles, le nombre de leurs découpures, leur espacement, leurs rapports, leur courbure, tous ces détails ont beaucoup occupé l'oiseuse critique des architectes. L'on doit dire à ce sujet qu'aucune règle ne sauroit parvenir à rien déterminer en ce genre ; tout y est soumis à la proportion qu'on adopte, & au goût, seul juge du bon effet de ces choses. Les anciens en général faisoient leur chapiteau moins alongé que nous ; il est vrai qu'ils tenoient aussi plus raccourcies les proportions générales de cet ordre, comme la suite va le faire voir.

Je ne me suis tant étendu jusqu'ici sur l'histoire & la disposition du chapiteau *corinthien*, que parce que cette partie forme le plus grand caractéristique de l'ordre; cependant un ordre existe indépendamment de son chapiteau. C'est dans ses proportions & les détails qu'il reste à examiner l'ordre *corinthien*. Voici les règles que Perrault propose de suivre.

Pour avoir la hauteur du chapiteau on ajoute à la grandeur de tout le diamètre du bas de la colonne, un sixième de diamètre, ce qui fait trois petits modules & demi. Cette hauteur étant partagée en sept, on donne les quatre parties d'en bas aux feuilles, c'est-à-dire deux au premier rang de feuilles & deux au second. La hauteur de chaque feuille étant partagée en trois, la partie d'en haut est pour la descente de la courbure de la feuille. Les trois parties qui restent des sept, sont pour les tigettes, les volutes & le tailloir. (*Voyez* CHAPITEAU.)

La plus ordinaire & la meilleure base qu'on donne au *Corinthien* est celle qu'on appelle Attique. (*Voyez* BASE.) Son fust s'orne assez ordinairement de cannelures, (*Voyez ce mot*.) quoiqu'il soit aussi commun de le trouver sans cet embellissement.

L'entablement corinthien qui est de six petits modules, se divise communément en vingt parties, dont six pour l'architrave, autant pour la frise, & huit pour la corniche. Ces proportions sont variables & les monumens présentent beaucoup de diversités en ce genre. La frise est plus grande que l'architrave au temple de Jupiter-Tonnant, ainsi qu'à celui de la Sibylle. Elle est plus petite au portique du Panthéon, au temple de la paix, à la Basilique d'Antonin ; mais la frise est égale à l'architrave dans l'intérieur du Panthéon.

L'architrave se divise en trois faces, quoiqu'il y ait des exemples d'architraves à deux faces. Pour avoir la règle commune de ses proportions, on divise chacune de ses six parties en trois, ce qui fait dix-huit en tout. On en donne trois au talon d'en haut, le filet en a une & un quart, une seule appartient au grand astragale qui est sous le talon. La face d'en haut en a cinq & le petit talon de dessous une & demie. La face du milieu aura quatre parties & une demie pour son astragale. La face d'en bas aura les trois parties restantes.

Ce que la frise a de particulier dans le *corinthien*, c'est qu'elle est susceptible de la plus grande richesse, (*Voyez* FRISE ENROULEMENT.) & peut aussi sans inconvenance rester lisse. Telle est en général la propriété de l'ordre *corinthien* qu'il comporte la plus grande magnificence d'ornemens, & s'accommode également de leur sobriété. Sa colonne peut rester lisse ou se canneler ; sa base recevoir des ornemens ou n'offrir que des profils, sa corniche & sa frise sont ordinairement les parties où le luxe de la décoration se fait le mieux sentir, & cependant il y a beaucoup d'exemples de la plus grande simplicité dans leur embellissement, sans qu'il en résulte d'incohérence ni de disparate.

Le caractère de richesse attaché au *corinthien* tient donc aux proportions, aux formes, à leur disposition nombreuse & variée, autant qu'à la sculpture qui est en possession d'en embellir les détails. A considérer cet ordre comme une des couleurs entières de l'architecture, on observe qu'il est susceptible de se modifier en une infinité de teintes & de nuances, selon le goût qui préside à leur mélange & à leur emploi.

Depuis le dorique le plus simple jusqu'au *corinthien* le plus composé & le plus riche, les nuances ou les tons intermédiaires sont en bien plus grand nombre qu'on ne le pense. Le dorique peut quelquefois aller jusqu'à la richesse, comme on le voit au Parthenon d'Athènes, ou jusqu'à l'élégance comme au temple de Cora ; et le *corinthien* peut arriver jusqu'à la gravité comme au portique de la rotonde, ou jusqu'au grand caractère par la saillie de ses profils, comme dans le fragment du frontispice de Néron.

Cependant il paroit, & cela est naturel à penser, que l'ordre *corinthien* alla toujours croissant en luxe & en richesse. On crut le perfectionner en outrant sa tendance naturelle vers la décoration. Le *maximum* de ce luxe se rencontre dans les monumens de Balbec & de Palmyre. (*Voyez ces deux mots.*)

On a déjà dit que cet ordre ne convenoit pas à tous les genres d'édifices ; je ne répéterai donc pas ici les règles de goût qui en prescrivent & en modisent l'emploi. Je renvoie aux articles BIENSÉANCE, CONVENANCE, CARACTÈRE.

CORNALINE. s. f. Pierre précieuse, demi-transparente, & de même nature que l'agate, mais de couleur plus vive & de pâte plus fine. Les plus belles gravures de l'antiquité, tant en creux qu'en relief, sont sur des *cornalines*.

CORNE D'ABAQUE. s. f. Nom des encoignures du tailloir des chapiteaux corinthien, composite & ionique moderne. Les *cornes d'abaque* sont généralement à pans coupés, & elles ne sont pointues qu'au chapiteau corinthien du temple de Vesta, à Rome. (*Voyez* TAILLOIR.)

CORNE D'ABONDANCE. s. f. Ornement de sculpture qui représente la corne de la chèvre Amalthée, nourrice de Jupiter, d'où sortent des fruits & des fleurs, & toutes les richesses de l'art & de la nature.
Parmi les chapiteaux ioniques & composites antiques, on en voit quelques-uns dont les volutes sont formées ou remplacées par des *cornes d'abondance*.

CORNE DE BELIER. s. f. Ornement qui sert de volute dans un chapiteau ionique, composé comme on en voit au portail de l'église des Invalides, du côté de la cour. L'effet pittoresque de ce chapiteau auroit dû engager les architectes à le reproduire. Ils ne pourront jamais donner plus d'intérêt à leurs productions qu'en les rapprochant de celles de la nature. (*Voyez* VOLUTE.)

CORNE DE BOEUF OU DE VACHE. Trait de maçonnerie qui est un demi-biais passé. Porte ou fenêtre de biais.

CORNETO. Petite ville d'Italie, située dans l'état ecclésiastique, à quatre lieues de la mer, entre *Montefiascone* & *Viterbe*. Elle est remarquable par des restes de monumens étrusques échappés à tous les ravages, & semés dans l'espace d'une lieue, entre ses murs & la colline, appelée *Civita Turchino* où s'élevoit autrefois la célèbre *Tarquinium* : ils ont la forme de monticules auxquels on a donné le nom de *Monti-Rossi*. On en a ouvert environ une douzaine à plusieurs reprises, & on y a trouvé des chambres de vingt à trente pieds taillées dans le roc & revêtues de stuc. Ces souterrains varient pour la forme & les dimensions. Tantôt c'est une grande chambre d'entrée, au bout de laquelle on trouve un très-petit cabinet ; tantôt la première pièce n'est qu'une espèce de vestibule d'où l'on entre dans une seconde beaucoup plus grande. Quelquefois le souterrain ne consiste que dans une seule pièce soutenue par une colonne, autour de laquelle on tournoit par une ouverture de vingt à trente pieds. Quant à l'entrée de ces souterrains, c'est toujours une porte de cinq pieds de hauteur sur deux pieds & demi de largeur. Quelques-uns ne reçoivent de jour que par l'entrée, d'autres en reçoivent encore de la voûte par une petite ouverture conique ou pyramidale. Plusieurs ont une espèce d'amphithéâtre, ou petit parapet qui règne tout au tour de la muraille, & qui est une partie du rocher ainsi taillée.
Quant aux antiquités qu'on y trouve, ce sont, pour la plûpart, des vases de différentes formes. On en a découvert quelques-uns dans des cercueils avec des ossemens de morts. Du reste les appartemens souterrains sont plus ou moins ornés de peintures & d'inscriptions. Il en est trois sur-tout dont les murs, dans leur partie supérieure, sont chargés tout alentour d'un double rang d'inscriptions étrusques avec des peintures au-dessous, & plus bas est une sorte d'ornemens qui tient lieu d'architrave. On n'y a point encore découvert de bas-reliefs. Les peintures sont à fresque & leur manière est à peu près celle qu'on remarque sur les vases étrusques, quoique certains morceaux semblent très-supérieurs à ce qu'on a vu jusqu'ici de la peinture étrusque.
Ce qu'on a trouvé dans ces *Monti-Rossi* devroit, sans doute, engager à ouvrir les autres ; l'étude des arts & de l'antiquité sollicite cette découverte.
Il paroit que *Corneto* a pris son nom de *Cornetus-campus*, qui étoit celui que donnoient les latins au lieu où cette ville étoit située.

CORNICHE, s. f. Mot dérivé du latin, *coronis*, couronnement ; c'est le troisième membre de l'entablement, celui qui en fait la terminaison ; il varie de forme ou de profil selon les ordres. Par le mot *corniche*, on entend aussi en général toute saillie profilée qui couronne un corps comme un piédestal, &c. L'on dit qu'elle est taillée, lorsque les moulures sont ornées.
En général, l'idée de *corniche*, emportant celle de couronnement & sa forme en architecture comportant les signes représentatifs du comble, on peut donner comme principe de convenance, de ne point l'employer là où l'on ne sauroit présumer que le bâtiment soit terminé. Les anciens ont suivi cette maxime lorsqu'ils ont placé plusieurs ordres l'un sur l'autre. Dans l'intérieur du grand temple de Paestum, l'entablement qui sépare les deux ordres de colonnes n'a point de *corniche*. Ces règles de goût trouvent place dans beaucoup d'autres articles. Je vais réduire celui-ci aux notions élémentaires de la *corniche*, suivant les différens ordres de l'architecture.
La *corniche* dorique a pour attribut particulier des mutules qui sont censés représenter les parties inclinées des solives du comble. Dans plusieurs monumens doriques on leur a conservé encore cette inclinaison. La *corniche*, se divise en neuf parties ; la première est pour ce qu'on appelle le chapiteau du triglyphe, les trois au-dessus sont pour le larmier & le talon qui couronne le mutule, les trois derniers appartiennent à la grande cymaise & au talon qui couronne le larmier. Pour avoir un plus grand détail de ces moulures, on partage la

seconde & la troisième partie chacune en quatre, ce qui fait huit particules. On donne les cinq d'en-bas au cavet, & la sixième à son filet. La quatrième partie, avec les deux particules qui restent de la troisième, sont pour le corps du mutule. La cinquième partie, ainsi divisée en quatre particules, on donne les deux d'en-bas au talon sans filet qui couronne le mutule. La sixième partie avec les deux particules qui restent de la cinquième, forment le larmier ; si l'on divise encore en quatre la septième partie, les trois d'en-bas seront pour le talon qui est sur le larmier ainsi que pour son filet. La neuvième enfin, partagée en deux, on en donnera une au filet de la grande cymaise, laquelle occupe le reste jusqu'au talon qui couronne le larmier.

Cette partition de la *corniche* dorique paroît obscure & embrouillée dans le discours, mais elle est nette & facile à retenir dans sa figure, car toutes les hauteurs des moulures sont réglées seulement par deux divisions ; savoir, par celle de toute la *corniche* en neuf parties, & de chaque partie en quatre.

On ne donne au reste ces mesures que comme une espèce de moyen terme entre toutes les variétés qui se rencontrent parmi les monuments doriques.

Sous le mutule, on taille trente-six gouttes en six rangs de six chacun ; ces gouttes doivent être rondes, & forment comme de petit cônes dont les pointes ou sommets sont enfoncés dans les plafonds du larmier.

Les huit vingtièmes de tout l'entablement sont, excepté pour le dorique, la proportion assez générale de toutes les *corniches* ; c'est celle que l'on donne à la *corniche ionique* qui se compose de dix membres.

Le premier, qui est un talon, a un des vingtièmes ; le second, qui est le denticule, en a un & demi ; le troisième, est un filet qui a un quart de partie ; le quatrième, est un astragale, qui en a autant ; le cinquième, une échine qui a une partie ; le sixième, qui est le larmier, en a une & demie. Sous le larmier est une gouttière qui a un tiers de partie d'enfoncement ; le septième membre ou le talon a une demi-partie ; le huitième, est son filet qui en a un quart. La doucine, qui fait le neuvième membre, a cinq quarts de partie ; le dixième enfin est l'orle ou filet de la cymaise ; on lui donne une demi-partie.

Les saillies sont réglées par les cinquièmes du petit module, dont on prend douze pour la saillie de toute la corniche. Le talon a une à prendre du nud de la frise ; le denticule trois ; l'ove ou l'échine avec l'astragale & le filet sur lequel il est, quatre & demie ; le larmier huit & demie ; le talon avec son filet, neuf & demie ; la cymaise douze.

Pour tailler le denticule, on divise la hauteur en trois parties, dont on donne deux au denticule & une à l'entre-deux.

Comme les mutules forment le caractère de la *corniche* dorique, les modillons celui de la *corniche* corinthienne, on affecte particulièrement les denticules à la *corniche ionique*.

Aux *corniches* qui ne sont pas surmontées d'un fronton, Vitruve place dans la grande cymaise au droit de chaque colonne, ainsi que dans l'entre-colonnement, des têtes de lions espacées également. Il veut que celles qui sont à l'aplomb de chaque colonne soient percées, de manière à jeter l'eau du toit. Cependant, au temple de la Fortune virile, ces têtes n'ont aucun rapport, ni avec les colonnes, ni avec les entre-colonnements.

Pour avoir la proportion des membres dont se compose la *corniche corinthienne*, on la divise en dix parties ; ses membres sont au nombre de treize. On donne une des dix parties à un talon qui est le premier membre ; le quart d'une partie a un filet qui est le second ; le troisième, qui est le denticule, a une partie & demie ; le filet & l'astragale qui sont au-dessus, & que l'on compte pour le quatrième & cinquième membre, ont chacun le quart d'une partie ; le sixième qui est une échine ou ove, en a une ; le septième est le modillon qui en a deux ; on ne donne qu'une demie au talon, dont le modillon est couronné : on en donne une entière au neuvième, qui est le larmier ; une demie au petit talon qui couronne le larmier ; un quart à son filet ; le douzième, qui est la doucine ou la grande cymaise, a 5 quarts, & le treizième qui est son filet, a une demi-partie.

Les saillies sont réglées par les cinquièmes du petit module. On donne une de ces parties à la saillie du talon d'en bas, à prendre du nud de la frise ; deux au denticule, deux & demie à l'astragale qui couronne le denticule ; trois & un quart à l'ove, trois & demie à l'arrière-corps qui soutient le modillon, neuf au larmier, dix au petit talon & à son filet, douze à la grande cymaise.

Ces mesures sont prises du péristyle du Panthéon à Rome.

Il existe une grande diversité dans le caractère, aussi bien que dans les mesures de la *corniche corinthienne*. On en trouve qui n'ont point de larmier, comme au temple de la paix, au Colisée & à l'arc des lions, à Vérone ; d'autres ont le larmier d'une grandeur énorme, comme au frontispice de Néron. Il en est où l'on a mis deux oves, l'un sous le denticule, & un autre au-dessus comme au temple de la paix. Il y a où l'ove est sous le denticule, le grand talon étant au-dessus comme aux trois colonnes de *campo vaccino*. Quelques-unes, comme au Panthéon, au temple de Faustine & à celui de la Sybille, n'ont point de denticules taillées ; cela est suivant le précepte de Vitruve. On voit des *corniches corinthiennes* sans modillons, telles sont celles des temples de la Sibylle, de Faustine & du portique de Septimius. On en voit où les modillons sont carrés & à plusieurs faces comme au frontispice de Néron. Quelquefois les modillons sont disposés sans rapport avec les colonnes. Au *forum* de Nerva, où l'entablement profilé sur chaque colonne, au lieu de trois modillons qui sont ordinairement sur chacune, & dont un se trouve nécessairement à l'aplomb de la colonne, il s'en trouve quatre; de manière qu'aucun ne peut se rencontrer au milieu de l'axe.

Comme les modernes ont fait, sans aucune raison, un ordre qu'ils ont appelé composé; (voyez COMPOSÉ) ils ont, avec aussi peu de raisons, affectés à la *corniche* de ce prétendu ordre, quelques caractéristiques; ainsi l'on a prétendu que charger la hauteur de son larmier & de sa cymaise, varier la forme des modillons en doublant leur face, c'étoit faire une *corniche* composite. La vérité est que ces sortes de variations indiquent beaucoup moins la nature d'un ordre particulier, que l'impossibilité d'en créer un à si peu de frais.

Je dirai la même chose de l'ordre prétendu toscan, qui n'a point de caractère suffisamment distinct pour faire un ordre à part. Je ne crois donc pas fort utile de donner ici les variantes des auteurs classiques sur les profils de la *corniche* toscane, puisque jamais ils n'ont pu s'accorder sur la réalité même de l'ordre.

CORNICHE ARCHITRAVÉE. *Corniche* qui se confond avec l'architrave, lorsque la frise est supprimée; elle se pratique rarement sur les ordres.

CORNICHE CEINTRÉE. C'est celle qui, dans son élévation, se retourne en arcade comme à la porte des Invalides à Paris, ou en ceintre comme cela se pratique dans les frontons circulaires.

CORNICHE CIRCULAIRE. *Corniche* qui circule dans l'intérieur, ou à l'extérieur d'une tour de dôme.

CORNICHE CONTINUE. *Corniche* qui, dans toute son étendue & dans tous ses retours, n'est interrompue par aucun corps, comme celle du dedans ou du dehors de Saint-Pierre de Rome.

CORNICHE COUPÉE. C'est celle qui, dans son cours, éprouve quelqu'interruption & se trouve arrêtée par quelque corps.

CORNICHE D'APPARTEMENT. On nomme ainsi toute saillie qui, dans une pièce d'appartement, sert à soutenir le lambris ou le ceintre. On fait de ces *corniches* simples ou architravées, dans de petits entablemens ornés de sculpture.

CORNICHE DE COURONNEMENT. C'est la dernière *corniche* d'une façade, & sur laquelle pose l'égout ou cheneau d'un comble.

CORNICHE DE PLACARD. *Corniche* qui couronne la décoration d'une porte ou d'une croisée, en menuiserie ou en marbre.

CORNICHE EN CHANFREIN. C'est la *corniche* la plus simple que l'on puisse faire, car elle est sans moulure; aussi ne l'admet-on que dans les édifices dévoués par leur destination au caractère le plus pauvre. On en voit de ce genre aux couvens de Capucins.

CORNICHE RAMPANTE. C'est la partie de l'entablement qui compose les deux rampes d'un fronton angulaire. Les modillons, quand on en met dans cette partie, se peuvent faire inclinés suivant la direction de la pente, ou perpendiculaires à l'horizon. Vitruve n'a rien déterminé sur ce point. Selon lui, les Grecs ne mettoient pas de modillons dans les *corniches rampantes*. Cet usage étoit plus conforme aux règles de l'imitation que l'architecture a faite des ouvrages de charpente.

CORNICHE VOLANTE. Nom qu'on donne à toute *corniche* de menuiserie, chantreinée par derrière, qui sert à couronner un lambris, soutenir un plafond de toile, & former les cadres du renfoncement d'un sophite.

CORNIER. (*Voyez* POTEAU CORNIER.)

CORNIÈRE. (*Voyez* NOUL.)

CORŒBUS, architecte grec, dont Plutarque nous a conservé le nom dans la vie de Périclès, avec ceux de deux autres architectes, qui lui ont succédé dans la même entreprise. Voici le passage de cet auteur ainsi que l'a traduit Amyot.

« La chapelle d'Eleusine où se faisoit les se-
» crètes cérémonies des mystères, fut plantée par
» *Corœbus*; lequel dressa le rang des premières co-
» lonnes qui sont à fleur de terre & les lia avec
» leurs architraves; mais, lui mort, Métagénès,
» natif du bourg de Xypète, fit la ceinture, &
» puis rengea les colonnes qui sont au-dessus; &
» Xénoclès, du bourg de Cholarge, fut celui qui
» fit la lanterne du cul-de-lampe qui couvre le
» sanctuaire.

Je doute que l'on doive confondre, comme plusieurs l'ont fait, ce monument avec celui dont parlent Strabon & Vitruve, & qu'ils attribuent à Ictinus. En effet, il n'est question dans Plutarque que d'une *chapelle des mystères*, car c'est ainsi que Dacier & Amyot rendent le mot τελεστήριον, au lieu qu'il s'agit dans Vitruve & Strabon, d'un temple très-vaste & le troisième de la Grèce. D'ailleurs, il n'est point vraisemblable que Plutarque, qui venoit de dire qu'*Ictinus* avoit construit le Parthenon, ou temple de Minerve, ait ignoré qu'il avoit également construit le *telesterion* d'Eleusine, & ait fait honneur de cet ouvrage à trois autres artistes, si réellement il n'avoit pas été le leur. D'un autre côté, Vitruve & Strabon n'auroient point regardé *Ictinus*, comme architecte d'un édifice auquel il n'auroit eu aucune part, parce qu'ils étoient trop instruits, & le temple de Cérès étoit trop célèbre, pour qu'ils n'en eussent pas connu le véritable auteur. Il faut donc, ce me semble, voir ici deux monumens au lieu d'un, & l'observation suivante ne fera que rendre mon opinion plus probable.

Dans l'emplacement occupé par les divers édifices consacrés à Cérès & à ses mystères, on trouve encore, selon quelques voyageurs, des restes d'une *chapelle* à laquelle on montoit par plusieurs marches, & qui étoit située à l'extrémité d'une longue terrasse taillée dans le roc, derrière le temple. Cette *chapelle* n'auroit-elle pas été le *telesterion*? Elle renfermoit, dit-on, une statue qui n'étoit connue que des initiés, & qui les éblouissoit par son éclat. Ne seroit-ce pas ce qui la fit appeler *chapelle des mystères*? J'incline d'autant plus à le croire, que, par sa position, elle me paroît avoir été le but où arrivoient les initiés, pour y obtenir le prix des épreuves auxquelles ils s'étoient soumis, c'est-à-dire, l'intelligence de toutes les vérités que l'on cachoit avec le plus grand soin aux profanes.

J'ai, sans doute, assez motivé ce que j'ai avancé d'abord, en disant que le *telesterion* & le temple de Cérès n'étoit pas le même édifice, je passe donc à des remarques d'un autre genre, que me fait faire également le récit de Plutarque.

Le premier rang de colonnes, élevé par *Corabus*, & le second, élevé par *Métagènes*, prouvent que les Grecs ornoient l'intérieur de leurs temples, de deux ordres d'architecture, ce qui le faisoit heureusement contraster avec l'extérieur qui n'étoit décoré que d'un seul ordre. La ceinture ou cordon, διαζωμα, placé par *Métagènes* au-dessus de l'architrave, annonce assez que quand ces mêmes Grecs employoient deux ordres, ils supprimoient la frise & la corniche du premier, & les remplaçoient par une simple moulure, ce qui étoit conforme à la raison, qui n'admet ces parties d'entablement qu'au faîte des édifices. Enfin, la *lanterne* qui étoit au-dessus du sanctuaire, fait présumer que le lieu n'étoit pas toujours obscur, & que les temples recevoient quelquefois le jour par des ouvertures autres que leurs portes.

Je me suis servi du mot *lanterne*, parce que les traducteurs françois, déjà cités, l'ont employé; mais je ne sais pourquoi ils l'ont expliqué par *cul-de-lampe* & par *dôme*. Je ne m'arrêterois point sur cet objet, si, d'après leur autorité, différens auteurs n'avoient écrit que le sanctuaire de la *chapelle d'Eleusine*, étoit couvert d'une *coupole*. Quel est le mot qu'ils ont ainsi interprété? C'est οπαιον, mais ce mot signifie *foramen ollæ*, ouverture d'un vase, d'une urne; il vient de οπη, *foramen*; lequel vient de οπτομαι, *video*: Il ne s'agit donc ici que d'une ouverture circulaire, par laquelle on voyoit le jour; aussi le traducteur latin a-t-il rendu οπαιον, par *fenestram*, fenêtre. Je crois qu'on le rendroit mieux en notre langue, par le mot *œil*, que par tout autre, d'autant plus que οπη, signifie *œil*, selon plusieurs. Or il y a un peu loin de *œil* à *lanterne* & encore plus à *coupole*; ainsi, d'après ce que l'on vient de lire, je laisse à penser s'il y en avoit une au-dessus de la *chapelle d'Eleusine*.

Je finis cet article par une autre conjecture; c'est que Dénoclès ne fit l'*opaion* qu'afin que la statue dont nous avons parlé, étant éclairée du soleil, en parût plus resplendissante: peut-être ne dût-il sa réputation qu'à la nouveauté de l'effet, ou à ce qu'il eut de l'accroître. (*Voyez* ELEUSIS & ICTINUS.)

CORONARIUM OPUS. Vitruv. liv. 7. chap. 6. Pline & *Vitruve* ont également employé ces deux mots, & le naturaliste sert à faire entendre l'architecte. Pline appelle *coronarium opus*, les festons & les bouquets que l'on représente avec le *Stuc*, & Vitruve, à l'endroit cité, dit que le marbre pilé & broyé est bon pour faire le *coronarium opus*, c'est-à-dire, des festons, des bouquets, & autres ornemens légers.

Philander, l'un des meilleurs commentateurs de *Vitruve*, entend par *coronarium opus*, les corniches dont en quelque sorte on couronne les planchers. Cette opinion conduit à celle-ci: c'est que les Latins pouvoient fort-bien entendre par ces termes généraux, ce que nous entendons par *couronne*, *couronnement*. (*Voyez* ces mots.)

CORPS. subst. masc. C'est tout membre d'architecture, qui par sa saillie excède le nud du mur & qui sert de champ à quelque décoration ou ornement.

On appelle *corps-de-fond*, celui qui porte dès le bas d'un bâtiment avec empattement & retraite.

CORPS-DE-GARDE. C'est ou un bâtiment attenant un plus grand édifice, ou un édifice isolé lui-même qui est destiné aux soldats qui sont de garde. Il y a cette différence entre le *corps-de-garde* & la caserne, que celle-ci est la demeure habituelle des soldats, & que l'autre ne s'habite que pour le temps que doit durer la garde: c'est ce qui fait que le *corps-de-garde* est ordinairement peu spacieux & n'offre rien de remarquable dans ses distributions; c'est, le plus souvent, de deux ou trois pièces à rez-de-chaussée, qu'il se compose; il doit être voûté de crainte du feu, avoir une grande cheminée & des couchettes. On y pratique aussi extérieurement un avant-corps, pour pouvoir y monter la garde à couvert de la pluye & des injures de l'air.

CORPS-DE-LOGIS. Bâtiment complet pour l'habitation. Lorsqu'il ne renferme qu'une pièce entre les murs de face, il est *simple*. On l'appelle double, lorsque l'espace du dedans est partagé par un mur de refend ou par une cloison.

CORPS-DE-LOGIS *de devant*. C'est ainsi qu'on appelle dans les villes la partie d'une habitation qui donne sur la rue.

CORPS-DE-LOGIS *de derrière*. On appelle ainsi la partie d'une maison qui donne sur une cour, ou sur un jardin.

CORRECT. adj. masc. CORRECTION. subst. fém. *Correct* & *pur*, *Correction* & *pureté* ne sont point des mots synonimes. La *correction* se dit de l'objet vation des règles; la *pureté* se dit de l'observation des principes. Les règles sont les préceptes de l'art, qui, plus particulièrement affectés à son simple méchanisme, traitent d'une manière précise, certains détails de pratique rigoureuse, & qui assignent par exemple, à un genre ou à une ordonnance donnée, certaines proportions, certaines mesures, certains emplois & certaines sortes & exclusifs de formes, d'ornemens ou de dimensions. Les principes sont les préceptes de l'art qui, moins relatifs aux détails qu'à l'ensemble, moins occupés de l'exécution que de la composition, dirigent l'artiste dans le choix du motif principal, dans l'emploi de tel caractère, de tel style ou de tel genre. Les principes sont les régulateurs nécessaires de l'imagination, & président avec elle à la conception des idées premières & générales ; mais ces idées une fois adoptées, l'empire des règles commence, & dès ce moment la tâche de l'imagination est remplie ; car, comment ces préceptes rigoureux & inflexibles pourroient-ils diriger l'action d'une faculté aussi essentiellement libre, aussi essentiellement indépendante ?

Ainsi, les règles sont en général plus sévères que les principes ; ou du moins l'observation des premières, tenant plus à l'imitation qu'au sentiment, est plus matériellement, plus passivement obéissante ; tandis que l'observation des principes, sans exiger peut-être au fond moins d'exactitude & de régularité, s'exerce néanmoins avec une latitude & une liberté nécessairement analogues à l'indépendante activité de l'imagination, & semble plutôt le résultat d'un choix libre, que l'exécution servile d'un précepte. Il suit de là qu'un ouvrage peut être *correct* sans être *pur*, & qu'au contraire, la *pureté* ne peut exister sans la *correction*. Le genre, le style, le caractère, peuvent en effet être mal choisis, & les détails correspondans régulièrement exécutés : mais le choix du genre une fois fait, en négliger les règles pour le dénaturer, puisque ce sont elles qui le constituent, ce seroit renoncer à ce genre, ce seroit promettre & ne pas tenir, ce seroit tomber dans une contradiction qui détruiroit à la fois toute vraisemblance, tout caractère & toute harmonie.

J'ai dit que les règles constituent le caractère ou le genre, & en effet elles contribuent essentiellement à le constituer, mais elles ne le constituent pas seules, & ce genre ou ce caractère pourroit être altéré par l'artiste, sans qu'il eût violé aucune des règles qui peuvent leur être propres. En effet, ces règles s'appliquent principalement aux détails & la *correction* suppose que l'exacte observation des règles, propres à tel ou tel détail donné : mais ces détails sont susceptibles d'un choix. Il en est de nécessaires, sans doute, & c'est de leur régulier emploi que résulte la *correction* ; mais tel détail est quelquefois inutile ou peu nécessaire ; tel peut-être plus harmonieux, plus convenant, plus expressif que tel autre, & c'est de l'à-propos dans leur emploi, ou du tact dans leur choix, que résulte la *pureté*.

Ce n'est point enrichir l'art, c'est l'appauvrir, c'est l'asservir, que de multiplier les règles au-delà du besoin ; je suis loin d'approuver la fortitude de ces artistes, qui, sous le faux prétexte de tout raisonner, hérissent la pratique de l'art d'une foule de préceptes, dont quelques-uns ne peuvent être utiles à la *pureté*, mais dont la plupart sont indifférens à la *correction*. Rien ne peut donc jeter plus de lumière, ni une lumière plus utile sur la véritable théorie de l'art, que de déterminer bien précisément en quoi consiste la *correction*, & en quoi consiste la *pureté* : mais nous ne pourrions atteindre à ce but important qu'en fixant ce qui est *règle* & ce qui est *principe*. Ce n'est donc point ici, mais aux deux articles que je viens de nommer, qu'appartient ce que j'aurois à dire de plus, & j'y renvoye en conséquence le lecteur. (*V.* PRINCIPES, RÈGLES, PURETÉ.)

CORRESPONDANCE. subst. fém. CORRESPONDANT. adj. masc. CORRESPONDRE. verb. neut. Ces mots ont plusieurs acceptions en architecture. Deux bastions ont une *correspondance* entre eux par un passage souterrain. Un entresol *correspond* avec le premier étage par un escalier dérobé : un canal, ou un tapis verd, règne entre deux allées de charmilles *correspondantes*.

Les pavillons des extrémités du château des Tuileries qui ont été bâtis par le *Vau*, *correspondent* les uns avec les autres par le genre de leur architecture ; mais ne *correspondent* point avec ceux du milieu, qui furent construits par *Philibert-de-l'Orme*.

Si les idées d'un architecte, chargé de continuer un édifice, avoient plus de *correspondance* avec celles de l'architecte qui l'a commencé, l'édifice n'en auroit que plus d'ensemble, & en conséquence plus d'effet.

Il doit y avoir de la *correspondance* entre la forme, la décoration d'un bâtiment & sa destination. Ce principe incontestable est presque ignoré dans la pratique. On bâtit un théâtre comme un temple ; un temple comme un théâtre.

Harmonie, accord, correspondance, sont des mots qui ne doivent pas être confondus : de l'*accord* des parties & de la *correspondance* des masses, résulte cette *harmonie* générale qui constitue la perfection d'un monument. (*Voyez* ACCORD & HARMONIE.)

CORRIDOR. sing. masc. Sorte de longue allée qui, dans l'intérieur d'un bâtiment conduit à plusieurs chambres. Ce mot vient de l'italien *corridore*, qui dérive de *currere* courir : en effet, on passe rapidement dans un *corridor*. Le *corridor* sert à rendre l'entrée & la sortie des chambres plus libres & plus commodes ; car l'on n'est point obligé de les traverser toutes, pour arriver à l'escalier, lorsque chacune donne sur le même passage, & elles n'ont alors besoin de communiquer entre elles, qu'autant qu'elles forment appartement.

Quelquefois

Quelquefois un *corridor* a des chambres de droite & de gauche, plus souvent il n'en a que d'un côté, mais toujours il doit être de plein-pied avec elles, & suffisamment large & éclairé. Il n'est susceptible d'aucune autre décoration, cependant, on y attache, dans quelques maisons particulières, des cartes de géographie, des plans & élévations d'édifices célèbres, des vues de divers pays, &c.

Les *corridors* sont absolument nécessaires dans les édifices destinés à recevoir, ou contenir un grand nombre de personnes, afin qu'elles ne se gênent point mutuellement, & qu'elles puissent aller & venir à leur gré.

Parmi les plus remarquables *corridors*, on cite ceux de l'hôtel des Invalides de Paris, & ceux de l'abbaye de Saint-Denis dans la ville de ce nom.

J'observe, en finissant cet article, que *Palladio*, livre II, chap. 7, appelle aussi *corridor* une balustrade, ou un accoudoir.

CORROI. subst. masc. (construct.) On donne ce nom à un massif, ou un enduit de terre glaise bien pétrie, dont on fait usage pour les canaux, citernes, réservoirs, bassins & autres pièces destinées à contenir de l'eau. *Voyez* ces différens articles.

Lorsqu'une fosse d'aisance se trouve proche d'un puit, on forme entre le mur de la fosse & celui du puit un massif en terre glaise, auquel on donne aussi le nom de *corroi*.

CORROYER. verb. adj. (construct.) C'est l'action de pétrir de la terre glaise pour former un *corroi*; ce qui se fait avec des pilons ou à pieds nuds, après avoir ôté exactement toutes les ordures & corps étrangers qui pourroient s'y trouver ; la moindre paille ou racine est dans le cas d'occasionner des gerfures, qui rendroient les *corrois* défectueux lorsqu'ils sont faits pour contenir de l'eau, parce qu'elle se perd par ces gerçures ; c'est pourquoi on ne sauroit apporter trop de soin à ces sortes d'ouvrages.

Le mot *corroyer* s'emploie aussi pour indiquer la manière de broyer ensemble la chaux & le sable pour faire un bon mortier : car plus le mortier est broyé, mieux il vaut, il durcit plus vite & a plus de force pour unir les pierres ; dans ceci, le mot *corroyer* veut dire broyer beaucoup, afin d'opérer un mélange exact de la chaux & du sable. (*Voyez* l'art. MORTIER.)

Corroyer est encore un terme de menuiserie qui indique l'opération de dresser, d'équarrir & de blanchir une pièce de bois avec la varlope & le rabot; enfin, *corroyer* exprime l'action de battre le fer à chaud, c'est-à-dire, de le bien forger pour en rapprocher toutes les parties & les étendre sous le marteau ; si on examine la cassure d'une barre de fer qui n'a pas été corroyée, on verra qu'elle ne présente que des grains plus ou moins gras, & quelquefois des paillettes brillantes ; ce qui le rend moins fort, parce que ses parties sont moins adhérentes ; mais

si elle a été bien corroyée, on trouvera que les grains sont changés en filaments, & que la cassure au lieu d'être brillante, paroit arrachée, c'est ce que les ouvriers appellent *nerf* ou *chair* ; l'expérience a prouvé qu'un fer qui est tout nerf est jusqu'à quinze fois plus fort qu'un fer à gros grains. (*Voyez* les articles, CHAINE DE FER, FER & FORGER.)

CORVÉE, subst. fém. Travail fait par contrainte & sans salaire. Ce mot vient de *corvata*, prononciation défectueuse de *curvata*, courbée, dont on a fait un substantif dans la basse latinité : à moins, cependant, que *corvata* ne soit plutôt la traduction de *corvie* qui, selon plusieurs, est un ancien composé de *corpus*, corps, & de *vie*, mot gaulois, qui signifie *peine*. Mon choix est d'autant plus incertain entre ces deux étimologies, qu'elles me paroissent également vraisemblables. En effet, l'une peint l'attitude du corps dans la *corvie* qui est d'être courbé vers la terre, & l'autre exprime ce qu'est réellement la *corvie*, en l'interprétant par *peine de corps*.

Il y avoit en France plusieurs sortes de *corvées* ; mais ce qui les différencient appartient plutôt à la jurisprudence qu'à l'architecture. Les *corvées*, relativement à cet art, ne pouvoient donc être considérées que comme des travaux que l'on commandoit aux habitans d'un ou de plusieurs cantons, pour construire, entretenir, ou réparer des ponts, des chaussées, des chemins, &c. ; selon l'importance de l'ouvrage, on leur demandoit plus ou moins de journées, & ils étoient obligés de les employer gratuitement.

Lorsque la *corvée* étoit ordonnée pour des objets d'une utilité générale, on l'appelloit *corvée publique* : lorsqu'un seigneur l'exigeoit pour son seul intérêt, on l'appelle *corvée particulière*.

CORVÉE. Travail que les ouvriers sont obligés de faire sans en être payés, pour réparer les malfaçons de leurs ouvrages. — Nombre de coups que donnent, sans se reposer, ceux qui enfoncent à la sonnette, des pieux ou des pilots. — Réparation accidentelle ou peu importante, que l'on fait dans une maison.

Les maçons & terrassiers appellent entre eux *corvées*, tout ouvrage qu'ils font en peu de jours, & même en peu d'heures. (*Voyez* TRAVAUX PUBLICS).

COSSUTIUS, Architecte romain, florissoit l'an du monde 3788. *Vitruve*, dans la préface du livre 7 de son traité, nous a conservé le nom de cet architecte, & le titre de sa gloire. Je traduis le passage où il en est parlé.

« Les Architectes Antistates, Calescros, Antima-
» chidés & Porinos, jetèrent les fondemens du tem-
» ple que Pisistrate faisoit élever dans Athènes, en
» l'honneur de Jupiter Olympien ; mais sa mort
» ayant amené des troubles, ils abandonnèrent
» les travaux qu'ils avoient commencés. Environ
» deux cents ans après, le roi Antiochus promit les
» fonds nécessaires pour les continuer. *Cossutius*,

» citoyen romain, fit alors la cella, qui est très-vaste,
» rangea des colonnes à l'entour en forme de diptère,
» distribua, avec symétrie, les architraves & autres
» ornemens, & signala, d... cette entreprise, l'é-
» tendue de son art & l profondeur on savoir.
» L'édifice qu'il a construit c non- ment ad-
» miré de tous, mais il est encore con. é dans le
» petit nombre des plus magnifiques ».

Vitruve nous apprend ensuite, que ce temple étoit de marbre, qu'il étoit de la première grandeur, & selon les proportions corinthiennes; & au chapitre 2 du livre 3, il le cite comme un *hypèthre* octostyle. L'*hypèthre* a les doubles aîles ainsi que le *diptère*. (*Voyez* ces mots.)

Il paroît, d'après ce qu'on vient de lire, que *Cossutius* acheva le temple de Jupiter-Olympien; cependant Plutarque en parle à la fin de la vie de Sol... , comme d'un monument qui n'étoit pas encore terminé de son temps, & d'autres auteurs disent qu'il ne le fut entièrement que sous Adrien; mais ceci ne doit s'entendre que des dépendances, & non du corps même de ce temple; car si *Cossutius* l'avoit laissé imparfait, Vitruve, qui nous a transmis tout ce que nous savons de cet architecte, n'auroit pas manqué de nous en instruire. (*Voyez* ATHÈNES & ADRIEN.)

Il y a eu plusieurs architectes, nommés *Cossutius*. Gruter, dans son recueil d'inscriptions antiques en rapporte une consacrée à la mémoire de *Cn. Cossutius Caldus* & de *Cn. Cossutius Agathangelus* : ils étoient frères, & avoient également cultivé l'architecture. On a gravé sur leur tombeau les instrumens de cet art, entr'autres l'ancien pied-romain avec ses divisions.

L'histoire ne nous a point fait connoître les ouvrages de ces deux architectes, & de tous ceux du premier *Cossutius*, elle ne cite que le temple de Jupiter-Olympien dont on cherche aujourd'hui l'emplacement & les ruines.

CÔTÉ, s. m. C'est, en architecture, un des pans d'une superficie régulière ou irrégulière. Le *côté* droit & le *côté* gauche d'un bâtiment doivent s'entendre relativement à sa façade, & non à la personne qui la regarde. Aussi le *côté* droit du louvre est à la gauche de ceux qui se trouvent directement devant la colonnade.

Côté se prend quelquefois pour *face*. On dit d'une maison, qu'elle n'a qu'un côté avantageux, ou qu'elle est plus riante d'un *côté* que de l'autre, ou qu'elle est agréable de tous les *côtés*.

Il faut que les *côtés* droit & gauche d'un édifice soient également décorés, & que leur rapport avec la façade annonce qu'ils en sont dépendans.

COTER, v. a. C'est indiquer par des chiffres les grandeurs & proportions des diverses parties d'un plan ou d'un dessin. Les chiffres employés à cet usage s'appellent *cotes*. On dit également *coter* un plan, ou y mettre des *cotes*.

COTES, sub. f. pl. C'est ainsi qu'on appelle, sur le fût d'une colonne cannelée, les listels qui séparent les cannelures.

CÔTES DE COUPE. Saillies qui séparent la douelle d'une voûte sphérique en parties égales. Elles se font de pierre ou de stuc. On les orne de moulures avec des ravalemens; on les enrichit quelquefois de compartimens, dorés ou peints en mosaïque comme à Saint-Pierre de Rome.

CÔTES DE DÔME. Saillies qui excèdent le mur de la convexité d'un dôme, & le partage également en répondant à-plomb aux jambages de la tour, & se terminant à la lanterne. Elles sont ou simples en manière de plate-bandes, ou ornées de moulures. On les recouvre ordinairement de plomb ou de bronze, & quelquefois on dore ce métal.

CÔTES DE PIERRE OU DE MARBRE. On appelle ainsi, dans l'art de l'incrustation, des morceaux plus longs, plus étroits & plus épais que les simples tranches; on en emploie ainsi pour les colonnes incrustées.

COUCHE, s. f. C'est une pièce de bois couchée à plat sous le pied d'un étai, ou élevée à-plomb pour dresser un étrésillon.

COUCHE DE CIMENT. On appelle ainsi le lit de ciment qu'on met entre des pierres, des moëllons ou des briques. Son épaisseur varie selon la qualité du ciment & des matériaux qu'il doit unir. On voit dans les constructions antiques, sur-tout du côté de Naples, des couches de ciment aussi épaisses que les briques ou les assises de pierre, entre lesquelles elles se trouvent.

COUCHE DE COULEUR, se dit d'une impression de couleur à l'huile ou en détrempe, sur un corps quelconque.

COUCHE DE JARDIN. (*jardinage*) Espèce de bâtis propre à recevoir le terreau sur lequel on fait venir des légumes.

COUCHIS, sub. m. C'est la forme de sable d'environ un pied d'épaisseur qu'on met sur les madriers d'un pont de bois pour y asseoir le pavé.

COUCHIS DE LATTES. C'est un lattis à lattes jointives, attachées sur les solives d'un plancher creux pour porter la fausse aire de gros plâtre.

COUDE, s. m. C'est dans la continuité d'un mur de face ou mitoyen, considéré par dehors, un angle obtus qui produit ce qu'on appelle un *pli* par dedans. Le *Coude* est un défaut dans les rues & voies publiques. C'est pourquoi la loi des bâtimens veut qu'on les supprime, autant qu'il est possible, pour la régularité des alignemens.

Coude de conduite. (*Archit. hydraulique.*) C'est, dans le tournant d'une conduite de fer, un bout de tuyau de plomb coudé pour raccorder les tuyaux à bride, à manchon ou autres. (*Voy.* Conduite.)

Coudée, sub. f. Mesure prise depuis le coude jusqu'au bout du plus grand doigt. Cette mesure qui, dans les hommes de toutes les tailles, est le quart de leur hauteur, a beaucoup varié chez les anciens peuples. (*Voyez* le Dict. d'Antiq.)

Couette. (*Voyez* Crapaudine.)

Covey, (*Robert de*) Architecte, mort en 1311. Il fut chargé d'achever l'église de Saint-Nicaise de Reims, que l'on estime, malgré sa petitesse, pour la délicatesse des ornemens & la légèreté de ses proportions. Il eut encore la conduite de tous les travaux qu'entraîna la réparation de l'église cathédrale de la même ville, après l'incendie de 1210, qui en avoit endommagé la construction. Cette église a quatre cent-vingt pieds de long, cent-cinquante de large & cent-huit de haut. Elle est accompagnée de deux tours carrées, élevées de deux cent soixante-deux pieds, & chargées, selon l'usage du temps, surtout dans sa façade, d'une prodigieuse quantité de figures & d'ornemens.

Couler en plomb, v. act. C'est remplir de plomb les joints des dales de pierres & des marches de perron à l'air. C'est sceller aussi, avec du plomb, des crampons de fer ou de bronze. Cette dernière opération se fait aussi, depuis quelques années & avec succès, au souffre.

Couleurs, sub. f. pl. On entend par ce mot, dans l'architecture, toutes les impressions dont on peint les bâtimens. Les plus ordinaires sont le *blanc* dont on a plusieurs espèces, savoir : le blanc des carmes, le blanc de céruse, le blanc de plomb & le blanc de Rouen. Le *bleu* fait de la cendre bleue, avec l'émail ou le bleu d'Inde. La *bronze* faite de cuivre moulu, rougeâtre, jaunâtre ou verdâtre. Le *gris* fait de blanc & de noir ; le *jaune* d'ocre, le *noir* d'os, de fumée, de charbon, &c. La *couleur d'olive*, le *verd de montagne*, le *rouge-brun*, le *verd-de-gris*, l'*or* qu'on emploie de plusieurs sortes, le *marbre peint* de diverses *couleurs*, le *vernis sur bois*, le *vernis de Venise*, &c.

L'emploi des *couleurs* fait une des principales parties de la décoration des intérieurs. (*Voyez* Arabesque, Décoration. Il est aussi des pays où l'usage admet la peinture à l'extérieur des bâtimens. Une partie de l'Italie, les États de Gênes sur tout nous offrent cette pratique d'une manière très-remarquable. Dans le midi de la France & dans le Lyonnois, c'est une mode assez répandue de peindre de diverses couleurs les façades des maisons de campagne. Cette diversité de tons donne un grand air de gaîté à l'aspect des bâtimens ; mais cet usage ne sauroit être commun à tous les climats. (*Voyez* Architecture feinte.)

Les couleurs qui résultent de l'emploi de différens marbres, dans les pays où cette richesse est permise, ne laisse pas que d'ajouter beaucoup aux moyens de caractériser certains édifices, ou quelques-unes de leurs parties. (*Voyez* Caractère.)

Couleurs. (*Jardinage*) La couleur, comme partie des beautés champêtres, doit être un des objets de l'étude de l'artiste jardinier.

La nature vouloit que l'homme ne considérât pas ses œuvres avec indifférence. Elle donna donc aux surfaces des corps, par le moyen de la lumière & des couleurs, un attrait qui excite le plaisir & la complaisance, & invite à une contemplation réitérée. Si tout étoit d'une même teinte dans la nature, l'œil se fatigueroit bientôt à la considérer, & l'esprit sentiroit le dégoût & l'ennui ; le défaut de vivacité & de gaîté dans les couleurs auroit les mêmes suites. Les *couleurs* intéressent plus généralement que les formes : il suffit d'ouvrir les yeux pour les premières ; pour les secondes, cela ne suffit pas, il faut encore comparer & juger, c'est-à-dire faire une opération de l'esprit. La *couleur* est comme une espèce de langage que parlent à l'œil les objets inanimés de la nature, langage universel & compris dans toutes les contrées de l'univers. La *couleur* donne aux objets un grand pouvoir sur la sensibilité ; par son secours, ils réveillent le sentiment de la joie, de l'amour, du repos, & excitent d'autres émotions, & si puissamment, qu'on s'aperçoit sans peine que l'art des jardins peut aussi bien tirer des *couleurs* un parti avantageux que la nature, qui s'en sert dans la même vue.

La nature étale une variété étonnante de *couleurs*, qui par leurs teintes fortes ou modérées, par leur feux ou leur douce clarté, par leur mélange & leur fonte, par des coups de jour diversifiés & inattendus, par leur jeu & leur reflet, offrent un spectacle tel que l'œil ne sauroit en trouver dans la vaste création de plus magnifique ou de plus beau. Ce théâtre des plaisirs, causés par les *couleurs*, est ouvert non au paysagiste seul, mais encore à son rival, l'artiste jardinier.

Quelque grandes, quelqu'étonnantes que soient la magnificence & la variété des *couleurs* que les fleurs étalent, la nature nous offre aussi, par rapport aux *couleurs* un spectacle bien plus magnifique & plus beau ; c'est celui de l'aurore & du soleil couchant, avec les accidens de lumière variés à l'infini qui les accompagnent. Ce spectacle qui, ravissant les plus grands poètes, leur en inspira les plus belles descriptions, & qui anima les plus célèbres peintres à l'imiter, autant que le permettent les bornes de l'art, est sensible, même pour les yeux les moins observateurs & les plus grossiers. L'architecte &

l'artiste jardinier ne doivent jamais oublier de ménager à l'œil une ouverture, qui lui permette la jouissance de l'aspect le plus superbe du spectacle le plus noble de la nature.

Mais outre cette pompe de peu de durée que déploient les *couleurs* dans les fleurs, & au lever & au coucher du soleil, la nature nous présente encore, dans la décoration générale des paysages, une beauté de coloris moins grande, mais plus durable. Le verd, couleur bienfaisante & agréable à l'œil, est aussi celle qui domine dans la belle campagne. Quelle variété infinie cette seule couleur n'offre-t-elle pas, même dans une seule contrée, en se renforçant, se dégradant & se fondant, & cela non pas uniquement par les effets du lointain aérien qui fuit insensiblement, mais encore par les effets du jour actuel sur les objets plus ou moins voisins, sur les herbes rampantes, sur les plantes plus élevées, sur les buissons & sur les arbres. L'artiste jardinier peut non-seulement égaler la nature par la même diversité & la même succession de verd; il peut encore surpasser, par un mélange plus soigneux de nuances, le dessin négligé qui regne dans ses ouvrages grands & aisés; il peut, en réunissant les objets d'une manière nouvelle, produire un ensemble qui présente, pour ainsi dire, le tableau d'une perfection plus relevée.

La beauté particulière des *couleurs* dépend de ce qu'elles soient claires ou vives; douces comme le bleu mourant, le couleur de rose, le violet & le verd clair; enfin variées, se nuançant insensiblement, & se mariant ensemble par des gradations bien ménagées.

L'artiste jardinier ne peut atteindre à l'éclat des *couleurs* qu'en plantant quelques espèces particulières de fleurs; mais en revanche il peut charmer l'œil par des couleurs claires & pures. Les *couleurs* éclatantes inspirent la gaîté; les *couleurs* pures & claires, la sérénité; les couleurs douces & modérées nous raniment, nous font éprouver un sentiment agréable de repos, comme le violet, ou nous inspirent une gaîté tempérée, comme le bleu clair & le couleur de rose. La variété nous amuse, en nous faisant passer de plaisir en plaisir, & prévient le dégoût.

De ces remarques, qui doivent servir de fil à l'artiste jardinier dans ses travaux, résultent quelques loix générales & capitales qu'il observera dans son coloris.

1. Il évitera l'uniformité, & se souviendra qu'il agit directement contre les préceptes de la nature, lorsqu'il ne se sert que d'un seul verd.

2. Il ne s'imaginera pas qu'il est indifférent de mêler au hasard les *couleurs* de ses plantes, de ses buissons & de ses arbres; mais il se souviendra qu'il faut de la réflexion & du choix pour produire sur l'œil un heureux effet à l'aide des *couleurs*.

3. Il aura soin sur-tout d'employer des *couleurs* claires & vives, afin de réveiller la sérénité d'esprit. Les *couleurs* de cette espèce n'animeront donc pas seulement & principalement les objets les plus voisins, mais seront aussi les couleurs capitales de son tableau champêtre.

4. Il distinguera les parties de son emplacement qui, soit par leur situation & leur disposition naturelle, soit par la destination & le caractère qu'on veut leur donner, en les mettant en œuvre, ou en y plaçant des fabriques, &c. exigent une autre couleur que le reste. Un chemin de traverse qui conduit dans les bois pourra être ombragé d'une verdure moins gaie; les grottes & les hermitages veulent être voilés d'un feuillage sombre & mélancolique.

5. Il étudiera la sympathie des couleurs, & s'appliquera à marier & à fondre ensemble celles qui sont amies, de manière qu'il en résulte une harmonie parfaite. Il ne fera pas seulement attention à l'effet que fait actuellement & de près l'union des *couleurs*, mais aussi à celui qu'elle produira de loin dans la succession des saisons, & même après quelques années.

6. Il donnera, autant qu'il sera possible, à ses objets naturels & artificiels un emplacement & une position propres à en relever la beauté, éclairant ces objets par un jour direct, ou par des coups de jour interrompus, suivant que leur situation ou leur destination l'exige ou le permet: cette règle est de conséquence, & cependant on l'enfreint très-souvent. Il exposera les carreaux de fleurs, humides de rosée, aux regards du matin, & disposera le bain caché dans les bois, ensorte que le soleil couchant le dore de ses rayons.

La lumière du soleil offre une infinité de beautés méconnues dont on pourroit décorer les objets du ressort des jardins. On se contente de savoir qu'on peut détourner ses rayons & se mettre à couvert de leur ardeur; on pense à la commodité avec une espèce d'inquiétude vulgaire qui tient de l'instinct, & qu'éprouve aussi l'habitant des bois; mais on oublie qu'on peut employer & distribuer la lumière, adoucie de manière à embellir les objets, art que le jardinier ne devroit pas abandonner absolument au paysagiste. (*Voyez* COLORIS.)

COULEUVRE, sub. fém. Quelques auteurs, & particulièrement ceux qui ont fait ou l'apologie ou la critique du Bernin, se sont servis de ce mot pour exprimer ce que d'autres appellent une *lézarde*, ou ce qu'en langage simple on peut appeler une fente qui survient à une voûte ou à un dome par un défaut de construction; la plûpart des coupoles de Rome ont de semblables fentes. Celle de la coupole de Saint-Pierre, qu'on a faussement attribuée aux escaliers que Bernin pratiqua dans les piliers massifs, inquiéta long-temps & occupa les constructeurs les plus habiles. *Voyez*, au mot *Coupole*, les détails relatifs à cet objet, les causes de cette désunion & ce qu'on doit penser de ses effets. *Voyez* aussi le mot *lézarde*, synonime de *Couleuvre*.

COULIS, sub. m. Plâtre gâché clair pour remplir les joints des pierres & pour les ficher.

COULISSE, sub. fém. C'est le nom qu'on donne à toute pièce de bois à rainure, en manière de canal, qui sert pour arrêter les ais d'une cloison, & pour faire mouvoir les feuillets d'une décoration de théâtre.

COULISSE est encore le nom de l'espace qui est entre les fermes d'une décoration de théâtre. Cet espace est formé par deux châssis couverts de toile peinte, où sont représentés les arbres, les lambris d'un appartement, ou des parties de bâtimens, selon le lieu de la scène. C'est par les *coulisses* que les acteurs entrent le plus souvent sur le théâtre & qu'ils en sortent.

COUP, sub. m. Ce mot a de nombreuses acceptions dans notre langue; par rapport à l'architecture ou à la construction, il s'applique à l'action des différens outils ou instrumens sur les matériaux qu'on doit mettre en œuvre. Ainsi l'on dit un *coup de pioche*, un *coup* de ciseau, &c.

COUP-D'ŒIL, se prend en architecture au sens passif comme au sens actif. Ainsi l'on dit qu'un édifice offre un beau *coup-d'œil*; on dit aussi qu'on l'embrasse d'un *coup-d'œil*.

Coup-d'œil, dans son sens le plus abstrait, s'applique à la faculté qu'a l'artiste de saisir, d'embrasser & de rapprocher aisément les rapports les plus éloignés ou les plus composés. Ainsi l'on dit d'un homme qu'il a du *coup-d'œil*.

La qualité que ce mot exprime, semble encore être plus propre aux artistes qui exercent les autres arts du dessin, ou ceux qui se fondent sur l'imitation des objets visibles que la main doit copier. C'est dans ce sens que, selon Michel-Ange, l'artiste devoit avoir le compas dans les yeux & non dans la main. Cependant l'architecte n'aura pas moins besoin de cette qualité, & comme il est lui-même le créateur & l'imitateur de son modèle, s'il n'est doué au plus haut degré de cette subtilité d'organes qui aperçoit les rapports, qui les prévoit même, il ne sera qu'un froid & vulgaire copiste des productions d'autrui. Le *coup-d'œil* de l'architecte est donc encore plus intellectuel & plus abstrait que celui du peintre.

COUPE, sub. f. Ce mot se prenoit autrefois & se prend encore quelquefois pour le synonyme de coupole. Il dérive du mot italien *cupo*, qui signifie *creux*, *concave*; ainsi l'on s'en sert encore pour désigner la partie concave d'une coupole ou voûte sphérique. (*Voyez* COUPOLE.)

COUPE se dit dans la construction, de l'inclinaison des joints des voussoirs d'un arc, & des claveaux d'une plate-bande. Ainsi l'on dit: donner plus ou moins de *coupe* pour dire, donner plus ou moins d'inclinaison.

COUPE. C'est le nom qu'on donne dans la décoration, à un morceau de sculpture en manière de vase, moins haut que large avec un pied. Il y a des *coupes* ovales à profil cambré, que les italiens appellent *navicella*.

COUPE DE FONTAINE. Espèce de petit bassin, fait d'une pièce de marbre ou de pierre qui, étant placé sur un pied ou une tige dans le milieu d'un grand bassin, reçoit le jet ou la gerbe d'eau qui retombe dans une plus grande nappe. On voit à Rome, parmi les nombreuses fontaines qui décorent cette ville & ses jardins, plusieurs coupes de marbres antiques les plus rares; on y en voit aussi appliquées à cet usage qui furent jadis des baignoires, telles sont celles des deux fontaines de la place Farnèse.

COUPE. Dans l'art de dessiner l'architecture, on appelle ainsi le dessin d'un bâtiment coupé sur sa longueur ou sur sa largeur, & qui fait voir les dedans, les épaisseurs des murs, voûtes, planchers, corniches, &c.

On n'a, par le dessin, l'ensemble complet d'un édifice que lorsqu'on peut en produire le plan, l'élévation & la *coupe*.

Ordinairement on fait une *coupe* sur la longueur & une autre sur la largeur. On appeloit autrefois ce dessin *profil*; mais le mot *coupe* en rend mieux l'idée, parce qu'on suppose que l'édifice est, dans le fait, coupé perpendiculairement pour montrer ce que, sans cela, le dessin en sauroit produire, & ce que le discours décriroit toujours imparfaitement.

COUPE, sub. m. (*construction*). Dans l'art de bâtir, on appelle *coupe* un joint incliné; pour bien entendre la signification de ce mot & son usage, il faut remarquer que dans les murs ordinaires, construits en pierre de taille, chaque pierre étant posée sur un plan de niveau, les joints qui terminent la longueur de ces pierres n'ont pas besoin de contribuer à les soutenir. C'est pour cette raison que l'on fait ces joints ordinairement d'aplomb; mais lorsque le dessus des pierres doit être apparent, tel que dans la construction des voûtes, chaque pierre ne pouvant se soutenir sans le secours artificiel des joints, on est obligé de les faire inclinés au lieu d'être aplomb, alors ils prennent le nom de *coupe*.

Pour qu'une pierre puisse se soutenir entre deux ou plusieurs autres, sans poser sur leur lit, il faut que les coupes soient inclinées en sens contraire, c'est-à-dire que la pierre à soutenir, & l'espace que laissent entre elle, celles qui doivent la supporter, ayent la forme d'un coin ou d'une pyramide tronquée, dont la base seroit par le haut. *Voyez* le mot ci-après, *coupe des pierres*.

COUPE DES PIERRES, (*construction*). La coupe des pierres est l'art de suppléer aux grandes pierres dont se servirent les premiers constructeurs pour couvrir leurs édifices, afin de les rendre plus durables & moins sujets aux incendies ; en formant, avec des pierres d'un moindre volume, un assemblage plus léger, plus solide & moins dispendieux, qui se soutienne indépendamment du mortier, plâtre ou ciment, dont on fait usage dans les constructions ordinaires.

Il ne faut pas confondre l'art de la *coupe des pierres* avec celui de l'appareil simple. Ce dernier ne consiste que dans l'arrangement des pierres de taille, qui doivent être posées les unes sur les autres, pour former un mur, ou un point d'appui ; au lieu que le premier, est celui de former en pierres de taille, des voûtes & plafonds où ces pierres sont posées les unes à côté des autres, & ne se soutiennent que par leurs coupes.

Les Egyptiens, qui ont construit en pierres de taille, les plus grands aussi bien que les plus durables monuments qui existent, connoissoient l'appareil & n'avoient cependant aucune idée de la *coupe des pierres* : c'est pourquoi ils furent obligés d'employer des pierres d'une grandeur extraordinaire, pour former les plafonds de leurs édifices ; tel étoit celui de la chapelle du temple de Latone, à Buttis, qui avoit quarante coudées de longueur, sur autant de largeur. Diodore de Sicile, parlant du tombeau d'Osimandué, fait la description d'un péristile carré, dont chaque côté étoit long de quatre cents pieds, couvert de pierres qui avoient dix-huit coudées en tous leurs sens.

Pockocke, célèbre voyageur moderne, qui a parcouru les ruines de ces édifices, & vu les restes de la magnificence des Egyptiens, nous rapporte dans son voyage (c'est en 1737 qu'il visita cette intéressante contrée) que la plûpart des monuments étoient encore couverts par de grandes pierres, d'environ quatorze pieds de long sur cinq pieds & demi de large, & autant d'épaisseur. Il remarque que pour diminuer la portée de ces pierres, on avoit observé en les construisant d'incliner les murs en dedans, & que quelquefois on en avoit posé plusieurs assises, les unes en saillie sur les autres pour diminuer la largeur, comme on le voit encore au principal conduit de la grande pyramide.

Les Grecs imitèrent les Egyptiens dans la construction des premiers temples qu'ils érigèrent ; en effet, les plafonds & les architraves étoient de grandes pierres qui portoient d'un mur ou d'une colonne à l'autre, comme l'on peut encore s'en convaincre dans les restes de leurs monuments.

Les Romains furent les premiers qui firent usage de la coupe des pierres pour construire des plates-bandes & des plafonds de plusieurs pièces, ainsi que des arcs & des voûtes en berceau. La simplicité de la forme & de la construction de leurs édifices n'exigeait pas une plus grande habileté.

Après la décadence de l'architecture, cet art fit un progrès singulier sous les architectes du douzième & du treizième siècle ; ce genre d'architecture est connu sous le nom de gothique moderne ; sa légèreté, la hardiesse surprenante de ses voûtes & la variété des compartimens qui les décoroient, exigeoit beaucoup d'art & une intelligence infinie pour l'exécution aussi étonnante que bizarre de ces conceptions.

Cependant comme ces voûtes ne sont qu'un assemblage d'arcs en pierre de taille, dont les intervalles sont remplis par des panneaux de maçonnerie, il en résulte que la plus grande difficulté se trouve dans les clefs communes, auxquelles se réunissent les différentes parties d'arcs simples qui composent chaque travée de voûtes ; c'est pourquoi ils regardoient ces clefs comme des chefs-d'œuvres qui méritoient toute leur attention. On a admiré pendant long-temps, dans plusieurs églises, des clefs pendantes qu'on ne peut voir encore sans étonnement. Une des plus hardies, est celle qui est au centre de la croisée de l'église St. Etienne-du-Mont de Paris ; cette clef en effet descend de plus de douze pieds au-dessous de la voûte. Voyez *le mot clef*.

La *coupe* des roses & compartimens que les architectes ont faits dans les vitraux des églises de ce temps, est moins difficile que celle des clefs ; ces décorations n'étant que des découpures, avec des *coupes* simples, dont l'épure peut se faire sur une surface plane sans raccourci.

L'art du trait de la *coupe* des pierres n'est arrivé à sa perfection que lorsqu'on a substitué aux ouvrages gothiques les voûtes pleines en pierre de taille. Ces dernières exigent beaucoup plus d'art que les voûtes gothiques, sur-tout lorsqu'elles sont irrégulières, & formées de parties qui se réunissent ou se pénètrent. La rencontre de ces différentes parties forment alors des courbes à doubles courbures, qui ne peuvent se tracer ni se développer sur des surfaces planes, & dont l'épure ne peut donner la projection qu'en raccourci. Le biais & l'inclinaison qui se trouve en certaines parties, en augmente infiniment la difficulté ; enfin, la distribution des joints, la direction des *coupes*, la manière de tracer d'après l'épure chacune des pierres qui doit entrer dans la composition d'une voûte & toutes ces difficultés réunies, avoient fait regarder l'art du trait de la *coupe des pierres*, comme une science occulte qui n'étoit connue que d'un petit nombre d'ouvriers intelligens, qui en faisoient un mistère, & qui ne communiquoient leur savoir qu'à de certaines conditions ; de là vraisemblablement l'origine de ces associations de compagnons, connues sous le nom du devoir. C'est une espèce de franc-maçonnerie, dont les ouvriers qui en étoient membres prenoient le nom de *Cotterie*.

Le but de ces associations étoit de conserver entre eux les secrets de l'art ; voilà pourquoi Mathurin Jousse qui a fait un ouvrage sur le trait de la *coupe des pierres*, intitula cet ouvrage, secret d'architecture.

Philibert de l'Orme, architecte & aumônier d'Henri second, passe pour le premier qui ait écrit sur le trait de la *coupe des pierres*, non pas exprès, mais par occasion dans son traité d'Architecture, qu'il publia en 1567. Il emploie le troisième & quatrième livre à expliquer différentes pièces de trait; telles que des portes biaises en tour rondes sur le coin, rachetant un berceau, des descentes, des arriéres voussures, des trompes, & sur-tout celle qu'il fit construire au château d'Anet, pour soutenir un cabinet à l'usage d'Henri II. Il donne aussi le trait des voûtes gothiques modernes, des voûtes sphériques sur un plan carré, rectangulaires & triangulaires, des vis à jour, des vis St. Giles & autres voûtes sur noyau & rampantes. *Voyez* ces mots.

La manière dont Philibert de l'Orme explique le trait des différentes pièces qu'il propose, n'est pas assez détaillée; il s'y trouve plusieurs erreurs qui ont été relevées par les auteurs qui ont écrit sur cette matière après lui, tels que Mathurin Jousse, le Père Deran & la Rue, qui ont plus amplement traité ce sujet, & qui ont suivi la même methode.

L'ouvrage de la Rue, qui est le dernier, est le plus complet, le plus clair, le plus méthodique; aussi est-il le plus estimé des apareilleurs, & ils le préférent à tout autre.

Abraham Bosse & Desargues, qui ont voulu s'écarter de la manière ordinaire, n'ont pas été entendus, & à peine sont-ils connus des gens de l'art.

Après la Rue, Frezier, ingénieur en chef à Landaw, fit un nouveau traité de la *coupe des pierres*, comprenant trois volumes in-4°., dans lequel il a voulu réunir la théorie & la pratique. Cet ouvrage auroit pu être d'une très-grande utilité au progrès de l'art, si l'auteur n'eût pas affecté un néologisme outré pour faire parade d'érudition, usant d'étymologies tirées du grec pour la dénomination des choses les plus simples. C'est ainsi qu'il donne à la *coupe des pierres* le nom de tomotechnie, celui de tomomorphie au lieu de figures des sections, & celui de tomographie pour leur description; il appelle épipédographie ce que nous nommons développement, goniographie la description des angles; le plan est chez lui ichnographie, l'élévation orthographie. Cet étalage d'érudition, qui tient un peu du pédantisme, a souvent été adopté par les savans d'académie, particulièrement dans ce siècle. C'est un moyen dont on s'est servi plus d'une fois pour donner de l'importance aux choses les plus ordinaires. De tout temps, cependant, on a remarqué avec satisfaction que les plus grands géomètres sont ceux qui ont toujours eu le moins recours à ces petits prestiges scientifiques, & ont dépouillé leurs ouvrages de tous ces corollaires, ces lemmes & scholies dont les demi-savans affectent l'étalage. La partie théorique de l'ouvrage de Frezier est extraordinairement longue & fatigante pour celui qui n'est pas bien instruit dans les mathématiques, ennuyante pour celui qui l'est, & absolument inutile pour ceux qui ne les connoissent pas. On peut lui reprocher d'avoir parlé avec emphase de la théorie sans la définir, en décriant mal-à-propos & d'une manière affectée la pratique des arts. *Voyez* les mots THÉORIE & PRATIQUE.

Cet auteur auroit dû considérer que l'art du trait de la *coupe des pierres* n'ayant pour objet que des opérations purement graphiques, ces opérations se démontrent d'elles-mêmes, & n'ont besoin que de quelques principes de géométrie-pratique avec des explications claires & succintes sur la forme & les principales propriétés des corps réguliers, relativement aux différentes combinaisons qui peuvent avoir rapports à la figure des voûtes, tels sont les cylindres, les cônes, la sphère, les sphéroïdes, les conoïdes.

Pour faire voir comment on peut appliquer la figure des corps réguliers à la *coupe des pierres*, nous allons considérer une voûte en berceau en plein ceintre, cette voûte pourra être regardée comme un demi-cylindre creux, divisé par des plans ou joints, qui tendent tous à l'axe du cylindre qui forme le vide de la voûte, de manière que chaque portion de voûte aura la figure d'un coin, & que les joints seront perpendiculaires à la circonférence du cylindre qui forme le vide de la voûte.

Comme toute autre disposition des joints est désagréable & peu solide, il est résulté ce principe général que, dans toutes sortes de voûtes, la surface intérieure est courbe, & les joints doivent être perpendiculaires à cette surface.

Si la courbe intérieure étoit une demi-ellipse, au lieu d'être un demi-cercle, les joints perpendiculaires à cette courbe ne tendroient pas à un seul & unique point, mais à plusieurs, en observant cependant que si la demi-ellipse est divisée de part & d'autre en parties symétriques ou équidistantes de l'axe qui passe par le milieu de la voûte, les joints correspondans tendront au même point de cet axe prolongé, ainsi qu'on le voit par la figure 156.

Comme dans la *coupe des pierres*, on ne considère que les surfaces qui terminent les pierres ou voussoirs qui doivent former une voûte, on peut faire abstraction de toute la masse que ces surfaces renferment, pour ne considérer que les lignes qui les terminent. Dans cet état de choses, si l'on imagine une lumière telle que celle du soleil, qui se propage par des rayons parallèles & que cette lumière soit perpendiculaire au plan sur lequel est posé le système de voûte représenté par des lignes, il arrivera que l'ombre de ces lignes marquera sur le plan une projection linéaire. C'est cette projection que les apareilleurs appellent *épure*, ou trait de la *coupe des pierres*. *Voyez* ces mots.

Dans une épure, plusieurs lignes ne sont représentées qu'en raccourci, tandis que d'autres couservent leur vraie longueur; voilà pourquoi les appareilleurs sont très-souvent obligés de faire, outre cette projection, des élévations de face & différens profils, afin d'avoir les vraies longueurs & développemens de toutes les parties raccourcies sur l'épure.

L'épure d'un ouvrage en pierres de taille étant faite, on se sert, pour tracer les pierres, de trois différens moyens, savoir: par équarrissement, par panneaux & par demi-équarrissement. C'est à l'appareilleur à connoître celui qui convient le mieux, tant pour l'économie de la pierre & de la main-d'œuvre, que pour la perfection de l'ouvrage. *Voy.* les mots ÉQUARRISSEMENT & PANNEAUX.

Par ce que nous venons de dire, on voit que pour se former une idée de l'art du trait de la *coupe des pierres*, il faut considérer particulièrement les corps réguliers qui doivent former le vide de leur capacité, tracer sur la circonférence de ces corps les lignes qui doivent indiquer les rangs des voussoirs en pierres de taille dont elles doivent être formées, en adoptant ce deuxième principe: 1°., que dans toute espèce de voûte en berceau cylindrique, les rangs de voussoirs doivent être parallèles à l'axe, quelle que soit leur situation; 2°., que dans les voûtes coniques, les lignes qui indiquent ces rangs doivent toujours & invariablement tendre au sommet du cône.

Dans tous les cas, les voûtes sphériques doivent être formées par des rangs de voussoirs horizontaux, formant des couronnes concentriques. Il en doit être de même des voûtes sphéroïdes & conoïdes, c'est-à-dire des voûtes dont le plan est circulaire & la courbe elliptique, ou quelque section conique. Car telle est la vraie méthode & la manière la plus convenable pour former des voûtes solides & durables. Toute autre disposition augmente les difficultés, les dépenses & compromet la solidité. Tous les arrangemens bizarres proposés par différens auteurs, qui ont écrit sur l'art de la *coupe des pierres*, n'ont d'autre objet que de faire valoir le talent de l'appareilleur. Il en est de même de toutes les voûtes compliquées & bizarres que l'on trouve dans leurs ouvrages. Une simple trompe en tour ronde, comme celle de Montpellier, est certainement préférable, tant pour la solidité, que pour la forme, à celle d'Anet, que l'on a regardée, dans le temps, comme un chef-d'œuvre, par la difficulté des ondulations de son contour qui lui donnent un air gothique. Il ne faut, comme l'a dit un de nos plus habiles architectes, se servir de la facilité que donne le trait, que pour des cas indispensables.

L'on doit éviter avec soin ces singularités, quelquefois téméraires, ou du moins effrayantes, dans la construction des édifices. La simplicité & la vraisemblance, guidées par le goût, doivent toujours être préférées dans les arts qui ne tendent qu'à la solidité.

Ce que Frezier dit à ce sujet, est aussi fort judicieux. La nouveauté de cet art & les difficultés qu'il contient, engageoient les architectes des deux derniers siècles, à chercher des occasions de faire parade d'une science à laquelle ils sacrifioient le bon goût, persuadés qu'ils étoient que rien ne pouvoit les rendre plus recommandables que ces ouvrages hardis, où l'on ne pouvoit s'empêcher d'admirer la *coupe des pierres*, de sorte qu'ils affectoient même d'en faire sans nécessité. J'ai vu, dit-il, le tiers d'une tour carrée que l'on pouvoit faire porter de fond, soutenue par la seule coupe d'une plate-bande rampante qui en élevoit un angle en l'air; & beaucoup de semblables témérités.

Les artistes de notre temps ne trouvant plus de raison de se faire admirer par une science dont on avoit épuisé toutes les ressources bizarres, ou peut-être ramenés aux vrais principes de l'art, ont sagement banni toutes ces hardiesses ridicules & même puériles qui n'avoient d'autre beauté que la difficulté de leur exécution, qui ne contribuoient en rien à la décoration des édifices, & leur étoient même préjudiciables, en ce qu'elles en augmentoient l'effort: & la charge. Il ne convient de mettre en œuvre les traits de porte-à-faux, comme les trompes & autres, que lorsque l'on y est absolument contraint, pour se procurer quelques dégagemens, ou pour éviter de prendre la place des fondations que ce moyen épargne. J'ajouterai encore qu'il faut plutôt consulter le bon goût que d'affecter ces nouveautés souvent ridicules, auxquels se sont livrés trop facilement les artistes du siècle passé pour afficher le savoir.

La rencontre & l'intersection de différentes parties de voûtes n'est pas toujours d'un bon effet. Une voûte en arc de cloître dont le ceintre est peu concave, traversé de lunettes & surmonté d'un cul de four, comme l'on en voit à une des chapelles de Saint-Sulpice ne fait pas aussi bien qu'une voûte moins compliquée.

Des lunettes cylindriques qui traversent une voûte sphéroïde ou de four surbaissé, ne produisent pas un bon effet de près, parce que les arêtes d'enfourchement paroissent déversées, c'est-à-dire, pencher à droite & à gauche, comme on peut le remarquer à la même église de Saint-Sulpice; cette difformité diminue lorsque la lunette est vue de bas en haut & de plus loin comme à Saint-Roch; mais elle ne disparoît jamais totalement, & l'on ne peut espérer de la rendre plus agréable par la nature même de la construction & de son essence.

COUPOLE, sub. f. Ce mot venu de l'italien *Cupola*, qui exprime la même chose, signifie, dans son sens analogique, une voûte en forme de coupe renversée. Dans le sens que l'usage & l'architecture lui donnent, il signifie une voûte fermée, construite sur un plan circulaire ovale ou polygone; dans le sens plus étendu que l'usage lui assigne, il s'applique à ce grand genre de construction qui, couronné par une voûte sphérique, sphéroïde ou avoïde, s'élève soit sur un plan cylindrique en montant

tant de fond, soit sur un plan en forme de polygone régulier ou symétrique, soit sur un plan carré par le bas, mais racheté circulairement par le haut, au moyen d'arcs doubleaux & de pendentifs dans le sommet d'un temple ou d'une vaste salle.

Les italiens entendent par le mot *cupola* non-seulement les voûtes qui forment le couronnement d'un édifice, mais souvent, en donnant au tout le nom de la partie, l'édifice entier. On se sert aussi de celui de dôme dans la même extension de signification; ainsi l'on dit le dôme pour l'église où se trouve un dôme.

Il faut observer cependant que le mot *coupole* semble désigner plus particulièrement l'intérieur ou la concavité des grandes voûtes auxquelles on donne ce nom, & que le mot dôme s'applique plutôt à leur partie extérieure. Ainsi l'on dit quelquefois d'un édifice qu'il est terminé en dôme sans qu'il forme pour cela coupole à l'intérieur, comme cela se voit au grand pavillon des Tuileries, à celui de l'Ecole Militaire, &c.

Lorsqu'une *coupole* s'élève sur un plan montant de fond, l'édifice qu'elle couronne prend plus ordinairement le nom de rotonde (*Voyez* ce mot.) Il prend celui de dôme lorsque la *coupole* rachetée par des pendentifs s'élève sur un plan différent de celui qui porte ces pendentifs; & lorsque sur-tout la voûte de la *coupole* ne pose pas immédiatement sur les pendentifs, mais se trouve exhaussée par une construction cylindrique en forme de tour circulaire plus élevée à l'extérieur que le reste de l'édifice, & que l'on appelle *tambour* du dôme (*Voyez* ce mot.)

Les notions de tout genre qui s'appliquent au mot *coupole* ayant une étendue trop considérable pour former un seul article, je bornerai celui-ci à la partie historique & théorique; le suivant comprendra les connoissances-pratiques relatives à la construction des *coupoles*. Je renverrai au mot DÔME (*Voyez* ce mot) tout ce qui regarde la partie décorative & les descriptions qu'elle comporte.

La forme la plus générale des temples chez les anciens fut celle du parallélogramme rectangle. Ils en construisirent néanmoins un assez grand nombre sous celle de rotonde. Cette dernière forme paroît même avoir été affectée plus particulièrement aux temples de certaines divinités, telles que Vesta, Cybèle, Bacchus, &c. La plus célèbre comme la mieux conservée des rotondes antiques, est celle qui passe pour avoir été consacrée à Rome aux douze grands dieux, qui porte aujourd'hui le nom de *Panthéon*, (*Voyez* ce mot) & plus vulgairement celui de rotonde.

Mais aucun des édifices, construits sous des formes curvilignes, chez les anciens, n'offre le caractère particulier qui distingue les *coupoles* ou dômes modernes des rotondes antiques. Le culte des anciens consistoit en sacrifices sanglans, suivis de torréfactions, de libations & de divers autres usages que la fumée, l'odeur & les lavages qu'ils entraînoient eussent rendus insupportables dans l'intérieur d'un édifice fermé, & qui ne pouvoit avoir lieu qu'à grand air. Aussi le temple, proprement dit, n'étoit-il chez les anciens qu'une espèce de sanctuaire ou chapelle, assez ordinairement peu étendu, quelquefois même sans couverture. Les sacrifices se faisoient dans l'enceinte, souvent très-vaste, qui étoit au-devant. Il est même permis de douter que les rotondes ou autres édifices de ce genre qui, chez les anciens, ont exigé des efforts remarquables, en fait de voûtes ou de toitures, aient été des temples. Le Panthéon lui-même passe, non sans beaucoup de vraisemblance, pour avoir eu une destination fort étrangère à celle des édifices sacrés. Personne n'ignore aujourd'hui qu'il faisoit partie des thermes d'Agrippa, & que seule de toutes les salles, dont les débris se sont retrouvés dans les fouilles des environs, elle a échappé à la destruction presqu'entière d'un grand ensemble dont le plan est connu de tous les artistes.

La différence du culte, introduit par la religion chrétienne, en dut amener une très-grande dans la forme des édifices sacrés. Tout cet appareil de sang & de victimes qui souilloit les religions anciennes, avoit disparu. Celui d'un banquet frugal & fraternel y avoit succédé. Les modestes agapes des premiers chrétiens n'étoient suivies ou précédées que de cérémonies sédentaires, de chants sacrés, & sur-tout de discours ou d'enseignements que l'on eût difficilement entendus en plein air, & qui dès-lors exigèrent l'usage de salles fermées, assez vastes pour contenir le nombre, toujours croissant, des fidèles, mais tellement bornées cependant, que l'instruction, qui devenoit la partie principale du culte, pût aisément se faire entendre dans toute l'étendue du temple.

C'est dans ces convenances toutes naturelles qu'il faut chercher la raison de la forme des temples chrétiens, (*Voyez* BASILIQUE,) & non dans le besoin qu'eurent les premiers fidèles de mettre leur culte à l'abri des insultes populaires. Sitôt que cette religion put se montrer au jour, elle dut chercher de vastes intérieurs d'édifices, & parmi toutes les formes de bâtimens anciens, aucun autre que la Basilique ne lui offroit de grands vaisseaux couverts & proportionnés à la nature de ses cérémonies.

On a vu, à l'article *basilique*, comment la disposition & le plan en forme de T des grands édifices de ce nom avoient pu, même sans le secours de la pieuse analogie avec le signe du christianisme, donner aux plans des premières églises la figure d'une croix.

Rien n'empêche cependant de croire que le désir d'y retracer l'idée du signe qui étoit le principal objet du culte des chrétiens, aura porté ceux-ci, dès les premiers temps, à altérer de plus en plus la simplicité de la Basilique, par l'addition d'une nef transversale croisant à angles droits la grande nef.

Ce point de réunion des deux nefs, seul aperçu de toutes les parties de l'édifice, en devint presque nécessairement le point principal. Et si l'usage bien naturel d'y placer le sanctuaire & le principal autel fut long-temps balancé par l'usage antérieur qui les avoient portés dans l'hémicycle ou rond-point de l'édifice, le besoin seul de la construction sur un plan ainsi disposé, conduisit du moins à décorer cet endroit d'une manière particulière, & ne pouvoit manquer de faire naître l'idée d'y élever des dômes ou des coupoles.

La première coupole à *pendentifs*, celle de Sainte-Sophie à Constantinople, nous montre la progression des idées en ce genre. On ne sauroit dire précisément que ce dôme soit au centre d'une croix, car les quatre parties qui accompagnent la coupole n'ont point l'étendue qu'on s'est habitué depuis à donner aux nefs ; d'ailleurs la forme extérieure du monument est carrée, cependant une de ces parties se prolonge plus que les autres, & se termine par un hémicycle où l'autel étoit placé. (*Voyez* CONSTANTINOPLE.)

L'église de S. Marc à Venise, qu'on a prétendu, l'on ne sait trop pourquoi, être une copie de Sainte-Sophie à Constantinople, se prononce déjà beaucoup plus en forme de croix. Il y a en effet peu de rapport entre la vaste, mais unique & surbaisse *coupole* de Justinien, & les cinq dômes qui s'élèvent d'une manière si remarquable au-dessus de l'église ducale de Venise. Sainte-Sophie a tout simplement la forme d'une salle carrée, selon les plans de beaucoup d'anciens thermes, aux deux bouts de laquelle sont deux niches circulaires & dont les flancs sont décorés d'un péristyle. Les angles de retombée des pendentifs y sont rentrans. A Saint Marc les angles de retombée sont saillans, deux nefs bien prononcées s'y croisent à angles droits ; enfin, le plus grand rapport entre ces deux édifices consistera dans le style de leur architecture & dans quelques parties de décoration.

Quoi qu'il en soit, les *coupoles* de ces deux temples, celle même de Saint-Marc, malgré leur surhaussement, n'offrent point encore l'idée propre du dôme chez les modernes, c'est-à-dire, l'élévation de la *coupole* au haut d'un tambour formant tour en dehors.

La cathédrale de Pise en donna le premier exemple : car je ne compterai point au nombre des dômes plusieurs essais gothiques dont quelques-uns, & entr'autres la *coupole* à pans & en ogives de la cathédrale de Milan, s'annoncent à l'extérieur par une décoration exhaussée sur le sommet de l'édifice. Mais si Buschetto acquit quelque gloire en élevant le temple de Pise, ce fut par la disposition & l'étendue de ces nefs, plutôt que par sa coupole, foible & peu intéressant accessoire de ce monument si important d'ailleurs dans l'histoire des arts & de l'architecture. (*Voyez* BUSCHETTO.)

L'honneur du premier grand effort en ce genre étoit réservé à l'immortel auteur de la *coupole de Sainte-Marie-des-fleurs*, à Florence. Nous en avons, avec complaisance, retracé à son article l'intéressante histoire. (*Voyez* BRUNELESCHI,) & nous ne nous sommes réservés pour celui-ci que l'occasion d'observer que Bruneleschi, placé à la première époque de la renaissance des arts, & hasardant d'une main encore incertaine, mais ingénieuse & savante, les formes & les détails si long-temps oubliés de l'architecture antique, eut le mérite non seulement de concevoir l'idée des doubles *coupoles*, si souvent imitées depuis, mais d'être le véritable créateur de cette forme ovoïde & pyramidale devenue, après lui, la forme la plus générale des dômes, & que tous les artistes, à commencer par Michel-Ange, ont semblé regarder comme la forme caractéristique des *coupoles* de nos temples.

L'histoire des arts fait partie de leur enseignement, comme elle contribue à leur récompense. Mais si la mention qu'elle fait des grands efforts & des hautes entreprises, offre l'avantage de stimuler de plus en plus les hommes qui en sont capables ; peut-être des détails trop scrupuleusement suivis sur la progression de certaines idées n'ont-ils d'autre objet, que de consoler sans besoin l'amour-propre des artistes médiocres, ou la paresse de ceux qui se contentent de peu de gloire. Aussi ne mettrai-je point au nombre des monumens susceptibles d'être rappelés dans l'histoire des *coupoles*, celle des Augustins de la place Navonne, qui déjà n'existe plus, & que M. le Roy n'a mentionnée que pour être fidèle à l'histoire.

Il sembleroit, selon lui, que ce petit édifice fût le premier où l'on ait eu la hardiesse d'élever sur les quatre arcs des nefs & sur les pendentifs qui les unissent, une tour de dôme ou un corps cylindrique couvert d'une calotte ; cependant Constantinople & Venise avoient dès long-temps vu élever des *coupoles* sur des pendentifs ; Pise & Florence avoient au contraire des coupoles élevées sur un tambour. Quoi qu'il en soit, ce petit monument avoit été mal construit, il n'a duré que 380 ans. Craignons, au reste, de rapetisser l'art en comptant une époque quelle qu'elle soit entre la *coupole* de Florence & celle de Saint-Pierre de Rome. Hâtons-nous d'arriver à celle-ci, la plus grande, la plus belle, la plus célèbre de toutes, la plus digne enfin d'enorgueillir les siècles modernes.

Une pensée gigantesque lui donna naissance. Bramante voulut élever le Panthéon sur les arcs du temple de la Paix. Michel-Ange eut la gloire d'exécuter cette étonnante conception. Plus sage, plus précis que celui de Michel-Ange, le génie de Bramante avoit enfanté un projet dont on ne peut s'empêcher de regretter la pureté & la simplicité majestueuse. (*Voyez* BRAMANTE.) On admire l'accord qui règne entre le dôme actuel & les autres parties de l'église de Saint-Pierre. Un accord plus parfait eût régné sous des formes plus simples dans la Basilique de Bramante. Moins embarrassée de détails, plus austère dans ses formes & sa décoration, avec de moindres dimensions, elle eût eu de plus grandes proportions, & moins enrichie, elle eût été plus riche.

Bramante avoit annoncé le projet d'imiter dans ses nefs le temple de la Paix ; le plan qu'il nous a laissé est en effet tracé d'après cette idée. De grandes & simples divisions en eussent partagé l'ensemble ; point de ressauts inutiles, point de lignes tourmentées ; de grandes masses lisses, simplement ornées, eussent été couronnées d'un entablement destiné à recevoir la retombée des voûtes. Le luxe de l'architecture sembloit avoir été réservé pour la *coupole*, copie du Panthéon, dans son plan comme dans ses détails & même dans sa forme générale. La simplicité des nefs immenses qui devoient en former le soubassement, en eût rehaussé la richesse. Bramante avoit si bien senti l'effet qui devoit résulter de cette opposition, qu'il avoit cherché à ménager le même contraste de style aux trois extrémités de ses nefs, où des colonnades auroient répandu un air de légèreté, & une harmonie que de grandes masses, dans un si vaste ensemble, ne peuvent jamais donner. Il est à douter cependant si Bramante, peu savant dans la construction, n'avoit pas sacrifié en beaucoup de points la possibilité de l'exécution à l'élégance & à la régularité de son plan ; l'histoire nous apprend qu'après sa mort Balthazar Peruzzi, San Gallo, Raphaël, s'occupèrent des moyens propres à mettre les supports de ce grand édifice en proportion avec les masses qu'il devoient soutenir.

Les fondations de Bramante avoient été mal conçues & trop précipitamment exécutées ; Michel-Ange, architecte en chef du monument, se hâta de réparer cette faute. Il raffermit les fondemens commencés, créa les moyens de poursuivre, & imprima à tout, ce caractère de grandeur & de solidité qu'on n'eut pas attendu jusque-là des forces de l'homme, il ramena le plan de Bramante à celui d'une croix grecque, en empruntant de Bruneleschi l'idée d'une double *coupole*; il en proportionna, de la manière la plus heureuse, les piliers & les pendentifs, & couronna d'un entablement, aussi beau par son profil que par sa proportion. Si, dans la décoration du tambour, il ne songea pas à un parti plus noble que l'emploi des pilastres dont il le revêtit, il sut tirer au moins de cette ordonnance, aussi pure que régulière, l'effet qu'on doit chercher avant tout dans l'intérieur d'une *coupole*, c'est-à-dire la grandeur. Des colonnes placées dans de tels intérieurs alourdissent la masse, & attirent à elles une partie de l'attention due à l'ensemble. Entre les mains habiles de Michel-Ange, les besoins mêmes de la construction devinrent des moyens de décoration. (*Voyez* DÔME.) Enfin, la *coupole* de Saint-Pierre reçut une forme plus imposante & plus majestueuse que tout ce qu'on avoit imaginé jusqu'alors.

Plus heureux que le Bramante, Michel-Ange eut des successeurs qui respectèrent ses dispositions : Jacques de la Porte & Vignole les suivirent avec scrupule, & ne se permirent qu'un léger exhaussement à la courbure de la *coupole* extérieure, exhaussement que l'œil en effet ne pouvoit s'empêcher d'y désirer.

Ainsi la *coupole* de Saint-Pierre, si étonnante d'ailleurs par l'immensité de ses dimensions & par les grands efforts d'industrie qu'exigea sa construction, devint & est restée la *coupole* la plus parfaite qui existe pour la beauté de ses formes & la justesse des proportions, tant intérieures qu'extérieures. Rien à cet égard ne lui est comparable, & il ne lui manque, pour offrir aux yeux un ensemble sans reproche, qu'un soubassement plus digne d'elle, que ne l'est le portail mesquin, quoique colossal, qui lui sert de base.

La beauté de ce modèle devoit lui créer des imitateurs. Il semble en effet que tous les artistes aient cherché depuis à en faire l'objet de leurs études, & l'aient regardé, ainsi qu'on regarde la nature, comme un modèle que tout le monde copie sans qu'aucun des copistes se ressemble. Comme si Michel-Ange eût atteint, dans les proportions & les dispositions de la *coupole*, le point de la perfection, son ouvrage est devenu classique. Fontana a été jusqu'à fixer, d'après elle, la manière géométrique & invariable de décrire la courbe & de mesurer les proportions des *coupoles* en général. Les détails qu'il donne à cet égard sont contenus dans l'ouvrage intitulé : *Descrizione del tempio Vaticano*, l. 5, ch. 24. Comment cependant admettre des règles aussi précises, aussi serviles pour un genre de construction nécessairement soumis, tant par lui-même que par ses rapports infinis, à toutes les sujétions, à toutes les variétés de formes, de dimensions & de proportions que doit exiger l'ensemble le plus complexe de tous ceux que l'architecture moderne a imaginés ?

La forme pyramidale ou surhaussée que Michel-Ange sut donner à la courbure de sa *coupole*, est sans doute dans le plus bel & le plus juste accord avec la masse générale. Bramante & ceux qui avoient eu le dessein de copier de plus près la forme du Panthéon, n'auroient sans doute pas aussi bien réussi, ce qui prouve qu'il n'y a pas de positif dans les règles de l'architecture. Comme tout, dans cet art, est composé de rapports, la forme qui plaît étant isolée ne sera plus la même, mise en relation avec d'autres. A cet égard, il faut convenir que, malgré les observations critiques dont la *coupole* de Saint-Pierre peut devenir l'objet, elle est encore celle de toutes qui a le moins de défauts ; elle est, sans aucune comparaison, la plus hardie & la plus élevée, la plus riche & la mieux décorée, la plus belle dans ses formes extérieures & intérieures. On doit la regarder comme le point le plus haut où l'art soit parvenu, & tout ce qui s'est fait depuis ne sert qu'à marquer les degrés par où l'art est descendu, comme ce qui l'a précédé marque les points de son ascension.

L'Italie vit se multiplier les *coupoles* dans tous les édifices sacrés : partout on ne trouve que de foibles contre-preuves du grand ouvrage de Michel-

Ange ; si quelques-unes offrent des variétés de décoration ou de construction, aucune ne mérite une place dans une histoire abrégée.

Le goût des *coupoles* se répandit aussi dans le reste de l'Europe. A-peu-près dans le même temps, l'Angleterre & la France se disputoient l'honneur de rivaliser avec Rome, dans l'érection de semblables édifices. Le chevalier Wren bâtissoit Saint-Paul à Londres, tandis que Jules-Hardouin Mansard élevoit la coupole des Invalides. Si le premier approcha davantage de Saint-Pierre par l'étendue de son diamètre, le second sembla avoir voulu s'en rapprocher par la magnificence de la décoration.

Ce que l'on remarque de particulier dans ces deux édifices, trouvera sa place à l'article suivant, qui traite de la construction des *coupoles*. Mais ce qu'on doit dire pour leur histoire, c'est que le chevalier Wren imagina le premier, d'ouvrir les piliers massifs du dôme, pour donner un passage libre aux bas-côtés, & que Mansard perfectionna la disposition des doubles voûtes de la coupole. Il ouvrit le plafond de la plus basse, il fit peindre celui de la plus haute, & l'éclaira par des croisées percées dans un attique, dont le jour pénétrant entre les deux calottes, frappe sur la partie concave de la voûte supérieure, sans que les spectateurs, qui sont en bas, puissent appercevoir ces croisées, & découvrir la cause qui donne un si grand éclat aux peintures dont la voûte est ornée.

Cette disposition de voûtes vient d'être encore perfectionnée au dernier des grands ouvrages qui ont été produits, & probablement le seront à l'avenir en ce genre ; je parle de la coupole de la nouvelle église de Sainte-Geneviève, consacrée, sous le titre de Panthéon français, à la sépulture des grands Hommes. Si cet ouvrage n'offre rien de nouveau dans sa conception, ce qui étoit fort difficile, puisqu'il s'est fait après tant d'autres, il présente au moins l'avantage d'une construction toute en pierres de taille dans les voûtes de ses trois *coupoles*, & cette particularité seule lui feroit tenir un rang distingué dans l'histoire des hautes entreprises & des grands efforts de la construction. (*Voyez*, à l'article suivant, les détails de ce monument.)

J'ai dit qu'il seroit probablement le dernier de ce genre. Je pense en effet que beaucoup de raisons concourent à dégoûter désormais d'une espèce d'entreprise, pour laquelle il faut épuiser des sommes immenses & consacrer des siècles. Cette réflexion me conduit naturellement à la partie critique, & aux observations de goût par lesquelles j'ai résolu de terminer cet article.

A juger de l'invention & de l'emploi des *coupoles* modernes ou dômes, par les dépenses prodigieuses qu'elles ont produites, par les efforts de tout genre qu'elles ont nécessités, par l'émulation qui a porté dans ce genre tous les peuples de l'Europe à se disputer le prix de la hardiesse, de l'élévation, de la magnificence, par l'admiration & la critique qui se sont tour-à-tour exercées sur ce sujet ; il sembleroit permis de croire que cette découverte a été comme le *maximum* des efforts de l'architecture, qu'elle avoit manqué à la gloire des anciens peuples, & qu'enfin la *coupole* qui réuniroit les diverses beautés que se partagent les plus beaux ouvrages connus en ce genre, deviendroit le *nec plus ultra* du savoir & de la beauté de l'art.

A entendre d'une autre part la critique s'exercer sur ce mode ambitieux de construction, & développer tous les vices qui en sont résultés dans l'architecture moderne, on seroit tenté de croire que cette prétendue conquête auroit plutôt épuisé les ressources de l'art qu'agrandi son domaine.

En effet, vous dit-on, qu'a gagné l'architecture à cette agrégation de formes, de masses & de constructions si dispendieusement réunies ? Les anciens ne faisoient-ils point de vastes salles, des nefs de basilique, prodigieuses par leur élévation & leur étendue ? Ne faisoient-ils pas aussi des *coupoles* d'une dimension supérieure à ce que les *coupoles* modernes peuvent produire ? Que nous est-il venu de cette copulation des basiliques avec des *coupoles* ? rien, sinon d'avoir des basiliques moins bien ornées & des *coupoles* moins solides.

Et puis, que signifie cette imposition d'un édifice sur un autre ? A quoi bon ce temple circulaire, placé sur un temple carré, dont la masse extérieure ne semble faite que pour la décoration des environs d'une ville, & dont l'ordonnance intérieure semble aussi ne plus appartenir qu'aux régions aériennes ?

Ces objections, répond-on, ne sont que spécieuses. Si les anciens n'ont point réuni les deux genres de construction, qu'ils employoient séparément dans leurs édifices, c'est que jamais les usages de leurs temples ne durent ni ne purent leur en faire naître l'idée. Quant à cette espèce de superfétation dans laquelle on croit voir un pléonasme de motif ; pourquoi ne feroit-on pas la même difficulté à la répétition des étages, à tout ce qui forme couronnement ? Lorsque la disposition de deux nefs qui se traversent semble inviter à décorer & à couvrir plus majestueusement le point de leur rencontre ; lorsque la possibilité de tirer d'en haut une masse de lumière imposante & magique, offre l'occasion de produire les plus grands effets qu'ait enfantés l'architecture ; lorsque l'œil, ami des formes pyramidales, lorsque l'imagination, non moins amie de tout ce qui porte le caractère de grandeur & de hardiesse, semble désirer, au faîte de nos édifices sacrés, un couronnement dont l'élévation aille pour ainsi dire chercher la divinité qu'on y implore ; que peuvent signifier ces raisonnemens timides & rétrécis ? Il est permis d'élever au-dessus de toute base tout ce qu'elle est capable de supporter, & sauf les limites de la possibilité, c'est au sentiment plus qu'à la raison, c'est au goût plus qu'au calcul, qu'il appartient de fixer à cet égard les bornes que l'artiste est dans le cas de se prescrire.

On ne sauroit nier que toutes ces considérations puissent avoir de la valeur, sur-tout auprès de ceux qui jugent des effets de l'architecture plus par les sens que par le sens moral, & qui cherchent la grandeur dans l'excès des dimensions plus que dans la justesse des proportions. Cependant lorsqu'on veut se rendre compte impartialement des causes qui ont propagé l'usage des *coupoles*, on observe qu'elles reposent sur deux préjugés qui pourroient bien aussi se dissiper & faire tomber avec eux ses dispendieuses décorations.

Le premier de ces préjugés remonte au goût, qui de l'architecture gothique est passé dans les ouvrages de l'architecture régénérée par les temps modernes. Lorsque les arts eurent perdu le secret du vrai beau & les routes qui mènent à la vraie grandeur, ils imaginèrent le merveilleux & le gigantesque. On crut plus beau en faisant plus riche; on crut faire plus grand en faisant plus haut. C'est alors qu'on vit tous les temples se disputer dans leurs portails, dans leurs tours, dans leurs combles, dans leurs clochers, le prix de l'élévation. On classa la réputation des édifices selon leur hauteur. Lorsqu'enfin le goût de la saine antiquité vint purger l'architecture de tous ces préjugés qui faisoient gronder la raison, le seul dont elle ne put triompher fut celui qui avoit habitué les yeux à ce prodigieux exhaussement de construction dans les temples. L'édifice qui eût réuni tous les genres de mérite en architecture eût, par la force de l'habitude, passé pour l'œuvre timide d'un art dégénéré, s'il n'eût pu soutenir le parallèle avec ces grandes nefs gothiques, que l'ignorance regarde encore aujourd'hui comme des monuments de hardiesse, tandis que le genre même de leurs points d'appui décèle leur foiblesse; il fallut donc continuer de faire très-élevé, afin de paroître très-hardi.

Le style de l'architecture antique ne se prêtoit pas à ces prétendus tours de force qui avoient si long-temps amusé les yeux ignorans : les ordonnances de colonnes sur-tout contrarioient trop les dispositions favorables à ces jeux de la fantaisie. En effet, dès qu'on emploie des colonnes, il faut s'en tenir aux dimensions que prescrivent leurs proportions. Des voûtes étendues ne peuvent presque point avoir lieu sur les frêles points d'appui que présentent des colonnes bien proportionnées, ou, pour le faire, il faudroit sacrifier la largeur des nefs à leur hauteur. On adopta donc de préférence le goût des arcades ou des portiques qui présentoient, avec les moyens d'une décoration régulière, & avec toutes les parties caractéristiques de la bonne architecture, les ressources de la solidité requise pour porter à une très-grande élévation les plus ambitieuses constructions. On put dès lors rivaliser en hauteur, en grandeur avec les plus fameuses églises gothiques ; on put même les surpasser en solidité, & sans le secours de ces misérables étais qui arcboutoient les trop fragiles élévations des Goths, porter aussi loin qu'eux le mérite de la grandeur.

Cependant les yeux s'étoient habitués à voir s'élancer dans les airs ces flèches, ces aiguilles, ces tours ; ces découpures, dont toute la beauté consistoit à être apperçues de fort loin. L'idée des *coupoles* remplaçoit bien avantageusement ces futiles mesquineries; elle fut donc & dut être adoptée à l'envi par toutes les villes jalouses d'annoncer au loin la gloire de leurs temples. On peut affirmer que cette manie, pour l'élévation des *coupoles*, est un reste de l'héritage des Goths.

Une pieuse pratique, comme on l'a déjà dit, fut l'origine du second préjugé, qui donna naissance aux *coupoles*. L'emploi que les premiers chrétiens firent des Basiliques pour y célébrer publiquement leurs mystères, put avoir également concouru à la forme de croix, (voyez BASILIQUE ;) mais il paroit constant que l'on s'étudioit, dans ces temps, à répéter par-tout le signe d'une religion triomphante, & que, soit hasard dans l'origine, soit intention dans la suite, le plan en forme de croix devint caractéristique des temples du christianisme, sans doute dans la nécessité de réunir à un point commun quatre nefs ; ce fut une heureuse idée que d'y élever une *coupole* & de tirer la plus belle décoration d'un édifice de ce qui en faisoit le principal vice; mais aussi l'expérience amène les réflexions, & voici celles que l'usage si répété des *coupoles* a dû produire.

Est-ce bien réellement la peine de faire tant de frais pour épargner à la disposition intérieure des temples un défaut qu'on peut faire disparoître bien plus sûrement, en revenant à une forme plus simple ? Cette forme de croix est-elle tellement prescrite qu'on ne puisse y renoncer ? Une seule d'exemples ne prouve-t-elle pas que l'architecture est parfaitement libre dans le choix des formes convenables aux temples chrétiens ? Pourquoi ne reviendroit-on pas à l'unité ? Que présente en effet cette disposition en croix, sinon deux temples inscrits dans un seul ? Quelle dépense perdue, pour produire moins d'effet, & si l'on portoit cette dépense à l'agrandissement ou à l'embellissement d'une des deux parties du temple, combien, sous tous les rapports, n'y gagneroit-on pas!

Qu'on juge, en outre, de toute la dépense de construction perdue, pour ménager les points d'appui dont on a besoin, dans l'élévation de semblables masses; qu'on pense encore à tout ce qui se fait en pure perte, pour dérober aux yeux le secret de ces points d'appui, & l'on verra là une des principales raisons du petit nombre de monumens, chez les modernes, en comparaison des anciens. Quand on examine de près tout ce qui se trouve employé, d'une manière invisible dans les monumens en question, on se persuade difficilement qu'on ait pu se résoudre à faire tant de sacrifices à deux préjugés, que le bon goût & le bon sens pouvoient si facilement renverser.

Depuis que ces préjugés ont perdu de leur force, depuis qu'on en est venu à placer la véritable grandeur dans les proportions & non dans les dimensions, depuis que le style, si sage & si riche à la fois, des ordonnances grecques a pris la place du goût lourd & massif des portiques & des arcades; on a compris qu'il falloit renoncer aux pompeuses constructions des *coupoles*, & plus le style des grecs s'accréditera dans nos temples, plus on se désabusera de cette combinaison dispendieuse qui manque tout pour vouloir tout réunir, & qui accumule la dépense, suffisante à la construction de dix temples, pour ne vous en offrir qu'un imparfait.

L'expérience du peu de solidité de certaines *coupoles*, contribuera, peut-être encore, à en faire tomber l'usage. La plus fameuse de toutes, celle de Saint-Pierre, a occupé, pendant un demi-siècle, les soins & la surveillance des architectes. Plusieurs lézardes très-considérables s'y étoient manifestées. Le temps a appris depuis, ce que ces accidens avoient de réel, & l'on est, quant à présent, rassuré sur leurs suites. *Voyez*, à ce sujet, l'article suivant.

Bottari, sur-tout, s'est plu à chercher tous les motifs sur lesquels pouvoit se fonder la sûreté du monument. On s'étonne cependant de le voir puiser ses sujets de tranquillité dans la conformité d'accidens survenus, selon lui, à toutes les *coupoles*. Que penser de cette manière de raisonner? Le temps nous l'apprendra; mais, s'il est permis de devancer ses leçons, ne peut-on pas regarder ces sortes de constructions comme sujettes, par elles-mêmes, à une espèce de maladie incurable, & peut-on se résoudre tranquillement à confier, avec de si grandes dépenses, la gloire d'un pays à des monumens qu'on sait porter avec eux un germe de destruction? Le plus beau privilège de l'architecture est dans la propriété qu'elle a d'immortaliser le génie des peuples qui l'emploient. On a donc le droit, sur-tout dans de vastes édifices, d'exiger d'elle une garantie de leur durée. Le plaisir qui s'attache à la vue des édifices, se compose, plus qu'on ne pense, de l'opinion qu'on a de leur solidité, & la crainte qu'ils inspirent, nuit beaucoup aux jouissances qu'ils donnent. Je laisse à penser jusqu'à quel point ces considérations peuvent s'appliquer à l'édification des *coupoles*.

La saine critique auroit encore bien des observations à faire, sur la manière d'employer convenablement les *coupoles*: car il faut l'avouer, si ce genre de construction tombe en désuétude, on le devra aux abus qui ont, dans ce genre, fatigué les yeux & tourmenté l'architecture. Je ne veux pas parler ici de tous ceux qui tiennent à l'impéritie & au mauvais goût des architectes, ou à l'insatiable besoin de la nouveauté. Mais il en est deux principaux, le premier consiste dans le manque d'unité, le second, dans l'incohérence presqu'inévitable, qu'a l'édifice supérieur avec celui qui lui sert de soubassement.

Le défaut d'unité est sensible dans presque toutes les églises à *coupole* qui sont faites en forme de croix latine. En effet, on s'attend que cette masse gigantesque, qui domine extérieurement l'édifice, doit former le corps principal du temple, & cependant on s'apperçoit, en y entrant, qu'elle n'en est que l'accessoire; on ne découvre le temple circulaire qu'après avoir parcouru les deux tiers de la nef d'entrée; Michel-Ange avoit voulu éviter ce défaut dans Saint-Pierre, & la forme de croix grecque qu'il avoit résolu de donner au temple le lui auroit épargné. En y entrant on eût été sur-le-champ frappé de l'immensité de la *coupole*; elle eût paru beaucoup plus grande, n'y ayant aucune partie de l'édifice qui la surpassât en dimension; mais le préjugé qui a, chez les modernes, placé la grandeur dans ses dimensions plutôt que dans ses proportions, l'a emporté depuis sur le plan de Michel-Ange, & l'église de Saint-Pierre est devenue, comme il étoit naturel qu'elle devînt, le modèle de toutes les églises à *coupole*; de là le manque d'unité qu'on y remarque. On est forcé d'avouer que le temple circulaire, représenté par la *coupole*, n'est plus qu'un hors-d'œuvre, une partie parasite dans l'ensemble général.

Le défaut d'accord & d'harmonie entre le temple circulaire extérieur & celui qui lui sert de soubassement, n'est pas moins frappant dans la plûpart des temples en question; on ne trouve presqu'aucun rapport entre eux, ni dans le style d'architecture, ni dans les dispositions générales; & tandis que la partie inférieure du temple devroit être disposée, soit dans son ensemble, soit dans ses détails, de manière à paroître le soubassement de la *coupole*, on la voit presque toujours construite, ornée, percée, & distribuée comme si rien ne devoit la surmonter, ensorte qu'on diroit de la plûpart des *coupoles* qu'elles n'ont fait que remplacer les clochers; c'est sur-tout aux frontispices des temples à *coupole* que ce défaut devient sensible. Peut-être n'y a-t-il rien de plus incompatible que la réunion d'un péristyle à fronton avec une *coupole*; le fronton indique, d'une manière trop décidée, la terminaison d'un édifice, pour qu'on puisse convenablement élever au-dessus une *coupole*. Il convient peut-être mieux alors & au caractère de soubassement qu'exige la *coupole*, de donner au frontispice du temple une ligne droite, & peut-être, sous ce rapport, le frontispice de Saint-Pierre, malgré ses défauts, est-il plus d'accord avec la *coupole* que ne l'eût été celui du Panthéon.

Il vaut mieux, dans ce genre de critique, laisser à penser aux artistes, que de leur trop dire. Le goût ou le sentiment éclairé des convenances ne veut pas qu'on l'accable de preuves & de raisonnemens; souvent il regimbe contre la raison pédantesque qui s'efforce de le convaincre. J'en aurai assez dit pour ceux qui sont doués de cet

organe, ou de ce sens particulier qu'on appelle le goût; je n'en dirai jamais assez pour les autres.
Je terminerai cet article par un tableau comparatif des plus célèbres *coupoles* antiques & modernes, où l'on trouvera les rapprochemens de leurs hauteurs & de leurs diamètres.

TABLEAU COMPARATIF

DES COUPOLES LES PLUS CONSIDÉRABLES, CONSTRUITES JUSQU'A NOS JOURS EN DIFFÉRENS PAYS ET A DIVERSES ÉPOQUES.

PREMIÈRE ÉPOQUE.

Coupoles antiques, construites avant le règne de Constantin.

NOMS DES COUPOLES ET DES PAYS OÙ ELLES SONT SITUÉES.	Diamètres intérieurs, mesurés à la naissance de la coupole.			Hauteurs jusque sous le sommet des coupoles, ou jusqu'au bord des ouvertures qui y sont pratiquées.			Temps où elles ont été achevées de construire.
	pi.	p.		pi.	p.		Avant J. C. ou l'ère vulgaire.
ROME.							
Le Panthéon.............................	134	7	0.....	132	3	0.....	28
Coupole du temple de *Minerva-medica*, dont le plan est un polygone régulier à dix côtés.....	72	10	0.....	91	0	0.....	0
BAYE DE POUZZOL.							
Coupole d'un ancien temple de Diane.......	91	8	0.....	73	0	0.....	
— d'un autre temple de Vénus...........	82	8	0.....	72	0	0.....	
ROME.							
Coupole d'un temple antique, actuellement Saint-Côme & Saint-Damien...............	40	0	0.....	38	0	0.....	
— d'un temple de Bacchus, depuis Sainte-Constance........................	35	6	0.....	61	0	0.....	Depuis l'ère vulgaire.
— de la salle ronde des Thermes de Caracalla, d'après les ruines qui existent & les dessins de Palladio......................	105	4	0.....	109	0	0.....	217
Coupole ronde, avec pendentifs d'une salle octogone des mêmes Thermes...............	58	10	0.....	64	0	0.....	217
— d'une salle ronde des Thermes de Dioclétien, actuellement église de Saint-Bernard........	69	4	9.....	77	10	0.....	302
— d'une autre salle des mêmes Thermes, formant le vestibule de l'église des Chartreux.......	59	3	0.....	70	0	0.....	302

DEUXIÈME ÉPOQUE.

COUPOLES CONSTRUITES DEPUIS LE RÈGNE DE CONSTANTIN JUSQU'À BRAMANTE.

NOMS DES COUPOLES ET DES PAYS OÙ ELLES SONT SITUÉES.	Diamètres intérieurs, mesurés à la naissance des coupoles.	Hauteur jusques sous le sommet des coupoles, ou jusqu'au-dessous des ouvertures qui y sont pratiquées.	Années où elles ont été achevées de construire.
	pi. p.	pi. p.	Ans de l'ère vulgaire.
CONSTANTINOPLE.			
Coupole de Sainte-Sophie de Constantinople...	105 0 0	189 0 0	537
RAVENNE.			
Coupole de Saint-Vital.	51 6 0	85 6 0	547
— de Sainte-Marie de la Rotonde, hors de Ravenne, qui a été taillée dans un seul bloc de pierre d'Istrie.	34 0 0	57 0 0	530
VENISE.			
Coupoles de Saint-Marc ; celle du milieu...	42 6 0		984
Les quatre autres.	32 8 0		
FLORENCE.			
Coupole de Sainte-Marie-des-Fleurs.	130 0 0	290 10 0	1436
— de la chapelle de Médicis.	86 0 0	187 0 0	1636
— Baptistère de Florence.	80 4 0	103 0 0	
SIENNE.			
Coupole du dôme.	53 8 0	158 9 0	1250
MILAN.			
Coupole du dôme.	53 6 0	238 0 0	1425

TROISIÈME

TROISIÈME ÉPOQUE.
Coupoles construites depuis Bramante jusqu'à ce jour.

NOMS DES COUPOLES ET PAYS OÙ ELLES SONT SITUÉES.	Diamètre intérieur, mesuré à la naissance des coupoles.			Hauteur jusque sous le sommet des coupoles, ou jusqu'au-dessous des ouvertures qui y sont pratiquées.			Année où elles ont été achevées de construire.
ROME.	pi.	p.		pi.	p.		
Coupole projetée par Bramante pour St.-Pierre.	133	4	6....	282	4	0....	
Petite coupole exécutée dans le cloître de Saint-Pierre-in-Montorio, par Bramante.	13	9	0....	31	6	0....	1502
Coupole de Notre-Dame de Lorette.	45	6	0....	86	8	0....	1507
— de Saint-Pierre de Rome, par Michel-Ange.	130	0	0....	310	0	0....	1580
— de Saint-André della Valle.	51	6	0....	180	3	0....	1607
— de Sainte-Agnès, place Navonne.	52	11	0....	148	6	0....	1660
— du Jésus, à Rome.	49	11	6....	142	0	0....	1578
— de Saint-Charles, du cours.	46	9	0....	175	6	0....	1664
— de Sainte-Marie *in Portico*.	53	0	0....	116	10	0....	1665
— de Sainte-Marie *a Vallicella*.	42	0	0....	111	4	6....	1599
— de Saint-Luc & Sainte-Martine.	36	1	0....	100	6	0....	1668
VENISE.							
— du Rédempteur.	43	10	0....	112	0	0....	1580
— de Saint-George le majeur.	38	5	0....	109	8	0....	1566
— *della Madonna della Salute*.	65	6	0....	125	1	3....	1640
— *delle Zitelle*.	42	9	6....	82	3	6....	1570
— d'un petit temple à Masser, bâti par Palladio.	38	3	0....	48	3	4....	1560
TURIN.							
Coupole à jour de l'église de Saint-Laurent.	44	6	0....	102	0	0....	1664
— de la Superga.	60	0	0....	120	0	0....	1731
PLAISANCE.							
Coupole de Saint-Augustin.	29	0	0....	107	8	0....	1564
NAPLES.							
Coupole de Saint-Philippe de Néri.	36	0	0....	105	6	0....	1592
PALERME EN SICILE.							
Coupole de Saint-Joseph.	37	6	0....	120	0	0....	
— de Saint-Michel.	33	1	0....	57	0	0....	
LONDRES.							
Coupole de Saint-Paul.	102	0	0....	201	6	0....	1710
PARIS.							
Coupole des Invalides.	75	6	0....	162	9	0....	1704
— du Val-de-Grace.	52	0	0....	124	0	0....	1660
— de la Sorbonne.	38	0	0....	104	0	0....	1653
— du Panthéon français.	62	8	0....	178	0	0....	1790

COUPOLE, subst. fém. Ce mot vient de l'Italien *cupola*, qui désigne une voûte en forme de coupe renversée. Les voûtes en coupole sont ordinairement érigées sur une base ronde ou inscrite dans un polygone. Les Italiens entendent par *cupola* non-seulement les voûtes qui terminent un édifice circulaire, mais souvent l'édifice entier. Les artistes & les amateurs qui ont voyagé en Italie ont affecté la même signification au mot *coupole*; ensorte qu'il est synonyme de dôme, dont on se servoit auparavant. Il faut cependant remarquer que le mot *coupole* semble désigner plus particulièrement l'intérieur, & le mot dôme l'extérieur; & qu'un édifice est souvent terminé en dôme, sans former coupole à l'intérieur, comme le dôme du palais des Tuileries, celui de l'École militaire, &c.

Les voûtes en *coupole*, dont la capacité intérieure est une demi-sphère, sont les plus solides & les plus parfaites; à cause de l'unité, de la simplicité & de la beauté de leur forme. Plusieurs auteurs ont désigné les *coupoles* sous le nom de voûtes *sphériques*; d'autres, & principalement les ouvriers, leur ont donné le nom de voûtes *en cul de four*. *Voyez* ces mots.

La solidité des voûtes en *coupole* provient de ce que toutes leurs parties tendent, avec un effort égal, à un centre commun; de manière cependant, qu'aucune ne peut ni s'en approcher ni s'en éloigner; lorsque ces voûtes sont construites par rangs horizontaux, chaque assise forme une espèce de couronne; toutes les pierres ou briques qui les forment, sont disposées de manière qu'elles ne peuvent s'approcher du centre à cause de leur figure, ni s'en éloigner sans être obligées de remonter, à cause du lit incliné sur lequel elles sont posées; il en résulte qu'elles se soutiennent mutuellement, indépendamment de tout ceintre. De plus, comme chaque couronne de voussoirs diminue de volume, à mesure que le lit sur lequel elle pose est plus incliné, il arrive que l'effort contre les murs ou pieds-droits qui soutiennent les voûtes en *coupole* est presque nul, c'est-à-dire qu'elles n'ont point de poussée. *Voyez* ce mot.

Cette propriété des voûtes en *coupole*, fait qu'elles peuvent s'exécuter d'une manière incomplète ou par partie, sans rien changer à l'arrangement des pierres qui les composent, ni diminuer leur solidité. Ainsi on peut pratiquer au milieu d'une *coupole* une grande ouverture circulaire comme au Panthéon de Rome, à la première coupole des Invalides, & à celle de l'édifice de Sainte-Geneviève que l'on finit sous le nom de Panthéon François, &c. On peut n'exécuter qu'une moitié de *coupole*, comme aux grandes niches qui terminoient les basiliques des anciens, & quelquefois leurs temples. On peut même n'en exécuter qu'un quart, en forme de trompe, pour soutenir en l'air l'angle d'un édifice.

Les anciens auteurs & les ruines des édifices antiques prouvent, que ce ne fut pas chez les peuples qui construisoient en grandes pierres, c'est-à-dire les Egyptiens & les Grecs, que les premières *coupoles* furent construites; ce fut chez les Etrusques & les anciens Romains, puisque c'est chez eux que l'on a trouvé les plus anciens monumens de cette espèce. Il est certain que leur manière de bâtir en mortier & en petites pierres, rendoit l'exécution des ouvrages ronds plus facile. Elle pouvoit se prêter à toutes sortes de formes sans exiger aucun travail préliminaire, à cause du mortier qui servoit de liaison. Mais il n'en est pas de même des grandes pierres qui ne peuvent être mises en place, sans être taillées; lorsqu'on veut employer ces dernières à des ouvrages ronds & ceintrés, le travail en devient extraordinaire, difficile & coûteux. Ce furent là vraisemblablement les raisons qui déterminèrent les Egyptiens & les Grecs à préférer la forme carrée pour leurs temples & leurs principaux édifices, comme étant la plus analogue aux grandes pierres qui se trouvoient à leur disposition.

Il est bon de remarquer que, dans les ruines de la Grèce, on ne trouve qu'un seul édifice rond qui est à Athènes, & encore cet édifice, auquel on donne le nom de lanterne de Démosthène, ou monument de Lysicrate, n'a que cinq pieds & demie de diamètre à l'intérieur. Son couronnement est formé par un seul bloc de marbre, dont le dessous est creusé en calotte, & le dessus orné d'un fleuron à trois branches, d'une forme singulière. Le genre d'architecture de cet édifice, la proportion svelte des colonnes, la profusion des ornemens dont il est chargé, semblent indiquer que ce monument n'est pas aussi ancien que l'ont pensé quelques savans, trompés par l'inscription, qui pouvoit faire croire qu'il avoit été érigé sous l'archontat d'Evænetus, 335 ans avant J. C., en supposant que les mots ΕΥΑΙΝΕΤΟΣ ΗΡΕ signifient Evænetus étant Archonte. Mais à la rigueur ces mots ne disent autre chose, sinon qu'Evænetus présidoit aux jeux où Lysicrate fut vainqueur. De plus, comme on ne connoît pas tous les Archontes d'Athène, il peut y en avoir deux de ce nom, & ce qui est encore plus probable, c'est que celui dont il est ici question, n'existoit qu'après les Archontes, dont le dernier fut sous le triumvirat de Pompée, Crassus & César, 59 ans avant J. C.

La comparaison de ce monument avec les autres édifices d'Athènes prouve d'une manière plus sûre que l'inscription, qu'il a plus de rapport avec ceux faits sous la domination des Empereurs, qu'avec ceux construits dans les beaux siècles d'Athènes.

La plûpart des savans qui ont traduit, ou commenté les ouvrages des anciens auteurs, n'ayant qu'une connoissance superficielle de l'art de bâtir, n'ont pas toujours donné à de certains termes leur vraie signification, qui souvent a varié, à différentes époques: ils ont presque toujours rendu le mot grec θόλος par *coupole* et dôme; cependant en consultans des anciens auteurs, on trouve que les grecs ont désigné par ce mot, 1°. un centre rond en forme de bouclier, auquel aboutissoient les principales pièces de bois qui formoient le toit d'un édifice rond; il indiquoit quelquefois la couverture entière, dont la forme étoit un cône tronqué. 2°. On entendoit par ce mot un édifice rond avec sa couverture; ainsi Pausanias dit qu'auprès du sénat des cinq cents, on trouvoit un édifice, nommé par les Athéniens *tholos*, où les Prytanes faisoient leurs sacrifices. 3°. Ce mot indique un espace rond dans les bains. 4°. Une ouverture circulaire dans le milieu du plafond d'un temple, qui se sert à l'éclairer. 5°. Quelques auteurs ont encore désigné par ce mot un monument du temple de Delphes, nommé par d'autres ομφαλος ou *nombril*. Selon Pausanias, ce monument étoit un ouvrage en marbre blanc; Strabon ajoute qu'il étoit entouré de pampres de vignes, avec deux figures d'aigle. Les habitans de Delphes assuroient que ce monument, qui ne pouvoit être qu'un piédestal rond, indiquoit le milieu du monde. Pindare raconte dans une de ses odes, la fable qui avoit donné lieu à cette croyance, & au monument dont il est question. Il dit que Jupiter ayant fait partir deux aigles, l'une vers l'orient, l'autre vers l'occident, elles se rencontrèrent à Delphes.

Ce ne fut que sous le règne des empereurs que les Grecs donnèrent le nom de θολος, & les Romains celui de *tholus*, aux voûtes en *coupole* qui servoient de couronnement aux édifices circulaires, & même aux *demi-coupoles*, qui terminoient les grandes niches des basiliques & de quelques temples. Voilà pourquoi plusieurs auteurs ont avancé qu'il y avoit un dôme au temple de Delphes & à celui de Cérès-Eleusine (1).

Après avoir montré que les voûtes en *coupole* n'étoient pas en usage chez les anciens Grecs, il nous reste à prouver qu'elles étoient fort communes chez les Romains. En effet, ils adoptèrent cette forme pour la plûpart de leurs édifices. On voit encore à Rome, les ruines d'une infinité de temples ronds: on en compte plus de cinquante, dont les principaux sont le Panthéon, le temple de Bacchus, de Faune, de Vesta, de Romulus, d'Hercule, de Cybèle, de Neptune, de Vénus, &c. & beaucoup d'autres qu'il seroit trop long de nommer, sans compter les édifices ronds des thermes & autres voûtes en *coupole*. La plus grande & la plus magnifique voûte de cette espèce, est sans contredit celle du Panthéon, représentée par les planches 118, 119, 120. Le diamètre intérieur de cette *coupole* est de 134 pieds 7 pouces ½; elle est ouverte au milieu par un œil de 27 pieds 5 pouces de diamètre. L'élévation de cette voûte est de 66 pieds 7 pouces ½, depuis le dessus de la corniche de l'attique, jusqu'à l'arête de l'œil de la voûte. Elle est décorée à l'in-

(1) *Coupole du Panthéon & autres coupoles antiques.*

térieur par cinq rangs de grands caissons carrés, dont ceux du premier rang ont près de douze pieds; leur intérieur qui est très-profond, est entouré de cinq faces ou plates-bandes formant saillie l'une sur l'autre. Les stigmates de lames d'argent qu'on a trouvés dans le fond de ces caissons, ont fait croire qu'ils étoient revêtus de ce métal, avec des rosaces de même. Il existe encore autour de l'œil de cette voûte, un reste de corniche en bronze doré, dont les moulures sont taillées d'ornemens; & des harpons de même métal destinés à soutenir cette corniche, ainsi que les revêtemens au-dessous, qui ont été enlevés.

A l'extérieur, la plate-forme autour de l'œil est encore recouverte de grandes lames de bronze antiques, de cinq lignes & demie d'épaisseur; ces lames ont six pieds de longueur, sur quatre pieds & demi de largeur réduite. Les joints qui tendent au centre de l'œil, sont recouverts par des bandes de même métal qui ont trois pouces un quart de largeur: elles sont arrêtées avec des vis à tête fraisées. On dit que le surplus de la calotte étoit aussi recouvert en bronze, & que le tout étoit doré. Ce fut Constance II, Empereur d'Orient, qui enleva l'argent & le bronze qui décoroient ce monument; le surplus de la calotte resta exposé aux injures de l'air jusqu'à ce que Benoît II fit recouvrir cette partie en plomb. Cette couverture fut renouvelée par Nicolas V, & Urbain VIII. Ce dernier enleva du portique une quantité prodigieuse de bronze, qui a servi à faire la chaire & le baldaquin de Saint-Pierre, & de plus une pièce de canon qui est au château Saint-Ange. La *coupole* du Panthéon est dégagée à l'extérieur du mur circulaire qui la soutient, par un grand socle formant une retraite de neuf pieds, & six gradins au-dessus, de hauteur inégale, formant aussi retraite. La partie au-dessus, depuis les gradins jusqu'à la plate-forme, est extradossée, c'est-à-dire, qu'elle a la figure d'une calotte; à la partie opposée au portail, on a pratiqué une rampe d'escalier d'environ trois pieds de largeur, pour monter sur la plate-forme qui règne autour de l'ouverture circulaire, par laquelle cet édifice est éclairé. Les gradins & la calotte sont revêtus en plomb, & la plate-forme est couverte en lames de bronze antiques, ajustées comme il a été ci-devant expliqué. Cette plate-forme a six pieds de largeur. Il paroît, par les dessins de Serlio, qu'avant que le pape Urbain VIII eût fait recouvrir la calotte en plomb, au lieu d'une seule rampe d'escalier, il y en avoit plusieurs, qui se répétoient symétriquement, ainsi qu'il le déclare dans l'explication jointe à la figure qui représente l'extérieur de ce monument.

Cette coupole est construite, partie en brique, partie en blocage. Les plate-bandes renfoncées, qui règnent autour des caissons, sont bâties en briques, pour les parties apparentes, & le surplus, ainsi que les fonds, le sont en petits tufs & pierres ponces.

O 2

La *coupole* du Panthéon de Rome a environ 16 pieds d'épaisseur à l'endroit où elle se détache du mur d'enceinte qui la supporte; elle a quatre pieds dix pouces, au-dessus du dernier gradin, & quatre pieds quatre pouces, joignant la plate-forme qui règne autour de l'œil.

L'enceinte circulaire qui soutient cette *coupole* a dix-neuf pieds d'épaisseur, mais elle est évidée par de grandes niches & renfoncements carrés, qui, sans diminuer beaucoup la résistance de ce mur, en réduisent le cube au tiers; de façon que, pour la matière mise en œuvre, cette enceinte n'équivaut qu'à un mur de six pieds d'épaisseur. La forme & la disposition des évidements pratiqués dans le mur d'enceinte, sont combinées avec beaucoup d'art; de manière qu'il en résulte la plus grande force, avec le moins de matière possible. Malgré que ce mur d'enceinte ne soit construit qu'en blocage avec des revêtemens de briques, cette construction a été faite avec tant de précaution & d'intelligence que, quoiqu'en petites pierres, elle équivaut, pour la solidité, à une construction en pierres de taille. Pour éviter les tassemens considérables & inégaux pouvant résulter d'une construction de ce genre, qui, outre son propre poids, avoit à soutenir une voûte immense, 1°. on a formé de grands arcs de décharge à double rang de briques, de chacun 22 pouces de hauteur; 2°. les revêtemens sont formés de briques triangulaires posées de plat; de manière que la pointe entre dans le massif du mur & que le grand côté forme parement; ce grand côté a environ dix pouces & demi. 3°. Pour diminuer l'effet du tassement & le rendre plus uniforme, de quatre pieds en quatre pieds, on a formé un arasement général, sur lequel sont posées à plat de grandes briques carrées, appelées par les Italiens *tavoloni*, dont chaque côté est de 22 pouces, & l'épaisseur de deux.

Les antiquaires ne sont pas d'accord sur l'époque à laquelle ce monument a été commencé; les uns prétendent que c'est du temps de la république, d'autres en attribuent la construction à Agrippa, gendre d'Auguste. Deux raisons semblent se réunir en faveur de cette dernière opinion: la première, c'est que cet édifice est construit en briques cuites; & les romains n'ont commencé à en faire usage que du temps d'Auguste. *Voyez* l'article *brique*. La seconde raison est le silence que Vitruve a gardé sur un édifice de cette importance. Il est plus que probable, que, si cet édifice eût existé de son temps, il n'auroit pas manqué d'en parler dans son ouvrage sur l'architecture, surtout à l'article des temples ronds. Il est à présumer que cet édifice ne fut bâti qu'après que Vitruve eut publié son ouvrage, & peut-être après sa mort.

La difficulté d'exécuter une coupole, d'une aussi prodigieuse grandeur, avec des ceintres ordinaires, a fait croire que, lorsque le mur d'enceinte fut achevé, on avoit rempli l'intérieur de terre, pour former le galbe de la *coupole* & que, pour engager le peuple à ôter ces terres, on y avoit semé de l'argent qui fut abandonné à ceux qui les enlevèrent. L'opinion vulgaire, à Rome, est que le *mont Citorio* a été formé par les terres qui sortirent de l'intérieur du Panthéon, après que la *coupole* fut achevée. Ceux qui ont accrédité cette fable, n'ont pas fait attention que l'usage des temples circulaires étoit connu fort long-temps avant la construction du Panthéon, & qu'il date des premiers siècles de la république. Tels sont les temples de Romulus & de Rémus, de Vénus, Vesta & autres. Ainsi lorsqu'on commença le Panthéon, environ l'an 14 de l'ère chrétienne, il existoit déjà plusieurs temples ronds voûtés en *coupole*. Le moyen dont on parle a pu être mis en usage pour la première *coupole* qui fut faite; mais il n'est pas probable que cet usage se soit perpétué long-temps & qu'il existât encore au siècle d'Auguste, où l'art de bâtir étoit déjà porté à sa perfection. Les voûtes en *coupole* ont un si grand avantage sur les autres voûtes qu'elles pourroient même s'exécuter sans ceintre, parce que, comme nous l'avons déjà dit, chaque rang forme une couronne qui a la propriété de se soutenir d'elle-même, sitôt qu'elle est achevée. Il ne faudroit à la rigueur, ainsi que l'a observé Léon-Baptiste Alberti, que quelques pièces de bois taillées en courbe, pour soutenir les parties de chaque rang, jusqu'à ce qu'il soit clos; ce rang achevé, on retailleroit ces courbes pour servir au rang supérieur, ainsi de suite.

Cependant, je suis très-persuadé que pour exécuter la grande *coupole* du Panthéon, on a fait un ceintre, en charpente légère, qui servoit en même temps d'échafaud, & que sur ce ceintre on avoit formé en relief les compartimens des caissons, ainsi qu'on l'a pratiqué pour la grande voûte de la nef de Saint-Pierre de Rome. Ce qui me fait adopter cette opinion, c'est que j'ai vu aux thermes de Caracalla & dans plusieurs autres voûtes antiques, dont le dernier enduit étoit tombé, les marques des planches qui formoient le galbe de ces ceintres.

Dans presque tous les anciens thermes de Rome, il y avoit une ou plusieurs pièces circulaires voûtées en *coupole*. La plus grande est celle des thermes de Caracalla, dont le diamètre est de 105 pieds. Aux thermes de Titus, il y en avoit deux de 80 pieds de diamètre. Celle des thermes de Constantin étoit de 72 pieds. Il y en avoit trois aux thermes de Dioclétien, dont deux existent encore: l'une a 69 pieds cinq pouces & l'autre 59 pieds un quart. A en juger par celles qui existent en entier, & celles dont on ne voit que des fragmens, toutes ces voûtes étoient ouvertes par le haut, comme le Panthéon, & construites en pierres ponces ou laves spongieuses, tirées des environs du lac d'Albane, qu'on peut regarder comme le cratère d'un ancien volcan.

Dans le golfe de Pouzzol, au port de Baye, on voit les ruines de plusieurs édifices, dont deux que j'ai mesurés, sont circulaires à l'intérieur & voûtés en *coupole*. Le plus grand, dont la voûte & les murs extérieurs en grande partie, a quatre-vingt-onze pieds huit pouces de diamètre. L'autre, dont il n'existe que les murs & les naissances de la voûte, a quatre-vingt un pieds huit pouces. Ces voûtes étoient construites comme celles des édifices antiques de Rome, en maçonnerie de blocage d'écume de volcan & de pierres ponces.

Quant aux temples antiques construits avant le siècle d'Auguste, comme ceux de Romulus, de Quirinus, de Venus, près la porte Salare, leur diamètre est d'environ trente-six pieds, celui du temple du Soleil ou de Vesta, près du Tibre, est de vingt-deux pieds, & celui de la Sibylle à Tivoli, est aussi de vingt-deux pieds. Ce dernier est construit en maçonnerie de petites pierres irrégulières appelées par les anciens, *opus incertum*.

On a donné le nom de *coupole*, non-seulement aux voûtes hémisphériques qui couronnoient les édifices ronds, mais encore à ceux, dont le plan étoit un polygone régulier. Tel est dans l'antique, le temple de *Minerva medica*, vulgairement appelé *Gallucio*, dont le plan est un décagone inscrit dans un cercle de soixante-seize pieds huit pouces de diamètre. La *coupole* de cet édifice qui existe encore en partie, est construite en briques & en pierres ponces. Les parties en briques forment des chaînes au droit des angles rentrans. Il paroit que cette voûte n'étoit pas ouverte au sommet.

Il faut observer que les voûtes de cette espèce, que nous appelons *voûtes en arc de cloître*, ne prennent le nom de *coupole*, que lorsqu'elles ont un grand diamètre, & sur-tout lorsqu'elles sont apparentes à l'extérieur, comme la *coupole* de Sainte-Marie-des-Fleurs, à Florence.

La science des anciens ne se bornoit pas à faire des *coupoles* rondes & à pans, ils en ont fait encore à pendentifs. Ainsi cette invention que plusieurs auteurs ont attribuée aux architectes modernes, étoit connue de ceux de l'antiquité. On en trouve la preuve dans une des salles de l'enceinte des thermes de Caracalla, dont le plan est octogone, on voit encore les huit pendentifs qui rachetoient la voûte hémisphérique qui couvroit cette salle. La saillie de ces pendentifs, qui sont dans les angles, est de deux pieds six pouces six lignes.

A Catane en Sicile, auprès du Mont Sainte-Sophie, on trouve un reste de bain antique, où est une voûte sphérique couvrant un vestibule, dont le plan est carré. Cette voûte est rachetée par quatre pendentifs dans les angles. Quoique cette voûte n'ait que sept pieds de diamètre, elle ne prouve pas moins que les pendentifs ne sont pas une invention moderne, & qu'ils étoient connus long-temps avant Anthémius de Tralles, à qui on a fait l'honneur de cette découverte.

Après les *coupoles* antiques (1), une des plus célèbres & des plus anciennes, est celle de Sainte-Sophie, à Constantinople, bâtie par l'Empereur Justinien. Les fondemens de cet édifice furent jetés en 532, & la dédicace s'en fit en 537.

L'historien Procope, qui vivoit lorsqu'on a construit cet édifice, dit que Justinien fit venir de toutes parts les plus excellens ouvriers de son siècle. Anthémius de Tralles, qui passoit pour l'architecte le plus habile de son temps, fut chargé d'en faire les desseins, & de conduire l'ouvrage avec Isidore de Milet.

L'intérieur de cet édifice forme une croix grecque, terminée de deux côtés par une grande niche, & des deux autres, par des renfoncemens carrés. Dans ces derniers, sont pratiqués deux étages de tribunes. Le centre où aboutissent ces quatre parties, est un carré parfait, sur lequel est élevée la *coupole*, dont le diamètre est d'environ cent cinq pieds. Cette *coupole* est soutenue par une voûte élevée sur quatre pendentifs placés dans les angles du carré, & qui rachètent la base circulaire de la calotte. Les pendentifs sont séparés par une espèce de corniche qui porte une galerie circulaire, le bas de la calotte est percé d'un rang de petites fenêtres, ornées de colonnes à l'extérieur. La courbe du ceintre intérieur de cette calotte ne s'accorde pas avec celui des pendentifs, comme cela devroit être, si la voûte étoit régulière; au lieu d'être formée par un arc de cercle, c'est une courbe qui ressemble à une demi-ellipse. La hauteur du ceintre est de trente-huit pieds, c'est-à-dire, d'un peu plus du tiers du diamètre. Le galbe extérieur de cette *coupole* est divisé par des côtes saillantes & arrondies, couvertes en plomb. Le milieu est terminé par un amortissement en forme de balustre, surmonté d'un croissant.

Cette *coupole* n'est plus celle qui fut construite par Anthémius & Isidore. La leur étoit moins élevée; elle fut détruite en partie, vingt-un ans après avoir été achevée, par un tremblement de terre. Justinien qui vivoit encore, en confia le rétablissement à un second Isidore, neveu de celui qui avoit veillé à la construction de la première avec Anthémius. Ce nouvel architecte donna vingt pieds de plus à l'élévation du ceintre de la *coupole* qu'il fit construire, & que nous avons ci-devant détaillée; c'est celle qui existe encore. Il employa pour sa construction des briques blanches extrêmement légères, dont cinq ne pèsent pas plus qu'une brique ordinaire. On dit que Justinien fit fabriquer ces briques dans l'île de Rhodes.

Il paroît, par la description que Procope a faite de la première *coupole*, qu'elle ne différoit pas beaucoup de celle qui existe actuellement; voici comment il s'explique:

« Le milieu de l'édifice est formé par quatre
» gros piliers, deux du côté du midi, deux du
» côté du nord, disposés symétriquement, & à
» des distances égales. Entre les piliers qui forment les faces latérales du midi & du nord, il

---

(1) *Coupole* de Sainte-Sophie, à Constantinople.

» y a de chaque côté quatre colonnes. Les piliers
» sont construits en grandes pierres choisies, dont
» les paremens sont polis, & les joints si fins, que
» les piliers paroissent être d'une seule pièce. Leur
» volume & leur élévation est si considérable,
» qu'il semble que ce soient des rochers détachés
» d'une montagne. Ces piliers sont réunis par quatre
» grands arcs disposés de manière que chaque pi-
» lier reçoit la naissance de deux; le sommet de
» ces arcs s'élève à une hauteur étonnante. Le
» milieu des deux arcs qui sont à l'orient & à
» l'occident est vide. Les deux autres sont rem-
» plis par un ouvrage à colonnes au-dessus du-
» quel est une ouverture circulaire fort élevée par
» laquelle on voit entrer le jour ».

Comme Procope n'étoit point architecte, il désespère de pouvoir décrire convenablement les
voûtes qui formoient la coupole. Cependant quoiqu'il ne se serve pas des termes de l'art, il parvient
à se faire entendre: on ne peut lui reprocher que
trop d'enthousiasme & d'exagération. Voici comme
il s'exprime:

« Entre les quatre grands arcs, se trouvent quatre
» parties de voûtes en triangles, qui ont chacune
» par le bas, un angle aigu placé entre les nais-
» sances de deux grands arcs qui posent sur un même
» pilier. Les deux autres angles de chacun de
» ces triangles se terminent au bas de la coupole.
» Cette coupole placée au-dessus, est d'une har-
» diesse qui fait douter de sa solidité. Il semble
» qu'au lieu d'être posée sur l'ouvrage de dessous,
» elle est suspendue au ciel par une chaîne d'or.
» Toutes ces parties réunies avec beaucoup de l'art,
» forment un ensemble merveilleux, qu'on ne peut
» regarder sans une agréable surprise ».

Plus loin, il dit: Justinien & Anthémius employèrent différens procédés pour affermir l'édifice. Comme il avoue qu'il ne les connoît pas tous,
il se contente d'en rapporter un, qui suffira, dit-il,
pour faire juger des autres, & donner une idée de
la solidité de tout l'ouvrage.

« Les gros piliers ne sont pas construits comme
» le reste de l'édifice. Ils sont, ainsi qu'il a été déjà
» dit, en grandes pierres fort dures. Celles qui sont
» aux ceintres sont taillées en coin, & les autres à
» joints carrés. Ces pierres ne sont pas unies avec
» du mortier ni du bitume, comme les murailles
» que Sémiramis fit autrefois bâtir à Babylone,
» mais avec du plomb fondu ».

Malgré toutes ces précautions, il arriva un accident qui désespéra les architectes. « Le grand
» arc du côté de l'orient n'étoit pas encore achevé,
» lorsque les ceintres sur lesquels il étoit ap-
» puyé, commencèrent à s'affaisser & à menacer
» ruine. Anthémius & Isidore désespérant de leur
» art, allèrent rapporter ce fâcheux accident à
» Justinien. Cet empereur qui n'étoit pas instruit
» dans l'architecture, leur ordonna comme par
» une inspiration de Dieu, de continuer cet arc,
» en assurant que quand il seroit achevé, il se

» soutiendroit de lui-même, sans le secours de
» ces ceintres ». La même chose arriva aux arcs
du midi et du septentrion.

« Lorsque toutes les voûtes furent achevées,
» le bas de l'église commença à gémir, pour ainsi
» dire, sous la pesanteur du fardeau. Les colonnes
» qui en soutenoient une partie, rejetèrent tout
» le mortier, comme si on l'eût gratté ». Nouveaux chagrins pour les architectes: « Ils retour-
» nèrent à l'empereur pour lui rendre compte de
» ce qui venoit d'arriver. Il en trouva tout de suite
» le remède; ce fut d'ôter les colonnes qui por-
» toient sous les ceintres; & il ne les fit reposer que
» lorsque les mortiers furent entièrement secs, &
» que l'ouvrage eut fait tout son effet ».

Ce dernier effet qui arriva à l'église de Sainte-
Sophie, a eu lieu par-tout où l'on a voulu construire en même temps des ouvrages délicats, susceptibles de peu de compression, & des constructions
solides. Nous avons vu arriver la même chose de
nos jours, en rebâtissant le portail de Sainte-Croix
d'Orléans: on voulut poser trop tôt les petites colonnes qui devoient former une galerie autour du
vestibule de l'entrée; c'est-à-dire, avant que les
grandes constructions fussent achevées; le tassement
inévitable, causé par l'augmentation du fardeau, fit
briser ces petites colonnes que l'on a été obligé de
supprimer. Les architectes Goths, qui ont fait beaucoup de ces sortes d'ouvrages contrastans fort
bien avec les parties solides de leurs édifices, avoient
la précaution de ne les faire mettre en place qu'a-
près que les grosses constructions étoient tout-à-
fait achevées.

Ainsi il n'est pas étonnant que les colonnes qui
remplissoient les grandes arcades du midi & du nord
de l'église de Sainte-Sophie, dont parle Procope,
aient été surchargées, lorsque les grandes voûtes
furent achevées, & qu'elles commencèrent à s'asseoir sur leurs points d'appui. On peut dire que
Justinien agit très-prudemment, en faisant ôter
les parties de colonnes ou piliers qui portoient
sous le ceintre des voûtes, jusqu'à ce que les
grandes parties de l'édifice eussent fait leurs affaissemens inévitables. C'est toujours à l'instant où
les grands édifices sont sur le point d'être terminés, & que leur poids tend à se distribuer sur leurs
points d'appui, que se font les grands effets, qui
ont épouvanté ceux qui n'étoient pas entièrement
versés dans l'art de bâtir.

Par rapport au plomb fondu, versé dans les
joints des piliers de Sainte-Sophie, au lieu de ciment, on peut dire que cette pratique, qui a
quelquefois été mise en usage, est plus coûteuse
qu'utile; 1°. par la difficulté de couler exactement
les joints dans toute leur superficie; 2°. parce
que toutes sortes de pierres ne peuvent pas, sans
éclater, soutenir la chaleur du plomb, & celle
qu'il faudroit donner à la pierre, pour que la
matière s'étende également par-tout; 3°. parce
que le plomb s'affaisse sous le fardeau, tant qu'il

en reste entre les joints, ce qui prolonge l'effet du tassement à l'infini, & forme, à l'extérieur, des bavures, qu'on est obligé de couper à plusieurs reprises. J'ai eu occasion de remarquer cet effet à des colonnes isolées, composées de plusieurs tambours, sous chacun desquels on avoit mis des lames de plomb, taillées circulairement.

Le seul usage que l'on pourroit faire du plomb, ce seroit de s'en servir au lieu de cales de bois, dans les constructions en pierres de taille posées sur mortier, lorsque ces pierres ont un grand fardeau à soutenir, parce que le plomb s'étend sous le fardeau, à mesure que le mortier s'affaisse & prend consistance, au lieu que les cales de bois, qui résistent, occasionnent des éclats. *Voyez* le mot *posé*.

Une autre particularité de cet édifice, c'est que, pour le mettre à l'abri des incendies, on n'y employa point de bois pour former les combles; on se servit, au lieu de tuiles, de grandes dalles de marbre.

La coupole de Sainte-Sophie n'a dû sa célébrité qu'au temps où elle a été bâtie, & parce qu'elle a servi de modèle aux architectes qui ont construit depuis des édifices de même genre. Quoique les détails de cet édifice soient d'un mauvais goût, on ne peut s'empêcher de convenir que la disposition intérieure a quelque chose de grand, & que le mécanisme de sa construction est assez bien entendu pour le temps.

Coupole de Saint-Vital, à Ravenne.

Cette coupole, que l'on croit plus ancienne que celle de Sainte-Sophie, est curieuse par la manière dont elle est construite: son plan est un octogone régulier: elle est soutenue par huit piliers placés aux angles. Entre ces piliers, sont sept grandes niches extrêmement élevées, divisées en deux étages. Le fond de ces niches est à jour, avec des colonnes, comme celles de Sainte-Sophie. Le huitième côté de l'octogone est percé d'une grande arcade, servant d'entrée au sanctuaire; cette arcade est de même diamètre & de même élévation que les niches. La partie de mur au-dessus, qui est sans ouvertures, soutient une voûte hémisphérique ou *coupole*, dont le plan est un cercle inscrit dans un octogone régulier. La base circulaire de cette voûte n'est pas rachetée par des pendentifs, comme à Sainte-Sophie; ce sont des arcs qui soutiennent la saillie des angles. Le bas de la voûte, qui est construit en maçonnerie ordinaire, est ouvert par huit croisées, divisées en deux parties par une petite colonne qui supporte deux petites arcades. La coupole ou voûte hémisphérique est formée par un double rang de petits tuyaux de terre cuite de sept pouces de longueur, sur environ deux pouces de diamètre; chacun de ces tuyaux est ouvert par un bout, & l'autre forme une pointe;

ils sont posés en place horizontalement, de manière que la pointe de l'un entre dans l'ouverture de l'autre; cette disposition ne forme point de rangs parallèles: on pourroit même dire qu'elle n'est faite que par un seul rang; car c'est une double spirale qui commence au-dessus des arcs des croisées & qui finit à la clef. Les cordons que devroit former cette espèce de spirale ne sont apparents, ni à l'intérieur, ni à l'extérieur, parce que la voûte est recouverte d'un enduit de mortier. Pour fortifier les reins de cette coupole, on a mis, au-dessus des arcs des croisées qui sont dans la base de la voûte, une maçonnerie, où des espèces d'urnes en terre cuite. Ces urnes ont 22 pouces de hauteur & 3 pouces de diamètre; elles sont terminées en pointe par le bas, avec des rayures en spirale, qui semblent avoir été faites pour donner plus de prise au mortier. A la hauteur du fond de ces urnes, il y a un petit trou, qui avoit été fait vraisemblablement pour en retirer la liqueur qu'on y pouvoit mettre; ce qui prouveroit que ces vases n'ont pas été fabriques exprès. La bouche, ou l'ouverture supérieure de ces urnes, est d'environ trois pouces & demi de diamètre, avec des anses placées un peu au-dessous. On voit à Ravenne, chez le sieur *Camillo Morigia*, une de ces urnes qui fut ôtée en raccommodant la voûte.

Il y a plusieurs autres édifices à Ravenne, dont les voûtes sont construites comme la coupole en question, telle que celle du baptistère de Sainte-Marie *in Cosmedin*. La *coupole* de la grande niche de l'ancienne métropolitaine, qui a été démolie, pour construire la nouvelle, étoit faite de la même manière.

Cette méthode de construire les voûtes, pour les rendre plus légères, étoit connue des anciens romains. A Saint-Etienne-le-Rond, que l'on dit être un ancien temple de Faune, bâti par l'empereur Claude, on voit des restes de voûtes en tuyaux; mais au lieu d'être posés horizontalement, ils sont debout & forment des arcs verticaux posés les uns à côté des autres. Quant aux grandes urnes, il y a plusieurs restes d'édifices antiques, à Rome & aux environs, où l'on s'est servi de grands vases pour remplir les reins des voûtes. On en voit au cirque de Caracalla & au tombeau de Sainte-Hélène.

La *coupole* de Saint-Vital n'est pas apparente à l'extérieur; elle est recouverte d'un toit de charpente fort écrasé & couvert en tuiles.

Coupole de Saint-Marc de Venise.

Le plan de l'église de Saint-Marc représente à l'extérieur une croix grecque: elle est terminée par cinq *coupoles*, dont une au centre, qui est plus élevée que les autres. La disposition de ces voûtes est semblable à celle de l'édifice ci-devant de Sainte-Geneviève, c'est-à-dire que chaque *coupole* est renfermée entre quatre parties de voûte en berceau, qui forment ensemble un carré; dans les angles duquel sont quatre pendentifs qui rachètent la base circulaire de chaque *coupole*. Le bas est percé d'un rang de petites croisées, comme celle de Sainte-Sophie. L'intérieur est revêtu d'un fond de mosaïque doré, qui ne produit pas un bon effet. Le dessus est couvert en plomb, & terminé par un amortissement de mauvaise forme, surmonté d'une croix.

Cet édifice a été bâti dans le dixieme siecle, par le Doge *Pietro Orseolo*. L'architecte étoit un grec de Constantinople, dont on ignore le nom. On voit sous le portique des figures, qui représentent (si l'on en croit les Vénitiens,) les principaux ouvriers qui travaillerent à cet édifice. On remarque parmi ces statues, celle d'un vieillard, qui tient un doigt sur sa bouche; cette statue représente, dit-on, l'architecte, qui se brouilla avec le doge, parce qu'il eut l'imprudence de lui dire que cette église n'étoit rien, auprès de ce qu'il étoit capable de faire.

En 1523, le Doge André Gritti, fit réparer les *coupoles* qui étoient en mauvais état, sur-tout celle du milieu, qui menaçoit ruine; il chargea de ce soin, Jacques Sansovin, qui rétablit en grande partie les points d'appui. Il entoura la grande *coupole* du milieu, qui avoit le plus souffert, d'un grand cercle de fer: ce cercle est placé environ au tiers de la hauteur; il est apparent: on voit qu'il s'est bien conservé, & qu'il a parfaitement rempli son objet: car on ne remarque aucune désunion à cette *coupole*.

Les autres *coupoles* ne se sont pas aussi bien maintenues, car en 1729, on fut obligé de rétablir celle que l'on appella *Della Madonna*, qui menaçoit ruine; la cause de son mauvais état, en particularité qui mérite d'être connue. On apperçut d'abord quelques lézardes par intervalles; ces lézardes s'étant réunies en peu de temps, formerent ensemble une désunion circulaire. Les progrès que faisoit chaque jour cette lézarde, firent craindre que toute la partie du milieu ne vînt à tomber tout-à-coup. Le péril imminent où elle se trouvoit, détermina à faire venir des architectes pour en examiner la cause, & les moyens d'y remédier promptement. On fit faire, de fond, en échafaud solide en charpente, sur lequel on établit un ceintre pour soutenir la partie de la *coupole* qui étoit désunie. En examinant avec soin toutes les parties de cette *coupole*, on trouva d'abord qu'un des points d'appui avoit un peu fléchi; mais ce n'étoit pas la vraie cause du mal: on découvrit, à la naissance de cette *coupole*, un grand cercle de charpente en bois de Larix, dont l'épaisseur étoit presque d'un pied. Ce cercle qui étoit pourri de vétusté s'étoit en partie écrasé & réduit en poudre. La partie inférieure de la *coupole*, qui avoit été construite sur ce cercle, s'étoit affaissée de manière que la partie supérieure n'étant presque plus soutenue, étoit sur le point de s'écrouler.

Pour parvenir à rétablir cette *coupole* qui étoit bien soutenue par les ceintres & l'échafaud de charpente, qui descendoit jusque sur le pavé de l'église, à mesure qu'on détruisoit une partie du cercle de Larix, on substituoit à la place des pierres taillées exprès: on ne recommençoit une autre partie qu'après que celle-là étoit bien arrêtée. On parvint de cette manière à rétablir entièrement cette *coupole*. De plus, on fortifia sa base à l'extérieur, & on l'entoura d'un cercle de fer de trois pouces & demi de largeur, & neuf lignes d'épaisseur. Depuis ce temps on n'a apperçu aucun effet à cette *coupole*, qui, par cette opération, a acquis la plus grande solidité. En 1735, André Tirali, architecte de la fabrique de Saint-Marc, fit entourer d'un semblable cercle de fer, la *coupole* qui est auprès de la porte majeure, parce qu'il apperçut, qu'il s'y formoit quelques désunions. Depuis ce temps on n'y a remarqué aucun nouvel effet; je crois cependant qu'il auroit été prudent de s'assurer si les autres *coupoles* n'étoient pas construites comme celle de la *Madonna*, sur un cercle de Larix; si cela étoit, les cercles de fer que l'on a mis à la grande *coupole*, ainsi qu'à celle de la porte majeure, n'empêcheroient pas leur ruine. Si le bois étoit aussi durable que la pierre ou la brique, un cercle de charpente seroit un excellent moyen pour maintenir une *coupole*, de sorte qu'elle ne puisse agir d'aucune maniere, contre le mur circulaire qui la soutient. Mais malheureusement le bois est sujet à se gâter en très-peu de temps, soit qu'il soit exposé à l'air, ou renfermé dans un massif de maçonnerie. Il a encore un défaut très-pernicieux aux ouvrages de maçonnerie; c'est que, quand il est exposé aux injures de l'air, il augmente de volume dans les temps humides, & diminue dans les temps secs, qu'il se tourmente & se gauchit. Ces effets ne peuvent que causer des désunions dans les constructions en pierres ou en briques, qui ne peuvent plus changer de forme sans se rompre, quand une fois le mortier qui les unit a fait corps, & qu'il est sec.

Coupole de Sainte-Marie-des-Fleurs, à *Florence*.

La cathédrale de Florence fut commencée en 1288, par Arnolphe, architecte florentin. Le plan de cette église est une croix latine. Sa longueur est de soixante-quinze toises trois pieds quatre pouces; sa largeur au droit de la croisée, est de cinquante-deux toises un pied six pouces; le côté de l'entrée qui est divisé en trois nefs, a dix-neuf toises cinq pieds dix pouces de largeur, la hauteur de la nef du milieu a vingt-trois toises cinq pieds six pouces; les deux autres ont quinze toises huit pouces. Le milieu de la croisée forme un octogone régulier, dont le diametre entre les faces opposées, est de vingt-une toises deux pieds quatre pouces. c'est-à-dire, à-dire, cent vingt-huit pieds quatre pouces par le bas. Tout ce vaste édifice a été construit en pierres de taille, & l'extérieur est presque tout revêtu de marbre. Le plan de cette église qui fut conçu par Arnolphe, offre deux parties si différentes, qu'on a de la peine à croire que ce soit l'ouvrage d'un seul architecte. On ne diroit pas qu'il ait été exécuté à la même époque. Le plan des trois grandes nefs de l'entrée a toute la légéreté du gothique moderne; & la partie du fond comprenant le chœur, la croisée & les deux bras de la croix, a toute la pesanteur de l'ancien gothique. Il faut croire qu'Arnolphe, dont le projet étoit de couvrir le milieu de la croisée par une grande *coupole*, croyoit ne pouvoir jamais assez fortifier les pieds-droits qui devoient la soutenir. Cependant cette *coupole* n'étoit pas, à beaucoup près, aussi considérable que celle qui a été faite depuis par Bruneleschi. Tout l'édifice devoit être compris sous la même hauteur de toit, c'est-à-dire, qu'elle ne devoit pas être apparente à l'extérieur. Lorsqu'Arnolphe mourut, il n'y avoit de fait que trois des arcs destinés à soutenir la *coupole*. Après sa mort, qui arriva en 1300, les ouvrages furent suspendus jusqu'en 1420. Ils furent repris sous la conduite de Bruneleschi; cet habile architecte, que l'on regarde avec raison comme le restaurateur de la bonne architecture, travailloit depuis vingt ans, à un projet de *coupole* beaucoup plus considérable que celui d'Arnolphe. Après bien des contrariétés, (que l'on trouvera détaillées à l'article Bruneleschi,) il fut définitivement chargé de faire exécuter son projet. Pendant l'espace de vingt années qu'il fut occupé à la construction de cet édifice, il fit élever au-dessus des grands arcs, commencés par Arnolphe, la grande *coupole* qui existe, & la tour octogone qui la soutient, dont les faces sont percées de huit œils de bœufs, ou fenêtres circulaires. Les murs de cette tour ont seize pieds d'épaisseur, la corniche qui la termine est élevée de cent soixante-cinq pieds dix pouces; c'est sur cette corniche qu'est établie la fameuse *coupole* double qui couronne cet édifice.

La voûte extérieure a par le bas sept pieds quatre pouces d'épaisseur, & celle du dedans quatre pieds quatre pouces; l'intervalle entre les deux *coupoles*, est aussi de quatre pieds quatre pouces. Aux angles & vers le milieu des faces, on a construit des contreforts qui réunissent les deux voûtes. Le diamètre de la *coupole* intérieure est de cent trente pieds entre les faces opposées, sa hauteur depuis le dessus de la corniche intérieure qui termine la tour, jusqu'à l'œil de la lanterne, est de cent vingt-cinq pieds. Cette voûte forme huit angles rentrans, & huit faces qui se rétrécissent à mesure de leur élévation, elles se terminent à une ouverture de même forme que la base formant le vide intérieur de la lanterne. Le cintre de cette *coupole* est extrêmement surhaussé, c'est une espèce de voûte gothique, semblable à celle du dôme de Milan, qui fut faite à-peu-près dans le même temps.

Cette espèce de voûte est la plus aisée à exécuter; c'est pourquoi Bruneleschi s'étoit engagé à la construire sans cintre. Sa proposition parut si extraordinaire qu'on voulut le faire passer pour un fou. Il est étonnant que la construction de cette *coupole* ait fait tant de bruit dans un temps où il en existoit déjà plusieurs, telles que celles de Sainte-Sophie de Constantinople, de Ravenne, de Saint-Marc de Venise, de la cathédrale de Pise; il est vrai qu'elles ne sont pas doubles, & qu'elles n'ont pas un si grand diamètre; mais d'un autre côté, on peut dire que l'exécution de cette dernière étoit plus facile, parce qu'elle s'élève tout simplement sur des murs droits sans pendentifs; d'ailleurs sa construction est faite avec beaucoup d'art & d'intelligence. Bruneleschi y mit la plus grande attention: on peut même dire qu'il la porta jusqu'à l'excès. A la naissance des deux *coupoles*, dans l'espace pratiqué entre elles, il fit faire une forte armature en charpente formant un espèce de cercle, afin d'obvier à l'effet de la voûte contre le mur d'enceinte qui la soutient. Il avoit cru cette précaution nécessaire, malgré la grande épaisseur, qui, comme nous l'avons déjà dit, est de seize pieds. Ce mur d'enceinte forme un polygone régulier, si bien lié par la construction, qu'indépendamment de l'armature, il étoit capable de résister à un effort bien supérieur à celui que peuvent produire les deux voûtes chargées du poids de la lanterne. Les désunions que l'on remarque dans toutes les *coupoles*, dont les points d'appui sont isolés, ou séparés les uns des autres, proviennent plutôt de l'inégalité du tassement, que de l'effort des voûtes. Tous les cercles & les armatures ne peuvent point empêcher ces effets; mais il y a des circonstances où ils sont d'un grand secours, pour réunir des parties qui ont été désunies par un accident quelconque.

Quelque temps après que la *coupole* fut entièrement finie, on s'apperçut de plusieurs lézardes qui se manifestèrent dans la tour du dôme. Il y a cent ans, que quelques mathématiciens & architectes prétendoient, que ces lézardes avoient fait depuis un temps des progrès dangereux; pour s'assurer si réellement ces désunions augmentoient, on fit entrer à force, des coins de bronze dans plusieurs endroits, où les pierres s'étoient rompues; outre cela, on entailla des tasseaux de marbre en queue d'aronde. Au bout d'un certain temps, on visita les coins & les tasseaux que l'on avoit posés; on trouva les queues d'arondes cassées, & les coins que l'on avoit chassés à force, s'ôtoient facilement. On en conclut que ces désunions étoient augmentées, & que l'édifice continuoit à produire des effets qui pourroient bientôt causer sa ruine. Le grand-duc, d'après l'observation des commissaires, fit préparer quatre grands cercles de fer, pour relier les parties de cet édifice, & arrêter l'effort de la *coupole*, auquel on attribuoit toutes les difunions. Cependant d'autres firent des mémoires pour prouver que les cercles de fer étoient inutiles, & que les effets que l'on remarquoit à cette *coupole* étoient fort anciens, & ne provenoient que d'un affaissement inégal, soit du sol, soit de la maçonnerie, à cause des joints, & peut-être de ces deux effets, qu'aucune chaîne ne pouvoit empêcher. Ils citoient pour exemple la chapelle royale de Saint-Laurent, dont la forme de *coupole* est la même que celle de Sainte Marie-des-Fleurs. Les neuf grosses chaînes de fer qu'on a employées pour entretenir cette voûte, n'ont pas empêché qu'il ne s'y soit fait plusieurs lézardes, dont une a plus de trois pouces de largeur; depuis qu'on a bouché ces lézardes, on n'a remarqué aucun nouvel effet. Toutes ces différentes opinions furent cause que les chaînes ne furent pas mises en place.

J'ai examiné cent ans après, les coins & les tasseaux de marbre cassés, je n'ai pas vu de progrès sensibles. Il est certain que le changement de température des saisons pouvoit seul faire casser les pièces de marbre qu'on avoit posées en travers des lézardes, par la dilatation ou la condensation de leurs parties, qui peut augmenter ou diminuer en certains temps la largeur de ces lézardes. Le moindre frémissement dans une aussi grande masse, pouvoit encore produire cet effet. C'est ce qu'on éprouve tous les jours, lorsqu'une voiture allant fort vîte, passe auprès d'un édifice ordinaire, ou lorsqu'un grand bruit occasionne un retentissement considérable dans un endroit voûté.

Ceux qui n'ont pas voulu attribuer les ruptures & les désunions que l'on remarque dans toutes les *coupoles*, à l'inégalité inévitable du tassement, les ont attribuées à la poussée des voûtes (*voyez* ce mot) ou à des tremblemens de terre. Il est certain que ces derniers peuvent y contribuer beaucoup, en mettant en mouvement des masses d'un très-grand volume. C'est probablement pour obvier aux tremblemens de terre, qui sont assez fréquens en Italie, que l'on y a adopté l'usage des chaînes apparentes dans presque tous les édifices voûtés.

Coupole de Notre-Dame de Lorette, à Rome.

La première *coupole* qui fut construite à Rome, depuis le renouvellement de l'architecture, fut celle de Notre-Dame de Lorette, auprès de la colonne Trajane. Ce fut Antoine Sangallo, qui en fut l'architecte ; les fondemens en furent jetés en 1507. Par le bas, le plan de cette église est un octogone inscrit dans un carré. Les faces de l'octogone sont élégies par quatre renfoncemens & quatre niches placées au droit des angles du carré. La partie au-dessus formant attique, est octogone, à l'intérieur & à l'extérieur, fig. 166, 167.

Cet attique est surmonté d'une double *coupole*, dont le plan est circulaire. A la *coupole* intérieure, au lieu de pendentifs pour racheter les angles de l'octogone, ce sont des doubles consoles couronnées d'une petite corniche servant d'imposte à huit arcs qui portent la naissance de cette *coupole*. Elle a une ouverture circulaire au milieu, au-dessus de laquelle est une espèce de lanterne, qui n'est pas apparente à l'extérieur.

Coupole de Saint-Augustin de Rome.

Toutes les *coupoles* dont il a été question jusqu'à présent, portoient immédiatement sur des pendentifs ou des murs montans de fond ; au lieu que les *coupoles* modernes sont établies sur des tours érigées sur des arcs & des pendentifs. M. Leroi prétend que la première *coupole* construite de cette manière, fut celle de l'église des Augustins de Rome. Ce fut Guillaume d'Estouteville, qui la fit bâtir en 1483. Cette première *coupole* n'existe plus ; on a été obligé de la démolir, parce qu'elle menaçoit ruine. Peut-être n'avoit-elle pas été construite avec assez de précaution, par la raison qu'on ne connoissoit pas encore toutes celles qu'exigeoit un pareil ouvrage. Depuis elle a été refaite par *Louis Vauvitelli*.

Coupole de Saint-Pierre de Rome.

Cette *coupole* est réellement l'ouvrage le plus grand, le plus hardi, & le plus magnifique qui ait été construit tant par les anciens, que par les modernes. Ce fut Bramante qui imagina le premier d'élever au centre de la superbe basilique de Saint-Pierre, un temple circulaire aussi grand que le Panthéon ; ou pour s'expliquer comme lui, d'élever le Panthéon sur le temple de la paix. En effet, on voit beaucoup de rapport, tant pour la grandeur, que pour la disposition, entre le plan de ces deux édifices & le projet de Bramante. C'est mal-à-propos que Montesquieu attribue cette idée à Michel-Ange, dans son essai sur le goût, tandis que les projets de Bramante attestent le contraire, & qu'avant de mourir, il avoit déjà fait exécuter les quatre grands arcs, qui devoient soutenir la tour du dôme.

Le plan de Bramante étoit réellement beau, jamais aucun monument n'avoit été si vaste, la principale nef étoit d'une belle proportion, fig. 168, 169. Les parties circulaires qui terminoient les trois autres nefs, & qui étoient décorées de colonnes isolées, placées entre des massifs, devoient produire un très-bel effet ; malheureusement cet habile homme négligea de prendre les précautions nécessaires pour établir avec solidité, les fondemens d'un édifice de cette importance. Il y fit travailler avec tant de précipitation & si peu de soin, qu'à peine les quatre arcs du fond furent-ils achevés, qu'il s'y manifesta des lézardes considérables. Les architectes qui lui succédèrent, effrayés de ces désunions, ne songèrent qu'à augmenter les points d'appui, sans faire attention que ces effets pouvoient provenir de ce que Bramante avoit conftruit ces arcs fur des piliers ifolés, au lieu de ne les faire qu'après que les arcs des nefs auroient été terminés; ces arcs devant fervir à les contrebuter. S'il eût pris ce parti, il ne fe feroit certainement manifefté aucun effet.

Pour conftruire ces arcs, ainfi que la voûte de la grande tribune, il forma en relief fur les cintres, les galbes des caiffons, & les creux des grandes rofaces, ainfi que des ornemens. Il couvrit cette efpèce de moule d'un mélange de chaux & de pouffière de marbre, & au-deffus il conftruifit les arcs & le corps de la voûte en briques; de manière qu'après que les cintres furent ôtés, tous les ornemens fe trouvèrent ébauchés, par un moyen fort fimple & peu coûteux.

Après la mort de Bramante, Léon X, qui avoit fuccédé à Jules II, fit choix de Julien *Sangallo*, Fra *Jocondo*, & de Raphaël d'Urbin, pour continuer l'ouvrage. Ce dernier fut chargé de mettre au net les projets de Bramante. Ses collègues trouvèrent que les fondemens étoient infuffifans, & que les piliers étoient trop foibles pour foutenir le poids énorme dont ils devoient être chargés, quoiqu'ils euffent quarante-deux pieds de longueur fur deux faces, vingt-un pieds d'épaiffeur à l'ouverture des arcs, & qu'ils fuffent renforcés à l'intérieur par quatre pans coupés. Il eft vrai qu'ils étoient évidés par de grandes niches qui diminuoient un peu leur fuperficie. Malgré cela, ils étoient plus que fuffifans pour foutenir le dôme projeté par Bramante. Il auroit été à défirer que le foin des architectes qui lui fuccédèrent, fe fût borné à fortifier les fondemens. Il paroît que c'étoit l'opinion de Baltazar Peruzzi, qui ne fit d'autres changemens au projet de Bramante, que de raccourcir la nef d'entrée, pour la rendre égale aux trois autres, en fe conformant à celle du fond, conftruite du temps de Bramante; par cette difpofition, le plan général fe trouvoit renfermé dans un carré, aux angles duquel étoient quatre facriftries, fig. 170; ce plan fut adopté par Léon X, qui trouvoit celui de Bramante trop vafte: la mort de ce pontife, arrivée en 1521, fut caufe qu'il ne fut pas exécuté. Après la mort de Peruzzi, Antoine San-Gallo, fit un nouveau projet, & un modèle qui fut agréé par Paul III; dans ce plan, qui étoit plus vafte que celui de Peruzzi, il avoit abfolument dénaturé celui de Bramante. Michel-Ange ne put s'empêcher de dire, en voyant ce modèle, que c'étoit une compofition gothique, dont l'exécution feroit extrêmement longue & coûteufe. Cet architecte, pour parvenir à exécuter fon projet, fit renforcer les piliers de Bramante. Vafari dit que San-Gallo avoit pris, pour exécuter ces ouvrages, un certain Laurent de Florence, appelé vulgairement *Lorenzetto*, qui faifoit l'ouvrage à tant la canne, comme nous difons à tant la toife, & que ce *Lorenzetto*, fans

fe fatiguer, gagna beaucoup de bien en faifant de mauvaife befogne.

Antoine San-Gallo étant mort en 1546, les députés de la fabrique & le pape furent quelque temps d'avis différens fur le choix de celui qui devoit lui fuccéder. Enfin Paul III, par un *motu proprio*, créa Michel-Ange, architecte en chef de la bafilique de Saint-Pierre, avec plein pouvoir de faire tout ce qu'il jugeroit convenable, de changer ce qui étoit fait; de faire à fa fantaifie ce qui ne l'étoit pas, de choifir les ouvriers, d'en augmenter ou diminuer le nombre à volonté.

Michel-Ange réduifit le plan de cette bafilique, comme Baltazar Peruzzi, à une croix à quatre croifillons égaux, recroifée par un carré, au centre duquel fe trouvoient placés quatre piliers qui devoient foutenir le dôme, fig. 171; il fupprima tout ce qu'il y avoit de beau dans les plans de Bramante & de Peruzzi; il renfonça de nouveau les quatre piliers: par cette nouvelle augmentation, les faces extérieures des piliers furent portées à cinquante-huit pieds un pouce & demi, au lieu de quarante-deux pieds, que leur avoit données Bramante; & l'épaiffeur de ces piliers, au droit des grands arcs, à vingt-neuf pieds, au lieu de vingt-un. Ces maffes énormes faites à différentes reprifes, rendent cet édifice extrêmement lourd, fans le rendre plus folide. Chaque augmentation que l'on fit à ces piliers, produifit un nouvel arc, enforte qu'il s'en trouve quatre concentriques, l'un au-deffus de l'autre. On apperçoit le fommet du dernier de ces arcs dans le corridor circulaire pratiqué dans l'épaiffeur du foubaffement. Ces arcs ont été conftruits en grandes briques faites exprès, à l'imitation de celles dont les anciens fe font fervis pour de femblables ouvrages. Ce fut Michel-Ange, qui fit exécuter les derniers arcs & l'entablement qui couronne les pendentifs. Cet entablement eft en pierre travertine; il fit revêtir de la même pierre l'extérieur du tambour; il forma à cette hauteur un foubaffement général, fur lequel il établit fon dôme. Le plan de ce foubaffement forme à l'extérieur un octogone, & à l'intérieur un cercle, fig. 172. Le diamètre extérieur de l'octogone eft de cent quatre-vingt-un pieds, & celui du cercle intérieur de cent vingt-fix pieds; enforte que la moindre épaiffeur comprife entre le cercle & l'octogone, eft de vingt-fept pieds & demi. Au-deffus de ce foubaffement, il établit un ftylobate rond, renfermé entre deux circonférences concentriques, dont l'intervalle forme une épaiffeur de vingt-fix pieds huit pouces. Cette épaiffeur eft divifée en trois parties par un corridor circulaire de cinq pieds & demi de large. Des deux murs qui forment ce corridor, celui du côté de l'intérieur du dôme a treize pieds neuf pouces d'épaiffeur, il eft conftruit en blocage revêtu en briques, & quelques parties en pierres de taille. Le mur à l'extérieur eft conftruit de même avec des revêtemens en briques & en pierres de taille; à l'extérieur fon épaiffeur eft de fept pieds & demi

Dans l'épaisseur du mur, qui est du côté de l'intérieur, on a pratiqué d'autres petits corridors de deux pieds huit pouces de large, formant rampes d'escaliers, & servant à communiquer aux quatre petits escaliers en limace, pratiqués dans l'épaisseur du mur du tambour du dôme. Ces seconds corridors réduisent l'épaisseur du mur du côté de l'intérieur du dôme, aux endroits où ils se trouvent, à sept pieds un quart.

Au-dessus de ce stylobate, qui a onze pieds & demi de haut, on a érigé le mur du tambour du dôme, dont l'épaisseur est de neuf pieds six pouces, pris d'un nud à l'autre, sans y comprendre la saillie des pilastres qui décorent l'intérieur du dôme, laquelle est d'environ un pied. Ce mur est construit en maçonnerie de blocage, composée de petites pierres & fragmens de briques, tirés des anciens édifices, comme cela se pratique à Rome; le parement intérieur est en briques revêtus de stuc, & l'extérieur en pierres de taille de Tivoli, appelées travertines. Ces revêtemens ont très-peu d'épaisseur. Le mur est percé de seize grandes croisées de huit pieds neuf pouces de largeur, sur seize pieds de haut: on l'a fortifié à l'extérieur, par seize contreforts, construits entièrement en pierre de taille de même espèce que celle des revêtemens. Ces contreforts sont placés au milieu de l'espace qui sépare les croisées: leur longueur est de douze pieds & demi; ils sont décorés & fortifiés par des demi-pilastres. Chaque contrefort est terminé par deux colonnes accouplées, engagées de moins d'un quart. Le diamètre de ces colonnes est de trois pieds neuf pouces. Toutes les colonnes & pilastres qui décorent le tambour du dôme, tant à l'intérieur qu'à l'extérieur, sont d'ordre corinthien.

L'intervalle entre les contreforts forme une plate-forme ou terrasse, pavée en briques posées de champ. La partie au-dessus du revêtement extérieur du stylobate est couverte en dalles de marbre, contre lesquelles s'arrête le pavé de briques.

La hauteur des contreforts est de quarante-six pieds cinq pouces, mesurés depuis la plate-forme, jusqu'au-dessus de l'entablement qui les couronne.

Le dôme de Saint-Pierre de Rome étoit élevé à cette hauteur, lorsque Michel-Ange mourut en 1564; il y avoit dix-sept ans qu'il faisoit travailler à ce superbe monument. Quelque temps avant de mourir, il avoit fait faire par un françois un modèle en bois très-détaillé; il y avoit joint des dessins & des mémoires. Après sa mort, le pape Pie IV nomma *Piro Ligorio*, & Jacques Barozzio, connu sous le nom de Vignole, pour succéder à Michel-Ange: il leur enjoignit très-expressément de suivre avec exactitude le projet de leur prédécesseur. On étoit si persuadé qu'il n'y avoit rien à changer au modèle de Michel-Ange, que deux ans après, Pie V renvoya Ligorio, pour s'en être écarté. Vignole étant resté seul, s'occupa pendant le reste de sa vie, à faire revêtir en pierres travertines les façades extérieures, d'après les desseins de Michel-Ange. Après la mort de cet architecte, arrivée en 1579, Grégoire XIII nomma à sa place Jacques de la Porte, qui avoit été élève de Vignole. Ce pape ne fit point travailler au dôme, il aima mieux qu'on s'occupât de la décoration des parties intérieures de l'église. Sixte-Quint, ayant succédé à Grégoire XIII, voulut avoir la gloire de faire élever la fameuse *coupole* imaginée par Michel-Ange. Il adjoignit à Jacques de la Porte, Dominique Fontana, dont il avoit éprouvé les talens dans plusieurs occasions, & sur-tout dans le transport du fameux obélisque qu'il venoit de faire élever au milieu de la place de Saint-Pierre.

Au-dessus de la partie construite par Michel-Ange, on éleva un attique circulaire de dix-sept pieds un quart de haut, dont l'épaisseur est de neuf pieds: il est fortifié à l'extérieur par seize avant-corps, dont la saillie est de deux pieds neuf pouces, & la largeur de six pieds. Ces avant-corps sont placés au-dessus des contreforts de la tour du dôme. L'attique est construit comme le mur, qui est au-dessous, c'est-à-dire, en maçonnerie de briques, revêtue en pierres travertines à l'extérieur. C'est sur cet attique, que pose l'immense *coupole* double, qui couronne la tour du dôme. Son diamètre intérieur, pris au niveau de la naissance, est de cent trente pieds; la courbe du cintre de la *coupole* intérieure, est un arc de cercle, dont le rayon est de soixante-dix-neuf pieds, c'est-à-dire, qu'au lieu d'être une voûte parfaitement hémisphérique, elle est surhaussée de treize pieds. Cette *coupole* ne forme qu'une seule voûte, jusqu'à vingt-six pieds au-dessus de l'attique extérieur; son épaisseur par le bas, indépendamment de la saillie des côtés, est de neuf pieds. Son épaisseur va en augmentant, parce que la courbe extérieure est plus surhaussée que celle de l'intérieur; de sorte qu'à l'endroit où la voûte se divise, elle se trouve de dix pieds neuf pouces; l'espace circulaire qui sépare les deux voûtes, a trois pieds de largeur. La voûte intérieure a près de six pieds d'épaisseur, son élévation depuis le dessus de l'attique intérieur, où elle prend naissance, jusqu'à l'ouverture de la lanterne, est de soixante-dix-huit pieds neuf pouces un quart; l'ouverture de la lanterne est de vingt-trois pieds quatre pouces.

La voûte extérieure a, par le bas, deux pieds neuf pouces & demi d'épaisseur; elle est fortifiée à l'extérieur par seize côtes saillantes, dont l'épaisseur est égale à celle de la voûte. Les parties de voûte comprises entre les côtes, sont percées de deux rangs de petites fenêtres en œil de bœuf, & d'un rang de mezzanines. Comme le cintre de ces deux voûtes n'est pas formé par des courbes concentriques, l'intervalle qu'elles laissent entre elles, augmente à mesure qu'elles s'élèvent; en sorte qu'à l'endroit où elles rencontrent la lanterne, leur intervalle est de dix pieds.

Ces deux voûtes sont réunies par seize murs ou éperons, tendant au centre, dont l'épaisseur va en diminuant; par le bas, elle est de huit pieds, & par le haut, à l'endroit où ils rencontrent le mur qui sert de soubassement à la lanterne, cette épaisseur se réduit à trois pieds. Le soubassement est évidé par des arcades & des petites fenêtres donnant sur le vide intérieur de la lanterne. Au-dessus de ces deux voûtes est une plate-forme circulaire, bordée par un balcon de fer. Au centre s'élève la lanterne sur un stylobate formant seize avant-corps, au-dessus desquels sont des contreforts semblables à ceux de la tour du dôme, décorés à l'extérieur par des colonnes accouplées d'ordre ionique, dont la grosseur est de seize pouces & demi. L'espace entre les contreforts est occupé par des arcades servant à éclairer l'intérieur de la lanterne.

Le diamètre extérieur de cette lanterne est de trente-six pieds huit pouces, pris au nud des colonnes. Le diamètre intérieur est de vingt-quatre pieds; sa hauteur depuis la plate-forme, jusqu'à l'extrémité de la croix, est de quatre-vingt-quatre pieds.

La *coupole* extérieure, depuis la plate-forme jusques sur l'attique, a quatre-vingt-huit pieds; l'attique au-dessous, dix-sept pieds trois pouces; l'ordre corinthien qui décore le tambour à l'extérieur, quarante-six pieds cinq pouces; le stylobate au-dessous, onze pieds dix pouces & demi.

La hauteur totale, depuis le soubassement extérieur, au-dessus des combles de l'église, jusqu'à l'extrémité de la croix, est de deux cent quarante-sept pieds.

La hauteur totale, depuis le pavé de l'église, jusqu'au sommet de la croix, est de quatre cent dix pieds dix pouces.

A l'intérieur, il y a, depuis le pavé jusqu'au dessus de l'entablement qui couronne les pendentifs. . . . . 161 pi. 4 p.

Le stylobate au-dessus, est de..	12	5	9
L'ordre en pilastre au-dessus, est de.	48	2	4
La hauteur de l'attique au-dessus, est de.	10	0	8
Celle de la *coupole* intérieure, depuis le dessus de l'attique, jusqu'à l'ouverture de la lanterne.	78	9	3
Depuis cette ouverture jusqu'au sommet de la voûte de la lanterne, est de.	52	8	0
Total depuis le pavé de l'église.	363 pi. 6 p. 0

On commença à travailler à l'attique de la grande *coupole*, le quinze juillet 1588. Sixte-Quint qui étoit jaloux de terminer cette *coupole*, y employa jusqu'à six cents ouvriers, qui se relayoient, pour travailler sans relâche le jour & la nuit. L'ouvrage fut poussé avec tant d'ardeur, qu'en vingt-deux mois, l'attique & les deux coupoles furent achevées, jusqu'au soubassement de la lanterne. Le pontife bénit la dernière pierre, qui fut placée le quatorze mai 1590, au bruit de l'artillerie du château Saint-Ange. Il fit couvrir en plomb la *coupole* extérieure, & revêtir les sept côtes saillantes, du côté de l'entrée, en bronze doré. Malgré la célérité avec laquelle Sixte-Quint faisoit travailler à cet ouvrage, il n'eut pas la satisfaction de le voir entièrement achevé; il mourut au mois d'août de la même année; la lanterne, la boule & la croix ne furent terminées qu'en novembre 1590.

Angelo Rocca, auteur contemporain, dit qu'on employa pour les cintres des deux *coupoles*, cent mille grandes pièces de bois, dont cent étoient si grosses, que deux hommes ne pouvoient pas les embrasser. Le cintre de la *coupole* intérieure étoit composé de seize fermes doubles, réunies par deux enrayures, formant chacune un polygone horizontal de seize côtés, fig. 173. La première enrayure étoit soutenue par quatre-vingt-seize pièces de bois inclinées, auxquelles on donne le nom de contre-fiches. Le point d'appui de ces contre-fiches étoit dans des entailles pratiquées contre la partie inférieure de la voûte: ce qui a fait dire à l'auteur que nous venons de citer, que l'assemblage de ce cintre étoit fait avec tant d'art, qu'il paroissoit suspendu en l'air.

En effet, on voit par les dessins qu'en a donnés Charles Fontana, dans la description de ce superbe temple, que la disposition des pièces de bois, qui formoient le cintre, étoit fort bien combinée.

La seconde enrayure étoit soutenue par cent soixante contre-fiches, dont une partie portoit sur un second rang d'entailles faites à douze pieds environ au-dessus des premières, & l'autre sur les pièces de la première enrayure. Sur les flancs & au-dessus, le cintre étoit encore fortifié par des fermes, formant un polygone circonscrit, afin d'approcher de plus près du cintre de la voûte.

L'utilité de ce cintre étoit plutôt de procurer un échafaud solide, pour placer les machines destinées à élever les matériaux, que pour soutenir le poids de la double *coupole*, qui, par la propriété de son plan, pouvoit à la rigueur se construire sans cintre, avec encore plus de facilité que la *coupole* de Florence, dont le plan étoit un octogone.

On n'est pas sûr de la quantité de cercles de fer qui furent employés, pour entretenir les deux voûtes, formant la *coupole* double, dans le temps de sa construction. On n'en connoît que deux; l'un est placé en dehors de la voûte intérieure à trente-quatre pieds environ au-dessus de la naissance, à un pied au-dessus de l'endroit où la *coupole* se divise en deux, & au-devant du premier des gradins formant escalier pour monter à la lanterne. Les bandes de fer qui composent cette chaîne, ont trente-cinq lignes de large sur vingt lignes d'épaisseur.

Le second cercle est placé au milieu de l'épaisseur des deux *coupoles* réunies, à seize pieds & demi environ au-dessus de la naissance de la voûte intérieure. Ce cercle a les mêmes dimensions que le précédent.

Vers le haut de la *coupole* intérieure, il y a plusieurs trous, au fond desquels on apperçoit des barres de fer montantes. On prétend qu'à ces barres de fer viennent s'agraffer d'autres cercles placés dans l'intérieur de la construction à différentes hauteurs, & que toutes ces barres se terminent à un dernier cercle, autour de l'œil de la première *coupole*. Il y a un passage d'Angelo Rocca, qui semble prouver cette disposition pour les deux voûtes; voici comment il s'explique: « *nam quotidiè pro* » *duobus tholi fornicibus connectendis, ingenti tholi* » *oculo in ejus summitate relicto, à quo lumen exci-* » *pitur, ex ferramentis triginta librarum millia sur-* » *sum extractæ sunt, tribus officinis ferrariis adhi-* » *bitis.* » C'est-à-dire, « car tous les jours on élève » trente milliers de gros fers préparés dans trois » grands ateliers de forgerons, pour relier les deux » voûtes du dôme, avec le grand œil qu'on a pra- » tiqué à son sommet, par où il reçoit la lumière. »

Toutes ces précautions n'ont point empêché que cette *coupole* ne se soit désunie de toutes parts.

Ce monument étant le plus grand, le plus célèbre & le plus magnifique que l'on ait fait en ce genre, nous avons pensé qu'il étoit intéressant d'ajouter à ce que nous avons déjà dit, 1°. un précis des effets qui se sont manifestés dans toutes les parties de cet édifice; 2°. la recherche des causes qui peuvent avoir occasionné ces effets; 3°. le détail des moyens qu'on a employés pour y remédier; 4°. une discussion pour tâcher de découvrir si ces moyens sont suffisans, s'ils étoient absolument nécessaires, & si ce sont les plus convenables.

ARTICLE PREMIER.

Détail des effets qui se sont manifestés dans toutes les parties de la *coupole* de Saint-Pierre de Rome.

Piliers du dôme.

Dans les différentes recherches, faites par ordre du Pape Benoît XIV, en 1743, & depuis, pour découvrir & examiner les effets qui se sont manifestés à l'édifice de Saint-Pierre de Rome, on n'en a trouvé aucun dans les quatre piliers qui soutiennent la *coupole*; quoique ces massifs aient été faits à différentes reprises, & que dans l'origine ils aient été élevés sur des fondemens peu solides.

Grands Arcs.

Au premier arc en entrant, qui sépare la grande nef du dôme, on ne remarque que quelques petites fentes, dont la plus large n'a guère qu'une ligne. A l'arc qui sépare la nef à gauche, fig. 174, les fentes que l'on apperçoit vers le milieu, sont encore moindres que celles de l'arc précédent; dans les deux arcs, ces fentes s'étendent depuis le dessous de l'archivolte de l'arc, jusqu'au dessus de l'architrave de l'entablement des pendentifs, qui est immédiatement au-dessus. Les fentes qui sont à l'arc qui sépare la nef, à droite, sont plus considérables & en plus grand nombre; on en compte huit, dont plusieurs semblent se réunir pour ne former qu'une seule lézarde sous l'enduit de stuc: sa plus grande largeur à l'extérieur, est de huit lignes un quart. Cette lézarde est située vers le milieu de l'arc; les autres sont très-peu considérables.

Au-dessus du milieu de cet arc, fig. 175, il y a trois grandes désunions horizontales; la première au-dessus de l'archivolte, dont elle suit la courbure; sa longueur est de vingt-cinq pieds, & sa largeur au milieu, d'environ sept lignes; cette largeur diminue en allant vers les extrémités, où elle se termine à rien.

La seconde est sous l'architrave de l'entablement des pendentifs; sa longueur est de treize pieds & demi, & sa largeur de six lignes & demie; cette largeur diminue de même en allant vers les extrémités.

La troisième désunion est sous la corniche dudit entablement, elle a neuf pieds de longueur, & deux lignes de largeur vers le milieu, fig. 176.

Au grand arc qui sépare la nef du fond, vers le milieu, est une lézarde presque à plomb, qui traverse toute la hauteur de l'archivolte, dont la plus grande largeur est d'environ neuf lignes.

Au-dessus de l'archivolte est une désunion horizontale, dont la largeur n'est que d'une ligne & demie.

Lézardes dans l'intérieur du tambour du dôme, & la première coupole.

Le nombre des lézardes qui peuvent se distinguer, est d'environ deux cent quarante, dont trente-cinq méritent quelqu'attention; les autres sont de peu d'importance. La plus considérable de toutes, se trouve au-dessus du second pilier, à gauche en entrant, où est la statue de Sainte-Véronique. Elle commence au-dessus de l'entablement des pendentifs, à la hauteur du socle du stylobate; elle s'élève presque verticalement dans toute la hauteur du tambour, & de là, elle se prolonge dans la *coupole* intérieure, jusqu'auprès de l'œil de la lanterne. La plus grande largeur de cette lézarde est au droit de la corniche de l'attique qui supporte la *coupole*; à cet endroit elle se divise en deux branches parallèles, dont une a deux pouces neuf lignes d'ouverture, & l'autre vingt-une lignes & demie.

La plus remarquable, après celle-ci, est dans la partie du dôme, précisément opposée à celle où se trouve la première, au-dessus du premier pilier à droite, où est la statue de Saint-Longin.

Cette lézarde est à gauche de la fenêtre qui répond au milieu du pilier ; elle n'est pas continue comme celle qui est en face ; la partie dans le tambour du dôme est composée de trois lézardes à plomb ; celle du bas commence au milieu du stylobate, qui soutient les pilastres accouplés, & finit à moitié de leur hauteur, en suivant l'angle rentrant d'un des pilastres. La seconde commence à peu-près à la hauteur où celle-ci finit, en suivant l'angle rentrant de l'autre pilastre ; elle se prolonge jusqu'au-dessous de l'architrave de l'entablement qui couronne ces pilastres. La troisième partie commence à la frise du même entablement, à trois pieds de distance de la première, & continue jusqu'au-dessus de l'attique.

La partie de lézarde qui est dans la *coupole*, est composée de deux branches parallèles, dont une commence un peu au-dessus de l'attique, & finit au-dessus du quatrième rang de compartimens de la voûte ; l'autre branche commence à environ trente pieds au-dessus de l'attique, & finit auprès de l'œil de la lanterne. La plus grande largeur de ces lézardes, est au droit de la corniche de l'attique, où elle se trouve avoir neuf lignes.

Dans la partie de la tour du dôme, qui répond au second pilier, à droite en entrant, où est la statue de Sainte-Hélène, il y a dans la hauteur de l'attique, cinq lézardes qui méritent d'être remarquées. La plus forte a sept lignes d'ouverture ; elle s'étend le long du pilastre à droite. Il y en a une semblable le long du pilastre à gauche, dont la plus grande largeur est de cinq lignes, & une autre au milieu de l'arrière-corps, compris entre les deux pilastres : les deux autres sont de peu d'importance.

Dans la partie au-dessous de la précédente, & dans la hauteur de l'ordre, il y a trois principales lézardes ; la première commence à la corniche de l'entablement, & descend jusqu'au linteau de la fenêtre. A cet endroit, on voit que la lézarde traverse l'épaisseur du mur ; la seconde ne s'étend pas au-delà du fronton circulaire qui couronne cette fenêtre. La troisième va depuis le dessus de l'appui de cette même fenêtre, & descend jusqu'au socle qui règne au niveau des bases des pilastres ; cette lézarde traverse aussi l'épaisseur du mur.

Dans la partie de la *coupole* intérieure, qui répond à ce même pilier, il y a par le haut, une grande lézarde qui va depuis le premier rang de compartiment, jusqu'au milieu du dernier, auprès de l'œil de la lanterne.

A la partie de l'intérieur du dôme, qui est du côté de la nef, à droite, il y a plusieurs lézardes, qui traversent la corniche de l'attique ; trois de ces lézardes ont environ trois lignes d'ouverture ; les autres sont de peu de conséquence.

A la partie au-dessus de la nef d'entrée, il y a aussi plusieurs lézardes, dont trois méritent d'être remarquées ; la plus grande a cinq lignes d'ouverture, & les autres quatre lignes & demie.

Dans la *coupole* intérieure, outre les lézardes, ci-devant décrites, il s'en trouve seize autres principales, c'est-à-dire, une dans chaque panneau de voûte compris entre les arcs saillantes qui répondent aux pilastres. Ces lézardes commencent presque toutes à la même hauteur, c'est-à-dire, à trente pieds environ au-dessus de l'attique, elles se prolongent jusqu'au dernier rang de compartiment, du côté de l'œil de la lanterne ; leur longueur est d'environ soixante pieds.

Les cintres des seize arcs en décharge au-dessus de l'attique, sont remplis de désunions ; il y a des arcs où il s'en trouve jusqu'à six. Douze de ces désunions sont remarquables, parce qu'elles se lient à des lézardes à plomb, qui se prolongent fort avant dans la voûte, c'est-à-dire, depuis vingt jusqu'à trente pieds.

Dans l'intérieur du dôme, environ à la moitié de la hauteur des pilastres, il est intéressant d'observer, qu'il se trouve des désunions horizontales ; il s'en trouve aussi dans l'intérieur de la lanterne, environ à moitié de la hauteur des piliers qui soutiennent les arcades.

Entre les deux *coupoles*, par le haut, aux seize gros murs ou éperons qui réunissent les deux voûtes, on remarque des désunions horizontales, & d'autres qui suivent le contour des voûtes. Ces désunions ont dix-huit pieds jusqu'à vingt-cinq pieds de longueur ; leur largeur est depuis deux jusqu'à sept lignes.

Dans les quatre vides circulaires pratiqués dans le mur de la tour du dôme, au-dessus de chaque pilier, & qui sont occupés par des escaliers, il y a des lézardes à plomb, dans toute leur hauteur, qui est d'environ soixante-douze pieds ; la plus considérable de toutes se trouve dans l'escalier qui est au-dessus du pilier de Sainte-Véronique ; sa plus grande ouverture est de quinze lignes ; la largeur des autres n'est que de quatre à cinq lignes.

Lézardes qui se trouvent à l'extérieur, fig. 179, 180.

1°. Dans la hauteur du soubassement & du stylobate.

Au-dessus du pilier de Sainte-Véronique, est une grande lézarde presque à plomb, qui s'étend dans toute la hauteur du soubassement & du stylobate, & qui suit en plusieurs endroits le contour des joints ; la plus grande largeur de cette lézarde est de huit lignes & demie.

Dans la partie au-dessus du grand arc qui communique à la nef à gauche, sont six lézardes, dont trois principales ; la première s'étend dans toute la hauteur du stylobate, & de la grande corniche du soubassement. Sa plus grande largeur est de dix lignes ; la seconde dirigée obliquement, traverse la hauteur du stylobate, la grande corniche

& partie du soubassement, en suivant la retraite des joints montans. Sa plus grande ouverture est de quatre lignes, la troisième est oblique en sens contraire: sa longueur développée est d'environ dix pieds, & sa plus grande largeur de cinq lignes.

A la partie au-dessus du pilier de Saint-André, une lézarde qui commence au linteau de la porte pratiquée dans le soubassement, & qui se prolonge jusqu'à la corniche du stylobate, en formant des redans selon le recouvrement des joints à plomb: la plus grande largeur de cette lézarde est de cinq lignes & demie.

Deux autres à la partie du côté de la nef d'entrée, toutes deux dirigées obliquement & en sens contraire dans toute la hauteur du soubassement & du stylobate. Leur plus grande largeur est de quatre à cinq lignes.

Au-dessus du pilier de Saint-Longin, au droit de la porte pratiquée dans le soubassement, une lézarde formant plusieurs redans selon le recouvrement des joints & ruptures au droit de la grande corniche du soubassement; sa plus grande largeur est de quatre lignes.

A la partie du côté de la nef à droite, quatre lézardes obliques, dont deux sont en sens contraire des deux autres. Une, traverse toute la hauteur du stylobate & du soubassement. Sa plus grande largeur est de quatre lignes & demie. Une autre qui commence au bas du soubassement & finit à la hauteur du stylobate, a cinq lignes de largeur. Les deux autres qui sont en dehors des précédentes, sont moins considérables. Celle à gauche, qui s'étend dans la moitié de la hauteur du piédestal, n'a que trois lignes, & celle à droite cinq lignes: cette dernière va dans toute la hauteur du stylobate.

Au-dessus du pilier de Sainte Hélène, une lézarde oblique formant plusieurs redans, selon la disposition des joints montans. Sa longueur développée est de douze pieds, & sa plus grande largeur de trois lignes & demie.

A la partie du côté de la nef du fond, quatre lézardes inclinées, deux à deux, en sens contraire. De ces quatre lézardes, deux se prolongent dans toute la hauteur du soubassement & du stylobate, & deux autres dans la hauteur du stylobate seulement. La largeur des premières est de cinq lignes, & les autres de cinq à six lignes.

Tambour du dôme comprenant la hauteur de l'ordre dont il est décoré, & l'attique au-dessus. V. fig. 181, 182.

Aux parties au-dessus des piliers de Sainte-Véronique & de Saint-Longin, deux grandes lézardes qui règnent dans toute la hauteur de l'ordre, & se prolongent jusqu'au-dessus de l'attique où se trouve leur plus grande largeur. Ces lézardes correspondent avec les deux grandes de l'intérieur; elles se divisent en deux branches dans la hauteur de l'attique, une de ces branches passe à droite, & l'autre à gauche de l'avant-corps & du contrefort au-dessous. Les deux branches de la lézarde qui répondent au pilier de Sainte-Véronique ont, l'une trois pouces quatre lignes & demie d'ouverture, & l'autre six lignes seulement. Les deux branches de la seconde lézarde, au droit du pilier de Saint-Longin, ont moins d'ouverture: la plus grande a seize lignes, & l'autre quatre. Dans le surplus de l'attique, on en compte dix-neuf autres qui s'étendent dans toute la hauteur & qui sont presque perpendiculaires, avec des ruptures aux endroits où il ne se trouve pas de joints montans: la plus large a dix-neuf lignes; il s'en trouve une de seize lignes, une de treize lignes & demie, une de douze lignes & demie, & les autres depuis six lignes jusqu'à deux lignes.

Dans le mur du tambour du dôme, aux parties qui sont entre les contreforts, on compte quinze principales lézardes, tant au-dessus qu'au-dessous des croisées & le long des contreforts; leur largeur est, depuis une ligne & demie jusqu'à sept lignes.

C'est aux contreforts que se trouve le plus grand nombre de lézardes, elles se subdivisent en une infinité de branches: leur nombre est de plus de 200, dont 70 principales; leur largeur est, depuis trois lignes jusqu'à douze lignes. Les contreforts les plus maltraités sont ceux au dessus du pilier de Saint-André; & ceux qui le sont le moins, sont les contreforts au-dessus du pilier de Sainte-Hélène. Ce ne sont point de simples désunions qui suivent le contour des joints, ce sont des ruptures continues, qui se prolongent dans la hauteur de plusieurs assises; ces contreforts sont construits entièrement en pierres de taille, que l'on appelle travertines. Cette pierre est aussi dure & à autant de consistance que la pierre de liais, dont on fait usage à Paris.

Les arcs des petites portes de communications, pratiqués dans le bas de chaque contrefort, sont tous désunis. Plusieurs voussoirs sont dérangés de leur place, & quelques-uns descendent en contre-bas d'un pouce. Les angles supérieurs de la plûpart de ces voussoirs sont brisés.

Toutes ces ruptures, lézardes & désunions se trouvent dans la partie la plus mince des contreforts, qui forme arrière-corps entre les pilastres. L'épaisseur de cette partie, prise au milieu, est de deux pieds quatre pouces. En plusieurs endroits, il s'est fait un déchirement le long des pilastres, qui a produit une lézarde continue, dans toute la hauteur de l'angle rentrant.

Le grand corridor circulaire, pratiqué dans l'épaisseur du mur, au droit du stylobate & du soubassement, fait voir à sa voûte une désunion horizontale qui en fait le tour. Elle se prolonge jusqu'au-dessus de la plate-forme qui règne entre les contreforts. De cette désunion partent plusieurs lézardes, qui s'étendent dans les murs de droite & de gauche, & en plusieurs endroits

endroits dans la voûte. La plus grande largeur de ces lézardes est de huit lignes un quart.

Après avoir fait le détail des principales lézardes qui se remarquent au dôme de Saint-Pierre de Rome, nous allons parler des sur-plombs, qui, pour la plûpart, sont une suite de ces lézardes.

Dans l'intérieur du tambour du dôme, le plus grand sur-plomb en-dehors, se trouve au droit du pilier de Ste. Véronique où est une des deux grandes lézardes. Ce sur-plomb est d'environ quatre lignes & demie par toise de hauteur. Au-dessus du pilier de Sainte Hélène, le sur-plomb est en-dedans; mais il n'est que d'une ligne & demie par toise. En deux autres endroits, le tambour est d'aplomb; savoir, du côté de la nef du fond & du côté de celle à droite en entrant.

En additionnant tous les sur-plombs & divisant leur somme par le nombre des opérations faites pour les connoître, on a trouvé que le sur-plomb moyen étoit d'environ deux lignes & demie par toise. Ce résultat s'accorde assez bien avec l'élargissement de la tour du dôme pris au-dessus de la corniche de l'attique; car en ajoutant ensemble toutes les ouvertures des lézardes prises à ce même endroit, on trouve que leur somme est de seize pouces, ce qui donne un sur-plomb moyen de trente lignes sur environ onze toises de hauteur.

A l'extérieur le plus grand sur-plomb du mur du tambour est de seize lignes par toise; il répond au plus grand sur-plomb de l'intérieur. Le moindre est d'environ une ligne par toise; le sur-plomb moyen est d'un peu plus de trois lignes par toise; il cadre encore avec l'élargissement du tambour au droit de l'attique extérieur, lequel est de dix-sept pouces un quart, qui donnent deux pouces trois quarts de sur-plomb, sur onze toises de hauteur. Il est bon de remarquer que le sur-plomb de la face extérieure du tambour du dôme est plus grand que celui de la face intérieure; nous allons voir que celui des contre-forts est encore plus considérable. Il s'en trouve deux, dont le sur-plomb est de sept lignes deux tiers par toise. L'un est au dessus du pilier de Sainte-Hélène, & l'autre au-dessus de celui de Saint-André. Ces deux piliers se répondent diagonalement. Le sur-plomb de trois autres contre-forts est de cinq lignes & demie; six autres sur-plombent de quatre lignes deux tiers par toise de hauteur; trois autres de trois lignes & demie, un d'une ligne un tiers, l'autre est d'aplomb. Ce dernier est au-dessus du pilier de Saint-Longin.

Dans le mur du tambour du dôme, les plus grands sur-plombs répondent aux deux grandes lézardes qui sont au-dessus des piliers de Saint-Longin & de Ste. Véronique, qui sont opposés en diagonale; ce qui est à remarquer.

Pour terminer l'énumération des principaux effets qui se sont manifestés dans cet édifice, il nous reste à parler de la rupture des cercles de fer

Dict. d'Architect. Tome II.

qui furent mis en œuvre dans le temps de sa construction.

Dans une visite faite exprès, au mois de Mai 1747, par ordre du pape Benoit XIV, on reconnut que le cercle supérieur placé dans l'épaisseur du premier des gradins qui sont sur la coupole intérieure, étoit rompu en deux endroits; la première rupture se trouva du côté de la nef du fond, au-dessus du pilier de Sainte Hélène. Cette rupture étoit au milieu de la longueur d'une des bandes de fer qui composent ce cercle; la longueur de cette bande étoit de trente-neuf palmes romains; sa largeur étoit de vingt & une minutes & son épaisseur de douze. Ces mesures répondent à vingt-six pieds dix pouces, mesure de Paris, pour la longueur, trente-cinq lignes de largeur & vingt lignes d'épaisseur. La distance entre les deux morceaux rompus étoit de neuf minutes & demie qui répondent à treize lignes un tiers.

Les deux parties de la cassure paroissoient arrachées; ce qui prouve une très-bonne qualité de fer. Un des bouts étoit plus élevé que l'autre de sept minutes, c'est-à-dire, de onze lignes deux tiers.

La maçonnerie qui recouvroit ce cercle ayant été défaite tout autour, on trouva une seconde rupture répondant au milieu du pilier de Ste. Véronique. La distance, entre les morceaux rompus, étoit de quatorze minutes & demie, qui valent vingt-trois lignes un sixième. La longueur de la bande de fer étoit de vingt-sept pieds, sa largeur de trente-six lignes deux tiers & son épaisseur de vingt lignes. La rupture n'étoit pas dans le milieu de cette bande, mais à vingt-cinq pouces & demi d'un des bouts. Le fer de la cassure paroissoit aussi arraché: cette cassure n'étoit pas d'aplomb comme la précédente, mais oblique & dentelée; ce qui indique une plus grande résistance.

Quant à l'autre cercle, comme il est placé au milieu du massif des deux coupoles réunies, on ne jugea pas à-propos de le découvrir pour examiner en quel endroit étoient les ruptures; car il est plus que probable que ce cercle est aussi rompu, puisqu'il se trouve dans un endroit où la dilatation est encore plus grande; on l'a apperçu au travers de deux lézardes, dans l'escalier qui est au-dessus du pilier de Saint-Longin, & en quatre endroits, dans les corridors qui communiquent à chacun des escaliers pratiqués au-dessus des autres piliers.

Les deux intervalles entre les ruptures du cercle, qui a été découvert, forment ensemble un espace de trente-huit lignes & demie, tandis que la dilatation de l'endroit de la voûte où il se trouve placé, indiqué par l'ouverture des lézardes, est d'environ onze pouces. On peut voir, par-là, que l'extension, que le cercle a éprouvée avant de se rompre, tant par le ralongement des bandes de fer, que par le resserrement des assemblages, est de sept pouces trois quarts. Ce qui ne paroit pas

Q

extraordinaire pour un cercle, dont la circonférence est de plus de 400 pieds.

Quelles peuvent être les causes des effets qui se sont manifestés à la coupole de Saint-Pierre?

Ces causes peuvent se réduire à trois principales; 1°. à l'affaissement inégal du sol sur lequel on a établi les fondemens des quatre gros piliers qui supportent cette coupole; 2°. au mélange des différentes espèces de construction, dont on a fait usage pour l'exécution de ce monument; 3°. à l'effort latéral des grandes *coupoles*, dont le cintre n'est pas assez surhaussé, eu égard au poids énorme de la lanterne, dont elles sont chargées à leur sommet; enfin, aux tremblemens de terre dont les secousses, en mettant en mouvement les parties désunies par les causes précédentes, ont contribué beaucoup à augmenter les effets qu'on remarque à cet édifice.

De l'affaissement inégal du sol.

La cause de l'inégalité de l'affaissement du sol a dû être produite par la manière dont Bramante établit les premiers fondemens des gros piliers; au lieu de faire une fouille générale pour reconnoître la nature du sol, il fit fonder chaque pilier séparément. Les deux piliers à droite en entrant, où sont les statues de Ste. Véronique & de Saint-André, ont été fondés les premiers en 1506. On prétend qu'ils furent établis sur les fondemens d'un ancien cirque de Néron. Les deux piliers à gauche, où sont les statues de Sainte-Hélène & de Saint-Longin, ne furent établis que l'année suivante sur un fond neuf, c'est-à-dire, sur un sol où il n'y avoit pas encore eu de fondement. La situation du terrain sur lequel ces fondemens sont établis, exigeoit des précautions extraordinaires, étant placé entre deux côteaux du mont Vatican; de sorte que toutes les eaux qui en proviennent vont se rendre, par-dessous terre, dans cette espèce de vallon. Ces précautions consistoient à établir, sur le sol bien affermi, un massif général sous les quatre piliers, en observant un vide circulaire au milieu, & à empêcher les eaux de pénétrer le terrain au-dessous de ces fondemens & de dégrader la maçonnerie, par la raison que lorsqu'un terrain est imbibé d'eau, il est plus susceptible de compression. C'est ce qui est arrivé à la partie de terrain au-dessous des anciens fondemens des murs du cirque, dont Bramante voulut faire usage. Cet effet est prouvé par l'affaissement des piliers de Saint-André & de Ste. Véronique, & par celui du grand arc qu'ils soutiennent, qui se trouvent être plus bas que les autres.

C'est au premier affaissement du sol que l'on peut attribuer, en partie, les désunions & les lézardes qui se manifestèrent aux grands arcs & aux piliers construits du temps de Bramante, indépendamment de la précipitation & du peu de soin avec

lequel ils furent construits. Après la mort de Bramante, Julien *San-Gallo* & Fra *Giocondo* fortifièrent les fondemens des piliers par de nouveaux massifs de maçonnerie & des arcades qui leur procurèrent toute la solidité qu'on pouvoit désirer d'un ouvrage fait après coup. Toutes ces précautions n'ont pas empêché qu'il ne se soit fait de nouveaux tassemens, comme le prouvent les désunions horizontales qui se sont manifestées au-dessus des nouveaux arcs & renforts faits autour des piliers de Bramante. Les architectes qui lui succédèrent, effrayés des accidens qui arrivoient aux ouvrages déjà faits & du fardeau énorme qu'ils devoient soutenir, crurent qu'il étoit indispensablement nécessaire d'augmenter leurs dimensions, parce qu'ils pensèrent que l'affaissement du sol n'étoit pas la seule cause de ces accidens; en cela ils avoient raison: mais ce n'étoit pas parce que les dimensions étoient trop petites, c'étoit plutôt parce que Bramante avoit négligé de construire, en même temps que les piliers, les parties environnantes & les voûtes qui devoient les contrebutter, ainsi que nous l'avons déjà observé.

Il est très-certain que si Bramante eût pris toutes les précautions que nous venons d'indiquer & qu'il eût construit les piliers & les grands arcs en pierre de taille de Tivoli, les dimensions qu'il leur avoit données, étoient plus que suffisantes pour soutenir la *coupole* qu'il avoit projetée: cette *coupole* auroit été plus belle que celle de Michel-Ange.

Du tassement inégal des constructions.

Il paroît que Michel-Ange & les architectes qui lui succédèrent étoient plus habiles dans l'art de décorer, que dans celui de construire: car il n'étoit pas possible de choisir une plus mauvaise manière de bâtir, que celle dont on s'est servi pour le mur du tambour du dôme. C'est un mélange de constructions en briques, en blocages & en pierres de taille, tous matériaux susceptibles d'une compression inégale entre eux. Cette seule différence étoit capable de produire, sous un fardeau aussi considérable, toutes les lézardes & les désunions que l'on y remarque. La partie en briques & en blocages qui supporte le plus grand poids, étant sujette à un plus grand affaissement que les contreforts & les revêtemens extérieurs qui sont en pierres de taille, il a fallu qu'il se fît une espèce de déchirement qui les désunît. De là ces ruptures qui détachent les contre-forts de la tour du dôme & les lézardes qui sont de chaque côté des contre-forts. Le corridor circulaire que l'on a mal-à-propos pratiqué dans le massif du soubassement & du stylobate, a facilité ces déchiremens & ces désunions, de même que les petites portes rondes qui sont dans le bas des contre-forts. Par cette disposition vicieuse, les contre-forts se sont trouvés avoir deux appuis différens; l'un à l'extérieur sur un mur bâti presque tout en pierres de taille, susceptible de peu de compression; l'autre à l'intérieur sur un mur en briques & bloelges, beaucoup plus chargé & susceptible d'un très-grand affaissement ; d'où il est résulté que ce dernier ayant plus cédé sous le fardeau que l'autre, il s'est fait dans la voûte du corridor une désunion dans toute son étendue, qui se prolonge au-dessus de toutes les portes pratiquées dans le bas des contre-forts.

Tous ces effets n'ont pu se manifester qu'au bout d'un certain espace de temps, parce que l'affaissement inégal qui en est la principale cause, n'a pu s'opérer que très-lentement, à cause de la grande résistance opposée par la roideur des parties en pierres de taille, qui n'ont commencé à céder que lorsque l'effort a été considérable.

Il est évident que c'est aux parties les plus foibles que les plus grands efforts ont dû se manifester ; aussi voit-on que c'est aux endroits où le mur de la tour du dôme est affoibli par des escaliers, que l'on remarque les plus grandes lézardes. On ne peut s'empêcher de dire que ces escaliers ont été fort mal placés. Ils n'auroient pas dû être dans les massifs au-dessus des piliers du dôme, il auroit mieux valu les mettre dans les massifs qui sont sur le milieu des arcs, parce que c'étoit là où il importoit le plus de diminuer le poids. Enfin, au lieu de les pratiquer dans les points d'appui qui supportent les grandes côtes ou éperons, qui réunissent les deux *coupoles*, on auroit dû les placer dans les intervalles, afin de ne pas affoiblir sans nécessité les parties portantes & d'alléger celles qui ne portent rien.

Quant aux désunions que l'on voit à la *coupole* intérieure & aux grandes côtes qui réunissent cette *coupole* avec l'extérieure, il est certain que leur principale cause doit être attribuée à l'affaissement inégal du mur du tambour. A cette cause il faut joindre la trop grande précipitation avec laquelle cette *coupole* double fut construite, la nature des matériaux que l'on y employa & la manière dont ils furent mis en œuvre. Le cintre de cette double *coupole* est trop peu élevé, par rapport au poids considérable de la lanterne qu'elle a à soutenir, ainsi que nous l'avons déjà observé, sur-tout celui de la *coupole* intérieure. L'arc de cette voûte, depuis sa naissance jusqu'à l'ouverture de la lanterne, ne devoit pas être de plus de soixante degrés, comme est celui de la grande *coupole* de Florence, dont la construction est beaucoup mieux entendue que celle de Saint-Pierre.

A l'article *théorie des voûtes*, nous ferons voir que le poids de la lanterne d'une *coupole* ne doit pas être plus grand que celui d'une calotte, dont le diamètre seroit égal au double de l'arc qui seroit le complément de celui qui forme le cintre de la *coupole* qui doit porter cette lanterne. Ainsi l'arc de la *coupole* intérieure de Saint-Pierre de Rome étant d'environ soixante-dix degrés, son complément, par rapport à une demi-voûte en plein cintre, seroit de vingt degrés, ce qui formeroit une calotte circulaire, dont le diamètre seroit de quarante degrés. Or une pareille calotte construite double, comme la *coupole*,

avec ses grandes côtes intermédiaires, peseroit environ deux millions, & la lanterne exécutée en pèse plus de trois. Il ne faut cependant pas croire que ce puisse être cette surcharge d'un million qui ait pu occasionner toutes les lézardes, & désunions que l'on remarque à cet édifice, si les tassements inégaux, dont nous avons parlé n'avoient pas eu lieu. Mais alors que le tambour du dôme & la *coupole* ont été lézardés, la surcharge de la lanterne venant à agir sur des parties détachées, a dû contribuer à augmenter les effets, sur-tout lorsqu'elle a été mise en action par les secousses des tremblemens de terre qui ont eu lieu à Rome depuis le commencement de ce siècle.

L'effet du tassement inégal se manifeste par les désunions horizontales que l'on voit à l'intérieur, 1°. au-dessus des grands arcs qui communiquent à la nef du fond & à la nef à droite ; 2°. dans la hauteur des pilastres qui décorent l'intérieur de la tour du dôme ; 3°. à la partie supérieure des grandes côtes qui unissent les deux *coupoles* ; enfin celles qui sont au milieu de la hauteur des pilastres intérieurs de la lanterne. Toutes ces désunions prouvent, 1°. que le tassement a été plus considérable à l'intérieur qu'à l'extérieur ; 2°. que les fondemens des deux premiers piliers établis par Bramante sur ceux des murs de l'ancien cirque de Néron, ont plus baissé que ceux des deux autres piliers. 3°. Et ce c'est le pilier de Ste. Véronique qui a le plus baissé. 4°. Ces désunions horizontales indiquent encore que le tassement des constructions intérieures a été retenu en partie par les constructions extérieures & par leur propre consistance, aux endroits où elle forme de très-grandes masses, comme dans la partie intérieure, depuis le dessus des grands arcs jusqu'au-dessous des croisées de la tour du dôme où qui forme un cercle continu. Les désunions qui sont dans la hauteur des pilastres indiquent que cette partie a agi plus librement, parce que les croisées qui en interrompent la continuité, l'ont empêché de résister par sa propre consistance & de là le déchirement des contre-forts. Il est certain que si le tambour eût été continu, ces effets n'auroient pas été si considérables ; ils auroient été même nuls, si, au lieu de surcharger le sommet de la *coupole* par une lanterne, on l'eût terminée par un grand œil, comme la voûte du Panthéon : l'attique auroit pu opposer une grande résistance, s'il n'eût pas été affoibli en quatre endroits par le vide des escaliers pratiqués ; mal-à-propos, au droit des grandes côtes.

Les désunions que l'on voit à la partie supérieure des grandes côtes qui réunissent les deux *coupoles*, indiquent que la voûte intérieure a plus baissé que l'extérieure, & c'est cette seconde qui porte actuellement presque tout le poids de la lanterne. Les désunions dans l'intérieur de la lanterne sont une suite de cet effet.

C'est à l'extérieur que l'on peut voir combien les vides des escaliers ont été préjudiciables à la solidité de cet édifice. Aux endroits où se sont faites les plus grandes lézardes ; elles partagent le mur de la tour du dôme en quatre parties qui se subdivisent en plusieurs autres, parce que c'est au-dessus des grands arcs que se sont opérés les plus grands affaissemens.

Le déchirement qui a dû se faire, pour que le plus grand tassement s'effectuât à l'intérieur, a poussé en dehors les revêtemens & les contre-forts ; c'est pourquoi leur sur-plomb est plus considérable qu'à l'intérieur, dont quelques parties penchent en-dedans. Le sur-plomb extérieur a suivi l'affaissement des piliers, ensorte qu'au-dessus du pilier de Saint-Longin, qui a le moins baissé, les contre-forts sont d'à-plomb, & que les contre-forts, qui ont le plus grand sur-plomb, sont ceux qui sont au-dessus du pilier de Saint-André qui a le plus baissé.

Il résulte de tout ce que nous venons de dire, que les premières causes de tous les effets qui se sont manifestés à la *coupole* de Saint-Pierre de Rome, sont véritablement les affaissemens inégaux, tant du sol que du genre de construction que l'on a adopté. Les secondes, sont la disposition vicieuse du grand corridor circulaire pratiqué dans le soubassement, & des quatre escaliers de la tour du dôme. Les troisièmes, sont la forme du cintre des *coupoles* & le trop grand poids de la lanterne. Les quatrièmes, sont les tremblemens de terre, les percussions de la foudre & les intempéries de l'air, qui finissent par détruire les édifices les plus solides & qui agissent avec plus de force sur ceux qui ont déjà quelques défauts.

ARTICLE TROISIEME.

Détail des moyens qu'on a employés pour remédier aux effets de la coupole de Saint-Pierre.

Comme presque toutes les désunions qui se sont faites à cet édifice sont verticales, & qu'il a une forme ronde, les moyens qui parurent les plus simples & les plus efficaces furent, 1°. de réunir toutes ses parties en les resserrant avec plusieurs grands cercles de fer placés à l'extérieur, aux endroits où l'on jugea que les désunions étoient les plus dangereuses ; 2°. de raccommoder celui des deux anciens cercles qui est autour de la *coupole* intérieure qui s'est trouvé rompu en deux endroits ; 3°. de raccommoder toutes les désunions & lézardes de l'intérieur, les plus apparentes, en prenant toutes les précautions convenables pour le faire d'une manière solide, sans nuire à l'édifice.

Le nombre des nouveaux cercles de fer fut d'abord fixé à cinq. Ils furent fabriqués dans les forges de Conca, aux environs de Rome. Ces cercles sont composés de grandes bandes de fer plat, de quinze à seize pieds de longueur, sur trois pouces & demi de large & vingt-cinq lignes d'épaisseur. D'un côté, ces bandes de fer sont terminées par une boucle ou œil simple, & de l'autre, par une espèce de fourche avec un œil à chaque branche. Cette fourche est faite pour recevoir l'œil simple d'une autre bande. L'assemblage de ces bandes est fixé par deux grands coins enfoncés à coups de masse, à rebours l'un de l'autre, dans les trois boucles réunies des deux bandes de fer qui s'ajustent l'une au bout de l'autre. Ces coins ont environ vingt pouces de long, trois pouces & demi de large & vingt-cinq lignes d'épaisseur par le gros bout. Cette épaisseur se réduit à rien par l'autre bout. Dans les endroits où ces cercles sont posés sur de la maçonnerie en briques, on a eu la précaution de mettre des lames de plomb sous le cercle de fer, pour empêcher que la roideur du fer n'écrasât la maçonnerie ; on en a mis aussi en plusieurs endroits où les cercles sont placés sur la pierre de taille, sur-tout au droit des assemblages, pour empêcher que les coups de masse ne fissent éclater la pierre.

Le premier cercle fut placé au-dessous de la corniche du stylobate extérieur, sur lequel sont établis les contre-forts ornés de colonnes. Pour le placer, on fit une entaille de sept à huit pouces de profondeur ; il est composé de trente-huit bandes de fer de la forme & dimension que nous avons dit. La circonférence de ce cercle est de cinq cent quatre-vingt-un pieds, il pèse, compris les coins & lames de fer qui ont servi à le faire serrer, 32,542 livres romaines & cinq septièmes qui sont 24,907 livres. poids de Paris.

Le second cercle fut posé au-dessus de la corniche des contre-forts, au-devant du premier socle de l'attique. Pour le mettre en place, on perça tous les avant-corps, afin de le faire poser sur une courbure uniforme. Ce cercle ne fut point entaillé dans les intervalles des avant-corps. On forma, pour le couvrir, une espèce de gradin qui se trouve caché par la saillie de la corniche. Ce cercle est formé de trente-trois pièces : sa circonférence est de 484 pieds. On trouva que son poids étoit de 27,456 livres romaines, compris coins & lames de fer, qui font 20,592 livres de Paris.

Le troisième cercle fut posé au-dessus de l'attique, à la naissance de la *coupole* extérieure. Il passe sous les côtes & il est entaillé de son épaisseur dans les intervalles. Ce cercle est caché par la couverture en plomb de la *coupole* ; il est composé de trente-deux pièces ; sa circonférence est de 475 pieds. Son poids, compris les coins, s'est trouvé de 26,965 livres cinq septièmes romaines, qui valent 20,224 livres un quart de Paris.

Le quatrième cercle se trouve à moitié de la hauteur de la *coupole* extérieure ; il est encastré dans la voûte de son épaisseur & passe sous la saillie des côtes. Ce cercle est composé de vingt-huit pièces ; sa circonférence est de quatre cents six pieds. Il pèse 23,020 livres romaines, qui font 17,257 livres & demie de Paris.

Le cinquième cercle est placé au-dessous du plateau de la lanterne, il est entaillé de même & passe sous la saillie des côtes : il est composé de seize pièces ; sa circonférence est de 155 pieds. Il pèse 6070 livres deux septièmes romaines, qui valent 6802 livres trois quarts de Paris.

Les deux premiers cercles furent posés en août & septembre de l'année 1743. Les deux suivans dans le courant des mois de mai & juin 1744, & le cinquième en août & septembre de la même année. Ce fut le marquis de Poleni de Padoue, qui indiqua les endroits où ils devoient être placés, ainsi que leur forme & leurs dimensions ; & Louis Vanvitelli, architecte de la fabrique, dirigea toutes ces opérations.

Quelque temps après que ces cercles furent posés, on proposa d'en ajouter un sixième, & de le placer aussi à l'extérieur, environ un pied au-dessous de l'endroit où la *coupole* se divise en deux. La nécessité de ce cercle ayant été reconnue, il fut exécuté de la même manière que les précédens dans les mêmes forges ; il fut mis en place dans le courant du mois de septembre 1748 ; on l'entailla de même dans l'épaisseur de la voûte, & on le fit passer sous les côtes. Ce cercle est composé de vingt-deux pièces ; sa circonférence est de quatre cents quarante-un pieds ; il pèse environ dix-huit mille sept cents soixante-deux livres, poids de Paris.

Les lames de plomb que l'on avoit mises sous ce cercle pour empêcher que la maçonnerie en briques ne s'écrasât, furent coupées en dessus & en dessous par les bandes de fer que l'on fit serrer avec la plus grande force.

Enfin, on raccommoda l'ancien cercle de fer autour de la *coupole* intérieure, dont il a été déjà parlé. Ce cercle s'étoit rompu en deux endroits. On substitua deux grandes pièces de fer aux endroits où se trouvoient les ruptures. La longueur de ces pièces est de vingt-sept pieds, & leur grosseur & forme comme celles des autres cercles ; il fut serré de même avec de grands coins méplats, après quoi on refit la petite maçonnerie en briques qui le recouvre.

De la réparation des lézardes.

On ne s'est pas contenté de stuquer simplement ces désunions ; on les a remaçonnées avec de nouvelles briques, après les avoir découvertes. Dans celles des quatre grands arcs, on enfonça à coups de masse, près de deux cents grands coins de fer plats aiûtés d'un côté en lames d'épée. La longueur de ces coins étoit depuis un pied jusqu'à deux pieds & demi ; leur largeur étoit d'environ trois pouces, & leur grosseur par le haut de huit à neuf lignes.

On restaura de même la grande lézarde circulaire de la voûte du corridor pratiqué dans l'épaisseur du soubassement du dôme, au-dessous des contre-forts. On enfonça, dans cette lézarde, de deux pieds en deux pieds, de grands coins de bois doubles, avec des coins de fer au milieu.

Dans le rétablissement des lézardes des quatre escaliers évidés dans l'épaisseur du mur du tambour du dôme, on n'y employa pas de coins. Cette précaution étoit beaucoup plus sage que de chercher à augmenter l'effort latéral en y enfonçant des coins à grands coups de masse ; comme nous venons de dire qu'on a fait pour les autres parties.

Nous avons déjà observé que la plus grande lézarde étoit au-dessus du pilier de Ste. Véronique. Lorsqu'il s'agit de la rétablir, on commença par détruire l'enduit de stuc pour en découvrir l'étendue. On trouva que sa largeur au droit de l'attique, étoit de plus de trois pouces, & qu'elle traversoit, depuis la face intérieure du dôme jusqu'au vide de l'escalier. Les parties qui formoient les bords de l'ouverture de cette lézarde, étoient brisées au point qu'elles se détachoient d'elles-mêmes ; tant elles avoient été ébranlées par l'effort du tassement inégal qui a occasionné le déchirement du mur de la tour, aux endroits où il étoit le plus foible. Après que l'on eut supprimé tout ce qui étoit défuni, il resta une ouverture assez considérable pour qu'un homme pût y passer debout. Dans les débris de cette démolition, on trouva d'anciens clous qui avoient servi à boucher la première désunion, lorsqu'on fit le revêtement en mosaïque ; ce qui prouve que les efforts commencèrent à se manifester, dès que la *coupole* fut achevée.

Cette partie fut restaurée en bonne maçonnerie de briques, ainsi que toutes les autres lézardes & défunions apparentes de la *coupole* intérieure. Après quoi, on refit les ornemens de stuc & autres qui se trouvoient à l'endroit de ces lézardes. On se servit pour cette restauration, d'un échafaud fort léger, imaginé par le sieur Thomas Albertini, inspecteur des ouvriers de la fabrique de Saint Pierre. Cet échafaud adapté à la partie concave de la *coupole*, étoit fort ingénieusement suspendu ; il s'étendoit depuis l'ouverture de la lanterne jusques sur l'entablement de l'ordre intérieur. On peut voir le profil de cet échafaud, levé sur le lieu, dans l'ouvrage de M. Dumont.

Observations sur les moyens employés à la restauration de la Coupole de Saint-Pierre.

Les grands édifices sont sujets à deux effets principaux, qui peuvent causer leur ruine ou l'accélérer. Le premier est l'affaissement inégal du sol, ou des ouvrages de maçonnerie. Cet effet est connu dans l'art de bâtir, sous le nom de *tassement. Voyez* ce mot.

Le second effet, que l'on appelle *poussée*, est le résultat de certaines constructions qui ne portent pas dans toute leur étendue sur des murs ou pieds-droits : telles sont les voûtes dont le milieu paroît se soutenir en l'air, & qui tendent à écarter les points d'appui en agissant latéralement, ou obliquement. *Voyez* le mot POUSSÉE.

Les effets du tassement sont proportionnels au poids de l'édifice, à la compressibilité du sol ou des matériaux que l'on met en œuvre, & à l'étendue de leur superficie. De plus, il est très-essentiel d'observer que les effets du tassement tendent à raffermir les parties sur lesquelles le tassement a lieu, en les rapprochant, lorsque ce rapprochement peut se faire sans détruire l'objet comprimé. C'est ainsi qu'une superficie de terrain & certains ouvrages de maçonnerie bien battus, n'en sont que plus solides. On peut conclure de ces observations 1°. Que les effets du tassement ne peuvent durer qu'un temps; 2°. que les premiers effets doivent être les plus sensibles; 3°. qu'ils vont toujours en diminuant, jusqu'à ce que les parties comprimées ayent acquis une fermeté égale à l'effort du poids qu'elles ont à soutenir; 4°. que l'on peut diminuer les effets du tassement en augmentant l'étendue des surfaces portantes, en raison de leur plus grande compressibilité. Ainsi un habile architecte qui examine avec attention le sol sur lequel il veut établir un édifice, les matériaux qu'il doit employer à sa construction, peut prévenir les effets du tassement, en proportionnant les dimensions des fondemens & points d'appui à la nature du sol & des matériaux, afin que ceux qui sont inévitables, puissent s'effectuer sans causer de désunions ni de ruptures capables de nuire à la solidité; mais lorsqu'un architecte a négligé de prendre toutes les précautions que nous venons d'indiquer, & que le sol, ou les ouvrages que l'on a établis dessus, sont susceptibles d'une grande compression, il doit nécessairement en résulter des effets dangereux, qui peuvent quelquefois être causes de sa ruine; surtout si ces effets sont dans le cas de faciliter les efforts latéraux, ou la poussée de quelque grande voûte, comme la *coupole* double de Saint-Pierre, qui porte à son sommet une lanterne, dont le poids est de trois millions.

Les effets de la poussée sont beaucoup plus à craindre que ceux du tassement, parce qu'au lieu de diminuer & même de s'anéantir au bout d'un certain temps, comme ces derniers, ils vont toujours en augmentant; dès qu'une fois la poussée a commencé à agir, la résistance perd tout ce que gagne cette poussée; la moindre commotion ou ébranlement lui fait faire de nouveaux progrès, qui tendent de plus en plus à la ruine de l'édifice, lorsqu'on néglige de les arrêter: c'est ce qui seroit arrivé à la *coupole* de Saint-Pierre, si on eût tardé encore long-temps à y faire les réparations dont nous avons ci-devant fait le détail.

Nous avons déjà observé, que les suites du tassement inégal du genre de construction qu'on a employé à cet édifice, & du sol sur lequel ses fondemens ont été établis, avoient été une des principales causes de toutes les lézardes, ruptures & désunions que l'on y remarque, sur-tout au mur de la tour du dôme & à la double *coupole*. Il est certain que ces effets ont diminué beaucoup la résistance des points d'appui, & augmenté l'effort des voûtes; & dans cet état le moyen le plus simple & le plus efficace, d'empêcher les progrès du mal, étoit naturellement indiqué par la forme circulaire de ce monument. Ce moyen étoit de l'entourer de plusieurs cercles de fer placés à l'extérieur, de manière que les uns pussent empêcher l'effort de la poussée des voûtes, & les autres augmenter la résistance de leurs points d'appui.

En 1743, Jean Poleni de Padoue fut chargé par le pape Benoît XIV, d'examiner l'état où se trouvoit ce superbe monument, ainsi que le grand nombre de mémoires qui avoient été écrits sur les dommages que l'on y remarquoit. Le résultat de cet examen, fut que malgré les désunions, les lézardes, les ruptures & les àplombs que l'on voyoit aux différentes parties de cet édifice, il n'étoit pas en aussi grand péril, que vouloient le faire croire la plûpart des auteurs de ces écrits; il reconnut, ainsi que nous l'avons fait depuis, c'est-à-dire, quarante ans après, que la poussée de la grande *coupole* n'avoit agi que secondairement, & que les principales causes de tous ces dommages provenoient, 1°. du vice des fondemens; 2°. de l'inégalité du tassement occasionné par le mélange mal combiné des différens matériaux employés à la construction des murs & des points d'appui; 3°. de la précipitation & du peu de soin avec lequel ils furent mis en œuvre; 4°. du poids de la lanterne, qui va à plus de trois millions; 5°. des efforts qui ont pu avoir lieu alors du décintrement de la double *coupole*. Il ajoute à cela les détériorations que peuvent avoir souffert les principaux points d'appui de cet édifice, pendant le temps de sa construction, qu'ils ont resté exposés à toutes les intempéries de l'air (les travaux ayant été interrompus & repris à plusieurs fois, & notamment la tour du dôme, qui resta après la mort de Michel-Ange, pendant vingt-quatre ans, à découvert, dans l'état où il l'avoit laissée); & enfin plusieurs tremblemens de terre assez violens qui se sont fait sentir à Rome, & même les percussions de la foudre. Voyez pour un plus grand détail, l'ouvrage de Poleni, intitulé: *Memorie istoriche della gran Cupola del tempio Vaticano*.

Coupole de Saint-Paul de Londres.

Cette *coupole* est, après celle de Saint-Pierre de Rome, la plus vaste & la plus magnifique qui ait été exécutée. Elle est placée au centre d'un superbe temple, commencé en 1670 & fini en 1726, sur les desseins & la conduite du chevalier Wréen, célèbre architecte anglois & mathématicien. Le plan de cet édifice est une espèce de croix, composée de quatre nefs; celle d'entrée & celle du fond sont fort longues, & les deux autres fort courtes. Toutes ces nefs ont des bas-côtés & des arcades, dont les piliers sont décorés de pilastres corinthiens, du côté des nefs. C'est au milieu de ces quatre nefs que s'élève le dôme ou *coupole*. Son plan, par le bas, est un octogone régulier dont chaque face a quarante-deux pieds de large; quatre de ces faces sont occupées par de grandes arcades formant l'ouverture des nefs. Le diamètre de ces arcades est de trente-sept pieds six pouces six lignes sur 78 pieds d'élévation.

Les quatre autres arcades sont de même grandeur, mais elles ne sont que feintes; dans ces arcades on a pratiqué de grandes niches qui ont vingt-six pieds trois pouces de diamètre, & cinquante un pieds six pouces d'élévation; le bas de chacune de ces niches est percé de deux arcades formant angle droit, dont la largeur est de treize pieds deux pouces sur trente-six pieds de haut. Ces arcades correspondent aux bas-côtés de deux nefs contiguës. Cette disposition ingénieuse procure des percées très-intéressans, c'est peut-être le plan de la *coupole* de Sainte-Marie-des-Fleurs de Florence qui en a fait naître l'idée; quoi qu'il en soit, on peut dire que cet arrangement est beaucoup plus heureux que celui à pans coupés que l'on a adopté dans presque toutes les *coupoles* modernes; il a de plus l'avantage de former une base plus solide, composée de huit points d'appui, au lieu de quatre, & d'avoir des pendentifs moins saillans.

A la *coupole* de Saint-Paul de Londres, les huit pendentifs rachètent un cercle dont le diamètre est plus petit que celui de l'octogone formé par les grands arcs & leurs pieds-droits, ce dernier étant de cent un pieds quatre pouces, tandis que celui du cercle est de quatre-vingt-dix-huit pieds trois pouces.

Les pendentifs sont couronnés par un entablement complet, orné de consoles dont la hauteur est de sept pieds neuf pouces.

Le tour du dôme n'est pas érigée au-dessus de la face de cet entablement, comme il a été pratiqué dans les autres monumens de ce genre, mais à trois pieds & demi en arrière, en sorte que le bas de la tour a cent cinq pieds quatre pouces de diamètre; cette différence de trois pieds & demi est occupée par deux marches & un gradin sur lequel on peut s'asseoir; au-devant est un balcon en fer, posé sur la saillie de la corniche; le dessus de cette corniche est élevé au-dessus du pavé de 92 pieds trois pouces.

La hauteur de la tour, depuis le dessus du gradin dont nous venons de parler, est de 58 pieds neuf pouces jusqu'à la naissance de la *coupole* intérieure. Le mur formant cette tour, au lieu d'être d'aplomb, est incliné à l'intérieur, de quatre pieds huit pouces à la hauteur d'environ le douzième de sa hauteur. Cette disposition qui seroit un vice dans les constructions ordinaires, fut imaginée par l'architecte pour augmenter la résistance de cette tour, contre les efforts réunis de la grande voûte intérieure, formant *coupole*, & de la tour conique qui porte la lanterne.

L'intérieur de la tour du dôme est décoré d'un stylobate continu, sur lequel s'élève un ordre de pilastres corinthiens, espacé également & couronné d'un entablement complet. Les trente-deux espaces égaux, entre les pilastres, sont occupés par vingt-quatre croisées & huit grandes niches. L'extérieur offre une colonnade circulaire composée de trente-deux colonnes engagées, aussi d'ordre corinthien; ces colonnes sont de même espacées également & répondent aux pilastres de l'intérieur, elles sont unies au mur de la tour par le moyen de huit massifs, dans lesquels sont pratiqués des vides circulaires pour des escaliers & des paliers; dans chacun des espaces égaux, compris entre ces massifs, se trouvent trois entre-colonnemens, dont les colonnes sont réunies à la tour par des murs servant d'éperon; ces murs sont percés d'arcades, afin de pouvoir faire le tour du dôme à l'extérieur. Cet arrangement produit, tant à l'intérieur qu'à l'extérieur, une décoration régulière & une construction extrêmement solide, capable de résister à tous les efforts de la *coupole* & de la tour conique qui porte la lanterne. La colonnade extérieure est couronnée d'un entablement complet avec une corniche à mutules, surmontée d'une balustrade, derrière laquelle est une terrasse dont la largeur est formée par le reculement de l'attique; cette largeur est de douze pieds pris en dedans de sa balustrade.

Au-dessus de l'ordre intérieur s'élève la grande voûte en *coupole*, dont le diamètre, pris à sa naissance, est de quatre-vingt-seize pieds sur cinquante-un pieds d'élévation de cintre, qui, par conséquent, est surmonté d'environ trois pieds. Le sommet de cette voûte est percé d'une ouverture circulaire, dont le diamètre est de dix-neuf pieds; autour de cette ouverture règne une plate-forme de six pieds de large entourée d'un double balcon; le mur circulaire, qui forme l'attique à l'extérieur, répond au mur intérieur de la tour; la hauteur de cet attique, depuis le dessus de la balustrade jusqu'au-dessous de la corniche qui le termine, est de vingt-un pieds; il est percé de trente-deux trous carrés, ornés de chambranles, avec des pilastres entre, formant contre-forts.

Au-dessus de cet attique, sont deux gradins qui supportent le galbe de la *coupole* extérieure. Ce galbe est formé par une charpente couverte en plomb; il est décoré des côtes saillantes & arrondies en forme de gadrons. Cette *coupole* finit par un amortissement qui va joindre le bas de la lanterne & qui forme, en dessus, un balcon circulaire élevé de deux cents cinquante-huit pieds au-dessus du pavé intérieur.

La partie du bas de la lanterne est composée d'un stylobate qui a huit pieds & demi de haut; celle au-dessus est décorée d'un ordre corinthien élevé sur un socle, & couronné de son entablement;

le tout a dix-huit pieds de hauteur. L'attique au-dessus a onze pieds & demi, il est surmonté d'une petite coupole en charpente ; ces quatre parties sont sur un plan octogone, avec quatre avants-corps saillans. Le diamètre intérieur est de onze pieds, & celui de l'extérieur au droit des avants-corps, est de vingt pieds.

La petite coupole en charpente a douze pieds d'élévation jusqu'au-dessus de son amortissement ; le piédouche au-dessus a huit pieds, la boule six pieds de diamètre, & la croix douze pieds ; en sorte que la partie apparente de la lanterne a en tout soixante-seize pieds de hauteur, depuis le dessus du balcon, jusqu'à l'extrémité de la croix, ce qui fait trois cents trente-quatre pieds d'élévation depuis le pavé de l'église.

La lanterne est soutenue à l'intérieur par une espèce de tour conique, terminée par une voûte sphérique.

Cette tour commence à la hauteur de la balustrade extérieure à cet endroit ; elle est unie à la grande coupole intérieure ; elle ne commence à s'en dégager qu'à huit pieds au-dessus. La hauteur perpendiculaire de cette tour est de quatre-vingt-un pieds six pouces, le mur circulaire qui la forme est incliné à la verticale de vingt-quatre degrés ; son diamètre par le bas est de quatre-vingt-quatorze pieds, pris extérieurement, est de trente-deux pieds à la naissance de la voûte qui termine cette tour. Ce mur n'a qu'un pied & demi d'épaisseur ; il est construit en briques avec des assises en pierre de taille formant cercle, & retenu par des chaînes de fer.

La voûte sphérique qui termine cette tour au-dessous de la lanterne, est percée à son sommet d'une ouverture circulaire de huit pieds de diamètre, & de huit croisées demi-rondes, qui reçoivent leur jour de l'extérieur, au travers de la charpente du dôme.

Le mur de la tour conique est élégi par quatre rangs de fenêtres qui éclairent l'intérieur de la charpente ; le bas de cette tour est contre-butté par trente-deux murs en éperons tendant au centre, ils sont compris entre le mur de l'attique qui est au-dessus de la colonnade extérieure & le mur de ladite tour.

Les éperons servent aussi d'empatement pour porter l'enrayure de la charpente du dôme. Cette charpente est composée de trente-deux demi-fermes, appuyées d'un côté, sur l'extérieur de la tour conique, & portant de l'autre une courbe pour former le galbe du dôme ou la coupole extérieure. Il résulte de cet arrangement, que tout le poids de cette charpente & du plomb dont elle est recouverte, sert à contre-venter la tour conique. Hors cette charpente, tout le reste de l'édifice est construit en briques & revêtu de pierre de Portland. Cette pierre qui est blanche, est presque aussi dure que le marbre.

Le détail que nous venons de faire de la coupole de Saint-Paul de Londres, prouve que le savant architecte qui l'imagina & qui dirigea sa construction, chercha à lui procurer, indépendamment de la beauté des formes, toute la solidité dont un monument de ce genre pouvoit être susceptible : 1°. En établissant la tour du dôme sur huit piliers au lieu de quatre, afin de diminuer le porte-à-faux des pendentifs. 2°. En érigeant l'intérieur de cette tour en arrière des pendentifs, & en surplomb dans son élévation, afin de contre-balancer l'effort des voûtes, par celui avec lequel la tour tend à l'intérieur, tant par sa masse que par cette disposition. 3°. En la fortifiant par des massifs & des contre-forts. 4°. En établissant cette tour conique, pour porter la lanterne en pierre, dont le poids lui avoit paru trop considérable pour hasarder de la construire sur une double coupole en maçonnerie d'un aussi grand diamètre ; 5°. En faisant usage de tous les moyens capables de fortifier, entretenir & contre-venter les endroits où devoient se faire les plus grands efforts.

On ne peut, cependant, s'empêcher d'observer que le chevalier Wréen auroit pu, au lieu de la tour conique, faire usage d'une voûte surhaussée, pour éviter le pli vicieux qui se forme à la rencontre du mur intérieur de la tour du dôme, avec celui de la tour conique. A l'endroit de ce pli il doit se faire un effort beaucoup plus considérable que celui d'une voûte surhaussée circulaire, elliptique ou parabolique.

On auroit pu aussi se passer de charpente pour former le galbe extérieur du dôme, en construisant une voûte légère, dont l'épaisseur auroit été en diminuant depuis le bas jusqu'au sommet, comme on a fait pour le dôme de la nouvelle église de Sainte-Geneviève, actuellement le Panthéon-François.

Coupole des Invalides.

Le célèbre Hardouin Mansard faisoit bâtir à Paris cette coupole, à-peu-près dans le même temps que le chevalier Wréen construisoit à Londres celle de Saint-Paul.

Le plan de la coupole des invalides est un carré dans lequel est inscrite une croix grecque ; dans les angles du carré, on a placé quatre chapelles circulaires ; la coupole s'élève au centre de la croix grecque ; son plan, par le bas, forme un octogone composé de quatre grands côtés & de quatre petits ; dans les grands, sont placées les arcades qui servent d'entrées aux quatre nefs ; ces côtés ont quarante-deux pieds & les arcades trente-quatre pieds & demi de largeur.

Les quatre petits côtés forment les faces des piliers du dôme, ils ont vingt-quatre pieds ; dans le milieu de chacune de ces faces, on a pratiqué des passages voûtés, pour communiquer aux chapelles rondes ; ces passages ont quatorze pieds de largeur.

Les nefs sont décorées de pilastres corinthiens accouplés, soutenant un entablement complet qui règne aussi au devant des piliers du dôme, où il est soutenu par huit colonnes de même ordre & de même proportion que les pilastres. Ces colonnes postiches n'ont l'air de servir qu'à supporter un balcon pratiqué au-dessus de l'entablement; cependant on pourroit croire que le vrai motif qui les a fait placer ainsi, étoit de masquer le grand porte-à-faux des pendentifs, dont la forme est une espèce de voussure, qui auroit produit un effet désagréable vu en-dessous. Ces quatre pendentifs, qui sont décorés de peintures, rachètent un entablement circulaire, au-dessus duquel s'élève la tour du dôme, dont le diamètre est de soixante-quinze pieds. L'intérieur de cette tour est décoré d'un stylobate continu, au-dessus duquel est un ordre de pilastres composites accouplés, qui soutiennent un entablement complet; elle est éclairée par douze fenêtres placées dans les espaces égaux, qui sont entre les groupes de pilastres. Ce qu'il y a de particulier dans cette disposition, & qui est contre toutes les règles de la décoration & de la construction, est de voir un trumeau, c'est-à-dire un des massifs qui séparent les fenêtres placé précisément au-dessus du milieu de chacune des grandes arcades. On ne peut pas deviner quel a pu être le motif d'un arrangement aussi extraordinaire, que rien ne paroit avoir nécessité.

La tour du dôme est terminée à l'intérieur par une double coupole, ayant une naissance commune. La partie inférieure présente une voûte sphérique incomplète, terminée par une grande ouverture circulaire, autour de laquelle est une corniche; le surplus de la voûte est décoré par des arcs doubleaux, divisés en caissons avec des rosaces, le tout est doré. Ces arcs doubleaux répondent à chaque groupe de pilastres, & les intervalles qu'ils laissent entre eux sont ornés de peintures.

La partie de la voûte supérieure, qui paroit au travers de l'ouverture de la première, est une voûte sphéroïde sur-haussée; son sommet est occupé par un grand sujet de peinture, & le bas, qui est caché derrière la voûte inférieure, est éclairé par douze lunettes qui aboutissent à des fenêtres percées dans l'attique extérieur, de manière que la peinture se trouve éclairée en dessous: cette manière ingénieuse d'éclairer, sans qu'on puisse voir d'en bas d'où vient le jour, donne un éclat étonnant à la peinture. (*Voyez les fig. 185 & 186.*)

A l'extérieur, la tour du dôme est composée de trois parties, savoir, d'un stylobate; d'une partie au-dessus, décorée de colonnes engagées d'ordre corinthien, & d'un attique orné de pilastres avec des contre-forts contournés en consoles. (*Fig. 187.*)

La tour du dôme est fortifiée à l'extérieur par huit avant-corps. Ces massifs sont placés deux à deux au-dessus de chaque pilier du dôme.

Le galbe de la *coupole* extérieure est formé, comme celui de Saint-Paul de Londres, par une charpente, mais elle est beaucoup plus lourde. Sa première enrayure pose sur un massif établi sur les reins

Dict. d'Architect. Tome II.

de la seconde voûte intérieure. Cette charpente est composée de deux grandes fermes qui se croisent au centre, où elles ont un poinçon commun: entre ces fermes qui forment en plan quatre angles droits, sont huit principales demi-fermes & vingt-quatre petites; toutes ces fermes sont réunies par quatre enrayures & entretenues avec des moises. La lanterne, qui est aussi en charpente, est établie au-dessus de la dernière de ces enrayures; elle est composée d'un stylobate au-dessus duquel s'élève le corps de la lanterne, percée de quatre arcades avec des avant-corps ornés de colonnes accouplées, & de figures; au-dessus est un amortissement en forme de piédouche, servant de soubassement à l'obélisque qui porte la croix. (*Fig. 186.*)

Nous avons trouvé, par le calcul, que le poids de cette charpente étoit aussi considérable, à cause de la multitude & de la grosseur des pièces de bois qu'on y a employées, que celui d'une pareille construction en pierre, comme on l'a pratiqué au Panthéon français, ci-devant nouvelle église de Sainte-Geneviève. Cette dernière manière, beaucoup plus solide & plus durable, n'auroit pas été plus coûteuse: mais dans ce temps-là on étoit beaucoup moins hardi en construction; on n'auroit jamais osé établir un pareil ouvrage sur le mur de la tour du dôme, quoiqu'il soit une fois plus épais que celui de la tour du Panthéon français. Quelque temps avant la mort de Germain Soufflot, architecte de cet édifice, il avoit imaginé de terminer son dôme par une charpente dans le genre de celle des Invalides; après avoir fait les détails de ce projet, & que le modèle fut achevé, je lui démontrai que cet ouvrage peseroit autant qu'une construction en pierre, telle qu'elle a été exécutée depuis, & que la charpente qu'il proposoit, fatigueroit davantage le mur de la tour & ses points d'appuis, à cause du biaisement dont ces sortes d'ouvrages sont susceptibles, & du relâchement des assemblages dans les temps secs. Lorsqu'un dôme en charpente est terminé par une lanterne construite de même, il arrive que, quand il souffle des vents impétueux, l'effort contre cette lanterne, formant levier, agit avec une si grande force qu'il cause un ébranlement général dans toute la charpente, & se communique à la tour du dôme; j'ai eu occasion d'être témoin de cet effet, en faisant les desseins de la charpente des Invalides pour feu M. Soufflot.

L'extérieur de la *coupole* des Invalides est couvert en plomb; il est décoré de côtes saillantes, qui depuis ont été restaurées en cuivre. Les intervalles, qui n'ont point été changés, sont ornés de trophées militaires, dans lesquels se trouvent des casques, qui servent de lucarnes pour éclairer l'intérieur de la charpente. Le diamètre extérieur de cette *coupole*, à sa naissance, est de quatre-vingt-deux pieds; sa hauteur, jusqu'au bas de l'amortissement qui la termine par le haut, est de cinquante-trois pieds neuf pouces.

L'amortissement au-dessus, orné de consoles, a

R

dix pieds trois pouces; le dessus de cet amortissement forme un balcon circulaire au bas de la lanterne, dont l'élévation-au-dessus du pavé extérieur est de deux cents trente-trois pieds trois pouces.

La lanterne a de hauteur, depuis le sol de ce balcon jusqu'au dessus du piédouche qui la termine, trente-sept pieds; l'obélisque au-dessus, compris la croix, a trente-neuf pieds six pouces.

La hauteur totale de cet édifice, depuis le sommet de la croix jusque sur le pavé extérieur, est de trois cents dix pieds.

A l'intérieur, depuis le pavé du milieu du dôme jusqu'au-dessus de la corniche des pendentifs, il y a quatre-vingt-deux pieds deux pouces. La tour au dessus a cinquante-deux pieds, savoir quatorze pieds pour le stylobate, & trente-huit pieds pour l'ordonnance en pilastres corinthiens, compris l'entablement. Le diametre de la tour, pris entre les pilastres, est de soixante-dix-neuf pieds.

La coupole ouverte, qui pose sur l'entablement, a soixante-dix-huit pieds de diametre sur vingt-huit pieds neuf pouces d'élévation de ceintre; l'ouverture circulaire, pratiquée au milieu, à cinquante pieds de diametre; cette voûte est construite en pierres de taille. La seconde voûte, au sommet de laquelle est peinte l'apothéose de Saint-Louis, se trouve confondue, par le bas, avec la précédente; son ceintre, qui est surhaussé, est formé par une moitié d'ellipse, dont le demi-grand axe vertical est de cinquante-sept pieds, & le petit axe horizontal de soixante-dix-huit pieds.

L'élévation du sommet de cette voûte, au-dessus du pavé, est de cent quatre-vingt-onze pieds; elle est construite en pierres de taille, par le bas, & en briques, par le haut. La partie en brique a quinze pouces d'épaisseur.

La construction de cet édifice n'est remarquable que par l'excessive grosseur de ses murs & points d'appuis; les massifs énormes qui renferment les quatre chapelles circulaires des angles, empêchent qu'on ne puisse jouir de l'ensemble du plan, à cause de la petitesse des percés: en faisant abstraction des décorations qui ornent ces massifs, il ne reste plus qu'un édifice extrêmement lourd, qui a l'air d'avoir été creusé dans une masse de carriere. Pour justifier ce que nous venons de dire, il est bon de faire une comparaison des points d'appuis qui composent cet édifice, avec l'espace total qu'il occupe; ce rapport fera voir que, dans les édifices de ce genre, c'est celui où l'on a le plus prodigué la matiere.

Aux Invalides, la superficie des murs & points d'appuis est, à très-peu de chose près, les deux septiemes de la superficie totale qu'occupe l'édifice.

A Saint-Pierre de Rome, la superficie des murs & points d'appuis, est environ le quart de la superficie totale.

A Saint-Paul de Londres, cette superficie est moins du quart.

Au Panthéon de Rome, les murs & points d'appuis sont dans la même proportion. Mais il faut observer que, dans ces trois derniers édifices, les murs & points d'appuis ne sont qu'en maçonnerie de blocage avec des paremens en briques ou en pierres de taille, ce qui diminue de beaucoup leur fermeté & leur résistance, comparée à celles des murs & points d'appuis des Invalides, qui sont en pierres de taille fort dures, dont la force est six fois plus grande que celle de la maçonnerie en briques ou en bons moilons.

A la nouvelle église de Sainte-Geneviève, actuellement le Panthéon français, les murs & points d'appuis sont la septieme partie de la superficie totale: ce qui prouve qu'on y a employé moitié moins de matiere qu'aux Invalides. Cet excès de solidité, dans le dôme des Invalides, n'empêche pas qu'il ne soit un des plus beaux monumens de ce genre, après Saint-Pierre de Rome & Saint-Paul de Londres.

Coupole du Panthéon français, ci-devant nouvelle église de Sainte-Geneviève.

Cet édifice étant un des plus beaux monumens de notre siecle, nous avons pensé qu'il étoit digne d'entrer en parallele avec ceux dont nous venons de parler, sur-tout par rapport à sa construction qui est toute en pierres de taille, où l'on a mis en usage des moyens nouveaux & des combinaisons qui la rendent très-intéressante.

Cette *coupole* est placée au centre de l'édifice, dont le plan est une croix grecque; elle est soutenue par quatre piliers triangulaires, dont les angles sont fortifiés par des colonnes engagées formant suite à celles des nefs. Les faces intérieures de ces piliers sont décorées de pilastres de même ordre & diametre que les colonnes, c'est-à-dire corinthiens.

Ces quatre piliers forment à l'extérieur les angles d'un grand carré, dont chaque côté est de soixante-neuf pieds cinq pouces quatre lignes. (*Voyez* le plan, *fig.* 188.)

A l'intérieur de la *coupole*, les quatre angles du carré sont supprimés par des pans coupés, formant les faces intérieures des piliers.

Les quatre grandes faces entre les pans coupés sont ouvertes par de grandes arcades, dont le diametre est de quarante-trois pieds deux pouces, pris au nu des pilastres qui sont en arriere-corps des colonnes engagées. La hauteur de ces arcades est de quatre-vingt pieds trois pouces. (*Fig.* 189.)

Entre ces arcades, au-dessus des faces intérieures des piliers, s'élevent quatre parties de voûtes appelées pendentifs, servant à racheter le plan circulaire de la tour du dôme.

Ces arcades & les pendentifs sont couronnés par un grand entablement à modillons dont la hauteur est de douze pieds six pouces.

Le dessus de la corniche de l'entablement est élevé, au-dessus du pavé, de quatre-vingt-quatorze pieds dix pouces six lignes; le diametre, au droit de la frise, est de soixante-deux pieds.

La tour, qui s'élève au-dessus de cet entablement, a cinquante-deux pieds trois pouces de hauteur jusqu'à la naissance de la première voûte ou *coupole* intérieure.

L'intérieur de cette tour est décoré par un stylobate continu, qui sert de soubassement à une colonnade composée de seize colonnes d'ordre corinthien, espacées également. Ces colonnes sont presque isolées; elles ne tiennent au mur de la tour que par une espèce de languette, qui ne peut paroître d'aucun côté & qui sert à fortifier le mur auquel elles se trouvent réunies; ces colonnes ont trois pieds trois pouces de diamètre, sur trente-trois pieds un pouce neuf lignes de hauteur, compris base & chapiteau.

Derrière le stylobate, entre les bases de colonnes, sont des espèces de tribunes. Au-dessus, dans les entre-colonnemens, sont seize grandes croisées, dont quatre sont feintes: ces dernières répondent aux piliers dont il a été ci-devant parlé.

La colonnade est couronnée par un entablement complet. Au-dessus est un grand socle qui monte jusqu'à la hauteur de la naissance de la *coupole* intérieure. Cette voûte est décorée de caissons octogones avec des rosaces; elle est percée au sommet d'une grande ouverture circulaire, dont le diamètre est de vingt-neuf pieds cinq pouces.

Le diamètre de la voûte, au droit de sa naissance, est de soixante-deux pieds huit pouces. La hauteur, depuis le bord de l'œil ou ouverture de cette voûte, jusque sur le pavé, est de cent soixante-dix-huit pieds un pouce.

Au travers de l'ouverture de cette première *coupole*, on apperçoit le sommet d'une voûte intermédiaire, sur lequel doit être exécuté un sujet de peinture; mais nous n'entrerons dans le détail de cette voûte qu'après avoir parlé de l'extérieur du dôme. (*Voyez* la coupe, *fig.* 189.)

Le dôme ou *coupole* du Panthéon français, comprend à l'extérieur, au-dessus des autres parties de l'édifice, un grand soubassement, carré par le bas, dont le diamètre est de cent deux pieds. Les angles sont fortifiés par quatre forts arcs-buttans, dont les points d'appuis sont formés par les rencontres des murs de face extérieure, qui présentent quatre angles opposés à ceux du soubassement. Pour que les efforts, auxquels ces points d'appuis ont à résister, puissent se diriger selon la longueur des murs, le bas des arcs-buttans se divise en deux branches qui se raccordent avec ces murs, en se courbant circulairement de droit & de gauche; chacune de ces branches répond à des arcs pratiqués en élégissement dans la face intérieure de ces mêmes murs. (*Voyez* l'élévation extérieure, *fig.* 190, & les détails cotés 191.)

Les dessus de ces arcs-buttans forment des escaliers, qui aboutissent à des portes pratiquées dans les quatre pans coupés, construits sur quatre grands arcs, dont le diamètre est de quatre-vingt-quinze pieds cinq pouces, sur trente-un pieds dix pouces & demi d'élévation de ceintre. On a fait choix de la chaînette, pour la courbe du ceintre de ces arcs, à cause de la propriété que lui ont trouvée plusieurs géomètres, d'être celle qui convient le mieux à la solidité des voûtes (*voyez* le mot *chaînette*.) (*Fig.* 192.)

Ces arcs étant la continuation des murs de face qu'ils ont pour buttée, prennent leur naissance aux angles qu'ils forment par leur rencontre, à dix pieds & demi plus bas que celle des arcs-buttans.

Ces angles, qui forment pans coupés à l'extérieur, étoient ci-devant évidés par une croisée qui répondoit à deux autres dans l'intérieur, & par un passage circulaire au-dessous. (*Fig.* 193.)

C'est encore pour ménager l'angle intérieur, qui se réduisoit par le bas à un pied-droit de quinze pieds de superficie seulement, que l'on a préféré la chaînette pour le ceintre des grands arcs, parce qu'elle forme à sa naissance un angle de cent quarante-un degrés avec les pieds-droits, ce qui les soulage d'une grande partie de la charge qui se trouve soutenue par l'effort latéral. Cet effort agissant comme étrésillonnement, a pour buttée les murs de face, opposés dans le sens de leur longueur. La solidité de ces buttées a fait imaginer de pratiquer, à la naissance de ces grands arcs, un double rang de voussoirs, dont les coupes forment un angle avec celles des voussoirs des arcs, afin de diminuer encore la charge des pieds-droits; toutes ces précautions sont devenues surabondantes, depuis que les croisées ont été bouchées & les angles remplis. (*Fig.* 194.)

Ces arcs forment en plan, au droit de leur naissance, un carré dont les côtés sont parallèles au carré formé extérieurement par les faces de la tour du dôme, portée par les quatre piliers triangulaires qui la supportent à l'intérieur; l'intervalle entre les faces de ces carrés, est de onze pieds. Les angles intérieurs du carré formé par les grands arcs, sont remplis par quatre grands pendentifs qui rachètent un cercle inscrit: ces pendentifs se prolongent en voûte rampante, jusque contre les faces extérieures de la tour du dôme, afin de la contre-butter; & pour élégir la partie de voûte qui se trouve vers le milieu des arcs, on a pratiqué des doubles lunettes formant voûte d'arrête. (*Fig.* 195.)

Au dessus des pendentifs dont nous venons de parler, on a érigé un mur circulaire, formant à l'extérieur le stylobate continu, qui supporte la colonnade extérieure. (*Fig.* 195.)

A cette même hauteur, l'extérieur du mur du dôme est aussi circulaire & concentrique au stylobate intérieur; l'intervalle entre ces deux murs, est de neuf pieds six pouces.

L'épaisseur du mur qui forme stylobate, est de quatre pieds neuf pouces, & celle de la tour du dôme de six pieds onze pouces au droit des co-

R 2

lonnes; dans les entre-colonnemens, elle n'est que de trois pieds trois pouces; c'est la différence de ces deux épaisseurs, qui forme à l'intérieur les tribunes, dont il a été ci-devant question. (*Fig.* 196.)

L'intervalle entre le mur du stylobate extérieur & le mur de la tour du dôme, forme quatre galeries séparées par des escaliers à vis, pratiqués dans les massifs érigés au-dessus des piliers du dôme. (*Fig.* 197.)

Ces galeries sont couvertes par des voûtes rampantes, élégies par des lunettes qui se prolongent dans l'épaisseur du mur du stylobate extérieur, au droit de chaque entre-colonnement de la colonnade au-dessus. On a donné cette forme aux voûtes de cette galerie, afin de servir encore à butter la tour du dôme. (*Fig.* 198 & la coupe *fig.* 199.)

A chacune de ces galeries, on a pratiqué, dans le mur de la tour du dôme, trois portes avec des marches pour arriver aux tribunes, qui sont entre les bases des colonnes intérieures. (*Fig.* 199.)

La colonnade extérieure, érigée au-dessus du stylobate, & qui forme péristile autour du dôme, est composée de trente-deux colonnes isolées d'ordre corinthien, espacées également; le diametre de ces colonnes est de trois pieds quatre pouces, sur trente-quatre pieds un quart de hauteur, compris base & chapiteau. (*Fig.* 200.)

Cette colonnade se trouve divisée en quatre parties, par des massifs érigés au-dessus des piliers du dôme. On a pratiqué dans ces massifs des escaliers en vis à jour, qui sont la continuation de ceux dont il a déjà été parlé. (*Fig.* 201.)

Il reste, entre ces massifs & les colonnes, assez d'espace, pour pouvoir communiquer d'une partie de colonnade à l'autre.

Ces parties de colonnade ont neuf pieds huit pouces de largeur, depuis le nu de la tour du dôme jusqu'au devant des socles des colonnes. Comme le dessus de la corniche du stylobate forme appui, ces socles sont partie de sa hauteur.

Le pavé est en dalles de pierre dure, avec une pente suffisante pour l'écoulement des eaux, & une rigole de pierre qui conduit les eaux, de droit & de gauche, aux extrémités de chaque partie de colonnade. (*Fig.* 202.)

Le plafond est décoré de trois rangs de caissons ornés de rosaces.

Le mur de la tour formant le fond de chaque partie de colonnade, est percé de trois grandes fenêtres, dont il a déjà été parlé, qui répondent chacune à un des entre-colonnemens de l'intérieur du dôme.

Dans l'épaisseur de l'entablement, & partie de la balustrade qui termine la colonnade extérieure, est pratiquée une galerie voûtée, semblable à celle qui est dans le stylobate.

La voûte de cette galerie est aussi rampante,

élégie par des lunettes qui se prolongent dans l'épaisseur du mur, où elles forment des arcades séparées par des piliers érigés au-dessus de chaque colonne. Cette voûte paroît traversée par des tirans de fer en forme de fourche, qui s'accrochent, d'une part, à des ancres placés au-dessus des colonnes intérieures, & qui, de l'autre, répondent à deux colonnes de l'extérieur. (*Fig.* 204.)

On remarque encore dans ces arcades, des barres de fer inclinées, qui paroissent soutenir le milieu des plate-bandes formant l'architrave extérieure; ces barres s'accrochent à des ancres placés derrière les sommiers des arcades. Il résulte de cet arrangement, que si les claveaux du milieu de la plate-bande étoient dans le cas de baisser, ils seroient retenus par ces barres de fer, & qu'alors cet effort agissant sur les sommiers des arcs, tendroit à augmenter leur solidité en les empêchant de s'écarter. De même, si par quelqu'effort les voussoirs des arcades tendoient à se désunir, les claveaux de la plate-bande s'y opposeroient par leur poids, par les T qui sont dans leurs joints, les barres de fer qui les enfilent, & la grande chaîne qui unit ensemble toutes les plate-bandes. (*Fig.* 205 & 206.)

On voit que, par cet arrangement, on a su mettre en usage les efforts qui tendent à détruire une espèce de voûte pour en consolider une autre. Ce n'est pas là le seul endroit de cet édifice, où l'on ait employé ce moyen, qui est certainement le plus efficace de tous ceux dont on puisse se servir. *Voyez* le mot *plate-bande.*

Dans le mur de la tour du dôme, contre lequel vient butter la voûte rampante, on a pratiqué de grands élégissemens qui répondent au vide des fenêtres qui sont au-dessous, afin d'éviter de charger les plate-bandes qui forment le linteau de ces fenêtres. Les élégissemens sont voûtés en arcade; le fond, au lieu d'être concentrique à la tour du dôme, forme en plan une courbe en sens contraire, afin d'opposer plus de résistance à la naissance de la première coupole intérieure; chaque pierre qui forme le fond, est taillée en double coin, de manière à résister aux efforts intérieurs & extérieurs. Cette galerie est divisée, comme la première, en quatre parties, par les escaliers pratiqués dans les massifs; elle est éclairée par de petits jours en larmiers, qui répondent au-dessus de la corniche de l'entablement extérieur, de manière qu'on ne les apperçoit pas du bas, à cause de la saillie de cette corniche: ces jours sont placés à la hauteur de l'œil, & forment autant de cadres qui présentent différentes vues intéressantes.

Le dessus de cette galerie forme une terrasse circulaire couverte en dalles de pierre dure, posées à recouvrement les unes sur les autres. Cette terrasse paroît divisée en trente-deux parties composées de cinq gradins; chacune est séparée par de grandes pierres ou chevrons tendans au centre, qui recouvrent les joints montans des gradins, de manière à former une couverture très-solide & impénétrable à l'eau des pluies ou des neiges. (*Fig.* 208.)

Le long de la partie des balustrades qui forme appui, règne un trottoir avec une rigole circulaire en pierre dure, dans laquelle viennent se rendre les eaux qui tombent, tant sur cette terrasse que sur le dôme. Ces eaux sont conduites dans huit tuyaux de descente, en fer fondu, couvert de grilles de fer, pour les garantir des ordures qui pourroient les obstruer. Ces tuyaux descendent le long des quatre massifs, qui séparent les galeries & la colonnade extérieure. (*Voyez* la coupe, *fig.* 189.)

Après cette terrasse, s'élève un attique érigé au-dessus du mur circulaire, qui forme la tour du dôme; cet attique, qui a soixante-quinze pieds de diamètre, sur dix-huit un quart de haut, est de treize pieds plus en arrière que le devant de la balustrade. Il est percé de seize croisées, dont douze servent à éclairer l'intervalle entre la *coupole* intérieure ouverte à son sommet, & la voûte intermédiaire qui porte la lanterne; la partie supérieure de cette voûte doit être ornée d'un sujet de peinture. Le reflet de ces jours, qui ne peuvent pas être vus du bas, produira un effet beaucoup plus brillant qu'aux Invalides, vu au travers de l'œil de la première *coupole*, qui se trouve dans la demi-teinte. Les quatre autres croisées servent à éclairer des escaliers, qui sont la continuation de ceux pratiqués dans les quatre massifs de la tour du dôme. (*Voyez* la coupe, *fig.* 189.)

Cet attique est terminé par une corniche avec un socle au-dessus, dans lequel se trouve creusé le chéneau, qui règne autour du bas de la grande *coupole* extérieure; le chéneau est en pierre de taille, avec des joints à recouvrement garnis de ciment; il est doublé de plomb. La grande *coupole* extérieure est construite en pierre de taille, ainsi que toutes les autres voûtes dont nous avons parlé jusqu'à présent; elle a soixante-treize pieds deux pouces de diamètre, prise à l'extérieur au-dessus du chéneau. Sa hauteur, depuis le dessus de l'attique, jusqu'au bas de l'amortissement contre lequel elle se termine, est de quarante-trois pieds. Le dehors de cette voûte est recouvert en plomb, & divisé par seize côtes saillantes qui devoient être dorées; la largeur de ces côtes est moitié de celle des intervalles. (*Voyez* l'élévation extérieure, *fig.* 190.)

A l'intérieur, cette *coupole* est élégie par quatre rangs de renfoncemens formant niches; ces renfoncemens correspondent aux intervalles des côtes de l'extérieur, leur profondeur est de la moitié de l'épaisseur de la voûte au droit des côtes. Cette épaisseur va en diminuant depuis le bas jusqu'au sommet; par le bas elle est de vingt-huit pouces, & par le haut de quatorze pouces.

Au bas de cette voûte, par le dedans, on a pratiqué un balcon circulaire soutenu par une voussure. Ce balcon se divise en quatre parties, qui se réunissent à l'arrivée des escaliers. Là il se termine par des arrondissemens qui embrassent les parties isolées de la voûte intermédiaire. (*Figure* 209.)

Dans le bas de la grande *coupole*, à quatre pieds & demi au-dessus du balcon, on a percé dans le milieu des renfoncemens pratiqués dans cette voûte, des jours ou petites fenêtres en mezzanines, qui ont deux pieds de long sur dix pouces de haut; ces jours sont placés à la hauteur de l'œil, comme ceux de la galerie qui est au-dessus de la colonnade extérieure.

La voûte intermédiaire a été construite pour porter la lanterne qui vient d'être démolie: on y doit substituer une figure colossale représentant la Renommée. La forme de cette voûte qui est très-sur-haussée ressemble à celle d'un œuf par le petit bout; la courbe de son ceintre est la chaînette; elle prend sa naissance au bas de l'attique, à l'endroit où la coupole intérieure commence à se détacher; son élévation est de quarante-sept pieds sur soixante-six pieds de diamètre.

Cette voûte est percée dans sa partie inférieure par quatre grandes ouvertures en forme de lunettes, dont la hauteur est de 35 pieds sur 29 pieds de largeur par le bas.

Les quatre parties de voûte qui restent et qui forment pieds-droits, sont encore pénétrées par les murs circulaires des escaliers éclairés par les croisées de l'attique. Ces parties isolées et les grandes ouvertures des lunettes font paroître cette voûte d'une hardiesse étonnante. Sur l'extrados on a pratiqué deux escaliers en rampe droite, diamétralement opposés, qui servent, en même temps, à monter au-dessus de cette voûte, et d'arcs-buttans pour fortifier son sommet.

Au dessus de ce sommet, formant une plate-forme circulaire, sont érigés huit piliers terminés en arcades, qui soutiennent l'amortissement, contre lequel vient se terminer le haut de la coupole extérieure et le piédestal au-dessus, qui doit porter la figure colossale de la Renommée.

Le dessus de l'amortissement forme un balcon circulaire, élevé de deux cents trente pieds neuf pouces au-dessus du pavé de l'extérieur de l'édifice. Ce balcon est de soixante-sept pieds plus haut que celui qui est au bas de la lanterne du dôme des Invalides, et a cent deux pieds au-dessus de l'appui de la tour méridionale de l'église de Notre-Dame; c'est le point le plus élevé, d'où l'on puisse jouir de la vue de Paris & de ses environs.

La possibilité de l'exécution de cet édifice, qui peut passer pour un chef-d'œuvre de construction, a long-temps été contestée. Un architecte, que des motifs particuliers faisoient agir, a prétendu prouver, dans un mémoire imprimé en 1770, l'insuffisance des points d'appui de cette coupole. Cependant celle dont il s'agissoit alors étoit beaucoup moins considérable que celle qui vient d'être exécutée.

Ce qu'il y a de particulier, c'est que l'auteur de ce mémoire, au lieu de fonder la critique sur les projets que Germain Soufflot vouloit exécuter alors, en imagina un autre, d'après des règles proposées par Charles Fontana, architecte italien, dans un ouvrage qui a pour titre : *Descrizione del tempio Vaticano*. Nous ne dirons rien sur les dimensions, que prescrit Fontana, relativement à la forme & à la décoration des dômes ou *coupoles*. Mais quant à l'épaisseur qu'il indique pour les murs qui doivent soutenir les *coupoles*, & qu'il fixe à un dixième du diamètre intérieur, nous ne pouvons pas nous empêcher de dire, que cette règle n'est fondée sur aucun principe certain, puisqu'aux édifices cités par lui, tels que la tour du dôme de S. André *della valle*, à Rome, dont l'épaisseur est, selon lui, de sept palmes & demie & le diamètre intérieur de soixante-quinze ; celle du mur de la *coupole* de *S. Carlo à Cetinari*, qui est de sept palmes un quart & le diamètre de soixante-douze ; celle de la *coupole della madona de miracoli*, qui a sept palmes deux tiers & le diamètre soixante-dix-huit ; la *coupole* de *Santa-Margarita in monte Fiascone*, qui a cent quinze palmes de diamètre & treize palmes d'épaisseur de mur ; on peut en supposer d'autres, tels que le dôme de Saint-Pierre de Rome, dont l'épaisseur du mur de la tour, mesurée entre les contre-forts, comme Fontana a pris celle qu'il cite, n'est que la quatorzième partie du diamètre intérieur : celle du mur, qui forme la tour du dôme de S. Luc, aussi à Rome, n'a que la treizième. A Dijon, il y a une rotonde terminée par une *coupole* en maçonnerie, dont le mur circulaire, qui la forme, n'a que la dix-huitième partie du diamètre intérieur. Mais comme tous ces exemples ne fixent point le terme précis, auquel on pourroit réduire l'épaisseur des murs circulaires, qui doivent soutenir des voûtes en *coupoles*, on ne peut pas se dispenser d'avoir recours aux principes de mécanique, pour résoudre cette question d'une manière satisfaisante : c'est ce que nous allons examiner.

L'auteur du mémoire s'est contenté d'appliquer à la *coupole* de son projet, la formule de Bélidor, quoique cette formule n'ait été faite que pour des voûtes en berceau supportées par deux murs ou pieds-droits isolés & parallèles. Mais, pour trouver l'épaisseur des murs ou pieds-droits d'une voûte sphérique ou sphéroïde de même ceintre, il falloit déterminer le juste rapport de la poussée d'une voûte sphérique, comparée à celle d'une voûte en berceau de même ceintre, diamètre & épaisseur.

L'auteur du mémoire cite un passage de Frézier, au troisième volume de son Traité de la coupe des pierres, où il tâche de prouver que « les voûtes
» sphériques poussent plus de la moitié moins que
» les berceaux simples de même ceintre, diamètre
» & épaisseur ou charge ; & par conséquent, en
» donnant à leurs pieds-droits que la moitié de celle
» des berceaux conditionnés de même, ils seront
» encore plus forts qu'il n'est nécessaire, pour les
» mettre en équilibre avec la poussée. »

La *coupole*, proposée par l'auteur, a soixante-trois pieds de diamètre ; son ceintre est surmonté d'un douzième ; son épaisseur réduite est de vingt-quatre pouces ; elle est élevée sur des pieds-droits de trente-six pieds de hauteur. Cela posé, il trouve que, pour une voûte en berceau de même ceintre, diamètre & épaisseur, il faudroit donner aux pieds-droits huit pieds dix pouces quatre lignes quatre points, & la moitié seulement pour les murs de la *coupole* proposée, c'est-à-dire, quatre pieds cinq pouces cinq lignes deux tiers. Il ajoute à ce résultat deux pieds huit pouces pour les saillies des colonnes engagées, base & stylobate, qui décorent l'extérieur ; ce qui donneroit, pour la plus grande épaisseur du mur de la tour du dôme proposé par l'auteur du mémoire, sept pieds un pouce cinq lignes huit points : mais par des considérations qui lui sont particulières, & les autorités qu'il cite, il prétend qu'il faut neuf pieds. Cependant, comme la règle de Frézier n'est qu'un à-peu-près, nous allons faire en sorte de fixer plus exactement le rapport de la poussée des voûtes sphériques avec celle des voûtes en berceau, ainsi que la résistance des pieds-droits de l'une & de l'autre.

L'expérience & les principes de mathématiques prouvent que, dans toute sorte de voûtes en berceau, les parties inférieures, jusqu'à une certaine hauteur, tendent à tomber en dedans, & que les parties supérieures ne se soutiennent qu'en agissant en sens contraire, en repoussant les parties inférieures & les pieds-droits qui les soutiennent. Bélidor suppose dans la formule que, dans les berceaux en plein ceintre, la partie qui cause la poussée est précisément la moitié de la voûte, & que l'autre moitié, divisée en deux parties, forme les deux parties inférieures ; d'où il résulte que, dans les berceaux circulaires extradossés, d'égale épaisseur, la partie poussante est égale aux deux parties qui résistent ; de sorte que si l'effort avec lequel les parties inférieures tendent à tomber en dedans, étoit égal à celui avec lequel la partie supérieure agit, il n'existeroit point de poussée : mais comme la partie supérieure agit avec beaucoup plus de force, à cause de sa position, c'est la différence de ces deux efforts opposés qui tend à renverser les pieds-droits, & que pour cette raison on appelle *poussée* (*voyez* ce mot). D'après cet exposé, on voit qu'il est possible, en diminuant le poids ou le volume de la partie poussante, & augmentant celui des parties qui résistent, de détruire entièrement la *poussée*. C'est ce qui arrive dans les voûtes sphériques, ainsi que nous allons le faire voir.

Le profil d'une voûte en berceau étant le même que celui d'une voûte sphérique de même ceintre, épaisseur & diamètre, la *fig*. 210 peut représenter l'un & l'autre ; de sorte que, dans ce profil, les parties poussantes & résistantes paroissent égales : mais si on les considère en plan (*fig*. 211), on verra que ce qui représente la partie poussante d'une voûte en berceau, dont la longueur est égale au diamètre, est un rectangle, qui a pour longueur ce même diamètre, sur une largeur égale à celui du cercle, qui exprime la partie poussante d'une voûte sphérique. Ces deux figures montrent, au premier coup-d'œil, que la partie poussante d'une voûte sphérique est beaucoup moindre que celle d'une voûte en berceau.

Pour déterminer, d'une manière plus précise, le rapport de ces parties dans l'une & l'autre voûte, nous allons y appliquer la théorie de la fameuse proposition d'Archimède, par laquelle il prouve que la surface d'une sphère est égale à celle d'un cylindre de même longueur & diamètre ; d'où il résulte que, dans une voûte sphérique, la superficie de la partie poussante est égale à la circonférence du cercle majeur, dont M m est le diamètre, par la flèche I N (*fig*. 212), & que celle de la partie qui résiste, est égale au produit de la même circonférence, par O N ; de sorte que, dans cette espèce de voûte, la partie poussante est à celle qui résiste, comme I N est à O N ; comme le sinus verse de 45 degrés est à ce sinus ; comme 29, 289 est à 70, 711 ; c'est-à-dire, que ce rapport est moindre que celui de 3 à 7, mais que nous allons adopter, quoique moins avantageux. Supposant donc la solidité de chaque voûte égale à 10, la partie poussante de la voûte en berceau sera 7, & celle de la voûte sphérique 3 ; c'est-à-dire, que le rapport de la poussée d'une voûte sphérique est à celle d'une voûte en berceau de mêmes diamètre, ceintre & épaisseur, comme 3 est à 7. Mais si l'on fait attention, que la poussée des voûtes en berceau agit contre deux murs isolés, dont les longueurs ajoutées ensemble ne sont que les 7/11 du mur circulaire, qui soutiendroit une voûte sphérique de même diamètre, on verra que l'épaisseur du mur circulaire doit encore être réduite en raison inverse de la longueur des murs ; c'est-à-dire, qu'il ne faudra, pour une voûte sphérique, que les 3/7 des 7/11, ou les 3/11 de l'épaisseur qu'il faudroit pour une voûte en berceau, ce qui réduiroit l'épaisseur, du nu de la tour du dôme proposé par l'auteur du mémoire, à trois pieds quatre pouces ; & si l'on vouloit avoir égard aux avant-corps & aux saillies des décorations extérieures, qui augmentent beaucoup la résistance de cette tour, on trouveroit que trois pieds sont plus que suffisans.

De plus, il faut observer que, si l'on divise une voûte en berceau en plusieurs tranches perpendiculaires à la direction des murs qui la soutiennent, elles formeront chacune un arc, dont la poussée agira séparément contre les parties de pieds-droits qui lui répondent, de manière que les efforts qui se feront sur chaque tranche seront absolument indépendans.

Mais si l'on coupe une voûte sphérique en tranches qui soient aussi perpendiculaires au mur circulaire qui la soutient, ces tranches, au lieu d'être rectangulaires, formeront des espèces de triangles (*fig*. 213), qui se réuniront tous au centre de la voûte, en sorte que la direction de la poussée changera pour chacune, au lieu d'être constamment parallèle, comme dans les tranches de la voûte en berceau ;

d'où il résulte que ces efforts, au lieu d'être indépendans, se détruisent en partie. C'est pour cette raison que l'on peut couper une voûte sphérique en deux parties égales, & que les deux niches qui en résultent peuvent se soutenir indépendamment l'une de l'autre, quoiqu'elles soient opposées ; ce qui prouve que les voûtes sphériques n'ont presque point de poussée, & qu'il suffit de donner aux murs circulaires qui les soutiennent, la même épaisseur qu'à la voûte. (*Voyez* les mots *Poussée* & *Voûte sphérique*.)

Enfin, pour reconnoître l'avantage des voûtes sphériques sur les voûtes en berceau, il suffit de les comparer.

Les voûtes en berceau, considérées comme la formule de Belidor les suppose, sont composées de deux murs isolés & parallèles, qui soutiennent des rangées de voussoirs ayant la même direction & qui peuvent se désunir par le moindre effort ; au lieu que les voûtes sphériques sont supportées par des murs circulaires, dont chaque assise forme cercle, ainsi que les rangs de voussoirs, de manière que chacun peut se soutenir seul & former une voûte incomplète.

De plus, chaque pierre étant posée en liaison, il ne peut se faire de désunion, soit dans la voûte, soit dans le mur circulaire, sans qu'il se fasse un déchirement, qui exigeroit un effort beaucoup plus considérable que celui de la poussée, même d'une voûte en berceau.

D'un autre côté, un mur circulaire a une résistance bien supérieure à celle d'un mur droit de même épaisseur, car le bras de levier, qui forme la résistance de cette espèce de mur, n'est égal qu'à la moitié de son épaisseur, quelle que soit sa longueur ; au lieu que celui d'un mur circulaire augmente en raison de ce qu'il comprend une partie plus grande de la circonférence ; de sorte que, s'il est bien lié & qu'il forme une circonférence entière, son bras de levier sera égal au demi-diamètre extérieur.

Pour conclure, il suffit de dire que le mur, qui forme la tour du dôme du Panthéon n'a que trois pieds un quart d'épaisseur, & que cependant, au lieu d'une seule *coupole*, il en supporte trois, & de plus une lanterne, qui ne vient d'être démolie que pour y substituer un piédestal & une figure colossale de trente pieds, dont le poids sera équivalent. Si on eût voulu avoir égard aux procédés de l'auteur & à la formule de Belidor, on auroit trouvé plus de quinze pieds pour l'épaisseur de cette tour.

Quant à la position de la tour du dôme sur des pendentifs, elle n'est pas aussi désavantageuse que voudroit le faire croire le même auteur ; car on peut considérer les pendentifs, qui rachètent une tour ronde, comme une partie de voûte sphérique, dont chaque assise forme une couronne incomplète, qui se termine contre les reins des grands arcs.

La charge occasionnée par la partie de la tour

qui répond à ces pendentifs, produit un effort qui agit contre les reins de ces arcs & tend à les fortifier, en les resserrant par le bas; ce qui les rend plus susceptibles de porter eux-mêmes la partie de la tour qui pose dessus: de même, l'effort qui tend à écarter les parties inférieures des arcs, sert à contenir les pendentifs. Au Panthéon-Français & dans les constructions bien entendues, pour procurer plus sûrement cet effet, qui constitue la solidité de ce genre d'édifice, on a disposé l'appareil de manière que les voussoirs, qui terminent chaque assise des pendentifs, font partie de ceux des arcs. Indépendamment de cet arrangement, si l'on a égard à la forme circulaire de la plûpart des tours sur pendentifs, on reconnoîtra facilement que la position en porte-à-faux des parties construites au-dessus de ces pendentifs, fait qu'elles tendent à tomber en-dedans, par conséquent à resserrer le mur de la tour & à la fortifier, dans les parties où il ne se trouve point de vides, comme celles comprises depuis les pendentifs jusqu'à l'appui des fenêtres, ces parties étant assez considérables pour s'opposer aux plus grands efforts; car, pour qu'ils puissent agir, il faudroit qu'il se fît un écrasement vertical dans tout le pourtour de cette partie de la tour.

Il est de plus très-aisé d'observer que la direction de cet effort, tendant à l'axe de la tour dans toute sa hauteur, il agiroit en sens contraire de la poussée, avec une force plus que suffisante pour la détruire, quelque considérable que pût être la forme & la grandeur de la voûte ou coupole qui occasionneroit cette poussée.

Enfin, il est aisé de conclure, par tout ce qui vient d'être dit, que dans les constructions des coupoles ou dômes, dont le plan est circulaire, tous les efforts, tendans à l'axe, contribuent à leur solidité en concourant à resserrer toutes les parties qui les composent, pour en former un seul tout. Il faut bien se garder de chercher à détruire cet effet, en ajoutant, à l'extérieur, des constructions qui puissent le diminuer ou le balancer, sous le prétexte frivole de contre-venter la tour.

Le savant architecte, qui a dirigé la construction de la coupole de Saint-Paul de Londres, a si bien senti la nécessité de cette tendance à l'axe de l'édifice, que, pour la rendre plus forte, il a préféré une tour conique à une cylindrique; c'est-à-dire que le mur qui la forme est incliné à l'intérieur d'un douzième de sa hauteur, ainsi que nous l'avons expliqué ci-devant, en parlant de cette coupole.

Ceux qui désireront un plus grand détail sur la théorie des coupoles, pourront avoir recours aux articles : pendentif, poussée, voûte sphérique & mur circulaire.

COUR. subst. f. Espace quadrilatère, circulaire ou de toute autre figure, environné de murs ou de bâtimens.

On a déjà parlé des cours dans les maisons des anciens, de leurs différentes dispositions & dénominations: (voyez CAVAEDIUM). Il resteroit peu à ajouter sur ce sujet, si le temps ne nous avoit conservé, sous les cendres du Vésuve, une ville entière, dont les parties les plus visibles & les mieux conservées, sont les cours des maisons qui ont été trouvées à demi-ruinées.

Les cours de presque toutes les maisons de Pompéia étoient pavées en compartimens de marbre ou de mosaïque. Celle de la maison de campagne, découverte près de cette ville, peut avoir au-delà de soixante & dix palmes romains de long. Elle est pavée d'une espèce de ciment, fait avec du marbre pilé, dans le genre des planchers de Venise. Au milieu de la cour, est un endroit carré, dont le pavé est enlevé ; ce carré est enclavé dans un ornement de mosaïque, & il y a tout lieu de croire qu'il a été carrelé en marbre. Sur ce pavé il y a eu une citerne, ainsi que semble le prouver un petit puits rond de deux palmes de diamètre, maçonné en petites briques. Dans la cour intérieure d'une maison de campagne, découverte à Stabia, il y avoit une citerne carrée, dont le toit portoit sur quatre colonnes, maçonnées & enduites.

Chez les modernes, il y a peu d'exemples d'un semblable luxe dans les cours. Si l'on excepte quelques palais de rois, où le marbre a pu être employé à de tels usages, les cours de toutes les maisons sont pavées de la même manière que le sont les rues de la ville.

On donne ordinairement aux pavés des cours, une pente d'un pouce par toise, pour procurer l'écoulement des eaux.

La forme, la grandeur & la disposition des cours, tiennent aux usages particuliers des siècles & des pays. Avant celui des voitures, les maisons se bâtissoient sans cours, ou celles-ci étoient fort étroites. Ce qu'on doit observer cependant, dans tous pays, c'est de proportionner l'étendue des cours à la hauteur des bâtimens qui les environnent : la salubrité des habitations dépend de cette attention.

Je n'ai traité, dans cet article, le mot cour que sous le rapport de l'aire comprise entre les bâtimens d'un palais ou d'une maison. Cependant en donnant à la partie le nom du tout, on comprend aussi par ce mot l'ensemble même des intérieurs d'édifices ; c'est dans ce sens qu'on loue la cour des Invalides; alors on veut parler des beaux portiques qui en forment l'enceinte. Les descriptions des plus belles cours connues & désignées par cette acception générale, ne trouveront point ici leur place. On les trouvera aux articles, où chacun de ces monumens est décrit.

COUR DES CUISINES. Cour où sont placés, dans les palais, les cuisines & les offices.

COUR A FUMIER. Cour destinée à la décharge des écuries. Elle doit être voisine des écuries & avoir sa sortie ou dégagement du côté de la rue, pour qu'on puisse enlever le fumier sans être obligé de passer par la cour principale.

COURANT

COURANT DE COMBLE. subst. m. C'est le nom qu'on donne à la continuité d'un comble, dont la largeur est comprise plusieurs fois dans sa longueur. Tel est, par exemple, celui d'une galerie.

COURBE. subst. f. Epithète qui exprime en architecture la direction oblique d'un corps. On y distingue deux sortes de *courbes*, les unes planes, les autres à double courbure. Les premières sont celles qu'on peut exactement tracer sur un plan, & qui par l'usage de la coupe des pierres se réduisent aux sections coniques & aux spirales. On appelle *courbe à double courbure* celles qu'on ne peut tracer sur une surface plane autrement qu'en raccourci. Telles sont, pour la plûpart, les arêtes des angles d'enfourchement de voûtes.

COURBE. (*terme de charpenterie*) Pièce de bois coupée en arc, dont on se sert pour faire les ceintres, les toits des dômes ronds, &c. C'est une espèce de chevron ceintré qui s'assemble avec les liernes.

On distingue deux sortes de *courbes*.

Courbes de plafond. Ce sont des pièces de bois qui forment les ceintres d'un plafond, au-dessus d'une corniche.

Courbe rampante. C'est le limon d'un escalier de bois à vis, bien dégauchi, selon sa cherche rampante.

COURBURE. s. f. On appelle de ce nom l'inclinaison d'une ligne en arc, comme celle du contour d'une colonne, d'un dôme, &c. C'est aussi le nom qu'on donne au revers d'une feuille de chapiteau.

COURGE. s. f. Espèce de corbeau de pierre ou de fer, qui porte le faux manteau d'une ancienne cheminée.

COURONNE. s. f. Ornement de sculpture qu'on trouve répété fréquemment sur les monumens de l'architecture.

L'usage des *couronnes* se mêla chez les anciens à un très-grand nombre de pratiques domestiques, civiles & religieuses. Les banquets, les jeux, les triomphes, les sacrifices avoient leurs *couronnes* particulieres. Chaque divinité avoit aussi la sienne. Non-seulement on se couronnoit dans les festins, dans les cérémonies, on couronnoit aussi les statues & les images des dieux. On couronnoit les autels, les temples, les portes des maisons, les vases sacrés, les victimes, les navires, &c.

Il étoit bien naturel que la sculpture s'emparât de cet ornement. Aussi le multiplia-t-elle avec profusion sur tous les monumens. Nombrer tous ceux où il se trouve reproduit, ce seroit les énumérer tous. Les autels, les cippes, les sarcophages, les vases, les trépieds, presque tous les ustensiles qui nous sont parvenus, nous font une prodigieuse variété de formes dans la composition comme dans l'exécution des *couronnes*.

Les *couronnes* devinrent aussi un objet d'embellissement dans les plafonds, dans les frises, au-dessus des portes, & dans un grand nombre de membres de l'architecture. Les exemples de cette sorte de décoration sont trop fréquens & trop connus pour avoir besoin d'être cités, encore moins d'être décrits.

Je ne saurois cependant terminer cet article sans renvoyer le lecteur au petit monument de Thrasyllus, à Athènes, rapporté & dessiné par l'anglais Stuart, au second volume de son Voyage d'Athènes. On y trouve le plus élégant emploi des *couronnes* dans une frise, où cet ornement se trouve répété au nombre de onze. L'enlacement des branches d'olive, dont se composent ces *couronnes*, leur distribution simple & légère sur la frise qu'elles remplissent, présentent un modèle de ce goût attique, qui est devenu dans tous les genres synonyme de grace & d'élégance.

Quoique les *couronnes* & leur emploi n'entrent presque plus pour rien dans les usages civils & religieux des modernes, cet ornement peut encore, par le secours de l'allégorie, se placer avec grace & convenance dans les ornemens de l'architecture. Il s'appliquera surtout avec beaucoup de justesse à tous les monumens qui emportent avec eux l'idée de victoire, ou de récompense publique.

COURONNE DE PIEU. Cercle de fer qui entoure la tête d'un pieu, pour l'empêcher de s'éclatter quand on l'enfonce avec le mouton ou de toute autre manière.

COURONNEMENT. s. m. Généralement parlant, ce mot signifie, en architecture, tout membre ou tout ornement qui termine un tout ou une partie d'édifice. Ainsi, la corniche couronne l'entablement, & celui-ci couronne l'ordonnance. Un chaperon couronne un mur, un péristyle est couronné par un fronton. Un comble sert de couronnement à une nef, à une coupole : l'une & l'autre ont pour *couronnement* d'autres objets.

A prendre cependant le mot *couronnement* dans un sens moins étendu & plus précis, il s'applique particulièrement aux objets de pure décoration que l'on fait servir d'ornement, soit à certains édifices en grand, soit à certaines parties d'architecture en plus petit. Ainsi, les chars ou quadriges de bronze, que souvent les anciens élevoient les *couronnements* des arcs de triomphe ; ainsi une lanterne sert de *couronnement* à une coupole.

Ce qui couronnoit les monumens de l'antiquité, a dû par toutes sortes de raisons devenir la proie du temps, de la barbarie & de la cupidité. Aussi avons-nous peu de notions sur les *couronnemens* sans-doute très-variés dans leurs formes & leurs inventions, que présentoient les édifices dont nous voyons les restes.

Nous ne saurions douter, d'après les médailles, que les arcs de triomphe n'aient reçu pour *couronnement* des chars triomphaux, des victoires, des trophées. Des statues couronnoient les colonnes triomphales. La pomme de pin de bronze qu'on voit dans le jardin du belvédère à Rome, servoit de *couronnement* au sépulcre d'Adrien.

On peut, selon Leroy, soupçonner que les anciens terminèrent d'abord leurs temples ronds par des chapiteaux semblables pour leur hauteur à ceux des colonnes, & que dans la suite ayant mis des fleurons à la place de ces chapiteaux, cela donna lieu à la règle que Vitruve fixe pour la hauteur des fleurons qui couronnoient les temples ronds, hauteur qui devoit être égale à celle des chapiteaux de leurs colonnes.

Une espèce de chapiteau en forme corinthienne formoit en effet le *couronnement* du petit édifice qu'on appelle à Athènes *La tour des vents*. Il servoit de support au triton mobile, qui faisoit fonction de girouette, & indiquoit avec une baguette la figure & le nom du vent, sculpté dans la frise de l'édifice.

C'est aussi une espèce de chapiteau corinthien, si toutefois il ne représente pas plutôt un autel ou trépied, qui couronne l'autre petit édifice d'Athènes, qu'on appelle vulgairement *La Lanterne de Démosthène*. Rien de plus riche que la sculpture de ce *couronnement*; rien aussi ne peut mieux faire conjecturer quelle dut être la variété des inventions antiques en ce genre.

Peut-être ne pourroit-on, d'après ce peu d'exemples échappés à la destruction, comparer la richesse & le luxe des *couronnemens* antiques, qu'à la mesquinerie & à la stérilité des modernes dans les amortissemens du même genre. Comment se fait-il qu'on n'ait rien inventé de mieux pour terminer les coupoles modernes que ces petits belvédères, auxquels on donne le nom de lanterne? Pourquoi ne placeroit-on pas au haut de ces édifices, ou des statues, ou des attributs plus caractéristiques de leur destination? Espérons que quelque exemple ouvrira une route nouvelle en ce genre Si le *couronnement* qu'on prépare à la coupole du monument consacré aux grands hommes, réussit, on se dégoûtera probablement de l'insipide monotonie des amortissemens modernes. (*Voyez* AMORTISSEMENT.)

COURONNEMENT DE FER. C'est un grand morceau de serrurerie à jour, qui sert d'ornement au sommet d'une grille de clôture. Cet ornement, jusqu'à présent fait dans un goût assez maussade, se compose d'enroulemens de feuillages, de chiffres, de devises. On l'appelle aussi amortissement (*voyez ce mot*).

COURONNEMENT DE SERRURE. C'est un ornement qu'on met au-dessus de l'ouverture & sur l'écusson d'une serrure.

COURONNEMENT DE VOUTE. C'est le plus haut de l'extrados d'une voûte, pris au vif de sa clef. (*Voyez pour l'intelligence de ceci* EXTRADOS.)

COURONNER. v. act. C'est terminer un corps avec quelqu'amortissement. Ainsi on dit qu'un piédestal est *couronné*, quand il se termine par une corniche; qu'un membre & qu'une moulure sont *couronnés*, lorsqu'il y a un filet au-dessus. On dit la même chose d'une niche, lorsqu'elle a un fronton.

COURS. s. m. Mot abrégé de celui de course, & qui signifie un lieu destiné aux courses. Dans plusieurs villes d'Italie on donne le nom de *cours*, *corso*, à la plus belle & la plus grande rue où l'on a l'usage, aux jours de fête, de donner encore des courses de chevaux. Quelquefois aussi ces courses se pratiquent dans de grandes allées droites, & elles prennent le nom de *cours*. C'est, ou par cette raison, ou à l'instar des usages d'Italie, que la grande allée plantée à Paris, au-delà des Thuileries, sous la régence de Marie de Médicis, a pris ce nom; on le donnoit aussi à l'avenue qui conduit à la porte Saint-Antoine.

COURS D'ASSISE. Rang continu de pierres de niveau & de même hauteur, dans toute la longueur d'une façade, sans être interrompu par aucune ouverture.

COURS DE PANNES. C'est une suite de plusieurs pannes bout à bout, dans le long pan d'un comble.

COURS DE PLINTHE. C'est la continuité d'une plinthe de pierre ou de plâtre, dans les murs de face, pour marquer la séparation des étages.

COURTINE. s. f. Ce terme dérivé du mot latin *cortina*, un rideau, est très-usité dans l'architecture militaire, & signifie dans l'architecture civile des façades d'un bâtiment comprises entre deux pavillons.

COUSSINET. s. m. C'est la pierre qui couronne un piédroit, dont le lit de dessous est de niveau, & celui de dessus en coupe, pour recevoir la première retombée d'un arc ou d'une voûte.

COUSSINET DE CHAPITEAU. C'est, dans le chapiteau ionique, la face du côté des volutes, & qu'on nomme encore *balustre* & *oreille*.

COUTURE. s. f. C'est la jonction de deux tables de plomb par un pli en manière de crochet plat, au bord de chacune des tables qui sont en recouvrement l'une sur l'autre.

COUVENT. s. m. Mot dérivé du latin *conventus*, assemblée. On donne ce nom à une grande maison qui consiste en église, cour, chapitre, réfectoire, cloitre, dortoirs, jardins, &c. où des moines vivent en commun, selon les règles de leur fondateur.

COUVERTURE. s. f (*Construction.*) Ce mot indique la superficie extérieure d'un toit. Car il est bon de remarquer que le toit d'un édifice est composé du comble de charpente ou de maçonnerie qui lui donne la forme, & de la *couverture* qui se pose sur le comble. *Voyez* ce mot.

Dans les grandes villes les édifices sont couverts en tuiles, en ardoises, en plomb, & quelquefois en cuivre. Mais par économie on fait souvent usage, dans les petites villes, bourgs & villages, de *couverture* en chaume, en roseaux, & dans certains pays, de pierres plates.

Les *couvertures* en tuiles sont de trois espèces; savoir, en tuiles creuses, en tuiles plates, & en tuiles creuses & plates, combinées ensemble.

Les *couvertures* en tuiles creuses exigent moins de dépense que celles en tuiles plates. On en fait usage dans les provinces méridionales de la France, en Italie, en Hollande, en Angleterre & en plusieurs endroits de l'Allemagne. *Voyez* le mot COMBLE.

La manière de couvrir en tuiles plates ou en ardoises est pratiquée à Paris, dans les provinces septentrionales de la France, & en Allemagne.

Des couvertures en tuiles creuses.

Il y a deux espèces de *couvertures* en tuiles creuses. Pour la première, il faut que le comble, s'il est de charpente, soit couvert en planches, ou qu'il forme des surfaces droites, s'il est en maçonnerie, & que les surfaces n'aient pas plus de vingt-sept degrés de pente; c'est-à-dire, que si c'est un comble à deux égouts, sa hauteur dans le milieu ne doit pas être plus du quart de sa largeur. Les surfaces du comble étant disposées ainsi que nous venons de le dire, pour faire la *couverture*, on commence à poser en ligne droite, suivant la direction de la pente, des rangées de tuiles, de manière que la partie creuse soit en dessus. Il faut que ces tuiles, qui sont plus étroites d'un bout que de l'autre, se recouvrent d'environ deux pouces, & forment une rigole ou chéneau continu. Pour les assujettir, on les acote de droite & de gauche avec de petites pierres ou des débris de vieilles tuiles. Ces rangées de tuiles doivent être éloignées l'une de l'autre d'environ un pouce & demi. Cet intervalle est recouvert par de semblables tuiles posées à rebours, c'est-à-dire, en plaçant la convexité en-dessus, de manière qu'elles se recouvrent les unes & les autres comme celles de dessous. A Lyon, les ouvriers donnent le nom de *chaniers* aux tuiles de dessous qui forment rigole, & celui de *chapeaux* à celles de dessus. Lorsque la *couverture* est finie, les chapeaux forment des cordons saillans, qui jettent leurs eaux dans les chanées. *Voyez* la figure 214.

Les tuiles qui forment le bord inférieur de la *couverture* doivent être posées en mortier ou en plâtre, pour les empêcher de glisser & retenir les tuiles supérieures.

Si le comble est à deux pentes, on recouvre l'angle du faîte avec un rang de plus grandes tuiles de même forme, posées comme les chapeaux, auxquelles on donne le nom de faîtage ou de tuiles faîtières.

Lorsqu'on veut rendre cette espèce de *couverture* plus solide, on pose toutes les tuiles en mortier; quand elle est bien faite & posée sur une voûte, sa durée n'a pas de bornes.

Il y a une autre espèce de *couverture* en tuiles creuses, pratiquée en Flandre & en Hollande, composée de tuiles façonnées en S, qu'on appelle *tuiles flamandes*. Cette *couverture* est plus économique & moins lourde que celle dont nous venons de parler. Ces tuiles sont faites de manière à former en même-temps les *chapeaux* & les *chanées* de la *couverture* précédente: mais elles ne forment pas un ouvrage aussi solide; elles ne s'arrangent pas aussi bien les unes avec les autres, à cause de leur double courbure, qui n'est jamais assez uniforme pour qu'elles puissent bien joindre. En Hollande ces tuiles ont en-dessous des tasseaux pour s'accrocher comme les tuiles plates; on ne leur donne qu'environ un pouce de recouvrement; mais on en mastique tous les joints. Il résulte de cet arrangement deux avantages. 1°. que l'eau ne peut pas rester par les joints dans les pluies d'orages; 2°. qu'on peut donner plus de pente au comble. *Voyez* la figure 215.

Des couvertures en tuiles plates.

Il faut pour cette espèce de *couverture* que la pente des combles soit plus roide que pour celle en tuiles creuses, parce que dans ces dernières, l'eau qui se rassemble dans les rangées de tuiles qui forment chéneaux, a plus de force pour couler que l'eau éparse sur des *couvertures* plates. De plus, dans les grands orages, lorsque les *couvertures* en tuiles plates ont peu de pente, le vent fait remonter l'eau par les joints jusqu'au-dessus des recouvremens.

La moindre pente qu'on puisse donner à cette espèce de *couverture*, doit être de 25 degrés: d'où il résulte qu'elle ne peut être employée avec avanrage que depuis le neuvième climat, c'est-à-dire, dans les pays où la latitude est de plus de 48 degrés. *Voyez* le mot COMBLE.

Les tuiles plates ont ordinairement la forme d'un carré long; leur grandeur varie selon les pays. Celles dont on se sert à Paris sont de deux échantillons différens; les unes qu'on appelle du grand moule, ont 13 pouces de long sur 8 pouces & demi de large, & les autres dites du petit moule, 10 pouces de long sur 6 pouces & demi. Toutes ces espèces de tuiles ont en-dessous, par le haut, un crochet qui sert à les fixer sur le comble. *Voyez* le mot TUILE.

Pour faire une *couverture* en tuiles plates, il n'est pas nécessaire que le comble soit couvert en planches, il suffit qu'il soit garni de chevrons bien arrêtés; que ces chevrons soient dressés par dessus: lorsqu'ils ne le sont pas exactement, le premier soin des couvreurs est de recouper les parties trop hautes. Ils ont pour cet effet un outil qui forme hache d'un côté & marteau de l'autre. Ils appellent cet outil *hachette*.

Sur la superficie des chevrons bien dressés, le couvreur pose des lattes en commençant par le bas. Ces lattes sont en bois de chêne refendu. Elles doivent être de droit fil & sans nœuds, clouées sur chaque chevron. On les pose par rangs horisontaux en liaison, c'est-à-dire, que les bouts des lattes qui sont au-dessus l'une de l'autre ne doivent pas se trouver sur le même chevron, mais arrêtées sur des chevrons différens, afin de les lier ensemble. Cet arrangement produit une grande solidité, tant pour la charpente que pour la *couverture*. La distance entre chaque rang de lattes doit être du tiers de la longueur de la tuile. Les lattes clouées, on commence par poser le premier rang de tuiles du bas qui forme égout. Sur quoi il faut observer qu'il y a trois manières différentes de faire cet égout; savoir à *égout simple*, à *égout retroussé*, & à *égout pendant*.

1°. Lorsqu'au bas du comble il se trouve une corniche qui soutient un chéneau destiné à recevoir les eaux de la *couverture*, on forme un égout simple, c'est-à-dire qu'on se contente de faire recouvrir le bord supérieur du chéneau par le premier rang de tuile.

2°. Si le bord du toit doit être soutenu par une corniche sans chéneaux, on forme un égout retroussé; pour cela, on pose en plâtre ou en mortier, un premier rang de tuiles sur le bord de la corniche, qui avance au-delà de la dernière moulure d'environ quatre pouces. Il faut que ce premier rang ait un peu de pente en-dehors. Sur le premier rang, on en pose un second en liaison, qui n'avance pas plus que le premier; ce second rang se nomme *doublis*. Lorsqu'on ne met que deux rangs de tuiles pour former l'égout retroussé, on dit qu'il est simple. Ceux qu'on appelle doubles, sont formés de cinq rangs de tuiles; mais ces derniers sont rarement nécessaires; dans les cas ordinaires, deux suffisent.

Il y a des couvreurs qui disposent le premier rang de tuiles diagonalement, comme on le voit à la figure 216, de manière que le bord forme une espèce de dentelle: comme ils posent le second rang à l'ordinaire, on voit, en-dessous, des parties triangulaires du second rang. Pour les rendre plus apparentes, on blanchit les unes & on noircit les autres. Mais ce moyen plus coûteux, n'est ni plus solide ni plus beau; parce qu'alors on est obligé de former l'égout de trois rangs de tuiles, au lieu de deux, afin de doubler le second rang, qui, sans cela, se trouveroit simple au droit des découpures du premier.

3°. L'égout pendant n'a lieu que lorsqu'il n'y a pas de corniche pour soutenir le bas de la *couverture*. Pour former cet espèce d'égout, on cloue sur le bout des chevrons, qui doivent avancer d'environ 18 pouces au-delà du mur de face, un rang de planches taillées en couteau, c'est-à-dire plus épaisses d'un côté que de l'autre, afin de procurer le relèvement nécessaire aux premières tuiles qui doivent former l'égout; ces planches ainsi taillées se nomment *chanlattes*. Sur ces chanlattes, on pose un double rang de tuiles pour former un égout renforcé simple, comme il a été ci-devant expliqué.

L'égout étant formé par une des méthodes précédentes, on accroche au rang de lattes au-dessus un premier rang de tuiles, en observant de les écarter par le bas, comme si elles devoient en recouvrir un autre rang; & même il seroit à propos de poser en mortier ou en plâtre, un rang de demi-tuiles qui doublât ce premier rang par le bas. Au-dessus de ce premier rang, on en accroche un second, de manière que les joints montans répondent au milieu des tuiles du rang déjà posé. Comme chaque rang de lattes n'est éloigné que du tiers de la longueur de la tuile, il en résulte que la partie apparente du premier rang, ainsi que des autres, ne sera que le tiers de la hauteur de la tuile. C'est cette partie apparente que les ouvriers appellent *pureau*. On continue à poser les autres rangs de tuiles en allant de bas en haut, & observant de faire les pureaux d'égale hauteur & bien droits en-dessous, & que les joints de chaque rang tombent précisément au milieu des tuiles du rang de dessous, jusqu'à ce qu'on soit parvenu au haut du comble. Lorsqu'il est à deux pentes opposées qui se réunissent au sommet, on recouvre l'angle que forment ces pentes par un rang de tuiles creuses, auxquelles on donne le nom de tuiles faîtières. Ces tuiles doivent être posées en plâtre ou en mortier. Si le comble est à une seule pente qui se termine contre un mur plus élevé, on recouvre le bout du dernier rang de tuiles par un solin en plâtre ou en mortier.

Lorsque deux parties de *couverture* se rencontrent de côté, de manière à faire un angle saillant formant une ligne inclinée, on lui donne le nom d'arêtier. On recouvre cet arêtier par un filet de plâtre ou de mortier. Mais lorsque l'angle n'est pas trop aigu, il vaut mieux le recouvrir avec des tuiles faitières.

La rencontre de deux parties de *couvertures* qui forment un angle rentrant, s'appelle *noue*. On garnit les noues en plomb, en fer blanc, ou avec des gouttières de bois gaudronné. J'en ai vu où l'on a employé de grandes tuiles creuses, faites exprès & posées en mortier. Ce moyen me paroit préférable aux gouttières de bois & de fer blanc, & moins cher que les chêneaux de plomb.

Les *couvertures* se trouvent percées de lucarnes de plusieurs façons. Telles sont les lucarnes demoiselles, à la capucine, à chevalet, flamandes, rondes, bombées, quarrées, &c. qui exigent des *couvertures* différentes, les unes à une seule pente, & les autres à plusieurs. Ces *couvertures* s'exécutent comme les précédentes, en observant de faire les faîtages, noues, arétiers comme nous venons de l'expliquer pour les grandes *couvertures*. Voyez les mots LUCARNE, ŒIL DE BŒUF, VUE FAITIERE.

On employoit autrefois, pour cette espèce de *couverture* des tuiles peintes & vernissées, avec lesquelles on formoit des compartimens. On voit des restes de ces anciennes *couvertures* au-dessus de quelques églises & châteaux. Dans le royaume de Naples & de Sicile, on en fait encore usage pour les *couvertures* des dômes & des églises.

Plusieurs villes de France employent des tuiles peintes en noir, & vernies, au lieu d'ardoises, pour former les brisis des combles à la mansarde, & couvrir des pavillons. Elles font arrondies par le bas & percées par le haut de deux trous, pour s'attacher avec des cloux comme les ardoises.

On fait aussi des *couvertures* avec des tuiles plates qui ont des rebords par le haut & par le bas; ceux de la partie supérieure sont en dehors, & ceux de la partie inférieure en dedans; ensorte que par le profil elles forment une espèce de Z.

Ces tuiles ne peuvent pas former une *couverture* aussi solide que celle dont nous venons de parler; parce que dans les tuiles ordinaires, les crochets ne portent que le poids de chaque tuile, à laquelle ils sont adaptés; au lieu que dans les tuiles en Z, les crochets des tuiles du haut soutiennent une partie du poids des tuiles du bas, qui est d'autant plus considérable, que le comble sur lequel elles sont posées, a plus de pente.

Des couvertures en ardoises.

Après la tuile, il n'y a point de matière qui soit plus propre à former la *couverture* des édifices, que l'ardoise, à cause de la propriété qu'elle a de pouvoir se débiter en lames minces & légères, qui peuvent remplacer les tuiles plates. L'ardoise forme des *couvertures* dont la vue est plus agréable que celle des toits en tuiles ordinaires; mais aussi elles ont le désavantage d'être moins durables, d'être plus fragiles, & susceptibles d'être emportées par les vents dans les grands orages. Lorsque les combles sur lesquels on les pose, ont trop peu de pente, les vents font rester plus facilement la pluie sous le recouvrement de l'ardoise que sous celui de la tuile. Dans les temps humides & les pluies fines, elles ne garantissent pas si bien la charpente des toits que la tuile, parce que l'humidité les pénètre davantage. Voyez le mot COMBLE.

Les ardoises dont on se sert à Paris se tirent des carrières d'Angers; il y en a de quatre sortes: savoir, La *grosse noire*, qui a 12 à 13 pouces de long, sur 7 à 8 de large; La *quarrée forte*, qui a 11 à 12 pouces, sur 7 à 8 pouces; cette dernière est celle qu'on employe le plus communément, il en faut 172 pour faire une toise de *couverture*; la troisième sorte est la *quarrée fine*, elle est moins large que la précédente, & n'a que 11 pouces de longueur. La quatrième espèce est la *quartelette*; on s'en sert pour couvrir les dômes & les parties de comble qui sont courbes; elles ne sont pas toutes de même échantillon, leur longueur est de 8, 9 & 10 pouces, & leur largeur de 5 pouces & demi à 6 pouces & demi. Voyez le mot ARDOISE.

La *couverture* d'ardoise s'exécute comme celle en tuiles plates, sur des chevrons; le couvreur les ayant dressées avec sa hachette, comme nous l'avons dit précédemment, commence de même son lattis par le bas. On y employe quelquefois de la latte quarrée, comme pour la tuile, on choisit celle qui a trois pouces de largeur; mais pour faire de meilleur ouvrage, on se sert communément de lattes de sciage, de 4 pieds de long sur 4 à 5 pouces de large. Ces lattes se vendent par bottes, qui en contiennent 20; il en faut 18 pour une toise quarrée. On doit choisir des lattes de bois de chêne de droit-fil, sans nœuds ni aubier. Outre la latte, on met encore, entre les chevrons, des contrelattes de 4 pouces de largeur, sur 8 lignes d'épaisseur. On vend les contrelattes par bottes, qui en contiennent chacune 10 de 6 pieds de longueur. Pour une toise quarrée, il faut environ 7 toises de longueur de contrelattes.

Les lattes s'attachent sur quatre chevrons, avec deux cloux sur chacun, placés à un pouce & demi de distance l'un de l'autre. Ces lattes se posent par rangs horisontaux & en liaison, comme nous l'avons dit pour la tuile. Les contrelattes se mettent sous les lattes entre les chevrons, on les arrête avec deux cloux à la rencontre de chaque latte. Lorsqu'on veut se dispenser de contrelattes, on pose sur les chevrons de la latte volige, c'est-à-dire, des planches de sapin de six lignes d'épaisseur, sur six à sept pouces de largeur & six pieds de long; on les attache avec trois cloux sur chaque chevron. Cette dernière méthode est préférable, parce qu'elle rend l'ouvrage plus droit & plus solide.

Le lattis étant fait, avant de poser l'ardoise, on forme l'égoût, c'est-à-dire, le bord inférieur de la *couverture*. Cet égout peut se faire de trois manières comme pour la tuile, c'est-à-dire, simple, retroussé ou pendant.

L'égoût simple se fait en posant le premier rang d'ardoises, de manière qu'il recouvre le chéneau pour verser ses eaux dedans. Les égouts retroussés se font en tuiles, comme nous l'avons ci-devant expliqué ; on a seulement la précaution de peindre ces tuiles en noir pour ne pas faire disparate avec l'ardoise. Quant au surplus de la *couverture*, il s'opère par rangs horisontaux, en allant de bas en haut ; on les pose en liaison, de manière que les joints montans d'un rang, répondent précisément au milieu des ardoises qui forment les rangs au-dessus & au-dessous. Le bas de chaque rang doit être aligné & de niveau, en suivant tous les contours du comble & les saillies des lucarnes. Le *pureau* ou la partie apparente de l'ardoise devroit être proportionné à la pente du comble, c'est-à-dire, qu'il devroit diminuer en raison de ce que le comble a moins de pente ; ensorte que si, aux ardoises qui couvrent la partie inférieure d'un comble à la mansarde, on fait le pureau du tiers de la hauteur de l'ardoise, il ne devroit avoir que le quart à la partie supérieure qui est moins inclinée. L'usage est de donner au pureau le tiers de la hauteur de l'ardoise, quelle que soit la pente du comble.

Les noues, les faitages des *couvertures* d'ardoises se font ordinairement en plomb, ainsi que les aretiers & les dessus de lucarnes. Voyez ces mots.

On peut cependant se dispenser de plomb sans nuire à la solidité, lorsqu'on veut y mettre de l'économie, en couvrant le faitage & les aretiers en tuiles creuses, que l'on peint en noir à l'huile, de même que les noues. Si l'angle des aretiers est trop aigu pour pouvoir être couvert en tuiles creuses ordinaires, on observe de tailler les ardoises de manière qu'elles forment juste l'aretier, & que celles d'une face recouvrent exactement le dessus des autres, afin que l'eau ne puisse pénétrer nulle part. On peut seulement poser par le bas une petite bavette de plomb, taillée en *oreille de chat*, qui ait un peu plus de saillie que l'ardoise.

Lorsque les combles sont à la mansarde, on observe de former au droit du brisis, un petit égout de deux ou trois pouces, pour recouvrir le premier rang d'ardoises de la partie inférieure du comble ; souvent on y met une bavette de plomb.

Des couvertures en tuiles creuses & plates.

Ce genre de *couverture*, dont on fait usage en Italie, est fort ancien ; c'est celui dont se servoient les Romains. On en trouve encore des vestiges dans les ruines des édifices antiques. Pour faire cette *couverture*, au lieu de planches & de lattes, on pose sur les chevrons espacés d'un pied environ, de milieu en milieu, de grandes briques, que l'on appelle à Rome *pianelle*. Ces briques ont onze pouces & demi de long, sur cinq pouces dix lignes de largeur & treize lignes d'épaisseur. Elles posent d'un chevron à l'autre, & forment une superficie plane, selon la pente du comble. Sur cette superficie on pose les tuiles plates à rebord, qui servent de chéneau. (Voyez la figure 217.) Ces tuiles, que les Italiens appellent *tegole*, sont plus larges par le bas que par le haut. A Rome, elles doivent avoir, suivant l'échantillon qui est au Capitole, quinze pouces neuf lignes de longueur ; le bout le plus large a douze pouces quatre lignes, & le plus étroit neuf pouces trois lignes ; les rebords de droit & de gauche ont onze lignes de hauteur & dix lignes d'épaisseur. L'épaisseur de la tuile, au droit du canal, est aussi de dix lignes.

On pose ces tuiles par rangées qui vont du haut en bas du comble, comme les chéneaux des *couvertures* en tuiles creuses, en observant de les faire recouvrir les unes sur les autres d'environ trois pouces, de manière que la partie étroite de chacune, entre dans la partie large de la tuile supérieure. Ces rangées, qui sont disposées suivant la direction de la pente, sont éloignées l'une de l'autre d'environ un pouce & demi ; l'intervalle qu'elles laissent entre elles est couvert par des tuiles creuses semblables, pour la forme, à celles dont nous avons déjà parlé. Ils appellent ces tuiles *canale*, leur longueur est la même que celle des *tegole* ou tuiles plates ; leur plus grande largeur ou diamètre est de huit pouces onze lignes, & le petit de six pouces & demi sur huit lignes & demi d'épaisseur. On les met en place en les faisant recouvrir les unes sur les autres. Voyez la figure 218.

Les tuiles que les anciens Romains employoient dans leurs grands édifices étoient beaucoup plus grandes. Aux thermes de Caracalla, j'ai mesuré des *tegole* ou tuiles plates, dont la longueur étoit de plus de deux pieds, & la plus grande largeur de dix-neuf pouces. Voyez le mot TUILE.

Les anciens faisoient quelquefois leurs *couvertures* en grandes pierres, ou en pièces de marbre taillées en tuiles. On en a trouvé plusieurs au temple de Serapis à Pouzzol. Leurs dimensions sont les mêmes que celles en terre cuite aux thermes de Caracalla. Le baptistère de Florence & l'église de Milan sont couverts en dalles de marbre. Voyez le mot TERRASSE.

Des couvertures en plomb.

Cette espèce de *couverture* n'a été mise en usage que pour les grands édifices. C'est ainsi qu'est couverte l'église de Notre-Dame de Paris. On s'en sert encore pour couvrir les dômes, les combles auxquels on ne peut donner que très-peu de pente, & les terrasses. Une *couverture* en plomb bien faite, est extrêmement solide & durable, mais elle est fort lourde & fort coûteuse. Le plus grand de ces défauts est que, lorsqu'un édifice couvert de cette manière est incendié, le plomb qui fond, empêche qu'on ne puisse y porter du secours. Cependant, comme il se trouve des cas où l'on ne peut pas se dispenser d'en faire usage, nous allons décrire la manière dont elle s'exécute.

Lorsque les chevrons du comble, que l'on veut couvrir en tables de plomb, sont posés & bien dressés, on cloue dessus des voliges de quatre à cinq pouces de largeur, disposées par rangs horisontaux, espacés entre eux d'environ deux pouces. Après cette opération, le plombier, qui exécute ordinairement ces espèces de *couvertures*, commence par poser le chêneau qui doit régner au bas du comble. Le dossier de ce chêneau étant bien rabattu sur les voliges qui forment le bas du comble, on pose au-dessus un rang de crochets de fer plat terminés par le haut en pattes percées de trois trous pour les clouer. (Voyez la fig. 219.) Ces crochets doivent être posés de manière que le plomb qu'ils ont à soutenir par le bas, puisse recouvrir le dossier du chêneau de plomb. Cela fait, le plombier pose le premier rang de tables, de manière qu'elles entrent dans les crochets, ensuite il les étend & les dresse avec une batte de bois; il les arrête par le droit de chaque chevron avec de forts clous qui puissent traverser le plomb, les voliges & une partie des chevrons. Ces clous ont ordinairement deux pouces & demi de longueur. Les tables, dont on se sert pour les *couvertures*, ont le plus souvent douze pieds de long sur trois pieds de large, & environ deux lignes d'épaisseur; on les pose de manière que la largeur est suivant la hauteur du comble.

Il faut observer de ne pas joindre les tables qui forment un même rang, avec la soudure, parce qu'elle est sujette à se rompre par l'effet de la dilatation & de la condensation du plomb, suivant la température de l'air. Il vaut beaucoup mieux replier les bords de chaque table pour former un bourrelet que l'on arrondit avec la batte.

Le premier rang de table étant mis en place, on continue à en poser, de même, jusqu'au haut du comble, où l'on met un enfaîtement, s'il est à deux pentes.

Il faut avoir soin d'arrêter les tables de plomb, qui forment l'enfaîtement avec des crochets, pour qu'elles ne puissent pas être dérangées ni emportées par les vents.

Les *couvertures* des dômes s'exécutent de la même manière, lorsqu'elles n'ont point de côtes saillantes. En étendant les tables de plomb avec la batte, on leur fait prendre le galbe du dôme. Il faut aussi éviter les soudures pour les joints montans; & former des bourrelets qui aillent se terminer au sommet: & comme les intervalles entre ces cordons diminuent de largeur, il est à propos, pour avoir moins de rangs de tables & économiser les recouvremens, de poser les derniers rangs de manière que la longueur des tables fasse la hauteur.

Lorsque l'extérieur du dôme est orné de côtes saillantes, il faut faire ensorte que les intervalles, ainsi que les côtes, puissent être couverts, à chaque rang, par une table d'une seule pièce, pour qu'il n'y ait de joints montans que dans les angles rentrans des côtes: pour former ces joints, on replie le bord des tables en sens contraire, de manière que l'eau ne puisse jamais pénétrer dans le joint. (Voyez la fig. 220.)

Il y a des dômes où l'on ne couvre en grandes tables de plomb que les côtes saillantes, & les intervalles le sont en petites ardoises, que nous avons ci-devant désignées sous le nom de quarteilles. Les ardoises sont quelquefois taillées en écailles de poissons. Dans les pays où l'ardoise est trop rare, on fait usage de tuiles peintes & vernissées.

Il se trouve des dômes où, au lieu d'ardoises, et de tuiles, on s'est servi de petites lames de plomb taillées de même. Au reste, ces ardoises, tuiles ou petites lames de plomb, se posent en place comme les ardoises des combles ordinaires, sur un lattis de voliges arrêtées avec des clous.

Des couvertures en cuivre.

Au lieu de tables de plomb, on peut se servir avec beaucoup d'avantage de lames de cuivre laminé qui exigent beaucoup moins d'épaisseur; parce que le cuivre est plus compact, plus solide; qu'il s'altère beaucoup moins aux injures de l'air que le plomb; d'où il résulte que les *couvertures* en cuivre sont plus légères, & quelquefois moins coûteuses.

La manière ordinaire d'employer les lames de cuivre pour former les *couvertures* est de les joindre les unes & les autres par des doubles plis, & d'arrêter chaque feuille sur les planches du comble avec des vis cachées sous les plis. Mais comme cette matière est sujette à se dilater, & qu'elle est plus élastique que le plomb, les feuilles se boursouflent dans les grandes chaleurs au point d'arracher les vis. On peut remédier à cet inconvénient; pour cela, il faut les arranger par bandes allant depuis le bas du toit jusqu'au faîtage, & formées de pièces qui se recouvriront les unes & les autres de trois à quatre pouces, comme les ardoises.

Quant aux joints montans, les bords de droite & de gauche d'une de ces bandes seront pliés en dessus, & ceux de la suivante en dessous, de manière que ces derniers formeront des espèces de côtes saillantes; chaque pièce sera arrêtée par le haut seulement avec des vis à têtes arrasées, sous le recouvrement. Par le moyen de cet arrangement, les effets de la dilatation & de la condensation pourroient avoir lieu sans occasionner de gonflement, & sans nuire à la solidité de cette espèce de *couverture*.

Lorsque le cuivre est fort mince, il est bon qu'il soit étamé pour boucher exactement tous les pores de sa superficie, & obvier aux défauts qui peuvent s'y trouver.

On a cherché à faire des *couvertures* avec un métal composé de plomb & de zinc; mais on a trouvé que ce mélange résistoit moins à l'air que le plomb.

On en a fait avec de la tôle enduite d'une composition qui la garantissoit de la rouille.

Enfin, il y a en France des provinces où l'on couvre les églises & les clochers en fer-blanc. Toutes ces *couvertures* peuvent s'ajuster de même que nous venons de l'indiquer pour le cuivre.

Au palais Bourbon, on a fait usage, pour couvrir les combles qui sont en briques, de tuiles plates de fer fondu, qui portent, en leurs joints montans, des rebords pour se recouvrir mutuellement, de manière que lorsqu'elles sont en place, ces rebords forment des côtes saillantes, comme on le voit à la figure 221.

Ces tuiles ne se recouvrent que d'un cinquième de leur hauteur, au lieu de se recouvrir des deux tiers comme la tuile; & comme elles n'ont qu'une ligne & demie d'épaisseur, elles ne pèsent pas plus sur le comble que les tuiles en terre cuite, & sont plus durables.

Ces tuiles ont par derrière deux crochets, pour se poser sur des lattes comme les tuiles plates; mais il est à propos qu'elles soient plus fortes.

Dans plusieurs endroits, au défaut d'ardoise & de tuile, on se sert d'une espèce de pierre qui se refend facilement, que l'on nomme improprement *lave*, & qu'il ne faut pas confondre avec la lave des volcans. La lave dont nous parlons est fort souvent une pierre calcaire; elle se tire à découvert de certaines carrières, dont elle forme la superficie. La grandeur de ces laves est depuis un pied jusqu'à dix-huit pouces, quelquefois même de deux pieds. Leur moindre épaisseur est de 5 à 6 lignes. On pose la lave la plus épaisse sur les murs de face & les pignons; on garde la plus mince pour la partie qui doit recouvrir le milieu de la charpente du comble. Comme ces pierres sont tout-à-fait irrégulières, le couvreur les taille avec une hachette faite comme celle des maçons.

On ne peut poser cette espèce de *couverture* que sur des combles qui ont peu d'inclinaison, pour que ces pierres posées à plat se maintiennent en place par leur propre poids.

Lorsque cette *couverture* est bien faite avec une bonne qualité de pierres qui ne craignent pas la gelée, elle est fort solide & durable. Dans les pays où l'on en fait usage, on voit de ces *couvertures* faites depuis cent ans, qui sont encore en très-bon état, & qui se sont maintenues ainsi, sans exiger aucunes réparations. Dans les endroits où la lave est plus tendre, on est obligé de la renouveller tous les trente ou quarante ans. On voit de ces *couvertures* en Bourgogne, en Franche-Comté, en Lorraine; j'en ai vu aussi en Savoie.

De la couverture en bardeaux.

Le *bardeau* est une espèce de tuile plate en bois de chêne, faite avec des douves de merrain ou de vieilles futailles. On n'en fait guère usage que pour couvrir les moulins, les échoppes & autres bâtimens semblables.

Le bardeau a 12 à 14 pouces de longueur sur différentes largeurs, & 5 à 6 lignes d'épaisseur. Ce sont les couvreurs qui employent le bardeau, qui le taillent, & ils ont pour cela une hachette faite exprès. On pose le bardeau sur des planches jointives, & on les arrête avec des clous comme l'ardoise. Le couvreur a soin de percer les bardeaux avec une vrille, pour empêcher qu'ils ne se fendent en enfonçant le clou qui doit les arrêter. Cette espèce de *couverture* qui est fort légère, résiste mieux aux coups de vents que l'ardoise. C'est pourquoi on la préfère quelquefois pour couvrir des flèches de cloches. Pour la rendre plus durable, on la goudronne, ou on la peint à l'huile en noir ou en gros rouge; il faut renouveller cette peinture tous les deux ou trois ans, pour que la *couverture* se conserve bien.

Dans plusieurs villages on couvre les maisons en chaume, c'est-à-dire, en paille de seigle ou de froment & quelquefois en roseaux. Pour faire cette espèce de *couverture*, après que les faîtages & pannes du comble sont posés, on y attache avec des osiers, des perches au lieu de chevrons, & des perchettes en travers, sur lesquelles le couvreur applique le chaume avec des liens de paille; plus ces liens sont serrés, plus la *couverture* est solide.

Cette *couverture* se commence par le bas comme toutes les autres; chaque lit ou rang se nomme *javelle*. Comme les brins de chaume sont susceptibles de s'affaisser, on ne fait cette *couverture* que par intervalle, c'est-à-dire, qu'on l'interrompt pendant un ou deux jours, avant de la terminer tout-à-fait. Au bout de ce temps, le couvreur la visite, pour y introduire, s'il est nécessaire, de nouveau chaume dans les endroits qui ne sont pas assez garnis; il se sert pour cela d'un instrument qu'il appelle *palette*. C'est un morceau de bois de forme elliptique à manche court. Enfin il finit la *couverture*, en polissant le chaume avec un rateau de bois, dont les dents sont fort serrées, & perpendiculaires au manche, qu'il appelle *peigne*.

Les *couvertures* en roseaux, qui croissent dans les marais, s'exécutent, à peu de chose près, comme celle en paille, avec cette différence, que les lattes ou perches doivent être moins éloignées les

les unes des autres. Leur distance doit être d'environ trois pouces ; & comme les roseaux sont sujets à couler, on les lie en plusieurs endroits. Cette *couverture* qui exige plus d'adresse que celle de paille, coûte aussi davantage. Mais lorsqu'elle est bien faite, elle peut durer au moins quarante ans, sans qu'on soit obligé d'y faire aucune réparation.

Les *couvertures* dont nous venons de parler ne conviennent pas également à toute sorte de pays & d'édifice ; c'est à la sagacité de l'architecte à déterminer les cas où l'on doit employer les unes préférablement aux autres. Tel est le motif qui nous a engagé à détailler toutes celles que l'on a coutume de mettre en usage.

COUVREUR, s. m. C'est le nom de l'ouvrier qui fait les couvertures. Il y a des *couvreurs* en chaume, en tuile, en ardoise, &c. (Voyez COUVERTURE.)

COYAUX, s. m. pl. Morceaux de bois, qui portent sur le bas des chevrons & sur la saillie de l'entablement, pour faciliter l'écoulement des eaux & pour former l'avance de l'égout d'un comble.

COYER, s. m. C'est une pièce de bois qui étant posée diagonalement dans l'enrayure du comble, s'assemble dans le pied du poinçon & répond sous l'arêtier.

CRAMPON, s. m. Morceau de fer ou de bronze, pointu, à crochet ou à queue d'aronde, qui sert à retenir & à consolider les assises de pierre ou de marbre.

Les anciens employèrent des *crampons* de bronze dans presque toutes leurs constructions. La cupidité de ce métal n'a pas peu contribué, dans les temps de barbarie, à la destruction des monumens. (Voyez BRONZE.)

Tous les édifices qui nous sont restés des Romains portent encore les flétrissures de la barbarie qui les a dépouillés. On est même redevable de leur conservation à l'industrieuse cupidité, qui avoit trouvé le secret d'extraire les *crampons* de bronze, sans renverser les pierres qui les receloient, en scarifiant les blocs par les côtés sur deux faces, jusqu'à ce qu'on put atteindre le métal.

Ces trous si multipliés qu'on rencontre aux joints des assises, dans presque tous les monumens de Rome, ont exercé de plus d'une manière la critique & l'art conjectural des antiquaires. Je vais rapporter ici les diverses explications qu'on a donné de cette singularité, qui est encore à certains égards une espèce d'énigme.

Presque tous ceux qui ont décrit les monumens de Rome, & sur-tout le Colisée, ont essayé de découvrir quelques raisons plausibles des trous innombrables qu'on apperçoit dans ce vaste édifice.

Dict. d'Architect. Tome II.

Il parut en 1651 une lettre latine de Suarez, évêque de Vaison, adressée au prince Barberin, laquelle avoit pour titre : *distriba de foraminibus lapidum in priscis aedificiis*. L'auteur rassemble dans cette dissertation sept opinions différentes sur le point qu'il s'agissoit d'éclaircir, & il les adopte toutes, quoiqu'assurément il y en ait quelques-unes qui doivent paroître ridicules à tout antiquaire intelligent.

Je vais rapporter ici ces opinions, & je les tire de l'abrégé qu'en a fait Marangoni, & qui se trouve dans sa dissertation sur le colisée, imprimée en 1746. J'y joindrai la réfutation qu'il a faite de chacune.

1°. Les barbares en différens temps prirent & saccagèrent Rome. Jaloux de sa magnificence, & ne pouvant en renverser les plus beaux monumens, ils firent au moins ce qu'ils purent pour les défigurer. Delà les trous sans nombre du colisée faits à coups de bélier, de pic, &c.

Réponse. Il est certain que les barbares en vouloient plus autrefois à Rome qu'à ses pierres. S'ils avoient eu réellement envie de renverser le colisée, ils n'auroient manqué ni de force ni d'industrie pour y réussir, si cependant on leur eût accordé le temps nécessaire pour une pareille opération ; mais à coup sûr ils ne l'auroient pas commencée par le premier ordre. Le plus court étoit de gagner le haut de l'édifice, au lieu de s'amuser à creuser les pierres du rez-de-chaussée.

2°. Ces pierres ont été forées par ceux à qui l'on accorda des logemens dans le colisée, & qui ne purent s'y ménager des appartemens sans faire dans les murs des trous propres à recevoir les têtes des poutres, chevrons, &c.

Réponse. Cette opinion explique bien la cause des cavités intérieures ; mais elle ne rend pas raison de celles de l'extérieur. Pour se ménager des appartemens, il n'étoit pas nécessaire de forer la façade, les colonnes, les entablemens.

3°. Dans les factions qui divisèrent si souvent Rome, & dans les guerres que se faisoient ses propres habitans, ceux qui pouvoient se rendre maîtres du Colisée, s'en formoient un rempart contre leurs ennemis ; ils s'y fortifioient par des palissades, des herses, &c. Pour les appuyer, il étoit nécessaire d'entamer les murailles.

Réponse. Ici on trouve une raison des trous extérieurs, mais non de ceux du dedans des voûtes & des arcades les plus proches de l'arène.

4°. Ces trous marquent que les pierres du Colisée étoient autrefois liées par du fer ou par des crampons de bronze scellés avec du plomb, & que ces métaux ayant été enlevés, ont laissé les vides qu'on voit aujourd'hui.

Réponse. Ce sentiment est le plus général ; mais

T

el servons que les pierres qui n'ont point été attaquées, ne montrent aucune apparence de liaison de bronze, & sont cependant très-bien liées. Il falloit donc un œil bien pénétrant pour découvrir, sans se tromper, les endroits où il y avoit du métal. S'il en restoit encore dans ceux qui sont bien conservés, on le découvriroit aujourd'hui aussi-bien qu'on le découvrit autrefois dans ceux qui sont troués. Il n'y en a pas dans les uns, il n'y en avoit donc pas dans les autres.

5°. On a percé ces pierres pour chercher des dépôts d'argent, de bijoux, &c.

6°. Ces trous ont été faits dans le temps même qu'on bâtissoit le Colisée. Ils servoient à recevoir les pièces de charpente qui formoient les échaffauds.

Réponse. Ces deux opinions ne valent pas la peine d'être réfutées.

7°. Enfin, autrefois il s'est tenu de grandes foires aux environs du Colisée. Les marchands y ont fait ces trous. On lit dans Donati la preuve historique de ce fait : il se fonde sur le passage d'un auteur du douzième siècle, où il est parlé de différens ouvriers établis dans le Colisée, & en particulier de certains *Banderarii*, que Donati explique par les termes d'ouvriers en soie.

Réponse. Si l'on ne parle que de logis, de boutiques appuyées contre le Colisée, il reste toujours à expliquer pourquoi les voûtes du dedans ont été percées & pourquoi les mêmes trous règnent au plus haut de l'édifice.

Telle est l'analyse succincte de la dissertation de l'évêque de Vaison, & de la réfutation qui en fut faite par Marangoni.

Avant d'adopter une opinion sur cet objet, il me semble que la question doit se généraliser davantage. Et d'abord il faut savoir que le Colisée n'est pas le seul monument où l'on apperçoive de ces cavités. On en voit au théâtre de Marcellus, à ce qu'on appelle le temple de Janus, aux arcs antiques, à la colonne Trajane. Mais ces trous sont-ils de même nature par-tout ? Non. Par exemple, à l'arc de Constantin, on trouve des trous quarrément faits & répandus irrégulièrement sur les piédroits. Il est visible que c'étoit des trous de scellement, qui attachoient les ornemens de bronze dont ces piédroits étoient ornés. Mais ces trous de scellement qu'on voit à d'autres édifices encore, n'ont rien de semblable à ceux qui se voient aux joints des pierres du colisée, de la colonne Trajane, & qui sont forés au hasard sans aucun respect pour la pierre, & sans annoncer aucune intention de scellement. L'on ne sauroit donc induire de l'exemple de l'arc de Constantin aucune analogie dans le motif des trous du colisée. Quelle plaisante & ridicule idée eût été celle de décorer de bronze une masse telle que celle-là, ou de s'imaginer qu'on auroit pu faire servir ce placage de bronze à la solidité d'une si énorme construction !

Le quatrième ordre étoit le seul où de semblables précautions auroient pu paroître utiles, parce qu'il ne consiste que dans une simple muraille, bien épaisse il est vrai, mais dont la presque moitié étoit sans point d'appui par derrière. De plus, cet ordre avoit à soutenir l'effort du jeu des poulies, lorsqu'on étendoit ou retiroit les toiles qui couvroient l'amphithéâtre. Cette partie cependant est la seule où l'on ne voie point les cavités en question.

Ce qui contribue à rendre encore douteuse l'opinion qu'on peut prendre sur les motifs de ces trous, c'est qu'ils ne sont pas tous pratiqués entre les joints des pierres ; qu'il y en a, & en grand nombre, faits dans le vif même des pierres, dans le cœur des tambours qui forment les colonnes. Pourquoi ensuite, si l'objet de ces trous a été d'extraire les *crampons* de bronze qui lioient une pierre à une autre, ou d'établir d'une pierre à l'autre, ce qui ne sauroit avoir de vraisemblance, des attaches extérieures semblables à celles qu'on met aux tablettes des balustrades ou aux parapets des ponts & des quais ; pourquoi, dis-je, dans telle pierre, voit-on deux ou trois trous, tandis qu'il n'y en aura qu'un, que quelquefois même il n'y en aura pas dans la pierre qui lui répond, & avec laquelle elle devoit être liée ?

Il n'y a ce me semble que deux conjectures qui puissent rendre une raison satisfaisante de ces trous ; & ces conjectures se changent en certitude, par la comparaison que l'on fait des cavités en question avec celles dont il a été parlé plus haut, & qui étoient destinées à des scellemens, tandis que celles-ci, par le déchirement de la pierre, annoncent qu'elles étoient des trous de boulin.

Il paroît que l'on avoit conçu, ou partiellement en différens temps, ou généralement & tout à la fois, le projet de détruire les monumens de Rome, & qu'on fit à ces bâtimens condamnés & proscrits un échafaudage propre à opérer leur démolition. L'amphithéâtre de Nîmes devoit se détruire par le feu, comme le prouve l'intérieur de ses corridors, encore noircis, calcinés & dégradés par l'effet des combustibles qu'on y avoit entassés ; mais l'édifice résista à cet incendie. On aura voulu procéder à celui de Rome d'une manière plus sûre, & la partie détruite du Colisée prouve qu'on avoit employé à cette destruction des moyens très-actifs. Mille raisons ont pu suspendre ou arrêter cette démolition, & l'échafaudage aura disparu en laissant les traces des trous de boulin.

Il paroît encore que la certitude de trouver des *crampons* de bronze dans une grande partie des édifices romains, aura, dans un temps de détresse, suggéré à quelque spéculateur, d'entreprendre l'extraction universelle & économique de ce métal dans tous les monumens où l'on en supposoit. On aura échafaudé tous les édifices, on aura été trompé sur la quantité qu'on espéroit exploiter, & peut-être aura-t-on abandonné l'entreprise, quand on aura vu que la dépense excédoit le revenu dont on s'étoit flatté.

Quoi qu'il en soit de l'une ou l'autre de ces deux hypothèses, il est constant que ces trous ont été faits pour recevoir un échafaudage ; & comme on s'inquiétoit peu du sort des monumens qu'on vouoit à la violation ou à la destruction, on aura pris le moyen le plus simple & le plus économique pour échafauder. Voilà pourquoi ces trous sont faits sans ordre, sans soin, sans art, sans respect pour les pierres ni pour l'architecture. Et voilà pourquoi on a tant de peine à trouver un motif régulier dans le rapport de ces cavités où le hasard seul dut présider.

CRAMPON, s. m. (construct.) est une petite barre de métal pliée par les deux bouts ; on en distingue de trois sortes, savoir, à pointe, à patte & à scellement ; les crampons à pattes & à joints sont des pièces de serrurerie, qui servent ordinairement de gâches ou de conduits pour des verrouils, ou targettes. (Voyez ces mots).

Les crampons à scellement ont été imaginés pour unir les pierres de taille avec plus de force, dans les constructions qui exigent une très-grande solidité, telles que les premières assises des culées & des piles de ponts ; les voussoirs des grandes voûtes, les tablettes des balustrades, & en général les grandes pierres qui terminent une partie d'édifice, lorsqu'elles sont isolées de deux côtés, tels que les balustrades qui forment le dessus des parapets des ponts & des quais, & celles dont les joints sont sujets à être dégradés par les eaux.

Les anciens ont employé le bronze au lieu du fer pour ces sortes de crampons, parce qu'il est plus durable, n'étant pas sujet, comme le fer, à être détruit par la rouille, qui, en augmentant le volume des crampons de fer, fait éclater les pierres dans lesquelles ils sont scellés.

La manière la plus solide de fixer les crampons en place, est de les entailler de leur épaisseur dans la pierre, & de les sceller en plomb, lorsque la pierre est de nature à supporter la chaleur qu'occasionne cette opération, sans éclater. Tous les crampons antiques, qu'on a découverts dans les ruines des anciens édifices, étoient scellés de cette manière.

Lorsqu'on ne peut pas faire usage du plomb, on peut se servir de soufre ; cette matière, qui forme un corps dur & solide si-tôt qu'elle est refroidie, s'unit fortement à la pierre & au fer qu'elle garantit de la rouille. L'expérience a fait connoître qu'elle forme de très-bons scellemens, sur-tout pour les endroits humides. On peut aussi faire usage de ciment & de mastic gras ; mais ils ont l'inconvénient d'être fort long-temps à durcir.

Dans les ouvrages de moindre importance, lorsque les crampons sont à l'abri de l'humidité & des injures de l'air, on peut les sceller en plâtre ; c'est ainsi qu'ont été scellés ceux qui sont dans les voûtes du Panthéon françois.

CRAMPONNER, v. a. (construct.) C'est réunir avec des crampons plusieurs parties, telles que des pièces de bois ou des pierres de taille, afin d'en former une masse solide, lorsque les assemblages ou le mortier se trouvent insuffisans. (Voyez le mot crampon).

CRAPAUDINE, s. f. Morceau de fer ou de bronze, creusé, qui reçoit le pivot d'une porte ou de l'arbre d'une machine, & au moyen duquel elles tournent verticalement. On le nomme aussi couette, & grenouille.

CRAPAUDINE. (Archit. hydraul.) On entend par ce mot deux choses : premièrement, une feuille de tôle percée de plusieurs trous, que l'on met dessus un tuyau de décharge dans un bassin, pour empêcher les ordures d'engorger la conduite. On en met aussi dans le fond d'un réservoir au-dessus des soupapes.

Secondement, on entend par crapaudine, une espèce de soupape placée au fond des bassins & des réservoirs pour les mettre à sec. Elle est composée de deux pièces, dont l'une, appelée la femelle, est immobile & percée dans le milieu ; & la deuxième, qu'on nomme le mâle, se lève par le moyen d'une vis que l'on fait tourner avec une clef de fer. Cette pièce s'emboîte si juste dans l'autre, qu'il ne se perd pas une goutte d'eau quand la crapaudine est fermée.

CRATICII PARIETES. Perrault traduit ces deux mots par cloisonage de bois. Philander croit que ces sortes de murs étoient faits de cannes entrelacées comme des claies, parce que crates signifie une claie.

CRAYE, s. f. Pierre tendre & blanche, dont on se sert pour dessiner & tracer au cordeau & à la règle, soit sur les bois qu'on doit tailler, soit sur l'ardoise ou toute autre espèce de tablette.

En certains pays la craye acquiert une consistance, qui permet de l'employer à la construction. On en trouve de cette nature en Flandre.

CRAYON, s. m. C'est un petit morceau de pierre tendre, aiguisée en pointe, qui a divers usages dans l'art de bâtir.

La mine de plomb sert particulièrement à dessiner l'architecture. On la préfère à toutes les pierres, parce que conservant sa pointe, elle fait les traits plus fins, qu'elle s'efface plus aisément, & qu'on peut passer proprement à l'encre les lignes tracées ainsi. La meilleure, qui vient d'Angleterre, est la plus pesante ; elle a le grain clair & fin, elle est douce sous le canif, & elle ne s'égrène point quand on l'aiguise. Lorsqu'elle est tendre, on s'en sert pour les élévations & les ornemens, & on fait usage de celle qui est un peu plus ferme pour les plans.

Le crayon noir ou la pierre noire, sert aux maçons, charpentiers & menuisiers, pour tracer, ainsi que la craye ou pierre blanche.

Le crayon de sanguine est utile pour faire distinguer sur un plan les changemens ou augmentations qu'on y veut faire, ou pour marquer sur une élévation des choses qui ne peuvent être vues, étant supposées derrière d'autres, comme un comble à travers un fronton.

Enfin on emploie encore le *crayon de fusin* ou de bois blanc sur le papier ou sur le carton, parce qu'il s'efface avec le linge ou la barbe d'une plume, ou de toute autre manière.

Tous ces *crayons* doivent être tenus dans un lieu humide, parce qu'ils durcissent à la chaleur.

CRÈCHE, s. f. On appeloit de ce nom en français, & l'on appelle *presepio* en italien, des espèces de théâtres ou de décorations que l'on fait pour la fête de Noël, & qui représentent la naissance de Jésus-Christ ou la *crèche*. C'est à Naples sur-tout que la dévotion, le goût & l'imagination disputent le prix de la magnificence dans ces sortes de spectacles. Tous les genres d'illusion, que la peinture, aidée de la perspective & des lumières, l'architecture, la sculpture coloriée, & l'art des mannequins peuvent produire, se trouvent réunis dans ces scènes de théâtre, qu'on peut regarder comme les tableaux d'optique les plus parfaits & les plus étendus qu'un tel art puisse rendre.

CRÈCHE, (*Archit. hydraul.*) Espèce d'éperon bordé d'une file de pieux, & rempli de maçonnerie devant & derrière les avant-becs de la pile d'un pont de pierre. La *crèche* d'aval doit être plus longue que celle d'amont, parce que l'eau dégravoye davantage à la queue de la pile.

On appelle *crèche de pourtour* celle qui environne toute une pile, & qui est faite en manière de batardeaux, avec une file de pieux à six pieds de distance, récepés trois pieds au-dessus du lit de la rivière, liernés, moisés & retenus avec des tirans de fer scellés au corps de la pile, & remplis d'une forte maçonnerie de quartiers de pierre, pour empêcher que l'eau ne dégravoye & ne déchausse les pilotis, comme on l'a pratiqué avec beaucoup de précautions au pont des Tuileries, du dessin de Mansard.

GRÉDENCE, s. f. du mot italien *credenza*. Les Italiens entendent par ce mot, non-seulement le lieu où l'on tient ce qui dépend de la table & du buffet, & que nous appelons office; mais encore le buffet lui-même. (*Voyez* BUFFET.)

CRÉDENCE D'AUTEL. C'est dans une église, à côté du grand autel, une petite table pour mettre ce qui dépend du service de l'autel.

CREIL. (CLAUDE PAUL) Chanoine de sainte Geneviève, & architecte, né à Paris le 26 Janvier 1633, & mort dans la même ville le 25 Mai 1708. Les ouvrages exécutés sur ses desseins sont la principale porte d'entrée de l'Abbaye, au milieu d'un petit péristyle toscan flanqué de deux pavillons, le cloître en péristyle dorique, le grand escalier à l'extrémité de ce cloître, & de grandes salles dont les voûtes sont très-surbaissées. Il fit des projets pour le Louvre qui furent trouvés trop magnifiques.

CRÉNEAUX, s. m. pl. Dentelures pratiquées au haut des murs des châteaux forts, pour voir au dehors, & pouvoir tirer sur l'ennemi sans être à découvert.

CRÉPI, s. m. Est l'enduit de mortier ou de plâtre qu'on met sur une muraille.

CRÉPI. (Jardinage.) Nous ne considérons ici le *crépi* des murs extérieurs des bâtimens champêtres, que relativement à sa couleur, & sous le rapport que celle-ci peut avoir avec le caractère de la scène environnante.

La couleur choisie pour le *crépi* des murs extérieurs, contribue plus ou moins à l'effet du tableau, l'augmente ou le diminue. Il faut tenir un juste milieu entre une nuance trop vive & une nuance trop terne. Les couleurs éclatantes & brillantes ne conviennent guère à un jardin; trop de lumière éblouit, & trop peu n'éclaire pas assez. Le gros rouge, quand même il seroit d'ailleurs assorti à un bâtiment champêtre, devroit être rejeté, uniquement parce qu'il est nuisible pour un œil malade, & fatigant pour un œil sain. L'impression des couleurs est la plus agréable, quand elle est modérée.

Il faut, à l'égard des enduits, faire sur-tout attention, non-seulement à la convenance en général, mais encore à la vérité de l'imitation. Un édifice récrépi en verd est puéril, principalement dans les villes. Il paroît moins ridicule à la vérité dans les jardins, où l'ensemble est de la même couleur. Cependant c'est la plus misérable de toutes les imitations, & il est ridicule de vouloir donner la même teinte à un bois ou à un gazon, ou à un pavillon. Le bois & la pierre, matériaux ordinaires des bâtimens, n'ont du verd sur leur extérieur, que lorsqu'une main inepte les en barbouille. Un enduit blanc n'est point contraire à la nature, encore moins un grisâtre. Nous rencontrons ces couleurs dans les pierres, & nous pouvons les retrouver dans les édifices, qui sont ou peuvent être faits de pierres. Le blanc flatte l'œil de loin, & fait un effet merveilleux avec le verd foncé des buissons & des forêts; il est sur-tout consacré aux scènes riantes, & répand sur la solidité même un attrait qui l'égaie. Dans la plûpart des cas, le bleuâtre ou le gris blanchâtre mériteront la préférence sur le blanc. Le brun foncé peut aussi être le partage de quelques bâtimens, d'un vieux hermitage, par exemple; mais le gris foncé vaut mieux que cette couleur, & que le noir, même pour des monumens de deuil. Car lorsque la couleur extérieure est accidentelle, il faut tâcher de cacher soigneusement l'imitation, & tout édifice doit être plus caractérisé par sa forme & par son ordonnance, que par son enduit.

Tout ce qui regarde le *crépi* des murs extérieurs se réduit à cette règle : il faut qu'il s'accorde avec le caractère de la scène ; qu'il soit animé, quand elle est riante ; doux, quand elle est douce ; & quand elle tombe dans le ténébreux, qu'il s'enveloppe pour ainsi dire de ses ombres. *Extrait d'Hirschfeld.*

CRÉPIR, v. act. Ce mot, ainsi que le précédent, dérivent du verbe latin *crispere*, friser.

C'est employer le plâtre ou le mortier avec un balai sans passer la truelle par-dessus ; ce qu'on appelle *faire un crépi*.

CRÊTE, s. f. est synonyme de sommet ; on pourroit dire la *crête* d'un bâtiment ; cependant ce mot se dit plus particulièrement d'une montagne.

On coupe la *crête* d'une butte, pour jouir d'une belle vue, ou pour établir une plateforme.

Crête est aussi le nom des cueillies ou arestières de plâtre, dont on scelle les tuiles faîtières.

CREVASSE, s. f. C'est le nom qu'on donne à une fente ou à un éclat, occasionné dans un enduit qui *bouffe*.

Les *crevasses* sont ordinairement causées par la mauvaise construction des fondemens. Quand elles vont en montant tout droit sans gauchir, & qu'elles s'élargissent à l'un des bouts, c'est une marque que les pierres sortent de leur aplomb, & que le fondement est corrompu aux encoignures & aux côtés.

Lorsque plusieurs *crevasses* commencent par en bas, & qu'elles vont toutes se rencontrer comme en un point, c'est un signe que le fondement est corrompu dans le milieu de sa longueur seulement.

Plus les *crevasses* sont grandes, plus elles marquent que les encoignures & les fondemens sont ébranlés.

CRIC, s. m. (construct.) machine propre à soulever & à mouvoir des fardeaux, à de petites distances.

Cette machine ingénieuse, qui centuple la force de l'homme, est composée d'une forte barre de fer méplate, taillée en dents d'un côté. Le bout supérieur de cette barre, à laquelle on donne le nom de *crémaillère*, est terminé par une espèce de croissant mobile, servant à embrasser ou à se fixer contre le corps pesant à mouvoir. Le bout inférieur qui forme une patte, sert, à défaut du croissant, pour soulever les fardeaux qui laissent trop peu de distance en dessous, pour qu'on puisse faire usage du croissant.

Cette crémaillère est enchâssée dans une pièce de bois méplate, dont le haut forme une espèce de boîte garnie de deux fortes plaques de fer, dans laquelle se trouve une roue à dents, portant un pignon qui s'engrène avec la cremaillère ; la roue à dents s'engrène avec un autre pignon auquel est ajustée une manivelle.

Aux *crics* dont on fait ordinairement usage dans les bâtimens, les pignons ont quatre dents & la roue vingt-huit, en sorte qu'il faut sept tours de manivelle pour faire monter la crémaillère de quatre dents. Cela posé, on démontre en mécanique que, dans toute sorte de machine à élever les fardeaux, la puissance est au poids en raison inverse des espaces parcourus. En appliquant ce principe au cric, on trouvera que la puissance qui fait mouvoir la manivelle, doit être au poids supporté par la crémaillère, comme le chemin fait par la crémaillère, est à celui que parcourt la puissance adaptée à la manivelle.

Supposons que les dents de la crémaillère sont espacées d'un pouce de milieu en milieu, & que le rayon de la manivelle est de dix pouces, il est évident que, tandis que la crémaillère élevera le fardeau de quatre pouces, la puissance appliquée à la manivelle, parcourra sept fois la circonférence d'un cercle de vingt pouces de diamètre, c'est-à-dire, quatre cents quarante pouces. Ainsi, dans ce cas, la puissance est au poids comme 4 est à 440, comme 1 est à 110.

On peut augmenter la force du *cric* sans changer son mécanisme ; il suffit d'allonger le bras de la manivelle. Dans cet exemple, si le bras de la manivelle eût été de douze pouces, au lieu de dix, le rapport de la puissance au poids auroit été comme 1 est à 132.

On peut aussi parvenir au même but, en diminuant l'espace des dents de la crémaillère sans changer le bras de la manivelle ; mais ce second moyen nécessite le changement de pignon, qui engrène avec la crémaillère. (*Voyez les figures* 150 *& suiv.*)

CRITIQUE, s. f. Ce mot, dans son sens étymologique, ne signifie autre chose que jugement ou exercice de la faculté de juger. C'est par abus qu'il semble être devenu synonyme de *blâme*. Il devient quelquefois un substantif masculin, lorsqu'on dit, par exemple, *un critique judicieux*.

La *critique*, dans le sens que ce mot doit avoir est inséparable des productions des arts ; & lorsqu'elle est exercée sans passion, elle devient un puissant aiguillon pour les artistes, & une école utile pour le public.

Dans des matières naturellement soumises à l'empire arbitraire du goût, c'est-à-dire, à cette espèce de faculté de juger par sensation, qui est toujours celle du plus grand nombre, il est utile que quelques-uns de ceux dont les sensations ont été exercées & perfectionnées par l'étude de la nature, & par une comparaison étendue des ouvrages de l'art, fassent part au public des raisons pour lesquelles ils approuvent ou désapprouvent. Il faut aussi qu'on lui apprenne les motifs qu'il a de préférer un ouvrage à un autre ; c'est-à-dire, qu'on lui apprenne à se rendre compte de ses sensations, & souvent aussi à s'en défier.

Tel doit être le but d'une saine *critique*. Celle qu'on est dans l'usage d'employer est fort éloignée de répondre à un pareil objet. On croit avoir tout fait lorsque l'on a semé le ridicule sur des ouvrages défectueux. L'arme de la plaisanterie peut quelquefois servir; mais ce ne doit être qu'à défaut d'une meilleure, ou lorsque les ouvrages contre lesquels on l'employe, ne valent pas la peine d'une discussion sérieuse.

C'est surtout aux expositions publiques en France, qu'on s'apperçoit combien il existe peu de vrais & judicieux *critiques*. Presque toutes les analyses qu'on décore faussement du nom de *critique*, ne sont que des espèces de parodies ou de caricatures, dans lesquelles il semble qu'on veuille faire rire le public aux dépens de ceux qui ont pris la peine de le consulter. On diroit aussi que cette grimace générale, sous laquelle on fait passer tous ces portraits *critiques*, auroit pour objet de sauver de la véritable censure ceux qui la méritent, en enveloppant tous les ouvrages d'un voile de ridicule.

Une bonne *critique* en ce genre est encore à paroître, & lorsqu'elle pourra s'établir, les artistes y gagneront & le public aussi ; car enfin c'est une science que de bien voir les ouvrages de l'art ; & le peuple en masse, tout aussi bien qu'un individu, ne sait que ce qu'il a appris. Là, sur-tout, où la nature n'offre point ou que peu de leçons, il faut regagner par l'observation ce qu'on ne sauroit devoir entièrement aux sensations.

CRIPTO-PORTIQUE. (*Voyez* CRYPTO-PORTIQUE.)

CROCHETS DE CRÉNEAUX, s. m. plur. Fers plats, couchés & attachés sur les entablemens, pour retenir les chéneaux à bord ou à bavette. Il y a aussi des *crochets d'enfaîtemens*, dont on met quatre à la toise, c'est-à-dire, qu'on les espace de 18 pouces.

CROISÉE, s. f. C'est le nom qu'on donne à la baye d'une fenêtre, à la menuiserie qui en forme le châssis, & à la décoration qui encadre l'ouverture de la fenêtre.

Des croisées en général.

Les *croisées* sont de toutes les parties d'un édifice, celles qui exigent le plus de relation avec la distribution intérieure. Un architecte qui n'auroit pour objet que la décoration des dehors, & qui négligeroit le rapport qui doit exister entre l'extérieur & l'intérieur d'un bâtiment, ne pourroit se considérer que comme un décorateur. Son premier devoir étant de satisfaire aux lois de la symétrie, il fera en sorte que les *croisées*, qui, du côté des murs de face, doivent faire partie d'une ordonnance régulière, soient également relatives à ce qu'exige dans l'intérieur chaque pièce en particulier, afin que les trumeaux deviennent d'une égale largeur, que les espacemens soient symétriques & correspondans dans les salles, cabinets &c. Sans cette intelligence, on verroit l'art de la distribution, & bientôt celui de l'architecture, retourner à cet état d'enfance & de barbarie, qui caractérise les édifices du quatorzième & quinzième siècle, où la nécessité de percer un jour dans une pièce, sans aucune relation avec le dehors, n'arrêtoit point les architectes. Presque jamais ces *croisées* placées pour l'utilité intérieure, n'avoient de rapport avec la décoration extérieure, ni avec celles des autres étages.

Aujourd'hui que la symétrie tient le rang qu'elle doit avoir dans l'ordonnance des bâtimens, on exige plus de retenue, & l'art de la distribution est devenu une science pour ceux qui veulent réunir toutes les parties de l'architecture. Non-seulement on doit observer que toutes les *croisées* tombent à-plomb les unes sur les autres; mais il faut encore qu'elles aient un rapport de proportion entr'elles. C'est pour cela que dans les bâtimens de quelque importance, on affecte de figurer des *croisées* factices au-dessus, au-dessous, à côté ou vis-à-vis de celles qui sont reconnues nécessaires, afin de conserver dans les façades extérieures les lois de la symétrie.

De la proportion des croisées.

Vitruve, Palladio, Scamozzi, Philibert de Lorme, & plusieurs autres architectes, ont parlé diversement de la proportion des *croisées*. Leurs opinions doivent différer, comme les usages des pays, pour lesquels ils ont écrit. Rien, en effet, ne comporte plus de variété selon les climats, les degrés de température, la longueur des jours, la pureté du ciel, les occupations commerciales, les usages de la vie & les besoins de la société, que les ouvertures par lesquelles la lumière du jour s'introduit dans l'intérieur des maisons & des appartemens.

Dans les climats chauds les *croisées* sont rares, & d'une dimension peu étendue. A mesure qu'on avance vers les pays où le soleil a moins de force & l'hiver plus de durée, on remarque que les *croisées* se pratiquent de manière à pouvoir jouir de tout le soleil & de toute la lumière, que la nature plus avare ne semble leur accorder qu'à regret.

Il y auroit donc de l'absurdité à prétendre qu'on peut fixer des règles invariables pour la proportion des *croisées*, puisque la nature ne s'est soumise elle-même à aucune proportion fixe dans la durée des jours, & dans la température des climats.

Si les *croisées* sont de toutes les parties des édifices celles qui doivent subir le plus arbitrairement l'empire & la loi du besoin, il n'est pas moins vrai, qu'abstraction faite de ces raisons impérieuses, elles peuvent aussi recevoir de l'art, considéré comme recherche des rapports les plus harmonieux, des règles de proportion sur lesquelles le goût des différens peuples s'accorderont, comme on s'accorde sur le beau idéal.

Un édifice peut se considérer extérieurement comme un composé de pleins & de vides, & sous ce rapport seul, indépendant des besoins & des commodités de l'intérieur. Il y a des règles que la solidité prescrit; il y en a d'autres que la convenance, que le bon accord des parties, que le plaisir attaché à une harmonieuse corrélation, feront rendre générales à tous les yeux qui se seront exercés dans la recherche de cette sorte de beauté.

Par exemple, la solidité prescrit de faire les trumeaux des *croisées* au moins égaux en largeur à l'ouverture de celles-ci. Dans les pays où l'on ne donne aux trumeaux que la moitié ou le tiers de l'ouverture, on ne sauroit se dissimuler que le vide l'emportant sur le plein, la construction ne se trouve par trop affoiblie, & que ces maisons n'aient besoin de fréquentes réitérations. Dans d'autres pays, l'on donne aux trumeaux jusqu'à deux fois la largeur des *croisées*, & alors les maisons reçoivent un caractère de pesanteur & de sérieux qui les rend tristes à la vue. Pour le bon effet de l'architecture, il vaudroit mieux tomber encore dans ce dernier excès que dans le premier, car le plus grand vice de toute construction est le défaut de solidité, & l'apparence seule de ce défaut en est presqu'un aussi grand.

Le moyen terme de la proportion des *croisées* consiste à leur donner en hauteur, le double de leur largeur. Cette règle est la plus généralement suivie dans les meilleurs édifices de Rome & de Florence. Cependant cette proportion varie selon la nature des étages. Les *croisées* des rez-de-chaussée sont tenues plus basses d'un huitième, comme aussi l'on donne ce huitième de plus, & quelquefois deux, aux *croisées* des étages supérieurs.

En France, les architectes ont toujours tenu la proportion des *croisées* plus longue. Celles de la cour du vieux Louvre, les seules qu'on puisse mettre, par leur beauté, en parallèle avec les ouvrages de l'Italie, ont deux fois & demie leur largeur en hauteur. (*Voyez fig. 83.*)

L'usage des balcons à chaque fenêtre n'a pas peu contribué aussi depuis quelque temps à allonger les *croisées*. Il faut alors que la tablette d'appui n'aille que jusqu'à la hauteur du genou, au lieu que dans les *croisées* mieux proportionnées pour l'extérieur, l'appui peut venir jusqu'à mi-corps.

On ne sauroit nier que cette ouverture ainsi prolongée de la *croisée*, ne donne de la gaieté aux intérieurs des appartemens, & ne soit même d'un ajustement plus heureux pour la décoration, en établissant plus de symétrie entre les portes & les fenêtres. Philibert de Lorme est celui qui approche le plus dans ses règles des proportions usitées en France. Il veut que les pièces qui auront vingt pieds de largeur ayent des *croisées* larges de cinq pieds entre leur encadrement; que celles des pièces de vingt-quatre à vingt-cinq pieds ayent cinq pieds & demi; & qu'on en donne six aux *croisées* qui appartiennent à des pièces de vingt-huit à trente pieds. Cette règle, fort bonne dans bien des occasions, est cependant difficile à mettre en pratique; car la nécessité dans laquelle on se trouve de faire les *croisées* du dehors d'un bâtiment, de la même grandeur dans les avant & dans les arrière-corps, se trouve contredite par celle qui veut qu'on tienne les différentes pièces de différente grandeur. Par exemple, des salles d'audience, de conseil, d'assemblée, devant être plus grandes & plus spacieuses que les chambres à coucher, les cabinets, &c. il résulteroit de l'opinion de Philibert de Lorme, que pour satisfaire à la grandeur des *croisées*, il faudroit extérieurement les faire de proportions inégales, selon la diversité du diamètre des pièces.

A l'égard de la hauteur des *croisées*, Philibert de Lorme veut qu'elles soient le plus élevées qu'il sera possible du côté du plafond, & conseille d'y pratiquer en dedans des arrière-voussures, lorsque la hauteur des planchers peut le permettre. Cette pratique est très-bonne à suivre, principalement lorsque les plafonds sont en calotte, & ornés de peintures ou de sculptures; autrement le jour ne frappant sur eux que par reflet, leur richesse ne fait point d'effet.

De la distribution des croisées.

L'on doit observer de mettre toujours les *croisées* en nombre impair dans la décoration d'un bâtiment, & principalement celles qui décorent les avant-corps d'une façade. Il convient qu'au milieu de ces avant-corps il se trouve un vide & non pas un trumeau. Malgré les exemples que l'on peut trouver dans quelques palais d'une disposition contraire, le précepte qu'on vient d'énoncer doit passer pour une règle générale. Elle ne souffre d'exceptions que dans les maisons particulières, dont l'ensemble, subordonné à l'irrégularité des terrains, & à une multitude de besoins ou de convenance contre lesquelles on ne sauroit s'élever, repousse impérieusement les règles d'une exacte symétrie. Cette sévérité n'est pas si nécessaire non plus dans les arrière-corps, dans les ailes, ou même dans les pavillons de l'extrémité d'un bâtiment. Ceux, par exemple, du palais du Luxembourg, à Paris, du côté de la rue de Tournon, offrent un trumeau dans leur milieu en place d'un vide; mais c'est qu'en ce cas l'on considère ces pavillons comme faisant partie d'un ensemble plus considérable, auquel la distribution générale des *croisées* doit se trouver assujettie. Il vaut cependant mieux alors régler la distribution de manière à ne faire usage dans ces pavillons que d'une seule ouverture.

La distribution des *croisées* ne s'envisage pas seulement sous le rapport de leur ordonnance horisontale dans un étage. Il y a entr'elles un autre rapport non moins important; c'est celui qui doit régler leurs intervalles & leur correspondance d'un étage à un autre. Comme un édifice déplaît à l'œil, lorsqu'il est percé de trop de *croisées* & que les vides l'emportent sur les pleins; de même il répugne à la solidité, comme au bon goût, de ne séparer les étages que par de trop maigres intervalles. Il doit régner entre l'étage supérieur & l'inférieur un espacement qui indique, outre l'épaisseur des plafonds, une hauteur nécessaire à l'appui des fenêtres. A cet égard les *croisées* où cet appui est le plus haut dans l'intérieur, donnent à l'extérieur une plus heureuse distribution. Tout est cependant ici subordonné aux mœurs des peuples. Chez les anciens, où les *croisées* ne servoient qu'à donner de la lumière dans les appartemens, & non à regarder dans les rues, les appuis étoient très-surhaussés, & les intervalles entre les étages très-considérables. Rien n'est plus favorable à l'architecture, soit qu'on tienne lisses les murs des maisons, soit qu'on y introduise des ordonnances de colonnes ou de pilastres.

On ne sauroit donner à la distribution des *croisées*, dans les intérieurs, de règles précises. La seule à suivre est la symétrie; j'entends par ce mot, la correspondance la plus exacte qu'il sera possible d'observer entre les intervalles ou trumeaux qui séparent les *croisées*, ainsi que leur répétition exacte, s'il s'en trouve qui soient placées de manière à se répondre, comme cela se pratique dans les appartemens simples, & qui occupent toute la largeur d'un bâtiment.

De la forme ou configuration des croisées.

Les principales différences de formes des *croisées* consistent dans la diversité de leurs ouvertures.

On distingue d'abord les *croisées* qui servent de portes d'avec celles qui ne sont que des fenêtres. Les premières s'emploient dans les rez-de-chaussée. Ordinairement elles ont la forme d'arcades, quoique l'on en fasse aussi en plate-bande.

On distingue ensuite les *croisées* fenêtres en trois espèces, savoir, celles en plein ceintre, celles à plate-bande, & celles qu'on nomme bombées.

Les *croisées* en plein ceintre ne s'emploient avec succès que dans les grandes masses de bâtimens. Elles font un bel effet dans les monumens de Florence, comme au palais Pitti. Elles sont aussi spécialement affectées aux églises qui comportent de très-grands vitraux.

Les *croisées* en plate-bande sont les plus usitées & les moins dispendieuses pour la construction. Elles se font, soit en maçonnerie, soit en charpente, soit en pierres d'une seule pièce, ou taillées à claveaux.

Les *croisées* bombées sont moins belles pour la forme, parce qu'elles tiennent un milieu équivoque entre le ceintre & la plate-bande.

Les *croisées* en plein ceintre ne sont en général autre chose que des portes appelées *portes croisées*, c'est-à-dire qu'elles peuvent servir à l'un & à l'autre usage. On les destine le plus souvent à éclairer les vestibules, en même temps qu'elles leur donnent entrée, ainsi qu'aux grands salons, aux galeries ou à toute autre grande pièce d'un appartement. Celles qui se trouvent placées extérieurement dans l'étendue d'une façade, dont la décoration exige une même ordonnance, doivent répondre à la forme des bases des arcades en plein ceintre, qui décorent les principaux avant-corps d'un édifice. Ce genre de *croisées* en arcades ne convient néanmoins qu'au rez de chaussée, lorsqu'un grand perron en terrasse règne au pourtour, soit devant une façade de bâtimens, soit encore dans le premier étage d'un édifice où l'on place une balustrade. Mais lorsque le diamètre intérieur des pièces, n'exige pas d'aussi grandes ouvertures que celles des portes en plein ceintre, on affecte des *croisées* prises & renfermées dans les bayes des arcades, que l'on tient alors d'une largeur proportionée à la lumière dont on a besoin dans les dedans, & l'extrémité supérieure de ces *croisées* s'élève jusques sous l'intrados. Si elle descend en contrebas, elle doit être décrite du même centre que celui qui a servi à tracer le plein ceintre. Pour proportionner la hauteur de ces *croisées* à leur largeur ainsi rétrecie, on élève un appui de pierre, & l'arcade n'est que feinte pour satisfaire à l'ordonnance générale des autres *portes croisées* en plein ceintre.

On emploie encore des *croisées*, ou circulaires, qu'on appelle *œil de bœuf*, ou se composant d'un demi-cercle. Elles ne sont d'usage que dans des soubassemens ou des attiques : c'est sur-tout avec des refends ou des bossages qu'on les emploie le plus convenablement.

Toutes les autres configurations de *croisées* que la manie d'innover a multipliées dans les monumens de ce siècle, ne mériteroient d'être connues que pour être réprouvées ; ainsi nous ne parlerons ni des *croisées* surbaissées, ni des *croisées* à crossettes, à oreillons, &c.

De la décoration des croisées.

On n'est pas convenu, & peut-être ne conviendra-t-on jamais de la forme & de la proportion de *croisées* que l'on pourroit affecter à chacune des différentes ordonnances ou à chacun des divers modes d'architecture, selon lesquels se construisent les édifices. Il seroit à desirer qu'on pût fixer à chaque caractère de monumens un caractère correspondant d'ouvertures de portes ou de *croisées*; mais rien n'est plus soumis à l'arbitraire du goût. Rien aussi n'est plus livré aux sujétions du besoin. Lorsque l'architecte veut que le mode de tel édifice soit sérieux & grave, lorsque la bienséance demande une ordonnance, ou rustique, ou dorique, les convenances intérieures exigeront de grands jours ou bien des percés trop multipliés; & alors s'établit entre le caractère de l'ordonnance, & celui des ouvertures,

ouvertures, une contradiction dont il n'est que trop aisé de citer les exemples.

Si l'architecte est moins libre d'approprier au caractère général de l'ordonnance, la forme, la proportion, & même la disposition des *croisées*, il ne sauroit trouver les mêmes excuses pour tout ce qui a rapport à leur décoration. Depuis l'entière nudité des ouvertures jusqu'aux chambranles décorés d'allégories & d'ornemens, les degrés sont très-nombreux. En général, les *croisées* nues & sans chambranles ne doivent s'employer que dans les maisons privées, où l'architecture & l'art n'entrent pour rien, ou dans des parties extrêmement simples d'édifices, & qui répugnent à toute espèce d'embellissement. C'est dans le caractère des chambranles ou des encadremens de *croisées*, c'est dans la mesure de richesse ou de simplicité dont ils sont susceptibles, que l'on trouve les tons & les mesures propres à rendre sensible le caractère des édifices. Beaucoup d'architectes croyent donner ce qu'ils appellent du caractère à leur architecture, en tenant les *croisées* lisses, ils se trompent; toute *croisée* lisse est nulle pour l'effet & pour le caractère, c'est le zéro en fait d'ornement. On ne sauroit pardonner à beaucoup d'édifices riches & décorés du reste, d'offrir, dans leurs *croisées*, la même pauvreté d'ouvertures que l'on trouve aux maisons particulières : cette disconvenance est frappante dans la plûpart des ouvrages faits en France depuis quelques années. On ne sauroit l'attribuer qu'à l'habitude où sont les hommes de passer brusquement dans tous les genres d'un extrême à l'autre, et à l'emploi si inconsidéré qu'on a fait, depuis quelque temps, de l'antique ordonnance dorique des Grecs. On a cru que des chambranles contrarieroient l'austérité de ce style; & comme on a cru qu'il étoit pauvre, on a cherché à lui assortir toutes les parties accessoires.

Le fait est, comme on le verra au mot DORIQUE, que cet ordre est le plus haut degré de la force en architecture; que le caractère de force repousse les délicatesses de l'ornement, mais est très-éloigné de commander la privation de tout ornement. L'harmonie exige donc qu'on l'environne de tout ce que l'architecture a de plus mâle dans la manière de profiler & d'orner, & l'on trouvera dans certains chambranles de l'architecture florentine les modèles, (*voyez* fig. 80) qui peuvent former le premier mode de *croisées* appliquables au genre sévère du dorique.

Il est cependant encore un mode d'orner les *croisées*, qui peut l'emporter en austérité; c'est celui qu'on appelle rustique. Il consiste à entourer la baye des *croisées*, de refends ou de bossages plus ou moins saillans, plus ou moins âpres, selon le degré de force ou de rudesse qu'on a imprimée à la masse générale. (*Voyez* fig. 84). Les monumens de la Toscane, sur-tout, offrent de grands & presque d'effrayans modèles en ce genre. On risque toujours, il est vrai, de les mal imiter, parce qu'il est rare de

Dict. d'Architect. Tome II.

trouver, soit des matériaux aussi favorables au genre rustique que ceux de la Toscane, soit des masses de construction aussi prodigieuses, soit des convenances qui permettent un aussi énorme genre de bâtir. En général, les *croisées* rustiques ou à bossages ne s'emploient avec succès que dans de grands édifices, & toutes les fois qu'on y admet une ordonnance de colonnes, on doit le montrer sobre d'une telle manière d'orner les chambranles.

Palladio & l'École vénitienne peuvent cependant donner des leçons sur cette matière. C'est là qu'on fera le cours le plus complet de décoration de *croisées*. Il est même difficile de refuser son approbation à certains chambranles, où les profils se trouvent comme interrompus par des refends. Ces pièces de caprices ont été traités avec tant de goût par Palladio, qu'ils sont, en quelque sorte, devenus classiques. Si la sévérité de l'architecture les rejette hors des règles ordinaires, la complaisance du goût les accueille comme moyens de caractériser certains édifices. (*Voyez* fig. 85)

Lorsqu'on emploie l'ordre dorique dans toute sa sévérité, il convient de n'admettre dans les chambranles que les profils les plus mâles (*voyez* figure ci-dessus); ou bien même un encadrement tel que celui qu'on voit au petit temple d'Erechtée à Athènes, quoique l'ordre de celui-ci soit ionique. Comme tout ce qui tend à l'idée de force & de solidité est toujours bien approprié à l'ordre dorique, il sera bon, & même convenable, de donner quelque chose de pyramidal à la forme des *croisées*, comme les anciens le pratiquèrent, non-seulement dans celles-ci, mais encore dans les portes. Les encadremens des *croisées* doriques ne doivent point avoir d'ornemens.

On en donnera aux chambranles ioniques, en observant que la sculpture y soit plus délicate que riche. (*Voyez* fig. 81). Si l'on veut suivre une progression dans la forme comme dans la richesse, on donnera aux *croisées* ioniques un entablement sans fronton.

Toute la richesse de la forme, de la proportion & de la sculpture, se réservera pour l'ordonnance corinthienne, & l'on y affectera la *croisée* dont on voit le dessein (*figure* 82 et 83). Cette *croisée* a son chambranle surmonté d'un fronton. Quelqu'objection que l'on puisse faire contre l'emploi d'un fronton sur des *croisées*, comme le besoin & l'usage se sont réunis pour en consacrer l'emploi, il n'est peut-être permis de se montrer difficile sur cet article, que dans des intérieurs, où la figure du fronton semble être en contradiction avec la place qu'elle occupe & le lieu où elle se trouve.

S'il étoit permis de vouloir être plus que riche en architecture, & d'établir au-dessus du degré affecté au corinthien, un degré qui ne seroit plus que celui du luxe, c'est-à-dire vicieux, on mettroit encore au-dessus des *croisées* qu'on vient de décrire, celles où le fronton se trouve supporté par des colonnes ou des pilastres. On en voit beaucoup de ce genre aux palais d'Italie. Mais on sent que cet emploi de colonnes, ainsi appliquées à la décoration des croisées, n'a pu venir que de ce faux esprit d'analogie, qui, dans les arts de convention, abuse des commencemens d'abus, & ne sachant discerner la limite du vraisemblable, tire des conséquences de ce qui est déjà par soi-même un commencement d'inconséquence.

C'est à cet esprit d'exagération qu'on doit ces croisées ambitieusement décorées, dont l'attirail pompeux ne flatte que les yeux ignorans, & dont on s'abstiendra de donner des descriptions.

Il y auroit beaucoup à ajouter aux détails & à la théorie de cet article, mais ce qui manque ici trouvera sa place aux mots FENÊTRE, PORTE, ENCADREMENT, &c.

CROISÉE CEINTRÉE. Croisée qui a non-seulement la fermeture en plein ceintre, ou en anse de panier, mais encore dont la menuiserie est ceintrée par son plan, pour garnir quelque baye dans une tour ronde, comme les croisées d'un dôme ou d'une lanterne.

CROISÉE D'ÉGLISE. C'est le travers qui forme les deux bras d'une église bâtie en croix.

CROISÉE D'OGYVES. On appelle ainsi les arcs ou nervures qui prennent naissance des branches d'ogives, & qui se croisent diagonalement dans les voûtes gothiques. (Voyez OGYVES.)

CROISÉE PARTAGÉE. C'est une croisée qui est à quatre, à six ou à huit jours, c'est-à-dire recroisée par autant de panneaux de verre.

CROISER & RECROISER, v. act. C'est partager une ouverture ou baye en plusieurs panneaux. C'est aussi faire traverser une rue ou une allée de jardin sur une autre.

CROISILLONS, s. m. pl. Ce sont des meneaux de pierre faits de dalles fort minces, dont on partageoit anciennement la baye d'une fenêtre, comme on en voit au vieux louvre & dans d'autres anciens bâtimens.

CROISILLONS DE CHASSIS. Ce sont les morceaux de petits bois croisés, qui séparent les carreaux d'un chassis de verre.

CROISILLONS DE MODERNE. Ce sont les nervures de pierre qui séparent les panneaux des vitraux gothiques. Ces croisillons se font à présent en fer dans les églises modernes.

CROIX, s. f. Signe du christianisme qui se place dans les cimetières, dans les places publiques, dans des carrefours, ou sur des grands chemins, soit pour l'indication des routes, soit simplement comme monument de piété. Les croix dont il s'agit se font en fer, en bois ou en pierre, & sont ordinairement portées sur un piédestal orné d'architecture & de sculpture.

La croix sert aussi d'amortissement au faite des bâtimens sacrés. Celles que l'on place ainsi s'élèvent ordinairement sur un globe de cuivre, & se font le plus souvent du même métal.

CROIX D'ALIGNEMENT. Petite entaille en forme de croix, que les experts font avec le ciseau & le maillet, pour servir de repaire, lorsqu'ils donnent l'alignement d'un mur mitoyen. On en fait de part & d'autre aux deux bouts du mur, & aux plis des coudes, s'il y en a, pour marquer avec justesse la limite de deux héritages contigus.

CROIX DE SAINT ANDRÉ, (terme de charpenterie.) C'est un assemblage de deux pièces de bois croisées diagonalement, qui sert à contre-ventrer la faite avec le sous-faîte d'un comble, à garnir un pan de bois, & à porter des cloches dans un béfroi.

CROIX GRECQUE ET LATINE. La différence de ces deux croix est que la première a les quatre croisillons égaux, & que la seconde en a un plus allongé que les trois autres.

Depuis qu'une pieuse allusion a rendu presque générale dans les plans des églises la figure d'une croix, la plûpart des temples chrétiens ont adopté l'une ou l'autre configuration de la croix grecque ou de la croix latine.

Bramante avoit projetté le plan de S. Pierre de Rome en croix latine, Michel Ange la réduisit à la forme de croix grecque. Charles Maderne l'a terminé enfin, en l'allongeant, selon la première dimension de Bramante. On peut croire que les basiliques payennes ont inspiré aux chrétiens cette forme que l'on retrouve dans des édifices, où l'on ne sauroit soupçonner aucune intention de rapprochement avec le signe du christianisme. (Voyez BASILIQUE, EGLISE & TEMPLE.)

CRONE, s. m. C'est sur le bord d'un port de mer ou de rivière, une tour ronde & basse, avec un chapiteau comme celui d'un moulin à vent, qui tourne sur un pivot, & qui a un bas, lequel, par le moyen d'une roue à tambour en dedans, & des cordages, sert à charger & à décharger les marchandises des vaisseaux. C'est dans ce lieu qu'on pèse aussi les balots.

CROQUIS, s. m. Le croquis est à une esquisse ce qu'une esquisse est à un dessin. C'est la première pensée de l'inventeur, ou pour mieux dire, c'en est comme le germe. Les croquis n'ont ordinairement de valeur que pour les auteurs, parce qu'eux seuls y voyent & y découvrent ce que la main de l'art n'a pu encore développer. Mais à coup sûr ils n'ont de mérite que pour les artistes. Le commun des hommes n'a pas d'yeux pour apprécier l'esprit, l'heureuse négligence de cette manière d'écrire sa pensée. Au reste, ce talent, quoiqu'il ne soit pas étranger à l'architecture, est plus du ressort de la peinture.

CROSSETTE, s. f. On appelle ainsi les retours que forment les moulures d'un chambranle. On les nomme aussi *oreillons*. Scammozzi leur donne le nom italien de *zanche*.

Ce genre de détails est mesquin, quoique de bons architectes en ayent usé; cependant la bonne architecture s'en passe fort bien.

CROSSETTE, (*construction*.) Ce mot exprime un ressaut dans le joint d'une pierre, pour suppléer à une coupe ou pour la renforcer. On fait quelquefois usage des *crossettes* dans les voûtes plates, pour éviter les angles aigus, qu'occasionne l'inclinaison des coupes.

Il y a des constructeurs qui désapprouvent les *crossettes*, par la raison que la pierre étant une matière fragile, la partie formant *crossette* peut se rompre; mais on en peut dire autant des angles aigus, des claveaux tendans au centre: de plus ces claveaux n'ayant pour soutiens que des plans inclinés, cherchent toujours à descendre, quelle que soit la force des piédroits qui s'opposent à cet effet; on voit des plates-bandes bien construites, dont les claveaux du milieu ont baissé, au bout d'un certain temps, de plus de deux pouces, quoique les piédroits qui les soutenoient eussent plus du double de la longueur ou portée de ces plates-bandes.

Pour éviter ces efforts, on place quelquefois des barres de fer sous les plattes-bandes, moyen dont un bon constructeur ne devroit jamais faire usage. Il y en a qui scellent des goujons de fer dans les joints des claveaux; ce moyen qui supplée aux *crossettes* vaut beaucoup mieux que le précédent. Cependant, lorsque la pierre a de la consistance, & que les *crossettes* peuvent dispenser de l'usage du fer, on doit les préférer.

Les ruines des édifices antiques prouvent que les Romains ont fait usage des *crossettes* pour les linteaux & les architraves, toutes les fois qu'ils n'ont pas pu les faire d'une seule pièce.

Les brisures que l'on fait aux joints des pierres qui forment les voûtes en plein ceintre, pour les faire raccorder avec les assises horisontales, sont aussi appelées *crossettes*. Cette disposition, qui forme un appareil régulier, a été adopté par tous les architectes modernes. Piranesi dit que les premiers édifices où l'on a fait usage de ces *crossettes*, furent construits sous le règne de l'empereur Vespasien: il se fonde sur ce que, dans toutes les arcades bâties antérieurement, les voussoirs sont extradossés.

Il faut proportionner les *crossettes* à la fermeté de la pierre, pour qu'elles ne soient pas dans le cas de se rompre; leur plus grande longueur ne doit pas excéder les deux tiers de la hauteur de l'assise, & la moindre doit être du quart. Quant aux *crossettes* que l'on pratique dans les joints des pierres qui composent les platte-bandes, elles ne doivent pas avoir plus du sixième de la hauteur des claveaux qui les composent. (*Voyez* ce mot.)

CROSSETTES. Claveau & clef à *crossettes*, (*voyez* ces deux mots.)

CROSSETTES DE COUVERTURES. Ce sont des plâtres de couverture à côté des lucarnes ou vues faitières.

CROUPE, s. f. (*construction*.) C'est une coupure dans un toit, afin d'éviter de faire un pignon. Pour entendre ceci, il faut savoir qu'anciennement les toits n'étoient composés que d'une ou deux pentes, formant égouts le long des grands côtés d'un édifice. Ces toits étoient terminés par des pignons, ou murs triangulaires, qui indiquoient le profil du toit. C'est probablement la forme de ces pignons, qui fit imaginer les frontons dans les pays chauds, où les toits sont peu inclinés. Mais comme les pignons ou frontons étoient impraticables dans les parties circulaires qui terminent les anciennes églises, on imagina de donner à la couverture de cette partie, la forme d'une moitié de cône ou de pyramide, qui se raccordoit avec le reste du toit. Cette partie fut appelée *croupe*, sans doute par analogie à celle d'un cheval.

Lorsque dans la suite on a voulu supprimer les pignons de face sur rue, on leur a substitué des surfaces triangulaires, inclinées comme les côtés d'un toit, auxquelles on a aussi donné le nom de *croupe*. Ainsi on peut dire que les combles en pavillon carré sont composés de quatre *croupes*; les arêtes en pente qui terminent chaque *croupe*, se nomment *arétiers*.

CROUPE DE COMBLE. (*Voyez croupe*.) Demi-croupe, c'en est la moitié, telle qu'est celle d'un appentis.

CROUPE D'ÉGLISE. C'est la partie arrondie du chevet d'une église considérée par dehors.

CRYPTOPORTICUS. Ce terme est tiré du grec, *κρυπτός*, caché, & du latin, *porticus*, portique ou galerie.

C'étoit chez les Romains une galerie souterraine & voûtée, qu'ils pratiquoient dans leurs palais, pour prendre le frais, & se garantir pendant le jour des ardeurs du soleil.

Si l'on en jugeoit, dit Winckelmann, par les anciens édifices qui nous restent, & sur-tout par ceux de la *villa Adriana*, à Tivoli, on seroit tenté de croire que les anciens préféroient les ténèbres à la lumière. On ne trouve en effet dans presque toutes les pièces de ces édifices ruinés aucune chambre, ni aucune voûte qui ait des ouvertures pour servir de fenêtres. Il paroit que dans plusieurs le jour n'entroit que par une ouverture pratiquée au haut de la voûte; mais comme les voûtes se sont écroulées vers l'endroit de la clef ou du point central, il n'est pas possible de s'en convaincre.

L'usage assez général de l'obscurité dans beaucoup de pièces des édifices, doit rendre moins difficile à concevoir celui des *cryptoportiques*.

Quoi qu'il en soit, on ne devroit pas croire non plus que ces galeries souterraines ayent été totalement privées de lumière. Les longues galeries à moitié enterrées, que l'on voit à la *villa Adriana*, & qui sans doute étoient des *cryptoportiques*, longs de plus de cent pas, recevoient le jour des deux extrémités par des espèces d'embrasures ou de créneaux qui y faisoient descendre la lumière. Aujourd'hui ces ouvertures sont fermées par un morceau de marbre ouvert en plusieurs fentes, au travers desquelles le jour s'introduit.

C'est dans une pareille galerie très-peu éclairée, que se tenoit chez lui M. Livius Drusus, pour décider, comme Tribun, les différends du peuple.

Mais ce qui prouve que ce nom, qui indique un lieu souterrain & obscur, se donnoit aussi à d'autres pièces éclairées, & qu'il ne signifioit souvent qu'une simple galerie, c'est la description du *cryptoportique* de Pline, dans sa maison de Laurentum. Cette galerie, dit-il, tient de la grandeur & de la beauté des ouvrages publics. Elle est percée de fenêtres de part & d'autre. Celles qui donnent sur la mer sont en plus grand nombre que celles du jardin. Il y en a aussi un petit nombre d'autres plus élevées. On ouvre celles-ci quand il fait beau & que le ciel est serein, autrement on ne les ouvre toutes que du côté qui est à l'abri du vent. Jamais ajoute, Pline, il n'y a moins de soleil que lorsqu'il est le plus d'aplomb & que sa chaleur a le plus de force: joignez à cela que, quand les fenêtres sont ouvertes, l'intérieur est rafraîchi par l'air qui y circule de toute part.

Cette description prouve évidemment que les galeries connues sous le nom de *cryptoportique*, n'étoient pas, selon l'induction qu'on pourroit tirer de l'étymologie, privées de lumière.

Le luxe & la mollesse des Romains, sous les empereurs, en étoient venus à un tel point, que pendant la guerre, au milieu même des camps, on formoit de ces galeries. Mais l'empereur Adrien en fit défendre l'usage.

Les ruines de plus d'une ville antique avoient long-temps offert aux regards des curieux & des antiquaires, de semblables lieux souterrains, sans qu'on eût pu en deviner ou en interpréter l'emploi. Mais il n'est plus possible de douter aujourd'hui de la nature de ces restes d'édifice. Ainsi, l'on voit indubitablement un *cryptoportique* dans les ruines de la maison de Clodius sur la montagne d'Albano. Il recevoit le jour d'un seul côté, par des ouvertures en forme de portes, qui servoient de fenêtres, & par des fenêtres plus élevées, prises dans la naissance de la voûte, comme au *cryptoportique* de Pline. Celui de Clodius paroit avoir été aussi riche qu'élégant. Sa voûte est encore ornée de caissons en stuc. Sa construction est de briques.

Il paroit que le mot *cryptoporticus* étoit un de ceux dont l'usage avoit détourné l'application à plus d'une signification différente; car Pline, qui s'en sert pour exprimer une galerie souterraine, l'emploie aussi pour désigner une galerie fermée & élevée (*in edito posita*).

Selon Daviler, on donne aussi le nom de *cryptoportique* à la décoration de l'entrée d'une grotte, & selon Philibert de Lorme, (t. 4, p. 91) il signifie un arc pris sous œuvre, dans un vieux mur, & au-dessous du rez-de-chaussée.

CRYSTAL, s. m. Si l'on en croit Pline l'ancien, M. Scaurus, dans son édilité, avoit bâti à Rome un théâtre, non pas du nombre de ceux qu'on élevoit pour quelque fête, mais solide & fait pour durer éternellement, dans lequel les recherches du luxe le plus inouï avoient été prodiguées. La scène se composoit de trois ordres de colonnes. Le premier étoit de marbre ; le dernier étoit doré ; celui du milieu étoit en *cryssal*, genre de luxe, remarque l'historien, jusqu'alors sans exemple. Il n'est pas probable qu'il ait été imité depuis.

CTESIBIUS. Vitruve nous a conservé quelques détails sur cet architecte, ingénieur & mécanicien. Il vivoit sous le règne de Ptolomée Evergette II, ou au milieu du second siècle, avant l'ère chrétienne. Né dans un état qui l'éloignoit des sciences (car il étoit fils d'un barbier d'Alexandrie), il dut tout à son génie. Un jour étant dans la boutique de son père, il remarqua qu'en abaissant un miroir, le poids qui en le contrebalançoit, & qui étoit renfermé dans une coulisse cylindrique, formoit un son par le froissement de l'air poussé avec violence dans cet espace étroit. *Ctesibius* en conçut l'idée d'une orgue hydraulique, par le moyen de l'air & de l'eau. Il y réussit, & il appliqua cette ingénieuse invention à des clepsydres, sur lesquels il s'exerça particulièrement.

Vitruve a décrit plusieurs des machines dues au génie de *Ctésibius*. Il fut, dit-on, l'inventeur des pompes. Nous en avons effectivement une fort ingénieuse, qui porte son nom. Elle est composée de deux corps de pompe, qui vont alternativement ; de sorte que tandis que l'un des pistons monte & aspire, l'autre descend, & refoulant l'eau, la fait monter dans un tuyau commun.

CTESIPHON est celui qui donna le plan du fameux temple d'Ephèse. Ce fut son fils Métagènes qui l'acheva, & en fut, à proprement parler, l'architecte & le constructeur. Les machines qu'il inventa pour le transport & la pose des blocs & colonnes de marbre qu'il falloit mettre en œuvre, lui acquirent une haute réputation. (*Voyez* MÉTAGÈNES.)

CUBE, s. m. C'est un solide régulier, terminé par six surfaces égales, qui se réunissent à angles droits. Chacune de ces surfaces est un carré ; d'où il résulte que toutes les dimensions de ce solide sont égales : ces dimensions sont la longueur, la largeur ou l'épaisseur, & la hauteur, ou profondeur ; car on entend aussi par *cube* l'espace vide d'une caisse, dont chaque côté seroit formé par un carré.

La figure simple & régulière des *cubes*, qui les rend susceptibles de se joindre sans intervalle pour former d'autres figures régulières à angles droits, connues sous le nom de *parallélipipèdes rectangles*, les a fait adopter pour servir de mesure commune, propre à évaluer la solidité de toutes sortes de corps, comme le carré est la mesure élémentaire de toutes les surfaces. Ainsi la mesure d'un corps solide s'exprime en toises *cubes*, en pieds *cubes* & en lignes *cubes*. *Voyez le mot* TOISE.

Cube se dit aussi en arithmétique, d'une quantité qui peut se diviser exactement deux fois par le même nombre : ainsi, 64 pouvant se diviser, premièrement par 4 qui donne 16 pour premier quotient, lequel peut encore se diviser par 4, & donner 4 pour second quotient, peut être considéré comme le *cube* de 4 ; c'est-à-dire, d'un solide dont chaque dimension seroit égale à 4. En mathématique, le nombre 4 est appelé *racine*.

CUBER, v. act. Se dit de l'action de réduire quelque chose à la forme d'un cube.

CUBIQUE, adj. Qui a la forme du cube.

CUBICULUM. D'après son étymologie, ce mot devoit signifier chez les Romains la chambre à coucher. Cependant il s'employe par Pline le jeune d'une manière assez vague, & qui semble indiquer qu'on l'appliquoit, comme nous appliquons le mot *chambre* à désigner une pièce en général. Ce qui le fait croire, c'est que le même auteur ajoute dans un endroit, au mot *cubiculum*, celui de *dormitorium*, qui ne laisse plus d'équivoque sur la désignation.

Le nom de *cubiculum* fut aussi donné au balcon ou à la loge, dans laquelle les empereurs assistoient aux jeux publics. Jules César s'en fit construire une dans l'orchestre, & ses successeurs conservèrent cette distinction. On l'appella *suggestus*, tant qu'elle consista en un simple échafaud, & *cubiculum*, lorsqu'on l'entoura de rideaux qui en déroboient l'intérieur à la vue des spectateurs voisins.

CUEILLIE ; s. f. C'est du plâtre dressé le long d'une règle, qui sert de repaire pour lambrisser, enduire de niveau, & faire aplomb les pieds-droits des portes, des fenêtres & des cheminées.

CUISINE, s. f. Pièce où l'on apprête le manger. Elle est située, selon la grandeur des maisons ou la richesse des particuliers, dans l'étage souterrain, au rez-de-chaussée, ou dans les étages supérieurs.

On éloigne ordinairement la *cuisine* des appartemens à cause de l'odeur. Il convient qu'elle soit voûtée de crainte du feu. Elle doit être accompagnée de quelques autres pièces, comme lavoir, garde-manger, &c. Le mot *cuisine* vient du latin *culina*.

CUISSE DE TRIGLYPHE, s. f. C'est la côte qui est entre deux glyphes, gravures ou canaux dans le triglyphe.

CUIVRE, s. m. Métal qui sert dans l'architecture à faire des caractères pour les inscriptions des ornemens, des crampons, des couvertures pour les combles, &c. (*Voyez* BRONZE.)

CUL DE FOUR, s. m. Voûte sphérique. (*Voyez ce mot*).

CUL DE FOUR, s. m. (*Construction.*) Espèce de voûte ceintrée en élévation, dont le plan est circulaire ou ovale. Les ouvriers & les premiers auteurs qui ont écrit sur la coupe des pierres, leur ont donné vraisemblablement ce nom, parce que celles que l'on fait le plus communément, sont les voûtes que l'on construit pour les *fours*. En ce sens, il sembleroit que ce nom ne devroit convenir qu'aux voûtes surbaissées ; quoi qu'il en soit, c'est un mot générique, auquel on en ajoute un autre, pour désigner les voûtes particulières de ce genre. Ainsi, on dit un *cul de four* en plein ceintre, surbaissé, surhaussé, sur un plan circulaire ou ovale. On comprend même sous cette dénomination, les voûtes incomplettes de ce genre, pratiquées dans un polygone, de sorte qu'on dit un *cul de four* sur plan carré, barlong, triangulaire, pentagone, &c. Plusieurs auteurs désignent les *culs de four* sous le nom de voûtes sphériques & sphéroïdes, qui leur convient beaucoup mieux. *Voyez ces mots.*

CUL DE FOUR EN PENDENTIF. C'est une voûte sphérique, qui est rachetée par quatre fourches ou pendentifs, comme on en voit à plusieurs églises.

CUL DE FOUR DE NICHE. C'est la fermeture ceintrée d'une niche sur un pan circulaire.

CUL DE LAMPE, s. m. Espece de pendentif, qui tombe des nervures des voûtes gothiques. Ces ouvrages sont plus dangereux encore qu'ils ne paroissent hardis. Le fer qui en compose l'armature, ne peut assez en assurer la solidité. Le seul risque dont ils effrayent l'imagination, ne sauroit se racheter par la beauté bizarre qu'ils présentent. Ces especes de tours de force sont tombés avec l'architecture gothique, comme ils ne pouvoient naître qu'avec la bisarrerie qui constitue le système de sa décoration. Plusieurs de ces caprices ont long-temps amusé l'oisive curiosité. On en citoit de fameux, & l'on voit bien que les architectes du temps cherchoient à rivaliser de hardiesse & d'habileté. Ces jeux puérils de la fantaisie & de l'ignorance n'amuseroient pas même aujourd'hui des enfans.

CUL DE LAMPE PAR ENCORBELLEMENT. Saillies de pieces rondes par leur plan, qui portent en encorbellement la retombée d'un arc doubleau, d'une tourelle, d'une guérite, &c. Comme on voit de ces *culs de lampe* dans les fortifications, on en trouve aussi qui portent des statues dans des niches peu profondes.

CUL DE SAC, s. m. C'est une petite rue sans issue. On appelle, dans quelques villes, *impasse*. La bonne disposition des villes consiste à éviter le plus qu'il est possible, qu'il s'y en rencontre. La sûreté, la propreté, la libre circulation & la salubrité se réunissent pour les proscrire.

CULÉE, s. f. (*Construction.*) On appelle ainsi des massifs de maçonnerie, construits sur les bords d'une riviere, pour soutenir l'effort général d'un pont, & servir de points d'appui aux arches qui le forment ou qui le terminent, lorsqu'il est composé de plusieurs.

Ce double effort, que les *culées* ont à soutenir, exige qu'elles soient construites très-solidement; il faut que toutes les parties qui les composent, soient si bien liées entre elles, qu'elles ne forment, pour ainsi dire, qu'un seul bloc.

Quant aux dimensions qu'il est nécessaire de donner aux *culées*, pour résister, par leur masse,

au double effort dont nous venons de parler, la plus essentielle est l'épaisseur; cette dimension doit être proportionnée.

1°. A la grandeur des arches qui ont ces *culées* pour points d'appuis.

2°. A la forme de leur ceintre.

3°. A la hauteur des berges, & à la fermeté des matieres dont elles sont formées.

Lorsqu'un pont est composé de plusieurs arches, l'effort qui se fait contre les *culées* augmente en raison de leur nombre & de l'épaisseur des piles qui les séparent, quand l'épaisseur de ces piles n'est pas assez grande pour qu'elles puissent résister seules à la poussée des arches qui leur répondent.

Pour déterminer avec précision l'épaisseur qu'il faut donner aux piles & aux *culées*, il faudroit avoir recours à des opérations compliquées, dont nous renvoyons le détail à l'article *Poussée des voûtes*. Cependant, comme ces opérations exigent des connoissances de mathématique, qui ne sont pas toujours familieres aux constructeurs, nous allons proposer une méthode sûre & facile, qui n'exige aucun calcul, quoiqu'elle soit fondée sur des principes certains.

On va faire l'application de cette méthode à un pont composé de trois arches surbaissées, dont le ceintre est elliptique.

Méthode géométrique, pour déterminer l'épaisseur des piles & des culées d'un pont.

De la naissance A de la courbe qui forme le ceintre de chacune de ces arches, on élevera une verticale indéfinie, qui rencontrera au point D, la ligne qui indique le dessus du pont. De ce point on abaissera une perpendiculaire à la courbe qui la coupera au point K; on tirera par ce point une horisontale KL, jusqu'à la rencontre de l'axe CO. Enfin, on tirera la corde AC, qui coupera l'horisontale KL en M; la partie ML indiquera l'épaisseur qu'il faudroit donner à la *culée* & à la pile de l'arche qu'elles soutiennent, pour résister solidement à sa poussée.

Dans la construction d'un pont, composé de plusieurs arches, on peut donner moins d'épaisseur aux piles, en augmentant celle des *culées*. On prend souvent ce parti, afin de changer le moins possible le courant d'une riviere, & de rendre la navigation plus facile. Au pont de Neuilly, les piles n'ont que la neuvieme partie de la largeur de l'arcade, au lieu du cinquieme environ qu'elles devroient avoir; mais on a augmenté les *culées* en conséquence.

Supposons que dans le pont, pris pour exemple,

les arches aient 84 pieds de diametre, sur 28 pieds de hauteur de ceintre, on trouvera par l'opération ci-dessus indiquée, 14 pieds & demi pour l'épaisseur des piles & culées; si on ne veut donner que 12 pieds aux piles, il faudra que les culées aient 17 pieds.

Construction des culées.

Après avoir déterminé la forme & les dimensions des culées, il faut examiner la nature du sol sur lequel on doit les établir, afin de s'assurer s'il a la fermeté requise pour résister, sans s'affaisser, au poids de ces culées, & aux efforts qu'elles peuvent avoir à soutenir ; c'est ce qui arrive rarement, à moins que les berges ne soient formées par des masses de rocher, dans lesquelles il n'y a qu'à tailler.

Dans ce dernier cas, il faut, autant qu'il est possible, profiter de toute la masse solide que le roc peut fournir, en lui donnant la forme convenable, & observant de dresser le dessus de niveau, pour y établir solidement les constructions nécessaires à l'achevement de la culée.

Si le dessus du roc présente une pente trop considérable pour le dresser dans toute son étendue, on peut le faire par gradins, mais il faut que les raccordemens que l'on ajoute pour former une superficie générale, soient faits avec beaucoup de précaution, afin de ne pas causer un tassement inégal. Ces raccordemens doivent être faits en libage, bien dressés, & d'égale épaisseur, de manière à pouvoir être posés sans cales, & qu'ils portent également dans toute leur étendue. Ce seroit le cas de poser ces pierres sans mortier, après les avoir frottées l'une sur l'autre pour qu'elles puissent se joindre immédiatement sans épaisseur de joint.

Mais si, absolument, on vouloit employer du mortier, voici comment il faudroit opérer : après avoir bien dégauchi & dressé la superficie du rocher & les libages que l'on doit poser dessus, & l'avoir bien arrosée, on étendra sur cette superficie une couche de mortier fait avec du sable fin ou du tuileau tamisé ; ce mortier doit être un peu liquide, afin que l'on puisse mieux l'étendre. Sur cette couche on posera les libages, sans cales, on les battra à la demoiselle (voyez ce mot), jusqu'à ce qu'il ne reste sous les libages que la quantité de mortier nécessaire pour remplir les vides que pourroient produire l'inégalité de leurs surfaces & de celle du roc. En prenant toutes ces précautions, on est sûr d'éviter les tassemens inégaux, & tous les inconvéniens qui peuvent en résulter.

Si, sans être un rocher, le sol est assez ferme pour qu'on puisse y fonder dessus sans pilotis, ni plattes-formes, on commencera par égaliser la superficie que doit occuper la culée, on la fera battre dans toute son étendue, avec de fortes demoiselles. Quant au niveau, comme l'effort qui vient buter contre les culées, tend à les renverser, en les faisant tourner sur le bord extérieur de leur base, & que c'est l'endroit où se fait la plus forte impression, il seroit à propos que le sol, au lieu d'être de niveau, dans le sens de l'épaisseur, fût plus élevé sur le derrière que sur le devant ; cette sur-élévation ou pente, pourroit être d'environ un pouce par toise.

Sur le sol bien battu & bien dressé, suivant la pente que nous venons d'indiquer, on posera une première assise en libage, dont les lits soient bien dressés ; cette première assise doit être posée sur une couche de mortier, sans cales, & battue à la demoiselle. Il vaut mieux être obligé de déraser le lit supérieur, s'il s'y trouve quelqu'inégalité, que de caler les libages, qui seroient trop bas ; il est extrêmement important de prendre les mêmes précautions pour toutes les autres assises.

Toutes les assises qui doivent se trouver enterrées, seront en retraite les unes sur les autres, afin que celle du bas occupe une plus grande superficie, & de diminuer l'effet de la pression, & le tassement qui pourroit en résulter.

La saillie des retraites peut se combiner en raison inverse du nombre d'assises ; s'il ne doit y en avoir que trois ou quatre, on leur donnera jusqu'à dix pouces ; pour cinq ou six assises, on donnera huit pouces ; & six pouces pour sept ou huit assises.

Si le sol ne paroît pas assez ferme pour établir la fondation des piles, ou que sa solidité ne soit pas uniforme, on pourra établir la première assise sur une plate-forme ou un chassis de charpente. Et si ces moyens paroissent insuffisans, on se résoudra à piloter. Le nombre de pilotis doit être proportionné à la consistance du sol ; il y a des cas où il suffit d'en mettre une rangée autour de la culée ; quelquefois il en faut dans toute sa superficie : nous renvoyons, pour un plus grand détail, aux articles fondement, pilotis, & piloter.

Il est quelquefois nécessaire, pour établir les fondemens d'une culée, de faire des épuisemens & des batardeaux ; dans ce cas, il est convenable de choisir, pour cette opération, le temps des basses eaux, les machines les plus simples, & d'y mettre la plus grande célérité. Voyez les mots batardeaux, épuisement, chapelet, pompes & vis d'Archimède.

Lorsque les culées sont considérables, pour éviter la dépense, on peut ne faire que les faces en pierre de taille d'une bonne épaisseur, sur-tout du côté où elles doivent porter les naissances des premières arches, & le milieu en bon moilon, posé à bain de mortier bien arrangé & battu à la demoiselle ; pour plus grande solidité, il seroit à propos de cramponner les pierres de taille qui forment les paremens extérieurs, ainsi que les libages des pre-

CULIÈRE, s. f. C'est une pierre platte creuse, en rond ou en ovale, de peu de profondeur, avec goulette qui reçoit l'eau d'un tuyau de descente, & la conduit dans un ruisseau de pavé.

CULOT, s. m. Petit ornement de sculpture, en façon de tigette, d'où sortent des rinceaux de feuillage, qui se taillent de bas relief dans les frises & grotesques.

Un *culot* est aussi un petit cul de lampe qui sert à soutenir des objets de curiosité dans les cabinets.

CUMAE, CUMES, ville antique d'Italie, située à trois lieues de Naples. Elle fut célèbre avant que Baies & Pouzzol eussent attiré l'affluence des Romains.

Depuis que ces deux villes eurent envahi toute sa population, elle n'eut plus l'air d'en être que le fauxbourg; on l'appel même, par une espèce de dérision, la porte de Baies. *Janua Baiarum est.* Juv. Satyr. lib. I, v. 311.

Les restes de ses antiquités sont aujourd'hui peu de chose. Il ne tiendroit pas aux gravures de certaines descriptions qu'on ne les crût fort importans. La vérité est que le lieu occupé par *Cumes* ne présente à la vue que des vignes, des broussailles, & que l'érudition seule est capable de discerner l'antiquité des morceaux informes qui en restent.

Ce qu'on appelle le temple du Géant, du Jupiter colossal, terminal, qu'on voit à Naples, & qui fut trouvé dans ce lieu, est défiguré aujourd'hui par le pressoir qui y a été construit.

Il ne reste de bien visible que cette construction, qu'on appelle *Arco felice*. C'est en effet un arc de maçonnerie élevé au niveau de la montagne qu'il perce.

On lui donne le nom de porte de l'ancienne *Cumes*. Un léger examen suffit pour réfuter cette opinion. La largeur de son aire, au sommet, l'annonce comme la substruction d'un bâtiment élevé sur la voie publique. On pourroit présumer, avec assez de raison, que cet édifice auroit été le temple de la Diane de *Cumes*: Virgile fait entendre qu'il étoit sur le chemin qui conduisoit à celui d'Apollon; que la déesse y étoit adorée en général sous le nom de *Trivie*, qui a relation à sa situation sur les voies. La forme d'arc de cette antiquité ne lui vient évidemment que de la voie publique, qu'il fallut laisser libre.

Les autorités les plus probantes placent l'antre de la Sybille, non à l'Averne, mais à *Cumes* même, qui lui donna son nom. Virgile indique aussi que ses souterrains tenoient à la citadelle de cette ville, & au grand temple d'Apollon. Saint Justin raconte que ce fut à *Cumes* même qu'on lui montra le lieu antique où l'on croyoit que la Sybille avoit rendu ses oracles; il nous le peint comme une grande & superbe basilique creusée dans le rocher. Agathias enfin rapporte que les Goths, maîtres de *Cumes*, s'étoient tellement fortifiés dans la citadelle; qu'il n'y eut pas d'autre moyen de les y attaquer, qu'en minant une partie de la muraille par la grotte, où la Sybille jadis avoit habité & répondu à ceux qui la consultoient. L'endroit, dit-il, qui étoit à la partie orientale de la colline, étoit d'une structure & d'une beauté qu'on n'auroit jamais attendu d'un lieu qui ne se montroit à l'imagination, que comme un antre affreux.

Ces témoignages sont encore aujourd'hui appuyés de quelques vestiges assez remarquables. La partie qu'on reconnoît, à son élévation, pour le lieu de l'ancienne citadelle de *Cumes*, est remplie en dehors de murs antiques qui annoncent le grand temple dont ils faisoient l'enceinte. L'intérieur offre encore des souterrains les plus capables de répondre à l'idée que l'autorité ci-dessus nous donne de la grotte de la Sybille.

Le souterrain dont l'entrée est vers l'orient, a la forme de plusieurs grandes nefs d'église, & se fait reconnoître aisément pour celui que le docteur de l'église & l'historien de Justinien décrivent.

Le souterrain de l'occident se présente sous les traits dont Virgile le dépeint, & comme une des cent issues qu'il lui donne.

Si c'est là qu'il faut chercher le véritable antre de la Sybille de *Cumes*, qu'est-ce donc que ce que l'on montre aux voyageurs sur les bords du lac d'Averne?

Les éboulemens qui en ferment les passages, après un espace d'environ cent toises, n'empêchent pas de voir que ce fut un ouvrage du genre de ceux que les Romains multiplièrent dans cette partie de leur empire.

Il en fut fait en ce lieu trois semblables; le premier par Cocceius, qui fut une ouverture dans la montagne pour aller à *Cumes*, toute pareille à celle qui existe encore aujourd'hui, & qu'on appelle la grotte de Pausilippe; des deux autres, l'une eut pour objet des aqueducs pour transporter à Misène les eaux chaudes de Baies; l'autre fut un canal pour aller, par le rivage de la mer, de l'Averne à Ostia.

Il paroît que c'est à ce dernier projet qu'on peut appliquer le souterrain en question. L'histoire nous dit que cette entreprise fut abandonnée. L'antre de l'Averne, dit faussement de la Sybille, n'est peut-être que le commencement des travaux du canal d'Ostie, qu'on fut obligé de laisser imparfait.

CUNEUS,

CUNEUS, CUNEI. Les gradins dont se composoient les amphithéâtres ou théâtres antiques, étoient coupés de distance en distance dans toute leur hauteur par des sections de gradins moins élevés, qui servoient d'escalier, pour la facilité des dégagemens & des communications.

Ces sections aboutissoient aux repos ou palliers qui divisoient toute la hauteur de l'amphithéâtre en deux ou trois étages de gradins. Comme elles tendoient vers le centre, l'espace de gradins contenu entre deux sections prenoit la figure d'un cône tronqué, ou ressembloit à un coin. De-là le mot *cuneus*, coin, affecté par les Romains à exprimer la forme de ces espaces renfermés entre deux escaliers.

Les *cunei* étoient plus nombreux dans les étages supérieurs de l'amphithéâtre que dans les inférieurs, parce que le nombre des gradins y étoit aussi plus considérable, & que les gradins décrivant, à mesure qu'ils s'élevoient, une circonférence plus étendue, la quantité de places à remplir exigeoit de plus grands dégagemens.

Les sections qui divisoient ainsi les masses de gradins, étoient disposées de manière que celles des étages supérieurs divisés par les palliers ou *præcinctions*, ne s'alignaient pas avec celles des étages inférieurs. Au contraire, ces sections aboutissoient au milieu du *cuneus* inférieur. Cela se pratiquoit ainsi, pour que la foule ne fît pas d'engorgement, & que la file des montans ou descendans ne fût pas trop considérable.

On réservoit des *cunei* pour certaines classes de citoyens, qui avoient leurs places marquées. L'on appeloit *excuneati* les spectateurs qui, n'ayant pu trouver de place sur les gradins, se tenoient debout dans les passages.

CURES, ville des Sabins, dont l'abbé Chaupy a retrouvé l'emplacement, & quelques vestiges assez remarquables. L'espace semé de marbres, de pierres & de briques, qu'on découvre aujourd'hui, annonce que cette ville pouvoit occuper un terrain d'un mille & demi de diamètre. La partie où a été trouvé le monument, qui par lui-même se présente comme un *forum*, est rempli de fragmens de belles colonnes qui prouvent que ce lieu fut très-magnifique. Les murs de la ville sont construits dans ce genre que les Romains appeloient *opus incertum*.

Telle étoit aussi la construction d'un temple qu'on y découvre encore, & qui formoit un quarré parfait. Ses quatre angles portent un ornement assez singulier, qu'on retrouve pourtant dans un autre édifice antique de Rome, à l'endroit où est la *Madonna di Constantinopoli*. Ce sont des figures qui ressemblent à des Priapes. Il y en a un à un angle, deux à un second, trois ou quatre au troisième & quatrième.

Plusieurs autres vestiges de monumens prouvent que la ville de *Cures* fut jadis riche & célèbre, & qu'on la jugeroit mal d'après le rapport de Strabon: il paroit que de son temps elle n'étoit plus qu'un bourg.

Ses restes précieux éveilleront peut-être quelque jour le zèle des dessinateurs & des antiquaires, & la replaceront au rang qu'elle doit occuper dans l'histoire des arts.

CURIA, CURIE. Ce mot signifioit, chez les Romains, tantôt une assemblée, tantôt le lieu même & l'édifice où se tenoit l'assemblée. Quoique les assemblées du sénat se tinssent sans aucune règle précise dans un temple ou dans un autre lieu, selon les circonstances, il y avoit cependant un édifice particulièrement affecté à cet usage, & ce lieu-là s'appeloit *curia*. Il devoit être élevé & solemnellement consacré par les rites & cérémonies des Augures.

L'histoire fait mention de trois *curiæ* célèbres, ou lieux d'assemblée pour le sénat. La *curie* calabre, bâtie, suivant l'opinion commune, par Romulus; la *curie* hostilienne, par Tullus Hostilius, & la *curie* pompéienne, par le grand Pompée.

Il ne reste à Rome que de légères traces de ces édifices, & l'on se dispute encore sur leur emplacement.

CURIOSULITUM. C'est le nom d'une ville antique, bâtie par les Romains dans les Gaules, & dont l'emplacement est occupé aujourd'hui par le village de Corseult.

Quelques membres de l'académie des Belles-Lettres ayant conjecturé, par l'analogie de nom, dans quel endroit il falloit chercher l'ancienne *Curiosulitum*, un ingénieur de Saint-Malo, en 1709, fut chargé de se transporter sur les lieux. Voici le résultat de son rapport.

Le village de Corseult est certainement bâti sur les ruines d'une ville considérable, comme il paroit à la grande quantité de restes de murailles que l'on trouve dans les jardins & dans les champs à quatre ou cinq pieds de profondeur.

Son église a sans doute été bâtie des débris de quelque grand édifice, car on voit en différens endroits des tambours de colonnes de même grosseur que ceux des piliers qui forment les ailes du chœur. Ils sont pareils à ceux qu'on retrouve à trois cents pas de l'église sur le chemin de Dinant, auprès desquels est une base attique de trois pieds six pouces de diamètre, & un pied de fust cannelé en spirale.

Ce qui est plus remarquable, c'est une grande pierre de cinq pieds de long, large & épaisse de trois, que l'on a tiré d'un tombeau, pour en faire plier octogone. Une de ses faces, plus large, a conservé une inscription romaine.

Le grand chemin de Dinant, au sortir du village, est traversé par des restes de petits murs de deux à quatre pieds, éloignés les uns des autres de deux & de cinq toises.

Dans des fouilles, faites à quelques deux cents pas de l'église, on a trouvé quelques vestiges d'anciens bâtimens. Le premier qui fut découvert est une espèce de petite citerne de six pieds en quarré. Le pavé en est recouvert d'un enduit de ciment de quatre pouces d'épais.

A deux toises plus haut, vers le nord, sous une pierre brute de trois pieds, étoit une pierre de taille de cinq pieds six pouces sur quatre & demi de large, & de seize pouces d'épaisseur. On a fait fouiller à côté pour savoir ce qu'il y avoit dessous. On l'a trouvée enchâssée dans une maçonnerie faite d'une façon singulière. Ce sont de petites pierres, & des morceaux de tuile plate jettés sur un enduit de ciment bien uni & recouvert d'un autre enduit de ciment applani de même par dessus. Il y en a plusieurs lits les uns sur les autres. Après avoir démoli tout à l'entour, on n'a trouvé que d'autres pierres de taille plus petites, & au-dessous de la maçonnerie à chaux & à sable.

Douze toises plus haut, dans une espèce de chambre de douze pieds en carré, enduite de ciment, s'est trouvée une cheminée de cinq pieds de large, qui exhaloit la fumée par deux canaux de tuile d'une pièce cimentée aux deux coins. Ces canaux sont de dix-huit pouces de haut & de six en carré. Des deux côtés opposés, ils sont percés de trous carrés longs de cinq pouces, sur un & demi de large. A cinq toises de cet endroit, soit un petit corridor de quatre pieds de large, pavé en pierres carrées de quatorze pouces. A l'ouest de la même chambre, étoit une espèce de canal voûté de deux pieds de large & de deux pieds & demi de haut, avec de petits piliers de brique de neuf pouces en carré. Tous ces détails indiquent clairement que c'étoit l'hippocauste d'une maison ou de quelque salle de bains.

Environ à huit cents toises de l'église, au sud-est, sur une hauteur, on voit la moitié d'un temple octogone qui subsiste encore. Il s'élève de trente-un pieds au-dessus du sol. Son revêtissement intérieur & extérieur se compose de petites pierres de quatre pouces en carré, taillées proprement, & posées par assises régulières. Les angles, le bas & le haut de l'édifice semblent annoncer, par le rustique des pierres, qu'il y avoit autrefois des embellissements incrustés. Aux côtés de ce temple, on découvre quelques vestiges d'une levée couverte d'un enduit de ciment appliqué sur des pierres à sec. C'étoit le succens de quelque voie ruinée.

Il paroît d'autres restes de chemins en forme de levées, depuis Corseult jusqu'à près de deux lieues de Beaubois, & depuis le temple jusqu'à pareille distance du côté de Quever. Ce chemin est entier en plusieurs endroits, quoique le plus souvent couvert de terre.

CUSSI LA COLONNE. Ce chétif village, situé entre Arnay-le-Duc, Beaune & Autun, est fameux par un monument d'antiquité romaine, que le temps y a respecté jusqu'à nos jours.

A deux cents pas de ce village subsiste une colonne de pierre faite de plusieurs assises. Elle a deux pieds trois pouces & demi de diamètre par le bas, & s'élève sur un double piédestal; une partie de son fust supérieur a été renversée, ainsi que son chapiteau, qui a disparu. Elle est construite d'une fort belle pierre roussâtre, qui prend le poli comme du marbre. Chaque assise est d'un seul bloc posé à sec, sans mortier ni ciment, mais des crampons de bronze en assuroient la solidité.

On avoit conjecturé que cette colonne devoit être d'ordre corinthien. Le fait s'est vérifié par la découverte qu'on fit, en 1724, de la partie supérieure de son chapiteau dans une métairie voisine.

Cette colonne, à en juger par les bas reliefs & les allégories de son piédestal, avoit été un monument aussi recommandable par la sculpture que par son architecture. Les quatre faces de son chapiteau étoient ornées de têtes de divinités, parmi lesquelles on reconnoît encore, à leurs attributs ou à leurs physionomies, Apollon, Jupiter & Hercule.

Les figures du piédestal sont dans des espèces de niches peu enfoncées, terminées alternativement les unes en pointe, les autres en ceintres surbaissés (ce qui n'est pas distingué dans le dessin de Montfaucon). Ces figures étant prises dans l'épaisseur de la pierre, ont peu de relief. On y reconnoît Minerve, Junon, Bacchus, & autres divinités. Les antiquaires s'accordent assez à rapporter cet ouvrage au siècle d'Auguste ou de Tibère.

CUVE DE BAIN, s. f. Espèce de grand vase en pierre ou en marbre, avec des anneaux sculptés de côté dans la même pierre, qui servoient de baignoires dans les bains ou thermes des anciens. On en voit beaucoup de ce genre à Rome aux fontaines publiques ou dans les jardins. Les plus remarquables sont celles de la place Farnèse, & qui sont taillées dans un seul bloc de granit.

CUVETTE, s. f. Vaisseau de plomb destiné à recevoir les eaux d'un chéneau, & les conduire dans le tuyau de descente. Il y a des cuvettes rondes, carrées, ou à pans avec cul de lampe. Les moindres sont en entonnoir, on les met dans les angles; ou en forme de botte, lorsqu'on les place contre les murs de face.

CYCLOPES. On attribuoit aux *Cyclopes* ces anciennes constructions gigantesques, dont on voit encore quelques restes. Il paroît cependant que c'étoit plutôt métaphoriquement qu'historiquement, qu'on appeloit ouvrage des *Cyclopes* tout ouvrage colossal d'architecture, comme ailleurs on l'appeloit ouvrage des Géants. (*Voyez l'article suivant.*)

CYCLOPIA. Cavernes de Grèce au Péloponèse, dans l'Argie, près de Nauplie, selon Strabon, l. 8. Il y avoit, selon lui, des labyrinthes dans ces cavernes, & c'est proprement à ces labyrinthes qu'il donne le nom de *cyclopia*.

Casaubon observe à ce sujet qu'au rapport d'Apollodore, les Cyclopes avoient autrefois habité dans l'Argie, & que Pausanias fait mention de plusieurs travaux de leur façon. Il paroît, poursuit-il, que le nom de *cyclopeia* ou *cyclopia* ne signifie que grand. Car, comme dit l'ancien interprete de Stace, tout ce qui est remarquable par sa grandeur, passe pour avoir été fait par les mains des Cyclopes. C'est ainsi qu'en divers pays modernes, un préjugé vulgaire & superstitieux attribue au démon quantité d'ouvrages, dont on suppose que l'industrie humaine n'étoit pas capable.

CYMAISE. *Voyez* CIMAISE.

CYPRÈS. s. m. Vitruve conseille de n'employer dans les charpentes le *cyprès*, que lorsqu'on ne peut se procurer ni l'*abies*, ni le sapin : on ne sait à quoi attribuer cette opinion. Le bois de *cyprès* est un des plus durables. Théophraste le juge tel, comme n'étant sujet ni aux vers, ni à la pourriture, & c'est aussi, dit-il, celui qu'on trouve dans les plus anciens édifices.

Le *cyprès* d'orient est très-dur, très-odorant, & inaccessible aux insectes ; il prend un beau poli & une couleur agréable. Selon Thucydide, on l'employoit pour les sarcophages des héros, & pour les caisses où l'on enfermoit les momies en Egypte.

Les portes de Saint-Pierre à Rome étoient aussi faites de ce bois. Elles ont duré depuis Constantin le-Grand jusqu'à Eugène IV, c'est-à-dire onze cents ans, & toutefois elles étoient encore parfaitement saines, lorsque ce pape y substitua des portes de bronze.

CYPRÈS, (jardinage.) Cet arbre est un des plus caractéristiques que l'art du jardinage puisse employer dans les scènes dont se composent ses divers tableaux.

Les anciens l'avoient consacré à la mort & aux tombeaux. Son vert foncé, son tronc toujours décharné, sa forme pyramidale & monotone, lui donnent la propriété d'inspirer la tristesse. Rien de plus lugubre que ces grandes allées de *cyprès* qu'on voit dans quelques jardins d'Italie. Quoique dans ce pays on l'y emploie indifféremment & uniquement pour la beauté des aspects ou des masses qu'il produit au loin, sur-tout quand il se mêle avec les pins, il est inutile de dire que, dans l'art de caractériser les parties d'un jardin, cet arbre ne convient qu'aux scènes sombres & mélancoliques.

CYRÈNE, ville d'Afrique dans la Cyrénaïque, dont elle étoit la capitale. Des débris de son ancienne existence attestent encore aujourd'hui qu'elle fut riche des ouvrages de l'art.

« J'y ai vu, dit Paul Lucas, dix statues à demi-nues, mais toutes mutilées & sans tête ; une muraille d'une épaisseur extraordinaire, bien bâtie, & de cent toises de long ; des colonnes de marbre de seize pieds, quelques-unes de granit. »

« Un grand vallon présente encore beaucoup de maisons taillées dans le rocher, avec des boutiques & des chambres, un ordre d'architecture & de grandes fenêtres. C'étoit-là, suivant toute apparence, que les marchands Cyréniens avoient leurs habitations. »

« Sur le revers de la montagne, du côté de l'est, il y a un nombre infini de tombeaux taillés dans le roc avec une propreté singulière. »

« C'étoit sans doute un champ de Mars que le lieu appelé aujourd'hui *Mena Gaden*, ou le lieu du sang. Ce qui me le fait croire, c'est la prodigieuse quantité de tombeaux élevés de différentes manières & rangés en bataille comme une armée. On distingue les tombeaux des officiers généraux d'avec ceux des subalternes. Ceux des soldats sont de pierre de cinq à six pieds de haut, plantés sur deux lignes droites. Autant que j'en puis juger, il peut y avoir 25000 tombeaux dans ce champ de Mars. »

Il est plus à croire, ce me semble, que ce lieu fut le cimetière de la ville.

On voit encore à *Cyrène* de belles citernes antiques. Une d'elles, taillée dans le roc, a 120 pieds de long sur 22 de large, & est couverte d'une voûte presque encore entière, & dont les pierres, de trois pieds de long sur un pied de large, sont toutes numérotées par lettres alphabétiques de caractère latin.

CYZICÈNES, s. f. pl. C'étoient, chez les Grecs, de magnifiques salles exposées au nord & sur les jardins. On les nommoit ainsi de Cyzique, ville de la Propontide, remarquable pour la magnificence de ses édifices. Les *Cyzicènes* étoient, chez les Grecs, ce qu'étoient chez les Romains les *triclinia* ou cénacles.

D

DAI

DAIS, f. m. Ouvrage d'architecture & de sculpture en bois, en fer, en bronze ou d'autre matière, qui sert à couvrir & à couronner un autel, un trône, un tribunal, une chaire de prédicateur, une œuvre d'église, &c.

Le *dais* est quelquefois suspendu, quelquefois porté de fonds, tantôt isolé, & tantôt adossé à un mur.

La forme du *dais* est empruntée de celle d'une tente ou d'un pavillon. Cet usage paroît être venu de l'orient. J'ai rapporté au mot *Baldaquin*, (*voyez cet article*) l'origine de ces sortes de compositions dans les temples chrétiens, & j'y ai donné la description des plus beaux monumens de ce genre.

Il ne reste rien à dire pour cet article, sinon que le mot *dais* s'applique plus particulièrement à ces compositions d'étoffes ou de tapisseries que l'on monte & démonte à volonté, ainsi qu'à celles qui sont portatives, & qui servent dans les processions du culte catholique.

Les *dais* de ce genre se placent dans les palais des rois ou des princes, au-dessus d'une estrade sur laquelle est le trône. (*Voyez* BALDAQUIN.)

DALE, f. f. DALES. Tranche de pierre dure ou de marbre débitée, de un, deux, trois ou quatre pouces d'épaisseur, quelquefois plus, selon la nature de l'emploi auquel on la destine.

On convertit en *dales* les pierres & marbres qu'on veut employer à faire des pavemens en carreaux.

On appelle *paver*, *carreler* ou *couvrir en dales*, lorsqu'on use de ces tranches dans toute leur longueur, sans leur donner les formes ou les compartimens des carreaux.

On se sert de *dales* pour couvrir les terrasses, les galeries découvertes, comme celles du péristyle du Louvre, & de la colonne extérieure du Panthéon français (ci-devant la nouvelle église sainte Geneviève); les balcons, les vestibules, les cuisines, les laiteries, les cloîtres, & même les églises. Quelques villes sont pavées de cette manière. Naples l'est en *dales* de pierre volcanique.

DALE A JOINTS RECOUVERTS. C'est ainsi qu'on

DAL

nomme les *dales* qui, étant feuillées avec une moulure dessus par forme d'ourlet en recouvrement, s'emploient dans les couvertures. On en voit de cette sorte dans les anciennes constructions, comme au vieux château de Saint-Germain-en-Laye.

Ménage fait venir le mot *dale* de l'anglais *deale*, portion.

DALER. v. act. C'est employer des tranches de pierre dure au pavement ou à la couverture des édifices. (*Voyez* DALE.)

DAME, f. f. (*terme d'architect. hydraul.*) On appelle ainsi, dans un canal qu'on creuse, des digues, du terrain même, qu'on laisse d'espace en espace, pour faire entrer l'eau à discrétion, & empêcher qu'elle ne gagne les travailleurs.

Dame est aussi le nom qu'on donne à certaines petites langues de terre couvertes de leur gazon, qu'on laisse de distance en distance, pour servir de témoins dans la fouille des terres, afin d'en toiser la solidité par parties cubes.

Il paroît que ce mot vient du flamand *dam*, qui signifie *chaussée*.

DAMOISELLE ou DEMOISELLE, f. f. C'est une pièce de bois de cinq ou six pieds de haut, ronde & ferrée par les deux bouts, avec deux espèces d'anses au milieu, & qui sert aux paveurs à enfoncer les pavés des rues de Paris.

DANKERS (CORNELIS DE RY.) Architecte d'Amsterdam, né en 1561, & mort en 1634.

Cet artiste étoit fils & élève de de *Cornelis Dankers*, qui avoit long-temps exercé la profession d'architecte dans sa patrie. Il remplit la place de son père pendant quarante ans. Comme la ville d'Amsterdam s'augmenta considérablement dans cet intervalle, il y bâtit un grand nombre d'édifices recommandables par leur décoration & par la commodité de leur distribution. On compte parmi eux les trois nouvelles églises, la porte de Harlem, qui est la plus belle de cette ville. Elle est toute en pierres de taille, & flanquée de deux grosses colonnes, sur lesquelles sont deux têtes de lion. Le milieu de cette porte est occupé par une tour qui s'élève au-dessus de la corniche, & qui sert d'horloge.

Le bâtiment qu'on appelle la bourse est du même architecte. On en a parlé à l'article BOURSE. (*Voyez ce mot.*)

Dankers fut le premier qui trouva le moyen de bâtir des ponts de pierre sur les grandes rivières, sans gêner le cours de l'eau. Il en fit l'épreuve sur l'Amstel, qui a 200 pieds de large.

Cet article est tiré des vies des architectes, par Milizia.

DANDERA. *Voyez* TENTYRA.

DANTI (VINCENZO.) Architecte de Pérouse, né en 1530, & mort en 1575.

La famille de *Danti* a donné plusieurs grands hommes. Celui-ci fut poète, peintre, sculpteur & architecte. Il fit, à l'âge de vingt ans, pour sa patrie la statue en bronze de Jules III. Quoiqu'il excellât dans la sculpture, comme le prouve ce monument, il ne laissa pas d'ambitionner de pareils succès dans l'art de bâtir. Ses compositions architecturales étoient ingénieuses, sans tomber dans le bizarre.

Les dessins que le grand duc Cosme de Médicis fit faire à *Danti* pour le palais de l'Escurial, plurent tellement à Philippe II, que ce prince le fit prier avec instance de passer en Espagne pour les mettre à exécution. La foible complexion de notre artiste, la vie douce & tranquille qu'il menoit dans sa patrie, le détournèrent d'entreprendre ce voyage.

Danti répara, avec beaucoup d'art, la grande fontaine de Pérouse, & conduisit plusieurs autres travaux. Son frère, connu sous le nom de frère Ignace Dominiquain, s'attacha à la peinture. Il peignit la galerie du Vatican, & s'appliqua aux mathématiques. Nous lui sommes redevables de la vie de Vignole, & des démonstrations des règles de perspective que nous a laissées cet artiste fameux.

Cet article est tiré des vies des architectes, par Milizia.

DAPHNIS. C'est le nom d'un architecte Milésien, qui bâtit, avec son compatriote Peonius, un temple à Apollon dans la ville de Milet, lequel ne le cédoit ni en grandeur, ni en magnificence, au temple de Diane à Ephèse. Comme celui-ci, il étoit d'ordre ionique.

DARCE, s. f. (*terme d'archit. hydraul.*) Partie du bassin d'un port de mer, séparée par une digue & bordée d'un quai, où l'on tient à flot les vaisseaux désarmés, comme à Toulon. On l'appelle aussi *chambre* ou *darsene*, de l'italien *darsena*, qui a la même signification.

DARDS, s. m. pl. Terme de décoration, ou, pour mieux dire, d'ornement.

C'est cette partie taillée dans la forme du bout d'une flèche, qui divise les oves que l'on sculpte sur les quarts de rond ou autres membres des profils de l'architecture.

D'AVILER, (*Voyez* AVILER D')

DAUPHIN, s. m. Ornement des cirques antiques. On élevoit des *dauphins* de bronze sur de petites colonnes placées sur la *spina* du cirque.

DÉ, s. m. Nom qu'on donne à tout corps cubique ou carré, comme le tronc ou le nud d'un piédestal.

On met des *dés* de pierre sous des colonnes, des vases, des montans de fer ou de bois, qui forment des cabinets ou berceaux de treillage, & sous les poteaux des hangards.

On voit en Egypte des espèces de chapiteaux qui n'étoient formés que par un *dé* ou cube de pierre. (*Voyez* EGYPT. ARCHIT.)

DÉBARRER, v. act. Oter les barres d'une fenêtre, d'une porte.

DÉBILLARDER, v. act. C'est couper une pièce de bois diagonalement, ou en enlever une partie en forme de prisme triangulaire, ainsi qu'on le fait à un arêtier.

DÉBITER, v. act. C'est scier de la pierre ou du bois suivant les longueurs & épaisseurs nécessaires pour les ouvrages qu'on veut faire. C'est aussi tracer de l'ouvrage à différens ouvriers qui travaillent dans un même attelier.

DÉBLAI, s. m. C'est le transport des terres qu'on est obligé de fouiller, pour la construction des fondemens d'un édifice.

DÉBOUCHER, v. act. Ouvrir une baie de porte ou de croisée, qui étoit feinte ou murée. On *débouche* un égout, où les immondices se sont encombrées.

DEBOUT, adv. Se dit des anciens édifices qui existent encore en bon état. Il se dit aussi des bois posés aplomb, comme poteaux, corniers d'huisserie, &c. que l'on nomme *bois debout*.

DÉBRIS, s. m. (*Voyez* RUINE.)

DEBROSSES. (*Voyez* BROSSES de)

DÉBRUTIR. v. act. Commencer à polir une surface brute, en ôter ce qu'il y a de plus rude.

DÉCAGONE, s. m. Figure qui a dix côtés & dix angles; ce mot se dit d'un carreau, d'un bassin, d'une place fortifiée de dix bastions, &c.

DÉCALQUER, v. act. (*Voyez* CALQUER.)

DÉCARRELER, v. act. C'est arracher, enlever les carreaux qui formoient la surface supérieure d'un plancher.

DÉCASTYLE, s. m. Mot composé de deux termes grecs, *deca*, dix, & *stulos*, colonne. C'étoit le nom qu'on donnoit à tout temple, portique ou édifice, dont le front avoit une ordonnance composée de dix colonnes. (*Voyez* TEMPLE & ORDONNANCE.)

DÉCEINTRER, v. act. Oter les ceintres de charpente ou autre matière, sur lesquels une voûte a été construite. Cette opération n'a lieu qu'après qu'une voûte ou un arc sont bandés, & que les voussoirs en sont bien fichés & jointoyés.

DÉCEINTREMENT, s. m. C'est l'action d'ôter les ceintres sur lesquels une voûte a été construite.

DÉCEMPÉDE, s. f. Mesure de dix pieds, dont se servoient les anciens pour arpenter les terres & donner les proportions de leurs édifices. Ce mot est composé de *decem*, dix, & *pes*, pied.

DÉCHAPERONNÉ, part. Se dit d'un mur dont le chaperon est ruiné. *Voyez* CHAPERON.

DÉCHARGE, s. f. Ce mot a plus d'une signification en architecture.

Dans la disposition ou distribution des maisons, on appelle *décharge* une pièce qui sert de dépôt aux vieux meubles & aux objets qui ne sont pas d'un usage journalier. C'est dans ce sens que l'on dit une pièce de *décharge*, ou simplement une *décharge*. On en pratique auprès des offices, des cuisines, & près des antichambres.

Dans la construction, on appelle *décharge* tout ce qui sert à soulager, soit un mur, soit une cloison, soit une platte-bande, soit encore une fondation, du poids ou d'une partie du poids de la maçonnerie supérieure.

« Il faut aussi faire, dit Vitruve, chap. 11, liv. 6, trad. de Perrault, que le poids des murs soit soulagé par des *décharges* faites de pierres taillées en manière de coin, & disposées en voûte : les deux bouts de l'arcade de la *décharge* étant posés sur les bouts du linteau ou du poitrail, le bois ne pliera point, parce qu'il sera déchargé d'une partie de son faix; & s'il lui arrivoit quelque dé- faut par le laps du temps, on le pourroit rétablir, sans qu'il fût besoin d'étayer. »

Vitruve enseigne clairement ici la manière d'affermir les murs aux endroits, où ils ont des vides, comme au droit des portes & des fenêtres, dont les linteaux reçoivent le poids du mur qui est au-dessus. Il le fait par deux sortes de *décharges*. La première a lieu au moyen de deux pièces de bois, qui étant posées sur le linteau, au droit de chaque piédroit, se joignent en pointe comme deux chevrons, pour soutenir la charge du mur. L'autre *décharge* est par le moyen d'un arc de voûte, qui, élevé au-dessus des claveaux en platte-bande ou de l'architrave, empêche le poids supérieur d'agir sur ces parties, & de les ruiner ou de les briser.

Les constructions antiques & modernes offrent beaucoup d'exemples de ces sortes de *décharges*. Elles sont indispensables dans la construction des architraves à claveaux.

On fait aussi des *décharges* en arc renversé dans des fondations dont le terrain est douteux.

DÉCHARGE D'EAU. C'est un bassin ou canal qui reçoit le trop plein des eaux d'une fontaine, d'un bassin, d'un lac.

Il nous est resté en ce genre des travaux mémorables des Romains. Le canal de *décharge* du lac d'Albano, celui du lac Fucin ou Célano, & celui du lac d'Averne, sont des monumens prodigieux de construction, de savoir & d'intelligence; on en trouve la description détaillée à l'article EMISSARIUM. (*Voyez* ce mot.)

En jardinage le mot *décharge d'eau* est commun à deux tuyaux dans un regard ou bassin de fontaines, dont l'un, avec soupape, sert à décharger ou faire couler l'eau qui est dans le fond, & l'autre, qui est soudé & situé au bord de ce regard ou de ce bassin, sert à régler la superficie de l'eau, à une certaine hauteur.

DÉCHAUSSÉ, part. m. Se dit particulièrement des fondations dégradées & minées en dessous, par l'action du temps ou d'autres agens. On dit qu'une pile est *déchaussée*, quand l'eau a dégradé son pilotage, n'y ayant plus de terre entre les pieux par le haut.

C'est au *déchaussement* de plusieurs constructions antiques qu'on doit quelques erreurs, qui se sont accréditées dans l'architecture. C'est parce que la première assise du temple de Ségeste, c'est-à-dire, celle sur laquelle posent les colonnes, s'est trouvée *déchaussée*, qu'on a pris pour socles des colonnes, les dés de pierres qui se voyent sous chacune d'elles. On auroit pu croire par la même raison que les colonnes du temple de Cora avoient des piédestaux, tant le déchaussement du stylobate fait ressembler les fondations particulières de chaque colonne à des piédestaux isolés.

DÉCHAUSSER, v. act. C'est fouiller par dessous la fondation d'un mur ou d'une construction quelconque, soit pour en opérer la ruine, soit pour la prévenir en reprenant la bâtisse en sous-œuvre.

DÉCHET, s. m. Se dit de la perte que font les entrepreneurs dans la taille de la pierre ou du moellon, & que l'on évalue ordinairement à un sixième dans les détails.

DÉCLORE, v. act. Détruire les murs qui servent de clôture à un jardin, à une cour, &c.

DÉCOMBRER, v. act. C'est enlever les pierres, gravois, plâtras, recoupes ou autres objets qui proviennent, ou de la démolition, ou de la construction d'un édifice. On décombre un batardeau en le dégravoyant, pour y mettre un corroi de glaise. On dit encore décombrer une carrière; c'est en faire l'ouverture & la fouiller.

DÉCOMBRES, s. f. pl. Ce sont les moindres matériaux de la démolition d'un bâtiment qui sont de nulle valeur, comme menus plâtras, recoupes, &c. On les employe à applanir ou affermir les chemins.

DÉCOR. Terme dont se sert Vitruve pour exprimer ce que nous entendons en architecture par bienséance. (Voyez ce mot.)

DÉCOR ou DÉCORE. Ce mot est devenu français depuis peu dans la langue pratique des arts, & signifie cette partie de la peinture qui embrasse l'ornement des intérieurs, des murs, des voûtes, & se partage en la décoration en grand, & l'arabesque, qui suppose une ordonnance plus légère d'ornemens. On dit faire, entreprendre le décors; peintre de décors, &c.

DÉCORATEUR, s. m. signifie, dans le sens le plus simple, l'artiste dont l'art ou le talent ont pour objet la décoration.

Comme le mot décoration comporte plus d'une acception dans le langage, & l'exercice des arts, (voyez DÉCORATION), on attache aussi plus d'une idée au mot décorateur. Cependant elles peuvent se réduire à trois principales.

1°. Un décorateur est un artiste, soit architecte, soit peintre, soit sculpteur, mais obligé d'avoir des notions très-étendues dans chacun des trois arts; qui donne les plans & les dessins des fêtes publiques, qui dirige les cérémonies, préside à leur ensemble & à leurs détails, fait exécuter les monumens d'architecture feinte, les allégories, les devises, les statues, bas-reliefs, & autres accessoires, qui entrent dans la composition dont il est l'auteur.

2°. Un décorateur est un artiste spécialement adonné à cette partie de la peinture & de l'architecture, qui a pour objet l'embellissement de l'intérieur des appartemens, des palais & même des temples. Cette partie de l'art est devenue une sorte d'art à part. Les objets d'imitation qu'elle renferme sont très-étendus. Il est peu de parties des trois arts qui ne soient de son ressort. Le paysage, les vues d'architecture, les monochromes, les reliefs, les stucs, les camayeux, la combinaison des marbres & leurs imitations, l'art des compartimens, &c. tout cela entre dans la décoration. Sous un certain rapport, l'artiste, quel qu'il soit, adonné à ce qu'on appelle la décoration, est, si l'on peut dire, une espèce d'entrepreneur de tous les genres d'imitation; car il est impossible que son talent puisse embrasser l'exécution de tant de branches diverses.

3°. Un décorateur est un artiste qui fait les décorations de théâtre, & qui préside, soit par lui-même, soit par ses dessins & ses agens ou coopérateurs à toutes les compositions, inventions & imitations, qui entrent dans les illusions optiques de la scène. L'usage a affecté plus particulièrement le mot décorateur & décoration à cette partie de l'art qui contribue tant aux plaisirs dramatiques. Comme l'objet de la décoration de théâtre est de transporter le spectateur, par la magie des couleurs & le prestige des lignes, dans tous les pays, dans tous les monumens, dans tous les lieux où l'histoire place l'action qui se représente, il est peu de connoissances étrangères au décorateur de théâtre.

Les trois définitions qu'on vient de donner du décorateur prouvent que rien ne devroit être plus synonyme d'architecte. En effet, la science & l'art de l'architecture renferment presque toutes les parties, & exigent presque toutes les qualités & connoissances que comporte l'idée de décoration.

Aussi, quant à la première acception, qui a pour objet unique l'invention & la direction des fêtes publiques, voit-on qu'en général les architectes se sont mis en possession de cette partie de l'art.

Mais quant aux deux autres genres de décorateurs, c'est parmi les peintres qu'il faut les chercher. Ce n'est pas que plus d'un architecte n'y ait excellé aussi; mais l'exercice & le maniement des couleurs, les diverses études de l'imitation de la nature, qui entrent dans le domaine de la peinture, constituent trop rigoureusement les deux espèces de décoration dont je parle, pour que les peintres ne s'en soient pas, de préférence, approprié l'emploi.

On doit dire cependant que ce n'a pas été sans un assez notable préjudice pour l'architecture, que les peintres ont empiété sur cet art l'espèce de privilège exclusif, dont on les a vu jouir pendant long-tems. L'Italie sur-tout, & c'est là qu'il faut aller chercher tous les exemples, & de ce qu'il faut faire, & de ce qu'il faut fuir dans la décoration ; l'Italie moderne a vu porté au plus haut degré l'abus dont je veux parler. L'architecte sembla, pendant long-tems, n'être que le prête-nom du *décorateur*. On eût dit qu'un édifice, avec tous ses ordres & toutes ses proportions, n'étoit qu'une toile préparée par l'architecte au génie bizarre de la décoration. (*Voyez* DÉCORATION.) Il fut libre enfin au *décorateur*, de faire disparoître sous le prestige de la perspective & de ses couleurs, non-seulement l'ordonnance, mais jusqu'aux principes de construction d'un monument.

Ce fut un grand mal que cette condescendance de l'architecte pour le *décorateur*. Mais le plus grand fut encore celui qui résulta de cette nouvelle subdivision du territoire des arts. Depuis que l'architecte eut comme abandonné son ouvrage aux mains d'un autre, il se forma, ainsi qu'on l'a dit, une espèce d'art à part & indépendant, & le *décorateur* fut une espèce de metteur en œuvre de tous les arts, sans en professer précisément, & en savoir profondément un seul.

De là les vices de la décoration, vices qui, par une réaction toute naturelle, ont reflué dans tous les arts, & les ont pervertis.

Le *décorateur* doit en effet savoir trop de choses, pour qu'on puisse attendre de lui qu'il en sache une à fond. Il ne peut étudier que les superficies de chaque art, ou, pour mieux dire, il ne les étudie tous que dans le rapport qu'ils ont avec ce qu'on appelle *l'effet* ; c'est-à-dire, cette manière d'imiter, qui est à l'imitation simple & vraie, ce que celle-ci est à la réalité.

Les élémens de la décoration sont si variés & si variables, que les règles & les principes de cette partie de nos plaisirs sont encore à trouver & à fixer.

Aussi les qualités requises du *décorateur* sont-elles de nature à échapper à l'analyse ordinaire. C'est qu'elles rentrent plus qu'on ne pense dans le domaine du goût; & le goût est le sentiment de ce qui plaît plutôt que la connoissance de ce qui devroit plaire. Or, il y a dans la décoration, comme dans l'habillement & la parure, dans l'ameublement, & généralement dans ce qui n'a pas de point d'appui précis sur la nature, un je ne sais quoi de subordonné à l'empire de la mode, c'est-à-dire à l'amour de la nouveauté.

Un *décorateur* habile sera donc celui qui, aux principes du beau & aux règles de la belle imitation

de la belle nature, joindra un goût particulier à ce genre, & qui consiste dans l'art de plaire. Le goût est au génie ce que la grace est à la beauté. Michel-Ange, avec beaucoup de génie, fut un mauvais *décorateur*. C'est que Michel-Ange ne reçut point de la nature ce don si rare qui embellit la beauté. On ne sait que penser du genre de décoration de la chapelle Sixtine, de la bibliothèque Saint Laurent à Florence, de la Porta Pia à Rome. Comment se résoudre à louer ce qu'on ne doit pas imiter, ou à blâmer ce qu'on est pourtant contraint d'admirer ?

Telle est l'espèce d'embarras qu'on rencontre dans presque tous les ouvrages de Michel-Ange. Comme *décorateur*, Raphaël l'emporte de beaucoup sur lui. Les salles du Vatican, la *loggia* de la Farnésina, la Villa Madama, & autres ouvrages de son école, sont, je pense, les meilleurs modèles de décoration, depuis le renouvellement des arts.

Mais l'homme qui eut peut-être toutes les qualités propres à former, par excellence, ce qu'on appelle un *décorateur*, fut, sans contredit, Jules Romain. Quelle facilité, quelle prodigieuse fécondité dans l'invention ! Quel savoir profond de l'histoire ! Quelle habitude de l'allégorie ! Quelle connoissance des mœurs & des costumes de l'antiquité ! Quel sentiment du grand, de l'effet de la perspective ! Quelle poésie répandue dans toutes ses conceptions ! C'est à Mantoue qu'il convient d'apprécier ce que peut le génie de la décoration. C'est à Mantoue que je conseillerois au *décorateur* d'aller puiser des leçons. Si j'avois à lui proposer un homme pour modèle, je lui proposerois Jules Romain. Mais il est encore un maître avant celui-là ; c'est l'antique.

Jules Romain a trop mis à profit les documens de l'antiquité dans son palais du T, pour qu'on doive hésiter de le regarder lui-même comme un élève des anciens *décorateurs*. Cependant les leçons de l'antique, en ce genre, sont tellement éparses & décousues, tellement incomplettes dans les ruines qui nous en ont transmis des fragmens, que si quelqu'imitateur a jamais eu droit au titre d'original, c'est Jules Romain dans ses décorations de Mantoue. On lui a l'obligation d'avoir réuni, dans un ensemble parfait, tous les détails dispersés des restes antiques, & de nous avoir fait voir & admirer ce que sans lui il nous eût toujours fallu supposer. On croit être véritablement dans un palais antique, quand on parcourt les différentes pièces & tous les appartemens du palais du T.

C'est sur-tout dans la salle des Géans que brille principalement ce qu'on est convenu d'appeler le génie du *décorateur*. Mais pour avoir de telles idées en décoration, il faut être capable de les exécuter ; & être *décorateur*, comme l'a été Jules Romain, c'est être poëte autant que peintre.

Ne doutons pas ; si la peinture est la poésie des yeux,

yeux, la décoration qui produit de semblables merveilles, seroit la poésie épique de la peinture.

Il s'est trouvé, depuis Jules Romain, bien des *décorateurs*. Un grand nombre de peintres a cherché à suivre ses traces, & son exemple a créé une foule d'ouvrages de décoration. Peut-être même est-ce à lui que l'on doit la vogue qu'ont obtenue depuis, tant dans les plafonds que dans les coupoles, ces vastes compositions de peinture, qui font supposer d'abord un prodigieux effort de génie, & qui, réduites par la raison à leur juste valeur, semblent plus faites pour l'étonnement des yeux que pour le plaisir de l'esprit. Bien peu de ces *décorateurs* ont eu l'avantage de réunir aux talens d'exécution cette poésie d'idées, qui seule peut attacher dans de si grandes entreprises. Le spectateur effrayé de la difficulté que lui présente le développement & l'explication de sujets si nombreux & si compliqués, s'embarrasse peu de leur intelligence, & s'habitue à n'y voir & à n'y admirer qu'un jeu de couleurs & de masses plus ou moins habilement concertées.

Parmi les peintres célèbres qui se sont illustrés encore sous le rapport de *décorateurs*, il faut compter les Carraches & les grands maîtres de leur école. La galerie Farnèse, peinte & exécutée par Annibal Carrache & ses élèves, a servi de modèle de décoration à la plûpart des plafonds de galeries.

Mais le plus habile *décorateur* de cette école fut Pietro da Cortona ; son plafond de la grande salle du palais Barberin est la plus grande composition de ce genre, & passe encore sous le point de vue de la décoration, comme le chef-d'œuvre de l'art.

Pietro da Cortona fut le premier qui quitta, avec tout l'avantage que peut encore donner le génie, la route des grands maîtres, & la sévérité du style que l'étude particulière du dessin avoit jusqu'alors rendu héréditaire dans les écoles romaine & lombarde. Il inventa, dit Mengs, une manière nouvelle ; il s'adonna, par choix, à la composition, & la sépara presque de l'invention. Il rechercha les oppositions & les contrastes dans les attitudes, & ne pensant qu'à la variété des groupes & à l'agencement & disposition de ses figures, il ne s'inquiéta plus des convenances du sujet. Cette manière est la plus opposée à celle des Grecs & des anciens, qui affectoient de placer dans leurs compositions d'autant moins de figures, qu'ils cherchoient à donner à chacune d'elles plus de perfection.

Le style, dans lequel *Pietro da Cortona* a tous les honneurs de l'invention & de l'originalité, convenoit, il faut l'avouer, au genre de la décoration en grand ; & si cette méthode fût restée affectée à ce genre, peut-être la peinture auroit-elle moins à se plaindre de ce que le goût *cortonesque* lui a porté de préjudice. Mais les grands ouvrages acquièrent dans l'opinion publique, un tel ascendant sur le goût général, que l'influence de leur

Diction. d'Architect. Tome II.

style est inévitable sur les moindres ouvrages. Le goût ou le faire *décoratoire* se répandirent bientôt dans toutes les branches des arts, & les tableaux de cabinet furent traités comme la décoration, c'est-à-dire dans le genre de l'effet, ou avec cette méthode facile qui fait disparoître la saine imitation du vrai.

L'école Napolitaine n'a produit que des *décorateurs* en fait de peintres ; Luca Giordano & Solimène enchérirent beaucoup encore sur Pietro da Cortona. Il ne faut plus chercher ni l'invention ni le dessin, ni même les vraisemblances de la composition chez ces *décorateurs*. La galerie du palais Riccardi, à Florence, offre cependant un des ouvrages les mieux raisonnés de Luca Giordano ; mais combien de goût contraste dans cette ville avec les sévères inventions des Vasari & de l'école Florentine, qui cependant ne fut pas heureuse, comme je l'ai déjà dit dans la décoration ! Cette opposition mène à penser que le genre en question exige un certain milieu entre l'austérité du dessin, qui ne sauroit se prêter aux charmes de la perspective aérienne, & la prodigue facilité de ces *décorateurs*, qui ont tout sacrifié aux caprices de l'effet & aux prestiges d'une harmonie de convention, qui n'est peut-être applicable qu'aux décorations de théâtre.

Je n'ai parlé encore du *décorateur* que comme compositeur de sujets historiques en figures, & j'ai cité les hommes les plus célèbres en ce genre. Le nombre de ceux qu'on pourroit y ajouter est très-considérable, mais on n'y verroit que des élèves ou des imitateurs des maîtres que j'ai nommés.

La liste des *décorateurs* seroit une des plus nombreuse, s'il falloit y comprendre tous ceux qui se sont partagés le domaine de la décoration. Celle-ci, en effet, comprend tant de parties, que chacune d'elles s'est vu exercée exclusivement par des artistes célèbres. Je ne veux parler ici ni de l'arabesque dont on a traité à part (*voyez-en l'article*), ni de l'ornement, qui forme comme une espèce d'art limitrophe entre la sculpture & l'architecture. (*Voyez* ORNEMENT). Mais on ne sauroit citer ailleurs que dans cet article cette classe nombreuse de *décorateurs*, en architecture, ou peintres d'architecture feinte, une des branches les plus importantes de la décoration.

C'est encore en Italie qu'on en trouve les modèles les plus remarquables. Le goût de cette espèce de *décorateurs* a suivi la progression & les vicissitudes des arts en ce pays. Ce qui fut exécuté sous les yeux & dans l'école de Raphael, en ce genre, tient toujours la première place. Balthazar Peruzzi a mis dans l'exécution d'architecture feinte de la *Farnesina* une vérité portée à un degré d'illusion, qu'on ne retrouve plus dans les écoles postérieures.

Les écoles Lombarde & Vénitienne ont produit beaucoup de *décorateurs* comme peintres d'architecture. Un des plus célèbres fut Tibaldi, le Michel-Ange de Bologne, quoiqu'il se classe ordinairement parmi les peintres d'histoire.

Mais les trois grands maîtres de cette partie, au jugement d'Algarotti, sont *Dentone* (autrement *Girolamo Curti*), *Mitelli* & *Colonna*.

Ces grands *décorateurs* ne furent pas cependant exempts de quelques-uns des reproches, qu'on n'a eu depuis eux, que trop lieu de faire à ceux qui ont quitté en ce genre, la route du simple & du vrai.

Dentone, quoique sévère dans son style, dit Algarotti, & pouvant offrir des modèles aux architectes eux-mêmes, a fait souvent des entre-colonnemens trop larges, & qui seroient inexécutables. On voit chez lui des colonnes posées sur des consoles en place de stylobate, comme dans la grande salle du palais Vizzani, à Bologne. On peut lui reprocher d'avoir donné à l'ordre ionique des proportions trop lourdes & presque toscanes, comme à la fameuse décoration *dei Servi*, où l'illusion de la perspective est telle, qu'un chien, à ce qu'on raconte, se cassa la tête contre le mur, voulant monter les escaliers & les degrés qui y sont peints.

Colonna, si grandiose dans ses inventions pleines de rondeur & de relief, & qu'on pourroit appeler l'Annibal Carrache de la décoration, a souvent eu le défaut d'une surabondance de composition. La grande salle du palais Locatelli, peinte par lui, est la preuve de cet excès. Il y a de quoi faire la décoration de trois grandes salles. On lui doit reprocher encore des licences, qui passent les bornes de l'indulgence qu'on peut avoir pour les peintres *décorateurs*. Comment pouvoir le justifier d'avoir rompu les principaux membres de l'architecture, & découpé de tant de manières les parties constitutives & l'ossature de ses édifices, comme il se l'est permis en tr'autres à la voûte de Saint-Barthelemi. Ces abus n'ont été que trop fidèlement suivis & imités par Pizzoli son élève dans le plafond, d'ailleurs très-estimable, de l'église *della Madonna del Soccorso*.

Mitelli, le compagnon & le rival de Colonna, est si aimable dans sa manière de peindre, si pur & si fin dans ses teintes, & si noble dans son caractère, qu'on peut le regarder comme le *Guide* de la décoration. Encore ne laisse-t-il pas d'avoir ses taches. L'on rencontre souvent dans ses ouvrages des colonnes trop maigres, des bases lourdes & de mauvais goût, des chapiteaux doriques d'une longueur démesurée & hors de toute bonne proportion. Dans les décorations perspectives de l'église de *San Michel in Bosco*, qui sont de sa main, on voit une corniche qui va se terminer contre une arcade. Il ne s'est point fait de scrupule d'associer à un ordre dorique un couronnement ionique. Dans une de ses perspectives & la plus fameuse de l'église *di San Salvatore*, est un escalier qui joue le principal rôle, & dont le plan est tellement en contradiction avec le plan général du reste de la décoration, qu'il faut, pour n'en être pas choqué, toute la magie que le peintre a su y mettre.

Chiarini est encore nommé par Algarotti comme un des excellens imitateurs des grands maîtres qu'on vient de citer. Il fut même, en égalant leurs qualités, s'éloigner de leurs défauts. Sévère dans le dessin, élégant dans les proportions & les formes de ses édifices, simple comme l'antique, naïf dans sa manière de peindre, peut-être l'emporte-t-il sur tous ses rivaux, peut-être sa chapelle de l'*Annunziata* est-elle le chef-d'œuvre des *décorateurs* Bolognois.

On voit, aux remarques sévères & judicieuses d'Algarotti sur les meilleurs ouvrages des grands *décorateurs*, que l'art de la décoration d'architecture, ne doit être que l'art de la meilleure imitation des plus beaux édifices ; que dès-lors aucune raison ne porte à tolérer, & à excuser dans une imitation les vices & les abus qu'on proscriroit dans le modèle imité.

Le préjugé a cependant régné long-temps & domine encore parmi les *décorateurs*, qu'il y a des vices nécessaires à ce genre d'imitation.

Disons-le, c'est à l'ignorance du beau, à la routine ou l'incapacité des *décorateurs*, qu'on doit attribuer une semblable opinion. Il est bien vrai que toutes ces formes rompues, mixtilignes & contournées, toutes ces fantaisies dont on a vu la décoration se faire un domaine en propre, peuvent bien aider, dans l'art de l'effet, de l'éloignement des objets, & dans le succès de la perspective, les hommes de peu de talent. Les parties simples & grandes, les formes régulières, les ordonnances sages & symétriques exigent une plus grande science, plus d'habileté pour produire le même effet. Mais il résulte de-là qu'il n'appartient en ce genre qu'à l'ignorance de plaider la cause du mauvais goût. (*Voyez* DÉCORATION).

Les *décorateurs* de théâtre peuvent avoir quelques raisons de plus pour réclamer un peu d'indulgence dans leur composition. Gênés souvent par les données étroites de la scène, par la multiplicité des châssis ou coulisses, & par la manière dont s'éclairent artificiellement leurs peintures, il n'est pas étonnant qu'ils ayent eu quelquefois recours ou à des formes découpées & rompues, ou à des aggroupemens de colonnes. Cependant l'expérience même qu'en ont donné quelques habiles *décorateurs*, prouve que l'effet & l'illusion des décorations théâtrales peuvent s'accorder avec les meilleures formes, les plans les plus simples & les compositions les plus régulières de l'architecture.

On voit un exemple de ce que j'avance dans quelques desseins de décoration de théâtre inventés &

exécutés par Balthazar Peruzzi. Ce grand homme, peintre & architecte, peut se considérer comme le rénovateur de l'art de la décoration théâtrale. Si l'on juge par ses édifices & son goût dans l'architecture, de celui qu'il dut appliquer aux imitations théâtrales, on conviendra que rien ne devoit mieux rappeler les belles inventions des peintres de l'antiquité. Il paroit aussi que la beauté des formes & la pureté des détails n'avoient porté chez lui aucun préjudice aux charmes de l'illusion. *Quello*, dit Vasari, *che sce stupisce ognuno fù la prospettiva overo scéna d'una comedia, tanto bella che non e possibile immaginarsi piu. Percioche la varietta e bella maniera de casamenti, le diverse loggie, la bizarria delle porte e finestre, e l'altre cose che vi si videro d'architettura, furono tanto ben' intese, e di così straordinaria inventione che non si puo dirne la millesima parte.* « Ce qui excita l'étonnement, fut la décoration que fit Balthazar Peruzzi pour une pièce de théâtre ; on ne peut rien imaginer de plus beau. La variété, le beau style des édifices, les ornemens des croisées & des portes, & tous les autres objets d'architecture ; la belle entente de toutes les parties, & l'invention générale sont au dessus de toutes les descriptions. »

Il paroit cependant, au dire de Vasari, que Balthazar Peruzzi se surpassa encore lui même dans les décorations qu'il fit pour une pièce du cardinal Bibbiena, qui fut représentée devant Léon X. « Dans cette sorte d'ouvrage, dit l'historien, Bal-
» thazar s'acquit d'autant plus d'honneur, que le
» genre de la décoration n'existoit pas encore, vu
» la désuétude dans laquelle étoit tombé l'art de la
» poésie & des représentations dramatiques. Mais
» les décorations en question, pour avoir été les
» premières, n'en furent pas moins la règle & le
» modèle de celles que l'on fit depuis. On a peine à
» concevoir avec quelle habileté notre *décorateur*,
» dans un espace si étroit, sut représenter un si
» grand nombre d'édifices, de palais, de loges, de
» détails, d'entablemens, & avec une telle vérité,
» qu'on croyoit voir de la réalité, & que le spec-
» tateur, devant une toile peinte, se croyoit trans-
» porté au milieu d'une pièce véritable & maté-
» rielle, tant l'illusion avoit été portée loin. Bal-
» thazar sut aussi disposer, pour son effet, avec une
» admirable intelligence, les lumières & l'éclairage
» de ses châssis, ainsi que toutes les machines qui
» ont rapport au jeu de la scène. »

On ne peut que regretter la perte des desseins de semblables décorations ; mais, comme je l'ai dit, le peu qui en reste, & qu'on trouve gravé confirme ce que j'ai avancé sur la facilité de réunir en ce genre, le pittoresque au vrai, & l'effet à la correction des formes.

Il est un malheur attaché aux inventions pittoresques du théâtre, c'est leur peu de durée. La manière même dont elles sont exécutées, pour l'ordinaire, ne leur permet pas d'en espérer une plus longue que celle de quelques années. Encore en Italie, & dans d'autres pays, la plûpart des décorations ne survivent-elles pas à la durée des représentations d'une pièce. Aussi l'histoire des *décorateurs* de théâtre n'existe que dans quelques souvenirs dont le temps efface chaque jour les traces.

Il seroit à souhaiter que la gravure nous eût toujours transmis les objets de ce genre, dignes des regards de la postérité. C'est sur-tout pour d'aussi périssables inventions que l'art de graver devroit réserver ses ressources. Mais, jusqu'à ce jour, on ne connoit que les ouvrages de Bibiena (Galli) qui ayent reçu cet honneur. Le méritoient-ils ? Oui, si l'on en croit la renommée dont a joui ce célèbre *décorateur*, & l'influence qu'a eu son exemple sur les artistes de son genre. On doit reconnoître dans Bibiena de la fécondité, de la variété, & le sentiment des grands effets & des grands partis. Mais quel fatras inextricable de détails confus, de formes brisées & découpées, de bizarreries dans les lignes & dans les plans ! Quel mauvais goût d'ornemens, quel luxe effronté de broderies, quelle surabondance de choses, & quelle pauvreté dans cette ostentation de tant de richesses ! Je ne crois l'ouvrage de Bibiena propre qu'à montrer le contraire de ce qu'il faut faire dans les détails de l'architecture.

De nos jours, Servandoni s'est acquis une grande réputation, comme *décorateur*, dans toute l'étendue & sous toutes les acceptions de ce terme. Cet habile homme, après avoir étonné l'Europe par la fécondité de son génie dans tous les genres d'inventions *décoratives*, avoit comme fondé à Paris une véritable école pratique de décoration. Il obtint de donner à son profit, sur le théâtre des Tuileries appelé *la salle des Machines*, des spectacles de simple décoration. On se souvient encore de l'admiration qu'excitèrent les décorations de la descente d'Énée aux enfers, & celles de la Forêt enchantée, sujet tiré de la Jérusalem délivrée. Servandoni avoit eu, pendant 18 ans, la direction de l'Opéra de Paris, & longtemps on y a conservé de ses décorations. (*Voyez* DÉCORATION).

C'est un grand avantage pour un *décorateur* de théâtre, de réunir les connoissances pratiques de l'architecture, & de s'être exercé en grand dans cet art. Les maîtres célèbres que je viens de citer eurent cette supériorité sur les *décorateurs* modernes.

L'Italie compte encore aujourd'hui quelques écoles de décoration de théâtre. Venise & Milan ont produit des artistes encore vivans, qui laisseront sans doute un nom après eux. Le goût & le style d'ornement s'est amélioré depuis quelques années, & tout donne à penser que le retour de l'architecture aux formes simples & aux conceptions sages & régulières de l'antique, influera sur l'art qui en est l'imitation, au point d'en faire disparoître les abus & les préjugés, qui ont long-temps infecté la décoration dans tous les genres.

Y 2

DÉCORATION, s. f. Ce mot dans le langage des arts, comporte plus d'une acception & exprime des idées qui, pour être limitrophes, n'en sont pas moins distinctes.

Dans le genre, ce qu'on entend par la *décoration*, c'est la combinaison de tous les objets & ornemens que le besoin de la variété réunit sous toutes sortes de formes, pour embellir, enrichir, expliquer les sujets qui sont le domaine de l'art & de l'industrie humaine.

Dans l'espèce, *une décoration* est un assemblage particulier de certains objets & ornemens, qui composent l'embellissement de certaines parties de l'art ou de l'industrie.

Ainsi, sous le premier rapport, le mot *décoration*, dans la langue des artistes, signifie la science de la *décoration* ou l'art de décorer.

Sous le second rapport, le mot *décoration* signifie un ouvrage quelconque, dont l'objet est de servir d'embellissement à un autre ouvrage.

Sous la première signification de ce mot, nous comprendrons donc les notions théoriques, les principes, les règles de goût, qui sont de la *décoration* prise en général, une science assez particulière, une branche fort étendue du domaine des arts, & une partie très-importante de l'art de l'architecture.

Dans la seconde acception, *décoration*, comme résultat spécial & particulier de l'art de décorer, dépendant de l'architecture combinée avec la peinture & la sculpture, nous présentera trois divisions qui ont été déjà indiquées au mot *décorateur*. (*Voyez* cet article.)

Décoration, comme assemblage & composition de monumens & d'objets propres aux grands spectacles publics, qui forment l'ensemble des fêtes, des cérémonies & des pompes nationales qui ont lieu à l'occasion d'événemens remarquables, ou de cérémonies civiles & religieuses.

Décoration, comme assemblage des monumens divers, dont la peinture fait embellir l'intérieur & l'extérieur des édifices.

Décoration (& dans ce dernier sens le mot s'employe plus volontiers au pluriel), comme représentation des pays, des lieux, des monumens, des intérieurs, où s'est passée l'action que le poète dramatique met au théâtre sous les yeux du spectateur.

Ainsi cet article se divisera en deux parties : dans la première on traitera de la *décoration* sous son rapport général & théorique, & de son application particulière à l'architecture. Dans la seconde, on traitera de la *décoration*, comme peinture & imitation de tout ce qui peut embellir les édifices, les fêtes publiques & les représentations théâtrales.

PREMIÈRE PARTIE.

De la décoration sous le rapport général du goût, & de son application à l'architecture.

Quand on cherche l'origine de la *décoration*, la première observation qui se présente, c'est que l'amour ou le goût de cette espèce de plaisir est commun à tous les peuples. On le retrouve imprimé sur les plus grands monumens de la plus haute antiquité, comme sur les plus légers détails de l'industrie de ses peuples. A quelque point de civilisation qu'on s'arrête, dans les progrès ou la décadence des sociétés, quelque partie du globe que l'on parcoure entre un pôle & l'autre, par-tout on voit le même instinct se reproduire par des résultats semblables, & la main du plaisir & de la variété façonner & modifier les marbres de la pompeuse architecture des cités, comme le fragile instrument des besoins du sauvage.

Le goût de la *décoration* tient à la nature même de l'esprit humain & au principe des affections de l'âme. Le besoin successif du repos & du mouvement, est une des causes générales, par lesquelles on explique le plus grand nombre des actions & des affections de l'homme. La nature le condamne à passer sans cesse de l'un à l'autre. Trop de repos est aussi contraire au corps & à la santé que le trop de mouvement. Ce que l'homme éprouve au physique s'observe avec autant de précision dans l'ordre moral. L'âme n'a pas moins besoin que le corps de changer de situation. La monotonie est pour elle le repos prolongé. Une succession non interrompue des mêmes impressions & des mêmes sensations, amène avec soi l'ennui, qui, comme l'a dit un poète, naquit de l'uniformité.

C'est donc un besoin pour l'âme de changer de situation, comme pour le corps de changer de place. Comment l'âme change-t-elle de situation ? c'est en passant d'une sensation à une autre sensation. Plus le nombre des sensations qu'elle peut parcourir est multiplié, plus l'âme est susceptible d'éprouver de plaisirs. Les arts sont les ministres de ces plaisirs. L'homme les appelle autour de lui, précisément pour multiplier le nombre des sensations qu'il peut éprouver, & pour en modifier les combinaisons.

La civilisation, en rapprochant les hommes, multiplie leurs besoins, & par conséquent leurs plaisirs. Elle augmente le désir de la variété ; elle rend plus pénible à supporter le fardeau de l'uniformité & de la monotonie. Elle produit enfin au moral les mêmes effets qu'au physique.

Dans l'état qu'on regarde comme le plus approchant de ce qu'on appelle, sans savoir pourquoi, l'état de nature, l'homme change peu de place, le cercle de ses besoins est peu étendu, ses rapports sont peu multipliés, il ne change que par la simple lassitude du repos ou du mouvement. Son esprit dans cet état éprouve peut-être encore moins le besoin de la mobilité. Le spectacle seul de la nature y produit, par la variété de ses images, les seuls mouvemens qui en bannissent l'ennui. C'est même encore un problème, si l'ennui, cette maladie sociale, est bien connu dans cet état de l'enfance des sociétés.

Plus les rapports se multiplient, plus aussi l'esprit contracte l'habitude de changer de sensations. Celles de la nature ne suffisent plus. L'imitation vient au secours de la nature. L'imitation de la nature a sur celle-ci même un avantage, c'est de pouvoir choisir, combiner & réunir dans un sujet les sensations & les impressions qui sont éparses dans les objets qui lui servent de modèle. L'imitation a encore cet avantage, qu'elle dispose à son gré des changemens de sensations, &, d'après la connoissance de l'esprit humain, elle peut lui faire, par les illusions qu'elle sait produire, éprouver en un petit nombre de momens une foule de sensations, qui, peut-être, dans le cours de plusieurs années, ne se seroient ni présentées, ni développées. Telle est sur-tout la source du plaisir que produit l'imitation dramatique. Ce principe n'est pas moins commun à tous les arts d'imitation, que j'appelle les *décorateurs* par excellence de la société.

Décorer ou embellir un objet, c'est donc y développer des sujets de sensations ou d'impressions qui ajoutent aux sensations ou impressions déjà produites par l'objet lui-même. C'est multiplier les rapports d'une chose. C'est procurer à l'esprit des rapprochemens ou des analogies, qui augmentent, par une combinaison nouvelle, la masse de ses idées. C'est lui présenter de nouvelles images, c'est lui donner des occasions de changer de situation, c'est lui présenter de nouveaux préservatifs contre l'uniformité & la monotonie, c'est le garantir de l'ennui, c'est lui procurer de la variété, c'est lui donner du plaisir.

Si la base du goût de l'homme pour la *décoration* est dans la constitution même de l'esprit humain, si ce goût est dans la nature, c'est dans la nature aussi que l'art trouve les modèles de ce qu'il faut faire pour contenter ce goût.

On diroit en effet que la nature ait eu en vue de procurer à l'homme qui sait apprécier ses sensations, des jouissances innombrables dans le spectacle si varié d'objets créés, & dans la formation desquels le plaisir de la variété semble être entré comme principe.

Quelle main prodigue en couleurs, en configurations, en compartimens, en dessins ! Karrés ou symétriques, en rezelures ou broderies de toute espèce, s'est plu à répandre la variété sur toutes les espèces de reptiles, de coquillages, de pierres, de poissons, d'animaux, d'oiseaux, de fleurs, de végétaux, de plantes de tout genre, dont se compose le spectacle de la nature !

L'homme, en imitant dans ses ouvrages les œuvres de la nature, n'eût-il pas porté à y répandre aussi ce luxe d'ornemens ? Oui, sans doute, si l'on ne sauroit nier que la simple & naturelle influence des exemples répandus autour de lui, ne l'ait de tout temps porté, comme par un instinct irraisonné, à faire comme il voit que fait la nature.

Ainsi, sans même supposer que beaucoup d'ornemens ayent dû à la nécessité, à différens besoins leur origine, ce que l'on ne sauroit nier à l'égard de beaucoup d'ustensiles & d'instrumens ; il est indubitable que le goût d'orner, que je distingue du goût d'ornement, a dû prendre naissance dans une imitation machinale des œuvres de la nature.

C'est une question cependant pour le philosophe & le studieux observateur de la nature, de savoir si celle-ci a jamais produit, dans quelque être que ce soit, de véritables ornemens, c'est-à-dire, de ces objets ou accessoires inutiles à la conservation ou à la propagation de l'individu, & qui ne lui serviroient que de *décoration*. A coup sûr l'idée d'ornement ou de *décoration* n'est qu'une idée relative & seulement relative à l'homme. Il seroit donc par trop ridicule de penser que le coquillage attaché au fond de la mer, & que l'homme ne verra peut-être jamais, auroit été guilloché ou chamarré de tant de manières si variées, pour le seul plaisir de l'homme, qui ne sauroit jouir de ce plaisir.

Il paroît constant au contraire que nous appelons ornement ou *décoration* dans tous les êtres créés, ce dont nous voyons moins clairement le rapport & la liaison avec l'utilité, sans qu'il résulte de là que ce rapport n'existe point. Si nous comparons même ces objets d'ornement avec une infinité d'autres, dont nous connoissons les relations avec le besoin ou l'utilité, nous serons portés à conclure que rien dans la nature n'existe sans ce rapport plus ou moins direct, que ce qui s'éloigne de cette règle est plutôt une superfétation qu'un ornement.

Si même nous recherchons avec un peu de pénétration la cause du plaisir que nous procurent ces divers ornemens répandus par la nature sur toutes ses productions, nous remarquerons qu'il réside particulièrement dans la liaison que nous leur trouvons avec la nécessité ou une utilité quelconque. Nous le remarquerons d'autant plus, qu'il est dans le système général de la nature de placer toujours le plaisir à côté du besoin, & de faire toujours résulter le premier du second.

Il paroît donc constant que tout ce à quoi l'homme attache du plaisir, tout ce que l'homme appelle dans la nature ornement ou *décoration*, est ou le résultat de quelque besoin plus ou moins connu, ou un agent nécessaire à la conservation de l'être, ou le principe même de son essence.

Sans étendre plus loin une théorie, qui nous écarteroit trop de l'objet de cet article, il nous suffit d'avoir apperçu la cause du goût que l'homme a pour la *décoration* dans la constitution même de son ame, & les principes de ce goût dans les ouvrages de la nature.

Il doit donc résulter de ceci trois conséquences.

La première, que le goût de la *décoration* étant naturel à l'homme, il convient que la raison qui peut souvent s'en trouver offensée, cherche moins à le combattre qu'à le régler.

La seconde, que ce goût ayant ses racines dans la nature même de l'esprit humain & dans les affections de l'ame, c'est sur la connoissance de ce qui flatte ces affections, de ce qui convient au plaisir de l'esprit, que reposent les règles & les principes de la *décoration*.

La troisième, que la source du goût de la *décoration* étant dans les ouvrages de la nature, ce modèle universel des ouvrages de l'art, c'est à opérer dans ses *décorations*, comme la nature opère elle-même, que l'art doit tendre; c'est-à-dire, qu'il doit toujours faire reposer sur un besoin plus ou moins absolu & sur quelqu'utilité plus ou moins directe, les motifs & l'ensemble de ses inventions.

Si le goût de la *décoration* est tellement naturel à l'homme, qu'on en trouve le germe & les élémens dans tous les degrés de la civilisation, dans tous les âges de la vie; il ne faut pas se flatter qu'on puisse réduire à un système régulier & complet de règles & de principes l'enseignement de la *décoration*. Dans le penchant qu'a l'homme à imiter, il y a une partie qu'on peut appeler machinale, il y en a une autre qui se combine & se raisonne. Il y a ce qu'on appelle instinct; il y a ce qu'on appelle sentiment réfléchi. Le premier adopte comme bon & comme beau tout ce qui lui plaît, le second veut soumettre le plaisir même à des règles, c'est-à-dire, à la recherche des causes qui lui procurent ce plaisir.

Ainsi, dans tous les temps, l'homme, par un pur instinct d'imitation, & par le simple besoin de mettre de la variété dans ses sensations, a orné de couleurs & de teintes diverses sa cabane, ses armes, ses ustensiles, son propre corps. L'homme orne sa tête par l'arrangement de ses cheveux, ses vêtemens par des broderies ou des couleurs; il pare ses animaux, sa maîtresse, son logis. Il fait tout cela par le simple instinct.

Bientôt l'amour-propre se mêle à cet instinct; il veut paroître plus beau; il cherche à plaire. Vient ensuite l'amour de la domination, il veut être plus riche, il veut qu'on sache qu'il l'est plus que les autres; il appelle autour de lui le luxe des ornemens, comme des témoins qui déposent de sa richesse. Lorsque celle-ci l'a rendu plus puissant, il a besoin encore du secours des ornemens, comme signe de son autorité, comme moyens de respect, comme attributs de ce qu'il appelle sa dignité.

Ainsi les ornemens dont le plaisir & le goût de la variété avoient d'abord fait les frais, deviennent eux-mêmes des signes plus ou moins conventionnels, qui servent à expliquer les qualités des choses, & les rapports qui existent entr'elles. Voilà pourquoi j'ai défini la *décoration*, sous son point de vue général, la combinaison des objets qui peuvent embellir, enrichir & *expliquer* les sujets auxquels ils s'appliquent. L'on verra tout-à-l'heure comment cette définition est sur-tout applicable à l'architecture.

Si le goût de la *décoration* tient au besoin qu'a l'ame de changer de situation, c'est-à-dire de varier & de multiplier ses sensations, les principes de cet art seront semblables à ceux des autres arts, qui ont aussi le même but.

L'ame ainsi que le corps veut passer alternativement du repos au mouvement & du mouvement au repos. Mais les transitions de l'un à l'autre de ces états sont très-nombreuses. En général ce qui répugne le plus à l'ame, c'est une transition brusque & rapide. Il faut donc que celui qui veut lui faire éprouver des changemens de sensations, se prête à sa marche naturelle. Ces passages forcés, qui produisent chez elle l'étonnement, ne peuvent s'employer que rarement. Ces sortes de passages s'appellent des contrastes. (*Voyez* CONTRASTE.) Comme le poète, l'orateur & le musicien les emploient quelquefois avec succès, de même l'art de la *décoration* en pourra faire un utile, mais sobre usage.

Ces déplacemens subits, que le contraste occasionne à l'ame, s'ils sont prodigués, ont l'inconvénient, ou de la fatiguer, ou de ne produire que de foibles effets, parce que l'esprit qui s'y attend, n'en reçoit plus l'étonnement qu'ils devoient exciter.

L'art de la *décoration* suivra donc cette règle de procéder avec vraisemblance dans l'emploi des variétés qu'il est chargé de mettre en œuvre. La *décoration* parle à l'esprit par le secours des yeux, il faut aussi qu'elle consulte les facultés de l'intermédiaire auquel elle s'adresse pour parvenir jusqu'à l'ame. Trop d'oppositions, ou de trop marquées dans les configurations ou les couleurs, fatigue les facultés visuelles, & le plaisir qu'on a voulu faire passer à l'ame se convertit en peine par la fatigue de l'organe qui devoit le transmettre.

Ainsi, quoique le goût de la *décoration* ait pour principe le goût de la variété, comme la variété diffère du contraste, l'art du *décorateur* manqueroit son but, si une trop grande affectation de variété s'y faisoit sentir.

Il est un secret commun à tous les arts & à toutes les parties de ces arts, c'est que l'envie ou le désir de plaire ne s'y montre jamais. L'ame se refuse au plaisir, dès qu'elle en apperçoit la préparation.

Beaucoup de *décorateurs* se sont imaginés que l'objet de leur art étant de plaire par la variété, ils n'avoient plus qu'à chercher tous les moyens de diversifier. L'art n'est plus devenu entre leurs mains que la faculté de combiner de nouveaux rapports de forme & de couleur, ils ont cru produire par là beaucoup & de nouvelles sensations. Ils ne se sont pas apperçus que les extrèmes en ce genre sont très-limitrophes, que l'habitude de la variété est aussi une espèce particulière de monotonie & d'uniformité, de manière qu'ils ont mené par une route, à la vérité contraire, l'ame au point même qu'ils vouloient éviter, c'est-à-dire l'ennui ou la répétition des sensations uniformes.

Trop de variété est donc aussi uniformité. La *décoration* qui employera trop l'artifice de la variété manquera son objet, comme celle qui resteroit dans les redites de l'uniformité.

Si la *décoration*, dans ses moyens, doit être simple pour être claire, & facilement saisie par l'esprit ; si elle doit être variée sans trop de contraste, elle doit plus particulièrement encore éviter la monotonie. Mais ce genre d'abus n'est pas celui contre lequel on doit le plus mettre en garde les *décorateurs*. Nous avons vu que l'arabesque, (*voyez* ce mot) que nous avons défini l'abus de l'ornement & de la *décoration*, a engendré lui-même un goût qu'on peut appeler l'abus de l'arabesque. C'est bien particulièrement là, c'est dans ces compositions exagérées de mélanges & de combinaisons de toute espèce, que l'ame éprouve cette satiété de la variété, qui dénote le point extrème du vice en ce genre.

Mais ce qui y conduit le plus sûrement le spectateur, c'est peut-être encore le sentiment de l'inutilité, sentiment qui s'empare bientôt de nous à la vue de tant d'objets, dont aucun besoin ne motive la présence.

L'art de la *décoration* ne ressemble que trop souvent à l'art des symphonies ou des sonates. *Décoration, que me veux-tu ?* pourroit-on dire souvent, comme le poète à la sonate.

Comme nous avons vu que ce que nous appellons ornement ou *décoration* dans les ouvrages de la nature est, ou le résultat de quelqu'une des qualités essentielles de ces objets, ou l'agent nécessaire de quelque besoin, ou l'indication d'une utilité quelconque, de même la *décoration* dans les ouvrages de l'art manqueroit un des points essentiels de l'imitation & du plaisir que celle-ci peut faire, si elle négligeoit de donner à ses productions un sujet ou un motif quelconque d'utilité plus ou moins directe, ou plus ou moins apparente.

L'utilité de la *décoration*, prise en général, se tire, comme on l'a vu, du besoin qu'a l'homme de multiplier et de varier ses sensations ; elle se tire aussi du besoin d'expliquer les objets de l'art, d'en faire connoître l'emploi, l'objet & la propriété.

De-là deux règles générales.

1°. La *décoration* doit être, ou du moins doit paroître nécessaire.

2°. La *décoration* doit employer des objets qui soient en rapport avec l'objet général auquel elle s'applique.

J'ai dit que la *décoration* doit être, ou du moins doit paroître nécessaire. C'est-à-dire qu'il ne faut pas s'imaginer que toutes les parties des ouvrages de l'art soient susceptibles de recevoir des ornemens.

Le goût ou le sentiment des convenances consiste à apprécier cette mesure ; il faut discerner les cas où la *décoration* doit être admise, & la mesure de variété que comportent les objets qu'on décore. Souvent même l'absence de toute *décoration* sera un moyen de décorer. Selon la nature ou le caractère propre de l'objet à décorer, il conviendra de graduer les ressources de l'art. Comme la pompe du langage, la richesse de la diction & le luxe des images ne conviennent pas à tous les genres de discours, comme il en est dont la simplicité fait la seule parure, de même il est dans les arts du dessin des sujets que la *décoration* appauvrit & que les ornemens enlaidissent.

Consultez donc avant tout le caractère du sujet auquel vous voulez appliquer une *décoration* quelconque ; & avant de savoir quel genre de *décoration* il comporte, sachez avant tout s'il lui est nécessaire d'en avoir.

J'appelle une *décoration* nécessaire, celle dont l'absence produiroit un vide pour l'esprit, & celle dont la présence explique l'objet auquel elle s'applique en renforce les sensations, & en développe le caractère.

J'appelle encore une *décoration* nécessaire celle qui prend les motifs de ses inventions ou combinaisons dans le fond du sujet, ou dans les circonstances qui l'environnent.

L'histoire nous a conservé la méprise de ce décorateur qui avoit placé au sénat de figures d'athlètes, & des statues de sénateurs dans le gymnase. Combien de *décorateurs* modernes sont tombés dans de plus lourdes inconséquences !

De la décoration dans son application particulière à l'architecture.

A envisager l'architecture sous le rapport du goût, & indépendamment de la science de bâtir ou de la construction, cet art se présente à nous sous le rapport spécial de *décoration*. En effet, l'art de l'architecture n'est autre chose que l'art d'embellir les constructions qu'enfante le besoin.

L'architecture a deux moyens principaux d'ajouter le plaisir qu'elle fait produire aux formes commandées par le besoin:

Le premier de ses moyens est l'art des proportions.

Le second est l'art des ornemens.

Quoique les proportions soient un des plus sûrs & des premiers moyens de plaire qu'employe l'architecture, cependant, comme ces moyens sont les plus intellectuels, comme ils s'adressent particulièrement à l'entendement, on ne les compte pas ordinairement parmi les moyens de la *décoration*.

J'ai dit que le second moyen de l'architecture, pour plaire, étoit l'art des ornemens. Je le distingue de l'art de l'ornement. Celui-ci consiste davantage dans l'exécution des détails de la décoration. (*Voyez* ORNEMENT.) L'autre est l'art de les combiner, de les faire entrer dans le système général, dans l'ensemble & dans l'ordre d'idées qui conviennent à un édifice. C'est proprement la *décoration*.

La *décoration* appliquée à l'architecture va recevoir des mêmes principes que nous avons développés, les mêmes règles.

Le besoin produit des constructions, le plaisir vient ensuite les embellir.

La source de ce goût pour l'embellissement des constructions, est la même que celle que nous a donné la théorie générale. La répétition des formes nécessairement monotones du besoin, produit l'ennui; c'est donc à introduire de la variété dans ces formes, par l'application de tous les objets d'imitation qui peuvent entrer dans le cercle de cet art, que la *décoration* doit tendre.

Tout art méthodiquement considéré est une collection de règles, pour faire bien ce qui peut être fait bien & mal. La *décoration* architecturale consistant dans l'application aux formes du besoin des objets qui peuvent embellir ces formes, il est clair que cette application peut se faire, ou sans choix, ou avec choix & discernement. La théorie ou la collection des règles qui détermineront ce choix, constitue donc l'art de la *décoration*, sous le rapport méthodique ou d'enseignement. Mais avant de donner des règles pour le choix & l'application judicieuse des objets dont se compose la *décoration* de l'architecture, il faut connoître ces objets.

L'architecture puise les objets qu'elle admet à embellir les formes produites par le besoin, dans trois sources qu'il est important de connoître: l'instinct de la variété, l'analogie, l'allégorie.

La première, qui paroit la plus générale, & qui est commune à tous les degrés où se trouve l'art de bâtir chez tous les peuples de la terre, est cette espèce d'instinct dont nous avons déjà parlé, & qui porte l'homme à orner pour le seul plaisir de la variété. C'est de cet instinct que procède une foule de découpures, de broderies, de détails, de compartimens, de couleurs, enfin de travaux plus ou moins minutieux, qu'on retrouve sur toutes les architectures connues. C'est en vain que l'esprit le plus philosophique voudroit chercher une origine à tous ces objets, dans quelque besoin de la construction, ou dans quelqu'usage politique & superstitieux; on s'épuiseroit en vains systêmes sur cette matière. Examinez la nature de ce goût de décorer dans l'enfant, chez lequel aucune autre cause de moralité ne se développe que le besoin irréfléchi d'imiter, vous le verrez dans ses j... dans ses travaux, découper, colorier ses informes ouvrages par le seul besoin de la variété.

A quelque degré de raisonnement qu'on ait voulu faire arriver dans la partie de la *décoration* l'architecture grecque, celle de toutes qui peut le mieux se systématiser, on est forcé d'y reconnoître un grand nombre de formes & de détails qui ne peuvent avoir d'autre base que celle qu'on vient d'indiquer. C'est-à-dire que sous un certain côté, l'architecture, ou pour mieux dire un édifice, se considère comme un meuble, un vase, un ustensile, qui ne reçoit le plus grand nombre de ses ornemens que pour le plaisir des yeux, & abstraction faite de l'analogie que les ornemens pourroient avoir avec l'emploi de l'ustensile.

Vouloir trop prouver, c'est s'exposer à ne prouver rien du tout. Tel est l'inconvénient dans lequel tombent ceux qui veulent expliquer tout en architecture. Une fois qu'on est entré dans la carrière de l'analogie, il n'y a rien qu'on ne puisse déduire des données vagues & indéfinies qu'on prend pour terme de comparaison. C'est par une ...re de cet esprit, puérilement systématique, qu'on a voulu expliquer des différences de chapiteaux par des modes de coeffures; des cannelures, par les plis des robes des femmes, ou par l'écorce des arbres; des découpures coniques au bout des triglyphes, par des gouttes d'eau. Le véritable esprit d'analyse rejette toutes ces explications, qui n'expliquent rien, ou qui ne sont que l'*obscurum per obscurius*.

Il n'y a de raisonnable explication à chercher de tous ces

ces objets que dans la cause morale déjà indiquée. C'est là qu'on trouvera la seule étymologie naturelle des nombreux objets de *décoration* qu'emploie l'architecture, auxquels la fantaisie seule de l'homme a donné naissance, & qu'on ne peut considérer que comme moyens de variété.

De ce genre sont infailliblement les rosaces des caissons dans les plafonds, les feuillages divers du chapiteau corinthien, les volutes de l'ionique, les tores du dorique, les oves, les perles, les feuilles d'eau, les astragales, les entrelas, la plus grande partie des ornemens dont on découpe les moulures.

Je n'ignore pas que c'est toujours dans les ouvrages de la nature & dans plusieurs aussi de l'art, que la *décoration* va puiser la plûpart des imitations dont elle transporte les images à l'architecture. Aussi je ne prétends pas attaquer chacun de ces objets en particulier, comme purement capricieux & hors de toute analogie avec la nature. C'est simplement de leur transposition dans l'architecture qu'il s'agit, & c'est cette application d'objets imités, si l'on veut, d'après nature, que je prétends n'avoir dans la nature des choses qu'une base problématique & conjecturale.

Je sais encore qu'on a voulu déduire cette transposition de plantes, de rinceaux & d'herbages, du hasard, qui quelquefois en produit de naturels dans les édifices abandonnés & ruinés. Quelqu'hypothétique & capricieuse que soit encore une semblable base, il me suffit qu'elle ne puisse convenir à une foule d'autres détails d'ornemens, pour que je sois obligé d'expliquer, par une autre cause que celle de l'analogie, une grande partie de la *décoration*. Et quand je trouve dans l'architecture la mieux raisonnée, c'est à-dire celle des Grecs, comme dans les architectures les moins soumises aux règles, au raisonnement & à l'imitation, des découpures, des formes dont les modèles n'existent dans aucun objet de la nature ; quand ensuite j'observe que ce goût commun à tous les peuples, l'est aussi à tous les ouvrages de l'industrie humaine, j'en conclus que la *décoration* se compose en partie d'objets dont les formes ne sont dues qu'à l'instinct qui porte l'homme à introduire de la variété dans ses ouvrages, & qui se rapportent plus particulièrement au plaisir des yeux.

Si l'art est obligé de reconnoitre que beaucoup d'objets de *décoration* dépendent, dans leur application, aux formes du besoin, & dans leur génération, du hasard, du caprice, ou de ce que j'ai appelé l'instinct de la variété, il n'en abandonnera pas pour cela la disposition, l'ordre & l'arrangement au même caprice ; & ici commence la différence entre l'architecture devenue art, & qui soumet toutes ses parties à des règles, c'est-à-dire à la recherche des causes du plaisir, & celles qui ne suivent dans leurs inventions ou combinaisons que l'impulsion machinale de l'instinct.

Dictiog. d'Archit. Tome II.

Si chacune de ces parties ne peut satisfaire la critique sévère, sous le rapport de son origine & de son étymologie ; si beaucoup d'entr'elles ne peuvent rendre compte de la raison qui les a introduites dans la *décoration* ; si enfin elles sont réduites à n'être, pour la plûpart, que des moyens de variété dans l'ensemble de l'architecture, on exigera du décorateur qu'il sache les rendre utiles par rapport à l'effet qu'on en attend.

Or, il est un effet que produisent les ornemens, de quelque genre qu'ils soient dans l'architecture ; c'est celui de multiplier & de renforcer les impressions que l'art peut produire.

L'architecture, on a déja eu l'occasion de le dire plus d'une fois, est de tous les arts, celui peut-être qui a le moins de prise sur les affections de l'ame, en ce qu'il est peut-être celui de tous qui s'adresse le plus à l'entendement de l'esprit. Ses images n'agissent sur nos sens que d'une manière indirecte ; mais enfin, il faut aussi exciter des sensations. Il ne faut pas qu'il manque ses moyens, ou qu'il en abuse. Les impressions que nous fait l'architecture dépendent des qualités qu'elle développe, & ces qualités se réduisent à-peu-près à celles de *grandeur* ou de *force*, d'*ordre* ou d'*harmonie*, de *richesse*, de *variété* ou de *plaisir*.

Suivant donc que l'architecture voudra développer dans un édifice quelqu'une de ces qualités, pour produire sur notre ame les impressions correspondantes à ces qualités, elle appelle les ornemens, les choisit ou les rejette au gré des rapports établis entre leur emploi, & l'effet qui en résulte sur nos sens.

Veut-elle produire en nous l'étonnement qui résulte de la grandeur ou de la force, elle n'admet que peu d'ornemens, parce que la division des parties qui résulte de l'emploi des ornemens, affoiblit l'idée morale de la force, comme souvent ils affectent aussi la solidité, dont l'apparence devient nécessaire au caractère de force qu'on veut prononcer. Admet-elle quelques ornemens dans son ensemble, elle choisira ceux qui offriront le moins de détails, ou ceux qui paroitront le plus dépendans de la construction même.

L'architecture veut-elle exciter en nous l'admiration que produit l'aspect de la richesse, ou veut-elle émouvoir les impressions du plaisir, elle choisit parmi ses ornemens, ou les plus abondans en travail, ou les plus légers dans les détails.

Voudra-t-elle porter dans notre ame des sensations de sagesse, de recueillement ou de gaieté, d'hilarité, elle simplifiera plus ou moins, ou multipliera plus ou moins les moyens de variété que j'appelle les ornemens. C'est que la multiplicité des objets produit la distraction de l'esprit, c'est que l'unité de motif concentre la pensée, en opère le recueillement.

Peu importe donc quelle soit la nature, l'origine ou l'étymologie de ce grand nombre d'objets qui entrent comme élémens dans la *décoration*. Quels qu'ils soient, leur présence, leur absence ou leur choix détermineront toujours l'ame à recevoir telle ou telle impression.

L'absence ou la présence des ornemens, indépendamment de la signification particulière que chacun d'eux peut avoir, & de leur analogie, est donc dans l'architecture, ce que sont les couleurs dans la peinture. Avec cette progression, que le goût sait établir, le décorateur fait qu'un édifice vous paroîtra propre à un emploi grave ou léger, sérieux ou gai; il fera que cet édifice excitera chez vous, ou l'étonnement, ou l'admiration, ou le plaisir, ou la tristesse, ou le recueillement ou la distraction; vous fera naître des idées élevées ou riantes, mélancoliques ou sombres, voluptueuses ou sévères. Enfin, l'absence, la présence ou le choix du plus ou du moins d'ornemens, est à l'architecture ce qu'est à la musique l'*adagio*, l'*allegro*, le *piano* & le *forte*, ainsi que toutes les nuances intermédiaires entre les temps extrêmes.

L'architecture qui s'adresse sur-tout à l'entendement pour plaire à notre ame, trouve encore, dans la disposition des objets de décoration, un moyen de l'affecter agréablement. Ce moyen consiste dans l'ordre & l'harmonie qu'un bel arrangement de ces objets dirigé par un goût exquis & des combinaisons savantes peut développer. C'est, en quelque sorte, là l'objet le plus important de l'architecture. Un bel édifice peut se définir, un spectacle de rapports harmonieux d'ordre & de disposition, donné à l'entendement par l'intermédiaire des yeux. Les détails de l'ornement sont tellement partie du plaisir qui résulte d'un accord parfait dans un tout architectural, que le meilleur ouvrage, quant aux principes essentiels d'ordre & d'harmonie, peut, par le seul vice de la confusion ou mauvais emploi de la *décoration*, manquer son but, qui est de plaire à l'entendement. Il est beaucoup d'édifices qui deviendroient, en un instant, de bons ouvrages, si on les déchargeoit de leur *décoration*, ou si on la remplaçoit par une autre.

Ainsi, quoique cette partie de la *décoration*, qui se compose d'ornemens pour la plupart capricieux dans leur essence, ou tout au moins dans leur application, soit celle de toutes qui semble le plus faite pour ne parler qu'aux yeux, l'entendement & la raison ne sont pas moins intéressés, dans l'emploi qu'en fait le décorateur, à réclamer leur jouissance. On peut comparer cette partie à la partie instrumentale de la musique, qui, considérée seulement comme combinaison de sons, privée de la valeur des paroles ou des accens de la voix, ne sauroit charmer l'oreille sans flatter aussi, ou l'ame qui jouit de l'harmonie, ou l'entendement qui en calcule les moyens & les effets.

J'ai dit que la seconde source, où l'architecture puisoit ses moyens de *décoration* étoit l'*analogie*.

Il est dans la nature des facultés humaines de ne pouvoir créer qu'en combinant des choses créées, de ne pouvoir inventer qu'en imitant.

L'invention de l'architecture nous en donne la preuve & l'exemple. C'est dans les productions de la nature, ou dans la manière de produire de la nature, que cet art trouve ses modèles & ses règles. On a développé ailleurs, avec assez d'étendue, ce système d'imitation de l'architecture, pour qu'on puisse se contenter de renvoyer le lecteur aux articles ARCHITECTURE, ARBRE, CHARPENTE, &c. En puisant, dans l'analogie des premières constructions fabriquées par l'instinct du besoin, les types & les caractères primitifs de sa constitution, l'architecture y trouva aussi une source féconde d'embellissemens.

Une grande partie de la *décoration* de l'architecture résulte donc de cette imitation analogique des formes produites par les combinaisons de l'art primitif de bâtir, dans chaque pays.

Mais il n'est aucune architecture, dont le système imitatif & *décoratif* soit plus visiblement écrit dans la nature des choses, que celui de l'architecture grecque, devenue celle de toute l'Europe.

Les Grecs firent deux choses qui ont rendu leurs combinaisons les plus excellentes de toutes; ils se donnèrent un modèle positif, ce qui les préserva des écarts de toutes les fantaisies; ils voulurent ensuite que les ornemens propres à embellir ce modèle fussent aussi puisés dans la même source; & de manière qu'au défaut de modèle de bâtir dans les œuvres de la nature, qui ne crée point de maisons, ils choisirent l'ouvrage de l'art le plus voisin des inspirations du besoin, de l'instinct & des mœurs de la nature. A défaut d'objets de *décoration* précis dans les œuvres de la nature, l'art imagina, dans la transposition qu'il fit des constructions de bois aux constructions de pierre & de marbre, de faire servir à l'embellissement précisément toutes les indications du besoin. Il voulut que tout ce qui annonçoit l'ossature & l'anatomie grossière du modèle informe qu'il se donnoit pour type, fût le principe de l'ornement, dans la copie.

De-là est résulté, dans cette architecture, un genre d'imitation de la nature, qu'on ne retrouve aussi distinctement dans aucune autre; c'est que le plaisir, comme dans la nature, non-seulement se trouve à côté du besoin, mais en est, en quelque sorte, le produit. De-là aussi est résulté, pour la raison & l'entendement, un genre de plaisir qu'on ne retrouve nulle part aussi complètement que dans les ouvrages de cette architecture. C'est que les ornemens principaux étant originaires des formes mêmes de la construction, il est peu de ces détails d'embellissement, dont le goût ne puisse rendre compte au raisonnement.

Les objets de *décoration* puisés dans l'analogie des constructions primitives du besoin, sont trop connus pour qu'il soit nécessaire d'en faire ici l'énumération. Les bases, les colonnes, les chapiteaux, les parties de l'entablement, les plafonds, les frontons, portent avec eux leur extrait de naissance, trop incontestable pour qu'on doive s'arrêter à le prouver. Ainsi, comme on le voit, une partie très-importante de l'architecture, celle qu'on appelle *sa nature*, & qui fait aussi une des bases de la *décoration*, provient du système d'analogie qui constitue le principe d'imitation de l'art.

C'est à respecter cette analogie que le décorateur doit, dans ses compositions, mettre toute son attention. Si une fois l'oubli de cette origine, si l'inobservation de ces principes introduisent la confusion ou le désordre dans l'emploi & la disposition des objets de *décoration*, l'architecture perd sa valeur & sa signification; ce qui paroît aux yeux & à l'esprit, ne s'adressant plus qu'au sens visuel, le fatiguera bientôt lui-même par sa redite inutile & oiseuse. Tout ce qui avoit un motif & une raison cessant d'en avoir, l'esprit cessera de trouver, dans un art qui ne sera plus rien pour lui, le plaisir qu'il avoit droit d'attendre.

C'est en s'isolant de l'architecture, que l'art de la *décoration*, se corrompant lui-même, a corrompu l'art dont il n'étoit que l'auxiliaire. Si-tôt que le génie décorateur s'est cru libre des entraves de l'analogie, toutes les formes caractéristiques se sont contournées, perverties & dénaturées, au point qu'il y a entr'elles & celles de la bonne architecture, plus de distance qu'entre celles-ci & les types de la primitive construction. Qui pourroit, en effet, dans les enroulemens, les tortillages, les brisemens & les découpures des frontons, des encadremens, des profils, des chapiteaux du *Boromini*, reconnoître le caractère originaire, dont ils rendent l'empreinte même problématique, pour ceux qui n'ont pas fait d'étude de cette espèce de généalogie?

Cet abus provient de deux causes. La première s'entrevoit aisément dans l'équivoque, résultant des divers objets de *décoration* qui entrent dans la composition de l'architecture. De ce que, comme on l'a vu, certains détails de l'ornement ont pris naissance de l'instinct seul de la variété, & offrent une transposition d'objets, dont la raison est trop éloignée ou trop métaphorique pour être saisie par une analyse exacte & sévère, on a conclu que tout pouvoit être métaphore dans l'architecture, & par suite que tout étoit arbitraire dans la *décoration*, parce qu'il y entroit quelque chose d'arbitraire.

La seconde cause paroît être dans une fausse idée que les décorateurs se sont faite de l'invention. Ils ont pris pour manque de génie, dans l'architecture

antique, cette exacte observance des mêmes formes, ils ont pris pour de la monotonie ce qui n'étoit que de la régularité : ne sachant plus apprécier les nuances délicates avec lesquelles on peut exprimer toutes les modifications de caractère, ils ont préféré les tons durs & brusques qui ne produisent plus d'effet, parce qu'ils en veulent trop produire.

On peut, n'en doutons pas, avec la plus scrupuleuse observance des types indicatifs de l'origine de l'art, allier toute la variété que requiert le goût de la *décoration*.

On peut, sans altérer leur empreinte, en multiplier indéfiniment les nuances au gré du plaisir & du caractère plus ou moins simple, ou plus ou moins complexe, que doit recevoir un édifice.

Le système de l'architecture, & sa division en trois modes, nous montrent comment l'expression plus ou moins ressentie ou dissimulée des formes du besoin, fait introduire dans la *décoration* une progression de richesse ou de simplicité, de variété ou d'uniformité, qui constitue une sorte de langage très-intelligible, lorsque, d'une part, l'artiste sait le parler, & que de l'autre le spectateur sait le comprendre.

Mais la source où la *décoration* puise le plus grand nombre des moyens les plus propres à faire de l'architecture, un langage, si l'on peut dire, oculaire, une sorte d'écriture hiéroglyphique, c'est l'allégorie.

L'allégorie est un discours figuré, mais elle est l'expression simple & naturelle de ces arts d'imitation qui ne parlent que par signes ou par figures. L'architecture, par l'emploi qu'elle fait de ces arts, & des symboles qu'ils lui prêtent, parvient à donner à ses ouvrages une signification aussi déterminée, une propriété aussi distincte, que le peut faire chaque art dans son domaine particulier.

Au moyen de l'allégorie, l'architecture devient une sorte de peinture. Un édifice est un tableau, ou pour mieux dire une réunion de tableaux. Les ressources que la *décoration* trouve dans l'allégorie sont telles, que l'architecte peut traiter toutes sortes de sujets. Ce n'est plus simplement par des rapprochemens indiqués, par des combinaisons plus ou moins abstraites, par un choix de rapports analogiques, qu'il parvient à faire naître dans notre ame des idées correspondantes aux qualités qu'il met en évidence; l'art se fait réellement historien & narrateur; il nous explique l'objet général & particulier qu'il traite; il nous informe du but moral comme de l'emploi physique de son édifice. La *décoration* allégorique tient lieu d'inscriptions; elle dit plus, elle dit mieux que toutes les légendes dont on peut charger les frontispices & les murs.

Tel est donc le grand avantage de la *décoration*,

c'est de servir d'interprète au monument sur lequel elle se place. C'est alors qu'identifiée en quelque sorte avec lui, elle joue véritablement un rôle important. Elle cesse d'être accessoire, & parvient à réunir le plus haut degré d'utilité.

La *décoration* d'un édifice, quand elle puise dans la source de l'allégorie les motifs qui lui sont propres, sert encore après sa ruine à nous apprendre sa destination. Combien de monumens nous seroient parvenus sans lui, sans emploi connu, si des fragmens de leur *décoration*, si quelque reste d'allégorie ne nous apprenoient & ce qu'ils furent, & l'usage auquel ils servirent.

L'allégorie offre à la *décoration* une vaste carrière. Si l'on considère les agens qu'elle emploie, les sujets qu'elle embrasse, on verra qu'elle rend tous les arts d'imitation tributaires de l'architecture, & que le domaine de ses inventions n'a d'autres limites que celles même de l'imitation.

Tout ce que la *décoration* doit à la peinture & à la sculpture est d'un détail trop nombreux pour entrer dans une analyse succincte. Cependant on peut diviser en trois classes les principaux objets d'allégorie que la *décoration*, par le moyen de la peinture ou de la sculpture, fait appliquer à l'architecture.

La première classe comprend les attributs.

La seconde se compose des figures.

La troisième embrasse les sujets de composition.

Je comprends sous le nom d'attributs tous les symboles, tous les emblèmes, qui rendus visibles par le moyen de la sculpture ou de la peinture, deviennent par leur concision des espèces de monogrammes dans l'écriture figurée dont il s'agit, & qui, employés avec la précision & la convenance nécessaire, servent à l'explication de l'édifice.

A la tête de ces attributs, l'on doit ranger sans doute la plus grande partie de ces feuillages, de ces plantes, dont l'art de l'ornement s'est fait une attribution particulière. C'est aux cérémonies religieuses des peuples encore simples, c'est au désir de parer & d'embellir, par les dons de la nature, les demeures des dieux; c'est aux offrandes de fruits, de plantes, de légumes, aux oblations & aux sacrifices, que sont dus pour la plûpart, ces rinceaux chargés de fleurs ou de fruits, ces enroulemens contournés ou modifiés par l'art & le goût. Il est difficile de se refuser à une telle étymologie, quand on voit qu'au milieu même du luxe artificiel de la *décoration* dans les édifices, les *décorations* naturelles dont on vient de parler, n'ont pas cessé d'être mis en usage pour les cérémonies & dans les fêtes religieuses ou civiles.

Ainsi les guirlandes, les festons, les fleurs, les couronnes, les feuillages divers des chapiteaux, auront dû leur origine aux cérémonies religieuses. Chacun de ces objets peut donc, comme attribut, comme emblème d'un usage sensible & connu, figurer dans la *décoration* avec une signification spéciale & caractéristique.

Les instrumens de sacrifice, les ornemens des sacrificateurs, les vases saints, les têtes des animaux sacrifiés, les bandelettes, les patères, & tout ce qui entroit dans cette partie du culte des anciens, est passé comme attributs dans la *décoration* des édifices sacrés. L'architecture a fait de tous les emblèmes des signes de convention, qui, malgré les différences d'usages survenus dans les cultes modernes, n'en sont pas moins reçus comme moyens d'indication métaphorique de la destination des monumens auxquels ils s'appliquent.

Chaque divinité avoit chez les anciens ses attributs particuliers, (*voyez* ATTRIBUTS). Mais chaque divinité n'étoit elle même qu'une espèce d'attribut des diverses propriétés de la nature & des diverses relations des choses, soit dans l'ordre physique, soit dans l'ordre moral. Ainsi, quoique l'on ne croye plus à Jupiter, à Vénus, à Neptune, aux Nymphes, à Diane, à Apollon, aux Muses, & ce peuple d'êtres fantastiques, dont le génie des poëtes avoit fait un monde imaginaire, comme l'on ne peut cesser de croire aux idées attachées à ces êtres allégoriques, aux rapports qu'ils exprimoient, aux qualités diverses dont leurs noms & leurs figures étoient l'expression, les attributs qui formoient leur cortège, sont devenus autant de devises ou d'emblèmes, qui constituent le langage figuré des arts d'imitation. La *décoration* d'architecture n'en est emparé sur-tout pour caractériser les édifices.

Rien n'empêche que l'aigle & le foudre ne représentent l'éternité, la toute-puissance; que le myrthe & la colombe n'expriment l'amour; que la lyre & le laurier ne signifient l'harmonie & la gloire; que les coquillages, les dauphins & les roseaux n'indiquent dans un édifice, une destination aquatique; que le casque & la lance de Mars, ne désignent la guerre; que la palme & la couronne n'annoncent la victoire, l'olivier la paix. Pourquoi la balance ne voudroit-elle plus dire justice? Les flèches & le carquois ne sont-ils pas synonymes d'amour? Les épis de Cérès, le serpent d'Esculape, l'oiseau de Minerve, le coq de Mercure, ne peuvent-ils pas être les équivalens d'abondance, de science, de vigilance?

Les instrumens des arts, des sciences, tous les objets qui servent aux diverses institutions pour lesquelles un édifice est fait, deviennent naturellement les enseignes même de l'édifice. Le champ que trouve l'art de la *décoration* dans l'emploi & la combinaison des attributs, est donc aussi varié qu'étendu. Mais si ces ressources sont nombreuses, combien il importe aussi de ne point les étaler sans motif, ou de ne pas en faire un emploi banal & confus !

Tous ces attributs sont ou les lettres, ou les mots, ou les phrases d'une langue. Que faites-vous, quand vous placez des instrumens de sacrifice, ou de culte, là, où il n'y a ni culte ni sacrifice ; quand vous décorez des appareils les plus festoyans, l'ordonnance d'un lieu qui n'est propre à aucune fête ? vous mentez au spectateur. Que faites-vous, lorsque transposant arbitrairement tous les attributs, plaçant indistinctement dans la *décoration* des chapiteaux, des frises, des profils, des frontons, tous les signes représentatifs des qualités, propriétés ou substances des objets, vous croyez avoir décoré un édifice ? vous ressemblez à un homme, qui, ignorant la valeur des caractères de l'écriture, s'amuseroit à les tracer capricieusement, sans s'inquiéter du sens qui en résulteroit ; vous ressemblez à un homme qui proféreroit des sons, & qui n'exprimeroit point d'idées.

C'est à respecter ces signes & leurs rapports avec l'édifice auquel on les applique, que le décorateur doit mettre ses soins, s'il veut m'attacher & me plaire, & contenter tout à la fois mes yeux & mon esprit. Il ne sera pas moins scrupuleux observateur de ces convenances dans la seconde espèce d'objets allégoriques.

J'ai rangé les figures dans la seconde classe d'allégories ou d'objets, par lesquels la *décoration* explique les sujets que traite l'architecture.

Les figures se considèrent ou par rapport aux sujets qu'elles expriment, ou par rapport à la manière dont l'art les emploie.

Quant aux sujets, les figures, comme moyen allégorique de *décoration*, se divisent en figures simples & en figures composées. J'appelle figures composées toutes celles que le génie de la *décoration* a empruntées de l'ancienne manière d'écrire hiéroglyphique, & qui n'étant alors que les signes des objets, ou de véritables lettres, sont, par une espèce d'abus fort ancien, passées dans l'architecture & l'ornement, quoique leur sens & leur valeur littérale soyent perdus. De ce genre sont tous ces assemblages d'animaux de demi-figure, tous ces accouplemens d'espèces diverses, dont l'art de l'arabesque sur-tout semble avoir fait son patrimoine (voyez ARABESQUE). Il est assez difficile aujourd'hui de rattacher tous ces objets, en quelque sorte monstrueux, à une chaîne d'idées précises & significatives. Aussi le décorateur n'en fera-t-il qu'un sobre usage ; & s'il parvient, comme il n'est pas impossible, à les faire entrer dans un système raisonné d'allégorie, il aura bien mérité du bon goût & des vrais connoisseurs du beau en architecture.

J'appelle figures simples toutes celles qui ont dans la nature un modèle connu. C'est en ce genre sur-tout que le génie de l'allégorie ne connoît plus de bornes. L'art de la *décoration* y trouvera une matière aussi riche qu'inépuisable.

Comme la sculpture & la peinture peuvent personnifier toutes les qualités morales, toutes les idées abstraites, & reproduire sous la forme corporelle presque tout ce qui compose le domaine de la poésie, il est peu de sujets qui ne puissent recevoir du décorateur une explication naturelle par le moyen des figures allégoriques.

A quelqu'emploi que soit destiné un édifice, quel que soit le mode de son architecture, les figures, si elles sont caractéristiques, ajouteront beaucoup à son effet : un arc de triomphe, une porte de ville, un théâtre, un hospice, un marché, un grenier d'abondance, une fontaine, un palais public ou particulier, un temple, un arsenal, tous les monumens enfin présentent à la sculpture des motifs d'allégorie de tout genre & de toute mesure.

L'artiste décorateur se gardera cependant d'abuser de ces ressources. L'indiscret emploi qu'on en a fait n'a pas peu contribué à diminuer la valeur du langage allégorique de la sculpture dans les édifices. Bientôt l'équivoque & une sorte de cacophonie en ont vicié les élémens. Les artistes & les décorateurs se sont habitués à n'y voir que des sujets propres à exercer leur génie, au lieu d'y voir des signes, dont il faut respecter les convenances. De-là l'incertitude & la disette même des caractères de cette écriture emblématique.

Rien de pire aussi dans ce genre que l'obscurité. Evitez sur-tout de prendre vos sujets dans les sphères de l'abstraction & dans les régions d'une métaphysique trop subtilisée. Malheur à toute *décoration* qui a besoin d'un clef pour être entendue du plus grand nombre. N'allez pas placer des énigmes qui ayent besoin d'être expliquées elles-mêmes, pour expliquer votre monument.

Les figures trouvent place dans la *décoration*, soit en bas-relief, soit en ronde bosse, comme statues.

Sous ce dernier rapport, on s'habitue plus qu'on ne devroit à regarder les figures comme objet purement décoratoire. L'architecte fait des niches, des piédestaux, des colonnades, & souvent y place des statues pour l'effet seul de sa composition, & s'inquiète peu des rapports de leur sujet avec l'objet & la destination de l'édifice. Sans vouloir mettre trop de rigueur dans la critique qu'on peut faire de cet emploi, on ne sauroit cependant recommander au décorateur trop de circonspection aussi, & trop de ménagemens à user des statues comme moyen simple d'embellissement. Je ne nie pas que la statue placée à propos ne termine ou ne complette heureusement les compositions, sous le seul aspect de richesse, de variété & d'amortissement. Mais si vous vous accoutumez à ne les regarder que comme objet de variété, vous accoutumez aussi le public à ne plus s'embarrasser de ce qu'elles représentent, & bientôt ce langage usé n'aura plus ni sens, ni signification. Tel est l'inconvénient attaché à ces figures placées hors de la portée de la vue, à ces statues nichées, isolées ou au-dessus, dont l'œil cherche en vain la forme & le motif.

Il est une convenance à observer aussi dans ce genre, c'est de réserver ce grand luxe de *décoration* pour les monumens publics & les édifices de quelqu'importance. L'architecte habitué à en prodiguer l'emploi dans ses projets & dans ses desseins, ne compte alors pour rien la dépense qu'entraineroit l'exécution de toutes ces statues; il multiplie les niches propres à les recevoir, & l'impossibilité de les remplir laisse toujours dans un édifice un vide désagréable à l'œil, & dont la raison murmure.

Ce n'est pas un des moindres avantages dus au goût sévère & au raisonnement dans l'architecture, que cette économie de travail & de dépense. Il importe que l'accessoire ne soit pas dans un édifice plus dispendieux que le principal. Il convient que la *décoration* n'emporte pas toute la dépense d'un édifice. Car alors il faut que l'un des deux reste imparfait. S'il falloit mettre des statues dans toutes les niches qui forment une partie de la *décoration* extérieure de Saint-Pierre de Rome, cette exécution absorberoit peut-être autant de dépense qu'en a exigé la construction de ses murs. S'il falloit achever le Louvre avec toutes les figures qui entrent dans le système général de la *décoration*, on peut douter que la dépense de ce luxe ne balançât pas celle de sa construction.

Les anciens ont été plus économes en ce genre que les modernes ; aussi parmi les restes de leurs monumens on en trouve aussi peu qui soyent demeurés imparfaits dans leur *décoration*, qu'on en compte parmi les modernes qui ayent reçu leur complette exécution.

C'est sur-tout dans la troisième classe des sujets d'allégorie que les modernes ont cherché à surpasser la magnificence antique ; je parle des grandes compositions de figures peintes ou sculptées.

Il n'est pas probable que jamais les anciens ayent employé la peinture à traiter dans leurs édifices d'aussi vastes compositions allégoriques qu'on en trouve chez les modernes. La peinture avoit bien accès dans les temples & dans tous les édifices, mais on peut affirmer qu'elle ne traitoit que des sujets propres à être facilement saisis par l'œil & par l'esprit. Il n'en est pas de même des compositions modernes, surtout dans la *décoration* des coupoles & des plafonds. Ces grandes machines n'ont de valeur que par l'effet des couleurs & la magie de la perspective. Aussi est-il difficile d'y développer un goût sage & les vrais principes de l'imitation.

Lorsque Raphaël voulut orner de sujets composés les plafonds de la *Farnesina*, il y supposa une sorte de toile attachée à la voûte, ce qui le dispensa d'y observer les règles de l'optique, les racourcis, & tous ces effets si nuisibles à la composition. Ce modèle peut être imité par les décorateurs qui préféreront dans les sujets de peinture, le plaisir de l'esprit aux impressions de la couleur sur les yeux.

Une trop grande étendue dans un sujet peint offre au décorateur le désagrément de ne plus pouvoir s'adresser à la raison du spectateur. Comment celui-ci peut-il saisir, à trois cents pieds d'élévation & dans une circonférence aussi de trois cents pieds, l'ensemble & la connexion d'un sujet ? Lorsqu'il faut écrire à une telle distance, il vaut mieux prendre les caractères de l'allégorie simple, & l'ornement en fournit à l'architecture qui conviennent mieux à de pareils emplacemens.

On a vu, par une bien plus fausse combinaison, placer dans des coupoles & dans des voûtes des figures sculptées & des sujets de relief. Rien n'est plus impropre que cet emploi de la sculpture, dont la pesante réalité menace le spectateur d'une chute dangereuse, & porte l'invraisemblance des ornemens à son plus haut degré.

Autant la sculpture, inconsidérément placée dans la *décoration*, est fatigante pour les sens & pour le bon sens, autant cet art offre des ressources précieuses à l'architecture dans le langage allégorique des sujets composés. La sculpture est le décorateur naturel & propre de l'architecture. Tous les monumens antiques & quelques-uns d'entre les modernes, attestent à quel point d'éloquence peut parvenir la *décoration* dans les édifices par le moyen de la sculpture en bas-relief.

Les Grecs & les Romains se montrèrent sur-tout prodigues des richesses de la sculpture dans les frontons de leurs monumens. Le Parthenon d'Athènes semble n'avoir conservé quelques fragmens de la composition de son fronton, que pour nous apprendre que la perfection de l'art s'y étoit trouvée réunie à la magnificence du sujet. Des crampons de métal nous indiquent qu'un bas-relief en bronze ornoit le frontispice du Panthéon d'Agrippa à Rome. Les colonnes Trajane & Antonine, les arcs de triomphe l'emportent encore sur les monumens qu'on vient de citer, en luxe de sculpture.

On doit cependant distinguer ces derniers ouvrages comme appartenant plutôt à la classe des monumens historiques; c'est-à-dire, servant en quelque sorte de faites ou d'inscriptions.

On a eu occasion de remarquer à ce sujet (*voyez* BAS-RELIEF) qu'il y avoit un genre de sculpture plus particulièrement convenable à l'architecture, & que ce genre étoit celui des anciens dans leurs bas-reliefs. Quelque critique que l'ignorance de l'accord entre les deux arts ait pu élever contre ce style, il n'est personne qui ne sente que la simplicité dans la composition, la fermeté dans l'exécution, & une sorte de roideur même dans le style, ne servent à mieux faire lire les sujets que la sculpture raconte aux yeux. Le genre de sculpture pittoresque, quand il ne seroit pas vicieux en lui-même, le deviendroit dans son application à l'architecture.

Le décorateur aura donc soin de n'admettre la sculpture à traiter des compositions & des sujets allégoriques ou historiques, qu'avec les seuls moyens propres à cet art. Tout empiétement sur le domaine de la peinture, soit dans la diversité & la dégradation des plans, soit dans une rigide observance de la perspective, soit dans l'art des raccourcis, soit dans les contrastes des masses & des effets, doit être sévèrement proscrit des bas-reliefs qui prétendent à la *décoration* de l'architecture.

Les règles de goût relatives au bon & judicieux emploi de la sculpture, soit allégorique, soit historique dans les monumens, rentrent d'elles-mêmes dans le cercle de tous les préceptes & de toutes les observations qui précèdent. Je n'allongerai donc pas cet article par un détail minutieux d'applications. Cette partie sur-tout est plus spécialement du ressort du génie & de l'invention, & par conséquent moins dépendante des règles. Rien en effet de plus inutile que les règles pour ceux qui ont du génie, si ce n'est pour ceux qui n'en ont pas.

N'ayant résolu aussi de traiter de la *décoration* dans cet article que sous le rapport de théorie générale, je ne m'étendrai pas sur la manière de décorer, soit les diverses parties des bâtimens, soit les divers membres de l'architecture. La *décoration* constituant presque la moitié de l'architecture, il faudroit sortir des bornes que cet ouvrage nous prescrit. Tout ce qui est relatif à l'ornement de tous les détails dont se compose l'architecture, trouve sa place naturelle aux articles particuliers qui en traitent, tels que *base*, *chapiteau*, *colonne*, *croisée*, *niche*, *frise*, &c. J'y renvoie le lecteur.

SECONDE PARTIE.

J'ai divisé en trois sections cette seconde partie, où l'on traitera de la *décoration*, comme peinture & imitation de tout ce qui peut embellir les édifices, les fêtes publiques, & les représentations théâtrales.

De la décoration, comme peinture & imitation des objets qui peuvent embellir les édifices.

Les Italiens appellent *quad atura* cette partie de la *décoration*, qui consiste dans l'imitation d'une autre imitation.

On se sert assez volontiers en France du mot *décor*, ou *décore*, pour désigner cette branche de la peinture qui a pour objet spécial d'orner les intérieurs & quelquefois aussi l'extérieur des maisons & des monumens.

J'ai dit que cette partie de la *décoration* consistoit dans l'imitation d'une autre imitation. En effet, si l'on en excepte les figures, les paysages, les fleurs & quelques autres objets qui se mêlent quelquefois aux combinaisons du décorateur, le principal de cet art se compose des vues perspectives ou géométrales d'architecture, des ornemens en reliefs, des statues, niches, vases, autels, monumens, que le peintre sait reproduire sous toutes sortes de formes.

La *décoration* imitative dont il s'agit, aura donc les mêmes principes & recevra la plus grande partie des règles que nous avons trouvé applicables à la *décoration* originale qui lui sert de modèle.

Si l'objet de cette *décoration* est de vous donner par le moyen des couleurs l'apparence d'un édifice ou d'une partie d'architecture réelle, il est difficile de supposer comment il y auroit pour l'objet imitant, d'autres principes de beau ou de convenance que pour l'objet imité. On n'ignore pas cependant combien de préjugés se sont répandus dans les écoles de *décoration* de l'Italie, & à quels excès de mauvais goût la déviation des vrais principes avoit fait arriver cette branche intéressante de l'imitation.

Le savant amateur Algarotti, s'étoit complu à la ramener aux vrais termes qui lui conviennent. Ses écrits, ses préceptes, les soins qu'il s'est donnés de former des artistes sur les modèles des anciens maîtres, ont peu à peu désabusé l'Italie de ce goût corrompu, & l'étude de l'antique en se raniment ne peut que purger tout-à-fait la *décoration* des préjugés des décorateurs.

Il y a une action & réaction de l'architecture sur la *décoration* & de la *décoration* sur l'architecture. Par une inconséquence assez ordinaire à cette espèce de sentiment irréfléchi qui mène les artistes, les imitations décoratives de l'architecture en devinrent à leur tour les modèles. Il étoit assez naturel qu'il se glissât des abus, des licences & un désordre d'ornemens & de dispositions dans ces représentations d'édifices, qui n'étant que des tableaux, sembloient n'avoir d'autre objet que de divertir les yeux. On devoit s'attendre que la nécessité de produire de l'effet & de l'illusion sur une surface platte, introduiroit des contrastes dans les lignes, des oppositions brusques & peu de régularité dans les plans : mais ce qu'on ne pouvoit pas imaginer, c'est qu'il se trouveroit des architectes d'un goût assez perverti pour ambitionner, dans des édifices réels, la gloire de rivaliser avec les licences du peintre décorateur.

Si celui-ci desire une gloire solide, il tâchera au contraire de rivaliser de sagesse, d'ordre & de pureté avec la plus sévère architecture. C'est par cette méthode que quelques décorateurs ont laissé des ouvrages qui feront passer leur nom à la postérité (*voyez* DÉCORATEUR.)

Ce qu'il importe sur-tout d'observer dans cet art, c'est une sorte de convenance entre les représentations architecturales & l'emplacement auquel on les applique. On ne sauroit dire combien de contresens & d'absurdités les peintres de *décoration* ont multiplié en ce genre. Tantôt par manière de tour de force, ils traceront des lignes convexes sur des parties concaves; tantôt ils dessineront sur des surfaces irrégulières des ordonnances qui exigent de la régularité. Tantôt ils peindront des compositions de colonnades qui n'ont qu'un seul point dans l'édifice d'où elles puissent paroître d'aplomb, & qui, vues de tous les autres points, paroissent pencher ou tomber. C'est ce qui se rencontre dans beaucoup de voûtes & de coupoles. N'est-il pas ridicule de présenter dans un édifice, soumis lui-même à une ordonnance, cette compilation, cette aggrégation d'architecture hétérogène qui dément la construction même & l'ossature de l'édifice réel?

Le moindre inconvénient de ces monstrueuses compositions est d'offrir un mélange discord entre l'architecture réelle et l'architecture feinte. Elles tendent à dénaturer le caractère réel de l'édifice. Celui-ci ne semble plus qu'une toile préparée par l'architecte aux caprices du décorateur. Il s'établit alors deux édifices dans un seul, l'un réel, & l'autre factice; et le spectateur indécis entre les formes de l'un et les illusions de l'autre, ne sait véritablement où il se trouve.

On voit bien que je veux parler de ces fameuses *décorations* des Pozzi, des Bibiena, des Guarini, dont il faut renvoyer les prestiges au théâtre. C'est là que le spectateur immobile & fixé par la nature du lieu à un point déterminé, peut jouir de tout l'artifice de la perspective & de la *décoration* pittoresque. Mais admettre ce genre dans des intérieurs, dans des voûtes & des plafonds soumis à autant de points de vue qu'il y a, si l'on peut dire, de pieds superficiels de l'édifice, c'est mentir à l'œil autant de fois qu'il y a de places différentes dans le monument.

Que l'architecte, qui devroit toujours diriger le décorateur, n'emploie donc l'architecture feinte & décorative que sur des murs, sur des superficies, dont le point de vue peut être commun à un grand nombre de spectateurs; qu'il ne l'admette qu'avec vraisemblance dans ses compositions & avec l'accord qui doit régner entre elle & l'édifice.

Le décorateur sera plus libre dans l'ornement des salles intérieures, des galeries où son art ne se trouve lié à aucune ordonnance préexistante. La *décoration* alors a deux manières d'employer ses ressources.

Ou elle se considère comme tableau d'architecture, ou elle s'envisage comme remplacement de l'architecture.

Dans le premier cas, supposant que ses murs sont une toile, le décorateur nous peint ou des vues idéales d'édifices, ou des représentations de monumens connus, ou des ruines. Cette partie est dépendante, comme on le voit, de la peinture, & rentre dans le cercle des règles ordinaires de l'imitation. Il n'est point de notre objet de nous étendre sur ces détails. Je dirai seulement que cette espèce d'illusion qui tend à percer les murs, par l'effet de la perspective aérienne & linéaire, ne convient pas à tous les genres d'intérieurs & seroit souvent déplacée dans la *décoration* de certaines pièces qui, destinées à un emploi sérieux, exigent aussi une certaine gravité. Ce genre conviendra bien aux salles à manger.

Dans le second cas, le peintre décorateur remplace par l'effet de son imitation les ressources de l'architecture réelle. On peut, en place de colonnes en relief, d'entablement, de pilastres, de niches, de statues réelles, peindre tous ces objets. La *décoration* alors redevient de l'architecture, elle s'assujettit aux mêmes règles de proportion & de convenance; & c'est à l'architecte de diriger spécialement son exécution. Le grand mérite de celle-ci consistera dans la pureté du trait & la vérité des tons. L'on peut porter l'illusion en ce genre jusqu'à tromper au premier aspect l'œil même d'un artiste. Il y a des exemples de ces sortes de tromperies, lorsque sur-tout l'architecture feinte se trouve habilement combinée avec l'architecture réelle; on peut difficilement se garantir de l'erreur. Cette méprise au reste fait l'éloge de l'art. Non-seulement l'homme, mais les animaux eux-mêmes quelquefois s'y trompent. Algarotti rapporte le trait d'un chien qui se rua contre la perspective d'un escalier peint; pareille chose est arrivée souvent aux oiseaux, trompés par l'apparence des vides d'une arcade ou d'un portique.

Tous les autres objets qui entrent dans la composition de la *décoration*, comme assemblage des ornemens dont la peinture sait embellir les édifices, appartiennent de trop près à l'art même de la peinture, pour qu'on puisse attendre de cet ouvrage une théorie plus étendue. L'architecte comme décorateur, ou le décorateur comme architecte, c'est-à-dire, dirigeant l'ensemble d'une *décoration*, ne peut que choisir les sujets conformes au local qu'il décore, les assortir au caractère de son édifice, & leur prescrire une corrélation avec le goût de son architecture.

Le décorateur architecte n'a d'autre emploi que de régler la mesure & la proportion des *décorations*, leur rapport avec le point de vue. Il dispose à la vérité des moyens de la peinture, mais c'est comme prévoyant ce que doit produire leur emploi & leur effet. Il est ou du moins il doit être l'intelligence supérieure qui préside à l'ensemble, à la disposition, à l'accord du tout avec les parties. L'architecte se gardera bien de laisser le peintre empiéter sur lui pour cette disposition; mais il se gardera bien aussi de le gêner dans ses conceptions.

Sans doute cet accord parfait est très-rare à rencontrer. Il faudroit que dans un édifice, tout fût le résultat d'une seule main, comme tout doit l'être d'un seul entendement. A défaut de cette réunion si difficile de l'exercice des trois arts, & de la réunion impossible de la pratique de toutes les branches de la *décoration*, au moins convient-il que l'architecte réunisse le plus qu'il sera possible de connoissances théoriques de toutes les parties dont se compose l'ensemble de son art. Il convient qu'il ait le goût exercé par la vue des beaux modèles. Lorsqu'il aura sur tous les artistes qu'il emploie, cette sorte de supériorité que donnent les connoissances générales sur les connoissances locales & bornées d'un seul genre, la confiance, & l'opinion qu'on prendra de son savoir, lui soumettront sans peine, comme à un régulateur nécessaire, toutes ces parties de l'art de décorer, qui tendent toujours à l'indépendance, & qui ne produisent trop souvent qu'un concert discordant & inharmonique d'objets sans rapport, & de rapprochemens sans objets.

De la décoration comme imitation & assemblage des objets qui peuvent embellir les fêtes publiques & les cérémonies.

L'homme a deux moyens d'aggrandir le cercle étroit de la vie, l'espérance de l'avenir & le souvenir du passé. C'est sur ce besoin de prolonger son existence que se fondent presque toutes les institutions civiles & religieuses. Le sentiment de l'existence, ce principal attribut de l'homme, & qui le distingue des autres êtres, est le principe & de ses plaisirs & de ses peines. Si l'homme lui doit des sensations plus nombreuses, s'il lui doit l'art d'en jouir & de les apprécier, il lui doit aussi cette triste connoissance de la fin de son être. L'expérience de la mort a fait chercher à l'homme les moyens de s'y soustraire. Les arts d'imitation lui ont procuré des ressources, au moyen desquelles il s'est flatté de pouvoir se survivre.

Mais les ressources de ces arts ne consistent pas seulement dans les statues & les monumens. Les cérémonies qui ont pour objet de retracer des faits passés, ou d'en rappeler le souvenir, ne sont pas les moins indestructibles de tous les monumens. Peut-être même ont-elles sur le marbre & le bronze, l'avantage d'échapper plus sûrement à la main du temps. Qui sait à quelle antiquité remontent certaines fêtes, certaines cérémonies périodiquement usitées chez les peuples modernes?

L'inconvénient des cérémonies, est cependant, d'avoir besoin de signes qui parlent aux yeux, & sans lesquels elles cesseroient bientôt d'être un langage intelligible. Ce que sont les temples, les statues, les autels & tous les autres monumens durables aux cérémonies religieuses, la *décoration* l'est aux fêtes politiques, & à ces cérémonies passagères ou périodiques, motivées par quelqu'événement. L'artifice de la *décoration* consiste à imiter en toile peinte, en bois, en charpente, & à peu de frais, les monumens somptueux que le défaut de temps ou de moyens, ne permettroit pas d'exécuter. Ce que la *décoration* de ce genre ne sauroit acquérir en solidité, en réalité, elle le regagne en magnificence d'ensemble, & en apparence de richesse. Le grand art du décorateur est d'appeler à lui toutes les illusions de la peinture, dans la manière de figurer les marbres, les métaux précieux, & de mettre à contribution tout ce qui à peu de frais fait produire de grands & riches effets.

L'Italie moderne a développé, dès la renaissance des arts, un génie particulier pour la *décoration* & l'exécution des fêtes publiques. Les grandes cérémonies religieuses, comme les canonisations & apothéoses chrétiennes, les nombreuses solemnités du culte, le goût de la magnificence chez la plûpart des princes d'Italie, les fréquentes occasions de fêtes dues à des mariages, à des entrées, à des ambassades célèbres, les réjouissances périodiques, profanes ou sacrées, tout a contribué à y entretenir le goût pour les spectacles & la *décoration*.

La *décoration* des fêtes publiques exige dans celui qui en est chargé des connoissances & des qualités de plus d'un genre. Il doit posséder des notions très-étendues dans l'histoire, la mythologie, le costume & les mœurs des peuples anciens ou modernes; il doit être très-versé dans l'allégorie, il doit posséder, sinon la pratique, au moins la théorie de tous les arts du dessin; il doit être doué d'une imagination vive, féconde & brillante; il doit réunir à tout cela cette qualité qu'on appelle le goût, & qui est le sentiment de ce qui plaît.

Les fêtes ou les cérémonies qui donnent lieu aux *décorations* dont il s'agit, sont de deux genres, ou pour mieux dire, ont deux objets différens. Les unes motivées, par des considérations politiques, ont pour but d'instruire; les autres, fondées sur quelqu'événement heureux, ne tendent qu'à procurer du plaisir.

Les fêtes de la première espèce exigeront de l'art de la *décoration*, des ressources bien plus profondes & des ressorts bien plus étendus. Une cérémonie morale ou politique, est un grand spectacle: dont toutes les parties liées à un motif unique, doivent retracer & expliquer en caractères très-intelligibles, le point d'instruction & la moralité qui en font l'objet. Il faut que le décorateur dirige vers ce but tous les emblèmes, toutes les allégories, tous les détails d'ornemens qu'il emprunte aux différens arts. Il faut que l'œil du spectateur trouve une leçon par-tout où il ne croit trouver que du plaisir. Malheureusement les modèles manquent en ce genre. Il est de la nature de ces sortes de *décorations* de ne pouvoir survivre long-temps aux cérémonies qui les occasionnent.

Les fêtes de la seconde espèce, sans exiger moins de talent, demandent peut-être moins de suite & de connexion dans les idées. Comme elles ne tendent qu'à divertir les hommes, & à leur procurer des motifs de réjouissance, le décorateur est le maître de se donner son sujet. Il peut le prendre ou dans les fictions des poètes, ou dans les régions de l'allégorie, ou dans des rapports d'imitation de quelque peuple ancien ou éloigné. Le palais d'Armide, le temple du soleil, seront des sujets de *décoration* très-conformes aux fêtes publiques considérées comme réjouissance. Ces sortes de *décorations* se lient ordinairement aux illuminations ou aux feux d'artifices, & alors elles ne sauroient réunir trop d'élégance à trop de pittoresque & de magnificence.

Paris a conservé le souvenir des belles *décorations* qu'exécuta le célèbre Servandoni, pour les fêtes qui furent données en 1738, à l'occasion du mariage de madame Louise Elizabeth de France avec Don Philippe infant d'Espagne. Ce grand décorateur choisit pour son théâtre cet espace que parcourt la Seine depuis le Pont Neuf jusqu'au Pont-Royal. Heureuse situation pour procurer le spectacle d'une grande fête à un nombre prodigieux de spectateurs. Le fond de cette perspective offroit sur le corps avancé qui sépare les deux parties du Pont Neuf, un vaste édifice. C'étoit un temple de forme grecque, périptère & parallélogramme. Quatre rangées de colonnes doriques de quatre pieds & demi de diamètre le soutenoient, & posoient sur un stylobate continu. Son plafond étoit en compartimens réguliers de grands caissons carrés, ornés de roses. Un grand entablement couronnoit ce premier ordre, & au-dessus étoit posée une balustrade interrompue par des piédestaux qui portoient des statues à l'aplomb des colonnes extérieures; elles étoient au nombre de vingt, & comme elles représentoient toutes les divinités du paganisme, ce temple consacré à l'hymen, devenoit une espèce de Panthéon. A l'aplomb des colonnes intérieures, s'élevoit sur la terrasse un attique dont les faces étoient décorées d'ornemens & de figures en bas relief renfermées dans des cadres. Le long de la plinthe étoient posés sur des acrotères; des vases entourés de festons & surmontés de flammes. Tel étoit le couronnement de cette grande machine qui s'élevoit à quatre-vingt pieds.

Entre les deux ponts paroissoit sur deux bateaux accouplés un salon octogone. Ils étoient cachés par des rochers qui sembloient sortir de l'eau. Huit escaliers par lesquels on y arrivoit, conduisoient à une terrasse dont le salon occupoit presque toute la superficie. Il étoit percé de huit arcades, du cintre desquelles pendoient des lanternes de toile transparente. Au milieu du salon s'élevoit une colonne isolée, éclairée par de semblables lanternes rangées en étages. L'intérieur de la salle destiné pour la musique, étoit garni de gradins en amphithéâtre occupés par les musiciens. Plus de quatre vingt mille spectateurs, dit-on, assistèrent commodément à cette fête.

Peu d'artistes sont parvenus à la célébrité que Servandoni s'est acquise dans presque tous les genres de *décoration*. Peu d'hommes aussi ont réuni à un plus haut degré la mesure & la nature des qualités & connoissances que comporte ce genre. Peintre à la fois & architecte, il dut au célèbre Pannini, dont il fut l'élève, le goût pour l'architecture pittoresque dont les compositions de ce maître offroient des modèles si variés. Il dut à l'étude des monumens antiques & des ruines de Rome, cette noblesse de formes, ce choix de développemens riches & nombreux, cette fécondité d'invention qui le caractérisent.

Mais il faut le dire aussi, Servandoni fut peut-être redevable de son talent, aux fréquentes occasions qu'il eut de le mettre en œuvre. Il n'est pas de branche des arts plus dépendante des circonstances politiques, que celle de la *décoration*. Si la religion ou le gouvernement ne l'alimente, elle se dessèche promptement. La tradition des chefs-d'œuvres de ce genre se perd. Les maîtres cessent de former des élèves, & lorsque quelqu'événement veut faire revivre de semblables spectacles, la dépense nécessaire pour les monter de nouveau, détourne de les entreprendre.

Ce n'est pas que je pense qu'il soit nécessaire de former des hommes exprès pour ce genre d'art. C'est sans doute parmi ceux qui professent les trois arts du dessin, qu'on en trouvera toujours la véritable pépinière. Mais ce genre, quel que soit l'art qu'exerce spécialement le décorateur, exige dans l'emploi de tous les arts, une expérience que les occasions seules peuvent donner. Si le décorateur n'est que peintre, il sera forcé d'abandonner l'exécution & la surveillance même de ses desseins à des artistes étrangers. S'il n'est qu'architecte, ses compositions manqueront d'une sorte de brillant, de riche, de varié, sans lequel la *décoration* ne présente que des essais ou des modèles d'architecture.

Au reste il est peu de règles à prescrire à la *décoration* dont nous parlons, qui ne soient communes à l'architecture. Il ne peut y avoir entre elles que la différence de l'imitation à la réalité. Peut être le goût admet-il en faveur du genre de la copie, quelqu'indulgence, soit dans la composition de l'ensemble, soit dans les formes de détail. Il demande même un je ne sais quoi d'élégance, de parure, de ce que les Italiens appellent *brio*, qui réponde à l'emploi de la chose, & soit en harmonie avec l'idée de fête, de pompe & de réjouissance.

C'est sans doute aux *décorations* des fêtes & des cérémonies publiques, que l'on doit cette profusion d'ornemens que l'architecture Italienne a fait si indiscretement passer dans des monumens trop durables pour le goût frivole qui y règne. Mais ce luxe de parure sied bien aux monumens *décoratifs* des fêtes publiques. On ne sauroit y désapprouver ces festons qui entourent le fust des colonnes, ces guirlandes naturelles ou factices, ces feuillages qui donnent à l'ensemble un air de gaieté & de plaisir. Les étoffes riches & précieuses, les broderies d'or & d'argent figurent bien aussi dans certains cas. Il ne faut qu'avoir vu la magnificence de ce genre d'appareil dans la *décoration* des fêtes civiles ou religieuses en Italie, pour se convaincre du bel effet que le goût sait tirer de tous ces objets de parure dans ce qu'on appelle *gli fiochi*.

C'est donc particulièrement en Italie, que doit aller se former l'artiste qui aspireroit à devenir un grand décorateur. C'est-là que tout lui offre des modèles. C'est-là sur-tout qu'il apprendra à exécuter à peu de frais tous les détails de la *décoration*. Car n'en doutons point, c'est la dépense excessive de ces sortes de spectacles, qui contribue à les rendre de plus en plus rares. Il faut savoir réunir à la solidité qu'exige la sûreté publique, la légèreté que prescrit l'économie. Les Italiens excellent sur-tout dans cette partie. Les charpentes qui constituent le corps des *décorations*, n'ont pas besoin de cette solidité des édifices durables. Les peintures qui servent de revêtissement doivent être traitées avec esprit & légèreté, elles veulent de l'effet, & ne demandent pas de fini. Les statues ne seront que des mannequins, les corniches & les entablemens ne seront que des volges, les colonnes des treillages.

Au reste, si l'architecte de ces fragiles & passagers monumens n'a pas tous les avantages que donne l'exécution définitive des ouvrages de l'art, il n'en aura pas moins de ressources pour bien caractériser son architecture. Peut-être même au moyen de tous les prestiges de la peinture & d'une espèce d'ameublement, si l'on peut ainsi parler, qui entrent dans l'artifice de sa composition, parle-t-il plus énergiquement aux sens que ne le peut faire l'architecte. Qui n'a pas éprouvé à la vue d'une magnifique salle de banquet, de musique ou de bal, ou à l'entrée d'un catafalque, des émotions plus vives, & l'impression de caractère propre à la chose, plus profonde, par les moyens artificiels de la *décoration*, que ne le peut faire l'architecture? C'est qu'aux ressources de cet art, le décorateur ajoute tout ce qui ne sauroit lui appartenir. C'est qu'ensuite il joint l'effet du spectacle à celui de la réalité. C'est qu'il dispose du choix de tous les objets de la nature & de l'art, de toutes les couleurs, des jours & des lumières qui s'assortissent à son sujet. Aussi peut-on dire qu'une fête ou une cérémonie publique n'est autre chose qu'une espèce de drame joué sur un vaste théâtre, & sur lequel le plaisir de la réalité se combine avec les illusions & les prestiges de tous les arts.

De la décoration de théâtre, ou représentation des lieux où s'est passée l'action que le poète met sous les yeux du spectateur.

Je définis ainsi la *décoration* théâtrale, & cette définition est la seule qui soit conforme aux usages modernes. Il est vrai que chez les anciens, ce qu'on appelloit véritablement la *décoration* du théâtre ou de la scène, étoit une ordonnance solide & régulière, composée de plusieurs ordres de colonnes en marbre, en pierres précieuses, & quelquefois même de crystal. Cette ordonnance qui faisoit face à l'amphithéâtre, étoit percée de cinq portes ou ouvertures par lesquelles entroient les acteurs sur la scène, qui se trouvoit en avant de cette ordonnance. C'étoit au travers de ces cinq ouvertures, que l'on appercevoit les *décorations* mobiles qui se varioient selon le caractère & le sujet de la pièce. Il paroit bien constant que ces magnifiques ordonnances d'architecture dévoient aussi recevoir des changemens, d'après la nature du drame & le lieu de la scène, & que des toiles peintes de diverses manières descendoient ou se dérouloient au besoin pour les masquer & assortir la devanture au reste des *décorations*. (*Voyez* THÉÂTRE, SCÈNE).

Ainsi chez les anciens, comme chez les modernes, on a connu cet art de changer les scènes, & de transporter, par le moyen de ces changemens, le spectateur immobile, d'un lieu dans un autre. On a connu les illusions de l'optique, & les principes de perspective, qui réduisent à des données certaines, les procédés propres à la *décoration* théâtrale.

Non-seulement la pratique en fut connue aux anciens, mais plusieurs peintres ou décorateurs de l'antiquité, avoient composé des traités sur cette matière.

Agatharchus, nous dit Vitruve, instruit par Eschyle, à Athènes, de la manière dont il faut faire les *décorations de théâtre*, & en ayant le premier composé un livre, apprit ensuite ce qu'il en savoit à Démocrite & à Anaxagore, qui ont aussi écrit sur ce sujet. Ils enseignent comment en établissant un rapport entre le point de vue et le point de distance, on peut faire correspondre à l'imitation de la nature, toutes les lignes vers le point de vue, de manière qu'avec un procédé artificiel, on parvient à représenter la vérité des choses sur la scène, à faire que des objets peints sur une superficie plate & horizontale, paroissent s'éloigner ou se rapprocher.

Ces dernières paroles de Vitruve prouvent bien que les *décorations de théâtre* des anciens s'exécutoient en peinture, & différoient des *décorations* solides de la *scène*. Mais l'histoire du peintre Apaturius nous le confirme encore.

Sur un petit théâtre de la ville de Tralles, ce décorateur Alabandin fit une *décoration* dans laquelle, au lieu de colonnes, il imagina d'employer des statues & des centaures pour supporter les entablemens. Au-dessus des toits des édifices, il éleva encore de nouvelles ordonnances grotesques, en un mot il fit une *décoration* dans le genre arabesque. Elle plut au peuple à cause de la beauté des couleurs, sorte de mérite ordinaire à ces compositions; il fallut que le philosophe Licinius en fît sentir aux spectateurs le ridicule & l'inconvenance. Le peintre, nous dit Vitruve, eut la docilité de corriger son ouvrage. On voit donc encore par ce trait, que la peinture chez les anciens comme chez nous, faisoit les frais des *décorations* de théâtre.

Quant aux changemens de *décoration*, Servius nous apprend qu'ils se faisoient ou par des feuilles tournantes *versatiles*, qui changeoient en un instant la face de la scène, ou par des châssis *ductiles* qui se tiroient de part & d'autre, comme ceux de nos théâtres. Les *décorations* tournantes formoient chacune un prisme triangulaire qui tournoit sur un pivot, & présentoit à volonté une des trois faces ornées de peintures.

Entre les principales qualités requises pour la *décoration de théâtre*, la première est l'habileté dans le dessin, la seconde est la science des proportions, la troisième est le sentiment du vrai dans l'expression des objets par le secours des teintes, la quatrième & la plus importante est le ton de la couleur.

On ne sauroit révoquer en doute que les décorateurs de l'antiquité n'ayent possédé avec une grande supériorité, l'art du dessin, sous le rapport de la configuration linéaire des corps. La science des proportions ne sauroit leur être contestée à la vue de leurs monumens d'architecture & de sculpture. Le talent de l'expression pittoresque ou l'art de l'illusion, il faut bien le leur

accorder encore, d'après ce que Vitruve nous apprend. Reste à savoir si le mérite de la couleur, cet art d'introduire le jour, de faire briller le soleil sur une toile, & qui tient aux nuances des tons, leur fut commun avec toutes les autres qualités. Le peu de peintures qui nous est resté d'eux, ne peut donner que des conjectures sur leur supériorité dans cette partie si importante de la *décoration*. Ajoutons à ce doute, que les théâtres anciens ne s'éclairant que par la lumière du jour, peut-être l'effet de leur peinture manquoit-il de ce grand moyen d'illusion, qui résulte de l'éclairement artificiel que l'on pratique aujourd'hui.

Ne pourroit-on pas induire aussi du genre simple des tableaux antiques, qui n'exigeoit pas des peintres une grande habileté dans l'art de l'effet, du clair obscur & des lointains, que cette partie où brillent les modernes, dont la peinture embrasse une multitude d'objets dans un seul tableau, ne dut pas être portée aussi loin chez eux, que les autres parties; & que leurs *décorations de théâtre* purent le céder sous ce rapport aux nôtres?

On a vu à l'article DÉCORATEUR (*voyez ce mot*), qu'à la renaissance des arts chez les modernes, ce fut Balthazar Péruzzi, qui retrouva l'art des *décorations de théâtre*. On a rapporté les éloges que donne Vasari aux premiers essais de ce maître, qui, sous certains rapports, durent être des chefs-d'œuvres. Mais il paroît que ce fut sur-tout dans la composition & l'invention, que ces ouvrages acquirent une si grande réputation. Au mérite du dessin & de la proportion, on peut douter que celui de l'expression & de la couleur fût parfaitement réuni. La nouveauté de ces sortes de peintures a peut-être excité dans les historiens qui les ont décrites, une admiration un peu outrée.

L'on est tenté de supposer cet effet, quand on lit la description que fait Serlio des scènes de paysage peintes par le Gengi, pour le Duc d'Urbin. *O Dio immortale* (ce sont les paroles de Serlio) *che magnificenza era quella di veder tanti alberi frutti, tante erbe e fiori diversi, tutte cose fatte di finissima seta di variati colori, il ripieno si faisi copiosi di diverse conche marine di lumache ed altri animaletti, di tronchi di coralli, di madreperle e di granchi marini inseriti né sassi, con tanta diversità di cose belle, che a volere scrivere tutte, io farei troppo longo in questa parte.* L'homme de goût peut douter que tous ces détails, peut-être admirablement finis, ayent dû produire ce grand effet, d'un tout ensemble bien harmonieux, comme on l'exige aujourd'hui du peintre de *décoration*.

Il semble même que les premiers modernes qui ont renouvellé l'art de la *décoration du théâtre*, manquoient des moyens que donne la couleur pour faire fuir ou arrondir les objets. On sait qué pour donner du relief à leurs *décorations*, dit Balth. zar Orsini, dans son traité sur le théâtre de Pérouse, ces anciens décorateurs imaginèrent de disposer leurs châssis en deux surfaces, l'une qui raccourcissoit, & l'autre qui restoit en face, parallèlement à la scène, de la manière que se feroit un ouvrage de bas relief. Puis on les peignoit & l'on aidoit encore à l'effet, selon Serlio, par des ouvrages de bois en relief, & par des transparens, signe certain que l'art de ces temps-là manquoit des moyens naturels d'effet, que donne la science du coloris.

On regarde ordinairement Bibiena, comme le grand maître de cet art, du côté de l'effet de la grande harmonie & de l'espèce de goût large & *grandiose* que demande la peinture scénique. C'est lui qui a ouvert la route aux grandes compositions. Peut être de son art il eût remporté le prix, si le style de son architecture eût été plus correct, & s'il eût moins affecté de bizarrerie dans ses détails. Il existe un recueil gravé de ses *décorations*, dans lequel un décorateur sage & intelligent pourra trouver de grandes leçons pour l'invention, la disposition des lignes propres à inspirer de grands effets, & la grande entente des plans & des oppositions.

De nos jours en France Servandoni a porté au plus haut degré le succès des inventions & *décorations théâtrales*. Ayant obtenu la jouissance de la salle des machines aux Thuileries, il imagina d'y faire un spectacle uniquement de *décorations*, pour former des élèves dans ce genre. Sa première représentation fut celle de Saint-Pierre de Rome, où l'on admira la justesse des proportions, l'heureuse distribution des jours & des ombres, & le parfait accord de l'ensemble, qui présentoit un véritable tableau de cette superbe basilique. La *décoration* de Pandore lui acquit la plus haute réputation sous le rapport de peintre & poète tout ensemble. Il prit son sujet dans ces vers d'Horace, liv. 1, ode 3.

Post ignem ætheriâ domo,
Subductum, macies & nova febrium,
Terris incubuit cohors.

L'ouverture de la scène représentoit le cahos & sa destruction, selon l'idée du poëte. L'image de la nature telle qu'elle est décrite sous l'âge d'or, succéda à cette confusion, & ces différens changemens servirent de prologue à l'histoire de Pandore. Son enlèvement au ciel par Mercure, son séjour dans l'olympe pour y recevoir les présens des dieux, le don de la fameuse boîte, son retour sur la terre, formoient une suite de scènes aussi neuves que brillantes. Plus de deux mille figures de relief, parmi lesquelles il y en avoit beaucoup de réelles, représentoient les dieux & les déesses avec leur suite, & paroissoient se mouvoir continuellement. Cette grande représentation qui duroit une heure au moins, finissoit par l'ouverture de la boîte fatale, & l'image des maux qu'elle répandit sur la terre.

La descente d'Énée aux enfers, les diverses aventures d'Ulysse, l'histoire d'Héro & de Léandre, celle d'Alceste, & une foule d'autres occupèrent successivement pendant dix-huit années le génie décoratif de Servandoni.

Aucun peintre depuis lui n'a laissé un grand nom dans l'art de la *décoration*. Livré à la routine des écoles, cet art n'a conservé pendant long-temps que les défauts que rachetoit le talent extraordinaire des grands maîtres qu'on a cités.

Aujourd'hui l'art de la *décoration*, revenu à un goût plus sage dans toute l'Europe, n'auroit peut-être besoin pour acquérir toute sa perfection, que des grandes occasions sans lesquelles les plus heureux talens ne sauroient produire que de foibles ouvrages.

Il y a dans la *décoration de théâtre*, comme dans les autres arts, deux parties que doit réunir l'artiste qui a l'ambition d'y exceller; l'invention & l'exécution.

L'invention dans ce genre consiste à produire aux yeux du spectateur, les plus belles combinaisons de monumens, de sites, de paysages, & à faire que tous ces lieux portent le caractère propre au sujet qui doit s'y représenter. Composition & caractère forment donc spécialement le mérite de l'invention.

En général on pardonne au peintre de *décoration de théâtre*, plus difficilement qu'à tout autre, la stérilité dans la composition. C'est en ce genre sur-tout que l'on permet d'enchérir un peu sur la nature. Une sorte d'exubérance d'objets ne nuit point; tout, dans l'art du théâtre, doit se montrer de quelques tons au-dessus de l'imitation naturelle. Si l'on restoit au niveau, l'on se trouveroit au-dessous de l'effet qu'on doit produire. Ainsi une prison aura quelque chose de plus repoussant dans ses formes, de plus ténébreux dans ses effets, que la réalité n'a coutume d'en offrir. Une galerie aura plus de luxe & de richesse, un salon plus d'élégance, une place publique plus de statues & de monumens, un paysage plus de variétés & de contrastes, que l'architecture ou la peinture n'en mettent ordinairement dans leurs productions & leurs tableaux.

Prenez garde cependant que la masse de mettre trop de choses dans votre toile, ne nuise au large de la peinture, & ne rapetisse l'effet, au lieu de l'aggrandir. *Souvent trop d'abondance appauvrit la matière.* Tel est l'excès dans lequel tombe la plûpart des décorateurs. Ils vont chercher pres-

mides, tombeaux, obélisques, colonnes, arcs de triomphes, temples, cirques, amphithéâtres; on diroit qu'ils n'auront jamais qu'une *décoration* à faire, & qu'ils veulent y étaler tout ce qu'ils savent.

La convenance dans la composition est encore une qualité qu'on retrouve rarement chez les décorateurs. Ils vous font pour une place publique de comédie, d'aussi somptueux édifices que pour les sujets les plus héroïques. Sous leur pinceau désordonné toute maison est un monument, tout monument est un temple. Quoiqu'il soit non-seulement permis, mais même prescrit à l'art d'embellir la nature & tous les objets qu'il imite, il est cependant une mesure au-delà de laquelle la vérité ne se retrouve plus, & l'illusion des couleurs ne suffit pas pour réparer ce manque d'accord entre le local où se passe l'action & le sujet même de l'action. Le salon où se passe une action dont les personnages sont de simples particuliers, ne devra point avoir l'éclat & la magnificence d'une galerie de palais. Tout jardin n'a pas besoin d'être un parc somptueux. Il en est de même des sites & des vues de paysage qui doivent représenter la nature des pays où se passe une action. Le décorateur ne doit pas être libre de faire de hautes montagnes dans un pays de plaine, de faire appercevoir la mer dans des régions qui en sont éloignées, & de placer arbitrairement dans les vues toutes sortes d'arbres très-étrangers aux lieux dont il fait la peinture.

Mais ceci rentre dans la partie d'invention que j'appelle caractère. Elle est une des plus importantes, & c'est par elle que les *décorations de théâtre* parviennent à remplir leur but principal. Nous avons dit que ce but est de représenter les monuments ou les lieux, dans lesquels s'est passée l'action que le poëte met au théâtre sous les yeux du spectateur. Le décorateur est donc historien dans cette partie: si l'action se passe aux Indes, en Perse, en Egypte, en Grèce, à Rome, non-seulement les sites des pays, les arbres, les plantes, les animaux, mais encore l'architecture, les colonnes, les monuments, les statues, doivent porter des caractères différents. Si c'est dans les temps & les pays modernes, que se passe le sujet du drame, l'architecture & les différents goûts, les nuances diverses des arts & des usages, doivent y être encore plus scrupuleusement respectés.

Le décorateur ne sauroit par conséquent être trop versé dans l'histoire. Il doit connoître & celle des peuples & celle des arts qui en est inséparable. Il doit avoir des notions géographiques & d'histoire naturelle. Il doit avoir étudié les relations que les différents peuples ont pu avoir entre eux, celles que l'origine ou l'émigration y ont conservées, & celles qui ne proviennent que du commerce. C'est sur ces sortes de relations que peuvent se fonder quelques-unes des licences que prennent quelquefois les décorateurs, dans l'adoption de certains goûts d'architecture ou de monuments, que l'on suppose s'être pu communiquer d'une nation à une autre, par les rapports du commerce & de la navigation.

Mais il faut, pour être admis sur la scène, que ces rapprochements se fondent sur des autorités connues & authentiques. Quoique le décorateur ne doive pas compter sur un peuple de savans & d'antiquaires, quoique la majeure partie de ses juges soit étrangère aux notions qui le guident, il n'en doit pas moins agir comme si tous étoient juges compétens. Car en ce genre comme dans tous les autres, la multitude ignorante n'est que l'écho sans le savoir de quelques hommes instruits. Le blâme ou la louange partent de ceux-ci, le peuple n'est que leur organe.

Il est des caractéristiques de chaque pays que le décorateur ne doit pas employer à d'autres, quelles que soient les autorités locales qui le lui permettent. Ainsi, par exemple, rien ne caractérise mieux l'Egypte que les pyramides. Quoique d'autres peuples ayent pu aussi faire des tombeaux de forme pyramidale, il y auroit de la discrétion de la part du décorateur, à ne pas user de cette forme ailleurs que pour les *décorations* Egyptiennes. C'est ainsi que la nature permet à quelques arbres de végéter ailleurs que dans leur terre natale. On retrouve quelques palmiers en Italie, mais ils y sont exotiques. C'est confondre toutes les nuances, c'est se priver des moyens propres à caractériser les scènes, c'est user enfin les ressources, que de peindre des pyramides en Grèce, & des palmiers à Rome.

Les différents pays qui ont employé la même architecture, l'ont fait cependant qu'avec des variétés de goût que le décorateur fera bien d'observer. Les différens ordres de colonnes ont eu leur vogue, & si l'on peut dire, leur mode particulière chez les peuples même de l'antiquité. Il sera convenable de placer le dorique dans la Grèce, d'employer l'ionique pour l'Asie mineure, & d'appliquer le corinthien aux monuments de Rome sous les empereurs. Ce seroit peut-être un anachronisme, que d'user de cette ordonnance, ou même de quelqu'ordonnance que ce soit dans les édifices des premiers temps de Rome.

Que le décorateur n'aille pas non plus mêler les ordonnances grecques, les formes de leur modinature & les principes de leurs proportions aux édifices de l'Asie, de l'Egypte ou de l'Inde. Des colonnes doriques à Persépolis seroient aussi ridicules que des voûtes en plein cintre à Memphis.

Le génie de la construction propre à chaque architecture est encore une des bases, sur lesquelles reposent le caractère, & si l'on peut dire le vrai costume des monuments de chaque nation. (*Voyez* ARCHITECTURE & ART DE BATIR). Il est aussi insoutenable pour l'homme instruit de voir des toits & des combles dans les monumens de l'Egypte ou de l'Asie, que de voir des Romains habillés à la françoise. En vain, comme on l'a dit, le décorateur croit-il trouver une excuse dans l'ignorance des spectateurs : c'est aux hommes instruits qu'il doit parler : car on ne doit rien à l'ignorance que de l'instruire.

Ce qui a, je le sais, amené beaucoup de confusion dans le rapport des *décorations* avec les pièces, c'est l'usage où l'on est de faire servir les premières à des représentations de drames pour lesquelles elles n'ont pas été composées. Cette incohérence provient alors ou de l'ignorance, ou de la parcimonie des entrepreneurs. Il seroit peut-être par trop dispendieux pour des théâtres permanens comme ceux de France, d'adopter l'usage de l'Italie où les *décorations* se font toujours à neuf pour une nouvelle représentation. Mais il en coûteroit peu pour rassortir par des châssis nouveaux ou des corrections, les anciennes toiles aux sujets nouveaux, & c'est à quoi l'on ne sauroit trop engager les directeurs de théâtre pour la complette vraisemblance des représentations. Au reste, cet abus, ni même l'habitude qu'on en a, ne sauroient justifier le décorateur, lorsqu'il y tombe sans nécessité.

L'exécution de la *décoration* demande trois choses essentielles, la connoissance de la perspective linéaire, celle de la perspective aérienne, & la pratique de peindre. Ce qu'est la science de l'anatomie au peintre de figures, la perspective linéaire l'est au peintre de *décoration*. L'art de la perspective consiste à représenter sur une surface plane les objets visibles, tels qu'ils paroissent à une distance ou à une hauteur donnée, à travers un plan transparent placé perpendiculairement à l'horizon, entre l'œil & l'objet. (*Voyez* PERSPECTIVE). A l'aide de cette science, le peintre trace par des opérations géométriques & certaines, des lignes inclinées, que du point de vue d'où elles doivent être apperçues, l'œil du spectateur prendra pour des lignes horizontales ; il employe des diminutions graduelles de plans qui donneront l'idée d'une étendue, d'une distance qui n'existent point. Enfin, dans quelques toises auxquelles il est borné, il fait parcourir au regard trompé, & à l'imagination qui ne demande qu'à l'être, des espaces quelquefois indéfinis.

La science de la perspective linéaire est donc la base absolue de l'art des *décorations*, sur tout lorsqu'elles représentent des lieux renfermés ou embellis par l'architecture. Ce n'est pas ici qu'on trouvera les règles de cette science. (*Voyez* OPTIQUE & PERSPECTIVE).

La perspective aérienne est celle qui représente les corps diminués & dans un moindre jour à proportion de leur éloignement. Elle dépend sur tout de la teinte des objets que l'on fait plus ou moins forte, ou plus ou moins claire, selon qu'on veut représenter l'objet plus ou moins proche. Cette méthode est fondée sur ce que plus est longue la colonne d'air à travers laquelle on voit l'objet, plus est foible le rayon visuel que l'objet envoye à la vue.

Le peintre de *décoration* de théâtre a deux manières de satisfaire aux lois de la perspective aérienne, puisqu'il a deux manières d'introduire le jour ou l'ombre dans ses tableaux. L'une tient à l'emploi des couleurs ou des teintes claires ou obscures, dont il use comme le pratiquent les peintres dans leurs tableaux ; l'autre dépend de l'application des lumières artificielles dont il peut renforcer, diminuer ou répartir diversement le foyer & les effets. Cette méthode d'éclairage donne au décorateur de grands avantages sur le peintre de tableaux dans ses moyens d'illusion & de perspective aérienne. Il peut, en multipliant & combinant à son gré le nombre & la force des lumières cachées, donner un plus grand éclat aux parties de sa composition qu'il destine à être claires & lumineuses. Cette ressource ou cette disposition des lumières qui donnent aux *décorations* leur effet, qui l'augmentent, qui retouchent & perfectionnent pour ainsi dire les tableaux de la scène, est un artifice qui devroit être à la disposition entière du décorateur. Cependant mille convenances viennent le contrarier dans cet exercice de ses moyens d'illusion. Les acteurs veulent être vus, lorsque l'intérêt de l'effet décoratif s'y oppose ; les spectateurs du leur côté veulent voir alors que le peintre a intérêt d'avoir des privations de jour. Les lumières de la salle nuisent à celle du théâtre & divisent l'effet ou l'amortissent. Telles sont les contrariétés au milieu desquelles le décorateur est obligé d'agir. Ne nous étonnons pas que l'illusion théâtrale ne produise pas toutes les impressions qu'on pourroit attendre de l'art, s'il pouvoit jouir de toute son indépendance.

La pratique de peindre la *décoration* forme la partie la plus importante des difficultés de cet art. D'abord il faut que le décorateur ait l'imagination fortement empreinte de l'effet qu'il veut produire. Il lui faut une grande expérience des résultats de ce genre de peinture. La grandeur du tableau, la manière horizontale dont il s'exécute ne permettent ni des essais, ni des tâtonnemens, ni même de faciles corrections. Si son parti de couleur & d'effet n'est pas dans sa tête, s'il n'est pas calculé d'avance, il n'y a plus de remède. Le décorateur employe ordinairement la couleur à détrempe. Cette méthode est plus expéditive & moins dispendieuse. Mais il faut qu'il connoisse ce que les tons ont à perdre ou à gagner lorsqu'ils seront secs, & qu'ils recevront la lumière d'un jour artificiel.

Le genre de peindre la *décoration* de théâtre ne veut pas de ce fini précieux qu'on demande aux tableaux. La dimension des tableaux du théâtre, la nature du jour qu'ils reçoivent, la distance du point de vue d'où le spectateur en jouit & plusieurs autres considérations s'opposent aux recherches d'une exécution minutieuse & fondue. La franchise de la touche, la hardiesse dans le maniement de la brosse, font le mérite principal de l'art de peindre au théâtre.

Cette hardiesse & cette franchise ne seront pas telles cependant que le spectateur puisse s'appercevoir du mécanisme. Tout doit lui paroître aussi doux, aussi fondu que dans un tableau ou dans la nature même. Il ne doit point s'appercevoir de la manière employée par le peintre. Il ne faut pas qu'au point de vue la trace de l'art se découvre. C'est cependant le défaut où tombent pour la plûpart les peintres de *décoration*. Ils donnent trop au spectateur le secret de leur genre de peindre. L'œil voit les coups de pinceau, les frottemens de la brosse, les hachures des ombres & les touches des clairs, sur-tout aux chassis des coulisses les plus voisines de l'avant-scène.

Les peintres de *décoration* ont l'opinion que leurs peintures faites pour recevoir un jour artificiel, doivent être autrement traitées que si elles recevoient la lumière du jour. Cette opinion est un préjugé. L'on peut affirmer que la *décoration* dont les détails & l'exécution produiront un bel effet au jour, le produiront de même à la lumière des lampions. Le jour que donnent ceux-ci ayant même quelque chose de plus piquant que celui du soleil, s'adressant plus directement aux objets à éclairer, accuse avec plus de rigueur les travaux du pinceau, & trahit plus aisément le mécanisme du peintre.

Au reste l'artifice de l'illusion des peintures théâtrales tient à des procédés moins susceptibles d'être fixés par des règles que ceux des autres genres de peinture.

De quelque manière que se produise cette illusion, pourvu que le mécanisme en soit dérobé au spectateur, la manière en soit bonne. On voit des peintres, avec moitié moins de travaux, de couleurs & de détails que d'autres n'en employent, produire des effets plus vrais, plus grands & plus riches. Il est vrai que la manière économique de peindre dont usent les décorateurs sur-tout en Italie, rend leurs toiles de peu de durée, & c'est un des inconvéniens attachés à cet art, de n'offrir au public & aux artistes que des ouvrages éphémères, & des modèles périssables.

On a conservé pendant quelques années des toiles de Servandoni au théâtre des Thuileries. Mais il ne reste plus maintenant de ce grand décorateur que le souvenir de ses chef d'œuvres & la renommée attachée à son nom. Ce seroit, comme je l'ai déjà dit, à la gravure qu'il conviendroit de conserver ces monumens d'un art si fragile, & dont la destinée semble être, comme celle de tous les plaisirs les plus vifs, de ne durer qu'un moment. De fidèles gravures des plus belles *décorations* coloriées par leurs auteurs, feroient un recueil aussi curieux qu'intéressant; & le secours de l'optique, en leur redonnant leurs dimensions, procureroit aux artistes de ce genre, des leçons toujours vivantes des grands maîtres qui ne seroient plus.

Une telle collection manque par-tout à l'histoire de la peinture. Il appartiendroit à une école formée sur un plan général d'enseignement des arts, de la réaliser, & de joindre les préceptes de la théorie en ce genre, aux routines qui n'entrent que trop dans les écoles pratiques, où se forment tous les décorateurs de théâtre.

DÉCORER, v. act. C'est appliquer la *décoration* aux objets propres à la recevoir. (*Voyez* DÉCORATEUR, DÉCORATION).

On *décore* une ville, un temple, un palais, une maison, une galerie, une chambre, un meuble, un ustensile, &c.

DÉCOUPÉ, s. m. *Terme de jardinage*. La Quintinie nomme ainsi un parterre où il y a plusieurs pièces carrées, rondes, longues, ovales, dans lesquelles on met des fleurs.

DÉCOUVRIR, v. act. C'est ôter la couverture d'une maison, pour en conserver à part les matériaux.

Découvrir du careau, c'est ôter avec la hachette le plâtre du vieux carreau pour le faire servir une seconde fois.

Découvrir un mur, c'est ôter la paille & les gravois qu'on a posé dessus pour le garantir de la gelée pendant l'hiver.

Découvrir le bois, c'est lui donner la première ébauche avec le fermoir, avant de le raboter.

DÉDALE. A-t-il existé un homme qui a donné son nom à tout ouvrage fait avec invention & industrie (car c'est ce que signifie *Dédale*, Δαιδαλος en Grec); ou ce mot a-t-il fait croire à l'existence de l'ingénieux ouvrier? On sait que souvent les hommes habiles ont laissé leur nom à leurs inventions. On sait aussi que souvent les hommes transposent à des êtres matériels les mots les plus faits pour n'exprimer que les idées les plus métaphysiques. Ce genre d'erreur ou de transposition est commun à tous les peuples & à toutes les

les langues. C'est à lui qu'on doit la fable & l'allégorie.

Que *Dédale* soit donc un personnage fabuleux ou allégorique, qu'il n'en ait existé qu'un, ou que la réputation de plusieurs se soit réunie sur un seul, ce sont des questions étrangères à cet ouvrage.

Selon l'opinion reçue, *Dédale* arrière petit fils d'Erecthée, Roi d'Athènes, a été un des plus habiles hommes que la Grèce ait produit dans l'architecture & dans la sculpture. Il éleva, dit-on, à Memphis plusieurs monumens, & en obtint pour récompense, de voir placer sa statue dans le temple de Vulcain. Ce fut en Egypte, qu'il prit le modèle du Labyrinthe qu'il exécuta dans l'île de Crète. Ce fameux ouvrage le cédoit cependant, en grandeur & en variété de combinaisons, à celui de l'Egypte. (*Voyez* LABYRINTHE). Quoiqu'il ne fût, dit-on, que la centième partie de celui-ci, il ne laissoit pas d'être encore très-spacieux. Le grand nombre de ses conduits, la multiplicité de ses issues, produisoient une telle confusion, qu'il étoit impossible d'en trouver la sortie.

Si l'on peut donner le nom d'histoire aux récits des temps antérieurs à l'art d'écrire l'histoire, *Dédale* persécuté & enfermé dans son labyrinthe, en sortit par le moyen d'ailes artificielles, & vint s'abbatre vers Cumes, où il éleva un temple à Apollon. Plusieurs princes, dans la crainte de déplaire à Minos, lui refusèrent un asyle. Il le trouva enfin chez Cocalus, roi de Sicile.

Cette île lui dut plusieurs ouvrages considérables. Il y fit creuser un grand canal où se jettoit le fleuve Alabas. Près du lieu où fut bâtie la ville d'Agrigente, il construisit une citadelle imprenable ; trois ou quatre hommes suffisoient pour la défendre. On montre encore dans cette ville des restes de constructions qu'on appelle le labyrinthe de *Dédale*.

DÉDALI, s. m. On a donné le nom de l'ouvrier à l'ouvrage, & l'on appelle un labyrinthe *dédale*, du nom de l'architecte qui avoit fait celui de Crète. (*Voyez* LABYRINTHE.)

DÉDICACE, s. f. Les Grecs & les Romains avoient l'usage de dédier les monumens publics & privés, de toute espèce, aux divinités. Titus fit une *dédicace* solemnelle du célèbre amphithéâtre appelé aujourd'hui le colisée.

On gravoit sur les frontispices des monumens romains, le nom de celui qui les avoit dédiés. C'est ainsi qu'on lit encore celui d'Agrippa sur la frise extérieure du panthéon. C'étoit un grand honneur d'être choisi pour faire la *dédicace* des monumens publics. Le seul avantage qui ait manqué à la fortune de Sylla, dit Tacite, fut de n'avoir pu dédier le Capitole. Ce bonheur fut réservé à Lutatius Catulus.

Les usages de la *dédicace* ont passé dans le culte des chrétiens, avec presque toutes les cérémonies payennes qui n'ont pas même souvent changé de nom. Les églises sont dédiées à quelque saint, & c'est ordinairement ou sous le porche du temple, ou aux deux côtés intérieurs de la porte d'entrée, que se placent les inscriptions qui font mention de la *dédicace*.

DÉFENSE, s. f. On appelle ainsi une latte, ou tout autre signe pendu au bout d'une longue corde, pour avertir les passans de s'éloigner d'une maison où l'on fait quelque réparation de couverture ou de maçonnerie.

DÉGAGEMENT, s. m. Se dit dans la distribution des appartemens, ou d'une pièce, ou d'un petit passage, ou d'un escalier dérobé, par lesquels on peut s'échapper, sans repasser par les mêmes pièces.

Les *dégagemens* sont essentiels dans les appartemens, pour la plus grande tranquillité des personnes qui ont quelque représentation à observer, ou des rapports nombreux avec le public. On peut au moyen des *dégagemens* aller & venir, circuler dans l'intérieur de la maison, sortir même & rentrer sans que ceux du dedans s'en apperçoivent. On peut aussi faire venir par ces voies dérobées, les personnes avec lesquelles on a des rendez-vous qui exigent quelque secret.

Nous n'avons pas de notions assez précises sur l'intérieur des maisons chez les anciens, pour affirmer qu'on y pratiquoit cet art des *dégagemens*, qui est devenu une des parties les plus remarquables de la distribution, sur-tout en France.

Il est peu de règles cependant à prescrire dans ce genre. L'artifice & la combinaison des *dégagemens* tiennent sur-tout à la nature du terrain sur lequel se fait un plan, & cet art qui contribue à la commodité du local, peut aussi contribuer à sa symétrie & à sa belle ordonnance.

En général on peut dire que la perfection de l'art des *dégagemens* consiste à ce que dans un appartement, on puisse parcourir chacune des pièces qui le composent, sans passer par aucune des grandes pièces qui lui sont contiguës. Elle consiste à établir une circulation double, l'une ostensible & publique, l'autre qui n'est connue que de ceux qui habitent la maison, & dont le public ne peut ni se douter ni avoir connoissance.

DÉGAUCHIR, v. act. Dresser le parement d'une pierre ou l'un de ses joints de lits ou de coupe, avec deux règles droites posées de champ, aux deux extrémités du parement, en les bornoyant l'une sur l'autre du même point de vue.

C'est dresser une pièce de bois de charpente pour la rendre droite, ou pour la raccorder selon le biais de la place où elle doit être posée.

C'est dresser une planche, un panneau, un bâtis en le bornoyant, ou selon une cherche proposée.

C'est aussi raccorder un talus avec une pente de terrein.

DÉGORGER, v. act. Se dit des tuyaux de conduite que l'on vide pour les nétoyer.

DÉGRADATION, s. f. Est l'effet du défaut d'entretien des parties d'un bâtiment, ce qui le rend caduque ou inhabitable.

DÉGRADÉ, adj. m. On caractérise ainsi un bâtiment qui est devenu inhabitable, faute d'en avoir entretenu les couvertures, ou d'y avoir fait les autres réparations nécessaires.

Il ne suffit pas de faire des bâtimens solides, les mieux construits exigent des soins continuels. C'est à eux qu'est due leur conservation. L'entretien d'un bâtiment consiste à y réparer les plus légers commencemens de *dégradation* & à ne leur donner jamais le temps de s'accroître. Un pareil entretien n'est jamais dispendieux. Si l'on a le malheur de le discontinuer, la somme annuelle d'entretien ne se trouve plus en proportion avec les réparations à faire, le mal fait des progrès, & bientôt pour réparer un édifice, il en coûte autant que pour en construire un nouveau. Ainsi périssent par des *dégradations* incurables des monumens que les plus légers soins eussent conservé pendant des siècles.

On dit d'un mur qu'il est *dégradé*, lorsque son enduit ou crépi est tombé, & que ses moëlons sont sans liaisons.

DÉGRADER, v. act. C'est détruire la couverture, les enduits ou revêtissemens des murs, gâter & arracher les peintures, dorures, ornemens & décorations d'un édifice. C'est produire ce qu'ordinairement beaucoup mieux & plus vite que le temps, savent faire l'ignorance, la barbarie & les passions produites par le fanatisme politique ou religieux.

DÉGRAVOYEMENT, s. m. C'est l'effet que produit l'eau courante en déchaussant & défoçant les pilotis de leur terrain, par un bouillonnement continuel. On prévient cet effet ou l'on y remédie en faisant une crêche autour du pilotage.

DÉGRAVOYER, v. act. Dégrader, déchausser les pilotis, (voyez l'article précédent.).

DEGRÉ, s. m. Ce mot dérivé du Latin *gradus*, est en architecture synonyme de *marche*. Mais l'usage veut qu'on l'applique particulièrement aux grands édifices & aux monumens publics.

Ainsi l'on dit les *degrés* d'un temple & les marches d'un escalier en bois.

Vitruve nous enseigne la proportion des *degrés* dont se formoient les escaliers des temples.

« Les *degrés*, dit-il, de la face intérieure du temple doivent être ordonnés de telle sorte, qu'ils soyent toujours en nombre impair, afin qu'ayant mis le pied droit en montant sur le premier degré, il arrive qu'on le mette aussi le premier sur le haut des *degrés* pour entrer dans le temple. »

« La hauteur des *degrés*, à mon avis, ne doit point être de plus de dix pouces, ni moindre de neuf. Cette proportion rendra la montée facile. Le giron des *degrés* n'aura ni plus de deux pieds de large ni moins d'un pied & demi, & si l'on pratique des *degrés* tout à l'entour du temple, ils doivent se faire dans la même proportion. »

Cette proportion assignée par Vitruve aux *degrés* des temples est, ainsi que l'observe Galiani, un peu différente de celle que suivent les modernes. Tout dépendant de l'habitude, il est clair que si les *degrés* anciens nous paroissent peu commodes, les nôtres ne l'auroient pas paru davantage aux anciens.

Peut être aussi l'entrée des temples étant moins publique chez les anciens que chez nous, eut-on aussi moins de raisons de sacrifier à la commodité le bon effet que produit dans l'architecture la hauteur des *degrés*.

Au reste, lorsque les *degrés* dont se formoit la circonférence des théâtres & des temples étoient trop élevés, on tailloit dans leur épaisseur de plus petits *degrés*, c'est-à-dire, que d'un *degré* l'on en faisoit deux, ou bien, on établissoit sur les *degrés* de pierre un escalier postiche qui doubloit le nombre des *degrés*. Le P. Paoli prétend avoir vu les traces de cette pratique à un des temples de Paestum.

La proportion des *degrés* n'étoit pas la même chez les anciens dans leurs édifices privés. Vitruve, l. 9, ch. 2, nous apprend qu'elle se régloit sur celle du triangle de Pythagore, ce qui devoit rendre leurs escaliers plus roides que les nôtres. (*Voyez* MARCHE, ESCALIER.)

DÉGROSSIR, v. act. C'est donner à un ouvrage la première façon & le disposer à recevoir les autres qui le conduisent à sa perfection.

On *dégrossit* la pierre, & le marbre avec des ciseaux & maillets, ou avec une pointe émoussée de coust, & une masse; le fer au carreau & à la lime; le bois de charpente avec la coignée & la lache pour l'équarir; le bois de menuiserie avec la demi-varloppe.

DÉJETTÉ, adj. m. On dit que la menuiserie est *déjettée*, lorsqu'étant faite d'un bois qui n'a pas été employé sec, ses panneaux s'ouvrent, se cambrent & sortent de leurs emboîtures ou rainures.

DÉJOINT, adj. m. Se dit de toute désunion des parties dont se compose un assemblage de planches, de solives, de pierres, &c.

DÉLARDER, v. act. C'est en maçonnerie piquer avec la pointe d'un marteau le lit d'une pierre, & démaigrir ce qui en doit être posé en recouvrement. C'est aussi couper obliquement le dessous d'une marche de pierre. Ainsi on dit qu'elle porte son *délardement*.

DÉLARDER, *terme de charpenterie*. C'est rabattre en chanfrein les arêtes d'une pièce de bois, comme lorsqu'on taille l'arestier de la coupe d'un comble, & le dessous des marches d'un escalier de bois pour en ravaler la coquille.

DELIQUIÆ. Terme employé par Vitruve pour désigner les chevrons qui forment les arestiers des croupes des combles, & rejettent l'eau d'un côté & de l'autre, par opposition avec *colliquiæ* qui recueillent les eaux dans les noues. (*Voyez* COLLIQUIÆ.)

DÉLIT, s. m. C'est le côté, le sens différent du lit que la pierre avoit dans la carrière.

Mettre une pierre en *délit*, c'est, au lieu de la poser de niveau, ou en joints sur son lit de carrière, faire de ce *lit* un parement. Cela s'appelle une *mal-façon*; la pierre alors est sujette à se fendre & ne peut porter de grands fardeaux.

DÉLITER, v. act. Poser une pierre dans un bâtiment, d'un sens contraire à celui qu'elle avoit dans la carrière, quand elle étoit sur son lit naturel.

Il y a des pierres qui se *délitent* d'elles-mêmes: il y en a d'autres si dures, qu'elles ne paroissent avoir ni *lit*, ni *délit*: tels sont les marbres.

DELORME (PHILIBERT) naquit à Lyon, vers le commencement du seizième siècle. On ne cite pas l'époque précise de sa naissance. Quant à celle de sa mort, les uns la rapportent à l'an 1577, les autres à 1570.

Philibert Delorme peut se regarder comme un des rénovateurs de la bonne architecture en France. Contemporain de Pierre Lescot, le plus grand architecte françois, il n'eut ni la délicatesse de son goût, ni la richesse d'invention, ni la pureté d'exécution qui caractérisent l'architecte du Louvre: mais il s'appliqua davantage à cette autre partie de l'architecture qui est la construction, & sous ce rapport, il s'est fait un nom durable & une réputation qui a survécu à ses monumens.

Delorme eut l'avantage d'étudier de bonne heure les grands modèles de l'art de bâtir. A l'âge de quatorze ans il étoit déjà en Italie. Il y trouva pour protecteur & pour guide, Marcel Cervin, amateur des arts, qui devint pape sous le nom de Marcel II. Témoin du zèle & des progrès de ce jeune artiste, Marcel le reçut dans son palais & se fit un devoir de contribuer à son instruction. Il lui conseilla de renoncer au pied françois dans la mesure des édifices antiques, & d'user ou du palme romain, ou du pied antique dont il lui donna les mesures, d'après un marbre ancien sur lequel elles se sont conservées.

Enrichi des dépouilles de l'antiquité, *Delorme* revint à Lyon sa patrie en 1536. Il y construisit le portail de Saint Nizier, qui consiste dans un renfoncement en cul-de-four, orné de colonnes & de pilastres d'ordre dorique, avec des niches entre deux. Cet ouvrage fut interrompu par le voyage que lui fit faire à Paris le cardinal du Belley. Il est probable même qu'il ne sera jamais achevé, à moins qu'on ne se détermine à abattre le clocher élevé sur une des portes latérales, & que surmonte une aiguille en pierre d'une grande hauteur. On admire encore à Lyon, de notre artiste, deux voûtes en trompe, dont la coupe des pierres est d'un artifice savant & hardi pour le temps où travailloit *Delorme*. Elles sont dans la rue de la Juirie. Leur saillie est considérable eu égard à la place qu'elles occupent. L'une est biaise, rampante, surbaissée & ronde par devant; les trois quarts environ de sa circonférence sont en saillie. L'autre qui occupe l'angle opposé est également ronde & son port-à-faux est aussi saillant. Toutes deux décorées des ordres dorique & ionique, portent un cabinet accompagné d'une galerie suspendue & qui sert à la communication des deux maisons.

Le cardinal du Belley, après avoir attiré *Delorme* à Paris, le fit connoître à la cour de Henri II, & de ses fils. Le fer à cheval de Fontainebleau fut sa première entreprise. Il ne tarda pas à être chargé de travaux plus importans. Les châteaux d'Anet & de Meudon furent bientôt construits sur ses plans. On remarquoit dans le premier la décoration singulière de sa façade, ainsi que son horloge, ornée de quatre chiens de bronze qui annonçoient les heures par leur aboyement, & d'un cerf qui la frappoit avec le pied droit de devant. On y admiroit aussi une trompe très-hardie qui soutenoit seule le cabinet du roi. Il ne subsiste plus des ouvrages de *Delorme* à Meudon, qu'une terrasse en briques, reste d'une grotte fameuse qui fut détruite, pour édifier le château moderne.

La chapelle de Villers-Coterêts a de notre architecte un portique d'ordre corinthien, aussi remarquable par son goût que par sa construction. Ne pouvant trouver ni promptement, ni sans frais considérables, des pierres assez grandes pour en faire des colonnes d'une seule piece, *Delorme* les fit de quatre tambours, & imagina de cacher par des ornemens & des moulures, les joints de leurs assises. C'est probablement à cet essai que l'on doit les colonnes à tambours de marbre & à bandes sculptées, qu'il employa depuis aux Tuileries.

L'un des plus remarquables ouvrages, de *Delorme*, fut le tombeau des Valois, construit près de l'église de Saint Denis. Il fut, à cause du mauvais état de sa construction, démoli en 1719, par ordre du roi. Il n'est presque plus connu que par les estampes qu'en a gravées Marot. L'extérieur se composoit de deux ordonnances de colonnes, l'une dorique, l'autre ionique. Chacune avoit vingt colonnes, & un plus grand nombre de pilastres entre-mêlés de niches & de croisées; un troisième ordre devoit soutenir une coupole terminée par une lanterne décorée de membres d'architecture.

L'intérieur auroit été plus riche encore que l'extérieur. On y entroit de l'église de Saint Denis par l'extrémité de la croisée septentrionale. Le tombeau d'Henri II & de Catherine de Médicis occupoit le centre de la coupole. Des douze ouvertures du dôme, six offroient autant de massifs décorés d'un avant-corps de deux colonnes corinthiennes, surmonté de deux composites également isolées & accompagnées de leurs pilastres. Entre les premières étoient des niches avec des tables au-dessous pour des bas reliefs. On avoit sculpté des couronnes, des palmes, & les chiffres du roi & de la reine sur les chapiteaux des pilastres angulaires. Des ouvertures couronnées de frontons occupoient le milieu des avant corps du second ordre. Les six autres faces du dôme se composoient au rez-de-chaussée d'arcades accompagnées de colonnes corinthiennes isolées, dont l'entablement servoit d'imposte aux arcades. Celles du second ordre étoient pareillement soutenues par de petites colonnes composites. Les arcades du rez-de-chaussée donnoient entrée dans autant de chapelles voûtées & disposées en forme de croix. Huit colonnes accouplées avec seize pilastres distribués entre les niches, au nombre de six, soutenoient l'entablement de ces chapelles qui avoient chacune leur autel en face de l'entrée. De semblables chapelles qui se communiquoient par des galeries occupoient le second ordre.

Une place au faubourg Saint-Honoré du côté du Louvre, occupée par une thuilerie & par quelques beaux jardins, parut à Catherine de Médicis qui vouloit avoir un palais séparé du Louvre, qu'habitoit Charles IX, un lieu commode pour la construction d'un bâtiment agréable. Ce fut là qu'elle fit commencer le palais des thuileries, dans lequel *Delorme* eut à déployer toutes les richesses de son génie. L'histoire veut qu'il ait eu pour associé dans cette grande entreprise, Jean Bullant, (*voyez la vie de cet architecte*,) & qu'il ait partagé avec lui la conduite de l'ouvrage. Cependant, comme on l'a déjà observé à l'article BULLANT, les changemens survenus dans les détails & l'ensemble de la façade des thuileries ont fait perdre la trace du goût & de la manière de cet architecte. Il paroîtroit avoir plus présidé aux détails de l'ornement qu'à l'ensemble de l'ordonnance. Mais le génie de *Philibert Delorme* a survécu à toutes les révolutions qu'a éprouvé le plus grand édifice de Paris, après le Louvre.

Le dessin & les plans des thuileries devoient avoir, d'après ce que nous en a conservé Ducerceau, une étendue bien supérieure à celle que nous présente aujourd'hui la ligne de bâtimens à laquelle ce palais est réduit. Catherine de Médicis n'en acheva que le gros pavillon du milieu, les deux corps de logis contigus formant aujourd'hui galerie, & les deux pavillons qui s'adossent à chacune de ces galeries. Dégoûtée de suivre cette entreprise, elle porta ses dépenses à un autre emplacement, & chargea Bullant de lui construire le palais qui ne subsiste plus, sur le terrain de l'hôtel Soissons.

Le palais des thuileries fut cependant continué par Henri IV, augmenté par Louis XIII, sur les desseins de Ducerceau, des deux corps de bâtimens & des deux pavillons d'ordonnance composite qui terminent de chaque côté cette ligne d'édifices; & enfin ragréé, réordonné dans tout son ensemble par Louis XIV, sur les desseins de Leveau & de Dorbay.

Cette dernière restauration a fait disparoître beaucoup de parties de l'architecture de *Delorme*. Le pavillon du milieu n'a conservé de notre architecte que le premier ordre de colonnes ioniques, ornées de bandes sculptées en marbre du côté de la cour, & en pierre du côté du jardin. Les deux autres étages sont de Leveau & de Dorbay. Il y avoit sous le vestibule un fort bel escalier de *Delorme*, qui pouvoit être considéré comme un chef-d'œuvre de l'art du trait & un modèle de la coupe des pierres. Il étoit rond, à vis, sans noyau, & sa rampe étoit suspendue en l'air. Son diamètre étoit de 27 pieds, qui divisés en trois, en donnoient neuf pour la longueur des marches de chaque côté, & autant pour la largeur du vide du milieu. Cet ouvrage, par sa position, masquoit sous le vestibule, la vue du jardin; il fut détruit en 1664.

Les deux ailes de bâtiment percées d'arcades qui sont aux deux côtés du pavillon dont on vient de parler, sont encore l'ouvrage de *Delorme*. Mais la restauration n'en a encore conservé que l'étage inférieur, orné de pilastres ioniques, divisés aussi par des bossages en bandes de marbre du côté du carousel. Du côté du jardin ces ailes de bâtiment formoient des galeries qui ont été conservées dans la restauration. Seulement on a changé la décoration richement mesquine de l'étage élevé en retraite au-dessus des terrasses, & qu'on croit avoir été l'ouvrage de Jean Bullant.

Mais la partie la plus estimable du projet de *Philibert Delorme*, & qui a le moins subi de changemens à la reconstruction de Leveau, est celle des deux pavillons décorés de deux ordres, l'un ionique & l'autre corinthien, la seule mutation essentielle qu'ils ayent reçue est celle de l'attique, qui, dans le dessin nouveau, a été simplifié, rabaissé & ramené à une ordonnance plus sage & plus régulière. On y a de tout temps admiré l'ordre ionique du rez-de-chaussée: le fust de la colonne, l'entablement & la proportion générale sont dignes d'éloges. Il paroit qu'il a servi de modèle à celui du château de Maisons, & jusqu'à ce jour il a été regardé comme un ouvrage classique de l'architecture françoise. Cependant, comme J.F. Blondel l'observe avec raison, on a porté si loin la richesse dans cet ordre, que le corinthien qui s'élève au-dessus paroit sec & mesquin. Peut-être que sa richesse n'est devenue telle que lors de la restauration générale du palais. Non-seulement aucun des ornemens dont ces colonnes sont plutôt ciselées qu'ornées, n'est exprimé dans les desseins anciens qui nous sont parvenus, mais on peut conjecturer encore, au goût de sculpture qui y préside, que c'est l'ouvrage d'un siècle postérieur à celui de Catherine de Médicis.

Philibert Delorme peut donc passer pour le premier créateur d'un des plus grands & plus magnifiques palais qui soyent en France. Quelques changemens que le goût des architectes qui s'y sont succédés ait pu y apporter, l'empreinte originaire du style de *Delorme* n'a pu en être effacée. Elle subsiste dans la disposition générale de l'édifice & dans le style de sa décoration.

Le goût de son temps consistoit à diviser les édifices en pavillons, en tours, en ailes flanquées de massifs, & écrasées par des toits gigantesques. C'étoit dans les châteaux forts & les monumens de la féodalité que ce goût avoit pris naissance. Ces subdivisions de masses étoient peu propres à concilier avec la disposition des palais, cette grandeur & cette régularité d'ordonnance qui font le premier mérite de l'architecture. De là ces parties incohérentes, décousues & mesquines, malgré la richesse locale qu'on remarque dans tous les édifices de ce temps. Delà ce manque d'unité & d'ensemble, qui fait paroitre petits de vastes édifices. Quel coup-d'œil imposant n'eût pas eu cette façade des thuileries, si au lieu de se trouver divisée en trois ou quatre ordonnances & masses diverses, elle eut pu se subordonner à un parti général & à un ensemble uniforme, quoique varié! Qui croiroit enfin que cette façade a plus de 200 toises de longueur!

Les restaurateurs des thuileries ont cherché à en ramener autant qu'ils ont pu les masses à une ligne uniforme d'entablement; ils ont voulu aussi assujettir les croisées & les ouvertures de cette façade à une disposition symétrique & régulière. Mais que de disparates, d'incohérences, de discordances dans ce rhabillement! (*Voyez* LEVEAU & DORBAY.)

Quant au goût de décoration que *Delorme* a introduit dans le château des thuileries, on peut lui faire le reproche que fit Apelles à ce peintre de l'antiquité qui avoit représenté Hélène chargée de bracelets & de colliers d'or. *N'ayant su la faire belle, tu l'as fait riche*.

On voit que *Delorme* mit tout en œuvre pour développer dans son palais le caractère de richesse. Les colonnes à bandes de marbre qu'on voit au rez-de-chaussée du pavillon central du côté du Carrouzel, sont bien certainement ce qu'on peut faire de plus richement travaillé en architecture. On diroit des candelabres plutôt que des colonnes. Non-seulement les tambours sont cannelés, mais les bandes de marbre reçoivent elles-mêmes des ornemens de bas-relief, mais les listels de chaque tambour & de chaque bande sont découpés d'ornemens tous diversifiés. Assurément on ne pouvoit orner de plus de bracelets et de colliers une ordonnance de colonnes. Mais toute cette somptuosité remplace-t-elle la beauté simple qui naît d'un fustement pur & d'une proportion harmonieuse? Cette division du fust de la colonne en six parties n'en rapetisse-t-elle pas l'effet; & cette richesse qui n'annonce que l'envie de paroitre riche n'est-elle pas plutôt le symptôme de la pauvreté?

Tel est en général le caractère qui résulte de cette fastueuse prétention à la magnificence dont le château des Tuileries porte l'empreinte. Si les cannelures guillochées & ornées de tigettes du petit ordre ionique des pavillons dont on a parlé, ne sont pas de *Philibert Delorme*, il faut avouer qu'il auroit mis dans cette ordonnance bien plus de sagesse, de grace et de véritable richesse. Cependant les autres détails de niches & de croisées qui se retrouvent dans son dessin, ne sont pas d'un goût à beaucoup près si sage, & les restaurateurs des Tuileries ont rendu à *Delorme* un grand service, en purgeant son architecture de tous les hors-d'œuvre qu'il y avoit répandus. L'ionique dont on parle est vraiment estimable, & il ne lui manque qu'un chapiteau plus pur & plus précieux pour entrer en comparaison avec les ouvrages de l'antiquité.

Au reste, l'opinion qu'on doit prendre de *Delorme*, sera celle d'un des maîtres de l'art, quand on saura que Chambray l'a mis au nombre de ceux entre lesquels il établit son parallèle de l'architecture. Dans le jugement général qu'il porte des auteurs qu'il a choisis pour termes de comparaison, voici comme il s'explique sur *Delorme* & son collègue Jean Bullant.

« Des deux qui restent on ne peut pas dire qu'ils soient moindres que tous ceux qui les précèdent, ni aussi de même force que les premiers, mais j'estime qu'ils peuvent entrer en concurrence avec trois ou quatre. Ce sont deux maîtres de notre nation, assez renommés par leurs ouvrages & leurs écrits, *Philibert Delorme* & *Jean Bullant*, que je n'entends point placer ici sur le dernier rang comme inférieurs, mais seulement pour les séparer des Italiens qui sont en bien plus grand nombre. »

L'éloge que reçoit ici *Philibert Delorme*, se trouve un peu démenti par les jugemens partiels que porte Chambray des trois ordres qu'il rapporte de notre architecte : nous allons rapporter ces jugemens.

« Ce n'a pas été, dit-il, sans quelque peine que j'ai réduit le profil de l'ordre dorique de *Delorme* aux termes qu'il est ici, cet architecte l'ayant esquissé si à la légère & si en petit volume (quoique celui de son livre soit assez grand) qu'il n'est pas été possible de donner à aucun de ses membres sa juste mesure, sans l'aide du texte dont il a fait trois amples chapitres, où, par le moyen d'un meilleur dessin, il auroit pu épargner beaucoup de paroles : ce qui fait juger que le bon homme n'étoit pas dessinateur, qui est un défaut assez ordinaire à ceux de sa condition. Mais cela n'a rien à faire présentement à notre sujet, où il n'est question que d'examiner si l'ordre dorique qu'il propose, a quelque conformité avec les antiques, ou pour le moins aux préceptes de Vitruve. »

« Quant à l'ordre ionique de *Delorme*, il n'y a rien qui soit digne d'être imité, n'étant conforme ni à l'antique, ni à Vitruve, & de plus n'ayant aucune régularité en ses parties ; car la corniche est camuse, les principaux membres, comme la doucine & le larmier, sont petits & pauvres, la frise plus grande que la corniche, & la base de la colonne encore altérée en sa forme & en la mesure de ses membres, entre lesquels la grosseur du tore paroît excessive, en égard aux deux scoties qui sont au-dessous, outre la répétition inepte des deux astragales sur la plinche. La volute du chapiteau est aussi trop grande, & le fusarole, qui est le collier de la colonne avec son listeau : en un mot, cette composition est bien placée sur le dernier rang. »

« Mais après tout je suis étonné qu'un homme de la condition de cet auteur, qui étoit laborieux, comme on peut juger par ce qu'il dit en son livre touchant les observations qu'il avoit faites à Rome sur les antiques, qui avoit un grand amour naturel à l'architecture, à qui les commodités n'ont point manqué pour étudier à son aise, & se faire instruire, qui étoit allé par le vrai chemin de l'art, & qui a eu d'assez grandes occasions de pratiquer & de mettre en œuvre ses études ; qu'avec tous ces avantages il soit toujours resté entre les médiocres. Cela montre bien que notre génie nous peut tromper quelquefois, & qu'il nous porte à des choses pour lesquelles nous n'avons aucun talent. »

À l'égard du corinthien de *Delorme*, voici encore les paroles de Chambray.

« J'aurois souhaité, pour la conclusion de notre ordre Corinthien, que *Delorme* nous eût donné un dessin plus régulier & d'un meilleur goût ; mais ce bonhomme, quoique studieux & amateur de l'architecture antique, avoit néanmoins un génie moderne, qui lui a fait voir les plus belles choses de Rome comme avec des yeux gothiques : ce qui paroit bien au profil de son corinthien, lequel il prétend être conforme à ceux des chapelles de la rotonde..... Enfin le talent de cet architecte, qui ne laisse pas d'avoir acquis beaucoup de réputation, consistoit principalement en la conduite d'un bâtiment, & de vrai il étoit plus consommé en la connoissance de la taille & coupe des pierres, que dans la composition des ordres ; aussi en a-t-il écrit plus utilement & bien plus au long. »

Philibert Delorme est en effet auteur de deux ouvrages sur l'architecture & la construction, qui assurent à son nom une gloire peut-être plus réelle, mais à coup sûr plus durable, que celle qu'il doit à ses édifices en partie détruits ou dénaturés.

Le premier de ces ouvrages est un traité complet d'architecture, en neuf livres ; le second, qui fait suite à ce traité dans quelques éditions, mais qui fut imprimé & publié séparément, a pour titre : *Nouvelles inventions pour bien bâtir & à petits frais.*

Dans son traité d'architecture, *Philibert Delorme* embrasse toutes les notions théoriques & pratiques dont se compose la science de l'architecture.

Le premier livre traite des considérations préliminaires à l'assiette d'un bâtiment, du choix de l'architecte, des qualités que doit avoir celui-ci, de l'exposition des édifices, des devis, dessins & modèles, des pierres, marbres & matériaux, de la chaux, & de la manière de la faire & de l'employer, des divers arts qui entrent dans la composition d'un édifice.

Le second livre embrasse les notions géométriques, appliquables à l'art de bâtir, & sur-tout aux fondations des bâtimens, la manière de raffermir les terreins sur lesquels on veut fonder, soit sur terre, soit dans l'eau.

Le troisième livre a pour objet la disposition des étages souterrains, la coupe des pierres & l'art du trait.

Le quatrième livre est une suite du troisième, & comprend l'art des voûtes, des trompes, des escaliers à vis simple & double. Dans ce livre, *Philibert Delorme* rapporte en exemple quelques-uns de ses propres ouvrages, & c'est-là qu'on voit la trompe du château d'Anet ; sur laquelle étoit bâti le cabinet du roi, dont on a parlé plus haut.

Le cinquième livre se compose des notions relatives aux ordres & aux colonnes toscanes, doriques, ioniques, des mesures & proportions de ces ordres, & des autorités ou exemples pris dans l'antiquité.

Le sixième livre ne traite que de l'ordre Corinthien, de son origine, de ses proportions & de ses mesures.

Le septième livre est affecté à l'ordre appellé *composite*. A ce sujet, *Philibert Delorme* propose diverses inventions de colonnes & d'ordres, dont il ne paroît pas que l'architecture ait fait grand profit. Selon lui, l'on peut inventer & faire de nouvelles colonnes, & il cite en exemple les colonnes à bandes du palais des Tuileries dont on a parlé plus haut, & qu'il appelle *colonnes françaises*.

Le huitième livre renferme les détails relatifs à la décoration des arcs, portes & ouvertures des bâtimens, ainsi qu'aux mesures des portes dorique, ionique & corinthienne, à la disposition des croisées dans les bâtimens, & à la forme des lucarnes ou petites fenêtres qu'on met aux étages supérieurs.

Le neuvième livre est une théorie assez complette sur les cheminées, leur forme, leur construction, leur décoration, & les procédés par lesquels on remédie aux inconvéniens de la fumée.

En général, l'ouvrage de *Delorme*, quoique utile aux artistes, l'eût été bien davantage, s'il l'eût accompagné de meilleurs desseins. Mais il paroît qu'il n'étoit pas grand dessinateur, ainsi que l'observe Chambray. Il règne beaucoup d'obscurité dans ses planches. Les mesures y sont ou inexactes ou trop rares, & c'est à l'aide d'un texte diffus qu'il faut expliquer les desseins qui auroient dû naturellement expliquer le texte.

L'autre ouvrage de *Philibert Delorme* contient une découverte infiniment précieuse, & que nous avons vu ressusciter de nos jours par les architectes Legrand & Molinos, dans l'immense couverture de la halle aux bleds de Paris.

Voici ce qui donna lieu à cette belle invention de l'art de bâtir. C'est *Delorme* lui-même qui va parler.

« Comme je considérois la nécessité & peine qui
» est aujourd'hui & sera désormais pour trouver
» si grands arbres qu'il faut, pour faire poutres,
» sablieres, pannes, chevrons & autres telles pieces
» requises pour les logis des princes & seigneurs,
» davantage que je prévoyois grande défaillance,
» non-seulement desdits grands arbres, mais aussi
» des moyens tels qu'il faudroit pour faire les cou-
» vertures de si grands logis : qui m'a fait penser
» de longue main comme l'on y pourroit remédier,
» & s'il seroit possible, en telle nécessité, trouver
» quelque invention de se pouvoir aider de toutes
» sortes de bois & encore de toutes petites pieces,
» & se passer de si grands arbres que l'on a cou-
» tume de mettre en œuvre.

» Sur quoi il m'advint un jour d'en toucher
» quelques mots au feu roi Henri II étant à table.
» Mais quoi ? Les auditeurs & assistans, pour n'avoir
» ouï parler de si nouvelles choses & si grande
» invention, tout à un coup reculerent de mon
» dire, comme si j'eusse voulu faire entendre à ce
» bon roi quelques menteries. Voyant donc faire
» un jugement si soudain de ce qui n'étoit encore
» entendu, & que le roi pour lors ne dîsoit mot,
» je délibérai ne plus rien mettre en avant de tels
» propos, commandant de procéder aux bâtimens
» comme l'on avoit accoutumé.

» Quelque temps après la reine-mère délibéra
» faire couvrir un jeu de paulme à son château de
» Monceaux, pour donner plaisir & contentement
» au feu roi Henri. Et voyant qu'on lui en deman-
» doit si grande somme d'argent, cela me fit re-
» parler de cette invention : & fut ladite dame seule
» cause que je la voulu éprouver.

» Donc j'en fis l'épreuve au château de la
» Muette, ainsi que plusieurs ont vu, & en autres
» divers lieux, selon la façon décrite en ce présent
» livre. Laquelle épreuve se trouva si belle & de si
» grande utilité, que lors chacun délibéra en faire
» son profit & s'en aider, voire ceux qui l'avoient
» contredite, moquée & débatue. Laquelle chose
» étant venue jusqu'aux oreilles du roi, qui avoit
» vu & grandement loué ladite épreuve, il me
» commanda en faire un livre pour être imprimé,
» afin que la façon fût intelligible à tous ».

La méthode de charpente de *Philibert Delorme* consiste à substituer aux fermes de charpentes ordinaires & aux chevrons qui les séparent, des courbes composées de deux planches de bois quelconques, longues de trois ou quatre pieds, larges environ d'un pied & d'un pouce d'épaisseur, assemblées en coupe & en liaison suivant l'épure de la courbe, soit en ogyve, soit en plein ceintre, soit en ceintre surbaissé.

Pour que ces courbes ayent de la force, elles doivent être placées de champ, bien à-plomb, & assemblées par leur pied, dans une plate-forme de charpente, posée de niveau sur les murs de face du bâtiment.

Pour entretenir ces planches dans leur position, on y pratique des mortaises, dans lesquelles on introduit des liernes percées à distances convenables, & remplies par des coins, qui serrent les courbes, & les empêchent de s'incliner, car toute leur force dépend de leur position perpendiculaire.

Le premier avantage de cette méthode est donc de substituer à des bois d'une grande force & d'une grande longueur, suivant les diametres des espaces à couvrir, des bois minces & courts & de peu de valeur, en comparaison des poutres, pannes, poinçons, arbalêtriers, &c., employés dans la méthode ordinaire.

Le second avantage est de pouvoir former, par ce procédé, une voûte de telle forme qu'on la desire, dont l'intérieur est absolument libre, & propre à toute espèce d'usage d'habitation, de décoration ou d'utilité, comme logemens, galeries, granges, magasins immenses, &c., au lieu des greniers ordinaires que les pièces de bois multipliées de la charpente des combles, remplissent & rendent inhabitables.

Le mérite de cette invention consiste encore à disposer ces planches courtes en coupe & en liaison, comme les claveaux d'une voûte, de manière à leur en donner la solidité, avec une légèreté bien supérieure, ensorte que les murs étant peu chargés, n'ont pas besoin d'une grande épaisseur.

Cette charpente à nud présente l'aspect d'une voûte de treillage, dont les courbes espacées d'un ou deux pieds entr'elles, suivant le poids de la couverture qu'elles ont à supporter, forment les parties verticales, & dont les liernes composent les parties horisontales, qui lient les courbes, & les maintiennent de champ & bien d'aplomb dans toute leur étendue.

L'intérieur de cette charpente peut recevoir un plafond de plâtre ou autre, comme l'extérieur peut se couvrir en tuiles, en ardoises, &c.

Pour augmenter la solidité de cette charpente, on doit assurer son pied par des coyaux, ou petites contrefiches qui forment l'égout du toit, en prenant chaque courbe à une certaine hauteur, & la contrebuttant de manière à ce que leur pied ne puisse point s'écarter. Ces coyaux vont s'appuyer sur une autre plate-forme placée sur la saillie de la corniche, & sont liés aux courbes par de petits liens, afin de former corps avec elles & d'offrir une résistance contre la tendance qu'elles auroient à s'écarter.

Au sommet des courbes qui composent la charpente, on place des prolongemens qui lui donnent la forme pyramidale des toits ordinaires. Ces prolongemens sont fixés par une légère entaille sur la courbe, & entretenus par quelques cours de liernes.

Le taillis de la couverture achève de donner à cet ensemble une solidité égale à celle des charpentes que cette méthode remplace. Elle les surpasse encore par la facilité d'y faire des réparations. En effet, on peut substituer une pièce à une autre avec une extrême facilité, & décomposer ou recomposer pièce à pièce tout l'assemblage, sans que la désunion des parties opère la ruine du tout.

Tous les bois sont également propres à cette construction; cependant ceux qu'on nomme *bois blancs* sont préférables, à cause de leur grande légèreté. Parmi ceux-là sont le pin, le sapin, le tilleul, le bêtre, le peuplier même, &c.

La largeur des planches peut être depuis six & huit pouces jusqu'à quinze, & même au-dessus. Six ou huit pouces suffisent pour des toits, dont le diamètre ne passeroit pas quinze à dix-huit pieds. Neuf à dix pouces s'employeront dans des diamètres de dix-huit à trente pieds; les planches d'un pied à seize pouces seront réservées pour les plus grands diamètres.

Nous aurons occasion de reparler de l'invention de *Philibert Delorme*, & de la manière dont les architectes Legrand & Molinos l'ont perfectionnée dans l'application qu'ils en ont faite depuis peu à la halle aux bleds de Paris & dans d'autres édifices. Il suffit ici, pour ce qu'on doit à la mémoire de *Delorme*, de lui avoir rendu l'honneur qu'il mérite, comme inventeur en France d'un procédé qu'on ne sauroit trop encourager.

DELOS. Les ruines dont l'isle de *Délos* est couverte, dit Choiseul-Gouffier, prouvent la vénération des anciens pour cette isle, bien mieux encore que les odes de Callimaque & de Pindare. La piété des Grecs, toujours avides de merveilles, sembla trouver de nouveaux motifs dans les fables dont on annoblit l'origine de *Délos*. D'abord flottante au gré des vents, elle n'est fixée que pour offrir à la malheureuse Latone un asyle que le reste de la terre lui refuse. Diane & Apollon y reçoivent le jour, on y élève des temples, & la voilà

voilà consacrée à jamais par le culte le plus universel.

En arrivant à *Delos*, (c'est le même voyageur qui parle) on trouve sur le bord de la mer, des colonnes & quelques piliers de granit. Des ruines se présentent ensuite ; c'étoient de vastes portiques que Philippe de Macédoine avoit fait élever. Les colonnes qui soutenoient ce monument sont d'ordre corinthien, & ont cela de particulier, qu'elles ne sont cannelées que dans leur partie supérieure ; le reste est seulement taillé à pans, de manière que leur coupe horizontale forme un polygone.

Un peu sur la gauche étoit le fameux temple d'Apollon ; il est tellement détruit, ses fragmens mêmes sont si défigurés qu'il seroit impossible de rien déterminer sur le genre de son architecture, si Pausanias & Vitruve ne nous apprenoient qu'il étoit d'ordre dorique. Suivant le Roi, les colonnes avoient, prises ensemble avec le chapiteau, quatorze pieds & demi. Leur diamètre inférieur étant de deux pieds huit pouces, il en résulte qu'elles n'ont pas six diamètres de hauteur. La colonne lisse dans toute sa hauteur, n'a de cannelures qu'à ses extrémités, (c'est-à-dire, que le monument n'avoit pas été terminé.

Parmi tant de débris on trouve encore les restes d'une statue d'Apollon. Ce colosse, d'un seul bloc de marbre, avoit vingt-quatre pieds de hauteur, à en juger par les proportions des parties qui existent encore. Il est en avant du terrein que le temple paroit avoir occupé, & près d'une base sur laquelle il est vraisemblable qu'il étoit placé. On lit cette inscription : *Les Naxiotes à Apollon*.

Derrière le temple sont les ruines de l'ancienne ville de *Delos*. En prenant sur la gauche on trouve un bassin ovale que l'on croit avoir servi à donner ces simulacres de combats dont le peuple étoit si avide. Ce bassin a quarante-huit toises un pied sur son grand diamètre, & sa profondeur est de quatre pieds. Ainsi, en supposant qu'il soit comblé de quelques pieds, comme cela est vraisemblable, on sent cependant de quelle petitesse devoient être les galères qu'on employoit à ces spectacles.

Plus au nord & vers la mer sont les restes d'un vaste édifice. La tradition veut que ce soit un gymnase, & les Grecs voisins lui donnent encore le nom d'école. Parmi des ruines considérables onze colonnes de granit ont seules résisté à la faux du temps.

En tournant au nord-est, on trouve les fondemens d'une enceinte immense. On ne sait si c'étoit des portiques, comme le veut Tournefort, ou si cet espace renfermoit un des temples dont Adrien enrichit sa nouvelle ville. Cet empereur, après avoir rendu à la ville d'Athènes ses temples, ses lois, sa liberté, voulut encore étendre ses bienfaits sur

Dict. d'Architect. Tome II.

toute la Grèce. Il fit élever à *Delos* une ville qu s'appella la nouvelle Athènes.

Un peu au midi, & près de l'embouchure de l'Inopus, est une élévation sur laquelle étoit un édifice superbe. Ses débris entassés dans le ravin semblent y avoir été jetés par la secousse violente d'un tremblement de terre. La partie méridionale de l'isle est couverte de broussailles fort épaisses, parmi lesquelles on ne voit que très peu de vestiges de construction. En remontant au nord on trouve le théâtre ; il est de marbre blanc & à 250 pieds de diamètre. En face du théâtre est un souterrain divisé en neuf parties ; Spon croit que ce sont des citernes.

On a profité de la pente naturelle du terrein pour asseoir le théâtre. En continuant à monter, on arrive sur le mont Cinthus par un chemin taillé dans le granit. D'anciens degrés de marbre conduisent au sommet. Il étoit occupé par une citadelle dont la porte existe encore, & cet espace est rempli de débris, de quartiers de marbre & de granit. On y trouve aussi des colonnes & des traces de mosaïques.

DELUBRUM. Les antiquaires ne sont pas bien d'accord sur ce qu'on doit entendre par ce mot & sur ce qui le différencie de *templum*. Les uns veulent que le *delubrum* ait été une espèce particulière de monument religieux distinct, ou par la forme & la proportion, ou par la consécration. Les autres s'appuyant sur Varron, prétendent que *delubrum* n'étoit qu'une partie du temple, & en désignoit l'endroit le plus retiré, le plus saint, celui où étoit placée la statue de la divinité. Quelles qu'ayent été ces distinctions, la vérité est, qu'elles se perdirent par l'usage, & qu'on employe indifféremment les mots *delubrum* & *templum* l'un pour l'autre.

DÉMAIGRIR, v. act. C'est couper une pierre à un joint de lit & de coupe. C'est, en charpenterie, diminuer une pièce de bois en angle aigu.

DÉMAIGRISSEMENT, s. m. C'est le côté d'une pierre ou d'une pièce de bois *démaigrie*.

DEMI-BOSSE. (*Voyez* BOSSE.)

DEMI-CERCLE, moitié d'un cercle ou espace compris entre le diamètre d'un cercle & la cavité de sa circonférence.

C'est aussi un instrument qui sert à lever les plans.

DEMI-LUNE, s. f. Est un plan en portion circulaire, qui donne plus d'étendue à la face d'un bâtiment, ou qui en facilite l'entrée dans une rue étroite.

C'est aussi une portion circulaire dont on se sert pour terminer un parterre, ou pour réunir différentes allées à une patte d'oie ou une étoile, & que l'on décore de charmilles, d'arbres, de treillages, &c.

DEMI-LUNE D'EAU, espèce d'amphithéâtre circulaire, orné de pilastres, de niches ou renfoncemens rustiques avec des fontaines en nappes, ou des statues hydrauliques, comme à la villa de Monte-Dragone, à Frescati près de Rome.

DEMI-MÉTOPE, est la moitié d'un métope, qui se trouve aux angles rentrans ou saillans de la frise dorique. (Voyez MÉTOPE.)

DEMOISELLE, (voyez DAMOISELLE.)

DÉMOLIR, v. act. C'est détruire un ouvrage d'architecture en maçonnerie ou charpente, soit pour malfaçon, soit à raison de sa caducité. Cette opération se doit faire avec précaution pour conserver les matériaux qui peuvent resservir.

DÉMOLITION, s. f. Est la destruction d'un bâtiment, soit par vétusté, soit par ordonnance de l'autorité, à raison de la malfaçon ou du péril imminent.
Démolition se dit aussi des matériaux bons à employer, tels que les fers, les bois, les plombs, les lambris de menuiserie, les portes, les pierres & les moellons que l'on retaille.

DÉMONTER, v. act. C'est en charpenterie défaire avec soin un comble ou tout autre ouvrage, soit pour le refaire, soit pour en conserver les bois, jusqu'à ce qu'on ait occasion de les employer. On dit aussi démonter une grue, un cintre, un échafaut, &c.

DENT-DE-LOUP, s. f. Espèce de gros clou de quatre ou cinq pouces de long, qui sert pour arrêter les poteaux de cloison entre les sablières, lorsqu'ils n'y sont point assemblés à tenons & mortaises.

DENTICULES, s. f. pl. On appelle de ce nom des formes coupées en manière de dents, qu'on taille dans un membre quarré de la corniche ionique ou corinthienne.

Ceux qui cherchent dans l'architecture à rendre conséquent en tous points le système de son imitation, puisé par analogie dans la charpente, croyent voir dans la forme des denticules l'indication des pannes du comble, & dès lors ne veulent pas qu'on employe cette forme indifféremment. De ce nombre est Vitruve qui affecte l'emploi des denticules à l'ordre ionique : d'abord il se fonde sur l'usage. « Si, dit-il, sur des architraves doriques, on met des corniches dentelées, ou si au-dessus des architraves ioniques soutenues par des chapiteaux à coussinet, on taille des triglyphes, & qu'ainsi les choses propres à un ordre soyent attribuées & transférées à un autre, les yeux en seront choqués, parce qu'ils sont habitués de voir ces choses disposées d'une autre manière ». Liv. 1, ch. 2.

Et ailleurs, liv. 4, ch. 2, après avoir prouvé l'origine des triglyphes, & pour démontrer qu'elle n'est pas due aux ouvertures des fenêtres, « on pourroit, dit-il, par la même raison prétendre que les denticules dans l'ordre ionique sont aussi des ouvertures de fenêtres, car les espaces qui sont entre les denticules, aussi bien que ceux qui sont entre les triglyphes, sont appellés métopes, parce que les Grecs appellent opes ces espaces où les poutres sont logées, qui est ce que nous appellons columbaria ; & pour cela l'espace qui est entre les deux opes a été appelé métope. De même que dans l'ordre dorique les triglyphes & les mutules ont pour objet d'imiter les pièces qui composent la charpente, les mutules représentent les bouts des forces, ainsi dans l'ordre ionique les denticules représentent la saillie du bout des chevrons ».

« C'est pourquoi, dans les édifices grecs, jamais on n'a mis des denticules au-dessous des mutules, parce que les chevrons ne peuvent pas être sous les forces, & c'est une grande faute que ce qui, dans la vérité de la construction, doit être posé sur des forces & sur des pannes, soit mis dessous dans la représentation ».

« Par cette même raison les anciens n'ont pas approuvé de mettre des mutules ni des denticules aux frontons ; ils ont préféré d'y faire les corniches toutes unies, parce que ni les forces ni les chevrons ne peuvent se supposer apparens dans la partie du comble qui compose le fronton, puisque ce sont eux au contraire qui forment la partie latérale du toit, ainsi que sa pente. Enfin ils n'ont point cru pouvoir avec raison faire dans la représentation ce qui ne se fait pas dans la réalité, parce qu'ils ont fondé tous les rapports de leurs ouvrages sur la nature des choses, & n'ont approuvé que ce qu'ils pouvoient soutenir & expliquer par des raisons certaines & véritables ».

Les préceptes de Vitruve ont trouvé des contradicteurs dans les ouvrages romains, où les denticules ont été employées & taillées au-dessous des modillons. On voit des exemples de cet emploi dans l'écroulement des trois colonnes de Campo Vaccino, à celui du temple de Jupiter tonnant & à plusieurs autres monumens corinthiens, qui sont devenus des ouvrages classiques.

Il faut avouer que l'origine des denticules, malgré l'autorité de Vitruve, ne porte pas un caracère d'authenticité égal à celui des autres parties, qu'on voit être passées de la charpente dans l'architecture. Il seroit difficile de démontrer qu'elles ne sont pas un pur ornement taillé sur une moulure pour varier l'aspect des profils, de la manière qu'on y introduit des oves, des feuilles d'eau & d'autres détails d'ornemens.

Dans le doute cependant, & vu l'analogie assez précise de la forme des *denticules*, avec celle des bouts de solives, je ne verrois aucun inconvénient à suivre les préceptes de Vitruve. Plus on peut introduire de raisons & de vraisemblances dans l'emploi des formes de l'architecture, & plus cet art acquiert de droits à plaire aux hommes qui mettent le contentement de l'esprit avant le plaisir des yeux.

On dispose ordinairement les *denticules* de façon que l'axe de la colonne passe par le milieu d'une dent. On donne à la largeur d'une dent trois minutes d'un module, & quatre à sa hauteur, la largeur du métope ou de l'intervalle entre deux *denticules*, est de deux minutes. A l'angle quelquefois, au lieu d'un *denticule* double, on met ou une pomme de pin ou un fleuron.

DÉPARTEMENT, f. m. On se servoit autrefois de ce terme, pour signifier la distribution d'un plan & la description des chambres ou autres parties, dont un bâtiment est composé. Aujourd'hui il se dit des parties d'un édifice destiné à quelqu'usage particulier. Ainsi on dit le *département des écuries*, le *département des domestiques*, &c.

DÉPAVER, v. act. Arracher ou enlever le pavé d'une cour, d'une rue, (*voyez* PAVER, PAVÉ.)

DÉPECER, v. act. Détruire, mettre en pièces.

DÉPENDANCE, s. f. C'est dans la distribution des bâtimens la partie d'un tout. Ainsi les basses-cours des écuries & cuisines sont les *dépendances* d'une maison; les fermes ou métairies, les logemens de jardinier, les serres & orangeries, sont les *dépendances* d'une maison de campagne.

DÉPENSE, f. f. Pièce du département de la bouche près des cuisines, où l'on serre les provisions & les restes de table; on l'appelle aussi *office ou garde-manger*.

DÉPENSE D'EAU. C'est la quantité d'eau qui s'échappe par un orifice. Après plusieurs expériences très-exactes, M. Mariotte a trouvé qu'un orifice horizontal de trois lignes de diamètre, étant à treize pieds au-dessous de la surface supérieure de l'eau d'un large tuyau, donnoit un pouce, c'est-à-dire, qu'il en sortoit pendant le temps d'une minute quatorze pintes, mesure de Paris, ou 24 livres. (*Traité du mouvement des eaux, par Mariotte.*)

Les orifices étant comme le quarré de leurs diamètres, & les vitesses de l'eau comme les racines des hauteurs d'où elle tombe, la *dépense* de tout autre orifice sera en raison composée du quarré du diamètre & de la racine de la hauteur de chûte. Ainsi de la *dépense* indiquée par l'expérience ci-dessus, on fera une analogie avec la *dépense* qu'on voudra connoître.

DÉPOSER, v. act. On dit *déposer des pierres.* C'est les enlever avec précaution pour les faire resservir.

DÉROBÉ, adj. m. Ce mot se dit d'un corridor ou d'un petit escalier, par lequel on communique dans les différentes pièces d'un appartement, ou dans les différens étages d'un bâtiment sans traverser les appartemens. (*Voyez* DÉGAGEMENT.)

DÉROBEMENT, f. m. Est la manière de tracer les pierres sans le secours des panneaux. On commence par équarir la pierre, ensuite on trace les mesures des hauteurs & épaisseurs prises sur l'épure. On dit tracer par *dérobement* ou par équarrissement.

DERRAND, (FRANÇOIS) mathématicien & architecte, naquit en 1588, dans le pays Messin, & mourut à Agde, ville du Languedoc en 1644. Il entra dans cette société fameuse, dont les membres connus sous le nom de Jésuites, recherchoient avec soin, pour en faire leurs collègues, tous ceux qui joignoient au goût de la vie religieuse, celui des sciences, des lettres & des arts. *Derrand* aimoit les mathématiques. Il s'y rendit habile & les enseigna avec succès. Bientôt il appliqua cette science à l'architecture qui avoit fixé son attention: il devint bon constructeur & se crut architecte.

L'occasion vint pour lui de se faire connoître sous ce dernier rapport.

Louis XIII, en 1619, avoit donné aux Jésuites le terrain où étoient les anciens murs & fossés de Paris. Ils résolurent de faire construire sur une partie de ce terrain une église dédiée au chef de la famille de leur bienfaiteur. C'est celle que nous voyons aujourd'hui rue Saint-Antoine, vis-à-vis la fontaine qui porte le nom du chancelier Biragne.

Le père *François Derrand* & le frère *Martel-Ange*, jésuite Lyonnois, présentèrent chacun leur plan pour cet édifice. *Martel-Ange* s'étoit proposé d'imiter l'église du Jésus, qui a été bâtie à

Rome par le célèbre Vignole, & qui est une des plus belles de l'Italie. *Derrand* ne se proposa rien autre chose que de donner ses propres conceptions, & les jésuites les adoptèrent, soit que sa grande réputation en mathématiques leur en imposât; soit qu'ils se connussent peu en architecture, ce qui paroît assez vraisemblable; soit enfin, que par une considération ordinaire dans les corps, le père *Derrand* dût, à raison de son titre, l'emporter sur le frère *Martel-Ange*. (*Voyez ce nom.*)

La première pierre de la nouvelle église fut posée le 7 mars 1627, & l'édifice fut achevé en 1641. Il est construit en forme de croix latine, a un dôme au centre & se termine en hémicycle. Aux deux côtés de la nef sont des chapelles, qui ont au-dessus des galleries ou tribunes. Les piédroits sont revêtus de pilastres corinthiens qui soutiennent un entablement, sur lequel portent les retombées de la grande voûte.

Rien n'est plus mal ordonné que cet ensemble; le dôme, octogone à l'extérieur & circulaire dans l'intérieur, ressemble au colombier gothique d'un ancien fief. Les pendentifs n'ont aucun développement. Les chapelles sont obscures & basses. Les tribunes sont pesamment voûtées & ont des balustres ridicules; on va de l'une à l'autre par des corridors étroits & incommodes; on y monte par des escaliers à vis, privés de jour, & dignes à peine d'un donjon: enfin l'aspect des voûtes & des pierres grossièrement employées, fait éprouver à ceux qui entrent dans ce temple, l'envie d'en sortir aussitôt. Cependant le portail est plus défectueux encore.

Derrand qui, comme nous l'avons dit, sembloit ne vouloir pas copier, n'a néanmoins offert dans ce portail qu'une contrefaçon de celui de Saint-Gervais. Il en a imité tous les défauts, en a ajouté de nouveaux encore & n'en a pris aucune des beautés. Le premier ordre est corinthien, le deuxième est corinthien & le troisième est composite; mais comme celui-ci ressemble beaucoup aux deux autres, il en résulte qu'à très-peu de distance, toutes les colonnes paroissent corinthiennes; ce qui donne à ce portail une monotonie d'autant plus insupportable, qu'elle est produite par une fausse apparence de richesse. D'ailleurs, quoi de plus absurde que de mettre des colonnes du même ordre, les unes sur les autres! Desbrosses a employé trois rangs de colonnes, il y étoit nécessité par la hauteur de l'église; mais il n'a pas répété deux fois le même ordre, & il a senti que le premier devoit avoir un autre caractère que les deux dont il est le support, & que le second devoit aussi être différent du troisième.

Derrand a méconnu toutes ces convenances. On ne parlera point ici de la sculpture dont il lui a plû de charger son ouvrage. Elle est aussi mal conçue qu'exécutée. Il a voulu flatter son ordre & son maître, & il l'a fait sans esprit. La révolution a fait abattre toutes les L. L. couronnées dont il avoit couvert sa frise. Que n'a-t-on détruit tout le reste des ornements! l'édifice y eût gagné.

D'après toutes ces observations on conclura sans doute, que si *Derrand* mérite de conserver quelque réputation, ce n'est que par son traité de l'architecture des voûtes, ou de l'art des traits & coupe des voûtes. Ce traité renferme tout ce que *Philibert Delorme* & *Mathurin Jousse* avoient déjà écrit sur cette matière importante, mais il contient en outre beaucoup de principes & de moyens d'exécution, dont *Derrand* n'a dû la découverte qu'à ses profondes connoissances en mathématiques. Il parut pour la première fois à Paris, en 1643, in-folio, chez *Sebastien Cramoisy*. L'auteur l'a divisé en cinq parties, & l'a fait précéder d'une préface qui sert d'introduction à tout l'ouvrage. On lit les motifs qui l'ont déterminé à l'entreprendre, dans sa dédicace à un seigneur de Noyers, baron de *Dangu*, sur-intendant & ordonnateur général des bâtimens, arts & manufactures de France. « Ce qui, dans l'architecture,
» dit-il, éclate davantage, & donne dans les yeux,
» a fourni la matière sur laquelle tant de savantes
» plumes ont dignement travaillé. Il n'y a que
» l'art des traits & de la coupe des voûtes,
» qui, pour les grandes difficultés qu'il enserre,
» semble avoir étonné les plus courageux, jus-
» ques à être abandonné presque de tous… Phi-
» libert Delorme est le premier, & à vrai dire
» l'unique, qui jusques à présent peut être dit avoir
» traité de ce sujet. Cependant, dans sa préface,
» il reconnoît que ce sujet n'a été qu'ébauché &
» non achevé; aussi ne prétend-il pas que le traité
» qu'il donne à son tour, passe pour un chef-
» d'œuvre auquel on ne puisse rien ajouter. Il lui
» suffit qu'il ajoute quelque chose de considérable
» & de notable à ce que ses devanciers ont dit,
» & qu'ainsi il profite au public. »

Derrand ne dissimule pas les difficultés qui se rencontrent en l'art des traits & coupe des voûtes; mais dans la suite craignant d'en avoir trop parlé, & d'avoir excité par-là quelque éloignement ou quelque dégoût pour cet art, il se propose d'en faire sentir en peu de mots l'utilité, l'excellence, la beauté, & enfin le rang avantageux qu'il tient dans l'architecture. Voici comme il s'exprime.

« Il arrive souvent que les largeurs des bâtimens sont telles, que les pierres, quoique grosses & fortes, ne peuvent suffire pour porter le faix des planchers, ni les départemens & les meubles, dont on a coutume de les charger. Je sais bien que les architectes, pour obvier à ce défaut, se servent des décharges avec lesquelles ils les bandent & fortisient, mais cela suppose de nécessité, que les bois qu'ils emploient, soient parfaitement sains: autrement ce ne seroit pas se garantir du danger, ains s'y précipiter: vu qu'en tel cas les poutres mal saines se rompent tout-à-coup, au lieu que ces décharges n'y étant pas, on les voit plier petit à petit, & par ces menaces on se tient pour averti du péril, & se met-on en peine de trouver les moyens de s'en garantir..... On aime mieux, en tel cas, avoir recours aux voûtes qui font l'office de planchers & charpentes, avec tous les avantages possibles d'une assurée & véritable solidité. »

« Les lieux voûtés d'ailleurs sont autant de remparts contre le feu, & de petites forteresses contre les attaques des voleurs, & des places de refuge contre les efforts des chaleurs & du froid. S'il faut dérober quelque cabinet ou bien quelque autre pièce pareille en l'air, ès endroits des bâtimens où le bas doit demeurer libre: s'il est nécessaire d'ouvrir des portes & des passages ès angles, composés de murailles droites, courbes ou mixtes: s'il y a des biais à redresser; ou bien quelques autres difformités semblables à réparer: c'est lors que la connoissance des voûtes fait voir sa nécessité & son utilité; & que ceux qui en sont dénués se trouvent bien empêchés & contraints ou de mandier le secours d'autrui, ou d'abandonner l'ouvrage par incapacité, à leur grande honte & confusion..... Cela soit dit de l'utilité que l'architecture peut tirer de nos traits; voyons ensuite les avantages qu'elle en reçoit, au moyen de la grace & de la beauté qu'elle donne aux bâtimens. »

« N'est-il pas vrai que visitant les temples sacrés ou prophanes, les louvres & les palais des grands, les vestibules, les portiques, les galeries & grandes salles, les escaliers & degrés, & les autres membres & départemens semblables, qu'on a coutume ès bâtimens les mieux accomplis, de voûter: on porte, sitôt qu'on y a mis le pied, la vue en haut, comme au lieu d'où les yeux espèrent tirer plus de contentement, par la considération des figures & des rares & agréables diversités qui se voient aux traits, & en la disposition & ajencement des voussoirs & pendentifs des voûtes, des arrêtes & ogives, des arcs doubles & simples, & de nombre d'autres pièces & ornemens semblables; qui les soutiennent & les rangent sous des compartimens si artistement façonnés, qu'il n'y a qui que ce soit qui n'en loue & admire l'invention; comme au contraire s'il arrive que les voûtes y manquent, pour richement orné que puisse être le surplus de ces bâtimens magnifiques, on les tient pour défectueux & imparfaits, comme étant spoliés d'un ornement, sans lequel ils sont plus propres pour détourner que pour attirer les yeux des regardans. Et bien que souvent on remédie à ces défauts par la gentillesse & la beauté des lambris & plafonds, si est-ce néanmoins qu'il faut avouer que les voûtes ont toujours je ne sais quoi de plus noble & de plus agréable; & que ceux qui ne s'en servent pas le sont, ou pour en être quittes à meilleur marché, ou pour la foiblesse des maçonneries, laquelle rend incapables les murailles d'en soutenir le faix & la poussée. »

« Etant donc chose très-avérée que la science des traits & coupe des voûtes, apporte par ses effets une grande utilité & beauté à l'architecture, il demeure ensuite pour constant, qu'elle doit être les parties d'icelle, tenir comme les premiers rangs: puisqu'il est très-véritable que l'unité & la beauté sont la fin principale où buttent ceux qui ont assez de courage pour se réduire aux grandes & prodigieuses dépenses qu'il est nécessaire de faire, quand on veut entreprendre & conduire à chef quelque bâtiment d'importance. »

Le morceau que l'on vient de lire & qui termine la préface du traité de *Derrand*, fait connoître son style & sa prédilection pour les voûtes; il veut en voir par-tout; il leur attribue tous les avantages possibles; & sans voûtes, il n'est point pour lui de belle architecture. Ce goût exclusif explique en partie les vices que nous avons remarqués dans l'église, dont la construction lui fut abandonnée. Derrand avoit examiné & calculé les voûtes hardies de l'architecture arabe, & il crut pouvoir les adapter à l'architecture grecque; ou plutôt sans s'occuper du caractère distinct de l'une & de l'autre, il se déclara pour les voûtes, parce qu'il y trouvoit matière à des démonstrations géométriques.

Nous examinerons aux mots *voûtes* & *plafonds*, les occasions où l'on peut les employer, & le genre des édifices auxquels les unes ou les autres de ces constructions conviennent plus particulièrement. Nous observerons seulement ici que le goût de *Derrand* a beaucoup influé sur celui des architectes qui l'ont suivi. En étudiant son livre, ils ont voulu en suivre les leçons, & ils ne sont plus sortis des voûtes & des arcades.

Derrand procède avec méthode dans son traité. Les premières démonstrations conduisent à celles qui suivent, & les dernières supposent l'intelligence de toutes celles qui ont précédé. Il a, comme nous l'avons dit plus haut, divisé son ouvrage en cinq parties.

Dans la première, après avoir annoncé sa division, il explique les termes & façons de parler de l'art des traits & coupe des voûtes, & fait connoître les instrumens nécessaires à la pratique de cet art. Ensuite il parle de la diversité des voûtes, de leurs noms, de leurs plans, de leurs traits pris en général, des poussées, des arcs-boutans qu'on y oppose, & de l'épaisseur des murs qui les soutiennent. Ces leçons préliminaires préparent à celles qu'il donne dans la même partie, sur les traits des descentes, des passages entre deux voûtes, des lunettes & des arrières-voussures.

Il enseigne, dans la seconde partie, les traits de

portes : dans la troisième, ceux des trompes : dans la quatrième, ceux des maîtresses voûtes ; & dans la cinquième, ceux des vis & escaliers. Le discours est accompagné de planches, mais elles n'offrent que des figures gravées au simple trait, & qui seroient plus aisément senties si elles étoient répétées avec l'effet des clairs & des ombres. On desireroit encore que les figures fussent placées à côté des explications. Rien n'est plus incommode que de feuilleter sans cesse pour revenir à la planche qu'on a besoin de consulter. Ce défaut est commun à presque tous les livres de sciences & arts, & il ne contribue pas peu à en rendre l'étude lente & pénible.

Derrand qui déclare au commencement de son livre, qu'il ne prétend pas faire croire que tous les traits & toutes les *coupes* de voûtes qu'il se propose de démontrer, soient de son invention ; le termine, en disant que, quoiqu'il le regarde comme suffisant pour donner une connoissance parfaite de l'art des traits, il est loin de présumer que l'on ne puisse y rien ajouter.

Telle fut sans doute aussi l'opinion de *de la Rue*, ancien membre de l'académie d'architecture, qui fit en 1728, une nouvelle édition de l'ouvrage de *Derrand*, & y ajouta beaucoup de choses importantes.

Derrand tient au reste ce qu'il promet, & on ne peut dissimuler que son traité ne soit, ainsi qu'il l'avance dans son titre, *très-utile*, *voire nécessaire à tous architectes, maîtres maçons, appareilleurs, tailleurs de pierres*, & généralement à tous ceux qui se *mêlent de l'architecture, même militaire*.

DÉSAFLEURER. (*Voyez* AFLEURER.)

DÉSASSEMBLER. (*Voyez* ASSEMBLER, ASSEMBLAGE.)

DESCENTE, s. f. Voûte rampante qui couvre une rampe d'escalier, comme la *descente* d'une cave. On donne aussi ce nom à la rampe de l'escalier.

DESCENTE BIAISE. *Descente* qui est de côté dans un mur & dont les pieds droits d'entrée ne sont pas d'équerre avec le mur de face.

DESCENTE D'EXPERTS. C'est la visite que des *experts* (*voyez ce mot*) font des ouvrages pour les examiner, selon la coutume locale, pour vérifier leur état, leurs malfaçons, & en dresser procès-verbal, pour en rendre compte. Les *descentes* se font ordinairement en présence du juge.

DESCENTE EN TUYAU. (*Voyez* TUYAU DE DESCENTE.)

DESCRIPTION. s. f. Représentation d'une chose par le moyen du discours ou du dessin, ou par l'un & l'autre ensemble. Telles sont les *descriptions* de Rome, de Paris ; les *descriptions* de palais, de fêtes publiques, &c.

DESGODETS, (ANTOINE) architecte français, né à Paris en 1653, & mort dans la même ville en 1728, s'adonna dès ses premières années à l'étude de l'architecture, vers laquelle le portoit un penchant décidé. Il se livra à cet art avec tant d'ardeur, qu'à l'âge de dix-neuf ans, il obtint la permission d'être présent aux conférences de l'académie. Deux ans après Colbert l'envoya en Italie, pour exécuter le projet qu'il avoit formé de faire graver les plus beaux monumens de l'antiquité.

Desgodets, ainsi qu'il le dit lui-même, partit avec la résolution de ne rien épargner pour se prévaloir d'une occasion si favorable au désir qu'il avoit de s'instruire, & de mettre à profit son voyage. Mais des contre-temps fâcheux vinrent traverser ces louables projets. « D'abord, dit-il, » nous fumes pris par les Turcs, qui nous me- » nèrent à Alger, & nous y retinrent prisonniers » pendant seize mois. (Les compagnons de ses » travaux & de ses malheurs étoient le Vaillant & » d'Aviler.) Enfin ayant été délivré par un échange » que le roi fit, je ne me trouvai point encore » à Rome dans la liberté que j'aurois pu désirer, » pour étudier à ma manière, ces excellens monu- » mens de l'esprit & du savoir des anciens, que » j'avois souhaité de voir avec tant d'empresse- » ment, & que j'avois intention d'examiner avec une » exactitude, qui ne m'étoit pas permise. Je voyois » que pour déterrer ce qui étoit caché, & pour ap- » procher comme je voulois de ce qui étoit élevé, » il me falloit faire des dépenses & me donner » des peines qui étoient beaucoup au-dessus de » mes forces. Mon zèle néanmoins, & ma persé- » vérance surmontèrent toutes ces difficultés ; j'ai » trouvé le moyen, pendant seize mois que j'ai » été à Rome, de dessiner moi-même tous les an- » ciens édifices, dont j'ai levé les plans & fait » les élévations & profils, avec toutes les mesures » que j'ai prises exactement, ayant observé les » contours des ornemens, dans leur goût & dans » les différentes manières qui s'y remarquent. J'ai » vérifié le tout plusieurs fois pour me confir- » mer dans une certitude dont je pense répon- » dre, ayant fait fouiller ceux qui étoient enter- » rés, & fait dresser des échelles & autres ma- » chines, pour approcher de ceux qui étoient » beaucoup élevés, afin de voir de près, & pren- » dre avec le compas les hauteurs & les saillies » de tous les membres, tant en général qu'en par- » ticulier, jusqu'aux moindres parties ».

De retour dans sa patrie, *Desgodets* rassembla tous les desseins qu'il avoit faits des édifices antiques de Rome, & rendit compte de ses travaux à Colbert. Ce ministre en fut si satisfait, qu'il le chargea de choisir les meilleurs graveurs en architecture, pour faire exécuter ses desseins aux dépens du gouvernement. Le Clerc, P. & J. le Pautre, Chatillon, Guérard, Erèbes, Bonnart, de la Boissière, Tournier & Marot, coopérèrent à cette entreprise. Colbert enfin ordonna que rien ne fût épargné pour la rendre digne de la grandeur & de la magnificence de Louis XIV. Ce monarque fit présent à l'auteur de l'édition. L'ouvrage parut à Paris en 1682, sous ce titre: *Les édifices antiques de Rome*.

Desgodets ne présenta que douze ans après, en 1694, son livre à l'académie qui s'est entretenue principalement de cet objet, dans la plus grande partie de ses séances pendant plus de neuf mois. Il fut nommé contrôleur des bâtimens du roi, & désigné pour remplir dans l'académie la place vacante par la mort de Dorbay. Il y lut en différentes circonstances plusieurs mémoires très-intéressans, dont voici les énoncés.

En 1699. *Description de la manière de construire des môles avancés dans la mer, suivant ce qui se pratique en plusieurs endroits de l'Italie.*

Deux mémoires sur la construction des ponts, lorsque le fond de la rivière est de sable mouvant & fluide.

Remarques sur le troisième livre de Palladio.

Observations sur le renflement des colonnes, & la règle pour le tracer par une portion de cercle, dont le centre est sur la ligne de niveau au bas de la colonne.

Observations sur les différentes dispositions des colonnes, qui en peuvent faire augmenter ou diminuer la grosseur.

En 1701. *Méthode facile pour tracer généralement le contour de la volute du chapiteau de l'ordre ionique, par des quarts de cercle.*

Mémoire sur la proportion de l'ordre ionique.

En 1707. *Projet pour la construction des piles de pont, lorsque le fond du lit de la rivière est de roc, l'eau profonde & le courant rapide.*

Mémoire touchant la proportion des statues placées avec différens ordres d'architecture, les uns au-dessus des autres.

En 1709. *Observations sur la proportion de la hauteur des attiques.*

En 1710. *Règle pour la proportion de la hauteur des corniches du dedans des salles, chambres, cabinets & autres pièces des appartemens, par rapport aux différentes hauteurs des pièces.*

En 1712. *Explication de la définition du bon goût en architecture.*

Desgodets fut nommé professeur de l'académie à la place de la Hire. Louis XV ayant assisté à une séance de cette compagnie, le 2 août

1719, notre architecte lui présenta un *traité sur les ordres*. Depuis cette époque, il lut à l'académie le neuvième chapitre de son traité du toisé des bois de charpente, & vers la fin de sa vie, il montra à ses confrères *le plan d'un palais de parlement*, qu'il avoit composé pour servir de leçon aux élèves. Ce plan est distribué de manière, que toutes les juridictions renfermées à Paris dans l'étendue du palais, étoient contenues dans un espace donné. Toutes les pièces nécessaires à chaque juridiction se trouvoient dégagées, & se communiquoient de plein-pied par des galeries, sans monter ni descendre. La description de ce plan se trouve dans le *chapitre III de la seconde section de son traité de la commodité de l'architecture*, dont il fit lecture en le présentant à l'académie.

Depuis la mort de *Desgodets*, on a imprimé, sur les leçons qu'il dictoit à l'académie, *les Loix des bâtimens*, in-8°., dont il y a eu plusieurs éditions; & *le toisé général des bâtimens*, aussi in-8°., mis au jour par M. Ginet.

Ces notices historiques sont extraites des mémoires de l'académie d'architecture.

L'ouvrage de *Desgodets*, sur lequel se fondent le plus, sa renommée, & la reconnoissance que lui doivent les artistes, est sans contredit son recueil des antiquités de Rome. C'est sur-tout par l'exactitude & la précision des mesures, que de semblables ouvrages doivent briller, & c'est de là que celui de notre auteur tire son mérite. Il faut entendre *Desgodets* lui-même sur ce sujet.

« J'ai cherché, dit-il, ce qui fait que d'excellens auteurs tels que Palladio, Serlio, Labaco ont negligé la précision & l'exactitude qui manquent aux descriptions & aux desseins qu'ils ont donnés au public; car enfin on ne peut pas dire que les mesures y soyent justes, ni que le goût & toutes les particularités des originaux s'y trouvent exactement rapportés dans la vérité, puisque la plupart de ces choses sont différentes dans les livres de chacun de ces architectes, & qu'il est constant que, même avant mes remarques, qui font voir qu'ils n'ont pas dit les choses comme elles sont, ils s'étoient déjà démentis les uns les autres. »

« Il m'étoit venu d'abord dans l'esprit, que ces grands auteurs n'avoient pas jugé qu'une telle exactitude fût d'aucune utilité; l'excellence & la beauté qui fait admirer les édifices des anciens, ne dépendant pas des minuties de ces proportions, & des autres circonstances de cette nature, sans lesquelles on peut dire que leurs ouvrages, ne laissent pas d'éclater, & de paroître avec toute leur grandeur & toute leur majesté. »

« Ma première intention a donc été, lorsque j'ai entrepris de mesurer avec précision les antiquités de Rome, de savoir lequel de ces auteurs qui sont en réputation devoit être suivi ; comme ayant donné les véritables mesures. Mais lorsqu'étant sur les lieux, j'ai employé tout le soin nécessaire pour être éclairci sur ce doute, j'ai été bien surpris de trouver un autre éclaircissement que je ne cherchois pas, qui a été de voir que ceux qui ont mesuré jusqu'à présent les édifices antiques, ne l'ont pas fait avec précision, & qu'il n'y a aucun de tous les desseins que nous en avons, où il ne se trouve des fautes très-considérables. »

« Quoique ce ne soit pas une grande louange que d'avoir eu la patience de prendre toutes ces mesures, & que la capacité des excellens hommes qui ont ramassé les desseins des édifices antiques, & qu'ils nous ont expliqués avec tant de doctrine, ne soit pas beaucoup intéressée dans les défauts qu'on y voit, & qui ne doivent être imputés qu'à des ouvriers qu'ils ont employés à ce travail, lesquels n'ont pu savoir que par estime & par conjecture beaucoup de choses, pour être, ou presque inaccessibles par leur hauteur, ou cachées dans la terre dont elles étoient couvertes ; je n'aurois néanmoins jamais eu la hardiesse de paroître en public, si je n'avois été obligé d'obéir à des autorités supérieures.... »

« On trouvera peut-être la grande précision des mesures que je donne, avoir quelque chose d'inutile ou de trop affecté, lorsque, par exemple, je remarque que sur une longueur de neuf ou dix toises, quelqu'un des auteurs que j'examine s'est trompé de six ou sept lignes; mais je n'ai pas cru que, pour éviter le reproche d'une vaine ostentation d'exactitude, je dusse m'abstenir d'exposer les choses telles que je les ai trouvées, puisque cette exactitude est la seule chose dont il s'agit ici. Car s'il m'est échappé en deux ou trois endroits de faire quelques réflexions sur les particularités que j'ai remarquées, je ne les donne point comme venant de moi, mais comme les ayant entendu faire dans les conférences de l'académie. »

« Les desseins que j'ai donnés, représentent les édifices en l'état qu'ils sont; je n'ai point imité les auteurs qui ne se sont pas contentés de les restaurer, mais qui les ont comme rebâtis de nouveau, composant un grand temple sur trois colonnes qui en restent; si j'ai suppléé quelques particules, comme des volutes ou des feuilles qui manquoient à des chapiteaux, je ne l'ai fait que parce que les particules semblables qui y restoient, empêchoient de douter que celles que je restaurois n'eussent été de la même manière que je les ai faites. »

Voici la liste des monumens antiques de Rome, dont Desgodets nous a donné la fidèle description.

Le Panthéon, — le temple de Bacchus, — le temple de Faune, — le temple de Vesta, — le temple de la Sibylle à Tivoli, — le temple de la Fortune Virile, — le temple de la Paix, — le temple d'Antonin & Faustine, — le temple de la Concorde, — le temple de Jupiter-Stator, — le temple de Jupiter-Tonnant, — le temple de Mars-Vengeur, — le frontispice de Néron, — la basilique d'Antonin, — la place de Nerva, — le portique de Septimius, — l'arc de Titus, — l'arc de Septimius, — l'arc des Orfèvres, — l'arc de Constantin, — le Colisée, — l'amphithéâtre de Néron, — le théâtre de Marcellus, — les thermes de Diolétien, — les bains de Paul Emile.

DESSÉCHEMENT, s. m. (*Archit. hydraul.*) C'est l'épuisement des eaux qui croupissent dans un lieu bas, tel qu'un étang, un marais, pour le mettre à sec, soit par le moyen des machines hydrauliques, soit en y faisant des canaux de dérivation.

On emploie les machines, lorsque les terres dans lesquelles les eaux croupissent sont de niveau avec les eaux de la mer ou des rivières, dans lesquelles celles-là doivent se décharger. On saigne les terres qui sont supérieures au lit de la mer ou à celui des rivières. Cette saignée se fait, ou par des rigoles de conduite des pentes plus basses que ne sont les endroits les plus profonds des étangs qu'il faut dessécher, ou en faisant passer les rivières à travers des marais & étangs à dessécher. Cette dernière façon de *desséchement* a un avantage, c'est que ces rivières apportent beaucoup de sable, de limon, &c. qui relève peu à peu le terrein : l'on en profite, quand il est à une hauteur suffisante, pour en faire des prairies, des pâturages, ou des champs labourables. Il faut avouer aussi que cette méthode est longue, & qu'on ne peut savoir le temps précis, où les profondeurs des marais seront remplies. Cela dépend du dépôt des rivières, qu'on doit calculer d'après des expériences.

Les Romains avoient entrepris de grands ouvrages en fait de *desséchement*. (*Voyez* au mot CANAL l'article Canal de desséchement ou de décharge. *Voyez* aussi EMISSARIUM.)

DESSIN, s. m. C'est, en architecture, la représentation géométrale, ou perspective d'un projet, d'un édifice, d'un monument quelconque.

DESSIN ARRÊTÉ est celui dont on cote les mesures pour l'exécution, & en conséquence duquel se font les devis & marchés pour chaque nature d'ouvrage.

DESSIN AU TRAIT. Dessin tracé au crayon ou à la plume, sans aucun lavis & sans ombre.

DESSIN COLORIÉ. Dessin où l'on emploie les couleurs semblables à celles que doivent avoir toutes les parties d'un édifice, lorsqu'il sera terminé.

DESSIN HACHÉ. C'est celui dont les ombres sont exprimées par des lignes simples, & quelquefois croisées à la plume ou au crayon.

DESSIN LAVÉ. C'est celui où l'effet du jour & des ombres est représenté par le moyen du bistre, de l'encre l'encre de la Chine ou de toute autre substance colorante, & qui est fini & terminé.

DESSINATEUR, s. m. Est celui qui sait exprimer par le moyen des lignes, ou de l'art du dessin, ses pensées & inventions, ou celles des autres.

Dans les bâtimens, le dessinateur est un homme qui dessine & met au net les plans, profils & élévations des édifices sur des mesures prises ou données.

On appelle aussi dessinateur celui qui dessine & met au net des ornemens, soit pour l'architecture, soit pour d'autres ouvrages.

DESSINER, v. act. C'est exprimer, représenter quelque chose par le secours des lignes ou des traits qui forment la circonscription des objets qu'on imite.

La peinture divise en deux parties principales ses moyens d'imitation, le dessin & le coloris. Le premier est celui qui constitue la forme, la proportion des objets qu'elle imite ; le second a pour but d'ajouter aux objets imités les couleurs qui leur sont propres & les effets de la lumière. Parler du dessin sous le rapport d'imitation que je viens de définir, ce seroit empiéter sur le domaine d'un art qui n'est pas du ressort de cet ouvrage.

Je dirai cependant, que bien que l'architecte procède dans son dessin ou la circonscription des lignes qui composent les objets d'architecture, à l'aide de la règle & du compas, c'est-à-dire, par des moyens mécaniques, il a cependant besoin d'être jusqu'à un certain point dessinateur à la manière des peintres, pour un grand nombre d'autres objets qui entrent dans les embellissemens des édifices. Il y trouvera l'avantage de n'avoir pas besoin de recourir dans ses dessins à des mains étrangères.

L'étude de la nature & du nud lui fournira aussi des analogies précieuses à son art ; & la connoissance des proportions humaines lui offrira des points de rapports & de parallèle dont l'imitation intellectuelle de l'architecture peut tirer parti.

Les anciens architectes furent plus dessinateurs à la manière des peintres que ne le sont les modernes. Ceux-ci mettent beaucoup plus de prétention & de fini dans l'exécution de leurs dessins d'architecture que n'en mettoient les plus grands maitres.

On voit que la plûpart des anciens dessins d'architecture n'étoient que de simples traits à la plume, teintés ou lavés légèrement au bistre. Les modernes architectes semblent avoir fait un art particulier de dessiner l'architecture. Je crois que cet art s'est accru ou perfectionné en raison inverse du nombre des travaux & des édifices qui s'exécutent.

Jadis aussi le dessin de l'architecte n'étoit que l'esquisse de son monument. Cela devoit être ainsi lorsque l'architecte étoit l'exécuteur de son esquisse. Depuis que l'art s'est divisé par le fait & dans la pratique, en invention & exécution ; depuis qu'il s'est trouvé des hommes qui inventent ou composent sans savoir construire, & d'autres qui construisent pour ceux qui ne savent qu'inventer, il a bien fallu faire des dessins plus rendus, plus précieux & plus finis.

Je ne prétends pas au reste attaquer ce mérite de fini dans les dessins, quoiqu'à vrai dire, le fini des dessins d'architecture consiste dans la pureté du trait, la fidélité des mesures & la précision des proportions. Je me contente de remarquer que ce mérite ne constitue pas celui de l'architecture, & qu'on peut faire sans une si grande propreté de lavis, ou sans le pittoresque, & l'effet des clairs ou des ombres nuancées, comme dans un tableau, d'aussi bons dessins d'architecture & aussi propres à l'objet principal auquel on les destine, qui est l'exécution.

DESSUS DE PORTE, s. m. Nom général que l'on donne à tout objet de décoration ou d'ornement placé au-dessus du chambranle d'une porte. Ce n'est ordinairement qu'aux portes des intérieurs des édifices qu'on applique ces objets d'ornemens, & ils sont ou des lambris, ou des panneaux, ou des compartiments, ou des tableaux, ou des bas-reliefs, ou des cadres. Ces objets doivent être en proportion avec les chambranles des portes, & en rapport avec la décoration générale de l'intérieur.

DÉTAIL, s. m. On se sert de ce mot en architecture, par opposition au mot ensemble, pour exprimer toutes les parties, soit de la modinature, soit de l'ornement, qui, sans constituer le mérite essentiel d'un ouvrage, ajoutent beaucoup à sa perfection par leur bon choix & leur judicieux emploi.

L'édifice qui ne brilleroit que par l'exécution des *détails*, n'auroit qu'un éclat passager. C'est par la conception de l'ensemble, par l'ordonnance & la composition des masses, que l'architecte doit chercher les véritables moyens qui produisent le grand effet d'un monument. Mais qu'il ne dédaigne pas non plus les *détails*. L'analyse naturelle que fait le spectateur d'un édifice le conduit à observer les *détails* après avoir examiné l'ensemble. Les spectateurs ignorans sont même souvent plus arrêtés par les *détails* qu'ils ne sont frappés de la masse.

Il importe donc de soigner les plus légers *détails* de l'architecture. Beaucoup d'édifices, si l'on pouvoit les purger des *détails* vicieux qu'ils renferment, deviendroient des édifices nouveaux, & gagneroient plus qu'on ne pense à cette perte. C'est ce qu'on remarque sur-tout à beaucoup d'édifices français, où la manie de la division & des petites choses corrompt l'effet des masses, & altère les sensations que produiroit leur ensemble.

Détail est encore un mot de construction. (Voyez l'article suivant).

DÉTAIL, s. m. (*Construction*.) On distingue dans l'art de bâtir deux espèces de *détails* : les uns sont rapport à la forme des parties d'un édifice, ce sont des dessins en grand & des développemens qui servent à guider les ouvriers dans l'exécution des ouvrages dont ils sont chargés ; ces *détails* indiquent par des cottes les dimensions de toutes les parties, & par des notes la nature des matériaux, & la manière dont ils doivent être façonnés & employés. Il est très-important que l'architecte ou l'inspecteur chargé de fournir aux ouvriers ces différens *détails*, ait une connoissance particulière de toutes les espèces de matériaux, dont on a coutume de se servir pour la construction des édifices, afin de les employer à propos ; il faut qu'il en connoisse la nature, les propriétés & la manière de les mettre en œuvre. L'autre espèce de *détails* sert à évaluer les ouvrages faits ou à faire ; ils se composent de la qualité & quantité des matériaux & des différentes opérations nécessaires pour les mettre en œuvre. Quant aux *détails* relatifs à l'évaluation des ouvrages, en voici quelques exemples.

Supposons qu'il s'agisse d'évaluer un mur en pierre de taille, de 30 pouces d'épaisseur, on trouvera par le calcul qu'il faudroit 90 pieds cubes de pierre pour former une toise de ce mur; mais on a coutume d'ajouter $\frac{1}{6}$ pour le déchet, ce qui produit 105 pieds cubes qui, rendus sur l'attelier, valoient, en 1790, à raison de vingt-quatre sols le

	liv.		
pied,	126	»	»
Le bardage de ces pierres jusqu'au pied de l'œuvre, à raison de vingt sols le millier, fait pour 15 milliers, environ	15	»	»
La pose & le mortier à cinq sols par pied cube, fait pour 90 pieds	22	10	»
La taille des deux paremens, à raison de quinze liv. la toise superficielle, fait	30	»	»
Celle des lits & joints, quatre toises comptées par demi-taille, fait	30	»	»
Dépense nette	223	10	»
On a coutume d'allouer $\frac{1}{10}$ome. de bénéfice à l'entrepreneur, outre ses dépenses, ci... 22 l. 7 f.			
Plus un $\frac{1}{20}$ome. pour faux frais & équipages........ 11 3 6 d.	33	10	6
Total de ce qu'il est dû à l'entrepreneur pour une toise superficielle de mur en pierre dure, de 30 pouces d'épaisseur, d'après les prix courans de 1790, ci....	257	»	6

Pour la charpente.

On indique la quantité & la qualité du bois, le travail, le transport & la pose ; le tout s'évalue ordinairement à raison du cent de pièce : la pièce vaut trois pieds cubes.

D'après ces notions, supposons la valeur du

	liv.		
cent de bois sur le port, à....	500	»	»
Le transport au chantier de...	25	»	»
La façon de	80	»	»
Le transport au bâtiment de .	25	»	»
La pose en place, de ...	20	»	»
La valeur d'un cent de bois sera de	650	»	»

Exemple pour la couverture.

S'il s'agit d'un comble couvert en ardoise, en rappellant ce qui a été dit aux articles *ardoise* & *couverture*, on trouvera qu'en se servant d'ardoises de l'espèce appellée ardoise carrée, dont la largeur est de 7 pouces $\frac{1}{2}$, & les posant à 4 pouces de pureau, ainsi qu'il est d'usage, un millier peut faire 5 toises $\frac{2}{3}$ de superficie; de sorte que pour une toise superficielle, il faut 175 ardoises, que nous supposerons valoir 43 liv. le millier, ce qui

	liv.	f.	d.
fait pour les 175	7	17	6
Plus une livre $\frac{1}{4}$ de cloux à 12 f. la livre	1	1	»
18 lattes à 1 f. pièce		18	»
4 toises $\frac{1}{4}$ de contre-lattes à 5 sols pièce	1	2	6
Une livre de cloux pour lattes & contre-lattes, à 9 f., ci		9	
Main-d'œuvre	1	16	»
Total du prix d'une toise ...	13	4	»

Dans l'usage ordinaire on n'accorde, pour les ouvrages de charpente & de couverture, ni dixième, ni vingtième pour bénéfice & faux-frais, parce que la manière de toiser en tient lieu. A l'article *toise*, on fera voir qu'il est plus avantageux pour celui qui fait bâtir, de faire renoncer l'entrepreneur au mode abusif du toisé d'usage, en lui allouant le dixième & le vingtième pour son bénéfice & faux-frais.

Il est à propos de relever une faute qui s'est glissée à l'article *ardoise* de ce dictionnaire : on y trouvera qu'un millier d'ardoises de l'espèce dite carrée ne peut faire que 5 toises & demie de couverture, tandis qu'il en peut faire 5 toises deux tiers ; il est facile de vérifier cette erreur, en calculant la superficie de la partie apparente de chaque ardoise qu'on appelle pureau ; la largeur de l'espèce d'ardoise dont il est question, étant de 7 pouces & demi, la hauteur du pureau de 4 pouces, il en faudra pour une toise 18 rangs de chacun 9 ardoises & 3 cinquièmes : ce qui donne en tout 173 ardoises, que l'on porte à 175 à cause du déchet.

Dans la supposition que le millier d'ardoises ne

feroit que 5 toises & demie, il faudroit 182 ardoises, au-lieu de 175, pour une toise superficielle.

On peut faire de semblables *détails* pour les ouvrages de menuiserie, en toisant la quantité de bois qui entre dans l'ouvrage qu'il s'agit d'évaluer, & faisant un article à part pour chaque espèce différente, en les distinguant selon leur qualité & épaisseur. On toise ensuite les surfaces blanchies ou corroyées, ainsi que les moulures ; on évalue les mortaises, les rainures & languettes ou les joints simples ; les débillardemens, les assemblages de sujétion ; enfin le transport & la pose en place. *Voyez* l'article Toisé.

Les ouvrages en fer s'évaluent au poids ; on les distingue en gros fers, comme ancres, tirans, étriers, chevêtres, manteaux de cheminée, fantons, &c.

En fers façonnés, comme rampes d'escalier, balcons, grilles & autres ouvrages de cette espèce.

Enfin en serrures, telles que pentures, gonds, serrures, fiches à vase, à bouton, espagnolettes, verroux, &c.

La peinture d'impression s'évalue à la toise, la vitrerie au pied, le plomb se pèse. Pour se former une idée des *détails*, il faut consulter la dernière édition de Bullet par Seguin ; le Guide de ceux qui veulent bâtir, par Lecamus de Mezières ; la nouvelle édition des *détails* de menuiserie de Potain ; les *détails* de serrurerie par Bonot. Quant aux prix, il faut les établir d'après ceux des matériaux, des transports & des journées d'ouvriers : pour le faire d'une manière équitable, il faut beaucoup d'expérience & une connoissance parfaite de tous les arts qui concourent à la construction des édifices, afin d'évaluer avec justesse les différentes opérations que peut exiger chaque nature d'ouvrage.

DÉTREMPE, s. f. On appelle de ce nom une manière de peindre avec des couleurs broyées à l'eau & à la colle, qu'on emploie sur le plâtre, le bois, la peau, la toile & le papier sec. On s'en sert pour les esquisses, les projets, les décorations de théâtre & de fêtes publiques.

Les peintures en *détrempe* se conservent long-temps lorsqu'elles sont à couvert des injures de l'air. Les couleurs en sont vives & ne changent point. Leur effet est d'autant plus éclatant qu'elles sont exposées à une plus grande lumière. Il y a lieu de croire que cette peinture est la première dont on s'est servi.

DÉTREMPER, v. act. C'est délayer la chaux avec de l'eau, en la remuant avec le rabot dans le bassin.

DETRIANUS. Architecte de l'antiquité, qui vécut sous le règne d'Adrien. Plus heureux ou plus adroit qu'Apollodore, *Detrianus* sut captiver les bonnes graces de l'empereur Adrien, qui lui confia la conduite des plus importans édifices de Rome. Il répara le panthéon d'Agrippa, la basilique de Neptune, le forum d'Auguste, les bains d'Agrippine, & plusieurs autres monumens qui tomboient en ruine, ou qui avoient été détruits par le feu.

Detrianus éleva un temple magnifique en l'honneur de Trajan. Mais son chef-d'œuvre fut le mausolée d'Adrien & le pont Ælien, qu'on nomme aujourd'hui le pont Saint-Ange.

Les constructions qui restent encore aujourd'hui du tombeau d'Adrien, sous le nom de château Saint-Ange, attestent la grandeur de l'entreprise. La magnificence que *Detrianus* développa dans ce monument, se confirme par les colonnes de la basilique de Saint-Paul hors des murs, & la pomme de pin du Vatican, qui formoient sa décoration & son couronnement. Si de telles autorités, si les détails de la construction & la forme de la masse de ce tombeau suffisent aux restaurations que plusieurs architectes en ont faites, l'édifice se composoit d'un grand soubassement quarré, au-dessus duquel s'élevoient deux ordres ou étages en retraite l'un sur l'autre. Le premier étoit de 42 colonnes isolées formant galerie circulaire ; le second étoit en pilastres, tous les deux surmontés de statues. Le couronnement étoit une espèce de coupole revêtue de bronze, à laquelle la pomme de pin du Belvédère servoit d'amortissement.

Ce tombeau qui servit à renfermer les cendres, non-seulement d'Adrien, mais encore de la famille des Antonins, étoit entièrement revêtu des plus beaux marbres de Paros.

Detrianus paroît avoir réuni à la gloire de grand architecte celle d'habile mécanicien. Il trouva le moyen de transporter d'un lieu dans un autre le temple de Cérès, que l'on nommoit la bonne déesse. Quelque difficile que paroisse une telle opération, elle ne peut cependant pas se ranger au nombre des choses impossibles ou invraisemblables, surtout si le temple, composé de grosses pierres, fut susceptible de se prêter à une déconstruction régulière.

Detrianus auroit eu plus besoin encore de la science de la mécanique, pour transporter, comme on dit qu'il le fit, dans le même lieu, debout & suspendu le colosse de Néron qui étoit de bronze, & avoit cent vingt pieds de haut. C'est un malheur pour les arts, que de tels procédés ne nous ayent pas été transmis par l'histoire.

Quoique *Detrianus* passe pour avoir été l'architecte favori d'Adrien, ce prince fit élever ou restaurer tant d'édifices dans toutes les parties & dans la capitale de l'empire, qu'il faut bien que d'autres artistes ayent eu part à sa confiance. Mais il paroît que *Detrianus* fut celui qui sçut le mieux seconder ses vues ambitieuses en ce genre, & s'accommoder à son humeur jalouse. (*Voyez* ADRIEN.)

DÉTRUIRE, v. a. Abattre, démolir, dépecer un édifice.

DEVANT, adv. C'est la partie antérieure d'un monument, d'un ouvrage quelconque; c'est celle qui se présente la première. On dit : *la façade de devant un bâtiment*, *un devant d'autel*.

DEVANTURE. s. f. C'est en général la face antérieure ou le parement d'un objet quelconque. On dit la *devanture* d'une maison, d'une alcove, d'une boutique, &c.

C'est aussi la ruillée de plâtre que les couvreurs font au pied d'une fourche de cheminée pour raccorder les tuiles ou ardoises.

DÉVELOPPEMENT, s. m. *Faire le développement* d'une pièce de trait, c'est se servir des lignes de l'épure, pour en lever les différens panneaux.

DÉVELOPPEMENT DE DESSIN. C'est la représentation de toutes les faces, de tous les profils, de toutes les parties du dessin d'un bâtiment.

DÉVELOPPER, v. a. Faire le développement d'une pièce de trait, d'un dessin.

DEVERS, adj. (const.) Les charpentiers donnent cette épithète à l'inclinaison d'un corps, comme un poteau posé obliquement dans un pan de bois, ou une autre pièce de charpente, mise en place du côté de la courbure, telle qu'une force de comble.

Le mot *devers* signifie encore la gauche d'une pièce de bois : c'est pourquoi les charpentiers piquent ou marquent une pièce de bois suivant son *devers*, pour mettre en dedans le côté *deversé*.

DEVERSER, v. a. C'est pencher ou incliner une pièce de bois.

DEVÊTIR, v. a. Oter, arracher un revêtissement.

DEVIS, s. m. (*Construction.*) est un terme de l'architecture pratique, par lequel on indique une description ou état détaillé de toutes les parties d'un ouvrage que l'on se propose de construire, en décrivant la forme & les dimensions de chaque partie, la manière de les exécuter, la nature & les matériaux qui doivent y être employés, & enfin l'évaluation de la dépense que cet ouvrage pourra occasionner.

Comme c'est d'après le *devis* que l'on a coutume de traiter avec les entrepreneurs & ouvriers pour l'exécution d'un ouvrage, on ne sauroit prendre trop de précautions pour le rédiger de manière à ne rien oublier de tout ce qui peut contribuer à sa perfection, en se renfermant dans les bornes d'une juste économie.

Un *devis* bien fait est une espèce d'instruction à laquelle les entrepreneurs & ouvriers doivent se conformer dans l'exécution des travaux qui leur sont confiés ; c'est pourquoi il est essentiel, avant de le dresser, d'arrêter, par des dessins exacts, la forme & les proportions de toutes les parties de l'ouvrage qu'il s'agit de construire, afin de fixer invariablement ce qui doit être exécuté. Les dessins étant bien arrêtés, on commencera le *devis* par une description sommaire de l'édifice projetté, dont on décrira les formes générales & les principales dimensions ; on fera ensuite un article particulier pour chaque genre d'ouvrage, en suivant l'ordre de leur exécution.

Si l'édifice exige des fondemens, on expliquera comment ils doivent être faits, & les précautions à prendre pour reconnoître la fermeté du sol sur lequel ils doivent être assis ; si l'édifice doit être dans l'eau ou dans un lieu aquatique, on indiquera les moyens de faire les épuisemens ; s'il est nécessaire de battre des pieux, de former des grillages de charpente, des plates-formes ou encaissemens, on désignera les matériaux qui doivent y être employés, & la manière dont ils doivent être façonnés & mis en œuvre.

On passera ensuite à la description des ouvrages à ériger au-dessus des fondemens, en détaillant chaque nature d'ouvrage, comme les murs, colonnes, piédroits, voûtes, planchers, cloisons, cheminées, couvertures. On fera un article séparé pour chaque objet, tels que la maçonnerie, la charpente, la couverture, la serrurerie, la menuiserie, vitrerie, plomberie, peinture d'impression & autres.

Pour la partie de la maçonnerie, on indiquera la nature des pierres, moëlons, plâtres, mortier ; comment ces matériaux seront façonnés, employés, toisés & évalués.

Pour la charpente, on indiquera la nature des bois, leurs dimensions, la manière dont ils seront combinés pour former les combles, les planchers, cloisons & autres ouvrages.

Pour la menuiserie, on désignera les qualités de bois, en chêne ou sapin, pour les lambris, portes & croisées, dont on fixera la forme & les dimensions par des dessins, d'après lesquels on arrêtera leur valeur, à tant le pied ou la toise, mesuré géométriquement, ou avec *usage*, pour éviter toute contestation.

Pour la serrurerie, on distinguera les ouvrages en gros fer, tels que les tirans, ancres, harpons étriers, de ceux qui exigent plus de travail & de soins, tels que les rampes d'escaliers, balcons, grilles de fer, &c. Enfin les ouvrages de serrurerie, proprement dits, tels que ceux qui servent à la fermeture des portes & croisées, comme les pentures, gonds, serrures, espagnolettes, fiches à vases, loqueteaux & autres.

Il est d'usage d'évaluer les gros fers à tant le cent pesant. Les grilles & rampes s'évaluent souvent à la toise courante ou superficielle, ou à la pièce; quelquefois même on détaille ces différens ouvrages pour en apprécier plus justement la valeur. Les devis & desseins réunis servent à fixer les formes & la manière dont ces ouvrages doivent être exécutés, & à indiquer comment ils doivent être placés.

Pour la couverture, on désignera la forme des combles; on énoncera s'ils seront couverts en tuile, ou en ardoise, en cuivre, en plomb, ou en dalles de pierre; comment seront faits les faîtages, les noues, les gouttières, chénaux, lucarnes, &c. en faisant le détail de chaque sorte d'ouvrage, pour fixer la manière dont ils doivent être exécutés, ainsi que leur juste valeur.

Il en sera de même pour les autres objets, comme vitrerie, plomberie & peintures d'impression: on s'attachera sur-tout à prévenir tous les abus & les infidélités qui peuvent naître de la cupidité des entrepreneurs & de la négligence des ouvriers, afin que l'ouvrage se fasse avec toute la perfection & l'économie dont il peut être susceptible.

Après avoir pourvu à tous les objets relatifs à la construction de l'édifice, on aura soin de spécifier la manière dont se fera la vérification & la réception de tous les ouvrages qui le composent: il faudra aussi indiquer les différentes époques de paiement, en ayant soin, ainsi qu'il est d'usage, de stipuler qu'une partie du prix total ne sera payable qu'après la réception, afin qu'elle puisse servir à garantir la solidité & la bonté des travaux faits jusqu'à leur entière vérification.

Enfin toutes les parties d'ouvrage qui ne seroient pas susceptibles de vérification, ne peuvent être payées que sur des attachemens certifiés par l'architecte, & c'est encore là une circonstance qu'il ne faut pas omettre de spécifier dans la partie du devis, relative au payement des travaux à exécuter.

N. B. S'il se trouve un vieux bâtiment à démolir, dont les matériaux puissent servir à la construction du nouvel édifice, il faudra indiquer les précautions nécessaires, pour que la démolition s'en fasse de manière à conserver les matériaux utiles & empêcher qu'ils ne puissent être détériorés, ni détournés par les ouvriers ou entrepreneurs, que d'ailleurs on en peut rendre responsables, en faisant préalablement un état de tous les matériaux en place avant leur démolition: ces matériaux doivent être rangés suivant leurs différentes natures, afin de pouvoir être donnés en compte aux entrepreneurs, ou leur être confiés pour être de nouveau mis en œuvre, en justifiant de leur emploi.

DEVISE, s. f. C'est, dans la décoration des édifices, un ornement, ou peint, ou de sculpture en bas-relief, composé de figures allégoriques & d'épigraphes servant d'attributs ou d'emblèmes. Telle étoit la *devise* de Louis XIV, que l'on trouve sur les médailles de son règne & sur presque tous les monumens qu'il a fait élever. Elle se compose d'un soleil rayonnant & de ces paroles: *Nec pluribus impar*. Celle de Claude Perrault est une lumière dans une lanterne, avec ces mots: *Non ut videar*. La figure s'appelle le corps, & l'inscription, l'ame de la *devise*.

DÉVOYEMENT, s. m. Se dit en construction de l'inclinaison d'un tuyau de cheminée ou de descente, &c.

DÉVOYER, v. a. C'est détourner de son aplomb un tuyau de cheminée ou de descente, une chaudière d'aisance. C'est aussi mettre en ligne un tenon ou toute autre chose, hors de l'équerre de son plan.

DEXIPHANES, architecte de l'antiquité, naquit dans l'isle de Chypre. Il vécut sous le règne de la fameuse Cléopâtre, dernière reine d'Egypte. Ce fut lui qui rétablit le phare d'Alexandrie, vingt-huit ans avant l'ère vulgaire, & fit construire une jettée pour le joindre au continent. Cet architecte eut pour sa récompense une charge très-considérable, & la direction de tous les bâtimens que cette princesse fit construire dans la suite. Il y a déja du temps que les dépôts continuels que le Nil porte à son embouchure ont réuni la petite isle de Pharos à la terre ferme.

DIABLE, s. m. Nom qu'on donne à une espèce de chariot à deux roues, avec lequel les maçons transportent les pierres, & que des manœuvres & ouvriers font rouler en s'attelant des deux côtés du timon.

DIÆTA. Ce mot, dérivé du grec $\Delta\iota\alpha\iota\tau\alpha$, a, dans les auteurs anciens, & sur-tout dans les descriptions que Pline le jeune nous a laissées de ses deux maisons de campagne, des significations assez différentes: il signifie, ou salle à manger, ou salon, ou logement composé de plusieurs pièces.

DIÆTULA est le diminutif de *Diæta*. (*Voyez l'article précédent*).

DIAGONALE, s. f. Ligne droite qui passe d'un angle à un autre dans un quadrilatère.

DIAMÈTRE, s. m. Ligne droite tirée d'un point à un autre point d'une circonférence, en passant par le point du centre.

Le *demi-diamètre* en est la moitié; c'est-à-dire, la ligne qui du centre aboutit à la circonférence.

On prend ordinairement le *diamètre* de la colonne pour module; c'est-à-dire, mesure de la proportion de la colonne elle-même & des parties de l'ordonnance. (*Voyez* MODULE.)

La colonne ayant, ou pouvant avoir des *diamètres* différens, à raison des renflemens ou diminutions que son fust peut comporter, on distingue ordinairement trois sortes de *diamètre*.

Le *diamètre* pris au pied de la colonne ou au-dessus de sa base si elle en a une. C'est celui qu'on prend pour module.

Le *diamètre de renflement*; c'est celui qui se prend au haut du premier tiers inférieur de la colonne.

Le *diamètre de la diminution*, ou celui qui est pris au plus haut du fust de la colonne, au-dessous du congé de l'astragalle.

DIATONI. C'est ainsi, selon Vitruve, que les Grecs appelloient, dans la construction des murs, des pierres à deux paremens, plus longues que larges, qui formoient l'épaisseur entière d'une muraille, & lui donnoient une grande solidité.

DIASTYLE, est une des cinq manières d'espacer les colonnes usitées par les anciens. L'entrecolonnement *diastyle*, d'après Vitruve, étoit de trois diamètres. Il tenoit le milieu entre le *systyle* & l'*aræostyle*. Ce dernier étoit le plus large & le plus espacé de tous. (*Voyez* ARÆOSTYLE.) Le *diastyle* avoit l'inconvénient, ajoute Vitruve, que les platesbandes des architraves, à cause de leur trop grande portée, étoient sujettes à se rompre.

DIAZOMATA, étoient, dans la circonférence des gradins des amphithéâtres ou théâtres, les repos ou palliers qui étoient ménagés de distance en distance. On les appelloit ainsi, parce que ces larges gradins de repos formoient à la vue des zônes qui ressembloient à des ceintures.

DIDORON. Mesure de deux palmes. C'étoit le nom que les Grecs avoient donné à une des trois espèces de briques qu'ils employoient.

Vitruve, liv. 2, chap. 3, nous apprend que le *didoron* des Grecs correspondoit à la nature de briques, qui, chez les Romains, avoit un pied de long sur un demi pied de large.

Comme deux palmes Grecs forment un demipied, Galiani infère de la dénomination *didoron*, que la mesure qui donnoit son nom aux briques n'étoit pas celle du grand côté, mais celle de la face qu'on mettoit en parement, bien qu'elle fût la plus petite. (*Voyez* BRIQUE.)

DIETERLING, de Strasbourg, peintre & architecte, vécut dans le seizième siècle. Il a écrit sur l'architecture, & donné les dessins d'un grand nombre d'édifices élevés en Allemagne.

On a imprimé à Nuremberg, en 1594, un traité d'architecture de cet auteur, en allemand, in-folio.

DIGLYPHE. Qui a deux *glyphes* ou gravures en creux, telles que celles qu'on pratique dans les triglyphes.

Vignola a employé des *diglyphes* à des consoles qui entrent dans la composition d'un entablement mêlé de dorique & de corinthien, dont il a, dit-il, usé souvent avec succès au couronnement de plus d'un édifice. Cet entablement se trouve dans son cours d'architecture & en termine les planches.

Boffrand l'a imité, dans son hôpital des Enfans trouvés, à Paris.

DIGUE, s. f. (*Architect. hydraul.*) C'est un massif de terre, de pierre, de charpente, de fascinage, &c. dont on fait un obstacle à l'entrée ou au cours des eaux. Cet article est un des plus importans de l'architecture hydraulique. Nous en dirions trop pour cet ouvrage, & trop peu pour le sujet, si nous voulions en effleurer seulement la théorie. Nous renvoyons donc le lecteur au *Dictionnaire des Ponts & Chaussées*.

DIMENSION, s. f. Ce mot est synonyme de mesure. On dit les *dimensions* d'un édifice; cela signifie les mesures de sa longueur, de sa largeur, de sa hauteur. Les *dimensions* diffèrent des proportions, comme les mesures diffèrent des rapports. Les proportions consistent dans le rapport de toutes les *dimensions* entr'elles.

La grandeur des *dimensions* ne donne pas toujours, en architecture, la véritable grandeur. Un petit édifice peut avoir de grandes proportions. Un édifice peut, avec de grandes *dimensions*, paroître petit. Cependant il faut avouer que la grandeur des *dimensions* produit toujours un effet sur les sens, lorsque celle des proportions ne s'adresse qu'à l'entendement.

DIMINUTION, s. f. Les anciens appelloient *contractura* (*voyez ce mot*) ce que nous appellons *diminution* dans les colonnes, & qui consiste dans un rétrécissement graduel du fust de la colonne, ou du bas en haut, ou du tiers de la colonne en haut, lorsque celle-ci éprouve un renflement.

Les uns ont cherché l'origine de la *diminution* des colonnes dans l'imitation des arbres, qui ont pu leur servir de type; les autres, comme Vignole, ont cru voir la cause de la forme du renflement dans l'analogie avec la conformation du corps humain. Toutes ces étymologies sont aussi problématiques, que les recherches qu'on en a fait sont oiseuses. Il n'est pas nécessaire non plus d'aller en Egypte pour trouver la raison de la forme pyramidale que le goût, d'accord avec le bon sens, ont donnée aux colonnes.

Pour satisfaire, dit judicieusement Perrault,

aux deux choses qui sont les plus importantes dans l'architecture, savoir, la solidité & l'apparence de la solidité, laquelle fait une des principales parties de la beauté de l'architecture, les architectes ont tenu les colonnes plus grosses par en bas que par en haut.

Vitruve veut que la *diminution* des colonnes soit différente, selon la grandeur, & non selon le nombre des modules. Il faut, selon lui, qu'une colonne de quinze pieds soit diminuée de la sixième partie du diamètre inférieur, & qu'une de cinquante ne le soit que de la huitième; il règle, suivant la même proportion, la *diminution* des autres grandeurs moyennes. Cependant les monuments qui nous sont restés de l'antique ne nous ont point transmis d'exemples de l'application de cette règle. On ne voit point que les grandes colonnes du temple de la Paix, & du portique du Panthéon, que celles du Campo Vaccino, & de la basilique d'Antonin, ayent une autre *diminution* que les colonnes, par exemple, du temple de Bacchus, qui n'ont pas le quart de la hauteur de celles qu'on vient de citer.

Il existe de fort grandes colonnes, comme celles du temple de Faustine, du portique de Septimius, du temple de la Concorde & des thermes de Dioclétien, dont la *diminution* est plus grande que celle qu'on remarque à d'autres colonnes plus petites de moitié, telles que les colonnes des arcs de Septime Sévère & de Constantin. Enfin à ces petites colonnes moindres de quinze pieds, la *diminution* n'est pas encore la sixième partie du diamètre que Vitruve leur donne. Elle n'arrive qu'à sept parties & demi; & c'est aussi la mesure de la *diminution* des colonnes de cinquante pieds dont on a parlé, ce qui prouve que les règles de ce genre ne peuvent jamais être prises à la rigueur.

Il en est de même des différences de *diminution* qu'on voudroit établir selon la différence des ordres. Les règles & les exemples sont aussi sur ce point en contradiction. Perrault excepte cependant ce qu'il appelle la colonne Toscane; il croit que pour tenir un milieu entre les diversités d'opinions sur cet objet, il convient de lui donner six parties de diamètre, tandis qu'on en donnera sept & demie aux autres.

On verra par la table des différences de *diminution*, comparées aux différences de dimension & d'ordonnance dans les colonnes, que les anciens, dans leurs édifices, ne se sont jamais réglé, d'après un système tel que celui de Vitruve, puisque dans un même ordre, & dans une même grandeur de colonne, il se rencontre des *diminutions* différentes, comme il s'en trouve de pareilles dans des ordres semblables, & dans des dimensions égales. On voit par cette table que la colonne dorique du théâtre de Marcellus, & la dorique du Colisée, qui sont à-peu-près d'une même grandeur, varient dans leur *diminution* comme de douze à quatre. L'on trouve au contraire la même *diminution* dans la colonne du temple de la Fortune virile, & dans celle du portique de Septimius, dont l'une est d'ordre ionique ayant seulement vingt-deux pieds, & l'autre est d'ordre corinthien, qui a jusqu'à trente-sept pieds.

De toutes les différentes *diminutions* ont été données à toutes les colonnes, & dont les exemples sont rapportés dans la table suivante, Perrault (*ordonnance des cinq espèces de colonnes, chap. 8.*) tire une moyenne, joignant le nombre de la plus petite *diminution* au nombre de la plus grande, & prenant la moitié de ce nombre qui va environ à huit minutes.

« Car si, dit-il, on joint le nombre de la plus
» petite *diminution*, qui est celle de la colonne
» dorique du Colisée, qui n'est que de quatre mi-
» nutes & demie, avec le nombre de la plus grande,
» qui est celle du dorique du théâtre de Marcellus,
» qui va jusqu'à douze, la moitié de ces deux
» nombres, qui, joints ensemble, font seize &
» demi, sera de huit & un quart. De même si l'on
» joint le moindre nombre de *diminution* des autres
» colonnes de la table, qui est de six & un huitième
» dans la colonne de la basilique d'Antonin, avec la
» plus grande, qui est de dix & demi, dans la co-
» lonne du temple de la Concorde, total, seize mi-
» nutes cinq huitièmes, on trouvera pour moyen
» terme huit cinq seizièmes. Or cette grandeur
» de huit minutes fait, à très-peu de chose près,
» la septième partie & demie du diamètre de la co-
» lonne ».

On va donner la table des *diminutions* rapportée par Perrault, dans laquelle, comme il l'observe, les modernes n'entrent point, vu qu'ils ont suivi en ce genre les pratiques de l'antiquité, ou n'en diffèrent que très-peu.

TABLE de la diminution des colonnes.

		Hauteur du Fust.		Diamètre		Diminution.	
		pieds.	pouces.	pieds.	pouces.	Minutes.	
Dorique.	Théâtre de Marcellus.	21	0 0	3	0 0	12	0
	Colisée.	22	10 ½	2	8 ¼	4	½
Jonique.	Temple de la Concorde.	36	0 0	4	2 ¼	10	½
	Temple de la Fortune Virile.	22	10 0	2	11 0	7	½
	Colisée.	23	0 0	2	8 ¼	10	0
Corinthien.	Temple de la Paix.	49	3 0	5	8 0	6	½
	Portique du Panthéon.	36	7 0	4	6 0	6	½
	Autels du Panthéon.	10	10 0	1	4 ½	8	0
	Temple de Vesta.	27	5 0	2	11 0	6	½
	Temple de la Sibylle.	19	0 0	2	4 0	8	0
	Temple de Faustine.	36	0 0	4	6 0	8	0
	Colonnes de Campo Vaccino.	37	6 0	4	6 ½	6	½
	Basilique d'Antonin.	37	0 0	4	5 ½	6	⅓
	Arc de Constantin.	21	8 0	2	8 ⅔	7	0
	Dedans du Panthéon.	27	6 0	3	5 0	8	0
	Portique de Septimius.	37	0 0	3	4 0	7	⅓
Composite.	Thermes de Dioclétien.	37	0 0	4	4 0	11	⅓
	Temple de Bacchus.	10	8 0	1	4 ¼	6	½
	Arc de Titus.	16	0 0	1	11 ⅓	7	0
	Arc de Septimius.	21	8 0	2	8 ¼	7	0

La *diminution* des colonnes se fait, (c'est encore Perrault qui en parle) de trois manières. La première, & la plus ordinaire, est de commencer la *diminution* au bas de la colonne, & de la continuer jusqu'en haut.

La seconde, qui est aussi pratiquée dans l'antique, est de ne commencer la *diminution* qu'au tiers du bas de la colonne.

La troisième, dont on ne trouve point d'exemple dans l'antique, est de tenir la colonne plus grosse vers le milieu, & de la diminuer vers les deux extrémités ; c'est-à-dire, vers la base & vers le chapiteau, ce qui lui procure une espèce de ventre que l'on appelle renflement.

Perrault n'avoit pas connoissance des ruines de la ville de Pæstum, où il se trouve un édifice dorique, dont les colonnes ont un renflement que les Grecs appelloient *Entasis*. (*Voyez ces deux mots.*)

Il est divers procédés géométriques employés ou proposés par les architectes pour tracer la *diminution* & le renflement des colonnes. Vignola a inventé un ingénieux, au moyen duquel les deux lignes qui font le profil de la colonne, se courbent vers les extrémités par une même proportion, en se courbant deux fois plus vers le haut que vers le bas, parce que la partie supérieure de la *diminution* est une fois plus longue que l'inférieure.

François Blondel, dans son traité des quatre principaux problèmes d'architecture, a enseigné comment la ligne de *diminution* & de renflement, peut être tracée d'un seul trait avec l'instrument que Nicomède a trouvé pour tracer la ligne appellée la première conchoïde des anciens.

La même méthode peut servir à tracer la simple ligne de *diminution*, qui va depuis le bas de la colonne jusqu'en haut, de manière qu'elle ne se rétrécisse point par le bas ; mais qu'elle tombe perpendiculairement, à moins qu'on ne fasse commencer la courbure au-dessus du tiers inférieur, qui doit alors se composer de deux lignes parallèles.

DINOCRATES. Vitruve, dans le préambule du second livre de son traité d'architecture, nous a laissé sur la vie de cet architecte, des notions qui forment ce que nous savons de plus positif sur cet homme extraordinaire par la hardiesse de ses inventions.

Se fiant sur les ressources de son esprit, & sur ses grandes idées, l'architecte *Dinocrates*, raconte Vitruve, partit de Macédoine pour se rendre à l'armée d'Alexandre, afin de se faire connoître de ce prince, dont l'ambition ne visoit à rien moins que la conquête du monde. Il prit des lettres de recommandation de ses parens & de ses amis, pour les premiers & les plus qualifiés de la cour, & pour se préparer un accès auprès du roi. Il fut fort bien reçu de ceux auxquels il étoit adressé ; mais les ayant priés de le présenter au plutôt à Alexandre,

il n'en obtint que de vaines promesses. Les courtisans, selon leur usage, prétextoient toujours de nouvelles raisons de délai.

Dinocrates prit leurs remises pour des défaites, & résolu de se produire lui-même, il se servit de son génie & des avantages de sa figure & de sa taille. Il se dépouilla de ses habits ordinaires, huila tout son corps, se couronna de feuilles de peuplier, jetta une peau de lion sur ses épaules, prit une massue en main, &, dans ce costume, s'approcha du trône où le roi étoit assis & rendoit la justice.

La nouveauté de ce spectacle fit écarter la foule & le fit remarquer par Alexandre, qui le fit approcher, & lui demanda qui il étoit ? *Je suis*, répondit-il, *l'architecte Dinocrates, Macédonien, qui apporte à Alexandre des projets & des desseins dignes de sa grandeur. J'ai consigné le mont Athos, de manière à en faire la statue d'Alexandre, qui d'une main tiendra une grande ville, & de l'autre une coupe recevant les eaux qui découlent de cette montagne pour les verser dans la mer.*

On ne pouvoit produire une idée plus gigantesque & plus conforme au génie d'Alexandre. Il en fut frappé & en écouta la proposition avec plaisir. Mais il demanda à l'architecte, s'il y auroit aux environs de cette ville, des campagnes qui pussent, par leurs productions, fournir à sa subsistance. *Dinocrates* répondit que non, mais qu'elle seroit obligée de tirer ses vivres par mer. Alexandre lui dit : *Dinocrates, j'avoue que votre dessein est beau, & il me plaît. Cependant, je crois qu'on accuseroit d'imprévoyance celui qui établiroit une colonie dans une ville située au lieu que vous me proposez. De même qu'un enfant ne se peut élever, ni prendre croissance sans une nourrice qui ait du lait ; ainsi une ville ne peut ni faire subsister son peuple sans territoire qui l'approvisionne, ni encore moins s'accroître & prospérer sans abondance de vivres. Ce que je puis donc vous dire, c'est que je loue la beauté de votre projet, & que je blâme le choix que vous avez fait du lieu où vous prétendez l'exécuter. Mais je désire que vous demeuriez auprès de moi, parce que je veux me servir de vous.*

On ne peut, sans doute, que louer la prudence d'Alexandre dans le jugement qu'il porta de cette entreprise, quoique l'on ne puisse rejetter comme extravagant le projet d'une ville qui ne pourroit s'alimenter que par mer. Venise & la Hollande auroient passé pour des extravagances, si l'on ne savoit que le besoin rend les peuples industrieux & qu'un grand fonds d'activité & d'industrie est souvent préférable aux meilleurs fonds de terre.

Quelques dessinateurs modernes ont cherché à réaliser en figure le projet de *Dinocrates*. On en trouve un essai dans l'architecture historique de Fischer. Mais il ne devroit être permis de se livrer à de telles spéculations que d'après les connoissances topographiques du mont Athos. On sait qu'il y a dans la composition de certaines montagnes des combinaisons de rochers & des accidens de forme, qui peuvent sans invraisemblance se prêter à de tels caprices de l'art.

Le projet de *Dinocrates* de convertir une montagne en statue, n'est pas le seul dont l'histoire nous ait transmis le souvenir. Si l'on en croit Diodore de Sicile, un semblable ouvrage auroit reçu son exécution. Sémiramis, dit-il, fit réduire en statue, qui étoit son effigie, la montagne de Bagistane dans la Médie. La statue-montagne avoit dix-sept stades de haut, & étoit entourée de cent autres statues du même genre.

La Chine aussi, à en croire les voyageurs, s'est amusée à donner à des montagnes des configurations d'hommes ou d'animaux.

Pour revenir à *Dinocrates*, il paroit que son talent fut employé par Alexandre plus utilement qu'à découper des montagnes. Ce prince voulut donner son nom à une ville, & voulut que la magnificence de la ville répondît à la célébrité du nom. Il fonda Alexandrie. Jamais situation plus belle ne fut choisie pour l'érection d'une grande cité. D'un côté les campagnes les plus fertiles de l'Egypte, avec la navigation intérieure du Nil ; de l'autre un port naturel, spacieux & sûr dans la Méditerranée, tout étoit réuni pour en faire le marché de l'Afrique, de l'Asie & de l'Europe.

Dinocrates fut chargé de la fondation de cette ville, qui fut environnée de murailles d'une grande étendue, & fortifiée par un grand nombre de tours. On y voyoit des aqueducs, des fontaines, des canaux, & un nombre prodigieux de maisons particulières, de places, d'édifices publics, de théâtres : les temples & les palais y étoient si vastes, qu'ils occupoient près d'un tiers de la ville, & leur magnificence fut telle qu'elle rendit Alexandrie comparable aux villes les plus fameuses.

On croit que *Dinocrates* fut celui qui construisit le temple de Diane à Ephèse, & qu'il éleva à Alexandrie un temple en l'honneur d'Arsinoé, sœur & épouse de Ptolémée Philadelphe. Sa voûte intérieure devoit être incrustée en pierre d'aimant, afin que la statue de la princesse qui devoit être en fer, se soutînt en l'air. Ce projet mourut aussi dans la tête de son auteur, & ne fut pas mis à exécution. L'histoire lui attribue encore l'érection du grand catafalque d'Ephestion, qui coûta douze mille talens.

DIOGNÈTES. C'est encore Vitruve (liv. 10, ch. 22.) qui va nous donner l'histoire de cet habile architecte & ingénieur, Rhodien de naissance, qui consacra ses talens & son génie à la défense de sa patrie, & en obtint tour à tour la reconnoissance & l'ingratitude.

La république de Rhodes, selon le récit de notre historien architecte, faisoit à *Diognètes* une pension annuelle, en considération de son mérite & de ses services. Un autre architecte nommé Callias, venu d'Arado à Rhodes, proposa au peuple un modèle où étoit un rempart sur lequel il plaçoit une machine tournante qui prenoit & enlevoit une *hélépole* placée près de la muraille & la transportoit en dedans du rempart. Les Rhodiens enchantés de l'effet & du jeu de cette machine en modèle, ôtèrent à *Diognètes* la pension dont il jouissoit pour la donner à Callias.

Quelque temps après, le roi Demetrius, appelé Poliocerte, ou *preneur de villes*, déclara la guerre aux Rhodiens. Ce roi avoit, dans son armée, un excellent architecte Athénien, nommé Epimachus, qui lui bâtit une *hélépole* avec une dépense & un travail tout-à-fait extraordinaires. Elle avoit cent vingt-cinq pieds de haut & soixante de large ; elle étoit couverte de tissus de poil & de cuir à l'épreuve de la plus forte baliste. Les Rhodiens sommèrent Callias de mettre sa machine en œuvre, d'enlever l'*hélépole* & de la transporter au-delà du rempart, comme il avoit promis de le faire. Mais le faiseur de projets n'eut d'autre ressource que de s'excuser sur la différence du modèle à l'exécution, & sur l'impossibilité de réaliser en grand ce que sa machine promettoit en petit.

Les Rhodiens comprirent qu'ils avoient eu tort d'offenser *Diognètes*, pour se livrer à un théoricien, dont les spéculations ne les tireroient pas d'affaire. Cependant l'ennemi faisoit des progrès, les machines avançoient, & tout leur présageoit la ruine de leur ville. La peur les força de recourir à l'homme qu'ils avoient éloigné. *Diognètes* les refusa d'abord ; mais lorsqu'il vit les instances des prêtres & des enfans des plus nobles de la ville, il promit de se rendre, à condition que l'*hélépole* seroit à lui, s'il pouvoit la prendre, ce qui lui fut accordé.

Alors *Diognètes* fit percer le mur de la ville vis-à-vis le lieu où la machine devoit s'avancer ; il ordonna à chacun d'apporter en cet endroit ce qu'il pourroit d'eau, de fumier & de boue, pour les faire couler par des canaux, au travers de cette ouverture, & les répandre au-devant du mur ; ce qui fut exécuté la nuit. Le lendemain, lorsque l'on voulut faire avancer l'*hélépole*, avant qu'elle fut approchée de la muraille, elle s'enfonça dans la terre, de manière qu'il fut impossible de la faire ni avancer ni reculer. Demetrius, frustré dans son attente par l'intelligence de *Diognètes*, leva le siège & remonta sur ses vaisseaux.

Les Rhodiens délivrés s'assemblèrent pour remercier leur libérateur, & lui accordèrent tous les privilèges & tous les honneurs par lesquels ils pouvoient lui témoigner leur reconnoissance.

Diognètes fit entrer l'*hélépole* dans la ville & la mit dans la place publique avec cette inscription : *Diognètes a fait ce présent au peuple de la dépouille de ses ennemis*.

DIOPTRIQUE, s. f. Science qui traite de la réfraction de la lumière, & dont la connoissance est nécessaire aux architectes, peintres & décorateurs.

DIOTI SALVI. Architecte du douzième siècle.

Dans le petit nombre des grands hommes auxquels les arts & l'architecture ont dû leur rétablissement, *Dioti Salvi* doit trouver une place recommandable. Et cependant l'histoire nous a laissé ignorer le lieu de sa naissance, & cependant Vasari, cet exact investigateur des artistes des premiers siècles, ne profère point son nom. Tiraboschi répare cet oubli de l'historien des arts, & fait une mention expresse de *Dioti Salvi*, qu'il suppose natif de Pise, mais que son nom indique assez clairement être italien. L'auteur des lettres Siennoises en parle ainsi : *Dioti Salvi, que je crois, par simple supposition, originaire de Sienne, de la noble famille Petroni, fleurissoit à la moitié du douzième siècle, époque où il bâtit le Baptistère de Pise; monument qui, quoi qu'en dise un écrivain vivant, peut être regardé comme un des plus beaux & des mieux entendus de ce siècle & des deux suivans.*

Alessandro da Morrona a cherché encore dans sa *Pisa illustrata*, à venger de l'oubli, le nom & la mémoire de *Dioti Salvi*, & c'est de lui que nous tirons les notions relatives à l'édifice sur lequel repose depuis six siècles la gloire de notre architecte.

Pise avoit déjà vu s'élever dans le onzième siècle, par les soins de *Buschetto de Dulichium* (voyez ce nom), la superbe cathédrale, dont la grandeur & le plan rappellent les basiliques de l'antiquité. Cet édifice, comme on l'a déjà remarqué, donna à toute l'Italie une impulsion générale vers le goût, & le bon goût de l'architecture. Ce fut en face de ce temple que *Dioti Salvi* fut chargé d'en élever un autre, sous le nom & dans la forme de Baptistère; il fut commencé l'an 1152 ou 1153, selon le style Pisan. C'est ce que prouve l'inscription qu'on lit sur le premier pilier à main droite en entrant, & dont les caractères sont gothiques; elle porte :

MCLIII mense Aug. fundata fuit haec ecclesia.

On la retrouve répétée sur le pilier correspondant, en caractères encore moins bien formés.

Sur l'autre face du même pilier se trouve gravé le nom de l'architecte :

Dioti Salvi magister hujus operis.

L'histoire de Pise (Brev. hist. pis. ann. 1164. col. 171.) nous apprend que le premier, & même le second ordre de l'extérieur, étoient déjà élevés, lorsque l'ouvrage fut suspendu & arrêté faute d'argent. Mais l'ambition des Pisans, & leur zèle à embellir leur ville, leur firent bientôt trouver des ressources pour l'achèvement du monument en question. Une contribution volontaire d'un denier ou d'un sol d'or, équivalant à un florin par chaque famille, fournit une somme suffisante à l'achèvement du temple. Il se trouva alors 34 mille familles qui se soumirent à la contribution, en comprenant, sans doute, les habitans des campagnes, ce qui montre à quel point s'élevoit alors la population de Pise.

Nous avons déjà donné une description de ce remarquable édifice, au mot BAPTISTÈRE. (*Voyez cet article.*) Nous nous contenterons d'ajouter ici les mesures exactes qu'en a données *Alessandro da Morrona.*

Voici ses dimensions extérieures :

Diamètre de l'édifice à son soubassement, (*brasses.* *)	76
Circonférence totale.	238 ½
Diamètre de l'édifice sans le soubassement	62
Circonférence du mur extérieur.	194 ½
Superficie de l'aire totale de l'édifice.	4538 ⅔
Hauteur du monument sans compter le couronnement	94

Voici les dimensions de l'intérieur :

Diamètre.	52
Circonférence.	193
Superficie.	2124

Je terminerai cet article, en remarquant que le monument de *Dioti Salvi* est, avec le dôme de Pise, le Campo Santo de la même ville, l'église de Santa Maria del Fiore à Florence, un de ces édifices que l'histoire moderne de l'architecture ne sauroit trop étudier, pour y observer le passage du goût gothique au bon goût. Aussi le nom de *Dioti Salvi* doit il figurer avec ceux de Buschetto, d'Arnolpho di Lapo, Jean de Pise, c'est-à-dire, des restaurateurs de l'architecture.

DIPTÈRE. Qui a deux ailes. C'étoit le nom d'une espèce de temple chez les Grecs & les Romains.

En général, les temples des anciens prirent leurs diverses dénominations, si l'on excepte le temple à *Antes*, *in Antis*, & l'*ypæthre*, du mot *stulos*, colonne, ou du mot *pteron*, aile.

Ceux des temples qui n'ont pas de colonnades environnantes, n'ayant par conséquent point ce qu'on appelloit des ailes, se désignent par le mot *stulos*; tels sont le prostyle, l'amphiprostyle. Le mot *pteron* est le dérivé de la dénomination des autres.

(*) La brasse Toscane est de 21 pouces.

Le *péripètre*; quoique ce mot signifie *ailé* tout à-l'entour, & puisse s'appliquer à tous les temples environnés de colonnes, indique cependant l'espèce de temple qui n'avoit qu'une seule *aile* de chaque côté, ou rangée de colonnes. Le *diptère* étoit celui, non pas qui avoit deux ailes, ce qui pourroit s'entendre, comme dans le *péripitre*, d'une aile de chaque côté, mais celui qui avoit une double aile de chaque côté, c'est-à-dire, qui étoit entouré de deux rangées de colonnes.

Pline & Vitruve s'accordent à dire que le temple de Diane à Éphèse, étoit *diptère*.

DIRECTION. f. f. ou *ligne de direction*, se dit en mécanique de la ligne qui passe par le centre de gravité d'un corps.

DIRECTION est synonyme de conduite dans les travaux & ouvrages d'architecture. On dit avoir la *direction* d'une entreprise d'un monument, &c.: on le dit aussi d'une école, d'une partie d'enseignement public.

DIRIBITORIUM. C'étoit le nom d'un édifice de Rome, commencé & laissé imparfait par M. Agrippa. Il étoit situé dans la région du cirque de Flaminius, & dans l'enceinte appellée *Septa*. On ignore sa destination précise, mais on sait que les jeux scéniques y furent donnés comme dans un théâtre ordinaire, & pendant les grandes chaleurs de l'été, à cause de sa vaste étendue. Dion, LV & LIX.

DISCORDANT, adj. m. Se dit de tout ouvrage qui manque d'ordre & d'harmonie dans la *disposition de son ensemble*, ou dans la réunion de ses détails.

DISJOINT, adj. m. Qui est désuni, dont les parties sont écartées l'une de l'autre.

DISPLUVIATUM. C'est l'épithète que donne Vitruve à la quatrième espèce de *cavedium* ou de cour, qui étoit découverte en entier, c'est-à-dire, qui n'avoit ni couverture, ni portique, ni auvent, & qui étoit par conséquent entièrement exposée à la pluie.

DISPOSER, v. act. C'est arranger, combiner ensemble, d'après un ordre établi, les parties d'un tout. (*Voyez* DISPOSITION.)

DISPOSITION, f. f. Se dit en architecture de l'ordre & de l'arrangement que l'intelligence de l'architecte imprime aux détails, comme à l'ensemble d'un édifice.

Les mêmes mots changent quelquefois de signification dans les langues diverses qui les emploient. Vitruve fait de la *disposition* une des cinq parties de l'architecture : mais il paroît que ce mot correspondoit, chez les Romains, à ce que nous appellerions aujourd'hui ou *distribution*, ou encore à l'art de dessiner l'architecture. Car, dit-il, il y a trois parties dans la *disposition*, l'ichnographie, l'orthographie, & la scénographie, c'est-à-dire, le plan, l'élévation & la vue perspective.

Nous prenons aujourd'hui le mot *disposition* dans un sens plus général & plus théorique. On dit une belle, une *savante disposition*, une *disposition vicieuse*, mesquine, cela s'applique presque toujours à l'idée d'ordonnance générale.

Rien ne peut réparer dans un édifice une mauvaise *disposition*, ni le luxe des ornemens, ni la richesse de la matière. La *disposition* est à un bâtiment ce que la conformation est au corps.

La *disposition* diffère de la distribution, en ce que la première embrasse toutes les parties de l'architecture & tous les rapports d'un édifice, lorsque la seconde a pour objet spécial l'arrangement & l'ordonnance des pièces, dont se compose son extérieur.

Disposer un édifice, c'est avoir égard, tant à l'extérieur que dans l'intérieur, à tout ce qu'exigent la situation du lieu, l'exposition, le besoin, les usages, le caractère, la bienséance, les principes de l'art, les règles du goût.

Distribuer un édifice, c'est combiner dans le meilleur ordre possible & de manière à faire accorder ensemble l'utile & l'agréable, toutes les chambres, salles, galeries, appartemens dont se forme l'ensemble d'un intérieur quelconque. (*Voyez* DISTRIBUTION.)

La *disposition*, par l'étendue que l'usage a donné à ce mot, comprend réellement presque toutes les parties de l'architecture. La construction & l'exécution dépendent de la bonne combinaison des parties, & c'est encore au choix des ornemens, à leur juste répartition, & à leur harmonieuse dispensation que vise la *disposition*, qui assigne à chaque chose & sa place & son emploi.

Disposition offre donc une acception si générale & si illimitée, qu'on pourroit ramener à cet article presque toute la théorie de l'architecture. Comme il est de la nature de cet ouvrage de répartir les notions à chacun des articles sous lesquels la science peut se diviser, celui-ci aura d'autant moins d'étendue que sa définition sembloit lui en promettre plus.

DISPOSITION (*jardinage*.) C'est l'arrangement des différentes parties d'un jardin, relativement au terrain où on le veut planter.

DISPROPORTION. f. f. Manque de proportion, écart, éloignement des proportions, (*voyez* PROPORTION.)

DISTANCE. (POINT DE) Se dit en architecture du point d'où l'on doit considérer un édifice pour en bien saisir & embrasser les parties & les rapports.

L'expérience enseigne que l'on voit assez commodément de bas en haut un objet vertical, quand l'angle visuel est de quarante-cinq degrés.

Si cet angle s'aggrandit jusqu'à soixante & dix, il y a pour le spectateur gêne & incommodité. L'extrême, en l'autre sens, sera un angle de vingt degrés : le point moyen a toujours paru se fixer à quarante-cinq degrés. (*Voyez* ANGLE VISUEL.)

Le *point de distance* varie selon la forme des édifices. Si sa hauteur est égale à sa longueur, son point de vue pourra s'établir au sommet d'un triangle équilatéral, qui aura pour base la largeur de l'édifice. Mais si la hauteur de l'édifice n'est point égale à sa hauteur, le *point de distance* pour le voir, sera le sommet d'un triangle isocèle, formé par la base & la hauteur de l'édifice.

D'autres prennent pour *point de distance* la moitié de la hauteur totale & de la longueur de l'édifice, c'est-à-dire, qu'en combinant ces deux rapports, si la hauteur totale est de quarante pieds, & la longueur quatre-vingt, on établira le *point de distance* à soixante pieds du bâtiment.

DISTRIBUTION, s. f. C'est la division, l'ordre & l'arrangement des pièces qui forment l'intérieur d'un édifice.

La *distribution* est une des parties les plus importantes de l'architecture civile, de cet art qui vise sur-tout à rendre les habitations saines, commodes & agréables. Une bonne *distribution* multiplie le local qu'occupe un bâtiment, augmente les jouissances de ceux qui l'habitent, & en rend les locations plus fructueuses.

La partie de la *distribution* chez les anciens est une de celles dont nous avons le moins de notions précises. Les habitations particulières ne sont jamais de nature à survivre aux bouleversemens & aux révolutions qui détruisent les villes. Sans les découvertes des villes ensevelies par le Vésuve, nous serions réduits aux descriptions toujours obscures & problématiques de quelques écrivains de l'antiquité. Cependant le petit nombre de maisons conservées qu'on y a trouvées ne peut jetter que peu de lumières sur la *distribution* des intérieurs. Rien n'est plus subordonné aux usages & aux habitudes domestiques.

Ce que l'on remarque dans les plans de ces maisons, c'est une *distribution* fort simple, & presqu'uniforme. (*Voyez* CHAMBRE, APPARTEMENT.) Il faut cependant excepter la maison de campagne de Pompéia, où la recherche des ornemens, des dégagemens & des commodités intérieures, fait présumer que cette partie d'agrément dut être portée très-loin dans les maisons, soit de ville, soit de campagne, qui appartenoient à de riches propriétaires.

Les artistes modernes sont d'accord de la vraisemblance de cette conjecture, d'après les recherches que l'on a fait des plans de la *Villa Adriana* à Tivoli. On y reconnoît en effet des appartemens qui étoient *distribués* avec le plus grand art, des bains, où toutes les commodités étoient ménagées de la manière la plus industrieuse & la plus recherchée ; des pièces d'une bonne grandeur, éclairées d'une façon très-appropriée au climat, & aux heures du jour où l'on y restoit ; des pièces de plein-pied, dont toutes les portes sont en enfilade. Enfin, on se trouve forcé de reconnoître dans ces ruines informes, que les Romains avoient poussé l'art de la *distribution*, & le luxe des commodités, plus loin peut-être qu'il ne l'est parmi nous.

Tel n'est pas l'avis cependant d'un architecte moderne (*Mézières, génie de l'architecture*), qui parle de la *distribution* des anciens, d'après les descriptions que Pline le jeune nous a laissées de ses deux maisons de campagne.

« Les Romains & les Grecs, dit-il, donnoient tout à la décoration extérieure, & les dedans n'étoient nullement commodes ; il n'y avoit aucune relation entre chaque pièce, le décor du dehors fixoit leur étendue. De vastes galeries faisoient le principal de ces anciens édifices. Que l'on voye la description que Pline nous a faite de ses maisons de campagne. On trouvera dans celle du Laurentin une immensité de terrein, beaucoup de somptuosité, une grande magnificence, mais point de commodités particulières. Ils savoient profiter seulement de la situation des lieux, des expositions les plus favorables à la santé, & de cette volupté que les hommes sages éprouvent en jouissant d'un air pur & tempéré, suivant les différentes saisons & malgré l'inconstance même des temps. »

« On y apprendra encore l'art de profiter en architecture de tout ce qu'un climat offre d'agréable aux yeux & à l'esprit, suivant les différentes situations. Dans le grand nombre & la vaste étendue des pièces, il y en avoit où l'on pouvoit jouir de la vue & du bruit même de la mer ; d'autres, plus retirées au milieu des jardins, ne recevoient ce bruit que de fort loin, & comme une espèce de murmure. Dans celles qui n'avoient ni la vue ni le bruit de la mer, on jouissoit d'une paix profonde & du calme le plus doux. Dans ces différentes situations, il y avoit des appartemens, des chambres de jour & de nuit, de grandes salles d'assemblée ou de festin, d'autres moins grandes pour la réunion de la famille & d'un petit nombre d'amis. On y trouve aussi quelques pièces particulières, où le maître de la maison pouvoit par le moyen d'une longue galerie s'éloigner de tout son domestique, pour se livrer à l'étude & jouir d'un repos solitaire. »

« Cet ensemble annonce beaucoup d'apparat, une grande profusion & un luxe mal entendu. La grandeur, le vaste & l'usage de chaque pièce le seront sentir. En effet, si l'on considère le dehors des édifices du *Laurentum*, on verra qu'ils comprenoient d'une extrémité à l'autre, cent soixante & dix toises de face environ ; on peut même la porter jusqu'à deux cents quarante toises, (le palais des thuileries a 170 toises, & celui de Versailles du côté du jardin 220.) Cela étoit nécessaire pour donner à l'ensemble une symétrie parfaite. Cette grandeur de dimension ne surprendra point, si l'on considère que la salle de festin ordinaire avoit dix à onze toises de longueur, sur un peu plus de six toises de large. La grande cour avoit trente toises sur vingt-quatre, & la petite cour, d'une forme circulaire, douze toises de diamètre. La galerie que Pline lui-même comparoit pour sa grandeur aux édifices publics, avoit quarante-cinq toises de longueur sur cinq de largeur. Une seconde salle de festin avoit douze toises sur huit, une pièce adjacente & le jeu de paume avoient l'une & l'autre douze toises de long sur six de large ».

« Qu'on juge de l'ensemble d'après ces mesures, qu'on y joigne les jardins & qu'on fasse attention que cette maison étoit pour un consul, qui en avoit plusieurs autres presqu'aussi vastes & aussi somptueuses. »

« Nous pourrions citer les maisons de Cicéron, suivant le rapport de Salluste, celles de Pompée, la magnificence des édifices de Lucius Lucullus, de Sylla, de tant d'autres Romains ; mais ces descriptions quoiqu'intéressantes, ne seroient pas d'une grande utilité pour l'objet que nous traitons : elles ne nous offriroient que la manière dont les anciens se logeoient, qui est fort différente, pour le *distribution* de celle que nous employons. Nos mœurs ne sont pas les mêmes non plus que nos usages &c. »

Cette dernière réflexion de l'auteur que je viens de citer, auroit dû, je pense, le rendre un peu plus réservé dans le jugement qu'il porte du goût de *distribution*, chez les anciens, si ce goût est intimement lié au climat, au genre de vie, aux habitudes sociales, aux préjugés d'ostentation & de vanité ; & si toutes ces choses ne peuvent qu'être très-différentes selon les pays & les siècles, on conçoit difficilement comment on peut donner des règles en ce genre ou proposer des exemples positifs.

On ne peut s'accorder que sur un point, qui est la commodité. Elle doit sans doute être la base de la *distribution*. Mais la commodité elle-même est une chose locale & dépendante d'habitudes, qui, par-tout différentes, doivent par-tout produire des résultats différens.

L'art de la *distribution* est, dit-on, très-perfectionné en France, & sur-tout à Paris. Je le crois ; mais cela ne signifie pas qu'on puisse proposer comme modèles bons à imiter par-tout, les *distributions* modernes de Paris ; cela signifie simplement qu'on a perfectionné à Paris l'art de multiplier dans de petits espaces les jouissances du luxe intérieur & les commodités des dégagemens. Cela signifie encore que le terrain pour bâtir dans Paris étant fort cher, & une maison comptant autant de maisons particulières que d'étages, il a fallu apprendre à tirer d'un petit terrain tout le parti possible ; & voilà ce qui a perfectionné l'art de la *distribution*.

Après avoir lu ce que Daviler, Laugier, Blondel, Mézières & d'autres ont écrit sur cet objet, on est forcé de reconnaître qu'il n'y a point de règles à donner en ce genre. Les usages de l'Angleterre n'admettent point les enfilades de pièces qu'on recherche en Italie ; & les petits percés, les dégagemens, les pièces dérobées, qui font le mérite des *distributions* françaises, ne seroient ni praticables ni de mise à Londres ou à Rome.

Il y a dans la *distribution* une partie que l'on peut appeler d'étiquette, & qui consiste à régler le nombre, la mesure & la disposition des pièces d'usage, comme sallons de parade, de compagnie, &c. Cette partie est encore plus subordonnée aux mœurs des peuples & ne sauroit faire le sujet d'une théorie générale. D'ailleurs tout ce que l'on pourroit dire à ce sujet, dans cet article, se trouve à chacun des articles partiels, dont se compose l'art de la *distribution*, tels qu'*appartement*, *chambre*, *cabinet*, &c. (*voyez* ces mots.)

Il est d'autant plus difficile, je ne dis pas de prescrire des règles, mais même d'énoncer des préceptes, tant soit peu généraux sur l'art de la *distribution*, que les usages partiels de chaque pays n'empêchent pas que l'architecte ne doive encore, dans ses plans, se subordonner aux vues particulières de celui qui fait bâtir.

En outre de ces condescendances pour les idées ou les fantaisies des particuliers, il y a dans tous les édifices consacrés à des usages publics des données locales & indispensables, auxquelles il faut encore conformer la *distribution*.

Voici quelques maximes générales pour les maisons particulières, données par Daviler, auxquelles on ne prétend pas ajouter plus d'autorité qu'elles n'en doivent avoir.

1°. Un bâtiment doit se bien présenter, & avoir une entrée avantageuse.

2°. La meilleure situation du corps-de-logis est entre cour & jardin.

3°. Les offices, les écuries doivent être placés de telle sorte que les appartemens n'en soyent pas incommodés, ce qu'on évite en les plaçant en aile de chaque côté de la cour.

4°. L'une de ces ailes, celle où sont les offices & les écuries, doit répondre à un vestibule qui aboutisse à la salle à manger, afin que le service de la table se fasse commodément.

5°. C'est une chose à éviter que des formes irrégulières dans les pièces ; on ne doit se les permettre que lorsque cette irrégularité dans quelques formes de détail procure à quelque pièce d'importance plus de grandeur ou une plus heureuse situation.

6°. Lorsque dans un grand bâtiment on veut ménager une enfilade de longue étendue, on doit éviter qu'il ne se rencontre dans cette enfilade des pièces destinées aux domestiques :

7°. Quoique la symétrie doive être observée en général, il est néanmoins des cas où l'on peut la négliger dans la *distribution* intérieure, pourvu qu'on lui ménage de la relation avec les côtés opposés.

8°. C'est une règle indispensable d'accorder les *distributions* intérieures d'un bâtiment avec les décorations extérieures.

DISTRIBUTION D'EAU. C'est le partage qui se fait de l'eau d'un réservoir par une ou plusieurs soupapes dans un regard, pour l'envoyer à diverses fontaines. (*Voyez* CHATEAU D'EAU.)

DISTRIBUTION D'ORNEMENS. C'est l'espacement égal d'ornemens semblables & de figures pareilles, qu'on répète dans des parties de l'architecture, comme dans la frise dorique, la *distribution* des triglyphes & des métopes ; dans la corniche corinthienne, celle des modillons, &c.

DISTRIBUTION. (*Jardinage.*) L'on peut définir la *distribution* dans le jardinage, l'art d'arranger les parties d'un jardin, suivant sa situation. Cet art peut se réduire à quatre maximes fondamentales.

1°. A faire que l'art cède à la nature.

2°. A ne pas trop offusquer un jardin.

3°. A ne le point trop découvrir.

4°. Enfin, à le faire paroître plus grand qu'il ne l'est en effet.

C'est particulièrement dans la *distribution* des arbres d'un jardin que l'on reconnoît le talent de l'artiste. C'est d'elle aussi que dépendent le plaisir, l'effet & le caractère que l'art fait produire. « Mais une heureuse & intelligente *distribution* d'arbres & d'arbrisseaux, dit Hirschfeld, exige une grande connoissance des plantes, beaucoup d'étude, d'observations & d'essais. Il faut, pour réussir en ce genre, un œil que les lois de la perspective ont rendu savant, & que les beautés de la peinture en paysage ont rendu délicat. »

« Peut être ce fut le sentiment des difficultés qu'on éprouve à *distribuer* les arbres avec goût, qui fit que dans l'ancienne manière on se borna aux plantations en ligne droite, aux allées sans fin, aux quinconces. Cette façon de planter étoit si commode & si facile, que l'homme le plus borné pouvoit l'exécuter. »

« Les grouppes & les massifs qu'on a introduits dans le nouveau style, ne sont pas au reste beaucoup plus difficiles à disposer quand l'art & le goût ne président point à leur *distribution*. Rien n'est en effet plus ordinaire que de jetter là, pour ainsi dire, toute une plantation, mélange confus de toutes sortes d'arbres & d'arbrisseaux. Par ces amas sauvages & embarrassés, on croit avoir satisfait à tout ce qu'exige la nature ou la manière angloise. »

« D'un autre côté rien n'est plus fatiguant que des plantations entièrement composées d'arbres ou d'arbrisseaux de la même famille ou de la même espèce. Ceci est tout-à-fait contraire à la loi que prescrit la variété, & au procédé de la nature, qui ne manque jamais de répandre quelques hêtres dans une forêt de chênes, & quelques chênes, quelques bouleaux, ou quelques autres arbres & arbrisseaux dans une forêt de hêtres. En vain on s'efforce de justifier cette uniformité : sous prétexte de demeurer fidèle à un certain caractère déterminé, on oublie que la variété ne détruit pas l'unité de caractère. »

« La nature ne pouvoit pas pourvoir aux besoins ou aux plaisirs de l'homme plus qu'elle ne l'a fait dans la nombreuse *distribution* d'arbres & d'arbustes qu'elle a répandus sur toutes les espèces de terrains. Elle nous indique elle-même pour chaque sol, pour chaque emplacement une foule de plantes convenables. Quelqu'aride, quelque raboteux, quelque marécageux que soit le terrain, nous pouvons l'orner & le meubler de plantes agréables. C'est à connoître ces plantes, à en distinguer la propriété & l'analogie avec les sites & les terrains, que doit tendre sur-tout le soin de l'artiste jardinier. »

« En composant les grouppes, il faut aussi faire attention de mettre ensemble les arbres qui se conviennent. Les arbres à feuilles s'accordent mieux avec leurs semblables ; il en est de même des arbres conifères & résineux. Il faut même prendre garde à la nature du feuillage. Il faut en assortir les teintes & les couleurs à la nature du lieu. Un feuillage gai ou argenté convient sur les devants d'une forêt sombre, un feuillage obscur sur un gazon riant ; des feuillages rembrunis, comme ceux de tif & du thuya de la Chine, doivent être rejettés dans les fonds. »

Consultez au reste la nature dans l'art de *distribuer*, comme dans celui groupper les arbres,

(voyez GROUPPER). Allez dans les forêts & voyez comme cette grande & habile ouvrière plante : voyez comme elle déjoint, comme elle rassemble, comme elle resserre ici, comme elle éparpille là, comme elle est économe dans l'abondance & variée sans prodigalité.

Dans combien de cantons la nature n'a-t-elle pas prévenu la main de l'art ! Quel avantage ne trouve-t-on pas à profiter des *distributions* & plantations naturelles, en les accommodant au génie de l'ensemble ! C'est un procédé très-peu réfléchi, quoique des plus ordinaires, que de commencer un jardin par la destruction de tous les arbres & arbrisseaux que la nature y a plantés. Quelle folie que de détruire ce que l'on cherche, de ruiner ce qu'on veut créer, & d'attendre du temps ce qu'on pourroit posséder d'abord !

DITRIGLYPHE, f. m. C'est l'espace compris entre deux *triglyphes*, dans un entrecolonnement dorique.

DIVERSITÉ. (voyez VARIÉTÉ.)

DIVISION, f. f. Un édifice, a dit Montesquieu, rempli de trop de *divisions*, est une énigme pour l'œil, comme un poëme confus l'est pour l'esprit.

Il règne dans l'architecture un préjugé qu'on ne sauroit trop combattre, c'est que la multiplicité des parties contribue à faire paroître grand l'édifice ou le tout. Pour soutenir cette opinion, on fait un raisonnement qui n'est que spécieux. Les *divisions*, dit-on, sont, dans un édifice, l'échelle au moyen de laquelle l'œil parvient à mesurer l'étendue. Plus un espace reçoit de *divisions*, plus l'œil est de temps à faire le calcul des mesures. L'œil arrêté long-temps à ce calcul des parties, dispose l'esprit à juger très-étendu l'espace qui comporte tant de *divisions*.

Sans doute les *divisions* font juger de l'espace, & il en faut dans les ouvrages de l'art, comme nous voyons qu'il y en a dans ceux de la nature. Une surface toute unie, une étendue sans *division*, ne présentant à l'ame aucun point de rapport, aucun moyen de mesure ni de comparaison, lui procurent un état moins fatiguant que fastidieux, & qui est l'état de doute ou d'incertitude. C'est que l'ame a le besoin de connoître, comme l'œil a le besoin de voir. Or, pour que l'une & l'autre puissent satisfaire ce besoin sans trop de fatigue, il faut leur présenter les moyens de comparer, & ces moyens sont les *divisions*, dans l'architecture.

Jamais je ne vois un édifice que je n'aye le besoin de connoître ses dimensions : cela tient à la curiosité naturelle ou au besoin de connoître, qui est le propre de notre ame. Un espace sans *division*, est une route dont les distances ne sont point marquées. Ainsi les *divisions* dans l'architecture contribuent au plaisir de l'ame, en tant qu'elles lui facilitent les moyens de juger & de mesurer.

Mais s'ensuit-il de là que le grand nombre de *divisions* lui doive procurer plus de plaisir, en lui procurant plus de moyens de juger ? Je réponds que non, parce que la multiplicité des moyens de juger va la jetter dans un autre embarras plus pénible encore, celui de la confusion.

S'ensuit-il encore que le grand nombre de *divisions* fera croire à la grande étendue de l'espace ? Je réponds que non. Si les *divisions* sont petites, l'espace s'en trouvera rapetissé, fût-il grand, parce que beaucoup de petites parties portent à l'ame l'impression de la petitesse bien plus facilement que la somme totale de ces petites parties ne peut lui donner l'idée de grandeur. L'impression des petites parties est une impression simple & qui agit directement sur l'ame ; l'impression résultante de la somme additionnée de ces petites parties, ne peut agir qu'indirectement, & ne peut être que l'effet de la réflexion ou du raisonnement.

Montesquieu a senti cette vérité, lorsqu'il dit : L'architecture gothique paroît très-variée, mais la confusion des ornemens fatigue par leur petitesse ; ce qui fait qu'il n'y en a aucun que nous puissions distinguer d'un autre, & leur nombre fait qu'il n'y en a aucun sur lequel l'œil puisse s'arrêter, de manière qu'elle déplait par les endroits mêmes qu'on a choisis pour la rendre agréable.

L'architecture grecque au contraire paroît uniforme ; mais comme elle a les *divisions* qu'il faut, & autant qu'il en faut pour que l'ame voye précisément ce qu'elle peut voir sans se fatiguer, mais qu'elle en voit assez pour s'occuper, elle a cette variété qui la fait regarder avec plaisir.

Il faut que les grandes choses ayent de grandes parties. Les grands hommes ont de grands bras, les grands arbres de grandes branches, & les grandes montagnes sont composées d'autres montagnes qui sont au-dessus & au-dessous. C'est la nature des choses qui fait cela.

L'architecture grecque qui a peu de *divisions* & de grandes *divisions*, imite les grandes choses ; l'ame sent une certaine majesté qui y règne partout.

Montesquieu, dont le génie avoit pénétré les principes du beau dans les arts, nous a laissé dans ce peu de lignes la véritable théorie du grand en architecture. Voulez-vous qu'un espace grand paroisse tel, divisez-le sans doute, c'est-à-dire donnez au spectateur des moyens de le juger, donnez

donnez à l'ame des mesures & une échelle de proportions. Mais si vous établissez des *divisions*, faites que ces *divisions* soient grandes.

1°. Les *divisions* étant pour l'ame & pour l'œil des moyens de mesurer les objets, on conçoit que plus ces mesures sont grandes, moins elles doivent être nombreuses & multipliées, & qu'ainsi il y a pour l'ame & pour l'œil plus de facilité à mesurer.

2°. Les *divisions* étant rares, c'est-à-dire les mesures étant grandes, il en résulte pour l'ame une idée de grandeur générale dans les parties, & de grandes parties forment nécessairement la composition d'un grand tout.

Ajoutons à ces réflexions quelques mots de Chambrai sur la même matière.

« Je vais (dit-il *dans son parallèle de l'architecture*) remarquer une chose assez curieuse touchant le principe de la différence des manières, & d'où vient qu'en une pareille quantité de superficie, l'une semble grande & magnifique, & l'autre paroît petite & mesquine. La raison en est fort belle & n'est pas commune. Je dis donc que pour introduire dans l'architecture cette grandeur de manière dont nous parlons, il faut faire que la *division* des principaux membres des ordres ait peu de parties, & qu'elles soient toutes grandes & de grand relief, afin que l'œil n'y voyant rien de petit, l'imagination en soit fortement touchée. »

« Dans une corniche, par exemple, si la doucine du couronnement, le larmier, les modillons ou les denticules viennent à faire une belle montre avec de grandes saillies, & qu'on n'y remarque pas cette confusion ordinaire de petites cavités, de quarts de rond, d'astragales & de je ne sais quelles autres particules entremêlées qui n'ont aucun bon effet dans les grands ouvrages, & qui occupent du lieu inutilement, & aux dépens des principaux membres, il est certain que la manière paroîtra fière & grande. Tout au contraire elle deviendra petite & chétive par la quantité de ces menus ornemens qui partagent l'angle de la vue en tant de rayons, & si pressés, que tout lui semble confus. Quoiqu'on juge d'abord que la multiplicité des parties doive contribuer par quelque chose à l'apparence de la grandeur, néanmoins l'expérience prouve le contraire. »

DIVISION (*Jardinage.*) Les observations de l'article précédent sont particulièrement applicables à l'art de composer les jardins. Ce seroit surtout & plus clairement encore dans cette partie qu'on pourroit développer par des exemples à la portée de tous la théorie dont on s'est contenté de donner un léger essai. Il est peu de genres toutefois où la manie de diviser commette plus d'erreurs ; c'est qu'il en est peu aussi où de telles erreurs soient plus faciles à commettre.

Les matériaux qu'emploie le jardinier dans ses compositions sont tellement abondans, sont si facilement disponibles, & sont toujours malgré les vices du plan, si agréables dans leurs défauts même, qu'on se laisse involontairement entraîner à multiplier des objets dont on croit la rectification ou la simplification toujours possible. Ainsi, même en blâmant cette redondance de petites parties dans les plantations, on se la permet dans l'idée qu'on élaguera un jour ce superflu. Mais on remarque que lorsqu'une disposition est née avec une combinaison de petites choses, il n'y a presque plus de moyens de l'agrandir. Un jardin, comme tout autre ouvrage, veut être d'abord & du premier jet conçu & taillé en grand. C'est une propriété de cette sorte de productions de l'art, & il entre dans sa nature de tendre à se multiplier & à se compliquer. On ne sauroit concevoir d'abord le plan trop en grand.

C'est par système que d'autres croient agrandir un terrain en y pratiquant de nombreuses *divisions*, en y multipliant les groupes, les massifs, les bosquets, les allées, en y introduisant des minuties.

Ils se trompent ; un composé de petites parties ne paroîtra jamais grand, quelqu'étendue qu'ait le terrain. De petites *divisions* ne portent à l'ame que de petites sensations. Le sentiment de la grandeur ne résultera jamais d'une semblable disposition, quelque soit le genre du jardin.

Cette doctrine est propre aux jardins du genre régulier, comme à ceux du genre irrégulier.

Le jardin des Tuileries, à Paris, passe pour être un très-grand jardin, & véritablement il le paroît. Qui croiroit qu'il n'a que douze cents pieds de large sur moins du double de cette dimension en longueur. A quoi doit-il cette apparence de grandeur qui le caractérise ? aux grandes *divisions* dont il se compose.

Beaucoup de petits détails d'ornement qu'on vient d'y introduire, la suppression de l'allée du milieu changée en une avenue, & la *division* en deux grands massifs d'arbres qu'a produit cette suppression, au lieu d'un seul massif percé d'une allée, tout cela en subdivisant davantage la disposition de ce jardin, vient de le rapetisser sensiblement à la vue.

DOIGT, s. m. Ancienne mesure romaine qui est égale à neuf lignes de pouces du pied françois.

DOIGT DE NIVEAU. Expression dont se sert Derrand pour exprimer ce que l'on appelle ordinairement *branche de niveau*, ou, suivant Daviler, *bras de niveau*, c'est-à-dire les deux règles de l'instrument dont se servent les appareilleurs, lequel forme une équerre à branches mobiles.

DOME, s. m. Ce mot vient du latin *domus* qui dérive du grec Δωμα, & signifie maison.

Les François l'ont emprunté des Italiens chez lesquels *duomo* ne signifie pas toujours, ni à proprement parler, ce que chez nous signifie le mot *dôme*.

Les Italiens appellent *duomo il duomo*, comme voulant dire maison par excellence, ce qui est l'église cathédrale ou la principale église d'une ville.

Ainsi il y a telle église, tel temple qu'on appelle en Italie *duomo* dôme, quoique sa construction n'ait ni forme, ni couronnement semblable à ce que nous appelons un *dôme*. On dit à Bologne *il duomo di San Petronio*, quoique l'église de Saint-Pétrone n'ait ni coupole ni *dôme*.

Dôme est en françois synonyme de coupole; peut-être est-ce l'habitude de voir en Italie le plus grand nombre des églises cathédrales surmontées par des coupoles, qui aura contribué à particulariser l'acception de *duomo*, & aura fait appliquer à la partie le nom du tout. Quoiqu'il en soit, on dit indifféremment le *dôme* ou la coupole de Saint-Pierre, de Saint-Paul, des Invalides, &c.

Toutefois le mot *coupole* est plus usité que l'autre dans le langage des artistes; le mot *dôme* est d'une locution plus populaire.

On peut encore entre ces deux synonymes établir quelques différences.

Coupole s'emploie plus volontiers pour exprimer la partie intérieure de ces grandes voûtes dont on couronne les temples modernes. L'étimologie *cupo*, mot italien qui veut dire *creux*, indique assez l'accord du mot avec la signification distincte dont il s'agit.

Dôme convient mieux pour exprimer la partie extérieure de ces constructions, c'est-à-dire leur convexité; car Δωμα chez les Grecs signifioit également *toit* & *maison*.

Coupole doit être le mot générique; il s'applique en effet indistinctement aux voûtes sphériques qu'on appelle de ce nom, soit qu'elles portent de fonds comme celle du panthéon d'Agrippa à Rome, soit qu'elles s'élèvent sur les reins d'autres voûtes & sur des pendentifs comme celle de Saint-Pierre.

Dôme au contraire est la dénomination plus spéciale des constructions modernes, ou de ces voûtes surhaussées qui servent de centre à la fois & de couronnement à un autre édifice.

Coupole est plus d'usage sous le rapport de construction, & *dôme*, sous celui de décoration. C'est pourquoi l'article COUPOLE (*voyez ce mot*) envoie le lecteur au mot DOME, pour y trouver quelques détails descriptifs de la décoration des coupoles qui auroient donné au premier article une trop grande étendue.

Au mot COUPOLE on a placé la partie historique, théorique & pratique de ces grandes constructions. Le mot *dôme* n'en contiendra que la partie décorative, & encore d'une manière abrégée, vu que tout ce qui cette partie renferme, se retrouve encore aux mots PLAFOND PEINT, PENDENTIF, TAMBOUR, &c.

Les Anciens, dans leurs coupoles, ne nous ont laissé que des modèles incomplets de la décoration applicable à l'extérieur des *dômes*. La coupole du Panthéon, ainsi que le prouvent d'anciens desseins qu'on peut regarder comme de véridiques traditions de ce monument, étoit à la vérité extérieurement décorée de deux ordres de pilastres. Toutefois cet édifice, devenu le plus fameux temple du monde moderne, ne fut dans son origine, & surtout avant qu'on y ajoutât son magnifique péristyle, qu'une petite partie des Thermes d'Agrippa. Il n'avoit reçu ni dû recevoir de l'architecte qui en façonna l'extérieur, que le genre & la mesure d'ornemens analogues à sa destination. N'étant fait ni pour figurer isolément, ni pour être aperçu de loin, ni pour servir de couronnement à un autre édifice, ses murs extérieurs, ainsi que sa calotte, ne présentoient rien dont le goût de la décoration pût se prévaloir relativement à l'effet de leur composition.

On doit en dire autant de la plupart des autres coupoles antiques, telles que celle appelée vulgairement à Rome *tempio di Minerva Medica*, et celles des soi-disant temples de Mercure, de Vénus, &c. dans la baie de Pouzzol, tous édifices dont la qualification est aujourd'hui très-équivoque, tous faisant partie de plans considérables que leur état de ruine a rendu méconnoissables, mais dont aucun très-probablement ne fut un temple.

Les Anciens cependant faisoient des temples circulaires. On trouve jusqu'en Grèce quelques petits édifices voûtés circulaires, & dont les murs extérieurs sont tout à l'entour ornés de colonnes. Le petit monument d'Athènes, appelé *la lanterne de Démosthène*, est de ce genre.

Mais Vitruve nous a laissé les préceptes de construction & de décoration des temples circulaires. Il n'y a point de doute qu'ils devoient avoir, à la dimension près, la plus grande conformité avec ce qu'on appelle à Rome le temple de Vesta, & à Tivoli le temple de la Sybille. Ils étoient par conséquent voûtés & ornés de colonnes à l'extérieur. Ils avoient un couronnement dont Vitruve nous a décrit la forme & la composition.

Les coupoles modernes envisagées sous le point de vue de leur décoration, n'étant que des temples circulaires placés à une grande hauteur sur le sommet d'un autre édifice, auroient dû aussi trouvé leurs modèles dans l'antiquité, comme, sous le rapport de la construction, les grands édifices circulaires dont on a parlé plus haut leur servirent d'exemple. Ce seroit de la réunion des formes de ces grandes coupoles, & de la décoration des temples circulaires, que seroit née la composition des *dômes* modernes.

En effet, avant que Bramante eut pensé à élever dans l'église de Saint-Pierre *le panthéon d'Agrippa sur les voûtes du temple de la paix*, il avoit déjà paru des *dômes* dans lesquels la grandeur de la construction se réunissoit à une sorte de magnificence décorative. Celui de Sainte-Sophie, à Constantinople, élevé dans les bas siècles des arts de l'antiquité, étoit devenu naturellement l'exemple sur lequel devoient se modeler les monumens de l'architecture renaissante.

Quand les arts repassèrent d'Orient en Occident; au moyen & par l'entremise des Pisans & des Vénitiens, le goût des *dômes* s'introduisit en Italie avec les formes des mosquées de Constantinople.

Dans les *dômes* de Venise, dans le baptistère de

Pife, dans la coupole de la cathédrale de cette ville, on ne sauroit voir autre chose que des essais plus ou moins timides de la décoration applicable à ces sortes d'édifice; & à vrai dire, le génie décoratif ne s'y éleva pas plus haut que celui de la construction. Ces dômes ne sont autre chose que des voûtes basses sans hardiesse; privées de ce qu'on appelle la tour du dôme qui en fait le caractère essentiel, qui leur donne l'isolement d'un édifice principal & indépendant, & seul peut prêter à l'architecture les moyens d'y étaler toute la richesse qui est de son ressort.

Bruneleschi ne semble pas non plus dans sa coupole de Sainte-Marie des Fleurs, s'être mis beaucoup en peine de réunir au mérite de la construction celui de la décoration. Uniquement livré à la pénible solution du problème qui l'occupa si long-temps, il ne dirigea toutes ses pensées que vers l'exécution & la partie qui seule alors s'attiroit l'attention publique. Ce fut dans le succès & la solidité de la bâtisse qu'il plaça toute son ambition; il ne fit rien, on doit le dire, ni au dedans ni au dehors du dôme qui, sous le rapport décoratif, réponde à la grandeur de l'entreprise & à la réputation qu'elle s'est acquise. Le revêtissement de marbre dont cet édifice est décoré, ajoute bien, si l'on veut, le prix de la matière à celui de l'art, mais ni l'invention, ni le goût n'ont jamais réclamé leur part dans la décoration dont il s'agit.

Pour qu'un bon système de décoration pût s'introduire dans l'ensemble des dômes, il falloit que le goût de l'architecture antique reparût avec la connoissance raisonnée des beautés qu'elle renferme. Bruneleschi avoit bien retrouvé les principes & le goût de cette architecture, mais son siècle n'étoit pas en ce genre aussi avancé que lui. D'ailleurs c'étoit sur un édifice commencé avant lui, sur des bases & avec des principes à demi-gothiques, que ce grand architecte devoit élever la coupole dont son prédécesseur n'avoit légué que la timide & périlleuse intention. Il convenoit que le dôme à édifier participât du goût des constructions antérieures auxquelles il devoit servir de couronnement. Mais, comme on l'a remarqué à la vie d'*Arnolpho* (voyez cet article), c'avoit été par beaucoup de simplicité, l'on pourroit dire même de nudité d'architecture, que Sainte-Marie des Fleurs s'étoit rendue recommandable, dans un temps où le mauvais goût des ornemens gothiques déparoit les meilleures compositions. L'ouvrage de Bruneleschi auroit donc offert un disparate choquant avec le reste de l'église, s'il ne se fut pas coordonné au système de simplicité qui y régnoit. Telle est sans doute la raison la plus plausible que l'on puisse rendre de cette espèce de dénuement de décoration architecturale que présente le dôme de Sainte-Marie des Fleurs.

C'est aussi particulièrement du perfectionnement des dômes, sous le rapport de la construction, que dépendoient la perfection de leur forme & celle de leur embellissement.

Comme on l'a déjà remarqué, le caractère particulier du dôme consiste dans ce que l'on appelle *la tour du dôme*; c'est là que réside le plus haut point de leur hardiesse & de leur magnificence. Avant que l'art fût arrivé à ce point, tantôt on élevoit une tour que couronnoit une voûte basse & sans forme, & tantôt on exhaussoit une calotte assez élevée qui ne reposoit que sur un tambour. On n'osoit confier aux forces d'un édifice isolé & sans point d'appui la poussée d'une grande voûte & l'effort latéral qui doit en résulter. Bruneleschi lui-même ne fit qu'une tour de dôme incomplète; sa calotte est sans comparaison plus élevée que ne le devroit comporter la construction qui lui sert de base. Aussi, lorsqu'après sa mort, Baccio d'Agnolo voulut orner d'une galerie cette tour du dôme qui n'est qu'un tambour surhaussée, Michel Ange lui dit qu'il alloit faire de ce dôme une cage à poulets.

Ce n'étoit pas sans doute l'application d'une ordonnance de colonnes à une tour de dôme qui choquoit Michel Ange, puisqu'il en a appliqué une intérieure & extérieure à la coupole de Saint-Pierre. Mais il sentoit que Bruneleschi ayant tenu très-basse la partie où les colonnes pouvoient s'adapter, il ne devoit résulter de là qu'une ordonnance petite, mesquine, & qui écrasée par la hauteur de la calotte, ne ressembleroit qu'aux barreaux d'une cage.

Ainsi il falloit que la hardiesse de la construction fût arrivée à son plus haut point dans les dômes, pour que le système de leur décoration atteint aussi sa plus grande perfection, c'est-à-dire une application régulière des ordres.

Bramante, Sangallo et Michel Ange furent les premiers qui tentèrent cette entreprise.

On peut voir dans l'ouvrage de Bonani, sur l'église de Saint-Pierre, les différens projets de ces trois architectes, & les différens motifs antiques où chacun d'eux puisa le système de sa décoration. Il paroit que Bramante avoit eu en vue de faire un dôme qui ressemblât au mausolé d'Adrien. Sangallo semble avoir cherché dans les formes du Colisée le modèle de sa composition décorative, ce qu'indique suffisamment la répétition de ses rangs d'arcades l'un au-dessus de l'autre, ornés de colonnes engagés. Michel Ange paroit avoir moins que les autres cherché dans un monument particulier de l'antiquité le modèle & le style de sa décoration. Il voulut seulement que la plus grande unité de motif présidât à sa composition, que l'intérieur se trouvât en rapport avec l'extérieur, que son ordonnance de colonnes servît à la fois de décoration à l'ensemble, & de contrefort à la masse. Il chercha surtout à laisser briller la beauté de la forme tant au dehors qu'au dedans, & il ne permit pas qu'un luxe parasite d'ornemens & de détails vint à faire disparoitre ou dissimuler les formes essentielles & le type de ce genre d'édifice.

Lorsque l'on compare l'ouvrage de Michel Ange dont le projet prévalut, à tous ceux qui lui disputèrent cet honneur, & à tous ceux qui depuis tentèrent d'entrer en concours avec lui, on est forcé de convenir, après 300 ans de tentatives & d'essais dans tous les genres de décoration de *dômes*, que celui de Saint-Pierre l'emporte sur tous ses rivaux en beauté autant au moins qu'il les surpasse en grandeur. Ce qui a dû sur-tout établir la réputation de ce *dôme* en Italie, c'est la grande distance qui se trouve entre lui & tous ceux qui dans ce pays ont été répétés d'après ce modèle toujours imité & resté toujours inimitable. Quand on a vu tous les *dômes* de toutes les villes de cette contrée si féconde en ce genre de monumens, il n'en reste qu'un dans l'esprit comme dans la mémoire, & c'est le *dôme* de Saint-Pierre.

C'est hors de l'Italie qu'il faut aller chercher ensuite les monumens capables de soutenir quelque parallèle avec le chef-d'œuvre de l'Italie.

Comme je compte me borner dans cet article à la description de la décoration intérieure & extérieure des *dômes*, en abrégeant encore singulièrement un sujet qui embrasseroit le plan d'un ouvrage entier, je me contenterai de rapprocher dans une courte analyse les systèmes de décoration des *dômes* de Saint-Paul à Londres, des Invalides à Paris, & de la nouvelle Sainte-Geneviève (dite le *Panthéon François*) avec celui de Saint-Pierre. Ce rapprochement suffira pour faire saisir tout ce que le génie des modernes a imaginé de plus grand & de plus riche en ce genre. Un parallèle plus étendu ne présenteroit que des redites aussi fatigantes pour les amateurs de l'art, qu'inutiles à l'artiste.

Parallèle de la décoration des quatre principaux dômes modernes de l'Europe.

Dire ce qu'il faut, ne dire que ce qu'il faut, & le dire comme il le faut, c'est en cela, suivant Quintilien, qu'est renfermé le talent de l'orateur. Ce genre de mérite appartient à tous les genres d'arts. Il est peut-être plus rare en architecture qu'ailleurs, parce que les bornes de la convenance y sont moins facilement aperçues, & sont plus difficiles à définir. Ce mérite est à coup sûr celui du *dôme* de Saint-Pierre. Son extérieur présente une richesse de décoration qui ne détruit en rien la forme de l'ensemble. Chaque partie s'y trouve dans un accord qui ne laisse rien à désirer à l'œil le plus exercé & qui frappe le moins connoisseur. Depuis on a fait plus; mais le plus, surtout en décoration, n'est pas toujours le mieux.

Le *dôme* de Saint-Pierre (*voyez fig.* 303) s'élève extérieurement sur un stylobate circulaire divisé en deux zônes inégales dans leur hauteur par un profil qui rompt l'uniformité qu'auroit eu ce soubassement dont la grande élévation étoit nécessaire pour que, du point de vue d'en bas, l'ordonnance des colonnes & leur soubassement ne se trouvassent point masqués par la saillie des nefs.

La tour du *dôme* s'élève sur ce soubassement; elle est percée de seize croisées ornées de chambranles dont les frontons sont alternativement angulaires & circulaires; entre chaque croisée est un massif servant de contrefort & décoré de deux colonnes corinthiennes accouplées & engagées dans le massif. Chacun de ces massifs faisant avant-corps, il résulte de cette disposition que l'entablement est en ressaut, & ne se profile pas d'une manière continue.

Au-dessus de l'ordre & de son entablement règne une espèce d'attique formé par des piedroits correspondans aux massifs de l'ordonnance inférieure; les espaces qui sont entre eux se trouvent remplis par des encadremens ou tables renfoncées dans chacune desquelles est une guirlande.

C'est sur les piedroits montans de l'attique que prennent naissance les seize côtes du *dôme* qui forment les nervures ou l'ossature de la construction. Les entrecôtes revêtus de métal n'ont d'autre ornement que les petites fenêtres ou lucarnes qui sont disposées sur trois rangs l'un au-dessus de l'autre dans toute la circonférence du *dôme*, & servent à éclairer l'intervalle qui règne entre les deux calottes dont se forme la coupole.

Au sommet de la voûte s'élève une lanterne formée d'arcades & de piedroits qui correspondent aux côtes du *dôme* & aux massifs de sa tour, & comme ces derniers, sont ornés de deux colonnes accouplées & engagées. Chacun de ces massifs ou piedroits de la lanterne se couronne par des candélabres, & l'amortissement total se forme d'une espèce de culot renversé qui porte une boule de bronze doré, surmontée d'une croix du même métal. Voilà l'analyse abrégée de l'extérieur de ce *dôme* accompagné de deux autres petits dont la décoration mérite peu d'attention, & qui ne sont placés là que pour servir d'échelle ou de moyen de mesurer la grandeur de l'édifice principal.

Jules Hardouin Mansard employa dans le *dôme* des Invalides (voy. *fig.* 305), le même système de décoration, c'est-à-dire celui des colonnes accouplées & adossées aux contreforts de la tour du *dôme*; celle-ci s'élève sur un stylobate qui n'est autre chose que le piedestal ordinaire de l'ordre. Ses contreforts, au lieu d'être distribués symétriquement tout à l'entour du *dôme*, sont au nombre de huit. ce qui produit dans l'ordonnance générale & dans le profil de l'entablement des parties saillantes & des parties renfoncées dont l'effet est de nuire à l'unité, & d'altérer sensiblement la grandeur de la disposition. Les croisées du premier étage sont en ceintre surbaissé & d'un caractère mesquin. Jules Hardouin Mansard, pour procurer à sa coupole peinte un jour heureux, imagina un second étage de croisées qui à l'extérieur forme un attique décoré de piedroits & flanqué par des consoles renversées. C'est au-dessus de cet attique que s'élève la voûte du *dôme* ornée de trophées jadis dorés, aujourd'hui peints en manière d'or. La lanterne qui couronne l'édifice avec élégance, se compose de quatre arcades ornées de colonnes & d'une petite flèche assez élevée.

En général, toute cette composition extérieure,

par ses formes, par sa disposition, par ses détails, est fort inférieure à celle de Michel Ange ; il y a plus de richesse, plus de variété, plus d'élégance, mais d'abord la disposition de l'ordre est très-irrégulière, le double étage de croisées ôte du caractère à la coupole, les contreforts du premier & du second étage de la tour du *dôme* sont trop sensibles, les ornemens y sont d'un goût médiocre, tous les profils sont mesquins, la courbe de la voûte est peu prononcée, la lanterne ressemble trop à un kiosque, & sort de la gravité architecturale précisément par l'élégance même qui en fait le mérite, & qui la fait trop juger n'être qu'un ouvrage de charpente.

Le chevalier Wreen imagina d'appliquer à la décoration du *dôme* de Saint-Paul, à Londres (*voy. fig.* 304), l'effet d'une colonnade régulièrement disposée à entrecolonnemens égaux, & supportant un entablement continu, au lieu d'être à ressaut comme ceux de Saint-Pierre & des Invalides. J'ai dit qu'il y appliqua *l'effet* d'une semblable colonnade ; ce n'est pas sans raison que j'ai employé ce mot, car c'est plutôt l'apparence d'une colonnade qu'une colonnade réelle. D'abord les colonnes qui s'élèvent sur un stylobate continu entièrement semblable à celui de Saint-Pierre, sont adossées à des piedroits montans formant arcades liées à la tour du *dôme*, & de deux en deux colonnes il se trouve des massifs au nombre de huit, où se trouvent pratiqués des escaliers, & aux angles desquels sont adossées aussi des colonnes. Cette disposition très-riche d'effet donne, de loin surtout, à ce *dôme* l'air d'être entouré d'une colonnade circulaire. Des passages pratiqués dans les massifs, permettent de circuler tout au pourtour du *dôme*. La régularité des entrecolonnemens, la continuité de l'entablement, donnent à cette décoration un prix qui peut-être est racheté de près par d'autres disparates. Quoiqu'il en soit, on ne peut disconvenir que le tout ne produise un bel effet. L'attique se trouve en retraite de cette colonnade de toute la profondeur qu'elle a ; il est orné de montans & de croisées d'un goût assez sage. La calotte est décorée de côtes & de cannelures. La lanterne n'a rien de très-remarquable. La courbe de la voûte est fort belle & approche de celle de Saint-Pierre.

En général, cette coupole se rapproche davantage de celle d'un temple circulaire environné de colonnes tels que ceux de Vesta à Rome, & de la Sybille à Tivoli.

Ce genre a fait un pas de plus dans le *dôme* de la nouvelle église de Sainte-Geneviève, dite le *Panthéon Français*, à Paris (*voy. fig.* 306). L'architecte de cet édifice (Germain Soufflot) a eu sans doute en vue de porter à son plus haut point dans la décoration extérieure des *dômes* les ordonnances de colonnes. Sur le stylobate s'élève une galerie tournante formée par trente-deux colonnes corinthiennes isolées ; les quatre massifs qui servent de contreforts & dans le milieu desquels sont pratiqués des escaliers, se trouvent sous la galerie même. Quoique la colonnade soit en quelque sorte divisée en quatre parties égales par ces massifs, cependant il reste entre eux & les colonnes, assez d'espace pour qu'on puisse circuler à couvert sous la galerie, où nulle colonne ne se trouve ni adossée ni engagée, & le coup d'œil d'une colonnade circulaire effective y existe dans toute la réalité de près comme de loin. En retraite de cette colonnade s'élève, comme à Saint-Paul, un attique en croisées ceintrées sur lequel porte immédiatement la coupole surmontée jadis d'une lanterne abattue depuis quelques années pour y substituer un piedestal destiné à porter une statue colossale ; cette coupole n'a du reste aucun ornement extérieur.

Voici les réflexions que fait naître le parallèle de ces quatre coupoles. Si l'on considère, abstraction faite des difficultés de construction, l'ajustement de ces ordonnances de colonnes appliquées à la décoration extérieure des *dômes*, on est obligé de convenir que la dernière, celle de Soufflot, l'emporte de beaucoup sur toutes les autres. Une ordonnance régulière, une colonnade isolée, un entablement continu, sont certainement préférables à tous les ajustemens de colonnes adossées, accouplées & engagées plus ou moins que nous présentent les autres. Cependant si, au lieu de prendre séparément les intérêts de l'ordonnance, on veut évaluer dans son ensemble le mérite, le bon effet qui peuvent résulter d'un motif un & simple dans la forme générale d'un *dôme*, peut-être conviendra-t-on que l'ordonnance n'étant là que de simple décoration, on peut y admettre moins de sévérité qu'on n'en exigeroit d'un édifice où les ordres joueroient un rôle principal. Cette saillie que produit nécessairement la colonnade isolée sur laquelle ne sauroit retomber la voûte, découpe en deux parties trop distinctes la masse entière de la coupole. Cette division très-sensible rapetisse, & de fait, & encore plus en apparence, le volume de la calotte ; la ligne de la voûte perd de sa grandeur. Puis cette colonnade ainsi détachée de la ligne générale, semble devenir inutile ; car elle ne porte rien, & l'on ne conçoit rien de moins utile qu'une galerie ou un promenoir à une telle élévation. On ne sauroit nier que l'effet de cette inutilité ne se laisse sentir au spectateur qui cherche à se rendre compte de ses sensations. Enfin, peut-être aussi cette colonnade circulaire completant en son entier l'aspect d'un temple circulaire périptère, produit-elle l'idée d'un édifice tout-à-fait indépendant & entièrement sans rapport avec celui qu'il surmonte. Peut-être l'inutilité d'une coupole ne se laisse-t-elle nulle part mieux apercevoir que là où cette coupole représente un genre d'édifice à part qu'on désireroit voir à terre plutôt qu'en l'air. Qui n'a pas en effet désiré souvent que cette coupole de Soufflot formât un temple seul sous les galeries duquel on aimeroit à se promener ?

Peut-être résulteroit-il de ces courtes observations que la coupole de Saint-Pierre a plus de grandeur, plus d'unité, plus d'ensemble, plus d'harmonie, plus d'accord avec son église, & présente moins d'objections contre ce genre de constructions que celles de Wren & de Soufflot.

La décoration intérieure du *dôme* de Saint-Pierre a aussi un avantage qui lui est particulier, c'est d'être dans un rapport exact avec la décoration extérieure. En décrivant celle-ci, on a presque décrit l'autre. Ce qui différencie le dedans, c'est la richesse des ornemens dont la dorure, la mosaïque, la peinture, l'art des stucs, y ont fait un bel & sage emploi.

Le stylobate intérieur, orné de guirlandes, de génies & de cartels, supporte une ordonnance de pilastres corinthiens accouplés, de la même proportion que celle des colonnes extérieures. Les entrepilastres sont occupés par les croisées; tous les ornemens de cette ordonnance sont dorés, & les pilastres sont revêtus de stuc en manière de marbre blanc veiné. Au-dessus de l'attique orné comme à l'extérieur de parties renfoncées & de guirlandes, s'élèvent les côtes du *dôme* dont les intervalles produisent une décoration en compartimens décorés de figures en mosaïque; les six rangées de figures qui occupent la concavité de la voûte, représentent des anges, des saints & des apôtres. Au sommet est le Père-Éternel fait en mosaïque. C'est aussi dans cette manière impérissable de peinture que sont représentés les quatre évangélistes qui occupent les quatre grands pendentifs. Le reste du *dôme*, c'est-à-dire les grands arcs & les piliers qui lui servent de support, participent tant pour le décoré que pour l'ordonnance, à l'ensemble de l'église. Les pans coupés sont ornés de quatre grandes niches qu'occupent les statues colossales que l'on connoît.

La décoration intérieure de St-Paul, à Londres, offre un parti d'ordonnance plus régulier que celui de Saint-Pierre; cela est dû à l'égalité d'entrecolonnemens qui règne entre les pilastres corinthiens qui s'élèvent au nombre de trente-deux sur un stylobate continu. Les trente-deux espaces égaux entre les pilastres, sont occupés par vingt-quatre croisées & huit grandes niches. Au-dessus de cet ordre s'élève la grande voûte en coupole, dont le sommet est percé d'une ouverture circulaire de dix-neuf pieds de diamètre; cette voûte est peinte, & rien, quant à la décoration soit du stylobate, soit des pendentifs, n'est digne de remarque. La partie décorative est la partie la plus foible de l'intérieur de ce monument.

Celui des Invalides l'emporte à cet égard sur beaucoup d'autres, sinon par le bon goût, au moins par la magnificence.

Les piliers du *dôme* se trouvent percés par des arcades & ornés de colonnes qui soutiennent des tribunes; au-dessus de celle-ci viennent les pendentifs dont la forme peu sévère & ornée de tableaux richement encadrés, est surmontée d'un entablement à consoles. C'est au-dessus de cet entablement que commence la tour du *dôme* par un stylobate rempli d'entrelas & de médaillons, sur lequel s'élève une ordonnance de pilastres composites accouplés, dans les entrecolonnemens desquels sont les croisées du premier étage. Comme cette coupole se compose de trois voûtes inscrites l'une dans l'autre, la voûte intermédiaire est décorée d'un plafond peint par Lafosse, & éclairée d'une manière insensible à l'intérieur par les fenêtres du second ordre que nous avons vu être celles de l'attique. Cette manière mystérieuse d'éclairer ce plafond est une invention de Mansard, & donne un grand prix à l'effet total de cette décoration. La voûte inférieure ornée de compartimens alternatifs de caissons dorés, & d'ornemens peints, s'ouvre dans le haut, & sert de cadre aux peintures du plafond de la seconde voûte. Il règne dans tout cet ensemble beaucoup d'éclat & de pompe décorative.

Le *dôme* de la nouvelle Sainte-Geneviève, dite aujourd'hui *le Panthéon François*, n'est pas encore terminé sous le rapport de la décoration; il seroit par conséquent difficile d'en comparer l'effet total avec celui des précédens *dômes*. Cependant le genre plus architectural que décoratif dont l'architecte a fait choix pour la plus grande partie des ornemens déjà terminés, laisse assez présumer que ce ne seront ni la dorure, ni la peinture qui en feront le mérite. Un ordre de colonnes engagées règne au pourtour de la tour du *dôme*; au-dessus s'élève la première voûte toute en caissons. Celle-ci s'ouvre, comme aux Invalides, par un œil au travers duquel on verra un plafond de peu d'étendue que, selon toutes les apparences, on peindra sur le sommet de la seconde voûte. Les pendentifs, le tambour du *dôme* ou stylobate, n'étant point achevés de décorer, & la restauration qu'on doit faire aux piliers de ce *dôme*, devant entraîner des changemens dans leur masse & peut-être aussi dans leur décoration, on ne sauroit rien dire de cet ensemble.

Il résulte toutefois de ce parallèle que la décoration intérieure du *dôme* de Saint-Pierre est celle qui, en se rapprochant le plus des formes essentielles de l'édifice, est la plus simple, la plus une, la plus riche & la mieux adaptée au local. Toutes les coupoles à plafonds peints, outre les inconvéniens propres à ce genre de peinture (*voyez* PLAFOND PEINT) dont on jouit beaucoup moins en réalité qu'en imagination, ont encore ce désavantage que la peinture y prenant la place des formes de l'architecture, la grandeur de la voûte frappe moins la vue, & dès lors le mérite de la hardiesse s'en trouve atténué. L'accord entre la peinture & l'architecture est une condition nécessaire d'une décoration, quelque part que ce soit; mais il semble que cet accord ne sauroit être nulle part plus désirable que dans des monumens qui sont le plus haut effort de l'art de bâtir.

Le plafond peint représentant le ciel, fait disparoître la forme de la construction, & ne permet plus à l'œil d'en mesurer ou d'en apprécier l'étendue. Sous ce rapport, on doit donner à la coupole de Saint-Pierre la préférence pour le style et le goût convenable à la décoration d'une grande voûte, lorsqu'on ne l'orne pas de caissons. Ce dernier genre d'ornemens, le plus naturel à une voûte, & dont l'antiquité nous a laissé de si beaux modèles, ne s'est pas encore vu appliqué avec toute la richesse & toute la simplicité qu'il comporte, à la décoration intérieure d'une coupole. Celle de la nouvelle Sainte-Geneviève, dite le *Panthéon François*, est la seule où on l'ait mis en œuvre d'une manière un peu correcte ; & l'on doit dire que l'effet en auroit été plus beau, si cette voûte eut eu une plus grande étendue.

DOME A PANS. *Dôme* dont le plan est polygône extérieurement & intérieurement, comme ceux des églises de la *Madona del popolo* & *della Pace*, à Rome. Il y en a aussi qui ne sont polygônes que par dehors, tel que celui de Saint-Louis ou celui des Grands Jésuites, à Paris.

DOME SURBAISSÉ. C'est celui dont le contour est beaucoup au-dessous du demi-cercle, comme le *dôme* de Sainte-Sophie, à Constantinople.

DOME SURMONTÉ. *Dôme* qui est formé en demi-sphéroïde à cause de sa grande élévation, afin qu'il paroisse à la vue de figure sphérique qui est la plus parfaite ; tels sont la plupart des *dômes* entre lesquels celui de Saint-Pierre à Rome, est le plus grand & le plus beau pour la forme & pour la proportion.

DOMINICHINO, en françois, DOMINIQUAIN. C'est le prénom sous lequel est le plus connu ce peintre célèbre qui mérita d'être mis au rang des plus habiles architectes de son siècle (*voyez* sa vie à son nom de famille ZAMPIERI).

DONJON, s. m. Dans les anciens châteaux on appelle ainsi la petite tourelle qui est sur la platte-forme d'une tour, & qui sert de guérite pour la sentinelle. On donnoit autrefois ce nom à la tour principale d'un château fort, c'est-à-dire celle où l'on pouvoit en cas de siège faire une dernière retraite.

Le *donjon* a disparu de l'architecture avec les formes militaires des anciens châteaux, depuis que les châteaux des nobles ont cessé d'être des lieux fortifiés, pour devenir de simples habitations de luxe ou de plaisance. Sa forme & son nom finiront peut-être par s'oublier ; ce qui est déjà arrivé à l'étimologie du mot : car les uns le font venir de *dominionus*, mot barbare qu'on trouve dans de vieilles chartes latines, & qui signifie logement du seigneur ; & d'autres le prétendent de *domus jugi*, maison des prisonniers de guerre.

Donjon se dit aussi, en architecture, d'un petit bâtiment qu'on élève au-dessus du toit d'une maison. Le désir de respirer un air plus pur ou plus vif, & de promener ses regards sur une vaste étendue de pays, en a établi l'usage.

Ces sortes de *donjons* sont ordinairement en charpente ; souvent ils n'ont aucune décoration extérieure ; quelquefois ils ont la forme d'une tente ou d'un pavillon chinois, & sont ornés d'arabesques voyez BELVEDERE).

DORBAY (*François*), architecte né à Paris, & mort dans la même ville en 1698.

Dorbay fut avec Lambert un des principaux & des meilleurs élèves de Louis Leveau. Plusieurs des ouvrages de ce dernier s'attribuent assez souvent à l'élève qui n'y eut d'autre part que de les exécuter sur les plans & sous la direction de son maître. De ce nombre sont l'église & le collège des Quatre Nations & diverses parties des Tuileries, dans lesquelles *Dorbay* donna à ce château plus d'apparence & d'étendue. Il fut aussi chargé par le roi d'achever, après la mort de Leveau, les grands ouvrages que cet architecte avoit commencés pour joindre le Louvre aux Tuileries.

Dorbay ne s'est pas borné à continuer ou terminer les entreprises d'autrui, il a fait aussi construire, d'après ses propres desseins, quelques édifices publics & particuliers.

On compte parmi les premiers (selon les biographes) l'ancienne église des Prémontrés de la Croix-Rouge, qui s'étant trouvée trop petite, fut abattue en 1719, pour en reconstruire une autre ; l'église des Capucines de la place Vendôme, en 1686 ; & l'ancien hôtel des Comédiens François, fauxbourg Saint-Germain.

A Lyon, *Dorbay* a bâti le portail des Carmelites, en 1682. La porte du Pérou à Montpellier, construite en 1692, est de son invention. C'est un grand arc de triomphe percé d'une seule arcade sans colonnes ni pilastres. Un entablement dorique en fait le couronnement ; on y voit quatre bas-reliefs exécutés par Bertrand ; ils représentent, du côté de la ville, l'abolition de l'hérésie & la jonction des deux mers par le canal du Languedoc ; du côté de la campagne, les bas-reliefs sont allusion aux victoires de la France ; on y voit des villes qui se soumettent au roi représenté sous la figure d'Hercule terrassant un lion en même temps qu'il épouvante un aigle.

On prétend que l'œuvre de Saint-Germain-l'Auxerrois, chef-d'œuvre de menuiserie, mais dégradé dans ces derniers temps par le nouveau fanatisme iconoclaste, avec tant d'autres productions des arts, a été exécuté sur les desseins de *Dorbay*, lequel fut inhumé dans cette église.

Dorbay est celui que désigne Boileau dans sa première réflexion critique sur quelques passages de Longin, lorsqu'il dit : Je puis même nommer un des plus célèbres de l'académie d'architecture, qui s'offre de lui faire voir (à Charles Perrault, frère de Claude Perrault, médecin, puis architecte) *quand il voudra, que c'est le dessin du fameux M. Leveau qu'on a suivi dans la façade du Louvre*, & qu'il n'est point vrai que ni ce grand morceau d'architecture, ni l'Observatoire, ni l'arc de triomphe, soient des ouvrages d'un médecin de la faculté. (voyez l'article PERRAULT.)

Dorbay eut un fils, nommé Nicolas, qui fut chevalier de l'ordre de Saint-Michel, contrôleur des bâtimens du roi, membre de l'Académie d'architecture, & qui mourut à Paris, âgé de soixante-trois ans, en 1742.

DORER, v. act. C'est, par rapport à l'architecture, appliquer de l'or en feuilles ou en poudre par le moyen de certains mordans à diverses parties des édifices ou des ornemens, tant intérieures qu'extérieures.

Il est plusieurs méthodes de *dorer*, soit à la colle, soit à l'huile, & ces procédés sont trop particulièrement du ressort des arts & métiers décrits dans cette partie de l'Encyclopédie, pour que nous nous arrêtions à en répéter ici l'exposition; c'est dans son rapport avec le goût & avec la décoration, que l'art de *dorer* peut trouver place ici. Je renvoie le lecteur, pour tout ce qu'il a droit d'exiger de nous sur cet objet, à *l'article* DORURE.

DORIQUE (ORDRE), C'est le nom que l'usage a assigné à celui des trois ordres grecs qui, par son caractère, ses proportions, sa forme & le genre d'ornemens qui lui est propre, exprime particulièrement l'idée de force & de solidité en architecture, & rappelle avec le plus d'évidence l'origine de cet art chez les Grecs.

Avant d'entrer en matière sur ce qui regarde l'origine, l'histoire, les principes & le système imitatif de l'ordre dorique, il est une observation préalable à laquelle il convient de s'arrêter, pour établir avec précision la véritable nature de l'ordre en question. En effet, il existe encore dans l'esprit de bien des personnes, & il doit exister long-temps par le fait de tous les traités, de toutes les méthodes d'architecture antérieures aux dernières années du dix-huitième siècle, & plus encore par le fait de tous les édifices bâtis chez les modernes avant cette époque, une opinion très-équivoque sur l'ordre *dorique*. Il y a de fait & d'opinion deux ordres doriques qui se disputent encore le nom & le droit de le porter. Trois siècles d'usage dans l'architecture moderne ont dû laisser sur le caractère assigné à cet ordre des impressions que le temps, l'expérience, la connoissance de l'antiquité, l'usage raisonné, les écrits & les leçons des maîtres, peuvent seuls détruire.

Les deux ordres *doriques* diffèrent entre eux par le style, par le caractère, par les proportions, & surtout par la présence ou l'absence de la base, par la forme générale, & par celle de presque tous les détails.

Leur différence est telle, que lorsque l'ancien *dorique* renouvelé des Grecs reparut, soit dans les dessins des voyageurs, soit dans quelques essais d'édifices modernes, les uns ne voulurent y voir qu'un style local, formant exception au genre *dorique* habituel; les autres l'ébauche grossière de cet ordre perfectionné depuis par les Romains, & d'autres un ordre nouveau.

Les découvertes successives que l'on a faites des monumens de l'antiquité ont assez éclairci aujourd'hui cette question, pour qu'il soit permis d'affirmer qu'il n'existe qu'un seul *dorique* dont le moderne n'est qu'une modification abusive introduite dans l'architecture par l'oubli de l'ancien, par l'ignorance des monumens authentiques où cet ordre reçut son caractère original & vraiment distinctif. La suite de cette dissertation mettra, je pense, dans la plus grande évidence une assertion qui n'a plus même aujourd'hui le mérite de la nouveauté dans les écoles, mais qui n'a, que je sache, été encore appuyée dans aucun écrit des preuves, des exemples, des autorités, des faits, des raisonnemens & des inductions qu'on se propose de réunir ici.

Je devois prévenir avant tout que le *dorique* auquel je donne le nom d'*ordre* dans cet ouvrage, n'est pas celui que l'on trouve dans tous les ouvrages classiques publiés jusqu'ici, & que cet article a surtout pour objet de restituer dans tous ses droits l'ancien *dorique*, & de le faire reconnoître pour le seul *dorique* connu des Grecs & même des Romains, pour l'ordre par excellence & essentiellement constitutif de l'art de l'architecture.

Faits qui établissent que le dorique sans base & à courtes proportions fut exclusivement employé ainsi par les Grecs & les Romains.

L'ordre *dorique* est aujourd'hui assez connu, pour qu'on puisse se dispenser, lorsqu'on en parle, de le décrire, de le définir & de le caractériser autrement que par son nom. Cependant comme le *dorique* moderne a pris & conserve toujours dans l'esprit du plus grand nombre la place du *dorique* véritable, j'appellerai celui-ci, pour plus de clarté, *dorique sans base*; c'est le nom qui semble avoir prévalu dans la langue des architectes, & je l'emploierai souvent dans le cours de cette dissertation.

Pour établir que le *dorique sans base* fût le seul connu des Anciens, & pour mettre à même ceux qui conserveroient des doutes sur cet objet, de prononcer dans cette question, je vais donner un court & fidel exposé de tous les monumens où il se trouve, avec les formes & le caractère spécial qui constituent en lui un des principaux modes d'architecture. Ceci ne sera qu'une simple énumération sans détail, sans réflexion & sans description, pour ne pas anticiper sur les conséquences qu'on en tirera. J'ai cru cette exposition de faits & d'autorités indispensable à mettre en avant dans une matière où le raisonnement ne sauroit seul commander la conviction. Ayant aussi à soutenir que l'architecture grecque (la seule dont il s'agisse ici) s'est trouvée dans son principal ordre altérée par les systèmes modernes, & ayant à faire voir comment la véritable tradition de cet ordre s'est perdue, comment un nouveau *dorique* est sorti de cet oubli, j'ai pensé que je devois avant tout, pour restituer l'ancien dans tous ses droits, exposer ici tous les titres sur lesquels ils se fondent

fondent; ces titres seront les restes d'édifices grecs & romains parvenus jusqu'à nous.

L'Attique nous offre les restes très-bien conservés de plusieurs monumens *doriques* sans bases.

A *Athènes*, le temple de Thésée, encore presque entier tant dans ses colonnes que dans son entablement. Ce monument est exastyle, péripthère & bâti en marbre blanc.

Le temple de Minerve appelé Parthenon, & surnommé Hécatonpedon, bâti, sous Périclès, par Istinus & Callicrates; il est octostyle & périptère, son plan forme un parallélograme; beaucoup de ses colonnes sont encore sur pied.

Les propylées, magnifique entrée de la citadelle d'Athènes, bâtie par Mnesiclès, dont il reste beaucoup de colonnes du même ordre sans bases.

Le monument, ou plutôt le portique appelé par Le Roi temple de Minerve & d'Auguste, & que Stuart croit être le reste de l'un des deux *agoras* ou marchés d'Athènes.

A *Sunium*, au promontoire appelé aujourd'hui *Cap colonne*, il s'est conservé dix-sept colonnes du temple de Minerve-Suniade, bâti en marbre blanc, du même ordre & dans la même forme que celui de Thésée.

A *Thoricion*, lieu distant d'Athènes de dix lieues, se voient les ruines d'un temple *dorique* sans base, dont les colonnes encore au nombre de onze, selon M. Le Roy, ne sont pas cannelées, quoiqu'il y ait des cannelures dans le gorgerin. C'est que ce temple n'avoit pas été fini, & son ragrément, ainsi qu'on le voit à celui de Ségeste, taillé dans le même état, étoit resté imparfait.

A *Délos*, on découvre des vestiges du même ordre dans les débris d'un temple d'Apollon, dont les fragmens tout défigurés qu'ils sont, ont été réunis, dessinés, & restitués par M. Le Roy qui en a donné les détails & les proportions. Les cannelures de ce temple n'avoient également été taillées que dans le bas & au sommet de la colonne. Nous dirons plus bas la cause de cette particularité qu'on rencontre à plusieurs de ces édifices.

A *Corinthe*, il existe des restes remarquables d'un monument *dorique* sans base qui doit au volume & à la solidité de ses colonnes, d'avoir échappé à la destruction universelle de cette ville. L'ordre en question s'y trouve d'une proportion très-courte.

A *Samos*, temple, dit de Junon, sans cannelures à la colonne. (*Voyage pittoresque de la Grèce*.)

A *Halicarnasse*, temple dit de Mars. Il est enterré; ce qu'on en voit a beaucoup de rapport au portique ci-dessus, dit d'Auguste, à Athènes.

A *Solonte*, en Sicile, sur le cap Zaffarano, à dix milles à l'orient de Palerme, on voit les vestiges & des fragmens de colonnes & de chapiteaux d'ordre *dorique* sans base, dont le diamètre peut être d'un pied six pouces.

A *Ségeste*, un temple périptère, exastyle, dont la colonnade est entière, & dont les colonnes n'ont de cannelures que dans le bas & dans le haut, le ragrément de l'édifice n'ayant pas eu lieu.

Les ruines de la ville, sur la montagne voisine, offrent quelques fragmens de colonnes *doriques* du même genre.

A *Sélinunte*, six temples renversés, mais dont il est facile de mesurer les détails.

Le premier, c'est-à-dire celui qui est le plus voisin de la tour appelée *Torra de Pulci*, & qui est le plus petit de tous, avoit six colonnes de front sur quatorze aux flancs.

Le deuxième a six colonnes de front & seize aux flancs.

Le troisième, le moins conservé de tous, avoit six colonnes de front & treize aux flancs, en y comprenant celles des angles.

Les trois autres temples suivans sont sur un tertre éloigné des premiers d'environ sept cent toises.

Le premier, le plus voisin du rivage de la mer, a six colonnes de front & seize aux flancs; elles ont de hauteur moins de quatre diamètres.

Le deuxième a six colonnes de front sur seize aux flancs qui portent cinq diamètres un tiers de haut.

Le troisième, le plus reculé du rivage de la mer & le plus grand de tous, étoit pseudodiptère; il a huit colonnes de front & seize aux ailes; les colonnes ont de diamètre dix pieds un pouce huit lignes, sur quarante sept pieds sept pouces six lignes, ce qui fait quatre diamètres cinq septièmes de haut. Le temple n'a pas été entièrement ragréé; trois colonnes seules ont été cannelées.

Outre ces six temples, on trouve dans les ruines de Sélinunte plusieurs tronçons de colonnes *doriques* du même genre, mais de petit diamètre.

A *Agrigente*, le temple de la Concorde, entier dans sa colonnade & dans sa cella, & qui sert aujourd'hui d'église.

Le temple de Junon-Lucine, plus beau, mais en grande partie renversé, n'a plus qu'une douzaine de colonnes debout; il est, comme le précédant, exastyle & péripthère.

Le temple d'Hercule. Il n'en reste que deux colonnes sur pied.

Le temple dit des *Géants*. Quelque soit l'état de destruction où il se trouve, il a encore été possible à Dufourny de reconnoître exactement sa forme, l'étendue de son plan & la plus grande partie de ses détails ; ces colonnes doivent avoir de diamètre douze pieds quatre pouces huit lignes.

Le temple de Castor & Pollux, si ruiné, qu'on ne peut en reconnoître le plan, non plus que le nombre & la hauteur des colonnes; leur diamètre étoit de trois pieds dix pouces neuf lignes; & par le profil du chapiteau, qui existe encore, on voit que l'ordre étoit *dorique*, & du même caractère que les autres.

Le temple de *Vulcain*, presqu'aussi ruiné que le précédent, mais de semblables indications donnent le même résultat quant à l'ordre.

Le temple d'Esculape. Il n'étoit pas péripthère &

n'avoit de colonnes qu'à sa face antérieure. Les colonnes n'ont plus de chapiteaux; mais quant à l'absence de la base & aux autres caractères, c'est toujours le même genre de *dorique*.

L'oratoire de Phalaris, ou chapelle de S. Nicolo, petit édifice qui dut avoir des colonnes à sa face antérieure. Il n'en existe plus que les antes; leur caractère & beaucoup de tronçons de petites colonnes *doriques* cannelées dans les murs des champs environnans, ne laissent point douter que le genre ne fût du même *dorique*.

Le temple de Cérès & de Proserpine, aujourd'hui l'église de S. Biagio; le temple de Jupiter-Polizena, le temple de Jupiter Atabyris & de Minerve n'ont presque plus rien qui en indique l'architecture, mais on présume par leurs soubassemens qu'ils étoient aussi *doriques*. Ce genre d'ordonnance se voit généralement dans toute la Sicile.

A *Terra Nova*, près Alicata, on voit les vestiges d'un temple dont il ne reste qu'une seule colonne renversée; elle est *dorique* cannelée, & son chapiteau est du même caractère que ceux des temples de la Concorde & de Junon à Agrigente.

A *Noto*, sur l'ancienne voie Elorine qui conduisoit de Syracuse à Elorus, on voit les restes d'une colonne triomphale sans base; il n'en reste que vingt-trois assises qui, prises ensemble, ne forment que trente-cinq pieds. Comme tout indique qu'elle étoit *dorique*, on en porte la hauteur, y compris le chapiteau, à cinquante-cinq pieds.

D'après un dessin fait anciennement, il paroît qu'il a existé dans les ruines d'Elorine un tombeau, ou columbarium, orné de colonnes *doriques* cannelées sans base, & taillées dans le roc; il n'en reste plus à présent aucun vestige.

A *Syracuse*, les colonnes du temple de Jupiter-Olympien; elles ont six pieds de diamètre. Leur fût n'étant pas entier, on ne peut en connoître la proportion.

Du temple de Diane, voisin de la fontaine Aréthuse, il s'est conservé deux colonnes qu'on voit dans la maison d'un notaire; elles ont huit pieds dix pouces huit lignes, même style que celui de tous les monumens *doriques*.

Le temple de Minerve, aujourd'hui la cathédrale. Les colonnes sont engagées dans la construction nouvelle.

Au-dessus du théâtre, à l'angle de deux voies creusées dans le roc, il y a deux chambres sépulchrales dont les façades présentent des demi-colonnes *doriques* cannelées & sans base, taillées dans la roche.

Entre Carthage & Tunis est un monument appelé la *Gaulla*. C'est un tombeau carré dont chaque face étoit ornée de quatre colonnes *doriques* engagées, cannelées & sans base.

A *Priène*, en Ionie. MM. Chandler & Revett disent avoir vu des restes d'ordre *dorique* dont la colonne leur a paru avoir eu six diamètres; ce sont les seuls monumens *doriques* d'Asie dont l'architrave a deux fasces

& le tailloir a une cymaise, ce qui fait croire cet ouvrage romain.

A *Tarente*, on trouve les ruines gigantesques d'un temple antique du même ordre *dorique*. Ces fragmens sont en tuf assez fin, travaillé purement, & recouverts d'un enduit de stuc.

A l'ancienne Crotone, les débris d'un vaste temple, & l'un des plus grands de l'antiquité, frappent encore les regards; il étoit d'ordre *dorique* sans base, comme on le voit par la colonne qui reste, qu'on a déchaussée à l'entour, & qui se trouve porter sur onze assises de pierre de taille d'un pied d'épaisseur.

A *Metaponte*, il reste du temple de Junon quinze colonnes d'ordre *dorique* sans base; elles portent chacune sur une grosse pierre qui ressemble à un socle ou dé carré; mais cette apparence de socle résulte du déchaussement de la première assise du stylobate.

Il y a dans la même ville des débris énormes d'un temple dont le *dorique* est semblable à celui du précédent, mais dans un bien plus grand état de dégradation.

A *Pæstum*, l'ancienne Possidonia, trois monumens du même ordre *dorique*, & généralement bien conservés.

Le premier est un édifice composé de neuf colonnes de face sur dix-huit latérales, dont la hauteur est de quatre diamètres.

Le second, ou le grand temple, est exastyle & périptère. (Voyez-en la description dans l'ouvrage du Père Paoli sur les antiquités de Pæstum.)

Le troisième, construit dans le même genre & dans la même ordonnance, présente néanmoins dans l'intérieur de son pronaos une ordonnance de six colonnes plus petites, élevées sur des socles ronds, mais qui n'ont encore rien de commun avec la base du *dorique* moderne.

A *Pompeia*, ce qu'on appelle le *Quartier des soldats*, est une galerie de colonnes *doriques* sans base, faites de briques revêtues de stuc coloré & marbré.

A *Terracine*, un tombeau rapporté par Chambrai, d'après Pirro Ligorio, & dont Winckelmann a cherché inutilement les restes qui n'existent plus, avoit ses quatre angles décorés de colonnes *doriques* sans base.

A *Rome*, le *dorique* fut aussi employé sans base, témoins les belles colonnes de marbre antique de l'église de S. Pietro in vincoli, dont la forme, les proportions & le chapiteau sont tout-à-fait semblables à celles des temples grecs, témoins trois temples dont Labaco, dans son livre d'architecture imprimé & gravé à Rome en 1559, page 24, nous a conservé le souvenir. Ces temples étoient voisins du théâtre de Marcellus. Témoin le *dorique* du théâtre même de Marcellus qui a servi de type à l'architecture Moderne, & qui cependant se trouve être sans base à ce monument.

A *Albano*, Chambrai vit aussi un fragment logé dans la plus grande manière romaine; il étoit sans base, & cet auteur pense que c'étoit aussi de ce genre qu'étoit le beau *dorique* des thermes de Dioclétien. (*Voyez Chambrai.*)

A *Vicence* & à *Verone*, on trouve à un théâtre, à un arc de triomphe, & à l'amphithéâtre de cette dernière ville, l'ordre *dorique* sans base.

Près de Jérusalem, Cassas a vu deux tombeaux taillés dans le roc ; l'un a deux colonnes & deux pilastres *doriques* sans base, de cinq diamètres de haut ; l'autre est également orné de deux colonnes & de deux pilastres pareillement taillés dans le roc, & qui ont un peu moins de cinq diamètres. Il n'y a rien qui nous apprenne de quel siècle sont ces monumens.

Je ne pousserai pas plus loin cette énumération qui deviendroit minutieuse, si l'on vouloit recueillir jusque dans des bas-reliefs (*voyez dans les monumens de Venise*, tom. I. p. 49) la preuve du caractère constant de l'ordre *dorique* ; j'aurai d'ailleurs occasion de revenir sur plusieurs de ces monumens romains, lorsque je ferai voir comment cet ordre a perdu insensiblement son caractère primitif.

Il suffit pour l'instant d'avoir vu que presque tout ce qui nous est parvenu de l'architecture des Grecs, est d'ordre *dorique*, & que tous ces ouvrages *doriques* sont sans aucune exception dans le caractère, le style, la forme & les proportions inconnues aux modernes avant les récentes découvertes qui ont reproduit les monumens originaux de l'art des Grecs.

Conséquence qui résulte de l'exposé & des autorités qu'on vient de mettre en avant.

L'architecture que nous professons est l'architecture grecque. Cette architecture a pris incontestablement naissance en Grèce ; elle est une invention particulière des Grecs, & comme on le dira tout-à-l'heure, son système imitatif & proportionnel réside spécialement dans l'ordre *dorique* ; de telle sorte, que des trois ordres d'architecture, celui qui est le plus indubitablement ordre, celui qui est le plus indigène, celui qui ne se trouve sous aucun rapport dans aucune autre architecture antérieure aux Grecs, est l'ordre *dorique*. On pourroit l'appeler l'ordre grec ou l'ordre par excellence ; c'est en lui que résident les principes de l'architecture ; les autres n'en sont & n'en peuvent être, quant aux types, que des émanations & des modifications ; cela se prouvera tout-à-l'heure. Cela étant, il n'y a rien de surprenant que presque tous les monumens qui nous sont restés des Grecs soient *doriques* ; car ce seroit s'étonner de trouver de l'architecture grecque en Grèce. Inférer de là que les Grecs n'employoient pas d'autres ordres, ce seroit une induction démentie par les monumens eux-mêmes ; mais en inférer que le plus grand nombre de leurs monumens étoient d'ordre *dorique*, c'est une induction fort plausible lorsque la presque totalité des ruines déposent en sa faveur. Il résulte de là que les Grecs employoient avec complaisance & avec une espèce de profusion, pendant plusieurs siècles, & dans tous les pays où leur goût & leur domination pénétrèrent, l'ordre *dorique* ; il résulte de là que c'est en Grèce exclusivement qu'on doit aller puiser les modèles de cet ordre.

Ainsi ceux qui, sur la première vue des monumens *doriques* grecs retrouvés & dessinés pour la première fois vers le milieu de ce siècle à Pæstum, avoient jugé que cette ordonnance *dorique* n'étoit qu'un style local & d'exception, manquoient des données nécessaires au jugement qu'ils portoient. Leurs idées n'avoient pu se généraliser assez pour embrasser la question dans toute son étendue. On prenoit le *dorique* moderne pour règle ; l'autre devoit être exception. Le tableau qu'on vient de donner fait assez voir de quel côté doit être la règle.

D'autres, par l'effet du contraste du *dorique* grec avec le moderne, & frappés de la pesanteur, de la courte proportion, des formes mâles & massives de l'ancien *dorique*, le regardèrent comme une ébauche de cet ordre, & de la privation de base, conclurent qu'un tel goût remontoit à l'enfance de l'art. Ce jugement étoit tout aussi erroné ; la plus simple réflexion le démontre.

En effet c'est dans les premières villes de la Grèce, de la Grande-Grèce & de la Sicile, c'est dans les cités les plus florissantes que cet ordre, soi-disant barbare & grossier, joue le premier rôle ? Comment accorder cette barbarie dans l'architecture avec ce haut degré de luxe, de civilisation & de culture où ces villes étoient parvenues. Comment accorder cette idée d'enfance dans l'art le plus cultivé de tous par les Grecs, avec cette perfection contemporaine de tous les autres arts du dessin & du génie ? Comment peut-on se permettre de regarder comme grossièreté de manière une manière qui date des époques de Périclès & d'Alexandre. Ce fut sous Périclès que Ictinus Callicrates & Phidias construisirent & décorèrent le Parthenon. Les Propylées dont Athènes se glorifioit, auroient été d'un style grossier & barbare, tandis que Valère Maxime les regarde comme un chef-d'œuvre de luxe & d'élégance. *Gloriantur Athenæ armamentario suo : nec sine causâ : est enim illud opus & impensâ & elegantiâ visendum.* Val. Max.

Sans qu'il soit besoin de se livrer à des recherches chronologiques sur l'époque précise de tous les monumens *doriques* dont on a fait l'énumération, on sait qu'ils furent bâtis dans les siècles même qui virent briller les plus beaux jours des arts. Quelques-uns n'étoient pas encore terminés, tels que le temple de Jupiter à Agrigente, lorsqu'ils furent enveloppés dans la ruine de cette ville ; c'est Diodore de Sicile qui nous l'apprend. Les nuances & les variations de goût & de proportion qu'on remarque entre la plupart d'entre eux ne sont pas assez considérables pour qu'on puisse établir là-dessus un système chronologique. Tous portent un caractère semblable & contemporain, & tous doivent se rapporter à la plus belle période des arts.

Ce ne fut pas non plus aux monumens les moins recommandables, & d'un caractère inférieur dans l'opinion, que s'appliqua cet ordre. C'est aux temples des grands dieux, c'est aux principaux édifices des villes principales qu'on le trouve généralement employé, & si l'on pouvoit en ce genre affirmer quelque chose, on diroit que cet ordre fût le *maximum* de la grandeur & de la dignité de l'architecture dans l'esprit & dans les habitudes des Grecs.

Ainsi l'ordre *dorique*, tel qu'on le trouve en Grèce, est l'ordre *dorique* perfectionné comme les autres ordres. Ce n'est pas l'essai, c'est le complément de l'architecture. Ce n'est pas l'ébauche grossière d'un mode amélioré depuis par le goût & l'expérience, c'est le résultat du goût & de l'expérience de plusieurs siècles, d'un grand nombre d'hommes en pays divers. Ce n'est pas un style local, c'est un style général. Ce n'est pas une esquisse façonnée depuis par d'heureux changemens, c'est une œuvre achevée, c'est un ensemble de conceptions, de rapports, de combinaisons savantes, fruit lentement mûri, résultat fécond d'idées qui ne pouvoient que dégénérer en se modifiant diversement. Enfin ce n'est pas le tâtonnement, c'est la perfection de l'art, c'est l'art lui-même, c'en est la matrice, le type, le *nec plus ultra*.

L'uniformité de ce goût chez les Grecs, uniformité constatée par les monumens, constatée encore par Vitruve dont les leçons en ce genre, ainsi qu'on le verra, sont d'accord avec les monumens; cette universalité exclut toute idée de parallèle avec le *dorique* moderne. Il n'y a pas lieu à choix, il n'y a pas lieu à partage. Les modernes n'ont pas adopté, ils n'ont pas connu l'ancien *dorique*; aussi il ne sauroit y avoir accommodement en ce genre; l'un doit céder la place à l'autre. D'après cela, je ne balance pas dans la description que je vais donner de l'ordre *dorique*, à éloigner celui des modernes pour reproduire celui des Grecs.

Description de l'ordre dorique.

Par description de l'ordre *dorique*, je n'entends pas le tableau fidèle & complet de tout ce qu'il comporte, mais simplement le portrait de la physionomie de cet ordre; je veux moins le définir dans ses parties qu'en faire saisir l'air & le caractère par ses principaux attributs & par ses qualités extérieures.

Le caractéristique auquel se reconnoît particulièrement l'ordre *dorique* est l'absence de base. Sa colonne pose de fonds sur le soubassement général, sans socle, sans tore & sans filets. Elle a ordinairement une forme pyramidale, c'est-à-dire que son diamètre inférieur mesuré à la naissance du fût, a quelquefois jusqu'à un quart ou un tiers de plus d'épaisseur que le diamètre de la colonne mesurée sous le chapiteau; cela donne à cet ordre un caractère éminent de force & de solidité. L'absence de la base ajoute à cet effet, parce que tout ce qui repose sur un autre corps annonce une composition fragile d'éléments & de moyens. La colonne sans base semble plutôt née que bâtie, selon l'expression de Vasari sur un autre sujet : *sembra veramente nata non murata*. Ses cannelures sont en petit nombre, larges, à vive arête, très-peu concaves, & elles se terminent ordinairement dans le haut en ligne droite.

Les chapiteaux de cet ordre n'ont point d'astragale, mais seulement un ou plusieurs filets qui séparent les cannelures du tore. Celui-ci auquel on donne le nom d'échine est ordinairement taillé en biseau plus ou moins arrondi, & formant une courbe plus ou moins renflée, mais toujours fortement extravasée & débordant beaucoup le nu de la colonne. Il en résulte une assiette plus large pour le tailloir, qui s'y forme toujours d'un simple plateau fort élevé sans aucune moulure. Ce grand lisse, le ton mâle & fièrement prononcé de toutes les parties, donnent à ce chapiteau un caractère des plus imposans. Il domine majestueusement la colonne, & sa saillie produit dans tout l'ensemble une grandiosité extraordinaire.

Le même genre de force, de simplicité, & la même énergie de style règnent dans l'entablement. L'architrave y est lisse & très-élevé : la frise décorée de triglyphes & de metopes en est la partie la plus riche, mais cette richesse rappelle avec tant d'évidence les types de la primitive construction, que l'idée du besoin y prédomine encore sur celle de l'agrément. Peu de parties & des profils toujours simples composent la corniche dont les mutules inclinés qui y sont la représentation des forces de la toiture, indiquent leur origine avec la plus remarquable précision.

Il entre dans le caractère spécial de l'ordre *dorique*, comme exprimant la force & la solidité, d'avoir de courtes proportions. Nous verrons dans la suite qu'il se trouve dans le parallèle de tous les monumens *doriques* une moyenne proportionnelle d'après laquelle on pourroit fixer la proportion de cet ordre à quatre diamètres & demi, puisqu'elle varie depuis un peu moins de quatre, jusqu'à un peu plus de cinq, c'est-à-dire que les modernes avoient donné à cet ordre une proportion presque double, l'ayant portée jusqu'à huit diamètres & demi.

Tout ce qui tend à produire l'idée de force & de solidité est un caractéristique propre du *dorique*. Ainsi la densité des colonnes, ou ce que les anciens appeloient âpreté, *asperitas*, c'est-à-dire le serrement des entrecolonnemens, se trouvent généralement à tous les monumens de cet ordre. Un diamètre un quart est la plus large dimension des entrecolonnemens; plusieurs n'ont qu'un diamètre, & quelques-uns ont encore moins. Il résulte de l'espace si étroit de l'entrecolonnement & de la grande largeur des chapiteaux dans quelques édifices, que les tailloirs semblent près de se toucher, ce qui porte l'effet de l'énergie & de la solidité au plus haut degré.

Comme toutes les proportions de cet ordre sont courtes, les Grecs n'ont jamais manqué d'élever leurs ordonnances sur des stylobates profilés ou se rétrécissant par plusieurs degrés. Cet exhaussement forme à la masse architecturale un piedestal très-mâle qui, sans détruire l'effet de son caractère massif, lui donne cependant une grâce particulière; car on se tromperoit si l'on pensoit qu'il dût résulter de toutes ces proportions l'impression fatigante de la pesanteur. Force, gravité, puissance, énergie, ne sont pas en architecture plus qu'en sculpture, incompatibles avec une sorte de grâce, de légèreté & même d'élégance. Glycon fit à Hercule un corps devenu pour nous le complément de toutes les idées de force que nous pouvons nous figurer dans un corps; mais la statue de Glycon n'est pour cela ni pesante, ni dénuée de légèreté, ni sans grâce. L'expression extrême d'une qualité n'est jamais sans contact avec l'expression de la qualité inverse. L'extrême n'est pas l'exagération. Le caractère le plus fort & le plus élevé dans un genre quelconque ne le seroit pas, s'il l'étoit trop, car il seroit vicieux.

Ainsi dans la colonne pyramidale sans base, dans la saillie très-prononcée du chapiteau, dans la mâle & fière distribution de l'entablement, dans la suppression de tous les petits détails, dans la courte proportion du fût, dans l'âpreté des entrecolonnemens, dans l'indication fidelle & énergique de toutes les parties constitutives de la primitive construction, nous reconnoissons l'ordre qui devoit exprimer la force, cette qualité, la première de toutes; nous reconnoissons le *dorique*: mais nous ne conclurons pas de tous ces attributs caractéristiques de la force, que cette réunion devoit porter à l'âme des impressions de lourdeur. L'art savoit tempérer ce caractère selon les cas, les points de vue, la nature des monumens, l'effet qu'il vouloit produire, de manière que quelques-uns de ces édifices arrivoient à un degré d'élégance assez remarquable.

De l'origine de l'ordre dorique.

Parler de l'ordre *dorique*, c'est parler de l'architecture grecque; ainsi parler de l'origine de cet ordre, ce seroit remonter à la naissance de l'architecture.

Le système d'imitation & le système de proportion qui forment l'essence & le caractère distinctif de l'architecture grecque, sont tellement empreints dans le *dorique*, qu'on ne sauroit le regarder comme résultat, mais plutôt comme principe de l'art. C'est ce qui fait qu'on lui attribue non-seulement la prééminence sur les autres ordres, mais encore la préexistence.

Toutefois rien ne me paroît plus inutile que de prétendre prouver chronologiquement l'antériorité de l'ordre *dorique* sur les autres. Les moyens de constater de semblables faits nous manquent; les écrits des architectes grecs, ceux de Silène sur les proportions de l'ordre *dorique*, de Théodore sur le temple *dorique* à Samos, auroient pu nous transmettre quelques notions historiques sur cet objet; le temps nous les a ravis; Vitruve seul nous a conservé les noms de leurs auteurs.

Vitruve, le plus ancien écrivain que nous ayons sur l'architecture, mais écrivain très-moderne par rapport aux objets dont il parle, donne à l'ordre *dorique* une de ces étymologies à la grecque, qui ne coûtoient à inventer que la peine de changer la terminaison des mots.

Selon la méthode des généalogistes grecs, Corinthe avoit été fondée par Corinthus, Thèbe par Thébé, Argos par Argus, Sicyone par Sicyon. On sait aujourd'hui la valeur & la créance que méritent ces généalogies dont les chefs étoient toujours parens ou alliés d'un fleuve, d'une nymphe, d'une montagne ou d'une constellation.

Une tradition du genre de toutes ces fables s'étoit, à ce qu'il paroît, transmise à Rome avec l'ordre *dorique*. Celui-ci devroit son origine, selon Vitruve, à Dorus, roi d'Achaïe & de tout le Péloponèse. Ce fils d'Hélénus & de la nymphe Optique ayant autrefois fait bâtir un temple à Junon dans la ville d'Argos, le temple se trouva par hasard bâti de cette manière qu'on appelle dorique.

On a de la peine à accorder dans le même écrivain le passage qu'on vient de lire avec ce qu'il dit plus bas de la véritable origine de l'ordre *dorique* & de la disposition architectonique qui en fait le système. C'est dans l'imitation des ouvrages de charpente & dans les primitifs essais de l'art de bâtir en bois, que Vitruve place les titres originaires de notre ordre; il s'étend sur les détails de cette transposition, en explique les conséquences, & finit par cette maxime qui fait la base de l'architecture grecque & de l'ordre *dorique*: « Ils crurent (les Grecs) que ce qui répu- « gnoit à la réalité & au vrai dans l'original, ne « pouvoit avec convenance être admis dans la re- « présentation. » *Ita quod non potest in veritate fieri id non putaverunt in imaginibus factum posse certam habere rationem.* VITR. lib. IV. cap. II.

L'invention de l'ordre *dorique* étant donc, selon Vitruve, le résultat de rapports & de rapprochemens aussi fins que nombreux, son système imitatif se liant à des combinaisons d'autant plus variées dans leur application, qu'elles sont plus simples dans leurs élémens, comment concevoir que la création s'en soit faite dans un édifice unique, & que cette création première soit le fruit du hasard.

La fable est à l'histoire ce que l'enfance ou la vieillesse sont à l'homme; c'est où l'ignorance ou l'oubli des faits. Quand au hasard qui n'explique rien, c'est la raison de ceux qui n'ont aucune raison à rendre des choses. Toutes les fois que nous trouvons à une science ou à un art une origine fabuleuse ou fortuite, ce que nous en devons conclure, c'est que cette science ou cet art remontent à une très-haute antiquité.

Mais l'époque précise d'un art ou d'une science est impossible à fixer. Un art n'est que le résultat de combinaisons successives, de connoissances acquises sur un certain objet, de rapprochemens & de rapports dus à beaucoup de tentatives, d'expériences & de tâtonnemens. Or une telle acquisition est le produit insensible du temps & des observations de beaucoup d'hommes. Il n'y a eu ni un premier médecin, ni un premier ſtatuaire, ni un premier architecte, ni un inventeur de l'aſtronomie. Aucun art, à proprement parler, n'a été inventé. On ne ſauroit honorer de ce nom les eſſais informes par leſquels ont dû commencer la peinture, la ſculpture, l'architecture.

Déſeſperons donc de découvrir le premier inventeur de l'ordre *dorique*, & n'allons pas ſurtout le chercher dans la Doride plutôt qu'ailleurs, par cela qu'il porte le nom de cette petite contrée.

Les noms en ce genre, & ſurtout quand il eſt queſtion d'inventions grecques, ſeroient le plus fautif de tous les indicateurs. La Doride n'a probablement pas plus donné l'être à l'ordre *dorique* que Corinthe à l'ordre qui emprunta le nom de ce pays. (*Voyez* CORINTHIEN.) Qui ne ſait combien de raiſons ſouvent futiles ou éloignées concourent à donner aux choſes des dénominations ſans rapport direct avec elles? Il ſuffit ou d'un monument fameux dans un pays, ou d'un artiſte, ou d'une tradition équivoque, pour établir une déſignation vulgaire à laquelle l'uſage ſe conforme. N'avons-nous pas vu de nos jours, en France, appeler *ordre de Pæſtum*, *ordre pæſtonica*, cet ordre *dorique* dont il s'agit, parce qu'à l'antique Poſſidonie, appelée depuis *Paiſtos* & enfin *Pæſtum*, il en reſte trois monuments très-remarquables. Si les récits & les deſſins des voyageurs ne nous euſſent appris que cent autres monuments du même ordre exiſtent dans les ruines de cent autres villes antiques, peut-être Pæſtum eût donné ſon nom à notre ordre, comme peut-être la Doride ou Dorus auront tout auſſi vulgairement jadis donné le leur à l'ordre *dorique*. C'eſt encore ainſi qu'on a vu les vaſes de terre cuite peints qu'on trouve en Sicile & en Grèce, recevoir le nom de vaſes étruſques, parce que les premiers qui vinrent à la connoiſſance des antiquaires de l'Italie, furent trouvés dans le pays de l'antique Étrurie.

Si l'on ne peut raiſonnablement tirer du mot *dorique* aucune conſéquence relative à l'origine de l'ordre ainſi nommé, que deviennent les controverſes de ceux qui ſe diſputent ſur l'eſpèce de Doriens à laquelle il convient d'en attribuer l'invention. Qu'importe que la Doride Phœnicienne, celle de Pentapolis, celle du golfe Perſique, celle de la Grèce, réclament dans les ouvrages des antiquaires la gloire d'une découverte qui n'a pu être la découverte de perſonne.

Irons-nous auſſi, fouillant les antiquités de Paniquité, rechercher ténébreuſement les diverſes origines des nations qui ſe ſont ſuccédé ſur ce théâtre ſi mobile & ſi variable de la Grande-Grèce & du Péloponèſe? Qui peut ſe flatter, au milieu de ces transfuſions continuelles de peuplades & de colonies, de démêler aujourd'hui le fil généalogique de peuples qui ignorèrent eux-mêmes leur propre origine, puiſqu'ils ne nous ont laiſſé que des fables en place de faits.

Un écrivain moderne, le père Paoli, fort de l'obſcurité qui accompagne de pareilles recherches, a pris à tâche de contredire toutes les idées reçues juſqu'à ce jour ſur le caractère du *dorique* en queſtion & ſur les inventeurs de cet ordre. Deux équivoques très-faciles à détruire, ont ſervi de baſe à ſon ſyſtème qui a pour objet d'attribuer l'architecture des temples de Pæſtum aux Étruſques, & d'appeler toſcan ce que nous appelons *dorique*.

La première repoſe ſur l'hiſtoire des origines des peuples qui ont ſucceſſivement habité l'Italie méridionale. Comme cette partie de l'Italie qu'on appelle la Grande-Grèce, avant d'avoir reçu ce nom des colonies grecques qui s'y établirent, formoit une portion du vaſte empire des anciens Étruſques, & qu'enfin ce beau pays fut habité par eux avant de l'avoir été par les Grecs, le père Paoli s'imaginant trouver dans les temples de Pæſtum un caractère d'une beaucoup plus haute antiquité que celle des peuples grecs, & nulle inſcription ne conſtatant la date de ces monuments, s'eſt plû à en reporter la conſtruction à des temps voiſins de la guerre de Troye, c'eſt-à-dire à une époque à peu près fabuleuſe, & à une date imaginaire.

La ſeconde équivoque réſulte de l'ignorance même où l'on étoit encore lorſque le père Paoli a publié ſon ouvrage, des monuments des Grecs en ce genre, & de la perſuaſion regnante en ce temps que le *dorique* des écoles & des maîtres modernes étoit le *dorique* des Grecs.

Il eſt viſible que l'architecture de Pæſtum étant la même architecture que celle de Syracuſe, d'Agrigente, de Corinthe, d'Athènes, de Tarente, de Samos, &c., il faut vouloir que ce ſoient des Grecs qui ayent bâti Pæſtum, ou conſentir à croire que ce ſeront des Étruſques qui auront bâti à Athènes.

Il eſt viſible enſuite que la différence qui exiſte entre l'architecture de Pæſtum & le *dorique*, tels que les modernes l'ont pratiqué, ne pourroit laiſſer de doute ſur cette queſtion qu'autant que les monuments de Pæſtum ſeroient ſeuls de leur eſpèce; & c'eſt dans cette hypothèſe qu'a raiſonné le père Paoli, & c'eſt dans cette ſeule hypothèſe que ſa théorie devient tolérable. Mais ſi l'ordre *dorique* eſt grec d'origine, & s'il ne ſe trouve en Grèce aucun édifice reſſemblant au *dorique* moderne, ſi tous au contraire reſſemblent à l'architecture de Pæſtum, ne réſulte-t-il pas de là avec la dernière évidence que l'ordonnance de Pæſtum eſt d'ordre *dorique*; autrement il faut nous dire de quel ordre eſt le temple de Théſée à Athènes, celui de la Concorde à Agrigente, celui de Cérès à Segeſte, &c. &c. &c.

Que les temples de Pæſtum ayent une proportion plus ou moins courte & des formes plus ou moins maſſives, il ne dérive de là aucune conſéquence en faveur du ſyſtème du père Paoli. On retrouve le même maſſif de formes & de proportion à Thoricion, à Syracuſe, à Corinthe, où les Étruſques n'ont ſûrement pas été conſtruire. Mais le père Paoli a ignoré ces rapprochemens ou a feint de les méconnoître; & puis quoique telle ou telle proportion ſoit bien sans doute un caractéristique d'un ordre, il ne s'en suit pas que telle ou telle variante dans la proportion d'une colonne en fasse un ordre particulier. Ou tous les monumens grecs que nous avons rapportés sont des monumens *doriques* malgré leurs variations, variations qui s'observent également dans les autres ordres, & alors ceux de Pæstum sont aussi *doriques*, ou si ceux de Pæstum sont toscans, ceux d'Athènes sont aussi toscans. Ou les Grecs, inventeurs du *dorique* ont dû, ainsi que les auteurs nous l'apprennent aussi, construire leurs temples & celui de Minerve à Athènes en *dorique*, & alors le *dorique* des modernes, au lieu d'être le *dorique* véritable, ainsi que le père Paoli le croit, n'en est qu'une abusive tradition; ou si le *dorique* moderne est le véritable, les Grecs n'ont donc point employé le *dorique* dans les monumens en question, mais bien l'ordre toscan ou un ordre inconnu. Ainsi les deux propositions qui résultent des dissertations du père Paoli, sont deux absurdités; car il en résulte ou que les Grecs auroient construit en toscan des monumens que les auteurs contemporains nous apprennent avoir été *doriques*, puisque tous sont tels que ceux de Pæstum, ou que les Grecs n'auroient jamais employé le *dorique*, puisque le *dorique* tel que les modernes l'ont connu & tel que le père Paoli le connoît, n'existe nulle part en Grèce.

L'amour-propre national & le désir de donner à l'Italie une architecture indigène, ont pu seuls aveugler cet écrivain sur les conséquences de son système, ainsi que sur la futilité des moyens dont il l'appuie. Il conclut, par exemple, de la massivité des colonnes de Pæstum, que les prétendus Étrusques avoient été chercher leurs modèles en Égypte, & cela parce que les Égyptiens faisoient des colonnes massives: mais n'est-ce pas plutôt parce qu'il lui importoit dans son système de donner à son toscan une origine étrangère à la Grèce.

Que l'on puisse retrouver dans l'architecture Égyptienne quelques formes, quelques détails, quelques ornemens dont on reconnoisse dans l'architecture grecque des traces & des indications, c'est ce dont tout le monde conviendra, surtout à l'égard du chapiteau corinthien (*voyez* CORINTHIEN); c'est qu'en ce genre l'analogie de la forme, jointe à l'analogie de la décoration entre les deux architectures ne permet guère de croire qu'une telle similitude ait pu être fortuite. Il n'en est pas ainsi d'une ressemblance fondée sur un caractère général & abstrait de lourdeur ou de légèreté. Avec de telles analogies, il n'y a rien de si étranger & de si incompatible en architecture qu'on ne puisse rapprocher. Conclure de ce qu'il y a en Égypte des colonnes courtes & massives & qu'il s'en trouve aussi de courtes & massives à Pæstum, que l'ordonnance de Pæstum & son système architectonique dérivent de l'Égypte, & sur un rapprochement si vague sonder sérieusement la généalogie d'une architecture, c'est abuser de l'abus même de l'analogie. Il y a dans les architectures de tous les peuples de ces points de ressemblance qui n'emportent néanmoins aucune conséquence d'imitation l'une de l'autre, parce que ces ressemblances tiennent uniquement à la nature des choses & à celle de l'esprit humain.

Si le père Paoli eut eu connoissance de ce nombre prodigieux de monumens grecs, tous semblables à ceux de Pæstum, il est probable qu'il n'eût pas aussi légèrement bâti sur un point isolé le système général dont on vient de parler; mais ce système même joint au silence qu'il garde sur tous les autres monumens du même genre, prouve qu'il n'a connu que Pæstum; dès lors il est tout-à-fait caduc, & je n'en ai parlé aussi longuement que parce que la grande érudition de l'auteur, & la célébrité de l'ouvrage ne permettoient pas de laisser l'un & l'autre sans réfutation.

Ce qui distingue l'architecture grecque de toutes les autres architectures, c'est ce système d'imitation & de Proportion, qu'on trouve éminemment empreint dans l'ordre *dorique* (*voyez* ARCHITECTURE, CABANE). Ce caractère est tellement propre à cette architecture, qu'il en est le distinctif spécial; & ce caractère résulte de l'imitation qui fut faite des premières constructions en bois, ou des cabanes primitives, fait qu'on peut d'autant moins révoquer en doute, qu'il est constaté par les documens historiques & par l'architecture elle-même qui prit soin d'écrire & de graver sur les édifices eux-mêmes l'histoire de cette transposition. On peut dire que cette architecture porte empreints sur elle ses titres généalogiques.

Le système de la charpente ou de la construction en bois, transposé dans les édifices de pierre ou de marbre, est donc ce qui constitue l'architecture grecque. Le mode d'architecture où cette transposition est le plus lisiblement écrite, étant le mode appelé *dorique*, il est indubitable que l'ordre de ce nom est l'ordre le plus certainement originaire de la Grèce. Ainsi aller chercher l'origine du *dorique* hors de la Grèce, c'est contredire gratuitement les notions élémentaires sur lesquelles repose la connoissance de l'architecture grecque. Que les Étrusques ou quelqu'autre peuple ayent pu se rencontrer avec les Grecs dans une telle découverte, c'est là un fait qu'on ne sauroit nier; mais la question actuelle seroit de le prouver: or c'est là ce que nulle autorité historique, nul fait, nul monument, nulle ruine n'a ni encore nous apprendre, tandis que la connoissance historique & positive du *dorique* chez les Grecs repose sur les témoignages & les autorités concurrentes des écrivains, des architectes anciens, des monumens nombreux de la Grèce. Ainsi l'ordre d'Athènes & de Pæstum sont entièrement semblables. Ainsi l'ordre d'Athènes est certainement *dorique*. Ainsi la ville de Pæstum étant une ville grecque, l'ordre de Pæstum est du *dorique*. Le *dorique*, tel que les modernes l'ont employé, a été inconnu aux anciens: il n'y a donc d'autre *dorique* que celui d'Athènes & de Pæstum, & ce *dorique* est une invention des Grecs, & sera telle jusqu'à ce qu'on nous démontre par les témoignages de l'histoire, des écrivains & des monumens, qu'un autre peuple l'avoit découvert & mis en œuvre avant les Grecs.

Si l'ordre *dorique* est bien certainement d'origine grecque, nous voyons tout aussi clairement comment une semblable invention a dû se produire.

Nul homme, nul architecte n'a pu avoir l'honneur de cette invention. On croit ordinairement que la cabane rustique qui servit de type à l'architecture grecque, fût copiée en pierre par un architecte, & que le succès qu'obtint cette copie, engagea à la multiplier. Ce n'est pas ainsi que procède la nature, elle agit lentement par une succession d'essais insensibles & de répétitions d'où résulte une habitude de voir & de juger qu'une chose est bonne & convenable. Il n'y a de durable que ce qui se forme ainsi lentement dans le sein du temps & de l'expérience. Une combinaison de rapports, d'analogies & de proportions, n'est jamais le fruit subit d'un seul essai.

Avant que la cabane pût devenir le type de l'architecture & le modèle de l'ordre *dorique*, il fallut qu'elle-même eut reçu sa perfection chez un peuple riche & agricole ; car la chaumière indigente d'un malheureux cultivateur est trop loin de la construction dispendieuse d'un édifice en pierres dans une ville, pour qu'on puisse supposer de rapprochement facile entre ces deux objets. Mais si l'on suppose qu'un peuple essentiellement agricole, répandu sur une contrée riche de sa culture, passionné pour la vie champêtre, se seroit fort tard bâti des villes, & auroit préféré de jouir de l'aisance que donne le travail dans les hameaux & les bourgades, on concevra le besoin qu'il auroit eu d'améliorer ses demeures champêtres, de les embellir & de les rendre solides. La construction des cabanes de bois dut par conséquent suivre les progrès de la civilisation & de la richesse de ce peuple agriculteur, dont les mœurs, les habitations & le genre de vie n'auroient eu rien de commun avec la pauvreté de nos villages modernes, comme leurs cabanes n'auraient en rien ressemblé à nos chaumières.

Une gradation, une progression insensible de travail, de solidité, de propreté dans ces constructions, dut accompagner la progression d'industrie & d'aisance des habitans. La cabane, sans perdre de la simplicité de sa forme première, aura vu ses supports, ses combles, ses porches, ses plafonds, ses proportions, se combiner, se modifier, s'embellir successivement, & se disposer avec plus de recherche & d'élégance.

Les habitans plus riches auront voulu employer à leurs demeures des matériaux plus solides. La brique, la pierre, les moëlons auront été mêlés au bois dans ces constructions dont la forme prescrite par l'usage & une longue habitude, auront assujetis aux données de la matière dominante ces nouveaux matériaux.

Plus il se sera développé de solidité dans ces maisons, plus on aura mis d'importance dans la combinaison de leurs rapports. Il s'établit bientôt une méthode de construire qui sera devenue le métier de quelques hommes uniquement livrés à cette profession. Dès qu'un métier s'établit, il se forme une routine, cette routine se transmet du maître à l'apprentif, & tant que le luxe qui n'est que l'ennui de l'uniformité ou le besoin de la variété, ne s'empare pas des formes d'un objet de première nécessité, ces formes peuvent durer des siècles sans aucune altération. Or le luxe qui change & varie les principes & les formes essentielles des édifices, ne pouvoit que gagner lentement & très-graduellement des hommes dont les mœurs recevoient des occupations champêtres la fixité que ce genre de vie est capable d'imprimer de la manière la plus durable.

On s'habitua donc pendant plusieurs siècles à la même forme de bâtimens où les parties élémentaires de la construction primitive, conservées par la routine & le besoin, modifiées par un art encore simple, se lièrent dans l'opinion & le goût à l'idée de la nature qui en avoit suggéré & créé les premières combinaisons. Un tel modèle acquit dans l'esprit la force & l'autorité de la nature.

Telle dut être la marche de l'art dans le développement de l'ordre *dorique* ou de l'architecture. L'art ne transforma pas tout de suite & du premier coup les arbres en colonnes ; les arbres durent devenir d'informes supports, puis des piliers grossiers, puis des piliers façonnés & arrondis avant de devenir des colonnes ; & la colonne, avant de devenir un résultat de proportions heureuses, une combinaison de solidité & d'élégance, un objet tout à la fois nécessaire & agréable, dut passer par beaucoup d'essais, de calculs & de tentatives plus ou moins heureuses. Il en fut de même des chapiteaux, des entablemens, des frontons, des plafonds, &c. La moindre hutte d'un pêcheur ou d'un sauvage offre tous les jours les parties constitutives que nous remarquons dans l'architecture. Mais l'intervalle entre cette hutte & le temple de Minerve est le même que celui qui sépare l'âge agreste de l'état de nature d'avec le siècle de Périclès. C'est en remplissant cet intervalle par les essais successifs d'une industrie toujours croissante, qu'on peut se rendre compte de la formation d'une architecture & de l'invention d'un ordre.

C'est à une lente & progressive amélioration de la cabane que l'on dût la conservation des types primitifs que l'art étoit tenu de conserver toujours à mesure qu'il en changeoit ou modifioit les rapports. La bâtisse en pierres ne se substitue pas brusquement dans un pays à la bâtisse en bois ; on n'arrive à la première que par degrés, car elle a aussi son enfance & son accroissement, & il faut que cela ait été pour que la pierre se soit subordonnée à copier les formes, les types & les parties constitutives de la charpente. Cette infusion du goût propre à une matière dans une autre matière, suppose beaucoup de lenteur dans les opérations de l'art. Mais cette transformation du modèle de bois en pierre solide, suppose que le premier avoit acquis déjà une assez grande perfection sous le rapport d'ordonnance, de symétrie & d'élégance d'élégance, pour que la construction en pierre crût devoir s'en approprier les formes, le style & le caractère.

Tout nous indique qu'une telle métamorphose ne put s'effectuer que par une suite non interrompue, mais très-lente d'opérations subordonnées à beaucoup de causes, dont les unes peuvent encore se saisir ou se deviner, & dont les autres ont échappé à l'attention même des contemporains, & doivent encore plus se soustraire aux recherches curieuses de la postérité.

Si l'origine de l'ordre *dorique* est incontestablement dans la construction primitive des cabanes en bois, & si sa formation fut nécessairement le résultat du perfectionnement de la cabane & du rapprochement des parties constitutives de la charpente avec les qualités propres à la pierre, un amalgame enfin de deux natures de construction, de deux espèces de matériaux & de deux principes étrangers l'un à l'autre, c'est en vain qu'on chercheroit à attribuer l'honneur de son invention à telle ville, à tel pays, à tel architecte, à tel prince.

L'ordre *dorique* est le perfectionnement de la construction chez les Grecs; c'est le complément d'un système fondé sur la nature de leur construction primitive, sur les modifications que l'art fut y introduire, sur le principe d'une imitation analogique & sur des proportions que cette imitation parvint à rendre nécessaires & aussi positives que le sont celles des œuvres même de la nature.

L'ordre *dorique* ne peut donc pas avoir eu un inventeur, ou cet inventeur ne peut être qu'un peuple chez lequel des besoins uniformes auront long-temps conservé & maintenu une manière de bâtir accommodée à son climat, à son genre de vie, & que le temps, de sa main lentement active, aura graduellement modifiée & perfectionnée sur les bases consacrées par l'habitude.

Cette méthode de bâtir est nécessairement indigène; elle appartient en propre & exclusivement au peuple chez lequel on l'a trouvée. Elle n'a & ne peut avoir avec d'autres architectures que ce qu'ont nécessairement de commun entre eux les arts de tous les peuples, entre lesquels aucune communication ne fut possible, c'est à-dire de ces rapports qui tiennent à la nature de l'esprit de l'homme.

Prétendre trouver entre l'ordre *dorique* & les supports massifs de l'Égypte des points de rapprochement, qui placeroient son origine dans cette contrée, ce seroit méconnoître ce qui fait le caractéristique spécial de ces deux architectures (*voyez* ÉGYPTIENNE ARCHITECTURE). Autant vaudroit aller chercher l'origine de la Minerve & du Jupiter de Phidias dans les Isis & les Osiris égyptiens. Il y a dans la sculpture des Égyptiens des dimensions mécaniques, mais il n'y a pas de proportions, car il n'y a pas de parties, si l'on peut dire. Leurs statues n'ont pas plus de détails que leur architecture n'a de divisions. Or une architecture sans divisions est une architecture sans moyens de proportion; & une sculp-

Diction. d'Archit. Tome II.

ture sans détail de formes est une sculpture qui n'a pas besoin de proportions; c'est ce qu'on doit dire de la sculpture & de l'architecture égyptienne.

Il y a de même un grand rapport entre les statues & les édifices de la Grèce. L'architecture a peut-être favorisé les statuaires grecs; mais la sculpture grecque dut aussi en apprendre beaucoup aux architectes, & c'est à la grande fraternité que les circonstances établirent entre ces deux arts, & aux études communes en ce genre, qu'on doit peut-être le développement du système imitatif & proportionnel qui fait le principal caractéristique de l'ordre *dorique*.

Du système imitatif & proportionnel de l'ordre dorique.

Toutes les architectures peuvent avoir une physionomie, un caractère, un goût propre à chacune d'elles, selon la diversité de leur origine, selon la différence des climats & des matériaux, & selon la nature des causes qui leur ont donné l'être. L'architecture grecque est la seule qui ait eu & qui ait un système.

Nous avons développé assez au long à l'article ARCHITECTURE (*voyez ce mot*), quelle fut la différence essentielle entre les types généraux des principales architectures, & quels effets divers devoient en résulter.

Un de ces effets, sur lequel on ne sauroit trop insister, pour établir entre l'architecture grecque & les autres architectures la diversité la plus caractéristique, est que le modèle de la première étant déjà un assemblage de rapports & de parties liées les unes aux autres, leur perfectionnement devoit constituer à la longue un système général de proportions, susceptible de donner à l'art une fixité de principes, une forme déterminée & des règles invariables.

Un autre de ces effets est que l'architecture devenant art, c'est-à-dire soumise à des règles, eut encore l'avantage de devenir art d'imitation, en tant que l'imitation peut se prendre comme représentation d'une autre chose.

Voilà ce que j'appelle système dans l'architecture: c'est-à-dire corps de principes & de doctrine, ensemble de rapports fixes & déterminés, nécessité d'imitation, d'où il résulte précisément, soit dans la construction, soit dans la forme, soit dans la décoration des édifices, le contraire de l'arbitraire, de l'irrégulier, du disparate qu'on remarque dans toutes les parties des autres architectures.

Or tout ce qu'il y a de systématique dans l'architecture grecque appartient essentiellement à l'ordre *dorique*; lui seul possède en entier ce système; il est le système lui-même: les autres ordres en sont des dérivés ou des conséquences modifiées.

Le système imitatif de l'ordre *dorique* consiste à avoir su se calquer sur les formes primitives de la cabane, & à avoir su introduire dans l'architecture le même esprit & la même marche que suit la nature dans ses ouvrages. L'architecture n'ayant aucun modèle positif dans la nature, eût été livrée à tous les caprices & à toutes les incertitudes de l'esprit de l'homme, si quelque forme simple, fondée en raison & déterminée par le besoin, n'eût pu servir de règle comme de terme aux efforts de l'imagination.

Cependant il faut s'entendre sur ce qu'on appelle imitation en ce genre. La sphère de l'imitation est déjà très-étendue, & cependant celle de l'architecture est d'un genre, tel qu'on trouve quelque difficulté à l'y classer. La colonne en effet n'imite pas l'arbre, ni la poutre en tant qu'elle cherche à en feindre la ressemblance ; l'architrave, la frise & la corniche ne tendent point à nous donner le change ; les triglyphes, les métopes, les mutules, les plafonds ne doivent pas affecter une illusion qui, en rapprochant trop la chose imitante de l'objet imité, cesseroit d'être imitation, & tout seroit dans l'identité. L'idée d'imitation dans l'ordre *dorique* est plutôt une idée combinée de représentation & d'indication, que de copie d'une autre chose. Voilà pourquoi, en prenant trop cette idée, on la feroit évanouir. En voulant la mesurer avec la rigueur mathématique, on ne saisiroit plus qu'une ombre fugitive.

L'imitation qui constitue le système de l'ordre *dorique* dans l'architecture grecque, n'est pas une chose positive qu'on puisse réduire en démonstration. Elle parle à l'imagination plus qu'au raisonnement ; c'est une convention particulière de l'art avec la nature, à laquelle il faut se prêter pour en jouir. L'art, en se donnant un modèle, n'a pu le copier que comme un tel modèle pouvoit être copié. C'est en conservant les traces des premières inventions du besoin, c'est en s'assujettissant à cette répétition des formes auxquelles l'œil & l'esprit attachèrent d'abord l'idée de nécessité, qu'il s'imposa à lui-même cette heureuse contrainte, qui devenant loi pour lui, l'attacha à un ordre de choses & d'idées fixes, & l'associa ainsi d'une manière indirecte aux principes & au sort des autres arts.

Mais comme rien n'est littéralement rigoureux dans cette imitation, c'est au sentiment plus qu'au calcul qu'il appartenoit & qu'il appartient encore d'en fixer & d'en discerner les limites. Au-delà & en-deçà des termes que de nombreuses expériences lui ont assigné chez les Grecs, cette imitation devient puérile pour vouloir être trop fidelle, ou vaine pour prétendre à être trop indépendante.

Le tore du chapiteau, par exemple, pour être d'une forme plus arbitraire que ne l'est celle du tailloir, n'est pas pour cela un mensonge de l'imitation. Le tailloir qui auroit débordé carrément le fût de la colonne, l'auroit aussi couronnée d'une manière trop crue, & l'art intervient ici pour façonner la forme au gré de l'œil & de l'harmonie visuelle. Tout le système de cette imitation se compose ainsi d'un accord fait entre le modèle & l'imitateur, d'un mélange de formes naturelles & de modifications artielles. La colonne ne reçoit pas de base parce que la poutre, pour être solide, n'avoit pas besoin de cette addition ; voilà un caractère de l'imitation des formes primitives. La colonne a une forme pyramidale empruntée du modèle, mais l'art lui ajoute des cannelures, des filets qui n'ont aucune relation vraisemblable avec l'original ; ce sont de purs embellissemens. Les triglyphes & les métopes indiquent les bouts des solives & les intervalles qui se trouvoient entre elles, & cependant cette indication n'est souvent qu'extérieure, & cependant le dessous des colonnades ou les plate-bandes des plafonds ne sont pas tenus de se conformer & de correspondre régulièrement à cette disposition. Les mutules représentent les bouts des forces du toit, & cependant on en ajuste qui n'ont pas l'inclinaison que cette partie sembleroit demander. Beaucoup de détails ajoutés, tels que les cannelures & les gouttes du triglyphe, les ornemens des métopes, les profils ou les bandes de l'entablement, font voir que toute cette imitation n'est qu'une représentation libre d'objets dont l'art a voulu conserver le souvenir & retracer l'idée, plutôt qu'en copier servilement la forme ou l'image.

Tel est l'esprit du système imitatif de l'ordre *dorique*, esprit qu'il est inutile de développer plus en détail, qui se démontre de lui-même à qui veut porter dans cet examen la bonne foi du sentiment, mais qu'aucune démonstration rigoureuse ne sauroit rendre évident à qui se feroit un devoir de n'avouer que l'évidence géométrique.

L'architecture, comme on l'a dit à son article (*voyez ce mot*), a une manière abstraite d'imiter la nature, c'est de procéder dans ses œuvres comme la nature procède dans les siennes, c'est de s'appliquer les règles générales auxquelles la nature s'est assujétie dans la formation des êtres organisés. Or la nature a voulu que les êtres organisés eussent dans leur ensemble une corrélation de parties, telle qu'on pût établir un rapport nécessaire & déterminé entre elles. L'architecture a procédé de la même manière ; elle s'est donnée dans son modèle, elle s'est imposée l'obligation d'unir tous ses membres par une symmétrie telle, que la connoissance d'un membre pût faire deviner à peu de choses près, la mesure & la proportion du reste.

C'est sans doute une allégorie que Vitruve nous rapporte, lorsqu'il raconte qu'on prit la proportion de l'homme pour type de celle de l'ordre *dorique*, & que comme on compte à peu près six fois la mesure du pied de l'homme dans la hauteur de son corps, on se détermina de même à donner à la colonne *dorique* six fois la mesure de son diamètre pris au pied. Il ne faut prendre ces rapprochemens que pour ce qu'ils sont & pour ce qu'ils valent ; ce ne sont que des analogies semblables à l'imitation du corps de la femme dans l'ionique. L'architecture ne pouvoit mieux faire que d'imiter la nature, mais elle ne pouvoit imiter ce modèle que dans son esprit, dans ses intentions. Rien de positif, rien de matériel, rien d'absolu dans ce genre d'imiter.

Cependant ce fut un système ingénieux & fécond que celui qui chercha à organiser les édifices sur les principes de l'organisation des êtres, & qui combinant ces règles de proportion avec les règles d'imitation dont on a parlé, fit que tout dans un édifice eut une raison, & que tout eut un rapport nécessaire, en sorte qu'à l'inspection d'un édifice grec, on se sent frappé du principe général d'une combinaison fondée sur la nature, & qui empêche de regarder les formes & les rapports de ces formes comme un jeu du hasard ou du caprice.

L'ordre *dorique* est celui qui possède éminemment ce caractère imitatif & proportionnel.

Les autres ordres n'ont rien qui ne soit dans le *dorique*; mais le *dorique* possède plus qu'eux les titres originaires de l'architecture; il est en quelque sorte l'aîné & le dépositaire des pièces généalogiques. On peut demander aux autres ordres ce que signifient ces volutes, ces feuillages dans les chapiteaux, ces tailloirs échancrés, ces frises remplies d'enroulemens, ces tores, ces bases, ces astragales, ces renflemens dans la colonne, ces denticules. On peut y chercher l'ossature primitive de la construction modifiée par les recherches de l'art. On peut leur demander compte d'une foule de rapports dont la raison s'est perdue en eux, & le seroit pour nous, si l'ordre *dorique* n'eût conservé dans sa fidelle observance des types, l'explication & la raison des principes sur lesquels se fondent l'ensemble & les détails des formes & des proportions qui ont constitué l'architecture.

Des proportions de l'ordre dorique.

Quelle que soient l'évidence & l'authenticité du système qui fait la base & constitue l'essence de l'ordre *dorique*, il ne faut pas croire que ce soit lui, qui ait déterminé les proportions de cet ordre. Le système en question n'est qu'un ensemble d'observations que la théorie recueille dans les ouvrages; il n'a pas plus contribué à faire l'ordre *dorique*, que la poétique d'Aristote, ou la rhétorique de Quintilien, n'ont produit le poëme épique, ou l'art oratoire.

L'esprit de calcul n'a jamais rien inventé; il n'arrive jamais qu'après que tout est trouvé; il détruit le principe même de l'invention, & lorsqu'on le voit s'introduire dans les arts, on peut assurer que ceux-ci ont atteint leur plus haut terme, & n'ont plus qu'à descendre. J'appelle aussi de ce nom cet esprit de critique qui porte l'analyse dans toutes les parties tributaires du sentiment, qui cherche à régulariser & à réduire en méthode les œuvres du génie, & croit que des règles peuvent produire des chefs-d'œuvre. Les règles ne sont & ne seront jamais que des observations sur la marche tenue, & les moyens employés par le sentiment pour arriver au but que se proposent les arts, qui est de nous toucher, de nous intéresser & de nous plaire. Or tous ces moyens ne sauroient être de nature à pouvoir le soumettre à une analyse rigoureuse. On peut ainsi définir les procédés techniques d'un métier; on peut ainsi résumer & calculer les données d'une expérience physique ou chimique; on peut dire: prenez telle dose, employez telle force, additionnez tels élémens, & vous aurez tels résultats.

Rien de tout cela n'est applicable aux œuvres du sentiment. Comme il n'a procédé avec aucun calcul positif, ce n'est par aucune voie de calcul ou d'analyse qu'on peut définir ses effets. L'architecture, pour être plus peut-être qu'aucun autre art soumise au calcul, n'a cependant pas été produite par lui. Tous les efforts qu'on a faits pour la réduire à des principes mathématiques, ressemblent à ceux qu'on a faits pour soumettre aussi la musique au calcul.

Si jamais les proportions de l'architecture pouvoient être réduites à un calcul déterminé, l'architecture cesseroit d'être art d'invention & de goût; ce ne seroit plus qu'un art mécanique. Or ce qui distingue les arts mécaniques des autres, c'est que tout peut s'y trouver subordonné à des règles rigoureuses. Mais les règles dans les arts du génie, tout en enseignant comment d'autres ont fait, ne sauroient enseigner à faire comme eux; c'est que ces règles s'adressent surtout au génie & au sentiment. Voilà pourquoi leur succès est toujours incertain.

Au reste pourquoi s'étonneroit-on que l'architecture n'ait pu arriver à des proportions invariablement déterminées dans les édifices, quand la nature elle-même ne s'en est pas donné de semblables dans les œuvres qui sont de sa création. Il y a dans la nature un rapport généralement établi entre les êtres; il y a dans chacun d'eux une corrélation des parties au tout & du tout aux parties, telle qu'on peut, d'après l'inspection d'une partie, présumer la dimension du tout, & *vice-versâ*. Mais rien non plus dans tous ces rapports n'est assujetti à la précision mathématique; il en est de même dans les édifices, l'ordre *dorique*, celui de tous les ordres qui repose sur un système de proportions les plus fixes & les plus apparentes, éprouve toutefois des variétés au milieu desquelles on aperçoit l'intention générale d'une organisation régulière, symétrique, & un ensemble de rapports uniformes & constans; mais aussi une latitude de liberté qui permet à l'art d'exprimer plus ou moins les qualités qu'il veut rendre sensibles, & de modifier les effets qui dépendent de cette expression, en modifiant à son gré les proportions. Il ne faut donc ni s'étonner, ni se plaindre de cette liberté, puisque sans elle l'artiste enchaîné & captif dans les entraves d'une pratique mercenaire, seroit astreint à n'être jamais qu'un copiste, & que pour lui l'imitation ne seroit autre chose que répétition, realité ou calque de formes & de rapports dans lesquels le mécanisme du maçon seroit seul nécessaire.

La comparaison de tous les monumens de l'antiquité va nous rendre cette théorie aussi sensible par le fait qu'elle l'est déjà par le raisonnement. On verra que s'il y entre tous uniformité de principes, il s'y trouve aussi cette variété de détails, de laquelle peut résulter un corps de doctrine assez fixe pour réprimer les écarts de l'imagination, pas assez pour comprimer l'essor du génie.

L'ordre *dorique* doit exprimer tout ce qui, en architecture, est synonyme de force de gravité, de sérieux, de mâle & d'imposant. C'est donc par un système de formes nécessaires & totalement éloignées de l'idée de jeu, de caprice ou d'arbitraire; c'est ensuite par un système de proportions ou de rapports dépendans les uns des autres; c'est enfin par un caractère de solidité très-prononcée, par un style de massivité voisin de la pesanteur, que cet ordre doit se distinguer. Les règles ou les méthodes vous diront seulement: au-delà & en-deçà de telle proportion, de telle mesure, de tel caractère, vous tombez dans la lourdeur, & vous cessez d'être fort; vous vous élevez vers l'élégance, & vous perdez le caractère; en donnant au *dorique* les proportions des autres ordres, vous ne faites qu'un mélange, vous perdez la force de l'un & n'acquérez pas l'agrément ou la richesse de l'autre; vous avez confondu les tons & n'avez pas une couleur de plus.

Voici les différences de proportions qu'on remarque entre les principaux monumens de l'ordre *dorique* chez les Grecs.

De la colonne & du chapiteau pris ensemble.

Temple de Minerve à Athènes.

	pi.	po.	l.
Fût.	30	7	5
Chapiteau.	1	6	10
	32	2	3
Diamètre d'en haut.	4	7	0
Diamètre d'en bas.	6	2	8

La colonne a de hauteur 5 diamètres $\frac{1}{5}$.

Propylées à Athènes.

Fût . . . . a de hauteur.	24	10	5
Chapiteau de hauteur.	2	2	8
	27	1	1
Diamètre d'en bas.	4	9	0
Diamètre d'en haut.	3	8	6

La colonne a de hauteur 5 diamètres $\frac{1}{2}$.

Temple de Thésée à Athènes.

Fût . . . . a de hauteur.	16	0	10
Chapiteau de hauteur.	2	6	8
	27	7	6
Diamètre du haut.	2	5	4
Diamètre du bas.	3	2	3

La colonne a de hauteur 5 diamètres [illegible].

Temple de Segeste en Sicile.

	pi.	po.	l.
Fût . . . . a de hauteur.	28	8	1
Diamètre inférieur.	6	0	1

La colonne a de hauteur 4 diamètres $\frac{1}{2}$.

Temple de Corinthe. (*Voy.* Leroy, tom. II, p. 44.)

Fût . . . . a de hauteur.	23	0	0
Chapiteau.	2	6	0
	25	6	
Diamètre inférieur.	6	0	0

La colonne a de hauteur 4 diamètres $\frac{1}{4}$.

Temples de Selinonte en Sicile.

Le premier. Sa colonne a de haut	25	9	0
Le diamètre inférieur.	4	1	2

Hauteur de la colonne, 3 diamètres $\frac{2}{7}$.

Le second. Sa colonne a	26	9	1
Le diamètre.	5	4	8

Hauteur de la colonne, 4 diamètres $\frac{13}{16}$.

Le troisième. Sa colonne a. . .	25	6	4
Le diamètre.	4	11	4

Hauteur de la colonne, 5 diamètres $\frac{4}{5}$.

Le quatrième. Sa colonne a. . .	25	11	8
Le diamètre.	6	8	7

Hauteur de la colonne, 3 diamètres $\frac{7}{8}$.

Le cinquième. Sa colonne a. . .	28	11	7 $\frac{1}{2}$
Le diamètre inférieur.	5	5	3

Hauteur de la colonne, 5 diamètres $\frac{2}{5}$.

Le sixième. Sa colonne a. . . .	47	7	6
Le diamètre inférieur.	10	1	8

Hauteur de la colonne, 4 diamètres $\frac{5}{7}$.

Ce temple n'a pas été entièrement ragréé, les colonnes étant restées lisses, à l'exception de trois qui ont été cannelées, l'une à vive arête, les deux autres avec filets.

Temples d'Agrigente.

Celui de la Concorde. Sa colonne a de haut.	20	7	8
Le diamètre inférieur.	4	4	0

Hauteur de la colonne, 4 diamètres $\frac{4}{5}$.

Celui de Junon. Sa colonne a de haut.	19	7	2 $\frac{1}{2}$
Le diamètre inférieur.	4	2	6

Hauteur de la colonne, 4 diamètres $\frac{1}{2}$.

Celui d'Hercule. Sa colonne a de   pi. po. l.
haut. 31   4   2
Le diamètre inférieur. 6   5   6
Hauteur de la colonne, 4 diamètres ⅘.

Les autres temples de cette ville sont ou totalement ruinés, ou moins importans ; celui des Géants dont on découvre encore quelques parties d'où l'on peut conjecturer les proportions, n'étoit pas fini lors de la destruction d'Agrigente.

Le temple de Minerve à Syracuse.

Sa colonne a de hauteur. . . . 28   0   0
Le diamètre inférieur. 5   10   9
Hauteur de la colonne, 4 diamètres ⅘.

Temples de Pæstum.

Le grand temple. Sa colonne a de
haut. 26   10   7
Le diamètre inférieur. 6   2   5
Hauteur de la colonne, 4 diamètres ⅓.

Le petit temple. Sa colonne a de
hauteur. 16   0   0
Le diamètre inférieur. 4
Hauteur de la colonne, 4 diamètres.

Je n'ai pris ici pour exemples que les monumens les mieux conservés de l'antiquité, ou ceux dont les mesures ont été prises avec une fidélité qui permet d'en garantir la précision mathématique ; un plus grand nombre d'autorités n'ajouteroit rien aux résultats qu'on peut tirer de ce parallèle.

Nous voyons que dans des édifices très-probablement contemporains, bâtis dans la même ville, la proportion de la colonne *dorique* varie environ d'un diamètre. Si l'on vouloit porter cet examen dans chacune des parties de l'ordonnance, & dans chacun des rapports du tout aux parties comme des parties au tout, on observeroit les mêmes variétés, & toutefois la même uniformité.

Aux temples de Pæstum, de Syracuse, de Corinthe, de Segeste, les entrecolonnemens ont un diamètre ; ils ont la même dimension au temple de Minerve à Athènes. Au temple de Thésée ils ont un diamètre & un quart ; ils ont moins d'un diamètre à Syracuse. Mais on peut dire que la proportion moyenne est d'un diamètre ; les modernes lui en ont donné deux & demi.

La proportion de l'entablement, c'est-à-dire son rapport général avec la hauteur de la colonne, a dans le *dorique* grec un caractère très-concordant avec le reste de l'ordonnance. Au temple de Minerve à Athènes, & à celui de Thésée, le rapport de l'entablement à la colonne est comme de 1 à 3.

Aux temples de Pæstum le rapport est comme de 1 à 3 ½.

Aux temples de Syracuse le rapport est de 1 à 2 ⅔.

Aux temples d'Agrigente le rapport est de 1 à 2 ½.

Dans les édifices *doriques* de Rome, tels que le théâtre de Marcellus & celui du Colisée, la proportion de l'entablement à la colonne est comme de 1 à 4 ou 4 ½ ; les modernes ont suivi assez généralement ce rapport.

Par là on voit que la proportion moyenne de l'entablement chez les Grecs, fut le tiers de la hauteur de la colonne, & chez les modernes le quart.

L'architrave a généralement chez les Grecs de haut trois quarts de diamètre ; c'est ainsi qu'on le trouve à Athènes, à Pæstum & en Sicile. La frise a de hauteur un diamètre, & la corniche n'a souvent que le quart du diamètre. Les modernes ont fait le contraire, ils donnent à l'architrave un demi-diamètre au plus, & à la corniche près d'un diamètre ; c'est la proportion des Romains.

La hauteur moyenne du chapiteau, en y comprenant l'échine, le tailloir & les listels, est d'un demi-diamètre de la colonne ; les modernes lui en ont donné au plus le tiers.

On ne parle point ici du fronton dont il sera question ailleurs ; cette partie ayant avec l'ordre *dorique* un rapport moins spécial, & dépendant de la forme générale des toits grecs, nous renverrons au mot FRONTON.

Je ne dirai aussi qu'un mot du soubassement dans les temples d'ordre *dorique*, c'est qu'on lui trouve ordinairement un diamètre de hauteur, & qu'il contribuoit à donner à toute l'ordonnance une grâce particulière, chose que n'ont pas observée les modernes dans le renouvellement de cet ordre qu'ils ont souvent posé à terre d'une manière tout-à-fait lourde & écrasée.

Les proportions dans l'ordre *dorique*, celui de tous où l'art avoit établi le plus de rapports nécessaires & dépendans l'un de l'autre, ne sont donc pas, ainsi qu'on le voit, des mesures géométriques soumises à des données invariables. L'art ne peut faire mieux que d'imiter la nature elle-même qui dans la procréation des êtres a bien établi une intention, une volonté générale de les subordonner à des mesures uniformes dans leurs rapports respectifs, mais toujours variables au point qu'il ne se trouve ni deux êtres de même espèce, ni aucune partie dans chaque être complettement semblables & mathématiquement pareilles.

Toutes les proportions de l'ordre *dorique* sont, comme on le voit, surtout en les comparant à celles des autres ordres, combinées de manière à produire sur les sens l'impression de la force, & à faire naître l'idée de la plus grande solidité. Il y a entre cet ordre & les autres la différence qu'on trouve entre la statue d'Hercule & celle de Vénus ou d'Apollon. Comme l'artiste qui voulut, d'après la nature, exprimer le plus haut degré de la force, eut soin d'y écrire tous les muscles, d'y prononcer toutes les articulations, & d'y rendre sensibles les os & les tendons par des protubérances & des gonflemens extraordinaires, de même l'art s'étudia dans l'ordre dorique à prononcer avec une extrême énergie tous les membres & surtout les points d'appui.

La première règle de la solidité est que le fort porte le foible ; de cette règle résulte élémentairement la forme pyramidale. Une autre règle de solidité, c'est que dans un édifice les pleins l'emportent sur les vides ; la solidité dans ces deux cas se trouve portée à l'excès, & l'excessive solidité est pesanteur ; c'est le caractère de l'architecture égyptienne.

L'ordonnance *dorique* a pris de ces deux axiômes de solidité ce qu'il en faut pour donner à ses ouvrages le caractère de la force, sans tomber dans l'inconvénient de la lourdeur ; mais on doit dire qu'il en est résulté encore la conservation de ses monumens. On ne peut attribuer qu'à cela le privilége qu'ils ont eu presque partout de survivre à la destruction universelle. Il n'est pas douteux que qui voudroit travailler pour l'éternité, devroit employer l'ordonnance *dorique* des Grecs, son genre de construction & ses proportions.

Des variations que l'ordre dorique a éprouvées en Grèce.

Les variations de l'ordre *dorique* chez les Grecs tiennent, ainsi qu'on vient de le voir, à la nature même des principes qui lui avoient donné des règles ; car les principes dans les arts ne sont que ce que sont dans l'ordre social les axiômes généraux du droit naturel & de la morale universelle. Les règles sont les lois civiles modifiées par mille circonstances, selon l'application particulière, variables dans leurs conséquences, uniformes dans leurs principes.

Les individus dans l'architecture & dans l'ordre *dorique*, tous différens par leurs détails, se rapprochent tous par leur système & l'ensemble de leurs parties, par l'esprit de leurs combinaisons & le caractère de leurs types. Cela est tel, qu'à la première vue, le spectateur inexpérimenté prendra le change sur ces monumens, les confondra, & si on lui en présente vingt différens, croira avoir toujours vu le même ; pas un seul cependant n'est entièrement ressemblant à l'autre, ainsi qu'on a pu s'en convaincre.

Outre les variétés dépendantes de la volonté, du goût & de la manière de l'artiste ; outre celles qu'exigent le local, le point de vue, la nature même & la dimension de l'édifice, l'effet qu'on y chercha & les impressions qu'on voulut en obtenir, il est aussi des variations qui peuvent avoir été indépendantes de l'artiste, & qui durent tenir alors (comme nous voyons qu'il arrive encore aujourd'hui) soit aux vicissitudes qu'éprouve tout ce qui sort de la main de l'homme, soit à une pente naturelle que cet ordre, ainsi que tous les ouvrages de l'art, ont eu & ont encore, & qui dut le faire dégénérer & tomber dans l'oubli de son caractère originaire. Ainsi je distingue des variétés qui appartiennent à l'art, les variations, qui appartiennent au désir de changer & au cours ordinaire des choses.

L'ordre *dorique* a éprouvé des variations dans le caractère principal de la colonne. On en voit, comme au temple de Diane à Syracuse, où la diminution est presque de la moitié du diamètre. On en voit où cette diminution n'est pas du quart du diamètre, comme à Athènes.

On observe que la diminution de la colonne est presque partout en ligne droite, & cependant à la basilique de Pæstum, cette diminution a lieu par une ligne courbe qui produit un renflement.

La courbe de l'échine éprouve trois variations sensibles dans les monumens de la Grèce.

1°. Elle est quelquefois taillée en bizeau, comme au temple de Thoricion & à celui de Délos. (*Voy.* Leroy, tom. I, pl. 15 & 16.)

2°. Elle se trouve avoir un quart de rond très-allongé & très-méplat, comme au grand temple de Pæstum où il y a une très-grande saillie. (*Voyez* de la Gardette, pl. 9.)

3°. Elle est quelquefois arrondie & se rapproche davantage du tore des modernes, comme au temple de Thésée à Athènes.

On voit aussi dans l'ouvrage des *Ruines de Pæstum*, par de la Gardette, deux chapiteaux *doriques* trouvés dans les fouilles du Cirque, dont l'échine qui a un caractère particulier, n'a que très-peu d'épaisseur, presqu'aucun arrondissement, & cependant beaucoup de saillie.

Il y a des variations dans la manière dont le chapiteau s'unit à la colonne. Ordinairement c'est par de petits listels dont le nombre varie depuis trois jusqu'à cinq, comme au temple de Minerve à Athènes. Souvent il se rencontre une sorte de gorgerin formé par l'intervalle qui se trouve entre ces listels ou annelets, & une sorte d'astragale taillé en creux. D'autres fois, comme au petit temple & à la basilique de Pæstum, il s'y trouve une gorge en manière de scotie, formant une sorte de piédouche dont le tore du chapiteau à l'air d'être le vase. Cette scotie est remplie d'ornemens variés & différens d'une colonne à l'autre.

Les variations qu'on observe dans les cannelures, ont plus de rapport à leur nombre qu'à leur forme généralement assez constante. Ainsi il y a vingt cannelures aux colonnes du temple de Minerve & des autres monumens d'Athènes. Au grand temple de Pæstum l'ordre extérieur a vingt-quatre cannelures, & des deux ordres intérieurs, celui d'en bas en a vingt & celui d'en haut seize seulement.

Le tailloir est toujours lisse & sans profil, ayant ordinairement plus d'épaisseur que l'échine. La seule variation qu'on trouve à cet égard, s'observe au temple *dorique* de Prienne, rapporté par Messieurs Chandler & Revet dans les *Antiquités d'Ionie* où le tailloir de la seule colonne qu'ils ont découverte, a un petit membre supérieur en manière de bande.

La disposition des triglyphes & des métopes est

uniforme dans les monumens de la Grèce, c'est-à-dire que chaque triglyphe tombe à l'aplomb du milieu de chaque colonne & du milieu de chaque entrecolonnement, excepté le triglyphe de chaque extrémité qui se trouve rapporté à l'angle de l'entablement (*voy. frise dorique*. DORIQUE FRISE). Cependant au petit temple de Pæstum, il se trouve un demi-metope à l'angle, selon l'usage moderne, & ce triglyphe tombe à l'aplomb de l'axe de la colonne de l'angle; c'est le seul exemple qu'on connoisse de cette disposition. Il y a encore à Pæstum un édifice qu'on appelle la basilique dont la frise est lisse, sans le moindre détail de triglyphes & de metopes, & dans laquelle on n'aperçoit aucun vestige d'incrustation ou de morceaux rapportés pour figurer ces ornemens.

Quant au caractère éminemment caractéristique du *dorique*, savoir l'absence de base, la seule variation qui existe à cet égard, se remarque au petit temple de Pæstum sous le pronaos duquel étoient de petites colonnes dont il ne reste plus que les bases. Cette base est composée d'un socle circulaire de très-peu de saillie, sur lequel pose un tore de même diamètre, couronné d'un filet. Un congé réunit ce filet au fût de la colonne. A l'égard des socles que quelques voyageurs connus rapportent avoir vus à des monumens *doriques*, tels que ceux que M. Houel a décrits & dessinés au temple de Segeste, c'est une erreur dont je me suis aperçu moi-même à la première vue de cette ruine, & d'autres qui l'ont vue après moi, en ont jugé de même. Cette apparence est due au déchaussement du soubassement & à la dégradation des marches dont il se composoit. Les pierres de l'entrecolonnement dans les degrés ont été enlevées, & les colonnes sont restées sur des dés de pierre isolés. D'ailleurs la colonne pose à cru sur ce dé, & n'y est unie par aucune doucine, ni par aucun tore ou congé. Pareille équivoque a eu lieu à l'égard de quelqu'autre ruine du même genre.

Les variations de caractère & de style qui appartiennent aux nuances de l'art, sont assez remarquables en Grèce. Il y a une différence sensible entre le *dorique* du temple de Minerve à Athènes & celui des propylées, & celui de Corinthe ou de Syracuse, c'est-à-dire sans qu'il se trouve aucune altération dans les formes, les types & les caractères de force & de grandiosité propres à cet ordre, on y découvre une latitude de liberté laissée à l'artiste d'être plus ou moins fort, plus ou moins grandiose. Le caractère de la force n'est pas tellement un, tellement absolu qu'on ne puisse y réunir d'autres caractères. Il y a dans le *dorique* des Grecs jusqu'à de l'élégance, & il s'y trouve jusqu'à de la richesse. La frise du Parthenon est ornée de bas-reliefs. On observe des détails d'ornemens dans les gorgerins des chapiteaux de Pæstum. Il y a de l'élégance dans le galbe des colonnes d'Athènes.

Si quelqu'un de ces monumens nous étoit parvenu complet avec toutes ses parties, tous ses détails d'agrément, avec ses frontons ornés de bas-reliefs, avec ses accessoires, nous serions fort éloignés sans doute de condamner le *dorique* court & sans base à n'être que l'expression de la solidité, & la représentation grossière des massives ébauches des constructions primitives. Il nous en est toutefois resté assez d'exemples pour pouvoir affirmer que cet ordre, sous la main d'un homme de goût, peut recevoir, sans sortir de son caractère, toutes les variétés que la différence des monumens auxquels on l'applique peut comporter. Il est particulièrement susceptible de cette magnificence attachée dans tous les ouvrages de la nature & de l'art, aux formes énergiques & à l'idée de puissance.

Des modifications de l'ordre dorique chez les Romains.

Si jamais on parvenoit à lever le voile d'équivoque & d'obscurité qui enveloppe les rapports qui doivent avoir existé entre les Grecs & les Étrusques, il est probable qu'on trouveroit entre eux des points de similitude & d'analogie assez frappans. Arts, mythologie, institution, cérémonies, caractères écrits, formes d'édifices, tout paroit avoir eu jusqu'à une certaine époque & jusqu'à un certain degré beaucoup de caractères de conformité. Mais comment faire aujourd'hui de tels rapprochemens entre ces deux peuples dont l'un paroit avoir fini d'exister lorsque l'autre semble naître pour nous. L'époque de la naissance des Grecs pour les arts & pour l'histoire est une époque bien postérieure à celle de leur véritable naissance. Les Grecs étoient déjà bien anciens lorsqu'ils commencèrent à paroître sur le théâtre de l'histoire. Tous les antécédens de cette époque ne sont que des nuages où la critique se perd, & dont aucun flambeau ne peut dissiper la nuit. Il n'y a surtout à l'égard des Étrusques que conjectures & doutes. Aucun monument de leur histoire ne nous est parvenu; les monumens de leurs arts n'ont & ne portent aucune date. Déjà les Romains avoient perdu le fil qui pouvoit conduire dans cette route, & Varron appeloit *sal* des *étrusques* les recueils où il prenoit quelques renseignemens sur le tombeau détruit de Porsenna. Comme il est impossible, en parlant des Étrusques, de fixer des époques, on ne peut assigner aucune date aux rapports présumés entre eux & les Grecs.

Il ne reste plus rien de leur architecture que le souvenir d'un ordre employé par les Romains, décrit par Vitruve, & qui annonce la plus grande similitude avec le *dorique*. Mais comment peut-on s'en rapporter à Vitruve sur ce point, & comment croire que cet ordre n'aura pas été modifié par les Romains, comme le fut le *dorique*. L'ordre toscan de Vitruve ne différoit-il pas de celui de Porsenna, autant que le *dorique* de Vitruve diffère de celui de Corinthe ou de Syracuse; voilà ce qu'il est permis de croire.

Toutefois on peut aussi fonder sur l'analogie que ces deux modes conservoient entre eux du temps des Romains, l'opinion qu'ils eurent une origine commune; mais comme l'un & l'autre ont le système imitatif de la construction en bois pour base, on peut croire que l'original fera celui qui aura confervé le plus de caractères originaux de la formation première. A cet égard l'avantage eft du côté du *dorique* (*voyez* ÉTRUSQUE ARCHITECTURE).

Cependant il femble que les Romains ayant reçu le *dorique* des Grecs plus tard que le tofcan des Étrufques leurs voifins, ils s'étoient habitués à reconnoître ce dernier comme l'ordre primitif, & lui donnèrent dans leur diapazon architectural la primauté en fait de fimplicité, raifonnant à cet égard comme les modernes qui lui ont affigné de même cette première place dans l'ordre des modes & des tons de l'architecture, depuis le plus fimple jufqu'au plus compofé.

Le fyftême au fond étant le même dans le mode grec que dans le mode étrufque, il fut naturel que le premier venu modifiât le fecond, & que celui qui avoit la priorité dans les ufages & dans l'opinion, affujétît l'autre à fes proportions, à fes formes & à fon caractère.

Vitruve & Pline nous apprennent qu'on donnoit au tofcan fept diamètres : *que feptimam tufcanicæ*, dit Pline. — *Sint ima craffitudine altitudinis parte feptima* VITR. lib. IV. cap. 7. Habitués à cette proportion, les Romains durent être frappés des proportions courtes & maffives du *dorique* en Grèce, & fi le portique d'Augufte qu'on voit à Athènes, fut leur ouvrage, comme il y a quelque vraifemblance, on ne doit pas s'étonner que malgré la différence des exemples, ils lui ayent donné fix diamètres de hauteur. Peut-être le cours naturel des chofes avoit-il porté les Grecs eux-mêmes à allonger les proportions de leur *dorique*, & ce fera fous la forme & avec les mefures du portique d'Augufte qu'il fe fera introduit à Rome.

C'eft en effet la mefure que Vitruve, contemporain de l'âge où fut bâti le portique d'Augufte à Athènes, affigne aux premiers monuments de cet ordre. Rien ne prouve mieux dans quelle ignorance étoit cet écrivain & de l'origine chronologique de cet ordre & de fon véritable caractère en Grèce, que tout ce qu'il en dit, & que nous allons rapporter. Il en réfultera que nous fommes aujourd'hui beaucoup mieux inftruits que lui des vraies proportions du *dorique*, dont très-certainement il n'avoit pas vu les modèles devenus aujourd'hui à la portée de tout le monde.

« Les Ioniens.... voulurent bâtir des temples...
« dont le premier qu'ils confacrèrent à Apollon, fut
« élevé à l'exemple de ceux qu'ils avoient vus en
« Achaïe, & ils en appellèrent l'ordonnance *dorique*,
« parce qu'ils en avoient vus de femblables dans les
« villes doriennes. Voulant orner ce temple de colonnes, fans connoître les proportions de cet ordre,
« ils cherchèrent celles qui pouvoient à-la-fois donner à la colonne de la folidité pour fupporter le faix
« de l'édifice, & l'agrément extérieur qui pût plaire
« à la vue. Pour cela ils prirent la mefure du pied de
« l'homme qui eft la fixième partie de fa hauteur, &
« tranfportèrent cette proportion à la colonne, &c.

« — Dans la fuite leurs fucceffeurs, devenus plus
« fins & plus délicats, & adoptant des proportions
« plus légères, donnèrent à la hauteur de la colonne *dorique* fept de fes diamètres. »

.... *Ibique templa deorum immortalium conftituentes ceperunt phanè ædificare & primum Apollini Panionio ædem, uti viderant in Achaïâ conftituerunt, & eam doricam appellaverunt, quod in doricon civitatibus primum factum eo genere viderunt. In eâ æde cum voluiffent columnas collocare non habentes fymetrias earum, & quærentes quibus rationibus efficere poffent, uti & ad onus ferendum effent idoneæ, & in afpectu probatam haberent venuftatem, dimenfi funt virilis pedis veftigium, & cum inveniffent pedem fextam partem altitudinis effe in homine, ita in columnam tranftulerunt...... Pofteri verò elegantiâ fubtilitateque judiciorum progreffi, & gracilioribus modulis delectati, feptem craffitudinis diametros in altitudinem columna doricæ... conftituerunt.* VITR. lib. IV. cap. 1.

Comment concevoir que Vitruve ne nous rapporte fur l'hiftoire du *dorique* qu'une tradition auffi vague & auffi confufe, qu'il aille en Ionie lui chercher une généalogie dont les titres fe feroient déjà perdus, & affigne à ce *dorique*, ainfi renouvelé par l'oubli des proportions primitives, la mefure de fix diamètres, tandis qu'un très grand nombre de monumens à quatre & cinq diamètres exiftoient dans la partie méridionale de l'Italie. Comment a-t-il pu attribuer au perfectionnement du goût des fucceffeurs l'allongement de cet ordre jufqu'à fept diamètres? Comment a-t-il pu lui fixer lui-même cette proportion tofcane *craffitudo columnarum erit duarum, altitudo cum capitulo XIIII.* VITR. lib. IV. cap. 3. *de ratione doricâ*. Cela prouve qu'il n'eut aucune connoiffance des monumens de la Grèce; cela prouve, & tout fon ouvrage le démontre, qu'il n'avoit jamais voyagé dans ce pays; cela prouve que les arts de la Grèce étoient reftés jufque là fort étrangers à l'Italie, & que la communication qui eut lieu entre ces deux pays avant la conquête, n'avoit fait filtrer à Rome que des notions imparfaites de l'ordre *dorique*.

Ainfi l'ordre *dorique*, tel que Vitruve nous le décrit, n'étoit plus déjà à Rome qu'un produit abâtardi par les méthodes des architectes & par l'analogie du tofcan. Ainfi Vitruve ayant ignoré les monumens où fon ftyle acquit tous les caractères qui le conftituèrent en Grèce, l'autorité de cet écrivain, toute ancienne qu'elle foit pour nous, n'en eft ni moins fautive, ni moins arbitraire que celle des architectes modernes qui ignorèrent comme Vitruve les monumens du *dorique* originaire. Ainfi ceux-là font tombés dans l'erreur, qui jugeant du *dorique* antique d'après Vitruve, ont refufé de voir l'antique *dorique* dans les monumens précités, par cela que les proportions n'en étoient pas conformes avec celles de Vitruve. Pour qu'il pût faire autorité fur ce point, il faudroit qu'il fût prouvé qu'il avoit connoiffance des monumens en queftion, & que les connoiffant, il a vu le *dorique* fous d'autres proportions que celles qui leur

leur sont propres ; mais le contraire l'est par les faits & par ses écrits eux-mêmes, d'où l'on peut inférer quelles étoient les modifications que l'ordre *dorique* avoit éprouvées à Rome.

A cet égard sa doctrine est conforme aux exemples que le temps nous a conservés de cet ordre chez les Romains.

Il est permis de croire que la ville de Pompéia, toute romaine lors de l'éruption du Vésuve, l'an 79 de J. C., avoit reçu plus du goût de ses nouveaux maîtres, qu'elle n'avoit conservé de celui de ses anciens fondateurs.

Les colonnes *doriques* du quartier des Soldats ont, selon l'abbé de Saint-Non, tom. II. p. 136, onze pieds de haut sur dix-neuf pouces de diamètre, ce qui donne précisément à la colonne les sept diamètres dont parle Vitruve.

Les colonnes engagées du théâtre de Marcellus ont sept diamètres de hauteur.

Les colonnes *doriques* du tombeau de Terracina, rapporté par Chambrai, *Parallel*. p. 34 & 35, ont sept diamètres de hauteur.

La colonne *dorique* des thermes de Dioclétien, rapportée par le même, *ibid*, p. 18 & 19, a sept diamètres de hauteur.

Voilà les exemples les plus classiques du *dorique* des Romains. Si l'on veut y joindre celui du temple de Cora (voyez CORA), on lui trouve plus de huit diamètres ; c'est aussi la proportion du celui du Colisée à Rome. Il résulte de là que l'exhaussement de proportion est la première modification & la plus importante que le *dorique* ait éprouvée chez les Romains.

Tout tend à se mettre en harmonie dans les ouvrages de l'art comme dans ceux de la nature. Le *dorique* ayant perdu chez les Romains la proportion courte & ramassée, c'est-à-dire de quatre à cinq diamètres que nous lui avons vue en Grèce, toutes les parties, tous les caractères de force & d'imposant qui étoient en rapport avec cette proportion, cessèrent de l'être avec la proportion de sept à huit diamètres. Il perdit d'abord sa forme pyramidale, & son fût devint à peu près semblable à celui des autres ordres.

Les Romains modifièrent surtout son chapiteau ; ils ôtèrent à l'échine & cette forme de biseau que nous lui avons vues, & cette exubérance de dimension & de contour dans son galbe qu'on lui remarque chez les Grecs ; ils y firent un tore assez peu saillant accompagné d'un astragale. Le tailloir, cette assiette si large de l'architrave en Grèce, & ce couronnement si mâle de la colonne, fut réduit à un plateau d'une modique saillie & d'une foible épaisseur. De lisse qu'il étoit, il devint profilé, & reçut même des ornemens.

Les parties de l'entablement se modifièrent sur ce nouveau système d'élégance ; elles devinrent moins élevées ; l'architrave lui-même fut profilé, & on lui donna deux faces. Les triglyphes se multiplièrent entre les entrecolonnemens, comme on le voit au temple de Cora, & comme Vitruve lui-même, liv. IV, chap. 3, enseigne à le faire. On adopta le demi-métope à l'angle. La corniche, au contraire de la pratique des Grecs, qui lui donnoient à peine la cinquième partie de l'entablement, & en donnoient presque le tiers à l'architrave (voy. pl. 104, 106 & 111), eut le tiers de toute la hauteur, lorsque l'architrave n'en eut eu que la cinquième partie. (voy. le *dorique* du théâtre de Marcellus.) La corniche ne se composoit presque que d'une bande profilée, en Grèce ; à Rome, elle reçut une cymaise, un larmier, & même des denticules.

Cependant le *dorique* conserva chez les Romains encore un de ses primitifs caractères, savoir l'absence de base.

Il est sans base au quartier des Soldats, à Pompéia.

Il est sans base au tombeau de Terracina, aux thermes de Dioclétien, & au beau fragment d'Albane, rapportés tous trois par Chambrai. *La tige de la colonne de ce dernier*, dit-il, *pose simplement sur une marche qui lui sert de socle, comme je le représente ici* (Parall. de l'archit. p. 20).

Il est sans base au théâtre de Vicense, & à un arc de triomphe de Véronne ; sans base au théâtre de Marcellus, & aux colones antiques de l'église de *San Pietro in vincoli*.

Il est sans base dans Vitruve lui-même qui donne avec beaucoup d'exactitude les proportions relatives de tous les détails & de tous les membres du *dorique*, & ne parle en aucune manière de sa base ; ce silence est très-significatif dans cet écrivain qui parle des bases des autres ordres, & décrit même celle de l'ordre toscan.

Il paroit donc constant que de son temps le *dorique* n'avoit pas encore reçu de base ; mais on remarque au *dorique* du théâtre de Marcellus & à celui d'Albane, que le fût commence déjà à se terminer dans le bas par une légère doucine semblable à celle qu'on observe à l'extrémité des colonnes ioniques ou corinthiennes, au-dessus des tores de la base.

Le *dorique* de Cora a bien aussi quelque chose qui ressemble à un commencement de base (voyez CORA), mais est encore fort éloigné de celle qu'on lui a donnée dans les temps modernes.

Il n'y a que le prétendu *dorique* du Colisée à Rome, auquel on voye une base réelle & déterminée avec plinthe, tore, filets, &c. Mais on observe que rien n'est plus équivoque que le caractère de cet ordre qui n'a point de triglyphes dans sa frise, & qui appliqué en colonnes engagées à la décoration des piédroits de ce grand édifice, ne sauroit se considérer comme un ordre régulier.

Toutefois on ne veut pas nier que le *dorique* n'ait dû arriver à avoir une base à Rome, quoique les autorités nous manquent autant pour affirmer ce fait que pour le nier. Il est vraisemblable que l'usage d'en donner au toscan & aux autres ordres, aura amené les yeux à la juger aussi nécessaire dans le *dorique* ; & cela est d'autant plus probable, que cet ordre ayant perdu peu à peu chez les Romains tous ces caractères de solidité, de force énergiquement prononcée, & l'empreinte fidelle des types originaires que nous lui avons vus en Grèce, la privation de base devoit à la fin s'y regarder plutôt comme un reste inutile d'une tradition équivoque, que comme le résultat d'un système raisonné, plutôt enfin comme l'effet d'un préjugé, c'est-à-dire d'une raison oubliée, que comme l'effet d'une opinion éclairée.

Nous ne pouvons hasarder que des conjectures sur ce point. Nous n'en savons pas assez, d'après le peu de monumens *doriques* romains qui nous sont parvenus, pour affirmer que la base trouvée, ainsi qu'on l'a vu plus haut, aux petites colonnes du petit temple de Pæstum, indique nécessairement une restauration qui auroit été faite à cet édifice par les Romains, comme l'a conjecturé de la Garde dans son ouvrage des *Ruines de Pæstum*, pag. 72. Des faits & des détails aussi isolés & aussi incohérens ne suffisent pas pour asseoir dessus un système de ce genre. Il en est de même de celui de M. Leroy sur les époques du *dorique* calculées d'après le plus ou le moins d'élévation dans les colonnes. Les Grecs ne s'abstinrent généralement de mettre des bases à l'ordre *dorique* que parce que l'art s'étoit fait dans son pays natal la loi de respecter les formes primitives du modèle qui lui avoit donné l'être. Plus on s'éloigna de cette origine, plus l'observance de cette loi dut perdre de sa rigueur. Les Grecs eux-mêmes durent y porter atteinte à la longue ; & si l'on avoit sous les yeux leurs monumens, on y découvriroit peut-être l'oubli graduel de ces lois. Peut-être cette base de Pæstum ne fut-elle qu'une exception motivée par le besoin d'exhausser en cet endroit les colonnes, & peut-être alors ne faut-il regarder cette exception que comme étant du nombre de celles qui renforcent plus qu'elles n'affoiblissent une loi. Celle-ci prouveroit que ce seroit non par routine, mais par choix, que les Grecs auroient constamment fait le *dorique* sans base.

Mais le caractère de la frise *dorique* fut, à ce qu'il paroît, la chose qui varia le moins chez les Grecs ; il semble au contraire que cette partie fût celle que les Romains modifièrent & altérèrent le plus. Nous avons vu que Vitruve, d'accord en ce point avec le temple de Cora, enseigne la manière de faire au diastyle plusieurs triglyphes dans l'intervalle de l'entrecolonnement, & qu'il oppose cette méthode à celle du pycnostyle ou monotriglyphe. (*Voyez* Vitruve, liv. IV, ch. 3.) L'ajustement régulier de cette frise est sans doute une des plus grandes difficultés qu'on trouve dans l'emploi du *dorique*. Il y a eu, dit Vitruve, ibid. *quelques anciens architectes qui ont cru que l'ordre dorique étoit inapplicable aux temples, d'autant qu'il se trouve quelque chose de fautif & d'incommode dans ses proportions* ; & ici il rapporte les inconvéniens des métopes, & des triglyphes d'angle, dans lesquels il entre toujours quelque chose de défectueux, est *mendosum*. « C'est « pour cela, continue-t-il, que les anciens paroissent avoir évité l'emploi du *dorique* & de ses proportions dans les temples. » *Quas propter antiqui evitare visi sunt in ædibus sacris doricâ symetriæ rationem*. On voit encore par ce passage que Vitruve étoit fort peu instruit des pratiques & des usages de l'antiquité, si par *antiqui* il a voulu entendre les Grecs. Si par ce mot il n'entendoit que les architectes romains, ses prédécesseurs, alors cela prouveroit que le *dorique* avoit été toujours peu pratiqué à Rome.

Il ne seroit pas invraisemblable, d'après cela, que le toscan & le *dorique* ayant une commune origine & des rapports d'identité entre eux, ils se soient de nouveau réunis comme dans le prétendu *dorique* du Colisée où la suppression de la frise, l'addition de la base & l'allongement jusqu'à huit diamètres & demi, ne permettent plus de reconnoître l'ordre des Grecs.

Il faut convenir aussi que les proportions, le style, l'ajustement du *dorique*, exigent des plans simples, des compositions sages, symétriques & régulières dont les Romains s'étoient déjà fort éloignés, quoique beaucoup moins encore que ne l'ont fait les modernes.

D'après ce qui vient d'être exposé, on voit que même chez les Romains le *dorique* (celui du moins qui se présente à nous avec les caractères propres de cet ordre), quoiqu'allongé & modifié en beaucoup de points, avoit toujours retenu les formes principales & les indications originaires de sa manière d'être en Grèce. L'absence de base l'y caractérise constamment. Ce qu'on appelle le *dorique* du Colisée mérite à peine de se compter pour une exception, puisque cette ordonnance étant dépourvue de ses attributs principaux, c'est-à-dire de la frise, elle ne peut passer que pour une composition hors des règles & de l'usage, & peut-être étrangère même à l'ordre *dorique*.

Du changement total de l'ordre dorique chez les modernes.

Lorsque l'architecture reparut dans les temps modernes, vers le quinzième siècle, les premiers efforts des architectes tendirent à retrouver les proportions des ordres antiques. Les ruines de Rome furent le seul dépôt où il fut loisible de fouiller. Il arriva à cet égard ce qui arrive dans tous les genres de découvertes. On vit tout en masse. Des monumens séparés entre eux par l'intervalle de plusieurs siècles, & par conséquent d'un goût & d'un mérite fort différent, acquirent, sous la dénomination d'antique, l'autorité que le beau seul & le vrai doivent obtenir. La conservation des édifices étant due au hasard, on ne fit pas attention que le temps pouvoit avoir détruit les meilleurs ouvrages de tel ou tel ordre, & en avoir conservé seulement les plus médiocres ; que par conséquent on ne devoit ni la même foi, ni le même respect à tout ce qui étoit antique. Il fallut de l'expérience, des découvertes nouvelles, & le secours de l'observation, pour qu'une saine critique pût s'établir en ce genre.

Mais bientôt il s'éleva une autre sorte d'abus qui résulte toujours de l'ignorance des faits. Ce fut l'esprit de système. On chercha à donner aux ordres une fixité de mesures dont ils ne sont pas susceptibles. Chaque architecte fit sa méthode, & prétendit astreindre à des proportions déterminées chaque ordre & chaque membre de chaque ordre.

Comme ce fut toujours à Rome que les architectes puisèrent les élémens de leur doctrine, ils furent obligés de suppléer par les écrits de Vitruve, à ce qui leur manquoit d'autorité dans les ruines de l'antiquité. Vitruve ayant parlé d'un ordre toscan dont aucun monument ne nous est resté, & ce toscan paroissant plus simple que le *dorique*, on imagina d'en faire le premier de tous. Vitruve lui donne sept diamètres & une base. On lui donna donc une base & sept diamètres, une frise lisse, & on le priva le plus qu'il fut possible de tout ce qui en architecture est richesse ou synonyme de variété.

Après avoir établi cet ordre comme le plus pauvre, le plus simple, & comme le ton grave dans l'architecture, on plaça ensuite le *dorique*. Ce qui contribua à lui donner cette seconde place, ce fut sa frise qui présente une distribution de parties dont l'aspect comporte une idée de richesse supérieure à celle de l'entablement présumé toscan. Au lieu de voir dans les types de cette frise les caractères & les titres originaires de l'ordre primitif, on le classa au second rang, comme supérieur en richesse. Mais pour être conséquent dans cette classification qui, depuis le prétendu toscan jusqu'au prétendu composite, va toujours croissant en élévation & en ornement, 1°. on voulut faire le *dorique* plus élevé que le toscan, & dès lors on lui donna huit diamètres; 2°. on lui donna une base malgré les exemples même des Romains, parce que cette absence de base étant un grand caractère de simplicité, cela eut semblé être contradictoire avec le système qui attribuoit au toscan le degré extrême du simple.

Le prétendu *dorique* du Colisée servit de fondement à cette innovation, & quoique cette ordonnance absurdie ne porte aucun des caractères particuliers du *dorique*, on ne s'en autorisa pas moins, pour donner au *dorique* une base que l'on fit un peu plus riche en moulures que celle du toscan. Ce fut d'après ce principe que s'établit la gradation de richesse dans tous les profils & les membres des différens ordres.

On a très-bien remarqué qu'il ne peut y avoir que trois qualités essentiellement distinctes dans l'architecture, savoir le fort, l'élégant & le riche, & que les ordres ne sont que des moyens de rendre ces qualités sensibles, que ces qualités comportent des nuances & des modifications que chacun de ces ordres fait manifester par les variétés dont il peut user, qu'ainsi le simple est en architecture l'attribut du fort, qu'il n'est pas nécessaire qu'il y ait un ordre qui n'exprime que le simple, parce que le caractère simple séparé du caractère fort seroit pauvreté, que tout ce qui étoit plus simple que le simple, & plus riche que le riche, étoit un excès & dès lors un vice. Ainsi tout le système moderne repose sur une erreur, & cette erreur est d'avoir voulu faire dans le toscan quelque chose de plus simple que le *dorique*, & dans le composite quelque chose de plus riche que le corinthien.

Il est résulté de là que le *dorique* moderne s'est trouvé totalement abâtardi, & changé sous l'influence d'un système qui, en lui donnant forcément huit diamètres & une base, n'a plus mis entre lui & les autres ordres, que la différence du chapiteau & (selon la volonté des architectes qui l'employoient) de sa frise; car beaucoup se sont crus, comme Le Bernin à la colonnade de St.-Pierre, maîtres d'en supprimer les triglyphes & les metopes.

Ainsi ce caractère de force & de puissance, résultant de la proportion courte & de la forme pyramidale de la colonne, ces cannelures peu profondes qui sembloient craindre d'en diminuer le volume, cette grandiosité du tailloir & de l'échine, cette large assiette qu'y trouvoit l'architrave, cette hauteur & cette mâle simplicité de l'architrave, la distribution simple & régulière de la frise, l'élévation de l'entablement, l'inclinaison des mutules, la fidelle représentation des types & des formes originaires de la cabane, l'absence de base qui donnoit à cette ordonnance un caractère particulier de simplicité, l'effet imposant que donnoit l'accord d'une solidité réelle avec la représentation de tout ce qui en rappeloit la cause & le principe, tout cela a disparu de l'ordre *dorique* moderne.

Il est assez inutile de rapporter les variétés qui se rencontrent entre les divers *doriques* des modernes les plus accrédités. Chambray, dans son Parallèle de l'architecture antique avec la moderne, a rapproché les ouvrages *doriques* de Palladio, Scamozzi, Serlio, Vignola, Barbaro, Catanea, L. B. Alberti, Viola, Buillant & Philibert Delorme. Tout ce qui différencie ces œuvres, consiste dans un demi-diamètre que quelques-uns, tels que Palladio & Scamozzi, ont donné de plus à l'ordre, qu'ils ont porté jusqu'à huit diamètres & demi, & dans de légères variétés de cymaise, de tore, de quart de rond, toutes choses d'où résulte le plus ou le moins d'agrément dans les profils, mais rien d'essentiel ni de remarquable dans le caractère général.

Vignola qui long-temps dans les écoles a passé pour le législateur de l'architecture, c'est-à-dire pour celui qui a réuni dans un point le plus moyen toutes les variétés des divers ouvrages d'architecture, a composé son *dorique* selon les principes modernes, sans s'être douté de l'existence d'un autre *dorique*.

Il donne à sa colonne seize modules ou huit diamètres de hauteur; à l'entablement quatre modules ou deux diamètres, c'est-à-dire le quart de la hauteur de la colonne; il place des denticules dans la corniche, donne deux faces à l'architrave, un profil au tailloir du chapiteau, à celui-ci un collarin orné de rosaces & d'un astragale; il lui fait une base composée d'une doucine, d'un filet, d'un quart de rond & d'une plinthe. Il orne les metopes de patères & de têtes de bélier, place le triglyphe d'angle à l'aplomb de la colonne. On peut voir (*depuis la pl. 15 jusqu'à la pl. 20 inclusv.*) tous les détails de cet ordre comparé à celui des Grecs.

Il règne encore dans ce *dorique* tout abâtardi qu'il est, des traces de son caractère. Mais l'architecture moderne n'a pas toujours été aussi sage que Vignola. Les architectes se trouvant gênés par la disposition des triglyphes & des metopes n'ont pas eu, comme Tarchesius, Pytheus & Hermogènes (voy. *Vitruve*, lib. IV. cap. 3), le bon esprit d'employer un autre ordre plutôt que d'altérer la constitution fondamentale du *dorique*. Ils ont cru licite de supprimer ce caractéristique. Bernin a donné de cette licence l'exemple le plus remarquable dans sa colonnade de St. Pierre, ouvrage d'ailleurs si recommandable. De tels exemples sont contagieux. Cet ordre n'eut plus ni dans sa proportion, ni dans sa forme, ni dans ses caractères, rien qui, à proprement parler, en fasse un ordre, c'est-à-dire un moyen d'exprimer en architecture la plus haute idée d'une qualité quelconque. Il s'est trouvé des architectes qui l'ont porté jusqu'à neuf diamètres; on lui a donné la base attique, on lui a fait des cannelures demi-circulaires, on l'a cannelé jusqu'aux deux tiers, on a découpé des oves & des rais de cœur dans son échine, on a donné une cymaise à son tailloir, on a orné ses plafonds de rosaces, son tailloir de découpures. Enfin si le lisse exprime le simple en architecture, & si le simple est le compagnon du fort, on a par tous les détails & dans tout son ensemble rendu cet ordre aussi susceptible de légèreté, de luxe & de variété que les autres.

L'architecture, comme on l'a dit, a bien le droit de nuancer le caractère de chaque ordre; & ces nuances ne sont que des variétés, dans l'expression de la qualité spéciale qui fait le distinctif de chacun. Ainsi un corinthien peut être simple sans sortir de ses données, & un *dorique*, comme on l'a dit, peut, sans sortir de sa nature, être moins fort, & se permettre quelque élégance. Mais si l'on mêle ensemble les attributs des différens ordres, de manière que ce ne soit que par un diamètre de plus ou de moins, par l'addition ou la suppression d'une moulure, la saillie plus ou moins grande d'un profil, qu'on prétende rendre sensibles les diverses qualités, il est visible que ce langage trop peu articulé, que cet unisson de ton entre les ordres, n'aura plus rien de saillant pour le commun des hommes, & cessera d'avoir même de la valeur pour les artistes. C'est ce qui étoit arrivé à l'ordre *dorique*.

Du renouvellement de l'ordre dorique grec.

Les modernes n'eurent très-long-temps, comme on l'a vu, d'autre notion de l'ordre *dorique* que par les monumens romains, & par Vitruve qui n'eut aucune connoissance de ceux des Grecs où cet ordre est employé. Le *dorique* moderne ne devoit donc être que la conséquence d'une conséquence déjà fautive, que la suite d'une tradition déjà erronée, que l'abus d'un abus. Le véritable *dorique*, le *dorique* grec, resté enseveli sous les ruines de la Grèce, de la Sicile & de la Grande-Grèce, ne pouvoit reparoître que par les tentatives des voyageurs. Ces ruines éloignées du centre de l'Europe & du foyer des arts, Rome moderne, furent toutefois visitées de temps à autre par quelques hommes plus versés dans d'autres connoissances qu'instruits dans l'architecture. Spon & Wehler, qui voyagèrent à Athènes dans le siècle dernier, ne paroissent pas s'être douté qu'il y eût entre l'architecture *dorique* des principaux édifices de cette ville & le *dorique* moderne, la différence que nous venons d'y trouver. D'après leurs dessins, il seroit également difficile d'y en soupçonner. On doit en dire autant de quelques autres ouvrages aussi nuls pour les arts, publiés en Sicile, & qui ne furent jamais connus que d'un très-petit nombre de savans.

Les recherches en ce genre furent éveillées par la découverte des ruines de la ville de Pæstum, sur lesquelles, en 1745, le baron Joseph Antonini publia des détails assez circonstanciés pour exciter le zèle d'autres curieux. Selon Grosley, ce fut en 1755 qu'un jeune peintre napolitain s'égarant sur ces parages déserts, découvrit ces monumens & en rapporta des impressions qui, jointes à ses dessins, donnèrent à l'ancienne ville de Pæstum une célébrité qu'elle avoit perdue depuis bien des siècles. Enfin la proximité de Naples détermina beaucoup d'artistes à entreprendre ce voyage, & il n'y a pas d'antiquités mieux connues aujourd'hui que celles-là.

Le voyage de M. Le Roy en Grèce donna un nouvel essor au zèle des voyageurs, & c'est à l'envi l'une de l'autre que depuis trente années les diverses nations de l'Europe ont exploité les ruines d'une infinité de villes grecques.

Cependant la découverte des ruines de Pæstum ayant précédé de fort long-temps toutes les autres, le *dorique* de ses temples a été un sujet de controverse & de conjectures assez bizarres, jusqu'à ce que de plus nombreuses découvertes dans le même genre, eussent mis le plus grand nombre des artistes à portée de faire des parallèles & de généraliser les idées.

Nous avons déjà parlé du système erroné du Père Paoli, précédé par M. d'Hancarville dans l'opinion que les temples de Pæstum étoient d'ordre toscan. Cela vint du défaut de notions générales sur cette matière. Il est résulté de même beaucoup d'erreurs de goût, de préjugés & d'opinions hasardées sur le *dorique* de Pæstum. Toutes furent l'effet de cette découverte isolée & partielle, mais elles n'en ont pas moins contribué à jeter quelque défaveur sur la rénovation du véritable *dorique*.

On ne sauroit dire encore que ce *dorique* ait pris dans l'architecture moderne la place qui lui convient. A peine cite-t-on en Europe de monumens un peu importans où l'on ait osé l'employer.

Il est vrai qu'il n'y eut jamais d'époque plus stérile en édifices & en monumens que celle des vingt-cinq dernières années de ce siècle. Peut-être faut-il que le *dorique* grec s'accrédite encore pendant quelque temps, & devienne classique ou élémentaire dans les écoles, pour qu'on en vienne à le regarder comme l'ordre par excellence, & à lui accorder la prééminence qu'il mérite.

J'ignore si l'on peut citer hors de la France des édifices construits selon ses principes, autres que l'École de botanique à Palerme, par Léon Dufourny, & une imitation des Propylées à Berlin. Mais Paris a vu dans ces quinze dernières années l'ordre en question prendre dans une foule de petits bâtimens, non-seulement la place du moderne *dorique*, mais même celle de tous les autres ordres. Une sorte de courant de mode, fruit ordinaire de cet esprit qui accueille les choses nouvelles parce qu'elles sont nouvelles, & les abandonne lorsqu'elles ont cessé de l'être, a appliqué le *dorique* sans base indistinctement à tout.

D'abord on vit le préjugé que firent naître la forme pyramidale & la courte proportion de cette ordonnance, en restreindre l'application à des édifices que l'opinion rangeoit ou dans une classe vulgaire, ou dans un ordre de choses opposé à l'idée de noblesse. Le premier emploi qu'il me souvienne en avoir vu faire, fut à l'entrée de l'hôpital de la Charité, dans un petit péristyle qui est peut-être encore le meilleur ouvrage de ce genre. Les hommes qui raisonnent sur l'architecture, pardonnoient alors cette nouveauté en faveur du monument auquel s'adaptoit cet ordre. Un hôpital, disoit-on, ne méritoit pas une ordonnance riche, & la rusticité de ce *dorique* y convenoit assez. Quelque temps après le couvent des Capucins de la Chaussée d'Antin fut construit & son cloître eut une ordonnance *dorique* sans base. On approuva encore que l'ordre religieux le plus pauvre eût dans sa construction l'ordre d'architecture le plus pauvre; on trouva même que l'analogie entre la manière d'être sans base à une colonne, & la méthode des Capucins d'être sans souliers. Le *dorique* grec dans ce temps étoit réputé n'être que l'ébauche du *dorique*, un essai grossier que l'art n'avoit pas encore eu le temps de polir. On l'admettroit donc à trouver place dans les édifices, mais seulement comme moyen d'exprimer & de caractériser des idées basses & des bâtimens d'une espèce triviale. On en faisoit le rebut de l'architecture, sans songer qu'autrefois les monumens les plus relevés dans l'opinion, les temples des plus grands dieux, montroient avec orgueil dans leurs somptueux péristyles, la mâle & fière ordonnance de ce *dorique*, l'aîné des autres ordres, le père & le créateur de l'architecture.

Si l'instabilité des choses humaines le fit déchoir à ce point, que d'abord il n'eut d'accès que par grâce dans un hôpital & un couvent de Capucins, bientôt on le vit, par un caprice d... non moins fatal, devenir à Paris l'ordre exclusif & privilégié.

Lors de la formation des nouvelles barrières de cette ville, l'auteur ingénieux de ces monumens fantastiques se plut à y reproduire cet ordre qu'il crut propre à servir l'idée qu'il s'étoit faite du caractère convenable à des barrières. On a vu au mot BARRIÈRE de combien de manières ce *dorique*, dès sa renaissance, s'est vu tourmenté, décomposé, coupé par des bossages, altéré dans ses types, & détourné de son véritable sens. Cependant le caractère imposant & grandiose que l'auteur de ces monumens sut tirer de l'emploi de cet ordre, la fierté de la modinature, la hardiesse des profils, & l'aspect majestueux de quelques-unes de ces compositions, parmi lesquelles on retrouve quelques redites, & des imitations des masses des anciens temples *doriques*, l'étrangeté même de ce style, contribuèrent à familiariser les yeux avec le goût & les proportions du *dorique* grec sans base. Il eût été sans doute à souhaiter que des caprices dignes de Borromini & de la décrépitude de l'art, ne fussent pas venus se mêler avec la mâle austérité d'un ordre, qui repousse plus qu'aucun autre tous ces jeux d'imagination, dans lesquels les modernes ont si souvent placé le mérite de l'invention, & qui n'en dénotent que l'impuissance.

C'est une chose assez singulière que cet ordre *dorique* sans base, dont le caractère seul sembloit commander aux architectes plus de simplicité dans les plans, plus de respect pour les formes constitutives de l'art, soit devenu précisément l'objet & même la cause d'une nouvelle série de licences jusqu'alors inconnues. Par exemple, on a vu des architectes conclure de l'absence de la base dans cet ordre, à la suppression de son tailloir. De Wailly, non-seulement dans la mais... bâtie faubourg St.-Honoré, m... encore dans un monument public, le Théâtre Français, a employé ce *dorique* sans tailloir; & non content de cette suppression totalement monstrueuse, il a fait tailler l'échine du chapiteau en oves ou fleurons, de sorte que l'entablement repose, contre toute ombre de sens, de vérité & de vraisemblance, sur une forme molle, arrondie, foible & affoiblie encore par les découpures dont on a parlé.

On ne finiroit point si l'on vouloit nombrer toutes les irrégularités, les inconséquences & les bizarreries auxquelles on s'est livré dans l'emploi de ce *dorique* sans base qui semble n'avoir reparu à la fin d'un siècle usé par tous les abus qu'engendre la manie d'innover, que pour servir d'aliment à ce besoin insatiable de changer & de modifier toutes les formes, besoin devenu impérieux chez les peuples modernes, où un mouvement commercial use tout promptement, pour tout renouveler souvent, & chez lesquels l'habitude de voir ainsi changer tout ce qui entre dans le commerce de la vie, se porte aux choses même qui ne peuvent se perfectionner que par une lente & insensible progression.

Cet esprit de nouveauté, devenu depuis un demi-siècle le caractéristique dominant de l'Europe, &

qui tient à des causes politiques supérieures aux esprits ordinaires, & étrangères à cette discussion, est plus qu'on ne sauroit dire, la cause de l'affoiblissement des arts du génie & de ceux du dessin. Dès que l'esprit de mode se porte dans les arts, il en ruine le principe; car les arts, enfans de la nature, ne veulent reconnoître d'autres lois que celles de ce modèle immuable & éternel. Tout devroit tendre à rendre fixes les principes des arts; tout devroit tendre à consacrer par un respect religieux les monumens où ces principes sont écrits. Ce fut par l'invariabilité dans certaines maximes du vrai, du simple & du beau, que les anciens & les Grecs surtout ont acquis cette prééminence dans les arts imitateurs. On se persuade en lisant & comparant l'histoire de leurs arts avec les restes de leurs monumens, qu'ils furent doués d'une grande persévérance dans leur manière. Une série non interrompue pendant plusieurs siècles, de maîtres & d'élèves travaillant dans les mêmes données & fidels aux mêmes erremens, conduisit leurs ouvrages à cette haute perfection. Ce seroit avoir une idée fausse de leur manière de procéder, que de croire que leurs chefs-d'œuvre furent dûs aux éclairs de quelques génies indépendans, créateurs & inventeurs de leur style. Rien n'alla ainsi chez eux; tout fut le fruit d'une méthode lentement perfectionnée; ce fut plus le pouvoir de l'art que celui de l'artiste. Cette répétition si constante du même genre, du même style & presque du même programme dans leurs édifices, & surtout dans les temples *doriques* parvenus jusqu'à nous, dépose en faveur de cette théorie, & porteroit cette assertion au plus haut degré d'évidence, si l'on avoit besoin de prouver une chose que les statues antiques ont déjà surabondamment prouvée. On est obligé de franchir l'intervalle de plusieurs siècles & de pays divers, pour apercevoir dans le goût des anciens, les variations qu'on observe en France, par exemple, dans l'espace seul de dix années.

On a observé ailleurs que l'église de St.-Pierre, par exemple, dont la construction avoit duré près d'un siècle, offroit dans les modifications auxquelles elle fut soumise, des changemens de goût mille fois plus notables qu'on n'en découvre dans toute l'antiquité, à réunir dans les douze siècles que nous en connoissons, les deux points les plus extrêmes de cette période. Il suffit de dire que, commencé par Bramante, St.-Pierre manqua d'être terminé par Boromini. Ces vicissitudes sont devenues bien plus notables depuis que l'on ne met plus dans les édifices publics & particuliers ni la même dépense, ni la même importance. Il résulte de la légèreté qu'on apporte dans toutes les constructions, que tous les vingt ans au moins le goût de bâtir change, comme on voit tous les ans au moins changer celui de se vêtir.

Depuis dix ans on voit régner à Paris beaucoup moins le goût que la mode du *dorique* grec. C'est en vain que vous demanderiez aux architectes françois de l'ionique ou du corinthien, *ils n'en tiennent plus*. On ne consulte en ce genre, comme en celui des parures, ni convenance, ni propriété, ni accord, ni caractère. On vit un architecte chargé dans une fête publique, d'élever contre le pavillon des Tuileries où l'ordonnance ionique est presque bizarre, on ne sait quelle décoration postiche, qui devoit se raccorder avec l'ordre chargé de richesses superflues qui, comme on sait, décore cette façade : & cet architecte, maître de faire telle composition qu'il lui plaisoit, associa, sans aucun égard aux colonnes guillochées de Philibert Delorme, des colonnes *doriques* sans base du caractère le plus massif & le plus austère, & personne ne s'aperçut de cette disparate vraiment rebutante. La même chose vient de se répéter dans les corps-de-garde placés en avant de la façade des Tuileries, du côté du Carrousel. Enfin c'est une vérité que dans tous les plans les plus magnifiques des architectes du jour, & dans toutes les baraques qu'ils font (car ils en sont réduits à ne plus faire que des plans sur le papier ou des baraques en réalité) on ne trouve plus que du *dorique* grec sans base.

Cet ordre se trouve ainsi prostitué de toutes les manières ; c'est le lieu commun de tous les architectes, & toutes les boutiques en ont. Cette mode passera avant que dans un monument de quelqu'importance ont ait pu voir réalisé cet ordre sous ses véritables proportions, & avec les attributs de grandeur, & de majesté qui lui appartiennent.

Au milieu de tous ces écarts du caprice, & de l'emploi vraiment abusif de cet ordre, s'élève la question de la mesure & de la place qu'il convient de lui assigner dans l'état actuel de l'architecture.

On ne sauroit se dissimuler que l'esprit des modernes dans tous les arts a constament tendu à varier & à compliquer leurs productions. Nous sommes tellement loin de cette unité, de cette simplicité de motif & d'effet qui caractérise les plus beaux ouvrages antiques, qu'opérer d'après ce système, passeroit aujourd'hui pour manque de ressources & défaut de génie. La simplicité d'une tragédie de Sophocle, d'un discours de Démosthène, d'une épigramme d'Anacréon, d'une fable d'Ésope, seroit regardée de nos jours comme une pauvreté de plan, une stérilité de moyens, une froideur de pensée & une insipidité de narration. Il n'y a pas même possibilité de recourir à de si simples élémens. Notre goût est devenu plus exigeant; nous n'aurions plus d'appétit pour d'aussi simples mets. Ajoutons qu'habitués à opérer par des moyens plus composés, les artistes ne sauroient pas faire avec peu l'effet qu'on trouve encore dans les anciens. Le moindre avocat emploie aujourd'hui pour la moindre cause plus de figures, plus de développemens, plus de moyens oratoires, que Démosthène & Cicéron n'en employèrent jamais dans les plus grandes occasions.

Il n'y a pas si mince statuaire qui ne sache grouper ensemble plus de figures, que ne l'eussent su faire Lysippe ou Praxitèles. C'est surtout dans les plans d'architecture que le génie moderne s'est le plus tourmenté pour trouver du nouveau, de peur de faire du simple. Combien de temps n'a-t-on pas cru qu'une ligne droite étoit indigne d'un architecte, parce qu'un enfant étoit capable de la tracer. Les plus beaux plans étant les plus symétriques, on a cru long-temps que ce que tout le monde pouvoit trouver ne devoit pas occuper l'attention d'un savant, & que l'art de dire étoit de dire autrement que tout le monde.

Les besoins plus composés auxquels l'architecture dut aussi dans beaucoup d'édifices se prêter & se subordonner, ne permettent pas toujours à l'architecte d'employer ces plans simples, ces dispositions d'ordonnance régulières, qu'exige la composition de l'ordre *dorique* grec. Les temples des Grecs sembloient faits exprès pour l'architecture; tout y étoit disposé pour la symétrie de la décoration & d'une décoration plus extérieure qu'intérieure. On conçoit encore difficilement comment leurs intérieurs étoient éclairés, à moins qu'ils ne le fussent par des lampes, ou par des jours pris dans la toiture, ce que rien ne nous autorise à affirmer. C'est le contraire dans nos usages; tout le luxe & toute la pompe de l'architecture se portent à l'intérieur, & c'est ordinairement la décoration extérieure qui se trouve sacrifiée aux besoins & aux données très-compliquées du dedans. De sorte qu'une église d'ordonnance *dorique* à la manière grecque, seroit chez nous un objet d'une dépense & d'une difficulté dont on conçoit à peine l'idée.

Tous les autres genres d'édifices sont moins susceptibles encore d'admettre la disposition périptère des temples *doriques*, parce que sans des intérieurs très-simples & souvent obscurs, une semblable disposition ne sauroit se présumer. Il faut donc se résoudre ou à rejeter l'ordonnance *dorique* des Grecs, ou à la mutiler, la tourmenter, la décomposer; & dans ce cas il n'est pas d'homme de goût qui ne préfère d'employer un autre ordre, à la nécessité d'abâtardir le *dorique*.

On ne sauroit nier cependant qu'il ne puisse heureusement trouver place dans les péristyles ou dans des intérieurs de cours formant galerie, enfin dans tous les plans qui comportent de la sévérité, de la régularité & de la symétrie. Il est à souhaiter qu'il se trouve quelqu'occasion un peu grande de restituer à cet ordre la place qui lui convient.

Mais autant on doit désirer de voir le *dorique* grec rendu à sa primitive destination, autant on pense qu'on doit s'abstenir de le faire entrer comme on l'a pratiqué depuis peu dans toutes les compositions les plus tourmentées & les plus variées de l'architecture. Là où les ordres sont appliqués comme accessoires de la décoration, ainsi que dans les piédroits des arcades, il convient beaucoup mieux d'employer le *dorique* romain ou moderne, comme on le voit au théâtre de Marcellus, au Colisée & à d'autres édifices.

Là où l'on se croit obligé d'accoupler ou de grouper des colonnes, il est totalement absurde d'employer le *dorique* sans base. Les chapiteaux si saillans de cet ordre sont incompatibles avec l'accouplement.

Il y a plus, la belle disposition de sa frise répugne à cet abus de l'architecture moderne. Il en est de même de tous les plans mixtilignes ou polygônes dans lesquels on introduit le *dorique*, & dans lesquels on ne fait qu'offrir un amas de toutes sortes de contradictions, avec l'intention fondamentale & le caractère natif de l'ordre.

Le bizarre & le capricieux doivent toujours choquer, mais ils révoltent bien davantage lorsque c'est avec les élémens du simple qu'on prétend faire de tels badinages. Cela devient alors une véritable parodie qui, comme telle, feroit rire, si une parodie en architecture pouvoit jamais acquérir ce caractère léger & temporaire de badinages, que d'autres arts savent donner à de telles productions.

L'ordre *dorique* est trop sérieux, trop grave pour être employé autrement que sérieusement & avec gravité.

Puisque le hasard a procuré à l'architecture moderne deux genres de *dorique*, dont l'un n'est qu'une dérivation & une déviation de l'autre, il semble que dans l'état de notre architecture il seroit possible de les employer tous les deux. Le premier ou le *dorique* grec sans base, dans tous les monumens où l'on jugeroit nécessaire de rendre sensible un grand caractère de force & d'austérité, mais uniquement dans l'hypothèse d'un plan simple & de données régulières, là seulement où le motif & la disposition de l'édifice exigeroit l'idée de force, & se prêteroit à la simplicité de l'ordonnance. Le second ou le *dorique* moderne, quoique bien moins significatif, bien moins expressif que l'autre, trouveroit son emploi naturel dans tous ces plans composés ou compliqués qui excluent la nécessité d'un caractère grave, & qui admettent les combinaisons variées.

Le *dorique* moderne seroit une nuance, un ton intermédiaire entre le *dorique* & l'ionique.

Ce seroit par l'observance de ces convenances que l'architecture reprendroit sa place dans les arts d'imitation, & recouvreroit le droit qu'elle a d'être un langage par formes & par lignes, une musique oculaire dont les tons divers auroient une propriété sensible pour tout œil un peu exercé.

La réintégration du *dorique* grec sans base me paroît nécessaire, pour redonner à l'architecture ce ton grave qui manquoit à son harmonie, & dont le vide a plus qu'on ne pense contribué à la confusion de ses moyens d'expression. Mais il faut que ce ton fondamental, régulateur de tous les autres, soit remis à sa vraie place. Il faut que les architectes, par l'emploi désordonné qu'ils en feront à toutes sortes de sujets, ne soient pas les premiers à en rompre la gravité par leurs inutiles diss... Il faut que, respectant dans cet ordre le type de l'ordre, ils y voyent une règle qui, loin de fléchir au gré de tous les caprices, fasse au contraire fléchir tout devant elle, & serve à redresser tous les écarts de la fantaisie, au lieu de devenir elle même une nouvelle source d'erreurs. Il faut que le *dorique* grec, le seul véritable *dorique*, ramène constamment l'architecture à son origine, & en reproduisant toujours ces premières pratiques de la construction en bois qui lui donnèrent l'être, apprenne aux artistes que c'est dans la simplicité des premières inventions, que le génie doit aller puiser les motifs toujours nouveaux d'un art qui, comme un fleuve grossi par des torrens, n'est jamais pur qu'à sa source.

DORIQUE (FRISE). Nous avons déjà dit plus d'une fois que les triglyphes & les metopes qui entrent dans la composition de la *frise dorique*, étoient la représentation des extrémités des solives du plafond qui viennent reposer sur l'architrave, & des intervalles que ces solives laissoient entre elles.

Cette pratique de construction, cet usage de laisser paroître en dehors, même dans des édifices bâtis & maçonnés, l'ossature de la charpente, sont très-communs, & il n'y a rien de plus ordinaire dans une grande partie de l'Europe. Tout le nord de cette partie du monde, toute l'Allemagne ont conservé cette méthode qui repose sur l'intérêt qu'on a d'empêcher le bois de pourrir.

Il paroit par un passage d'Ezéchiel (au chap. 4.), sur le temple de la Palestine, que les bois les plus grossiers, ou, selon l'interprétation des Septantes, ceux qui étoient nécessaires pour soutenir les assemblages de charpente, étoient apparens en dehors, dans la façade du vestibule : *grossiora ligna erant in vestibuli fronte forinsecus*. Rien ne semble avoir plus de rapport avec la méthode des Grecs.

Pendant long-temps les Grecs auront réuni dans leurs constructions les bois à la maçonnerie, & l'habitude de rendre apparens les assemblages de charpente, aura amené l'usage d'en enjoliver les vestiges indicatifs ; de là sont nées les cannelures , & les goutes du triglyphes , & de là encore les ornemens des metopes. L'architecture, comme on l'a dit, n'aura pas passé brusquement d'une chétive & misérable hutte à la construction en pierre d'un temple. Tout cet intervalle avoit été rempli par un grand nombre d'essais & d'améliorations dans la construction des édifices , & la maçonnerie ayant dû précéder la construction en pierre ; celle-ci n'aura plus eu qu'à suivre des erremens déjà fort perfectionnés.

Toutefois l'ajustement des triglyphes & des metopes exigeant une grande régularité, & soumettant le reste de l'édifice à sa disposition, il en est résulté dans la distribution de la *frise dorique* & dans le raccordement des plafonds ; des difficultés auxquelles les anciens même ont souvent cherché à se soustraire.

« Il y a eu quelques anciens architectes, dit Vi-
« truve, qui n'ont pas cru que l'ordre *dorique* fût
« propre aux temples, parce que ses proportions
« ont quelque chose d'incommode & d'embarras-
« sant. Tarchesius & Pitheus ont été de ce senti-
« ment, ainsi qu'Hermogènes. Celui-ci ayant beau-
« coup de marbre pour bâtir un temple d'ordre
« *dorique* à Bacchus, changea de dessin & le fit
« ionique. Ce n'est point que le *dorique* manque de
« beauté dans son genre & de majesté dans sa forme,
« mais sa disposition se trouve gênée & embarrassée
« par la distribution des triglyphes & des plafonds ;
« car il faut nécessairement que les triglyphes se
« rapportent sur le milieu des colonnes, & les me-
« topes qui se font entre les triglyphes, doivent être
« aussi longues que larges. Cependant les triglyphes
« des colonnes de l'angle se placent : à l'extrémité des
« encoignures, & non sur le milieu des colonnes ;
« d'où il résulte que les metopes voisines du tri-
« glyphe de l'angle ne sont plus carrées, mais de-
« viennent plus longues de moitié de la largeur du
« triglyphe, ou si l'on veut que les metopes soient
« égales, il faut que le dernier entrecolonnement
« soit plus étroit que les autres de la moitié de la
« largeur du triglyphe. Or, soit qu'on élargisse la
« metope, soit qu'on rétrécisse l'entrecolonnement,
« on tombe toujours dans une défectuosité, & c'est
« pour cela que nos anciens ont paru éviter d'em-
« ployer l'ordre *dorique* dans les édifices sacrés. »

Non nulli antiqui architecti negaverunt.... Quapropter antiqui evitare visi sunt in ædibus sacris doricæ symetriæ rationem. VITR. lib. IV. cap. 3.

Nous avons déjà vu dans l'article précédent que Vitruve ne connoissoit l'histoire de l'architecture grecque, celle de ses monumens & de ses monumens *dorique* entre autres, que par des traditions fort imparfaites. Ainsi quoique ce qu'il rapporte de Tarchesius, de Pitheus, & surtout d'Hermogènes, puisse être aussi vrai qu'il est vraisemblable, nous ne conclurons pas avec lui que les anciens évitoient d'employer l'ordre *dorique* dans les temples, ce qui est démenti par trop de faits notables, mais nous conclurons de là que par *anciens*, Vitruve entendoit parler des Toscans, ou des premiers Romains qui reçurent des Toscans & l'art & le goût de bâtir. Cela même tendroit à faire voir comment l'ordre toscan de Vitruve n'auroit été que le *dorique* dépouillé de sa *frise*, c'est-à-dire de tout ce qui rendoit son emploi difficile & sa composition embarrassante en beaucoup d'occasions.

C'est une vérité que la *frise dorique*, lorsqu'on veut se conformer à une vérité plus rigoureuse qu'il n'appartient à ce genre d'imitation d'en exiger, éprouve, même dans un plan simple, des disparates qu'il est difficile de sauver absolument. Ainsi il faut ou que le triglyphe se trouve sur l'angle de l'entablement, & nous verrons tout-à-l'heure que cela ne se peut sans quelqu'invraisemblance, ou qu'une demi-metope se trouve à chaque côté de l'angle, ce qui devient fort gênant lorsqu'on décore cette partie, ou peu convenant lorsqu'on suppose que la metope est un vide, un intervalle, & par conséquent une chose foible dans une partie qui demande une apparence de plein & de solidité.

Piranesi, dans sa magnificence des Romains, a cherché à donner dans une démonstration mathématique des diverses dispositions possibles des
solives

solives du plancher, les principes d'une théorie vraisemblable sur ce point.

Il faut voir dans les planches même qui accompagnent cette démonstration, de quelle manière, en suivant au matériel la disposition des solives selon les seuls procédés de la charpente, le triglyphe ne sauroit se rencontrer sur l'angle.

Car d'abord si l'on ne suppose qu'un rang de solives allant d'un architrave à l'autre, soit en long, soit en large de l'édifice, il n'y a de motif à la représentation des bouts des solives que sur deux & non sur quatre côtés de l'édifice, & par conséquent on ne devroit pas admettre de triglyphes tout à l'entour, & surtout aux quatre angles.

2°. Si l'on veut admettre des triglyphes dans toute la circonférence, c'est-à-dire dans les quatre côtés de la *frise*, il faut supposer qu'on dispose sur l'architrave les solives de manière que pour faire le plafond, elles s'étendent dans toute la longueur de l'édifice, & se trouvent coupées par celles qui occupent la largeur, de manière à former une espèce de gril, alors on a des distances égales entre elles, mais le triglyphe ne se trouve pas sur l'angle.

3°. Si l'on suppose une disposition de solives qui, par leur croisement sur l'angle, puisse produire le triglyphe visible à chaque angle ; cette disposition suppose aussi que ces solives seroient placées longitudinalement sur l'architrave. Mais alors cette disposition longitudinale empêcheroit les extrémités des autres solives de pouvoir se produire en dehors, & de cette façon, il n'y auroit point de triglyphes, mais surtout point de métopes, c'est-à-dire de vides ou d'intervalles dans tout le pourtour de la *frise*.

4°. Il est une méthode par le moyen de laquelle on peut supposer des triglyphes à l'angle, c'est-à-dire des extrémités de solives, ainsi que dans tout le reste de la circonférence, c'est d'établir deux solives traversant diagonalement tout l'édifice, & venant reposer sur chaque angle de l'architrave, de manière que cette charpente formeroit une croix de Saint-André à chaque croisillon de laquelle viendroient s'adapter des solives diminuant de longueur à mesure qu'elles s'éloigneroient du centre de l'intersection des deux longues solives. Cette disposition, outre qu'elle est contraire au principe reçu des plafonds antiques, outre qu'on ne sauroit supposer qu'elle ait été pratiquée dans les primitives constructions, auroit eu le désavantage d'être très-peu solide, puisque deux seules solives auroient supporté le poids & la charge totale du plafond : on ne sauroit l'admettre que comme un moyen de démontrer que le triglyphe sur l'angle n'est pas totalement impossible, d'après les données positives de la charpente.

Mais à quoi bon tant de peine pour expliquer d'une façon matérielle, mécanique & géométrique ce que nous avons démontré vingt fois être une fiction adroite de l'art plutôt qu'une copie servile.

Il paroit indubitable que d'après le procédé ordinaire de la charpente, le triglyphe ne sauroit se trouver sur l'angle. N'est-il pas naturel de penser que lorsque l'art s'empara des formes usitées dans les édifices antérieurs, il chercha à remédier à ce défaut de symétrie, & qu'on adapta aux angles l'ornement du triglyphe, quoiqu'il fût contraire à la vérité positive de la charpente. Ce sont-là de ces licences qu'amène la force seule de l'analogie, & qu'une minutieuse critique peut seule désapprouver. Le triglyphe à l'angle complete d'une manière avantageuse la décoration de la *frise*, donne un air de solidité à l'ensemble, & évite l'inconvénient d'une demi-métope toujours difficile à coordonner avec une entière symétrie, & surtout avec une décoration symétrique dans les métopes.

Il est vrai que pour regagner ce que le triglyphe porté sur l'angle donne de trop en largeur à la métope qui le précede, il faut ou rétrécir l'entrecolonnement de l'angle, ou reporter insensiblement l'avant-dernier triglyphe un peu en avant, & faire celui de l'angle un peu plus large. Les anciens nous ont montré dans tous leurs monumens combien cette petite supercherie étoit facile ; & quoique toujours la derniere métope ait quelque chose de plus large que les autres, cependant c'est une vérité que cette legere variation devient insensible à l'œil, surtout quand la métope reçoit des ornemens.

Le plus réel inconvénient est que le triglyphe ne porte pas juste à l'aplomb de l'axe de la colonne d'angle, comme il porte sur les autres colonnes.

Sans doute c'est là un petit défaut de symétrie. Mais pour qui connoit l'impossibilité où est l'architecture de satisfaire rigoureusement à toutes les exigences d'une parfaite symétrie dans tous les rapports de toutes les parties dont se compose un tout architectural, c'est-là un mince inconvénient. Les monumens des Grecs sont remplis de semblables disparates plus sensibles toutefois pour l'entendement que pour la vue. Par exemple, les Grecs se sont mis peu en peine de faire correspondre les colonnes du dessous des péristyles avec celle du péristyle même. Cela se voit au Parthénon. Les modernes, pour accorder ce désaccord, eussent préféré de décomposer l'ordonnance extérieure. Mais les Grecs s'attachoient aux grands rapports, & ils avoient raison. Les modernes ont regardé comme un grand inconvénient que les chambranles des portes fussent masqués par les colonnes du péristyle, & ils ont fait des entrecolonnemens inégaux pour obvier à ce prétendu défaut. Cela s'appelle guérir un mal par un mal plus grand. Les Grecs ont été plus sensibles à l'uniformité d'ordonnance d'entrecolonnemens, & ils ont eu raison. Il y a des rapports impossibles à accorder. Il faut savoir transiger avec ces sortes de défauts. Presque toujours il faut regarder le mieux comme l'ennemi du bien, & le bien comme un accommodement avec le mal.

Il paroit de même que des deux sortes d'ajustemens de triglyphe, celui sur l'angle est le moins susceptible d'inconvéniens. Ajoutons que la muraille devant répondre à chaque triglyphe, lorsqu'on met le dernier triglyphe aplomb de la dernière colonne, il se rencontre dans le plafond un espace plus difficile à ajuster, & au lieu du fleuron de l'angle que les Grecs plaçoient sans grande difficulté, il se forme trois sortes de compartiment, celui de l'angle & celui de la demi-métope de chaque côté, ce qui produit de petites parties de plafond assez ingrates à décorer, & d'un effet moins simple, chose toujours bonne à éviter dans un ordre dont la simplicité fait le caractère dominant.

DORMANT, s. m. C'est une frise ou châssis de bois qui est attaché dans la feuillure, au haut d'une porte carrée ou ceintrée, & qui sert de battement aux ventaux.

DORMANT DE CROISÉE. C'est dans un châssis la partie qui est inhérente à la feuillure de la baie, & qui porte les battans, autre partie des châssis ou de la croisée.

Le nom de *dormans* a été donné aux objets que nous venons d'indiquer, pour désigner leur immobilité.

DORMANT DE FER. C'est au-dessus des ventaux d'une porte de bois ou de fer un panneau de fer évidé pour donner du jour.

DORTOIR, s. m. du latin *dormitorium*. Galerie ou salle d'une grande étendue dans laquelle des lits uniformes sont placés sur un ou deux rangs.

Les maisons d'éducation & les hôpitaux renferment des salles de ce nom. Anciennement les couvens en avoient de pareilles, mais on les a remplacées par des cellules auxquelles on donne quelquefois aussi collectivement le nom de *dortoir*.

Il faut éviter de placer les *dortoirs* au rez-de-chaussée, à cause de l'humidité. Ils doivent avoir de l'élévation, pour que l'air y circule, & puisse s'y renouveler plus aisément. Les issues doivent en être commodes, les jours & les ouvertures bien ménagés. De grands lissés conviennent dans l'intérieur. On doit en bannir tous ces ornemens inutiles où des insectes peuvent se retirer & se propager. Propreté, aisance & salubrité, voilà ce que l'on doit trouver dans un *dortoir*.

DORURE, s. f. Est l'art d'appliquer l'or en feuilles ou en poudre sur les bois, les métaux, les pierres, les enduits. Sous ce rapport, il faut en chercher les procédés dans le *Dictionnaire des arts & métiers*. Pour ce qui regarde l'emploi de cet art par les anciens, nous renvoyons le lecteur au *Dictionnaire d'antiquité*. La dorure ne se lie aux connoissances architecturales que sous le rapport du goût & de la décoration. Ce n'est que sous ce point de vue que nous la considérons ici.

La dorure est dans les édifices le remplacement de l'or. L'or s'employeroit sans doute plus souvent, si son prix n'étoit généralement hors de mesure avec les monumens même les plus somptueux. Ce n'est

que dans les descriptions des poëtes qu'il est permis d'en jouir & d'en contempler l'emploi; car les poëtes ne connoissent point l'économie en fait de bâtimens, du reste on ne cite & on ne connoît aucun monument dont l'or ait fait la décoration. Mais le bronze doré qui, à la solidité joint l'éclat de l'or, fut mis plus d'une fois en œuvre par les anciens. On ne sauroit affirmer que ce temple de Cyzique décrit par Pline eût eu dans les joints de ses pierres des filets d'or réel, ou si ce n'étoit simplement que du cuivre doré. Les caissons du Panthéon de Rome étoient à coup sûr de métal doré. Les exemples de la *dorure* ainsi appliquée en métal, soit en chapiteaux, soit en rinceaux, soit en rosaces de caissons dans les voûtes, furent très-communs dans l'antiquité, surtout chez les Romains. La maison d'or de Néron ne porta ce nom qu'à cause de la prodigalité d'ornemens dorés qu'on y employoit.

Au métal doré fut substituée la méthode des stucs dorés. On doroit, dit Winckelmann (*Observ. sur l'archit.*), comme on le fait encore de nos jours, les ornemens & les compartimens des plafonds & des voûtes. L'or d'une voûte écroulée du Palais des empereurs s'est conservé, malgré l'humidité du lieu, aussi frais que s'il venoit d'être employé. Il faut en chercher la cause dans l'épaisseur de l'or battu des anciens; car dans leur dorure au feu, leur or étoit en épaisseur aux feuilles qu'on emploie aujourd'hui pour cet usage, comme 6 sont à 1; & pour les autres dorures, comme 22 à 1, ainsi que Buonaroti nous l'a prouvé. *Observ. sup. alc. Medagl. tav. 30. p. 370 & 371.*

Winckelmann a conclu, d'après Buonaroti, qu'il s'en falloit bien que les anciens eussent eu l'industrie de battre l'or en feuilles aussi minces que le font les modernes. Il paroît cependant, ainsi que l'a remarqué Carlo Fea, d'après Pline, liv. 33, chap. 6, que les Romains auroient possédé ce talent au même degré que nous. Mais Pline explique comment il arrivoit qu'ils n'en faisoient pas usage. C'est que le vif-argent dont ils se servoient pour dorer, donnoit à l'or une couleur très-pâle, quand la feuille étoit trop mince. Voilà pourquoi ils employoient l'or en feuilles plus épaisses, ou mettoient ces feuilles doubles. Les doreurs infidèles trouvoient, à ce qu'il paroît par le dire de Pline, l'art de couvrir leurs vols, en se servant de blanc d'œuf, ou d'hydrargire (mot qui dans quelques dictionnaires se traduit mal-à-propos par celui de vif-argent), au lieu de vif-argent: (PLINE, *à l'endroit cité*, chap. 8.) Par conséquent la véritable manière, la manière la plus riche & en même temps la plus belle & la plus durable, c'étoit celle où l'on employoit le vif-argent & des feuilles épaisses d'or. *Ars inaurari argento vivo legitimus erat.* (PL. *lib. C. cap. 3*); ou comme dit Vitruve, *lib. VII, cap. 8, neque argentum neque aes sine eo potest inaurari.*

Quoiqu'il en soit de ces raisons, on doit attribuer à leur manière de dorer la conservation de leur dorure, tant dans les édifices que dans les statues

& beaucoup d'autres objets. Il est douteux que la dorure moderne parvienne ainsi à survivre à toutes les causes de destruction. Si l'on en croit Greave, *Descript. des antiq. de Persepolis*, p. 23, la dorure s'est aussi conservée dans les ruines de cette ville.

La dorure plaît dans l'ornement, & a le droit de plaire 1°. par l'idée de richesse qu'elle fait naître dans l'ame du spectateur; 2°. par l'effet de sa couleur, effet qu'on peut aussi juger indépendamment de l'idée de richesse qu'on y attache.

Quoiqu'il y ait une beauté dans tous les arts comme dans l'architecture, qui ne dépende point de la matière, il est vrai de dire qu'il y a dans l'architecture plus que dans les autres arts, une corrélation entre la matière & la forme qu'il est difficile de regarder comme indifférente. C'est que dans l'art de bâtir, la solidité qui est un des premiers mérites, résulte très-souvent & ressort de la nature même de la matière; & puis on ne sauroit empêcher que l'idée de dépense, que la valeur matérielle de l'ouvrage n'ajoutent leur prix réel au prix moral d'un édifice. Ainsi, à beauté de dessin égale, on préférera toujours la statue de métal à la statue d'argile. A beauté intrinsèque égale, on préférera l'édifice de marbre à l'édifice de bois. Il y a effectivement aussi une beauté à être de marbre, à être éternel, à être brillant, à être pur & fini. Et comme les matières ont leur beauté qu'on prise indépendamment de leur valeur, il y a de l'avantage pour un monument à être d'une matière qu'on trouve déjà belle même sans que l'art y ait ajouté sa beauté. C'est une sorte de complément de beauté auquel tout ouvrage & tout artiste aspirent.

Ainsi l'or ou la *dorure* donnent à la décoration des édifices un air de richesse & de magnificence dont aucune autre matière n'approche.

Mais sous le rapport de l'effet, il faut dire aussi que rien ne se marie mieux que la *dorure* soit avec la peinture décorative, soit avec la sculpture d'ornemens. Son éclat donne de la vivacité à tous les détails, & les prononce avec une netteté qu'aucune autre couleur ne sauroit avoir. La *dorure* est nécessaire dans les édifices construits ou revêtus de marbre, & surtout de marbres de couleur. Mais la *dorure* a aussi l'avantage de s'accorder avec le blanc de la pierre ou du stuc, pourvu qu'il y soit bien ménagé.

On peut citer un assez grand nombre d'exemples modernes de la *dorure* employée avec goût & avec succès dans l'architecture. Les plus grands & les plus remarquables sont sans contredit la voûte de l'église de St.-Pierre, & le plafond de l'église de *Santa Maria Maggiore*.

Les galeries de quelques grands palais d'Italie font voir aussi la *dorure* mêlée habilement soit à la décoration en grand, soit aux légers badinages de l'arabesque. Ces exemples sont connus de tous les artistes, & il vaut mieux les y renvoyer que de s'étendre en préceptes minutieux sur un objet qui rentre de lui-même dans la théorie générale de la décoration.

Tout décorateur qui emploie la *dorure* doit se souvenir du tableau de cette Hélène chargée de colliers & de brillans, & que, selon la critique d'Apelle, le peintre n'avoit fait riche qu'à défaut de savoir la faire belle.

Il semble qu'en voyant beaucoup de nos intérieurs d'hôtels & de palais modernes, on puisse dire aussi: *n'ayant pules faire beaux, ils les ont fait riches*. Dans ces derniers la *dorure* étoit le lieu commun de tous les architectes, & le remplacement de toute espèce d'invention décorative. Cela suppléoit au génie. Le genre vicieux d'ornemens auxquels on l'appliqua si long-temps ajoute encore à l'insipidité qu'on éprouve à l'aspect de ces panneaux, de ces boiseries, de ces lambris guillochés de cent manières, & qui n'offrent ni un motif à l'esprit, ni un contour gracieux à l'œil. Un doreur alors tenoit lieu de peintre, de statuaire & de décorateur. Si quelque chose devoit dégoûter de la *dorure*, c'étoit bien cet abus révoltant. Aussi la mode seule en a-t-elle fait justice.

DOS D'ANE, s. m. Expression par laquelle on désigne tout corps qui a deux surfaces inclinées, & se terminant à une même ligne; telle est la partie d'un *comble à la mansarde* que l'on appelle particulièrement *faux comble*. (*Voyez ce mot*.)

DOSSE, s. f. Planche dont on se sert pour faire des clôtures, ou pour échafauder & voûter, & qu'on pose à cet effet sur les cintres des arches de pont.

DOSSE DE BORDURE. C'est celle qui retient le pavé d'un pont de bois.

DOSSE FLACHE. Planche qui n'est sciée que d'un côté, & qui de l'autre à son écorce. Les planches qu'on lève de chaque côté d'un corps d'arbre que l'on veut écarrir, sont des *dosses flaches*.

DOSSERET, s. m. Petit jambage au parpain d'un mur, lequel forme le piédroit d'une porte ou d'une croisée. C'est aussi une espèce de pilastre un peu saillant d'où un arc doubleau prend naissance de fond. Les *demi-dosserets* sont dans les encoignures.

DOSSERET OU DOSSIER DE CHEMINÉE. C'est une élévation sur un mur de pignon ou de refend, qui monte jusqu'à deux pieds & demi ou trois pieds au-dessous de la fermeture d'une souche de cheminée, & dont la largeur excède celle de la souche, d'un pied ou environ de chaque côté: cet excédent s'appelle aile de mur ou de *dosseret*. Ces *dosserets* finissent en glacis ou chanfrein.

DOSSIER, s. m. C'est la partie montante de certains ouvrages de menuiserie ou de construction contre laquelle le dos s'appuie lorsqu'on est assis. *Dossier* se dit de toute espèce de banquette de marbre, de bois, &c. On se sert du mot *dos* quand il n'est question que d'une chaise ou d'un siège.

DOUANE, f. f. De l'italien *dogana*, édifice où les marchandises se transportent & se déposent pour y acquitter les droits.

On cite en ce genre de bâtiment, comme un des plus remarquables, la douane de Bologne, bâtie par Domenico Tibaldi.

La douane de Rome est, comme on sait, la réunion d'une construction moderne avec un péristyle de colonnes antiques.

DOUBLEAU. (*Voyez* ARC DOUBLEAU.)

DOUBLEAUX, f. m. pl. nom par lequel les charpentiers désignent les fortes solives des planchers, comme sont celles qui portent les chevets.

DOUCINE, f. f. Moulure concave par le haut, & convexe par le bas; on l'appelle aussi *gueule droite* (voyez CIMAISE). Cette moulure termine les corniches d'une manière avantageuse, & elle est rarement aussi bien employée ailleurs.

DOUELLE, f. f. Dérivé du mot latin *dolium*, tonneau. C'est le parement intérieur d'une voûte, & la partie courbe du dedans d'un voussoir. L'un & l'autre s'appellent aussi *intrados* (voyez INTRADOS & EXTRADOS).

DRAMA. Bourgade de la Macédoine, dont le nom ancien n'est pas fixé. Paul Lucas en parle dans son second voyage comme d'un endroit fertile en antiquités. Il y vit une ancienne qui étoit encore en son entier, & bâtie des plus belles pierres de taille. Des inscriptions bien conservées lui auroient fourni de précieux renseignemens sur *Drama*, mais il ne put obtenir d'en avoir communication. Il y a encore d'autres ruines qui peuvent une de ce dût être une ville considérable. On y voit d'antiques bassins pleins d'eau vive; deux d'entre eux sont tout revêtus de marbre. On entre dans de vieilles murailles où étoient des jardins, ensuite on visite une place remplie encore de gradins; c'étoit l'amphithéâtre, ou le lieu des jeux & des exercices.

DRAPERIES, f. f. pl. Des étoffes suspendues, retroussées & attachées soit pour séparer des pièces, soit pour former des retranchemens dans une seule pièce, soit pour tapisser des murs, paroissent avoir été fort en usage chez les anciens, si l'on en croit les bas-reliefs & les peintures antiques. Rien n'y est plus commun que ces *draperies* ainsi disposées.

On use encore de ce motif dans la décoration des intérieurs, & la peinture s'en est souvent emparé avec succès. Les *draperies* de la chapelle Sixtine à Rome, sont en ce genre, un chef-d'œuvre de goût & d'exécution. Ce genre prête à la plus grande richesse. Comme on peut supposer que les étoffes à imiter sont brodées en or, & brillantes des plus belles couleurs, le décorateur a le champ le plus libre ouvert à la magnificence & à toutes sortes de compositions plus variées les unes que les autres.

Les *draperies* peintes sont d'un emploi aussi utile qu'agréable dans les décorations de théâtre. On s'en sert ingénieusement, pour rétrécir la trop grande ouverture des avant-scènes, pour faire des pentes dans les plafonds pour réunir les intervalles des coulisses, & raccorder ensemble beaucoup de parties qui sans cela resteroient toujours incohérentes.

On a quelquefois employé dans l'architecture des draperies sculptées en manière d'ornement. Il s'en trouve de ce genre aux deux colonnades de la place de Louis XV, à Paris, au-dessous des appuis des croisées. Cet ornement n'a pas eu de succès; il est d'un motif insipide, & ne fait point d'effet. On lui préférera toujours les festons & les guirlandes qui, bien que fort surannés, tant on en a fait d'abus, prêtent toujours à la sculpture de plus heureux partis.

DRESSER, v. act. C'est élever à plomb un corps quelconque, comme une colonne, un obélisque, une statue, &c.

DRESSER D'ALIGNEMENT. C'est élever un mur au cordeau.

DRESSER DE NIVEAU. C'est applanir le terrain d'un parterre ou d'une allée de jardin.

DRESSER EN CHARPENTERIE. C'est tringler au cordeau une pièce de bois pour l'écarrir.

DRESSER EN MENUISERIE. C'est dégrossir & applanir le bois.

DRESSER UNE PALISSADE DE JARDIN. C'est la tondre avec le croissant.

DRESSER UNE PIERRE. C'est l'écarrir & rendre parallèles ses faces opposées.

DROIT, adj. m. C'est-à-dire en architecture, perpendiculaire, opposé au biais. On dit un *berceau droit*, une *porte droite*, c'est-à-dire dont la direction est perpendiculaire à l'entrée.

DUCA (GIACOMO DEL). Élève de Michel Ange en sculpture & en architecture. Ce fut lui qui éleva au-dessus de la coupole de l'église de Notre-Dame de Lorette à Rome, dont *San Gallo* avoit donné le plan, cette énorme & massive lanterne qu'on cite comme un exemple de mauvais goût & de disproportion en ce genre. Il ne fut pas plus heureux dans le dessin qu'il donna des deux portes latérales de cette église. La grande fenêtre qui est au milieu de la façade du palais des conservateurs au Capitole, est encore de cet architecte, & l'on voit à quel point cette production bizarre en dépare l'ordonnance. Il n'y a pas beaucoup plus de bien à dire du palais Pamphili, situé près de la fontaine de Trevi. Il n'y a de remarquable que la lourdeur des modillons de la corniche, & les vicieux chambranles des croisées. *Giacomo del Duca* fut du nombre de ceux qui, comme on l'a dit à la vie de Michel Ange, outrèrent les défauts de leur maître, & restèrent fort au-dessous de ses qualités. On approuve davantage le petit palais Strozzi, bâti près la *Villa Negroni*. Le plan qu'il donna de la *Villa* & des jardins Mathei est bien entendu.

Giacomo del Duca retourna à Palerme, sa patrie, après avoir construit tant à Rome qu'à Caprarola. Il y fut nommé ingénieur en chef; mais l'envie lui suscita de terribles ennemis. Il fut cruellement assassiné dans cette ville.

DYOSTYLE, s. m. A colonnes accouplées. La façade du Louvre est *dyostyle*.

E

EAU, s. f. (*Jardinage*) Les eaux sont l'ame du paysage; elles animent une scène, donnent de l'éclat à une perspective, & répandent la fraîcheur & la vie dans tous les lieux où elles se trouvent. Partout elles sont l'objet le plus intéressant, & celui dont on regrette le plus l'absence, quoique d'ailleurs la contrée soit des plus belles. Qu'elles soient stagnantes, qu'elles coulent avec lenteur, qu'elles marchent avec rapidité, ou bien qu'elles tombent avec fracas, leur effet n'est ni équivoque, ni incertain. Le poli de leur surface réfléchit & double les objets; & le miroir d'une eau tranquille nous trace des tableaux que le spectateur peut varier à son gré. Leur étendue, leur forme, leur mouvement, leur couleur propre, celle qu'elles empruntent de ce qui les environne, cette propriété de renvoyer la lumière dans presque toute sa vivacité, leur donnent de grands attraits & une prodigieuse diversité de caractères; enfin la facilité de les combiner avec d'autres objets nous fournit des moyens & des ressources infinies pour enrichir les scènes de la nature & en varier l'expression.

L'étendue & la profondeur d'une *eau* sont la source de sentimens sublimes. L'aspect subit d'une grande masse d'*eau*, de la mer par exemple, produit un vif étonnement, & en parcourant successivement des yeux cette scène immense, la pensée se perd dans l'idée de l'infini. De vastes *eaux* amusent plus long-temps lorsqu'on ne les aperçoit pas tout d'un coup & dans toute leur étendue, mais qu'elles ne se déploient qu'insensiblement, par parties, & sous des points de vue variés & des coupes différentes. Les émotions les plus fortes sont bientôt affoiblies par l'uniformité. Que de petites îles dispersées & de diverses formes rompent donc d'une manière agréable la monotonie d'une large surface d'*eau*. Des rives élevées, des pointes de rocs, des promontoires aperçus de quelque côté & à une distance qui ne soit pas trop considérable, forment des bornes très-agréables. Une *eau* fort grande fait l'effet le plus flatteur lorsque son commencement & sa fin sont dérobés, lorsqu'elle coule le long d'un bois ou dans un bosquet, ou qu'elle tournoie autour d'une colline; la grandeur apparente qu'elle acquiert par ce moyen, occupe l'imagination même quand l'œil n'aperçoit plus rien.

C'est surtout par leur bruit & leur mouvement que les *eaux* agissent puissamment sur nos sens, parce qu'elles seules ont l'avantage de produire ces deux effets sans discontinuité. S'étendent-elles tranquillement en plaine vaste & ouverte, elles annoncent une scène dévouée au repos. Se glissent-elles doucement sous un ombrage, elles ont quelque chose de grave & de triste. Un bruit sourd & étouffé est le ton de la mélancolie & du deuil. Un doux murmure invite à la réflexion & convient à la solitude. Le gazouillement clair d'une *eau* qui serpente en se jouant, répand la gaieté; un cours rapide & des cascades sautillantes causent de la joie. Des flots précipités & qui se chassent l'un l'autre en écumant, font naître l'idée de force. Des torrens qui s'engouffrent en mugissant dans de profonds & sombres abîmes, ou qui tombent du sommet des rocs ou des montagnes, offrent un spectacle superbe qui approche du sublime. La violence, le bruissement, le mugissement féroce de grandes rivières & des cataractes, leurs vagues qui roulent en blanchissant, l'air obscurci aux environs, l'écho des rochers, tout se réunit pour réveiller des sentimens élevés ou pour jeter dans nos sens l'allarme & l'effroi.

La limpidité de l'*eau* en est la principale beauté; en charmant les yeux, elle répand la sérénité & la gaieté sur tous les objets d'alentour. Le reflet des nuages, des arbres, des broussailles, des collines & des édifices, fait une des plus riantes parties du tableau champêtre. Au contraire l'obscurité qui repose sur les étangs & les *eaux* dormantes, inspire la mélancolie & la tristesse. Une *eau* profonde, silencieuse & voilée par des ronces & des buissons suspendus que même la lumière du soleil n'éclaire jamais, s'accorde très bien avec des sites destinés à des sentimens semblables, avec des hermitages, des urnes & des monumens.

Combinée avec d'autres objets, l'*eau* ne produit pas moins d'effets avantageux & variés. Elle donne un aspect riant aux ombrages, & change un désert en région délicieuse. Elle peut augmenter l'air sauvage des rochers raboteux & des montagnes, mais elle peut aussi répandre de la sérénité & des attraits sur ces objets. Des étangs d'une eau profonde & dormante rendent une forêt plus sombre & plus triste, mais de limpides ruisseaux qui serpentent çà & là en murmurant, l'animent & l'égaient. Quel charmant tableau présente un paysage où s'élèvent aux bords ondoyants d'un grand & clair ruisseau de petits groupes d'arbres tantôt plus tantôt moins touffus, qui terminés par quelques tiges isolées, se forment ensuite de nouveau en bosquets; où l'eau quelquefois brille sous les voûtes verdoyantes du feuillage ou entre les troncs d'arbres, quelquefois reluit en masse éclairée, quelquefois va se perdre derrière un bocage ou une petite colline, puis reparoît encore plus riante! Quels attraits n'acquiert pas une colline lorsqu'une petite cascade tantôt visible, tantôt voilée par les ronces, tantôt babillarde & tantôt plus silencieuse, s'élance légèrement le long de sa pente, puis ruisselant d'une vitesse inégale entre des cailloux, se hâte d'aller couler entre les fleurs qui émaillent la prairie voisine, & là brille embellie des rayons du soleil couchant! Considérée d'une éminence, l'eau s'offre sous le plus bel aspect lorsque ses flots argentés serpentent en sinuosités agréables autour d'une colline, d'un bois, d'un bosquet ou d'une petite île de villages ou de fermes; que, dérobée aux yeux par l'ombre d'une montagne suspendue, par des groupes d'arbres touffus, ou par un bosquet, ici elle rampe dans un sombre enfoncement, là éblouissante, elle apparoît subitement par les ouvertures inattendues du bois; un spectacle semblable vu du haut d'une colline dans toute sa variété, décoré de tout le jeu des reflets & de toutes les beautés des jours & des ombres, fait éprouver des sentiments au-dessus de toute expression.

Quoiqu'on puisse se passer d'eaux dans la composition d'un jardin, quoiqu'elles n'y soient pas absolument nécessaires, on les y regrette toujours, & celui qui en manque, perd non-seulement la variété qu'elles y jettent, mais il est encore privé d'un des plus beaux objets, d'un des plus précieux effets de la nature. Il n'est point de scènes si petites où elles ne conviennent sous une forme quelconque, & auxquelles elles ne prêtent des grâces; il n'en est point de si grandes qu'elles n'embellissent & dont elles n'augmentent la vivacité & l'énergie; il n'en est pas même de si brillantes auxquelles elles ne puissent encore ajouter de l'éclat. Enfin, indépendamment de leurs effets intéressants & des impressions qu'elles nous font éprouver, les eaux plaisent par elles-mêmes; on se réjouit de les apercevoir, pourvu qu'elles soient pures & en liberté; la vie & la fraîcheur coulent avec elles.

Quelque rebelle & indomptable que soit l'eau en de certaines masses & sous certains caractères, elle obéit cependant dans d'autres cas au pouvoir de l'homme. Il peut la guider & la façonner comme il veut. Il peut la mettre en mouvement ou en repos, l'étendre ou la resserrer, varier & décorer ses rivages, la laisser découverte ou l'ombrager, & lui donner tous les tons, depuis le doux murmure d'un ruisseau, jusqu'au sauvage mugissement de la cascade. Il peut, par sa distribution & par sa combinaison avec d'autres objets, rendre ses effets plus sûrs, plus forts, plus intéressants; à son aide, il peut changer toutes les scènes & exciter tous les sentiments, depuis le calme le plus parfait jusqu'à la plus vive émotion, & même jusqu'à l'effroi.

Dans tous les effets que l'artiste jardinier produira par le moyen des eaux, il ne doit point perdre de vue une règle constante: c'est de ne laisser jamais apercevoir les moyens mis en usage pour se les procurer; pour peu qu'ils se montrent, le charme est détruit. C'est ici surtout que l'art doit cacher l'artifice, & que l'illusion doit être parfaite. Si l'art est à découvert, plus ces sortes d'effets factices présentent de dépenses & d'efforts, moins il nous intéressent; si on a manqué la nature en voulant l'imiter, ils sont ridicules.

Une autre règle non moins essentielle, c'est que les eaux suivent la pente naturelle du terrain, & se trouvent dans les lieux où cette pente a dû les conduire.

L'étude des lois de la nature, jointe au goût, apprend à déterminer la place la plus favorable aux eaux, relativement à l'ensemble & aux scènes particulières, à les mettre en proportion, à savoir les découvrir ou les ombrager à propos, à en fixer le bruit & le mouvement selon le rhythme & l'accent le plus convenable, à ne montrer de leur surface que ce qu'il en faut pour les faire valoir & en augmenter l'étendue aux yeux de l'imagination toujours prodigue lorsqu'on sait la mettre en jeu; finesses qui échappent aux règles, mais bien dignes d'exercer l'artiste.

La nature nous montre les eaux sous trois états différents: elles sont stagnantes, courantes ou tombantes. Le premier de ces caractères comprend la mer, les lacs, les étangs, les bassins des fontaines, & en général tout ce qu'on appelle pièces d'eau; le second, les torrens, les rivières & les ruisseaux; le troisième, les filets d'eau, les cascades, les chûtes d'eau ou cataractes (voyez ces différens mots).

L'homme n'a pas voulu se borner aux caractères variés sous lesquels les eaux s'offroient à ses yeux. Non content de les voir tantôt dormantes, tantôt courantes & tantôt tombantes, il les force à s'élancer en l'air. (Voyez JET-D'EAU). Cet article est extrait d'un grand nombre de pages de la Théorie des jardins, par *Hirschfeld*.

ÉBAUCHE, s. f. Se dit de la première forme qu'on donne à une pierre, à un marbre, &c. Ce mot qui vient de l'italien *abozzo*, s'applique particulièrement aux ouvrages de sculpture. A l'égard de l'architecture, on se sert plus volontiers du mot *esquisse*. (Voyez ESQUISSE.)

ÉBAUCHER, v. act. On ébauche un chapiteau, un vase, une frise, &c. En taille de pierre, *ébaucher*, c'est dresser à pas une base, une colonne avant de les arrondir. En charpenterie, c'est, après qu'une pièce de bois est tringlée au cordeau ou tracée suivant une cherche, la dresser avec la coignée ou la scie avant de la laver avec la bésaiguë. En menuiserie, ébaucher c'est dresser le bois avec le fermoir, avant de l'applanir avec la varlope.

ÉBOUZINER, v. act. C'est ôter d'une pierre ou d'un moëlon le bouzin & les moyes, & l'atteindre avec la pointe du marteau jusqu'au vif.

ÉCAILLES, s. f. pl. Petits ornemens qui se taillent sur des moulures rondes, en manière d'écailles de poisson. On les adapte aussi sur des couvercles de vase, de trépied, & on en décore quelquefois la convexité des coupoles.

La couverture du petit monument de Lysistrate à Athènes, appelé vulgairement Lanterne de Démosthène, a son sommet ainsi sculpté. L'origine de ce genre d'ornement adapté à cette partie de l'architecture, est facile à reconnoître. En bien des pays, on taille ainsi les ardoises, sur les toitures. Les tuiles de bois qu'on pratique ailleurs, s'ajustent assez volontiers en forme d'écailles. Le dôme de la Sorbonne, à Paris, est couvert d'ardoises ainsi façonnées, & cette partie convient assez bien aux parties convexes.

ÉCAILLES OU ÉCLATS DE MARBRE. Ce sont les recoupes du marbre, qu'on pile & qu'on réduit en poudre, pour en faire du stuc.

ÉCAILLES DE ROCHE. Ce sont des fragmens de roche délités, dont on se sert pour bâtir, mais surtout pour couvrir les maisons. Cette sorte de couverture solide, mais rustique, s'observe en quelques villages de France, surtout en Bourgogne.

ÉCHAFAUD, s. m. (construction) On désigne par ce mot des espèces de planchers provisoires dont on fait usage pour construire ou réparer les édifices, pour élever des fardeaux, & pour des opérations extraordinaires.

La construction des échafauds varie en raison des objets auxquels ils sont destinés. On en distingue de cinq sortes.

1°. Les échafauds dont les maçons se servent pour les constructions ordinaires.
2°. Les échafauds de charpente.
3°. Les échafauds de menuiserie.
4°. Les échafauds mobiles.
5°. Les échafauds volans ou suspendus.

Echafauds de maçon.

Les échafauds dont les maçons se servent ordinairement pour la construction des murs, des cheminées, pour les ravallemens ou ragrémens, sont formés avec de grandes perches, ou pièces de bois de brin de 24 à 30 pieds de longueur, sur 5 à 6 pouces de gros, & d'autres plus petites qu'on nomme boulins.

Les grandes perches ou écoperches se posent debout; on en fixe le pied avec un tasseau de plâtre, & on y attache avec des cordages, un ou plusieurs rangs de boulins placés de niveau. Une partie de ces boulins, disposée dans le sens de la longueur de l'échafaud, sert à entretenir les écoperches. L'autre partie, formant la largeur, sert à relier l'échafaud avec le mur, & à poser les planches ou madriers, pour porter les ouvriers & les matériaux dont ils ont besoin. Ces derniers boulins sont scellés d'un bout dans le mur, & de l'autre attachés aux écoperches.

Lorsque les échafauds sont placés dans des rues étroites, pour éviter d'obstruer le passage, au lieu de faire porter le pied des écoperches sur le pavé, on les pose sur le premier rang des boulins, à 8 ou 10 pieds de hauteur, & on soutient le bout des boulins sur lesquels posent les écoperches, par le moyen d'autres écoperches plus petites & inclinées qui battent contre le mur. Le tout se maintient solidement, à l'aide des cordages & du plâtre.

On voit souvent dans les rues de Paris, des échafauds arrangés de cette manière, qui forment sept à huit étages l'un sur l'autre, & qui étonnent par leur légèreté & leur hardiesse. Il est bon d'observer cependant que ces échafauds doivent tenir à quelque chose de solide, & qu'ils n'ont pas assez de consistance pour être tout-à-fait isolés, quand ils s'élèvent à plus de deux étages.

Dans les pays où le plâtre manque, il faut plus de précautions pour arrêter les boulins; il est à propos qu'ils traversent le mur.

Echafauds de charpente.

Ces échafauds sont formés de pièces de bois taillées exprès pour la construction de grands édifices, pour élever de grands fardeaux, pour former de grands amphithéâtres propres aux fêtes, aux cérémonies publiques, & autres objets qui ne demandent pas de construction permanente. Ils sont ordinairement composés d'un ou de plusieurs rangs de poteaux assemblés dans des sablières, contreventés par des liens, des contrefiches, des croix de St.-André & d'entretoises disposées en raison du degré de solidité qu'exige l'objet de leur destination.

Echafauds de menuiserie.

Cette espèce comprend des échafauds d'assemblage, plus légers que les précédens, faits en bois dressés & équarris, combinés de manière à pouvoir se démonter & se remonter pour les opérations qui doivent se répéter plusieurs fois. Toutes les pièces doivent être contremarquées & numérotées, & garnies de ferrures légères, pour empêcher les principales pièces de se fendre ou de se rompre. Avec des crochets, chevilles, boulons, clavettes. Tout cela a pour objet de fixer & de maintenir les assemblages.

Echafauds mobiles.

Les *échafauds* mobiles sont ceux qu'on peut faire marcher tout montés pour des opérations qui doivent se faire progressivement sur les faces ou parties élevées des grands édifices. Les plus ordinaires sont ceux construits en forme de tour, montés sur des roues ou des rouleaux, de manière à pouvoir être poussés ou tirés simplement par des hommes ou des animaux, à l'aide de cabestans ou de quelque autre machine.

Un des plus remarquables en ce genre, est celui qui fut imaginé en 1773, par Pierre Albertini, surintendant, ou chef des ouvriers de la fabrique de St.-Pierre de Rome, pour restaurer les ornemens & la dorure de la grande nef de cette église. Cet échafaud, qui posoit sur la saillie de la corniche de l'ordre intérieur, étoit disposé de manière qu'on pouvoit le faire aller d'un bout de la nef à l'autre, par le moyen de moufles.

C'étoit une espèce de cintre d'assemblage de 75 pieds de diamètre, composé de deux fermes formées par une combinaison d'entraits & d'arbalétriers qui, en se moisant, présentoient des poligones inscrits les uns dans les autres. Ces fermes, posées à 18 pieds l'une de l'autre, étoient réunies par des entretoises, fortifiées par des croix de St.-André, formant onze planchers ou étages correspondans à autant de points de circonférence de la voûte, auxquels il falloit travailler.

Des échafauds volans ou suspendus.

Les *échafauds* volans sont ordinairement suspendus avec des cordages, de manière à pouvoir s'élever & s'abaisser à volonté. Les plus simples sont ceux qui sont formés par des échelles soutenues horizontalement, lesquelles sont garnies en dessus de planches ou madriers couchés sur les échelons.

Ces échelles sont suspendues à chaque bout par de doubles cordages ajustés avec des poulies à chappe ou moufles, dont les unes sont attachées à la partie supérieure de l'objet auquel on veut adapter l'*échafaud*, & sont fixes; & dont les autres, attachées aux échelles, sont mobiles comme elles. D'ailleurs ces espèces d'*échafauds* sont susceptibles d'une infinité de combinaisons différentes que les circonstances seules peuvent déterminer, & qui dépendent de l'intelligence de ceux qui sont chargés de l'opération.

On peut substituer aux échelles des châssis de différentes formes, suspendues de manière à pouvoir être promenés à une certaine distance du point de suspension, par le moyen des cordages. Les ouvriers qui sont chargés de décorer les principales églises d'Italie & d'autres monumens, pour les grandes cérémonies, ont pour ce genre d'échafaudage une adresse vraiment merveilleuse, & qui ne peut se comparer qu'à leur hardiesse.

A l'égard des grands *échafauds* suspendus, qui ne doivent pas être mobiles, on substitue aux cordages des pièces de bois appelées *clefs pendantes*, retenues par des moises, ou des crochets de fer, comme on l'a pratiqué à celui dont on s'est servi pour restaurer la grande coupole de St.-Pierre de Rome, & autres qu'on peut voir dans un recueil d'ouvrages de ce genre, connu sous le nom de *Zabaglia*, imprimé à Rome en 1743.

ÉCHAFAUDAGE, s. m. On appelle ainsi tout établissement ou construction d'échafauds, soit qu'ils soient propres à bâtir, à restaurer ou à peindre un édifice ou quelque partie d'édifice, soit qu'ils doivent servir à toute autre sorte d'usage ayant pour objet d'élever au-dessus des autres ceux qui doivent y monter ou y figurer.

ÉCHAFAUDER, v. act. C'est l'action de dresser ou d'établir des échafauds.

ÉCHAFAUDEUR, s. m. nom que l'on donne aux ouvriers qui font les échafauds.

ÉCHALAS, s. m. pl. Morceaux de cœur de chêne, refendus carrément par éclats d'environ un pouce de grosseur, planés ou rabotés quand ils ne sont pas droits. On en fait de différentes longueurs; ceux de quatre pieds & demi servent pour les contr'espaliers, & haies d'appui; & ceux de huit à neuf pieds ou de douze, &c. pour les treillages.

ÉCHANTILLON, s. m. Mesure conforme à l'usage & aux ordonnances, pour les pièces de bois à bâtir, la brique, la tuile, l'ardoise, le carreau, le pavé, &c. dont l'étalon ou la mesure originale se conserve dans les jurisdictions préposées à la police des bâtimens.

ÉCHAPPÉE, s. f. C'est une largeur ou espace assez grand, pour faciliter le tournant des charrois dans une allée, une remise, &c. & pour le passage d'une écurie derrière les chevaux. On appelle encore *échappée* une hauteur suffisante pour descendre dans une cave, au-dessous de la rampe d'un escalier.

ÉCHAQUETTE (GUÉRITE), s. f. ou DONJON. C'est dans les vieux châteaux une espèce de tourelle élevée sur une tour ou une terrasse, pour faire le guet & découvrir de loin l'ennemi.

ÉCHARPE, s. f. Dans les machines dont on se sert pour construire, on appelle ainsi une pièce de bois avancée au dehors, où est attachée une poulie qui fait l'effet d'une demi-chèvre, pour enlever un médiocre fardeau. C'est aussi une espèce de cordage pour retenir & conduire un fardeau, en le montant.

ÉCHARPE (voyez CEINTURE).

ÉCHARPER, v. act. C'est haler & câbler une pièce de bois (voyez CABLES).

ÉCHASSES

ÉCHASSES, s. f. pl. Règles de bois, minces, en manière de lattes, pour jauger les hauteurs & retombées des voussoirs, & les hauteurs des pierres en général.

ÉCHASSES D'ÉCHAFAUD. Grandes perches debout, aussi nommées *baliveaux*, qui étant liées & entées les unes sur les autres, servent à échafauder à plusieurs étages, pour ériger les murs, faire les ravalemens & les regratemens.

ÉCHAUDOIR, s. m. Lieu pavé au rez-dechaussée, où les bouchers font cuire dans de grandes chaudières, les abattis de leurs viandes.

ÉCHELAGE, s. m. C'est le droit de poser une échelle sur la muraille d'autrui, pour refaire un bâtiment, un mur, &c. Ce qui est de droit d'*échelage* d'un côté, est par conséquent servitude de l'autre.

ÉCHELIER ou RANCHER, s. m. C'est une longue pièce de bois traversée traversée de petits échelons appelés *ranches*, qu'on pose aplomb pour descendre dans une carrière, & en arc-boutant, pour monter à un engin, à une grue, &c.

ÉCHELLE, s. f. (*construction*). Machine portative servant à monter & descendre, à défaut d'escalier.

Les *échelles* ordinaires sont composées de deux perches ou montans appelés *bras*, éloignés l'un de l'autre de 15 à 18 pouces, & réunis par des traverses ou bâtons espacés de 10 à 11 pouces, auxquels on donne le nom d'*échelons*.

On appelle *échelle double* celle qui se compose de deux *échelles simples* qui se soutiennent mutuellement, sans avoir besoin d'être appuyées contre un mur. Pour que les *échelles doubles* ayent une solidité convenable, il faut que leur écartement par le bas soit égal à la moitié de celui qui est formé par leur inclinaison.

Les *échelles entées* ou *échelles romaines*, dont se servent ceux qui sont chargés de décorer ou de draper l'intérieur des grandes églises, les jours de fête ou de grande cérémonie, sont composées de plusieurs parties de différentes grandeurs, qui s'emmanchent les unes au bout des autres. Un assortiment complet est composé de onze parties, qui vont chacune en diminuant d'un échelon. Celle du bas, que les Italiens appellent *pedone*, a ordinairement douze échelons; celle qui vient au-dessus, onze; la troisième en a dix, la quatrième neuf, & ainsi de suite, jusqu'à deux, ce qui fait en tout soixante-dix-sept échelons pour un assortiment. La distance des échelons étant d'un palme & demi, ou douze pouces quatre lignes & demie, un assortiment complet a de hauteur soixante-sept pieds quatre pouces & demi.

On choisit pour faire ces *échelles*, du bois blanc, léger & liant, tel que celui du peuplier, ou de l'aulne. La grosseur des montans ou bras de l'*échelle*,

est de trois pouces sur deux pouces; ils ne sont pas arrondis comme ceux des *échelles* ordinaires, mais bien équarris à vive arête. La distance entre les bras, dans toutes les parties de l'*échelle*, est de seize pouces & demi par le bas; par le haut, elle est de douze pouces & demi, c'est-à-dire que la largeur entière du haut de chaque partie d'*échelle*, y compris l'épaisseur des bras, est égale à l'intervalle qui se trouve entre les deux bras dans la partie inférieure, de manière que quand deux parties d'*échelle* sont réunies ensemble, le bas de l'une embrasse le haut de l'autre.

Ces parties d'*échelle* sont garnies d'échelons équarris, de seize lignes & demie de haut, sur huit lignes & demie d'épaisseur. Ils sont ordinairement du même bois que l'*échelle*, à l'exception de celui du haut & de celui du bas qui sont en bois d'orme.

L'échelon du haut de chaque partie d'*échelle* est placé à quatorze pouces de distance de l'extrémité des bras, & sort de chaque côté d'un peu plus de deux pouces. Les bouts de chaque bras sont terminés par une entaille pratiquée dans le milieu, leur largeur formant une espèce de fourche, dont le vide est égal à l'épaisseur des échelons. Par cette disposition qu'on peut voir représentée (*fig.* 223 *des pl. de construction*), le bas de chaque partie d'*échelle* supérieure s'emmanche avec les parties extérieures de l'échelon du haut de la partie d'*échelle* inférieure, tandis que l'entaille pratiquée à l'extrémité de chaque bras de cette dernière, s'ajuste avec l'échelon du bas de l'*échelle* supérieure, ce qui forme un doublement d'environ quinze pouces, & de ces deux parties d'*échelle*, ne compose qu'une seule pièce. Pour donner plus de consistance à cet assemblage, on garnit de forte tôle les bouts entaillés de chaque partie d'*échelle*.

La figure 224 (*planches de construction*) représente un assortiment d'*échelle* monté, composé de onze pièces de différentes longueurs. Les ouvriers qui en font usage, & qu'on appelle à Rome *festajuoli*, distinguent ces parties par le nombre d'échelons que chacune contient. Celle de douze, ou pièce d'en bas, se nomme *pedone*; mais celle d'après & les suivantes s'appellent pièce d'onze, pièce de dix, &c. jusques & compris celle qui a six échelons. Les parties qui ont moins de six échelons, se nomment *cime*. Ainsi dans la (*fig.* 224) A désigne le *pedone*, D une pièce de neuf, & I une *cime* de cinq.

Une *échelle* composée de six pièces, savoir: un *pedone*, une pièce de onze, une de dix, une de neuf, une de huit, avec une *cime* de cinq, faisant en tout cinquante-cinq échelons, a de hauteur quarante huit pieds un pouce six lignes, & ne pèse avec ses garnitures en tôle ou fer battu, que deux cens vingt-cinq livres, ce qui fait un peu moins de quatre livres trois quarts par pied courant. Ordinairement un homme transporte à lui seul une de ces *échelles*, toute montée & debout.

Les *échelles* composées de sept à huit pièces, sont si élastiques, qu'il est difficile d'y monter lorsqu'on n'y est pas habitué, & qu'on n'a pas appris à suivre le mouvement que cette élasticité occasionne. Cette difficulté est encore augmentée par la nécessité de ne donner à ces *échelles* qu'une légère inclinaison, inclinaison diminuée aussi dans le haut par la courbe qu'elles forment. Dans ces cas, on les fortifie, en attachant au milieu de l'échelon du haut un cordage que l'on fait passer alternativement dessus & dessous les échelons, & qu'on arrête fortement au dernier échelon du bas.

Le peu d'épaisseur que l'on donne aux bras de ces *échelles*, & l'espèce de bois qu'on y emploie afin de les rendre plus légères, est cause qu'on est obligé de les assembler debout, & de les démonter de même, ce qui exige une certaine adresse dont tous les ouvriers ne sont pas susceptibles. Les *fustajuoli* qui assemblent ces échelles, portent la pièce ou la partie d'*échelle* qui doit s'ajuster au haut de la dernière qui est en place, & quand ils y sont arrivés, ils ont l'adresse d'en éloigner du mur, avec un pied, l'extrémité supérieure, pour y enmancher celle qu'ils portent.

S'agit-il de poser des tentures à une très-grande hauteur, le long d'un mur, ils s'évitent la peine de descendre pour faire voyager l'*échelle*. Pendant que les uns font avancer le pied de l'*échelle*, celui qui est en haut passe ses jambes dans les échelons, & fait avancer le haut de l'*échelle*, en marchant, pour ainsi dire, avec les mains le long du mur. Cette opération exige que l'ouvrier placé en haut de l'*échelle* agisse parfaitement de concert avec ceux d'en bas, pour éviter de tordre l'*échelle*, ou de lui donner des secousses. Elle est dangereuse, & demande des gens adroits ou bien exercés à ces sortes de manœuvres.

Les *échelles à incendie*, dont on fait usage à Genève dans les cas d'incendie, sont aussi composées de parties d'*échelles* qui s'enmanchent les unes au-dessus des autres, à peu près dans le genre de celle que nous venons de décrire. Toutes les parties d'allonge dont elles se forment, n'ont que cinq pieds de hauteur ; mais au lieu de s'allonger par le haut comme les précédentes, c'est par le bas que se fait le rallongement, de sorte que chaque fois qu'il faut ajouter une portion d'*échelle*, il faut soulever tout le poids de la partie déjà montée, & ce poids devient considérable dès que l'*échelle* a plus de vingt-cinq pieds, à cause de la multiplicité des allonges & des ferrures dont elles sont garnies. Aussi, pour monter une de ces *échelles* de vingt à trente pieds, il faut huit hommes, savoir quatre pour soulever l'*échelle*, un cinquième pour mettre en place les portions à ajouter, un sixième qui les lui apporte, & deux autres qui maintiennent le haut de l'*échelle* avec des haubans. Cette partie est garnie de deux roulettes, pour éviter le frottement du bout de l'*échelle* contre le mur.

Les Italiens qui rallongent leurs *échelles* par le haut, n'emploient pour cette opération que trois hommes ; un qui tient le pied de l'*échelle*, un autre qui monte les rallonges, & le troisième qui les enmanche.

ÉCHELLE DE DESSIN (*de plan ou de carte, &c.*) C'est une ligne divisée & subdivisée en parties égales, pour servir à mesurer & à juger la grandeur des objets que ces dessins représentent. Les parties de l'*échelle* sont des toises, des pieds, des modules, &c.

ÉCHELLE GÉOMÉTRIQUE. C'est celle qui est formée par plusieurs lignes parallèles représentant des parties dont la subdivision est indiquée par des lignes obliques.

En perspective, on distingue les *échelles de front* qui sont divisées en parties égales, pour le mesure des objets parallèles au plan du tableau, & les *échelles fuyantes*, divisées en parties inégales, qui diminuent depuis la ligne de terre, jusqu'au point de vue.

ÉCHELLE. On appelle ainsi un escalier roide & difficile à monter, à cause de la trop grande hauteur de ses marches, & de leur peu de giron (*voy.* ESCALIER).

ÉCHELLE SAINTE. Mot mal traduit de l'italien *scala santa*, parce que le mot *scala* veut dire en italien *échelle* & *escalier*; ou auroit du dire l'*escalier saint*. C'est à Rome, près de l'église de Saint-Jean de Latran, un portique qui présente cinq arcades de front avec trois rampes d'escalier. Celle du milieu passe pour être faite de quelques degrés de la maison de Caïphe, apportés de Jérusalem à Rome, & sur lesquels dût avoir passé Jésus-Christ, lorsqu'il fut transféré de Caïphe chez Pilate. Ces degrés, au nombre de vingt-huit, sont recouverts d'autres, faits de marbre, qui ont pour objet de les conserver. La *scala santa* qu'on monte à genoux, est un sujet journalier de dévotion & de pèlerinage à Rome.

ÉCHELON, s. m. C'est un des bâtons ou traverses assemblés entre les deux bras d'une échelle, & qui en sont les degrés (*voy.* ÉCHELLE).

ÉCHIFFRE, ou PARPAIN D'ÉCHIFFRE, s. m. Mur rampant par le haut, qui porte les marches d'un escalier, & sur lequel on pose la rampe de pierre, de bois ou de fer. Il est ainsi nommé, parce que, pour poser les marches, on les chiffre le long de ce mur.

ÉCHIFFRE DE BOIS. Assemblage triangulaire, composé d'un patin, de deux noyaux, d'un ou de plusieurs potelets, avec limon, appui & balustres tournés ou faits à la main.

ÉCHINE, s. f. C'est le nom qu'on donne au quart de rond, ou à la portion de cercle quelconque dont se compose le chapiteau dorique.

Chez les modernes, le chapiteau dorique comprend trois parties : l'astragale avec le gorgerin, le quart de rond & le tailloir. Dans l'ancien ordre dorique, il n'y a, à proprement parler, ni astragale, ni gorgerin. De petits filets ou listels, tantôt au nombre de trois, tantôt au nombre de cinq, réunissent la colonne à l'échine. Celle-ci est assez variable, tant dans son épaisseur, que dans sa saillie. (*Voyez* à l'article DORIQUE ORDRE, ces différentes formes & leur comparaison.)

Le mot *échine* paroît dériver du grec Εχινος, qui veut dire la coque d'une châtaigne. On donne en effet ce nom, dans un quart de rond taillé, à la coque qui renferme l'ove. Cet ornement se place assez volontiers au haut du chapiteau de la colonne ionique. On le taille aussi dans les corniches ioniques & corinthiennes.

Échine est souvent synonyme de *tore*, pour exprimer le quart de rond du chapiteau dorique, cependant *tore* se dit plus proprement de cette partie d'ornement, correspondante, qui entre dans les bases des colonnes.

ÉCHOPE, s. f. Petite boutique de menuiserie, ou de menue charpente, couverte en appentis, garnie de maçonnerie, & adossée contre un mur. Quelquefois elle a une petite chambre au-dessus. Selon Ménage, ce mot vient de l'anglois *schop*, qui a la même signification.

ÉCLATS, s. m. pl. Ce sont, en dégrossissant & ébauchant une pièce de bois, les morceaux qu'on enlève avec la coignée ou le fermoir.

Éclats se dit aussi du travail de la pierre & du marbre. Les *éclats* de marbre que l'on fait sauter avec l'outil, se recueillent, se pilent, & se réduisent en poudre applicable à divers usages. Les *éclats* de la pierre s'appellent *recoupes* (*voy. ce mot*).

ÉCLUSE, s. f. (*construction*) C'est en général une clôture faite en terre, en pierre ou en bois, au travers d'une rivière ou d'un canal, ayant une ou plusieurs plusieurs portes, qui se lèvent & se baissent selon qu'on veut retenir ou lâcher l'eau.

C'est aussi une espèce de bassin en maçonnerie & en charpente, renfermé entre deux portes, & placé entre deux parties de canal, dont une est plus élevée que l'autre. Ce bassin est disposé de manière à recevoir une plus ou moins grande quantité d'eau, & sert à faire passer les bateaux d'une partie du canal dans l'autre. Je renvoie le lecteur à l'article CANAL (*construction*), dans lequel j'ai donné le détail de la forme, du jeu & de la construction des bassins à *écluse*. (*Voyez aussi les mots* BAJOYER & RADIER.)

C'est au siège de Montargis, en 1426, que se fit la première *écluse*. Ce fut pour inonder les assiégeans dans leur camp, que les habitans de ce pays en firent la découverte. Cela ne pouvoit se pratiquer qu'en retenant les eaux de la rivière de Loing. Une *écluse* seule pouvoit produire cet effet, de manière que tout le mal fut pour les assiégeans, & que les assiégés n'eussent rien à en redouter.

On doit aux Hollandois la perfection des *écluses*. Le premier ouvrage qui ait paru sur cette espèce de bâtiment hydraulique, est d'un Hollandois nommé Simon Stevin, ingénieur célèbre. Son livre, publié en 1618, est intitulé *fortification par écluses*. Le second auteur sur les *écluses*, est Corneille Meyer; le titre de son livre est *l'arte di ressituir a Roma la tralasciata navigazione del suo tevere*, dont on a un extrait en françois, intitulé *Traité des moyens de rendre les rivières navigables*. En 1715, il a paru à Ausbourg un *Traité des écluses & portes à roulement*, par L. C. Sturmius. M. Léopold a écrit aussi sur cette matière, dans son *Theatrum hydrotechnicarum*. L'*Architecture hydraulique* de M. Belidor a surpassé tous ces ouvrages; on y renvoie le lecteur pour toutes les connoissances de détail, ainsi qu'au *Dictionnaire des ponts & chaussées* de cette Encyclopédie, où l'expérience de l'auteur a dû réunir encore plus de matériaux & de lumières.

Le mot *écluse* est dérivé du mot *excludere*.

ÉCLUSE A TAMBOUR, ou *pertuis*. C'est celle où on pratique dans le massif des bajoyers, un petit canal voûté, dont l'entrée est au-delà des portes, & qui s'ouvre & se ferme par le moyen d'une vanne à coulisse; telles sont celles du canal de Briare.

ÉCLUSE A VANNES. *Écluse* qui se remplit & se vide par le moyen de vannes à coulisses, pratiquées dans l'assemblage même des portes, comme celles de Strasbourg & de Meaux.

ÉCLUSE EN ÉPERON. C'est celle dont les portes sont busquées, c'est-à-dire que les portes qui sont à deux venteaux, se joignent en éperon ou avant-bec, & forment un angle.

ÉCLUSE CARRÉE. C'est le nom qu'on donne aux *écluses* dont les portes sont à un seul venteau, tournant sur pivot, ou à coulisse, qu'on élève ou qu'on abaisse à volonté, par le moyen de moulinets. Telles sont les *écluses* de la rivière de Seine à Nogent & à Pont, & telles sont encore celles de la rivière d'Ourque.

ÉCOINÇON, s. m. C'est, dans le piedroit d'une porte ou d'une croisée, la pierre qui fait l'encoignure de l'embrasure, & qui est jointe avec le linteau (*voy. ce mot*), quand le piedroit n'est pas parpain (*voy.* PARPAIN).

L'étymologie d'*écoinçon* est *coin*. On donne aussi ce nom à de petits détails d'ornement dans la décoration qui forment angle, & se raccordent avec d'autres objets d'ornemens semblable.

ÉCOLE, s. f. On appelle ainsi un édifice composé de différentes salles, où l'on enseigne publiquement les arts ou les sciences.

Une *école*, selon l'usage reçu jadis dans le langage ordinaire, différoit d'un collège (*voy. ce mot*), comme l'instruction diffère de l'éducation. Le mot *collège* s'appliquoit aux établissemens consacrés à l'éducation de la jeunesse, sans en exclure toutefois l'instruction dont cet âge est susceptible. Le mot *école* étoit consacré, par une de ces bizarreries dont on ne sauroit demander compte au tyran des langues, soit à l'enseignement de l'enfance (& l'on disoit les petites *écoles*, les *écoles* de charité), soit à l'enseignement de diverses parties des sciences (& l'on disoit l'*école* de droit, l'*école* de médecine, l'*école* de chirurgie). Aujourd'hui le mot générique *école* a prévalu généralement dans les nouvelles dénominations de ce qu'on appelle l'instruction publique.

Un des meilleurs morceaux d'architecture qui soyent dans Paris, est l'*école* construite pour l'enseignement de la chirurgie, par M. Gondouin, en 1774. L'architecte n'eut qu'un terrain assez étroit pour y élever son édifice, & il est parvenu à lui donner l'air de grandeur & d'importance d'un monument public. Son plan est simple & régulier; les portiques dont il a environné sa cour, conviennent bien au sujet. La sculpture dont il l'a décorée, est sage, & a le mérite assez rare d'être expressive & de caractériser convenablement l'édifice. Le péristyle de l'amphithéâtre est composé de six colonnes corinthiennes, dont les proportions sont belles, dont le galbe est heureux, & dont l'entrecolonnement picnostyle fait un beaucoup meilleur effet que l'on n'est dans l'usage d'en recevoir des péristyles modernes. Peut-être aimeroit-on autant que ce péristyle eût eu plus de profondeur, si l'emplacement l'eut permis. Mais à coup sûr il auroit plus de caractère & d'effet, sans le petit ordre ionique qui, pour la régularité de l'ordonnance générale de la cour, passe derrière le grand ordre, & ôte à ce fonds tout le repos que l'œil y désireroit, pour faire triompher & valoir le corinthien. L'ordre ionique dont il s'agit, forme les galeries qui accompagnent la cour, & règnent aussi sur la rue. Quelques accouplemens ont sans doute paru nécessaires à l'architecte pour supporter l'étage de croisées qui règne tout au pourtour de la cour & sur la rue. L'œil qui tient rarement compte à l'architecte des sujétions qu'il éprouve, & des besoins de solidité qu'éprouve la construction, voudroit sans doute une disposition plus heureuse dans cette colonnade. Quoiqu'il en soit, la pureté de cet ionique est remarquable, sa forme & sa proportion sont des plus belles. Tout cet édifice est à peser par une grande précision dans la modinature, par une exécution très-précieuse, par la correction des formes & des profils, par une certaine élégance, résultat de ces qualités, mais résultat très-peu commun dans les édifices modernes.

Sa façade sur la rue offre un péristyle formé de deux ailes divisées & réunies par deux massifs qui accompagnent la porte d'entrée, & sont ornés de tables formant inscriptions. Ce péristyle est à quatre rangs de colonnes. La façade a trente-trois toises de longueur. Son ordonnance supporte un attique, contenant la bibliothèque & le cabinet d'anatomie.

Au-dessus de la porte d'entrée, est un bas-relief de la hauteur de l'attique, & de trente-un pieds de longueur, sculpté par Berruer, où cet artiste a représenté la France accompagnée de la Sagesse & de la Générosité, accordant des privilèges à la Chirurgie qui est suivie de la Prudence & de la Vigilance, le génie de la France présente le plan des *écoles*. Des groupes de malades remplissent l'arrière-plan du bas-relief.

A gauche de la cour sont plusieurs sales destinées à l'école-pratique, aux séances des maîtres, &c. &c.

L'aile droite contient, entre autres pièces, un petit hôpital composé de plusieurs lits, pour les malades attaqués de maladies susceptibles d'opérations.

Les intérieurs de plusieurs de ces sales sont ornés de figures en grisaille, peintes par M. Gibelin. Le même artiste, qui s'est rendu recommandable par ce genre de peinture, & le goût de l'antique qu'il a su y porter, a peint, dans l'amphithéâtre, de grands bas-reliefs, tous analogues au motif & à la destination de l'édifice.

L'amphithéâtre, dont Louis XVI a posé la première pierre en 1774, est le lieu le plus important de tout le monument. Il peut contenir environ douze cents personnes. C'est un demi-cercle garni de gradins, dont le point de centre est la chaire du professeur, & la table de démonstration. Le jour qui vient de haut, tombe d'aplomb sur cet endroit.

C'est aussi à l'amphithéâtre qu'est appliqué l'excellent péristyle corinthien dont on a parlé, dans le fronton duquel est sculpté, par le même Berruer, un assez sage & élégant bas-relief représentant la Théorie & la Pratique se donnant la main sur l'autel de la Science.

L'*école* de Droit est un assez grand édifice devant faire partie de la décoration de la place projetée devant la nouvelle église de Sainte-Geneviève (aujourd'hui le *Panthéon, François*). Il n'y a rien à en dire, sinon qu'elle est de Germain Soufflot, l'auteur même de ce dernier monument, & ne sauroit ni ajouter, ni ôter rien à sa réputation.

Le bâtiment de la ci-devant *École Militaire* est peut-être, en fait d'édifices de ce nom, & destinés à l'éducation de la jeunesse, un des plus grands qui ayent été construits, & des plus remarquables à bien des égards. Nous nous en tiendrons à cette simple mention, parce que ce monument ayant cessé depuis long-temps d'avoir sa première destination, & ayant été dépouillé de ses principaux ornemens, après avoir été appliqué à toutes sortes d'usages, n'offre plus qu'une masse où l'architecture trouveroit peu de leçons; & que les circonstances ont rendue totalement étrangère à l'objet de cet article.

ÉCOLE. Ce mot est reçu dans la langue des arts, pour exprimer, soit une certaine manière de faire, que quelques maîtres accrédités transmettent à leurs élèves, & à laquelle on reconnoît qu'ils ont été à l'école de ce maître, soit encore, par analogie, un certain goût local, que la réunion de diverses causes souvent très-difficiles à analyser, a rendu caractéristique de certaines villes ou de certaines nations.

Dans le premier sens, on dit l'*école de Raphaël*, l'*école de Michel Ange*, l'*école de Rubens*. Un ouvrage qui est de l'une de ces écoles, est d'un des élèves de de ces maîtres célèbres, ou fait à l'imitation de leur manière & selon leurs principes. Dans le second cas, on dit l'*école romaine*, l'*école florentine*, l'*école flamande*; les ouvrages qu'on dit être de ces *écoles*, sont dans le goût & dans la manière qui forme les caractères principaux auxquels on reconnoît le plus grand nombre des maîtres de ces pays.

Cette diversité - physionomie dans la manière d'imiter la nature, & qui différencie certains pays, a existé de tout temps. Les Grecs ont éprouvé, reconnu & distingué ces nuances. En peinture, ils comptèrent d'abord deux *écoles*, l'Helladique & l'Asiatique. Le peintre Eupompe, de Sicyone, créa dans la Grèce une manière nouvelle; & en son honneur, dit Pline, lib. XXXV, cap. 10, on divisa l'*école* Helladique en deux, savoir l'Attique & la Sicyonienne.

En architecture, le mot *école* a eu moins de vogue sous l'un & l'autre des deux sens abstraits qu'on vient de lui reconnoître, surtout en peinture. Ce n'est pas que cet art ait manqué de maîtres célèbres qui ayent formé de nombreux élèves, & leur ayent transmis leur goût. Palladio, par exemple, est le chef d'une nombreuse *école*. Mais il semble qu'on distingue moins de variétés dans les manières des architectes, que dans celles des deux autres arts d'imitation, ou du moins ces variétés sont moins sensibles; & il faut le dire, il semble que ce doive être un malheur pour cet art, lorsque quelqu'architecte se forme une manière tellement frappante aux yeux, qu'on lui en attribue l'invention. L'invention alors n'est le plus souvent que de la nouveauté, & de la nouveauté en architecture, n'est ordinairement que de la bizarrerie. C'est ainsi que Borromini a été le fondateur d'une trop célèbre *école*.

Il y a aussi en architecture des manières locales de bâtir, dépendantes soit du climat, soit des matériaux, soit du hasard de ces causes premières qui dans l'origine d'un art deviennent, sans qu'on s'en aperçoive, le principe de son développement. C'est ainsi qu'on peut dire l'*école florentine*, l'*école vénitienne*. Le caractère de la première est la solidité des masses, l'emploi des bossages, un sérieux dans la composition qui va jusqu'à la monotonie, & toutefois un peu de caprice dans l'ornement. Le caractère de la seconde est l'élégance, l'emploi fréquent des colonnes, la commodité des distributions, une heureuse application des ordres aux façades des édifices.

L'*école vénitienne* d'architecture, a eu & devoit avoir plus de vogue en Europe, qu'aucune autre; car son goût est beaucoup plus usuel. Les chefs de l'*école florentine* sont Arnolpho di Lapo, Brunelleschi, Ammanati, Michel-Ange, Buontalenti, &c. Les maîtres de l'*école vénitienne* sont Scamozzi, Sansovino, Serlio, Palladio, &c.

ÉCONOMIE, s. f. Ce mot s'emploie en architecture sous les deux acceptions connues du langage ordinaire.

Au sens simple, il signifie épargne de moyens, d'agens, de matériaux, d'embellissemens. Construire avec *économie*, c'est porter cette épargne dans la construction. Les travaux divers, & les nombreuses parties que comporte l'art de bâtir, l'ont presque toujours réduit à dépendre de ce qu'on appelle l'entreprise. L'entrepreneur est un homme qui fait commerce de tout ce qui entre dans la construction, & de tout ce qu'on y emploie, depuis les ouvriers, jusqu'aux machines & aux matériaux. L'expérience a prouvé que cette méthode étoit encore la plus économique dans les ouvrages publics, parce que l'usage a réglé le taux des bénéfices des entrepreneurs, & que l'intérêt personnel qui surveille l'action de tous, devient une caution de l'emploi du temps, & offre une responsabilité. Cependant il est des cas où l'on peut se passer de l'entrepreneur; alors on fait le bénéfice qu'il eut fait, & cela s'appelle faire par *économie*. Cette méthode exige, si c'est un particulier qui bâtit, qu'il ait les connoissances spéciales de la chose; si c'est le gouvernement, que des surveillans zélés, éclairés & désintéressés soient à la tête des travaux; car l'intérêt particulier cessant d'être là, pour arrêter l'abus, cette méthode deviendroit bientôt ruineuse, & n'auroit que le nom d'*économie*.

Dans le sens figuré, *économie* s'entend de toute disposition judicieuse, de toute combinaison intelligente à laquelle ont présidé le choix éclairé des convenances & l'œil du goût. L'*économie* qui a rapport à la dispensation des ornemens, consiste dans une certaine sobriété relative à leur nombre comme à leur choix. C'est une qualité rare en architecture. L'*économie*, ou la répartition judicieuse & modérée des ornemens, contribue aussi à la véritable *économie*, c'est-à-dire celle des dépenses dans un édifice. Quoique l'architecte, comme artiste, ne doive pas toujours prendre cette dernière pour règle de ses inventions, puisqu'alors le rabais seroit la seule mesure des œuvres du génie, cependant on a remarqué que souvent les règles du goût se trouvoient aussi d'accord avec les calculs de l'*économie*, c'est-à-dire que les deux *économies* dont on a parlé, avoient entre elles beaucoup de ces rapports que les architectes ne devroient dédaigner, ni d'étudier, ni de concilier ensemble.

ÉCONOMIQUE, adj. m. Se dit de tout procédé qui tend ou à simplifier un ouvrage, ou à produire à moins de frais les mêmes résultats. Il en est un grand nombre, & il s'en invente tous les jours, soit par rapport aux machines, soit par rapport aux cloisons, aux toitures, aux cimens, aux échafaudages, &c.

ÉCOPERCHE ou ESCOPERCHE, s. f. Pièce de bois, avec une poutre, qu'on ajoute au bec d'une grue ou d'un engin, pour lui donner plus volée (*voy.* GRUE & ENGIN).

ECORCIER, s. m. C'est, près d'un moulin à tan, un bâtiment qui sert de magasin pour les écorces de chêne.

ÉCORNURE (*voy.* ÉPAUFRURE).

ÉCOUTES, s. f. pl, On appelle ainsi les tribunes à jalousie, dans les écoles publiques & dans les salles de spectacle, où se tiennent les personnes qui ne veulent point être vues (*voy.* LANTERNE).

ÉCURIE, s. f. Bâtiment destiné à loger les chevaux.

Dans les maisons d'une modique étendue, l'*écurie* qui en fait partie n'est qu'un local à rez-de-chaussée, donnant sur la cour, ainsi que les remises.

L'incommodité que le bruit & la mauvaise odeur des *écuries* occasionnent, engagent les architectes à les éloigner le plus qu'il est possible des habitations. Dans les maisons spacieuses & dans les palais, on leur destine une cour particulière, & un corps de bâtiment séparé. L'*écurie* est alors un long bâtiment où les chevaux se trouvent séparés par des poteaux & des perches, ou par des cloisons. L'espace qui les renferme est un peu élevé, & forme ainsi une pente pour l'écoulement des eaux. La mangeoire occupe ordinairement la longueur de l'*écurie*, & l'on observe que le jour ne frappe point sur elle. La longueur de l'*écurie* se détermine d'après la longueur de la mangeoire, & celle-ci est déterminée elle-même par le nombre des chevaux que l'*écurie* doit contenir. On fixe communément la largeur d'un cheval de carrosse à quatre pieds, & l'on évalue à trois & demi celle d'un cheval de selle. Cette proportion n'est bonne que lorsque les chevaux sont séparés par des perches & des poteaux. Mais si la séparation se fait par des cloisons, il faut au moins cinq pieds & quatre pieds & demi.

La première distinction qu'on fait dans la construction des *écuries*, est celle des *écuries* simples & des *écuries* doubles.

L'*écurie* simple est celle qui n'a qu'un rang de chevaux, comme l'*écurie* qui est sous la grande galerie du Louvre, ou celle qui est à côté des Tuileries, dont la voûte surbaissée est remarquable par son appareil. C'est un ouvrage de Philibert Delorme. La porte qui a été dégradée, offre encore des restes d'un style assez pur, & d'un caractère convenable au local.

L'*écurie* double est celle qui a deux rangs de chevaux, avec un passage au milieu, ou avec deux passages, les chevaux étant tête à tête & éclairés sur la croupe.

Relativement à la disposition intérieure des *écuries* tant simples que doubles, il y a plusieurs choses à considérer, pour réunir la commodité à la salubrité.

1°. La largeur & la hauteur qu'il convient de leur donner.

2°. La manière d'y disposer les mangeoires & les râteliers.

3°. La manière de les éclairer & de les aérer.

4°. La forme à donner au pavé.

Dans une *écurie* simple bien disposée, la largeur doit être au moins de treize pieds, dont huit pour la longueur du cheval & la saillie des mangeoires; le surplus est pour le passage. Quant à la hauteur, il est à propos qu'elle soit égale à la largeur, si elle couverte par un plancher. Mais si l'*écurie* est voûtée, il faut lui donner quinze pieds.

Lorsque les *écuries* sont doubles, leur largeur dépend de la manière dont les rangs de chevaux sont disposés. Si l'on place les chevaux tête à tête, & les mangeoires dans le milieu, la largeur doit être de trente pieds au moins, parce qu'il faut deux passages le long des murs; la hauteur ne sauroit être moindre de quinze pieds. Mais si les chevaux sont rangés le long des murs opposés, comme il ne faut qu'un passage dans le milieu, vingt-deux pieds de largeur suffisent, sur dix à douze pieds de hauteur.

Les *écuries* doubles ou simples doivent être éclairées de manière que le jour frappe sur la croupe des chevaux. Il ne doit pas y avoir de trop grandes ouvertures, de peur de donner un trop libre accès aux insectes volans qui tourmentent les chevaux. Le jour doit y être modéré.

Le pavé des *écuries* sera disposé de manière que la partie sur laquelle se tient le cheval ait une pente assez considérable pour donner aux eaux l'écoulement nécessaire. Cette partie doit être séparée des passages par un ruisseau.

On comprend aussi sous le nom d'*écuries* les bâtimens qui font partie de leur ensemble dans les grands palais, & qui servent de logement aux écuyers, pages, officiers & ouvriers nécessaires aux équipages.

Les grandes *écuries* de Versailles, construites sur les dessins de Jules-Hardouin Mansard, sont au nombre des plus beaux édifices de ce genre. Elles sont disposées en demi-cercle, à l'entrée de la première esplanade du château, auquel elles font face, & ne sont pas le moindre ornement de cette place.

Du côté de la chapelle, est la grande *écurie*, la petite est de l'autre côté. Leur dimension toutefois est la même, & leur disposition n'éprouve que quelques variétés de plan. Leurs masses sont semblables. Leurs façades principales forment un demi-cercle en portiques séparés par la porte d'entrée. Ces portiques ont neuf arcades de chaque côté. Au-dessus des arcades s'élèvent deux étages, dont le supérieur est en mansardes. La construction & le style de ces deux édifices ont plus de caractère que n'en a le reste de l'architecture du château. Leurs cours se terminent par des grilles également circulaires qui sont d'un assez bon effet. Chacune de ces *écuries* a son manége, ses habitations, & tous les accessoires qui peuvent en dépendre, disposés avec toute la grandeur & toute l'intelligence qu'on pouvoit attendre de la magnificence de celui qui les fit construire.

Un bâtiment du même genre, en soi-même peut-être, mais relativement surtout beaucoup plus somptueux, est celui des *écuries* de Chantilly.

C'est une façade d'une seule ligne de cent toises & plus de longueur, formée d'un seul rang d'arcades servant de croisées, & taillées en refends, au-dessus desquels règne un entablement qui n'est interrompu que par le corps de pavillon du milieu, où se trouve la porte décorée d'ordre ionique, avec un grand ceintre au-dessus, dont le tympan est orné d'un bas-relief qui représente des chevaux. Ce corps de bâtiment du milieu est couronné d'un toit en mansardes richement ornées selon le goût du temps, au-dessus duquel est sculptée une renommée à cheval. En retraite de l'entablement dont on a parlé, règne dans toute sa longueur, un étage de mansardes répétées de la même manière aux deux pavillons de chacune des extrémités. L'intérieur se compose d'un manége couvert qui occupe le pavillon du milieu, & de chaque côté de ce manége, de deux grandes *écuries* doubles pour deux cents quarante chevaux. Attenant, à l'aile droite de l'*écurie*, est un grand manége découvert, de forme circulaire, dont l'entrée est décorée de trois grands arcs ornés de colonnes ioniques. Le tout est d'une grande magnificence, bâti en belles pierres de taille, spacieux, commode, & a toute la somptuosité d'un monument public.

Cette construction a été commencée en 1709, & terminée en 1735, sur les desseins de M. Aubert, architecte du roi.

ECUSSON, s. m. Diminutif d'écu. L'usage d'introduire des *écussons* dans l'architecture & la décoration, remonte à une très-haute antiquité. Les pratiques de ce genre, que nous attribuons ordinairement à la chevalerie, réclament une origine beaucoup plus ancienne. Les *clypei* & les *scuta* que les Romains attachoient & suspendoient dans leurs édifices, sont à coup sûr la source des usages modernes, comme *scutum* est l'étymologie d'*écusson*.

« Un usage qui nous est propre, dit Pline, lib.
» XXXV, cap. 33, & qui est dû, selon ce que
» j'en apprends, à Appius Claudius, qui fut con-
» sul avec Servilius, l'an 259 de Rome, est celui
» de placer par forme de consécration privée, soit
» dans les temples, soit dans les monumens publics,
» des *écussons*, avec les portraits de sa famille. C'est
» de cette manière qu'il consacra dans le temple de
» Bellone les images de ses ancêtres, qu'il se plût à
» les mettre en spectacle dans un lieu élevé, & à les
» entourer d'inscriptions honorifiques. Bel usage,
» surtout pour la famille qui peut voir dans une
» réunion nombreuse d'enfans, & dans la collection
» de leurs portraits en petit, une longue lignée, &
» en quelque sorte le berceau de sa postérité. Per-
» sonne alors ne contemple de tels *écussons* sans
» plaisir & sans intérêt. »

« L'exemple d'Appius fut suivi par M. Emilius,
» collègue du consul Q. Lutatius, qui plaça ainsi
» ses ancêtres, non-seulement dans la basilique
» Emilienne; mais aussi dans sa propre maison. »

« Au reste, cet usage est d'origine guerrière. Il
» y avoit déjà des images sur les boucliers des héros
» qui combattirent à Troye. De là vint la dénomi-
» nation de *clypeus*, c'est-à-dire de γλυφειν, & non
» de *cluere*, comme l'ont prétendu faussement de
» ridicules étymologistes. Noble & belle institution
» dont la valeur fut le principe. Où pouvoit mieux
» se placer le portrait du guerrier, que sur le bou-
» clier dont il fit usage. »

On a déjà parlé des boucliers dans les ornemens de l'architecture (*voyez* BOUCLIER). Les *écussons* peuvent se considérer comme des représentations de boucliers, comme une espèce d'imitation dont l'art, le goût, le caprice & la vanité ont singulièrement varié & modifié les formes. Je parle ici de ceux qu'on emploie comme ornemens, & non de ceux dont les lois du blason ont prescrit la configuration.

J'ai déjà eu occasion de dire, au mot *armoirie*, combien les formes bizarres de la plupart de ces objets contribuoient à déparer l'architecture. Il semble que quand l'usage en prescrit l'emploi dans les édifices, il vaudroit mieux les appliquer d'une manière postiche & incohérente avec l'architecture, comme une sorte d'accessoire indépendant d'elle, que de les convertir en marbre, en pierre, ou en toute autre matière solide, qui a l'air de faire partie intégrante de la construction même. Ce sont-là au reste de ces observations que le goût peut se permettre, sans espérer que ses leçons l'emportent sur celles de l'opinion & de la mode.

Le mot *écusson* est devenu, par l'analogie de certaines formes dans certains arts avec celles de l'objet en question, un mot technique.

Ainsi on appelle *écusson*, en serrurerie, une petite plaque de fer qu'on met sur les portes des chambres, des armoires, vis-à-vis des serrures, & au travers de laquelle entre la clef. On donne aussi ce nom à toutes les platines qui ornent les heurtoirs, les boucles, les boutons & les entrées de serrures. On le donne à beaucoup de petits objets de détail & d'ornement, ayant généralement une forme ovale, & dont l'énumération seroit fort inutile.

EDIFICE, s. m. Quoique, d'après son étymologie *ædes* qui signifie *maison*, ce mot sembleroit ne devoir se dire que des bâtimens d'habitation, cependant l'usage lui a donné dans la langue françoise une acception plus relevée. Bâtiment se dit des constructions ordinaires. *Edifice* emporte assez volontiers avec lui l'idée de monument, surtout lorsqu'on l'emploie sous l'acception qui lui est presque consacrée d'*édifice public*.

EDIFICES PUBLICS. Leur caractère ne consiste pas nécessairement dans une destination publique. On appelle ainsi, soit ceux qui sont faits aux dépens du trésor public, soit ceux qui sont affectés à des usages publics, soit ceux qui, tels que les palais des grands, s'élèvent au-dessus des formes, des proportions, ou des convenances adoptées par l'usage pour le plus grand nombre des particuliers.

Les *édifices publics* doivent d'abord se distinguer par la solidité. Il faut que ce que fait un gouvernement s'annonce comme durable. Tout caractère opposé l'accuse ou d'impuissance, ou d'imprévoyance.

Les monumens qu'il élève deviennent en quelque sorte la mesure de sa puissance & de son génie. Il convient par conséquent d'employer dans les *édifices publics* les plus beaux matériaux & les mieux choisis. Ce luxe est de nature à ne jamais provoquer la censure ; c'est celui que la critique pardonne le plus volontiers, parce que, quelque dispendieux qu'il soit au fond, il se lie avec des idées d'économie que le gouvernement ne sauroit jamais perdre de vue, puisque les ouvrages payés des deniers publics, le sont nécessairement du contingent des deniers particuliers.

L'intérêt que chaque particulier porte à la construction & à l'excellence des *édifices publics*, est de deux sortes.

L'un dérive du sentiment qu'il contribue à leur dépense, & dès lors qu'il a droit d'exiger des ordonnateurs un emploi de ces sommes, qui lui réponde de la bonté de l'ouvrage. Chacun veut que ce qui se construit pour chacun & aux dépens de chacun, le soit comme il le seroit, s'il l'avoit construit lui-même. Or chacun veut construire solidement, quand il en a les moyens, pour ne pas être exposé aux frais ruineux de refaçons & de continuelles réparations.

L'autre intérêt est un intérêt d'amour-propre. Les *édifices publics* forment pour les yeux l'histoire apparente & extérieure du goût de chaque génération. Or chaque génération, comme chaque individu qui en fait partie, désire de laisser de soi, & de l'époque de son passage sur la terre, des souvenirs qui rappellent non seulement son existence, mais que cette existence fût heureuse, riche, puissante, & favorisée par la nature ou les dons du génie. L'amour de l'immortalité, qui n'est qu'une suite de l'amour de la vie, se retrouve, en général comme en particulier, dans toutes les sociétés d'hommes & dans chaque homme. Les hommes même qui ont le moins, & qui par cela sont les moins capables de laisser des monumens particuliers de leur existence, ne sont pas ceux qui prennent le moins de part à l'érection & à la magnificence des *édifices publics*.

Enfin les *édifices publics* représentent la nation elle-même, en tant qu'ils attestent le degré de goût, de richesse, de capacité où cette nation est parvenue. Ainsi toute nation est intéressée à ce que leur construction soit livrée à des hommes capables, & dont les talens éprouvés soient une caution de la perfection de leur ouvrage.

Il importe donc que les ordonnateurs des travaux publics sentent l'importance morale de leurs fonctions. Ce sentiment paroît être assez rare en eux, si l'on en juge par la légereté avec laquelle se fait le choix des hommes auxquels on confie trop souvent la confection des monumens publics.

Il ne faut pas s'imaginer que ce soit toujours d'une grande dépense que résulte le caractère propre aux *édifices publics*. L'art sait souvent suppléer à la dépense. Là où les fonds seront insuffisans pour opérer en grand, on peut encore déployer une certaine magnificence ; car il y a aussi une magnificence qui n'est pas dispendieuse, c'est celle du goût. L'architecte du palais Massimi, à Rome, Balthazar Peruzzi, a fait voir dans cet ouvrage, ainsi que dans plusieurs autres bâtimens de peu de frais, auxquels il a su toutefois donner un caractère d'*édifices publics*, qu'il y a un art de faire du grand dans un petit emplacement, d'être riche & noble même avec épargne. L'école de chirurgie, à Paris (*voy.* ÉCOLE), est un édifice de peu d'étendue, & qui ne comportoit pas une grande dépense ; cependant l'architecte est parvenu à lui donner une grande importance, & peu de monumens, je parle même des plus grands, ont plus que lui l'air & l'apparence somptueuse d'*édifice public*.

Il n'y a jamais eu de peuple qui ait donné à ses *édifices publics* autant de grandeur, de richesse & de magnificence, que le peuple romain. On le prend ou on le donne ordinairement pour modèle. Je crois que sous plus d'un rapport, on se trompe ; je crois qu'on peut l'admirer, mais qu'il ne faut pas prétendre à l'imiter, & cela parce qu'il est inimitable.

On ne pense pas, lorsqu'on parle du peuple romain, que ce peuple ne formoit pas une nation, mais étoit le centre de toutes les nations. Rome étoit la capitale du monde alors connu ou civilisé. Prétendre l'imiter dans ses effets, lorsqu'on ne sauroit l'égaler dans ses causes, est une inconséquence dans laquelle on tombe toujours sans le vouloir ou sans le savoir. Cependant il est évident qu'il s'établit un rapport nécessaire & forcé entre la grandeur, la puissance, les richesses, la population d'un état, & les moyens qu'il peut mettre en œuvre pour ériger des monumens ; & c'est là ce qu'il faut consulter avant d'en entreprendre : autrement de grands projets avortés ou restés sans exécution, attestent moins le génie de ceux qui les ont conçus, que leur impuissante ambition. Il y avoit d'ailleurs chez les Romains un grand nombre de moyens d'exécution dépendans d'une foule de circonstances politiques & de raisons économiques que tout le monde sait, & dont on ne peut plus retrouver aujourd'hui les équivalens.

Quand on réfléchit aux causes qui, chez différens peuples & dans des temps divers, ont produit ces grands édifices qui sont en possession de l'admiration publique, on se persuade que presque tous sont dus à une réunion de circonstances rares qu'il faut regarder comme des exceptions au cours habituel des choses, bien loin de s'habituer à y voir la mesure de ce qu'on doit ambitionner, & la règle de ce qu'on doit faire.

Les Égyptiens, comme presque tous les anciens peuples, condamnoient aux travaux publics les peuples qu'ils réduisoient en servitude par la force des armes. Ainsi les conquêtes leur donnoient des esclaves, & ces esclaves devenoient des manœuvres. C'est à ces causes qu'on doit attribuer le plus grand nombre de leurs monumens qui, sans cela, seroient inexplicables ; car ils seroient hors de mesure avec les moyens naturels de ce pays.

Le

Le temple d'Éphèse avoit été bâti par une contribution des républiques & des rois de l'Asie, à peu près comme le fût Saint-Pierre de Rome.

Les plus beaux & les plus grands monumens d'Athènes furent construits par Périclès, des deniers, non de l'Attique, mais de toute la Grèce, lorsqu'après l'invasion des Perses, instruits par le danger qu'ils avoient couru, les Grecs consentirent à confier à Athènes la défense commune, & à lui payer des contributions que l'habile trésorier savoit faire tourner au profit de la ville.

Rome n'eut que de pauvres édifices, tant qu'elle fut réduite à ses propres moyens; elle ne devint de marbre & ensuite d'or, que lorsqu'elle eut rendu l'univers tributaire & esclave. Ainsi les édifices de Rome appartenoient à toutes les nations, & non à l'Italie. Rome dut l'emporter en richesse de bâtimens sur toutes les autres villes connues avant & depuis elle, par la même raison & de la même manière qu'on voit dans tous les pays la capitale surpasser par la masse, le nombre & l'étendue de ses *édifices publics*, les autres villes du même état.

Les temps modernes ont vu se reproduire dans cette même ville des ouvrages où le génie de l'ancienne Rome paroit avoir présidé. Il est possible sans doute que la puissance de l'exemple ait eu là plus d'activité qu'ailleurs. Mais on explique encore mieux sans cela cette grande magnificence, lorsqu'on réfléchit que Rome moderne fut long-temps censée une espèce de capitale de l'Europe. C'est en grande partie des deniers de la Chrétienté que fut bâti Saint-Pierre; & jamais sans doute on n'eût eu la pensée d'en faire un si vaste édifice, s'il n'eût dû être que la principale église de Rome.

Ainsi la grandeur des *édifices publics* se proportionnant ordinairement à celle des états, ce seroit se donner aujourd'hui une mesure exagérée, que de prétendre se régler sur de tels monumens. La grandeur fait sans doute une partie de la beauté de l'architecture, mais le colossal ou le gigantesque de la plupart de ces monumens fameux, nuit peut-être à l'art plus qu'on ne pense. L'on peut rester de beaucoup au-dessous de ces dimensions, & avoir encore toute la grandeur que demande l'architecture, & qu'exigent les *édifices publics*. C'est le beau surtout qui met en faire le prix, & le beau, dans tous les genres, est au niveau des ressources de tous les peuples. Ce qui rendit recommandables les monumens de Périclès, ce fut moins leur grandeur ou leur richesse, qu'une certaine fleur de beauté, une certaine grâce qui leur étoit particulière. On y retrouvoit, même après plusieurs siècles, une sorte de fraicheur de jeunesse, on disoit qu'ils n'avoient pas vieilli.

La magnificence des *édifices publics* peut donc dépendre de leur goût plus encore que de leur somptuosité; mais leur effet, n'en doutons pas, tient aussi beaucoup, soit à l'observance du caractère qui leur est propre, soit à une certaine bienséance d'architecture, qui résulte plus des mœurs des peuples, qu'elle ne peut résulter des préceptes de l'art.

Diction. d'Archit. Tome II.

On a déjà parlé, au mot CARACTÈRE (*voyez cet article*), de l'avantage qu'avoit l'architecture à caractériser les *édifices publics*, dans ces villes où une sorte de modestie de bâtisse règne dans les maisons des citoyens, & où des mœurs, soit simples, soit jalouses, prescrivent aux habitations privées un certain unisson de médiocrité. On éprouve ce que je veux dire à Amsterdam, par exemple, en voyant son magnifique hôtel-de-ville. Quoique toutes les maisons de cette ville soient élevées, bien bâties, & surtout d'une propreté remarquable, cependant la simplicité extérieure qui caractérise presque tous les bâtimens, contribue à faire singulièrement ressortir la richesse & la magnificence de ce monument qui, sans être des plus vastes de l'Europe, peut se mettre au nombre des plus beaux, mais à coup sûr au nombre de ceux qui frappent le plus.

Il en étoit, ce me semble, de même chez les Grecs, où les habitations particulières, comme dans toutes les républiques, étoient assez uniformes & assez peu dispendieuses (1). La chose fut ainsi à Rome jusqu'après Auguste. Pline nous a conservé le nom de celui qui osa le premier, par un péristyle en colonnes, appliqué à sa maison, insulter aux temples des dieux. Ce ne fut que progressivement qu'on vit de simples citoyens disputer d'opulence avec les demeures divines & les *édifices publics*. Mais Rome, comme on l'a dit, avoit des moyens qui n'appartinrent jamais qu'à elle, de distinguer ses monumens publics, des constructions particulières, si riches qu'elles pussent être.

Dans les pays où la fortune publique ne peut pas s'élever, dans la même proportion, au-dessus des fortunes privées, c'est un assez grand désavantage pour les *édifices publics*, que cette rivalité des bâtimens particuliers, lorsque surtout l'architecture, libre du frein des convenances, & aux ordres de celui qui la paye, applique indistinctement à tout, ces moyens de décoration, ces ordonnances, ces attributs, ces symboles, ces embellissemens qui sembleroient ne devoir être affectés qu'aux monumens qui sont l'image de la puissance publique.

Quand les mœurs ont amené dans un pays l'architecture à ce point, l'architecte n'a plus d'autre ressource que de bien consulter la propriété, la destination de l'édifice dont il est chargé de construire. Il pourra toujours y trouver de quoi lui imprimer un caractère spécial qui, le faisant sortir du courant des formes, & des données banales dans lesquelles ne manque jamais de tomber la routine, apprendra son importance, & le degré de considération qu'il mérite (*voy.* MONUMENT).

EFFET, s. m. C'est une qualité dans les ouvrages de l'art, dont le propre est de donner du ressort aux autres qualités, de les faire briller, & d'attirer l'œil du spectateur par quelque chose de piquante.

(1) Celui qui élève une maison plus belle que les temples des dieux ou les édifices destinés au service public, bien loin d'être digne d'estime, ne mérite que l'infamie. Aucun édifice particulier ne doit insulter par sa magnificence aux monumens publics. *Lois de Charondas.*

Cette qualité se fait sentir aussi dans les œuvres de la nature. Il y a des physionomies sans *effet*; ce sont celles qui, malgré la régularité des traits, la beauté du teint, manquent, soit dans les yeux, soit dans la couleur, soit dans l'air, d'une certaine vivacité qui donne à la figure de l'expression, de l'ame au regard, & une sorte d'éloquence à la beauté.

L'*effet* est une qualité précieuse & indispensable du paysage. Il y a de belles vues qui n'attirent point les regards. Il y a de beaux sites que le peintre néglige; ce sont ceux où il règne peu de contraste dans les formes, dans les masses de verdure. Mais le manque d'*effet* en ce genre, tient ordinairement au manque ou à l'uniformité de lumière. Il n'y a point d'*effet* dans un paysage, sans soleil; & il n'y en a pas non plus, quand le soleil est d'aplomb. C'est l'opposition des ombres & des clairs qui y produit l'*effet*.

Quoiqu'on puisse faire en général de l'*effet* en peinture sans ces contrastes prononcés, & qu'il y ait même plus de talent à en produire, sans avoir recours à ces ressources banales, cependant un peintre qui s'adonneroit au genre des tableaux proprement dits à *effet*, emprunteroit toujours ses motifs, des sujets dont les contrastes d'ombres & de lumières sont nécessairement partie. Tels sont les sujets de nuit, où les personnages sont éclairés par des lumières ou par des feux.

Tout ceci n'est dit que pour expliquer la nature de cette qualité qu'on appelle *effet*.

L'architecture a aussi son genre d'*effet*, sa manière de produire de l'*effet*. A la considérer sous un de ses rapports abstraits, comme un assemblage de pleins & de vides, & comme un composé de parties lisses & de parties saillantes, on comprend qu'il y a bien des manières de réunir ces contraires, & qu'il doit y en avoir qui les fasse ressortir plus ou moins avantageusement. C'est dans la meilleure manière de les combiner, de façon à arrêter agréablement la vue, que consiste l'art de produire de l'*effet* en architecture.

L'architecture, comme beaucoup de parties de la nature, tire sa valeur & sa propriété visuelle de la lumière & des accidens de cette lumière. Ainsi l'architecture reçoit une grande partie de son effet des contrastes qui s'y trouvent opérés par les ombres & les clairs. Une masse uniforme, sans aucun vide, & sans aucune saillie, ne produit aucun *effet*; c'est un mur lisse, ou c'est une pyramide. Aussi l'ennui qui naît de l'uniformité, fait promptement détourner les yeux, pour chercher ailleurs cette variété dont l'ame a besoin. Les pyramides de l'Égypte étonnent par la pensée plus que dans la réalité. Lorsqu'on a supputé tout ce que cela a dû coûter à faire, & calculé tout ce que cela doit durer, il n'y a plus rien qui arrête. Ce seroit, je pense, une épreuve assez pénible, que d'être condamné à avoir long-temps pour point de vue une telle construction, qui vous dit tout du premier coup, où l'on a tout vu du premier aspect, tandis que celui qui habiteroit vis-à-vis la colonnade de St.-Pierre, le portique du Panthéon, ou le péristyle du Louvre, pourroit tous les jours faire des observations nouvelles, & même après vingt ans, s'apercevroit encore, qu'il n'a pas tout vu, ou qu'il n'a pas bien vu encore tout ce qu'il y a à y voir.

Il y a dans l'architecture un *effet* qui tient à la disposition. Il y en a un qui tient à l'exécution.

L'*effet* produit par la disposition est particulièrement celui qui résulte de l'emploi des colonnes. M. le Roy a parfaitement démontré le principe de cette différence d'impressions que nous fait éprouver une façade en pilastres, ou une façade en colonnes éloignées du mur. « Cette impression, dit-il, s'augmente par les sensations seules que nous recevons de tous les objets & de tous les *effets* de lumière que la profondeur d'un portique nous présente ». Ce n'est pas, selon lui, la grandeur de la masse d'un édifice qui en détermine l'*effet*. En effet, notre ame est plus fortement affectée à l'aspect du frontispice du Panthéon, qu'elle ne l'est à la vue de celui de St.-Pierre de Rome, quoique dans cette basilique les colonnes du portail soient cependant considérablement plus grosses & plus grandes. Mais la différence provient de ce qu'étant engagées dans le mur, les colonnes de St.-Pierre ne nous donnent aucun des *effets* frappans qui naissent de la profondeur dans les péristyles.

La théorie de l'*effet* produit par l'emploi des colonnes a été si bien donnée par M. le Roy, que je ne puis m'empêcher de la transcrire ici.

« L'architecture est douée, dit cet écrivain, de la double propriété d'offrir, comme la peinture, des tableaux immobiles & qui ne changent point, & aussi comme la poésie, une succession de tableaux variés. Considérons, par exemple, deux façades, l'une composée de colonnes qui touchent au mur, l'autre formée par des colonnes qui en sont assez éloignées pour qu'elles fassent péristyle, & supposons encore que les entrecolonnemens dans l'un & l'autre cas soient égaux & décorés de même, on observera dans la dernière façade une beauté réelle dont l'autre sera privée, & qui résultera uniquement des différens aspects, ou des tableaux variés & frappans que ses colonnes présenteront au spectateur, en se projetant sur le fond du péristyle qu'elles forment. Une comparaison très-générale va faire sentir ce que j'avance ici. »

« Si vous vous promenez dans m. jardin, à quelque distance, & le long d'une rangée d'arbres plantés régulièrement, dont tous les troncs toucheroient un mur percé d'arcades; la situation respective des arbres avec ces arcades ne vous paroîtra changer que d'une manière très-insensible, & votre ame n'éprouvera aucune sensation nouvelle, quoique vous ayez eu toujours les yeux fixés sur les arbres & sur les ouvertures du mur, & qu'en marchant, vous ayez parcouru assez vite un espace considérable. Mais si cette rangée d'arbres est éloignée du mur, en vous promenant de même, vous jouirez d'un spectacle nouveau, par les différens espaces du mur que les arbres paroîtront, à chaque pas que vous ferez, couvrir successivement. »

« Tantôt vous verrez les arbres diviser les arcades en deux parties égales, un instant après, les couper inégalement, ou les laisser entièrement à découvert, & ne cacher que leurs intervalles. Si vous vous approchez, ou que vous vous éloigniez des arbres, le mur vous paroîtra monter jusqu'à la naissance de leurs branches, ou couper leurs troncs à des hauteurs différentes. Ainsi, quoique nous ayons supposé le mur décoré régulièrement, & les arbres également éloignés, la première des décorations semblera immobile, pendant que l'autre, au contraire, s'animant, en quelque sorte, par le mouvement du spectateur, lui présentera une succession de vues très-variées qui résulteront de la combinaison infinie qu'il se procure des objets simples qui produisent ces vues. »

« Ces effets opposés qui résultent uniquement des différentes positions d'une rangée d'arbres, par rapport à un mur percé d'arcades, nous représentent le contraste frappant que nous avons voulu faire sentir, & qui seroit entre la décoration monotone produite par des colonnes qui toucheroient un mur décoré, & la riche variété qui résulteroit de celles qui formeroient péristyle. »

« Qu'on suppose en effet dans le premier cas les entrecolonnes ornés de niches, de figures, de bas-reliefs, toute la richesse qu'on aura prodiguée dans cette décoration, ne changeant que très-peu à notre vue, malgré les efforts que nous ferons pour la considérer sous différens aspects, nous sera bientôt abandonner un spectacle où l'ame ayant tout vu dans un instant, cherche en vain de nouveaux objets qui satisfassent son activité. Dans le second cas au contraire, la magnificence des plafonds, ajoutée à celle du fond du péristyle, se reproduira en quelque sorte à chaque instant; elle se présentera sous mille faces diverses aux yeux du spectateur, & le récompensera des efforts qu'il fera pour trouver tous les points de vue du péristyle, en lui offrant sans cesse de nouvelles beautés. »

« Pour mieux nous former une idée des différens *effets* que produisent les péristyles, & de leur supériorité sur les décorations qui ne sont composées que de pilastres, considérons le péristyle du Louvre, éloignons-nous-en, pour en saisir l'ensemble, approchons-nous en assez près, pour découvrir la richesse de son plafond, de ses niches, de ses médaillons; saisissons le moment où le soleil y produit encore des *effets* plus piquans, en faisant briller du plus vif éclat quelques-unes de ses parties, tandis que d'autres, couvertes d'ombres, les feront ressortir. Combien la magnificence du fond de ce péristyle, combinée de mille façons différentes avec le contour agréable des colonnes qui sont devant, & avec la manière dont il est éclairé, ne nous offriront-ils pas de tableaux enchanteurs. »

« Qu'on s'efforce de même de découvrir de nouveaux aspects dans la décoration des pilastres qu'on y voit, & dont les intervalles sont divisés à peu près comme ceux des colonnes, on n'y observera jamais que la même décoration froide & monotone, & que la vive lumière du soleil qui anime toute la nature, ne change presque pas. »

« Non-seulement le spectateur n'épuisera pas en quelques heures les tableaux que le péristyle du Louvre pourra lui offrir, mais même les différens momens de la journée lui en offriront de nouveaux. Chaque nouvelle situation du soleil y fera répondre les ombres des colonnes à différentes parties du fond, comme chaque hauteur différente de cet astre les fera élever ou abaisser plus ou moins sur le fond de ce péristyle. »

« Cette dernière variété qui naît, dans les péristyles, des effets de la lumière, suffit presque, quand situés heureusement, ils sont encore bâtis dans de beaux climats. Alors éclairés par le soleil pendant presque toutes les heures du jour, il est moins nécessaire de soutenir l'attention du spectateur, en décorant richement leurs fonds. »

Le même auteur fait voir comment l'*effet* qui résulte de l'emploi des colonnes & des masses en architecture, dépend d'un certain milieu à garder entre le trop de simplicité & le trop de variété. Supposons, par exemple, l'intérieur du Panthéon à Rome, divisé en un grand nombre de chapelles, qu'on ne puisse voir que l'une après l'autre, & son frontispice composé de plusieurs petits ordres, l'intérieur ne nous donnera qu'un grand nombre de sensations foibles dans un instant. Supposons maintenant que toute la surface de ce frontispice fût un mur nud, sans aucune décoration, & où il y eût seulement au milieu une porte fort petite, la vue de cette surface ne nous affecteroit certainement pas, à beaucoup près, d'une manière aussi forte que la vue de cette même surface divisée par huit colonnes, & par tout ce qu'on découvre au travers des sept intervalles qui les séparent; d'où il paroît prouvé que la décoration du portique du Panthéon perdroit de son *effet*, si, en multipliant trop les parties qui la composent, on les rendoit plus petites, & qu'elle le perdroit en entier, si on diminuoit considérablement le nombre de ces parties.

Les grands *effets* de l'architecture tiennent donc à un emploi riche, mais mesuré des ressources de cet art. Les Gothiques, qui dans leurs frontispices ont multiplié à l'excès tous les détails, ont manqué toujours l'*effet*, en allant au-delà, comme les Egyptiens dans les façades de leurs temples, où il ne règne aucune division ni aucun détail, n'ont su y arriver, & sont restés en-deçà. Trop, comme trop peu de division nuit à l'*effet*. Les divisions sont ce qui fait bien voir un objet. Le trop donne de la fatigue à l'ame, le trop peu ne lui donne pas de désir. Or si l'*effet* est cette qualité dont le propre est d'amorcer, en quelque sorte, l'œil du spectateur, & de lui faire trouver du plaisir à voir, l'*effet* ne se trouve ni dans l'excès, ni dans l'absence des détails.

Il y a une sorte d'*effet*, ou une manière de faire de l'*effet* en architecture, qui dépend de l'exécution peut-être autant que de toute autre chose, & ce genre d'*effet* est celui que l'on peut le moins deviner d'après les desseins des architectes; c'est aussi celui sur lequel ils se trompent le plus souvent. Quelques-uns s'imaginent que pour faire produire de l'*effet* aux membres de l'architecture, ainsi qu'aux ornemens, il faut leur donner je ne sais quoi de matériel, de saillant & de raboteux, qu'on ne sauroit mieux faire sentir que par ce style rocailleux de *figures à effet* que certains sculpteurs ont adopté, surtout pour la décoration. Les ouvrages des Grecs sont la meilleure leçon qu'on puisse donner en ce genre, & le meilleur correctif à cette sorte d'abus. Il n'y a pas d'architecture plus faite à l'*effet* & pour l'*effet* que celle des temples doriques grecs. Il n'y en a pas où la modénature ait été prononcée avec plus d'énergie. Il n'y en a pas où les profils soient plus saillans & plus hardis. Toutefois on y observe un balancement harmonieux de formes graves & de formes légères. Après une large moulure, vient ordinairement une délicate. Après une partie creuse & fouillée, vient une saillie foible & légère. Les membres de leurs chapiteaux ont une apparence massive; des listels fins & déliés les marient à la colonne. La corniche des Grecs qui fait le couronnement de la modénature, est toujours saillante, mais légère, & a beaucoup moins d'épaisseur que chez les modernes. Toutes les parties de ces masses si colossales, & d'un si grand *effet*, si on les examine de près, sont taillées avec pureté, & sans prétention à faire de l'*effet*. Tout y est articulé correctement & précieusement. C'est une musique simple, chargée de peu d'accompagnement, & où le trait de force ou d'expression se détache d'autant plus vivement, qu'on n'a pas voulu mettre du trait partout. Quand, dans presque tous les genres, les modernes ont voulu faire de l'*effet*, ils ont voulu que tout fût *effet*; c'étoit le moyen qu'il n'y en eût nulle part. Quand les modernes ont fait du colossal en sculpture, ils se sont crus obligés de *charger* tous les contours & toutes les saillies; ils ont fait des hiatus & des cavernes pour les yeux, la bouche & les narines. Quand on voit une tête colossale antique, on ne voit autre chose qu'une tête grossie dans un miroir concave.

Les différens décorateurs qui se sont succédés dans l'église de St.-Pierre, sont tombés dans cette exagération d'*effet* donné aux ornemens des archivoltes (*voy.* COLOSSAL.) C'est une fausse maxime que de donner aux ornemens tant de saillie, pour faire de l'*effet*. Des ornemens légers, meplats & de bas-relief, en font davantage, lorsqu'ils sont traités purement, & se détachent sur des fonds lisses.

Au reste l'ornement qui doit figurer loin de l'œil, doit être traité avec hardiesse & franchise; cela n'exclue ni la pureté ni la finesse. Les restes de l'antiquité nous fournissent de nombreux & beaux modèles du genre d'exécution qui convient à l'ornement ainsi placé. Soit en le trait des feuillages ou des pinceaux

n'y est fait qu'avec le trépan, c'est-à-dire par une continuité de petits trous faits au foret, les uns à côté des autres. Il seroit quelquefois superflu de leur donner plus de fini, & quelquefois aussi, selon la place qu'ils occupent, & la manière dont ils reçoivent le jour, plus de fini nuiroit à leur *effet*.

Il en est de l'*effet* dans les arts, comme de toutes les autres qualités; il consiste nécessairement dans un certain milieu gardé entre deux extrêmes, mais on peut dire qu'il est peu de qualité où les modernes ayent su moins garder le point moyen; l'*effet* étoit même devenu, dans presque tous les arts, un vice dont il se pourroit bien qu'on n'échappât encore que par le vice opposé. Toutes les manières de voir la nature & de l'imiter, ayant été usées; ce qui est arrivé très-promptement dans les temps modernes, on s'est jeté dans ce qu'on appeloit *la manière de l'effet*. Les peintres sacrifièrent à ce qu'on nommoit aussi dans un tableau, le dessin, la couleur, la vérité, le costume, & même l'expression; l'art de peindre n'étoit plus que l'art de combiner d'une manière piquante pour l'œil des masses d'ombres & de clair. La sculpture ne connoissoit plus que ce qu'on appeloit des *masses*. Le fini, c'est-à-dire la représentation fidelle & vraie d'un objet, étoit regardée comme de la froideur. Tout consistoit dans un certain esprit, dans une certaine manière de contrefaire l'apparence, non de la nature, mais de l'imitation de la nature. Il sembloit que le génie de la décoration de théâtre, qui est moins de la peinture, qu'une contrefaction de l'art de peindre les objets, fût devenu le génie dominant de tous les tableaux. Toutes les statues sembloient faites aussi, pour ne figurer que hors la portée de la vue. L'architecture, qui donne assez le ton aux autres arts, & qui le reçoit dès qu'elle ne le donne point, ne connut plus ni pureté, ni sévérité. Les lignes ondoyantes, les plans multilignes, les formes bâtardes & rompues, tout cela passoit pour être de l'*effet*; car il falloit tout subordonner à ce premier de tous les mérites.

La connoissance plus étendue, & l'étude de l'antiquité ont ramené tous ces arts à des extrêmes plus simples. L'*effet* n'est plus l'objet exclusif & privilégié de toutes les études & de toutes les ambitions; peut-être même, par un excès opposé, se fait-on déjà un mérite d'en manquer. Peut-être règne-t-il trop de sécheresse dans les peintures, trop de froideur dans les statues, trop de pauvreté dans l'architecture.

Les artistes ne sauroient trop se mettre en garde contre cette influence de l'esprit de mode qui s'étend aussi sur les productions des arts. Les beaux ouvrages ne sont & ne seront jamais que ceux qui gardent entre tous les excès le point milieu. Il ne faut pas prendre le change sur le mérite de quelques grands hommes qui ont quelquefois manqué d'une des qualités qu'exige la perfection. Ce ne fut ni à dessein, ni par système que Raphaël manqua quelquefois d'harmonie, Jules Romain d'*effet*, Michel Ange de grâce, Titien de dessin, Corrège de composition. Ou quelques-uns de ces dons nécessaires au complément de l'art leur manquoit, ou quelques-unes de ces parties de l'art n'avoient pas encore été trouvées & perfectionnées. Toutes les fois qu'un homme de génie éprouve quelques-uns de ces défauts, il y a toujours compensation d'un autre côté. Il n'en est pas de même de celui qui croit imiter un grand homme, en singeant son défaut.

L'*effet* considéré en architecture, sous un rapport plus général, c'est-à-dire comme résultat des sensations que l'ensemble & les parties d'un édifice doivent produire sur l'ame & sur les yeux, est une chose qu'il est difficile de présumer & d'apprécier sur de simples projets dessinés.

Rien de plus trompeur que la simple délinéation que les architectes font de leurs monumens, même avec le secours du lavis qui en détermine les ombres. Il ne peut y avoir qu'une grande expérience de l'*effet* qui mette l'artiste à même de se juger sur le papier. Mais quelle qu'elle soit, elle ne sauroit suppléer au sens de la vue. Aussi dans les monumens de quelqu'importance, les architectes font de leurs édifices un petit modèle en relief qui leur rend compte du jeu de la lumière, des rapports que les diverses tailles ont entre elles, & avec le reste du monument.

Quand Paul III voulut faire terminer le palais Farnèse, dont Sangallo avoit achevé l'extérieur jusqu'à la hauteur de l'entablement, il ne voulut pas se fier à un seul architecte, pour la composition du couronnement de l'édifice. Il appela en concours plusieurs des plus habiles de ce temps; Michel Ange fut du nombre, & son projet fut préféré par le pape. Chargé de cette exécution périlleuse, il ne se crut pas assez autorisé par son dessin & par l'approbation générale qu'il avoit reçue. Il savoit combien est souvent fautif le calcul du petit au grand, d'après lequel les architectes ne procèdent que trop. Il savoit combien même les règles de l'optique sont insuffisantes pour faire préjuger le bon *effet* des masses, & qu'enfin rien ne peut suppléer à l'expérience que donne la réalité même. Michel Ange ne se contenta pas de faire un modèle en petit de son entablement, il en fit exécuter sur l'angle du palais même un modèle de la grandeur qu'il devoit avoir.

Sans doute il est difficile d'opérer ainsi dans tous les édifices, & pour toutes les parties, mais il en est certaines, & les couronnemens ou entablemens sont de ce nombre, dans lesquelles l'épreuve d'un petit modèle est encore insuffisante pour s'assurer de leur bon & juste *effet*. C'est à ce défaut d'épreuve semblable qu'on doit rapporter tous ces profils froids & mesquins, ces corniches de bas-relief, que la routine des constructeurs exécute journellement d'après la routine des dessinateurs.

EGLISE, s. f. Ce mot dérive du grec Ἐκκλησία, qui veut dire *assemblée*; & comme, sous son rapport abstrait & mystique, l'*église* est l'assemblée générale des fidèles, une *église*, dans son sens simple & architectural, est le lieu d'assemblée, ou la réunion d'un certain nombre de chrétiens.

L'étymologie du mot indique déjà la différence caractéristique qui existe entre les temples chrétiens & les temples payens. Les premiers admettant dans dans leur intérieur le concours de peuple que les seconds ne recevoient que sous leurs péristyles ou dans leurs enceintes accessoires, la forme & la disposition des uns n'a plus en que des rapports très-imparfaits avec la forme & la disposition des autres.

M. Leroy, dans un petit écrit qui a pour titre: *Histoire de la disposition & des formes différentes des temples des chrétiens*, &c., a traité le sujet qui doit faire la matière de cet article; car il s'agit moins ici d'accumuler des descriptions d'églises, qu'on trouvera dans une foule d'autres articles, que de rendre compte de la nature des *églises* chrétiennes, & des causes qui ont influé sur leurs formes. Je crois ne pouvoir mieux faire que de donner au lecteur une analyse succincte de l'écrit en question.

« Nos plus belles *églises*, dit M. Leroy, moins heureusement disposées, à quelques égards, que les temples des anciens, ont cependant aussi des beautés que n'avoient pas ces monumens que les payens s'honoroient d'avoir construits. Les formes carrées & les formes circulaires employées presque toujours séparément dans ces derniers, sont réunies avec grâce dans nos basiliques. Nous couvrons des nefs qui ont quatre-vingt pieds de largeur, nous élevons à leur centre de réunion des dômes d'un diamètre bien plus considérable, & dont les voûtes semblent toucher aux nues, & nous éclairons avec un art infini toutes les parties de ces vastes édifices. Voyons par quels degrés nous sommes parvenus à cette hardiesse de construction, que nous n'admirons peut-être pas assez, & à laquelle les anciens n'ont jamais atteint. Voyons comment cette construction perfectionnée & embellie, peut rendre nos *églises* supérieures à tous les temples qu'on a élevés avant nous. »

De la disposition des églises, depuis leur origine, jusqu'à la renaissance des arts en Italie.

« La facilité ou les obstacles que les différentes religions ont trouvé à s'étendre dans leur origine, le zèle avec lequel des princes puissans ou des nations entières les ont embrassées, ou les contradictions qu'elles ont éprouvées, paroissent les principales causes de la différence qu'on observe entre la capacité de l'intérieur des édifices élevés au vrai Dieu, & celle des temples consacrés aux fausses divinités des payens. »

« Les diverses religions des peuples qui ont brillé par leurs connoissances dans l'architecture, s'établirent insensiblement & sans contradiction au sein d'états florissans. Les sacrifices les plus solennels se faisoient quelquefois en plein air, devant les temples, au milieu des villes, ou hors de leurs murailles, à la vue de tous les habitans. Il suffisoit souvent que l'intérieur de ces temples contînt les prêtres & les images des divinités qui y étoient révérées; & les peuples qui les élevoient, pouvoient, sans les faire extrêmement vastes, les décorer extérieurement avec la plus grande magnificence. »

« La religion chrétienne, au contraire, qui devoit avec le temps triompher de toutes les autres, persécutée dans son origine, n'osa d'abord se montrer au grand jour. Peu d'hommes, à l'exemple des apôtres, hasardèrent leur vie pour publier la vérité repoussée par la force & les supplices. Les premiers chrétiens, cachés sous terre, dans ces catacombes lugubres qu'ils partageoient avec la mort, y célébroient en secret les mystères de leur religion. Tirés par Constantin-le-Grand de ces retraites affreuses, ils furent rassemblés par cet empereur, dans quelques-uns de ces édifices appelés *basiliques* par les anciens, & où ils rendoient la justice. A l'abri dans ces monumens spacieux fermés & bien éclairés, des insultes qu'ils pouvoient craindre au milieu d'un peuple qui les avoit persécutés si long-temps, ils durent penser à se procurer les mêmes avantages dans les premiers temples qu'ils se construisirent. Comme il étoit important que leur capacité ne fût pas bornée à contenir seulement les prêtres qui les desservoient, ainsi que l'étoit celle de la plupart des temples des payens, mais qu'il falloit encore qu'ils fussent assez grands pour contenir tous les fidèles qui étoient à Rome, ils ne trouvèrent cet avantage que dans l'immensité de l'intérieur des basiliques. Ils les imitèrent donc dans la forme qu'ils donnèrent à leurs *églises*; & soit qu'ils ne crussent pas devoir changer le nom de ces édifices qui leur avoient d'abord servi d'asiles, soit qu'ils ne crussent pas devoir désigner, par un nom nouveau, des temples qui ressembloient si parfaitement, par leur disposition, à ces basiliques, ils en donnèrent le nom dans la suite aux *églises* qu'ils bâtirent, & les plus belles de celles qu'on voit à Rome, le portent encore à présent. »

De la première église des chrétiens, ou de l'ancienne basilique de Saint-Pierre.

« Entre les différentes *églises* que les chrétiens construisirent sur le modèle de ces basiliques où l'on rendoit la justice, la première fut bâtie à Rome, l'an 326 de notre ère, par Constantin-le-Grand. Cette *église*, dédiée à S.-Pierre, étoit située dans le même lieu, où Anaclete, disciple de cet apôtre, lui avoit élevé une *mémoire*, petit monument qui, dans l'origine du christianisme, suffisoit pour rappeler la piété des fidèles, mais qui ne méritoit pas cependant le nom d'*église*. Constantin, assez bien affermi dans son empire, pour faire peu de cas de ce que penseroient le sénat & ceux de ses sujets qui suivoient la religion des gentils, voulut donner par-là une preuve éclatante de son zèle pour la religion chrétienne. On se prit point pour modèle, dans cet édifice, la forme des basiliques les plus simples (telles que les exécutèrent les anciens Romains), qui ne présentoient dans leur plan qu'un carré long, divisé dans sa largeur par deux files de colonnes en trois espaces. Pour répondre aux grandes vues de Constantin, on copia celles que l'accroissement de Rome avoit forcé de rendre plus spacieuses, & qui offroient un intérieur très-vaste & très-magnifique. »

« L'ancienne *église* de S.-Pierre étoit donc divisée dans sa longueur, précisément comme ces derniers édifices, par quatre files de colonnes, qui formoient cinq rangs de promenoirs. Le plus grand, qui occupoit le milieu, composoit la nef; les quatre inférieurs les bas-côtés. Ces promenoirs, divisés du couchant au levant, alloient aboutir vers le fond de l'édifice, à une seconde nef transversale qui s'étendoit du midi au septentrion; & on avoit encore ouvert dans celui des côtés de cette nef qui étoit le plus reculé, une grande niche circulaire qui, avec les deux nefs qui se coupoient perpendiculairement, donnoit au plan de cette *église*, une forme de croix imparfaite. »

« Telle étoit la disposition générale de ce premier temple des chrétiens, imposant par sa grandeur. Il auroit été un des plus superbes qu'on eût vu, si la beauté de sa décoration avoit répondu à celle des matériaux dont il étoit formé. Plus de deux cents colonnes, entre lesquelles on en remarquoit douze de marbre de Candie, qu'on croit avoir servi au temple de Salomon, ornoient son intérieur. On en comptoit quarante-huit dans les deux côtés de la nef, & quarante-quatre dans les bas-côtés. Le plafond qui portoit sur les grands murs (percés de croisées) qu'elles soutenoient, étoit composé de poutres recouvertes de bronze qui avoit été enlevé du temple de Jupiter-Capitolin. »

« Constantin qui avoit ordonné de construire la basilique de S.-Pierre avec tant de magnificence, pendant qu'il célébroit à Rome la vingtième année de son règne, désira encore qu'elle fût un témoignage authentique de ce qui avoit donné lieu à sa conversion. Il voulut que son plan représentât une croix, en l'honneur de cette croix merveilleuse qu'il vit en l'air lorsqu'il vainquit Maxence. L'idée heureuse qu'avoit ce prince de caractériser nos *églises*, en leur donnant une forme si révérée des chrétiens, quoique mal exécutée d'abord, comme nous l'avons dit, ne fut pas infructueuse. Quelques siècles après, on l'exprima plus parfaitement, & les efforts qu'on fit pour y parvenir, & pour donner aux sanctuaires de nos *églises* l'élévation & la dignité qu'ils doivent avoir, produisirent les premiers essais de la pensée la plus grande qu'ayent eue les modernes en architecture, celle de soutenir en l'air, sur les arcs immenses de leurs nefs, des dômes ou des temples ronds, aussi vastes que les plus grands de ceux que les anciens ont exécutés. »

De l'invention des coupoles qui couvrent le sanctuaire des églises.

« Le siège de l'empire romain ayant été transféré à Constantinople, on présume que la disposition de l'ancien S.-Pierre fut imitée dans celle que

Constantin fit élever dans sa nouvelle capitale, sous le nom de S^{te}.-Sophie. Quoiqu'il en soit, elle ne subsista pas long-temps. Rebâtie par son fils Constantius, détruite en partie, & réparée sous l'empire d'Arcadius, brûlée sous Honorius, elle fut rétablie par Théodose le jeune ; enfin elle fut réduite en cendres sous Justinien qui bâtit celle qui subsiste aujourd'hui (voyez-en la *description* aux mots BASILIQUE, CONSTANTINOPLE, COUPOLE). C'est dans cet édifice que fut faite la découverte des coupoles sur pendentifs. »

« Les arts déjà déchus sous le premier empereur chrétien, de la perfection où ils avoient atteint sous ses prédécesseurs, dégénérèrent encore pendant l'espace de temps qui s'écoula entre son règne & celui de Justinien. Ils tombèrent, quelques siècles après, dans une telle barbarie, que les Vénitiens, qui copièrent avec assez de sagesse, dans S^t. Marc, ce que la disposition de S^{te}.-Sophie avoit d'heureux, ne purent aussi se défendre d'imiter le mauvais goût qui régnoit dans sa décoration intérieure... Quoique l'*église* actuelle de S^t.-Marc ne soit pas celle qui fut bâtie l'an 829, on n'en persista pas moins, dans la reconstruction de la nouvelle, à copier S^{te}.-Sophie. En effet, Constantinople, dont tous les édifices ne nous paroissent guères à présent préférables aux ouvrages des Goths, donnoit alors dans les arts les lois à l'Europe. Si la forme de croix n'est pas bien exprimée à présent dans le plan de S^{te}.-Sophie actuelle, elle l'étoit beaucoup mieux quand Anthémius l'eut finie. L'architecte qui construisit Saint-Marc à Venise, étoit peut-être instruit de l'accident qui lui avoit fait perdre sa disposition primitive. Or quand on supposeroit qu'il ne l'avoit pas été, rien ne l'empêchoit ; en conservant toute la disposition du milieu de S^{te}.-Sophie, de donner à son *église* cette forme, en ouvrant quatre nefs sous les quatre arcs du milieu, & en leur donnant le rapport de longueur que doivent avoir entre eux les différens bras d'une croix grecque bien proportionnée, comme il l'a fait. »

« L'*église* de S^t.-Marc a donc l'avantage d'être la première en Italie, qu'on ait construite avec des pendentifs qui soutiennent la voûte du milieu, de présenter beaucoup mieux dans son plan la forme de croix, qu'on ne l'avoit fait auparavant, d'avoir en la première, au-dessus des cinq coupoles qui couvrent le centre de cette *église* & les différens bras de sa croix, de doubles calottes, dont les voûtes font un effet agréable dans l'intérieur de l'*église*, & présentent à l'extérieur l'aspect de dômes d'une forme plus élevée que celle que leur donnoient les anciens, & à peu près semblable à celle que leur donnent les modernes, enfin d'offrir même l'idée qu'on a imitée dans S^t.-Pierre de Rome, de faire accompagner le grand dôme d'une *église* par des dômes plus petits & inférieurs, afin de leur donner un effet pyramidal. »

C'est à la réunion des plans carrés & circulaires qui ont donné lieu d'étiger au point de l'intersection des branches circulaires les dômes ou coupoles, que M. Leroy attribue le perfectionnement de nos *églises*. Il suit la marche de l'art en ce genre, depuis l'*église* de S^t.-Marc jusqu'à S^t.-Pierre, & depuis S^t.-Pierre jusqu'aux *églises* bâties de ce siècle, ou commencées à Paris, telles que la nouvelle S^{te}.-Geneviève & la Madeleine. Nous ne saurions suivre plus loin cet écrivain, sans nous exposer à redire ici ce que l'on trouve sur le même sujet aux *articles* BRUNELESCHI, BUONAROTI, BASILIQUE, COUPOLE, &c. La plupart des notions relatives au mot *église*, se trouvant former une des parties principales de cet ouvrage, c'est-à-dire la partie descriptive des monumens célèbres, on ne sauroit allonger cet article, sans tomber dans des redites.

Je ne répéterai pas non plus ici ce que j'ai en occasion de dire en plus d'un endroit. C'est que, malgré la grande magnificence que les coupoles donnent à nos *églises*, la forme de croix qui en fut le motif, & qui, d'après ce qu'on vient de rapporter, fit à l'architecture une nécessité de les employer, pourroit bien y avoir introduit aussi une complication de formes & d'élémens dispendieux, moins profitables qu'on ne pense & au bon goût, & à la saine architecture. Quelle que belle & grande que soit en ce genre la carrière parcourue par l'art jusqu'à ce jour, il est possible qu'il s'en ouvre d'autres ; il est probable même que ce ne sera plus sur ce plan que travailleront les hommes de génie. Il est vraisemblable que tout a été épuisé dans cette matière. Mais comme l'art est inépuisable, il existe beaucoup d'autres conceptions fécondes, d'après lesquelles on ne doit pas désespérer de voir se reproduire encore de grands ouvrages (voy. BASILIQUE).

Il existe beaucoup de dénominations sous lesquelles on désigne & l'on caractérise les *églises*. Les unes ont rapport aux usages religieux & à l'hiérarchie spirituelle qui les différencie ; les autres ont leur source dans la forme & la disposition architecturale de ces édifices.

Sous le premier rapport on appelle :

Eglise pontificale, celle du pape, comme celle de S^t.-Pierre de Rome.

Eglise patriarchale, celle où il y a un patriarche, comme S^t.-Marc de Venise.

Eglise métropolitaine, celle où il y a un archevêque.

Eglise cathédrale, celle où il y a un évêque.

Eglise collégiale, celle qui est desservie par des chanoines.

Eglise paroissiale, celle où il y a des fonts, & qui est desservie par un curé.

Eglise conventuelle, celle d'un couvent.

Sous le second rapport, on appelle :

EGLISE A BAS-CÔTÉS. Celle qui a de chaque côté de la nef un simple rang de promenoirs ou une seule allée, en manière de galeries voûtées; avec des chapelles en son pourtour; telles sont à Rome, la basilique de Ste.-Marie-Majeure, l'*église* de St.-Ignace; à Paris les *églises* modernes de St.-Sulpice & de St.-Roch.

Église a doubles bas-côtés. Celle qui a sa grande nef accompagnée de deux rangs de promenoirs ou galeries avec chapelles; telles sont, pour le plus grand nombre, les grandes *églises* gothiques, comme celles d'Amiens, de Sens, d'Orléans; telles sont Notre-Dame & St.-Eustache à Paris; la basilique de St.-Paul à Rome est aussi à deux rangs de bas-côtés.

Église en croix grecque. Celle dont la longueur de la croisée est égale à celle de la nef, c'est-à-dire qui se partage en quatre nefs égales, réunies dans leur point d'intersection par une voûte; telle devoit-être l'*église* de St.-Pierre, d'après les plans de Michel Ange. On la nomme ainsi, tant parce que son plan offre la figure que les Grecs donnent à leur croix, que parce que la plupart de leurs *églises* sont bâties de cette manière.

Église en croix latine. Celle dont le plan est formé sur la figure d'une croix latine, c'est-à-dire qui a un des côtés beaucoup plus long que les trois autres; telle est l'*église* actuelle de Saint-Pierre de Rome, dont la nef a été allongée de deux arcades par Carlo Maderna. Telles sont la plupart des *églises* gothiques & modernes.

Église en rotonde. Celle dont le plan est circulaire, à l'imitation du Panthéon de Rome, ou de l'*église* de St.-Bernard à *Termini*, faite d'une des salles circulaires des thermes de Dioclétien; tel le dôme de l'Assomption à Paris, l'*église* des Carmélites à St.-Denis.

Église simple. Celle qui n'a que la nef & le chœur sans bas-côtés, comme celle de la Sainte-Chapelle à Paris, & la plupart des couvens de filles.

Église souterraine. Celle qui est construite au-dessous du rez-de-chaussée d'une autre *église*, & lui sert en quelque sorte de fondation. A l'*église* de Notre-Dame de Chartres, & à celle de St.-Germain à Auxerre, il y a trois *églises* l'une sur l'autre. L'*église* de St.-Pierre à Rome a une très grande *église* souterraine qui règne sous le dôme, & s'étend jusqu'au tiers de la grande nef. Une des meilleures parties de la nouvelle *église* de Ste.-Geneviève, tant pour la construction que pour le style & le caractère est son *église* souterraine. On appelle *église basse* celle qui, sans être souterraine, se trouve bâtie sous une autre, & quelquefois au-dez-de-chaussée, comme à la Sainte-Chapelle à Paris. Les Italiens nomment *grottes* les *églises* souterraines (voy. GROTTE).

EGOUT, s. m. (*construction*) Ce mot indique une espèce de canal propre à l'écoulement des eaux impures & des immondices des villes, des manufactures, des hospices, ou d'autres établissemens publics.

Les ouvrages les plus célèbres en ce genre, & les plus considérables, sont les *égouts* de l'ancienne Rome, connus sous le nom de *cloaca*, cloaques, & dont on a déjà donné une description à ce mot (voy. CLOAQUE).

Ces *égouts*, dont la construction remonte à plus de deux mille quatre cens ans, furent faits en grande partie sous le règne de Tarquin-l'Ancien. Leur principale branche, connue sous le nom de *cloaca maxima*, a son embouchure entre le mont Aventin & le mont Palatin, dans une partie de mur antique qui borde le Tybre. Ce mur, ainsi que la partie qui forme l'embouchure du canal de l'*égout*, est construit de grandes pierres de taille posées sans mortier. L'appareil en est si bien exécuté, que les Romains nommèrent ce lieu *pulchrum littus*, le beau quai.

L'ouverture de l'*égout* a environ quatorze pieds de large. Sa voûte, demi-circulaire, est formée par trois rangs de voussoirs posés en liaison les uns sur les autres, & formant une triple voûte.

La solidité qui présida à la construction des *égouts* de Rome, n'a besoin d'aucun autre témoignage que de celui de leur durée. Ces ouvrages ont résisté pendant plus de vingt-quatre siècles à toutes les intempéries des saisons, à tous les genres de ravages que Rome a essuyés (voy. CLOAQUE), & ce qui est pire encore, à l'abandon où cette ville s'est trouvée pendant près de dix siècles, à compter de l'époque où Constantin la quitta, jusqu'à celle où les papes y fixèrent leur séjour, & s'occupèrent de son rétablissement. Si toutefois on veut une preuve de leur étonnante solidité, Pline va nous la donner.

Cet écrivain (*lib.* XXXVI) cite un fait qui prouve en même temps la solidité des *égouts* de Rome, & le soin qu'on prenoit de leur entretien. Marcus Scaurus, gendre de Sylla, avoit fait élever, pour donner une fête au peuple romain, un théâtre qui, bien qu'il ne dût subsister qu'un mois, étoit décoré de trois cents soixante colonnes de marbre, dont plusieurs avoient trente-huit pieds de haut. Ayant, après les jeux, fait démolir ce théâtre, & voulant en faire transporter les colonnes sur le mont Palatin, pour les employer à l'embellissement de sa maison, l'entrepreneur chargé de l'entretien des *égouts*, exigea que Scaurus consignât une somme pour le dommage que le passage de fardeaux aussi lourds pourroit occasionner aux voûtes de ces *égouts*. Mais la précaution devint inutile; les voûtes résistèrent à l'effort de ces lourdes masses, sans s'endommager, & elles se sont conservées en bon état jusqu'à nos jours.

De tous les moyens qu'on peut mettre en usage, pour entretenir la salubrité & la propreté des grandes villes, il n'en est pas qui remplissent mieux cet objet que les *égouts* pratiqués sous les rues, lorsqu'on peut leur donner une pente suffisante, avec un débouché dans

dans une grande rivière, & y conduire un volume d'eau assez grand pour les laver, & entraîner toutes
les immondices. C'est ainsi que les *égouts* étoient pratiqués à Rome; aussi Pline, *lib.* XXXVI, *cap.* 14,
révoquant en doute ce qu'on racontoit de Thèbes,
qu'on disoit excavée même sous le fleuve, & suspendue sur des constructions souterraines, applique-
t-il aux égouts de Rome (*ibid. cap.* 15) cette idée
merveilleuse réalisée chez elle d'une ville suspendue, & souterrainement navigable. *Urbe pensili
subterque navigatâ.*

Mais il n'est pas toujours possible d'imiter les
Romains. Le parti avantageux qu'ils savoient tirer
de leurs soldats qui presque tous étoient ouvriers,
leur rendoit faciles les plus grandes entreprises, &
les mettoit à même d'opérer avec infiniment moins
de dépense, que, même proportion gardée, de semblables travaux en exigeroient aujourd'hui. Leur
manière simple de bâtir faisoit qu'ils pouvoient employer un très-grand nombre d'hommes à la fois,
& que toutes sortes de matériaux leur convenoient.
Leurs ouvriers étoient subordonnés à une discipline
militaire qui les obligeoit de bien faire. Comme il
n'y avoit point d'entrepreneurs, ni d'hommes spé-
culant sur les fonds affectés aux travaux publics,
jamais l'intérêt particulier ne se trouvoit en contradiction avec la perfection de l'ouvrage. Ce sont-là
les grandes & principales causes de la solidité & de
la durée de tous ces grands travaux exécutés par les
Romains, & que nous admirons encore aujourd'hui,
soit dans leurs restes, soit dans leur intégrité. Plusieurs, en effet, tels que les aqueducs & les *égouts*,
n'ont pas cessé, depuis deux mille ans, de servir
aux mêmes usages.

Comment pouvons-nous espérer de réussir dans
de semblables entreprises, dans des travaux qui
exigent des soins particuliers, pour éviter les mauvaises constructions, & les réparations continuelles
qu'elles entraînent, avec notre méthode de bâtir,
déjà si dispendieuse, en abandonnant à des entrepreneurs ou à des spéculateurs qui ne calculent que
leurs intérêts, & n'ont souvent aucune connoissance
de ce qui constitue la solidité des édifices.

Les rues de Paris forment ensemble plus de quarante lieues de développement. Si l'on vouloit établir dans le milieu de chaque rue un *égout*, avec un
canal & deux banquettes, pour servir à l'écoulement
des immondices, & à placer des tuyaux pour
la distribution des eaux, ce seroit un objet de plus
de quinze années de travail, & de plus de trente
millions de dépense, en supposant dans le gouvernement & dans ceux qui seroient chargés de l'entreprise, la persévérance & le zèle que les anciens Romains mettoient dans leurs travaux, pour les rendre
solides & durables.

Les deux objets essentiels qu'on doit avoir en vue
dans la construction des *égouts*, sont la solidité &
l'économie bien entendue, qui consiste à ne faire
que ce qui est utile, mais à ne rien épargner pour
le bien faire.

Diction. d'Archit. Tome II.

S'il s'agissoit de construire des *égouts* dans quelques
grands établissemens ou dans une ville, la première
opération seroit de faire un nivellement général,
afin de parvenir à les placer de la manière la plus
convenable pour l'écoulement ou la distribution des
eaux, & la plus économique pour la dépense, sans
compromettre leur solidité qui en est la plus importante qualité.

L'économie veut qu'on évite d'en construire aux
endroits où ils ne sont pas absolument nécessaires.
Lorsque leur utilité est bien reconnue, & que leur
direction est déterminée, il faut commencer par
sonder le terrain sur lequel ils doivent passer; il faut
s'assurer de sa nature, éprouver s'il a la fermeté
convenable, & si cette fermeté est uniforme. La
connoissance du terrain est la première de toutes, &
sa bonne qualité est une condition indispensable pour
éviter dans l'ouvrage les tassemens inégaux, les
ruptures, & autres accidens capables d'altérer sa
solidité, & d'en causer la ruine. Cet objet est de la
plus haute importance dans les constructions d'une
certaine étendue, & surtout pour celles qui doivent
contenir des matières liquides; il faut, pour de tels
usages, que la construction parvienne à ne faire que
la masse qu'une seule pièce, si l'on peut dire.

On arrive à consolider uniformément le terrain
sur lequel on veut bâtir, soit en battant le sol, soit
en établissant des plateformes de charpente, en y enfonçant des pieux, des pilotis, &c. On peut voir à
l'article FONDEMENT, les divers moyens que l'art fait
mettre en œuvre pour cet objet.

Sur le terrain bien nivelé & consolidé, on établira les fondemens de l'*égout*. Ils se composent d'un
massif plus ou moins épais, selon la consistance du
sol; mais on ne sauroit lui donner moins d'un
pied. Il faudra le maçonner en bon mortier de chaux
& sable, & le bien battre. Sur ce massif fait, s'il est
possible, dans toute l'étendue de l'*égout*, on établira deux murs parallèles, formant ensemble l'épaisseur des banquettes & des murs du canal supérieur,
jusqu'à la hauteur de ces banquettes; celles-ci sont
destinées à faciliter les moyens de parcourir l'*égout*,
pour le nettoyer ou le réparer. Elles servent en outre
à placer les tuyaux de conduite pour la distribution
des eaux de fontaine.

La largeur des banquettes, y comprise leur saillie
sur le canal du milieu qui doit former *égout*, peut
être de quinze à dix-huit pouces, & la largeur du
canal formant *égout*, en raison du volume d'eaux
ou d'immondices qui doit y passer, pourra être
depuis deux pieds & demi environ, jusqu'à cinq ou
six pieds. Dans ce dernier cas, le fond pourroit être
fait en forme de voûte renversée; & dans le premier, il pourroit être formé par une rigole ou
gargouille en pierres de taille.

Sur cette seconde partie arrasée dans toute la longueur de l'*égout*, on établira les deux murs qui
doivent former le canal supérieur, & soutenir la
voûte, s'il doit être couvert. Ces murs peuvent être
construits en pierres de taille, ou en bons moëlons

bien maçonnés à bain de mortier, avec des chaînes en pierres de taille de trois toises en trois toises.

Si l'*égout* doit être voûté, après avoir arrasé les murs à la hauteur des naissances de la voûte, on construira celle-ci. on la reliera avec les murs qu'on élevera jusqu'à la hauteur de l'extrados, auquel on donnera un bombement sur la largeur, d'environ un pouce & demi par pied. Si le dessus est à découvert, on couvrira cet extrados d'une chappe de ciment, de sept à huit pouces d'épaisseur; & s'il passe sous une rue, le pavé sera maçonné dans cette couche de ciment. Cette voûte peut être en pierres de taille, ou en moëlons avec des chaînes en pierres de taille, en raison du dégré de solidité que peut exiger sa position.

Quand on construit les *égouts* en pierres de taille, il faut, pour éviter les filtrations, poser les pierres à bain de ciment.

Dans les ouvrages de ce genre, construits en pierre par les anciens Romains, on remarque qu'ils avoient la précaution d'envelopper à l'extérieur les parties de pierre de taille, avec des massifs en maçonnerie de blocage, à bain de mortier. Dans l'intérieur, la partie où couloit l'eau étoit revêtue de ciment, afin d'empêcher l'eau de filtrer au travers des joints de la pierre de taille qu'ils avoient coutume de poser sans mortier.

Soit que les *égouts* soient construits en pierre de taille, soit qu'ils ne le soient qu'en moëlons, il sera à propos de ne former définitivement le fond du canal sur lequel l'eau doit couler, qu'après que la construction aura été tout-à-fait achevée, afin de pouvoir réparer, en le formant, les inégalités de tassement, & autres accidens survenus dans son niveau, accidens inévitables, surtout lorsque la longueur d'un *égout* est considérable. Ce fond pourra être formé avec des caniveaux en pierre de taille, ou avec des pavés de grès posés à bain de ciment.

Il y a des *égouts* découverts qui n'exigent que des rigoles; d'autres pour lesquels il suffit de deux murs formant un canal dont le fond est pavé.

Quand un *égout* doit avoir plusieurs branches, il est à propos de commencer par celle qui doit le terminer à son embouchure, & de faire en remontant les principales branches où les autres aboutissent, afin que l'écoulement des eaux puisse avoir lieu à mesure de l'exécution.

Les précautions indiquées dans cet article, pour parvenir à construire des *égouts* solides & durables, sont du genre de celles qu'on observe dans l'établissement des aqueducs & des canaux (*voy. ces mots*).

ÉGYPTIENNE (ARCHITECTURE). Le premier sentiment qu'on éprouve, lorsqu'on se dispose à parler de l'*architecture égyptienne*, sentiment qui doit affecter aussi ceux à qui l'on en parle, est l'étonnement, qu'il existe encore assez de monumens de l'art architectural des Égyptiens, pour qu'on puisse dire avec quelque précision ce qu'il fut, & fonder sur ces notions des jugemens & des paralleles que puisse avouer la saine critique.

Tous les genres d'architecture que nous connoissons, & dont nous prétendons donner dans cet ouvrage la connoissance au public, d'après les lumières que nous avons tâché d'en acquérir, appartiennent ou à des peuples encore existans, tels que les Chinois, les Indiens, ou à des nations très-modernes, telles que les Maures ou les Arabes, ou à des temps encore récens, & presque sous nos yeux, tels que les siècles appellés *gothiques*, ou à des peuples qui ont cessé d'exister depuis long-temps à la vérité, comme les Grecs ou les Romains, mais dont les leçons & les préceptes, conservés par une tradition ininterrompue, vivans encore dans leurs ouvrages, sont devenus naturellement un objet vulgaire de connoissances communes à toute l'Europe, & le régulateur de son goût.

L'Égypte, au contraire, ayant cessé d'être dès avant les temps qui sont devenus pour nous les premiers temps historiques, n'a pu dès lors influer sur le goût des nations dont nous avons reçu directement & notre goût, & nos arts, & notre architecture. Les nations qui furent jadis particulièrement en contact avec elle, ayant aussi entièrement disparu pour nous, il devoit arriver que les monumens de son architecture (ceux surtout de la Haute-Égypte, & c'est dans ceux-là seuls qu'existe cette architecture), ensevelis dans un coin oublié du monde, & sans rapport avec le mouvement commercial des siècles modernes, resteroient inconnus, & comme perdus pour l'histoire des arts.

C'est toutefois à cet oubli même que nous en devons la connoissance actuelle. C'est au délaissement total où s'est trouvée la Haute-Égypte, divisée du reste du monde par la mer Rouge, par des mers de sable, & ne confinant plus qu'avec des peuples barbares; c'est à cet entier & long isolement du reste de toutes les nations civilisées qu'est due la conservation de ces masses prodigieuses d'édifices mis, en quelque sorte par la nature, sous la sauve-garde de la barbarie des habitans de cette contrée. Il n'y a pas de doute que si des peuples puissans eussent succédé sur cette terre à ses anciens propriétaires, si des villes riches & industrieuses se fussent relevées sur les ruines des antiques cités de ce pays, les temples de l'Égypte fussent devenus les carrieres où l'on eut puisé les matériaux des nouvelles constructions. Les révolutions naturelles survenues chez ces peuples, les guerres, les dévastations, les incendies, enfin tout ce qui accompagne l'existence des sociétés policées, eut contribué à effacer pour jamais l'*architecture égyptienne*. Les hordes d'Arabes qui habitent ces contrées, les peuples foibles & à demi-barbares de la Haute-Égypte ont bien à la vérité bâti leurs villages sur quelques-unes de ces villes. Les terrasses de quelques temples servent il est vrai de sol à leurs maisons, & l'on voit à Thèbes deux étages de bourgs, ou, si l'on veut, un bourg à deux étages, suspendu sur les plafonds immobiles de ces ruines éternelles.

Mais tous ces moyens naturels de destruction ne se sont pas trouvés en proportion de la force de résistance des monumens auxquels ils livroient la guerre. Il n'a rien moins fallu que la succession de villes aussi peuplées qu'Alexandrie (*voy.* ALEXANDRIE), ou le Caire, pour détruire totalement Memphis. Thèbes n'a point eu de semblables successeurs, & Thèbes existe encore dans des restes gigantesques que les seules forces de la nature & du temps ne semblent pas capables de détruire.

Il faut dire aussi, & c'est ce que nous aurons plus d'une fois l'occasion d'observer dans le cours de cette dissertation, que jamais aucun peuple ne fût doué, comme le peuple égyptien, de tout ce qui peut contribuer à éterniser les monumens. Institutions religieuses, génie formé par ces institutions, gouvernement, mœurs, climat, matériaux, principe originaire de l'art de bâtir, tout tendit, comme d'un commun accord, à consolider, à cimenter les édifices, & à les rendre aussi indestructibles qu'il appartient à l'homme de pouvoir le faire.

C'est à ces causes que nous devons l'existence de l'architecture égyptienne. A l'égard de la connoissance que nous en avons, il faut aussi que le lecteur sache le degré de confiance qu'il doit mettre dans notre récit. Le sentiment du doute doit succéder naturellement à celui de l'étonnement.

Avons-nous des notions assez positives des monumens de l'Egypte, pour pouvoir en déduire l'analyse de son architecture ? L'auteur de cet article a-t-il pu, sans avoir vu par ses yeux cette architecture, établir un système de critique & de parallèle qui acquiert au moins le degré de vraisemblance qu'on doit exiger d'un système ?

Je réponds à la première question, que les autorités sur lesquelles peut se baser l'analyse de l'*architecture égyptienne*, sont suffisantes, au moins quant à cette architecture qui, ainsi que nous le verrons, est d'une telle simplicité dans sa construction, dans ses formes & dans sa décoration, & est ensuite d'une telle uniformité, que, sous ce rapport, on ne peut la comparer à aucune autre.

Ces autorités sont de quatre genres.

1°. Les descriptions des écrivains grecs & romains, qui tout étrangères qu'elles puissent être aux notions proprement dites architecturales, n'en servent pas moins de moyen de vérifier les descriptions modernes, surtout quant aux plans, à la grandeur des distributions, & à un grand nombre de détails décoratifs qui existent encore.

2°. Les monumens connus de toute l'Europe, & décrits par tous les voyageurs du monde, qui subsistent dans la Basse-Egypte, tels que les pyramides, le sphinx, les souterrains, & diverses autres constructions dans lesquelles ne se retrouve point à la vérité l'art proprement dit de l'architecture, qu'on ne voit que dans les édifices de la Haute-Egypte, mais où brille le mérite de la construction, & où est toujours empreint le génie égyptien. Ces monumens ont acquis force d'autorité, & leurs descriptions nombreuses ne permettent aucun doute.

3°. Les ouvrages égyptiens répandus dans toute l'Europe, & ceux qui existent à Rome, tels que les obélisques, les statues, les idoles de tout genre, chargées d'hiéroglyphes, les fragmens de corniche & de couronnement qu'on voit au *Musœum britannicum*, à Londres, & enfin le style bien connu de la sculpture égyptienne qui donne la mesure d'imitation où les arts étoient parvenus, & fournit à l'appréciation de l'architecture une analogie invincible, & contre laquelle il ne sauroit exister d'argument.

4°. Enfin les récits, les descriptions & les dessins du petit nombre de voyageurs qui, dans le cours de ce siècle, sont parvenus à remonter le Nil, & à visiter la Haute-Egypte. Jusqu'à ce moment, les deux seuls qui pussent servir d'autorité, étoient Pococke & Norden ; & c'est d'après la confrontation de leurs dessins, que nous étions parvenus à analyser d'une manière assez satisfaisante l'*architecture égyptienne*, pour qu'en 1785, l'Académie des inscriptions & belles lettres ait adjugé le prix au mémoire que nous lui avions adressé, d'après son programme sur cette matière.

Ceci nous mène à répondre à la seconde question. Point de doute que l'on ne décrive bien que ce que l'on a vu. Celui-là seul qui a reçu personnellement les impressions des monumens, peut les faire passer dans l'ame du lecteur. Il est malheureux que ceux des voyageurs qui ont été à portée de recevoir ces impressions, n'ayent pas eu le talent ou la volonté de nous les transmettre dans leurs descriptions. Ils s'en sont tenus à des dessins, & même à des dessins assez superficiels. Toutefois ces dessins valent encore mieux que toutes les descriptions, pour celui qui sait lire dans ces linéamens ; & quiconque a l'habitude de cette lecture, quiconque a eu souvent occasion de comparer aux monumens eux-mêmes les dessins des voyageurs, & de se former en ce genre une règle de critique, ne doit pas désespérer de se former des idées assez justes de l'effet même de l'architecture, qualité la plus difficile à transmettre par le dessin.

Mais il est une multitude de parties dans l'architecture, sur lesquelles on peut, d'après des dessins, prononcer aussi justement que d'après la vue des objets. S'il s'agit surtout, moins d'apprécier de ces finesses de ton, de ces rapports délicats, de ces grâces de forme, de ces beautés d'ornement ou de proportion qui échappent au dessin, que de spécifier la nature des masses, la nature des formes générales, la nature des plans, le caractère originaire, les types & les données principales d'une architecture, on conviendra que les dessins des voyageurs peuvent bien suppléer à la vue des monumens. Il ne s'agit pas en effet ici, comme dans l'architecture grecque, de ces nuances, de ces finesses de détail, de ces combinaisons exquises de parties & de rapports, dont la mesure la plus rigoureusement exacte indique encore infidellement l'ensemble. Les dessins de nos voyageurs en Égypte sont jusqu'à ce jour sans mesure; mais qu'y auroit-il à mesurer dans cette architecture sans division, si ce n'est des dimensions. A l'égard des proportions, il est douteux, non pas qu'elle en ait eu, mais qu'elle ait pu en avoir. Ce sera le sujet d'une discussion à part.

Il s'agit encore bien moins ici de deviner ou de donner les règles de l'*architecture égyptienne*, d'en faire une méthode, de la proposer à l'imitation des artistes, & par conséquent de leur en présenter des images fidelles, ou des copies géométriques. Il ne s'agit que de faire connoître son goût, ses formes caractéristiques, ses principaux membres, ses dispositions générales, son génie, sa physionomie, le style de sa décoration, & ses moyens de construction. Or les rapports des voyageurs suffisent à cette analyse.

C'est d'après cette persuasion que je me suis déterminé à mettre en ordre tous les renseignemens que j'ai pu obtenir sur une matière dans laquelle je désire qu'il s'élève beaucoup de contradictions. Écrivant le premier, je dois commettre beaucoup d'erreurs.

J'en aurois peut-être moins commis, si j'avois pu attendre le retour en France des artistes qu'on dit avoir depuis peu pénétré dans la Haute-Égypte, & qui ont dû s'y livrer à des recherches plus exactes & plus profondes qu'il n'a encore été permis de le faire. Les seuls renseignemens nouveaux que j'aye ajoutés à ceux que j'avois recueillis déjà, je les dois à M. Denon qui, dans l'expédition faite par les François en Égypte, en 1798, a accompagné le corps d'armée qui en faisoit la conquête, & ayant remonté jusqu'aux cataractes, est parvenu à se procurer des desseins des principales ruines de la Haute-Égypte. Il s'occupe en ce moment de graver & de publier ses vues. Il a eu la complaisance de me les communiquer, & de me permettre de m'aider de son ouvrage, avant qu'il ait vu le jour. L'autorité de ce voyageur, tout-à-la-fois connoisseur, amateur & artiste, mais surtout homme de goût, & dessinateur capable de saisir la physionomie d'un monument, & de la rendre avec esprit, ajoutera peut-être à la confiance que je réclame, comme elle a ajouté à celle que j'avois déjà dans les notions précédemment acquises.

Ce que je me propose de donner ici, ne sera pas un ouvrage complet sur l'*architecture égyptienne*. La nature de ce dictionnaire ne supporteroit pas un travail de cette étendue. Ce sera simplement l'extrait de ce travail, dans l'ordre où il pourroit être fait pour remplir la totalité de ce qu'on pourroit en attendre.

Ce travail me paroit pouvoir se diviser en cinq parties qui, à vrai dire, n'en seroient que trois, mais dont la seconde comporte trois subdivisions.

La première partie contient les recherches sur les causes physiques, politiques & morales qui ont influé sur l'état des arts en Égypte, & spécialement sur l'architecture.

La seconde partie est l'analyse & le développement de l'*architecture égyptienne*, sous ces trois rapports, de *construction*, de *forme ou de disposition*, & de *décoration*.

La troisième partie est le résumé des principes, du goût, du style & du caractère de cette architecture, enfin une analyse raisonnée de cet art comparé à celui des Grecs, dans laquelle on discute sa valeur, son mérite, & l'opinion qu'on peut s'en former.

Des planches étant nécessaires à l'intelligence d'une architecture inconnue, & celles qui doivent accompagner ce dictionnaire, n'étant pas encore faites, nous aurons probablement l'avantage de pouvoir profiter des desseins des nouveaux voyageurs, dont nous extrairons ce qui nous paroitra le plus conforme à notre plan.

PREMIERE PARTIE.

Recherches sur les causes physiques, politiques & morales qui ont influé sur l'état des arts en Égypte, & spécialement sur l'architecture.

J'ai déjà eu l'occasion de dire au mot ARCHITECTURE (*voyez cet article*), qu'en cherchant les origines des diverses architectures connues, qui ont un caractère particulier, & peuvent passer pour *architectures mères*, on est forcé de reconnoître que la formation de chacune tient à des causes naturelles, qui sont le genre de vie des premiers habitans d'un pays, les habitudes contractées dans le premier état de la société, les besoins du climat, & la nature des matériaux. Je ne reviendrai pas sur cette théorie, dont l'*architecture égyptienne* va nous démontrer & nous dévoiler de plus en plus les principes.

Genre de vie des premiers habitans de l'Égypte.

La nature, selon la diversité des contrées où elle place les premières sociétés d'hommes (a-t-on dit) leur présente un des trois genres de vie qui distinguent encore aujourd'hui les différentes régions de la terre. Les hommes durent être, en raison de leur position, chasseurs, pasteurs ou agriculteurs. Dans la classe des peuples chasseurs, on comprend les Ictyophages. Les uns, à raison des longues courses qu'ils font, & les autres, d'après le genre de vie sédentaire & inactive qu'ils mènent sur le bord de la mer ou le long des fleuves, trouvent plus commode de se creuser des demeures dans les rochers, ou de profiter des excavations naturelles que leur offre le terrain. Les récits de tous les voyageurs attestent l'universalité de cette manière d'être.

Si la chasse ou la pêche est généralement dans l'ordre de la nature, un des plus simples & des plus faciles moyens de subsistance, il est hors de doute que les premiers habitans de l'Égypte durent commencer par ce genre de vie. Dispersés sur les bords d'un fleuve immense, ils durent long-temps trouver leur nourriture dans les eaux du Nil, avant de la chercher dans les travaux de l'agriculture. Que de temps dût se passer avant qu'une heureuse expérience leur eut appris à regarder comme un bienfaiteur ce fleuve qu'ils voyoient tous les ans envahir en usurpateur le terrain qu'ils occupoient. Que de siècles durent précéder les découvertes du bienfaisant Osiris & de la sage Isis! Combien de temps ces premières sociétés ne durent-elles pas rester enfermées dans leurs antres, avant d'oser confier à un terrain annuellement inondé l'espoir de leur subsistance & la durée de leurs habitations? Pour que l'Egypte figurât dans le monde, dit un écrivain moderne (1), il fallut des temps infinis. Elle n'auroit jamais eu de blé, si elle n'avoit eu l'adresse de creuser les canaux qui reçurent les eaux du Nil.

Habitations souterraines.

Il est naturel de penser que les primitifs habitans de l'Egypte usèrent de ces premières demeures que la nature indique & fournit aux hommes, que bientôt l'art d'en creuser de semblables y sera devenu général & même facile. La chaleur du climat dût en renforcer l'habitude; mais ce qui, par dessus tout, la rendit familière, ce fut cette espèce de tuf & de pierre blanche & molle dont on trouve des carrières dans toute la longueur du pays, depuis le Delta jusqu'à Syenne & l'île Eléphantine. Une telle matière se prêta d'elle-même aux excavations sans nombre dont ce pays est encore rempli, & elle n'offrit qu'une résistance légère aux instrumens imparfaits qui appartiennent à l'enfance des sociétés.
Si l'on fait attention à l'habileté vraiment prodigieuse des Egyptiens dans l'art de tailler les pierres dès les temps les plus reculés, à ce goût pour tout ce qu'il y a de difficile en ce genre, à ces tours de force qui leur étoient devenus familiers dans la taille, le transport, l'élévation des obélisques, des temples monolythes dont nous parle Hérodote, tels que celui de Latone à Butos, & celui de Sais transporté de la ville d'Eléphantine (*Hérodot*. L. II. 175) par Amasis, enfin à ce génie vraiment particulier à cette nation, de creuser les rochers, de les sculpter, de les graver, de les voiturer; on voit clairement qu'un tel goût, lorsqu'il est devenu aussi général, aussi prononcé, tient aux premières habitudes de l'instinct. On voit que la nature des premiers besoins de la société naissante avoit donné cette impulsion, & imprimé aux esprits, d'une manière puissante, le mouvement d'où résulte le genre des constructions dont nous examinerons les détails.

C'est toujours à quelque cause semblable, plus ou moins aperçue dans la suite, que se lie le goût des peuples dans les arts, ou leur génie commercial, ou cette diversité de talent, dont on attribue souvent, faute de réflexion, le développement au hasard. Comme les Tyriens, les Sidoniens, & les habitans de la Palestine durent à leurs forêts de cèdres, l'habileté à travailler le bois, & leur supé-

---

(1) *Lettres chin. ind. & tartar*. l. 7.

riorité dans l'art de la marqueterie, les Egyptiens reçurent sans doute, & de leur premier genre de vie, & de leurs carrières, & de la facilité qu'ils eurent à s'y creuser des demeures, ce penchant pour le travail matériel de la pierre, & cette haute perfection qu'ils y acquirent.

On trouve, il est vrai, des souterrains chez tous les peuples, mais la plupart de ces excavations, ou sont dues aux travaux des carrières, ou n'offrent aucune trace d'architecture & d'habitation.

L'Egypte, au contraire, dont les grottes fournissent encore de nombreuses demeures à ses nouveaux habitans, nous montre dans ses souterrains un usage immémorial & constant d'habitations creusées à toutes les époques de sa durée. Pline (*L*. 36, ch. 13) nous apprend que dessous l'immense bâtiment du Labyrinthe étoient des salles souterraines, dont les plafonds furent étayés & réparés sous le roi Nechebis, cinq cents ans avant Alexandre. Il y avoit par toute l'Egypte, & les voyageurs en font foi, de ces édifices souterrains qui n'étoient pas de simples excavations. On y découvre encore aujourd'hui les mêmes colonnes, les mêmes hiéroglyphes, les mêmes peintures, les mêmes ornemens que dans les étages supérieurs, ou dans le reste des monumens. Tout prouve qu'ils furent des produits contemporains du même art, des mêmes hommes & des mêmes siècles.

De ce genre, sont les souterrains de *Biban el Meluke*, ceux de ce qu'on appelle aujourd'hui *le Labyrinthe*, & beaucoup d'autres qui très-probablement ne furent pas des tombeaux.

On se tromperoit, si l'on attribuoit au luxe des sépulchres tous ces souterrains ornés de colonnes & de relief. Nous savons, par Hérodote, que les prêtres ne lui permirent pas de voir les salles souterraines du Labyrinthe, qui en étoient les plus belles, & qui leur servoient d'habitation. Si ce genre d'habitations fut pratiqué dans les plus beaux siècles de l'Egypte, à plus forte raison l'aura-t-il été par ses premiers habitans, qui n'avoient pas encore appris à échanger les demeures de la nature contre celles de l'art.

Quand les monumens perfectionnés d'un peuple sont ainsi d'accord avec les monumens ébauchés de son enfance, il faut bien reconnoître dans ce développement de l'art les causes qui lui impriment sa physionomie.

Tout, dans l'*architecture égyptienne*, nous retrace cette première origine: la grande simplicité, pour ne pas dire monotonie, l'extrême solidité, pour ne pas dire pesanteur, qui en forment les deux principaux caractères, l'absence absolue de profils ou de membres, le peu de saillie des moulures qui s'y trouvent plutôt renfoncées qu'en relief, le manque d'ouvertures, l'énorme diamètre des colonnes assez semblables aux piliers de support qu'on laisse dans les carrières, la forme pyramidale des portes & de beaucoup d'autres objets, l'absence des toits & de toutes les parties des combles & des frontons, la privation de voûtes, ou la forme imparfaite de celles qu'on y remarque, l'usage constant des plafonds plan. Qui sait jusqu'à quel point l'observateur attentif ne retrouveroit pas encore dans l'excavation des carrières, & l'origine des labyrinthes, & la disposition des plans, & cet usage (1) d'élever, sans aucune méthode, & peut-être sans aucun dessein préalable, des montagnes de pierre qu'on travailloit après coup & à vue d'œil, de la même manière qu'on opéroit sous terre.

De l'usage du bois dans l'architecture égyptienne.

A suivre ce système dans toutes ses conséquences, il est plus que vraisemblable que jamais le bois n'entra pour rien dans les élémens dont se forma l'architecture égyptienne. Autant, comme on l'a dit à plusieurs articles de ce dictionnaire (*voyez* ARCHITECTURE, ARBRE, DORIQUE) le caractère propre aux constructions en bois, les types de la charpente avec ses parties constitutives, se trouvent empreints dans toutes les formes & dans les membres de l'architecture grecque, dont ils font l'essence & le système, autant on en remarque peu d'indices dans l'architecture de l'Egypte.

Il ne s'agit pas ici de savoir si les Egyptiens eurent ou n'eurent pas de cabanes ou de maisons dans lesquelles des solives de bois firent des planchers, ou dans lesquelles des poutres servirent de supports. De tels faits sont indifférens en eux-mêmes, & comme il est hors de notre portée de les avérer, il est hors de l'esprit de ce genre de critique de s'en occuper. La nature des premières habitations de l'Egypte, de celles qui durent influer sur les habitudes & les formes de l'imitation architecturale, fut la pierre & non le bois. Le caractère spécial & propre de son architecture ne retrace aucune des formes de la charpente; on peut donc assurer que cette architecture se model sur un type différent de celui des Grecs, & ce type fut celui des souterrains.

Cependant les colonnes de l'Egypte, du moins certaines d'entre elles, sembleroient, comme on le verra par la suite, déposer contre l'universalité de ce système. On verra toutefois que le génie de la décoration a pu transporter à la configuration des colonnes, des formes, & des idées empruntées des arbres & des plantes, comme il le fit à l'égard des chapiteaux, sans que cette analogie emporte avec soi la nécessité d'un modèle positif dans les habitations primitives. D'ailleurs rien ne sauroit être absolu en ce genre, & rien n'empêche qu'on ne croye que l'idée de quelques colonnes fût suggérée par des arbres, & par des supports de bois taillés & façonnés. Cette exception ne changeroit rien au reste du système général de cette architecture.

Ce qui paroît encore certain, c'est que l'Egypte n'est pas un pays riche en bois, & surtout en bois de charpente; on aura occasion de le dire & de le prouver par la suite, & cela contribue encore à renforcer ce que j'avance sur le principe originaire de l'*architecture égyptienne*. Car l'art prend nécessairement pour modèle, non ce qui est rare, mais ce qui est général dans un pays, non ce qui tient à des exceptions, mais ce qui repose sur les habitudes.

Aussi les yeux une fois habitués au genre lisse & monotone des souterrains, ce goût donné par la matière où ils furent creusés, leur caractère uniforme & sans effet dût se communiquer & à tous les édifices, & à toutes les matières qui purent entrer dans leur composition, sans en excepter le bois. Les maisons n'eurent point de toits, & se terminèrent en terrasse.

Les toits ou les charpentes dont ils se forment, avoient produit les frontons en Grèce; mais les voûtes en pierre durent être aussi suggérées par les toits, car quiconque recherche les causes de l'architecture, voit sans peine que la voûte faite pour suppléer au toit, en est aussi l'imitation. Cela n'expliqueroit-il pas pourquoi les Egyptiens ne firent point de véritables voûtes. Quoiqu'il semble que les antres ou les cavernes en fournissent l'idée, toutefois, je pense que dans les constructions souterraines on n'est jamais tenté d'aller au-delà du besoin; que la dépense & la difficulté de creuser & de fouiller des masses de pierre, doit arrêter beaucoup plus qu'on ne sauroit dire, l'essor de l'imagination, & qu'on doit s'y borner au plafond plat. La charpente, au contraire, produit de grands vides dans l'intérieur des habitations, & il fut naturel de chercher à produire en matériaux plus solides, la même élévation; de là l'art des voûtes.

Il ne s'en trouve nulle part en Egypte; tout y est plafond, & plafond lisse, sans indication, comme en Grèce, des solives qui, en se croisant, produisirent les caissons. Cette indication de l'emploi du bois caractérise particulièrement dans cette partie l'architecture grecque. L'absence de toute indication semblable démontre assez bien l'absence de cette matière dans le modèle de l'*architecture égyptienne*.

Du climat de l'Egypte.

Comme le climat de l'Egypte s'étoit trouvé d'accord avec l'habitude des premières excavations, il se trouva de même très-propice aux constructions souterraines, & à celles qui en empruntèrent ou en conservèrent le goût. La méthode des terrasses, donnée par les causes ci-dessus énoncées, se trouva autorisée encore par la douceur du climat, par la pureté d'un ciel presque toujours sans nuages, & par la propriété d'un pays où le débordement périodique du Nil est chargé de fournir à la terre l'humidité que le ciel lui refuse. Toutes les causes physiques les plus favorables concoururent aux grandes entreprises de cette nation. Des matériaux variés, & propres aux constructions souterraines; des pierres de la plus grande dureté, tels que les grès & les granits de la Haute-Egypte, qui fournissoient des supports inébranlables, & des couvertures

---

(1) Cette idée m'a été communiquée par M. Denon.

d'un seul bloc qui difpenfoient de voûte, & tenoient lieu de charpente: par deffus tout cela, un climat confervateur qui n'éprouvant pas ces viciffitudes de faifons & de température, dont la fucceffion & les contraftes endommagent fi fort les édifices, tout permit en Egypte de confier au plus fimple appareil les plus grandes conftructions, & permit encore d'écrire fur les pierres même les plus tendres, avec ces caractères fins & légers dont la penfée a difparu pour nous, mais dont la figure a confervé fa première fraîcheur. Rien ne porte plus les hommes à entreprendre de grandes chofes en architecture, que cet efpoir fondé de la confervation des monumens; & fous ce rapport, le climat de l'Egypte fut une des caufes principales auxquelles eft due la création de tant de vaftes & prodigieux édifices.

Dès que les Egyptiens eurent formé des fociétés, & établi des villes, ils durent devenir extrêmement induftrieux. Les travaux de l'agriculture, en apparence plus inactifs, exigèrent pourtant d'eux plus de foins, & furtout plus de prévoyance, qu'ils n'en demandent en d'autres pays. L'inondation du Nil qui confondoit les propriétés, leur fit trouver la géométrie. Bientôt ils apprirent à étendre les bienfaits du fleuve par des canaux dont ils coupèrent tout le pays. Tantôt il leur falloit élever des digues pour défendre certains terrains, & les mettre à couvert de la crue des eaux; tantôt ils devoient creufer ou conftruire des réfervoirs pour mettre ces eaux en dépôt, & remédier à la difette que caufoient de foibles accroiffemens. Ce peuple ne pouvoit pas, comme d'autres, s'endormir fur les préfens de la nature; une perpétuelle inquiétude devoit toujours le tenir en activité. C'eft à cette grande habitude du travail, infpirée fans doute par la nature du pays & du climat, mais augmentée encore & par la fage politique des prêtres, & par l'ambition des rois, qu'il faut attribuer en bonne partie le goût de cette nation pour ces grands ouvrages dont la durée feule eft un prodige à nos yeux. La forme du gouvernement y contribua encore.

Gouvernement monarchique.

Le gouvernement d'un feul paroît avoir exifté en Egypte de temps immémorial; les incroyables chronologies nous atteftent au moins que cette nation n'en connut jamais d'autre. Ce gouvernement, le plus naturel de tous, fe trouvant tempéré par de fages inftitutions, dut fubfifter fans altération chez un peuple où tout porte les caractères de l'immutabilité. Depuis Ménès, le premier roi dont l'hiftoire faffe une mention authentique, & le même que le Mifraïm de la Bible, jufqu'à fon entière extinction, il ne connut pas d'autre forme politique de gouvernement.

Le gouvernement monarchique eft inconteftablement le plus favorable à la conftruction des grands monumens. Il eft doué des moyens de les commencer, & fa ftabilité lui donne encore & le temps & les reffources néceffaires pour les achever.

Dans la république, l'égalité qui en fait le principe, tend à niveler & les hommes & les chofes, & les fortunes & les habitations. A peine permet-elle aux demeures divines de s'élever au-deffus des autres. La république d'ailleurs ne convenant qu'à de petits territoires, n'a que des revenus bornés, & ne peut faire que de médiocres entreprifes. Quelles que grandes qu'ayent été celles de quelques républiques grecques favorifées par des circonftances extraordinaires, leurs plus grands ouvrages n'approchent pas de la fomptuofité du fimple palais d'un monarque. Les plus grands monumens dont l'hiftoire ou le temps nous ont tranfmis le fouvenir ou les reftes, furent faits dans les monarchies. Les ruines de Perfepolis le difputent à celles de l'Egypte, & furpaffent de beaucoup tout ce que la Grèce peut nous offrir fous le rapport de grandeur & d'étendue. Les républiques grecques cherchèrent la beauté dans leurs édifices plus que l'immenfité, & cette grandeur qui vient de l'art ou des proportions, plus que celle qui tient à la maffe. Rome république n'eut que de chétifs bâtimens; dès qu'elle eut des citoyens dotés de la fortune des rois qu'ils avoient vaincus, elle commença à avoir de fomptueux monumens. Ce ne fut que fous le gouvernement monarchique qu'elle éleva ces prodiges de conftruction & de dépenfe qui n'appartenoient qu'à la grandeur démefurée d'une telle monarchie.

Le monarque, en effet, tient dans fes mains les tréfors de l'état, & les emploie à fon gré. Il peut, ou lever des contributions, ou les appliquer aux dépenfes qu'il veut. Cet abus de pouvoir fe vit plus d'une fois chez les fouverains même de l'Egypte. Plufieurs d'entre eux, felon l'hiftoire, opprimèrent leurs fujets, & commirent fur eux, pour la conftruction de leurs tombeaux, de nombreufes vexations, foit par les corvées exorbitantes, foit par la privation des fêtes, des facrifices & la clôture des temples. Il paroît néanmoins que plufieurs de ces rois furent conftruire d'immenfes édifices, fans grever la nation, & qu'ils le firent même d'accord avec les prêtres, & , comme Pline nous le dit, dans l'intention politique d'entretenir chez le peuple l'habitude de l'activité.

Population de l'Egypte.

Quelle que foit la foi qu'on veuille accorder aux anciens hiftoriens fur la population de l'Egypte, & fur fes vingt mille villes, il eft hors de doute, d'après les nombreufes ruines qu'on y voit encore aujourd'hui, d'après la grande fertilité du pays, la fécondité des femmes, & la fageffe du gouvernement, que ce territoire dût renfermer un peuple immenfe. Les calculs & les parallèles modernes font une foible autorité dans cette matière. Il eft une foule de caufes liées à la nature du climat, à la fobriété qu'il produit, à la facilité, à l'abondance des vivres, à la qualité des alimens, qui ne peuvent se comparer de pays à pays. L'excessive population de la Chine, qui paroît mieux prouvée aujourd'hui que jamais, est une induction en faveur de l'ancienne population de l'Egypte, & serviroit à l'expliquer, en dépit de tous les calculs géométriques. Qui pourroit calculer le nombre de ceux qui vivoient sur le Nil & sur les canaux, comme cela se pratique encore aujourd'hui. Il dut y avoir en Egypte, comme aujourd'hui en Chine, une surabondance de population; & c'étoit sans doute cet excédent qu'on employoit à la construction des travaux publics.

On y appliquoit aussi les peuples que le droit de la guerre avoit rendu esclaves; cela est conforme aux usages de l'antiquité, & à l'autorité de la Bible. Sésostris, nous dit Hérodote (*l. 2, c. 108*), employa aux grands ouvrages qu'il fit, les captifs qu'il avoit amenés de ses expéditions, & afin que la postérité ne l'ignorât pas, il eut soin de faire graver sur tous ces monumens, qu'aucun naturel du pays n'y avoit mis la main. Les ouvriers d'ailleurs, selon le même Hérodote (*l. 2, c. 125*), ne recevoient d'autre paye que la nourriture. Dès lors la main-d'œuvre de tous ces travaux étoit moins dispendieuse qu'on ne se le figure, & surtout incomparablement moins qu'elle ne le seroit de nos jours.

Soin de la sépulture.

Les monumens qui satisfaisoient davantage l'ambition des monarques égyptiens, étoient leurs tombeaux. L'*architecture égyptienne* est si peu connue, & les voyageurs ont eu si peu le temps d'en approfondir le goût & les caractères, qu'on ne sauroit affirmer si, parmi tant de débris, il en existe qui soient des restes de palais. Les seuls fragmens d'édifice qui n'aient pas été à leurs yeux des restes de temples ou de tombeaux, sont, à Memphis, ceux de ce qu'ils ont appelé *le Labyrinthe*, & à Thèbes ceux du prétendu *Memnonium*. Au reste les descriptions des auteurs anciens gardent le même silence sur les palais d'Egypte. Nous savons par eux que Memnon en eût un célèbre à Abyssus, mais nul détail ne nous en a été transmis.

C'étoit, selon Diodore de Sicile, à se construire des tombeaux magnifiques que les rois d'Egypte employoient ces sommes immenses qu'ailleurs les autres rois consacroient à la construction de leurs palais. Ils ne pensoient pas, dit-il, que la fragilité du corps pendant sa vie, méritât de solides habitations. Ils ne regardoient le palais des rois que comme une hôtellerie qui appartenoit successivement à tous, & où chacun ne logeoit qu'un jour. Mais leurs tombeaux, ils les envisageoient comme leurs véritables palais, comme leur demeure à eux particulière, fixe, perpétuelle. Aussi n'épargnoient-ils rien pour rendre indestructibles des monumens qui devoient être les dépositaires éternels de leurs corps & de leur mémoire.

Il n'est pas de notre sujet de rechercher quelle sorte d'opinion, ou quel genre de croyance avoit établi en Egypte le soin de la sépulture, & si l'on peut dire, la passion des tombeaux, au point d'en faire presque le premier soin & la première passion de la vie. Pline se moque de la vanité de ces rois; mais Pline en parle comme parlent trop souvent les philosophes de toutes les pratiques, dont la raison est oubliée ou perdue pour eux. Il est plus que probable que d'aussi grandes choses ne se font pas sans qu'elles aient pour base une opinion dominante & sacrée dans un pays, & une telle opinion tient à d'innombrables racines, aussi difficiles à fouiller que le cœur humain l'est à expliquer ou à pénétrer.

Les soins que prenoient les propriétaires de ces tombeaux, pour dérober leur corps à la violation, ou de leurs ennemis, ou du temps, le grand ennemi de tout ce qui vit, ne se conçoivent bien qu'en lisant la description de l'intérieur de la grande pyramide, par M. de Maillet. C'est là qu'on voit avec quel art la construction en avoit été combinée, pour qu'on ne pût jamais retrouver la route qui conduisoit à la chambre sépulchrale. On ignoroit dans quelle chambre de son tombeau reposoit le roi Osmanduas, & l'inscription qui y étoit, portoit: *Si quelqu'un veut savoir où je repose, il faut qu'il détruise quelqu'un de ces ouvrages.*

On a été jusqu'à soupçonner que les pyramides n'étoient que d'immenses cénotaphes, & que les corps des rois étoient dans quelque lieu voisin & souterrain; enfin que ces masses n'étoient faites que pour donner le change sur l'endroit qu'occuperoit leur corps, & faire de cet endroit une énigme impénétrable. D'autres écrivains, je le sais, ont prétendu que les pyramides n'étoient pas des tombeaux, & leur ont imaginé certaines destinations mystiques ou astronomiques. Ces opinions sont démenties par trop de faits, d'autorités, de vraisemblances, pour qu'on s'arrête, surtout ici, à les combattre. Quand les pyramides n'eussent pas renfermé les corps des rois, & en supposant qu'ils eussent été cachés dans quelque lieu voisin où l'on espéroit qu'une main ennemie n'iroit pas les découvrir, ces monumens n'auroient pas été moins pour cela des monumens sépulchraux, la sépulture des rois n'eut pas cessé d'être pour cela, sinon leur objet, au moins leur sujet. Ils n'en seroient pas moins l'effet direct des opinions religieuses, ce ressort partout si puissant, ce principe si fécond des arts & de l'architecture.

Le culte de la divinité.

La religion égyptienne devoit produire, & produisoit effet, un grand nombre de temples. On n'oseroit dire qu'elle fut aussi féconde en ce genre que celle des Grecs, où le polythéisme, poussé jusqu'à l'excessive prodigalité, enfantoit chaque jour des dieux auxquels il falloit des autels & des temples nouveaux. La religion grecque n'avoit ni doctrine fixe, ni dogmes arrêtés, ni sacerdoce constitué, ni hiérarchie

hiérarchie, ni organisation: composé anarchique de toutes sortes de croyances & de cultes, elle laissoit à chacun la liberté d'introduire ou d'enfanter de nouveaux dieux. En Egypte la religion eut un sacerdoce puissant, des rites invariables. Soumise dans ses cérémonies, dans ses signes extérieurs, dans toutes ses formes, à une direction mystérieuse, elle ne permit pas à l'imagination des artistes de combiner, de multiplier, ou de modifier à son gré ni les temples, ni leurs allégories.

Il paroît que selon l'usage des peuples de l'Orient, chaque ville avoit son temple, & souvent n'en avoit qu'un. Cet usage dut contribuer à les rendre & plus grands, & plus solides, & plus riches. La grande autorité des prêtres fut encore une des causes de leur magnificence. Là où le sacerdoce est puissant, les temples sont splendides.

Tout dans les temples de l'Egypte respire le mystère qui fut la base de sa religion, & qui doit l'être de toute religion; car la religion a pour objet principal d'empêcher l'homme de chercher ce qu'il ne trouvera jamais. C'est l'antidote à la curiosité, cette passion de l'humanité, dont les effets sont salutaires lorsqu'elle se borne à la découverte des choses qui sont à sa portée, mais fléau le plus terrible de tous, lorsque l'orgueil qui en est le principe, se révolte contre sa propre foiblesse, & dans l'impuissant dépit de découvrir la vérité, brise tous les remparts que la sagesse des temps avoit élevés entre l'homme & le néant. Le mystère qui fut la base du culte de l'Egypte, est empreint dans tous les monumens de ses arts.

C'est d'Egypte que vinrent ces fameux mystères qui furent transportés dans les autres religions. Ce fut dans les ténèbres de ses souterrains que prirent naissance ces initiations dont le secret étoit la première loi. Le secret, sous la forme d'Harpocrate, y fut déifié. Les sphinx qui décoroient l'entrée des temples, signifioient, selon Plutarque (*de Iside*), que la théologie égyptienne étoit mystérieuse & emblématique. Des portes nombreuses fermoient de nombreux vestibules qui se succédoient les uns aux autres, & ne laissoient apercevoir que dans le lointain le véritable temple. Celui-ci, dont on n'approchoit point, n'étoit qu'un bâtiment fort peu étendu où étoit l'animal sacré qu'on y entretenoit en vie, ou dont on y voyoit le simulacre. Là, encore plus qu'en Grèce, les accessoires du temple formoient la partie principale de la construction, & le corps même du temple en étoit la plus petite portion. C'étoit dans les galeries, les portiques, les vestibules & les habitations des prêtres que consistoit presque toute l'étendue de leurs masses.

Sauf quelques variétés dans les plans des temples, & des différences que le plus ou le moins de dégradation semble y avoir occasionnées, on observe dans tous un caractère semblable, & la plus grande uniformité, soit dans leurs frontispices, soit dans leurs portiques, soit dans leurs formes générales, soit dans les détails de leur décoration, la plus monotone de toutes les décorations, puisqu'elle consiste toujours en hiéroglyphes.

Au reste, la liaison de l'architecture avec les opinions religieuses ne fut peut-être nulle part plus sensible qu'en Egypte; & comme cet art dans ses conceptions, ainsi que dans ses moyens d'exécution, dépend particulièrement aussi des autres arts d'imitation, il faut faire voir quelle fut sur eux l'influence de la religion, & quelle fut sur elle l'influence de ces arts.

De l'influence des arts d'imitation sur l'architecture.

Les arts d'imitation, tels que la peinture & la sculpture, ont, avec l'art de bâtir, des rapports directs que tout le monde connoit, & ils en ont encore de moins aperçus qui sont plus importans à connoître. Ce n'est pas seulement en effet de simples ressources d'embellissement que l'architecture emprunte de ces arts. Elle leur doit, ce qui est beaucoup plus, les règles du goût, les principes de sa beauté, les lois de ses proportions, les convenances de caractère, & une multitude d'analogies précieuses qui seules en ont fait un art, & sur tout un art d'imitation. Nous avons dit plus d'une fois que lorsque la nature est le modèle de l'architecture, c'est moins parce qu'elle lui a fourni, dans les premières habitations du besoin, un sujet d'imitation, que parce qu'elle lui présente à imiter ces grands principes d'harmonie, de proportion, d'effet & de beauté empreints dans ses ouvrages, & que cet art peut s'approprier aussi comme tous les autres. Mais ces principes ne reçoivent pour elle d'application vraiment sensible que dans l'imitation que les arts du dessin font du corps humain. C'est là que s'apprennent les nuances & les modifications des proportions. C'est dans les caractères si variés de la nature que l'architecture peut puiser ces variétés de ton, ces graduations de mode, ces tempéramens légers qui parviennent à lui donner l'efficacité du langage, la vivacité d'une poésie ou d'une musique oculaire. A la perfection du mécanisme même de la sculpture se lie la belle exécution de l'architecture qui, sous un certain rapport matériel, n'est autre chose qu'une production sculpturale. La beauté de l'architecture s'est toujours trouvée en chaque pays dans un rapport exact avec l'habileté du ciseau. Il y a mille raisons très-subtiles à rendre de ce fait. Mais les faits qui valent mieux que toutes les raisons prouvent avec évidence que l'état de l'architecture est toujours tel que celui des arts d'imitation qui l'accompagnent.

Etat des arts d'imitation en Egypte.

Il paroît que ce que nous regardons avec l'indifférence de l'habitude, c'est-à-dire, l'imitation vraie de la nature, imitation dont exclusivement au génie des Grecs est un de ces fruits dont le développement devroit passer plutôt pour un prodige que pour un effet nécessaire de l'ordre naturel des choses. Si l'on consulte à cet égard l'histoire du genre humain, on verra que les causes qui s'opposent à l'émancipation de la faculté imitative dans l'homme, sont aussi nombreuses que variées. (*Voyez* IMITATION.) On est tenté de regarder l'art des Grecs comme une exception due au concours le plus extraordinaire de circonstances. Peut-être est-on forcé de s'en convaincre quand on considère combien de sociétés d'hommes en acquérant le développement de toutes les facultés morales auxquelles la plus grande civilisation permet d'arriver, sont cependant restées sur le point de l'imitation dans une espèce d'état sauvage. Bien plus encore s'en convaincra-t-on, quand on réfléchira que l'imitation des corps ayant été la première écriture, & cette écriture ayant nécessairement prêté ses signes au culte religieux, il y avoit partout les raisons les plus fortes pour que ces signes devenus sacrés conservassent toujours leur forme primitive.

Deux causes principales tendirent à contrarier ou entraver en Égypte le perfectionnement de l'imitation. La première de ces causes tient à l'ordre politique, la seconde à l'action de la religion.

Lorsque le type d'une société repose sur un respect constant & inviolable pour tout ce qui a été, lorsque toutes les institutions tendantes à la conservation de l'ordre social établi, avec toute l'énergie dont elles sont capables, mettent en honneur le soin de perpétuer toutes les pratiques, & en discrédit l'esprit d'innovation, lorsque le germe d'un tel système s'est développé avec une nation, ou que pour mieux dire une nation s'est développée dans un tel système, la durée de sa manière d'être semble devoir être éternelle.

Chez un peuple dont le type originaire sera ainsi constitué, il se forme un genre de perfectionnement très-différent de la perfection qui, ailleurs, résulte de la facilité ou de l'habitude du changement. Mais ce qu'on remarque, c'est que l'usage de suivre les formes des prédécesseurs acquiert autant de force dans les choses de peu d'importance que dans celles qui paroissent en avoir le plus ; c'est pour cela que les premiers types des arts, que les objets qui servirent de signe primitif aux différens langages de la société restent constamment les mêmes, subsistent sans altération, & se transmettent d'âge en âge aussi fidèlement que les lois, les mœurs, les institutions.

On observe que dans les procédés de chaque art, il y a deux sortes de fini, l'un qui tient à la perfection même de l'imitation des formes de la nature, & l'autre au simple maniement ou au poli de la matière & aux procédés techniques ; c'est-à-dire, qu'une ébauche informe & vicieuse en tout point, peut recevoir un poli parfait sans en être plus finie, lorsqu'au contraire une imitation de la nature pourroit être parfaitement finie sans avoir reçu aucun poli. Il en arrive de même dans la génération des arts. On voit que sous l'influence des causes politiques & morales dont il s'agit, la perfection ne pouvant résulter d'un changement propre à améliorer les formes une fois consacrées, le besoin de perfectionner se porte vers toutes les parties accessoires de l'art, & en quelque sorte à l'extérieur des formes établies. La peinture, sous l'influence de ces causes, acquerra toute la valeur, toute la ténacité que peut produire le choix ou l'emploi des plus belles substances colorantes, & ne connoîtra toutefois ni l'harmonie dans les tons, ni la proportion dans les formes. La sculpture portera jusqu'au scrupule l'observance des petits détails, & jusqu'à l'exagération la dimension de ses figures ; elle donnera à la pierre le plus beau poli, & arrivera à la plus grande habileté dans le travail des matériaux les plus durs ; enfin, tout ce qui tient à la perfection méchanique y remplacera celle de la vérité naturelle, que l'habitude des anciens erremens l'empêchera, non pas seulement de suivre, mais de soupçonner.

Telle est, en effet, la puissance universelle du principe conservateur de la société, du principe de l'immutabilité, lorsqu'il est né & s'est développé avec les élémens même de la société. Les premiers tâtonnemens de l'imitation dans tous les arts, loin de devenir sujet d'émulation, deviennent objet de vénération. Loin que de plus heureux efforts discréditent les premiers, de nouvelles redites leur donnent l'autorité de l'usage. Dès qu'une fois cette autorité est établie, il n'y a plus moyen que les types, les méthodes, les principes les plus erronés, les plus contraires à la nature, puissent subir ni critique, ni changement. Rien ne parvient plus à détruire cet empire de l'habitude, lorsqu'une longue suite de générations & de siècles en a consolidé le prestige ; c'est alors qu'il se forme comme une seconde nature. Les organes façonnés à une manière de voir, se refusent à supposer même la possibilité d'une autre, ainsi qu'à reconnoître la supériorité de la véritable imitation, fille de la nature, sur celle qui n'est que le produit bâtard de l'ignorance & de la routine. C'est ce que nous voyons à la Chine & dans l'Asie ; c'est ce qu'on découvre dans tous les restes des arts de l'Égypte.

Mais la religion toute seule fut capable encore d'y assujétir & d'y enchaîner la faculté imitative, par la conservation des types ou des signes primitifs qui produisirent l'imitation hiéroglyphique.

La religion considérée dans ses rapports extérieurs, c'est-à-dire comme culte, ayant pour objet de fixer, de perpétuer & de rendre impérissable dans l'âme de l'homme, l'idée de la divinité, ainsi que de toutes les moralités qui se joignent à cette idée primaire, & la religion ayant à parler à des hommes, elle ne put leur parler que par des signes sensibles.

Mais les signes que la religion est forcée de s'approprier, sont de la nature de tous les signes qui entrent dans la sphère des besoins de l'homme & de la société. Ces signes en tant que représentation des objets, sont susceptibles d'acquérir une perfection illimitée. Mais ils sont également capables de remplir leur principale destination, qui est de rappeler l'idée des objets, soit qu'ils restent sous la forme grossière de l'ébauche, soit qu'ils se produisent sous les dehors achevés d'une complette imitation. C'est ainsi que les signes informes du zodiaque n'ont pas une moindre vertu significative, que les figures élégantes dont les Grecs embellirent ces caractères. La religion donc, quel que soit le degré d'avancement où elle trouve susceptible chez un peuple l'art des signes, s'en empare. Il lui faut une écriture, & elle s'associe naturellement celle que présente l'imitation par figure, qui fût ou le principe ou le résultat de l'écriture primitive.

On voit donc comment, sans parler même de l'esprit de telle ou telle croyance religieuse, qui peut quelquefois répugner au perfectionnement des signes qu'elle emploie, il est naturel que ces signes reçoivent de la sainteté de leur emploi, une autorité qui s'oppose à toute espèce de modification dans leurs formes.

Plus une religion, si elle est née avec une société, y acquerra de force & d'empire, & plus elle tendra, par un culte imposant & dominant, à rendre sacrées, c'est-à-dire immuables, des formes qui, par leur corrélation avec les idées, ne peuvent plus se changer qu'en changeant les idées. Ces formes reçues, & gravées dans l'esprit par l'habitude de les voir, ne sont plus susceptibles de changement. La force de l'usage & la sanction du respect public, y attachent des sensations, des souvenirs, des rapports d'une nature telle, que l'altération du signe en produiroit une dans la chose signifiée.

Cette seule cause, qui arrête le perfectionnement de l'imitation dans les signes religieux, réagit de toute la puissance de l'exemple le plus imposant sur les signes qui n'ont pas de rapport avec la religion, & l'on voit encore, dans plus d'un pays, cet état d'enfance de l'imitation, consacré une fois par le culte & ses pratiques, devenir, malgré le perfectionnement de l'état social de l'homme, de ses facultés & de son industrie dans les autres arts, l'état habituel & invariable des arts d'imitation.

Quand à cet état d'imperfection, qui empêche la chose représentante d'arriver jusqu'à la ressemblance de l'objet à représenter, l'Egypte nous en offre le plus sensible exemple, ainsi que de la puissance des entraves religieuses.

Ce que l'on croit trouver d'imaginatif dans ses monumens, ses figures, ses statues, n'est autre chose que le résultat nécessaire de la foiblesse humaine dans la communication ou l'expression des idées. Sa religion, forcée d'employer les signes des objets matériels à la représentation des objets intellectuels, interdit à l'art toute espèce de modification de forme, dans la crainte que le signe cessât d'être simplement signe. Si le bon goût ne parut pas dans ses images, c'est que le bon sens n'en disparut jamais.

On a besoin, sans doute, d'une cause aussi puissante que celle de la religion, pour expliquer comment, avec tant de moyens favorables au succès de l'imitation, l'Egypte en méconnut toujours l'essence & la vérité. Ainsi, quoique doué d'une industrie prodigieuse, quoique possédant les matières les plus belles, les secrets de la métallurgie, de la teinture, de la mécanique & de toutes les sciences qui coopèrent au développement de l'art, quoiqu'ambitieux dans ses monumens, & jaloux d'y imprimer cette perfection mécanique dont aucun autre peuple n'a approché, on voit l'Egyptien pousser jusqu'au plus haut excès l'hyperbole de ses statues & de ses temples, porter au plus haut degré la tenacité de sa peinture; mais fidèle à l'entrave religieuse, rester dans les limites de l'hiéroglyphe ou du caractère sacré, c'est-à-dire, de l'écriture par figures ou des figures littérales.

La politique des Egyptiens, dit Platon (*de Legib. l. 2.*) *avoit toujours entretenu la peinture dans le même état de médiocrité sans aucune altération & sans aucun progrès*. Elle ne sortit pour ainsi dire pas du style monochrome. Alliée à la sculpture dans les caractères hiéroglyphiques, elle n'y a d'autre valeur que celle des lettres peintes ou dorées de nos anciens manuscrits. L'éclat dont elle brille encore dans les ruines des temples après tant de siècles, atteste le système de son impuissance volontaire ou forcée.

La sculpture égyptienne, soit de bas relief, soit de ronde bosse, acquit toute la perfection qui tient au fini de la matière, au poli superficiel, à la précision méthodique de certains détails, à la finesse même de l'outil, mais sur-tout à la grandeur & à la patience des entreprises. Toutefois comme elle n'est jamais à la pensée de se mesurer avec la nature, il semble qu'elle ne veuille pas même qu'on la lui soupçonne. On diroit qu'elle fasse parade de son impuissance apparente, comme ailleurs on voit cet art tirer vanité de sa hardiesse. Elle ne se permit pas même de détacher les membres de ses statues du bloc qui les enchaîne. Ses figures, comme les caisses des momies, semblent n'être que des enveloppes d'autres figures. C'est ce qu'elles sont, en effet, sous le rapport moral. Symbole de l'immuabilité jusque dans les moindres parties, la sculpture égyptienne resta éternellement une écriture allégorique, dont le sens est perdu, mais dont l'intention ne sauroit se perdre. Aussi finit-elle par plaire à la raison à force de contrarier le goût.

Il n'y a certainement rien de mieux connu que le goût et le style de la sculpture égyptienne. Toutes les statues qu'à diverses époques on a tirées de l'Egypte, celles que les Romains en ont enlevées, enfin tous les morceaux de sculpture, grands ou petits, qui sont répandus par toute l'Europe, forment un recueil immense. Si l'on confronte à tous ces ouvrages ceux que les voyageurs ont vus & dessinés dans le pays, & qui couvrent tous les murs des édifices & même les rochers, on est forcé d'avouer que nous connoissons plusieurs milliers d'ouvrages égyptiens. La plus entière uniformité règne entr'eux, & quoique dans le nombre il soit certain qu'il y en

O o ij

a qui furent faits à plusieurs siècles de distance, & que plus certainement encore ils soient dus à un grand nombre de mains différentes, l'œil le plus exercé n'y découvre toutefois aucune variété de goût, aucuns progrès d'imitation, aucune nuance de style. Les seules différences sont dans le plus ou le moins de fini ou de poli qu'a reçu la matière.

On découvre dans la sculpture égyptienne quelques indications assez fidèles des dimensions du corps de l'homme. On n'y trouve nulle trace de proportions. Ce que nous lisons dans Diodore de Sicile, de la division qu'ils faisoient de la figure en vingt & une parties, ne prouve nullement une science raisonnée du corps humain, dans son rapport du tout aux parties & des parties au tout. Cela n'indique qu'une opération mécanique, une méthode de convention entre les sculpteurs, méthode qui avoit plus rapport à une division géométrique dans le travail de la marbrerie, qu'à une analyse des parties dont se compose la structure humaine. Cela est surabondamment prouvé par toutes leurs figures dans lesquelles on n'aperçoit aucune étude, aucune connoissance anatomique, aucun sentiment des détails & des formes du corps.

M. Denon, dans l'ouvrage qu'il se propose de donner au public, a recueilli une quantité considérable d'hiéroglyphes. Plusieurs de ces desseins annoncent des commencements de compositions & presque des bas-reliefs, dans lesquelles quelques figures ont l'air d'être en rapport entr'elles, & d'exprimer une action commune. Enfin, on croit y voir ce qu'on appelle des sujets. Ces espèces de bas-reliefs sont tirés des plus beaux édifices de Thèbes: & cependant, les figures n'en ont pas moins la roideur, la froideur, le manque de vie, de mouvement, de vérité d'imitation, qu'on remarque dans tous les hiéroglyphes. Ceux de l'obélisque de *Campo-Marzo* à Rome, sont très-remarquables pour le fini. On y voit, sur-tout dans l'expression des figures d'animaux, des contours assez fidèles, & dans leurs parties des détails assez corrects. Mais tout cela n'est au fonds qu'une ébauche de la sculpture; tout cela n'est que l'enfance de l'art; tout cela ressemble à tous les essais qu'on retrouve chez les autres nations, avec cette différence, toutefois, qu'en Egypte la longue habitude de ce style primitif, & la persévérance de la sculpture dans ce caractère imitatif, en est venue à donner à toutes les figures une manière d'être, achevée dans son imperfection, qui semble terminée, parce qu'elle n'a point de terme donné, & qui a su allier le fini de la matière à l'ébauche de la forme.

La sculpture égyptienne l'emporte sous ce rapport sur celle de l'Inde & de l'Asie. On doit dire aussi qu'il y règne une certaine grandiosité due à l'absence des détails, un certain caractère imposant & énergique que n'ont pas les arts des autres peuples pris à ce même âge & dans ce même état d'enfance. Presque toutes les figures des nations, qui n'avoient pas encore connu ou avoient cessé de connoître la vérité de l'imitation, révoltent par leur ignorance: c'est que cette ignorance est ambitieuse; c'est que l'art ne s'avouoit pas son impuissance; c'est que l'artiste prétendoit à l'imitation sans en connoître les routes. Delà ces vices rebutans, ces manques d'ensemble, ces difformités de détail qu'on rencontre dans le gothique.

L'ignorance de l'Egypte, dans les arts, paroît être & fut vraiment d'un autre genre, d'après les causes qui influèrent sur elle & sur sa durée. On ne peut se défendre de l'idée qu'elle fut volontaire; c'est-à-dire, que l'artiste usant de formes consacrées & n'ayant pas la liberté de les changer, n'eut pas non plus la volonté de les améliorer, n'en chercha jamais les moyens, & n'eut pas l'ambition de substituer son goût particulier à celui qui étoit reçu dans les inscriptions religieuses de son pays.

L'imitation de l'Egypte semble se défendre d'être imitation. On diroit qu'elle proteste contre elle-même & contre son existence apparente, qu'elle s'éloigne à dessein de l'objet naturel dont elle emprunte l'ombre plutôt que la réalité, & la qualité visuelle plutôt que l'aspect. Aussi admirable, sans doute, pour la raison dans sa philosophique négation imitative, dans ce refus d'être ce qu'elle paroit, c'est-à-dire, objet matériel ou corporel, que peuvent l'être pour l'imagination ces brillantes copies de la nature, dont la véritable imitation revêtit en Grèce une multitude d'idées, au risque de perdre le sens des choses dans l'illusion de leur représentation, & la vérité morale du fond par la trop grande vérité physique de la forme.

Ainsi dans la peinture, les Egyptiens avoient poussé très-loin tout ce qui tient à la partie chimique de cet art. Ils avoient des secrets pour appliquer les couleurs sur le marbre & les corps lisses, par des mordans si forts, qu'il s'est conservé jusqu'à nos jours un grand nombre de ces peintures. Leur fraîcheur est telle, qu'il semble qu'elles viennent d'être faites, & que selon la manière de parler des habitans du pays, l'ouvrier n'a pas encore lavé ses mains depuis son travail. Mais dans ces peintures, on n'y voit que de l'éclat & aucune intention d'harmonie. On y voit de belles couleurs, mais point *de la couleur*, rien enfin de ce qui peut tendre au charme de la vérité imitative.

Ainsi, dans la sculpture, ils portèrent fort loin tout ce qui tient à l'exploitation des matières même les plus réfractaires, au travail mécanique des pierres & des marbres, au précieux & au poli qui a rapport avec l'art de la marbrerie plus qu'avec la statuaire. Ils furent aussi très-portés au genre colossal, & je crois qu'on pourroit expliquer ce goût par les causes seules qui dominèrent leurs arts.

Lorsque les arts d'imitation sont privés de ces facultés morales, de ces moyens intellectuels, par lesquels seuls ils peuvent rendre les modifications de la pensée & les propriétés de la nature, il faut bien qu'ils emploient les moyens simples, positifs & matériels, qui parlent au sens extérieur au lieu de s'adresser à cette espèce de sens moral qu'on appelle *le goût*. L'Égyptien, pour représenter un grand homme, devoit faire un homme grand. Mais la grandeur & la force du corps ont encore, sans sortir des dimensions ordinaires de la nature, des moyens aussi variés que nombreux de se produire à la vue. Ces moyens, l'art les trouve dans l'étude du corps humain, dans le développement de ses formes, dans la science des proportions. Mais, comme on l'a dit, l'art égyptien ne connut que les dimensions, & n'eut d'autre idée de grandeur que de celle qu'on appelle grandeur linéaire. Ne pouvant donc exprimer la force, la grandeur, la puissance par le moyen du dessin, il fallut qu'il exprimât ces qualités par la pesanteur, la hauteur, l'énormité. Delà, la nécessité de faire des colosses, c'est-à-dire, des statues qui avoient moins pour objet d'étonner l'œil par la hardiesse de l'art ou l'exagération de ses ressources, que d'apprendre au spectateur que telle figure étoit celle d'un grand homme, & telle autre celle d'un Dieu.

Quoique l'architecture semble, quant à l'art en lui-même, plus indépendante, & des entraves religieuses & des chaînes de l'écriture symbolique, il n'est personne qui ne voie combien l'analogie des autres arts agit puissamment sur elle. C'est ce que le développement de cette analyse fera voir. *Pesanteur, hauteur, énormité*, furent toujours chez elle synonimes de *force*, de *grandeur*, de *puissance*.

L'uniformité dans les plans caractérise ses inventions. Jamais elle ne sortit de la ligne droite & du quarré. *Les Égyptiens*, dit M. de Caylus, *ne nous ont laissé aucun monument public dont l'élévation ait été circulaire*. L'uniformité dans ses élévations est plus frappante encore. Nulle division dans les parties, nul contraste, nul effet. Il est probable que les idées, d'après lesquelles nous jugeons les ouvrages des arts n'étoient alors ni l'objet ni le point de vue des architectes. Faire plus haut, faire plus solide qu'un autre étoit ou devoit être le seul point permis à l'émulation des artistes. L'uniformité dans la décoration fut un résultat presque nécessaire des institutions du pays. Les monumens n'étoient point abandonnés au caprice des décorateurs. Destinés à recevoir des inscriptions en caractères symboliques, il faut les regarder comme des livres toujours ouverts à l'instruction publique. Ils ne pouvoient être ni trop simples, ni trop étendus, ni offrir trop de pages au développement de cette écriture par signes qui s'emparoit des moindres espaces. Les monumens devoient être des bibliothèques publiques, les ornemens étoient des inscriptions. Et quand de tels usages donnent la loi à l'architecture, il faut bien se garder de croire que les architectes puissent faire des édifices pour le plaisir de l'œil ou l'intérêt de leur amour-propre.

Cela nous explique encore pourquoi les édifices de l'Égypte furent doués de cette étonnante solidité, qui fait lire sur tous ses murs, comme l'a dit M. Denon, *postérité, éternité*. Cette propriété qu'ils avoient d'être, à proprement parler, les annales publiques du peuple, cette qualité historique que la religion & le gouvernement leur imprimoient, faisoit un devoir de rendre éternels des monumens qui étoient, sans aucune métaphore, les dépositaires des exploits, des faits, des dogmes, de la morale, enfin de l'histoire philosophique ou politique de la nation.

SECONDE PARTIE.

Analyse de l'Architecture Egyptienne.

PREMIÈRE SECTION.

De la Construction des Édifices.

Si la solidité est le premier mérite de l'art de bâtir, si elle est à l'architecture ce que la santé est au corps humain, c'est-à-dire, un avantage qu'on préfère même à la beauté, l'*Architecture égyptienne* peut se vanter de l'avoir portée dans ses édifices à un degré qui ne permet presqu'aucun parallèle avec les autres architectures, & de les avoir ainsi surpassées dans le point le plus utile & le plus important de tous.

On sait, en effet, de combien l'Égypte devança les autres nations célèbres dans les arts; on sait de combien de siècles ses monumens précédèrent les leurs, & cependant ses édifices si antérieurs à ceux des Grecs & des Romains nous offrent encore aujourd'hui, & bien plus de restes & de bien plus solides, de bien plus intègres que tout ce que nous ont transmis les autres peuples de l'antiquité. Malgré les efforts continuels du temps, en dépit des ravages passés & futurs, on peut, sans hyperbole, conjecturer hardiment que ces masses, jusqu'à présent victorieuses des siècles, verront encore s'anéantir autour d'elles, & rentrer dans la poussière, bien des villes & bien des monumens auxquelles elles survivront, & seroient dans la ruine totale de ce globe, les dernières à avouer la foiblesse humaine. Il est vrai que l'Égypte, ainsi qu'on l'a déjà dit, reçut de la nature, pour la construction de ses édifices, les moyens les plus propres à les rendre éternels, & que sous le ciel le moins destructeur elle put employer des matériaux presque indestructibles.

Des Matériaux.

Comme l'architecture dépend partout essentiellement des matériaux qu'elle trouve à mettre en œuvre, ce seroit rendre plus d'une raison du genre & du génie de cet art en Égypte, que de donner l'histoire naturelle des pierres de ce pays. Jusqu'à ce moment, les voyageurs ne nous ont rien produit de fort satisfaisant à cet égard. Peut-être les découvertes nouvelles éclaireront-elles bien des points, & dissiperont-elles beaucoup de préjugés sur les moyens de construction des Égyptiens. Je ne ferai ici que recueillir les connoissances acquises jusqu'à ce moment, en indiquant les matériaux que l'*architecture égyptienne* mit le plus en usage, sans entrer dans aucun détail physique à ce sujet.

Bois.

L'Egypte est un pays très-peu abondant en bois de tout genre, surtout en genre de bois de construction. Les forêts y sont rares, selon Paul Lucas (l. 6. p. 211.) On en trouve cependant quelques-unes de palmiers du côté des déserts de la Lybie, & auprès de Dendera (*Tentyris*). Mais le terroir n'y est guères propre aux arbres, & l'on peut dire que généralement le pays manque de bois presque par tout. L'arbre après le palmier qui s'y rencontre le plus, est l'acacia. L'olivier qui maintenant y est fort rare, y fut pourtant cultivé jadis, surtout auprès de Saïs où étoit adorée Minerve, sous le nom de Neitha. Mais on voit qu'à l'exception du palmier, la plupart de ces arbres sont peu susceptibles d'entrer dans la construction. Le chêne ne croît pas en Egypte, & les modernes habitans de ce pays le font venir de l'Arabie, ainsi que le sapin qu'ils emploient dans leurs bâtimens. Selon Diodore de Sicile (l. 1, c. 2, s. 2,) les Egyptiens employèrent dans les premiers âges, à la construction de leurs cabanes, des roseaux, des cannes entrelacées qu'ils enduisoient de terre grasse. Nous voyons une de ces cabanes représentée dans la Mosaïque de Palestrine. Néanmoins, selon Diodore lui-même, cet usage paroît avoir été réservé aux campagnes. Dans les villes, on dut employer aux maisons un genre de construire plus solide, & les restes de briques qu'on trouve encore parmi les décombres de plus d'une ville antique, donnent à penser que cette matière fût alors aussi en vogue dans ce pays qu'elle l'est encore aujourd'hui.

Briques.

La vue de ces temples & de ces monumens prodigieux, restés seuls dans chaque ville d'Egypte comme des signaux éternels qui attestent qu'il y eut là des hommes, a fait croire à quelques écrivains que les Egyptiens ne bâtissoient point de maisons, mais qu'ils habitoient sous des tentes autour de leur temple. Cette opinion est, sous tous les rapports, insoutenable. M. de Paw a fort bien prouvé que jamais peuple n'eut plus en aversion le genre de vie pastorale. Et sans doute on conçoit facilement comment les peuples nomades sont essentiellement ennemis des peuples agricoles. Ces inimitiés subsistent encore entre l'Egypte & ses voisins. Diodore de Sicile (l. 1, c. 4, s. 2,) parle des maisons de Thèbes comme ayant quatre ou cinq étages; Pococke semble le révoquer en doute, ne concevant pas comment, au milieu des restes de tant de villes, il ne s'est pas conservé quelque palais ou quelque maison. Quoique cette objection ne soit pas particulière aux ruines de l'Egypte, il faudroit savoir si ces ruines ont été suffisamment examinées pour qu'on puisse affirmer qu'il ne s'y trouve aucun reste de maisons. Dans la description abrégée des principaux monumens de la haute Egypte, publiée depuis peu par le Moniteur, il est question de palais. Selon l'auteur de cette description, les temples à Thèbes ne sont que l'accessoire des palais. Il faudra voir comment cette assertion sera prouvée; car l'architecture, le goût & les formes des monumens de Thèbes ressemblent à tous les autres temples de l'Egypte de la manière la plus entière. Le même auteur cite aussi à Karnac, c'est-à-dire, au milieu des ruines de Thèbes, *une petite maison bâtie en grès & divisée en deux appartemens, de vingt-quatre pieds sur quinze*.

Quoiqu'il en soit, il paroît constant qu'on employa de tout temps, comme on l'emploie encore aujourd'hui, la brique crue, séchée seulement au soleil. Elle se faisoit, selon Pococke, avec la terre que le Nil charie. Cette terre est noire, sablonneuse, & entremêlée de cailloux & de coquillages. On la mêloit avec de la paille hachée pour mieux la lier. C'est ainsi qu'elle se fait encore aujourd'hui.

Les briques crues s'employoient en Egypte à de grands monumens. Témoins la pyramide décrite par Pococke, & qu'on appelle *kioube el Menschick*. Elle est actuellement fort délabrée. Les briques dont elle est composée, ont tantôt treize pouces & demi de long sur six & demi de large, & quatre d'épaisseur, tantôt quinze pouces de long sur sept de large, & quatre & demi d'épaisseur. Elles ne sont liées entre elles par aucun ciment. Rien n'empêche de croire que cette pyramide, ainsi que les autres monumens où la brique employoit crue, avoit reçu un revêtissement quelconque. En effet, telle dureté que pût acquérir cette terre séchée au soleil, elle devoit à la fin se décomposer par l'action même du soleil & de l'humidité, ainsi que Pausanias (l. 8) nous l'apprend de semblables briques, que les Grecs, dans les premiers temps, employèrent aussi à la construction des temples & des murs de ville, comme à Mantinée & à Eione.

Les Egyptiens firent bientôt usage de la brique cuite au feu de paille. Il paroît que la consommation en fut très-grande. Nous lisons dans la Bible (*Exod.* c. 5, ỹ. 6,) que les Hébreux furent condamnés à cette sorte de travaux. Ils devoient y avoir une aptitude spéciale; car dans toute la Chaldée & la Palestine, on usoit particulièrement de ces matériaux, & y étoient fort estimés, ainsi que dans tout l'Orient. Cette espèce de construction ne paroît pas l'avoir été moins en Egypte. Le roi Asichis (*Herod.* (l. 2, c. 136.) jaloux de surpasser ses prédécesseurs dans la construction de sa pyramide, la fit bâtir en briques. Celles-ci eurent le mérite singulier d'avoir été faites du limon qui s'attachoit aux sondes qu'on jetoit dans le lac, & il voulut qu'une inscription gravée en pierre apprît à la postérité cette particularité.

Ciments.

La bâtisse en briques, pour être parfaitement

folide, exige un bon ciment. C'est à l'aide de cette liaison que les Romains surent donner à leurs édifices la consistance qu'on y admire encore aujourd'hui dans toutes les parties de l'Europe où leur empire s'est étendu. Les Egyptiens employèrent plus d'une sorte de ciment. Le bitume leur servoit à la construction des citernes (*Maillet*, t. 2, p. 333,) et des ouvrages qui devoient résister à l'action de l'eau. Plusieurs de ces citernes existent encore aujourd'hui, & leur liaison jusqu'à présent inaltérée ne laisse aucune issue à l'eau qu'elles contiennent. Mais dans les endroits élevés & dans les bâtimens en plein air, le bitume est sujet à s'évaporer, & il se dissout facilement. Dans ce cas, les Egyptiens employèrent des ciments faits de chaux & de plâtre mêlés avec du sable. On en voit de cette sorte dans la liaison des pierres des pyramides. Il faut que la qualité du plâtre soit parfaite en Egypte, puisqu'à l'aide de ce seul ciment, suivant Maillet, & sans aucun échafaud, on élève un escalier de pierre sur le dehors d'une tour, en attachant les pierres l'une sur l'autre, & les scellant à la tour avec le plâtre seul. Les anciens Egyptiens mêloient à leurs ciments des éclats de pierre & de marbre. On en trouve beaucoup dans l'intérieur du massif & dans les arrachemens de la grande pyramide. M. de Maillet argumente de ces éclats de marbre, incorporés avec le ciment, pour prouver que cette pyramide étoit revêtue de marbre blanc.

Tuf & Pierre de taille.

Si la nature fut avare envers l'Egypte, de bois de construction, elle l'en dédommagea bien par la beauté & la variété des pierres qui forment une de ses principales richesses. Tout le Delta est composé d'un tuf assez tendre, produit visiblement par les sédimens du Nil. Suivant le témoignage de tous les écrivains anciens & modernes, le Delta est l'ouvrage de ce fleuve, dont le limon sans cesse charié & accumulé vers son embouchure, recule de plus en plus les eaux de la mer. Les prêtres égyptiens dirent à Hérodote, que la mer alloit autrefois jusqu'à Memphis. Lui-même affirma avoir vu dans les environs de cette ville, des coquillages de mer. Delà, l'allégorie égyptienne sur les amours du Nil avec la belle Memphis, & sur Egyptus qui fut le fruit de leur mariage.

Les catacombes de Saccara sont pratiquées dans des couches de pierre calcaire. On y descend, dit Pococke, par un puits creusé dans un rocher d'ardoise entremêlée de talc. Généralement toutes ces grandes excavations sont faites dans une pierre tendre, & qui est une espèce de tuf. Elles eussent été impossibles à exécuter dans le roc vif. La pierre des montagnes de Gisé, dont furent bâtie les pyramides, a peu de dureté. Norden dit même qu'elle est vermoulue dans plusieurs de ces monumens, & qu'elle dût sa conservation moins à sa consistance qu'à la sécheresse du climat. Ce qui prouve ce qu'on avance ici, c'est qu'on avoit abaissé la base des montagnes au niveau de celle des pyramides, comme l'a remarqué Maillet. Le grand Sphinx fut taillé dans la même pierre, & l'on n'eut peut-être d'autre objet dans la formation de ce colosse, que d'indiquer par un témoin gigantesque de combien le terrain avoit été abaissé. Or, de pareils ouvrages eussent été inexécutables sans la facilité avec laquelle cette pierre se laissoit tailler.

C'est à-peu-près du même genre qu'est celle des environs de Thèbes, où sont creusés les tombeaux des rois & tant d'autres grottes sépulchrales. Pococke nous dit que dans la carrière elle se coupe comme de la craie. On en trouvoit de ce genre par toute l'Egypte & sur les côtes du Nil. Elle avoit l'avantage de se durcir à l'air. J'ai vu, dans le *Musæum Borgianum* à Velletri, plusieurs bas-reliefs en creux extraits des grottes de la Thébaïde ; & M. Denon vient d'en rapporter quelques fragmens de la même espèce. Ils sont tous de cette pierre qui est fort blanche, compacte, d'un grain très-fin, susceptible d'un poli approchant de celui du stuc, d'une dureté qu'on peut comparer à celle de la pierre de Tonnerre en France. Il s'en trouvoit, selon Pococke, d'un bout de l'Egypte à l'autre. Aussi s'en servit-on dans un grand nombre d'édifices, & son exploitation plus facile dut précéder celle des marbres & des pierres dures.

Grès.

Au nombre de celles-ci, & qu'on rencontre fréquemment dans les monumens de la haute Egypte, il faut mettre, suivant le rapport de M. Denon & des voyageurs encore actuellement dans ce pays, une sorte de pierre dure que, jusqu'à ce moment, l'on avoit confondue avec le granit, & que les naturalistes rangent aujourd'hui dans la classe des grès. Il paroît, par quelques échantillons que j'en ai vu, que ce grès tacheté a beaucoup de ressemblance avec ce qu'on appelle en Italie le granitelle. C'est-là ce qui aura contribué à la méprise des anciens voyageurs. Quoiqu'il en soit, cette sorte de grès est beaucoup plus belle, beaucoup plus fine, & moins réfractaire à l'outil que l'espèce de ceux qu'on connoît en France. Ceux-ci ne se laissent ni tailler ni sculpter. Les grès d'Egypte recevoient des hiéroglyphes, & supportoient le fini. C'est de cette matière que sont construits beaucoup de temples de la haute Egypte, où l'on en trouve les carrières. Il faut attendre les descriptions des nouveaux voyageurs à cet égard.

Marbre blanc.

Il paroît qu'on ne rencontre point en Egypte de carrières de marbre blanc. Le père Sicard est le seul qui prétende en avoir vu au nord d'Assouan, sur le bord oriental du Nil ; mais il s'en trouve sur les bords de la mer rouge & aux environs du mont Sinaï, d'où ce marbre (*Maillet*, t. 1, p. 288,) pouvoit, en trois jours de route, être porté en Egypte. Selon Diodore (l. 2, c. 29,) le marbre de Paros, ainsi que ceux des carrières les plus fameuses, ne sont pas comparables à celui de l'Arabie, lequel est d'un blanc, d'un poids & d'un poli dont aucun autre n'approche. Le frontispice du labyrinthe étoit de ce marbre, ainsi que des colonnes qui soutenoient plusieurs sales de ce vaste édifice. Hérodote paroit s'être trompé quand il n'y a vu qu'une pierre blanche bien polie ; car Pomponius Mela assure qu'elles étoient de marbre, & Paul Lucas, qui a voulu décider cette question, en a gratté des morceaux, qu'il dit avoir trouvés du marbre le plus blanc qu'on puisse voir. La grande pyramide en étoit revêtue comme l'indiquent les blocs qu'on voit encore aux environs. Il paroit que les Egyptiens employèrent rarement le marbre blanc à faire des statues. Winckelmann dit pourtant avoir vu une tête égyptienne de cette matière incrustée dans les murs du capitole à Rome. J'en ai vu une d'un travail vraiment égyptien, au *Muſœum Borgianum*, à Velletri.

Granit.

La pierre dure la plus abondante qu'ait l'Egypte, est le granit, appelé par les anciens pierre thébaique. Ses carrières sont au fond de la haute Egypte, près du Nil, entre les premières cataractes & la ville d'Aſſouan, jadis Syene. Tout le pays situé à l'orient, les îles & le lit du Nil sont de ce granit rouge dont furent faits les obélisques, grand nombre de colosses de statues, & de colonnes qui ornoient les édifices. Ces carrières ne sont pas profondes. La pierre se tiroit des côtes mêmes des montagnes. On y voit encore des colonnes ébauchées, & une entr'autres taillée quarément, qui probablement fut destinée à être une aiguille. Le temps y a conservé les entaillures des coins dont on se servoit pour détacher entièrement le morceau du rocher, après que des outils plus minces avoient ouvert la tranchée. On tiroit de ces carrières des blocs aussi étendus & volumineux qu'on le désiroit ; témoin le temple monolythe que le roi Amasis y fit tailler, & qu'il plaça dans le temple de Minerve à Sais.

Basalte.

Les Egyptiens, selon Pline (L. 36,) tiroient de l'Ethiopie une pierre qu'on appelle basalte, & qui a la couleur comme la dureté du fer. On ne voit pas qu'ils en aient fait autre chose que des statues.

Pierre de touche.

Ils en firent aussi de cette pierre, appelée par Pline *basanites lapis*, qu'on confond souvent avec le basalte. Il s'en trouvoit dans cette partie de l'Egypte, qui est entre le Nil & la mer Rouge. (*Ptol. Georg.* l. 2, p. 128).

Albâtre.

On a trouvé dans la Thébaïde des veines de pierre blanche, ressemblante à l'albâtre. Pline dit aussi qu'on en trouvoit près de Thèbes, quoiqu'on eût été long-temps d'avis qu'il n'en existoit qu'en Arabie. Mais il n'approche pas, ajoute-t-il, de ceux de la Caramanie & des autres pays orientaux. Au reste, cette pierre, ainsi que les marbres jaunes & rouges, le serpentin & autres qu'on trouvoit abondamment en Egypte, ne furent guères employées que par la sculpture, & l'on n'en a fait mention que pour constater les richesses de ce pays dans tout ce qui pouvoit avoir rapport à son génie particulier, & à la décoration de l'architecture.

De la coupe des pierres, et des moyens de construction.

Coupe des Pierres.

On voit que, redevable à la nature d'aussi beaux & d'aussi riches matériaux, & adonnée à leur travail par toutes les causes dont on a rendu compte, la nation égyptienne, avoit dû porter loin l'adresse & l'habileté dans la coupe des pierres. Il ne faudroit pourtant pas entendre par-là cet art que les nations modernes se vantent d'avoir possédé exclusivement aux anciennes, & qu'on appelle l'art du trait. Il est sûr qu'à bien des égards, les Egyptiens ne le connurent point. Ils n'eurent même aucun besoin de le connoître. Cette science paroit n'avoir fait de progrès qu'en raison inverse, de la bonne qualité & de l'étendue des pierres. Elle n'a d'objet que de suppléer à l'insuffisance ou à l'imperfection des matériaux. Il n'est pas d'architecte qui, pouvant faire une platebande d'un seul bloc de pierre, préférât de la composer de dix claveaux.

Les Egyptiens eurent, à cet égard, tous les avantages possibles. Ils trouvèrent à tailler dans leurs montagnes des blocs aussi étendus qu'ils les vouloient, & de toute espèce de dureté. Aussi, leurs édifices sont-ils construits de pierres énormes, & dont les dimensions pourroient paroitre exagérées si tous les voyageurs ne s'accordoient sur cet article. Les formes de leur architecture étant extrêmement simples, l'art du trait ne dut pas être chez eux fort compliqué. Toutes leurs pierres sont taillées d'équerre ; on n'y voit que des formes circulaires ou quarrées, ou des parallélogrammes plus ou moins étendus, selon le besoin local. Leur plus grand mérite, dans la coupe des pierres, fut la grande précision & la justesse avec laquelle ils les équarrissoient. C'est particulièrement dans les chemins intérieurs de la grande pyramide, que ce mérite de construction se fait remarquer. La recherche y est si scrupuleuse dans l'assemblage & l'appareil des pierres, & les joints en sont si fins, dit Corneille Lebrun, p. 155, qu'on a peine même à les découvrir.

On

On ne voit pas, selon Caylus (t. 1, p. 5) que les Egyptiens aient jamais usé du fer, du bronze, ni d'aucun autre métal pour lier & cramponner les pierres ensemble, encore moins du bois qu'on trouve employé dans plus d'un édifice Romain. Ils vouloient qu'elles ne dussent la consistance de leur assemblage qu'à elles-mêmes, à la justesse de leur coupe & à leur pesanteur.

Il paroit toutefois, par les descriptions insérées dans le Moniteur, des monumens de la haute Egypte, que l'appareil de plusieurs temples n'étoit rien moins que régulier. Le temple, dont on voit les restes à Edfou (*Apollinopolis Magna*) est, dit l'auteur de cette description, le mieux conservé, le plus beau, le plus vaste, & celui où l'*architecture égyptienne* se déploie avec le plus de majesté..... Et c'est-là que les grands matériaux ont été le mieux mis en œuvre, quoique (ajoute-t-il) plusieurs dés ne soient pas d'aplomb sur les chapiteaux, quoique plusieurs colonnes ne soient pas d'un diametre semblable. Cependant, après Dendera, c'est-là qu'on trouve la plus grande perfection dans la main-d'œuvre.

Si l'on rapproche cette remarque de la réflexion déjà mentionnée de M. Denon, que la plupart de ces temples se construisoient à vue d'œil, & se sculptoient en quelque sorte dans la masse, de la manière dont cela dut se pratiquer à l'égard des souterrains, on en conclura que l'art de la construction, & ce qu'on appelle l'appareil, étoit resté en Egypte dans cet état qui n'empêche pas de faire de grandes choses, mais qui suppose l'absence de ce qu'on entend proprement par art soumis à des règles. Cela nous expliquera aussi la nature précise d'une architecture qui pouvoit s'exécuter sans dessin préalable, sans mesures déterminées, sans méthode arrêtée, mais uniquement sur des dimensions générales, & d'après la routine établie entre les ouvriers.

Les Egyptiens avoient, pour le sciage & le poli des pierres, la facilité d'user du sable d'Ethiopie, si estimé par Pline & si recherché des Romains, en ce qu'il ne laissoit aucune scabrosité. Il seroit ridicule de croire avec un écrivain moderne (Goguète) qu'ils étoient privés d'outils, & n'avoient d'autre moyen pour équarrir & égaliser leurs pierres que de les frotter l'une sur l'autre. Il est visible, au contraire, que pour exécuter d'aussi grands ouvrages, & en matières aussi dures, ils devoient avoir extrêmement perfectionné tous les instrumens nécessaires à la taille des pierres. L'extrême facilité avec laquelle il faut bien qu'ils aient travaillé les marbres les plus durs, leur habileté dans ce genre & la nature de certains travaux, prouvent qu'ils eurent une trempe d'outils bien supérieure à la nôtre.

Moyens mécaniques.

Ils durent aussi l'emporter sur nous, dans l'invention & l'emploi des moyens mécaniques propres à transporter & à ériger les masses énormes qui entroient, soit dans la construction, soit dans la décoration de leurs édifices. Il a toujours été du goût des peuples anciens d'employer des pierres d'une grandeur qui nous paroit démesurée. Les Romains cèdent sur ce point aux Etrusques, ceux-ci aux Grecs de la première antiquité, ainsi qu'aux Perses. Tous le cèdent aux Egyptiens. Il sembleroit, à lire l'histoire du genre humain dans les œuvres de l'architecture, qu'il ait toujours été en s'affoiblissant. A cet égard, on prendroit les anciens Egyptiens pour des géants. Mais, à coup sûr, leurs moyens d'exécution furent gigantesques. Il leur en fallut de tels pour l'érection des obélisques & des colosses placés près des portes, dans des sales & dans des endroits où l'on conçoit difficilement de quelle manière pouvoit s'exécuter le jeu des machines. Il existe une dissertation de M. de Caylus (*Mém. de l'Acad. des inscrip. & bell. lett.* t. 31, p. 25) sur la taille, le transport & l'érection des deux chapelles monolythes, l'une de Saïs & l'autre de Butos. Selon les conjectures de ce savant, la première pesoit au moins cinq mille quatre cent quatre-vingt-huit pieds cubes, & celle de Butos, environ cent quarante-neuf mille trois cent quarante-cinq, sans la couverture. Selon Hérodote, qui en parle comme de la chose qui lui causa le plus de surprise, elle étoit faite d'une seule pierre en hauteur & en longueur, ses côtés étoient égaux, chacune de ses dimensions étoit de quarante coudées. Ce n'est pas l'éloignement des carrières où de tels ouvrages se tailloient qui étonne le plus; ces carrières étoient voisines du Nil, & le fleuve servoit de conducteur. Il est probable aussi qu'on le faisoient intervenir comme agent dans la manière de déplacer ces masses.

Pline nous apprend par quel moyen on transporta l'obélisque de quatre-vingt coudées, taillé par le roi Necthébis. On pratiqua un canal qu'on ouvrit aux eaux du Nil, jusqu'à l'endroit où étoit couché sur son chantier l'obélisque en question. On chargea deux vaisseaux fort larges de petits morceaux de granit de la grandeur d'une brique, au double du poids de l'obélisque, sous lequel on fit enfoncer les bâtimens, ses deux bouts posant sur l'une & sur l'autre rive du canal. On délesta les vaisseaux jusqu'au point, qu'en remontant, ils soulevèrent d'eux-mêmes & enlevèrent l'obélisque.

Il est à croire que les Egyptiens auront eu, dans ce genre, une infinité d'inventions aussi ingénieuses & aussi simples; car le génie de la mécanique est fort indépendant de sa science. On lit avec plaisir dans Hérodote (l. 2, c. 125) avec quelle simplicité de machines ils construisirent les pyramides. Ils plaçoient sur les degrés deux leviers qui soulevoient la pierre, & la faisoient monter d'une marche à l'autre. Cette pierre trouvoit sur chaque marche une semblable machine, & arrivoit ainsi jusqu'en haut à peu de frais & sans difficulté. La perfection des moyens mécaniques réside dans leur simplicité; la simplicité est toujours compagne de la véritable invention. Et celle-ci, qui ne l'est jamais de la science ni de la méthode, dût être le partage & le mérite des Egyptiens en ce genre.

Construction des Pyramides.

L'histoire nous a transmis, sur la construction des pyramides, des fables dont la puérilité seule fait la réfutation. On peut être surpris, je l'avoue, au premier coup-d'œil, de voir des blocs de pierre si énormes, élevés à une si grande hauteur; mais quand on fait attention à la forme des pyramides, cet étonnement diminue.

En effet, comme il est naturel de le penser, & comme Hérodote nous l'apprend, elles se servoient d'échafaud à elles-mêmes. Leur construction fut beaucoup plus facile que celle des temples & des autres édifices. Et sans doute c'est une idée bien gratuitement ingénieuse, que celle de la montagne de nitre élevée autour d'elles, pour leur tenir lieu d'échafaudage, & emportée ensuite par les eaux du Nil, selon le récit de Pline.

Il est une idée beaucoup plus vraisemblable, sans doute, & qui pourroit contribuer à diminuer le merveilleux de ces monstrueux édifices, c'est que les pyramides pouvoient bien n'avoir été que des montagnes revêtues. Pococke assure que l'usage de revêtir les montagnes se voit en Syrie. La première idée de ces vastes tombeaux peut encore être venue de ces monticules environnés d'un mur, comme on le pratiquoit pour les sépulchres en Thrace & dans les premiers âges de la Grèce. Enfin, il est certain que le type de toutes les sépultures est un exhaussement de terre. On choisissoit des collines pour les tombeaux. On entassoit des pierres & de la terre sur le corps mort. Delà, sans doute, les pyramides.

Quoiqu'il en soit, de l'origine historique de celles d'Egypte, il est indubitable que les pyramides de Gisé & de Saccara sont toutes bâties sur des hauteurs, *sitæ sunt in monte saxeo* (Pli. l. 36) & il l'est encore, que la pierre sur laquelle celles de Gisé ont été élevées, a été abaissée & applanie à main d'hommes. Dès-lors, elles n'exigèrent point de fondations, ce qui est déjà une grande épargne de travail & de dépense.

Hérodote, au surplus, nous en explique très-clairement la construction. Il faut concevoir un noyau quelconque, ou naturel ou artificiel, autour duquel on élevoit des quatre côtés un escalier qui se terminoit en pointe. Cet escalier une fois formé servoit, comme nous l'avons vu, à porter & conduire les pierres où l'on vouloit. Ils recommençoient ensuite par une nouvelle assise de pierres, qui venoit en avant de la dernière marche d'en bas. Chacune des marches recevant une nouvelle assise de pierres, conservoit toujours la forme d'escalier nécessaire pour répéter cette opération autant de fois qu'on le jugeoit à propos. Par ce moyen, on grossissoit & l'on élevoit la pyramide au point qu'on le vouloit avec la plus grande facilité, & on eut pu l'élever ainsi indéfiniment.

Lorsqu'on en venoit au revêtissement, on le commençoit nécessairement par en haut. Si on l'eut commencé par le bas, on eut perdu le moyen naturel de pouvoir faire monter les pierres degré par degré. Au lieu que de la manière indiquée, la pyramide devenoit elle-même son propre échafaud. Les pierres de revêtissement étoient taillées en forme de prisme, afin de pouvoir remplir l'angle rentrant formé par les degrés. Norden dit avoir vu de semblables pierres aux environs de la grande pyramide. On sait qu'à l'exception de celles qui étoient à plusieurs étages de degrés, les pyramides formoient un talus exact & très glissant. Pline nous le donne à entendre, lorsqu'il dit que de son temps il y avoit des gens assez adroits pour monter jusqu'à leur sommet, ce qui n'eût rien eu d'extraordinaire si le revêtissement n'en eut pas été lisse, & ce qui devenoit toutefois possible vu leur grande inclinaison.

La construction des pyramides, telle que je viens de la décrire, est une chose aussi simple que naturelle. Il y a lieu de s'étonner que M. de Maillet l'ait imaginé dans un système tout-à-fait inverse. Selon lui, ces ouvrages se commençoient par leur partie extérieure. Le revêtissement se faisoit avant tout, & dès-lors il falloit bien aussi le commencer par le bas. Les premières pierres qu'on plaçoit & qu'on appareilloit étoient celles de revêtissement. On appliquoit ensuite librement en dedans les pierres telles qu'elles se présentoient. *Ce talus même*, ajoute-t-il, *servoit à l'élévation des pierres souvent énormes, dont on avoit besoin en haut, & qu'on pouvoit sans aucune machine, mais par le moyen de cette glissoire, tirer à force de bras.* Outre que ce système est contraire à la vraisemblance, il répugne également à la solidité comme à la conservation d'un revêtissement de marbre d'en faire une glissoire, sur laquelle on ait fait voyager des blocs énormes de pierre. Le récit d'Hérodote me paroit beaucoup plus croyable, comme son procédé paroit aussi beaucoup plus naturel.

Les pyramides de Gisé sont construites, ainsi que nous l'avons dit, de la pierre des montagnes voisines. La grande se compose de deux cent huit marches. Ces marches varient beaucoup entre elles. Elles ont depuis deux pieds & demi jusqu'à quatre de hauteur, & elles vont toujours en diminuant de hauteur vers le sommet. Leur largeur diminue dans la même proportion, de manière qu'une ligne tirée de la base au sommet touche à l'angle de chaque marche. La longueur des pierres n'est pas uniforme. Celle des pierres d'Arabie, c'est-à-dire, des marbres dont elle étoit revêtue, selon Hérodote, étoit de trente pieds, au dire de cet historien. Son intérieur, découvert depuis long-temps & décrit par tous les voyageurs, donne la plus haute idée de l'art des Egyptiens, dans la taille & la pose des blocs les plus énormes. Rien n'approche de la perfection de leurs joints, de la finesse & du poli de tout cet appareil.

Les conduits intérieurs de la pyramide sont couverts en dos d'âne, ou en fauſſe voûte compoſée de pierres enjambeant l'une ſur l'autre & formant comme l'extrados d'un eſcalier à viſſe. La chambre ſépulcrale eſt plafonnée de neuf grandes pierres. Les ſept du milieu ont quatre pieds de large ſur ſeize de long. On trouve dans les maſſifs des parties de ciment.

Parmi les pyramides de Saccara, qui ſont au nombre de vingt, il s'en trouve de très-variées pour la forme, la dimenſion & la conſtruction. Celle que les Arabes appellent la pyramide aux degrés, eſt compoſée de ſix étages. Ils ont onze pieds de ſurface horizontale ſur vingt-cinq de hauteur perpendiculaire, mais qui en forment trente-cinq d'inclinaiſon. Elle eſt revêtue de pierres brutes, & chaque étage eſt compoſée de vingt-cinq aſſiſes. L'intérieur de ſon maſſif eſt formé de cailloux, entre leſquels eſt un mortier jaune & graveleux qui, dans certains endroits, a ſix pouces d'épaiſſeur. L'on voit d'autres pyramides, dont la maçonnerie intérieure paroît être de ſable & de moëlons. Celle qu'on appelle la pyramide du Nord égale en hauteur les pyramides de Giſé. Elle eſt revêtue de pierres de ſix pieds de long, qui ont deux pieds dix pouces dans le plan incliné ſur deux pieds ſix pouces d'épaiſſeur. La pierre du revêtiſſement eſt très-fine & très-dure. A un tiers de ſa hauteur eſt une entrée par où l'on pénètre dans ſon intérieur; on y trouve des chambres bâties de groſſes pierres très polies & très-blanches. A deux milles de celle-ci s'élève la pyramide de briques crues; ſa hauteur eſt de cent cinquante pieds. Ce n'eſt pas le ſeul grand ouvrage conſtruit de ſemblables briques. Il y en a deux autres à Davara fort ruinées, à ce qu'il paroît, que Pococke ne vit que de loin, & qu'on lui aſſura être de briques crues. Quelques puits de catacombes à Saccara en ſont également revêtus.

Conſtruction des Temples.

Le même eſprit de ſimplicité, de grandeur, de ſolidité règne dans la conſtruction des autres édifices de l'Egypte, & ſurtout des temples, qui ſont à-peu-près les ſeuls monumens dont nous ayons à parler. On voit que toutes les précautions avoient été priſes pour les rendre éternels. Les murs qui forment leur enceinte, ont quelquefois juſqu'à vingt-quatre pieds d'épaiſſeur. Les murailles de la grande porte, qui fait la principale entrée d'un temple à Thèbes, ont juſqu'à cinquante pieds d'épaiſſeur par en bas; leurs pierres ſont d'une grandeur prodigieuſe. A une porte dans la ville de Paſſalon, on en voit qui ont depuis vingt-un pieds juſqu'à trente de long, ſur cinq & huit de large. Le granit s'y trouve rarement mis en œuvre; mais il l'eſt au temple de Dendera, décrit par Paul Lucas. On trouve auſſi cette pierre employée en placage, tant au-dedans qu'à l'extérieur de quelques édifices, & ce revêtement y eſt ſcellé & maſtiqué.

Les quartiers de pierre, dans la conſtruction des murs, ſont toujours poſés par aſſiſes horizontales.

Les Egyptiens ne paroiſſent avoir employé qu'une ſeule méthode d'appareil dans leurs temples comme dans leurs pyramides. Ils n'uſèrent que dans celles-ci de ce genre de conſtruction, appelé par les Grecs εμπλεκτον. Mais dans les murs des temples, ils ne connurent point la pratique du blocage. Leur maſſe n'eſt compoſée que de pierres de taille. Pour les rendre plus inébranlables, on leur donnoit ſouvent une pente en talus, telle que celle que nous pratiquons dans les ouvrages de fortification; on les conſolidoit par des éperons ou des contreforts.

Les colonnes qui ſeront, dans les deux ſections ſuivantes, un des principaux objets de notre examen, entroient auſſi pour beaucoup dans les élémens & les moyens de la conſtruction des temples. Elles ſont les ſupports néceſſaires des plafonds toujours compoſés de vaſtes quartiers de pierre. Il fut indiſpenſable de leur donner beaucoup d'épaiſſeur & beaucoup de ſolidité. Quelquefois elles ſe faiſoient d'un ſeul morceau de granit, telles que celles du temple de Balbaït, de Dendera, de Thèbes & autres; mais le plus grand nombre eſt fait de pierres de taille & de tambours taillés, ou dans la pierre calcaire ou dans l'eſpèce de grès dont on a parlé. Le nombre des tambours varie ſelon les hauteurs des colonnes. Dans quelques-unes rapportées par Pococke, on compte juſqu'à dix-ſept aſſiſes. Leur épaiſſeur va ordinairement depuis deux pieds & demi juſqu'à trois pieds & demi. Le chapiteau eſt d'un morceau ſéparé du fût de la colonne, & quelquefois il eſt de pluſieurs aſſiſes. On voit, ſelon Pococke, dans les ruines du labyrinthe, un grand nombre de pierres rondes trouées dans le milieu, & provenant de débris de colonnes. On peut ſuppoſer que ces trous ſervirent à monter les pierres plutôt qu'à recevoir des crampons, dont on ne voit nulle part d'indications.

Couverture.

Lorſque les ſalles étoient d'une moyenne grandeur, une ſeule pierre leur ſervoit quelquefois de couverture. Lorſqu'elles étoient plus ſpacieuſes & qu'on y admettoit des colonnes, leur couverture conſiſtoit en pluſieurs pierres qui alloient d'une colonne à l'autre, & au-deſſus deſquelles on en plaçoit d'autres en travers. Les meſures de ces pierres à plafond ſont très-variées. Elles ont, en général, dit Pococke, quatorze pieds de long ſur cinq & demi de large. Paul Lucas en a meſuré, dans les ſalles du labyrinthe, qui ont vingt-cinq pieds de long ſur trois de large, & qui étonnent autant par leur aſſemblage que par leurs dimenſions. Suivant Norden, il s'en trouve qui ont juſqu'à quarante pieds de longueur ſur deux pieds d'épaiſſeur en tout ſens.

Quand les colonnes d'un portique n'étoient pas éloignées du mur, les Egyptiens poſoient une plate-bande d'une colonne à l'autre, & deſſus s'aſſeyoient celles qui, de l'autre bout, portoient ſur la muraille

& formoient le plafond. On a déjà observé que dans les plate-bandes de tous les entre-colonnemens & de tous les plafonds des portiques, ils n'employoient que des pierres d'un seul morceau.

Voûtes.

Les voyageurs actuels sont d'accord avec tous ceux qui les ont précédés pour dire qu'on ne découvre aucune indication d'une véritable voûte dans tous les monumens de l'Egypte. Toutefois on rencontre une sorte d'essai de ce genre de construction, & ce qu'on pourroit en appeler l'ébauche grossière. Dans les pyramides, ainsi qu'on l'a déjà dit, se trouvent de fausses voûtes ou des plafonds surhaussés, se terminant en pointe au moyen de pierres posées à plat & en ressaut les unes sur les autres. La pierre supérieure au lieu de faire la clef, c'est-à-dire, d'être taillée coniquement, l'est elle-même à plat au-dessus des autres sans s'emboîter entre les deux supérieures. De ce genre est la galerie dont M. de Paw (*Rech. Phil.* t. 2, p. 79 & 80) s'est appuyé pour soutenir sa prétention des voûtes en Egypte. Il accuse MM. Goguete & de Caylus d'avoir mal examiné la question. Mais il paroît être fortement mépris lui-même, puisqu'il argumente d'après Pococke, qui dit n'avoir vu que trois ou quatre voûtes en Egypte, & qu'il les a jugées des ouvrages faits après l'arrivée des Grecs en ce pays. L'arc d'Insiné, rapporté par Paul Lucas, est des bas siécles de l'architecture romaine, & appartient probablement, d'après les inscriptions trouvées dans cette ville, au règne d'Alexandre Sévère. Le mot *fornex*, dont se sert Pline en parlant de la restauration des salles souterraines du labyrinthe, n'est qu'un mot générique qui s'applique aux plafonds comme aux voûtes, & dont on ne sauroit tirer de conséquence favorable à l'art des voûtes chez les Egyptiens. Pline, d'ailleurs, ne parloit de tout cela que sur récit & non comme témoin oculaire. Les restes d'un pont, sur un canal qui mène à Coptos, nous font voir de simples pierres plates, allant d'une pile à l'autre. La chambre voûtée que Pococke décrit dans les souterrains de Thèbes, & qui servit d'église aux chrétiens, lui paroît également équivoque, & il leur en attribue la construction, quoique le reste de la pièce porte, par des hiéroglyphes recouverts de plâtre, le caractère d'une plus grande antiquité. Au reste, M. de Paw ne paroît avoir soutenu ce paradoxe que par l'intérêt qu'il avoit dans son systême de faire disparoître tous les points de ressemblance que quelques savans avoient cru apercevoir entre l'Egypte & la Chine. Il seroit assez curieux que M. de Paw ait eu raison tout en soutenant une erreur. En effet, il paroît bien prouvé que les Egyptiens ne firent point de voûtes, & les nouvelles découvertes de lord Macartney en Chine, nous ont appris que les Chinois font des ponts voûtés en plein ceintre, ce qui prouveroit toujours qu'en ce genre les deux nations ne se seroient point ressemblé.

SECONDE SECTION.
De la forme ou disposition des édifices.

Je diviserai en deux parties cette section. Dans la première, il sera question de la forme générale ou de la disposition, c'est-à-dire, des plans ou de l'ensemble des monumens; dans la seconde, je traiterai de la forme des différentes parties de détail qui en composent l'élévation.

ART. Ier. *Disposition des temples.*

Il est, je pense, inutile de dire que les Egyptiens, si invariables & si constans dans tout ce qui avoit rapport aux formes religieuses, durent observer, dans la conformation de leurs temples, des règles immuables. Les ruines qui en existent le prouvent avec évidence. Ces édifices ne différent entr'eux que par le plus ou le moins de grandeur & d'étendue. Quand on considère les diverses parties dont ils étoient composés, on voit qu'il étoit facile d'en augmenter ou d'en diminuer l'ensemble en raison de la grandeur ou de la richesse des villes sans pourtant rien changer aux formes essentielles.

Nous apprenons par Strabon, dans sa description des temples de l'Egypte (L. 17) que le nombre des vestibules, ou de ce qu'il appelle propylés προπυλον, n'avoit rien de fixe. Cette description toute magnifique qu'elle soit, n'a pourtant rien d'exagéré quand on la compare aux plans qu'on peut voir (*fig.* 322 & *fig.* 323, 324). Toutefois comme, dans ce passage, Strabon ne paroît avoir entendu parler que des temples de Thèbes, & non pas généralement de tous ceux de l'Egypte, nous sommes fondés, d'après les desseins des voyageurs, à croire que tous ces monumens différoient beaucoup entr'eux par l'étendue, de la même manière que ceux des Grecs ou des Romains, chez lesquels des termes différens désignoient ces différences de grandeur, mais la forme en étoit constamment semblable.

Les temples égyptiens ne présentent point, comme les nôtres, ni comme ceux des Grecs ou des Romains, un ensemble, un corps entier soumis à une seule ordonnance, & que puisse embrasser un seul coup-d'œil. Ils sont, au contraire, un assemblage de portiques, de cours, de vestibules, de galeries, de salles jointes les unes aux autres & environnées de murs. Chacune de ces parties ordinairement indépendante du tout, se trouve ornée d'une forme de colonnes particulières, & dans des dimensions tout-à-fait sans rapport avec le reste de l'édifice. C'étoit un usage général d'entourer de murs les temples. Ceux qui n'avoient des murailles isolées tout à l'entour ne laissoient pas d'être fermés en avant (*voy. fig.* 335) par un mur, dans lequel les colonnes se trouvoient engagées jusqu'à la moitié ou jusqu'au tiers de leur hauteur.

A l'entrée des temples, selon Strabon (l. 17) étoit une grande cour pavée, qui avoit ordinairement en longueur trois ou quatre fois sa largeur,

& quelquefois encore davantage. Les Grecs l'appeloient Δρομος. Dans cette enceinte, il y avoit des plantations comme à Bubaste, au temple de Diane & à celui d'Apollon, situé dans l'île flottante. (*Herod.* l. 2, c. 156). Ces bois étoient composés de palmiers, d'arbres fruitiers & d'autres espèces. Le *Dromos* étoit orné de sphinxs dans sa longueur & dans sa largeur, distans l'un de l'autre de vingt coudées. Du *Dromos* & des allées de sphinxs on entroit dans ce qu'on appeloit προπυλαν ou avant-portique. De celui-là on arrivoit à un autre qui menoit encore à un troisième. Le nombre des *propylés* n'étoit pas fixe ainsi qu'on l'a dit; mais il varioit aussi bien que les avenues de sphinxs, suivant la longueur & la largeur du *Dromos* qui environnoit le temple. Ces *propylés* ou *avant-portiques* sont, sans doute, ces vastes portes pyramidales, accompagnées de massifs en forme de tour (v. fig. 317) qu'on trouve en si grand nombre dans les ruines de l'Egypte. Ces entrées étoient très-magnifiques. L'espace renfermé entre un de ses *propylés*, & l'autre étoit orné de colonnes (v. fig. 323) & formoit de vastes galeries. Après les *propylés* venoit le temple ou le νεως, lequel se composoit du προναος & du σηχος. Des deux côtés du *pronaos* étoient ce que Strabon appelle les ailes πτερα. Chez les Egyptiens, ce qu'on appeloit ainsi, ne ressembloit pas aux ailes ou aux colonnades des temples grecs. Il paroit, d'après Strabon, que c'auroit été les deux murs qui enfermoient les deux côtés du *pronaos*, & étoient de la même hauteur que le temple. Ces murs, nous dit cet auteur, s'éloignent l'un de l'autre au sortir de terre d'un peu plus de largeur des fondemens du reste du temple, mais ils se rapprochent en s'élevant & penchant l'un vers l'autre jusqu'à la hauteur de cinquante ou soixante coudées. Ceci a paru difficile à expliquer à Pococke. Le plan & l'élévation qu'on voit (*fig.* 335) me semblent donner l'idée la plus juste de ce que Strabon rapporte. A prendre le monument ci désigné pour un *pronaos* égyptien, les parties marquées *a a* dans le plan comme dans l'élévation, seroient les ailes; & ces ailes seroient ces murs inclinés qui, selon Strabon, étoient remplis de figures sculptées dans le goût des figures étrusques & des anciens ouvrages de la Grèce, c'est-à-dire, dans le goût des figures sans vérité d'imitation, qui par tout furent les premiers signes de l'écriture religieuse. Du *pronaos* on arrivoit au *secos*, c'est-à-dire, le *sacrarium* ou le sanctuaire. C'est ce que les juifs appelloient le saint des saints & où reposoit l'arche. Le *secos* étoit fort petit dans les temples égyptiens, τον δε σηχον συμμεδρον. *Summetron* en grec veut dire modique & carré. L'un & l'autre sens convient au *sacrarium* des Egyptiens. Il est probable que les chapelles monolythes de Saïs & de Butos n'étoient chacune autre chose qu'un *secos* fait en granite & taillé d'une seule pierre dans les carrières de Syenne. On peut voir dans la (*fig.* 323) la place du *secos*; c'est la partie marquée L. Le *secos* contenoit ou l'image de la divinité, lorsqu'elle y étoit représentée sous quelque figure ordinairement d'animal, ainsi que le disent Strabon, Lucien, &c. Dans plusieurs même il n'y avoit aucun simulacre. C'étoit le lieu où l'on nourrissoit & entrevoit l'animal sacré qui étoit l'objet ou l'allégorie du culte. Les chambres que l'on voit dans le même plan (fig. 323) environner le *secos*, servoient de logement à ceux qui avoient soin du temple & des animaux sacrés.

Dimensions.

Telle étoit, d'après Strabon & d'après les plans des édifices qui subsistent encore, la disposition des grands temples égyptiens; leurs dimensions étoient ordinairement prodigieuses. L'enceinte du temple de Diane à Bubaste étoit quarrée, & avoit un stade dans tous les sens. Le temple de Jupiter à Thèbes avoit plus de quatorze cens pieds de long, trois cent cinquante de large & trois mille cinq cens de circuit, sans y comprendre les portiques qui y conduisoient. Le temple dont on voit le plan (fig. 323 & 324) qui nous a été donné par les voyageurs, offre à peu de chose près la même étendue.

Plans.

L'architecture ne trouva point en Egypte dans ce qui lui servit de modèle, & devint le type de l'art, une source bien féconde d'embellissement & de formes variées. Il paroit qu'elle chercha à s'en dédommager par la grandeur des dimensions, & aussi par la multiplicité & l'étendue des plans. Il n'existe nulle part d'édifices qui présentent un assemblage aussi nombreux de parties ajoutées les unes aux autres, que les temples de l'Egypte considérés à Thèbes, soit dans les descriptions des anciens, soit dans les ruines actuelles. Toutefois le génie toujours simple & uniforme des Egyptiens sut réduire leur ensemble à la disposition la plus régulière & la plus symétrique.

Les formes des plans égyptiens, dont nous avons connoissance, ne nous présentent que des rectangles & des quarrés. Quoique Pococke parle en passant d'une rotonde dont il ne donne aucun détail, on ne trouve dans tous ses dessins non plus que dans les plans des autres voyageurs aucune forme circulaire. Il seroit, sans doute, trop absolu de prétendre que jamais dans les souterrains on n'ait donné cette forme à quelques-unes des pièces qui composoient l'ensemble de ces grandes excavations. Une telle forme n'offre rien de plus difficile que les autres, quand il s'agit de tailler & d'opérer dans la masse.

Il n'en est pas de même des constructions circulaires, pour lesquelles les pierres, les matériaux demandent un appareil & une méthode particulière.

Ce qui rend les plans circulaires d'un travail plus compliqué & plus dispendieux, c'est l'art de les couvrir. Or, les Egyptiens n'ayant pas pratiqué l'art des voûtes, ils ne devoient pas même concevoir la nécessité d'un plan qui exigea de grands vuides intérieurs.

L'art des plans est devenu dans l'architecture une partie importante & difficultueuse. Mais toute cette importance & toute cette difficulté reposent, 1°. sur les moyens de construction qu'on a & sur leur insuffisance; 2°. sur le besoin de se mettre en rapport avec une décoration compliquée, telle que celle des ordonnances grecques & avec l'élévation. Combien de parties de plan simples, symétriques & grandioses auxquels l'architecte doit renoncer, parce qu'il doit se mesurer sur la possibilité des couvertures & sur l'exigence des moyens décoratifs. L'architecte égyptien, dans ses plans, ignoroit toutes ses entraves. Jamais le raccordement d'une frise, d'une corniche ou d'une voûte, jamais la poussée & la résistance d'une retombée ou d'un support, jamais la nature d'un chapiteau, jamais un angle rentrant ou sortant, jamais les délicatesses de l'harmonie visuelle, les convenances d'un ornement, les rapports nécessaires de la symétrie, les données inévitables des proportions n'entrèrent pour quelque chose dans les combinaisons de ses plans.

Avec des élévations simples & lisses, avec des hiéroglyphes pour toute décoration, avec des pierres plates aussi étendues qu'on le veut pour toute couverture, avec des colonnes qu'on peut multiplier ou exhausser à volonté, avec des chapiteaux qu'on peut grandir ou diminuer, orner ou laisser brutes, composer ou simplifier à son gré, avec des plate-bandes monolythes, sans profils & sans saillie, on peut faire sans peine des plans simples, riches en colonnes, symétriques & vraiment somptueux. Mais de tels plans n'offrent aucune combinaison, dans laquelle l'art proprement dit puisse trouver des leçons.

Ce qui fait la partie la plus brillante des plans égyptiens, c'est ce nombre vraiment prodigieux de colonnes, dont aucune nation ne fit jamais emploi avec autant de prodigalité. Il faut surtout chercher la raison d'une telle profusion dans la nature, & l'espèce des couvertures ou des plafonds, qui, n'étant composés que de pierres à plat, devoient, malgré l'étendue qu'elles pouvoient avoir, exiger pourtant, dans les intérieurs, une bien plus grande multiplicité de supports que n'en demandent ou des voûtes, ou des couvertures de charpente. Les propylés, ou les vestibules égyptiens, ressemblent à des forêts de colonnes. (*Voy.* fig. 323).

On observe beaucoup de régularité dans la disposition générale des plans. Le seul qui présente une irrégularité frappante, est celui du temple de Philæ. (*Voy.* fig. 324). On la croit occasionnée par la forme même de l'île où ce temple est bâti. Du reste, les entrecolonnemens, dans tous les plans, paroissent égaux, ce qui supposeroit des diamètres égaux aux colonnes, qui toutefois, au rapport des voyageurs modernes, semblent n'avoir pas été toujours fidèles à cette première règle de la symétrie. Par égalité d'entrecolonnemens, j'entends dire ici que les Egyptiens ne connurent point l'abus de l'accouplement dans la disposition de leurs colonnes.

Les entrecolonnemens égyptiens, si l'on en juge par les plans que nous avons sous les yeux, sont en général fort étroits, ils paroissent n'avoir ordinairement qu'un diamètre ou un diamètre & demi; il est rare qu'ils aillent à deux ou deux & demi. On voit même des édifices où ils sont si serrés, que, suivant Pococke, il n'y auroit pas eu moyen de donner des bases aux colonnes.

Les voyageurs modernes parlent souvent, dans leurs relations, de temples périptères en Egypte. Pococke & Norden nous ont déjà fait voir des plans de temples égyptiens, assez ressemblans aux plans périptères des Grecs; c'est-à-dire, à ceux dont la cella, ou le corps du temple, étoit environnée d'un rang de colonnes tout à l'entour. Le rapprochement même qu'on en fait en plan, présente entre les deux architectures, un point d'une assez grande ressemblance. Il seroit très-hasardé de fonder, sur une telle similitude de plan, la conséquence d'une imitation formelle, surtout quand les élévations diffèrent autant que les plans semblent se rapprocher.

Elévations.

L'élévation dont le plan fait ordinairement le principe, & qui doit en porter le caractère & l'esprit, offre dans les édifices égyptiens la plus uniforme & la plus monotone simplicité. Les mêmes formes y sont invariablement répétées. Le seul caractère des élévations en Egypte, est celui de la pesanteur & de la monotonie. On ne voit pas qu'on y ait pratiqué des édifices à plusieurs étages, qu'on y ait élevé des ordonnances les unes au-dessus des autres, qu'on y ait jamais varié les masses d'un bâtiment, qu'on y ait introduit de l'effet dans les parties, ni combiné diversement dans ses aspects les pleins & les vides. La figure pyramidale s'y rencontre par tout, dans les murs, dans les portes, dans les masses générales & dans beaucoup de détails. Il résulte de là, que la solidité, qui fut le principe de cette architecture, est aussi le seul objet de toutes les impressions que ses élévations peuvent produire.

Art. II. *Des différentes parties de l'élévation.*

Colonnes.

Je vais considérer ici la colonne égyptienne, abstraction faite de la base & du chapiteau. C'est ainsi qu'elle paroît, dans l'origine, avoir été employée par les Egyptiens. S'il étoit possible d'établir sur les dessins que nous avons des colonnes de l'Egypte (*voy.* depuis la fig. 307 jusqu'à la fig. 321) un système relatif à leur invention ou à leur perfectionnement, il ne seroit pas difficile d'en faire diverses classes très-distinctes, principalement sous le rapport de leur décoration; mais quant à la forme générale, les colonnes de l'Egypte peuvent se réduire à deux espèces; savoir, la circulaire & la poligone.

Les colonnes rondes sont de deux genres. Il en est qui sont lisses, ou dont le fût est orné d'hiéroglyphes (*voy.* fig. 307). Il en est qui sont composées de rangées de cercles horizontaux, & ont l'air d'être un assemblage de faisceaux liés ensemble (*v.* fig. ci-d.) Les colonnes rondes ne diffèrent entr'elles que par l'absence ou la présence des hiéroglyphes. Les colonnes à faisceaux étoient susceptibles de variétés ; & il s'y en trouve. On peut se les représenter sous la forme d'une réunion de tiges, liées par intervalles, de cercles qui ressemblent assez à ceux qui entourent les douves d'un tonneau. Ces anneaux, ou espèces de tores, sont ordinairement au nombre de trois, quatre ou cinq par rangée, & l'on compte dans la hauteur du fût de la colonne, deux ou trois de ces rangs de cercles. Le nombre de toutes ces parties paroit avoir été fort arbitraire & être resté soumis au caprice de la décoration.

L'espèce de colonnes en question est la plus curieuse de celles qu'on trouve en Egypte. Il y a là une imitation de quelqu'usage qui ne peut que se présumer. Mais les apparences portent à croire que les arbres employés à former des pilliers de support se trouvant fort petits en Egypte ; on en réunit d'abord plusieurs ensemble par des ligamens qui donnèrent à cet assemblage la force d'un seul, ou que l'on imagina ses liens pour empêcher certains bois d'éclater. Quoiqu'il en soit, il ne paroit pas que le caprice seul imagine de telles formes, & que ces formes puissent acquérir l'autorité de l'usage quand rien n'en motive l'origine ou la pratique. C'est aux témoins oculaires qu'il appartiendroit de prononcer sur l'origine probable de ces colonnes & la source de leurs motifs, soit dans la nature des plantes du pays, soit dans la nature de la construction primitive. Je m'en tiendrai à ces probabilités.

L'espèce de colonnes poligones est fréquente en Egypte. On en voit de carrées dans les grottes de Thèbes, & qui sont taillées dans le rocher. On en voit de semblables à l'entrée d'un sanctuaire de temple dans la même ville. On en voit d'exagones taillées & équarries dans le rocher, & qui supportent le plafond d'une grande salle des grottes de Siout, appelées actuellement *Sabibanath*, selon Norden. Pococke en rapporte une triangulaire ; mais les plus ordinaires sont celles qui sont taillées à facettes ou à pans (*voy.* les fig. ci-dessus). A un temple de Thèbes, il y en a qui ont seize faces. Les cannelures, proprement dites, ne se rencontrent à aucune de ces colonnes, quoiqu'on trouve à presque toutes l'indication & l'origine de cet embellissement dans ces facettes mêmes.

Généralement, d'après les dessins que nous en avons, les colonnes égyptiennes ne décrivent dans leur fût qu'une ligne droite. Il en est toutefois qui diminuent en forme pyramidale, mais on n'y voit point de renflement ; car on ne sauroit donner ce nom à celui qui, selon Pococke, commence dans quelques colonnes à sept pieds de leur sommet, & va en diminuant vers le chapiteau. Evidemment ce gonflement, que Norden compare au gros bout d'une massue, ne fait pas partie de la colonne, mais est une forme de chapiteau qui peut-être dans ces colonnes aura été moins sensiblement détaché du fût, & aura par-là occasionnée la méprise de ces voyageurs.

Nous n'avons ni dessins assez exacts ni mesures assez comparées & généralisées des colonnes égyptiennes, pour pouvoir dire si elles avoient, dans leurs genres respectifs, des proportions déterminées. D'après ce qu'on en sait & ce qu'on en voit, on peut affirmer qu'elles étoient courtes, épaisses & d'un diamètre énorme. Celui-ci varie dans les monumens depuis trois pieds jusqu'à onze. C'est la plus forte dimension que Pococke y ait observée. Les colonnes, dit-il, sont pour la plupart si épaisses, qu'elles ne pouvoient guères avoir plus de trois diamètres ou trois & demi de hauteur, & au plus jusqu'à quatre. La plus grande hauteur que ce voyageur leur donne, est de quarante pieds. Telle est la dimension de celles qu'il paroit avoir mesurées à Carnack & à Luxor, c'est-à-dire, à Thèbes. Comme la plupart des édifices est enterrée, & qu'il n'a pu y faire de fouilles, on ne sauroit dire jusqu'à quel degré ce calcul est positif ou approximatif.

Pilastres.

On ne trouve point de pilastres, à proprement parler, dans l'*architecture égyptienne*. Cependant, la forme des colonnes quadrangulaires dut en suggérer l'idée, & l'on voit dans une des grottes sépulchrales de *Biban el Meluke*, de ces pilliers laissés & engagés dans le rocher, auxquels on peut donner ce nom : ils sont couverts d'hiéroglyphes. Pococke en décrit dans la ville de Caroon, qui sont accompagnés de leurs bases & de leurs chapiteaux. Mais la restauration évidente de l'édifice dont ils font partie, ne permet pas de les croire égyptiens. On n'en sauroit toutefois dire autant de la chambre sépulchrale de la grande pyramide, autour de laquelle règnent, selon Maillet, de petits pilastres de six pouces de diamètre espacés de trois pieds, & que la petitesse de l'échelle ne lui a pas permis de représenter.

Bases.

Les bases sont une partie de l'*architecture égyptienne*, sur laquelle nous n'avons que d'imparfaites notions. Les édifices étant enterrés la plupart sous leurs propres ruines, il est difficile d'acquérir une connoissance générale, soit des soubassemens des temples, soit des bases du plus grand nombre des colonnes. Les seules dont Pococke ait vu la partie inférieure, sont celles d'*Hayar Silsili*. C'est d'après elles, & quelques autres colonnes isolées, qu'il paroit avoir conjecturalement ajouté des bases à la plupart de celles dont il donne les dessins. Du reste, il est d'avis que presque toutes les colonnes, surtout dans les intérieurs, étoient sans base. La chose semblera assez probable, si l'on réfléchit au peu d'espacement qu'ont les entrecolonnemens. D'après les dessins qu'on peut voir (fig. 257 & suiv.) les socles étoient arrondis. Ceux d'Hayar Silsili sont ronds, ont dix pouces d'épaisseur, & débordent de onze pouces le nud de la colonne. On y pratiquoit une cavité qui devoit la recevoir. C'étoit également l'usage de creuser les piédestaux des obélisques. On voit au Vatican, à Rome, une base de granit ainsi entaillée, & probablement pour le même objet. Dans un dessin de M. Denon, on remarque une colonne du temple de Tentyris, dont l'extrémité inférieure se termine par une doucine. Les dessins des voyageurs précédens nous représentent, au contraire, la colonne posant à cru sur son socle ou sur le sol.

Chapiteaux.

On peut, quant à la forme, réduire à trois espèces principales, les chapiteaux de l'Egypte ; savoir, les chapiteaux carrés, les chapiteaux évasés & les chapiteaux renflés. (*Voyez les fig. depuis* 274 *jusqu'à* 290).

Le chapiteau à forme carrée consiste en un dé de pierre, plus ou moins épais, qui pose à cru sur le fût, sans y être uni par aucun profil ni doucine, & déborde fort peu le nud de la colonne. Comme il ne semble point que jamais il y ait eu de règle ou d'usage qui ait fixé des rapports entre telle sorte de colonnes & telle sorte de chapiteau, il ne faut pas s'attendre à trouver dans ce chapiteau simple & élémentaire un mode significatif du caractère simple selon le langage architectonique ; car le même dé de pierre se voit placé au-dessus des autres sortes de chapiteau. Rien n'est plus irrégulier, plus arbitraire dans l'*architecture égyptienne* que l'emploi comme la composition des chapiteaux ; on y en voit jusqu'à trois formes placées l'une au-dessus de l'autre. (*Voyez fig. ci-dessus*).

Le chapiteau évasé ou à campane éprouve plusieurs modifications dans sa forme. On en voit un dessiné par Paul Lucas, qui est taillée simplement en biseau. C'est-là le type primitif de cette forme de chapiteau. On l'y voit sous le contour nud d'un vase sans aucun ornement. Quelquefois l'évasure est assez prononcée, & le chapiteau se termine dans le bas par un arrondissement qui lui donne effectivement la forme d'un vase ou d'une cloche renversée. Cette ressemblance a fait croire que l'architecture avoit en effectivement l'idée de représenter un vase sous la forme de ce chapiteau, qui est le même que le chapiteau corinthien des Grecs. Toutefois lorsqu'on se rend compte de toutes les variétés que cette forme éprouve en Egypte, on se persuade qu'il en faut chercher la raison dans cette espèce de hasard, qui suggère aux hommes certaines formes pour l'agrément de l'œil, sans aucun égard aux conformités qu'elles peuvent avoir avec d'autres objets. Il y a beaucoup de similitudes de ce genre entre des objets qui n'ont jamais eu un seul rapport commun entr'eux. Ainsi, l'instinct seul qui produit par tout, dans la configuration des vases, la forme évasée ou rentrante, & qui produit aussi la forme contraire, c'est-à-dire, celle à contours bombés ou renflés, peut avoir aussi appliqué aux chapiteaux cette double conformation.

Nous avons dit, dans plus d'un endroit de ce Dictionnaire, mais surtout au mot CORINTHIEN, qu'il falloit distinguer la forme du chapiteau de ce nom d'avec son embellissement. En Egypte, on trouve l'une sans l'autre. Lorsqu'on fait cette séparation, on voit disparoître beaucoup de systèmes sur l'origine des chapiteaux. Le besoin de consolider, d'exhausser & de couronner la colonne, en suggéra par tout l'idée. Et ce besoin employa, pour cet objet, des formes qui purent avoir été inspirées par d'autres objets, sans qu'on ait eu en vue de faire une imitation de ces objets.

La troisième forme de chapiteau égyptien, que nous avons appelé chapiteau renflé, en donne la preuve. A-t-on voulu imiter un vase à contours bombés, ou le renflement que certains arbres, entr'autres le palmier, offrent à leur sommet quand on les a ébranchés, ou tout simplement n'a-t-on cherché qu'à produire un exhaussement à la colonne, à lui faire une tête d'une forme différente, & même contraire de celle du chapiteau à campane. Voilà, sans doute, le sujet d'une assez vaine controverse. A l'égard de l'ornement de ce chapiteau, il n'est pas douteux que les motifs, comme on le dira, n'en aient été puisés dans les plantes du pays, telles que le calice ou les fleurs du lotus. Mais si les dessins, que nous avons, sont justes, on trouve aussi le chapiteau bombé sans cette décoration ; on le voit ou lisse ou couvert d'hiéroglyphes comme le reste de la colonne. Nous savons que sa hauteur est ordinairement de sept pieds. Jusqu'à présent, nous n'avons rien de précis sur les proportions des autres chapiteaux, les voyageurs n'ayant jamais pu se procurer les facilités nécessaires pour mesurer exactement tous ces objets.

Tailloir.

On ne sauroit dire que les Egyptiens aient employé précisément ce que dans l'architecture grecque on entend par abaque ou tailloir. Le tailloir a pour objet utile de présenter à l'architrave une plus large assiette, & de mettre le chapiteau ou ses ornemens sous un abri sûr. En Egypte, ce qui fait cette fonction ne se trouve point uni au chapiteau. C'est ordinairement un dé de pierre carré, qui quelquefois sort ou semble sortir du milieu même des chapiteaux ornés de palmettes ou de fleurons. (*Voyez les fig. ci-dessus*). Dans les chapiteaux à renflement, un plateau qui en déborde le contour y tient lieu de tailloir. Si l'on en croit les dessins de Pococke & des autres voyageurs, cette partie de l'architecture y seroit des plus irrégulières. Il y auroit des couronnemens de chapiteaux assez près de la forme du corinthien ;

corinthien ; il y en auroit de toute espèce de hauteur & enfin il y auroit des chapiteaux qui en seroient entièrement privés.

Entablement.

C'est aussi une vérité en architecture, que les plaisirs y naissent des besoins. L'entablement égyptien nous en offre la preuve. Cette partie si belle & si riche de l'architecture grecque, ne dut sa richesse & sa beauté qu'à toutes les servitudes auxquelles les rapports nécessaires des plafonds, des solives, des combles & des toitures avoient assujéti, & le modèle & son imitation. L'*architecture égyptienne*, subordonnée dans ses principes à moins de nécessités, puisa dans une source moins féconde en beautés. On ne retrouve plus, dans son entablement, de divisions, & surtout de divisions nécessaires & significatives. Si quelques listels, quelques bandes en interrompent la froide continuité, c'est le caprice seul qui les y a introduits. Ils peuvent y être, comme ils y sont réellement, placés arbitrairement. (*Voyez* fig. 295). On peut y transposer toutes les parties, mettre en haut celles d'en bas & en bas celles d'en haut ; on peut les multiplier ou les réduire sans y blesser aucune convenance.

Au lieu des saillies & des profils, sortans & rentrans, qui donnent tant d'effet & de mouvement aux couronnemens des édifices dans l'architecture grecque, on trouve à peine de légères ondulations dans l'entablement égyptien ; rien n'y est saillant. Les moulures y sont le plus souvent renfoncées & taillées en creux comme les bas-reliefs des hiéroglyphes. C'est toujours le même principe de solidité ou d'économie de travail inspirée par l'usage de l'architecture souterraine, & l'habitude de tailler les monumens à même la masse, & qui doit par conséquent ne connoître que les lignes les plus droites & les erremens les plus simples.

On découvre sur un assez bon nombre de parties d'entablement, que les voyageurs nous ont données des compartimens de moulures, dans lesquels on croiroit voir une sorte d'analogie éloignée avec la division ternaire de l'entablement grec. Il ne sauroit se supposer que l'architecture grecque ait puisé là ses divisions, puisqu'elles reposent sur un système sans rapport avec le système égyptien. On ne sauroit non plus prêter à l'*architecture égyptienne*, dans ces divisions arbitraires, une intention qu'elle ne put avoir, puisque jamais elle ne dut vouloir représenter dans ses couronnemens des parties de comble & de frontons qu'elle ne connut jamais. On doit inférer seulement de ces légères similitudes, qu'il y a nécessairement dans toutes les architectures & dans la plupart des œuvres de la main de l'homme, beaucoup de points qui se ressemblent sans s'être imités ; qu'il y a des conformités d'objets qui ne sont pas pour cela des analogies, & des rapprochemens fortuits dus au hasard, c'est-à-dire, à des causes inconnues plutôt qu'à la volonté ou à l'intention de ceux qui les ont opérés. Il faut conclure delà qu'on ne sauroit, dans des matières aussi flexibles à l'esprit systématique, se mettre trop en garde contre la manie des systêmes.

Par exemple, si nous en croyons les édifices de nos voyageurs, on retrouve aussi dans les formes mêmes de l'entablement égyptien, celles des trois espèces de chapiteaux que nous avons reconnu être les plus générales en Egypte ; c'est-à-dire, qu'on voit des entablemens qui se terminent par le haut en ligne droite, d'autres en ligne bombée & d'autres en ligne concave. Il ne peut être là question d'aucune imitation, ni de palmier, ni de vase, ni de calice ou bouton de lotus. Cela doit rendre circonspect à prononcer sur l'origine des formes de chapiteaux.

La terminaison toutefois la plus ordinaire des entablemens égyptiens, est une sorte de corniche en forme de cavet ou de grande scotie. On la voit à presque tous les temples. Elle se remarque dans tous les ouvrages de bas-relief même, comme sur les bases & les piédestaux des figures de l'obélisque de *campo Marso*, sur la table isiaque, & généralement dans tout ce qui porte le caractère égyptien ; car cette forme de couronnement est commune à d'autres peuples qui, sans doute, puisèrent en Egypte le goût de leur architecture. Elle existe sur les portes de Persépolis d'une manière frappante ; elle se retrouve sur les rochers & dans les grottes qui sont autour de Jérusalem.

On lit dans la nouvelle *description abrégée des monumens de la haute Egypte*, dont on a déjà parlé, qu'une corniche de Thèbes imite, dans sa courbure, l'inclinaison de la branche de palmier. Nous ne croyons pas que la branche inclinée du palmier ait donné la forme concave des corniches. Mais il est probable que le génie décoratif aura appliqué à cette concavité l'ornement qui lui étoit le plus analogue, & c'est-là ce que l'auteur de cette description a voulu dire.

Au reste, les formes des couvertures en terrasse des édifices égyptiens, étoient parfaitement d'accord avec les formes simples & sans saillie des entablemens. A cet égard, il n'existe aucun reproche à faire à cette architecture. Elle étoit fondée en raison. Ce qu'on peut dire, c'est qu'elle ne fut pas constituée pour produire cette variété qui fait le charme des yeux.

Plafonds.

La forme des plafonds égyptiens fut également très-monotone. Ayant ignoré l'usage des voussoirs dont se composent les véritables voûtes, l'architecture ne put introduire, dans ses couvertures, que très-peu de variété. Les plafonds y sont constamment lisses comme celui de la chambre de la grande pyramide, dont on a déjà parlé, & se composent de grandes dalles de pierre étroitement liées ensemble, ou quelquefois d'une seule pierre comme au tombeau des douze gouverneurs, selon Diodore de Sicile. Dans les colonnades, les plafonds sont traversés par des solives de pierre qui posent sur les colonnes, & supportent les dalles transversales dont l'assemblage, dit Norden, ressemble à des ais de bois de plancher. Rien n'est plus solide & plus simple que de telles couvertures. Elles sont, dans beaucoup d'édifices, restées sans désunion & sans altération. A Thèbes & dans d'autres endroits, elles forment encore le sol sur lequel sont bâtis des villages.

Portes.

Les portes jouent un rôle considérable dans l'architecture égyptienne. Le très-grand nombre qu'on en remarque parmi les restes des monumens qui nous sont parvenus, prouve qu'on les avoit extrêmement multipliées dans les temples.

Au reste, les portes dont je veux surtout parler ici, ne sont pas ces portes simples qui font la communication d'une salle à une autre dans l'intérieur des édifices, dont la forme est toujours carrée, qui n'ont ni ornement, ni accessoire particulier, & n'ont enfin rien de remarquable sous aucun rapport. L'autre espèce de portes dont il s'agit est, à beaucoup d'égards, une des parties les plus magnifiques des temples égyptiens. On pourroit les appeler des portails plutôt que des portes.

Elles se trouvoient ordinairement à l'entrée des édifices, & faisoient aussi partie des vestibules ou de ce que nous avons appelé propylés, si elles n'étoient pas des propylés même, ainsi que l'indique cette dénomination, la partie de ces vestibules ayant pu donner son nom au tout. Il paroît vraisemblable que c'est du grand nombre de ces portiques, dont les masses imposantes devoient s'élever majestueusement de toutes parts, dans les aspects de Thèbes, que cette ville aura reçu le nom d'*Hécatompyle*. Diodore de Sicile le donne à entendre. La chose acquiert d'autant plus de vraisemblance, que Thèbes, selon l'usage des villes d'Egypte, n'ayant point eu de murailles, il est impossible qu'elle ait eu cent portes d'entrée.

Les masses des portes en question sont ordinairement pyramidales; elles ressemblent à celles de certaines portes de guerre adossées à des fortifications; il falloit en passer ordinairement deux ou trois pour arriver au temple ou sacrarium. (*Voyez le plan*, fig. 324). Ces portes sont quelquefois simples, c'est-à-dire, sans l'accompagnement des massifs en terrasse, qui s'élèvent le plus souvent au-dessus d'elles & de chacun de ses côtés. Ordinairement, elles se divisent en deux parties séparées au-dessus de l'ouverture, & forment de droite & de gauche une masse pyramidale, ce qui fait presque l'effet de deux tours. Les nouveaux voyageurs appellent ces tours des *môles*. (*Voyez-en la forme*, fig. 329).

L'épaisseur de la construction de ces portails est énorme. Il y en a qui ont jusqu'à cinquante pieds de profondeur. On croit voir que l'ouverture de la porte est quelquefois pyramidale. Mais le plus grand nombre des desseins que nous avons, la représente perpendiculaire, surmontée de la corniche en caveb dont on a parlé, laquelle couronne de même les tours ou massifs qui lui servent d'accompagnement. Il s'en trouve aussi de terminées par les moulures sans saillie, dont se composent les entablemens égyptiens.

Escaliers.

C'est dans l'épaisseur de ces portes, que les architectes plaçoient les escaliers. Plusieurs subsistent encore aujourd'hui. Ils conduisent aux plate-formes des tours, des vestibules & des portes elles-mêmes; car tout se termine par des terrasses. On n'a point vu en Egypte d'escalier à vis ou en limaçon; les rampes sont toujours disposées carrément en retour. Ils aboutissent à des palliers qui communiquent à l'intérieur de l'édifice. Les marches sont des pierres taillées d'équerre sans aucun congé.

Fenêtres.

Les fenêtres qui sont restées dans les ruines de l'Egypte paroissent avoir été fort multipliées, surtout à quelques parties d'édifices, telles que les frontispices des temples, où elles donnoient du jour aux palliers dont on vient de parler. Dans le corps même des temples, on n'en découvre que fort peu. D'après la connoissance qu'on peut acquérir de leurs plans, la plupart des salles ne devoit point en avoir. A une de ces salles, que Pococke, on ne sait pourquoi, a prise pour un observatoire, il y a des fenêtres, ou pour mieux dire, des ouvertures percées dans l'épaisseur du mur, & semblables à des jours de prisons, c'est-à-dire, taillées en forme de coin de manière à admettre la lumière intérieurement sans que du dehors on puisse voir en dedans. L'ouverture des fenêtres est ordinairement un carré long; souvent elles n'ont aucun encadrement: d'autres fois elles sont encadrées d'un bandeau de pierre. On n'en voit pas qui aient en la forme pyramidale, & toutes celles qu'on connoît n'ont jamais pu entrer pour rien dans la décoration des édifices. A Thèbes, dans une salle, il y a des fenêtres qui ont douze treillis de pierre chacune, & qui forment comme des meurtrières. C'est, sans doute, des mêmes fenêtres qu'il est mention, dans *la description abrégée des monumens de la Haute-Egypte*, où il est dit, en parlant d'un vestibule de Thèbes: « Il étoit couvert dans toute son étendue, & ne recevoit de » jour que par des fenêtres à claire-voie, percées » au-dessus des colonnes ».

Pyramides.

En parlant de la construction des pyramides, on a dit presque tout ce qu'il y a à dire de leurs formes. Le mot grec πυρ, mot qu'on prétend être égyptien, & qui veut dire flamme, indique qu'elles se terminoient comme la flamme en pointe.

Toutes les pyramides ne furent pas quadrangulires. Quelques voyageurs en ont vu de rondes & ornées de niches tout à l'entour. Paul Lucas en a donné deux desseins; & Pococke, qui ne les avoit vues que de loin, dit qu'elles lui parurent des collines, qu'on lui assura qu'elles étoient bâties de briques crues. Il rapporte le témoignage d'autres voyageurs qui les avoient vues de près, & en avoient décrit une à trois rangs de niches. A-t-il voulu parler de Paul Lucas, quoique le dessin de celui-ci donne à cette pyramide quatre rangs de niches.

D'autres pyramides, comme nous l'avons dit, étoient à plusieurs étages, & on les appelle pyramides à degrés. Du reste, il faut se défier des formes que divers voyageurs ont pu leur donner. Il y a lieu de croire que plusieurs variétés qu'on observe dans leurs desseins, ont pu être produites par les dégradations que le temps a occasionnées dans ces monumens.

Je ne dirai rien ici des mesures des pyramides. Je renvoie, pour cet objet, au mot *pyramide* (*voy. cet article*) où j'espère pouvoir profiter des renseignemens que les voyageurs actuels rapporteront d'Égypte.

Je réserve au même article de discuter les diverses opinions qui ont partagé les savans sur l'objet & la destination des pyramides. Les uns, comme l'on sait, en ont voulu faire des gnomons ou des méridiennes. Les autres en ont fait des monumens allégoriques, d'autres des temples consacrés au soleil. Il semble toutefois que cette forme, qui fût bien certainement chez d'autres peuples consacrée aux sépultures, étant de toutes les formes architecturales la plus solide & la moins destructible, dût particulièrement convenir au peuple, qui de tous les peuples connus, a mis le plus d'intérêt à la conservation des morts, le plus de dépense dans leurs tombeaux & le plus de soin à les rendre éternels.

TROISIÈME SECTION.

De la décoration des Édifices.

On distinguera ici, dans l'*architecture égyptienne*, deux parties distinctes de décoration : celle qui consiste en objets d'embellissement étrangers aux formes des édifices, tels que les statues obélisques, &c., dont on parlera dans le second article; & celle qui est adhérente à l'architecture elle-même, telle que l'ornement, le bas-relief, &c. Cette distinction très-sensible fera la division naturelle de cette section.

ART. Ier. *Du choix & du prix des matières.*

Nous avons déjà vu que les Egyptiens, ainsi que tous les anciens peuples, attachèrent dans leurs édifices un très-grand mérite au prix comme au choix des matériaux, ainsi qu'à la grandeur & à la beauté des pierres. Ce goût, qui contribue particulièrement à la solidité de l'architecture, ne laisse pas d'y produire un certain genre de beauté. La décoration y puise une partie de ses moyens. (*voy.* DÉCORATION). Les Egyptiens n'employèrent pas aussi fréquemment qu'on le croit les granits & les pierres précieuses dans les massifs de leurs bâtimens. Tous les temples de la Haute-Égypte sont bâtis, selon les relations nouvelles, ou de grès ou de pierre calcaire. « Les granits paroissent n'avoir
» été mis en œuvre que plus tard, & il s'en trouve
» plus sur les seules ruines d'Alexandrie & dans
» les mosquées, qu'on n'en peut rencontrer du
» Caire aux Cataractes. Les monumens n'ont été
» construits en granit que lorsque le siège de la
» monarchie fut transporté à Memphis. Alors, on
» dépouilla l'Egypte supérieure de tout ce qui
» pouvoit en être enlevé, & on enrichit à ses dé-
» pens l'inférieure. Alors, les arts étant parvenus
» à un plus haut degré de perfection, on mit du
» luxe dans le choix des matériaux, & le temple
» d'Isis à Balbait fut construit en granit ».

Toutefois le granit fut aussi employé en simple revêtement, & ce fait est encore constaté par les descriptions nouvelles. Il faut convenir que lorsque l'architecture emploie de telles matières, elle contracte naturellement beaucoup de simplicité dans ses formes, de sagesse dans ses détails, & de discrétion dans ses ornemens.

Une grande partie de la décoration de tels matériaux doit consister & consiste réellement dans leur poli. C'étoit-là le grand mérite des premiers temps de ce qu'on pourroit appeler les temps héroïques de l'architecture. Homère ne nous fait guères d'autres éloges des édifices qu'il décrit. C'est par-là qu'il relève la beauté du palais d'Alcinoüs. Dans plus d'un endroit, il parle de grandes pierres polies & luisantes; d'où l'on pourroit inférer que le goût de polir les pierres dut précéder l'art de les sculpter.

Le goût d'embellissement des Egyptiens paroît s'être aussi porté, dès l'origine, à ce genre de luxe. Les pierres qui composent leurs plus anciens édifices, sont polies. Nous avons vu que les pyramides ont conservé le lustre qu'on sut leur donner. Aucune nation ne porta plus loin l'habileté dans le poli des pierres. Les injures du temps n'ont pu l'altérer depuis tant de siècles sur les obélisques qui l'ont conservé fidèlement, quoique les rochers de granit, qui environnent Syenne, soient entièrement délités. Les statues ne l'ont point perdu. On sait qu'elles étoient extrêmement lustrées. Cet usage de polir les statues fut aussi celui des Grecs, ce peuple qui eut le moins besoin d'ajouter le prix de la matière à celui de l'ouvrage; mais qui, sensible à tous les genres de perfection, ne crut jamais devoir négliger ce qui parle aux yeux dans les monumens même qui parlent le plus à l'esprit.

On a prétendu que les Egyptiens employèrent à l'embellissement des édifices la variété des marbres de couleur, & qu'ils firent des colonnes dont les vertèbres étoient alternativement blancs & noirs. Cet usage, qui auroit ressemblé à celui des édifices de la Toscane; ne se trouve appuyé par aucune des descriptions des voyageurs. Hérodote, cependant, parle d'une pyramide revêtue en pierres de diverses couleurs, ποιχιλου λιθου & Platon, dans son Atlantide, qui ne semble être autre chose qu'une allégorie de l'Égypte, nous dit que ses habitants construisoient leurs maisons de marbres mélangés, ne suivant en cela d'autre règle que leur goût & leur fantaisie.

Hiéroglyphes & bas-reliefs.

Les hiéroglyphes forment la décoration la plus générale des édifices égyptiens. Nous avons déjà dit comment il arriva naturellement que les premiers signes qui donnèrent naissance à la sculpture, s'opposèrent à ses progrès. L'usage de placer & de graver en public ces signes sur tous les édifices, fit de l'art de sculpter une écriture dont les caractères, ainsi que les formes, ne pouvoient plus être laissés au libre arbitre de l'artiste. S'il eût eu le droit d'en modifier à son gré les contours, il eût eu celui de les rendre inintelligibles. Ces caractères eussent cessé d'être lisibles dès qu'ils eussent commencé à devenir imitatifs.

On est d'accord qu'il faut, dans ce qu'on appelle hiéroglyphes, distinguer trois espèces de signes, ceux qui représentent les choses par la figure entière de ces choses, ceux qui n'indiquent que l'idée de la chose par des portions de figures, & ceux qui représentent les sons & les mots par des signes abrégés & conventionnels, & qui étoient de véritables lettres.

Les deux dernières espèces d'hiéroglyphes ne peuvent donc se considérer que comme inscriptions, & véritablement ce seroit un abus de donner à ces signes une valeur décorative dont ils ne sont pas susceptibles.

Il ne paroît pas qu'il en soit tout-à-fait ainsi des hiéroglyphes de la première espèce, c'est-à-dire, de ceux qui employent les figures entières. Quoique certainement ces figures ne soient le plus souvent que l'équivalent des inscriptions, on en voit qui, par le fait, jouent le rôle que les bas-reliefs ont joué depuis dans l'architecture, & qui paroissent n'être pas incompatibles avec un système de décoration. Les figures y sont, à la vérité, isolées pour la plupart & sans action entre elles, comme sont aussi souvent les bas-reliefs des Grecs. Quelquefois aussi elles représentent des actions où l'on croit voir des combats, des marches triomphales, des cérémonies. De ce genre sont ceux que Pocock a dessinés dans ce qu'il a cru être le tombeau du roi Osymandias, & ceux que M. Denon a rapportés & dont on a déjà parlé.

Les hiéroglyphes sont ordinairement sculptés de bas-relief, mais renfoncé, excepté les petits objets qui étoient en creux. Ils ont la saillie plus ou moins forte des bas-reliefs; & pour les rendre tels, il suffiroit d'enlever l'épaisseur de la pierre dans laquelle ils sont taillés, & qu'on laissoit tout à l'entour, soit pour éviter le travail qu'eût exigé l'enlèvement de ce superflu, soit pour la plus grande conservation des figures, soit pour ne pas altérer la forme générale des objets sur lesquels on les sculptoit.

Il s'en trouve toutefois qui sont entièrement en saillie. On en voit de tels dans les ruines de l'Égypte. Il y avoit autrefois à *Villa-Medici* un autel circulaire de granit, transporté depuis à Florence, autour duquel étoient sculptées des figures en saillie. J'en ai vu de la sorte & de la plus rare conservation au *Museum Borgianum* à Velletri; plusieurs cabinets en possèdent ainsi de petits.

Si l'on excepte quelques sujets particuliers qui purent servir d'ornement déterminé à quelque partie de l'architecture, on doit dire qu'il ne régna jamais ni goût ni discrétion dans l'emploi que les architectes firent des figures hiéroglyphiques sur les monumens: Elles s'y trouvent disposées sans ménagement & sans art. Presque toutes sont alignées de la façon la plus monotone, & distribuées par rangées égales & symétriques les unes au-dessous des autres. C'est de cette manière que sont aussi disposées les figures dans les frises de Persépolis.

Très-certainement les hiéroglyphes ne se sculptoient sur les édifices qu'après que ceux-ci étoient entièrement construits. Comme cette sorte d'ornement ne faisoit pas partie d'une décoration générale conçue d'avance par l'architecte, il dut arriver qu'elle s'y multipliât avec une profusion incroyable. Il y a des édifices qui en sont entièrement couverts dans toutes leurs parties sans en excepter aucune superficie, même les contours des chapiteaux, & les tailloirs & les solives des plafonds. Ce qu'on doit dire de l'exécution des hiéroglyphes, c'est qu'ils s'en trouve de très-précieusement travaillés, & dans lesquels on seroit tenté d'admirer quelque chose de plus que le fini, sous le rapport d'art & d'imitation.

Peinture.

Les hiéroglyphes étoient quelquefois peints. On voit un portique égyptien, qui sert actuellement de porte à la ville de *Habu*, tout rempli d'hiéroglyphes coloriés. Les grottes de la Thébaïde & beaucoup de souterrains ont conservé une multitude de peintures. Les relations récentes confirment ces faits, & nous font voir que ces figures colorées ornoient aussi bien l'extérieur que l'intérieur des temples; ce qui prouve l'excellence des mordants avec lesquels ces couleurs étoient appliquées sur la pierre.

Quant au goût des Égyptiens & à leur manière de peindre les figures, nous n'avons presque encore que des conjectures à hasarder. Leur peinture, beaucoup moins amovible que leur sculpture, n'a pu s'apprécier jusqu'à ce jour que par des figures émaillées, ou par des enveloppes de momies. Des lumières plus positives nous arriveront, sans doute, sur ce sujet, & ce sera alors que l'on pourra généraliser les jugements que l'on en portera.

En attendant, on peut présumer, sans crainte d'erreur, que la plus grande analogie doit régner entre la peinture & la sculpture égyptienne. Premièrement, l'art de peindre fut employé à la représentation des mêmes objets; dès lors, il dut éprouver les mêmes entraves. Secondement, il paroît que le goût de la solidité que les Egyptiens portèrent dans tout, les engagea à fondre & à incorporer, en quelque sorte, la peinture avec la sculpture. Cela dut l'enchaîner plus étroitement encore. Platon nous indique l'union de ces deux arts, lorsqu'il dit que les *statues peintes* des Egyptiens étoient, de son temps, les mêmes que dix mille ans auparavant.

Toutes les peintures qu'on trouve en Egypte sont en creux, & ont l'air de bas-reliefs hiéroglyphiques coloriés. Il y a lieu de croire, d'après cette méthode, que l'art de peindre ne sortit pas non plus des bornes de l'hiéroglyphe. Peut-être donnera-t-on pour raison de cette manière de peindre en creux, la conservation même de la peinture appliquée, ainsi qu'on l'a dit, sur la pierre & exposée à l'air. Ce qui me feroit croire que cette méthode y fut générale, & non pas seulement en usage sur les pierres des édifices ou dans les monumens exposés à l'air, c'est un tableau sur bois véritablement & authentiquement égyptien, qui fait partie du *Musæum Borgianum*. Ce morceau peut être unique, du moins le seul de son espèce que j'aie vu dans tous les cabinets que je connois, peut donner d'assez grandes lumières sur le genre & le degré de perfection de la peinture égyptienne.

La peinture en question peut avoir un pied en carré & représente trois figures. On voit qu'on en dessina premièrement le contour sur le bois, qu'ensuite on enleva toute la matière comprise entre les contours. On creusa ainsi le fonds d'environ deux lignes; lorsque la surface creusée fut unie, on peignit dans ce creux l'intérieur des figures, dont les contours restèrent en saillie. La manière dont ces figures sont peintes, est généralement plate. Les teintes, loin d'être fondues, sont au contraire fort crues, mais les couleurs en sont très-brillantes. Leur style tient beaucoup de celui des plus anciennes peintures, appelées vulgairement étrusques.

Telle paroît avoir été la manière de peindre des Egyptiens. Leurs peintures, dit Norden, n'ont ni ombres ni dégradation. Elles sont incrustées comme les chiffres dans les cadrans de montre, & ce procédé, suivant ce voyageur, surpasse de beaucoup pour la durée, & la fresque & la mosaïque. Cette variété de couleurs, ajoute-t-il, produit dans les édifices un effet charmant, & qui flatte les yeux.

Ornement.

On peut voir par-là à quoi dût se réduire l'embellissement que l'architecture tira du bas-relief & de la peinture. Quant à cette partie de la décoration, que dans la langue des arts on appelle du nom spécial d'ornement, on se figure aisément qu'étant naturellement dépendante des progrès de la sculpture & de la vérité imitative, elle ne put aller fort loin en Egypte. Ce fut par la raison contraire qu'elle arriva en Grèce à une haute perfection. (*Voyez* DÉCORATION, ORNEMENT).

Ce n'est presque que dans les colonnes & les chapiteaux qu'on découvre quelques parties de ce qu'on peut appeler ornement. L'*architecture égyptienne* n'ayant pas puisé ses élémens constitutifs dans la charpente, fut privée de tous ces motifs ingénieux d'ornement que le bois suggéra à la pierre. Elle n'eut ni frise, ni corniche, ni profils, & par tout où l'ornement eût pu trouver place, le besoin des inscriptions hiéroglyphiques qui s'emparèrent de tous les espaces, ne permit plus au goût d'en réclamer aucun pour le plaisir des yeux.

Colonnes.

C'est dans les colonnes qu'on découvre en Egypte le plus de traces de ce goût imitatif, qui transpose à un objet les apparences d'un autre objet, & emprunte à la nature des motifs de formes & d'ornemens, d'où résultent ces combinaisons qui n'appartiennent en propre ni tout-à-fait à l'art ni entièrement à la nature. Nous avions déjà, d'après les dessins des anciens voyageurs, apperçu dans plus d'un genre de colonnes ces alliances ingénieuses, dont l'analogie est sensible même pour celui qui n'a pu, dans le pays & dans ses causes naturelles, en suivre la trace. Les relations des voyageurs actuels confirment ces présomptions. Ils ont cru voir dans les colonnes dont le chapiteau est bombé, l'intention d'imiter un calice de *Lotus* sur sa tige. On peut, selon eux, saisir plus d'une sorte de ressemblance des colonnes avec différentes productions de la nature; & l'on apperçoit que ceux qui les ont élevées, n'ont rien négligé pour en rendre l'imitation parfaite. A la base de la colonne, ils ont gravé circulairement les feuilles de *la Nymphæa*; ils ont donné à la partie du fût la plus voisine du chapiteau, la forme d'un faisceau de tiges de *Lotus*.

Ces colonnes sont celles que j'appelle *colonnes à faisceau*. Il n'y a pas de doute que si l'art de l'ornement eût pu se développer en Egypte, elles lui eussent offert les motifs les plus riches & les plus variés. On peut voir (*fig.* 310 & *suiv.*) des intentions heureuses dans l'ornement de certaines tiges, & dans le raccordement de ce genre de fût avec les chapiteaux. On diroit que ce seroit de là qu'on auroit tiré ces tigettes qui ornent quelquefois les cannelures du Corinthien, & que delà encore seroient nées les rudentures de ces cannelures, si dans cette matière il n'étoit pas assez naturel aux hommes de se rencontrer sans s'imiter. Toutefois ce que l'on observe à l'égard de l'ornement des colonnes en Egypte, c'est qu'il y règne le même arbitraire qu'à l'égard de leurs proportions. Nul système de goût, suivi & subordonné à des maximes constantes, ne paroît avoir pu s'y introduire.

Par exemple, il y a une colonne, rapportée par M. Norden, & aussi par M. Denon, dont le fût offre une imitation très-sensible du tronc du palmier. (*Voy. fig. ci-dessus*). Si quelque méthode avoit dirigé les conceptions des architectes, il y avoit sur un tel motif de quoi établir une ordonnance régulière. Il ne paroît pas cependant que cette colonne ait été fort répétée; & l'on ne sauroit même fonder sur cette autorité la présomption que c'ait été un mode en usage.

Les colonnes circulaires ne recevoient d'autres accessoires à leur fût que les hiéroglyphes dont on a parlé. On les en couvroit quelquefois du haut en bas sans aucun ordre ni aucune symétrie relativement à l'art de décorer. Il en est pourtant telles que celles du temple de Gava, sur le fût desquels les hiéroglyphes se trouvent distribués par compartimens réguliers, on diroit presque par encadremens.

Pococke a rapporté un frontispice de chapelles taillées dans le roc, près de ce qu'il appelle la pierre de la chaîne à *Tchibd Effelfel*, dont la partie inférieure se termine en une espèce de culot fleuronné. Il faudroit des renseignemens plus positifs sur toutes ces variétés. Mais tout annonce que leur résultat seroit qu'aucune règle ne présidât à la plupart de tous ces embellissemens, & que suggérés par divers motifs puisés à la vérité dans certaines formes naturelles, ils ne surent trouver dans le génie égyptien & dans l'état de la sculpture, cette alliance de goût & de raisonnement, & ces modifications heureuses qui peuvent fixer & perfectionner de semblables inventions.

Chapiteaux.

Si quelque chose prouve cette stérilité des vraies ressources de l'art, c'est le grand nombre, c'est cette abondance de motifs dans la décoration des chapiteaux; car l'invention en architecture ne devient un mérite qu'autant qu'elle produit des impressions différentes. Il est une fécondité stérile, c'est celle qui ne produit que pour changer, & ne change que pour paroître produire, sans qu'on aperçoive la raison de ces variétés. On trouve ce genre de fécondité dans les édifices gothiques, dont tous les piliers sont décorés de soi-disant chapiteaux, tous différens les uns des autres. Le bon goût appelle ces différences des disparates. Or, l'on sait que si en fait d'art & de goût on veut parvenir à se former une idée précise de ce qu'on appelle bizarrerie, irrégularité & arbitraire, c'est dans les édifices gothiques qu'il faut l'aller puiser.

La même espèce de disparate & d'irrégularité décorative existe dans les monumens de l'Egypte. Tous les voyageurs anciens & nouveaux sont d'accord sur ce point. A Edfou, qui est l'*Apollinopolis magna*, M. Denon a dessiné l'intérieur d'une cour environnée de colonnes au nombre de vingt de chaque côté. Les chapiteaux de ces colonnes ne se ressemblent entre eux, ni pour la forme ni dans leur décoration. Il a remarqué toutefois que les mêmes formes correspondent entre elles, & qu'au milieu de cette diversité, le chapiteau de tel genre d'un côté est en rapport avec le même chapiteau d'un autre côté. Et selon lui, l'effet de cette diversité n'a rien de déplaisant. Si l'on en croit, sur le même article, Pococke & Norden, ces variations n'auroient pas été par tout soumises à ce même esprit de symétrie. Dans cette longue allée de colonnes qui conduit au temple de Philœ, on trouve, selon Pococke, les chapiteaux tous différens entre eux. Norden observa la même chose au temple d'Esné, où l'on doit remarquer, dit-il, qu'un chapiteau d'une colonne ne ressemble pas à celui d'une autre, & que bien que sa proportion soit dans tous la même, leurs ornemens sont pourtant dissemblables.

Cette particularité, qui sert à caractériser le goût égyptien, nous donne en même-temps la raison de cette multiplicité d'ornemens qui différenciaient les chapiteaux.

Le chapiteau que nous avons appelé à campane, se trouve, d'après le peu de dessins que nous avons, orné de sept ou huit manières diverses. (*Voyez* les fig. 274 *& suiv.*) On y voit un chapiteau, dont le nud n'est orné que de quelques traits gravés en creux, & de quelques figures purement linéaires, dans lesquelles on croit apercevoir que l'intention fut d'y représenter des plantes. Ce genre de gravure ne pouvoit guères parvenir jusqu'à l'imitation. Un chapiteau d'Assouan ou Syenne, offre une imitation en relief beaucoup plus positive. On y distingue clairement des feuilles du Nymphéa & des tiges de plante. Un chapiteau de Gava est environné de semblables tiges, qui ont l'air & la forme de balustres. Ce même ornement se retrouve dans Caylus (*t.* 4, *p.* 5) sur la coeffure de quelques statues égyptiennes. Le chapiteau d'Esné est décoré de tiges de fleurs, & forme une composition que l'art de l'ornement auroit pu rendre très-agréable. Celui de Philœ est à trois rangs de plantes, celles d'en haut sont des palmettes. On en voit un qui est évidemment l'imitation d'un palmier. Le roi Amasis, nous dit Hérodote (*L.* 2, *c.* 171), fit faire des colonnes à la ressemblance de cet arbre στυλους τε φοινικας τα δενδρεα μεμιμημενους.

Norden a rapporté plus d'un chapiteau qui, sans être aussi fidèlement l'image du palmier, nous fait voir cependant que les branches de cet arbre, ainsi que leur courbure, furent souvent appliquées à la décoration du chapiteau à campane.

Le chapiteau à renflement reçoit souvent, comme on l'a dit, pour tout embellissement, des hiéroglyphes. Mais le motif le plus ordinaire de la décoration de sa forme, est la fleur même du lotus. Les autorités des voyageurs actuels confirment cette conjecture. Le calice de cette fleur, plus ou moins épanoui, forme les variétés qu'on découvre dans la configuration de son ornement. Les dessins que nous en avons jusqu'à ce moment, ne permettent guères de détailler ces variétés. Il suffit de savoir que c'est là le type de ces cannelures qu'on apperçoit dans ces deſſins, & cette étymologie eſt fort ſatisfaiſante.

Le chapiteau carré, c'eſt à-dire, celui qui conſiſtoit en un dé ou en un plateau, ne pouvoit préſenter à l'ornement où à l'imitation analogique des productions naturelles aucun emploi fort heureux. On ne voit pas qu'on y ait ſculpté autre choſe que des hiéroglyphes.

Il eſt une autre eſpèce de chapiteau ou de couronnement de colonne, dont on n'a dû faire mention qu'à l'article de la décoration, vu que ſa forme très-indéciſe & peu facile à définir, ſur-tout d'après les deſſins que nous avons, offre une aſſez grande complication de parties : c'eſt celui que j'appellerai chapiteau à têtes d'Iſis.

Paul Lucas l'avoit déjà deſſiné dans ſa vue du temple de Tentyra ; mais ſon deſſin repréſente comme quatre têtes de ronde boſſe adoſſées les unes aux autres. Selon le deſſin de Pococke, au contraire, & ſelon les deſcriptions récentes, ces têtes ne ſont ſculptées que le bas-relief ſur chacune des faces d'un dé de pierre, au-deſſus duquel s'en élève un autre, dont le champ eſt ſculpté en compartimens ou encadremens d'hiéroglyphes. La même tête ſe voit placée au-deſſus d'un chapiteau à campane du temple de Philœ. On la retrouve également ſur les chapiteaux du temple de Balbait dans la Baſſe-Egypte. Dans un temple égyptien, dont on vient de faire à Paris un modèle poſtiche à la place des Victoires, on a fait choix du genre de chapiteau dont on parle. La tête d'Iſis y eſt repréſentée avec des oreilles de vache.

Tailloirs.

Nous avons dit qu'à proprement parler, il n'y avoit point de tailloirs dans l'*architecture égyptienne*. Souvent ce qui en tient la place eſt lui-même un chapiteau placé ſur un autre chapiteau. Il ſeroit fort difficile d'aſſigner à cette partie équivoque un genre d'ornement qui lui ait été propre.

Entablemens.

Dans l'architecture grecque, où tout eſt rapport & combinaiſon, le goût vint à établir des règles & des principes d'harmonie relatifs à chaque mode entre chaque partie des ordres, de ſorte qu'il ſuffit d'un morceau d'entablement ou d'un fragment d'ornement pour ſavoir & décider à quel ordre, à quelle colonne, à quel chapiteau ils appartiennent. Au milieu de l'anarchie qui règne dans l'*architecture égyptienne*, il paroît difficile d'aſſurer qu'il ait exiſté une relation, même de routine, entre les ornemens de tels chapiteaux & de telles colonnes, & les ornemens de leur entablement. On croit voir cependant, que l'inſtinct ſeul de l'harmonie plus que la réflexion, établit quelquefois, entre eux de ces conformités. Du moins retrouve-t-on, ſur plus d'un entablement, les mêmes eſpèces d'ornemens que nous avons indiqués comme propres à quelques colonnes.

Sur un de ces entablemens rapportés dans nos planches (*Voyez* depuis la fig. 291 juſqu'à la fig. 306) ſont ſculptées les mêmes rangées de tores dont on a parlé à l'article des colonnes. Les filets qui ſéparent les différentes zones de l'entablement, paroiſſent tantôt carrés & tantôt arrondis. Il y a des corniches qui n'ont que des ornemens linéaires gravées en creux. Il en eſt qui ſe trouvent découpées à la manière des chapiteaux à campane, & ornées de cannelures à deux rangs. Dans la deſcription abrégée des principaux monumens de la Haute-Egypte, il eſt queſtion de corniches qui imitent la courbure des branches du palmier. Ce qui ſignifie que cette partie du couronnement eſt décorée de la même manière que le ſont les chapiteaux où ſe trouve appliqué l'ornement tiré de cette production naturelle du pays.

On ſait que les Grecs appeloient Ζωφορον cette partie de leur entablement, que nous nommons la friſe. On a cru qu'elle tira ſon nom du Zodiaque, appelé auſſi Zophoros en grec, & dont on plaçoit quelquefois les ſignes autour des édifices. On pourroit voir, de cet uſage, une étymologie plus claire en Egypte. Souvent dans les entablemens il y a des zones qu'on diroit avoir quelque analogie avec la friſe grecque, qui ſont deſtinées à la repréſentation des animaux ſacrés, & qui ſont de véritables Ζωφοροι. Dans un entablement d'Aſſouan (*voyez* les fig. ci-deſſ.) on voit une friſe qui repréſente des poiſſons. Seroit-ce l'Oxirinchus qu'on adoroit dans toute l'Egypte, & qui avoit donné ſon nom à une ville. Dans une friſe de Luxor, ainſi que dans beaucoup d'autres, ſont ſculptés des oiſeaux, qui pourroient bien être des ibis ou des faucons d'Ethiopie. Ils ſont tous repréſentés ſur une ſeule ligne, les ailes étendues. La plupart des entablemens dont, juſqu'à ce moment, nous avons les deſſins, ſont trop peu détaillés pour qu'on puiſſe prononcer avec certitude ſur la nature de pluſieurs de leurs ornemens. Par exemple, il s'y en rencontre fréquemment un qui reſſemble, juſqu'à un certain point, aux oves ou aux perles allongées des Grecs. Je penſerois que ce doit être une imitation de quelque fruit ou de quelque graine. Cette forme ſe rapproche beaucoup du grain d'orge qui ſe voit ſur les as des Romains, & que Montfaucon a ſi mal-adroitement pris pour des piques ou des hallebardes.

Il eſt aſſez difficile, ſur des deſſins légèrement faits, d'apprécier ces analogies. La vue ſeule des objets en place peut aider à porter des jugemens tout au moins plauſibles ſur des imitations de cette nature. Encore faut-il dire que l'état imparfait de la ſculpture égyptienne doit avoir laiſſé beaucoup d'équivoque dans leurs formes.

Il eſt une ſorte de décoration de friſe à Tentyris qui ſembleroit un ſouvenir ou une intention de la friſe

Dorique. Il est certain qu'on y aperçoit des espèces de cannelures en manière de triglyphes, & entr'eux des formes circulaires qui ont l'air d'avoir quelque rapport avec les patères, que les Grecs mettoient quelquefois dans les métopes. C'est, sans doute, sur cette légère indication, que M. de Paw (*Recher. philos. sur les Egypt.* t. 2, p. 72) s'est hâté, selon sa coutume, de décider que les triglyphes n'étoient, chez les Grecs, que des ornemens de caprice empruntés de l'Egypte, auxquels ils ne firent qu'ajouter les gouttes. Le malheur pour cette assertion est que, d'après les témoignages des voyageurs, les monumens de Tentyris paroissent être l'ouvrage ou une restauration des Grecs. Leur authenticité se trouve fort affoiblie par les inscriptions grecques qui s'y lisent, & que Paul Lucas nous a données. Ce voyageur en avoit déjà porté le jugement qu'on vient d'énoncer; & Pococke, à l'article de Dendera ou Tentyris, dit aussi que les chapiteaux à tête d'Isis, dont on a parlé plus haut, lui ont paru d'une sculpture grecque.

Plafonds.

Les plafonds n'eurent en Egypte aucun ornement de relief. La forme qui en fut toujours lisse ne permit pas d'y introduire une grande variété. Ils sont ornés, la plupart d'hiéroglyphes peints. Celui d'un temple de Latopolis est sculpté de figures d'animaux coloriées, dont les teintes sont encore très-vives. Les plafonds du temple de Tentyris, selon Paul Lucas, sont encore brillans de peintures. Ceux du portique d'Archemounain & du temple d'Hermontis, ont un fond d'étoiles. C'est de cette manière, au rapport de Diodore de Sicile (*l.* 2, *s.* 2, *c.* 20) qu'étoit décorée une des salles du tombeau d'Osymanduas. Son plafond étoit peint en bleu & parsemé d'étoiles. L'usage de représenter ainsi le ciel dans un plafond, se trouve être analogue & aux idées que devoit inspirer le climat de l'Egypte, & aux moyens que son genre de construction, dans cette partie des édifices, devoit comporter.

Portes.

Les portes égyptiennes, si considérables par leur masse, leur dimension & leur forme, furent aussi un des objets les moins négligés par l'art de la décoration. Quoiqu'il paroisse qu'il s'en trouve qui soient nues & presque d'une construction rustique, le plus grand nombre toutefois est orné de peintures de bas-reliefs ou d'hiéroglyphes. C'est-là qu'on voit le plus souvent ces rangées de grandes figures alignées les unes au-dessous des autres. Sur une porte (voy. fig. 337), ces grandes figures sont entremêlées de petits hiéroglyphes. La porte de la ville de Habu (voyez fig. 337) est ornée d'une colonne de chaque côté. Le montant de ce qu'on peut appeler les chambranles, est ordinairement sans aucun profil. Mais les angles de la masse générale se terminent par une partie ronde formant un tore continu qui règne également dans l'entablement qui la couronne.

Au-dessus de presque toutes les portes égyptiennes, on voit le globe ailé. Il est ou sculpté sur le nud du mur, ou renfoncé dans la corniche cannelée qui orne ordinairement le dessus de l'ouverture de la porte. Le dessus de la porte que Pococke appelle le tombeau d'Osymanduas, est décoré d'un bas-relief, où l'on voit plusieurs figures assises. Mais l'ornement le plus général des dessus de porte, est ce globe ailé, symbole de Dieu, du monde ou de l'éternité. On en voit le dessin (fig. 291). Ce symbole se retrouve aussi dans les ruines de Persépolis.

Il paroit, d'après quelques médailles, que les Egyptiens plaçoient des statues au-dessus de leurs portes. Pococke en rapporte quelques-unes où l'on voit des portes ornées de deux canopes, avec la fleur du lotus sur la tête. Une autre est surmontée d'une statue qui tient une pique de la main gauche, & de la droite quelque autre objet qu'on ne sauroit définir. Sur une autre est un aigle, ainsi que sur une porte d'un édifice représenté dans la Mosaïque de Palestrine.

Niches.

On trouve des niches dans tous les édifices de l'Egypte. Il y en a dans les ruines de Gava; une des salles du Labyrinthe en a conservé une, ornée de figures hiéroglyphiques. Il s'en trouve dans les ruines de Thèbes, dans les grottes de *Biban-el-Maluke*, dans la chambre de la grande pyramide, dans les catacombes de Saccara. Nous manquons de détails positifs sur leurs formes, mais il paroît qu'elles étoient, en général, circulaires & concaves; car Pococke s'étonne qu'ayant connu l'usage des niches, les Egyptiens aient ignoré celui des voûtes, vu qu'une niche ceintrée, dans le fait, est une demie voûte. A la page 253 du premier tome d'Herculanum, est un paysage représentant une vue de l'Egypte. Il s'y trouve une figure placée dans une niche. Généralement dans tous les tombeaux, il existe des niches qui étoient faites pour recevoir les caisses des momies qu'on y plaçoit debout. Peut-être cette méthode aura-t-elle donné l'idée de placer des statues dans les niches.

Art. II. *Statues.*

Si quelques savans ont cru reconnoître dans les Termes l'origine la plus vraisemblable des statues chez les Grecs, il est naturel encore de voir, dans les caisses des momies, le premier type des statues égyptiennes. Le désir de conserver & de perpétuer l'image de l'homme après sa mort, inspira l'idée d'assimiler l'enveloppe du corps à la forme qu'elle renfermoit. La chose aura été d'abord d'autant plus facile, que dans les premiers temps les caisses se faisoient en terre. Nous voyons que sur les gaines de bois on figuroit en peinture le portrait du mort, autant que ce genre de portrait étoit susceptible de ressemblance. Ces caisses se firent aussi en verre & en marbre. Il y en a une au Muséum de Florence qui est en basalte, cette pierre que Strabon appelle *lapis mortuarius*.

La sculpture s'empara de la forme très-facile à imiter que lui présentoient ces gaines, & les premières représentations à figure humaine eurent, sans doute, pour motif ou pour objet cette sorte d'imitation. Les Egyptiens, dit Maillet, ne se contentoient pas d'embaumer les corps de la manière la plus parfaite; pour conserver plus sûrement le souvenir des morts, ils en déposoient encore la figure en marbre auprès de la momie.

Il se pourroit que de semblables pratiques aient spécialement contribué à entretenir l'art de sculpter dans cet état de foiblesse, dont nous voyons qu'il ne sortit jamais en Egypte. L'art, en effet, procède par tout par tous ces statues momies, dont l'usage ou le culte avoient consacré la forme. De ce genre sont toutes les petites idoles en terre émaillée qu'on voit dans tous les cabinets.

Cette forme se trouve aussi employée en statues grandes & décoratives dans les temples. Telles sont celles qu'a dessinées Norden dans son Memnonium. Les mêmes se voient adossées, & de la même manière, à un édifice de la Mosaïque de Palestrine.

Il est naturel de penser que ce fût là la première forme que la sculpture donna aux statues. Entre ces statues momies, & celles qu'on voit à Rome & ailleurs, où il existe un commencement d'action & de développement dans les membres; il y a, sans doute, un assez grand intervalle, & c'est à celui qu'il fut donné à l'art de pouvoir parcourir en Egypte. Ne seroit-ce pas sur cette différence bien sensible que seroit fondée la distinction de Pausanias, lorsqu'il parle (*Achaic. l.* 7, *c.* 5) de statues égyptiennes faites avec art, & lorsqu'il indique que ces statues étoient d'un goût encore moins formé que celles d'Egine, ou les plus anciennes de l'école Attique.

Les Egyptiens paroissent avoir prodigué les statues dans leurs édifices. Il est douteux qu'aucune autre nation les ait surpassé en ce genre. Toutes les ruines sont encore remplies de colosses & de fragmens de toute sorte de figures ensevelies sous les décombres des temples. Nous avons déjà parlé du goût des Egyptiens pour le genre colossal; mais nous observerons ici que toutes leurs figures colossales étoient assises. Toutes celles dont les historiens nous ont

Diction. d'Archit. Tome II.

conservé le souvenir, étoient dans cette position. Telles étoient les statues gigantesques du roi Osymanduas, & de la reine son épouse, ainsi que celles qui étoient placées sur le sommet des deux pyramides du lac Mœris. Telle étoit cette statue d'or qui, selon un historien arabe, couronnoit le sommet de la seconde pyramide de Gisé, & dont la hauteur étoit de quarante coudées. M. de Maillet pense que toutes les pyramides ne se terminoient en plate-forme, que parce qu'elles étoient destinées à recevoir de semblables colosses. Le Memnon est assis, ainsi que la statue qui lui fait pendant. Les deux colosses, qui sont à l'entrée du temple de Thèbes, indiquent, par le peu qui en sort de terre, qu'ils sont aussi dans cette position, qui fût la plus favorable de toutes à la timidité de la sculpture égyptienne.

Les statues se plaçoient, ou dans des niches ou isolées sur des bases, quelquefois sur les combles des édifices, le plus souvent sous les portiques & dans les avenues des temples. On les élevoit aussi sur des colonnes alignées, comme celles dont Pococke a vu les restes près de Thèbes.

Caryatides.

Selon Diodore de Sicile (*l.* 1, *s.* 2, *c.* 10), un péristyle du tombeau du roi Osymanduas étoit soutenu, en place de colonnes, par des animaux, d'une seule pierre taillée à l'antique, & de seize coudées de haut. Psammeticus avoit consacré au Dieu de Memphis, un portique tourné du côté de l'Orient, auquel des figures colossales de dix-huit pieds de haut servoient de colonnes. Il paroît par-là que l'usages des statues-colonnes, appelées depuis caryatides, est égyptien. Les deux figures égyptiennes, que Pie VI a fait placer à l'entrée du *Museum-Vaticanum*, & qui supportent l'entablement de la porte, sont de véritables caryatides. Quoiqu'elles soient du style de celles que les Romains, surtout sous Adrien, firent faire en Egypte, elles doivent avoir été faites sur le modèle de statues semblables, servant de colonnes dans quelque édifice. Au dessus de leur tête est un chapiteau à campane, dans la forme de ceux qu'on a décrits. Tout porte à croire que ces statues avoient aussi jadis été des caryatides, & qu'on leur faisoit soutenir la corniche qui décore la magnifique entrée de ce Museum, où les a données à leur première destination.

Il existe encore dans les ruines de Thèbes des débris de ces avenues de sphinx, dont on ornoit le dromos des temples. On les plaçoit sur des socles pour en accroître la vue, laissant entre chacun dans leur rang un intervalle de dix pieds. On pourroit révoquer en doute (*sph. 5 dict.*) l'élévation (égyptienne) d'après les descriptions de quelques-uns, et faire reproche qu'on donneroit le nom de sphinx à tous ces animaux.

dont on retrouve les restes d'effigies encore alignées dans les ruines de Thèbes. Il y a, selon eux, des avenues composées de figures représentant des lions, & d'autres où ce sont des béliers. Ils en ont compté jusqu'à quatre-vingt-dix, à ce qu'il paroît, dans une seule avenue. Les lions sont sculptés couchés sur des socles de trois pieds d'élévation. Une allée de sphinx coupe à angle droit celle de l'est à l'ouest, & va rejoindre une avenue de béliers placés dans la même attitude. En face de la porte de ce qu'on appelle le petit palais de Karnac, cette dernière avenue se prolonge jusqu'à environ six cents toises de celui de Luxor, auquel elle paroît avoir abouti.

Obélisques.

La forme des obélisques est trop connue pour qu'on s'arrête à en donner ici la description; à l'égard de leurs mesures, on en parlera au mot OBÉLISQUE. (*Voyez* cet article). Les obélisques ont toujours passé pour être des monumens consacrés au soleil. Mais il est certain, par la position que plusieurs occupent encore dans les ruines de l'Egypte, qu'ils ne furent ni des gnomons ni des cadrans solaires. On en voit encore deux debout, & de la plus rare beauté, en avant d'une porte de Thèbes. La Mosaïque de Palestrine nous fait voir aussi qu'on les plaçoit à l'entrée des temples, ordinairement au nombre de deux; selon quelques autorités, au nombre de six. Le goût égyptien, d'après la remarque d'un voyageur moderne, différoit de celui des Grecs & du nôtre, en ce qu'ils se plaisoient à rapprocher des masses que nous isolerions soigneusement. A Luxor, dans un espace de trente pieds, on voit deux obélisques de quatre-vingt-douze pieds de hauteur, derrière deux colosses de trente-cinq pieds de proportion, & plus loin deux moles (ou tours) de cinquante-trois pieds d'élévation. Personne ne résistera à l'impression de grandeur que produit la cumulation de ces masses.

Cette observation, d'un témoin oculaire, justifie tout ce que nous avons pu avancer sur le goût de l'architecture & des arts en Egypte. Il est clair que jamais le sentiment du beau ne présida à aucun de leurs ouvrages. L'architecture, ainsi que la sculpture, ne fit du gigantesque que parce qu'elle ne savoit pas faire du grand. J'entends par grand qui peut se développer même sous de moyennes dimensions, & qui tient à la science des proportions. Elle n'accumula les objets de décoration que parce qu'elle n'eût aucune connoissance de ce qui fait la richesse. Elle ne fit des édifices si solides, qu'à parce qu'elle ignorait l'art de la construction.

Ainsi, il se pourroit que l'énormité de sa construction, l'immensité de sa décoration, un prodigalité de sa décoration, eussent beaucoup plus que ne peut le substance de science, donné parfois l'art dans la seconde idée, & de goût dans la troisième. C'est ce que nous allons examiner dans le dernier partie...

TROISIÈME PARTIE.

Résumé de l'Architecture Egyptienne, de sa valeur; de son mérite, & de l'opinion qu'on doit s'en former.

Les causes dont nous avons développé l'influence sur l'architecture dans la première partie de cette dissertation, suffisent sans doute pour faire apprécier le degré de valeur auquel dut arriver cet art en Egypte. S'il est démontré par le raisonnement, par les autorités anciennes et modernes, par les faits, que la véritable imitation ne put jamais être le but des artistes égyptiens dans les arts qui ont la nature physique pour modèle, il résulte d'une telle démonstration, que l'architecture soit par la liaison directe qu'elle a avec ces arts, soit par les rapports abstraits qui la font dépendre du perfectionnement de l'imitation, & de ce sentiment éclairé du beau &, du vrai que la vue de la véritable imitation développe chez un peuple, ne dut jamais atteindre à un système raisonné de convenance, de vraisemblance, de proportions, de principes fondés sur l'expérience de nos sensations, ou sur cet accord de toutes les qualités que les sens, l'entendement & le goût peuvent désirer dans cet art.

Défaut d'imitation.

Il est impossible que ce genre d'imitation abstraite de la nature, qui constitue la partie la plus fine & la plus déliée de l'art de l'architecture, qui repose sur les observations les plus délicates des impressions des objets sur nos sens, qui suppose une foule d'expériences préalables & d'essais successifs, qui veut par conséquent toute l'indépendance du génie & la plus grande liberté dans l'artiste, ait pu se développer en Egypte sous les entraves religieuses, & sous les liens encore plus étroits de l'espèce de routine une fois établi et devenu le génie dominant de tous les arts.

A l'égard de cette autre espèce d'imitation plus positive, dont nous avons déjà aperçu l'existence & les principes dans les grottes & les souterrains creusés, qui deviennent les types nécessaires de l'architecture égyptienne, nous avons eu déjà l'occasion de dire (*voyez* l'article ARCHITECTURE) que des différens modèles présentés par la nature à l'art, celui qui résulte des souterrains, étoit sans comparaison le plus monotone, le moins susceptible de variété, le plus éloigné de ce qui forme le caractère de l'invention.

Mais il y a une raison à rendre du vice de ce modèle, & qui ressort naturellement de la définition précise de l'imitation.

L'imiter c'est produire l'image d'une chose. L'imitation en tant qu'elle est l'acte d'imiter, est un acte par lequel on produit ou on rend sensible, non la chose, mais la représentation de cette chose. Tout les moyens de reproduire ou de répéter un objet ne sont pas doués de la faculté de l'imiter. S'il y a toujours répétition dans l'imitation, il n'y a pas toujours imitation dans la répétition. Pour jouir de l'imitation, il faut que je voie une chose dans une autre chose qui en est l'image. Il résulte de là que plus il y a identité dans la répétition ou représentation des choses, moins il y a imitation. Le but de l'imitation n'est donc pas d'approcher de l'identité, puisque son essence est d'être autre chose que la chose imitée. Là, en effet, où je crois par excès d'illusion ou de rapprochement voir la chose, je ne crois plus voir son image; & là où je ne crois pas voir l'image d'une chose, je ne crois pas voir l'imitation.

Donc tout art ou tout mode d'imitation qui tend le plus possible à s'approcher de ce point de similitude, qui feroit croire que l'image qu'il présente d'une chose est la chose même, tend aussi le plus possible à diminuer le plaisir de l'imitation.

Donc toute imitation qui tend le plus possible à ce point, tend le plus possible à n'être plus imitation.

Si ces idées, qui auroient sans doute besoin de développement, sont vraies, leur application au sujet que nous traitons va nous faire sentir quelle fut la cause principale du peu d'effet et de plaisir que le système imitatif de l'*architecture égyptienne* doit produire.

Il est constant que le modèle à imiter par l'art s'y confond avec l'imitation. Des souterrains creusés dans la pierre, imités par de la pierre, ne semblent être qu'une seule & même chose. Il n'y eut pas lieu à cette métaphore, qui, chez les Grecs, substitua une matière à une autre matière. Il y a par conséquent identité. Dès lors absence de ce plaisir qu'on éprouve à voir une chose représentée par une autre chose. L'*architecture égyptienne* fut donc aussi peu imitative qu'il fut possible.

A la vérité, cet effet tint ici moins au défaut de l'imitation qu'au défaut du modèle. Ce ne fut pas, il est vrai, l'imitation qui ambitionna cet excès de ressemblance, ce fut le modèle lui-même qui y donna lieu. Cette privation de plaisir imitatif tint sans doute à la nature des choses. Mais il n'en faut pas moins reconnoître que la carrière ouverte à l'art fut plus bornée en Egypte qu'en Grèce.

Le type des souterrains devenu une fois, par la force même de la nature, général dans l'*architecture égyptienne*, on comprend aisément qu'il dut résulter de son application à l'art de bâtir deux effets qui semblent d'abord contradictoires, & qui cependant se rattachent au même principe.

Le premier de ces effets fut la monotonie dans les formes principales, le second fut l'arbitraire dans les accessoires.

Monotonie dans l'ensemble.

Nous avons observé déjà plus d'une fois, que l'art de creuser des habitations souterraines ne pouvoit comporter que la plus grande simplicité. Et dans le fait, il n'y a point de travail qui commande plus de réserve dans ce qu'on appelle le plaisir de la variété. On ne doit point, dans des ouvrages déjà si pénibles, rechercher, on doit fuir au contraire avec soin, tout ce qui augmente la peine ou multiplie les combinaisons. Tout doit y être lisse dans les élévations, dans les plafonds, &c. Tout doit y respirer l'économie de détails, d'ornemens, de saillies. Enfin, tout doit y être uniforme. Et voilà aussi ce que nous avons trouvé dans tous les édifices de l'art égyptien. Point de profils, c'est-à-dire, point de parties saillantes ou rentrantes, point de combles, point de voûtes, point de variétés dans les aspects, point de diversité dans les compositions, point de moyens de modifier les caractères, point de nuances, point de modes. L'*architecture égyptienne* ne connut point & ne put point connoître la variété.

Arbitraire dans les détails.

Le second effet résulte aussi directement de la même cause. C'est un besoin pour l'homme que d'embellir & de décorer tout ce qui l'approche, tout ce dont il use. Nous avons vu à l'article DÉCORATION (*voyez* ce mot) que le goût d'embellir reposoit sur le besoin que l'homme a de mouvement, & sur le besoin de la variété qui est à l'esprit ce que le mouvement est au corps. Les Egyptiens durent éprouver ce besoin dans leur architecture, & durent l'éprouver d'autant plus que ses formes étant très-monotones, elles exigèrent en quelque sorte une plus forte dose de cet assaisonnement que la décoration sait employer pour corriger l'insipidité de son aspect. Mais nous avons vu que la décoration égyptienne ayant tiré la plus grande partie de ses motifs des inscriptions hiéroglyphiques, & celles-ci dépendant par leur nature d'un autre ordre d'idées que celui qui est propre à l'art de décorer, la plus grande profusion résulta de cette espèce d'embellissement. Or, profusion dans la langue du goût est à-peu-près synonyme de confusion. Le goût dans le fait n'auroit pu rien prescrire aux figures hiéroglyphiques. Dès-lors cette partie de la décoration fut abandonnée à toute l'irrégularité & à tous les disparates qu'elle comporte. Quand aux autres parties d'ornement, il est indubitable que le caprice seul put présider à leur choix comme à leur emploi. On appelle caprice en architecture ce goût d'ornement & de variété qui, ne reposant sur aucun principe de nécessité ou de convenance, ne reconnoît de lois que celles du hasard. Or, les formes originaires de l'*architecture égyptienne* n'ayant pu établir de raisons nécessaires d'ornement, comme les principes de la charpente en avoient suggéré à l'architecture grecque, la décoration ne fut en Egypte que ce qu'est une broderie sur une étoffe. Rien de fixe, rien de déterminé par aucun motif puisé dans la nature, ne fit à cette architecture un besoin de se rendre compte de ses inventions, de les subordonner à un système où l'utile & l'agréable, résultats tour-à-tour l'un de l'autre, se prêteroient un secours réciproque. Les souterrains n'offrirent que des parties lisses, & l'instinct seul de l'ornement s'exerça à en corriger la monotonie. Mais comme jamais la raison, qui, en architecture, n'est autre chose que la nécessité, ne présida à ces inventions, elles sont restées sous l'empire de l'arbitraire. A quelques exceptions près, telles que certaines colonnes dont on a parlé, & dont les motifs sont puisés dans l'imitation de quelques productions naturelles, tout ce qu'on peut appeler l'ornement dans l'*architecture égyptienne*, ne connut & ne put connoître ni règles, ni principes.

Absence de proportions.

C'est toujours à la même cause qu'on doit attribuer l'absence de proportions dans cette architecture. Plus on observe l'architecture grecque comparée à toutes les autres, plus on se persuade qu'elle seule fut douée, par la nature de son origine, de cette propriété particulière qui l'assimilât aux arts d'imitation. Elle seule fut capable de recevoir des proportions.

Ce qu'on entend par proportions est un ensemble de rapports nécessaires établis entre les diverses parties d'un corps. La nature en a fixé de tels dans chaque espèce d'êtres organisés. Chacune de leurs parties, chacun de leurs membres correspond constamment, sauf des variétés individuelles, à chaque autre partie, à chaque autre membre, de sorte qu'à quelques fractions près, quand on connoît une partie d'un corps proportionné, on connoît le corps entier & chacune de ses parties. La nature l'a fait ainsi parce qu'elle a mis toutes les parties des corps dans une dépendance mutuelle, & les a liées par la nécessité de s'entr'aider. C'est-là ce qui constitue les rapports fixes.

Dans les ouvrages de l'homme, cette nécessité de corrélation ne sauroit toujours exister. Il en est beaucoup où elle seroit inutile, & à vrai dire, cette transposition des proportions naturelles, ou d'une organisation proportionnelle, aux œuvres de l'architecture, est une fiction tellement déliée, tellement hors du cercle ordinaire des idées, qu'elle ne dut prendre naissance que chez le peuple le plus exercé dans la science des proportions naturelles.

On conçoit que la grande habitude contractée par les artistes grecs de voir & d'imiter le corps humain avec toute l'indépendance que le génie peut mettre dans cette étude, leur fit un besoin de porter dans leurs ouvrages, même étrangers à cette imitation, le sentiment de régularité, d'ordre, de rapports, d'harmonie, dont ils avoient su découvrir les grandes leçons dans le livre le plus éloquent de la nature.

On conçoit dès-lors aussi comment le contraire dut arriver en Egypte. L'imitation des corps n'ayant jamais pu, soit dans la peinture, soit dans la sculpture, sortir de cet état d'enfance & de routine, qui ne permet pas même d'y soupçonner la volonté ou l'intention d'imiter; nulle connoissance, nulle étude du corps, de ses parties, de son organisation, des membres, des muscles, de leur conformation, de leurs rapports, n'ayant présidé à cette insignifiante imitation, le sentiment des proportions dut toujours être étranger aux artistes & aux arts de l'Egypte. On ne voit pas comment ce besoin de faire d'un édifice un corps proportionné se seroit fait sentir à des hommes qui, familiarisés aux ébauches consacrées par l'habitude & la religion, ne se trouvoient pas blessés de la difformité de leurs statues, du manque absolu de vérité, de proportions & de rapports, qui choque dans toutes leurs figures les yeux exercés & accoutumés à l'imitation naturelle.

Mais il faut dire aussi que cette application d'un système de proportions à l'architecture, fut due en grande partie chez les Grecs, à la nature même des formes originaires de leurs constructions. La forme de leur cabane ou la construction en bois, qui servit de type à leur architecture, étoit déjà un composé de rapports & de rapports nécessaires. Déjà comme nous l'avons dit (*voyez* DORIQUE), avant d'être métamorphosé en pierre, l'art de bâtir avoit connu des lois, des principes de proportions. Il y existoit des combinaisons de force & de résistance, de pleins & de vides. Il s'y trouvoit des divisions naturelles; il y régnoit des subdivisions commandées par la nature & le besoin même de la construction. Cette architecture, traduite en pierre, n'avoit plus à recevoir que de la grandeur dans ses masses, de la fixité dans ses rapports, de la variété dans ses modes. Tout y étoit disposé pour recevoir cette application intellectuelle de formes, de proportions & de décoration qui, empruntée des principes & du goût des autres arts, devoit l'élever à leur niveau.

Mais en Egypte, une telle métaphore ne pouvoit ni résulter de l'analogie avec les arts imitateurs, ni ressortir des données originaires ou des types primitifs de l'art de bâtir. Les superficies plates & lisses des souterrains, où cet art trouva ses modèles, n'offroient nécessairement ni divisions, ni subdivisions, ni rapports. Point de combinaison de formes, point de correspondance entre les parties, point de membres, donc nulle relation nécessaire entre eux. S'il y a des divisions dans les entablemens égyptiens, on sait quel principe ou quelle cause leur donna l'être. S'il se trouve quelque chose de semblable dans un couronnement égyptien, on sait que rien ne le motive, & que c'est le fruit du caprice. L'établissement de proportions ou de rapports nécessaires ou déterminés eût été dans l'*architecture égyptienne* le résultat bénévole d'une fiction gratuite, dont rien n'eût pu rendre raison. Or, ce n'est pas ainsi que les hommes procèdent dans leurs inventions. Ou si cela arrive, il ne dépend pas des hommes de donner de la perpétuité à de telles inventions. Tout ce qui n'a pas une base dans le besoin ou une analogie nécessaire, est fugitif, périssable & variable à l'infini. Une raison, un motif nécessaire & sensible peuvent seuls fixer, rendre durables & permanentes les conceptions de l'art. C'est à de telles causes que l'architecture grecque a dû la conservation de son système à travers toutes les fluctuations de goût des peuples qui l'ont adoptée. Chez les nations où l'architecture ne put trouver de solide fondement à ses inventions, en vain chercheroit-on les règles qui en déterminent le goût ou les proportions. L'architecture *égyptienne* ne trouva, dans ses premiers modèles, d'autre manière d'être que celle qui constitue la solidité & la simplicité de formes. C'est en cela qu'elle est admirable, parce que c'est en cela qu'on la trouve fondée en raison. Cette solidité ne pouvoit naître & se développer que sur le principe naturel que nous avons vu avoir été son principe originaire. Inutilement d'autres peuples ont tenté de pousser la solidité au même point. La nature des choses ne leur permit pas d'y atteindre. Inutilement aussi l'Egypte chercha l'embellissement & la variété dans ses édifices. Ils n'ont jamais été & ne seront jamais aux yeux de l'homme de goût que des *carrières sculptées*.

Abus de la solidité.

L'*architecture égyptienne* nous présente le *maximum* de l'idée de force & de solidité qu'on peut se figurer dans l'art de bâtir. L'imagination & la réalité ne semblent pas pouvoir aller au-delà. Lorsqu'une telle qualité se trouve portée à ce point d'exagération, elle force les sens & l'entendement à l'admiration. C'est un tribut involontaire qu'il faut payer à l'Egypte. Mais lorsqu'on est revenu de ce premier sentiment, & qu'on veut s'en rendre compte, on éprouve qu'il perd bientôt de sa force. Ce mérite se trouve de beaucoup atténué aux yeux de la saine critique & aux yeux du goût.

Il y a, en effet, dans l'art de construire, un mérite de solidité qui tient plus à l'ignorance qu'à la science de la construction. Nous avons dit plus d'une fois que c'est dans l'enfance des sociétés & des arts, que se sont construits les édifices de la plus grande solidité, & mis en œuvre les matériaux de la plus grande dimension. Les pierres que les Mexicains employoient dans leurs édifices le disputent en grandeur à celles des Egyptiens. C'est qu'effectivement à cette époque les idées sont plus simples & les moyens plus imparfaits. Ce n'est pas par choix, c'est par instinct, c'est-à-dire, par nécessité qu'alors les hommes employent d'aussi vastes matériaux. Les combinaisons de l'art de bâtir étant inconnues, on voudroit faire un édifice d'un seul bloc. Son mérite est en raison inverse de la multiplicité des pierres. Ce mérite, qui en est un réel sous le rapport absolu de la solidité, cesse d'en être un sous le rapport de l'art, parce que, ainsi qu'on l'a dit, ce genre de construire est autant le résultat du sentiment de la force que celui de l'impuissance de faire autrement. Les mêmes hommes n'auroient ni su ni pu construire avec des moyens plus complexes.

Nul doute qu'à mérite égal du côté de l'art & de la grandeur on ne préfère l'édifice dans lequel il sera entré le moindre nombre de matériaux. Mais comme les moyens naturels, si vastes qu'on les suppose, sont toujours extrêmement bornés, il résulte de ce procédé simple de bâtir que la dimension des matériaux devient la mesure des efforts & des conceptions de l'art. Et cette mesure étant très-courte & très-bornée, l'art & l'invention s'en trouvent entravés au point de rester dans un cercle extrêmement étroit de combinaisons. C'est encore là une des raisons de la monotonie de l'*architecture égyptienne*. Mais est-ce là surtout ce qui rend cette solidité & ce colossal de sa construction moins admirable. Car il en est des productions de ce genre comme des actions humaines. La vertu consiste à faire bien avec choix; sans la liberté de mal faire, il n'y auroit pas de bien moral. Qu'est-ce de même qu'un mérite en architecture, qui fut forcé par la nécessité, par l'impossibilité, de faire autrement.

De cette nécessité d'employer de vastes & énormes matériaux pour produire de grandes choses sans le secours d'une science alors inconnue, est née sans doute dans les édifices cette répétition des mêmes formes, cette monotonie d'effet, & cette unisson de caractère que le goût ne sauroit endurer. Ce sont toujours d'énormes pilliers, d'énormes portes, d'énormes murs, d'énormes plafonds, d'énormes massifs. Nul mélange d'aucune autre qualité; nulle nuance; nul son moyen ne vient délasser la vue ou reposer l'imagination. L'impression de puissance & de force attachée à l'idée comme à l'aspect de la solidité, cesse d'être elle-même à force d'être toujours la même.

Le genre de construction colossale & à grandes pierres, devenu le luxe de l'*architecture égyptienne*, les plans & la disposition des édifices durent beaucoup plus qu'on ne pense se resserrer & se modifier sur une telle donnée. Il est douteux que les intérieurs des monumens ayent pu arriver à une certaine grandeur. Il eut été impossible que des plafonds, plats, faits de pierres plattes produisissent des couvertures étendues, & comment se persuader que des plafonds en charpente aient pu s'assortir aux idées d'éternité que les Egyptiens portoient dans leurs ouvrages. En rapprochant cette conjecture des dessins & des plans que nous avons, on peut avancer qu'il y eut dans l'*architecture égyptienne* le moins possible de ce qu'on est convenu d'appeler art en ce genre. Les plans des édifices n'offrent de grandes difficultés qu'en raison des matériaux avec lesquels on doit bâtir, & des convenances spéciales à chaque édifices qu'on doit garder. En Egypte, la longueur ou la largeur des pierres étoit devenu le module de tous les plans. On bâtissoit des élévations au gré des dimensions prescrites par les couvertures. Delà la fréquence des colonnes, delà encore le peu de largeur des entre-colonnemens. De grandes beautés résultèrent, sans doute, de ces servitudes dans plus d'une partie de disposition des temples; il faut avouer qu'il y règne une grandiosité extraordinaire, & une symétrie parfaite. Mais en revanche on peut douter que le génie ait eu beaucoup de part à des plans qu'on retrouve assujétis uniformément à des données toujours les mêmes, & qui, dans leur immensité, n'offrent que de continuelles redites, des masses toujours semblables. Les plans d'ailleurs n'ont de mérite que dans leur rapport avec les élévations. Il n'y a personne, il n'y a pas d'enfant qui ne puisse faire un beau plan sur le papier, abstraction faite de l'élévation. Or, nous avons vu que les élévations égyptiennes n'étant subordonnées à aucun système, sa construction à aucune difficulté, sa décoration à aucune raison imitative, le mérite des plans & la symétrie des dispositions furent plutôt le fruit de l'absence de toute combinaison que le résultat de l'art & du génie.

Défaut de secours de la part des arts d'imitation.

C'est dans la partie décorative que l'*architecture* égyptienne est le plus foible. Nous nous dispenserons de le répéter. La décoration est trop dépendante de la peinture & de la sculpture pour qu'on puisse soupçonner que ces arts, restés dans l'état d'enfance, aient jamais pu fournir à l'architecture la moindre de ces ressources qu'on est habitué à attendre d'eux dans celle des Grecs. Mais il faut répéter ici que le véritable législateur de la décoration, le goût, c'est-à-dire, le sentiment éclairé du beau & de la convenance, ne peut jamais se développer chez un peuple qu'à l'aide du perfectionnement de l'imitation. L'imitation est le prisme qui décompose la nature. La jouissance des beautés de celle-ci est en raison directe du plaisir qu'on trouve dans les œuvres de celle-là. Qui ne sent rien dans les ouvrages de l'art, n'éprouve rien à l'aspect de ceux de la nature. Mais lorsque la manière de représenter cette nature se trouve chez un peuple, ou imparfaite, ou altérée, ou trompeuse, il se peut pas que le jugement & le goût ne s'en trouvent altérés eux-mêmes. Or l'imitation, par toutes les causes ci-dessus détaillées, resta constamment, en Egypte, à ce point d'imperfection que tout le monde connoît. La seule force de l'analogie eut maintenu l'architecture dans un état semblable. Comment, en effet, concevoir des proportions, de l'élégance, de l'harmonie, du précieux & du rendu dans les formes d'un péristyle, à côté des statues, termes, gaines ou momies des Osiris, des Isis, des Anubis grossièrement enveloppés dans leur matière, ébauches avortées d'un art que toutes les institutions tendirent à paralyser. Si l'on vouloit former le goût,

c'est-à-dire, développer dans un homme le sentiment du beau & du vrai, on ne sauroit mieux faire que de familiariser ses yeux aux belles formes des statues grecques. Il semble que si l'on vouloit empêcher ce sentiment de naître en lui, on en viendroit à bout par la vue des statues égyptiennes. On peut prononcer que ce sentiment n'exista jamais en Egypte, & que jamais le goût n'entra pour rien dans la décoration de son architecture.

Des rapports de l'Architecture Egyptienne avec la Grecque.

Il est une question sur l'*architecture* égyptienne, & qui est entre les savans & les artistes, un sujet assez habituel de discussions & de conjectures. On demande ce que les Grecs ont emprunté de l'architecture de l'Egypte. Cette question fait il y a quelques années par l'académie des inscriptions & belles lettres, étoit difficile à résoudre, vu le peu de renseignemens positifs qu'on avoit sur les monumens égyptiens. Le moment de son entière solution n'est pas éloigné. Je crois pouvoir, d'après les lumières nouvellement acquises sur cet objet, prédire ce qu'elle sera. Je ne doute pas que l'opinion de tous les critiques ne soit d'accord avec celle des voyageurs anciens & modernes, pour prononcer que les deux architectures sont originales.

Il est toutefois quelques préjugés qu'il faudra écarter dans cette matière, & qui pourront encore s'opposer quelque tems à l'unanimité de cette opinion. Par exemple, on trouve dans le *description abrégée des monumens de la haute Egypte*, dont il a été fait plus d'une fois mention, cette phrase: *Ainsi pourroit se détruire la fable ingénieuse de Vitruve, qui attribue l'origine de l'architecture à l'imitation des cabanes en bois qu'ont habitées les premiers peuples de la Grèce*. L'auteur donne à entendre que les Grecs surent habilement effacer en ce genre les indices de leur larcin, & déguiser sous cette fable les titres originaires de l'architecture. J'observerai, en général, que selon moi l'erreur principale de cette opinion, erreur partagée par presque tous ceux qui raisonnent ou écrivent sur l'architecture, est de croire & de présumer qu'il existe une architecture commune à tous les hommes qui a une origine locale, & dont il ne s'agit que de démêler la généalogie.

Rien n'est plus faux. Il n'y a pas d'architecture humaine, parce qu'il n'y a jamais eu de besoin uniforme entre les hommes sur le fait des habitations qu'ils ont dû construire au gré d'une multitude de convenances locales, particulières & fort différentes les unes des autres. Le seul point par lequel les diverses architectures peuvent se rapprocher, est intellectuel; c'est celui des impressions que les qualités dont l'art de bâtir fait mettre en œuvre les effets, peuvent produire sur l'âme de tous les hommes de quelque pays qu'ils soient. Quelques-unes de ces impressions peuvent résulter de toutes les architectures. Il est encore des principes de solidité communs à tous les peuples, & qui tiennent aux lois générales de la physique.

Mais quant à ce qu'on entend par système, goût, style, genre d'architecture, si les faits que nous avons observés (*voyez le mot* ARCHITECTURE) & si les principes que nous en avons déduits sont incontestables, il est fort inutile de se tourmenter pour trouver entre les formes des diverses architectures des rapprochemens qui ne peuvent être que l'effet du hasard. L'architecture n'a pas eu un berceau. Elle n'est née nulle part par cela qu'elle est née partout. Elle a pu sortir des cabanes de la Grèce, des souterrains de l'Egypte, des tentes de l'Asie, & de divers principes mixtes à nous inconnus. Ainsi, c'est un abus ordinaire du langage que de dire l'*architecture*. On devroit dire telle ou telle architecture. Entre l'idée générique d'architecture & l'idée spéciale de telle architecture, il y a la différence qu'on trouve entre le langage & une langue. Chercher une origine simple à l'architecture, est une entreprise aussi ridicule que la recherche de la langue primitive.

Ainsi, les points de ressemblance qu'on pourroit trouver entre quelques parties de l'architecture égyptienne & quelques parties de l'architecture grecque, ne détruiroient d'aucune manière l'originalité de cette dernière, parce qu'il faudroit que ces similitudes se rapportassent au système, aux types généraux, à la configuration générale, à la physionomie de cette architecture. Or, sous tous ces rapports, il règne entre les deux une différence qui n'a besoin d'autre preuve que de la simple inspection.

Ainsi, la cabane de Vitruve ne seroit pas une *fable ingénieuse*, mais seroit un grossier mensonge, si Vitruve avoit prétendu en faire le type de toutes les architectures. Mais Vitruve ne parloit que de l'architecture grecque. Et s'il existe en Egypte un autre type d'architecture, cela ne prouve pas que Vitruve ait débité une fable. Cela prouve que la cabane ne fut pas le type de l'*architecture égyptienne*, mais le fut de la grecque. Cela prouve que la seule théorie fabuleuse en ce genre seroit celle qui prétendroit être ou devenir universelle.

Comme il y a des langues filles l'une de l'autre, & dont la filiation se démontre par la communauté d'étymologie & de racines, il en est aussi qui, sans avoir en ce genre aucun rapport originaire, s'empruntent des mots ou des locutions. Ce seroit abuser étrangement que de tirer de semblables emprunts, la conséquence qu'une langue dérive d'une autre. Il en est de même dans la génération des arts, & surtout de l'architecture. Des parties d'embellissement, quelques formes d'ornement, quelques détails empruntés par une architecture à une autre, peuvent seulement prouver qu'il y eut entre les deux peuples, auxquels chacune appartient, des rapports de liaison, de commerce, de communication, qui ne sauroient avoir lieu ni subsister long-temps sans qu'une filtration nécessaire ne fasse pénétrer chez l'un quelques inventions ou habitudes de l'autre.

Or, il est indubitable que les communications politiques & commerciales furent établies de toute antiquité entre l'Egypte & la Grèce. Il est, par conséquent, hors de doute qu'avec un grand nombre de croyances, d'opinions & d'institutions qu'on sait avoir été tirées des Egyptiens, les Grecs, le peuple le plus imitateur qui fut jamais, aura transporté chez lui quelques-uns des caractères de leur architecture.

Par exemple, nous avons dit déjà plus d'une fois (*voyez* CORINTHIEN, CALLIMACHE) que la forme du chapiteau à campane de l'Egypte, & les motifs de son embellissement, ont donné l'être au chapiteau corinthien des Grecs. La ressemblance est telle en ce genre, qu'on ne sauroit soupçonner qu'elle ait été le résultat du hasard. Pour se figurer l'entière conformité de ces deux chapiteaux dans les deux pays, il faut confronter à celui de l'Egypte certaines formes de corinthien où dépouillé de ses ornemens; ce chapiteau ne se montre qu'avec la forme nue de son tambour.

Tel on le voit dans un temple qui sert de fond à un grand & remarquable bas-relief de la ville Albani, lequel dénote, par son style & son exécution, être un ouvrage de l'ancienne manière grecque. On retrouve la même forme de chapiteau nue & sans ornement à une des caryatides de la ville Albani, & cette forme tient le milieu entre les chapiteaux à campane & les chapiteaux à renflement de l'Egypte. La décoration du même chapiteau se retrouve en Grèce avec les variétés qu'on y observe en Egypte. L'acanthe ou l'olive qui en ont fixé l'embellissement, ne furent que des plantes substituées aux branches du palmier ou aux feuilles du lotus.

Quoique les temples des Grecs portent un caractère original dans les formes spéciales de leur architecture, il seroit difficile de se refuser à croire qu'à l'égard de leurs plans & de leurs dispositions générales, il n'y ait pas en une imitation des usages égyptiens. Les Grecs ayant particulièrement puisé dans la mythologie de ce peuple leurs dieux & leurs dogmes, ils durent aussi très-naturellement en emprunter cette configuration & ces distributions qui sont le résultat nécessaire des pratiques du culte. Il s'agit ici surtout des grands temples & des vastes enceintes qui les environnoient. En Grèce comme en Egypte, le temple, proprement dit, n'en étoit que la plus petite partie. Le *sacrarium* répondoit au *secos* des Egyptiens; l'enceinte correspondoit au *dromos*.

On pourroit faire ainsi plus d'un parallèle entre les deux architectures qui indiqueroient des points de contact entre les causes qui influèrent sur elles.

Quant à la décoration & à l'ornement, beaucoup de leurs motifs doivent leur origine à l'*architecture égyptienne*. On reconnoît les caryatides, les sphinx des Grecs pour des émanations du génie de l'Egypte. L'ornement surtout lui dut une bonne partie de ses caractères. Nous avons dit au mot ARABESQUE (*voyez* cet article) comment l'ornement étoit né de l'hiéroglyphe. On peut en regarder les signes en Grèce comme ceux d'une écriture perdue ou d'une langue oubliée, dans lesquels l'imagination des Grecs ne se plut à voir que des contours susceptibles d'agrément pour l'œil, en raison de ce qu'ils étoient dénués de sens pour l'esprit. Il y auroit beaucoup de recherches & de rapprochemens à faire dans cette partie, mais qui seroient aussi oiseux en eux-mêmes qu'étrangers à notre matière.

De tous les points de ressemblance plausible, dont une saine critique avoueroit l'existence entre les deux architectures, il ne sauroit toutefois résulter la conséquence que la Grèce ait été véritablement tributaire de l'Egypte.

Ce qu'il paroît que les Grecs & les Romains ont pensé de l'architecture égyptienne.

C'est une chose assez frappante qu'avec tant d'inclination & tant de goût à s'approprier en bien des genres les idées des autres peuples & leurs opinions, le peuple grec ait été aussi réservé avec l'Egypte dans les emprunts qu'il lui a fait en architecture. Il paroît avoir conçu la plus haute admiration pour la grandeur de ses entreprises. Ses auteurs & ses historiens n'en parlent qu'avec respect. Selon Hérodote, qui avoit voyagé dans ce pays, le labyrinthe par sa grandeur valoit à lui seul tous les édifices mis ensemble de la Grèce. Le travail d'une seule pyramide l'emportoit encore, dit-il, sur les plus grands monumens de sa patrie. Cependant, on ne voit pas que le goût égyptien se soit jamais mêlé à celui de leur architecture, excepté dans de légers détails encore embellis & perfectionnés par eux.

Le peuple romain avoit adopté l'architecture grecque avant d'avoir des rapports avec l'Egypte. Ce pays devint enfin une de ses provinces, & il la gouverna, c'est-à-dire, l'exploita, à la manière des conquérans. La spoliation de tout ce qui étoit amovible fut le premier acte de ce gouvernement. L'Egypte resta toute entière à Rome. Obélisques, statues, colosses, marbres, mosaïques, colonnes, vases, ustensiles, tout ce qui put être transporté, le fut dans cet antre du lion. Les gouverneurs pillèrent en petit, comme le gouvernement en grand. Nul peuple n'eût par conséquent plus que le peuple romain, la connoissance du goût, des arts, & de l'architecture de l'Egypte. Toutefois il ne paroît pas qu'il en ait jamais fait aucune imitation sérieuse. Si l'on en excepte Adrien qui eut une manie pour les figures égyptiennes, qui fit de son Antinoüs, mort en Egypte, un Osiris, & qui dans sa maison de campagne de Tibur, voulut avoir des figures de toutes les architectures des nations où il avoit voyagé, & y exécuter, à ce qu'il paroît, quelques souvenirs d'édifices égyptiens, on ne voit pas que la pureté de l'architecture grecque ait jamais été altérée à Rome par aucun mélange des formes

ou des ornemens de l'Egypte. On ne voit pas que les Romains aient jamais construit rien dans ce goût. Si l'on en découvre des traces, c'est dans les Arabesques, & si l'on en soupçonne quelque imitation plus positive, ces ouvrages n'auront été que le produit isolé du caprice de quelque particulier, à-peu-près comme on voit des édifices chinois amuser chez nous les yeux & le goût blasé de nos amateurs.

Ne pourroit-on pas conclure de là que les Grecs & les Romains ne firent jamais aucun cas du goût égyptien, & regardèrent leur architecture sous le rapport de l'art, avec l'indifférence que des yeux exercés par l'imitation vraie de la nature doivent porter à tout ce qui n'en est que l'ébauche ou le déguisement.

Ce qui pourroit nous arriver à l'égard de l'architecture égyptienne.

J'abandonne ces présomptions à l'examen de ceux qui pourroient tenter d'introduire parmi nous le genre & le style de l'architecture égyptienne.

Quand on sait à quel point la manie du changement tourmente le plus grand nombre des architectes & des décorateurs sans génie, combien l'appas de la nouveauté a de force auprès de la multitude, on ne sauroit s'empêcher de prévoir qu'il se trouvera avant peu, & lorsque les dessins des nouveaux voyageurs seront publiés, une foule d'artistes qui croiront inventer en copiant des élévations & des frontispices égyptiens. Il faut s'attendre à toutes les bizarreries & à toutes les saugrenues que le désir de produire du nouveau va chercher à accréditer.

Rien cependant, à coup sûr, dans cette architecture n'est analogue à nos usages, à nos procédés, à nos formes, à nos idées. Nous n'avons pas ces grands matériaux, ces plate-bandes monolithes, ces pierres colossales, qui seules font en Egypte le mérite ou l'excuse de ce goût démesuré, de pesanteur & d'énormité. Nous avons des marbres, des granits, dont l'aspect seul est une richesse qui dispense d'en avoir d'autre. Nos édifices ne sont pas & ne sauroient être destinés à servir de tables d'inscription. Nous n'avons plus de caractères susceptibles de prêter à l'écriture sculpturale leurs signes figurés. Nos yeux habitués aux divisions de l'architecture grecque, répugneroient à l'uniformité d'élévations magnifiques. Toutefois il ne faut pas défier nos architectes de nous faire, à l'aide de vousseaux, des plate-bandes égyptiennes, de nous faire des granits en plâtre, ou en carton, & même de nous insérer des hiéroglyphes en place de bas-relief, de nous faire des façades dont les profils seront en creux, de nous faire des piliers en place de colonnes, des autres au lieu de chapiteaux, de supprimer les divisions qui sont nécessaires à l'œil pour voir & pour jouir de ce qu'il voit, c'est-à-dire, en un mot, que l'esprit de mode, au soi-disant ascendant, auroit la force de faire rétrograder de quelques milliers d'années la France, [...] construction.

construction, l'art de la disposition & le goût de la décoration.

ÉGYPTIENNE (SALLE). Les Romains, dans leurs palais, avoient différentes sortes de salles, auxquelles ils donnoient des noms pris ou de leurs usages, ou de leurs formes, ou des pays dont elles tiroient leur origine.

Selon Vitruve, il y avoit les salles *Cyzicènes*, les salles *Corinthiennes*, les *salles Egyptiennes*. Ces deux dernieres différoient en ce que les Corinthiennes n'avoient qu'un ordre de colonnes posées sur un piédestal, ou même sur le pavé. Elles avoient un architrave & une corniche de bois ou de stuc; au-dessus de la corniche s'élevoit un plafond en forme de voûte. Dans les *salles égyptiennes*, au contraire, sur l'architrave que portent les colonnes, pose un plancher qui va de la colonne au mur. Ce plancher forme une terrasse extérieure découverte, tournant à l'entour. Au-dessus de l'architrave & à l'aplomb des colonnes s'élève un second ordre plus petit, entre les colonnes duquel sont placées les fenêtres.

Quoique l'usage ait pu donner ainsi à Rome des noms de pays ou de ville à des parties des édifices, sans que cela indiquât une imitation formelle & positive d'une architecture étrangère, on aperçoit pourtant dans la disposition de la *salle égyptienne*, telle que Vitruve la décrit, le motif des galeries couvertes & des terrasses de l'Egypte, ainsi que la conformation de ses plafonds, & par suite l'analogie qui aura fait adopter le nom en question.

ÉLÆOTHESIUM. C'étoit dans les palestres le lieu où l'on serroit les huiles & autres drogues dont usoient les lutteurs.

ÉLARGIR, v. act., donner plus de largeur à quelque chose. On dit *élargir une porte*, *une baie*, *un panneau*, &c.

ÉLÉGANCE, f. f., c'est en architecture une qualité qui emporte avec soi l'idée de grace, mais surtout de légèreté.

Il peut y avoir de l'*élégance* dans la construction d'un édifice. Cela se dira de celui dont l'appareil moins colossal que bien assemblé, se composera de pierres précieusement taillées & à joints très-fins. Ce fut une extrême *élégance* de construction, que cette insertion d'un filet d'or dans tous les joints des pierres d'un temple de Cyzique, dont parle Pline, l. 36. La brique, lorsqu'elle est parfaitement équarrie & que les paremens en sont polis, forme des revêtissemens très-élégans.

L'*élégance* de la forme suppose ordinairement quelque chose de recherché dans les contours & de svelte dans les proportions. Quoique l'*élégance* soit le propre de l'ordre ionique, cependant, le Corinthien comportant encore des proportions plus légères, ce sera l'ordre qui affecteront particulière-

Diction. d'Archit. Tome II.

ment ceux qui chercheront l'*élégance* des proportions.

L'*élégance* de la décoration demande un choix pur & exquis d'ornemens, qui fassent de l'effet sans trop de travail, qui n'aient rien de chargé, & se détachent avec finesse sur des fonds lisses.

L'*élégance* a toujours caractérisé les ouvrages grecs. Rien de plus élégant que la proportion des figures grecques. Raphaël, de tous les modernes, est peut-être le seul qui ait eu le sentiment de ce genre d'*élégance*. Bramante fut très-élégant & peut-être trop dans son architecture. Le plus grand maitre en ce genre fut Baltazar Peruzzi. (*Voyez* la vie de cet architecte au mot PERUZZI).

Les contraires de l'*élégance* sont ou la lourdeur ou la maigreur.

ÉLÉGIR, v. act., se dit surtout en menuiserie. C'est pousser des moulures ou autres ornemens saillans, & former les champs dans le même morceau en diminuant son épaisseur.

ÉLÉVATION. f. f., mot technique dont on se sert dans l'art de dessiner l'architecture, pour exprimer la représentation d'un édifice, vu dans ses mesures verticales & horisontales extérieurement apparentes sans égard à sa profondeur.

Ce que les anciens appeloient *orthographia* ou représentation d'un édifice faite par des lignes droites, c'est-à-dire horisontales, nous l'appelons *élévation géométrale*.

L'*élévation perspective* est le dessin d'un édifice eu égard à sa profondeur, de manière que les parties reculées de cet édifice, par le moyen de lignes obliques, paroissent en raccourci. C'est ce que les anciens nommoient *scenographia*.

ÉLÉVATION DES EAUX, est une partie de l'hydraulique qui enseigne les différentes méthodes, non-seulement d'élever les eaux, mais de les distribuer, tant pour les besoins de la vie, que pour l'agrément & la beauté des jardins.

ÉLÉVATION EN TALUS, est la construction des murs de terrasse & de fortification, auxquels on donne du talus à l'extérieur, quoique toutes les assises soient posées de niveau, & que le parement intérieur soit d'aplomb.

ÉLÈVE, f. m. Apprentif ou disciple d'un maitre. (*Voyez* ÉCOLE).

ÉLEVER, v. act. C'est donner de la hauteur à un bâtiment. C'est aussi dessiner un bâtiment en élevant des lignes perpendiculaires sur un plan.

ÉLEUSIS, ville voisine d'Athènes, où il reste encore quelques vestiges d'architecture. Pococke y vit des chapiteaux doriques, semblables à ceux d'Athènes, des vestiges de temples & des fragmens de statues.

Il paroît qu'il y auroit de quoi satisfaire les recherches des curieux, en fait d'antiquité, si l'on pouvoit y faire des fouilles. Mais jusqu'à présent, les voyageurs n'ont vu *Eleusis* qu'en passant.

ELLIPSE, s. f. (*construct.*) Cette courbe étant d'un fréquent usage dans l'art de bâtir, nous avons cru devoir donner du développement à cet article, qui comprendra quelques démonstrations nouvelles.

L'*ellipse* est la courbe qui résulte d'un cylindre ou d'un cône droit, coupés obliquement à leur axe, ainsi qu'on le voit dans les figures 225 & 226.

La figure 227 est la projection d'un demi-cylindre, dont les bases sont représentées par les demi-cercles ABD, EDG, & la section oblique qui produit l'ellipse, par la ligne BE.

Les lignes parallèles 1,7 ; 2,8 ; 3,9 ; 4,10 ; 5,11 ; divisent la circonférence de ce demi-cylindre en six parties égales, indiquées sur la circonférence du demi-cercle ADB par les points b, c ; D, e, f ; en sorte que les lignes 1,7 & 5,11 sont censé élevées au-dessus du diamètre, dans tous les points de leur longueur, à une hauteur égale à $1, b$ & $5, f$; que l'élévation des lignes 2,8 & 4,10 est égale à $2, c$ & $4, e$, & que celle de la ligne 3,9 est égale à 3D ; d'où il résulte, que si de tous les points où l'oblique BE coupe les parallèles 1,7 ; 2,8 ; 3,9 ; 4,10 & 5,11, on élève des perpendiculaires égales à l'élévation de chacune de ces lignes au-dessus du diamètre ; c'est-à-dire, que si on porte $5f$ de $5'$ en f' ; $4e$ de $4'$ en e' ; 3D de $3'$ en D' ; $2c$ de $2'$ en c' & $1, b$ de $1'$ en b', & qu'on trace la courbe B', f', e', D', c', b', E, elle représentera celle qui résulte du cylindre coupé obliquement, c'est-à-dire, l'*ellipse*. Les perpendiculaires au diamètre AB du demi-cercle & au diamètre BE de l'*ellipse*, sont appelées, ordonnées à ces diamètres.

Comparaison du cercle avec l'ellipse.

Dans l'*ellipse* comme dans le cercle, tous les diamètres se croisent au centre qui les divise en deux parties égales ; mais dans le cercle les diamètres sont égaux, tandis que dans l'*ellipse* leur grandeur change pour chaque point de la courbe ; le plus grand des diamètres est appelé grand axe, & le moins grand, petit axe.

De tous les diamètres, il n'y a que les deux axes qui se coupent à angles droits, les autres forment entr'eux des angles plus ou moins grands.

Comme l'*ellipse* est une courbe fermée & symétrique, les deux axes la divisent en quatre parties égales, & de même forme.

Dans le cercle, les ordonnées aux diamètres forment toujours des angles droits.

Dans l'*ellipse*, il n'y a que les ordonnées aux axes qui leur soient perpendiculaires. Les ordonnées aux autres diamètres sont parallèles aux tangentes menées à l'extrémité de ces diamètres.

La plus grande des ordonnées à un axe ou à un diamètre, est celle qui passe par le centre ; cette ordonnée est la moitié d'un diamètre ou d'un axe qui est appelé conjugué, par rapport à celui auquel il est ordonné.

Dans le cercle, une ordonnée quelconque, telle que MP, fig. 228, est moyenne proportionnelle entre les parties AP & PB du diamètre, auxquelles on donne le nom d'*abcises*, en sorte qu'on a la proportion AP : MP :: MP : PB, d'où il résulte que $\overline{MP}^2 = AP \times BP$, c'est-à-dire, que dans le cercle le carré des ordonnées est égal au rectangle des abcises correspondantes.

Dans l'*ellipse*, fig. 229, le carré d'une ordonnée quelconque au grand axe, est au rectangle des abcises, comme le carré du petit axe est au carré du grand ; c'est-à-dire, qu'on a $\overline{MP}^2 : AP \times PB :: \overline{CD}^2 : \overline{AB}^2$ qui donne $\overline{MP}^2 \times \overline{AB}^2 = \overline{AP \times PB} \times \overline{CD}^2$ qui se réduit à $\overline{MP}^2 = \overline{AP \times PB} \frac{\overline{CD}^2}{\overline{AB}^2}$, & pour le petit axe $\overline{NQ}^2 = CQ \times QD \times \frac{\overline{AB}^2}{\overline{CD}^2}$; d'où il résulte que dans l'*ellipse* le carré des ordonnées au grand axe est plus grand que le produit des abcises correspondantes, & que le carré des ordonnées au petit axe est moindre que ce produit.

Si par les points M*m* de l'*ellipse* on mène deux ordonnées PM, *pm*, on aura, d'après ce qui vient d'être dit, $\overline{PM}^2 : AP \times PB :: \overline{CD}^2 : \overline{AB}^2$, & $\overline{pm}^2 : Bp \times pA :: \overline{CD}^2 : \overline{AB}^2$, d'où l'on tire $\overline{PM}^2 : \overline{pm}^2 :: AP \times PB : Bp \times pA$; c'est-à-dire que dans l'*ellipse*, les carrés des ordonnées sont entr'eux comme le rectangle des abcises correspondantes.

Dans le cercle, toutes les perpendiculaires CD à la courbe se réunissent en un seul point O, qui est le centre fig. 230.

Dans l'*ellipse*, les perpendiculaires IH à la courbe aboutissent à différens points *dd* du grand axe, fig. 231.

Indépendamment du centre O, on place sur le grand axe de l'*ellipse* deux autres points F f à égale distance du centre, auxquels on donne le nom de foyers.

Une des principales propriétés des foyers, est que la somme des lignes menées d'un point de la courbe, à chacun de ces foyers FI + fI, est toujours égale au grand axe. Cette propriété fournit un moyen facile de tracer l'*ellipse*, & de mener des tangentes & des perpendiculaires à cette courbe.

Pour trouver la place des foyers, la méthode ordinaire indiquée par tous les géomètres qui ont parlé de l'*ellipse*, consiste à prendre la moitié du grand axe AO, ensuite de l'extrémité C du petit axe comme centre, & avec cette grandeur pour rayon, on décrit sur le grand axe deux sections, qui marquent la place des foyers F & f.

Il résulte de cette opération, que la distance OF du centre de l'*ellipse* à un des foyers, est moyenne proportionnelle entre la somme des deux demi-axes

& leur différence ; c'est-à-dire, qu'on a la proportion $\overline{CO}+\overline{CF} : \overline{OF} :: \overline{OF} : \overline{CF}-\overline{CO}$. Car par la propriété du triangle COF, on a $\overline{CF}^2 = \overline{CO}^2 + \overline{OF}^2$, d'où l'on tire $\overline{CF}^2 - \overline{CO}^2 = \overline{OF}^2$. Or, $\overline{CF}^2 - \overline{CO}^2$ est égal au produit de $\overline{CO}+\overline{CF} \times \overline{CF}-\overline{CO}$; donc on a $\overline{CO}+\overline{CF} : \overline{OF} :: \overline{OF} : \overline{CF}-\overline{CO}$.

Dans tous les traités de géométrie où il est question de l'*ellipse*, on ne dit rien de leur origine c'est-à-dire, qu'on n'explique pas à quel point du cylindre & du cône ils correspondent, c'est cependant une question intéressante que nous allons résoudre.

Soit ABCD, le plan ou la projection d'un cylindre droit (*fig.* 232) dont la section oblique, qui produit l'*ellipse*, est indiquée par la diagonale BC, & dont les lignes AB, CD sont les diamètres des cercles qui forment les bases du cylindre ; si du point d'intersection O, qui divise EC & BC chacune en deux parties égales, on décrit les arcs EF & Gƒ, les points F, ƒ où ils couperont la ligne BC, qui est le grand axe de l'*ellipse*, seront les foyers ; car à cause du triangle rectangle BEO, on aura $\overline{EO}^2+\overline{BE}^2 = \overline{BO}^2$ qui donne $\overline{EO}^2 = \overline{BO}^2 - \overline{BE}^2$, comme $OF = EO$ on a $\overline{OF}^2 = \overline{BO}^2 - \overline{BE}^2$.

De plus, BO & BE étant les deux demi-axes de l'*ellipse*, on a, comme dans le cas précédent, $BO+BE : OF :: OF : BO-BE$; c'est-à-dire, que la distance OF est moyenne proportionnelle entre la somme des deux demi-axes & leur différence ; donc F est un des foyers.

Si l'on considère l'*ellipse* produite par la section oblique AB (*fig.* 233) d'un cône droit LKM, on trouvera de même les foyers en décrivant du point O, milieu de AB, les arcs RF & GF des extrémités R & G de la partie d'axe du cône, comprises entre les lignes AH, IB, menées des extrémités de la section AB parallèlement à la base du cône.

Car si du point O, milieu de AB, on mène une troisième parallèle PN, elle indiquera le diamètre du cercle qui formeroit la section du cône selon cette ligne, dont la moitié est représentée par le demi-cercle PDN ; & si du point O, on mène l'ordonnée OP, elle sera égale à la moitié du petit axe de l'*ellipse*, dont le grand est AB ; enfin, si du point D, avec un rayon égal au demi-axe AO, on décrit sur OP une section qui la coupe au point C, & qu'on tire CD, on aura (à cause du triangle rectangle COD, dont l'hypothénuse est égale à la moitié du grand axe, & le côté DO à la moitié du petit) $\overline{CD}^2 = \overline{DO}^2 + \overline{CO}^2$ & $\overline{CO}^2 = \overline{CD}^2 - \overline{DO}^2$, qui donne $CD+DO : CO :: CO : CD-DO$. Mais comme $CO = GO = FO = OR$, on aura, comme ci-devant, $CD+DO : FO :: FO : CD-DO$; c'est-à-dire, que les foyers de l'*ellipse* représentent l'extrémité des axes de la partie de cône ou de cylindre, dans laquelle est comprise la section oblique qui produit l'*ellipse*.

L'*ellipse* formée par la section oblique d'un cône droit, est parfaitement semblable à celle qui provient de la section oblique d'un cylindre aussi droit. Cette proposition paroît d'abord douteuse à ceux qui n'ont pas étudié les sections coniques ; car il semble que la section d'un corps tel que le cylindre, dont le diamètre est partout égal, devroit être différente de la section d'un cône, dont la grosseur va en diminuant depuis la base jusqu'au sommet, où elle se termine à un point.

Quelques auteurs ont soutenu que la courbure de l'*ellipse*, provenant de la section oblique du cône droit, devait être plus fermée dans la partie située du côté de la pointe du cône que celle qui se trouve du côté de la base. Cette opinion a été avancée par Albert Durer, dans ses institutions géométriques, où il donne une figure d'*ellipse*, qui forme des jarrets à l'extrémité de chaque axe.

Il est cependant démontré qu'il n'y a de différence dans l'*ellipse* considérée dans le cylindre & dans le cône, que la position du centre par rapport à l'axe de ces solides. Ainsi, dans le cylindre, l'axe passe par le centre de l'*ellipse*, & dans le cône, l'axe s'en éloigne plus ou moins en raison de l'obliquité de la section.

Quant à la courbure de l'*ellipse*, considérée dans le cône, voici une nouvelle démonstration pour prouver qu'elle est la même aux deux extrémités du grand axe, & que c'est une courbe symétrique, parfaitement semblable à l'*ellipse*, considérée dans le cylindre.

Soit GSK la projection ou la section par l'axe d'un cône droit, soit AB la section oblique du plan coupant qui produit l'*ellipse*, dont cette ligne est le grand axe ; soient PM & QN, deux ordonnées à l'axe AB, également éloignées du centre O ou des extrémités A & B.

Il est évident que si la courbure des deux extrémités de cette *ellipse* est égale, ces deux ordonnées seront aussi égales ; & si les carrés de ces ordonnées sont entr'eux comme le produit des abcises correspondantes, c'est-à-dire, si on a $\overline{MP}^2 : \overline{QN}^2 :: AP \times PB : BQ \times AQ$, cette *ellipse* sera semblable à celle qui résulte de la section oblique du cylindre.

Imaginons que le cône GSK (*fig.* 234) est coupé par deux plans parallèles à sa base, & passant par les points P & Q il en résultera deux cercles, dont HI & LR seront les diamètres, & dont les ordonnées Pm & Qn sont égales à celles PM & QN de l'*ellipse* ; cela posé,

À cause des triangles semblables AHP, ALQ, on a $HP : LQ :: AP : AQ$, & à cause des triangles semblables BQR, BPI, on a $QR : PI :: BQ : BP$; & comme par l'hypothèse $AP : AQ :: BQ : PQ$, il en résulte que HP : LQ :: QR : PI, d'où l'on tire HP × PI = LQ × QR & $\overline{Pm}^2 = \overline{Qn}^2$; enfin Pm = Qn.

2°. Comme PM = Pm & QN = Qn, & que par l'hypothèse on a AP = BQ & AQ = BP, on aura aussi $\overline{PM}^2 : \overline{QN}^2 ::$ AP × PB : BQ × AQ.

Donc l'ellipse qui résulte d'une section du cône est une courbe symétrique, dont la courbure aux extrémités du grand axe est égale, tant du côté de la pointe du cône que du côté de sa base. De plus, cette courbe est absolument la même que celle qui résulte du cylindre coupé obliquement.

J'ai pensé qu'il étoit utile aux arts, & surtout pour l'architecture, de développer cette proposition en faveur de ceux qui ne sont pas géomètres, parce que quelques auteurs ont prétendu prouver le contraire, & que la plupart de ceux qui s'occupent du trait de la coupe des pierres, de la charpente & de la menuiserie ont adopté cette erreur.

Manière de tracer l'ellipse par le moyen des foyers.

Nous avons dit qu'une des propriétés de l'*ellipse* est que la somme des lignes, menées d'un point quelconque de cette courbe aux deux foyers, est toujours égale au grand axe. Il résulte de cette propriété, que si l'on attachoit à ces points les deux bouts d'un cordon, dont la longueur seroit égale au grand axe, on pourroit, en plaçant une pointe, un piquet ou un crayon, tracer cette courbe en faisant glisser ces instrumens dans le pli du cordon que l'on fait tendre. Cette manière de tracer l'*ellipse* lui a fait donner le nom d'ovale des jardiniers, parce qu'ils font usage de cette méthode. Mais comme le cordon peut s'étendre pendant l'opération, ce moyen n'est pas assez sûr pour les ouvrages qui exigent une certaine précision. Il vaut mieux faire usage du compas à ovale dont il a été parlé à l'article *compas*. (Voyez ce mot).

Autre manière par plusieurs points.

On peut trouver autant de points de l'*ellipse* qu'on voudra par une opération fondée sur ce procédé ; après avoir déterminé les deux axes, & placé sur le grand les deux foyers, on prendra une grandeur quelconque qui doit être moindre que FB & plus grande que AF = A*f*, d'un des foyers F & avec cette grandeur pour rayon, on décrira une section indéfinie GH ; on portera ensuite cette grandeur de A en L sur le grand axe ; on prendra le surplus LB, avec lequel on décrira de l'autre foyer *f*, comme centre, un autre arc qui coupera le premier en M, qui sera un des points de l'*ellipse*, puisqu'on aura MF + M*f* = AB.

L'*ellipse* étant une courbe symétrique, on peut déterminer, par ce procédé, quatre points de cette courbe à-la-fois. Ainsi, avec une même grandeur, on décrira du foyer F les arcs I & K, & du foyer *f*, avec le même rayon, les arcs L & N ; portant ensuite cette grandeur de A en O, on décrira, avec un rayon égal à OB & des foyers F & *f*, comme centre, d'autres arcs qui, en coupant les premiers, détermineront les points IKLN, qui seront quatre points de la circonférence de l'*ellipse*.

En suivant ce même procédé, on trouvera autant de points qu'on voudra par le moyen desquels on tracera à la main, ou avec une règle pliante, une *ellipse*, qui sera d'autant plus exacte que les points seront plus près les uns des autres.

L'*ellipse* tracée de cette manière est parfaitement semblable à celle qui seroit tracée par le moyen des ordonnées des cercles décrits sur le petit ou le grand axe, comme nous l'avons ci-devant expliqué.

Cette manière de tracer l'*ellipse*, par plusieurs points, est très-exacte & fort commode, mais elle suppose la connoissance des axes, & souvent on ne connoît que deux diamètres conjugués.

Pour deux diamètres conjugués.

Il y a différentes manières de résoudre ce problème ; nous avons choisi celle qui a plus de rapport à la manière de tracer les épures pour la coupe des pierres ou des bois.

Soient les diamètres conjugués AB, DE (*fig.* 235) ayant mené par le point D la ligne DT, parallèle à AB, & par le point C, la perpendiculaire CK, qui rencontrera DT au point K, on prolongera cette ligne vers F. Du point C, pour centre, & du rayon CK, on décrira le quart de cercle HK, & avec le demi-diamètre CB, pour rayon, on décrira un autre quart de cercle FB. On divisera la circonférence de ces deux quarts de cercle en un même nombre de parties égales. Par chacune de ces divisions 1, 2, 3, dans l'un & l'autre quart de cercle, on mènera des parallèles au diamètre CB, telles que a*a'* b*b'* c*c'* dans le quart de cercle HK, & 1L, 2M, 3N dans le quart de cercle FB ; ensuite, par les mêmes points 1, 2, 3 du même quart de cercle FB, on mènera d'autres lignes 3g, 2h, 1k, parallèles à FC, par conséquent perpendiculaires à AB, lesquelles couperont le diamètre aux points *ghk* ; on mènera par ces points des lignes *ga*, *hb*, *ka*, parallèles à CD, lesquelles couperont les précédentes a*a'*, b*b'*, c*c'* aux points a, b, c, qui seront à la circonférence de l'*ellipse*.

Ces points étant trouvés pour la partie DB, on aura ceux pour la partie DA, en portant *gc* de *q* en *c*, *pb* de *p* en *b'* & *ao* de *o* en *a'*. On répétera la même opération pour l'autre moitié d'*ellipse*, & par tous les points trouvés, on fera passer une courbe qui sera l'*ellipse* cherchée : car à cause des parallèles au diamètre AB, & des divisions égales des quarts de cercle HK, FB, les rayons CK, CF sont divisés en parties proportionnelles, de même que les lignes CK, CD ; donc CD : CQ :: CF : CN & CD : CP :: CF : CM, & CD : CO :: CF : CL ; mais CQ = *gC*; C*p* = *hh*, & CO = K*e*, par la même raison *g*3 = CN ; *h*2 = CM, & *k*1 = CL ; donc *ge* : *hb* ::

83 : A2, c'est-à-dire, que les ordonnées au diamètre du cercle & celles au diamètre de l'*ellipse*, sont en même raison entr'elles.

Faire passer une ellipse *par cinq points donnés.*

Il ne faut, pour parvenir à tracer un cercle dont on ne connoît ni le rayon ni le centre, que trois points ; mais pour l'*ellipse*, il en faut cinq, tels que AMBND (*fig.* 236) il est évident qu'ils ne doivent pas être en ligne droite, & qu'il faut qu'ils puissent convenir à une courbe fermée ; cela posé, on réunira quatre de ces points par les lignes AB, MN, & par le cinquième point D, on mènera une droite DK, parallèle à AB, prolongée indéfiniment vers F, puis on fera cette proportion $MO \times ON : AO \times OB :: MK \times KN : DK \times KF$, qui donne $KF = \frac{AO \times OB \times MK \times KN}{MO \times ON \times DK}$. Ainsi, le point F sera déterminé en portant cette valeur de K en F, puisque toutes les lignes qui forment le numérateur & le dénominateur de cette fraction, sont déterminées de grandeur par la position respective des points AMBND. Pareillement pour avoir un point P fixé sur la droite GD menée par le point D, parallèlement à la droite MN, & qui coupe la droite AB au point G, on fera cette analogie $AO \times OB : MO \times ON :: GB \times GA : GD \times GP$, qui donne $GP = \frac{MO \times ON \times GB \times GA}{AO \times OB \times GD}$, & portant cette valeur de G en P, on aura la position du point P.

On cherchera ensuite le centre de l'*ellipse*, qui doit être placé sur une ligne droite RCr, qui passe par les milieux QS des parallèles PD, MN ; pareillement par les points T, V, milieux des parallèles AB & DF, on mènera la droite indéfinie ZTVX, qui coupera la droite Rr au point C, qui sera le centre de l'*ellipse*, dont les droites Rr, ϱx seront les diamètres.

Pour déterminer la grandeur des demi-diamètres CR, Cr, on remarquera que les droites PD, MN étant parallèles & coupées également aux points QS, seront des doubles ordonnées au diamètre RCr ; ainsi, on aura $\overline{MS}^2 : \overline{PQ}^2 :: \overline{CR}^2 - \overline{CS}^2 : \overline{CR}^2 - \overline{CQ}^2$; d'où l'on tire $\overline{CR}^2 = \frac{\overline{MS}^2 \times \overline{CQ}^2 - \overline{PQ}^2 \times \overline{CS}^2}{\overline{MS}^2 - \overline{PQ}^2}$ & $CR = \sqrt{\frac{\overline{MS}^2 \times \overline{CQ}^2 - \overline{PQ}^2 \times \overline{CS}^2}{\overline{MS}^2 - \overline{PQ}^2}}$. Ayant ainsi trouvé le demi-diamètre CR, dont on a déjà l'ordonnée MS, on trouvera son conjugué en faisant cette proportion $\overline{CR}^2 - \overline{CS}^2 : \overline{MS}^2 :: \overline{CR}^2 : \overline{Cr}^2$, & l'on décrira avec ces deux diamètres l'*ellipse* par la méthode ci-devant expliquée.

L'usage fréquent que l'on fait de l'*ellipse* dans les arts, & surtout dans l'architecture, exige encore quelques problèmes dont nous allons donner la solution. On a souvent besoin de mener des tangentes ou des perpendiculaires à cette courbe. Ces opérations sont fort simples lorsqu'on connoît les foyers.

Si par un point quelconque P d'une *ellipse*, dont on connoît les foyers F*f*, on veut tirer une perpendiculaire à cette courbe, il faut de ce point P, mener aux deux foyers les droites PF, P*f*, & diviser l'angle FP*f* en deux parties égales par la droite RPS, qui sera la perpendiculaire cherchée.

Si l'on mène, par ce même point P, une perpendiculaire à RS, elle sera tangente à ce point ; lorsque l'*ellipse* a été tracée sans le secours des foyers, pour les trouver il faut, du centre O, & avec un rayon moindre que la moitié de la longueur de l'*ellipse*, décrire deux arcs de cercle GH, IK terminés par la courbe ; on divisera ensuite chacun de ces arcs en deux parties égales aux points L, M, par lesquels on mènera une droite qui rencontrera l'*ellipse* aux points A & B. Cette ligne sera le grand axe de l'*ellipse*. Pour avoir le petit axe, on élèvera, par le milieu O, une perpendiculaire CD ; connoissant les deux axes, on trouvera les foyers comme il a été ci-devant indiqué.

L'*ellipse* pouvant être considérée comme un cercle allongé, ou raccourci par l'éloignement ou le rapprochement de ses ordonnées, il en résulte que sa surface comparée à celle du cercle est, pour le premier cas, comme le petit axe est au grand axe, & dans le second, comme le grand axe est au petit. Nous renvoyons, pour les autres propriétés de l'*ellipse*, au Dictionnaire de mathématiques.

On peut voir aussi l'article ceintre de ce dictionnaire pour l'imitation de cette courbe par des arcs de cercles.

ÉLYSÉE (*jardinage*), *Champs-Elisées*. On sait que ce nom fabuleux fut donné par la Mythologie à ce lieu imaginaire où les poètes placèrent les ombres des héros, des hommes vertueux, & en général de tous ceux qui avoient bien vécu. Elles jouissoient d'un bonheur inaltérable dans ce séjour où régnoit un printemps éternel.

Il n'est point de motif plus analogue aux sujets que le jardinage peut traiter, ni plus conforme à l'imitation de cet art. C'est à lui qu'il appartient de réaliser ces brillans tableaux & ces ingénieuses fictions de la poésie. Dans plus d'un jardin, cet agréable sujet a déjà été traité & rendu avec tout l'intérêt qu'il inspire. L'Angleterre en offre plusieurs exemples. Le plus célèbre est celui des *Champs-Elisées* à Stowe. De pareils jardins sont peu susceptibles de description ; mais on ne sauroit se refuser à en faire mention.

« Les *Champs-Elysées* de Stowe sont arrosés par un beau ruisseau. Les arbres y sont plantés à de si grandes distances, que la lumière s'y répand de toute part ainsi que la gaîté. Ces arbres s'ouvrent sur une clairière du côté où les eaux offrent la plus grande surface, & ils laissent voir au travers de quantité d'autres ouvertures plus étroites, des lointains qui paroissent encore plus reculés par la manière dont on les aperçoit. On entre dans les Champs-Elysées par une arcade dorique, placée à l'extrémité d'un percé. Dans l'intérieur sont des temples situés l'un sur un endroit élevé, l'autre dans le fond du vallon & près de la rivière. Tous les deux sont ornés des bustes des hommes célèbres de l'Angleterre. On y lit ces vers de Virgile ».

Hic manus ob patriam pugnando vulnera passi,
Quique pii vates & Phœbo digna locuti
Inventas, aut qui vitam excoluere per artes,
Quique sui memores alios fecere merendo.

« La limpidité du grand ruisseau qui serpente au travers du vallon, la fraîcheur d'un autre plus petit qui vient s'y réunir, le verd foncé du gazon, ces temples & ces images des grands hommes qui se réfléchissent dans l'eau, la variété des arbres, l'éclat de leur verdure, leurs groupes agréablement répartis sur les petites inégalités du terrain, tout contribue à répandre dans cette scène un charme que l'imagination a peine à concevoir ».

L'artiste qui se propose de faire dans un jardin ce qu'on est convenu d'appeler un *élysée*, choisira d'abord un canton qui réunisse au calme de la situation une riante aménité, un canton vaste, dégagé & parsemé de collines. Point de chaîne de montagnes, mais une enceinte de monticules entre lesquelles s'ouvrent des perspectives qui présentent l'image de la progression & de l'immensité. Point de cascades qui troublent le repos, point de bâtimens qui fassent naître l'idée d'enceinte ou de clôture. Il faudra, pour en faire mieux ressortir l'effet, que les approches de l'*élysée* soient un sol aride livré aux ronces & garni d'arbres tristes, à feuillage noirâtre. On ne sauroit en rendre le site avoisinant trop sauvage. Ce sont là de ces ressources qu'il faut doit employer sous peine de manquer son but. Rien ne vaut en ce genre que par le contraste.

Quelque soin que l'artiste emploie pour en produire, il court toujours le risque de n'être ni senti ni compris par le commun des spectateurs. L'imagination de la plupart des hommes est si étrangère aux impressions poétiques du jardinage, que les imitations les plus heureuses de l'art des jardins passent devant eux & disparoissent, sans rien dire à leur ame. Ce n'est qu'un simple spectacle pour les yeux. Pour jouir des scènes de cette espèce, il faut dans le sentiment une extrême facilité à recevoir les impressions, & dans l'imagination une certaine flexibilité qui corrige ou rachève ce qui manque à l'imitation pour être parfaite. Le caractère des lieux & de leur décoration ne sauroit jamais être représenté d'une manière aussi complètement illusoire que dans les descriptions des poëtes. Les emplacemens, les arbres & les autres objets ne sont guère ici que ce que nous avons l'habitude de les voir ailleurs. Quand l'artiste a fait tout ce que son art peut produire, encore faut-il que le spectateur se prête à l'illusion.

Ce qu'on appelle les *Champs-Elysées*, à Paris, est une grande promenade plantée en quinconce, & divisée en grands emplacemens destinés à des jeux.

EMARGER, v. act. Ecrire en marge. Les architectes, les experts émargent les mémoires des ouvriers en les réglant.

EMBASEMENT, s. m. Base ou retraite continue au pied d'un édifice, laquelle est ordinairement d'une construction simple & sans ornement.

EMBELLIR, v. act. Mot générique dont on use en architecture comme dans beaucoup d'autres arts, pour dire orner, soit un édifice dans son ensemble, soit chaque partie dans ses détails. Toutefois les deux mots spécialement affectés en ce genre à l'architecture, sont *décorer* & *orner*.

EMBELLISSEMENT, s. m. C'est une addition faite à un objet quelconque pour le rendre plus beau. Tout ce que l'architecture comporte d'*embellissement* se trouve compris dans les mots consacrés par l'usage *décoration* & *ornement*. (Voyez ces mots).

EMBLÊME, s. m. Espèce de figure symbolique ordinairement accompagnée de devises ou de quelques paroles sententieuses. (Voyez ALLÉGORIE, DEVISE).

EMBOITER, v. act. Enchâsser une chose dans une autre. On dit *emboiter* une porte, une table.

EMBOITURE, s. f. *Terme de charpenterie.* C'est dans l'assemblage d'une porte collée & *emboitée*, une traverse qu'on met à chaque bout pour retenir en mortaise les ais à tenon, collés & chevillés. Les *emboitures* doivent toujours être de bois de chêne même aux ouvrages de sapin.

EMBORDURER, v. act. Mettre une bordure à un tableau ou à un bas-relief.

EMBRANCHEMENT, s. m. Pièce de l'enrayure assemblée de niveau avec le coyer & les empanons dans la croupe d'un comble.

EMBRASEMENT, s. m. Est l'élargissement qu'on fait intérieurement aux jambages d'une porte ou d'une croisée, par une ligne oblique à la face du mur, depuis la feuillure jusqu'au parement. On devroit dire *ébrasement*.

EMBRASER, v. act. On devroit dire *ébraser*. (Voyez EMBRASEMENT).

EMBRASSURE, s. f. Est un assemblage carré de chevrons à queue d'hironde, qui sert à retenir les languettes du pourtour d'une souche de cheminée.

EMBRÈVEMENT. (*Voyez* ASSEMBLAGE).

EMERAUDE, s. f. Pierre précieuse transparente de couleur verte.

« Théophraste rapporte qu'on trouvoit dans les annales des Egyptiens, qu'un roi de Babylone avoit envoyé, en présent, à un de leurs rois, un *émeraude* de quatre coudées de hauteur sur trois de largeur; qu'en outre il y avoit en Egypte, dans le temple de Jupiter, un obélisque composé de quatre *émeraudes* seulement, dont la longueur étoit de quarante coudées, & la largeur en partie de quatre, en partie de deux coudées. Le même auteur ajoute que de son temps, & lorsqu'il écrivoit son ouvrage, il y avoit à Tyr, dans le temple d'Hercule, un pillier debout d'une seule *émeraude*, à moins que ce n'ait été du *pseudo-smaragdus*. Car il existe aussi une pierre de ce genre; & en Chypre, on en trouve qui est à moitié *émeraude* & à moitié jaspe ».

« Appion, surnommé Plistonice, a écrit depuis peu qu'il y avoit encore à présent, dans le labyrinthe d'Egypte, un sérapis colossal en *émeraude*, de la proportion de neuf coudées ». (*Pline*, *hist. nat.* l. 37, ch. 5).

EMERI, s. m. Pierre métallique qui, réduite en poudre, sert à polir les marbres.

EMINENCE, s. f., (*jardinage*). C'est une expression générique qui sert à désigner toute élévation de terrain au-dessus du niveau de la plaine. Chaque espèce d'*éminence*, selon son caractère particulier, prend un nom qui lui est propre, comme colline, butte, montagne, &c.

L'*éminence* plaît dans les jardins, elle présente à la vue un plus grand horison. Elle termine des aspects, elle en ouvre elle-même de nouveaux. Quand on la monte, elle offre des points de vue variés. Elle donne de la majesté aux édifices qu'elle porte sur son sommet, & leur procure sur ses penchans des situations douces & agréables.

Tout ce qui est anguleux, coupé net, excavé ou pointu, blesse l'œil. La beauté de l'*éminence* dépend surtout de sa configuration. Des lignes légèrement ondoyantes, des inflexions insensibles, un sommet élégamment arrondi & se terminant par une plaine, en font le charme & le mérite.

L'*éminence* peut plaire même lorsqu'elle est nue, pourvu que sa forme soit avantageuse; mais garnie, elle acquiert de nouveaux attraits. Des buissons fleuris, dispersés sans régularité sur ses pentes, de petits groupes d'arbustes, quelques grands arbres qui s'élancent de ses flancs & ombragent une partie du faîte, quelque édifice élégant au sommet; voilà ce qui en est la décoration naturelle.

EMPANON. (*Voyez* CHEVRON *de croupe*).

EMPATTEMENT, s. m. C'est une plus épaisseur de maçonnerie qu'on laisse devant & derrière dans le fondement d'un mur de face ou de refend.

EMPLACEMENT, s. m. Place à bâtir, espace de terrain dans lequel on peut faire bâtir.

EMPLACEMENT, (*jardinage*). C'est le lieu sur lequel doit être planté & disposé un jardin. C'est en quelque sorte la toile sur laquelle doit peindre l'artiste jardinier.

Il y a deux parties à distinguer dans l'*emplacement* le terrain & le site.

Le site est le tableau en grand qu'offre l'ensemble du terrain. C'est de cet ensemble qu'il reçoit un caractère déterminé, c'est du mouvement & du jeu combiné de ses diverses parties qu'il tire son expression.

A l'égard du terrain, on se persuade trop facilement que les formes sont arbitraires, parce qu'elles sont irrégulières & d'une grande diversité. On croit qu'à tout hasard on ne peut manquer de les imiter, en évitant les lignes droites & les contours trop symétriques. C'est une erreur. Il faut beaucoup plus d'étude qu'on ne pense pour suivre les principes de la nature dans la disposition ou la configuration d'un terrain. Ce qu'on doit rechercher avant tout, c'est les raisons de la nature & les moyens qu'elle met en œuvre pour donner telle ou telle forme à tel ou tel *emplacement*. Ces règles sont très-difficiles à saisir & le seroient encore plus à développer. Elles s'acquièrent par l'expérience, & la théorie est très-insuffisante en ce genre.

Ceci s'applique surtout aux cas où l'artiste jardinier doit façonner lui-même son terrain & créer son emplacement. En vain, toutefois, croira-t-il pouvoir faire subir à une plaine les changemens qui y produisent les accidens d'un terrain montueux. En creusant ici, en exhaussant là, il parviendra bien à la rendre inégale. Mais il n'aura pas établi cette tendance générale, cette correlation que la nature observe dans les pentes & dans les contorsions du sol. Malgré les ressources de l'art & toutes ses dépenses, l'œil saisira bien vite le vuide & la correspondance du niveau dans les points qui n'auront pas souffert le travail. L'œuvre de l'homme se montrera au lieu de celle de la nature, & le spectateur ne verra dans ces déblais & ces remblais que des creux & des buttes, où il croyoit trouver des côteaux & des vallons.

Si les formes du terrain ne sont pas un jeu du hasard, si elles ne sont pas nées du caprice, si, au contraire, elles sont, ainsi que l'observation le démontre, le résultat de l'action & de la réaction de certains agens, il s'ensuit que le choix ne doit pas en être livré à la fantaisie, qu'elles sont soumises à des règles, & que lorsqu'on est obligé de créer des formes on doit rejetter toutes celles qui ne paroîssent pas l'effet nécessaire d'une cause physique.

Quant au choix de l'*emplacement*, il comporte peu de préceptes, & ils se fondent sur ce qu'exige la santé & sur ce qu'enseigne l'économie rurale. Il faut un air sain que n'altère le voisinage d'aucun marais, d'aucune eau croupissante. Il faut un sol fertile, de l'eau à proximité. Il faut un lieu qui puisse être embelli sans trop de travail & de dépense, qui puisse acquérir des vues libres, & ait pour aspect des objets variés & riches des dons de la nature.

En général, il faut choisir un *emplacement* divisé en plaines, en montagnes, en collines & en vallons. Un *emplacement* qui ne consiste qu'en plaine est trop uniforme, & les variations que l'art fait y introduire sont trop dispendieuses. Un paysage montueux, ou parsemé de collines, offre bien plus de diversité dans ses inégalités, dans les coudes & les penchans du terrain, plus de grandeur & de variété dans ses aspects, plus de liberté & de hardiesse dans les situations des arbres, plus de vie dans les ruisseaux & les cascades, qui ne reposent jamais. Aux moindres mouvemens du spectateur, les objets se montrent sous des formes nouvelles, les situations varient sans cesse, les scènes se succèdent rapidement, & ces transitions s'opèrent tantôt par des passages simples & préparés, tantôt par des changemens brusques & subits.

Il faut principalement rechercher quel est le caractère naturel du canton que l'on veut changer en jardin, afin d'en tirer tout le parti possible. Combien de jardiniers cependant font leurs plans & leurs desseins avant de savoir où doit être placé le jardin. Si la nature, par sa propre disposition, n'a pas fourni les grands caractères, & n'a pas ordonné les principales masses d'un paysage, il faut y renoncer. Il n'est pas au pouvoir de l'homme de créer les matériaux d'un véritable jardin. L'art peut aider à la nature, mais ne sauroit la suppléer. On ne la refond pas, on la fait encore moins.

Si le caractère naturel de l'*emplacement* est agréable & ouvert, on parviendra peut-être à force de remplement, de déplacement de terre, à force de plantations, à le rendre maussade & obstrué, mais jamais sombre & mystérieux. A-t-il une expression forte & hardiment prononcée, on l'affoiblira ou il restera sans effet & sans accord.

Que l'artiste se garde donc de vouloir créer en dépit de la nature, & d'en prétendre changer les caractères. Qu'il ne dise pas, ici je serai une montagne, là un vallon? Se flatteroit-t-il de faire illusion par quelques brouettées de terre qu'il appellera montagnes, par quelques rocailles maigres & méthodiquement construites en moëlons, qu'il donnera pour des rochers, par une rigole tortillée de quelques pouces de largeur, qu'il gratifiera du nom fastueux de rivière.

Si tous les moyens humains sont réellement insuffisans pour fabriquer en grand un site de quelque importance sur l'échelle vraie de la nature, l'artiste qui en aura étudié les principes, s'assujettira à la marche du terrain sur lequel il se proposera de travailler. Il n'y projettera que l'espèce de jardin que l'*emplacement* comporte. Il cherchera à seconder, à renforcer son caractère, à en rendre les effets plus sensibles & plus déterminés, à façonner le terrain & non à le refaire.

S'il est pauvre, qu'il l'enrichisse par des accidens analogues & bien placés. Qu'il établisse des liaisons s'il est incohérent. Qu'il mette ensemble le terrain & les objets qu'il lui associe. Qu'il compose un tout sans désunion ni discordance, dont les parties soient dans les vrais rapports de la nature.

L'artiste jardinier a, sans doute, le droit de corriger ou de voiler les défauts de son *emplacement*. Ces défauts n'en sont pas pour la nature qui travaille en grand & à des intentions souvent fort étrangères aux intérêts du paysage, & de l'espèce de plaisir qu'on veut obtenir d'un jardin. L'art évitera toutefois de se rendre trop sensible dans ses correctifs. En voulant tout parer, tout nettoyer, on produit de petites choses, on ôte à l'ensemble cet air de négligence & d'abandon qui constitue la vérité.

Il faut bien se garder de détruire inutilement les objets naturels qui se trouvent dans un *emplacement*. On parvient plutôt & plus heureusement à son but, en secondant la nature par de légers changemens, & des additions modérées, qu'en enlevant tout ce qu'elle a fait croître. Bien des choses qui, au premier coup-d'œil, paroissent superflues ou nuisibles, peuvent se fondre agréablement avec un nouveau plan. Un arbre, dont un demi-siècle a formé le jet superbe, est souvent sacrifié sans raison, mais non sans une espèce de sacrilége. Qui voudroit épargner jusqu'à ce chêne centenaire, avec son tronc cicatrisé & ses bras en partie desséchés?

On ne doit point outrer ces préceptes & aller jusqu'à la superstition. Tout ce qui intercepte un aspect agréable, tout ce qui est disparate, tout ce qui se refuse à entrer dans un plan général d'embellissement, doit être sacrifié; mais rien ne doit l'être sans nécessité.

Il seroit difficile de donner quelque règle fixe sur les bornes que doit avoir l'*emplacement*. Elles sont soumises à beaucoup de variations dépendantes en partie de la nature du canton, en partie de l'ordonnance & de la destination du jardin même, objets qu'il faut avant tout consulter. Cependant on peut avancer en général qu'il ne faut pas trop assujétir ses limites à une figure déterminée, qu'elles ne doivent pas être trop prononcées, qu'elles sont plus agréables lorsqu'elles vont se perdre insensiblement dans le vague du paysage environnant, que lorsque des lignes quelconques en désignent trop clairement la fin. Un jardin, dont les bornes sont dérobées, paroît non-seulement plus naturel, mais aussi plus grand. On n'aime pas à voir le terme d'un lieu qui est agréable. L'idée que, parvenus à ce point, il faudra rebrousser chemin, nous importune. Mais une vue qui se déploye sur des objets qui s'offrent à nous dans le lointain, satisfait le besoin qu'a l'imagination de se promener dans des espaces infinis. L'ame supporte l'idée de clôture plus difficilement

montagne au-dessus de la bouche de l'*émissaire*, & d'empêcher par-là l'éboulement des pierres & des autres matières qui, à la longue, seroient parvenues à en obstruer l'entrée.

Le second moyen qui devoit assurer à jamais un libre passage aux eaux du lac, fut d'appuyer l'ouverture & la tranchée par l'édifice même qui orne l'entrée du canal, en même-temps qu'il contribue à la solidité du travail.

Cet édifice, quoique ruiné en quelques parties, subsiste encore aujourd'hui. Il est bâti de grands quartiers de pierre rustiquement taillées, & forme une assez grande grotte voûtée avec une porte dans le fonds qui donne passage à l'eau dans le conduit de l'*émissaire*. Viennent après une pièce carrée & voûtée en quatre compartimens, & une espèce de vestibule dont la voûte est tombée par le défaut d'entretien que cet ouvrage a éprouvé pendant long-temps. On y a laissé croître des arbres qui rendent ce site extrêmement pittoresque, & qu'on a respecté lors de la restauration qui a été faite dans ce siècle.

Le caractère de cet édifice est beau. Le genre rustique qu'on y a employé convient bien au sujet. Ce seroit là le modèle du goût & du style, applicables à la construction d'un château d'eau. Les accessoires de l'ouvrage n'étoient pas moins considérables.

Pour régler l'écoulement de l'eau, on avoit pratiqué sur le rivage du lac un bassin bordé de pierres égales en grandeur à celles du canal de l'émissaire. Des écluses, dont on ne voit plus que les vestiges, & auxquelles on en a substitué de modernes, s'élevoient & se baissoient pour le passage des eaux. Un pont soutenu par quatre pilliers carrés, réunissoit les deux côtés de ce bassin.

Le canal de l'émissaire est bâti & voûté, dans toute son étendue, en pierres de taille. Sa longueur est de douze cent soixante toises. Il a trois pieds & demi de large, & environ six pieds de hauteur au-dessus du fond. Ses deux extrémités étoient ornées d'un château d'eau. L'un a l'entrée du côté du lac, l'autre a son issue du côté de la plaine.

Il y a actuellement deux mille cent quatre-vingt-seize ans que ce grand ouvrage a été commencé & fini, & que sans avoir eu besoin de réparation il sert au même usage. Il n'en commanderoit pas moins l'admiration quand il eût été l'ouvrage des siècles où Rome avoit acquis le plus haut point de sa puissance. Mais ce qui l'augmente, c'est la pensée qu'à l'époque où l'ouvrage fut fait, Rome ne possédoit qu'une petite partie du *Latium*.

De l'Emissarium du lac Fucin.

Au lac Fucin, appelé aujourd'hui *Lago-Celano*, il existe un canal encore plus considérable que celui du lac d'Albane. Il consiste dans une ouverture d'environ vingt pieds de hauteur sur dix de largeur, qui occupe toute l'épaisseur d'une grande montagne située entre le Lyris, dans lequel le conduit devoit se décharger, & le lac où l'on voit encore son orifice a une espèce de petit port qui subsiste entre *Avezzano* & *Luco*.

Comme ce conduit, qui fut cependant terminé (voyez ce qui en est dit au mot CANAL *de décharge*) mais que divers accidens, lorsqu'on en fit l'essai, empêchèrent de remplir sa destination, fut laissé inutile par l'envie que Néron porta aux ouvrages de son prédécesseur, & comme depuis, on n'a plus cherché à reprendre ces travaux, cet émissaire est plus connu par les récits que Pline nous a laissés de la difficulté de l'entreprise que par les descriptions des voyageurs modernes.

Il paroît que le conduit de ce canal de décharge n'en fut que le moindre ouvrage. Les travaux qu'exigea l'excavation furent au-dessus de toute expression, selon Pline. Trente mille hommes furent employés, pendant dix années, à vaincre tous les obstacles que la nature peut opposer au succès d'une telle entreprise. On eut des rochers à percer, des eaux à détourner & à élever. Aussi la montagne est-elle encore remplie, en tous sens, de galeries souterraines. On y découvre une suite considérable de cavités verticales en forme de puits profonds, au bas desquels on peut se rendre par des conduits qui sont pratiqués en plan incliné. La plupart n'ont aucune communication, ni avec la tranchée qui forme l'émissaire, ni avec les voies pratiquées pour en parcourir les côtés.

L'abbé Chaupy observe, au sujet de cet émissaire, qu'il paroît avoir manqué de la qualité essentielle à de si grands ouvrages, savoir la nécessité. Le lac Fucin, dit-il, croît & décroît, sans doute; mais on ne se souvient point dans le pays que son accroissement produise d'autre effet que de découvrir un peu ou un peu moins ses bords dans les endroits où ils sont les plus bas. L'émissaire destiné à le tenir toujours à un niveau fixe n'auroit donc tout au plus été qu'utile, ce qu'on ne sauroit dire de celui d'Albane.

Plus d'une raison, ce me semble, a pu déterminer à entreprendre de semblables travaux. Nous sommes peut-être trop loin des temps, des lieux & des circonstances, pour deviner les motifs prépondérans qui sollicitèrent leur exécution. Le seul besoin de puiser quelque part une masse d'eau capable d'alimenter la navigation intérieure par des canaux où l'accroissement d'une rivière fût suffisant pour rendre ces entreprises plausibles, & avantageuses. Nous savons que celle du lac Fucin étoit au nombre des projets de César, & qu'Auguste fut vivement sollicité par les habitans du pays d'y mettre la main. L'objet du dégorgement d'un lac peut bien n'avoir été qu'un motif secondaire. En effet, dans son traité de la divination, Cicéron donne à entendre que lors du percement de l'émissaire du lac d'Albane, le sénat avoit été beaucoup moins induit à cette entreprise par superstition, que par la perspective de l'avantage qui en résulteroit pour l'agriculture de cette conduite d'eau par les campagnes qu'elle fertiliseroit.

Il paroît qu'un travail du même genre avoit été commencé au lac d'Averne, & que ce conduit que l'on montre aujourd'hui comme menant au soi-disant antre de la Sybille, ne fut qu'une tranchée ouverte à un canal qui auroit reçu les eaux de l'Averne. On sait que Néron avoit entrepris de tirer de ce lac un canal navigable de 160 milles romains, lequel devoit être assez large pour que deux trirêmes passent y passer de front. Il vouloit réunir ainsi Rome à Baies. Si ces projets ont existé, il falloit se procurer une quantité d'eau suffisante pour alimenter un tel canal. Il étoit très-naturel de l'aller prendre dans les lacs qui avoisinent Baies. Ainsi, les tranchées qu'on découvre auprès du lac d'Averne n'auroient eu d'autre objet que de donner ouverture à ses eaux pour les jeter dans le canal projeté. On sait encore que ces projets avortèrent. Mais on ignore jusqu'où peut s'étendre la tranchée en question ; car il paroît que des éboulemens survenus à peu de distance de l'entrée, l'ont depuis long-temps rendue impraticable.

EMPANON. (*Voyez* CHEVRON *de croupe*).

EMPATTEMENT, s. m. C'est une *plus épaisseur* de maçonnerie qu'on laisse devant & derrière dans le fondement d'un mur de face ou de refend.

EMPLACEMENT, s. m. Place à bâtir, espace de terrain dans lequel on peut faire bâtir.

EMPLACEMENT, (*jardinage*). C'est le lieu sur lequel doit être planté & disposé un jardin. C'est en quelque sorte la toile sur laquelle doit peindre l'artiste jardinier.

Il y a deux parties à distinguer dans l'*emplacement* le terrain & le site.

Le site est le tableau en grand qu'offre l'ensemble du terrain. C'est de cet ensemble qu'il reçoit un caractère déterminé, c'est du mouvement & du jeu combiné de ses diverses parties qu'il tire son expression.

A l'égard du terrain, on se persuade trop facilement que ses formes sont arbitraires, parce qu'elles sont irrégulières & d'une grande diversité. On croit qu'à tout hasard on ne peut manquer de les imiter, en évitant les lignes droites & les contours trop symétriques. C'est une erreur. Il faut beaucoup plus d'étude qu'on ne pense pour suivre les principes de la nature dans la disposition ou la configuration d'un terrain. Ce qu'on doit rechercher avant tout, c'est les raisons de la nature & les moyens qu'elle met en œuvre pour donner telle ou telle forme à tel ou tel *emplacement*. Ces règles sont très difficiles à saisir & le seroient encore plus à développer. Elles s'acquièrent par l'expérience, & la théorie est très-insuffisante en ce genre.

Ceci s'applique surtout aux cas où l'artiste jardinier doit façonner lui-même son terrain & créer son emplacement. En vain, toutefois, croira-t-il pouvoir faire subir à une plaine les changemens qui y produiroient les accidens d'un terrain montueux. En creusant ici, en exhaussant là, il parviendra bien à la rendre inégale. Mais il n'aura pas établi cette tendance générale, cette corrélation que la nature observe dans les pentes & dans les combinaisons du sol. Malgré les ressources de l'art & toutes ses dépenses, l'œil sentira bien vite le vrai & la correspondance du niveau dans les points qui n'auront pas souffert le travail. L'œuvre de l'homme se montrera au lieu de celle de la nature, & le spectateur ne verra dans ces déblais & ces remblais que des creux & des buttes, où il croyoit trouver des côteaux & des vallons.

Si les formes du terrain ne sont pas un jeu du hasard, si elles ne sont pas nées du caprice, si, au contraire, elles sont, ainsi que l'observation le démontre, le résultat de l'action & de la réaction de certains agens, il s'ensuit que le choix ne doit pas en être livré à la fantaisie, qu'elles sont soumises à des règles, & que lorsqu'on est obligé de créer ces formes on doit rejeter toutes celles qui ne paraissent pas l'effet nécessaire d'une cause physique.

Quant au choix de l'*emplacement*, il comporte peu de préceptes, & il se fonde sur ce qu'exige la santé & sur ce qu'enseigne l'économie rurale. Il faut un air sain que n'altère le voisinage d'aucun marais, d'aucune eau croupissante. Il faut un sol fertile, de l'eau à proximité. Il faut un lieu qui puisse être embelli sans trop de travail & de dépense, qui puisse acquérir des vues libres, & ait pour aspect des objets variés & riches des dons de la nature.

En général, il faut choisir un *emplacement* divisé en plaines, en montagnes, en collines & en vallons. Un *emplacement* qui ne consiste qu'en plaine est trop uniforme, & les variations que l'art fait y introduire sont trop dispendieuses. Un paysage montueux, ou parsemé de collines, offre bien plus de diversité dans les inégalités, dans les coudes & les penchans du terrain, plus de grandeur & de variété dans ses aspects, plus de liberté & de hardiesse dans les situations des arbres, plus de vie dans les ruisseaux & les cascades, qui ne reposent jamais. Aux moindres mouvemens du spectateur, les objets se montrent sous des formes nouvelles, les situations varient sans cesse, les scènes se succèdent rapidement, & les transitions s'opèrent tantôt par des passages simples & préparés, tantôt par des changemens brusques & subits.

Il faut principalement rechercher quel est le caractère naturel du canton que l'on veut changer en jardin, afin d'en tirer tout le parti possible. Combien de jardiniers cependant font leurs plans & leurs dessins avant de savoir où doit être placé le jardin. Si la nature, par sa propre disposition, n'a pas fourni les grands caractères, & n'a pas ordonné les principales masses d'un paysage, il faut y renoncer. Il n'est pas au pouvoir de l'homme de créer les matériaux d'un véritable jardin. L'art peut aider à la nature, mais ne sauroit la suppléer. On ne la refond pas, ou on la fait encore moins.

Si le caractère naturel de l'*emplacement* est agréable & ouvert, on parviendra peut-être à force de remuement, de déplacement de terre, à force de plantations, à le rendre maussade & où situé, mais jamais sombre & mystérieux. A-t-il une expression forte & hardiment prononcée, on l'affoiblira ou il restera sans effet & sans accord.

Que l'artiste se garde donc de vouloir créer en dépit de la nature, & d'en prétendre changer les caractères. Qu'il ne dise pas, ici je serai une montagne, là un vallon? Se flatteroit-il de faire illusion par quelques brouettées de terre qu'il appellera montagnes, par quelques rocailles maigres & méthodiquement construites en moëlons, qu'il donnera pour des rochers, par une rigole tortillée de quelques pouces de largeur, qu'il gratifiera du nom fastueux de rivière.

Si tous les moyens humains sont réellement insuffisans pour fabriquer en grand un site de quelque importance sur l'échelle vraie de la nature, l'artiste qui en aura étudié les principes, s'assujettira à la marche du terrain sur lequel il se proposera de travailler. Il n'y projettera que l'espèce de jardin que l'*emplacement* comporte. Il cherchera à seconder, à renforcer son caractère, à en rendre les effets plus sensibles & plus déterminés, à façonner le terrain & non à le refaire.

S'il est pauvre, qu'il l'enrichisse par des accidens analogues & bien placés. Qu'il établisse des liaisons s'il est incohérent. Qu'il mette ensemble le terrain & les objets qu'il lui associe. Qu'il compose un tout sans désunion ni discordance, dont les parties soient dans les vrais rapports de la nature.

L'artiste jardinier a, sans doute, le droit de corriger ou de voiler les défauts de son *emplacement*. Ces défauts n'en sont pas pour la nature qui travaille en grand & à des intentions souvent fort étrangères aux intérêts du paysage, & de l'espèce de plaisir qu'on veut obtenir d'un jardin. L'art évitera toutefois de se rendre trop sensible dans ses correctifs. En voulant tout parer, tout nettoyer, on produit de petites choses, on ôte à l'ensemble cet air de négligence & d'abandon qui constitue la vérité.

Il faut bien se garder de détruire inutilement les objets naturels qui se trouvent dans un *emplacement*. On parvient plutôt & plus heureusement à son but, en secondant la nature par de légers changemens, & des additions modérées, qu'en enlevant tout ce qu'elle a fait croître. Bien des choses qui, au premier coup-d'œil, paroissent superflues ou nuisibles, peuvent se fondre agréablement avec un nouveau plan. Un arbre, dont un demi siècle a formé le jet superbe, est souvent sacrifié sans raison, mais non sans une espèce de sacrilège. Qui ne voudroit épargner jusqu'à ce chêne centenaire, avec son tronc cicatrisé, & ses bras en partie desséchés ?

On ne doit point outrer ces préceptes & aller jusqu'à la superstition. Tout ce qui intercepte un aspect agréable, tout ce qui est disparate, tout ce qui se refuse à entrer dans un plan général d'embellissement, doit être sacrifié; mais rien ne doit l'être sans nécessité.

Il seroit difficile de donner quelque règle fixe sur les bornes que doit avoir l'*emplacement*. Elles sont soumises à beaucoup de variations dépendantes en partie de la nature du canton, en partie de l'ordonnance & de la destination du jardin même, objets qu'il faut avant tout consulter. Cependant, on peut avancer en général qu'il ne faut pas trop assujétir ces limites à une figure déterminée, qu'elles ne doivent pas être trop prononcées, qu'elles sont plus agréables lorsqu'elles vont se perdre insensiblement dans le vague du paysage environnant, que lorsque des lignes quelconques en désignent trop clairement la fin. Un jardin, dont les bornes sont dérobées, paroît non-seulement plus naturel, mais aussi plus grand. On n'aime pas à voir le terme d'un lieu qui est agréable. L'idée que, parvenus à ce point, il faudra rebrousser chemin, nous importune. Mais une vue qui se déploye sur des objets qui s'offrent à nous dans le lointain, satisfait le besoin qu'a l'imagination de se promener dans des espaces infinis. L'ame supporte l'idée de clôture plus difficilement que le corps n'en souffre la réalité. Tout ce qui tend à borner les aspects d'un jardin, doit présenter encore l'air de n'être pas fini. Une forêt, une prairie, un lac en seront les bornes les plus agréables. Outre que ces objets plaisent en eux-mêmes, l'œil s'y fixe avec complaisance, parce qu'il y trouve de l'occupation & de l'amusement. Il est des jardins d'un genre mélancolique, auxquels une enceinte close peut convenir. De hautes montagnes ou des forêts rapprochées en seront l'encadrement le plus naturel.

Il n'y a pas de règle à donner sur l'étendue de l'*emplacement*. Ses propres convenances, les facultés du propriétaire, le goût de l'artiste peuvent seuls la déterminer.

EMPLECTON, (*construction*). Mot grec qui désigne une espèce de maçonnerie dont parle Vitruve (*L.* 2, *ch.* 8). Pour la bien connoître, il faut rapporter les propres paroles de cet auteur. Les Voici : *Altera quam* εμπλεκτον *vocant quâ etiam nostri rustici utuntur : quorum frontes poliuntur, reliqua ita uti sunt nata cum materia collocata alternis alligant coagmentis. Sed nostri celeritati studentes erecta coria locantes frontibus serviunt, & in medio farciunt fractis separatim cum materia cæmentis, ita tres suscitantur in eâ structurâ crustæ, duæ frontium, & una media fractura. Græci vero non ita, sed plana collocantes, & longitudines coriorum, alternis coagmentis in crassitudinem instruentes, non media farciunt, sed è suis frontatis perpetuum & in unam crassitudinem parietem consolidant, & præter cætera interponunt singulos perpetua crassitudine utraque*

« parte frontatos quas statuere appellant, qui maximè religando confirmant parietum soliditatem.

« L'autre espèce de maçonnerie est celle que les Grecs appellent *emplecton*. Elle est aussi en usage dans les environs de Rome. On se contente d'en ragréer les paremens ; pour le surplus, elle se compose de pierres brutes, posées en liaison, à bain de mortier. Mais nos constructeurs de campagne qui ne visent qu'à la célérité, après avoir dressé leur double parement auquel seul ils mettent du soin, remplissent le milieu de recoupes de pierres mêlées avec le mortier. Cela forme trois couches, dont deux sont les paremens & l'autre le remplissage. Ce n'est pas ainsi qu'en usent les Grecs. Ils posent toutes leurs pierres par assises de niveau & en liaison sur la longueur et sur l'épaisseur, sans remplissage dans le milieu, & ils relient les pierres qui forment les faces extérieures, de manière à ne former qu'une seule épaisseur, en plaçant par intervalles de grandes pierres qui forment parement sur les deux faces, & qu'ils appellent *Diatonous*. Cette manière de liaisonner les murs leur procure la plus grande solidité ».

Ce genre de construction est celui que Vitruve préfère, & dont il conseille l'emploi lorsqu'on veut faire des ouvrages durables. Tous les bons constructeurs en ont effectivement adopté le procédé. Il convient à la bâtisse des murs ou massifs dont l'épaisseur n'excède pas la longueur des pierres qu'on peut se procurer pour former ces liaisons nommées par les Grecs *Diatonous*, & que nous appelons *Parpains*.

Il est bon de remarquer que d'après le texte de Vitruve que nous avons cité, l'*emplecton* des Grecs paroît être une maçonnerie pleine en pierre de taille, ou en gros moëlons, tandis que celle à laquelle les Romains avoient conservé ce nom étoit une maçonnerie de remplissage plus ou moins soignée. Au reste, le mot *emplecton*, qui signifie *entortillé*, *entrelacé*, semble avoir dû convenir mieux à la manière d'opérer des Grecs, qu'à celle des Romains. (*Voyez* l'article MAÇONNERIE).

ENCADRER, v. act. C'est placer dans un cadre une estampe, un tableau ou un bas-relief.

En architecture, c'est sculpter autour des peintures ou des sculptures des encadremens qui font partie de la décoration générale. On doit avoir soin de faire ces sortes de cadres assez riches pour être d'accord avec l'ensemble d'une décoration, pas assez pour nuire à l'effet des tableaux & des bas-reliefs.

ENCAISSEMENT, s. m. (*construction*). C'est une espèce de caisse ou de capacité rectangulaire, formée en bois, en pierre ou de toute autre matière, pour servir à la construction de massifs de maçonnerie, en blocage ou à pierres perdues jetées pêle-mêle avec du mortier.

On use des *encaissemens* en bois pour les constructions à faire dans l'eau, pour des fondations, pour des puits & autres sortes d'ouvrages qu'on doit exécuter à une grande profondeur & dans des terres mobiles. (*Voyez* ces différens mots).

Les rangées régulières de trous qu'on observe dans presque toutes les ruines des édifices antiques de Rome, dont la maçonnerie est de blocage, indiquent que ces ouvrages ont été faits avec des *encaissemens* mobiles, à-peu-près comme ceux dont on se sert pour le pisé. (*Voyez* ce mot & les articles MAÇONNERIE, MURS).

On a rendu compte au mot *cône* d'un grand ouvrage fait également par *encaissement*. (*Voyez* CÔNE).

ENCARPI. Mot dont use Vitruve (*L*. 4, *ch*. 1) dans le détail qu'il fait des diverses parties d'ornement du chapiteau ionique. Toutefois les commentateurs ne sont pas d'accord sur la partie à laquelle il convient d'appliquer cette expression. Filander a cru que *encarpi* signifioit des fruits, s'appuyant du mot grec *carpos*, qui veut dire fruit. Il ajoute que ces massifs de fruits s'appellent en Italie *festons*.

Perrault a traduit *encarpi* par *gousses* ; & ce seroit, selon lui, ces petits ornemens faits en manière de gousses de fèves, qu'on ajuste au nombre de trois dans le chapiteau ionique, à l'angle, où l'ove se rencontre avec la volute.

Ces deux propositions ont quelque chose de plausible, parce qu'effectivement il entre dans la composition de ce chapiteau, & des festons & des gousses.

Galiani, cependant, n'adopte ni l'une ni l'autre. Il croit qu'*encarpi* doit signifier cette espèce de rinceau d'ornement dont les anciens remplissoient & ornoient le creux ou le canal de la volute. Ce qui l'induit à adopter cette opinion, c'est l'espèce de similitude que Vitruve établit entre l'effet de cet ornement & celui des cheveux sur une tête de femme. Il trouve plus de rapport entre ce rinceau & le jeu de la chevelure, qu'entre celle-ci & des festons ou des gousses.

Il semble, cependant, que des nattes ou des tresses pendantes peuvent autant se comparer à des festons qu'à des rinceaux.

ENCASTREMENT, s. m. Se dit de la manière dont une pièce est enchâssée dans une autre.

ENCASTRER, v. act. C'est joindre deux choses l'une à l'autre par une entaille ou une feuillure, comme une pierre avec une autre pierre, au moyen d'un crampon enchâssé de toute son épaisseur.

ENCEINTE, s. f. Se dit surtout des contours du rempart d'une place fortifiée ; des contours d'un mur de parc.

On appelle aussi *enceinte* dans l'architecture des peuples anciens, ces grandes cours, ces portiques ou galeries, & généralement cet ensemble de bâtimens qui environnoient le corps proprement dit du temple. Les Grecs appeloient *Dromos* l'enceinte des temples égyptiens. (*Voyez* ÉGYPTIENNE ARCHITECTURE, TEMPLE, &c.)

ENCHAINER, v. act. Lier, attacher des pierres avec des chaînes de fer comme on le pratique aux parapets des quais & des ponts.

ENCHASSER, v. act. Mettre ou renfermer une porte dans son châssis, une croisée dans son dormant.

ENCHEVAUCHURE, s. f. Est la jonction à recouvrement d'une chose avec une autre, soit à plat joint, soit à feuillure, par exemple, d'une dalle de pierre avec une autre; telles sont celles qui couvrent les avant-becs des ponts; tels sont les auvents des boutiques, les tuiles, les ardoises ou les dalles des couvertures des édifices.

ENCHEVÊTRURE, s. f. C'est dans un plancher l'assemblage d'une pièce de bois, nommée chevêtre, entre les deux solives, qui déterminent la longueur de l'âtre d'une cheminée, dont le chevêtre détermine la profondeur & soutient les solives de remplissage.

ENCLAVE, s. f. C'est une portion de place qui forme un angle ou un pan, & qui anticipe sur une autre par une possession antérieure ou par un accommodement, en sorte qu'elle en diminue la superficie & en charge la figure. On dit aussi qu'une cage d'escalier dérobé, qu'un petit cabinet, que des tuyaux de cheminée sont *enclavés* dans une chambre, quand par leur avance ils en diminuent la grandeur.

ENCLAVES. (*Terme d'architecture hydraulique*). Ce sont les enfoncemens où se logent les portes des écluses, quand elles sont ouvertes. Leur grandeur varie selon la proportion des écluses.

ENCLAVER, v. act. C'est encastrer les bouts des solives d'un plancher dans les entailles d'une poutre. C'est aussi arrêter une pièce de bois avec des clefs ou boulons de fer.

Enclaver une pierre, c'est la mettre en liaison après coup, avec d'autres, quoique de différente hauteur, comme on le pratique dans les raccordemens.

ENCLORRE, v. act. Faire une enceinte de murs ou de haies autour d'un emplacement ou d'un espace de terrain quelconque.

ENCLOS, s. m. Espace de terrain fermé de murs ou de haies.

ENCLOS. (*Jardinage*). L'aspect uniforme d'un terrain vague ne présente ordinairement que l'image & le sentiment de la monotonie. En le divisant par *enclos*, on donne à l'espace des degrés, on meuble le pays, & on en rend le coup-d'œil plus intéressant. C'est surtout le terrain destiné à l'établissement de la ferme qu'on peut soumettre à de telles divisions. Les *enclos*, par la diversité de leur forme & de leur étendue, font, de chaque enceinte, un site qui peut avoir son caractère à soi & sa culture particulière. La réunion de ces différens sites embellit l'ensemble général.

Des haies vives, des arbres, des arbustes, sans en excepter ceux qui ne sont qu'agréables, distribués avec intelligence, enferment les cultures & dessinent des chemins de communication. Ces chemins plus ou moins ornés, plus ou moins négligés, servent d'*enclos* à-la-fois et de promenades, qui peuvent se prolonger indéfiniment.

Indépendamment des agrémens qu'ils donnent & des embellissemens qu'ils procurent au paysage, ces *enclos* ont encore l'avantage de garantir les riches productions qu'ils renferment. Ils sont un abri contre les vents & les froidures. Ils entretiennent la fraîcheur de la terre & garantissent de l'excessive ardeur du soleil.

L'agrément se réunit ici à l'utile pour recommander de multiplier les *enclos* naturels. Il n'y a pas de pays si monotone, de plaine si ennuyeuse qui ne puisse, par leur moyen, acquérir une variété amusante. Ces moyens sont simples, faciles à pratiquer partout. Ils peuvent faire d'une ferme ordinaire une campagne délicieuse, sans en diminuer le revenu, & sans lui ôter le caractère champêtre qui lui convient.

ENCOIGNURE, s. f. Nom qu'on donne & aux principaux angles saillans d'un bâtiment & à ceux de ses avant-corps.

ENCOMBRER, v. act. Boucher un passage, empêcher l'entrée d'un canal, d'un port, d'une issue quelconque par des décombres ou autres obstacles.

ENCORBELLEMENT, s. m. Est toute saillie qui porte à faux hors le nud d'un mur, & qui est soutenue par plusieurs pierres posées l'une sur l'autre, & plus saillantes les unes que les autres, que l'on appelle corbeaux. (*Voyez* ce mot).

L'usage des *encorbellemens* fut jadis presque général dans le nord de l'Europe. On en retrouve des vestiges encore à Paris, dans un grand nombre de villes de France & dans toute l'Allemagne. Il est à croire que ces villes ayant eu dans l'origine des rues très-étroites, on imagina ce système de bâtisse pour donner plus de largeur à la voie publique, sans en ôter trop aux étages des maisons.

ENCRE DE LA CHINE, s. f. Ceci n'est pas un terme d'architecture, mais le nom d'une sorte d'encre trop en usage dans les dessins des architectes pour qu'on puisse se dispenser d'en faire mention.

Cette encre est une composition en pains & en bâtons qui se délaye & fond dans l'eau, & dont on se sert pour tracer & laver les desseins d'architecture. La meilleure vient de la Chine. Elle est dure, veloutée, un peu rousâtre, & se détrempe difficilement.

Elle se contrefait en Hollande & en d'autres pays. Celle-ci est plus molle, se détrempe plus facilement & est moins belle.

On mêle quelquefois à l'*encre de la chine*, après qu'elle est délayée, un peu de bistre ou de sanguine pour rendre la couleur du lavis plus transparente ou plus tendre.

ENCROUTER, v. p. On dit d'un mur, d'un marbre, qu'il est *encrouté*, quand il s'est formé dessus, soit par le laps du temps, soit par l'action de l'air ou de l'eau, une croûte ou une sorte de sédiment qui ajoute à son épaisseur.

ENDUIT, s. m. (*Construction*). C'est un revêtissement, soit en mortier, soit en plâtre, soit en ciment, soit en stuc, que l'on fait sur des murs construits en moëlons, en briques ou de quelqu'autre matière, pour former une superficie unie.

Des enduits antiques.

Les Grecs & les Romains, qui n'usoient pas comme nous de lambris, de menuiserie, dans les revêtissemens des murs intérieurs de leurs appartemens, apportoient le plus grand soin à leurs *enduits*.

Vitruve (*l.* 8, *ch.* 3) nous a conservé le détail des précautions que prenoient les Romains dans l'exécution de cette espèce d'ouvrage qu'il désigne par le mot *tectorium*. Les enduits ordinaires, selon cet écrivain, étoient composés de trois couches.

La première étoit formée d'un mélange de gros sable & de recoupes de pierres broyées avec de la chaux; cette première opération s'appeloit *trullisatio*.

La seconde couche se composoit d'un mortier de chaux & de sable un peu plus fin; on appeloit cette seconde opération *arena dirigere*. Lorsque l'*enduit* devoit avoir lieu dans des endroits humides, on mêloit avec le sable du tuileau pilé.

Ce qui faisoit la troisième couche, étoit un mortier composé de chaux & de sable très-fin. On y mêloit quelquefois de la craie ou de la poudre de marbre. Cela s'appeloit *arenā, aut cretā, aut marmore polire*.

Il existe dans les ruines des édifices antiques de Rome, des parties d'*enduit* dont les trois couches forment ensemble une épaisseur de quatre à cinq pouces. La première a environ trois pouces. Elle paroît avoir été fortement comprimée & battue. Pour lui donner plus de consistance, on y enfonçoit de grands morceaux de briques ou de tuileaux de huit à dix pouces de long.

La seconde couche qui a plus d'un pouce d'épaisseur, est formée d'un mélange de pouzolane de Rome, & de tuileau pilé & broyé avec de la chaux.

La troisième couche a plus d'un demi-pouce d'épaisseur, & paroit être un mélange de craie & de chaux.

Pour parvenir à rendre la surface de leurs *enduits* régulière & bien unie, les constructeurs romains formoient sur la première couche plusieurs bandes ou cueillies bien dressées, tant dans la longueur que dans la largeur & dans les angles. Elles servoient de guides pour faire les parties intermédiaires, au moyen de la règle, de l'équerre & du cordeau, ainsi que le pratiquent encore actuellement les bons ouvriers.

Dans les beaux *enduits* destinés à orner l'intérieur des appartemens des gens riches, on ajoutoit aux trois couches en mortier trois autres couches de stuc; mais on leur donnoit beaucoup moins d'épaisseur.

Le stuc se formoit avec des éclats de marbre blanc réduits en poudre, plus ou moins fine, que l'on séparoit en la faisant passer par des tamis plus ou moins serrés. La partie la plus grosse se mêloit avec du sable pour faire la première couche. La moyenne s'employoit avec de la chaux sans sable, & avec la troisième, qui devoit être très-fine, on soupoudroit l'*enduit* à mesure qu'on l'unissoit. Ce dernier *enduit* étant bien sec, on le polissoit avec des pierres à rasoirs & des agathes polies. On parvenoit, par tous ces moyens, à lui donner un degré de poli capable de réfléchir les objets comme un miroir.

On recouvroit quelquefois les *enduits* des couleurs les plus brillantes, telles que le *minium* ou le rouge, l'*armenium* ou le bleu, le *purpurissum* ou couleur de pourpre foncé, ainsi que de beaucoup d'autres dont on formoit des teintes unies ou des compartimens. Les couleurs s'appliquoient sur la dernière couche de stuc encore fraîche. Pour conserver l'éclat des peintures, on les frottoit avec de la cire blanche punique, mêlée avec de l'huile bien pure. Ce mélange fondu, on y trempoit des houppes de soie qui servoient à l'étendre sur le mur. Ensuite avec un réchaud rempli de charbons ardens, on réchauffoit l'*enduit* pour le faire fuser en le frottant à mesure, ce qui lui donnoit le lustre le plus éclatant.

C'est sur ces fonds colorés que se peignoient les Arabesques, paysages ou sujets historiques dont on a trouvé tant de restes dans les ruines de Rome, mais surtout dans celles d'Herculanum, Pompeïa & Stabia.

Des enduits modernes.

Dans les pays où l'on construit avec du mortier, on fait les *enduits* ordinaires de deux ou trois couches. Avant d'étendre la première, on commence par nettoyer les joints des murs ou cloisons sur lesquels on veut appliquer l'*enduit*. Après les avoir bien arrosés, on jette à la truelle la première couche de mortier, en ôtant le superflu avec le tranchant de de la truelle pour le rejeter où il en manque. Cela produit un premier *enduit* très-raboteux.

Lorsque cette première couche est bien seche, on en applique par dessus une seconde avec du mortier plus maigre, c'est-à-dire où il y a moins de chaux, que l'on étend le plus uniment que l'on peut avec le dos de la truelle. Toutefois comme il reste toujours des ondulations, on les efface avec une plaque de bois, d'environ six pouces en carré, qui est dressée & bien unie. Sur le dos de cette plaque est cloué un petit tasseau qui sert de poignée. Celui qui employe cet instrument, tient d'une main un pinceau avec lequel il arrose l'*enduit* à mesure qu'il le frotte avec sa plaque de bois pour le dresser & l'unir.

Quand cette seconde couche est presque seche, on la blanchit avec une ou plusieurs impressions de lait de chaux, dans laquelle on ajoute pour les dernieres façons de la colle faite avec des rognures de peau blanche.

Dans plusieurs villes d'Italie, on peint sur les *enduits*, soit des Arabesques, soit des paysages, & ces décorations qui tiennent lieu de tapisseries, coûtent encore moins cher que les tentures de papier, & durent bien davantage.

Il s'est conservé ou retrouvé en Italie un assez grand nombre des pratiques antiques dans la maniere de former les *enduits* & les stucs, & d'en tirer parti, soit pour la décoration des palais, soit pour celle des églises.

Il y a à Milan des stucs d'une exécution supérieure dans le palais de l'archiduc, chez le prince Belgioioso, chez le comte Grepi. Il y en a de la même beauté à Florence, au palais Pitti. Ces ouvrages sont de deux artistes habiles, les freres Giocondo & Grato Albertoli. Le premier étoit, en 1784, professeur d'ornement à l'académie royale des beaux arts de Milan, & l'autre premier stucateur du grand duc de Toscane. (*Voyez* STUC).

Des enduits en plâtre.

Les *enduits* de plâtre, tels qu'ils se font à Paris, comprennent trois opérations. La premiere appellée *gobetage*, consiste à jeter sur le mur ou la cloison du plâtre gâché clair. On use pour cet effet d'un balai qui couvre toute la superficie d'une couche mal unie. La seconde couche se fait avec du plâtre moins clair, jeté avec la truelle ou la main, & racié avec l'épaisseur de la truelle. Enfin, la troisieme couche se fait avec du plâtre plus ou moins fin, qu'on étend au moyen d'un instrument fait exprès pour effacer les ondulations de la truelle.

ENFAITEMENT, s. m. C'est une table de plomb qui couvre le faîte d'un comble d'ardoise.

ENFAITEMENT A JOUR. C'est un enfaitement qui a encore des ornemens de plomb évuidés, dont la continuité sur le faîte du comble forme une balustrade comme au château de Versailles.

ENFAITER, v. act. C'est couvrir de plomb le faîte des combles d'ardoise, ou arrêter des tuiles faîtieres avec des crêtes sur ceux qui ne sont couverts que de tuiles.

ENFILADE, s. f. On donne ce nom aux appartemens dont toutes les pieces sont disposées à la suite l'une de l'autre sur une ligne droite, de maniere, que les portes de ces pieces soient en alignement.

L'usage des appartemens en *enfilade* est assez général dans toute l'Italie. Soit que ce genre de disposition le plus simple & le plus naturel de tous se soit conservé plus facilement dans un pays où la solidité des constructions donne moins d'essor aux variations de la mode, soit qu'il convienne à un climat chaud, soit qu'il se trouve d'accord avec la pompe & l'ostentation qui forment assez volontiers le goût dominant des Italiens en fait d'appartement & de bâtisse, on le trouve dans les palais des grands comme dans les maisons des particuliers.

On ne sauroit disconvenir que la disposition des pieces en *enfilade* ne donne aux appartemens un air de grandeur & de magnificence. Dans les palais elle est presque d'étiquette, & elle convient sans réserve aux appartemens de parade, où chaque piece a une sorte de destination publique. Cette suite de pieces, que la vue parcourt d'un coup-d'œil quand les portes sont ouvertes, forme une perspective qui en impose au spectateur & donne une grande idée de l'opulence du propriétaire.

Cet usage a long-temps regné en France dans toutes les habitations. On n'en retrouve plus gueres aujourd'hui d'exemples que dans les palais & dans les anciens châteaux. L'inconvénient des appartemens en *enfilade* est surtout sensible dans les habitations d'une modique étendue. C'en est un que d'être obligé de faire traverser toutes les pieces d'un appartement à ceux qu'on doit recevoir. Cette sujétion rend presqu'inutiles les pieces qui sont condamnées à servir de passage.

Plus la commodité des distributions intérieures a fait de progrès dans les maisons particulieres, plus on s'est déshabitué des *enfilades*. Ajoutons aussi que ce genre de distribution est monotone & se prête peu aux ressources que le génie de la décoration fait tirer de la variété même des formes dont chaque piece peut être susceptible.

ENFONCEMENT, s. m. Se dit de la profondeur des fondations d'un bâtiment. Par exemple, on mettra dans un devis, les fondations auront tant d'*enfoncement*.

On se sert aussi du terme *enfoncement* pour exprimer la profondeur d'un puits dont la fouille doit se faire jusqu'à plus de deux pieds au-dessous de la superficie des plus basses eaux.

ENFONCEMENT. (*Jardinage*). On comprend sous ce nom tout terrain dont la surface est au-dessous du niveau de la plaine. Chaque espèce d'*enfoncement* se distingue ensuite par une dénomination particulière, telle que *vallon*, *vallée*, *bassin*, *bas-fond*, &c.

L'*enfoncement* est la demeure de la solitude & du repos. Il favorise les scènes mélancoliques, & s'accommode bien de tout ce qu'on peut appeler clôture & ombrage. L'ami des réflexions paisibles s'y laissera volontiers entraîner pour y jouir de ce recueillement, qui invite à descendre en soi-même.

Des buissons, tantôt isolés, tantôt groupés, des allées en berceau, des bosquets, une eau qui coule en silence, le murmure de quelques ruisseaux qu'on n'aperçoit pas, quelquefois même le bruit éloigné & sourd d'une cascade invisible seront l'accompagnement le plus naturel de cette espèce de site.

L'*enfoncement* plaît moins au milieu d'une plaine, que près d'un bois & à côté d'une montagne où la nature le place le plus souvent. Des talus en pente insensible & tapissée de gazon, des sentiers dont les détours se perdent dans les bois, devront y conduire. Surtout que l'artiste évite ici les formes compassées & régulières.

C'est principalement par le mélange des plaines, des éminences & des *enfoncemens*; c'est par leur liaison, par leurs relations réciproques, par leur étendue & leur grandeur, que la nature fait briller dans les paysages cette variété qui nous enchante. L'artiste qui, dans la composition des jardins, voudra rivaliser avec elle, se gardera bien de cette méthode froide & monotone qui, symétrisant tout dans ses plans ne permettroit jadis à aucune éminence de déparer le niveau régulateur auquel le terrain comme le plaisir devoient se subordonner, & ne souffroit d'autres élévations que des terrasses de pierres.

Toutefois lorsque la nature n'a pas elle-même préparé l'ordonnance d'un terrain & qu'il faut la créer, rien de plus difficile. Rien n'exige plus d'art que de savoir cacher la main soi-disant créatrice de l'art. Les préceptes qui doivent guider l'artiste en ce genre, ne peuvent se lire que dans le livre même de la nature.

ENFOURCHEMENT, s. m. C'est l'angle solide formé par la rencontre de deux douelles de voûte. Le voussoir qui forme ces deux douelles, a deux branches comme une fourche.

ENGIN, s. m. Machine dont on se sert pour élever des fardeaux, & qui est composée d'une sole avec sa fourchette, d'un poinçon, de quatre moises, de deux contrefiches, d'un rocher, d'un treuil avec ses bras, d'une jambette, d'une sellette, de deux liens & d'un fauconneau ayant une poulie à chaque extrémité.

Le mot *engin* a été & est encore un mot générique, à le prendre dans le sens de son étymologie, qui est le mot *ingenium*, génie, esprit. Ainsi, il y a un vieux proverbe qui dit, *mieux vaut engin que force*.

Il paroît qu'on a appliqué à l'effet le nom de la cause, & le mot *engin* a été affecté, surtout en mécanique, aux inventions du génie de l'homme. L'art militaire s'en est d'abord emparé. Avant l'usage des canons, on appeloit du nom d'*engins de guerre* les machines dont on se servoit à la guerre. De là, les mots *génie militaire*, *ingénieur*.

ENGORGEMENT, s. m. Se dit d'un tuyau de conduite, de descente, qui est obstrué par quelques matières ou par quelque sédiment.

ENGRAISSEMENT, s. m. On dit en charpenterie, *assembler par engraissement*; c'est-à-dire, joindre si juste les pièces de bois que pour ne laisser aucun vide dans les mortaises, les tenons y entrent à force; ce qui est essentiel dans les machines dont quelques pièces éprouvent un mouvement continuel, pour en empêcher le hiement.

ENLIER, v. act. C'est dans la construction engager ensemble les pierres ou les briques, en élevant un mur, de sorte que les unes soient posées sur leur largeur comme on pose les carreaux, & les autres sur leur longueur, ainsi que les boutisses, & cela pour faire liaison avec le remplissage.

ENNUSURE, qu'on prononce aussi ANNUSURE, s. f. Morceaux de plomb en forme de basque, sous le bourseau, & aux pieds des poinçons & amortissement d'un comble.

ENRAYURE, s. f. Est l'assemblage des différentes pièces de bois de niveau, qui portent le comble d'une croupe, d'un pavillon, d'une tour, d'un dôme, d'un clocher. Elle est composée d'un entrait, d'un ou de deux demi entraits, de deux ou quatre goussets, de deux ou quatre coyers & d'embranchemens.

ENRAYURE DOUBLE. C'est lorsqu'il y a deux enrayures de niveau l'une au-dessus de l'autre.

ENRAYURE CARRÉE. Est celle qui sert aux croupes & pavillons.

ENRAYURE RONDE. Est celle qui sert aux tours, dômes ou clochers.

ENROULEMENT, s. m. C'est ainsi qu'on appelle certains ornemens dont les lignes contournées offrent la figure d'une spirale. De ce genre sont les volutes du chapiteau ionique, celles du corinthien & les parties latérales des consoles ou modillons qu'on sculpte dans les entablemens.

Ces sortes d'*enroulemens* ne sont dans l'architecture que de légers détails d'ornement dont les monumens de l'antiquité nous offrent les modèles, & qui ont reçu de l'usage force de loi dans la décoration.

Il n'en est pas de même des *enroulemens* modernes, auxquels ce nom a été spécialement affecté. Je veux parler de ces pilliers buttans en console, de ces aillerons de portail d'église, qu'un goût mesquin & faux a introduit dans l'architecture des monumens du siècle dernier & de celui-ci. L'abus de ces sortes de formes est sensible surtout en grand. On verra, par exemple, un pilastre latéral du second ordre d'un portail finir par une circonvolution de lignes spirales, qui forment une masse totalement sans rapport avec le reste de l'architecture, & semble n'être que le jeu d'un trait de plume. D'autres fois d'immenses consoles dans la forme d'un S renversé viennent accoter ou la tour d'un dôme ou les pilliers montans d'une nef d'église. Ces contours bisarres ne tiennent à aucun système, n'appartiennent à aucun ordre de choses ou d'idées puisées dans la nature ou dans le caractère originaire de l'architecture.

L'abus en ce genre a été porté au plus haut degré par le Borromini & par son école. Tous les membres constitutifs de l'architecture en étoient venus au point de ne plus être regardés que comme des formes nées du hasard & tributaires du caprice. Les profils de la modinature n'offriront plus sous le crayon licencieux de ces maîtres en bisarrerie d'autre apparence que celle d'une pâte flexible dont on pouvoit obtenir toutes les sortes de contournemens & d'*enroulemens* que la fantaisie pouvoit suggérer.

Cette manie des *enroulemens* passa aussi dans la décoration & dans l'ornement. Les retables des autels, les grilles, les portes, les meubles, tout fut contourné. L'architecture feinte & la décoration de théâtre furent infestées de ce goût. Les yeux désabusés de cette mode regrettent aujourd'hui que quelques-unes de ces formes d'*enroulement* aient reçu dans des monumens durables & recommandables d'ailleurs, une solidité qui fait survivre ces abus à la mode qui leur avoit donné l'être.

ENROULEMENT DE PARTERRE. (*Jardinage*). Ce sont des plate-bandes de buis ou de gazon contournées en lignes spirales, & que les jardiniers appellent *rouleaux*.

Ces sortes de desseins ne conviennent qu'aux jardins du genre régulier. Leur intention est d'imiter les broderies d'une étoffe, & leur effet n'est agréable que lorsqu'on les voit d'en haut & de loin. De près ils plaisent moins, parce que leur ensemble ne sauroit être bien saisi par l'œil. Je parle surtout ici de ces grands parterres, tels que ceux du jardin des Tuileries et autres semblables.

Depuis que le goût dans la composition des jardins s'est rapproché davantage des dispositions de la nature, les parterres ont aussi, même dans les jardins réguliers, perdu de cette manière peignée qui convient aux *enroulemens* & aux broderies.

L'inconvénient de ce genre étoit que pour faire valoir ces desseins, il falloit employer le secours des sables de couleur, & quelquefois du caillouttage. Or, cet aspect étoit froid, pauvre & ingrat de près. Ce qui doit orner les parterres & en diversifier les contours, c'est principalement le choix, la succession & le mélange des fleurs.

ENSEMBLE, s. m. On donne à ce mot plus d'une signification dans la langue des arts & dans celle de l'architecture.

Selon son acception la plus banale, *ensemble* se prend sous le rapport de masse générale d'un édifice, de circonscription des différentes parties qui le composent. On dit, l'*ensemble* du Vatican & de ses dépendances, comprend tel espace de terrain. Tel monument, tel établissement public forme un *ensemble* de telle ou telle étendue. L'aspect de tel édifice donne l'idée d'un grand *ensemble*. Dans ce sens, *ensemble* est le tout considéré sous son rapport matériel.

Il y a dans l'architecture une autre manière de considérer le tout *ensemble* d'un édifice, comme il y a un art d'en faire un tout, que le goût & le génie de l'architecte peuvent seuls saisir. Cet art consiste à donner aux parties grandes ou petites d'un monument, cet accord de motif, de plan, de masse, de décoration & de style, qui en fasse comme un seul être dont tous les membres soient subordonnés entr'eux à cette unité de principe, qui établit la nécessité de rapports entre le tout & les parties, & la liaison de chaque partie au tout. C'est cette subordination générale qui fait concourir les moindres détails à la formation d'un tout harmonieux & bien proportionné, qu'on appelle l'*ensemble* dans un bâtiment, sous le rapport moral.

Cet *ensemble* ou ce mérite d'*ensemble*, est ce qu'on rencontre le plus rarement dans les édifices, surtout dans les monumens publics. Ceux-ci sont subordonnés dans leur construction à tant de hasards, que c'est déjà une chance fort rare, lorsque l'architecte qui a commencé une telle entreprise est le même qui l'achève. Les vacillations continuelles des ordonnateurs, de nouvelles nécessités inaperçues d'abord, les vicissitudes même du goût contribuent avant tout à produire ce désaccord qui frappe dans de grands édifices, tels que Saint-Pierre, à Rome, ou le Louvre, à Paris. Ces édifices, conçus d'abord sur des plans simples, n'ayant pu être achevés dans un espace de temps convenable, ont passé par tant de mains, que c'eût été un miracle si l'esprit d'*ensemble* eût pu s'y conserver. Saint-Pierre a été terminé, & malgré ses disparates, forme au moins un *ensemble* matériel dans lequel le goût trouve à faire à l'*ensemble* moral beaucoup de reproches. A l'égard du Louvre, il est probable qu'il n'aura jamais d'*ensemble*, ni sous l'un ni sous l'autre rapport.

Un assez grand *ensemble*, qui cependant n'a point d'*ensemble*, est le palais des Tuileries. Ceux qui ont été chargés de son raccordement n'ont cherché qu'à établir, entre tous les corps qui composent sa façade, des communications intérieures; & à l'extérieur, un certain cadencement de masses qui plaise à l'œil. Mais il n'est pas même nécessaire d'être architecte pour être frappé de la discordance qui règne entre toutes les ordonnances de ces corps incohérens entr'eux.

Lors même que l'architecte, maître absolu de ses inventions, peut disposer en créateur du tout & des parties de son édifice, il est encore très-rare qu'il y imprime ce caractère d'*ensemble* que la nature produit toujours dans ses œuvres, & dont l'art a tant de peine à lui dérober le secret. Il ne manque point & il ne manquera jamais d'architectes qui sachent projeter, décorer, compiler dans leurs desseins toutes les sortes de motifs que la connoissance des monumens peut inspirer. Cette ambition de dire beaucoup de choses est celle des auteurs & des artistes médiocres. Il faut de la supériorité de talent & de réputation pour se contenter de dire ce qu'il faut dire.

Pour arriver à ce précieux mérite de l'*ensemble*, il faut savoir sacrifier son amour propre à sa gloire, & c'est ce que les hommes entendent & savent le moins. Il faut un grand fonds de raison qui fasse dédaigner cette ostentation des petites choses, ce luxe de superfluités & d'ornemens, cette stérile abondance, cette manie des petits détails, ce goût d'une fausse variété, par laquelle l'homme médiocre croit donner une grande idée de son génie, & qui ne fait que rapetisser l'inventeur & l'invention.

Bramante avoit mis beaucoup d'*ensemble* dans son plan & dans son élévation de Saint-Pierre. Tous les architectes qui vinrent après ne semblèrent avoir travaillé qu'à lui enlever ce mérite. Si l'on veut savoir ce que c'est qu'un grand projet sans *ensemble*, c'est celui de Sangallo. Heureusement pour Saint-Pierre, & surtout pour sa coupole, Michel-Ange vécut assez pour lui redonner l'*ensemble*, c'est-à-dire, l'unité que ce grand édifice étoit menacé de perdre. (*Voyez* BUONAROTI ou Michel-Ange).

Il y a un *ensemble* de plan fort important, sans doute, mais dont le mérite est souvent plus intellectuel que réel & positif; parce que cette partie des édifices (je parle surtout des palais ou des habitations) est moins apparente & moins perceptible par le plus grand nombre des spectateurs. C'est aussi le mérite auquel les architectes manquent le moins dans leurs projets. Il consiste à établir une parfaite symétrie entre les distributions intérieures, de manière qu'un côté répète l'autre avec la plus grande exactitude. Il consiste encore à disposer toutes les pièces dans une direction qui offre des lignes simples, d'un dégagement facile, & dans une correspondance parfaite entr'elles. A coup-sûr, lorsque cette correlation de toutes les parties d'un édifice, & ces rapports symétriques de distribution ou de percement peuvent se rencontrer, comme, par exemple, à l'hôtel-de-ville d'Amsterdam, ils ajoutent à l'*ensemble* un prix nouveau.

Mais l'*ensemble* le plus essentiel est celui des proportions & des masses, c'est-à-dire, celui de l'élévation. Par exemple, dans les églises on s'est beaucoup trop habitué à négliger de mettre de l'accord entre l'élévation intérieure & l'élévation extérieure. Il y a un manque d'*ensemble* assez révoltant dans le plus grand nombre de ces monumens. L'*ensemble* d'une élévation résulte d'abord de ses principales dimensions. Elles doivent être entr'elles dans un tel rapport, qu'aucune n'accuse l'insuffisance de l'autre. Il est, à cet égard, des rapports déterminés par l'art, par l'habitude, par l'expérience. Il en est aussi qui dépendent de la position de l'édifice, de son point de vue & des accessoires qui l'accompagnent, & que le goût seul de l'artiste peut fixer. Il y a ensuite un *ensemble* qui tient aux combinaisons même de l'art, à l'emploi des ordres, à l'accord harmonieux des pleins & des vides, à une sage dispensation des effets, & à l'exécution des profils & de la modinature.

L'*ensemble* de la décoration n'est pas celui contre lequel les architectes pêchent le moins souvent. On les voit prodigues d'ornemens dans quelques parties & mesquinement économes dans d'autres; comme lorsqu'à un édifice de la plus riche ordonnance, ils font des croisées lisses, sans chambranles, & percées à nud dans le mur. Il arrive quelquefois que pour faire valoir certaines parties, on se croit obligé de sacrifier la décoration de quelques autres. Mais quelquefois aussi ce qu'on avoit cru devoir produire des oppositions ne produit que des disparates. Perrault a voulu, sans doute, que le soubassement de sa colonnade fût lisse pour faire briller davantage l'effet de son ordonnance. Il est permis de croire qu'il y eut plus d'*ensemble*, si ce soubassement avoit été plus travaillé, soit par des refends, soit de toute autre manière. Il y auroit beaucoup de préceptes très-fins à donner sur cette matière; mais ils se trouvent répandus dans un grand nombre d'autres articles de ce dictionnaire.

On dit l'esprit d'*ensemble* par opposition à l'esprit de détail. Le premier est celui qui saisit les grands rapports des objets, le second est celui qui s'arrête aux petites choses. Le premier est, sans doute, le plus important en architecture & dans les grands monumens. Mais comme les plus grandes choses se composent de petites parties, il ne faut pas trop mépriser l'esprit de détail.

Mettre ensemble est une locution technique dans le langage des arts, mais qui a plus de rapport au dessin des figures qu'à celui de l'architecture.

ENSEUILLEMENT, s. m. C'est l'appui d'une croisée ayant vue sur un voisin, & qu'on nomme vue de coutume. Cet appui a différentes hauteurs, suivant les coutumes des lieux, d'après les lois des bâtimens.

ENTABLEMENT, s. m. Vient de *tabulatum*, qui signifie plancher.

Cette étymologie ne donne qu'une idée incomplète de l'*entablement*, mais elle le rappelle à son origine, & sous ce rapport elle est précieuse. Ainsi, c'est aux solives du plafond, supporté par l'architrave, que l'architecture dût les formes essentielles qui constituent cette troisième partie de l'ordonnance.

L'*entablement* se compose aussi de trois parties, l'architrave, la frise & la corniche. Il comprend, par conséquent, l'ensemble du couronnement de chaque ordre.

A l'article où l'on traite de chacun de ces ordres en particulier, on donne la description des formes & l'analyse des proportions affectées aux divers *entablemens*. Le détail de ces variétés seroit ici une redite fort inutile. Chacune des parties de l'*entablement* se trouvant également décrite sous chacun des mots qui lui sont propres, on ne peut qu'y renvoyer le lecteur. (*Voyez* ARCHITRAVE, FRISE, CORNICHE).

Il ne reste à envisager ici l'*entablement* que dans son ensemble & sous quelques rapports généraux.

L'*entablement* est une des plus riches inventions de l'architecture grecque, & une de celles qui lui assurent une supériorité marquée sur toutes les autres architectures. Indépendamment du système sur lequel il se fonde, & qui lui garantit une fixité que nul autre ne pouvoit lui procurer, il faut reconnoître que sa disposition est la plus favorable à la variété que chaque caractère peut exiger, & se prête avec la plus grande facilité à la richesse comme à l'économie des ornemens.

C'est particulièrement dans l'*entablement* que se prononce le style, le caractère, le goût & le genre propre de chaque édifice. L'*entablement* en est en quelque sorte la tête, & c'est là que sa physionomie semble se saisir plus facilement.

Cette physionomie peut se prononcer dans l'*entablement* de deux manières, par les détails de la modinature & par le choix des ornemens.

Les détails de la modinature sont ce qu'on appelle les profils. Il dépend de la combinaison de ces profils, de leur nombre ou de leur rareté, de leur saillie plus ou moins grande, de leur fermeté ou de leur mollesse, d'imprimer à un édifice un caractère grave ou léger, élégant ou massif, grandiose ou mesquin, pur ou confus. C'est là que le connoisseur attend l'architecte, & c'est par-là qu'il le juge. L'*entablement* est encore l'objet particulier des soins du décorateur. Nulle partie de l'architecture ne peut recevoir autant de motifs d'ornemens & d'aussi variés. L'union de ces ornemens avec les profils, la juste proportion de richesse & de repos qu'on doit y observer, selon chaque mode & selon la nature de chaque édifice, sont ce qu'on rencontre le plus rarement.

Dans l'antique même, les modèles parfaits en ce genre, c'est-à-dire, ceux où cette harmonie est observée, sont rares. Le plus grand nombre des *entablemens* romains sont chargés de trop de profils, & ces profils sont brodés de trop d'ornemens.

Les grands palais de l'Italie sont presque tous couronnés par de somptueux & magnifiques *entablemens*. Parmi ce grand nombre, deux seuls sont devenus classiques, celui de Cronaca, au palais Strozzi, à Florence, & celui de Michel-Ange, au palais Farnèse, à Rome.

ENTABLEMENT DE COURONNEMENT. C'est celui qui couronne un mur de face, lequel n'est décoré d'aucun ordre d'architecture, ou qui couronne la décoration intérieure d'un salon, d'une galerie, &c.

ENTABLEMENT RECOUPÉ. *Entablement* qui fait retour en avant-corps sur une colonne ou un pilastre comme aux arcs de Titus ou de Constantin, à Rome.

ENTAILLE, s. f. On fait des *entailles* dans le bois, la pierre, le marbre & autres *matériaux*, & ces *entailles* ont différens objets.

Le plus ordinaire est celui de la liaison des pièces dont se compose un ouvrage. Ces sortes d'*entailles* dans le bois se font quarrément, de la demi-épaisseur du morceau, par *embrèvement à queue d'aronde*, *en adent*, &c. ainsi que les assemblages.

On fait des *entailles* dans les incrustations de pierre ou de marbre pour y placer des morceaux postiches.

On fait des *entailles* à queue d'aronde pour mettre un tenon de nœud de bois de chêne, ou un crampon de fer ou de bronze, incrusté de son épaisseur, afin de retenir un fil dans un quartier de pierre ou dans un bloc de marbre.

Dans les pierres de l'entablement du temple, appelé de Junon Lucine, à Agrigente, on trouve des *entailles* d'une espèce particulière. Elles sont pratiquées & creusées en forme de fer à cheval, faisant canal aux deux bouts des pierres, c'est-à-dire, aux côtés par où elles se touchoient. Il paroit certain que ces *entailles* servoient aux cordes ou chaînes, par lesquelles la pierre s'enlevoit; lorsqu'elle étoit posée & en contact avec sa voisine, le conduit latéral laissoit la liberté d'enlever les cordes ou chaînes qui avoient servi à son élévation & à sa pose.

ENTAILLER, v. act. Faire dans une matière quelconque une entaille quelle qu'en soit la destination.

ENTAMURE DE CARRIÈRE, s. f. Ce sont les premières pierres, ou les pierres du premier lit d'une carrière nouvellement découverte.

ENTASIS. C'est le mot grec par lequel les anciens exprimoient ce que nous entendons en architecture par le renflement dans le galbe des colonnes. (*Voyez* RENFLEMENT).

ENTER, v. act. Assembler des pièces de bois, & les joindre l'une à l'autre dans la même direction.

ENTINOPE DE CANDIE. Le nom de cet architecte ne mérite d'être mentionné que parce qu'il paroît avoir été le premier qui ait contribué à la fondation de Venise.

Selon les archives de Padoue, lorsque les excès & les cruautés des Visigots, en Italie, forçoient ses habitans à chercher leur salut dans la fuite, un architecte de Candie, nommé *Entinope*, fut le premier qui se retira dans les lagunes de la mer Adriatique, & construisit une maison la seule qu'on y compta pendant plusieurs années.

La terreur qu'Alaric portoit dans ces contrées fut cause que d'autres se réunirent à Entinope, & de cette réunion se formèrent les vingt-quatre maisons qui devinrent en quelque sorte le germe de Venise. Les mêmes chroniques portent qu'Entinope ayant vu sa maison sauvée miraculeusement d'un incendie, fit le vœu de la convertir en Eglise. Ce qu'il fit sous le nom & l'invocation de St.-Jacques. Les magistrats dès-lors établis contribuèrent à la bâtisse & à la décoration de cette église, encore subsistante aujourd'hui dans le quartier de Rialto, qui passe pour le plus ancien de Venise. (*Tiré des vies des architectes de Milizia*).

ENTOISER, v. act. C'est disposer en tas carrés des matériaux informes, tels que des moëlons & plâtras, pour ensuite en mesurer les cubes avec le pied & la toise.

ENTRAIT, s. m. Principale pièce de bois de la charpente d'un comble, qui en traverse & en lie les parties opposées, & sur laquelle sont assemblés le poinçon & les arbaletiers.

Lorsque les combles ont beaucoup de hauteur, on y place un second *entrait*, lequel alors s'appelle *petit entrait*.

Dans les encoignures, la pièce qui est d'équerre avec le grand ou maître-entrait, & joint le mur de pignon, se nomme *demi-entrait*.

ENTRE-COLONNEMENT, s. m. On dit aussi *entre-colonne*. C'est l'espace qui est entre deux colonnes, mesuré de l'endroit où elles ont une grosseur égale. Comme les colonnes éprouvent ordinairement des diminutions qui font que leur fût varie d'épaisseur dans toute sa hauteur, on prend pour mesure des colonnes & parconséquent des *entre-colonnemens*, la partie inférieure du fût, sans y comprendre la base ni aucune de ses parties.

L'espacement qu'on pratique entre les colonnes, & qu'on appelle *entre-colonnement*, est un des objets de rapport les plus importans dans l'architecture. De la justesse, de la bonne & judicieuse mesure des *entre-colonnemens*, dépendent l'effet des colonnes, leur proportion & l'harmonie d'un édifice.

Les Romains, au rapport de Vitruve, dans la disposition des colonnes de leurs temples, usoient de cinq proportions différentes d'*entre-colonnemens*, & ils leur avoient donné des noms qui exprimoient ces différences.

Ils appeloient temple *Picnostyle* celui dont les colonnes étoient le plus serrées; *Systyle*, celui dont les *entre-colonnemens* étoient un peu moins étroits; *Diastyle*, celui qui les avoit plus larges que le précédent; *Aræostyle*, celui qui avoit entre ses colonnes trop d'espacement; & *Eustyle*, celui où de justes proportions en ce genre étoient gardées.

« Le Pycnostyle, continue Vitruve, est donc l'ordonnance dans laquelle on compte un diamètre & demi pour l'*entre-colonnement*. Tels sont le temple de Jules César, celui de Vénus, dans le *forum* qu'il a fait bâtir, & plusieurs autres du même genre ».

« L'*entre-colonnement* du Systyle est de deux diamètres, & les plinthes des bases y sont égales à l'espace qui est entre les deux plinthes, comme on le voit au temple de la fortune équestre, près le théâtre de pierre, & à d'autres où l'on a suivi cette proportion ».

« Ces deux espèces d'*entre-colonnement* offrent quelques inconvéniens. D'abord lorsque les mères de famille montent les degrés du temple pour aller faire leurs prières, elles ne peuvent passer en se donnant les mains l'une à l'autre par des intervalles si serrés, mais sont obligées d'aller à la file. Ensuite les colonnes ainsi pressées dérobent la vue du chambranle de la porte du temple & des statues qui sont sous le portique. Enfin, ce serrement diminue la facilité des dégagemens & des promenades autour du temple ».

« L'ordonnance du Diastyle doit être telle qu'on donne trois diamètres de largeur à ses *entre-colonnemens*, comme au temple d'Apollon ou de Diane. Le défaut de cette proportion est que les pièces de l'architrave ayant une trop grande portée, se rompent ».

« Dans l'Aræostyle, on ne peut point employer d'architraves en pierre ou en marbre. On est contraint de les faire en bois à cause du trop grand vide des *entre-colonnemens*. Aussi, l'aspect des édifices construits dans cette proportion a quelque chose de lourd, d'écrasé & de trop écarté. Il n'est, en conséquence, possible d'orner leurs frontons que de figures de terre cuite, à la manière toscane, ou de bronze doré. Tels on voit près du grand Cirque, le temple de Cérès, celui d'Hercule, bâti par Pompée. Il en est aussi un exemple au Capitole ». (*Voyez* l'article ARÆOSTYLE où l'on a suivi par erreur le sens de Perrault, dans l'explication du mot *Pompeiani*. La leçon de Galiani me paroît la meilleure.

« A l'égard de l'Eustyle, qui est l'ordonnance la plus approuvée pour sa commodité, sa beauté & sa solidité, on donne à son *entre-colonnement*, la largeur de deux diamètres & un quart. Le seul *entre-colonnement* du milieu, soit du côté du *Pronaos*, soit du côté du *Posticum*, a trois diamètres. Cette disposition donne de la noblesse à l'ensemble, du dégagement à l'entrée, & de la majesté aux colonnades qui servent de promenoirs autour du temple ».

Il y auroit plus d'une observation à faire sur cette théorie de Vitruve.

Premièrement, le système d'*entre-colonnement* qu'il rapporte est particulièrement fondé sur des exemples d'édifices romains, & ne paroît pas avoir embrassé un cercle d'autorités fort étendues. Il semble douteux que ces maximes aient été celles des Grecs.

Secondement, ce système se trouve établi sans aucun rapport déterminé avec les proportions & le caractère des différens ordres qui cependant seroient une des bases principales sur lesquelles devroit reposer la fixation de semblables mesures. Il semble qu'il ne s'agisse ici des *entre-colonnemens* que dans leur relation avec un seul ordre. C'est ce que Vitruve ne donne point à connoître, & c'est ce qui doit empêcher qu'on ne puisse généraliser ces règles.

En troisième lieu, il est permis de croire que Vitruve n'a entendu parler ici des différences dans la manière d'espacer les colonnes entr'elles, que par rapport aux temples. Il rapporte toujours, soit aux cérémonies, soit aux portes, soit aux frontons, soit aux galeries environnantes, les avantages comme les inconvéniens, qui peuvent résulter du plus ou du moins de largeur dans les *entre-colonnemens*. Cela feroit penser que ceci n'est point une méthode abstraite ou générale qu'il donne, mais simplement une application des principes de l'*entre-colonnement* aux péristyles des temples, & des temples seulement.

Cette manière de faire l'*entre-colonnemens* du milieu de trois quarts de diamètre plus large que les autres, paroît avoir un objet trop futil. Car il s'agit de gâter toute la symétrie d'une ordonnance pour faire appercevoir d'un seul point toute l'ouverture de la baie de la porte. Les Grecs, dans leurs temples, nous offrent des exemples entièrement contraires à cette méthode ; mais comme on a eu déjà l'occasion de l'observer à l'article DORIQUE, Vitruve ne connoissoit point les temples des Grecs.

Toutefois on ne sauroit le nier, la théorie des *entre-colonnemens* ne peut jamais recevoir de base tellement fixe, qu'on puisse en tirer des applications incontestables.

Le seul principe de goût qu'on doive poser en ce genre, tient à l'effet même de l'architecture & aux impressions qu'elle produit. Or, l'observation & de ces effets & de ces impressions, a appris que des colonnes serrées affectoient plus fort & plus énergiquement nos sens que des colonnes largement espacées. On trouvera le développement de ce principe au mot effet. (*Voyez* cet article). Il est encore une raison qui corrobore cette opinion.

Sous quelque rapport purement intellectuel qu'on veuille considérer l'architecture, il est impossible en réalité de la dégager de son essence matérielle, & parconséquent de ses rapports avec la solidité. Cette qualité produit aussi de fortes impressions sur nos sens. Or, le sentiment d'effet qui provient du serrement des *entre-colonnemens*, est inséparable de l'idée de solidité qui est un effet direct de cette disposition. Cela contribue à expliquer la préférence que même, sans faire ces réflexions, le commun des hommes donnera à une disposition sur l'autre.

Les modernes ont été dans l'espacement des *entre-colonnemens* au-delà même de la liberté que Vitruve semble accorder en ce genre aux architectes. Selon M. Clerisseau, cela a pu venir d'un mauvais choix d'exemples, pris inconsidérément dans l'antiquité. On sait, dit-il, que les colonnes antiques, employées à la décoration du palais de Dioclétien, étoient d'une matière précieuse & rare, & que l'architecte ne prit le parti de les écarter ainsi, que parce qu'elles étoient en trop petit nombre.

« Ce défaut de proportion, continue-t-il, a été malheureusement trop imité de nos jours. La facilité que nous a donné l'art du trait de faire de grandes plate-bandes, nous y avoit entraînés & nous avoit fait trouver un genre de beauté dans ce défaut. Nous nous flattions même d'avoir surpassé les anciens dans cette partie, & nous regardions alors comme timidité leur sagesse & la justesse de leur goût dans le rapprochement des colonnes. Mais supposons que la nécessité les ait contraints d'en user ainsi, ne sommes-nous pas plus frappés de l'heureux effet qui en est résulté. On peut aisément s'en convaincre en considérant les six colonnes du frontispice de l'amphithéâtre des écoles de chirurgie de Paris. Elles sont espacées dans le rapport des anciens, & tout le monde reconnoît également leurs belles proportions ».

« Si nous sommes une fois bien convaincus que les colonnes en péristyles ne portent un caractère majestueux, que lorsqu'elles sont espacées à deux diamètres un quart au plus, nous conviendrons facilement qu'il faut les supprimer partout où elles ne sont pas de nécessité absolue, & où il est impossible de les employer dans ce rapport ».

« C'est à cette justesse de proportion dans leur espacement, que les colonnes de la maison carrée à Nîmes doivent toute leur grâce & le caractère imposant qu'elles portent malgré leur petit diamètre ».

Aux différens articles qui traitent de chaque ordre en particulier, il est fait mention des rapports & des proportions de leurs *entre-colonnemens* respectifs. Nous ne répéterons pas ici ces détails.

ENTRE-COUPE, s. f. C'est le dégagement qui se pratique dans un carrefour étroit par deux pans coupés opposés, pour faciliter le tournant des charrois.

ENTRE-COUPE DOUBLE. On appelle ainsi une

342 ENT

entre-coupe, lorsque les quatre encoignures d'un carrefour sont en pan coupé comme aux quatre fontaines de *Termini* à Rome.

ENTRE-COUPE DE VOUTE. C'est le vide qui reste entre deux voûtes sphériques inscrites l'une dans l'autre, depuis l'extrados d'une coupe jusqu'à la douelle du dôme. Les voûtes sont jointes ensemble par des murs de refend au droit des côtes, le tout sans charpente, comme aux églises de Saint-Pierre, de Notre-Dame de Lorette, devant la colonne Trajane à Rome, &c.

ENTRÉE, s. f. Terme général qui signifie le passage ou l'ouverture par où l'on entre du dehors d'un lieu dans son intérieur.

En architecture, le mot s'applique à plus d'un objet. On dit l'*entrée* d'un palais, d'un chœur, d'une église, d'une ville.

Entrée dans tous ces cas signifie moins l'ouverture ou le passage proprement dit, que l'ensemble des accessoires ou des objets qui l'accompagnent.

C'est ainsi que l'*entrée* d'une ville se compose non-seulement de la porte, mais des bâtimens voisins, des monumens qui lui servent de décoration, des points de vue adjacents, & de la perspective même qui s'offre aux yeux.

Toutes les villes, & même les plus grandes, n'étant point fermées de murs, l'*entrée* d'une ville n'est pas nécessairement subordonnée à la condition d'avoir une porte; cependant il est bon que quelque monument qui en tienne lieu, marque cette *entrée*.

Une des plus belles *entrées* de ville est certainement celle de Rome, par la porte appelée *del Popolo*. L'obélisque qui se présente en face, les trois grandes rues alignées qui aboutissent à la place, les deux temples qui regardent la porte, forment un des plus beaux aspects que puisse offrir l'*entrée* d'une ville.

La ville de Palerme présente, dans ses quatre portes, autant d'*entrées* magnifiques, soit par les arcs de triomphe qui les décorent, soit par la belle perspective des rues alignées & bien bâties qu'on découvre en entrant.

En général, on peut dire que cette partie de la décoration des villes est la plus rare surtout dans les grandes villes. On ne sauroit guères la rencontrer que dans celles qui ont été bâties ou rebâties tout à-la-fois sur des plans réguliers, & dans une enceinte déterminée.

Presque toutes les villes ont commencé par être des villages étroits & mal bâtis, & c'est de ce centre qu'elles se sont étendues & s'étendent continuellement à une circonférence toujours croissante, & cette circonférence se compose de fauxbourgs qui font que la ville finit comme elle a commencé, c'est-à-dire, par être un village. Les *entrées* des grandes villes ne sont, ainsi que l'indique le mot fauxbourg, qu'une transition de la ville au village. C'est ce qui fait qu'on ne sauroit embellir ces *entrées* ou que ces embellissemens se trouveroient à peu près en pure perte.

On vient d'en faire depuis peu l'expérience sur toutes les routes qui donnent *entrée* à Paris. En reculant, comme on l'a fait il y a une douzaine d'années, la circonférence de cette ville par une enceinte de murs, on imagina de placer à chacune de ces *entrées*, des bâtimens qui seroient affectés au service des barrières, & formeroient, soit par leurs élévations, soit par le luxe de leur construction, la décoration de ces *entrées*. Presque tous ces monumens se trouvent relégués au milieu des marais, des champs potagers & des chaumières qui les accompagnent, d'autres ne se trouvent en rapport qu'avec les premières maisons des fauxbourgs, c'est-à-dire, avec des masures, & leur effet est entièrement perdu. Leur dépense n'a pas produit un embellissement de plus pour la ville.

Ce ne sont pas, sans doute, les deux barrières de l'Etoile qui forment la beauté de cette *entrée* de Paris. Elle est la seule qu'on puisse citer. Mais elle doit sa magnificence aux grandes plantations, aux avenues, aux riches aspects & aux beaux édifices qui se présentent à la vue.

Il n'y a pas à Londres d'*entrée* de ville digne d'être remarquée. Les fauxbourgs s'y sont tellement prolongés, qu'on est dans la ville avant de s'être aperçu qu'on y soit entré.

ENTRELAS, s. m. Ornement de meubles, de rampes, de grilles & autres objets semblables que l'on employe, soit dans ces divers accessoires, soit dans la sculpture même dont se décorent les membres de l'architecture.

Le mot d'*entrelas* fait lui-même la définition de cette espèce d'ornement. C'est un entrelacement de lignes combinées dans toutes les formes imaginables, & qui forme des découpures dont l'aspect est agréable selon le choix qu'on en fait, & donne un caractère de légèreté aux objets où on l'applique.

D'après les dessins que Chambers nous a donné des maisons & des meubles des Chinois, il paroit que cet ornement est fort de leur goût, & il paroit que ce peuple est aussi fécond qu'ingénieux dans la manière de le diversifier. La plupart de ses sièges, de ses tables & de ses balustrades sont ornées d'*entrelas*. Il est vrai que les joncs & les bambous dont se composent presque tous ses meubles, se prêtent à merveille à la légèreté que comporte ce genre d'ornement.

L'*entrelas* est l'ornement propre de la serrurerie. Le fer ayant une solidité qui permet de tout oser, on forme dans les balcons, dans les grilles, dans les rampes d'escalier tous les dessins imaginables, & ces dessins sont presque toujours des *entrelas*. Il y entre, il est vrai, souvent de la confusion, & les variétés de ces contours ne sont pas toujours heureuses.

Le bois ne pouvant pas aussi facilement recevoir toutes les inflexions qu'on donne au fer dans les
balustrades,

baluſtrades, on ſe contente ordinairement d'y pratiquer des *entrelas* à lignes droites, tels, par exemple, que l'ornement connu depuis quelques années ſous le nom *de Grecque*. Les baluſtrades de bois a *entrelas* ſont devenues très-communes depuis que le goût du jardinage irrégulier a prévalu. Elles font un effet agréable dans les jardins, ſurtout lorſqu'on les peint en blanc, cette couleur qui ſe détache ſi bien ſur la verdure.

L'architecture employe l'*entrelas* en ſculpture de deux manières.

D'abord dans les baluſtrades en pierre, ſoit celles qui ſervent d'appui à des croiſées, ſoit celles dont on forme des rampes d'eſcaliers ou de tribunes : on y place quelquefois des *entrelas* ſculptés en pierre ou en marbre. Alors ils tiennent lieu de baluſtres. Cela ſe voit ainſi à plus d'une rampe d'eſcaliers modernes. Toutefois il faut dire que comme on eſt obligé de donner beaucoup d'épaiſſeur à ces ſortes d'*entrelas*, & que pour leur procurer de la ſolidité il faut faire enſorte que les pleins l'emportent ſur les vides, cet ornement ainſi ſculpté de relief, devient lourd & fort tout-à-fait du caractère de découpure qui lui eſt propre. La pierre ou le marbre veulent néceſſairement de la ſolidité. Les découpures en pierre ne peuvent ſubſiſter qu'à l'aide d'armatures de fer, comme l'ont pratiqué les gothiques, & ces bagatelles ne ſont plus du reſſort de l'architecture.

Mais cet art uſe volontiers de l'*entrelas*, comme ornement de bas-relief, dans les tores, dans les profils, dans les champs variés, que la modinature préſente à la ſculpture. Il y a de ce genre un aſſez grand nombre d'*entrelas*, connus & fixés par l'uſage, dont la deſcription ſeroit inutile. Le goût peut toujours en faire adopter de nouveaux.

ENTRE-MODILLON, ſ. m. C'eſt l'eſpace qu'on laiſſe entre deux modillons. On doit faire les *entre-modillons* égaux dans le cours d'une corniche.

ENTRE-PILASTRE, ſ. m. Intervalle qui règne entre deux pilaſtres. Lorſqu'une ordonnance de pilaſtres correſpond à une ordonnance de colonnes, l'entre-colonnement de celles-ci devient la meſure néceſſaire des *entre-pilaſtres*. A l'égard des édifices dont les pilaſtres ſeuls font la décoration, on y applique les règles & les principes ſuivis dans l'art d'eſpacer les colonnes. Il peut régner cependant ſur cet objet beaucoup plus de liberté. Il y a des convenances relatives à la ſolidité comme à l'effet des colonnades, & ſur leſquelles ſe fonde la théorie des entre-colonnemens, qui ne ſont en rien applicables aux décorations en bas-relief que forment les pilaſtres.

ENTREPOT, ſ. m. Vient du verbe *entrepoſer*. C'eſt dans une ville maritime ou de commerce une eſpèce de magaſin où l'on dépoſe par *intérim* des marchandiſes, ſoit qu'elles ſoient deſtinées à être réembarquées, ſoit que devant paſſer plus loin elles doivent être ſouſtraites aux droits qu'elles paieroient ſi elles étoient deſtinées à cette ville.

Diction. d'Archit. Tome II.

Entrepôt ſe dit auſſi de tout magaſin, où des compagnies de négocians tiennent leurs marchandiſes.

ENTREPÔT D'ATTELIER. C'eſt dans l'étendue d'un grand attelier un eſpace fermé avec des ſolives & des planches, qui a pour objet de conſerver les équipages, empêcher que les ouvriers ne ſoient détournés de leur travail, & rendre le chantier libre pour le tranſport des fardeaux.

ENTREPRENEUR, ſ. m. C'eſt celui qui convient avec un propriétaire ou tout autre qui veut bâtir, de lui conſtruire un bâtiment quelconque, ſuivant les proportions & les qualités des matériaux énoncées dans un devis, moyennant une ſomme déterminée, ſoit en bloc, ſoit à la toiſe.

Les erreurs naturelles & les fraudes dont tout homme qui prétend bâtir eſt ſi facilement victime, l'ignorance ou le commun des individus eſt des prix & des qualités des matériaux, la diverſité des objets & des élémens qui entrent dans la compoſition & la façon des bâtimens, bien d'autres cauſes ont introduit la néceſſité des *entrepreneurs*.

Cette néceſſité s'eſt accrue encore depuis que les architectes, ſéparant & dans leurs études & dans la profeſſion de l'art, les connoiſſances théoriques des connoiſſances pratiques, & de la partie mercantile dont celles-ci ne peuvent ſe paſſer, ſont devenus par le fait & pour la plupart, étrangers à tout ce qui regarde la conſtruction.

L'*entrepreneur* eſt ordinairement un homme verſé dans les détails très-multipliés que comprend la bâtiſſe. Il a ſurtout l'expérience des fournitures, des approviſionnemens, des prix des matériaux, de leurs diverſes qualités, de la valeur des journées, de la capacité des ouvriers ; il connoit les moyens d'économie ; il a enfin les qualités & les connoiſſances d'un commerçant. Il eſt, dans le fait, un véritable marchand de matériaux & de main-d'œuvre, de machines, d'équipages & d'ouvriers. Mais en revanche, il ne connoit que très-ſuperficiellement les principes de l'art. Il n'a pu ſe former le goût par des comparaiſons étendues & par des études ſuivies. Le plus ſouvent il agit d'après une certaine routine ouvrière fort éloignée des vrais erremens du goût & des inventions du génie.

Cependant, le commun des hommes qui ont à faire bâtir, préfère l'*entrepreneur* à l'architecte, par la raiſon que les belles formes, les proportions, le beau ſtyle, le bon goût des ornemens, touchent bien plus foiblement le propriétaire que ne peuvent le faire la ſolidité, l'économie & la promptitude. Or ces trois points, on les obtient facilement de tout *entrepreneur* un peu accrédité.

Il réſulte de là, que la plupart des maiſons (& on ne parle pas ici de celles de la dernière claſſe) n'offrent point même dans la ſimplicité qui convient aux habitations particulières, ce charme & cet agrément qu'on leur trouve dans les pays où l'architecte préſide à leur conſtruction.

Il n'eſt pas rare non plus de voir des architectes

— X x

livrer leurs desseins & leurs plans à l'exécution de l'*entrepreneur*, sans même s'en réserver la surveillance. Mais comme l'exécution de l'architecture, comme le plus ou le moins de netteté, de précision, de fini, influent beaucoup plus qu'on ne sauroit, je dire sur la pensée même & les conceptions de l'auteur, il arrive que de fort bonnes intentions disparoissent, travesties & défigurées par l'esprit de routine & par la méthode banale de l'*entrepreneur*.

Les architectes devroient donc beaucoup moins négliger qu'ils ne le font l'étude & les connoissances de toutes les parties de détail de leur art. Ils ne devroient pas même mépriser celles qui leur en paroissent indépendantes. C'est sur ce mépris de la partie économique & commerciale de l'art de bâtir, que se sont établis la profession & le crédit des *entrepreneurs*.

Il ne faut pas le dissimuler; ceux qui font bâtir ont besoin d'une sorte de garantie qu'ils ne seront pas entraînés dans des dépenses au-delà de leurs moyens. Or, un reproche que l'on fait aux architectes, par trop étrangers aux détails mercantils de l'art de bâtir, c'est que jamais dans leurs projets ils ne prennent la dépense pour mesure de leurs inventions; c'est qu'ils n'en calculent point les frais, & qu'ils engagent le propriétaire à aller beaucoup au-delà de ses intentions & de ses moyens. Heureux encore quand des essais infructueux ou des malfaçons n'achèvent pas de le ruiner! L'architecte est ordinairement un artiste qui offre plus de garantie dans son talent que dans sa fortune. On ne peut ni faire avec lui des conditions sévères ni se ménager de recours contre lui en cas d'avarie ou d'erreur.

L'*entrepreneur*, au contraire, est un commerçant avec lequel on peut faire un traité de la nature de tous ceux qui se font dans le commerce. L'analyse mercantile de toutes les parties dont se compose une maison, permet de stipuler avec lui & de rigueur la quantité des matériaux, l'épaisseur des murs, la nature des enduits, des bois de charpente, &c. Le toisé peut toujours servir de vérificateur au devis, & enfin il y a responsabilité à exercer. On peut le forcer à tenir les conventions. Les seuls engagemens qu'on ne sauroit contracter avec lui sont ceux qui ont rapport au bon goût & aux règles de l'art.

La conséquence qui sembleroit résulter de tout ceci seroit donc que l'*entrepreneur* ayant très-rarement les talens de l'artiste, & l'architecte manquant le plus souvent des connoissances de l'*entrepreneur*, les édifices devroient presque toujours se ressentir de l'ignorance de l'un ou de l'inexpérience de l'autre.

La division établie entre les différentes parties de l'art de bâtir rendroit cette conséquence inévitable, si dans les monumens publics surtout on ne trouvoit la manière d'unir ensemble l'architecte & l'*entrepreneur*, de telle sorte que ce dernier subordonné à l'inspection & au contrôle du premier, ne devienne que l'exécuteur de ses desseins, & soit dans la qualité des matériaux, soit dans la main-d'œuvre, reste soumis à une surveillance qui en garantit le choix & la perfection.

ENTREPRISE, s. f. C'est le mot qui désigne l'engagement par lequel un homme qu'on appelle entrepreneur se charge de bâtir à forfait un édifice quelconque d'après un devis où sont spécifiées toutes les conditions relatives à cette construction.

On a dit au mot précédent quelles sont les raisons principales qui ont multiplié les entrepreneurs de bâtimens, & rendu si commune leur intervention dans la plûpart des bâtimens particuliers. On pourroit croire qu'une partie de ces raisons n'est point applicable aux édifices publics. En effet, leur construction est ordinairement subordonnée à des administrations ou à des surveillans dont la capacité & l'intelligence devroient être une caution de l'économie, du bon choix & du meilleur emploi des matériaux & de tout ce qui entre dans la composition des bâtimens. Cependant, on voit les plus grands monumens mis à l'*entreprise*, & malgré le bénéfice que doivent faire les entrepreneurs, l'expérience apprend encore que c'est là la méthode la plus économique.

En effet, dans tout ce qui est bâtiment, les moyens de fraude sont si variés & si difficiles à saisir, les simples négligences dans de vastes ateliers deviennent si dispendieuses, les abus s'y multiplient si facilement & s'y enracinent si profondément, la connivence de tous les abus & de tous ceux qui en vivent est si habituelle, qu'à toutes les tentatives & tous les essais de réforme, on se persuade que la chose publique n'a pas de meilleur garant à se procurer que celui de l'intérêt personnel. Et c'est ce puissant moteur qu'on emploie & qu'on met en action dans l'*entreprise*.

Au reste, à l'égard des grandes constructions des monumens publics, où les malversations de détail peuvent occasionner de si grandes pertes pour l'état, le système de l'*entreprise* repose sur les considérations générales qui le font adopter dans d'autres parties du service public. On peut faire & l'on fait souvent les plus belles objections morales contre ce système. Il y a même entre les esprits les plus désintéressés beaucoup de diversité d'opinion à ce sujet. C'est que les uns voyent les choses & les hommes tels qu'ils pourroient ou devroient être: les autres les voyent tels qu'ils sont.

En généralisant l'idée d'*entreprise* considérée sous son point de vue moral, & dans ses rapports avec l'intérêt public, je la définirois, une transaction faite par & pour cet intérêt public, avec l'indolence, l'ignorance ou la cupidité présumées des hommes en place. C'est un accommodement avec ces vices au moyen duquel on sacrifie une partie de l'intérêt public pour s'assurer du reste par la garantie de l'intérêt particulier.

Le moyen de se passer d'*entreprise* seroit de faire en sorte que les hommes chargés des différens services publics y apportassent la probité, le savoir & l'activité, & y apportassent des qualités dans une proportion autant au-dessus de ce qu'exige l'intérêt particulier dans le maniement de ses propres affaires, que les vastes combinaisons des affaires publiques sont supérieures aux relations bornées d'une fortune & d'une gestion privée.

Or, comme il ne faut dans les hommes qui gèrent les affaires publiques que le manque d'une des trois qualités, *probité*, *savoir* & *activité*, pour occasionner à la chose publique, dans quelque partie que ce soit, un détriment beaucoup plus grave que celui auquel on se résigne dans le système de l'*entreprise*, toute la question n'est qu'une question de probabilité sur le mérite & la vertu des hommes en place. De sa solution dépend celle de la question de l'*entreprise*.

ENTRER, v. act. C'est joindre bout à bout & à-plomb des pièces de bois de charpente de même grosseur, comme sont quelques noyaux de bois; ce qui se fait par tenon & mortaise, ou par une entaille de la demi-épaisseur du bois.

ENTRESOL, s. m. C'est un petit étage pris dans la hauteur d'un grand étage, ordinairement celui du rez-de-chaussée, dans lequel on ménage ou de petits appartemens d'hiver, ou des garde-robes, ou des logemens de domestiques.

L'*entresol* a pris naissance dans les grands palais, des convenances ou des nécessités dont on vient de parler. La grandeur des pièces principales, surtout au rez-de-chaussée, n'étant point d'accord avec le reste des autres pièces, on a trouvé aussi commode qu'utile de diviser en deux la hauteur de celles qui ne sont point de parade; & l'on a, par un petit étage interposé & dissimulé à l'extérieur, multiplié les dégagemens & les logemens dans un même étage.

Bientôt on a bâti exprès des *entresols* dans le plus grand nombre des maisons, & même des maisons particulières. Dans ces cas, l'*entresol* n'est plus un étage furtif dérobé à la vue & pris aux dépens d'un autre. Il entre dans le dessein primitif du bâtiment. On lui donne sa proportion déterminée & même ses embellissemens particuliers.

Les Italiens appellent *mezzanino* ce que nous appelons *entresol*. Ils les pratiquent dans leurs palais, & ils les font apparens. Ce petit étage se trouve ordinairement dans l'ordonnance générale faire partie du soubassement.

Le mezzanine ou *entresol* ne comporte point la décoration d'une ordonnance particulière, & cet étage qu'on pourroit appeler étage de souffrance ou d'exception, se trouvant ordinairement fort bas & placé au-dessous des grands étages, il est facile de voir qu'on doit le considérer plutôt comme un hors-d'œuvre dans la décoration d'une façade que comme devant en faire partie intégrante. On ne sauroit lui appliquer aucun ordre, car cet ordre seroit ridiculement petit en égard à ceux qui le surmonteroient.

Lors donc qu'on est forcé dans un grand palais de pratiquer des mezzanines, le bon sens & le bon goût veulent qu'on leur donne à l'extérieur le moins d'importance possible. En Italie, on les pratique quelquefois entre un étage & un autre, & alors ils présentent au-dehors de petites fenêtres carrées ornées d'un simple bandeau, & qui, soit par la proportion, soit par la décoration, le cèdent aux croisées des étages principaux.

Toutefois la meilleure manière de placer cet étage de sujétion est de le rendre partie du soubassement général, lorsqu'on ne fait pas du rez-de-chaussée un étage principal.

On voit quelquefois deux mezzanines ou *entresols* au-dessus l'un de l'autre. C'est-là un abus révoltant. L'*entresol*, lorsqu'il est seul, passe comme on l'a dit pour une sorte d'exception, à laquelle on consent de ne pas trop faire d'attention. Deux *entresols* au-dessus l'un de l'autre donnent l'idée d'une petite maison inscrite dans une grande. Cette répétition dénature le caractère des palais, en gâte l'ordonnance & en rapetisse l'effet.

Ces considérations ne sont applicables qu'aux palais & aux maisons dont l'architecture dessine les plans & soigne les élévations. Dans le plus grand nombre des maisons, & surtout des maisons de commerce, il y a une multitude de besoins & de convenances ennemis de ces principes, & pour lesquels ces principes ne sont pas faits.

ENTRETIEN, s. m. Se dit généralement en architecture pour exprimer les soins, la surveillance habituelle & les réparations légères dont tous les édifices ont besoin. Quelle que solidité qu'on leur donne, quelle que parfaite que soit leur construction, le temps & la tendance à la décomposition qui est propre à tous les corps, y produisent journellement des altérations auxquelles il faut sans cesse apporter remède pour prévenir les suites que leur négligence pourroit occasionner.

Il y a toujours une somme annuelle consacrée à l'*entretien* des grands édifices. Au moyen de cette dépense, on empêche qu'il ne s'y développe des causes de ruine; & cette dépense légère d'*entretien* économise les grandes dépenses de réparations. Un édifice même peu solide qu'on entretiendroit avec soin dureroit éternellement.

Ce qu'on appelle *entretien* est surtout nécessaire dans les objets qu'un mouvement continuel attaque sans interruption. Tels sont les ponts, les quais, les aqueducs, les égouts, les chemins publics. Là où un agent destructeur travaille sans relâche, il faut que l'instrument conservateur soit aussi sans cesse en action. Si l'on discontinue quelque temps l'action réparatrice, le mal fait de tels progrès qu'on ne trouve plus de fonds pour y opposer une résistance suffisante. La force de celle-ci diminuant en raison de ce que la force de l'autre augmente, l'équilibre est rompu & la ruine des édifices en est le prompt résultat.

Dans le langage de la partie administrative des bâtimens, on appelle *entretiens* au pluriel les réparations annuelles, soit des maisons soit de la culture des jardins dont se chargent des ouvriers ou d'autres personnes moyennant un certain prix. Mais ils ne sont garans ni des réparations extraordinaires causées par les injures du temps, ni de la caducité ou malfaçon des bâtimens.

ENTRE-TOISE, f. f. Piece de bois qui sert à entretenir les poteaux d'une cloison & d'un pan de bois, les faîtes avec les sous-faîtes, les sablieres & les plate-formes du pied d'un comble.

ENTRE-TOISE CROISÉE. Assemblage en maniere de croix de Saint-André, posé de niveau entre les entraits de l'enrayure d'un dôme.

ENTREVOUX, f. m. Est l'intervalle qui est entre deux solives d'un plancher ou deux poteaux de cloison, qu'on remplit de maçonnerie en plâtras, ou qu'on couvre seulement d'un enduit sur lattes.

EPAUFRURE, f. f. C'est le nom que donnent les ouvriers à l'éclat du bord d'un parement de pierre, emporté par un coup de masse ou de têtu mal donné.

On appelle écornure l'éclat qui se fait à l'arête de la pierre lorsqu'on la taille, qu'on la conduit, qu'on la monte & qu'on la pose.

EPAULE, f. f. Se dit de l'angle d'un bastion.

EPAULÉE, f. f. On dit qu'une maçonnerie est faite par *épaulées*, lorsqu'elle n'est pas élevée de suite ni de niveau; mais à diverses reprises & par redens, ou en différens temps, comme cela se pratique quand on refait une construction par sous-œuvre.

EPAULEMENT, f. m. C'est toute portion de mur qui sert à soutenir en partie un chemin escarpé, ou l'extrémité de quelque talus, & qui fait en contrebas ce que le rideau (*voyez ce mot*) fait en contrehaut.

Epaulement est aussi un mot de fortification, & désigne tout ouvrage construit en fascinage & en terre pour mettre à l'abri du canon.

EPERON, f. m. C'est un pillier de pierre ou de maçonnerie qu'on construit en dehors d'un mur, d'une levée, d'une terrasse ou d'une plate-forme élevée, & qu'on place de distance en distance pour arc-bouter ces constructions & leur servir de contrefort.

On donne ordinairement aux *éperons* une forme pyramidale. Tels sont ceux qui sont construits à l'aqueduc de Caserte. Quelquefois on les éleve carrément; & lorsqu'on les applique aux piles des ponts, on leur donne une forme triangulaire.

Eperon. (*Terme d'architecture hydraulique*). C'est un ouvrage que l'on construit au-devant des piles des ponts pour couper le fil de l'eau, pour résister aux matieres & aux corps étrangers que l'eau entraîne & pousse avec violence contre les piles, tels que les glaçons, les bois, &c. & dont le choc pourroit ou endommager ou ébranler la construction.

On forme l'*éperon* de petits pilots qu'on enfonce les uns derriere les autres à environ cent pas de distance des arches d'un pont, & qui forme un plan incliné. Sur ces pilots on affermit, avec des crampons de fer, une poutre qui a le dos pointu. Ceci ne peut se pratiquer que dans les rivieres peu profondes. Pour les autres, on plante des palliers au lieu de pilots. Ce travail ne peut gueres être entendu sans figures. (*Voyez* le Dictionnaire des ponts & chaussées).

EPHESE, ville de l'Asie mineure, célebre par ce temple de Diane, que l'antiquité mit au nombre des sept merveilles du monde.

C'est en vain que M. de Choiseul Gouffier a cherché les restes de ce monument si vanté. Il n'a pu parvenir à en reconnoître que l'emplacement. Toutefois le terrain de l'antique Ephese & ses environs contiennent encore quelques restes d'antiquité assez remarquables. A une lieue de cette ville, M. de Choiseul a vu un aqueduc construit tout en marbre blanc, par assises presqu'égales & d'une grandeur moyenne. Toutes les arcades sont en plein ceintre, & ont de hauteur à-peu-près une fois & demie leur largeur. Le peu d'épaisseur conservé sur les clefs des voûtes, donne à tout l'ouvrage une légereté qui n'a point nui à sa solidité. On lit sur cet aqueduc, composé de deux rangs d'arcades, une inscription en grec & en latin, qui apprend qu'il fut bâti aux dépens d'un certain Servilius, & consacré à Diane d'Ephese & à l'empereur Caligula.

Un village appelé *Aja-Salouck* occupe aujourd'hui une partie de l'ancien emplacement d'Ephese. A droite de ce hameau, dit M. de Choiseul (*Voyage pittoresq. de la Grece*, p. 192) est un aqueduc restauré avec des marbres antiques, qui porte les eaux de la fontaine Alipia dans un petit fort carré, dont la construction est moderne, mais dont la porte offre un dessin intéressant.

On trouve encore un très-ancien aqueduc qui porte les eaux d'une fontaine dans les ruines d'un vaste édifice, qui doit être l'*Athenæum* éloigné de sept stades du temple de Diane. Après l'avoir examiné & en avoir levé le plan, nous en sortimes pour voir les fondemens d'un édifice carré de deux cents pieds de face, au centre duquel est une base autrefois revêtue de marbre, & qui sans doute étoit un autel où portoit une statue. Au delà est un théâtre. Plus loin sont d'autres ruines très vastes & construites en brique. Enfin, nous arrivâmes à l'emplacement de ce temple si fameux dont il n'existe plus que les vastes souterrains, dans lesquels il est même difficile de pénétrer à cause du limon qui s'y est accumulé.

Assez près de la forteresse qui occupe le sommet du mont *Pion*, on en voit une autre beaucoup plus petite, dans laquelle on entre par une porte construite avec les fragmens antiques d'une porte très-riche, ou d'un arc de triomphe qui, sans doute, avoit été renversé. Les habitans ont cherché à replacer ces débris, & se sont quelquefois trompés dans cette recomposition. Mais malgré ces irrégularités, cet édifice ne laisse pas d'offrir un aspect piquant. Les bas-reliefs dont la partie supérieure est décorée, sont d'une belle exécution. Dans celui du milieu, on distingue Priam redemandant Hector, le corps de ce dernier, &c. A côté sont des bachanales d'enfans jouants avec des grappes de raisin.

Au delà du théâtre, on trouve les débris d'un temple corinthien. Quelques-uns des fragmens de son entablement ont été réunis dans un même dessin par M. de Choiseul, & présentent l'idée de la plus belle exécution jointe à la plus grande richesse. On peut les voir, pl. 122 & 123 du Voyage pittoresque de la Grèce.

EPHŒBEUM. Dans les palestres des Grecs, on pratiquoit un double portique régnant tout à l'entour. Ces portiques donnoient entrée à plusieurs sortes de salles, du nombre desquelles étoit l'*Ephœbum*. C'étoit, selon Vitruve (*l.* 5, *ch.* 11) un lieu spacieux rempli de siéges, & d'un tiers plus long qu'il n'étoit large.

Comme *hêbê* signifie en grec la puberté qui arrive à quatorze ans, âge où les garçons commençoient les exercices du corps, tous les interprètes disent que l'*Ephœbeum* étoit destiné à ces exercices. Palladio croit que c'étoit les petites écoles des garçons, & que le *Coricœum* étoit celles des petites filles. Il y a apparence que cela devoit être ainsi à l'égard de l'*Ephœbeum*, parce que Vitruve dit que ce lieu étoit rempli de siéges, ce qui l'eut rendu très-impropre aux exercices de la lutte & autres. Outre que cet auteur, dans la description de la palestre, parle d'autres lieux affectés à ces exercices.

On voit à coup-sûr un *Ephœbeum* représenté dans une des peintures d'Herculanum, & rapportée pl. 213 du tom. 3 du Muséum d'Herculanum.

EPI, s. m. Ce mot exprime, dans différens travaux d'assemblage, une analogie de disposition avec la manière dont les grains de bled sont rangés dans un *épi*.

On dit briques posées *en épi* celles qui le sont diagonalement & qui sont placées de champ, ce qu'on appelle en façon de point de Hongrie. C'est ce que les anciens nommoient *spicatum testaceum* pavimentum.

On se sert du mot *épi* pour exprimer

L'assemblage des chevrons autour du poinçon d'une couverture de forme conique ou pyramidale.

Le bout du poinçon qui passe au-dessus du faîte du comble, & sur lequel on attache les amortissemens.

Les pointes & crochets de fer qu'on met sur des balustrades & autres endroits pour servir de défense & en interdire l'approche.

EPIS. (*Terme d'architecture hydraulique*). Ce sont des bouts de digues construits en maçonnerie, ou avec des coffres de charpente remplis de pierres, ou encore formés d'un tissu de fascinage piqueté & garni d'une couche de gravier. On les place le long des bords d'une rivière, pour contraindre le fort du courant à se déterminer d'un côté plutôt que de l'autre. Pour qu'ils produisent cet effet, il faut qu'ils soient construits avec soin, car un *épi* mal ouvert produiroit un effet contraire.

EPIGEONNER, v. act. C'est employer le plâtre un peu serré, sans le plaquer ni le jeter, mais en le levant doucement avec la main & la truelle par *pigeons*, c'est-à-dire, par poignées. On en use ainsi lorsqu'on fait les tuyaux & languettes de cheminée qui sont de plâtre pur.

EPIGRAPHE, s. f. Ce mot, à le bien prendre, est synonime d'inscription, avec la seule différence qu'il est grec & que l'autre est latin.

L'usage lui a affecté toutefois un sens particulier. Les inscriptions (voyez ce mot) ont pour objet d'énoncer l'usage des bâtimens, les noms de leurs fondateurs, la date de leur érection, &c. Les *épigraphes* sont plutôt faits pour caractériser les édifices que pour en décrire l'emploi. L'inscription veut instruire & le temps présent & les siècles à venir; l'*épigraphe* donne à penser & exerce l'esprit. La simplicité, la clarté sont le propre de l'inscription. La concision & une tournure piquante sont le charme de l'*épigraphe*. Celle-ci peut se prendre dans les vers des poètes ou dans des sentences accréditées qui font allusion à l'édifice.

Sur la porte d'une maison de campagne, on lira avec plaisir PARVA SED APTA ou bien Ô ZUS QUANDO EGO TE ASPICIAM. Ces *épigraphes* font l'agrément des petits monumens qu'on place dans les jardins.

Du côté de la porte *del popolo* à Rome, qui regarde le faubourg, il y a une inscription fort longue; du côté de la ville, il n'y a que cette *épigraphe* FELICI FAUSTOQUE INGRESSU.

C'en est assez pour faire sentir la différence qu'on doit mettre entre l'inscription & l'*épigraphe*.

L'architecte doit conserver & faire sentir cette nuance, soit dans la manière dont il place les *épigraphes*, soit dans les accessoires ou les ornemens dont il les environne.

L'inscription veut de la gravité, de la simplicité. Elle fait ordinairement partie de l'architecture, & elle demande à être traitée avec le même sérieux qu'elle. L'*épigraphe* se peut considérer comme faisant partie de l'ornement & comme étant lui-même ornement. Il se prête dès-lors plus volontiers aux badinages décoratifs. On placera quelquefois des *épigraphes* sur des tablettes ou des cartels particuliers, comme sont ceux de la fontaine des Innocents, par Jean Goujon, FONTIUM NYMPHIS.

L'*épigraphe* trouve fort agréablement sa place dans l'Arabesque; ses devises, ses allusions ingénieuses ajoutent au charme de ce genre d'ornement, & souvent en corrigent la bisarrerie ou en expliquent les caprices.

ÉPINÇOIR, s. m. Gros marteau court & pesant dont la tête est fendue en angle par les deux côtés, formant à chaque bout deux dents ou coins tranchans. Les paveurs s'en servent pour tailler le pavé d'échantillon.

EPISCENIUM. C'étoit dans la décoration des théâtres antiques, l'étage supérieur de la scène. Comme la scène avoit quelquefois trois rangs d'ordonnances, l'*episcenium* devoit consister tantôt dans un ordre & tantôt dans un attique, ou tout autre couronnement.

ÉPISTYLE. Ce mot porte lui-même en grec sa signification. Ce qui pose immédiatement sur les colomnes est ce que nous appelons architrave. *Epistyle* est donc synonime d'architrave. (*Voyez* ARCHITRAVE).

ÉPITAPHE, s. f. C'est l'inscription que l'on grave ou qu'on place sur un tombeau, mausolée, sarcophage ou tout autre monument funéraire, pour conserver la mémoire du mort, & apprendre à la postérité ses noms, ses qualités, l'âge où il vécut & les actions qui illustrèrent sa vie.

Le style des *épitaphes* exige encore plus de simplicité que celui des inscriptions. La plupart des modernes pèchent par trop d'enflure & de louanges. Les anciens étoient plus concis dans leurs *épitaphes*, & plusieurs étoient d'une simplicité & d'une naïveté particulière.

Comme leurs tombeaux étoient presque toujours placés sur les grands chemins, l'épitaphe ou l'inscription sépulcrale s'adressoit très souvent au voyageur. Delà cette formule si fréquente *siste viator, siste gradum viator*, arrête voyageur. Il étoit fort naturel, sur une route, d'interpeller le spectateur par ce nom.

Les *épitaphes* modernes ont copié cette formule avec aussi peu de raison que de vraisemblance. On la retrouve dans les églises, dans les souterrains des chapelles, dans des lieux enfin où le lecteur ne sauroit jamais être pris pour un voyageur. C'est-là, sans doute, une des moindres inconséquences de cet esprit aveuglément imitateur de l'antiquité.

On appelle aussi *épitaphe* en architecture des compositions de sculpture où il entre des attributs, des allégories & même des médaillons, lesquelles sans être adhérentes à aucun tombeau, se placent, soit dans les cimetières, soit dans les églises, contre les murs & les pilliers de ces édifices, & peuvent se déplacer à volonté. C'est une sorte de milieu entre la simplicité de la pierre sépulchrale & le luxe du mausolée.

ÉPUISEMENT, s. m. Mot qui exprime l'action par laquelle on épuise les eaux qui sont dans l'enceinte d'un batardeau.

ÉPUISER, v. act. C'est, dans l'architecture hydraulique, pomper ou faire évacuer toute l'eau qui est dans un bassin, un batardeau ou tout autre lieu.

ÉPURE, s. f. (*Construction*). C'est un dessin en grand, tracé sur une surface droite pour servir à l'exécution d'une partie d'édifice en pierre ou en bois.

L'art de tracer les *épures* est la partie la plus essentielle de la coupe des pierres. Il consiste à exprimer par des lignes tout ce qui est nécessaire pour le développement des parties d'un ouvrage de construction, tel qu'une voûte, un ceintre de charpente, un revêtement de maçonnerie.

Une *épure* ne présente à l'œil de celui qui est étranger à cet art qu'un assemblage confus de lignes, parmi lesquelles il est difficile de reconnoître l'objet qu'elles représentent, parce que souvent le plan de cet objet, son élévation & sa coupe s'y trouvent réunis, & comme confondus sous la multitude des lignes d'opération.

L'art de tracer les *épures* se fonde sur la connoissance des solides considérés par rapport à leurs formes & à leurs surfaces apparentes. Sous ce point de vue, les solides se divisent en trois classes. La première comprend ceux qui sont terminés par des surfaces planes ou plattes. La seconde classe est formée par des solides dont les surfaces sont entièrement courbes, tels qu'une sphère ou une boule, un sphéroïde ou un œuf, &c. La troisième classe embrasse les solides dont les surfaces sont en partie droites & en partie courbes.

Première classe. *Des solides à surfaces planes.*

Les surfaces planes sont terminées par des arêtes & des angles représentés par des lignes droites.

Les angles sont de deux espèces, savoir; les angles plans & les angles solides. Les angles plans sont formés par les arêtes en lignes droites qui terminent les faces des solides. Les angles solides résultent de l'assemblage de plusieurs faces droites, dont les arêtes se réunissent en un point qui forme le sommet de l'angle. Ainsi, un angle solide est composé d'autant d'angles plans qu'il y a de faces qui se réunissent à ce point. Mais il faut remarquer qu'un angle solide ne peut être composé de moins de trois angles plans, & qu'un solide terminé par des surfaces droites ne sauroit avoir moins de quatre faces, quatre angles solides & douze angles plans. Telle est une pyramide à base triangulaire dont les faces sont formées par quatre triangles.

Les solides terminés par des surfaces planes peuvent être divisés en trois espèces différentes, savoir; les pyramides, les prismes et les polièdres. Les pyramides sont des solides qui peuvent avoir pour base toutes sortes de polygônes, & qui s'élèvent en pointe, de sorte que toutes les arêtes qui partent de la base se terminent au sommet.

Les prismes peuvent de même que les pyramides avoir pour base toutes sortes de polygônes, mais les arêtes qui partent de la base sont parallèles entr'elles, de manière qu'ils ont partout la même forme & la même grosseur. Quoique les pyramides & les prismes soient aussi des polyèdres, on désigne particulièrement sous ce nom les solides dont les faces formant polygône en tout sens, paroissent être les bases d'autant de pyramides qui se réunissent à leur centre.

Deuxième classe. *Des solides dont les surfaces sont courbes.*

Un solide peut être compris sous une seule surface courbe, tel qu'une sphère ou un sphéroïde, c'est-à-dire, une boule ou un œuf.

Il est évident qu'un solide de ce genre ne présente ni angle ni ligne, & qu'on ne peut le représenter que par la courbe apparente qui semble borner sa superficie à l'œil, lequel ne peut apercevoir que la partie qui lui est opposée, déterminée par des tangentes à la surface courbe du corps qui partent de l'œil; & comme toutes ces lignes concourent en un point, il en résulte que la surface apparente est un peu moindre de la moitié.

Troisième classe. *Des solides dont les surfaces sont en partie planes & en partie courbes.*

1°. Si une boule, sphère ou sphéroïde, ou autre solide quelconque terminé par une seule surface courbe, est coupé par un plan, la surface droite qui résulte de cette coupure, formera avec la surface de chaque partie une arête ou ligne courbe, réelle & sensible.

2°. Si ce solide est coupé par demi-plans parallèles, ou qui ne se rencontrent pas dans l'intérieur du solide, il en résulte deux courbes parallèles ou obliques, mais point d'angle.

3°. Si les deux plans coupans se rencontrent ou se croisent dans l'intérieur, il en résulte que chaque partie coupe une ligne droite & deux lignes courbes, qui se rencontrent aux deux extrémités & forment deux espèces d'angles solides mixtes.

4°. Si un pareil solide est coupé par trois plans qui se réunissent en un point, il en résultera une pyramide dont la base sera une surface courbe.

5°. Si ces plans au lieu de se réunir en un point, conservoient entr'eux la même distance, le solide qui en résulteroit seroit une espèce de prisme terminé par deux surfaces courbes.

6°. On peut considérer en général toutes sortes de solides formés en partie par des surfaces courbes & en partie par des surfaces droites, comme des solides tronqués & incomplets. Ainsi un cylindre & un cône peuvent être regardés comme une partie d'un cône ou d'un cylindre plus grand; & l'on peut appliquer ce qui vient d'être dit par rapport aux parties des solides compris sous une surface unique, au cône & au cylindre, en imaginant le premier coupé par un seul plan, & le second par deux plans parallèles. De toutes ces notions sur les solides, il résulte qu'on peut représenter leurs figures par des lignes droites & des lignes courbes, qui expriment les arêtes formées par la rencontre de leurs surfaces ou de leurs contours, lorsqu'il ne s'y trouve point d'arête comme dans la sphère.

Cela posé, il faut remarquer que dans les solides à surfaces planes, toutes les arêtes se terminent aux angles solides qui forment ces surfaces, d'où il résulte que pour connoître la position des lignes droites qui doivent représenter ces arêtes, il suffit de connoitre celle des angles solides où elles aboutissent; & comme un angle solide est ordinairement composé de trois angles plans, un seul angle solide déterminera une des extrémités des trois lignes droites, & les angles des surfaces planes qu'elles renferment.

Pour se faire une idée de la manière de tracer les *épures*, il faut imaginer une voûte, ou autre partie quelconque d'un édifice, composée de plusieurs pièces réunies, dont toutes les parties solides s'anéantissent, à l'exception des arêtes, qui forment les extrémités des surfaces de chacune de ces pièces. Cet assemblage de lignes solides étant exposé à la lumière du soleil qui produit des rayons parallèles, projettera sur un plan perpendiculaire à ces rayons, des ombres qui représenteront toutes ces arêtes lignes solides, les unes en raccourci & les autres de même grandeur. L'ensemble de toutes les lignes représentées par ces ombres sera l'*épure* de la voûte, ou autres parties de construction qui les ont produites.

D'après cette définition, la projection d'une ligne droite représentant l'arête d'une pierre ou d'un solide quelconque, se fait, en abaissant des extrémités de cette arête deux perpendiculaires au plan de l'*épure*; d'où il résulte,

1°. Que si cette arête est parallèle au plan de l'*épure*, la ligne qui représentera cette projection sera de même grandeur;

2°. Que si elle est oblique, sa projection sera plus courte;

3°. Que cette projection, dans aucun cas, ne peut être plus longue;

4°. Que pour tracer une ligne parallèle ou oblique au plan de l'*épure*, il suffit de deux points, & d'un seul si cette ligne est perpendiculaire à ce plan;

parce qu'alors elle se confondra avec les perpendiculaires menées de ses extrémités, & que ces trois lignes n'en formeront qu'une qui ne rencontrera l'épure qu'en un seul point;

5°. Que la mesure de l'obliquité d'une ligne sera indiquée par la différence des perpendiculaires.

Dans le tracé des *épures*, on rapporte toutes les opérations à deux plans dont un est supposé horizontal ou de niveau, & l'autre d'à-plomb ou vertical, de sorte qu'une ligne peut être inclinée par rapport à un de ces plans & parallèle à l'autre. Ainsi, dans la (*figure* 239) la ligne GB inclinée par rapport au plan horizontale DF, sur lequel elle est projetée en raccourci, est susceptible d'être représentée dans toute sa grandeur sur un plan vertical, qui passeroit par la ligne EG ou qui lui seroit parallèle.

Ce qui vient d'être dit par rapport aux arêtes ou lignes droites projetées sur une *épure*, peut s'appliquer aux surfaces planes. Ainsi, une surface droite parallèle au plan de l'*épure*, donne une projection de même grandeur & de même forme.

Une surface droite, inclinée à ce plan, donne une projection raccourcie dans le sens de son inclinaison. Enfin, lorsqu'une surface est perpendiculaire au plan de l'*épure*, sa projection est une ligne droite.

La projection d'un cube G (*fig.* 240) élevé perpendiculairement sur une surface plane, est un carré qui représente une des deux faces parallèles à ce plan. Les quatre autres du tour qui lui sont perpendiculaires, sont représentées par les lignes AB, BC, CD, DA.

Le même cube suspendu obliquement au-dessus d'un plan, donne une projection dont le contour est un exagone qui représente toutes les faces en raccourci, comme on le voit dans la (*fig.* 241) où les faces supérieures sont indiquées par des lignes pleines, & les inférieures par des lignes ponctuées.

Les lignes ou arêtes courbes sont de deux sortes. Les unes produites par la rencontre d'une surface droite & d'une surface courbe, comme celle formée par la surface convexe d'un cône ou d'un cylindre avec sa base, ou de deux surfaces courbes comme de deux cônes ou cylindres qui se rencontrent ou qui se croisent, ou de deux sphères ou sphéroïdes.

Les lignes courbes qui terminent un plan ou qui résultent de la rencontre d'une surface droite ou d'une surface courbe, peuvent être représentées sur une surface plane. Mais la plupart de celles formées par la rencontre de deux surfaces courbes, ne peuvent être décrites que sur des surfaces courbes. Les premières se nomment courbes simples, & les autres courbes à doubles courbures.

Comme tous les points des lignes courbes ne sont pas dans une même direction, il ne suffit pas de deux points pour les tracer, ainsi que les lignes droites, il en faut au moins trois, si c'est un arc ou une circonférence de cercle, afin de trouver le centre & le rayon. Il faut cinq points si la courbe est une ellipse. (*Voyez* les mots CERCLE & ELLIPSE).

Mais en général, pour tracer une courbe quelconque, il suffit de savoir de combien elle s'éloigne ou s'approche d'une ligne droite, qui passe par ses extrémités si ce n'est pas une courbe fermée, ou par son milieu si elle est de ce dernier genre.

Ainsi, pour tracer la courbe GBD (*fig.* 242) il faut diviser la ligne droite CB par un nombre quelconque de perpendiculaires espacées également, sur lesquelles on portera l'éloignement de la courbe à cette ligne droite. Cette méthode est extrêmement commode pour tracer toutes sortes de lignes courbes, & pour les rallonger ou les raccourcir en raison de leur obliquité par rapport au plan de l'*épure*. Il est évident que plus les perpendiculaires sont près les unes des autres, plus on est sûr de tracer les courbes avec exactitude.

Lorsque le plan sur lequel une ligne courbe est censée décrite devient perpendiculaire à l'*épure*, la projection de cette courbe est de même nature que le plan, c'est-à-dire, que si le plan est droit, cette projection sera une ligne droite, & que si le plan est courbe, la projection exprimera la courbure de ce plan.

EQUARRIR, v. act. C'est tailler une pierre ou pièce de bois à l'équerre, en sorte que ses faces opposées soient parallèles & que les faces contiguës soient à angle droit.

EQUARRISSAGE, s. m. Est le terme dont on se sert pour exprimer la grosseur des bois équarris. On dit, par exemple, qu'une poutre a douze pouces sur seize d'*équarrissage*.

EQUARRISSEMENT, s. m. Est une manière de tracer les pierres sans le secours des panneaux. (*Voyez* DÉROBEMENT).

C'est aussi la réduction d'une pièce de bois en grume, à la forme carrée, ce qui fait à-peu-près moitié de déchet.

EQUERRE, s. f. Instrument de fer, de cuivre ou de bois, composé de deux règles appelées *branches*, assemblées perpendiculairement par une de leurs extrémités, & qui sert à tracer ou à vérifier un angle droit.

Le mot *équerre* dérive, selon les uns, de l'italien *squadra*, qui signifie la même chose, & selon les autres, du latin *quadrans*, carré.

EQUERRE DE FER. C'est un lien de fer coudé, qu'on met aux poteaux corniers d'une encoignure de pan de bois, aux portes de menuiserie, aux assemblages des croisées, & à d'autres ouvrages semblables.

EQUESTRE. (STATUE). *Voyez* STATUE.

EQUIDISTANT.

EQUIDISTANT, adj. Epithète par laquelle on désigne des objets également distans & éloignés d'un point donné, & qui sont en ligne parallèle, comme les deux pavillons d'une façade également éloignés du point milien.

ÉQUILIBRE, f. m. Ce mot exprime, dans la construction, un état de choses, tel que les forces résistantes sont égales aux forces agissantes. Il résulte delà que l'état d'équilibre est insuffisant pour la solidité. Il faut que la puissance qui résiste soit de beaucoup plus grande que la puissance qui pousse & qui agit. C'est de ce surcroit de force résistante au-delà du point d'équilibre que provient la solidité des constructions antiques.

Il faut toujours, dans la construction des édifices, réserver une part de solidité pour l'action du temps, pour l'influence des saisons, pour les secousses produites par des événemens extraordinaires, & pour toutes ces causes de destruction qui échappent au calcul, & dont la moindre peut déranger l'équilibre des masses. Le seul instinct de la solidité apprend cela aux hommes sans aucune démonstration mathématique. La science rend les constructeurs plus hardis & les constructions plus foibles. On pourroit affirmer que chez les différens peuples la solidité de la construction se trouve en raison inverse de la science de la construction.

On se sert aussi du mot *équilibre* comme synonime d'aplomb. On dit d'un mur ou d'un bâtiment qui déverse, qu'ils ont perdu leur *équilibre*. (*Voyez* APLOMB).

ÉQUIPAGE, f. m. On comprend sous ce nom général tous les objets qui servent à la construction des bâtimens, au transport, à l'élévation & à la pose des matériaux, comme les grues, gruaux, chèvres, vindas, chariots & autres machines, ainsi que les échelles, les balivaux, les dosses, les cordages, les madriers, écoperches, boulins & autres objets propres à l'échafaudage.

ÉRABLE, f. m. Bois assez dur dont on se sert principalement pour les ouvrages qui se font au tour.

ÉRESTIER. (*Voyez* ARESTIER).

ÉRIGER, v. act. On n'emploie ce mot que dans acception relevée. On dit *dresser un mur*, *élever une façade*, *ériger une colonne triomphale*, *une statue*.

ERMOGÈNES. (*Voyez* HERMOGÈNES).

ERMONTHIS, ville antique de la haute Égypte, appelée aujourd'hui *Erment*.

Apollon & Junon, selon Strabon, y étoient honorés d'un culte particulier; elle étoit la capitale d'une province du nom.

Pococke qui en visita les ruines prétend qu'elle put avoir trois ou quatre milles de circuit. « On y voit, dit-il, les débris d'un petit temple qui paroit fort ancien, & que je crois être celui d'Apollon, à cause de la grande quantité de faucons que l'on y voit. La frise en est couverte. Le temple antérieur est fort délabré. L'enceinte & le temple lui-même sont d'une structure particulière, mais il n'en reste que les fondemens. Le temple intérieur est entier. On monte au sommet par un escalier pratiqué dans la muraille latérale, laquelle peut avoir vingt-cinq pieds de haut. Ce temple est orné intérieurement & extérieurement d'hiéroglyphes. Au-dehors sont quatre rangs de figures humaines, il y en a trois au-dedans. On voit dans la voûte de la première chambre, cinq faucons les ailes étendues; dans la seconde sept, avec deux béliers qui se regardent. Le reste de la voûte est orné d'étoiles, à côté desquelles sont de petits hiéroglyphes à figures humaines & les têtes de différens animaux. Il y a, entr'autres un gros faucon, de chaque côté duquel sont deux hommes qui lui tendent les mains. On prétend que c'étoit là qu'on adoroit le bœuf sacré; & je serois porté à le croire; car il y a à l'extrémité de la chambre deux bœufs de pierre, autour desquels sont quantité de femmes allaitant leurs enfans ».

» Un peu plus près de la rivière, & à côté du temple, on trouve une espèce de bassin ou d'étang, & à quelque distance de là les ruines d'un édifice. Le dessin en est trop beau pour que les chrétiens l'aient bâti lors de l'établissement du christianisme dans le quatrième siècle. Je croirois plutôt qu'ils se sont contentés d'y faire quelques changemens; car il paroit avoir servi d'église, du moins à en juger par les croix qui sont sculptées sur quelques pierres, & par des peintures ou des inscriptions coptiques qui restent dans plusieurs endroits & qui sont couvertes de plâtre. Il y a quelques niches dont le haut est taillé en forme de coquille. Les colonnes m'ont paru être de granit rouge & d'un ordre corinthien. Il y a toute apparence que les demi-cercles & les chambres qui sont à chaque extrémité, ont été bâties par les chrétiens. Il peut se faire que ce soit le temple de Jupiter, & qu'il ait été rebâti dans le goût des Grecs, sous les Ptolomées ».

ERWIN, DE STEINBACH, architecte du treizième & quatorzième siècle, qui mourut en 1335. On ne cite point l'année de sa naissance.

C'est sur les dessins d'*Erwin* que furent terminés la cathédrale & le clocher de Strasbourg, à la construction desquels il présida, pendant vingt années. On sait que la cathédrale de Strasbourg tient un des premiers rangs parmi les églises gothiques. Son goût est à-peu-près le même que celui des grandes cathédrales de France, telles que celles de Paris ou de Rheims. Mais il règne à Strasbourg plus de légèreté dans les ornemens. La nef, selon les calculs du chevalier de Tande, dans son parallèle de

Saint-pierre, & des cathédrales de Paris & de Strasbourg, a cinquante-une toises dans œuvre; la longueur extérieure est de cinquante-quatre. La largeur de la croisée est extérieurement de trente-cinq toises, intérieurement de vingt-quatre. La hauteur des voûtes sous clef est de seize toises deux pieds, l'épaisseur des voûtes de trois toises. La hauteur jusqu'au-dessous de la boule de la croix est de soixante-neuf toises un pouce huit lignes.

Le clocher de Strasbourg, dans le parallèle qu'on fait quelquefois des plus hauts édifices de l'Europe, a le prix de l'élévation. Il l'emporte de quelque chose sur la coupole de Saint-Pierre. Mais quel portail mérite. Ce campanile est carré dans la partie qui tient à la façade de l'église. Les trois côtés qui en sont détachés sont percés à jour. Arrivé au-dessus de la hauteur du portail, il devient octogone & est percé de toute part. Quatre escaliers extérieurs & à jour le flanquent & l'environnent jusqu'à l'endroit où il commence à prendre la forme d'une pyramide par le moyen de sept marches en retraite. Son sommet se termine par une espèce de lanterne.

Il y a dans l'édifice un nombre prodigieux de colonnes. À l'intérieur près du gros pilier de la croisée, est une figure qui représente l'architecte *Erwin* appuyé sur la balustrade du corridor supérieur, & regardant le pilier opposé.

Jean Hiltz de Cologne fut le successeur d'*Erwin* dans la construction de la cathédrale de Strasbourg. Il continua celle du clocher qui toutefois ne fut terminé qu'en 1449, par un architecte de Souabe, dont le nom est inconnu.

ESCALIER, s. m. C'est un assemblage de marches ou de degrés, par lesquels on monte ou l'on descend d'un lieu à un autre.

Le mot *escalier* est devenu le mot générique dans le langage de l'architecture. Il semble que ce seroit celui de *montoir* qui auroit dû l'être; & il l'est, en effet, lorsqu'on généralise entièrement l'idée. Toutefois l'usage a donné à celui-ci une application particulière; il désigne spécialement tout moyen d'ascension, qui peut avoir lieu par la seule élévation du terrain & par des pentes pratiquées sans degrés. *Escalier* désigne l'emploi des degrés pour monter & pour descendre.

Nous avons fort peu de renseignemens sur les escaliers des anciens Grecs ou Romains. Au mot DEGRÉ (voyez cet article) on a rapporté les seules notions qu'on trouve dans Vitruve sur ce sujet, & ces notions ne s'appliquent qu'aux escaliers des temples, qui sont placés ce que nous appelons des perrons, ou des soubassemens, & aux rangées de gradins qui formoient les sièges circulaires des théâtres.

Il est remarquable que Vitruve ne fait aucune mention de l'*escalier* comme étant une partie importante, soit de la construction, soit de la décoration des grands édifices & des palais. Son silence à cet égard, pourroit faire croire que les anciens portèrent dans leurs *escaliers* beaucoup moins de luxe & de magnificence que ne l'ont fait les modernes.

Les ruines nombreuses de leurs édifices sont à-peu-près aussi stériles à l'égard des recherches qu'on pourroit faire à ce sujet. En recueillant tout ce que l'on a de positif sur cette matière, on ne se flatte point qu'il puisse en résulter beaucoup de lumières relatives aux points qui seroient les plus intéressans à connoître, savoir; l'étendue, la variété de formes & le genre de construction dont cette partie de l'architecture antique pût être susceptible.

Les *escaliers* antiques les mieux conservés sont ceux qui se sont trouvés construits dans l'épaisseur des murs du pronaos des temples, & par où l'on montoit jusques sur leur toit. On en retrouve des vestiges dans plusieurs temples périptères; celui de la Concorde à Agrigente est entier, & sert encore au même usage, on y compte quarante-une marches. Il y en avoit de semblables au temple de Jupiter Olympien dans l'Élide (*Paus. L. 5, ch. 10*). Ces *escaliers* sont ou à vis ou en limaçon, pour la plupart, excepté ceux du Panthéon à Rome, dont les plans sont triangulaires. On en observe du même genre dans les ruines du temple de la Paix & des Thermes de Dioclétien; mais presque tous ne sont autre chose que ce que nous appellerions aujourd'hui *escaliers dérobés*.

Dans tous les restes des autres grands édifices publics, on n'a point trouvé d'*escaliers*, à moins qu'on ne veuille comprendre sous ce nom les marches des théâtres. Encore ces degrés ont-ils été tous enlevés anciennement, ainsi qu'on l'a fait récemment aussi au théâtre de *villa Hadriana*, & à un autre qu'on a trouvé à peu de distance du palais *Santa-Croce* à Rome. Le premier conduisoit à un *escalier* en forme de galerie ouverte, soutenue par des colonnes magnifiques. Il montoit tout droit avec ses paliers, mais il n'avoit que huit palmes de large; ce qui n'est guères convenable pour la maison de campagne d'un empereur. Les degrés de la prétendue maison de campagne de M. Scaurus, sur le mont Palatin, étoient de la même largeur, comme Pirro Ligorio le fait voir par le plan qu'il en a donné dans son ouvrage. (*Winckel, observ. sur l'archit.*)

Carlo Fea croit que dans la grande quantité de marches en marbre de l'*escalier* de l'*Aracœli*, il peut y en avoir d'antiques, ces marbres ayant été enlevés d'anciens édifices, entr'autres du temple de *Quirinus*, ainsi que le dit le père Casimir (*Storia d'Aracœli, c. 27*). Quoique Pirro Ligorio, au dix-huitième livre de ses antiquités, avance, sans en donner aucune preuve, que ce temple étoit de Peperino.

Les marches des *escaliers* qui environnoient les temples étoient généralement beaucoup plus hautes chez les anciens, qu'on ne les fait aujourd'hui dans les palais & dans les grandes maisons. Winckelmann a suggéré à-peu-près d'un tiers la hauteur de ces degrés aux temples d'Agrigente & de Pœstum, où elles n'ont qu'à-peu-près deux palmes d'élévation. A ne leur donner que cette proportion, il paroîtroit toujours incroyable & même impossible qu'elles aient servi d'*escalier* pour monter à ces temples. (*Voyez* ce qu'on a dit à ce sujet au mot DEGRÉ).

Quoiqu'il en soit des diverses suppositions au moyen desquelles on peut expliquer de quelle manière on corrigeoit le défaut de cette grande hauteur des degrés, il faut dire encore, qu'ils servoient aussi de gradins au peuple pour s'y asseoir. La plupart de ces temples avoit trop peu d'espace pour contenir une grande multitude. Il est vraisemblable que le peuple s'asseyoit sur ces marches ; cela même se prouve par quelques passages des anciens écrivains. Pausanias (*L.* 10) dit qu'à un palais qui se trouvoit à peu de distance de Delphes, où les députés de la Phocide tenoient leurs assemblées, il y avoit des marches sur lesquelles ces députés prenoient séance. Cicéron (*ad Attic. L.* 4, *ep.* 1) parle aussi d'un temple près de la porte Capène, sur les marches duquel le peuple s'asseyoit. C'est ainsi qu'on voit sur la table iliaque du Capitole, la mère, les sœurs & les parens d'Hector, assis & pleurant sur les marches qui entourent le tombeau de ce héros.

Lorsqu'il ne régnoit point de marches tout à l'entour de l'édifice, ce qui se remarque surtout à l'égard des temples circulaires, il y avoit un *escalier* en perron pratiqué en avant de l'entrée. C'est ainsi qu'est disposé le temple circulaire d'un bas-relief antique qu'on voyoit autrefois à la villa *Medici*, qui se trouve maintenant dans la galerie de Florence, & que Piranesi a publié *della Magn. di Rom.* pl. 38.

Winckelmann donne comme une observation générale, que les degrés dans les *escaliers* des anciens n'avoient point de congé comme on leur en fait aujourd'hui, mais que leur giron formoit un angle droit & aigu. Les marches, dit-il, de la villa *Adriana* étoient composées de deux tables égales de marbre, mises ensemble à angle droit. Les marches qui règnent autour du portique du Panthéon, lui paroissent en conséquence ne pouvoir être d'une très-haute antiquité.

Pour assurer de pareilles choses, il faudroit de plus nombreuses autorités que celles qu'on a ; car, par exemple, on remarque au temple en bas-relief, cité plus haut, que ses degrés, qui sont au nombre de sept, éprouvent dans leur hauteur un renfoncement sensible. Cet usage se pratique encore souvent pour donner plus de giron aux marches. Cela fait croire qu'une semblable cavité n'a point été pratiquée par le caprice du sculpteur. Au reste, Piranesi avoit négligé cette observation dans sa dissertation sur cette planche.

Il est à remarquer que dans les ruines de Pompeïa on a trouvé très-peu de vestiges d'*escaliers*. Cela indiqueroit que la plupart des maisons étoient de simples rez-de-chaussée ou que les *escaliers* étoient de bois. On observe cependant dans plusieurs de ces maisons, des montées pratiquées en pente très-douce, n'ayant qu'un degré dans le bas & un autre vers le haut. Le reste offre un pavement de stuc, en quelques endroits incrusté de marbre, ce qui prouve qu'on n'éleva point de marches sur ces talus.

Je vais joindre à ces renseignemens sur les *escaliers* des anciens, quelques réflexions de Carlo Fea, qui aideront à expliquer la grande élévation des marches des temples.

Quoique, dit-il, les interprètes de Vitruve s'accordent peu sur la manière dont il faut entendre ce qu'il dit (*L.* 3, *c.* 3, & *L.* 9, *c.* 2) il paroit certain cependant que d'après les règles que donne cet architecte, les marches ne devoient pas être fort hautes ; car il dit clairement au premier endroit cité, qu'il ne faut pas qu'elles puissent fatiguer ceux qui y montent.

On peut tirer la même conséquence de Dion (*l.* 43, *c.* 21) qui raconte que Jules-César, dans son premier triomphe, monta à genoux les marches du temple de Jupiter Capitolin. (C'est du moins de ces marches seules qu'il est question, suivant Nardini). Dion assure la même chose de l'empereur Claude. Il n'eût été ni facile ni commode de monter ainsi un assez grand nombre de marches, pour peu qu'elles eussent été élevées.

Aux temples dont le pourtour étoit garni de marches, il faut distinguer celles par lesquelles on y montoit, d'avec celles qui servoient de soubassement. Les premières devoient être plus basses pour la commodité de ceux qui montoient, & les autres plus hautes pour répondre à la majesté de l'édifice, comme on le pratiquoit aux théâtres où les marches qui servoient de siége étoient plus élevées que celles qui servoient d'*escalier*.

Le grand temple de Pœstum étoit entouré de degrés fort hauts. Mais pour en diminuer la hauteur & les rendre plus faciles à monter, on avoit adapté entre ces hauts degrés des marches postiches & plus basses. Ces marches n'ont pas subsisté jusqu'à nos jours. Peut-être étoient-elles de bronze ou de quelque matière précieuse qu'on aura enlevée. Peut-être n'étoient-elles que de bois, & elles n'auront pu résister aux injures du temps.

La preuve de ce qu'on avance existe dans les entailles qui se trouvent entre les degrés subsistans, & qui semblent avoir été destinées à retenir un troisième corps placé entre ces degrés pour les unir ensemble. C'est ainsi qu'en ornant la partie extérieure du temple, on en rendoit les degrés plus faciles en formant cinq marches de trois, comme l'a très-bien observé le père Paoli (*Rovine della citta di Pesto differt.* 3).

On voit par ce peu de notions, les seules qu'on ait pu se procurer sur les *escaliers* des anciens, combien on est éloigné de connoître ce qu'ils purent faire dans l'intérieur des palais & des autres grands édifices. Ce n'est, en effet, que dans les *escaliers* intérieurs que l'art de la construction peut se montrer avec tout ce qu'il comporte de difficulté & de magnificence.

Le luxe des *escaliers* s'est développé assez tard dans l'architecture moderne. Il est à croire que c'est de l'art du trait & de sa perfection, que devoient dépendre la hardiesse, la variété & l'invention dont comporte cette partie des édifices; peut-être la grandeur & la richesse des *escaliers* dans les constructions en pierre sont-elles, jusqu'à un certain point, inséparables de la science du trait.

On peut aussi expliquer par les mœurs & les usages de la vie domestique, cette médiocrité à laquelle on a vu les *escaliers* de toutes les maisons & des palais même, si long-temps bornés. Le développement des ressources & des moyens de l'architecture, surtout à l'égard des habitations, se trouve souvent arrêté par des causes étrangères à cet art. Nous voyons que successivement le luxe des différentes parties des bâtimens, reçoit la loi des mœurs des différens siècles. Or on sait, par l'histoire des mœurs modernes, qu'avant une certaine époque on ne connoissoit pas ces nombreuses & fréquentes réunions, que le goût de la société a introduites depuis dans le commerce de la vie. L'on vivoit beaucoup plus isolé & retiré chez soi; & les palais comme les maisons privées durent, dans beaucoup de parties, se ressentir de cette manière de vivre.

Les *escaliers* qu'on voit dans les anciens palais ne semblent avoir été construits que par la nécessité & que pour l'usage des gens seuls de la maison; ils ont l'air de ce qu'on appelleroit aujourd'hui des *escaliers dérobés*. Souvent ils sont obscurs, étroits & incommodes. L'Italie qui a devancé toutes les autres nations dans le luxe des bâtimens a, jusqu'à une certaine époque, usé de beaucoup de simplicité dans les *escaliers* des plus grands palais. Ceux du Vatican en font foi. On ne parle point ici de celui que le Bernin y a restauré & embelli, & dont il a été fait mention dans la vie de cet artiste. (*Voyez* BERNIN). Les anciens *escaliers* des Tuileries & du Louvre ont quelqu'étendue, mais leur simplicité, leur situation, leur construction, sont sans aucun rapport de convenance avec la richesse d'architecture de ces palais.

La magnificence des *escaliers* a dû augmenter en raison des convenances que l'usage a introduites dans les habitations. Lorsque l'appartement d'honneur ou de parade étoit celui du rez-de-chaussée, on devoit mettre peu d'importance aux montées qui mènent aux étages supérieurs. Aujourd'hui que le premier étage est ordinairement l'étage occupé par les maîtres de la maison, l'*escalier* qui y conduit est devenu un objet de luxe & de richesse. L'*escalier* annonce assez, par sa dimension & sa décoration, le degré d'opulence des maisons & de leurs propriétaires.

Il y a un très-grand nombre de distinctions à faire entre les diverses espèces d'*escaliers*. Toutes ces différentes sortes tirent leurs noms de leurs formes, de leur position ou de leur construction. On en fera l'énumération à la fin de cet article.

Il est une division préalable en cette matière, & qui naît de la nature de la chose, les *escaliers* sont intérieurs ou extérieurs.

Les *escaliers* extérieurs sont ceux que l'on pratique, soit en avant des édifices, soit dans les jardins pour monter aux terrasses, soit dans tout autre emplacement découvert, lorsqu'il s'agit d'établir une communication facile entre un lieu bas & un lieu élevé. On appelle ces *escaliers*, *escaliers à perron*.

L'art proprement dit de la construction ou la science du trait entre pour peu de choses dans la construction de ces sortes d'*escaliers*. Ordinairement ils se bâtissent sur des massifs & ne demandent aucune hardiesse. De ce genre est le célèbre *escalier* de la *Trinità de monti* à Rome, dans lequel on regrette qu'un plan plus simple & un parti plus grandiose n'accompagnent point la magnificence avec laquelle il fut bâti. La diversité de ses perrons, les sinuosités de ses rampes & la trop grande variété de ses contours, diminuent de beaucoup l'effet qu'une aussi haute montée devoit faire aux yeux.

Tous les hommes de goût sont frappés de ce défaut surtout en comparant cet *escalier* à celui de l'*Aracœli*. Il y a encore dans ce dernier, comme on l'a dit, quelques débris; mais il y règne aussi quelques souvenirs du Capitole. On peut présumer que c'étoit un *escalier* à-peu-près semblable que les triomphateurs montoient à genoux.

Il faut observer toutefois quand un *escalier* a une telle hauteur, de ne pas trop effrayer la vue par une montée directe, & qui n'offre aucun repos. On doit ménager des palliers de distance en distance qui, sans interrompre la grandeur de la ligne & sans nuire à l'effet général, délassent ceux qui montent. Car avant tout, l'art doit consulter le besoin & l'intérêt de ceux pour qui il travaille. Ce seroit une puérilité de sacrifier à la commodité l'effet pittoresque, & de faire des *escaliers* non pour ceux qui doivent les monter, mais pour ceux qui pourront les dessiner.

Un grand monument en ce genre & bien entendu dans toutes ses parties, est le double *escalier* de l'orangerie de Versailles. Appareil, beauté de construction, simplicité de plan, grandeur d'effet, commodité & belle disposition, on y trouve tout ce que le besoin & le goût peuvent désirer dans de semblables entreprises. Cet ouvrage, ainsi que le bâtiment, sont, sans comparaison, ce que Versailles offre de plus remarquable en architecture.

Entre les *escaliers* découverts ou extérieurs & les *escaliers* intérieurs, on pourroit placer une classe particulière d'*escaliers* qui semblent participer à l'un & à l'autre genre. Je veux parler de ceux qui donnent quelquefois entrée dans le palais ou l'édifice même, lorsque le sol de la cour se trouve plus élevé que celui de la rue. C'est de cette sorte que sont disposés les plus magnifiques palais de la ville de Gênes. Leurs entrées consistent ordinairement en rampes d'*escaliers*, ornées de colonnes & de galeries, qui donnent de la rue un air très-magnifique & en même temps très-pittoresque à ces intérieurs de cour. Les marbres dont se composent leurs degrés & généralement toute leur construction ajoutent à cette richesse. Plusieurs offrent des dispositions heureuses & des plans ingénieux.

Mais le genre d'*escaliers* qui, sans comparaison, offre le plus de difficultés & demande le plus de savoir, est celui des *escaliers* intérieurs, & qui conduisent du rez-de-chaussée aux différens étages d'un bâtiment.

La première convenance à observer en ce genre est celle qui a rapport à leur situation dans l'édifice. Anciennement on plaçoit les *escaliers* hors d'œuvre. Depuis, en les plaçant intérieurement, on leur a assigné pour espace le milieu même du bâtiment. Tel étoit celui qu'on voyoit au Luxembourg avant les changemens qu'on a dernièrement fait subir à ce palais. Enfin, l'usage a prévalu de les situer sur le côté du vestibule, comme est l'*escalier* de milieu du château des Tuileries. On a reconnu que l'*escalier* placé dans le milieu de l'édifice obstruoit le point de vue du jardin.

Il semble qu'il doit être assez indifférent que l'*escalier* soit placé à la droite ou à la gauche du bâtiment. Il y a eu même des architectes qui les ont construits dans les ailes de leurs édifices. Toutefois la convenance demande que l'*escalier* s'annonce du vestibule, & soit plutôt à la droite qu'à la gauche; soit préjugé soit habitude, nous sommes portés à le chercher de ce côté. Et c'est ainsi que les meilleurs architectes recommandent de le situer.

Il y a des circonstances où l'on s'affranchit de cette règle, principalement lorsque par rapport à l'intérieur du bâtiment, & à l'exposition de ses aspects, il convient de pratiquer à droite les appartemens de société, pour jouir du point de vue, qui, très souvent dans une maison de plaisance, ne se rencontre que de ce côté.

Une attention que l'on doit encore avoir, c'est qu'ils soient visibles dès le vestibule. On trouve des autorités pour & contre ces préceptes. Car, par exemple, les *escaliers* des palais Farnèse, Gaëtan, Altieri, Caffarelli, de la chancellerie, & du capitole à Rome, sont situés à gauche; ceux du palais du pape au Vatican & à *Monte-Cavallo*, ceux des palais Borghèse & Chigi sont à droite. Cette diversité prouve moins contre la convenance dont on a parlé qu'elle ne fait voir la difficulté qu'éprouvent souvent les architectes à s'y conformer.

Ce qu'on doit dire relativement aux dimensions à donner aux *escaliers*, c'est que leur grandeur dépend de l'étendue du bâtiment & du diamètre des pièces. Rien ne seroit plus contraire à la convenance que de faire un *escalier* principal trop petit pour monter à des appartemens spacieux, ou d'ériger un trop grand *escalier* dans une maison de particulier. Il est essentiel d'observer dans l'architecture un rapport direct entre les parties & le tout. Ainsi, la proportion de l'édifice réglera l'étendue de l'*escalier*.

Par l'étendue de l'*escalier*, nous entendons l'espace qu'occupe sa cage, la longueur de ses marches, & l'espace renfermé entre ce qu'on appelle le mur d'échiffre ou le limon rampant. (*Voyez* ces mots). Il faut remarquer que dans tous les genres d'*escaliers* pratiqués à l'usage des maîtres, le giron, la hauteur des marches, & celle des appuis des balustrades & des rampes, doivent partout être les mêmes. On observe dans les *escaliers* qu'on nomme *moyens*, & qui sont aussi à l'usage des maîtres, que la longueur des marches n'ait pas moins de quatre pieds, afin que deux personnes de front puissent descendre & monter commodément.

Par étendue ou grandeur dans les *escaliers*, on n'entend pas seulement la surface qu'ils occupent. Leur élévation fait aussi partie de cette étendue. Cette élévation n'est jamais moindre que de deux étages. Souvent elle est encore au-dessus. Il est mieux cependant de l'éviter. Il convient dans les palais que les rampes ne montent qu'au premier étage. Quoiqu'au-dessus de ces derniers on soit obligé de pratiquer des étages supérieurs, tels que des attiques pour le logement des gens de la maison ou pour des distributions de petits appartemens particuliers, il suffira, pour arriver à ces étages, d'un petit *escalier* particulier, qui, en même-temps, conduira aux combles ou aux terrasses. Alors le grand *escalier* devient susceptible du plus beau développement. Du rez-de-chaussée on aperçoit mieux son plafond qui ordinairement se termine ou en calotte ou en voussure, avec un entablement orné de sculpture, &c.

L'on peut dire que la diversité des formes des *escaliers* est aussi grande que celle des bâtimens. Anciennement on les faisoit volontiers circulaires; ensuite on les a fait presque tous carrés. Aujourd'hui on leur donne indistinctement des formes variées, selon que la distribution du bâtiment, l'inégalité du terrain où la sujétion des issues semblent l'exiger. Il est certain que les formes régulières méritent la préférence. Lorsque les rampes sont irrégulièrement circulaires, les girons des marches se trouvent inégaux, & cela est un grand inconvénient. Notre pas étant naturellement réglé, veut qu'on lui présente des espaces également réglés, sans quoi celui qui monte ou qui descend est exposé à faire des faux pas.

Du reste, la figure des *escaliers* est du nombre de celles dans lesquelles on doit prendre pour règle les préceptes de la solidité avant d'écouter les conseils de l'imagination. Ainsi, sans avoir égard aux exemples des *escaliers* de la plupart des bâtimens modernes, on ne sauroit trop recommander de porter beaucoup de sagesse dans leur composition. Si quelquefois on se trouve contraint d'arrondir les angles d'un rectangle ou d'un quadrilatère,

(forme la plus en usage pour les *escaliers* de quelque importance) ce ne doit être que pour donner plus de grace à la cage & pour satisfaire à la symétrie des écoinçons, qui quelquefois deviennent irréguliers dans l'intérieur de l'*escalier*, par la sujétion de la décoration extérieure, ou par celle de quelque forme triangulaire ou circulaire des pièces de dégagement qui y sont adossées.

Quoiqu'on fasse usage des *escaliers* presqu'autant de nuit que de jour, on doit tâcher de leur procurer le plus de lumière naturelle qu'il est possible, & faire en sorte qu'elle se répande également sur toute leur surface. Quand on la fait venir seulement d'un côté de la cage, les rampes qui lui sont opposées sont presque toujours obscures. C'est pourquoi lorsque l'on se trouve dans un lieu serré, il convient d'éclairer l'*escalier* en lanterne, surtout lorsqu'il ne monte qu'au premier étage. Alors les rampes qui ne sont point ombragées par celles de l'étage supérieur, reçoivent en plein la lumière qui plonge sur elles. Par le mot lanterne on entend, surtout dans les palais considérables, une voûte dans le goût des coupoles des églises.

Ce que l'on doit dire en général de la décoration des *escaliers*, c'est que s'ils comportent de la richesse, cette richesse doit être subordonnée à la convenance, & du bâtiment en lui-même & de ceux qui l'habitent. On doit éviter la profusion d'ornement & l'étalage des membres de l'architecture dans une maison particulière. Une coupe simple & gracieuse, de la commodité, de l'élégance & de l'aisance, voilà tout ce qu'on y demande.

Il est une multitude d'édifices qui, pour être des édifices publics, n'exigent pas plus de luxe en fait d'*escaliers* quoiqu'ils exigent plus de grandeur. La douceur des rampes, la longueur des marches, l'étendue de la cage, un bel appareil de construction constitueront toute leur magnificence. Même dans les plus somptueux palais, on devra encore observer une certaine réserve de décoration en ce genre, afin qu'il se rencontre une progression sensible de richesse entre l'architecture de l'*escalier* & celle des pièces intérieures. Il y a quelque chose de ridicule à prodiguer les marbres, la peinture & la dorure comme on l'a pratiqué plus d'une fois dans la cage d'un *escalier*. Car, que peut-il y avoir de plus pour les appartemens. On cite plus d'un palais dont on ne loue que l'*escalier*, & dont le surplus ne semble être qu'un hors d'œuvre. De tels éloges sont une véritable critique de l'architecture. Sans doute la cage d'un *escalier* présente au décorateur un assez beau champ pour y répandre les charmes de son art. Cet emplacement permet l'illusion de la perspective & de l'architecture feinte. On peut s'y livrer à un grand nombre d'inventions nobles & ingénieuses. Mais là comme ailleurs, le décorateur devra faire non tout ce qu'il peut, mais uniquement ce que la bienséance comporte.

Plus il paroîtra nécessaire d'introduire de la décoration dans un *escalier*, plus il sera important d'éviter que les palliers du premier étage ne couvrent celui du rez-de-chaussée, & ne dérobent au spectateur le coup-d'œil de la cage & même du plafond ou de la voûte supérieure qui quelquefois se décore de peinture. Le genre d'ornement toutefois qui semble le mieux convenir aux plafonds des *escaliers*, est celui qu'on tire de la sculpture. Les sujets colorés tranchent trop sur une décoration en pierre ; outre que l'humidité du local & diverses autres causes sont peu favorables à la conservation de ces sujets. Lorsqu'on doit employer la peinture dans de tels emplacemens, il semble que la grisaille est celle qui se met le mieux en harmonie avec le reste de leur architecture, offre l'espoir d'une plus longue durée & s'accorde davantage avec les convenances locales dont on a parlé.

Les rampes des *escaliers* font une partie de leur décoration. Mais pour qu'elles fassent un bon effet, il ne faut pas qu'il s'y trouve de ressauts. Les rampes se font tantôt en pierre & tantôt en métal. Dans les grands *escaliers* qui comportent les rampes de la première espèce, on soutient les tablettes d'appui par des balustres de pierre ou de marbre. On a déjà parlé au mot balustre (voyez cet article) de l'inconvénient attaché à l'obliquité dans laquelle les met leur position rampante. Il semble que les rampes de métal n'étant point sujettes à ce défaut & pouvant se composer d'ornemens en enroulemens de la plus grande richesse, leur emploi est préférable. Ajoutons que les rampes de métal sont moins lourdes, occupent moins d'espace & ne portent point d'ombre sur les marches.

La partie de toutes la plus essentielle dans un *escalier*, est celle de la construction. On peut, en effet, s'y passer de décoration. Mais on ne sauroit se dispenser de leur donner de la solidité, & une solidité capable de résister à la poussée des voûtes qui les composent, ainsi qu'au mouvement continuel des personnes qui fréquentent journellement l'intérieur d'un édifice public, ou d'un palais un peu considérable.

La construction des *escaliers* se fait en marbre, en pierre ou en bois de charpente. Cette dernière sorte n'est en usage que pour les *escaliers* de dégagement dans les grands édifices. On l'emploie encore dans les maisons à loyer. Mais dans une maison de quelque importance, ces constructions doivent être en pierre. Il y a diverses manières de construire les *escaliers*, soit en arc & voussure rampantes ou droite, soit en tour creuse avec des culs de four, des trompes, &c. Leurs grands palliers sont soutenus par des plate-bandes droites, en coupe, & par claveaux à tête égale.

Les *escaliers* de marbre ont la même sujétion que ceux construits en maçonnerie, du moins dans les pays où le marbre n'est pas assez commun pour qu'on l'y emploie massif. Ils ne diffèrent des *escaliers* en maçonnerie que par leur revêtissement. Le massif des voûtes & des murs est de pierre, recouverte par compartimens de marbres liés à la maçonnerie.

avec des agraffes de bronze ou de fer scellées en plomb. Tels sont les *escaliers* de Versailles.

Quelquefois par économie l'on construit les grands palliers, de charpente soutenue par un poitrail servant de marche de pallier, contre lequel viennent s'appuyer les arcs rampans des rampes. Ces planchers alors se revêtissent de maçonnerie ornée de cadres qui imitent la pierre. Ce genre de construction, quoique moins estimé que ceux qui sont entièrement de pierre, apporte beaucoup de légèreté dans la décoration des *escaliers*. Il a de la solidité, mais on ne sauroit s'en promettre ni la même durée ni la même résistance à la fatigue qu'éprouvent ordinairement les montées.

De quelque genre de construction qu'on veuille faire usage, il faut rendre la forme des voûtes légère, d'un beau galbe & sans jarrets. On aura soin de pratiquer, autant qu'il sera possible, des pied-droits, sous la naissance des rampes, pour en soutenir le poids & la poussée, sans néanmoins trop embarrasser le rez-de-chaussée de l'*escalier*. Cela fait que les voûtes soutenues en l'air semblent n'être retenues que par l'art du trait.

Il faut mettre cependant de la réserve dans ce genre de construction. Quoique la théorie nous rassure contre le danger qui paroît résulter de la hardiesse de ces voûtes, l'architecte prudent saura conserver la vraisemblance que l'œil desire dans toutes les productions de l'art du trait, mais surtout dans les *escaliers*. Les tours de force presque par-tout déplacés, sont encore plus condamnables ici. Il ne faut pas qu'une montée présente l'idée d'un péril présent ou éventuel, & fasse naître la moindre sentiment de crainte. Les édifices sont élevés pour l'usage & l'intérêt des hommes & non pour l'amour-propre de ceux qui les construisent. L'inquiétude que procure une construction trop hardie est un défaut, que la solidité, même en la supposant effective, ne sauroit réparer. L'art peut se permettre les difficultés, mais il doit les cacher. On peut même aimer à voir comment il en triomphe, mais on ne pardonne pas la magie. Le trop de hardiesse étonne & ne satisfait point. Ainsi, une légèreté affectée, quoique réunie à la solidité, n'est pas plus recevable que la pesanteur extraordinaire qu'on sembloit aussi affecter dans les *escaliers* du siècle dernier.

Il ne suffit pas cependant de garder un milieu entre la manière de construire les *escaliers* avec trop de pesanteur, & celle de leur donner trop de légèreté. L'art consiste dans la proportion des voûtes, soit par rapport à la forme de leurs courbes, soit eu égard à la correlation de leur largeur avec leur hauteur. Par exemple, jamais les voûtes d'un *escalier* ne seront un bon effet, si toutes les dimensions de la cage ne sont proportionnées à la hauteur du premier étage. Car si, pour faire un *escalier* à rampes très-douces, on vouloit leur donner beaucoup de longueur, il faudroit alors allonger le côté du rectangle, sans que pour cela le plancher pût être plus élevé. Or, cette nouvelle grandeur de cage, sous une hauteur de plancher donnée, feroit paroître les voûtes trop écrasées pour l'étendue de l'*escalier*. De quelque artifice qu'on usât dans la coupe des pierres pour rendre cette voûte légère, les parties ne s'accordant pas avec la masse, il en résulteroit toujours un mauvais effet.

On fait quelquefois supporter les rampes des *escaliers* par des colonnes. On voit plus d'un exemple de cette pratique à Rome. Tels sont l'*escalier* circulaire en pente douce du Vatican qu'on attribue à Bramante, & le nouvel *escalier* de marbre qui conduit au Muſœum *Pium Clementinum*. Entre beaucoup de choses que l'on peut dire contre cette pratique, on se contentera d'observer que l'inconvénient de l'obliquité est choquant, surtout à l'égard des tailloirs des chapiteaux, ainsi que des plinthes des bases qu'il faut tenir plus élevées d'un côté que de l'autre.

La beauté de la construction des *escaliers* consiste beaucoup dans l'art même de l'appareil, c'est-à-dire, dans l'art de rendre sensible aux yeux les procédés mêmes de la construction. Car l'appareil n'est autre chose que la régularité des assises établies à une même hauteur. Lorsque l'architecte a suivi des courbes heureuses, & que la disposition de sa construction est régulière, il peut indiquer ses procédés par la précision & la propreté des joints, par le ragrément des paremens. Dans la construction en simple pierre, le secours de l'appareil ajoute quelqu'ornement à un édifice. Et l'on ne sauroit disconvenir que ce genre d'ornement ne soit essentiellement d'accord avec les ouvrages de la nature des *escaliers*, c'est-à-dire, dont le principal mérite repose sur la beauté de la construction.

On dira peu de choses ici des *escaliers* de charpente. Leur construction en tant qu'ils sont un ouvrage de charpenterie, semble appartenir plutôt à cet art qu'à l'art proprement dit de l'architecture. Les *escaliers* de charpente, dans les grands édifices, ne sont ordinairement que des *escaliers* dérobés. Ils servent à monter aux entresols, aux logemens des combles ou aux galeras. On peut cependant tirer du bois même des formes agréables, & rien n'empêche que dans les maisons particulières cette matière ne reçoive, sous le crayon de l'architecte, l'espèce de luxe & de goût qui convient à la modicité de ces maisons.

Il y a encore une manière de joindre dans les *escaliers* le bois à la pierre, & de réunir, par cette construction mixte, l'économie à une assez belle apparence. On place quelquefois des dalles de pierre sur des marches de charpente. De là est venu l'usage de construire même de grands *escaliers* avec propreté & sans beaucoup de dépense.

Le corps de l'*escalier* étant de charpente, on pose sur chaque marche des dalles de pierre qui portent la moulure dans leur épaisseur. L'on peint en couleur de pierre tous les bois apparens des marches, des limons & des courbes rampantes.

Après que la coquille a été ravalée en plâtre & badigeonnée, l'on marque sur le tout de fausses coupes ; on y trace des assemblages qui donnent à ces sortes d'*escaliers* toute la ressemblance & la beauté des *escaliers* en pierre. Toutefois on doit user de réserve & de précautions à l'égard des dalles de pierre qui recouvrent les marches, & qui, par leur peu d'épaisseur, sont sujettes à se rompre.

ESCALIER A DEUX RAMPES ALTERNATIVES. C'est un *escalier* qui est droit, & dont l'échiffre (voyez ce mot) porte de fond. Tels sont les grands *escaliers* du vieux Louvre à Paris, & celui du palais Farnèse à Rome, &c.

ESCALIER A DEUX RAMPES PARALLÈLES. *Escalier* où l'on monte par deux rangs de marches, qui commencent par un pallier commun & aboutissent à un pallier particulier, comme sont les *escaliers* des Tuileries.

ESCALIER A DEUX RAMPES OPPOSÉES. C'est un *escalier* où l'on monte par un perron sur un pallier, d'où commencent deux rampes égales, vis-à-vis l'une de l'autre, qui, après un pallier carré, retournent & achèvent la montée, comme celui qu'on appelle l'*escalier* du roi au château de Versailles.

ESCALIER A GIRONS RAMPANS. On en voit beaucoup de cette sorte à Rome, tant au-dehors que dans l'intérieur des édifices. Telles sont les montées du capitole, & tels sont les *escaliers* du Vatican. Les marches de ces *escaliers* peuvent avoir trois pouces d'élévation & trois pieds de giron. Leur pente est plus ou moins considérable. Le giron de la marche est pavé en briques posées de champ & en forme d'épi, le rebord est en pierre. Ces *escaliers* sont ainsi pratiqués pour que les chevaux puissent y monter.

ESCALIER A JOUR. On comprend sous ce nom, non-seulement un *escalier* en pierre, qui est ouvert d'un côté, sans croisée avec balustrade, mais aussi une vis dont les marches sont attachées à un noyau massif, sans autre cage qu'un appui parallèle, à une rampe soutenue par quelques colomnes d'espace en espace, comme les *escaliers* du clocher de Strasbourg, & les deux jubés de l'église de St-Etienne-du-Mont à Paris.

ESCALIER A PÉRISTYLE CIRCULAIRE. C'est un *escalier* dont la rampe est portée sur des colonnes. Tels sont l'*escalier* du château de Caprarole, bâti par Vignole, & celui du palais Barberin à Rome, construit par Berrin.

ESCALIER A PÉRISTYLE DROIT EN PERSPECTIVE. *Escalier* qui a sa rampe entre deux rangs de colonnes, lesquelles ne sont pas parallèles. Tel est l'*escalier* du Vatican, dont il est parlé à la vie de Bernin.

ESCALIER A QUATRE NOYAUX. *Escalier* qui laisse un vide carré ou barlong, c'est-à-dire rectangle, entre ses rampes, & qui porte de fond sur quatre noyaux de pierre, ou sur quatre noyaux de bois, de fond ou suspendus.

ESCALIER A QUARTIERS TOURNANS. *Escalier* qui a des quartiers tournans, simples ou doubles, à un bout ou aux deux bouts de ses rampes.

ESCALIER A REPOS. *Escalier* dont les marches droites à deux noyaux sont parallèles & se terminent alternativement à des palliers.

ESCALIER A VIS ST-GILLES CARRÉE. *Escalier* qui est dans une cage carrée, comme les petits *escaliers* du palais du Luxembourg à Paris. (*Voyez* l'article suivant).

ESCALIER A VIS ST-GILLES RONDE. *Escalier* dont les marches portent sur une voûte rampante sur le noyau, comme à l'*escalier* du prieuré Saint-Gilles en Languedoc, dont le nom a été donné à la forme d'*escalier* en question.

ESCALIER CENTRAL. *Escalier* dont un bout est formé en demi-cercle ou demi-ellipse, en sorte que les collets de ses marches tournantes sont égaux, afin qu'il n'y ait point de brise-cou. (*Voyez* ce mot). Il y en a de bois avec des courbes rampantes. Il y en a de pierre. Tel est le grand *escalier* suspendu de l'Observatoire à Paris.

ESCALIER COMMUN. *Escalier* qui sert à deux corps-de-logis, par des palliers alternatifs, lorsque les étages ne sont pas de même niveau, ou par un pallier de communication lorsqu'ils sont de plein pied.

ESCALIER DE GAZON. Pente que l'on pratique dans les jardins avec des degrés qu'on recouvre de gazon.

ESCALIER EN ARC DE CLOITRE, à lunettes & à repos. C'est un *escalier* dont les palliers carrés en retour, portés par des voûtes en arc de cloître, rachètent des berceaux rampans, dont les retombées sont soutenues par des arcs aussi rampans, qui portent sur plusieurs palliers ou noyaux de fond. Ces arcs rampans ont des lunettes en décharge opposées dans les berceaux. De ce genre étoit le grand *escalier* du palais du Luxembourg à Paris.

ESCALIER EN ARC DE CLOITRE, suspendu & à repos. *Escalier* dont les rampes & palliers carrés en retour, portent en l'air une demi-voûte en arc de cloître, comme l'*escalier* de l'aile du côté du nord au château de Versailles.

ESCALIER EN FER A CHEVAL. Espèce de grand perron dont le plan est circulaire, & dont les marches ne sont point parallèles, comme ce qu'on appelle à Fontainebleau l'*escalier* du cheval blanc & celui du château de Caserta.

ESCALIER EN LIMACE. *Escalier* qui est dans une cage ronde ou ovale, & dont la rampe en degrés tourne

tourne en vis à l'entour d'un mur circulaire percé d'arcades rampantes, comme ceux de l'église de Saint-Pierre à Rome.

Escalier hors d'œuvre. *Escalier* dont la cage en dehors d'un bâtiment, y est attachée par un ou deux de ses côtés. On appelle *escalier demi-hors d'œuvre*, celui dont la cage n'est qu'en partie enclavée dans le corps du bâtiment.

Escalier ovale à noyau, ou *suspendu*. C'est un *escalier* qui ne diffère des *escaliers* ronds (*voyez* les articles suivans) que par son plan. Il y a dans l'hôtel-de-ville de Lyon un *escalier* de cette espèce, qui est d'une beauté remarquable.

Escalier principal, ou *grand escalier*. C'est l'*escalier* le plus spacieux, & par lequel on ne monte qu'aux principaux appartemens d'une maison. Ordinairement cet *escalier* ne passe point le premier étage. La moindre largeur qu'on puisse lui donner est de quatre pieds, deux personnes ne pouvant monter ou descendre de front dans un moindre espace.

Escalier rond. *Escalier* qui est à vis ou en hélices avec un noyau, & dont les marches tournantes, droites ou courbes, qui portent leur délardement, tiennent par le collet à un cylindre qui pose de fond, & dont elles font partie.

Escalier rond suspendu. *Escalier* qui est sans noyau, & dont les marches tiennent à une espèce de limon en ligne spirale, & qui laisse un jour ou vide circulaire dans le milieu.

Escalier secret, ou *dérobé*. C'est un *escalier* qui sert à dégager & à monter aux entre-sols, aux garde-robes, & même aux appartemens, pour qu'on puisse éviter de passer par les pièces principales.

Escalier triangulaire. *Escalier* dont la cage & le noyau sont faits de deux triangles, comme les *escaliers* qui sont derrière le porche du Panthéon à Rome.

ESCAPE, s. f. Quelques auteurs désignent par ce mot un adoucissement qu'on appelle ordinairement *congé* (*voyez* ce mot); il sert à lier & à accorder les filets supérieurs & inférieurs par lesquels se terminent dans certaines ordonnances les fûts des colonnes.

Le mot *escape* vient du latin *scapus*, dont Vitruve se sert pour indiquer le haut & le bas de la colonne, & quelquefois la colonne entière.

ESCARPE, s. f. (*Archit. milit.*) Ce mot dérive de l'italien *scarpa*, & veut dire talus. Dans l'art de la fortification, l'*escarpe* est la partie d'un

Diction. d'Archit. Tome II.

revêtement de fortification qui fait face à la campagne, depuis le fond du fossé jusqu'au cordon. *Contrescarpe* est le mur qui lui est opposé de l'autre côté du fossé.

ESCARPER, v. act. C'est en coupant un roc ou un terrain quelconque, lui donner le moins de talus qu'il est possible. On n'use guère de ce verbe qu'au participe, comme lorsqu'on dit *un chemin escarpé*.

ESCOPERCHE, s. f. (*Construction.*) Pièce de bois de brin dont les maçons se servent pour échafauder. (*Voyez* Echafaud.)

Ce mot s'écrit aussi *écoperche*. On l'a déjà inséré dans ce Dictionnaire à sa lettre. (*Voyez la signification particulière qu'on lui donne à cet article.*)

ESMILLER, v. act. C'est travailler le grès ou la pierre avec la pointe du marteau.

Esmiller le moellon, c'est en enlever le bousin & l'atteindre jusqu'au vif.

ESNÉ, ville moderne d'Égypte, bâtie sur l'emplacement de l'ancienne Latopolis. (*Voyez* Latopolis.)

ESPACEMENT, s. m. On appelle ainsi les distances pratiquées entre les parties qui se répètent à intervalles égaux dans les édifices.

L'on dit l'*espacement* des poteaux d'une cloison, des solives d'un plancher, des chevrons d'un comble, des colonnes d'un péristyle, des arbres d'une allée.

Espacement n'indique pas toujours des distances égales, car on dit espacer également, inégalement, proportionnellement.

En parlant des poteaux ou des solives, on dit qu'ils sont espacés *tant plein que vide*, lorsque l'intervalle est égal à la pièce de bois.

ESPACER, v. act. C'est opérer entre les diverses parties des édifices, comme piliers, colonnes, triglyphes, modillons, denticules, les espacemens dont on vient de parler. (*Voyez* Espacement.)

ESPAGNOLETTE, s. f. (*Construction.*) Espèce de ferrure en usage pour la fermeture des croisées.

Elle consiste en une tringle ronde de 8 à 10 lignes de diamètre, qu'on attache sur l'un des montans du châssis, par plusieurs lacets ou anneaux placés dans sa longueur, & qui laissent à la tringle la liberté de tourner. Les extrémités de celle-ci sont terminées par des crochets disposés de façon à entrer dans les gâches qu'on pratique aux traverses supérieure & inférieure du dormant de la croisée lorsque la ferme, & qui en sortent lorsqu'on ouvre.

On fait mouvoir cette tringle au moyen d'une poignée tournante, placée à peu près au tiers de la hauteur. Lorsque l'on ferme la croisée, cette prignée se place dans un crochet ou support adhérent à l'autre montant de la croisée.

Avec cette espèce de serrure, on peut encore fermer en même temps les volets intérieurs de la croisée. A cet effet on place des agrafes sur les montans des volets, ainsi qu'un crochet propre à fixer la poignée, & l'on ajoute des pannetons à la triangle, qui correspondent aux agrafes des volets.

ESPALIER, s. m. (*Terme de jardinage.*) Nom qu'on donne aux arbres fruitiers & autres, dont les branches sont étendues en éventail & palissées sur un treillage, ou attachées par des liens au mur d'un jardin.

Le contr'espalier est un petit espalier isolé & en treillage, placé en avant de l'espalier. (*Voyez* CONTR'ESPALIER.)

ESPLANADE, s. f., est, à proprement parler, un mot de fortification, & signifie le terrain extérieur d'une place fortifiée depuis le glacis jusqu'aux premières maisons du fauxbourg, ou depuis les maisons de la ville jusqu'à la citadelle.

Esplanade se dit aussi, dans le langage ordinaire, d'un lieu élevé à découvert, & qui souvent aux environs d'une ville sert de promenade.

ESQUISSE, s. f., se dit en architecture comme en peinture, de la première idée légèrement tracée d'un projet dont tous les détails ne sont pas développés.

L'*esquisse* d'un projet d'édifice ne consiste pas seulement dans la légèreté du trait ou du lavis. Ce qui la distingue surtout du projet achevé, c'est que l'artiste n'a pu s'y rendre compte de l'agencement de toutes les parties du plan, & de tous les rapports de celui-ci avec l'élévation. Le fini du crayon, de la plume ou du lavis n'est qu'un fini apparent & superficiel, propre à imposer aux hommes peu instruits. Ce n'est pas en cela que réside le fini d'un projet. Ceux des grands architectes anciens ne sembleroient que des *esquisses* auprès des desseins des écoliers de notre temps. C'est qu'ils mettoient le fini dans le raisonnement & la combinaison.

ESSE, s. f. (*Construction.*) Espèce de crochet double, ayant la forme de la lettre dont il porte le nom, & qui sert à accrocher les pierres & les fardeaux pour les élever ou les transporter.

ESSELIER, s. f. C'est, dans une ferme de comble, la pièce de bois qui s'assemble avec la jambe de force & qui supporte l'entrait. On l'appelle aussi *gousset*.

ESSELIERS DE CROUPE, GRANDS ESSELIERS. Pièces de bois qui s'assemblent diagonalement à deux autres faisant angle obtus, ce qui les distingue des liens qui sont sous les chevrons & les entraits, & qui font le même effet à deux pièces assemblées à angle droit, aux arêtiers & aux coyers dans lesquels sont les *esseliers*.

Il y a aussi de petits *esseliers* qui s'assemblent dans les grands, & qui portent les empanons pour joindre le grand *esselier*.

ESSETTE ou AISSETTE, s. f. (*Construction.*) Marteau dont se servent les charpentiers, les charrons, les couvreurs. Il a une tête ronde & une panne tranchante tournée en différens sens, suivant l'usage qu'on en fait.

ESTACADE, s. f. (*Construction.*) Assemblage de charpente placé dans les rivières, & formant une sorte de rempart qui éloigne les glaçons, & derrière lequel les bateaux se mettent à l'abri.

On appelle aussi *estacades* de longues & fortes pièces de bois armées de pointes, que l'on met quelquefois à l'entrée d'un port.

ESTAMPE, s. f. Les *estampes* sont en petit, comme les tableaux en grand, des moyens de décoration dans l'intérieur des appartemens, mais à vrai dire, assez étrangers à l'art de l'architecture.

Quand cet art emploie la peinture, il la fait entrer comme partie essentielle & intégrante dans les compartimens & les combinaisons de ses élévations. Des tableaux encadrés sont au contraire des ornemens postiches, & qui sont plus du ressort de l'ameublement que de la décoration proprement dite.

Ce que le bon goût prescrit en ce genre, c'est de ne pas trop multiplier les tableaux. Ils cessent d'être ornement dans l'architecture dès qu'on les y prodigue. La même règle de convenance doit s'observer à l'égard des *estampes*. Placées avec discrétion sur des fonds lisses, elles plaisent à l'œil indépendamment de leur valeur intrinsèque. Trop multipliées, elles nuisent à l'ensemble des pièces, se nuisent à elles-mêmes, & n'offrent plus que l'idée triviale d'un magasin de gravures.

ESTAMPER, v. act. C'est, dans l'art du mouleur, faire ou tirer une empreinte d'une figure ou d'un objet quelconque.

Il y a beaucoup d'ornemens qu'on multiplie dans les édifices par la méthode d'*estamper*. Cela a lieu particulièrement à l'égard de ceux qu'on fait en plâtre ou en stuc.

ESTIMATIF, adj. m. (*Construction.*) Ce mot se joint ordinairement au mot *devis*. C'est la description d'un ouvrage à entreprendre, avec le détail des prix de chaque objet. (*Voyez* DEVIS.)

ESTIMATION, s. f. (*Construction.*) C'est l'évaluation d'un ouvrage quelconque avec les détails. On dit faire l'*estimation* de la maçonnerie, de la charpente, de la serrurerie, &c.

ESTIMER, v. act. (*Construction*.) C'est déterminer le prix ou la valeur d'un ouvrage.

ESTRADE, s. f. Dans des lieux d'assemblée, c'est un plancher ordinairement fait de menuiserie, & élevé au-dessus du sol tantôt de quelques pouces seulement, & tantôt de quelques pieds. Dans ce dernier cas, l'*estrade* se fait en gradins. Comme elle est destinée à des places d'honneur, on la couvre de riches tapis.

Dans les palais des rois & des princes, l'*estrade* se place de la même manière, sous les trônes, les buffets, &c.

On use d'*estrade* dans les chambres à coucher pour y placer le lit, & cette élévation donne de la grâce à sa forme, ainsi qu'à tout ce qui l'accompagne.

ÉTABLE, s. f. Bâtiment d'une basse-cour où l'on tient le bétail. La situation d'une *étable* doit être telle qu'elle soit chaude en hiver & aérée en été. On appelle *bouverie* celle où l'on met les bœufs; *bergerie* celle qui est destinée aux brebis.

ÉTABLIR, v. act. (*Construction*.) En architecture, c'est disposer un ouvrage quelconque d'une manière solide & durable. Ainsi on dit *établir les fondemens d'un édifice*.

C'est aussi placer des pierres ou des pièces de bois d'une manière convenable pour les tracer. Ainsi on dit *établir* un plancher, un comble, un cintre, un limon d'escalier, &c.

On dit que les ouvriers *s'établissent* dans un atelier, lorsqu'ils en prennent possession, & qu'ils y apportent les matières & les outils nécessaires pour commencer à y travailler.

ÉTABLISSEMENT public. On donne ce nom plutôt dans le langage administratif que dans le discours ordinaire, à tous les édifices qui renferment des institutions payées des deniers publics, ou qui sont la résidence de quelque fonctionnaire public que ce soit.

Ainsi les hôpitaux, les collèges, les académies, les palais de justice ou d'administration, ceux des ministres civils ou religieux, sont des *établissemens publics*.

Ce nom convient aussi à de grandes manufactures, à des usines, à des ateliers entretenus par le Gouvernement.

Les *établissemens publics*, dans leur rapport avec l'architecture, rentrent naturellement dans l'acception & l'idée d'édifices publics. (*Voyez* ÉDIFICES PUBLICS.)

ÉTAGE, s. m. Ce mot s'applique ordinairement à la disposition des palais & des maisons, & il exprime, en plan, toutes les pièces qui forment ce qu'on appelle un *plain-pied*, & en élévation, les divisions d'appartement qui, placées en hauteur l'une au-dessus de l'autre, occupent l'intervalle existant entre deux planchers.

Dans les maisons ordinaires, le nombre des *étages* n'est déterminé que par l'intérêt de celui qui fait bâtir, & cet intérêt se règle sur la cherté du terrain où il bâtit. Il est des villes & des quartiers où la toise de terrain coûte plus cher qu'un arpent dans d'autres villes & d'autres quartiers. Il est alors fort naturel que le propriétaire regagne en élévation l'espace qu'il ne peut se procurer en étendue. Voilà pourquoi dans les villes populeuses, ou resserrées par leur position, on voit des maisons qui ont sept & huit *étages*.

Les mêmes causes ayant dû produire partout & en tout temps les mêmes effets, la multiplicité des *étages* dans les maisons fut un usage propre des anciens aussi bien que des modernes. Nous savons que plusieurs des grandes villes de l'antiquité le connurent & le pratiquèrent. Selon Diodore de Sicile, les maisons de Thèbes en Égypte avoient cinq *étages*. A Rome, l'avidité des propriétaires avoit plus d'une fois suscité des réglemens prohibitifs contre la trop grande élévation des maisons. Auguste, Néron, Trajan en réduisirent à diverses époques la hauteur.

De même aujourd'hui, des réglemens de la police des bâtimens interviennent dans la construction des maisons ordinaires, soit pour arrêter l'abus d'une trop grande multiplicité d'*étages*, soit pour donner à la sûreté publique des garanties contre l'intérêt ou l'indiscrétion des particuliers.

Comme les règles & les convenances de l'architecture entrent fort rarement dans les combinaisons de ceux qui bâtissent des maisons ordinaires, l'art a fort peu de préceptes qui leur soient applicables. Mais il n'en est pas ainsi des palais & des autres édifices du même genre, que leur destination fait distinguer des habitations particulières.

Ici quelques principes de bienséance & de goût peuvent servir de base aux règles que l'architecte suivra, eu égard au nombre & à la disposition des *étages* dont se composent les palais.

Si l'on consulte la bienséance, on trouve qu'une des premières différences entre un palais & une maison ordinaire, consiste en cela, que le premier indique un seul maître, un propriétaire unique, lorsque les maisons à locataires peuvent recevoir autant de maîtres qu'on y compte d'*étages*. Ce qui fait le caractère de celles-ci, ne doit donc pas appartenir au palais : non qu'on prétende qu'un palais, comme l'ont voulu quelques architectes, ne doive avoir qu'un seul *étage* au-dessus du rez-de-chaussée. Un grand nombre d'exemples s'opposeroient sans doute à l'admission de cette règle. Mais peut-être croira-t-on que la bienséance, en fait de palais, veut que sa façade ne présente au-dessus des soubassemens & rez-de-chaussée, qu'un seul *étage* comme principal & dominant, soit par la grandeur, soit par la forme des croisées, soit par la décoration. Cela n'empêche pas qu'on ne puisse admettre au-dessus de ce principal *étage* un attique ou entresol dont la hauteur, la forme & les ornemens, loin de le disputer à l'*étage* inférieur, en font au contraire mieux valoir le caractère & l'importance. Les sujétions sans nombre que comportent certains palais, exigent à la vérité qu'on y multiplie quelquefois les *étages* de service. Cela a fait imaginer à plus d'un architecte d'établir encore de petits *étages* au-dessus de l'entablement qui termine la masse architecturale. Alors ce petit *étage* passe pour être une addition de nécessité étrangère à la composition générale. (*Voyez* ATTIQUE.)

Un autre principe de goût relatif aux *étages* des palais, est celui qui regarde l'emploi qu'on doit faire des ordres de colonnes dans la décoration des façades extérieures.

Il est sensible que ce qu'on appelle *étage* dans le langage ordinaire de la bâtisse, correspond à ce qu'on appelle ordre ou ordonnance en architecture. Dès qu'on applique soit des colonnes, soit des pilastres à la façade d'un palais, il est clair que l'ordre avec son entablement signifie un *étage* & en constitue l'idée. C'est donc établir une contradiction manifeste avec cette idée, que d'offrir deux rangs de croisées en hauteur, c'est-à-dire, deux *étages* dans un espace que la colonne déclare n'être composé que d'un *étage*.

Il y a un autre inconvénient à multiplier les ordres au gré des *étages* : c'est celui de beaucoup trop rapetisser les colonnes ; ce qui arrive dans les palais dont la dimension ne permet pas de donner assez de hauteur à l'*étage*, pour que la croisée & l'ordonnance aient leurs proportions relatives.

De toutes ces difficultés, quelques-uns ont voulu conclure qu'il ne falloit point ajuster de colonnes aux *étages*. Conclusion sans doute trop rigoureuse. Sur ce point de l'application des ordres aux palais, comme sur plusieurs autres, il est bon de ramener l'architecture aux principes d'une raison sévère, moins pour en tirer des conséquences absolues, que pour empêcher que l'oubli des convenances fasse de l'emploi des ordres un jeu de fantaisie. D'habiles architectes ont su éviter, dans la manière d'appliquer les ordres aux façades des palais, une partie des inconvéniens qui y sont attachés. Cette application repose sur quelques conventions dont le raisonnement & le goût doivent être à la fois les juges. (*Voyez* ORDRE, ORDONNANCE.)

On appelle :

ÉTAGE à *rez-de-chaussée*, celui qui est compris entre le sol & le premier plancher.

ÉTAGE *en galetas*, celui qui est pratiqué dans un comble.

ÉTAGE *carré*, celui où il ne paroît pas de pente de comble : tel est celui qu'on appelle *attique*.

ÉTAGE *souterrain*, celui qui est pratiqué dans le bas des maisons au-dessous du sol.

ÉTAL. (*Voyez* BOUCHERIE.)

ÉTALONNER, v. act. C'est réduire des mesures à distance égale, longueur & hauteur, en y marquant des repaires.

ÉTANCHE, s. f. (*Terme d'archit. hydraul.*) On dit mettre à *étanche*, ou *étancher* un batardeau. C'est, par le moyen des machines qui en tirent l'eau, le mettre à sec, pour pouvoir fonder.

ÉTANÇON, s. m. Manière d'étaye pour retenir ferme & à demeure un mur ou un pan de bois.

ÉTANFICHE, s. f. Hauteur de plusieurs bancs de pierre qui sont masse dans une carrière.

ÉTANG, s. m. (*Jardinage.*) On pratique des *étangs* dans les jardins pour trois raisons.

1°. Pour employer un terrain bas où se ramassent les eaux pluviales, & qui par conséquent seroit inutile, ou seroit un mauvais effet.

2°. Pour embellir l'emplacement par une grande masse d'eau qui anime le paysage & produit d'heureux contrastes.

3°. Pour y nourrir du poisson & procurer l'agrément comme l'utilité de la pêche.

Lorsque la nature n'a pas fait dans un jardin les premiers frais de ce genre d'embellissement, & qu'on doit créer la configuration d'un *étang*, il faut éviter toutes les formes qui rappellent trop l'art, telles que les circulaires & les anguleuses.

Que l'on choisisse, pour y creuser un réceptacle aux eaux, non une plaine, l'empreinte de l'art y paroîtroit trop, mais un vallon, un bas-fond où l'eau se rassemble d'elle-même ; que de la terre excavée on forme une colline dont l'élévation nouvelle donnera, à l'emplacement un plus grand air de vérité ; que des plantations heureusement distribuées ombragent quelques parties de l'*étang*, & laissent toutefois le ciel & le soleil se refléter dans son miroir.

Si l'*étang* sert de vivier, qu'on y nourrisse diverses espèces de poissons qui, par la variété de leurs jeux & l'innocente occupation de la pêche, offrent des passe-temps & des récréations champêtres.

ÉTAYE, s. f. (*Construction.*) Pièce de bois posée debout ou arc-boutée, dont on se sert pour soutenir une partie d'édifice qui menace ruine, ou qui a besoin d'être supportée, à raison d'une opération quelconque.

ÉTAYEMENT, f. m. (*Construction.*) Ce mot a deux significations. Il exprime l'action d'étayer, & par suite l'ouvrage qui en résulte. Dans ce dernier sens on entend par *étayement* la combinaison de plusieurs pièces de bois disposées pour soutenir une partie d'édifice. Les pièces qui composent l'*étayement* prennent différens noms à raison de leurs positions, tels que *pointail*, *chandelle*, *contre-fiche*, *contrevent*, *chevalement*, *étrésillons*, *couche*, *couchis*, *jumelle*, *fourrures*, *cales*. (*Voyez* ces mots.)

ÉTAYER, v. act. (*Construction.*) C'est soutenir avec des pièces de bois un édifice ou une partie d'édifice qui menace ruine.

Cette opération exige plus de connoissances qu'on ne pense. Lorsqu'elle n'est pas faite à propos ou d'une manière convenable, elle contribue plus à la ruine d'un édifice qu'à son soutien. Souvent en étayant une partie on ébranle l'autre, ou l'on rejette inutilement la charge d'un point sur un autre point plus foible. Plus un édifice présente de caducité, plus on doit multiplier les précautions. Il faut surtout éviter de trop forcer les étayes. L'art est de les y combiner de manière à ce qu'elles soutiennent les parties qui sont en mauvais état sans altérer la solidité des autres.

ÉTEINDRE, v. act. (*Construction.*) C'est jeter de l'eau sur du feu ou sur une matière enflammée pour en arrêter la combustion.

Ce mot s'applique aussi à la dissolution de la chaux vive, dissolution qui s'opère en y jetant de l'eau; & l'on s'est servi du mot *éteindre*, parce que le résultat apparent de cette opération est à peu près le même que celui qui est produit par l'eau jetée sur du feu, c'est-à-dire, une grande effervescence accompagnée de sifflemens & de fumée. L'eau toutefois y occasionne un effet très-contraire à celui de l'extinction; car il y développe une chaleur qui est capable de brûler.

Pour *éteindre* la chaux d'une manière convenable, on ne doit y employer qu'une quantité d'eau proportionnée à la qualité de la matière. Elle perd sa force si l'on y verse trop d'eau, & elle brûle ou diminue de qualité si l'on n'y en met pas assez. Il y a de la chaux, telle que celle de Melun, qui absorbe une quantité d'eau égale à deux fois & demie son poids, tandis que d'autres n'en veulent qu'une quantité qui soit moins de deux fois. (*Voyez* les articles CHAUX & MORTIER.)

ÉTELON, f. m. (*Construction.*) Les charpentiers appellent ainsi l'épreuve ou tracé en grand, d'après lequel ils tracent les ouvrages susceptibles d'assemblage, tels que les fermes, pour les combles ou les cintres, les escaliers, &c. Au lieu d'une aire bien dressée, ils se contentent souvent de quelques planches ou dosses, disposées dans le sens des principales lignes, & arrêtées sur le terrain du chantier.

ETERIUS, architecte célèbre sous le règne d'Anastase, & choisi par ce prince pour élever, dans le grand palais de Constantinople, cet édifice appelé *Chalcis*, qui n'étoit peut-être qu'une grande salle.

On croit que ce fut le même *Eterius* qui construisit cette grande muraille faite pour garantir Constantinople des invasions des Scythes & des Bulgares, & qui s'étendoit depuis la mer jusqu'à Selimbrie, ancienne ville de Thrace.

ETFOU; d'autres voyageurs écrivent EDFOU (ou APOLLINOPOLIS MAGNA).

Etfou est une petite ville ou plutôt un bourg de la haute Egypte, situé à deux tiers de lieue de la rive gauche du Nil, entre Syène & Esné, à dix lieues sud de ce dernier endroit. Selon les observations de M. Nouet, elle est par 30° 53' 44" de longitude à l'est de Paris, & 24° 58' 43" de latitude boréale. C'est l'ancienne *Apollinopolis magna*.

Cette bourgade renferme deux temples d'une proportion fort différente, mais tous deux si bien conservés, que si on les dégageoit des décombres qui les embarrassent, ils paroîtroient presque intacts.

On trouve une description détaillée de ces édifices par M. E. Jomard, dans le grand ouvrage sur l'Egypte (1). Nous choisirons parmi les faits nombreux qu'elle présente, ceux qui seront les plus propres à donner une idée suffisante de ces magnifiques monumens.

Les deux temples sont à peu près à angle droit; la distance qui les sépare est peu considérable; ils se trouvent au nord-ouest du village, au pied d'une chaîne de monticules formées par les ruines de l'ancienne ville, recouverts de sable, & parsemés, comme partout ailleurs, de poteries brisées, de briques pilées & de toutes sortes de débris. Le grand temple domine au loin le village & tout le pays environnant; aussi les habitans l'appellent-ils *Gala*, c'est-à-dire, la *citadelle*. Nous commencerons par décrire cet édifice.

I. *Grand temple d'Etfou*.

La disposition de cet édifice, malgré son étendue & ses distributions, n'a cependant rien de compliqué; le plan est simple, parce que la symétrie y est entière, & que l'ensemble de toutes les parties en est parfaitement ordonné.

Pour se faire une idée sommaire de l'édifice entier, il faut se figurer un sanctuaire entouré de deux corridors, & précédé de deux portiques; imaginez

---

(1) *Description de l'Egypte*, tome I, antiquités, descriptions.

ensuite que cette masse est environnée d'une enceinte à l'extrémité de laquelle est une porte comprise entre deux masses pyramidales; & qu'entre cette porte & celle du premier portique, il existe un grand espace dont on a fait un péristyle en plaçant des colonnes tout autour, c'est-à-dire, six à la façade du premier portique, dix au côté opposé, & douze aux parties latérales, en tout trente-huit, à cause des colonnes des angles qui sont communes à deux rangées : ces colonnades (dont l'entre-colonnement est d'un diamètre & ⅔) forment une galerie couverte, fort spacieuse & continue.

Telle est en peu de mots la disposition générale de ce grand édifice. Pour mettre un peu d'ordre dans la description d'un monument dont il est assez difficile de se faire une juste idée, sans avoir les dessins sous les yeux, nous nous arrêterons successivement aux parties qui se présenteroient aux regards d'un voyageur entrant par la porte principale, & d'abord à la masse pyramidale, que les nouveaux voyageurs ont appelée *pylône*.

Cette masse, la plus élevée de toutes les parties du monument, frappe l'œil du voyageur par la grandeur de ses proportions : les misérables cabanes des *fellah* bâties au pied, contribuent encore, par leur petitesse, à faire ressortir sa grandeur & sa magnificence. Elle se compose de deux massifs principaux, dont toutes les parois, légèrement inclinées à l'horizon, lui donnent un aspect pyramidal; ces deux massifs sont séparés par la porte d'entrée, & par un intervalle ménagé dans le prolongement de cette porte. La longueur totale est de 69 m. (212 p.); la hauteur de 35 m. (107 p.); a profondeur de 11 m. (34 p.).

M. Jomard croit devoir reconnoître dans ces deux massifs, qui se retrouvent ailleurs, & notamment dans l'île de Philæ (1), ce que Strabon appelle πυλῶνας μεγα, & Diodore de Sicile πυλων, & les raisons dont il appuie son opinion lui ont paru assez plausibles pour qu'il propose de franciser ce mot, en donnant au massif en question le nom de *pylône*.

Ce n'est pas ici le lieu de discuter la justesse ou l'impropriété de cette expression : nous nous contenterons de décrire la partie du monument qu'elle sert à désigner.

Chacun des massifs est remarquable par la disposition parfaite & la pureté d'exécution de son escalier; il est formé de vis rectangulaires, composées de onze révolutions, ayant huit marches dans un sens & cinq dans l'autre. Il y a quatre étages de chambres & quarante-deux paliers éclairés par des jours étroits : les chambres sont aussi éclairées par des fenêtres de même forme, mais plus grandes. L'observateur est surtout frappé de deux rainures prismatiques, placées de chaque côté de la porte; elles sont exécutées avec un soin infini; & l'inspection de quelques bas-reliefs a fait voir qu'elles servoient à recevoir une espèce de mât triomphal, que l'on ornoit de pavillons (1).

Quant à la porte qui sépare ces deux massifs, elle étoit à deux battans, haute de 16 m. (50 p.), & large de 5½ (16 p. ½) : ainsi la hauteur étoit triple de la largeur; ce qui lui donne un aspect un peu grêle, quoi qu'en dise M. Jomard.

Après avoir franchi cette porte, on entre dans la grande cour en parallélogramme, entourée de colonnes. La disposition a cela de particulier, que chaque colonne, à partir de l'entrée, a sa base plus élevée que la précédente; en sorte que cet espace est partagé en douze degrés aussi larges que l'entre-colonnement, c'est-à-dire, de douze pieds, sans avoir plus de quatre pouces & demi de haut : le dernier de ces degrés reçoit le portique & sert de parvis au temple.

Il nous semble que le motif d'une telle ordonnance a pu être d'augmenter la longueur apparente de la cour, en ajoutant, par l'élévation artificielle du sol, à l'effet produit par la perspective linéaire, lequel consiste dans le rapprochement progressif des lignes inférieure & supérieure. Quoi qu'il en soit de cette disposition, il en résulte une diminution progressive des colonnes, depuis l'entrée jusqu'au portique; car on remarquera que la ligne de l'entablement reste toujours parallèle à l'horizon.

Le portique qui termine cette cour est tellement encombré d'immondices déposées par les *fellah*, que l'on voit à peine les chapiteaux des colonnes : en quelques endroits on a peine à passer sous les soffites : en sorte que pour connoître la hauteur & la décoration de ses colonnes, il a fallu faire une fouille de 15 à 20 p. autour de l'une d'elles qui étoit la moins enfouie; mais aussi c'est là, puisqu'ailleurs, qu'on admire à loisir la belle tête du palmier que l'art égyptien a si heureusement transportée dans l'architecture, pour en former ses magnifiques chapiteaux. Ce monument est fort peu dégradé, les arêtes sont encore très-vives, les ornemens ont conservé toutes leurs finesses.

La hauteur de ces portiques, jusqu'au listel de la corniche, est de 16 m. (50 p.), la même que celle de la porte principale. Son entrée est moins large que celle de cette même porte, & l'entrée du second portique l'est encore moins. Les épaisseurs des murs diminuent de même successivement; il en est ainsi des colonnes & par conséquent des hauteurs des salles; enfin, les trois portes qui suivent le second portique, diminuent aussi de plus en plus de hauteur : la dernière, qui est la sixième, introduit dans le sanctuaire.

Pour entrer du premier portique dans le sanctuaire, on passe donc sous un second portique

---

(1) *Description de Philæ*, par Lancret, p. 7, tome I, de la grande description.

(1) Lancret, *Description de Philæ*, page 25.

presque totalement encombré; ensuite on traverse deux salles dont la première est longue de 20 m. (62 p.) & large de 13 m. ½ (42 p.); la seconde longue de 13 (40 p.) & large de 4 m. ½ (14 p.)

Le sanctuaire a intérieurement 10 m. de long (31 p.) sur environ 5 de large (15 p.). Deux circonstances le rendent remarquable; l'une est que sa direction se trouve en sens contraire de toutes les pièces qui précèdent, c'est-à-dire, que sa longueur est dans le sens de l'axe; l'autre, c'est qu'il est isolé de toutes parts, au moyen de plusieurs corridors dont le premier est fort étroit. A cet isolement parfait, il faut ajouter l'épaisseur des murs. Ainsi le sanctuaire étoit garanti de l'approche des profanes, d'un côté par six portes de suite, & sur les trois autres côtés par quatre murailles, en y comprenant la grande enceinte.

Il est à-peu-près inutile de s'arrêter à décrire les salles, les corridors & les couloirs du temple : il vaut mieux ajouter quelques notes sur la décoration de ce magnifique monument.

Si on l'examine avec attention, on le voit tout couvert de sculptures, colonnes, chapiteaux, dés, murailles, pieds-droits, cordons, corniches, & cependant les lignes de ces colonnes & de ces architraves, les galbes de ces corniches, de ces chapiteaux sont intacts ; il suffit d'une attention légère pour expliquer cette heureuse alliance de la décoration & de l'architecture : toutes les sculptures ayant peu de saillie se détachent doucement sur un fond parfaitement lisse : « Ce sont des ta-
» bleaux tous de même hauteur, tous encadrés &
» placés parallèlement sur les faces des murs, ou
» des sujets qui se répètent d'espace en espace sur
» les frises, les colonnes & les corniches, ou enfin
» des colonnes d'hiéroglyphes également espa-
» cées, qui remplissent les intervalles des figures;
» toutes sculptures extérieures qui sont presque
» superficielles, eu égard à la masse du monu-
» ment. »

Les massifs du pylône, la façade du portique, le péristyle, ont tous le même couronnement; c'est un tore ou cordon qui les encadre, & une corniche creusée en gorge dont le profil est assez gracieux; au centre est un grand disque ailé, accompagné à droite & à gauche de l'espèce de serpent appelé *uræus*; les ailes représentent celles de l'épervier. Cet ornement est du plus grand effet sur toutes les portes égyptiennes.

C'est à *Efsou* qu'on peut étudier particulièrement les chapiteaux des péristyles. Ces chapiteaux sont différemment ornés; mais la différence n'a rien qui choque, parce que le galbe est généralement le même. D'ailleurs, si dans une même rangée ils diffèrent tous d'une colonne à l'autre, comme d'un autre côté ils se répètent symétriquement en face, cette symétrie n'est pas dénuée d'agrémens.

Le galbe de tous les chapiteaux est à-peu-près le même; c'est toujours le calice du lotus ou du nénuphar; il n'y a d'exception que pour celui à *feuilles* *de dattier* qui est le plus beau de tous, & pour celui du second péristyle qui offre l'image du *ciborium* ou fruit du lotus, décrit par Hérodote, Athénée & Théophraste.

II. *Petit temple.*

On a dit qu'il est à peu de distance du grand. Son axe fait un angle de 66° à l'ouest du méridien magnétique. Sa longueur est de 24 m. (74 p.); sa largeur de 14 ½ (45 p.), & sa hauteur de 7 ½ (23 ½ p.). Il est composé de deux salles, & environné de quatre côtés par une galerie de colonnes. Aux angles sont des piliers massifs; les façades latérales ont six colonnes & les autres deux; mais les entre-colonnemens de ces dernières sont plus larges.

Ce temple est considérablement enfoui à l'extérieur. Les colonnes latérales sont enterrées jusqu'aux chapiteaux. C'est principalement dans la galerie du nord que le sol est le plus exhaussé.

Le diamètre des colonnes de ce temple est d'un peu plus de deux pieds huit pouces; la colonne a environ cinq diamètres & demi. Elles sont surmontées d'un dé alongé qui porte sur les quatre faces une figure de Typhon; la dimension de cette figure est un peu au-dessous de nature; son attitude a quelque chose de pénible; elle a les jambes écartées & les mains appuyées sur les hanches; ses membres sont courts; la grosseur en est disproportionnée; mais celle de la tête l'est davantage. La saillie est plus qu'en demi-relief; & les pieds posent sur le chapiteau. Au reste, toutes les sculptures renferment ou l'image de Typhon ou celle d'Isis & de son fils Horus : & M. Jomard ne fait aucun doute que ces petits temples qui accompagnent presque toujours les grands ne soient presque tous consacrés à Typhon. Aussi propose-t-il de les appeler *Typhonium*, mot que Strabon semble d'ailleurs avoir consacré.

ÉTIENNE, appelé MASUCIO SECONDO, né en 1291 & mort en 1388.

Cet architecte fut ainsi surnommé du nom de son maître. Le nouveau *Masucio* l'emporta sur l'ancien en pureté de goût & de style. Il étoit encore à Rome étudiant d'après l'antique, lorsque le roi Robert l'appela à Naples pour la construction de la grande église de Sainte-Claire. Mais avant qu'il pût se rendre à cette invitation, l'édifice fut commencé dans le goût le plus gothique. *Masucio* en fut vivement affligé, & chercha à corriger de son mieux les vices de la première conception. Il construisit ensuite l'église & le couvent *della Croce di Paluzo*, la vaste & belle chartreuse de Saint-Martin, & le château Saint-Elme dans la même ville.

Architecte & sculpteur tout à la fois, selon l'usage de ces premiers temps, *Masucio* fit divers tombeaux.

Le campanile de Sainte-Claire est aussi son ouvrage. Il le divisa en cinq étages, auxquels il devoit affecter chacun des cinq ordres, se proposant d'en donner les modèles les plus exacts. Mais la tour en resta au troisième ordre. On remarque que le pilastre ionique de cet édifice a son collarin baillé d'un module, comme long-temps après l'a pratiqué Michel-Ange.

ÉTOILE, s. f. C'est une figure composée de rayons aboutissant à un centre, & qui indiquent ou les quatre points cardinaux, ou les différentes sortes de vents. On s'en sert dans les girouettes, les cadrans, les méridiennes: souvent ce n'est qu'un ornement de caprice dont on remplit, dans les pavemens en compartimens de marbre, le milieu d'un dessin circulaire.

ÉTOILE. (*Jardinage.*) C'est, dans un parc, un espace circulaire ou polygone, en manière de carrefour, où plusieurs allées aboutissent, & du milieu desquelles on a différens points de vue.

ÉTREIGNOIR, s. m. (*Construction.*) C'est un instrument de menuiserie composé de deux jambes de bois percées de plusieurs trous & jointes avec des chevilles. Il sert à emboîter les portes & autres assemblages du même genre.

ÉTRÉSILLON, s. m. (*Construction.*) Pièce de bois posée horizontalement ou obliquement entre deux murs, entre deux pieds-droits d'une porte ou d'une croisée, pour les soutenir ou les entretenir.

ÉTRÉSILLONNER, v. act. (*Construction.*) C'est placer des *étrésillons* entre les couches ou pièces de bois posées d'aplomb ou horizontalement pour retenir les terres lorsqu'on creuse des fondations ou qu'on fait des fouilles profondes.

Quand on a à réparer ou à refaire les pieds-droits du rez-de-chaussée d'une maison, on *étrésillonne* les croisées, afin que les trumeaux placés au-dessous des pieds-droits où l'on doit travailler, soient soutenus latéralement par les autres.

Dans les rues étroites on soutient quelquefois les faces des maisons par des *étrésillons* qui s'appuient contre la maison qui est en face, en traversant la largeur de la rue.

ÉTRIER, s. m. (*Construction.*) On désigne par ce mot une bande de fer formant deux coudes en équerre, dont les deux bouts sont tournés vers le haut & arrêtés. L'*étrier* sert à soutenir une solive ou l'extrémité d'une pièce quelconque posée horizontalement.

Ce nom lui vient de sa ressemblance pour la forme & pour l'usage avec les *étriers* qui soutiennent les pieds d'un homme à cheval.

ÉTRUSQUE (ARCHITECTURE).
Il a régné jusqu'à ces derniers temps, sur tout ce qui tient à l'histoire des arts de l'antique Étrurie, beaucoup d'incertitudes que les critiques pour la plupart semblent avoir encore augmentées, & multipliées. Tant que l'écriture étrusque offrit aux érudits des signes inintelligibles, il fut impossible de tirer des inscriptions nombreuses qui se sont conservées, aucun secours pour assigner une époque même approximative à des ouvrages sur lesquels se trouvoient gravés des caractères inconnus. L'antiquité bien prouvée d'une nation dont la puissance avoit précédé l'origine de Rome, le style de ses ouvrages de sculpture, qui, sous plus d'un rapport, annonçoit l'époque de l'enfance des arts & de l'imitation, tout concourut à persuader que l'Étrurie, loin d'avoir rien reçu des Grecs, leur avoit au contraire communiqué ses arts, ses mœurs & son goût. L'histoire de cette contrée, lorsqu'on en recueille les notions chez les divers écrivains qui en ont parlé, présente encore tant de contradictions & d'obscurités, que la critique incertaine ne peut y trouver un fil qui la guide. Cette histoire n'est autre chose qu'une sorte de tableau mouvant des transmigrations des peuplades de la Grèce & de l'Italie. La seule chose qui paroisse constante, c'est qu'il y eut entre ces deux contrées des rapports très-anciens & très-nombreux, & que l'empire de l'Étrurie s'étoit étendu dans cette partie de l'Italie, qui, possédée depuis par des colonies grecques, prit le nom de *grande Grèce*.

Si des communications continuelles furent l'effet nécessaire des transplantations réciproques qui eurent lieu entre les habitans des deux contrées, on ne doit pas trouver étonnant qu'il règne une grande ressemblance dans la mythologie, les opinions religieuses & les ouvrages d'art des Étrusques & des Grecs à une époque fort reculée. Il fut assez naturel aussi de soupçonner pendant long-temps que la Grèce, dont les ouvrages pour la plupart annoncent par leur perfection même une date postérieure à celle des ouvrages étrusques, avoit reçu les premières leçons d'un peuple qui ne nous est connu que par des ouvrages marqués au coin du style primitif, & dont l'écriture sembloit annoncer une plus grande ancienneté.

Mais depuis que la critique est parvenue à porter une lumière qui n'est plus douteuse sur l'écriture & la langue des Étrusques, depuis que les profondes recherches du savant Lanzi ont mis à portée de prononcer sur les caractères & l'origine de cette langue, on a vu se dissiper toutes les obscurités que l'éloignement des temps & le manque de notions historiques & positives avoient produites sur le point de savoir si l'Étrurie avoit communiqué les arts à la Grèce, ou les avoit reçus d'elle.

Ce qu'il faut penser de l'*architecture étrusque*, & ce qu'il est possible aujourd'hui d'en dire d'après les rapports nombreux qu'on y découvre avec l'*architecture* grecque, tient donc également à la même question, & ne peut être éclairci que par les lumières des documens dont on a parlé, & par les notions qui nous feront décider lequel des deux peuples a pu servir de maître à l'autre.

C'est pourquoi l'on a cru indispensable de placer ici quelques renseignemens préliminaires & abrégés sur les diverses parties des ouvrages de l'art étrusque, extraits de l'ouvrage de Lanzi, intitulé : *Saggio di lingua etrusca*, &c.

Quel que soit le pays d'où les Étrusques ont tiré leur origine, il est certain qu'ils ne furent pas le plus ancien peuple de l'Italie. Toutes les traditions historiques s'accordent à nous montrer avant eux les Sicules, les Ombriens, les Énotriens, les Pélasges. Il paroît que les Étrusques commencèrent à s'agrandir à l'occasion d'une guerre dont parle Denis d'Halicarnasse (*tom. I, pag.* 16), & à la suite de laquelle les Sicules furent chassés de l'Italie, environ quatre-vingts ans avant la guerre de Troye. Peu de temps après, les Pélasges commencèrent à décroître ; & sur les ruines de ces peuples s'éleva la puissance des Étrusques, vers l'an 450 avant la fondation de Rome. C'est probablement à cette époque que leur domination s'étendit sur presque toute l'Italie, selon les paroles de Servius (*ad Æneid. XI*, 563), & que le nom de *Tyrrhénie* devint celui d'une grande partie de la péninsule.

Cet Empire, comme il est prouvé par l'histoire, ayant été de très-courte durée, les Étrusques n'eurent pas le temps d'introduire leur langue dans ces contrées, qu'ils perdirent presqu'aussitôt qu'ils les eurent soumises. Il reste donc à dire pourquoi leur langue a tant de rapports avec presque toutes les langues de l'Italie. Cela s'explique de soi-même.

En effet, il faut distinguer quatre époques principales dans l'histoire de l'Italie.

La première comprend le temps que les Grecs appeloient *adèlos*, ou *inconnu*. Quelle langue parloit-on alors en Italie ? De quelle contrée étoient venues les nations qui l'habitoient ? C'est ce qu'on ignorera toujours.

La seconde époque renferme les émigrations historiques des différens peuples. C'est alors que les Pélasges vinrent de la Thessalie, les Énotriens de l'Arcadie, les Épéens de l'Élide, les Sabins de la Laconie. C'est alors enfin que les colonies grecques se répandirent sur les côtes des deux mers, & l'on a tout lieu de croire qu'aucune langue ne fut plus répandue en Italie, que la langue grecque.

Ainsi s'explique très-naturellement l'affinité de la langue étrusque avec toutes celles de la péninsule. Le grec en fut la source commune.

La troisième époque est renfermée en grande partie dans les temps historiques. Les peuples de ces contrées, paisiblement établis dans leurs limites respectives, perfectionnèrent leurs lois & leurs institutions. Enfin leur langue, grecque d'origine, prit insensiblement un caractère qui lui fut propre.

La quatrième époque fut celle pendant laquelle toutes ces langues finirent par se confondre dans la dominante.

Il résulte de cette analyse des temps & des périodes parcourus par l'histoire des Étrusques, que leur langue dut conserver beaucoup de traits de ressemblance avec la langue grecque, & en avoir aussi un très-grand nombre avec la langue latine, puisque cette dernière ne fut primitivement aussi qu'un dialecte de la langue grecque.

Ces notions n'ayant ici pour objet que de constater l'origine grecque de la nation étrusque, & d'indiquer les conséquences qu'on peut tirer de-là par rapport à la nature & au caractère de son *architecture*, on se contentera de renvoyer à l'ouvrage même de Lanzi (*tom. I, pag.* 42) pour se convaincre, par une multitude d'exemples, de l'identité de la langue étrusque & de la langue grecque dans une foule de mots où les rapprochemens sont incontestables. Les savans qui ont voulu retrouver la source de l'étrusque dans l'égyptien, le phénicien, le tudesque, l'armorique & le celtique, sont à la vérité parvenus à y découvrir quelques ressemblances de mots. Toutefois cela ne prouve autre chose que l'affinité qu'avoit avec ces langues, la langue pélasgique ou l'ancien grec.

Mais les similitudes du grec & de l'étrusque ne se bornent pas à un certain nombre de mots. L'examen qu'en a fait Lanzi prouve avec la dernière évidence, 1°. que l'alphabet étrusque diffère extrêmement peu de l'ancien alphabet grec, tel qu'il nous a été conservé par les plus anciennes médailles & par les inscriptions en boustrophédon (il n'y a guère de différence que dans la manière constante dont s'écrit l'étrusque, c'est-à-dire, de droite à gauche) ; 2°. que la langue elle-même, soit dans la nomenclature, soit dans les déclinaisons & les conjugaisons, soit dans la formation des autres parties du discours, se rapproche tantôt du grec, tantôt du latin.

Une semblable conformité se retrouve encore dans les usages civils & religieux, dans la forme des tombeaux & dans les honneurs funèbres, dans le nombre duodénaire des villes, dans la division du peuple par curies, dans la forme du gouvernement, &c.

De toutes ces conformités il faut conclure de deux choses l'une, ou que les Étrusques ont tenu presque tout des Grecs, ou que ceux-ci ont tout emprunté aux Étrusques. Ce dernier système, qui devient tous les jours de plus en plus extravagant, a été soutenu par Guarnacci. Mais à moins de fermer volontairement les yeux sur un ensemble de probabilités historiques qui, dans de telles matières, équivalent à la certitude, il est impossible de ne point embrasser l'opinion contraire.

Comme nous ne connoissons l'*architecture étrusque* que par les notions que Vitruve nous a conservées de l'ordre toscan & de certaines particularités des édifices, par des descriptions, peut-être fabuleuses, de monumens, & par des restes de constructions & de murs de ville, tous objets qui ne permettent plus de porter un jugement certain sur les caractères propres à faire décider la question de priorité entre l'art des Grecs & celui des Etrusques, il devient indispensable de produire ici les autorités qui résultent d'autres ouvrages de l'art qui sont sous nos yeux. C'est pourquoi je dirai quelques mots de l'opinion que les recherches de la critique rendent aujourd'hui incontestable sur le degré d'ancienneté des médailles, pierres gravées & autres objets d'art des Etrusques.

Winckelmann & Guarnacci croyaient, par exemple, que les médailles ou monnoies qui se sont conservées de ce peuple étoient d'une antiquité très-reculée. Ils concluoient de-là que les arts avoient été plus perfectionnés chez les Etrusques que chez les Grecs à la même époque. Mais Lanzi fait voir par la comparaison du poids des monnoies étrusques avec celui des monnoies romaines, & par l'application de quelques passages des auteurs classiques, que les monnoies étrusques qu'on possède ne peuvent pas remonter au-delà du cinquième siècle de Rome. Dès-lors on explique fort naturellement pourquoi ces monnoies rappellent les arts de la Grèce : car dès avant cette époque, Demarate avoit abordé en Italie, amenant de Corinthe avec lui des artistes grecs, & avoit introduit en Etrurie, selon Pline (*lib. XXXV, cap.* 7), l'art de la plastique, toutes circonstances qui purent tendre à perfectionner le style & la manière des Etrusques.

Rien encore ne prouve mieux que les pierres gravées avec des caractères étrusques, combien est peu fondée cette opinion de Gori & de Caylus, que l'école étrusque doit beaucoup aux Egyptiens. Toutes ces assertions, fondées sur une certaine conformité de style, manquent de base lorsqu'on réfléchit qu'à une époque donnée de l'enfance de l'art chez tous les peuples, la manière de faire de l'un ressemble en beaucoup de points à celle de l'autre. Ainsi la nature seule dut enseigner aux Egyptiens, aux Grecs & aux Etrusques, ce style roide & rectiligne qui est moins un caractère qu'un défaut de l'art, moins l'art que l'absence d'art. L'époque anti-troyenne, attribuée par Gori aux pierres gravées, est tout-à-fait arbitraire ; elle a contre elle les sujets mêmes représentés sur ces pierres, puisqu'on y trouve les héros de Thèbes & de Troye. Or, il a fallu beaucoup de temps pour que la réputation de ces héros, célébrés par les poëtes grecs, fût répandue au point qu'ils devinssent en Italie les sujets favoris de la composition des artistes.

Ces pierres sont donc d'une date infiniment plus rapprochée qu'on ne l'a cru. Celles dont le style a la roideur de l'ancien style grec, peuvent être rapportées à une époque antérieure à l'arrivée de Demarate, & donnent peut-être l'idée du style primitif des Etrusques, soit qu'on veuille croire ce style apporté par les colonies grecques, ce qui est assez probable d'après les sujets représentés, soit qu'on admette que c'étoit le style original des Etrusques. Il est bien probable que les pierres dont le style est moins roide & plus pur, appartiennent à une époque postérieure à l'arrivée de Demarate.

Si l'on consulte les sujets représentés sur les patères étrusques, on voit clairement que le berceau de la mythologie répandue en Etrurie n'est, ni l'Egypte ni la Phénicie. La mythologie grecque seule a fourni les sujets de ces patères. Quant à l'époque qui fut celle de leur exécution, on peut la conclure de la comparaison qu'on en fait avec la patère de Kircher, qui porte des caractères latins, & dont le travail, comme le style, sont en tout point conformes au travail & au style des patères étrusques, surtout de celles qui représentent des sujets bachiques. A en juger par la forme des caractères latins, la patère de Kircher ne sauroit être plus ancienne que le sixième siècle de Rome. Ainsi, tel doit être à peu près l'âge des patères étrusques. Cette date est encore appuyée par une considération d'un autre genre. La plupart des patères font allusion au culte de Bacchus ; ce qui prouve qu'elles ont été faites lorsque ce culte étoit déjà généralement répandu. Or, on sait que, quoiqu'il ait été introduit en Italie avant le sixième siècle, ce ne fut toutefois qu'à cette époque qu'il devint général dans ce pays & dans l'Etrurie. Lanzi pense qu'il en est du style des patères comme de celui des pierres gravées, c'est-à-dire, qu'il reçut l'influence de l'école grecque amenée par Demarate en Etrurie.

A la même époque appartient encore la majeure partie des petites statues portant caractères étrusques qu'on avoit cru être d'une antiquité indéfinie. On en peut juger par la figure avec caractères latins dont parle Montfaucon. (*Thes. antiq. tom. III, part.* 2, *pl.* 158.) Ces caractères sont du sixième ou septième siècle de Rome, & ce monument peut servir à déterminer approximativement l'époque des statues étrusques dont le style est tout-à-fait semblable.

Ainsi, de quelque côté qu'on envisage les Etrusques, qu'on étudie leur langue dans les inscriptions & les légendes des médailles, qu'on examine leurs pierres gravées, leurs médailles, leurs patères, leurs statues, on est toujours ramené au même résultat : c'est que la langue, la mythologie, les usages & les arts de la Grèce ont été naturalisés dans la Tyrrhénie.

Nous allons voir que l'*architecture*, loin de contredire, va confirmer encore ce résultat.

Celle des Etrusques, ainsi qu'on l'a déjà dit, ne peut être soumise qu'à un examen approximatif, & nous sommes réduits à en rechercher la connoissance dans les notions de l'histoire, dans quelques débris de murailles & dans quelques détails que Vitruve nous a transmis sur la disposition du temple toscan, telle qu'on la pratiquoit encore de son temps, & sur certaines particularités architectoniques.

Nous ne pouvons donc considérer l'*architecture étrusque* que dans ses usages ou les divers emplois qu'on en fit, dans sa construction, & dans le système de son ordonnance.

L'*architecture*, en tant qu'elle est subordonnée à tous les usages de l'homme en chaque pays, fait, si l'on peut dire, partie du costume de chaque peuple ; & comme elle devient, lorsqu'on en connoît les ouvrages, un témoin qui dépose des usages, les usages d'une nation, quand on les connoît, peuvent jeter beaucoup de jour sur l'origine & le caractère de son *architecture*.

Tout ce qu'il nous est donné de recueillir sur l'*architecture* des Etrusques, dans les rapports généraux de cet art avec les usages de cette nation, nous montre une parfaite conformité avec ce qu'on connoît de la Grèce. Et pour parler d'abord de ce que l'on sait de plus ancien sur les monumens de l'Etrurie, le récit que Varron nous a fait du tombeau de Porsenna à Clusium, en le dénuant de tout ce qu'il a de fabuleux & de ridiculement gigantesque, au dire de Pline (*lib. XXXVI, cap.* 13), nous montre toujours un de ces ouvrages appelés *Labyrinthe*, tels qu'on en trouvoit chez les Grecs, dans l'île de Crète & dans celle de Lemnos. Mais au tems de Pline il ne restoit plus de vestiges ni de celui de Crète ni de celui de Clusium.

Ce labyrinthe auroit, selon Varron, servi de sépulture au roi Porsenna. Ainsi l'usage des sépultures avoit aussi, chez les Etrusques, exigé de l'art de bâtir de grands & solides ouvrages ; & cet usage, qu'on peut croire originaire de l'Egypte, suppose aussi que les croyances religieuses sur lesquelles il se fonde, auroient dès la plus haute antiquité passé de Grèce en Etrurie. Les tombeaux véritablement étrusques qu'on a découverts près de Pérouse, à Cortone, à Volterre & dans d'autres villes, annoncent & qu'ils furent multipliés, & que la plus grande solidité, comme on le dira plus bas, présidoit à leur construction. Quant à leur intérieur & à leur disposition, on y trouve sur tous les points ces traits de conformité avec les usages funéraires des Grecs, qui semblent indiquer une communauté de rites & de pratiques religieuses.

Les villes étrusques étoient environnées de grandes & fortes murailles à l'instar des plus anciennes villes de la Grèce. On découvre encore parmi les restes de plusieurs de ces villes, selon Gori, des vestiges de théâtre. A cet égard on ne sauroit contester l'antiquité des jeux scéniques chez les Etrusques, qui, comme l'on sait, communiquèrent de très-bonne heure aux Romains leur goût pour le théâtre, leurs mimes, leurs histrions & leurs jeux. Tite-Live rapporte à quelle occasion l'on fit venir d'Etrurie des comédiens à Rome, qui jusqu'alors n'avoit connu que les jeux du cirque.

Les combats de gladiateurs, qui avoient aussi été empruntés par les Romains à l'Etrurie, se donnoient dans ce pays au milieu du *Forum*, qui pour cette raison, dit Vitruve, avoit été construit dès les plus anciens temps, dans la forme d'un demi-cercle, en cela différent de celui des villes grecques, qui étoit de forme carrée. Mais cette différence de forme n'en indique pas moins, dans les deux pays, l'usage semblable du *Forum* ou de l'*Agora*.

Nous verrons aussi quelques différences remarquables entre la disposition du temple toscan & celle du temple grec. Toutefois ces variétés, assez sensibles pour celui qui entre dans le fonds de l'art, sont moins apparentes que ne le sont les conformités réelles de système entre les édifices sacrés, quand on les considère dans le plan, l'élévation & la décoration. On trouve en Etrurie comme en Grèce les péristyles de colonnes, les parties de l'entablement, les frontons & leurs ornemens extérieurs. Au tems de Vitruve & de Pline on voyoit encore beaucoup de temples dont à la vérité l'époque n'a point été citée par eux, mais qu'ils annoncent pour être des ouvrages toscans ou dans la manière toscane, & bien conservés jusqu'à leur tems, dont les frontons étoient ornés de statues, de quadriges, de bas-reliefs faits en terre cuite, sans doute pour ne pas trop charger, comme on le verra, des faîtages dont le bois faisoit la principale matière.

Si l'on joint ces ressemblances de pratique dans l'érection des monumens de l'*architecture*, à toutes celles que nous avons énumérées déjà dans les autres arts, on se convaincra d'abord que rien n'y indique l'origine égyptienne que les premiers critiques en cette matière s'étoient plu à imaginer ; ensuite que tout favorise l'opinion déjà énoncée, savoir, qu'il y eut dès les premiers temps, de telles communications entre la Grèce & l'Etrurie, que nécessairement le style des Etrusques dut porter le caractère de ce qu'on appelle le style primitif de la Grèce.

Le genre ou le goût de construction des Etrusques, tel que plusieurs ouvrages de ce peuple nous le démontrent encore aujourd'hui, s'annonce pour appartenir à cette époque de l'art de bâtir, où les hommes recherchent par-dessus tout la simplicité dans les moyens de construire, & dans la grandeur des matériaux une solidité qui nous paroît aujourd'hui démesurée. De ce que les Etrusques ont employé le bois dans les frontispices de leurs temples, on concluroit très-faussement qu'ils ignoroient la taille de la pierre & son emploi dans les plates-bandes des architraves. Si l'on considère la piscine de Volterre, qu'on répute pour un ouvrage de l'antique Etrurie, on y verra des architraves en pierres d'un seul morceau, & de la même proportion que ceux de l'Emissarium d'Albano (*voyez* EMISSARIUM), & même des plates-bandes composées de plusieurs claveaux.

Le canal de décharge du lac d'Albano est réputé être un ouvrage des constructeurs étrusques, & on leur attribue aussi avec beaucoup de vraisemblance la construction du grand égout de Rome sous Tarquin l'Ancien. (*Voyez* ÉGOUT, CLOAQUE.) Or, rien ne peut donner une plus haute idée du savoir & de l'habileté de ces peuples dans l'art de bâtir.

Mais c'est surtout dans les murailles de leurs villes que les Etrusques ont déployé la magnificence de la solidité. Les murs de Fiésoles, d'Arezzo sont bâtis de quartiers de pierres énormes : *Manibus veterum præsertim populi Etruriæ quadratorum eumdemque vastissimum lapidem probavere*. L. B. Alberti, *lib. VII, cap. 2*. Ces pierres ne sont unies entr'elles par aucun lien de fer ni de bronze ; mais leur poli, qui en rend les joints très-serrés, leur sert de liaison, & leur propre poids sert à en fortifier la masse.

Ce que l'on voit aujourd'hui des murs de Cortone est dû incontestablement à l'art de bâtir des Etrusques, qui, au dire de Tite-Live, n'avoient rien épargné pour mettre cette ville en état de résister aux attaques des ennemis. Le temps, plus encore que la guerre, les a détruits en grande partie. Ces murs sont construits de larges pierres sèches (*voyez* GORI, *Museum etruscum, tom. III, tav. ol. 2*) de forme carrée ; elles sont d'une grandeur gigantesque, & adhérentes entr'elles sans crampons ni ciment. La plupart ont en longueur vingt-deux pieds romains & davantage : leur hauteur est de cinq à six pieds. Ce qui subsiste aujourd'hui de ces murs n'a que vingt-deux ou vingt-quatre pieds de haut, & comprend cinq à six assises. Dessus ces assises on a élevé une construction plus moderne & beaucoup moins solide.

Les murailles de Volterre étoient bâties dans le même genre de solidité : les pierres qui les composent sont pour le moins aussi énormes que celles de Cortone. Il y reste encore une porte qu'on appelle la *porte d'Hercule*.

On ne peut considérer ce système de construction gigantesque en Etrurie, sans se rappeler qu'il exista au même degré dans la Grèce à cette époque qu'on appelle celle des temps primitifs ; les murs de Tyrinthe, dont le temps n'a pu encore consommer les restes, nous montrent jusqu'en cette partie, uniformité & communauté de goût entre les deux peuples. Or, cette manière de bâtir étant celle du style primitif, nous entrevoyons déjà que dans ce genre, ainsi que dans tous les autres, l'Etrurie ne peut nous produire que des ouvrages correspondans à ceux de l'antique manière en Grèce. Ce qui s'expliquera par la suite encore mieux, lorsqu'on verra que les causes politiques durent arrêter le développement de tous les arts en Etrurie, à l'époque où ce pays perdit sa puissance avec son indépendance, époque qui fut celle de leur perfectionnement dans la Grèce.

Les rites religieux paroissent aussi avoir eu plus de force & plus d'autorité sur les productions des arts en Etrurie qu'en Grèce. Tout, comme cela résulte d'une multitude de passages d'écrivains anciens, étoit réglé par le collége des haruspices, & leurs réglemens étoient encore en vigueur au temps de Vitruve, qui déclare avoir extrait de leurs préceptes ce qui regarde la disposition & le placement des temples dans les villes : *Ab etruscis haruspicibus disciplinarum scriptis ita est dedicatum. Lib. I, cap. 7*. Rome qui, jusqu'à la conquête de la Grèce, avoit presque tout emprunté de ses voisins les Etrusques, leur dut aussi, sans aucun doute, son goût de bâtir, & la disposition architecturale de ses temples. Lors même que le luxe se fut répandu sur tous les genres d'édifices, & que les arts de la Grèce se furent acclimatés à Rome, les pratiques étrusques n'en continuèrent pas moins d'avoir lieu dans plus d'un genre de monumens. Ainsi, comme nous allons le voir, sous le règne même d'Auguste on distinguoit encore le temple toscan des autres sortes de temple, & l'ordonnance ancienne continuoit de se faire remarquer à côté des ordonnances grecques.

Ce qui nous reste de plus clair & de plus incontestable sur *l'architecture étrusque* est sans contredit cette ordonnance du temple toscan, encore en vigueur au temps de Vitruve, puisqu'il en donne les mesures & les détails, non pas comme d'un genre oublié, mais ainsi que des autres temples en usage de son temps. Cette ordonnance du temple toscan, seul monument que nous ayons de *l'architecture étrusque*, telle qu'elle s'étoit conservée à Rome, a été la source de beaucoup d'erreurs dans le système moderne des ordres. On lui doit la création d'un prétendu ordre toscan, qu'on a placé, dans l'échelle des ordres, au degré le plus bas, comme d'autres méprises ont fait imaginer de placer au degré le plus élevé, un prétendu ordre composite qui n'a jamais eu d'existence, ou du moins n'a pas eu celle qu'on a pris gratuitement la peine de lui supposer.

Mais l'ordonnance toscane n'est pas de pure invention moderne ; seulement, comme on va le voir, on a commis l'erreur de prendre pour un ordre à part, ce qui n'est & ne fut autrefois que l'ordre appelé *dorique*, mais pratiqué en Etrurie avec quelques variétés de proportion, & quelques légères modifications indépendantes de ce système imitatif de la charpente ou des constructions en bois, qui constitua le caractère spécial & original de *l'architecture* grecque.

Comme il importe, pour se convaincre de cette identité d'origine entre l'ordonnance toscane & celle des Grecs, d'avoir sous les yeux le *specimen* du temple toscan restitué d'après les p..des de Vitruve, le lecteur en trouvera le dessin pris d'après celui de Piranesi, dans son ouvrage *de la Magnificence des Romains*, pag. 57 (*fig. 29*), & nous allons rapporter ici la traduction la plus fidèle du texte de l'architecte romain sur les proportions & l'ordonnance du temple toscan.

Vitruve, liv. IV, chap. 7. « On divisera en six » parties toute la longueur du temple. En retran-

» chant une de ces parties, le reste sera pour la
» largeur de l'édifice (C. D.). Sa longueur se di-
» visera en deux parties (E. F.), & la partie
» intérieure (c'est-à-dire, celle qui est numé-
» rotée 2) sera destinée à la distribution des nefs
» (cellarum). La partie tenant à la façade (celle
» numérotée 1) sera réservée pour la distribution
» des colonnes. On divisera encore la largeur en
» dix parties (G. H.), dont trois à droite, & trois
» à gauche (G. I. & K. H.) pour les petites nefs
» collatérales, ou pour les ailes, si on en donne
» au temple. Les quatre parties restantes (I. K.)
» seront pour la nef du milieu. L'espace assigné au
» pronaos qui précède les nefs, sera réparti par
» les colonnes, de manière que celles de l'angle
» (L. M.) répondent en ligne droite aux antes
» qui terminent l'extrémité des murs (N. O.).
» Les deux du milieu (P. Q.) s'aligneront aux
» murs compris entre les antes & le milieu du
» temple (R. S.), de sorte qu'entre les antes (N.
» R. S. O.) & les colonnes dont on a parlé en pre-
» mier (L. M.), on en place d'autres dans le
» même alignement (T. Y.).

» Le diamètre de ces colonnes, pris en-bas,
» aura la septième partie de leur hauteur. Leur
» hauteur aura le tiers de la largeur du temple.
» Leur diminution dans le haut sera d'un quart du
» diamètre d'en-bas. Leur base aura en hauteur un
» demi-diamètre; elle se composera d'un socle
» circulaire, ayant en hauteur la moitié de la
» base, & d'un tore qui, avec son apophyse, aura
» la hauteur du socle.

» La hauteur du chapiteau sera d'un demi-dia-
» mètre; la largeur de l'abaque d'un diamètre d'en-
» bas. La hauteur totale du chapiteau sera divisée
» en trois parties. Une sera donnée au tailloir ou
» abaque, une à l'échine, une au collarin qui
» comprend l'astragale & l'apophyse.

» Sur les colonnes on posera les solives accou-
» plées, dont l'épaisseur sera proportionnée à la
» grandeur de l'édifice, & dont la largeur sera
» égale à celle du collarin de la colonne. Ces solives
» seront assemblées à queues d'hyronde, de ma-
» nière qu'il reste entr'elles un intervalle de deux
» doigts; car si on les laisse se toucher, sans que
» l'air joue entr'elles, elles s'échauffent, & le bois se
» pourrit. Sur ces solives & sur la maçonnerie qu'on
» y établit, se projetteront les mutules dans une
» saillie égale au quart du diamètre de la colonne.
» Leurs têtes recevront les ornemens qu'on y at-
» tache. Au-dessus on fera le tympan avec les fron-
» tons, soit en maçonnerie, soit en charpente.

» Sur le fronton on disposera le comble, les pannes
» & les ais, de manière que le *stillicidium* ou
» l'égout réponde en saillie au *tertiurium* (c'est-
» à-dire, à la huitième partie de la totalité du
» *tectum*). » (*Voyez*, pour l'explication du *tertiurium*, ce que dit Vitruve, *liv. III, chap.* 1.)

Rien n'est plus facile, comme l'on voit, que de rétablir d'après une description aussi détaillée l'or-donnance toscane; & une telle restitution ne sauroit avoir rien d'arbitraire, puisque non-seulement l'ensemble, mais chacune des parties qui le com-posent, sortent nécessairement & d'une manière incontestable des mesures & des rapports de pro-portion que Vitruve a pris soin de nous donner: aussi tous les traducteurs ou commentateurs de cet écrivain, dans les figures qu'ils ont placées à côté de son texte, se sont-ils unanimement accordés sur ce qui fait le fond de la recherche actuelle. Il y a bien quelques discordances entr'eux sur la manière d'entendre la disposition des colonnes dans leur rapport avec les antes, & sur celle d'expliquer le mot *tertiurium*, choses fort indifférentes, & même tout-à-fait étrangères à l'objet qui nous occupe.

Lorsqu'il s'agit de montrer que l'*architecture* d'un peuple fut la même que celle d'un autre, ce qu'il faut prouver en tout, c'est l'identité de sys-tème entre l'une & l'autre. Nous avons vu dans plus d'un article, que le système grec, dans l'art de bâ-tir, fut fondé sur l'imitation de ce qu'on a appelé *la cabane*, c'est-à-dire, sur la transposition des élé-mens, des formes, des divisions, des rapports du bois & de la construction en bois à l'*architecture* en pierre. En effet, les dissemblances de système en-tre les diverses *architectures*, ne consistent pas dans cela seul qu'on trouve partout des supports appelés *colonnes*, des traverses, des chapiteaux & d'autres parties qui sont les élémens naturels de l'art de bâ-tir, & ne sont par conséquent à toutes les *architec-tures* du monde, que ce que sont aux diverses lan-gues les élémens de la grammaire universelle.

Si le système constitutif de l'*architecture* grecque est évidemment écrit dans toutes les ordonnances, & particulièrement dans l'ordre dorique, le plus simple parallèle va nous prouver, que le même sys-tème est tout aussi clairement empreint dans l'ordre & dans l'*architecture des Étrusques*.

Cette *architecture* a même cela de plus particu-lier & de plus significatif encore, sur le fait d'une commune origine avec celle des Grecs, que l'usage positif, & non pas seulement figuratif du bois, s'y étoit conservé jusqu'au temps de Vitruve. Ainsi l'entablement continua à se faire en bois, par des solives assemblées, & le fronton se pratiqua selon la méthode primitive, soit en maçonnerie, soit en charpente. Le texte de Vitruve porte expressément qu'au-dessus de l'architrave on établissoit une ma-çonnerie, & cette partie, qui est ce que nous appe-lons *la frise*, nous rappelle qu'ainsi dut être primitivement la frise des Grecs, & que les inter-valles des solives du plafond, qu'on nomme *mé-topes*, furent d'abord laissés vides, puisque, comme on l'a dit ailleurs, c'est par un de ces intervalles qu'Oreste, dans l'*Iphigénie en Tauride* d'Euripide, propose à Pilade de s'introduire dans le temple de Diane. Ces intervalles furent nécessairement rem-plis par la suite en maçonnerie, ce qui donna lieu aux ornemens qu'on y appliqua depuis. Ainsi en

Grèce aussi, comme la raison d'ailleurs donne à le penser, l'*architecture* primitive fut un mélange de charpente & de maçonnerie, & de ce mélange naquit l'ensemble de formes & d'ornemens, qui fut perfectionné & réduit en système dans la construction en pierre.

Les Etrusques, qui paroissent, sur toutes les parties des arts, être restés stationnaires en deçà du point de perfection que les Grecs surent atteindre, avoient conservé religieusement, dans leurs temples, les pratiques & les erremens des premiers temps. L'usage prescrit du bois en nature dans leurs architraves, favorisa-t-il celui des larges entre-colonnemens, ou cette largeur commandée par les rites religieux contribua-t-elle à perpétuer l'usage effectif du bois ? Quel que soit le jugement qu'on en porte, il faut reconnoître que le système primitif de l'ordre étrusque est le même que celui de l'ordre dorique, à quelques modifications près.

Que l'on consulte, en effet, le dessin du temple toscan, tel qu'il résulte nécessairement du texte & des proportions de Vitruve, qu'y voit-on, sinon toutes les parties & tous les détails de l'*architecture* grecque ?

Même principe de proportions, c'est-à-dire, même méthode de prendre pour module l'épaisseur du diamètre inférieur de la colonne, d'avoir ainsi un régulateur uniforme, qui mette le tout en accord avec chaque partie, & réciproquement. Ce système proportionnel est tellement propre de l'*architecture* grecque, qu'on en chercheroit inutilement les traces dans les autres *architectures*.

La colonne toscane, telle que Vitruve la décrit, a sept diamètres, & Pline l'a répété sans doute d'après Vitruve : *quæ septimam tuscanicæ*. Au temps de Vitruve, l'ordre dorique avoit été fort alongé dans ses proportions ; il arrivoit jusqu'à huit diamètres & plus ; cependant aux meilleurs temps de la Grèce, il ne fut pas porté au-delà de six, & resta plus volontiers au-dessous. Cette différence entre la proportion toscane & la proportion dorique des temples grecs qui nous restent, ne sauroit établir une objection contre l'identité que l'on cherche à prouver : autrement, il faudroit dire aussi que le dorique de Vitruve n'est plus l'ordre d'*architecture* des Grecs. L'alongement ou le raccourcissement des proportions de la colonne est sans rapport avec le principe & le caractère distinctif d'une *architecture*. Qui pourroit dire que la colonne toscane n'auroit pas aussi subi quelques variations à Rome ?

La base donnée par Vitruve à cette colonne, établit encore une diversité entr'elle & la colonne dorique, qui paroit avoir généralement été privée de base, quoiqu'il y ait quelque exception à cette règle. Cependant comme il s'agit moins ici de comparer un ordre à un ordre, qu'une *architecture* à une *architecture*, on dira qu'en donnant une base à leur ordonnance, les Etrusques ont fait ce que l'*architecture* grecque pratiqua dans l'ionique & le corinthien. On voit d'ailleurs comment les entre-colonnemens serrés des temples doriques grecs devoient faire proscrire les saillies des bases, & comment elles furent sans inconvénient dans les larges entre-colonnemens du temple toscan.

L'élévation de ce temple nous présente dans tout le reste une entière conformité avec l'*architecture* grecque. Le chapiteau se compose de même d'un abaque, d'une échine & d'un collarin.

Nous avons vu que les parties de l'entablement grec, l'architrave, la frise & la corniche règnent de même & dans le même ordre au temple toscan. Il y est question de mutules dont les extrémités, comme en Grèce, recevoient des ornemens.

Le fronton, ce membre essentiellement caractéristique du toit dans la cabane ou dans la construction en charpente, couronne de même l'ordre toscan. Nous apprenons de Vitruve, *liv. III*, *chap. 2*, que l'usage des Etrusques étoit d'orner leurs frontons de figures en terre cuite ou en bronze doré, genre de sculpture dont on étoit maître de diminuer le poids, pour alléger la charge imposée aux plates-bandes en bois. Les Romains suivoient aussi cette pratique dans les aréostyles, dont l'usage & les proportions paroissent avoir été empruntés aux Toscans.

Quelques autres détails semblent aussi avoir passé de la disposition des colonnes du frontispice toscan, dans certains temples. Vitruve nous en instruit, *liv. IV, chap. 7*, & fait remarquer cette réunion des méthodes toscane & grecque. Mais rien à inférer de-là, qui puisse porter à donner la priorité à l'une sur l'autre.

De cet exposé il résulte que nous connoissons l'*architecture étrusque* non pas dans quelque débris isolé, dans quelque reste équivoque & sans date, mais bien dans l'ordonnance, l'ensemble, le système, les proportions, les mesures, les détails, les formes & les nuances des temples, toutes choses, dont les communications anciennes & immédiates de ce peuple avec les Romains, avoient perpétué l'usage à Rome, sous la sauve-garde des rites religieux, qui durent veiller à la conservation des anciennes traditions de l'art de bâtir.

De cet exposé il résulte que le temple toscan fidèlement restitué, n'est, à quelques variétés près, que de l'*architecture* grecque.

Revient donc ici la question. Les Grecs ont-ils emprunté des Etrusques leur système architectonique, ou les Etrusques doivent-ils le leur aux Grecs ? Cette question ne pourra jamais être résolue d'une manière isolée & par les documens historiques. Des nuages éternels nous dérobent la connoissance des temps où il faudroit pénétrer pour acquérir des documens propres à fixer l'incertitude à cet égard. Rien de plus difficile à démontrer, que la priorité de savoir ou d'invention entre celles des nations modernes qui furent, & sont en contact l'une avec l'autre. Comment y parvenir, lorsqu'il ne nous reste aucun monument des siècles où se sont faites les découvertes dont on voudroit démontrer le premier auteur? Tout ce qu'on fait, c'est que les habitans de la péninsule italique & ceux de la Grèce furent très-anciennement liés par une communauté d'écriture, de langue, de religion & d'usages; qu'ainsi le même système de bâtir fut très-anciennement commun aux deux peuples.

Reste la ressource des analogies, des conjectures, c'est-à-dire, des parallèles entre les deux peuples sur les autres parties des arts.

On a déjà vu que toutes les probabilités, & même des preuves assez convaincantes, se réunissent pour donner la priorité aux Grecs.

Si je ne me trompe, on ne peut rien inférer de l'*architecture* du temple toscan, qui porte à croire que les Étrusques auroient été en ce genre les maîtres des Grecs. Si leur manière de bâtir se perpétua jusqu'au siècle d'Auguste, avec les caractères d'un goût qui annonce encore les habitudes premières de l'art non perfectionné, n'est-il pas permis d'en inférer que celui-ci n'eut pas le mérite d'inventeur, dans les temps à nous inconnus, qui n'inventa plus rien depuis le temps où il nous est donné de le connoître.

Dans toutes les autres parties de l'art, tous les ouvrages des Étrusques qui nous sont parvenus en grand nombre, sont (à quelques exceptions près, & dont on peut rendre raison) restés à ce point d'imperfection ou de non perfection qu'on remarque aussi dans les ouvrages de l'antique école de la Grèce, c'est-à-dire, de celle qui précéda le siècle de Périclès ou de Phidias. L'art se seroit-il donc arrêté en Étrurie à ce point? Rien n'est plus probable.

En effet, l'indépendance & la puissance de ce pays cessèrent d'exister à une époque qui correspond à celle qui vit éclore en Grèce tous les genres de perfection imitative, dont les germes avoient été aussi long-temps contrariés. Deux siècles de guerres sanglantes précédèrent la destruction du royaume des Étrusques. Ce fut un an après la mort d'Alexandre-le-Grand, que toute la nation, subjuguée par les Romains, vint se fondre sous leur domination. Or, ces deux siècles pendant lesquels la puissance & la richesse de l'Étrurie s'affoiblirent peu à peu, pour passer en d'autres mains, furent précisément ceux où la Grèce reçut de toutes les causes politiques & morales qui font fleurir les arts, tout l'accroissement qu'il lui fut permis d'obtenir.

L'Étrurie n'eut plus, pendant ces deux siècles, les mêmes communications avec la Grèce. La guerre absorba tous ses moyens & tous ses efforts. Les arts ne purent y suivre les progrès qu'ils faisoient ailleurs; ils ne purent profiter ni des modèles ni des leçons des Grecs. Après sa conquête, l'Étrurie livra les monumens & ses artistes aux Romains, qui n'avoient eux-mêmes alors que fort peu de commerce avec la Grèce. L'esprit de routine perpétua dans tous les genres le goût imparfait & grossier des premiers âges. Voilà sans doute pourquoi tout ce qu'on trouve d'ouvrages d'un travail notoirement étrusque ne correspond, quant au style & pour le mérite imitatif, qu'à ceux de l'ancienne manière grecque.

L'analyse de l'*architecture étrusque*, telle qu'on la trouve dans la description authentique du temple toscan, nous offre un résultat tout-à-fait semblable. Tout force donc de croire & que l'*architecture étrusque* est la même que l'*architecture* grecque, & qu'elle resta en Étrurie au point où restèrent les autres arts, c'est-à-dire, dans l'état qui précéda celui de leur développement en Grèce.

ÉTUDE, s. f. Ce mot s'entend & se prend en plusieurs manières dans la langue des arts du dessin.

Et d'abord on lui donne le sens général qu'il a dans toutes les parties de la littérature & des sciences. Dans ce sens on étudie un art comme on étudie une science, c'est-à-dire, par ce genre d'application de l'esprit, qui est surtout propre à l'acquisition des connoissances dépendantes de l'esprit.

L'usage a mis, par le mot *étude*, une différence assez remarquable entre les choses susceptibles d'être enseignées & apprises. D'une part sont celles que l'exemple, la répétition des actes, & ce qu'on nomme *la pratique*, démontrent facilement, & qui n'admettent point, comme principale, l'action de l'esprit & des hautes facultés de l'intelligence. Telles sont toutes les parties des arts industriels. De l'autre part se trouvent celles qui de leur nature dépendent plus spécialement des facultés morales, qui exigent l'action immédiate de l'esprit & du sentiment intérieur, qui reposent sur un grand ensemble de connoissances, & demandent la réunion des rapports les plus délicats ou les plus étendus. Telles sont toutes les divisions des sciences & des arts d'imitation. Ainsi l'on n'étudie pas un métier; mais on dit étudier un art, se livrer à l'*étude* de la peinture, embrasser l'*étude* de l'architecture.

L'*étude* d'un art d'imitation se compose donc de plusieurs sortes d'*études*, les unes principales, les autres accessoires. Au nombre des premières on met l'*étude* de la nature (non pas entendue ici dans l'acception générale du mot *nature* qui embrasse tout, mais dans le sens restreint que les artistes donnent à la recherche de la conformation des corps, & surtout du corps humain, ce qu'on appelle *dessin*), l'*étude* de la couleur & des effets de la lumière, l'*étude* de la perspective, l'*étude* de la composition, des passions & de l'expression. On peut ranger dans la classe des secondes, l'*étude* du costume & des mœurs, celle de l'antiquité & de l'histoire. Toutefois le mot d'*étude*, comme désignant l'ensemble ou le résultat de ce que l'artiste a appris, & de ce qu'il fait, s'applique de préférence à la partie qui est la principale, c'est-à-dire, le dessin ou la science du nu; & c'est ordinairement de ce savoir acquis que l'on parle, ou qu'on veut parler, quand on dit d'un artiste qu'*il a de l'étude*, qu'*il manque d'étude*.

Le mot *étude*, pris surtout dans ce dernier sens, se transporte aussi à l'ouvrage ; & l'on dit d'un tableau, d'un dessin, d'une figure, que cet ouvrage est bien ou mal étudié, qu'il y a trop ou trop peu d'*étude* dans son exécution. En général, on désigne par-là, tantôt le mérite même ou le défaut du dessin, tantôt la négligence ou l'ignorance des détails, tantôt le soin trop servile & trop minutieux qu'on met à les rendre.

Il y a un degré d'*étude* convenable aux ouvrages, soit en raison de leurs genres, soit en raison de leurs dimensions, soit en raison de la place qu'ils occupent, & de l'effet qu'ils doivent produire. L'excès dans l'*étude* d'un ouvrage peut nuire au plaisir même de l'imitation. Outre plusieurs raisons qui sont du ressort de la théorie pratique de l'art, on en peut rendre une raison générale : c'est que cet excès décèle la peine, & mettant trop à découvert les ressorts employés par l'artiste, appelle sur cette partie seule l'attention que le spectateur devroit porter sur le tout. Aussi rarement les ouvrages où domine cet excès, auront-ils la faculté de flatter l'imagination, de parler au sentiment & à l'ame. Il faut qu'il y ait de l'*étude* dans un ouvrage, mais elle ne doit pas se montrer.

L'idée d'*étude*, telle qu'on vient de la considérer dans l'ouvrage de l'art, correspond jusqu'à un certain point à celle de science des parties & d'exécution des détails. C'est pourquoi on donne le nom d'*études* (soit au pluriel, soit au singulier) aux travaux que l'artiste, ou pour apprendre, ou pour se perfectionner, entreprend d'après les modèles de la nature & ceux de l'art.

Ainsi des têtes, des parties du corps humain, des figures entières imitées sans autre but que celui d'apprendre ou de montrer ce qu'on sait, des académies dans le langage de l'école, des draperies copiées sur le mannequin, sont ce qu'on appelle des *études*. Ces travaux partiels & de détail forment une partie de l'enseignement des arts du dessin ; & quand on en considère l'objet & l'esprit, on voit qu'ils ne sont au fond qu'une méthode d'instruction analytique, tout-à-fait semblable à celle que suivent les maîtres dans les écoles de belles-lettres.

Il est dans la nature de notre esprit de ne pouvoir être conduit à l'ensemble que par les parties, & il faut avoir décomposé pour apprendre à composer. Mais il y a aussi deux abus tout près de cette méthode, si l'on n'y prend garde : l'un est d'habituer trop long-temps l'esprit à ne voir le tout que dans ses parties, & jamais les parties dans le tout ; l'autre de s'accoutumer à faire des ouvrages qui manquent d'intérêt, des figures sans intention, des attitudes sans action, des caractères de tête sans expression. De-là étoit né ce goût froid & insignifiant d'ouvrages appelés *académiques*. Cet abus tient à un vice de raisonnement sur les objets d'*étude*. Il faut les regarder comme moyen, & point comme fin de l'art ; car le but de l'art est de plaire, & la science qui est le moyen de parvenir à ce but, ne doit pas se faire elle-même le but.

C'est à peu près dans la même acception grammaticale, mais sous un autre rapport de l'art, qu'on donne le nom d'*études* à toutes les opérations préliminaires d'un ouvrage. L'artiste, en quelque genre que ce soit, avant de procéder à l'exécution de ce qu'il projette, s'essaie de plus d'une façon, & prélude à ce qu'il doit faire, tantôt par des esquisses variées, tantôt, lorsque son projet est arrêté, par des fragmens, soit de composition, soit de figures, soit de draperies, sur lesquels il arrête sa pensée & détermine son choix, & qui lui évitent dans l'exécution les incertitudes & les tâtonnemens.

Il s'est conservé dans tous les genres, de ces détails d'*études* des grands maîtres, & de leurs plus célèbres ouvrages. Ces *études* ont encore pour nous un mérite particulier, celui de nous faire assister aux délibérations de l'esprit de ces grands-hommes, de nous initier dans le secret de leurs plus intimes pensées, de nous révéler les routes qu'ils ont suivies, les erreurs qu'ils ont su éviter. C'est une espèce d'itinéraire de leur génie. Aussi ces *études* font-elles le plus rare ornement des cabinets de dessins.

Il y a une partie de tout ceci applicable à l'architecture. Les *études* des élèves consistent aussi à s'exercer sur tous les détails qui entrent dans la composition des édifices.

Les maîtres aussi étudient l'ensemble de leurs conceptions par parties séparées ; ils se rendent compte de l'effet général par des essais préliminaires ; ils font des *études* de plan & d'élévations, de profils & de membres d'architecture. Peut-être même n'y a-t-il point d'art qui exige plus impérieusement l'usage d'*études* séparées, & peut-être l'architecte est-il celui qui en fait le plus, s'il est vrai qu'on peut regarder ses plans & ses dessins, même définitifs, comme n'étant que les *études* du monument qu'il doit élever.

ÉTUVE, s. f., vient de l'italien *stufa*. C'est un lieu fermé, échauffé par un poêle ou fourneau construit exprès, où l'on se fait suer.

Ce que l'on appelle ainsi, les Romains l'appeloient *caldarium* ou *laconicum*. C'étoit une des pièces qui constituoient l'ensemble des bains ou des thermes. On en a parlé avec assez de détails au mot *Bain*. (*Voyez* LAINS.)

Il y a des *étuves* naturelles. Ce sont des souterrains creusés dans des endroits volcanisés. Tel est à Pouzzol celui qu'on appelle *sudatori di Tritoli*.

ÉVALUATION, s. f., est l'action d'évaluer le prix d'un ouvrage.

ÉVALUER,

ÉVALUER, v. act. C'est, dans l'estimation qu'on fait d'un ouvrage terminé, en régler les prix par compensation, eu égard aux façons, & aussi aux changemens qui ont été faits par ordre, & dont il n'existe plus rien.

ÉVÊCHÉ, s. m. On donne ce nom, dans les villes épiscopales, au palais de l'évêque. Il est ordinairement contigu à l'égl se cathédrale, & consiste en appartemens, les uns de commodité, les autres de cérémonie. On doit y trouver pour pièce principale, une grande salle avec une chapelle, pour y tenir le synode & y conférer les Ordres sacrés.

EUPALINUS, architecte que quelques-uns croient avoir été contemporain de Rhæcus & Théodore. Il étoit de Mégare, & son père s'appeloit *Naustrophus*.

Hérodote (*lib. III*, §. 60) cite *Eupalinus* comme auteur de l'un des trois plus grands ouvrages qui fussent à Samos, & même dans toute la Grèce. Il y avoit à Samos une montagne de 141 toises d'élévation. *Eupalinus* la perça par le pied, & y pratiqua un chemin qui la traversoit. Ce chemin avoit sept stades de long, (à peu près le tiers d'une lieue) : sa largeur & sa hauteur étoient de huit pieds. Dans la longueur du chemin étoit creusé un canal de vingt coudées de profondeur, sur trois pieds de large, qui recevoit dans des tuyaux & conduisoit à la ville les eaux d'une grande fontaine.

EUPOLÈME, architecte né à Argos, & qui, vers la 90ᵉ. olympiade, construisit dans cette ville le grand temple de Junon.

Dans la 89ᵉ. olympiade, l'an 56 du sacerdoce de la prêtresse Chrysis (*Paus. lib. II, cap.* 17), un incendie consuma l'ancien temple. *Eupolème* fut chargé de construire le nouveau sur un autre emplacement. Ce qui le prouve, c'est que, du temps de Pausanias, on voyoit encore les restes de l'édifice brûlé, & au milieu de ses débris, la statue de la prêtresse qui, par son défaut de vigilance, avoit occasionné l'incendie. Probablement cet accident n'eut des suites aussi graves que parce que le temple étoit tout en bois.

Le peu que Pausanias a rapporté sur la disposition générale du nouveau temple, bâti par *Eupolème*, suffit pour donner l'idée d'un monument égal en grandeur & en magnificence aux temples d'Athènes & d'Olympie. Nous savons en outre que la dimension de son intérieur fut telle, qu'elle permit à Polyclète d'y élever le colosse en or & ivoire de sa célèbre Junon, colosse qui le cédoit à peine à celui du Jupiter de Phidias.

Quelques détails du court récit de Pausanias sur ce temple, rapprochés de ce que nous connaissons d'autres temples célèbres, mettront à même d'apprécier le génie & l'étendue de l'ouvrage d'*Eupolème*.

« La sculpture qui est au-dessus des colonnes » (dit Pausanias) représente ce qui a rapport à » la naissance de Jupiter, à la guerre des géans & » des dieux, à celle de Troye, & à la prise de » cette ville. Il est bien probable qu'il faut entendre par-là les sculptures des métopes de » la frise dorique, & celles des deux frontons. » L'*isodos*, c'est-à-dire, le dessous du frontispice antérieur, étoit orné de statues. Dans le *pronaos* on trouvoit à gauche d'anciennes statues des Grâces, & à droite le lit de Junon. L'intérieur du *naos* étoit rempli d'offrandes & d'objets rares & précieux, dont la description est étrangère à l'objet de cet article.

ÉVIER, s. m. On donne ce nom à un conduit en pierre qui sert d'égout dans une cour, ou l'allée d'une maison. On le donne aussi, & même plus souvent, à une pierre creuse, placée, soit à terre, soit à hauteur d'appui, laquelle est trouée, &, par un tuyau correspondant à son ouverture, décharge au dehors les eaux des cuisines.

EURIPE, s. m. Ce nom, venu du latin & du grec, étoit celui qu'on donnoit au détroit qui sépare l'île d'Eubée de l'Attique. Il devint la dénomination synonyme de ce que nous appelons, dans les jardins, *bassin*, *canal*. Autour des cirques il y avoit des *euripes*. C'étoient des fossés creusés sur les deux côtés de l'arène, remplis d'eau, & dans lesquels il étoit dangereux de tomber.

EUROMUS, ville antique de la Carie, dont M. de Choiseul-Gouffier a retrouvé & déterminé la position, & où se sont conservés les restes d'un théâtre, ainsi que la plus grande partie d'un temple magnifique. (*Voyage pittoresque de la Grèce*, tom. I, chap. 11, pl. 105 & suiv.)

Le temple dont la *pl.* 105 de ce voyage offre la vue, est construit en marbre blanc. Il est périptère, exastyle, & d'ordre corinthien.

« Les quatre colonnes du milieu de la façade » sont renversées ; mais l'on retrouve encore les » parties avancées du stilobate, qui contenoient » les degrés par lesquels on montoit au temple. Il » n'existe plus qu'un angle des murs de la *cella*, » & un des chambranles de la porte ; mais ces » points suffisent pour établir son plan suivant des » usages dont les Anciens ne s'écartoient jamais. » Les colonnes du *posticum* existent encore, tandis » que celles de la façade sont renversées. La proportion des colonnes est portée au dernier degré » d'élégance : elles ont un peu plus de dix diamètres de hauteur ; leurs bases & leurs chapiteaux » sont de la plus grande richesse. Au tiers de leur » hauteur sont ménagées des tablettes de marbre » sur lesquelles sont des inscriptions qui apprennent les noms de ceux qui ont donné les colonnes.

» Le style pur & élégant des colonnes feroit croire
» qu'elles sont plus anciennes que toute la partie
» supérieure du monument, soit que l'édifice,
» déjà détruit, ait été restauré, soit que les co-
» lonnes aient été enlevées à un temple plus an-
» cien & plus parfait. Cette derniere opinion
» semble confirmée par la différence qui se remar-
» que entre les colonnes, dont les unes sont can-
» nelées, tandis que le fût des autres est absolument
» lisse.

Le même voyageur a observé que l'angle du fronton est extrêmement ouvert, ce qui rapproche sa
proportion de celle des modernes. Il trouve aussi
que les détails de l'entablement, sans avoir rien de
choquant, n'ont cependant pas cet ensemble &
cette pureté que l'on admire dans les belles productions des Grecs. Au reste, il n'est pas terminé.
La convexité de la frise & la disposition des plates-
bandes de l'architrave indiquent que ces parties
étoient destinées à recevoir les ornemens qu'il
est d'usage d'y sculpter.

EURYTHMIE, s. f. Mot qui exprimoit autrefois, dans l'architecture, quelque chose de ce qu'on
entend généralement aujourd'hui par le mot *symétrie*.

L'*eurythmie* (dit Vitruve) est cet effet agréable qui résulte de la facilité qu'on éprouve à embrasser l'aspect du tout & de ses parties. Cet effet
a lieu quand les parties de l'ouvrage sont en rapport, soit la hauteur avec la largeur, soit la largeur
avec la longueur, & que toutes répondent à l'ensemble de la symétrie (ou proportion générale).
Vitr. liv. I, chap. 2.

L'*eurythmie* n'étoit pas une simple équation de
parité entre les deux moitiés d'un tout. C'étoit un
accord dans les rapports généraux de l'édifice, &
cet accord comprenoit sans doute celui de la symétrie simple, telle que le vulgaire l'entend. Le mot
symetria, chez les Anciens, ne signifioit point, au
contraire, le rapport de parité, mais bien ce que
nous entendons par proportions. (*Voyez* SYMÉ-
TRIE.)

EUSTYLE, s. m. Ce mot est grec, & est formé
de ευ & de στυλος. C'étoit une des cinq manières
d'espacer les colonnes dans l'architecture des temples chez les Romains.

L'*eustyle*, selon Vitruve, offroit le plus juste
système d'entre-colonnemens, *intervallorum justâ
distributione*. (*Vitr., liv. III, chap. 2.*) Sa proportion, dit-il, est la meilleure, la mieux adaptée
au besoin, au plaisir des yeux & à la solidité. L'entre-colonnement du genre *eustyle* doit avoir deux
diamètres & un quart. Celui du milieu, soit du
côté de l'entrée du temple, soit du côté du *posticum*, aura trois diamètres, ce qui procure de
l'agrément dans l'aspect, de la commodité pour
circuler autour de la *cella*, & quelque chose d'imposant.

Pour bien ordonner le temple *eustyle*, il faut
diviser la face, sans compter la saillie de l'empatement des bases des colonnes, en onze parties &
demie. Si on veut faire un *tétrastyle*, en dix-huit,
s'il doit y avoir six colonnes de front ; en vingt-
quatre & demie s'il doit y avoir huit colonnes.
Or, que l'on fasse un *tétrastyle*, un *exastyle* ou un
octastyle, une de ces parties sera le modulo, qui
n'est autre chose que le diamètre de la colonne ;
de sorte que chaque entre-colonnement, excepté
celui du milieu, aura deux modules & un quart,
& les entre-colonnemens du milieu, tant par-devant que par-derrière, auront chacun trois modules. La hauteur de la colonne sera de huit modules & demi ; & ainsi, par cette division, les
entre-colonnemens auront un juste rapport avec la
hauteur des colonnes.

Vitruve ne connoissoit point d'exemple d'*eustyle* à Rome. Celui qu'il cite étoit au temple de
Teos dans l'Asie mineure.

ÉVUIDER, v. act., se dit, dans la taille de la
pierre ou du bois, de l'action de creuser certains
objets, ou de découper certains ouvrages, tels
que des entrelas dans des balustrades d'appui, des
panneaux de clôture, autant pour les rendre légers, que pour voir à travers sans être vu.

EXAGÉRATION, s. f. On appelle ainsi, dans
le discours, toute figure, toute locution, toute
expression qui tendent à donner des choses une
idée supérieure à leur réalité ou à leur apparence,
tantôt en augmentant, & tantôt en diminuant
leurs qualités & leurs quantités.

La diminution, en effet, est elle-même une partie de l'*exagération* ; & quoique celle-ci, lorsqu'elle procède en diminuant, s'appelle quelquefois *exténuation*, cependant, à ne consulter que
l'esprit de la chose, il est vrai de dire qu'on exagère souvent autant, en atténuant le mal ou le
bien, qu'en l'augmentant, en diminuant les nombres, qu'en les multipliant.

Il y a dans le discours une bonne & une mauvaise *exagération*. La bonne est celle qui a lieu,
soit pour peindre les choses extraordinaires, soit
pour exprimer des idées au niveau desquelles les
formes ordinaires du langage ne sauroient porter
notre imagination. C'est cette figure qu'on appelle
hyperbole ; elle doit être employée avec goût, &
inspirée par un sentiment profond de la chose qu'il
faut décrire : alors elle est presque toujours juste.

La fausse *exagération* est celle qui, sans nécessité, porte notre esprit au-delà de l'idée qu'il
faut concevoir, ou qui s'applique à des objets simples & ordinaires, & emploie de grands moyens
pour produire de petits effets. C'est ce que, dans
le style, on nomme *boursouflure*.

Il y a de même, dans les arts du dessin, une
exagération non-seulement permise, mais nécessaire, & il y en a une vicieuse.

L'*exagération* du premier genre a lieu sous trois rapports principaux, celui du système intrinsèque de l'art & de l'imitation, celui des images & des pensées, celui de l'exécution.

1°. Sous le rapport abstrait de l'art, il y a une *exagération* nécessaire, & qui est en quelque sorte une condition indispensable de l'imitation. J'entends que toute imitation de ce qui est vivant & réel seroit par trop inférieure à son modèle, si l'art, qui n'a ni la vie ni la réalité, restoit servilement attaché à le reproduire dans les termes exacts de son apparence. Ce qui constitue la puissance de l'imitation, la vertu de l'art, & le secret par lequel il égale & surpasse sous quelques rapports la nature, consiste dans une sorte d'*exagération* au moyen de laquelle l'artiste, par exemple, cumule sur un individu les qualités de plusieurs, dispose la représentation de ses objets plutôt comme ils pourroient être que comme ils sont, choisit dans ses compositions les rapports les plus propres à expliquer & à faire briller son sujet, met ses personnages dans le jour le plus convenable à l'effet qu'il veut produire, ajoute à leurs bonnes ou à leurs mauvaises qualités, articule les formes & les contours au gré d'une convenance particulière, donne à ses caractères & à l'expression de ses têtes quelque chose de plus ressenti que ne le fait la nature, &c. C'est ainsi, & par ces ressources, que l'art s'élève au-dessus de ce qui est son modèle; & il le doit, sous peine de rester prodigieusement au-dessous. Cette sorte d'*exagération* est tellement inhérente à l'esprit de l'art, qu'elle est presque la définition de sa nature. (*Voyez* IMITATION, IDÉAL.)

2°. Sous le rapport des idées & des images, l'artiste a, comme le poëte, tout droit d'employer le genre d'hyperbole qui est de son ressort, & de l'appliquer à la représentation des objets & des personnes. Il peut, en les transportant, par exemple, dans la région de l'allégorie, s'approprier plusieurs des fictions qui agrandissent l'aspect de son sujet. La peinture & la sculpture sont remplies de ces *exagérations* poétiques, qui font voir un personnage ou une action dans une sphère de conventions supérieures à l'ordre de choses réel. Ainsi la transformation d'un personnage historique en héros, en dieu ou en être allégorique, l'association même des êtres fictifs aux êtres réels, est une de ces *exagérations* qui font partie de la poésie de l'art.

3°. Il y a une *exagération* qui tient à l'exécution; elle consiste à forcer le ton des couleurs, ou les contours des lignes, pour produire plus d'effet selon la position des ouvrages & l'éloignement où ils sont de la vue. Mais la sculpture a surtout le droit d'employer l'hyperbole de dimension, c'est-à-dire, de faire des figures colossales, non pas seulement d'après le calcul des distances, mais dans l'intention de les faire paroître colossales. Ceci est en quelque sorte un privilège de la sculpture, car plus d'une raison interdit à la peinture le colossal positif. (*Voyez* GIGANTESQUE, COLOSSAL.)

L'*exagération* vicieuse consiste dans l'abus, l'excès ou l'emploi déplacé des moyens dont on vient de parler. Comme elle est aussi facile que commune, elle est cause que le mot se prend le plus souvent en mauvaise part dans le langage ordinaire.

De ce que, pour égaler les qualités & les propriétés de la vie, du mouvement & de la réalité, qui sont inhérentes aux œuvres de la nature, l'art est tenu de monter plus haut qu'elle, & d'outre-passer dans son imitation les apparences du modèle, l'artiste croira devoir se régler uniquement sur les ouvrages de l'art, où il trouve ces règles écrites, & il négligera l'étude de ceux de la nature, où il faut prendre la peine de découvrir soi-même les résultats de cette théorie. Il arrivera souvent alors que, prenant pour point de départ celui où le génie s'est arrêté, il croira faire mieux en ne faisant que plus. De-là, dans toutes les parties de l'art, ce penchant à exagérer les qualités des grands maîtres. L'un outre dans le dessin la hardiesse & le savoir anatomique de Michel Ange; l'autre la grâce des contours ondoyans du Corrège; l'autre n'imitant de l'antique que le style ou l'apparente manière de pureté, de simplicité, de correction qui est le caractère de ce style, fera des figures froides au lieu d'être pures, roides au lieu d'être simples, & dures sans être correctes. Celui-ci fera grimacer ses têtes pour leur donner de l'expression, & celui-là, pour leur donner de la noblesse, les prive de sentiment & d'ame.

L'emploi de l'hyperbole poétique, qui consiste à agrandir les sujets par des idées métaphoriques ou allégoriques, aura également son abus, & trouvera son excès si l'artiste en use inconsidérément, soit en l'appliquant à des sujets ou à des personnages qui n'en sont pas dignes, soit en l'associant à des objets disparates. De-là résulte en effet, non-seulement l'*exagération* vicieuse, mais souvent encore ce qu'on appelle la *caricature*, qui, à le bien prendre, est l'*exagération* de l'*exagération*.

On sent de quelle façon peut aussi devenir vicieuse l'*exagération* dont l'objet est d'agrandir les dimensions des figures selon leur emplacement. Quelquefois, par exemple, le peintre se permet, pour faire mieux reculer les plans de son tableau, de tenir un peu plus fortes qu'elles ne devroient l'être, les figures du premier plan; mais pour peu qu'il dépasse un certain point, la licence devient un vice, & les personnages deviennent des géans. Rien de plus commun aussi qu'une fausse *exagération* de mesure dans les figures destinées à être vues de loin, ou à s'accorder avec de grandes masses d'architecture. Quelques archivoltes de la nef de Saint-Pierre offrent, dans les figures qui les ornent, des exemples de cet excès, dont le principal inconvénient est de diminuer l'impression

Bbb 2

de grandeur qu'on s'étoit proposé d'augmenter.

Beaucoup de ces considérations sont également applicables à l'architecture. Cet art, à la vérité, n'a point dans la nature de modèle positif qui lui prescrive des formes, des proportions ou des dimensions dont l'imitation puisse subir un parallèle exact. Mais si son modèle est dans l'esprit des règles que la nature s'est données, rien de plus facile que d'outre-passer en tout le sentiment de la convenance, & de tomber dans de vicieuses *exagérations*, qui, loin d'accroître les moyens que l'art a de produire ses impressions sur nous, en atténuent la valeur & l'effet. Ainsi où se fait apercevoir trop d'effort pour paroître fort ou grand, l'idée de grandeur ou de force disparoît. Là où la prétention à la solidité, à l'élégance, à la légèreté, à la richesse, se fait trop sentir, l'effet est manqué, parce que dans les arts, comme dans le discours, l'*exagération* se fait d'autant moins croire qu'elle se montre davantage.

Par exemple, l'élévation des masses dans les édifices est une des choses qui nous frappent le plus, parce que l'admiration de ce qui est rare & difficile est un sentiment que l'architecture a, plus que tout autre art, le droit de produire. Il y a donc sur ce point une sorte d'*exagération* qui entre dans les moyens que cet art a de nous plaire. Mais cette *exagération* se convertit bientôt en vice & en ridicule, si l'architecte obtient l'effet de la grandeur, par exemple, aux dépens de l'accord du tout; si, au lieu de proportionner l'élévation aux autres dimensions de l'ensemble, il vise, par une affectation qui se décèle d'elle-même, à porter bien haut une masse, dont le seul mérite seroit dans la difficulté de l'avoir ainsi exhaussée.

C'est ce qu'on appelle des tours de force. L'architecture a mis pendant long-temps son principal mérite dans ces jeux puérils, dont il n'est plus permis de parler que pour faire comprendre de quelle façon l'esprit de l'homme peut se tromper, en prenant l'*exagération* pour la grandeur.

EXASTYLE, s. m, est une des cinq espèces de temples antiques, selon Vitruve, en tant que leur différence reposoit sur le nombre des colonnes que l'on donnoit à leur façade. L'*exastyle* avoit six colonnes de front. (Voyez *Vitr.*, *liv. III*, *chap. 2*.)

EXCAVATION, s. f. (*Construction*.) Ce mot indique l'action de creuser, ou le creux qui en résulte. Ainsi on dit que l'*excavation* d'une fondation, d'un puits, &c., est de tant de pieds de longueur, sur tant de largeur & tant de profondeur; qu'elle produit tant de pieds cubes, & que cette *excavation* a coûté ou doit coûter telle ou telle somme.

EXÉCUTION, s. f. Les arts d'imitation sont des dépendances si immédiates de l'homme, qu'on ne doit pas s'étonner d'y découvrir aussi les deux principes de la nature humaine, autrement dit ces deux propriétés, dont l'une correspond au corps, & l'autre à l'ame.

En suivant cette comparaison, on peut dire que chaque art se compose d'une partie morale, & d'une partie plus ou moins matérielle. La première consiste dans les combinaisons de l'esprit, dans l'action du sentiment, dans la puissance de l'imagination. Ce qui constitue la seconde, dépend des signes plus ou moins sensibles qu'emploie chaque genre d'imitation, ou des moyens plus ou moins matériels & mécaniques par lesquels l'artiste manifeste ses pensées.

C'est cette dernière partie qu'on exprime habituellement par le mot général d'*exécution*.

Il est plus ou moins facile de distinguer & de faire considérer isolément la partie d'*exécution* dans chaque art, selon que chacun d'eux semble appartenir à l'une des régions plus ou moins matérielles de l'imitation. Plus les signes ou les moyens d'un art participent à la matière & au mécanisme, plus l'*exécution* s'y distingue & s'y analyse facilement. Ainsi la distinction des deux parties de l'art a quelque chose de plus sensible dans la sculpture que dans la peinture, & elle est plus claire encore dans l'architecture.

Lorsque, dans les autres arts, celui qui pense est aussi celui qui exécute, en architecture, l'inventeur ou l'auteur de l'ouvrage ne sauroit l'exécuter par lui-même. Il faut qu'il emploie des instrumens étrangers, & non-seulement il doit se servir de la main d'autrui, mais, de sa part, toute coopération manuelle est en quelque sorte impossible.

Toutefois il ne suit pas de-là, que ce qui constitue l'exécution matérielle de l'édifice soit indépendant de l'architecte, & hors de son action. D'abord tout ce qui concourt à cette *exécution* se compose ici d'un grand nombre de travaux pratiques, dont l'architecte doit connoître pratiquement lui-même les moindres particularités, pour être en état de surveiller & de diriger toutes les opérations. Ainsi, quoiqu'il n'opère point personnellement, il doit être celui qui fait opérer. Sous ce rapport, l'*exécution* de son art diffère de celle des autres arts, en tant qu'elle est médiate au lieu d'être immédiate.

Mais l'architecture se divise en deux parties; & si la partie qu'on appelle *construction* se trouve encore subordonnée dans son *exécution* à l'intelligence de l'architecte, à plus forte raison devra-on regarder comme dépendante de lui seul & de son génie, la partie de l'art proprement dit, & qui comprend la forme générale & particulière de l'ensemble & des détails. L'*exécution* de ce dernier genre est tellement personnelle à l'artiste, qu'on reconnoît les édifices à leur manière d'être exécutés, comme on distingue, dans les tableaux & les statues, la manière de faire du peintre & du sculpteur.

EXÈDRES, f. m. pl. C'est le nom que donne Vitruve à certaines parties de la Palestre grecque, que l'on garnissoit de siéges, pour servir aux disputes philosophiques, ou aux exercices des rhéteurs. Les *exèdres* se plaçoient dans les trois portiques de la Palestre. (*Voyez* Vitruve, *liv. V, c.* 11.) Il paroît, d'après un passage du même auteur, *liv. VII, c.* 9. que ces *exèdres* étoient sans clôture, & ce qu'on peut appeler des lieux découverts. *Apertis vero, id est peristyliis aut exedris.* Mais il semble aussi, par le *chap.* 5 du *liv. VI*, que l'on donnoit le nom d'*exèdres* à des salles vertes, & qui, avec les *triclinia*, les *pinacothecæ*, les *œca*, faisoient partie des grandes maisons.

EXHAUSSEMENT, f. m. (*Construction*), se prend en deux sens, tantôt absolument, comme synonyme de hauteur, & l'on dit qu'une voûte, qu'un plancher ont *tant de pieds d'exhaussement*; tantôt relativement, & comme répondant à l'idée d'addition, & dans ce sens on dira qu'un mur ou une façade de maison peuvent supporter un étage d'*exhaussement*.

EXHAUSSER, v. act. (*Construction.*) On dit *exhausser* un mur de face. On ne peut, selon les lois des bâtimens en France, *exhausser* les murs de face que jusqu'à une hauteur déterminée, laquelle est proportionnée à la largeur des rues. La plus grande hauteur est de 8 toises (15 mètres ⅔ environ). Un voisin peut *exhausser* un mur mitoyen en payant à son voisin un droit de charge qui est fixé par la loi à une toise sur six. (*Voyez* CHARGE.)

EXPERT, f. m. (*Construction.*) On désigne par ce mot un homme instruit dans l'art de bâtir & dans la partie de jurisprudence qui y a rapport.

Les *experts* sont appelés par les ouvriers, par les particuliers ou par les juges, pour visiter les objets en litige, pour donner leur avis & faire des rapports sur les ouvrages d'art qui donnent lieu à des discussions, ou sur les contestations qui peuvent naître entre les ouvriers & les propriétaires, ou entre ceux-ci & leurs voisins.

EXPOSITION, f. f. Manière dont les édifices ou leurs parties doivent être situés, par rapport à la diversité d'influence que le soleil par ses aspects, ou les vents principaux par leur action, exercent sur l'intérieur comme sur l'extérieur des habitations.

Vitruve, *liv. VI, chap.* 7, a donné à ce sujet quelques règles qui, à la vérité, sont particulièrement applicables aux usages antiques, mais dont le fond & l'esprit appartiennent à tous les temps & à tous les pays.

« Les salles de festin d'hiver (dit-il) & les
» bains doivent avoir l'*exposition* du couchant
» d'hiver. Les mêmes salles, pour le printemps &
» l'automne, doivent regarder le levant ; pareille
» *exposition* pour les chambres à coucher & pour
» les bibliothèques ; l'usage qu'on fait de ces pièces demande la lumière du matin ; les livres, en
» outre, se conservent mieux à cette *exposition*:
» celle du midi engendre les vers, & les vapeurs
» humides qu'elle y amène concourent à produire
» la moisissure. On tournera du côté du nord les
» salles de festin d'été, les galeries de tableaux,
» les ateliers de tapisserie, de peinture, & tous les
» endroits qui exigent l'uniformité de lumière. »

EXTÉRIEUR, adj. & f. m. On dit l'*extérieur* d'un édifice, le côté *extérieur*, les faces *extérieures* d'un monument. Sous la première acception, ce mot signifie tout ce qui compose le dehors d'un bâtiment, & comprend l'universalité de sa circonférence. Dans le second sens, il peut y avoir plus d'un *extérieur*, & un édifice isolé à quatre faces pourra offrir quatre *extérieurs* différens. Cependant il doit toujours y en avoir un principal ; dans les palais surtout, la façade, qui est celle de l'entrée, doit avoir un caractère qui la distingue.

L'*extérieur* des bâtimens doit faire juger de leur destination. Comme les parties *extérieures* du corps, le visage & la physionomie indiquent les facultés & les qualités de la personne, de même, l'ordonnance, la composition, l'ensemble & les détails des masses de l'édifice apprennent l'usage auquel il est consacré, le rang des personnes qui l'habitent. Ces idées ont été développées au mot CARACTÈRE. (*Voyez* cet article.)

EXTRADOS, f. m. (*Construction.*) C'est la surface du dessus d'une voûte lorsqu'elle est apparente ou régulière.

EXTRADOSSÉ, adj. (*Construction*), se dit d'un arc ou d'une voûte dont la superficie supérieure est régulière. Lorsque l'épaisseur d'une voûte est égale dans tout son pourtour, comme dans la *fig.* 239, on dit qu'elle est *extradossée* d'égale épaisseur ; si son épaisseur va en diminuant, comme on le voit à la *fig.* 240, ou si l'*extrados* est formé par un plan incliné, comme à la *fig.* 241, on dit qu'elle est *extradossée* ; enfin, si un arc ou une voûte sont terminés en dessus par une surface horizontale (*voyez fig.* 242), on dit qu'ils sont *extradossés* carrément. Pour ce qui regarde la manière la plus avantageuse de former l'*extrados* des voûtes, nous renvoyons à l'article POUSSÉE DES VOÛTES.

EXTRÉMITÉ, f. f. se dit, en architecture, du point qui termine tout bâtiment ou toute partie de l'édifice. Les extrémités d'un fronton s'appellent *acrotères*. (*Voyez* ce mot.)

FAB

FABRIQUE, s. f. Ce mot vient du latin & de l'italien *fabrica*, & il est synonyme en français du mot *fabrication*, qui toutefois ne s'emploie guère en architecture. On dit plutôt d'un édifice, d'un ouvrage, qu'ils sont de bonne ou de mauvaise *fabrique*.

Fabrique, pris dans le sens du mot italien *fabbrica*, s'emploie aussi dans le langage de l'art, & surtout de la peinture, pour dire un bâtiment ; & il est particulièrement d'usage pour exprimer ces édifices qui ornent les fonds de tableau ou les paysages. Ainsi l'on dit que Nicolas Poussin est de tous les peintres celui qui a fait les plus belles *fabriques*.

FABRIQUE se dit aussi d'un bâtiment où est établie une manufacture.

FACADE, s. f., se dit de l'élévation d'un édifice qui fait face au spectateur. Sous ce rapport, un monument peut avoir plusieurs *façades*. On dira, par exemple, la *façade* du Louvre qui regarde la rivière, la *façade* qui regarde les Tuileries, &c.

Les temples amphiprostyles des Grecs avoient deux *façades* en tout point semblables l'une à l'autre.

Le mot *façade* s'emploie cependant d'une manière plus restreinte, & signifie alors le côté antérieur d'un bâtiment, celui de l'entrée, celui qui est le principal.

C'est ordinairement à la *façade* d'un édifice qu'on applique & le luxe de l'architecture, & tout ce qui peut servir à la caractériser. Ainsi les *façades* des maisons particulières doivent être simples ; celles des maisons de campagne pourront être élégantes sans richesse. Les *façades* des palais comportent, selon la différence de leur nature, divers genres de solidité, de luxe & d'agrément. La majesté doit être le privilége des *façades* des temples.

FACE, s. f., exprime en architecture la superficie d'un objet qui se présente à la vue. On dit d'une maison qu'elle fait *face* sur la rue, sur un jardin : on dit qu'elle a tant de pieds de *face*, c'est-à-dire, de surface extérieure en élévation.

Face est en français le mot propre pour exprimer ce qu'on entend par les bandes de l'architrave. Quelques-uns écrivoient autrefois *fascia*, fondés sur les mots latin & italien *fascia*, ruban. C'est le terme effectivement dont se sert Vitruve à l'égard des *faces* ou bandes d'un architrave. Les Grecs disoient *διαζωμα*, ceinture. Quoi qu'il en soit de cette étymologie très-probable, on écrit aujourd'hui *face*, & cela signifie la surface du membre plat dont la forme se définit d'elle-même.

Face inclinée se dit d'un bandeau dans une moulure, ou des bandes d'un architrave dont la surface, au lieu d'être tenue perpendiculaire, est taillée en talus, faisant un angle obtus avec l'horizon. Cela se pratique ainsi pour donner plus d'effet aux bandes lorsqu'on a peu de saillie, ou lorsque les *faces* d'un architrave sont, comme il arrive dans les dômes, à une telle hauteur & dans des espaces tellement privés de reculée, qu'on les voit verticalement.

Les Anciens ont observé généralement d'incliner en arrière les *faces* de l'architrave. Au péristyle du Panthéon, à Rome, & dans l'intérieur de ce temple, bien que les aspects soient différens, toutes les inclinaisons des *faces* sont en arrière.

Quelques-uns ont prétendu que les règles de l'optique exigeoient que les *faces* de l'architrave ordinairement d'aplomb, selon la position qu'on leur donne & qu'elles reçoivent dans un grand nombre de cas, soient inclinées en devant, quand l'architrave est à une très-haute élévation, & cela de peur que, par l'effet de l'optique qui tend à les faire voir en raccourci, elles ne paroissent trop étroites. (Voyez l'article OPTIQUE.) Mais cette méthode qu'on a déjà combattue ailleurs, & qui tend à fausser l'effet naturel des objets, se trouve démentie, comme on le voit, par l'exemple cité plus haut du Panthéon, où toutes les inclinaisons sont en arrière, ainsi que par les exemples du temple de Bacchus & des thermes de Dioclétien.

On voit presque toujours les *faces* de l'architrave, n'ayant que leur juste dimension, être inclinées en arrière, & l'on en voit d'inclinées, bien qu'elles soient plus étroites qu'elles ne devroient être. Cela se remarque au temple de Tivoli, où la *face* d'en-haut de l'architrave, qui est de beaucoup trop petite, est inclinée en arrière. Enfin, il se trouve que presque toujours les *faces* sont inclinées en arrière, soit que les architraves occupent des parties fort élevées, soit qu'ils soient placés dans des lieux rapprochés de l'œil.

On ne sauroit dire pourquoi les *faces* sont inclinées en avant au temple de Mars vengeur & au forum de Nerva, les seuls édifices, à ce qu'on croit, où elles soient de cette manière. En effet, la raison qui oblige quelquefois à incliner les *faces*, est le besoin qu'on a de donner une largeur convenable aux soffites des membres dont une imposte, une corniche ou une architrave sont composées, lorsqu'on ne veut pas donner au tout la saillie qu'il auroit, si ces *faces* n'étoient pas inclinées en arrière. Toutefois, il ne paroît pas que ce soit pour cette raison que les Anciens aient fait en arrière l'inclinaison des *faces*, puisqu'ils l'ont pratiqué sans aucun besoin apparent : témoin l'architrave du temple de la Fortune virile, où les *faces* se trouvent inclinées en arrière, tandis que les soffites ont le double de la saillie qu'ils devroient avoir. (*Perrault, ord. des colon. c.* 7.)

FACETTE, s. f., diminutif de face. On dit les *facettes* d'un diamant. Ce mot ne se dit point d'un objet isolé : on l'applique à exprimer l'un des côtés d'un corps qui a plusieurs petits côtés.

Dans l'architecture on l'emploie à l'égard des pierres ou bossages qu'on taille comme en diamans, ou à *facettes*.

FACILITÉ, s. f., est dans les arts du dessin, ordinairement un don de la nature, que l'étude cultive & dirige, dont l'influence se fait sentir dans tous les ouvrages, & dont il n'est que trop commun d'abuser.

On distingue la *facilité* de la *fécondité*, en ce que celle-ci se rapporte à la conception & à l'invention, lorsque la première est plus particulièrement relative à l'exécution.

De-là il résulte que la qualité exprimée par le mot *facilité* se remarque moins dans les ouvrages d'architecture. L'exécution qui est du ressort de cet art, comme on l'a déjà dit (*voyez* EXÉCUTION), comporte, moins que dans les autres arts, l'action directe, & ce qu'il faut appeler *la main de l'artiste*. Dès-lors l'heureux effet de cette *facilité* qui donne du charme & de la grâce aux œuvres du pinceau & du ciseau, ne sauroit être aussi sensible dans des travaux qui sont le résultat d'une multitude de mains.

Cependant la *facilité* s'applique aussi à certains dons de l'esprit que l'architecte doit posséder. La *facilité* à combiner les rapports, à saisir les rapprochemens, à vaincre les difficultés du terrain & les sujétions, est une qualité qu'un œil intelligent découvre dans les plans & les élévations. Ainsi la *facilité* qui appartient de plus à l'architecture, est celle de concevoir & d'imaginer, & cette *facilité* est, à proprement parler, la fécondité. (*Voyez* FÉCONDITÉ.)

FAÇON, s. f. Ce mot a plus d'un sens dans les ouvrages de l'industrie, de l'architecture & de l'art en général.

Quelquefois il signifie le genre & le degré de travail que comporte la matière qui doit être mise en œuvre, & l'on dira d'un morceau, qu'il y a plus ou moins de *façon*.

D'autres fois il exprime le mode de travail, & il est synonyme de *manière*. On dit *une bonne* ou *une mauvaise façon de faire*. (*Voy.* MAL-FAÇON.)

FAÇONNÉ, adj., se dit assez volontiers des objets d'art destinés à recevoir des ornemens. Un vase *façonné* s'appellera ainsi par opposition à un vase lisse. On dira de beaucoup de parties d'architecture, telles que des consoles, des chambranles, &c., qu'elles sont trop *façonnées*, c'est-à-dire, ou trop chargées d'ornemens, ou trop découpées dans leur forme.

FAÇONNER, v. act., a une signification générale, savoir, *donner à un objet sa forme*. Ainsi, dans ce sens, le sculpteur *façonne* le chapiteau, l'entablement & la colonne.

FAIRE, v. act. Ce verbe, qui n'a pas besoin d'être défini, devient quelquefois, dans la langue des arts, un substantif ; & l'on dit, comme synonyme de bonne ou de mauvaise exécution, *un beau faire, un mauvais faire* ; cette architecture est d'un *beau faire* ; il y a un *médiocre faire* dans tels ornemens, dans telle frise à enroulement.

FAISANDERIE, s. f. C'est un bâtiment accompagné d'un clos, où l'on élève des faisans, & qui fait ordinairement partie de l'ensemble d'édifices, de terrains & de dépendances dont se composent les châteaux des princes, ou les grandes possessions des riches à la campagne.

FAISCEAU, s. m. On entend par-là, dans le langage ordinaire, un assemblage d'objets liés entr'eux, & particulièrement de branches, de tringles ou de baguettes.

Chez les Romains, le *faisceau* ou *les faisceaux* qui étoient un des signes extérieurs du pouvoir & de la dignité, se composoient de branches d'arbres ou de baguettes liées par des courroies, & au milieu desquelles étoit une hache qui s'élevoit au-dessus. Les *faisceaux*, tels qu'on vient de les décrire, sont représentés sur beaucoup de monumens antiques, en sculpture, & particulièrement sur quelques tombeaux de personnages consulaires. C'étoit un symbole dont le sens étoit connu de tout le monde, & il dut devenir un objet d'ornement assez ordinaire.

Chez les Modernes, le *faisceau* n'a plus aucune désignation politique ; il n'est plus qu'un emblème moral, soit de l'union, soit de la force qui en résulte. Cependant l'usage de grouper, soit des lances, soit des drapeaux, a conservé ou renouvelé dans la décoration de l'architecture, l'usage des *faisceaux*, & on les emploie quelquefois, dans des compositions guerrières, en manière de pilastres ou de colonnes adossées. Toutefois cette invention appartient plus à la décoration qu'à l'architecture.

On en a fait aussi un emploi assez fréquent dans la serrurerie, & l'on pourroit citer quelques grilles dont les montans sont des *faisceaux de lances*.

FAÎTAGE, s. m., vient du mot latin *fastigium*, & signifie, dans le langage de la construction, à peu près la même chose : je dis à peu près, parce qu'il est certain que les Romains appelèrent aussi *fastigium* cette partie de l'architecture que nous appelons *fronton*, & à laquelle on ne donneroit le nom de *faîtage* qu'en parlant le langage d'un constructeur charpentier, plutôt que celui de l'architecte. (*Voyez* FASTIGIUM.)

Faîtage signifie donc particulièrement cette partie des bâtimens qu'on appelle aussi *le comble*. C'est l'assemblage de toutes les parties de la charpente qui servent à la couverture des maisons.

On donne aussi le nom de *faîtage* à la pièce de bois qui fait le haut de la charpente d'un bâtiment, & où les chevrons sont arrêtés par en-haut.

Les plombiers appellent *faîtage* un ais de plomb, creux, que les couvreurs mettent au haut des maisons.

FAÎTE, s. m., a la même étymologie que le mot précédent, dont il est l'abréviation. Comme *fastigium* se prend au figuré, dans le latin, pour exprimer le plus haut point de l'idée qu'on veut rendre sensible, de même on se sert, dans un sens métaphorique, du mot *faîte*, comme lorsqu'on dit *au faîte de la fortune, des grandeurs*, &c.

Faîte signifie, au sens simple, la partie la plus élevée du comble d'une maison, la pièce de bois qui porte le sommet d'un comble, & où vont se terminer les chevrons.

Le *sous-faîte* est une autre pièce de bois au-dessous du *faîte*, liée par des entretoises, des liernes & des croix de Saint-André.

FAÎTIÈRE, adjectif formé de faîte. Ce nom ne se donne qu'à des objets placés aux faîtes des combles. Ainsi l'on dit *lucarne faîtière*, *tuile faîtière*. (*Voyez* ces mots.)

FALCONETTO (Jean-Marie), de Vérone, né en 1458, mort en 1534, fut fils & petit-fils de peintres peu célèbres dans leur temps. Lui-même ne fut d'abord qu'un peintre médiocre; mais bientôt il donna la préférence à l'architecture, & il s'y livra avec une ardeur qui devoit lui promettre des succès. Il commença par dessiner tout ce qu'il y avoit d'antiquités dans son pays; puis il fit le voyage de Rome, où il mesura les ruines des édifices, & copia les beaux restes de la sculpture que le temps y avoit conservés. Il poussa ses recherches & ses études jusque dans le royaume de Naples.

De retour à Vérone, il fut accueilli par l'empereur Maximilien, qui en étoit le maître. Maltraité ensuite par la fortune, il trouva asyle & protection à Padoue, chez le cardinal Bembo & Louis Cornaro, célèbre par la sobriété de sa vie, & par sa théorie sur l'art de vivre long-temps. Ce sénateur avoit formé le projet de bâtir un palais près l'église de Saint-Antoine de Padoue; il en confia l'exécution à *Falconetto*. On cite comme un chef-d'œuvre, dans ce palais, la galerie (*loggia*) construite en avant de la cour. Elle consiste en deux étages, chacun de cinq arcades décorées d'un ordre dorique en-bas, d'un ionique en-haut.

Falconetto bâtit dans la même ville, au palais du commandant militaire, une porte d'ordre dorique d'une bonne manière; les portes de Saint-Jean & de Savonarole, l'église de la Madone des Grâces pour les Dominicains, & une sorte d'*Odeum* ou de rotonde pour les concerts & pour les bals, édifice petit, mais agréable, & qui mérita d'être appelé par Serlio *la Rotonde de Padoue*, & de servir de modèle à Palladio, dans la belle maison de campagne des comtes Capra, qu'on nomme aussi *la Rotonde*. Il avoit commencé dans la ville d'Usopo en Frioul, pour le comte Savorgnano, un magnifique palais que la mort de ce seigneur l'empêcha d'achever.

Falconetto étoit passionné pour l'étude de l'antiquité. Il fit le voyage de Pola en Istrie, pour y observer les temples & l'amphithéâtre de cette ville, dont il donna les desseins. Toujours porté aux grandes entreprises, il se plaisoit à faire des projets & des modèles de vastes édifices, sans qu'on les lui eût commandés, & il se refusoit aux demandes de travaux ordinaires que lui faisoient de simples particuliers. Le voyage de Rome lui étoit si familier, qu'ayant eu un jour une dispute avec un architecte, sur les mesures d'un certain entablement antique de cette ville, il partit sur-le-champ pour y aller faire la vérification de l'objet en litige. Il avoit fait une étude approfondie de Vitruve, & il fut sans aucun doute le premier qui introduisit à Venise le bon goût de l'architecture. On prétend qu'il faut lui attribuer plusieurs de ces choses qui passent pour être des inventions de Michel Ange.

On a de *Falconetto* quelques desseins de mausolées pour la maison Cornaro. Il resta l'ami de cette famille, & surtout de Louis Cornaro, chez qui il mourut, qui le chérissoit comme un frère, qui estimoit son talent, & se plaisoit à sa conversation pleine d'esprit & de saillies. Il voulut qu'il fût inhumé dans son propre tombeau.

FANAL, s. m., mot dérivé du grec φαίνω. C'est le nom général que l'on donne à ces feux qu'on allume sur un endroit élevé, & particulièrement au haut d'une tour, dans un port de mer, pour guider de nuit la marche des vaisseaux. On se sert aussi de ce moyen, sur terre, pour transmettre rapidement des avis à l'aide de signes convenus.

Les Anciens donnèrent le nom de *phares* à ces édifices construits en forme de tour. (*Voyez* au mot PHARE les notions & les descriptions de quelques-uns de ces monumens.)

FANSAGA (Cosme), né à Bergame en 1591, mort en 1678, fut élève de Pierre Bernin, père du célèbre artiste de ce nom. Le seul ouvrage de lui, à Rome, est le portail de l'église du *Spirito santo de Napolitani*.

Il alla s'établir à Naples, où il fit de grands & de nombreux travaux. Ceux qu'on cite particulièrement sont, un cloître à *S. Severino*, le grand réfectoire & le maître-autel, celui de la Madone de Constantinople, celui du *Gesù nuovo* & les deux collatéraux, la façade de l'église de la *Sapienza*, celles de *S. Francesco Saverio*, de *Sª. Theresa degli Scalzi*, & les obélisques de *S. Gennaro* & de *S. Dominico Maggiore*.

Le vice-roi, duc de *Medina las Torres*, employa *Fansaga* à transporter dans l'emplacement dit *Largo del Castello*, la fontaine qui étoit auparavant dans la rue *del Platamone*, & qui manquoit d'eau. Cet architecte la refit sur un dessin plus noble & plus grand, & il y fit jouer des eaux en abondance. On lui donne le nom de *fontaine de Médine*. C'est du même artiste qu'est, à Naples, cette autre fontaine dans la rue qui conduit du palais du Roi à *Sª. Lucia a Mare*.

Le nom de *Fansuga* n'est guère connu qu'à Naples, qu'il a rempli de ses ouvrages. Le goût bizarre qui les caractérise est cause que sa réputation lui a peu survécu. (*Extrait de Milizia*.)

FANTAISIE, s. f. Au mot CAPRICE, l'on s'est étendu fort au long sur la nature, les causes & les effets de ce goût qui tend à réduire tout dans l'architecture, à n'être que des jeux de l'imagination, auxquels la raison n'est admise que parce qu'il est dans l'esprit d'un système qui n'en admet aucun, de n'en repousser non plus aucun.

Le mot *fantaisie* est un synonyme de *caprice*; & si, au moral, on trouve quelques nuances qui différencient ces deux mots, il nous paroit qu'en architecture il seroit un peu difficile d'établir entre eux & les idées qu'on y attache, d'autre différence que celle du plus ou du moins. Nous renvoyons donc le lecteur au mot CAPRICE.

FANTASTIQUE, adj. Qui provient de la fantaisie. Ce nom se donne volontiers à certaines créations de l'ornement. Ainsi l'on dira que l'arabesque est un goût de décoration *fantastique*.

Les Anciens, dans leurs décorations de théâtre, donnèrent souvent dans le *fantastique*: plus d'un passage des auteurs le prouve.

Sur les tapisseries asiatiques il y avoit beaucoup d'animaux *fantastiques*, qu'Aristophane, dans sa comédie *des Grenouilles* (vers 937), appelle *hippalectruones tragelaphous*. Tout le monde connoît les hippogriffes, les hippocentaures, les androsphinxes, &c.

FANUM, est en latin un de ces mots synonymes de ce que nous appelons généralement *temple*, & sur le véritable sens duquel les étymologistes & les antiquaires auront long-temps de la peine à s'accorder, parce que les auteurs anciens, d'une part,

Diction. d'Archit. Tome II.

ne nous ont point laissé de définition précise des objets exprimés par ces divers synonymes, & d'autre part semblent en avoir usé assez indistinctement, comme il arrive presque toujours sur les choses qui n'ont point entr'elles de ces différences assez prononcées pour empêcher que les termes qui les expriment puissent être pris l'un pour l'autre.

FASTIGIUM. C'est le nom propre que les Romains donnèrent à ce que nous appelons *fronton* dans un édifice. (*Voyez* FRONTON.)

Le mot *fastigium* est employé dans Vitruve pour désigner le fronton en architecture, & on le rencontre aussi dans d'autres auteurs avec cette signification. Comme les Grecs appeloient cette partie de l'édifice *aigle* ou *aigles*, un passage que nous discuterons plus bas, & où Tacite emploie, à l'égard du comble du temple Capitolin à Rome, le mot *aquilæ*, peut faire soupçonner que ce terme a aussi signifié en latin le fronton.

Le mot *fastigium* (*faitage*, *comble*), employé à désigner le fronton, a-t-il été transporté de l'usage des bâtimens ordinaires à celui des temples, ou a-t-il d'abord été consacré à signifier la couverture des édifices sacrés, & transporté depuis dans le langage vulgaire de la bâtisse & de la charpente? Un critique moderne, M. Verdier, croit trouver dans l'étymologie qu'il donne de ce mot, une bonne raison d'adopter la dernière opinion: il soupçonne que le mot *fastigium* est un composé de deux mots, *fas*, lieu sacré, divinité, justice, &c., & *tegere*, couvrir. Ce qui couvre la divinité, le lieu sacré, *quod fas tegit*, seroit le *fastigium* des Latins. Toutefois il est sensible que, dans le sens de cette étymologie, *fastigium* ne signifieroit pas seulement le fronton, mais tout le faitage de l'édifice; & de fait, ce mot, quelle que soit son étymologie, n'a signifié *fronton* que parce que, signifiant *faite*, il est constant que le fronton est la partie qui est au faite d'un bâtiment, & qu'il a une imitation du bâtis de charpente, auquel correspond le faitage.

Selon le critique déjà cité, dans le passage de Tacite (*Hist. liv. III*, c. 71), *mox sustinentes fastigium aquilæ vetere ligno traxerunt flammam aluerentque*, les *aquilæ* ne doivent pas signifier le fronton; car si *fastigium* veut dire *fronton*, Tacite n'a pas pu dire que le fronton supportoit le fronton. En conséquence, le critique croit que les *aquilæ* du temple Capitolin dont il s'agit, étoient les bouts des solives formant les pentes latérales du toit, &, qui, dans l'architecture, sont représentées par les mutules ou les modillons. Selon lui, ces chevrons qui soutenoient le toit ou le fronton s'enflammèrent, à raison de la vétusté du bois, & propagèrent l'incendie.

Il nous semble qu'il seroit difficile de prouver que ce que nous entendons par chevrons, & que les Latins appeloient *asseres*, ait été nommé *aquilæ*. Le mot *aëtoi*, grec, a pu si naturellement se rendre

Ccc

par *aquilæ*, que je ne vois pas pourquoi ici *aquilæ* ne signifieroit pas les pentes du fronton, lesquelles étant de bois, auront pris feu, tout aussi bien que les bouts des chevrons qui supportoient ce fronton. Maintenant que les pentes du fronton aient supporté le *fastigium*, entendu ici pour le *faîtage* ou la charpente du toit, cela paroît également fort naturel.

Ainsi Vitruve, en employant le mot *fastigium* dans le sens de fronton (*liv. IV, chap.* 7), *supra quod fastigium columen*, nous donne à entendre que le fronton supportoit la solive faîtière, appelée *columen* ou *culmen*. Le mot *culmen* a été pris souvent, comme celui de *fastigium*, pour comble, faîte, charpente de comble.

De tout cela il résulte que *fastigium* a pu signifier le fronton, & aussi le comble en charpente soutenu par le fronton.

FAUCONNEAU, s. m. Pièce de bois ayant une poulie à chaque extrémité, & posée horizontalement au milieu de sa longueur par le pivot d'un engin.

FAUCONNERIE, s. f., est un bâtiment distribué en volières pour y nourrir & mettre à couvert les oiseaux de proie destinés à la chasse, & en logemens & écuries pour les officiers, valets & chevaux de la chasse à l'oiseau.

FAUSSE AIRE. (*Voyez* CHAPPE DE PLANCHER.)

FAUSSE ALETTE, s. f. C'est un pied-droit en arrière-corps, portant une arcade ou une plate-bande.

FAUSSE ARCADE, s. f., est une arcade fermée, & qui, ne servant point de passage, se trouve souvent figurée dans les bâtimens pour la symétrie de la décoration. Il y a beaucoup de *fausses arcades* dans les plus grands édifices. On peut donner ce nom à presque toutes celles qui forment le rez-de-chaussée de la cour du Louvre; car, pour être percées par des fenêtres renfoncées, ces *arcades* n'en sont pas moins obstruées, en tant que l'on considère leur forme générale & l'objet réel d'une *arcade*.

FAUSSE BRAIE, s. f. On donne ce nom à une espèce de terrasse ou galerie découverte qui règne en dehors au pied d'un château-fort. Elle tend à former un plus grand empatement, & elle sert de promenoir. On en voit au château de Richelieu.

C'étoit, dans l'ancien système de fortification, une espèce de rempart inférieur, régnant au pied de l'escarpe du mur de revêtement du corps de la place.

FAUSSE COUPE, s. f. On appelle ainsi, dans la coupe des pierres, la direction d'un joint de tête oblique à la douelle d'une voûte circulaire. Dans une voûte plate, telle qu'une plate-bande, c'est la direction du joint de tête perpendiculaire au plafond, parce que dans les voûtes circulaires, la direction des joints de tête doit être perpendiculaire à la douelle, & parce qu'au contraire, dans les voûtes plates, cette direction doit être oblique dans son rapport avec le plafond.

Quelquefois on dissimule l'inclinaison véritable des claveaux d'une plate-bande, en traçant sur leurs paremens des joints qui paroissent leur être perpendiculaires. Cela s'appelle aussi être en *fausse coupe*. On a usé de cette pratique aux petites portes du grand portique du Louvre & à celles du portail de Saint-Eustache.

En charpenterie & en menuiserie on donne le nom de *fausse coupe* à tout assemblage qui n'est fait ni à l'équerre, ni à onglet, mais qu'on trace avec la fausse équerre ou sauterelle.

FAUSSE ÉQUERRE, s. f. C'est un instrument formé de deux règles plates de bois ou de fer, qui sont mobiles l'une sur l'autre par le moyen d'une charnière. Lorsqu'il est de fer, c'est le compas de l'appareilleur. Les charpentiers en emploient de semblables pour tracer les bois. Les menuisiers font leur *fausse équerre* en bois pour toutes les fausses coupes de leurs ouvrages : ils l'appellent aussi *sauterelle*. (*Voyez* ce mot.)

FAUSSE FENÊTRE, s. f., ou *fenêtre feinte*. On en pratique fort souvent de semblables dans les bâtimens, par égard pour la symétrie. La *fenêtre fausse* ou *feinte* n'a de réel que les tableaux ou les chambranles. L'ouverture en est bouchée, & cet espace se remplit quelquefois, ou par une seule couleur foncée qui représente le vide, ou par l'imitation, même en peinture, du châssis, des vitraux & des rideaux intérieurs.

On voit à un petit tombeau d'Agrigente, nommé vulgairement *le tombeau de Téron*, des *fenêtres feintes* dont le chambranle est en relief, & dont le milieu offre en saillie l'imitation d'un châssis. (*Voyez* AGRIGENTE.)

FAUSSE HOTTE, s. f. (*Construction.*) C'est la *hotte* élevée sur le manteau d'une cheminée, dont le tuyau est dévoyé à droite ou à gauche. Elle est feinte pour cacher à la vue la difformité que causeroit l'inclinaison du tuyau.

FAUSSE PORTE, s. f., est une *porte* feinte pour la symétrie, dont on fait les jambages & le chambranle, & dont le milieu est plein.

FAUX ATTIQUE, s. m., est un amortissement d'architecture ayant à peu près la dimension d'un attique, mais sans pilastres, sans croisées, sans balustrade. Il sert de couronnement ordinaire aux arcs de triomphe, & c'est là que se placent les inscriptions, comme on peut le voir aux arcs de la porte Saint-Denis & de la porte Saint-Martin à Paris.

FAUX BOURG, s. m. C'est le nom qu'on donne à la partie d'une ville qui se trouve hors de ses murs ou de son enceinte, & qui ordinairement lui sert d'avenue.

FAUX COMBLE, s. m., est la partie la plus élevée d'un comble brisé : elle s'étend depuis le *brisis* jusqu'au faîte, & elle a ordinairement moins de pente que la partie inférieure au *brisis*.

FAUX JOUR, s. m. C'est une fenêtre percée dans une cloison, pour éclairer un passage, une garde-robe, un escalier dérobé, ou toutes autres pièces qui ne pourroient recevoir du jour d'ailleurs.

FAUX ORDRE. (*Voyez* ATTIQUE.)

FAUX PLANCHER, s. m., est un *plancher* qu'on pratique pour diminuer la hauteur d'une pièce, lequel ne sert qu'à former plafond, & sur lequel on ne marche point. On en fabrique de semblables dans les combles, pour les chambres en galetas.

C'est aussi un *plancher* de charpente pratiqué au-dessus de l'estrados d'une voûte, dont les reins ne sont pas remplis. Tels sont ceux qu'on pratique sur les entraits des combles des églises, pour ne point fatiguer les voûtes.

FÉCONDITÉ, s. f., est, au moral comme au physique, la faculté de produire & de produire beaucoup.

On a transporté au génie de l'homme toutes les idées d'enfantement, de procréation, de *fécondité*, dans l'ordre naturel, & l'on a distingué, par l'épithète de *féconds*, ces esprits qui conçoivent facilement, & rendent avec facilité les idées qu'ils ont conçues.

La *fécondité*, si on la considère dans ses effets, comporte la réunion de ces deux qualités ; & quoiqu'en peinture & en sculpture, la facilité qui se rapporte au travail de l'exécution & à la pratique de l'instrument (*voyez* FACILITÉ), puisse avoir lieu sans la *fécondité*, qui est la facilité de concevoir, cependant on ne connoît guère d'artiste fécond qui n'ait eu en même temps un talent facile.

En architecture, la facilité étant particulièrement celle de l'intelligence, c'est-à-dire, une sorte de rapidité dans l'esprit qui sait rapprocher les rapports les plus éloignés entr'eux, l'idée de facilité se confond naturellement avec celle de *fécondité*.

Dans les arts de la peinture & de la sculpture, l'histoire ancienne & moderne nous prouve que les plus grands artistes ont été aussi extrêmement *féconds*. Le nombre des grands ouvrages & des entreprises colossales qu'il faut, sans aucun doute, attribuer à Phidias, passe aujourd'hui pour fabuleux. Lysippe, appelé par Pline *secundus artifex*, mettoit une pièce de monnoie dans un tronc, à chaque figure qui sortoit de ses ateliers. A sa mort (voyez Pline, liv. XXXIV, chap. 7) on brisa le tronc, & on trouva, selon quelques éditions, quatorze cents, selon d'autres, sept cents pièces. Le nombre des ouvrages d'Apelles fut infini, & les siècles modernes nous apprennent encore, que cette *fécondité* fut le privilége des plus célèbres artistes.

Sans doute la *fécondité* du génie a aussi un de ses principes dans les causes générales qui influent sur les arts. L'architecture, par exemple, en dépend plus qu'aucun autre art, & plus d'un architecte, doué d'un talent *fécond*, n'aura pu en faire preuve, dans les siècles où des circonstances contraires se seront opposées à son développement. Cependant nous voyons aussi, en ce genre, que les maîtres modernes de cet art ont beaucoup créé, & Palladio doit passer pour avoir été un des plus *féconds*.

FENÊTRAGE, s. m. Mot collectif dont on use pour désigner l'universalité des fenêtres d'un édifice.

On s'en sert aussi, quoique dans un sens moins général, à l'égard d'une seule fenêtre sans appui, ouverte jusque sur le plancher.

FENÊTRE, s. f., est, dans l'usage de la langue, le nom générique que l'on donne à toute ouverture pratiquée dans les édifices pour éclairer leur intérieur. Le mot croisée est devenu, dans la langue de l'architecture en France, le mot reçu pour exprimer, non toute espèce de *fenêtres*, mais particulièrement celles qui se lient aux ordonnances des façades, qui reçoivent des ornemens, & qui contribuent par leurs formes, leurs dispositions, leurs proportions, au bel effet & à la décoration des maisons, des palais & des monumens où elles sont employées. Nous avons déjà traité des croisées à ce mot (*voyez* CROISÉE) ; nous avons développé les notions relatives à l'art de l'architecture & à la décoration que cette matière comporte. Nous nous bornerons ici à envisager les *fenêtres*, soit historiquement dans leur emploi, soit pratiquement dans leurs formes, selon le sens général de la définition que nous en avons donnée.

L'emploi des *fenêtres* pour chaque genre d'édifice fut toujours subordonné, dans les différentes régions, soit aux usages civils, religieux ou politiques, soit aux influences des climats.

Si l'on considère, par exemple, les *fenêtres* dans leur application aux temples & aux édifices sacrés, qui sont presque les seuls monumens où le parallèle entre les anciens & les modernes puisse avoir lieu, on se persuade que l'architecture, en cette partie, fut soumise aux usages des différens cultes.

Les temples de l'Egypte sont sans contredit les plus considérables des édifices religieux qui aient été construits sur la terre; mais il n'en est pas qui aient eu moins besoin de *fenêtres*.

Le temple égyptien étoit composé d'une vaste enceinte découverte; de plusieurs grandes portes appelées *propylées*, séparées les unes des autres par des galeries en colonnes, & se divisant par deux massifs en forme de tours; d'un *pronaos* flanqué de murs, orné intérieurement de plusieurs rangées de colonnes, dont les entre-colonnemens sont fermés par de petits murs jusqu'à moitié de la colonne, ou jusqu'aux deux tiers; d'un *naos* qui se composoit lui-même de plusieurs pièces; d'un *secos*, avec des corridors à l'entour. Il est sensible que le peuple n'étoit admis que dans certaines parties de ce vaste ensemble, & seulement dans les parties ouvertes, telles que le *dromos* de l'enceinte & les cours ou galeries des propylées. Les pièces du *naos* proprement dit, étoient trop petites, pour avoir pu recevoir le moindre concours de spectateurs ou d'assistans.

Une autre raison s'opposoit en Egypte à la grande étendue des pièces intérieures; c'est la méthode de plafonner en pierres de taille. En effet, quelque étendue qu'on donne à de tels matériaux, il ne peut en résulter que de très-modiques intérieurs. Les temples de l'Egypte paroissent d'ailleurs avoir été adaptés à un culte fort mystérieux. Il y a lieu de croire que le *secos*, autrement dit l'*adytum* ou le *penetrale*, étoit la demeure de l'animal sacré, qui étoit le symbole vivant de la divinité du temple. Il entroit, on ne peut pas plus, dans les intérêts de ce culte, de n'admettre que fort peu les regards de la curiosité sur les objets, dont le sens moral eût bientôt fait place au sens matériel.

Les temples égyptiens n'avoient donc, dans leurs pièces intérieures, besoin de la lumière du jour, qu'autant qu'il en falloit pour qu'elles ne fussent pas tout-à-fait obscures: aussi ce que les voyageurs y ont trouvé & décrit de *fenêtres*, constate tout ce qu'on vient de dire. Par exemple, dans les grandes façades des propylées, divisées en deux tours, il se rencontre d'assez nombreuses *fenêtres* qui éclairoient, soit les montées des escaliers pratiquées dans les massifs des tours, soit les pièces distribuées dans leurs parties supérieures; mais généralement ces *fenêtres* ne sont que des ouvertures commandées par le besoin, & sans rapport avec la décoration. Les derniers voyageurs ont observé même, que ces ouvertures coupent les figures hiéroglyphiques, disposées sur les façades des murs par rangées horizontales, à peu près de la façon dont les jours ouverts sur la hauteur des colonnes Trajane & Antonine à Rome, pour éclairer l'escalier, coupent les figures des bas-reliefs sculptés autour du fût.

Les mêmes voyageurs ont fait mention de petites ouvertures plus étroites en dehors qu'en dedans, percées, soit dans les murs latéraux, soit même aussi dans les plafonds des pièces intérieures du *naos*, au moyen desquelles ces intérieurs recevoient une assez foible lumière. Voilà à peu près tout ce qu'on sait sur les *fenêtres* des temples en Egypte: d'où l'on peut conclure que leurs salles intérieures étoient assez obscures. Mais il paroit aussi qu'il y avoit fort peu d'objets qui eussent besoin d'être éclairés. Les figures hiéroglyphiques dont toutes ces surfaces étoient ordinairement remplies, ne formeroient point une objection sérieuse, puisque les tombeaux, destinés à une clôture éternelle, n'étoient ni moins décorés ni moins soigneusement sculptés que les édifices exposés à la vue; ce qui fait qu'on peut douter que les sculptures ou peintures hiéroglyphiques aient en en Egypte la décoration pour objet.

Les temples des Grecs, dans leur disposition & leur décoration, ressemblent à ceux de l'Egypte sous le même rapport, & à peu près de la même façon que la religion grecque participe de la religion égyptienne. Il y a bien quelque chose de commun dans les idées originaires, mais ce principe commun étoit déjà fort peu aperçu dans l'antiquité. Or, en fait de religion, comme en fait d'art & d'architecture, la moindre déviation du point de départ, produit à la longue de tels intervalles entre les objets, que le nœud qui les rassemble, échappe à toutes les recherches.

La religion en Egypte, soit qu'on la rapporte à l'adoration de la Divinité définie dans chacun de ses attributs par les qualités des êtres sensibles, soit qu'on prétende qu'elle eut pour objet le principe universel ou la puissance de la nature exprimée par les signes astronomiques des animaux figurés dans les planisphères; cette religion, dis-je, paroît avoir renfermé dans ses sanctuaires différentes sortes d'animaux vivans, correspondans, selon les opinions reçues, aux différentes idées d'un système, soit de morale, soit d'astrologie. Le culte des animaux propres à l'Egypte étoit bien probablement un culte emblématique, & l'animal n'étoit lui-même qu'une allégorie.

On ne trouve point en Grèce le culte des animaux; mais l'idée symbolique attachée à l'animal sacré de l'Egypte, semble avoir donné naissance au culte antropomorphique de la Grèce, qui ne fit autre chose que substituer aux animaux, des êtres humains dont les attributs, les qualités & les propriétés furent originairement les mêmes: de-là une différence bien sensible dans ce qui formoit l'essentiel du temple. La partie principale du temple grec étoit la demeure d'un dieu sculpté sous forme humaine; ce dieu, ouvrage ou chef-d'œuvre de l'art, devoit être visible. L'intérieur du naos dut être par conséquent une pièce assez spacieuse, & jouissant d'une lumière suffisante pour éclairer la statue, & tous les objets de curiosité & de dévotion qu'on consacroit à la Divinité.

Un préjugé répandu chez presque tous les écrivains, a contribué jusqu'ici à faire croire que les temples grecs ne recevoient point de lumière dans leur intérieur. Cette opinion est résultée de ce qu'on n'a point vu de *fenêtres* aux murs du plus grand nombre des temples romains conservés jusqu'à nos jours, & de ce que les temples périptères de la Grèce, dont les voyageurs modernes nous ont donné les dessins & les descriptions, n'ont pas non plus de *fenêtres*.

Cependant cette opinion ne peut pas soutenir l'examen. Il est certain d'abord, quant aux temples romains, que ceux qui étoient circulaires étoient éclairés ou d'en-haut, comme le Panthéon, ou par des *fenêtres* de côté, comme les temples de Vesta à Rome & de Tivoli, dont les chambranles subsistent encore, ou par des *clathra* ou treillis, comme on en voit sur des bas-reliefs à plus d'un temple sphérique, ou simplement par leur porte.

L'ouverture de la porte étoit ensuite, pour beaucoup de temples quadrangulaires d'une petite ou d'une moyenne étendue, tels que les temples de Nîmes & celui d'Assise, un moyen suffisant d'éclairer l'intérieur de la *cella*, & souvent encore des jours pratiqués au-dessus de la porte d'entrée, devoient y augmenter la lumière.

Mais à l'égard des grands temples, au nombre desquels on doit mettre les temples périptères d'ordre dorique de la grande Grèce, de la Sicile & de la Grèce proprement dite, il est prouvé que l'ouverture de la porte abritée & renfoncée sous les colonnes du *prostylon* & du *pronaos*, c'est-à-dire, à trente ou quarante pieds du jour, n'auroit pu éclairer l'intérieur d'une *cella* de cent pieds de long, comme étoit celle des temples de Minerve à Athènes & de Jupiter à Olympie; & cependant, lorsqu'on parcourt avec Pausanias l'intérieur de ces temples remplis de toutes les curiosités de l'art, lorsqu'on pense qu'on y voyoit des colosses d'or & d'ivoire, des trônes ornés de peintures & de bas-reliefs, il est impossible de se persuader que de tels chefs-d'œuvre auroient été renfermés dans des espèces d'antres obscurs & impénétrables aux rayons du jour.

La ressource de la lumière artificielle des lampes & des candélabres s'offre bien à l'esprit; mais outre qu'elle eût été insuffisante pour éclairer des colosses & des compositions de cette étendue, on doit dire encore que cette opinion n'auroit pour elle aucune autorité chez les écrivains. Un très-grand nombre de passages relatifs à l'intérieur des temples, non-seulement donnent à entendre, mais forcent de croire qu'ils étoient éclairés de la lumière du jour; & quant à la lumière des lampes, on est fondé à penser qu'elle n'étoit employée, comme dans les temples chrétiens, que par un motif religieux.

Une supposition s'est présentée à l'esprit de quelques critiques pour accorder, dans les temples de Minerve & de Jupiter à Olympie, le besoin que leur intérieur avoit de lumière, avec l'opinion que ces édifices ne devoient point avoir de *fenêtres*. Comme ces deux temples avoient leur intérieur orné de deux rangs de colonnes, & que ce genre de disposition est du nombre de celles que Vitruve a affectées à la cinquième espèce de temples qu'il appelle *hypæthres*, ou dont le milieu, selon lui, devoit être découvert, on a présumé que les temples à deux rangs de colonnes intérieures, étoient tous du genre *hypæthre*, & que dans cette donnée, ce que Vitruve appelle le milieu, *medium sub divo*, s'étendoit à toute la *cella* ; que dès-lors le *naos* intérieur étoit sans couverture, & qu'ainsi il recevoit toute la lumière du jour.

Mais alors, nouvel inconvénient. Comment supposer que des ouvrages aussi précieux & aussi délicats par leur travail, que susceptibles des impressions de l'air par leur matière, auroient été abandonnés à toutes les intempéries des saisons? Est-il bien vrai d'ailleurs que tous les temples qui avoient deux rangs de colonnes l'un au-dessus de l'autre, aient été du genre appelé *hypæthre* par Vitruve, & que le temple que Vitruve désigne par ce nom ait eu tout son intérieur découvert? (*Voyez*, à cet égard, le mot HYPÆTHRE, où l'on donne une solution de ces questions.)

M. Stuart, dans ses *Antiquités d'Athènes*, a proposé l'opinion que les voiles de temple (*parapetasmata*) pouvoient, dans les temples découverts, abriter les statues par leur position horizontale. Mais nous verrons au mot PARAPETASMA, que cette position fut toujours verticale.

Au reste, on dira ici d'avance, que le passage de Vitruve sur le temple *hypæthre*, n'emporte point la conséquence que tout l'intérieur de la *cella* soit découvert; mais que seulement on doit en conclure que le milieu du temple ou du *naos* étoit percé à jour, ce qui fut commun aux temples de plusieurs divinités, qu'ils aient eu ou non deux rangs de galeries intérieures. Le passage de Vitruve, *medium autem sub divo est sine tecto*, est donc une autorité de plus en faveur de l'opinion que les temples qui n'avoient point de *fenêtres* latérales, & qui ne pouvoient recevoir assez de jour par leur porte, étoient éclairés par des ouvertures de comble; & il est impossible d'avoir une autre opinion à l'égard de ceux des autres temples périptères grecs, qui ne peuvent être supposés du genre prétendu hypæthre de Vitruve, c'est-à-dire, qui n'avoient pas les deux rangs de galeries intérieures.

Plus d'une autorité recueillie chez les écrivains montre que les ouvertures ou *fenêtres* de comble furent fréquemment pratiquées dans les temples des Anciens; & si l'on rapproche de cette notion, la facilité qu'ils eurent dans des toits & des plafonds, la plupart en charpente, de ménager des jours ou latéraux ou verticaux, il faudroit s'étonner, non qu'ils aient usé de ce moyen, mais qu'ils l'aient négligé.

Plutarque enfin nous a fourni à cet égard un

renseignement aussi précieux que positif : il cite l'architecte qui, au sommet de la couverture du temple de Cérès à Eleusis, avoit pratiqué la *fenêtre* verticale *aversa* qui devoit éclairer l'intérieur. Or, le récit même de Plutarque, & la mention qu'il fait des divers architectes qui se sont succédés dans la construction de l'intérieur de ce temple, prouvent qu'il avoit les deux ordres de colonnes l'un sur l'autre, auxquels le passage de Vitruve fait reconnoître le temple qu'il appelle *hypæthre*. Bien d'autres considérations doivent porter à penser que la *cella* ou la nef du temple dans lequel on célébroit les mystères, dans lequel les initiés passoient la nuit, ne put pas être découvert, à la manière de ceux qui interprètent le passage de Vitruve selon le sens que nous combattons. Il paroît donc à peu près démontré que l'intérieur du temple d'*Eleusis* étoit éclairé par une *fenêtre* de comble.

Les *fenêtres* de comble, dont le Panthéon de Rome nous a conservé l'exemple à peu près unique, étoient très-probablement beaucoup plus multipliées qu'on ne le pense dans les combles de charpente des temples, où il fut si facile de les pratiquer. Comme toutes les toitures des édifices anciens ont disparu, & comme avec elles ont disparu aussi les preuves palpables & matérielles de ces sortes de *fenêtres*, bien des personnes sont portées à en nier l'existence. Mais lorsqu'à toutes les raisons tirées de la vraisemblance, de l'analogie, de la nécessité, se joignent les autorités des monumens de l'histoire, il paroît qu'on ne peut plus se refuser à croire la chose en question.

Ainsi deux inscriptions qui font partie des *Monumenti marmorei di fratelli Arvali*, tavol. 24 & tavol. 32, nous apprennent que le *magister fratrum Arvalium* venoit au temple de la Concorde; que là, se plaçant sous la partie du comble qui étoit découverte *sub divo culmine*, & la tête voilée, il indiquoit le sacrifice à faire pour la santé de l'Empereur. Chacune de ces inscriptions semble placer cette *fenêtre* de comble dans le *pronaos* du temple; mais comme nous ne voyons pas que le temple romain ait eu le même genre de *pronaos* que le temple grec, il est permis de croire que le lieu dont il s'agit dans les inscriptions n'étoit pas le dessous du *prostylon* du temple, mais un espace intérieur de la *cella*. Dans tous les cas, & quel que soit l'emplacement désigné, le comble offroit un jour d'en-haut.

Si l'on consulte Vitruve sur la construction des basiliques & les monumens de ce genre qui nous sont parvenus, il est indubitable que ces grands édifices recevoient le jour par des *fenêtres* latérales. *Reliqua spatia inter parastatarum & columnarum trabes, per intercolumnia luminibus sunt relicta.* (Vitruve, *liv. V, chap.* 1.) Ce fut aussi de cette manière que furent éclairés dès l'origine les temples chrétiens, qui, comme on l'a dit (*voyez* BASILIQUE), empruntèrent les formes & les usages des basiliques des Païens.

Les salles des thermes recevoient la lumière par de grandes *fenêtres*, ou plutôt par des ouvertures cintrées pratiquées dans le haut des murs, comme on peut le voir aux thermes de Dioclétien.

On a peu de notions positives sur les *fenêtres* dans les habitations & dans les maisons particulières chez les Anciens. La ville de Pompeii, qui auroit pu nous donner beaucoup de lumières sur cet article, n'offre que fort peu de restes d'habitations, qui puissent témoigner de l'usage habituel des *fenêtres*. Presque toutes les maisons sont ruinées dans leurs étages supérieurs, & sont réduites à l'étage du rez-de-chaussée.

D'après les meilleurs renseignemens on est porté à croire que, dans la haute antiquité, les *fenêtres* étoient rares, petites & étroites. Si l'on consulte, dans Vitruve, le plan de la disposition des maisons grecques, elles n'avoient point de *fenêtres* ni de jours sur la rue. Les découvertes de Pompeii semblent confirmer ce fait, si l'on juge par les plans de ce que durent être les élévations de ses maisons. On présume encore que les *fenêtres* des appartemens étoient pratiquées assez haut, pour qu'il fût difficile d'en user selon la manière dont en usent les Modernes, c'est-à-dire, pour voir en dehors, & aussi pour être vu.

« Dans les bains, dit Winckelmann (*Observations sur l'Architecture des Anciens*), ainsi que » dans les appartemens, les *fenêtres* étoient pla- » cées fort haut, comme elles le sont dans les » ateliers de nos sculpteurs, ainsi qu'on l'a sur- » tout remarqué aux maisons des villes ensevelies » par le Vésuve. On peut s'en convaincre aussi » par quelques tableaux d'Herculanum. (*Pitt. » d'Ercol., tom. I, pag.* 171.) Ces maisons n'a- » voient aucune *fenêtre* sur la rue. ..... « Il n'est » cependant pas vraisemblable, ajoute un peu » plus bas le même antiquaire, que les maisons » des grandes villes n'aient pas eu de *fenêtres* sur » la rue. Plusieurs passages des poëtes indiquent » même le contraire. »

Dans le même ouvrage, Winckelmann avance une opinion qui semble peu fondée, ou déduite d'autorités fort équivoques, sur l'usage des *fenêtres* dans les édifices antiques. Si l'on en peut juger, dit-il, par les restes surtout de la *villa Adriana* à Tivoli, il est à croire que les Anciens préféroient les ténèbres à la lumière, car on n'y trouve aucune voûte, ni aucune chambre qui ait des ouvertures pour servir de *fenêtres*. On a déjà répondu à Winckelmann, qu'on ne pouvoit tirer aucune conséquence, sur ce sujet, des ruines de la maison de campagne d'Adrien, tant que l'on ignorera à quel usage ces bâtimens étoient destinés. La plupart des écrivains témoignent contre cette opinion de Winckelmann. Varron (*De Re rustica, lib. I, cap.* 12) veut que les maisons de campagne soient fort éclairées. Vitruve prescrit la même chose, tant pour la ville que pour la campagne. Les maisons de Pline, dont on a rapporté les descriptions (*voyez* CAMPAGNE (Maison de)), étoient très-éclairées, ainsi que l'étoit l'édifice dont Lucien nous a laissé la description. (*Voyez* HIPPIAS.)

Il y a plusieurs lois romaines qui prouvent qu'on avoit une grande attention à ce que des voisins incommodes ne vinssent pas dérober la vue aux maisons, soit de ville, soit de campagne.

Nous avons dit que les *fenêtres* des maisons étoient petites : on l'a souvent conclu du passage de Cicéron qu'on va rapporter, quoiqu'il soit aussi permis d'en tirer une conséquence contraire. Cicéron (*Epist. ad Attic.*, *lib. II*, *epist.* 3) répond à la critique que lui avoit adressée Atticus contre la petitesse des *fenêtres* d'une maison de campagne qu'il faisoit bâtir. *Vous blâmez*, lui dit-il, *mes fenêtres, de ce qu'elles sont étroites; apprenez que Cyrus, mon architecte, à qui j'ai communiqué vos reproches, prétend que la transmission des images des objets est beaucoup moins agréable à travers de larges fenêtres*. (Radiorum rès diaphanês latis luminibus non tam esse suaves.) *En effet*, soit *A l'œil qui voit*, *B* & *C l'objet qu'il voit*, *D* & *E les rais qui vont de l'objet à l'œil, vous comprenez bien le reste*. Ainsi la censure d'Atticus est une preuve que l'architecte Cyrus avoit fait à Cicéron des *fenêtres* étroites, & s'il se trouvoit des gens de goût qui l'en blâmoient, cet usage n'étoit pas général.

De quelle manière les *fenêtres*, chez les Anciens, pouvoient-elles introduire le jour dans les intérieurs, & préserver de l'intempérie des saisons? Cette question, comme l'on voit, touche à celle qu'on a souvent faite sur le genre de carreaux ou de matières transparentes qui étoient en usage. La réponse à cette question se trouvera aux mots VITRE, VITRAUX, SPÉCULAIRE. (*Voy.* ces mots.)

Il est constant que l'usage des *fenêtres*, considérées sous le rapport de leur nombre, de la grandeur de leur ouverture & de leur position, dépend dans chaque pays, non-seulement des coutumes de la vie civile, mais aussi du climat & de la température. Les circonstances morales supposées égales, les *fenêtres* seront moins multipliées dans un pays chaud que dans un pays froid; & là où le soleil se montre moins, où les jours sont & plus courts & plus nébuleux, on éprouvera le besoin d'augmenter & d'agrandir les ouvertures qui transmettent la lumière: c'est une des causes qui rendent, en quelques pays, la forme des *fenêtres* moins propre à s'accommoder avec la belle architecture.

A l'article CROISÉE (*voyez* ce mot), on a traité tout ce qui a rapport à l'architecture, en fait de *fenêtres*; on a parlé de leur proportion, de leur distribution, de leur forme, de leur décoration. Nous ne pourrions donc rien ajouter ici qui fût, à proprement parler, du ressort de l'art. Si l'on s'est étendu sur l'existence, l'usage & les variétés des *fenêtres* dans l'antiquité, c'est que cette partie des édifices que le temps a détruits est devenue, pour les Modernes, un point assez problématique, & qu'il reste encore plus d'une obscurité dans ce sujet. On n'a pas les mêmes raisons en parlant des *fenêtres* dans les bâtimens modernes. Tout le monde connoît tout ce qu'on peut dire de l'emploi qu'on en fait, & de la diversité de leurs configurations. Nous nous bornerons donc à la simple nomenclature des dénominations qui en expriment les variétés.

FENÊTRE A BALCON est celle qui s'ouvre dans toute la hauteur de l'appartement & jusqu'au plancher, & dont l'appui en dehors est fermé par des entrelas ou des balustres. On en voit de semblables au château de Versailles, du côté du jardin.

FENÊTRE ATTICURGE. *Fenêtre* dont l'appui est plus large que le linteau, c'est-à-dire, dont les pieds-droits montans ne sont ni d'aplomb ni parallèles entr'eux. Telles sont, dans l'antique, les *fenêtres* du temple de la Sybille à Tivoli; chez les Modernes, celles du palais Sachetti, & celles de la coupole de l'église de la Sapience à Rome. On a nommé ainsi cette sorte de *fenêtre*, parce qu'elle ressemble à la porte que Vitruve a appelée *Atticurge*. (*Voyez* ce mot.)

FENÊTRE AVEC ORDRE. On appelle ainsi celle qui, outre son chambranle, est enrichie de petits pilastres ou de petites colonnes avec leur entablement. Ces *fenêtres* ainsi décorées prennent le nom de l'ordre auquel appartiennent les colonnes ou pilastres qui les décorent. Ainsi les *fenêtres* du premier étage du palais Farnèse à Rome sont corinthiennes, & celles du second étage sont ioniques.

FENÊTRE BIAISE. C'est une *fenêtre* dont les tableaux de baie (*voyez* ce mot), quoique parallèles, ne sont pas taillés d'équerre avec le mur de face. On y pratique ce *biais* pour faciliter ou augmenter, selon le local, l'introduction de la lumière dans l'intérieur d'une pièce.

FENÊTRE BOMBÉE, celle dont la fermeture n'est qu'une portion d'arc ou d'une courbe elliptique. On en voit beaucoup ainsi au Louvre. Cette forme est bâtarde, & elle a peu de caractère.

FENÊTRE CINTRÉE, celle dont la fermeture est une demi-circonférence de cercle ou une demi-ellipse. Telles sont beaucoup de *fenêtres* à rez-de-chaussée; telles sont celles du premier étage du château de Versailles.

FENÊTRE DANS ANGLE. *Fenêtre* qui est si proche de l'angle rentrant d'un bâtiment, que son tableau de baie n'a point de dossier. On appelle aussi *fenêtres d'angle* certains petits jours étroits & hauts, en manière de barbacane, que l'on pratique dans un angle rentrant, pour éclairer un petit escalier, sans nuire à la décoration générale d'une façade. Il y en a de semblables à l'église des Invalides à Paris.

FENÊTRE D'ENCOIGNURE. C'est celle qui est prise dans un pan coupé.

FENÊTRE DROITE. *Fenêtre* rectangulaire dont la fermeture est en plate-bande ou en linteau horizontal.

FENÊTRE ÉBRASÉE. *Fenêtre* dont les tableaux de baie, au lieu d'être parallèles, sont en embrasure par-dehors, pour faciliter le passage de la lumière. On en voit de tels au château de *Caprarola*.

FENÊTRE EN ABAT-JOUR est celle dont l'appui ou le linteau, ou séparément chacun, ou tous les deux sont en glacis par-dedans, pour donner plus de jour. Il y a de ces *fenêtres* qui sont élevées à cinq pieds au-dessus du plancher, à raison de quelque servitude. On appelle aussi du même nom celles qui servent à éclairer des étages souterrains, ou des offices & cuisines.

FENÊTRE EN TOUR CREUSE. On donne ce nom à une *fenêtre* qui est plus étroite extérieurement qu'intérieurement, les jouées (*voyez* ce mot) de l'épaisseur du mur n'étant point parallèles ; ce qui se pratique, soit par sujétion, pour éclairer un escalier à vis, soit par raison de sûreté, comme dans une prison, soit pour ne pas interrompre une décoration extérieure.

FENÊTRE EN TRIBUNE. *Fenêtre* qui est ouverte jusqu'au plancher au milieu d'une façade de bâtiment, qui a un balcon en saillie par-devant, & qui est distinguée des autres *fenêtres* de la façade, autant par la grandeur de sa baie, que par la richesse de son architecture & de sa décoration. Telle est, par exemple, celle de l'aile du Capitole à Rome.

FENÊTRE FEINTE. C'est la représentation d'une croisée. Elle est ordinairement renfoncée de l'épaisseur du tableau de baie : on la pratique, soit pour correspondre à d'autres *fenêtres* réelles, & par principe de symétrie, soit pour orner la façade d'un mur. Les quatre faces d'un tombeau antique de la ville d'Agrigente en Sicile ont chacune une croisée feinte. (*Voyez* AGRIGENTE.)

FENÊTRE CHATTE. C'est, selon Léo-Batista Alberti, une *fenêtre* qui a plus de largeur que de hauteur. Il y en a de semblables dans des corridors & lieux élevés ; on en fait aussi pour éclairer les rampes des escaliers.

FENÊTRE MEZZANINE. Petite *fenêtre* moins haute que large, qui sert à éclairer un attique ou un entre-sol. Les *fenêtres* de cette espèce, que les Italiens appellent *mezzanini*, & qui sont fort en usage chez eux, se pratiquent aussi dans des frises d'entablement ou de couronnement. On en voit de semblables au château des Tuileries.

FENÊTRE A MENEAUX est celle qui est divisée, dans sa largeur & sa hauteur, par un ou plusieurs meneaux, comme cela se pratiquoit dans les anciens châteaux. (*Voyez* MENEAU.)

FENÊTRE OVALE est celle dont la baie est un ovale, soit en hauteur, soit en largeur.

FENÊTRE QUARRÉE, celle dont la largeur est égale à la hauteur. Telles sont ordinairement les *fenêtres* des attiques. (*Voyez* ATTIQUE.)

FENÊTRE RAMPANTE. C'est le nom d'une *fenêtre* dont l'appui & la fermeture sont en pente, ou à raison de quelque sujétion, ou pour suivre la pente d'un escalier.

FENÊTRE RONDE. C'est une *fenêtre* circulaire, dont la baie a la forme d'un cercle.

FENÊTRE RUSTIQUE. *Fenêtre* qui a pour chambranle des bossages de quelqu'espèce qu'ils soient. Il se trouve beaucoup de ces sortes de *fenêtres* dans l'architecture de Vignole, de Palladio, &c.

FENIL, s. m., vient de l'italien *fenile*. C'est ou un hangar, ou un magasin spacieux, ou tout autre lieu dont la destination est de serrer & de conserver le foin.

FENTONS, s. m. pl. Morceaux de fer fendus en crampons par les deux bouts, qu'on scelle dans les tuyaux & souches de cheminées, en les épigeonnant pour les entretenir. Il y en a de grands qu'on appelle *fentons potencés*, parce qu'ils sont faits en manière de potence. Ils servent à porter les grandes corniches de plâtre ou de stuc. On fait encore des *fentons* de bois en manière de grosses chevilles, qu'on met dans les entrevoux, pour soutenir le bourdi d'un plancher ; ils servent aussi pour les petites corniches.

FER, s. m. Tout le monde est d'accord aujourd'hui que le *fer* fut connu dès la plus haute antiquité : plus d'un passage des plus anciens écrits le prouve. Mais dans ces temps reculés, il paroit que l'emploi de ce métal fut moins usuel, ou appliqué à beaucoup moins d'usages qu'il ne l'est devenu dans les temps modernes. Le cuivre ou le bronze, au contraire, avoit alors beaucoup plus d'emplois qu'il n'en a parmi nous. Cependant il faut dire que, dans les beaux siècles de l'art, les Anciens firent servir le *fer* à l'exécution des statues.

statues. Pline & Pausanias citent plusieurs ouvrages célèbres en ce genre par une sorte d'habileté qui est tout-à-fait étrangère à l'industrie moderne. Le *fer* fondu ne s'emploie aujourd'hui, en sculpture, qu'aux plus vulgaires ouvrages de bas-reliefs, si toutefois il est permis de donner le nom de *sculpture en bas-relief* aux plaques de nos cheminées.

En récompense, le *fer* est bien plus souvent employé dans les constructions modernes, qu'il ne le fut dans celles des Anciens; ceux-ci employèrent presque toujours des crampons de bronze à lier les joints des pierres (*voyez* BRONZE & CRAMPON), lorsque les modernes donnent la préférence aux crampons de *fer*. La raison doit en être que le *fer* est aujourd'hui relativement moins cher, comme jadis le cuivre eut sans doute le privilége du bon marché. C'est ce qui fit qu'autrefois on employa le bronze à faire des charpentes métalliques, ainsi que Pausanias & Spartien nous le font connoître; le premier, à l'égard du *Forum* de Trajan, le second, à l'égard de la *Cella solearis* des thermes de Caracalla.

Le *fer*, de nos jours, a été mis en usage dans plus d'un comble. Il vient d'être employé à former la couverture sphérique de la halle aux blés à Paris, pour remplacer celle de charpente, faite selon la méthode de Philibert Delorme, & que le feu avoit consumée. (*Voyez* HALLE.)

Le *fer* avoit déjà été appliqué, dans quelques pays, à la formation des ponts; mais les ponts de *fer* dont on parle, n'ont qu'une seule arche. On a construit récemment, dans Paris, deux ponts de cinq arches chacun, dont les cintres sont uniquement composés de *fer*. Le temps seul apprendra ce qu'il y a d'économique dans ces constructions, jusqu'à quel point elles sont durables, & si la multiplicité des cintres n'est pas dans le cas d'y occasionner des inconvéniens qui ne se développent point dans les ponts de *fer* qui n'ont qu'une arcade. (*Voyez* PONT.)

On ne fera point ici mention de tous les emplois auxquels le *fer* s'applique, tant dans la construction que dans l'ornement des édifices. (*Voyez* BALCON, RAMPE, GRILLE, &c.) On terminera cet article par l'énumération des différens noms qu'on donne au *fer*, suivant sa grosseur, ses façons, ses usages & ses défauts.

Du fer suivant sa grosseur.

Fer aplati. Nom qu'on donne au *fer* lorsqu'il n'a que trois à quatre lignes d'épaisseur sur vingt à vingt-quatre de largeur, & qui sert pour les appuis des rampes & des balcons, les battemens des portes, &c.

Fer-blanc. Feuille de *fer* fort mince, blanchie avec de l'étain, dont on se sert au lieu d'ardoise pour les couvertures, & dont on fait des chenaux, cuvettes, tuyaux de descente, &c., dans les endroits où le plomb est cher.

Fer de carillon. Fer de huit à dix lignes de grosseur.

Fer de gros ouvrages ou *gros fer*. On appelle ainsi, dans les bâtimens, des tirans, ancres, crampons, liens, équerres, étriers, harpons, boulons, barres de trémie, manteaux de cheminée, dents-de-loup, sentons, grilles & portes de *fer* simples, qui se paient au poids.

Fer en botte ou *menu fer*. C'est le *fer* qui sert pour les verges des vitres.

Fer en feuilles. Ce *fer*, qu'on nomme aussi *tôle*, a environ une ligne d'épaisseur. C'est sur lui qu'on cisèle & qu'on emboutit des ornemens.

Fer en lame. C'est un *fer* qui a deux ou trois lignes d'épaisseur, sur différentes largeurs, & qui sert pour les enroulemens.

Fer méplat. Fer dont la largeur est double de son épaisseur.

Fer plat. Ce *fer*, qu'on nomme aussi *cornette*, a trois pouces de large sur cinq à six lignes d'épaisseur.

Fer quarré. Fer qui a deux ou trois pouces de grosseur. On le nomme aussi *fer de courçon*.

Fer quarré bâtard. C'est un *fer* qui a quinze à dix-huit lignes de grosseur.

Fer quarré commun. C'est un *fer* d'un pouce de gros.

Fer rond. Fer de neuf lignes de diamètre, qui sert à faire des tringles & verges de rideaux.

Du fer suivant ses façons.

Fer acéré. Fer qui est mêlé ou abouti d'acier, pour les outils de taillanderie, comme marteaux, &c., ou plutôt qui est affiné, & qui a pris la nature de l'acier par la fonte & par la trempe.

Fer embouti. C'est de la tôle relevée en bosse avec les outils, pour faire des feuillages, des roseaux ou autres ornemens.

Fer corroyé. Fer qui, après avoir été forgé, est ensuite battu à froid, pour devenir plus difficile à casser. On emploie ce *fer* dans les machines mouvantes, comme aux balanciers, manivelles, pistons, &c.

Fer coudé. Fer qui est plié sur son épaisseur comme un étrier, soit pour retenir une poutre écartée, soit pour accoler une encoignure de menuiserie, ou qui est retourné en angle droit, comme les équerres de porte cochère.

Fer enroulé. Fer plat ou carré, contourné en spirale, dont on fait des arcs-boutans, panneaux, couronnemens, & autres ouvrages de serrurerie.

Fer étiré. On appelle ainsi le menu *fer* qu'on alonge en le battant à chaud.

Fer fondu. Nom qu'on donne au *fer* dont on se sert pour couler les conduits, les poêles, les contre-cœurs & autres ouvrages de ce genre. Le même nom se donne au *fer* qui, après avoir été fondu, peut être réparé avec des outils, tels que la lime & le ciseau, & dont on fait des balcons, des rampes d'escaliers, des clôtures de chœurs d'églises, & autres objets semblables. Le secret de travailler le *fer fondu* fut sans doute connu des Anciens, & servit sans doute à l'exécution des statues dont on a parlé plus haut. Il s'est perdu, & a été retrouvé dans le dernier siècle. C'est au moyen de ce secret qu'on a exécuté la rampe du Palais-Royal & la grille du chœur de Saint-Germain-l'Auxerrois à Paris.

Fer noirci. C'est un *fer* qui est ou noirci au feu avec la corne, comme les serrures à bosse, pentures, équerres, verroux communs, ou imprimé de noir à l'huile, telles que sont les grilles, portes, balcons, & tous autres ouvrages exposés aux injures de l'air.

Du fer suivant ses usages.

Fer d'amortissement. Nom qu'on donne à toute aiguille de *fer* entée sur un poinçon, pour tenir, soit un vase, soit une girouette, soit tout autre ornement qui termine un comble.

Fer de cuvette. Morceau de *fer* plat, forgé en rond, qui, étant scellé dans le mur, sert à soutenir ou à accoler une cuvette de tuyau de descente.

Fer de menus ouvrages. C'est ainsi qu'on appelle en général les serrures, targettes, fiches & autres garnitures de portes & de croisées, qui se paient à la pièce.

Fer de pieu. Morceau de *fer* pointu à quatre branches, dont on arme la pointe d'un pieu affilé.

Fer de pique. Ornement de serrurerie fait en manière de dard, qu'on met sur les grilles de *fer*.

Du fer suivant ses défauts.

Fer aigre. Fer qui se casse facilement à froid.

Fer cendreux. Fer qui, à cause de ses taches grises de couleur de cendre, ne peut recevoir le poli.

Fer pailleux est celui qui a des pailles ou filamens qui le rendent cassant lorsqu'on veut le couder ou le plier.

Fer rouverin. C'est le nom donné au *fer* qui se casse à chaud, à cause de ses gerçures.

Fer tendre. Fer qui se brûle trop vite au feu.

FER-A-CHEVAL. On donne ce nom, dans les bâtimens ou les jardins, à toute construction ou terrasse dont le plan a la forme d'un *fer de cheval*. Telles sont les terrasses circulaires, à deux rampes en pente douce, de l'extrémité du jardin des Tuileries, près la place Louis XV. Telle est encore celle du parterre de Latone à Versailles.

FERME, s. f. (*Terme de charpenterie.*) C'est un assemblage de charpente composé au moins de deux forces, d'un entrait & d'un poinçon, pour aider à porter un comble.

On appelle *demi-ferme* celle qui sert à porter le comble d'un appentis, ou qui forme la croupe d'un comble. On nomme *maîtresses fermes*, celles qui portent sur les poutres; *fermes de remplage*, celles qui sont espacées entre les maîtresses poutres; *fermes d'assemblage*, celles dont les pièces sont faites de bois de même grosseur.

On donne le nom de *ferme ronde* à un assemblage de pièces de bois cintrées pour couvrir, par une avance, le pignon d'un mur de face, ou d'un pan de bois. On appelle aussi *fermes rondes*, celles d'un dôme ou d'un comble cintré.

FERME ou MÉTAIRIE. (*Jardinage.*) C'est un bâtiment rustique, accompagné de cours, de basses-cours, de hangars, d'écuries, d'étables; qui sert ordinairement d'habitation au fermier d'une terre.

Depuis que le genre irrégulier s'est plu à réunir, dans l'ensemble d'un même terrain, l'agréable à l'utile & au nécessaire, en faisant disparoître la main de l'art & l'ordonnance symétrique de la composition des jardins, c'est-à-dire, en les ramenant dans l'image comme dans le fait, à la réalité d'un paysage, on a cherché à se procurer de toutes parts des points de vue, en tirant parti de tous les bâtimens rustiques dont se compose l'exploitation d'une terre. Dans ce système, au lieu d'éloigner de la promenade & du jardin d'agrément, les objets de nécessité, on les a liés à la disposition des terrains, de manière à faire partie de l'ensemble appelé *jardin*.

La *ferme* ou la métairie, dans ce genre de jardinage, est une des parties dont, selon la théorie nouvelle, on doit le plus soigner les formes, le goût & la composition. Elle doit être simple, mais propre & élégante; sa construction sans apprêt doit avoir un caractère naturel, & offrir un point de vue qui invite à s'y rendre. Elle ne repousse pas cependant quelques ornemens, mais le luxe doit en être banni. Ainsi l'a prononcé le chantre des Jardins:

Ornez donc ce séjour. Mais absurde à grands frais
N'allez ériger une ferme en palais.
Élégante à la fois & simple dans son style,
La ferme est aux jardins ce qu'aux vers est l'idylle.

FERMER, v. act. (*Construction.*) Ce mot, dans l'art de bâtir, a plus d'une signification.

Par exemple, on dit *fermer un arc, une plate-bande, une voûte*, &c.; c'est y mettre la clef pour achever de la bander.

Fermer une assise. C'est, dans un cours d'assises, poser la dernière pierre, qu'on nomme *clausoir*.

Fermer une baie de porte ou de croisée. C'est former sur ses pieds-droits une arcade, une plate-bande, ou y poser un linteau.

Fermer une baie. C'est la murer pleine ou de demi-épaisseur.

Fermer un atelier. C'est faire cesser les travaux d'un bâtiment, à cause de l'hiver, ou pour quelqu'autre raison.

FERMETÉ, f. f. Ce mot, dans l'ordre physique, exprime une qualité des corps, laquelle tient le milieu entre la dureté & la mollesse.

Ainsi l'on distingue entre les pierres qu'emploie la construction, celles qui n'ont que de la *fermeté*, d'avec celles qui ont de la dureté.

La dureté peut être, & est le plus souvent une qualité recherchée dans les matériaux, à moins qu'elle ne soit excessive, comme est celle du porphyre.

Dans l'ordre moral, la dureté est un défaut, & la *fermeté* une vertu. Il en est de même dans l'ordre des idées qu'exprime la langue des arts. Cicéron reprochoit de la dureté aux productions de Canachus & de Calamis, & Pline fait la même observation sur celles de Myron. La *fermeté* en peinture & en sculpture est une qualité non-seulement louable, mais nécessaire. On en dira autant de l'architecture.

La *fermeté* qui est du ressort de l'architecture se manifeste autant dans le plan des édifices, que dans leur élévation.

La *fermeté* du plan consiste dans l'emploi de lignes simples & de figures entières. Les contours ondoyans, les formes mixtilignes, rendent lâche & mou l'aspect général d'un plan.

La *fermeté* de l'élévation dépend aussi de la simplicité des formes, mais surtout de la saillie des profils, de la pureté de leurs contours, de la manière nette, franche & hardie de leur exécution.

On ne sauroit nier non plus que ce dernier genre de *fermeté* ne tienne jusqu'à un certain point à la qualité des matériaux mis en œuvre. L'emploi d'une pierre dure invite à la *fermeté*. On ne sauroit atteindre cette qualité, du moins dans un degré égal, avec un tuf mou & qui cède trop facilement à l'outil, ni avec le plâtre ou d'autres enduits du même genre.

FERMETTE, f. f., diminutif de *ferme*. On appelle ainsi la petite ferme d'un faux comble, ou celle qui couvre une lucarne.

FERMETURE, f. f. C'est la manière dont la baie d'une porte ou d'une croisée est fermée sur ses pieds-droits, soit carrément, soit en forme cintrée.

Fermeture de cheminée, est l'extrémité supérieure de la souche d'un tuyau de cheminée dont on diminue l'ouverture, & qui est décorée de quelques moulures.

Fermeture de menuiserie. C'est l'assemblage du dormant du châssis, des guichets ou ventaux d'une porte ou d'une croisée de menuiserie. C'est aussi l'assemblage des feuillets arrasés ou avec montans de la fermeture d'une boutique.

FERRER, v. act. C'est garnir une porte ou tout autre ouvrage en menuiserie, des équerres, gonds, fiches, verroux, targettes, loquets, serrures, &c.

FERRURE, f. f. Nom général qu'on donne à tout fer en menus ouvrages qu'on emploie aux portes & aux croisées de menuiserie. On l'appelle aussi *garniture*.

Ferrure blanche ou *limée en blanc*. C'est une *ferrure* qui est seulement passée au carreau.

Ferrure bronzée. Ferrure qui est mise en couleur de bronze avec la poudre de ce métal, qui s'y attache moyennant un mordant au feu.

FESTON, f. m., vient de l'italien *festone*, lequel dérive du mot *festa*, fête, parce que c'est aux jours de fête, dans les cérémonies religieuses, qu'on a l'usage d'orner le dessus des chambranles des portes, & même leurs linteaux, de faisceaux ou espèces de cordons tissus d'herbes, feuilles, fruits ou fleurs.

Ovide a dit *texere flores*, & Martial, *textilibus sertis omne rubebat iter*. Le *feston* est donc une espèce de gros cordon tissu de verdure, qu'on orne, dans sa longueur, de bandes d'étoffe en spirale.

Quand le *feston* n'étoit pas composé de fruits, les Anciens l'appeloient *corymbus*, du grec κόρυμβος; mais s'il y avoit des fruits, on le nommoit *encarpus*, du grec καρπος, fruit.

Le mot *feston* est devenu en français plus général que *festone* ne l'est en Italie. Il s'applique habituellement à tous ornemens de feuilles, de fleurs & de fruits, que l'architecture, d'après l'usage fort anciennement pratiqué dans les fêtes, se plaît à multiplier en sculpture sur toutes sortes de parties des édifices.

La mode en est venue jusqu'à faire des *festons* composés d'autres objets que de plantes ou de fruits. Ainsi l'on en fait avec des instrumens de musique ou d'autres arts. L'emploi des *festons* de ce dernier genre sert souvent à caractériser quelques édifices, ou à suppléer les inscriptions, en rendant sensible aux yeux la destination du monument.

Quant au genre de *festons* les plus ordinaires, on les confond avec ce qu'on appelle *guirlande*. Leur emploi est devenu tellement banal, que cette espèce de symbole a presque perdu toute signification. (*Voyez* GUIRLANDE.)

FEU D'ARTIFICE. (*Voyez* ARTIFICE.)

FEUILLAGE, f. m. (*Voy.* FEUILLE, FEUILLES.)

FEUILLAGE. (*Jardinage.*) Dans le système des jardins irréguliers, on considère la composition d'un jardin, comme le peintre considère celle d'un paysage. On regarde un jardin comme devant produire à l'œil des effets du genre de ceux que la nature produit en grand dans de vastes espaces.

De cette manière de voir un jardin, sont résultées des applications de l'art du payſagiſte à celui du jardinier. Auſſi en liſant les Traités de jardinage irrégulier, on croit quelquefois lire des Théories de peinture. On y parle de maſſes, de repouſſoirs, de plans, de couleurs fondues, de mélanges de teintes.

Selon ces préceptes plus ou moins chimériques, l'artiſte jardinier doit nuancer habilement les *feuillages*; il doit calculer l'effet de leurs couleurs, tant dans le voiſinage des ſcènes priſes en particulier, que dans les points de vue qui laiſſent appercevoir de loin, & tout d'un coup, des maſſes entières. Jamais, dit-on, la nature ne revêt ni la ſurface du ſol, ni le contour des bois, d'un ſeul vert; ſans varier & fondre les teintes du *feuillage*.

Il faut obſerver en conſéquence, lorſqu'on plante les arbres dont on doit connoître le *feuillage* & prévoir les effets, que le vert nuancé de blanc ſe préſente le premier, enſuite doit venir le vert-clair, puis le brun, & enfin ſucceſſivement le foncé & le noirâtre. Le vert foncé ſe déploira dans le lointain, & le vert-clair occupera ſurtout les devans. Entre-deux pourront ſe trouver toutes les nuances mitoyennes de *feuillage*, ſuivant leur gradation.

FEUILLE, ſ. f., ſe dit, en menuiſerie, d'un aſſemblage qui fait partie d'une fermeture de boutique, ou des contre-vents d'une croiſée.

FEUILLE DE PARQUET. (*Voyez* PARQUET.)

FEUILLE, FEUILLES. Ornemens de ſculpture que l'architecture emploie dans les chapiteaux, dans les entablemens, dans les moulures des piédeſtaux, & dans une multitude de membres & de parties où ils figurent, ſoit qu'ils ſoient ſculptés à même la maſſe, ſoit qu'on les y rapporte en bronze, en ſtuc, en plâtre, en bois, &c.

Les colonnes & les chapiteaux de l'Egypte nous montrent l'emploi des *feuilles*, dans les ornemens de l'architecture, non-ſeulement comme conſacré par l'uſage, mais comme fondement de l'imitation propre à cet art. Les *feuilles* n'y ſont pas de ſimples acceſſoires ſculptés ſur une forme préexiſtante; elles conſtituent quelquefois la forme elle-même, & ſont, non l'ornement d'un chapiteau, mais le chapiteau. Ainſi l'on voit des chapiteaux qui repréſentent une tête de palmier; les *feuilles* de cet arbre en font la maſſe & l'ornement. D'autres chapiteaux en forme bombée ſont façonnés à l'inſtar d'une fleur, d'une tulipe, par exemple, non écloſe. Sur d'autres encore, dont le fond eſt une cloche à la manière du chapiteau corinthien qui en fut l'imitation, on voit trois rangs de plantes l'un au-deſſus de l'autre.

Les feuillages & les plantes ont dû entrer dans la décoration de l'architecture chez tous les peuples, ſoit parce que pluſieurs de ces productions naturelles étoient conſacrées à la religion, ſoit parce que dans les fêtes, ainſi qu'on l'a dit (*voy.* FESTON), l'uſage étoit d'embellir de *feuilles* & de verdure les édifices & les autels; ſoit enfin, parce que l'homme a beſoin de ſe donner, dans tous ſes ouvrages, un modèle qui en fixe le goût & en régulariſe l'emploi.

Or, l'application des formes que préſentent les *feuilles* & les plantes aux formes de l'architecture eſt ſi naturelle, que l'inſtinct ſeul de l'imitation a dû y conduire l'artiſte.

On ne veut pas nier toutefois que plus d'un haſard n'ait ſervi l'imitateur dans quelques combinaiſons d'ornement tirées ou empruntées des *feuilles*. Comme Callimaque a pu être inſpiré par les *feuilles* d'acanthe que le haſard avoit fait pouſſer autour du vaſe d'un tombeau, mille accidens ont pu ſuggérer auſſi aux deſſinateurs, des motifs de feuillages variés dans les membres d'architecture. Il ſuffit de conſidérer quelques bâtimens ruinés & abandonnés à la deſtruction, pour y trouver une multitude de ſujets d'ornement, réſultat du jeu des plantes qui s'entrelacent de tant de manières avec les matériaux. Telle aura donc pu être l'origine de pluſieurs ajuſtemens de *feuilles* dans les parties des bâtimens.

Mais cette origine avouée comme poſſible, il n'en faut pas moins reconnoître que l'emploi des feuillages & des plantes, tel que l'art le perfectionne, doit ſe mettre au nombre de ces conventions qui repoſent en partie ſur la nature, & en partie ſur une imitation libre & indépendante d'une critique trop exigeante.

Les *feuilles* qui entrent dans la compoſition des ornemens ſont ou naturelles ou imaginaires.

Au nombre des *feuilles* naturelles on met celles du chêne, du laurier, de l'olivier, du palmier, & une multitude d'autres que l'art modifie plus ou moins, comme celles de l'acanthe. (*Voyez* ACANTHE.) Les *feuilles* imaginaires ſont, ou celles que le caprice de la décoration imagine au gré des formes variées qui les reçoivent, ou celles qui ont reçu de certaines conventions une manière d'être, laquelle participe du vrai & du factice. Certaines *feuilles* de chapiteaux ſont de ce dernier genre.

Les *feuilles* qu'on ajuſte à la décoration du chapiteau corinthien ſont de quatre ſortes; ſavoir: d'acanthe & de perſil, qui ſont découpées; de laurier, qui ſont répandues par bouquets de trois feuilles, & d'olivier, qui le ſont par bouquets de cinq.

L'imitation que l'art doit ambitionner en fait de *feuilles* dépend des objets auxquels on les applique, & de la diſtance d'où on les voit. Il eſt des parties voiſines de l'œil, où les Anciens ont viſé à contrefaire chaque nature de *feuille* avec un tel ſoin, qu'on en reconnoît tout de ſuite l'eſpèce; mais dans les membres éloignés de la vue, ils ont pratiqué de certaines conventions d'exécution qui ont pour but l'effet du tout enſemble, effet auquel ils ont ſacrifié les vérités particulières.

Tels doivent être, par exemple, les *feuillages* qu'on emploie dans les enroulemens des frises. Le motif seul de ces feuillages est emprunté à la nature; la composition de leurs détails, la flexion de leurs contours, l'exécution de leurs parties sont subordonnées à une convention particulière (*voy.* RINCEAU), qui est celle de l'ornement dans ses rapports avec les sujétions de l'architecture. Or, la sculpture, lorsque l'architecture l'emploie, ne doit plus considérer chacun des objets de son imitation, sous le seul rapport de l'objet imité avec son modèle, comme si cet objet devoit y être comparé. Ces objets sont destinés à concourir à un effet général, & l'intérêt particulier de chaque effet doit céder à l'intérêt du tout. De-là procèdent les modifications que subissent les *feuilles* de l'ornement, tant dans les compositions que dans le travail.

On appelle:

FEUILLES D'ANGLE, celles qui sont aux coins des cadres & aux retours des plafonds de larmier.

FEUILLES D'EAU, celles qui sont simples & ondées, qu'on mêle quelquefois avec les *feuilles* de refend.

FEUILLES DE REFEND, celles dont les bords sont coupés & refendus, comme l'acanthe & le persil.

FEUILLES GALBÉES, celles qui ne sont qu'ébauchées pour être refendues, c'est-à-dire, qui n'ont pas été achevées.

FEUILLES TOURNANTES, celles qui tournent autour d'un corps ou d'un membre circulaire.

FEUILLÉE, s. f. Espèce de berceau en manière de salon, qu'on fait avec un bâtis de charpente, que l'on couvre & qu'on orne par compartimens de plusieurs branches d'arbres garnies de leurs feuilles.

FEUILLURE, s. f. (*Terme de maçonnerie.*) C'est l'entaille en angle droit qui est entre le tableau & l'embrasure d'une porte ou d'une croisée, pour y loger la menuiserie.

En menuiserie, la *feuillure* est une entaille de demi-épaisseur, sur le bord d'un dormant & d'un guichet, pour garantir des vents-coulis. On la fait de plusieurs manières, en chanfrein, en languette, &c.

FICHE, s. f. Pièce en menus ouvrages de fer qui servent à porter & à faire mouvoir les ventaux des portes, les guichets & volets de croisées. Il y a des *fiches* simples; il y en a de doubles ou à doubles nœuds. On nomme *fiches de brisure*, celles des volets brisés; & *fiches à gonds & à repos*, celles qui entrent dans un gond rivé par-dessus, & qui servent pour les portes cochères.

FICHER, v. act. C'est faire entrer du mortier, soit avec une lame de fer mince, soit avec une latte, dans les joints de lit des pierres, lorsque celles-ci sont calées; c'est remplir les joints montans d'un coulis de mortier clair, après avoir bouché avec de l'étoupe les intervalles par lesquels il pourroit s'échapper. On *fiche* aussi quelquefois les pierres avec parties égales de mortier & de plâtre clair. On nomme *ficheur* l'ouvrier qu'on emploie à couler le mortier entre les pierres, à les jointoyer & à refaire les joints.

FIER, adj. Ce mot se prend au simple & au figuré dans le langage de l'architecture.

Dans le sens simple, on donne l'épithète de *fier* à la pierre ou au marbre dont le grain est réfractaire à l'outil, & qui offre une grande difficulté à tailler. On dit, par exemple, que le *liais férant* (*voyez* PIERRE DE LIAIS) est une pierre très-*fière*, à cause de sa grande dureté.

Au sens figuré, le mot *fier* exprime une manière hardie, une exécution grande & vigoureuse. (*Voyez* FIERTÉ.)

FIERTÉ, s. f., se dit en architecture comme dans les autres arts, pour exprimer une qualité synonyme de force & d'élévation; mais comme il n'y a point de véritable synonyme, le mot *fierté* exprime effectivement une nuance assez distincte de ce qu'on entend par force & par grandeur. L'idée qu'on se forme de la *fierté*, sous le rapport du caractère & des mœurs, est telle qu'elle n'emporte pas nécessairement le concours de la force & de la grandeur : on peut être fort sans être *fier*, & être *fier* sans être fort. Mais on conviendra que le propre de la *fierté* consiste dans une démonstration extérieure des qualités qu'on possède.

Il en est de même en architecture : un édifice sera grand, mais pourra manquer de *fierté* dans sa position ou son ordonnance, & ne paroîtra pas ce qu'il est. Au contraire, si vous rencontrez un monument placé de façon à dominer tout ce qui l'entoure, disposé dans des lignes simples & hardiment prononcées, vous direz qu'il a de la *fierté*, quoique sa dimension n'ait rien d'extraordinaire. La *fierté*, en architecture, résultera aussi de ce genre de construction en bossages très-faillans, comme on en voit à Florence, & qui ont une sorte d'ostentation de force & de solidité; elle résultera encore de la manière de profiler, de la grande saillie des entablemens, de la largeur des parties & de la hardiesse de leur exécution. L'ordre dorique grec est un modèle de cette *fierté*.

FIGUERIE, s. f. (*Jardinage.*) C'est, dans les jardins des pays froids, le nom qu'on donne à une partie de terrain séparée & entourée de murs, où l'on tient les figuiers, soit plantés en terre, soit dans des caisses, & où l'on ménage différens moyens de les mettre pendant l'hiver à l'abri des atteintes de la gelée.

FIGURE, s. f. Ce mot, dans son acception générale, n'exprime autre chose que l'espace d'un corps ou d'une surface limitée par des lignes. Dans le langage des arts, le mot *figure* signifie particulièrement la représentation de l'homme.

En architecture, le mot *figure* est propre de la décoration. Placer des *figures* dans un bâtiment, c'est orner son faîte, ses niches, ses entre-colonnemens, &c., de statues de quelque genre qu'elles soient.

FIGURER, v. act., se dit quelquefois en architecture pour *feindre*. On figure souvent des niches, des croisées, des profils. Ce sont des parties feintes. (*Voyez* ARCHITECTURE FEINTE; *voyez* aussi FAUX.)

FIL, s. m. C'est, dans la pierre & le marbre, ou une petite veine, ou une petite fente qui opère la désunion des parties. Tout *fil* qui a une certaine étendue rend le bloc où il se trouve défectueux & d'un emploi très-périlleux.

On appelle *fil* dans le bois, le sens même des fibres longitudinales dont cette matière se compose. C'est pourquoi on donne le nom de *bois de fil* à celui qui est employé en long & non en large.

FILANDER, architecte. (*Voyez* PHILANDER, PHILANDRE.)

FILARDEUX, adj. Epithète qu'on donne aux pierres & aux marbres qui sont sujets à avoir des fils. Cet inconvénient résulte quelquefois, dans les marbres, de la manière seule dont on les exploite. Les chutes que les blocs éprouvent dans l'exploitation, produisent des commotions qui *étonnent* le marbre & y occasionnent des défunions. Il y a des marbres *filardeux* par nature : tels sont ceux du Languedoc.

FILARETE (Antoine), architecte & sculpteur du quinzième siècle.

Filarete a fait en sculpture les portes de bronze de l'ancienne église de Saint-Pierre à Rome, & qui ont été remises à la nouvelle basilique. Il exécuta cet ouvrage de concert avec Simon, frère du célèbre statuaire Donatello. Les portes de bronze de Saint-Pierre furent commandées par le pape Eugène IV, à peu près dans le même temps que Laurent Ghiberti exécutoit celles du Baptistère de Florence. La réputation de ces deux ouvrages diffère autant que leur mérite; celui de *Filarete*, quoiqu'il occupe la première place que l'architecture moderne ait pu offrir à un artiste, est à peine cité, & le nom de l'auteur est resté obscur.

Filarete paroît s'être distingué davantage en architecture. On renomme de lui le plan du grand hôpital que François Sforce fit construire à Milan en 1457. Cet édifice est un des plus vastes & des plus commodes que l'on connoisse en ce genre. *Filarete* donna pareillement les plans de la cathédrale de Bergame, monument remarquable à plus d'un titre.

Cet architecte écrivit sur son art. Il dédia à Pierre de Médicis un Traité d'architecture qui eut pendant un temps quelque réputation. On n'y trouveroit aujourd'hui que peu de bonnes choses perdues au milieu de beaucoup d'inutiles.

FILE, s. f., se dit de toute suite d'objets disposés en ligne droite. Ainsi l'on dit une *file* de colonnes, une *file* d'arcades.

FILE DE PIEUX. C'est un rang de pieux équarris & plantés au bord d'une rivière ou d'un étang, pour retenir les berges & conserver les chaussées & terrains d'un grand chemin. La *file de pieux* est ordinairement couronnée d'un chapeau arrêté à tenons & mortoises, ou attaché avec des chevilles.

FILET, s. m. Nom qu'on donne à une petite moulure qui en accompagne une plus grande.

FILET DE COUVERTURE. Petit solin de plâtre au haut d'un appentis, pour en retenir les dernières tuiles ou ardoises. On le compte pour un pied courant sur sa hauteur.

FILET D'EAU. On appelle ainsi la petite masse d'eau qu'on peut, selon les cas, employer à faire une fontaine. Souvent un motif ingénieux empêche de s'apercevoir de la disette d'eau. Un artiste florentin, *Tribolo*, ayant à employer un petit *filet d'eau* dans une fontaine de *Castello*, près Florence, imagina une Vénus sortant du bain, & pressant ses cheveux, de l'extrémité desquels sort un petit volume d'eau dans le bassin, au milieu duquel s'élève la statue.

FILETS D'EAU. (*Jardinage.*) Les eaux sont l'agrément des jardins. L'art consiste à multiplier leur emploi, & à tirer de ce que la nature présente en ce genre, l'effet le mieux approprié à chaque terrain. Un seul *filet d'eau* sera de peu de valeur dans un jardin; mais plusieurs qu'on aperçoit ou qu'on entend tout à la fois, contribuent à animer le paysage.

FILIÈRE DE COMBLE. On donne ce nom aux pannes qui portent les chevrons ou faux combles d'une mansarde.

FILOTIÈRES, s. f. pl. Ce sont, dans les compartimens des vitres, les bordures d'un panneau de forme de vitrail.

FINESSE, s. f., est une qualité estimable dans tous les arts, & l'idée que ce mot présente est toujours prise en bonne part.

La *finesse* semble appartenir particulièrement à cette partie que l'on appelle *exécution*; mais celle-ci est si souvent inséparable de la pensée ou de l'invention, qu'on est fort en peine de discerner par l'analyse ce qui est du ressort de l'une ou de l'autre. En effet, la *finesse* du trait donne de la *finesse* au caractère, & rarement la *finesse* de la pensée sera jointe à une exécution inhabile & grossière.

En architecture, la *finesse* se développe dans la manière de profiler, dans l'art de distribuer les détails, de façon que des membres légers succèdent à des membres forts & saillans. Ainsi, dans la structure du corps humain, la *finesse* & la légèreté des attachemens est ce qui fait valoir la force de la musculature, qui, sans cela, seroit pesante. (*Voy.* LÉGÈRETÉ.)

La *finesse*, en architecture, tient aussi au fini des ornemens & des détails. (*Voyez* FINI.)

FINI, qui est arrivé à sa fin. (*Voyez* FINIR.)

FINIR, v. act., est un synonyme d'*achever* & de *terminer*. Il y a quelques différences entre ces termes. *Achevé*, dans le langage de l'art, a souvent la signification de parfait. On dira d'un ouvrage qu'il est *achevé*, pour dire qu'il ne lui manque aucun genre de mérite, qu'il réunit toutes les parties de l'art. C'est l'*omnibus numeris absolutum* du latin. *Terminé* indique plutôt une besogne faite que la manière dont elle est faite. *Fini* caractérise un des genres de mérite qui se rapporte à l'exécution, & emporte avec soi l'idée de soin & de recherche jusque dans les plus petites choses.

Ces trois mots, au reste, pris dans leur sens simple, n'expriment, en architecture surtout, autre chose, sinon qu'un ouvrage *est arrivé à sa fin*. Ce qui est une chose fort ordinaire dans les travaux des autres arts, est un avantage assez peu commun dans les grandes entreprises de l'art de bâtir. Plusieurs des plus célèbres édifices de l'antiquité, ou n'ont jamais été complétement *finis*, ou ne l'ont été qu'après plusieurs siècles : de ce nombre fut le grand temple de Jupiter Olympien à Athènes, commencé par Pisistrate, & *fini* par Hadrien, six siècles après sa fondation. Les temps modernes ont vu arriver la même chose à l'égard des plus grands édifices, & il en est résulté un plus grave inconvénient que dans l'antiquité, où l'architecture fut bien moins exposée aux révolutions du caprice & de la mode. Chez les Modernes, où le goût change en un petit nombre d'années, l'édifice commencé dans un style a souvent été *fini* dans un autre. Aussi l'architecte, lorsqu'il craint de ne pas *finir* lui-même son monument, use-t-il d'une certaine adresse, c'est de *finir* les parties les plus importantes, celles d'où dépend le caractère principal de son ouvrage.

Le *fini*, entendu sous le rapport de soin & de recherche dans les détails, est un mérite fort essentiel en architecture; les Anciens nous en ont laissé d'innombrables exemples. Chez eux, les grandes & les petites parties étoient exécutées avec un *fini* égal. De quelque proportion que fût un ordre, à quelque hauteur que les détails, ou des profils ou des ornemens fussent portés, toujours même précision dans le rendu, même pureté de forme. C'est ainsi que leurs colosses furent *finis* avec le même soin que les figures destinées à être sous l'œil.

Un mauvais goût dépendant d'un système vicieux d'effet, & mal-à-propos emprunté aux ouvrages postiches & temporaires de la décoration, a pendant long-temps fait croire que ce qui, dans la masse des édifices, s'éloignoit de la vue, ne devoit être traité qu'en manière d'ébauche; mais on a reconnu que c'étoit un grave abus de transporter, soit en architecture, soit en sculpture, la manière à l'effet, que le peintre a le droit d'employer dans les objets éloignés de la vue. La raison en est que la peinture manque de réalité, & que l'effet de ses masses exige souvent, pour agir sur nos sens, la suppression des détails, qui, s'ils étoient fidèlement rendus, détruiroient par leur multiplicité l'impression de l'ensemble; au lieu que l'architecture & la sculpture jouissant de la réalité, n'ont rien à gagner à la suppression ou à la négligence des détails, qui se suppriment d'eux-mêmes par l'effet de l'éloignement, & beaucoup mieux que tout calcul ou tout système ne le peut faire. Il faut s'en rapporter sur ce point aux lois naturelles de l'optique. On ajoutera encore que cette manière de traiter en ébauche les formes & les détails éloignés dans l'architecture, y fait naître une apparence de lourdeur désagréable, & empêche la lumière d'y produire ces effets vifs & piquans qui résultent du *fini* d'exécution.

FISCHER (Jean-Bernard), architecte allemand, mort en 1724.

Les plus remarquables édifices de Vienne en Autriche ont été bâtis sur les dessins de cet architecte, dont le goût & la manière tenoient de celle de Boromini, manière qui eut cours à cette époque dans toute l'Europe. Les plans de *Fischer* sont mixtilignes; les élévations sont en partie bombées & courbes; les ornemens sont de ce genre bâtard qui, ne reposant sur aucune convention, n'a d'autre terme que l'épuisement du caprice.

On compte parmi les principaux édifices de *Fischer*, le palais de Schoenbrunn, bâti pour l'empereur Joseph Ier., & dont on peut voir les plans & l'élévation dans le Recueil d'architecture historique composé par *Fischer* lui-même, & dont nous reparlerons à la fin de cet article. Le palais de Schoenbrunn, ainsi que la plupart des édifices du même genre construits par cet architecte, ont moins de vices que ses autres monumens. On y trouve le style de Bernin plutôt que celui de Boromini. Au palais de Schoenbrunn il y a une grande ligne d'architecture, une ordonnance ionique régnant avec assez de simplicité dans tout l'ensemble, quelques variétés de masse dans le plan, mais sans irrégularité. Les détails des croisées sont les seuls objets qui portent le cachet du goût de Boromini.

Si l'on supprimoit les mêmes détails de la façade du palais du prince Eugène à Vienne, on auroit une belle masse, dans le goût de celle des palais d'Italie. Il se compose d'un soubassement en refend, qui seroit à la vérité d'un meilleur effet s'il n'étoit percé que d'un seul rang de fenêtres. Au-dessus s'élève un ordre de pilastres ioniques, qui porte l'entablement surmonté d'une balustrade & de statues.

On peut voir dans le Recueil déjà cité beaucoup d'autres dessins de palais du même auteur.

Il paroît avoir été moins sage & moins régulier dans la composition & la décoration de quelques grands monumens qu'il a élevés, soit à Vienne, soit à Prague, & où le faux goût du décorateur a gâté les conceptions de l'architecte.

C'est ce qu'on doit remarquer de sa grande église de Saint-Charles-Borromée à Vienne, qui consiste en une coupole ovale, accompagnée de quatre petites nefs qui décrivent une croix grecque. La partie, sans aucun doute, la plus vicieuse de tout cet ensemble est la principale façade de l'extérieur, où l'on remarque toutefois un péristyle de six colonnes, corinthiennes, dont le plan & l'élévation ont de la simplicité & de la régularité; mais ce qui devroit être ou l'unique ou le principal ornement de cette façade, en est à peine un accessoire. Deux parties rentrantes qui l'accompagnent, sont occupées chacune, d'un côté & de l'autre, par des colonnes fort élevées, dans le goût de la colonne de Trajan à Rome, &, comme celle-ci, sculptées en ligne spirale. A côté de chaque colonne s'élève encore une espèce de tour pour les cloches & pour l'horloge. Il y a sans doute de la magnificence dans ce frontispice, mais c'est celle du luxe & de la dépense. La magnificence de l'art est moins prodigue, &, à beaucoup moins de frais, elle fait beaucoup plus d'effet.

Bernard *Fischer* n'a pas terminé tous les monumens dont on trouve les dessins dans son *Projet d'Architecture historique*. Son fils, Emmanuel *Fischer*, versé non-seulement dans l'architecture, mais encore dans la mécanique, fut chargé d'y mettre la dernière main.

L'ouvrage qui a le plus répandu hors de l'Allemagne la réputation de *Fischer*, est un Recueil de monumens gravés qu'il intitula: *Projet d'architecture historique*, consistant dans la représentation de différens monumens célèbres, tant de l'antiquité que des nations modernes.

Ce Recueil est un composé de restitutions imaginaires des plus célèbres ouvrages de l'antiquité, comme les sept merveilles du monde, de dessins de monumens & de ruines antiques, empruntés des voyageurs de ce siècle, d'esquisses d'édifices de toutes les nations de la terre, extraites de toutes sortes de voyages; & enfin, de plans & élévations d'édifices dessinés, projetés ou exécutés par l'auteur. *Fischer* composa ce Recueil par amusement, &, comme il le dit lui-même, dans un temps où les guerres de l'empereur d'Autriche avoient fait suspendre les travaux de l'architecture civile. Cet ouvrage ne présente plus, sur tous les objets antiques, rien qui mérite d'être consulté; il ne prouve que le goût de l'auteur pour son art, & son zèle pour les connoissances qui y sont relatives.

FLAMME, s. f. Comme la *flamme* est un des effets du feu que la peinture seule peut rendre, les sculpteurs antiques n'ont jamais tenté d'en exprimer que l'indication conventionnelle, soit sur des autels, soit sur des candelabres. Il paroît que c'est là tout ce que la sculpture doit se permettre en ce genre.

Des vases & des candelabres, d'où semble sortir une *flamme*, s'appliquent quelquefois comme ornemens sculptés, à diverses parties des édifices sacrés, & avec assez de raison, vu le rapport de ces objets avec les usages religieux.

La mode, pendant un certain temps, avoit multiplié les pots à feu & les cassolettes à l'entrée des portes des hôtels & même des maisons de campagne. Comme ce motif de décoration ne tenoit ni à une pratique usuelle, ni à aucune allusion sensible, il a eu le sort de tout ce qui est le produit de la mode.

FLANC, s. m., est la partie latérale d'un édifice. Ce qui détermine le *flanc* d'un monument, ce n'est pas l'étendue, car il peut en avoir plus dans ses côtés que dans ses faces; c'est le frontispice. Ainsi, les temples périptères grecs avoient en *flanc* plus du double de colonnes qu'ils n'en avoient en front. Les Grecs appeloient aîle, dans ces édifices, ce que nous nommons *flanc*. (Voyez AILE.)

FLANQUER, v. act. C'est appuyer aux flancs d'une construction quelconque une autre construction. Ainsi deux bâtimens accessoires *flanquent* un corps principal de bâtiment. Ainsi, on dit d'un pilastre d'angle, qu'il *flanque* une encoignure.

FLASCHE, s. f. On appelle ainsi ce qui paroît de l'endroit que recouvroit l'écorce d'une pièce de bois après qu'elle a été équarrie, & qui forme des vides qu'on ne pourroit atteindre sans faire subir beaucoup de déchet à la pièce.

FLASCHE DE PAVÉ. C'est un espace de pavé enfoncé ou brisé sur sa forme, le long des bords du ruisseau ou dans les revers.

FLÉAU, s. m. Grosse barre de fer qui, rendue mobile

mobile par le moyen d'un boulon passé au milieu, s'étend sur les deux battans ou ventaux d'une porte cochère pour la fermer sûrement. Le fléau est arrêté par un morailion qui s'y attache d'un bout, sert à le faire mouvoir, & de l'autre bout se ferme avec une petite serrure entaillée dans le bois d'un des deux ventaux.

FLÈCHE DE CLOCHER, s. f. Ce mot désigne l'objet qu'il exprime, par la comparaison de la forme pointue d'une *flèche*, avec cette partie pyramidale qu'on élève, soit sur une tour, soit au-dessus d'un comble d'église, pour y placer des cloches, & supporter à son sommet très-allongé, ou une croix ou une girouette.

Les *flèches* se font le plus souvent en charpente lattée & recouverte d'ardoises; mais on en voit aussi qui sont construites en pierres.

FLÈCHES DE PONT. C'est le nom qu'on donne à des pièces de bois assemblées dans la bascule, & qui tiennent, par les deux bouts de devant, les chaines de fer qui enlèvent un pont-levis.

FLEUR, s. f. Ornement d'architecture que l'on désigne plus ordinairement par le mot FLEURON. (*Voyez* ce mot.)

FLEUR DE CHAPITEAU. Ornement qui a la forme de rose dans le milieu des faces du tailloir du chapiteau corinthien, & est quelquefois taillé en fleuron dans les chapiteaux du genre composé.

FLEUR DE LIS. Pièce de blason qui sert de symbole dans plus d'une partie extérieure ou intérieure des édifices.

FLEURS, pl. Les *fleurs* comme les fruits, & beaucoup de sortes de plantes, trouvent place dans la décoration de l'architecture, quelquefois en enroulemens, quelquefois en guirlandes.

L'architecte, lorsqu'il adapte de tels ornemens à ses édifices, doit prescrire au sculpteur la manière dont les *fleurs* veulent y être traitées. Une imitation trop scrupuleuse & trop détaillée de cette sorte d'objets en rendroit l'effet maigre & l'aspect jusqu'à un certain point disconvenant. La vérité que la sculpture y doit chercher est celle qui résulte de la forme générale, & non de l'observance minutieuse des détails.

On trouve dans l'antique beaucoup d'exemples du genre de convention imitative dont on veut parler ici.

FLEURS. (*Jardinage.*) Les *fleurs*, principal ornement des jardins, peuvent entrer jusqu'à un certain point dans le cercle des combinaisons de l'artiste qui préside à la disposition d'une maison de campagne.

Selon le système du jardinage irrégulier, l'art de planter un jardin consistant à faire en réalité des scènes diverses de paysage en raison des sites, & pour chaque saison, les différentes espèces d'arbres doivent être les élémens de cette prétendue manière de peindre. Il faut donc connoître & les diverses qualités des arbres ou arbustes, & les époques de leur floraison, & l'effet qui résulte, soit de leur mélange, soit de leur succession. On devra, bien entendu, assortir chaque sorte d'arbres aux différens lieux du jardin qu'on destine ou que l'on consacre à chaque espèce de saison.

Mais c'est particulièrement en parterres & en bordures que se placent les *fleurs* dont on parle ici, & sous ce rapport on ne sauroit nier que l'ornement & le charme de ces plantes n'appartiennent plus spécialement au genre du jardinage régulier. L'effet de la plupart des *fleurs* est en général foible, soit qu'on les voie dans le lointain, soit qu'on les dissémine en petites masses. Ainsi elles ne feroient que peu d'impression sur les sens, si leur disposition étoit subordonnée au plan des contours irréguliers des jardins qui prétendent imiter la nature sans art.

C'est de leur assemblage, de leur disposition alternative, de la répétition de leurs masses, que les *fleurs* tirent l'effet & le charme qu'elles produisent. C'est ensuite autour des habitations, dans le voisinage de la maison & des bâtimens qui leur servent d'abri, que la nature des choses veut qu'on place les parterres.

La symétrie est donc d'obligation dans la disposition des parterres. (*Voyez* PARTERRE.) Ils doivent se composer de plates-bandes & de petites allées qui règnent à l'entour; des pièces de gazon y sont aussi nécessaires, car la verdure des gazons est le fond sur lequel les *fleurs* veulent se détacher.

On ne dira rien ici de la culture des *fleurs* ni de leurs innombrables espèces; ces détails seroient étrangers à ce Dictionnaire.

FLEURON, s. m., se dit dans l'architecture & l'ornement, d'une *fleur*, ou quelquefois même d'un feuillage imaginaire, qui n'est l'imitation précise d'aucune production naturelle, mais une composition conventionnelle de quelques plantes propres à faire de l'effet par la sculpture, ou à figurer au-dessus d'un bâtiment.

Il y a différentes sortes de *fleurons* dans les chapiteaux des ordres. Il en est qui imitent la grenade, d'autres ont une forme de palmettes; quelques-uns sont ce qu'on appelle *à culots*, quelques-uns à graines.

Les Anciens, selon Vitruve (*liv. IV*, ch. 7), avoient l'usage de couronner par un *fleuron* (*flos*) les couvertures des temples circulaires, qu'ils appeloient *monoptères*. Le petit monument choragique d'Athènes, vulgairement appelé *la lanterne de Démosthène*, est propre à nous donner quelqu'idée de cet usage. Au sommet de ce qu'on

Diction. d'Archit. Tome II.

Eee

appelle la *tour des vents*, est placé aussi un chapiteau sur lequel tournoit le triton de bronze qui marquoit la direction du vent. On lit au cinquième livre de Pausanias, que le monument circulaire bâti par Philippe à Olympie, après la bataille de Chéronnée, & qu'on nommoit le *Philippeum*, avoit une couverture de charpente, dont les pièces se réunissoient au sommet & se trouvoient arrêtées par une clef de bronze faite en forme de pavot.

Il y a une difficulté dans la manière d'interpréter la phrase où Vitruve parle du *fleuron* qui servoit de couronnement aux temples monoptères. Voici ses paroles : *Flos autem tantam habeat magnitudinem, quantam habuerit in summo columnæ capitulum, præter pyramidem*. Ces deux derniers mots font l'objet de la difficulté. Perrault entend *præter* comme *ultra*, & suppose que la couverture étoit pyramidale. Galiani traduit *præter* par *senza*, & entend sans compter la pyramide; & il suppose dans son dessin, que du milieu du *fleuron* sortoit un petit corps pyramidal, faisant pointe ou amortissement.

FLEURON EN BRODERIE. Espèce de fleur plus ou moins imaginaire qu'on forme dans un parterre avec des traits de buis.

FLIPOT, f. m. Petit morceau de bois dont on se sert pour remplir un trou ou une gerçure dans les ouvrages de sculpture, ou dans la menuiserie, à l'effet de couvrir une tête perdue de clou dans un lambris ou un parquet.

FOIBLE (adj. des deux genres). On donne cette épithète, dans tous les genres d'art, à ce qui est médiocre. Ainsi l'on dit un *foible auteur*, un ouvrage *foible*.

Dans la construction, *foible* signifie *mal bâti ou bâti avec trop d'épargne*. On dira d'un mur d'une maison, d'un monument, que sa construction est *foible*, & que l'édifice n'aura point de durée. Les piliers que Bramante avoit élevés étoient trop *foibles* pour supporter la coupole de Saint-Pierre.

FOIRE, f. f. se dit d'un ensemble de bâtimens qui se compose de plusieurs rues bordées de boutiques, où les marchands forains viennent débiter leurs marchandises en certains temps de l'année.

FOIX (Louis de), architecte & ingénieur français qui habita long-temps en Espagne, où l'on dit, mais sans preuve, qu'il fut employé à exécuter, sur les dessins de Vignole, le palais de l'Escurial.

Louis de Foix entreprit de combler en France l'ancien canal de l'Adour près Bayonne, & d'en construire un nouveau qui aboutiroit au port. Il termina ce projet avec beaucoup de succès en 1570.

L'édifice le plus curieux que cet artiste ait fait construire, est sans contredit la fameuse tour de Cordouan, bâtie sur un écueil à l'embouchure de la Garonne, & à six lieues de Bordeaux.

Cette tour sert non-seulement de fanal pendant la nuit, dans une partie de l'Océan qui est pleine de rochers & de bancs de sable, mais encore de signal pendant le jour pour ceux qui naviguent dans ces mers dangereuses. L'édifice fut commencé en 1584, & fini en 1610. Il est circulaire, & a cent soixante-neuf pieds de haut; depuis, il a reçu encore un accroissement en hauteur. On a employé trois ordres d'architecture dans sa décoration, savoir, le toscan, le dorique & le corinthien. Il est percé de fenêtres ornées de frontons, & il se termine par une calotte. C'est un des plus beaux phares que l'on connoisse. (*Voyez* PHARE.)

FOND, f. m. Ce mot a plusieurs significations dans la langue des arts.

On appelle *fond* la partie inférieure de tous les corps creux qui ont trois dimensions distinctes. Ainsi l'on dit le *fond* d'une cuve, d'un vase, d'une urne.

Fond de cuve est une dénomination particulière que donnent les ouvriers à tout ce qui n'est pas creusé carrément, mais arrondi dans les angles, comme le sont les auges, les pierres à laver, les cuves de bain.

Fond exprimant toujours une partie inférieure & basse dans les choses de la nature, comme dans celles de l'art, on donne ce nom aux superficies sur lesquelles s'élèvent, dans la sculpture, les objets travaillés en relief plus ou moins saillant qui décorent les édifices.

Ainsi on dit le *fond* d'un bas-relief, le *fond* d'une frise en enroulemens, le *fond* d'un chapiteau, un *fond* d'ornement.

Le même mot s'applique par analogie à la peinture & aux tableaux. Dans la peinture de décoration, on dit *des figures peintes* sur un *fond* rehaussé en or; *des figures monochromes* sur un *fond* bleu. Mais dans les tableaux, *fond* signifie encore les objets, soit bâtimens, soit lointains en perspective qui forment les arrière-plans sur lesquels se détachent, ou dans lesquels paroissent s'enfoncer, selon l'espace qu'elles occupent, les figures d'une composition.

Fond, en architecture, se dit spécialement, ou du terrain sur lequel on asseoit les fondemens d'un édifice (*voyez* FONDATION), ou du sol qu'on destine à devenir la place d'un bâtiment.

On donne ainsi des noms différens aux espèces de *fonds* sur lesquels on bâtit, selon la diverse qualité des terrains. On appelle *fond de sable*, *fond de roche*, *fond pierreux*, *fond de rochers aiguës & tranchantes*, ceux qui sont solides & qui offrent de la consistance. On nomme *fond de pré*, *fond mou*, *fond vasard*, *fond mouvant*, *fond de vase molle*, ceux qui ont de l'herbe sous l'eau, qui se composent de vase, ou d'un sable fin toujours mobile. On dit encore:

Fond d'anguilles. C'est celui qui est semé de petits coquillages qui se terminent en pointe.

Fond de son. Celui dont le sable est de la couleur du son.

Fond de coquilles pourries. Ainsi nomme-t-on le *fond* qui est couvert de débris de coquillages, lesquels sont en partie solides & en partie décomposés.

Fond se dit encore dans la maçonnerie pour exprimer qu'une construction est élevée d'à-plomb sur son fondement, comme lorsqu'on dit *un trumeau élevé de fond, un poteau de fond.*

FONDATION, s. f. (*Construction.*) Ce mot se prend en deux sens. Au singulier, il signifie le plus souvent la manière de fonder un édifice; au pluriel, il devient synonyme de *fondement*.

On dira la science de la *fondation*, & l'on dira faire les *fondations* d'un monument.

On observe cependant quelque différence dans l'emploi des mots *fondation* & *fondement*.

Fondation s'appliquant plutôt à l'action de fonder, & *fondement* au résultat de cette action, on dira, par exemple, *on travaille à faire les fondations de tel bâtiment; les fondations de cette église sont fort avancées;* mais on devra dire, *les fondemens de ce mur ne sont pas assez profonds; les fondemens de ce palais ont été construits avec solidité.*

Cette distinction autorise à placer au mot *fondation* le plus grand nombre des notions qui se rapportent à l'art de fonder les édifices.

On doit considérer les fondemens comme la partie la plus essentielle d'un bâtiment, en tant qu'elle sert, à proprement parler, de base à toutes les autres. C'est de la manière dont on établit les *fondations*, que dépend la solidité du tout ensemble. Il n'y a point de petites négligences en ce genre; la plus légère peut entraîner des accidens irréparables ou des dépenses incalculables.

Avant de construire un édifice, la première chose à faire est d'acquérir la connoissance de la nature du terrain sur lequel on établira les *fondations*. Lorsqu'auprès de l'endroit où l'on veut bâtir, il se trouve des édifices du genre de celui qu'on projette, il faut examiner la manière dont ils ont été fondés, l'état où ils se trouvent, soit pour juger si les procédés qu'on y a employés sont convenables, soit pour prévenir les inconvéniens qui pourroient être résultés de quelqu'omission ou de quelque négligence, soit afin d'éviter, si cela se peut, des ouvrages superflus.

Outre ces renseignemens, il faut s'assurer si le sol sur lequel on doit fonder, est d'une seule & même nature dans toute son étendue. Souvent il varie à de petites distances, soit par l'effet de causes naturelles, soit parce qu'il auroit déjà été fouillé. On sondera donc le terrain, pour connoître les différentes couches dont il est composé parallèlement à la surface du sol extérieur. Le plus ou le moins d'épaisseur & de densité de ces couches rendent le fond susceptible d'être diversement comprimé.

Les couches qui forment le fond le plus solide, sont celles qui sont les moins susceptibles de compression. Tels sont les rocs, les masses de pierres qui n'ont pas été fouillées en dessous. Viennent ensuite les fonds de gravier, les fonds pierreux, ceux de gros sable mêlé de terre, le tuf & les terres franches qui n'ont point été remuées.

Les mauvais fonds ou les plus compressibles sont ceux qui sont formés ou de terres déjà fouillées, ou de terres légères, marécageuses, limoneuses, tourbeuses, bitumineuses ou glaiseuses, de sables mouvans au travers desquels l'eau bouillonne. Il faut remarquer que, comme les bonnes ou les mauvaises couches se trouvent à toutes sortes de distances du sol, ce n'est pas le plus de profondeur qui donne toujours aux *fondations* la plus grande solidité.

La longue durée des édifices romains témoigne assez de la bonté de leurs *fondations* & de la méthode pratique de leurs constructeurs. Dans ce genre, les Romains nous ont laissé des exemples qu'on ne sauroit trop imiter. Ces exemples, confirmés par les leçons de la théorie, doivent devenir la règle de tous ceux qui aspirent à faire des monumens capables de braver les efforts du temps. Les préceptes que Vitruve nous a laissés sur cet objet, & les notions qu'on trouve à cet égard répandues dans plusieurs endroits de son ouvrage, doivent donc trouver une place particulière ici. Voici le recueil de ces renseignemens précieux.

Vitruve, liv. I, chap. 7. *Sur les fondations des murs de ville.*

« On procédera (dit-il) de cette manière aux » *fondations* des murs & des tours. On creusera » une tranchée jusqu'au terrain solide (si on peut » le trouver), & dans le solide même; on lui don- » nera une étendue proportionnée à celle de la » bâtisse. Les fondemens doivent avoir une épais- » seur plus grande que celle des murs qui seront » élevés dessus. On remplira la tranchée de ma- » çonnerie faite le plus solidement qu'il sera pos- » sible. »

Vitruve, liv. III, chap. 3. *Sur les temples.*

« Il faut d'abord creuser les *fondations* jusque » sur le solide & dans le solide même (si on peut le » trouver); ensuite on établira sur le fond la ma- » çonnerie des fondemens, à laquelle on donnera » l'épaisseur que l'on jugera nécessaire, en raison » de la bâtisse. Cette construction se fera sur tout » le fond avec la plus grande solidité.

» Quand on sera arrivé au-dessus du sol exté-
» rieur, on établira le massif qui doit servir de
» soubassement aux colonnes, de manière qu'il
» ait en épaisseur la moitié en sus du diamètre de
» la colonne. De cette façon la partie inférieure,
» appelée par les Grecs *stéréobate*, à cause du
» poids qu'elle porte, sera plus forte que la supé-
» rieure, & offrira une assiette plus que suffisante
» aux bases des colonnes.

» On observera la même précaution pour les
» murs du temple. Les intervalles entre les mas-
» sifs des *fondations* seront voûtés ou remplis
» de terre massivée avec la machine à battre les
» pieux.

» Mais si, après avoir creusé à une certaine pro-
» fondeur, on ne trouvoit, au lieu de fond solide,
» que des terres rapportées ou marécageuses, alors,
» après avoir vidé la terre, on plantera dans le
» fond des pieux de bois d'aune, d'olivier ou de
» chêne dur, dont le bout soit un peu brûlé; on les
» enfoncera avec des machines très-près les uns des
» autres, &, après avoir rempli leurs intervalles
» avec du charbon, on établira dessus les fonde-
» mens avec la maçonnerie la plus solide. Sur ces
» fondemens arrasés de niveau, on placera les
» stylobates ou massifs destinés à porter les colon-
» nes, en les disposant comme on l'a indiqué ci-
» dessus. »

Vitruve, liv. V, chap. 3. *Sur la construction des théâtres.*

« Si le théâtre doit être construit sur des mon-
» tagnes, la manière d'en établir les fondemens
» sera bien facile; mais si l'on est obligé de le bâ-
» tir sur un terrain plat ou marécageux, il faudra
» en disposer les *fondations* selon les procédés que
» nous avons décrits au troisième livre, en parlant
» de la manière de fonder les temples. »

Vitruve, liv. VI, chap. 11. *De la solidité des édifices.*

« Les édifices dont l'élévation commence à par-
» tir du sol extérieur se maintiendront, sans aucun
» doute, solides jusqu'aux temps les plus reculés, si
» leurs fondemens sont faits comme nous l'avons
» exposé dans les livres précédens, en parlant des
» murs & des théâtres. S'il s'agit, au contraire,
» d'édifices souterrains & de voûtes, leurs fonde-
» mens devront avoir plus d'épaisseur que ceux
» des édifices destinés à s'élever hors de terre. »

Vitruve, liv. V, chap. 12, en parlant des ports, fait le détail des différens moyens employés par les anciens Romains pour fonder les môles dans la mer.

« Quant aux constructions qui doivent être dans
» l'eau, voici (dit-il) comment il convient de les
» faire. On fera venir de la pouzzolane, qui se
» trouve depuis Cumes jusqu'au promontoire de
» Minerve; on en broiera deux parties avec une
» de chaux, pour faire le mortier; ensuite, dans
» dans l'endroit qui aura été déterminé, on for-
» mera des encaissemens avec de forts poteaux,
» on les fera couler dans l'eau, où on les entre-
» tiendra solidement dans la direction qu'ils doi-
» vent avoir, avec des chaines ou des traverses.
» Ensuite, après avoir égalisé & nettoyé sous l'eau
» la partie de l'enceinte formée par les encaisse-
» mens, on la remplira avec des moellons & du
» mortier préparé comme on vient de le dire.

» Mais si l'endroit, par sa position, est tellement
» exposé à la violence des flots qu'il ne soit pas
» possible d'y faire tenir les encaissemens, alors
» on établira sur la terre ou sur le bord du rivage
» une plate-forme le plus solidement qu'il sera
» possible. Pour former cette plate-forme, le ter-
» rain sera disposé de manière que moins de la
» moitié en soit de niveau, le surplus sera en
» pente du côté de la mer. De ce côté on cons-
» truira, aussi bien qu'en retour, des murs d'en-
» viron un pied & demi d'épaisseur, pour conte-
» nir le sable dont on le remplira, de façon à éga-
» liser la partie en pente avec celle qui sert de
» niveau.

» Sur cette plate-forme ainsi soutenue de niveau
» on construira un massif de maçonnerie aussi
» grand qu'on le jugera convenable. Après qu'il
» sera achevé, on le laissera sécher au moins
» pendant deux mois. Au bout de ce temps, on
» démolira les murs qui soutiennent le sable : alors
» les flots de la mer venant à l'entraîner, le massif
» s'y précipitera. En répétant cette opération au-
» tant de fois qu'il sera nécessaire, on poussera la
» construction en avant dans l'eau.

» Dans les endroits où l'on ne trouve point de
» pouzzolane, il faudra procéder ainsi. On ren-
» fermera l'espace où l'on veut fonder dans l'eau
» par une double enceinte d'encaissement formée
» de planches entretenues par des traverses. L'es-
» pace entre les deux caisses sera rempli avec de
» l'argile & des paquets d'herbes marécageuses,
» appelées *ulva*, bien foulées. Ce remplissage étant
» bien corroyé & bien condensé, on y placera des
» vis, des roues & des tympans pour épuiser l'eau
» de la seconde enceinte. Lorsque celle-ci sera à
» sec, on creusera dans son pourtour les *fonda-
» tions*.

» Si le fond est de terre, on creusera jusqu'au
» solide, & plus large que le mur ne doit être. Si
» le fond est mou, on y enfoncera des pieux de
» bois d'aune, d'olivier, &c. Après les avoir re-
» couverts de charbon, on bâtira les fondemens
» selon la méthode déjà prescrite. »

Les passages de Vitruve qu'on vient de rapporter, renferment ce qu'il y a de plus essentiel sur
la partie des *fondations*. Il paroît que c'est dans
cette source qu'ont puisé Léon-Baptiste Alberti,
Scamozzi, Philibert Delorme, & tous ceux qui ont
écrit sur l'art de bâtir. C'est encore de cet ancien

auteur que nous tirerons les observations que nous allons développer dans la suite de cet article.

De l'épaisseur des fondemens.

Vitruve se contente de dire que les fondemens doivent avoir plus d'épaisseur que les constructions qu'on doit établir dessus. Palladio pense qu'il faut donner aux fondemens des murs le double de leur épaisseur au rez-de-chaussée. Scamozzi conseille le quart en sus, & au moins le sixième. Philibert Delorme veut la moitié en sus. Mansard a suivi cette dernière proportion aux Invalides à Paris.

Il est assez étonnant que ces architectes & tous ceux qui les ont copiés n'aient pas fait attention que l'étendue des *fondations* en plan doit se proportionner plutôt à la charge qu'à l'épaisseur des murs. Souvent un mur ou un massif fort épais presse moins le terrain, à raison de sa grande superficie, qu'un mur beaucoup plus mince. On ne donne souvent aux fondemens une grande épaisseur que pour les mettre dans le cas de résister à des efforts latéraux, tels que la poussée des terres ou des voûtes.

Léon-Baptiste Alberti a proposé un moyen propre à relier les fondemens de plusieurs points d'appui isolés, & de diminuer l'effet de la pression, en la faisant porter sur une plus grande surface. Ce moyen est de construire, dans les intervalles des piliers, des arcs renversés, qui renvoient une partie de la charge sur les espaces intermédiaires. On a fait usage de ce procédé dans les fondemens des colonnes intérieures de l'église de Sainte-Geneviève à Paris.

Léon-Baptiste Alberti ne regarde pas les fondemens comme faisant partie des constructions établies dessus. Selon lui, ce n'est que la base sur laquelle elles doivent reposer. Il motive son opinion en disant que si le sol étoit suffisamment solide, tel que le roc ou une masse de carrière, il seroit inutile de faire des *fondations*. D'après cela, les fondemens ne seroient autre chose que des bases artificielles pour suppléer au défaut de fermeté des terrains, & ils seroient inutiles si l'on pouvoit parvenir à procurer au sol une fermeté suffisante par d'autres moyens. On pourroit effectivement adopter cette théorie dans certains cas où il ne s'agiroit que de la pression verticale qu'exerce le poids de la bâtisse. Mais il faut dire que cet effort n'est pas toujours seul : au contraire, il se combine avec d'autres ; ce qui fait que, même sur les sols les plus fermes, il est prudent d'établir des *fondations*.

D'après la difficulté qu'on éprouve à charger immédiatement le terrain par un poids équivalent à la pression d'une construction, même moyenne, la manière la plus simple d'y suppléer nous paroit être la chute des corps. Lorsque l'usage du mouton n'est pas praticable, on peut se servir d'une solive ferrée par le bout, ou d'une demoiselle de paveur. En effet, le principal objet des fondemens étant l'affermissement du terrain, toutes les opérations doivent se diriger vers ce but essentiel. Quelle que soit la bonté des constructions qu'on établira sur un sol mal affermi, elles ne sauroient procurer à l'édifice une solidité véritable.

Des fondations sur le roc ou sur les masses de carrière.

Malgré la solidité apparente de ces deux espèces de sol, il y a encore des précautions à prendre pour y établir des constructions solides. Il faut d'abord s'assurer si, sous le roc ou la masse apparente de carrière, il ne se trouve pas des cavités, & si l'épaisseur du massif est assez forte pour soutenir, sans se rompre, le poids des constructions qu'on se propose d'élever dessus. Lorsque le roc ou la masse ont peu d'épaisseur, ou lorsqu'il s'y trouve des cavités, il faut ou les soutenir par des arcs, ou les remplir de maçonnerie.

Ainsi, lorsqu'on eut commencé à bâtir l'église du Val-de-Grâce à Paris, on crut établir ses fondemens d'une manière solide en les posant sur une masse de carrière ; mais à peine fut-on hors de terre, qu'une partie de la bâtisse s'affaissa considérablement. Après quelques recherches, on découvrit que la partie sur laquelle on avoit fondé avoit été fouillée anciennement, & l'on fut obligé de soutenir le ciel de cette partie de la carrière par des constructions faites en dessous.

Lorsqu'on s'est assuré que le roc sur lequel on doit fonder est solide, on commence par faire dresser de niveau les parties sur lesquelles doivent poser les premières assises. Si le roc est trop inégal, on le divise par banquettes de niveau. Afin que les parties basses ne soient point dans le cas de tasser, il faut, s'il est possible, les construire en pierres de taille ou libages posés sans mortier, à la manière des Anciens, jusqu'à la hauteur de l'arasement général. Si l'on est obligé de construire en maçonnerie de mortier & de moellons, il faut avoir soin de la battre par assise, pour diminuer autant que possible l'effet du tassement.

Quand on sera parvenu à l'arasement général, il sera à propos de laisser reposer l'ouvrage pendant quelque temps, afin que la maçonnerie acquierre une certaine consistance avant qu'on construise dessus.

Si le rocher est trop inégal, on peut fonder par encaissement avec de petites pierres, & les débris des rocs maçonnés, à bain de mortier fait avec de bon sable & de la chaux nouvellement éteinte.

Quelquefois la fermeté d'un sol tel que le roc, permet de n'établir les fondemens que sur des points d'appui éloignés les uns des autres, & réunis par des arcs, ainsi que l'ont pratiqué les Romains dans plusieurs substructions de ce genre, qui soutiennent des parties de chemins & d'édifices.

Des fondemens sur bon fond.

Indépendamment des rocs & des masses de carrière qui n'ont pas été fouillées, on compte parmi les fonds solides, le gravier, les terrains pierreux, le gros sable mêlé de terre, le tuf, & les terres franches & compactes qui n'ont pas été remuées. Lorsqu'on veut fonder solidement, il faut que la première assise soit faite en libages, c'est-à-dire, en grandes pierres sans paremens, dont les lits soient dressés & piqués à la grosse pointe. On pose cette assise après avoir bien nivelé & battu le sol sur un lit de mortier, ou après avoir arrosé le terrain avec un lit de chaux. Cette première assise doit être battue à la hie ou demoiselle ; le surplus peut être construit avec de gros moellons posés à bain de mortier & battus à mesure : on pratique des chaînes en libage sous les points d'appui & les parties les plus pesantes, & l'on proportionne leur épaisseur à la charge qu'ils ont à soutenir.

Des fondemens sur des fonds légers.

Lorsqu'on est obligé d'établir des fondemens sur des terres légères, poreuses, ou qui ont été remuées, il faut préalablement les battre jusqu'au refus du mouton ou autre machine dont le choc soit proportionné à la charge des constructions qu'on doit établir dessus, & sur ce sol bien battu on construira les fondemens de la même manière que sur les bons sols.

Le moyen de battre le sol est moins coûteux que le pilotage, & est souvent préférable. En effet, le resserrement que produit dans le sol ce dernier moyen, occasionne un frottement considérable qui s'oppose à l'enfoncement des pilots, de manière qu'ils ne cèdent plus au choc du mouton, quoiqu'ils n'aient pas atteint le bon sol. Ce resserrement soulève pour ainsi dire l'épaisseur de terre dans laquelle on enfonce les pieux, en buttant contre les terres voisines ; mais ces terres venant à céder à la longue, la couche soulevée s'abaisse sous l'effort continuel de la charge : de-là des tassemens dont on ne devine pas la cause. Au contraire, le battage d'un terrain compressible & de la maçonnerie des fondemens établis dessus, effectue d'avance le tassement dont ils sont susceptibles, & les met en état de résister sans crainte de réaction à la charge qu'ils doivent supporter.

Des fondemens sur des terrains mobiles ou marécageux.

Si l'on est contraint de fonder sur des sables mobiles & pénétrés d'eau qui bouillonne à travers, il faut commencer par les renfermer & les dessécher.

On peut, pour cette opération, faire usage de pilotis & de palplanches, pourvu qu'ils pénètrent dans la couche de terrain de dessous, au point d'être en état de résister aux effets de la mobilité du sable, & de faciliter l'épuisement de l'eau s'il en est pénétré.

Le meilleur moyen d'établir des fondemens solides sur cette espèce de sol, est d'étendre sur toute la superficie de l'enceinte formée par les pieux ou les palplanches, une forte couche de béton ou de maçonnerie en blocage à bain de mortier, comme on l'a ci-devant indiqué. Sur cette couche bien battue, nivelée & arrasée, on posera à un ou deux pieds en retraite, une assise de forts libages aussi à bain de mortier & battus, pour servir de base aux fondemens des murs ou points d'appui. C'est la manière que les anciens Romains ont toujours suivie pour fonder leurs édifices, lorsque le terrain ne paroissoit pas avoir assez de fermeté.

Des fondemens sur les terrains marécageux.

Le même moyen convient également pour les terres marécageuses & pour fonder dans l'eau.

On forme l'enceinte, d'un double rang de pieux réunis par des palplanches, & remplie de glaise ou de terre franche. Cette enceinte, qui s'appelle *batardeau*, se pratique ainsi.

Dans les pieux plantés à très-peu de distance l'un de l'autre ont été entaillées des rainures ; c'est dans ces rainures qu'on fait entrer les palplanches ou madriers de bois de chêne taillés en pointe par le bas. La largeur intérieure de cette espèce d'encaissement varie en raison de sa grandeur & de la force de l'eau. On forme aussi les batardeaux entre deux files de pilotis éloignés environ d'un mètre ou trois pieds les uns des autres ; au-devant de ces pilotis on applique des espèces de moises ou traverses doubles, entre lesquelles on fait entrer les palplanches, lesquelles se trouvent maintenues dans la direction qu'elles doivent suivre. Pour que les palplanches joignent mieux, au lieu de faire les joints droits, on les fait angulaires, de manière que les uns forment des angles saillans, & les autres des angles rentrans. Lorsqu'un batardeau est bien fait, il est impénétrable à l'eau, de sorte qu'on peut vider l'espace qu'il renferme, même au milieu d'une rivière, sans craindre que l'eau filtre au travers. C'est ainsi qu'on établit sur le fond des fondemens solides, pour les piles de pont & les culées, & pour tous autres ouvrages à pratiquer dans l'eau ou dans des terrains qui en sont pénétrés, & cela avec autant de facilité que sur des terrains secs. (*Voyez* BATARDEAU.)

Des fondemens sur la glaise.

L'expérience a fait connoître qu'il étoit dangereux de fonder & de piloter dans la glaise, mais qu'on pouvoit établir avec solidité les fondemens d'un édifice sur une couche glaiseuse, en y posant un grillage de charpente recouvert de plates-formes.

On cite pour exemple en ce genre le moyen employé par le grand Blondel pour fonder la corderie de Rochefort. En faisant fouiller le terrain sur lequel l'édifice est élevé, il trouva au-dessous de la première couche, qui étoit de terre noire recouverte de gazon, une masse de glaise de dix à douze pieds d'épaisseur, dont le dessus étoit ferme, mais qui s'amortissoit ensuite peu à peu, en sorte que le fond n'étoit qu'une vase à demi liquide : le mauvais terrain sous la glaise s'étendoit à une si grande profondeur, qu'on ne put pas en trouver la fin. Cependant l'édifice étoit trop considérable pour qu'on osât suivre la pratique du pays, qui est de poser les premières assises immédiatement sur le sol, l'expérience ayant fait connoître que les deux pieds de bonne terre affermie & liée par les racines des herbages suffisoient à la solidité des maisons ordinaires.

Après plusieurs recherches & informations sur la manière de fonder sur la glaise, Blondel se décida à établir les fondemens de son édifice sur un grillage de charpente formé de pièces de bois de dix à onze pouces de gros, assemblées à queue d'aronde, tant plein que vide. Ce grillage s'étendoit non-seulement dans toute la longueur des murs de face, mais encore sous des murs de traverse qui ne s'élevoient qu'à la hauteur du sol, & que Blondel avoit cru nécessaire d'établir de quatre toises en quatre toises pour lier les fondemens des murs de face.

Sur ce grillage enfoncé de son épaisseur dans la glaise, on forma un plancher de niveau dans toute son étendue, avec des madriers jointifs de trois à quatre pouces d'épaisseur, chevillés sur les pièces de bois du grillage. C'est sur ce plancher qu'on a établi la première assise de libages pour le fondement des murs. Afin de ne pas occasionner de tassement inégal, on eut l'attention de construire tous les murs ensemble & par assise générale, c'est-à-dire, qu'on n. commença aucune assise nouvelle qu'après que la précédente eut été achevée dans tout son pourtour. Au moyen de toutes ces précautions, on parvint à élever cet immense édifice sans le moindre affaissement; & jusqu'à présent, il ne s'y en est encore manifesté aucun.

La manière de fonder sur la tourbe est la même que celle qu'on vient de décrire.

Des fondemens dans l'eau & dans la mer.

Belidor, dans la seconde partie de son *Architecture hydraulique*, s'est beaucoup étendu sur tout ce qui a rapport aux différentes manières de fonder dans l'eau, & surtout dans la mer. On y renverra le lecteur pour tous les détails de ces opérations.

Nous en avons déjà indiqué plusieurs : les principales ont lieu par pilotis, par grillages de charpente & par caissons. A l'occasion des piles de pont, Belidor dit qu'à moins qu'on ne rencontre un banc de roc d'une épaisseur suffisante, & partout d'une égale solidité, il faut indispensablement piloter & établir de bons grillages de charpente. Il y a cependant beaucoup de circonstances où l'on peut s'en dispenser. Les Anciens ne faisoient usage de pilotis que lorsque le fond étoit absolument mauvais, & qu'il n'étoit pas possible d'atteindre un sol plus solide. Au lieu de plate-forme de charpente, ils préféroient une couche de béton ou de maçonnerie de blocage, qu'ils étendoient sur un lit de charbon, pour conserver les têtes des pieux enfoncés ou coupés au niveau du terrain. Cette couche de maçonnerie acquéroit toujours plus de force en vieillissant, au lieu que les plates-formes, composées de bois qui se touchent immédiatement, finissent par se détruire, & les remplissages de moellons dans les grillages finissent aussi par être pénétrés de l'eau qui filtre au travers.

Ce moyen de fonder sur grillage & pilotis peut être regardé comme un expédient avantageux pour les pays aquatiques, tels que la Hollande. La facilité qu'il présente l'a fait employer presque partout ailleurs, quoiqu'il soit plus coûteux, & sans qu'on examinât si le sol ne permettoit pas d'employer des moyens plus solides & plus durables. En effet, rien n'est si simple que de distribuer des pilots en quinconce, à trois ou quatre pieds de distance, de les recouvrir d'un grillage en charpente arrêté sur la tête des pilotis, &, après avoir rempli en moellons les cases du grillage, de le recouvrir dans toute son étendue d'un plancher de madriers arrêtés sur les pièces de bois du grillage, & d'élever là-dessus la construction en pierres de taille.

Dans la suite, pour économiser la dépense des batardeaux, on a trouvé le moyen de couper les pieux sous l'eau à une même hauteur. Au lieu de plates-formes, on a imaginé de grands caissons, à l'imitation de ceux qui ont été employés à la construction du pont de Westminster à Londres. Ce procédé, modifié en raison des circonstances, est devenu le procédé unique; toutes les piles des ponts nouvellement construits sont fondées de cette manière, & indistinctement sur toute sorte de sol.

Nous devons faire observer cependant que ce mélange de bois & de maçonnerie ne peut jamais produire la solidité des constructions toutes en maçonnerie, qui, comme l'exemple des monumens anciens le prouve, parviennent avec le temps à former des masses indestructibles. En vain attribueroit-on cette étonnante fermeté au mortier des anciens Romains. Plusieurs architectes ayant eu occasion, depuis quarante ou cinquante ans, de faire démolir des masses de maçonnerie faites avec du mortier ordinaire, y ont trouvé la même solidité.

Lorsqu'on est obligé de piloter & d'établir des grillages de charpente, il vaut encore mieux supprimer le plancher de madriers & le remplacer par une couche de béton, pour lier la maçonnerie des cafes du grillage avec la supérieure, après avoir bien battu l'inférieure, & recouvert les pièces de bois avec de la poudre de charbon. Sur la couche de béton bien nivelée, massivée & retenue autour par des pièces de bois formant encaissement, on posera en retraite une assise de libages à bain de mortier, qui n'auroit pas besoin d'être cramponnés s'ils sont mis en place avec soin; on les battera à la hie, sans s'embarrasser du niveau du lit supérieur qu'on redressera s'il est nécessaire, en faisant un dérasement général.

Dans le midi de la France & le long des bords de la Méditerranée, on se contente, pour bâtir dans l'eau, de former des encaissemens comme ceux qu'on fait pour les batardeaux, entre deux files de pilotis, avec des palplanches qui doivent être enfoncées à deux pieds dans le bon terrain. Après avoir vidé la vase & atteint le fond solide, on jette dans cet encaissement, alternativement, un lit de béton & un lit de pierres arrangées le plus également qu'il est possible, & battues avec des demoiselles à long manche, en continuant ainsi jusqu'au niveau de l'eau. Après avoir laissé reposer cette maçonnerie, on y pose une assise de libages sur laquelle on établit les constructions en pierres de taille, briques & autres.

C'est de cette manière qu'on a bâti à Toulon, en 1748, une des jetées pour la nouvelle Darce. (*Voyez* Belidor, *Archit. hydraul.*, IIe. part., tom. II, pag. 186.)

On y employa, il est vrai, la pouzzolane; mais dans beaucoup d'endroits, le mortier ordinaire de chaux & de sable, mêlé de pierrailles, suffit & fait corps, à la vérité moins vite; toutefois, avec le temps, il acquiert une dureté égale au mortier de pouzzolane. L'objet essentiel est de bien éteindre la chaux, & de n'y employer que la quantité d'eau nécessaire, en ayant soin de la bien broyer avec le sable avant qu'elle soit refroidie. Les pierres à demi calcinées qui n'ont pas pu se dissoudre dans la chaux, étant pulvérisées, équivalent au meilleur ciment, de même que les pierres argileuses auxquelles on fait éprouver une demi-cuisson. Le béton fait de toutes matières, employé un peu ferme, s'étend & s'affaisse lorsqu'il est au fond de l'eau.

Lorsque l'eau a une certaine profondeur pour que le béton ne se délaie pas trop en tombant, on peut faire usage de la caisse dont on s'est servi à Toulon, & qui, par un mécanisme fort simple, s'ouvre dans l'eau à la distance qu'on veut, & laisse échapper le mortier. Cette caisse peut avoir trois ou quatre pieds sur tous sens.

Pour faire avec ces procédés des ouvrages solides, il faut que le remplissage soit fait de manière à pouvoir se passer dans la suite de son enveloppe, lorsque le temps vient à la détruire. Ces ouvrages bien maçonnés sont souvent préférables à ceux qui se composent de pierres de taille. Si, au contraire, la maçonnerie est mauvaise, ou que la masse soit formée de pierres sèches, qui ne peuvent adhérer entr'elles sans liaison, tout doit se détruire dès que l'encaissement sera dissous.

On fait cependant des fondemens dans l'eau à pierres perdues, ou par enrochement. Ce moyen, qu'on emploie quelquefois pour éviter la dépense des batardeaux & des épuisemens, a été mis en œuvre par les Anciens dans la *fondation* des môles ou de quelques constructions isolées dans la mer. Les Anciens ne les faisoient jamais en pierres sèches; ils y employoient des caisses, des bateaux, & même des navires remplis de bonne maçonnerie en chaux vive & pouzzolane, qu'ils faisoient échouer.

Les fondemens à pierres perdues sans mortier n'ont de solidité que par leur forme & par la grandeur de leur masse; ils exigent des empatemens considérables avec des talus au-delà, dont la largeur horizontale doit avoir au moins le double de leur hauteur. Pour les établir d'une manière solide, il faut contenir le premier rang de pierres jetées, par des pièces de bois retenues avec des traverses, en recouvrant les assemblages pour les maintenir par de grandes pierres entaillées qui les embrassent. Indépendamment de ce que ce moyen donne aux cadres de charpente dont il s'agit plus de solidité, il leur procure une pesanteur spécifique qui les fixe au fond de l'eau. On observe, en jetant les pierres, de les arranger de la manière la plus propre à former une masse solide. Lorsqu'on ne veut pas dépenser de mortier dans cette construction, il faut au moins y employer du sable, de la glaise ou de la terre qui puisse, en remplissant les intervalles des pierres, leur donner plus d'assiette. A moins que ce ne soit pour le premier rang dans l'intérieur des cadres, il ne faut pas y employer des pierres trop grosses, qui s'arrangent toujours mal. On préférera celles d'une dimension qui ne donne pas plus d'un quart de pied cube. Les pierres en forme de polyèdres s'arrangent mieux, & produisent une espèce d'*opus incertum* qui convient mieux à ces sortes d'ouvrages que la disposition par assises.

Les fondemens en pierres jetées réussissent mieux dans la mer que dans les rivières, surtout ceux qu'on fait sans mortier; le courant de l'eau agissant continuellement & dans un même sens, finit par pénétrer la masse exposée à son action, & souvent par l'entraîner. Il faut apporter à ces sortes d'ouvrages la plus grande célérité, & profiter du temps favorable. Tous les matériaux doivent être approvisionnés d'avance, & l'on doit avoir à sa disposition bateaux, équipages, & le nombre d'hommes nécessaire pour opérer sans interruption.

Il ne faut espérer d'établir sur ces enrochemens une construction solide, qu'un an après qu'ils ont été finis. Pendant ce temps l'agitation des flots de la mer leur fait éprouver l'affaissement dont

dont ils sont susceptibles, & y produit l'amalgame des matériaux.

Pour les fixer invariablement, on les couvrira d'une bonne couche de béton; ensuite, après y avoir posé une assise de libage, on établira dessus, d'une manière solide, les constructions qu'on se propose d'y élever.

FONDEMENT, s. m. (*Construction.*) C'est la partie d'un bâtiment qui est enfermée dans la terre, & qui sert de support à la partie du même bâtiment qui s'élève hors de la terre.

On donne différens noms aux *fondemens*, selon la diversité, soit des fonds sur lesquels on les établit, soit de la manière dont ils sont construits.

Ainsi l'on appelle:

Fondement sur terre ferme, celui qui est assis sur une terre franche, sur un terrain sec & ferme. (*Voyez* FONDATION.)

Fondement sur roc, celui qui est établi sur des masses de rocher ou de pierres solides. (*Voyez* FONDATION.)

Fondement à pierres perdues, celui qu'on fait en jetant sans ordre, dans un encaissement, des pierres entre-mêlées de lits de mortier, &c.

Fondement avec coffres ou caissons, celui pour la construction duquel on se sert de caissons de charpente bien calfatés, qu'on conduit à l'endroit où l'on veut fonder, & qu'on enfonce dans l'eau à mesure qu'on les remplit de maçonnerie.

Fondement sur pilotis, celui qu'on établit sur des pieux enfoncés en terre, & recouverts d'un grillage de charpente.

Fondement par piles, celui qui se fait par piliers isolés, liés par des arcades.

Fondement continu, celui qui forme un massif général sous toute l'étendue d'un bâtiment. Tel est celui qu'on a fait pour l'église de Sainte-Geneviève à Paris.

FONDER, v. act. Poser & construire les *fondemens* d'un édifice, de quelque manière qu'on procède à ses fondations. (*Voyez* FONDATION.)

FONDERIE, s. f., est un grand hangar où est pratiqué le fourneau dans lequel on fond les métaux propres à faire divers ouvrages, tels que statues, canons, mortiers, &c. En avant du fourneau est creusée la fosse où l'on enterre les moules destinés à recevoir le métal en fusion.

FONDIGUE, s. f. On appelle ainsi le magasin d'une compagnie de marchands ou négocians près d'un port de mer, ou dans une ville de grand commerce. Ce mot vient de l'italien *fondaco*, qui a la même signification.

FONDIS, s. m. Espèce d'abîme causé par la méchante consistance d'un terrain, ou par quelque source d'eau au-dessous des fondations d'un bâtiment.

On appelle aussi *fondis* un éboulement de terre causé dans une carrière, pour n'y avoir pas laissé de piliers.

On donne le nom de *fondis à jour* à l'éboulement qui a fait un trou par lequel on peut voir le fond de la carrière.

FONDRIÈRES, s. f. Lieu bas, entouré de collines dont le terrain est de mauvaise consistance, sujet aux ravines & à des épanchemens d'eau qui y produisent de la vase.

Lorsqu'on est obligé de fonder, soit un pont, soit tout autre édifice, dans un semblable terrain, il faut faire en sorte que l'ouvrage soit élevé & contre-gardé de murailles, pour qu'il puisse résister aux ravines & aux débordemens.

FONTAINE, s. f. On donne ce nom, soit à une eau vive qui sort de terre, & qu'on environne quelquefois d'un mur où d'une légère bâtisse pour la commodité de ceux qui viennent y puiser (*voy.* SOURCE), soit à une composition d'architecture ou de sculpture, monument destiné à recevoir, à répandre & à distribuer les eaux des sources ou des rivières qu'on y conduit ou naturellement, ou par des moyens artificiels.

On donne aussi le nom de *fontaine* à des vases ou vaisseaux de différentes formes, où l'on conserve l'eau dans l'intérieur des maisons. (*Voyez* à la fin de cet article.)

Nous ne parlerons, dans cet article, que des *fontaines* qu'on emploie à l'utilité comme à la décoration des villes, & à l'embellissement des jardins.

Le même emploi des *fontaines* dans l'antiquité est constaté par un grand nombre de passages, d'autorités, & même d'ouvrages encore existans.

Chaque ville, en Grèce, avoit au moins une *fontaine* célèbre, consacrée à quelque divinité, & désignée tantôt par le nom de celui qui l'avoit construite, tantôt par celui de l'endroit où elle étoit située, tantôt par quelqu'une de ses particularités. C'est sous ce dernier rapport qu'étoit connue à Athènes l'*Enneacrounos* ou *fontaine* à neuf tuyaux. Pausanias fait assez souvent mention des *fontaines* qui décoroient les villes grecques.

Dans la ville de Mégare, il y en avoit une aussi grande que magnifique, bâtie par Théagènes. La *fontaine* Pirène, à Corinthe, étoit ornée de marbre blanc, & elle se composoit de petites grottes d'où l'eau sortoit pour se jeter dans un bassin extérieur. Corinthe fut la ville de Grèce la plus riche en *fontaines* publiques. On en avoit pratiqué dans tous les quartiers, & elles étoient abondantes en eaux provenant, les unes de sources, les autres d'un aqueduc. Les plus remarquables de ces *fontaines*, si l'on en juge d'après Pausanias, étoient la *fontaine* de Bellérophon représenté avec le cheval Pégase, qui sembloit, en frappant du pied, faire jaillir une source; la *fontaine Glaucé*, ainsi appelée parce que Glaucé, selon une ancienne tradition, s'y étoit plongée, croyant y trouver un préservatif contre les enchantemens de Médée; la *fontaine Lerna*; elle étoit entourée d'une colonnade sous laquelle on avoit disposé des siéges pour les personnes qui venoient y jouir de la fraîcheur du lieu.

On ne sauroit douter que dans la Rome antique, où tant d'aqueducs faisoient affluer une si grande quantité d'eau, les *fontaines* publiques & de décoration n'aient été l'objet fréquent des dépenses des édiles & des princes, qui s'occupèrent de l'embellissement de la capitale du Monde. Agrippa y avoit multiplié ces sortes de monumens. Ils y furent probablement trop nombreux pour avoir été remarqués & décrits. En effet, on a peu de détails sur ce genre d'ouvrages & sur le goût de leur décoration. On sait seulement qu'il faut regarder comme ayant été des *fontaines*, dans le sens que nous donnons ici à ce mot, ces petits édifices consacrés aux nymphes, & qu'on appeloit *nymphæum*. De ce genre fut l'édifice aujourd'hui ruiné, près de Rome, & qu'on appelle *la grotte de la nymphe Egérie*.

Mais beaucoup de restes d'antiquité suppléent au silence des écrivains sur cette partie de l'art, dont on seroit naturellement curieux de retrouver les vestiges à Rome. Très-souvent on voit sur les bas-reliefs ou types des médailles, des *fontaines* représentées ou simplement indiquées par des gueules de lions, par des coquilles, par des vases renversés, posés sur des cippes.

On sait que les statues colossales du Nil & du Tibre faisoient l'ornement de deux *fontaines*, à l'entrée de l'*Iseum* & du *Serapeum* du champ de Mars. Les eaux sculptées sur le devant de la plinthe, & la corrosion du marbre en cet endroit, indiquent l'usage auquel on appliqua ces figures.

L'enfant antique qu'on appelle vulgairement *l'enfant à l'oie* (*Mus. Capit.*, tom. III, pl. 64), a été le motif ou l'ornement d'une *fontaine*. Un tuyau qui passoit dans le corps de l'oie faisoit sortir de l'eau par le bec de l'oiseau.

Le *Museo Pio Clementino*, tom. I, pl. 34, 36, 38, 39, 48, 49; tom. III, pl. 45, 47; tom. VII, pl. 3, 4, renferme diverses figures de Silène, de Satyre, de Fleuve, de Nymphe, &c., employées par les Anciens, à l'usage des *fontaines*.

Un groupe de la Villa Borghèse, lequel se compose d'un Faune & d'un Satyre, servit jadis au même emploi. Toutes ces figures font encore voir la place des tuyaux creusés dans leur intérieur, pour servir au passage de l'eau.

On doit dire la même chose de ces Silènes en bronze montés comme à cheval sur une outre, qu'on voit parmi les bronzes d'Herculanum, tome II, pl. 44, du Muséum de ce nom. A une petite statue antique d'un Silène avec une outre, on voit encore les vestiges du tuyau qui passoit dans le pilastre sur lequel l'outre est posée.

Divers passages des Anciens, qu'on peut consulter dans l'Anthologie, font allusion aux statues qui ornoient des *fontaines*.

Il résulte de ce peu de notions sur le genre de monumens qui fait le sujet de cet article, que les *fontaines*, chez les Anciens, étoient des compositions tantôt de sculpture, & tantôt d'architecture.

Sous le rapport de l'art, il semble qu'encore aujourd'hui, d'après les usages des Modernes, les *fontaines* de décoration peuvent comporter cette division générale, d'après laquelle ou pourroit très-bien distinguer en trois classes ces sortes de monumens; savoir, ceux qui sont uniquement composés de sculpture, ceux dont l'architecture seule fait les frais, & ceux à l'exécution desquels les deux arts concourent.

Des fontaines en sculpture.

Les *fontaines* uniquement composées de sculpture sont peut-être, en Italie surtout, les plus nombreuses. Il n'y a guère, en effet, de sujet plus abondant en motifs ingénieux & variés. La fable, l'histoire, l'allégorie, fournissent en ce genre, au sculpteur, une multitude d'idées & d'inventions, parmi lesquelles il est toujours facile de choisir celles qui conviennent, soit au local où la *fontaine* doit être élevée, soit aux circonstances qui ont donné lieu à sa construction, soit aux bâtimens qui l'environnent & aux monumens avec lesquels elle doit être en rapport, soit au point de vue pour lequel elle doit figurer, soit à la quantité d'eau dont on peut disposer, & à la hauteur qu'elle doit atteindre.

Ces dernières considérations ne sont pas les moins importantes dans la composition d'une *fontaine*, & dans le choix du motif à employer.

Pour citer quelques exemples de compositions où l'artiste fut dirigé par ce dernier genre de convenance, on rappellera ici les deux *fontaines* du Bernin à Rome, l'une sur la place du palais Barberin, l'autre à la place d'Espagne. Ici l'artiste ayant à employer un assez grand volume d'eau qui ne pouvoit s'élever qu'à deux ou trois pieds de terre, imagina de représenter une barque qui est sur le point d'être submergée, & qui, coulant à fond dans un bassin, laisse échapper de toutes parts l'eau par ses écoutilles & par-dessus ses bords. Au contraire, à la place Barberin, on pouvoit faire jaillir à une assez grande hauteur un assez foible filet d'eau. Le Bernin éleva sur les queues de quatre dauphins les deux écailles d'une grande coquille ouverte; au milieu de laquelle il plaça un Triton qui, soufflant dans sa conque, en fait sortir un jet d'eau retombant dans la coquille, & de-là dans le bassin inférieur. Au mot FILET D'EAU (*voyez* ce mot), nous avons déjà parlé de l'heureuse pensée du sculpteur qui fit presser à une nymphe sa longue chevelure, de la pointe de laquelle sort le peu d'eau que la pression semble en extraire.

Au rang des principales *fontaines* qui doivent à la sculpture seule leur composition & leur célébrité, il faut mettre :

Celle de Jean de Boulogne, sur la grande place de Bologne, où ce grand statuaire a figuré un Neptune en bronze de onze pieds de proportion, accompagné de plusieurs autres statues de même métal. On a évalué, à Bologne, la dépense de ce monument à 70,000 écus d'or.

Celle du célèbre Ammanati à Florence, sur la place du Grand-Duc, qui a été décrite par Baldinacci. Au milieu d'un grand bassin figurant la mer, est représenté en bronze Neptune, haut de dix brasses, porté sur un char traîné par quatre chevaux marins, deux de marbre blanc, deux de marbre mélangé. Entre les jambes de Neptune sont trois figures de Tritons, placées, ainsi que le dieu, sur la vaste conque qui sert de char. Toutes les faces & parties diverses du grand bassin octogone sont remplies par des figures en bronze de divinités marines, de Satyres, &c. Cette composition est certainement la plus considérable qu'on connoisse.

Celle de la place Navonne à Rome, par le Bernin, laquelle se compose, comme l'on sait, d'un obélisque posé sur des rochers, d'où s'échappent les eaux de quatre grands fleuves personnifiés, avec leurs attributs & tous les symboles qui les caractérisent.

Des fontaines en architecture.

Les *fontaines* uniquement composées d'architecture forment la seconde espèce des monumens de ce genre, selon la division qu'on a adoptée. L'architecture peut sans doute créer, en ce genre, des compositions ingénieuses & d'un caractère conforme au sujet. Mais on avouera que si l'artiste n'a pas à mettre en œuvre un volume d'eau un peu considérable pour donner du mouvement & de l'intérêt à ses inventions, celles-ci courront le risque de rester froides & monotones.

On peut s'en convaincre par certaines *fontaines* de Rome, du genre dont on parle, & qui reçoivent de la masse & du jeu des eaux abondantes dont elles sont pourvues, presque toute leur beauté. Ainsi la *fontaine* Pauline à *S. Pietro in Montorio* doit moins sa réputation à la masse & au style de son architecture, qu'aux torrens d'eau qui s'échappent par les cinq arcades ornées de colonnes qu'a imaginées l'architecte Jean Fontana, genre de composition qui auroit pu convenir encore mieux à toute autre espèce d'édifice. La *fontaine* qu'on appelle à *Ponte Sisto*, au bout de la rue *Giulia* à Rome, exécutée par Dominique Fontana, n'est formée que d'une seule arcade en manière de portique : du haut de son cintre sort & débouche dans une cuvette qui la rejette en cascade, une belle nappe d'eau tombant dans un bassin. Cette *fontaine* sans sculpture & sans allégorie fait un bel effet, mais elle en est redevable de l'abondance de la chute d'eau. A Paris, où jusqu'à présent les eaux ont manqué à l'agrément des *fontaines*, on en trouve une en face de l'Ecole de médecine, dont l'architecture est de M. Gondouin, & qu'il a composée pour servir d'ornement au monument qu'elle regarde. La composition de cette *fontaine* tire son mérite de sa composition ; mais comme elle n'a pas un volume d'eau suffisant, elle manque une grande partie de son effet.

On pourroit encore citer à Paris, comme *fontaine* d'architecture, celle de la grotte du jardin du Luxembourg, dont le caractère est assez analogue à sa destination ; & ce qu'on appelle, sur la place du Palais-Royal, le *château d'eau*. Toutefois dans de semblables monumens, & dont le caractère est suffisamment donné par le seul nom de réservoir ou de château d'eau, la convenance demande qu'on n'admette dans leurs façades ni fenêtres, ni aucun indice d'habitation. Il est vrai que l'architecte n'y est pas toujours le maître de la composition, comme l'est le s...pteur dans les *fontaines* du premier genre dont on a parlé.

Des fontaines composées d'architecture & de sculpture.

L'architecture & la sculpture, comme on l'a dit, s'associent bien souvent dans la composition des *fontaines*, & cette réunion caractérise la troisième classe de ces monumens.

Le plus magnifique de tous ces ouvrages est sans contredit la *fontaine* de Trevi à Rome. Aucune ne présente ni autant de volume d'eaux, ni autant de variétés dans leurs jeux, ni autant de richesse dans la composition de ses sculptures. Neptune porté sur son char traîné par des chevaux marins & entouré de toutes les divinités de la mer, est représenté comme sortant de son palais ; une grande niche est derrière lui & fait le milieu d'une façade du palais, dont les soubassemens sont des rochers. Le vrai défaut de cette architecture, par rapport au caractère de la chose, est d'offrir l'image & effectivement aussi la réalité d'un palais habité & percé par des fenêtres.

A Paris on doit citer, parmi les *fontaines* de ce genre, celle *des Innocens*, par Jean Goujon qui en fut le sculpteur, &, à ce qu'on croit, aussi l'architecte. Ce petit monument composé, selon sa première disposition, d'arcades divisées par des pilastres accouplés, étoit orné de figures de Naïades dans les entre-pilastres, & de sujets analogues, soit dans son stylobate, soit dans son attique. L'intention de l'artiste paroit avoir été d'en faire une sorte de *nympheum*, comme l'indique l'épigraphe FONTIUM NYMPHIS. La *fontaine* de la rue de Grenelle, comme monument mêlé de sculpture & d'architecture, est des plus remarquables qu'il y ait. Bouchardon passe aussi pour en avoir donné les plans & l'élévation. Son ensemble consiste en une façade circulaire, ornée de niches avec des statues & des bas-reliefs au-dessous ; au milieu de cette façade s'élève un avant-corps où pyramide la statue de la ville de Paris entre les deux rivières de la Seine & de la Marne personnifiées sous la figure d'un homme & d'une femme appuyés sur leur urne.

Comme nous n'avons traité des *fontaines* que dans le rapport qu'elles ont avec la sculpture & l'architecture, nous n'avons rien dit du genre, toutefois assez nombreux, de celles qui reçoivent du jeu & de la composition seule des eaux leur motif principal & l'agrément de leur aspect. Telles sont toutes celles qui sont formées d'un bassin, d'où s'élèvent & jaillissent des eaux retombant quelquefois par plusieurs chutes de vase en vase, & formant des effets très-agréables. L'Italie & Rome surtout sont remplies de semblables *fontaines*, à la tête desquelles on doit mettre celles de la place Saint-Pierre, qui ont été composées par Charles Maderne, & qui sont un des plus beaux ornemens de ce lieu. Quoique dans l'ordre naturel on ne voie que des eaux tombantes ou coulantes, on ne croira pas sans doute que l'artiste doive s'interdire l'emploi des eaux jaillissantes, emploi qui tient, il est vrai, à des moyens artificiels, mais qui n'en a pas moins reçu droit de nature, si l'on peut dire, dans les conceptions & les ouvrages dont il s'agit.

On peut consulter le Recueil des *fontaines* de Rome, par Falda, pour voir à combien d'inventions diverses peut donner lieu la seule combinaison des eaux dans une *fontaine*, & combien leur aspect ajoute de charme aux plus heureuses compositions. Quel que soit le mérite de la sculpture ou de l'architecture, le monument, s'il reste privé du mouvement & du jeu de l'eau, ne sera qu'une médiocre impression sur le spectateur. Le spectacle des eaux est ce qui fait, si l'on peut dire, la vie d'une *fontaine*.

Lorsque l'artiste trouve à mettre ces ressources en œuvre, son art doit être d'abord de les multiplier, autant que les secrets de l'hydraulique le lui permettront, ensuite d'employer des moyens à la fois ingénieux & vraisemblables d'en tirer parti. C'est sur cet objet qu'il est facile d'errer, en adoptant des idées ou trop recherchées, ou trop capricieuses. Le Recueil de *fontaines* dont on vient de parler, contient les modèles de ce qu'on peut faire, & des exemples de ce qu'il faut éviter en ce genre. Le goût de composition qui convient à une *fontaine*, surtout dans l'emploi des eaux ; l'ordre des idées ou des formes qu'on peut y appliquer, ne sauroient être soumis ni à des principes rigoureux, ni à des types d'imitation positive. La nature ne fournit ici que des analogies dont l'art peut se prévaloir. Mais les conventions sont très-nombreuses ; dès-lors l'abus est tout près de l'emploi, & il est peu d'inventions qui exigent plus de goût & de jugement tout ensemble.

Les *fontaines*, surtout celles où l'on fait jaillir les eaux, appartiennent en quelque sorte de droit aux jardins. Ici le goût se montrera peut-être moins difficile que dans les villes, où la *fontaine* participe du caractère des monumens publics. Nous ne nous étendrons pas sur toutes les inventions des *fontaines* de jardin. Le nombre en est infini. Les motifs, les accidens, les caprices même qui peuvent inspirer l'artiste, sont inépuisables.

La variété qui a régné dans la composition des *fontaines*, & les idées nombreuses auxquelles leur situation & leur forme ont donné naissance, sont si multipliées, qu'aucun autre objet d'art ne réunit autant de dénominations diverses. Nous croyons avoir rassemblé dans l'analyse qui précède, à peu près les principaux caractères qui peuvent servir à en distinguer les genres. Cependant, pour ne rien omettre, nous allons rapporter les noms qu'on trouve établis par les lexiques, pour faire connoître toutes les espèces de *fontaines*, soit sous le rapport de leur forme, soit sous celui de leur situation.

Des fontaines par rapport à leur forme.

FONTAINE A BASSIN. On appelle ainsi les *fontaines* qui n'ont qu'un simple bassin, de quelque figure qu'il soit, & au milieu duquel est, ou un jet d'eau, comme à l'Orangerie de Versailles, ou une statue, ou un groupe de figures, comme aux *fontaines* des Quatre-Saisons dans le même lieu.

FONTAINE A COUPE. C'est une *fontaine* qui, outre son bassin, a encore une coupe d'une seule pierre ou d'un seul bloc de marbre, posée sur une tige avec un pied, du milieu de laquelle s'élance un jet d'eau qui forme une nappe en tombant. Telle est la *fontaine* de la grande cour du Vatican, dont la coupe de granit est antique. Cette coupe a été tirée des Thermes de Titus à Rome.

FONTAINE COUVERTE. Petit édifice bâti en pierre, isolé, de forme carrée, circulaire ou à pans, adossé en renfoncement ou en saillie, qui renferme un réservoir, d'où l'eau se distribue par un ou plusieurs robinets dans les places publiques, les rues, les carrefours. Telles sont la plupart des *fontaines* à Paris.

FONTAINE DÉCOUVERTE. Nom qu'on donne en général à toute *fontaine* jaillissante avec bassin, coupe & autres ornemens tous à découvert. Telles sont les *fontaines* dans les jardins & dans plusieurs places publiques de Rome.

FONTAINE EN ARCADE. *Fontaine* dont le bassin & le jet sont à-plomb sous une arcade à jour, comme les *fontaines* de la colonne ou de l'arc de triomphe d'eau à Versailles, ou de la villa Pamphili à Rome.

Fontaine en buffet. Espèce de crédence renfermée dans une balustrade, soit carrée, soit circulaire. Plusieurs jets d'eau sortant de différens vases ou de figures d'animaux, viennent s'y rendre dans une cuvette ou dans un bassin élevé. Ces *fontaines* sont ordinairement placées au pan coupé du concours de deux allées, comme on en voit dans quelques jardins d'Italie, & aux côtés de l'arc de triomphe d'eau à Versailles.

Fontaine en demi-lune. *Fontaine* dont le plan est circulaire, avec une ou plusieurs arcades ou niches formant un renfoncement circulaire. Telle est la *fontaine* médicinale appelée *Aqua acetosa*, du dessin du Bernin, près de Rome.

Fontaine en grotte. C'est une *fontaine* renfoncée dans un espace pratiqué en manière de grotte. Telle est la *fontaine* du rocher, dans le jardin du Belvédère au Vatican.

Fontaine en niche est celle qui est construite en forme de grande niche dans un renfoncement circulaire par son plan, & d'où l'eau tombe par nappe dans un grand bassin. De ce genre est celle de la rue *Giulia*, dont on a parlé plus haut. Quelquefois aussi cette sorte de *fontains* est occupée par un jet d'eau, comme on le voit à la petite *fontaine* de marbre du petit jardin du Roi à Trianon.

Fontaine en pyramide. C'est une *fontaine* qui est formée de plusieurs bassins ou coupes qui vont par étages, en diminuant de largeur, & qui sont portées par une tige creuse. On en voit beaucoup de ce genre en Italie. L'eau y tombe de coupe en coupe; ce qui forme, par l'effet de ces diverses chutes, une sorte de pyramide d'eau. Telle est à la tête des cascades de Versailles, la *fontaine* composée par Girardon.

Fontaine en portique. Espèce de château d'eau, en manière d'arc de triomphe, à trois arcades, comme est la *fontaine* de Termini à Rome, ou à cinq arcades adossées contre un réservoir ou réceptacle d'aqueduc, comme l'*Aqua paula* sur le Janicule, dont on a parlé plus haut. Ces deux *fontaines* sont d'ordre ionique, avec des attiques & des inscriptions.

Fontaine en source. Espèce de gouffre d'eau qui sort avec impétuosité, soit d'une ouverture, soit d'un rocher. Telles sont beaucoup de *fontaines* sur les grands chemins. De ce genre aussi est la *fontaine* de Trevi à Rome.

Fontaine jaillissante. Nom qu'on donne à toute *fontaine* dont l'eau jaillit, s'élance par un ou plusieurs jets, & retombe par gargouilles, godrons, nappes ou pluie.

Fontaine marine. *Fontaine* qui est composée de figures aquatiques, comme naïades, tritons, fleuves, dauphins, & de divers poissons & coquillages. Nous avons rapporté plus haut des exemples de ces sortes de compositions.

Fontaine navale. On a donné ce nom à certaines *fontaines* dans la composition desquelles l'artiste a introduit la forme de quelques sortes de barques, nacelles ou galères. Telle est celle du Bernin dans la place d'Espagne à Rome; telle encore celle qu'on nomme *la Navicella* devant la villa Mathei.

Fontaine rustique. *Fontaine* qui est composée de rocailles, coquillages, pétrifications, &c., qui a des bossages rustiques ou taillés en glaçons. Il y a une *fontaine* de cette espèce au jardin du Luxembourg à Paris.

Fontaine satyrique. Espèce de *fontaine* rustique en manière de grotte, ornée de thermes, de mascarons, de faunes, de sylvains, de bacchantes & de figures de satyres, qui servent tout à la fois & à la décoration & au service des jets d'eau. Telle est celle de la grotte de *Caprarola*. On place ordinairement ces *fontaines* au milieu de ruines & de plantes sauvages, dans les lieux du jardin les plus éloignés.

Fontaine statuaire. *Fontaine* ornée de plusieurs statues, ou d'une seule qui lui sert d'amortissement.

Fontaine symbolique. *Fontaine* dont le motif & la composition sont tirés de divers attributs, symboles ou pièces de blason, soit pour désigner celui qui l'a fait bâtir, soit pour exprimer quelques particularités de circonstance. Telle est à Rome cette *fontaine* dont le jet d'eau sort d'une fleur de lis.

Des fontaines par rapport à leur situation.

Fontaine adossée. Nom qu'on donne à toute *fontaine* qui est attachée à quelque mur, soit de clôture, soit de terrasse, ou à quelque perron en avant-corps, autant pour servir de point de vue que pour augmenter la décoration.

Fontaine d'encoignure. *Fontaine* qui sert de revêtement au pan coupé du coin de l'île d'un quartier. On trouve quatre *fontaines* semblables au carrefour des deux grandes rues qui se croisent à Rome, à l'endroit qu'on appelle *les Quatre-Fontaines*. Les deux rues qui se coupent ainsi à Palerme, & divisent la ville en quatre îles, sont décorées de même de *fontaines* aux quatre points qui forment le centre de la croix.

Fontaine en renfoncement. On appelle ainsi

toute *fontaine* dont la chute d'eau est reculée au-delà du parement, soit du mur, soit de l'architecture qui en forme le cadre & l'ornement, & qui se trouve ainsi dans un renfoncement ou carré ou circulaire, de façon que l'eau tombe à l'abri dans le bassin qui est destiné à la recevoir. Nous avons déjà cité, comme étant de ce genre, la *fontaine* qui termine la rue *Giulia* à Rome. On peut mettre encore dans le nombre des *fontaines à renfoncement*, celle qui a été construite depuis peu d'années en face de l'École de médecine à Paris.

FONTAINE ISOLÉE. C'est celle qui n'est attachée à aucun bâtiment environnant, & qui s'élève au milieu d'une place, comme est, par exemple, la *fontaine* de la place Navonne à Rome, ou à Paris celle des Innocens, depuis la nouvelle disposition qu'on lui a fait subir.

Nous ne doutons pas qu'on ne puisse encore assigner d'autres noms aux diverses *fontaines* que le caprice de la décoration ne cesse d'imaginer. Mais cette nomenclature suffit pour faire comprendre combien est étendu le champ de l'invention en ce genre.

FONTAINE. Nous avons dit au commencement de l'article précédent, qu'on donnoit aussi ce nom, dans les usages de la vie, à des vaisseaux où l'on renferme l'eau pour les besoins domestiques.

Ces vaisseaux se font, soit en terre cuite revêtue d'osier, soit en cuivre étamé, soit en pierre, soit en marbre.

Il est de ces vaisseaux qui sont affectés exclusivement à l'usage des cuisines. Il en est qui trouvent leur place dans les antichambres, les offices, les salles à manger. Ces derniers sont d'une beaucoup plus petite dimension, & sont ordinairement suspendus contre le mur, au-dessus d'une cuvette de même matière. On en fait en faïence, en porcelaine, en métal, en tôle vernissée.

FONTAINE FILTRANTE. Il s'en fait de plusieurs manières. Les plus propres & les plus agréables se composent de dalles de marbre réunies par un bon mastic; leur intérieur est divisé en deux compartimens, dont l'un est garni des matières employées à filtrer l'eau, qui passe de-là dans le compartiment voisin, où est attaché le robinet par lequel on l'introduit dans le vase ou la carafe d'usage.

FONTAINIER, s. m. C'est le nom qu'on donne à un homme versé dans l'hydraulique; qui s'occupe de la conduite des eaux pour le jeu des fontaines publiques ou de jardin, & qui est chargé de veiller à l'entretien de leurs conduits & de leurs tuyaux.

FONTANA (Dominique), architecte, né en 1543, & mort en 1607.

Dominique *Fontana* naquit à Mili, petit village sur le bord du lac de Côme. Âgé de vingt ans il quitta son pays & vint à Rome, où déjà se trouvoit Jean *Fontana* son frère aîné, qui étudioit dans cette ville l'architecture. Dominique s'y adonna bientôt, entraîné soit par l'exemple, soit par l'étude de la géométrie, à laquelle il s'étoit précédemment livré.

Le cardinal Montalto, qui devint ensuite pape sous le nom de *Sixte-Quint*, lui confia la construction de la chapelle du *Presepio* à Sainte-Marie-Majeure, & du palais appelé depuis villa *Negroni*, dans le voisinage de cette basilique. Grégoire XIII voyant le cardinal faire de telles dépenses, soupçonna qu'il devoit être riche, & lui supprima ses pensions. Le pape étoit dans l'erreur. Les entreprises du cardinal alloient être suspendues, faute de fonds pour les continuer. Peut-être n'eussent elles jamais été achevées si *Fontana*, sincèrement attaché au cardinal, & jaloux aussi de voir finir son ouvrage, n'eût fait venir de son pays mille écus romains, fruit de ses travaux & de son économie, qu'il avoit déjà fait passer chez lui. Avec cette très-modique somme, il poussa aussi en avant qu'il put les travaux de la chapelle du *Presepio*. Cette générosité de *Fontana* fut la source de sa fortune.

Peu de temps après, le cardinal Montalto devint Sixte-Quint, & *Fontana* devint architecte du pape.

La chapelle du *Presepio* fut achevée & eut le suffrage de tout le monde. C'est, comme on le sait, une croix grecque dans le plan. L'élévation se compose de quatre grands arcs, sur lesquels s'élève une élégante coupole. *Fontana* termina dans le même temps la villa dont on a parlé. Le bâtiment a trois étages: le premier est orné de pilastres doriques; le second, d'un ordre ionique; le troisième, d'un corinthien. Cette villa (appelée depuis *Negroni*) fut embellie par de belles plantations, par des fontaines & par un grand nombre de statues. On voit encore dans son enceinte un petit palais qui regarde les thermes de Dioclétien.

Dans ces édifices, *Fontana* développa un assez grand savoir de construction, & un goût qui, sans être absolument pur, ne manque ni de simplicité ni de grandeur.

Sixte-Quint, parvenu au siège pontifical, voulut reprendre les projets de plusieurs de ses prédécesseurs, sur le rétablissement des monumens de l'antique Rome. Relever, replacer & remettre en honneur les obélisques, qui, jadis transportés de l'Égypte, avoient orné la capitale du Monde, fut une des premières pensées du pape. D'autres pontifes l'avoient eue avant lui. L'obélisque du Vatican, un des plus grands qu'on connoisse, s'étoit conservé tout entier, encore debout sur sa base enterrée dans un endroit où cette grande masse, restoit comme ensevelie & cachée. Il avoit déjà été question de l'en tirer & de le placer devant la nouvelle basilique de Saint-Pierre; mais la difficulté de l'entreprise en avoit fait suspendre l'exécution.

Sixte-Quint convoqua & fit venir de toutes parts

les mathématiciens, les ingénieurs & les savans les plus habiles. Plus de cinq cents personnes proposèrent des projets, soit en dessin, soit en modèle, soit par écrit, soit de vive voix.

De ce nombre, comme on le présume bien, étoit *Fontana*. Il présenta à Sa Sainteté un modèle de machine qui opéroit en petit sur un obélisque de plomb, lequel, par le jeu des poulies & des cabestans, s'abaissoit & s'élevoit à volonté. Il fit plus, il enleva par le même procédé un petit obélisque du mausolée d'Auguste qui étoit rompu à terre. Après de longues discussions, la machine de *Fontana* fut approuvée; mais comme il ne jouissoit pas encore d'un nom qui commandât la confiance, Sixte-Quint chargea de l'exécution Jacques de Laporte & Ammanati.

Fontana, affligé de se voir enlever l'exécution du projet dont il étoit l'auteur, alla trouver le pape, & lui représenta que personne n'étoit plus en état que l'inventeur d'une machine d'en assurer le succès. Sixte-Quint comprit aisément ses raisons, & se détermina à lui confier l'exécution de l'entreprise.

Après avoir achevé tous les préparatifs nécessaires, soit pour consolider le terrain sur lequel passeroit l'obélisque, soit pour se procurer tous les genres de matériaux propres à la confection de sa machine, *Fontana* fit construire un châssis de charpente dont les pièces debout, au nombre de huit, étoient d'une grosseur prodigieuse, & formoient autant de colonnes. Chacune d'elles, formée de plusieurs pièces, avoit dix-huit palmes de circonférence, & les pièces étoient liées les unes aux autres par de gros cables sans clous ni assemblage. La hauteur des pièces de bois, prise chacune en particulier, n'étant pas suffisante pour atteindre à celle de cent vingt-trois palmes que devoit avoir toute la machine, on les enta les unes sur les autres, & on les assujettit avec des cercles de fer. On avoit enveloppé l'obélisque d'une double natte, pour le mettre à l'abri de tout accident. On l'entoura ensuite avec de forts madriers, le long desquels on mit encore de longues barres de fer qui embrassoient cette espèce d'encaissement. L'obélisque ainsi garni pesoit environ quinze cent mille livres.

Il s'agissoit donc d'enlever l'obélisque de dessus son piédestal, de le coucher sur un chariot destiné à le transporter au nouvel emplacement, & de le relever sur le piédestal nouveau.

On peut lire les détails & les circonstances de toutes ces opérations dans l'ouvrage imprimé qui en rend compte.

Ce fut le 30 avril 1586 qu'eut lieu la première opération, en présence d'une foule innombrable de spectateurs que la curiosité avoit attirés de toutes parts; l'obélisque fut enlevé de sa base, incliné & posé sur les rouleaux le 7 mai; il fut placé sur le lit de charpente qu'on avoit fait depuis l'endroit où il se trouvoit jusqu'à celui qu'il occupe maintenant. Le 13 juin, il fut conduit au moyen de quatre rouleaux, & seulement avec l'aide de quatre cabestans. Le pape jugea à propos d'en renvoyer l'érection à l'automne, pour épargner aux ouvriers l'inconvénient des chaleurs.

Le piédestal de l'obélisque étoit enterré de quarante palmes; il se composoit de deux morceaux; la cymaise & la base étoient d'un seul bloc; le socle étoit de marbre blanc. *Fontana* employa l'été à préparer son nouveau piédestal. Toutes les dispositions faites, le 10 septembre fut choisi pour l'érection du monument, qui eut lieu avec tout le succès possible. Sixte-Quint fit placer à son sommet une croix de bronze haute de dix palmes, ce qui porta l'élévation totale à cent quatre-vingts palmes.

Fontana fut créé chevalier de l'éperon d'or, & fait noble romain. Le pape lui donna une pension de 2000 écus d'or, réversible à ses héritiers, indépendamment de 5000 écus d'or qui lui furent payés comptant; à quoi il ajouta la donation de toute la charpente & de tous les matériaux qui avoient servi à cette grande opération, somme qu'on évalua à plus de 20,000 écus romains, ou 100,000 fr. Au pied de l'obélisque est une petite inscription, peu apparente à la vérité, mais où on lit: *Dominicus Fontana ex pago agri novo comensis transtulit & erexit.*

Fontana fut ensuite chargé par le pape de faire élever les obélisques de la porte *del Popolo*, de Saint-Jean de Latran & de Sainte-Marie-Majeure; mais ces monumens étant, les uns brisés en plusieurs morceaux, les autres plus petits, leur mise en place n'exigea ni force de mécanique, ni appareil, ni dépense considérable.

Il eut bientôt après à faire preuve de son talent comme architecte & comme décorateur, dans la construction de la façade de Saint-Jean de Latran qui regarde Sainte-Marie-Majeure, & du palais pontifical qui est contigu à l'église. La masse de ce palais est grande, & son aspect est imposant, quoiqu'on regrette que l'architecte n'ait pas mis plus de pureté dans les détails des croisées, qui sont lourdes.

Pour bâtir ce palais, *Fontana* fut obligé de transporter la *Scala santa* dans l'endroit appelé *Sancta sanctorum*. Il y ajouta, pour la commodité, deux autres escaliers collatéraux, & y fit une façade en portiques doriques ornés de pilastres, où l'on remarque plus d'une incorrection, & surtout l'abus de la multiplicité des triglyphes.

Sixte-Quint employa dans le même temps *Fontana* à construire la Bibliothèque du Vatican, en coupant la grande cour du Belvédère, ce qui ne laisse pas de gâter l'ouvrage de Bramante. Du reste, l'intérieur de cet édifice est de peu de valeur quant à l'architecture.

Une construction plus apparente qu'il acheva, fut la partie extérieure du palais du Vatican qui regarde la place de Saint-Pierre & la ville de

Rome. C'est une masse semblable, pour le genre, à celle du palais de Saint-Jean de Latran.

Fontana eut aussi beaucoup de part à la construction du palais Quirinal. Il fit élever cette partie qui donne sur la place de *Monte Cavallo* & sur la *Strada Pia*. Il élargit la place & y fit transporter des Thermes de Constantin les deux colosses qu'on y voit aujourd'hui, de manière qu'ils firent face à la rue. La *Strada Pia* fait, comme l'on sait, une croix avec la *Strada Felice*. Aux quatre points de réunion des deux rues, il plaça quatre fontaines, dont le seul défaut est de faire regretter qu'un si bel emplacement ait été décoré avec si peu de magnificence.

Les deux fameuses colonnes de Trajan & d'Antonin durent à *Fontana* leur rétablissement. Cet infatigable architecte bâtissoit en même temps l'hôpital *dei Mendicanti*, aujourd'hui destiné à la retraite des prêtres pauvres & infirmes, & dirigeoit la conduite de l'*Aqua Felice*. L'aqueduc a vingt-deux milles de longueur. Le pape employa continuellement à ces travaux deux, trois & jusqu'à quatre mille hommes.

La fontaine de *Termini*, qui est un ouvrage de *Fontana*, ne doit pas se ranger parmi les plus ingénieuses de Rome ; mais si la sculpture eût mieux secondé l'architecture, si une autre statue que la ridicule figure de Moïse eût orné la principale niche, peut-être le motif général de cette composition eût-il acquis plus de mérite & d'effet.

Sixte-Quint ayant formé le projet d'établir une manufacture de filature de laines dans le Colisée, *Fontana* en fit un dessin qu'il adapta à la forme de cet antique amphithéâtre. Le plan étoit ovale. Il devoit y avoir une belle fontaine au milieu de la cour. On avoit déjà commencé à applanir le terrain, mais la mort du pape arrêta l'exécution de ce projet.

La fortune de *Fontana* changea de face par la perte de son protecteur : tandis qu'il faisoit construire à Borghetto, sur le Tibre, un pont de pierre, ses ennemis le desservirent auprès de Clément VI, qui lui ôta la place d'architecte pontifical, & vouloit encore lui faire rendre compte des sommes qu'il avoit employées dans un si grand nombre d'entreprises. Le comte de Miranda, vice-roi de Naples, l'appela dans cette capitale, & le nomma architecte du roi & premier ingénieur du royaume.

Arrivé à Naples en 1592, *Fontana* fut d'abord employé à quelques travaux hydrauliques, ensuite au redressement de plusieurs rues & quartiers de la ville, entr'autres de la place de *Castel Nuovo*, où il fit la fontaine *Medina*, la plus belle de toutes celles qu'on voit à Naples. A la porte de l'archevêché il fit trois tombeaux, qui sont les monumens de Charles Ier, de Charles-Martel & de Clémence sa femme. Il donna les dessins de plusieurs maîtres-autels, savoir, celui de l'archevêché d'Amalphi, & à Salerne, de celui de Saint-Mathieu, avec la chapelle souterraine, où l'on descend par une double rampe.

Mais le plus grand ouvrage de *Fontana*, à Naples, fut le palais du roi, entrepris sous la vice-royauté du comte de Lemos. Ce palais est à trois étages. Le rez-de-chaussée est en portiques d'ordonnance dorique ; l'étage au-dessus est d'ordre ionique ; le troisième est en composite, avec des pilastres entre lesquels sont les croisées. Le palais devoit avoir trois grandes portes ; celle du milieu est ornée de colonnes doriques isolées, en granit de l'île d'Elbe, & donne entrée dans une cour assez médiocre : les deux portes latérales devoient conduire de même à deux autres cours semblables. La principale façade, où l'on compte vingt-une fenêtres, a cinq cent vingt palmes de long ; les faces latérales en ont trois cent soixante, & la hauteur de ce grand édifice est de cent dix. Il est survenu dans la disposition intérieure de ce palais d'assez grands changemens qui ont dérangé les premières combinaisons de l'architecte.

Fontana donna le plan d'un pont qui devoit être formé à la tour de Saint-Vincent, avec un môle dont l'étendue devoit être de quatre cents cannes. On n'en exécuta qu'une longueur de quarante, & le projet est resté abandonné.

Cet architecte mourut à Naples, comblé de richesses & d'honneurs. Il fut inhumé dans l'église de Sainte-Anne, appartenant à la nation lombarde, & dans une chapelle qu'il avoit fait construire, où son fils César *Fontana* lui fit ériger un beau mausolée.

Dominique *Fontana* avoit reçu de la nature un génie particulier pour la mécanique. Aucun autre architecte n'a eu peut-être autant de talent en ce genre, & d'aussi belles occasions d'en faire preuve. En architecture, on peut lui reprocher un goût incorrect ; il a souvent manqué de pureté, & dans plus d'un point il a altéré le caractère des ordres. On ne sauroit le compter parmi les maîtres de l'art dont les ouvrages sont restés classiques. Toutefois son style ne manque ni de grandeur dans la disposition des masses, ni de noblesse dans l'ensemble des compositions. *Fontana* tiendra toujours un rang distingué entre les architectes du premier ordre.

FONTANA (César), fils de Dominique *Fontana*, hérita de ses titres, de sa place, & en partie de son talent.

Il donna, à Naples, les plans de divers bâtimens remarquables, parmi lesquels on doit compter celui des Greniers publics, & particulièrement celui qu'on appelle des *Etudes* ou de l'*Université*. Il fut commencé en 1599, sous le gouvernement du vice-roi comte de Lemos, grand amateur des lettres & des gens de lettres. Cet édifice, dont la masse est considérable, a été long-temps interrompu. Il a été couvert depuis quelques années en Académie de sciences & d'arts. On y a réuni Bibliothèque, Muséum, Observatoire, Jardin de botanique, & tout ce qui fait partie d'un établissement de ce genre.

FONTANA (Jean), architecte, né en 1540, & mort en 1614. Il avoit, comme on l'a vu, précédé à Rome Dominique *Fontana* son frère cadet. Sa réputation a eu moins d'éclat. Il paroît avoir coopéré à beaucoup de ses travaux; il fut aussi architecte de Saint-Pierre, & on lui attribue les desseins & la construction du palais Justiniani à Rome, dont l'architecture, sans être du premier ordre, n'est pas dépourvue de mérite. Le plus grand talent de Jean *Fontana* fut dans l'hydraulique. Il nettoya l'embouchure du Tibre à Ostie, régla le cours du Velino, objet sans cesse renaissant de dispute entre les villes de Terni & de Narni; il fit conduire des eaux à Civita-Vecchia & à Velletri, amena l'*Acqua Algida* à Frascati, pour l'embellissement de la *villa di Belvedere* & celle de Mondragone, & les orna de plusieurs fontaines agréables. Il rétablit & rebâtit les aqueducs d'Auguste par les ordres de Paul V, & en fit déboucher les eaux à la fontaine de *S. Pietro in Montorio* par cinq ouvertures qui semblent donner passage à des torrens. Il les conduisit sur le pont Sixte, jusqu'à cette belle fontaine en cascade qui fait face à la rue *Giulia*. Il fit parvenir des eaux à Recanati & à Loretto. Il établit à Tivoli la digue qui sert à former la belle cascade du Teverone. Il alla, par ordre du pape, à Ferrare & à Ravenne, pour y réparer les dommages causés par une inondation du Pô & d'autres rivières.

Jean *Fontana* tomba malade dans le cours de ce dernier travail; il revint à Rome, où il mourut âgé de 74 ans. Son corps fut inhumé dans l'église de l'*Ara cœli*.

FONTANA (Charles), architecte, né en 1634, mort en 1714.
Milizia, de qui nous empruntons quelques détails sur la vie de cet architecte, ne nous apprend rien sur sa famille, & nous ignorons s'il tenoit à celle des architectes de ce nom dont on vient de parcourir la vie.

Charles *Fontana* étoit né à Bruciato dans le territoire de Côme; il fut élève du Bernin, & pratiqua l'architecture à Rome, où il eut la faveur & la protection de plusieurs pontifes.

Sous Innocent XII, il construisit à *Ripa grande* le grand bâtiment de Saint-Michel; il acheva la chapelle des fonts baptismaux à Saint-Pierre & le palais de *Monte Citorio*.

Clément XI le chargea de bâtir les Greniers à blé de la place de *Termini*, le portail de Sainte-Marie à *Trans-Tevere*, & le grand bassin de la fontaine de *S. Pietro in Montorio*.

Il restaura ce qu'on appelle *il Casino* au Vatican & y rassembla tous les modèles de ce grand édifice, bâtit la Bibliothèque de la *Minerva* à Rome, la cathédrale de *Montefiascone*, & à Frascati le palais & la *villa Visconti*.

Un des ouvrages qui ont le plus fait connoître Charles *Fontana*, fut la Description qu'il fit de la basilique de Saint-Pierre, par ordre d'Innocent XI. Dans cet ouvrage il proposa de nouveaux projets d'agrandissement & d'embellissement pour le palais de Saint-Pierre. Il donna le calcul de toutes les dépenses qu'a coûtées la basilique de ce nom, depuis sa fondation jusqu'en 1694. La somme se montoit à 46 millions 852 mille écus romains, qui font 234 millions 260 francs.

Au temps de Charles *Fontana*, il se manifesta dans la coupole de Saint-Pierre quelques lézardes qui parurent s'augmenter, & répandirent dans le public une grande inquiétude sur la solidité & la durée de cette vaste construction. Ce fut en partie pour dissiper ces alarmes, que le pape chargea Charles *Fontana* de la description du temple du Vatican. Cet habile architecte remplit complétement son objet, & fit voir combien toutes ces appréhensions étoient peu fondées. *On a déjà rendu compte de tous ces détails au mot* COUPOLE. (*Voyez* COUPOLE.)

Voici la note de quelques autres ouvrages de Charles *Fontana*:

A Saint-André de la Valle, la chapelle *Ginetti*, qui est la première à main droite en entrant.

A la Madone des Miracles, le maître-autel & sa décoration.

L'église des religieuses de Sainte-Marthe.

La façade de l'église de la bienheureuse Rita, & celle de Saint-Marcel au Course.

Le mausolée de la reine Christine de Suède, à Saint-Pierre.

Le palais *Grimani* dans la *Strada Rosella*.

Le palais *Bolognetti*, d'une masse sage & d'une ordonnance mâle. On regrette que les croisées n'y soient pas mieux réparties.

A Trans-Tevere, la belle fontaine de Sainte-Marie.

La fontaine qui est sur la place de Saint-Pierre, du côté de la porte des Chevau-légers.

La réparation de l'église du Saint-Esprit, qui appartient à la Nation napolitaine.

Le goût de Charles *Fontana* fut en architecture celui de Bernini son maître. Comme lui, il fut incorrect; il négligea, comme lui, la pureté des détails; il fut porté à sacrifier les formes essentielles au génie de la décoration. Mais ses élévations ne manquent ni de grandeur dans les masses, ni d'une certaine élégance dans l'exécution.

FONTS BAPTISMAUX, s. m. pl. On appelle ainsi, dans les temples chrétiens, un vase plus ou moins grand, fait de pierre ou de marbre, soit en forme de cuve, soit en forme de coupe, c'est-à-dire, élevé sur un pied, où l'on administre le baptême aux enfans nouveau-nés. La grandeur des vases employés encore aujourd'hui à cet usage, rappelle l'ancienne pratique de baptiser par immersion. Le néophyte autrefois se plaçoit dans le vase comme dans une baignoire. Aujourd'hui le baptême ayant lieu par aspersion, n'exige plus que les *fonts baptismaux* aient autant d'étendue.

On donne aussi le nom de *fonts baptismaux* à la chapelle même qui renferme le vase où l'on baptise.

FORCE, s. f., est une qualité qui, dans l'ordre des idées applicables aux arts & à l'architecture, tient le premier rang, & qu'on y désigne ordinairement par ces mots, *avoir du caractère*. L'idée qu'on exprime ainsi correspond à l'idée de *force* & d'énergie.

Le développement de cette idée, dans l'art de bâtir, résulte particulièrement, d'une part, de la solidité, c'est-à-dire, de la puissance des moyens naturels de construction; d'autre part, de la grandeur linéaire des masses, c'est-à-dire, de la puissance des causes civiles & politiques. *Force* & grandeur ne vont guère l'une sans l'autre.

Le principe de solidité qui imprime aux édifices le caractère de la *force*, doit être non-seulement réel, mais apparent; & ce qui produit la plus grande apparence de solidité, c'est ordinairement la simplicité même des ressources employées. Plus on remonte dans l'histoire des monumens chez les peuples anciens, plus on trouve les plans des édifices & les procédés de construction, établis sur des combinaisons simples. Ce fut peut-être par ignorance des moyens de la science; mais cette ignorance-là même fut cause qu'on exagéra les moyens qui tendent à rendre les édifices inébranlables. Voilà, sans doute, pourquoi le caractère de *force* se trouve être au plus haut point celui des plus antiques constructions. Voilà peut-être aussi pourquoi la science ayant depuis substitué les combinaisons de l'esprit à celles de l'instinct, ce même caractère s'est sensiblement affoibli dans les constructions modernes.

Il faut reconnoître encore que le principe de *force* & de grandeur dans les entreprises de l'architecture, fut particulièrement dominant à cette période des sociétés où les idées & les mœurs étoient simples, lorsque l'art de l'architecture, subordonné aux causes politiques ou religieuses, se trouvoit en quelque sorte réservé pour ces monumens auxquels chaque ville attachoit sa gloire & sa renommée. L'antique Egypte nous montre aujourd'hui, dans ses ruines, les exemples les plus frappans de l'espèce de caractère dont on parle, & ces exemples font comprendre aussi comment l'architecture, dans d'autres circonstances, est soumise à des causes contraires, & dont l'artiste peut difficilement vaincre l'influence. Cependant, quels que soient ces obstacles, il est toujours au pouvoir de l'architecte d'imprimer à son ouvrage un caractère de *force* plus ou moins prononcé; & ce caractère, s'il ne le doit pas aux grandes causes qui dépendent de la nature, il le devra aux ressources de l'art & aux conseils du goût.

Ce que l'architecte doit craindre en voulant exprimer la *force*, c'est de tomber dans la pesanteur & dans la monotonie. L'Hercule de Glycon nous donne l'image de la *force* portée au plus haut point, mais la figure ne manque pour cela ni de légèreté, ni d'élégance. Il en est de même de l'ordonnance dorique des Grecs : son caractère est bien, sans doute, celui de la *force*, & toutefois ce caractère n'exclut ni la variété, ni la richesse, ni une certaine grâce. Quelques architectes florentins ont fait voir, dans la construction de certains palais, comment l'emploi excessif des moyens propres à exprimer la *force* détruit la qualité même qu'un usage modéré de ces ressources auroit pu produire. La façade du palais *Pitti* à Florence est un exemple de cet abus.

FORCE (Tour de). On donne ce nom, dans tous les arts, à certains ouvrages où l'artiste, ambitieux de faire parade d'adresse plus encore que de savoir, s'est plu à se créer des difficultés inutiles, pour le plaisir de les surmonter.

Chaque art, sans doute, a ses difficultés & ses entraves, qui tiennent à la nature de son mécanisme. Le mérite de chaque espèce d'imitation consiste à faire disparoître la peine qu'a coûté la difficulté vaincue, & une partie du plaisir que nous recevons des ouvrages de l'art résulte aussi de la connoissance que nous avons des difficultés qu'a éprouvées l'artiste, & du succès avec lequel il a su les combattre. Ce n'est pas à ce genre de difficultés & de succès qu'on donne le nom de *tour de force*. Le mètre & la rime sont les difficultés naturelles de la versification; les bouts-rimés & les acrostiches sont des *tours de force*.

Les vraies difficultés de la sculpture n'en constituent pas les *tours de force*; ce qu'on y appelle de ce nom s'applique, soit à des compositions où les membres sont en l'air, & où les corps semblent transgresser les lois de l'équilibre; soit à des ouvrages dans lesquels l'artiste recherche la difficulté du travail, & semble en faire parade. De ce genre sont les figures de la chapelle de *S. Severo* à Naples.

L'architecture a peut-être, plus qu'aucun autre art, à lutter contre des difficultés, dont les unes tiennent à sa nature, & les autres à cette multitude de sujétions sociales & locales, dont elle est forcée de supporter les entraves. Plus l'artiste, dans la disposition d'un édifice, éprouve de ces difficultés, soit qu'il faille se raccorder à une bâtisse déjà existante, soit qu'il s'agisse de sauver des irrégularités de terrain & des manques de symétrie, plus les connoisseurs admirent la flexibilité de son talent, & l'art avec lequel il aura éludé de semblables contraintes. Mais on n'appellera point ces difficultés vaincues, des *tours de force*.

On nommera ainsi, par exemple, dans la constradion, certains porte-à-faux qui semblent faire tenir en l'air, & sans point d'appui apparent, des cintres, des escaliers, des balcons; dans la décoration, ces fleurons prolongés, ou ces clefs pendantes perpendiculairement, & qui menacent le spectateur d'un danger réel. Le gothique est rempli de *tours de force* : c'étoit alors, en tous les genres, l'esprit dominant. On plaçoit le beau dans l'extraordinaire; le mérite de l'art, dans la difficulté mécanique. Le goût pour les *tours de force* est une des foiblesses de l'esprit humain & un résultat de l'ignorance. Rien n'est plus commun que d'admirer ce qui est difficile; rien de plus rare que d'apprécier dans les ouvrages la difficulté qui est celle du beau, & d'en distinguer la beauté qui n'est que celle du difficile. Au reste, le mérite des *tours de force* lasse promptement. On regarde avec intérêt passager de la curiosité les tours du saltimbanque; mais pour que l'intérêt se soutînt, il faudroit aller toujours de plus fort en plus fort. Or, dans tous les genres, les *tours de force* ont des bornes fort étroites.

FORCE ou JAMBE DE FORCE. Maîtresse pièce d'une ferme qui porte l'entrait & les pannes. (*Voyez* FERME, ENTRAIT & PANNE.) On appelle *petites forces*, celles du faux comble d'une mansarde.

FORESTIER, adj. m. (*Jardinage*.) On donne ce nom, dans le jardinage irrégulier, à une espèce de jardin qui porte le caractère d'une forêt, & participe aussi à toutes les variétés des scènes bocagères.

FORÊT, s. f. (*Jardinage*.) On entend par-là, dans le systême du jardinage irrégulier, un assemblage de bois, de groupes, d'arbres isolés & de buissons. La *forêt* se distingue du bois, en ce que celui-ci est plutôt composé de massifs réguliers & d'arbres à haute futaie, tandis que la *forêt* offrira des troncs tortus, d'épais buissons, des labyrinthes d'arbustes, entre-mêlés d'arbres dont le jet est droit & l'aspect agréable. (*Voyez* BOIS.)

FORÊT. On donne ce nom, dans la charpente, à une grande quantité de pièces de bois qui composent, par exemple, le comble d'une église ou de quelqu'autre grand édifice. Dans les anciennes églises, la plupart de ces *forêts* sont en bois de châtaignier.

FORGE, s. f. C'est un grand bâtiment avec moulins, fourneaux, hangars, &c. situé ordinairement près d'une forêt & d'une rivière, où l'on fond & où l'on fabrique le fer.

On appelle aussi *forge*, chez les serruriers & autres artisans qui travaillent le fer, l'âtre élevé où l'on chauffe le métal.

Forge de marine. Partie d'un arsenal de marine, où l'on forge le fer qui sert à la construction des vaisseaux. Il y a des *forges* dans les arsenaux de Rochefort, de Marseille, de Toulon, &c.

FORJETTER, v. pass. On dit qu'un mur se *forjette*, lorsqu'il perd de son à-plomb, & jette en dehors.

FORME, s. f. Espèce de liage dur qui provient des ciels de carrière.

FORME DE MARINE. C'est, dans un arsenal de marine, un espace creusé & revêtu de pierres, où l'on construit des vaisseaux, & où l'eau entre par une éclase lorsqu'on veut les mettre à flot ou les radouber.

FORME DE PAVÉ. C'est la couche de sable sur laquelle on asseoit le pavé des rues, des ponts, des chaussées des grands chemins.

FORME DE VITRAIL. C'est la garniture d'un grand vitrail d'église, composé de plusieurs panneaux, différens pour la forme & la grandeur, scellés en plâtre dans les croisillons & meneaux de pierre des églises gothiques, ou retenus avec des clavettes dans les châssis de fer des vitraux, comme on le voit aux églises modernes.

FORMES, s. f. pl. Nom qu'on donne aux sièges pratiqués le long du chœur d'une église, quelquefois sur un rang, quelquefois sur deux & même trois. On les appelle aujourd'hui plus communément *stalles*. (*Voyez* ce mot.)

FORMERETS, s. m. pl. Ce sont les arcs ou nervures des voûtes gothiques qui suivent le contour des lunettes d'un pilier à un autre. On entend quelquefois aussi par ce terme, la jonction d'une voûte d'ogive avec le mur qui la termine.

FORT. (*Voyez* FORCE.)

FORT. Situation avantageuse d'une pièce de bois. On dit qu'elle est sur son *fort*, lorsqu'étant cambrée, on met le *cambre* dessous pour la faire mieux résister à la charge.

FORT. Château, place fortifiée par l'art ou par la nature.

FORTIFICATION, s. f., est la science ou l'art de fortifier les places. (*Voyez* le *Dictionnaire d'Art militaire*.)

FOSSE, s. f. Profondeur naturelle ou artificielle destinée à divers usages dans les bâtimens.

On creuse des *fosses* exprès pour former des citernes, des cloaques, pour conserver la chaux éteinte, pour planter des pieux, &c.

On en pratique au devant des fourneaux de

fonderie, pour placer les moules dans lesquels doit entrer le métal en fusion.

Fosse d'aisance. Lieu voûté & plus ou moins profond, au-dessous de l'aire des caves d'une maison, le plus souvent pavé de grès, bâti de gros murs & de bonne matière, avec un contre-mur fort épais, qui sert à recevoir les matières qu'on y jette par les chauffes qui y aboutissent. On pratique dans la voûte une clef mobile pour la vidange.

FOSSÉ, s. m., est en général une ouverture de terre en longueur, qui sert à empêcher un passage, ou à environner un espace pour en défendre l'approche.

On pratique des *fossés* autour des maisons, des châteaux, des places fortifiées. Ces *fossés* sont ou secs, ou pleins d'eau, ou revêtus, ou non revêtus.

Fossés secs. Ceux dont le fond est ordinairement en gazon. Quelquefois ils peuvent être inondés, quand on le juge à propos, au moyen de quelque retenue d'eau formée par des écluses.

Fossés pleins d'eau sont ceux dans lesquels passe un courant d'eau, ou qui ont des eaux vives de source.

Fossés revêtus sont ceux dont les deux côtés, c'est-à-dire, l'escarpe & la contre-escarpe sont revêtues d'un mur de maçonnerie, avec peu de talus.

Fossés non revêtus sont ceux dont l'escarpe & la contre-escarpe sont en terre recouverte de gazon, ce qui oblige de leur donner une pente considérable.

FOUDRE, s. m. Ornement de sculpture, en manière de flamme tortillée, accompagnée de dards, que les architectes placent dans les plafonds de la frise dorique : on en voit aussi dans la composition de quelques chapiteaux.

FOUETTER, v. act. (*Construction.*) C'est jeter du plâtre clair, avec un balai, contre le lattis d'un lambris ou d'un plafond, pour l'enduire; c'est aussi jeter du plâtre, par aspersion, pour faire les panneaux du crépi d'un mur qu'on ravale.

FOUILLE, s. f., se dit de toute ouverture qu'on fait en terre, soit pour creuser un canal, soit pour former une pièce d'eau, soit pour bâtir des fondations.

Fouille couverte est celle qui se fait le plus souvent horizontalement dans un massif, pour le passage d'un aqueduc, par exemple. Telles sont encore celles que font les mineurs.

FOUILLER, v. act. C'est faire une fouille.

Ce mot s'emploie encore dans la pratique de la sculpture pour exprimer l'opération par laquelle le sculpteur évide des ornements ou d'autres objets, pour leur donner plus de relief et plus d'effet. On dira d'une draperie, de certaines feuilles, qu'elles *sont bien fouillées*. Les roses des caissons *doivent être fouillées*, si on veut qu'elles aient de la légèreté & qu'elles se détachent sur leur fond.

FOUR, s. m. Construction de maçonnerie pour servir à la cuisson de différentes matières.

Four de boulangerie ou pâtisserie est ordinairement bâti à hauteur d'appui. Sa forme intérieure est circulaire ou elliptique. Sa voûte surbaissée est en briques & tuileaux, posés avec mortier de terre franche. Son aire est pavée de grands carreaux de terre cuite, posés avec mortier de chaux & terre glaise. Le dessous sert à mettre la braise éteinte. Tout le reste de la maçonnerie se fait en mortier de sable ou en plâtre. Ces *fours* n'ont qu'une seule ouverture pour allumer le feu, pour la sortie de la fumée, & pour y introduire le pain ou la pâtisserie.

Il y a des *fours* de construction différente pour les autres matières, telles que la chaux, le plâtre, la brique, la poterie, &c.

FOURCHETTE, s. f., est dans une couverture, l'endroit où les petites noues d'une lucarne se joignent à la pente du comble.

FOURNEAU, s. m. Construction faite en forme de four, qui sert à mettre en fusion les métaux, le verre, &c.

Fourneau de cuisine. Bâtisse faite ordinairement en briques, & pratiquée dans les cuisines, les offices & certains laboratoires, pour faire cuire les alimens, préparer les ragoûts, ou faire des expériences. Il y a aussi des *fourneaux* portatifs : les uns & les autres doivent, autant qu'il est possible, se placer devant les fenêtres.

FOURNIL, s. m. C'est le nom qu'on donne à la pièce où le four est construit.

FOURRIÈRE, s. f. C'est, dans l'arrière-cour ou basse-cour d'un palais ou grand hôtel, un bâtiment où l'on met par bas le bois, le charbon & autres provisions semblables, & où l'on en fait la distribution.

FOURRURE, s. f. (*Construction.*) On appelle ainsi, dans la charpenterie, les morceaux de bois mince dont on se sert pour élever les pièces de bois qui n'ont pas l'épaisseur suffisante pour être arrasées avec les autres.

FOYER, s. m., se dit, dans la construction d'une cheminée, de la partie horizontale comprise entre les jambages & le contre-cœur, laquelle est ordinairement pavée de carreaux de terre cuite, & quelquefois couverte d'une plaque de fer coulé. C'est ce qu'on appelle particulièrement l'*âtre*. (*Voyez* ce mot & CHEMINÉE.)

C'est aussi la partie du plancher qui vient en avant des jambages de la cheminée. Lorsque les planchers sont en bois ou en parquet, cette partie doit être garnie d'une dalle de pierre ou de marbre.

FOYER. On donne ce nom, dans les salles de spectacles, à une pièce voisine du théâtre, dans laquelle on tient du feu l'hiver, & où, en toute saison, le public se réunit, soit avant, soit après la pièce, soit dans les entre-actes.

FRAGMENT, s. m., se dit, en architecture, de tout morceau rompu ou décomposé qu'on trouve dans les ruines des édifices. Tels sont des chapiteaux, des socles, des débris d'entablement, &c. A Rome, on a fait au Vatican un Recueil de *fragmens* d'architecture. L'avantage de cette réunion de *fragmens*, outre celui de conserver des restes précieux, est encore de donner à ceux qui étudient l'architecture & l'ornement, les moyens de considérer de près des ouvrages, que leur position éloignée de la vue dans les édifices, permet rarement d'avoir sous l'œil & sous la main, pour en examiner le travail & l'exécution.

FRESQUE, s. f. Peinture à l'eau, sur un enduit frais. (*Voyez* le *Dictionnaire de Peinture*.)

FRETTE, s. f. Cercle de fer dont on arme la couronne d'une pièce ou d'un pilot, pour l'empêcher de s'éclater.

Fretter, c'est mettre une *frette*.

FRIGIDARIUM. Ce mot paroît avoir eu deux acceptions dans le latin, & avoir désigné deux objets, à la vérité réunis entr'eux par un emploi commun.

Il paroît qu'on appeloit *frigidarium* cette pièce des bains que Vitruve appelle aussi *loutron*, & où l'on prenoit le bain froid, que l'on désignoit encore par le mot *apodyterium*, lieu où l'on se déshabilloit, & que l'on confondoit quelquefois avec le *tepidarium*. (*Voyez* BAIN.)

Frigidarium, d'après la peinture antique des Thermes de Tite & les mots qui y sont écrits, étoit le nom qu'on donnoit à un des grands vases qui distribuoient l'eau dans les bains. L'un, comme on le voit dans cette peinture, étoit nommé *caldarium*; l'autre, *tepidarium*; le troisième, *frigidarium*. (*Voyez* ce qui a rapport au *frigidarium*, à l'article BAIN.)

FRISE, s. f. Ce mot vient de l'italien *frigio*, ornement, qu'on fait dériver du latin *phrygius*, brodeur. Les Italiens ont donné ce nom à la partie de l'entablement qu'on appelle *frise*, parce que c'est celle qui reçoit le plus d'ornemens. C'est par la même raison que les Grecs & les Romains avoient appelé ce membre d'architecture ζωφορος & zophorus, mot qui signifie *portant des figures*.

Dans l'architecture grecque, l'origine de la *frise* est facile à distinguer. L'espace qu'elle occupe est visiblement celui qu'occupèrent, dans la construction primitive en bois, les bouts des solives du plancher, placées sur l'architrave. L'ordre dorique a conservé les preuves indubitables de cette origine, dans les triglyphes & les métopes, qui sont l'ornement caractéristique de sa *frise*. (*Voy.* TRIGLYPHE & MÉTOPE.) Vitruve (*liv. IV, ch.* 2) semble à la vérité donner au triglyphe, tel qu'on le sculpte dans l'architecture, une origine un peu différente, en supposant que cet ornement à trois cannelures se rapportoit sur les extrémités des solives. Mais cette opinion, loin de détruire, confirme, au contraire, le système d'imitation qu'on donne pour base à l'architecture grecque en général, & à la *frise* en particulier.

La *frise* dorique, quelle que soit l'hypothèse qu'on adopte, représente donc, dans la distribution des triglyphes & des métopes, les bouts des solives & leurs intervalles. Ces deux objets furent peu à peu régularisés & ornés par l'art. Les métopes reçurent des ornemens divers. Dans plus d'un temple grec, on y sculpta des sujets de bas-relief. Tels sont, au temple de Thésée, les combats de ce héros contre les Centaures, & au Parthénon, les combats des Centaures & des Lapithes.

La *frise*, dans tous les ordres grecs, existe invariablement, comme constituant une des trois parties de l'entablement; mais elle ne porte pas partout les mêmes caractères. La représentation des bouts de solives & de leurs intervalles, ne se retrouve plus aux *frises* des ordres ionique & corinthien. On pourroit expliquer cette diversité, de la manière dont Vitruve a prétendu expliquer l'ornement du triglyphe. S'il est possible, comme il le suppose, que cet ornement, au lieu d'être sculpté sur l'extrémité de la solive, y ait été surajouté & appliqué pour en cacher la difformité, dans les constructions en bois, on doit supposer aussi qu'une des méthodes d'embellir ces constructions auroit consisté à recouvrir avec des planches la totalité de l'espace occupé par les bouts des solives, ce qui auroit produit le genre de *frises* sans triglyphes, & auroit fait disparoître leur indication. Ce genre auroit dans la suite été affecté aux ordonnances, auxquelles on auroit voulu donner un moindre caractère de force & plus d'agrément.

Dans les ordres ionique & corinthien, la *frise* est quelquefois laissée lisse & sans aucune sculpture; quelquefois elle reçoit les ornemens les plus riches & les sujets les plus variés. On voit des *frises* ornées dans toute leur étendue d'une suite de figures en bas-reliefs, comme à l'édifice appelé *Lanterne de Démosthène*. Telles sont encore les *frises* de l'arc de triomphe de Titus, & de l'édifice qu'on nomme le *Forum de Nerva*. On en voit dont l'espace est occupé par des enroulemens de feuillages. De ce genre est celle qu'on appelle du

Frontispice de Néron à Rome. Sur d'autres *frises* sont sculptés des symboles divers, des attributs de sacrifices, des emblèmes de toutes sortes d'objets.

La *frise* est la partie de l'édifice qui est le plus ordinairement consacrée à en indiquer la destination, soit au moyen des signes allégoriques qu'on y sculpte, soit comme étant l'endroit où l'on place les inscriptions.

Il est dans la nature de la *frise* que sa surface soit plane: ainsi le veut la convenance. Cependant il y a dans l'antique (& surtout à Spalatro) des exemples de *frises* dont le front offre une superficie bombée. On rend de ces sortes de *frises*, ordinairement en marbre, une raison qu'on explique sans en justifier la forme. On prétend que ce contour bombé avoit été laissé comme une sorte de bossage, dans lequel le sculpteur devoit tailler des ornemens, & que ces *frises* ne furent pas achevées. Il est possible aussi que, par suite de cet usage, le sculpteur ait taillé des ornemens sur ce fond bombé, en laissant subsister une partie de sa courbure. Dans tous les cas, la *frise* bombée est un vice ou une licence, dont on ne trouve guère d'exemples que sur les monumens des derniers siècles de l'art.

On donne assez volontiers le nom de *frise* à toute surface continue & horizontale, en forme de bandeau, qu'on orne de peintures ou de sculptures, quoique cet espace soit sans rapport avec les ordonnances des colonnes. Telle est, par exemple, la *frise* régnante sous les galeries du Parthenon; telle est la belle *frise* en stuc de Jules Romain, dans le palais du T. à Mantoue.

Par suite de la même analogie, on applique le nom de *frise* à diverses parties de travaux plus ou moins indépendans de l'architecture. On dit:

FRISE ou GORGE DE PLACARD. C'est la *frise* qui est entre le chambranle & la corniche, au-dessus d'une porte placard.

FRISE BOMBÉE, celle dont la surface est courbe en saillie. Il y en a dont le bombement en saillie est en haut comme celui d'une console, d'autres l'ont en bas, comme un balustre. Toutes ces variétés sont des abus nés de certains exemples mal connus & plus mal interprétés.

FRISE DE FER. C'est, en serrurerie, un panneau long, rempli par un ornement répété & continu, soit à hauteur d'appui, soit en-bas ou en-haut des clôtures, des rampes d'escaliers, &c. On fait de ces *frises* avec différens ornemens, tels que rinceaux, entre-las, postes, anses de panier, consoles adossées, roses, grotesques, &c.

FRISE DE LAMBRIS. C'est un panneau beaucoup plus long que large, dans l'assemblage d'un lambris d'appui ou de revêtement.

FRISE DE PARQUET. Nom qu'on donne aux bandes qui séparent les feuilles de parquet, & s'assemblent à languette. On le donne aussi aux feuilles du pourtour d'un plancher, qui en rachètent les biais s'il y a lieu.

FRISE DE PARTERRE. Espèce de plate-bande ornée de feuillages de buis ou de gazon, dans un parterre.

FRISE FLEURONNÉE. C'est une *frise* qui est enrichie de rinceaux de feuillages imaginaires, comme la *frise* corinthienne du frontispice de Néron à Rome, ou de feuilles naturelles, soit par bouquets, soit continues.

FRISE HISTORIÉE. *Frise* qui est ornée d'un bas-relief continu, qui représente des figures historiques ou allégoriques. Telles sont les *frises* dont il a été question plus haut. Quelquefois on donnera le nom d'*historique* à une *frise* portant des inscriptions.

FRISE LISSE. *Frise* sans ornement & sans inscription.

FRISE MARINE. *Frise* où sont représentés des chevaux ou des monstres marins. On voit un modèle de ce genre de *frise* à l'ordre toscan de la galerie du Louvre, du côté de la rivière. On appelle aussi *frise marine*, celle qui est ornée de pétrifications ou de coquillages. Elles conviennent aux monumens aquatiques, aux grottes, aux fontaines, &c.

FRISE ORNÉE se dit, par opposition à *frise lisse*, de toute *frise* dans laquelle on a sculpté des ornemens.

FRISE RUSTIQUE. *Frise* dont le parement est en manière de bossage brut. Telle est la *frise* de l'ordre prétendu toscan de Palladio.

FRISE SYMBOLIQUE. On donne ce nom à une *frise* qui est ornée de symboles, d'attributs & de toutes les sortes de signes ou emblèmes allégoriques que chacun conçoit, & dont l'emploi sert à caractériser la destination d'un édifice.

FRONT, s. m., est un synonyme de face. Ce mot exprime, particulièrement en architecture, la partie d'un édifice qui se présente sous son principal aspect, quoique cette partie ne soit pas toujours la plus étendue.

Ainsi on donne ce nom à la face antérieure d'un pilier ou pied-droit entre deux arcades, d'un trumeau entre deux plates-bandes.

On le donne de même à la façade d'un temple, c'est-à-dire, au petit côté de cet édifice, mais qui est celui sous lequel il est censé se présenter, puisque c'est là que sont les entrées. Les temples périptères qui sont environnés de colonnes dans toutes leurs faces, offrent des colonnes de *front*, ainsi dites par opposition aux colonnes de *flanc*. On peut appeler encore ainsi les colonnes qui se trouvent sur la première ligne, par opposition à celles qui occupent les rangs postérieurs.

FRONTISPICE, s. m. Ce mot est un composé du mot *front*; & quoiqu'il désigne, sous un certain rapport, la même chose en architecture, cependant l'usage veut qu'il exprime l'idée d'une composition décorative, propre à annoncer l'édifice, à le caractériser, à en indiquer la destination. Ainsi l'on appelle *frontispice* le péristyle antérieur d'un temple, avec tous ses accompagnemens, le portail d'une église, la devanture principale d'un palais, du côté de son entrée; la porte antérieure d'une cour, d'un château, d'un établissement public, lorsqu'elle est ornée d'allégories qui y sont relatives. C'est dans ce sens qu'on nomme *frontispice* d'un livre la gravure placée en tête, & qui explique aux yeux le sujet de l'ouvrage.

FRONTON, s. m., dérivé du mot *frons*, front. On donne ce nom à cette partie de l'architecture qui termine l'édifice par en-haut, soit parce qu'elle se trouve ordinairement placée du côté antérieur de l'édifice, soit parce qu'elle y occupe la place qui est celle du front dans l'ensemble du corps humain. Elle consiste en une forme triangulaire qui s'élève au-dessus de la frise, & servant de couronnement à toute l'ordonnance, comme le faîtage qu'elle représente, surmonte la construction qu'il est destiné à couvrir.

Les Grecs donnoient au *fronton* le nom d'*aetos*, aigles, ou parce que sa forme triangulaire offre l'idée d'un aigle dont les ailes sont étendues, ou parce que l'usage, dans les premiers temps, avoit été d'y sculpter un aigle. (*Voyez* AIGLE.) Les Romains appeloient ce que nous nommons *fronton*, du nom de *fastigium*, *faîte*, *faîtage*. Ce mot indique mieux l'origine du *fronton*.

De l'origine & de la nature du fronton.

En indiquant, comme on l'a déjà fait dans plus d'un article, le système originaire de l'architecture grecque (*voy.* ARCHITECTURE, BOIS, CHARPENTE), on a fait connoître l'origine & la nature du *fronton*. Il n'y a point de membre d'architecture qui rappelle d'une manière plus claire la réalité du modèle imité par l'art. Le *fronton* est évidemment la représentation du toit & du comble, dans les constructions en bois. Ce qui le prouveroit encore s'il en étoit besoin, c'est que la figure du *fronton* ne se trouve point dans les architectures nées d'un autre principe, & constituées sur un autre type. Ainsi aucun édifice ni monument égyptien n'a encore présenté la moindre apparence de *fronton*. Jamais, en Egypte, l'idée n'avoit pu venir de figurer des indications de comble & de toitures, c'est-à-dire, une imitation d'objets dont on ne connoissoit pas la réalité. Le type de l'architecture égyptienne existe dans les excavations souterraines qui furent les habitations primitives. De-là la forme du plafond horizontal qui couronne tous les édifices. Le climat de ce pays se trouva d'accord avec un semblable usage. La forme de terrasse, si analogue aux habitudes d'une température sans pluie & d'un ciel sans nuage, est générale en Egypte, & caractérise bien son climat, comme le *fronton* représentant le toit désigné, selon Vitruve, *liv. II, chap.* 1, & rappelle le besoin qu'on eut de mettre l'intérieur des bâtimens à l'abri de la pluie, & de les mieux préserver de la chute violente des eaux du ciel.

L'origine du *fronton* une fois reconnue, & sa nature étant déterminée par son origine, la véritable théorie de l'art enseigne, & ce qu'il doit être pour correspondre à son emploi, & ce qu'il ne faut pas qu'il soit, sous peine d'offrir des contradictions choquantes. C'en est une, par exemple, bien facile à faire comprendre, que la pratique de ces *frontons* tronqués & ouverts dans leur cime, dont tant de décorateurs ont donné des exemples.

Le *fronton* représentant l'angle du toit est soumis sans doute, dans chaque pays, à des variétés d'inclinaisons qui dépendront du plus ou du moins de hauteur que l'usage affecte aux combles. Il est certain que l'angle des combles sera tenu plus ou moins aigu dans chaque climat, selon que l'on aura à se garantir plus ou moins contre les neiges qui séjournent sur les toits. L'expérience peut seule, à cet égard, fixer les règles, & l'ouverture des *frontons* pourra dépendre des nécessités de chaque pays. Mais quelles que soient ces différences, auxquelles l'art doit se soumettre, on pense qu'il vaut encore mieux élever davantage l'angle du *fronton*, que de pratiquer, comme l'ont fait beaucoup d'architectes, un *fronton* surbaissé en avant d'un comble surhaussé, ce qui semble indiquer deux édifices l'un au-dessus de l'autre, ou l'un dans l'autre.

De la forme & de la proportion du fronton.

La forme générale du *fronton* est invariablement prescrite par tout ce qui vient d'être exposé, c'est-à-dire, que ce doit être celle d'un triangle plus ou moins ouvert. Comme les pratiques de la charpente peuvent elles-mêmes se trouver soumises à quelques configurations plus ou moins arbitraires, on ne sauroit nier la possibilité d'une toiture circulaire. Cette hypothèse, qui a pour elle quelques exemples, a-t-elle suggéré la forme courbe que l'on trouve à plus d'un *fronton*, ou cette forme n'a-t-elle été, dans son origine, que le résultat du goût pour la variété & la nouveauté? Ce qu'il faut dire à cet égard, c'est que les *fron-*

tons circulaires, dont on trouve des autorités dans l'antique, n'y sont jamais qu'adossés à des murs, & employés dans un ordre alternatif, avec des *frontons* triangulaires, comme au temple dit *de Diane* à Nîmes, ou à quelques autres édifices de Palmyre. Ces sortes de *frontons* de pure décoration surmontent soit des niches, soit des portes, & ne doivent être considérés que comme soumis aux conventions décoratives. Mais il n'y a aucun exemple d'un péristyle couronné par un *fronton* circulaire, si ce n'est sur la mosaïque de Palestrine ; & les Modernes, sur ce point, ne se sont pas plus permis l'emploi de cette forme en grand, dans des édifices isolés & de quelque importance.

La proportion du *fronton*, c'est-à-dire, le rapport de sa hauteur avec sa longueur, est nécessairement subordonnée, dans chaque pays, au système ou degré d'élévation des combles. On a dit, à l'article COMBLE, qu'il étoit possible d'établir une sorte de tarif d'élévation gradué selon chaque climat (*voyez* COMBLE) ; rien toutefois n'est plus arbitraire que cette estimation dans ses détails, & l'on peut affirmer qu'il y a en ce genre un moyen terme applicable à tous les pays, d'après lequel, le rapport de la hauteur d'un *fronton* à sa longueur, peut être fixé depuis 4 jusqu'à 6. Cette différence est celle qui existe entre le *fronton* du Parthenon & celui du Panthéon.

La proportion du *fronton* varie aussi selon celle de chaque ordre. Il est convenu qu'une plus grande ouverture d'angle, tendant à rabaisser la dimension du *fronton*, lui donne aussi un caractère plus grave & par conséquent plus analogue à celui de l'ordre dorique. Dans cet ordre, chez les Grecs, le *fronton* a le moins d'élévation qu'il est possible, & il a la plus grande profondeur qu'on puisse y admettre. Cette profondeur y est telle, qu'on a pu y placer, au lieu de figures de bas-relief, des statues de ronde bosse, comme on le dira plus bas.

Des ornemens & de la décoration du fronton.

Les ornemens du *fronton* sont d'abord les moulures dont se compose son encadrement. Ces moulures, quant au nombre & quant à la simplicité, suivent aussi la progression d'élégance ou de gravité de chacun des ordres. L'ordre dorique n'a ordinairement qu'un bandeau & un talon ; quelquefois, comme à Paestum, deux simples bandeaux, l'un plus large que l'autre. Les ordres ionique & corinthien ont des profils plus nombreux, & les moulures y reçoivent des ornemens divers.

Comme dans chaque ordre la base des *frontons* se compose de cette partie de l'entablement qu'on appelle *corniche*, & qui reçoit ou des mutules, ou des modillons, ou des denticules, toutes parties qui représentent les bouts des chevrons du toit, & comme le membre appelé *corniche* est celui qui se raccorde avec chacune des pentes du *fronton*, l'architecte a été très-naturellement induit à répéter dans les pentes les parties qui se trouvent à la base. Une sorte de convenance a fait regarder les trois côtés du triangle comme les côtés d'un encadrement, & la symétrie leur a fait donner les mêmes profils & les mêmes ornemens.

L'usage a en conséquence attribué les mutules aux pentes du *fronton* dorique ; les modillons, à celles du *fronton* corinthien, & les denticules, à celles du *fronton* ionique.

Cependant ceux qui tiennent à des convenances d'un ordre supérieur, regardent cette répétition des mutules ou modillons dans les pentes du *fronton* comme un véritable contre-sens, s'il est vrai qu'ils sont la représentation des bouts des forces ou chevrons, qui ne peuvent être supposés existans en cette partie.

Vitruve est du nombre de ceux qui condamnent cette pratique. « Les Anciens (dit-il) n'ont pas
» approuvé de mettre des mutules ni des denti-
» cules aux *frontons*. Ils ont préféré d'y faire les
» corniches tout unies, parce que ni les forces ni
» les chevrons ne peuvent être supposés apparens
» dans la partie du comble qui compose le *fron-
» ton*, puisque ce sont eux, au contraire, qui for-
» ment la partie latérale du toit, ainsi que sa pente.
» Enfin, ils n'ont point cru pouvoir faire avec
» raison, dans la représentation, ce qui n'a pas
» lieu dans la réalité, parce qu'ils ont fondé tous
» les rapports de leurs ouvrages sur la nature des
» choses, & n'ont approuvé que ce qu'ils pou-
» voient soutenir & expliquer par des raisons cer-
» taines & véritables. » (*Vitruve*, *liv. IV*, *ch.* 2.)

Le *fronton* reçoit des espèces de piédestaux sans base, qu'on appelle *acrotères* (*voyez* ce mot), & qui s'élèvent aux deux extrémités inférieures & au sommet : ces piédestaux sont destinés à recevoir des figures & d'autres objets de décoration. Au temple de Jupiter à Olympie, l'acrotère supérieur étoit orné d'une tête de Méduse sur un bouclier d'or, & supportoit une statue de la Victoire en bronze doré. Les deux acrotères inférieurs étoient occupés par de grands bassins également de bronze doré.

Mais l'objet de décoration le plus remarquable du *fronton* consiste dans les figures qui en ornent le tympan, soit que ces figures y soient sculptées de bas-relief à même la masse, selon l'usage moderne, soit qu'elles y soient rapportées comme les Anciens le pratiquoient dans l'ordre dorique, en manière de statues de marbre adossées, soit qu'elles consistent en bronzes scellés dans le tympan, comme il paroît que cela fut pratiqué au Panthéon de Rome, ou en figures de terre cuite, comme les Etrusques le pratiquoient pour alléger la charge des architraves en bois.

L'usage des *frontons* ornés de figures fut très-connu en Grèce. Les deux *frontons* du temple de Delphes (*Paus. liv. II, chap.* 19) avoient été commencés par Praxias, élève de Calamis, & furent achevés par Androsthènes, élève d'Eucadmus.

La

Le premier avoit seulement terminé les têtes de toutes les figures qui, d'un côté, représentoient Apollon & les Muses; de l'autre, Bacchus & les Thyades. Au temple de Jupiter à Olympie (*Pausan. lib. V, cap.* 10), Pæonius de Mendes avoit sculpté dans le *fronton* antérieur les préparatifs du combat à la course de char entre Pelops & Œnomaüs. Sur le *fronton* postérieur étoit le combat des Centaures & des Lapithes, sculpté par Alcamenes, contemporain de Phidias. Au temple de Jupiter olympien à Agrigente, on avoit sculpté le combat des Géans d'un côté, & la prise de Troye de l'autre. Le temple de Minerve à Athènes avoit ses deux *frontons* également ornés, savoir, l'antérieur d'un sujet représentant la naissance de la déesse, & le postérieur d'une composition qui avoit rapport à la dispute de Minerve avec Neptune, sur la possession de l'Attique. Il reste de ce dernier *fronton* des vestiges & un dessin fait en 1674, d'après lequel on peut prendre une assez juste idée de la composition & du sujet, & encore de la manière dont les sculptures étoient pratiquées dans les *frontons*. Au lieu d'être adhérentes au fond du tympan, toutes les figures en sont détachées, & avoient été sculptées de ronde bosse. Le fond du tympan étoit revêtu de grandes dalles de marbre. (*Voyez* l'article suivant.)

On a acquis depuis peu un nouvel exemple de cette manière de placer des sculptures dans les *frontons*. En 1811 on a découvert, sous les ruines du péristyle d'un temple à Egine, les onze figures détachées & de ronde bosse qui ornoient le tympan de son *fronton*. Ces figures représentoient des personnages de la guerre de Troye, & la prise de cette ville.

L'architecture moderne ayant fait beaucoup moins d'usage de péristyles isolés dans les temples que l'architecture antique, n'a pas à citer un très-grand nombre de *frontons* remarquables par leurs sculptures. Les trois plus considérables en ce genre sont celui de l'hôtel-de-ville d'Amsterdam, qui a quatre-vingt-deux pieds de long sur dix-huit de haut; celui de Sainte-Geneviève, qui a cent pieds; celui de la colonnade du Louvre, qui a quatre-vingt-deux pieds.

De l'emploi du fronton.

Il est arrivé au *fronton*, dans l'architecture, ce qui arrive à presque toutes les inventions & institutions humaines. L'habitude d'user d'une chose en produit tôt ou tard l'abus: on en oublie l'origine & les raisons; l'amour de la nouveauté introduit insensiblement, dans l'emploi qu'on en fait, des variétés qui finissent par en dénaturer le sens & la signification.

L'esprit de la décoration est le principe qui tend à détruire les raisons fondamentales du système imitatif de l'architecture. Quand les yeux furent habitués à ce bel accord de parties qui règne entre les colonnes & le *fronton*, la beauté de cet ensemble fut jugée une des principales de l'architecture. Quoiqu'on reconnût que le *fronton* n'exprimoit autre chose que les pentes d'un toit destiné à défendre les intérieurs contre les eaux du ciel, on ne crut pas pour cela devoir priver les yeux du plaisir résultant de cette imitation, dans les lieux & dans les cas où le besoin qui avoit produit l'emploi du *fronton* ne devoit plus en motiver la représentation. « Ainsi (selon Cicéron), si l'on avoit » eu à bâtir un temple dans l'Olympe, où il ne » sauroit y avoir de pluie, il eût encore fallu lui » donner un *fronton*. » *Cicero, de Orat. lib. III.*

De-là naquit l'usage des *frontons* adossés à des façades sans saillie, & de-là encore l'habitude d'en pratiquer dans des intérieurs d'édifices. Sans doute une critique sévère trouveroit beaucoup à condamner en ce genre; cependant il faut considérer que le *fronton* peut, même ramené à son origine, avoir deux sortes d'emplois; l'un en grand, comme représentant le comble sur la totalité d'un édifice; l'autre en petit, comme remplaçant ces pignons que l'usage a dû multiplier au-dessus des portes, des fenêtres, & par conséquent des niches. Dès-lors, sans blesser aucune vraisemblance, ces sortes de petits *frontons* peuvent orner les extérieurs des palais & d'autres monumens.

L'emploi de ces *frontons* dans l'intérieur sera donc, si l'on veut, une licence dont on seroit peut-être bien de ne pas user, mais dont une certaine force d'analogie ne permet pas de renvoyer l'usage dans le nombre des abus & des vices propres à dénaturer le système de l'art.

On n'en dira pas autant de l'emploi du *fronton* placé, comme l'ont fait quelques architectes, sur des surfaces courbes, ou adossé à des bâtimens circulaires. On ne mettra pas non plus au rang des licences, mais on placera parmi les plus graves abus, ces compositions de *frontons* inscrits l'un dans l'autre, à ressaut dans leurs profils tronqués, sans base, ou à enroulemens, qu'un faux esprit d'ornement s'est plu à décomposer, qui ont trop long-temps trouvé place dans l'architecture régulière, & dont on ne va faire l'énumération que pour en mieux signaler la bizarrerie. Ainsi on trouve dans les Lexiques:

FRONTON A JOUR, celui dont le tympan est évidé pour donner de la lumière dans l'intérieur. Cette pratique ne sauroit être tolérée que dans un bâtiment de peu d'importance.

FRONTON A PANS, celui dont la corniche supérieure a trois parties.

FRONTON BRISÉ. *Fronton* dont les corniches sont coupées ou recourbées par redents & ressauts, comme au portail de Saint-Charles du Cours à Rome.

FRONTON CIRCULAIRE est celui qui est formé par un segment de cercle. Nous avons donné plus haut des exemples de cette forme, qui n'est admissible qu'en petit, & dans des façades où le fronton n'est qu'un ornement adossé.

FRONTON DOUBLE. On appelle ainsi un fronton qui en couvre un plus petit dans son tympan, comme au pavillon du Louvre, dit des Caryatides, où celles-ci portent trois frontons l'un dans l'autre.

FRONTON ENTRE-COUPÉ est celui dont le sommet est tronqué pour recevoir quelquefois un cartel, un buste ou tout autre objet.

FRONTON GOTHIQUE. C'est, dans l'architecture qu'on appelle gothique, une espèce de pignon à jour (voyez PIGNON), en triangle équilatéral ou isocèle, dont l'intérieur est rempli par toutes sortes de découpures en roses, en trèfles, &c. Cette forme n'a aucun rapport avec l'emploi du fronton, qui, à proprement parler, n'existe point dans le système gothique. Ce n'est autre chose qu'un triangle.

FRONTON PAR ENROULEMENT. Fronton formé de deux enroulemens, en manière de deux consoles qui se joignent, ou brisé, ayant les corniches contournées en enroulement, ou enfin circulaire, & qui se termine en-bas par deux enroulemens.

FRONTON SANS BASE. Fronton dont la corniche horizontale est coupée, & retourne sur deux colonnes ou pilastres, pour l'exhaussement d'un arc qui prend la place de l'entablement. On trouve quelques exemples de cette méthode dans des monumens antiques du bas âge, & particulièrement à des niches de Spalatro, ou des Thermes de Dioclétien à Rome.

On appelle aussi fronton sans base toute corniche cintrée qui, au-dessus d'une porte, d'une croisée ou d'une table, forme un petit fronton, soit angulaire, soit circulaire ou de toute autre manière, & porté par des consoles.

FRONTON SANS RETOUR. Fronton dont la corniche horizontale n'est pas profilée au bas des corniches rampantes. C'est ce que J. F. Blondel, dans son Cours d'Architecture, tome II, page 40, appelle fronton glissant.

FRONTON SPHÉRIQUE. C'est un nom qu'on donne à un fronton formé d'un segment de cercle. On l'appelle aussi cintre rond, &c.

FRONTON SURMONTÉ. Fronton qui, excédant en hauteur les proportions que l'usage & le goût ont fixées, tient plutôt du pignon des édifices du Nord, que du toit des pays méridionaux.

FRONTON SURBAISSÉ. On appelle ainsi celui dont l'angle est ouvert beaucoup au-dessous de l'angle de quatre-vingt-dix degrés. Les frontons de l'ordre dorique, chez les Grecs, sont, pour les Modernes, des frontons surbaissés.

FRONTON TRIANGULAIRE est celui qui se forme de trois lignes, & qui particulièrement auroit la proportion d'un triangle régulier.

FRONTON du temple de Minerve à Athènes. Le temps nous a ravi presque tous les ouvrages de décoration qui, comme on vient de le voir, occupoient le tympan des temples grecs. Ces ouvrages ont dû périr dans la destruction de leurs péristyles; & comme les figures des frontons, ainsi qu'on l'a dit, n'étoient point sculptées dans la masse du tympan, & par conséquent étoient amovibles, elles ont pu encore en être enlevées. C'est ce qui arriva l'an 1688, lors du siège & de la prise d'Athènes par les Vénitiens. Morosini voulut enlever un des frontons du Parthenon, dont toutes les figures existuient encore, le char de Minerve avec ses chevaux; mais le tout se brisa dans l'opération. Depuis cette époque, le fronton dont il s'agit a toujours été en se dégradant, & M. Stuart, en 1755, n'y a plus trouvé que les restes de trois figures placées à l'angle droit, & dont il a donné les dessins, pl. 9, tome II de ses Antiquités d'Athènes.

Le fronton correspondant avoit été très-antérieurement démoli, surtout dans son milieu, sans doute au temps où les Chrétiens s'étant emparés du temple de Minerve pour le convertir en église, avoient construit un hémicycle au côté oriental. Pour l'éclairer, il paroit qu'ils avoient abattu la pointe & le milieu du fronton qui se trouvoit en avant de l'hémicycle; en sorte que, lors du siège des Vénitiens, le fronton oriental étoit dégradé, méconnoissable dans son sujet, & n'offroit plus que quelques figures insignifiantes à chacun des angles inférieurs, comme le prouve l'ouvrage de Fanelli.

Avant le siège d'Athènes par les Vénitiens, qui détruisit une grande partie du temple de Minerve, ce monument avoit été vu & décrit par la Guilletière en 1669, & depuis 1674 jusqu'à 1688, par MM. de Nointel, Cornelio Magni, Spon, Wheler, Fanelli, & le capitaine vénitien dont la lettre est dans le Recueil de Balisone. La plupart de ces voyageurs ont parlé du fronton occidental comme étant encore entier, & des figures qui l'ornoient comme subsistant dans tout leur ensemble.

Il faut distinguer, parmi ces voyageurs, M. Ollier de Nointel, ambassadeur de France à la Cour ottomane, qui fit faire, en 1674, les dessins de presque toutes les sculptures du temple de Minerve, & entr'autres de ses deux frontons. Le recueil de ces dessins étoit resté inconnu pendant long-temps dans le cabinet des gravures de la Bibliothèque du Roi, & il n'a été retrouvé qu'il y a environ trente ans.

Le Voyage du jeune Anacharsis, qui parut vers

cette époque, contient dans son atlas une gravure réduite du dessin que M. de Nointel avoit fait faire du *fronton* occidental, assez bien conservé de son temps. Cette gravure est accompagnée d'une explication, dans laquelle l'auteur de la note explicative réfute l'opinion de M. Stuart, lequel prétend que les voyageurs précédens se sont trompés sur le côté qui fut la face antérieure du temple.

Mais M. Stuart n'ayant pas eu connoissance du dessin de M. de Nointel, n'avoit pu tirer du sujet de ce *fronton* les preuves qui doivent corroborer son opinion.

Préoccupés de l'opinion, que le côté occidental du Parthenon avoit été autrefois (comme il l'est devenu depuis par les changemens opérés dans le temple) le côté antérieur & principal, les voyageurs, instruits par Pausanias que le *fronton* antérieur représentoit la naissance de Minerve, & le postérieur, sa dispute avec Neptune, s'efforcèrent de voir, dans les figures du *fronton* occidental, le sujet de la naissance de Minerve.

Dans une Dissertation lue à la troisième classe de l'Institut en 1812, j'ai essayé de prouver que l'opinion de Stuart étoit la véritable; que tous les voyageurs avant lui s'étoient trompés sur le côté antérieur du temple. J'ai donné sur ce point diverses preuves fondées sur les notions les plus positives de la disposition des temples grecs, de la situation du *pronaos*, & de celle de l'*opisthodome*, d'où il résulte clairement que les anciens voyageurs ayant pris l'*opistodome* pour le *pronaos*, avoient dû se méprendre sur la façade antérieure du temple.

Mais l'argument le plus péremptoire que j'ai employé, a été celui que m'a fourni le dessin du *fronton* occidental, par M. de Nointel. D'après ce dessin, tout léger qu'il soit, je suis parvenu à rétablir en relief la totalité & les détails de cet ensemble. La restitution que j'en ai faite m'a mis à même de démontrer que les figures de cette composition, d'une part, ne conviennent pas au sujet de la naissance de Minerve, & de l'autre, s'appliquent au sujet de la contestation de Minerve avec Neptune.

Supprimant ici tout ce que cette discussion a d'étranger à l'article que je traite, je vais me borner à faire connoître l'ensemble d'un des plus célèbres ouvrages de la Grèce, en fait de *fronton*.

Le motif principal de la composition en occupe le milieu. Les deux principaux personnages sont Minerve & Neptune. Minerve, selon les voyageurs, qui pourroient bien s'être trompés sur ce point, est assise sur un char, traîné par deux chevaux. La déesse n'a ni égide ni casque; elle est vêtue de la simple tunique à plis flottans; un de ses bras a dû se tenir au-devant du char; il est probable que l'autre tenoit la branche d'olivier comme symbole, soit de sa contestation, soit de la victoire. Il paroît probable que cette figure ne fut autre chose que la Victoire. Sur le fond & en arrière des chevaux est une figure d'homme, qui peut-être fut Mars, servant d'écuyer à la déesse. Ce qui reste de cette figure, dans le dessin de M. de Nointel, ne permet pas de la caractériser avec précision. Les deux chevaux sont représentés au galop, de manière que les jambes de devant sont en l'air. Ils sont précédés par une figure de femme que tous les voyageurs se sont accordés à reconnoître pour une Victoire, ce qui ajoute un poids de plus à l'opinion que je préfère. (On conçoit, en effet, que ni le char ni la Victoire n'eussent eu de rapport avec le sujet de la naissance de Minerve.) Mais il paroît que la figure qu'ils ont prise pour la Victoire est Minerve elle-même, que les mutilations qu'a éprouvées le marbre avoient rendue méconnoissable.

La grande figure nue qui occupe, à peu de chose près, le milieu du *fronton*, sous l'angle, est celle de Neptune représenté fuyant à grands pas devant le char de sa rivale ou devant Minerve elle-même, qui, dans la dernière hypothèse, auroit été figurée & placée comme en opposition avec le dieu de la mer.

De chaque côté de Minerve & de Neptune sont rangées, dans des positions qui s'accordent avec la diminution progressive de l'espace des deux pentes du *fronton*, les figures suivantes.

Du côté de Neptune, une figure, foiblement indiquée dans le dessin de M. de Nointel, & assez mutilée, qu'on ne peut guère caractériser. Celle qui suit est assise & beaucoup plus facile à définir: il ne lui manque que la tête & la main gauche, tout le reste est entier. Sa draperie légère s'entr'ouvre de côté, & laisse paroître à nu la cuisse & la jambe gauche. Le pied droit repose sur un poisson marin qui fait reconnoître la figure pour être celle de Thétis. Vient ensuite un groupe bien conservé d'une femme drapée, assise un peu plus bas, vue de face, & tenant deux petits enfans qui, sans doute, sont Diane & Apollon; ce qui fait croire que la figure est celle de Latone. Le groupe suivant se compose d'une femme assise à terre, vue de profil, entièrement drapée, dont la partie supérieure paroît avoir éclaté du côté gauche, comme par l'effet d'un fil du marbre, mais qui laisse encore soupçonner, dans le dessin, qu'elle fut voilée. Sur ses genoux repose, vue de face, la figure d'une jeune fille entièrement nue, & dont les bras sont cassés. On peut supposer que c'est Vénus assise sur les genoux de *Thalassa* ou la Mer. Il est difficile de donner une dénomination précise à la figure qui vient après, tant elle est mutilée. On n'hésite pas à présumer que les deux figures qui terminent le *fronton* (toujours du même côté), & dont l'une est celle d'un jeune homme nu, l'autre d'une femme drapée & couchée, peuvent avoir été Bacchus & Libera.

Du côté de Minerve & derrière elle, est un groupe composé d'une femme assise, d'un enfant qui s'appuie sur elle, & d'une autre femme debout. On peut y reconnoître les figures de Cérès, de Proserpine sa fille, & du petit Iachus, cet enfant de Cérès, & dont il est si souvent mention dans les Mystères éleusiniens.

Après ce groupe il s'en présente un autre, dont Stuart a donné un dessin fort exact, qui confirme celui de M. de Nointel. L'intention de ce groupe indique assez bien deux époux. Spon & Whaler prirent ces personnages pour Adrien & Sabine son épouse; mais le voyageur anglais qui les vit depuis, dément formellement cette opinion. Ce qu'on peut conjecturer, d'après quelques indications, c'est que ce groupe représente Hercule avec Hébé, ou les figures de Thésée & d'Ariane.

La figure encore couchée au temps de Stuart, & dessinée par lui, qui termine la série de ce côté, & occupe l'extrémité de l'angle gauche (pour le spectateur), aura pu être le fleuve Ilyssus.

Pausanias nous apprend qu'aux deux angles d'un *fronton* semblable, celui du temple de Jupiter à Olympie, Pæonius de Mendes avoit placé d'un côté l'Alphée, de l'autre le Cladée, fleuves de l'Élide.

FRUIT, f. m. (*construction*), signifie, en langage de maçonnerie, la petite diminution qui règne de bas en haut dans un mur, dans une élévation, & qui produit en dehors une inclinaison, toutefois peu sensible, lorsque le dedans est à-plomb.

On appelle *contre-fruit* une diminution semblable, à la face opposée, c'est-à-dire, intérieure d'un mur. On donne du *fruit* ou du *contre-fruit* à des murs de face ou à des encoignures, pour augmenter leur force de résistance.

FRUITS, f. m. pl. Les *fruits* forment, dans l'architecture, des festons d'un genre riche & mâle. (*Voyez* FESTON.) Ceux de la villa *Medici*, ceux du Panthéon à Rome, la frise de la cour du Louvre à Paris, qui est du dessin de Pierre Lescot, en offrent de beaux exemples.

FRUITERIE, f. f. Lieu où l'on conserve les fruits. Il est ordinairement garni de tablettes dans toute sa hauteur. La *fruiterie* doit être pratiquée de façon à n'avoir à redouter ni la chaleur ni l'humidité. On l'éloigne des écuries & des caves, & on la met sous double porte & doubles châssis.

FUGA (Ferdinand), né à Florence l'an 1699, fut un des architectes les plus distingués en Italie, du dix-huitième siècle. Dès l'âge de douze ans il fut placé chez Jean-Baptiste Foggini, architecte & sculpteur recommandable, pour y étudier les élémens de l'architecture, & à l'âge de dix-huit ans, il vint à Rome pour en admirer les chefs-d'œuvre. Là, son goût acheva de se fixer & de se développer, & à l'âge de vingt-huit ans il s'y établit & s'y maria.

Il avoit été déjà appelé dans le royaume de Naples, où il s'étoit fait connoître par quelques ouvrages qui donnèrent une bonne idée de son talent. Depuis, Naples & Rome se le disputèrent, & c'est entre ces deux Etats que se partagèrent les entreprises qui occupèrent sa longue & laborieuse vie.

Nommé, par Clément XII, un des deux architectes du palais, il termina, en face du palais Quirinal, le bâtiment appelé *la Scuderia*, commencé par Alexandre Spechi, & il finit encore quelques autres dépendances du Quirinal.

Un ouvrage plus important de lui, fut, sur la place dite de *Monte Cavallo*, le palais de *la Consulta*, grande & belle masse de bâtiment isolée de toutes parts, & distribuée dans ses intérieurs avec autant de goût que d'intelligence, quoique quelques parties y manquent d'un peu de lumière & de commodités. La cour offre un bel aspect. L'escalier, formé de deux rampes, a de la grandeur. La façade est en bossage dans le rez-de-chaussée & l'entresol, au-dessus duquel s'élève l'étage principal, orné d'un ordre ionique en pilastres placés aux angles & dans le milieu.

Fuga construisit, dans la rue *Giulia*, l'église *della Morte*. Le plan offre une forme elliptique assez agréable. Les colonnes y sont heureusement disposées entre les autels. Le tout seroit d'un meilleur effet, si la décoration & les détails eussent répondu à la simplicité du plan. Mais on n'y trouve que trop, ainsi que dans le portail à deux ordonnances l'une sur l'autre, les vices & les abus de l'école de Borromini.

L'église du Jésus fut terminée par lui, & achevée sur les fondations d'une autre.

Une entreprise très-remarquable de notre architecte, fut la restauration intérieure de Sainte-Marie-Majeure, & l'érection de ses façades extérieures. La beauté du plan primitif & la noble ordonnance de cette basilique ont heureusement guidé l'artiste dans le remaniement & la décoration de toutes les parties de ce grand vaisseau, devenu, depuis cette époque, un des plus beaux modèles d'église chrétienne que les architectes puissent se proposer. Il seroit à souhaiter que la façade du côté de Saint-Jean de Latran répondît mieux au style & à la simplicité de la disposition intérieure. Il est vrai que *Fuga*, dans cette construction, dut se soumettre à plus d'une sujétion, comme de laisser subsister au second étage les anciennes mosaïques, comme de pratiquer d'un côté un escalier pour monter à la *loggia della Benedizione*, de l'autre un sacristie, & encore au-dessus, des logements pour les chanoines. Mais le talent de l'architecte consiste à vaincre les difficultés locales, & il n'est pas rare qu'il parvienne à faire sortir des beautés de ce qui sembleroit devoir être une source de défectuosités. Le baldaquin du grand autel de Sainte-Marie-Majeure, en colonnes antiques de porphyre, ornées de bronzes dorés, est encore de la composition de cet architecte.

On peut citer de lui à Rome, entre les grands travaux qu'il y a exécutés, des augmentations considérables à l'hôpital du Saint-Esprit, l'hospice *delle Zitelle bastarde*, l'église de l'Apollinaire, le *Triclinio* sur la place de Saint-Jean de Latran, le palais *Petroni* & le palais *Corsini*, un des plus magnifiques de Rome. On en admire la distribution intérieure & la disposition extérieure. Peu de palais ont été conçus &, si l'on peut dire, taillés plus en grand que celui-là : ses trois percées, ses grands escaliers, les proportions de sa façade, tout y est grandiose. Plus de sagesse & de pureté dans les détails & le style, en auroit augmenté le mérite aux yeux des hommes de goût & des artistes.

Appelé à Naples par la réputation de ces grands ouvrages, Ferdinand *Fuga* se vit à portée d'en entreprendre encore de plus considérables. C'est de lui qu'est le grand hospice appelé *il gran Reolusorio*, monument le plus vaste & le mieux entendu, en ce genre, de toute l'Europe. Il fut construit pour servir de retraite à huit mille indigens de tout sexe & de tout âge. Sa distribution a été conçue de façon à offrir quatre établissemens en un, pour les hommes, pour les femmes, pour les filles & pour les garçons, & de telle sorte, qu'aucun des quatre n'a de communication avec un autre. A cet hospice est annexée une église spacieuse & publique, où chaque classe de reclus participe séparément au service divin.

Voici la note des autres édifices construits par *Fuga* dans le royaume des Deux-Siciles.

A Naples, il fit encore le cimetière de l'hôpital des Incurables, dans l'endroit voisin de la ville, appelé *il Tredici*. Ce cimetière contient trois cent soixante-huit caveaux, une église & une habitation pour le préposé.

Pour le duc *Giordani*, un palais près du *Spadaletto*, & tout à côté un autre vaste palais au prince de *Caramanica*; une maison de campagne à *Resina* près *Portici*; pour le prince de *Jeci*.

Au-delà du pont de la Madelaine, des magasins à blé, des arsenaux, & une fabrique de cordages.

Il fut envoyé à Palerme, par le Roi, pour donner les dessins de la restauration & de l'embellissement de la célèbre Cathédrale de cette ville. (*Extrait des Vies des Architectes*, par Milizia.)

FUNDI. Ancienne ville d'Italie, sur la voie Appienne, entre Terracine & Formies.

Cette ville a conservé presque partout son pavé antique, indication précieuse & authentique de l'alignement de ses anciennes rues. Elle a deux portes principales; celle qui se présente au voyageur qui va de Rome à Naples, on l'appelle *Porta romana*, & celle *del Vescovo*, par où l'on passe en sortant de *Fundi*, pour continuer sa route.

A droite, & attenant la porte romaine, on voit des restes considérables de murs formés par de grands blocs de pierres polygones, qui annoncent une construction d'une date antérieure au dernier état de cette ville sous les Romains. En effet, la partie de murs dont on parle, qui sert comme de soubassement au reste de la muraille, non-seulement a une épaisseur qui déborde la construction supérieure, mais est d'un autre genre de construction. L'inférieure est composée de grands blocs de pierre sèche, & à joints incertains ; la construction supérieure est à petites pierres taillées aussi à joints incertains, mais maçonnées & liées par un fort ciment.

Ces deux genres de construction l'une sur l'autre, & dont la supérieure paroit avoir été établie long-temps après l'inférieure, comme beaucoup d'exemples en font foi, annoncent qu'il y eut un temps où la construction à grands blocs irréguliers fut pratiquée dans les murs de ville, comme elle n'a jamais cessé de l'être dans les chemins, & qu'elle cessa à une certaine époque d'être mise en œuvre. A quelque cause qu'il faille attribuer la destruction de ces murailles, & quelle qu'en soit l'époque, il paroit que, soit par économie, soit pour beaucoup d'autres raisons, on aura préféré, en restaurant l'enceinte de ces villes, la construction en petites pierres liées par le ciment. La substruction intérieure aura été conservée, ainsi que cela arrive en tout pays & en tout temps, comme un massif de fondation & de soubassement tout fait. La destruction des murailles de ville entroit jadis si souvent dans les vues de la politique, qu'il ne faut pas toujours attribuer ces démolitions aux machines de guerre. Mais les causes politiques changées, on se trouvoit obligé de relever à la hâte les murs démolis, & l'on ne prenoit pas toujours, dans ces reconstructions, les soins que l'art eût exigés. C'est ce qui nous explique, dans beaucoup de villes antiques, l'incohérence & les disparates des constructions dont on parle.

Du côté de la porte *del Vescovo*, & presqu'attenant à cette porte, on trouve, en sortant de *Fundi*, deux inscriptions antiques, encadrées dès l'origine dans la construction supérieure du mur. Elles sont rédigées dans le style & selon l'orthographe du temps d'Auguste. On y lit les noms des édiles & des censeurs qui ont présidé à l'exécution du travail. Quelques autres renseignemens porteroient à présumer que la partie de mur restaurée l'auroit été par Auguste.

FUSAROLE, s. f. On donne ce nom à l'astragale taillé en forme de collier ou de chapelet, qui est sous l'ove des chapiteaux dorique & ionique.

FUSELER, v. act. Ce mot, qui vient de *fuseau*, s'applique à beaucoup de travaux, & signifie donner à un corps alongé la forme d'un fuseau.

On s'en sert, par la même analogie, en architecture, à l'égard des colonnes, & il veut dire travailler, façonner, dresser le fust d'une colonne, d'un candélabre. On dit d'une colonne, qu'elle est bien ou mal *fuselée*, selon qu'elle offre un contour bien ou mal uni, plus ou moins régulier, un fond dressé avec plus ou moins de netteté, & une forme plus ou moins élégante. (*Voyez* Fust.)

FUST, f. m., vient du latin *fustis*, bâton, & signifie, en architecture, cette partie de la colonne qui, comprise entre la base & le chapiteau, offre l'idée d'un corps alongé & continu, semblable à un bâton. On l'appelle aussi *tige*, & le mot est alors emprunté des arbres dont la colonne a pu prendre son origine. (*Voyez* Arbre, Charpente, &c.)

En traitant de la colonne, de l'architecture, des ordres & d'autres objets semblables, on a déjà parcouru ou l'on parcourra quelques-unes des notions principales qui regardent le *fust* ou la tige. C'est pourquoi on ne fera mention ici que de ce qui se rapporte directement à l'objet de cet article.

Les *fusts* des colonnes diffèrent par leur forme, par leur proportion, par leur décoration.

La différence de forme la plus sensible est celle qui a lieu entre la colonne ordinaire & la colonne appelée *torse*, & dont le *fust* est contourné en spirale. (*Voyez* Colonne.) Mais on observe entre les *fusts* des colonnes, des variétés de forme qui tiennent au caractère de chaque ordre. Ainsi, dans l'ordre dorique grec, la forme du *fust* est souvent pyramidale, c'est-à-dire, qu'elle éprouve du bas en haut une diminution remarquable. Aux autres ordres, le *fust* éprouve un renflement vers le tiers de sa hauteur. Ces sortes de modifications, qui font sortir plus ou moins le *fust* de la ligne perpendiculaire, n'ont point de règles positives; elles dépendent du goût de l'architecte, & leur autorité est dans les modèles de l'antique, ou les exemples des grands maîtres modernes.

Les différences de proportion qu'éprouvent les *fusts* des colonnes sont frappantes, puisque, selon le caractère de l'ordre, & d'après les autorités existantes, on peut assurer qu'il se trouve des *fusts* qui ont à peine trois diamètres & demi, & d'autres qui ont plus de dix diamètres. (*Voyez* les mots Ordre, Dorique, &c.)

Les *fusts* des colonnes sont soumis à des diversités non moins sensibles, pour ce qui regarde la décoration. Dans le système moderne, on avoit cherché à établir, en ce genre, une progression depuis le prétendu ordre toscan, qui devoit avoir son *fust* lisse, jusqu'à l'ordre appelé *composite*; mais il faut dire que cette échelle est à peu près aussi imaginaire que celle des cinq ordres. Quand on rédui, selon le système antique, les ordres au nombre de trois, on trouve que le *fust* de l'ordre dorique est constamment orné de cannelures à vive arête, c'est-à-dire, sans listeau; que l'ordre ionique & le corinthien sont ornés de cannelures avec des listeaux, & que souvent aussi leurs *fusts* sont laissés lisses & sans ornement. Nulle règle à cet égard, autre que celle du goût de l'artiste, ou celle des convenances de l'édifice.

Lorsque l'architecte veut mettre dans les *fusts* des colonnes une plus grande richesse, il peut orner les listeaux de filets ou d'autres moulures; il peut remplir de rudentures les cavités de la cannelure, soit dans toute la hauteur, soit jusqu'au tiers inférieur. On voit des exemples de ces sortes d'ornemens à l'ordre ionique d'un des corps de bâtiment du palais des Tuileries, du côté du jardin.

On voit aussi des *fusts* de colonnes ornés de bandes sculptées; on en voit qui sont remplies, dans toute leur hauteur, de feuillages, de rinceaux, d'enroulemens. L'ouvrage de Piranesi sur la Magnificence des Romains présente un recueil considérable de toutes les inventions de ce genre.

Ce qu'il faut toutefois distinguer à cet égard, c'est l'emploi qu'eurent ces colonnes; car il seroit dangereux de conclure d'un certain nombre de *fusts* isolés & décomposés, qu'il soit permis d'appliquer à de grands ouvrages cette multiplicité de détails d'ornement, qui semblent plus convenables au *fust* d'un candélabre qu'à celui d'une colonne.

GAB

GABIÆ. *Gabies*. Cette ville très-ancienne du Latium, située à cent stades de Rome, selon Denis d'Halicarnasse (quatre ou cinq lieues), sur la *via Prænestina*, étoit déjà, au temps de cet écrivain, presque tout-à-fait inhabitée, & remarquable seulement alors par la grandeur & l'étendue de ses ruines. Depuis le règne d'Auguste elle commença à se repeupler; elle fut fréquentée ensuite à cause de ses eaux thermales, & paroît avoir été, surtout par les soins d'Hadrien, relevée & embellie de nouveaux édifices. Le souvenir de cette ville s'étoit perdu de nouveau; mais ses ruines longtemps inconnues ont été retrouvées & fouillées en l'année 1792, que le prince Marc-Antoine Borghèse, propriétaire d'une grande partie des terrains occupés par l'antique *Gabies*, seconda & encouragea les recherches qu'avoit proposé d'y faire le peintre & antiquaire célèbre *Gavino Hamilton*. Le résultat de ces recherches surpassa les espérances qu'on en avoit conçues, & chaque jour vit sortir de dessous les ruines de *Gabies*, des bustes, des statues, des inscriptions qui, en enrichissant l'art, ont accru le domaine de l'érudition. Toutes ces richesses, recueillies par le prince qui en avoit ordonné l'exploitation, sont devenues la matière d'un Musée particulier, appelé *Museo Gabino*, & ont été gravées & illustrées par M. Visconti, dans un ouvrage intitulé *Monumenti Gabini*.

Pour ce qui regarde l'architecture, *Gabies* a conservé deux monumens: le premier très-ancien, déjà précédemment connu, & qui auroit suffi pour lever tout doute sur la vraie position de cette ville, est le temple de Junon; le second, dû aux recherches nouvelles, est le *Forum*, orné de portiques & de bâtimens adjacens, où l'on a trouvé le plus grand nombre des sculptures dont on a parlé.

Il reste du temple placé sur la plus haute colline que *Gabies* renfermoit, une *cella* bâtie de grandes pierres carrées, fermée de trois côtés, & ouverte seulement du côté qu'occupoit la porte. Celle-ci est entièrement détruite, ainsi que la couverture de l'édifice; d'où Ciampani a conclu, sans autorité toutefois, que le temple étoit hypèthre ou découvert. Tout près est la base d'une colonne dorique, de la même pierre que celle du temple, autour duquel (à une assez bonne distance) on apperçoit encore les vestiges d'un bâtisse rectangulaire double; la partie extérieure de cette bâtisse est le mur de l'enceinte sacrée ou péribole; la partie intérieure semble être la fondation du portique & des autres édifices qui entroient dans cette enceinte. En avant du temple on ne trouve plus d'indication d'enceinte, mais on y a découvert les restes d'une montée circulaire en gradins, qui avoit pu tenir lieu de théâtre ou de local propre aux assemblées.

Le *Forum* de *Gabies* étoit carré, & son extrémité méridionale bordoit la voie Prænestine. L'intérieur étoit fermé de trois côtés par des portiques en colonnes doriques faisant péristyle, & à entre-colonnemens fort larges, selon la proportion de l'aréostyle. Les colonnes posent sur un *pluteus* ou soubassement continu. Tout à l'entour sont distribuées des pièces & des salles de tout genre, & dans un des angles étoit un petit temple consacré à la mémoire de *Domitia* & de ses ancêtres, où depuis on conserva les images de la famille d'Auguste.

On peut voir les plans des édifices de *Gabies*, & le détail de tout ce qu'on y a découvert, dans l'ouvrage cité plus haut des *Monumenti Gabini*, d'où l'on a extrait ce peu de notions.

GABRIEL. Ce nom a été illustré par trois architectes français qui, de père en fils, se sont transmis des talens distingués, & ont acquis une assez grande réputation.

Le premier, mort en 1686, fut architecte du Roi, bâtit la maison royale de Choisy, & commença le pont royal à Paris.

Son fils, né en 1667, mort en 1742, ne se distingua pas moins dans l'architecture. Il fut fait chevalier de Saint-Michel, inspecteur-général des bâtimens, jardins & manufactures royales, & premier ingénieur des ponts & chaussées. Il donna les dessins des places de Nantes, de Bordeaux, de la cour du palais & de la belle tour de l'horloge de Rennes, de la salle & de la chapelle des Etats à Dijon.

Le dernier architecte de ce nom a attaché sa réputation à de plus vastes monumens. Tels sont les deux grands édifices qui terminent, en face de la rivière, l'un des quatre côtés de la place Louis XV, & qu'on appelle les Colonnades de cette place. *Gabriel* se proposa, dans la disposition de ces deux colonnades, d'imiter le motif de celle de Perrault au Louvre, & d'éviter les reproches que la critique peut faire de cette dernière. (*Voyez* ACCOUPLEMENT & PÉRISTYLE.) On a rapporté les raisons que Perrault eut d'accoupler, dans la colonnade qu'on nomme le *péristyle du Louvre*, les colonnes dont elle est formée. Quoique l'accouplement dans une composition qui n'est qu'une façade de palais, & dont les points de vue peu variables ne sauroient produire de confusion entre les espaces, ait bien moins d'inconvéniens qu'on ne se le figure en spéculation, cependant les amateurs de la simplicité des plans, avoient toujours regretté qu'un si bel ouvrage n'eût pas été conçu selon une disposition plus uniforme. *Gabriel* voulut revenir à l'unité d'entre-colonnement, & c'est sans doute le principal mérite de son ouvrage, mis en parallèle avec celui de Perrault. Toutefois cet avantage s'y est trouvé diminué par la maigreur des colonnes & la largeur des entre-colonnemens. Quelque mérite qu'il y ait d'ailleurs dans cette architecture, elle ne soutient la comparaison avec celle du péristyle du Louvre, ni pour la manière de profiler, ni pour celle de décorer.

Un autre grand édifice de *Gabriel*, est celui de l'Ecole militaire. Placé dans un local moins vaste, & où il seroit vu d'une moindre distance, le monument paroîtroit plus imposant. On veut parler de sa façade du côté du Champ-de-Mars, qui se compose d'un grand corps de bâtiment principal, accompagné, de chaque côté, de deux corps moins élevés qui prolongent l'étendue de cet ensemble dans presque toute l'étendue du Champ-de-Mars. Le caractère de cette architecture, sans avoir rien de relatif à la destination de l'édifice, est toutefois d'un assez bon genre. Le style & l'exécution n'offrent ni défauts ni qualités sensibles. C'est une masse de palais d'un bon goût. Le côté de la cour se raccorde avec des galeries formées de colonnes engagées dans des massifs qui offrent beaucoup de lourdeur, & un parti tout-à-fait privé d'agrément.

L'intérieur du bâtiment principal se recommande à l'attention par une chapelle qui occupe une des ailes, par un escalier vaste & bien disposé, & par quelques salles jadis richement décorées.

Nous avons dit au mot ECOLE (*voyez* ce mot) que cet édifice avoit été enlevé à sa destination première. Les vicissitudes des circonstances politiques lui ont imposé toutes sortes d'emplois divers. Mais le rétablissement de la monarchie & de la famille régnante, fait croire qu'il pourra être rendu à son premier emploi.

GACHE, s. f. Plaque de fer carrée ou contournée, qui reçoit le pêne d'une serrure, & qui est ou scellée en plâtre, ou encloisonnée, c'est-à-dire, engagée dans le bois d'une cloison.

GACHE est aussi le nom d'un petit cercle de fer disposé d'espace en espace, pour retenir un tuyau de descente. Il y a de ces *gâches* qui s'ouvrent à charnière & se ferment à clavette, de sorte que, sans avoir besoin de le desceller, on peut démonter & remonter le tuyau.

GACHER, v. act. (*Construction.*) C'est détremper le plâtre avec de l'eau en plus ou moins grande quantité, selon l'ouvrage qu'on a à faire.

Pour *gâcher* le plâtre de Paris, il faut environ autant d'eau que de plâtre. On commence par mettre l'eau dans l'auge; on y verse ensuite le plâtre en le semant, jusqu'à ce qu'il atteigne presque la surface de l'eau ; alors on le remue avec la truelle, pour qu'il fasse une pâte d'une consistance égale. Plus le plâtre est fort, plus il faut que cette opération se fasse promptement, pour qu'on ait le temps de l'employer avant qu'il commence à durcir.

On met plus ou moins d'eau dans le plâtre pour le *gâcher*, selon la nature des ouvrages à faire. Si l'on a besoin que le plâtre ait toute sa force, on y met la moindre quantité d'eau possible, & on l'emploie sans délai. C'est ce que les maçons appellent *gâcher serré*. Lorsqu'on y met plus d'eau, ils disent *gâcher clair* ou *lâche*. Le plâtre *gâché* clair donne plus de temps pour l'employer.

Il y a des ouvrages où l'on est obligé de *gâcher* encore plus clair, comme, par exemple, lorsqu'il s'agit d'étendre le plâtre sur de grandes surfaces, soit pour faire des enduits, soit pour trainer des corniches, ou bien lorsqu'on a à remplir des vides où la truelle & la main ne peuvent point atteindre : on forme alors ce qu'on appelle un *coulis*. C'est un plâtre extrêmement clair, qui se verse par des godets placés de manière à ce que la matière liquide qu'on y verse, puisse s'introduire partout. Ces sortes de coulis ne sont pas susceptibles de former un corps bien solide. On n'en doit faire usage que quand les parties à remplir n'ont point de charge à soutenir. Cela se pratique pour les joints verticaux, jamais pour les lits ou les joints horizontaux.

On dit aussi *gâcher* le mortier ; mais le mot en usage à cet égard, dans le bâtiment, est *broyer le mortier*. (*Voyez* MORTIER.)

GACHER. On use quelquefois de ce mot, ainsi que du mot *gâcheur*, dans le style familier & par dérision, pour exprimer ou un ouvrage mal conçu, mal exécuté, ou un homme qui brouille & qui confond tout. En général, ce mot de mépris tient aussi à ce que l'opération mécanique qu'il exprime est une de celles qui demandent le moins d'intelligence & de capacité.

GACHETTE, s. f. Petit morceau de fer carré, sous le ressort d'une pièce de serrure.

GACHEUR, s. m., est l'ouvrier employé à gâcher le plâtre ou le mortier.

GAETA, en latin *Caieta*. Ville antique dont il reste encore beaucoup de vestiges, tant dans la ville moderne, bâtie sur son emplacement, à quinze lieues de Naples & vingt-cinq de Rome, que dans les environs.

Le baptistère de l'église cathédrale est un beau morceau d'antiquité. C'est un vase porté par quatre lions de marbre, & orné de bas-reliefs. Ils représentent Ino, femme d'Athamas, roi de Thèbes, assise sur un rocher, & cachant dans son sein un de ses enfans pour le garantir de la fureur d'Athamas,

tandis

tandis que des Satyres et des Bacchantes dansent autour d'elle au son des instrumens. On y lit le nom de *Salpion*, sculpteur athénien. Ce monument fut apporté à *Gaëte* de l'ancienne Formies, aujourd'hui *Mola di Gaëta*. Près de cette dernière ville, qui est en face de *Gaëte*, on voit sur la droite du chemin une ancienne tour en forme de *Trisonium*, qui passe pour avoir été le tombeau de Cicéron. Entre les deux villes, on montre des ruines qu'on assure être celles de l'habitation de l'illustre orateur. Il est certain qu'il avoit là une maison, où il s'étoit réfugié au temps de la grande proscription, & près de laquelle il fut assassiné, lorsqu'il se préparoit à s'embarquer pour fuir les assassins qu'Antoine envoyoit contre lui.

Sur les hauteurs qui dominent *Gaëte*, est le monument le plus remarquable d'antiquité qui s'y soit conservé. On veut parler de cette tour vulgairement appelée *Torre d'Orlando*, mais qui est le mausolée de *Munatius Plancus*, qu'on regarde comme le fondateur de Lyon. On lit au-dessus de la porte l'inscription suivante : *Lucius Munatius Plancus Lucii filius Lucii nepos pronepos consul censor imperator iterum septemvir epulonum triumphator ex Rhætis ædem Saturni fecit de manubiis in Italia agros Beneventi divisit in Galliâ colonias deduxit Lugdunum & Rauricam.* Ce mausolée doit avoir été construit seize ans avant Jésus-Christ.

Il y a encore aux environs de *Gaëte* une autre tour circulaire qu'on appelle *Latratina*; elle est presqu'en tout semblable à la première. Quoique Grutter estime que ce fut un temple de Mercure, il est à croire que ce fut un tombeau. Le mot *latratina*, par lequel on la désigne, a occasionné de puériles interprétations de ce monument.

GADDI (TADDEO), architecte florentin, né en 1300, mort en 1350.

Elève de Giotto, rival d'André de Pise, il les surpassa tous les deux en architecture. Ce fut lui qui rétablit les fondations des portiques appelés à Florence les *logge or San Micheli*, & au-dessus il pratiqua des voûtes pour servir de greniers publics. Il rétablit dans la même ville le *Ponte Vechio*, large de quarante-huit pieds, dont vingt-quatre pour la voie publique, & autant pour les boutiques qu'on y établit par la suite, au nombre de vingt-deux par chaque côté. On n'y épargna point la dépense, qui monta à 60 mille florins d'or.

Gaddi restaura le château de *S. Gregorio*, continua les travaux du *Campanile* de *S. Maria del Fiori*, et fit un assez grand nombre d'autres ouvrages.

GAINE, s. f. On donne ce nom à des espèces de supports quelquefois circulaires, le plus souvent quadrangulaires, plus larges par en haut que par en bas, sur lesquels on place des bustes. Ce nom

Diction. d'Achit. Tome II.

leur vient de leur forme, laquelle ressemble à celle d'une *gaine* de couteau, qui se termine en pointe. Voilà, sans doute, l'origine de ce nom moderne. Quant à celle de la chose, elle remonte à une haute antiquité, s'il est vrai que les *gaines* soient une imitation des termes grecs ou *hermes*, lesquels paroissent dérivés de la forme des momies égyptiennes.

Les Egyptiens n'ayant point eu d'imitation véritable du corps humain dans leur sculpture, empruntèrent très-naturellement la forme que l'habitude de l'inhumation des corps leur avoit rendue familière. On sait qu'ils les enfermoient, après qu'ils avoient été embaumés, dans des caisses de bois, & quelquefois de marbre, richement ornées de peintures, d'hiéroglyphes & de dorures. Cette forme de caisse se faisoit sur celle du corps, & en répétoit fidèlement la configuration générale, celle au moins de ses contours. Ce fut ainsi qu'elle devint dans la sculpture inimitative de ce pays, un équivalent de l'imitation du corps.

La forme de beaucoup d'idoles égyptiennes (comme on peut s'en convaincre dans tous les cabinets) n'est autre chose que celle d'une *gaine* de momie. On ne sauroit douter que ces idoles de terre cuite vernissée, qu'on trouve en si grand nombre aujourd'hui, n'aient été autrefois fort répandues dans les pays qui eurent des communications avec l'Egypte. De-là sera né chez les Grecs, surtout chez les Athéniens, la forme & l'usage de leur terme, qui n'est aussi qu'une *gaine* surmontée d'une tête. (*Voyez* HERMES, TERME.)

Du *terme* grec à la *gaine* moderne, le passage est clairement indiqué. Seulement, chez les Grecs, la tête faisoit partie de la *gaine*. Aujourd'hui la *gaine* est un piédestal détaché, ayant sa base & son espèce de chapiteau, sur lequel pose le buste qu'on y place.

On fait beaucoup d'usage des *gaines* dans les galeries, dans les muséum, dans les collections. Ce support a l'avantage de tenir peu de place & de ne pas embarrasser le local par en bas.

GALANT, adj. m. C'est une espèce de synonyme d'*élégant* & de *gracieux*; mais il semble désigner dans la nuance de la qualité qu'il exprime, quelque chose d'un peu affecté, une sorte de prétention à plaire, par l'éclat, la nouveauté & la légèreté.

On donne quelquefois cette épithète dans la décoration, & mieux encore dans l'ameublement, à l'effet piquant de quelques petites pièces, comme boudoirs, cabinets, petits salons, où des étoffes élégantes, des peintures légères & des glaces se trouvent agréablement combinées entr'elles.

GALBE, s. m. On croit que ce terme vient du mot italien *garbo*, qui, entr'autres choses, veut dire *inflexion*, *courbure*. On s'en sert pour exprimer la grâce du contour d'un feuillage dans l'ornement d'un vase, d'une colonne, & même la courbure extérieure d'une coupole.

GALERIE, s. f. Ce mot s'applique à des objets divers, & s'entend de plus d'une manière dans les travaux & les ouvrages de l'art.

L'idée générale exprimée par ce mot est celle d'un lieu couvert, beaucoup plus long que large : aussi voyons-nous qu'on appelle ainsi une petite allée d'environ trois pieds de large & de six pieds de haut, qu'on pratique sous terre, pour l'exploitation d'une mine. Le même nom se donne, dans la fortification, à des conduits souterrains pratiqués sous les ouvrages, pour établir des communications qui ne soient pas aperçues des assiégés.

On a donné le nom de *galerie*, dans les pyramides égyptiennes, à des corridors fort étroits & fort longs, construits dans leur intérieur, & fermés ensuite par des pierres qui devoient en rendre l'accès impraticable.

Galerie se dit, dans les bâtimens, de tout local construit en longueur, communiquant d'un lieu à un autre, servant de promenoir couvert, & placé soit dans l'intérieur, soit à l'extérieur.

Dans ce sens, les colonnades circulant autour des temples périptères des Anciens peuvent s'appeler *galeries*. On appelle de même les travées intérieures des anciennes basiliques & de quelques églises gothiques, qui offrent ainsi deux rangs de *galeries* l'un au-dessus de l'autre. On nomme *galerie* l'espace occupé, dans l'intérieur d'une cour, par les portiques à rez-de-chaussée & par ceux des étages supérieurs. Dans ce sens on dit à Paris, les *galeries* du Palais-Royal. (*Voyez* les mots PORTIQUE, COLONNADE, &c.)

Les Anciens pratiquoient dans l'ensemble de leurs maisons & de leurs palais, des *galeries* auxquelles ils donnoient le nom de *cryptoportique*, mot qui ne signifie pas toujours un lieu sombre & souterrain, mais qui peut aussi désigner une *galerie* voûtée. Il y avoit sans doute de ces *galeries* tenues dans des lieux bas, & à peu près privées de lumière, où l'on se déroboit aux ardeurs du soleil. (*Voyez* CRYPTOPORTIQUE.) Toutefois nous voyons que Pline-le-Jeune désigne par ce nom, dans sa maison de *Laurentum*, une *galerie* dont la grandeur & la beauté approchoient de celles des monumens publics, & qui étoit percée de fenêtres de part & d'autre. Ailleurs il donne encore le nom de *cryptoportique* à une *galerie* fermée & située en haut, *in edito posita*. Du reste les Anciens exprimoient par les mots *ambulatio*, *xistus*, *ambulacrum*, la pièce destinée à se promener à couvert dans leurs maisons ; & si certains restes de construction antique qu'on voit sur la montagne d'Albano, & dont la voûte est encore ornée de caissons en stuc, furent ceux d'une *galerie*, on peut croire que ces pièces étoient, autrefois comme aujourd'hui, les parties des palais les plus richement décorées.

Ce qu'on appelle aujourd'hui par excellence *galerie*, dans les palais des princes & des grands, est une pièce ayant aussi pour objet principal d'offrir à la réunion de ceux qui s'y rendent, un promenoir spacieux, & qu'on destine encore soit à des cérémonies publiques, soit à des fêtes, à des bals & à des concerts.

C'est dans ce genre de *galeries* que l'architecture & la décoration peuvent développer toute leur magnificence. La proportion de ces sortes de pièces ne sauroit être déterminée avec précision. Le rapport de la hauteur est celui qui se laisse le plus aisément fixer ; il dépend ordinairement de la largeur de la pièce, & ici, comme dans le plus grand nombre des intérieurs, il est rare qu'on se permette de donner à l'élévation plus du double de la largeur. Mais quant à la longueur d'une *galerie*, on ne trouve dans celles qui existent, aucun usage qui en ait fixé le rapport avec celui de l'espace qu'elle doit occuper en large. On peut citer des *galeries* qui ont en longueur deux, trois & quatre fois leur largeur, & celle de Versailles la contient sept fois, sans paroître disproportionnée. Le caractère d'une *galerie*, comme lieu destiné à la promenade, comporte très-naturellement une assez grande étendue en longueur. Si cependant l'architecte outre-passoit en ce genre un certain point que le goût seul peut fixer, la *galerie* perdroit de sa noblesse, & ressembleroit à un corridor, ou passage de communication.

La *galerie* étant, dans les palais, une pièce d'apparat, & destinée plus à la représentation qu'à l'habitation, l'architecte y éprouve beaucoup moins de sujétions qu'ailleurs, & y déploie librement ses ressources. Ainsi elle peut être décorée d'ordonnances régulières, soit en colonnes, soit en pilastres, comme la *galerie* du palais Colonna à Rome & celle de Versailles, ou ornée de niches & de compartimens de marbre, comme celles du palais Farnèse & de la Villa Albani. Il n'y a guère de pièces qui offrent à la peinture des motifs plus grands & de plus spacieux emplacemens, soit dans les murs, soit dans les voûtes ou les plafonds. Plus d'une *galerie* est devenue, par ses peintures, un monument historique. On peut citer à Florence celle du palais Buonaroti, à Paris celle qui ornoit jadis le Luxembourg.

Une *galerie*, lorsque tous les arts y sont réunis par une intelligence unique, dirigés vers un but, & consacrés à traiter un seul sujet, auquel se rapportent, comme autant de signes allégoriques, tous les détails de ses ornemens, une telle *galerie* pourroit à quelques égards être appelée un *poëme en peinture* ; les compositions particulières semblent y être autant de chants séparés, mais réunis par une conception commune. On doit appliquer une partie de cette comparaison à la *galerie* du palais Farnèse comme composition mythologique, à la *galerie* de Versailles en tant que composition historique, & à plusieurs autres productions semblables du génie des peintres modernes.

Malgré les écarts où le génie décoratif de la peinture a pu faire quelquefois tomber l'architecture, dans l'ornement des *galeries*, on ne sauroit trop desirer que l'union des deux arts se renouvelle en ce genre, & fasse rentrer la peinture dans une de ses plus nobles carrieres. Il faut sans doute, pour que l'accord & une heureuse harmonie aient lieu en ce genre, qu'une seule intelligence y préside, & assigne à chaque partie sa place & sa mesure. C'est à l'architecture qu'appartient cet emploi. Si la peinture s'en empare, il est à craindre que la facilité qu'elle a de changer, par le prestige des couleurs, l'apparence des formes & du fond même de la construction, ne dénature le dessin de l'architecte, comme beaucoup trop d'exemples l'ont prouvé. Mais plus d'une *galerie* prouve aussi que les deux arts peuvent s'associer dans cette sorte de composition, sans se combattre, & unir leurs ressources, sans compromettre leurs intérêts.

Il faut distinguer une *galerie* peinte ou ornée par la peinture, d'avec une *galerie* de tableaux. Dans la première, les sujets peints sont partie de la composition générale & décorative de l'ensemble; dans la seconde, les tableaux n'y sont qu'un ornement accessoire & amovible. (*Voyez* CABINET DE TABLEAUX & PINACOTHECA.)

On donne volontiers le nom de *galerie* à toute sorte de collection d'ouvrages d'art ou d'objets curieux, & l'on dit également une *galerie* de statues, une *galerie* d'antiquités, de plans, de gravures, &c. L'on entend même par ce mot, moins le local qui contient les objets, que les objets qui y sont contenus. Ainsi l'on dira que telle *galerie* a été vendue, transférée, achetée, gravée, décrite, & l'on affecte encore le même nom aux ouvrages qui en renferment la description.

GALERIE D'EAU. C'est une longue allée renfermée dans un bosquet, & bordée de jets d'eau.

GALETAS, s. m. Étage pris dans un comble éclairé par des lucarnes, & lambrissé de plâtre sur un lattis, pour cacher la charpente du toit, ainsi que les tuiles & les ardoises.

GALILEI (Alexandre), architecte florentin, né en 1691, mort en 1737.

Après avoir passé sept ans en Angleterre, où quelques seigneurs de ce pays l'avoient conduit, *Galilei* fut nommé surintendant des édifices publics de Toscane par les grand ducs Cosme III & Jean Gaston. Toutefois il ne fit rien de remarquable ni en Angleterre ni en Toscane. Son talent ne se développa qu'à Rome, où Clément XII l'avoit appelé, dans trois ouvrages sur lesquels se fonde sa réputation, savoir, la façade de Saint-Jean des Florentins, le portail de Saint-Jean de Latran, & la chapelle Corsini que renferme cette basilique.

Michel Ange avoit fait de son temps un projet de façade pour son église nationale, mais il n'en restoit plus qu'un foible souvenir. On eut alors l'idée d'adapter à l'église de Saint-Jean, le dessin que le même Michel Ange avoit destiné au frontispice de Saint-Laurent à Florence, & qui n'y avait jamais été exécuté. Quoiqu'il fût reconnu que ce dessin convenoit parfaitement au nouvel emplacement, l'idée fut rejetée. On étoit persuadé que l'architecture, depuis Michel Ange, devoit avoir fait de grands progrès. On demanda à *Galilei* un nouveau dessin de portail, & on le chargea de son exécution. L'ensemble de sa composition ne manque ni de grandeur, ni de richesse, ni d'une certaine beauté d'ordonnance, quoiqu'elle soit à deux ordres de colonnes corinthiennes, que les niches y semblent trop petites, que les ressauts de l'entablement du premier ordre y fassent un mauvais effet, & qu'on puisse y trouver tout au moins inutiles les socles élevés sur lesquels posent les colonnes.

La façade de Saint-Jean de Latran, composée & exécutée par *Galilei*, est sans doute une des plus grandes masses que l'architecture ait produites en ce genre. Mais en la voyant, on éprouve le regret qu'une semblable entreprise n'ait pas été conçue dans un parti plus heureux & avec un emploi de moyens moins composés. Le besoin de ménager dans la composition de cet ensemble une *loggia* pour la bénédiction papale, est sans doute ce qui a détourné ici l'architecte, comme à Saint-Pierre, de l'unité de motif qu'on voudroit toujours trouver dans le frontispice d'un vaste temple. A Saint-Jean de Latran, le parti adopté par *Galilei* est plus éloigné encore de cette heureuse simplicité, qui établit un rapport sensible entre l'intérieur & l'extérieur de l'édifice. Le frontispice de Saint-Jean de Latran présente d'une manière beaucoup plus sensible encore, l'idée de deux étages formés par deux rangs de portiques, l'inférieur en platesbandes, le supérieur composé de cinq arcades: celle du milieu, soutenue par deux colonnes de chaque côté, est la *loggia pontificale*. Une grande ordonnance composite occupe toute la hauteur de la façade, dont l'avant-corps, avec fronton, est orné de chaque côté par deux colonnes accouplées; le reste est en pilastres. Le genre une fois admis, on peut dire que cette architecture a quelque chose de théâtral & d'imposant, & le dessous du portique se fait admirer encore par la richesse & l'élégance.

Mais pour un goût un peu sévère, le meilleur morceau d'*Alexandre Galilei* est la chapelle qu'il a construite & décorée dans Saint-Jean de Latran, & qui appartient à la famille Corsini. Il y règne un bon genre d'ornemens & une assez grande sagesse de disposition. La critique pourroit y trouver à redire la hauteur du soubassement sur lequel repose l'ordre, le trop d'élévation de la coupole, & ces piédestaux sur d'autres piédestaux, pour supporter les colonnes d'albâtre & de porphyre qui décorent l'autel & les deux grandes niches. Cependant on s'aperçoit promptement que ce dernier défaut, quoique grave en soi-même, ne doit pas être mis sur le compte de l'architecte; que les beaux marbres des colonnes qu'il devoit employer, n'avoient pas assez de hauteur, & qu'il a dû leur chercher un supplément de dimension dans les doubles socles dont on vient de parler.

Il résulte de ceci qu'*Alexandre Galilei*, s'il n'a pas excellé dans la disposition & l'ordonnance des édifices, s'est montré homme de goût & ingénieux dans la partie de la décoration. Du reste, il fut habile mathématicien, & recommandable par beaucoup de belles qualités.

GALLI (BIBIENA). Le premier de ces noms est celui d'une famille d'architectes assez célèbres en Italie; le second est un surnom qui fut donné à leur père, Jean-Marie, pour le distinguer, dans l'école des Carraches où il étudioit, d'un autre *Galli*. *Bibiena* étoit le nom d'un petit endroit de la Toscane, où Jean-Marie étoit né. Ses enfans furent dans la suite plus connus sous cette espèce de surnom.

Celui qui s'illustra le premier, fut Ferdinand *Galli*, dit *Bibiena*, peintre & architecte. Entre autres édifices qu'il construisit à Parme pour le duc Ranuccio Farnèse, on cite la belle maison de plaisance de Colorno, qu'il orna de superbes jardins & d'un magnifique théâtre. Ces entreprises lui acquirent une réputation qui le fit appeler à Barcelonne pour y diriger les fêtes qu'on y donna lors du mariage de Charles III. Ce Prince devenu Empereur, *Bibiena* le suivit à Vienne, & y donna les dessins des fêtes magnifiques qui eurent lieu pour la naissance de l'archiduc. Il retourna ensuite dans sa patrie, & s'y fixa pour le reste de sa vie. Adonné spécialement à la décoration des théâtres, il remplit l'Italie de ses ouvrages. On a fait un recueil de toutes les perspectives & de toutes les décorations qu'il y a peintes. Né en 1657, il mourut en 1743.

GALLI (BIBIENA). Le second de cette famille fut François, frère de Ferdinand, comme lui architecte & peintre.

Il fit bâtir un beau manége pour le duc de Mantoue, & peignit de fort belles décorations pour les théâtres d'Italie. A Vienne il construisit un magnifique théâtre, & un semblable à la Cour de Lorraine.

De retour en Italie, il fut indiqué par le célèbre Scipion Maffei à la société philarmonique de Vérone, pour la construction du théâtre qu'elle vouloit élever. *François Bibiena* répondit pleinement aux vues de la société. Vérone peut se vanter d'avoir un des théâtres les mieux entendus qu'il y ait en Italie. Portique extérieur, escaliers magnifiques aux quatre angles, salles & corridors commodes, cet édifice réunit tout ce que le goût & l'utilité peuvent demander. L'orchestre est séparé du parterre, de peur que les spectateurs ne soient incommodés par le bruit des instrumens. Le théâtre est disposé de façon que l'on ne voit jamais les acteurs de côté. Entre la scène & le parterre se trouvent placées les portes d'entrée, selon l'usage des théâtres antiques.

François Bibiena alla à Rome, où il construisit le théâtre d'Aliberti, qui n'est remarquable que par son étendue. Il naquit en 1659, & mourut en 1739.

GALLI (BIBIENA). Ferdinand eut un fils qui s'appela Antoine, qui hérita de son talent, & s'exerça dans les mêmes genres de peinture & d'architecture de théâtre. Il travailla beaucoup en Italie, plus encore à Vienne & en Hongrie. De retour en Italie après la mort de l'empereur Charles VI, en 1740, il construisit & orna de décorations les nouveaux théâtres de Sienne, de Pistoia, & celui de la Pergola à Florence.

L'ouvrage qui a le plus fait connoître *François Bibiena* est le nouveau théâtre de Bologne, dont il donna différens projets. Celui qui fut choisi devint l'objet de tant de controverses, que l'intention première de l'architecte a souffert beaucoup d'altérations. Du reste, il a l'avantage d'être construit tout en pierre, à cinq rangs de loges, chaque rang contenant vingt-cinq loges. Commencé en 1756, il fut terminé en 1763, bien qu'il y manque encore le portique antérieur.

GARDE-FEU, s. m. On nomme ainsi, soit un grillage, soit une plaque de métal qu'on place en avant des cheminées, & pour empêcher d'approcher de trop près du feu, & pour contenir dans l'intérieur de l'âtre les bois enflammés, qui pourroient rouler dans la chambre. Il y a des *garde-feux* ornés de bronzes, de sphinxs en relief, en bas-relief, & de divers objets qui y sont plaqués.

GARDE-FOU, s. m. C'est une balustrade ou un parapet à hauteur d'appui, le long d'un quai, d'un fossé, ou aux deux côtés d'un pont.

GARDE-MANGER, s. m. Petite pièce voisine des cuisines, où l'on conserve les viandes. Elle doit être exposée au nord.

GARDE-MEUBLE, s. m. C'est, selon la grandeur des maisons, une pièce ou une galerie pratiquée ordinairement en haut, & qui sert de dépôt ou aux meubles d'été, pendant l'hiver, & d'hiver pendant l'été, ou à ceux que l'on met en réserve pour certaines occasions.

C'est également dans le haut des maisons qu'Homère place les *cimelia*, qui étoient les *garde-meubles* où l'on conservoit les présens d'hospitalité pour les étrangers, les bijoux, l'argenterie, les étoffes précieuses.

Le *garde-meuble* est quelquefois un bâtiment à

part, & détaché des palais, ce qui n'a guère lieu qu'à l'égard des palais des rois.

GARDE-ROBE, s. f. Pièce d'un appartement, on destinée à serrer le linge ou les vêtemens, ou servant, à côté de la chambre à coucher, de décharge & de retraite.

GARDE-ROBE D'AISANCE. (*Voyez* AISANCE.)

GARDE-ROBE DE BAIN. C'est, près d'un bain, le lieu où l'on se déshabille.

GARDE-ROBE DE THÉATRE. C'est, derrière ou à côté d'un théâtre, un lieu qui comprend plusieurs petits cabinets, où s'habillent séparément les acteurs & les actrices.

C'est aussi l'endroit où l'on tient les habits, où l'on dispose tout ce qui dépend de l'appareil de la scène, & où se font les petites répétitions.

GARENNE, s. f. Lieu fermé de murs, de haies ou de fossés, où l'on fait des terriers pour nourrir des lapins. Il doit être situé près de la maison, sans en borner la vue, & pas trop près du jardin, pour éviter que, malgré les murs d'enceinte, des animaux qu'on n'enferme qu'avec peine, n'y causent du dégât. L'exposition convenable à une *garenne* est celle du levant ou du midi.

GARGOUILLE, s. f. C'est à une fontaine, ou à une chute d'eau, le mascaron d'où l'eau sort. (*Voyez* MASCARON.)

C'est aussi le nom qu'on donne, dans un jardin, à une petite rigole où l'eau coule de bassin en bassin, & qui sert de décharge. On conjecture que ce mot vient de l'italien *gorgolio*.

GARGOUILLES, s. f. pl. Ce sont les petits trous de la cymaise d'une corniche par où s'écoulent les eaux de la goulotte. (*Voyez* ce mot.) Les *gargouilles* sont ornées de masques, de têtes d'animaux, &, le plus souvent, de mufles de lion. (*Voyez* GOUTTIÈRE.)

GARNI ou REMPLISSAGE, s. m. C'est, en maçonnerie, les morceaux de moellon ou les briques qu'on place dans la construction d'un gros mur, entre les pierres qu'on appelle carreaux & celles qu'on appelle boutisses.

Il y a aussi des *garnis* de cailloux ou de blocage employé à sec derrière des murs de terrasse, pour les préserver de l'humidité. Cela a été pratiqué ainsi à l'Orangerie de Versailles.

GARNITURE DE COMBLE, s. fém. Nom qu'on donne, en général, aux lattes, tuiles, ardoises & autres matériaux qui servent à garnir un comble.

GARRE, s. f. Bassin creusé près du lit d'une rivière, pour y placer, pendant l'hiver, les bateaux & les mettre à l'abri des glaces & des débâcles. Cette *garre* se fait quelquefois dans un bras de la rivière, au moyen d'une estacade de pieux qui rompent le cours des glaçons.

GAUCHE, adj. des deux genres, désigne le côté qui est opposé au côté droit dans le corps de l'homme.

On donne de même, par analogie, cette épithète à certains objets dans lesquels on distingue deux parties correspondantes entr'elles, de la même manière que le côté droit & le côté gauche dans les corps. Ainsi l'on dit l'*aile gauche* d'un bâtiment; & dans ce cas, ce côté n'est pas celui qui répond à la *gauche* du spectateur.

Comme l'usage, qui tient sans doute à l'instinct de la nature, & qui veut que l'homme, dans l'emploi de ses mains, se serve plutôt de l'une que de l'autre, a établi de donner la préférence à la main droite, il est résulté que la *gauche* a moins d'aptitude & de facilité à exécuter ce que notre volonté lui commande. Dès-lors tout ce qui se fait avec la main *gauche* est moins exact, moins régulier. On a donc, par analogie, donné le nom de *gauche* à tout ce qui est mal fait, mal tourné, mal réglé.

On dit d'une pierre qu'elle est *gauche*, lorsqu'en la bornoyant, ses angles & ses côtés ne paroissent pas sur une même ligne. On dit la même chose d'une pièce de bois mal équarrie, &c.

Enfin, l'on a métaphoriquement appliqué l'idée de *gauche* & de *gaucherie* aux opérations mêmes de l'esprit. On trouve de la *gaucherie* dans une composition, dans un plan, dans un ajustement d'ornemens ou de détails. Mais cela se sent mieux que cela ne peut se définir.

GAUCHERIE, s. f. (*Voyez* GAUCHE.)

GAZON, s. m. (*Jardinage.*) Terrain plus ou moins étendu qu'on sème en graines & qui se couvre d'une herbe courte & menue, soit dans une place publique, soit dans un jardin ou dans tout autre emplacement.

On dispose souvent des *gazons* dans les grandes cours des palais, autant pour l'agrément de l'œil, que pour diversifier la superficie du terrain par des divisions qui en corrigent la monotonie.

Les *gazons* sont un des principaux agrémens des jardins. On leur donne des formes circulaires ou carrées dans les jardins du genre régulier. Ils sont ordinairement la partie principale de ce qu'on y appelle *le parterre*, & ils sont environnés de plates-bandes garnies de fleurs. Le *gazon* est le fond sur lequel les fleurs se détachent avec le plus d'agrément.

Dans les jardins du genre irrégulier, les *gazons* sont considérés comme des prairies entre-coupées de bois, de bosquets, & qui serpentent entre les massifs. C'est à rendre leurs contours, leurs ondulations & leur mélange avec les groupes d'arbres, semblables à ce que la nature produit d'elle-même, que consiste l'art de disposer les *gazons*.

Quant à l'art d'avoir de beaux *gazons*, il dépend de la culture & de divers soins & procédés étrangers à l'objet de ce Dictionnaire.

GAZONS se dit, au pluriel, de mottes de terre carrées, couvertes d'herbe.

GAZONNER, v. a. Revêtir de gazon un terrain.

GÊNE. (*Voyez* SUJÉTION & GÊNÉ.)

GÊNÉ, adj. m. Ce mot, dans le langage des arts, exprime naturellement l'idée opposée à celle de libre; & libre étant souvent synonyme de facile, on entend par *gêné*, non-seulement ce qui manque de liberté dans la manière de composer & de faire, mais ce qui semble avoir été exécuté avec peine.

On dira, en architecture, que l'artiste a été *gêné* dans la disposition de son plan ou l'ordonnance de son élévation, par les circonstances environnantes, & ce qu'on appelle des *sujétions*. Les gênes qu'éprouve l'architecte sont effectivement très-nombreuses, & il est rare qu'il puisse déployer en liberté son talent, tant il est commun d'être *gêné* par le défaut de moyens pécuniaires, par les fantaisies des particuliers, ou même par des opinions ou des préjugés publics. Dans ce sens, le mot *gêné* n'exprime qu'une idée matérielle.

Le mot *gêné* exprime une idée morale quand on lui fait signifier l'embarras qu'éprouve dans la rédaction de sa pensée, celui qui, ne voyant pas nettement son sujet, en embrasse péniblement l'ensemble. On dit alors qu'une composition est *gênée*.

Ce que l'on conçoit bien s'énonce clairement, & les mots pour le dire arrivent aisément, a dit un poëte sur l'art d'écrire. On le peut dire de même de l'architecture & de tous les arts. Lorsque l'architecte conçoit bien, & dans toute son étendue, le programme qu'il doit rendre, on trouve une aisance singulière dans l'ordre & la combinaison de toutes les parties qu'il a l'art de soumettre à un motif simple & général. Cette aisance qu'il a éprouvée en faisant, se communique au spectateur, qui est porté dès-lors à conclure de l'effet qu'il éprouve, que la chose a été facile & n'a point coûté de peine. Mais comme Boileau vouloit qu'on appelât à faire difficilement des vers faciles, nous dirons aussi que cet air de facilité dans l'expression de la pensée, n'est pas moins que d'autres qualités, le résultat de l'étude ou de la peine.

Comme on dira, d'un projet, ou d'une composition, ou d'un plan, qu'il est *gêné*, en ce qu'il semble avoir été fait sans cette liberté d'esprit dont on a parlé, on dit aussi de l'exécution même d'un dessin, que cette exécution est *gênée* ou sent la gêne, lorsque le mécanisme de la plume ou du crayon est tâtonné, timide & sans facilité.

GENGA d'Urbin (Jérôme), né en 1476, mort en 1551, peintre, sculpteur & architecte, bâtit à Pesaro, pour le duc d'Urbin, un palais magnifique, & dont la belle distribution, tant au dedans qu'au dehors, fit l'admiration de tous les princes qui passèrent par cette ville, & particulièrement du pape Paul III, lorsqu'il alla visiter Bologne. On cite de lui, dans la même ville, la cour de l'édifice appelé *il Palazzo*, l'église de S. Jean-Baptiste, la plus belle de toute cette contrée. Il donna les dessins du couvent des *Zoccolanti* du mont *Baroccio* & de l'évêché de *Sinigaglia*. Appelé dans la suite à Mantoue, après avoir restauré & embelli le palais épiscopal de cette ville, il y éleva la façade de la cathédrale, ouvrage qui, pour la grâce & la beauté de sa composition & de ses proportions, est regardé comme un des plus heureux morceaux d'architecture en ce genre.

GENGA (Barthélemi), né en 1518, mort en 1558, eut pour maître Jérôme son père, Vasari, Ammanati, & surtout l'antique, qu'il étudia avec soin.

A Pesaro il fit pour le duc d'Urbin un fort beau palais, & donna pour le port de cette ville un dessin très-ingénieux, que diverses circonstances empêchèrent d'exécuter. A *Mondavio* il construisit l'église de Saint-Pierre, petit édifice à la vérité, mais des mieux entendus. Habile en l'art des fortifications, il fut appelé en Bohême & à Gênes; mais le duc d'Urbin consentoit difficilement à le laisser aller. On eut beaucoup de peine à en obtenir le départ de cet artiste pour Malte, où le grand-maître vouloit bâtir des fortifications, & faire deux villes de deux villages. L'intrigue enfin obtint le consentement du duc. *Barthélemi Genga* fut reçu à Malte comme un nouvel Archimède. Il avoit déjà commencé à exécuter quelques-unes de ses inventions; il avoit fait le modèle d'une ville, de quelques églises, d'un palais pour le grand-maître, lorsqu'il fut surpris par la mort, à l'âge de quarante ans. Cette perte fut vivement sentie par l'ordre de Malte, & surtout par le duc d'Urbin, qui se fit un devoir de prendre un soin particulier de la famille de *Genga*.

On attribue à cet architecte l'invention de certains masques assez curieux. Il faut dire encore qu'il fut habile dans la composition des décorations de théâtre, & qu'il versifioit avec beaucoup de facilité.

GÉNIE, s. m. L'idée qu'on attache à ce mot, dans les arts, peut être envisagée sous deux rapports distincts.

Génie s'entend de cette qualité qui fait partie des facultés morales, & dont le produit est ce qu'on appelle ordinairement *création* ou *invention*; & quoique dans un sens plus restreint, il ne signifie que *disposition* & *aptitude*.

Génie s'entend de cette espèce d'êtres allégoriques que les Grecs & les Romains avoient personnifiés, & dont leurs monumens ont conservé une multitude d'images. Le *génie* pris sous ce rapport sera l'objet de l'article suivant.

Du génie considéré & expliqué selon la définition du mot.

Pour parler d'abord de l'étymologie morale du mot *génie*, nous dirons que le *génie* ne fut en général, chez les Anciens, qu'une abstraction morale qui exprimoit les propriétés, les facultés, les qualités des lieux, des personnes & des choses. Selon les croyances religieuses auxquelles l'imagination des peuples avoit donné l'empire, chaque être devoit avoir une sorte de démon ou de *génie* familier. La personnification de cette sorte d'abstraction se trouve sur un grand nombre de monumens de l'art. (*Voyez* l'article suivant.)

Ainsi le mot *génie*, dans le domaine des idées morales, signifia particulièrement, chez les Anciens, l'aptitude innée, la capacité spéciale de chaque homme à tel ou à tel autre genre d'emploi, de science, d'art, de connoissance. C'est ordinairement sous cette acception particulière qu'on trouve le mot *ingenium* employé dans le latin, quoiqu'on ne puisse nier que le même mot, dans plusieurs passages, n'exprime aussi l'idée plus relevée & plus étendue que nous attachons volontiers aujourd'hui au mot *génie*. Toutefois nous verrons que, dans cette acception-là même, la signification du mot ne change pas précisément de nature, que c'est toujours la même idée, seulement entendue par excellence, c'est-à-dire que, dans le sens relevé que nous lui donnons, le *génie* est la disposition naturelle de l'esprit à créer, est l'aptitude à l'invention.

Nous faisons donc signifier en français au mot *génie* (moralement & non mythologiquement entendu), deux choses assez diverses, selon que nous en usons dans un sens plus ou moins limité, plus ou moins relevé.

Nous nous servons du mot *génie* comme firent les Anciens du mot *ingenium*, pour exprimer cette disposition particulière que chaque homme semble avoir reçue en naissant pour chaque sorte de travaux ou de genre d'ouvrages, ce goût inné qui le porte à une chose plutôt qu'à une autre. C'est dans cette acception qu'on dit *avoir le génie de son état*; qu'on dit de chaque profession, qu'elle demande *un génie particulier*; que *le génie d'un artiste l'incline vers telle ou telle partie de l'art, tel ou tel genre de sujets ou de compositions*. On désigne par-là, sans toutefois le définir, le genre de qualité requise pour être propre à ces emplois & pour y exceller. *Génie* n'est, dans ce sens, qu'une sorte de synonyme d'*inclination*, de *talent donné par la nature*. Ce mot exprime alors la vocation de chacun à un genre quelconque, & cette aptitude à faire quoi que ce soit, aptitude qui semble être moins un résultat obtenu par le travail, qu'un principe né en nous, *in rebus genitum*: car telle est l'étymologie grammaticale qu'on donne avec le plus de vraisemblance au mot *ingenium*.

La même étymologie morale & grammaticale explique de la même manière l'idée qu'on attache à ce mot lorsqu'on le prend dans une acception devenue sans doute aujourd'hui plus usuelle, & qui s'applique à un ordre plus relevé. En effet, lorsqu'on emploie le mot *génie* (en l'appliquant à celui qui le possède) pour exprimer ce qui, dans les hautes régions de la philosophie, des sciences, de la poésie, des arts d'imitation, produit les grandes découvertes ou les chefs-d'œuvre de tout genre, on ne dit réellement pas autre chose que *disposition naturelle* à combiner de grands rapports, *aptitude spéciale* à créer de beaux ensembles, *capacité innée* de concevoir & d'exécuter avec facilité & abondance des ouvrages dont sont incapables ceux qui n'ont pas reçu de semblables dons de la nature.

Voilà, disons-nous, ce qu'on entend par *génie*, lorsqu'on l'envisage comme faculté morale dans celui qui en est doué. Lorsqu'ensuite on se sert de ce mot en l'appliquant aux ouvrages, quand on dit, par exemple, qu'il y a du *génie* dans telle composition, qu'un homme met ou ne met pas de *génie* dans ses œuvres, *génie* alors ne signifie que résultat, action, effet de la faculté qu'on vient de définir.

Du génie considéré comme faculté morale.

Cette analyse étymologique de l'idée de *génie* & du mot qui l'exprime, est, il faut l'avouer, tout-à-fait insuffisante pour nous expliquer ce que c'est que le *génie* en lui-même: car dire qu'il est une faculté spéciale & innée, c'est moins expliquer la chose que le mot; c'est uniquement en faire la paraphrase. Mais tout le monde sait que la notion intrinsèque du *génie* est une de celles qui se refusent le plus à l'analyse théorique; que, comme toutes les notions qui sont du domaine du sentiment, elle ne sauroit être définie par le raisonnement, & que les définitions faites par le sentiment ne sont ordinairement que des métaphores.

Aussi de tout temps s'est-on épuisé en figures métaphoriques pour expliquer l'essence & la nature du *génie*, quoiqu'on n'ait jamais fait autre chose qu'exprimer par des tournures allégoriques, tantôt les qualités qui accompagnent cette faculté dans ses opérations, tantôt les moyens qu'elle emploie, tantôt son objet.

Deux qualités principales, la facilité & la fécondité, ont été considérées comme caractéristiques des hommes de *génie*, & elles se trouvent effectivement empreintes dans leurs ouvrages. En examinant alors le *génie* comme joint à la facilité, on l'a comparé à une sorte de lumiere intérieure qui éclaire les objets de la pensée, les sujets de l'invention, qui en fait saisir aisément l'ensemble & les détails (de la façon dont les yeux embrassent les parties d'une peinture bien éclairée), & qui dès-lors se communiquant à la production extérieure de ces objets, dans l'ouvrage de l'écrivain ou de l'artiste, en porte les idées ou les images au plus haut point de clarté, d'évidence & de vivacité. C'est ainsi que quelques-uns ont prétendu expliquer le *génie* dans cette heureuse facilité, dont l'impression accompagne presque toujours les œuvres qu'il produit.

L'expérience sur ce point guidant la théorie, démontre effectivement que les hommes de tous les tems, en qui l'on s'est unanimement accordé à reconnoître du *génie*, ont été doués de cette facilité ; & c'est parce que leurs productions paroissent n'avoir coûté ni peine ni effort, qu'on a cherché à définir & expliquer le *génie* par un de ses attributs.

Ce que d'autres personnes appellent *inspiration*, dans l'analyse théorique du *génie*, n'est également qu'une autre métaphore qui exprime autrement la même chose, & qui rend compte de la facilité dont on vient de parler par d'autres images. Chacun sait & sent encore mieux ce qu'on entend par *inspiration*. On ne sauroit nier, soit de certains ouvrages, soit plus particulierement de certains morceaux de ces ouvrages, qu'ils n'aient été le résultat d'une impulsion instantanée, qu'ils n'aient été produits dans ces momens heureux, où le sentiment exalté par quelque passion, ou développé par quelqu'autre cause, saisit de ces idées rapides, de ces apperçus fugitifs, de ces rapports inattendus, qu'aucune recherche ne feroit jamais rencontrer, & qui échappent surtout à l'effort du travail.

C'est d'après de semblables observations qu'on s'est assez généralement habitué à regarder l'action de ce qu'on appelle *le génie*, comme vive, rapide, facile, & que peut-être aussi on en a trop souvent séparé, comme lui étant étrangere, l'action du travail, de l'étude & de la méditation. Il est en effet impossible de constater & de prouver que ces mouvemens rapides qu'on appelle *inspirations*, ne sont pas eux-mêmes les résultats d'un travail inapperçu & ignoré de ceux qui les éprouvent. Dans combien de genres l'imagination, qu'on pourroit appeler la mémoire du sentiment, ne fait-elle pas, sans que nous nous en appercevions, des recueils, &, si l'on peut dire, des provisions d'idées qui ne nous paroissent germer spontanément, que parce que les semences en ont été déposées en nous à notre insu ? Ainsi le *génie* pourroit avoir une maniere de travailler qui lui seroit propre, & que lui seul pourroit révéler & définir.

De ce qu'on a d'ailleurs représenté le *génie* comme un don naturel, on concluroit à tort que celui qui l'a reçu n'a pas besoin des secours de l'étude. Le travail ne lui est pas moins nécessaire, que ne l'est la culture au sol même le plus favorisé de la nature. Le travail, il est vrai, sans le *génie*, ne produira que de mauvais fruits ; mais le *génie* sans le travail pourroit bien aussi ne donner que des fruits avortés.

La fécondité, que nous avons reconnue pour être aussi une des qualités compagnes du *génie*, & qui sert si souvent à le définir & à le caractériser, n'est guere autre chose qu'un résultat de la facilité, & concourt avec elle à nous montrer la vérité de la définition qu'on a donnée du *génie*. De l'abondance des productions de l'homme de *génie*, on conclut ordinairement la facilité, & de la facilité, la promptitude & la vivacité de l'exécution : de-là d'autres métaphores pour exprimer cette qualité ; de-là ces allégories de *feu subtil*, de *flamme rapide*, sous lesquelles on se plaît à exprimer les opérations de l'esprit, soit dans la conception, soit dans l'exécution des ouvrages ; de-là ces ailes qu'on donne au *génie*, pour signifier sa rapidité ou son élévation.

Mais toutes ces figures, inspirées par l'idée de facilité & de fécondité propres aux hommes de *génie*, n'ont de vérité que parce qu'elles peignent plus vivement à l'imagination de ceux de qui on veut se faire comprendre, précisément ce que la définition étymologique du mot *génie* n'explique qu'à la raison, savoir, que le *génie* est une disposition innée, est un don de la nature, d'où il résulte que celui qui l'a reçu, doit produire beaucoup plus & avec plus de promptitude que celui à qui cette faveur a été refusée.

On est quelquefois tombé dans une grande illusion, en inférant de l'abondance & de la multiplicité des productions de l'homme de *génie*, que la promptitude de son travail participoit de celle de la pensée. L'idée exagérée que l'on s'est faite de la fécondité, a été jusqu'à persuader que, dans les arts d'imitation, toute méthode de faire correcte & rigoureuse, toute maniere exigeant de la patience & du tems, tout procédé réfléchi & circonspect, étoient contraires au *génie*, & ne pouvoient tendre qu'à retarder ou arrêter son vol. Dans certains tems & dans l'esprit de certaines écoles on en étoit venu presqu'à supposer & à faire croire que l'opération du crayon ou du pinceau, par exemple, pouvoit, comme celle de la plume ou de l'écriture, suivre la dictée rapide de l'imagination, & en improviser en toute réalité les songes ou les éclairs.

Quelques hommes ont effectivement donné, dans de nombreux travaux, l'exemple d'une maniere de faire prodigieusement expéditive, & qui leur a acquis pendant un tems une grande réputation de fécondité ; mais on sait assez aujourd'hui que cette prestesse & cette abondance qui en fut l'effet, l'effet, ne sont autre chose que l'abus des deux qualités qu'elles défigurent, comme l'imagination déréglée qui fit concevoir de tels ouvrages à leurs auteurs ne fut, dans la réalité, qu'une parodie du *génie*.

On a souvent aussi confondu avec le *génie*, d'autres qualités qui n'en sont que les instrumens ou les moyens. De ce nombre est l'imagination, qu'on définit volontiers sous les mêmes traits que le *génie* : toutefois ces notions sont très-distinctes. L'homme de *génie*, sans doute, a de l'imagination ; mais l'homme qu'on appelle *à imagination* peut n'avoir pas de *génie*. Le propre de l'imagination est de nous retracer & de reproduire, soit les images des objets extérieurs, soit les impressions des sentimens intérieurs. (*Voyez* IMAGINATION.) Lorsqu'on cesse de faire de l'*imagination* un synonyme de *génie*, & qu'on analyse séparément la faculté d'*imaginer*, on se persuade qu'au lieu d'être la même chose que le *génie*, elle n'est qu'un de ses instrumens, & que l'action imaginative doit lui être subordonnée, doit lui obéir au lieu de lui commander. Lorsque cet ordre est interverti, le *génie* tombe dans toutes sortes d'écarts.

On est moins porté à confondre ce qu'on appelle le *jugement* avec le *génie*. Il y a même sur la nature de la qualité appelée *jugement*, une prévention qui fait croire que cette qualité appartient uniquement aux hommes sans *génie*, qu'elle est le partage des esprits froids & incapables d'invention. Le jugement, sans doute, est une qualité distincte de celle qu'on appelle *imagination*, puisque celle-ci a la propriété de produire les images des choses, lorsque celle-là se borne à choisir ce qu'il y a de juste ou de vrai dans ces images, ainsi que dans la manière de les rendre. Mais si l'on distingue aisément l'imagination du jugement, dans l'analyse des idées que ces mots expriment, il n'est pas aussi facile de séparer le jugement du *génie*, lorsqu'on cherche quel est l'ensemble de qualités qui concourent aux opérations de ce dernier. Peut-être, en effet, le *génie* doit-il se considérer moins comme une faculté, que comme une réunion de facultés. La mémoire, l'intelligence, la sensibilité, l'imagination, le jugement, coopèrent évidemment à son action ; & il nous semble qu'on n'en sauroit donner une plus juste idée qu'en disant qu'il est, ou la réunion, ou le ressort de diverses qualités combinées entr'elles dans la plus exacte proportion, au plus juste degré & dans le meilleur ordre.

Si nous considérons maintenant le *génie* dans son objet, c'est-à-dire, dans sa fin, ou le but qu'on doit reconnoître comme étant celui de son action, nous ne trouverons pas de meilleure manière d'en concevoir l'idée, qu'en nous rendant compte des effets que produisent sur nous les ouvrages où, d'un commun accord, brille ce don de la nature. Comme il est plus facile de le saisir dans ses résultats que dans son principe, c'est presque toujours par les effets que le commun des hommes le définit. En l'appréciant ainsi, on peut donc dire que l'objet auquel tend le *génie* est d'agrandir l'intelligence par la manifestation de la vérité, d'émouvoir le sentiment par l'expression des passions, d'exalter l'esprit par l'admiration dans l'imitation du beau.

Il n'est pas nécessaire que l'œuvre du *génie* réunisse ce triple genre d'effets pour remplir son objet. Il n'est pas au pouvoir de chaque espèce d'ouvrage & même d'art de s'adresser tout à la fois à l'intelligence, au cœur & à l'esprit. On ne croit pas non plus qu'il soit donné à l'artiste, dans la sphère d'imitation, de réunir les qualités, souvent incompatibles entr'elles, qui opèrent les trois sortes d'impression dont on a parlé. Une seule de ces impressions suffit. Peut-être ceux auxquels s'adressent les œuvres du *génie* sont-ils également inhabiles à jouir simultanément & tout à la fois d'effets divers & qui correspondent à des parties de notre ame, si différentes entr'elles.

Si l'objet du *génie*, ou la fin qu'on attend de son action, est d'agrandir l'intelligence, d'émouvoir le sentiment, d'exciter l'admiration, il paroit également certain que chacun de ces effets ne peut être opéré que par de nouveaux développemens d'idées, de sensations & d'images. Tout ouvrage qui ne produit pas des idées neuves, des sensations inconnues, des images originales, étant (comme l'expérience le prouve) dépourvu de la faculté de nous attacher & de nous plaire, il résulte de-là qu'on impose au *génie*, pour être reconnu tel, deux conditions, savoir, l'invention & l'originalité.

Ainsi l'invention n'est pas la même chose que le *génie*, quoique souvent on fasse de ces deux mots deux synonymes, en confondant l'effet avec sa cause, ou le résultat avec son principe. L'invention prouve le *génie*, mais le *génie* seul donne l'invention. Ce qu'il y a de corrélatif entre les deux idées, fait qu'on en déplace les notions & qu'on en intervertit l'ordre logique. Il est certain qu'on a du *génie* quand on invente ; mais c'est qu'on n'invente que parce qu'on a du *génie*. Donc l'idée de *génie* précède comme principe, & l'invention est la conséquence. Il en est de même, en saine logique, de l'idée d'originalité. On n'a pas de *génie* parce qu'on est original, mais on est original parce qu'on a du *génie*.

Il nous semble donc que si l'on a souvent confondu la notion d'*invention* avec celle de *génie*, cela est provenu de la définition grammaticalement vicieuse qu'on a faite du mot *génie* ou *ingenium*, qui, venant à la vérité du verbe *gignere*, *enfanter*, a été expliqué, *quod gignit*, ce *qui crée*, tandis que le mot & l'idée doivent se définir (ainsi que nous l'avons dit au commencement) par *in nobis genitum*, ce qui est *inné en nous*, ou disposition naturelle.

D'où l'on peut conclure que le *génie* est une faculté morale qui repose sur une disposition naturelle, dont les moyens sont l'imagination, la sensi-

Diction. d'Archit. Tome II.

bilité, le jugement, dont l'objet ou le but est l'invention, & dont le signe est l'originalité.

Nous n'avons défini, considéré & analysé le *génie* que dans ses rapports généraux avec tous les arts & toutes les sciences, sans faire de ces notions aucune application plus particulière à un art qu'à un autre.

Mais tout ce qui vient d'être dit trouve à s'appliquer à l'architecture. Ainsi l'on pourra sans peine se convaincre que le *génie*, en architecture, doit consister dans les mêmes moyens & tendre au même objet; que ce *génie*, considéré en lui-même, est également accompagné de la facilité & de la fécondité; qu'il a besoin également d'être combiné avec l'imagination & le jugement; que son objet est spécialement de parler à l'intelligence & de produire l'admiration par les images du beau, & que, comme dans les autres arts, l'architecte n'obtient ces effets que par l'invention & l'originalité.

A l'article BEAU nous avons déjà dit de quelle nature est le beau qui est du ressort de l'architecture, & de quel genre sont les images qu'il en produit. Ces notions expliquent de quelle nature est le *génie* propre à l'architecte.

L'architecture ne peut peindre aucune passion, ne peut, à proprement parler, exprimer aucun sentiment; elle peut seulement, par la combinaison des rapports, éveiller en nous les idées de ces sentimens, & porter notre ame à éprouver les affections correspondantes à ces idées. Cet art n'a point d'imitation positive, &, comme on l'a dit plus d'une fois, il imite la nature non dans ses ouvrages, mais dans leur esprit, dans le système d'ordre, d'intelligence & d'harmonie qui y règne: il l'imite en faisant, non ce qu'elle fait, mais comme elle fait.

De-là il résulte que le *génie* de l'architecture exige moins de sensibilité que d'intelligence, moins d'imagination que de jugement. La raison est le principal guide de l'architecte; une profonde connoissance & un sentiment juste de l'ordre, une grande perspicacité pour découvrir l'effet des compositions dont il ne peut faire d'avance aucun essai, une grande netteté de vue, un esprit orné de connoissances variées, un goût sévère & délicat, & tout cela appuyé sur la science de bâtir, sans laquelle les inventions de l'art ne seroient que de brillantes chimères, voilà ce qui constitue le *génie* propre à l'architecture.

Ce *génie* a aussi pour objet l'invention, & il doit être accompagné de l'originalité. Mais nous dirons avec plus d'étendue dans un autre article (*voyez* INVENTION), de quelle nature est l'invention qui appartient à l'architecture, dans quelles erreurs on est tombé lorsqu'on a cru qu'il falloit, pour être réputé inventeur, créer non de nouvelles combinaisons des élémens préexistans, mais créer de nouveaux élémens; d'où il est résulté que, par un effet contraire à l'idée que les Anciens se formoient de la création, en la regardant selon le seul point de vue où notre esprit puisse la comprendre, comme l'action de tirer l'ordre du chaos, de prétendus inventeurs en architecture ont fait rentrer dans le chaos tous les élémens de l'ordre.

C'est aussi par une vaine prétention à l'originalité, caractère certain du *génie* & de ses inventions, que l'on a confondu en ce genre & toutes les notions & toutes les idées. Il ne faut jamais prétendre à l'originalité. Si l'on a du *génie*, on est original; si l'on cherche à être original, on ne devient que singulier, & on tombe dans le bizarre. L'originalité n'est qu'en théorie quelque chose de distinct du génie. Du reste, elle n'est ni une des qualités ni un des effets du *génie* : elle en est simplement la marque, & de la même manière que ce qu'on appelle la physionomie de chacun est particulièrement ce qui le fait reconnoître. Or, chacun a sa physionomie, comme chaque esprit a son originalité. Mais on ne donne cette double désignation par excellence, soit au physique, soit au moral, qu'aux visages ou aux esprits qui sont doués éminemment de la faculté d'être distingués des autres. Il n'est pas plus possible de se donner de l'originalité que de se donner de la physionomie; & ce que l'on se donne dans l'un ou dans l'autre genre n'est que de la bizarrerie ou de la caricature.

Du génie considéré dans son rapport mythologique.

Les religions de l'Egypte & de la Grèce admettoient, depuis la plus haute antiquité, des divinités d'un ordre inférieur, attachées pour ainsi dire au service des divinités supérieures. Nous ne savons pas de quel nom les Egyptiens appeloient leurs dieux subalternes. M. Zoega n'a pas hésité à les désigner par des mots tirés du latin & du grec, tels que *Penates Osiridis, Dæmones Isiacæ*, &c. Pénates ou démons du cortége d'Osiris ou d'Isis.

Le mot *démon* fut le plus usité chez les Grecs pour désigner cette espèce d'êtres, quoique celui d'αγγελος, *ange, nonce, ministre*, se trouve dans Homère, & depuis dans Platon. Quelques-uns de ces dieux subalternes avoient des noms qui leur étoient propres. Ainsi Iachus étoit, d'après Strabon, un des démons de Cérès, & présidoit à ses mystères. Acratus, selon Pausanias, étoit un démon de la suite de Bacchus. Iris, dans les poëtes, est l'ange de Jupiter. Némésis, dans Platon, est l'ange de Diké ou de la Justice. Niké, ou la Victoire, fait partie du cortége de Minerve. Phobos, ou l'Epouvante, accompagne Mars.

Il y avoit encore d'autres de ces êtres qui, selon Hésiode, n'étoient que les ames des héros de l'âge d'or, chargés, après leur vie, de la garde des mortels.

Les Latins ont traduit le nom de *dæmon* par celui de *genius, génie*, & quelquefois par celui de *famulus, serviteur, ministre*.

La superstition des Païens augmentoit de jour en jour le nombre de ces êtres. Non-seulement les peuples, les régions, les montagnes, les rivières & les villes eurent leurs *génies*; chaque famille avoit le sien, chaque personne en avoit un ou plusieurs. Quelques-uns de ces *génies* étoient mortels; d'autres, qu'on appeloit *Mânes* ou *Lares*, ne l'étoient pas. Les *génies* des personnes qu'on peut appeler morales ou abstraites ne survivoient pas à leur destruction. Il en étoit ainsi des *génies* des armées, des légions, des cohortes, de ceux qui appartenoient à une corporation, à une localité, à un édifice, comme, par exemple, des *génies* des forum, des marchés, des fontaines.

Les images qui représentoient ces êtres mythologiques étoient extrêmement variées. Il y en avoit de l'un & de l'autre sexe : les *génies* des fontaines ou des petites rivières ne sont pas différens des Naïades, & leurs figures sont celles de jeunes filles. Il en est de même des Dryades, ou nymphes bocagères. Les *génies* des montagnes ou des collines sont personnifiés, comme ceux des fleuves, sous la forme d'hommes dans la force de l'âge, & le plus souvent barbus.

On trouve autant de variétés dans les *génies* des êtres moraux ou abstraits. Le *génie* du sénat de Rome a sur les médailles romaines une longue barbe; il est vêtu de la toge & couronné de lauriers. Sur les médailles grecques, le même *génie* a la figure d'une femme coiffée d'un voile. La raison de cette différence est que le mot *sénat* étoit masculin en latin & féminin en grec.

Le *génie* du peuple romain est jeune, & ordinairement sans barbe; il a une longue chevelure, & ressemble à un Apollon.

Les *génies* des villes sont les villes mêmes personnifiées. Une couronne créneléle est leur attribut principal.

Les *génies* des lieux ont sur plusieurs monumens la figure de grands serpens. Il paroit que cette manière de les représenter vient de l'Egypte. On la retrouve sur plusieurs monumens grecs. Le *génie* du Champ-de-Mars à Rome est un jeune homme demi-couché, comme les dieux des fleuves, & a pour symbole un obélisque qu'il soutient sur ses genoux : c'étoit celui qu'Auguste éleva pour servir de méridienne au milieu du Champ-de-Mars.

Les *génies* des Voies Romaines sont figurés dans la même attitude, mais sous la forme d'une femme. Leur symbole est une roue, & quelquefois elles tiennent le fouet, signes caractéristiques de la voiture de voyage & du conducteur.

Les attributs les plus communs des *génies* sont la corne d'abondance & la patère : la première les caractérise comme des êtres bienfaisans. Il en est de même du *modius* qui est souvent placé sur leurs têtes. Quant à la patère, elle n'est qu'un emblème de culte, & ne signifie que les offrandes & sacrifices auxquels les *génies* ont droit.

Les peintures des vases grecs nous présentent quelquefois des *génies* hermaphrodites qui président ou assistent aux cérémonies bachiques : ils ont de grandes ailes.

Les ailes données sur une multitude d'ouvrages de la sculpture & de la peinture antique à des figures de jeunes gens & surtout d'enfans, ont été la source de beaucoup de méprises, & l'objet de quelques controverses entre les antiquaires. Autorisés par des passages où les *génies* sont appelés *pueris* & *cupidines*, quelques critiques ont nié l'existence des *génies* qui formoient le cortège des dieux. On s'est refusé à voir des *génies* dans ces nombreuses représentations d'enfans portant les emblêmes des dieux ou des déesses auxquels on les suppose attachés. On a prétendu que ces compositions signifioient toujours le triomphe de l'amour sur ces divinités, dont il porte les emblêmes comme autant de trophées. Les savans académiciens d'Herculanum ont combattu avec beaucoup de succès cette opinion, & il existe un grand nombre de monumens sur lesquels les petites figures ailées dont il s'agit, ne peuvent d'aucune manière s'interpréter par l'idée & sous le nom d'amours. On se contentera de citer ces figures de jeunes gens ailés qui, sur les monumens & sur les médailles de consécration, tiennent tantôt des flambeaux, tantôt le globe céleste & le serpent, emblêmes de l'éternité; & sur un grand nombre de sarcophages, les figures des saisons personnifiées sous la forme de jeunes gens ailés. Il est indubitable que, dans une multitude d'exemples qu'il seroit inutile de multiplier, ces figures ne sont autre chose que des *génies*, tantôt ceux qui formoient le cortège des divinités supérieures, tantôt ceux qui étoient réputés présider aux divers états de la société & aux différentes occupations de la vie.

Les peintures antiques, & particulièrement celles d'Herculanum, nous offrent des compositions dans lesquelles on voit figurer les *génies* de la chasse & de la pêche, ainsi que ceux de différens métiers. On trouve ailleurs les *génies* de la gymnastique & ceux du cirque. Ceux des jeux solennels sont gravés sur les médailles. Dans les peintures de tombeaux, des enfans ailés s'appuient avec l'attitude du repos sur des flambeaux renversés. Ce sont les mânes ou les *génies* de la mort & du sommeil éternel. Très-souvent les mêmes enfans ailés célèbrent les fêtes & les mystères de Bacchus; & sont à la suite de ce dieu sur des urnes funéraires, parce que, dans le paganisme, on croyoit à l'influence de ces mystères sur le sort des âmes dans une autre vie.

Les artistes anciens ont fait quelquefois des parodies burlesques des fables les plus sérieuses de la mythologie, en substituant à l'image des personnages tragiques ou héroïques, des figures d'enfans ou de *génies*, c'est-à-dire, de petits Amours pour les hommes, de petites Psychés pour les femmes. Sur un bas-relief antique du Musée de Paris, on voit une semblable parodie du dernier livre de l'Iliade ou des funérailles d'Hector. Une jeune Psyché à ailes de papillon représente Andromaque qui sort des portes d'Ilion à la rencontre du corps d'Hector, figuré en Cupidon, que portent sur leurs épaules des enfans de la même espèce.

Nous n'avons multiplié ici les notions mythologiques du *génie* des Grecs chez les peuples de l'antiquité, & fait connoître les diversités de l'emploi de cette idée sur les monumens de leurs arts, que pour mettre mieux les artistes à portée d'apprécier la valeur d'objets qui ont si souvent occupé le ciseau & le pinceau des décorateurs & des sculpteurs d'ornement, & qui sont encore susceptibles d'être reproduits avec beaucoup d'agrément dans les diverses parties de l'architecture.

Du génie considéré sous le rapport allégorique dans l'ornement & la décoration.

Les Anciens avoient tellement multiplié dans leurs croyances mythologiques l'idée de *génie*, que les images de cet être allégorique durent à la fin devenir un sujet vulgaire & banal d'ornement, qui fut appliqué par les décorateurs à toutes sortes d'objets & de parties d'architecture, de meubles, d'ustensiles, &c.

On ne veut pas dire que, dans tous ces objets, on ait usé constamment de ces signes allégoriques sans aucun égard à leur signification. Au contraire, il paroît par un très-grand nombre d'autels ornés de figures de *génie*, que ces figures étoient là comme les *génies* des sacrifices ou des divinités auxquelles on faisoit les offrandes ; & il en est sans doute ainsi de ces frises de temples où l'on voit le même genre de figures tenant des patères, & entre-mêlées avec des instrumens de sacrifices. Il paroît seulement que l'art de l'ornement s'étant emparé de ces sortes d'images, se plut à les modifier au gré de son caprice, & de telle sorte qu'elles durent perdre, dans l'opinion, le caractère de vénération attaché aux représentations divines.

C'est ce qu'il est permis de croire de toutes ces compositions décoratives où l'on voit des *génies* ailés ou sans ailes, dont la partie inférieure du corps se termine en rinceaux de feuillage, en fleurons, en enroulemens & autres caprices d'ornemens imaginaires. On trouve sur des frises d'un fort beau travail, de semblables *génies* occupés à orner de guirlandes des candelabres. Quelquefois des figures de Psyché, contournées de la même manière dans leur partie inférieure, sont entre-mêlées alternativement avec des figures de *génie* tenant de chaque main une patère. D'autres fois les figures de *génie* sont en pied, les jambes rapprochées, comme des espèces de termes, & supportent des guirlandes. Quelquefois leurs ailes sont travaillées en enroulement, & forment des espèces de volutes qui semblent supporter d'autres objets.

Les décorations qu'on appelle *arabesques*, et qui, comme nous l'avons montré (*voyez* le mot Arabesque), ne sont guère autre chose qu'un abus de l'ornement, c'est-à-dire, la compilation & l'exagération des caprices ou des conventions du goût : ces décorations, disons-nous, sont remplies de compositions où figurent de toutes les manières possibles des *génies* combinés avec toutes sortes d'ornemens : l'on peut y prendre des modèles de sujets & de motifs les plus variés en ce genre.

L'art des Modernes, qui ne considère plus l'emploi des *génies* que sous un petit nombre de rapports allégoriques, use uniquement aujourd'hui de ces figures comme il use des autres motifs d'ornement, c'est-à-dire, sans aucun point de vue relatif aux croyances ou aux opinions religieuses. Mais ces figures peuvent encore devenir les signes abstraits des qualités morales ou des propriétés physiques. Rentrés dans le domaine de l'allégorie poétique, les *génies* personnifiés peuvent toujours être des sujets très-heureux pour l'imitation, & capables de rivaliser avec les conceptions idéales des dieux du paganisme. Plus d'un statuaire moderne les a fait entrer avec succès dans des compositions de mausolées. Tel est le tombeau du pape Rezzonico à Saint-Pierre de Rome, par Canova, le *génie* de la ville de Venise. Tel est encore du grand artiste dont on vient de parler, & au tombeau de l'archiduchesse Christine à Vienne, le *génie* de la maison d'Albert, duc de Saxe, représenté dans la douleur, appuyé sur un lion & sur l'écusson de cette famille.

On peut donc regarder l'idée & la représentation des *génies*, sous le rapport de symbole moral, comme naturalisées avec nos arts. La religion chrétienne, qui les tolère & les admet dans le sens d'allégories, semble encore les autoriser comme correspondantes à quelques-unes des personnifications religieuses que l'usage a consacrées dans les signes extérieurs du culte.

Les figures des anges dont le christianisme autorise la représentation, ont une analogie d'idée si frappante avec les figures des *génies*, & l'art des Modernes leur a donné une telle conformité d'apparence avec les êtres mythologiques du paganisme, qu'on peut transporter les formes, le style & le caractère de ceux-ci dans les images des personnages célestes, sans y rien changer. Ainsi l'on peut faire des anges, comme des *génies*, avec des ailes ; on peut leur donner les formes de l'adolescence ou les traits de l'enfance, & toutes ces figures peuvent très-convenablement trouver place dans tous les ornemens de l'architecture, selon le goût & selon les errements de l'antiquité.

Les Modernes ont une sorte de personnification du *génie* qui leur est particulière, & dont nous ne croyons pas qu'il existe d'exemples chez les Anciens. C'est celle de cette faculté morale qu'on a analysée dans un des articles précédens, & que nous avons dit être en définitif la faculté de créer ou d'inventer. Comme, chez les Modernes, l'idée de *génie* ainsi entendu est devenue beaucoup plus familière, & que l'emploi du mot qui l'exprime est beaucoup plus fréquent que l'un & l'autre ne le furent autrefois, très-naturellement le *génie* des artistes a prétendu exprimer par une image sensible la qualité même à laquelle il doit ses succès & ses triomphes. Lors donc qu'on a voulu donner à cette image un symbole caractéristique, on a imaginé de lui placer une flamme sur la tête. C'est une manière de faire entendre l'idée de subtilité & de vivacité qu'on attribue au *génie* dans toutes les parties des arts & des sciences.

GÉOMÉTRAL, adj. m. Ce mot s'applique, en architecture, au dessin qu'on fait de cette partie de la représentation d'un édifice, qu'on appelle *élévation*. (Voyez ce mot.)

L'élévation *géométrale* est donc la représentation qu'on fait d'un édifice, vu dans ses dimensions verticales & horizontales, extérieurement apparentes, sans avoir égard à sa profondeur. C'est ce que les Anciens appeloient *orthographie*.

L'élévation *géométrale* diffère de l'élévation perspective, en ce que, dans la première, on ne soumet pas le dessin de l'édifice à un point de vue déterminé, tandis que la seconde représente l'édifice tel qu'on le voit d'un point donné.

L'élévation *géométrale*, dessinée un peu en grand, sert de règle à l'architecte & aux ouvriers, dans la conduite d'une construction, pour déterminer les mesures des différentes parties. Il ne suffit pas, pour se rendre compte d'un bâtiment, d'en donner le plan; il faut en faire connoître l'élévation *géométrale* & l'élévation perspective. Mais le dessin *géométral* seul a souvent l'inconvénient de ne pas donner à connoître assez sensiblement les effets des saillies, & encore tous ceux qui résultent de la diversité des points de vue.

GERBE D'EAU, s. f. C'est un faisceau de plusieurs petits jets d'eau qui tous ensemble forment une girande de peu de hauteur. (*Voy.* GIRANDE.)

Il y a des *gerbes* qui s'élèvent par étages, en pyramides, au moyen d'autant de conduites, qui forment plusieurs rangs de tuyaux à l'entour du gros jet du milieu.

GERÇURES, s. f. pl. On dit que la chaleur fait gercer la terre, y produit des *gerçures*.

On a appliqué ce mot aux petites fentes que diverses causes occasionnent, dans les bois, dans les métaux, dans les enduits. Le plâtre noyé est sujet à *gerçures*. Les planches se gercent par l'action du feu. Celle de la gelée produit des *gerçures* dans le plomb, &c.

GHIBERTI (Lorenzo), célèbre sculpteur & aussi architecte. Il est presqu'uniquement connu par les fameuses portes en bronze du Baptistère de Saint-Jean à Florence. Cependant, si l'on en croit Vasari, son nom peut & doit augmenter la liste des architectes. L'histoire des arts à cette époque nous a déjà fait voir plus d'une fois, qu'alors on n'exerçoit pas exclusivement un seul art. Brunelleschi, comme on l'a dit, avoit été sculpteur; pourquoi *Laurent Ghiberti*, lié avec lui dans ses premières études, n'auroit-il pas pratiqué l'architecture? Il paroit certain qu'il jouit à Florence de la réputation d'habile architecte, puisqu'il fut associé un moment à Brunelleschi dans les travaux de la coupole de Sainte-Marie-des-Fleurs. Mais l'histoire de la construction de ce monument nous apprend que cette association dura peu. Brunelleschi, seul dépositaire de ses moyens d'exécution, n'en voulut partager la gloire avec personne. Il feignit une maladie pendant laquelle *Ghiberti*, chargé seul de la conduite d'un projet qui n'étoit pas le sien, & peu expérimenté d'ailleurs dans la mécanique, révéla son peu de capacité, & se démit de la mission qu'on lui avoit donnée. (*Voyez* BRUNELLESCHI.)

GIBBS (Jacques), architecte anglais qui a élevé beaucoup de monumens à Londres & en plusieurs autres lieux de l'Angleterre, pendant la première moitié du dix-huitième siècle.

Ses principaux ouvrages sont, à Londres, l'église de Saint-Martin & celle de Sainte-Marie du Strand. La première présente à l'extérieur un assez beau péristyle d'ordre corinthien, qui seroit sans doute un effet plus satisfaisant pour l'œil & pour la raison, si, suivant un usage trop commun en Angleterre, le clocher, bâti en forme de tour, & se trouvant dans le frontispice de l'église, au lieu d'être placé à l'extrémité postérieure, n'écrasoit pas la masse du portique en colonnes isolées. L'extérieur de l'édifice est fort régulièrement percé de grandes fenêtres & orné de pilastres corinthiens. L'intérieur se compose d'une nef principale & de deux collatérales. Deux rangées de quatre colonnes corinthiennes occupent cet intérieur. Les colonnes sont réunies par des arcs cintrés, au-dessus desquels une espèce d'attique porte un plafond de charpente & de menuiserie, orné de fort beaux caissons.

L'église de Sainte-Marie du Strand a un frontispice moins régulier. On y entre par un portique circulaire d'ordre ionique, & la tour du clocher se trouve élevé en avant & au milieu de l'entrée. L'extérieur de ce monument est plus riche d'architecture que celui de Saint-Martin; il est formé de deux ordres de colonnes engagées: celui d'en bas est ionique, & ses entre-colonnemens sont ornés de niches. L'ordre supérieur est corinthien, & les colonnes sont adossées à des pieds-droits, qui supportent des arcades formant une galerie latérale dans la longueur de l'édifice. L'intérieur est une salle ou simple nef, dont les murs sont décorés de pilastres accouplés.

Gibbs construisit en 1747 la bibliothèque Radcliffe à Oxford. C'est une rotonde reposant à l'extérieur sur un soubassement rustique, avec des niches & des portes d'entrée. Sur le soubassement s'élève un ordre corinthien de colonnes accouplées, avec deux rangs de croisées & des niches. La colonnade porte une corniche ayant une balustrade, & au-dessus s'élève la coupole. L'intérieur, bien ordonné, offre un rez-de-chaussée commode, & au premier étage une grande salle circulaire, décorée de pilastres ioniques, où les livres sont disposés sur deux rangs. Cet architecte a donné de l'ouvrage qu'on vient de citer, une description gravée.

On peut encore se former une idée de son talent, dans un grand volume par lui publié à Londres en 1728, & dédié à mylord Argyll, où il a réuni des plans & élévations des principaux monumens dont il donna les desseins. Ce recueil contient un assez grand nombre de palais & de maisons de campagne, qui rappellent encore avec beaucoup d'exactitude le goût & le genre de composer & de bâtir de Palladio, qu'Inigo Jones avoit, dès le siècle précédent, transporté en Angleterre. On y trouve aussi beaucoup de détails d'architecture assez purs, & un grand nombre de cartels, vases, tombeaux & dessins d'ornemens qui ne respirent pas le même goût, & où le génie du caprice régnant dans le dix-huitième siècle semble avoir présidé.

Néanmoins *Gibbs* peut passer pour un des meilleurs architectes qu'ait eus l'Angleterre, & qu'ait produits le siècle où il vécut.

GIGANTESQUE, adject. Ce mot peut, ce me semble, signifier deux choses dans les ouvrages de l'art. On peut entendre par-là que l'ouvrage auquel on donne cette épithète, est à un autre ouvrage, ce qu'un géant est à un homme ordinaire. On peut aussi employer ce mot dans le sens que l'ouvrage seroit ou paroitroit être un ouvrage fait par des géans.

Cette dernière idée nous vient sans doute de la mythologie, & de la croyance répandue presque partout, qu'il y a eu autrefois des races d'hommes d'une stature très-supérieure à la nôtre. Aussi de tout temps a-t-on, soit positivement, soit métaphoriquement, attribué à des géans les grands travaux d'excavations ou d'architecture souterraine, les constructions faites de très-grands quartiers de pierre.

Généralement on donnera, dans l'architecture, le nom de *gigantesque* à tout ce qui semble avoir exigé des moyens & des ressources au-dessus des forces de notre nature. Comme (ainsi qu'on a eu plus d'une fois occasion de l'observer) c'est particulièrement dans les temps où les combinaisons de l'art sont le plus simples, & les secours de la science de bâtir le plus bornés, que les hommes sont portés à entreprendre les travaux les plus considérables pour la masse, en y employant les matériaux les plus volumineux, l'opinion des siècles postérieurs applique volontiers à ces sortes d'entreprises l'idée d'une puissance surhumaine.

Dans les autres arts, le mot & l'idée de *gigantesque* ne se prennent & ne s'entendent guère que selon le premier sens dont on a rendu compte, c'est-à-dire, que *gigantesque* signifie ayant une taille de géant ; ce qui est cause que ce terme exprime le plus souvent une idée défavorable, en tant qu'elle est empruntée du rapport que l'on observe dans la nature, entre la taille d'un géant proprement dit & celle de l'homme ordinaire. Or, le géant proprement dit (& non poétiquement considéré) est, comme le nain, une espèce de monstre, une dissonance dans l'ordre des êtres. La distance qui se trouve entre la taille du géant & la taille naturelle, loin d'exciter notre admiration, produit en nous le sentiment pénible attaché à tout ce qui nous semble moins au-dessus de la nature que hors d'elle.

Quelquefois le peintre, pour mieux faire sentir la profondeur du tableau, & pour établir une plus grande échelle de proportion dans ses plans, se permet de donner aux figures du premier plan quelque chose de plus en grandeur, que ne le comporte la vérité ; mais pour peu qu'il dépasse une certaine mesure que le goût indique & légitime, il tombe dans le *gigantesque*. Les personnages du devant, devenus géans, blessent la convenance & rapetissent la composition au lieu de l'agrandir.

Ceci nous explique comment & pourquoi le colossal absolu appartient spécialement à l'art de la sculpture. Il n'y a pas, à proprement parler, de colossal en architecture, parce que les bâtimens ne trouvent dans les ouvrages de la création aucun modèle de grandeur ou de mesure déterminée. On ne peut, sous le point de vue de la dimension, comparer ses ouvrages qu'à ses propres ouvrages. Quand donc on use du terme *colossal* comme du mot *gigantesque*, en parlant d'un édifice, ce n'est que par une manière de parler analogique & poétique, qui, à la vérité, s'applique assez bien à quelques monumens, tels, par exemple, que ces colonnes isolées dont la hauteur dépasse si prodigieusement celle des colonnes employées dans les édifices. Effectivement, la dimension des grands édifices étant comme le point le plus élevé, auquel on est porté à croire que les ordres puissent atteindre, les colonnes monumentales dont il s'agit, deviennent des espèces de colosses dans le sens qu'on attribue aux statues colossales.

Quand on dit que le colossal appartient spécialement à la sculpture, il faut entendre par-là le colossal absolu, & non le colossal relatif. Le premier s'applique à ces figures dont l'artiste augmente la dimension ; dans la vue, non-seulement qu'elles paroissent colossales, mais encore qu'elles ne puissent pas paroitre autrement. Tels étoient certains colosses placés autrefois dans des intérieurs de temple d'une très-modique étendue. Le second se dit d'un certain agrandissement de mesure donné aux figures, pour les mettre dans un juste rapport, soit avec le lieu ou la place qu'elles occupent, soit avec le point de distance fixe ou conventionnel d'où il faut les considérer. Or les figures peintes, comme les figures sculptées, sont soumises au même genre de convenances en ce genre. Les lois de l'optique servent au peintre, de même qu'au sculpteur, à déterminer le surcroît de dimension qu'il faut donner à l'ouvrage. Le colossal relatif est donc du domaine de la peinture.

En est-il ainsi, à l'égard de cet art, du colossal absolu? c'est-à-dire, la peinture a-t-elle le droit de faire des figures colossales pour les faire paraître telles? (Nous croyons devoir placer ici ces notions de théorie, qui ont été omises au mot COLOSSAL.)

Il ne nous est parvenu aucune notion de peinture colossale (dans le sens absolu) chez les Grecs : la seule de ce genre dont Pline fasse mention dans l'antiquité, avoit été faite à Rome, sous Néron, & représentoit cet Empereur peint sur toile de cent vingt pieds de haut. Mais le même écrivain appelle cet ouvrage la folie de son siècle, *nostræ ætatis insaniam*, &, selon lui, ce fut une nouveauté inconnue avant Néron, *incognitam ad hoc tempus*. Le blâme que Pline, écho, sans doute, de l'opinion de ses contemporains, jette sur cet ouvrage *gigantesque* de peinture, lorsqu'il parle toujours avec admiration de semblables ouvrages en sculpture, ne doit-il pas nous porter à croire que le goût public s'étoit élevé contre cette vicieuse imitation de l'art de sculpter, & l'avoit jugée comme une transgression des limites naturelles de l'art de peindre?

Effectivement, il ne s'agit pas ici de cet agrandissement de dimension prescrit dans les peintures de décoration, par l'éloignement où elles se trouvent du spectateur. Il est question d'un tableau positivement colossal, d'une figure unique, peinte sur toile de cent vingt pieds. Or, pourquoi cette figure peinte fut-elle blâmée, tandis qu'à la même époque on admiroit la figure sculptée du même Empereur, faite par Zénodore, & d'une semblable dimension? Pourquoi le colossal absolu déplaît-il en peinture, & pourquoi une sorte d'instinct de goût nous dit-il qu'il doit déplaire?

La chose, entre beaucoup d'autres raisons, qu'on en pourroit donner, s'explique par les moyens matériels de la peinture.

En premier lieu, le tableau ne peut pas avoir, comme la statue, la réalité de l'isolement. La figure peinte ne sauroit se détacher de son fond qui en fait partie : elle porte avec elle sa lumière; elle ne peut être vue que sous un seul aspect; elle doit être dans un intérieur ou fixée sur un mur; el' perd par conséquent tout l'intérêt que donne au colosse en plein air, le rapport de tous les objets environnans; elle ne sauroit avoir cette faculté d'augmenter ou de diminuer selon la distance où se place le spectateur.

Il faut observer, en second lieu, une grande différence entre le colosse peint & le colosse sculpté. Cette différence tient à la nature propre de chacun des deux arts, dont l'un, par la matière, donne une réalité, & l'autre, au moyen des couleurs, ne présente qu'une apparence. Or, les bornes de la réalité visible sont bien plus étendues que celles de l'apparence. La statue matérielle, éclairée de la lumière réelle, sera son effet de beaucoup plus loin que la figure peinte, dont la lumière est une création de la peinture, & n'a de valeur que dans un espace fort limité. Le spectateur peut mettre entre le colosse sculpté & son œil, l'intervalle qu'il veut, la forme générale restera toujours sensible. Il n'en sera pas ainsi du colosse peint, parce que, si le peintre peut augmenter, comme le sculpteur, la mesure de ses formes, il ne peut pas augmenter en même proportion la puissance visible de ses tons. Ainsi, à la distance où il faudroit être de la figure peinte de cent vingt pieds pour en embrasser l'ensemble, l'effet de la couleur sera déjà moins sensible, & les contours s'évanouiront par le fait seul de l'harmonie des teintes.

Enfin, le colossal en sculpture a cette propriété, & il le doit à sa réalité matérielle, que, même de près, chacune des parties du colosse, chaque détail, bien que sous l'œil, a sa beauté, sa perfection & son fini, comme l'image vue dans le miroir concave. Mais le mécanisme d'illusion qu'emploie la peinture pour contrefaire l'apparence des objets, ne permet pas au spectateur voisin de chaque détail, d'en saisir ni l'effet ni la forme. Ce qui est cause que le colosse peint n'est à voir ni de près ni de loin.

Pour en revenir au mot *gigantesque*, nous dirons qu'il comporte généralement deux acceptions en sculpture & en architecture. L'une exprime le sentiment de l'admiration pour les entreprises qui sortent des mesures ordinaires & des efforts accoutumés des hommes; & dans ce cas, ce sentiment s'applique particulièrement à la grandeur de dimension. La seconde acception, qui s'applique presque toujours à la grandeur entendue moralement, emporte avec soi l'idée d'un sentiment défavorable, c'est-à-dire, qu'elle exprime un abus & un excès du goût pour le grand. C'est ainsi que ceux qui cherchent & manquent le véritable grand, tombent dans le *gigantesque*. Il y a un *gigantesque* d'idées, de style, de manière, de composition, de dessin, d'invention, & ce *gigantesque* existera même sans une augmentation sensible de dimension. *Gigantesque* devient alors synonyme d'*exagération*.

GIOCONDO (Fra Giovanni), littérateur, antiquaire, mais plus connu encore comme habile architecte, naquit à Vérone en 1455. Entré de bonne heure dans l'ordre des Prêcheurs, il fut destiné à professer les langues & la littérature anciennes; mais le dessin & l'étude de l'architecture remplissoient ses momens de loisir. Le desir d'observer & de mesurer les ruines de l'architecture antique, & celui de connoître en général les monumens de l'antiquité, l'ayant conduit à Rome & dans d'autres villes de l'Italie, il rassembla une collection de plus de deux mille inscriptions anciennes, & en donna le manuscrit à Laurent de Médicis, qui lui témoigna constamment une affection particulière.

Vers les années 1494 & 1498, *Giocondo* étoit à Vérone auprès de l'empereur Maximilien, soit en qualité d'architecte, soit comme littérateur.

Les biographes ne disent point d'une manière certaine à quelle époque *Giocondo* éleva le bâtiment destiné à renfermer la salle du conseil de la ville de Vérone, que Temanza donne pourtant comme un ouvrage des plus propres à faire connoître quels étoient déjà les progrès de l'architecture. Il y a lieu de croire que ce fut avant la fin du quinzième siècle.

Quoi qu'il en soit, la réputation de *Giocondo*, comme architecte, étoit à cette époque assez établie, puisque Louis XII l'appela à Paris en 1499, pour lui donner la direction de différens travaux. Un des plus importans fut la construction du pont Notre-Dame, commencé en 1500 & terminé en 1507. On a cru faussement que *Giocondo* avoit bâti aussi sur la Seine le pont voisin de l'Hôtel-Dieu, appelé *le Petit-Pont*, & cette opinion s'est accréditée à la faveur d'un distique d'assez mauvais goût du poëte Sannazar, & que Vasari a pris la peine de recueillir.

Jocundus geminum imposuit tibi Sequana pontem,
Hunc tu jure potes dicere pontificem.

Mais cette erreur a été complétement réfutée par Mariette, dans deux lettres adressées à Temanza, en date du 9 août 1771 & du 14 mars 1772. Si l'on a attribué à *Giocondo* un pont qui ne paroit point avoir été son ouvrage, on a cherché, d'un autre côté, à lui enlever l'honneur d'avoir été le véritable architecte du pont Notre-Dame, sous prétexte qu'un arrêt du Parlement donne à un certain Didier de Felin, le titre de *maître principal touchant la surintendance de l'œuvre de la maçonnerie*, & à *Giocondo* celui de commis à soy donner garde sur la forme d'icelui pont. Mais l'artiste chargé de diriger la forme du pont est bien évidemment l'architecte. Comme *Giocondo* recevoit pour ses honoraires 8 fr. par jour, on a voulu encore induire de-là qu'il n'étoit pas employé comme architecte. Il semble, au contraire, que ses honoraires aussi considérables, en comparant le prix de l'argent d'alors au prix d'aujourd'hui, prouvent qu'il avoit réellement cette qualité, & l'on ne peut pas douter qu'il n'ait rempli les fonctions d'architecte du Roi; car nous voyons que Budée, dans ses *Annotations sur les Pandectes*, le qualifie de *architectus tunc regius*.

Il faut compter parmi les ouvrages faits par *Giocondo* en France, le palais de la Chambre des comptes, rebâti depuis sur un nouveau plan; la grand-chambre du Parlement, dite *la Chambre dorée*, qui subsiste encore. On a voulu aussi lui attribuer le château de Gaillon, dont on ne voit plus que quelques restes, transportés & remis ensemble au Muséum des monumens français. Cette opinion paroit peu vraisemblable, attendu que le château de Gaillon, bâti par le cardinal d'Amboise, ne fut commencé qu'en 1505, & que *Giocondo* quitta la France au commencement de 1506 pour se rendre à Venise.

Le séjour de *Giocondo* à Paris n'avoit pas été inutile à la littérature. Ce savant y avoit découvert un manuscrit de Pline-le-Jeune, renfermant, outre de nombreux passages propres à remplir les lacunes des éditions précédentes, onze lettres de Pline à ses amis, & toute sa correspondance avec Trajan. Lié avec Guillaume Budée, *Giocondo*, pendant son séjour à Paris, lui avoit expliqué les passages difficiles de Vitruve, non-seulement par des interprétations verbales, mais encore par des dessins. De ce travail résulta l'édition de Vitruve, qu'il publia depuis, en 1511, dans laquelle il corrigea plus d'une erreur du texte, & qu'il orna de cent trente-huit figures.

Appelé à Venise par le Sénat, pour donner son avis sur la manière de perfectionner & de terminer le canal de la Brenta, il paroit qu'il fit des projets, & commença des travaux qui pour lors n'eurent point de suite.

La guerre ayant éclaté à cette époque, le paisible religieux vécut quelque temps au couvent des Prêcheurs de Trévise, où, déjà avancé en âge, il ne cherchoit plus que le repos; mais il fut bientôt tiré de sa retraite pour protéger, comme ingénieur, la sûreté de sa patrie. Il fortifia la ville de Trévise, & divers points des environs sur lesquels les Vénitiens alloient être attaqués.

Quelque temps après, Vérone recourut à lui pour fonder avec solidité une des piles principales d'un pont de l'Adige, que les eaux avoient plusieurs fois renversée.

Vers 1513, un incendie ayant consumé à Venise le quartier de *Rialto*, & ébranlé le pont du même nom, il traça, sur l'invitation du Sénat, de très-beaux plans pour la construction d'un pont nouveau & des rues voisines. Soit défaut de lumières, soit épuisement du trésor public, la préférence fut accordée aux plans & projets d'un certain Zanfrignino ou Scarpagnino, que Vasari dépeint, quoiqu'il vécût encore au temps de cet écrivain-architecte, comme un homme ignorant & sans goût.

En 1514, après la mort de Bramante, *Giocondo*, déjà octogénaire, fut appelé à Rome par Léon X, pour diriger, avec Raphael & San Gallo, la construction de l'église Saint-Pierre, & notamment pour donner les moyens de consolider les fondations de cet immense édifice. On sait que les travaux qui furent alors exécutés, ont heureusement assuré à la base de cette grande masse une solidité inébranlable.

On ne sait rien de précis sur le lieu & l'époque de la mort de *Giocondo*; mais Jules Scaliger donne lieu de croire qu'il mourut à Rome.

GIORGIO SANESE (Francesco di), architecte du quinzième siècle, & qui, selon l'usage du temps, fut tout à la fois sculpteur. On ne s'accorde pas sur l'époque où il mourut : Baldinucci la place vers 1570, & Vasari le fait fleurir vers 1480. C'est, selon Bernardino Baldi, qui a donné la description du palais ducal d'Urbin, à cette dernière date que Frédéric, duc d'Urbin, s'occupoit de la construction de son palais, & l'épitaphe de *Giorgio Sanese*, placée dans l'église des Pères conventuels de Sienne, & rapportée par Vasari, prouve qu'il dut être le dernier architecte de cette grande entreprise.

Quæ struxi Urbini æquate palatia cuivis
Quæ sculpsi, & manibus plurima signa meis
Illa fidem faciunt, ut novi condere tecta
Assebri, & scivi sculpere signa bene.

Dans la description du palais d'Urbin, Bernardino Baldi (*cap.* 1) rapporte que le duc Frédéric voulant se bâtir un palais qui répondit à sa puissance, écrivit à plusieurs princes pour obtenir un architecte qui pût satisfaire à ses vues, & que le roi de Naples lui envoya un certain *Luciano*, né à *Laurana* en Esclavonie, le même qui avoit construit à Naples le palais de *Poggio reale*. Il paroît, ou que divers architectes furent employés ensemble à la grande construction du palais d'Urbin, ou que plusieurs s'y succédèrent ; car, dans l'église de Saint-Dominique d'Urbin, on voit la sépulture d'un certain *Baccio Pontello*, Florentin, & on y lit qu'il fut architecte du palais de la même ville. Quelques-uns prétendent que Léon-Batista Alberti, banni de Florence vers ce temps-là, se retira à Urbin, & eut aussi quelque part à la construction du palais ducal ; mais Vasari en fait particulièrement honneur à *Giorgio Sanese*, qui paroît avoir eu l'avantage de le terminer.

Il résulte de tous ces renseignemens, que l'époque certaine de la construction, & très-probablement de l'achèvement du palais ducal d'Urbin, étant l'an 1480, l'architecture avoit déjà fait avant Bramante, qui passe pour en avoir été le restaurateur, de très-grands progrès. On trouve dans ce palais tous les détails caractéristiques du goût des Anciens, & ce monument, quoique longuement décrit dans son ensemble par Baldi, & plus longuement encore dans ses parties par Bianchini, ne mérite pas moins d'être cité, & de tenir sa

Diction. d'Archit. Tome II.

place dans l'histoire du renouvellement de l'architecture & du bon goût.

La partie la plus intéressante de ce palais est la cour, qui forme un carré en colonnes composites de travertin, d'un seul bloc, portant des arcades surmontées d'un entablement régnant dans tout le pourtour : sur cet entablement s'élève l'étage principal, percé de belles croisées, entre lesquelles s'élèvent aussi des pilastres d'ordre corinthien. Il faut lire dans l'ouvrage de Baldi & de Bianchini, sur le palais d'Urbin, les particularités de son intérieur, & y consulter les dessins des ornemens, emblèmes & détails curieux qui s'y sont conservés.

Giorgio Sanese donna encore les desseins & fit les modèles que lui demanda le pape Pie II pour le palais & l'évêché de Corsignano, sa patrie, érigée par ce pape au rang de ville, & à laquelle il donna son propre nom, celui de *Pienza*.

GIOTTO (né, selon les uns, en 1265, selon les autres, en 1276, mort en 1336). Le nom de cet ancien peintre, célèbre comme ayant été, après Cimabué, le restaurateur de la peinture au quatorzième siècle, ne trouve place dans cet ouvrage que parce qu'alors, ainsi que l'usage s'en est maintenu long-temps en Italie, tous les arts du dessin, réunis en théorie par un même principe, se trouvoient aussi liés entr'eux, dans la pratique, par une profession commune. (*Voyez* tome I, à l'article ARCHITECTE, pag. 106.) Cette différence d'usage entre ces premiers temps & le temps présent, tient peut-être à la nature des choses, c'est-à-dire, à la manière dont procède l'esprit humain dans toutes ses opérations. Il y a un point, & c'est celui de toute espèce de commencement, où l'esprit n'embrasse les objets que dans leur ensemble, sans trop s'arrêter à l'examen des parties. C'est également ainsi que l'œil procède, à l'égard de ce qui est du ressort de la vue. Peu à peu cette manière de voir, au moral comme au physique, fait place à une autre, qui tend à découvrir de plus ... us des parties dans chaque partie, des détails dans chaque détail. De-là il résulte que ce qui ne formoit d'abord la matière que d'un seul art, d'une seule profession, se divise & se subdivise en plusieurs. Il s'établit enfin plus d'un art dans un art. Tout le monde est d'avis que cette division est favorable aux arts mécaniques, & l'on comprend qu'elle tend au perfectionnement de tout ce qui tient à l'exécution. En est-il ainsi des arts du génie ? La réponse à cette question nous éloigneroit trop de l'objet de cet article. Ce qu'on a dit, suffit pour montrer comment *Giotto* fut aussi renommé, dans son temps, comme architecte que comme peintre.

Outre les obligations que les arts eurent à Cimabué, on lui doit encore d'avoir non-seulement formé, mais deviné le talent de *Giotto*.

Allant un jour de Florence à Vespignano, il rencontra dans ce village un jeune pâtre qui, tout en gardant les troupeaux, deſſinoit ſur une pierre polie, avec une pierre pointue, toutes ſortes de figures d'animaux. C'étoit le jeune *Giotto*, alors âgé de dix ans, & déjà connu dans ſon village, comme ayant une adreſſe & une intelligence particulière. Cimabué, frappé des diſpoſitions naturelles de cet enfant, s'aſſura du deſir qu'il auroit de changer d'état, le demanda à ſon père, & en obtint de l'emmener avec lui à Florence.

Giotto apprit à l'école de ſon maître tout ce qu'il pouvoit y apprendre. Il fit plus, il ſoupçonna qu'il y avoit une école ſupérieure à celle-là, & dont le maître étoit la nature. Il quitta Cimabué pour elle, & par elle il s'éleva fort au-deſſus de Cimabué.

Nombrer tous les travaux que les différentes puiſſances de l'Italie ſollicitèrent & obtinrent du pinceau de *Giotto*, les grandes entrepriſes qui ont juſqu'à nos jours rendu ſon nom recommandable dans la peinture, ce ſeroit faire l'hiſtoire du peintre au lieu de l'hiſtoire de l'architecte. Je terminerai en deux mots celle du premier, en diſant de *Giotto*, qu'il fit le portrait du Dante, qu'on le ſurnomma de ſon temps le diſciple de la nature, & que Michel Ange lui confirma ce ſurnom.

Ce qu'il fit comme architecte ne le place pas à un rang moins diſtingué dans les faſtes de l'architecture de ce ſiècle. Le campanile ou la grande tour de la cathédrale de Florence, un des plus grands & des plus beaux ouvrages de l'Italie en ce genre, auroit ſuffi pour immortaliſer le nom de *Giotto*.

Il en jeta les fondemens l'an 1334. C'eſt ſurtout par leurs fondations que de tels édifices acquièrent de la durée. Quelques-uns, tels que la tour de Piſe, ont accuſé, par leur manque d'aplomb, leurs conſtructeurs d'imprudence ou d'inexpérience. *Giotto* eut le ſoin & le mérite d'aſſeoir ſa tour ſur un maſſif inébranlable. Il en fit fouiller les fondations juſqu'à une profondeur de vingt braſſes. Après avoir établi au fond une couche de pierres dures de quatre braſſes, il éleva deſſus un maſſif en blocages, de huit braſſes de hauteur, & les autres huit braſſes furent appareillées en pierres de taille.

C'eſt ſur cette aſſiette que s'élève, depuis cinq ſiècles, ſans avoir ſouffert la moindre altération, cette fameuſe tour, que Charles-Quint, dans ſon admiration, vouloit qu'on enveloppât d'un étui, trouvant que c'étoit la traiter avec peu d'égards, que de la laiſſer voir tous les jours. Elle eſt carrée par ſon plan, & revêtue en compartimens de marbres alternativement noirs, rouges & blancs : ſa hauteur eſt de deux cent cinquante-deux pieds ; ſa largeur de quarante-trois. Dans ſon intérieur eſt pratiqué un bel eſcalier de quatre cent ſix marches, qui conduit juſqu'à la plate-forme d'en haut. Le projet de *Giotto* étoit d'élever au-deſſus une pyramide quadrangulaire dont la hauteur auroit été le tiers de celle de la tour. Ceux qui terminèrent après lui ce monument, ne jugèrent pas à propos de lui donner ce ſupplément, dont l'idée tenoit du goût gothique. Il paroit que ni la tour de *Giotto*, ni la gloire de l'architecte, n'ont rien perdu à cette ſuppreſſion.

L'uſage de ce temps étoit encore de placer le mérite & la beauté dans la hardieſſe d'une élévation déméſurée. Mais *Giotto* prouva de plus d'une manière, qu'il pouvoit ſe paſſer de ces puérils avantages. Si, comme on n'en ſauroit douter, d'après le témoignage de Lorenzo Ghiberti, cité par Vaſari, les ſculptures de la tour qu'on vient de décrire ſont de la main de l'architecte qui l'éleva, notre artiſte avoit plus de moyens qu'il n'en falloit, pour ne chercher à briller que par les reſſources naturelles des arts qu'il poſſédoit & cultivoit tous également.

Florence devoit de la reconnoiſſance à l'homme qui l'avoit illuſtrée par tant d'ouvrages : auſſi, ſelon Vaſari, elle lui conféra le titre de *citoyen*, avec une penſion annuelle de cent florins d'or. Son nom toutefois ne ſe trouve point ſur le livre où ſont inſcrits tous ceux qui jouirent de ce titre ; mais on y trouve qu'il fut fait, en 1331, ordonnateur-général des bâtimens de la commune. Il mourut peu de temps après, & fut enterré dans l'égliſe de Santa Maria del Fiore.

On lit ſur ſon tombeau cette épitaphe, faite par Ange Politien :

Ille ego ſum per quem pictura extincta revixit,
Cui quam recta manus tam fuit & facilis.
Natura deerat noſtrae quod deſuit arti.
Plus licuit nulli pingere nec melius.
Miraris turrem egregiam ſacro aere ſonantem ;
Haec quoque de modulo crevit ad aſtra meo.
Denique ſum Jottus, quid opus fuit illa referre
Hoc nomen longi carminis inſtar erit.

GIRANDE, ſ. f. Terme emprunté de l'italien *giranda*, & qu'on applique à deux emplois aſſez ſemblables dans leurs effets, quoique auſſi différens dans leurs élémens, que le ſont le feu & l'eau.

On appelle *girande* d'eau, dans l'art du fontainier, un faiſceau de pluſieurs jets qui s'élèvent avec impétuoſité, & ſortent de pluſieurs tuyaux réunis. Quelquefois ces jets d'eau, en s'échappant, produiſent une ſorte d'exploſion bruyante qui imite le bruit des armes à feu.

Dans l'art de l'artificier, on appelle *girande* l'aſſemblage d'un grand nombre de fuſées volantes, qui partent enſemble, produiſent en l'air l'effet d'une immenſe gerbe de feu, & terminent ordinairement les ſpectacles des feux d'artifice. C'eſt ce qu'en français on nomme vulgairement *le bouquet*. Le feu d'artifice du pont Saint-Ange à Rome, pour la fête de Saint-Pierre, ſe termine par une *girande*, que ſa grandeur & ſa ſuperbe poſition ont rendue célèbre.

GIRANDOLE, ſ. f. *Girandola*, en italien, eſt un terme d'artificier, ſynonyme de *girande*. (*Voyez* ce mot.)

GIRANDOLE. Ce nom, sans doute par l'effet d'une certaine analogie dans l'usage, se donne à des chandeliers formés par une réunion de plusieurs branches de bobêches, qui portent des lumières.

GIRGENTI, ville de Sicile qui a succédé à l'antique Agrigente (*voyez* ce mot), & où se sont conservés des restes aussi nombreux que précieux de temples d'ordre dorique, & d'autres monumens d'antiquité.

GIRON, s. m. (*Construction.*) C'est la surface horizontale d'une marche, & celle sur laquelle on pose le pied.

On fait dériver ce mot du latin *gyrus*, tour, parce que les anciens escaliers étoient pour la plupart pratiqués en tournant.

On appelle :

GIRON DROIT, celui qui est contenu entre deux lignes parallèles, que ces lignes soient droites ou qu'elles soient courbes.

GIRON RAMPANT, celui d'une marche qui va en pente, & qui a une telle largeur, que les chevaux montent les escaliers qui sont ainsi pratiqués. Il y a beaucoup d'escaliers à *girons rampans* dans le palais du Vatican à Rome. L'on fait de cette sorte les marches pour les escaliers des écuries souterraines.

GIRON TRIANGULAIRE, celui qui va en s'élargissant, depuis le collet par lequel la marche tient au noyau, jusqu'à l'endroit où elle se termine dans la cage de l'escalier. Cette sorte de *giron* a lieu également dans les quartiers tournans des escaliers carrés, & pour les marches des escaliers à vis.

Pour qu'un escalier soit commode à la montée, il faut que la largeur du *giron* des marches soit double de leur hauteur, en observant que celle-ci ne doit pas excéder six pouces.

GIROUETTE, s. f. Mot dérivé du latin *girare*, tourner. C'est une petite banderolle faite de tôle ou de fer-blanc, ou d'autre métal battu fort mince, placée sur un pivot en un lieu élevé, de façon que, tournant au moindre souffle, elle indique le côté d'où vient le vent. On donne à ces plaques de métal toutes sortes de configurations. Un triton tournant sur son pivot, & placé au sommet de la tour des vents, à Athènes, indiquoit le vent qui souffloit, & étoit une véritable *girouette*.

GITIADAS, architecte, sculpteur & poëte lacédémonien. Il fut celui qui eut l'honneur d'élever & d'achever à Sparte le temple de Minerve, surnommée *Chalcioecos*, commencé par Tyndarée & continué par ses deux fils. Ce temple s'appeloit ainsi, parce qu'il étoit tout revêtu de bronze.

Sur le métal, *Gitiadas* avoit représenté plusieurs des travaux d'Hercule & d'autres exploits de ce démi-dieu, & différentes actions des fils de Tyndarée, entr'autres l'enlèvement des filles de Leucippus. Les autres sujets sculptés étoient Vulcain brisant les chaînes de sa mère, Persée allant chercher dans la Lybie la tête de Méduse, les nymphes lui donnant le casque & la chaussure à l'aide de laquelle il devoit traverser les airs, l'histoire de la naissance de Minerve, enfin Amphitrite & Neptune. Tous ces ouvrages étoient d'une grande dimension, &, de l'avis de Pausanias, d'une beauté admirable. (*Paus. liv. III*, ch. 17.)

GLACE, s. f. Le mot *glace* vient de l'allemand *glass*, qui veut dire *verre*, comme les Allemands expriment par un autre mot *eis*, ce que nous entendons par *glace*, synonyme de *congélation*. Il est probable que le premier de ces deux mots ne sera resté ou n'aura passé dans la langue française, que parce qu'à une certaine époque, un même terme avoit exprimé, à cause de leur ressemblance, & de l'eau congélée & du verre blanc.

Mais aujourd'hui, en français, le mot *glace*, appliqué au verre, ne signifie autre chose que ces grandes tables de verre poli, qui, par le moyen du tain qui couvre leur revers, réfléchissent la lumière, représentent fidèlement les objets, &, selon leur position, semblent les multiplier à l'infini.

Les *glaces*, dans les premiers temps où l'on commença d'en faire usage pour servir de miroirs, étoient d'une modique étendue. On ne les employoit alors dans les appartemens que comme des objets ou des ornemens mobiles. Mais depuis qu'à la méthode de les souffler on eut substitué celle de les fondre & de les couler, on en fit des morceaux d'une très-grande étendue, dont la valeur augmenta en raison de leur dimension. Alors prit naissance l'usage de décorer les appartemens avec des *glaces* qui, placées l'une en face de l'autre, semblent produire des percés d'une longueur indéfinie. La cherté de ces sortes d'objets les a fait rechercher par les gens riches, & de proche en proche la mode en est devenue si générale, qu'aujourd'hui un appartement sans *glace* passeroit pour une singularité.

La mode des *glaces* est une de celles qui ont le plus contribué à diminuer l'emploi de la peinture & de la décoration dans les intérieurs des maisons. Les *glaces* occupent les emplacemens qu'occuporoient des peintures : leur valeur monte souvent au-dessus du prix des tableaux. Ce genre de décoration, qui en est un équivalent aux yeux du luxe, en est-il un au jugement du goût ?

On ne prétendra point contester ici l'agrément qu'un emploi modéré des *glaces* répand dans l'intérieur des pièces où elles sont placées avec intelligence. Sans doute elles ont souvent l'avantage d'égayer le local, de paroître en étendre l'espace ou en multiplier les aspects. La grande étendue que l'art est parvenu à leur donner, en fait aussi des objets précieux. Mais malgré toutes ces considérations, on est forcé de s'avouer que, dans l'esprit de la décoration, la *glace* n'est rien & ne représente qu'un vide. On peut donc fort à propos mettre des *glaces* dans le fond des niches qui reçoivent des statues, d'autant mieux qu'on peut les supposer être des ouvertures, & que l'effet de la *glace*, étant de répéter les objets, elle rend visible au spectateur la partie postérieure de la figure. Ainsi, multiplier les *glaces* dans une piece, ce n'est autre chose en soi, qu'y produire l'apparence de beaucoup de percés.

En réduisant, dans la théorie de la décoration, l'emploi des *glaces* à cette notion fort simple, on indique, ce me semble assez, quelle est au moins la seule maniere raisonnable de les employer, & l'on signale assez par-là, l'étrange abus que quelques décorateurs ont fait de la disposition des *glaces* placées jusque dans les frises des entablemens; disposition qui, par l'effet d'un vide apparent, semble détacher la corniche du reste des membres, & produit dans les plafonds l'effet de ne porter sur rien, & de rester comme suspendus en l'air.

GLACIÈRE, s. f. C'est le nom d'un bâtiment construit de façon qu'on peut y conserver de la glace sans qu'elle se fonde dans les plus grandes chaleurs de l'été, y conserver les vivres qui se gâtent promptement, & y faire revenir ceux qui sont prêts à se corrompre.

La premiere attention qu'on doit avoir en construisant une *glacière*, c'est qu'il ne puisse y entrer ni air chaud, ni humidité. A cette fin, on la construit comme une cave voûtée, & on la garnit de paille & de chaume. C'est sur cette paille ou ce chaume qu'on range les morceaux de glace qu'on a soin aussi de couvrir de paille. La voûte de ce local est fermée par une espece de comble en chaume, formé comme un cône, & descendant jusqu'à terre. Quand on a de bonne argile, la construction de la *glacière* coûte moins, & l'emploi de cette matiere est préférable à celui de la maçonnerie, parce qu'elle est tout ensemble très-froide & moins perméable par l'humidité.

L'exposition de la *glacière*, ainsi que celle de son ouverture, doit être au nord & au nord-est. L'ouverture est une allée longue, étroite, voûtée & très-basse; elle a une porte à chacune de ses extrémités, la premiere en bois, la seconde faite de paille entortillée. A la porte du fond on pratique un autre chemin faisant angle droit avec l'allée de l'ouverture, & ce chemin est terminé par une porte qui donne dans la *glacière*. On fait exprès ce coude, afin que l'air chaud du dehors, qui arriveroit au-dedans, si le chemin étoit en ligne droite, ait plus de peine à y pénétrer. Dans les nuits d'hiver, lorsqu'il gele, on laisse les trois portes ouvertes, afin que le local acquiere la plus grande froideur possible. Mais lorsqu'on y entre, les jours d'été, on doit d'abord fermer sur soi la premiere porte, avant d'ouvrir les autres.

GLACIS, s. m. C'est une pente de terre ordinairement revêtue de gazon. On en pratique ainsi dans les fortifications des villes de guerre, au pied des murailles. Ainsi l'on dit le *glacis* de la contrescarpe.

Dans les jardins on forme des *glacis*, & on les distingue des *talus*, dont la pente est moins douce.

On appelle *glacis dégauchis*, ceux qui sont talus dans leur commencement, & vers leur extrémité s'adoucissent en *glacis*. Ils servent à raccorder les différens niveaux de pente de deux allées paralleles.

GLACIS DE CORNICHE. C'est une pente assez peu sensible qu'on pratique sur la cymaise d'une corniche, pour faciliter l'écoulement des eaux de pluie.

GLAÇONS, s. m. pl. Ornemens de sculpture, soit en pierre, soit en marbre, & qui sont une imitation, soit des congélations d'eau produites par le froid, soit des cristallisations qui ont lieu dans les grottes & les lieux souterrains. (*Voyez* GROTTE.)

On place quelquefois des *glaçons* aux bords des bassins de fontaines, autour des fûts de colonnes, & dans les tables ou revêtemens des grottes artificielles que l'on construit pour les jardins. Ainsi la fontaine du Jardin du Luxembourg a ses colonnes ornées & entourées de *glaçons*. On en voit à la tête de la piece d'eau de l'île-Royale à Versailles.

GLAISE (Terre), s. f. (*Construction*.) On emploie ce mot quelquefois comme substantif, sans y joindre le mot *terre*; d'autres fois, en l'y ajoutant, il n'est qu'une épithete signifiant *grasse*, au dire de quelques étymologistes, qui le font venir du vieux mot *galba*.

La *glaise* est une espece de terre grasse & onctueuse, classée par les naturalistes avec les marnes & les argiles, dont elle est une variété & dont elle differe, en ce que ses parties sont très-ductiles, liées & tenaces, sans mélange de sable. Ce sont ces propriétés qui rendent la *glaise* imperméable à l'eau, & qui la font employer avec succès dans la construction des bassins, des citernes, & autres ouvrages destinés à contenir des fluides.

Il y a des *glaises* diversement colorées. On en voit qui sont noirâtres ou grisâtres, d'autres blanches à différens degrés. Elles se trouvent ordinairement par couches ou lits horizontaux de diverses épaisseurs, & à une plus ou moins grande profondeur. Il y en a fort abondamment aux environs de Paris. Les ouvriers qui la tirent de terre en forment ordinairement des especes de pains d'environ un pied & demi de longueur, sur huit à neuf pouces de large, & quatre ou cinq d'épaisseur.

Pour employer la *glaise*, il faut commencer par

la purger de toutes les matières étrangères; puis on la pétrit en la piétinant avec beaucoup de soin; ensuite on la pose par couches de huit à dix pouces d'épaisseur, que l'on fait de nouveau piétiner, battre ou pilonner à plusieurs reprises, afin de bien réunir toutes les couches ensemble & de n'en former qu'une seule masse sans aucun interstice. C'est du soin & de l'exactitude apportés dans cette opération que dépend la réussite des ouvrages.

Lorsqu'on applique la *glaise* à former des corrois dans la construction, on établit ordinairement ces corrois entre deux murs de maçonnerie, l'un formant les parois de l'ouvrage, l'autre s'appliquant contre le terre-plein.

Les terres *glaises* ont la propriété de se durcir au feu, & servent à faire des briques, des tuiles, & toutes sortes d'ouvrages de poterie. (*Voyez* ces mots.)

La terre *glaise* sert particulièrement aux sculpteurs pour faire les modèles de leurs statues, & la sculpture l'emploie à exécuter une multitude d'ornemens qui entrent dans la composition de l'architecture.

On peut aussi la faire servir à l'étude du trait & de la coupe des pierres pour des modèles.

GLAISER, v. act. (*Construction.*) C'est faire un corroi de terre glaise bien pétrie & bien battue au pilon, qu'on étend dans le fond des bassins & sur lequel on pave, ou qu'on dispose dans toute autre sorte de local qu'on veut rendre imperméable à l'eau.

GLIPHE ou GLYPHE, s. m. Mot formé du terme grec *glyphis*, qui signifie *gravure*. Il s'applique, dans un sens fort général en architecture, à tout trait gravé en creux, à tout canal taillé dans les ornemens. Ce mot est toutefois plus usité dans le composé qu'on en a fait, & qui est le mot *triglyphe*, qui signifie l'ornement de la frise dorique si bien connu (*voyez* ce mot), & qui consiste en trois canaux, séparés entr'eux par trois listels.

GLOBE, s. m. Au mot BOULE, on a déjà indiqué quelques-uns des emplois que l'architecture fait des corps sphériques, auxquels on donne le nom de *boule*, qui est plus vulgaire, & celui de *globe*.

La forme du *globe* se fait remarquer dans beaucoup de monumens de l'antiquité, & elle exprimoit ordinairement, ou la sphère céleste, ou la sphère terrestre. C'est ainsi que l'astronomie est représentée tenant le *globe*. C'est ainsi que la fortune est montée sur un *globe*, & que le même objet est souvent placé d'une manière allégorique qui indique le gouvernement du monde dans la main des empereurs & des princes.

Cet attribut a passé dans l'ornement, où il n'a presque plus de signification précise.

On place des *globes* au-dessus de beaucoup de parties d'architecture, comme objet banal d'amortissement.

Un obélisque, à Rome, est placé sur quatre *globes*, & cette invention n'est pas heureuse. L'œil est mal content de voir une semblable masse reposer sur un genre de supports qui annonce autant de mobilité que d'inconsistance.

On donne le nom de *globe ailé*, dans l'architecture égyptienne, à une espèce d'ornement qu'on trouve au-dessus de presque toutes les portes, ou sculpté sur le parement lisse qui couronne l'ouverture, ou taillé dans le renfoncement d'une sorte de corniche en cavet, qui est la corniche presque générale des édifices égyptiens. Cet ornement consiste dans un *véritable globe*, qu'on croit être le symbole du Monde, de Dieu ou de l'Eternité. Autour de ce *globe* sont disposés deux corps de serpens ailés, si toutefois il n'est pas permis de croire que les grandes ailes qui règnent dans la cavité de la corniche, sont plutôt les ailes du *globe* lui-même.

Quelquefois l'ornement emploie des *globes* dans la composition des pendules ou horloges, dont le goût se plaît à diversifier les formes avec plus de caprice que de raison. Autour de ce *globe*, qu'on suppose être le *globe* terrestre, on fait tourner un cercle de métal où les heures sont marquées. On introduit au-dessus une figure du temps qui indique l'heure.

GLOIRE, s. f. Il n'y a personne qui n'ait eu occasion de remarquer & d'admirer les beaux effets que produit quelquefois le soleil, lorsque l'atmosphère est chargé de vapeurs qui, se dispersant en gros nuages dorés par les effets de la lumière, donnent passage aux rayons lumineux, & semblent offrir le spectacle d'un ciel embrasé par les feux de l'astre du jour. L'art du paysagiste s'est souvent emparé de ces effets, & la peinture, secondant les pieuses inventions de l'imagination, s'est plus souvent aussi à représenter de cette manière aux yeux l'idée du ciel ouvert, c'est-à-dire, de cette demeure mystique des bienheureux, où paroissent rangés selon la hiérarchie céleste tous les personnages que la croyance religieuse y place. Ce genre de représentation appartient surtout à la peinture décorative, & c'est là ce qu'on appelle proprement *une gloire*, dans le langage de la décoration des églises.

La sculpture a cependant voulu imiter en ce genre la peinture, & l'on donne effectivement encore le nom de *gloire* à certaines représentations de rayons dorés & en relief, entre-coupés par des nuages de relief aussi, & quelques groupes d'anges ou de têtes ailées. Ces décorations se placent le plus souvent, ou au-dessus des maîtres-autels, ou aux chapelles qui occupent le chevet des églises.

Il suffit de définir ces sortes de *gloirs* en sculpture, pour faire comprendre, même indépendamment des exemples que tout le monde en connoit, combien de pareilles compositions, qui d'ailleurs ont besoin du mélange de la couleur avec le relief, sont peu compatibles avec le style d'une architecture simple & des ordres réguliers.

On ne peut nier cependant que, dans quelques vastes églises, l'idée & l'invention de ces *gloires* ne puisse trouver grâce aux yeux d'un goût sévère, surtout si les moyens employés pour produire une sorte d'imitation des effets du ciel dans la nature, n'offrent pas trop de contradiction avec l'espèce d'illusion qu'on se propose d'opérer. Or, un des moyens les plus favorables à cette illusion est l'emploi des verres colorés & éclairés par le jour naturel, qui frappe la face postérieure de cette espèce de toile transparente.

Peut-être l'ouvrage le plus considérable & le mieux entendu en ce genre, est celui de l'église de Saint-Pierre à Rome, & qui se combine au chevet du temple avec la composition de la chaire de bronze soutenue par les quatre Pères de l'Église. La *gloire* qui sort du Saint-Esprit & qui l'environne, composée de métal, de verre, d'or, & de peinture, se confond naturellement avec le cristal & les couleurs de la vitre, & semble embrasser & illuminer toute la composition à laquelle elle sert de fond.

GNOMON, s. m., est le nom que les Anciens donnoient à ce que nous appelons *cadran solaire*. (Voyez CADRAN.) Les *gnomons* se plaçoient sur des espèces de cippes, ou sur des *styles* surmontés d'un globe. On en voit plusieurs de cette sorte dans des bas-reliefs antiques. L'obélisque horaire d'Auguste, au Champ-de-Mars, étoit un *gnomon*.

GNOMONIQUE, s. f., se dit de la science de tracer les cadrans solaires. Cette science, selon Vitruve, *liv. I*, chap. 3, étoit une des parties de l'architecture, & cet écrivain en a traité fort au long dans son neuvième livre.

Le mot *gnomonique* se prend quelquefois adjectivement. Ainsi l'on dit une colonne gnomonique, en parlant des styles sur lesquels les Anciens avoient coutume d'établir leurs cadrans.

GOBETER, v. act. C'est, avec la truelle, jeter du plâtre & passer la main dessus, pour le faire entrer dans les joints & intervalles de la maçonnerie des murs qu'on fait en moellons ou en plâtras.

GODRONS, s. m. pl. Terme d'ornement dans l'orfévrerie & aussi dans l'architecture.

Godrons se dit en parlant de certaines façons qu'on fait aux bords de la vaisselle d'argent, & aux ouvrages de menuiserie & de sculpture.

On appelle ainsi, dans l'ornement, certaines formes d'amandes taillées en demi-cœur sur une moulure. Il y en a de creusées comme le dedans d'un noyau, & qu'on fleuronne de diverses façons.

Elles sont souvent séparées par une feuille ou par un dard.

GODRONNER. C'est faire des *godrons*. On dit une vaisselle *godronnée*.

GOND, s. m. Morceau de fer ordinairement coudé, & rond par la partie supérieure. Sur celle-ci tournent les pentures de la porte; l'autre partie, qui est la pointe, entre dans la feuillure de la porte, ou est scellée dans le mur. On fait les *gonds* de différentes manières, selon la nature des portes, & selon qu'elles s'ouvrent d'un côté ou d'un autre. Il y a des *gonds*, comme ceux des portes cochères, qui entrent dans le seuil même de la porte.

On croit que le mot *gond* vient de *gomphose*, terme d'ostéologie, & qui exprime cette sorte d'articulation immobile par laquelle les os sont emboîtés l'un dans l'autre, comme un clou & une cheville dans un trou. Telle est l'insertion des dents dans les mâchoires.

GONDER, v. act. Mettre des gonds à une porte.

GORGE, s. f. Espèce de moulure concave, plus large & moins profonde que la scotie. On l'emploie volontiers dans les cadres, parce qu'elle donne de la profondeur, ou du moins l'apparence de la profondeur à la bordure. Elle s'applique à beaucoup de parties des profils en architecture.

On donne aussi le nom de *gorge* à une cymaise, & on appelle *gorge de placard*, cette petite frise qui, au-dessus d'une porte de placard, est entre le chambranle & la corniche.

GORGE DE CHEMINÉE. On appelle ainsi, dans l'ancienne manière de pratiquer les cheminées, cette partie qui est depuis le chambranle jusque sous le couronnement. Il y en a de droites ou à-plomb. D'autres sont en adoucissement, en congé, en balustre & en campane ou cloche.

GORGERIN, s. m. C'est, dans le chapiteau dorique, ce petit espace en manière de frise, qui est entre l'astragale de la colonne & les annelets qui se trouvent sous l'échine. Il y a quelques architectes qui appellent aussi cette partie du nom de *collarin*. On y sculpte quelquefois des ornemens légers comme des rosaces. Dans l'ancien dorique, ou dorique grec, on voit une sorte de *gorgerin* marqué par trois rangs de listels ou traits en creux, comme au grand temple de Pæstum. Le petit temple de cette ville offre un *collarin* d'une espèce particulière. Il est renfoncé en creux, & ce creux, fait en doucine, reçoit des cannelures qui n'ont rien de commun avec celles de la colonne, & qui en sont séparées par deux listels. Il fait l'effet d'un piédouche qui, contourné en creux, sert de support à une coupe.

GOTHIQUE (Architecture). L'architecture à laquelle on donne ce nom, a eu un règne si long & si étendu, le nombre & la grandeur des monumens dont elle a couvert toute l'Europe, & qui promettent de subsister encore long-temps au milieu de nos villes, tiennent une telle place dans l'histoire de l'esprit humain, qu'on devroit, ce semble, trouver à recueillir dans un grand nombre d'écrits, les matériaux propres à faire connoître l'origine de ce goût, soit qu'on la fixe à une certaine époque, soit qu'on l'attribue à un certain peuple, ou à une contrée particulière du monde. Cependant la suite & le résultat des notions générales que nous allons présenter sur l'architecture appelée *gothique*, montrera pourquoi l'on trouve extrêmement peu de documens sur l'origine de ce goût : & pour en dire ici deux mots, il paroît fort simple qu'on ait peu d'écrits sur ce sujet, puisque, dans le temps où ce goût de bâtir fut en vogue, on n'écrivoit point, & que depuis qu'on écrit sur les arts & les inventions de l'architecture, le goût dont on parle est tombé dans un discrédit absolu, & que, s'il a encore des admirateurs, il a cessé depuis trois ou quatre siècles d'avoir des imitateurs. La révolution opérée par le renouvellement des arts & des sciences au quinzième siècle, s'est faite en tout contre le goût appelé *gothique* ; & alors on s'intéressa trop peu à l'architecture qu'on s'étudioit à faire abandonner & oublier, pour qu'on prît la peine d'en rechercher les causes originaires. Lorsqu'ensuite l'esprit de critique & de recherches s'étendant à tout, on essaya de le porter sur les monumens d'un art vieilli & d'un genre délaissé, on se trouva si loin des causes & des raisons qui auroient pu expliquer cette singulière manière de bâtir, que les écrivains ne trouvèrent plus de sources certaines où puiser les élémens de cette explication. Ainsi l'origine de l'architecture *gothique* est restée un problème, & peut-être ce qu'il y a de plus raisonnable à faire en ce genre, c'est de montrer pourquoi elle est & restera toujours problématique.

C'est à quoi aboutira très-probablement cet article, dans lequel on va traiter, 1°. du nom de cette architecture ; 2°. des causes générales qui peuvent rendre compte de son origine ; 3°. de son caractère distinctif & caractéristique ; 4°. du genre de sa construction ; 5°. de son goût de décoration.

Du nom donné à l'architecture gothique.

Le nom donné à l'*architecture gothique* est déjà le premier objet de doute & de contestation qui s'offre à nous en cette matière, & c'est une des particularités qui accompagnent ce goût de bâtir, jusque dans le compte qu'on veut en rendre, qu'il faille d'abord s'occuper de son nom, prouver que celui qu'on lui a donné jusqu'à ce jour n'est fondé sur aucune raison plausible.

Et en effet, il faudroit qu'il fût probable que le peuple appelé *Goth* eût créé un genre de bâtir dans son propre pays, genre qu'il auroit transporté avec lui dans ses migrations conquérantes, ou bien qu'il l'eût formé au milieu des peuples conquis par lui, peuples qui possédèrent un si grand nombre d'ouvrages & de monumens d'une toute autre architecture. Quant à la première hypothèse, il a déjà été observé que si la nation des Goths, qui est aujourd'hui, à proprement parler, la Suède, avoit eu un goût de bâtir tellement indigène qu'elle l'eût transplanté ailleurs, quelques traces en seroient restées dans les plus anciens monumens de ce pays. Or, il a été vérifié que l'on ne découvre en Suède aucun exemple de l'arc ogive, caractère par lequel on prétend aujourd'hui distinguer le goût de l'architecture *gothique* ; & il faut bien avouer que si une pareille forme eût été & eût pu être l'invention d'un peuple en particulier, il s'en feroit conservé chez lui des exemples d'une plus ou moins grande antiquité. Par quel singulier hasard se trouve-t-il que le prétendu inventeur d'un prétendu type de construction, n'ait aucun témoin qui dépose de cette pratique dans ses ouvrages ?

S'il y a ensuite quelque chose qui répugne à toutes les vraisemblances, c'est d'abord que le peuple goth ait pu être, hors de chez lui, l'inventeur & le propagateur d'un genre de bâtir qui auroit remplacé celui des Romains dans toutes les contrées de l'Europe où l'empire & les arts de ceux-ci s'étoient étendus ; c'est ensuite qu'on puisse aujourd'hui trouver des preuves de cette sorte de conquête faite par une horde de barbares dont on a même beaucoup de peine à connoître l'histoire.

On peut toujours, après des siècles, retrouver le cours d'un grand fleuve dont la marche paisible a laissé des vestiges de son passage dans les pays qu'il a fertilisés. Mais comment se flatter de reconnoître les traces d'un torrent qui, dans sa course irrégulière, détruit les routes mêmes qu'il s'étoit frayées. Comment, avec des indications superficielles, espérer de remonter à une source qui n'existe peut-être point, ou n'est elle-même qu'une réunion d'autres torrens aussi divers que passagers ?

C'est là l'image fidèle de la puissance des Goths, ainsi que de cette célébrité de quelques momens, célébrité qu'ils ont due plutôt à la foiblesse de leurs ennemis qu'à leur propre force, plutôt à l'esprit de destruction qu'au génie créateur.

Sur quoi pouvoir établir un point aussi important que l'invention d'un genre & d'un mode d'architecture, chez un peuple dont l'origine même est un objet de doute, qui n'eut jamais d'annales, dont l'empire n'eut pas un siège certain & connu ? Comment pouvoir lui attribuer la découverte d'un art ou d'une forme quelconque d'art de bâtir, quand on ignore non-seulement s'il eut des arts & quel en fut l'état, avant que l'appât des richesses méridionales eût poussé ses habitans hors de leurs tanières glacées, mais encore ce qu'ils étoient avant ces fameuses irruptions qui les ont portés sur le théâtre du Monde & de la guerre.

Aucune histoire, en effet, ne nous fait voir ce peuple comme sédentaire & vivant sous ses propres loix. Ce n'est au contraire qu'à mille lieues de leur patrie qu'il nous est donné de voir réunies sous les drapeaux du pillage ces peuplades errantes ; ce n'est que sur les débris de l'Empire romain que nous les voyons rassemblées en forme de nation, à peu près comme ces oiseaux carnassiers que l'appât de quelque proie appelle de toutes parts. Ainsi les Goths s'élancent à plusieurs reprises sur l'Italie, & le signal seul du carnage, en les rapprochant, leur donne dans l'histoire la consistance d'une nation.

Il est de fait qu'ils n'eurent d'établissement fixe en Italie que plus de deux cents ans après qu'ils eurent paru pour la première fois sous Marc-Aurèle. Depuis cette première époque jusqu'à Théodoric, le premier des rois goths qui ait donné des lois à l'Italie, sans avoir les armes à la main, qu'étoient les Goths, & quelle figure faisoient-ils en Europe? Celle qu'y avoient faite avant eux les Daces, les Quades, les Marcomans, &c. ; celle qu'y faisoient en même temps, & de concert avec eux, les Huns, les Vandales, les Gépides, &c. Les Goths consistoient alors dans une armée avide de pillage, errant au gré de son chef, fondant tantôt sur une province, tantôt sur une autre, aujourd'hui dans les gorges des Alpes, demain aux portes de Rome, détruisant les villes qui lui résistoient, s'établissant jusqu'à nouvel ordre dans celles qui les recevoient, employant son repos à forger des armes, & ne pensant à construire ni maisons ni monumens.

On la voit revenir pour la dernière fois du fond de la Thrace, conduite par Théodoric. Celui-ci partage d'abord avec un rival, & occupe bientôt seul les Etats du dernier empereur d'Occident. Il se fixe à Ravenne, y établit le siége de son Empire, disperse ses soldats dans l'Italie, & d'une multitude de barbares de différens noms, il se forme un peuple qui porte celui de Goth. Théodoric a quelques successeurs moins tranquilles & moins heureux que lui. Toujours en guerre contre les empereurs d'Orient, ils succombent enfin, abandonnent sans retour l'Italie, vont rejoindre avec leurs sujets, ceux des mêmes nations qui s'étoient déjà établis en France & en Espagne, & dès le commencement du huitième siècle, il n'y a plus dans ces contrées de l'Europe le moindre royaume des Goths.

Dans ce court exposé on voit clairement que, si l'on ne peut attribuer une invention d'architecture, ou d'un genre de bâtir aussi varié, aussi compliqué dans ses élémens, aussi difficile par la multiplicité de ses formes, à des hommes qui ne dûrent guère connoître chez eux que les plus simples besoins de l'art de bâtir, il est encore moins probable que cette architecture ait eu pour inventeurs, en Italie, des hommes qu'on ne sauroit supposer avoir eu chez eux les connoissances qu'exige la pratique de cet art. A quelque point qu'on veuille faire descendre le goût de l'architecture appelée *gothique*, & à moins qu'on n'en réduise la pratique à l'élévation de simples murailles, certes elle demanda plus de combinaisons, que n'avoient le temps d'en faire des peuples souvent errans, & presque toujours armés contre leurs voisins.

Pour qu'on pût admettre l'introduction d'un genre ou d'un art de bâtir des Goths en Italie, il faudroit pouvoir admettre, ce qui ne peut être prouvé, savoir, que le peuple conquérant avoit amené avec lui des artistes & des architectes, & que le peuple conquis manquât des uns & des autres. Il faudroit pouvoir admettre que le peuple goth eût aspiré à l'honneur de perpétuer le souvenir de sa conquête par des monumens. Mais dans ce cas on se demande s'il n'eût pas imité le goût d'architecture régnant dans le pays qu'il parcouroit, plutôt que d'avoir inventé celui qui porte son nom. Est-ce le propre d'un conquérant avide de butin & de pillage, d'abattre des monumens pour en élever de nouveaux? Conçoit-on que ses armées toujours errantes, toujours repoussées, tantôt victorieuses & tantôt dispersées, auroient eu les moyens & le loisir de construire des édifices dans les villes, où elles ne séjournoient souvent que le temps nécessaire pour lever des contributions & recevoir le prix qu'elles mettoient à leur retraite? Est-ce, au milieu du tumulte des armes & des terreurs de la fuite, est-ce dans la rapidité des marches & dans le séjour des camps, qu'un art, quel qu'il soit, peut naître & faire des progrès? Ce seroit bien peu consulter la marche du génie de l'homme dans tous ses ouvrages; que de supposer qu'une invention, ou un changement de goût en quoi que ce soit, puisse être le fruit de circonstances subites ou instantanées; & l'architecture est un art, plus qu'aucun autre, soumis dans ses vicissitudes, ou les nouveaux développemens qui en modifient les formes & le système, à des causes lentes & insensibles, à un cours souvent invisible d'agens & d'instrumens multipliés. Il veut surtout un état de stabilité dans le peuple, & de permanence dans les villes qu'il habite.

On sait que les Arabes & les Sarrasins portèrent leur goût de bâtir dans la Sicile & dans l'Espagne. Mais peut-on faire la moindre comparaison entre des peuples qui avoient des institutions déjà anciennes, qui cultivoient toutes les sciences & pratiquoient en grand nombre d'arts, avec les hordes du Nord dont on parle? La domination des Arabes dans les parties méridionales de l'Europe s'y étendit par des progrès successifs; elle s'y établit, s'y consolida, & s'y perpétua pendant une durée de sept & huit siècles. Ils eurent le temps de s'y livrer à tous les plaisirs du luxe & de la paix; ils y élevèrent virent d'immenses édifices, où le goût originaire de l'Orient est si sensible, que personne ne peut s'y méprendre; & l'on en reconnoîtroit les auteurs, quand même l'histoire n'eût pas écrit leurs noms sur leurs monumens.

Mais connoît-on en Italie, en France, en Espagne, un édifice, un seul temple appelé *gothique* qui date du temps où les Goths habitoient encore ces contrées, c'est-à-dire, de l'époque du septième siècle, ou du siècle précédent? Pour pouvoir leur faire honneur du genre d'art dont on leur attribue l'invention, il seroit nécessaire qu'il existât quelque grand monument bâti par eux, & dont l'érection remontât aux temps de leur domination dans les pays qu'on a nommés. Mais la date de tous ceux qu'on connoît, & qui portent les vrais caractères de ce qu'on appelle *le gothique*, est postérieure même au dixième siècle.

D'où vient donc la dénomination de *gothique* donnée aujourd'hui généralement dans toute l'Europe, au genre d'architecture en question? Maffei disoit en 1732: c'est une opinion née de notre orgueil. *Nacque tal opinione della superbia nostra.* Veron. Illustr. tom. III, chap. 4. Et à peu près au même temps, Muratori écrivoit: *donner le nom de gothique à l'architecture qui manque de beauté & de proportions, c'est une opinion vaine & sans fondement.* La suite nous fera mieux connoître ce qui est cause qu'on donna le nom d'un peuple, qui ne l'avoit certainement pas inventé, à un genre d'architecture qui, comme nous le verrons, n'a point ou d'inventeur. C'est dans des cas semblables que l'on voit sur plus d'un autre objet, les diverses nations appeler de leurs noms respectifs, ce qu'aucune d'entr'elles n'avoit le droit d'appeler d'un nom fixe. Rien ne prouve mieux le manque d'inventeur ou d'auteur que cette multiplicité d'appellations.

Vasari, lorsqu'il écrivit son *Histoire des artistes*, trouva établie la dénomination de *gothique*, pour désigner des ouvrages qui très-certainement n'avoient été faits que bien des siècles après la possession de l'Italie par les Goths, c'est-à-dire, depuis le 7°. jusqu'au 15°. siècle. Le même écrivain donne aussi souvent à ce genre d'architecture le nom de *tudesque* ou *allemande*, soit parce que les formes aiguës qu'elle emploie dans les voûtes & les toitures sont spécialement propres aux contrées germaniques, soit parce que les édifices qu'on trouve en Italie avoir été les premiers construits dans ce style, le furent au temps où ce pays étoit gouverné par des empereurs allemands, les Othon, les Frédéric, &c. A Naples & en Sicile on l'appelle *structure française* ou *normande*, parce que l'on a cru qu'elle y avoit été introduite par les Normands & par les princes de la maison d'Anjou, à peu près vers la même époque: & c'est ainsi qu'on va souvent puiser la dénomination de certaines choses, dans des circonstances ou dans des faits qui n'y ont pas de rapport. En

Diction. d'Archit. Tome II.

France on a donné au genre d'architecture en question le nom de *gothique* & aussi le nom d'*architecture moderne.* On a en effet distingué deux sortes de *gothique*; & il paroit que dans les derniers temps de la durée de ce goût, il s'y introduisit, par l'effet de l'architecture mauresque, dont les croisades & l'Espagne répandirent l'imitation, un style plus léger dans la construction, plus hardi dans les formes, plus capricieux dans les ornemens; ce qui fit qu'on lui donna même le nom d'*architecture arabe*.

Dans une multitude d'objets d'art, d'usages, d'institutions & de pratiques relatives, soit aux besoins, soit aux plaisirs de la société, il y a aussi des dénominations fausses, imposées à ces objets par des causes inaperçues, qui ne peuvent plus être vérifiées. Fort souvent ces noms ne sont que des sobriquets qui se perpétuent par les raisons d'estime ou de mépris qui les firent naître. L'âge où les Goths occupèrent l'Italie fut un âge de dégradation & de dépérissement de tous les arts. Si depuis on leur attribua cet effet, cela ne prouve point qu'ils aient été les auteurs des monumens où la décadence du bon goût se fit remarquer. Mais comme ils donnèrent, sans aucun doute, leur nom à cette période de décadence, les ouvrages faits dans ce laps de temps auront été appelés du même nom, & ce nom sera devenu, dans beaucoup d'autres genres, celui par lequel on aura désigné toute œuvre marquée du coin de l'ignorance des anciens principes. C'est ainsi qu'on a, par exemple, nommé *gothiques* les caractères d'écriture qui s'étoient éloignés de l'ancienne simplicité de l'écriture romaine, & dans des temps fort éloignés de celui des Goths en Italie. C'est ainsi qu'encore aujourd'hui, par la force d'un long usage, le mot *gothique* exprime tout ce qui, dans les arts & dans les mœurs, rappelle les siècles d'ignorance.

Il n'y a donc plus moyen de donner un autre nom à l'architecture qu'on est convenu d'appeler *gothique*. Il suffit d'avoir prouvé que ce nom n'est d'aucun poids dans l'examen des causes qui peuvent nous révéler son origine.

Des causes générales qui peuvent rendre compte de l'origine de l'architecture gothique.

Nous avons eu déjà occasion de dire que, lorsqu'on désigne par le nom d'*architecture* l'art de bâtir chez les différens peuples anciens ou modernes, comme lorsqu'on dit architecture *égyptienne, perse, grecque, romaine, gothique, mauresque, française, italienne, &c.*, on n'attribue pas toujours, par cette désignation, la même idée ni la même valeur de signification au mot architecture. En effet, une même espèce d'architecture peut prendre le nom de différens peuples, sans que cela indique une différence d'origine, de système & de caractère dans l'art de ces peuples. Il suffit de certaines variétés dans l'emploi des mêmes types, pour autoriser cette manière de particulariser, par la dénomination de chaque peuple, l'architecture qui leur est commune, comme lorsqu'on dit *peinture flamande, italienne, &c.* Alors, & sous ce point de vue, les différentes architectures dont on parle, ne sont que comme les dialectes d'une même langue. On peut donc ajouter au mot architecture le nom d'un peuple, sans que cela veuille dire que ce peuple en ait été l'inventeur, que cette architecture ait pris son origine chez lui, & y soit née des causes premières, des principes originaux que la nature, le climat & les mœurs y auroient développés.

Mais il y a dans l'emploi qu'on fait du mot architecture, associé au nom de telle ou telle nation, un sens plus important & plus étendu; c'est celui qui signifie architecture originale, née dans tel ou tel pays, ayant ses principes à part, sa forme spéciale, son système propre, & un caractère dépendant des causes premières, c'est-à-dire, des besoins, des convenances & de l'instinct propre à tel ou tel pays; de telle sorte que les besoins aient donné le genre de construction, que les convenances aient fixé sa disposition, que l'instinct (ou l'esprit qui tient au climat ou aux institutions) ait établi le goût d'ornement de cette architecture.

Il n'y a, dans la vérité, d'architectures vraiment distinctes entr'elles, que celles dont les monumens forcent d'avouer que des causes différentes, des rapports distincts, un esprit particulier ont fait naître à l'aide du temps, en certains pays, un système de bâtir, d'ordonner & de décorer, résultant des principes donnés par la nature des choses.

Il faut, pour attribuer à une architecture ce caractère d'originalité, que les causes naturelles, l'histoire & les monumens eux-mêmes nous découvrent son origine, nous la fassent voir naissant, se développant & se perpétuant dans un pays, nous montrent comment & pourquoi elle fut forcée d'être ainsi, nous révèlent enfin cette grande raison de la nécessité, qui oblige l'art de bâtir de se ployer à l'instinct des hommes, aux lois de la société établie, au besoin du climat & des mœurs.

Si, d'après cette théorie, on veut se rendre compte de l'origine de l'architecture *gothique*, la question qu'il convient de faire est celle-ci:

L'architecture qu'on appelle *gothique*, bien qu'elle ait une physionomie qui la distingue, d'une manière assurément bien tranchante, des architectures réputées originales, est-elle originale elle-même, c'est-à-dire, est-elle née, s'est-elle formée dans un pays donné, de certaines causes naturelles dépendantes de l'instinct des habitans de ce pays, des besoins de son climat, des mœurs & des institutions qui y étoient établies?

Pour répondre à cette question, il faut embrasser dans tout son ensemble ce que l'on doit comprendre sous ces mots *une architecture*, c'est-à-dire, système qui renferme une forme caractéristique dans les membres principaux dont se composent les édifices, un mode de construction donné & prescrit par le besoin local, un goût d'orner qui dépende du génie spécial, des mœurs & des institutions d'un peuple.

Or, c'est ce que n'ont jamais réuni sous un point de vue systématique, ceux qui, jusqu'à présent, ont cherché à donner une origine distincte à l'architecture *gothique*, & qui ont tenté de l'expliquer par les causes naturelles. Et d'abord nous voyons que la plupart d'entr'eux, prévenus par le mot *gothique*, que ce mode de bâtir étoit originaire du Nord, ont prétendu expliquer, par la nature des climats septentrionaux, tout ce que cette architecture semble offrir de conforme à ces climats. Ainsi a-t-on trouvé, que le goût des grandes fenêtres & des ouvertures multipliées des églises *gothiques*, avoit dû être inspiré par l'obscurité des pays du Nord, privés pendant leurs longs hivers des rayons du soleil, sans penser que si les églises *gothiques*, ont de grandes ouvertures, les palais *gothiques* n'ont que de très-petites fenêtres; sans penser que les peintures des vitraux ne semblent avoir été introduites dans les églises, que pour y produire ce qu'on appelle une obscurité religieuse; sans penser que, selon Christophe Wreen, dans les édifices anglais antérieurs à l'époque de l'arrivée des Normands, les fenêtres étoient très-étroites & garnies de barreaux; sans penser que la grandeur des fenêtres se trouve aux vaisseaux *gothiques* du Midi comme à ceux du Nord.

Quelques-uns, frappés de cette sorte d'horreur sainte & religieuse qu'inspire au spectateur l'aspect de ces longues voûtes & de ces vitraux mystérieusement obscurs, ont comparé l'effet de cette impression à celui que produisent de hautes & épaisses forêts, & de cette analogie purement sentimentale, ils ont prétendu tirer on ne sait quelle espèce d'imitation, empruntée de la terreur majestueuse des forêts, comme si les premiers qui construisirent dans le midi de l'Europe des édifices *gothiques*, avoient pu se proposer d'imiter les forêts qui servirent de temples aux Druides, & comme si ces forêts, & le souvenir de cet ancien culte, avoient dû encore inspirer les architectes qui ont bâti les églises en question, depuis le 12°. jusqu'au 15°. siècle.

D'autres, ou répétant ce qu'a dit Warburton, ou s'étant rencontrés avec lui, ont imaginé dans l'architecture *gothique* un système d'imitation tout aussi fantastique. De ce que les intérieurs des églises *gothiques* des 12°. & 13°. siècles, dans leurs voûtes croisées & surhaussées, présentent en saillie les nombreuses nervures de leurs constructions, ce qui forme comme une sorte d'entrelacement de tores prolongés, & produit une idée de ressemblance avec les branches des arbres qui, dans une allée de jardin, par exemple, s'entre-croisent & s'enlacent entr'elles; ils se sont figuré que les architectes *gothiques* s'étoient proposé, dans leurs intérieurs d'église, une aussi puérile singerie. Prenant ici l'effet pour la cause, ils ont prétendu qu'on avoit ainsi croisé les voûtes & les chaînes de pierre, pour imiter des branches d'arbre, comme si une analogie, résultat sortant d'une combinaison de l'art de bâtir, avoit jamais pu en être le principe. De tous temps & dans toutes les architectures, il s'est trouvé des ressemblances avec des objets qui ne leur servirent jamais de modèles. Et c'est tout aussi vainement que Vitruve donne pour origine des cannelures, les plis perpendiculaires des étoffes des femmes, parce que ces plis ressemblent à des cannelures ; autant vaudroit dire que les femmes ont fait ainsi tomber les plis de leurs *stolæ* pour ressembler à des colonnes. Combien une telle origine de l'architecture *gothique* seroit insuffisante, quand elle ne seroit pas insoutenable, puisqu'en définitif cette explication n'expliqueroit que les croisemens des arêtes des voûtes dans des intérieurs de nefs, & que cela ne sauroit constituer l'essence de cette architecture.

Par cela qu'on est d'accord sur certaines architectures, qu'elles ont dû à un certain genre de construction primitive, & aux habitudes des demeures suggérées par le besoin dans l'enfance des sociétés, une sorte de modèle ou de type que perfectionna l'imitation des âges suivans, on a prétendu que de même l'architecture *gothique* devoit avoir eu dans la nature son modèle & le type de son imitation.

Il manque d'abord à cette prétention une conformité de faits & de positions, & ce seul manque de conformité détruit toute vraisemblance & toute possibilité de l'imitation qu'on cherche à établir.

Premièrement, pour ce qui regarde l'imitation que l'architecture grecque a faite de ce qu'on appelle la *cabane*, ou la bâtisse en bois des primitives demeures, ceci n'est pas une hypothèse ; c'est un fait incontestable, écrit sur toutes les parties de cette architecture ; mais ce genre d'imitation n'a aucun rapport avec celui des forêts & des arbres entrelacés dans l'architecture *gothique*. Comme on l'a répété bien des fois, l'architecture grecque n'imita ni des arbres ni des allées d'arbres, elle imita des poutres & des solives travaillées, façonnées, combinées & taillées par l'art de la charpente ; & pour mieux dire, elle en imita les combinaisons, le système & les raisons. Elle se modela sur un ouvrage de l'art donné par les causes naturelles des besoins préexistans. Il y a loin de cela à cette imitation vague des effets d'une forêt. Quand on élève beaucoup de colonnes sur un plan qui en comporte l'emploi, on dit que c'est une forêt de colonnes ; mais de ce que cela rappelle l'idée d'une forêt, s'ensuit-il qu'une forêt ait suggéré cette disposition, & que l'art ou l'artiste aient été dirigés par la prétention à une telle ressemblance ?

Secondement, lorsque nous avons trouvé, soit en Grèce une imitation de la cabane ou de la charpente par l'architecture, soit en Égypte une imitation des carrières ou des souterrains, comment avons-nous vu qu'une semblable imitation aura pu se former & se développer ? Il nous a semblé que la nature du sol, du climat, des besoins, avoient, dès les plus anciens temps, préparé dans ces pays les voies à cette sorte d'imitation, qu'une longue habitude en avoit élaboré les élémens, & l'avoit identifiée avec tous les besoins & toutes les convenances du peuple ; en sorte que le fait de cette espèce d'imitation, prouvé déjà par les monumens, se trouve encore confirmé par l'histoire du pays même, par le concours de toutes les causes qui durent agir pendant des siècles, pour former l'architecture de ces peuples, & lui imprimer le caractère imitatif qu'on y remarque.

Mais si l'architecture *gothique* n'est point née dans le Nord, s'il n'existe aucun monument d'art ou d'histoire, qui puisse nous en montrer l'existence dans les pays d'où son nom la feroit présumer originaire ; si les peuples septentrionaux, quels qu'ils aient été, qui envahirent l'Italie, ne sauroient être considérés comme assez avancés dans la civilisation & les arts, pour avoir apporté avec eux un goût de bâtir & un art tout formés ; si tout ce qu'on peut prétendre, sans qu'on puisse même le prouver, se réduit à croire que ces barbares conquérans auroient donné naissance, en Italie, au genre d'architecture appelé *gothique*, que résulteroit-il de-là ? Que cette architecture seroit née sur un sol qui n'auroit pu lui donner naissance, qu'elle ne se seroit point formée par les causes naturelles qu'on lui suppose, & que le genre d'imitation en question n'auroit pu avoir lieu, parce que les causes actives ou le principe d'une telle imitation n'existoient pas dans le pays & dans le temps où on voit qu'elle a été produite.

Ainsi, nulle parité dans les faits, dans les élémens, dans les causes d'où l'on peut déduire le principe d'imitation qu'on a cherché à donner à l'architecture *gothique*.

Quelques-uns, préoccupés de l'idée que toute architecture doit avoir trouvé dans la nature un type d'imitation, & prenant beaucoup trop au positif, & le sens du mot nature, & celui de l'imitation dont il peut être question dans le système d'une architecture, ont cru voir dans les réunions ou faisceaux de colonnes des piliers *gothiques* ; l'imitation de groupes d'arbres ou de piliers empruntés aux arbres, & qui auroient été le modèle de ces sortes de réunion.

On ne veut pas nier que de telles ressemblances n'aient été dues quelquefois à des modèles positifs ; mais, on le répète, ces sortes d'imitations, pour être rendues vraisemblables, ont besoin d'être confirmées par la connoissance certaine d'un état de société très-ancien, où les arts à peine développés devoient s'aider des ressources que les besoins naturels leur suggéroient. Ainsi, comme on a pu imiter en colonne de pierre la poutre de bois, on auroit pu imiter de la même façon des réunions de poutres, là où la nature, dans les constructions primitives de l'enfance de l'art, n'auroit offert que des troncs d'arbre d'un très-petit diamètre. Nous voyons par exemple en Egypte (*voyez* ARCHITECTURE ÉGYPTIENNE) ce que nous avons appelé des colonnes en faisceau; & quoique dans ce pays les colonnes nous aient paru avoir eu pour modèle primitif les supports des carrières, cependant comme on ne sauroit exclure d'autres sortes d'inspirations, dans cette application des objets naturels à l'architecture, il nous a semblé que la nature, qui, dans ce pays, offre peu de bois, avoit pu donner l'idée de faire un support solide d'un assemblage de roseaux ou de troncs de palmier, & que l'architecture auroit profité de ce motif dans l'ornement de ses colonnes. Mais d'abord ces tiges réunies se rassemblent sous un chapiteau unique, & ensuite nous pouvons supposer qu'un semblable modèle aura été un résultat de causes naturelles.

Comment supposer, au contraire, de telles origines à une architecture qu'on dit née dans un pays où des milliers de colonnes avoient été déjà façonnées par dix siècles d'art & de civilisation? Comment se figurer un art naissant, & toutefois entouré non-seulement de toutes les inventions du génie, de tous les perfectionnemens de l'industrie, mais même de tous les abus qu'un long exercice amène dans les ouvrages humains? Comment placer le berceau d'un art au milieu des corruptions & des ruines d'un goût déjà dégradé? Au temps où le *gothique* a pris naissance, pouvoit-il y avoir lieu à l'action de ces causes lentes & spontanées, qui font sortir les arts du germe second des besoins naturels, & fondent sur les habitudes un art de bâtir original? Si, comme l'attestent l'époque & le lieu où commença à se développer le goût *gothique*, les seules causes qui purent le faire naître, auroit été les abus introduits & la confusion existante alors, il faudroit reconnoître qu'il n'auroit été qu'un produit nouveau, si l'on veut, de la corruption de tout ce qui étoit ancien. S'il est né dans le temps & dans le pays qu'on lui assigne, il n'a pu naître qu'au milieu de la dégradation; & le principe de son origine aura été un principe de vice, de désordre & de confusion.

Certes alors il seroit bien superflu de chercher dans les inspirations de la nature & dans la direction d'un instinct novice & docile, la route qui a pu conduire l'art à se façonner sur un modèle d'habitations primitives qui ne purent exister, à se régler sur des types de construction élémentaire qui ne peuvent appartenir qu'à l'enfance des sociétés. Le *gothique* seroit né non dans l'enfance, mais dans la décrépitude de l'état social. Or, telle est l'époque qu'il faut lui assigner d'après l'histoire & les monumens.

Il en est qui, au lieu d'embrasser l'ensemble de l'architecture *gothique*, mais se bornant à la voir sous quelques-uns des caractères apparens de sa construction, & toujours préoccupés du dessein de lui trouver un type original, s'imaginent l'avoir découvert dans un modèle de bois, différent à la vérité de celui de l'architecture grecque. Selon ce modèle, qu'ils créent d'après les édifices existans, l'art *gothique* auroit copié une espèce de fabrique supportée par une réunion de bâtons ou d'écoperches inclinés les uns vers les autres, & dont la réunion vers leur sommet auroit été le principe des arcs aigus du *gothique*: des différentes intersections de ces bâtons, seroient résultées les variétés des diverses formes des voûtes, &c.

C'est toujours par suite d'une vaine comparaison avec l'origine de l'architecture grecque, qu'on s'est étudié à fabriquer à l'art *gothique* un modèle préexistant; mais un semblable modèle ne peut être donné à une architecture que dans l'enfance d'une société, & il faut montrer, non qu'il a pu exister, mais qu'il a réellement existé, pour qu'on y croie. Faute d'avoir fait cette observation, on est tombé dans toute sorte de visions. Qu'on nous dise donc en effet quand & où les modèles de bâtisse qu'on suppose, ont existé & ont été mis en œuvre. Si on va les chercher dans le Nord, le fait est inconnu & impossible à connoître. Si on les place dans les pays du Midi occupés par les Goths, tout dément l'existence d'un tel modèle; il ne put jamais exister. Jamais, dans les pays & dans les siècles où on rêveroit l'existence, la vie sociale ne rétrograda au point, de placer l'art de bâtir dans la nécessité de se former sur des élémens qui appartiennent à l'inexpérience de l'industrie.

Que si l'on prétend que ce modèle n'exista point réellement, qu'il fut (comme il peut l'être encore, dans l'imagination de ceux qui le mettent aujourd'hui en avant) une fiction de l'art, une invention de l'esprit, un jeu des artistes qui, fatigués de l'ancienne architecture, auroient imaginé de se donner un modèle en l'air, pour en faire l'objet d'une imitation plus ou moins positive; nous répondrons à cela, que ce n'est pas ainsi qu'on invente: qu'une invention de ce genre, & telle qu'on la suppose, c'est-à-dire, qui n'auroit eu aucune racine dans les causes physiques & morales, auroit pu tout au plus exercer les loisirs de quelque cerveau creux, mais n'auroit jamais eu la vertu de se perpétuer dans de grands monumens & de devenir un goût universel: que d'ailleurs il est difficile d'admettre qu'aux temps de cette prétendue invention, les artistes aient été capables de ces sortes de spéculation, nées de l'exercice de la théorie, du parallèle de toutes les architectures & d'une sorte d'érudition systématique, fort étrangère au temps d'ignorance où il faudroit placer cette découverte; qu'enfin, se rejeter sur l'hypothèse qu'une telle fiction auroit pu naître dans l'esprit des hommes d'alors, ce ne seroit autre chose qu'avouer le néant de preuves & l'absence même de conjectures tant soit peu probables.

On avouera très-volontiers avec quelques efprits spéculatifs en ce genre, qu'il se trouve des rapports de conformité extérieure entre les nervures des voûtes des grandes églises *gothiques*, entre certaines combinaisons des jonctions & intersections de ces nervures, & les procédés usités dans les grandes charpentes des toitures. Il est de fait que si l'on veut mettre en parallèle par le dessin, la coupe d'une ferme de charpente & celle d'une voûte *gothique*, on y trouvera, hors l'entrait qui, destiné à retenir l'écartement des arbalêtriers dans la charpente, se trouve remplacé par les arcs-boutans extérieurs du *gothique*, une ressemblance assez apparente de disposition & de conformation. Mais il n'est presque pas possible que des agens, quoique divers de leur nature, tendant toutefois à une même fin, comme par exemple la couverture d'un espace vide, ne se rencontrent pas, à quelque degré que ce soit, dans leurs formes extérieures. Ainsi l'on a de tout temps prétendu que les arcades voûtées en pierre avoient été faites à l'instar des arcades ceintrées en bois de charpente. Ce sont là de ces similitudes vaines, qu'on ne peut ni prouver ni contester. Il n'y a autre chose à dire en ce genre, sinon que très-probablement l'on a commencé par faire des arcades en bois, parce que ce travail est plus simple & plus facile, & que les arcades en pierre ont été postérieures. Mais suit-il de-là qu'un mode ait été imité par l'autre? & l'imitation en ce genre ne se réduit-elle pas simplement à l'idée de faire en pierre ce qui se faisoit en bois? Certes si, avant les *gothiques*, il n'eût jamais été fait que des toitures en charpente, & qu'on n'eût jamais construit ni voûtes ni ouvertures en pierres, on pourroit croire que, faute d'autres antécédens, les formes de la toiture de bois auroient induit les architectes à en répéter la similitude, avec les matériaux & les pierres de leurs voûtes. Mais si les voûtes de tout genre & toutes les manières de ceintrer & de couvrir de grands intérieurs, avoient déjà été mises en œuvre, combinées & multipliées en mille modes divers, & si, parmi ces modes, on rencontre précisément celui des voûtes croisées, des arêtes entre-coupées, quel motif a-t-on de ramener le *gothique* à une imitation primitive des bois de charpente dans les toitures? Si ces nervures qu'on assimile aux arbalêtriers, aux poinçons, aux liens de la charpente, furent une conséquence nécessaire de l'emploi des matériaux mis en œuvre par petites pierres, dans les remplissages des ceintres, que devient la nécessité de ce modèle préexistant? N'oublions pas de dire ensuite, que ce système pèche toujours par l'incomplet, c'est-à-dire, par cela qu'on prend pour modèle d'une architecture, ce qui, tout au plus, auroit pu servir d'analogie à la manière extérieure de former les voûtes.

Mais tel est le vice habituel de toutes les théories sur l'origine de l'architecture *gothique*. On ne la voit que sous ou sous tel de ses rapports, &, par exemple, c'est l'arc aigu ou ogive qui semble, au dire du plus grand nombre, être le caractère unique & distinctif, le type de cette architecture. Ce qui la distingue de toutes les autres, dit-on, c'est l'angle que forment à la clef des arcades & des voûtes, les deux segmens de cercle qui partent des impostes, ou de la ligne horizontale de leur naissance; & c'est de cette forme angulaire de voûte ou de ceintre, qu'on a déduit l'origine purement fantastique des branches d'arbres croisées ou des bâtons inclinés, ou des procédés de la charpente dans les toitures. Toutefois nous montrerons par la suite, que l'arc aigu ou ogive n'est point une invention des *gothiques*, n'est pas même une invention; que le principe en existe dans celui des voûtes croisées, connues & employées long-temps avant le *gothique*; qu'il est dû encore à la suppression de la ligne droite des entablemens de l'architecture græco-romaine, suppression qui, dans la décadence de cette architecture, étoit devenue générale.

Il est résulté des diverses préventions dont on vient de parler, & de l'habitude de considérer l'architecture *gothique* sous des points de vue trop circonscrits & trop isolés, qu'on est tombé encore dans de grandes incertitudes sur ce qu'on peut appeler son origine locale. Si celle qu'on a voulu lui trouver dans le Nord n'a pour elle aucune espèce d'autorité, il a semblé à d'autres critiques que le style bizarre de cette architecture dans les ornemens & dans l'emploi de ses diverses formes, pourroit la faire regarder comme une émanation de ces pays, où le goût irrégulier a de tout temps fixé son empire, je veux dire l'Asie. Le goût arabe qui en fait certainement partie, s'étant répandu depuis le neuvième siècle jusqu'au quinzième, dans les pays de l'Orient où les guerres des croisades & d'autres communications le firent connoître aux Occidentaux, le même goût s'étant propagé dans l'occident, par l'invasion des Sarrasins & par la domination qu'ils établirent pendant plusieurs siècles en Espagne, il a été fort naturel de penser qu'il pouvoit y avoir une influence de la manière arabe ou sarrasine de bâtir, sur les édifices élevés aux mêmes temps chez les peuples de l'Europe, qui, sans doute, ne furent pas sans contact avec les dominateurs des Espagnes. Ainsi Christophe Wreen pensoit que l'architecture *gothique* étoit émanée de cette source, & que c'étoit au retour des croisades qu'elle s'étoit introduite en Europe. On a répondu à Wreen & à ceux qui ont avancé la même opinion, en observant qu'il ne se trouve parmi les édifices sarrasins en Syrie, aucune trace de cette architecture considérée sous le point de vue de l'arc *aigu*; que, dans les ouvrages mauresques de l'Espagne, où voit prévaloir les arcs appelés *en fer à cheval*; qu'on y trouve des arcs formés de trois cercles, dont un surmonte les deux autres; qu'on y trouve des ceintres de toutes sortes de formes bizarres, découpées, évidées, &c., mais nulle part d'arc pointu dans le sommet.

C'est ainsi qu'en restreignant à une forme prétendue caractéristique, la nature & le genre spécial de l'architecture *gothique*, on s'est en quelque sorte fermé toutes les routes par lesquelles on auroit pu arriver à la connoissance probable de son origine, & des causes qui l'ont constituée & modifiée : car qui pourroit nier, en élargissant la voie, & en agrandissant la carrière des recherches critiques en ce genre, que le goût irrégulier originaire de l'Orient, propagé par les guerres des croisades & l'invasion des Arabes en Europe, auroit eu une action puissante sur le goût de bâtir, qui dans l'Empire grec, & dans les dépendances de l'Empire romain, avoit déjà si considérablement dévié du goût régulier de l'architecture grecque ? Pourquoi, si l'on ne peut trouver à l'architecture *gothique* aucune origine systématique démontrée par ses monumens, aucune origine locale prouvée par l'histoire, aucune origine chronologique attestée par les faits, pourquoi ne reconnoîtroit-on pas dans cette absence même de causes évidentes, un genre de causes particulières qui résulteroient non d'une création originale, mais d'une réunion de débris des principes, des systêmes & des goûts de divers temps & de pays divers, confondus & mêlés ensemble ?

Il me semble que, dans un sujet de recherches aussi obscur, la critique ne doit négliger aucun moyen de comparaison & d'analogie, & que les meilleurs de tous les renseignemens qu'on pourroit trouver sur les causes originaires de l'architecture *gothique*, seroient ceux que cette architecture nous présenteroit elle-même, ceux qui seroient puisés en elle, ceux dont rien ne pourroit ni altérer la véracité, ni contredire l'authenticité.

D'après cela, s'il est une vérité universellement reconnue & avouée par les témoignages de tous les pays, c'est que les différens arts participent en chaque siècle d'un seul & même principe, qui en règle uniformément la marche, en sorte qu'ils s'élèvent, s'abaissent, se modifient tous ensemble : ainsi le goût qui règne dans un art, règne aussi dans l'autre, & une direction commune imprime aux productions de tous, un caractère tellement semblable, qu'on ne peut se permettre d'attribuer à l'un de ces arts (dans un temps donné) une perfection ou une imperfection fondamentale, qui ne soit partagée par un autre de ces arts.

Or, on ne sauroit contester que la sculpture qui accompagne les édifices *gothiques* n'ait été, contemporaine de l'architecture qui a créé ces édifices. Il doit donc y avoir entre la sculpture & l'architecture *gothique*, communauté de goût, de style, de manière & de principe.

La sculpture & l'architecture de l'Egypte ont un caractère de goût & d'exécution qu'on peut regarder comme identique. Les sculptures de l'Inde annoncent que leur art est né du même principe que celui de l'architecture de ce pays. Partout, sur les monumens de l'architecture grecque ou græco-romaine, nous voyons l'art de la sculpture identifié avec l'art de bâtir, & à tel point, qu'un œil tant soit peu intelligent juge par les ouvrages d'un de ces arts, quel est le siècle où l'autre art a dû produire les siens. Rien encore n'est plus facile que de distinguer dans les œuvres de la sculpture, l'imperfection qui tient à l'enfance des arts, de cette espèce de *déperfection* qui est le signe de leur décrépitude.

Nous avons, pour apprécier ce dernier état de l'art, des ouvrages qui ne laissent lieu à aucun doute, & suppléent soit aux règles du raisonnement, soit aux témoignages du sentiment. Je parle des sculptures de l'arc de Constantin à Rome, des nombreux sarcophages chrétiens aux siècles de la décadence de l'Empire. Voilà de quoi apprécier le goût de l'art dégénéré.

Maintenant je demande si les sculpteurs *gothiques*, dans leur absence d'art, de vérité, de goût & d'exécution, tiennent au caractère de ces ouvrages d'un art dégradé, que nous venons de citer. Je ne pense pas qu'il puisse y avoir lieu même à un doute en ce genre : & quand des esprits habiles à nier tout ce qui n'est pas susceptible de preuves mathématiques, s'obstineroient encore à voir dans la sculpture *gothique* le genre d'ignorance d'un art original & d'un goût naissant, je demande comment il se seroit (ce qu'on montrera avec plus d'étendue dans la suite) que cet art ayant tout emprunté des ouvrages, des sujets, des ornemens, des emblèmes de la sculpture à laquelle il succédoit, ayant tout pris, tout copié dans la sphère des idées & des conceptions, auroit été original dans l'exécution. Il y a encore la difficulté qui sans cesse se reproduit ici (je parle de celle qu'il y a de concevoir la formation originale de tout art, hors de l'état naturel d'une société naissante), c'est que cet art n'a pu avoir d'autres modèles que des œuvres de décrépitude, comme étoient toutes celles du temps où s'éleva le *gothique*, soit dans l'empire d'Orient, soit dans celui d'Occident.

Si la sculpture *gothique* n'est pas & n'a pas pu être un art original, c'est-à-dire, enfanté par les causes naturelles dans la simplicité des procédés & des idées qui sont propres d'un goût primitif, on en peut dire, ce me semble, autant de la peinture à l'époque & dans les monumens dont on parle. On en peut dire autant de la décoration, de l'ornement surtout, dans lequel se trouvent toutes les formes, toutes les combinaisons de la sculpture græco-romaine, & où l'on ne découvre, comme propre des siècles dont il s'agit, qu'une excessive grossièreté d'exécution, & tous les vices d'une ignorance fille de l'oubli.

Trouve-t-on dans ces arts que nous voyons associés nécessairement partout aux mêmes principes que ceux de l'architecture, & subordonnés aux mêmes causes; trouve-t-on, dis-je, qu'il y ait autre chose qu'une tradition informe des procédés & des idées de l'art dégénéré en Italie? Y découvre-t-on des emblèmes ou des allégories des croyances du Nord ou de quelques autres contrées? Y remarque-t-on une série de faits, de personnages, de compositions qui aient besoin d'être expliquées par un ordre de croyances ou d'opinions nées dans des climats lointains? Et qu'on ne dise pas que les sujets habituels de la sculpture *gothique* ayant été ceux du christianisme, ils ne pouvoient nous offrir que des idées analogues à la religion chrétienne. L'ornement qui fait partie de cette sculpture est rempli de tous les détails de la mythologie grecque & romaine, & tout s'y présente comme une émanation des formes, des pratiques & des emblèmes de la religion païenne.

Les arts qui accompagnent l'architecture *gothique* nous démontrent encore, d'une autre manière, qu'ils ne furent pas le produit d'un principe original. Et en effet, tout art qui naît des causes que nous avons appelées *naturelles*, tend à se développer de plus en plus, & se perfectionne par des degrés insensibles, à moins que les institutions civiles ou religieuses n'en arrêtent les progrès. Or, aucun de ces obstacles ne contraria le développement de l'imitation aux siècles dont nous parlons, & dans les monumens que ces siècles virent élever. Pour quelle raison donc voyons-nous l'art de l'imitation dans le *gothique* rester constamment au même point d'imperfection & de grossièreté? Pourquoi la partie même de l'exécution mécanique, pendant un assez grand nombre de siècles, ne tendit-elle à aucune amélioration sensible? La cause en est évidente. C'est que l'art de l'imitation *gothique* ne fut qu'un produit de la corruption du goût, de l'ignorance de toutes règles, de l'absence de tout sentiment original; ce fut une sorte de monstre engendré dans le chaos de toutes les idées, dans la nuit de la barbarie, mélange incohérent de souvenirs confus, de traditions oblitérées, de modèles disparates. Loin qu'on puisse y reconnoître les premiers pas d'un goût naissant & nouveau, tout y dénote l'impuissance d'un goût vieilli, qui se traîne dans les ténèbres, sur les traces effacées d'un modèle qui a disparu.

Ce rapprochement de la sculpture & de l'architecture *gothique* me paroît le plus fort argument qu'on puisse opposer à tous ceux qui cherchent à cette architecture des principes originaux, des titres de naissance dans un modèle primitif, & fondés sur les causes semblables à celles qu'on assigne à la formation des autres architectures. Certes, deux arts étroitement liés entr'eux n'ont pas pu émaner de deux sources différentes & éloignées l'une de l'autre; & si nous avons rendu incontestable l'origine de l'un, il faudra bien avouer que toutes les vraisemblances se réunissent pour donner la même origine à l'autre. Cela résultera sans doute, avec plus d'évidence encore, de l'analyse que nous donnerons de la constitution, de la construction & de la décoration de l'architecture *gothique*.

Ainsi toutes les causes qu'on a imaginées jusqu'ici, comme propres à rendre compte de l'origine & de la formation de l'architecture *gothique*, ou sont démontrées fausses, puisque cette architecture n'est point née dans les pays où l'on a imaginé de placer son berceau, ou sont inapplicables au but qu'on s'est proposé, parce qu'elles n'embrassent que des détails de cette architecture & non son ensemble, ou sont insuffisantes, parce qu'elles reposent sur des ressemblances qui peuvent n'être qu'imaginaires, & que la nature des temps & des lieux dément, ou sont frappées du défaut d'invraisemblance, puisque les autres arts qui l'accompagnent, nous montrent de quels élémens, dans quel temps, & de quelle manière ils se sont formés. Nous sommes donc fondés à regarder l'architecture *gothique* comme un résultat des débris de l'architecture antique, comme un mélange irrégulier des différens goûts des siècles précédens, mélange dans lequel il se peut que l'influence du goût de l'Orient & de celui des Arabes soit entré pour quelque chose. Mais ce mélange, fait dans des temps d'ignorance & de confusion, ne présente qu'une sorte de chaos où l'analyse ne sauroit s'introduire, & offre une telle multiplicité d'élémens incohérens, que chacun peut y voir ce qu'il lui plaît de voir. On y trouve enfin tout & de tout, excepté un principe d'ordre & une raison fondamentale qui serve de fil conducteur dans ce labyrinthe, de documens, d'autorités & de contradictions?

Une chose frappe l'esprit & les sens dans l'architecture *gothique*; c'est la grandeur & la belle disposition des intérieurs d'église. Ici il nous semble qu'il est facile de découvrir ce qui peut rendre raison de cette partie si recommandable de l'architecture dont on recherche l'origine. Or, par origine, on a vu qu'il falloit entendre ici, non un principe original donné par la nature, mais la cause qui produisit toute l'architecture *gothique*; & dans le mot *architecture* nous devons moins entendre l'art dans son principe, que le considérer dans ses ouvrages: il arrive effectivement que certains besoins, certaines obligations sociales donnent aux combinaisons de l'art des directions particulières.

Parmi ces obligations, on ne sauroit méconnoître celle d'approprier aux besoins du culte les monumens religieux, & on ne sauroit nier de quelle importance est cette considération, entre celles qui peuvent expliquer les particularités d'une architecture.

Après les causes premières & élémentaires dont l'architecture grecque fut visiblement l'effet & le résultat, il nous semble que rien ne peut mieux nous rendre compte de cet esprit d'ordre, de symétrie, de proportion qui brille dans l'art des Grecs, que la forme & la disposition de leurs temples. Le type de ces temples fut préscrit sans doute par le principe originel de l'art; mais qui pourroit nier que ce type lui-même, une fois consacré par la puissance religieuse, n'ait contribué à maintenir l'art dans l'observation des règles ? Ainsi l'art fait les monumens, & par une réaction toute simple, les monumens influent à leur tour sur l'art & sur les ouvrages. Le temple grec étoit destiné à n'être que la demeure du Dieu. Jamais édifice ne fut subordonné à moins de sujétions, & l'on diroit qu'il eût été disposé exprès en faveur de l'art, comme modèle de goût, d'harmonie & d'unité.

L'architecture *gothique* se développa au contraire au milieu d'élémens religieux tout-à-fait inverses de ceux qui présidèrent à la formation des temples païens. L'église chrétienne devoit être un lieu d'assemblée, comme l'indique le mot *église*. Plus le christianisme se répandit & devint général, plus l'assemblée des fidèles devint nombreuse, & plus il fallut des locaux & des bâtimens spacieux pour en contenir la multitude. Nous avons vu au mot Basilique, que l'édifice de ce nom fut, entre tous ceux de l'antiquité, le seul qui convint aux réunions nombreuses des Chrétiens & à la célébration de leurs mystères. Ce fut sur le modèle des basiliques païennes que furent élevés les premiers temples du christianisme.

Comment ceux qui prétendent trouver à l'architecture *gothique* une origine chez les peuples du Nord, n'ont-ils pas vu que le seul fait de l'immensité des temples & des églises étoit un effet direct de la religion chrétienne, & comment le type & l'imitation de cette disposition particulière au culte dont on parle, auroient-ils pu exister dans les pays & dans les temps où l'on veut placer la naissance du *gothique*, lorsque la religion chrétienne n'avoit pu encore y pénétrer & y être connue ? Le plan & la disposition des églises *gothiques* indiquent une origine chrétienne, & cette origine ne peut guère se placer avant le quatrième ou le cinquième siècle.

En Italie, les basiliques antiques donnèrent l'étendue, la forme & la disposition des églises. De nombreuses colonnes, restes ou débris d'anciens monumens, furent mises en œuvre, & la grande église de Ravenne, bâtie sous l'empire des Goths, prouve & la décadence de l'architecture antique, & le soin qu'on prenoit d'élever des édifices qui fussent en rapport avec les besoins du culte.

Lorsqu'on eut adopté le type des basiliques, il fallut proportionner leur élévation avec l'étendue des plans. On imagina de lier les colonnes entr'elles, non plus par des architraves dont on n'auroit pu trouver les matériaux tout formés, comme on trouvoit les colonnes, mais par des arcs en briques, sur lesquels on élevoit un mur destiné à soutenir la couverture & la toiture de l'édifice. On n'auroit pas pu construire de voûtes sur des appuis de ce genre. Voilà quel fut le modèle des églises *gothiques*.

Lorsque le goût de cette architecture se fut propagé dans les pays où l'on ne trouvoit plus de colonnes de marbre toutes taillées, on dut adopter le système des pieds-droits surmontés d'arcades & ornés de pilastres ou de colonnes. Ces pieds-droits devinrent des piliers circulaires. L'usage des colonnes groupées suggéra celui du pilier polystyle; enfin, le grand exhaussement qu'on vouloit donner aux vaisseaux des églises, fit préférer l'emploi des voûtes croisées qui répartissent la poussée de la voûte; & de l'emploi des voûtes croisées, employées par les Anciens, dans les couvertures des grandes salles de leurs thermes, naquit l'arc aigu, comme on le démontrera bientôt.

Voilà ce que nous explique l'architecture, la disposition & la forme des plus belles églises *gothiques*. Le reste, je veux dire les tours de force, les jeux de hardiesse, le goût du difficile & de l'extraordinaire, a son origine dans les mœurs, le génie & l'ignorance des siècles qui produisirent ces édifices dont l'immensité nous étonne. C'est ce même génie qui, dans la guerre, dans l'amour, dans la littérature, dans toutes les entreprises, substitua la jactance au courage, l'exaltation au sentiment, le goût du difficile à celui du vrai, & le merveilleux à l'utile & au naturel.

En cherchant à rendre compte des causes qui donnèrent naissance à l'architecture *gothique*, il nous semble qu'on a dû toujours s'égarer, & qu'on s'égarera toujours, par la prétention de trouver cette origine dans une cause unique. Ainsi, la coïncidence ou le synchronisme de l'invasion des Arabes, de leurs conquêtes, de leurs établissemens en Europe, des grands ouvrages d'architecture qu'ils élevèrent en Asie, en Espagne, avec l'époque de l'entière décadence de l'architecture græco-romaine (c'est-à-dire, les septième & huitième siècles), avec l'expulsion des Lombards, avec les croisades, avec l'érection du plus grand nombre des églises *gothiques* élevées depuis le douzième jusqu'au quinzième siècle, toutes ces coïncidences ont porté quelques critiques à penser que l'architecture mauresque ou sarrasine avoit été le modèle & le guide des architectes *gothiques*.

Il y a sur ce point une observation préliminaire: c'est que, lorsque, vers le septième siècle, les Arabes reçurent de Mahomet la religion qui en fit un peuple fanatique & conquérant, il ne paroit point qu'ils eussent cultivé aucun des arts du dessin, ni en particulier l'art de bâtir. Ce ne fut que peu à peu, & sous le gouvernement des califes Abassides, qu'ils s'adonnèrent aux connoissances de l'esprit. Établis en Syrie dès le septième siècle, & devenus, dans les deux siècles suivans, maîtres des provinces les plus civilisées de l'Empire grec en Asie, ils se dépouillèrent de leur ignorance primitive. L'étude de la langue grecque les initia dans celle des lettres & des sciences, & ils prirent insensiblement le goût des constructions dont ils voyoient tous les jours des modèles.

Mais

Mais ces modèles étoient déjà des ouvrages dégénérés, & il arriva à ces peuples, comme nous avons vu qu'il étoit déjà arrivé, sous les premiers empereurs chrétiens, c'est-à-dire, d'employer à de nouveaux édifices, les fragmens, les débris & les colonnes des monumens antiques. Ainsi, le plus ancien monument arabe de l'Espagne, & celui qui marque les premiers pas de l'architecture mauresque, la mosquée de Cordoue, commencée par le roi Abderame, en 770, & terminée par son fils Hissen, est absolument construit dans la forme de Saint-Ambroise à Milan, de Sainte-Agnès & de Saint-Paul hors des murs à Rome, & autres de ce genre. Ce qu'il y a de plus remarquable, c'est qu'il est construit sur les ruines & avec les matériaux d'un ancien monument, qu'on croit dans le pays avoir été un temple de Janus, mais qui pourroit bien n'avoir été qu'une ancienne basilique, convertie en église chrétienne dans le troisième ou le quatrième siècle.

Ainsi les Arabes n'auroient point été eux-mêmes inventeurs de l'architecture qu'on leur attribue. Leur goût n'auroit été aussi qu'une tradition de celui de l'Empire grec à Constantinople, qui donnoit alors le ton aux arts, comme l'avoit fait l'Italie auparavant. Ce goût n'auroit été lui-même qu'un mélange d'idées, de plans & de formes diverses, mélange né de l'ignorance, & opéré sans aucun égard aux types & aux formes caractéristiques des matériaux qu'on employoit. Ainsi ce seroit dans les basiliques qu'il faudroit aller chercher les plans & la disposition des églises *gothiques* & des mosquées arabes, comme c'est dans les citadelles du moyen âge & dans les palais des empereurs grecs, qu'on trouve l'origine des châteaux *gothiques* & des alcasars mauresques.

Si l'architecture arabe ou mauresque sortit de la même tige que l'architecture *gothique*, il ne s'ensuit pas qu'elle n'ait pu avoir aucune influence sur le goût des architectes *gothiques*. Les Arabes avoient porté dans leurs édifices la même hardiesse, la même variété, la même profusion des détails fantastiques qu'on trouve dans toutes les productions du génie oriental, & ce ne fut pas avec ces caractères que se produisit d'abord le génie de l'architecture appelée *gothique*. Mais les nombreux rapports qui existèrent à ces époques entre l'Orient & l'Occident, les guerres des croisades, la connoissance acquise, pendant deux siècles, des édifices de l'Asie, de l'Afrique & de l'Espagne, la supériorité & l'habileté des constructeurs mauresques, le luxe des ornemens, la bizarre élégance des formes, & ce goût du merveilleux qui domine dans tous les détails de cette architecture, furent les vraies causes qui portèrent les architectes des onzième, douzième, treizième & quatorzième siècles à enchérir les uns sur les autres, dans la hauteur des masses, la légéreté des voûtes, la prodigalité des ornemens, & l'emploi de tout ce qui pouvoit paroître extraordinaire.

Diction. d'Archit. Tome II.

Des caractères distinctifs & constitutifs de l'architecture gothique.

Il me semble que les faits, l'histoire & les monumens s'accordent à nous montrer que l'architecture appelée *gothique* n'a pu être ni inventée par les peuples, quels qu'ils aient été, Gètes, Huniques, Goths, Ostrogoths, qui, dès le siècle de Marc-Aurèle, s'approchèrent du Danube, &, de-là, menacèrent l'Empire romain : que, dans leurs courses continuelles, ils ne purent donner naissance à aucun art, à aucune pratique de bâtir : que dans les pays du Nord, qu'ils abandonnoient, ces hordes, plus ou moins barbares, n'avoient ni art ni architecture, dont elles aient pu transporter avec elles le goût & la manière ; que, dans la courte possession que les peuples goths obtinrent de l'Italie par eux conquise, & pendant les 75 ans que dura leur domination sur ce pays, il ne se fit aucun monument propre à prouver que ces peuples aient, soit introduit un nouveau goût dans l'art de bâtir, soit même élevé aucun édifice.

Lorsqu'à cet Empire des Goths nous voyons succéder, en Italie, celui des Lombards, qui s'y maintinrent 150 ans, nous sommes encore plus certains que ces peuples du Nord, unis aux Saxons, aux Gepides, aux Bulgares, plus barbares encore que les Goths, n'avoient pu, ni transporter avec eux aucun germe d'art, ni en faire croître & développer en Italie les semences. Quant aux résultats de leur séjour en Italie, nous ne voyons pas davantage ce qu'ils ont pu être en égard à l'architecture. Si une chose est non-seulement probable, mais démontrée, c'est qu'arrivant dans des pays encore remplis des monumens des arts & de l'architecture, ces peuples furent plus occupés de les conserver que de les détruire ; qu'insensiblement ils empruntèrent les mœurs & la civilisation de la nation conquise, & que, quant au mauvais goût dont on les accuse, ils ne purent même y avoir aucune part, puisque ce mauvais goût y existoit avant eux. Sans doute la barbarie des conquérans n'étoit pas propre à ramener & à reproduire les exemples & les principes du bon goût ; mais cette barbarie, qui étoit celle d'une ignorance complète, n'auroit pas été plus capable de produire un goût nouveau.

Il faut bien se persuader qu'aux époques de la conquête des Goths, & de celle des Lombards surtout, il ne restoit plus trace de l'architecture antique dans les édifices que l'on construisoit ; qu'il n'y avoit plus d'art en aucun genre ; que l'art de bâtir étoit réduit à de nouvelles pratiques qui excluoient les ordonnances des Grecs ; que les débris des temples & autres monumens étoient employés pêle-mêle ; qu'on ne trouve dans ces bâtisses, formées de fragmens épars, ni symétrie ni régularité ; qu'on groupoit ensemble des colonnes disparates de formes & de proportion, pour en faire des piliers ; que les chapiteaux des colonnes n'étoient souvent mis en œuvre que comme des moyens d'alonger les supports ; qu'on ne s'inquiétoit pas d'en assortir les types ; qu'on mettoit en haut ce qui étoit en bas ; que des bases devenoient des chapiteaux, & des chapiteaux des bases ; que toutes les parties des profils & des entablemens étoient des objets dont on ne comprenoit plus ni le sens ni l'objet. Voilà ce que présentoit plus ou moins l'architecture du bas Empire, lorsqu'on vit sortir de cette confusion une manière de bâtir des édifices nouveaux, dont les modèles ne doivent être cherchés ni dans l'enfance d'une nature primitive, ni dans les habitudes ou les inspirations d'une société naissante, mais dans le chaos dont la ruine & la dispersion des élémens de l'architecture græco-romaine, avoient offert l'image & produit la réalité.

C'est ce que vont nous montrer de plus en plus clairement, les caractères distinctifs & constitutifs de l'architecture *gothique*. Il faut, pour s'en rendre compte, procéder ici par analyse, c'est-à-dire, décomposer toutes les parties de son ensemble, & voir s'il y a dans chacune quelque chose d'original, ou si l'on n'y trouvera que les élémens de l'architecture qui l'avoit précédée.

Ce qui distingue l'architecture grecque ou græco-romaine, c'est, par-dessus tout, l'emploi des ordres, c'est-à-dire, d'un système uniforme de supports variés, selon le degré de force, d'élégance ou de richesse, dont on vouloit imprimer le caractère à l'édifice. Or, ce système étoit tout à la fois variable par le choix de l'un des ordres, & uniforme par la nécessité, soit de tout coordonner à l'emploi de l'ordre choisi, soit de se borner dans chaque ordonnance de colonne, à un seul & même ordre.

Un des caractères distinctifs de l'architecture *gothique*, est d'abord l'absence d'ordres.

Et effectivement, ce seroit se méprendre gravement sur l'idée d'ordre, que d'imaginer que le *gothique* a des ordres, parce qu'il emploie, soit des piliers massifs, soit des fuseaux dont les têtes offrent une imitation des chapiteaux grecs ou romains. Qui dit *ordre*, dit un système dont toutes les parties ont d'abord des proportions constantes entr'elles, & ont ensuite une liaison qui nous les présente comme subordonnées à une loi invariable. La première condition de l'existence de l'ordre, est dans la proportion, la forme, le caractère & l'ornement de la colonne. Mais dans le *gothique*, il n'y a point de *colonne*.

On comprend, sans que je l'explique, ce que je veux dire ici, & faire signifier par ce mot (car il se trouve parfois, surtout aux fenêtres des églises, de petits supports, qui sont des colonnes proprement dites). Il n'y a point de colonne dans le *gothique*, c'est-à-dire, il n'y a point de système qui exige des colonnes, il n'y a de forme affectée à aucune ordonnance, il n'y a point de règle ni de proportion, il n'y a point de mode d'ornement caractéristique de tel ou tel genre de colonnes.

1°. Quelle fut la forme qu'on pourroit dire avoir été celle de la colonne *gothique* ? Aucune. Le même édifice en offre tant, & de tant de façons différentes, qu'on ne sauroit dire qu'il y ait une seule forme résultat de la combinaison, lorsque toutes paroissent n'être qu'un produit du hasard.

2°. Quelle proportion auroit eu la colonne *gothique* ? Cela est encore plus difficile à dire. Tout prouve qu'il ne put y avoir rien de fixe & de déterminé dans les rapports de diamètre & de hauteur des supports qui tiennent lieu de colonnes dans le *gothique*, parce que ces supports, au lieu d'être le module général de l'ordonnance ou de l'élévation, étoient subordonnés, au contraire, à toutes les sujétions de l'ensemble, & parce que rien n'étoit plus indifférent que ces rapports de proportion, dans des supports, quand il n'existoit de véritables proportions dans aucune autre partie, & lorsqu'il est vrai de dire surtout, que cette sorte d'architecture n'avoit point de *modinature*, & par conséquent point de membres susceptibles d'être mis en rapport avec leur tout ou leur corps.

3°. Quel mode d'ornement caractéristique pourroit-on assigner à la colonne *gothique* ? Il y a en ce genre plus d'arbitraire & de confusion encore qu'il n'est possible de l'imaginer. Qu'y voit-on, si ce n'est un mélange inconcevable de toutes les formes & inventions de chapiteaux antiques ? On y trouve les feuillages du corinthien, les tores du dorique, les agrégations du composite, tantôt confondues dans le même chapiteau, tantôt alternant entre les supports d'une même rangée, & placées indistinctement sur des piliers de même grosseur & de même élévation. Tout ce qui constitua les ordres de colonnes chez les Grecs, n'est passé dans le *gothique* que mêlé & confondu par le génie du hasard. C'est de l'emploi désordonné, &, si l'on peut dire, désapproprié, de toutes les parties qui forment l'ordonnance grecque, que naquit un assemblage moins nouveau qu'étrange, & dans lequel l'esprit d'invention est ce qu'on peut le moins reconnoître. Autant doit-on en dire des bases sur lesquelles s'élèvent les piliers *gothiques*, & dont les formes, toujours arbitraires, ne se lient par aucune analogie de proportion ou de configuration, aux formes des chapiteaux.

Ainsi il y a absence d'*ordre* dans ce qu'on appelleroit improprement les colonnes de l'architecture *gothique*.

Le caractère le plus généralement distinctif de cette architecture, est l'emploi de piliers courts, massifs & circulaires pour remplacer les colonnes. Cet usage y fut nécessité par l'obligation de construire des arcades en remplacement des plates-bandes & des entablemens. Le pilier *gothique* n'est donc autre chose que le pied-droit de l'architecture græco-romaine, employé dans les nefs des églises, à la manière dont l'étoient les supports des arcs dans les portiques extérieurs des théâtres & des amphithéâtres ; & il nous semble que ces longues colonnes qui s'élèvent souvent du milieu ou du dessus des piliers, pour servir de support aux retombées des nervures des voûtes, ne font que la répétition de la colonne adossée, ou du pilastre, qui, dans les portiques dont on vient de parler, supportoient l'entablement.

C'est ici le lieu de reproduire ce qui a été dit plus haut du pilier polystyle des *gothiques*, ou de cet agrégat de longs fuseaux qui semble faire de ce genre de support, un caractère propre de l'architecture *gothique*. Nous avons déjà montré qu'il ne pouvoit y avoir rien de commun entre le pilier *polystyle gothique* & la colonne à faisceau de l'Egypte. (*Voyez* ARCHITECTURE ÉGYPTIENNE.) Si la petitesse ou la rareté des bois, chez les Egyptiens, put donner naissance, dans le commencement de leur art de bâtir, à des supports composés de plusieurs tiges, on ne sauroit admettre une pareille origine dans les pays, quels qu'ils soient, où l'on se plairoit à placer l'enfance du *gothique*; car, dans ces pays, les bois de charpente & les arbres de tout diamètre furent trop communs, pour suggérer l'expédient auquel on pourroit attribuer en Egypte une réunion de petites tiges, pour en former une équivalente à de gros troncs d'arbre. Il faut dire ensuite que le pilier polystyle du *gothique* démentiroit lui-même cette origine; car premièrement, ainsi qu'on l'a déjà fait entendre, aucun lien, aucune apparence de cercle ne réunit en un seul faisceau, comme en Egypte, ces assemblages: secondement, loin qu'un seul chapiteau & une base commune y donnent de l'unité, nous voyons que chacune de ces tiges groupées, si l'on veut, mais non réunies, a sa base à part & son chapiteau particulier. Il y a tel pilier *gothique* autour duquel l'on comptera vingt ou trente de ces fuseaux, qui en forment moins le corps que le revêtissement.

Loin que le pilier *polystyle* offre la trace d'une invention puisée dans la nature de la construction primitive, & une imitation qu'on en auroit déduire, on ne sauroit y voir qu'une vaine singerie d'une méthode due à la dégradation de l'art, & à l'usage d'employer les colonnes des temples & des édifices délaissés du paganisme. Ainsi, un assez grand nombre d'églises du bas-Empire avoient été formées avec des piliers qui n'étoient que des groupes de colonnes. L'église de Sainte-Rosalie de Palerme a des colonnes groupées au nombre de quatre. Saint-Jean de Latran, à Rome, avant la restauration qui a caché les anciens supports, avoit ses portiques soutenus par des groupes de deux colonnes. Les colonnes étant devenues, dans cette décomposition de l'architecture, des ornemens souvent parasites & sans objet, comme on peut s'en convaincre aux façades & aux portails de différens édifices, ce fut sous ce rapport qu'elles se présentèrent aux architectes *gothiques* de la plupart de nos églises, & c'est là qu'il faut aller chercher les raisons d'une multitude de combinaisons qui, sans ces rapprochemens, n'en auroient aucune.

Ce qui distingue l'architecture *gothique*, & ce qui pourroit passer pour un système à elle propre, si déjà nous n'avions vu la même méthode employée par les architectes du bas Empire, c'est cette absence d'entablemens, de lignes droites & de modinature dans l'ensemble & dans les parties de toutes les compositions. Dès qu'on eut commencé à réunir les colonnes par des arcs, tout le système de l'architecture grecque fut détruit; il n'y eut plus de rapport nécessaire entre les colonnes & ce qu'elles supportoient; tous les détails imitatifs de la construction en bois n'eurent plus d'emploi; plus d'architrave, plus de frise, plus de corniche, plus de fronton, &c. Les membres de toutes ces parties, ornemens indicatifs de leur origine, devinrent de purs objets de caprice, & n'entrèrent plus dans l'architecture que par manière de décoration.

Voilà ce que nous présente l'architecture *gothique*, héritière de tous les abus, de tous les mélanges, de toutes les confusions nées dans la décadence des arts. Le propre de cette architecture est de n'avoir plus besoin d'entablement, & de n'en plus offrir de vestiges. Aussi nulle ligne horizontale ne règne dans l'intérieur ou l'extérieur des édifices; &, quoique tous ses détails d'ornement se composent des parties jadis constitutives des frises ou des corniches grecques, nulle part on ne les voit employées à signifier ce qu'elles signifioient anciennement.

De cette suppression naquit aussi celle de la *modinature*, c'est-à-dire, des rapports de forme & de mesure entre les membres dont se composoit l'élévation. Dès-lors disparut tout moyen d'établir des proportions dans un ensemble en quelque sorte privé de parties, ou du moins de parties commensurables & dépendantes l'une de l'autre par des rapports nécessaires, & c'est ce qui fait qu'aucun système de proportion n'existe dans le *gothique*.

Je n'entends pas nier qu'on puisse découvrir & démontrer dans l'ensemble de telle ou telle église *gothique*, des rapports de proportion fixés par l'architecte, entre la largeur, par exemple, d'une nef, & la largeur des bas côtés, de telle manière que l'une soit le double de l'autre, ou entre la hauteur & la longueur de telle ou telle autre superficie. Ces sortes de proportions qui existent dans un édifice, n'existent point dans un autre; preuve certaine que les rapports dont il s'agit ne dépendoient pas d'un système reçu. Mais ce que je veux dire en outre, c'est qu'il y a fort loin de ce qu'on peut appeler les *proportions* d'un édifice, à ce qu'il faut appeler les *proportions* d'une architecture. Celles-ci consistent dans une liaison tellement nécessaire de toutes les parties entr'elles, qu'une seule partie connue vous fasse connoître, à de légères variétés près, la mesure d'une autre. Or, qui pourra jamais s'imaginer que la mesure d'un chapiteau ou d'une base *gothique* fasse connoître le diamètre & la hauteur de son pilier? Et puis, si l'on cherche des proportions entre deux parties, je demanderai où seront ces parties, dans un genre de bâtir, où rien ne peut déterminer ce qui s'élèvera au-dessus des piliers ou des arcades, & où aucun membre nécessaire ne peut faire une loi de s'assujettir à telle ou telle forme, à telle ou telle dimension, lorsqu'enfin le caprice, comme on le voit aux portails des églises, peut entasser les unes sur les autres, une multitude de formes & d'objets d'ornement qui font disparoître toute idée d'un dessin général.

Si l'emploi des arcades sur piliers, forme un des caractères particuliers de l'architecture *gothique*, on peut regarder aussi comme assez généralement constant, dans cette architecture, l'emploi de l'arc aigu ou en ogive. Quelques critiques ont commis, sur ce point, deux erreurs : l'une de croire que l'on ne trouve point d'arc plein-cintre dans le *gothique*; l'autre de prétendre que les voûtes & les arcs d'ogive sont une invention des architectes *gothiques*. Nous réservons la discussion de ces deux objets au paragraphe suivant, où l'on traitera de la construction *gothique*. Quoi qu'il en soit, nous ne pouvons point ne pas regarder le système des voûtes & des arcades aiguës, comme caractéristique de l'architecture que nous analysons.

C'est à cette méthode de construire, qui admet un emploi de très-petits & de très-légers matériaux avec le moins de poussée latérale possible, que les architectes *gothiques* ont dû donner à leurs édifices, mais surtout aux intérieurs de leurs temples, ces caractères frappans de grandeur, de hardiesse & de légèreté qu'on y admire.

Toutefois, en rendant justice à ces qualités particulières, il faut encore se garder de croire que le genre de construction auquel elles sont dues, ait appartenu aux prétendus inventeurs d'un art resté sur tout le reste dans l'enfance. La forme de la voûte ogive est dans l'ordre des inventions de l'art des voûtes, la dernière pour la date & pour la beauté, comme elle est la première pour la facilité & l'économie. Cette facilité & cette économie prouvent qu'elle est postérieure aux autres formes de voûtes, & qu'elle doit l'être. L'expérience nous apprend que ce n'est jamais par les moyens économiques que commencent les ouvrages des hommes. Dans les procédés industriels, comme dans ceux de toutes les sciences, les degrés de perfectionnement sont toujours marqués par les pas faits vers l'économie des ressources & des instrumens. Les premiers moyens, ou ceux que donne la nature, sont simples; les moyens qu'enseigne l'art sont simplifiés. La voûte ogive n'est donc un perfectionnement de la voûte simple, que quant aux procédés, mais non quant à la forme. En tout genre, la simplicité de la forme doit précéder la simplification des moyens. Ce seroit contredire la nature dans tous les arts, que de supposer à un peuple ignorant & neuf, des inventions qui ne peuvent être soupçonnées & produites qu'après que la lassitude des formes simples a fait découvrir des expédiens nouveaux, pour y introduire des variétés.

Du reste, c'est à ces procédés de construction que les églises *gothiques* ont dû ces caractères de grandeur & de hardiesse apparente qui frappent les sens & qui étonnent l'esprit de ceux, surtout, qui se mêlent peu de rechercher & de savoir en quoi consistent la véritable grandeur & la vraie hardiesse. Mais telle est, dans l'art de bâtir, la puissance de tout ce qui étonne, qu'on doit toujours y regarder comme un mérite la grandeur linéaire, même quand elle seroit achetée par des disproportions, ainsi qu'il arrive trop souvent dans le *gothique*. Tout ce qui est grand porte avec soi une idée de puissance & de force, qualités que l'homme met naturellement au premier rang dans ses ouvrages. Quant au caractère de hardiesse qu'on admire beaucoup trop dans le *gothique*, il nous semble qu'il dépend, comme on va le dire, de certains expédiens, dont les uns sont hors des ressources naturelles de l'architecture, & les autres ne sont qu'un sacrifice de la beauté extérieure des édifices, à la grande élévation de leur intérieur. (*Voyez* HARDIESSE.) C'est ce que va nous montrer l'examen du système & du genre de la construction *gothique*.

Du genre de la construction gothique.

La construction, dans chaque genre d'architecture, est toujours d'accord avec le principe constitutif de l'art en chaque pays, avec le degré d'habileté de chaque époque, avec le style, la manière & le goût qui dominent dans les entreprises, & avec l'esprit qui les fait concevoir. On a déjà eu plus d'une occasion de faire observer, en parlant des plus antiques ouvrages de l'art de bâtir, chez les peuples où l'origine des arts se perd dans la nuit des temps, que la construction primitive, en ces pays, y porte un caractère commun qui annonce en quelque sorte sa date & son originalité. Le propre de ce caractère est la grande simplicité dans les moyens & les procédés. On l'observe dans l'Egypte, dans l'Inde, dans l'Etrurie, dans la Grèce, & partout où la science n'avoit pu parvenir à remplacer les combinaisons simples, en donnant des ressources plus variées à l'art de bâtir. Dans ces temps, qu'on peut appeler les temps primitifs de l'art, les idées sont d'autant plus grandes en construction, que les moyens sont plus simples. Le génie, privé des ressorts d'une pratique plus industrieuse, fait consister la beauté des bâtimens dans la solidité de masses indestructibles. Loin qu'alors on cherche à déguiser le principe de la durée des édifices, c'est de l'évidence de ce principe qu'ils tirent leur mérite. Les plus grands blocs de pierre sont mis en œuvre dans les coupes les plus simples, & l'architecture seroit tenue alors de se conformer aux données de la construction, si la construction n'avoit pas déjà prescrit les formes auxquelles l'architecture est tenue de se subordonner.

Cet amour du gigantesque dans les masses des édifices, cette grandeur des matériaux, cette simplicité dans leur emploi, sont, les peuples où se trouvent ces caractères, la preuve d'un art voisin de la nature, inspiré par elle. Lorsqu'on connoît la marche qu'ont suivie & suivent constamment, dans leurs procédés, les travaux des hommes, on reconnoît également aux caractères opposés, la marque d'un art vieilli, & souvent affoibli par les combinaisons que la science substitue aux procédés de l'instinct.

En analysant sous ce point de vue la construction des édifices *gothiques*, & en la considérant, soit dans la mesure des matériaux, soit dans leur emploi, ou dans les formes auxquelles l'art du constructeur les fit servir, on se persuade qu'en cette partie, comme dans toutes les autres, l'architecture *gothique* ne peut être réputée, ni un art primitif ou original, ni un art ancien & dû à une époque reculée.

Le plus grand nombre de cathédrales *gothiques* de l'Italie est construit en briques. Il nous paroît que ce genre de bâtisse servit de modèle aux constructeurs qui élevèrent dans presque toute l'Europe les églises que nous y voyons. Ils substituèrent à la brique la pierre taillée en forme de briques, pour la construction des voûtes. On n'y voit nulle part l'emploi de ces grands blocs qui caractérisent les monumens d'une haute antiquité. Ces piliers énormes, qui ont quelquefois jusqu'à vingt pieds de diamètre, ne doivent pas, sous le rapport de la construction, en imposer par leur masse. Ces piliers & ceux qui généralement, sont de beaucoup moindres dimensions en diamètre, supportent les arcades des églises, loin d'être formés par tambours égaux entr'eux & d'un seul morceau, ne sont qu'une réunion de pierres d'une mesure assez modique, & formant des segmens de cercle. La taille, le transport & la pose de ces pierres ne durent jamais occasionner ni grandes difficultés, ni grandes dépenses.

Si l'on examine la construction *gothique*, sous le rapport de ce qu'on appelle la coupe des pierres, on n'y trouve ni l'espèce de mérite qui, en ce genre, caractérise les monumens de la haute antiquité, ni l'espèce particulière de science & d'habileté, que les connoissances mathématiques ont transportée dans la construction des temps modernes. Chez les peuples antiques dont nous parlons, la coupe des pierres, bornée à des procédés fort simples, consistoit dans une extraordinaire finesse de joint, dans un équarrissage exact, dans un extrême poli des paremens & des surfaces destinées à se rapprocher, & ce poli contribuoit presque seul à la liaison des pierres, liaison que leur masse augmentoit encore sans l'emploi des cimens. Dans les édifices *gothiques*, les pierres sont scellées entr'elles & réunies par des couches assez épaisses d'un ciment qui est à la vérité d'une qualité excellente; mais cette manière de lier ainsi les pierres, & qui convient à des matériaux d'une modique dimension, loin d'indiquer des procédés d'une haute antiquité, paroit avoir été transmise aux constructeurs *gothiques* par ceux du bas Empire, & surtout par l'usage des bâtisses en briques. Quant à la coupe savante des pierres, la construction des édifices *gothiques* n'en eut pas besoin. L'art du trait n'est en général nécessaire que là où l'on prétend faire des choses difficiles en pierres de taille, sans avoir recours ni à l'emploi du fer, ni aux moyens artificiels. Les constructeurs *gothiques* n'employoient, en général, la pierre qu'en revêtissement. Tous les massifs sont en maçonnerie de blocages. Ce qui paroit avoir dû exiger plus de science dans leurs ouvrages, je parle des voûtes qui paroissent si hardies par leur élévation, ne comportoit, comme on le montrera tout-à-l'heure, qu'une intelligence fort ordinaire, & le système des voûtes croisées auquel se réduit cette prétendue hardiesse, est le système qui exige le moins de science dans la coupe des pierres, puisque ces pierres n'y sont employées qu'en manière de briques renforcées par une maçonnerie à laquelle elles adhèrent, & que jamais les portées de semblables sections de voûte n'exigent ni coupes extraordinaires, ni points d'appui fort recherchés.

Tout le secret de ces voûtes, qui étonnent par le peu d'épaisseur de leur construction, est, d'une part, dans la division de la poussée, division que donne naturellement l'arc croisé, & ensuite dans les arcs-boutans extérieurs, qui renforcent l'élévation des nefs, & offrent la résistance nécessaire à l'effort des voûtes; en sorte qu'on doit dire que cette beauté intérieure des nefs est achetée aux dépens de l'élévation extérieure, qui n'offre jamais d'autre idée que celle d'un édifice étayé, & incapable de trouver en soi-même le principe de sa solidité. Dans toutes ces pratiques, il est impossible de trouver ni la science du trait & de la coupe des pierres, ni le besoin d'y avoir recours.

Les autres hardiesses du *gothique* tiennent aussi peu à la vraie science de la construction. Ces trompes ou constructions en encorbellement, ces rosaces en pendentifs, ces culs-de-lampe suspendus, ces meneaux des croisées, ces grandes roses découpées pour les vitraux, sont tous ouvrages dont le fer seul & des armatures étrangères font la liaison; & il n'est permis d'y admirer que la patience qui les exécuta, & cet amour du merveilleux qui, selon le goût & les usages de ces temps, avoit été substitué en tout à l'amour du beau & au goût du vrai.

Ce que la construction *gothique* présente de plus imposant & de plus remarquable, est, sans doute, l'élévation, l'élancement & la légèreté des voûtes dans les nefs des grandes églises. C'est aussi ce qui a le plus contribué à faire naitre & à perpétuer les systèmes de quelques esprits spéculatifs, qui prennent toujours des ressemblances pour des imitations, veulent que les architectes se soient proposé pour modèles dans ces voûtes & leurs *croisures*, l'effet des branchages des arbres & de leurs entrelacemens. Nous avons déjà montré que l'architecture n'a jamais pu procéder d'après d'aussi chimériques ressemblances, & que ce qu'il y a d'imitatif dans le système architectonique de quelques peuples, ne se rapporte point aux objets de la nature, mais à ses lois, & aux premiers essais de la construction primitive. C'est dans ces travaux d'un art naissant, c'est dans les moyens employés pour satisfaire aux besoins des sociétés, qu'il faut aller chercher les types originaux des formes, que modifient successivement l'art de bâtir & le goût d'orner.

D'après ces principes, si l'on se demande ce qui a pu suggérer aux architectes des églises *gothiques*, & le système de leurs voûtes, & le goût de ces hauteurs auxquelles ils se plurent à les porter, il nous semble que cette question n'est pas difficile à résoudre. On a déjà vu les temples des Chrétiens prendre naissance dans les basiliques des païens, édifices exhaussés sur deux rangs de colonnes (*voy*. BASILIQUE), & couverts de plafonds en charpente. Les premiers édifices que le christianisme ait bâtis sur ce plan, & selon cette disposition, furent portés encore à une plus grande hauteur, & l'exhaussement des murs sur lesquels devoit porter la couverture, ne pouvoit permettre d'y établir que des planchers & des solives de bois. La hauteur des églises, dans le christianisme, étoit une conséquence nécessaire de la grande étendue de leur plan, & cette étendue étoit prescrite par le besoin de réunir une foule considérable d'assistans.

Mais le christianisme ne s'étendit que successivement & par la suite des temps, dans les régions de l'Europe, où nous voyons les grandes églises *gothiques* dont il s'agit. Il dut se passer quelques siècles entre l'époque de l'introduction de la nouvelle religion dans ces contrées, & celle où il fut permis d'appliquer à d'aussi vastes édifices les sommes considérables qu'exigea leur construction. Nous devons donc croire que les premières églises chrétiennes, avant le onzième & le douzième siècle, avoient été bâties avec beaucoup plus d'économie, & plus d'un témoignage nous prouveroit qu'elles étoient couvertes en bois. Dans des pays encore remplis de nombreuses forêts, l'art de la charpente & des toitures en bois avoit dû élever très-haut les combles des églises. Il fut naturel, & de chercher dans la méthode des voûtes un remplacement des charpentes, & de se conformer dans l'élévation des nouvelles couvertures, aux habitudes établies. C'est ainsi & c'est dans ce sens que l'art des charpentes put servir de modèle à l'art des voûtes; & comme le bois se prête à toutes sortes de hardiesses & de légèretés, on ne sauroit nier non plus que quelques détails des assemblages en bois, aient pu inspirer certaines combinaisons de culs-de-lampe, de pendentifs & de découpures, dans le travail de la pierre.

Dès qu'il fallut voûter à une aussi grande élévation, sur des murs ou des points d'appui qui ne pouvoient pas avoir plus d'épaisseur que les piliers ordinaires des nefs, trois choses furent nécessaires. Premièrement on dut employer le genre de construction qui met en œuvre les matériaux les plus légers & dans la moindre épaisseur, & ce genre étoit celui du remplissage, de la brique ou de la pierre taillée en briques. Secondement on vit qu'il étoit impossible d'user du système de voûtes plein-cintre ou elliptiques, qui produit une poussée considérable, & dès-lors s'offrit le système des voûtes croisées, dans lequel la poussée se trouve divisée. Troisièmement on comprit que les murs qui supporteroient ces voûtes, pour légères qu'on les suppose, auroient besoin de contre-forts, & de-là l'usage des arcs-boutans.

Mais doit-on conclure de-là que les architectes *gothiques* aient été les inventeurs du système des voûtes croisées, d'où naissoit naturellement, comme on va le voir, celui des arcs aigus ou ogives, qu'on prétend très-abusivement être une découverte du *gothique*, & appartenir exclusivement à cette architecture? Nous allons voir que cette opinion est dénuée de fondement.

Si l'on remonte, dans l'antiquité, à l'origine & à l'histoire des voûtes, on voit qu'elles furent d'abord d'une construction fort simple, & comportèrent peu de variétés dans leurs formes. Les Grecs paroissent n'avoir d'abord connu ou employé que trois espèces de voûtes; celles qu'on appeloit θόλος, ψαλίς & καμάρα. Cette sorte de construction reçut depuis, par les grandes entreprises des Romains, dans l'établissement de leurs thermes & de leurs palais, de nouvelles modifications qui firent inventer d'autres formes de voûtes, telles que la voûte surbaissée (*testudo*), la voûte en cul de four (*hemisphærium*), & la voûte à lunettes ou à arêtes (*camera lunelata*). Cette dernière espèce de forme devenoit indispensable dans tout grand intérieur voûté, & qui devoit avoir de grandes ouvertures pour la lumière. Les fenêtres trouvoient naturellement leur place dans l'espace inscrit entre les arêtes qui forment les lunettes. On ne trouve guère de grand exemple de ce genre de voûtes, qui soit antérieur à la construction de ce qu'on appelle à Rome le temple de la Paix, quoique rien ne prouve que ce nom lui convienne. Les voûtes à arêtes furent aussi employées dans les thermes. Celles qui portent le nom de Dioclétien, sont les mieux conservées. La grande salle du centre existe en son entier, & sert aujourd'hui d'église. Si l'on en examine la construction, on y découvre le germe & la raison de l'*arc-tiers point*, auquel on a attribué des origines qui y conviennent aussi peu, que le nom de *gothique* qu'on y a affecté.

Cette grande salle est couverte d'une voûte

d'arête, dont les retombées portent sur les huit colonnes de granit qui en décorent le pourtour. Toute cette couverture se dessine en trois compartimens, formés par les angles saillans de trois croix en diagonal, que donne le plan de la voûte, comme on peut le voir. (Desgodets, *Edif. antiq. de Rome*, pag. 131.)

Je me contente de cet exemple que tout le monde connoît, pour montrer que le besoin seul de couvrir en voûte de très-grands intérieurs avoit fait imaginer, bien long-temps avant les architectes *gothiques*, le système de voûtes croisées. Si l'on prend la peine de comparer à la grande salle des thermes de Dioclétien, les nefs des églises *gothiques*, on n'y verra aucune autre différence que celle qui peut résulter de la nature & de l'emploi des matériaux. Du reste on voit les voûtes de la salle des thermes prendre naissance sur les colonnes, de la même manière que les voûtes *gothiques* partent des piliers ou des torons adossés à ces piliers. A la différence extérieure près des matériaux, c'est la même construction, savoir, une maçonnerie de blocage revêtue, dans les thermes, de stuc ; dans le *gothique*, de petites pierres en parement. Les architectes *gothiques*, employant la pierre, firent seulement les nervures croisées des voûtes, en pierres & en saillie.

Quand on examine ce système de voûtes réduit à ce qu'il est, on est fort éloigné d'y trouver aucune sorte d'invention. Mais ce qu'on y découvre sans peine, c'est la raison qui fit employer, & qui dut rendre générale dans toutes les constructions, la forme des arcs pointus ou ogives, qu'on a encore très-mal-à-propos prétendu être une invention exclusive du *gothique*, qui, du reste, n'en auroit pas connu d'autre.

Ces deux prétentions sont également démontrées fausses.

D'abord il est incontestable que l'arc plein-cintre ou circulaire fut connu des constructeurs *gothiques*, & pratiqué par eux. On en trouve des exemples dans une multitude de parties des tours, des fenêtres & ouvertures formées par des arcs, & dans des nefs même d'églises. Ainsi la nef de l'église de Saint-Germain-des-Prés, une des plus anciennes qu'il y ait, a toutes ses arcades formées en plein-cintre, quoique les voûtes des bas côtés soient croisées en ogive, & que les formerets ou arcs des fenêtres de ces bas côtés soient angulaires. Ce n'est pas le seul exemple d'arcade en plein-cintre qu'il y ait dans cet édifice. Au reste, la chose n'a pas besoin de preuve. L'arc circulaire étant le plus simple, n'a jamais pu être ignoré dans aucun temps, partout où le système de bâtir a admis des voûtes.

Quelle raison a donc fait prévaloir, dans l'architecture *gothique*, la méthode des arcs en ogive ? Loin que ce soit l'ignorance de voûter en plein-cintre, puisque, dans les voûtes des églises, les arêtes ou nervures en saillie qui s'y croisent, forment toujours des voûtes cintrées, il nous paroit que c'est de la forme des voussures en pendentifs qui remplissent les intervalles des nervures en saillie, & qui, pour éviter le plus qu'il est possible de poussée, sont ordinairement construites angulairement ; qu'a dû résulter l'usage des arcs angulaires, soit dans les fenêtres dont les arcades se raccordent aux voûtes supérieures, soit dans les arcades des nefs, & qui se raccordent aux voûtes inférieures des bas côtés. Ce n'est pas que la chose ait été absolument nécessaire, & nous voyons dans la nef de Saint-Germain-des-Prés, à Paris, des voûtes d'arête aux bas côtés, & des arcades plein-cintre dans la nef. Il est vrai que ces cintres se raccordent moins bien avec les voûtes, qu'ils décrivent une autre ligne, & descendent plus bas. Mais c'est là qu'on voit & que l'on comprend combien la forme des arcs en angle, ou aigus, fut naturellement adaptée aux voussures angulaires qui venoient s'y appuyer. On peut affirmer que l'usage des voûtes à arêtes, étant devenu général dans toutes les constructions *gothiques*, le seul sentiment de l'accord & de l'harmonie devoit y rendre également générale la pratique des arcs d'ogive.

Comme on a été obligé d'avouer que ce qu'on appelle ainsi, ou le système des voûtes aiguës & à arêtes, n'avoit pas été une invention des *gothiques*, mais avoit eu son origine & trouvé ses modèles dans les couvertures des grandes salles antiques des thermes, on doit convenir que les architectes *gothiques* n'ont pas adopté ce système par ignorance de l'art de voûter en plein-cintre, puisque les voûtes croisées de leurs églises sont une réunion des deux systèmes.

C'est donc le besoin d'établir des voûtes à de très-grandes hauteurs, dans de très-grandes largeurs, & sur des supports d'une foible résistance, qui leur a fait préférer & le choix de matériaux légers, & le genre de construction qui divise les poussées des voûtes, & déchargé d'autant les murs latéraux. L'arc aigu dans les fenêtres & les portiques des églises n'est autre chose que le résultat de la voûte d'arête.

Il n'y aucune invention, dans cet arc ogive, qui puisse passer pour être due aux *gothiques*. Si quelque chose a pu encore en propager la pratique, c'est la facilité de construire ces sortes d'arc sans échafaudages ou cintres de charpente. En effet, il suffit des moindres appuis pour soutenir des claveaux portant en partie sur leurs inférieurs, & dans ce genre de bâtisse, la construction devient elle-même son armature, & dispense des assemblages nécessaires pour bander les arcs plein-cintre.

Du goût de la décoration & de l'ornement dans l'architecture gothique.

Ceux dont l'opinion est que l'architecture *gothique* fut l'invention des peuples du Nord, qui, vers les cinquième ou sixième siècles, se jetèrent fac l'Italie, & dont le goût se seroit alors de proche en proche répandu en Europe, se sont imaginés que les différences de pesanteur ou de légèreté, & quelques autres variétés qu'on remarque aux édifices de ce genre, selon la diversité des époques, devoient justifier leur système. Ils distinguent ordinairement deux sortes d'architecture *gothique*, l'une qu'ils appellent *ancienne*, & l'autre qu'ils appellent *moderne*. Selon le goût de l'ancienne, qu'ils croient due aux Goths, les édifices sont massifs, pesans & grossiers ; les ornemens y participent de la même manière, & y ont un style dénué de toute élégance. Le goût plus moderne de cette architecture, qui, selon eux, date du règne de Charlemagne, offre plus de légèreté, plus de délicatesse dans ses parties, & une beaucoup plus grande profusion d'ornemens. Il manque à ce système, comme on l'a vu, des autorités dans les monumens mêmes, & des dates qui puissent en constater les époques.

Toutefois qu'on reconnoisse plus d'un degré de légèreté, d'élégance & de luxe dans les édifices *gothiques*, c'est ce qu'il est aussi facile de remarquer, qu'il est difficile d'indiquer les causes de ces variétés. Ces causes sont très-nombreuses. Comme on trouve en ce genre des différences assez sensibles de pays à pays, il ne faut pas douter que le cours des années ait pu en reproduire d'à peu près semblables dans le même pays.

Il ne se peut guère que, dans les œuvres de l'architecture, le goût de décoration & d'ornement suive pas les variations qu'éprouvent les formes & les parties essentielles des édifices. Souvent même la décoration se trouve faire partie de la construction, & s'identifie avec elle. Ainsi l'on peut regarder comme un des élémens de la décoration *gothique*, le système de nervures & de tores que nous avons vu être un résultat de la construction des voûtes, & de l'absence de division dans ces sortes d'ordonnances. Ces grands effets de légèreté que les nefs *gothiques* font admirer, tiennent, plus qu'on ne pense, à ce qu'aucun corps ou membre intermédiaire & saillant ne vient rompre, comme l'entablement le fait dans l'architecture grecque, la continuité qui règne entre la voûte & ses supports. La voûte *gothique* paroît naître du pied même des piliers qui la portent ; & lorsque ces piliers se composent de *fuseaux* ou *torons* qui en font une sorte de gerbe, cette courbure semble donner à la pierre une sorte de flexibilité agréable à l'œil. Les ogives, formant de toute part des rayons divergens, divisent toute la surface en angles rentrans & saillans. De cette division résulte dans tout l'aspect de l'édifice, & surtout dans ses voûtes, une variété décorative qui plaît d'autant plus, que le principe qui la produit tient à la construction même, & à la nature des choses en ce genre.

A considérer la décoration dans ses rapports généraux avec l'architecture, on ne trouve guère d'autres parties des édifices *gothiques* dont on puisse dire la même chose. Comme on l'a déjà remarqué plus d'une fois, c'est surtout à l'extérieur, que le genre de décoration *gothique* peut trouver le moins d'admirateurs. Le dehors des églises n'offre aucun parti qui tienne à un système de combinaisons inspirées par la nature, ou avouées par le goût. Tout ce qui en fait partie, peut y être ou n'y être pas, peut occuper une place ou une autre place, sans que l'esprit puisse s'en rendre compte & que l'œil ait le droit d'en demander raison : car, pour cela, il faudroit qu'on aperçût dans tous ces assemblages d'ornemens, une liaison constante, quand ce ne seroit même que celle de la routine. Au contraire, tout y indique une sorte de désordre qui semble n'avoir eu que le hasard pour ordonnateur.

Tel est le caractère de la décoration *gothique*, à l'extérieur des édifices, qu'il n'y a ni analyse, ni méthode qui puisse en rendre une description intelligible. Les portails des églises offrent quelquefois, dans les masses de leurs tours, un ensemble assez imposant de loin. Mais les petits clochers, les petites pyramides, les amas de petites colonnes, de statues, de niches, de sculptures, de découpures dont ces masses sont tourmentées, détruisent de près toute idée d'ensemble, toute apparence d'unité. Les parties latérales des églises sont condamnées à recevoir les supports des arcs-boutans, & ces contre-forts ont toujours empêché qu'il pût s'y établir un système de décoration tant soit peu raisonnable.

Comme, ainsi que nous l'avons déjà observé, il n'y a point de colonnes dans l'architecture *gothique* (à entendre la colonne dans le sens d'ordre & de système), il résulte de cette privation, surtout à l'extérieur des édifices, un vide de décoration que rien ne peut remplir. Dès-lors point de portiques saillans en avant des temples, point de péristyles environnans, point de couronnement, point de ligne horizontale qui termine ou circonscrive la masse générale. Tout est ornement plaqué ou figure découpée. La forme de décoration la plus ordinaire dans le *gothique*, est la forme pyramidale, ou pour mieux dire *obélifcale*. Ce fut surtout par la grande élévation, que les hommes de ce temps cherchèrent à imprimer une haute idée de la majesté divine, en frappant les yeux d'étonnement. De-là ces clochers élevés à de prodigieuses hauteurs, au-dessus des voûtes de nefs déjà prodigieusement hautes : de-là ces tours qui se terminent souvent en aiguilles très-élancées. Ces objets sont sans doute de loin beaucoup d'effet ; de près, on peut encore y admirer l'artifice des découpures, & l'art d'en évider toutes les parties. Mais la maigreur des détails, mais l'impossibilité d'y adapter un système de décoration raisonnable, y produisent un sentiment pénible pour le spectateur, qui n'y trouve que les résultats minutieux d'une industrie mécanique. L'effet de la décoration *gothique*, est celui que produit, dans les ouvrages de

certains

certains animaux, l'admiration pour l'instinct qui les forma. On s'y étonne de la patience & de la longueur du travail. Mais comme si un principe méchanique y eût présidé seul, l'œil se lasse bientôt d'un goût dans lequel l'esprit ne découvre aucune trace d'invention, aucune intention imitative.

Fidèles au système de l'arc ogive & des formes aiguës qui dominent dans toutes les parties de leurs édifices, les architectes *gothiques* ne semblent s'en être écartés constamment que dans ces grands vitraux circulaires qui règnent presque toujours aux deux extrémités de la croisée des églises. Il faut regarder comme des objets de décoration tout-à-fait dignes d'admiration, ces vastes *roses* en compartimens, dont les nervures forment ordinairement des dessins symétriques d'un fort bon goût, & dont les vides, remplis par des verres colorés de toutes sortes de manières, présentent à l'œil le plus agréable aspect, & rappellent quelquefois les partis ingénieux & variés des plafonds en arabesques des Anciens, & de leurs pavés à compartimens en marbre ou en mosaïque.

La peinture des vitraux constitue, sans aucun doute, une des parties les plus brillantes de la décoration de l'architecture *gothique*. Nous n'entendons parler ici de ces peintures, que sous le rapport de l'effet général qu'elles produisent sur le spectateur, dans l'ensemble des édifices. La multiplicité & l'immensité des ouvertures qui y sont pratiquées de toutes parts, a donné lieu au décorateur d'y développer avec art les dimensions, & sous toutes sortes de combinaisons, les ressources que l'art sait puiser dans l'emploi des plus belles substances colorantes. On sait à quel degré de perfection l'art de colorer le verre fut porté dans ces siècles, où malheureusement le génie de l'imitation & le goût du dessin ne répondirent point à l'excellence des procédés mécaniques, qui ont assuré la durée & l'éclat de ces ouvrages. Cet art servit heureusement l'architecture des églises, en diminuant, par l'introduction de la peinture sur les vitraux, la trop grande vivacité de lumière que la multitude des fenêtres auroit produite dans les intérieurs. C'est à cela que ces intérieurs doivent le jour mystérieux qui en agrandit encore les dimensions, qui porte dans l'ame des impressions de respect & de recueillement, & contribue puissamment à la majesté du lieu saint.

Deux causes nous paroissent avoir influé très-activement sur le goût de décoration & d'ornement des monumens *gothiques* qui datent des douzième & treizième siècles. L'une est le genre de l'orfévrerie, alors si en vogue & si répandue par les usages religieux; l'autre, les communications du goût arabe, qui, à cette époque, dut exercer une assez grande action sur l'esprit & la manière des architectes *gothiques*.

Quant à la première de ces causes, je sens qu'on pourroit croire que c'est plutôt le goût de l'architecture qui détermina le goût de l'orfévrerie, attendu que, naturellement, c'est aux ouvrages qui

Diction. d'Archit. Tome II.

frappent le plus puissamment les sens & les yeux, à servir de modèle, & non à imiter des ouvrages d'un genre subalterne. Toutefois je pense qu'en fait de goût de décoration, il y a, plus souvent qu'on ne le croit, une réciprocité d'influence entre les grandes productions de l'architecture & les produits secondaires de l'industrie. Plus d'un exemple, même dans les temps modernes, pourroit faire voir que le goût propre de la menuiserie, par exemple, ou des ouvrages en bois, a influé non-seulement sur l'ornement, mais encore sur les formes des édifices. Pourquoi n'en auroit-il pas été ainsi dans des temps où nulle théorie, nuls principes, nulle règle, nulle autorité ne prescrivoient à l'art de bâtir un modèle d'analogie raisonnée, dans l'application à l'art de décorer? Quand on examine dans tous les détails dont il se compose, l'ensemble du goût décoratif dont on parle, quand on y considère toutes ces évidures de pierres, toutes ces légèretés, & ces découpures, & cette profusion de petits objets, & ces filigranes si déliés, & ces broderies, & ces festons en l'air, & cette multiplicité d'objets contournés, perforés, suspendus, isolés, qui ne sont, dans l'art de l'orfévrerie & dans le maniement des métaux, que de faciles badinages auxquels la matière seule invite l'artiste; quand, au contraire, on imagine quelle peine, quelle dépense de temps, quelles difficultés dut coûter le besoin de forcer la pierre à simuler toutes ces délicatesses, toutes ces légèretés qui contrarient la nature de la matière, & auxquelles elle ne peut se prêter que par toutes sortes de moyens artificiels, on reste persuadé qu'outre l'amour du merveilleux dont on a déjà parlé, il entra aussi dans le système de ce genre de décoration, une sorte d'influence de mode, une manie d'imitation & une singerie des procédés d'un autre art, que mille causes connues de tout le monde avoient alors mises dans le plus grand crédit.

On est encore très-porté à mettre le goût des Arabes & l'influence qu'il dut acquérir, par les grands ouvrages que ce peuple multiplioit alors en Espagne, au nombre des causes qui produisirent le style de décoration & le caractère d'ornement de l'architecture *gothique*.

La loi de Mahomet avoit interdit aux Arabes toute représentation de figures d'hommes ou d'animaux : dès-lors les décorateurs avoient appliqué l'habileté de leur ciseau à l'exécution d'ornemens fantastiques, puisés dans les diverses configurations des plantes, des feuillages & autres objets semblables. Leur génie fut inépuisable en ce genre. Ils savoient incruster toutes sortes de fleurs & de compositions de rinceaux dans le marbre & la pierre; ils savoient y tailler des découpures avec un art infini. Employant toutes sortes de marbres colorés, ils réunissoient à ces compartimens, l'emploi des couleurs par toutes sortes de procédés de peinture. L'Espagne est encore remplie d'édifices bâtis depuis le dixième jusqu'au quinzième siècle (époque des grandes constructions *gothiques* en Europe), & ces édifices nous offrent encore les modèles d'un goût qui s'est propagé de fait, & sous le nom d'*arabesques*, nom que nous avons donné, d'après l'emploi qu'en firent les Arabes, au genre d'ornemens fantastiques, dont l'antiquité romaine nous a conservé les premières traces & les meilleurs exemples.

Il est impossible que la grandeur, la magnificence & la variété des monumens arabes de l'Espagne, monumens qu'on ne cesse point d'admirer, & qui nous paroissent encore des créations du génie de la féerie, n'aient pas exercé une puissante influence sur le goût des décorations *gothiques*. Mais dans les pays du Nord, où l'on bâtissoit ces grandes églises qui s'élèvent encore au milieu de nos villes, la nature, moins libérale, n'offroit au génie de la décoration ni marbres variés, ni substances précieuses à combiner ensemble pour le plaisir des yeux. L'art, réduit au travail de la pierre, ne put produire le même agrément. De-là, comme nous l'avons déjà remarqué à l'article ARABESQUE (*voyez* ce mot), le genre maussade & sans valeur d'ornemens qui, peu propres à parler à l'esprit, restent tout-à-fait insignifians, lorsqu'ils sont privés de ce charme extérieur qui séduit les sens & la vue. Il est vrai que la décoration *gothique* eut la ressource dont celle des Arabes manquoit, on veut dire l'emploi des figures humaines & de toutes les formes d'animaux ou de signes empruntés, soit à l'allégorie, soit au goût de l'ornement antique, dont on retrouve toutes les formes & tous les détails confondus dans les compositions de cette architecture.

Nous avons distingué l'ornement de la décoration, & il en diffère effectivement, soit sous le rapport des objets, soit sous celui du genre, comme la partie diffère du tout, comme le goût des détails diffère de celui de l'ensemble: (*Voyez* ORNEMENT *&* DÉCORATION.)

L'analyse seule de ce qu'on appelle l'*ornement* dans l'architecture *gothique*, suffiroit à prouver ce que toutes les parties de cet article doivent avoir déjà fait, savoir, que cette architecture, loin d'avoir été une invention originaire d'un peuple ou d'un âge quelconque, ne fut qu'une compilation successivement formée de tous les élémens de l'architecture gréco-romaine. Les ornemens, dans chaque genre d'architecture, se considèrent tantôt comme signes symboliques plus ou moins tronqués, plus ou moins modifiés des opinions, des croyances, des usages religieux, des pratiques civiles; tantôt comme souvenirs des élémens de l'art de bâtir primitif, tantôt comme productions de la fantaisie, & que le goût combine avec les diverses parties des bâtimens, pour l'agrément de la vue.

Ainsi, pour ne parler que des chapiteaux dans l'architecture *gothique*, on sait que les formes, les accessoires & les variétés qu'offrent leurs diverses compositions, selon la différente nature des ordres auxquels ils s'appliquent, donnent lieu d'y reconnoître l'application de l'une ou de l'autre de ces trois origines. Mais dans le *gothique*, on ne trouve que mélange & confusion sur ce point. Il n'est aucune forme, même accessoire, aucune variété de chapiteau qui ne soit empruntée de l'architecture gréco-romaine. La seule chose propre du *gothique* en ce genre, c'est l'emploi irraisonné & désordonné de tous ces élémens. Le manque d'*ordre* est cause que chaque sorte de chapiteau se trouve appropriée sans aucune distinction, à des piliers égaux entr'eux de forme & de dimension.

Cette partie de l'ornement qui rappelle, par ses formes, les types originaux de l'architecture grecque, comme les métopes, les triglyphes, les modillons, les mutules, les caissons, &c., ne pouvoit & ne devoit pas naturellement trouver place dans le *gothique*, dont toute idée de *modinature* (comme on l'a vu) est nécessairement exclue; & certes, si cette architecture eût eu un principe original, ses ornemens auroient participé de ce principe & s'y seroient coordonnés. Cependant il n'y a pas une des parties qu'on vient de nommer, qui, bien qu'étrangère au *gothique*, ne se trouve employée dans ses ornemens. Mais dès que rien ne peut y rendre raison de cet emploi, il faut conclure que le hasard seul les y a fait entrer, comme autant d'objets fantastiques; & cela seul dépose contre l'originalité de ce goût.

Nous sommes forcés d'en dire autant de ce genre d'ornemens symboliques, qui furent autrefois des signes plus ou moins altérés d'idées en rapport avec les traditions historiques ou mythologiques. Il n'est aucune espèce de ces figures symboliques, de ces animaux allégoriques, devenus chez les Grecs le domaine de l'ornement, qui n'ait trouvé place dans les ornemens *gothiques*. Or, que ces signes, qui étoient déjà assez équivoques en Grèce & à Rome, aient pu avoir l'ombre d'une signification dans le *gothique*, c'est ce qu'il est impossible de prétendre. Que signifient, dans les monumens chrétiens du douzième siècle, des sphinxs, des chimères, des centaures, des griffons? N'est-ce point là un caractère palpable de ce manque d'originalité qui nous paroît faire le caractère propre du *gothique*? Si l'on ajoute à cette discordance élémentaire, l'inconvenance du mélange monstrueux qui fut fait alors des emblèmes du paganisme avec les signes du christianisme, on aura une preuve complète de ce qui a été déjà avancé plus haut, savoir, que le désordre & le hasard furent les seuls ordonnateurs de ce genre de compilation.

L'ignorance de la sculpture, l'absence d'imitation, la grossièreté d'exécution, contribuèrent encore à donner, dans les monumens *gothiques*, à la partie décorative ou d'ornement, une grande infériorité sur celle de la construction, en sorte que ce qui ajoute une valeur à l'architecture grecque, est précisément ce qui déprécie le mérite de l'*architecture gothique*.

GOUJON (Jean), sculpteur & architecte. On ignore l'année de sa naissance & celle de sa mort. Mais il vécut sous François Iᵉʳ., Henri II & Charles IX.

Jean Goujon est beaucoup plus connu comme sculpteur que comme architecte. L'époque où il vécut, le style de ses ouvrages, tout nous fait croire qu'il se forma en Italie, à l'école de Raphaël & de Michel-Ange. Quelque chose d'un peu affecté dans son dessin, ressent l'école Florentine. Mais la grâce, la pureté & l'élégance du style, annoncent l'école de Raphaël, ou plutôt le goût de l'antiquité qui fut le caractère de cette école.

Jean Goujon a atteint dans la sculpture, surtout en bas-relief & en bâtiment, une telle supériorité, qu'on ne peut, depuis près de trois siècles, citer un autre sculpteur qui l'ait égalé pour la finesse, la délicatesse, la correction & la perfection d'exécution. Ses principaux ouvrages sont au Louvre & à la fontaine des Innocens, & sont connus de tout le monde. Nous en parlerons d'autant moins ici, que ce n'est point sous le rapport de la sculpture que nous devons le considérer.

Il est assez reçu, plutôt par tradition que par aucune autre preuve, que Jean Goujon fut associé avec Pierre Lescot, seigneur de Clagny, tant à l'architecture du Louvre qu'à celle de la fontaine des Innocens; &, comme on sait qu'à cette époque le lien qui unit tous les arts du dessin n'avoit pas été encore rompu par l'esprit d'analyse qu'on a depuis introduit dans leurs études, il est assez probable que Jean Goujon a pu donner les dessins de l'architecture, surtout de la fontaine des Innocens.

Pour confirmer l'opinion que ce sculpteur fut effectivement architecte, je vais rapporter quelques témoignages qui ne laisseront aucun doute sur ce point. Je les trouve dans une traduction fort ancienne & peu connue de Vitruve, imprimée à Paris en 1547, & faite par Jean Martin, secrétaire du cardinal de Lenoncourt.

1°. Le traducteur, dans son épître au Roi, déclare qu'il a enrichi sa traduction de *figures nouvelles concernantes l'art de massonerie par maistre Jehan Goujon, n'a guères architecte de monseigneur le connétable, & maintenant* (dit-il au Roi) *l'un des vôtres*. Jean Goujon est encore cité par le même, dans son *Advertissement aux lecteurs*, comme ayant donné les figures d'architecture de cette traduction.

2°. A la fin de l'ouvrage de Jean Martin, est une dissertation de Jean Goujon, avec ce titre : *Jean Goujon studieux d'architecture aux lecteurs, salut*; dans laquelle il rend compte du travail de ses figures sur Vitruve.

3°. La traduction de Vitruve, par Jean Martin, est ornée de deux sortes de figures d'un mérite fort différent & très-faciles à distinguer; celles de Jean Goujon se rapportent uniquement aux ordres de colonnes & aux détails de leurs parties, comme aux profils des ordonnances. On y reconnoit aisément une bonne manière de dessiner, & un goût d'antique que ne présente pas le reste des planches de l'ouvrage.

Il résulte de ces autorités incontestables, que Jean Goujon fut non-seulement architecte, mais encore architecte du Roi, & qu'ainsi il a pu, comme tel, avoir part à l'architecture du Louvre.

Mais le monument dont il est plus probable encore qu'il ait dirigé l'architecture, est la fontaine des Innocens, petit édifice situé jadis au coin de la rue aux Fers & de la rue Saint-Denis, détruit depuis, lors de la démolition du cimetière de Innocens, & replacé dans une disposition différente, au milieu du marché qui a pris la place de ce cimetière.

L'auteur de ce Dictionnaire ayant eu quelque part dans les changemens qu'a éprouvés cet intéressant édifice, croit devoir consigner ici quelques détails relatifs à son histoire.

En 1787, lorsque le Gouvernement eut adopté le projet de démolir les charniers des Innocens, la fontaine de ce nom occupoit l'angle de la rue Saint-Denis, comme on l'a dit, & de la rue aux Fers, dont un côté donnoit sur le cimetière. La destruction des maisons de ce côté de la rue, sembloit donc entraîner avec elle la destruction de la fontaine, dont le grand côté s'alignoit avec ces maisons. Cette fontaine, en effet, ne paroit pas avoir été terminée dans son temps, & sans doute elle devoit, selon le plan de l'architecte, former un petit édifice en carré-long, percée d'arcades, deux sur la longueur & une sur chaque front. Mais des maisons d'un côté & de l'autre s'y étoient adossées, & elle-même étoit devenue une maison habitée. La destruction de la fontaine fut alors décidée, & l'on annonça dans le public, que les sculptures de Jean Goujon étant la seule chose recommandable de ce monument, on les enleveroit pour les conserver, sans leur affecter aucune destination.

Quelques années auparavant on avoit ainsi procédé à la destruction de l'arc-de-triomphe, appelé de la porte Saint-Antoine, & les belles sculptures que Jean Goujon ou ses élèves y avoient exécutées, avoient été ainsi enlevées & dispersées.

L'auteur de ce Dictionnaire crut devoir alors signaler au public l'abus dont on avoit déjà donné l'exemple, & montrer quel danger il y auroit à décomposer l'ouvrage de Jean Goujon. Il publia dans le *Journal de Paris* du 11 février 1787, un morceau dont on va extraire ici quelques passages.

« .... Le bruit public semble annoncer qu'on
» est dans l'intention de démembrer & de dépecer
» cet édifice. J'invite donc les amateurs des arts
» à réfléchir sur le danger qu'il y auroit à dénaturer ce monument, sur la nécessité & la facilité
» de le transporter en son entier ailleurs, au cas
» que l'intérêt public exige qu'on le déplace.
» Quant à moi, je ne crains pas d'annoncer qu'il
» n'y a pas moyen de le décomposer sans en dé-

» grader la partie la plus belle, celle de la sculp-
» ture, qui l'emporte, sans contredit, sur l'archi-
» tecture.... Que l'on détache les bas-reliefs de
» l'architecture qui leur sert d'encadrement, qu'on
» les mette à d'autres distances & sous d'autres
» points de vue, on les verra perdre infiniment
» de leur mérite : la légèreté des figures se chan-
» geroit en maigreur, leur délicatesse & leur élé-
» gance deviendroient peut-être de la sécheresse
» & de la manière. Tel est le sort de la sculpture
» de bas-reliefs en bâtiment, qu'elle ne souffre
» point de déplacement. Quant à celle-ci, la mai-
» greur même de l'architecture qui en resserre les
» figures, lui fait un contraste avantageux. Ces
» figures ont été dessinées pour la place qu'elles
» occupent, & eu égard à ce qui les environne :
» elles eussent très-probablement reçu des pro-
» portions & une exécution différentes, si le sculp-
» teur les eût destinées à d'autres cadres que des
» entre-pilastres fort étroits.

» Ce seroit d'ailleurs mal connoître l'esprit qui
» dirigeoit anciennement les ouvrages d'architec-
» ture, que de croire qu'on peut en séparer les
» parties, sans leur enlever le point principal de
» leur valeur, celui qui résulte de l'accord. On
» entend ici, paraccord, cette identité de caractère
» & de goût, cette unité de style, qui font qu'un
» monument semble être l'ouvrage d'un seul
» homme, & laisse à douter si le sculpteur fut l'ar-
» chitecte, ou l'architecte le sculpteur, genre de
» mérite dont les âges suivans ne nous retracent
» plus d'exemple. Ce mérite, dans les ouvrages
» de ce temps, vient de ce que les arts étoient
» alors pratiquement réunis entr'eux, que l'esprit
» de méthode n'y avoit pas encore élevé ces bar-
» rières qui les ont isolés depuis, & qu'on n'en
» possédoit jamais un seul exclusivement. Il devoit
» résulter de-là aussi quelquefois que l'artiste faisoit
» prévaloir, dans un monument, l'art dans lequel
» il excelloit le plus ; &, sans doute, c'est ce que
» Jean Goujon aura fait dans la fontaine des
» Innocens.....

» J.-F. Blondel prétend qu'elle manque du ca-
» ractère propre à un monument aquatique, dé-
» faut qu'il attribue à la privation d'eau & au
» manque d'application d'un ordre viril. Il paroît
» cependant que s'il eût mieux pénétré l'intention
» de l'artiste, il eût été moins prompt à le con-
» damner. Il auroit vu que, ne pouvant employer
» l'heureux effet des eaux, Jean Goujon ne voulut
» point employer non plus le genre d'architecture
» rustique, qui, sans l'accompagnement d'eaux,
» n'eût présenté qu'un parti lourd & insignifiant ;
» qu'il n'adopta point par hasard le genre élégant,
» qu'il sut au contraire le motiver, & qu'on en
» rend aisément raison..... Dans le fait, il est évi-
» dent que son intention ne fut pas de faire un
» château d'eau, mais bien un petit temple, un
» nymphæum ou une édicule consacrée aux nym-
» phes des fontaines, comme il nous l'apprend

» lui-même par les inscriptions placées au-dessus
» des impostes, où on lit ces deux mots : *Fontium*
» *nymphis*.

» Quant au mérite intrinsèque de l'architecture,
» je n'ignore pas qu'on peut lui reprocher un peu
» de maigreur & quelques défauts qui tiennent au
» goût du temps..... Mais seroit-ce une raison de
» la proscrire ? Quel funeste exemple à donner,
» surtout lorsqu'on pense que l'ouvrage dont il
» s'agit, fait époque dans l'architecture française !
» Que deviendroient les arts & leur histoire, si les
» édifices, dépositaires du génie de chaque siècle,
» au lieu d'acquérir, en vieillissant, cette vénéra-
» tion publique qui doit les rendre sacrés, qui
» peut, en assurant leur durée, fixer par des
» points de comparaison le goût des peuples, se
» trouvoient condamnés, comme les productions
» éphémères de la mode, à ne paroître un jour
» que pour faire place à ceux du lendemain ? »

Cette réclamation produisit son effet. La fontaine des Innocens fut épargnée dans les démolitions des bâtimens qui environnoient le cimetière, & elle resta quelque temps isolée au coin qu'elle occupoit. Mais sa position & le défaut d'achèvement de son ensemble faisoient sentir la nécessité de la dé-placer, en respectant & sa sculpture & son archi-tecture.

L'auteur de ce Dictionnaire adressa alors au corps de ville un Mémoire dont l'objet étoit d'indiquer les moyens de transporter ce monument au milieu de la nouvelle place du cimetière desti-née à devenir un marché, de reconstruire l'édi-fice sur un plan carré, d'employer les trois arcades actuelles, à former les trois côtés de ce carré, & de bâtir le quatrième côté à l'instar des trois autres. Quant aux sculptures du quatrième côté, l'auteur indiqua le moyen de suppléer à *Jean Goujon* par *Jean Goujon* lui-même. C'étoit d'emprunter les deux figures manquantes au Louvre, où le même sculpteur avoit fait, dans des espaces fort peu différens, des figures de femme drapées du même genre & dans une proportion absolument sem-blables. Cet emprunt consisteroit à faire mouler ces figures & à les copier dans les entre-pilastres du quatrième côté. Ainsi le monument seroit encore dans sa totalité l'ouvrage de *Jean Goujon*.

Une partie de ce projet a été réalisée. M. Poyet, alors architecte de la ville, fit décomposer avec soin tous les matériaux de l'édifice, & les replaça dans un plan carré, au milieu du marché, & les appliqua à un corps de construction solide. Le quatrième côté fut refait selon le dessin des trois autres & des deux figures qui manquoient : l'une a été copiée d'après un des bas-reliefs de la cour du Louvre, par *Jean Goujon*; l'autre, on ne sauroit trop en dire la raison, a été composée & exécutée par M. Pajou, sculpteur du Roi & de l'Académie royale de peinture & sculpture.

Quoiqu'on ait pu reprocher à l'architecte d'avoir élevé son petit monument sur un soubassement beaucoup trop haut, & de l'avoir accompagné d'objets qui tendent à le rapetisser ; d'avoir enfin éloigné beaucoup trop de la vue, des sculptures, dont la délicatesse & le précieux exigeoient qu'elles fussent rapprochées de l'œil, & à peu près à la même distance pour laquelle *Jean Goujon* les avoit exécutées ; quoiqu'on eût pu desirer quelques autres détails dans cette restitution, toutefois les artistes & les amateurs s'applaudissoient de voir ainsi conservé l'ouvrage du plus habile sculpteur qu'ait eu la France. Il manquoit, à la vérité, de l'eau à cette fontaine, défaut assez ordinaire aux fontaines de Paris, avant l'entreprise du canal qui conduit actuellement dans cette ville les eaux de l'Ourcq.

Au défaut dont on parle vient de succéder, par une fatalité singulière, le défaut contraire. On a rendu cette petite bâtisse le point principal de l'émission des eaux de ce canal, & l'on a fait échapper, par chacune de ses arcades, de grandes nappes d'eau reçues dans de grandes urnes, & dont l'effet seroit sans doute agréable, si le goût pouvoit appercevoir quelque rapport entre un tel volume d'eaux tombantes & le petit édifice d'où elles sortent. Mais le principal inconvénient de cette grande masse d'eaux transportées dans une bâtisse qui n'avoit pas été faite pour la recevoir, est qu'elle tend d'une part à en altérer la solidité, & de l'autre à placer toutes les sculptures dans une atmosphère d'humidité qui les dégrade. L'hiver, la congélation des eaux augmente de plus en plus ce danger. Déjà on a été obligé de soustraire à tous ces élémens de destruction, les bas-reliefs du soubassement, qui se trouvoient placés sous les nappes d'eau ; en sorte que l'ensemble de cette précieuse composition a déjà disparu. Tout sera une nécessité de pourvoir avant peu à sa conservation, soit en supprimant le volume d'eau, soit en replaçant les bas-reliefs dans un autre local. Ainsi, lorsqu'un œil prévoyant cesse de veiller à l'entretien des ouvrages de l'architecture, ils subissent promptement l'inévitable loi de la destruction ; car, en ce genre, décomposer, c'est détruire.

Un bel ouvrage de *Jean Goujon*, que les restaurations du Louvre & les changemens survenus dans la salle qu'il occupe ont toujours respecté, est la tribune soutenue par quatre caryatides : on peut regarder ce morceau, qui est trop connu pour qu'on le décrive ici, comme appartenant à l'architecture ainsi qu'à la sculpture.

L'hôtel Carnavalet, rue Couture-Sainte-Catherine, fut indubitablement commencé par *Jean Goujon*. La porte de ce joli palais & les lions sculptés qui l'accompagnent, dénotent si clairement la maxime d'architecture & le goût de sculpture de ce maître, qu'on ne sauroit s'y méprendre. L'intérieur a été élevé & bâti sur ses plans par Mansard ; mais déjà le goût de bâtir & celui des sculptures de l'intérieur de la cour n'ont plus ni la finesse, ni la pureté élégante du dehors.

GOUJON, s. m. C'est une cheville ordinairement de métal, qu'on emploie perpendiculairement pour retenir sur son axe, par exemple, le chapiteau d'une colonne.

La différence du *goujon* au crampon consiste dans la diversité de l'emploi de chacun. Le crampon (*voyez* ce mot) est proprement un lien, une attache transversale ou horizontale entre les pierres d'une assise. Le *goujon* s'emploie comme lien vertical entre les tambours d'une colonne, pour assurer leur position & s'opposer à leur dérangement.

GOULETTE, s. f. Petit canal taillé sur des tablettes de pierre ou de marbre, posées en pente pour opérer l'écoulement des eaux. Ce canal est interrompu dans son cours par de petits bassins creusés en forme de coquille, d'où sortent des bouillons d'eau, ou bien, dans les cascades, il est coupé en différens endroits pour produire des chutes, & les jeux divers dont la direction qu'on donne à l'eau fournit la variété.

On pratique des *goulettes* quelquefois sur des balustrades, comme on le voit à la fontaine des bains d'Apollon à Versailles ; quelquefois sur des petits murs d'appui ou de terrasse. On en voyoit de semblables dans l'ancien parterre du jardin du Luxembourg, à Paris.

GOULOTTE, s. f. Petite rigole taillée sur la cimaise d'une corniche, pour faciliter l'écoulement des eaux de pluie par les gargouilles.

GOUSSES, s. f. pl. Espèces de cosses légumineuses, dont on emploie l'imitation dans quelques ornemens d'architecture, & particulièrement dans ceux du chapiteau ionique. Les Anciens nous ont laissé des modèles de cet ajustement de *gousses* partant d'une même tige, & adaptées à chaque volute du chapiteau.

GOUSSET, s. m. Pièce de bois posée diagonalement dans une enrayure, pour assembler les coyers avec les tirans & plates-formes, & pour lier, dans une ferme, une forme avec son entrait. (*Voy.* ESSELIER.)

GOUT, s. m. Ce mot comporte des variétés d'acception qui ne sauroient être comprises par une seule & même définition. Quelques-unes appartiennent à la langue commune, d'autres sont du domaine de la langue philosophique & de celle des arts. Parmi celles-ci, il est une acception du mot *goût*, qui, d'après l'analyse métaphysique qu'en ont faite quelques théoriciens, embrasse dans un rapport très-général, la faculté de discerner les notions du beau & du vrai, les grandes qualités des objets, & qui présideroit à toutes les conceptions du génie, à toutes les combinaisons de l'imitation.

Ce n'est pas sous un aspect aussi étendu qu'on

se propose de faire ici considérer le *goût*. Quoiqu'on puisse soutenir qu'il n'y a rien que le *goût* ne soit appelé à juger & à discerner, cependant il semble qu'en étendant trop son ressort, on tend à confondre ses opérations avec celles du jugement, ou de ce sentiment du beau qui s'identifie avec le génie.

L'acception la plus ordinaire, & sous laquelle on restreint le plus souvent l'idée du mot *goût*, dans les arts, est celle qui en fait un instrument de l'esprit, plutôt que du génie.

C'est sous ce rapport que nous allons d'abord considérer le *goût*, &, en tant qu'on l'appelle *le sentiment des convenances*; nous l'examinerons ensuite sous une autre de ses acceptions principales, en tant qu'il signifie *manière de voir la nature*; & enfin, comme synonyme de *caractère distinctif*.

Du goût comme sentiment des convenances.

Il n'y a aucun doute que l'idée générale de *goût*, dans son application aux œuvres de l'esprit & de l'imitation, étant empruntée de la propriété qu'a l'organe physique de juger la saveur des alimens, le mot *goût* ne doive signifier la faculté de discerner les qualités des objets & des ouvrages.

Pour apprécier la valeur & la nature de cette faculté, dans le sens où on la restreint ici, il faut connoître quelles sont les qualités des objets & des ouvrages, dont le *goût* est spécialement juge.

L'expérience & la théorie démontrent qu'il y a dans toutes les choses, & entre tous les objets soumis à l'imitation, certains rapports légers & délicats, dont l'observance ne fait pas le mérite essentiel d'un ouvrage, mais en complète la valeur, & ajoute au plaisir qu'on en reçoit.

Par exemple ce qui, selon le langage ordinaire du monde, constitue ce qu'on appelle, dans la société, un *homme de goût*, consistera, pour les actions, dans les manières; pour les discours, dans l'à-propos; pour l'esprit, dans la grâce; pour la démarche & le geste, dans une sorte de naturel.

De même, pour tout ce qui a rapport aux arts & à l'imitation, la faculté qu'on appelle le *goût* s'exerce principalement sur les qualités agréables, & sur le choix d'une certaine manière d'être, que le sentiment seul comprend, & qu'aucune analyse ne peut expliquer.

Ainsi, dans le dessin, ce n'est pas le *goût* qui prononce sur la régularité des formes, qui fixe les proportions & les règles; c'est lui, au contraire, qui, le plus souvent, fait les exceptions aux règles, qui, par une sorte de charme, en adoucit la rigueur, en corrige la monotonie.

Le *goût* n'est pas celui qui, dans la composition, fait découvrir ces grands partis d'ordonnance, ces lignes heureuses, ces masses imposantes qui frappent à la fois les yeux & l'esprit; mais c'est lui qui ôte à toutes ces combinaisons, l'air de la contrainte, qui leur donne l'apparence d'une création facile.

Dans la couleur & dans l'exécution, le *goût* n'est point capable de produire ces grands effets, cette brillante harmonie, ce prestige de vérité, cette hardiesse de faire, qui, comme chacun le sent, appartiennent à d'autres facultés de l'ame, à d'autres ressorts de l'esprit. Mais ses conseils & son influence n'y sont pas moins sensibles, soit lorsqu'il modère l'essor de l'imagination, soit lorsqu'il lui suggère un choix heureux de ressources & de moyens variés, soit lorsqu'il ajoute à la valeur du travail, une multitude d'agrémens qui effacent l'empreinte de la peine.

Ainsi, après que le génie a produit, le *goût* est celui qui modifie & embellit ses productions.

L'action du *goût* a lieu & s'aperçoit autant dans les grandes parties dont on vient de parler, que dans les moindres opérations & les plus petits détails des ouvrages.

Pour en indiquer quelques exemples, c'est le *goût* qui, par un trait ingénieux & léger, sait expliquer un sujet & en rendre la composition significative; c'est lui qui souvent, par l'entremise d'un incident presqu'inaperçu, sait réunir des masses & faire accorder des lignes, qui, sans cela, se seroient combattues; c'est lui qui, à l'aide de quelques passages insensibles, marie des couleurs ennemies; c'est lui qui, dans les fonds, dispose ces accessoires heureux, qui jettent sur l'ensemble une lumière nouvelle. C'est le *goût* qui, maître en l'art de la parure, fait tomber avec grâce les boucles d'une chevelure, ou relève avec adresse les plis d'une draperie; qui, selon le sujet, tantôt y prodigue & tantôt y supprime les ornemens; qui enseigne souvent moins ce qu'il faut faire, que ce dont il faut s'abstenir. C'est lui encore qui règle le degré d'expression, de passion ou de mouvement que doit avoir chaque scène, chaque action. Ce fut lui, sans aucun doute, autant que le génie, qui jadis, dans le tableau de Timanthe, jeta un voile sur la tête du père d'Iphigénie.

Dans l'architecture, l'action du *goût* n'est ni moins importante ni moins sensible. Peut-être cet art, comme étant celui de tous où il entre le plus d'arbitraire, exige-t-il plus impérieusement dans le choix des moyens & des combinaisons, l'influence de ce régulateur. C'est à lui qu'appartient d'assigner à chaque monument la mesure, le mode & le nombre qui en constituent le caractère; de choisir entre les nuances variées des différens modes, celle qui convient à l'expression générale; de décider sur le plus ou le moins de richesses, sur leur emploi, sur la disposition des ornemens, sur leur rapport avec l'effet de chaque partie, & la destination de l'ensemble.

A considérer donc, soit dans chaque art, soit dans chacune des principales parties de l'imitation, soit dans les détails des ouvrages, quelles sont les qualités & quels sont les résultats & les effets qui nous font reconnoître l'intervention ou l'action du *goût*, il paroît que ce qui la décele & la manifeste partout, ce n'est ni la grandeur de l'invention, ni la puissance de la raison, ni la force de l'exécution, ni le charme de la vérité, mais bien une certaine vertu d'agrément qui se combine avec chacune de ces qualités, qui en regle l'emploi & les dirige vers la recherche de ce qui est convenable; d'où l'on a, ce me semble, défini avec beaucoup de vérité le *goût*, le *sentiment des convenances*.

Cette définition peut encore se vérifier, soit par une autre sorte d'épreuve, qui consisteroit dans la contre-partie de toutes les opérations qu'on a parcourues, comme étant propres du *goût*, soit par l'exemple de quelques ouvrages & de certains hommes célebres, auxquels on a toujours refusé la qualité dont il s'agit. Ainsi il suffira de nommer Michel-Ange & de désigner quelques-unes de ses compositions, pour faire entendre ce que doit être le *goût*, en faisant voir ce qu'il n'est pas. Il est reconnu que ce grand artiste, soit dans l'expression générale de ses sujets, soit dans le caractere uniforme de son dessin & de ses airs de tête, soit dans l'ajustement de ses personnages & de leurs accessoires, ne s'est pas toujours inquiété des convenances historiques, morales ou pittoresques.

Le *goût*, considéré dans l'acception sous laquelle on vient de le définir, est une qualité nécessaire au complément, &, si l'on peut dire, à la perfection de toutes les autres; & quoiqu'elle opere sur des choses en apparence légeres, c'est de son opération que résulte en grande partie le plaisir & l'agrément de l'ouvrage. Cependant, on doit le dire, il faut craindre aussi de lui donner trop d'empire. L'exercice du *goût* peut avoir son excès; s'il n'est restreint dans de justes termes, il parvient à gâter ce qu'il devroit embellir, & il finit par se détruire lui-même. On a de nombreux exemples de cet abus. En tout genre il s'est trouvé des hommes qui, pour avoir trop sacrifié au *goût*, ont négligé l'étude & la science, & ont substitué tantôt l'affectation de l'agrément, tantôt une observance de conventions mesquines, tantôt l'éclat futile d'un exécution peu soignée, à la solide beauté, aux grands principes & aux véritables fins de l'imitation.

Du goût comme maniere de voir & d'imiter la nature.

Le mot *goût* a une seconde acception principale dont on use dans le langage des arts, lorsqu'employant ce terme, on y joint une épithete, comme *grand, mesquin, pur, dépravé*, &c. Considéré dans cet emploi, il paroît que le *goût* doit signifier particulierement *maniere de voir & d'imiter la nature*.

Définir ici la propriété de chacune de ces especes de *goût*, ce seroit répéter les notions qui trouvent place à chacun des articles, dont les mots ou les épithetes qui caractérisent chaque maniere, sont le sujet. Mais on ne sauroit passer sous silence la notion la plus commune & la plus usuelle, qui est celle qu'on exprime par les mots bon ou *mauvais goût*.

Cette notion fait supposer qu'entre toutes les manieres de voir & d'imiter la nature, il y en a une reconnue seule pour bonne & pour devoir toujours l'être. Or, sur ce point, il s'est élevé de tout temps de nombreuses controverses, en appliquant mal-à-propos à cette question le proverbe qui dit qu'*on ne dispute pas des goûts*. Bien des personnes ont soutenu qu'une multitude de causes naturelles tendoient à créer & à justifier tous les *goûts*, non-seulement ceux qui sont divers, mais ceux qui sont opposés entr'eux. On a objecté contre la primauté ou l'universalité de ce que l'on entend par *le bon goût*, soit le nombre, soit l'étendue de certains *goûts* qui ont régné dans certains siecles, ou regnent encore dans certains pays; & invoquant, en faveur de cette opinion, la pluralité des suffrages, les partisans de l'arbitraire, en ce genre, ont prétendu qu'il n'y avoit pas de *goût* meilleur l'un que l'autre.

On ne se propose pas d'entrer ici dans le débat de cette question, mais seulement de faire voir que le mot *goût* étant susceptible d'une interprétation très-vague, le vague de l'idée a produit, plus qu'on ne pense, la divergence des opinions.

Si, dans le sens que l'on doit donner aux mots *bon goût*, ces mots signifient la meilleure *maniere de voir & d'imiter la nature*, il y a dans le parallele que l'on fait des *goûts* qu'on oppose à celui que nous nommons ainsi, deux circonstances dont on a toujours oublié de tenir compte. La premiere est de savoir si les hommes, dont on met en comparaison la *maniere de voir & d'imiter la nature*, se sont jamais proposé de l'imiter; la seconde, qui est la plus importante, consiste à savoir si ces siecles, ces pays ou ces peuples étoient, ou sont encore en état de la voir, de l'étudier & de la connoître.

Ce peu de mots suffit pour faire voir que, dans le parallele qu'on fait des différens *goûts* qui ont régné ou regnent encore, avec celui que nous reconnoissons pour être le *bon goût*, on ne doit pas plus compter les voix, qu'on ne le fait, lorsqu'il s'agit, dans un cercle plus borné, d'évaluer le mérite d'un ouvrage, puisque le plus grand nombre est celui des ignorans.

Toute espece de *goût* qui résulte uniquement du mécanisme de l'instinct, ou tient à la bizarre influence des causes locales ou temporaires, ne repose pas sur l'étude de la nature, & dès-lors ne peut pas entrer en parallele avec celui que nous appellons *le bon goût*: car autant il est certain que les premieres ne tiennent à aucune étude de la nature, autant nous sommes sûrs que le *goût* que nous appellons *le bon goût*, est né chez le peuple le plus en état d'imiter la nature, dans le pays où toutes les circonstances en favoriserent l'étude &

mirent les artistes à portée de pénétrer les grands principes de leur modèle.

La *manière de voir & d'imiter la nature* ne peut arriver à être la bonne ou la meilleure que par ces moyens; car la nature ne peut être véritablement imitée qu'avec la connoissance des principes de l'imitation. Or, comme ces principes sont constans & invariables, quoiqu'on les méconnoisse souvent, il arrive toujours que ce qu'on appelle le *bon goût*, reparoît & reprend son empire, dès qu'il se trouve des hommes assez éclairés pour revenir aux principes, & ce *goût* se montre toujours le même, tandis que les faux & mauvais *goûts* se reproduisent sous cent formes différentes: ce qui doit être, puisqu'ils manquent de principes, ou que, pour mieux dire, ils sont l'absence de tout principe.

Du goût comme physionomie ou caractère distinctif.

Pour achever de faire connoître les différentes nuances d'acception du mot *goût*, dans son rapport avec la langue des arts, il faut dire qu'on prend ce mot dans un sens à peu près semblable à celui de manière de faire & de physionomie, quand on l'applique, soit aux siècles, soit aux pays qui ont cultivé ou qui cultivent les arts, soit aux artistes & à leurs ouvrages.

C'est certainement dans le sens de *manière* ou de *méthode*, qu'on dit le *goût* italien, florentin, vénitien, français, flamand. Ces divers *goûts* ou ces diverses manières ne sont que les variétés d'une seule & même manière; ce sont, si l'on veut, les dialectes d'une même langue. Toutes ces écoles se réunissent par une communauté de principes; mais chacune ayant cultivé une partie de préférence aux autres, se fait remarquer, soit par sa supériorité dans un genre, soit par son infériorité dans quelqu'autre.

Le mot *goût*, en tant qu'il signifie caractère distinctif des ouvrages de chaque maître, offre encore une nuance d'acception. A proprement parler, on pourroit distinguer autant de *goûts* que d'artistes. *Goût*, alors, signifie particulièrement *physionomie*, ou *variétés personnelles* dans la même manière de faire.

On dit encore le *goût* particulier de chaque artiste, pour exprimer l'inclination qu'il a pour certaine partie, la préférence qu'il donne à un genre sur un autre. Ce *goût* s'appelle quelquefois *naturel*, parce qu'en quelque sorte il est inné, & tient en penchant qu'on a reçu de la nature.

Toutes ces notions, comme on l'a vu, sont applicables à l'architecture ainsi qu'aux autres arts. On distingue fort souvent les diverses sortes d'architecture, en ajoutant à ce mot, celui de *goût*. On dira le *goût* d'architecture des Grecs, des Modernes, le *goût* gothique, le *goût* oriental. Ce mot alors est synonyme quelquefois de principe,

quelquefois de style ou de manière, & souvent de caprice. En général, il n'y a point d'art plus asservi à ce qu'on appelle le *goût*; & ce qu'il y a de plus difficile dans la théorie, c'est d'y établir des maximes de *goût*, qui ne deviennent pas le jouet du caprice. Comment un art, condamné à se prêter à tous les besoins de la société, qui n'a de modèle que dans l'intelligence, & dont les combinaisons ne sauroient être rapportées ou comparées à un type positif, ne deviendroit-il pas l'esclave de toutes les innovations que l'esprit de mode, sous le masque du *goût*, fait y multiplier?

GOUTTES, s. f. pl. Les Romains (*voyez* Vitruve, liv. IV, chap. 3) appeloient aussi du mot *guttæ*, ces petits ornemens ronds qui sont suspendus sous la forme de petits cônes, sous le plafond de la corniche de l'ordre dorique, ou attachés, comme autant de petites pyramides, au bas des triglyphes & la frise de cet ordre.

Ces petits détails d'ornement furent-ils imaginés par suite de la ressemblance qu'indique leur nom avec des *gouttes* d'eau, ou le nom de *goutte* leur a-t-il été donné à cause de cette sorte de ressemblance? On inclineroit volontiers pour cette dernière opinion. Chez les Modernes on leur donne aussi le nom de *clochettes*, *campanes* & *larmes*.

Alberti croit que ce qu'on appelle des *gouttes*, représente des clous; mais cette idée lui est particulière.

Philander dit que les *gouttes* du larmier de la corniche sont coupées carrément en dessous, & que celles des architraves ont une tête ronde; mais cette différence est imaginaire.

On trouve généralement que les unes comme les autres sont taillées carrément. On pourroit les distinguer par une autre différence, savoir, que les *gouttes* des architraves sont quelquefois à quatre pans, comme des pyramides, & que celles des corniches sont toujours coniques. (*Tiré d'une note de Perrault sur Vitruve*, pag. 116.)

GOUTTIÈRE, s. f. C'est généralement le nom d'un conduit pratiqué dans le haut des édifices, & qui saille en avant de leur aplomb, pour conduire & jeter loin des murs de face, en dehors, les eaux pluviales & toutes celles qui sont reçues dans les chéneaux.

On fait des *gouttières* de plus d'une façon, selon les matières qu'on y emploie & les bâtimens auxquels on les applique.

Les plus simples *gouttières*, dans les bâtisses les plus grossières, ne sont autre chose qu'un canal de bois de chêne fort sain, refendu diagonalement, & creusé le plus souvent à angle droit, & scellé dans le mur.

Dans les bâtimens en pierres, on place volontiers des canaux creusés en pierre, au lieu des gargouilles dans les corniches. Ces *gouttières* sont sculptées dans la forme de vases oblongs, qui semblent bient coupés par leur milieu. On en voit de semblables au Louvre. Les édifices gothiques nous présentent toutes sortes de compositions de *gouttières* plus ou moins bizarres, & sculptées en pierres. Quelques-unes ont la forme de chimères, de harpies, de dragons, d'animaux fabuleux de tout genre. Ces espèces d'inventions dérivent de l'usage qu'avoient les Anciens d'introduire dans les cimaises des corniches, toutes sortes de masques ou de têtes, dont la bouche servoit, par le moyen d'un conduit qu'on y adaptoit, à l'écoulement des eaux. On nomme également *gargouilles* ces sortes de *gouttières*.

On emploie aussi le plomb à faire les *gouttières*, & on les scelle avec des barres de fer aux chaîneaux. Le métal, comme on pense, ne se prête pas moins que la pierre aux diverses configurations des *gouttières*. On en fait de fort riches en forme de canons, emboûties de moulures, & ornées de rinceaux ou de feuillages.

L'usage & le luxe des *gouttières* ont fort diminué dans les nouvelles pratiques de l'architecture. Le plus grand nombre a disparu des maisons de Paris, & ce qui en reste ne se renouvellera plus. Les nouvelles ordonnances veulent qu'on établisse le long des maisons des tuyaux de descente, qui conduisent les eaux dans la rue. A plus forte raison la pratique des *gouttières* a-t-elle été supprimée dans la construction des palais & des grands édifices. Tout le monde sent combien cette suppression étoit commandée par la commodité publique, & combien elle est aussi avantageuse à la conservation des bâtimens.

On donne encore le nom de *gouttière* à un larmier. (*Voyez* LARMIER.)

GRACE, s. m. Ce charme particulier que tout le monde sent & que personne n'explique, *la grâce, plus belle encore que la beauté*, peut nous affecter dans les plus grandes comme dans les plus petites choses. On la trouve dans les manières, dans les paroles, dans les actions. Tous les ouvrages peuvent en porter l'empreinte. Ainsi, quoiqu'elle semble moins sensible dans les œuvres de l'architecture que dans ceux des autres arts, elle n'y a pas moins de puissance & d'empire. Mais il faut le dire, la *grâce* qu'on ne sauroit analyser ni faire comprendre que par des exemples, se laisse plus facilement saisir dans les ouvrages d'imitation qui ont la nature pour modèle : c'est qu'il est bien plus aisé de transporter à l'imitation de l'homme, par exemple, l'idée de *grâce* qui nous est donnée par une figure vivante & réelle, que d'appliquer à des combinaisons de lignes & de formes muettes & privées de sentiment, la notion intellectuelle de la *grâce*, que ces combinaisons comportent.

Rien de plus commun encore que de faire à l'architecture de fausses applications des idées ou des théories de la *grâce* dans le dessin ou dans les contours des figures. On a souvent dit (& il est

assez vrai) que des lignes angulaires & des formes droites ou roides produisent un caractère opposé à celui de la *grâce*; qu'elle résulte de contours ondoyans, de formes arrondies. Mais qu'on transporte, comme on ne l'a que trop fait, & d'une manière absolue, cette notion à l'architecture, non-seulement on n'y produira pas le caractère de la *grâce*, mais on en dénaturera les principes & les élémens, & cette affectation de plaire par des formes arrondies, donnera un effet contraire à celui de la *grâce*.

Ce n'est pas qu'en architecture certaines parties ne doivent le charme que produit la *grâce*, à la forme ondoyante & arrondie. Le galbe d'un chapiteau, le contour d'une voûte ou d'une coupole, plairont par le choix heureux d'une courbe élégante. Les parties circulaires tiennent, en général, par la nature de leur forme, au genre gracieux, & l'artiste intelligent fait qu'il doit de préférence employer les formes curvilignes, dans les édifices dont la force & la gravité ne constituent pas le caractère.

Mais de croire que des lignes droites, que les formes quadrilatères, ne comportent point de *grâce*, seroit une erreur qui ne mérite pas d'être combattue. Quand même on conviendroit que la ligne courbe est plus gracieuse, encore faut-il dire que cet effet n'a lieu, que par opposition avec la ligne droite. Or, tracer partout des courbes, pour être toujours gracieux, c'est d'autant plus manquer le but, qu'on affecte de le marquer; & ce que la théorie de la *grâce* nous enseigne le plus clairement, c'est que la première condition pour être gracieux, est de ne point chercher à le paroître.

GRACIEUX, adj. m. Il n'a pas toujours une signification correspondante au substantif dont il est formé; car il veut moins souvent dire ayant la qualité qui s'appelle la *grâce*, qu'il ne signifie vaguement agréable & capable de plaire. On dit généralement d'un artiste qu'il a un talent *gracieux*. On dira de l'aspect d'un édifice qu'il est *gracieux*, d'une décoration qu'elle est *gracieuse*. Tout cela veut dire ayant le don de plaire, sans que ce soit particulièrement par la qualité appelée *grâce*; car si l'on plaît toujours avec la *grâce* malgré beaucoup de défauts, il y a plus d'une manière de plaire sans la *grâce*, & une de celles-là est peut-être de n'avoir pas de défauts.

GRADATION, s. f., signifie généralement, dans les rapports des objets entr'eux, une augmentation successive & par degrés égaux.

On se sert de ce mot, dans tous les cas où il s'agit d'exprimer ces passages plus ou moins sensibles, qui séparent & lient tout ensemble les divers temps d'une action, les intervalles d'un cours quelconque de choses, & les degrés de tout ce qui est susceptible de progression ou de diminution. Ainsi, le matin & le soir, la lumière croît & décroît par *gradation.* Les tons d'un tableau font nécessairement soumis à la règle de la *gradation*; c'est ce qu'on appelle *dégradation*, quand cette *gradation* va du fort au foible.

Il y a *gradation* dans le systême des ordres d'architecture, lorsqu'on considère ces ordres, soit sous le rapport des proportions, soit sous celui de l'ornement, le dorique qui est le plus fort & le plus simple, étant suivi de l'ionique, plus élégant & plus varié, après lequel vient le corinthien, plus svelte encore & plus riche. Les Modernes avoient cherché à multi lier les moyens de la *gradation* en ce genre par l'addition du toscan, placé avant le dorique, & du composite après le corinthien. Mais cette double addition, née d'une fausse interprétation du systême antique, est réputée aujourd'hui être une superfétation, chacun des trois ordres pouvant, par les variétés de proportions ou d'ornemens dont il est susceptible, offrir encore des moyens de *gradation* aussi nombreux, que le caractère des édifices peuvent en exiger.

L'emploi des ordres a lieu dans un édifice selon la *gradation* qui vient d'être indiquée, & qui est inhérente à leur nature; c'est-à-dire que le plus solide & le plus simple supporte celui qui l'est moins.

Il en est généralement d'un édifice & de ses diverses parties, comme de tous les ouvrages dans lesquels l'artiste imite la nature. Celle-ci nous montre presque partout la loi de *gradation*, & elle nous apprend de quelle manière on en doit faire les applications. C'est à étudier ses préceptes que l'artiste doit tendre sans cesse, s'il veut produire en son genre les mêmes effets que la nature. L'observance de la *gradation* contribue à faire valoir un objet par un autre, non pas en y produisant des oppositions, ou ce qu'on appelle des *contrastes*, mais au contraire, en conduisant l'œil & l'esprit par des degrés peu sensibles, vers le but qu'on se propose; c'est-à-dire, vers l'intérêt de l'effet principal qu'on veut produire.

Loin de valoir par des oppositions marquées, la *gradation* ne vaut que par l'accord qui règne entre les différences.

La distribution & la décoration de l'intérieur des palais doivent être soumises aux lois de la *gradation*. Il convient que les pièces se succèdent depuis le premier antichambre jusqu'au grand salon, en augmentant graduellement de richesse & de décoration. (*Voyez* APPARTEMENT.)

C'est manquer à l'esprit de ces lois, que de prodiguer dans un grand plan, la richesse aux parties de l'édifice qui se voient les premières, en sorte qu'aux plus fortes impressions succèderoient les plus foibles. Dans l'architecture, comme dans l'art oratoire, il faut procéder par un début modéré, & réserver les ressources, de manière à ce qu'elles aillent en croissant.

GRADIN, s. m., est un synonyme de degré, comme l'étymologie l'indique; mais il comporte une acception particulière; car, quoiqu'il exprime aussi ces espaces qui s'élèvent ordinairement à intervalles égaux, les uns au-dessus des autres, & forment une montée, cependant ces espaces servent le plus souvent à des usages différens, & quelquefois même ils ne sont point destinés à servir de *marches*.

Il y a entre *marche*, *degré* & *gradin*, des variétés que le langage a consacrées. On dit les *marches* d'un escalier, les *degrés* d'un temple, les *gradins* d'un amphithéâtre.

On appelle *gradins*, de petits degrés qui s'élèvent sur les autels, sur des buffets, dans des cabinets, & sur lesquels on pose, de manière à former amphithéâtre, soit des chandeliers & des reliquaires, soit des vases & des porcelaines, soit des curiosités de tout genre.

On appelle *gradins de dôme*, ces grands degrés pratiqués en retraite, les uns au-dessus des autres au bas d'un dôme, & sur lesquels la coupole semble prendre naissance, comme au Panthéon de Rome. On en pratique quelquefois de semblables jusqu'à l'amortissement du dôme.

C'est particulièrement aux montées des théâtres ou amphithéâtres, que s'applique le mot *gradin*, & il signifie les sièges courans & continus, élevés les uns au-dessus des autres, où s'asseyoient les spectateurs.

Le nombre des *gradins*, dans ces édifices, varioit selon leur dimension, &, par conséquent, selon le nombre des spectateurs. Leur forme étoit fort simple. La surface supérieure ou horizontale, sur laquelle on étoit assis, formoit un angle droit avec le côté dont la face étoit perpendiculaire. Quelquefois, comme au théâtre de Taorminium en Sicile, la surface de ce côté du *gradin*, au lieu d'être perpendiculaire, est taillée en renfoncement, de manière à former un angle aigu avec la surface horizontale. Il résultoit de-là plus de largeur dans la partie où l'on s'asseyoit & plus d'emplacement pour les pieds, & en même temps pour la circulation entre les *gradins*.

Dans les plus anciens théâtres, la largeur des *gradins* étoit à peu près égale à la hauteur. Par la suite on augmenta cette largeur jusqu'au double de la hauteur. C'est ainsi que sont ceux des théâtres de Tyndaris, de Laodicée, de Stratonicée, de Milet, de Jasus, d'Alabanda, de Syracuse, &c.

Les cirques étoient des espèces de théâtres. Autour de leurs arcs s'élevoient aussi des rangées de *gradins* qui, dans toute l'étendue de l'édifice, offroient des sièges placés l'un au-dessus de l'autre, aux spectateurs des jeux.

Les degrés qui environnoient les temples pouvoient quelquefois passer pour être des *gradins*; ils en ont souvent les dimensions, & il n'y a aucun doute que, dans plus d'une ville, ils ont pu servir à des réunions de spectateurs. Nous avons vu dans la ville de *Gabies* (*voyez* ce mot), au-devant du temple, des rangées circulaires de *gradins* qui avoient pu tenir lieu de théâtre. (*Voyez* Escalier, Degré, Marche.)

Gradins de jardin. Espèces de petites contre-terrasses élevées en manière de degrés, où l'on met des caisses, des vases & des pots de fleurs. On les fait, soit de gazon, soit de maçonnerie avec tablettes, & on les pratique tantôt en ligne droite, tantôt en cercle.

GRAIN D'ORGE, f. m. Terme d'ornement dans la menuiserie. C'est une petite cavité qu'on pratique entre les moulures pour les dégager. On la nomme ainsi parce qu'elle se fait avec un fer de rabot, que les ouvriers appellent *grain d'orge*. M. Félibien, dans ses *Principes d'architecture* (*liv.* I), a donné la figure de cet outil.

Les menuisiers appellent aussi *grain d'orge* un assemblage en adent.

GRAINES, f. f. pl. Les plantes qui ont fourni à l'art de l'ornement un très-grand nombre de motifs divers, y figurent souvent accompagnées de *graines*.

Ainsi ces petits boutons, d'inégale grosseur, qu'on voit placés au bout des rinceaux de feuillages, sont l'imitation des *graines* qu'on suppose être ou pouvoir être le produit de ces plantes. L'usage de l'application de ces plantes à l'ornement de l'architecture, s'il ne sembloit indiqué à l'homme par la nature elle-même, & devoir ainsi appartenir à tous les peuples, pourroit être présumé originaire de l'Egypte. On trouve dans les chapiteaux égyptiens une imitation incontestable de *graines* & d'autres productions du pays.

GRAND, GRANDEUR. Pourquoi les hommes admirent-ils tout ce qui est *grand*? C'est une question à laquelle il nous importe peu de répondre. La théorie des arts ne se lie, qu'autant qu'on le veut, à celle des sensations morales. Rendre compte des causes & des principes de ces sensations, c'est le fait de la métaphysique. En constater l'existence & en déduire les conséquences, suffit ordinairement à la théorie, qui est celle de l'art.

Or, c'est un fait avoué de tout le monde, que ce qui est *grand* excite l'admiration dans les œuvres de la nature, & produit le même effet dans les ouvrages des arts. La *grandeur* est donc une qualité, & la première peut-être de toutes. Dans chaque genre, les hommes qui l'ont exprimée, ont été placés & sont restés au premier rang. Telle est même la nature & l'effet de cette qualité, que rien ne la supplée, lorsqu'elle supplée à beaucoup d'autres. Le défaut absolu de *grandeur* ne se fait excuser ni par l'élégance des détails; ni par le précieux d'une exécution soignée, ni par le luxe des ornemens. Au contraire, la *grandeur* dans la pensée, dans l'invention, dans la composition,

dans le dessin, dans l'effet, se fait pardonner une multitude de défauts & de négligences.

Telle est la puissance de l'impression produite en nous, par tout ce qui est *grand*, au moral comme au physique, que les crimes même parvienment à obtenir de nous quelqu'admiration, lorsqu'une certaine persévérance, lorsque l'obstination dans le mal & la hardiesse dans la manière de l'exécuter, lui donnent un caractère de *grandeur*. C'est que l'idée de *grandeur* ne va jamais sans celle de force, & qu'il est dans notre instinct d'admirer & de rechercher une qualité, qui est le principe de notre conservation.

La *grandeur* fait donc un des principaux mérites de l'architecture, & j'entends la *grandeur* de quelque nature qu'elle soit, c'est-à-dire, morale ou matérielle, & ce qu'on appelle dans les édifices, soit la *grandeur* linéaire, soit la *grandeur* proportionnelle.

La première consiste dans l'étendue des surfaces & le volume des masses; elle peut se trouver réunie à la petitesse de goût dans les détails, & dès-lors elle perd une bonne partie de son effet. Ainsi, l'extérieur des édifices & des églises gothiques présente les plus considérables masses de bâtisse qu'on puisse imaginer; mais l'idée de *grandeur* s'y trouve singulièrement affoiblie par l'idée de minutie dans les parties. L'intérieur de ces édifices, au contraire, quoique le goût d'architecture en soit le même, frappe les sens par sa *grandeur*. C'est que, dans ces intérieurs, les divisions sont aussi peu nombreuses, qu'elles sont multipliées au dehors.

La *grandeur* linéaire n'a été portée dans aucune construction, à un plus haut point que dans les pyramides de l'Egypte. Cette *grandeur*, il faut l'avouer, est le seul mérite de ces édifices, & sans elle, jamais on n'en auroit parlé, tant ce genre de monument est étranger aux ressources & aux plaisirs de l'art. Mais l'homme qui les regarde se trouve si petit, qu'il est forcé d'y admirer des masses qui semblent le disputer aux montagnes. Comme rien, dans ces masses uniformes, ne vient faire distraction au sentiment de l'unité & de la simplicité qui en fait saisir l'ensemble, l'impression de la *grandeur* agit sur les sens avec le plus d'énergie possible. Cependant aussi, comme rien ne met l'œil à portée d'y exercer la faculté de comparer, comme elles n'offrent en elles-mêmes aucun moyen qui puisse faire naître l'idée de rapport ou de combinaisons, puisqu'elles sont privées de divisions & en quelque sorte de parties, l'impression de ce genre de *grandeur* linéaire fatigue promptement l'esprit; le sentiment d'admiration une fois épuisé, rien ne vient se réveiller & l'ennui y naît presque tout de suite de l'uniformité.

Les deux exemples qu'on vient de citer nous montrent que la *grandeur* linéaire (ou dimentionnelle) toute seule, ne suffit pas pour produire en nous le sentiment complet, que notre ame attend &

exige des monumens. Il est une autre *grandeur* dont l'impression est plus certaine, & qui produit son effet à beaucoup moins de frais; c'est la *grandeur* morale, que j'appelle en architecture, proportionnelle, parce qu'elle résulte particulièrement des rapports du tout avec les parties, & de chaque partie avec le tout.

Pour que l'effet du *grand* soit produit, il faut que l'objet qui le réalise, soit assez simple pour nous frapper par un seul coup, c'est-à-dire, dans son ensemble, & en même temps nous frapper par les rapports de ses parties. Une répétition trop nombreuse de petites impressions ne produiroit jamais l'idée de *grandeur*. Il faut que notre esprit soit tenu de faire un effort pour embrasser l'idée de l'étendue, & le trop de petites divisions, loin d'augmenter, diminue en nous cette puissance. On peut, dit Sulzer, parcourir le globe entier, sans le trouver *grand*; car, si on ne se représente jamais à la fois que la seule partie de terre qu'on occupe, l'imagination n'a aucun effort à faire pour s'en former l'idée. Mais si l'on veut d'un seul coup se représenter un espace de cent lieues & plus, il faut alors un effort de la pensée, & de là l'idée & le sentiment de *grandeur*.

Nous attribuons le caractère de *grandeur* aux objets visibles, lorsqu'ils sont composés de parties diverses, qui ont un rapport sensible & nécessaire avec l'ensemble, c'est-à-dire, lorsqu'ils consistent en grandes parties, qui, en même temps qu'elles sont variées, se trouvent cependant dans un tel accord avec l'ensemble, qu'elles ramènent toujours à cet ensemble l'œil du spectateur.

Pour qu'une ville, vue de loin, nous paroisse *grande*, il ne suffit pas qu'elle nous présente une quantité innombrable de maisons; il faut encore que ces maisons soient distribuées en *grandes* parties, par masses, ou par quartiers. Il faut qu'en différens lieux on voie s'élever de *grandes* tours, ou coupoles, autour desquelles viennent se grouper les bâtimens moins élevés.

Un palais n'excitera jamais l'idée de la *grandeur* morale dont il s'agit ici, seulement par la multiplicité des portes, des fenêtres, des colonnes, des ornemens & des détails. Cette idée sera produite, lorsque l'art y aura disposé de *grandes* parties variées, & tellement liées entr'elles, que les petites parties sont aperçues, non pas dans leurs rapports avec l'ensemble, mais bien dans leurs rapports avec les parties principales auxquelles elles appartiennent. D'autre part, il faudra que ces parties principales se lient si bien entr'elles, qu'il en résulte un tout inséparable & harmonieux. Par ce moyen, l'œil du connoisseur est pour ainsi dire obligé de ne considérer l'édifice que dans son ensemble, & d'être frappé par le tout à la fois.

Un des moyens les plus sûrs d'imprimer le caractère de *grandeur* à tous les ouvrages d'art, & surtout aux ouvrages de l'architecture, c'est de donner de la simplicité à l'ensemble, ce qui résulte du petit nombre de parties principales. Alors l'œil & l'imagination sont détournés des détails, ou du moins leur effet n'agit sur l'esprit que dans l'ordre où il doit agir, c'est-à-dire, en dernier.

On ne peut guère, en architecture, donner de leçons ou de conseils à l'artiste, que sur ce qui a rapport à la *grandeur* morale ou proportionnelle. Quant à la *grandeur* linéaire ou dimensionnelle, elle tient à des causes qui ne sont presque jamais dans la dépendance de l'artiste. Les édifices sont soumis, pour l'étendue de leurs plans, pour la solidité de leur construction, à toutes sortes de circonstances & de considérations, dans lesquelles le principe du beau n'entre le plus souvent pour rien. Il y a des temps & des pays où l'économie est le premier régulateur des conceptions architectoniques. Dans ces temps & dans ces pays, il ne se fait rien de *grand*; combien, qu'ainsi qu'on l'a dit, la *grandeur* morale ou idéale puisse se manifester dans un petit bâtiment, cependant il est si naturel à ce qui est petit de rechercher le petit, que le goût minutieux s'allie comme par une sorte d'affinité, avec les petites entreprises.

Il est difficile, au contraire, que l'architecte, chargé d'élever sur un vaste plan & dans de hautes dimensions, quelqu'édifice que ce soit, ne reçoive pas de la dimension même, l'inspiration des *grandes* formes & des grandes proportions. Naturellement il se trouve porté à déployer dans de telles masses toute la force de la construction, & dès-lors l'apparence de la solidité. Or, cette apparence fait une des beautés de l'édifice, & un des ressorts par le moyen desquels, l'idée du *grand* se communique au spectateur.

Dans les ouvrages de la nature, la *grandeur* des masses nous plaît, parce qu'elle nous humilie, & que le sentiment de notre petitesse agrandit l'ame, en la portant vers l'idée du principe de toute *grandeur*. Dans les œuvres de l'architecture, la *grandeur* des masses nous plaît, parce qu'elle nous enorgueillit; l'homme est fier de se trouver peu à côté de l'ouvrage de ses mains. C'est qu'il jouit de l'idée de sa force & de sa puissance.

GRANDIOSE, adject. de tout genre. Ce mot est le même que le mot italien *grandioso*, & exprime en français l'idée que les Italiens y attachent. A vrai dire, ce mot est un abus, si l'on en scrute philosophiquement le sens. C'est une sorte d'augmentatif de grand. Or, ce qui est plus que grand, en théorie d'art & de goût, est nécessairement enflé, exagéré, ampoulé & vicieux. Les Italiens, dans leur langage souvent emphatique, font un fréquent abus des superlatifs, & l'on peut soupçonner que le mot *grandioso* est né de l'habitude d'exprimer par le discours, souvent plus que l'objet ne vaut, & souvent aussi plus qu'on ne pense.

Toutefois *grandioso* a passé dans le langage de l'art, & il paroît signifier non-seulement ce qui est grand, mais ce qui prétend à le paroître, ce qui est doué, par conséquent, de la qualité de grandeur, qualité à laquelle les autres sont peut-être sacrifiées. Ainsi, on ne dira pas du dessin de Raphaël, qu'il est *grandiose*, mais on le dira de celui de Michel-Ange. L'architecture des édifices de Palladio est grande, la construction des palais de Florence est *grandiose*.

GRANGE, s. f. Bâtiment rustique faisant partie de ceux dont se compose la ferme ou la métairie.

Ce bâtiment ne comporte point d'étage; il n'a qu'un rez-de-chaussée, où l'on bat & où l'on serre les blés. Il est formé d'une travée de chaque côté & d'une aire au milieu où l'on bat le grain. C'est dans les travées qu'on entasse les gerbes.

Il faut bâtir les *granges* sur un terrain sec & élevé, pour garantir les grains qu'on y entasse de l'humidité qui ne manqueroit pas de les endommager. L'entrée doit être pratiquée du côté du levant. Cette exposition est la plus propre à entretenir dans l'intérieur un air sec & frais.

GRANIT, s. m. L'opinion adoptée par la plupart des géologues modernes, est que le *granit* est un produit d'une cristallisation simultanée de différens élémens dissous dans un même liquide.

Les anciens naturalistes, qui ne voyoient dans le *granit* que des fragmens de grains de différentes substances agglutinées par juxta-position, à peu près de la même manière que ceux dont le grès est formé, avoient puisé dans cette idée la dénomination de *granit*, qui signifie *pierre grenue*.

Le *granit* compose la matière des montagnes les plus élevées, telles que les chaînes centrales des Alpes, les Cordillières au Pérou, le Caucase, &c.

Les minéralogistes sont convenus de donner le nom de *granit* à une roche composée de *feld-spath*, de *quartz* & de *mica*. On en trouve aussi qui sont composées de *feld-spath* & de *blende*, ou bien de *feld-spath*, de *blende* & de *quartz*. Il y a aussi une roche appelée *granit simple*, & qui n'est composée que de *quartz* & de *feld-spath*.

Winckelmann ne parle que de deux sortes de *granit* dans les monumens antiques, l'un blanc & noir, l'autre rouge & blanchâtre. De plus modernes critiques & plus savans en ce genre, donnent la liste suivante des différentes sortes de *granit* employées par les Anciens.

1°. Le *granit rouge*, composé de *quartz* blanc, de grands fragmens de *feld-spath* rouge, & de *mica* noir. C'est le *granit* rouge égyptien, *granito rosso*. Tout le monde sait que les Egyptiens employèrent le *granit* rougeâtre à faire des obélisques, des colonnes & des statues. Dans un passage où Pline parle des monumens de l'Egypte, il rapporte qu'aux environs de Syenne, dans la Thébaïde, se trouve la pierre syénite, auparavant appelée *pyropœcilos*, & c'est de cette pierre, dit-il, que les rois d'Egypte firent faire les obélisques. Le nom *pyropœcilos*, composé de *pur* feu & de *pœcilos* varié, désigne une pierre mélangée de tons rouges. C'est celle dont les carrières sont près de Syenne & ont été visitées par tous les voyageurs modernes.

2°. Le *granit gris*, composé de quartz blanc, transparent ou laiteux & opaque, de *feld-spath* blanc & de hornblende. Lorsque ces diverses parties constituantes y sont d'une petite dimension, les Italiens lui donnent le nom de *granitello*. Tel est celui qu'on exploite dans l'île d'Elbe. Il y en a à Florence une belle colonne sur la place de Sainte-Félicité.

3°. Le *granit noir* ou plutôt *noir & blanc*, bianco nero. Ce *granit* est composé d'un fond de quartz blanc, sans ou avec très-peu de parties de *feld-spath*, & ayant de grandes taches noires oblongues & ressemblant à du schorl. Ces taches remplacent le *mica* qui se trouve dans le *granit* rouge & gris. Dans quelques morceaux de ce *granit*, les rayons noirs sont si nombreux, si grands & si serrés, qu'ils semblent en former le fond. C'est de cette variété de *granit* qu'est la colonne de l'église de Sainte-Praxède à Rome, à laquelle on dit que J.-C. fut attaché.

4°. Le *granit vert*, composé d'un fond blanc de quartz, sans mélange de portions de *feld-spath* ou avec très-peu de ces dernières, & ayant de grandes taches noires longitudinales, semblables à du schorl. Ce *granit* ressemble à celui du n°. 3, à cela près, qu'en différens endroits, le fond blanc est d'un vert clair à la surface.

On trouve dans les Vosges un *granit* composé à peu près en portions égales de quartz vert & de feld-spath blanc, avec quelques parties de mica noir.

Le *granit* des environs de Pétersbourg est rougeâtre; le *feld-spath* y forme de petites masses globuleuses. La promenade publique est décorée d'une superbe colonnade de ce *granit*; les quais de la Néva en sont construits, & le fameux rocher qui sert de piédestal à la statue de Pierre-le-Grand est aussi de *granit*.

L'emploi du *granit* dans la construction des édifices, depuis l'origine des arts jusqu'à nos jours, est trop connu, pour que l'on s'arrête à passer ici en revue les ouvrages où cette matière a été mise en œuvre. Qui ne connoit les obélisques de l'Egypte, les colosses, les monolythes, taillés dans un seul bloc de *granit*? On sait aussi combien les Romains firent usage de cette matière taillée en colonnes dans leurs édifices, soit celles qu'ils transportèrent d'Egypte, soit celles qu'ils tirèrent des carrières de l'île d'Elbe. On peut voir des notions de tous ces ouvrages, aux différens articles de ce Dictionnaire, tels que MONOLYTHE, OBÉLISQUE, &c. &c.

Le *granit* a été beaucoup moins fréquemment employé dans les temps modernes. La cause en est dans la rareté de la matière chez certains peuples, dans sa dureté, la cherté de son emploi, la difficulté de son transport chez ceux qui en possèdent. Cependant, il faut citer comme un ouvrage digne de la plus grande admiration en ce genre, le pont dit de Waterloo à Londres, qui, construit tout en *granit*, vient d'être terminé avec des dépenses énormes, & offre un des monumens les plus remarquables de l'art des Modernes. (*Voyez* Pont.)

GRANIT, s. m. (*Construction.*) Espèce de pierre très-dure, composée de petites parties ou grains, de nature & de couleurs différentes. Les *granits* sont placés par les minéralogistes dans la classe des pierres ou roches composées. Les matières principales qui constituent les *granits*, sont le quartz, le pétro-silex & le mica. Elles sont fortement réunies entr'elles par la cristallisation, sans apparence particulière de gluten, caractère par lequel les *granits* diffèrent essentiellement des porphyres, qui sont des pierres à base homogène, avec cristaux de feld-spath.

Les *granits* se trouvent par masses d'une très-grande dimension, dont on peut extraire des morceaux d'une grandeur considérable.

Les Grecs nommoient cette espèce de pierre *pyropœcilos*, & les Romains la désignoient sous le nom de *marbre sénite* ou *thébaïque*.

Les Anciens, qui donnoient généralement le nom de *marbre* (du grec μαρμαρον, briller) à toutes les pierres susceptibles de recevoir le poli, considéroient les *granits* comme un marbre ; mais les lithologistes modernes ne donnent ce nom qu'aux pierres calcaires assez dures pour jouir de cette propriété. Les *granits* ne peuvent plus être considérés comme des marbres, dont ils diffèrent en effet par leur nature ; la formation des pierres calcaires étant attribuée à la composition des êtres organisés, tandis que les *granits* sont des roches primitives, dans lesquelles on n'aperçoit aucune trace d'organisation.

La dureté des *granits* varie en raison des parties qui la composent : le plus beau & le plus dur est celui où le quartz & le pétro-silex dominent, comme dans le *granit* d'Égypte, appelé *oriental*.

Il se trouve des *granits* dans presque tous les pays. L'Égypte en renferme des carrières très-considérables, exploitées dès la plus haute antiquité. Ils sont très-abondans dans toute l'Europe; les Pyrénées sont toutes composées de *granits*.

L'Italie renferme beaucoup de *granits*. Les principales espèces sont celles des îles de Sardaigne, de Corse & d'Elbe. Il s'en trouve en Toscane. Les environs du Lac-Majeur fournissent deux espèces de *granit*, dont on fait usage pour bâtir dans le Milanais.

Il se trouve des *granits* dans un grand nombre de départemens de la France, surtout dans ceux de la Manche, des Côtes-du-Nord, du Finistère, du Morbihan, de la Loire, de la Charente-Inférieure, de la Creuse, du Puy-de-Dôme, de la Côte-d'Or, du Lot, des Hautes & Basses-Pyrénées, de l'Ariège, des Pyrénées-Orientales, des Bouches-du-Rhône, du Var, des Hautes & Basses-Alpes, de la Drôme, de l'Isère, du Haut & Bas-Rhin, des Vosges, de la Meurthe & de la Moselle.

Comme la description de ces différentes espèces de *granits* seroit trop longue à faire ici, nous nous contenterons d'indiquer les plus remarquables par leur beauté, leur abondance ou l'emploi qu'on en fait. Ce sont les *granits* de la Côte-d'Or, des Pyrénées, des Vosges, de la Normandie & de la Bretagne. On peut consulter, pour avoir une description détaillée des *granits* d'Europe, & surtout de ceux de France, le premier volume du *Traité historique & pratique de l'art de bâtir*.

Presque toutes les montagnes de la Savoie & de la Suisse contiennent des *granits*. Il s'en trouve également en Angleterre, en Allemagne, en Danemarck, en Suède & en Russie.

Considérés relativement à la construction, les *granits* s'emploient avec succès pour les ouvrages en pierre de taille. Leur dureté fait qu'ils résistent long-temps aux injures de l'air, aux frottemens & à l'effet des eaux ; mais elle en rend la taille difficile, longue, & par conséquent coûteuse.

Le péristyle extérieur de la nouvelle église de Sainte-Geneviève, devant être pavé en *granit* gris des Vosges & en *granit* feuille-morte, j'ai voulu connoître quelle pouvoit être la durée d'un pavé de cette espèce de *granit*, comparée à celle d'un pavé en marbre blanc veiné & bleu turquin. A cet effet j'ai fait préparer des grès bien dressés & pris dans le même morceau, sur lesquels on a frotté des échantillons de même grandeur de ces deux espèces de marbre & de ces trois espèces de *granits*. Ces échantillons ayant été chargés d'un même poids, mus avec la même force & la même vitesse pendant le même temps, le résultat de cette expérience m'a fait connoître que le *granit* vert est huit fois plus dur que le marbre blanc veiné,

Six fois & demie plus dur que le bleu turquin ;
Deux quinzièmes de plus que le *granit* gris ;
Et un quinzième de plus que le *granit* feuille-morte ;

Et qu'un pavé en *granit* doit durer au moins sept fois autant qu'un pavé en marbre.

Cette première expérience a fait naître l'idée d'en faire une autre sur le sciage. Pour cela on a fait sceller des échantillons de même longueur en pierre, en marbre & en *granit*, sur lesquels on fait marcher une scie agissant avec du grès & de l'eau.

Cette seconde expérience a fait connoître que, relativement au sciage, le *granit* antique est d'environ :

 $\frac{1}{7}$ plus dur que le *granit* vert des Vosges.
 $\frac{1}{7}$ plus que celui feuille-morte.
 $\frac{1}{3}$ plus que le *granit* gris.
 $\frac{1}{3}$ plus que le *granit* de Bretagne.
 $\frac{1}{3}$ plus que le *granit* gris-foncé de Normandie.

1 $\frac{52}{77}$ plus que le *granit* gris-clair de Normandie.
Huit fois plus dur que le marbre bleu turquin.
Dix fois plus que le marbre blanc veiné.
Onze fois & un quart plus dur que la pierre de liais.

Il est important de remarquer que la force du *granit*, pour supporter des fardeaux, comparée à celle de la pierre de liais, n'est pas aussi considérable que la dureté de ses parties constituantes, qui le rend si difficile à scier & à tailler, sembleroit le promettre, parce que le *granit* ne résiste au fardeau que par la force qui unit les parties dont il est composé. L'expérience prouve que le *granit* le plus dur ne résiste pas à une charge trois fois plus grande que celle sous laquelle le liais s'écrase.

La table suivante indique la pesanteur spécifique & le poids du pied cube des principales espèces de *granit* :

	Pesanteur spécifique.	Poids du pied cube en livres.			
Granit rose d'Egypte................	2654	185 liv.	12 onc.	4 gros.	53 grains.
Granit gris d'Egypte................	2728	190	15	1	71
Granit de Russie...................	2650	184	2	0	28
Granit des Pyrénées................	2675	187	1	6	70
Granit rouge des Vosges............	2696	181	12	0	46
Granit de Gyromagni (Vosges)......	2685	187	15	3	28
Granit vert (Vosges)...............	2854	199	12	3	6
Granit de Semur (Bourgogne).......	2638	184	11	0	5
Granit gris de Bretagne............	2738	191	10	2	5
Granit gris de Normandie, dit *carreaux de Guimos*...	2662	186	5	3	37
Autre dit *du Champ du bouc*.......	2645	185	0	1	22

De l'emploi du granit dans la construction.

L'emploi du *granit* remonte à la plus haute antiquité.

Les Egyptiens sont, de tous les peuples connus, ceux qui paroissent avoir fait les premiers usages des *granits*. Les premiers essais de l'art de travailler cette pierre sont attribués à un des rois de Memphis, nommé Tosothrus, qui vivoit plus de 12,000 ans avant l'ère vulgaire, d'après le calcul d'Hérodote, & près de 15,000 ans, selon celui de Diodore de Sicile. Les anciennes carrières de *granit* se trouvent depuis Sienne ou Assuan, jusqu'aux cataractes du Nil ; elles sont situées sur le flanc des montagnes. On y voit encore des blocs ébauchés qui paroissent avoir été préparés pour des colonnes ou des obélisques.

Ces ébauches font voir comment les anciens Egyptiens s'y prenoient pour trancher dans la masse des blocs assez grands pour former des obélisques, des colonnes & même des édifices d'une seule pièce.

Ils commençoient à tailler dans la masse, le devant & le dessus de la pierre dont ils avoient besoin. Ils faisoient ensuite, avec des outils minces, des tranchées d'environ un décimètre ou trois pouces de largeur, & des trous plus profonds, espacés d'environ un mètre, pour y enfoncer des coins de bois sec qu'ils mouilloient pour les faire renfler & détacher les pierres. Il est bon de remarquer que c'est à très-peu de chose près la manière dont on exploite encore, dans les carrières, les pierres qui n'ont pas de lits, c'est-à-dire, qui ne se trouvent pas par bancs ou par couches.

C'est ainsi que les Egyptiens ont taillé tous leurs obélisques, & qu'ils sont parvenus à extraire des blocs d'une si grande longueur. Au récit de Diodore de Sicile, les plus grands obélisques étoient ceux qu'avoit élevés Sésostris à Thèbes : leur hauteur étoit de 120 coudées (205 pieds), & ceux qui furent élevés par son fils devant le temple du Soleil à Héliopolis, dont la hauteur, selon cet historien, ainsi que selon Hérodote, étoit de 100 coudées (166 pieds 8°), en admettant les coudées du nilomètre de 20 pouces 6 lignes.

Nous entrerons, au mot OBÉLISQUE, dans de plus grands détails sur ces monumens.

Les Egyptiens ont employé des blocs de *granit* d'une masse beaucoup plus étonnante encore que la grandeur de leurs obélisques. Hérodote parle de deux édifices monolythes (d'une seule pièce), l'un faisant partie du temple de Latone, à Butos, dont les murs étoient formés d'une seule pierre de quarante coudées de long sur autant de hauteur ; & l'autre qu'Amasis fit transporter de l'île d'Eléphantis à la ville de Saïs, éloignées l'une de l'autre de vingt journées de navigation. Sa longueur extérieure étoit de 21 coudées, sur 14 de largeur & 8 de hauteur.

Les Egyptiens ont fait aussi un grand nombre de colonnes en *granit* d'une seule pièce. Celle d'Alexandrie, la plus grande que l'on connoisse, est d'un beau *granit* rouge. Les Romains ont placé dans leurs édifices beaucoup de colonnes qu'ils ont fait venir d'Egypte, telles que celles du péristyle extérieur du Panthéon. Enfin, les Egyptiens ont fait en *granit* des statues colossales, parmi lesquelles on cite celle de Memnon, dont Hérodote dit que la longueur de ses pieds étoit de sept coudées, ce qui auroit donné 45 coudées & demie, 54 pieds environ, pour la hauteur de cette figure, si elle eût été debout, en admettant, pour le rapport de la grandeur de la figure à la longueur du pied, celui de 6 & demi à 1, qui est le moindre.

La dureté du *granit*, la difficulté de le travailler, & la dépense qui en résulte, en rendent l'usage assez rare actuellement; cependant on l'emploie comme pierre de taille de dimension ordinaire, dans les pays où il se trouve abondamment. C'est ainsi qu'on le travaille en Normandie & en Bretagne. Les ouvrages des ports de Saint-Malo, de Granville & de Cherbourg sont construits en *granit*.

Ce n'est que depuis environ une trentaine d'années qu'on a fait venir des *granits* à Paris. Les premiers qui y ont été employés, sont ceux qui forment les bordures des trottoirs & les marches des extrémités du Pont-au-Change. La conservation de ces marches, depuis cette époque, démontre évidemment l'avantage des *granits* pour cet ouvrage; de pareilles marches en liais ou en roche, durent à peine dix à douze ans, & deviennent très-dangereuses, parce qu'elles s'usent promptement & deviennent glissantes sur les bords.

Le porche de la nouvelle église de Sainte-Geneviève est pavé en *granit* des Vosges. Les bornes placées dans la cour des Tuileries, le long du château, & pour former les divisions de cette cour, ainsi que celles des grilles du Pont-Royal & du Pont-Tournant, sont en *granit* gris & en *granit* rouge.

Le revêtement du terre-plein du Pont-Neuf, jusqu'au-dessous de la corniche, est en *granit* de Cherbourg. Les marches du perron extérieur de l'église de Saint-Denis sont également en *granit*.

Les *granits* s'emploient dans les autres pays où il s'en trouve.

A Pétersbourg, les quais & autres grands ouvrages sont construits avec une espèce de *granit* qui se tire des petites îles situées dans le golfe de Finlande. Les *granits* qui ont été employés à la construction de Saint-Isaac, ont été tirés du lac de Ladoga. Mais l'ouvrage le plus remarquable est le fameux rocher sur lequel l'impératrice Catherine II a fait élever la statue équestre du czar Pierre-le-Grand. Ce bloc, dont la base était plate, avoit 42 pieds de long, sur 27 pieds de largeur & 21 de hauteur. On le réduisit, avant de le transporter, à 37 pieds de long, sur 21 de large & 22 de hauteur. Il était dans un marais près d'une baie que forme le golfe de Finlande, à une lieue & demie environ des bords de la mer. C'est un *granit* composé de cristaux irréguliers, les uns d'un blanc laiteux & les autres bruns & noirs, en sorte que le résultat présente une teinte d'un gris-roussâtre.

Le poids de ce bloc taillé était de trois millions; nous entrerons, à l'article TRANSPORT, dans quelques détails sur les moyens mis en œuvre par le comte de Carbury, pour le transport de ce fardeau énorme, & sur ceux qui ont pu être employés pour voiturer l'édifice de Saïs, dont le poids était encore plus considérable. Quant à l'édifice de Butos, il y a lieu de croire qu'il fut taillé sur le lieu même. (*Voyez* TRANSPORT.)

GRAS, adj. Épithète que les ouvriers donnent à toute pièce, à tout morceau de rapport ou d'encastrement qui a plus de matière qu'il n'en faut pour entrer avec précision dans la place qui lui est destinée. Ainsi l'on dit laisser du *gras* à un joint, à un tenon, à une pierre. C'est par suite de la même métaphore qu'on dit *démaigrir* un corps, pour dire ôter le trop de superficie. (*Voy.* DÉMAIGRIR.)

GRATICULER, v. act. C'est diviser un dessin en petits carreaux égaux, tracés avec du crayon pour le réduire du grand au petit, ou l'augmenter du petit au grand, en faisant sur la matière qui doit recevoir la copie, une division de carreaux proportionnellement égale à celle de l'original. Ce mot vient du latin *graticola* ou de l'italien *graticola gril*, parce que cette méthode produit dans l'opération qu'on fait, une configuration semblable à celle d'un *gril*.

GRATTER, v. act. Ce mot exprime l'opération qui a lieu soit dans des plafonds & cloisons en plâtre qu'on veut repeindre, soit dans les murs extérieurs des bâtimens lorsqu'on veut en rajeunir l'aspect ou en ragréer l'appareil ou les enduits. S'il ne s'agit que de *gratter* le plâtre, on emploie un instrument triangulaire dont le tranchant est assez aigu pour enlever la superficie de l'enduit. S'il est question de *gratter* la pierre, on emploie d'autres sortes de grattoirs recourbés dans leurs tranchans & quelquefois dentelés. (*Voyez* REGRATTER.)

GRAVE, adj. Ce mot peut exprimer dans l'architecture, comme il exprime dans la musique, le mode opposé au mode léger ou gracieux. Ainsi on donneroit fort bien l'épithète de *grave* à l'ordre dorique. Il y a des édifices qui exigent un caractère *grave*. Le genre *grave*, ou comporte peu d'ornemens, ou ne veut que de ceux qui par leur nature, leur forme & leur couleur, portent l'esprit à des idées sérieuses. Par exemple, l'emploi de certains *granits* en revêtissemens ou en colonnes donne toujours au local où on les applique, un caractère *grave*. De grands caissons simples, peu ornés & sans variétés de couleur, s'y assortissent également. Le genre *grave* n'est pas le genre mélancolique, mais il l'avoisine; l'opposé de l'un & de l'autre sera, pour se faire aisément entendre, le genre arabesque.

GRAVER, v. act. Le mot *graver* a reçu dans les temps modernes une acception spéciale, qui ne s'applique guère aujourd'hui qu'à l'art de la gravure en taille-douce, ou à l'art de faire des médailles & des camées en pierres fines. Cependant on use encore du mot *graver* dans l'architecture, soit

soit métaphoriquement (comme lorsqu'on dit *graver sur le marbre les exploits & les événemens célèbres*), soit au simple, lorsqu'il s'agit des inscriptions dont on orne les édifices.

GRAVIER, f. m. C'est du gros sable qu'on tire des rivières, & qui sert soit à faire les aires des grands chemins, soit à sabler les allées des jardins.

GRAVOIS, f. m. pl. Ce sont ou des plâtras provenant de la démolition des bâtimens, ou de petites recoupes de pierre qui servent à affermir les aires des allées & des grands chemins.

GRAVURES, f. f. pl. se dit en architecture d'ouvrages creusés avec peu de profondeur, & qui font quelquefois l'effet du relief, quoiqu'ils en soient le contraire. L'art de l'ornement emploie encore aujourd'hui cette sorte de sculpture en creux dans quelques parties.

Les *gravures* dont on parle, sont un reste du plus ancien usage de sculpter sur la pierre dans les édifices. Les Egyptiens pratiquèrent cette méthode à différens degrés dans tous leurs ouvrages, & l'on peut en rendre trois raisons différentes.

La première tient à la timidité & à l'ignorance des premiers sculpteurs, qui, après avoir tracé sur la superficie de la pierre les traits des objets ou des caractères qu'on devoit y figurer, trouvèrent plus facile & plus simple de les creuser que de les exprimer en saillie. Lors même que par la suite l'art eut acquis plus de hardiesse & d'habileté, on continua d'user de ce procédé, & on l'employa par cela seul qu'on l'avoit employé.

La seconde raison à rendre de la sculpture gravée en creux dans tous les édifices de l'Egypte, se tire de l'intérêt & du soin qu'on portoit à la conservation des signes & des caractères religieux, objet à peu près unique de la sculpture en ce pays. Aux figures simplement tracées en creux succédèrent les figures façonnées en saillie dans l'espace creux formé par leurs contours. Ce sont de véritables reliefs plus ou moins saillans, & autour desquels on a laissé la pierre superficielle du parement. Pour en faire ce que nous appelons des *bas-reliefs*, il ne s'agit que d'enlever cette pierre. Si les Egyptiens ne le firent point, on voit qu'ils voulurent mettre la forme de leurs signes à l'abri des altérations auxquelles sont exposés les corps saillans en pierre. Peut-être aussi l'économie de la main-d'œuvre entra-t-elle pour quelque chose dans cet usage. Il est certain qu'à l'égard des ouvrages ainsi sculptés sur le granit & autres pierres d'une grande dureté, laisser cet excédant de matière autour des figures, c'étoit s'épargner une dépense de temps & de travail fort considérable.

Mais la dernière raison à donner de cette pratique est peut-être la meilleure & la plus plausible. Ce que nous appelons aujourd'hui la *sculpture*

Diction. d'Archit. Tome II.

d'ornement & de bas-relief, n'étoit en Egypte qu'une écriture, un composé de signes figuratifs qui, à quelques exceptions près, se rapprochoient beaucoup plus du genre des inscriptions, que de celui de l'ornement. Aussi tous les édifices en étoient-ils couverts depuis les plus grandes jusqu'aux plus petites parties. L'usage une fois admis d'écrire partout et sur toutes les surfaces de l'architecture & des bâtimens, il est sensible qu'on n'auroit pas pu dégager les reliefs en creux de leurs contours saillans, sans altérer en beaucoup d'endroits la forme essentielle des principaux membres. Les grandes murailles même des temples, qui sont toutes remplies de signes & de figures hiéroglyphes dans des mesures & des proportions très-diverses, auroient perdu leur caractère de solidité ou du moins l'apparence de ce caractère, si, au lieu de conserver l'unisson & l'à-plomb de leurs paremens, elles eussent présenté les figures en saillie & les paremens ravalés.

Il faut ajouter encore que le plus grand nombre de ces bas-reliefs en creux, ou de *gravures* sans relief, entaillées dans les pierres, étoient enduits de couleurs, étoient peints selon le procédé du temps, & que la saillie des contours, en conservant les couleurs, donnoit aussi à ces sortes de tableaux une espèce d'encadrement naturel.

GRECQUE (ARCHITECTURE). D'après le plan de ce Dictionnaire, nous devons consacrer un article à l'analyse & à la description de chacune des architectures connues, c'est-à-dire, de chacune des formes sous lesquelles l'art de bâtir s'est produit dans chacun des pays ou des siècles, qui lui ont imprimé un caractère assez particulier, pour qu'on puisse y envisager l'art, soit comme une production native du pays, soit comme une modification spéciale & difficile de toute autre.

Le lecteur auroit donc pu s'attendre à trouver ici l'histoire au moins théorique de l'architecture *grecque*. Toutefois une observation sur laquelle il nous a sans doute déjà prévenus, a dû lui faire sentir que cette architecture est la seule à laquelle il seroit superflu d'employer un article à part. L'architecture *grecque*, devenue jadis celle des Romains, & par suite d'une si grande partie du monde, a acquis encore, depuis la renaissance des arts, un empire bien plus étendu; car ce que les Romains possédèrent de l'Europe n'est guère que la moitié de ce que l'Europe actuelle renferme de pays; & alors ce ne fut guère encore que la moindre partie de leurs possessions qui connut ou cultiva les arts. Aujourd'hui une civilisation commune réunit dans les mêmes goûts & dans la pratique des mêmes arts, & à peu près au même degré toutes les nations européennes, qui sous ce rapport ne semblent être que les provinces d'un seul Empire. Or, l'architecture *grecque* est celle de tous les pays; elle a pénétré dans l'Inde par le commerce de l'Angleterre, & le grand con-

Qqq

tinent de l'Amérique n'en connoît pas d'autre. Cette architecture est donc devenue en quelque sorte universelle.

Aussi, quand même le goût, de concert avec le raisonnement, ne s'accorderoient pas à reconnoître l'architecture *grecque* comme celle qui mérite la préférence sur toutes les autres combinaisons de l'art de bâtir, l'ancienneté, la généralité, l'habitude même, nous auroient fait un devoir de la regarder comme l'art par excellence, comme celui qui mérite le nom d'*architecture* sans aucune autre désignation ; & c'est ainsi que nous l'avons considérée dans cet ouvrage.

Cette manière de considérer l'art dans l'architecture *grecque* seule, ou à peu près exclusivement, ne nous eût guère permis de faire entrer les détails, les particularités & les formes des autres architectures dans le plus grand nombre des articles consacrés à l'analyse de toutes les parties qui composent l'histoire, la théorie & la pratique de l'art. C'est pourquoi on a jugé à propos, pour rendre complet l'ensemble des notions, que le lecteur peut désirer sur l'art de bâtir partout le monde, d'affecter des articles particuliers au développement de toutes les architectures étrangères à celle des Grecs, qui est aujourd'hui la nôtre.

La raison qui a motivé l'insertion & la composition de ces articles est la même qui nous dispense d'en faire un exprès sur l'architecture *grecque*, puisqu'elle est le sujet de presque tous les articles de ce Dictionnaire.

GREFFE, s. m. C'est ordinairement, auprès d'un tribunal, une pièce ou un local composé de plusieurs pièces garnies d'armoires & de rayons, où l'on conserve en dépôt les minutes, registres ou autres actes de procédures, pour y avoir recours au besoin, & où l'on délivre des expéditions de ces actes.

GRÊLE, adj. des deux genres, est un synonyme de long & menu.

On applique assez volontiers ce mot à l'architecture & surtout aux colonnes, lorsque leur diamètre est trop étroit pour leur hauteur. C'est dans le gothique que l'on trouve les modèles des supports les plus lourds & les plus *grêles*. On veut parler de ces colonnes en fuseau qui supportent quelquefois des voûtes en ogive. L'arabesque nous présente aussi dans ses badinages l'idée du *grêle* portée au plus haut point.

GRENIER, s. m., vient du latin *granarium*. Ce mot ne signifie, expliqué par son étymologie, que le lieu où l'on conserve le grain. Comme, dans les maisons rustiques, on destine à cet emploi la partie de la maison qui est immédiatement sous le comble, le nom de *grenier* est resté affecté aussi à cette partie dans les maisons de ville, qui, située au plus haut du bâtiment, sous la toiture, se compose de la charpente & de la couverture. (*Voyez* COMBLE, TOIT, CHARPENTE, &c.)

Grenier est aussi le nom d'un bâtiment construit exprès pour conserver le blé ; mais ce mot, devenu générique, s'applique encore à des bâtimens où l'on met en dépôt d'autres marchandises & d'autres productions de grains.

Chez les Romains le *grenier* faisoit partie de la *villa fructuaria*. On le plaçoit ordinairement dans l'étage supérieur & à l'exposition du nord pour préserver le grain des insectes ; on le couvroit quelquefois d'une voûte, on le pavoit de petites briques, ou on couvroit le sol de terre battue. Les murs étoient enduits d'argile délayée avec de la lie d'huile, & mêlée de feuilles d'olivier au lieu de paille. On y établissoit différens compartimens, dont chacun contenoit une sorte de grain particulier. Du côté du nord, on y pratiquoit de petites fenêtres ou des soupiraux pour que le vent pût y renouveler l'air.

Les Romains désignoient sous le nom d'*horreum*, que nous traduisons par le mot général *grenier*, non-seulement les bâtimens destinés aux dépôts de grains, mais encore ceux qui servoient de magasins soit à la viande salée, soit à d'autres provisions.

C'est ainsi qu'aujourd'hui on appelle *grenier* à sel le bâtiment où l'on conserve le sel pour être distribué & vendu au public.

Les *greniers* d'abondance sont de vastes édifices où l'on conserve des grains pour subvenir aux besoins publics en temps de disette. Il y en a de fort beaux à Lyon & de très-grands à Rome sur la place de *Termini*.

Ce qu'on appelle au vieux Caire les *greniers de Joseph* n'a rien d'antique, malgré le nom qu'on lui donne. C'est un assemblage de cours environnées de murs dont la construction paroît être du temps des Sarrasins. Dans ces cours, qui n'ont ni voûte ni couverture, on dépose le blé qu'on paie en tribut au Grand-Seigneur, & qu'on apporte à ce dépôt des divers cantons de l'Égypte.

GRÈS ou GRAIS, s. m. (*Construction.*) Pierre de nature siliceuse, composée de grains de sable quartzeux, plus ou moins fortement réunis entre eux par un gluten particulier.

Le *grès* se partage ou se débite facilement en gros cubes qui servent à paver les rues, ou en blocs de taut autre forme pour différens ouvrages de construction. Il suffit d'étonner à petits coups dans une direction déterminée les parties de la masse de *grès* : on se sert pour cela de marteaux ou de pics tranchans. Les *grès* se trouvent le plus ordinairement par masses ou rochers informes plus ou moins gros ; ils se trouvent aussi quelquefois par bancs ou couches de différentes épaisseurs. On observe dans les carrières de *grès* ou *grésières*, que les masses en sont moins dures à proportion de la profondeur où elles se trouvent ;

& que plus le *grès* est dur, plus il est aisé de le diviser en morceaux d'une figure déterminée. Cette espèce de pierre se débite en tous sens de la grandeur qu'on veut.

La taille du *grès* est dangereuse pour les ouvriers qui le piquent. Ce travail exige de leur part des précautions particulières, à cause d'une poussière extrêmement fine qui en sort, & qui est si subtile, qu'elle passe au travers des pores du verre. On a trouvé qu'une bouteille bien bouchée & cachetée, posée auprès d'un tailleur de *grès*, avoit son fond couvert de cette poudre au bout de deux ou trois jours. Cette poudre cause aux piqueurs de *grès* une toux très-fâcheuse, surtout lorsqu'ils ne travaillent pas en plein air. Pour s'en garantir, les ouvriers accoutumés à ce travail ont la précaution de se placer de manière que le courant d'air chasse cette poussière en dehors. On se sert des pierres de *grès* pour bâtir, dans plusieurs pays où il s'en trouve de propres à cet usage. Employé comme pierre de taille, le *grès* fait de bonnes constructions; mais il n'en est pas de même lorsqu'il est employé comme moëlons, parce que le mortier, qui fait la principale force de ce genre de construction, ne se lie pas bien avec le *grès*.

Daviler cite comme un des ouvrages les plus remarquables exécutés en *grès*, la grotte de la tête du canal de Vaux.

Différentes parties du château de Fontainebleau sont construites en *grès*. La plus remarquable est le grand escalier extérieur de la cour du Cheval-Blanc, exécuté par Philibert Delorme.

Le *grès*, bien choisi, est propre à la sculpture. On en trouve un exemple dans les deux thermes placés à l'entrée de la cour d'honneur du même château, du côté de la cour des cuisines, qui sont très-estimés des artistes, tant pour le beau caractère des figures que pour la beauté de l'exécution.

GRÉSIÈRE, s. f. (*Construction.*) Nom des carrières d'où l'on tire le grès. Les principales *grésières* sont celles de la forêt de Fontainebleau, pour les grès propres aux constructions en pierre de taille. Quant aux *grésières* qui fournissent le pavé, il s'en trouve aux environs de Rambouillet, de Pontoise, & en général partout où existe le grès, qui paroît abondamment répandu sur la terre.

GRESSERIE ou GRAISSERIE. s. f. (*Construction.*) On donne ce nom aux ouvrages de construction faits en grès, & plus particulièrement à ceux où l'on emploie le grès en coins, c'est-à-dire débité en morceaux d'un pied de hauteur sur même largeur, & environ deux pieds de longueur. Ces coins se posent aux angles des murs, de manière qu'il se trouve, sur chaque côté de ces angles, alternativement une tête & une longueur.

GRÈVE, s. f. C'est le bord d'une rivière ou d'un port dont le terrain va en pente douce. Ordinairement on le pave & on le charge de marchandises. Telle est ce qu'on appelle la *Grève* à Paris.

Ce mot vient de *gravier*, sorte de sable qui se trouve aux bords des rivières.

GRIFFON. Entre les figures d'animaux capricieux que l'imagination des anciens peuples s'étoit plu à former de l'association d'espèces différentes, il y en a qui ne sont visiblement que des produits fantastiques du génie allégorique, & à l'existence desquels les esprits même les plus crédules n'ajoutèrent jamais foi. Mais il s'y en trouve aussi que les notions superficielles des voyageurs & des rapports inexacts firent passer pour des êtres réels & existans dans des pays lointains. De ce nombre fut le *griffon*. Ctesias & Ælien ont été jusqu'à le décrire. Pline, se fondant sur l'autorité d'Hérodote & d'Aristée de Proconnèse, non-seulement le regarde comme un être dont l'existence est incontestable, mais il lui donne la Sarmatie pour habitation : selon la plupart des écrivains qui en ont parlé, le *griffon* cherchoit l'or dans les déserts où étoit le gardien des mines d'or. On le représentoit avec le corps du lion, la tête & les ailes de l'aigle, des oreilles de cheval, &, au lieu de crinière, une crête de nageoires de poisson.

Quoi qu'on puisse dire de l'opinion qui donna lieu à la croyance de cet animal évidemment fantastique, on sait qu'il joua un grand rôle dans la mythologie, & qu'on le représenta de mille manières dans les monumens & les ouvrages de l'art. Il fut particulièrement symbole d'Apollon. On le voit souvent avec la lyre, & quelquefois avec le trépied.

Il est peu d'objets d'ornement plus multipliés dans l'architecture antique. Une multitude de fragmens de frise nous présente des *griffons* qui semblent garder, soit le trépied, soit la lyre d'Apollon, placée au milieu d'eux, & sur laquelle chacun de ces animaux tient une patte levée. Sur une frise conservée au *Museum Capitolinum*, des *griffons* traînent un char rempli des attributs du dieu de l'harmonie. Ils font souvent partie de ces compositions qui n'eurent probablement pas de signification précise, ni d'autre but que celui de plaire aux yeux, & que nous appelons aujourd'hui *arabesques*. Leurs queues, dans ces jeux du ciseau, s'entrelacent avec des fleurons, & forment des enroulemens capricieux.

On ne sauroit dire à combien de sortes d'objets décoratifs, de meubles, d'ustensiles, les *griffons* ont été appliqués, tantôt pour former les pieds & les supports des tables, tantôt pour soutenir ou paroître supporter avec leurs ailes, des vases, des coupes, &c. Généralement cet animal fantastique offre dans ses contours, ses formes & ses détails, quelque chose de sévère & de léger tout ensemble, dont le caractère, favorable à la sculpture, s'allie heureusement avec l'architecture & y produit un effet large & piquant.

Le *griffon* est devenu dans l'architecture moderne, ainsi que quelques autres créations allégoriques de l'antiquité, un simple objet d'ornement auquel l'œil s'est habitué, & qui est passé en usage dans cette sorte de langage de la décoration, dont on est convenu de ne pas trop scruter ni les élémens ni les raisons.

GRILLE, GRILLES. Ce mot s'emploie tantôt au singulier, tantôt au pluriel, pour désigner des clôtures à maille, soit en fer, soit en bronze, & généralement toute fermeture de métal dont on use dans les bâtimens particuliers, dans les édifices publics, dans les jardins, dans les promenades, les cours des palais, & tant à l'extérieur que dans l'intérieur de ces monumens.

Les *grilles*, dans leur rapport avec l'architecture, peuvent être considérées selon l'emploi qu'on en fait, ou leur application aux édifices, & selon le goût de leurs formes & de leurs ornemens.

En général les *grilles*, lorsque le besoin le commande, peuvent, comme on l'a dit, trouver place dans un très-grand nombre d'endroits. Elles furent long-temps un luxe de mode, & l'on peut le dire d'étiquette dans les avant-cours des palais & des châteaux. Les chapelles & les chœurs des églises furent fermés par des *grilles*. Si la nécessité en motive l'emploi, rien à objecter contre cet usage; & si les *grilles* ne sont qu'un assemblage sans prétention de barres de fer, on peut considérer leur emploi comme d'un effet nul en architecture. Si, au contraire, on prodigue à ces assemblages toutes les ressources de décoration que l'art de la serrurerie n'y peut imaginer qu'avec beaucoup de dépense, alors il est permis de croire que cette dépense pourroit tourner d'une manière plus avantageuse au profit des édifices. Par exemple on a vu toutes les chapelles des plus grandes églises obstruées plutôt que fermées par des *grilles* qui empêchoient de jouir de l'intérieur de ces chapelles, & rapetissoient pour l'œil la largeur du vaisseau, & surtout de ses bas côtés. La suppression de ces *grilles* dans la cathédrale de Paris, quoique due à des causes fort étrangères au bon goût, n'en a pas moins rendu service à l'intérieur de cette église, & a confirmé la justesse de ces observations. Il est certain que des balustrades à hauteur d'appui seulement, fermeroient suffisamment les chapelles sans en cacher la vue, & conserveroient aux bas côtés le dégagement nécessaire. Y a-t-il d'ailleurs une véritable convenance dans ces *grilles* qu'on est habitué à trouver aux avenues d'un parc ou dans la cour d'un château, & ces objets ordinairement bigarrés & chargés d'armoiries ou d'écussons bizarrement contournés, sont-ils des objets en rapport avec la destination des édifices sacrés?

Si l'on considère les *grilles* sous le rapport de l'embellissement, on conviendra que l'agrément de leur aspect dépendra beaucoup de celui des formes qu'elles reçoivent. Quoique le genre de matière qu'on y emploie semble ne devoir pas se prêter avec trop de docilité aux caprices de la décoration, on a vu pourtant les *grilles* recevoir pendant très-long-temps les mêmes dessins contournés, les mêmes bizarreries de style que la pierre ou le bois dans les détails variés de l'architecture. Il sembleroit même qu'on se seroit plus à exiger du fer & des métaux d'autant plus de variétés que leur nature y répugne plus; comme si la beauté en ce genre eût consisté dans la difficulté! A moins de frais, sans doute, une *grille* peut plaire à l'œil comme à la raison. La raison dit que des lignes droites conviennent à des barres de fer; aussi emploie-t-on assez convenablement dans les barreaux l'idée de faisceaux, de piques, de lances, de thyrses. L'architecture fournit encore à la serrurerie des motifs assez nombreux d'ornemens, avoués dans les *grilles* par le goût & par le raisonnement. Il est des entrelas qui y jouent fort agréablement leur rôle. De ce nombre est celui qu'on appelle *grec*. On peut y disposer dans les frises ou les pilastres montans, diverses sortes de compartimens, en observant de ne guère sortir des formes simples, c'est-à-dire, de la forme carrée ou circulaire.

On embellit les *grilles* & on les peint de diverses couleurs; car les métaux qu'on y emploie, & le fer surtout, doivent être préservés de l'oxidation par les mordans ou les substances colorantes. La dorure se mêle avec beaucoup d'agrément au fer, soit qu'on dore le fer, soit qu'on lui associe le bronze doré.

Une des plus belles *grilles* qu'on puisse citer à Paris, est celle qui ferme la cour du Palais de Justice.

On a cherché un raffinement de luxe dans l'art d'appliquer le fer aux *grilles*. On l'y emploie en état d'acier poli. Deux fort beaux morceaux de serrurerie ont été faits en ce genre il y a une cinquantaine d'années à Paris; l'un est la *grille* en avant de l'escalier du Palais-Royal, l'autre est celle du chœur de Saint-Germain-l'Auxerrois. Cette dernière surtout, qui n'est qu'à hauteur d'appui, mérite d'être remarquée pour le bon goût de ses formes & la richesse de sa composition, dans laquelle on a mêlé des ornemens de bronze doré. Mais ces sortes de *grilles* ne doivent être placées que dans des intérieurs. L'acier poli veut, pour conserver son éclat, des soins & un entretien qui ne sauroient avoir lieu dans les lieux exposés aux intempéries de l'air.

On appelle *grilles de croisée* celles qui sont faites de barreaux de fer entretenus par des traverses, & qu'on met aux croisées des rez-de-chaussée pour la sûreté. — *Grilles à mi-mur*, celles qui sont scellées dans les tableaux des fenêtres. — *Grilles en saillie*, celles qui avancent en dehors, & dont la saillie est réglée par les ordonnances de police. — *Grilles redoublées*, celles qui sont doubles, c'est-à-dire, placées l'une en avant de l'autre, comme dans les couvens & dans les prisons.

GRILLAGE, s. m. (*Voyez* GRILLE.)

GRILLE, s. f. (*Construction.*) On nomme *grille* ou *grillage*, en terme de charpente, un assemblage de pièces de bois que l'on pose sur un terrain marécageux ou glaiseux, pour y établir avec plus de solidité les fondemens d'un édifice.

Les *grilles* sont formées de pièces de bois qui se recroisent carrément tant plein que vide ; elles s'assemblent à mi-bas ou se recouvrent simplement, de manière à former deux épaisseurs. Les assemblages des extrémités des pièces avec celles qui forment le châssis extérieur doivent être à queue d'hyronde.

On établit les *grilles* de deux manières. Ou on les pose sur les têtes des pieux d'un pilotage, pour les réunir tous ensemble, ou, ce qui est préférable, on les pose immédiatement sur le sol même sans qu'il y ait de pilotis. Dans ce dernier cas, avant de poser le grillage, il faut avoir soin de battre fortement le sol, afin de lui donner plus de consistance & de fermeté, & d'éviter un tassement inégal ou trop considérable.

En Hollande, c'est sur grillage qu'on établit la plus grande partie des fondations.

C'est aussi d'après ce procédé qu'a été fondée la Corderie de Rochefort. Ce bâtiment, construit par le grand Blondel, se compose de deux étages ; il a quatre toises de largeur dans œuvre, & deux cent seize toises de longueur. Ses fondations ont été établies sur un grillage formé par des pièces de bois de dix à onze pouces de grosseur, assemblées tant plein que vide. Sur ce grillage enfoncé de toute son épaisseur dans la glaise, on forma un plancher de niveau dans toute son étendue avec des madriers jointifs de trois à quatre pouces d'épaisseur, chevillés sur les pièces de bois du grillage. C'est sur ce plancher qu'a été posée la première assise des libages qui sont la fondation des murs.

GRIS. (*Voyez* GRISAILLE.)

GRISAILLE, s. f. Sorte de peinture qui est souvent employée dans la décoration des intérieurs. Ce mot répond à ce que les Italiens nomment *chiaro-scuro*, manière de peindre qui opère avec une seule couleur grise, c'est-à-dire, dans laquelle les couleurs véritables ne sont pas indiquées.

La *grisaille* s'emploie volontiers dans les frises, dans les panneaux, dans les soubassemens des ordres d'architecture.

On voit de fort belles *grisailles* au Vatican, peintes pour la plupart par Polydore de Cavarage. Ce sont des tableaux de couleur grise, imitant plus ou moins les bas-reliefs, soit en pierre, soit en marbre.

La peinture égratignée que les Italiens appellent *sgraffito*, est une espèce de *grisaille*.

GRISAILLER, v. act. Peindre en grisaille. (*Voyez* GRISAILLE.)

GROTESQUES, adj. pl. Ce mot est généralement synonyme d'*arabesques*. (*Voyez* ce mot.) Nous avons déjà, à cet article, parlé de l'étymologie du mot *grotesques*, étymologie du reste fort peu relative au sens qu'on y attache aujourd'hui. Personne ne se souvient que les Italiens appellent *grotta* tout lieu souterrain, on donnoit aussi ce nom à tous ces restes de bâtimens antiques que la terre avoit recouverts, & que ce fut dans ces mines qu'on retrouva, vers le seizième siècle, des peintures de décoration qui, ayant quelque rapport avec celles que les Arabes pratiquoient, furent nommées par les uns *arabesques*, par les autres *grotesques*.

Le genre de décoration dont on parle étoit déjà lui-même un abus dénoncé & combattu par Vitruve, & que la raison auroit banni si le goût & l'élégance de plusieurs de ces caprices n'eussent de tout temps plaidé en leur faveur. Mais lorsqu'on en vient à abuser de ce qui est déjà un abus, alors l'excès devient ou vice ou ridicule. C'est ce qui a dû arriver en ce genre, où l'on a introduit une quantité de choses extravagantes & difformes. De-là est résulté sans doute qu'on a appelé *grotesques* les défauts mêmes qui se rencontrent dans la nature & dans celles de ses créatures, auxquelles elle a départi des difformités choquantes. Ainsi *grotesque* peut se prendre sous une acception critique ou satyrique.

L'on pourroit, en cherchant à établir des variétés dans le genre de la décoration capricieuse dont il s'agit, trouver une nuance entre les arabesques & les *grotesques*. Quelques-uns ont voulu même la faire résulter de la différence des noms, dans ce sens que l'arabesque indiquant le goût d'ornemens employés par les Arabes qui, selon la religion de Mahomet, ne pouvoient y faire figurer aucune espèce d'animaux, ne comprenoient que des rinceaux, feuillages, fleurs & enroulemens de ce genre. Les *grotesques*, au contraire, constitueroient particulièrement le genre où des figures bizarres d'animaux, & des compositions fantastiques de monstres multiformes, deviennent les principaux objets d'ornement.

De telles distinctions sont peut-être aussi capricieuses que le genre dans lequel on prétend les établir.

Grotesque est devenu une épithète de censure & d'ironie qu'on applique à certains ouvrages, où toutes les lois du goût sont violées de façon à exciter le rire. Le *grotesque* seroit encore une nuance du bizarre, car le bizarre est ordinairement sérieux ; il révolte, il excite un sentiment pénible & provoque la critique. Le *grotesque* est dans les arts du dessin ce que la bouffonerie est à l'art dramatique.

GROTTE, s. f., de l'italien *grotta*, caverne, lieu souterrain, créé par la nature ou pratiqué par l'art.

Les *grottes* naturelles ayant été dans plus d'une contrée les habitations primitives de l'homme, ont pu non-seulement y servir de type au système imitatif de l'art de bâtir, mais suggérer encore plus d'une imitation de détail au génie de l'architecte, dans l'embellissement soit des palais, soit des jardins.

La nature semble s'être plu quelquefois aussi à produire dans certaines *grottes* des dispositions & des ordonnances qui paraissent être des imitations des ouvrages de l'art. Telle est, en Écosse, la *grotte* qu'on appelle *de Fingal*, dans la petite île de Staffa. Une des extrémités de cette île repose sur des rangées de piliers naturels de basalte, ayant au-delà de cinquante pieds de hauteur la plupart, & formant comme des colonnades artificielles qui reposent sur une base de roc solide. La longueur totale de cette *grotte* est de trois cent soixante-onze pieds. Sa largeur, à l'entrée, est de cinquante-trois pieds, & au même endroit son élévation a cent dix-sept pieds.

D'autres *grottes* naturelles se font remarquer par les jeux bizarres que produisent sur leurs parois & dans leurs plafonds, les infiltrations & les cristallisations plus ou moins imparfaites que la nature opère, & dont l'art imite les caprices dans les fontaines & dans les édifices aquatiques. La plus célèbre & la mieux décrite de toutes ces *grottes* est celle d'Antiparos (dans l'Archipel) ; elle est à une profondeur, au-dessous du sol, d'à peu près deux cent cinquante pieds, & l'on y pénètre par une ouverture peu spacieuse & des conduits fort irréguliers. Son intérieur est tout rempli de masses de cristallisation qui varient selon le plus ou moins d'espace des ouvertures par où les eaux ont filtré. Semblables à ces glaçons qui pendent durant l'hiver & s'augmentent insensiblement, les stalactites s'accroissent & prolongent sans cesse la figure conique qu'elles tiennent du mécanisme de leur formation. Si l'infiltration est plus abondante, les gouttes d'eau tombent de la stalactite sur le sol de la *grotte*, & y forment des productions semblables, mais dans un sens contraire. Celles-ci, appelées *stalagmites*, croissent & s'élèvent en même temps que les autres s'abaissent : elles se rejoignent enfin, & leur réunion compose une colonne d'abord imparfaite, mais qui s'achève & se perfectionne par les mêmes causes qui l'ont produite. C'est ainsi que se sont formées les colonnes de la *grotte* d'Antiparos. Plusieurs masses de cette substance, étendues en longs rideaux, tiennent de leur peu d'épaisseur une transparence dont on jouit à l'aide de quelques flambeaux adroitement placés. Cependant cette transparence est moindre que ne l'ont donné à entendre certains voyageurs, ou que l'on fait croire ces palais enchantés dont la féerie a pris les modèles dans ces laboratoires souterrains de la nature.

La poésie s'étoit déjà auparavant emparée de ces lieux pour en faire les habitations des divinités champêtres, ou des nymphes des fontaines & des rivières. Telle étoit, près d'Athènes, la *grotte de Pan*. Mais comme ces sortes d'excavations sont souvent des réservoirs perpétuels ou accidentels, rien ne fut plus naturel que d'y placer la demeure des nymphes, & on leur donnoit le nom de *nymphæum*.

La *grotte* pratiquée (selon Chandler) par Archidamus, & par lui consacrée aux nymphes, comme le porte encore aujourd'hui l'inscription qu'on y lit, étoit due en partie à l'art, en partie à la nature ; un escalier étroit, taillé dans le roc, conduit à un petit espace où sont des niches & des restes d'inscriptions : de-là d'autres degrés mènent, par une étroite allée, à la *grotte*, laquelle, ainsi que le conduit dont on vient de parler, est un assemblage de pétrifications fort pittoresques. Tout en bas est une source d'eau très-froide & très-limpide.

M. l'abbé Monticelli a fait connoître, il y a peu d'années, parmi les *grottes* très-variées qui sont près de la ville de Castro, à la pointe de l'Italie, une des plus curieuses combinaisons du travail de l'art & de celui de la nature dans la *grotte* appelée *della Zinzarusa*. Elle s'appelle ainsi, parce que son entrée, du côté de la mer, présente un aspect de division & de déchirement qui la fait ressembler à des lambeaux d'étoffe usée. Une masse de rochers heureusement disposés forme comme une sorte d'escalier naturel, aboutissant à une galerie qu'on n'aperçoit point de la mer, & qui est ornée & soutenue par des colonnes de pierre dure, régulièrement rangées. De-là, un petit corridor fort étroit mène à une *grotte* fort spacieuse de forme carrée, divisée par quatre rangées de colonnes, savoir : deux de demi-colonnes adhérentes aux parois de la *grotte*, & deux de colonnes tantôt isolées, tantôt accouplées, qui forment trois nefs dans ce vaste intérieur. On y voit de toute part des restes d'idoles, de petites statues, des figures d'animaux, surtout de chouettes, de fruits et de fleurs d'arabesques en pierre dure & d'un bon travail. Les murs étoient ornés de figures hermétiques & d'inscriptions, qui jusqu'alors n'avoient pu être lues. Dans l'une des trois nefs est une large table supportée à chaque bout par deux petites colonnes : du sommet du rocher qui forme la couverture de tout ce local, descend, comme attaché par l'art, une forte de baldaquin suspendu, qui semble agréablement orné de draperies, de fruits, de fleurs, de globes & de figures coniques d'un cristal transparent, que les infiltrations se sont plu à disposer en ce lieu, & à multiplier au gré d'une multitude de caprices, sur les murs & sur les colonnes de cet intérieur. De chaque côté de cette *grotte* il s'en trouve une plus petite, également ornée de colonnes qui ont trois palmes de diamètre, lorsque celles de la pièce la plus grande n'ont que deux palmes d'épaisseur, sur dix de haut. On a conjecturé (mais sans aucune autorité), que tous ces souterrains avoient été l'ancien temple de Minerve.

Les *grottes*, leurs singularités, les exhalaisons diverses qui sortoient de quelques-unes, servirent souvent d'occasion ou de prétexte à la fondation soit de quelques oracles célèbres, soit de temples que ces phénomènes accréditoient. Ainsi l'oracle & le temple de Delphes durent leur vogue à l'effet d'un air souterrain qui s'échappoit par l'ouverture où l'on plaça le siège de la Pythie. L'oracle de Trophonius ne devint fameux que par une *grotte* souterraine, à laquelle un passage extrêmement étroit introduisoit ceux qui vouloient consulter le devin.

On ne sauroit dire jusqu'à quel point le travail de l'art s'étoit réuni à celui de la nature dans la plupart de ces *grottes*. Mais il en est qui ne sont que des excavations artificielles, pratiquées autrefois, soit pour servir de conduit à l'écoulement des eaux, soit pour ouvrir des passages au travers d'une montagne, comme la *grotte* du Pausilippe à Naples, soit pour y puiser les matériaux nécessaires à la construction. Tels sont de nombreux souterrains autour des grandes villes de l'antiquité & des temps modernes. Les Anciens ayant souvent pratiqué leurs sépulcres dans des lieux souterrains, les Italiens ont donné le nom de *grotta* à la plupart de ces édifices, & c'est parce qu'on a trouvé dans leurs ruines des restes très-multipliés de ce goût d'ornement appelé *arabesque*, dans des temps plus modernes, qu'on a donné aussi à ces sujets & à ce genre de décoration, le nom de *grotesques*.

L'architecture, surtout dans l'art d'embellir les jardins, se plaît à imiter les *grottes* naturelles, & elle fait de ces sortes d'imitations un de ses principaux moyens d'agrément & de variété. Il faut toutefois les distinguer en deux genres, celui des jardins réguliers & celui des jardins pittoresques, où l'on cherche à contrefaire la nature dans toutes ses irrégularités. On parlera d'abord de ces dernières.

Une des premières conditions de cette imitation doit être de ne placer des *grottes* artificielles que dans des sites semblables à ceux où nous voyons que les *grottes* naturelles le sont. Rien de plus contraire à la nature du genre & de la chose, que ces *grottes* factices dans des terrains plats, dans des places découvertes. C'est sous terre, c'est adossées à une montagne, à un roc, & entre des escarpemens de rochers, que la nature place les *grottes*. L'artiste n'en imaginera donc l'emploi, que dans les terrains déjà préparés par la nature, ou susceptibles d'être disposés par l'art, dans une intention analogue aux objets qui doivent lui servir de modèle.

La situation d'une *grotte* demande un lieu reculé & sombre que l'on ne découvre pas aisément.

Dans sa composition on observe de n'y pratiquer rien que de simple & de rustique. L'art doit s'y cacher le plus qu'il est possible. Des morceaux de pierres irrégulièrement disposées, quelques ouvertures adroitement ménagées, des masses de terre végétale ou quelques plantes sauvages & des arbustes verts qui peuvent y croître, de petits filets d'eau qui y entretiennent la végétation, voilà ce qu'il convient de ménager dans une *grotte*. Du reste, pour être des imitations de cavernes, les *grottes* n'en doivent reproduire que les agrémens. Il faut les disposer de façon qu'elles soient aussi propres & aussi saines qu'il est possible. Sont-elles étroites & basses, leur séjour devient malsain. Qu'on y dispose au contraire des voûtes élevées, composées de rocs secs, qu'on y perce des dégagemens pour l'air, pour la lumière & pour les points de vue, leur intérieur deviendra tour à tour un lieu de retraite pour celui qui cherche la solitude, & de réunion pour des compagnies nombreuses.

La construction des *grottes* demande des matériaux propices à l'imitation qu'on veut produire. On y emploie ordinairement, soit des quartiers de rocs, soit des pierres laissées brutes ou auxquelles on donne cette apparente rusticité, soit des fragmens de rocailles ou des pierres de moulières. La brique ou tout assemblage de matériaux réguliers en doivent être bannis, ou du moins ne doivent pas s'y montrer: on évitera aussi d'y faire entrer ces enduits avec lesquels on contrefait pour quelque temps les pierres & les rochers, mais dont l'illusion ne tarde pas à se détruire par l'humidité du lieu. C'est surtout dans les voûtes des *grottes* artificielles, que l'architecte s'étudiera à dissimuler par des saillies & des caprices bien ménagés, l'ordonnance de l'appareil & la régularité de la construction, sans toutefois manquer aux lois de la solidité.

On ne parlera ici de la décoration ou de l'ornement des *grottes*, que pour blâmer l'abus qu'on y a souvent fait des ressources d'un art évidemment trop factice. Sans doute on peut revêtir leurs parois de cristallisations ou des diverses congélations lapidifiques que la nature fournit à l'artiste; mais ces objets y doivent être disposés de façon à faire croire qu'ils y sont des productions locales & non importées. Rien n'est plus propre à faire évanouir l'illusion dont on cherche l'effet, que ces assemblages symétriques en compartimens affectés de coquillages, de coraux, de cristaux, de verres colorés, de minéraux, de scories, dont on tapisse l'intérieur d'une *grotte*. La sculpture & les statues ne doivent guère trouver place dans ces compositions, non qu'il soit interdit d'y admettre la figure d'une naïade ou de quelqu'autre objet en rapport avec les idées poétiques de la Mythologie. Mais ces statues y figureront moins comme ornement banal, que comme attribut caractéristique de la *grotte*. C'est ainsi que quelque inscription, pourvu qu'elle semble placée au hasard, indiquera par une allusion heureuse l'intention & le motif allégorique d'une *grotte*.

Ces observations pour la plupart ne sont point applicables aux *grottes* que l'on pratique dans les jardins du genre régulier, soit qu'elles fassent partie des bâtimens isolés qu'on y introduit, soit qu'elles tiennent aux souterrains mêmes des palais, des terrasses & des corps de bâtimens principaux. Les *grottes*, dans le système dont on parle, ne sont pas selon le genre d'imitation qui vise à l'illusion; elles sont, au contraire, un mélange d'architecture, de caprices décoratifs & de construction rustique. Les ordres mêmes y trouvent place, toutefois avec des modifications que comporte le genre. Une certaine symétrie n'y est pas interdite à l'art; les compartimens réguliers, les statues & les ornemens sculptés entrent dans les dispositions de l'artiste. Les jardins de l'Italie offrent les plus beaux modèles de ce genre de *grottes*.

GROUPE, s. m. Mot dérivé de l'italien *groppo*, nœud. Il signifie un assemblage de plusieurs objets liés entr'eux; mais il est particulièrement en usage dans la peinture & la sculpture, où il exprime un ensemble de figures réunies entre elles par un motif ou un mouvement commun. On dit aussi, en architecture, *un groupe de colonnes*. (*Voyez* GROUPER.)

GROUPE D'ARBRES. (*Jardinage*.) Ceux qui plantent & disposent des jardins dans le genre irrégulier, prennent un soin particulier de la distribution des arbres, soit en *groupes*, soit en massifs.

Il semble que l'on doit distinguer le *groupe* du massif. Un massif d'arbres emporte l'idée d'un ensemble qui forme un bois plus ou moins considérable, & dans lequel on ne distingue ordinairement, comme le mot l'indique, qu'une masse de feuillages sans forme déterminée. Le *groupe d'arbres*, quoiqu'on n'en puisse pas déterminer le nombre, semble toutefois indiquer que l'œil pourroit les compter. Deux arbres réunis formeront un *groupe*. Ce qui distingue encore le *groupe*, c'est ordinairement l'isolement de sa masse, car on le destine à faire un effet particulier, à se détacher soit sur le ciel, soit sur les fonds des massifs, dont il interrompt la continuité ou corrige la monotonie.

Plusieurs *groupes* situés dans un même lieu doivent, pour plaire, avoir entr'eux un tel rapport, qu'ils semblent former un ensemble nécessaire. Ils peuvent se distinguer par leur grandeur, par leurs contours, par la variété de leurs formes, l'espacement des arbres, même par la diversité de leurs feuillages; mais il doit toujours résulter de leur combinaison un tout harmonieux.

Un assemblage de *groupes* ne présente jamais un coup d'œil plus agréable, que lorsqu'ils sont entre-mêlés de places rases & verdoyantes, qui contrastent avec leur feuillage. Des pièces d'eau, des fonds entre-coupés sur lesquels ils se détachent, des points de vue qu'ils cachent & découvrent tour à tour, voilà ce qui leur donne de l'intérêt.

GROUPER, v. act. On dit en architecture *grouper* des colonnes; & ce mot nous présente l'idée de deux manières de les assembler. Dans le moyen âge, les architectes qui élevèrent des édifices nouveaux avec les matériaux des édifices anciens, réunirent souvent en groupes, des colonnes d'un seul morceau de marbre, pour en former des piliers solides & capables de supporter la charge que le nouveau genre de bâtir imposoit à ces supports. Ainsi la cathédrale de Palerme est formée de piliers composés de quatre colonnes. L'accouplement fut beaucoup plus commun, & l'on en voit de nombreux exemples à Rome. On a présumé que de cet usage auroit pu naître la méthode de ces piliers gothiques, qui semblent offrir moins encore des groupes, que des faisceaux de colonnes. (*Voyez* GOTHIQUE (Architecture).)

L'autre manière de *grouper* les colonnes appartient au goût de l'architecture moderne, & elle fut dominante dans tous les ouvrages des 17e. & 18e. siècles. Lorsque l'on employa les colonnes dans des compositions capricieuses, comme de simples ornemens, sans s'inquiéter de leur signification ni de la nature de leur emploi, le crayon les multiplia arbitrairement, & se fit un jeu de les *grouper* à toute sorte de degrés. Quelquefois aussi on s'est permis de rapprocher des colonnes entr'elles, & d'en faire des massifs pour servir de point d'appui ou de résistance dans la construction. Mais l'art de *grouper* les colonnes n'est jamais autre chose, que l'art d'en dénaturer l'emploi, d'en gâter l'aspect & d'en fausser la destination.

GRUE, s. f. (*Construction*.) Machine qui est la plus grande de toutes celles qu'on emploie dans les bâtimens & les grandes constructions, pour élever les pierres ou autres fardeaux d'un poids considérable, & pour les monter sur le tas. Son nom lui vient sans doute de la ressemblance de sa partie avancée, avec le long col de l'oiseau qu'on appelle *grue*.

Ce qui caractérise cette machine, c'est la facilité qu'elle a de pouvoir saisir les fardeaux qu'il faut élever à une certaine distance de sa base, & de leur faire parcourir, en tournant sur son axe, un cercle

cercle ou une portion de cercle dont le rayon est déterminé par sa volée, c'est-à-dire, par la distance entre l'extrémité de sa partie en saillie, où est placée la dernière poulie, & l'axe ou pivot sur lequel s'opère le mouvement de rotation de la *grue* ; en sorte que la machine, après qu'on a accroché une pierre au câble, l'élève d'abord verticalement, puis la fait tourner en tournant elle-même, & la dépose sur le *bas*.

Ce qu'on appelle la *grue*, ainsi appliquée à l'usage de la construction, est d'une invention moderne. Il paroît que les machines dont il est parlé dans Vitruve & autres auteurs anciens, avoient des emplois analogues, soit pour le service des armées, soit pour celui des théâtres.

Les *grues* ordinaires, telles qu'on les fait le plus souvent, sont composées d'un pied en forme de patin, avec contre-fiches inclinées, supportant toute la machine ; d'un arbre vertical qui à son extrémité supérieure porte un pivot, sur lequel tournent le rancher garni de ses chevilles, poulies, contre-fiches à moise, ainsi que le treuil horizontal sur lequel s'enveloppe le câble à mesure que le fardeau s'élève, & la roue à cheville ou à tambour, à laquelle sont appliqués les hommes qui font mouvoir la machine.

Ce que nous venons de dire fait suffisamment comprendre l'ensemble du système de la *grue*, la manière dont le câble est disposé pour la suspension du fardeau, ainsi que sa direction sur le rancher & sur le treuil.

Il a été reconnu par un grand nombre d'observations faites dans divers travaux, & particulièrement dans la construction de la nouvelle église de Sainte-Geneviève, à Paris :

1°. Que, pour qu'une *grue* ordinaire ait la solidité convenable, il ne faut pas que son bec ou sa volée éloigne le fardeau de plus des deux cinquièmes de la hauteur totale de la machine.

2°. Que la partie de poinçon emmanchée dans la charpente mobile, formant bec de *grue*, doit être au moins de la moitié de la volée, c'est-à-dire, de la moitié de la distance du câble qui soutient le fardeau au centre du poinçon.

3°. Que cette partie du poinçon doit être taillée en cône tronqué, dont la grosseur, par le bas, aura autant de pouces que la volée a de pieds, & dont la grosseur, par en haut, aura la moitié de la volée.

4°. Que, soit que la *grue* agisse par le moyen d'une roue à tambour, soit qu'on emploie la roue à chevilles, l'éloignement du centre du poinçon à cette roue doit avoir les deux tiers de la volée.

5°. Que le diamètre de l'une ou de l'autre de ces roues doit être douze fois plus grand que celui du treuil sur lequel le câble s'enveloppe.

6°. Que la grandeur du patin doit avoir les deux tiers de la grandeur de la volée.

De toutes ces données il résulte qu'on découvre dans les *grues* ordinaires, c'est-à-dire, proportionnées de la manière qui vient d'être décrite, trois inconvéniens principaux.

Le premier est que le fardeau suspendu à l'extrémité du bec agit avec une force qui exige une charpente très-solide & très-pesante, laquelle augmente l'effort du fardeau contre le poinçon. Cet effort est même si considérable, qu'on a vu des poinçons de dix-huit pouces de grosseur se rompre par un fardeau de trois milliers suspendu à l'extrémité du bec de la *grue*.

Le second inconvénient est que la volée étant déterminée, elle ne peut être d'un bon usage que pour un seul cas. Dans tous les autres, elle se trouve ou trop grande ou trop petite ; de manière qu'il faut presque toujours tirer le fardeau pour le mettre en place, ce qui augmente singulièrement l'effort contre le poinçon. Aussi est-ce ordinairement dans ces circonstances qu'il se casse.

Un troisième inconvénient non moins grave, c'est que, par le système de construction de cette machine, son centre de gravité se trouve en avant du poinçon, en sorte que, même sans être chargée, elle tendroit à culbuter du côté où l'on suspend le fardeau, si l'on n'avoit pas soin de charger la queue de la *grue*, pour renforcer ce centre vers le milieu du poinçon.

L'auteur de cet article croit devoir rendre compte ici d'une nouvelle grue qu'il inventa pour parer à tous ces inconvéniens dans la construction de la nouvelle église de Sainte-Geneviève.

En 1763, lorsqu'on commença à élever les quatre piliers du dôme de cet édifice, on fit faire à grands frais une *grue* qui avoit trente-un pieds & demi de volée sur soixante-treize pieds de hauteur. On l'avoit placée au centre de ce dôme, dans l'espérance qu'elle pourroit faire le service des quatre piliers, des arcs & de la tour au-dessus ; mais on fut bientôt obligé d'y renoncer. L'effort contre le poinçon étoit si considérable, qu'à peine pouvoit-elle supporter deux milliers, encore falloit-il qu'elle fût chargée sur la queue de sept à huit cents livres. Cette *grue* fut vendue à très-bas prix aux entrepreneurs du pont de Neuilly, qui ne purent pas s'en servir ; cependant elle étoit très-bien faite & bien conditionnée, mais on n'avoit pas calculé, en la construisant, l'effet prodigieux qui devoit résulter de sa grande volée.

L'impossibilité de faire usage de cette machine, & l'insuffisance de celles qui n'ont qu'une dimension ordinaire, ayant engagé l'auteur de cet article à réfléchir sur cet objet, il imagina, après beaucoup d'études & de recherches, une nouvelle *grue* qui, en parant aux inconvéniens de celles auxquelles on étoit obligé de renoncer, eut de plus l'avantage que sa volée pût s'alonger & se raccourcir suivant que les circonstances le demanderoient.

Cette *grue* d'un genre nouveau fut employée avec succès. Il y en eut quatre de ce genre en activité à la fois. Elles ont élevé des pierres de 36 à 40 pieds cubes, pesant de 6 à 7 milliers, jusqu'à 150 pieds de hauteur, sans être fatiguées, & sans qu'il soit arrivé le moindre accident. On n'auroit jamais osé fier des poids aussi considérables à des *grues* ordinaires, à cause de l'effort qui auroit eu lieu contre le poinçon, effort qui auroit été de plus de 120 milliers, tandis qu'un poinçon de 18 pouces de diamètre ne peut pas résister à un effort de plus de 65 milliers.

La hauteur totale de ces *grues* étoit de 36 pieds, leur plus grande volée de 18 pieds, & leur plus petite de 9 pieds; en sorte qu'on peut faire décrire au fardeau des arcs de cercle depuis 9 pieds jusqu'à 18 de rayon. Ces dimensions furent dans le temps combinées pour la place & pour le service que les machines avoient à faire, mais elles sont susceptibles d'être augmentées ou diminuées, suivant le besoin. On ne sauroit entrer ici dans le détail de toutes les dimensions des pièces de cette nouvelle *grue*, ni dans les calculs des forces & des résistances, ni dans l'explication du mécanisme au moyen duquel on fait varier la longueur de la volée. L'auteur de cet article ne peut que renvoyer le lecteur curieux de ces détails, à son *Traité de l'art de bâtir*, dont il a extrait ce peu de notions.

Il va encore en tirer les considérations suivantes sur les avantages de la nouvelle machine.

Ces avantages sont au nombre de quatre.

1°. En raison de la position de la seconde poulie, l'effort de la pesanteur se fait principalement dans la direction de l'axe de la machine, d'où il résulte que la volée ne soutient pas seule le fardeau, comme cela a lieu dans les *grues* ordinaires; elle ne fait que l'éloigner, en sorte qu'au lieu d'agir comme un lévier qui tend à se rompre vers son point d'appui, elle résiste dans le sens de la longueur, comme étant bois debout; en outre, n'ayant pas besoin d'être aussi forte, elle est beaucoup moins lourde que le bec de charpente des *grues* ordinaires.

2°. Le centre de gravité se trouvant par la position de la roue, en arrière du poinçon, à environ deux pieds de distance, cette position du centre de gravité donne à la machine l'avantage de soutenir un poids de 1800 livres, avant qu'il se porte en avant du poinçon. Ainsi, lorsque cette *grue* est chargée de trois milliers, elle n'agit pas avec plus de force contre le poinçon, qu'une *grue* ordinaire, qui n'est chargée que de 1200 livres. Il faut remarquer de plus que les efforts du pied & de la puissance, qui se réunissent sur la poulie du haut, répondant au centre du poinçon, servent beaucoup à affermir cette *grue* & à diminuer l'effort contre le poinçon. D'après le calcul & l'expérience, on a reconnu que la nouvelle *grue* peut porter un poids égal à sa pesanteur sans culbuter, tandis qu'une *grue* ordinaire, combinée de la manière la plus avantageuse, culbuteroit sur une charge moindre de la moitié de son poids, si le poinçon étoit assez fort pour y résister.

3°. Dans la nouvelle *grue*, l'effort contre le poinçon peut être tout-à-fait supprimé, parce qu'elle peut être aubannée comme une chèvre, au moyen d'une boule à pivot placée sur le chapeau qui la termine par le haut. Cette boule répondant au centre du poinçon, & ne changeant point de place quand on fait tourner la volée, trois aubans suffisent pour lui faire faire un tour entier, sans fatiguer le poinçon.

4°. Enfin, un autre avantage de la nouvelle *grue* est, ainsi que nous l'avons déjà dit, qu'on peut diminuer ou augmenter sa volée de moitié, & la rendre fixe au point où l'on veut. Souvent, dans la construction d'un édifice, on est obligé de pêcher le fardeau en dedans ou en dehors d'un mur ou pied-droit, pour le poser dessus. Dans ces cas, il est très-avantageux que la volée puisse s'alonger ou se racourcir, afin de pouvoir poser le fardeau en place, sans être obligé de hier, au risque de faire culbuter la *grue* & décrocher le fardeau.

Cette *grue*, malgré ses avantages, pourroit paroître trop compliquée pour l'usage des bâtimens; mais on peut supprimer, si l'on veut, toutes les mécaniques qui servent à changer la portée de la volée, pendant qu'elle est chargée; alors elle devient plus simple, moins couteuse que les *grues* ordinaires, & d'un meilleur service, puisqu'elle peut élever de plus grands fardeaux, & qu'à volée égale, elle n'a pas besoin de tant d'élévation. En pratiquant des trous dans la pièce de bois qui soutient la volée, on pourroit la fixer, avant de s'en servir, à la longueur convenable, au moyen d'un fort boulon qui passeroit au travers des jumelles.

Pour revenir aux *grues* ordinaires, il faut dire qu'on ajuste quelquefois aux roues de leurs treuils, des cliquets pour retenir la roue, lorsque malheureusement le câble qui soutient le fardeau montant vient à se rompre, & empêcher cette roue de tourner en sens contraire, & les hommes d'être enlevés ou blessés. Toutefois l'auteur de cet article a reconnu par l'expérience, que lorsqu'un câble casse, le cliquet qui arrête subitement la roue, occasionne un sursaut assez violent pour faire quitter les chevilles aux hommes, quoiqu'ils se tiennent à la roue, & pour leur occasionner des chutes dangereuses. Quand il n'y a pas de *décli*, la roue n'éprouve qu'un balancement de quelques pieds, qui n'agit pas assez fort pour donner une secousse aux hommes.

Pendant la construction de Sainte-Geneviève, il est arrivé qu'en montant au singe une pierre qui pesoit plus de six milliers, le câble se cassa lorsque la pierre étoit à plus de 60 pieds de hauteur. Il y avoit sept hommes sur la roue à chevilles; aucun ne fut blessé; ils n'éprouvèrent qu'un balancement d'environ deux pieds. Comme le fardeau monte lentement, il ne peut donner à la roue ni une vitesse ni une force assez grande pour enlever les hommes, ainsi qu'on est porté à le croire, parce que le poids des hommes dont elle est chargée fait équilibre au fardeau, & s'oppose à l'action, en sens contraire, dont on craint le danger.

Quelquefois on a employé, au lieu de roues à chevilles, des roues à dents avec des pignons, des vis sans fin, mises en mouvement par des hommes appliqués à des manivelles. On avoit fait faire une *grue* de ce genre pour la construction de l'Ecole de Médecine. Mais ce mécanisme est beaucoup moins avantageux que celui des grandes roues à chevilles ou à tambours, ainsi que l'auteur de cet article l'a démontré par le calcul, dans son *Traité*, déjà cité, *de l'art de bâtir*.

GRUEAU, s. m. (*Voyez* GAUE, ESGIN.)

GRUGER, v. act., se dit du travail de quelques matières qui, dans certains cas, ne peuvent être taillées avec un outil tranchant, & sur lesquelles on agit avec l'outil, de la manière dont la dent brise un corps dur ou sec.

GUARINI. Le besoin de changement est une des lois de notre nature, puisque nous sommes condamnés à passer sans cesse du mouvement au repos, & du repos au mouvement. Tel est le principe général qui explique toutes les révolutions qui arrivent dans les opinions, dans les affections & les goûts de l'homme, soit qu'on le considère en particulier, soit qu'on l'envisage dans l'état social, soit qu'on veuille se rendre compte de sa manière de procéder dans toutes les parties des divers travaux, qui sont l'aliment ordinaire de son activité. A ce principe se lie le ressort qui change pour perfectionner, & qui, changeant même après avoir obtenu la perfection dont les œuvres humaines sont susceptibles, gâte l'ouvrage en croyant encore l'améliorer. Le principe du changement est donc tour à tour cause de bien & de mal. Selon que les institutions sociales enchaînent ou émancipent par trop ce principe, on verra, dans les divers pays, l'esprit de l'homme rester stationnaire, ou tourner sans cesse sur lui-même, & autour du cercle, sans s'arrêter à aucun point.

En appliquant ceci à l'architecture, on voit d'un coup d'œil pourquoi dans l'antique Egypte, par exemple, tout resta soumis à la routine des formes une fois consacrées, & pourquoi, dans les temps modernes, une mobilité extraordinaire s'est emparée de l'art de bâtir. C'est qu'en Egypte, la religion avoit interdit au goût tout changement dans tout ce qui avoit rapport au culte de la Divinité, & cet exemple important fit règle pour tout le reste. La religion, dans les temps modernes, n'eut pas besoin d'assujettir aussi servilement l'esprit au joug des formes matérielles;

& le goût, libre de toute gêne, n'ayant plus d'autre autorité que la sienne, n'en eut aucune. Rien ne fit plus au présent un devoir de respecter le passé; le désir du changement n'eut plus de bornes : mais comme le changement lui-même en a, & d'assez étroites, l'esprit dut parcourir promptement les extrêmes, & se trouver bientôt ramené au point d'où il étoit parti. C'est ce qui peut le mieux expliquer & les vicissitudes du goût de l'architecture, & l'extraordinaire manie qui a fait non pas seulement varier dans le goût des détails, mais bouleverser les fondemens de l'ordre & de la raison, & imaginer des monstres plutôt que de ne rien imaginer. Il est sensible qu'il a manqué aux Modernes un régulateur, c'est-à-dire, un type consacré, qui, comme dans les œuvres de la nature, admit la variété sans permettre du changement, se prêtât aux inventions du génie en repoussant les innovations du caprice, guidât le goût sans l'enchaîner, rassurât la raison contre les entreprises du sophisme, & le génie contre la tyrannie de la routine.

Ce juste milieu dans les institutions qui régissent les arts, s'est rencontré en Grèce, & nous voyons qu'un laps de douze siècles avoit produit dans l'architecture de ce peuple beaucoup moins de variations, que le cours de quelques années n'en a vu naître dans l'architecture moderne.

Lorsqu'au milieu d'un peuple s'élèvent de grands & solides monumens, dont la forme, garantie par la religion, devient en quelque sorte le symbole de l'immuabilité, il est difficile que ces grands modèles ne parviennent pas à donner de la fixité au goût, &, en imprimant le respect pour des formes en quelque sorte naturalisées & identifiées avec la manière de voir de ce peuple, ne le détournent pas de l'abus de l'innovation.

Ce genre de respect ne put pas naître en architecture dans les siècles modernes. Un goût de bâtir, mélangé de toutes les altérations successives éprouvées en Italie & à Constantinople par l'architecture græco-romaine, & des caprices que l'influence des édifices mauresques avoit naturalisés partout en Europe, régnoit depuis plusieurs siècles, & avoit presque partout fait disparoître les traces & les traditions de l'art des Grecs. Cependant les monumens de cet art conservés en Italie & dans d'autres pays, mais oubliés & méconnus pendant long-temps, semblèrent revivre aussi à l'époque du quinzième siècle, lorsqu'un zèle devenu général dans toutes les parties de la littérature, tiroit de l'oubli les écrivains de l'antiquité, dont les cloîtres recéloient les manuscrits. Une nouvelle lumière parut alors éclairer toute l'Europe; & tout naturellement la seule force de l'accord qu'ont entr'elles les productions de tous les arts, dut remettre en honneur le goût de bâtir du siècle d'Auguste, en même temps que les ouvrages de Cicéron & les poésies de Virgile reprenoient la place qu'elles avoient occupée autrefois dans l'esprit des hommes. Le goût de l'antiquité fit alors irruption en Europe, & la guerre fut déclarée au goût du moyen âge, au goût gothique.

Ce fut donc par l'effet d'un principe assez subit de changement & d'innovation, que l'architecture grecque s'introduisit dans les édifices modernes. Elle eut à combattre une multitude d'usages qui s'opposoient à la simplicité de son système ; elle dut se coordonner à des pratiques qui lui étoient étrangères ; il fallut en quelque sorte la refondre dans les nouvelles applications auxquelles elle fut obligée de se conformer. Chaque architecte eut ses méthodes, & chacun imagina des combinaisons nouvelles pour adapter aux plans & aux dispositions modernes, les élémens, les ordonnances & les détails d'ornemens d'un autre art de bâtir. De-là la variété des conceptions de l'architecture moderne dans l'érection des temples. Celle de Saint-Pierre, par exemple, commencée par Bramante, & au bout d'un siècle terminée par Charles Maderne, parcourut dans cet espace trois ou quatre changemens de goût fort notables ; car cet espace comprend & l'époque du goût le plus sage & celle du goût le plus vicieux. Charles Maderne fut le maître de Boromini, qui fut aussi son parent. Or, nommer Boromini, c'est désigner l'entière corruption du goût & la perversion de tous les principes.

Telle fut l'influence de cet architecte trop célèbre, sur le goût de son temps, qu'il parvint non-seulement à faire école, mais à former des élèves qui ont encore aggravé le vice de ses systèmes, en leur donnant l'appui des sciences mathématiques. De ce nombre fut le père *Guarini* de Modène, religieux Théatin, qui, dans le cours des 17e. & 18e. siècles, a rempli de ses édifices plusieurs des principales villes de l'Europe.

Architecte du duc de Savoie, il construisit à Turin la porte appelée *du Pô*, la chapelle en rotonde du Saint-Suaire, l'église de Saint-Laurent des Théatins, l'église de Saint-Philippe de Néri, le palais du prince Philibert de Savoie, deux palais pour le prince de Carignan, l'un dans Turin, l'autre à Racconigi.

A Modène, sa patrie, *Guarini* construisit l'église de Saint-Vincent. A Vérone on montre de lui le tabernacle de l'église de Saint-Nicolas : à Vicence il fit celle des religieuses de l'*Ara Cœli*. Sur ses desseins ont été bâties à Messine l'église des Sommasques, à Paris celle des Théatins, à Prague celle de Sainte-Marie d'Ettinguen, à Lisbonne celle de Sainte-Marie de la Providence.

On peut voir les plans & les élévations de la plupart de ces monumens dans un ouvrage posthume de *Guarini*, intitulé : *Architettura civile del padre D. Guarino-Guarini*, &c. In Torino, 1737. Cet ouvrage contient encore un assez grand nombre de planches, destinées à toutes sortes de démonstrations géométriques & d'applications des sciences mathématiques à l'architecture. *Guarini* étoit savant en ce genre, comme le prouvent divers ouvrages de sa composition, tels que ses *Placita philosophica*, son *Euclides adauctus*, sa *Celestis mathematica*, où il traite de la gnomonique & de la manière de mesurer les bâtimens.

On ne contestera point que les sciences du calcul ne puissent être utiles dans quelques cas à l'architecte ; quoiqu'il soit certain que le sentiment seul des principes de la solidité, & les premiers élémens de la géométrie simple, doivent suffire pour bâtir dans le système de l'architecture grecque. Les restes antiques de cette architecture, & les meilleurs ouvrages exécutés dans les temps modernes, nous prouvent que leurs auteurs n'avoient eu aucun besoin de ces secours étrangers à l'art proprement dit. Mais lorsqu'on commença à se lasser de la simplicité du système grec, lorsqu'on voulut réunir avec les ordonnances, les profils & les détails de ce système, & combiner avec les élémens de ses plans & de ses élévations, les tours de force, les hardiesses, les caprices & les légèretés du genre gothique, les difficultés d'exécution se multiplièrent. Il fallut invoquer la science du géomètre, pour résoudre une multitude de problèmes de construction, & surtout pour en démontrer pratiquement les méthodes d'exécution. Dès que cette science fut devenue familière, l'art de la coupe des pierres devint, entre les mains du constructeur géomètre, un jeu de difficultés gratuites, qu'on s'imposoit sans raison, pour avoir uniquement le plaisir de les résoudre. Sûr que toutes les fantaisies de l'imagination, dans la configuration d'un bâtiment, trouveroient des moyens faciles d'être réalisés en pierres & en matériaux solides, l'architecte n'employa plus la règle à tracer des lignes droites ; le compas seul fut chargé de la combinaison de toutes les courbes les plus irrégulières. Le cercle parfait & la ligne droite furent bannis des plans & des élévations ; les édifices devinrent des espèces de démonstrations de toutes sortes de problèmes géométriques. L'ornement & la décoration, libres à leur tour de l'obligation de s'adapter à des formes simples, furent livrés à tous les dérèglemens de la pensée.

C'est ce que l'on peut voir dans tous les ouvrages de *Guarini*, dont on s'est cru d'autant plus dispensé de donner la description, que de telles combinaisons, quand elles mériteroient d'être décrites, échapperoient encore par leurs bizarreries à tout art de décrire. On a cru mieux servir l'intérêt de l'art, en employant cet article à rendre compte des causes principales qui ont pu amener l'architecture au point de désordre où *Guarini* l'a laissée, & d'où il étoit impossible qu'elle ne sortît point, n'eusse été que par l'excès même de l'abus.

GUÉRIDON, s. m. C'est le nom qu'on donne à une sorte de meuble fait en forme de candélabre, ayant une tige, un empatement proportionné, & se terminant dans le haut par un plateau destiné à supporter des girandoles, des flambeaux, des lustres. Ce meuble, considéré en grand, & susceptible de recevoir les plus belles formes & toutes les richesses de l'ornement, se fait ordinairement en bois doré, & n'est guère d'usage que dans les grandes galeries des palais, ou quelquefois dans les sanctuaires des chœurs d'église.

GUÉRITE, s. f. C'est, sur le rempart d'une place de guerre, une petite loge, un petit réduit où la sentinelle se met à couvert contre les injures du temps. A l'entrée des châteaux & des palais des rois, on pratique aussi, pour les sentinelles, des *guérites* qui sont de petits pavillons susceptibles de quelque décoration. Ainsi, à l'entrée du château de Versailles, il y a des *guérites* qui servent de piédestaux à des groupes de figures.

On donne quelquefois le nom de *guérite*, dans le langage usuel, à certains petits cabinets ouverts de tous côtés, qu'on pratique au haut des maisons pour y prendre l'air & jouir de la vue.

GUETTE, s. m. (*Terme de charpenterie.*) Poteau incliné servant de décharge pour revêtir & contreventer un poteau de bois. Lorsqu'il est croisé avec deux petites *guettes*, il forme une croix de Saint-André.

GUETTON, s. m. (*Terme de charpenterie.*) Petite guette qui se met sous les appuis des croisées ; exhaussement que l'on met sous les sablières de l'entablement, sous les linteaux des portes, &c.

GUEULE, s. f. En terme d'architecture on appelle *gueule droite* & *gueule renversée*, les deux parties de la cimaise, qui forment un profil dont le contour est en S. La plus avancée, qui est concave, s'appelle *gueule droite*; l'autre, qui est convexe, se nomme *gueule renversée*.

GUICHET, s. m. Terme dérivé (dit-on) du vieux mot *huichet* ou petit *huis*.

C'est une petite porte pratiquée dans la ventaille d'une plus grande, & qui sert de passage uniquement aux gens de pied.

Ce mot n'est guère en usage qu'en parlant des petites portes d'une ville, d'une forteresse, d'un château, d'une prison.

GUICHET DE CROISÉE. C'est l'assemblage qui porte le châssis de verre dans une croisée. On donne aussi ce nom aux volets qui se ferment par dedans.

GUIGNAUX, s. m. pl. (*Terme de charpenterie.*) Pièces de bois qui s'assemblent entre les chevrons d'un comble, pour donner passage à une souche de cheminée & retenir les chevrons plus courts que les autres. Les *guignaux* font, dans les couvertures, le même effet que les chevêtres dans les planchers.

GUILLOCHIS, s. m. Espèce d'ornemens d'architecture.

Les *guillochis* sont ordinairement formés de deux listels ou réglets de peu de saillie, qui marchent parallèlement ensemble & à une distance égale à leur largeur, avec cette sujétion, qu'à leurs retours & à leurs intersections, ils doivent toujours former l'angle droit : condition nécessaire, & sans laquelle ils n'ont plus de grâce, & prennent le caractère gothique.

La marche des *guillochis* peut être variée. Il y en a de simples, formés d'un seul réglet. Il y en a de doubles, & d'autres à entrelas. Quelquefois on enrichit de roses & de fleurons le milieu de leurs révolutions. Les Anciens, qui ont fait un grand usage de cette espèce d'ornemens, l'appliquoient ordinairement sur des membres droits & plats, comme sur la face du larmier d'une corniche, sous les soffites des architraves, sur les chambranles des portes & sur les plinthes des bases, quand leurs tores & leurs scoties étoient ornées.

Les soffites des architraves du temple dit de *Mars vengeur*, à Rome, offrent un bel exemple de guillochis. Balthazar Peruzzi les a imités avec succès dans les plafonds du portique d'entrée du palais Massimi.

On donne aussi quelquefois aux *guillochis* le nom de *bâtons rompus* & celui de *méandres*, sans doute à cause de la ressemblance de la configuration de cet ornement avec les sinuosités du fleuve Méandre. (*Voyez* MÉANDRE.)

GUILLOCHIS DE PARTERRE. (*Terme de jardinage.*) Compartimens formés de lignes ou d'allées carrées, entrelacées les unes dans les autres. Ces sortes de dessins, qui se font avec des brins de gazon ou de la charmille, ont lieu également dans les parterres & dans les bosquets.

GUIMBERGES, s. f. pl. Philibert de Lorme entend, par ce mot, certains ornemens de mauvais goût, qu'on voit aux clefs suspendues ou aux culs-de-lampe des voûtes gothiques.

GUINDAGES, s. m. C'est, selon Perrault, dans sa traduction de l'architecture de Vitruve, l'équipage des poulies à moufles & cordages avec leurs halemens, qu'on attache dans une machine à un fardeau, pour l'enlever & le descendre.

GUINDAL. (*Voyez* CRIVRE.)

GUINDER, v. act. C'est enlever un fardeau par le moyen de quelque machine.

GUIRLANDE, s. f., est le nom qu'on donne le plus ordinairement à un ornement très-commun dans l'architecture, & qu'on appelle aussi *feston*. (*Voyez* ce mot.)

Les *guirlandes* se composent soit de fleurs, soit de feuilles, soit de ces deux objets réunis par des cordons. Quelquefois on les fait courantes, c'est-à-dire, continues, le plus souvent isolées, & s'attachant par les deux bouts à des clous ou à des agraffes.

On a dit au mot FESTON, quelle est l'origine de cet ornement, & quel en est le modèle. On orne encore souvent, dans des fêtes civiles ou religieuses, les édifices solides ou temporaires, de guirlandes naturelles, formées de diverses espèces de feuilles, selon le sujet qu'on veut exprimer, selon l'objet qu'on solemnise. Chaque genre de feuillages ou de fleurs étant affecté à l'expression de telle ou de telle idée, on fera des guirlandes de feuilles de laurier ou de chêne, de branches de pin ou de cyprès, selon l'intention que la décoration doit rendre sensible.

Il n'y a pas d'objet plus familier aux décorateurs, qui l'emploient, soit en peinture, soit en sculpture, soit en pierre, soit en stuc, soit en bronze.

Il est peu de monumens ou d'ouvrages d'arts qui ne soient susceptibles de recevoir des *guirlandes*. On en place en dedans & au dehors des palais, des salles d'assemblées. On en orne les croisées, les portes, les niches, les piédestaux, les bases, les autels, les tombeaux, &c. &c.

Toutefois on doit dire que plus cet ornement est d'une application facile & routinière, plus l'artiste intelligent doit s'en montrer économe. La *guirlande* est devenue un de ces lieux communs qui viennent tout de suite à l'esprit. Ce ne doit pas être, sans doute, une raison d'en repousser l'emploi, mais c'en doit être une de le rendre significatif, & surtout d'en traiter l'exécution avec goût.

Les monumens antiques nous ont transmis à cet égard, & les meilleurs exemples de l'emploi des guirlandes, & les plus beaux modèles de leur ajustement & de leur exécution.

GYMNASE. Ce mot est formé du mot *γυμνος*, qui veut dire nu. C'étoit, dans l'origine, le lieu où l'on s'exerçoit nu aux divers travaux athlétiques.

Dans la suite le *gymnase* devint en Grèce un établissement public où l'on instruisoit la jeunesse dans tous les arts de la paix & de la guerre.

Quelquefois on donnoit au *gymnase* le nom de *palestre*. (*Voyez* ce mot.) Vitruve s'en sert pour indiquer le *gymnase* dans toutes ses parties.

Dans les plus anciens temps, le *gymnase* n'étoit qu'une place libre, unie, entourée d'un mur, & distribuée en plusieurs cours séparées pour l'exercice des différens jeux. Tel étoit, selon Pausanias, l'ancien *gymnase* d'Elis. On y plantoit des allées de platanes, à l'effet de se procurer de l'ombre. Ces allées donnèrent l'idée des colonnades & des galeries qu'on y éleva par la suite, non-seulement dans la vue de la commodité, mais encore pour l'ornement. Bientôt les divisions s'y multiplièrent; quelques philosophes commencèrent à s'y choisir un emplacement propre à recevoir & à instruire leurs auditeurs.

Les *gymnases* s'agrandirent ainsi de plus en plus, & ils exigèrent de vastes terrains pour contenir les différentes salles, les portiques, les stades, les promenades dont se composa leur ensemble. A une époque postérieure, les bains en occupèrent une partie considérable. (*Voyez* au mot BAIN, les noms de toutes les salles dont ils étoient formés, & dont la réunion complèta à Rome ce qu'on entend par *gymnase*.)

Vitruve, dans son cinquième livre, donne sous le nom de *palestra*, une description fort détaillée d'un *gymnase* proprement dit. Nous renvoyons cette description au mot PALESTRA.

Il résulte des descriptions de *gymnase*, chez les écrivains, que leur disposition n'étoit pas toujours la même, & que, selon les circonstances, on leur donnoit plus ou moins des parties décrites par Vitruve.

A Elis il y avoit, selon Pausanias, un *gymnase* très-ancien, où l'on avoit laissé subsister la primitive distribution. On y voyoit un xyste planté d'arbres & entouré d'un mur; ce xyste servoit à la course. Un autre stade portoit le nom de *sacré*, & un troisième étoit consacré à la course & au pentathle.

Le *gymnase* d'Olympie avoit des portiques auprès desquels étoient des chambres où se tenoient les athlètes. A ce *gymnase* étoient joints un stade & un hippodrome.

Athènes avoit cinq *gymnases*. Les plus célèbres étoient ceux de l'Académie, du Lycée & le Cynosarges.

Les *gymnases* étoient au nombre des édifices les plus richement décorés. On y voyoit les statues & les autels des dieux auxquels ils étoient consacrés. On y trouvoit encore les monumens des héros, des rois & d'autres hommes célèbres qui étoient surtout en honneur parmi les habitans de ces villes. Des peintures & des bas-reliefs ornoient les murs. Les statues & les autels étoient placés, soit à l'entrée des *gymnases*, soit sous les portiques, soit dans les xystes & les allées de platanes.

Il n'y avoit pas d'édifice public qui offrit aux artistes autant d'occasions favorables au développement des talens. Les *gymnases*, leur grandeur, les différentes parties dont ils étoient composés, admettoient autant de luxe que de variété dans les ornemens.

La peinture n'y brilloit pas moins que la sculpture. Le lycée d'Athènes avoit été orné de peintures par un certain Cleagoras. Le *gymnase* de

Mantinée offroit, outre divers tableaux, la peinture de la bataille des Athéniens près de Mantinée, figurée de la même manière que dans le Céramique d'Athènes. Dans le *gymnase* de Tanagra on voyoit le portrait peint de Corinna, célèbre par ses poésies. Elle avoit la tête ceinte d'une bandelette, en signe du prix qu'elle avoit remporté sur Pindare à Thèbes.

A Rome, au temps de la république, il n'y avoit point d'édifice qu'on pût comparer avec le *gymnase* des Grecs. Sous les Empereurs, les thermes qu'on y introduisit, quoique leur nom indique une autre destination, peuvent cependant être considérés comme une imitation des *gymnases*. En effet ils contenoient à peu près les mêmes parties; ils servoient de même aux différens exercices du corps, & ils renfermoient à peu près de la même manière des établissemens d'enseignement public.

Aujourd'hui on donne encore en Allemagne le nom de *gymnase* aux écoles dans lesquelles on enseigne les premiers élémens des sciences & de la littérature. C'est là que les jeunes gens qui se destinent à la littérature, reçoivent l'instruction qui les prépare à l'enseignement des professeurs dans les universités.

GYNÆCÉE. Nom par lequel les Grecs désignoient la partie de la maison habitée par les femmes.

Dans les plus anciens temps, les femmes grecques habitoient l'étage supérieur de la maison, & le rez-de-chaussée étoit réservé pour la demeure des hommes. Dans la suite, les habitations prirent plus d'étendue; les appartemens des femmes eurent une place séparée dans le plan des maisons.

La partie occupée par les hommes étoit située sur le devant, & s'appeloit *andronitis*. Celle où logeoient les femmes étoit reculée dans la partie du fond de la maison: on lui donnoit le nom de *gynæcée* ou *gynæconitis*. (*Voyez* MAISON DES ANCIENS.)

GYPSE, s. m. *Gypsum* en latin, γύψος en grec. Mot synonyme de *plâtre*. (*Voyez* ce dernier mot.)

Gypse se dit plus particulièrement, lorsqu'on parle de cette substance, soit en traduisant les écrits des Anciens, soit en parlant des ouvrages de l'antiquité où le plâtre fut employé.

Les Anciens firent beaucoup d'usage du *gypse* dans les travaux de sculpture. Nous lisons, par exemple, dans Pausanias, que le Jupiter colossal de Mégare, qui devoit être exécuté en or & ivoire par Théocosme, fut, par économie, terminé en terre cuite & en gypse, γυψοῦ τε καὶ γύψου, c'est-à-dire, que la terre cuite forma les draperies, qui probablement furent dorées, & que le *gypse*, ou ce que nous appellerions *talc*, forma une sorte de stuc, dont l'éclat & le poli devoient jouer l'apparence de l'ivoire.

La preuve que l'on employa chez les Grecs le *gypse* à faire des moules, se trouve dans ce passage de Pline, liv. 35, qui regarde Lysistrate, frère de Lysippe. Il fut le premier, selon cet écrivain, qui ait mis en usage la pratique de mouler les portraits sur nature, c'est-à-dire, de prendre sur la face même de la personne, une empreinte en *gypse*, dans laquelle on couloit une cire, qu'on retouchoit & retravailloit ensuite. Le même Lysistrate imagina de faire des moules sur les statues; ce qui répandit la pratique du moulage en *gypse*, au point que depuis on ne fit plus de statues, sans en avoir fait un modèle préalable en argile.

Ceci prouve, non qu'on ne fit pas de moules avant Lysistrate, mais qu'on n'en avoit point fait sur nature, d'après le visage même des personnes; non qu'on ne fit pas de moules dans les travaux de la statuaire en or & ivoire, & en bronze, ce qui seroit absurde, mais qu'on les faisoit peut-être avec d'autres substances; non qu'on ne faisoit pas de modèles en plâtre, mais qu'avant Lysistrate on n'avoit pas encore mis en usage de mouler les statues toutes faites, pour en multiplier (comme on le pratique aujourd'hui) les représentations. Enfin, cela ne signifie pas qu'avant Lysistrate on ne faisoit point de modèles, mais seulement que depuis l'extension que prit la pratique du moulage, qui rendoit l'application de la terre plus usuelle dans l'extension des modèles, les sculpteurs firent dorénavant leurs modèles en argile.

Le *gypse* fut employé par l'architecture à divers usages, moins vulgairement sans doute qu'en France, où cette matière est extrêmement commune. On s'en servit non-seulement pour blanchir les murs, en la mêlant avec la chaux, mais encore pour des ouvrages en stuc & pour en faire des bas-reliefs, qui servoient à la décoration des intérieurs & des plafonds; enfin, pour en faire des moulures & des profils de corniches.

Vitruve conseille cependant de ne point se servir de *gypse* pour exécuter ces sortes de membres & de détails d'architecture, parce qu'il se sèche trop promptement & qu'il se retire inégalement, &c. Il propose d'employer de préférence le marbre réduit en poussière fine & passée au tamis, mêlé à la chaux. C'est ce qu'on appelle proprement *stuc* en Italie.

La matière qui a fait le sujet de cet article, a tant d'emplois divers aujourd'hui en France, dans la construction des bâtimens, sous le nom de *plâtre*, que nous croyons devoir renvoyer le lecteur à ce mot. (*Voyez* PLATRE.)

HAC

Hache, s. f. (*Construction.*) Outil de fer tranchant, formé en équerre, ayant un manche de bois. Il sert aux charpentiers & à d'autres ouvriers en bois. Quelques-uns l'appellent *coignée*. On en fait de différentes grandeurs.

Hacher, v. act. (*Construction.*) C'est, en maçonnerie, couper avec la hachette le parement d'une pierre pour l'unir, ou un vieux mur pour faire un enduit, un crépi ou une tranchée. En charpenterie, c'est faire des rainures ou hoches, avec la hache, pour ourdir une cloison, un pan de bois, un plancher ruiné ou tamponné.

Hacher *une pierre*. C'est avec la hache du marteau à deux laies, unir le parement d'une pierre dure, après que les ciselures en sont relevées, pour ensuite la rustiquer, ou la layer & traverser s'il est nécessaire.

Hachette, s. f. (*Construction.*) Outil de maçon fait en forme de marteau d'un côté & de petite hache de l'autre, pour couper & hacher le plâtre.

Haie, s. f. (*Jardinage.*) On appelle ainsi, dans la disposition des jardins, ces plantations d'arbustes qui, taillés & souvent entrelacés, servent quelquefois de clôture aux diverses parties du jardin, ou de bordure à des allées, à des gazons.

Les *haies* ne conservent guère le caractère qui leur est propre, qu'au moyen de la taille & de l'élagage, qui, en empêchant les plants de s'élever & les forçant de repousser du pied, donnent à ces plantations l'épaisseur & souvent l'impénétrabilité d'un mur. Il résulte de-là que la *haie* prend nécessairement sous le ciseau qui l'émonde & la serpe qui la rabat, une forme régulière & compassée, dont les jardins symétriques s'accommodent fort bien, mais qui ne convient guère aux jardins du genre irrégulier, où tout doit participer du système qui en assimile l'ensemble comme les détails, au goût de ce qu'on appelle *paysage* & à l'aspect de la simple nature.

Halement, s. m. (*Construction.*) C'est le nœud ou le lien qu'on fait avec un cordage, autour d'une ou de plusieurs pièces de bois pour les enlever.

Haler, v. act. (*Construction.*) C'est lier un câble avec une pièce de bois, en y faisant un *halement* ou nœud pour l'enlever.

Halicarnasse, ville antique de l'Asie mineure, qui dut sa réputation au tombeau de Mausole, dont il ne reste plus, dit M. le comte de Choiseul-Gouffier, le moindre vestige. (*Voyage pittoresque de la Grèce*, tom. I, pag. 152 & suivantes.)

On reconnoît, selon ce célèbre voyageur, l'emplacement d'*Halicarnasse* par la description que Vitruve en a laissée. Il compare sa forme à celle d'un théâtre. Sur la partie droite du port étoit un temple de Mercure & de Vénus; sur la gauche étoit le palais de Mausole. Ces monumens réunissant le double objet de la magnificence & de l'utilité, formoient deux citadelles qui résistèrent long-temps aux efforts d'Alexandre.

M. le comte de Choiseul-Gouffier a découvert sur l'emplacement de cette ville, des ruines dont la position lui a fait présumer qu'elles pourroient être celles du temple de Mars, qui, selon Vitruve, occupoit le milieu de la ville, & où l'on voyoit une statue acrolythe du dieu. Ces ruines consistent en une rangée de six colonnes de l'ordre dorique grec, sans base, accompagnées de fragmens & de tronçons d'autres colonnes semblables.

« Le style de ces ruines, dit M. de Choiseul, » peut cependant faire douter qu'elles aient appartenu au monument dont on vient de parler, » & l'on pourroit les croire plus récentes. Elles » n'ont point ce caractère mâle que les Grecs imprimoient à l'ordre dorique dans les beaux » siècles de l'art. Les colonnes trop espacées paroissent maigres, & l'entablement trop lourd a de » hauteur près de la moitié de celle de la colonne, » en supposant même à celle-ci six diamètres, » c'est-à-dire, la plus grande élévation que les » Grecs aient jamais donnée à cet ordre. (Il » n'a pas été possible de fouiller pour retrouver » la mesure précise de cette ordonnance.)

» Le portique d'Auguste, à Athènes, est le monument dorique auquel j'ai trouvé le plus de » rapport avec celui-ci. Les proportions & les détails des chapiteaux sont presque les mêmes.... » L'entablement de l'édifice d'*Halicarnasse* n'est » pas à beaucoup près aussi parfait que celui du » monument d'Athènes. La corniche en est lourde » & trop peu saillante.... L'analogie qui se trouve » entre ces ruines & un monument du siècle d'Auguste, peut donc balancer l'induction qu'on est » porté à tirer du local où elles sont placées, & » en faire croire l'architecture postérieure au » règne de Mausole. Si la parfaite connoissance de » semblables morceaux n'est pas d'une grande utilité pour les progrès de l'art, elle peut au moins » quelquefois en éclairer l'histoire. »

Halle, s. f. Quoique souvent, dans l'emploi qu'on en fait, on confonde ensemble le mot *halle*

HAL   HAR

& celui de marché, il semble que l'usage même a établi une distinction entre ces deux choses, & par conséquent entre les mots qui les expriment.

La *halle* emporte avec soi l'idée d'un grand emplacement fermé, clos & couvert, où l'on tient en dépôt pour la consommation, & où l'on expose en vente des marchandises de différentes espèces. Ainsi, à Paris, la *halle* aux draps est un immense magasin d'étoffes, où les marchands en détail viennent s'approvisionner. Il en est de même de la *halle* aux cuirs, de la *halle* aux blés. On doit donner plutôt le nom de *marché* à ces emplacemens, soit tout-à-fait découverts, soit formés de portiques, d'échoppes, de boutiques, où se vendent les denrées & les objets d'une consommation journalière. Ainsi l'on dit, le marché aux herbes, aux légumes, aux poissons. Cependant on ne dissimule pas qu'une sorte de rapprochement entre l'emploi de ces deux usages, ne fasse souvent donner au marché le nom de *halle*, & le nom de *halle* au marché. (*Voyez* Marché.)

L'un & l'autre peuvent offrir à l'architecture de belles entreprises. Paris a plusieurs sortes de *halles*. Il en est qui ne présentent rien de remarquable dans leur construction & dans leur architecture. Il y en a qui doivent passer pour des monumens dans l'un & l'autre genre.

Telle est la *halle* aux blés, à laquelle on peut seulement reprocher de n'avoir pas le caractère qui convient à la chose. Son plan & son élévation circulaire percée d'arcades, présentent une idée de théâtre ou d'amphithéâtre, qu'on auroit préféré de trouver appliquée à d'autres édifices. Toutefois la beauté de la construction & la solidité de l'extérieur recommandent cet ouvrage de Camus de Mézières, qui fut commencé au mois de mars 1762, & fut achevé dans l'espace de trois ans, avec les bâtimens qui environnent sa circonférence.

L'intérieur de l'édifice consiste en une grande galerie circulaire dans laquelle on entre par les arcades. Cette galerie voûtée est divisée en deux, par un rang de colonnes qui soutiennent les retombées de la voûte. C'est dans le pourtour de cette galerie que sont entassés les sacs de farine & de blé qui se débitent pour l'approvisionnement de la capitale. Au-dessus de cette galerie sont de vastes greniers éclairés par les fenêtres de l'attique qui règne sur les arcades. On monte à cet étage par des escaliers solides sans doute, mais qui paroissent trop légers pour le service auquel ils sont destinés; ils se composent de deux rampes qui se croisent parallèlement.

Après que cet édifice eut été terminé, on s'aperçut que l'emplacement destiné à l'emmagasinement des blés & des farines étoit insuffisant, & l'on fut obligé d'employer au même usage, l'aire circulaire intérieure & non couverte du bâtiment. Il fallut alors, pour mettre à couvert la marchandise, établir, au milieu de cette aire, des échoppes & de petites toitures qui obstruèrent l'intérieur de ce local. MM. Legrand & Molinos proposèrent, il y a une trentaine d'années, de couvrir l'espace intérieur dont on vient de parler, & qui a cent vingt pieds de diamètre, par une coupole de charpente, selon le procédé de Philibert de Lorme (*voyez* DE LORME), & ils l'exécutèrent avec beaucoup de succès. Cette couverture fut, il y a quelques années, la proie des flammes. Il fallut songer alors à une méthode de couverture qui eût l'avantage de la légèreté & qui fût incombustible. M. Bellanger a terminé depuis deux ou trois ans la nouvelle couverture qu'on voit aujourd'hui. Elle est en fer, & paroit d'une solidité capable de braver toutes les injures du temps.

On pourroit encore citer à Paris, seulement pour l'étendue du plan projeté & pour la grandeur de l'entreprise, la nouvelle *halle* aux vins, sur le quai Saint-Bernard. Ce monument se compose, pour le présent, de trois grands corps de bâtisse; le quatrième n'est pas commencé. L'intérieur de chaque bâtiment comporte six divisions de chaque côté, & est formé de piliers en pierre soutenant la charpente de la toiture. Ce sont de vastes celliers où les vins sont emmagasinés. En arrière de ces quatre masses, doivent être bâtis quatre autres celliers établis sur une masse générale, distribuée en caves. En avant, & du côté de la rivière, est une grande cour d'entrée, fermée par des grilles. On ne parle de ces constructions que sous le rapport de l'utilité. Du reste, l'architecture n'est entrée pour rien dans leur composition. Ce sont simplement des murs de maçonnerie en pierre de meulière, avec des chaines en pierre de taille.

La *halle* n'étant, comme on l'a dit, qu'un marché composé de salles couvertes, cet édifice a trop de rapport avec les marchés pour qu'on s'y étende ici davantage. (*Voyez* Marché.)

HANGAR, s. m. C'est un emplacement couvert par un demi-comble qui, adossé contre un mur, porte sur des piliers de bois ou de pierre, placés d'espace en espace, pour servir, soit de remise dans une cour, soit de magasin ou d'atelier dans une fabrique, soit de bûcher, soit de dépôt de diverses marchandises.

HARAS, s. m. Grand bâtiment situé à la campagne & composé de logemens, d'écuries, de cours, préaux, &c., où l'on tient des jumens poulinières avec des étalons.

HARDI, HARDIESSE, s. f. C'est une qualité dont l'idée ne peut être mieux définie que par l'idée de ce qui en est le contraire, c'est-à-dire, la timidité. Il est dans l'ordre moral bien peu de cas où la timidité ne soit pas un défaut, car elle est toujours ou l'effet ou le signe de la foiblesse.

Par la raison des contraires, la *hardiesse*, en fait de talent, est toujours une qualité louable, car elle caractérise la force & en dérive nécessairement ; & comme la force est ce que l'homme estime & desire le plus, il ne faut pas demander pourquoi il aime ce qui est *hardi*.

Si la *hardiesse* est un des caractères & des effets de la force, il résulte de-là que cette qualité est en-elle même louable, lorsque, comme toutes les autres, elle réside dans le juste milieu qui caractérise ce qui est vrai, juste & légitime. Mais, comme toutes les autres qualités, la *hardiesse* est exposée à être ou travestie par de faux semblans, ou dénaturée par l'exagération ou l'excès.

Il y a donc une feinte *hardiesse* ; c'est celle qui vise à le paroître par l'affectation, qui en contrefait les apparences, & qu'on nomme *jactance*.

Il y a une *hardiesse* fausse ; c'est celle qui outrepasse le point où résident la vérité & la raison, & on la nomme *témérité*.

L'architecture, comme tous les autres arts, a sa *hardiesse* qui lui est propre, &, comme tous les autres arts, elle est exposée aux abus de la jactance & de la témérité.

Il y a en effet, dans l'art de bâtir, une *hardiesse* feinte : elle consiste à dissimuler les points d'appui, à chercher des contre-forts ou des contre-poids dans des masses ou dans des coupes de pierre, qui tantôt cachent aux yeux le principe de la solidité, tantôt font paroître foible ce qui est fort. Beaucoup d'escaliers sont construits selon les erremens de cette feinte *hardiesse*. Le secret de ces constructions réside ordinairement dans le système des trompes, système qui fait parfaitement comprendre ce qu'on appelle ici *hardiesse feinte*. Cette *hardiesse*, en effet, est distincte de la témérité en ce qu'elle paroit plus *hardie* qu'elle ne l'est. C'est une sorte de jeu qui se plait à créer des porte-à-faux factices, des légèretés apparentes, des saillies qui ne sont que menaçantes sans être dangereuses. Souvent cet art futile cherche à se prévaloir du tracé mensonger, d'un faux appareil, pour faire croire qu'il y a des joints où il n'y en a pas, & qu'il y a eu des difficultés à vaincre là où rien ne fut difficile. On peut mettre encore au nombre des *hardiesses* feintes, l'emploi du fer & des armatures étrangères à la construction proprement dite, pour soutenir en l'air, comme dans les voûtes gothiques, des fleurons & des culs-de-lampe, dont le merveilleux n'est que pour ceux qui ignorent la facilité de ces prétendues difficultés. La *hardiesse* qui n'est que feinte est d'autant plus condamnable qu'elle cherche à contrefaire ce qui est vicieux, sans avoir le mérite de ce qui est difficile.

La fausse *hardiesse* est ce qu'on appelle *témérité* en architecture. (*Voyez* à ce mot les diverses manières dont, soit l'oubli des principes de l'art, soit une vaine prétention à l'honneur ordinairement futile de vaincre des difficultés, peut conduire l'architecte.) Nous dirons seulement ici que la fausse *hardiesse* consiste tantôt à confier à des fondations insuffisantes des masses démesurées, tantôt à économiser les points de résistance latéraux qui doivent assurer la durée des élévations, tantôt à adopter des systèmes de construction qui, comme les voûtes trop surbaissées, ne portent point dans leur courbe la garantie de leur point d'appui, tantôt à imaginer des combinaisons compliquées qui ne peuvent être réalisées que par des ressources ou dispendieuses ou extraordinaires, tantôt à recourir à des moyens artificiels & désavoués par l'art de bâtir, pour donner une consistance passagère à des inventions désordonnées. Il y a encore une fausse *hardiesse* qui blesse le goût, lors même que la solidité n'y est pas compromise, & elle consiste à accumuler trop de masses & trop de parties les unes sur les autres, à mettre la grandeur dans la hauteur, l'abondance dans la multiplicité, & la variété dans la diversité.

Ce qu'on vient de dire sur ce qui constitue la *hardiesse* factice & la *hardiesse* fausse, a pû déja donner l'idée de ce que doit être la véritable *hardiesse*, dans l'architecture & dans l'art de bâtir ; car, dire qu'elle ne doit être ni un jeu ni un excès, c'est dire qu'elle doit avoir pour principe la réalité, qui n'est autre chose que la solidité apparente dans l'exécution, & la raison dans la composition.

En effet la *hardiesse*, comme qualité propre de l'architecture, doit être envisagée sous deux principaux rapports : l'un, qui est celui de l'invention ou de la composition ; l'autre, qui est celui de l'exécution ou de la construction ; rapports que la théorie sépare, quoique dans le fait les deux choses soient dans une grande dépendance l'une de l'autre.

L'art de l'architecture n'ayant pas d'imitation, à prendre ce mot dans son sens positif & spécial, n'imite la nature (ainsi qu'on l'a dit plus d'une fois) qu'en faisant comme elle, c'est-à-dire, en produisant, comme elle le fait dans ses œuvres, des idées & des impressions qui frappent l'esprit & les sens. La nature apprend à l'artiste que l'impression qui fait le plus d'effet sur les hommes, est celle de la grandeur mêlée à la force. C'est de cette double impression que procède l'estime qu'on fait dans les ouvrages de l'art de tout ce qui est *hardi*.

Ainsi, point de *hardiesse* sans grandeur. La grandeur, de quelque genre qu'elle soit, est une des premières conditions de la *hardiesse*. Nous aimons à trouver dans un pont des arches d'une vaste ouverture ; nous aimons à voir d'énormes entablemens supportés à une grande hauteur par d'énormes colonnes ; nous aimons à voir pyramider des masses considérables d'édifices ; nous voulons admirer de grandes voûtes, & plus elles seront élevées, plus nous serons portés à l'admiration. Tout travail qui a demandé de grands efforts, une grande constance, de grandes dépenses, comme des montagnes percées, des levées dans la mer, des fleuves renfermés dans des canaux suspendus, produit nécessairement sur nous l'impression du plaisir attaché à tout ce qui nous étonne.

De-là dérive, dans l'invention & la composition de l'architecture, la nécessité d'établir les plans de manière à produire dans les élévations cette grandeur qui en impose : de-là dérive l'obligation de produire dans les intérieurs plus de vide que de plein, & dans les façades des palais plus de plein que de vide. Aux conditions qui procurent dans les édifices l'impression de ce qui est *hardi*, se rattachent beaucoup des préceptes qui appartiennent à la théorie du grand. Ainsi des colonnes isolées entreront bien plus dans le système de la *hardiesse*, que des colonnes accouplées ou groupées ; ainsi l'emploi des colonnes aura plus de *hardiesse* que celui des pieds-droits & des pilastres. Généralement aussi tout parti où dominent l'unité & la simplicité, donnera à la construction plus de facilité pour faire briller le mérite de la *hardiesse*.

Comme nous l'avons déjà dit, si la *hardiesse* de l'invention & de la composition est nécessaire à l'art de construire, pour que cet art nous procure les impressions dont nous sommes avides, la science de bâtir n'est pas moins indispensable à l'architecte, pour régler son imagination, dans les conceptions par lesquelles il cherche à nous étonner. La *hardiesse* de construction n'est une beauté & ne devient un plaisir, que lorsque l'esprit est pleinement rassuré sur la solidité & sur la durée d'un édifice. Ainsi l'économie des matériaux, dans toute construction, ne produit le plaisir que donne la légèreté des points d'appui, que lorsque nous voyons qu'elle ne sauroit préjudicier à leur stabilité. Les coupes trop savantes, & qui dérobent au spectateur le secret de leur artifice, nous affectent péniblement, soit par l'idée du danger, soit par l'idée de fragilité dans l'ouvrage.

Au fond, si la *hardiesse* nous plaît lorsqu'elle est dans de justes mesures, il semble toutefois que cette qualité est au nombre de celles qu'il est dangereux de rechercher. Peut-être est-il permis de dire qu'on ne doit rien faire dans l'intention de paroître *hardi*. La *hardiesse* doit être l'effet de certaines combinaisons, mais ne doit pas en avoir été le principe & la cause.

Au moral, la *hardiesse* consiste non à chercher sans nécessité le danger, mais à l'affronter par raison. La véritable *hardiesse* sera non pas celle qui se fera un jeu du mépris de la vie, mais celle qui saura faire, quand il le faut, un devoir de la sacrifier : elle sera moins une vertu, que le résultat de la vertu. J'en dirois autant pour ce qui regarde l'architecture. Qu'elle soit grande, simple, une & forte, le sentiment de la *hardiesse* s'y produira sans qu'on l'ait cherchée : celle qu'on cherche court risque d'être ou jactance ou témérité.

HARMONIE, s. f. On applique le mot *harmonie* aux ouvrages de la musique & de la peinture, beaucoup plus souvent qu'à ceux de l'architecture. Cependant, lorsqu'on se rend compte du véritable sens de ce mot, on voit que non-seulement l'idée morale qu'il renferme, est applicable à cet art comme aux autres, mais que l'idée primaire & positive que ce terme exprime, est peut-être originaire de l'art de bâtir.

En effet *harmonie*, qui n'est que le mot grec ἁρμονία, veut dire *jointure*, *liaison*. La racine du mot est le verbe ἄρω, qui signifie *ajuster*, *concerter*, *allier*. Harmonie veut dire, par conséquent, une union entre des objets qui s'entretiennent, s'ajustent, s'allient, se concertent, &c.

En parlant des murs de Tyrinthe, formés de très-grandes pierres entre-mêlées de plus petites, qui servoient à les entretenir & à les liaisonner, Pausanias emploie le mot dont il s'agit. Chacune de ces petites pierres, dit-il, servoit d'*harmonie* aux grandes. αἱ μικραὶ αὐταῖς ἁρμονίαν τοῖς μεγάλοις λίθοις εἰσι. (*Paus.*, liv. II, chap. 25.)

La musique semble s'être emparée du mot *harmonie*, en lui donnant une acception spéciale, technique & caractéristique. Ce terme désigne la partie scientifique de l'art, qui consiste dans l'union simultanée des sons. De cette application spéciale du mot *harmonie* à l'art de la musique, il est résulté une sorte d'abus dans l'opinion que quelques-uns se sont formée de cette qualité, lorsqu'on l'applique aux autres arts. On s'est imaginé, 1°. qu'on empruntoit ce mot à la musique; 2°. qu'en l'empruntant, on devoit lui emprunter aussi, non pas seulement l'idée générale d'*harmonie*, telle qu'on vient de la voir résulter de l'étymologie, telle qu'elle est en effet sous son rapport moral, c'est-à-dire, commune à tous les arts, mais encore le mode & la forme sous lesquels l'*harmonie* est rendue sensible dans l'art de combiner les sons.

De-là certains paradoxes mis en avant par quelques esprits spéculatifs qui, trouvant le mot & l'idée d'*harmonie* dans le Vocabulaire de tous les arts, ont imaginé qu'il pourroit y avoir un système pratique d'*harmonie* commun, par exemple, à l'art qui s'adresse à l'oreille, comme à l'art qui s'adresse aux yeux. Ainsi on s'est plu à ranger les nuances des couleurs dans un ordre de teintes ou de demi-teintes, correspondant à l'ordre des tons & des demi-tons de la musique, & l'on s'est étudié à trouver, entre l'accord des sons & celui des couleurs, un rapport que la seule différence des organes démontre impossible & imaginaire.

Pareille tentative a été faite sur l'architecture. Un passage de Vitruve, dans lequel cet écrivain recommande à l'architecte d'avoir quelque teinture de la musique, a induit quelques théoriciens à croire que la musique avoit avec l'architecture une communauté de système harmonique. Si Vitruve trouve bon qu'un architecte sache la musique, il en donne la raison; & il indique à quoi il doit appliquer les connoissances qu'il aura acquises dans cet art. C'est, dit-il, pour qu'il sache arranger, dans un théâtre, les vases répercuteurs de la voix des acteurs, c'est pour qu'il connoisse par le son, l'égalité & le degré de tension des cordes, des balistes ou autres machines de guerre. (*Voyez* au mot ARCHITECTE, la suite de ce passage de Vitruve.)

Faute peut-être d'avoir été jusqu'au bout de ce passage, quelques-uns ont considéré ce précepte comme absolu, & ne se sont pas rendu compte des modifications & des limites que Vitruve lui avoit données lui-même. Épris d'une idée qui ne pouvoit exercer qu'une imagination déréglée, ils ont bâti des systèmes harmoniques pour l'architecture, en singeant les proportions de l'harmonie musicale.

Quoique ces théories soient aussi vaines dans leur principe que dans leurs applications, & bien qu'effectivement le bon sens & le temps aient fait justice de ces paradoxes, il nous paroît que, dans un ouvrage qui embrasse l'histoire entière de l'architecture, on peut donner place à une des plus singulières aberrations de l'esprit, surtout lorsqu'elle a trouvé du crédit auprès de quelques hommes faits pour influer sur l'opinion.

Ouvrard, maître de musique de la Sainte-Chapelle, à Paris, publia vers 1675 un ouvrage qu'il intitula : *Architecture harmonique, ou Application de la doctrine des proportions de la musique à l'architecture*. Cet ouvrage, rempli de paralogismes & de contradictions dans les préceptes qu'il donne, plut cependant beaucoup à François Blondel, architecte de la porte Saint-Denis, mathématicien de l'Académie royale des Sciences, maître de mathématiques du Dauphin, &c. Ce célèbre architecte, à la fin du Cours qu'il a publié & qu'il donna, comme membre de l'Académie royale d'architecture, fait l'éloge de l'ouvrage du compositeur Ouvrard ; il en donne une analyse, & il va jusqu'à proposer un des exemples de cette théorie. Selon cet exemple, la base attique (qui pourroit s'en douter ?) est un *si mi sol si*. En y joignant un socle, il faudra que celui-ci soit en *la*; d'où il résultera l'accord *la si mi sol si*. Restent les deux filets qui terminent les parties supérieure & inférieure de la scotie. Ces deux moulures embarrassent ici comme ailleurs la marche de ce singulier système. Mais Blondel & Ouvrard leur assignent les fonctions de *fuses & demi-fuses, qui servent, disent-ils, à faire des passages qui, par leur modulation, font goûter les notes essentielles des accords avec plus de douceur*.

Après Blondel, vers le milieu du dernier siècle, un architecte appelé Edmond Brizeux prétendit mettre en vogue le système d'Ouvrard & de Blondel. Il publia deux volumes grand in-4°., qui ne prouvent malheureusement qu'avec trop d'évidence, jusqu'où de fausses analogies & l'ignorance de la nature particulière du génie & des procédés de chaque art, peuvent égarer la raison dans cette matière.

Camus de Mézières, architecte de la Halle aux blés, dans son *Génie de l'Architecture*, ouvrage où l'abus des applications de la poésie à l'architecture est portée jusqu'au ridicule, a prétendu redonner de l'existence aux visions d'Ouvrard & de Brizeux, & prouver, par le clavecin oculaire du Père Castel, qu'on peut ouïr par les yeux & voir par les oreilles.

Que conclure de tout ceci ? Rien, sinon que de tout temps on a confondu, soit par méprise, soit par système, les limites naturelles de chaque art. Parce qu'ils ont un principe abstrait qui leur est commun dans l'imitation de la nature, & une fin morale qui leur est commune dans le plaisir que nous en recevons, on a voulu aussi que leurs moyens fussent communs, comme si la nature seule des organes, auxquels chacun s'adresse, ne mettoit pas entr'eux des barrières insurmontables.

La cause de ces méprises tient aussi bien souvent aux mots, presque tous métaphoriques, dont on est forcé de se servir dans la langue des arts, pour définir, soit leur régime, soit leur action, soit leurs effets : & de ce nombre est le mot *harmonie*. De ce qu'il signifie au sens simple comme au sens figuré, union, liaison des parties, s'ensuit-il que le genre de liaison soit le même entre les parties des différens arts, lorsque les parties que chaque art est tenu de réunir, ne se ressemblent en rien ?

Pour démontrer en un seul mot l'absurdité de ce système, il suffit d'examiner l'idée de liaison & d'union dans le sens simple & positif que lui donnent les arts mécaniques. Qui doute, par exemple, que les ouvrages de maçonnerie, de charpente, de serrurerie, de menuiserie, soient autre chose que les résultats de l'assemblage & de la liaison des parties ? Cependant ne seroit-ce pas le comble de l'extravagance que de prétendre lier entr'elles des pierres par les mêmes procédés d'assemblage que ceux qu'on emploie à lier des pièces de bois, ou de prétendre réunir les pièces de charpente, par les moyens qui servent à lier les pierres entr'elles ? Il n'y a de commun dans tous ces arts, que l'idée d'assemblage & de liaison. Chaque matière comporte ensuite une espèce de liaison particulière.

De même dans les arts d'imitation. Tous se composent de parties qui doivent être réunies entr'elles, & former un ensemble qui plaise. Le besoin de ce mérite d'ensemble est commun à tous ; mais le moyen de produire cette unité de l'ensemble varie dans chaque art, & de la même façon que des couleurs & des formes varient entr'elles, que des rapports de sons, & des rapports de formes, diffèrent entr'eux.

C'en est assez, sans doute, contre un système qui n'a rien de dangereux en soi, puisqu'en définitif il n'offre point d'application possible, & qu'il n'est qu'une vaine création dans la région des chimères.

Cette confusion, produite par le mot *harmonie*, a fait croire à quelques personnes que l'on devroit

HAR

bannir ce mot de la langue de l'architecture & de celle de la peinture ; que celle-ci devroit se contenter du mot *accord* pour désigner l'union convenable des couleurs entr'elles, & que l'architecture devroit n'employer que le mot *proportion*, pour expliquer le rapport des parties d'un édifice avec son ensemble. Mais il en est de la langue des arts comme du langage en général ; personne ne le fait ; il se fait de lui-même. Il n'est guère au pouvoir de qui que ce soit de créer ou d'exclure des mots. Si d'ailleurs il n'y a réellement pas de véritable synonyme, lorsqu'on trouve plusieurs mots semblables en apparence, & que l'usage a introduits, le devoir du lexicographe est d'en discerner les nuances, & d'en faire connoître les variétés.

Ainsi rien ne peut faire que le mot & l'idée d'*harmonie* ne soient reçus dans la langue de l'architecture, comme le sont & le mot *accord* & le mot *proportion*. (*Voyez* ces mots.)

Nous croyons que le mot *proportion* s'applique plus particulièrement aux rapports de mesure des membres de l'architecture entr'eux, sans exclure toutefois leur corrélation avec le tout ; que le mot *accord* désigne spécialement les rapports de convenance, de style, de goût & d'exécution de toutes les parties d'un édifice entr'elles ; que le mot *harmonie* exprime, considéré comme principe, l'intelligence supérieure qui préside à la conception du tout ou des parties ; &, considéré comme effet, le résultat des proportions & de l'accord de chaque chose ; d'où l'on pourroit conclure que l'idée d'*harmonie* embrassant tout, comprend aussi celle d'*accord*, mais n'est pas comprise dans celle-ci.

Dans l'idée d'*harmonie* se trouve enfin celle d'*unité*, qui est le complément de tous les mérites & de toutes les qualités.

Ainsi il y a *harmonie* dans le système du monde. Il y a accord dans les parties qui concourent à ce système.

Sous ce point de vue, l'idée d'*harmonie* s'appliqueroit avant tout à ce qu'on appelle *le système général d'une architecture*. Il y a *harmonie* en ce genre, non pas seulement quand toutes les parties sont de même style & d'un goût uniforme, mais lorsque toutes les parties qui constituent le système d'une architecture, sont entr'elles dans un rapport tellement nécessaire, qu'aucune ne puisse être déplacée ou transposée que le lien général, c'est-à-dire, la raison qui a fixé leur place ou leur emploi, ne soit rompu. Or, cette *harmonie* n'existe peut-être dans aucune autre architecture que l'architecture grecque, ou du moins n'y existe pas au même degré. Il suffit d'observer tout ce que présente t de variable les parties élémentaires de certaines architectures, telles que l'*indienne*, la *gothique*, &c., pour se convaincre que ce qu'il faut appeler leur système, ne fut jamais réduit, ni par la théorie ni par la pratique,

à devenir une loi de nécessité, qui dût prescrire un emploi raisonné & constant des mêmes formes & des mêmes données ; & de fait, on n'y retrouve pas cette vertu d'*harmonie* qui enchaîne les mêmes parties dans un ordre invariable, à des rapports constans.

Pour que le plaisir de l'*harmonie*, considérée dans le système d'une architecture, puisse y devenir sensible, il y a une certaine condition, que la définition même de ce mot nous indique comme condition indispensable. En effet, si l'*harmonie* est une liaison entre des parties diverses ou discordantes, il faut, pour que cette liaison se fasse sentir, que notre œil & notre esprit puissent saisir & les parties & le nœud qui les rassemblent. Or, pour que cela arrive, il ne faut pas que les parties soient trop semblables entr'elles ou trop dissemblables. Trop d'unisson dans les formes qui constituent les élémens d'une architecture, est cause que le principe de l'*harmonie* ou de liaison générale de ces formes y frappe peu les sens. Ainsi, dans l'architecture égyptienne, dont le type est le plus simple de tous, & dont l'imitation approche le plus de l'identité, il y a lieu à si peu de variété que le mérite de l'unité, qui est la même chose que celui de l'*harmonie* dont on parle, s'y fait très-peu sentir. Quand tout est simple, tout devient monotone, & on sait que la monotonie est en tout genre l'effet qui résulte d'une *harmonie* trop simple, de celle où l'art n'entre presque pour rien. Telle est une psalmodie, ou, en musique, un chant qui marche toujours sur un seul ton ou sur un seul rhythme.

D'un autre côté, lorsque les parties élémentaires d'une architecture sont trop dissemblables ou trop disparates entr'elles, lorsque la raison qui a fait naître ou rapproché toutes ces parties, est trop peu sensible ou trop foible pour qu'une sorte de lien nécessaire s'y établisse, c'est-à-dire, en un mot, lorsque le hasard semble avoir présidé à la formation de cette architecture, comme dans le gothique, il n'y a presque point de moyen que l'effet de l'espèce d'*harmonie* dont on parle s'y produise. Dans cette sorte de désordre élémentaire, toutes les parties tendent à se mêler sans s'unir entr'elles. Les formes essentielles ou les formes accidentelles, les objets prescrits par le besoin & les détails d'ornement suggérés par le plaisir, se confondent à un tel point, qu'aucune règle ne peut leur assigner de place fixe ni d'emploi constant. Dès-lors que l'œil n'aperçoit point, entre toutes ces choses, de rapport nécessaire, de liaison dictée par le raisonnement, l'esprit ne sauroit y trouver le plaisir de l'*harmonie*.

Ainsi, là où il y a, soit trop de simplicité, soit trop de diversité dans les élémens d'une architecture, il ne peut y avoir de véritable *harmonie* dans son système.

L'esprit de l'*harmonie*, dans l'architecture, est celui qui préside en grand à la conception générale d'un édifice & qui y établit l'unité. Par conséquent cet esprit doit présider à la combinaison du plan, à la disposition de l'élévation, à la distribution de la décoration ou des ornemens.

Il y a *harmonie* dans le plan d'un édifice, quand tout l'ensemble est comme le résultat d'une seule pensée, quand toutes les distributions combinées, chacune pour leur emploi, se trouvent coordonnées au principe général de la destination, quand chaque partie en rapport avec le besoin qui la commande, semble n'être que le produit d'une convenance dictée par le plaisir même de la symétrie; quand, avec des lignes simples, & dans un parti clair & facile à comprendre, l'art a su réunir, par un motif uniforme & tout à la fois varié, toutes les diversités, toutes les difficultés & toutes les sujétions du projet qu'il doit exécuter, en sorte que tout paroisse n'avoir coûté ni peine ni combinaison pénible. L'*harmonie* du plan doit devenir, en général, le principe de l'*harmonie* générale de l'élévation, quoiqu'il arrive quelquefois que l'une ne soit pas une conséquence de l'autre, surtout s'il ne s'agit que de la façade extérieure d'un monument.

L'*harmonie* de l'élévation se compose d'abord de l'accord qui est entre les principaux rapports de longueur, de hauteur, de largeur, de profondeur, dont l'œil se constitue facilement le juge. Ainsi, pour citer ici quelques exemples, le château de Versailles, considéré du côté des jardins, offre une telle dimension en longueur, que la masse de l'édifice, comparée à cette longueur, auroit, pour ne rien dire de trop, comporté le double en hauteur. Si l'arc de la porte Saint-Denis, un des plus beaux morceaux d'architecture qu'il y ait, ne devoit pas passer pour être une porte triomphale, plutôt qu'un arc de triomphe à la manière des Anciens, on seroit autorisé à regretter, pour l'*harmonie* de ses rapports, que le monument n'ait pas le double de profondeur ou d'épaisseur. Mais le principe d'*harmonie* qui préside à l'élévation des édifices, est celui qui dispose de l'ensemble de toutes les masses, du style qui doit y régner, de cette uniformité de caractère qui rend sensible l'unité d'un monument, & désigne clairement sa destination. Cette dernière sorte d'*harmonie* morale est une des plus importantes; &, puisque nous avons cité la façade du château de Versailles comme exemple d'un manque d'*harmonie*, dans les rapports généraux d'une élévation, nous nous plairons à citer dans le même lieu le bâtiment de l'Orangerie, comme un modèle accompli en son genre de cette *harmonie* de masse, de style, de goût & de caractère qu'il est si rare de trouver dans les œuvres de l'architecture.

La décoration a aussi son *harmonie* qui lui est propre. Chaque ordre nous montre déjà, soit dans ses proportions, soit dans le rapport de ses ornemens avec ses formes & ses mesures, de quelle nature sont les principes de cette *harmonie*. Ainsi l'on voit que des ornemens légers, multipliés ou délicats, conviendroient mal à l'ordre qui a pour objet d'exprimer la force ou la solidité, & réciproquement. De la même manière, l'*harmonie* morale des édifices prescrit ou défend l'emploi de telle ou telle ordonnance, selon le caractère ou la destination de tel ou tel édifice. Un sentiment éclairé a porté jadis les inventeurs des ordres à régler, selon le degré de force, de légèreté ou de richesse de chacun, les ornemens qui leur conviennent. Ainsi chaque édifice, recevant de l'ordre qu'on y adapte, telle ou telle convenance, il résulte de-là que l'on doit y suivre, dans l'économie de sa décoration, le principe d'*harmonie* dont l'ordre qu'on emploie devient le type.

L'*harmonie* de décoration consiste non-seulement dans la mesure, mais encore dans le choix des ornemens. On pèche contre les lois de cette *harmonie*, lorsqu'on applique la richesse des objets & le luxe de la décoration, à des édifices dont l'emploi n'exige que de la simplicité, & réciproquement. On manque aux lois de cette *harmonie*, lorsqu'on se trompe sur le goût qui doit appliquer les motifs aussi nombreux que variés des sujets d'ornement, à la destination de chaque partie des édifices, comme lorsqu'on orne, avec des caprices d'arabesques, un intérieur d'église, par exemple, ou un local destiné à des usages graves & sérieux. L'*harmonie* en ce genre prescrit aussi de ménager les ressources de la décoration & d'en graduer l'effet dans les diverses parties d'un monument, dans les diverses parties d'un intérieur. Si, par exemple, on déploie toute la pompe de la décoration dans l'escalier d'un palais, que restera-t-il pour le dedans?

Cette théorie seroit sans doute la matière d'un long traité, car elle comprend les notions les plus variées. Toutefois, comme ces notions se trouvent réparties dans un grand nombre d'articles de ce Dictionnaire, on a cru ne devoir en rapeler ici que le sommaire.

HARPES, s. f. pl. (*Construction*.) On nomme ainsi, dans le langage de la construction, les pierres qu'on laisse saillantes à l'extrémité d'un mur, pour faire liaison avec celles qui pourront servir à sa continuation.

Ce sont aussi, dans les chaînes de pierres, jambes sous-poutre & jambes étrières, les pierres plus longues que les carreaux qui doivent se lier avec la maçonnerie de moellon ou de brique.

Harpes de fer. Ce sont des morceaux de fer coudés, qui servent à retenir les poteaux corniers des pans de bois avec les murs mitoyens.

On fait aussi des *harpes* de bronze, parce qu'étant moins sujettes à la rouille, elles subsistent plus long-temps.

HARPIES, f. f. pl. On donne ce nom, dans la décoration, à des espèces d'oiseaux ou de monstres fabuleux, que la mythologie nous représente comme ayant été composés de la tête & d'un corps de femme, des griffes & de la queue du lion; les sculpteurs leur ont donné aussi des ailes de chauves-souris. C'est surtout dans l'architecture gothique que l'on trouve ces sortes de monstres employés à soutenir des gargouilles, des encorbellemens, des culs-de-lampe, &c.

HARPONS, f. m. pl. (*Construction.*) Morceaux de fer, droits ou courbés, qui servent à retenir les cloisons & les pans de bois. Les Anciens en faisoient qui étoient en bronze, & ils les scelloient avec du plomb.

HAUBAN, f. m. Gros cordage qu'on attache par un bout à la tête d'une chèvre, d'un engin, &, par l'autre bout, à un pieu, pour le tenir en état, lorsqu'on enlève un fardeau.

HAUBANER, v. act. C'est arrêter à un piquet ou à une grosse pierre, le hauban d'un engin pour le tenir ferme, lorsqu'on monte quelque fardeau.

HAVRE, f. m. Port de mer où les vaisseaux peuvent être en sûreté.

HAUT, adj. m. Terme dont on use souvent dans le bâtiment, pour déterminer le point d'élévation où un objet se trouve.

HAUTEUR, f. f. On dit qu'un bâtiment est arrivé à sa *hauteur*, lorsque les dernières arrases sont posées pour recevoir la couverture. On dira *hauteur d'appui*, pour désigner une élévation d'à peu près trois pieds; *hauteur de marche*, pour six pouces.

HÉBERGE, f. f. Terme de la coutume de Paris, dont on se sert pour exprimer la hauteur d'un bâtiment ou l'étendue d'un enclos, relativement à un bâtiment & à un enclos voisins. Ce mot signifioit autrefois *logement*.

HECATOMPEDON. Qui a cent pieds. On donna jadis ce surnom au temple de Minerve à Athènes, appelé le *Parthenon*, parce qu'il avoit juste cent pieds grecs de large.

HÉLICES ou VRILLES, f. f. pl. On nomme ainsi les petites volutes ou les caulicoles qui sont sous la fleur du chapiteau corinthien.
Le mot *hélices* vient du grec *elix*, qui signifie tortillons de la vigne ou du lierre.

HÉLICES ENTRELACÉES. Ce sont des *hélices* entortillées ensemble, comme aux chapiteaux des trois colonnes de *Campo Vaccino* à Rome.

HELIOPOLIS. (*Voyez* BALBECK.)

HÉLIOPOLIS. Ville antique de la basse Égypte. Les restes actuels d'*Héliopolis* consistent dans une enceinte en briques, laquelle a de 18 à 20 mètres (près de 40 pieds) d'épaisseur, & plus d'une lieue de circuit. Cette enceinte est remplie d'une multitude de buttes formées par des décombres. Il n'y reste qu'un seul monument debout, c'est l'obélisque connu sous le nom d'*Aiguille de Matariée*. Ce nom est celui d'un village qui a succédé à l'ancienne *Héliopolis*, & qui en est éloigné d'un quart de lieue vers le sud.

La hauteur de cet obélisque est de 20 mètres 27 cent.; la largeur de la base est de 1 mètre 84 cent.; ses faces à la partie supérieure ont de large 1 mètre 17 cent. La matière est un granit rouge parfaitement poli. Sur chacune de ses quatre faces règne, dans toute la hauteur, une colonne d'hiéroglyphes. L'obélisque est mieux conservé dans sa partie moyenne & supérieure que dans l'inférieure, & dans la face du sud que dans les autres. Il paroit qu'on a essayé de le renverser. Les eaux s'y élèvent aujourd'hui fort au-dessus du sol. Par l'effet de l'exhaussement qu'occasionnent les inondations annuelles, le terrain s'est élevé jusqu'à 1 mètre 78 cent. au-dessus de la base. La trace des plus hautes eaux est marquée à 3 mètres & un tiers au-dessus de ce même point, c'est-à-dire, à 1 mètre 55 cent. du sol actuel.

L'enceinte d'*Héliopolis* renferme des débris en marbre, en granit, en brèche, mais qui n'offrent que des restes informes. Il paroit que les matériaux de quelque valeur ont été transportés à Qelyoub & dans les villages voisins. La longueur de l'enceinte actuelle est de 1400 mètres sur 1000 mètres. Toutefois il est certain que la ville avoit beaucoup plus d'étendue.

Ces renseignemens sont dus à M. Dubois Aimé, de la commission d'Égypte.

HELIOTROPIUM. C'est le nom que les Grecs donnoient aux cadrans solaires, c'est-à-dire, à un instrument disposé de manière que l'ombre, projetée par un objet proéminent, indiquoit la division du temps, & surtout celle des heures.

HÉMICYCLE, f. m., vient d'*hemicyclium*, lequel vient du mot grec Ἡμίκυκλος, & veut dire *demi-cercle*.
C'est aussi la signification propre du mot *hémicycle*, selon les diverses acceptions qu'il reçoit.

Les Anciens appeloient *hémicycle* une machine de théâtre que Pollux prétend avoir été placée près de l'orchestre, à ce qu'il paroit dans les parties latérales de la scène, & qui servoit à faire voir aux spectateurs un site éloigné. On a présumé que ce ne pouvoit être autre chose qu'une sorte de rideau peint, représentant des lointains, lequel pouvoit s'enlever & se replacer à volonté.

Le nom d'*hémicycle* se donnoit aussi jadis à un cadran solaire. C'étoit une plinthe inclinée, coupée en demi-cercle. Au milieu s'élevoit un style dont la pointe répondoit au centre de l'*hémicycle*, & représentoit le centre de la terre. Cette invention étoit due à l'astronome Berose, qui vivoit du temps d'Alexandre.

On donnoit le nom d'*hémicycle*, dans l'antiquité, à des siéges dont le dossier formoit un demi-cercle.

On appeloit *hémicycle*, dans les basiliques des Anciens, cette partie demi-circulaire qui terminoit l'édifice dans son intérieur, & où siégoit le tribunal. (*Voyez* BASILIQUE.)

Hémicycle, en tant qu'il signifie demi-cercle, peut, comme l'on voit, convenir & se donner à beaucoup de parties des édifices & d'objets divers dans l'architecture.

En construction, on nomme *hémicycle*, le trait d'un arc & d'une voûte formée d'un demi-cercle, qui se divise en autant de parties égales qu'on veut tailler de voussoirs pour la bander, en observant toujours que la clef qui sert à la fermer soit d'une seule pierre, & qu'elle soit placée au milieu.

On appelle du même nom, soit le panneau, soit le moule, soit la cherche de bois ou de carton, qui sert de patron pour tailler les voussoirs dont on vient de parler, & à construire un arc de voûte.

HÉMISPHÈRE, s. m., du latin *hemisphærium*, veut dire *demi-sphère*, & sphère, signifiant *globe*, l'*hémisphère* est la moitié d'un globe, coupé par un plan qui passe à son centre.

HÉMISPHÉRIQUE, adj. Corps qui est ou qui figure la moitié d'un globe, ou la forme qui en approche. En architecture on appelle *voûte sphérique*, celle d'une coupole qui est formée sur la courbe d'un globe parfait. Ainsi la voûte *hémisphérique* sera celle qui n'offrira que la moitié de la précédente. Tel devroit être le nom, par exemple, de ces voûtes que l'on appelle *cul de four*. (*Voyez* ce mot. *Voyez* VOUTE sphérique.)

HERCULANUM. Ville assez considérable de l'Italie, dans la Campanie, & voisine de Naples, dont il existe encore de fort beaux restes qu'on est parvenu à découvrir, & qu'on voit sous les couches de laves qui l'ont engloutie.

Selon l'opinion vulgaire, cette ville, ainsi que celle de Pompeii, disparut totalement lors de la fameuse éruption du Vésuve, qui date de la première année du règne de Titus, c'est-à-dire, la soixante-dix-neuvième de l'ère chrétienne.

M. Laporte-Dutheil, dans un Mémoire inséré au *Magasin encyclopédique*, a fait voir que la destruction totale de ces villes ne date point de cette époque, & que l'éruption décrite par Pline-le-Jeune n'en consomma point la ruine. On les voit sortir de leurs ruines sous le règne même de Titus. Elles eurent encore un reste de splendeur sous Adrien; on les retrouve dans le règne d'Antonin; *Herculanum* & Pompeii sont encore debout & même habitées dans le monument géographique appelé la *Carte de Peutinger*, & qui est d'une date postérieure au règne de Constantin. Mais dans l'*Itinéraire*, dit improprement d'Antonin, on ne remarque plus ni l'une ni l'autre de ces deux cités. D'où l'on peut conjecturer que leur entière disparition aura eu lieu pendant cet intervalle de temps qui sépare la *Carte de Peutinger* d'avec la rédaction de l'*Itinéraire*. L'éruption qui les aura totalement ensevelies aura probablement été celle de 471, & dont Marcellin a décrit les ravages.

D'après les renseignemens puisés par M. Dutheil dans les historiens napolitains, il paroit certain que, dès la fin du seizième siècle, on avoit entrepris des fouilles dans les environs d'*Herculanum*; mais elles furent bientôt interrompues, & l'objet en fut oublié jusqu'au dix-huitième siècle. En 1720, le prince d'Elbœuf de Lorraine, faisant bâtir une maison de campagne sur les bords de la mer, près de Portici, acheta quelques objets antiques qu'un cultivateur des environs avoit trouvés en creusant un puits. Ce puits, qui révéla l'existence de l'ancienne ville d'*Herculanum*, se voit encore, & se trouve immédiatement au-dessus du théâtre qui reçoit le jour au moyen de cette ouverture.

Le prince d'Elbœuf ne tarda pas à acquérir le terrain où le paysan avoit trouvé les antiquités dont on a parlé. Il y fit faire de nouvelles fouilles, & bientôt il trouva des fragmens de colonnes & des statues. Depuis lors on n'a cessé de trouver, dans ces terrains, des objets d'antiquité de tout genre, dont la collection gravée du Musée de Portici, ou des peintures d'*Herculanum*, ont donné connoissance à toute l'Europe.

Les objets qu'il seroit sans doute le plus important de découvrir, je parle des monumens d'architecture, sont ceux dont la découverte offre le plus de difficultés. A Pompeii les restes des édifices sont ensevelis peu profondément, & ils le sont sous une couche facile à déblayer de cendres, formée de fragmens de pierre-ponce; mais *Herculanum* a été comblé par une lave devenue une pierre des plus dures. Des éruptions successives ont élevé sur les débris, le sol sur lequel s'élève aujourd'hui la ville moderne de Portici. Tous ces obstacles s'opposent à ce qu'on pousse en avant les fouilles qui reproduiroient les édifices d'*Herculanum*.

On y a déjà découvert le reste de deux temples d'une dimension fort différente. L'un avoit 150 pieds de longueur sur 60 de largeur; l'autre avoit 60 pieds de long sur 45 de large. Ce dernier n'étoit qu'une *ædicula*. Dans son intérieur, cependant, il y avoit des colonnes, & les murs étoient ornés de peintures & de dalles de marbre, sur lesquelles on lisoit les noms des magistrats qui avoient présidé à l'inauguration du temple, ainsi que de ceux qui avoient contribué à sa construction & à son entretien.

En face de ces deux temples on trouva un troisième édifice, que les uns ont pris pour le *forum civile* d'*Herculanum*, que d'autres, au contraire, ont regardé comme un temple périptère. La surface de cet édifice occupoit un parallélipipède long de 228 pieds & large de 132. Il étoit entouré de colonnes. Au dedans il y avoit d'autres rangées de colonnes. Les statues de bronze qui ornoient les entre-colonnemens, furent trouvées presque toutes ou fondues ou mutilées & brisées. L'intérieur de ce monument étoit pavé en marbre, & les murs étoient peints. Une partie de ces peintures a été détachée des murs & transportée dans le Muséum du roi de Naples à Portici.

Mais une des découvertes les plus importantes qu'on ait faites à *Herculanum*, est celle du théâtre qui nous a fourni non-seulement une connoissance plus étendue qu'on n'en avoit eu jusqu'alors de la forme des théâtres antiques, mais encore des détails précieux sur le genre & le goût de leur décoration. Il y a lieu de regretter que l'état actuel de cet édifice, couvert & encombré de laves & de cendres, ne permette guère de l'examiner entièrement & à loisir. On est cependant parvenu à le déblayer au point que des architectes habiles ont été en état de lever les plans de ses parties principales, à l'aide des connoissances qu'on avoit déjà sur la disposition des anciens théâtres. Comme le jour ne peut y venir du dehors que par le puits qui a donné lieu aux premières fouilles, on est obligé de faire toutes les recherches à l'aide des flambeaux. Une grande partie de l'intérieur étant encore comblée de laves, il a fallu y pratiquer des étaies pour empêcher la masse de s'écrouler.

Les fouilles qu'on a faites ont permis de voir que le théâtre étoit orné d'arcades & de colonnes. Les chapiteaux des colonnes étoient corinthiens.

La partie intérieure, & surtout le *proscenium*, se trouvés intacts. On voit encore une partie de la *scène* & la base d'une de ses colonnes. Les statues placées dans les niches du *proscenium* étoient celles des Muses en bronze qu'on a transférées dans le Muséum de Portici.

Tous les fragmens & restes de colonnes brisées qui se sont trouvés dans l'enceinte de ce théâtre, peuvent faire juger de sa magnificence. Les murs intérieurs étoient revêtus de marbres précieux, & le pavé étoit aussi en marbre. Celui de l'orchestre étoit en jaune antique. Toutes les chambres qui appartenoient au théâtre étoient ornées de peintures arabesques, qui en ont été enlevées.

Divers fragmens de chevaux de bronze, de la réunion desquels on a composé celui qui se voit au Musée, ont fait présumer qu'au faîte du théâtre il y avoit un quadrige de bronze.

Aux deux côtés du *proscenium* étoient les statues équestres en marbre de Nonius Balbus père & fils, qu'on voit dans la cour du palais du Roi à Portici.

Le diamètre du théâtre, mesuré à la hauteur du plus haut gradin, étoit de 234 pieds. En comptant seize personnes assises par chaque toise carrée, on a calculé que l'édifice pouvoit contenir 10 mille personnes. Winckelmann a avancé qu'il pouvoit en renfermer 30 mille, mais ce calcul est fort exagéré. (*Voyez* Piranesi, qui a publié une description de ce monument.)

HERMÈS. Nous avons indiqué déjà à l'article GAINE (*voyez* ce mot), l'origine de ces ouvrages d'art & de décoration que l'on appeloit *hermès*, parce que les espèces de gaînes qui constituent leur forme, étoient le plus souvent surmontées par des têtes de Mercure.

Mercure fut chez les Anciens une des divinités auxquelles on assigna le plus d'emploi. Il présidoit aux routes, aux vestibules des maisons, à la clôture des champs, aux marchés, aux gymnases, à tous les lieux d'exercice & d'instruction. Voilà ce qui multiplie si fort son image, surtout sous la figure du terme. Ce terme ne fut originairement qu'une pierre carrée; & cette forme, premier emblême & signe primitif de Mercure, n'a guère besoin qu'on en cherche la raison, comme l'ont fait quelques mythologues, soit dans l'histoire, soit dans l'allégorie. Les Athéniens passoient toutefois pour les inventeurs de la figure des *hermès*, c'est-à-dire, des pierres en carré-long, surmontées de la tête du dieu. Ce qui est certain, c'est que Pausanias l'assure, & qu'effectivement les *hermès* furent extraordinairement nombreux dans l'Attique. Cicéron en faisoit faire à Athènes pour orner ses galeries de Tusculum, & il les demandoit à leurs têtes.

Bientôt, en effet, on les fit doubles, c'est-à-dire, portant deux têtes accolées, ou, si l'on veut, adossées, & on les appela selon la divinité qu'on associoit à Mercure, *hermathenes*, *hermapollon*, *hermeron*, *hermeracle*, *hermharpocrate*, *hermanubis*.

Ces figures hermétiques se composoient souvent de deux matières, c'est-à-dire, que le terme ou la gaîne étoit d'un marbre d'une couleur, & la tête d'un autre marbre de couleur. Très-souvent les têtes étoient de bronze sur un support de marbre. *Vos hermès de marbre penthélique* (écrit Cicéron à Atticus), *avec leurs têtes de bronze, me plaisent déjà d'avance. Vous m'obligerez beaucoup de me les envoyer avec les autres curiosités qui seront de votre goût.*

On ne se contenta pas de représenter des têtes de divinités sur les *hermès*; on y plaça aussi les portraits des grands hommes, des philosophes, des guerriers. Beaucoup de ces monumens nous sont parvenus avec de semblables portraits. (*Voyez* le *Dictionnaire d'antiquités*.)

Jusqu'à quel point les *hermès* ou les termes furent-ils employés chez les Anciens dans l'architecture ? C'est un objet sur lequel on a plutôt des présomptions & des vraisemblances que de graves autorités ; car on ne prendra point pour telles, celles des médailles. Cependant on ne peut se dispenser ici d'en faire mention. Entre diverses médailles qui peuvent servir à indiquer l'emploi dont on parle, on en peut citer une en bronze, grand module, frappée sous Marc-Aurèle : son revers représente un temple soutenu par quatre *hermès*, au milieu desquels est placée la statue de Mercure, tenant une patère d'une main & le caducée de l'autre. On voit dans le fronton un coq, un bélier, un caducée, un casque ailé & une bourse, symboles qui sont les attributs du dieu auquel le temple est consacré.

On trouve bien quelquefois dans les décorations arabesques, des *hermès* ou termes faisant fonction de caryatides, ou tenant lieu de colonnes. Les Modernes en ont fait souvent usage de cette manière. Dans ce cas, les *hermès* sont des espèces de *caryatides* ou de *télamons*. (*Voyez* ces deux mots.)

On emploie aussi les *hermès*, en manière de pieds-droits ou de piliers, à former avec les grilles qui s'y appuyent, des clôtures & des enceintes fermées.

HERMITAGE, s. m. (*jardinage*), signifie la demeure d'un *hermite*. Ce dernier mot, ainsi qu'*hermitage*, dérivent du grec ερημος ou du latin *eremus*, qui veulent dire *déserts*.

Dans les premiers temps du christianisme, la ferveur de la dévotion portoit beaucoup de zélés chrétiens à fuir le monde, à chercher dans les contemplations & les austérités de la vie solitaire un refuge contre les séductions de la vie licencieuse des cités. Les déserts de l'Egypte & de la Thébaïde surtout furent peuplés d'illustres pénitens. Leur exemple devint l'origine des fondations monastiques, dont le principal objet fut de séparer du monde & de la corruption sociale, ceux qui ne se sentoient pas la force nécessaire pour résister aux dangers du siècle.

La plupart des établissemens monastiques furent dans le fait & selon le sens du mot, de véritables *hermitages*, c'est-à-dire, des retraites placées dans des lieux écartés du monde, éloignés des villes, & dans des espèces de déserts. Mais beaucoup de couvens aussi dont la règle étoit moins sévère, furent bâtis dans les villes. A l'égard de plusieurs autres, l'accroissement des cités contribua à rendre leurs demeures moins solitaires. La vie solitaire, ou d'hermite, devint insensiblement plus rare. Cependant il s'en est toujours conservé des traces, & dans presque toute la chrétienté, il existe encore des *hermitages* ou des petits bâtimens placés dans des lieux solitaires. Ils consistent ordinairement en une habitation rustique, accompagnée d'une chapelle ou oratoire avec un petit jardin.

L'art du jardinage s'est approprié l'emploi des *hermitages*, comme celui des grottes & autres objets semblables, pour introduire de la variété dans la composition des jardins, & assortir le genre & le motif des fabriques, au genre & au caractère des sites ou des scènes que présentent les diverses parties de l'ensemble.

L'*hermitage*, ainsi que la grotte, exige un site retiré. Quelquefois une grotte peut trouver naturellement place au bord de l'eau, tandis que l'*hermitage* demande à être placé dans des lieux montueux & ombragés. La grotte, dans les jardins, est une imitation des cavernes que nous offre la nature. (*Voyez* GROTTE.) L'*hermitage* est une cabane, une maisonnette simple, bâtie par la main de l'homme, ou lorsqu'il est pratiqué dans un rocher, il doit avoir un peu de la régularité qui convient à une habitation. Généralement un *hermitage* dans un jardin, pour être conforme à l'idée originale, doit être une bâtisse fort simple, composée de matériaux peu travaillés. Son intérieur doit rappeler aussi aux idées religieuses, & produire les impressions qui portent à la mélancolie. Celle de solitude doit y être dominante. Ainsi deux ou plusieurs grottes peuvent convenablement se trouver placées à côté l'une de l'autre. Mais plusieurs *hermitages* présenteroient une idée fausse ; car, bien que dans le fait plusieurs hermites soient quelquefois réunis, une réunion d'*hermitages* annonçant une société, la sensation que l'art veut produire, se trouveroit, par ce concours de fabriques, ou diminuée ou détruite.

Comme, dans les jardins, on n'a presque jamais de vraies montagnes raboteuses & agrestes où l'art puisse cacher ses *hermitages*, on ne sauroit les mieux situer que dans des recoins embarrassés d'arbustes, dans des enfoncemens ombragés, où se trouvent naturellement le caractère de solitude qu'ils exigent. Rien ne sauroit contredire davantage leur destination, que de les élever sur des pièces de gazon ouvertes, sur des emplacemens qui ont quelque chose de riant, & au milieu d'accompagnemens agréables.

Hirschfeld, de qui nous avons emprunté quelques-uns de ces légers préceptes de goût sur la forme & le caractère de l'*hermitage* des jardins, rapporte, dans sa *Théorie de l'Art des jardins*, la description d'un célèbre *hermitage* en Suisse. Nous avons cru devoir l'insérer ici.

« On voit en Suisse (dit-il), entre Berne & » Fribourg, & à une lieue de cette dernière ville, » un *hermitage* très-remarquable par son site » & son exécution. Il est habité par un soli- » taire. Le canton d'alentour est un vrai désert » mélancolique. On n'aperçoit ni village ni » chaumière ; on ne voit que forêts & rochers. » Dans le fond coule avec bruit la Save sur » un lit plein de rochers. La profonde solitude

HER & HER 515

» & l'aspect austère du lieu inspirent un sen-
» timent à la fois paisible & sombre. Le canton
» est des plus favorables à l'effet de l'*hermitage*
» auquel il doit sa célébrité. La rive droite de
» la rivière est bordée d'une rangée de rocs
» hauts de 400 pieds, pleins de crevasses &
» très-escarpés. Une partie de ces rocs se rap-
» proche de la rivière, & c'est là qu'un her-
» mite, il y a cent ans, s'est taillé un espace
» suffisant pour y placer un lit, & se mettre
» à couvert des injures du temps. Son suc-
» cesseur ne se contenta point de cette étroite
» demeure; il entreprit d'élargir sa retraite; &,
» après des travaux dont il s'occupa sans re-
» lâche avec un second, pendant vingt-cinq ans,
» il parvint à faire une église avec sa tour,
» une sacristie, un réfectoire, une cuisine, une
» grande salle, deux chambres latérales, deux
» escaliers, & en bas une cave, le tout taillé
» dans le roc. L'église a soixante-trois pieds de
» long, trente-six de large, & vingt-deux de
» haut. La sacristie, qui est du même côté,
» est longue & large de vingt-deux pieds, haute
» de quatorze. La tour de la chapelle, ou de
» l'église, a soixante-dix pieds de haut, sur
» six pieds de large; elle atteint jusqu'au sommet
» du roc. Entre l'église & le réfectoire est une
» pièce de quarante-quatre pieds de long & de
» trente-quatre de large. La longueur du réfec-
» toire est de vingt-un pieds. A côté est la
» cuisine avec sa cheminée, dont le tuyau a
» quatre-vingt-dix pieds de haut. De-là on par-
» vient à une grande salle, longue de quatre-
» vingt-dix pieds & large de vingt-deux. Elle
» est, ainsi que toutes les autres pièces, munie
» de grandes fenêtres qui donnent sur la ri-
» vière. On ne peut, sans être saisi d'horreur,
» regarder de ces fenêtres en bas. Il y a encore
» deux appartemens longs ensemble de cinquante-
» quatre pieds. A côté de la grande salle est
» un escalier dérobé. Quand on voit avec quelle
» adresse tout cet ensemble a été exécuté dans
» le roc, on ne peut qu'être frappé d'admira-
» tion à l'aspect de ce miracle de patience &
» de travail. Dans la cave se trouve une source.
» Enfin, une petite métairie offre un jardinet
» composé de plantes & orné de fleurs. »
(*Théorie de l'Art des jardins*, tom. III, pag. 111
& 112.)

HERMODORE de Salamine. Cet architecte
ajouta, par ordre de Posthumius Metellus, un portique périptère au temple de Jupiter Stator à
Rome.

On croit encore qu'*Hermodore* fit construire
le temple de Mars, dans le cirque Flaminien.
C'est peut-être de lui que Cicéron a entendu
faire mention, dans son *Livre de l'orateur*, lorsqu'il parle d'un certain *Hermodore* qui excelloit
dans la construction des ports de mer. (Tiré
des *Vies des architectes*, par Milizia.)

HERMOGÈNES (d'Alabande). Architecte grec
qui paroît avoir exercé son art dans l'Asie mineure, sa patrie, comme le témoigne le nom
de la ville de Carie, par lequel Vitruve le désigne.

Cet écrivain fait mention d'*Hermogènes* en quatre
passages. Dans le premier (liv. III, chap. 1), il
le cite simplement comme auteur du temple pseudo-diptère de Diane à Magnésie.

Dans le second passage (liv. III, chap. 2),
il rapporte qu'*Hermogènes* fut le premier qui établit la méthode & les proportions de l'octastyle &
du pseudo-diptère, en construisant dans la ville de
Théos le temple de Bacchus. L'invention du pseudo-diptère consiste dans la suppression du rang de
colonnes qui, au diptère, existe entre le rang des
colonnes extérieures des ailes & le mur de la Cella.
Par-là, dit Vitruve, *Hermogènes* trouva moyen
de diminuer la dépense & d'agrandir l'espace
couvert autour du temple, pour qu'en cas d'une
pluie imprévue, la multitude pût se mettre à couvert & dans le temple & sous la galerie environnant la Cella. Cette méthode n'ôte rien, selon
notre écrivain, à l'aspect & à la majesté extérieure
des temples, parce que l'œil ne s'aperçoit pas
de l'absence des colonnes supprimées. (*Il nous
semble que Vitruve a oublié de dire ici que le
rang de colonnes supprimé dans le milieu, se
devoit trouver engagé dans le mur de la Cella.*)
Hermogènes s'acquit beaucoup d'honneur par cette
disposition, qui devint, selon Vitruve, la source
où, dans la suite, on puisa de nouvelles méthodes.
(Telle fut, par exemple, celle du pseudo-périp-
tère.)

Dans le troisième passage (liv. IV, chap. 3),
Vitruve rapporte que quelques architectes anciens
prétendoient, qu'on ne devoit pas faire d'ordre
dorique les temples des dieux, parce que cet
ordre est sujet à quelques défauts de régularité.
(*Voyez* DORIQUE, FAISS.) De ce nombre (dit-il)
furent Tarchesius, Pytheus & *Hermogènes*. Ce dernier ayant déjà rassemblé des matériaux de marbre
pour construire à Bacchus un temple dorique,
changea d'idée & le fit d'ordre ionique.

A ce sujet Milizia, dans ses *Vies des architectes*
(*voyez* tom. I, pag. 14, édit. de Parme, 1781),
dit que ce temple de Bacchus, élevé à Théos par
Hermogènes, & d'ordre ionique, fut octastyle &
monoptère, c'est-à-dire, sans mur environnant
la Cella. *Senza muro che forma il chiuso della
cella.* Milizia conclut ce dernier fait du quatrième
passage de Vitruve.

Dans ce quatrième passage, Vitruve cite en
effet *Hermogènes* au nombre des divers architectes
grecs qui avoient laissé des écrits sur leur art.
*Hermogenes de æde Dianæ Ionicæ quæ est Magne-
siæ pseudodipteros & liberi patris Teo monopteros.*
(Vitr. liv. VII, præfat.) — Vitruve a également

Ttt 2

donné l'épithète de *Monopteros*, liv. IV, chap. 7, à une espèce de temples circulaires qui n'avoient point de mur de clôture. (*Voyez* MONOPTÈRE.) Mais ce qui prouve que Vitruve n'emploie pas dans le même sens le mot *monoptère* aux deux articles cités, c'est que ce temple de Bacchus, bâti à Théos & cité comme monoptère, est le même que celui dont le passage rapporté plus haut nous donne la notion, & qui étoit pseudo-diptère. Or, il est impossible qu'un pseudo-diptère ait été privé du mur de *la Cella*, Vitruve disant lui-même de cette sorte de temple. liv. III, chap. 2 : *Laxamentum egregiè circa cellam fecit*... (*Hermogenes.*) Donc le temple de Bacchus, bâti par *Hermogènes* à Théos, ne pouvoit pas être monoptère, dans le sens où l'entend Milizia.

On dira à l'article MONOPTÈRE quels sont les deux significations grammaticales & usuelles de ce mot. (*Voyez* MONOPTÈRE.)

HERMONTHIS. Nous avons déjà fait mention de cette ville sous le nom d'*Ermonthis*; ainsi son nom se trouve-t-il écrit dans la description de Pococke, de qui nous avons emprunté dans le temps la notion qu'on trouve à l'article dont on vient de faire mention. Le grand ouvrage de la description de l'Egypte, qui a paru depuis, nous met à même de donner des notions bien autrement détaillées sur les ruines de la haute Egypte. Nous nous bornerons cependant à renvoyer le lecteur aux planches qui ont paru sur ces ruines, & qu'aucune relation écrite n'accompagne encore.

En consultant le tom. I de cette description, on trouve à la pl. 91 une vue du temple d'*Hermonthis*, prise au sud-ouest, qui montre l'édifice tel qu'on l'aperçoit du côté du Nil. Les colonnes sont plus élancées que celles de la plupart des autres édifices de l'Egypte.

La planche 92 du même tome, représente la face du temple dans son état actuel. Les pierres accumulées sur le devant sont les restes de l'enceinte, & des colonnes qui occupoient la partie antérieure du temple.

La vue du temple, n°. 93, est prise au nord-ouest. En avant est un reste de construction qui paroît avoir appartenu à une enceinte générale. Il ne reste presqu'aucune trace de la galerie qui environnoit le temple.

La planche 94 contient le plan, la coupe & les élévations du temple. Selon le plan, dans lequel plusieurs parties sont restituées, d'après les conjectures que d'autres temples peuvent justifier, ce monument se seroit composé d'un seul *prodromos* ou cour carrée, formée par des colonnes d'une plus haute dimension que celle du *Naos* proprement dit, lequel auroit consisté en une pièce, plus longue que large, de huit à dix pieds de longueur, en y comprenant une petite division qui se trouve à l'extrémité. Il auroit été entouré de colonnes formant galerie extérieure, qui ont toutes disparu, mais dont on a trouvé des indications.

Ce temple n'auroit été qu'un assez petit édifice, comparé aux autres monumens de l'Egypte ; mais pour l'affirmer, il auroit fallu s'assurer si des ruines dont on trouve des vestiges n'ont pas appartenu à ce temple, & n'en faisoient pas un ensemble plus considérable : car les temples d'Egypte étoient souvent plus grands en plan qu'en élévation ; & comme ils se composoient de beaucoup de portiques qui se succédoient, de telle sorte que le *Naos* proprement dit, ou le sanctuaire, n'en étoit que la plus petite partie, il se pourroit que ce qu'on voit du temple d'*Hermonthis* ne soit qu'une portion de l'ancien temple.

Ce qui le feroit croire, c'est une ruine voisine qui paroît être celle d'une église ou basilique chrétienne, bâtie des débris du temple d'*Hermonthis*. Ainsi en ont jugé tous les voyageurs qui ont visité la haute Egypte.

Il subsiste encore à *Hermonthis* un grand bassin dont l'axe correspond précisément au milieu de la longueur du temple, qui n'en est éloigné qu'à la distance de vingt toises. L'eau du Nil y séjourne long-temps. On croit qu'il y avoit là une colonne nilométrique. Aux angles de ce bassin sont encore des escaliers par lesquels on descend jusqu'au fond, mais ils sont très-dégradés, & l'on n'a pu reconnoître exactement le nombre de marches dont ils se composoient.

On renvoie le lecteur, pour prendre une plus exacte connoissance des vestiges d'*Hermonthis*, à la planche 97 de la description de l'Egypte, d'où nous avons extrait ces détails. Il y trouvera un plan géographique où sont indiqués ces restes, & les rapports dans lesquels les monumens étoient entr'eux.

HERMOPOLIS (*Magna*). Ville de l'antique Egypte, dont on trouve encore des ruines assez considérables sur les terrains occupés aujourd'hui par la ville qu'on appelle *Achmouneyn*, ainsi que le prouve M. Jomard dans l'ouvrage de la description de l'Egypte.

« Les divers débris (dit ce voyageur) qu'on
» trouve en cet endroit, annoncent la richesse de
» l'ancienne *Hermopolis*, & l'étendue actuelle des
» ruines confirme cette idée. Le tour est de trois
» mille deux cent trente toises. Les constructions
» particulières ont disparu, comme partout ; ce-
» pendant en beaucoup d'endroits on trouve des
» murs en briques crues qui paroissent avoir ap-
» partenu à la haute antiquité. Il ne faut pas
» les confondre avec d'autres constructions qui
» sont faites en briques crues de petite dimen-
» sion, & qui sont l'ouvrage des Egyptiens mo-
» dernes : les premières se reconnoissent à la
» grandeur des briques qui les composent.

» Le portique d'*Hermopolis*, seul reste considé-
» rable de cette grande ville, a appartenu à l'un de

» plus magnifiques temples de l'antique Egypte.
» Les dimensions des colonnes ne le cèdent qu'à
» celles des colonnes qu'on trouve dans les grands
» palais de Thèbes, & le diamètre excède celui
» des colonnes de Tentyris de plus d'un quart.
» La longueur du portique devoit excéder à peu
» près dans le même rapport, celle du frontispice
» de cette dernière ville.

» Le portique est dans l'axe des ruines, à six
» cent cinquante mètres environ de leur extré-
» mité septentrionale. Il est peu encombré :
» douze colonnes sont encore debout, couron-
» nées de leurs architraves & de leurs plafonds ;
» mais il a beaucoup souffert ; il a même perdu
» une ou deux rangées de colonnes entières, car
» tout annonce qu'il étoit composé de dix-huit
» ou vingt-quatre colonnes. La pierre dont il
» a été bâti est calcaire, & l'espèce en est numis-
» male.

» Les architraves & les plafonds sont encore
» aujourd'hui en place, comme on vient de le
» dire. Un quart de la corniche, au milieu de la
» façade, est également conservé ; le reste n'existe
» plus. Les antes ont disparu en entier. Les cha-
» piteaux sont mieux conservés que les colonnes :
» de vives couleurs y brillent encore d'un grand
» éclat.

» Le temple est exactement orienté selon le
» nord de la boussole, c'est-à-dire, que la façade
» est tournée vers le sud magnétique. Cette di-
» rection n'est point d'accord avec celle du levant,
» qu'on croyoit avoir toujours été d'usage en
» Egypte ; mais l'axe du temple est parallèle au
» cours du Nil. La ville d'*Hermopolis* avoit la
» même direction que l'édifice, & les axes de
» l'une & de l'autre se confondent presqu'en un
» seul.

» La hauteur totale du portique, au-dessus de
» la base des colonnes, est de seize mètres deux
» tiers, à fort peu près ; la base avoit environ sept
» décimètres de haut ; la colonne, compris le dé
» & sans la base, a 13 m. 16 de haut. La circon-
» férence du fût de la colonne, mesurée à la
» hauteur des premiers anneaux, ou bandes
» circulaires qui lient les côtes entr'elles, autre-
» ment dit de la quatrième assise, est de 8 m. 8 ;
» d'où l'on conclut le diamètre de 2 m. 8,
» près de neuf pieds. Tout en bas du fût, la
» circonférence est de 8 m. 7.

» Le chapiteau a 3 m. 94 de haut avec le dé.

» L'entre-colonement du milieu est plus grand
» que les autres. La largeur est de 5 m. 20
» entre le nu des fûts. L'entre-colonnement ordi-
» naire est de quatre mètres ; parallèlement à
» l'axe il n'est que de 3 m. 66.

» Le portique d'*Hermopolis* est un exemple de
» la solidité de la construction égyptienne. Aucun
» édifice peut-être n'avoit été bâti plus solide-
» ment. Ses proportions sont massives, & la hau-

teur de la colonne n'a que cinq diamètres, tan-
» dis que dans d'autres monumens elle en a six.
» En revanche l'entablement a des proportions
» moins élevées qu'ailleurs ; elles paroissent même
» un peu basses pour la hauteur des colonnes.

» Les assises dont les colonnes sont formées,
» sont égales & régulièrement hautes de 0 m. 56.
» La partie inférieure du fût a trois assises ; la
» partie moyenne & la partie supérieure en ont
» chacune quatre ; les liens inférieurs une &
» demie, les deux autres liens chacun deux ; le
» chapiteau en a six, enfin le dé une ; & si la base
» en avoit une & demie exactement, comme je le
» pense, le tout faisoit vingt-cinq assises de hau-
» teur.

» Les pierres de l'architrave sont d'une gran-
» deur énorme : il n'y en a que cinq dans toute
» la longueur de la façade. La plus grande, qui
» est au milieu, est longue de 8 mètres (près de 25
» pieds) ; les autres sont de 6 m. 8. Ce qui reste
» de la corniche est une grande pierre un peu
» entamée du côté gauche, & dont la longueur est
» de 10 m. 8 (environ 33 pieds).

» Il n'est guère possible d'asseoir un jugement
» sur la disposition que devoit avoir ce grand édi-
» fice. Il est certain que le premier portique étoit
» composé de dix-huit colonnes, peut-être même
» de vingt-quatre, comme à Tentyris ; & l'on
» peut supposer avec vraisemblance qu'il étoit
» suivi d'un second péristyle, de plusieurs salles,
» du sanctuaire & de l'enceinte.

» On remarque dans l'architecture de ce temple
» quelques particularités qui sans doute le fai-
» soient distinguer. Tous ces temples égyptiens
» ont dans leur corniche, au-dessus de l'entrée,
» un vaste globe ailé, qui s'étend d'une des co-
» lonnes du milieu à l'autre. Ici il n'y a point de
» globe ailé ; la corniche dans toute sa longueur
» est uniformément décorée de légendes hiéro-
» glyphiques, appuyées sur des vases, couronnées
» de feuilles & très-serrées l'une contre l'autre.
» C'est l'unique exemple d'un édifice ég, ptien
» dont la façade ne soit pas décorée du disque
» ailé. Les colonnes n'ont d'hiéroglyphes que sur
» le dé & sur les fuseaux intermédiaires.

» Les colonnes d'*Hermopolis* sont décorées
» de fuseaux ou cannelures, comme beaucoup
» d'autres en Egypte, & le chapiteau est en
» forme de bouton de lotus tronqué. Les fuseaux
» sont liés par trois anneaux de cinq bandes
» chacun. En bas & au milieu ils sont au nombre
» de huit ; au-dessus il y a trente-deux fuseaux.
» Le chapiteau est également à côtes, & le nom-
» bre en est aussi de huit. Le bas du fût est ar-
» rondi & un peu plus étroit que le diamètre du
» premier tiers : c'est l'imitation de la tige du
» lotus à sa partie inférieure.

» Ce qui étonne le plus après les proportions
» gigantesques des colonnes, c'est la conserva-
» tion des couleurs dont le temple étoit revêtu.

« Les chapiteaux sont colorés en jaune, en bleu
» & en rouge: dans la corniche les feuilles qui
» couronnent les légendes sont peintes d'un bleu
» très-vif. Les plafonds ne sont pas colorés, ou
» du moins les couleurs n'en sont plus visibles. »

HÉRONTIÈRE, s. f. C'est, dans un parc, un lieu séparé, auprès de quelqu'étang ou vivier, dans lequel on élève des hérons.

HERSE, s. f, est une espèce de porte, faite de grosses pièces de bois pointues & serrées par leur extrémité inférieure, assemblées avec des traverses, qui est suspendue au-dessus du passage d'une porte de ville de guerre, par le moyen de cordages sur un treuil, & qu'on descend pour servir de barrière, lorsqu'on a été surpris par l'ennemi, ou lorsque la porte a été rompue par le canon.

HEURT, s. m. On appelle ainsi l'endroit le plus élevé d'une rue, d'une chaussée, &c., ou le sommet d'un pont, après lequel point on donne, soit à droite, soit à gauche, la pente nécessaire pour l'écoulement des eaux, lorsqu'on ne peut pas les faire aller du même côté.

HEURT DE CONDUITE, l'endroit d'un tuyau de fontaine qui s'élève plus haut que le niveau de sa pente de conduite; ce qui est causé par quelque sujétion, comme seroit celle d'un rocher ou d'une voûte par-dessus lesquels on est obligé de faire passer le tuyau.

HEURTÉ, adj., se dit, dans l'art de dessiner l'architecture, d'un dessin fait au premier coup de crayon ou de pinceau, qui n'est que touché avec des coups libres & hardis. Si l'on ne trouve pas dans ces dessins le fini & le précieux qui plaisent à l'œil, le connoisseur les estime en tant qu'ils représentent plus fidèlement la première pensée de l'artiste, & qu'ils sont l'ouvrage d'un sentiment rapide & d'une main sûre.

HEURTOIR, s. m., est le nom général qu'on donne à une pièce de serrurerie ou de bronze, qu'on attache surtout à l'extérieur des portes des maisons, & qui sert à heurter, pour avertir dans l'intérieur que quelqu'un demande à entrer. On lui donne aussi le nom de *marteau* (qui est devenu même plus usité), parce que le *heurtoir* produit sur la porte l'effet & le bruit d'un marteau frappant sur une enclume ou sur toute autre espèce de corps.

On donne aux *heurtoirs* des dimensions & des configurations différentes, selon l'étendue des portes & la distance d'où il faut se faire entendre, & selon la beauté ou les ornements des battans au milieu desquels ils figurent.

Le *heurtoir* n'est quelquefois qu'un morceau de métal en forme de console renversée, & frappant sur un bouton de fer vissé dans la porte. Souvent on lui donne la forme d'un anneau: quelquefois cet anneau est fait en manière de serpent reployé en rond; d'autres fois il prend la figure d'une corde avec un nœud. On en fait qui représentent ou une tête de lion dont la gueule mord un anneau mobile, ou une tête de Méduse dont la langue sert de marteau. Enfin cet objet est, comme beaucoup d'autres, susceptible de prendre toutes sortes de variétés sous le crayon de l'artiste, & avec le secours de l'allégorie & de la sculpture.

Toutefois, comme le *heurtoir* est destiné à rester en dehors des maisons, & qu'il pourroit tenter les voleurs de nuit, si la matière ou son travail offroient trop de valeur, l'usage & la convenance semblent s'être réunis pour lui donner la forme d'un anneau. Cette forme présente tout ce que le besoin peut exiger. Elle est d'un maniement commode pour frapper & pour tirer; car le *heurtoir* sert aussi à tirer après soi la porte, pour la fermer quand on sort.

HEXASTYLE. (*Voyez* EXASTYLE.)

HIÉROGLYPHES, s. m. Mot composé d'*hieros*, sacré, & *gluphô*, gravure: il veut dire caractères sacrés. Ce mot seul indique assez que l'emploi qu'en firent les Égyptiens sur toutes les parties de leurs édifices, dut exclure le plus souvent l'idée d'ornement que l'on se plaît encore à leur attribuer, depuis que ces figures, devenues inintelligibles pour l'esprit, n'ont plus conservé que pour les yeux, le genre de valeur qu'aujourd'hui l'on demande aux figures dont les bâtiments sont ornés.

L'usage de placer & de graver les signes sacrés sur les édifices publics, avoit fait en Egypte de l'art de sculpter, un mode d'écriture dont les caractères, ainsi que les formes, ne pouvoient pas être laissés au libre arbitre de l'écrivain. Si l'artiste eût eu le droit d'en modifier à son gré les contours, il eût eu le pouvoir de les rendre inintelligibles. Ces caractères eussent cessé d'être lisibles dès qu'ils eussent commencé à devenir imitatifs.

On est assez d'accord qu'il faut, dans ce qu'on appelle *hiéroglyphes*, distinguer trois espèces de signes, ceux qui font voir les choses par la figure entière de ces choses, ceux qui indiquent l'idée de la chose par des portions de figures, & ceux qui représentent les mots ou les sons qui les forment, par des signes abrégés & conventionnels, semblables aux lettres alphabétiques, & qui étoient une écriture cursive.

Ces deux dernières espèces d'*hiéroglyphes* ne peuvent donc être considérées que comme de véritables inscriptions. Il y auroit quelqu'abus à exiger de tels signes, une valeur ou une propriété décorative dont ils ne sont pas susceptibles, & qu'ils n'eurent pas en Égypte.

Mais il ne paroît pas qu'on doive juger de même les *hiéroglyphes* de la première classe, ceux surtout qui, employés dans de grandes dimensions, se composent de figures entières.

Sans doute si l'on prétendoit comparer ces assemblages de figures à ceux des bas-reliefs modernes, dans lesquels la sculpture a quelquefois ambitionné de rivaliser pour la composition avec la peinture, on ne sauroit les comprendre dans aucune des classes du bas-relief, selon le système moderne ; car on doit dire que souvent leur aspect & leur disposition ne présentent que l'équivalent d'une inscription. Mais on en peut dire autant d'un grand nombre de bas-reliefs, surtout des primitives écoles de la Grèce. Il faut, ce semble, pour être juste, accorder que les Egyptiens ont employé de même la sculpture en bas-reliefs, c'est-à-dire, sous le rapport d'ornement & de sujets historiques.

Les voyageurs nous ont fait connoître, dans leurs dessins de murailles de temple, des rangées horizontales de grandes figures tout entières, & qui semblent disposées dans une intention semblable, quoiqu'elles aient peu de rapports d'action entr'elles. Quelquefois on est forcé d'y reconnoître des marches, des combats, des processions, des cérémonies, & l'on y trouve des sujets dont le sens ou le motif n'a besoin, pour être compris, que de la vue même de ces signes. Or, de telles rangées de figures auront été, dans l'intention de ceux qui les exécutèrent, de véritables sujets historiques, & quel que soit du reste le degré de vérité imitative qu'on y reconnoisse, il faut dire qu'une semblable sculpture fit partie de la décoration, & étoit en soi-même une décoration dans les édifices.

Presque toutes les figures *hiéroglyphiques*, de quelque nature qu'elles soient, ont été sculptées en renfoncement. Celles qui ne sont que de simples signes ne présentent qu'un creux, & leur forme ne consiste que dans leur contour. Les autres sont des reliefs plus ou moins saillans, arrondis & configurés dans l'intérieur du contour. Pour les rendre tels que les bas-reliefs ainsi nommés, il suffiroit d'enlever l'épaisseur de la pierre qui les environne, & au milieu de laquelle ils sont taillés.

On conservoit cette pierre environnante, soit pour éviter le travail qu'eût exigé l'enlèvement de la matière, soit pour la plus grande conservation des figures, soit pour ne pas altérer la forme générale de l'architecture & des différens objets sur lesquels on les sculptoit.

On a dit que presque toutes les figures, ou de beaucoup le plus grand nombre, étoient ainsi taillées. C'est dire qu'il y en avoit aussi à relief découvert, & l'on en trouve des exemples dans les ruines de l'Egypte. On voyoit autrefois à *Villa Medici*, à Rome, un autel circulaire de granit, transporté depuis à Florence, autour duquel sont sculptées à saillie découverte, des figures du style le plus égyptien.

C'est sur les murs des grands temples de l'Egypte qu'on voit sculptés de ces *hiéroglyphes* en figures colossales, qui représentent assez l'idée de ce qu'on entend par *bas-reliefs*, comme ornemens de l'architecture. Mais généralement, & presque partout, l'*hiéroglyphe* est employé dans les monumens comme écriture, & dès-lors on est obligé d'avouer qu'il ne régna ni goût ni discrétion dans l'emploi qu'on faisoit des diverses sortes de signes, qui entroient dans la composition ou la rédaction de cette manière d'écrire. Les figures se trouvent disposées sur tous les monumens sans mesure, sans variété, sans art ; elles y sont ordinairement alignées de la façon la plus monotone. Placées dans des positions presque toujours les mêmes, elles sont distribuées par rangées égales & symétriques, les unes au-dessous des autres.

Il paroît certain, & les derniers voyageurs en ont eu la preuve, que les *hiéroglyphes* ne se tailloient sur l'édifice qu'après qu'il étoit entièrement construit. On peut, selon la méthode de sculpture propre à l'architecture grecque, sculpter partiellement des ornemens, ou du moins les ébaucher sur le chantier, parce que ces ornemens tiennent à un ensemble de décoration arrêté d'avance, & à un système d'imitation qui a ses règles. Mais les *hiéroglyphes*, sous quelque point de vue plus ou moins littéral ou imitatif qu'on les considère, ne faisoient ni ne pouvoient faire partie d'une décoration générale conçue par l'architecte. Comment auroit-il pu savoir ce qu'on devoit écrire sur un monument, & comment des caractères assujettis à un tout autre ordre d'idées, que celui de l'art & du goût, auroient-ils pu être combinés d'avance & soumis à une exécution partielle ? Il dut arriver de-là que ce genre de signes se multiplia dans les édifices avec une prodigalité incroyable. Plus d'un temple en est couvert dans toutes ses parties, sans en excepter la moindre superficie, pas même les contours des chapiteaux & les sommiers des plafonds. Les *hiéroglyphes* des temples étoient peints & enduits de diverses couleurs couchées à plat, & le plus grand nombre a conservé jusqu'à nos jours ses couleurs sans la moindre altération.

HIPPIAS. Architecte qui fut contemporain de Lucien, dont nous allons extraire le peu de notions qu'il nous a transmises sur le mérite de cet artiste.

On peut voir déjà à l'article BAIN (*voyez* ce mot), la description d'un bain construit par *Hippias*.

« Il est juste, dit Lucien, après avoir fait men-
» tion des plus célèbres mécaniciens, de parler
» aussi d'*Hippias* notre contemporain, qui égala
» dans l'art de parler, tous ceux qui vécurent
» avant lui. Il joignoit à la conception la plus

» vive, une élocution brillante ; mais il s'est
» encore plus distingué par ses ouvrages que par
» ses discours. Tout ce que l'on pouvoit attendre
» de son art, il l'a exécuté, non en s'exerçant
» sur des objets où ses prédécesseurs avoient déjà
» réussi, mais...... Il suffit à un artiste, pour se
» faire un nom, de réussir dans une seule partie.
» Mais *Hippias* a brillé dans toutes. Habile tout
» à la fois dans la mécanique, dans la géométrie,
» dans l'harmonie, dans la musique, il a excellé
» dans toutes les sciences, comme s'il n'en avoit
» jamais pratiqué qu'une seule. Je n'aurois jamais
» fini si je voulois parler de ses connoissances en
» catoptrique, en dioptrique & en astronomie,
» où il a laissé bien loin derrière lui, tous ceux
» qui l'ont précédé.

» Je veux à présent vous faire la description
» d'un de ses chefs-d'œuvre que j'ai vu derniè-
» rement, & qui m'a frappé d'admiration. L'objet
» du monument est assez commun. C'est un bain,
» & l'on en bâtit aujourd'hui assez fréquem-
» ment ; mais l'intelligence qui a présidé à un
» ouvrage aussi vulgaire, est précisément ce qui
» m'a paru digne d'être admiré. Le terrain étoit
» inégal, & présentoit une pente roide & escar-
» pée. *Hippias* a su élever la partie la plus basse
» & l'égaler à l'autre, en établissant sous toute la
» masse, un soubassement dont il assura la solidité
» par des fondemens profonds, & par des contre-
» forts qui environnent de toutes parts & le
» rendent inébranlable. L'édifice qui s'élève sur
» ce soubassement répond par sa grandeur à
» l'étendue de sa base, & à l'objet auquel il est
» destiné, par la justesse de ses proportions &
» l'intelligence des percés & des jours. (*Voyez*
» le reste de la description au mot BAIN.)

» N'imaginez pas (ajoute Lucien) que ce soit
» un monument ordinaire que celui dont j'entre-
» prends de relever le mérite dans ce discours.
» Trouver dans un sujet commun le moyen de
» faire briller des beautés non communes, ce
» n'est pas, à mon avis, l'effort d'un médiocre
» talent. Tel est le mérite de l'édifice élevé par
» l'admirable *Hippias*, qu'il réunit toutes les
» perfections dont un bain est susceptible, l'uti-
» lité, l'agrément, la clarté, la proportion. Ac-
» commodé à la nature du terrain, il offre toutes
» les jouissances, sans aucun inconvénient.... On
» y voit deux horloges dont l'une marque les
» heures au moyen de l'eau & par un mugis-
» sement. (*Voyez* HORLOGE.) L'autre est un ca-
» dran solaire.

» Qui pourroit voir cet édifice sans lui payer le
» tribut d'éloges qu'il mérite, seroit, à mon avis,
» non-seulement insensible, mais un ingrat &
» un esprit jaloux. Pour moi j'ai voulu, par ce
» discours, témoigner autant qu'il m'étoit possible
» mon admiration pour ce chef-d'œuvre, & ma
» reconnoissance pour l'artiste qui l'a exécuté. »
(*Luciani Hippias seu Balneum.*)

HIPPODAMUS (de Milet), architecte qui vécut au temps de Périclès.

Pendant la guerre du Péloponèse il construisit le port d'Athènes ; mais Rhodes fut le principal théâtre de son talent, & il passe pour avoir le plus contribué à l'embellissement de cette ville, disposée en forme d'amphithéâtre, percée de belles rues, ornée de grandes places où l'on trouvoit des temples à tous les dieux, mais surtout au Soleil, divinité tutélaire de cette cité, & dont l'image avoit été consacrée sous la forme du célèbre colosse de Rhodes.

HIPPODROME, s. m. Mot composé de deux mots grecs, ἵππος, cheval, & δρόμος, course.

C'étoit un lieu destiné chez les Grecs, & ensuite chez les Romains, qui empruntèrent des Grecs & la chose & le mot, soit aux courses de chevaux, soit aux courses de chars.

Parmi les *hippodromes* de la Grèce, on doit citer comme le plus célèbre celui d'Olympie, dont Pausanias nous a laissé la description. Il avoit, selon l'opinion générale, quatre stades de longueur & un stade de large. Le terrain de l'*hippodrome* étoit précédé d'une enceinte, dans laquelle les combattans se rassembloient d'avance avec leurs chars & leurs chevaux.

Voici la traduction du passage de Pausanias sur cet objet, par l'abbé Gedoyn :

« Le stade est précédé d'une place où se rendent
» les athlètes, & que l'on nomme *La barrière*. On
» y voit un tombeau que les Eléens disent être
» celui d'Endymion.

» Au-delà de cette partie du stade, où se
» mettent les directeurs des jeux, il y a un lieu
» destiné pour la course des chevaux. Ce lieu est
» précédé d'une place que l'on nomme aussi *la
» barrière*, & qui, par sa forme, ressemble à
» une proue de navire dont l'éperon seroit
» tourné vers la lice. A l'endroit où cette bar-
» rière joint le portique d'Agaptus, elle s'élargit
» d'un & d'autre côté. L'éperon & le bec de la
» proue sont surmontés d'un dauphin de bronze.
» Les deux côtés de la barrière ont plus de
» 400 pieds de long, & sur cette longueur on
» a pratiqué des loges à droite & à gauche,
» tant pour les chevaux de selle que pour
» les chevaux d'attelage. Ces loges se tirent au
» sort entre les combattans. Devant les chevaux
» & les chars règne d'un bout à l'autre un cable
» qui sert de barre, & qui les contient dans
» leurs loges. Vers le milieu de la proue est
» un autel de briques crues, que l'on a soin
» de blanchir à chaque olympiade. Sur cet autel
» est un aigle de bronze qui a les ailes éployées,
» & qui, par le moyen d'un ressort, s'élève & se
» fait voir à tous les spectateurs, en même temps
» que le dauphin qui est à l'éperon s'abaisse &
» descend jusque sous terre. A ce signal on lâche
» le cable du côté du portique, & aussitôt les che-
» vaux

» vaux s'avancent vers l'autre côté, où l'on en fait
» autant. La même chose se pratique de tous les
» côtés de la barrière, jusqu'à ce que les com-
» battans se soient assemblés auprès de l'éperon,
» où l'on a soin de les appareiller. Incontinent ils
» entrent dans la lice : alors c'est l'adresse des
» écuyers & la vitesse des chevaux qui décident
» de la victoire. Clæotas est celui qui a imaginé
» cette barrière : on dit qu'Aristide l'a perfec-
» tionnée après lui.

A Constantinople il y avoit deux *hippodromes*. L'un, surnommé *du palais*, parce qu'il étoit situé entre le palais d'Eleutherius & celui d'Amastrianus, avoit été construit par Théodose-le-Grand : il servoit particulièrement aux courses que l'Empereur faisoit faire lui-même, & il fut détruit par Irène.

L'autre fut commencé par Septime-Sévère & achevé par Constantin-le-Grand. On voit le dessin de ses ruines, *Antiq. expl.*, tom. VI, pl. 160. Ce dessin, dit Montfaucon, fut fait dans un temps où il étoit moins ruiné. Il ne différoit pas beaucoup des cirques romains : il étoit beaucoup plus long que large, se terminoit en demi-cercle à un des bouts, & presqu'en ligne droite à l'autre. C'étoit à ce dernier bout qu'étoient les *carceres* : leurs portes furent probablement au nombre de douze, comme aux cirques romains. Il n'en restoit plus que sept lorsqu'on fit ce dessin. Au milieu régnoit la *spina*, ornée d'un obélisque environné de petites pyramides : près de la dernière de celles-ci est une colonne ; de l'autre côté de l'obélisque, une colonne, puis une pyramide, puis une colonne surmontée d'une statue, ensuite deux autels, & après deux colonnes. C'est du dessus des *carceres* de cet *hippodrome* que furent enlevés les chevaux de bronze antique qui ornent le portail de Saint-Marc à Venise. (*Voyez* CIRQUE.)

HOPITAL, s. m. Bâtiment destiné au traitement des malades pauvres, à la guérison des aliénés & de diverses sortes d'infirmités, au nombre desquelles il faut aussi compter la vieillesse. Il y a des *hôpitaux* pour les enfans trouvés, pour les femmes en couche, pour certains genres de maladies. On donne aussi à ces établissemens le nom d'*hospice* (*voyez* ce mot) ; & puisqu'on a deux termes en ce genre, que l'on applique à la vérité sans beaucoup de distinction à ces édifices, nous croyons qu'il seroit assez convenable de donner le nom d'*hôpital* aux endroits où l'on traite les malades, & le nom d'*hospice* à ceux où la charité, soit publique, soit particulière, ménage des retraites & dispense des secours à plus d'un genre de personnes, que l'indigence ou des infirmités privent des nécessités ou des commodités de la vie.

Du reste, *hôpital* & *hospice* dérivent de la même racine : *hospitium*.

Quoiqu'*hospitalité* (*hospitalitas*) soit l'étymologie des noms donnés, chez les Modernes, aux établissemens dont on parle, il paroit que les Anciens ne connurent guère que ceux auxquels nous proposons d'assigner le nom d'*hospice*, & encore, en en restreignant l'usage aux emplois de l'hospitalité proprement dite, c'est-à-dire, de la réception & du soin des étrangers. (*Voyez* HOSPICE.) Les antiquaires conviennent assez que les Grecs ignorèrent jusqu'au nom qui correspondroit à ce que nous appelons *hôpital des malades*, & ils affirment que le mot Νοσοκομεῖον, *nosocomium*, ne se trouve chez aucun ancien auteur grec, & que S. Jérôme & Isidore sont les premiers où on le voie employé.

Il paroit facile d'expliquer comment & pourquoi les *hôpitaux* auront dû prendre naissance avec le christianisme, dont l'esprit fut d'inspirer moins de mépris pour la pauvreté, & qui, ayant fait la première vertu de la charité, dut porter les hommes à voir dans les souffrances de leurs semblables, autre chose encore que des maux à soulager ; mais la raison la plus apparente du besoin d'*hôpitaux*, dans le régime des temps & des peuples qui succédèrent à ceux du paganisme, c'est la destruction de l'esclavage. Dans les mœurs des peuples où la servitude étoit établie, la société se composoit de deux classes d'hommes, dont l'une étoit véritablement la propriété de l'autre. Ainsi les esclaves, formant la classe laborieuse, étoient en tout point à la charge de leurs maîtres. Cette classe, devenue libre, a eu besoin, dans ses détresses & ses infirmités, des secours publics : de-là les *hôpitaux* & les *hospices*.

Il seroit peut-être trop absolu de prétendre qu'il n'y eut rien, chez les Grecs & les Romains, qui ait ressemblé à un *hôpital* pour les malades. L'on pourroit avec assez de vraisemblance donner ce nom à l'édifice que l'empereur Antonin avoit fait bâtir près du temple d'Esculape à Epidaure (*Paus.* liv. II, chap. 27), pour y recevoir des malades & des femmes en couche. En effet, selon l'observation de Pausanias, les gardiens du temple voyoient avec peine que les femmes n'avoient aucun abri pour faire leurs couches, & que les malades mouroient en plein air. Le bâtiment élevé par Antonin eut donc pour objet de recueillir les femmes en couche & les moribonds. Le temple d'Esculape, dans l'île du Tibre, ou du moins les bâtimens qui y appartenoient, formoient avec assez de probabilité une espèce d'*hôpital*. Du moins une ordonnance de l'empereur Claude, qui vouloit que les esclaves devenus malades, & abandonnés par leurs maîtres dans l'île d'Esculape, fussent déclarés libres après leur guérison, paroit indiquer qu'il y avoit dans cette île un bâtiment qui leur étoit destiné.

Mais nous voyons les *hôpitaux* déjà très-multipliés à Constantinople, & les historiens byzantins les désignent déjà sous des noms, qui pourroient convenir à presque tous les genres d'établissemens

Diction. d'Archit. Tome II. Vvv

de charité publique, qu'offrent les nations modernes.

L'*hôpital* sous le nom d'*Hôtel-Dieu* (*voyez* ce mot) fit presque toujours partie des premières fondations religieuses qui devinrent le noyau des plus grandes villes, & il fut d'ordinaire bâti à côté de la cathédrale.

Les villes, en s'agrandissant & en se peuplant de plus en plus, ont appelé l'attention des gouvernemens sur l'emplacement, la disposition intérieure & extérieure des *hôpitaux*. Ces établissemens sont devenus de grands & remarquables édifices dans la plupart des villes, surtout en Italie.

Il seroit difficile & peut-être superflu de donner à l'architecte des préceptes sur cet objet, les exemples suffisent; mais ceux-ci sont tellement nombreux, qu'on seroit également embarrassé du choix.

M. Durand, dans la vingt-neuvième & la trentième planche de son *Parallèle des édifices de tout genre*, a offert un rapprochement intéressant des plans de divers *hôpitaux*, tels que ceux de Milan, de Gênes, de Plymouth, de Saint-Louis à Paris, de Langres, de celui qui a été commencé à la Roquette en 1788, des incurables de Paris, de Palerme, &c.

Entre les célèbres édifices de ce genre dont on vient de citer les noms, on doit remarquer celui de Milan. Son architecture demi-gothique offre des détails curieux d'ornemens exécutés en terre cuite. Le monument, bâti à diverses époques, n'a pas été entièrement achevé; mais il faut y remarquer la grande cour, environnée de portiques à deux étages qui forment un double rang de galeries en arcades l'une au-dessus de l'autre, & une des salles disposées en croix, qui présente le plus bel aspect, & la distribution la plus commode pour la promptitude & la facilité du service des officiers de santé.

Cette même disposition a été suivie dans plusieurs autres *hôpitaux*, à Gênes & à Paris.

A Gênes, l'*hôpital* qu'on appelle l'*Albergo de Poveri* est un des plus considérables bâtimens de cette ville, qui, comme l'on sait, l'emporte pour la grandeur des édifices sur la plupart des plus grandes villes. La façade du monument n'offre toutefois rien de très-remarquable à l'architecte. Le style en est un peu lourd & monotone. Elle se compose de cinq étages, dont chacun est partagé en plusieurs vastes salles. Une inscription apprend à quels travaux dispendieux il fallut se livrer, pour fonder l'édifice dans un site inégal & traversé par des torrens.

Le plan de l'*hôpital* Saint-Louis à Paris est remarquable par sa simplicité, & par l'attention qu'on a apportée, à ce qu'une grande masse d'air environne des bâtimens destinés à la guérison de maladies contagieuses.

Il y a une trentaine d'années que les plus savans médecins furent engagés à rédiger un programme sur la meilleure manière de disposer les bâtimens d'un *hôpital*, en alliant la plus grande salubrité à la plus grande facilité du service. Le plan de l'*hôpital* de la Roquette fut arrêté sur les desseins de M. Poyet, architecte, & en 1788 on en commença l'exécution. La disposition de ce plan fait voir que l'entier isolement de chaque salle étoit une des conditions prescrites, ainsi qu'une facile communication par des galeries couvertes dans tout le pourtour de l'édifice, & assez vastes, pour que la circulation de l'air ne soit interceptée dans aucune partie, & pour procurer aux convalescens une promenade à couvert, & à différentes expositions.

L'*hôpital* de Plymouth, bâti en 1756, présente les mêmes avantages sous une autre forme & dans un plan moins vaste. Sa disposition est très-convenable pour une ville de moyenne grandeur.

Au nombre & en tête des plus beaux monumens de ce genre, mais qui appartiennent plutôt (d'après la distinction déjà faite) à la classe des hospices qu'à celle des *hôpitaux*, il faudroit placer celui des invalides de terre à Paris, & celui des invalides de mer à Greenwich. On donne aussi à ces établissemens le nom d'*hôtel*, qui est formé de la même étymologie. (*Voyez* HÔTEL ROYAL, &c.)

HORLOGE, s. f. C'est, à proprement parler, une machine qui sert à diviser le temps & à en indiquer les divisions.

L'art de faire les *horloges* n'est point du ressort de ce Dictionnaire. Ainsi, cet article ne traitera des *horloges* que sous leurs rapports avec l'architecture ou la décoration, tant chez les Anciens que chez les Modernes. On y joindra quelques notions sur l'origine & les développemens de cette invention.

Nous avons parlé, à l'article CADRAN, des moyens dont les plus anciens peuples usèrent pour connoître, à l'aide d'un style, & par l'ombre que produit le soleil, les différentes divisions du jour, appelées *heures*. Mais ces moyens ne pouvoient avoir d'efficacité que pendant le jour.

A mesure que l'usage des cadrans se répandoit dans les pays dont le ciel est moins pur, & que les progrès du commerce ou de la civilisation rendoient d'un usage plus général la connoissance habituelle de la division du temps, on sentit davantage ce que l'invention des cadrans solaires avoit d'incomplet.

Platon s'étoit déjà procuré une mesure du temps pour la nuit, par une disposition ingénieuse de clepsydres. Peu à peu on chercha & l'on trouva dans les machines hydrauliques, une application plus commode & plus étendue à l'art des cadrans.

Athénée, mécanicien célèbre qui vivoit au temps d'Archimède, plus de deux siècles avant notre ère, avoit, selon ce qu'on peut conclure d'une épigramme grecque d'Antiphile, dressé un cadran public où un mécanisme particulier suppléoit, dans la division du temps, à l'indication du soleil, & dans lequel les heures, tant celles du jour que celles de la nuit, étoient annoncées par l'effet d'un retentissement. Mais il paroit qu'avant lui, déjà la mécanique avoit trouvé le moyen de suppléer le soleil dans les *horloges* publiques.

Tel fut l'effet du monument d'Andronic à Athènes, dit vulgairement *la Tour des vents*. Varron donne à cet édifice le nom d'*horloge*.

L'édifice octogone dont il s'agit, avoit pour amortissement (*voyez* les articles ATHÈNES, ANDRONIC) une figure de bronze mobile qui, servant de girouette indiquoit les vents. Il servoit aussi de cadran solaire. Mais Stuart y a découvert une troisième sorte d'emploi, qui lui a été indiqué par des canaux creusés sous le pavé de marbre de la salle octogone dans l'intérieur du monument, & par l'addition d'une autre tour circulaire plus petite, appliquée du côté du sud au mur de la tour octogone, & communiquant avec cette dernière par une petite ouverture. Ce voyageur a proposé, pour expliquer ces détails, une conjecture qu'il semble difficile de ne pas adopter. Ces canaux souterrains devoient, selon lui, renfermer un mécanisme hydraulique, à l'aide duquel, un bruit ou un son quelconque résultant ou de l'action d'un courant d'air, ou de la chute de quelque corps sonore, auroit annoncé les heures, qu'on ne pouvoit point d'ailleurs voir marquées à l'extérieur de l'édifice : car son ensemble ne laisse aucune place pour un cadran à mécanique.

Une invention à peu près semblable eut lieu à Rome dans un temple, environ l'an 160 avant Jésus-Christ.

Peu après, Ctésibius d'Alexandrie perfectionna ces inventions hydrauliques, & les fit servir à tourner une aiguille qui indiquoit les divisions du jour. L'agrément bientôt y fut réuni à l'utile : des airs de musique annoncèrent les heures ; des automates furent mis en mouvement par des ressorts mécaniques, & tinrent lieu de l'officier ou de l'esclave qui, dans les places publiques & dans les palais des grands, crioient les heures ou les annonçoient par le son de la trompette.

Depuis ce temps, des *horloges* à mécanique furent placées dans les endroits les plus fréquentés des villes. Il y en eut dans les temples, dans les théâtres, dans les thermes. Lucien décrit celle que l'architecte Hippias avoit construite pour un bain. L'étoile du matin, en tournant dans l'intérieur de la coupole d'une salle circulaire des jardins de Varron, montroit les heures du jour, & l'étoile du soir, les heures de la nuit. On ajouta des timbres aux *horloges*.

Il paroit même que, si les Anciens ne firent pas de montres portatives, ils avoient fait des *horloges* qui, pour les intérieurs, auroient été l'équivalent de nos pendules. Trimalcion en avoit une dans sa salle à manger. Ce temple des Muses, exécuté en perles, dont parle Pline, & qui portoit une *horloge* fixée sur le tympan du fronton, ne paroit pas s'éloigner beaucoup de nos grandes & riches pendules. (*Museum ex margaritis in cujus fastigio horologium erat*. Pl. 1. 37. c. 2.) Mais on doit croire que le secret moteur du mécanisme de ces *horloges* étoit ordinairement un réservoir d'eau : c'est ce que donne à conjecturer le nom de *clepsydrarius automatorius*, ou fabricant d'automates pour des *horloges* d'eau, que porte un artiste de cette espèce dans une inscription latine.

L'usage des *horloges* étoit trop commun pour que cette invention ait pu se perdre dans les siècles de la décadence des arts. Il paroit même que ce fut alors qu'on imagina de substituer de nouveaux moyens aux moyens hydrauliques. Du moins il n'est plus question de ces derniers chez les écrivains de la période dont on parle. Les poids & les rouages qu'on avoit déjà commencé à employer dans ces mécaniques, avoient appris aux mécaniciens à se passer de l'action de l'eau.

Si l'on consulte l'histoire de ces temps, on voit des *horloges* demandées du sixième siècle par un roi Franc de la première race. Dans le huitième, un pape, Paul Ier., fait présent d'une *horloge* à Pépin ; &, dans le siècle suivant, un kalife (Aaroun al Raschid) fait un pareil don à Charlemagne. Vers le même temps, & sous l'empereur Théophile, les historiens byzantins font mention d'une horloge où des oiseaux automates annonçoient les heures par leur chant.

On peut conclure d'un passage du Dante, qu'au treizième siècle, à Florence, une *horloge* publique, construite sur une des tours de l'ancienne enceinte de cette ville, annonçoit les heures. Dans le quatorzième siècle, Jacques de Dondis en construisit une autre à Padoue, qui parut si merveilleuse à ses contemporains, que le nom d'*horloge*, orologio, devint le sobriquet du mathématicien qui l'avoit exécutée ; & ce nom est devenu le nom patronimique de deux familles nobles qui existent encore aujourd'hui dans cette ville. Un moine établissoit des *horloges* en Angleterre, & un Allemand en France, sous Charles V ; & sous le même règne, Jean Jouvence faisoit voir par son *horloge* de Montargis, que la France pourroit dorénavant se passer de mécaniciens étrangers.

Le service du culte tendoit à répandre de plus en plus l'usage des *horloges* publiques. On les plaça sur les clochers des églises, &, dans d'autres édifices, elles furent surmontées d'une lanterne où étoient suspendues des cloches & souvent un carillon.

Sous le rapport de l'ornement ou de la décoration, la plus ancienne *horloge* qu'on puisse citer est celle qui fut exécutée sur la place de Saint-Marc à Venise, près des vieilles Procuraties, l'an 1496, sous le doge Barbarigo, d'après les dessins de

Paul Rinaldi & de Charles son fils. Elle est ornée de plusieurs statues. Des automates de bronze, parmi lesquels on en distingue deux qu'on appelle *les maures*, y marquent les heures en frappant sur une cloche à coups de marteau.

Vers le milieu du seizième siècle, Henri II fit construire l'*horloge* d'Anet. On y voyoit une meute de chiens qui sembloit poursuivre, en aboyant, un cerf qui, avec un de ses pieds, marquoit les heures.

L'*horloge* de Lyon, faite en 1598 par Nicolas Lippius, de Bâle, rétablie & augmentée en 1660 par Guillaume Nourisson, habile horloger de Lyon, est regardée comme la plus belle de la France.

Pendant long-temps on plaça le mérite extérieur des *horloges* publiques dans des jeux de mécanique. Depuis que l'art de l'horlogerie a fait tant de progrès, & que les *horloges* se sont multipliées au point où elles le sont aujourd'hui, on a dédaigné ce luxe puéril : l'on a mis le prix d'une *horloge* dans la perfection intérieure de ses rouages, & l'on s'est contenté de l'apparence de ce qu'on appelle *le cadran*. C'est donc seulement à l'embellissement de cette partie que l'architecture & la sculpture peuvent appliquer leurs ressources, en y plaçant des figures allégoriques & des emblèmes qui ornent le cadre où le cadran de l'*horloge* est renfermé.

HOSPICE, s. m. A l'article HÔPITAL, dont le mot *hospice* est dans le fait le synonyme, nous avons donné son étymologie, & nous avons proposé, comme déjà indiquée en quelque sorte par l'usage, la différence que ces deux mots peuvent comporter. Nous avons dit aussi que l'antiquité ne paroit point avoir eu d'hôpital, dans le sens où ce mot signifie établissement pour le traitement des pauvres malades.

L'*hospice* au contraire, *hospitium*, comme désignant un lieu où l'on exerçoit l'hospitalité envers les étrangers, *hospites*, fut connu des Anciens. Du temps de Constantin, on donnoit à ce lieu le nom de *xenodochium*. L'hospitalité, cette vertu qu'on vante chez les peuples anciens, & dont il faut toujours louer les effets, tenoit peut-être plus qu'on ne pense, au peu de communication alors établie entre les différentes contrées, si on la compare surtout à celle qui existe aujourd'hui en Europe, entre tous les peuples & toutes les parties d'un même Etat. Comme l'on voyageoit beaucoup moins, il ne s'étoit pas formé sur toutes les routes & dans toutes les villes, cette multitude d'auberges où les passagers sont reçus pour leur argent. On logeoit chez des amis, ou chez les personnes avec lesquelles on avoit des rapports, & cet usage formoit entre les hommes un lien particulier, celui qu'on appeloit *de l'hospitalité*.

Les gens riches avoient dans leurs maisons un corps de logis destiné à la réception des étrangers. Ce lieu, qu'on peut appeler une sorte d'*hospice*, étoit placé aux deux côtés de l'*andronitis*, ou appartement du maître.

Les villes avoient dès bâtimens publics destinés au même usage. Les Romains surpassèrent encore sur ce point les autres peuples. Non-seulement ils établirent, comme en Grèce, des lieux consacrés à recevoir les étrangers, mais ils poussèrent même l'attention jusqu'à faire construire pour eux, dans les théâtres, des espèces de salles appelées *hospitalia*, où ils assistoient aux spectacles. (*Voyez* Montfaucon. *Antiquit.*, *expliq.* tom. III, 2ᵉ. partie, pag. 235, 244 & 249.)

L'usage de l'hospitalité, tel qu'on le voit chez les anciens peuples, s'est conservé dans l'Orient & dans la Turquie ; & c'est à cette sorte d'établissemens publics qu'on donne le nom de *caravenserai*. Ce sont de grands bâtimens à un seul étage, dont le plan est ordinairement de forme carrée, avec des portiques à l'entour de la cour, pour y mettre à couvert les chevaux, les mulets, &c. (Voyez-en la description au mot CARAVENSERAI.)

Dans la chrétienté, il y avoit & il y a encore un grand nombre de couvens, exerçant l'hospitalité envers les pauvres principalement, & munis à cet effet de bâtimens destinés à recevoir les voyageurs, & servant d'*hospices*.

Mais dans les mœurs modernes, le nom d'*hospice* se donne particulièrement à des établissemens de charité publique où, au moyen des fondations dont ces établissemens sont dotés, on recueille, soit les enfans trouvés, soit les orphelins, soit les vieillards des deux sexes. Ainsi l'on dit l'*hospice des Enfans trouvés*, l'*hospice des Aveugles*, l'*hospice des Ménages*, &c.

Le caractère d'architecture de ces édifices est le même que celui des hôpitaux, mais leurs dispositions intérieures sont soumises aux variétés qu'exigent leurs différens emplois. Il faut de vastes dortoirs, de grandes salles de réunion, des cours spacieuses, des terrains aérés, des plantations & des jardins.

HÔTEL, s. m., vient, comme *hôtellerie*, d'*hôte*, *hospes*, *hospitium*.

Ce nom fut donné d'abord à ces édifices qu'on destinoit à recevoir les étrangers ; & comme les palais des grands avoient quelques parties consacrées à cet usage, comme ensuite divers édifices publics servant à la réunion des habitans, tels que les maisons de ville, avoient des destinations qui rappeloient les pratiques de l'ancienne hospitalité, on les appela *hôtels* : car, en définitif, *hôtel* est étymologiquement un synonyme d'*hospice*. De-là vient encore qu'on applique ce mot à une auberge (*hôtel* garni).

Hôtel, selon le langage le plus usuel aujourd'hui en France, est devenu synonyme de *palais*. Il n'y a que les grands & les hommes en place qui aient un *hôtel*, & ce mot, gravé conjointement avec le nom du propriétaire, au-dessus de la porte d'entrée, est uniquement, par le fait de l'usage, une distinction qui, ainsi que beaucoup d'autres, rendroit ridicule celui que l'opinion n'autoriseroit point à se l'attribuer.

Puisqu'on donne le nom d'*hôtel* à ce qu'on appelle aussi *palais*, terme qui est plus général & qui appartient à l'architecture de tous les peuples, nous pensons qu'il convient de renvoyer au mot PALAIS les notions théoriques ou descriptives que ce sujet comporte. Mais nous ferons ici une mention particulière de quelques grands édifices, auxquels l'usage a appliqué d'une manière spéciale le nom d'*hôtel*. Ainsi l'on dit :

HÔTEL-DIEU. C'est à Paris, & dans quelques autres villes de France, le nom du principal hôpital. (*Voyez* HÔPITAL.) La fondation de celui de Paris est due, selon la tradition, à saint Landry. Ses principaux bienfaiteurs furent saint Louis & Henri IV. Ce bâtiment a été augmenté successivement. En 1625, les administrateurs de l'*Hôtel-Dieu* obtinrent la permission de faire construire sur la rivière un pont de pierre pour y établir une nouvelle salle. Deux incendies survenus, l'un en 1737, l'autre en 1772, ont donné lieu à des réparations & à des constructions qui ont amélioré ce local. Mais la population toujours croissante de la capitale l'ayant rendu tout-à-fait insuffisant, cet hôpital n'est plus ni le seul ni même le plus important ; &, malgré quelques additions modernes, telles que le portique en colonnes doriques qui donne sur la place de Notre-Dame, l'édifice, sous le rapport de la construction ou de l'architecture, ne mérite pas une description.

L'*Hôtel-Dieu* de la ville de Lyon est l'ouvrage de Soufflot, & passe pour un modèle de ce genre de monumens. On en renomme la simplicité, l'élégance & la commodité. L'architecte, sans perdre le moindre espace, a su en rendre les dégagemens, les accès & toutes les communications faciles. L'édifice se fait remarquer par un dôme d'une assez grande étendue, & qui contribue à l'embellissement de la ville.

HÔTEL-DE-MARS. On donne quelquefois ce nom, par métaphore, à l'édifice où le Roi retire & entretient les militaires, que l'âge ou les blessures rendent incapables de service. Sur un pareil établissement à Berlin, on lit cette inscription : LÆSO SED INVICTO MILITI. (*Voyez* HÔTEL ROYAL DES INVALIDES.)

HÔTEL-DE-VILLE, qu'on appelle aussi *maison de ville* ou *maison commune*. Cet édifice répond à plus d'un égard, chez les Modernes, à celui qu'on appeloit *basilique* chez les Anciens. (*Voyez* BASILIQUE.)

C'est ordinairement par le caractère & l'importance de l'*hôtel-de-ville*, par son étendue & par le degré de richesse de son architecture, que l'étranger juge au premier aspect, de l'opulence & du goût d'une cité.

L'*hôtel-de-ville* est ordinairement situé sur la place publique, lieu qui rappelle le *forum* des villes antiques. Assez ordinairement, en effet, c'est l'emplacement consacré au marché. La flèche élevée que l'usage place au sommet de la façade de cet édifice, le désigne à l'annonce dès l'entrée de la ville, comme en étant le point central & commun.

Les divers usages auxquels un *hôtel-de-ville* est consacré, fournissent à l'architecte le programme qu'il doit suivre dans la composition de ce monument. Une certaine apparence de banalité forme le fond de son caractère, & ce caractère doit se trouver empreint dans les données principales du plan & dans l'ensemble de l'élévation. Ainsi, au rez-de-chaussée, des cours, des portiques, de larges escaliers conduiront à de vastes salles pratiquées au premier étage. De nombreuses ouvertures, soit en arcades, soit en fenêtres ouvertes jusqu'au plancher, & percées à tous les plans de l'édifice, sont commandées par l'usage. Dans les cérémonies, dans les fêtes dont l'*hôtel-de-ville* est souvent le théâtre, ces ouvertures satisfont la curiosité des spectateurs, & offrent à la foule des dégagemens commodes ; elles procurent encore toutes sortes de moyens de décoration intérieure ou extérieure, & donnent aux illuminations des motifs variés & d'heureux effets.

M. Durand, dans son *Recueil & parallèle des édifices anciens & modernes*, a fait graver, pl. 17, les dessins & les plans de plusieurs *hôtels-de-ville*, dans lesquels on suit avec plaisir les changemens & les progrès de l'architecture appliquée à ces monumens. On y voit l'*hôtel-de-ville* de Bruxelles qui date de plus de quatre cents ans, édifice d'un style *gothique*, appelé *saxon*, dont le plan & même la façade présentent beaucoup d'unité, d'accord & de simplicité. Les richesses y sont distribuées avec ordre & symétrie. Le système de masses pyramidales règne dans son ensemble, & ce système offre à l'œil un aspect de légèreté ou de hardiesse d'exécution, qui toutefois n'exclut pas le sentiment de la solidité. La flèche du milieu est d'un caractère plus mâle, & elle porte l'empreinte du style qu'on appelle *lombard moderne*. Effectivement, le couronnement du dôme de Milan semble avoir inspiré l'architecte de cet *hôtel-de-ville*.

Le petit *hôtel-de-ville* d'Oudenarde est d'un genre plus délicat & plus orné : on y aperçoit déjà le passage du goût gothique aux formes de l'architecture antique, & l'influence du siècle de la renaissance des arts s'y fait sentir.

On aperçoit aussi ce changement aux *hôtels-de-ville* d'Anvers & de Maëstricht.

Le changement dont on parle est plus sensible encore à l'*hôtel-de-ville* de Paris, qui fut commencé en 1533, sur les dessins de François de Cortonne, & achevé en 1605. Cet édifice nous présente l'emploi des ordres & de toutes leurs parties exécutées avec assez de précision, quoique dans une manière sèche & maigre. L'intérieur de la cour offre des portiques d'un bon goût, & la grande salle est un vaisseau remarquable par sa grandeur. Quoique l'augmentation de la capitale & les changemens survenus dans l'emploi que l'on fait de cet *hôtel-de-ville*, aient contribué à le faire paroître beaucoup trop au-dessous de ce qu'exigeroient les convenances actuelles, il ne laisse pas de suffire à tous les besoins, au moyen de l'extension qui lui a été donnée sur les terrains environnans.

On cite en France comme les plus beaux *hôtels-de-ville*, celui de Lyon & celui d'Arles.

Mais on a déjà dit que le plus bel *hôtel-de-ville* aujourd'hui connu, étoit celui de la ville d'Amsterdam, bâti par J. Van-Campen. Comme nous avons donné à l'article de cet architecte (*voyez* CAMPEN) une description assez étendue de ce grand édifice, nous y renvoyons le lecteur.

HÔTEL DES INVALIDES. C'est l'édifice destiné à servir de retraite aux militaires que leur âge ou leurs blessures rendent inhabiles au service & au métier des armes. De tous les monumens dus à la magnificence de Louis XIV, l'*hôtel royal des Invalides* de Paris est celui qui a le plus honoré son règne. Il fut entrepris en 1661, sur les desseins de Libéral Bruant (*voy.* BRUANT), qui fut l'architecte de tout cet grand ensemble, moins le dôme ou la nouvelle église ajoutée à l'ancienne, par Jules-Hardouin Mansard. (*Voyez* MANSARD.)

L'ensemble de l'*hôtel royal des Invalides* comprend 14 arpens de terrain. La principale face du bâtiment, donnant sur la place d'armes, du côté de la rivière, est exposée au nord, & a 101 toises de longueur. Elle contient des bâtimens simples de 54 pieds de profondeur, & une galerie de toute la longueur de cette aile de bâtiment, qui communique à couvert d'un côté au logement du gouverneur & à ses basses-cours, & de l'autre à l'appartement du lieutenant de Roi. Au milieu de ce corps de bâtiment est le porche qui sert d'entrée principale à tout le monument, & qui communique aux galeries qui conduisent à couvert aux divers corridors de cet *hôtel*.

De ce porche, sous lequel passent les voitures, on entre dans la cour royale, qui a 53 toises sur 32, non compris la largeur des galeries ou portiques couverts dont on vient de parler. Au fond de la même cour est un vestibule qui sert d'entrée à l'église. Aux deux côtés de ce vestibule sont deux galeries de 24 pieds de longueur, qui, prolongées par des corridors, communiquent à leur extrémité à de grandes cours qui servoient de promenoirs, avant qu'on eût planté les avenues qui se trouvent aujourd'hui entre la place d'armes & la rivière. Les galeries ou portiques de la cour royale s'ali-

gnent aussi avec d'autres corridors qui conduisent dans des cours collatérales à l'église, lesquelles aboutissent à une grande place pratiquée en face du nouveau portail, ou celui du dôme. Cette place est fermée du côté de la campagne par un fossé avec un pont-levis, qui conduit à une avenue.

Les enfilades observées dans tout le plan de l'édifice, la symétrie de tous les corps de bâtimens, la distribution des cours, leurs dégagemens, leurs différentes issues, font de tout cet ensemble un corps des plus réguliers; & la considération d'un genre de mérite qui frappe peu les yeux du spectateur, est la première de toutes pour celui qui fait que, dans un établissement semblable, la simplicité & la commodité doivent passer avant la magnificence & la décoration.

Aux deux côtés de la cour royale sont disposées quatre cours plus petites, c'est-à-dire, deux d'un côté, deux de l'autre, & séparées par deux ailes de bâtimens simples, au rez-de-chaussée desquelles sont placées les cuisines & les réfectoires des officiers. Ces cours se trouvent séparées de la cour royale par quatre grands réfectoires pour les soldats, chacun de 25 toises de long sur 27 pieds de large. A ces réfectoires sont opposés en symétrie d'autres ailes de bâtimens, dans lesquelles sont distribuées au rez-de-chaussée des chambres pour les soldats que leurs infirmités empêchent de monter aux étages supérieurs.

De ces quatre cours, qui ont 18 toises de large sur 23 de long, on passe à d'autres cours encore, dont les bâtimens qui les environnent sont destinés à différens usages.

Tous les bâtimens dont on vient de parler ont quatre étages d'élévation, y compris les entresols.

Nous ne nous étendrons pas davantage sur tous les détails de distribution de chacun de ces étages. Il faut en voir la description soit dans l'histoire de cet *hôtel*, faite par Granet, soit dans le tome premier de l'*Architecture françoise*, par Jacques-François Blondel.

Nous dirons cependant un mot de l'élévation principale & de l'église, dont nous n'avons parlé que d'une manière très-succincte à l'article de BRUANT.

La façade du côté de la rivière a 101 toises de long; elle se compose au rez-de-chaussée d'un rang d'arcades dans lesquelles sont renfermées des croisées. Au-dessus règnent trois étages, le premier formé par des croisées fort simples; les deux supérieurs ne sont, par la forme des fenêtres, que des espèces d'attiques. Deux pavillons, c'est-à-dire, deux avant-corps, où règne la même ordonnance de fenêtres, flanquent les deux extrémités de l'édifice. Deux autres petits avant-corps, peu saillans à la vérité, mais que deux chaînes de bossages font distinguer, interrompent de chaque côté de la porte du milieu la continuité de la ligne. Le milieu de la façade est marqué par un grand avant-corps qui a lui-même peu de saillie, & dont la largeur est de 59 pieds sur 78 de hauteur. La décoration de cette façade consiste en un grand arc plein cintre, qui sert de frontispice. Cet arc repose de chaque côté sur deux pilastres d'ordre ionique, accouplés & réunis sur un piédestal commun. Entre les pilastres & sous le grand cintre, s'élève une devanture percée d'une porte en arcade, dont l'étage supérieur a trois fenêtres. Cette devanture sert en quelque sorte de piédestal à une figure équestre, en bas-relief, de Louis XIV, qui occupe le cintre, avec deux figures allégoriques assises au bas du socle de la figure. En général on trouve (comme on l'a déjà observé à l'article de BRUANT) que toute cette architecture manque d'un parti saillant, & de l'effet qu'on auroit aimé à trouver dans une si grande masse.

L'église (l'on ne parle point ici du dôme) a 30 toises de longueur sur 11 de largeur, y compris les bas côtés. Sa hauteur, sous clef, est de 11 toises 3 pieds. La nef est décorée d'un grand ordre de pilastres corinthiens, divisés par des arcades au-dessus desquelles règnent des travées formées de petits arcs surbaissés, formant des tribunes autour de la nef. Ces tribunes qui sont rarement d'un bon effet, parce qu'elles produisent trop de divisions dans l'élévation de la nef, semblent avoir été exigées ici, à l'effet d'offrir aux soldats que leurs infirmités empêchent de descendre, un plain-pied commode pour assister au service divin. Un grand entablement couronne l'ordre d'architecture, & au-dessus de l'entablement règne un piédestal continu, qui reçoit la retombée des voûtes. A-plomb de chaque pilastre se trouve un arc doubleau, revêtu de tables saillantes. Entre ces arcs doubleaux sont pratiqués de grands vitraux en plein cintre, formant lunettes dans la voûte, & qui répondent à-plomb de chaque arcade. Toute cette église est construite de pierre dure d'un fort bel appareil, & d'une exécution digne des ouvrages qui ont été érigés sous le règne de Louis-le-Grand.

A l'extrémité de cette église, bâtie par Bruant, on voit celle qui a été élevée sur les dessins & sous la conduite de Jules-Hardouin Mansard, réunie au cœur de l'ancienne par une grande arcade percée en face du frontispice. Mais comme le nouveau sanctuaire est élevé de quelques pieds au-dessus du sol, pour accorder la hauteur de l'ordre inférieur de la coupole avec celle de l'ordre de la nef, on a incliné la corniche de l'arcade du sanctuaire, en sorte que la corniche de la nef devient l'architrave de l'ordonnance de la coupole. Cette inclinaison est à peine sensible à l'œil. Au milieu du sanctuaire est placé le maître-autel sous un baldaquin, dans lequel on n'a fait qu'une imitation mesquine de celui de Saint-Pierre à Rome.

Au-delà du sanctuaire commence l'architecture du dôme, dont nous avons donné une description assez étendue au mot COUPOLE. (*Voyez* cet article, & *voyez* encore l'article MANSARD.)

La plupart de tous ces détails sont extraits de l'Architecture françoise de Jacques-François Blondel, tom. I, pag. 191 & suivantes.

HÔTEL DES INVALIDES de mer à Greenwich. C'est sans contredit un des plus beaux édifices qu'il y ait en Angleterre & ailleurs.

Il fut commencé par Inigo Jones & continué par Webb, & il fut destiné à être un palais royal. Ce fut Guillaume III qui l'affecta à servir d'hospice aux invalides de mer. Sans doute il n'existe aucun établissement de ce genre qui joigne à la grandeur, à la belle position, autant de luxe d'architecture & une aussi grande magnificence de construction.

M. Milizia, en parlant de ce monument, le blâme sous le rapport du caractère, qui, selon lui, auroit dû, pour se conformer à sa destination, être simple & sans luxe. Le critique a raison; mais il auroit été juste de dire que ce défaut ne sauroit être celui de l'architecte, qui n'avoit pu prévoir ce changement de destination.

Au reste un tel défaut, qui n'en est un que pour le petit nombre d'hommes capables de sentir & d'apprécier les convenances de l'architecture, se trouve bien compensé par tout ce que l'intérieur de cet ensemble de bâtimens offre de belles distributions, de dispositions commodes, de dégagemens, par la beauté de sa situation & par une multitude d'avantages dont l'énumération seroit ici trop longue.

Nous rendrons compte ailleurs du plan général de cet ensemble, de ses élévations, du goût de son architecture, à l'article INIGO JONES. (*Voyez* ce nom.)

HÔTEL GARNI. On donne ce nom particulièrement, dans les villes, à des maisons qu'on appelle aussi *auberges*. Il y en a de toute grandeur & à tout degré d'opulence & de commodité, où les étrangers trouvent, selon leur état & leur fortune, des logemens, du service, & tout ce qui constitue les agrémens de la vie.

HOTELLERIE, s. f. Ce nom se donne surtout aux auberges qu'on trouve sur les routes. C'est une grande maison garnie, composée de chambres, de cours, d'écuries & autres lieux nécessaires pour loger & nourrir les voyageurs, ou les personnes qui auroient à y faire quelque séjour.

HOTTE DE CHEMINÉE, s. f. C'est le haut ou le manteau d'une cheminée de cuisine, fait en forme de pyramide & en manière de trémie. C'est aussi le glacis en dedans, par où le manteau se joint au tuyau par enchevêtrure. On nomme *fausse hotte*, la *hotte* d'un tuyau dévoyé.

HOUE, f. f. Espèce de rabot qui sert à corroyer le mortier, & dont les pionniers usent encore pour remuer la terre.

HOUILLE, f. f. Espèce de terre grasse & noire, ou de charbon de terre, dont on se sert dans les forges, &c.

HOURDER, HOURDIR, v. act. Faire un hourdis.

HOURDI, HOURDIS, f. m. Ouvrage de maçonnerie en plâtre ou en mortier, grossièrement fait avec moellons ou plâtras. C'est aussi la première couche de gros plâtre qu'on met sur un lattis, pour former l'aire d'un plancher.

HUIS, f. m. Vieux mot françois qui signifie porte, & dont on a fait le mot suivant.

HUISSERIE, f. f. C'est l'assemblage du linteau & des poteaux d'une porte de charpente. On entend aussi par ce mot la menuiserie de la porte.

HUTTE, f. f. Petite habitation grossièrement faite, soit avec des branches d'arbres, soit avec de la terre & de la paille, ou de toute autre façon également légère & privée d'art.

On se sert surtout de ce mot, pour désigner les habitations dont usent les peuplades plus ou moins sauvages, & les peuples étrangers à tous les arts, comme à toutes les commodités de la vie civile.

Dans les pays qui ont abondance de bois, les habitans durent naturellement chercher leurs premiers abris sous les arbres des forêts. Dans la suite ils imaginèrent de réunir des branches, en forme de berceau. Enfin, pour se ménager une retraite plus assurée, fermée de tous côtés & propre à les garantir des animaux, ils coupèrent des branches qu'ils appuyèrent dans une situation oblique, à peu près comme les tentes d'un camp. Quelques peuples privés de bois, & habitant les bords des rivières ou des lacs, construisirent des huttes ou cabanes, de roseaux, de terre ou d'argile.

Vitruve rapporte comment les Colchidiens & les Phrygiens construisoient leurs grossières & primitives habitations. Les premiers occupoient une plaine sur les bords du Pont-Euxin, dans un pays riche en bois. Ils plaçoient à égale distance des arbres d'une certaine longueur, & en posoient d'autres en travers sur l'extrémité de ceux-ci, remplissant les vides de terre grasse. Les Phrygiens habitant un pays dépourvu de bois, choisissoient des collines qu'ils creusoient par le sommet aussi profondément que le besoin l'exigeoit, & y perçoient ensuite une entrée. (Voyez CABANE.)

On couvroit alors ces habitations de paille, de roseaux & de terre. Une telle demeure tenoit de la grotte & de la cabane.

Cette grossière origine de l'art de bâtir, se trouve encore aujourd'hui conservée chez plusieurs peuples civilisés, & les voyageurs en citent plus d'un exemple.

Ainsi, dans les villes de Lobeia & Tehama en Arabie, à côté de bâtimens en pierre, habités par les gens riches, les pauvres occupent de misérables huttes dont la carcasse & la charpente sont composées de bois minces, de petits arbres, d'arbustes & de buissons récemment coupés. Les murs ou parois sont remplis de terre grasse, mêlée de bouse de vache, & l'intérieur est enduit avec de la chaux délayée.

A Machsa en Arabie, les huttes sont encore plus simples; elles n'ont point de murs: on se contente d'établir quelques barres couvertes de roseaux.

Les Tungures, peuple de la Sibérie, qui n'ont point d'habitations fixes, & mènent une vie errante dans les bois & le long des fleuves, se font des huttes de la manière suivante. On place de longues perches dans un cercle, on lie ensemble leur extrémité supérieure, de sorte qu'elles forment un cône. L'extérieur de cette construction conique est recouvert d'écorces d'arbres fixées aux perches. Au sommet on laisse une ouverture pour que la fumée puisse s'échapper, car toute la journée le feu brûle au milieu de la hutte. La porte a environ quatre pieds de haut, & se ferme moyennant un grand morceau d'écorce.

Les cabanes des Tartares du royaume d'Astracan ont une disposition plus recherchée; elles sont construites de manière à pouvoir être placées sur des chariots, & à pouvoir suivre ces peuples nomades, lorsqu'ils quittent une contrée, pour s'établir dans une autre.

Le célèbre voyageur Cook décrit ainsi les huttes des Hottentots.

Quelques-unes de ces huttes sont d'une forme circulaire, d'autres sont oblongues; elles ressemblent à des ruches d'abeilles ou à une voûte: elles ont de 18 à 24 pieds de diamètre. Les plus hautes sont si basses, qu'il est rarement possible à un homme d'une moyenne taille de s'y tenir droit, même en étant au centre de la voûte. Mais le défaut de hauteur de ces huttes & de leurs portes, qui n'ont guère que trois pieds d'élévation, n'est jamais une incommodité pour un Hottentot, qui sait se baisser, ramper à quatre pattes, & qui d'ailleurs se plaît à être couché plutôt qu'assis.

L'âtre ou le foyer est au milieu de chaque hutte. Par ce moyen les murs ne sont pas en danger d'être incendiés. Cette disposition de l'âtre a encore cet avantage, que lorsque la famille est assise ou couchée autour du feu, chacun en jouit également. La porte, toute basse qu'elle soit, est la seule ouverture de la hutte.

Les Hottentots se procurent sans peine les matériaux dont ils construisent leurs huttes: elles se composent

composent uniquement de branchages d'arbres, de nattes & de peaux.

Quand un Hottentot s'est mis en tête d'abattre son habitation & de changer de lieu, il charge sur ses animaux les nattes, les peaux & les branches dont elle étoit formée, & il la rétablit ailleurs, dans la même forme & la même dimension.

L'ordre ou la distribution de ces *huttes*, dans ce qu'on appelle un *craal*, prend le plus souvent la forme d'un cercle, & toutes les portes regardent le centre. Toutes les *huttes* forment ainsi une espèce de cour circulaire, au milieu de laquelle les bestiaux sont enfermés pendant la nuit.

HYDRAULIQUE. Mot formé du grec, qui signifie ce qui appartient à l'eau, ce qui concerne les eaux.

On donne cette épithète à la partie de l'art de l'architecture & de la construction, qui regarde les édifices qu'on bâtit dans les eaux ou sur pilotis, & tous les genres de travaux, tels que ports, ponts, digues, jetées, murs de quai, canaux de navigation, &c., que l'on établit dans la mer ou sur les rivières, ou qui ont pour objet, tantôt de conduire des eaux, tantôt de se défendre contre leur excès ou leur irruption. On appelle donc *architecture hydraulique* cette partie de l'art de bâtir. Autrefois toutes les parties de cet art étoient comprises sous le nom d'*architecture*, & exercées par celui qu'on appeloit architecte. Depuis que l'esprit d'analyse moderne s'est introduit dans le règne des arts, pour les isoler & faire autant d'arts dans un art, que celui-ci comporte de genres, l'*hydraulique* est devenue une profession séparée & distincte dans l'architecture. Un Dictionnaire particulier, destiné à réunir toutes les notions de cette branche de l'art, nous dispense donc de nous étendre sur l'objet principal de cet article, d'autant plus que l'on trouvera encore d'assez nombreux renseignemens sur cette matière, aux articles qui sont communs à l'architecture proprement dite, & à celle qu'on appelle *hydraulique*.

Le nom *hydraulique* se donne encore à la science qui enseigne à mesurer, conduire & élever les eaux. L'architecte a besoin d'être instruit dans cette science, afin de connoître les moyens de procurer les eaux, soit aux villes, soit aux édifices publics, soit aux maisons particulières qu'il est chargé de construire, soit aux jardins dont il a la direction.

La construction, la disposition & la décoration des fontaines, tiennent particulièrement aux connoissances *hydrauliques*. On a pu se convaincre, à l'article FONTAINE (*voyez* ce mot), de toutes les ressources qu'exige cette partie, soit pour tirer des effets variés du volume d'eau qu'on peut mettre en œuvre, soit pour l'économiser ou le multiplier par des moyens ingénieux. Il faut que l'architecte soit versé aussi dans la connoissance des machines *hydrauliques* (*voyez* MACHINE), qui sont les principaux instrumens dont il doit user pour procurer aux fontaines qu'il construit, les eaux sans lesquelles la plus belle fontaine est sans valeur.

De la science *hydraulique*, dont on vient de parler, sont nés différens jeux, dont peut-être il est permis de ne pas trop regretter qu'ils soient tombés dans l'oubli, depuis que l'on cherche moins dans les jardins le goût des compositions artificielles. Je veux parler de ces orgues *hydrauliques* (*voyez* ORGUE), dont les anciens jardins de l'Italie nous offrent encore des modèles.

Il paroit que l'antiquité avoit connu à peu près tous les secrets de la science & de l'art *hydraulique*, & qu'aucune des inventions modernes en ce genre ne lui fut tout-à-fait étrangère, comme on peut le conclure de l'article suivant.

HYDRAULOS, HYDRAULICON. Orgue d'eau.

Cet instrument dont Vitruve, dans son dixième livre d'*Architecture*, donne une description qui toutefois n'en explique pas bien clairement la disposition, a beaucoup exercé la sagacité des antiquaires.

La plupart d'entr'eux pensent que c'étoit un orgue qui différoit de nos orgues pneumatiques, seulement en ce que c'étoit l'eau qui mettoit en mouvement les soufflets. Cette idée est inexacte. Vitruve a emprunté sa description de Héron d'Alexandrie; & faute peut-être d'avoir bien compris cet écrivain, il est devenu lui-même très-difficile à comprendre.

La description de Héron, qui se trouve dans le *Recueil des ouvrages des mathématiciens grecs*, est bien plus claire, & non-seulement nous fait voir la véritable disposition de l'orgue d'eau, mais prouve encore que précédemment on devoit avoir eu connoissance d'une espèce d'orgue à vent.

Ctésibius (dit M. Forkel dans son *Histoire de la musique*), célèbre mathématicien d'Alexandrie qui a vécu au temps de Ptolomée Evergète, & qui fut le maître d'Héron, est communément regardé comme l'inventeur de cet orgue (*voyez* CTÉSIBIUS); mais on ne lui doit au fond qu'une amélioration de l'orgue à vent déjà connu alors, en y appliquant l'action de l'eau, qui, dans les anciennes orgues *hydrauliques* (ainsi qu'on le voit par la description d'Héron), ne servoit réellement qu'à balancer la trop grande force du vent. L'eau n'ayant donc rien de commun dans ces orgues avec la production du son, il paroit que le nom d'orgue d'eau leur seroit assez improprement affecté. Le nombre des tuyaux, dans ces orgues, étoit fort borné; & tout porte à croire qu'elles étoient loin d'avoir la perfection des orgues modernes, telles qu'on les admet dans nos églises, quoi qu'en puissent dire plusieurs auteurs qui se sont laissé, sur ce sujet, entraîner à plus d'une sorte d'exagération.

HYPÆTHRE. Ce mot, qui vient du grec ὕπαιθρος, signifie *découvert*.

Vitruve a appliqué cette épithète à une espèce de temples, dont il dit que la *cella* étoit découverte, qui avoit dans son intérieur deux rangs de colonnes l'un au-dessus de l'autre, régnant autour des murs, dont la façade devoit avoir dix colonnes de front, qui devoit être diptère & avoir ses deux portes dégageant immédiatement sur le *pronaos* & le *posticum*. *Hypæthros vero decastylos est in pronao & postico. Reliqua omnia habet quæ dipteros, sed interiore parte columnas in altitudine duplices remotas à parietibus ad circuitionem ut posticus peristyliorum. Medium autem sub divo est sine tecto, aditusque valvarum ex utrâque parte in pronao & postico.* (Vitr. liv. III, chap. 1.)

En parlant, à l'article FAÎTAGE (*voyez* ce mot), de la manière dont il est probable que devoient être éclairés les temples des Anciens, j'ai déjà énoncé quelques doutes sur l'étendue qu'on donne au mot *hypæthre*, ou découvert, en l'appliquant aux temples des Anciens, & sur l'existence du genre même de temple *hypæthre*, tel que Vitruve le définit. Cette question étant fort importante dans l'histoire de l'architecture des temples, je vais extraire ici d'un Mémoire que j'ai lu à l'Académie des inscriptions & belles-lettres (inséré au *Recueil des Mémoires de la classe d'histoire & de littérature ancienne*, tom. III), la partie qui se rapporte à la critique du temple *hypæthre*.

De la notion du temple hypæthre de Vitruve.

Il s'agit de savoir jusqu'à quel point la notion du temple *hypæthre*, telle que Vitruve nous la donne, est applicable aux temples que, sur l'autorité de cet écrivain, on répute ordinairement être tels, quelle signification le mot *hypæthre* peut comporter dans le passage où il se trouve employé, & quelle foi est due à la théorie qui renferme ce passage. Il arrive en effet trop souvent qu'on admet comme incontestables des conséquences, dont le défaut est d'émaner d'un principe qu'on a oublié de contester.

Qu'il y ait eu chez les Anciens des temples *hypæthres*, c'est-à-dire, plus ou moins découverts dans leur intérieur, cela ne sauroit se mettre en doute. J'en citerai tout-à-l'heure, d'après des autorités positives, que l'on voyoit à Rome, & qui étoient de ce genre : & je n'entends parler ni du Panthéon ni d'autres rotondes semblables, dont la couverture étoit ouverte dans le centre. C'étoit le propre du culte affecté à certaines divinités, d'exiger un intérieur découvert. Vitruve nous apprend que de ce nombre étoient Jupiter foudroyant, le Ciel, le Soleil, la Lune, & cela, dit-il, parce que les apparences & les effets de ces divinités, se manifestent dans l'espace & le vide des cieux. *Jovi fulguri, & cælo, & soli, & lunæ, ædificia sub divo hypæthraque constituantur.* (Vitr. l. I, chap. 2.) Les dieux cités par Vitruve avoient des temples à Rome, & par conséquent on doit présumer que ces édifices étoient *hypæthres*.

Comment donc concilier cette doctrine de Vitruve, ainsi que les notions correspondantes qu'on trouve dans Varron, sur l'existence de quelques-uns de ces temples à Rome, avec le passage rapporté plus haut, du même Vitruve, où après avoir décrit le temple *hypæthre*, il dit qu'il ne s'en trouve point d'exemple à Rome : *hujus autem exemplar Romæ non est?* (Vitr. liv. III, chap. 1.)

Voici comment cela s'explique.

Dans le passage dont il s'agit, Vitruve ne parle du temple *hypæthre* qu'en architecte. Il en fait un genre de temple particulier, & il le met au septième rang. Comme les rangs assignés par lui à ces différens genres de temple, le sont suivant une progression régulière de richesse, d'ordonnance & de proportions, le premier temple se trouve être le temple *in antis*, le second le prostyle, puis l'amphiprostyle, le périptère, le pseudodiptère, le diptère, & enfin l'*hypæthre*. Il me semble que celui-ci n'est placé le dernier que parce qu'il réunit au luxe de colonnes du diptère la propriété d'être décastyle, & d'avoir des galeries intérieures : or, cet arrangement classique & méthodique pourroit fort bien n'être qu'un système architectonique, beaucoup plus facile à combiner en spéculation, qu'à prouver par des autorités, comme reposant sur une pratique antérieure & constante.

Je soupçonne que cela est arrivé ici à Vitruve, & qu'après avoir recomposé, selon une échelle méthodique, les différentes formes de temple, pour en régulariser l'emploi, il s'est trouvé fort en peine de citer des exemples du dernier dans des monumens connus, ou qui fussent à sa connoissance. Ainsi quand il dit qu'il n'y a point à Rome d'exemple de *temple hypæthre*, comme cela contrediroit ce qu'il a avancé dans le chapitre II de son premier livre, & aussi d'autres autorités positives, il me semble qu'il faut entendre seulement celui qu'il vient de composer selon son système architectonique.

La chose est d'autant plus probable, que si on l'en croit lui-même, il n'y en avoit peut-être pas non plus ailleurs, qui réunit les cinq conditions d'être *décastyle, diptère, à deux rangs de colonnes intérieures l'un au-dessus de l'autre, d'avoir le milieu de la cella découvert, & ses deux portes dégageant immédiatement sur le pronaos & le posticum.* Je dis que si cet ensemble de conditions étoit nécessaire, selon lui, pour former son genre de temple *hypæthre*, il est fort possible qu'il ne s'en soit pas trouvé de semblable parmi les monumens existans, puisque l'exemple qu'il cite est déjà une exception à sa règle. En effet, il indique l'octostyle d'Athènes au temple de Jupiter Olympien, &, selon lui, l'*hypæthre* devoit être décastyle. *Hujus autem exemplar Romæ non est, sed Athenis octostylos in templo Jovis Olympii.* (Vitruve, liv. III, chap. 1.)

Peu importe ici la controverse qui a eu lieu sur ce passage, c'est-à-dire, qu'il s'agisse, en lisant comme ci-dessus, *in templo Jovis Olympii*, du temple de Jupiter Olympien, qui étoit à Athènes, ou du temple de Minerve dans la même ville, & de celui de Jupiter à Olympie, en lisant avec d'autres manuscrits, *& in templo olympio*.

Si, en effet, il falloit entendre selon ce dernier texte les deux temples dont on vient de parler, ces deux exemples seroient encore bien mal choisis, puisque chacun d'eux manqueroit de trois des cinq conditions prescrites par Vitruve à son *hypæthre*. En effet, chacun d'eux étoit octostyle, au lieu d'être décastyle; chacun d'eux étoit monoptère, au lieu d'être diptère; chacun d'eux avoit un *opisthodomos*, & par conséquent aucun d'eux ne pouvoit avoir ses portes dégageant immédiatement sur le *pronaos* & le *posticum*.

Si l'on admet que Vitruve a voulu donner ces deux édifices pour exemples de sa règle, il faut convenir que les autorités la détruisent, & que cette règle n'aura été, comme je l'ai déjà soupçonné, qu'une combinaison de système & non un résultat de faits; cela prouveroit de plus en plus qu'il n'y a aucune conséquence positive à en déduire: car si ce n'est par l'ensemble des conditions assignées par Vitruve à son *hypæthre*, qui le constitue tel, qu'on dise dans laquelle de ces conditions est au moins la condition nécessaire.

C'est, dit-on, celle du double rang intérieur de colonnes en hauteur; là est le vrai caractère d'un temple dont la *cella* étoit découverte, du véritable *hypæthre*. A cela je n'aurai à répondre qu'un mot; c'est qu'il faudroit prouver que les temples de cette sorte étoient découverts & sans plafond: mais cette preuve est impossible à faire aujourd'hui, puisque la seule autorité en faveur de ce fait seroit le texte de Vitruve, qui est précisément l'objet en question; car ce qu'il s'agit de savoir, c'est si, d'après le texte douteux de Vitruve, & la contradiction qui règne entre sa règle & son exemple sur plusieurs points, on doit le croire, & le prendre au mot sur un seul. Or, sur cela, invoquer le témoignage de Vitruve, c'est tomber dans le cercle vicieux.

Et non-seulement les temples que nous savons avoir eu le double rang en hauteur de galeries intérieures, temples dont deux subsistent encore, & quatre ont été décrits, ne témoignent point en faveur de l'opinion qu'on prête à Vitruve, mais de ces six temples, savoir, ceux de Pæstum, d'Athènes, d'Olympie, d'Eleusis, d'Éphèse & de Tégée, quatre nous fournissent des renseignemens entièrement contraires; & de ces quatre il en est deux qui permettent d'affirmer que non-seulement ils n'étoient pas découverts, mais qu'indubitablement ils avoient un plafond. C'est ce qu'on peut croire du temple d'Éphèse, par exemple, dont Pline nous apprend que le toit étoit formé d'une charpente en bois de cèdre. *Convenit tectum ejus esse è cedrinis trabibus*. Pline, liv. XVI, chap. 40. *Et etiam lecunaria ex cedro*. Vitruve, liv. II, chap. 9. Pausanias confirme encore cette notion, lorsqu'il dit qu'au temple d'Éphèse le voile se levoit jusqu'au plafond, πρὸς τὸν ὄροφον. Paus. liv. V, chap. 12. Le même passage de Pausanias force également de conclure que le temple de Jupiter à Olympie avoit une couverture, ὄροφον; & Strabon vient à l'appui de cette opinion, lorsqu'il dit, liv. VIII, pag. 353, que la statue de Jupiter touchoit presqu'au sommet de la couverture, τῇ κορυφῇ τοῦ ὄροφου.

Cela posé, le caractère du double rang de colonnes en hauteur dans l'intérieur d'un temple, ne dénote pas plus que les autres caractères que sa *cella* ait été découverte. Ainsi la notion de l'*hypæthre* de Vitruve pourroit bien n'avoir été qu'une notion théorique & non historique; & peut-être doit-on regarder comme hasardées les applications qu'on en a faites à plusieurs des temples que l'on vient de citer.

Je suis loin de prétendre toutefois qu'il n'y ait pas eu de temples *hypæthres*, ou dont la *cella*, n'importe par quelle circonstance, seroit restée découverte. Je prétends seulement que nous n'avons aucune preuve de cette disposition pour de grands temples, ni dans les mentions des auteurs anciens, ni dans le texte même de Vitruve, qui est l'objet de notre discussion. A la vérité, cet écrivain a défini en architecte un genre de temple, auquel il donne le nom d'*hypæthre* ou découvert; mais il est sensible qu'un édifice de cette nature peut être plus ou moins couvert, & qu'on a pu donner le nom de temple découvert à des temples qui ne l'auroient été que dans une très-petite partie de leur toiture, de manière qu'on auroit entendu & le mot *hypæthre* & Vitruve lui-même dans l'emploi de ce mot, d'une façon beaucoup trop étendue & beaucoup trop absolue. Voilà du moins ce qu'on peut assurer à l'égard du temple de Jupiter à Olympie.

J'ai dit qu'on ne pouvoit pas affirmer qu'il y ait eu de grands temples, lesquels auroient offert un intérieur totalement privé de toiture & de couverture; mais nous savons parfaitement qu'il y en eut qui, faute d'avoir été achevés, restèrent dans cet état; & il est à remarquer (comme cela est assez naturel) que cela est arrivé à quelques temples de la plus grande dimension: de ce nombre fut celui de Jupiter Olympien à Agrigente, qui avoit 330 pieds de long sur 180 de large. Diodore de Sicile nous apprend, liv. XIII, §. 82, que la guerre des Carthaginois, qui détruisit la république d'Agrigente, empêcha de faire le toit de cet édifice,

& que depuis les Agrigentins n'avoient plus eu le moyen de subvenir à cette dépense. Ce temple resta donc forcément *hypæthre* dans le sens absolu. Pausanias, liv. VII, chap. 5, & Strabon, liv. XIV, pag. 634, nous instruisent d'une circonstance semblable, à l'égard du grand temple d'Apollon Didyméen à Milet, l'un des vastes édifices qui aient été construits. M. de Choiseul-Gouffier a jugé d'après les restes qui en subsistent encore, qu'il étoit décastyle diptère, & appartenant au genre *hypæthre* de Vitruve. Mais Strabon nous dit qu'à cause de sa grandeur il resta sans toit, χωρὶς ὀροφῆς. Voilà donc encore un *hypæthre* par accident. Tel fut encore, ou du moins tel étoit au temps de Vitruve le temple de Jupiter Olympien à Athènes, commencé par Pisistrate, & qui ne fut terminé qu'au temps d'Adrien. Seroit-il improbable que Vitruve, qui ne connoissoit ces temples que par la renommée ou d'après des desseins, eût cru destinés à rester sans couverture des édifices que le seul hasard des circonstances en avoit privé. Dans ce cas le passage de cet écrivain, cité plus haut, seroit plus facile qu'on ne pense à rectifier; car comme M. Stuart pense avoir prouvé que le temple olympien d'Athènes étoit décastyle, il ne s'agiroit que de changer dans ce passage le mot *octostylos* en celui de *decastylos*, & ce seroit sur un exemple de temples à deux rangs de colonnes l'un au-dessus de l'autre dans leur intérieur, & restés fortuitement sans couverture, que reposeroit la théorie de Vitruve sur ce qu'il appelle *temple hypæthre*.

Au reste, tout ceci suppose que Vitruve, par *temple hypæthre*, a entendu & n'a pu entendre autre chose qu'un temple dont tout l'intérieur étoit absolument sans toit & sans couverture.

Cependant cette interprétation peut être réfutée d'un mot.

Effectivement, que dit Vitruve à cet égard? Quelles sont ses paroles? Quel en est le sens simple & naturel? *Medium autem sub divo est sine tecto*. C'est ainsi qu'il s'exprime; *le milieu est découvert & sans toit*. Or, comme la *cella* constitue ordinairement la partie mitoyenne du temple, c'est-à-dire, qu'elle est la plus souvent disposée de manière que son propre milieu est le point de milieu de tout l'édifice, on a cru que ce *medium* devoit s'appliquer à la totalité de la *cella* ; & de-là l'opinion que l'*hypæthre* de Vitruve & de tous les temples qui lui sont analogues, étoient totalement *sub divo* dans leur intérieur, & entièrement *sine tecto*.

Le lecteur est prié de recourir ici à l'article FENÊTRE (*voyez* ce mot), où, traitant de la manière dont devoient être éclairés les temples des Anciens, nous avons exposé avec assez de détails, toutes les raisons & toutes les considérations qui empêchent de croire, que ces intérieurs des grands temples, qui sont réputés *hypæthres* d'après le caractère du double rang de colonnes en hauteur, dans leur intérieur (comme furent ceux de Jupiter à Olympie & le Parthénon d'Athènes), furent exposés par défaut de toiture à toutes les intempéries des saisons.

Mais est-il donc vrai, pour revenir au passage ci-dessus de Vitruve, que le mot *medium* dont il se sert, désigne la totalité de l'étendue de cette région moyenne du temple, qui étoit la *cella* ? Si l'on peut à toute rigueur l'entendre de toute la *cella*, comme occupant l'espace du milieu dans l'édifice, on peut aussi restreindre ce *medium* à la partie du milieu de la *cella*. Or, il faut avouer que les paroles de Vitruve indiquent plus naturellement ce sens-là. Il semble en effet que s'il eût voulu faire entendre que la *cella* toute entière étoit sans couverture, il n'y avoit d'autre manière que de le dire ; & s'il eût voulu dire que le milieu du temple étoit percé par une ouverture, il me semble encore qu'il ne pouvoit mieux l'exprimer que par ces mots, *medium sub divo est sine tecto*. C'est bien ainsi, par exemple, qu'on parleroit du Panthéon à Rome.

Quoi qu'il en soit de l'équivoque qui peut toujours résulter du manque de définition géométrique du mot *medium*, dans ce passage, on est toujours en droit de soutenir, qu'au moins les commentateurs en ont tiré une conséquence trop absolue, à l'égard des temples qu'on a jugés être du genre *hypæthre*, & qu'on a interprété ce passage dans le sens le moins naturel, dans l'hypothèse la moins vraisemblable, surtout lorsqu'aucune autre autorité n'en justifie l'interprétation. Enfin on verra que ce passage, ramené à une nouvelle explication, peut tout à la fois s'accorder avec la théorie de Vitruve, & nous révéler la manière dont étoient éclairés les grands temples de l'antiquité.

Avant d'en venir à ce point, il faut faire observer que si les temples qu'on a cru privés de couverture, d'après l'interprétation forcée des paroles de Vitruve, l'avoient réellement été, il seroit assez naturel d'en trouver quelqu'indication dans Pausanias, d'autant plus que ce voyageur a souvent fait la remarque de temples qui manquoient de toit & de couverture; cependant nous ne voyons pas qu'il ait noté rien de semblable sur les temples de Minerve à Athènes & à Tégée, réputés sans couverture, selon le système en question, ni sur celui de Jupiter à Olympie, cru aussi du même motif, quoique ce monument soit, de tous ceux qu'il a décrits, celui où il a mis le plus d'exactitude & de détails. (Nous avons même vu par le passage de cet auteur, qui regarde le voile de ce temple, & la manière dont on le tiroit, qu'il y fait supposer l'existence d'un plafond.)

Dans la dissertation dont j'ai parlé & dont tout ceci est extrait, j'ai rapporté tous les passages où Pausanias parle de temples sans toit ou couverture, & ceux où il emploie les mots ὁ ὕπαιθρος, qui correspondent au mot *hypæthre*. Or, il résulte des recherches qu'on peut faire dans Paufanias à cet égard, que dans les quatre passages où cet écrivain voyageur parle de temples qui n'ont point d'ύπαιθρος, ou de couverture, ces temples n'en étoient privés que par accident, ou par cause de vétufté & de deftruction, & que dans ceux où il parle de temples ύπαιθροι, cette manière de parler n'avoit aucun rapport avec la fignification du mot *hypæthre*, dans Vitruve, & qu'au lieu de fignifier un temple dont la *cella* étoit intérieurement découverte, elle n'exprimoit autre chofe qu'un temple fitué en *plein champ*, en *lieu découvert*, autrement dit, ifolé dans une place ou efpace ouvert.

J'ai donné à l'article FENÊTRE toutes les raifons qui forcent de croire que les grands temples chez les Grecs, & de ce nombre font les temples réputés *hypæthres*, étoient réellement couverts, excepté dans leur milieu, où régnoit une ouverture de comble. Et effectivement, fi l'on fuppofe dans le milieu de leur nef ou *cella* un œil du genre de celui qu'on voit au Panthéon, il me paroît qu'on auroit pu en dire, avec beaucoup de vérité, ce que Vitruve dit de fon temple *hypæthre* : *Medium eft fub divo & fine tecto*.

Il fembleroit probable alors que la néceffité de ces ouvertures, étant particulièrement fenfible & démontrée pour les nefs des plus grands temples, c'eft-à-dire, des temples décaftyles & diptères, ces deux qualités purent être réputées des conditions obligées du temple *hypæthre*. Comme la portée des couvertures ou des plafonds eût été trop grande, vu la largeur de ces édifices, on croit voir comment il arriva, que les rangs l'un au-deffus de l'autre des colonnes intérieures, furent une fujétion néceffaire de leur difpofition; comment ces nefs latérales contribuoient auffi à diminuer la portée des plafonds; comment enfin, de toutes ces circonftances réunies, Vitruve a pu former un genre de temple particulier qu'il a appelé *hypæthre*, comme étant effentiellement ouvert dans fon comble. Il réfulteroit de-là que le temple *hypæthre* n'auroit été appelé ainfi, que comme l'étant par excellence ou par néceffité, fans qu'on puiffe en conclure que pour être éclairé d'en haut, il ait fallu qu'un temple ait eu, à toute rigueur, les galeries intérieures & toutes les conditions du feptième genre de Vitruve, conditions que nous avons déjà vu être d'une application très-arbitraire. Ainfi fe concilieroient les notions théoriques de cet écrivain, avec tous les renfeignemens & toutes les autorités, tant des auteurs que des monumens.

Il nous refte à produire ici l'exemple frappant du temple d'Eleufis, dont l'intérieur étant à deux rangs de colonnes l'un fur l'autre, formoit un *hypæthre*, felon l'opinion confacrée par la théorie de Vitruve, & avoit, comme nous l'avons déjà préfumé de toute efpèce d'*hypæthre*, une couverture ou plafond, & dans cette couverture un jour d'en haut, que Plutarque a appelé ὀπαῖον, œil.

Le temple de Cérès à Eleufis doit être cité comme ayant été au rang des plus grands temples de l'antiquité, & du nombre de ceux qui, admettant un grand concours dans leur intérieur, ne peuvent être fuppofés avoir été ni découverts dans toute l'étendue de leur *cella*, ni privés de lumière dans leur intérieur; ce qui eût été fi, étant couvert, il n'eût reçu de jour que par l'ouverture de la porte.

Il me femble que le hafard nous a fourni fur ce temple un renfeignement refté jufqu'ici fans application à notre objet.

Les différentes parties de l'enfemble de ce grand édifice, recueillies dans les textes des écrivains, font faites furtout pour jeter un nouveau jour fur l'interprétation & l'intelligence de l'*hypæthre* de Vitruve. Quelques-unes de ces particularités paroiffent fi propres à juftifier les conjectures que j'ai propofées à cet égard, qu'il m'a paru néceffaire de réunir les élémens difperfés de ce monument, c'eft-à-dire, les notions qu'en ont données quelques auteurs anciens, pour en refaire une forte de tout dont on pût fe former une idée certaine, & dont il fût permis d'argumenter.

Trois écrivains, Vitruve, Strabon & Plutarque, nous ont laiffé fur le temple d'Eleufis des notions qui, bien qu'elles femblent fe contredire fur quelques points, fe réuniffent fans aucune difficulté, & correfpondent au même édifice, pourvu qu'on faffe attention que Strabon & Vitruve furtout parlent de fon extérieur, lorfque les paroles de Plutarque fe rapportent à fon intérieur. (*Voyez* dans la differtation des Mémoires de l'Académie, la difcuffion fur ces trois paffages.)

Voici en latin le paffage de Plutarque : *Telefterium Eleufinæ cepit Corœbus ædificare; hic columnas in pavimento pofuit & epiftiliis junxit, quo defuncto Metagenes Xipetius præcinctionem & fuperiores columnas adjecit. Sed forumen in faftigio templi Xenocles Cholargentis extruxit.*

Ce qu'il faut faire remarquer dans ce paffage, c'eft que le temple d'Eleufis porte le caractère auquel, d'après Vitruve, on eft convenu de reconnoître un temple *hypæthre*, &, felon l'opinion reçue, entièrement découvert.

« Corœbus a commencé à édifier le temple
» d'Eleufis; il a fur le pavé élevé des colonnes,
» & les a réunies par des architraves. Après fa
» mort, Métagènes de Xipète y a ajouté la frife &
» les colonnes fupérieures. Mais c'eft Xénoclès de
» Cholargue qui a conftruit, au fommet du tem-
» ple, la fenêtre de comble ou l'*opaion*. »

Voilà bien clairement défignée la defcription de deux rangs intérieurs de colonnes l'un au-deffus de l'autre, qui caractérifent l'*hypæthre*. Donc le temple d'Eleufis étoit *hypæthre*. Etoit-il pour cela totalement découvert dans fon intérieur?

La feule deftination de cet édifice fuffiroit pour réfuter une femblable opinion. Il eft en effet contre toute vraifemblance, que les cérémonies des mystères se soient célébrées, au milieu d'un très-grand concours d'assistans, dans un local tout-à-fait découvert. Mais Plutarque, en citant l'architecte qui avoit construit la fenêtre de comble ou l'*opaion*, l'œil du temple, ne permet plus de doute à cet égard.

Reprenons les paroles de Plutarque : τὸ δὲ ὀπαῖον ἐπὶ τοῦ ἀνακτόρου Ξενοκλῆς ὁ Χολαργεὺς ἐκορύφωσε: *foramen in fastigio adyti Xenocles Cholargensis extruxit.* Amyot a traduit : *fit la lanterne en cul-de-lampe qui couvre le sanctuaire.* M. Dacier : *acheva le dôme & la lanterne qui est au-dessus du sanctuaire.* M. Milizia : *indi Zenocle s'inalzò la cupola che copriva il santuario.* Winckelmann, dans ses observations sur l'architecture des Anciens : *non puo affermarsi che il tempio sotto altare di Pericle in Eleusi abbia avuto una forma circolare, ma quando anche fosse stato d'una forma quadrata non e meno certo che fosse coperto con una cupola e con una specie di lanterna.*

La notion de Plutarque, ainsi qu'on le voit, ne contient cependant rien qui puisse donner lieu à la supposition d'une coupole. Il est certain que les Grecs appeloient une coupole θόλος, *tholus*, & ὀπαῖον, qui vient d'ὀπή, lequel veut tout simplement dire *foramen*, ne désigne qu'une ouverture. Si le mot ὀπή s'applique quelquefois à l'œil, c'est parce que l'œil est l'ouverture, & en quelque sorte la fenêtre par où nous recevons l'impression visuelle des objets. ὀπαῖον, en conséquence, pourroit se traduire ici par le mot *œil*, que l'architecture emploie chez nous pour désigner des ouvertures ordinairement circulaires, & il ne veut dire autre chose que *fenêtre, ouverture, percée, jour*, sans désignation de forme.

D'après cela, Plutarque a dit simplement que Xenoclès pratiqua dans le comble & le plafond du temple, l'ouverture qu'on y voyoit.

Cependant on pourroit s'en faire une idée incomplète, si on réduisoit cet ouvrage à n'être qu'une simple ouverture. La chose n'eût peut-être pas mérité la mention particulière que Plutarque en a faite. Cette mention peut faire présumer que cette partie de l'édifice avoit quelque chose de remarquable dans sa forme, dans sa décoration; son élévation, & encore dans la manière d'introduire la lumière. Oseroit-on même présumer que cet *opaion* se seroit élevé au-dessus du toit du temple par une construction extérieure? Rien de plus inutile, surtout pour l'objet de cette discussion, que toute divination à cet égard.

J'en ai dit assez sur le temple d'Eleusis, pour qu'on soit en droit de conclure qu'il y eut des temples du genre réputé *hypæthre*, c'est-à-dire, à deux rangs de colonnes l'un sur l'autre dans leur intérieur, qui, au lieu d'avoir cet intérieur découvert & totalement exposé aux injures de l'air, en étoient au contraire défendus par un toit & par un plafond, & n'avoient de découvert qu'une partie du milieu de leur *cella*, laquelle encore,

comme on l'a vu à l'article FENÊTRE, pouvoit être abritée de plus d'une manière, en laissant la lumière pénétrer dans l'intérieur.

HYPOCAUSTUM. Pièce ou local voûté, dans lequel l'on faisoit du feu pour échauffer les pièces qui étoient au-dessus.

Nous avons parlé de l'*hypocaustum* à l'article BAIN (*voyez* ce mot), & nous avons fait voir de quelle manière il y étoit disposé pour fournir au service public.

A l'article CHEMINÉE (*voyez* ce mot), nous avons encore traité de l'*hypocaustum*, considéré comme poêle souterrain destiné à répandre la chaleur dans les maisons, & comme équivalent de nos poêles & de nos cheminées.

N'ayant rien de nouveau à dire sur l'emploi de l'*hypocaustum*, nous nous contenterons d'insérer ici une description faite par Piranesi, qui en a donné les dessins, d'un *hypocausta* trouvé à Albano.

Il fut découvert dans les ruines d'une *villa* antique, sur le terrain d'un endroit qu'on nomme les *fratochie*, et au-dessous d'une chambre qu'il échauffoit. La chambre est pavée de briques, dans la manière que les Anciens appeloient *opus spicatum*. Ce pavé est supporté par plusieurs petits piliers faits de briques, & maçonnés avec de la chaux & de l'argile. Le plancher se trouve ainsi suspendu, & ce vide étoit l'endroit qu'on appeloit *hypocaustum*. Ce que celui-ci a de particulier, c'est que, pour le garantir apparemment de l'humidité, il règne dessous, un massif de maçonnerie, dans la construction duquel on a placé des *hydriæ* ou vases de terre, la pointe en l'air & l'ouverture en bas. Au-dessous de ce massif est un autre souterrain avec des conduits de terre, d'où l'on devoit tirer un air frais, peut-être pour rafraîchir la température pendant l'été, peut-être aussi pour modérer, dans la chambre, la chaleur de l'*hypocaustum*.

(*Voyez* le dessin de cette chambre & de son *hypocaustum* dans Piranesi, *Antiquités d'Albano*.)

HYPOGÉE. Terme formé de deux mots grecs, ὑπό, sous, & γῆ, terre : il signifie sous terre.

Vitruve, liv. VI, chap. 11, applique ce mot, dans la bâtisse, à toutes les parties des édifices qui étoient construites au-dessous du niveau de leur sol, comme les caves, les celliers. *Sin autem hypogea concamerationesque instituantur, fundationes eorum fieri debent crassiores.* Et il prescrit de donner à toutes ces constructions souterraines, une épaisseur de murs plus forte que celle que l'on donnera aux constructions hors de terre. (*Voyez* FONDATIONS.)

Mais on appelle plus volontiers *hypogée* ces constructions souterraines que les anciens Grecs & Romains pratiquèrent à diverses époques, pour y déposer les cendres ou les cercueils des morts.

C'étoient de véritables *hypogées* que ces tombeaux que l'on trouve à d'assez grandes profondeurs, & quelquefois à plusieurs rangs l'un au-dessus de l'autre, auprès des villes antiques de la grande Grèce, de la Sicile & d'autres contrées grecques; tombeaux construits de grandes dalles réunies, & dans lesquels on a découvert & l'on découvre encore tous les jours ces vases de terre cuite, ornés de dessins & de peintures, qu'on a très-improprement appelés *étrusques*.

Toutefois ces tombeaux souterrains n'étoient que de grands cercueils. Les Romains, qui ont de beaucoup surpassé le luxe des Grecs dans l'usage habituel des sépultures, firent des *hypogées* qui étoient réellement d'assez grandes bâtisses souterraines, où se trouvoient des suites de chambres & comme d'appartemens, décorés intérieurement de toutes les richesses que l'on admettoit dans l'intérieur des maisons & des palais.

On peut se former une idée de ce genre de tombeaux dans le *Recueil des sépulcres des Nasons*, par Pietro Santi Bartoli, & dans Piranesi.

Beaucoup de sépulcres réunissoient les constructions souterraines dont on vient de parler, à des masses d'architecture extérieure, & à de grandes compositions élevées hors de terre. Ce n'aura donc été qu'improprement, au moins en partie, que le nom d'*hypogée* aura été donné à ces monumens. (*Voyez* MAUSOLÉE, SÉPULCRE, TOMBEAU.)

HYPOSCENIUM. Ce mot signifie *sous la scène*, ou partie inférieure de la scène.

Selon Pollux, c'étoit le mur antérieur de la scène, tourné vers l'orchestre. Il étoit quelquefois décoré de colonnes ou de statues.

On croit que ce qu'on appelle l'*hyposcenium*, au théâtre d'Herculanum, étoit décoré par des niches où l'on a trouvé les statues de bronze des Muses dont il a été fait mention à l'article d'HERCULANUM. (*Voyez* ce mot.)

Vitruve toutefois ne fait pas mention de l'*hyposcenium*.

HYPOTRACHELIUM. C'est, selon Vitruve, cette partie la plus mince du fût d'une colonne, qui joint son chapiteau, & que nous nommons *fuse de chapiteau*, *collier*, *gorge*, *gorgerin*. (*Voyez* ces mots.)

HYVER. (Jardins d'). (*Jardinage*.) Le desir de la promenade pendant les beaux jours de l'*hyver*, a fait naître l'idée de ménager dans la disposition d'un grand jardin, un emplacement propre à offrir tout l'agrément que la nature peut encore permettre, dans le milieu de la saison des glaces & des frimats; c'est ce qu'on appelle le *jardin d'hyver*.

L'étendue qu'on peut donner à un *jardin d'hyver* est naturellement assez limitée. Il ne faut exiger du jardinier autre chose, qu'un abri contre l'inclémence des temps, & les convenances nécessaires à une courte promenade. L'œil à la vérité veut toujours être récréé par l'aspect de la verdure & la variété des fleurs & des plantes. Mais la nécessité fait la loi, & la première de toutes est la régularité qui résulte du voisinage officieux d'un mur tourné vers le sud, & dont l'abri fournit au promeneur & aux plantes, le plus haut degré de chaleur qu'on puisse obtenir.

Le *jardin d'hyver* sera peu éloigné de l'habitation, & il sera disposé de manière à être garanti du vent du nord; il s'étendra vers le midi, & recevra les douces influences du soleil. Le site en doit être sec, quoique peu élevé. Les sentiers seront de gravier bien battu.

L'agrément du *jardin d'hyver* consiste dans les plants de diverses espèces d'arbres & d'arbrisseaux toujours verts, & dans leur distribution. Règle générale, on ne doit admettre dans ces plantations que les arbres dont la verdure résiste aux froids les plus rigoureux. Combien la nature n'a-t-elle pas pourvu sous ce rapport à nous donner les moyens d'adoucir le rude aspect de l'*hyver*! Elle nous fournit une multitude d'arbres tant conifères que résineux, & d'arbrisseaux qui, ne perdant jamais leurs feuilles, peuvent encore agréablement parer nos *jardins d'hyver*.

De ces arbres & de ces arbrisseaux on peut composer des groupes & des bocages d'*hyver* assez agréables, les distribuer même de façon qu'ils offrent des tableaux assez variés. Les gazons, lorsqu'ils restent verts, reçoivent aussi quelques mélanges de plantes & d'arbrisseaux. La nature enfin a encore quelques fleurs pour l'*hyver*. Tel est l'ellébore noir.

Une serre bien construite, dans laquelle on cultive avec soin les plantes exotiques, qui souvent fleurissent & embaument l'air dans cette saison, paroît devoir être un agrément accessoire, sinon principal, d'un *jardin d'hyver*. Placée au milieu de la plantation, elle peut devenir même un objet intéressant pour l'œil, & lorsqu'on l'ouvre à certaines heures, produire une illusion momentanée, qui nous transporte aux plus beaux mois de l'année. On peut y joindre encore une volière, pour ajouter au charme de cette douce tromperie.

En ce genre on ne sauroit trop imiter, si la fortune du propriétaire le permet, ces portiques couverts des Anciens, qu'ils ornoient de peintures & de statues, & qui, destinés surtout à la promenade d'*hyver*, n'avoient d'ouverture que vers le sud, afin de recueillir tous les rayons du soleil. (*Voyez* MAISON DE CAMPAGNE.)

Du reste, le *jardin d'hyver* doit être situé & ordonné de façon qu'il demeure encore agréable pendant les mois les plus rians, & qu'il fasse une partie convenable de l'ensemble destiné aux autres saisons de l'année. (*Extrait de la Théorie des jardins, par Hirschfeld.*)

ICH

ICHNOGRAPHIE, s. f. Ce mot se compose de deux mots grecs, *ichnos*, vestige, & *graphè*, peinture, description.

Le mot *ichnos*, vestige, signifie non-seulement une trace en général, mais encore, en particulier, cette trace que le pied imprime & laisse sur le sol, ou sur un terrain mou : *signum*, disent les lexiques, *quod pes solo vel aliter rei molli imprimit*. Rien ne peut mieux rendre l'idée que les Anciens avoient attachée & qu'attachent encore les Modernes, dans l'architecture, au mot *ichnographie*, qui est le synonyme de plan. En effet, un plan n'est autre chose que la représentation rendue sensible par des traits ou par des couleurs, de toutes les formes, de tous les contours, de toutes les configurations qu'un édifice imprimeroit sur le sol, s'il pouvoit en être détaché, & si on le supposoit coupé horizontalement au-dessus de terre & à rase de ses fondations.

Ichnographia est le terme dont Vitruve (liv. I, chap. 2) se sert pour rendre ce que nous entendons par plan. *Ichnographia*, dit-il, *est circini regulæque modicè continens usus, ex quo capiuntur formarum in solis arearum descriptiones*.

ICTINUS, architecte grec qui vécut au temps de Périclès, & qui sous ses ordres, de concert avec Callicrates, construisit le temple de Minerve à Athènes, appelé *Parthénon*, temple dont il subsiste encore des restes considérables. Les desseins de ce grand édifice ont été donnés avec beaucoup d'exactitude par Stuart, à l'ouvrage duquel nous devons renvoyer le lecteur pour tout ce qui regarde l'architecture.

Il est de notre devoir de prévenir ici le lecteur que, dans la description donnée par nous de ce temple, au mot ATHÈNES, nous avions beaucoup trop suivi les notions incertaines & souvent trompeuses de Spon & Wheler, sur les sculptures qui décoroient les frontons de l'édifice. Nous avons en partie réparé cette erreur à l'article FRONTON, où nous avons donné une description de la composition du fronton oriental, d'après le dessin original de Nointel. L'opinion des premiers voyageurs, suivie par nous à l'article ATHÈNES, fut que les sculptures des frontons du Parthénon étoient d'une époque postérieure à celle de sa construction. Le marbre des statues qui occupoient les tympans des frontons, soit parce qu'il étoit d'une qualité supérieure, soit parce que le travail en avoit été plus fini, soit à raison de la place abritée qu'il occupoit, s'étant trouvé plus blanc que celui du temple, fit croire aux premiers voyageurs que l'ouvrage étoit d'un temps postérieur. Rien n'étoit moins vraisemblable que cette opinion, surtout en reculant, comme quelques-uns le prétendoient, l'exécution de ces sculptures au règne d'Adrien. Aujourd'hui qu'un assez grand nombre des statues, respectées par le temps dans ces frontons, a été transporté à Londres avec d'autres parties de la sculpture du temple, il est facile de reconnoître (ce que nous avons fait par nous-même) que toute cette sculpture est du même âge & de la même école. Les seules différences qu'on y trouve, tiennent au degré de perfection relative qu'exigeoit chaque espèce d'ouvrage, selon l'importance de la place qu'il occupoit. Or, il est visible que les statues des frontons sont de beaucoup supérieures aux autres objets sculptés, & il n'y a pas de connoisseur qui hésite à croire que Phidias, surintendant de tout l'ouvrage, a pu mettre la main à plusieurs de ces statues, & qu'elles auront pour la plupart été travaillées par Alcamènes, un des principaux élèves de Phidias, & qui, selon Pline, au commencement de son *Traité de la sculpture en marbre*, avoit beaucoup travaillé à Athènes pour les temples de cette ville : *cujus sunt opera Athenis complura in ædibus sacris*.

A l'époque où fut écrit l'article ATHÈNES dans ce Dictionnaire, dont le premier volume a paru en 1788, le second tome de l'ouvrage de Stuart, qui date de 1787, n'avoit pu être ni connu de nous ni consulté par nous, & nous ne pûmes tirer nos renseignemens que de sources suspectes. Nous avons donc cru devoir donner ici un désaveu formel des notions dont le temps & de nouvelles lumières ont démontré l'inexactitude.

Pour revenir à l'architecte du temple de Minerve, *Ictinus*, il paroit qu'il fut un des plus habiles de ce temps, & que sa réputation l'appela à construire les principaux monumens de cette époque. Dans ce nombre il faut comprendre le grand temple à l'initiation de Cérès à Eleusis.

Trois écrivains, Vitruve, Strabon & Plutarque, nous ont laissé sur le temple d'Eleusis, des notions qui ne s'accordent pas en tous les points.

Selon Vitruve, *Ictinus* avoit élevé la *cella* du temple de Cérès Eleusine & de Proserpine, d'une grandeur démesurée, selon la proportion dorique, & sans colonnes à l'extérieur. *Eleusinæ Cereris & Proserpinæ cellam immani magnitudine Ictinus dorico more, sine exterioribus columnis...... pertexit ou peretexit*. Vitr. liv. VII. Præfat.

Strabon s'exprime ainsi. Vient ensuite Eleusis, où existe le temple de Cérès Eleusinienne & le local aux initiations que construisit *Ictinus*...... le même qui a bâti à Athènes, sous Périclès, le temple de Minerve, dans la citadelle. Strab. liv. IX, pag. 395.

Plutarque

Plutarque (vie de Périclès) nomme Corœbus comme ayant commencé ce qu'il a appelé le telesterium d'Eleusis, c'est-à-dire, le temple à initiation, & par conséquent, sauf le changement d'expression, le même édifice que celui dont les deux auteurs précédens font honneur à Ictinus.

On peut concilier ces auteurs entr'eux, en disant qu'Ictinus avoit fait la cella, ou le mur du temple (car le mot cella s'applique à la partie des temples renfermée entre les murs), qu'il en avoit complété l'étendue (ce que voudroit dire le mot pertexuit), ou qu'il en avoit achevé la couverture (ce que signifieroit le mot pertexit). Cependant le travail d'Ictinus, borné au mur extérieur formé de pilastres doriques, n'auroit pas empêché Corœbus de passer pour le premier architecte de ce monument, considéré par Plutarque, dans le travail intérieur de la cella, puisque Corœbus auroit été le premier qui y eût élevé les colonnes inférieures jusqu'à leur architrave inclusivement.

Ainsi Ictinus doit passer pour avoir été le premier auteur du plus grand temple qu'il y ait eu en Grèce.

En 1812, la compagnie des artistes ou amateurs anglais & allemands, qui s'occupoit de faire des recherches d'antiquités dans la Grèce, a découvert sur le mont Cotylus, dans les environs de l'antique Phigalie en Arcadie, les ruines d'un temple qu'on croit être celui d'Apollon Epicurius, dont Pausanias fait mention en ces termes (liv. VIII, chap. 41) : « Phigalie est environnée, » à gauche, de la montagne de Cotylus, à droite, » du mont Elajus. Le mont Cotylus est éloigné » de 40 stades de la ville; sur cette montagne, » il y a un pays appelé Bassæ, où l'on voit un » temple d'Apollon Epicurius, dont la voûte est » en pierre. Après le temple de Tegée, c'est le » plus remarquable du Péloponnèse, pour la » beauté de la pierre & pour le mérite des proportions...... Ictinus, l'architecte de ce temple, » vivoit au temps de Périclès, & est le même que » celui qui a bâti le Parthénon d'Athènes. »

Nous avons un dessin, à la vérité peu détaillé, du temple dont il s'agit, dans un ouvrage publié à Rome en 1814, & qui contient en vingt-trois planches la représentation, gravée au trait, d'une grande partie de la frise, trouvée encore en fort bon état, au milieu de ces ruines, & qu'on voit aujourd'hui au Britisch Museum, à Londres. A la suite des dessins de la frise, sont deux seules planches contenant, avec trop peu de détails & d'explications, le plan de l'édifice, ses élévations & ses coupes. L'auteur de la courte notice placée en tête de l'ouvrage, avertit le lecteur qu'il ne doit pas s'attendre à y trouver des mesures d'une entière & minutieuse exactitude, l'objet de ces deux planches ayant été seulement de donner une idée superficielle de l'édifice, & du site où il fut trouvé. *Essendo l'oggetto per cui si sono aggiunte,*

Diction. d'Archit. Tome II.

solamente di dare una idea superficiale del tempio è del sito dove su scavato.

Voici donc à quoi peuvent se réduire les notions certaines qu'on peut recueillir dans ces dessins, sur le monument d'Ictinus.

Le temple étoit d'ordre dorique, périptère & amphiprostyle: il avoit six colonnes à chacune de ses deux faces; les flancs de l'édifice avoient quinze colonnes en comptant une seconde fois celles des angles; sa longueur étoit d'un peu moins de 200 palmes, sa largeur de 80 : en tout, il y avoit trente-huit colonnes extérieures, dont trente-six se sont conservées. L'intérieur, c'est-à-dire, l'espace compris entre les galeries du ptéroma, se composoit d'un mur, formant ce qu'on appelle ordinairement la cella. D'un côté étoit le pronaos, de l'autre l'opistodomos, ayant chacun deux colonnes. D'après le plan que nous avons sous les yeux, on passoit du pronaos dans le naos ou la cella intérieure, laquelle avoit 50 palmes de large, & offroit de chaque côté une rangée de six colonnes ioniques, adossées aux murs, ayant de fort larges bases & des chapiteaux de marbre. En face de la porte d'entrée, & au bout de la nef, on trouve une colonne d'ordre corinthien, qui sépare la nef d'une pièce dans laquelle on pouvoit entrer par une porte latérale, pratiquée dans le mur. Toutes ces particularités auroient besoin d'être expliquées & appuyées d'une critique propre à faire juger si la disposition de cet intérieur est due à Ictinus, ou si on doit l'attribuer à des temps postérieurs.

La courte notice que nous avons déjà citée, porte que tout l'édifice étoit bâti d'une pierre blanche qu'on trouve dans le pays, & ressemblant au marbre; mais qu'il n'y avoit en marbre proprement dit, que les chapiteaux ioniques des colonnes de l'intérieur, & des morceaux qui formoient la voûte.

C'est principalement sur le dernier objet qu'on auroit désiré des renseignemens plus exacts. Effectivement, Pausanias, dans l'article où il parle de ce temple, donne à entendre précisément, par la mention spéciale qu'il en fait, que ce qu'il appelle οροφος λιθου étoit une voûte construite en marbre blanc. Autrement, pourquoi auroit-il présenté cette observation sur ce temple, comme quelque chose de remarquable, si l'édifice n'eût eu rien de plus qu'un toit de charpente recouvert de tuiles en marbre ?

Quelques traducteurs avoient interprété les deux mots cités, par voûte en pierre. Winckelmann, dans ses *Observations sur l'architecture*, prétend que le mot οροφος signifie ici, comme ailleurs, & veut dire un toit couvert de tuiles en pierre : *significa qui come altrove, tetto ; il tetto di questo tempio era coperto di lastre di pietra*. Cependant, quelques lignes plus bas, Winckelmann se rétracte sur la signification exclufive du mot ὀροφος, avouant que les auteurs l'avoient souvent employé à deux fins.

Est-il bien probable, en outre, qu'on eût appelé *couverture en pierre*, λίθων ὀροφος, un toit de charpente couvert de tuiles en pierre? Une semblable couverture n'est pas réellement une couverture en pierre. Pour que cela fût, il faudroit qu'il n'y entrât que de la pierre; une telle manière de parler n'est véritablement applicable qu'à une voûte en pierre, ou à un plafond selon la manière égyptienne, composé de ces grandes dalles de pierre qui s'étendent au-dessus des galeries.

De nouveaux renseignemens sont donc indispensables pour décider s'il y avoit une voûte en pierre à ce temple de Phigalie. Si, d'après le dessin que nous avons, il étoit permis de former une conjecture, on présumeroit qu'une voûte avoit pu être construite sur la partie intérieure du *naos*, qui a des colonnes adossées à ses murs, & qu'*Ictinus* auroit à dessein renforcé le mur par ces colonnes, pour donner à la voûte un soutien plus solide.

L'objet du monument d'*Ictinus*, sur lequel il nous est plus facile de porter un jugement, est la frise, ou série de sculptures dont le temple étoit orné, & qui, au nombre de vingt-trois morceaux bien conservés, ont été transportés, & se voient aujourd'hui à Londres, dans la collection du *British Museum*.

Si *Ictinus* fut l'architecte du temple d'Apollon Epicurius, & si les ruines dont on vient de parler sont, comme on n'en doute pas, celles de ce temple, la sculpture de sa frise auroit été faite postérieurement à celle du Parthénon, & seroit du même siècle. On seroit tenté de conclure de-là que l'ouvrage doit être d'un mérite égal, ou même supérieur: il n'en est rien toutefois; le style des figures est lourd, leur proportion est courte, l'exécution est souvent incorrecte & sans goût: les sujets représentent la guerre des Centaures. Il faut qu'un ciseau peu habile ait été chargé d'exécuter les compositions d'un autre; car on ne peut s'empêcher de reconnoître dans l'invention, beaucoup de hardiesse, des mouvemens & des groupes ingénieux, & une assez grande élévation de pensée. Il n'étoit pas rare, dans l'antiquité, que l'un inventât & que l'autre exécutât. Ainsi c'étoit volontiers sur les dessins de Parrhasius, que le célèbre Toreuticien Mys faisoit ses ouvrages, & ce fut sous la dictée du peintre, qu'il avoit exécuté les bas-reliefs de la Minerve Poliade de l'Acropole d'Athènes.

Il a pu en être de même pour la frise de Phigalie, & cette observation est applicable à une très-grande quantité de bas-reliefs, ou sculptures de bâtiment, dont les idées & les compositions sont souvent supérieures à leur exécution.

IDÉE, s. f. IDÉAL.

Idée signifie, d'après son étymologie grecque, *eidolon*, & d'après la définition physique reçue, cette espèce d'image que laissent & produisent en nous les impressions des objets. Ainsi, *idée* & *image* sont, au fond, deux synonymes. Quelques métaphysiciens voudroient que l'on affectât le mot *idée* à la représentation qui se fait, dans notre esprit, de tout ce qui est du domaine moral, & le mot *image* à la représentation de tous les objets matériels ou qui tombent sous les sens. Effectivement, on dit l'*idée* du juste & de l'injuste, l'*idée* du devoir, de l'âme, de la divinité; & on n'emploie jamais, pour exprimer ces sortes de représentations, le mot *image*. Le mot *image* convient donc exclusivement à la représentation qui s'opère dans notre esprit, de tout ce qui a frappé le sens extérieur, & l'on dit avec beaucoup de propriété, *saisir & retenir les images des êtres corporels*. Cependant l'usage veut aussi qu'on puisse, en ce genre de sujet, se servir du mot *idée*; & l'on dit, indistinctement, l'*idée* ou l'*image* du soleil, avoir l'*idée* ou se représenter l'image d'un arbre, d'une figure, d'un homme, d'une statue, d'un édifice. C'est pourquoi le mot *idée* appartient au Vocabulaire des beaux-arts.

On use de ce mot dans l'architecture, comme dans les autres arts, pour exprimer l'impression que laissent dans l'esprit, les objets qui sont du ressort de l'art de bâtir; & l'on dit avoir l'*idée*, conserver l'*idée* du plan d'un monument, de son élévation, de ses ornemens, de sa figure, de son caractère.

On se sert du même mot lorsqu'il s'agit d'invention, ou de la composition d'un édifice. Dans ce genre, comme dans tous les autres, l'artiste n'invente & n'imagine qu'en faisant un tout nouveau de parties, dont son esprit a les élémens, & l'ouvrage, qui est le produit de l'invention, n'est qu'un composé, c'est-à-dire, une image nouvelle, formée de la réunion d'un grand nombre d'autres détails d'images, dont l'imagination reproduit un ensemble qui n'avoit encore été produit par aucun autre. Mais l'image de cet ensemble nouveau, il faut que l'artiste l'ait présentée à son esprit, avant d'entreprendre de la réaliser par le dessin: c'est ce qu'on appelle se faire l'*idée* d'un monument.

Une *idée* est d'autant plus claire & d'autant plus distincte en nous, que l'impression de l'objet vu a été plus vive & plus forte. Cette vivacité & cette force d'impression tiennent tantôt à la nature de l'esprit ou de la mémoire, tantôt à la longueur de l'étude. Que deux hommes, l'un attentif & l'autre léger, entrent ensemble, & restent le même espace de temps dans le Panthéon de Rome; l'un n'en rapportera qu'une *idée* confuse, l'autre en reproduira une *idée* distincte. Si l'étude & un examen long & répété de toutes les parties dont se compose l'ensemble du monument, en ont fixé dans son esprit les rapports, il en donnera une *idée* ou une image ressemblante & complète.

Il en sera de même de l'*idée* que chaque architecte conçoit de l'ensemble qu'il imagine. L'étude, la réflexion & l'habitude de combiner, lui donneront la plus grande facilité de se représenter avec netteté tout ce qu'il se propose de réaliser; & plus sa vue aura été nette, plus son *idée* aura été distincte en son esprit, & plus l'image réelle qu'il en sera, acquerra de clarté, plus elle sera facile à concevoir par le spectateur.

On emploie le mot *idée* dans les arts du dessin & dans l'art de dessiner l'architecture, comme synonyme du mot *esquisse*. Ainsi, on dit donner l'*idée* d'une composition, arrêter l'*idée* d'un projet de monument. Cela signifie, à peu près, ce qu'on appelle un *croquis*. *Idée* veut dire alors image abrégée ou réduite d'un objet, & qui suffit pour en fixer les données générales, ou en rappeler l'ensemble au spectateur.

On se sert encore du mot *idée* dans un autre sens, comme lorsqu'on dit faire d'*idée*, peindre ou dessiner d'*idée*, reproduire d'*idée*, la vue d'un monument. Cela signifie, en général, ou de réminiscence ou d'imagination; mais au fond, c'est comme si l'on disoit peindre ou dessiner, non d'après un modèle donné, ou ce qu'on appelle d'*après nature*, mais d'après le type ou l'image qu'on s'en est formé; c'est comme si l'on disoit reproduire la vue d'un monument, non d'après la réalité, mais d'après l'image que la mémoire en a conservée.

C'est par suite de cette capacité qu'a notre esprit ou notre imagination, de suppléer à la vue réelle des objets imitables, par la faculté que nous avons de nous composer, d'après l'étude de la nature, un type de formes, ou de reproduire, par la mémoire, la vue des objets (comme le paysagiste est forcé de le faire dans la peinture des scènes mobiles de la nature), que l'on a formé le mot IDÉAL, qui a deux significations toutefois assez distinctes.

La première, qui se prend ordinairement en mauvaise part, est synonyme d'imaginaire, de fantastique, de chimérique. On appliquera le mot *idéal*, selon ce sens, à tout ouvrage qui, au lieu d'être conçu & conduit selon les lois de la nature, les principes du goût & les règles de la raison & du vrai, s'annoncera comme le produit d'une imagination déréglée, qui prend ses rêves pour les inspirations du génie, & qui tombe dans le caprice pour chercher du nouveau.

La seconde manière d'entendre le mot *idéal*, est propre particulièrement aux arts d'imitation, qui ont un modèle sensible dans la nature. On oppose donc, en parlant d'imitation, le mot *idéal* au mot *naturel*. On entend alors que l'imitation naturelle est celle qui se borne à la représentation des objets & des êtres considérés tels qu'ils sont individuellement, & on entend que l'imitation *idéale* est celle qui vise à la représentation des objets & des êtres considérés d'une manière plus générale, & tels qu'ils peuvent ou tels qu'ils pourroient être.

Dans ce dernier sens, *idéal* exprime ce qui est conçu par l'entendement, ce qui est l'effet de la manière de saisir par l'esprit, les rapports des choses: car, en définitif, l'opération d'imiter, dans le sens de l'*idéal*, consiste dans des analyses, des rapprochemens, des généralisations qui ne peuvent s'opérer qu'en *idée*, & par force d'intelligence. De-là vient que l'on dit l'*idéal* d'un sujet, l'*idéal* de telle nature, l'*idéal* de la composition, l'*idéal* d'un genre, &c.; c'est-à-dire, le type caractéristique, le principe générique, la pensée sommaire, la perfection naturelle déduite de la nature interrogée dans ses intentions générales, plus que dans ses productions individuelles.

Mais toute cette théorie regarde peu l'architecture qui n'a pas d'imitation positive, si ce n'est que le système sur lequel cet art se fonde, & les principes qui lui servent de base, sont eux-mêmes des résultats de l'intelligence; & comme tout système puisé dans les lois de la nature est une production vraiment *idéale*, selon le dernier sens que nous avons donné à ce mot, l'architecture repose peut-être plus qu'on ne pense, sur un fondement *idéal*.

IF, s. m. Si les noms de *smilax* & *taxus* correspondent, comme on le croit, au nom que nous donnons à l'arbre appelé *if*, les Anciens ont souvent employé son bois à faire des statues.

Aujourd'hui, le bois de l'*if* sert à faire des meubles; on le débite encore avec assez d'avantage pour faire du *plaqué*; & il peut aussi fournir dans des intérieurs, la matière propre à la décoration qui résulte de l'emploi des colonnes en petit.

IF. (*Jardinage.*) Arbre dont les feuilles sont étroites, longues, presque semblables à celles du sapin, & rangées aux deux côtés d'une petite branche, comme les barbes d'une plume. Le vert de ses feuilles est foncé & obscur. Cet arbre vient assez bien dans toutes sortes de terres; il se plaît à l'ombre, & supporte les grands froids. On le met au nombre de ce qu'on appelle les *arbres verts*, ou qui ne quittent point leurs feuilles. Par cette raison, on l'emploie dans les jardins qu'on appelle d'*hiver*, & l'on en fait des palissades exposées au nord.

Dans les jardins du genre irrégulier, l'*if*, par le gris-foncé de son feuillage, entre dans les contrastes ou les variétés qu'on cherche à faire produire aux teintes des massifs. Le caractère sérieux de cet arbre le fait choisir encore pour garnir les lieux qui doivent porter aux idées tristes ou mélancoliques, & l'on s'en sert avec assez de propriété, autour des tombeaux ou des cénotaphes.

Dans les jardins du genre régulier, l'*if* fait quelquefois des berceaux, parce que ses jeunes branches sont très-flexibles; on le place aussi, comme garniture, en espalier, le long des murs qu'on veut masquer. Il se prête à toutes les configurations que le ciseau se plaît à lui donner. On en fait des boules, des obélisques, des arcades, &c.

IF. (*Décoration.*) On donne le nom d'*if*, dans les illuminations (*voyez* ce mot), à des bâtis de menuiserie composés d'un poteau, autour duquel s'assemblent en triangle, & par étages qui vont toujours en diminuant de largeur, des planches sur lesquelles on place des lampions. Il résulte, de l'effet pyramidal des lumières, une sorte de ressemblance avec l'arbre de ce nom, qui se termine effectivement en pyramide.

ILLUMINATION, s. f. C'est, sous le rapport de l'art, une décoration produite par l'effet des lumières.

L'art de l'*illumination* & le goût pour cette sorte de spectacle doivent avoir existé de tous temps, car l'un & l'autre tiennent à l'idée de gaieté que le contraste des lumières avec les ténèbres produit nécessairement dans l'ame du spectateur. De tout temps on a fait des feux de joie; de tout temps on a, dans des fêtes nocturnes, égayé les yeux par la multitude des lumières.

On trouveroit, s'il en étoit besoin, des exemples de cet usage dans l'antiquité. Ainsi, dans les Panathénées, il y avoit une soirée consacrée à un exercice qui ne pouvoit avoir lieu qu'aux lumières. Je parle de la course aux flambeaux. Dans les grandes Dyonisiaques, la pompe défiloit presque toujours pendant la nuit; les toits, formés en terrasses, étoient couverts de spectateurs, de femmes surtout, ayant des lampes & des flambeaux pour éclairer la cérémonie.

Plutarque nous apprend qu'après la découverte de la conspiration de Catilina & la punition des conspirateurs, Cicéron fut reconduit chez lui en triomphe, & que les rues de la ville étoient éclairées, chacun mettant des flambeaux & des torches allumées sur toutes les portes.

Ce sont là des *illuminations* naturelles, c'est-à-dire, sans art, & de la nature de celles qui ont encore lieu partout, lorsque quelque fête ou quelqu'événement excite les habitans d'une ville à éclairer leurs maisons en dehors, ou à sortir & parcourir les rues avec des lumières, comme, par exemple, cela se pratique à Rome, dans la dernière soirée du carnaval.

Mais l'art de l'*illumination* qui consiste à produire des décorations, par l'effet des lumières, ne fut pas inconnu chez les Anciens, & un trait de l'histoire d'Antoine & de Cléopâtre nous fait voir que ce luxe, connu dès-lors en Orient, ne l'étoit pas à Rome; c'est ce que prouve l'étonnement d'Antoine. « Cléopâtre, arrivée dans Tarse,
» invita Antoine à souper; le repas fut superbe,
» & la salle magnifiquement parée. Mais ce qui
» frappa le plus Antoine, ce fut le nombre & la
» disposition des lumières; elles y étoient prodiguées, mais avec ordre, formant des dessins &
» des compartimens; ici en losange, là en cercle,
» en sorte que l'effet en étoit charmant, & présentoit un très-beau coup d'œil. » (Plutarque, *Vie de Marc-Antoine.*)

Nous ignorons jusqu'à quel point ce genre de décoration a pu se répandre & devenir usuel à Rome. Chez les Modernes, il y a long-temps qu'il est en vogue, & il entre dans la plupart des divertissemens qu'occasionnent les fêtes publiques & particulières.

Le fond ou le support de ces décorations est tantôt un édifice réel, tantôt une construction temporaire, qu'on élève exprès pour recevoir l'*illumination*, qui se compose soit de lumières en transparent, c'est-à-dire, renfermées dans des corps diaphanes, soit de lampions, soit de lanternes de verres de différentes couleurs, que la lumière qu'elles contiennent réfléchit; ce qu'on appelle *illumination de couleur*.

La plus célèbre des *illuminations* sur des édifices réels est, sans contredit, celle qui a lieu pour la fête de Saint-Pierre à Rome, autour de la coupole de l'église de Saint-Pierre. Tout le dehors du dôme se trouve dessiné par un arrangement de lumières qui en répètent & en font distinguer toutes les formes & tous les détails. A cette première *illumination* en succède une autre, formée de pots à feu, dont le grand éclat fait disparoître l'effet doux & léger de la première, & en un clin d'œil, par la promptitude du service, la coupole semble changer de forme & prendre celle de la thiare pontificale.

Quant aux *illuminations* qui ont lieu sur des bâtimens temporaires, il se donne peu de fêtes publiques où l'on n'emploie avec plus ou moins de dépense cette sorte de décoration. C'est alors le fait de l'architecte, d'imaginer des monumens analogues à l'esprit de la fête, comme tantôt des temples de la paix, de l'hymen, & tantôt des arcs ou des portiques, &c., dont les colonnes, les entablemens, les formes & les détails sont exprimés par l'effet varié des lampions, des lanternes, des transparens, & autres procédés qui s'adaptent à toutes les combinaisons de l'édifice. Les vides, les entre-colonnemens & autres espaces semblables se remplissent par des lustres, des ifs, &c. L'art de ce genre d'*illumination* est d'employer des lumières plus ou moins vives, plus ou moins douces, selon la nature de chaque objet, ce qui produit, avec le mélange des verres colorés, un spectacle agréable aux yeux.

On trouve dans beaucoup de recueils de fêtes publiques, des dessins d'*illuminations* qui peuvent donner l'idée de ce genre de spectacle.

IMAGE, s. f. Synonyme d'*idée*. (*Voyez* ce mot.)

IMAGE, s. f. Ce mot signifie, au propre, la représentation d'un objet quelconque, exécutée par l'art du dessin, art entendu dans tout ce qu'il comporte & embrasse de manières propres à reproduire les objets même fantastiques.

Une *image* peut être la représentation d'un objet dénué de réalité. Tout ce que notre esprit peut se figurer au moyen de cette faculté, qu'on désigne par le nom d'*imagination*, prend des formes visibles sous le pinceau ou sous le ciseau de l'artiste. Les êtres surnaturels, à qui les nations païennes de l'antiquité attribuoient le soin & le gouvernement de la nature & des hommes, ont eu des *images* depuis les siècles les plus reculés, & rien n'a semblé, au vulgaire, prouver autant l'existence de ces êtres que les images matérielles (*idoles*) qu'ils en voyoient, & auxquelles ils rendoient un culte. De-là, le mot *image* ainsi que le grec *eidolon*, ont été pris dans une signification plus restreinte, & ont désigné particulièrement toutes les représentations qui sont l'objet d'un culte religieux.

La religion de Moïse les proscrivit, & le premier précepte du Décalogue porte une défense absolue de tracer des *images* de tout objet existant dans la nature. Cependant cet esprit d'imitation qui est si naturel aux hommes, fit admettre quelques exceptions à la loi divine, même du vivant de celui qui l'avoit promulguée. Nous voyons dans l'arche sainte & dans le tabernacle de Moïse, des *images* de chérubins, & des imitations de fleurs ou de fruits. Cette tolérance s'étendit par la suite. Dans le temple de Salomon, des taureaux de bronze soutenoient le bassin des ablutions, & dans le palais de ce même Prince, des lions d'or formoient l'ornement du trône des rois d'Israël.

Vers le même temps, le goût des Grecs, en présentant comme objet de culte les formes épurées des primitives idoles, portoit peu à peu les arts du dessin au point de perfection qu'ils acquirent, & donnoit aux *images* le plus haut crédit.

La religion chrétienne, entée sur la religion judaïque, & succédant à la religion païenne, dut être portée à exclure les *images* de son culte, & portée aussi à les y tolérer. Ennemie implacable de l'idolâtrie, elle consacra, dans les premiers temps, cette aversion pour les *images* dont Moïse avoit donné le précepte & l'exemple. Cependant, comme ce précepte ne se trouvoit point répété dans l'Évangile, & comme elle reconnoissoit un homme dieu, les premiers chrétiens ne se firent point un scrupule de représenter par des *images*, quelques objets symboliques, tels que la colombe & le poisson, emblèmes de la rédemption & du baptème, & le symbole de la croix qu'ils retrouvèrent dans la réunion de deux lettres grecques qui sont les initiales du nom du Christ, & en forment le monogramme. Enfin, on attribue à cette ancienne époque, des *images* de Jésus, des apôtres & de quelques martyrs, retracées par des incrustations en or, dans le fond circulaire des coupes de verre employées au service des agapes ou festins fraternels.

Le nombre des chrétiens augmentant de plus en plus, on avoit commencé, dès avant Constantin, à orner d'*images* peintes les salles où se tenoient les assemblées religieuses. La crainte de la profanation rendoit alors assez rare l'usage de peindre les objets de la vénération des chrétiens sur les parvis de leurs églises, c'est-à-dire, de retraites qui pouvoient être exposées aux insultes d'une populace idolâtre.

Mais, au commencement du quatrième siècle, lorsque, sous Constantin, la religion de la croix devint dominante, & que des églises formées sur le modèle, non des temples, mais des basiliques païennes, furent bâties avec magnificence & décorées avec richesse, les *images* ne tardèrent plus à y prendre place & à faire partie de leur décoration. On orna de peintures, de sculptures & même de mosaïques, l'intérieur des nouvelles basiliques, surtout cette partie située à leur extrémité, qu'on apelloit apsis (*voyez* ce mot), ou voûte hémisphérique.

Les premières *images* qui furent placées sur les autels, encore isolés, n'étoient que des ornemens qui enrichissoient la couverture des livres d'église. Ces *images*, à l'imitation de celles des *dyptiques* profanes, étoient ordinairement sculptées sur ivoire, & elles prirent aussi le nom de *dyptiques*. On en exécuta bientôt qu'on plaça perpendiculairement sur les autels, comme objets offerts à la dévotion des fidèles, & on les éleva sur des espèces de gradins qu'on plaçoit en tête des autels. Des *images* peintes y furent aussi exposées, & devinrent bientôt ce qu'on appela des *retables*, lorsque les autels cessèrent d'être isolés.

Ces tableaux conservèrent long-temps des traces de leur origine : ce que témoignoit leur division en plusieurs pans, ainsi que les charnières qui unissoient ces panneaux & qui permettoient de les fermer ou de les ouvrir, non plus à la manière d'un livre, mais à l'imitation d'une armoire. L'usage s'en est conservé jusqu'à des époques assez reculées. Des tableaux en forme de portes, exécutés par des artistes flamands, rappellent encore l'idée des anciens dyptiques.

Au reste, dans les premiers siècles qui suivirent la paix de l'Église, l'usage des *images* sacrées étoit généralement répandu. On en faisoit même des statues de ronde bosse. Les écrivains byzantins nous parlent de statues colossales de Jésus-Christ & de la Sainte-Vierge, exposées à Constantinople. La figure de bronze représentant saint Pierre assis, qu'on voit à Rome, dans la basilique qui porte son nom, est un ouvrage du sixième siècle. Elle fut faite avec le bronze de la statue de Jupiter vengeur, qu'on avoit vu autrefois dans le Panthéon d'Agrippa.

Il arriva que le vulgaire rendit à ces *images* un culte en quelque sorte idolâtrique. Cette superstition excita, dans le septième siècle, la fameuse querelle des *iconoclastes* ou *briseurs d'images*, secte hérétique qui, dans un zèle plus superstitieux encore, proscrivit tout usage des *images* sacrées, & les détruisit partout où elle put le faire.

Cette fureur appaisée, l'Eglise, principalement l'Eglise grecque, devint plus réservée dans l'emploi des *images*; elle n'exposa plus à la vénération publique des *images* en sculpture, particulièrement de ronde bosse. Dans la peinture, les Grecs se bornèrent à avoir des tableaux, où les couleurs mises à plat, & les contours dépouillés de toute entente de clair-obscur & de perspective, rendent d'une manière roide, & par un art incomplet, la forme & l'apparence des figures.

Une telle méthode ne fut point suivie en Occident. Depuis le douzième siècle, les artistes abandonnèrent de plus en plus cette manière sèche & sans imitation. On chercha progressivement à s'approcher de la vérité naturelle. La doctrine de l'Eglise bien connue, fit tenir à tous les esprits le juste milieu dans le culte rendu aux *images*. Ce culte, éloigné de la superstition, qui prend le signe pour la chose signifiée, ne fut plus regardé que comme un besoin de la foiblesse humaine, qui veut que les yeux & les sens secondent l'esprit & la mémoire, & l'aident à perpétuer les idées & le souvenir des objets de l'adoration.

A cette manière raisonnable de regarder les *images*, comme faisant partie des signes extérieurs auxquels s'attache la perpétuité des idées religieuses, est dû le renouvellement des arts, dans les temps & chez les peuples modernes. La religion chrétienne doit ainsi passer pour avoir été la mère & la cause activement productive des beaux-arts, qui, par son secours, se sont élevés au point de rivaliser avec l'antiquité. Quand tout ne se réuniroit pas pour le prouver, il suffiroit encore de considérer quel est l'état de ces arts dans les pays qui, ayant reçu la réforme, ont adopté avec elle la proscription des *images* dans les églises. Cette source tarie, l'imitation ne trouve plus que les foibles ressources du luxe des particuliers, & l'architecture, associée au sort des autres arts, voit aussi diminuer & se rapetisser toutes les occasions de produire des monumens.

IMAGO, IMAGINES. Le mot *imago*, en latin, signifie particulièrement ce que nous appelons *buste* ou *portrait en buste*. Cela résulte d'un fort grand nombre de passages, & surtout de l'emploi du mot *imagines*, pour désigner ces bustes ou portraits en cire, qui se conservoient dans l'*atrium* des maisons romaines, selon le passage de Pline à cet égard.

Il y a déjà long-temps que le célèbre Lessing combatit, avec beaucoup de sagacité, l'opinion que les *imagines pictæ* ou *expressi cerû vultus* étoient des tableaux à l'encaustique, & montra comment & dans quel sens les passages de Pline & d'Hérodien, sur ce sujet, s'expliquoient l'un par l'autre. Il a soutenu que le mot *pingere* s'employoit, non-seulement pour dire peindre des tableaux, mais aussi pour dire peindre des statues, les colorier, les orner de couleurs, & que les *ceræ pictæ* étoient des figures de plein relief, qui recevoient les tons & les couleurs de la nature.

Depuis, plusieurs critiques ont éclairci cette question, de manière à n'y laisser aucune obscurité; & enfin, M. Eichestædt a prouvé que ces *imagines* devoient être des masques de cire, propres à être placés sur le visage de ceux qui, aux funérailles, jouoient le personnage des anciens membres de la famille.

Il ne paroît pas cependant nécessaire de réduire les *imagines* conservées dans les *armaria*, à n'être que ce qu'on appelle de *simples masques*. Rien n'empêche de croire que les portraits de famille, en cire coloriée, aient été, dans les *armaria*, de véritables bustes, comprenant toute la tête, le cou & la poitrine avec draperies; & comme ces portraits avoient été coulés dans des moules que l'on avoit également conservés, probablement dans des cérémonies funèbres, on couloit un masque en cire coloriée, qui s'adaptoit sur le visage de l'espèce d'acteur qui devoit être le représentant du personnage.

Ainsi, les *imagines fumosæ* restoient en cet état dans les *armaria*. Il eût été trop déplaisant de produire en public ces masques défigurés & salis par la vétusté, & il fut bien plus naturel d'employer de nouvelles empreintes fraîchement coloriées, pour composer ce cortège des ancêtres qui, revêtus de leurs habillemens & des marques de leurs anciennes dignités, sembloient assister, par l'effet de cette illusion, & être présens en personne aux funérailles de leur descendant.

L'*atrium* étoit le local destiné à contenir les armoires qui renfermoient les portraits des ancêtres. C'étoit le privilége des nobles d'avoir ces collections de portraits : de-là les mots *jus imaginum*.

IMAGINATION, s. f. C'est une faculté de l'ame qui a la propriété de conserver, de retracer & de reproduire, soit les images des objets extérieurs, soit les impressions des sentimens intérieurs.

Comme il ne nous est possible de nous rendre compte de nos facultés morales, & des effets qui en dérivent, qu'en empruntant des signes aux êtres matériels ou corporels, le langage, ainsi qu'on l'a dit à l'article IDÉE (*voyez* ce mot), a emprunté, de la peinture des objets, ou de la délinéation des corps, les termes qui désignent ces traces incorporelles que laissent dans notre entendement ou dans notre ame, les rapports des choses, & les affections que nous éprouvons. Ainsi, nous avons vu qu'*idée* & *image* signifioient, au sens propre, la même chose.

L'*imagination*, d'après ce même système d'emprunt fait aux objets du règne physique, a été considérée sous deux rapports : tantôt on suppose qu'elle est une sorte de répertoire, où viennent se ranger & se classer les impressions produites par les objets extérieurs & les sentimens intérieurs, & dans ce sens elle participe de l'idée de mémoire ; tantôt on la considère comme une espèce de laboratoire où toutes les impressions reçues, c'est-à-dire, les images, en se réunissant, se modifiant, se combinant à l'aide des instrumens, tels que le jugement & le sentiment, viennent à produire des ensembles nouveaux & des associations d'objets propres à augmenter le nombre de nos idées ou de nos jouissances.

L'*imagination* se confond souvent avec le génie (*voyez* GÉNIE) ; cependant elle en diffère en cela, qu'elle est réellement un des instrumens de cette faculté créatrice, qu'elle est une des conditions nécessaires du principe créateur, qui lui-même est moins une faculté qu'une réunion de facultés ; & au nombre des facultés dont il se compose, nous avons reconnu que celle qui s'appelle *jugement*, est nécessaire pour tempérer l'action imaginative.

C'est surtout en architecture, que l'action de l'*imagination* a besoin de ce salutaire tempérament. Sans la faculté d'imaginer, c'est-à-dire, d'élaborer sous des rapports nouveaux les images dont il a fait une provision, l'architecte ne seroit qu'un copiste servile, qui répéteroit, sous les mêmes formes & dans les mêmes données, les ouvrages de ses prédécesseurs. Mais s'il arrive aussi que le jugement ne préside point, soit au genre, soit à l'espèce des combinaisons que fera l'*imagination*, on verra résulter de ce défaut de jugement, les deux défauts qui ont, surtout dans les temps modernes, vicié l'architecture jusque dans les élémens dont elle se compose.

Sous prétexte de faire du nouveau, on a vu l'*imagination* de quelques architectes trop célèbres, chercher à innover, non pas seulement en combinant les élémens du système sur lequel l'art repose, mais en mêlant ensemble les élémens incompatibles de différens systèmes, mais en niant qu'il y eût une raison à laquelle l'art seroit soumis dans l'emploi des formes, en intervertissant tous les principes, & en prétendant par cela que la nature ne produit pas d'édifices, qu'il n'y avoit pour l'architecture aucune nécessité de se conformer à aucune règle. (*Voyez* IMITATION.)

L'autre défaut, produit par le manque de jugement comme régulateur de la faculté imaginative, sans aller jusqu'à bouleverser les fondemens de l'architecture, se fait sentir dans la disposition des édifices, lorsque, pour faire parade d'*imagination*, l'architecte subordonne à des effets nouveaux, à des distributions pittoresques, à des emplois insolites, les besoins, les convenances & les agrémens de la construction, de l'ordonnance & de la décoration. On a déjà signalé les abus de l'*imagination* aux mots CAPRICE, ABUS, FANTAISIE. (*Voyez* encore INVENTION.)

IMITATEUR, s. m. Celui qui imite. Ce mot s'emploie sous deux acceptions. Dans son sens ordinaire, il ne comporte ni bonne ni mauvaise opinion : on dit l'*artiste imitateur*, l'*art imitateur*, &c. Dans une acception un peu détournée, il signifie le contraire d'inventeur, & il s'applique à ces artistes qui, privés des ressources de l'imagination, ne savent que se traîner à la suite des autres, & c'est d'eux qu'Horace a dit : *Imitatores servum pecus*.

IMITATION, s. f. Chaque art a, dans la nature, un modèle général & un modèle qui lui est particulier.

Il faut prendre ici le mot de *nature* dans son sens le plus étendu, c'est-à-dire, dans celui qui comprend le domaine des êtres physiques, & le règne des choses morales ou intellectuelles. Il y a dans la nature, ainsi entendue, un modèle commun à tous les arts, & dès-lors il doit y avoir des règles d'imitation qui leur sont communes. C'est ainsi qu'il y a une grammaire universelle qui comprend les lois du langage, autant que le langage, propriété de l'espèce humaine, se fonde sur quelques principes dérivant des lois de l'intelligence & des sensations ; & il y a la grammaire particulière à chaque langue ou à chaque idiome, & qui comprend les variétés & les modifications que les causes locales ou particulières impriment en chaque pays, à l'art de manifester les pensées par des sons ou par des signes.

Il n'est pas nécessaire, pour qu'un art puisse être appelé art d'*imitation*, que son modèle repose d'une manière évidente & sensible sur la nature physique & matérielle. Cette sorte de modèle n'est accordée qu'aux deux arts qui s'adressent aux yeux par l'*imitation* des corps & des couleurs. Il n'est pas nécessaire encore que tous les arts qui sont du domaine de la poésie, trouvent à se régler sur un modèle aussi facile à saisir, ou à faire concevoir, qu'est celui de l'art dramatique, auquel les caractères, les passions & les ridicules de la société semblent n'offrir que des portraits à copier. Les autres genres de poésie, sans avoir des modèles aussi clairement définis, n'en ont pas moins le privilége d'*imitation* ; seulement la nature qu'ils imitent, ou qui est le point de vue spécial de ces arts, a quelque chose de plus abstrait, de plus général, & qui exige en vue plus étendue : & ce seroit voir d'une manière bien bornée le genre d'*imitation* qui appartient au poète, que de le restreindre à ce qu'on appelle *poésie imitative*, & à ces onomatopées, où un choix d'expressions & de

sont en rapport avec la ressemblance de la chose qu'ils figurent, semble en contrefaire l'apparence.

Lors donc qu'on entend que la nature est le modèle de tous les beaux-arts, il faut se garder de circonscrire l'idée de nature dans ce qu'elle a de sensible, de matériel, enfin, dans le règne de ce qui tombe sous les sens. La nature existe autant dans ce qu'elle a d'invisible, que dans ce qui saisit les yeux. Ainsi, c'est prendre la nature pour modèle, c'est l'imiter, que de se donner pour règles, dans certains ouvrages de l'art, les règles qu'elle suit elle-même, que de scruter ses intentions dans la formation des êtres, les principes auxquels elle a subordonné son action, la direction qu'elle donne à ses moyens, le but où la fin à laquelle elle tend. Imiter ne signifie pas, nécessairement, faire la ressemblance d'une chose, car on peut ne pas imiter l'ouvrage & imiter l'ouvrier. On imite donc la nature, en faisant non pas ce qu'elle fait, mais comme elle fait, c'est-à-dire, qu'on peut l'imiter dans son action, lorsqu'on ne l'imite pas dans son ouvrage.

On a besoin de ce développement des idées que renferme le mot *imitation*, c'est-à-dire, des différentes manières d'imiter la nature, pour bien concevoir dans quel sens l'architecture a le droit de se ranger au nombre des arts d'*imitation*.

Nous avons déjà rendu compte, à l'article ARCHITECTURE (*voyez* ce mot), & nous ne redirons pas ici comment, selon les différens pays, l'art de bâtir, en suivant les indications que la nature du climat, des matériaux & des besoins donne aux sociétés naissantes, se compose un modèle qui, reposant sur de telles inspirations, peut passer pour être donné par la nature; mais nous avons expliqué aussi comment a eu lieu l'*imitation* que l'art a faite & doit toujours faire de ces types primitifs, qui, donnant à l'architecture une raison générale, la préservent de l'arbitraire & de la tyrannie du caprice. Cette sorte d'*imitation* ne peut être appliquée qu'à un système de l'art, & une fois introduite dans l'architecture, elle n'est plus le fait de l'artiste, qui ne l'imagine plus, qui n'a même d'autre mérite que celui de s'y conformer, sans y rien mettre du sien.

Ainsi, lorsque nous reconnoissons dans l'architecture grecque (par exemple), devenue celle de toute l'Europe, l'*imitation* de la *cabane* ou des types primitifs de la charpente, nous n'entendons point que l'architecte qui compose dans le système de cette architecture, soit imitateur lui-même de ces types ou de ce modèle primitif; il adopte seulement une *imitation* consacrée par toutes sortes d'exemples, par le suffrage de tous les siècles & de tous les peuples cultivés.

Nous croyons de même que tous les détails de décorations & d'ornemens, dont les modèles sont pris dans la nature, & que l'architecture fait entrer dans ses compositions, ne constituent pas davantage l'architecte imitateur, ni son art un art d'*imitation*. Il est sensible que ce sont des emprunts faits par l'architecture à l'art de la sculpture, cet art qui devient en quelque sorte son instrument, puisqu'un édifice peut, sous le rapport de l'exécution matérielle, passer souvent pour être l'ouvrage du sculpteur.

L'*imitation* qui est véritablement propre & de l'architecture & de l'architecte, qui associe l'une & l'autre à la gloire des beaux-arts, repose sur la nature, mais considérée dans les lois générales d'ordre & d'harmonie, dans les raisons qui expliquent tous les ouvrages, dans les principes auxquels elle a subordonné son action. Ainsi l'architecte imite la nature, lorsque, dans les créations qui dépendent de son art, il a suivi & rendu sensible le *système* que la nature a développé dans toutes ses œuvres.

Mais ce système ne pouvoit être découvert, analysé & appliqué à l'art de bâtir, que par un peuple initié déjà dans les secrets de la nature, & ces secrets, il faut le dire, ne furent jamais, dans les temps anciens, révélés qu'au peuple grec. Lorsqu'enchaînée, soit par le système des castes, & par conséquent des habitudes routinières, soit par la puissance des usages politiques & religieux, qui avoient fait de l'art des signes une écriture, dont l'artiste ne pouvoit changer les caractères, toutes les nations de l'Asie & l'Egypte devoient rester éternellement dans les entraves d'une *imitation* sans art, ou d'un art sans *imitation*, la Grèce seule étoit parvenue à briser les liens qui avoient aussi chez elle retenu dans une longue enfance la faculté d'imiter.

Cette faculté, qui est un don particulier que la nature a fait à l'homme, peut toutefois, comme l'exemple de la plus grande partie du genre humain nous le prouve, rester asservie au pouvoir de l'instinct, sans s'élever jusqu'à la connoissance véritable des modèles de l'art.

Mille causes tendent ou à dérober, ou à obscurcir, ou à dénaturer cette connoissance. L'œil du corps, lorsqu'il ne reçoit pas de l'étude la lumière de la science, n'aperçoit que la superficie des objets qui se présentent à lui: souvent même les essais ou les ébauches imparfaites des modèles, au lieu de lui faire apercevoir ce qui manque à leur perfection, contribuent à le familiariser avec leurs défauts. Il arrive enfin que ces images imparfaites, productions d'un art grossier, s'interposant entre la nature & la vue de l'artiste, ôtent à celui-ci la faculté de soupçonner & de désirer une perfection, dont il ne pourra plus même concevoir l'idée.

Les Grecs subirent d'abord, comme tous les autres peuples, le joug de cet instinct, & se contentèrent long-temps de ces grossières productions; mais ils furent enfin s'en affranchir. Entre les causes qui produisirent cet affranchissement, il en fut une, selon moi, très-puissante, & dont on n'a peut-être pas assez remarqué ni l'activité ni l'influence.

C'est, comme l'on sait, la religion qui a créé partout le besoin des images. De-là deux effets naturels & plus ou moins nécessaires : l'un, que les images, devenues le privilège des représentations de la Divinité, ne devoient pas être profanées par l'emploi vulgaire qu'on en feroit à de simples mortels ; l'autre, que la stabilité des croyances tenant à la fixité & à la perpétuité des signes qui en devinrent l'expression, les images divines ne devoient, une fois consacrées par l'habitude, recevoir aucune modification de la main des artistes. On conçoit encore qu'en supposant la facilité de faire participer les mortels à l'honneur des images, ces images ne pouvoient manquer de reproduire les types d'*imitation*, qui seuls avoient cours dans le pays.

Les choses furent à peu près telles dans les premiers âges de la Grèce, jusqu'à ce qu'un nouvel usage, introduit dans les institutions de ce pays, vint émanciper l'*imitation*, en multipliant les occasions de faire des statues pour des personnages qui n'étoient pas des dieux, & n'avoient rien de commun avec les êtres religieux. A une époque assez reculée, on voit naître en Grèce l'usage de faire les statues des athlètes & des vainqueurs aux jeux du stade. L'histoire nous a conservé quelques notions qui prouvent que les statues de ce genre avoient d'abord été faites selon les erremens de ce style roide & sans vie de cette manière privée d'action & d'*imitation* qui caractérise toutes les statues égyptiennes. Ainsi, selon Pausanias, qui la décrit en témoin oculaire, la statue de l'athlète Arrachion étoit représentée les jambes engagées, les bras roides & collés au corps.

Mais bientôt le genre même & la nature de ces représentations imposèrent à l'artiste des obligations nouvelles. Le besoin d'y exprimer le mouvement & la vie se fit sentir. Ajoutons que ces statues, destinées à être des images plus ou moins ressemblantes de personnages qui se présentoient à tous les regards, durent éveiller le sentiment de la comparaison & faire naître le besoin de juger entre le modèle & son *imitation*. Les jeux du stade & les gymnases devinrent ainsi naturellement des écoles, où la représentation des formes du corps humain devoit trouver les plus savantes leçons. L'art de l'*imitation* n'éprouvant plus aucune entrave qui l'assujettît dans ces sortes de représentations à des formes consacrées, contracta de plus en plus l'obligation d'étudier ses modèles & de s'approcher de la vérité.

De-là sans doute, c'est-à-dire, de cette liberté d'améliorer, par l'étude, les formes du dessin, naquit en Grèce cette *imitation* vraie de la nature, que le reste du monde avoit ignorée, & qu'avant cet usage, les Grecs avoient méconnue eux-mêmes.

Mais dès que les yeux des spectateurs eurent senti & compris la différence de l'*imitation* vraie avec l'*imitation* routinière, il devint de plus en plus difficile de maintenir le type & les formes des figures divines, dans les bornes du style primitif. Il eût été, en quelque sorte, injurieux pour les dieux, que leurs images fussent moins parfaites que celles des hommes. Il devint aussi impossible à l'artiste de ne pas porter dans les statues de divinités l'expression de la vérité, dont il avoit contracté l'habitude. Ces statues quittèrent insensiblement l'enveloppe grossière des formes sans art, & les dieux furent faits à l'instar des hommes, en attendant que le génie ouvrît à l'artiste une carrière nouvelle, celle du style idéal, qui devoit enfin affecter aux figures divines une beauté surhumaine.

Ainsi paroît s'être formée, perfectionnée & agrandie, chez les Grecs, l'*imitation* de la nature dans les arts du dessin.

Mais un tel principe ne pouvoit pas rester isolé dans des applications bornées à un petit nombre d'ouvrages. Les conséquences ou les fruits d'une cause aussi puissante devoient répondre à sa fécondité.

Dès que l'homme a aperçu quelque part la vérité, il la veut partout. Sitôt que la nature a fait sentir, en quelques parties, le charme d'une *imitation* fondée sur le vrai & sur la raison, le besoin de ce plaisir se communique aux autres arts. L'architecture, si étroitement liée à l'art du dessin, ne pouvoit pas rester étrangère à l'influence d'une semblable action.

Ce léger historique de l'*imitation* chez les Grecs, nous montre comment naquit & dans quel sens doit s'entendre l'*imitation* qui est du ressort de l'architecture. Il nous fait voir que le besoin de se conformer en tout à un modèle, ayant une fois développé les autres arts, il fut impossible que ce même besoin ne réagît pas sur l'art de bâtir, par cette puissance d'analogie qui se communique à tous les ouvrages humains. Il nous explique en même temps comment le système imitatif, sur lequel se constitua & dans lequel se développa l'architecture grecque, lui appartient exclusivement, & comment il ne pouvoit naître chez les autres peuples, qui ignorent la vérité d'*imitation* dans les représentations du corps humain.

En effet, l'étude du corps humain, dans ses applications à l'art de l'*imitation*, est peut-être l'étude qui tend le mieux à faire découvrir certains principes de nécessité, d'harmonie & d'ensemble, lesquels, transportés aux autres ouvrages de l'homme, les assimilent, sinon dans leurs formes extérieures, du moins dans les raisons, les rapports & les combinaisons de ces formes, aux ouvrages mêmes de la nature.

Or, cette vertu imitative, on est forcé de reconnoître qu'elle se communiqua, chez les Grecs, à tous leurs travaux, & que c'est son action, plus qu'aucune autre, qui parvint à mettre l'architecture au rang des arts d'*imitation*. L'étude du corps humain ayant fait apercevoir & distinguer les variétés principales de forme, de caractère & de proportion que la nature a établies entre les êtres qu'elle a créés, l'architecte trouva là une sorte de modèle intellectuel, d'après lequel il parvint à affecter ainsi aux œuvres de l'art de bâtir des qualités distinctes, qui devinrent le principe de la formation des ordres. L'esprit imitatif s'étendant de plus en plus, suggéra ces analogies ingénieuses que quelques écrivains ont rendues absurdes en leur donnant une consistance fabuleuse ou un pouvoir exagéré. On s'est imaginé qu'il pouvoit y avoir des rapports rigoureux de proportion entre le corps de l'homme & celui de l'ordre dorique, entre les coiffures des femmes & le chapiteau ionique, entre les plis d'une étoffe & les cannelures des colonnes. (*Voyez* IONIQUE.)

Ces analogies imitatives, ainsi prises & interprétées à la rigueur, sont sans doute des fables ridicules; mais l'abus que quelques-uns ont fait de certaines parties de ce *système d'imitation*, n'en détruit ni l'existence, ni la réalité. La saine théorie de l'art consiste, en ce genre, à dégager le vrai du faux, & à faire comprendre qu'y ayant des degrés très-différens dans le règne de l'*imitation*, on se trompe grossièrement lorsqu'on prétend ne donner le nom d'*art d'imitation*, qu'à celui qui a, dans la nature physique, un modèle positif & matériel.

IMITATION. Ce mot se prend assez souvent dans le sens que l'on donne au mot *copie*, lorsqu'on veut exprimer, dans un ouvrage, l'absence de cette qualité qu'on appelle *originalité*. On est copiste, non-seulement lorsqu'on reproduit formellement un ouvrage auquel on n'ajoute rien, mais encore lorsqu'on reproduit la manière de faire, de voir, de sentir, d'inventer, de composer d'un autre. Selon cette acception, le mot *imitation* désigne souvent un ouvrage, comme étant la répétition d'un autre, considéré, soit sous le rapport de la forme, soit sous le rapport du goût. *Imitation* se prend alors comme le contraire d'*invention*.

IMPASTATION, s. f. On donne ce nom, dans la maçonnerie, à un mélange factice de plusieurs matières de diverses couleurs & consistances, que l'on amalgame à l'aide de quelques cimens ou mastics, qui se durcissent, soit à l'air, soit par l'action du feu.

On emploie l'*impastation* dans quelques ouvrages de poterie, dans quelques travaux de stuc, qui tiennent à l'art de faire de faux marbres, ou des colonnes imitant les pierres-dures & rares.

IMPÉRIAL, s. m. Ce mot pourroit être venu du mot italien *imperiale*, quoique pris comme adjectif, il soit français, comme lorsqu'on dit *droit impérial, gouvernement impérial*. Mais, même dans ce sens, le mot est encore plus originairement italien que français.

De l'idée de supériorité, de suprématie & d'éminence qu'exprime l'adjectif *impérial*, est dérivé le substantif dont il s'agit, & qui signifie, soit dans une voiture couverte, soit dans un lit ou un baldaquin, la partie supérieure, celle qui couronne, qui s'élève au-dessus des autres.

Ce mot n'a guère d'autre rapport avec l'architecture, que celui qu'on lui trouve dans les plafonds qui s'élèvent au-dessus des baldaquins des autels.

IMPOSTE, s. f., vient de l'italien *imposta*, formé d'*impostaro*, & signifie ce sur quoi un arc est imposé.

L'*imposte* est à la tête d'un pied-droit d'arcade, ce membre plus ou moins profilé, sur lequel prend naissance l'arc, & d'où partent les bandeaux qui décrivent son ceintre.

L'*imposte* a plus ou moins de largeur, & reçoit plus ou moins de profils ou d'ornemens, selon le caractère de chaque ordonnance.

Quelquefois, selon le caractère le plus grave ou le plus simple, l'*imposte* n'est qu'une plinthe sans moulure; quelquefois cette plinthe aura deux faces. Dans les ordonnances plus élégantes, on lui donnera un larmier, & les moulures recevront quelques ornemens. Dans les ordonnances corinthiennes, ou du genre riche, on donne à l'*imposte* un larmier, une frise & des profils, qui sont taillés en ornemens divers.

Ainsi l'*imposte*, comme toutes les autres parties de la modinature, participe du genre & du caractère prescrit par l'ordre que l'architecte met en œuvre.

IMPOSTE CEINTRÉE. On appelle ainsi l'*imposte* qui ne profile pas sur le pied-droit d'une arcade, mais qui sert de bandeau à cette arcade, & qui retourne en archivolte. On donne le même nom à l'*imposte* qui se prolonge sur la surface concave d'une niche, d'une partie circulaire, comme dans une salle ronde ou dans une tour de dôme.

IMPOSTE COUPÉE. C'est celle qui est interrompue, soit par des colonnes, soit par des pilastres dont elle excède le nu. Telle est, par exemple, l'*imposte* corinthienne de l'église de Saint-Pierre de Rome.

IMPOSTE MUTILÉE. *Imposte* dont la saillie est diminuée, pour ne pas exceder le nu d'un dosseret ou d'un pilastre.

IMPRESSION, s. f. C'est, dans la peinture de bâtiment, une couche, un enduit de couleur posé à plat, soit sur toile, soit sur toute autre matière, & dont l'objet est de préparer la surface ainsi enduite, à recevoir les couleurs propres à ce que le peintre doit représenter ou exécuter.

On donne toujours une *impression*, c'est-à-dire, une première préparation de couleur, soit à l'huile, soit à la cire, aux bois dont se forment les lambris & les panneaux de menuiserie, dans les appartemens, & souvent encore au revers des boiseries, pour les préserver de l'humidité.

Il est peu de matières auxquelles on ne donne ainsi une *impression* quelconque. Les bois de charpente, exposés à l'air ou à l'action de l'humidité dans les ponts, les barres de fer, les travaux de tôle, les ouvrages en fer-blanc, reçoivent des *impressions* contre l'humidité, qui tantôt fait jouer & voiler les bois, tantôt oxide les métaux, ou les consume par la rouille.

IMPRIMER, v. act. C'est enduire d'une ou de plusieurs couches de couleurs, soit à l'huile, soit à la cire, soit en détrempe, les ouvrages de charpente, de menuiserie, serrurerie & autres, soit pour les conserver, soit pour les décorer.

IMPRIMERIE, s. f. C'est un bâtiment destiné à contenir & renfermer les ouvriers & tous les instrumens nécessaires à l'art d'imprimer, ou de la typographie.

INAUGURATION, s. f. A Rome, on ne construisoit ni temple, ni édifice public, que les Augures ne fussent appelés, comme dans une multitude d'actes civils ou politiques, pour donner leur avis sur l'emplacement & la construction du monument, après avoir consulté le vol des oiseaux, & fait toutes les cérémonies attachées à cette pratique religieuse.

Ainsi, les édifices publics étoient consacrés par la religion. Cette pratique s'est conservée dans le christianisme, à l'égard des lieux saints, & la cérémonie, qui s'observe en pareil cas, s'appelle *bénédiction*. Le mot *inauguration* a continué de s'appliquer aux cérémonies civiles ou politiques qui ont lieu dans l'érection des édifices profanes & souvent sont réservées à solenniser leur construction. Ainsi, les statues qu'on élève aux rois, en France, donnent lieu à une cérémonie qu'on appelle d'*inauguration*, lorsqu'on les découvre, pour la première fois, au public.

L'*inauguration* de la statue équestre restituée de Henri IV a eu lieu le 25 août 1818.

L'*inauguration* des édifices n'a lieu aussi qu'après qu'ils sont terminés ; car il ne faut pas confondre cette cérémonie avec celle de la pose de la première pierre. Du reste, il n'y a point de pratique particulièrement affectée, dans les usages modernes, à l'*inauguration*, qui n'est autre chose qu'une sorte de fête variable selon les temps, les lieux & les circonstances.

INCERTUM (*Opus*). C'est le nom d'un genre de maçonnerie employé par les Romains du temps de Vitruve, & long-temps avant lui, puisque, dans le passage où il le décrit, & que nous allons rapporter, il lui donne le nom d'*ancien* (*antiquum*).

Vitruve compare & oppose ce genre de maçonnerie à celui qu'on appeloit *réticulaire*. L'un & l'autre se composoit de petites pierres tendres, les unes, dans le réticulaire (*voyez ce mot*), taillées en forme cubique alongée, & offrant, dans les paremens, des faces quadrangulaires d'une même dimension, ce qui avoit l'apparence des mailles d'un réseau. Cette espèce de parement étoit d'un dessin fort agréable aux yeux ; mais ces morceaux, qui ne formoient ni lits, ni liaison entr'eux, devoient être entretenus par des chaînes ou des lits de briques ou de moellons, qui les retenoient dans leur position, & si ces liens ou ces contre-forts manquoient, les cubes se désunissoient & s'ébouloient facilement.

Au contraire, dans l'*opus incertum*, les paremens se composoient de moellons ou de pierres de petite dimension, irrégulières dans leurs contours, & formant liaison en tous sens entr'elles. L'ouvrage ne présentoit pas un aspect agréable ; mais cet appareil, formé de joints sans ordre, se lioit bien mieux au mortier, & au remplissage qui garnissoit l'intérieur des deux paremens.

Voici le passage de Vitruve, liv. II, ch. 8.

« Il y a deux genres de maçonnerie, qui sont
» les suivans : le *réticulaire*, & dont tous se ser-
» vent aujourd'hui, & l'antique, appelé *incertain*
» (*opus incertum*).
» Le réticulaire est celui des deux qui présente
» l'aspect le plus agréable, mais il est sujet à se
» lézarder, parce que les assises & les joints n'y
» sont arrêtés en aucun sens. Au contraire, les
» pièces dont se composent les paremens de l'*in-*
» *certum*, étant assises les unes sur les autres, &
» s'enlaçant mutuellement, forment une construc-
» tion moins agréable, mais solide. Ces deux sor-
» tes de constructions doivent être garnies, dans
» leur remplissage, avec les plus petites pierrail-
» les, pour que le mur soit abondamment saturé de
» chaux & de sable, ce qui assure sa durée, &c. »

On a long-temps appliqué le nom d'*opus incertum* à ces restes de murailles antiques, qu'on trouve dans les ruines d'un grand nombre de villes grecques ou romaines, & qui sont formées par d'énormes blocs de pierres irrégulièrement taillées, dont l'aspect offre aussi des joints incertains & irréguliers. Il paroit constant, d'après le passage qu'on vient de rapporter, que Vitruve ne donne ce nom qu'à un genre de maçonnerie formé de petites pierres, ou de moellons irréguliers dans leurs joints, & liés par du mortier.

Le même Vitruve nous donne à entendre, en disant du *reticulatum* (*quo nunc omnes utuntur*), & en appelant *antique* l'*incertum*, que le peu d'agrément résultant de ce dernier l'avoit fait aban-

Zzz 2

donner. Il paroît qu'il en sera arrivé ainsi de la construction à blocs irréguliers, qui présente également un aspect moins agréable que la construction en pierres carrées. Dans tous les cas, l'*incertum opus* de Vitruve aura été à la construction en blocs irréguliers, ce que la maçonnerie en moellons équarris fut à la construction en pierres de taille.

INCORRECTION, s. f., se dit ordinairement, dans les arts du dessin, d'un trait ou d'un contour faux, d'une manière d'imiter qui pèche par défaut de vérité & d'exactitude. Ainsi, le dessin d'une figure est incorrect lorsqu'il y manque cette justesse de forme, que donne ordinairement la connoissance de l'anatomie.

En architecture, l'*incorrection* a quelque chose de moins positif, parce que les formes qu'emploie l'architecte sont soumises, dans leurs proportions, à beaucoup plus d'arbitraire. Néanmoins, dans le langage classique de l'art, on appellera *incorrecte*, toute architecture qui pèche contre les règles reçues & adoptées par un long usage, sans qu'on puisse faire voir la raison de cette *incorrection*, sans qu'il en résulte une beauté particulière, sans qu'aucune nécessité évidente l'ait commandée. Un plan incorrect est celui qui manque de symétrie ou de parties correspondantes, ou qui sort des formes régulières, lorsqu'aucune sujétion, aucune convenance n'ont obligé l'artiste à commettre ces sortes d'*incorrections*.

INCRUSTATION, s. f., se dit de toute matière qu'on fait entrer, n'importe par quel procédé, dans une autre matière.

L'étymologie de ce mot est *crusta*, croûte, & elle indique avec clarté que les objets soumis au travail de l'*incrustation* doivent être de peu d'épaisseur, & réduits en plaques ou lames minces, comme une croûte.

L'on incruste des lames de métal dans d'autres ouvrages de métal, & une multitude de morceaux antiques nous font voir que de tout temps on avoit incrusté dans les bronzes des ornemens d'argent. On incrustoit des yeux d'argent dans les statues de bronze, des pierres précieuses dans les yeux des statues de marbre ou d'ivoire, &c.

Le travail de l'orfévrerie & de la bijouterie comporte une infinité de manières d'incruster, dans les ustensiles d'or ou d'argent, des substances précieuses, telles que des perles, des gemmes, des pierres gravées en creux ou en relief.

On incruste des bois rares ou précieux dans des bois qui le sont moins, & les meubles usuels sont faits aujourd'hui selon cette sorte de pratique.

L'*incrustation* a lieu dans un grand nombre d'ouvrages & d'objets d'ornement employés par l'architecture. Tantôt les marbres sciés & débités en plaques minces, s'incrustent les uns dans les autres, comme les panneaux de menuiserie; tantôt des morceaux ou des veines d'un marbre rare s'incrustent dans le corps d'un autre marbre, & en font une espèce de contre-façon ou de faux marbre.

Nous avons des exemples de l'un & l'autre genre d'*incrustation* dans l'antique. Vers la fin de la république, les maisons des grands, à Rome, étoient revêtues de feuilles de marbre appliquées sur les murs. Cornélius Népos nous apprend que Mamurra, chevalier romain, surintendant des bâtimens de Jules-César dans les Gaules, fut le premier qui revêtit sa maison, sur le mont Cœlius, de feuilles de marbre, sciées en morceaux grands & minces. Lépide & Lucullus imitèrent ce genre de luxe, qui s'étendit bientôt, & devint une passion chez les gens riches.

La manie des beaux revêtemens en marbre, suggéra bientôt toutes sortes de procédés nouveaux pour enchérir sur un luxe déjà suranné. Sous le règne de Claude, on se mit, dit Pline, à contrefaire avec la peinture ou des mordans, sur des marbres ordinaires, les variétés des marbres rares. *Hoc Claudii principatu inventum*. Mais, sous Néron, dit le même écrivain, on fit plus, on incrusta dans un marbre les veines ou les taches, *maculas*, d'un autre marbre. *Neronis vero, maculas quæ non essent in crustis inserendo unitatem variare, ut ovatus esset numidicus, ut purpura distingueretur synnadicus.*

Ceci avoit lieu par un véritable procédé d'*incrustation*. Ainsi, il y a tel marbre dont les variétés, ou ce qu'on appelle *les taches*, consistent en plaques plus ou moins larges & irrégulières, d'une couleur de pourpre ou de toute autre, qui se dessinent sur un fond blanc ou grisâtre. On découpoit les contours de ces *taches* colorées, & on les incrustoit sur des marbres vulgaires; de sorte que le joint se confondant avec le contour de la tache, l'œil ne pouvoit s'apercevoir de la supercherie. Ainsi, d'un marbre blanc on faisoit un marbre numidique, & le synnadique devenoit un marbre pourpré.

Le même passage de Pline nous apprend qu'on pratiquoit aussi, de son temps, ce procédé d'*incrustation*, qui fait aujourd'hui le mérite de la mosaïque de Florence, où toutes sortes de dessins sont exécutés dans des tables, avec des morceaux rapportés & incrustés de marbres & de pierres de couleur; ce qui produit une sorte de peinture faite avec des pierres dures. C'est bien là ce que signifient ces paroles: *venum & interraso marmore vermiculatis ad effigies rerum & animalium crustis.*

On pratique aujourd'hui, à Rome, un procédé d'*incrustation*, en marbre (car on peut lui donner ce nom), qui consiste à faire des colonnes de marbres précieux, avec des fragmens de dales, de plaques, ou de toutes autres figures. On découpe des morceaux de ces marbres dans les contours de leurs veines, & on les rapproche en leur donnant une légère courbure, les uns des autres, comme une espèce d'*opus incertum*, sur un noyau de colonne de pierre ordinaire, à laquelle on joint ces fragmens, au moyen d'un mastic, qu'on emploie aussi à réunir les morceaux & à les sceller entr'eux. Il y a, au Muséum du Vatican, de ces colonnes réputées être de jaune antique, qui paroissent d'un seul morceau, & qui sont pourtant un composé de parties rapportées, incrustées les unes à côté des autres; & leur effet est tel, qu'il faut être averti du procédé qui a formé ces colonnes, pour s'appercevoir de la supercherie.

INCRUSTER, v. act. (*Voy.* INCRUSTATION.)

INDIENNE (ARCHITECTURE). M. de Caylus disoit en 1763 (tome XXXI des *Mémoires de l'Académie des Inscriptions & Belles-Lettres*) : « Il
» faut espérer que des gens éclairés dans les arts
» seront quelque jour le voyage de ce grand pays
» (de l'Inde), & qu'ils auront la toise & le crayon
» à la main. Par ce moyen, ils nous mettront à
» portée de juger plus particulièrement des prodiges de la bâtisse & de la mécanique des anciens habitans de l'Inde, dont nous ne sommes
» instruits que très-généralement. Ces prodiges seront capables d'étonner l'Europe, & principalement quand on lui donnera le détail des pierres
» vidées & creusées pour former des temples de la
» plus vaste étendue & de la plus grande clarté.
» Il est vrai que ces prodiges de patience & d'art,
» malgré la grandeur du projet & la finesse de
» l'exécution, sont toujours avilis par le détail &
» le nombre excessif des petites parties. »

Depuis cette époque, l'Inde a été visitée & parcourue par des voyageurs instruits & zélés pour les découvertes. Des écrivains, tels que Niebuhr, Sonnerat, Hodges, ont rapporté de ce pays quelques dessins & quelques descriptions, à la vérité fort au-dessous de ce qu'eût exigé l'importance du sujet, mais cependant propres à donner une idée de la nature des entreprises de l'*architecture indienne*, & du goût qui les exécuta.

Enfin, dans ces derniers temps, un voyageur anglais, M. Daniel, a visité (comme le deiroit M. de Caylus) les monumens de l'Inde, la toise & le crayon à la main, & l'immense collection de vues & de dessins qu'il a rapportés, gravés & publiés, peut fournir au critique, à l'amateur & à l'artiste, tous les moyens nécessaires pour apprécier l'*architecture indienne*, en parallèle avec les autres architectures connues, pour en faire reconnoître le principe originaire, & déterminer ce qu'elle a d'original ou d'emprunté, pour fixer le caractère de son genre de construction, de son ordonnance & de son goût de décoration.

Cependant, soit que le très-haut prix du volumineux ouvrage de M. Daniel, ait nui à la circulation de ses précieuses recherches, & ait empêché d'entreprendre cette critique, ceux qui seroient le plus capables de s'y livrer, soit que l'*architecture indienne* ait un caractère d'irrégularité & de bizarrerie, qui détourne nos artistes de l'étude d'un mode de bâtir, où ils ne peuvent trouver ni modèles, ni leçons, personne encore n'a rien écrit ni publié sur cette matière.

Cet article, dans lequel nous espérions que plus d'un écrivain nous offriroit des matériaux pour ce genre de critique, sera donc encore fort loin de satisfaire le lecteur, puisqu'il ne nous sera possible de lui présenter qu'une esquisse légère, au lieu d'un ensemble de notions mûries par l'examen & débattues par de savantes controverses.

De l'ancienneté de l'architecture indienne & du principe original de cet art.

L'ancienneté des ouvrages de l'Inde & de tout ce qui tient à l'histoire de ce pays est déjà un problème pour la critique. Par ancienneté, j'entends cette priorité de date dans la civilisation, cette antériorité que quelques écrivains se sont plu à attribuer à l'existence des Hindous. Le besoin de faire des systèmes sur l'origine des peuples & de leurs arts, a toujours porté les hommes à chercher un point de départ fixe, d'où toutes les connoissances se sont répandues. On veut (& cela est assez dans la nature de l'analogie) que les peuples se soient succédés comme des générations, & de même qu'on pose un premier homme, on veut aussi poser un peuple primitif, où l'on puisse remonter pour y trouver l'origine de tous les autres, & la source de toutes les inventions.

Long-temps on a fait des Egyptiens ce peuple primitif, & c'étoit en Egypte qu'on plaçoit la tige de toutes les connoissances, de toutes les croyances, de toutes les opinions qui ont régné dans le monde. On alloit jusqu'à imaginer des rapports entre l'Egypte & la Chine.

Le commerce ayant donné entrée aux Européens dans l'Inde, les esprits se sont bientôt tournés vers l'opinion, que ce pays, couvert de monumens abandonnés, où l'on trouve la trace d'une langue plus ancienne qu'on ne parle plus, où se trouvent des livres qu'on ne comprend plus, des caractères d'écriture qu'on ne sait plus lire, & les vestiges d'une religion dont les croyances & les allégories ont du rapport avec celles de la Grèce, avoit dû être le peuple dont tous les autres peuples étoient sortis. On se figure encore que, parce que l'Inde étoit civilisée à une époque assez ancienne de la Grèce, & de ce que quelques philosophes grecs y puisèrent des notions & des systèmes, ce peuple avoit dû être le maître des Grecs, & leur avoit tout appris.

Ces opinions prirent de la consistance, en se fondant sur les incroyables chronologies, que l'ignorance des Indiens modernes produit comme les titres incontestables de leur haute antiquité. Cependant la chronologie des Hindous n'a pasupporter l'épreuve de la critique. (Voyez *Recherches asiatiques*, tome II, page 164.)

Les anciens monumens de l'Inde, qui ont induit les premiers voyageurs à donner une si haute antiquité au pays où ils se sont conservés, ne sauroient fournir aucune preuve de cette antiquité. Nulle inscription n'a encore été découverte sur cet objet, nul monument historique n'est venu déposer en faveur des traditions que la crédulité perpétue dans ce pays. Il n'existe point d'annales qui puissent rendre compte des vicissitudes par lesquelles a passé le gouvernement de ces peuples, des révolutions qu'ils ont éprouvées, des époques auxquelles on pourroit rapporter l'état de richesse & de prospérité, que fait supposer le travail d'ouvrages qui furent certainement fort dispendieux.

Tout ce qu'on sait, c'est que l'Inde a été possédée, & successivement envahie par plusieurs peuples, & que ses croyances, comme ses allégories religieuses, indiquent un mélange d'opinions, source de toutes sortes d'inexactitudes dans les recherches de la critique historique.

A consulter le goût de ces monumens, on éprouve la même disette de renseignemens. En général, les ouvrages de l'enfance d'un peuple, s'ils parviennent à se conserver, offrent, lorsqu'on les voit en parallèle avec ceux des âges postérieurs, des caractères frappans de simplicité, d'ignorance, de rudesse, qui deviennent, pour l'œil du connoisseur, des témoins de leur ancienneté. Si les monumens de l'antique Egypte ne nous fournissent que peu de matière à ce genre de parallèle, la cause en est dans l'extrême simplicité des types & des formes de son architecture, dans les causes religieuses qui fixèrent ces formes, & en empêchant tout genre d'innovation, empêchèrent aussi toute espèce de perfectionnement. D'ailleurs, les ouvrages originaux de l'Egypte & l'exécution de ses temples s'arrêtent à une époque très-ancienne, où l'Egypte cessa pour ainsi dire d'être elle-même, & où, en recevant des maîtres, elle perdit jusqu'à la mémoire de son ancienne écriture & la tradition de ses anciens rites. Encore faut-il dire, que ceux qui ont visité avec attention les monumens de l'Egypte, ont cru reconnoître à leur exécution, des différences de goût qui indiqueroient des époques successives, & qui annoncent, dans ces ouvrages, une plus ou moins grande ancienneté.

Tous les autres peuples de l'antiquité, & ceux des temps modernes chez lesquels il est possible d'examiner le cours naturel de l'esprit de l'homme dans les inventions de ses ouvrages, nous montrent une progression constante de savoir, d'industrie, d'habileté & de goût. Des degrés faciles à observer mesurent l'intervalle parcouru entre la naissance & le développement des arts; & c'est sur ces degrés, qu'à défaut d'autres renseignemens historiques, s'établit souvent la date ou l'époque des ouvrages qu'il s'agit de soumettre à un ordre chronologique.

Dans l'Inde, cette ressource manque encore absolument à la critique. Lorsque, dans les dessins de M. Daniell, on considère tous les monumens de l'Inde ancienne, tant ceux qui sont creusés dans des bancs de pierre souterrains, ou isolés en plein air, que ceux qui sont bâtis, on ne sauroit découvrir aucune indication qui porte à discerner par l'empreinte d'un goût plus ou moins simple ou d'une industrie plus ou moins avancée, quels sont ceux qui doivent dater d'une époque antérieure ou postérieure.

Naturellement on seroit porté à croire que les monumens souterrains auroient eu la priorité de date. Cependant on peut affirmer qu'on ne trouve dans ces rochers creusés, ni moins de détails, ni moins de bizarrerie de forme, ni moins de prodigalité d'ornemens capricieux, que dans les édifices *surterrains*. Peut-être même le génie fantastique des formes sans raison, & des ornemens sans motif, se prononce-t-il avec plus d'évidence encore dans les ouvrages creusés, que dans les ouvrages construits. L'on pourroit en trouver la cause dans la nature propre du travail appliqué à des masses de pierre assez tendre, pour se laisser découper de toutes les façons possibles, & assez ferme pour supporter des légeretés, des évidemens & des porte-à-faux qu'il eût été difficile de réaliser dans des édifices formés de beaucoup de pierres réunies entr'elles.

Il n'y a donc eu jusqu'à présent aucun moyen d'établir la moindre critique sur les degrés d'ancienneté des monumens de l'Inde. Ainsi, après qu'on eut avancé, sans preuve, qu'ils datoient d'aussi loin & de plus loin que les plus anciens monumens de l'Egypte, d'autres critiques ont prodigieusement rabattu de ces calculs. M. Meiners a prétendu que ces monumens ne sont que des premiers siècles de l'ère vulgaire, au temps où les Indiens avoient reçu des Grecs la connoissance des arts & des sciences. Un autre critique (M. Langlès) « est d'avis qu'on ne peut guère contester
» aux Egyptiens l'avantage d'une prodigieuse an-
» tériorité, à l'égard des Indiens, dans la civilisa-
» tion, & dans tous les arts qui tiennent à la civi-
» lisation. Il ne faudroit pas même (continue-t-il)
» remonter à des époques très-reculées, pour dé-
» couvrir celle où une partie de leurs connoissan-
» ces & de leurs arts a été portée dans l'Inde:
» Cette utile importation a dû surtout s'effectuer
» par la médiation des Abyssins, dont les anciennes
» relations avec les deux côtés de la presqu'île,
» & même avec l'intérieur du Dekan, sont à la
» fois bien connues & bien attestées.... Il suffit de
» dire que, parmi les Abyssins voyageurs, on a
» dû trouver des artistes ou au moins des espèces
» d'architectes beaucoup plus habiles, sans doute,
» que ceux de l'Inde, puisqu'ils furent employés
» & peut-être même appelés par les princes du

» pays. Ces Abyssins paroissent avoir en quelque
» idée bien vague, à la vérité, de l'art des Grecs;
» car on reconnoît dans différentes grottes, sur-
» tout dans celles d'Elora, des lignes, des orne-
» mens, des statues même, qui offrent des tra-
» ces du style grec, si altérées, j'en conviens,
» qu'il faut les chercher avec une attention toute
» particulière, & avec des yeux bien exercés.
» Ajoutons que, par l'emploi bizarre de certains
» ornemens, elles deviennent encore plus mé-
» connoissables. Qui s'attendroit, par exemple, à
» trouver des feuilles d'acanthe mal figurées &
» renversées autour de la base d'un pilier de style
» hindou, de manière que cette base donne l'idée
» d'un chapiteau corinthien renversé, &c. &c. ? »

J'ai cité ce passage, pour montrer à quel
point il est difficile d'asseoir un jugement sur l'ancienneté des monumens de l'Inde, & sur le style
original de cette architecture. Si, en effet, le
goût des excavations d'Elora différoit de celui des
autres ouvrages du même genre, il seroit assez
naturel d'attribuer à ce goût un principe étranger
à l'Inde. Mais qui ne voit que ces ressemblances
extrêmement confuses, altérées & difficiles à distinguer, dont parle l'auteur de ce passage, sont
on ne peut pas moins propres à établir ce qu'il cherche à prouver? Car sans contester le fait que des
Abyssins ont pu, dans des temps assez modernes, être
employés aux monumens d'Elora, & apporter dans
l'Inde les notions dénaturées des souterrains de
l'Egypte, de l'architecture abâtardie du moyen
âge, & de celle des Musulmans, nous demanderons à tout critique judicieux en quoi le goût d'E-
lora diffère de celui d'Eléphanta, de Salsette, ou
d'Ambola, de Mavulipouram, de Chalembrom,
de Siringam & de tant d'autres lieux.

Ne pouvant entrer ici dans aucune discussion
sur les époques que des renseignemens puisés sur
les lieux mêmes, ont pu & pourront donner à quelques monumens de l'Inde, je dirai que ces époques, quand on parviendroit à en déterminer
quelques-unes d'une manière approximative, seroient encore d'une légère importance, tant
qu'on ne pourra point parvenir à des notions positives & générales en cette matière : car lorsqu'il
s'agit de l'antiquité d'une architecture ou d'un
goût de bâtir, la preuve acquise qu'un monument
est d'une époque récente, ne prouve rien pour le
goût en général, puisque ce monument peut être
à la fois moderne & d'un style fort ancien ; car
nous voyons élever sous nos yeux des édifices,
dont le style & le goût remontent à des milliers
d'années.

La question de l'ancienneté de l'*architecture
indienne* est donc fort différente de la question de
l'époque de tel ou tel monument. Toute recherche sera incomplète sur la première question,
tant qu'on ne parviendra pas à prouver la date de
tous les monumens de l'Inde.

Nous avons déjà vu à l'article ASIATIQUE (Architecture), que toute cette partie du Globe
s'est, de toute ancienneté, fait remarquer par un
goût général pour ce que nous appelons *caprice,
irrégularité, fantaisie* & *bizarrerie*, c'est-à-dire,
par un goût auquel on ne sauroit trouver ce caractère d'imitation de la nature, qui distingue le
genre régulier du genre irrégulier. Ce goût nous
est décrit par l'idée qu'Aristophane nous donne
des tapisseries de l'Orient, des amalgames de figures monstrueuses qui s'y faisoient remarquer.
Ce goût nous est indiqué par la naissance de ce
genre de décoration emprunté de ce pays, que
Vitruve nous a si bien défini, & auquel nous donnons le nom d'*arabesque*. Ce goût nous est très-
bien connu par les monumens de la Perse, par
ceux des Arabes qui, au moyen âge, se répandirent dans le midi de l'Europe, & nous ont très-
probablement communiqué beaucoup d'élémens
de celui qui, sous le nom de *gothique*, avoit envahi l'Europe, lorsque le genre régulier a triom-
phé de nouveau par la renaissance des lettres, des
sciences & des arts, aux quatorzième & quinzième siècles.

Si les notions très-anciennes que nous avons sur
le goût qui régna de tout temps chez les peuples
de l'Asie; si la connoissance plus certaine encore
de cette perpétuité de goût chez certains peuples
de ces contrées; si la certitude où nous sommes,
que l'invariabilité est un des caractères de cette
partie du Globe; si enfin beaucoup de faits, de
documens & de traditions nous attestent que, depuis une époque très-ancienne, la manière de
voir & de faire, dans les arts, est restée la même
dans ces contrées (voyez *Descript. hist. & géog.
de l'Indostan*, par le major Rennel, *Introduction*
(au commencement), page 18 de la traduction
française), pourquoi ne conclurions-nous pas,
avec beaucoup de vraisemblance, la même chose
pour les temps qui précédent l'époque d'où partent les notions que nous avons ?

Si donc les ouvrages de l'Inde, dont nous pouvons conjecturer que la date est assez récente,
nous montrent le même goût que celui qui est
écrit dans les monumens dont nous ignorons la
date, & qu'on soupçonne être beaucoup plus ancienne, il nous est permis de croire que le même
style d'architecture existoit dans ce pays aux temps
qui précédèrent la conquête d'Alexandre, & l'é-
poque des premières communications que cette
région très-anciennement civilisée eut avec les
Grecs. Et comme dans la vérité, ainsi que la suite
de cette analyse le prouvera, il n'existe dans les
monumens de l'Inde qui nous sont aujourd'hui
bien connus, aucune espèce de rapport avec l'architecture grecque, loin de croire qu'en aucun
temps des élémens de l'art des Grecs se soient mêlés à ceux de l'Inde, nous serons portés à soupçonner bien plutôt, qu'après la chute de l'Empire
romain, ce sera le goût irrégulier & bizarre de
l'Asie qui se sera répandu en Europe, & s'y

sera propagé sous le nom d'*architecture gothique*.

A défaut de renseignemens historiques ou chronologiques sur les monumens d'architecture de l'Inde, il nous reste l'analogie du goût irrégulier qui s'y fait remarquer, avec le goût irrégulier qui domine dans toute l'Asie, l'analogie de ce même esprit de perpétuité dans les ouvrages qui distingue les hommes de ces contrées, & la vraisemblance qu'aucun principe nouveau ne s'étant mêlé à la constitution politique, civile & religieuse de l'Inde, le goût des monumens qui s'y sont conservés, fut de temps immémorial le goût des habitans de ce pays.

Si l'on cherche maintenant quel principe, fondé sur la nature des choses en cette contrée, a pu devenir celui des entreprises de l'art de bâtir, il semble qu'il faudra placer ce principe dans les premières habitudes de la vie qui suggérèrent aux hommes l'usage des habitations souterraines. L'Inde méridionale est remplie de monumens creusés, & ces monumens existent au centre comme sur les côtes de la presqu'île, & sur les côtes orientales comme sur les parties occidentales. Il faut que partout, dans cette vaste région, la nature ait offert aux premiers habitans réunis en société, des excavations toutes faites, ou la plus grande facilité pour s'en procurer, à peu de frais, de semblables.

Sans doute on pensera que les grands ouvrages d'un peuple, sous quelque forme qu'ils se produisent, ne sont & ne peuvent être que les résultats d'essais successifs & de longues habitudes. Il ne paroîtra jamais vraisemblable qu'une société quelconque s'avise, du premier coup, de se faire des temples dans des rochers creusés par une grande patience & avec beaucoup d'art; & si ces monumens, au lieu d'être le produit d'un travail simplement mécanique & qui ne demanderoit que le secours de la pioche qui exploite des carrières, annoncent au contraire beaucoup d'intelligence dans les combinaisons préliminaires qu'exige une semblable exécution, un dessin arrêté d'avance & un luxe prodigieux d'ornemens, il sera impossible de les attribuer à l'enfance d'un peuple. Il faudra nécessairement conclure de la grandeur de ces travaux, qu'ils furent précédés par d'autres moins grands & moins merveilleux, & conclure de leur étonnante multiplicité, qu'une pratique aussi généralement adoptée dans tout l'Indostan, n'a pu naître que des habitudes particulières, qui, partout & en tout genre, sont le principe des habitudes publiques.

Nous croyons donc (& ce seroit aux voyageurs à le vérifier) que les habitations souterraines, si bien d'accord avec le climat & la constitution géologique du pays, sont devenues, dans l'Inde, le principe originaire de l'art de bâtir; & lorsque nous voyons les constructions *surterraines* si bien modelées sur les ouvrages souterrains, si semblables pour les proportions, pour les formes, pour tous les détails, aux travaux que le ciseau parvint à évider dans les bancs de pierre des carrières, nous sommes forcés encore de conclure, que les souterrains furent le type & le modèle des constructions, & que par conséquent celles-ci doivent être d'une époque postérieure, dans l'ordre des travaux de ce peuple, c'est-à-dire, de la manière dont toute copie est postérieure à son original.

Je sens bien que tout ceci n'est propre qu'à rendre compte des causes naturelles qui dirigèrent les Hindous dans l'adoption du genre de monumens dont leur pays est rempli, mais que cela n'explique pas le goût qu'ils appliquèrent à la formation de ces monumens.

J'avoue en même temps que le style & le caractère d'agrément des édifices souterrains de l'Inde, paroissent impliquer contradiction avec les idées qu'on doit se faire du goût qu'inspire naturellement le besoin de creuser des monumens dans des carrières. Le même genre de travaux, dans l'Egypte, nous a paru être une des causes qui expliquent le style simple, monotone & sans détails saillans, de l'architecture égyptienne, laquelle nous paroit aussi avoir trouvé son modèle dans les souterrains.

C'est ici que nous apercevons le défaut d'une lumière chronologique dans les monumens de l'Inde, comme nous en avons une pour les monumens de l'Egypte: car ne pouvant savoir si les monumens de l'Inde, qui nous sont connus, remontent à une très-haute antiquité, & ne pouvant croire aussi que des ouvrages d'un travail aussi varié que compliqué, aient été les premiers en date dans ce pays, il ne nous reste que des conjectures à former sur les causes qui ont produit le goût d'architecture qui est particulier à ces ouvrages.

A tout prendre, il nous semble qu'on ne peut guère plus rendre compte d'un semblable goût, qu'on ne peut expliquer ce qu'on appelle *le hasard*, c'est-à-dire, ce résultat de causes inconnues ou invisibles. Or, partout où le flambeau de la nature n'a point guidé les arts d'imitation, les hommes ayant dû se laisser aller au hasard, dans ces routes innombrables que la routine & l'imagination dépourvues de règle ouvrent à l'artiste, ce seroit une peine tout-à-fait superflue, que de prétendre rechercher la cause d'un goût qui, n'ayant suivi aucune ligne tracée par la raison & la nature, n'a pu laisser aucune raison de sa formation.

Tous les autres arts, dans l'Inde, comme dans tout le reste de l'Asie, nous prouvent surabondamment que jamais l'imitation de la nature ne fut ni leur moyen, ni leur but. Lorsque ce régulateur manque aux arts qui pourroient y trouver un modèle fixe, comment auroit-il pu arriver que les hommes s'en fussent gratuitement donné un dans l'art de l'architecture; c'est-à-dire, aient subordonné leurs inventions, leurs formes & leurs détails,

détails, à un système capable de rendre raison de chaque chose?

Lorsque l'on considère la variété de tous les travaux des hommes dans les arts, quelques esprits frappés de l'impossibilité de s'en rendre raison, & frappés en même temps de ce grand nombre de peuples que nous regardons comme étrangers à ce que nous appelons le *bon goût*, la *vérité* & la *beauté*, sont tentés de tomber dans le septicisme, & de croire qu'une prévention naturelle nous aveugle en notre faveur. Plusieurs même invoquent la majorité des suffrages, & inclinent à penser qu'en ce genre, cette majorité devroit ou faire règle, ou empêcher qu'il n'y eût une règle.

Mais, en dépit de toutes ces théories, il y a une règle infaillible pour juger les inventions des peuples, en fait d'architecture & d'autres objets semblables. Il s'agit de se demander si les peuples dont on tente d'opposer le goût au nôtre, imitent la nature dans les représentations du corps humain. La réponse à cette question décide toutes les autres. Tout peuple qui a pu persister pendant un grand nombre de siècles à faire des figures sans vérité, sans proportion, sans modèle, & d'après les lois d'une routine ignorante & barbare, doit être convaincu de manquer du sentiment qui fait connoître le vrai, de l'organe qui rend le beau sensible, & de cette intelligence qui sait demander à la nature des règles dans le choix des formes, & des combinaisons qui s'appliquent à l'art de bâtir. Tout peuple qui n'éprouve pas le besoin de se conformer à la nature, ignore donc les arts d'imitation, & tout ce qu'il produit, procède du principe de ce goût irrégulier (*voyez* IRRÉGULIER), enfant d'un instinct ignorant, comme le goût régulier est le produit d'une raison savante. C'est ce que va nous prouver l'analyse de l'art de bâtir des Indiens, considéré dans sa construction, dans son ordonnance & sa décoration.

De l'architecture indienne, considérée dans le genre de sa construction.

Le nom de *construction* semble ne pas trop convenir au plus grand nombre des ouvrages de l'*architecture indienne*. Ce mot exprime, en effet, un ouvrage composé, ou de divers matériaux, ou de morceaux rassemblés. Or, la plupart des monumens de l'Inde étant des souterrains, c'est-à-dire, creusés dans des bancs de pierre, ou étant des rochers isolés & façonnés extérieurement par le ciseau, ce n'est qu'improprement qu'on appelleroit *construits* de tels édifices. Nous nous servirons toutefois de ce mot, comme nous le faisons à l'égard de toutes les autres architectures, pour exprimer cette partie mécanique qui, dans l'art de bâtir, se distingue de l'ordonnance & de la décoration.

On trouve que les monumens de l'antique architecture de l'Inde se divisent, sous le rapport de leur construction, en deux classes; ceux qui, comme on vient de le dire, ont été travaillés à même la pierre, dans des bancs de carrière, ou dans des roches isolées, & ceux qui ont été construits de divers matériaux, sur des plans plus étendus, & dont les principaux objets sont ces tours appelées (assez improprement) *pagodes*, qui ornent les enceintes des édifices sacrés dont elles font partie.

Tous les voyageurs ont parlé avec une très-grande admiration de la première classe de ces monumens, qui paroissent avoir effectivement, quand on les considère dans l'exécution de tous leurs détails, demandé un grand fonds de patience & un assez grand laps de temps.

Nous ne croirons pas cependant, avec plusieurs de ces voyageurs, qu'il ait fallu des siècles pour terminer même les plus grands de ces ouvrages. Ici, l'on s'est fait illusion, premièrement sur la difficulté du travail, secondement sur la dimension des monumens, troisièmement sur leur décoration & la multiplicité de leurs ornemens.

Quant à la difficulté du travail, on ne fait pas assez d'attention à certaines considérations qui en diminuent de beaucoup le merveilleux. L'habitude de voir des bâtimens composés de matériaux rassemblés & de pierres taillées, nous rend peu sensibles au mérite & à la difficulté de ce genre. Il me paroît pourtant certain que ce seroit pour cette sorte d'édifice, que l'on devroit garder son admiration, & je ne doute pas qu'il n'y ait sans comparaison plus de savoir & de travail, dans les combinaisons d'un édifice construit en pierres, tant au dedans qu'au dehors, que dans ces souterrains dont on vante la difficulté & qui toutefois n'exigèrent qu'un travail d'instinct, un art borné, & ne présentent ordinairement que la moitié de ce qu'offrent nos édifices, puisque tantôt c'est un rocher façonné en dehors avec un très-petit intérieur, tantôt un intérieur perforé sans aucun travail extérieur.

Pour bien apprécier la difficulté de ces travaux, il faudroit ensuite être mieux instruits que nous ne le sommes jusqu'à présent, sur la nature de la pierre dans laquelle les monumens ont été creusés. A cet égard, nous n'avons que des notions peu certaines; mais les dessins de M. Daniel nous en disent assez pour que nous ne soyons pas dépourvus de tous moyens de critique. A la vérité, je trouve dans une note de la dissertation sur les ruines de Mavalipouram (tome I de la *Traduction des Recherches asiatiques*), que M. Daniel dit des rochers auxquels les anciens Hindous ont donné des formes architecturales, extrêmement curieuses, tant au dehors que dans la partie intérieure, creusée pour le culte religieux, que ces rochers sont composés d'un granit très-dur & compact. Mais une autre note de la même Dissertation nous apprend que le P. Paulin de St.-Barthelemi dit des sept pagodes (c'est ainsi qu'on appelle, sur la côte de Coromandel, les monumens de Mavalipouram), *ces temples ont été creusés avec le pic dans le roc vif*. Or, qu'est-ce qu'il entend par *roc vif*? La roche vive ne peut pas être sculptée. La plupart de ces masses isolées ont pu être dégagées & rendues isolées, quelle que fût la matière; mais quant au travail d'outil qui en a façonné extérieurement les formes, les contours & les zônes, il n'est guère probable que cela ait pu s'exécuter sur de la roche vive. Ce qu'on peut conjecturer, c'est que la matiere en est une pierre fort dure. Or, quand on lui supposeroit la dureté du marbre, on ne voit pas que ces monumens, tous d'une assez petite dimension, aient exigé plus de peine à sculpter en bloc, que si on en avoit travaillé les détails à part.

Les monumens d'architecture de l'Inde qui ne sont pas ce qu'on doit appeler *construits*, peuvent, comme on l'a dit plus haut, se diviser en deux classes : ceux du genre dont on vient de parler, & ceux qui sont creusés dans des bancs de pierre. Les premiers, tels que les sept pagodes de Mavalipouram, sont de grosses masses de pierres, comme on en rencontre dans beaucoup de pays, plus ou moins engagées dans la terre, plus ou moins contiguës avec d'autres masses semblables. Le premier soin de ceux qui voulurent façonner ces masses, fut de les dégager, de les isoler, d'applanir le terrain autour d'elles. Dans certains endroits, on a isolé exprès certaines masses semblables, en taillant la pierre à l'entour, en pratiquant des routes ou des allées qui les environnent. Ces masses ont ensuite été sculptées extérieurement, au gré de leur primitive configuration, quelquefois en forme circulaire, à un seul étage, quelquefois pyramidalement & par zônes irrégulières, & dans le goût des tours pyramidales des pagodes construites. Nul ordre ne règne dans les dispositions respectives de ces masses entr'elles, parce qu'il a fallu les laisser où la nature les avoit placées : aussi ces sortes d'ensemble n'offrent-ils rien de régulier ni dans le plan, ni dans la forme extérieure. Ces édifices offrent un très-petit intérieur, creusé à même la masse, & rappellent assez les monolythes de l'Egypte, qui eurent toutefois cela de plus extraordinaire, que plusieurs furent taillés dans des blocs de granit, & qu'ils furent transportés (comme Hérodote nous l'apprend) à des distances considérables. Du reste, il paroit que s'il y eut entre l'Inde & l'Egypte quelques ressemblances, on les trouve dans la conformité de goût relatif à l'art de creuser des monumens dans des carrières, & d'exploiter les masses de pierre découverte, en les travaillant sur place. Mais conclure de cette conformité à des communications politiques ou commerciales, nous paroit une conjecture sans fondement. Ce qui seroit plus évidemment hypothétique encore, ce seroit de prétendre inférer d'une ressemblance de pratique, une ressemblance de goût dans l'art de bâtir, ou l'architecture : car rien ne ressemble moins au style de l'architecture égyptienne, que le style de l'architecture indienne, & la suite nous montrera qu'excepté ce qui tient au procédé d'excavation, l'une est pour ainsi dire le contraire de l'autre.

Les voyageurs, ainsi que nous aurons occasion de le répéter, ont beaucoup trop vanté les entreprises des Indiens, en mettant les tours de leurs pagodes au-dessus des pyramides d'Egypte. Ils ont aussi exalté avec excès les travaux d'excavation des monumens de l'Inde. Les dessins que M. Daniel nous a donnés de ces ouvrages, & les vues des carrières où ils ont été fouillés (surtout à Elora, où l'on trouve la plus nombreuse réunion de ces sortes de travaux), les dimensions fort médiocres du plus grand nombre d'entr'eux, leur peu de hauteur, ainsi que nous allons le montrer d'après les mesures du dessinateur anglais; tout concourt à rabaisser beaucoup l'opinion qu'on peut prendre des difficultés de ce genre d'entreprise.

1°. Si nous consultons le genre de matière dans laquelle ont été excavés les monumens d'Elora, nous voyons que l'espace d'une lieue à peu près qu'occupe la montagne où ils sont situés, est rempli de bancs de pierre d'une plus ou moins grande profondeur, & dont la hauteur, ainsi que l'étendue, sont devenues la mesure des plans & des élévations de l'architecte. Or, de ce seul fait, que des bancs de pierre horizontaux ont donné la matière de ces excavations, on doit déjà conclure que cette matière n'est ni du granit, ni de la pierre de roche, mais que ce doit être une sorte de pierre calcaire plus ou moins dure. Ainsi s'évanouiroit une bonne partie de ce merveilleux : car il n'est pas plus difficile d'exploiter des carrières pour en faire des souterrains, soutenus par des piliers qu'on sculpte à même la masse, que de les exploiter pour en tirer des matériaux dont on compose des édifices.

2°. Il faut consulter les plans fort exacts que nous avons de ces intérieurs, pour se faire une idée juste du mérite & de la hardiesse de leur excavation. Voici, à cet égard, le résultat des mesures que M. Daniel nous donne sur l'étendue de ces salles à Elora, & nous ne trouvons nulle part de plus grandes dimensions, que celles dont on va rendre compte.

Ce qu'on appelle, dans les nombreux souterrains d'Elora, le *temple de Diagannátha*, a

Pour la largeur extérieure de la grotte	57 pieds anglais.
longueur intérieure	54
largeur intérieure	20
hauteur	15
hauteur des piliers	11

Temple de Parocoua	longueur intérieure	55 pieds anglais.
	largeur	25
	hauteur	8
—— de l'Adi-Natha	longueur	45
	hauteur	9
—— d'Indra	profondeur	54
	largeur	44
	hauteur	27
	hauteur des colonnes	22
—— de Doumar-Leyna	longueur	55
	largeur	18 6
	hauteur	16 10
—— de Djenonaßa	largeur	11
	hauteur	11 2
Autre temple	longueur	111
	largeur	22 4
	hauteur	15
—— de Mahadeo	longueur	68
	largeur	17
	hauteur	12
—— de Ramichouer	longueur	90
	hauteur	15
—— Kailaça	profondeur	88
	hauteur	47

Le temple souterrain d'Éléphanta, près du port de Bombay, a 130 pieds anglais de long, 110 de large, & la hauteur de l'intérieur est de 14 pieds ½.

La grotte d'Ambola, dans l'île de Salsette, est un temple qui a 28 pieds en carré, soutenu par 20 piliers de 14 pieds de haut.

Il seroit inutile de multiplier ces citations. Partout où le terrain & les bancs de pierre ont permis des excavations, on a creusé, comme partout le monde on creuse dans des carrières, & nous voyons que le moyen terme de la hauteur de ces monumens est de douze à quinze pieds. Dès-lors disparoît la plus grande partie du merveilleux dont les récits des voyageurs ont voulu nous donner l'idée.

Ainsi, quant à ce qu'on peut appeler *art* ou *science de la construction*, non-seulement l'*architecture indienne*, dans le plus grand nombre de ses ouvrages, qui sont des souterrains, ne peut être mise en parallèle avec les ouvrages des autres peuples, mais même elle ne peut être censée avoir eu une construction : car ce n'est pas construire que creuser des bancs de pierre, & si c'est une industrie, il n'y en a pas de plus simple. Ceci, comme on l'a déjà dit, s'applique aussi aux monumens taillés à même la masse, dans des blocs ou des amas de pierre extérieurs ou découverts.

Il est un autre genre de monumens dans l'Inde, qui ont exigé l'art ou la science de la construction. Je parle de ces édifices composés d'une grande enceinte (autrement dit des *pagodes*), dans le circuit intérieur ou extérieur desquels s'élèvent de hautes tours pyramidales, que bien des écrivains, sur la foi de quelques voyageurs, & quelques voyageurs aussi, tels que Sonnerat, ont mis non-seulement au niveau, mais encore beaucoup au-dessus des pyramides de l'Egypte. Mais l'hyperbole de ces parallèles se démontre & se trahit soi-même.

D'abord, il est assez généralement vrai que ces édifices, les seuls qui aient quelqu'élévation dans l'Inde, sont de forme pyramidale. Mais, par ce mot, il ne faut pas entendre que ce soient vraiment des pyramides. Le plus grand nombre resembleroit de préférence à ces clochers gothiques, bâtis en pierres, qu'on trouve en Allemagne surtout. Leur empatement est peu considérable, & comme ils sont bâtis de fond, leur construction n'offrit rien de difficile. Quelques-unes de ces constructions, comme celle de Madourch, paroissent avoir été faites pour la simple parade. Cette dernière n'a que soixante pieds de haut, & tout ce qu'on peut y trouver de particulier, c'est la multiplicité des petits objets sculptés de haut en bas, & qui rappelle parfaitement le goût gothique : car ces édifices pyramidaux sont fort éloignés d'offrir ces variétés de masses & par conséquent de construction, qu'exigent les septizones de l'architecture grecque ou romaine.

Sonnerat, dans son *Voyage aux Indes orientales*, tome I, page 217, nous donne une idée juste de la nature & de la valeur de ces constructions : « Autour des temples les plus renommés, » dit-il, sont des murs d'enceinte épais & très-» élevés. Chaque face offre communément une » porte surmontée d'une tour pyramidale, appe-» lée *cobrom*, que couronne une masse arrondie » & d'une grosseur prodigieuse. Ces tours, plus » ou moins hautes, sont chargées de figures, &c. » Quoique Sonnerat n'en ait pas donné les mesures, il est facile de voir, par les dessins, que ces tours pyramidales ne sont guère plus hautes que celles de Madoureh, & qu'elles ressemblent très-peu à une pyramide proprement dite.

La forme pyramidale est plus sensible à la pagode de Chalembrom, si nous en croyons un dessin qui paroît exact avec une échelle, dessin rapporté par M. de Caylus, tom. XXXI, *Mémoires de l'Académie*, page 45, & qui est de M. Durocher de la Perigue. La masse pyramidale dont il s'agit, s'élève également au-dessus d'une des portes de l'enceinte de cette pagode. Ces portes sont percées dans un massif haut de trente-deux pieds, & qui semble servir de soubassement au corps pyramidal qui les surmonte. L'ensemble de ce monument, d'après les différentes mesures des voyageurs, ne peut pas s'élever à plus de cent vingt pieds, & la base de la pyramide auroit environ quatre-vingts pieds de large. Cette masse ne se termine pas en pointe, & offre, au contraire, à son sommet, une plate-forme de trente-six pieds de lage. Du reste, les quatre faces de la pyramide sont inégales; leurs façades latérales sont beaucoup plus étroites que les deux autres.

On rapporte ces détails pour faire voir combien, sous tous les rapports, il y a de différences entre ces tours pyramidales & les pyramides de l'Egypte; & quant à ce qu'il a plu aux voyageurs d'appeler des étages dans la plupart de ces monumens, nous verrons, dans l'article suivant, que ce ne sont le plus souvent que des bandes d'ornemens.

Pour abréger cette discussion, nous passerons de suite à la mention du plus grand de ces monumens dans l'Inde, la pagode de Tanjaour, que lord Valentia (*Voyage and travels in India*, tome 1, page 556) regarde comme le plus beau modèle d'édifice pyramidal qu'on puisse voir dans tout le pays, qui, dit-il, étonne les regards & justifie le surnom de *grande* sous lequel on désigne cette pagode. Elle a deux cents pieds d'élévation, en comptant sa base, c'est-à-dire, qu'elle égale, en hauteur, les tours de Notre-Dame. Elle est assise sur un soubassement carré de plus de quarante pieds de haut. Elle se termine par une plate-forme que surmonte une espèce de petite masse en coupole. Toute cette masse pyramidale s'élève par petites retraites, au nombre de douze, c'est-à-dire, forme douze bandes diversement sculptées. La construction de ce monument, dit M. Hodges, a été fort simple; il a suffi d'y entasser pierres sur pierres, & la forme pyramidale & par retraites a singulièrement facilité les moyens d'exécution.

Au reste, il ne faut pas croire que ces monumens, dont le massif est de maçonnerie, aient exigé de prodigieux efforts dans la taille & le transport des matériaux. Plus d'un renseignement sur la construction des édifices de l'Inde tend à rabaisser l'idée qu'on peut s'en faire, beaucoup au-dessous de l'opinion qu'on a de la construction des pyramides d'Egypte.

Ainsi, les voyageurs sont d'accord qu'à Chalembrom, par exemple, les masses pyramidales dont on a parlé, ne sont construites que jusqu'à la hauteur de trente pieds, en pierres de taille. Tout le reste de la construction, jusqu'au sommet, est en briques. Ce massif est revêtu d'ornemens incrustés, soit en pierres, soit en terre cuite, laquelle est recouverte de ce ciment blanc, nommé dans le pays *tchouna*. Il en est de même à Madoureh. Il n'y a bâti en pierres de taille que le premier étage de la masse pyramidale. Le reste des zones supérieures est en briques, revêtues du ciment dont on vient de parler.

Tous les voyageurs, toutes les descriptions & tous les dessins que nous avons des monumens construits de l'Inde, sont d'accord sur un point; c'est qu'on n'y trouve aucune indication de voûte, aucun reste de partie cintrée ou d'arcade. Ici, comme en Egypte, on voit que l'art de bâtir, né dans des souterrains ou dans des excavations de carrière, qui ne présentent jamais que de véritables plafonds, c'est-à-dire, des couvertures horizontales, a reçu de ce type originaire, des habitudes qui ont singulièrement contribué à rétrécir la forme & les dimensions des intérieurs. De-là, la multiplicité des piliers ou supports, destinés à soutenir les pierres horizontales, qui constituent exclusivement & d'une manière toujours uniforme l'art de couvrir, & ne purent jamais suggérer celui des voûtes.

Nous lisons dans quelques descriptions, que certaines allées de colonnes ont, pour couverture plate, tantôt des briques liées ensemble par un ciment impénétrable à l'eau, tantôt des cailloux qui forment, avec ce ciment, des plafonds fort solides. Or, de pareilles couvertures ne peuvent avoir lieu, qu'avec de petites dimensions & dans une très-moyenne portée. Du reste, tous les intérieurs sont plafonnés par d'énormes pierres posées à plat, & qui portent, par leurs deux extrémités, sur les colonnes ou sur les chambranles, selon qu'elles servent de plafond aux salles, ou de linteaux aux portes d'entrée.

On voit que toutes ces pratiques, nées de cet instinct qui dispense d'art & de science, sont restées, dans l'Inde, beaucoup au-dessous de ce qu'elles furent en Egypte. Dans ce dernier pays, la science de la construction fut bornée sans doute par la force des habitudes & par l'empire des institutions. Mais quoique rien dans les opérations de la coupe des pierres ne s'y fasse remarquer, cependant on est contraint d'y admirer une grande habileté dans l'emploi des matériaux, dans la méthode de joindre les pierres & dans la justesse de l'appareil. Les monumens de l'Inde déposent, au contraire, d'une fort grande ignorance en ce genre. On diroit que les architectes de ce pays n'auroient visé qu'à se passer de l'art de tailler &

d'appareiller les pierres. Habitués (comme on l'a vu) à des monumens d'une très-petite élévation dans leur intérieur, il ne leur fut pas difficile de trouver & de rassembler des blocs de pierre, pour former d'un seul morceau les supports de leurs plafonds, & c'est ainsi que nous voyons, dans l'ouvrage de M. Daniel, qu'a été construit un des plus grands & des plus beaux intérieurs que l'on connoisse parmi les monumens de l'Inde, & ce qu'on appelle, à Madoureh, le *tchoultry*, assez longue galerie, qu'on croit avoir été un hospice, & où brille le plus grand luxe de décoration. Elle est formée d'une réunion de piliers qui, au lieu d'avoir été construits, sont tout simplement de grosses pierres d'un seul morceau, lesquelles ont été transportées & enfoncées en terre, puis sculptées en place, à l'instar des piles des souterrains. Quelques critiques pensent que cet édifice n'est pas d'une fort grande antiquité. S'il en est ainsi, son genre de construction ou le système dans lequel il a été bâti, prouveroit mieux que tous les raisonnemens, comment les pratiques usitées à l'égard des monumens souterrains, se sont perpétuées dans l'Inde, comment elles furent appliquées à la construction des édifices postérieurement élevés, & comment l'art de bâtir en ce pays, n'auroit été que l'héritage des grossières pratiques de l'instinct primitif & de l'habitude.

De l'ordonnance & du goût de décoration de l'architecture indienne.

On réunira ici, sous le nom d'*ordonnance*, deux choses que l'on distingue dans l'architecture régulière : savoir, la disposition qui consiste dans l'emploi de ce qu'on appelle *les ordres*, & ensuite l'invention même des ordres ou des différens genres de colonnes, qui sont les modes que l'art emploie pour donner à chaque édifice un caractère particulier, une physionomie propre, suivant le genre de sa destination, suivant l'effet qu'on veut lui faire produire, & les impressions qui doivent résulter de cet effet.

L'ordonnance entendue dans un sens encore plus général, signifie la composition d'un bâtiment & l'arrangement de toutes ses parties. A dire vrai, ce mérite ne brille & ne se fait remarquer que dans les pays où l'art de l'architecture s'applique avec toutes les variétés qu'il comporte à tous les genres d'édifices, qui entrent dans les nombreux besoins d'une société, & ces besoins comprennent une multitude d'établissemens publics affectés à toutes sortes d'usages, aussi bien que les palais des grands ou des riches, ou les demeures des particuliers qui, selon le rang, la fortune ou le goût de ceux qui les font bâtir, comportent toutes sortes de dispositions. C'est dans les dispositions variées de chaque genre d'édifices, que se montre le génie de l'ordonnance dont on parle.

Les Grecs & les Romains ont porté très-loin cette partie importante de l'architecture. Nous ne saurions en douter, soit par la nature même de leur art, qui fut un résultat des plus ingénieuses combinaisons, soit par la connoissance que l'histoire nous donne de toutes les sortes d'entreprises variées, qui entroient dans les besoins de leurs villes, soit par les restes multipliés des édifices qui se sont conservés, édifices où l'on découvre les ressources de l'esprit le plus inventif dans la combinaison des parties, des masses, des ordres, & des ornemens applicables à chaque objet.

Rien de semblable ne se présente à nous, dans l'examen & l'analyse qu'il nous est possible de faire de l'*architecture indienne*, d'après les dessins qui sont sous nos yeux.

D'abord, il paroit assez constant que tous ces anciens monumens dont nous avons déjà parlé, soit ceux qui furent creusés, soit ceux qui furent construits, ont eu tous une seule & même destination, & que cette destination fut religieuse. Quoique des traditions populaires aient autorisé des voyageurs à donner le nom de *palais* à certaines de ces ruines, les critiques les plus récens, & par conséquent les plus instruits, s'accordent aujourd'hui à penser que ce furent des temples, & les figures des divinités qu'on y trouve partout sculptées, ne permettent guère d'embrasser une autre opinion. Dès-lors on peut affirmer que les architectes de ces temples, astreints à certaines routines consacrées, ne furent jamais libres de donner un essor à leur génie, quand le système des castes, propre encore à perpétuer l'uniformité de pratiques, n'eût pas suffi pour y éteindre toute faculté inventive.

Rien ensuite ne fut moins propre au développement du talent de la disposition, ou de l'ordonnance en architecture, que l'usage des édifices souterrains qui prescrivent la plus grande économie de variété dans les plans, qui ne permettent que des élévations très-bornées, & ne se prêtent à aucune de ces conceptions que le goût de l'architecte se plait à former, quand il dispose du terrain, de l'espace, des matériaux & des moyens qui les rassemblent. Aussi rien de plus monotone, rien de plus privé de combinaison, que les temples souterrains de l'Inde. S'il y a de l'art, c'est un art resté aux élémens, & borné à l'action de l'instinct.

Cette influence de l'instinct, principe de toute méthode routinière, se fait sentir de la même manière sur ces pagodes construites dans des plans également uniformes. C'est toujours un grand mur d'enceinte, avec des portes, au-dessus desquelles s'élèvent les tours qu'on a déjà décrites. L'intérieur de ces enceintes est irrégulièrement rempli de petites chapelles, de petits bâtimens placés sans symétrie, sans correspondance entr'eux, tous inégaux dans leurs formes & leurs dimensions. Sans doute il y a des diversités entre les plans de ces monumens; mais rien n'indique que le goût de l'architecte les ait dictées, rien ne montre qu'elles aient eu pour objet ou pour but de plaire aux yeux.

On est toujours tenté de croire que l'habitude de sculpter les masses de pierre isolées, telles que le terrain les offroit à l'artiste, auroit accoutumé les yeux à cette espèce d'irrégularité de masses & de bâtimens incohérens, dont se compose l'ensemble des pagodes construites.

Avant de prononcer maintenant sur ce que peut être, dans l'*architecture indienne*, l'ordonnance considérée comme emploi de ce qu'on appelle *les ordres de colonnes* appliquées aux édifices, il faut examiner si cette architecture a eu, je ne dis pas des ordres, mais même des colonnes proprement dites.

Ces deux choses sont distinctes. Par exemple, l'Egypte a employé avec un luxe prodigieux, des colonnes diversement sculptées & ornées de chapiteaux fort différens. L'emploi irrégulier que les architectes égyptiens firent de chapiteaux dissemblables, dans la même ordonnance, prouveroit seul, quand bien d'autres raisons ne le seroient pas croire, que l'idée d'ordre, telle que les Grecs l'ont conçue, comme un ensemble constant, raisonné & invariable de formes, de proportions & d'ornemens, mis en rapport avec un caractère déterminé, n'entra jamais dans le système de l'architecture égyptienne. Cependant on trouve en Egypte un emploi de colonnes régulièrement espacées; on y trouve la pratique constante d'une base, d'un fût & d'un chapiteau, dont les rapports sont presque partout les mêmes. On peut classer les colonnes de l'Egypte, non pas en différens ordres, mais en différentes espèces, qui se font reconnoître & remarquer dans tous les monumens, par certains caractères, toujours les mêmes, de chapiteaux, d'ornemens, de configurations tirées la plupart de l'imitation de quelques plantes.

Dans l'Inde, on ne sauroit dire quelle forme, quelle proportion, quels ornemens constituent la manière d'être générale, des supports qu'on appelle *colonnes*. Si l'on examine ces supports, dans les édifices souterrains dont nous avons dit que la hauteur étoit très-peu considérable, on y voit quelquefois des piliers hexagones, sans base, sans chapiteau, sans ornemens (voyez *le temple de Visouakarma*, à Elora), quelquefois des piles carrées, surmontées d'une sorte de plateau long, ou *de semelle*, comme dans la charpente. Le plus grand nombre de ces supports se compose de trois parties: savoir, un piédestal carré, qui prend à lui seul plus de la moitié de la hauteur totale, une petite portion de fût, si on peut lui donner ce nom, qui semble être plutôt le piédouche d'un vase que le corps d'une colonne, & sur lequel s'élève une sorte de chapiteau fort difficile à définir, qui tantôt reçoit un plateau, tantôt en reçoit deux. Toutes ces formes ramassées ont sans doute été inspirées par le besoin de mettre de la variété dans des supports, qu'on a vu n'avoir guère plus de dix à quinze pieds. Et voilà ce qui a empêché qu'il ne se formât de colonne (proprement dite) dans cette architecture.

Maintenant quelques règles, quelques méthodes s'étoient-elles introduites en cette partie? On peut consulter les dessins que M. Daniel nous a donnés de tous les temples d'Elora, où se trouve la collection la plus ample de tous ces genres de support, & l'on se convaincra que rien de semblable à ce qu'on peut appeler des règles, n'entra dans une sorte de travail qui, à vrai dire, n'en comportoit pas. Des règles ne se fondent que sur des principes. Les principes d'où elles dérivent sont les raisons, soit de nécessité, soit de convenance, qui rendent telles ou telles formes obligatoires, & imposent au goût la loi d'en respecter l'origine dans les ornemens qu'il y ajoute.

Si quelque chose peut, dans les supports dont on parle, donner l'idée de quelque raison de nécessité, dont l'instinct se seroit emparé, c'est, comme on l'a dit, le peu d'élévation de ces souterrains creusés & taillés. L'esprit des architectes ne put y concevoir l'idée d'une colonne avec ses développemens; les piliers massifs & courts que l'on voulut orner, inspirèrent plutôt celle de balustres, & rien de nécessaire n'étant entré dans la formation de ce type, les décorateurs, tout en restant assez fidèles à cette donnée originaire, n'eurent aucune raison d'en rendre les détails ou les accessoires invariables. Aussi, la plus grande irrégularité règne-t-elle dans les ornemens de ces piliers. Tantôt les grands piédestaux sont lisses, tantôt ils sont cannelés, tantôt les espèces de fûts, qui sont plutôt des gorgerins de colonnes, que des colonnes, sont en ligne droite; tantôt ils se courbent en congés; tantôt deux sortes de chapiteaux s'élèvent l'un au-dessus de l'autre; tantôt les plateaux qui les surmontent sont alongés, & tantôt ils sont raccourcis; tantôt les piédestaux ont des socles, tantôt ils posent à cru sur le terrain; tantôt les chapiteaux sont une espèce de globe aplati; tantôt leur forme est quadrangulaire. Enfin, telle est la bizarrerie de tous les membres de cette architecture, qu'elle échappe à la description: car comment décrire ce qui ne fut que le résultat fortuit d'un goût irrégulier, c'est-à-dire, libre de toute règle? Mais ce qui ne sauroit échapper à l'observation même la plus superficielle, c'est que ces monumens n'ont véritablement point de colonnes, & ont encore moins ce qu'on est convenu d'appeler *ordre* en architecture.

Les édifices *souterrains* & construits, sont ceux où il faut sans doute chercher de préférence ce que l'on appelle *ordonnance*, c'est-à-dire, l'application des ordres ou des colonnes à la composition & à la décoration des masses. Il faut avouer, à l'égard des premiers, c'est-à-dire, de ces édifices sculptés à même le rocher, qu'on y trouve des colonnes adoffées, & un emploi affez fréquent de ce genre d'ornement. Mais rien n'y régla leurs mefures & leurs proportions, dans des rapports conftans, avec des maffes foumifes elles-mêmes aux plus bizarres & aux plus fortuites combinaifons. Quelquefois on voit des efpèces de pilaftres diftribués fymétriquement & dans des proportions qui fe rapprochent des ufages de l'architecture grecque; quelquefois ils fe raccourciffent dans la forme de nos pilaftres d'attique.

L'emploi des fupports, en manière de colonnes, fut prodigieux à quelques monumens conftruits, fi l'on en croit les récits du voyageur qui a décrit la pagode du Chalembrom. Entre toutes les parties de bâtimens ifolés, qui rempliffent, fans aucune fymétrie, l'efpace compris dans la double enceinte des murs qui l'environnent, on diftingue deux conftructions, dont l'une s'appelle la *falle aux cent colonnes*, parce qu'il paroit que les portiques dont elle fe compofe font foutenus par un femblable nombre de piliers. L'autre s'appelle les *mille colonnes*. Y en a-t-il réellement ce nombre, ou eft-ce une manière de parler? Il paroit toutefois, par la defcription, que cette forêt de colonnes qui, dans l'origine, n'avoit pas de murs extérieurs (ceux qu'on y voit aujourd'hui font l'ouvrage des Mufulmans, qui les conftruifirent pour en faire un magafin de vivres), étoit difpofée en quinconce, de façon à offrir de toutes parts au fpectateur une allée droite. Nous ne favons rien de la forme & de la proportion de ces colonnes, fi ce n'eft qu'elles fupportent, felon l'ufage, un plafond de groffes pierres qui vont d'une colonne à l'autre. Mais en avant de ce monument, il exifte une allée de colonnes rangées fur deux files, & qui lui fert de veftibule. Or, le voyageur nous apprend que les colonnes ornées de figures n'ont ni bafe, ni chapiteau.

Croirons-nous enfuite qu'il y ait un grand mérite d'ordonnance dans cet emploi immodéré de colonnes qui, pour avoir été rangées en quinconce, ne demandèrent pas plus de talent, que n'en exige la méthode d'aligner les arbres, dans tous les genres de plantations fymétriques? Ce n'eft pas non plus par la difpofition de tous les bâtimens compris dans la vafte enceinte de la pagode de Chalembrom, que nous pouvons juger du mérite dont il s'agit dans l'*architecture indienne*.

Ce que la vue du plan que nous avons fous les yeux, force d'en dire de moins défavantageux, c'eft que tous ces édifices furent placés comme ils le font dans ce grand efpace, ou par la puiffance des inftitutions religieufes, qui n'eurent aucun égard à l'enfemble de l'ordonnance générale, ou par l'effet des combinaifons fortuites, qui fucceffivement & fans aucun plan arrêté, difpofèrent du local. En effet, il n'y a ni correfpondance dans les entrées, ni rapport d'afpect entre les édifices, ni fymétrie dans les maffes, ni aucun autre ordre fenfible, & il nous femble que c'eft bien gratuitement qu'on a cherché à mettre cet enfemble en parallèle avec celui des grands temples égyptiens, dont toutes les parties étoient fubordonnées à un plan régulier & à une fymétrie parfaite, dans les divers corps de bâtimens qui en compofoient l'ordonnance générale.

L'ordonnance, c'eft-à-dire, l'emploi des ordres ou des colonnes dans les plans des édifices, & furtout leur application aux maffes d'architecture, eft, fi l'on peut dire, la première partie de la décoration.

Sous ce point de vue, on doit dire que la décoration, dans les édifices conftruits, tels que les pagodes à enceintes, & les grandes tours qui en furmontent les portes, reçut très-peu de fecours des ordonnances de colonnes.

Les tours des pagodes, comme on l'a déjà dit, ont quelques rapports avec ces édifices compofés de plufieurs zônes, qui, chez les Grecs & les Romains, alloient toujours diminuant dans une forme plus ou moins pyramidale. Les Grecs & les Romais employèrent ces fortes de compofitions d'architecture dans les phares, les bûchers, les maufolées conftruits à l'inftar des bûchers. Chaque zône ou étage de ces monumens, s'élevant en retraite l'une fur l'autre, eft toujours formée d'une ordonnance de colonnes qui en font la principale décoration, & il ne paroit pas, d'après le mot de feptizone donné à quelques-unes de ces maffes pyramidales, que jamais le nombre des étages ait été de plus de fept.

Les monumens pyramidaux des pagodes de l'Inde, n'offrent réellement point l'idée d'étage, quoique dans quelques-uns on voie une petite fenêtre à chaque zône. Ces zônes ou ces étages ne font que des bandeaux quelquefois fans retraite, comme à Chalembrom, quelquefois avec une petite retraite de quelques pouces, comme à La grande pagode de Tanjaour. Mais cette légère retraite eft à peine fenfible à une certaine hauteur.

On ne fauroit dire que des colonnes aient jamais été appliquées à l'ornement de ces bandeaux toujours inclinés, & fuivant la ligne pyramidale; le nombre de ces bandeaux eft quelquefois de quinze & plus. Ils recevoient tantôt des appliquages de cuivre doré, tantôt des figures d'idoles, tantôt des efpèces de fauffes fenêtres, tantôt des découpures auxquelles on ne fauroit donner un nom.

La décoration, comme on le fait, fe compofe, en architecture, de grandes parties & de petits détails que l'on appelle *ornemens*.

Les ordres de colonnes, ainfi qu'on l'a montré, n'entrèrent prefque point dans le fyftême de la décoration indienne. Cependant il faut mettre au nombre de ce qu'on peut appeler *grandes parties de décoration*, l'emploi qui fut fait des repréfentations d'éléphans, comme fupports des maffes de l'édifice.

Dans un temple d'Elora, appelé *Kailaça*, dont M. Daniel nous a donné des deſſins qui paroiſſent fort exacts, on voit trois maſſes de bâtimens ſur une même ligne, qui ont pour ſoubaſſement, dans leurs différentes faces, des éléphans ſculptés & repréſentés vus de face. Cette idée ingénieuſe, dont on ne ſauroit toutefois recommander l'imitation dans l'architecture régulière, n'eſt pas à dédaigner dans ces compoſitions de décoration de théâtre, où le goût autoriſeroit ces ſortes de licences.

Les Indiens ont ſingulièrement multiplié les images des éléphans & des lions, comme parties de leur décoration; des têtes & des trompes d'éléphans entrent fréquemment dans leurs inventions décoratives, & des corps de lions furent volontiers employés par eux, pour ſupports des eſpèces de couronnemens ou de corniches avancées & comme en ſurplomb, qui débordent dans l'intérieur des monumens ſouterrains.

Quand on veut donner une idée du génie de la décoration d'un peuple, ce qu'on peut faire de mieux, c'eſt d'en citer le plus grand & le plus bel ouvrage. A cet égard, après avoir examiné tout ce que les voyageurs nous ont tranſmis en ce genre, il nous paroît qu'aucun enſemble décoratif, entre tous leurs deſſins, n'eſt comparable à celui que nous avons déjà eu l'occaſion de faire connoître, qu'on appelle le *Tchoultry* ou hoſpice de *Madhourey*.

Cette grande ſalle intérieure nous ſemble, en rapprochant tout ce qui peut ſuppléer au défaut d'échelle, avoir une centaine de pieds en longueur, environ vingt-cinq à trente pieds de haut, & autant de largeur par en bas. Le genre d'encorbellement dans lequel ſont pratiqués tous les détails ſaillans des eſpèces de chapiteaux, de corniches & d'entablemens qui ſupportent le plafond, paroiſſent avoir dû réduire la largeur de ce plafond à une quinzaine de pieds, ce qui fut pratiqué en vue de la longueur des pierres deſtinées à la couverture.

La perſpective de cette galerie offre véritablement un aſpect théâtral, & la ſymétrie qui règne dans tous les ſupports, lui donne une apparence d'art, de compoſition & de décoration très-ſupérieures aux autres compoſitions indiennes. Mais lorſqu'enſuite on veut ſe rendre compte de ce ſyſtème d'ornemens, on eſt forcé de n'y voir que le produit d'un inſtinct qui charge tout, du haut en bas, de découpures, de petits détails, la plupart privés de ſignification pour l'eſprit, & d'effet pour l'œil.

La coupe & les détails en grand d'un des piliers de cette galerie en diſent plus, ſur cet objet, qu'aucune deſcription n'en pourroit faire comprendre. Rien de plus monſtrueux, aux yeux du goût, que cet aſſemblage d'un éléphant, d'un rhinocéros & d'un lion, découpés en relief, a ce qu'il paroît, & l'un au-deſſus de l'autre, dans la hauteur de ce pilier, dont toutes les ſuperficies ſont, du reſte, ciſelées & brodées, plutôt que ſculptées, & offrent un aſſemblage ſans motif ni ſuite, de tout ce que la fantaiſie fait improviſer, en l'abſence de la raiſon.

L'ornement, cette partie de la décoration qui fait réunir à une multitude de ſignes conſacrés, de ſymboles & d'attributs allégoriques, l'imitation des productions variées de la nature, & former de cet aſſemblage des combinaiſons, où le goût doit trouver une compenſation du manque de raiſon néceſſaire; l'ornement, cette partie ſi intéreſſante de l'architecture grecque, n'eſt autre choſe, dans l'*architecture indienne*, qu'un jeu de haſard auquel les habitans de ce pays jouent depuis des ſiècles, dans tous les ouvrages de leurs mains, ſans s'être doutés que ce jeu pouvoit avoir ſes règles.

Au reſte, comment l'ornement auroit-il pu en avoir, là où, comme on l'a dit, l'imitation de la nature fut toujours inconnue? & comment le ſculpteur auroit-il cherché à donner de l'agrément aux détails de tout genre, qui ne valent que par la vérité imitative, lorſque l'imitation des figures humaines étoit reſtée dans cet état d'enfance éternelle, à laquelle les arts de l'Orient paroiſſent condamnés? Quelques voyageurs ont voulu comparer les idoles de l'Inde aux ſimulacres des divinités à forme humaine de l'Egypte. L'Egypte, à la vérité, ne connut jamais non plus la vérité de l'imitation, dans la repréſentation du corps humain. Là auſſi, le ciſeau & le pinceau reſtèrent ſubordonnés aux pratiques de la routine politique & religieuſe, & dans ce pays, plus qu'ailleurs, les ſtatues, comme les bas-reliefs ſculptés & peints, ne furent que les ſignes obligés d'une écriture ſacrée. Toutefois il nous paroît que les ſignes hiéroglyphiques étant formés & compoſés d'une multitude infinie d'animaux, de plantes, d'uſtenſiles & d'aſſociations d'objets variés, cette ſorte d'art graphique avoit dû exiger de l'artiſte beaucoup d'obſervations & d'études, qui développent le beſoin d'une imitation plus ſoignée. Auſſi découvre-t-on dans pluſieurs des ſignes hiéroglyphiques, une certaine approximation de la nature, un eſprit de recherche, un fini de détails, & une perfection mécanique très-remarquables.

Lorſqu'on voudra établir un parallèle rigoureux entre l'architecture de l'Inde & celle de l'Egypte, une des données de ce parallèle ſera néceſſairement la confrontation du goût de la ſculpture d'un de ces pays, avec le goût de la ſculpture de l'autre. Nous avons eu déjà l'occaſion d'obſerver que l'Egyptien, quoique privé d'art dans ſa ſculpture, a toutefois l'avantage de n'offrir rien de rebutant aux yeux. Les formes de ſes figures ſont privées de vérité & de mouvement, les compoſitions ſont ſans action, les têtes ſans expreſſion: mais de tout cela il ne réſulte que l'idée d'abſence d'art. Il n'y a aucune prétention à faire ce qu'on ne ſavoit pas faire; & de ce manque de ſavoir eſt réſulté

résulté un simple qui a quelque chose d'imposant, la privation absolue de détails portant toujours avec soi, une idée correspondante à celle de grandeur.

Telle n'est point l'ignorance qui se fait sentir dans les ouvrages de la sculpture de l'Inde. On y voit une prétention à rendre des détails, à exprimer de petites choses, à contrefaire plutôt qu'à imiter la nature, précisément dans les minuties; & cette prétention choque d'autant plus que l'essentiel manque, c'est-à-dire, l'ensemble. Qu'importe, en effet, que les cils des yeux, les cheveux, les ongles soient marqués dans des figures dont la tête est aussi grosse que le corps?

En comparant le style des deux sculptures au style des deux architectures, on est frappé de la conformité. En Égypte, la forme principale de l'édifice, & de chaque partie de l'édifice, est toujours dominante, car les signes hiéroglyphiques dont les monumens sont couverts, ni ne nuisent à l'effet de la forme, ni n'en atténuent l'intégrité, ni ne font diversion à l'impression générale. Dans l'Inde, la forme principale disparoît souvent sous les ornemens qui la divisent & la décomposent. En Égypte, c'est l'essentiel qui vous frappe; dans l'Inde, on en est détourné par les accessoires. En Égypte, la première qualité est toujours la grandeur, & les plus petits monumens vous en imposent. Dans l'Inde, la minutie des découpures feroit paroître petits les plus grands édifices. En Égypte, la solidité portée au plus haut point, commande l'admiration au spectateur. Dans l'Inde, on ne trouve ni la réalité de la solidité dans les édifices, ni surtout l'apparence de cette qualité, même dans les monumens souterrains, que l'art du décorateur s'est plu à évider, avec un artifice qui met la légèreté des porte-à-faux, à la place de cette massivité imposante, que les Égyptiens eurent le bon esprit de laisser dans leurs excavations.

INDUSTRIA. Ville antique de la Ligurie, à six lieues de Turin, dont Pline a parlé en deux endroits. Elle étoit, selon lui, située sur les bords du Pô, dans l'endroit où il commence à être le plus navigable, *ubi præcipua altitudo incipit*. Les géographes méconnurent long-temps la vraie position de cette ville.

Deux savans piémontais, Antoine Ricolvi & Jean-Paul Rivanella, voulant joindre à leur ouvrage sur les monumens de Turin, un supplément qui traitât des antiquités du Piémont & de la Savoie, consacrèrent à ces recherches les automnes de 1745 & 1744. Ils apprirent qu'à peu de distance de Verrue, sur la rive droite du fleuve, à *Monteù di Pô*, on déterroit quelquefois des monumens qui sembloient annoncer, que ce lieu avoit été anciennement habité par les Romains.

Ils trouvèrent sur le fragment du piédestal d'une statue qui avoit été élevée à une femme appelée *Cocceia*, les mots AB. IND. qu'ils interprétèrent *ab Industriensibus*. Jusque-là on avoit cru que Casale avoit été bâti sur l'ancien site d'*Industria*. Les savans piémontais virent leur conjecture acquérir encore plus de force, par l'examen des anciennes chartes de la paroisse du lieu. L'église y est nommée *Sancti. Joannes Baptistæ de Lustria*. Ils reconnurent que ce dernier nom étoit une corruption de celui d'*Industria*. On trouve en effet dans quelques anciennes éditions de Pline, *Industria* pour *Industria*. Ils firent creuser sur la place où l'on déterroit le plus de débris. Cette fouille produisit des médailles, un superbe vase de bronze qui contenoit quatre-vingt-seize médailles d'or, un trépied de bronze qui se ploye, & qui peut être comparé aux plus beaux ouvrages de ce genre trouvés dans les ruines d'Herculanum ou de Pompeia, une portion d'un grand foudre doré qui auroit appartenu à une statue colossale de Jupiter.

Enfin, une table de bronze encadrée de même métal, décida la question en levant tous les doutes. Elle contenoit une inscription fort belle, consacrée au génie & à l'honneur d'un certain Lucius Pompeius Herennianus, par le collége des Pastophores d'*Industria*.

Les fouilles d'*Industria*, depuis long-temps abandonnées, ont fait connoître les vestiges d'un temple, un pavé en mosaïque, des débris de tout genre & une multitude d'objets qui ont enrichi le Muséum de Turin. Il est probable que de nouvelles recherches produiroient encore de nouveaux trésors.

Le véritable nom d'*Industria*, dans l'ancien langage ligurien, étoit *Bodincomagum*, nom formé de celui de *Bodincum* qu'on donnoit au Pô. La colline qui s'élève au-dessus d'*Industria*, s'appelle encore *Mondico*, nom qui paroît être une corruption du premier.

INFIRMERIE, s. f. Ce nom se donne à un corps de bâtiment, à une ou plusieurs pièces qui, dans des établissemens d'instruction publique, tels que colléges, écoles, séminaires, &c., dans des communautés, dans des hospices civils ou militaires, sont destinées à recevoir les malades de l'établissement, à les séparer du reste de ceux qui l'habitent, autant pour la salubrité de toute la maison, que pour la facilité du traitement des maladies.

Une *infirmerie*, selon le plus ou moins d'étendue des établissemens qui en réclament l'usage, doit réunir plus ou moins de salles, telles que chambres séparées, cuisines, apothicairerie, promenades, bains, étuves, & doit être pourvue de tout ce qui est nécessaire pour soigner, traiter & médicamenter les malades.

INGÉNIEUR, s. m. On distingue deux classes d'*ingénieurs*. Il y a les *ingénieurs* militaires & les *ingénieurs* civils. Ce qui les distingue, c'est la différence des travaux de construction auxquels ils s'appliquent.

L'*ingénieur* militaire est un homme qui doit être parfaitement instruit de tout ce qui regarde la construction & l'entretien des fortifications, des édifices militaires nécessaires dans les places de guerre, & doit par conséquent connoître à fond tout ce qui regarde l'attaque & la défense des places.

Relativement à la marine, l'*ingénieur* militaire est tenu d'être versé dans tout ce qui a rapport à la construction des vaisseaux, des ponts, des jetées, des môles & autres édifices de ce genre.

L'*ingénieur* civil, & qui appartient à ce qu'on appelle *l'établissement des ponts & chaussées*, est un homme qui a fait les études de construction qui s'appliquent à la bâtisse des ponts, des murs de quai, des turcies & levées, & à la formation des routes ou des grands chemins publics.

INGÉNIEUX, adj. m., sembleroit devoir se dire en général de tout ouvrage ou de tout artiste qui dénote du génie. Cependant ce mot exprime une nuance d'idée assez différente. Ainsi, en parlant d'un ouvrage qui auroit exigé les plus grandes combinaisons & toute la profondeur du génie, on n'appellera pas cet ouvrage *ingénieux*. On donnera plutôt ce nom à l'ouvrage dont le travail aura demandé de l'esprit, qui se fera remarquer par un emploi d'inventions fines & délicates, par une économie de moyens & par des effets qui provoquent la surprise plus que l'admiration. Celui qui découvrit les lois de la pesanteur, fut un homme de génie. Celui qui imagina le baromètre fut un homme *ingénieux*.

Appliqué à tous les arts du dessin & à l'architecture, le mot *ingénieux* désigne moins l'invention en grand, que cette invention de détails qui semble s'y montrer d'adresse & d'intelligence.

On ne donnera pas le nom d'*ingénieux* aux grandes pensées, aux conceptions neuves & hardies des grands peintres, aux compositions sublimes des sculptures fameuses que tout le monde connoît ; mais on le donnera, comme Pline lui-même le donnoit en parlant du peintre Néalcès, à ces épisodes adroits qui expliquent un sujet, à ces ressources de motifs indirects, qui aident à deviner ce qui pourroit rester une énigme pour les yeux.

Ainsi Pline disant du peintre qu'on vient de nommer, qu'il étoit *ingeniosus & solers in arte*, ingénieux & adroit dans son art, définit par cette association d'idées le mot dont il s'agit, de la manière dont nous l'avons défini nous-mêmes. Néalcès avoit à peindre un combat naval entre les Égyptiens & les Perses, & le combat s'étoit donné sur le Nil, dont l'étendue, vers son embouchure, présente l'immensité de la mer. Pour faire entendre au spectateur que ces eaux étoient celles du Nil, il fit voir sur le rivage un âne se désaltérant dans ces eaux, & un crocodile en embuscade.

Le même écrivain se sert des mots *argumento ingenioso*, motif ingénieux, pour exprimer l'invention allégorique, au moyen de laquelle le peintre Parrhasius avoit réussi à représenter dans un seul & même sujet, les sept ou huit caractères différens ou contraires entr'eux, sous lesquels il avoit voulu exprimer les variations & les contradictions du peuple d'Athènes.

Le Poussin est celui des peintres modernes, auquel on pourroit le plus justement appliquer le nom d'*ingénieux* dans le sens de Pline, & dans celui de cet article. Plusieurs de ses tableaux, comme la danse des quatre conditions de la vie, comme le paysage de l'Arcadie, brillent par ces motifs *ingénieux*, résultat d'une imagination que l'étude a ornée, & qui a fait appeler ce peintre *le peintre des gens d'esprit*.

On distinguera de même, en architecture, l'artiste inventif de l'artiste *ingénieux*. Cet art comporte plus peut-être, qu'aucun autre, l'emploi de la qualité que désigne ce mot. Cette qualité n'est pas celle qui produit les grands effets, mais celle qui fait profiter de tout, & même des défauts de régularité, du manque d'espace, des sujétions les plus gênantes, & fait tirer d'un obstacle, des beautés qui empêchent de soupçonner qu'il y ait eu une difficulté vaincue. Si l'on demandoit un exemple de ce genre de mérite, je crois qu'aucun architecte n'hésiteroit à citer le palais de Massimi, ouvrage de l'*ingénieux* Balthazar Peruzzi, qui sut tirer le parti le plus heureux d'un site ingrat, irrégulier. Toutefois ce parti est tel qu'on le croiroit inventé à plaisir ; ce qui plaît dans cet ensemble, est précisément ce qui auroit pu rendre très-déplaisant l'architecture d'un artiste moins *ingénieux*. Tout y est commandé par le site, & l'on croiroit que l'architecte a commandé lui-même l'emplacement. L'espace est petit & étroit ; tout ce qui le remplit est grand & y paroît à l'aise.

C'est encore dans le choix & l'emploi des ornemens, & aussi dans leur application aux différens espaces & dans la signification qu'ils peuvent recevoir par des combinaisons nouvelles, que l'architecte fait preuve d'un talent *ingénieux*.

INGRAT, s. m. Ce mot se dit, en architecture, de tout ce qui se montre rebelle, soit à l'invention, soit à l'exécution.

Il y a dans cet art, comme dans les autres, des sujets *ingrats*, c'est-à-dire, qu'il y a des édifices dont la destination ne présente point à l'imagination de partis heureux, ni un caractère facile à exprimer.

Il y a des terrains & des emplacemens *ingrats* qui se prêtent avec beaucoup de peine à des inventions riches, à des combinaisons régulières.

Ingrat se dit aussi dans l'exécution, des matières ou trop molles & qui ne sauroient recevoir de sermeté dans les formes, ou trop dures & réfractaires à l'outil, ou composées de parties inégales & hétérogènes, qui en rendent le travail pénible & quelquefois impossible.

Le mot *ingrat* s'applique quelquefois, dans l'ordre moral, aux dispositions même de l'esprit qui rendent certains sujets inhabiles à apprendre ou à retenir ce qu'ils ont appris, ou à en faire un emploi convenable. On dit dans ce sens, un *naturel ingrat*, une *mémoire ingrate*, des *dispositions ingrates*.

INIGO JONES, architecte anglais.

Son nom propre & de famille est *Jones*. *Inigo*, son prénom, que l'on associe toujours à son vrai nom, est espagnol, & lui fut donné au baptême par des marchands d'Espagne qui étoient liés d'affaires avec son père.

Inigo Jones naquit vers 1572, dans le voisinage de l'ancienne église de Saint-Paul à Londres, où son père étoit, à ce qu'on croit, tailleur d'habits. Les uns disent qu'il reçut une éducation soignée; les autres, qu'il fut mis en apprentissage chez un menuisier. Toujours est-il certain que, de très-bonne heure, il montra beaucoup de goût & de dispositions pour le dessin & même pour la peinture, surtout celle du paysage, genre dans lequel il montra du talent, comme le prouvent quelques ouvrages de lui, conservés à Chiswick-House, maison de campagne du duc de Devonshire, à quatre milles de Londres.

Ses talens le recommandèrent au comte d'Arundel, ou, selon d'autres, à Guillaume, comte de Pembroke. Ce fut aux frais d'un de ces deux seigneurs, qu'il voyagea en Italie & dans d'autres parties de l'Europe, où, pour perfectionner son goût & accroître ses connoissances, il étudia ce que chaque pays avoit de plus remarquable.

Mais l'Italie surtout fixa son goût & le genre de ses études. Venise étoit le lieu de sa résidence ordinaire, & sa prédilection pour cette ville sembloit déjà présager en lui un rival du célèbre architecte qui embellissoit alors ce pays des productions de son art. *Inigo Jones* n'étoit encore qu'étudiant, & déjà une réputation prématurée indiquoit en lui un maître habile. Cette réputation le fit appeler par Christian IV, roi de Danemarck, qui le nomma son architecte.

Inigo Jones étoit depuis quelque temps en possession de cette place, lorsque le prince dont la sœur avoit épousé Jacques Ier, roi d'Angleterre, vint dans ce pays & y ramena notre architecte. L'amour de la patrie l'y retint, & bientôt il trouva dans la magnificence du roi Jacques, plus d'une occasion d'exercer ses talens.

M. Seward dit (on ne voit pas sur quel fondement) que le premier ouvrage exécuté par *Jones*, après son premier voyage en Italie, fut la décoration de l'intérieur de l'église de Sainte-Catherine, dans Leadenhall-Street. Ce qu'on sait, c'est qu'aussitôt après son arrivée en Angleterre, la Reine le fit son architecte, & bientôt, sous le même titre, il fut attaché au service du prince Henri, à la confiance duquel il répondit avec tant de probité & d'intelligence, que le Roi lui donna la survivance de la place d'inspecteur-général de ses bâtimens.

Le prince Henri étant mort en 1612, *Inigo Jones* fit un second voyage en Italie, & y resta quelques années, s'exerçant de plus en plus dans l'architecture, son art favori, jusqu'au moment où vint à vaquer la place d'inspecteur des bâtimens, à laquelle il fut appelé : en y entrant, il fit preuve d'un désintéressement assez rare. Son prédécesseur avoit, par des circonstances extraordinaires, grevé son département d'une dette très-considérable. Le conseil privé fit venir le nouvel inspecteur, pour avoir son opinion sur les moyens d'éteindre ce tte dette & d'en opérer le dégrèvement. *Inigo Jones* alors offrit non-seulement de servir sans émolumens, dans tout ce qui dépendoit de lui, mais encore il persuada à tous ceux qui lui étoient associés, de faire de même, jusqu'à ce que la dette fût entièrement acquittée. Par ce moyen, l'arriéré fut bientôt payé.

C'est dans l'intervalle qui sépare le premier du second voyage de *Jones* en Italie, que Walpole penche à placer la construction des édifices de cet architecte, dont le goût est moins pur, & tient encore un peu de la manière gothique.

Le Roi, en l'année 1620, étant à Wilton, habitation du comte de Pembroke, vint à parler de l'amas surprenant de pierres, appelé *stone henge*, dans la plaine de Salisbury près Wilton. *Inigo Jones* fut mandé par lord Pembroke, & reçut de Sa Majesté l'ordre de faire des observations & de donner son opinion sur l'origine de *stone henge*. Il se mit aussitôt à l'œuvre. Ayant, avec beaucoup de peine & de dépense, pris les mesures & recherché les fondations de cette masse, pour en découvrir la forme & l'aspect originaire, il crut pouvoir établir une comparaison entre cette espèce de monument & les édifices antiques dont il avoit étudié les restes en Italie. La tête pleine de Rome & des ruines de ses anciens édifices, il conclut, après beaucoup de raisonnemens appuyés de beaucoup d'autorités, que la masse en question devoit avoir été un temple romain dédié à *Cœlus*, le plus ancien des dieux ; que ce temple devoit avoir été bâti au temps où les Romains avoient occupé la Grande-Bretagne, & probablement dans l'intervalle qui sépare l'administration d'Agricola, du règne de Constantin-le-Grand.

Inigo Jones remit son Mémoire au Roi, qui, dans la même année 1620, le chargea de la réparation de la cathédrale de Saint-Paul à Londres. Cette vieille église gothique menaçoit ruine dans plusieurs endroits. Notre architecte en répara deux façades, celles de la croisée, & il adossa de chaque côté, au frontispice gothique qu'il réédifia, un portique d'ordre corinthien. On voit dans le recueil de fes œuvres le plan & l'élévation d'un de ces portiques (celui du côté occidental), ouvrage qui a disparu avec cette ancienne cathédrale, lors de sa reconstruction par le chevalier Wrenn. On est obligé d'avouer que la critique qu'on en fit alors est fondée. Rien ne convient moins, dans les restaurations qu'on est obligé de faire des monumens gothiques, que ce mélange d'une autre architecture, & surtout des ordonnances grecques, dont le système tout différent, ne peut produire d'autre effet, que celui d'une contradiction qui blesse autant les yeux que l'esprit.

Le roi Jacques mourut, & le roi Charles Ier, ainsi que la Reine son épouse, honorèrent de leur confiance *Inigo Jones*, qui maintenu dans sa place & ses emplois, fut bientôt chargé de réaliser la grande entreprise du palais royal de Witehall, dont il avoit fait les plans & arrêté les projets sous le règne précédent.

C'est là l'ouvrage dans lequel on peut le mieux juger du génie de notre architecte. Nous avons, pour en prendre une juste idée, les plans & élévations de cet immense édifice, recueillis par M. Kent, dans l'œuvre d'*Inigo Jones*, & de plus un fragment assez considérable de cet édifice qui s'est conservé à Londres, & qui brille au milieu de cette ville, comme l'architecture du vieux Louvre se fait distinguer à Paris.

On peut affirmer que jamais un plus grand & plus magnifique ensemble de palais ne fut conçu & projeté par aucun architecte; & si les malheurs des temps n'en eussent pas interrompu l'exécution, Londres pourroit se vanter de posséder le palais le plus magnifique qu'il y ait en Europe. Malheureusement ce n'est plus que dans les desseins, qu'on peut s'en former & en donner une idée.

Rien de plus grand, de plus simple, de plus varié à la fois & de plus régulier, que le plan de cet immense édifice, qui devoit former un quadrangle parfait. L'espace occupé par ce plan, se divise en trois parties égales. Celle du milieu est une vaste cour qui traverse tout le palais : les deux autres se composent chacune de trois cours environnées de bâtimens, dont les masses se correspondent avec quelques variétés.

L'élévation de cet ensemble offre dans les quatre façades de son extérieur, la plus parfaite symétrie : Chacune de ces façades est formée de masses de bâtimens, dont les dispositions, les ordonnances se balancent dans un motif général & uniforme, & toutefois très-varié, soit par les avant-corps & les retraites des parties, soit par la diversité des élévations. Chaque façade est extérieurement semblable à l'autre. L'intérieur du palais présente dans les différentes masses de ses élévations, des parties d'architecture & d'ordonnance, dont le style est toujours le même, & dont les détails semblent être une collection de tout ce que le bon goût peut réunir de variétés.

La description de tous les corps de bâtiment qu'*Inigo Jones* a su soumettre à un plan régulier & d'une très-vaste étendue, exigeroit un grand nombre de pages. Mais on a cru devoir d'autant moins s'y étendre, que ce palais, comme on l'a dit, à l'exception d'un corps de bâtiment qui n'en est pas la trentième partie, est resté sans exécution. Il suffira donc de renvoyer le lecteur au recueil des ouvrages d'*Inigo Jones*, rassemblés par M. Kent en 1770, & où l'on trouve les détails magnifiquement gravés de cette grande entreprise.

C'est là qu'on voit combien *Inigo Jones* s'étoit approprié le caractère de Palladio, dans l'architecture civile. Il n'est pas une partie de sa vaste composition qui ne rappelle dans l'emploi des ordres, des portiques, des bossages, des soubassemens, des profils, des détails, des formes de croisées & de portes, &c. ce style riche & simple, noble & élégant, solide & léger à la fois, que Palladio & les architectes du seizième siècle en Italie, surent appliquer aux palais des grands, comme aux demeures des particuliers.

Ceci ne tend pas, au reste, à rabaisser la gloire d'*Inigo Jones* : imiter comme il l'a su faire, c'est être original.

On peut s'en convaincre par ce beau fragment du palais de Whitehall, appelé *Banqueting house*, qui servit pendant quelque temps à la réception des ambassadeurs étrangers, & dont le plafond fut peint quelques années après par Rubens. Il se compose d'un soubassement rustique fort haut, sur lequel s'élèvent deux étages percés chacun de sept croisées. La hauteur de chaque étage est occupée par une ordonnance de pilastres & de colonnes; celles d'en bas sont ioniques, celles d'en haut sont composites. Le tout est terminé par un attique avec balustrades. Quelques détails dans cet ensemble s'offrent à la critique. On préféreroit que la corniche ne fût pas en ressaut sur les pilastres & les colonnes engagées. On voudroit aussi qu'*Inigo Jones* n'eût pas employé la mauvaise pratique de la frise bombée dans l'entablement de son ionique. Malgré ces petites irrégularités, l'aspect du monument est riche & d'un beau caractère. Les fenêtres ont de très-beaux chambranles, l'exécution est pure & précieuse, & l'on croit être en face d'un édifice de Palladio.

Un des plus grands & des plus remarquables monumens de l'Angleterre, celui de Greenwich, à six milles de Londres, sur le bord de la Tamise, fut conçu par *Inigo Jones* & terminé sur ses projets par Web son élève.

Ce vaste ensemble de bâtimens qui sert aujourd'hui d'hospice aux invalides de la marine, & dont on a déjà dit quelques mots à l'article HÔTEL (*voyez* HÔTEL DES INVALIDES), avoit d'abord été projeté pour une autre destination. *Inigo Jones* en devoit faire un palais pour Charles Ier. Il paroît qu'il n'en avoit achevé qu'un corps de bâtimens. L'édifice interrompu par les circonstances politiques, étoit dans cet état, lorsque Guillaume III résolut de céder les bâtimens & les terrains destinés pour un palais royal, à l'établissement de l'hôtel des invalides de mer. Ce fut en vue de cette destination nouvelle, que le corps de bâtiment exécuté par *Inigo Jones* fut accompagné de celui qui lui fait pendant, & de tous les autres corps d'édifices qui entrent dans l'ensemble du plan actuel.

Nous ne saurions affirmer que l'ensemble qu'on voit aujourd'hui ait été projeté dès l'origine par notre architecte : il est très-vraisemblable que le changement d'emploi aura nécessité des dispositions particulières.

Cet ensemble se compose maintenant de deux vastes corps de bâtimens carrés, placés en pendans & sur le bord de la terrasse qui donne sur la Tamise. Chacun de ces bâtimens, parfaitement symétriques, a une cour dans son milieu. Leur façade antérieure & postérieure est formée d'un soubassement sur lequel s'élève un ordre corinthien, qui occupe la hauteur du rez-de-chaussée & du premier étage; un attique surmonté d'une balustrade couronne cette ordonnance. Deux corps avancés avec quatre colonnes adossées, supportant un fronton, sont disposés dans cette façade de chaque côté de la porte, flanquée de pilastres accouplés, correspondant aux pilastres également accouplés des angles. Ces pilastres se raccordent avec quatre autres pilastres en retour, qui terminent l'ordonnance & dessinent l'épaisseur de la façade. Les deux façades antérieure & postérieure dont on vient de parler, sont réunies, d'un côté comme de l'autre, par une masse de bâtiment moins élevée de la hauteur de l'attique, & percée dans ces deux étages, au rez-de-chaussée & au premier, de fenêtres taillées dans les bossages qui donnent à ces ailes un caractère fort mâle. Le milieu en est occupé par un avant-corps de quatre colonnes, semblables à ceux de la façade.

Nous avons dit que qui décrivoit un de ces corps d'édifices, décrivoit l'autre. Effectivement, tout cet ensemble se compose de deux moitiés parfaitement symétriques dans leurs moindres détails.

La grande esplanade qui sépare les deux bâtimens dont on vient de parler, laisse voir, comme mis en pendant, deux dômes assez exhaussés, qui s'élèvent au-dessus de portiques isolés. Ces dômes terminent de chaque côté de très-longs bâtimens d'un style évidemment postérieur à celui d'*Inigo Jones*. Le tout aboutit à une avenue qui conduit par une pente douce, au célèbre observatoire de Greenwich.

Ce grand monument est évidemment dans la réunion de toutes les parties qui le composent, l'ouvrage de temps différens & d'artistes successifs.

Le style d'*Inigo Jones* ne se trouve que dans les corps de bâtiment, dont on a donné une description plus spéciale. On ne peut s'empêcher surtout de reconnoître le goût de Palladio dans les ailes à bossage dont on a parlé. La critique trouveroit un peu à redire dans les façades, soit pour la disposition des colonnes & des pilastres, soit pour cette distribution de masses & de corps avancés, qui laissent l'entrée principale avec une décoration secondaire, lorsqu'il semble qu'elle auroit dû jouer ici le premier rôle ; enfin, pour la pesanteur de l'attique qui écrase l'ordonnance. Mais cette composition n'en a pas moins de fort grandes beautés; elle présente un caractère mâle & sévère, des masses grandioses, & cet ensemble symétrique & achevé dans ses moindres parties, qu'il est rare de trouver dans les grandes entreprises d'architecture.

On cite à Londres, comme un ouvrage des plus remarquables d'*Inigo Jones*, l'église de Saint-Paul, sur la place de Covent-Garden. Ce monument offre, à la vérité, un portique en colonnes d'ordre appelé *toscan*, & qui est d'une grande simplicité. On ne peut refuser à cette masse un caractère assez sérieux. Du reste, ni l'intérieur ni l'extérieur du temple ne se font distinguer par un mérite de composition ni d'exécution, qui puisse arrêter les regards.

Généralement on manque de notions bien constantes, & sur la vie & sur les ouvrages d'*Inigo Jones*. Le Dictionnaire biographique de Chalmers, que nous avons consulté, est très-superficiel à cet égard. Il faudroit des recherches qui n'ont point été faites encore, pour distinguer dans les ouvrages qu'on attribue à ce célèbre architecte, ceux dont il a pu ne donner que les projets, & qui ont été exécutés après lui, ceux qu'il avoit commencés & que ses élèves ont continués, enfin, ceux qui depuis lui, ont été restaurés.

On trouve dans quelques itinéraires, des mentions assez fréquentes de grandes maisons de campagne, bâties en différens comtés de l'Angleterre par *Inigo Jones*; mais ces notices sont insuffisantes. D'autre part, le grand recueil des œuvres d'*Inigo Jones*, publié par M. Kent, & que nous avons déjà cité, contient une très-grande quantité de plans, élévations & détails de palais, soit de ville, soit de campagne. Mais l'auteur de ce recueil a omis de faire connoître si ces dessins sont ceux de bâtimens existans, ou simplement de simples projets trouvés dans le porte-feuille de l'artiste; en sorte que, celui qui voudroit y puiser la matière d'une notice historique sur ces ouvrages, ne sauroit faire usage de ces nombreux dessins : car on ne peut pas citer de simples projets dessinés, comme des monumens sur lesquels puissent s'asseoir la renommée d'un architecte & l'opinion de la postérité.

Tout ce qu'on peut dire de ces dessins, c'est qu'il n'en est pas un dont on ne doive ou désirer que l'exécution ait eu lieu, ou regretter qu'elle n'ait pas été réalisée. C'est partout le goût, le style, la pureté, l'élégance de Palladio & des meilleurs architectes du seizième siècle. Ce recueil sera toujours utilement consulté, par tous ceux qui voudront appliquer à l'architecture civile les formes, les ordonnances & surtout le caractère qui distingue les œuvres des Grecs & des Romains, caractère que quelques hommes ont remis en honneur dans le cours du seizième siècle, & qu'aucunes circonstances n'ont reproduit depuis avec autant de succès.

Il paroit que les effets de l'affreuse catastrophe qui fit tomber la tête de Charles Ier., protecteur d'*Inigo Jones*, atteignirent cet artiste, & que le chagrin abrégea ses jours.

On croit qu'il mourut en 1652.

INSCRIPTION, s. f. Quelques Dictionnaires d'architecture renvoient de ce mot au mot *Epigraphe*, comme étant (*voyez le Dictionnaire de d'Aviler*) le nom de toutes les *inscriptions* qui servent dans les bâtimens, &c.

A l'article EPIGRAPHE, nous sommes convenus que grammaticalement parlant il y avoit parfaite synonymie entre les deux mots, puisqu'ils sont composés, l'un en grec, l'autre en latin, de deux mots qui signifient littéralement *écrit sur*. Mais nous avons établi que l'usage qui s'oppose à ce qu'il y ait d'entières synonymies, avoit affecté à chacun de ces mots une signification particulière; qu'*épigraphe* devoit s'employer quand on parle de ces devises ou légendes, de ces courtes *inscriptions* qui peuvent trouver place accidentellement, dans toutes les parties de la décoration des bâtimens; mais que le mot *inscription* étoit réservé à tout ce qu'on écrit sur les monumens en grand, pour en faire connoître l'origine ou la destination, pour rendre visibles & durables certains actes publics, pour éterniser le souvenir des faits mémorables & des grands événemens.

Ainsi, lorsque l'*épigraphe* se borne le plus souvent à quelques mots ingénieux & significatifs, l'*inscription*, mise en œuvre dans l'architecture, peut comprendre non-seulement des phrases entières, mais, si on peut le dire, des discours.

Ce qui regarde la composition des *inscriptions* se divise en deux parties, l'une de fait ou d'érudition, & qui tient à l'histoire du style lapidaire; l'autre de goût ou de rédaction qui appartient à la théorie, &, si l'on peut dire, à la poétique du genre.

Ni l'une ni l'autre de ces deux parties de la science lapidaire, n'appartient à l'architecture proprement dite, & au Dictionnaire qui en traite. Nous ne dissimulerons pas cependant que l'intérêt qui peut résulter pour un monument, de la beauté des *inscriptions*, doit porter l'architecte à ne pas se regarder comme étranger au sens moral même des lignes qu'il y trace. Il doit veiller aussi à ce que les idées étant conformes à la destination ou à l'objet du monument, elles soient exprimées par une réunion de mots, qui soit bien d'accord avec les superficies, sur lesquelles ces mots doivent trouver place. Dans ce sens, les *inscriptions* jouent, jusqu'à un certain point, le rôle des ornemens, & comme tels, elles doivent être assujetties à certains rapports dont l'architecte seul est juge. Un exemple de tous les accords dont on parle, est le monument de la porte Saint-Denis, par François Blondel. Il est vrai qu'il fut lui seul l'auteur de toutes les *inscriptions* de cet édifice. Si l'on ne peut se flatter d'obtenir souvent un semblable mérite d'ensemble & d'unité, il est toujours utile d'en faire sentir l'importance.

A ne traiter donc ici des *inscriptions* en architecture que sous les rapports pratiques de l'art, nous croyons qu'on peut réduire à trois points les observations dont l'architecte devra faire son profit.

Ces trois points sont: 1°. la place ou la disposition de ces *inscriptions*;

2°. La manière de les écrire;

3°. Les soins à prendre pour les rendre durables.

Les *inscriptions*, chez les Anciens, étoient beaucoup plus nombreuses, & l'emploi en fut beaucoup plus multiplié que chez les Modernes. Tout le monde en sait ou en devine la raison. Les livres & tous les moyens de faire circuler les idées, les lois, les faits & les renseignemens utiles, étoient beaucoup plus rares; les monumens d'architecture, surtout chez les Egyptiens, furent en quelque sorte des livres, ou si l'on aime mieux, des bibliothèques ou des dépôts publics & visibles, de tout ce qu'on vouloit qui fût su de tout le monde: ainsi les monumens furent couverts dans toutes les superficies, grandes ou petites, de caractères hiéroglyphiques, écriture qui fut d'abord lue par tout le monde, qui devint ensuite l'étude d'un petit nombre, & finit par être une énigme impénétrable pour tous.

Les Egyptiens n'observèrent ni règle ni mesure dans l'application de cette écriture aux édifices.

Les Grecs usèrent avec beaucoup plus de réserve de l'écriture lapidaire. Cependant on trouve encore chez eux l'usage de charger les cippes, les colonnes, les murs, d'*inscriptions* dont le besoin paroit avoir seul dirigé la disposition. Ces *inscriptions*, dont un grand nombre nous est parvenu, prouvent par le peu de régularité observée, soit dans les lignes, soit dans les lettres, que ceux qui les faisoient écrire ou ceux qui les écrivoient, n'avoient aucunement en vue l'agrément que les yeux cherchent, dans toute configuration ou tout assemblage de caractères bien formés, symétriquement rangés & régulièrement espacés. On ne sauroit dire si l'usage de placer de grandes *inscriptions*, soit sur les frontispices, soit sur les parties principales des monumens, fut pratiqué en Grèce; du moins aucun exemple ne nous en est parvenu: & quant à cette *inscription* qu'on lisoit écrite sur le temple de Delphes, *connois-toi-même*, c'étoit plutôt une épigraphe qui, en grec, se composoit de deux mots.

C'est à Rome que l'architecte peut prendre des modèles de disposition des *inscriptions* dans les édifices. On en trouve de gravées sur des plaques de marbre qui se rapportoient. On en voit qui occupent les frises & même les architraves des péristyles; & sur un très-grand nombre de piédestaux ou de stylobates, de cippes ou d'autels, on lit des *inscriptions* en caractères majuscules, disposées avec autant d'ordre que de symétrie.

Il n'est pas indifférent de choisir, pour le bel effet d'une *inscription*, une place ou une autre. Lorsque le lieu adopté est l'entablement d'un péristyle, il importe que l'*inscription* soit assez courte pour ne pas exiger de remplir tout l'espace d'une frise; il importe surtout qu'elle ne soit pas de nature à demander un grand nombre de lignes. Lorsqu'on en grave sur les bandes d'un architrave, l'espace rétréci est cause qu'il faut diminuer la grandeur des caractères, qui deviennent alors difficiles à lire, &, à dire vrai, ce mélange de signes écrits avec les ornemens de l'architecture, produit une confusion désagréable.

La manière d'écrire les *inscriptions* fait une partie du mérite de leur disposition. C'est principalement dans les *inscriptions* à plusieurs lignes, & qui occupent, par exemple, les attiques des arcs de triomphe, les piédestaux des colonnes monumentales ou des statues, les tables dont on orne beaucoup d'édifices, que l'on doit observer certaines pratiques d'ordre & de symétrie. Il convient, par exemple, d'y employer des caractères de différentes dimensions. On réserve les plus grands pour les noms propres, pour les mots qui indiquent l'objet des *inscriptions*. Il entre aussi dans la bonne manière de les écrire, d'en distribuer les lignes de façon que ces lignes, quoique subordonnées au sens de la phrase, soient de longueur différente & présentent des repos au lecteur, des intervalles variés à l'œil. Rien de moins agréable que ces tables dont toutes les lignes égales semblent n'être qu'une page d'écriture. En ce genre aussi, l'on veut que des parties lisses & des vides ménagés laissent briller les caractères.

Entre les soins que doit prendre l'architecte chargé de présider à l'exécution des *inscriptions*, un des plus importans sera celui de les rendre durables. On sauroit dire combien nous devons de connoissances aux *inscriptions* que les monumens de l'antiquité nous ont transmises. Les *inscriptions* dont la science est une partie si importante de l'histoire ancienne, sont destinées à devenir encore de nos jours, pour les siècles à venir, les dépositaires d'un grand nombre de faits, de notions, d'événemens particuliers, de circonstances & de détails que l'histoire ne sauroit toujours transmettre, & qui échappent nécessairement aux chroniques les plus fidèles. Ainsi, malgré les moyens que l'imprimerie a donnés aux peuples modernes, de conserver & de perpétuer leur existence, les monumens écrits seront toujours un supplément pour l'histoire.

Il y a eu & il y a encore plus d'un procédé d'écriture lapidaire. Le plus simple, mais le moins durable, consiste dans la manière de peindre les caractères sur la pierre. Très-peu de ces *inscriptions*, chez les Anciens, sont venues jusqu'à nous; quelques-unes n'ont dû leur intégrité, qu'au hasard des causes qui les ont préservées des intempéries des saisons.

Le procédé le plus usité est de graver les *inscriptions* en creux, sur les matières qui doivent les recevoir, & d'enduire ensuite ce creux d'une couleur. Les Anciens y ont presque toujours employé le rouge ou le carmin, & l'expérience a prouvé que c'est la couleur la plus durable, & qui, dans les caractères soumis aux influences du soleil & de la pluie, résiste le mieux à l'action des météores.

Une manière plus dispendieuse & plus magnifique de faire les *inscriptions* consiste dans l'emploi des métaux & surtout du bronze.

Les caractères fondus en bronze se placent de deux façons sur la pierre, quelquefois sur le nu même de sa superficie, au moyen de crampons fondus avec eux, & qui entrent dans des trous de scellement pratiqués pour les recevoir. Mais comme le métal a de tout temps excité la cupidité des spoliateurs, ces sortes d'*inscriptions* ainsi scellées ont été facilement enlevées, & avec elles a disparu la trace même des lettres. On sait que les trous de scellement ont parfois heureusement servi quelques antiquaires, qui, en consultant les espaces de ces trous & les rapports de ces espaces avec les configurations des lettres, sont parvenus à restituer le texte véritable de l'*inscription*. Cette ingénieuse méthode a été appliquée avec beaucoup de succès par M. Séguier, aux trous de scellement de la frise du temple de Nîmes, appelée vulgairement la *maison carrée*: mais on ne sauroit se flatter de réussir toujours ainsi au moyen des trous de scellement, qui indiquent les crampons des lettres, parce que les lettres pouvant comporter plus ou moins de crampons, & rien ne déterminant la place nécessaire qu'ils occupoient dans les configurations du bronze, souvent ces trous peuvent correspondre à un grand nombre de figures de lettres.

La meilleure méthode à suivre pour rendre durables les *inscriptions* dont on fait les caractères en bronze, est d'incruster ces derniers dans la pierre ou le marbre qui doivent les recevoir. Cette incrustation ne peut avoir lieu qu'autant qu'on trace & que l'on creuse avec exactitude la forme de chaque lettre. Ce renfoncement, qui est déjà un moyen de solidité pour les caractères qui le remplissent, n'empêche pas l'emploi des crampons & des trous de scellement, & c'est une précaution de plus; mais s'il arrive que les caractères de bronze soient arrachés, l'*inscription* n'en reste pas moins lisible.

En général, si l'excès des *inscriptions* sur les ouvrages de l'art, tend quelquefois à les déparer, lorsqu'on les multiplie abusivement ou qu'on les place mal, comme lorsqu'on faisoit sortir des légendes de la bouche des personnages en peinture, ou lorsqu'on écrivoit en sculpture sur le nu même des statues, il faut dire qu'on les épargne trop aujourd'hui; & beaucoup de monumens d'architecture laissent trop ignorer au spectateur leur emploi, l'année de leur construction, les noms de leurs fondateurs, & beaucoup de circonstances que les contemporains connoissent peu, & que la postérité sera condamnée à ignorer.

INSPECTEUR, s. m. On donne ce nom, dans l'exécution ou l'administration des bâtimens & des travaux publics, à celui qui est commis pour veiller à la construction d'un édifice, à une entreprise quelconque. Son emploi est d'inspecter la qualité comme la quantité des matériaux, d'en surveiller la mise en œuvre, selon les proportions & les formes déterminées par les plans & par les devis, & de faire en sorte que tout soit exécuté conformément aux projets arrêtés, aux lois des bâtimens & aux règles de l'art.

A ne prendre le nom d'*inspecteur* que dans son sens ordinaire, on peut dire qu'il n'y a point de travaux mécaniques qui n'ait ses *inspecteurs*; car quel ouvrage n'exige pas le contrôle de ceux qui sont intéressés à sa bonne exécution? Toutefois le mot *inspecteur* ne devient le nom d'un emploi important, que dans les grandes entreprises publiques, comme dans ce qu'on appelle les *bâtimens du Roi*, les *bâtimens civils*; & dans l'organisation administrative de ces travaux, la place d'*inspecteur* est un des grades qui conduisent aux directions générales.

INSTRUMENS, s. m. pl. On distingue, dans la langue des arts, ce qu'on appelle *instrumens* de ce que l'on appelle *outils*. Le mot *outils* emporte l'idée d'un travail plus particulièrement mécanique, & qui s'applique à l'exploitation des matières. Le mot *instrument* a quelque chose de plus noble, & indique des opérations d'un ordre plus relevé.

Ainsi, sans sortir du cercle de l'architecture, on appellera *outils* ce qui sert à tailler la pierre, à la débiter, à manipuler le plâtre & les enduits, & l'on dira les outils du tailleur de pierre ou du maçon. On appellera *instrumens*, le compas, la règle, l'équerre, & en général tout ce qui sert à lever des plans, à dessiner les projets d'architecture.

INSTRUMENS DE SACRIFICE. Beaucoup des usages de l'antiquité ont été exprimés dans les monumens, par des figures devenues une imitation positive des objets usuels, qui entroient dans la pratique des cérémonies. Ces figures ont passé dans l'ornement de l'architecture moderne, & ne sont plus que des symboles généraux & des signes allégoriques, dont le sens ne laisse pas d'être compris de tout le monde.

Ainsi l'on a déjà vu à plus d'un article de ce Dictionnaire (*voyez* BUCRANE, FESTONS, GUIRLANDES), que tous les objets qui se rapportoient, chez les Anciens, à l'usage des sacrifices & à l'immolation des victimes, étoient devenus dans les pratiques de l'ornement moderne, autant d'emblèmes consacrés pour caractériser les monumens religieux.

Sur plus d'une frise antique on trouve sculptés des *instrumens de sacrifice*, tels que les vases, les patères, les sympules, les couteaux, les aspersoirs, &c. Ces détails ont été reproduits de la même manière dans des édifices modernes, & ils occupent ordinairement ces espaces de la frise dorique que l'on appelle *métopes*.

INTELLIGENCE, s. f. Ce mot, dans le langage métaphysique, exprime cette faculté de notre esprit dont la propriété est de saisir les grands rapports & de comprendre l'essence même des choses. Il peut se prendre de même dans le langage des arts, & l'on dira de certains artistes qui ont eu des pensées grandes & é[levé]es, qu'ils étoient doués d'une grande force d'[intel]ligence: on dira de certains ouvrages plus faits pour exciter l'admiration que pour flatter les sens & toucher le cœur, qu'ils sont le produit d'une haute *intelligence*.

En architecture, le mot *intelligence* pourra aussi se prendre dans ce sens, & effectivement il y a peu d'art qui exige plus cette force d'appréhension, & ces combinaisons étendues qui sont l'objet ou l'effet de la faculté qu'on a définie.

Cependant *intelligence*, dans son acception la plus ordinaire, a un sens moins élevé, & se rapporte à une idée moins générale.

La qualité qui reçoit le plus souvent ce nom, est celle qui produit plutôt un emploi judicieux des parties, que la conception d'un grand ensemble.

Ainsi l'architecte fait preuve d'*intelligence* dans la distribution des intérieurs, dans l'agencement des détails, dans la manière heureuse dont il tire parti d'un local peu favorable à la composition, dans l'art de lier ensemble des membres ou des corps de bâtiment ou de logis isolés, de subordonner à un motif général des parties disparates.

Ce qu'on appelle la di[strib]ution est surtout ce qui exige de l'*intelligence*. Il en faut souvent beaucoup pour réduire à un plan simple & à une disposition régulière & symétrique, dans de vastes édifices, comme dans des bâtimens particuliers, tout ce qui est prescrit par le programme, tout ce que les besoins, les convenances d'usage, & quelquefois encore tous les caprices de la mode demandent à l'architecte.

INTRADOS.

INTRADOS, s. m. Terme de construction qui exprime la partie intérieure d'un cintre, la surface concave d'une voûte. On l'appelle aussi *douelle intérieure*.

INVENTION, s. f. Ce mot exprime généralement, dans le langage ordinaire, deux idées différentes, quoique rapprochées entr'elles. On appelle *invention* la chose inventée, comme lorsqu'on dit: *c'est une bonne ou une mauvaise invention; la poudre à canon, l'imprimerie sont les inventions des Modernes*. On appelle *invention*, l'action & encore souvent la faculté d'inventer, comme lorsqu'on dit qu'un homme *manque d'invention*, qu'un artiste a fait *preuve d'invention* dans tel ou tel ouvrage.

Sous ce dernier rapport, le seul que nous nous proposerons de considérer dans cet article, *invention* se prend souvent comme synonyme de *génie*. (*Voyez* ce mot.) Nous avons toutefois essayé de prouver à cet article que cette synonymie, comme beaucoup d'autres, ne tenoit qu'à la proximité des deux idées, que le génie devoit se considérer comme étant une disposition innée en nous, *in nobis genita* (*ingenium*), une faculté naturelle, de laquelle résultoit celle de créer & l'action d'inventer; qu'ainsi l'*invention* étoit la conséquence, & le génie le principe.

On comprend comment les distinctions peut-être subtiles de la métaphysique grammaticale, s'effacent facilement dans l'emploi qu'on fait de ces expressions. Les mots, les locutions, les acceptions des termes, ne sont l'ouvrage ni des grammairiens, ni des métaphysiciens. Leur ouvrage est de reconnoître les nuances d'idées que le langage tend souvent à confondre, & de porter la lumière sur son origine, c'est-à-dire, sur les notions primitives, qui ont dû guider le sentiment dans la formation des langues.

Invention est encore le synonyme de *création* dans la langue des arts, & ces deux mots se rapprochent aussi nécessairement, par une notion commune qui sert à les définir. Ainsi l'on est convenu que le mot *création* n'est qu'une métaphore; que l'homme ne crée rien dans le sens absolu de ce terme, & qu'il ne fait autre chose que trouver des combinaisons nouvelles d'élémens préexistans. Or, trouver ces combinaisons, c'est inventer.

Le besoin d'*invention* ou le plaisir que l'homme en éprouve & qu'il demande à tous les arts, tient à la constitution même de son être, à la nature de son esprit. L'esprit de l'homme, si étroitement uni à son corps, éprouve, ou par lui-même ou par l'effet de cette union, le besoin qui sans cesse se renouvelle, de passer du repos au mouvement, du mouvement au repos. Cette succession est une condition de l'être; le mouvement continu & le repos continu en amèneroient la fin.

Le besoin dont nous avons parlé, qui est le besoin de changement, s'étend à tout ce qui entre dans le cours ordinaire de la vie, dans les travaux comme dans les plaisirs, dans les jouissances du corps comme dans celles de l'esprit. L'homme demande à tous les arts des plaisirs, & ces plaisirs consistent dans les images de tout genre qui excitent des sensations agréables, qui mettent l'imagination en jeu, qui remuent les passions, qui développent le sentiment de l'admiration. Mais l'amour du changement ne consiste pas seulement, à jouir successivement des ressources variées des différens arts. On veut aussi que chaque art trouve dans sa sphère, des moyens toujours nouveaux de plaire & d'émouvoir. On se lasseroit promptement d'un art qui, borné à un petit nombre d'*inventions*, reproduiroit toujours les mêmes, & n'offriroit aucun aiguillon à cet appétit insatiable de nouveautés.

A cet égard, il est vrai que les arts ont chacun dans la sphère de leur imitation, d'inépuisables moyens de contenter cet appétit. La nature se présente sous chacun de ses aspects avec un fonds infini de rapports & de variétés. D'autre part, elle n'a pas été moins féconde, dans cette diversité également infinie de qualités & de talens départis aux individus; & comme chaque individu diffère d'un autre par sa physionomie, chacun, dans la conformation de ses facultés morales, a reçu des différences telles, qu'il ne se trouvera jamais deux hommes qui se rencontrent avec une similitude absolue, dans une même manière de recevoir & de rendre les impressions de la nature, ou des objets qu'elle présente à l'imitateur.

De-là des variétés sans nombre dans les sujets d'imitation & dans les manières de traiter ces sujets. Cependant la nature a accordé à quelques hommes privilégiés, le secret de se distinguer du grand nombre, par une faculté supérieure de concevoir, de rapprocher les objets, de les combiner & d'en présenter, soit les rapports, soit les images, dans un ordre plus parfait, avec une plus grande vérité: c'est ce qu'on appelle, en fait d'art, *les différentes manières*. Ainsi, quoiqu'à dire vrai & à le prendre au sens simple, il y ait autant de manières que d'artistes, cependant ces légères variétés individuelles, qui ne sont que des nuances insensibles, n'ont aucune prise sur notre esprit, & ne sont pas capables de lui faire éprouver le plaisir qu'il demande, & qu'il trouve dans la nouveauté.

Il arrive encore que le plus grand nombre des hommes, privés de cette vue qui fait apercevoir les beautés de la nature, & de cette faculté qui fait en saisir le côté le plus favorable à l'art, au lieu d'étudier la nature en elle-même, se contentent de l'étudier dans les ouvrages des autres, & au lieu de produire des images originales, se réduisent à en répéter de pâles contre-preuves. C'est le lot de ceux qu'on appelle *copistes*, troupeau nombreux, dont le talent routinier, loin de produire des impressions nouvelles, tend à la fin à discréditer même, par de continuelles répétitions, la valeur des originaux qui leur ont servi de modèles.

C'est là une des causes qui accélèrent le sentiment d'indifférence, & quelquefois de dégoût, que l'on conçoit dans certains temps pour les ouvrages marqués au coin du génie, & où brille le plus l'*invention*.

Alors ceux qui cherchent à plaire par l'originalité, s'efforcent de découvrir des manières nouvelles. Mais l'originalité qu'on cherche, est toujours une manière factice qui devient bientôt de la bizarrerie. Le goût du public, avide de changemens, se laisse prendre à l'appas de la nouveauté; il proclame *inventeur* celui qui lui paroît sortir des routes battues; il appelle *invention* ce qui n'est qu'innovation. Bientôt tout respect pour les règles & pour les convenances passe pour timidité & servilité, & le champ de l'imitation est livré aux dérégiemens du caprice & de la fantaisie. C'est à peu près là l'histoire de tous les arts dans les temps modernes.

Il faut dire que ce doit être là, plus ou moins, le sort de l'*invention*, partout où le génie ne trouve pas le degré de contrainte dont il a besoin, sagement combiné avec la mesure d'indépendance, qui ne lui est pas moins nécessaire.

Ainsi, nous voyons en Egypte & chez tous les peuples de l'Asie, que le génie étant comprimé, soit par le système politique des castes, qui établit l'esprit de routine, soit par la puissance religieuse, qui retient dans un état perpétuel d'enfance l'art des signes, soit par l'influence immodérée du pouvoir de l'habitude sur l'homme, l'art ne put trouver la liberté nécessaire aux changemens qu'exige le développement de la faculté imitative. Là, où il n'y eut pas de liberté, il ne put pas y avoir d'*invention* : car on n'appellera jamais ainsi, ces associations monstrueuses d'élémens discordans, dont on remarque que se forma un certain goût d'ornement dans l'Inde & dans la Perse. En fait d'art, il n'y a pas d'*invention* où il n'y a pas imitation de la nature, & cette imitation ne sauroit avoir lieu là, où il est défendu de sortir des formes, des conventions, & des méthodes consacrées par une coutume ignorante : car, dans ces pays, l'idée d'interroger la nature, ne se présente pas à qui ne sauroit que faire de ses réponses.

Des circonstances heureuses, ainsi qu'on l'a dit plusieurs fois, émancipèrent le génie des Grecs, asservis d'abord eux-mêmes à la tyrannie de la routine; & un concours de causes très-particulier, donna l'essor à l'imitation dans tous les genres d'art. Dès qu'il fut permis de modifier les signes religieux, dès que le langage, moins entravé par une écriture sacrée, put devenir l'expression des sentimens & des passions, l'effet de cette liberté fut de chercher des modèles, de les consulter, de les étudier; & peu à peu la nature, si près & souvent si loin de l'homme, révéla à l'imitateur des beautés pour lesquelles le reste du genre humain n'avoit pas eu d'yeux. L'*invention* naquit; mais de ce principe même de l'imitation, naquit avec elle la connoissance des règles qui doivent servir de frein à la liberté d'inventer. Ces règles que prescrit la nature, & qui s'identifient à l'imitation, trouvèrent heureusement une protection, dans la combinaison même des institutions qui avoient créé la liberté des arts : car, si l'artiste se trouva libre de communiquer dans ses ouvrages, les impressions que lui faisoient éprouver celles de la nature, il fut tenu de respecter un certain nombre de types, de caractères, de formes & de systèmes consacrés d'abord par l'usage, & ensuite par le génie de l'observation. Ces conventions tracèrent le cercle, dans lequel l'imagination avoit tout l'essor nécessaire pour inventer, sans avoir cette indépendance absolue qui, trop souvent, égare le génie : & comme, en politique, il n'y a point de liberté sans l'obéissance aux lois, en fait d'art il n'y eut pas d'*invention*, sans l'observance des règles.

Les Modernes, en héritant des arts des Grecs & de leurs règles, ne trouvèrent toutefois d'autre contrainte pour les observer, que celles du goût, arbitre absolu, mais souvent dominateur très-variable. Les ouvrages qui parvinrent en grand nombre à leur connoissance, ne furent pas les modèles les plus parfaits. Le laps des années, les vicissitudes qu'éprouvent tous les travaux de l'homme, la dégénération des principes, & mille causes diverses avoient produit dans les productions de tous les genres d'art, à Rome surtout, une décadence sensible. De-là une extrême incertitude & de continuelles variations chez les artistes modernes. Des mœurs différentes, une autre religion, la diversité des climats, rendirent très-difficile l'application exacte des formes, des principes, des méthodes & des manières de voir antiques, à tous les genres d'ouvrages. Le seizième siècle, en Italie, reproduisit, autant qu'il fut possible, les principes de l'antiquité dans tous les arts, & surtout dans l'architecture. Les règles & les combinaisons de cet art, les caractères des ordres, le bon goût des ornemens, tout fut appliqué avec beaucoup de succès aux édifices civils & religieux, & l'on vit Léon-Baptiste Alberti, Bramante, Balthasar Peruzzi, Sangallo, Palladio, Serlin, Scamozzi, &c. rivaliser entr'eux, soit dans leurs monumens, soit dans leurs traités, pour fixer de nouveau le génie moderne, dans le cercle où le génie de l'antiquité s'étoit exercé pendant douze siècles, sans avoir épuisé les combinaisons des élémens toujours féconds, qui font la matière des *inventions* de cet art. Mais rien, ni dans les opinions, ni dans les usages existans, ni dans aucune institution, ne servoit de sauve-garde à l'emploi des formes, aux caractères différens des édifices, aux convenances respectives, que le goût, de concert avec les mœurs, doit faire respecter.

Il faut dire encore que l'architecture, ainsi que les autres arts, n'étoient plus des productions natives des pays où ils s'établissoient. L'architecture succédoit à un goût de bâtir, qui s'étoit enraciné avec beaucoup d'habitudes étrangères à elle, & auxquelles il falloit faire plus d'un sacrifice. Cet art, au lieu d'être le résultat lent & successif de formes, de proportions & de combinaisons mises d'accord avec les besoins, qui réciproquement s'y étoient subordonnés, reparoissoit tout-à-coup tout formé, avec des règles puisées, les unes dans la nature, & les autres dans les conventions variables du goût.

Bientôt on confondit les unes avec les autres ; & comme les Anciens eux-mêmes n'avoient jamais prétendu que l'architecture pût être assujettie à des mesures géométriques ; comme au contraire, la nature leur avoit enseigné dans l'imitation positive de ses œuvres, de quel genre devoit être l'imitation idéale qui convient à l'architecture, on crut que, parce qu'il n'y avoit pas de modèles d'édifices dans la nature, il n'y avoit pas d'imitation dans l'architecture, & que parce qu'il y a des variétés dans les rapports de toutes les parties qui constituent le système de cet art, il n'y avoit ni principes, ni règles, ni raisons. Dès-lors, l'imagination se crut libre de tout enfreindre & de tout oser, de tout détruire & de tout produire, & l'on donna le nom d'*invention* à tout ce qui étoit déréglé, comme si l'*invention* ne pouvoit avoir lieu avec des règles.

C'est pourtant cela qui caractérise l'*invention* propre des beaux-arts, la seule dont il puisse être ici question.

Nous avons vu que l'*invention* consistoit dans une combinaison nouvelle d'élémens préexistans. Mais quels sont les élémens que l'inventeur, digne de ce nom, doit combiner ? Sans doute, on ne doit l'entendre que des élémens qui entrent dans l'ensemble d'un ordre d'idées, de rapports, d'objets, de parties, ayant déjà une connexion de genre entr'eux : car, rapprocher des êtres de nature différente, c'est créer des monstres, c'est faire des rêves. Ainsi, dans tout art, il ne peut être question que des élémens ou des êtres qui peuvent former le domaine de cet art. La peinture combine des couleurs, mais il ne peut s'agir que des couleurs qui sont appropriées aux êtres qu'elle imite ; ainsi de suite des formes des corps, de l'espèce de créatures soumises à telle ou telle espèce d'imitation. Toute autre manière d'entendre les combinaisons qui sont du ressort de l'*invention*, seroit une absurdité du genre de celle qu'Horace a exprimée par ces vers :

Humano capiti cervicem pictor equinam.
Jungere si velit, &c.

Ce principe n'a besoin que d'être énoncé pour être prouvé, & ses conséquences directes sont : que chaque espèce d'art est bornée à un certain ordre d'imitations ; que chaque imitation l'est à un certain ordre d'objets déterminés, au-delà desquels il ne se donne que des combinaisons hétérogènes, comme lorsque l'on mêle ensemble les élémens de la comédie & de la tragédie, de l'histoire & de la poésie, de la peinture & de la sculpture, &c.

Ainsi, la théorie des effets de l'imitation & du plaisir qu'elle procure, a appris que les bornes imposées à chaque art, & les chaines qui captivent l'artiste, dans le ressort qui lui est assigné, sont la cause la plus active des impressions qu'il produit, parce que, si ces liens sont rompus, l'art lui-même est dissous : & comme ces observations se fondent, non-seulement sur l'analyse de chaque art, mais sur la nature même de notre ame, qui, étant une, ne jouit que dans l'unité, ne voit que par l'unité, & ne sauroit se plaire dans des sensations divergentes ou incohérentes : de-là sont nées les règles élémentaires des différens arts, & toutes les maximes de détail & d'application particulière qui forment la théorie de chacun.

Or, ces règles n'ont véritablement été inventées par personne ; & si elles paroissent avoir été le résultat des chefs-d'œuvre des grands hommes, il faut bien se garder de croire qu'elles n'existoient pas auparavant. Seulement ces grands hommes & leurs ouvrages ont manifesté les règles qui les ont conduits ; ils les ont rendues sensibles par leurs exemples, & ont mis leurs successeurs à même de les enseigner plus clairement. Les règles ne sont que des observations faites sur la nature ; elles existent avant qu'on les aperçoive ; l'homme ne les fait pas, il les découvre. Les plus beaux ouvrages sont ceux où elles brillent avec le plus d'éclat.

Loin donc que les règles nuisent à l'*invention*, l'*invention* n'existe point hors des règles ; & le mérite de l'*invention* seroit nul, s'il pouvoit n'y avoir pas de règle, car il n'y auroit aucun moyen d'en juger.

Si l'on rapproche ces principes, des tentatives que beaucoup de novateurs ont faites en architecture, & des efforts multipliés d'un grand nombre d'hommes, pour nier ou pour détruire les règles de cet art, pour prouver que tout y étoit né du hasard, que tout, dès-lors, pouvoit y être subordonné au caprice de chacun, on se convaincra qu'aucun art n'a plus besoin de règle, & que, dans aucun, l'*invention* ou le don des combinaisons nouvelles, n'a plus besoin d'être renfermé dans un cercle déterminé d'élémens préexistans.

Les élémens de l'architecture ne sont pas toutes les formes possibles que l'imagination peut emprunter à la nature, pour les appliquer aux plans, aux élévations & à l'ornement des bâtimens. Si cela étoit, ces formes sans nombre, sans rapport entr'elles, sans liaison, & dès-lors sans signification quelconque, feroient de l'art de l'architecture l'image du chaos & le modèle du désordre & de la déraison. Il est sensible qu'à ne considérer les formes imitables par l'art, que dans le sens le plus abstrait, l'œil ne peut avoir du plaisir à leur réunion, qu'autant qu'une raison apparente en devient le lien, & que hors de cette raison, tout assemblage de formes sans motif, devient aussi insipide pour les yeux, qu'il est insignifiant pour l'esprit : & c'est ce que nous prouvent plus ou moins clairement les différentes architectures, qui n'ont pu trouver dans leur origine & dans l'imitation de la nature, chez les peuples privés de la faculté d'imiter, un principe d'ordre & de raison, un système de lois, dont l'esprit fût emprunté des lois naturelles.

C'est la nature elle-même qui enseigna aux hommes ces procédés, par lesquels ils parvinrent à établir l'architecture sur un système imitatif ; & c'est de ce système que naquirent les raisons fondamentales des combinaisons primitives, qui devinrent les règles de cet art. Ces règles ne sont donc pas arbitraires ; & quand on prétendroit qu'il pourroit y avoir plus d'un système imitatif en ce genre, on ne détruiroit pas pour cela les règles, on prouveroit seulement qu'il peut y avoir plus d'un système de règles ; mais alors on reconnoîtroit que, tant qu'on est sous l'empire d'un système, il faut en observer les lois, & que l'*invention*, qui consisteroit à mêler les systèmes, en en combinant les élémens hétérogènes, ne seroit autre chose que rétablir le désordre où l'ordre régnoit.

Et c'est ce qu'ont pas compris ces prétendus inventeurs qui, dans les déréglemens de leur imagination, employèrent tous les types du système imitatif de l'architecture grecque, & se plurent à les confondre, ou à les dénaturer, en niant, soit leur origine, soit leur signification, soit leur rapport avec les parties correspondantes du même système.

Si la colonne n'est pour vous qu'un support matériel de matériaux, qui n'exigent d'autre forme, d'autre assemblage, que la forme & l'assemblage voulus par la solidité, si ce que la colonne supporte n'est l'image ou la représentation de rien, si un édifice dans son élévation ne doit être subordonné à aucun type préexistant, si tout ce qui entre dans ses embellissemens, fruit du caprice ou du hasard, ne doit rien signifier, ni par son emploi, ni par son emplacement, on vous demandera pourquoi vous continuez de donner à la colonne des formes & des détails, qui ont un sens selon le système que vous niez, & n'en doivent plus avoir dès que vous niez le système? Pourquoi conserver à l'élévation les membres de l'architrave, de la frise, de la corniche, & tous les détails de ces parties, si tout cela est chimérique ? Pourquoi, si le fronton n'a aucune signification, en conserver les formes, même en le dénaturant ? Il y auroit bien d'autres questions semblables à faire.

Mais ceci suffit pour montrer combien fut non-seulement fausse, mais vaine en soi, cette prétention à l'*invention*, des novateurs du dix-septième siècle, qui crurent qu'inventer c'étoit détruire ce qui avoit été inventé, qui ne furent dans leur manière d'innover, rien imaginer, même de nouveau, puisqu'ils ne firent que mêler les élémens ordonnés entr'eux par la raison des siècles, & les reproduire dans un état de désordre & de déraison.

Ce qui vient d'être exposé a donc pour but de faire voir que l'*invention*, en aucun genre, n'existe sans règles ; que les règles, loin de gêner le génie, le favorisent & le secondent, en le préservant des écarts du caprice ; que l'*invention*, consistant à trouver des combinaisons nouvelles d'élémens préexistans, le champ de l'*invention* est toujours ouvert, parce que les combinaisons sont & seront toujours innombrables, & que c'est le génie qui manque aux combinaisons, plutôt que les combinaisons au génie.

IONIQUE (Ordre). C'est le nom qu'on donne à celui des trois ordres de l'architecture grecque, qui, par le genre moyen de ses proportions, de sa décoration & de son caractère, tient le milieu entre le dorique & le corinthien, & qui, n'ayant ni la force de l'un ni la richesse de l'autre, est particulièrement propre à exprimer l'idée de cette qualité qu'on appelle *élégance*, & qui est elle-même une qualité moyenne entre celles que l'architecture peut rendre sensibles.

Nous avons déjà fait voir plus d'une fois que le système fondamental & constitutif de l'architecture grecque existoit dans l'ordre dorique, ordre essentiellement natif de la Grèce, & que les deux autres ordres n'en furent que des modifications ; & nous avons montré au mot IMITATION (*voyez* ce mot), comment l'esprit imitatif propre aux Grecs, une fois développé par l'étude de la nature dans les autres arts du dessin, dut suggérer aux architectes ces analogies ingénieuses, que quelques écrivains ont rendues absurdes, en leur prêtant une valeur exagérée, faute d'avoir compris, ou du moins fait entendre, dans quel ordre d'imitation devoit se ranger celle dont ils donnoient l'idée. Vitruve est particulièrement celui qui a accrédité l'abus qu'on a fait d'une notion pour le moins invraisemblable, sur la diversité des caractères des ordres grecs.

Ainsi l'on a pris dans un sens positif & matériel, ce qui ne peut & ne doit être entendu, que dans un sens de fiction ou d'induction. On a prétendu que la colonne dorique avoit été formée à l'instar du corps de l'homme, & qu'on avoit porté à six diamètres sa proportion (quoique le dorique grec n'en ait souvent que quatre ou cinq), parce que la longueur du pied de l'homme se trouve six fois dans la hauteur de son corps. De-là, on est parti pour dire, que la colonne *ionique* étoit une imitation du corps de la femme, & l'on a voulu trouver, dans le goût d'ornement du chapiteau affecté à cette colonne, une ressemblance avec la coiffure ou la parure du beau sexe. C'est encore ainsi qu'on a imaginé que les cannelures du genre de celles que comporte l'*ionique*, étoient une imitation des plis tombans de la tunique des femmes, comme cela se voit à beaucoup de statues.

Lorsque l'on convertit des rapports de simple analogie en ressemblances expresses, on en fait des fables; & c'est ce qui est arrivé ici. Mais comme il n'y a pas de fable qui ne couvre quelque sens raisonnable, on peut trouver la raison de ces fictions dans l'influence du génie de l'imitation & de l'étude du corps humain, qui ouvrit aux arts de la Grèce une route toute nouvelle, & inconnue au reste du monde. (*Voyez* IMITATION.)

L'esprit de l'homme procède toujours dans ses œuvres par assimilation. Il n'est donc pas étonnant que les artistes grecs aient ainsi procédé dans l'invention des modes qui constituèrent leur architecture. La nature ayant établi des variétés de forme, de caractère & de proportion, entre les créatures humaines, rien ne fut plus naturel que de transporter le principe de ces variétés aux combinaisons d'un art, que toutes sortes d'analogies unissent étroitement aux autres arts du dessin. Après avoir remarqué que tous les caractères de la force, de la solidité, de la gravité se trouvoient réunis dans l'ordre dorique, on sentit que l'architecture étant propre à exprimer & à rendre sensibles les qualités morales, le goût exigeoit que ces différentes qualités reçussent une expression spéciale, & qui fût fixée par un ensemble de formes caractéristiques.

De-là naquirent les ordres, en tant qu'on les considère comme des modes qui déterminent pour les yeux, ainsi que les modes de l'antique musique le faisoient pour l'oreille, les différens caractères plus ou moins graves, légers, vifs ou austères, des impressions que l'art devoit produire.

C'est ainsi que l'ordre appelé *ionique* fut fixé, & occupa dans le système général de l'architecture, cette place moyenne entre l'ordre le plus grave & le plus pesant, & entre l'ordre le plus orné & le plus léger.

Le système dont on parle, système prouvé par les monumens, par les règles de l'antiquité, & par toutes sortes de notions irrécusables, appartient exclusivement aux Grecs; nulle autre architecture connue ne nous en fournit l'exemple. Les Grecs seuls ont connu les ordres.

Cependant, en considérant chaque ordre dans la configuration du chapiteau affecté à sa colonne, on est souvent induit à croire que les ordres *ionique* & corinthien sont des emprunts faits, soit à l'Asie, soit à l'Egypte.

Quant à ce dernier, nous avons, dans plus d'un article, reconnu que le chapiteau corinthien étoit égyptien d'origine, & que le nom qu'il reçut en Grèce, tenoit à des raisons qui n'étoient d'aucun poids dans la recherche de cette prétendue découverte. Mais nous avons montré aussi, & nous ferons voir avec encore plus d'étendue au mot ORDRE (*voyez* cet article), que le chapiteau ne constitue pas l'ordre, qu'il n'est qu'un, entre tous les caractères, d'où résulte la composition d'un ordre; que les Grecs ont pu emprunter aux Egyptiens le type d'un chapiteau & le goût de ses ornemens, sans que cela prouve qu'ils leur aient dû le système d'un ordre, & que l'Egypte, qui eut un très-grand nombre & une très-grande diversité de chapiteaux, ne connut jamais d'ordre, dans le sens de système déterminé, de mode fixe, affecté à l'expression d'une qualité spéciale.

Il doit en avoir été de même du mot *ionique*, dont on a appelé l'ordre de ce nom. Fut-il nommé ainsi parce qu'il fut inventé en Ionie? Nous croyons qu'un ordre, en tant qu'il fait partie d'un système aussi général que celui de l'architecture grecque, ne sauroit être l'objet d'une invention propre, soit d'un homme, soit d'une contrée; & que, comme ce ne fut pas Callimaque qui inventa à Corinthe l'ordre qui porte le nom de cette ville, ce ne fut pas non plus en Ionie qu'il faut placer la découverte de l'ordre *ionique*. L'esprit d'imitation analogique qui créa les trois modes d'architecture, tenoit à des causes que l'histoire n'a jamais pu saisir. On en découvre après coup les effets; lorsqu'ils se sont développés, on veut en retrouver le cours & l'enchaînement, & trop souvent on demande d'en révéler l'origine, aux mots & aux noms, dépositaires très-peu fidèles de semblables secrets.

Nous avouerons que des raisons plus ou moins inconnues, ont pu accréditer plus ou moins dans telle ou telle contrée, l'emploi d'un ordre ou d'un autre. Ainsi les monumens, en grand nombre, prouvent encore que l'ordre dorique appliqué aux temples, eut une faveur particulière dans la Grèce proprement dite; que le corinthien fut l'ordre privilégié des Romains. Il se peut que les colonies ioniennes aient donné la préférence à l'ordre *ionique*, sans que cela prouve que cet ordre ait pris naissance dans ces pays.

Si cependant on scrutoit l'origine du chapiteau affecté à cet ordre, il ne seroit pas invraisemblable que son type & sa configuration, auroient été une émanation du goût de l'Asie. Les deux autres sortes de chapiteau nous rendent raison, soit de leur forme, soit de leur genre d'ornement. Le dorique nous montre son type dans les procédés de la construction en bois. Le corinthien porte écrit le motif de ses ornemens, évidemment emprunté, soit aux plantes consacrées, soit à ces productions que la nature semble indiquer au génie de la décoration. Le type & l'ornement du chapiteau *ionique* ne nous paroissent avoir aucun modèle de l'un ou de l'autre genre. Il rentre évidemment dans l'ordre des objets qu'on appelle *capricieux*, c'est-à-dire, qui n'ont aucune raison d'être ce qu'ils sont. Or, ce goût, qui fut de tout temps celui de l'Asie, qui est encore aujourd'hui tel qu'il fut autrefois, de sort nombreuses communications l'avoient fait connoître aux Grecs; & Aristophane, dans une de ses comédies, nous en donne une idée fort claire, en nous décrivant des tapisseries de Perse. Sans aucun doute, l'Ionie, beaucoup plus en rapport avec les contrées orientales, avoit dû de très-bonne heure recevoir des germes de ce goût capricieux.

Il y auroit de la témérité à spécifier davantage en cette matière, & à produire ici des exemples. Toutefois les dessins que nous possédons des monumens de l'Inde, nous font voir entre les divers couronnemens de colonnes, imaginés par la fantaisie dans cette contrée, certains chapiteaux à oreilles retombantes en forme de volutes, que peut-être quelques critiques prendroient pour des imitations du chapiteau *ionique*. Cette forme de chapiteau n'auroit-elle pas été plutôt, en Grèce, une dérivation du goût asiatique ?

En voilà sans doute assez sur un sujet qu'aucune critique ne peut éclaircir complètement, mais dont les notions, à ne les regarder que comme des hypothèses, doivent trouver place dans l'histoire de l'architecture : car l'histoire d'un art comprend non-seulement les faits & les monumens, mais les raisons qui les ont produits, non-seulement les effets, mais leurs causes.

Il est temps de passer à l'analyse de l'ordre *ionique* par les monumens anciens & modernes.

Nous voyons qu'il est arrivé à cet ordre à peu près ce que nous avons fait observer à l'égard des autres, & surtout du corinthien. Quoiqu'on ne puisse douter que les Grecs n'aient assujetti chacun des trois modes de l'architecture à des règles, quant à la proportion, quant à la forme & quant à l'ornement, néanmoins plus on découvre de leurs ouvrages, plus on remarque que les règles dont il s'agit, ne pouvoient avoir une invariabilité, une fixité que cet ordre de choses repousse, que la nature elle-même n'observe point, & que l'abus de l'esprit systématique seul peut exiger.

Les architectes modernes, ceux surtout qui ont cherché dans les traités qu'ils ont écrits sur leur art, à donner des formes & des mesures précises aux moindres parties des membres de l'architecture, sont tombés dans le défaut d'un rigorisme outré. La cause de cet abus fut sans doute l'ignorance où ils étoient alors, d'un grand nombre de monumens antiques inconnus de leur temps. Ils établirent leurs règles sur les seuls restes des édifices de Rome; & ce fut quelquefois sur un ou deux exemples, qu'ils ont formé leur législation.

Cela est arrivé à l'égard de l'*ionique*.

Les monumens *ioniques*, que l'on trouve en assez grand nombre dans la Grèce, donnent le démenti à la plupart des traités modernes. Et d'abord, à commencer par le chapiteau de cet ordre qui en est le caractère le plus sensible, les édifices *ioniques* d'Athènes nous y font voir des variétés très-considérables, comme on peut s'en convaincre en comparant la colonne *ionique* du temple sur l'Ilyssus, par exemple, avec la colonne *ionique* des temples de Minerve-Poliade & d'Erechtée, & celle-ci avec la colonne du temple d'Apollon Didymeen à Milet.

Le chapiteau de Milet se compose d'un tailloir découpé en oves, d'un bandeau en ligne droite, donnant naissance aux volutes d'un tore avec des oves, d'un filet de perles. Il n'y en a guère de plus simple, si ce n'est celui de la colonne appliquée à l'édifice qu'on appelle l'*aqueduc d'Adrien*, à Athènes, qui consiste dans les mêmes parties, mais qui n'a d'ornemens, taillés en oves, que dans celle qu'on appelle *le tore*. Ce chapiteau est le même que celui dont Vitruve a tracé la forme, qu'on retrouve à l'*ionique* du théâtre de Marcellus à Rome, & sur lequel se sont réglés la plupart des architectes modernes, à quelque révolution près dans les enroulemens de la volute.

Cependant plusieurs monumens *ioniques* d'Athènes, nous offrent une composition de chapiteau beaucoup plus élégante & beaucoup plus variée. La partie qui se trouve entre le tailloir & l'échine, celle qui donne naissance aux volutes, & qu'on appelle *écorce*, se compose de trois filets. Deux de ces filets ont une courbure très-prononcée, les trois filets se manifestent dans les volutes & augmentent considérablement le nombre de leurs révolutions, ce qui donne au chapiteau plus de variété ou de richesse. L'une & l'autre de ces qualités s'y trouve encore fort augmentée par l'addition d'un large collarin, placé au-dessous de l'échine, & qui descend plus bas que les volutes. Ce collarin est orné de palmettes. Du reste, le tailloir & l'échine sont découpés en oves. On peut consulter sur le bel effet de ce chapiteau, les dessins des temples de Minerve-Poliade & d'Erechtée, dans l'ouvrage des antiquités d'Athènes, par Stuart.

Telle est la beauté de ce chapiteau *ionique*, telle est la supériorité de son élégance sur tous les autres, que sans doute, s'il eût été connu des architectes qui, dans leurs divers Traités, ont voulu réduire à une seule forme la configuration de ce chapiteau, ils se fussent empressés de le prendre & de le donner pour modèle.

Dirons-nous cependant qu'il faut abandonner le mode prescrit par Vitruve & par les architectes qui l'ont suivi ? Telle n'est pas notre pensée. Ce qu'il faut conclure de cet exemple, c'est que l'ordre *ionique* comporte des variétés qui ne détruisent point l'uniformité de son caractère, & que l'architecture ne peut, ni dans son ensemble, ni dans ses détails, être asservie à aucune sorte de règle, du genre de celles que comportent des rapports géométriques.

L'ordre *ionique*, d'après les modèles de l'antiquité & les observations les plus générales, comporte neuf diamètres de hauteur (*quæ novam Ionicam*, a dit Pline, liv. XXXVI, chap. 23), mesure moyenne, qui n'exclut pas les variétés en plus ou en moins.

Les Anciens comme les Modernes ont affecté à la colonne *ionique*, des cannelures quelquefois au nombre de vingt, comme dans le temple de la Fortune virile à Rome, plus souvent de vingt-quatre, & rarement de trente-deux. Le caractère des cannelures *ioniques* diffère des cannelures doriques, en ce que leur enfoncement est en demi-cercle. (*Voyez* CANNELURES.)

Nous ne parlerons ici de la base *ionique*, dont on a déjà donné tous les détails au mot BASE, d'après les rudimens de Vitruve & des architectes modernes, que pour montrer encore, combien les règles de détail prescrites en ce genre, avant qu'on eût connoissance des monumens de la Grèce, doivent souffrir d'exceptions & de modifications: car, lorsque les préceptes tendent à diviser la hauteur affectée à la base, en trois parties, savoir, le tore d'en haut, la scotie du milieu, & la plinthe, tous les monumens *ioniques* d'Athènes donnent la base sans plinthe, & on y voit sa hauteur divisée en trois parties à peu près égales, savoir, un tore en haut, une scotie au milieu & un tore en bas, qui pose sur les degrés de l'édifice. On observe que le tore d'en haut seul reçoit des ornemens qui sont tantôt des filets, comme au portique d'Erechtée, tantôt des entrelats, comme au temple de Minerve-Poliade.

Un des principaux caractères de chaque ordre, consiste dans les parties de son entablement, dans le plus ou moins grand nombre des membres qui le composent, dans la simplicité ou la variété des profils, & surtout dans la représentation plus ou moins fidèle, & dans l'expression plus ou moins prononcée de ces détails, qui, nés de la construction en bois, en rappellent avec plus ou moins d'énergie l'origine.

C'est l'imitation en quelque sorte positive des types de la charpente qui, en formant le caractère distinctif de l'ordre dorique, lui donne aussi cet air de solidité, qui dans l'architecture devoit répondre aux qualités de force, de gravité, d'austérité, que cet ordre rend au plus haut point sensibles.

L'esprit qui présida à l'invention des ordres, en tant que destiné à exprimer des qualités différentes, inspira la suppression des types les plus caractéristiques de la charpente dans l'entablement *ionique*. Son architrave eut moins de hauteur & de simplicité que l'architrave dorique; il fut orné de trois bandes qui en divisent la surface. La frise ne porta plus l'indication des bouts des solives transversales, que rappellent, dans le dorique, les triglyphes, & cette frise fut tenue tantôt lisse, tantôt ornée de figures. La corniche de même, ne reçut plus de mutules qui par la pente de leur position, signifient, comme l'on sait, les extrémités des chevrons du toit de charpente. Les architectes modernes ont été d'avis différent sur l'application des denticules à la corniche *ionique*. Vitruve ayant prétendu (*voyez* DENTICULES) que les denticules avoient une signification à peu près semblable à celle des triglyphes, & qu'elles indiquoient les extrémités des pannes, les uns ont voulu les exclure de l'*ionique*, les autres en faire un caractère de cet ordre. La vérité est, comme nous l'avons prouvé ailleurs, que les denticules ne sont que l'ornement d'une moulure qui tantôt est taillée ainsi dans la corniche *ionique*, & tantôt y est laissée lisse. Du reste, toute difficulté à cet égard est tranchée par les *ioniques* d'Athènes, dont les corniches ne nous font voir aucune trace de denticules. Le membre où l'on peut les tailler est constamment découpé en oves.

Ainsi le caractère de l'entablement *ionique* est d'être moyen entre celui du dorique & celui du corinthien. Il ne comporte ni la solidité de l'un, ni le luxe de moulures & d'ornemens de l'autre.

Nous renvoyons le lecteur, pour les détails particuliers de la modinature de cet ordre, soit aux ouvrages classiques qui en traitent, soit aux articles séparés de ce Dictionnaire, où l'on trouvera ce qui concerne la théorie des mesures, avertissant toutefois, que ces mesures ne peuvent jamais être fixées d'une manière absolue, comme quelques-uns ont tenté de le faire. L'architecture cesseroit d'être un art de raisonnement & d'invention, si tout y étoit soumis à un calcul positif. La nature même des choses s'y oppose, & l'architecte, tout en respectant les principes généraux, reste toujours le maître d'en modifier les conséquences, au gré de toutes les circonstances qu'aucune théorie ne peut prévoir.

Le chapiteau *ionique* est un des objets qui ont le plus occupé les architectes modernes, pour le rendre d'un ajustement facile dans les compositions des édifices. On a vu que ce chapiteau se compose de volutes, dont les contours occupent deux faces du chapiteau. Les deux autres faces, c'est-à-dire, les faces latérales, sont formées de ce qu'on appelle *le balustre*, dont le gros bout va s'appuyer au revers des circonvolutions de la volute. L'on voit par conséquent que ce chapiteau a deux de ses faces d'une manière, & deux d'une autre. Lors donc qu'il arrive qu'on emploie l'ordre *ionique* dans une composition de colonnes telle, par exemple, que celle d'un péristyle de temple, qui comporte un retour de colonnes, il arrive nécessairement que le chapiteau d'angle présentera la face à volute en avant, & la face à balustre de côté. Si d'autres colonnes entrent dans la ligne de retour, le chapiteau d'angle seroit à balustre du côté du retour, tandis que du même côté, les colonnes présenteroient leur face antérieure, c'est-à-dire, la face à volute. De-là un assez grand embarras d'ajustement. Divers expédiens ont été tentés pour régulariser cette disposition.

Aux monumens *ioniques* d'Athènes, tels que le temple de Minerve-Poliade & celui d'Erechtée, les architectes, pour que le chapiteau d'angle offrit deux faces semblables, l'une dans le front de l'édifice, l'autre dans la ligne de retour, imaginèrent de prolonger, en la courbant, la volute angulaire, de façon qu'en retour une volute semblable pût s'y accoupler, & les deux faces se sont trouvées pareilles : toutefois ce prolongement & cette courbure offrent, en plan surtout, une irrégularité peu sensible à la vérité dans l'élévation, mais que les architectes modernes ont cherché à éviter. Ont-ils mieux réussi ?

Le besoin de donner deux volutes à chacune des quatre faces du chapiteau, a induit à imiter dans le chapiteau *ionique*, les doubles volutes du chapiteau corinthien; & pour y parvenir, il a fallu, en supprimant le balustre des faces latérales, évaser & creuser chaque côté, pour la facilité de l'accouplement des volutes.

D'autres, tels que Scamozzi, ont fait sortir les tiges des volutes du corps même de l'échine, & ces volutes sont devenues tout-à-fait semblables à celles du chapiteau que les Modernes ont appelé *composite*.

Il est constant que si l'on veut une parfaite régularité dans les faces du chapiteau *ionique*, surtout aux angles, on l'obtiendra mieux en faisant les quatres faces à volute; mais alors les volutes ne peuvent plus être sculptées sur un plan horizontal. Du reste il existe dans l'antique, & surtout au temple de la Concorde à Rome, des exemples de volutes à face cintrée.

On a encore diversement modifié le chapiteau *ionique*, en lui donnant plus ou moins de hauteur. Nous voyons que rien ne fut déterminé à cet égard chez les Grecs, & les monumens d'Athènes nous ont fait voir dans le gorgerin qui est au-dessous de l'échine, une frise d'ornement qui augmente la hauteur du chapiteau.

Les Modernes ont été beaucoup plus loin, & l'on a fait descendre de chaque œil de volute, des guirlandes qui, dans chaque face, occupent la hauteur du collarin.

Toutes ces diversités nous montrent que le chapiteau *ionique* comporte plus d'une manière d'ajustement, dont le goût est définitivement juge. Le caractère essentiel de l'ordre, est surtout ce qu'il faut respecter, & ce que ce caractère exige, c'est qu'on ne tombe ni d'un côté, ni de l'autre, dans un excès, soit de simplicité, soit de richesse.

Nous renvoyons au mot CHAPITEAU, pour les détails classiques des mesures que les Traités d'architecture ont cherché à fixer, & au mot VOLUTE pour la démonstration du procédé dont on use, pour tracer les circonvolutions de cette partie du chapiteau *ionique*.

IRRÉGULIER, adj. Il est difficile de jeter un coup d'œil, même superficiel, sur les ouvrages d'art & d'imitation, chez les différens peuples de l'Europe, sans y reconnoître un assez grand nombre de variétés dans l'invention, dans le goût & dans l'exécution. Ces variétés ne sont peut-être autre chose que les différences de physionomie, si l'on peut dire, qui distinguent aussi l'esprit de chaque nation, & à dire vrai, elles ne constituent pas des goûts opposés, ni même essentiellement divers; elles ne sont que les dissemblances d'une même famille ou d'une même espèce.

Il n'en est pas ainsi des deux principales diversités de goût qui semblent séparer, si l'on peut dire, en deux mondes opposés l'un à l'autre, les habitans de notre globe.

L'un de ces goûts, comme tout le monde sait, se distingue par la subordination à des règles fixes; l'autre par l'indépendance de toute loi & de toute contrainte : l'un par la séparation des genres, qu circonscrivent dans de certaines limites le domaine de chaque art; l'autre par la promiscuité même de tous les genres & de toutes les espèces: l'un par des conventions qui affectent à chaque puissance imitative les moyens qui lui sont propres, & fixent leur rapport avec la portion correspondante du modèle universel, ou de la nature; l'autre par l'ignorance absolue ou le mépris des principes sur lesquels peuvent reposer ces conventions : l'un par un système sur lequel le plaisir doit naître du besoin, & le charme de l'illusion résulte de la difficulté même de l'obtenir; l'autre par l'absence de tout système, & par la recherche de toutes les sortes de déceptions propres à en imposer aux sens & à tromper l'esprit.

Cette définition des deux manières de voir & de sentir, dans l'un & l'autre des deux procédés d'imitation, seroit sans doute fort incomplète s'il s'agissoit d'en discourir à fond, & de parcourir les effets & les résultats de l'une & de l'autre. Mais n'ayant eu dans cette courte analyse, d'autre intention que de marquer les caractères généraux auxquels chacun des deux goûts doit se faire reconnoître, j'en aurai, je pense, assez dit pour les désigner d'une manière claire. Mon intention étant de combattre cet éternel scepticisme, qui tend à la dissolution du vrai principe de l'imitation & des beaux-arts, en invoquant sans cesse à son secours l'existence du goût qui ne connoît point de règles, contre les règles qui tendent à fixer le goût, j'ai visé dans le parallèle abrégé que j'ai fait des deux manières de voir, à désigner simplement l'une & l'autre, par des traits qui me permissent de leur donner un nom. C'est pourquoi j'appellerai l'un de ces deux goûts, *le goût régulier*, comme étant celui qui procède d'après les règles, & l'autre *le goût irrégulier*, comme étant celui qui ne reconnoît point de règles.

En considérant que le goût *irrégulier* a été de tout temps répandu dans le monde, qu'il règne encore exclusivement sur la plus grande partie de la terre, que quelques-unes des plus vastes contrées du globe n'en ont jamais eu d'autre, & que si l'on comptoit les voix, il auroit pour lui le plus grand nombre des hommes, nous ne devons pas nous

nous étonner qu'il règne en cette matière une diversité d'opinions contradictoires, & que presque tous ceux qui ont traité philosophiquement la question relative à ces deux espèces de goût, soient arrivés, quoique par des routes différentes, à un véritable scepticisme d'opinion sur la prééminence de l'un ou de l'autre.

Tel seroit en effet le résultat de la théorie la plus accréditée dans ce sujet, & qui consiste à rejeter définitivement sur l'influence du climat & des causes physiques, dans certaines régions de la terre, la manière de voir & de sentir qui produit l'imitation *irrégulière*. S'il existe une puissance prédominante & invincible qui exerce un empire absolu sur les facultés de l'esprit, & le modifie de façon à ce que les rapports des objets entr'eux, soient forcés de paroître fort différens dans un pays, de ce qu'ils paroîtront dans un autre, que reste-t-il à reconnoître, sinon que tout est relatif en fait de beau, de goût & d'imitation ?

Je sais que les philosophes ne s'en tiennent pas à la cause unique des climats. On fait entrer aussi, parmi les principes d'action sur les facultés de l'homme, celui des institutions politiques & religieuses. Mais d'autre part, je vois qu'en cherchant à expliquer l'origine de ces institutions, on attribue, en général, les unes aux mœurs, & les autres à l'imagination. Or, l'imagination & les mœurs sont soumises particulièrement à l'action du climat & de la température, ces deux nouvelles causes ne font que renforcer, dans le raisonnement, le pouvoir des causes naturelles.

Ainsi l'on se trouve induit à conclure que si les causes naturelles façonnent impérieusement l'esprit humain, soit dans un sens, soit dans un autre, les ouvrages & ses productions reçoivent, de la nature même, leur forme & leur goût, que dès-lors il n'y a point de raison pour préférer un goût à l'autre, & qu'ils sont tous les deux, légitimes enfans de la nature.

Ce résultat, auquel arrivent nécessairement ceux qui n'admettent point de beau absolu, est aussi celui d'une autre espèce d'opinion en cette matière, & qui n'a rien de nouveau en soi, quoiqu'elle paroisse étrange. Je parle de celle qui admet deux sortes de beau, l'un simple, l'autre composé; l'un reposant sur l'imitation exacte de la nature, l'autre qui agit par l'imitation combinée d'élémens divers. Cette opinion est, de fait, la même que la précédente; car admettre deux *beau*, c'est n'en point admettre. Notre esprit se refuse à concevoir l'existence d'une même qualité dans deux ouvrages dont l'un est le contraire de l'autre. Il est visible que dans ce prétendu système, on donne le nom de *beau*, non à ce qui doit plaire, mais à ce qui plaît, & je crois que ce seul mot suffiroit pour réfuter cette théorie, en tant que théorie nouvelle.

Ce qu'elle a encore de commun avec celle du beau relatif, c'est qu'il en résulteroit, non pas plus positivement, mais avec plus d'évidence, que la nature auroit formé deux hommes, que l'esprit humain seroit de deux genres; que comme il y auroit plus d'un beau, il y auroit aussi deux bon, deux morales, deux juste, deux vrai, &c. Or, ce corrollaire est assez extraordinaire, pour qu'il soit permis d'examiner si tous ceux qui raisonnent sur les deux espèces de goût régulier ou *irrégulier*, ne se méprendroient pas sur les élémens même de leurs parallèles.

C'est ici, ce me semble, qu'il faut saisir la question; & avant de laisser placer dans la balance les deux goûts dont il s'agit, il conviendroit peut-être de vérifier leurs titres : car que nous importent dans cette comparaison, & le poids & le nombre, si la qualité des objets est d'une substance différente ?

Et d'abord on invoque la nature en faveur d'un goût comme en faveur de l'autre, parce que, dit-on, le goût *irrégulier* dépend de causes naturelles & de l'organisation de l'homme dans certaines contrées de la terre. Mais rien de plus équivoque que cette application du mot *nature* & *naturel*. En fait d'art, comme en fait de morale, on reconnoît deux natures, l'une inculte & imparfaite, l'autre cultivée & perfectionnée; l'une à laquelle se rapportent les défauts de l'entendement, les erreurs de l'esprit, les foiblesses de la raison comme les vices du cœur; l'autre qui produit tout ce qu'il y a de vrai, de juste, de noble & de grand dans les idées, dans les actions & dans les ouvrages de l'homme.

Ce n'est donc rien dire que d'avancer que telle habitude, tel goût, telle manière de voir & de sentir, dans les œuvres de l'imitation, proviennent de la nature, ou de l'influence des causes physiques de certains pays. Il n'est pas même nécessaire d'aller fort loin, pour trouver les mêmes goûts & la même raison de ces goûts. Les enfans, les villageois, les hommes sans culture qui sont autour de nous, tiennent de ce même principe naturel des dispositions toutes semblables, à aimer & à préférer dans les arts, précisément tout ce que l'étude véritable de la nature & le goût perfectionné par elle, en bannissent. Dirons-nous aussi que le goût de tous ceux que je viens de nommer tient à la nature, & par conséquent peut être réputé aussi bon que celui des hommes perfectionnés par l'observation ? Personne, je pense, ne regarderoit une telle assertion que comme une plaisanterie.

Pourquoi ? Parce que le simple bon sens démontre, qu'on ne doit établir de parité entre les jugemens, les goûts & les manières de voir de différentes personnes, qu'en admettant entr'elles égalité d'intelligence, de facultés morales, de culture & d'instruction.

Je me persuade que si l'on veut apporter la même critique dans le parallèle des deux goûts dont il s'agit, entre les différentes régions de la terre, on ne tardera pas, à voir s'évanouir le

Diction. d'Archit. Tome II.

point de la dispute, ou se présenter le moyen le plus simple de le résoudre.

Il n'est personne, ce me semble, qui ne convienne, que la question est la même de nation à nation, comme de particulier à particulier. De même que, dans un pays, on ne compte pas les voix en matière de science, d'art & de goût, & qu'on n'oppose pas la multitude des villageois, des ouvriers & des ignorans, au petit nombre des hommes instruits & experts dans leur genre; de même, il me semble que le nombre des peuples qui professent tel ou tel goût, n'est pas ici un élément de controverse admissible. Ce nombre ne pourroit & ne devroit se mettre dans la balance qu'à instruction ou culture égale; autrement dix peuples ignorans n'ont pas plus le droit d'être opposés à un seul instruit, que les neuf dixièmes de la population ignorante d'un pays, au seul dixième que l'éducation & l'instruction ont perfectionné.

Cela étant, la seule question est de savoir si les peuples chez lesquels règne & a toujours régné le goût *irrégulier*, ont, dans tous les autres points qui sont moins sujets à contestation, l'esprit aussi cultivé que les peuples qui professent le goût opposé, & ensuite si l'exercice de ce goût résulte, chez eux, d'un choix véritable, d'une théorie fondée en principes, ou simplement de l'impulsion de l'instinct & de l'effet de la routine.

Mais il me semble que cette question porte avec soi sa réponse. Il me semble qu'il y a sur cet objet une notoriété de faits & de circonstances qui pourroit dispenser, même dans un ouvrage dont cette question seroit l'unique sujet, de s'étendre en preuves & en démonstrations nombreuses. Et sans parler de l'état de barbarie où se sont trouvés les siècles & les pays qui, depuis la décadence de l'Empire romain, ont produit ce grand nombre d'ouvrages appelés *gothiques*, où règne particulièrement le goût *irrégulier*, sans parler des peuples de l'antique Asie, d'où sont émanées jadis les bizarreries que le génie des Grecs ou des Romains avoit revêtues du charme de leurs arts, & sans s'étendre à montrer combien ces peuples, dans toutes les autres parties du domaine de l'esprit, étoient restés loin de ceux qu'on prétend quelquefois nous donner comme ayant été leurs disciples, sans entrer, à l'égard de tous les temps & de tous les peuples passés, dans des recherches que l'éloignement rend plus difficiles & plus obscures, pourquoi ne pas soumettre à l'examen dont je parle, ces nations nombreuses qui cultivent encore aujourd'hui, & sous nos yeux, le goût qui fut celui de leurs prédécesseurs? Qu'on prenne, par exemple, pour sujet d'épreuve, l'Asie actuelle toute entière, & qu'on en fasse le parallèle avec l'Europe moderne.

Or, qui est-ce qui ne voit pas du premier coup d'œil, combien, malgré l'état de civilisation assez avancé de quelques-uns des peuples de l'Asie, leur esprit & leurs connoissances sont encore en arrière du point de perfection, auquel il faudroit qu'ils fussent parvenus dans les sciences physiques & morales, pour leur mériter d'être mis en parallèle avec l'esprit & les connoissances de l'Europe? Qui est-ce qui s'aviseroit d'établir & de soutenir que, parce que les trois quarts du globe & les peuples de l'Asie, dont je parle, ne pensent pas comme l'Europe en fait d'astronomie, de physique, de législation, les questions qui se rapportent à l'état de ces sciences, peuvent rester douteuses? Est-ce que les opinions d'astrologie, de sorcellerie, des songes, & cette multitude de superstitions répandues sur la plus grande partie des contrées dont il s'agit, ne prouvent pas que les facultés morales des peuples qui les habitent, sont loin d'avoir reçu tout leur développement?

Si tout ce que je me contente d'indiquer ici sur l'état d'imperfection de ces peuples, à l'égard des sciences & des matières que leur nature met hors de dispute, doit faire conclure à tout homme raisonnable, l'infériorité, sinon des facultés de l'homme dans ces contrées, au moins de leur culture, & si l'on ne pense pas à opposer le jugement de ces peuples au nôtre, sur les points des connoissances les plus importantes, je demanderai comment il se fait qu'en matière d'art, d'imitation & de goût, on mette aussi hardiment leurs opinions & leurs pratiques, en rivalité & opposition avec les opinions & les pratiques de l'Europe.

Mais il n'est peut-être pas d'objet où l'observation, la culture & le développement des facultés morales soient plus nécessaires, pour arriver à la vérité, que celui dont il est ici question. Moins il y a en ce genre de faits palpables, de principes évidens, & de méthodes uniquement tributaires de l'expérience des sens, plus il devient indispensable d'appeler au secours du sentiment & de l'imagination, ces recherches profondes d'une théorie fondée sur la connoissance du cœur humain, sur l'étude des impressions que notre ame reçoit des objets extérieurs. Or, cette théorie qui s'acquiert, soit par la multitude des parallèles que l'artiste est à même de faire, dans une pratique libre & indépendante de son art, soit par la discussion philosophique des élémens abstraits de l'imitation, cette théorie, dis-je, résulte du plus haut degré de culture de l'esprit, chez les peuples qui peuvent s'y adonner.

Il suffit d'en parler, pour se convaincre que jamais, ni la pratique, ni la philosophie des arts n'ont pu faire, je ne dis pas naitre, mais même soupçonner une semblable théorie, parmi les nations dont on prétend opposer le goût, en fait d'imitation, à celui de l'Europe moderne. Dès-lors le parallèle est essentiellement défectueux, & il est par conséquent inadmissible sous le point de vue dont je parle.

On prouveroit encore, par l'état où sont les arts d'imitation, & par celui où ils ont toujours été chez les peuples de l'Asie, que jamais la culture de l'esprit humain n'y a fait un pas dans ce genre. Or, quel est cet état ? c'est l'état de routine ; & là-dessus il n'y a lieu à aucun doute. Tout le monde sait que la persévérance dans les mêmes formes, les mêmes pratiques, les mêmes procédés, est le caractère le plus certainement distinctif des ouvrages de ces peuples. L'esprit de routine est précisément le contraire de l'esprit d'observation, qui tend à perfectionner les facultés de l'homme. Là où règne la routine, les artistes ne font rien en vertu d'un choix libre & raisonné. Là où il n'y a ni liberté de choisir, ni liberté de raisonner, tout reste subordonné à l'instinct.

Si ces choses sont avouées de tout le monde, que devient le parallèle des deux goûts ? Si le goût *irrégulier* appartient aux peuples dont les facultés n'ont point encore été développées, dont l'esprit n'a pas reçu une culture entière, & dont la manière de procéder, en fait d'imitation, est restée enchaînée par la routine dans les liens de ce qu'on appelle simplement l'*instinct*, n'est-il pas visible, lorsque des causes contraires s'accordent chez ceux qui professent le goût régulier, avec des faits & des résultats également opposés, que le point de la discussion, sur cette matière, a toujours été mal posé, & que toute contestation sur le point dont il s'agit est oiseuse ?

Ces choses avouées, on sera peut-être forcé de convenir aussi que toutes les opinions, soit sur le beau relatif, soit sur les deux genres de beau, soit sur tout autre système de conciliation entre les deux goûts, manquent d'appui & portent à faux, puisque là où il ne sauroit exister de parité, il est superflu de chercher à établir un équilibre.

Mais, dit-on, en accordant ce résultat, encore reste-t-il à chercher la raison de cette permanence de goût chez les peuples de l'Asie ; & s'il restoit prouvé, que cette inclination constante pour l'imitation du genre *irrégulier*, fût l'effet de certaines causes, qui seroient essentiellement liées à la nature des choses dans ces pays, encore faudroit-il bien avouer qu'un goût auquel l'esprit humain seroit forcé de se plier, auroit quelque droit de passer pour être naturel.

A cela je répondrai que si la nature des choses a placé, dans certains pays, des obstacles invincibles au développement des facultés morales nécessaires au succès des divers genres d'art & de science, l'état de la question présente ne se trouve par-là aucunement changé. Il y a aussi des pays où les facultés physiques ne sauroient acquérir leur perfection. Qu'en conclure ? Rien autre chose, sinon que la nature a voulu qu'il y eût des êtres incomplets. Et à cet égard, pourquoi trouveroit-on extraordinaire dans l'espèce humaine, ce qui a lieu dans toutes les espèces de la création ? & si les facultés physiques se trouvent modifiées, dérangées & comprimées par tant de causes connues, quelle raison y auroit-il d'excepter de cette sujétion les facultés morales, qu'on sait être dans une corrélation nécessaire avec les premières ?

Ce peut donc être une question de philosophie morale & spéculative, que celle qui tendroit à examiner si, comment, & jusqu'à quel point la nature a été plus ou moins avare ou libérale de ses dons envers un certain nombre de créatures ; de quelle manière ce qui nous paroît un désordre, entre dans l'ordre du Créateur ; par quels moyens s'opèrent les compensations qui peuvent rétablir une sorte de justice de sa part, ou une espèce d'égalité de bonheur entre les êtres. Mais cette question ne touche point à mon sujet. Y a-t-il des peuples condamnés par la nature à ne pouvoir jamais acquérir, soit le complément, soit l'équilibre des facultés morales, d'où résulte la perfection de l'esprit ? Je réponds que je n'en sais rien, que personne ne le sait, & que cette question restera long-temps sans solution. Mais y a-t-il des peuples qui, depuis un grand nombre de siècles, soient restés dans un état d'imperfection par le défaut d'une culture suffisante, sur plusieurs parties des sciences & des arts ? Je réponds qu'oui. J'ajoute que tout le monde est forcé d'avouer l'effet, quelle qu'en soit la cause, & que cet effet est la seule chose qui puisse être ici question.

Or, cet effet est reconnu à l'égard des peuples qui font profession du goût *irrégulier* ; & cela suffit pour détruire par leur base, tous les systèmes & toutes les opinions qui tendent, soit à rendre l'idée du beau douteuse, parce qu'il y a division de sentiment entre les peuples de l'Asie & ceux de l'Europe sur ce point, soit à établir deux beaux opposés, parce que des nations entières opèrent dans l'imitation, par des moyens & des procédés contradictoires.

Ainsi, tant qu'on ne parviendra pas à nous prouver que les peuples de l'Asie moderne, par exemple, c'est-à-dire, ceux sur lesquels j'ai fixé ici l'épreuve à faire, sont arrivés au même degré de culture dans les sciences & dans les arts de l'esprit, que les peuples de l'Europe moderne, leur autorité en fait de goût, d'art & d'imitation, quel que soit leur nombre, ne pourra être d'aucun poids dans la balance de la raison ; & elle ne devra pas plus peser, que celle du grand nombre des hommes incultes, dont le jugement est nul en fait de goût, & dont on ne compte jamais les suffrages.

Que si l'on veut répéter cette épreuve, tant sur beaucoup de peuples & de siècles passés, que sur un grand nombre d'époques & de nations plus récentes, je pense qu'on se confirmera de plus en plus dans l'opinion, que tous ces parallèles pèchent par le même principe. Je veux dire qu'on ne citera ni une époque, ni une nation, où le goût *irrégulier* ait été professé universellement, & où la culture de l'esprit humain ait été portée au même point qu'aux époques, & chez les peuples où a régné le goût régulier.

Dddd 2

Dès-lors, c'est par abus qu'on appelle naturel le goût *irrégulier*; à moins qu'on n'appelle ainsi les vices de conformation, les défauts de développement, les écarts, les foiblesses & les erreurs. Le goût en question est naturel, comme l'est celui des sauvages, des enfans & des ignorans.

Au reste, je pense qu'il n'est pas nécessaire, pour se rendre compte de la cause du goût *irrégulier*, pour expliquer la puissance de son empire & sa prodigieuse influence sur les ouvrages de l'art, d'en aller examiner si au loin les effets & les résultats. Je me figure aussi qu'on peut, à bien moins de frais, traiter la question des deux goûts, & résoudre la difficulté imaginaire de ce prétendu problème.

Ces deux goûts, à mon avis, se reproduisent partout, sont de tous les temps, de tous les pays, & sont le résultat nécessaire des facultés diverses que l'auteur de la nature a données à l'homme. Selon que quelqu'une de ces qualités l'emporte sur une autre, l'un des deux goûts prend le dessus. L'imagination & le jugement sont les facultés d'où dépendent les qualités diverses que l'homme développe dans ses ouvrages. L'une ou l'autre de ces facultés peut être plus ou moins fortifiée par les causes naturelles, on ne le nie pas; & il y a sans doute des pays où ces causes tendent à développer plus fortement leur action. Toutefois nous voyons aussi des hommes d'un même pays & d'une même famille, chez lesquels domine l'une de ces facultés, beaucoup plus que l'autre. Il appartient à la culture de l'esprit, à l'étude de la nature, à l'observation & à la philosophie, d'opérer la juste alliance des deux facultés, & la combinaison des qualités qui en résultent. Et comme nous voyons cet effet résulter pour les individus, de l'éducation & de l'instruction, il peut être permis de croire que la même action, si elle avoit lieu en grand, à l'égard des nations, produiroit des résultats semblables.

On observe que la faculté imaginative est celle qui domine chez les enfans & chez les hommes sans culture. Cette faculté est particulièrement liée au sentiment qu'on appelle l'*instinct* : & c'est aussi de l'imagination & de l'instinct, que procède le goût *irrégulier*, c'est-à-dire, celui qui ne reconnoît point de règles. Il est sensible que le goût opposé, qui est celui des règles, doit procéder de la faculté rationnelle, non pas séparée de la faculté imaginative, mais combinée avec elle.

En effet, si l'imagination, sans le jugement, produit le goût *irrégulier*, le jugement, sans l'imagination, ne produiroit qu'un goût froid & servile. Le jugement apprend aussi que l'imagination a sa part dans les productions de l'esprit & de l'art. Ainsi le goût régulier est celui qui reconnoît des règles fondées sur l'imagination & le jugement.

Loin donc qu'on doive reconnoître, qu'il y a deux goûts égaux de valeur & de mérite entr'eux, parce qu'ils procèdent chacun d'une des facultés imaginative ou rationnelle, qui dominent séparément sur les hommes, soit pris individuellement, soit considérés comme nations, il faut reconnoître que chacun de ces goûts, ainsi défini, est faux, vicieux & incomplet, & que le goût véritablement régulier, est celui qui repose sur le juste équilibre des facultés, que la nature peut bien avoir inégalement distribuées, parce qu'elle a voulu qu'en ce genre aussi, la perfection fût rare.

Dans quel genre, en effet, ne trouve-t-on pas cette volonté de la nature? Et sans entrer dans cette autre discussion du beau physique en fait de conformation humaine, sans aller aussi opposer les formes du visage d'une contrée, à celle d'une autre, restons dans un seul canton, dans une seule ville. Il y a une idée de beau établie, à laquelle tout le monde consent, sur laquelle il ne règne aucun différend. Tout le monde est d'accord que ce sont tels ou tels visages qui ont le prix de la beauté, que tels ou tels corps sont les mieux conformés. Passons à l'énumération. Ce ne sera peut-être pas un sur cent. L'immense pluralité sera de ceux qui seront réputés plus ou moins mal conformés. Ce n'est donc plus ici encore la majorité qui fait sa loi. Tout le monde reconnoît donc que le beau admis pour tel, est une faveur rare de la nature. Pourquoi donc voudroit-on que le beau moral fût autrement réparti? pourquoi accuseroit-on plutôt la nature d'inégalité en ce genre? ou pourquoi de moins refuseroit-on d'avouer cette inégalité?

Si l'on considère que deux principes opposés luttent sans cesse l'un contre l'autre, dans la constitution morale des hommes, pris, soit comme individus, soit comme nations, que l'un de ces principes est celui de l'instinct, ou de la faculté imaginative, dépourvue du secours de l'étude & de la raison, que l'autre est celui du raisonnement ou de la faculté de juger, dénuée de l'action du sentiment; que la perfection de l'esprit & de ses ouvrages tient à l'art de combiner entr'eux ces deux principes, & les qualités qui en dérivent, on trouvera peut-être là de quoi expliquer, non-seulement les deux principales diversités de goût qui séparent en deux classes les habitans de ce globe, mais encore les nuances plus ou moins nombreuses de ces deux goûts.

Il paroîtroit dès-lors certain que le goût le plus généralement répandu, le plus naturel, dans le sens de *spontané*, doit être le goût qui tient à l'action de l'instinct & à la faculté imaginative qui lui correspond. Aussi, sans sortir de notre temps & de notre pays, le voyons-nous se reproduire de lui-même & de toute part. Il tient à la foiblesse de l'esprit, il est compagnon de l'ignorance, il flatte à peu de frais les sens ; il ne demande, pour être goûté, ni réflexion, ni études, ni lumières. Il a toutes les propriétés du vice, c'est-à-dire, qu'en suivant les seuls penchans de la nature, on s'y laisse facilement aller, & on a beaucoup de peine à en sortir : car il exclud tout effort, toute fatigue, toute contention. Tel est le goût *irrégulier*.

A ce goût appartiennent ces conceptions, dans lesquelles le génie mêle tous les genres, ne connoît ni ordre ni liaison ; ce style, qui marche au hasard, qui s'élève ou s'abaisse sans raison, & associe tous les extrêmes ; ces compositions de poëme sans but marqué, sans plan, sans sujet principal ; ces drames sans unité de sujet, de temps & de lieu, où tout incident est une pièce, où tout accessoire le dispute au principal ; ces peintures, qui ne sont pas des tableaux ; par cela qu'elles sont une réunion de tableaux ; ces combinaisons de sujets multiples & complexes dont les parties ne sauroient produire un tout ; ces édifices sans système d'ordonnance, où le superflu est devenu le nécessaire ; ces ornemens combinés d'élémens discordans, qui ressemblent aux rêves d'un malade ; ces statues qui, pour être sculptées & peintes, ne sont ni de la peinture, ni de la sculpture.

Tout en avouant que le goût *irrégulier*, considéré dans ces applications, est spécialement celui des peuples de l'Asie, de quelques contrées & de quelques époques connues, je ne peux cependant m'empêcher de dire que tous les caractères de ce goût se retrouvent, à quelques nuances près, chez tous les peuples ; que dans les siècles les plus cultivés, au milieu même des nations qui le condamnent, il tend toujours à reparoître sous une forme toujours la même, tantôt dans un art, tantôt dans un autre, & que la critique du goût est sans cesse occupée de s'opposer à ses invasions, de le démasquer sous ses travestissemens, & de lui livrer une guerre qui ne sauroit avoir de terme.

N'est-il pas permis de conclure de-là que le goût *irrégulier*, ou le mauvais goût, tient aux penchans de l'instinct, & dès-lors est aussi indestructible, en fait d'art, que le vice en matière de morale ?

Il me semble que, sans recourir à aucun système sur la diversité des deux goûts, & sur la manière d'en expliquer ou d'en concilier les contradictions, on doit reconnoître qu'il existe & existera toujours chez les hommes, deux espèces d'imitation, l'une qui tient aux penchans de l'instinct & que j'appellerois l'*imitation sans art ou hors de l'art* ; l'autre qui résulte des lumières de l'étude & de la raison perfectionnée, & que j'appellerois l'*imitation par art*. La première de ces deux imitations a commencé nécessairement partout, & partout en tout pays elle a devancé sa rivale. C'est elle qui a fondé les habitudes primitives, &, si l'on peut dire, les écoles primaires du genre humain. Comme elle est celle de l'enfant & de l'ignorant, elle fut toujours celle de l'enfance des peuples & des siècles barbares. Née avec l'homme, elle lui servit de jouet dans son berceau, elle prêta ses formes flexibles aux signes de ses premiers besoins ; elle se mêla à tous les actes de la société. Indulgente & facile, elle favorise la paresse de l'esprit, elle exclud la contrainte de l'étude, & elle n'appelle que le sens extérieur à partager ses plaisirs. Plus la pratique de cette sorte d'imitation a fait de progrès dans un pays, plus il est à croire qu'elle y subsistera long-temps ; car elle ne s'y établit qu'en détruisant, par la routine, la faculté d'observer & d'innover, qui est son principe ennemi. Semblable à l'esclavage, qui détruit dans l'homme jusqu'au sentiment de son état, l'imitation sans art ou de l'instinct, parvient à effacer jusqu'à la possibilité de soupçonner qu'il y en ait une autre. Ainsi, son empire est d'autant plus durable qu'il a plus duré.

Si telle est la force du penchant sur lequel s'appuie l'imitation sans art, si elle fut la première souveraine des habitudes de tous les peuples, si son pouvoir a d'immortelles racines dans les inclinations originelles de tous les hommes, faut-il s'étonner qu'on en trouve partout des monumens ou des vestiges plus ou moins remarquables ? Qu'est-il besoin alors de ces circonscriptions géographiques, au moyen desquelles on prétend expliquer par les degrés de latitude, les variétés du goût & de l'imitation ?

L'imitation sans art, ou le goût de l'instinct, ne peuvent être détruits que par l'étude de la nature & par l'esprit d'observation. Il faut par conséquent un grand effort pour lutter contre une habitude invétérée. L'imitation par art est le fruit de cet effort. Mais tout effort est naturellement temporaire & de peu de durée. Voilà pourquoi le règne du bon goût est ordinairement court. Voilà ce qui nous explique ces vicissitudes de manière & de style, ces alternatives du goût régulier & du goût *irrégulier*, que, dans les temps modernes, nous avons vu se succéder, en Italie, par exemple, dans l'espace d'un même siècle.

Je me flatte que j'expliquerois aussi par cette théorie, pourquoi le goût régulier, c'est-à-dire, celui qu'on n'obtient que par l'étude de la nature & par les efforts de l'esprit, n'a jamais dû régner que sur la moindre partie de la terre ; comment, au lieu de s'étonner de l'exiguité de son empire, il faut s'étonner plutôt que cet empire ait existé quelque part, & se soit transmis jusqu'à nous ; comment, par un concours heureux de circonstances, les Grecs parvinrent à soumettre au raisonnement toutes les inventions nées du besoin, toutes les inspirations de ce sentiment, resté inerte chez la plupart des peuples, & comment, à l'instar de la raison, qui n'est que l'instinct perfectionné, tous les arts sortis chez eux d'un germe commun & universel, trouvèrent à se développer par une culture particulière, dont le secret fut, non de contrarier, mais de diriger les penchans de l'instinct, non de substituer des règles imaginaires aux inclinations naturelles, mais de puiser dans ces inclinations, les principes des règles auxquelles ces inclinations doivent se soumettre.

Cette théorie nous expliqueroit encore comment, chez le peuple qui a donné tous les modèles du goût régulier, on découvre en certaines parties des traces du goût contraire ou de l'imitation sans art, & peut-être en même temps qu'elle nous dévoileroit l'origine naturelle de ces exceptions, serviroit-elle à nous mettre en garde contre les jugemens précipités d'une mesure trop absolue. Si, en effet, l'art des Grecs consista toujours à corriger par le raisonnement l'œuvre de l'instinct & à embellir les productions du besoin, au lieu de les blâmer d'avoir, dans quelques parties de l'imitation, conservé quelques-unes de ces pratiques qui appartiennent au goût *irrégulier*, peut-être trouvera-t-on là, de quoi mieux apprécier l'esprit de leur système, & admirer les moyens qu'ils employèrent pour convertir les défauts en beautés, & faire tourner au profit même de l'imitation, ce qui, chez tous les peuples, en avoit été ou l'obstacle ou la ruine.

ISIDORE (de Milet). Cet architecte fut associé à Anthemius, dans la construction de Sainte-Sophie, & de plusieurs autres édifices que Justinien fit élever, non-seulement à Constantinople, mais encore dans les différentes parties de ses Etats.

Ce Prince ayant reconquis quelques provinces de l'empire d'Occident, il y envoya plusieurs architectes, soit pour rétablir les édifices publics qui avoient été endommagés, soit pour en élever de nouveaux. Végèce nous apprend que le nombre des architectes alors employés par Justinien fut de plus de cinq cents. *Isidore de Milet*, dont on fait ici mention, eut un neveu qui naquit à Constantinople, & qui fut, pour cette raison, surnommé du nom de *Byzance*.

ISIDORE (de Byzance). Il s'appliqua, comme son oncle, à l'architecture, & fut employé, quoique fort jeune, avec un autre artiste de son âge, nommé Jean de Milet, aux constructions de la ville de Zénobie, dans la Syrie. Ils s'acquirent, dans ces travaux, une telle réputation, qu'ils passèrent tous les deux, pour les plus habiles architectes de leur temps.

ISLE, s. f. C'est, dans une ville, une langue de terre formée par les courans divers, ou par la retraite des eaux, & qui communique au reste de la ville par des ponts ou des levées. Telle est à Rome l'*isle* Tiberine; telle est à Paris l'*isle* Saint-Louis ou l'*isle* Notre-Dame.

On donne encore le nom d'*isle* à une réunion de maisons jointes ensemble, & formant comme un quartier séparé dans une ville.

ISOLÉ, adj. m. On se sert de ce mot pour désigner tout corps détaché & sans contact avec d'autres. On dit une statue *isolée*, pour dire une figure qui n'est pas groupée avec d'autres, ou une figure qui n'est ni adossée à un mur, ni placée dans une niche. On appelle colonne *isolée* celle qui n'est pas accouplée, ou celle qui s'élève comme monument au milieu d'une place.

La plupart des édifices étant contigus les uns aux autres, dans les rues & dans les places dont se composent les villes, il y a en général peu de bâtimens *isolés*. C'est ordinairement le privilège des églises, qui, autant que possible, seront sans contact avec les habitations particulières, ou des palais, soit des souverains, soit des établissemens publics, qui doivent être & sont le plus souvent *isolés* dans les places, ou entre les rues qui les avoisinent.

ISOLEMENT, s. m. C'est l'état d'un corps ou d'un objet quelconque détaché des autres.

Dans la bâtisse, & selon les lois des bâtimens, il y a beaucoup de parties des bâtimens qui doivent être construites dans un état d'*isolement* des murs mitoyens. Il y a des usines, des fours qui ne doivent être élevés aussi, que dans les endroits où ils sont isolés & séparés de tout autre bâtiment.

ITALICA. Ville antique d'Espagne, qui donna naissance aux empereurs Trajan & Adrien. Elle étoit située dans la Bétique, aujourd'hui l'Andalousie.

On a trouvé dans cette ville des restes d'anciens ouvrages, tels que deux statues colossales & une mosaïque, représentant les courses du cirque dans le milieu, & tout alentour des médaillons avec les têtes des muses.

Cette mosaïque a été gravée & commentée par M. Alexandre de la Borde, dans un grand ouvrage en date de l'année 1806, à Madrid.

IVARA (Philippe), né en 1685, & mort en 1735, fut un des plus célèbres & des meilleurs architectes de cette époque, qui comprend la fin du dix-septième & la première moitié du dix-huitième siècle.

Nous lisons dans Milizia, qu'il fut élève de Fontana, sans désignation. Mais comme nous avons vu qu'il y eut quatre Fontana architectes, il est indubitable, par les dates de la naissance & de la mort d'*Ivara*, que celui qui fut son maître fut Charles Fontana, né en 1634, mort en 1714, & qui avoit été élève de Bernini. L'école de Bernini, en architecture, est un goût moins licencieux que celle de Boromini. Charles Fontana avoit suivi la pente de l'esprit de son temps, mais il étoit resté fort en arrière des travers dans lesquels donnèrent les novateurs du dix-septième siècle. *Philippe Ivara* resta aussi dans un certain milieu entre la sévérité des principes de l'art, & cette dissolution de toutes règles, qui avoit fait regarder toutes les parties des édifices comme des élémens dus au hasard, & dont le caprice pouvoit se jouer en liberté.

Ivara étoit né à Messine, d'une famille ancienne, mais pauvre. De bonne heure il s'étoit appliqué au dessin & à l'architecture. Le goût des arts étoit déjà dans sa famille : un de ses frères pratiquoit la sculpture. *Philippe*, sans renoncer à ses premières études, avoit pris l'habit ecclésiastique, résolu d'aller à Rome tenter la fortune, dans une carrière ou dans une autre.

L'amour de l'architecture ne pouvoit que se réveiller puissamment en lui, au milieu de la ville qui en renferme les plus beaux modèles. Il entra à l'école de Charles Fontana, & lui fit voir entr'autres essais de son talent, les dessins d'un palais qu'il avoit conçu, d'après les idées qu'il s'étoit formées, de la magnificence applicable à ce genre d'édifice. Fontana l'ayant examiné, lui dit en le lui rendant : *Oubliez tout ce que vous avez appris jusqu'ici, si vous voulez demeurer dans mon école.* Fontana fit copier à son nouvel élève le palais Farnèse & quelques autres palais d'un style simple & noble tout à la fois, lui recommandant toujours la simplicité.

Ivara avoit besoin de ces leçons; il étoit plein de feu, & il sembloit porté à donner dans ce goût maniéré & tourmenté, qu'on a pris trop souvent pour du génie. Il s'adonna sans relâche à l'étude. Mais ce n'est pas toujours un moyen de fortune. La pauvreté l'eût mis bientôt dans le cas d'interrompre ses travaux, si un de ses compatriotes, maître de chambre chez le cardinal Ottoboni, ne lui eût fait connoître cette Éminence, qui procura au jeune artiste des ressources propres à développer, quoiqu'en petit, des talens qui n'attendoient que de plus heureuses occasions.

Le duc de Savoie devint roi de Sicile, & fit venir *Ivara* à Messine, où il le chargea de lui bâtir un palais sur le port de cette ville. Le dessin d'*Ivara* plut extrêmement au Prince, qui le nomma son premier architecte, avec trois mille cinq cents livres de pension par an. Bientôt il le ramena à Turin avec lui, & dans la suite il lui donna la riche abbaye de Selve, dont le revenu étoit de plus de cinq mille livres.

Don Philippe Ivara bâtit à Turin, par ordre de Madame royale, la façade de l'église des Carmélites, sur la place de Saint-Charles. Cette façade est dans le goût du temps, a deux ordres l'un sur l'autre, & on y trouve des ailerons, des ressauts & des frontons brisés.

Ivara est un des architectes qui ont le plus contribué à l'embellissement de Turin. Cette ville compte de lui un grand nombre d'ouvrages, tels que le grand escalier du palais, l'église du Mont-Carmel, la chapelle royale de la Vénerie, les écuries, la galerie & l'orangerie de ce palais. Le palais de Stupigni, destiné à être un repos de chasse, fut entièrement bâti par lui. On y voit un salon d'une invention singulière, & qui correspond à quatre appartemens disposés sur un plan en croix pour les princes, avec des bâtimens latéraux pour les seigneurs de la Cour, les officiers de chasse & les piqueurs. Selon le marquis Maffei, cette composition avec ses distributions n'offre ni défaut, ni bizarrerie, & il faut y admirer l'invention, le génie & le goût combinés avec la sagesse, l'art de s'adapter à son sujet, la connoissance des bons principes dont *Ivara*, dit-il, ne s'est jamais écarté.

Nous pensons que ces éloges ont un côté vrai, quand on considère l'habileté d'*Ivara* dans ce qu'on appelle l'entente de la distribution, & l'intelligence qui sait soumettre à un plan régulier des combinaisons multipliées. Nous avouerons encore que Maffei, mettant en parallèle le style & le goût d'*Ivara*, avec le style & le goût de Boromini & de ses sectateurs, a pu trouver irréprochables les compositions de notre architecte. Tout dépend des points de comparaison. *Ivara*, nous l'avons déjà dit, fut très-éloigné de la bizarrerie de l'école qui l'avoit précédé. Mais il s'en faut de beaucoup que son goût, soit dans les plans, soit dans les élévations, soit dans la décoration, ait eu le mérite que Maffei s'est plu à y reconnoître.

Pour bien juger *Ivara*, il faut apprécier son style & sa manière sur le plus beau, sans contredit, & le plus célèbre de ses monumens, l'église de la Superga, dont on a publié des dessins & une description nouvelle, par M. Paroletti, en 1808. Toutes sortes de circonstances ont donné de la réputation à cet édifice, & son seul emplacement, d'où il tire son nom, devoit y ajouter un nouvel intérêt.

Le nom de *Superga* a été donné à une montagne qui est à une lieue & demie de Turin, parce que, dit-on, ce lieu est sur le dos des montagnes, *super terga montium* (Denina. Piemonts geschichte). L'église, & le monastère qui l'accompagne, s'apperçoivent de tous les environs de la Capitale. C'est sur ce point élevé que Victor-Amédée & le prince Eugène concertèrent le plan de défense de Turin, qui étoit assiégé par les Français en 1706. Victor-Amédée fit vœu de consacrer sa reconnoissance à Dieu, en élevant, sur ce terrain même, un temple magnifique, si l'attaque qu'il avoit méditée étoit heureuse, & si son armée contraignoit les Français à lever le siège. Il eut la victoire, Turin fut délivré ainsi que le Piémont, & le prince résolut d'accomplir son vœu. L'édifice ne fut pourtant commencé qu'en 1715, & ne fut terminé qu'en 1731, par les soins d'*Ivara*.

Lorsqu'on ignore les motifs dont on vient de rendre compte, on peut trouver étrange qu'on ait bâti dans un lieu si désert un édifice aussi somptueux. Mais le but du fondateur étoit d'offrir à Dieu un monument de reconnoissance qui fût digne du bienfait & de son auteur. L'élévation seule du lieu le plus élevé des coteaux qui bordent le Pô, parut devoir être un sujet d'admiration de plus, & un moyen de manifester les intentions religieuses du fondateur.

Ivara forma donc un plan qui dut réunir à l'église votive, une maison de congrégation pour desservir ce temple, & destinée encore à servir de séminaire. On ne peut que donner des éloges à ce plan, qui comprend un ensemble de près de 500 pieds de long sur 300 de large, & forme un carré-long, régulier & symétrique dans toutes ses parties. Le bâtiment du monastère est très-habilement réuni à l'église; son intérieur offre un magnifique cortile de 150 pieds de long, à deux rangs de portiques l'un au-dessus de l'autre, avec des corps de bâtimens alentour, le tout environné d'un mur d'enceinte qui vient se réunir à l'enceinte même, laquelle est pratiquée autour & en avant de l'église.

Mais l'objet le plus important & le plus imposant de cette composition, est l'église & la coupole qui la surmonte.

L'église est formée au dehors d'un demi-cercle. Un polygone inscrit dans ce demi-cercle forme l'église intérieure, accompagnée de chapelles en renfoncement, & c'est sur tous les points du demi-cercle extérieur & du polygone intérieur que s'élève une coupole circulaire dont la hauteur en dedans est de 150 pieds, en dehors de 165 pieds, & avec la lanterne de près de 200 pieds. Son diamètre intérieur a 56 pieds; l'extérieur est de 80 pieds.

La façade de l'église se compose d'un péristyle isolé en avant de la partie circulaire de cette partie, formant de chaque côté un quart de cercle en saillie, qui va se raccorder avec un arrière-corps, sur lequel, de chaque côté, s'élève un campanille presque jusqu'à la hauteur du dôme.

Le péristyle, dont on a parlé, a quatre colonnes de face sur trois de profondeur; l'entre-colonnement du milieu, tant à la face antérieure qu'aux faces latérales, a une largeur double de la largeur des autres; ce qui produiroit dans cette ordonnance une grave irrégularité, si le style de la composition générale étoit plus sévère. Mais alors le goût régnant permettoit de badiner avec les principes de la symétrie & de l'uniformité. On cherchoit les difficultés dans la combinaison des plans. Le tout simple auroit passé pour un manque de génie, & il faut encore savoir gré à *Ivara* de sa modération en ce genre.

On doit reconnoître aussi que sa coupole, tant dans la masse extérieure que dans la décoration intérieure, est beaucoup plus sage qu'on eût dû l'attendre de cette manie qui tourmentoit alors tous les esprits, pour chercher à dire, non pas mieux, mais autrement que les autres. La courbe du dôme & l'ajustement de son tambour doivent faire ranger cet ouvrage au nombre des meilleurs qu'il y ait. La solidité y est réunie à un parti simple, & qui n'est pas sans élégance, & la voûte intérieure est ornée de caissons de bon goût. La construction y peut aussi trouver des leçons, dont on a profité dans des ouvrages postérieurs.

Le style général de la décoration de toute cette architecture y est infecté des détails vicieux, des ornemens parasites que la mode avoit alors accrédités : ressauts inutiles, frontons brisés, formes bâtardes, on trouve de tout cela dans les portes, les fenêtres, & dans les élévations du dedans comme du dehors.

Cependant il y a tant de sortes de mérites en architecture, dont un seul efface ou fait pardonner les erreurs de détail, que l'on doit dire, qu'un suffrage assez général s'accorde à reconnoître dans le monument de la Superga, un effet pittoresque, un ensemble harmonieux, un beau plan & une grande habileté de construction.

Nous ne parlerons pas ici de la magnificence des marbres employés dans les colonnes, dans les pavés & dans toutes les parties de cet édifice. Nous n'avons pas eu même la prétention de le décrire, mais seulement de fixer l'attention sur le plus grand ouvrage d'*Ivara*, & le plus propre à donner l'idée de son talent & la mesure de son goût.

Sa réputation ne s'étoit pas concentrée à Turin. Tous les ans *Ivara* alloit passer à Rome la saison de l'hiver, pendant laquelle les travaux étoient suspendus dans le Piémont. Rome eut toujours sa prédilection, & il auroit désiré que quelque commande d'ouvrage l'y fixât.

Il y donna le dessin, & y fit le modèle d'une sacristie & d'une salle de chapitre pour l'église Saint-Pierre. On conserve ce plan avec plusieurs autres de différens auteurs. Le projet d'*Ivara* annonce un édifice également vaste & magnifique; la sacristie, de forme elliptique, n'est pas exempte de défauts. Le rez-de-chaussée de la façade du chapitre, forme un soubassement sur lequel s'élèvent des pilastres corinthiens qui embrassent deux étages. Les fenêtres, ornées de colonnes engagées, sont d'une proportion peu agréable. Quelques observations critiques qu'on puisse faire sur le projet d'un édifice destiné à se trouver, par son emplacement, mis en parallèle avec Saint-Pierre, on ne sauroit douter que son architecture n'eût été beaucoup plus conforme à celle de ce vaste temple, dont il nous paroit qu'*Ivara* avoit étudié le style & le caractère. Le sort voulut que l'entreprise de la sacristie de Saint-Pierre fut retardée, & les amateurs d'architecture pensent que ce retard n'a pas tourné au profit du bon goût. (*Voyez* SACRISTIE.)

Lorsqu'*Ivara*

Lorsqu'*Ivara* étoit à Rome, le roi de Portugal pria inſtamment le roi de Sardaigne de permettre que cet architecte ſe rendît à Lisbonne. On raconte qu'*Ivara* ſe diſpoſant au départ & faiſant ſes malles, le provincial des Minimes français vint lui demander le plan qu'il devoit donner d'un eſcalier, pour la grande montée du couvent de la Trinité-du-Mont. Ce plan étoit promis depuis long-temps. *Ivara*, prêt à partir, prit une plume & improviſa ſur l'heure un deſſin dont l'exécution auroit ſurpaſſé de beaucoup le projet de François de SanOis, qui fut depuis réaliſé. Telles ſont, en effet, les variations du goût chez les Modernes, que le ſort entre pour beaucoup dans le mérite des édifices. Combien d'artiſtes au talent deſquels il n'a manqué qu'un meilleur goût ! combien de monumens, auxquels il n'a manqué que d'avoir été ou projetés ou exécutés dans d'autres temps !

Ivara, pendant ſon ſéjour à Lisbonne, donna les plans de l'égliſe patriarchale, & d'un palais pour le Roi. On vante la magnificence de ces ouvrages. L'architecte éprouva celle du Prince, qui le nomma chevalier de l'ordre de Chriſt, avec une penſion de quinze mille livres, & le combla de préſens.

Avant de retourner à Turin, il voulut voir Londres & Paris. A peine arrivé en Piémont, il fut appelé à Mantoue, pour bâtir la coupole de Saint-André, & à Milan, pour élever la façade de la fameuſe égliſe de Saint-Ambroiſe.

On voit peu de maiſons particulières bâties ſur les deſſins d'*Ivara* ; peut-être fut-il détourné de ces travaux par les grandes entrepriſes qui l'occupèrent ; peut-être l'habitude de magnificence qu'il y portoit, faiſoit-elle redouter aux particuliers un talent diſpendieux. Cependant il conſtruiſit, à Turin, un palais pour le comte Birago di Borghe, lieutenant-général, & on le cite comme modèle de diſtribution & de goût.

Le palais royal ayant été brûlé à Madrid, le roi d'Eſpagne s'empreſſa de faire venir *Ivara*, qui ſe rendit à l'invitation de ce Prince. Mais à peine eut-il commencé à mettre au net ſes projets, qu'il fut ſurpris par une violente fièvre dont il mourut à l'âge de cinquante ans.

Ce qu'on ſait du moral de cet artiſte, c'eſt qu'il étoit d'un caractère gai, ami du plaiſir, agréable dans la ſociété, & qu'il portoit l'économie au-delà de ce que ce terme ſignifie.

IVOIRE, ſ. m. On auroit beaucoup plutôt fait de nombrer, parmi les ouvrages d'art, de goût & d'induſtrie des Anciens, ceux où l'*ivoire* n'entra point, que de rendre compte de ceux dont cette matière faiſoit le prix ou l'agrément.

L'*ivoire* paroît avoir tenu lieu jadis dans la décoration des édifices, & de marbres & de bois précieux. On l'employa, dès les temps les plus anciens, à former ce que nous appelons aujourd'hui *revêtement* & *marqueterie*, ſoit dans l'architecture, ſoit dans l'ameublement. David parle de palais d'*ivoire*, *domibus eburneis* (*Pſ*. 44, v. 9). Nous trouvons cette épithète donnée par des poëtes à quelques temples, ce qui ne peut s'entendre que de l'application faite de lames d'ivoire aux revêtemens intérieurs. Dans l'*Odyſſée*, le palais de Menelaus eſt tout brillant d'or, d'argent & d'*ivoire*.

Depuis que les bois rares eurent trouvé place dans l'ornement des palais, l'*ivoire* fut employé pour y briller par le contraſte de ſa couleur. On l'y incruſtoit en compartimens : *lignumque ebora diſtingui, mox operiri*, dit Pline, & c'eſt à cet uſage que fait alluſion la comparaiſon de Virgile. *Quale per artem incluſum buxo aut oricia terebintho lucet ebur.*

L'*ivoire* conſtitua les ornemens diſtinctifs de la dignité royale, chez les plus anciens peuples. L'antiquité ne parle que de ſceptres & de trônes d'*ivoire*. Tels étoient, ſelon Denis d'Halicarnaſſe, les attributs de la royauté chez les Etruſques. A leur exemple, Tarquin eut le trône & le ſceptre d'*ivoire*, & de cette matière étoient encore les ſièges, dont les magiſtrats de Rome uſoient au temps des rois.

L'*ivoire* ſervit à faire les lyres, les ceinturons, les chars, les harnois de chevaux, les lits, les pieds de table & tous les genres de meubles. Les portes des temples étoient ornées de ſculptures en *ivoir*, comme Cicéron nous l'apprend des portes du temple de Minerve à Syracuſe, dont le préteur Verrès avoit arraché les bas-reliefs.

Pline a embraſſé en deux mots toute l'étendue des uſages auxquels les Anciens avoient appliqué l'*ivoire*. *A diis nato jure luxuria, eodem ebore numinum ora ſpectantur & menſarum pedes*. La même matière ſervoit à faire & les pieds des tables, & les figures des dieux.

L'emploi de l'*ivoire* en ſtatues ſe propagea & s'étendit progreſſivement en Grèce. Ce ne fut que par ſucceſſion de temps que les artiſtes firent paſſer cette matière, du travail des objets uſuels ou de luxe, aux travaux de la ſculpture. Le goût pour l'union de l'or & de l'*ivoire*, devenu général dans les ſujets d'ornemens de tout genre, ſe communiqua au bas-relief, & l'art de ſubordonner les morceaux bornés de l'*ivoire*, au travail par compartimens, fut bientôt appliqué aux ſtatues.

Ce fut toutefois après de longs eſſais, par ſuite de circonſtances particulières, & d'un long exercice dans le travail du bois, que l'art oſa appliquer l'*ivoire* au nu des coloſſes revêtus de draperies d'or, genre de ſtatuaire qui eut la plus grande vogue en Grèce, & dont le ſouvenir ainſi que la pratique ſe perdit tout-à-fait. Aucun ouvrage de ce genre n'ayant pu ſurvivre à la deſtruction des idoles & aux ravages du temps, à peine les Modernes en conçurent-ils l'idée, & le peu d'explications données sur le mécanisme de cet art, étoient arbitraires & vicieuses.

C'est dans la vue de faire revivre les notions de cet art perdu, que nous en avons soumis tous les détails à une nouvelle analyse, dans notre ouvrage intitulé : *le Jupiter olympien*, &c. Nous y renvoyons le lecteur.

JAI

JAILLIR, v. n. Être poussé avec violence. Ce mot s'applique particulièrement aux liquides chassés avec force par un moteur quelconque. On l'emploie surtout dans l'hydraulique, en parlant des pompes, des jets d'eau, &c.

JAILLISSANT, part. adj. Se dit ordinairement des eaux, & s'applique aussi aux fontaines qui sont disposées de manière à lancer avec force les eaux en l'air, & à les recevoir dans des bassins. (*Voyez* FONTAINE & JET D'EAU.)

JALON, s. m. Morceau de bois ou petite perche appointée par un bout, pour qu'on puisse facilement la planter en terre, & blanchie par l'autre bout, ou fendue pour recevoir une carte. On se sert de *jalons* pour bornoyer & donner des alignemens, pour prendre des bases sur le terrain, à l'effet de lever un plan, & de tracer les allées ou les avenues d'un jardin, d'un bois, d'un grand chemin.

On fait aussi des *jalons* de fer. Ils ont à leur extrémité supérieure une bobèche, dans laquelle on met un bout de mèche allumée, pour dresser des alignemens pendant la nuit.

JALONNER, v. act. C'est planter des jalons d'espace en espace, pour des opérations d'alignement.

JALOUSIE, s. f. Fermeture de fenêtre, formée par un châssis ou bâtis de menuiserie, qui se compose dans sa hauteur de petites planches minces & droites, posées diagonalement du dedans au dehors du tableau, & espacées d'environ trois pouces. On se sert de *jalousies* pour abriter un appartement de l'ardeur du soleil. Cette sorte de clôture a en outre l'avantage, selon la manière dont on dispose les planches, de laisser plus ou moins circuler l'air extérieur dans les dedans, & de procurer la vue du dehors sans être vu.

On fait les *jalousies* de différentes façons, ou (comme on l'a dit) avec un châssis dont les petites planches sont tantôt mobiles, tantôt immobiles (on les appelle aujourd'hui assez généralement des *persiennes*), ou bien on les fait de voliges beaucoup plus minces, de la largeur de la fenêtre, & sans châssis ni bâtis quelconque. Ces planches ou voliges sont portées sur des rubans de fil, & des cordes les font monter ou descendre, & les relèvent en faisceau, au haut de la fenêtre, sous le linteau.

On pratique des *jalousies* dans les églises, aux jubés, aux tribunes, dans les salles d'audience, dans les écoles publiques, dans les spectacles, &c. On les décore quelquefois de panneaux ou d'ornemens sculptés à jour.

JAMBAGE, s. m. On donne ce nom à un pilier élevé à plomb pour soutenir quelque partie d'un bâtiment.

Le *jambage* diffère du trumeau, en ce qu'il est ordinairement accompagné de quelque pilastre, dosseret ou chambranle, lorsque le trumeau est simple & nu.

On nomme quelquefois *jambage*, pied-droit. (*Voyez* ce mot.)

JAMBAGE DE CHEMINÉE. On appelle ainsi les deux petits murs qu'on élève des deux côtés d'une cheminée pour en supporter le manteau.

JAMBAGE DE PORTE OU DE CROISÉE. C'est le pilier qui est aux deux côtés d'une porte, lequel reçoit la retombée d'une ou de deux arcades, ou qui porte le linteau d'une porte, d'une croisée.

JAMBE, s. f. C'est le nom qu'on donne, dans la langue du bâtiment, à un pilier, généralement de pierre de taille, élevé à plomb, pour porter les parties supérieures d'un bâtiment. Il y en a de différentes sortes, relativement à leur position.

JAMBE BOUTISSE. C'est une jambe ou un pilier de pierres de taille, dont les queues sont engagées dans un mur mitoyen, ou de refend, en sorte qu'elles forment une face à la tête du mur seulement. On appelle *jambe boutisse mitoyenne*, celle qui porte deux retombées.

JAMBE DE FORCE, est, en charpenterie, une pièce de bois debout, un peu inclinée, qui dans une ferme de comble, est posée & assemblée dans le tirant, & qui, par le haut, porte l'entrait. Dans les combles brisés, elle porte aussi la panne de brisis.

JAMBE D'ENCOIGNURE, est un pilier ordinairement de pierre de taille, formant l'angle des deux faces d'un bâtiment, & qui, par conséquent, sert à porter deux retombées d'arc, ou deux poitrails.

JAMBE ÉTRIÈRE, est un pilier de pierre de taille, tel que la *jambe boutisse*, mais dont un côté ou les deux côtés forment tableau.

JAMBE SOUS POUTRE. Espèce de chaîne de pierre, qui soutient une ou plusieurs poutres de fond. Elle doit être parfaite dans les murs mitoyens, c'est-à-dire, que les pierres doivent être de l'épaisseur des murs.

JAMBETTE, s. f. Petite pièce de bois debout, dans la charpente d'un comble, qui est posée sur un tirant, pour soutenir la jambe de force, ou sur un entrait, pour soutenir l'arbalétrier, ou sur les blochets, pour soutenir les chevrons.

JANTE, s. f. Pièce de bois courbée en arc de cercle, qu'on emploie aux roues des moulins & des voitures.

JANTILLE, s. f. Gros ais qu'on applique autour des jantes & des aubes d'une roue de moulin, pour recevoir l'eau qui tombe, & occasionner par-là un plus grand mouvement à la roue. On élève aussi les eaux avec la *jantille*, par le moyen des roues qu'on dispose pour cela. On dit *jantiller* la roue d'un moulin; c'est y mettre la *jantille*.

JANUS. On donne ce nom à deux sortes de monumens consacrés à *Janus*, savoir, à des temples & à des arcs doubles.

Numa avoit fait bâtir un temple qui devoit rester ouvert pendant la guerre, & qu'on fermoit pendant la paix. Il paroît par le plus grand nombre des inscriptions, que ce temple se nommoit tout court *Janus*. *Janum clausit*, disent ainsi les écrivains.

Ce temple ne fut fermé que deux fois depuis la fondation de Rome jusqu'au règne d'Auguste.

Au second livre des *Antiquités romaines* de Rosini, on trouve le dessin, en élévation, d'un temple de *Janus* sculpté sur un bas-relief antique. Nardini l'a rapporté dans son troisième livre, & Montfaucon, tom. II de son *Antiquité expliquée*, pag. 60. Ce monument, très-reconnoissable à la tête *bifrons* de *Janus* placée au-dessus de la porte, est surtout curieux par la manière dont son intérieur devoit être éclairé. Le mur du frontispice de la *Cella* ne s'élève que jusqu'aux trois quarts des colonnes qui supportent l'entablement. L'espace qui reste entre le haut du mur & l'entablement, offre un vide garni de barreaux de métal, formant un grillage très-peu serré, & qui dès-lors devoit laisser passer dans l'intérieur une très-grande lumière.

Les Romains donnèrent aussi le nom de *Janus* à des arcs doubles, c'est-à-dire, dont le plan formoit un carré, & qui offroient une arcade dans chacune de leurs quatre faces, de sorte qu'on les traversoit dans les deux sens.

Ce qu'on appelle à Rome, improprement, le temple de *Janus*, n'est autre chose qu'un arc ou un portique de *Janus* ainsi percé des quatre côtés. Toutes les faces sont ornées de niches. On trouve des *Janus* en portiques sur plus d'une médaille romaine.

Il y avoit des *Janus* dans différentes rues de Rome. Le *Forum* seul avoit trois *Janus*, au rapport de Tite-Live, savoir, un à chaque extrémité & un au milieu. *Forum* (dit cet écrivain) *porticibus tabernisque claudendum & Janos tres faciendos curavit*.

JARDIN, s. m. Nom qu'on donne généralement à tout espace de terrain diversement clos, & où l'on cultive différentes plantes & différentes sortes d'arbres, selon l'espèce particulière du *jardin*.

Il y a beaucoup d'espèces de *jardins*, & qui reçoivent des noms particuliers de leur emploi, ou de leur genre de culture. On en rapportera les dénominations à la fin de cet article.

L'espèce de *jardin* qui est du ressort de ce Dictionnaire, est le *jardin* d'agrément, le seul qui exige de la combinaison, du goût & de l'art, & à la composition duquel on puisse appliquer quelques-unes des règles des arts d'imitation. (*Voyez* JARDINAGE.) Le goût de cette sorte de *jardin* est encore celui dont on peut être curieux de connoître l'origine, les progrès & les variations. Mais de tous les ouvrages de l'industrie humaine, il n'en est guère qui puissent moins se conserver & passer à la postérité un peu reculée : quant aux descriptions, elles sont toujours insuffisantes pour donner une idée un peu précise du genre de beauté, des effets & des impressions qu'on voudroit transmettre. C'est pourquoi nous réduirons au plus petit nombre, les notions historiques ou descriptives que cette matière comporte. Plus certains écrivains se sont étendus dans le vague indéfini de ces recherches, plus nous nous étudierons à les resserrer & à les abréger.

Le goût des *jardins* est né avec la propriété & la civilisation, de l'instinct du besoin qui enseigna la culture, & de l'instinct du plaisir qui apprit, toujours & de tout temps, aux hommes, à faire servir leurs besoins à leurs jouissances. Ainsi les hommes n'eurent besoin ni de leçons, ni de préceptes, pour chercher la fraîcheur & l'ombre sous des arbres plantés dans d'autres vues.

L'agréable & l'utile sont ici tellement liés entr'eux: l'un résulte si naturellement de l'autre, qu'il n'y eut jamais d'inventeur en ce genre ; & si l'on veut qu'il y en ait eu, cet inventeur ne fut autre chose que le luxe, qui apprit à détacher l'agréable de l'utile, & à planter uniquement pour le plaisir, des arbres qui ne l'avoient d'abord été que pour la nécessité.

Aussi voyons-nous l'art des *jardins* de luxe déjà pratiqué chez les nations, que l'histoire ancienne nous a fait connoître comme parvenues à tous les arts que nous donne la richesse. Ce que les auteurs nous ont dit des *jardins* suspendus de Babylone, n'a rien de fabuleux. Des arbres purent être très-facilement plantés dans des terres rapportées sur des voûtes, que le bitume dont on se servoit, devoit rendre impénétrables aux filtrations & à l'action de l'humidité. Xénophon, dans son *Histoire de la retraite des dix mille*, fait souvent mention des grands *jardins* d'agrément, qu'il avoit trouvés dans plusieurs provinces de la Perse.

Nous ne pouvons pas douter que la Grèce n'ait connu & pratiqué, dès les temps les plus anciens, l'art d'embellir les habitations par des *jardins* d'agrément; & quoique le *jardin* d'Alcinoüs, décrit par Homère, au huitième livre de l'*Odyssée*, offre des arbres fruitiers & des plantations utiles, les commentateurs se réunissent à y reconnoître le caractère d'agrément, qui ne doit pas être nécessairement indépendant de toute utilité.

« Non loin de la cour & des portes du palais, » (dit Homère), est un *jardin* de quatre arpens, » entouré d'une haie vive. Là s'élèvent de grands » arbres d'une végétation vigoureuse, des poi- » riers, des grenadiers, des orangers, des figuiers » d'une rare espèce, & des oliviers toujours verts. » Ces arbres ne manquent jamais de donner des » fruits, ni l'hiver, ni l'été. Sans cesse au souffle du » zéphir, quand les uns commencent à pousser, » les autres sont déjà mûrs. La poire est remplacée » par une poire nouvelle, l'orange succède à l'o- » range, la grappe fait place à d'autres grappes, » & la figue nouvelle paroît à côté de la figue » qu'on va cueillir. Dans une même vigne chargée » de raisins, les uns mûrissent aux rayons du » soleil, on vendange les autres, d'autres sont » foulés dans le pressoir. On voit des grappes en » fleur près de celles qui sont déjà remplies d'un » jus délicieux. A la suite de cette vigne, un po- » tager soigneusement cultivé, fournit chaque » saison des légumes de toute espèce. Là sont » aussi deux fontaines : l'une, par mille canaux » arrose le verger, & l'autre répand ses eaux » près des portes du palais, dans un bassin spa- » cieux, où viennent puiser les citoyens de la » ville. »

Homère a sans doute donné, dans cette description, l'idée des *jardins*, tels que les Grecs de son temps en avoient dans leurs maisons de campagne. Le sol des petits États de la Grèce, toujours trop étroit pour leur population, les mœurs républicaines & d'autres causes encore, donnent à penser que l'on ne vit pas dans ce pays le luxe des *jardins*, surtout quant à l'étendue, poussé au degré où il fut porté à Rome. Il y avoit à Athènes des *jardins* publics : telles étoient les plantations de l'Académie, & d'autres lycées. Les gymnases, où l'on se réunissoit, avoient des xystes ou plantations d'arbres, que les exercices & le climat rendoient nécessaires. Une partie du gymnase de Sparte portoit le nom de *platanisté*, parce qu'elle étoit entièrement plantée de platanes. Il faut encore mettre au nombre des *jardins* d'agrément, ces espaces plantés d'arbres, ou ce qu'on appeloit *bois sacrés*, dans les enceintes des temples.

Lucien nous a laissé une description de l'enceinte du temple de Gnide, qui peut donner quelqu'idée de ce genre de *jardins*. « Le sol » l'enceinte (dit-il) abonde, comme il est na- » turel dans un lieu consacré à Vénus, en pro- » ductions agréables. Les arbres qui portent jus- » qu'au cieux leurs têtes touffues, enferment sous » un épais berceau un air délicieux, qui répand » à l'entour une suave odeur. Là le myrte chargé » de fruits, pousse un feuillage abondant ; la pré- » sence de sa déesse lui donne une vigueur nou- » velle. Les arbres déploient, à l'envi l'un de » l'autre, toutes les beautés qu'ils ont reçues de » la nature. Jamais leurs feuilles ne sont flétries » par le temps ; une verdure éternelle règne sur » leurs jeunes rameaux toujours gonflés de sève. » Quelques-uns ne produisent point de fruits ; » mais ils en sont dédommagés par une beauté » particulière. Le cyprès & le platane s'élèvent » au plus haut des airs, & parmi eux, le laurier » qui fuyoit autrefois Vénus, vient chercher un » asyle auprès d'elle. Le lierre amoureux rampe » autour des arbres, & les tient embrassés. Des » vignes entrelacées & touffues sont chargées de » raisins...... Dans les endroits où le bocage » donne l'ombre la plus épaisse, des lits de ver- » dure présentent un doux repos à ceux qui vou- » droient y faire un festin. Les citoyens distin- » gués y viennent quelquefois, & le peuple s'y » porte en foule les jours de fête, &c. »

Chez les Romains, le goût des *jardins* d'agrément suivit naturellement les progrès du luxe. Adonnés à la vie champêtre dans les siècles de la république, les *jardins* de leurs campagnes étoient d'utilité plus que d'agrément. Rome étoit alors trop resserrée pour permettre de réunir dans les maisons de ville, l'agrément d'un *jardin*. Mais lorsque l'étendue de Rome n'eut plus de terme, & que les limites de la ville se furent agrandies avec celles de l'Empire, on y vit des *jardins* de particuliers d'une grandeur démesurée. Le mot *hortus* avoit d'abord désigné un jardin potager. Bientôt on n'employa plus ce mot qu'au pluriel, *horti*, & l'on dit les *jardins* de Pompée, de Lucullui, de Mécène. Ces *jardins* compris dans l'enceinte de Rome, avoient des viviers, des vergers, des potagers, des parterres, & tous les bâtimens d'agrément dont chaque partie d'un grand *jardin* veut être ornée. Les progrès de l'agriculture, l'art de tailler, de greffer les arbres, de naturaliser des plantes étrangères, vint augmenter les ressources du luxe & celles de l'art du jardinage.

Nous ne devons pas douter de la magnificence que ces citoyens, plus riches que des rois, portèrent dans la composition & la décoration de leurs *jardins*. Toutefois la critique des Modernes n'a pu s'exercer que sur les lieux & les emplacemens qu'ils occupèrent.

Ainsi l'on croit que les *jardins* d'Agrippa, légués par lui au peuple romain, étoient entre le Panthéon & l'église Saint-André. Les *jardins* d'Agrippine, femme de Germanicus, étoient entre la basilique de Saint-Pierre & le Tibre. Les *jardins* de Caïus & de Lucius, fils adoptifs d'Auguste, étoient sur la colline des Esquilies. On croit que le mont Cælius, près de la maison de Lateranus (qui est aujourd'hui Saint-Jean-de-Latran), fut occupé par les *jardins* de Domitia, appelés depuis les *jardins* de Commode. Les *jardins* de la maison dorée de Néron s'étendoient sur les Esquilies, jusque vis-à-vis le Palatium. Les *jardins* d'Héliogabale furent situés près de la porte Majeure, jadis Nævia. Les *jardins* que César légua au peuple romain, avoient été plantés dans le voisinage du Tibre. Les *jardins* des Lamieus, si aimés de Caligula, étoient sur les Esquilies, près de Sainte-Marie-Majeure; les *jardins* de Mécène, à l'endroit où l'on a trouvé le monument appelé *Trophées de Marius*. Les fameux *jardins* de Salluste étoient sur le Quirinal, vers la *Porta Salaria*.

Il existe encore chez les auteurs, des souvenirs de plusieurs autres grands *jardins*, plantés dans l'enceinte de Rome. Mais en ce genre, tout se borne à la tradition de leur emplacement. Tout a disparu, & aucune description ne nous a transmis l'idée de la composition & des décorations de ces monumens célèbres de la magnificence romaine. Les notices qu'on peut recueillir à cet égard, sont si vagues & si peu complètes, qu'à peine est-il possible de se faire une idée de quelques parties isolées. Quant à l'art avec lequel elles étoient distribuées, c'est-à-dire, quant au goût général du jardinage, nous serions réduits à n'en pouvoir rien dire, si Pline le jeune ne nous avoit pas tracé une esquisse de *ses jardins*, dans la description de ses maisons de campagne de Laurentum & de Toscane, dont nous avons donné une traduction au mot MAISON DE CAMPAGNE. (*Voyez* cet article.)

On voit surtout dans la description de la maison de Toscane, que le *jardin* étoit un assemblage de plantations, de fabriques, de fontaines, de bassins qui offroient tous les agrémens que l'art peut combiner. En face du bâtiment principal s'étendoit un vaste parterre, auquel Pline, à cause de sa forme, donne le nom d'*hippodrome*. Son enceinte étoit formée de platanes ornés de lierres qui circuloient dans les branches, & passoient d'un arbre à l'autre. L'extrémité du parterre (ou hippodrome) offroit une ligne circulaire plantée de cyprès. Des allées circulaires aussi, aboutissoient à l'extrémité du parterre. Cette vaste enceinte étoit remplie d'arbres fruitiers & d'arbustes garnissant les plates-bandes. Il paroît que l'on avoit figuré dans ces plantations, non-seulement le dessin général d'un hippodrome, mais encore les détails de ce genre de monument. C'étoit une sorte d'imitation. Des arbustes taillés avec art, en manière de bornes, des buis découpés, reproduisoient l'image des objets formant ce qu'on appeloit l'*épine* dans les cirques.

Il faut lire aussi la description du *jardin* de Laurentum, pour se faire une idée de la variété que l'on savoit alors introduire dans les *jardins*, en multipliant les points de vue, en mariant les productions de toute espèce, en entre-mêlant les bâtimens, les prés, les vergers, les plants de vignes, d'arbres fruitiers, & les arbustes d'agrément.

L'idée qui résulte de ces descriptions, est que les *jardins* devoient être soumis à des dispositions régulières ou symétriques, & à des plans fort éloignés du genre nouvellement introduit en Europe, lequel a transporté dans le jardinage l'irrégularité de la nature champêtre. Cependant, un passage de la description du *jardin* de la maison de Toscane, passage que n'ont pas aperçu les écrivains promoteurs du nouveau système, semble donner à entendre que ce système de jardinage naturel, si l'on veut, irrégulier & agreste, n'étoit pas inconnu, & que l'on en usoit comme d'un moyen de diversifier les effets, ou de produire des oppositions agréables. Pline, en parcourant les différentes parties de la composition de son *jardin*, & celle surtout qui semble offrir le plus de ce goût artificiel, que réprouve la nouvelle méthode, s'exprime ainsi : *Et in opere urbanissimo subita velut illati ruris imitatio medium in spatium brevioribus utrinquè platanis adornatur*. Epist., lib. 5.

Dans la traduction déjà donnée de cette description à l'article MAISONS DE CAMPAGNE DES ANCIENS, ce passage est rendu vaguement, & n'exprime pas assez réellement le sens de l'auteur. On peut, ce me semble, le rendre ainsi : *Et de ces plans d'un dessin si peigné, vous passez subitement, comme transporté dans les champs, à des plans agrestes qui en font une imitation, & qui occupent le milieu du terrain bordé de côté & d'autre par des platanes peu élevés*. Il est sensible que ces mots *illati ruris imitatio* expriment, comme on l'exprimeroit aujourd'hui en parlant du système de *jardins* irréguliers, cette imitation qu'on produit de la campagne laissée à elle-même, en évitant tout ce qui sent la symétrie & l'ordre résultant du système de régularité. Croirons-nous cependant qu'il faille entendre ces mots dans le sens précis, que les amateurs du jardinage irrégulier pourroient y trouver? Il nous semble que cette interprétation seroit outrée. Tout, dans les *jardins* de Pline, annonce le goût du genre non-seulement régulier, mais peigné. Ici il faut voir simplement un contraste ménagé, dans les plantations entre le genre factice & le genre agreste. Les plus magnifiques *jardins* modernes, ceux que Le Nôtre avoit plantés, dans le système régulier, offroient de ces variétés, c'est-à-dire, de grandes parties de plantations sans ordre, qui étoient des bois placés entre les lignes droites des grandes allées, & il se pourroit que la partie du *jardin* de Pline, qui sembloit une imitation des champs, n'ait été qu'une variété, du genre de celles qu'admet le système du jardinage régulier.

Ni les descriptions, comme on le voit, ne peuvent conserver ou faire revivre la composition des *jardins*, ni les plans ou les dessins même n'en peuvent retracer l'agrément & l'effet. Si les *jardins* de la plus grande magnificence qui ait jamais existé, je veux dire la magnificence romaine, n'ont pu se perpétuer que dans de vains souvenirs, il seroit fort inutile de rechercher les traces de l'art du jardinage, dans les siècles qui suivirent la chute de l'Empire romain. Que pourroient nous apprendre les descriptions des romanciers au moyen âge, & quel fond faire sur les récits des poëtes, auxquels la création des plus grandes merveilles en fait de *jardins*, coûta trop peu, pour qu'on puisse douter qu'ils en firent seuls les frais?

Il faut passer aux siècles de la renaissance des arts, pour voir reparoître en Italie le luxe des *jardins*. Il est fort probable que le même climat, les mêmes terrains, les mêmes productions, & peut-être des traditions conservées, contribuèrent à reproduire le même genre de composition, le même genre de décoration, que les anciens habitans de ce pays avoient adoptées dans l'embellissement de leurs *jardins*.

Les restes, très-nombreux alors, de constructions antiques, dont l'Italie étoit couverte, devinrent sans aucun doute les modèles des grandes constructions que virent élever le quinzième & le seizième siècle. L'architecture reparut avec des formes & des dispositions, qui rappelèrent en beaucoup de points le style & le goût des temps antiques. Des maisons de plaisance ou de campagne, qu'on nomme encore *villa*, furent construites de tout côté avec un luxe & une dépense dignes des anciens maîtres du Monde, & la magnificence des *jardins* fut de nouveau un aliment pour le génie des arts, & pour la vanité de ceux qui mettoient à honneur de les protéger.

L'art de composer & de décorer les *jardins*, cet art qui a les plus nombreux rapports avec l'architecture, entroit alors, comme il paroît qu'il étoit entré jadis, dans les attributions de l'architecte. Il faut convenir que lorsque l'on considère le jardinage, comme l'art de soumettre à des plans réguliers, à des effets combinés, tous les matériaux que la nature présente dans un état de désordre & d'irrégularité, l'architecte est nécessairement l'ordonnateur des *jardins*: & cela fut ainsi en Italie. De magnifiques conceptions, de vastes plans, des idées ingénieuses, l'union des bâtimens avec les plantations, le mélange des arbres avec les statues, l'emploi des eaux, soit en bassins, soit en cascades, soit en jeux divers, voilà ce qui caractérise les grands parcs de la *villa* d'Est à Tivoli, des maisons de campagne de Frascati, des palais de Rome & de Florence, de la villa Reale de Pratolino, & de divers autres lieux qui devinrent les modèles, où le reste de l'Europe puisa des leçons pendant deux siècles.

Beaucoup de ces grandes & belles compositions de *jardins* subsistent encore, comme monumens du goût du seizième siècle, & leurs descriptions, connues de ceux qui n'ont pas vu les originaux, nous dispensent d'en retracer ici l'idée.

Ce fut d'ailleurs sur ces modèles que se sont calquées les compositions des plus beaux *jardins* français, auxquels donna naissance le goût de Louis XIV. C'est sous le règne & sous la protection de ce monarque, que se forma le célèbre Le Nôtre, auquel la France doit les plus magnifiques plans de *jardin*. Ce fut, dans ce siècle, un luxe général. Les princes rivalisèrent avec le Roi; les grands & les riches le disputèrent aux princes, & de toute part on vit de superbes parcs plantés à peu près dans le même goût, se répéter dans les mêmes ordonnances, de parterres, de bois, de boulingrins, d'avenues alignées, d'allées, de charmilles, de berceaux, de bosquets, de canaux, de grottes, de terrasses, & de tous les objets que l'art peut imaginer.

Un très-grand nombre de ces *jardins* existent encore, quoique plusieurs aient été détruits par les révolutions du temps, & que d'autres aient subi à peu près le même sort, par l'effet du changement de goût que le dernier siècle a apporté dans le système du jardinage.

L'homme éprouve le besoin du changement. Ce besoin tient à la nature de son être, comme on l'a dit bien des fois. Il n'y a que des causes très-fortes qui puissent fixer son goût, & ces causes sont celles de la puissance religieuse ou de l'organisation sociale. Nous avons déjà vu qu'elles eurent très-peu d'empire sur le génie des artistes modernes. Mais de tous les arts, le plus indépendant est, sans contredit, celui des *jardins*. Il faut peu s'étonner, par conséquent, des changemens qu'il a pu subir.

Le goût régulier qui régna pendant près de trois siècles dans les *jardins* des peuples modernes, tomba insensiblement dans des répétitions fastidieuses, dans une recherche de symétrie trop affectée, dans un ridicule d'apprêt & de peigné, dans une bizarrerie de toilette, si l'on peut dire, qui, mettant l'artificiel & le compassé à la place du naturel orné par l'art, appela l'ennui, fils de l'uniformité, dans des lieux où la nature des choses demande de la variété.

Ce fut en Angleterre que commença la proscription du goût régnant alors dans tous les *jardins* de l'Europe. Bacon avoit été le premier à proposer des améliorations dans l'art de distribuer les *jardins*. Addisson & Pope vinrent ensuite, & ce que ce dernier chercha à faire entendre par le moyen de la satyre, Addisson l'expliqua plus clairement, en le soumettant à des règles de goût. Les observations critiques d'Addisson furent accueillies généralement par les Anglais, & bientôt on commença à mettre en pratique les résultats de la nouvelle théorie.

Vers l'an 1720, Kent, homme de goût & ingénieux, réalisa, dans la composition des *jardins*, le système de jardinage, qui consiste à prendre pour modèle de cet art, la nature sans art, telle qu'elle nous apparoit dans le spectacle des champs, à transporter enfin, dans des espaces bornés, les effets du paysage.

Kent avoit déjà répandu & propagé ce goût de jardinage, lorsque s'introduisoient en Angleterre des notions plus précises sur les *jardins* des Chinois, qui paroissent y avoir de tout temps pratiqué un genre irrégulier de composition pittoresque & souvent bizarre. Chambers, en 1757, publia, sur ce sujet, des observations & des détails qu'il avoit obtenus d'un jardinier chinois nommé *Lepqua*, & bientôt tous les *jardins* des maisons de campagne furent refaits ou faits dans le genre irrégulier. (*Voyez* JARDINAGE.)

Nous ne donnerons pas plus de descriptions de ces *jardins* que de ceux de l'autre genre, car elles seroient encore moins intelligibles. Rien n'échappe plus à l'art de décrire, que tout ce qui dépend des effets si variés & si fugitifs, des aspects de la nature. Il suffit de dire qu'en Angleterre, en Allemagne, on trouve de ces *jardins* qui comprennent des espaces si étendus, que rien ne vous avertit que vous êtes dans un lieu disposé par l'art, de sorte que l'art s'y confond tout-à-fait avec la nature. (*Voyez* JARDINAGE.)

Le goût des *jardins* qu'on nomma d'abord *chinois*, puis *anglais*, & que nous appelons *irréguliers*, est devenu assez général en France, où toutefois des causes particulières ont maintenu & maintiendront probablement toujours le goût régulier. Les magnifiques *jardins* des maisons royales, & ceux qui sont destinés à la réunion du public dans la capitale, étant composés dans le système de la régularité, perpétueront nécessairement ce système également fondé sur la nature (quoi qu'en disent certains critiques). L'habitude de la promenade exige, pour le public, des allées droites, des distributions symétriques.

Il est aussi en ce genre un luxe & une richesse d'ornemens, tels que les statues, les bassins, les parterres de fleurs, qui ne peuvent réellement trouver convenablement leur place, qu'avec des plans réguliers. Ajoutons que lorsque de vastes palais se trouvent réunis à des *jardins*, la régularité des lignes de l'architecture, le besoin de coordonner de grands espaces à de grandes masses, obligent de mettre les plantations en rapport avec les bâtimens : & voilà pourquoi très-naturellement l'architecte d'un palais étant appelé à la composition de son *jardin*, le goût de régularité qu'exige l'art de bâtir, se communique à l'art de planter.

Les *jardins* reçoivent différens noms, selon la diversité de leur goût de composition, de leurs emplois, de leurs destinations, de leurs formes, &c.

On appelle :

JARDIN ANGLAIS, celui qui est composé & ordonné selon le système de plantations irrégulières dont les Anglais ont, les premiers, introduit l'usage en Europe.

JARDIN CHINOIS, celui qui est composé & distribué dans le goût pittoresque, suivi de temps immémorial à la Chine.

JARDIN DE BOTANIQUE. On donne ce nom à un *jardin* où l'on cultive spécialement des plantes médicinales, & des simples qui peuvent entrer dans les préparations chimiques des pharmaciens.

JARDIN FLEURISTE. On appelle ainsi un *jardin* destiné à la culture des fleurs, soit que ce *jardin* faisant partie, mais séparé d'un plus grand, soit consacré par un amateur de fleurs à ce genre de production, soit, comme cela est le plus commun, ce soit un terrain où un jardinier qu'on nomme aussi *fleuriste*, cultive des plants de toutes sortes de fleurs pour les vendre aux propriétaires de *jardins*. Chaque saison ayant ses fleurs, il est difficile au plus grand nombre de ceux qui veulent en embellir successivement leurs parterres, de réunir tout ce qui est nécessaire à une culture aussi délicate que variée. Les *jardins fleuristes* sont donc des espèces de marchés de fleurs, où chacun vient s'approvisionner selon son goût, & où l'on achète en plants encore jeunes les fleurs que l'on transplante.

JARDIN IRRÉGULIER. *Jardin* disposé & planté en masses, en plantations & en allées irrégulières.

JARDIN DES PLANTES. C'est ainsi qu'on nomme un *jardin* destiné à la culture de toutes sortes de plantes étrangères, d'arbustes ou d'arbrisseaux exotiques qui exigent des soins très-particuliers pour végéter & se conserver, hors du climat &

des pays dont ils sont originaires. Ces sortes de *jardins* servent particulièrement à l'étude de la botanique.

Jardin potager. On nomme de ce nom un *jardin* où l'on cultive particulièrement des légumes & des arbres fruitiers. Ce jardin, dans les grands parcs, est séparé par un enclos du reste des plantations, & il doit être éloigné des bâtimens d'habitation, à cause de la mauvaise odeur du fumier qu'on y entasse ou qu'on y étend ordinairement, & qu'exige, dans la plupart des terrains, ce genre de culture.

Jardin public. *Jardin* destiné, dans les villes, à la jouissance du public & au plaisir de la promenade. Un *jardin* de ce genre doit être disposé dans le système que nous appelons *régulier*.

Jardin régulier. On appelle ainsi un *jardin* disposé dans le système de la régularité, par opposition aux *jardins* où l'on imite l'irrégularité des champs, où la nature n'est pas soumise aux combinaisons de l'art.

Jardin suspendu. Nom qu'on donne à des parties de *jardin*, qui sont élevées sur des voûtes. Tels étoient, selon l'histoire, les *jardins* de Babylone.

Jardin en terrasse. *Jardin* dont le terrain est entre-coupé par des terrasses qui forment comme autant de *jardins* les uns au-dessus des autres, comme on le voit à Versailles, à Saint-Cloud, &c.

JARDINAGE, s. m. Ce mot qui ne signifie, en général, que l'art de faire ou de cultiver les jardins, a deux acceptions qui tiennent à la différence des jardins, selon qu'on les considère sous le rapport d'utilité ou sous celui d'agrément.

Les jardins du premier genre n'étant pas du ressort de cet ouvrage, il est clair que le *jardinage*, dont il peut être question dans cet article, est celui qui a trait aux jardins du second genre. Mais ce genre, tout distinct qu'il peut être de l'autre, a pourtant avec lui beaucoup de rapports communs : tels sont tous les travaux de labourage, de culture, de plantations, de taille des arbres ; telles sont les connoissances des plantes, de leurs productions, des terrains & des expositions qui leur conviennent, &c.

C'est pourquoi l'art de faire des jardins d'agrément comprend deux parties, l'une qui tient à la culture, l'autre qui tient uniquement à la composition & au goût qui en dirige les résultats.

Ce n'est que sous ce dernier point de vue que nous considérons l'art de faire les jardins d'agrément.

Ainsi le *jardinage* tel que nous l'entendons, est l'art de composer & de distribuer les jardins pour l'agrément de la promenade & pour le plaisir des yeux.

Cet art se divise aujourd'hui, ou pour mieux dire, ses ouvrages se divisent en deux genres, qui tiennent à deux systèmes de composition.

L'un procède par lignes régulières & par formes ou plans symétriques ; l'autre procède par lignes irrégulières, & n'admet ni correspondance dans les formes, ni symétrie dans les plans.

Le premier système, que nous appellerons *régulier*, paroît avoir existé seul dans l'antiquité ; il s'est transmis aux Modernes, & s'est perpétué seul dans toute l'Europe, jusqu'au dix-huitième siècle. (*Voyez* Jardin.)

L'autre système, que nous appelons *irrégulier*, a pris naissance dans l'imitation des jardins chinois, a été pratiqué d'abord en Angleterre, où il est devenu un goût exclusif, & de-là s'est répandu en Allemagne & dans le plus grand nombre des pays de l'Europe.

Il y a aujourd'hui sur la primauté de l'un ou de l'autre système, des opinions fort diverses ; & quoique l'entraînement que produit l'empire de la mode, en France surtout, ait singulièrement contribué à accréditer le système de *jardinage* irrégulier, plusieurs raisons empêchent cependant que ce genre n'y règne exclusivement ; peut-être aussi l'espèce de manie que l'amour de la nouveauté a répandue en ce genre, en a-t-il discrédité l'emploi. Enfin, lorsque le goût & le raisonnement interviennent dans cette controverse, on s'aperçoit bientôt que la théorie ne sauroit accorder à un des deux genres, ce privilège exclusif que chacun d'eux réclame.

Le système des jardins réguliers, après avoir été pratiqué constamment & universellement par tous les peuples de l'antiquité & par toutes les nations de l'Europe moderne, s'est trouvé subitement, depuis le milieu du dernier siècle, frappé de défaveur, & proscrit comme contraire à la nature par la plupart, soit de ceux qui se sont livrés à la composition des jardins, soit de ceux qui ont écrit des théories sur ce sujet, soit des particuliers dans leurs habitations de ville ou de campagne. On a semblé de toute part regarder comme un fait incontestable, que le jardin devant être une imitation de la nature, celui-là seul avoit l'avantage de l'imiter, qui reproduisoit l'aspect de la campagne & les dispositions qu'offrent les vues paysagiques des champs, où rien ne se présente sous les lignes droites & avec des formes compassées & symétriques.

C'est cette opinion qu'on prétend examiner ici.

Et d'abord sur ce point, qu'*un jardin doit être une imitation de la nature*, sans entrer dans la véritable signification du mot *nature* (qui en a tant, comme l'on sait), appliquée à cette théorie & dans le sens précis du mot *imitation*, qui n'a pas moins de manières d'être entendu, je demande d'où procède cette obligation qu'on impose à un jardin, d'être d'être une imitation quelconque. Toute imitation suppose un modèle. Où est donc ici le modèle? Un jardin est un arrangement de plantes & de productions naturelles disposées pour le besoin ou le plaisir de l'homme. Mais la nature, dans ce sens, n'a jamais créé de jardin. La nature n'a jamais eu en vue de présenter le type d'une semblable disposition à aucun genre d'imitation. Les besoins & les plaisirs de l'homme en société sont si divers, selon les pays, les climats, les goûts variés de chacun, qu'il est impossible de croire que l'idée d'un jardin quelconque, puisse être & devenir jamais une idée dictée par la nature. S'il n'y a ni jardin dans la nature, ni disposition de ses productions façonnées par elle, pour devenir l'exemplaire de l'ouvrage de l'homme, en vertu de quoi prétend-on que l'art de disposer un jardin doit procéder par imitation? Il nous paroit que ce prétendu principe qu'on veut donner pour règle au *jardinage*, n'est autre chose qu'une pétition de principe, à prendre la chose dans son sens simple; c'est-à-dire, que l'idée de jardin n'existant qu'en tant qu'elle signifie un ouvrage de l'homme, cet ouvrage n'a & ne peut avoir aucun modèle positif dans la nature, qui n'a jamais fait ni pu faire de jardin.

Il faut convenir toutefois que le mot & l'idée de *nature* pourroient s'entendre ici d'une manière indirecte, & de la façon dont nous avons dit plus d'une fois, que la nature est le modèle de l'architecture. Or, un grand nombre d'articles de ce Dictionnaire exposent dans quel sens nous entendons ici la *nature*, & le genre d'imitation propre à cet art. Quoique nous ayons prouvé plus d'une fois, que dans plusieurs pays, l'art de bâtir a appuyé son système général sur certains ouvrages d'une industrie primitive, inspirée par des causes naturelles; quoique nous ayons reconnu aussi que quelques détails d'ornement dans les édifices, ont eu pour modèle des plantes & diverses productions de la nature, jamais toutefois nous n'avons eu la pensée de prétendre que ce fût par-là, que la nature ait pu servir de modèle à l'architecture. Nous avons reconnu, au contraire, que le modèle de cet art n'existoit que dans les lois générales de la nature, dans son esprit, & dans l'application que l'artiste faisoit à son ouvrage, des principes d'ordre, d'harmonie, de régularité, de raison, que la nature a rendus sensibles dans toutes ses œuvres. Si c'est ainsi qu'on entend que la nature doit être imitée par celui qui compose un jardin, nous ne voyons aucun inconvénient à admettre que cette sorte d'imitation intellectuelle peut aussi appartenir au *jardinage*. Mais dès-lors disparoit cette imitation positive de la disposition fortuite, irrégulière & arbitraire des terrains, des aspects, des formes de la campagne, de ses sites, de ses cantons, tels qu'ils s'offrent à nous.

Pour se rendre bien compte de ce prétendu modèle, qu'on cherche à donner à l'art de disposer les jardins, & de la prétendue imitation qu'on veut imposer à l'art du *jardinage*, demandons-nous ce que c'est que ce modèle, qu'on appelle la *nature*. Où la prendre cette nature? Nous ne la connoissons plus dans son état primitif. Veut-on qu'on se reporte à cet état où les contrées aujourd'hui cultivées & civilisées, étoient toutes couvertes de forêts? Non, sans doute. Mais quel est l'état où se trouvent aujourd'hui ces contrées? Ce n'est plus, à vrai dire, un état de nature. Les besoins de la société en ont changé tous les aspects. Le hasard ou des causes inconnues en ont renouvelé la face. Des bourgs, des villages, des cultures, des routes, des plantations, des vergers ont remplacé les bois. Mille causes locales ou accidentelles ont mis partout l'art, l'industrie des végétations de commande, à la place de ce que la nature y avoit placé. Il n'y a plus qu'une nature plus ou moins factice, plus ou moins élaborée ou façonnée par le travail de l'homme. Pourquoi seroit-ce là le modèle du *jardinage*? Et qu'on nous dise donc en vertu de quel principe un jardin doit être disposé en petit, comme le hasard a disposé en grand les aspects d'une contrée, d'une étendue de pays quelconque, à moins qu'on ne prenne ici le hasard pour la nature.

Il est visible que comme il n'y a pas de véritable nature dans la disposition toute fortuite des aspects de la campagne cultivée, il ne sauroit y avoir de modèle naturel du *jardinage*.

Dira-t-on qu'il faut s'éloigner des pays où la nature est modifiée par le travail de l'homme, pour aller chercher dans les déserts inhabités, le type de cette prétendue imitation? Plaisant modèle & plaisante imitation!

Mais, dit-on, de très-grands jardins ont été disposés de façon à contrefaire les dispositions fortuites de la campagne, de manière à faire croire qu'on n'est pas dans un jardin, & l'on trouve ces jardins fort agréables. Rien n'empêche sans doute que ces jardins n'aient de l'agrément. Mais la question n'est pas là. On trouve aussi fort agréables des jardins disposés de façon à contraster avec les aspects fortuits & irréguliers de la campagne, & ordonnés dans un goût qui vous empêche de douter que vous soyez dans un jardin. Il s'agit de savoir si un de ces deux genres est fondé sur la nature plus que l'autre, & si l'un est plus que l'autre une imitation de la nature. Or, si nous avons vu qu'il n'y a pas de jardin dans la nature, que ce qu'on prend pour la nature n'est plus la nature primitive, que les aspects des campagnes peuplées, travaillées & cultivées ne présentent qu'un résultat fortuit de combinaisons accidentelles, & qu'ainsi ce prétendu modèle n'est que le hasard; s'il a paru que le *jardinage* ne pouvoit trouver dans la nature de modèle, qu'en suivant les principes d'ordre & d'harmonie qu'on découvre dans ses ouvrages, il sera clair que l'un & l'autre genre pourront devoir à la nature, des principes de goût, des règles de composition, mais qu'un genre ne pourra pas, plus que l'autre, se dire une imitation positive de la nature.

On objecte que la symétrie des jardins réguliers n'est pas dans la nature, qui ne présente ni lignes droites, ni parties exactement correspondantes, ni allées compassées, ni formes géométriques. Cette objection se trouve déjà réfutée & détruite par tout ce qui précède ; car puisqu'il est évident que le modèle de la nature, en ce genre, ne peut pas être un modèle positif, on ne sauroit donner pour règle au *jardinage*, les formes & les lignes irrégulières & insymétriques des terrains tels qu'ils existent, sans remettre en question ce qui est décidé, savoir, s'il y a un modèle positif, puisque ces élémens tiennent à ce qui existe d'une manière réelle & positive.

Dira-t-on qu'à prendre l'idée de modèle & celle de nature dans le sens moral, l'esprit de ce modèle repousse les lignes droites & les formes symétriques ? Je demande à mon tour comment on peut soutenir que la nature repousse l'idée de ligne droite, idée qu'elle nous a donnée elle-même, & l'idée de symétrie qui brille dans une multitude de ses ouvrages.

Mais, dit-on, ni l'une ni l'autre de ces idées ne se trouve dans la nature champêtre. Je réponds que c'est rentrer dans le cercle vicieux. Nous avons éloigné la notion de nature champêtre, comme inapplicable, puisqu'elle ne seroit autre chose qu'un modèle hors de nature. On ne sauroit donc reproduire ici ce modèle comme nous prescrivant les lignes sinueuses & les formes insymétriques. Si le modèle n'existe pas en tant que modèle obligé, les élémens qu'il renferme ne peuvent pas être les élémens nécessaires de l'imitation.

Si vous dites que les lignes droites & les formes symétriques sont moins agréables, comme pouvant engendrer la monotonie & l'uniformité, vous dites alors quelque chose d'intelligible, & qui peut être admis, parce que cette observation résulte de la nature des affections de notre âme, & voilà peut-être la seule nature dont il doive être ici question.

Dès qu'un jardin n'est autre chose qu'un espace de terrain disposé & planté pour l'agrément de la promenade & le plaisir des yeux, il n'y a pas d'autres principes à consulter que ceux qui nous indiquent ce qui est le plus convenable au but qu'on se propose, & ce qui peut produire ou non en nous l'impression du plaisir.

Ainsi, pour un jardin destiné spécialement à la promenade & à la réunion de beaucoup de personnes, comme cela a lieu dans les grandes villes, la nature, c'est-à-dire, le sentiment des convenances, vous prescrit de grandes allées droites, des parterres spacieux, des terrasses, des bassins, des jets d'eau, des embellissemens dûs à la sculpture, des endroits alternativement ombragés & découverts. La nature des choses demande du luxe dans les jardins des princes, & la magnificence de leurs palais prescrit aussi de mettre d'accord avec l'architecture les dispositions des plantations, qui semblent y être une suite nécessaire des ordonnances architecturales. La nature des choses, dans le plus grand nombre des jardins particuliers, veut de la symétrie. Les fleurs, les arbres fruitiers, les plantes potagères demandent de l'alignement, & ce que de semblables jardins comportent de plantations destinées à l'agrément, se trouve presqu'obligé à suivre le même système de symétrie.

Si l'on trouve que les jardins disposés de cette manière, s'éloignent du genre de la nature qu'on appelle *champêtre*, & contrastent avec les aspects de la campagne, nous dirons que ce contraste est lui-même un plaisir. Si l'on objecte que ces dispositions sont uniformes & offrent moins de variété, nous répondrons que le système des jardins réguliers offre une multitude de ressources contre l'uniformité ; que les combinaisons qui peuvent y produire la variété, surtout dans de grands espaces, sont innombrables, & que si leur aspect cause de l'ennui, cet ennui provient de la faute, non du genre, mais de l'espèce. Si l'on avance que la vue & la jouissance des jardins réguliers fatigue promptement, & qu'on en sort volontiers pour retrouver dans la campagne l'aspect irrégulier des champs, je répondrai que ce sentiment qui tient à l'amour du changement chez l'homme, reçoit du contraste dont on a parlé, un plaisir que le système du *jardinage* irrégulier ne sauroit lui procurer, puisque, selon ce système, on doit toujours se croire en pleine campagne, & que le mérite de ce genre de jardin, est d'empêcher de croire qu'on soit dans un jardin.

Tout ce qu'on vient de dire, tend-il à prouver que le genre des jardins irréguliers est vicieux & doit être rejeté ? Nous ne prétendons pas tirer cette conséquence.

Si l'on suppose un pays où le plus grand nombre des hommes riches & puissans passent dans leurs terres ou dans leur campagne, la plus grande partie de l'année, & s'y livrent aux spéculations de l'amélioration de la culture & des revenus de leurs champs, il sera fort naturel que l'on recherche un genre de *jardinage* qui permette de mettre en valeur tous les terrains, & qui, dans de vastes emplacemens, établisse une liaison toute simple entre ce qui est l'agrément, & ce qui constitue l'utile, qui donne l'illusion d'une vie champêtre, & fasse croire qu'on vit au milieu des champs, en déguisant sous l'apparence de formes libres, irrégulières & sans art, l'art même d'assortir les terrains, les plantations, les masses d'arbres, les vides, les pleins, aux configurations du pays environnant & aux points de vue qu'ils offrent. On sait que c'est ainsi qu'se pratume le *jardinage* appelé *irrégulier*, & l'on fait aussi que ce genre ne produit vraiment cet effet que lorsqu'on le pratique en très-grand. Qui pourroit trouver de l'inconvénient à ce goût ? Mais que de l'agrément que cette pratique peut présenter dans de vastes terrains sans limites, on tire la conséquence que ce goût qu'on appelle *naturel & seul enfant de la nature* (quoiqu'on ait vu que la nature n'a jamais produit de modèles de jardins), doive s'appliquer à tous les jardins, de quelqu'espèce, de quelque dimension qu'ils soient, voilà ce qui ne peut supporter l'examen dans une théorie sérieuse.

Nous dirons plus. C'est que ce qui rend ce genre admissible aux yeux de la raison & même du goût, avec les conditions prescrites d'un vaste emplacement, d'une disposition de terrain propice, & des accompagnemens de pays environnant, est précisément ce qui le rend inadmissible, avec des conditions différentes ou contraires; car on connoît le ridicule de toutes ces singeries faites en petit, d'un genre qui ne peut avoir lieu qu'en grand. Or, si tout cela est reconnu de tout le monde, il en résulte que le genre irrégulier ne repose sur aucun principe donné par la nature; car si le *jardinage* étoit une imitation, & que cette imitation eût un modèle positif dans la nature, ou seulement un modèle exclusif dans les raisons de la nature, cette imitation devroit être approuvée par tout & convenir à tous.

Mais il reste une dernière question à faire: le *jardinage*, de quelque manière qu'il soit considéré, est-il un art & est-il un art d'imitation ?

Le *jardinage*, sans doute, est un art, en prenant le mot *art* dans son sens le plus général, puisque ce qu'on appelle *art*, en théorie, est un recueil de règles ou d'observations, pour bien faire ce qui peut être fait bien ou mal. Si l'on donne ce nom, si on en applique l'idée à presque tous les travaux des hommes, il n'y a aucun lieu de contester qu'il entre beaucoup d'art dans les dispositions des deux sortes de jardins, qu'il y faut de l'imagination, du goût, de l'intelligence; qu'il faut, pour y réussir, avoir acquis un grand nombre de connoissances propres à guider l'artiste dans son travail.

Quel est le degré de difficulté que comporte cet art, & quelle est la mesure d'estime qu'on lui doit ? Ce seroit un objet de discussion très-oiseuse, & tout-à-fait étrange à notre objet.

Mais une question plus sérieuse, est celle de savoir s'il y a, dans cet art, une partie d'imitation qui puisse le mettre ou sur le rang ou à la suite des beaux arts, qu'on appelle spécialement *arts d'imitation* (sous-entendu de la nature).

Qu'il y ait *imitation* dans le *jardinage*, on ne sauroit le nier, lorsqu'on prend le mot *imitation* dans cette acception générale, que le langage ordinaire admet. Mais nous avons déjà eu l'occasion d'observer que l'imitation est de deux genres. Il y en a une qui appartient à presque tous les travaux de l'homme ; car, l'homme, dans tous ses ouvrages, ne fait presque rien qui ne soit l'imitation d'une autre chose. Seulement on doit dire que lorsque l'objet de la nature à être reproduit sans l'aide du génie, l'ouvrage qui le reproduit, s'appelle *copie*. Lorsque le moyen qui sert à reproduire est mécanique, comme le sont ceux des moules, des mesures, des patrons, l'ouvrage n'est qu'une répétition; & de ce genre sont tous les ouvrages des arts mécaniques.

Pour qu'il y ait, dans un art, imitation (moralement entendue), il faut que cet art *produise la ressemblance d'une chose, mais dans une autre chose qui en devient l'image*. De ce seul point incontestable, en raisonnement comme en fait, résulte la nécessité d'une diversité apparente & sensible, entre la chose imitée ou le modèle, & la chose qui imite ou l'image.

Les arts mécaniques, dans les nombreux ouvrages qui se reproduisent sous leur action, n'imitent point un modèle, ils le répètent avec les mêmes élémens : ils ne donnent point l'image d'une chose, ils en redonnent la réalité avec une similitude obligée. Ainsi deux vases sortis de la roue du potier, ne sont pas deux vases, mais deux fois le même vase : l'un n'est pas l'imitation de l'autre, il n'en est que la répétition.

Chacun sait que les ressemblances de ce genre, résultat d'un principe mécanique, n'arrivent pas à exciter en nous l'impression du plaisir, que nous recevons des ressemblances données par l'imitation, dans les beaux-arts. D'où vient cette différence ? c'est que le plaisir de la ressemblance n'est autre chose, que celui de la comparaison qui s'établit dans notre esprit, entre l'imitation & son modèle. Les répétitions dues aux arts mécaniques, manquant du principe imitatif (moralement entendu), ne produisent pas nécessairement en nous l'action de comparer. Il est de l'essence de ces répétitions, qu'on ne puisse pas y distinguer le modèle de sa copie. Ce caractère est celui qui convient à ce que nous appelons *identité*. Or, l'idée ou la qualité d'*identité*, sont le contraire de l'idée ou de la qualité d'*imitation*.

Si les ressemblances par *identité* ne nous affectent pas du plaisir que procure la ressemblance par *image*, c'est que notre esprit, qui veut juger en voyant, comparer pour juger, & jouir de son jugement, non-seulement n'a rien à juger dans l'imitation identique, mais n'est pas même averti qu'il ait quelque chose à comparer, puisque de fait il n'y a ni modèle, ni image.

La ressemblance par image, celle qui procède de l'imitation, procure au contraire, à l'esprit, les deux points séparés dont il a besoin pour exercer la faculté de comparer. L'image étant distincte du modèle, cette distinction sensible avertit nécessairement l'œil & l'esprit, du parallèle à faire, des rapports sur lesquels ce parallèle doit s'exercer, des rapprochemens qu'il comporte, des efforts de l'art pour remplir l'intervalle qui le sépare de son modèle : & l'on voit comment il peut arriver, & comment on peut montrer que le plaisir du parallèle, ou des rapprochemens dont il s'agit, est d'autant plus grand pour l'esprit, que plus grande est, dans la constitution de chaque art, la distance qui existe entre l'objet & entre le moyen d'imitation.

Que dire, d'après ces principes, de l'imitation qui appartient à l'art du *jardinage* ? Nous avons déjà trouvé que le modèle d'un jardin n'existoit pas, & ne pouvoit pas exister dans la nature. Mais en supposant que l'on puisse admettre comme tel, l'aspect que présentent aux yeux certaines contrées, certains espaces plus ou moins étendus de la campagne, ou de ce qu'on appelle, par opposition à des plantations régulières, *la nature agreste* : en supposant encore que ces sites & ces points de vue, ces conformations fortuites de terrains, ces plans irréguliers, doivent être le type des imitations que l'artiste transportera dans la conformation de son jardin, je demande comment il imitera ce prétendu modèle, & quel sera le genre de cette imitation.

Que fait ordinairement l'artiste dans son travail ? Il s'empare d'une plus ou moins grande dimension de terrain : il laisse à ce terrain ses irrégularités, ses pentes, ses collines ; il profite des plans qu'il y trouve ; il y trace des routes au gré de toutes ces configurations ; il ménage des percés pour des points de vue éloignés ; il bâtit quelques fabriques, pour figurer ses emplacemens divers, comme le font, dans la campagne, les maisons, les villages, les clochers, dont le hasard parsème une étendue quelconque de terrain ; il plante des bois, des massifs, des groupes d'arbres ou d'arbustes ; il ménage des prés, des champs cultivés, &c. &c.

En quoi donc trouvons-nous là une chose qui soit l'image d'une autre chose ? & où l'identité peut-elle être plus sensible & plus démontrée ? car je ne suppose pas qu'on puisse donner le nom d'*imitation*, ni à un exhaussement factice de terrain, pour créer une montagne, ni au ravin également factice, produit par l'enlèvement des terres qu'il a fallu trouver pour produire la montagne. Je ne suppose pas qu'on puisse appeler *imitation*, les arbres qu'on a plantés dans telle partie, pour couronner telle colline, ni les gazons semés pour produire l'apparence d'un pré.

Il y aura encore bien moins lieu à concevoir une idée quelconque d'imitation, si l'artiste, opérant en très-grand sur de grandes masses de culture, de bois ou de buissons, n'a procédé qu'en laissant ici, en détruisant là les masses d'arbres, ou les élévations de terrain qu'il aura trouvées. Je pourrai convenir qu'il y aura eu de l'intelligence à profiter des ressources naturelles, pour ouvrir des points de vue agréables, ou pour cacher des aspects fâcheux : il y aura eu là tout l'art qu'on voudra ; mais de l'art d'imitation, il ne sauroit y en avoir, parce qu'il est impossible d'appliquer, soit à l'ensemble d'un pareil jardin, soit à chacune de ses parties, l'idée d'un objet qui est devenu l'image d'un autre objet, & parce que ce qu'on doit en dire, c'est que l'idée même de répétition, que nous avons vue être celle qui s'applique aux ouvrages mécaniques, se fait ou se laisse à peine saisir dans l'ouvrage du *jardinage*.

En effet, cette prétendue image de la nature est la nature elle-même ; les élémens de cet art ne sont que la réalité, qui représente de la réalité ; le but même de cet art, est qu'on ne se doute pas qu'il y ait de l'art dans son ouvrage.

La confusion ou l'ignorance des principes & des saines idées de l'imitation, a fait trop souvent assimiler l'œuvre du *jardinage* à l'œuvre du paysagiste. A lire les traités modernes de l'art des jardins, on croiroit lire des traités de peinture. D'après l'abus que ces écrivains font des mots & des locutions qu'ils emploient, on s'imagineroit que tantôt l'artiste jardinier, revêtu de la puissance du Créateur, produit des sites, enfante des points de vue, des perspectives, des lointains, crée des forêts & des montagnes, & dispose en maître de tous les effets, de tous les enchantemens du spectacle de la nature ; que tantôt, maniant les pinceaux & possédant la palette du peintre, il distribue les ombres & les lumières, colore à son gré le ciel & la terre, anime de ses tons brillans les scènes variées qu'il imagine, & distribue sur un espace donné, tous les prestiges de la couleur, tous les contrastes des formes, tous les accidens du hasard.

Mais faut-il s'arrêter à prouver qu'entre l'art du paysagiste & celui du jardinier, il y a précisément toute la différence qu'on peut demander, pour montrer ce qu'est & ce que n'est pas l'imitation dans les beaux-arts ? En effet, tout est image dans le tableau, tout est réalité dans le jardin. Tout, dans le tableau, est susceptible d'être plus ou moins vrai ; rien, dans le jardin, ne peut manquer de l'être. Est-ce que le jardinier imite les dégradations qui produisent des lointains ? Non, il les trouve tout faits, & il les laisse voir. Est-ce que l'harmonie, qui fait le charme du paysagiste, n'est pas toute produite dans l'œuvre du jardinier ? Je ne veux point pousser trop loin une comparaison qui finiroit par être ridicule, puisqu'enfin l'artiste jardinier n'a rien à faire, ni avec le ciel & les nuages, ni avec la lumière & ses effets, ni avec la terre & les eaux, ni avec tant d'autres objets hors de son pouvoir, & qui tous prouvent le néant de son imitation.

Ce n'est que depuis l'introduction du genre irrégulier de *jardinage*, que de semblables prétentions imitatives se sont accréditées. Parce que de grands jardins irréguliers ont offert des aspects du genre de ceux que recherche le paysagiste, on a eu la simplicité de croire que celui qui avoit planté le jardin, avoit créé le paysage. Il l'a créé si l'on veut : mais de la manière dont celui qui plante un arbre, le crée ; mais entre l'action de planter l'arbre, que le peintre transporte dans son tableau, & l'action d'imiter un arbre, il y a la distance qui existe entre la reproduction naturelle des êtres, par l'instinct des sexes, & l'imitation de ces êtres par les règles de l'art & l'aide du génie.

On ne sauroit toutefois disconvenir que l'artiste jardinier ne doive se régler sur l'idée du paysage, pour disposer l'ensemble & les détails d'un jardin du genre irrégulier : & quoique nous ayons contesté à son art le droit de passer pour art d'imitation, dans le sens qui convient aux beaux-arts, nous ne pouvons nous refuser à reconnoître, dans l'ouvrage qu'il produit, la nécessité de se conformer aux principes, qui sont ceux que suit la nature pour nous plaire, pour nous affecter, pour produire en nous des sensations de divers genres. Ici, cet art se rencontre, dans les élémens de son imitation, avec l'art de l'architecture, c'est-à-dire, que les objets dont il dispose, ne pouvant être l'image de rien, ce n'est que par une disposition de ces objets, par leur réunion, par la variété de leur emploi, qu'il parvient à produire des effets semblables à ceux que produisent les dispositions des mêmes objets dans le spectacle de la nature.

Ainsi, c'est à reproduire les effets de ce grand spectacle dans des scènes plus restreintes, & d'une moindre dimension, que consiste l'art des jardins.

Or, il ne faut pas douter que le plus grand nombre de ces effets, qui consistent dans d'heureux contrastes, dans les variétés de toutes les sortes de productions de la nature, ne puissent aussi bien appartenir au genre des jardins réguliers, qu'à celui des jardins irréguliers. Le *jardinage* régulier met sans doute l'art plus à découvert. Tout y paroit disposé, conformé par la main de l'artiste. Ce genre est plus spécialement du ressort de l'architecte ; ses combinaisons se rapprochent de celles que l'architecture nous fait admirer. Mais pourquoi seroient-elles interdites à l'art de faire un jardin, si un jardin n'est en soi, & ne peut être, pour paroître tel, qu'un arrangement destiné au plaisir des yeux ?

Toute la différence qu'on peut admettre entre les deux sortes de jardin, c'est que celui du genre irrégulier se refuse à paroître un ouvrage de l'art, autrement dit à paroître un jardin, lorsque l'autre paroit réellement ce qu'il est.

JARRET, s. m. Ce mot exprime, dans la ligne courbe d'un arc, cette sorte de défaut, qui consiste en ce que la ligne éprouve un manque de continuité, ou quelque chose d'angulaire, qui fait l'effet de ce qu'on appelle *jarret* dans l'union de la jambe à la cuisse.

Ainsi on dit qu'il y a des *jarrets* dans une voûte, quand il s'y trouve des parties angulaires. Les *jarrets* sont des mal-façons de construction ou d'agencement.

JARRETER, v. act. Lorsque, dans une ligne courbe ou droite, il se trouve des parties angulaires ou ondées, qui détruisent l'égalité du contour ou du trait, on dit que cette ligne est *jarretée*. On le dit aussi des voûtes & des cintres qui ont de semblables défauts dans la courbe de leur douelle.

JASPE. Pierre dure qui s'emploie dans les arts, sinon pour la gravure, du moins pour orner des tables, des meubles & autres objets de luxe.

Le *jaspe* est une espèce de *quartz*. Le *quartz jaspe* est composé de particules extrêmement fines, très-serrées & très-compactes ; aussi il n'a pas la transparence du *quartz agate* & de ses variétés. Quelquefois il a la surface continue du *silex*, quelquefois il a l'air terreux d'une argile extrêmement fine.

On trouve des *jaspes* de différentes couleurs, & on distingue :

1°. Le *jaspe* vert, plus ou moins clair : plusieurs scarabées égyptiens sont de cette substance.

2°. Le *jaspe* rousâtre, appelé *diaspro rosso* par les Italiens.

3°. Le *jaspe* jaune : quelques sujets égyptiens sont exécutés sur cette matière.

4°. Le *jaspe* brun.

5°. Le *jaspe* violet.

6°. Le *jaspe* noir, ou *paragone nero* des Italiens.

7°. Le *jaspe* gris.

8°. Le *jaspe* blanchâtre.

9°. Le *jaspe* veiné : ces veines ont quelquefois l'apparence de lettres ; c'est pourquoi on l'a appelé *jaspe grammatique*.

10°. Le *jaspe* fleuri : on a donné ce nom à celui qui contient une grande diversité de couleurs.

11°. Le *jaspe* agate.

12°. Le *jaspe* sanguin d'un fond vert, sur lequel la nature a semé des taches qui lui ont fait donner ce nom.

JASPÉ, participe du verbe *jasper*. On donne ce nom à des marbres qui sont veinés de couleurs semblables à celle du *jaspe*. (*Voyez* MARBRE.)

JAUGE, s. f. C'est, dans une tranchée qu'on fait pour sonder, un bâton étalonné, de la profondeur que doit avoir cette tranchée, pour la continuer également dans sa longueur.

JAUGE. (*Terme de charpenterie.*) Petite règle de bois, dont les charpentiers se servent pour tracer leurs ouvrages & pour couper le trait.

JAUGE. (*Terme d'architecture hydraulique.*) C'est la grosseur d'une conduite d'eau, ou d'un ajutage. Ainsi on dit que telle conduite, ou tel ajutage, ont tant de pouces de *jauge*, pour signifier la quantité d'eau qu'ils donnent.

On donne encore, dans l'hydraulique, le nom de *jauge* à un instrument qui sert à faire connoitre la quantité d'eau qui sort d'une source vive ou d'une conduite. Cet instrument est une boîte de bois carrée, bien assemblée, & percée par-devant d'autant de trous d'un pouce de diamètre, qu'on juge à peu près que la source doit fournir d'eau; en sorte qu'à mesure qu'elle se remplit & se vide, elle contient toujours un volume égal, ce qu'on obtient en bouchant autant de trous qu'il le faut, & en laissant ouvert le nombre nécessaire pour maintenir l'égalité.

Ainsi, par le nombre des trous, on connoît combien de pouces d'eau il sort de la source. Cette *jauge* est de l'invention de M. Mariotte.

JAUGER, v. act. C'est reporter une mesure égale à une autre. *Contre-jauger*, c'est rendre des espaces & des hauteurs parallèles.

JAUGER UNE PIERRE. C'est regarder si une pierre est de figure égale, c'est-à-dire, si elle a une épaisseur égale.

JAUNE (adj. des deux genres). On donne ce nom, en y ajoutant celui d'*antique*, à un marbre dont les Anciens nous ont laissé divers ouvrages. (*Voyez* MARBRE.)

JEAN DE PISE, architecte du quatorzième siècle, fut fils & élève de Nicolas de Pise. Sculpteur & architecte tout ensemble, il se fit de très-bonne heure une grande réputation.

Jean de Pise est l'auteur d'un monument célèbre à Pise, appelé *il Campo santo*, dont nous avons parlé assez au long à l'article CIMETIÈRE. Nous ne croirons pas toutefois nous répéter ici, en disant que ce monument, d'une date déjà si ancienne, est encore le seul modèle que l'on puisse proposer aux architectes, dans la disposition d'un lieu d'inhumation publique, qui réunisse toutes les convenances qu'exige un pareil établissement.

Jean de Pise fut appelé à Naples par le roi Charles Ier. d'Anjou, & sous les ordres de ce Prince il bâtit le château vieux. Cette construction ayant exigé la démolition de l'église des Récollets, située sur l'emplacement où il falloit élever le château, *Jean de Pise* construisit pour ces religieux, une autre église qui fut appelée, à cause de cela, *Santa Maria della Nuova*.

Il quitta Naples & vint à Sienne, où il exécuta la riche façade de la cathédrale de cette ville, monument très-magnifique pour le temps, & où l'on trouve encore à admirer des parties de bon goût, dans un temps où l'architecture du reste de l'Europe étoit livrée à l'ignorance du goût gothique. Ces sortes de portail échappent à toute description; car ils sont composés de formes, de masses & de lignes, auxquelles on ne sauroit donner des noms qui les fassent reconnoître, sans la vue d'un dessin. Ce qu'il faut dire du portail ou frontispice de la cathédrale de Sienne, ainsi que de celui de l'église d'Orvietto, c'est que l'architecture, en cherchant à conformer la décoration aux élévations du bâtiment, est parvenue à faire un assemblage de lignes assez agréable. Ce n'est, si l'on veut, qu'un dessin de broderies, mais ce dessin n'a rien de chargé, rien que de régulier, & les détails ne choquent en rien ni la vue ni le goût.

Jean de Pise eut de fréquentes occasions d'exercer son talent, tant en architecture qu'en sculpture; car dans ces temps, où l'architecte étoit aussi sculpteur, les intérêts des deux arts ne pouvoient manquer de se réunir. Il fut successivement employé par les villes d'Arezzo, d'Orvietto, de Pérouse, de Pistoya, où existent encore des ouvrages de lui, qui s'annoncent comme l'aurore du nouveau jour qui étoit prêt à luir dans tous les arts.

Jean de Pise, chargé d'années & de gloire, mourut dans sa ville natale, & fut inhumé près de Nicolas son père, dans ce même *Campo santo*, ou cimetière qu'il avoit construit.

JET, s. m., vient du verbe *jeter*, & il signifie ce qui est le résultat de l'action exprimée par ce verbe.

En fait d'art, on ne s'en sert que dans trois cas: en peinture, pour signifier le mouvement des plis d'une étoffe, & l'on dit *un jet de draperie*; en sculpture, pour exprimer le résultat d'une fonte, & en hydraulique, pour rendre l'idée du jaillissement de l'eau.

JET DE BRONZE. On dit d'une figure, comme de tout autre objet, qu'elle est fondue d'un ou de plusieurs *jets*, lorsque la fonte a eu lieu par une seule coulée du métal, ou lorsque l'objet est composé de pièces rapportées, fondues séparément. Le mérite d'une statue de métal, sous le rapport de la fonte, est d'être d'un seul *jet*. C'est de cette façon qu'ont été fondues les statues équestres modernes; c'est ainsi qu'a été fondue, en 1818, la statue équestre de Henri IV, sur le Pont-Neuf.

On fond aussi des colonnes en bronze d'un seul *jet*. Telle a été la fonte des colonnes du baldaquin de Saint-Pierre à Rome.

JET D'EAU. On donne ce nom à un filet ou à un volume quelconque d'eau, qui jaillit avec violence d'un ou de plusieurs tuyaux disposés dans les fontaines, de manière à produire l'agrément qui résulte du mouvement des eaux. Lorsque l'on réunit ensemble plusieurs tuyaux, comme aux deux grandes fontaines de la place de Saint-Pierre à

Rome, on appelle cette réunion de *jets* une *gerbe d'eau*. (*Voyez* GERBE.)

Le *jet d'eau* consiste ordinairement en un seul tuyau placé au milieu d'un bassin, pour la décoration des jardins.

Le jaillissement du *jet d'eau* est l'effet nécessaire de la chute de l'eau, qui s'élève presque toujours à une hauteur égale à celle du point d'où elle est descendue.

Il suffit donc, pour avoir un *jet d'eau*, de disposer un réservoir à une certaine hauteur, d'y adapter des tuyaux de conduite, qui reçoivent l'eau du réservoir & qui la conduisent jusqu'au milieu du bassin. A l'extrémité de ce tuyau on soude un montant, qu'on appelle *souche*, sur lequel on soude un écrou de cuivre, & sur cet écrou on visse l'ajutage.

Selon les formes qu'on donne à l'ajutage, les *jets d'eau* produisent différentes figures, comme gerbes, soleils, pluies d'eau, éventails, &c. Cependant la forme ordinaire d'un ajutage est celle d'un cône. Son ouverture doit être proportionnée à celle des tuyaux de conduite, de sorte que le diamètre de ceux-ci soit quadruple de celui de l'ajutage.

JETÉE, s. f. (*Terme d'architecture hydraulique.*) C'est une élévation artificielle construite de matériaux divers & de plus d'une manière, pour établir, soit un quai, soit un môle, soit un fort, à dessein d'arrêter l'impétuosité des vagues de la mer ou du cours des eaux d'un fleuve.

On distingue par les mots suivans, de *fascinage*, de *charpente* & de *maçonnerie*, les différentes sortes de *jetées*, que l'architecture hydraulique est appelée à construire.

Des jetées de fascinage. Après avoir établi les fondemens nécessaires à l'endroit où l'on veut établir ces *jetées*, & après avoir rempli les fondemens de terre glaise bien corroyée & battue, lit par lit, avec la demoiselle, on étend plusieurs lits de fascines plates, de six ou sept pieds de longueur, sur dix-huit à vingt pouces de circonférence au gros bout, jusqu'à ce qu'ils forment un massif d'un pied d'épaisseur. Ces fascines étant bien assises, on les arrête par des rangées de piquets de trois pieds de longueur, armés de crochets, & par des brins ou verges de quinze à seize pieds de long, entrelacés autour des piquets, de sorte que le bout compose une assiette presque de niveau. C'est sur cette assiette qu'on fait un second, un troisième, un quatrième lit, qu'on arrête de même. Parvenu enfin à la plus grande hauteur qu'on veut donner aux *jetées*, on couvre la surface de tout le massif, d'un grillage de bois de sapin de quatre pouces d'équarrissage, dont les compartimens sont de deux pieds en carré, arrêtés par de petits pilots enfoncés de biais, de douze à treize pieds de longueur, sur onze à douze pouces de circonférence. Enfin, on remplit ces compartimens de pierres dures ou de moellons plats, posés de champ & à sec, qu'on tasse à coups de masses de bois, & les vides que peuvent laisser leurs inégalités, on les garnit de piquets serrés de même que les moellons.

Des jetées de charpente. Ces *jetées* sont composées de coffres de charpente qu'on remplit de pierres. Ces coffres ont neuf pieds de plus que la hauteur de la mer, & leur hauteur est ou doit être à leur talus, comme sept à trois. Quant à leur construction, il seroit difficile de la faire entendre sans figures. Ce sont différentes pièces qui s'entretiennent les unes les autres. Comme cette matière est propre d'un autre Dictionnaire que celui-ci, nous renvoyons, pour l'intelligence de cette construction, à l'*Architecture hydraulique* de M. Belidor, tom. IV, pl. 10. Nous avons eu l'occasion de décrire, à l'article CÔNE, un des plus grands ouvrages qui aient été faits en ce genre, dans ces derniers temps, pour la *jetée* du port de Cherbourg. (*Voyez* CÔNE.)

Des jetées de maçonnerie. On construit ces *jetées* de gros quartiers de pierres, ou de caissons remplis de matériaux, qu'on jette sans aucun ordre, dans la mer (ce qu'on appelle *fonder à pierres perdues*), lorsqu'il n'est pas permis de fonder à sec, en faisant des batardeaux. Le reste de la *jetée* s'achève comme un ouvrage ordinaire de maçonnerie. A l'égard de ses dimensions, elles ne sont pas absolument déterminées. L'épaisseur ordinaire est de neuf à douze pieds, & le talus doit avoir un sixième de la hauteur. Il est utile d'observer que le choix du mortier est une des choses les plus importantes, dans la construction des *jetées* en maçonnerie. Celui qu'on préfère dans les pays du Nord, est un composé de chaux faite de toutes sortes de coquillages calcinés, mêlés avec de la terrasse de Hollande.

Nous avons donné, dans un autre article, des notions plus étendues sur cette matière, en traitant des fondations considérées dans les travaux de l'antiquité, dans les descriptions que Vitruve nous en a conservées, & dans les inventions des modernes. (*Voyez* FONDATIONS.)

JEU, s. m. On se sert de ce mot dans une multitude de travaux & d'opérations des arts mécaniques, employés par l'architecture & la construction, pour signifier le mouvement aisé d'un corps obligé de céder facilement à l'impulsion qu'on lui donne dans un espace prescrit.

Ainsi l'on dit qu'une porte a du *jeu*, lorsqu'elle s'ouvre & se ferme sans effort, librement & sans frottement sensible dans sa feuillure. On dit qu'un contrevent a du *jeu*, lorsqu'il glisse aisément dans sa coulisse. On dit donner du *jeu* à une fenêtre qui traîne, ou dont les bois sont renflés de manière à en rendre l'ouverture difficile.

JEU DE PAUME. Espèce de salle beaucoup plus longue que large, fermée de murs, où l'on joue à la paume.

Les murs d'un *jeu de paume* d'à peu près vingt-quatre pieds de hauteur, portent des piliers de charpente, qui soutiennent un plafond & un comble à deux égouts. Ces piliers laissent ainsi, entre le plafond & les murs, un assez grand espace, par lequel le jour s'introduit dans l'intérieur. Il y a dans toute la longueur, & aussi à un des deux bouts, une galerie recouverte d'un auvent, pour le service des balles, & qui sert à contenir des spectateurs.

JEU DE LONGUE PAUME. Place entièrement découverte, & quelquefois le long du mur, où l'on joue à la *longue paume*.

JEUX D'EAU, s. f. pl. Nom général qu'on donne à tous les jets d'eau qui, par la différente forme de leurs ajutages, imitent diverses figures, comme celle d'un verre, d'une coupe, d'un parasol, d'une aigrette, d'une fleur de lis, d'un artichaut, d'un chandelier à branches, &c.

On appelle aussi *jeux d'eau*, les jets qui, au lieu de jaillir, font jouer des orgues & d'autres instrumens, & même agir des figures, comme cela s'est pratiqué dans les jardins d'Italie. (*Voyez* HYDRAULIQUE.)

JOCONDE, architecte. (*Voyez* GIOCONDO.)

JOINT, s. m. Ce mot s'emploie plus souvent au pluriel, lorsqu'on parle de l'union des pierres, des briques, des moellons, &c., dans l'art de les assembler, & d'en faire un tout solide.

Les *joints* sont donc ces intervalles plus ou moins larges, plus ou moins sensibles, qui séparent une pierre d'une pierre, une brique d'une brique, & qui tantôt, selon la qualité diverse, la ténacité, la fermeté des matières, sont réduits à la moindre distance, tantôt sont remplis d'une couche plus ou moins épaisse de mortier.

On ne sauroit prescrire de règle exclusive à l'art d'exécuter les *joints*, surtout des pierres de taille, genre de construction où cet art est le plus important, où il exige des soins plus variés, des études plus savantes, surtout dans l'assemblage des claveaux & des pièces dont se forment les arcades & les voûtes.

Il n'y a aucun doute que la perfection de l'art des *joints* consisteroit à les rendre tellement fins, qu'ils soient imperceptibles, & ce fut là, nous l'avons dit à l'article de l'ARCHITECTURE ÉGYPTIENNE, le grand mérite de cette architecture dans son appareil. Mais ce mérite, pour arriver à ce point, exige deux conditions : l'une, que la pierre, par la nature de son grain & la consistance de sa composition, permette d'y exécuter des angles extrêmement aigus; l'autre, que la masse de bâtimens où l'on emploie les pierres, ne leur fasse pas éprouver une pression trop considérable, & dont l'effet seroit d'altérer ou de faire éclater les angles des pierres. Cet effet arrive encore aux pierres qui manquent de la dureté requise, lorsqu'on les pose; & comme alors il faut remplir ces éclats par du ciment, il résulte du ragrément général qui se fait en dernier lieu, que les défauts de chaque *joint* se manifestent d'une manière désagréable.

L'art de faire les *joints* dépend donc de beaucoup de connoissances particulières que l'architecte doit réunir, sur la nature des pierres qu'il emploie, sur les moyens d'assemblage qu'il met en œuvre, sur la qualité des cimens qui sont à sa disposition.

Il est certain que les *joints* à sec donnent à l'appareil un plus grand agrément, surtout dans la construction des colonnes, où, autant qu'on le peut, il faut dissimuler les *joints*. Cependant un très-grand nombre d'édifices, tant anciens que modernes, sont bâtis à *joints*, remplis d'une couche de ciment assez épaisse. Mais on ne sauroit trop soigner la qualité de ciment qu'on emploie, car de-là dépend la solidité de la construction.

Dans beaucoup de bâtimens antiques, construits de petits matériaux, le ciment s'est trouvé de beaucoup le plus solide; & le temps, qui a altéré la superficie des pierres, a laissé le ciment intact, & ce ciment se trouve aujourd'hui faire saillie sur les matériaux même.

On donne des noms divers aux *joints*, selon la diversité des formes & des parties de la construction où on les pratique, & aussi selon la différence des procédés qu'on y emploie.

Ainsi l'on dit :

JOINTS A ONGLET. Ce sont des *joints* qui se font de la diagonale d'un retour d'équerre, comme on en voit dans les compartimens de marbre & dans les incrustations.

JOINTS D'ASSEMBLAGE. (*Voyez* ASSEMBLAGE.)

JOINTS DE DOUELLE. *Joints* pratiqués sur la longueur du dedans d'une voûte, ou sur l'épaisseur d'un arc.

JOINTS DE LIT. *Joints* de niveau, ou qui sont pratiqués suivant une pente donnée.

JOINTS DE RECOUVREMENT. Ce sont ceux qui ont lieu par le recouvrement d'une marche sur une autre.

JOINTS DE TÊTE OU DE FACE. On donne ce nom à des *joints* qui sont en coupe ou en rayons au parement, & qui séparent les voussoirs & les claveaux.

JOINTS EN COUPE. *Joints* qui sont inclinés & qui forment un arc de cercle.

JOINTS FEUILLÉS. On appelle ainsi tous les *joints* qui se font par le recouvrement de deux pierres, l'une l'une sur l'autre, par une entaille de leur demi-épaisseur.

JOINTS GRAS. Ce sont ceux qui font un angle plus grand que 90 degrés; & on appelle *joints maigres*, ceux qui font un angle moindre.

JOINTS INCERTAINS. Ce sont les *joints* des pierres qui, au lieu d'être équarries, sont taillées en polygone.

JOINTS MONTANS. C'est, à proprement parler, les *joints carrés*.

JOINTS OUVERTS. Joints qui, au moyen de l'épaisseur des calles qu'on met entre les pierres, sont larges & faciles à ficher. On appelle aussi *joints ouverts*, ceux qui se sont désunis, soit par l'effet de la mal-façon, soit parce que le bâtiment se sera affaissé d'un côté plus que de l'autre.

JOINTS CARRÉS. *Joints* d'équerre en leur retour.

JOINTS REFAITS. Ce sont ceux qu'on est contraint de retailler, de lit ou de *joint*, sur le bas, parce qu'ils ne sont ni d'à-plomb, ni de niveau. Ce sont aussi les *joints* qu'on fait en ragréant, & en ravalant avec du mortier de même couleur que la pierre.

JOINTS SERRÉS. *Joints* qui sont si étroits, qu'on est obligé de les ouvrir avec le couteau à scie, à mesure que le bâtiment tasse & prend sa charge.

JOINTOYER, v. act. C'est, après qu'un bâtiment a pris sa charge, remplir les ouvertures des joints des pierres, d'un mortier approchant de la même couleur. *Rejointoyer*, c'est remplir les joints d'un mortier de chaux ou de ciment, dans un vieux bâtiment, ou dans une bâtisse qui est sous l'eau.

JOUÉE, s. f. C'est, dans l'ouverture ou la baie d'une porte ou d'une croisée, l'épaisseur du mur qui comprend le tableau, la feuillure & l'embrasure.

On appelle aussi *jouée* ou *jeu*, la facilité de mouvement qu'a toute fermeture mobile dans sa baie. (*Voyez* JEU.)

JOUÉES D'ABAT-JOUR. Ce sont les côtés rampans d'un abat-jour, suivant leur talus ou glacis. On dit aussi *jouées de soupirail*, pour signifier la même chose dans un soupirail.

JOUÉES DE LUCARNE. Ce sont les côtés d'une lucarne dont les panneaux sont faits en plâtre.

JOUG DE SOLIVE, s. m. Nom qu'on donne aux côtés des solives, considérées par l'entrevoux.

JOUILLIÈRES, s. f. pl. Ce sont, dans une écluse, les deux murs à plomb, avancés dans l'eau, qui retiennent les berges, & où sont attachées les portes ou coulisses des vannes.

JOUR, s. m. Nom général qu'on donne à toute ouverture ou baie, dans un mur ou dans une voûte, & par où l'intérieur d'un bâtiment, d'une salle ou d'une pièce quelconque reçoit la lumière.

On nomme:

JOUR DROIT, celui qui vient par une ouverture ou une fenêtre qui est à hauteur d'appui.

JOUR D'APLOMB, celui qui vient perpendiculairement par toute fenêtre pratiquée sur les toits, ou par l'œil d'une voûte, comme au Panthéon à Rome.

JOUR D'EN HAUT, celui qui vient par des fenêtres ouvertes dans le haut des appartemens, comme on le pratique pour des galeries d'objets d'art, ou qui est communiqué par un abat-jour, un soupirail, une lucarne faîtière.

JOUR DE COUTUME. (*Voyez* VUE DE COUTUME.)

JOUR D'ESCALIER. C'est, dans un escalier à plusieurs noyaux ou à vis suspendue, l'espace carré ou rond qui reste entre les noyaux & les limons droits ou rampans, soit en bois, soit en pierre.

JOUR FAUX ou FAUX JOUR, celui qui n'arrive dans un intérieur que par une ouverture plus ou moins masquée, ou que l'on pratique dans quelques petits retranchemens ou pièces dérobées.

JOURNÉE, s. f. C'est le nom qu'on donne, dans le bâtiment & les travaux mécaniques, à l'espace de temps qu'un ouvrier doit travailler dans le jour pour une somme convenue, & l'on donne aussi ce nom à cette somme, ou au prix qu'on paie pour cette durée de travail.

L'espace & le prix de la *journée* varient selon les pays, selon les saisons, selon la nature des travaux; mais ordinairement il est le même pour tous les ouvriers d'un même genre, & il est réglé par l'usage. Le temps de la *journée* se divise aussi en parties de repos & de travail, & l'on déduit du salaire convenu les heures où les ouvriers ont manqué au travail qu'ils doivent.

On distingue, dans le bâtiment, trois sortes de *journées*, c'est-à-dire de prix fixés au travail. On appelle *journée de l'entrepreneur*, le travail que font les ouvriers employés par un entrepreneur; *journée de bourgeois*, le travail pour un particulier qui fait travailler par économie, soit qu'il conduise lui-même les travaux, soit qu'il les fasse conduire par un autre; *journée du Roi*, le temps employé à des ouvrages extraordinaires, & qu'on ne peut apprécier avec précision, comme des épuisemens, des travaux de modèle, &c.

JUBÉ, s. m., est le nom qu'on donne, en France, à une tribune élevée, & qui étoit bâtie ordinairement à l'entrée du chœur, où l'on chantoit originairement les leçons de matines aux fêtes solennelles, & où l'on récitoit l'épître & l'évangile.

Il paroît que le nom de *jubé* a été donné à cette tribune, parce que l'officiant, avant de chanter, avoit coutume de commencer par cette formule d'absolution : *Jube, Domine, &c.*

Le nom de *jubé* a donc succédé à celui d'*ambon*, véritable nom de la tribune ou des tribunes servant, dans les premières églises chrétiennes, à la lecture des épîtres & des évangiles. Ainsi c'est sous le nom d'*ambon* que nous ferons connoître l'origine, la destination & la forme du *jubé*.

Ambon est un mot grec dérivé du verbe ἀναβαίνειν, pour ἀναβαίνειν, monter. Quelques écrivains du moyen âge, & qui ne connoissoient pas la langue grecque, ont donné pour étymologie à ce mot, l'adjectif latin *ambo* (l'un & l'autre), à cause de la double rampe qui conduisoit à ces tribunes.

Il y avoit le plus souvent deux ambons dans les églises, destinés particulièrement, l'un à la lecture de l'évangile, l'autre à la lecture de l'épître. Ils différoient entr'eux par leur emplacement ainsi que par leur forme. Celui de l'évangile étoit du côté droit; celui de l'épître du côté gauche. L'un & l'autre étoient placés dans la partie de la nef qui s'approchoit le plus du chœur ou sanctuaire. Cette disposition répondoit aux endroits où l'on fait, pendant la messe, les différentes lectures, en supposant l'autel isolé, & le prêtre ayant la face tournée vers la grande nef, comme cela se pratiquoit aux basiliques. L'ambon de l'évangile avoit deux rampes, une de chaque côté; l'ambon de l'épître n'en avoit qu'une, qui étoit du côté de l'autel. L'usage de faire accompagner le livre de l'évangile par deux acolytes, avec des cierges allumés, étoit la cause de cette différence; ces acolytes, avec leur cierge, se plaçoient en haut des deux rampes, lorsque le diacre lisoit l'évangile.

Les églises n'avoient quelquefois qu'un seul ambon; alors il étoit réservé pour la lecture de l'évangile; le lecteur de l'épître ne montoit pas jusqu'au plus haut degré de la rampe.

Le plan de ces tribunes étoit quelquefois circulaire, mais plus ordinairement polygone. Cette forme, en Italie, donna lieu de revêtir les panneaux des ambons de belles tables de marbre, de granit ou de porphyre. Souvent les deux ambons étoient renfermés dans une enceinte différente de celle de l'apside ou sanctuaire, & qui en étoit une sorte de prolongement au milieu de la nef. Cette enceinte, espèce d'avant-chœur, étoit destinée aux personnages les plus distingués entre les Laïques, & on lui donnoit abusivement le nom d'*ambon*.

L'église de Saint-Clément, à Rome, conserve encore les deux ambons & l'enceinte en marbre dont on vient de parler.

L'ambon de l'évangile, dans le temple de Sainte-Sophie à Constantinople, étoit de la plus grande richesse. Il a été le sujet d'un poëme grec dans le genre descriptif; ce poëme est encore inédit : il seroit à désirer qu'on le publiât, à cause des notions curieuses qu'il renferme, sur les matières précieuses qui formoient les revêtissemens de ce monument, & dont l'auteur, Paul-le-Silentiaire, indique les couleurs.

L'ambon de Sainte-Sophie, au rapport des historiens byzantins, a servi plus d'une fois de trône, dans les cérémonies du couronnement des empereurs de Constantinople.

Nous ignorons si, dans les premiers temps du christianisme, les ambons, tels qu'on vient de les décrire, servoient aussi de chaire à prêcher. Ce qui est certain, c'est qu'ils en furent les modèles lors du renouvellement des arts, & plus d'une chaire fut ainsi construite en matériaux, & revêtue de marbres précieux. (*Voyez* CHAIRE.)

Les rites & les usages ecclésiastiques des premiers temps, & tels qu'on les retrouve dans les anciennes basiliques de Rome, se communiquèrent aussi aux pays dans lesquels la religion chrétienne se propagea; mais sous d'autres climats, avec des constructions différentes, les mêmes parties des édifices changèrent de forme. Nous en avons une preuve frappante dans le chœur de nos églises, qui s'est trouvé pratiqué en long, lorsque celui des premières basiliques étoit en forme circulaire. (*Voyez* BASILIQUE.)

L'architecture gothique, appliquée à la construction des églises chrétiennes, contribua encore aux modifications que reçut l'ambon ou *jubé*. Au lieu d'en faire une tribune isolée à une seule ou à deux rampes, on imagina de le construire en élévation à l'entrée du chœur, & d'en faire une partie de la construction même de l'édifice, en lui donnant d'un côté & de l'autre, un escalier en degrés à spirale. De cette manière, le *jubé* fut une arcade qui séparoit la nef du chœur.

Il paroît que ces constructions, qui tendoient à diviser l'église en deux, & à obstruer la vue du chœur, ont disparu dans plus d'une église gothique, par l'effet des restaurations ou ragrémens qu'elles ont subis. Ainsi, nous lisons dans le Dictionnaire de Daviler, que l'église de Saint-Germain-l'Auxerrois, à Paris, avoit eu jadis un semblable *jubé* qui a disparu.

Le seul *jubé* bâti de la manière susdite, qu'on voie à Paris, existe dans l'église de Saint Etienne-du-Mont.

On trouve que ce *jubé*, chargé de sculptures d'assez bon goût (car cette église offre un mélange

JUB

fort sensible du gothique & du moderne), est trop surbaissé, ce qui indiqueroit une construction d'une date peu ancienne. Mais on regarde comme un chef-d'œuvre de hardiesse en son genre, & un tour de force du constructeur, les deux tourelles à jour qui sont placées chacune à une des extrémités du jubé : elles renferment les deux escaliers qui mènent à la galerie formée par l'arcade surbaissée dont on a parlé. Ce qui en rend l'aspect surprenant, c'est que les tourelles étant à jour, laissent voir le dessous des marches portées en l'air par encorbellement, & le mur de leurs têtes, qui n'est soutenu que par une foible colonne d'un demi-pied de diametre, placée sur le bord extérieur de l'appui de la cage tournée en limaçon.

L'usage de ces sortes de jubés, ainsi que celui

JUS

des ambons tels qu'on les a décrits dans les anciennes basiliques, ne se sont pas perpétués dans les églises nouvellement construites, & la seule pratique qui en rappelle l'idée, est celle des chaires à prêcher.

JUMELLES, s. f. pl., se dit de deux pièces de bois, de fer, ou d'autre matière, ayant même forme, & qu'on emploie conjointement à un même ouvrage.

JUSTE, s'emploie, dans le dessin, pour dire qu'un ouvrage est conforme, soit à la nature, soit à son original. On dit un *dessin juste*, des *contours justes*, c'est-à-dire, rendus avec précision, exactitude & netteté.

KAT

KATABLEMATA. Ce mot grec signifie proprement des rideaux, & tout ce qu'on laisse pendre du haut en bas.

Pollux, dans son *Onomasticon*, appelle ainsi des toiles & des cloisons de planches réunies, sur lesquelles on représentoit des montagnes, des rivières, la mer, ou autres sujets semblables. On s'en servoit sur les théâtres des Anciens, pour exécuter les changemens de scène ou de décoration. Au moyen de certaines machines, on les faisoit avancer ou descendre sur le théâtre, on les enlevoit, & on y faisoit succéder d'autres décorations.

KÉRAUNOSCOPEÏON. Ce mot veut dire *tour à foudroyer*. On appeloit ainsi, chez les Anciens, une machine de théâtre qui servoit à imiter la foudre, telle qu'on supposoit qu'elle étoit lancée par Jupiter du haut de l'Olympe. Il ne faut pas confondre cette machine avec une autre en usage sur le théâtre, qu'on appeloit *bronteion*, & qui servoit à produire le bruit & les éclats du tonnerre : celle-ci étoit placée sous la partie postérieure de la scène, & consistoit en outres remplies de petites pierres, qu'on faisoit rouler sur des bassins de bronze. Ces machines, propres à imiter l'action ou le bruit de la foudre, étoient indispensables sur les théâtres des Anciens, où l'on représentoit très-fréquemment des apparitions de divinités, au milieu du bruit & des retentissemens du tonnerre.

KIOSQUE, s. m. Ce mot est emprunté de la langue turque, & l'objet exprimé par ce mot est aussi un emprunt fait aux usages des peuples du Levant, où l'on met au nombre des besoins indispensables de la vie, le besoin de passer des heures entières dans un repos absolu, à prendre le frais & à jouir en silence de la vue de la nature.

Il y a peu de maisons sur le canal de la mer, à la Propontide, qui n'aient sur leurs terrasses ou au bout de leurs jardins, de ces pavillons appelés *kiosques*, & ce petit bâtiment est un accessoire obligé de tous les palais & de tous les jardins.

On donne ici, dans la disposition des jardins, le nom de *pavillon* (*voyez* ce mot) à de petits cabinets ou à de petits salons dont on fait à peu près le même emploi, si ce n'est que la différence de climat exige que l'intérieur de ces petits bâtimens, puisse rester ouvert ou être clos à volonté.

Le mot *kiosque* a prévalu, depuis quelques années, pour désigner ces petits édifices, c'est-à-dire, depuis que le goût des jardins chinois, ou le jardinage irrégulier, s'est répandu. La différence du *kiosque* au pavillon consiste peut-être uniquement dans le goût un peu plus grotesque ou bizarre, qu'on applique à ces constructions, pour les mettre mieux d'accord avec le genre irrégulier des jardins. On donne volontiers au *kiosque* des couvertures recourbées à la chinoise, des châssis & des portes en entrelas, des ornemens empruntés de la Chine, & tout l'ameublement qui retrace un goût étranger.

LAB

Laboratoire, f. m., signifie une pièce, un local destiné au travail. Ce mot se dit ordinairement des pièces consacrées aux opérations de chimie ou de pharmacie, & qui doivent avoir des fourneaux & autres accessoires propres à ces opérations.

Rien n'empêche sans doute que l'on donne aussi ce nom aux cabinets d'étude, ou pièces destinées à l'exercice des arts du dessin. Cependant l'usage qui, dans les langues, perpétue certaines dénominations dont le cours des idées & l'opinion font sentir l'impropriété, a conservé le mot *atelier*, pour désigner le *laboratoire* de l'artiste, quoique ce mot soit spécialement affecté aux travaux mécaniques ou industriels. (*Voyez* ATELIER.)

Labyrinthe, f. m. Ce nom est grec, mais est originaire de l'égyptien. Nous ignorons ce qu'il signifioit dans cette dernière langue; car il est possible que le nom donné au monument qu'on appeloit *labyrinthe*, n'ait pas exprimé, en Égypte, l'idée dont il est devenu aujourd'hui l'expression, savoir, celle d'une combinaison de tours, d'issues, de chemins & de dégagemens multipliés, à l'effet d'égarer celui qui s'y engageroit sans guide.

Le *labyrinthe* d'Égypte fut construit ainsi, & dans cette vue; mais il eut sans doute une destination plus importante. Il se peut qu'il ait été le chef-lieu politique & religieux des nomes de l'Égypte. Il se peut que cet édifice ait renfermé, dans autant de bâtimens ou de corps séparés & réunis entr'eux, les archives, les mystères & les rites secrets de cette agrégation de parties qui formèrent cet ancien royaume; & comme le secret fut le principe de toutes ses institutions, il est probable qu'on aura voulu renfermer les notions primitives de ces institutions, dans un local rendu impénétrable à la curiosité du vulgaire, par l'espèce d'impossibilité de s'y engager sans la crainte de s'y égarer.

Le *labyrinthe* d'Égypte a été décrit par plusieurs écrivains de l'antiquité, savoir, Hérodote, Diodore de Sicile, Strabon, Pomponius Mela, Pline. Il faut distinguer entre ces auteurs, ceux qui avoient vu le monument, de ceux qui n'ont fait que copier, ou peut-être dénaturer les descriptions des autres. Parmi ces cinq auteurs, il n'y a que les trois premiers qui aient visité le *labyrinthe*. Hérodote & Strabon en ont vu & décrit l'intérieur (du moins dans la partie supérieure). Diodore de Sicile paroit être resté à la porte. Il n'en décrit au moins que les dehors. Pomponius Mela traduit visiblement Hérodote. Quant à la description de Pline, elle est vague, & ne permet à l'esprit d'y saisir aucun ensemble; elle contient des particularités merveilleuses, qui paroissent dictées par l'admiration de voyageurs, dont la curiosité avoit dû se contenter des oui-dire & des hypothèses qu'accréditoit la crédulité.

Il est en effet très-naturel qu'un édifice, destiné à être un mystère, soit resté pour la postérité une énigme.

Pour mettre le lecteur à même de concevoir la difficulté qu'on éprouve à se former une idée claire du *labyrinthe*, nous allons rapporter les trois descriptions principales de ce monument.

« J'ai vu ce bâtiment (dit Hérodote), & je l'ai trouvé au-dessus de toute expression. Tous les ouvrages, tous les édifices des Grecs, ne peuvent lui être comparés, ni du côté du travail, ni du côté de la dépense; ils lui sont de beaucoup inférieurs. Les temples d'Éphèse & de Samos méritent, sans doute, d'être admirés, mais les pyramides sont au-dessus de ce qu'on peut en dire : chacune en particulier peut entrer en parallèle avec plusieurs des plus grands édifices de la Grèce. Le *labyrinthe* l'emporte même sur les pyramides. Il est composé de douze cours (*basileia*) environnées de murs, dont les portes sont à l'opposé l'une de l'autre, six au nord & six au sud, toutes contiguës; une même enceinte de murailles qui règne en dehors, les renferme. Les appartemens en sont doubles. Il y en a 1500 sous terre, 1500 au-dessus, trois mille en tout. J'ai visité les appartemens d'en haut, je les ai parcourus, ainsi j'en parle avec certitude, & comme témoin oculaire. Quant aux appartemens souterrains, je ne sais que ce qu'on m'en a dit. Les Égyptiens, gouverneurs du *labyrinthe*, ne permirent point qu'on me les montrât, parce qu'ils servoient, me dirent-ils, de sépulture aux crocodiles sacrés & aux rois qui ont fait bâtir cet édifice. Je ne parle donc des logemens souterrains que sous le rapport d'autrui. Quant à ceux d'en haut, je les ai vus, & je les regarde comme ce que les hommes ont jamais fait de plus grand. On ne peut, en effet, se lasser d'admirer la variété des passages tortueux qui mènent des cours à des corps-de-logis, & des issues qui conduisent à d'autres cours. Chaque corps-de-logis a une multitude de chambres qui aboutissent à des *pastades*; au sortir de ces *pastades*, on passe dans d'autres bâtimens dont il faut traverser les chambres pour entrer dans d'autres cours. Le toit de tous ces corps-de-logis est de pierre, ainsi que les murs qui sont partout décorés de figures en bas-relief. Autour de chaque cour règne une colonnade

» de pierres blanches parfaitement jointes ensemble. A l'angle où finit le *labyrinthe* s'élève une pyramide de cinquante orgyes, sur laquelle on a sculpté, en grand, des figures. On s'y rend par un souterrain. (*Traduction de Larcher.*)

» On trouve (dit Strabon) dans le nome *Arsinoïtes*, le *labyrinthe*, ouvrage égal aux pyramides; & le long de ce monument, le tombeau du roi qui l'a fait construire. Après avoir dépassé la première des deux entrées du canal, on voit à la distance de 30 ou 40 stades, un terrain plat comme une table, sur lequel sont situés un bourg & un vaste palais composé d'autant de palais (*Aulai*), qu'il y avoit jadis de nomes : car il renferme un égal nombre d'*aula*, entourées de colonnes, & contiguës les unes aux autres, sur une même ligne, toutes bordées d'un même mur; en sorte qu'elles se trouvent placées en avant d'un long mur, à l'opposite duquel est l'entrée de chacune de ces *aula*. C'est en avant de ces entrées, qu'on trouve certaines cryptes longues & nombreuses, qui communiquent entr'elles par des chemins tortueux, en sorte qu'aucun étranger, sans guide, ne pourroit parvenir à aucune des salles, ni en sortir, une fois qu'il y seroit entré.

» Ce qu'il y a de surprenant, c'est que la couverture de chacune des chambres est monolythe, & que les cryptes, dans leur largeur, sont également couvertes de dalles d'un seul morceau, & d'une grandeur démesurée, sans mélange de bois, ou d'aucune autre matière. Aussi, quand on est monté sur la couverture de l'édifice, qui n'est pas très-élevé, cet édifice n'ayant qu'un étage, on ne voit qu'une plaine formée d'énormes pierres. Lorsqu'on redescend dans les *aula*, on les voit placées à la file l'une de l'autre, & soutenues chacune par 27 colonnes monolythes. Les pierres qui entrent dans la bâtisse des murs, n'ont pas une moindre grandeur que les autres.

» A l'extrémité de cet édifice, qui occupe plus d'un stade (en tout sens), s'élève le tombeau (dont on a parlé), pyramide carrée ayant quatre plethres de côté, & une hauteur égale. Ismandes est le nom de celui qui y est enterré. On prétend qu'il fit construire ce nombre de chambres, parce qu'il étoit d'usage que des députations de tous les nomes vinssent s'y réunir chacune avec ses prêtres & prêtresses, pour faire des sacrifices, & pour juger les affaires les plus importantes. Ces députations se rassembloient chacune dans l'*aula* destinée au nome (qui l'envoyoit). (*Traduction nouvelle de Strabon.*)

» Je n'entreprendrai point (dit Pline) l'impossible description du *labyrinthe* d'Egypte, & de faire connoître la disposition de toutes ses parties : car il se compose de seize corps de bâtimens, dont les noms correspondent à celui de chacune des régions ou préfectures de l'Egypte (appelées *nomes*). Son enceinte renferme, en outre, des temples pour chaque divinité du pays, quinze ædicules consacrées à Némésis, plusieurs pyramides de quarante brasses de hauteur, dont six aboutissent, par leur pied, aux murs d'enceinte.

» On est déjà fatigué de la marche, lorsqu'on parvient à ces longs & inextricables détours (dont on a parlé). On monte à des salles élevées & à des galeries, par des escaliers de 90 degrés. Ces salles & ces galeries sont remplies de colonnes de porphyre, de simulacres de divinités, de statues de rois, de figures monstrueuses de toute espèce. Il y a de ces salles tellement disposées, que l'ouverture de leurs portes produit dans leur intérieur, un retentissement terrible & semblable à celui du tonnerre. Le plus souvent, on passe par des endroits privés de lumière. La partie extérieure du mur qui forme l'enceinte de l'édifice, offre encore de grandes constructions qu'on appelle *pteron*. De-là, on entre dans les chambres souterraines par des conduits creusés aussi sous terre.

» C'est dans cette partie que furent faites les seules & légères réparations qu'ait éprouvées cet édifice. Elles furent l'ouvrage d'un certain Circummon, eunuque du roi Nectebis, 500 avant Alexandre. On ajoute que pendant qu'on faisoit à ces souterrains des couvertures en pierre de taille, il les étaya avec des poutres de bois d'épine, enduites d'huile. »

Pline, au commencement de l'article qui contient cette description du *labyrinthe*, beaucoup moins précise que les deux précédentes, description faite d'après des récits ou des relations probablement inexactes de différens auteurs, ne laisse pas de nous donner quelques opinions assez précieuses, & sur la destination de ce grand édifice, & sur le genre de complication, qui fut le moyen de rendre inaccessible, ce qu'on voulut cacher au commun des hommes.

Les auteurs, dit Pline, expliquent diversement l'objet d'une telle construction. Démoteles en fit un palais, & prétend qu'il fut celui de Motherades; Lycéas le donne pour le tombeau de Mœris; plusieurs autres y voient un édifice consacré au Soleil, & c'est là, ajoute Pline, l'opinion la plus générale.

Il n'y a effectivement que la religion qui puisse faire entreprendre de pareils travaux ; & ce qu'il y a de plus probable sur celui du *labyrinthe*, c'est que cet édifice fut le chef-lieu de la religion du pays, & le point commun où se réunissoient les rites divers des différens nomes de l'Egypte.

Chacun des temples de l'Egypte recéloit, au

fond d'un sanctuaire obscur & mystérieux, l'objet d'un culte particulier, & les prêtres seuls avoient accès dans le *secos* ou sanctuaire. Il fut donc très-naturel que la réunion de tous ces cultes dans une même enceinte, fût mise sous la sauvegarde d'un mystère encore plus impénétrable; & de-là, les moyens imaginés pour rendre inaccessible, à d'autres qu'aux initiés, les routes qui conduisoient à chacune des salles correspondantes aux douze nomes primitifs de l'Egypte.

Pline donne bien encore à entendre de quelle nature étoient ces détours par lesquels il falloit passer, & comment il étoit impossible de s'en tirer sans y être guidé. Il y avoit, selon lui, une combinaison inextricable de routes qui se croisoient en tout sens. Mais, ajoute-t-il, ces circonvolutions ne ressemblent point aux sinuosités qu'on voit représentées dans les compartimens des pavés, ni à des jeux d'enfans, où, sur la bande étroite d'un ruban, on peut faire des milliers de pas. Dans le *labyrinthe*, la difficulté de se retrouver provient de la multiplicité des portes, & des issues percées exprès pour vous faire prendre le change, & vous faire sans cesse retomber dans le même égarement.

Les recherches des voyageurs modernes n'ont rien fait connoître sur ce qui pourroit appartenir encore aux débris d'un si prodigieux édifice. Presque tous même se sont mépris sur le lieu de son emplacement. Il étoit situé, selon Hérodote, un peu au-dessus du lac Mœris, & étoit peu éloigné de la ville d'Arsinoé. Par conséquent, ses ruines devroient se trouver dans le Feium, au sud-est du lac. A peu près dans ces environs, il existe des débris, que quelques-uns ont pris pour ceux du *labyrinthe*, & qu'on a appelés *palais* ou *château de Caron*. Paul Lucas a cru que c'étoit là les restes du *labyrinthe*; mais ce voyageur mérite peu de confiance. Pococke, beaucoup plus éclairé, avoit découvert, un peu plus au nord de cet endroit, d'autres ruines, qu'il crut aussi avoir pu être celles du *labyrinthe*. Les derniers voyageurs en Egypte s'accordent à penser qu'il est impossible d'en retrouver les vestiges. Ainsi, ce n'est plus qu'à l'aide des descriptions & des mesures des anciens écrivains, & aussi en s'appuyant sur les notions ou les pratiques bien éclaircies aujourd'hui de l'architecture égyptienne, qu'on pourroit reproduire un plan & un ensemble approximatif du *labyrinthe* d'Egypte.

Il paroit que cet édifice, soit dans sa destination, soit dans quelques parties de sa disposition, avoit été imité dans l'île de Crète; mais Pline nous dit qu'à peine en avoit-on reproduit la centième partie. Ce qui signifie que le *labyrinthe* de Crète, soit par l'étendue du plan, soit par la multiplicité des conduits, des salles & des constructions de tout genre, soit par l'importance de la bâtisse, étoit à peine comparable à celui de l'Egypte. Dédale n'en avoit copié que cette complication de détours, qui tendoit à égarer celui qui, sans fil ou sans guide, auroit eu l'imprudence d'y pénétrer. Au rapport de quelques auteurs, ce n'étoit qu'une vaste caverne tortueuse, ayant beaucoup de détours, & dont la sortie étoit par conséquent très-difficile. Ce *labyrinthe* étoit situé près de la ville de Gnose. Cependant Tournefort & Pococke n'ont rien trouvé de semblable dans les environs; mais près de Gortynia ils ont découvert une grotte spacieuse, qu'ils ont prise pour le *labyrinthe* : cette opinion est dénuée de fondement. Quoi qu'il en soit, le *labyrinthe* est retracé sur les médailles de Gnose. Malheureusement, les représentations des édifices sur les médailles, n'en reproduisent qu'une idée si générale & si superficielle, qu'il y a peu de chose à en conclure. Toutefois, cette légère esquisse indique des détours carrés, & il en résulte qu'en comparant cette indication avec les descriptions du *labyrinthe* d'Egypte, le type d'un tel monument est facile à retrouver, en combinant sur une surface donnée, des conduits parallèles, entre-coupés par des chambres & par des issues toutes semblables, & toutes dégageant l'une dans l'autre dans des sens divers.

Pline fait mention d'un troisième *labyrinthe* qui étoit dans l'île de Lemnos, & d'un quatrième en Italie. Tous, dit-il, étoient voûtés en pierres polies,.... Celui de Lemnos (ajoute-t-il) n'avoit rien qui le distinguât des précédens, si ce n'est la beauté & la singularité de cent cinquante colonnes qui avoient été travaillées au tour, par le moyen de pivots si bien disposés, que l'action d'un enfant suffisoit pour faire tourner les colonnes. Les architectes de cet édifice furent Smillis, Rhœcus & Théodore, ce dernier natif de l'île même de Lemnos. Il est à remarquer, continue-t-il, qu'il en subsiste encore quelques vestiges, tandis qu'il ne reste plus rien de ceux de Crète & d'Italie.

A l'égard de ce dernier, nous nous dispenserons d'autant plus volontiers d'en rapporter la description, que Pline lui-même, après avoir dit qu'il avoit été bâti par Porsenna, roi d'Etrurie, pour lui servir de tombeau, n'a pas voulu prendre sur lui de le décrire. Ce qu'on en racontoit lui parut si démesurément fabuleux, qu'il s'est contenté de rapporter les paroles de Varron. Ce récit étoit extrait de ce que notre auteur a appelé les *Fables étrusques*.

Il paroit, comme on le voit, qu'il y a beaucoup à rabattre sur le nombre de ces monumens, qui n'existèrent pour la plupart que dans l'imagination des peuples, ou dans des cavernes, des souterrains ou des excavations auxquelles on s'étoit plu, comme encore de nos jours, à donner le nom de *labyrinthe*. Ainsi, suivant Strabon, on voyoit près de Nauplia en Argolide, des cavernes dans lesquelles il y avoit un *labyrinthe* appelé *cyclopéa*.

L'exploitation des carrières, en produisant sous terre une multitude de chemins, d'issues & de cavités qui semblent former des salles, a pu donner lieu, très-anciennement, à des dénominations qui rappelèrent le nom de *labyrinthe*, & en firent aussi supposer l'emploi. C'est ainsi qu'encore aujourd'hui, près de la ville d'Agrigente en Sicile, on appelle *labyrinthe de dédale*, des conduits souterrains qui formèrent jadis une communication secrète, aboutissant à la citadelle de la ville, & qui dut être utile en temps de guerre.

On appelle *labyrinthe*, dans l'ornement, des petits carreaux alternatifs, formés de lignes croisées & embarrassées, qu'on trouve fréquemment sur les vases grecs peints, & aussi sur les bords de draperies des figures qui y sont tracées. Ces lignes ainsi entrelacées, ressemblent aux carrés des médailles de Gnosse en Crète. Il ne faut pas confondre ces entrelas avec ceux qu'on appelle *méandres*.

On donne aussi le nom de *labyrinthe* à des compartiments de pavements formés par de plates-bandes en marbre, & de couleurs différentes, qui, par leur circonvolutions, imitent le plan d'un *labyrinthe*. On en voit dans les pavés de plusieurs anciennes églises.

On n'emploie plus guère aujourd'hui le nom de *labyrinthe* que pour exprimer, dans l'ordre moral, qu'un sujet est impossible à expliquer, qu'une affaire est très-compliquée, qu'un plan est difficile à suivre. On dit alors, par métaphore, c'est un *labyrinthe*.

En fait d'art, on dit encore :

LABYRINTHE DE CARRIÈRE. C'est la confusion qui s'établit entre les conduits nombreux d'une carrière qui a été beaucoup exploitée. Il y en a ainsi dans le voisinage des grandes villes.

LABYRINTHE DE JARDIN. On donne ce nom à une disposition d'allées, de plantations ou de massifs qu'on pratique dans de grands parcs, avec des percés & des issues tellement semblables, que lorsqu'on y est engagé, il est possible d'y faire beaucoup de chemin avant d'en trouver la sortie. On a cité comme modèle de cette sorte de badinage, le *labyrinthe* pratiqué par Le Nôtre dans les jardins de Versailles, lequel est orné de fontaines, dont chacune représente une des fables d'Ésope.

LABYRINTHE DE PAVÉ. Espèce de compartiment de pavé, formé de plates-bandes qui se croisent ou se coupent en sens divers, & offrent, selon le caprice qui a présidé à ce dessin, une multitude de tours, de retours & de détours.

LACER, architecte qui vécut au temps de Trajan.

Une belle inscription gravée sur un petit édifice faisant partie du célèbre pont antique d'Alcantara, qu'on croit être la *Norba Cæsarea* de Ptolémée, en Espagne, nous a conservé le nom de *Lacer*, comme architecte de tout cet ouvrage, dédié à l'empereur Trajan.

Nous avons rapporté le texte de cette inscription à l'article ALCANTARA. (*Voyez* ce mot.) Les deux vers :

*Pontem perpetui mansurum in sæcula mundi
Fecit diviná nobilis arte Lacer*,

indiquent bien *Lacer* comme architecte de ce monument. Mais comme d'autres vers donnent à entendre qu'il auroit aussi été celui qui en auroit fait la dédicace, on a voulu douter que les mots *fecit diviná arte* signifiassent l'action précise qui appartient à l'architecte, parce qu'il arrive que le mot *faire* se dit souvent de celui qui fait exécuter, comme de celui qui exécute. A cela on répond que, si l'honneur de dé.... un monument étoit réservé à des personnages.... un rang élevé, l'histoire des arts prouve aussi que l'art de l'architecture & sa profession ont souvent été exercés par des hommes tenant un rang distingué dans le monde, & que *Lacer* peut avoir été un de ces hommes qui, à d'importantes fonctions publiques, auront su réunir le goût, le talent & l'exercice de l'architecture.

LÂCHE, adj. On dit un dessin *lâche*, pour dire un dessin dont les formes n'offrent aucune idée de vigueur, dont le trait est foible, dont l'effet est mou.

LÂCHÉ, adj. m. Ce mot s'emploie pour exprimer, dans tout ouvrage d'art, une certaine négligence qui quelquefois, comme dans une esquisse ou une ébauche, est volontaire, & quelquefois provient d'ignorance ou de paresse.

LACONICON. Nom qu'on donnoit à une des salles des bains chez les Anciens. (*Voyez* BAINS.)

LACRYMATOIRE. Nom qu'on a donné très-improprement à des vases de terre, ou à de petites bouteilles de verre à long col, que l'on trouve dans les tombeaux des Anciens. On ne sait quel préjugé fit croire aux premiers antiquaires, que ces petits vases, de verre surtout, étoient destinés à recueillir les larmes des parens ou amis du mort & des pleureuses à gages. De-là le nom de *lacrymatoire*.

On est convaincu aujourd'hui que ces petits vases furent tout simplement destinés à renfermer des liqueurs odorantes & précieuses qu'on versoit sur les bûchers. Ces vases, après avoir été ainsi employés, se déposoient dans les tombeaux avec les morts, & cet usage est un de ceux qui peuvent expliquer l'usage si général de renfermer des vases de toute espèce dans les tombeaux.

Nous n'avons parlé ici des vases appelés *lacrymatoires*, que parce qu'ils sont très-souvent partie des ornemens ou emblêmes qu'on applique aux cippes funéraires. Ils en décorent ordinairement les faces latérales; & quoiqu'il soit constant qu'ils ne servirent point à renfermer des larmes, l'usage antique de les enfermer dans les tombeaux, justifie suffisamment l'emploi allégorique, que l'architecture ou la sculpture en font encore aujourd'hui dans les monumens funéraires.

LACUNAR, LAQUEAR. Ces deux mots, quoiqu'écrits différemment, peuvent avoir eu en latin une étymologie commune. C'est le mot *lacus*, Lac, lequel dans la nature signifie un creux, une profondeur qui renferme de l'eau. *Lacus* a par suite exprimé beaucoup d'autres objets creux. De-là, le mot *lacunar* en architecture.

On a long-temps traduit en français ce mot par le mot *lambris*, qui n'a point & ne sauroit avoir la même signification, & qui ne représente point la même idée.

Qu'étoit-ce que *lacunar* dans l'architecture antique? C'étoit ce vide ou cet espace creux que laissoient dans un plafond les solives entr'elles en se croisant. Qu'on ait, par la suite, pu donner au tout le nom de la partie, & que *lacunar* ait pu signifier le plafond, c'est ce que quelques antiquaires prétendent, & ce qu'il nous importe assez peu d'examiner.

Les creux produits dans les plafonds de charpente, par le croisement des solives, sont donc ce que nous appelons *caissons*. (*Voyez* ce mot.) Et de fait, ces creux offrent assez l'idée d'une caisse, vue sans son couvercle. Nous avons déjà fait voir, & nous ne répétons pas ici, que les caissons, dans l'architecture, furent un de ces ornemens qui, entre beaucoup d'autres, furent empruntés au système de la construction en bois.

Le *lacunar*, ou caisson, reçut, dans quelque genre de construction que ce fût, des ornemens de tout genre, dont on a parlé au mot CAISSON. Nous ne citerons dans cet article que l'usage qui fut fréquent chez les Anciens, d'appliquer la dorure à cette partie des plafonds, qui le plus souvent étoient en bois, dans les temples surtout.

Lucius Mummius paroît avoir introduit le premier l'usage de dorer les *lacunaria*, lorsqu'après la prise de Corinthe, il fit dorer le plafond du temple de Jupiter Capitolin. Cette magnificence fut bientôt imitée par des particuliers dans leurs maisons. C'est ainsi que pour vanter la simplicité de sa maison, Horace dit qu'on ne voit chez lui briller, ni l'ivoire, ni l'or dans les *lacunar* de son habitation. *Non ebur neque aureum meâ renidet in domo lacunar*.

Nous avons dit, au commencement de cet article, que le mot *laquear* pouvoit avoir eu une étymologie commune avec le mot *lacunar*. Il est possible toutefois que provenant du mot *laqueus*, ce terme, qui a exprimé la même chose, si l'on explique *laqueus* par *filet réseau*, ait été appliqué aux caissons des plafonds ou des voûtes, parce qu'effectivement ils y produisent à l'œil l'effet d'un réseau. (*Voyez* LAQUEAR.)

Dans tous les cas, nous répétons que ces deux mots ont été mal traduits par le mot *lambris*, qu'ont employé tous les interprètes, lorsqu'ils ont eu à expliquer *laquearia ex auro*. Des *lambris dorés* peuvent être appliqués aux murs, aux appuis des revêtemens dont on orne l'intérieur des appartemens, & cette locution poétique peut très-bien convenir aux usages modernes. Mais lorsqu'on trouve les mots *lacunaria aurata*, *laquearia ex auro*, dans les auteurs anciens, il nous paroît qu'il faut traduire : *plafonds dorés*, *voûtes ornées d'or*. — Voilà pour le traducteur qui ne doit pas employer les mots techniques. Quant à l'architecte, il traduira toujours par *caissons*, ornés de rosaces dorées.

LAIT, s. m. Des expériences faites depuis quelques années, ont prouvé que le *lait*, mêlé avec de la chaux & du blanc d'Espagne, pouvoit être employé en place de la colle, pour recevoir les substances colorantes destinées à peindre les murs des maisons, les lambris des appartemens, &c. On savoit déjà que les Indiens se servent du *lait* pour délayer les couleurs dont ils enduisent les parois de leurs cabanes. Peut-être cette notion a-t-elle donné lieu aux expériences nouvelles dont on vient de parler.

Voici comment s'opère le mélange, que le peintre en bâtiment peut employer, au lieu de l'encollage habituel.

On met la chaux dans un vase de grès; on verse dessus une portion de lait suffisante pour en faire une bouillie claire. On ajoute peu à peu de l'huile d'œillet, ou de lin, ou de noix, indifféremment, ayant soin de remuer le tout avec une spatule de bois : on verse le surplus du *lait* ; enfin, on y délaie du blanc d'Espagne. Toutes ces substances doivent s'y trouver mêlées selon la proportion de l'espace à peindre. Ce mélange le colore ensuite, soit avec du charbon broyé à l'eau, soit avec des ocres jaunes, de la manière dont on le fait à la détrempe. L'usage seul prouvera si la colle de *lait*, destinée à donner du corps à la couleur, l'emporte sur la colle animale; & l'économie, s'il y en a dans le procédé nouveau, parviendra à le rendre usuel.

LAIT DE CHAUX. (*Construction.*) On appelle ainsi de la chaux délayée avec de l'eau, dont on se sert pour blanchir les murs, les plafonds, &c. La chaux, ainsi délayée, ressemble à du *lait*. C'est ce qui a fait appeler ainsi cet enduit, qu'on appelle aussi *laitance*.

LAITERIE, s. f. C'est, dans une ferme ou une maison

maison de campagne, un petit local à rez-de-chaussée, un petit bâtiment où on conserve le lait, où on bat le beurre, où l'on fait les fromages. Ce local doit être frais, & être exposé ou construit de manière à ne point recevoir le soleil.

Dans les maisons de campagne des gens riches, qui se plaisent aux occupations rustiques, on fait de la *laiterie* une pièce d'agrément ; on en revêt les murs avec goût, on y pratique des pavemens de marbre, on y distribue des sièges, des tables où l'on sert des collations ; on y ménage quelques fontaines & des bouillons d'eau, qui, dans les chaleurs, ajoutent à la fraîcheur du lieu.

Une *laiterie* ainsi construite peut devenir un ouvrage d'architecture, & le goût qui y préside fait tirer parti des objets les plus ordinaires pour en faire un ornement agréable. Ainsi on y place, autour des murs, de quoi recevoir, dans un bel ordre, des vases de verre ou de porcelaine remplis de lait.

L'ouvrage en ce genre le plus remarquable qu'on puisse citer, est la *laiterie* du château royal de Rambouillet, construite par Louis XVI, qui se plaisoit à ces détails champêtres. L'édifice est bâti de pierres de grès, en forme de rotonde. Une source d'eau vive y est reçue dans un bassin, & ce bassin étoit orné de la figure d'une bergère en marbre, accompagnée d'une chèvre qu'elle conduit boire à la fontaine. La bergère étoit censée aussi vouloir s'y baigner, ce qu'indiquoit l'action de son pied qui s'approchoit de l'eau. Cette figure, qui se voit aujourd'hui dans la galerie du Luxembourg, est le meilleur ouvrage de Julien, qui fit encore autour des murs de la *laiterie* de Rambouillet, des bas-reliefs en marbre, représentant tout ce qui a rapport aux travaux & aux soins d'une *laiterie*.

LAMBARDO (Carlo), architecte, né en 1559, mort en 1620, d'une famille noble d'Arezzo, fut employé dans l'architecture civile & militaire.

Il restaura à Rome, pour la famille Vitelli, ce joli petit palais, aujourd'hui appartenant à la maison Pamphili, & qui est situé au-dessus de Monte magnanapoli, en face de l'église de Saint-Dominique & Sixte.

Il fit, au Campo Vaccino, la façade de Santa-Francesca romana, avec un portique, en dedans d'ordre composite, & en dehors d'ordre dorique, interrompu par des pilastres corinthiens élevés sur des piédestaux très-hauts, composition qui manque d'unité, sans être tout-à-fait condamnable.

Lambardo donna les dessins d'une villa, hors de la porte del Popolo, à Rome, pour le cardinal Giustiniani, & dont il ne reste plus que la grande porte ornée de colonnes ioniques.

On a de lui un petit ouvrage, imprimé en *Diction. d'Archit. Tome II.*

1601, sur les causes des inondations du Tibre, & sur les moyens d'en prévenir les dangers.

(*Article traduit de Milizia.*)

LAMBOURDE, s. f. Pièce de bois de sciage, comme un chevron, ou même comme une solive, qu'on couche & qu'on scelle diagonalement à augets avec plâtre & plâtras, sur un plancher, pour y attacher du parquet, ou carrément pour y clouer des ais. On met entre les *lambourdes*, soit du poussier de charbon de terre, soit même des cailloux, si l'on établit le parquet à rez-de-chaussée, pour empêcher l'action de l'humidité sur le bois.

LAMBOURDE. (*Voyez* PIERRE DE LAMBOURDE.)

LAMBOURDES, s. f. pl. Pièces de bois qui sont à côté des poutres, & où il y a des entailles pour y appuyer des solives.

On appelle encore *lambourdes*, des pièces de bois qu'on met le long d'un mur mitoyen, pour porter les solives, & qui sont soutenues par des corbeaux de fer.

LAMBRIS, s. m. Quelques étymologistes pensent que ce mot vient du mot latin *ambrices*, qu'on traduit par *lattes*.

Dans la maçonnerie, on appelle effectivement *lambris*, un enduit de plâtre sur des lattes jointives, clouées sur les bois des cloisons ou les solives des plafonds.

Le mot *lambris* est devenu plus général, & il signifie, le plus souvent, un revêtement de quelque matière que ce soit, & de différentes hauteurs, selon l'emploi qu'on en veut faire.

On fait des *lambris* en marbre & par compartimens, de diverses formes & couleurs. Ces *lambris* sont ou arrasés, ou avec des saillies & des moulures.

Les *lambris* se font le plus souvent en menuiserie. Ils consistent en assemblages par panneaux, montans, ou pilastres de différens bois, dont on couvre en tout ou en partie les murs des appartemens.

On fait trois classes de *lambris*.

Les *lambris d'appui*. Ce sont ceux qui n'ont que deux à trois pieds de hauteur, dans le pourtour d'une pièce & dans les embrâsures des croisées.

Les *lambris de demi-revêtement* sont ceux qui ne passent pas la hauteur d'un attique de cheminée (comme cela se pratiquoit autrefois). L'espace supérieur se mettoit en tapisserie.

Les *lambris de revêtement*. On appelle ainsi ceux qui s'élèvent dans toute la hauteur d'une pièce, & en garnissent tous les murs.

LAMBRIS DE PLAFOND. Comme on applique aussi la menuiserie au revêtement des plafonds, on

Hhhh

y pratiquant des renfoncemens, qu'on appelle *caiffons*, on a cru pendant long-temps que le mot *lambris* étoit fynonyme de plafonds. De-là est venu l'ufage de traduire les mots *lucunaria* ou *laquearia*, qui fignifient des caiffons, par le mot *lambris*. (*Voyez* LACUNAR.)

LAMBRIS FEINT. C'eft l'imitation d'un vrai *lambris* par la peinture, qui en imite les couleurs, les compartimens & les faillies.

LAMBRISSER, v. act. C'eft couvrir d'un revêtement appelé *lambris*, foit en partie, foit en totalité, les murs d'un appartement. C'eft auffi mettre un enduit de plâtre fur un lattis. (*Voyez* LAMBRIS.)

LAME, f. f., fe dit en général de pièces de métaux paffées au laminoir, c'eft-à-dire, entre deux cylindres qui fervent à comprimer le métal & à lui donner, felon le degré de rapprochement des cylindres, le degré d'épaiffeur qu'on veut.

Le procédé du laminage ne paroît pas avoir été inconnu aux Anciens. Le comte de Caylus (tome III de fon *Recueil d'Antiquités*) parle d'une *lame* de plomb qui avoit été détachée de la voûte du Panthéon de Rome. Ce fragment avoit été laminé, & il fervit à prouver que le plomb, ainfi préparé, réfifte à l'injure des fiècles, quoiqu'avec une très-légère épaiffeur; celle du fragment du comte de Caylus n'avoit qu'une demi-ligne.

On place des *lames* de plomb fort minces entre les tambours des colonnes, fous les bafes ou les chapiteaux de pierre & de marbre, pour les empêcher de s'éclater ou de s'écorner, lorfqu'on les pofe à fec ou fans mortier.

LAME D'EAU. C'eft un jet d'eau d'un feul ajutage, fort menu & très-élevé.

LAMPADAIRE, f. m. On donne ce nom, dans l'hiftoire des ufages antiques furtout, foit à une réunion de mèches de lampes, dont on ufoit pour multiplier les lumières, foit à un fupport quelconque, ou à tout autre inftrument propre à fufpendre des lampes.

Ainfi, fous un certain rapport, le *Lampadaire* fe rapprochoit du candélabre, où l'on plaçoit à volonté plufieurs lampes. Nous avons, au mot CANDELABRE (*voyez* cet article), fait mention de toutes les fortes de fupport dont les Anciens uferent pour cet objet, & qui furent la plupart trouvés dans les ruines de Pompeii. Mais, parmi ces fupports de lampes, il en eft un qu'on doit appeler *lampadaire*, c'eft celui qui eft fait en forme d'arbre, & aux branches duquel s'attachoient des lampes mobiles. Cette idée fut répétée dans l'antiquité, & Pline nous apprend qu'Alexandre avoit enlevé du temple d'Apollon Palatin, à Thèbes, un *lampadaire* femblable, fait à l'imitation d'un arbre. Il s'en fit auffi en marbre de cette manière. On en voit un gravé, tome V du *Mufeo Pio Clementino*.

Le *lampadaire* fut l'origine de ce que nous appelons *luftre*, ce que les Anciens défignoient par les mots *lychnuchi penfiles*.

On peut donc regarder comme *lampadaires*, & tous les candélabres à plufieurs branches, tel que le célèbre chandelier à fept branches du temple de Jérufalem, dont on voit encore le deffin fur un des bas-reliefs de l'arc de Titus à Rome, & ces chandeliers modernes que nous appelons *girandoles*, & ces réunions de lampes fufpendues, que l'on fait brûler devant quelques chapelles de nos églifes.

Le *Lampadaire* appartient de trop près à l'ornement & à la décoration, pour que nous ayons dû omettre ici la mention de ce mot. Il n'en eft pas ainfi du mot *lampe*, qui ne tient qu'à des ufages domeftiques, & dont toutes fortes de pratiques modernes ont fingulièrement modifié l'emploi, tant dans les formes que dans la manière d'en ufer.

LAMPION, f. m. C'eft un petit vafe de ferblanc, ou de terre cuite, ou de toute autre matière, propre à contenir de l'huile ou du fuif, avec une mèche qui produit, lorfqu'on l'allume, une lumière plus ou moins vive & plus ou moins forte, felon fa groffeur. Les *lampions* font le plus fouvent deftinés aux illuminations, dans les fêtes & les réjouiffances publiques. C'eft par le moyen des *lampions*, multipliés & diftribués dans des compartimens, & felon des deffins de tout genre, qu'on produit ces effets ingénieux & piquans qui font le mérite & le charme des illuminations. Les *lampions* fe placent tantôt en terrines, fur les entablemens ou les parties faillantes des bâtimens, où ils forment des cordons qui en deffinent les grandes lignes & les maffes, tantôt on les attache fous la forme de petits moules de fer-blanc, à des clous qui font difpofés fur des voliges ou des bâtis de bois, de manière à produire toutes les fortes de configurations. On en place auffi fur des tringles de bois qu'on attache dans la hauteur des colonnes, & par ce moyen toutes les parties de l'architecture fe trouvent répétées & retracées par les feux des *lampions*. On enferme encore des *lampions* dans des verres, pour fouftraire leur lumière à l'action du vent; & fi ces verres font de différentes couleurs, l'illumination préfente des feux diverfement colorés.

LANCIS, f. m. pl. (*Conftruction.*) Ce font, dans le jambage d'une porte ou d'une croifée, les deux pierres plus longues que le pied-droit, qui eft d'une pièce. Les *lancis* fe font pour ménager la pierre, qui ne peut pas toujours faire parpain dans un mur épais.

On nomme *lancis du tableau*, celui qui eft au

parement, & *luncis de l'écoinçon*, celui qui est au dedans d'un mur.

LANCOIR, s. m. (*Terme d'architecture hydraulique.*) C'est la pale qui arrête l'eau d'un moulin. On la lève quand on veut le faire moudre, ou faire écouler l'eau du canal.

LANGUETTE, s. f. (*Construction.*) Séparation de deux ou plusieurs tuyaux dans une fourche de cheminée. Les matières dont on fait les *languettes* sont, ou le plâtre pur, pigeonné & non plaqué, de trois pouces d'épaisseur, ou la pierre & la brique. Généralement on donne aux *languettes* quatre pouces d'épaisseur.

LANGUETTE DE CHAUSSE D'AISANCE. On la fait de dalles de pierre dure pour séparer une chausse d'aisance, à chaque étage, jusqu'à hauteur de devanture, ou au plus bas.

LANGUETTE DE MENUISERIE. Espèce de tenon continu sur la rive d'un ais, réduit environ au tiers de l'épaisseur, pour entrer dans une rainure.

LANGUETTE DE PUITS. Dalle de pierre qui, sous un mur mitoyen, partage également un puits entre deux propriétaires voisins. Cette dalle doit descendre plus bas que le niveau du sol.

LANTERNE, s. f. On appelle de ce nom, dans la bâtisse & l'architecture, de petites constructions dont la forme & l'usage sont assez d'accord avec le petit ustensile dont on use pour s'éclairer, & qui ordinairement est formé d'une matière transparente, propre à laisser passer au dehors la lumière du corps allumé qu'il contient.

Les *lanternes*, dans la bâtisse, participent assez des formes de cet ustensile & de son emploi : elles servent particulièrement à introduire d'en haut la lumière du jour dans des cages d'escalier, dans des galeries ou des cabinets qui ont besoin de recevoir le jour verticalement.

Dans les maisons & dans les bâtimens ordinaires, la *lanterne* est une sorte de cage circulaire ou carrée, faite en charpente garnie de fenêtres & de vitraux. Quelquefois son sommet, c'est-à-dire, sa couverture, est aussi vitrée, afin de donner passage à une plus grande quantité de lumière. Le plus souvent la *lanterne* a son petit toit couvert d'ardoises ou de tuiles.

Dans l'architecture, on a donné aussi le nom de *lanterne* à ces petits édifices pyramidaux qui, dans les usages modernes, couronnent les coupoles des églises.

On a souvent demandé si l'usage de ces sortes d'édifices fut connu dans l'antiquité, & les partisans des pratiques anciennes ont été sur ce point d'avis différent, selon qu'ils ont pensé qu'il y avoit eu ou non des exemples de *lanternes* dans l'antique architecture.

Quelques uns avoient pensé que le *tholus* dont parle Vitruve, n'étoit autre chose que ce que nous appelons une *lanterne* ; mais selon d'autres, au nombre desquels est Winckelmann, le *tholus* des Anciens est la coupole elle-même (*voyez* THOLUS). Il paroît sans aucun doute que jamais les Anciens ne couronnèrent aucune de leurs coupoles par une *lanterne*. D'abord les coupoles antiques posant de fond, ne s'élevant point en l'air, comme les coupoles modernes, sur des voûtes de nefs déjà très-exhaussées, & n'ayant point à pyramider au milieu des édifices d'une ville, le besoin de cette sorte d'amortissement ne dut pas se faire sentir aux architectes. Ensuite, dans celles de leurs coupoles qui recevoient la lumière par une ouverture d'en haut, il ne paroît pas que leurs usages & leur climat aient exigé d'eux que ces ouvertures reçussent une clôture qui garantît l'intérieur des intempéries des saisons. On peut donc affirmer qu'ils n'admirent rien de semblable à nos *lanternes* au-dessus de leurs coupoles.

Mais les Anciens, qui furent, comme l'on sait, très-habiles dans l'art de la charpente, qui couvrirent en plafonds le plus grand nombre de leurs temples, & qui sans doute (comme on l'a montré à l'article FENÊTRE) eurent besoin d'en éclairer quelquefois les intérieurs par des ouvertures d'en haut, ont-ils pu placer sur ces ouvertures quelques constructions qui aient eu quelqu'analogie avec nos *lanternes* ?

Nous ne nous prévaudrons pas, pour répondre à cette question, de la manière dont presque tous les interprètes ont traduit le passage dans lequel Plutarque, parlant des divers architectes qui eurent part, l'un après l'autre, à la construction du temple de Cérès à Eleusis, dit que Xénoclès, τὸ ὀπαῖον ἐπὶ τοῦ ἀνακτόρου ἐκορύφωσε, *foramen supra aditum fastigiavit*. Tous les traducteurs ont traduit par *coupole* ou par *lanterne*. Winckelmann a dit lui-même : *con una cupola e con una specie di lanterna*. Nous ne nous sommes servis de ce passage, à l'article FENÊTRE, que comme d'une autorité incontestable, qui prouvoit qu'il y eut en Grèce de très-grands temples, ayant une fenêtre pratiquée dans leur comble.

Toutefois la mention toute particulière que Plutarque fait de Xénoclès, qu'il met au nombre des architectes du temple d'Eleusis, uniquement pour avoir pratiqué cet *opaion* ou *jour de comble*, peut faire présumer que cette partie de l'édifice avoit quelque chose de remarquable dans sa forme, peut-être dans son élévation, & dans la manière d'introduire la lumière.

Si la célébration des mystères dans l'intérieur des temples, comme beaucoup d'autorités en font foi, consistoit particulièrement en représentations dramatiques, en spectacles pantomimes & à machines, en mouvements de décoration, si l'effet de la lumière on de l'obscurité entroit pour beaucoup dans ces jeux de théâtre, on doit conjecturer que Xénoclès avoit pratiqué cet *opaion* avec un art particulier, & que c'étoit quelque chose de plus qu'une simple ouverture. J'ajouterai que le verbe μυρπων, dont se sert Plutarque, pourroit aussi très-bien indiquer quelque construction s'élevant au-dessus du comble, dans le goût de ce que nous appelons *lanterne*.

Quoique le système d'unité & d'uniformité des combles antiques puisse passer pour constant, d'après les autorités qu'on est fort loin de vouloir ici récuser, on ne peut toutefois se dissimuler, que les usages les plus généraux & les mieux établis ont eu jadis leurs exceptions, & que nous sommes extrêmement éloignés de connoître toutes les variétés qui existèrent dans les dispositions de l'intérieur des temples grecs, & surtout de leurs couvertures, dont toutes les traces ont entièrement disparu.

Maintenant, en admettant que jamais les Anciens n'aient couronné leurs édifices, & surtout leurs coupoles, par ces constructions auxquelles nous donnons le nom de *lanternes*, faut-il conclure de-là que les Modernes aient eu tort d'en placer au sommet de leurs coupoles, & d'en faire le couronnement habituel de ces monumens ?

Nous croyons avoir, sinon fait, du moins préparé la réponse à cette question.

Il est constant qu'une *lanterne* telle que nous l'entendons, abstraction faite de son usage, & considérée seulement sous le rapport de l'art & de l'architecture, est un petit édifice circulaire, placé au sommet d'un grand édifice circulaire. Dans le cas où l'édifice inférieur exigeroit un couronnement, ce qui détermineroit sa masse, sa proportion, sa décoration, on avoue qu'il y a plus d'une manière d'en terminer la partie supérieure & de lui donner l'amortissement nécessaire, sans que ce soit une bâtisse avec ordonnance de colonnes & tous les détails qui sembleroient en faire un édifice ; & à cet égard plus d'une pratique dans l'antiquité nous indique ce que ce genre de couronnement comporte, soit pour le goût, soit pour l'invention, s'il s'agit surtout d'une coupole posant de fond.

Mais s'il s'agit de ces coupoles que, dans les usages modernes, on appelle plus volontiers *dômes*, c'est-à-dire, de ces constructions dont les masses, très-élevées, s'élèvent sur les masses d'édifices déjà très-élevés, à l'effet de produire l'effet pyramidal dont on a parlé plus haut, il est permis de penser, d'abord, que ces masses pyramidales exigent un amortissement, un couronnement qui les termine, & ensuite que cet amortissement ne peut guère être autre chose, dans de si vastes dimensions, qu'une construction dont l'ordonnance sera d'accord avec l'ordonnance des constructions qu'elle est destinée à couronner.

Que les dômes dont nous parlons, exigent un amortissement que n'exigent pas les coupoles qui portent de fond, c'est ce qu'a démontré, à Paris, la suppression qui eut lieu pendant quelques années, de la *lanterne* qui couronnoit le dôme de l'église de Sainte-Geneviève. (On sait que cette suppression n'eut lieu que parce qu'on vouloit remplacer la *lanterne* par un amortissement d'un autre genre.) Le projet d'amortissement qu'on avoit projeté, n'ayant point été réalisé, & l'édifice ayant été rendu à sa destination religieuse, une nouvelle *lanterne* en pierre a été construite pour couronner ce grand monument.

Cette nouvelle *lanterne* est bâtie en pierre, comme l'étoit la première, & c'est la seule, à Paris, qui soit, ainsi que la coupole qui la porte, toute en pierre de taille. Les autres coupoles étant en charpente, ce fut une nécessité de leur donner pour amortissement des *lanternes* construites en bois.

En Italie, le plus grand nombre des dômes à coupole simple sont construits en maçonnerie, & dès-lors leur construction a permis d'y établir des *lanternes* du même genre, ou faites en pierre.

Charles Fontana, qui avoit fait une étude particulière des dômes, a donné dans son ouvrage ayant pour titre : *Descrizione del tempio Vaticano*, une règle pour déterminer les dimensions des dômes à coupole simple, d'où il résulte que le diamètre de la *lanterne* doit être la sixième partie de celui de la coupole, & en avoir pour hauteur la moitié.

Il a été dit à l'article COUPOLE (*voyez* ce mot), où l'on a donné la description des principaux monumens de ce genre, que le poids des *lanternes* qui les terminent, ne devoit pas être plus considérable que celui de la calotte d'une voûte sphérique, dont le rayon seroit celui de courbure ou cintre de la coupole. Les démonstrations géométriques résultantes de cette règle, prouvent la justesse de la méthode de Fontana.

LANUSURE, s. f. C'est une pièce de plomb qui est au droit des arestiers, & sous les épis ou amortissemens.

LAODICÉE. Ville de Phrygie, dans l'Asie mineure, où il s'est conservé quelques restes d'antiquité dont Spon & Wheler avoient déjà rendu compte, & que Chandler a dessinés & décrits.

La première ruine est celle d'un amphithéâtre, situé dans un creux, de forme oblongue, & dont l'arène avoit environ cent pieds d'étendue. Sur une des arcades de l'amphithéâtre, est une inscription grecque en l'honneur de l'empereur Titus, fils de Vespasien. On lit encore parmi ces ruines d'autres inscriptions rapportées par Chandler.

Au nord de l'amphithéâtre, vers son extrémité orientale, subsistent les restes d'un monument très-considérable, qui consistent en un grand nombre de piliers & d'arcades de pierres, avec des piédestaux & des fragmens de marbre.

De cette ruine on voit l'*Odeum* qui fait face au fud, & dont les fiéges fubfiftent encore fur la pente de la montagne. Les matériaux de la façade font pêle-mêle, & entaffés les uns fur les autres : tout étoit de marbre, & on y avoit prodigué la fculpture; mais le ftyle fe reffentoit moins du goût des Grecs, que de la magnificence des Romains.

Au-delà de l'*Odeum* font quelques arcades de marbre encore debout, & des portions d'une muraille maffive que l'on préfume être les débris d'un gymnafe. Cet ouvrage, ainfi qu'un autre qui eft à quelque diftance, paroît avoir été refait après un tremblement de terre.

A l'oueft de cet édifice, font encore trois arches de marbre qui traverfent une vallée, aujourd'hui à fec, & ferviroient fans doute de pont. Il fubfifte quelques veftiges des murs de la ville, dans lefquels on trouve des colonnes brifées & des morceaux de marbre qui y auront été inférés lors des dernières réparations qu'on leur a faites. Le terrain que renferment ces murs, eft tout couvert de piédeftaux & de fragmens.

LAPIS LAZULI, qu'on appelle aufli *lazulite*, eft une pierre affez précieufe, qu'on emploie dans les revêtemens, & qui, ne fe trouvant point en grands morceaux, n'eft ordinairement appliquée qu'à l'ornement de meubles peu confidérables, en petites colonnes, à des tabernacles d'églife, à des tables en compartimens ou en mofaïque, du genre de celle qu'on fait à Florence.

Le *lapis lazuli* fert encore à faire le beau bleu que les peintres recherchent & emploient dans leurs tableaux, fous le nom d'*outre-mer*, parce qu'il a été apporté de l'Afie. C'eft ce que les Italiens appellent *azurro d'oltra-mare*.

La pierre lazulite eft opaque; fa texture eft compacte, & fa caffure grenue a affez de dureté pour rayer le verre. On la trouve en maffes peu volumineufes, qui font partie de différentes roches primitives, notamment de granit. La plus belle & la plus riche en couleurs vient de la Chine & de la Perfe. On en rencontre aufli en Sibérie, fur les bords du lac Baycal.

Les analyfes les plus récentes ont fait reconnoître comme principes conftituans de cette pierre, la filice, l'alumine, le foufre, & une proportion de foude d'environ vingt pour cent. L'efferverfcence qu'elle fait dans les acides, l'a fait regarder long-temps comme une zéolite.

Il y a beaucoup de variétés, & par conféquent beaucoup de choix dans les pierres de *lazulite*, depuis l'azur le plus foncé, jufqu'à la teinte grifebleuâtre la plus claire. On eftime davantage celles dont la couleur eft la plus foncée & la plus unie. Il y en a des échantillons qui préfentent une maffe blanchâtre, marquetée de petits points d'azur. Le *lazulite*, par la fineffe de fon grain, peut recevoir un poli brillant qui ajoute à l'éclat de fa couleur; fon bel azur femble traverfé de veines d'or ou paillettes : ce font des veines pyriteufes produites par le fulfure de fer; on en fait des bijoux & des objets de curiofité d'affez grand prix.

On voit dans les églifes d'Italie, à Rome furtout, un affez bel emploi du *lapis lazuli*, employé en incruftation à l'ornement des autels, des châffes, &c.

Mais, comme on l'a dit, l'ufage le plus précieux de cette pierre eft celui qu'on en fait, en la réduifant en poudre, pour en compofer ce bleu inaltérable dont les peintres fe fervent dans leurs tableaux, & qui fait aufli les plus beaux enduits dans la peinture décorative. On peut l'employer à l'eau ou à l'huile, cette couleur conferve toujours fon éclat & fa pureté. On la trouve aufli brillante que le premier jour, dans les plus anciennes peintures, tandis que la plupart des autres couleurs, ou en ont difparu, ou s'y font dénaturées.

LAPIS SPECULARIS (*Pierre fpéculaire*). Les Anciens firent un grand ufage de cette pierre, qu'ils employèrent dans les fenêtres, à l'ufage auquel nous employons aujourd'hui prefqu'exclufivement le verre.

On verra à l'article VERRE (*voyez* ce mot), jufqu'à quel degré cette matière fut connue, élaborée & employée par les Anciens, qui, à une certaine époque, s'en fervirent aufli pour faire des carreaux de vitre. Si quelque chofe explique pourquoi l'application fi naturelle du verre à cet emploi, chez des peuples qui pouffèrent très-loin l'induftrie & le luxe de la vitrification, paroit moins ancienne & moins générale chez eux, qu'on ne devroit le croire, c'eft fans doute l'abondance, le bon marché & la folidité des pierres fpéculaires, qui devoient, en produifant le même effet que le verre dans les clôtures des fenêtres, offrir aufli des avantages plus réels à beaucoup d'égards.

Il y avoit en effet des pierres fpéculaires dont la tranfparence égaloit celle du criftal & du verre le plus diaphane. Ainfi, quand Pline veut parler de la limpidité du vernis qu'Apelle mettoit fur fes tableaux, il ne prend pour point de comparaifon ni le verre, ni le criftal, mais il dit qu'à travers ce vernis, on voyoit la peinture comme au travers d'une pierre fpéculaire, *veluti per lapidem fpecularem*.

Pline nous apprend qu'on en tiroit de beaucoup de pays différens. L'Efpagne jadis en avoit approvifionné Rome. Depuis on en avoit fait venir de Chypre, de Cappadoce, de Sicile, & plus récemment encore d'Afrique. L'Efpagne fourniffoit les meilleures : la Cappadoce donnoit de plus grandes lames, mais leur qualité étoit plus molle, & elles étoient plus ternes, *molliffimis & ampliffimæ magnitudinis, fed obfcuris*. On en exploitoit aufli dans le territoire de Bologne, en Italie, d'une moindre étendue, fujettes à des taches, & quelquefois remplies d'une matière filiceufe.

Le même auteur décrit une efpèce que l'on trouvoit sous terre, renfermée entre des pierres (*saxo inclusus*), ce qui ressemble beaucoup à des feuilles de talc, qui sont entre les pierres à plâtre. Il y en avoit une autre espèce fossile, dont les plus grandes lames avoient cinq pieds de longueur. *Nunquàm adhuc quinque pedum longitudine amplior.*

La dimension des carreaux faits d'une semblable pierre spéculaire, explique donc pourquoi on l'auroit préférée dans bien des cas au verre, même quand on eut connu l'art d'en couler de grandes tables. Mais un des avantages de cette pierre sur le verre, c'est qu'elle étoit inaltérable : c'étoit, selon Pline, le privilége de l'espèce de spéculaire blanche, *sed candido mira natura* : quoique tendre, elle résistoit à toutes les injures des saisons, & elle ne vieillissoit point.

Rien, comme on le voit, ne pouvoit mieux s'appliquer dans les grandes salles & les intérieurs des grands édifices de l'antiquité, à la clôture des ouvertures destinées à y transmettre la lumière : aussi paroit-il, d'après plusieurs passages des anciens auteurs, que la manière d'employer ces espèces de vitraux étoit souvent de les sceller dans les murs. Les *clathra* ou treillages des fenêtres de l'amphithéâtre de Pola forment des sortes d'entrelas, dont les traverses, ou barreaux, comme l'on voudra dire, sont de pierre, & quelques voyageurs ont pensé que leurs intervalles furent remplis par des pierres spéculaires.

Juba, cité par Pline, écrivoit qu'on trouvoit en Arabie une pierre aussi transparente que le verre, & dont on faisoit ce que nous appelons *des vitres*. *In Arabiâ quoque esse lapidem vitri modo translucidum, quo utuntur pro specularibus.*

Au temps de Néron on avoit trouvé en Cappadoce une qualité de pierre qu'on appela *phengites*, à cause de son éclat & de sa transparence. *Lapis duritiâ marmoris candidus atque translucens,... ex argumento phengites appellatus.* La qualité diaphane de cette pierre devoit être extraordinaire, puisqu'elle n'avoit pas besoin d'être réduite en dalles, ou en plaques amincies, pour transmettre la lumière. Néron en avoit fait bâtir un temple à la Fortune, dans l'enceinte de sa maison d'or, & même les portes fermées, *foribus opertis*, il y régnoit de la clarté, *interdiù claritas ibi diurna erat*. Toutefois il n'y avoit point de spéculaires, *alio quam specularium modo*. La lumière sembloit y être renfermée, & ne point y arriver du dehors, *tanquàm inclusâ luce, non transmissâ*. Ainsi, sans l'entremise des pierres spéculaires (c'est-à-dire, de ce que nous appellerions des *vitraux*), le temple se trouvoit éclairé dans son intérieur, & les murs faisoient l'emploi de vitrage, par la transparence des pierres dont ils étoient bâtis. Le passage de Pline, outre la singularité de cette notion, a encore cela de remarquable, qu'il confirme l'emploi des pierres spéculaires pour éclairer les intérieurs.

On sait qu'un passage de Sénèque donne comme assez récente à Rome, & datant à peu près de son temps, la pratique des carreaux de verre appliqués aux fenêtres. *Quædam nostrâ demùm prodisse memoriâ scimus, ut specularorium usus perlucente testâ clarum transmittentium lumen*, quoique l'usage & la pratique de la verrerie fussent des plus anciens. Qu'est-ce qui auroit pu retarder si long-temps l'application du verre aux châssis des fenêtres ? Ce fut probablement l'abondance & le bon marché des pierres spéculaires. De même que dans nos pays & dans nos temps modernes, l'emploi presqu'universel du verre en carreaux de vitre a dû & doit s'attribuer, d'une part, au bon marché de la fabrication du verre, & de l'autre à la rareté, ou au manque presqu'absolu de ces pierres transparentes, qui étoient, chez les peuples anciens, aussi nombreuses que diverses, & qui donnoient un équivalent du verre.

Il paroit d'ailleurs que la pierre spéculaire avoit quelques avantages sur les carreaux de verre. Une de ses propriétés étoit d'intercepter les rayons du soleil & de préserver de la chaleur ; c'est du moins ce que remarquèrent les ambassadeurs d'Alexandrie, selon ce que rapporte le Juif Philon (*de legatione ad Caium*). Ce passage a été commenté par M. Carlo Fea, *Storia dell'arte*, tom. III, p. 208. Après avoir comparé les propriétés des spéculaires à celles du verre blanc, ὑαλῳ λευκῳ, ils ajoutent que ces pierres, en transmettant la lumière, ont l'avantage d'intercepter l'air extérieur & de *préserver des ardeurs du soleil*.

Les voyageurs modernes ont trouvé encore en Grèce plus d'un exemple de cette manière d'éclairer les intérieurs avec des pierres transparentes ; & tout porte à penser que cette pratique est une tradition de l'ancien usage, si les pierres spéculaires dont ils parlent, ne sont pas elles-mêmes des restes de l'antiquité.

Cornelio, Magni & Chandler décrivent avec des remarques semblables entr'elles, les fenêtres de l'église du couvent de Saint-Luc en Bœotie, la plus belle de la Grèce moderne. Ces fenêtres, au lieu de carreaux de verre, ont des carreaux de pierre transparente. *La chiesa*, dit Cornelio Magni, *è di bella architettura, incrostata di marmi fini, e in certe finestre spiccano pietre con vene trasparenti rossicie*. Selon Chandler, « les bas côtés ou
» galeries de cette église sont éclairés par des
» morceaux de marbre transparent, appelé jadis
» *phengites*. Ils sont placés dans le mur, par compartimens carrés, & répandent une lumière
» jaune; vus en dehors, ils ressemblent à la pierre
» commune, & sont grossièrement taillés. »

L'usage des pierres transparentes, appliqué aux fenêtres, se trouve encore dans des édifices du moyen âge. Au chevet de l'église de *Santo Miniato al monte*, à Florence, bâtie dans le onzième siècle, on voit cinq grandes fenêtres dont les châssis de fer ont des carreaux de ce marbre blanc

& transparent qu'on appelle *albâtre*, & dont on fabrique, dans le pays, ces vases qui, garnis intérieurement d'une mêche de lampe, répandent une assez grande clarté.

Ce seul exemple, qui est connu de presque tous ceux qui ont été en Italie, suffit pour confirmer & expliquer les pratiques des Anciens en ce genre, & montrer de quelle manière ils purent suppléer au verre, en admettant même que l'application de cette matière aux châssis des fenêtres leur eût été inconnue.

LAPO. Architecte mort en 1262. Il fut ainsi appelé par abréviation du nom *Jacopo*. On ignore son nom de famille; on sait seulement qu'il étoit Allemand d'origine, & qu'il a rendu son nom célèbre, surtout en le communiquant à son fils, le célèbre *Arnolpho*, appelé *di Lapo*, c'est-à-dire, fils de *Lapo*, & dont nous avons donné la vie. (*Voyez* ARNOLPHO.)

Lapo cependant s'acquit de son temps une grande réputation, par la construction de l'église & du couvent d'Assise. Il divisa son église en trois étages, l'un souterrain; on fait seulement qu'il étoit Allemand d'origine, & qu'il a rendu son nom l'un au-dessus de l'autre; celui du milieu étant à rez-de-chaussée, avec un grand portique à l'entour, servoit comme de place en avant de l'église d'en haut. On montoit de l'une à l'autre par des escaliers larges & commodes. L'église souterraine, destinée à la sépulture du corps de saint François, n'étoit accessible à personne.

Cet ouvrage fut terminé en 1318, après quatre ans de travaux.

Lapo fit à Florence, où il mourut, quelques édifices dont il ne reste plus qu'une partie de la façade de l'archevêché, & le palais du Barigelle. (*Ces notions sont extraites de Milizia.*)

LAQUE, s. f. Nom qu'on donne à plusieurs substances & productions colorantes ou résineuses, mais particulièrement à ce beau vernis noir ou rouge, que les Chinois composent avec la liqueur qu'ils tirent du vernicier, du badamier & de l'augier, & dont ils couvrent des meubles, des plateaux & des lambris. Ils sont plus ou moins précieux, selon la finesse & le poli du vernis.

Nous n'avons fait mention de ces productions de l'industrie chinoise, que parce que plusieurs curieux ont employé les plateaux ou les plaques de *laque* de la Chine, à lambrisser des cabinets, & en ont fait des revêtissemens. Ainsi la Villa Albani, près de Rome, a une très-belle pièce ainsi lambrissée dans toute sa hauteur.

LAQUEAR. (*Voyez* LACUNAR.)

LAQUEARII. Nom des ouvriers qui faisoient les *laquearia*.

LARARIUM, LARAIRE. Chapelle domestique, lieu destiné au culte des dieux Lares. La grandeur du *lararium* varioit selon celle des maisons ou des palais. On en avoit aussi quelquefois deux. Ainsi nous lisons que l'empereur Alexandre-Sévère avoit deux espèces de *lararia*, l'un très-retiré, où étoient les images des grands-hommes, des princes déifiés & des personnages les plus recommandables par leurs vertus; l'autre où il avoit placé les images des hommes célèbres par leurs talens.

Il paroit que chacun associoit à son gré aux dieux Lares, les personnages qu'il vouloit. Cela a sans doute contribué à multiplier infiniment les images de ce genre de culte, & c'est ce qui sert aux antiquaires à expliquer cette multitude de petites idoles & figures de toute matière, qu'on rencontre dans toutes les collections.

On peut consulter sur cet objet le *Dictionnaire d'Antiquités*: pour ce qui regarde l'architecture, nous n'avons aucune notion sur le genre de ces petits oratoires, qui sans doute ne furent le plus souvent, dans chaque maison, qu'une fort petite pièce où se plaçoient & s'honoroient les images des Lares. On croit seulement qu'elle devoit être voisine du foyer.

LARDOIRE, s. f., ou SABOT. (*Terme d'architecture hydraulique.*) Armature de fer dont on se sert pour garnir le bout d'un pilot.

LARGE se dit, au figuré, dans les arts du dessin, d'un style ou d'une manière de composer & de faire, opposé au style maigre & rétréci qui partout a fait le caractère de la naissance de l'imitation & des ouvrages de l'art non encore développé. Ainsi le style du quinzième siècle est sec, étroit & maigre; celui du dix-septième a donné dans l'excès du *large*.

Quoique ce mot & l'idée qu'il exprime s'appliquent plus ordinairement à la peinture & à la sculpture, on doit cependant reconnoître que l'architecture eut jadis, comme à l'époque du renouvellement des arts & depuis, son style rétréci & son style *large*. Rien de plus facile que de se faire une idée du premier dans les monumens de la renaissance, qui participoient encore de la maigreur, de l'esprit minutieux des détails, de la sécheresse d'exécution du gothique. Le goût acquit peu à peu plus de *large*, surtout dans le seizième siècle. Toutefois Bramante tenoit encore un peu de la maigreur des âges précédens. On peut dire que c'est Palladio qui a donné à l'architecture le caractère dont on exprime l'idée par le mot *large*.

LARME, s. f. On donne ce nom, dans la décoration, à une espèce d'ornement destiné le plus souvent aux pompes funéraires ou à des chapelles sépulcrales, lequel a la forme d'une goutte d'eau ou d'une larme. C'est un attribut de deuil & de tristesse; & on le figure ordinairement en argent, se détachant sur un fond noir. Il s'applique aux tentures des catafalques, aux ornemens d'églises, &c. &c.

On appelle aussi quelquefois *Larmes*, en architecture, de petits ornemens en forme de cônes tronqués, qu'on place sous les triglyphes de l'ordre dorique. Le plus souvent on les appelle *gouttes*. (*Voyez* ce mot.)

LARMIER, s. m. Comme on appelle *larmes*, en architecture, ce qu'on appelle aussi *gouttes*, on a appelé *larmier* ce que les Italiens appellent du mot *goccia*, goutte, *gocciolatoio*, comme nous dirions *égouttoir*.

Le *larmier* est effectivement dans la corniche ou dans toute autre espèce de profil qui y correspond, comme des chambranles, des piédestaux, &c., un membre taillé carrément, dont le dessous, ou ce qu'on appelle le *plafond*, est ordinairement creusé, & forme un canal dont le bord taillé en saillie & à vive arête, contribue à empêcher l'eau de se répandre sur le reste de l'entablement ou de l'édifice. Comme, dans les temps de pluie, on voit le membre dont il s'agit répandre l'eau qui tombe goutte à goutte & comme des larmes, on l'a appelé *larmier*, & quelques-uns l'ont nommé *gouttière*.

Il entre assez, comme l'on voit, dans les convenances, que le membre de la corniche appelé *larmier*, vu son emploi, soit tenu lisse & sans ornemens. C'est aussi ce qu'on observe dans les édifices d'ordre dorique, & même d'autres ordres plus riches. Cependant on lui trouve quelquefois des cannelures, comme on le voit à l'ordre corinthien du temple de Faustine à Rome, & à l'entablement dont sont couronnées les trois colonnes du *Campo-Vaccino*.

LARMIER BOMBÉ ET RÉGLÉ. C'est en dedans ou hors d'œuvre d'une porte ou d'une croisée, le linteau cintré par le devant & droit par son profil.

LARMIER DE CHEMINÉE. C'est le couronnement d'une souche de cheminée.

LARMIER DE MUR. Espèce de plinthe sous l'égout du chaperon d'un murmitoyen ou de clôture.

LARMIER GOTHIQUE OU A LA MODERNE. C'est, dans les vieux murs, le long d'un cours d'assises, au droit du plancher ou sous les appuis des croisées, une espèce de plinthe en chanfrein, refouillé par dessous un canal rond, pour jeter les eaux plus facilement au-delà du mur.

LARMIER. (*Terme d'architecture hydraulique.*) C'est une retraite de maçonnerie construite ordinairement dans un pont gothique, terminée par un talus & une saillie, qui sert d'ornement à une pile, à la façade du pont, en guise de plinthe ou de cordon, &c.

LATOMIÆ, LATOMIES. Ce mot, composé de deux mots grecs, λᾶας, pierre, & τέμνω, tailler, signifie proprement carrières où l'on taille des pierres.

On appelle ainsi, à Syracuse, d'anciennes carrières qui, après avoir été abandonnées, servirent de prison. Elles ont été rendues célèbres par Denis-le-Tyran & par Verrès. Ces grands souterrains sont aujourd'hui une des curiosités qu'on montre aux voyageurs qui visitent les antiquités de Syracuse.

LATOPOLIS. Ville antique de la haute Egypte, dont on voit encore aujourd'hui des restes remarquables dans la ville moderne d'Esné, ou dans les environs de cette ville.

Les antiquités de *Latopolis* consistent dans les ruines de trois temples, un grand & deux petits.

Le grand temple a une partie enterrée sous des décombres & des maisons, en sorte qu'on en retrouveroit peut-être l'ensemble s'il étoit possible de déblayer les masures qui le couvrent. Heureusement le portique est resté à découvert, quoiqu'offusqué d'un côté par le tas d'immondices que les habitans d'Esné accumulent en ce lieu.

Ce portique est soutenu par vingt-quatre colonnes, dont la circonférence est de quinze à seize pieds, & la hauteur de trente-quatre, en y comprenant le chapiteau. Ces vingt-quatre colonnes, disposées sur quatre rangs, ont leurs chapiteaux surmontés par des dés, sur lesquels posent les architraves qui portent les pierres du plafond. Les entre-colonnemens sont d'une fois & demie le diamètre de la colonne. Mais l'entre-colonnement du milieu est double des autres, comme étant celui où se trouve la porte d'entrée, pratiquée dans le petit mur d'enceinte, où sont engagées les colonnes extérieures & la grande porte du temple. On dit la grande porte, car de chaque côté de cette porte, & dans l'entre-colonnement de droite & de gauche du temple, le mur est percé encore de deux petites portes, dont les décombres actuelles empêchent de deviner la destination, c'est-à-dire, de connoître en quel lieu elles donnoient entrée.

Le portique a environ cinquante pieds de profondeur sur une largeur double. Il est, comme tous les vestibules de temples égyptiens, enfermé entre deux murs latéraux qui sont perpendiculaires en dedans du portique, & inclinés en dehors.

Il résulte des mesures prises par MM. Jollois & Devilliers, & rapportées dans le tom. I.er de la *Description de l'Egypte*, que la façade du monument a environ quarante-quatre pieds de hauteur, sur une largeur qui, à sa base, est d'à peu près cent douze pieds.

Toute la surface intérieure & extérieure du monument est décorée de tableaux hiéroglyphiques. La corniche de la façade est ornée de cannelures. Un

Un difque ailé occupe toute la largeur de l'entre-colonnement du milieu. L'architrave, les dés des chapiteaux, les colonnes & la porte principale, font couverts d'hiéroglyphes difpofés par bandes horizontales & verticales. Les petits murs d'entre-colonnement & les murs qu'on peut appeler *antes*, font décorés d'hiéroglyphes peints, repréfentant des offrandes à diverfes divinités.

Toutes les décorations de l'extérieur font fculptées en relief dans le creux; toutes celles de l'intérieur du portique font de fimple relief. Les fix colonnes de la façade ont été confidérées comme appartenant à l'extérieur, & leurs figures font fculptées en relief dans le creux.

Cette différence dans la manière de fculpter les fignes ou les figures hiéroglyphiques, felon que leur pofition eft extérieure ou intérieure, montre jufqu'à quel point les foins de leur confervation entroient dans les procédés fuivis par les architectes: car il eft certain que les parties extérieures de ces fortes de décoration étant plus expofées à la dégradation, demandoient quelques préfervatifs dont les mêmes parties, fituées dans des intérieurs, avoient moins befoin.

Les bafes des colonnes font circulaires & ne portent aucune décoration.

Les chapiteaux font en forme évafée, & leurs ornemens font fouvent différens de colonne à colonne, fi l'on excepte les fix du rang antérieur. Il y en a un parmi les autres, qui fe diftingue par plus de hauteur.

Le portique du grand temple de *Latopolis* eft bâti en pierres de grès. Les pierres du plafond ont jufqu'à vingt-un & vingt-quatre pieds de longueur, fur fix de largeur; elles étoient retenues entr'elles par des tenons dont on voit encore les traces. Ces pierres étoient fimplement rapprochées les unes des autres, & fe joignoient exactement dans toute leur longueur, fans le fecours d'aucun mortier.

On ne peut avoir aucun détail fur la manière dont le monument étoit fondé: feulement on peut affurer que les fondations n'ont fléchi dans aucune partie, & que le tout a parfaitement confervé fon aplomb.

A trois quarts de lieue au nord d'Efné, ville moderne bâtie fur l'emplacement de *Latopolis*, fe trouvent les reftes d'un temple beaucoup plus petit que le précédent. Ses ruines ne portent pas l'empreinte d'une dégradation fort ancienne. Il paroit que l'état où il eft réduit, provient de fouilles multipliées, faites dans les fondations par les ordres d'Ifmay'l-Bey, qui avoit conçu l'efpoir d'y trouver des tréfors.

Ce temple paroit avoir été originairement conftruit à la hâte & avec beaucoup de négligence. L'appareil des pierres eft on ne peut plus irrégulier; les affifes ne font pas toujours fur le même plan, & les joints ne font prefque jamais verticaux. Dans l'épaiffeur des murs on avoit pratiqué, fans précaution, entre la quatrième & la huitième affife, dont les pierres forment parpaing, des couloirs qui ont beaucoup nui à la folidité. Les pierres n'ayant point affez de liaifon entr'elles, plufieurs de ces murs fe font partagés dans toute leur longueur.

Le portique du temple eft foutenu par huit colonnes d'environ trois pieds de diamètre, fur environ feize pieds de hauteur, en y comprenant le chapiteau. Ces colonnes font difpofées fur deux rangs de profondeur, chacun de quatre. Les entre-colonnemens ont une fois & demie le diamètre de la colonne, excepté celui du milieu qui eft double des autres. Le portique a environ cinquante pieds de large, fur vingt-quatre de profondeur.

Les quatre colonnes de la ligne antérieure font, felon l'ufage, engagées jufqu'à plus des deux tiers de leur hauteur (fans y comprendre le chapiteau) dans les murs d'entre-colonnement, & la porte d'entrée de ce petit mur va jufqu'au chapiteau. Les petits murs d'entre-colonnement ont la même épaiffeur que les colonnes, & ils ont une corniche dans l'intérieur comme à l'extérieur.

Les murs du portique, verticaux en dedans, ont en dehors un talus du vingtième de leur hauteur.

La porte du temple, celle qui eft pratiquée dans le mur de cette forte de pronaos, conduit dans une première falle de vingt-quatre pieds fur dix; & de-là on paffe dans divers conduits affez étroits: un efcalier conduifoit fur les plates-formes de tous les corps de bâtiment.

Les fculptures de ce monument font moins foignées que celles du grand temple de *Latopolis*. Elles ne font ni d'un contour auffi fin, ni d'une exécution auffi précieufe, & de plus elles ont confidérablement fouffert. Les hiéroglyphes qui attirent davantage l'attention, font ceux qui fe trouvent au plafond du portique, entre les colonnes & les murs latéraux; ils repréfentent en deux parties un zodiaque.

Sur la rive droite du Nil, à l'eft d'Efné, exiftent encore les ruines d'un petit temple égyptien. Il eft fitué fur un monticule de décombres peu élevé au-deffus de la plaine.

Ce temple eft un peu moins grand que le précédent. Il ne paroit pas avoir été achevé; les fculptures du moins ne l'ont pas été. Ce qui fubfifte de ce monument, confifte en un portique de huit colonnes, c'eft-à-dire, en deux lignes de quatre colonnes, & deux petites falles qui peuvent avoir appartenu au temple. La largeur du portique eft de quarante pieds environ; fa profondeur eft de vingt-deux pieds. La façade a de large quarante-fept pieds, & de haut vingt-cinq. Du refte, même difpofition de petits murs d'enceinte, fermant les entre-colonnemens jufqu'à peu près la moitié de la hauteur des colonnes. Les entre-colonnemens font dans la même proportion qu'au temple précédent.

Ce qui forme la décoration du temple, c'eft-à-dire, les signes & les figures hiéroglyphiques de la façade, n'a point été achevé.

Les chapiteaux furent toutefois entièrement sculptés. Deux, dans la première rangée du portique, & qui accompagnent la porte, sont de ce genre qu'on a appelé *à tête d'Isis*. Ils semblent une imitation, mais imparfaite, des chapiteaux de Dendera ou Tentyris. (*Voyez* ce mot.) Les autres chapiteaux sont comme ceux des temples ci-devant décrits, en forme de campane, ornés des feuilles du palmier ou d'autres plantes.

(*Cet article est extrait de la description d'Esné, par MM. Jollois & Devilliers, dans le grand ouvrage sur l'Egypte.*)

LATRINES, s. f. pl., du latin *latrina, latrinum*. Varron fait dériver ce mot de *lavare*, dont on avoit fait *lavatrina*, puis *latrina*. D'autres le font venir du verbe *latere*, comme indiquant un lieu retiré, tel que l'étoit, dans les bains, le cabinet privé, & comme le sont, dans le plus grand nombre des maisons, les lieux d'aisance.

LATTE, s. f. Morceau de bois de chêne refendu, selon son fil, en manière de règle mince, que l'on attache avec des clous sur les chevrons des combles, pour recevoir & porter, soit la tuile, soit l'ardoise qui doit en faire la couverture.

La *latte* destinée à recevoir la tuile, est différente de celle qu'on emploie pour l'ardoise; celle-ci peut être de même longueur, mais elle est plus large & elle ressemble à de petites planches, sur lesquelles l'ardoise est arrêtée & fixée par des clous.

LATTE POSTICHE. Nom qu'on donne généralement à toute *latte* qui n'est employée que pour tenir la maçonnerie, comme celle qui porte sur les étrésillons d'un plancher enfoncé. Telles sont encore les *lattes* qui sont légèrement clouées sous les marches d'un escalier de bois, pour en soutenir le hourdi, & qu'on ôte ensuite pour en enduire & ravaler la coquille.

LATTE VOLICE. (*Voyez* CONTRE-LATTE DE SCIAGE.)

LATTER, v. act. C'est attacher sur les chevrons d'un comble, avec des clous, les lattes espacées d'environ quatre pouces, pour y fixer soit la tuile, soit l'ardoise.

On appelle *latter à claire-voie*, mettre des lattes sur un pan de bois, pour retenir les plâtras des panneaux & les recouvrir de plâtre.

Latter à lattes jointives, c'est clouer des lattes si près les unes des autres, qu'elles se touchent.

LATTIS, s. m. Nom qu'on donne à un ouvrage de lattes. Ainsi l'on dit faire un *lattis*, pour dire faire une couverture de lattes.

LAURIER. Arbre qui ne paroît pas avoir été jadis employé dans la construction, & qui sauroit encore moins l'être dans nos pays, où il se propage difficilement, & n'arrive guère qu'à la hauteur d'un arbuste.

Si le *laurier* a des rapports nombreux avec les arts, & particulièrement avec l'architecture, c'est par les idées poétiques qui se sont transmises jusqu'à nous, dans l'usage des couronnes faites des feuilles de cet arbre.

On ne sauroit dire sous combien de rapports allégoriques, l'art de la décoration ou de l'ornement emploie la branche de *laurier*, surtout courbée en couronnes. Nous avons déjà cité (*voyez* COURONNE) la frise du monument choragique de Thrasyllus à Athènes, comme offrant un modèle plein de grâce, du genre dans lequel les couronnes de *laurier* peuvent être traitées & employées par la sculpture.

LAURIER. (*Jardinage.*) Cet arbre toujours vert, à feuilles découpées & luisantes, fait un des principaux ornemens des jardins de l'Italie. Il y a des espèces de *laurier* qui résistent aux froids de l'hiver, & qui, sous la forme d'arbuste, entrent dans la composition des jardins qu'on appelle *jardins d'hiver*.

LAVAGNA. C'est le mot italien pour dire *ardoise*. On en use en français pour désigner cette sorte d'ardoise qui se débite, par exemple, dans les environs de Gênes, en très-grandes dalles, dont on use aussi pour les couvertures.

Les Italiens ont employé les dalles de *lavagna* comme des fonds de bois pour peindre. C'est sur une dalle de *lavagna*, & sur chacune des faces de cette dalle, qu'est peint le groupe de Daniel de Volterre, représentant Goliath terrassé par David. Ce morceau existe à Paris, au Musée du Louvre.

LAVE, s. f. (Pierre de). Les volcans produisent, dans leurs éruptions, différentes sortes de pierres ou de matériaux que les architectes ont appliquées à la construction des édifices.

Les torrens de *lave* refroidie fournissent une pierre extrêmement dure, & qui se casse en très-grands morceaux assez épais. C'est de cette pierre qu'étoient pavées le plus grand nombre des voies romaines en Italie. Ces pierres sont encore assemblées à joints incertains. Les volcans éteints de l'Italie en ont fourni des espèces de carrière, & les éruptions du Vésuve ne cessent pas d'en produire de nouvelles.

Les éruptions de volcan donnent encore une autre espèce de *lave*: ce sont des scories ou vitrifications, des sortes de pierres légères & perforées comme des éponges, ayant toutefois la dureté du fer. On les emploie à former des voûtes, & ces matériaux, outre l'avantage de la légèreté, acquièrent aussi, par leur liaison avec les mortiers qui s'incorporent à eux, en entrant dans tous les petits trous dont ils sont percés, une solidité particulière. Il y a à Palerme en Sicile, une coupole bâtie avec ces fortes de productions volcaniques, que les Italiens appellent *Pumici*.

LAVE-MAIN, f. m. C'est ordinairement, à l'entrée d'une sacristie ou d'un réfectoire, un petit réservoir d'eau, en manière d'auge de pierre ou de plomb, avec plusieurs robinets pour distribuer l'eau à ceux qui s'y lavent les mains. A hauteur d'appui & au-dessous du réservoir, on pratique un bassin ou rectangulaire ou circulaire, fait en pierre, quelquefois en marbre, pour recevoir & égoutter l'eau.

LAVER, v. act. Le procédé de dessin qu'exprime le mot *laver*, quoiqu'employé par les peintres dans leurs esquisses, par les graveurs dans les dessins qu'ils font des tableaux dont ils doivent faire la gravure, est plus spécialement encore propre à l'architecture & aux architectes, qui, depuis long-temps, l'appliquent à produire sur le papier l'effet des bâtimens qu'ils projettent.

Les architectes anciens, on veut dire ceux des seizième et dix-septième siècles, paroissent avoir fort peu employé ce procédé. Beaucoup de leurs projets qui nous sont parvenus, étoient simplement dessinés à la plume & ombrés par de légères hachures. Tels étoient les dessins de Palladio. On observe aussi qu'alors, c'est-à-dire, lorsqu'on faisoit moins d'architecture en projets & beaucoup plus en réalité, les dessins des monumens à exécuter comportoient de bien moins grandes dimensions, & beaucoup moins de prétention à cet effet que produisent les ombres, les clairs & toutes leurs dégradations. C'est à quoi visent aujourd'hui les architectes, & c'est ce qu'ils obtiennent par l'art de *laver*.

Cet art consiste à coucher au pinceau sur un dessin dont le trait est passé à l'encre, une teinte ordinairement d'encre de la Chine ou de bistre, à l'eau simple ou à l'eau gommée. On adoucit cette teinte d'un ou de deux côtés avec de l'eau pure. L'effet de ce procédé est de produire une sorte de peinture monochrome, au moyen de laquelle on fait sentir les plans des objets, leur saillie, leur éloignement. On donne ainsi une juste idée de ce qu'un édifice sera, & l'œil qui auroit mal compris par de simples lignes, l'ensemble d'une composition & les rapports des parties, peut dans cette apparence de réalité produite par les clairs & par les ombres, mieux juger de l'effet général & de chaque effet particulier.

On porte souvent le soin de l'imitation dans l'art de *laver*, jusqu'à se servir de teintes différentes, qui rendent la diversité de couleur des matériaux dont l'édifice sera composé. Ainsi on emploiera la couleur du bistre pour figurer les parties de maçonnerie faites de pierre meulière; on lavera d'un rouge tendre pour contrefaire la brique ou la tuile, d'un bleu clair pour rendre l'image de l'eau, de vert pour figurer les arbres ou les gazons, de safran ou de graine d'Avignon pour faire de l'or ou du bronze, & on mêlera diverses teintes ensemble pour feindre les marbres bigarrés.

LAVER. (*Terme de charpenterie.*) C'est ôter avec la besaiguë, les traits de scie & les rencontres d'une pièce de bois de sciage, pour la dresser & pour l'aviver.

LAVIS (Dessin au). On appelle ainsi ce genre de dessin où, au lieu de crayon & de plume, on se sert du pinceau pour coucher les couleurs. De toutes les manières de faire des dessins, c'est la plus expéditive. Les dessins lavés se font sur un trait de plume, de crayon & quelquefois de pinceau.

On emploie le *lavis* surtout pour les plans d'architecture civile, les plans de fortification, les plans de vaisseaux, &c., & on le fait, soit par des teintes plates, soit par des teintes coupées, soit par des teintes adoucies.

On peut faire le *lavis* de plusieurs couleurs: les plus usitées sont la gomme-gutte, le safran, le vert d'eau, l'encre de la Chine, l'encre commune, l'indigo, l'outremer, la graine d'Avignon, la laque, le bistre, le carmin. En général, les couleurs rembrunies & transparentes sont les meilleures. Le carmin est la seule couleur qu'on délaye avec de l'eau gommée, toutes les autres étant déjà gommées dans leur préparation, lorsqu'on les achète. Par le mélange de quelques-unes de ces couleurs, on en compose d'autres, selon le besoin qu'on en a.

Dans les dessins lavés d'une seule couleur, on marque les clairs & les ombres par des teintes plus ou moins foncées.

Le blanc du papier fait ordinairement les plus grands clairs, & les demi-teintes s'obtiennent en adoucissant avec de l'eau pure la teinte de l'ombre, de manière à ce qu'elle se fonde par degrés pour se réunir au clair.

LAVOIR, f. m. Réservoir d'eau avec une bordure de pierres plates, dont la surface supérieure est inclinée. Il sert à laver le linge, dans les hôpitaux, les communautés, &c., & aussi dans plusieurs villes d'Italie qui ont des *lavoirs* publics. Ainsi tous les quartiers de la ville de Rome ont, dans des bâtimens couverts, des *lavoirs* communs où une eau toujours courante fournit aux habitans les moyens de faire tous les jours & à toute heure la lessive.

Lavoir se dit aussi pour lave main. (*Voyez* ce mot.)

On appelle du même nom, près d'une cuisine, le lieu où on lave la vaisselle.

La forme du *lavoir* se remarque fréquemment sur les peintures des vases grecs, qui représentent en très-grand nombre de sujets tirés des cérémonies des mystères: or, l'on sait que les ablutions faisoient une partie fort importante des rites & des usages religieux. Une de ces peintures représente une ablution des mains. On y voit une femme nue se laver les mains dans un *lavoir* qui a la forme d'une grande coupe, & qui est soutenu par un pied en manière de colonne cannelée.

Il paroît que quelquefois les urnes cinéraires ou les sarcophages romains ont servi de *lavoirs*, surtout dans le moyen âge.

LAVORO DI COMMESSO. On donne ce nom, en Italie, à cette espèce de mosaïque qu'on fait à Florence, & qui se compose de morceaux de marbres précieux & de diverses couleurs, diversement découpés selon la forme des objets à représenter, & assemblés entr'eux de façon à ce que l'on ne découvre pas les joints.

LAYE, s. f. Petite route qu'on fait dans un bois pour former une allée, ou pour arpenter ce bois & en lever le plan quand on veut en faire la vente.

LAYE. C'est le nom qu'on donne à un marteau bretté, c'est-à-dire, dont le tranchant est dentelé, & dont les tailleurs de pierre se servent.

On donne le même nom à la bretture ou rayure que forme sur la pierre le marteau dont on vient de parler.

LAYER, v. act. Tailler la pierre avec la laye, ce qui rend le parement de la pierre rayé en petits sillons uniformes, & lui donne toutefois une apparence assez agréable. On dit aussi *bréter*, pour exprimer l'action de ce travail.

LAZARET, s. m. C'est, dans les villes maritimes, un grand bâtiment contigu à un port, dans lequel relâchent les vaisseaux qui arrivent des régions où règnent des maladies pestilentielles. Le bâtiment qu'on appelle *lazaret*, se compose de logemens séparés & de pièces isolées. C'est là qu'on dépose les équipages des vaisseaux suspects de peste, & c'est dans les chambres affectées au logement des passagers, que séjournent plus ou moins de temps ceux qu'on soupçonne d'avoir pu porter avec eux des élémens contagieux. On appelle *quarantaine* le séjour qu'on y fait, parce qu'il a ordinairement lieu pendant quarante jours.

On nomme aussi *lazaret* un hôpital où l'on retire ceux qui sont attaqués de maladies contagieuses.

LAZULITE. (*Voyez* LAPIS LAZULI.)

LAZZARI, dit BRAMANTE, né en 1444, mort en 1514.

Quoique *Lazzari* paroisse avoir été son nom propre, cependant il est si peu connu sous ce nom, & il est si célèbre sous celui de *Bramante*, que nous avons cru ne devoir le désigner que par son surnom dans tout le cours de cet article.

Né à Castel Durante suivant les uns, à Fermignano selon d'autres, c'est-à-dire, dans le duché d'Urbin, d'une famille honnête, mais pauvre, *Bramante* indiqua de bonne heure ce que la nature vouloit faire de lui. Son père vit avec plaisir, dans les dispositions que l'enfant annonçoit pour le dessin, la perspective d'un état qui pourroit lui être utile. Il se hâta de les cultiver, & l'envoya, sans délai, à l'école de peinture de Fra Bartolomeo d'Urbin, autrement dit *Frà Carnovale*. *Bramante* y devint promptement habile. Sa capacité dans la peinture, quoiqu'éclipsée par le grand nom que l'architecture lui a fait, se prouve dans un bon nombre de tableaux qu'on voit de lui à Milan. Le détail en seroit aussi inutile à sa gloire, qu'il est, ici surtout, étranger à son histoire.

Le goût de l'architecture devint en effet bientôt le plus fort chez lui, & le détermina à voyager dans la Lombardie. *Bramante* alloit de ville en ville, soit pour chercher des travaux, soit pour examiner ceux des maîtres d'alors. Ces excursions ne lui procurèrent ni beaucoup de réputation, ni de grands profits, mais elles déterminèrent sa vocation. Le dôme de Milan étoit alors la plus grande construction, & en quelque sorte le grand œuvre du siècle. L'architecte qui la conduisoit, Bernardino de Trevi, étoit un constructeur habile, fort estimé de Léonard de Vinci, mais dont le goût tenoit encore de la sécheresse du gothique. *Bramante* suivit ces grands travaux, & reçut peut-être de l'impression que lui fit l'architecture de ce monument, ce style un peu maigre & sec qui, comme l'on sait, caractérisa ses premiers ouvrages. Quoi qu'il en soit, la grande entreprise de Milan acheva de diriger son génie vers l'architecture.

Il vint à Rome & y débuta par quelques peintures à fresque dans l'église de Saint-Jean-de-Latran. Ces ouvrages de peu d'importance ne subsistent plus. Quoique porté naturellement au plaisir & à la dépense (comme Condivi l'assure dans la vie de Michel Ange), ce que sa conduite postérieure a prouvé, il se condamna à la plus sévère parcimonie, résolu d'acheter, par des privations de tout genre, l'aisance à laquelle il aspiroit. Dès qu'il l'eut acquise, il ne songea qu'à se livrer avec plus d'ardeur aux études peu fructueuses en elles-mêmes de l'architecture antique. Solitaire & retiré en lui-même, il n'entretint plus de commerce qu'avec les monumens. En peu de temps on le vit dessiner & mesurer tous ceux de Rome & des environs. A Tivoli il fit des recherches particulières sur la Villa Adriana. Il visita la Campanie, levant partout ce que le temps avoit épargné d'édifices romains, & il poussa jusqu'à Naples ses savantes excursions.

Le cardinal de Naples, Olivier Caraffa, avoit remarqué ce grand zèle de *Bramante* pour l'architecture; il lui confia bientôt à Rome la construction du cloître du couvent de la *Pace*, qu'il vouloit faire rebâtir sur un nouveau dessin. L'ouvrage fut entrepris, conduit & terminé avec autant d'intelligence que de célérité. Quoique ce ne soit pas le chef-d'œuvre de *Bramante*, toutefois il lui fit beaucoup d'honneur. Rome comptoit alors peu d'architectes habiles, ingénieux, possédant à la fois les ressources de l'art & cette active intelligence qui donne de l'éclat aux talens.

La protection du pape Alexandre VI fut le prix du succès obtenu par *Bramante* dans cet ouvrage. Il fut employé par ce pontife, comme architecte en second à la direction de la fontaine de Transtevere & de celle de la place de Saint-Pierre. L'une & l'autre ont été depuis remplacées par de plus magnifiques. Il n'y avoit guère alors d'entreprises où on ne l'appelât, au moins pour le conseil. Ce ne fut que par ses avis qu'il coopéra à l'agrandissement de l'église de Saint-Jacques des Espagnols, & à l'érection de celle appelée *de l'Anima*, qui fut confiée à un Allemand; mais il eut une part plus active dans le projet de la grande chapelle de Santa-Maria del Popolo.

Nous avons déjà dit que les premiers ouvrages de *Bramante* retinrent quelque chose du goût maigre auquel le genre gothique avoit si long-temps habitué les yeux. A Rome il n'y avoit plus alors de gothique proprement dit. L'architecture ne l'étoit plus dans son système, elle l'étoit encore dans son exécution. On étoit revenu aux principes des ordres & de la modinature antique; mais les habitudes de faire, dans l'architecture surtout, dépendant de mains étrangères à la tête qui conçoit, il devoit arriver que les meilleures conceptions fussent en quelque sorte dénaturées par les pratiques ouvrières de la routine.

Celui des ouvrages de *Bramante* où cette tradition de maigreur & de sécheresse se fait le plus sentir, est le palais Sora près la Chiesa nuova, qu'on est assez bien fondé à attribuer à cet architecte. La date de sa construction, qui est de 1504, fait voir que ce dut être une de ses premières productions à Rome. Ce n'est ni par l'ensemble de la disposition, du reste bien conçue, ni par la proportion générale, que cette grande masse le cède à d'autres de ses ouvrages, c'est par les détails mesquins des croisées, ornés de petits pilastres aussi maigres dans leurs formes que par leur effet, c'est par un caractère moins précieux qu'avide, c'est par une exécution dénuée du relief & de la valeur que demandoit un aussi grand édifice.

Ces observations sont encore plus ou moins applicables au palais Giraud, jadis du roi d'Angleterre, commencé en 1503, rue Borgo nuovo, mais qui ne fut achevé que plusieurs années après. On en trouve l'architecture, si l'on peut dire, trop de bas-relief. Les croisées du premier étage, les deux ordres de pilastres qui décorent la façade, l'entablement & tous ses profils manquent de quelque valeur : il y règne quelque chose de froid, & malgré tout ce qui concourt à sa richesse, l'aspect du monument n'est pas riche. Les pilastres accouplés portent sur un piédestal trop haut, qui rapetisse l'ordre & le rend trop peu important. Cependant, comme les mots dont on use pour apprécier les œuvres de l'architecture, ne sauroient exprimer dans une juste mesure les beautés & les défauts, il ne faudroit pas prendre dans un sens trop absolu ces expressions de sécheresse & de maigreur dont on est forcé de se servir, mais qui ne doivent avoir ici qu'une acception relative. Il faut entendre, à l'égard de *Bramante*, un excès de pureté qui tenoit moins chez lui à un principe vicieux, qu'au défaut de développement total de l'art à l'époque dont on parle : car cette sécheresse de style est en quelque sorte du même genre, que celle qu'on remarque en peinture dans les premiers ouvrages de Raphaël, c'est-à-dire, un prélude du beau & du grand style. Il y a dans le palais dont on parle, des parties d'ailleurs excellentes. Le soubassement en refends continus y est d'un beau caractère, excepté la porte actuelle, qui est un ouvrage postérieur à *Bramante*. Généralement il règne, dans cette grande façade, de l'élégance & une apparence de style antique, qui la feroient prendre pour une de ces productions des moyens siècles de l'antiquité.

Il s'étoit conservé (& la raison en est toute simple) plus de monumens romains du moyen & du bas âge de l'Empire, que de ceux des beaux siècles. Il étoit naturel, dès-lors, que leur influence fût plus active sur le goût des architectes qui entreprirent de faire renaître les principes de l'antiquité. Un reste d'analogie sembloit régner encore entre les usages de bâtir des derniers siècles de l'antique Rome, & les mœurs de la Rome moderne. On ne sauroit révoquer en doute ces contradictions, surtout dans la construction des palais du quinzième & au seizième siècle. Du moins avons-nous de la peine à nous figurer les riches & somptueuses habitations des anciens Romains, sous un aspect fort différent de celui des palais bâtis alors par *Bramante*.

De ce nombre est sans contredit le vaste palais de la chancellerie, qu'il construisit vers le commencement du seizième siècle. Il est peu d'édifices à Rome plus remarquables à tous égards. La grandeur de ses dimensions le fait distinguer parmi les masses les plus imposantes de cette cité toujours imposante. La façade de ce palais, longue de 624 palmes, est en pierre de travertin. Sa cour, composée de deux ordres de portiques ou d'arcades supportés par des colonnes, est une des plus spacieuses, des plus dégagées que l'on puisse voir. Tout l'intérieur du palais offre de vastes & commodes distributions. Si sa décoration extérieure en pilastres corinthiens à double étage, ainsi que les croisées, avoient eu le relief que sembloit comporter une devanture d'une si vaste dimension, ce seroit sans contredit un des plus rares ouvrages entre les ouvrages modernes. On est forcé d'avouer que, quoique tout cet ensemble soit une conception grande & simple, les dé à la n'ont pas une valeur qui y réponde. Il est toujours fâcheux qu'un grand tout ait de petites parties. *Bramante* au reste ne paroît point avoir été seul ordonnateur de cette entreprise. Vasari nous dit qu'elle fut le résultat de plusieurs talens réunis. Le constructeur fut un certain Antonio Monte Cavallo.

Une facilité d'invention qui ne pouvoit se comparer qu'à une promptitude plus extraordinaire encore dans l'exécution, fut le caractère distinctif du talent de *Bramante*. Ces qualités le firent rechercher par tout ce qu'il y avoit de grand dans Rome, & tous les travaux importans sembloient venir au devant de lui.

Cependant ce génie, fait pour exécuter de grandes choses, avoit besoin qu'il se rencontrât un autre génie pour les vouloir & les commander. Jules II manquoit encore à *Bramante*. Ce pontife parut, & monta sur le siége de Saint-Pierre : à l'instant le Vatican sortit de terre.

Jules II conçut l'idée de faire un vaste ensemble des parties détachées & incohérentes de l'ancien palais pontifical & du belvédère. L'espace qui les séparoit étoit un terrain montueux & des plus irréguliers. Il falloit un projet qui fît de ces parties un tout. Celui que Jules II fit exécuter par *Bramante*, suffiroit seul à la gloire de cet architecte. Il réunit les deux édifices par deux ailes de galeries qui conduisoient de l'un à l'autre. L'une de ces ailes regarde la ville; l'autre est du côté des jardins du Vatican. L'entre-deux, dans le plan primitif, formoit une cour de quatre cents pas de longueur. A une des extrémités de la cour il éleva, entre deux petits corps de bâtiment, cette grande niche couronnée d'une galerie circulaire que l'on aperçoit de toutes les parties de Rome, & qui porte le nom de *belvédère*. A l'autre extrémité, c'est-à-dire, contre les murs du palais vieux, il bâtit en gradins de pierre un théâtre circulaire, d'où un grand nombre de spectateurs pouvoient voir les jeux qui se donnoient dans la cour. L'aire de cette cour présentoit deux plans, l'un plus bas du côté du théâtre, l'autre plus élevé du côté de la grande niche dont on a parlé. Un escalier à double rampe, avec deux étages de colonnes, conduisoit de la cour inférieure à la supérieure.

Les deux ailes de galerie formant la longueur de la cour, étoient à trois rangs de portiques en hauteur, dans la partie inférieure de l'aire, c'est-à-dire, depuis le palais jusqu'à la montée qu'on vient de décrire. L'élévation du sol réduisoit la galerie à un seul étage. Rien n'étoit plus pittoresque & plus ingénieusement pensé que cet ensemble. La variété des plans rompoit la monotonie de cette longueur extrême dans la cour. D'un côté la grande niche, de l'autre l'amphithéâtre, & dans le milieu les rampes d'escalier produisoient par ces divisions autant d'aspects riches & variés.

Mais la partie la plus admirable de cette composition étoit sans contredit l'architecture des deux ailes, c'est-à-dire, des deux galeries dans l'intérieur de la cour. *Bramante* n'acheva que celle qui donne du côté de la ville, & encore à l'exception du troisième ordre ; l'autre, dont il jeta seulement les fondations, fut continuée & terminée selon ses desseins après sa mort. Il avoit choisi pour modèle dans la composition de ses ordres, les proportions du théâtre de Marcellus. Le premier étage étoit, comme dans cet antique monument, en arcades dont les pieds-droits étoient ornés d'un ordre dorique, excepté que l'ordre étoit en pilastres, au lieu d'être en colonnes engagées. L'étage au-dessus se formoit d'un second rang de portiques dont l'ordre étoit ionique, aussi en pilastres. Le troisième étage, formant loge continue, étoit en colonnes corinthiennes. Toute cette architecture, à peu près semblable à la cour du Vatican, que Raphaël exécuta d'après ses desseins, étoit du meilleur caractère & du plus beau style, & il ne s'est rien fait de plus approchant de l'antique pour la pureté & la correction.

Malheureusement on ne peut plus guère se former, que par l'imagination, une idée précise tant de la composition générale que des détails & des proportions de cette architecture. Les nombreuses restaurations qu'elle a souffertes l'ont rendue presque méconnoissable aux yeux du connoisseur. Quoique toutes les parties en existent encore, ces parties, renforcées & appuyées de nouveaux massifs, ont perdu précisément ce qui en constituoit l'effet & la grâce. L'impatience de Jules II fut cause du peu de solidité avec laquelle toute cette construction fut fondée. Ce pontife auroit eu besoin d'un enchanteur pour architecte ; il lui auroit fallu qu'à son ordre les édifices fortifiés de terre tout formés. *Bramante* ne se prêta que trop à cet empressement inconsidéré. Il faisoit travailler de nuit aux fondations. Ses agens le trompoient, il se fit des malfaçons de tout genre, & la bâtisse à peine achevée éprouva de toute part des lézardes. Sous Clément VII, c'est-à-dire, à peine vingt ans après, il s'en écroula quelques parties. Il fallut, au temps du pape Paul III (Farnèse), reprendre le tout sous-œuvre, & fortifier les parties aux dépens de leurs proportions. Depuis sous les papes Benoît XIII & Benoît XIV, toute la construction a été remaniée, renforcée, & l'architecture a toujours été perdant en proportion, ce que la bâtisse gagnoit en solidité.

Quant au plan & à l'effet vraiment théâtral de l'intérieur de cette vaste cour, tout cela a disparu par les changemens qu'y opéra Sixte-Quint. Un peu en avant de la belle montée qui divisoit l'espace en deux plans, l'un supérieur, l'autre inférieur, il éleva un corps de bâtiment pour y placer la bibliothèque du Vatican, & il coupa ainsi cette belle enceinte en deux parties, dont l'une est une cour assez triste, & l'autre une sorte de jardin ou de parterre d'où la grande & belle niche du

Belvédère ne peut que paraître disproportionnée. L'honneur de tout ce qu'il y a de grand & de beau dans le Vatican n'en appartient pas moins à *Bramante*, quels que soient les changemens que ses conceptions & ses ouvrages y ont subis. On peut cependant y en citer un qui nous est parvenu intact : c'est le bel escalier en spirale qu'on y admire, suspendu sur des colonnes doriques, ioniques & corinthiennes, dont les ordres se succèdent dans les révolutions de la montée, tenue d'ailleurs d'une pente si douce, que les chevaux la parcourent facilement. Cette production est réputée une des plus heureuses de *Bramante*, quoiqu'il n'y ait pas eu le mérite de l'invention. Nicolas de Pise avoit construit un escalier semblable dans le campanile de Saint-Nicolas des Augustins à Pise, au milieu du treizième siècle. (On en retrouve la description faite par Vasari, à la vie de Nicolas & Jean Pisans.)

Jules II combla de faveurs l'artiste qui servoit si bien son goût favori. Il accorda à *Bramante* l'office del piombo, ou de directeur du sceau à la chancellerie. Il le conduisit avec lui dans la guerre qu'il avoit alors à soutenir, & l'employa comme ingénieur. *Bramante* enfin lui étoit devenu nécessaire, & sembloit être moins son architecte que son favori.

On a soupçonné *Bramante* d'avoir abusé de son crédit auprès du Pape, pour s'approprier toutes les entreprises, & même d'avoir tenté de décréditer dans son esprit Michel Ange, le seul rival qu'il pût avoir. Vasari & Condivi sont assez d'accord sur ce point. Il paroit constant que *Bramante*, qui venoit de produire Raphaël, & qui avoit le dessus de terminer la décoration du Vatican, cherchoit à détourner Jules II des grands projets de sculpture déjà confiés à Michel Ange. Le fait est qu'il réussit à le dégoûter de l'entreprise du grand tombeau dont les modèles s'exécutoient ; & cela sous prétexte que cet ouvrage étoit d'un fâcheux augure. Après avoir réussi à le faire avorter, il insinua au Pape d'employer Michel Ange à peindre la chapelle Sixtine. Il espéroit, disent les deux historiens qu'on vient de citer, ou que Michel Ange, qui n'avoit pas la pratique de la fresque, échoueroit dans cette entreprise, & que ce parallèle releveroit d'autant le mérite de Raphaël, son parent & son protégé, ou que le refus que feroit Michel Ange de se prêter aux vues du Pape, lui en attireroit la disgrace.

Quoique tout cela ne manque pas de vraisemblance, on peut croire encore, sans prêter à *Bramante* des intentions peu honorables, qu'il voyoit avec peine le Pape engagé dans des dépenses exorbitantes pour le mausolée dont il avoit conçu l'idée, & qu'il prévoyoit bien que cette entreprise nuiroit au succès des siennes. Au fait, raisonnant comme architecte du Vatican, *Bramante* devoit mieux aimer faire employer Michel Ange à la décoration de cet édifice, qu'à la sculpture d'un tombeau qui n'avoit pour le moment aucune destination.

Ce fut cependant ce fameux tombeau, objet de tant de contestations, qui occasionna l'érection de la basilique de Saint-Pierre. Condivi nous l'apprend, & les détails qu'il nous donne à ce sujet, il les tenoit de Michel Ange lui-même, dont il fut l'élève & le confident.

Ce vaste tombeau, qui devoit se composer de quarante statues, avoit été projeté, dessiné & commencé, sans qu'on sût encore où l'on devoit le placer. Jules II chargea enfin de ce soin Michel Ange.

La vieille église de Saint-Pierre menaçoit ruine depuis long-temps. Le projet de la reconstruire avoit déjà occupé le pape Nicolas V, homme à grandes entreprises, savant en architecture, & du génie le plus élevé. Il avoit même fait plus que projeter. Au chevet de l'ancienne basilique, il avoit commencé de faire élever ce que les Italiens appellent la *tribuna*, ce que nous appellerions le rond-point, ou l'hémicycle du nouveau temple, dont Bernard Rossellini avoit donné des dessins. La construction étoit déjà de quatre ou cinq pieds hors de terre, quand Nicolas V mourut. Bientôt & le projet & la construction tombèrent dans l'oubli. Michel Ange cherchant un emplacement pour son tombeau, retrouva la *tribuna* de Nicolas V, & proposa au Pape de terminer cette construction & de la couvrir, moyennant une somme de cent mille écus (romains). *Deux cent mille s'il le faut*, répond le Pape enchanté, & sur-le-champ il mande Julien de San Gallo & *Bramante* pour examiner le local & faire les dessins.

Une idée souvent conduit à une autre. Celle-ci réveilla dans l'esprit de Jules II le grand projet de reconstruction de Saint-Pierre. Il ne fut plus question de la tribune de Nicolas V que pour reprendre dans son entier le plan dont elle étoit une petite partie. Jules II consulta les plus habiles architectes du temps ; mais, au vrai, le combat fut entre Julien de San Gallo & *Bramante*. Ce dernier l'emporta, & d'un grand nombre de projets qu'il fit, le Pape choisit celui sur lequel Saint-Pierre fut enfin commencé.

Le véritable projet de *Bramante* se retrouve à peine dans le plan actuel de la basilique du Vatican. Il ne s'y en est conservé qu'une idée générale, & simplement que ce qu'on doit appeler la conception première. Les nombreuses vicissitudes qu'a éprouvées ce monument, sont consignées dans l'histoire qu'en a faite le jésuite Bonnani ; il faut avouer qu'il y a peu d'histoires qui offrent autant de révolutions. *Bramante* mort, ses projets & ses dessins furent dispersés. Ce que nous en connoissons, nous le devons aux soins que prit Raphaël de recueillir ses pensées, & de remettre au jour ses plans, que Serlio consigna depuis dans son ouvrage d'architecture. C'est donc d'après ces dessins, plus que sur le monument actuel de Saint-

Pierre, qu'il faut apprécier le génie de *Bramante*.

Sans aucun doute son plan original, non-seulement est le plus beau de tous ceux qui lui succédèrent, mais il est peut-être encore le plus parfait de tous les plans modernes en ce genre, pour la pureté, la régularité & la belle entente. *Bramante* ne perdit pas de vue, dans la disposition de sa basilique, celle de l'ancienne, bâtie sous Constantin. C'est sûrement ce qui lui fit adopter le plan d'une croix latine, car tel étoit aussi le plan des anciennes basiliques de Rome. Ne pouvant employer les colonnes dans une si grande masse de construction, & obligé d'y substituer des pieds-droits avec des arcades, il évita la lourdeur de ce genre de disposition, & sut même en tirer, par le dégagement qu'il y porta, le caractère d'une grande élégance. Trois nefs régnent sans interruption dans toute l'étendue de ce plan; les nefs collatérales qui accompagnent avec une parfaite unité celle du milieu, devoient procurer à l'œil du spectateur la facilité de parcourir de tous les points la vaste étendue de cet intérieur. Ce plan est précisément, sous ce rapport, le contraire du plan actuel, où trop de masses dans les bas côtés cachent & dérobent l'espace, & font qu'on ne juge de la grandeur du tout que partie par partie. Le Saint-Pierre d'aujourd'hui paroît moins grand qu'il n'est; le Saint-Pierre de *Bramante* auroit été encore plus grand en apparence qu'en réalité. Tel eût été le mérite de son ensemble. Quant aux détails du plan, la critique n'y trouve encore qu'à louer. Les parties circulaires de la tribune ou hémicycle du fond, ainsi que des deux hémicycles de la croisée, ornées de colonnes, eussent produit un fort bel effet. Toutes les chapelles, dans ce plan, ont une parfaite correspondance, toutes les masses s'y répètent avec une entière symétrie. C'est ce qu'on peut appeler une pensée *une & complète*; dans un corps d'une telle étendue, on ne trouve pas une seule forme altérée, biaisée ou bâtarde.

L'extérieur ne s'éloigne point de cette sagesse. Le péristyle eût été à trois rangs de colonnes un peu inégales toutefois dans leur disposition. La coupole eût été le Panthéon, orné d'un rang de colonnes à l'extérieur. *Bramante* l'imitoit jusque dans les rangs de gradins qui sont placés sous la calotte de cette voute antique. Si l'on en croit des médailles contemporaines gravées par Coradosso, & frappées sous Jules II & Léon X, lesquelles représentent la basilique de *Bramante*, l'extérieur du monument auroit été accompagné par deux campaniles; mais on ne sauroit regarder comme une autorité bien décisive, celle d'une médaille, car on ne voit pas trop dans le plan qui nous est parvenu, quelle eût été la place de ces campaniles.

La pensée d'élever le Panthéon sur les voûtes du temple de la paix, est donc la propriété de *Bramante*, quoique depuis on en ait fait honneur à Michel Ange. Celui-ci eut la gloire d'exécuter ce que l'autre avoit projeté.

Mais *Bramante*, en supposant qu'il eût assez vécu, auroit-il pu réaliser son projet, d'après le plan & sur les données qui résultent de son dessin? Tout le monde est d'accord qu'il n'auroit pu le faire, & voilà ce qui affoiblit beaucoup, dans l'opinion, le mérite de sa composition. Il est incontestable, sur le vu seul de son plan, que les piliers de son dôme étoient de beaucoup trop foibles, & entièrement insuffisans pour la charge qu'il devoit leur faire porter, car le poids de la coupole eût été plus considérable encore que celui de la coupole de Michel Ange, & cependant Michel Ange crut devoir donner à ses piliers trois fois plus d'épaisseur que *Bramante* n'en donnoit aux siens.

Toutefois le dessin de celui-ci, adopté par Jules II, fut mis sur-le-champ à exécution, avec une hardiesse & une impétuosité dont *Bramante* & Jules II étoient seuls capables. On abattit la moitié de la vieille basilique le 18 avril 1506. La première pierre fut posée par le Pape, au pilier du dôme qu'on appelle celui de *Sainte-Véronique*. Bientôt on vit s'élever les piliers du dôme, ses quatre grands arcs furent cintrés, & l'hémicycle du fond terminé. Mais bientôt aussi le seul poids des voûtes des nefs fit fléchir leurs supports; il s'y manifesta des lézardes de toute part. L'édifice, dans la partie destinée à soutenir la coupole, n'avoit ni la moitié de son élévation ni le quart de sa charge, & déjà il menaçoit ruine. Le trop de précipitation dans la bâtisse avoit aussi nui à la solidité, car les matériaux ont besoin de temps pour éprouver successivement le tassement auquel ils sont sujets.

Bramante étant mort sur ces entrefaites, Raphaël, Jocande & Julien de San Gallo, ensuite Balthazar Peruzzi & Antoine San Gallo avisèrent aux moyens de remédier aux effets menaçans de cette grande construction. Tous, soit ensemble, soit les uns après les autres, furent d'avis de renforcer prodigieusement les piliers du dôme. Enfin, Michel Ange s'empara de toute cette entreprise & la termina comme on l'a vu à l'article sous le nom de BUONAROTI (*voyez* cet article), & ce seul changement opéré dans la grosseur des piliers du dôme, occasionna le changement de tout le reste du plan de *Bramante*.

Il résulte de tout ceci, qu'excepté les quatre grands arcs du dôme & l'idée générale du monument, il ne reste guère à cet architecte que la gloire d'en avoir été le fondateur & le premier auteur; car on ne sauroit au fond l'attribuer à Bernard Rossellini, quoique la pensée première d'une nouvelle basilique de Saint-Pierre lui appartienne. (*Voyez* ROSSELLINI.)

Bramante eut toutefois plus d'une occasion, dans cette grande entreprise, de faire preuve d'invention & d'une rare intelligence. Par exemple on lui doit d'avoir, en construisant ses voûtes, renouvelé un procédé des Anciens; procédé suivant lequel les voûtes bâties & décintrées se trouvoient toutes sculptées & ornées de tous leurs compartimens.

partimens. Ce procédé confiste en ce que l'on commence la voûte par l'opération qui sembleroit devoir être la dernière dans l'ordre des travaux. On établit sur le cintre des moules de bois où sont sculptés en creux les fleurons & autres ornemens des caissons; on y coule le stuc, fait avec de la chaux & de la poussière de marbre, & par-dessus on établit les briques qui doivent former le corps de la voûte : les ornemens des caissons n'ont besoin, après le décintrement, que d'un léger réparage.

Bramante employa encore, dans la construction des voûtes de Saint-Pierre, l'ingénieuse charpente mobile & suspendue qui passa depuis pour avoir été inventée par San Gallo, sous le nom duquel Jacob Bossius l'a gravée en 1561, mais qui paroît plutôt avoir été une invention de Michel Ange, lorsqu'il peignit sa chapelle Sixtine. On sait que *Bramante* y avoit établi un échafaud suspendu par des cordes, passant au travers de trous pratiqués dans la voûte. Michel Ange lui ayant demandé ironiquement de quelle manière il boucheroit tous ces trous quand l'échafaud seroit enlevé, il en imagina un mobile & suspendu, sans aucun secours de cordes. Il y a bien de l'apparence que *Bramante* sut profiter de la leçon.

La rivalité qui, sur plus d'un point, régna entre ces deux grands artistes, n'altéra point l'estime qu'ils se portoient. Michel Ange, quoique changeant à peu près tout dans Saint-Pierre, prétendoit n'être que le continuateur du projet de *Bramante*. Il avoit été des premiers à en reconnoître les défauts de construction; cependant, en travaillant à y remédier, il ne parut jamais s'en prévaloir. On voit, au contraire, par une lettre de lui, qu'il avoit conservé une haute opinion de son prédécesseur. « On ne sauroit nier (dit-il) que
» *Bramante* n'ait été aussi habile en architecture
» qu'aucun autre, depuis les Anciens jusqu'à
» nous. Il posa les fondemens de Saint-Pierre sur
» un plan simple, net & dégagé, clair & bien
» isolé de toute part, de manière à ne porter au-
» cun inconvénient au palais. Son invention fut
» admirée, & il est reconnu que, quiconque s'é-
» cartera des dispositions de *Bramante*, comme
» l'a fait San Gallo dans son modèle, s'éloignera
» de la vérité. »

La cour du Vatican (ou la cour des Loges) avoit été commencée par *Bramante*, & la conception générale est de lui. On croiroit la même chose de l'exécution, tant elle est dans son style, si Vasari ne nous apprenoit que Raphaël, l'héritier de tous ses projets, fit en bois un nouveau modèle de cette cour, & que par suite de ce modèle, les loges furent construites avec plus de richesse que ne leur en avoit donnée leur premier auteur.

On aperçoit encore dans la rue Giulia, que Jules II fit ouvrir & aligner par *Bramante*, quelques vestiges d'un grand palais, dont cet architecte avoit donné les dessins, & qui devoit être le chef-lieu des bureaux de l'administration. L'édifice en resta aux fondations; mais ce qu'on voit de quelques parties du soubassement, annonce que le monument auroit été un des plus grands de Rome, car Jules II ne projetoit pas en petit.

Bramante a prouvé qu'il n'avoit pas toujours besoin de grands projets pour faire du grand. Son petit temple circulaire de San-Pietro in Montorio est, pour la dimension, un des moindres morceaux d'architecture moderne qu'il y ait. C'est à coup sûr un des plus parfaits. On diroit le modèle, ou la copie en diminutif, d'un temple antique. Ce joli monument est situé au milieu du cloître de San-Pietro in Montorio; mais ce cloître, selon les plans de *Bramante*, devoit être toute autre chose que ce qu'il est; il devoit avoir une belle enceinte également circulaire, en portiques soutenus par des colonnes isolées, percée de quatre côtés par des portes, & ornée de quatre chapelles, avec une niche entre chaque entrée de chaque chapelle : ensemble aussi simple que varié. La critique reproche quelques défauts de correction à l'architecture du temple dont il s'agit. On voudroit que la porte ne coupât point les deux pilastres qui l'accompagnent, que l'attique fût moins élevé & l'amortissement de la calotte moins lourd. Du reste on loue l'intelligence avec laquelle ont été pratiqués les deux petits escaliers, qui conduisent commodément du temple à la chapelle souterraine.

Nous devons mettre au nombre des plus jolis ouvrages de *Bramante*, le palais qui appartient à Raphaël, & dont le dessin s'est conservé dans les recueils des palais de Rome. Quelques-uns, il est vrai, en donnent l'architecture à Raphaël lui-même, & il n'est pas étonnant qu'il y ait du doute à cet égard, tant étoit grande la conformité de leur goût. Ce charmant édifice, bâti en briques, fut détruit, lorsqu'on éleva les colonnades de la place Saint-Pierre.

Bramante donna un grand nombre de dessins pour des églises, pour des palais, tant à Rome que dans les Etats de l'Eglise. Mais nous n'avons voulu citer ici, comme ouvrages de lui, que ceux qui existent encore, ou ceux dont on ne lui conteste pas l'exécution.

Il mourut à l'âge de soixante-dix ans. La cour du Pape, & tous ceux qui cultivoient les beaux-arts, assistèrent aux funérailles magnifiques qui lui furent faites dans l'église de Saint-Pierre, où il fut enterré.

Bramante étoit d'une humeur gaie & d'un abord facile. Il obligeoit volontiers tous ceux qui pouvoient avoir besoin de ses services, mais surtout les artistes de mérite. Ce fut lui qui fit venir à Rome & introduisit Raphaël à la cour du Vatican, & lui enseigna l'architecture. On est d'accord que le fond du tableau appelé l'*Ecole d'Athènes*, est de l'architecture de *Bramante*. Le peintre s'en montra reconnaissant, en peignant le portrait de célèbre architecte dans cette figure d'un des groupes de sa composition, qui représente Archimède traçant des figures de géométrie au milieu des disciples qui l'entourent.

Bramante vécut honorablement & en homme de bien. Aussi distingué par les qualités qui font l'honnête homme, que par les dons de l'esprit, il réunit encore à la réputation d'artiste, celle de poëte & d'improvisateur. On peut apprécier ses talens en ce genre, par l'édition de ses œuvres, qui a été publiée en 1756.

Il est fort difficile d'assigner avec justesse les rangs entre les hommes célèbres qui ont exercé les arts du génie. Cela peut être plus difficile encore à l'égard de l'architecture. Ses résultats sont dus à une multitude de circonstances indépendantes de l'artiste, & dont il est trop souvent obligé de dépendre, car c'est dans les plus grandes entreprises que son génie est le plus contrarié. Si *Bramante*, avec une imagination au niveau des projets les plus élevés, avec un goût sage & pur, eût été mis à portée de réunir au génie qui crée, la réflexion & le loisir propres à mûrir les fruits de l'imagination, ses ouvrages nous seroient peut-être parvenus tels qu'il les avoit conçus, & la gloire de l'art, comme celle de l'artiste, y auroient beaucoup gagné. Nous pouvons toujours assez apprécier son goût & sa manière, pour prononcer qu'il est, entre les architectes modernes, celui qui posséda & sut réunir dans le milieu le plus juste, ces qualités diverses, que se disputent si souvent, en sens contraire, le talent des artistes. On trouve chez lui la grandeur de l'ensemble & la pureté des détails, la hardiesse de l'invention jointe à la finesse de l'exécution, de l'élégance avec de la force, de la simplicité & de la variété. Aussi admirable dans le plan gigantesque de la basilique Vaticane, que dans le petit temple de San-Pietro in Montorio : son talent étoit de mesure avec toutes les entreprises.

LÉGER, adj. Epithète qui exprime la qualité contraire à celle qu'on appelle *lourdeur*.

LÉGÈRETÉ, s. f. La qualité qu'exprime ce mot peut être prise en bonne ou en mauvaise part, selon l'application qu'on en fait aux ouvrages de l'art, ou selon ce que comportent la nature & le caractère propre de ces ouvrages. Il n'y a véritablement rien d'absolu dans les idées de lourdeur ou de *légèreté*, mises en rapport avec les œuvres de l'architecture. La lourdeur qui sera un défaut dans un monument, sera une beauté dans un autre, & *vice versâ* de la *légèreté*. Ce qui n'empêche pas qu'il ne puisse encore y avoir trop de lourdeur dans l'édifice qui exigera un caractère grave & pesant, comme aussi trop de *légèreté* dans celui qui demanderoit de l'élégance & un caractère svelte.

Ainsi la *légèreté* devient un défaut & un vice, soit lorsqu'on l'applique au monument dont le caractère s'y refuse, soit lorsqu'on la porte à l'excès, dans ceux-là même auxquels elle convient.

La *légèreté*, abstraction faite des convenances de l'art & du goût, c'est-à-dire, considérée en elle-même, résulte en architecture de la construction, de la disposition, de la proportion.

Il y a une *légèreté* de construction qui tient à la nature même des matériaux qu'on met en œuvre, & au système d'après lequel on les emploie. Sans aucun doute l'emploi de la brique, des massifs en maçonnerie, en remplissage ou blocage, des petites pierres qui en font les paremens, tout cela se prête à des combinaisons de voûtes plus hardies, & par conséquent à des effets de *légèreté* que ne sauroit donner l'emploi des pierres de taille, en supposant même que la coupe des pierres s'y prête avec la même économie. Il y a une *légèreté* qui tient à la qualité même des matériaux, que les causes locales fournissent à l'architecture. Il est certain que l'on peut faire peser sur des supports de pierre très-dure, un poids double & souvent triple de celui que soutiendroit une pierre deux ou trois fois plus tendre. Ainsi l'on verra une seule colonne de marbre recevoir la retombée de voûtes ou d'arcades, qu'on ne confieroit point à une colonne de pierre moins consistante. Dès-lors, si l'on manque de pierres dures, on substituera au support de la colonne, des pieds-droits d'une construction plus massive. Il y a une *légèreté* de construction qui procède du système même, ou de la science de l'art de bâtir, ou de ce qu'on appelle *l'art du trait*. Indépendamment de la méthode des arcs ogyves, ou des voûtes en tiers-point, qui exigent des points d'appui ou de résistance beaucoup moins massifs, il faut dire encore que les calculs mathématiques, portés dans les combinaisons de la coupe des pierres, ont enseigné aux architectes modernes une assez grande économie de matériaux. Quelques-uns ont prouvé que, dans presque toutes les grandes constructions, on avoit employé beaucoup plus de matière que la solidité n'en exigeoit, & que les coupes savantes de pierre, fondées sur les théories que donne le calcul, pourroient produire les mêmes résultats qu'on admire dans certains édifices, en y économisant jusqu'à la moitié des matériaux. D'autres ont soutenu que cette économie, en la supposant réelle, priveroit les édifices d'une partie de leur beauté & de l'admiration qu'on leur porte, parce que cette beauté & cette admiration reposent aussi sur cette grande sécurité que donne à l'œil du spectateur cet excès prétendu de solidité, parce que l'architecture a besoin, pour plaire, non-seulement d'être, mais encore de paroître solide, & parce que la solidité, due aux procédés savans, est de nature à ne pouvoir être connue & appréciée que par les savans en ce genre.

Nous avons dit qu'il y a en architecture une *légèreté* de disposition, c'est-à-dire, qui procède du parti général de la disposition, ou de la conbinaison établie entre les pleins & les vides. Sans aucun doute, un plan où l'on admet pour supports des colonnes, offrira une disposition plus légere que celui qui se composera d'arcades, & par conséquent de pieds-droits. Des voûtes exhauffées donneront à l'édifice un caractere de *légèreté* que ne sauroient lui communiquer des voûtes basses ou surbaissées. Les édifices gothiques doivent, dans leurs intérieurs, la *légèreté* qu'on y admire, au système de construction qui a permis d'y porter à une grande élévation, & avec de foibles points d'appui, une disposition de voûtes qui paroissent toutefois plus hardies qu'elles ne font, puisqu'en réalité, l'extérieur de l'édifice est tout-à-fait sacrifié, par la construction de ces arcs-boutans, sans lesquels les voûtes de l'intérieur ne subsisteroient point. Plus la disposition, soit du plan, soit de l'élévation, permet de percés, plus le vide l'emporte sur le plein, plus il a d'aspects variés dans les masses, plus l'élévation est simple, c'est-à-dire, moins il y a de ces divisions qui empêchent l'œil de saisir facilement l'étendue, & qui semblent arrêter la vue dans sa marche, & plus le sentiment de la *légèreté* se développe. Le gothique est redevable de l'impression qu'il produit en ce genre, dans les nefs des églises, à cela surtout, que rien n'interrompt les fuseaux de ses supports, dont les torons naissant du sol de l'édifice, se prolongent sans aucune interruption d'aucun membre, & parcourent, comme d'un seul jet, toute la hauteur du monument jusqu'au sommet de ses voûtes.

La *légèreté* enfin, ainsi qu'on l'a dit, procede, dans les édifices, de la science même des proportions. On peut affirmer que la *légèreté* pouvant être, comme on l'a déjà avancé, une qualité ou un défaut, la seule véritable, c'est-à-dire, digne d'être admirée, est celle qui reste dans ce milieu que le goût peut avouer, & que la théorie des proportions fait fixer. Ainsi, nul doute que les torons gothiques, que les fuseaux des colonnes arabesques, n'aient plus de *légèreté* que tous les ordres de l'architecture grecque. Mais, qu'est-ce qu'une *légèreté* dont l'effet se produit par un excès bizarre d'élévation, par le manque absolu de rapports entre les parties auxquelles l'objet doit être associé?

Le système de l'architecture grecque, en établissant les diverses proportions des ordres, a admis entr'eux une progression de *légèreté*; mais cette *légèreté* n'est pas due à ces contrastes qui, en faisant ressortir avec excès la qualité qu'on veut produire, en font un abus au lieu d'une beauté. Toutes les formes, toutes les parties, tous les détails, & jusqu'aux ornemens des ordres légers, sont mis en rapport avec le caractere de la *légèreté*.

La *légèreté* de l'architecture est quelque chose de positif & de matériel, & peut-être aussi quelque chose d'idéal & d'intellectuel, c'est-à-dire, que la qualité à laquelle on donne le nom de *légèreté*, tient à des rapports de forme & de mesure que le sens le plus grossier peut saisir, que l'écuelle ou le compas démontrent; & elle tient à des rapports de goût très-délicats, qui s'adressent au sentiment, & que l'esprit seul peut apprécier. Il y a enfin dans l'architecture une *légèreté* physique; c'est celle qui résulte, comme on l'a vu, de la construction, de la disposition & de la proportion, & il y a une *légèreté* morale, qui n'est produite que par le génie de l'architecte, & qui se manifeste dans les moindres formes même de l'ornement.

L'ornement, dans ses formes, son emploi, ses combinaisons, son exécution, contribue singulièrement à faire briller la *légèreté* que l'artiste veut donner à son ouvrage. En général, beaucoup de parties lisses qui détachent avec plus de vivacité les figures & les ornemens, de la finesse dans l'exécution, de la précision dans les contours, du fouillé dans les noirs ou les vides, tout cela contribue à rendre l'ornement léger, & la *légèreté* de l'ornement en donne à l'aspect général. Il faut remarquer encore que le trop de saillie dans les bas-reliefs, dans les rinceaux, dans les fleurons, tend à donner de la lourdeur.

De tout ce qui constitue la *légèreté* (prise en bonne part) dans toutes les parties de l'architecture, résulte ce qu'on appelle *légèreté* du style chez l'architecte. Ainsi l'on dit que le style de Bramante, par exemple, a plus de *légèreté* que celui de San Gallo; que le goût de Palladio fut plus léger que celui de Scamozzi; que le goût de bâtir de l'école vénitienne donne beaucoup plus à la *légèreté* que le goût de bâtir florentin.

La *légèreté*, en tant que qualité estimable, est donc une sorte de synonyme d'*élégance*. Comme toutes les qualités applicables à l'architecture ont leur modèle dans la nature, on peut se former l'idée de la *légèreté* d'un édifice, par celle que nous admirons dans l'homme, ce modèle indirect & intellectuel de l'art de bâtir. La *légèreté* de corps tient à une disposition proportionnelle de ses parties, qui indique dans l'homme une aptitude à tous les travaux, à tous les exercices qui demandent de la prestesse & de la vitesse. Ainsi, la figure appelée *le gladiateur combattant*, est pour nous le type de la *légèreté* du corps, comme l'hercule Farnèse est le prototype de la force: cependant il y a de la vigueur dans le gladiateur, & il y a de la *légèreté* même dans l'hercule. Ainsi, selon le caractere fort ou élégant que doit avoir un édifice, il faut que le fort soit tempéré par quelque chose de léger, & que le caractere d'élégance ne manque pas de cette solidité apparente qui désigne la force.

LÉGERS, s. m. pl. On appelle ainsi, dans la bâtisse, les menus ouvrages, comme les plâtres ou cloisons en petite maçonnerie, les carreaux, &c. Mais on prend ce mot en mauvaise part, à l'égard des ouvrages où l'épaisseur n'est pas proportionnée

Kkkk 2

à l'étendue ou à la charge prescrite. Tels sont des murs de face trop minces, des solives ou des poteaux trop foibles ou trop espacés.

Les lois des bâtimens prescrivent à chaque genre d'ouvrage l'épaisseur que le constructeur doit leur donner, & les rapports dans lesquels beaucoup d'objets de solidité doivent se trouver entr'eux. Les ouvrages qu'on appelle *légers*, dans le sens qui vient d'être indiqué, sont des malfaçons.

LESCHÈ. Nom qui signifie, en grec, *entretien, conversation*, & qui fut donné à une sorte d'édifice probablement destiné à des réunions publiques, où les citoyens conversoient entr'eux. Il y en avoit dans le plus grand nombre des villes grecques.

Quelques villes avoient plusieurs *leschè*, & chaque quartier avoit le sien. Il y avoit même des *leschè* particuliers pour les hommes d'un âge mûr, & d'autres pour les jeunes gens.

Selon Proclus, cité par Meursius, il y auroit eu à Athènes trois cent soixante *leschè*. On ignore quelle forme & quelle étendue pouvoient avoir ces sortes de monumens. Quelques-uns croient que c'étoient des salles avec des portiques, & des siéges disposés sur les deux côtés d'un parallélogramme, & qu'elles avoient une porte à chaque extrémité.

Il paroît que l'on ornoit ces édifices par des peintures. Le *leschè* de Delphe avoit été décoré de peintures qui étoient du célèbre Polygnote. Ces peintures étoient une offrande des Cnidiens, & elles furent fameuses, autant par la grandeur que pour la richesse de leur composition. Pausanias en a donné une description très-détaillée dans les chapitres 25 à 31 du deuxième livre de sa *Description de la Grèce*. A droite on voyoit la destruction de Troye & le retour de la flotte des Grecs. On y remarquoit Ménélas faisant toutes les dispositions du départ, & les héros grecs, les uns encore occupés à la destruction de la ville, & les autres se rassemblant autour des vaisseaux. La peinture du côté gauche offroit le sujet de la descente d'Ulysse aux enfers. Ces deux peintures contenoient un si grand nombre de personnages, qu'on ne peut s'empêcher de croire qu'elles étoient d'une dimension considérable. On peut donc conclure de-là que l'édifice qui les renfermoit, étoit lui-même d'une assez grande étendue.

Sparte, d'après les notions des historiens, avoit deux *leschè* : l'un appartenoit aux Crotanes, qui formoient une partie des habitans de la ville de Pitana, située près de Sparte ; l'autre *leschè* appartenoit en propre aux Spartiates ; il étoit richement décoré de peintures, & par cette raison on l'appeloit *pœcile*, ainsi que plusieurs autres édifices semblables, auxquels on donna le même nom en diverses villes de la Grèce. *Voyez* PŒCILE.

On peut conjecturer, d'après ces diverses notions, que les *leschè* furent des édifices très-favorables au développement des arts, & que leur forme, ainsi que leur emploi, avoient dû contribuer à l'embellissement des villes, & aux encouragemens que les beaux-arts doivent attendre surtout des usages & des pratiques qui se lient aux institutions sociales.

LESCOT (Pierre), né en 1510, mort en 1578. Il étoit de la famille d'Alissy, abbé commendataire de l'abbaye de Clagny, conseiller des rois François Ier., Henri II, Charles IX & Henri III, sous le règne desquels il a vécu, & chanoine de l'église de Paris. C'est à quoi se réduisent les détails que les biographes ont rassemblés jusqu'ici sur la personne de ce célèbre architecte.

Pierre Lescot passe pour le premier qui ait osé bannir le goût gothique de notre architecture, & y substituer les belles proportions de l'antique. C'est ainsi que s'exprime d'Argenville, & il ajoute que « c'est par lui qu'on a vu renaître le bon goût qui s'étoit perdu. » Il y a quelque exagération dans cet éloge. Nous avons vu à l'article de Jean Bullant, que très-probablement, avant que la cour du Louvre fût commencée sur les desseins de *Pierre Lescot*, déjà Bullant avoit, au château d'Écouen, donné les modèles les plus réguliers des ordres grecs. Nous avons montré que le château d'Écouen doit avoir été bâti avant 1540, & nous allons voir que les projets de la cour du Louvre ne durent pas être donnés par *Pierre Lescot* avant 1541. Ainsi, Bullant précéda *Lescot*. On doit avouer effectivement que le goût général de l'architecture du château d'Écouen a, dans beaucoup de parties, encore une teinture du goût gothique. Mais il est peut-être également vrai de dire que, dans les détails classiques des ordres, Bullant a plus de pureté que *Lescot*, & est peut-être plus exact observateur des règles de Vitruve.

« Il paroît (dit d'Argenville) que le début de
» *Pierre Lescot* fut le dessin du Louvre. Plusieurs
» auteurs ont écrit que François Ier. le fit com-
» mencer en 1528. *Lescot* n'avoit encore que
» dix-huit ans. Est-il probable qu'on eût confié
» une aussi grande entreprise à un jeune homme
» de cet âge ? Il l'est encore moins qu'il eût été
» capable de l'imaginer. On voit dans la vie de
» Serlio, que François Ier. le fit venir en 1541
» pour donner les desseins du Louvre. Le moyen
» de concilier ces faits est, ce me semble, de dire
» que le Roi commença en 1528 à faire démolir
» le vieux château de Philippe-Auguste, que
» Charles V avoit fait réparer, avec la grosse
» tour ronde placée au milieu de la cour, & que
» ce ne fut qu'en 1541 que le nouveau Louvre
» fut commencé. *Lescot* avoit alors trente ans,
» cette belle production n'est pas au-dessus d'un
» homme de cet âge. Une inscription placée sur
» la porte de la salle dite (jadis) *des Cent-Suisses*,
» nous apprend que Henri II fit continuer le

» Louvre en 1548, un an après la mort de son
» père. »

C'est au Louvre, & presqu'uniquement dans cet édifice, qu'il est permis de se former une idée du génie de *Pierre Lescot*. On en seroit sans doute encore mieux ressortir l'éclat, si l'on pouvoit opposer à ce qu'il fit, dans le monument dont il fut le créateur, le goût encore barbare des constructions qui formoient avant lui cet ensemble irrégulier de palais qui déjà, depuis plusieurs siècles, s'appeloit le Louvre.

L'époque de l'origine de ce palais est restée pour toujours enveloppée d'obscurités : selon quelques écrivains, elle remonteroit au septième siècle. Ce qu'on peut dire, c'est qu'elle est fort ancienne, puisque l'étymologie du nom *Louvre* est elle-même problématique. Les uns veulent que le mot vienne du nom propre d'un seigneur *de Louvres*, sur le terrain duquel le château primitif fut bâti. Les autres prétendent que *Louvre* signifie l'œuvre, l'ouvrage par excellence. D'autres disent que *Louvre*, en langue saxone, veut dire *château*. Quelques-uns ont cherché la raison de ce mot dans le mot latin *lupara*, qui, venant de *lupus*, loup, indiqueroit que cette maison royale étoit située originairement dans un lieu propre à la chasse du loup.

Selon Piganiol, la situation originaire du Louvre dans une grande plaine, & détachée entièrement de Paris, fait connoître que ce château avoit été bâti à deux fins, c'est-à-dire, pour servir de maison de plaisance à nos rois, & de forteresse pour défendre la rivière & tenir les Parisiens en respect.

Le plan de l'ancien Louvre, continue Piganiol, étoit un parallélogramme, & s'étendoit en longueur depuis la rivière jusqu'à la rue de Beauvais, & en largeur, depuis la rue Fromenteau jusqu'à la rue d'Autriche, nommée aujourd'hui *la rue du Coq*. Le Louvre alors touchoit aux murs de la ville, & le terrain qu'il occupoit, étoit de soixante toises de long sur cinquante-huit de large.

Ce bâtiment consistoit en plusieurs corps de logis d'un extérieur si simple, que les façades ressembloient à quatre pans de murailles, percées au hasard de petites fenêtres croisées, les unes sur les autres, sans aucune symétrie. Il étoit d'ailleurs flanqué, dans toute son étendue, d'un grand nombre de tours, & environné de fossés larges & profonds.

Les tours dont on parle y étoient disposées sans aucune symétrie entr'elles, à l'exception de celles des entrées & de celles des angles. Les premières ne montoient que jusqu'au premier étage, & se terminoient en terrasses ou plates-formes ; les secondes plus hautes, avoient leurs sommets couverts en ardoises, & se terminoient par des girouettes peintes, rehaussées des armes de France. Au milieu de la grande cour s'élevoit ce qu'on appeloit *la tour du Louvre*. Elle étoit ronde & ressembloit à celle de la Conciergerie du palais. Son diamètre étoit de treize pieds, sa hauteur de seize toises.

Il paroit que toutes ces bâtisses étoient en très-mauvais état dès le commencement du seizième siècle : car on sait que, pour loger au Louvre Charles-Quint, en 1529, François Ier. fut obligé d'y faire faire des réparations considérables.

Dès l'an 1528, ce roi, voyant l'ancien palais tomber en ruines, avoit résolu de commencer, sur les terrains de ce palais, un nouvel édifice. Avant de rien entreprendre, François Ier. avoit demandé à Serlio, qui étoit alors en France, un projet de palais. On est porté à croire que ce célèbre architecte, qui put avoir part au premier projet, & qui pourtant ne l'exécuta point, auroit contribué à faire approuver les desseins de *Pierre Lescot* plusieurs années après.

Ce fut en effet sur ses projets que fut définitivement élevé le nouveau palais, que depuis l'on a appelé *le vieux Louvre*, pour le distinguer des constructions qui y furent dans la suite ajoutées.

Cette partie du Louvre, ouvrage de *Pierre Lescot*, dont ensuite on suivit le dessin dans le reste de la grande cour, avoit à peine été commencée sous François Ier. ; elle fut achevée sous Henri II, en l'année 1548, comme le porte l'inscription gravée au-dessus de la salle des Caryatides, sculptées par J. Goujon. Nous allons rapporter cette inscription, document précieux pour l'histoire de la construction du Louvre, & pour celle de *Pierre Lescot*.

Henricus II christianissimus vetustate collapsum, refici captum à patre Francisco I, rege christianissimo, mortui sanctissimi parentis memor pientissimus filius absolvit anno à salute Christi. M. D. XXXXVIII.

On a déjà vu que la partie du Louvre bâtie par *Pierre Lescot*, ayant été achevée en 1548, & l'on suppose qu'elle auroit été commencée en 1541, cet architecte avoit alors trente ans.

La partie qu'on éleva alors sur ses desseins, est celle qui fait aujourd'hui l'angle de la cour actuelle, à partir de la porte qui donne sur le quai en face du pont des Arts, jusqu'au pavillon de Lemercier, connu par les caryatides de Sarrazin, autrement dit la porte qui conduit sur ce qu'on appeloit *la place du Carrousel*. Cette partie est la seule qui ait été complètement achevée. Depuis les changemens qui ont eu lieu par le dernier projet, selon lequel la cour du Louvre a été enfin terminée dans son ensemble, on a supprimé l'attique d'un des côtés de l'angle qui aboutit à la porte qui donne sur le quai. Il ne reste donc plus de partie entièrement conservée de l'architecture de *Pierre Lescot*, que l'autre côté de l'angle dont on a parlé, qui aboutit au pavillon dit *de la Mercier* ou des caryatides de Sarrazin. Ce morceau, véritablement original & entier du premier architecte du Louvre, a encore l'avantage que son intérieur, qui renferme la salle dite jadis *des Cent-Suisses*, quoiqu'ayant été affectée depuis à beaucoup de destinations diverses, est restée dans son intégrité.

C'est donc dans cette partie du Louvre qu'on peut juger du génie de *Lescot* & apprécier son goût.

A l'époque où il vécut, on voyoit en Italie, comme en France, régner dans la pratique des arts une plus grande union qu'aujourd'hui. L'art de l'architecture surtout n'étoit point isolé, comme cela est arrivé depuis, dans un enseignement spécial & indépendant. Tout artiste dessinateur, il est vrai, croyoit pouvoir être architecte ; mais aussi tout architecte étoit réellement un dessinateur, dans la plus noble acception de ce mot. L'architecture se composant effectivement de deux principales parties qui peuvent renfermer les autres, savoir, l'utile qui est la construction, & l'agréable qui est la décoration, il est certain que le parfait architecte est celui qui réunira en entier ces deux parties : & l'on accordera aussi que de tout temps il a été rare que l'un des deux esprits ne l'ait pas emporté sur l'autre.

Ainsi, à l'âge où fleurit *Pierre Lescot*, l'architecture étoit ordinairement professée par des hommes qui étoient à la fois peintres & sculpteurs. Dès-lors le goût de l'ornement & de la décoration dominoit dans les dessins des architectes. Cela résulte avec évidence des compositions de *Pierre Lescot*. Il est certain que la sculpture est prodiguée, quant à la quantité des objets, & aussi quant à l'effet, dans l'attique surtout de la façade que nous examinons. Il y a sans doute surabondance de richesses & surcharge d'ornemens, en considérant particulièrement la nature de l'étage, & ce qu'il devoit comporter de décoration, par proportion avec les étages inférieurs.

On entend à la vérité comment, selon un certain point de vue, *Pierre Lescot* fut conduit à ce défaut. Considérant que les étages inférieurs demandent plus de solidité apparente, & dès-lors plus de simplicité ; étant parti, dans le rez-de-chaussée, du corinthien, il crut devoir augmenter de richesse dans le premier étage, par l'emploi du composite, & en suivant cette prétendue échelle de proportion, il ne trouva rien de trop riche pour l'attique placé au-dessus. Cependant un autre genre de convenance devoit donner à penser que la richesse que l'on porte à la décoration des étages, doit être aussi proportionnée à l'importance de ces étages, & qu'un attique n'étant qu'un étage parasite ou de nécessité, il ne convenoit pas de lui prodiguer, d'après ce caractère, tous les priviléges de la magnificence.

Quoi qu'il en soit de ces observations, on ne sauroit refuser beaucoup d'estime à cette architecture, soit qu'on examine les détails de la façade qu'on voit encore aujourd'hui dans son entier, soit qu'on la considère dans son ensemble. On admirera toujours la pureté, la correction & la belle exécution des ordonnances, des croisées, des frises, des chambranles de portes ou de fenêtres. Sans doute aussi la perfection de la sculpture n'a pas peu contribué au mérite & au bel effet de cette façade. Ce fut un bonheur pour *Pierre Lescot* d'avoir travaillé de concert avec Jean Goujon ; & lorsqu'il règne entre l'architecte & le sculpteur un tel accord de style & de goût, chacun des arts reçoit de l'autre, ce charme & ce mérite qu'on ne sauroit définir mieux, qu'en disant que les deux parties semblent être l'ouvrage d'un seul.

Il peut y avoir & il y a effectivement sur le mérite d'ensemble de la façade de *Lescot*, diversité d'opinion. Rien ne le constate mieux que les changemens survenus dans l'élévation de la cour du Louvre, lorsque de nouveaux projets tendirent successivement à l'agrandissement de cette cour. Ce fut, à ce qu'il paroît, sous Louis XIII que prit naissance l'idée de quadrupler l'enceinte projetée par *Lescot*. Elle ne devoit avoir en effet que le quart de la dimension actuelle dans son intérieur. Le Mercier fut chargé de l'érection du grand pavillon des caryatides de Sarrazin, qui subsiste encore aujourd'hui, surmonté d'un dôme, & ce fut lui qui, en continuant dans les parties inférieures de ce pavillon les ordonnances de *Lescot*, éleva en pendant, & toujours sur les mêmes dessins, l'autre aile qui s'appuie au pavillon.

Lorsque de règne en règne, & de projets en projets, l'enceinte de la cour du Louvre eut été quadruplée, ce bâtiment, tant de fois repris & abandonné, offroit des parties élevées sur les dessins de *Lescot*, & d'autres où l'on avoit substitué au troisième étage, ou ordre de colonnes, à l'étage en attique du premier architecte. Ce fut alors que l'on fut à même de décider lequel des deux ensembles avoit de l'avantage sur l'autre ; toutefois la question resta indécise. Il fallut enfin la résoudre dans les derniers projets qui ont été adoptés & exécutés au commencement de ce siècle, pour l'achèvement du Louvre. C'étoit le moment d'opter ; cependant le respect qu'on eut pour l'architecture de *Pierre Lescot*, quoiqu'on préférât dans le reste le système du troisième ordre à celui de l'attique, fut cause qu'on a laissé intacte la façade terminée en attique, & cette façade, monument du génie de *Lescot*, contribuera probablement encore à perpétuer l'indécision sur le meilleur ensemble des deux projets. Il y a en effet des raisons de convenance pour & contre, & le bon goût en architecture ne sauroit être appelé tout seul, à prononcer dans de tels débats.

En parlant des travaux exécutés dans le Louvre actuel par *Pierre Lescot*, & conservés jusqu'à nos jours, on ne sauroit omettre la grande & belle salle qui occupe le rez-de-chaussée du corps de bâtiment dont on vient de parler. Cette salle, devenue aujourd'hui une des plus belles du Musée royal des antiques, est remarquable par ses dimensions & par sa décoration surtout.

Les trente années qui se sont écoulées entre la publication du premier volume de ce Dictionnaire & l'époque où nous écrivons cet article, ont donné lieu à bien des changemens qui doivent en faire apporter beaucoup aussi dans les opinions & les jugemens. Ainsi, à l'article CARYATIDE, où nous citions les statues caryatides de Jean Goujon, qui soutiennent la tribune de la salle construite par *Pierre Lescot*, nous représentions ces figures comme à peine connues & comme cachées, si l'on peut dire, dans un réceptacle obscur & poudreux de fragmens d'antiques. Alors la décoration de cette salle, les sculptures des chapiteaux & d'autres objets n'étoient point terminées. Aujourd'hui tout a été fini & exécuté selon les dessins de l'architecte. Cette salle, qui étoit un peu basse pour son étendue, a reçu plus de hauteur, ce qu'on a obtenu en baissant le terrain, & on peut la citer comme un des plus beaux intérieurs que renferme le Louvre. Le dessin de la tribune aux caryatides offre une idée heureuse & riche. Peut-être désireroit-on un peu moins d'ornemens dans l'entablement. L'ordre introduit dans la décoration de la salle est une sorte de dorique composé, & les colonnes y sont disposées d'une manière assez pittoresque. Il y a une fort grande magnificence dans la décoration de cette cheminée qui fait face à la tribune des caryatides. Toutes les sculptures de cette composition ont été terminées, fort heureusement, selon l'intention & le goût de l'auteur, & l'on peut aujourd'hui juger du mérite de cet ensemble, comme de chacune de ses parties.

La fontaine dite *des Innocens*, & dont nous avons parlé assez longuement à l'article FONTAINE, passe encore pour être de l'architecture de *Pierre Lescot*, quoique d'autres en fassent honneur à Jean Goujon. Cette incertitude provient du manque de notions historiques sur les ouvrages de ce siècle; elle tient peut-être encore à l'union qui paroît avoir régné entre *Lescot* & *Goujon*, & plus encore à celle qui, ainsi qu'on l'a dit au commencement de cet article, associoit dans ce temps-là le peintre, le sculpteur & l'architecte par des études communes, & établissoit souvent entr'eux, dans les mêmes travaux, une communauté de gloire & de succès d'autant mieux fondée, que chacun auroit pu être l'auteur unique de l'ensemble, auquel il n'avoit contribué que pour une partie.

LEVAGE, s. m. (*Terme de charpenterie.*) On appelle ainsi l'élévation ou le transport du bois, de l'atelier sur le tas.

LEVÉE. (*Terme d'architecture hydraulique.*) Élévation de maçonnerie ou de terre avec des pieux, construite en forme de quai ou de digue, pour soutenir les berges d'une rivière, & empêcher qu'elle ne se déborde. (*Voyez* CHAUSSÉE, DIGUE.)

LEVÉES (Pierres). On appelle *pierres levées* & *pierres debout*, des pierres brutes de diverses grandeurs, qu'on trouve érigées d'une manière symétrique dans différentes contrées de la France, entr'autres dans le Poitou & la Bretagne. On en voit aussi de pareilles dans quelques contrées de l'Angleterre. Quelquefois sur la sommité de deux de ces pierres qu'on appelle *debout*, on en voit qui sont placées parallèlement, & qu'on appelle *levées*. Les premières sont plus ou moins enfoncées en terre; elles en sortent quelquefois jusqu'à la hauteur de six pieds. Ces sortes de monumens sont portés par des tertres artificiels de différentes hauteurs, formés de cailloux réunis & entre-mêlés de terre. Caylus, dans le 4e. & le 6e. volume de son *Recueil d'antiquités*, a publié plusieurs pierres debout & plusieurs *pierres levées*.

La *pierre levée* de la Trébauchère, commune de Bernard dans la Vendée, est une des plus grandes que l'on connoisse. M. Mazet, bibliothécaire de Poitiers, la mesura en 1783; elle a vingt-cinq pieds de long sur dix-sept de large, & plus de deux pieds d'épaisseur. Elle est portée sur neuf pierres debout de six pieds d'élévation, & forme une grotte de vingt-quatre pieds de long sur seize de large. Différentes fouilles faites par le savant bénédictin dom Fronteneau & par M. Mazet, sous plusieurs de ces pierres, ont fait croire que c'étoient des monumens de sépulture.

Sous la couche souvent épaisse de pierres & de cailloux qui couvre la terre, on en trouve une seconde de terres rapportées, entre-mêlées d'ossemens & de pierres : ensuite vient une terre qui commence à devenir noirâtre, un peu plus bas, elle est évidemment cendrée, mêlée de charbons & d'ossemens humains qui ont éprouvé l'action du feu; quelquefois ils sont calcinés, la plupart sont rompus par morceaux. D'autres fois, comme dans les fouilles faites par M. Mazet au vieux Poitiers, on trouve sous ces pierres une fosse taillée dans le tuf, renfermant des ossemens en partie brûlés, mêlés d'une terre cendrée. A l'un des bouts de la fosse trouvée au vieux Poitiers, il y avoit une assiette de terre grossière & pesante, qui contenoit de petits os.

Dans le Poitou il y a des pierres debout qui s'élèvent perpendiculairement de neuf à vingt-six & vingt-sept pieds.

Si l'on a des conjectures fondées sur l'objet & l'emploi de ces sortes de monumens, rien n'a pu faire encore découvrir à quel siècle ils appartiennent, parce que jamais on n'y a trouvé ni inscriptions ni objets qui puissent en indiquer l'époque.

LEVIER, s. m. On donne ce nom, le plus souvent, à une pièce de bois (de brin) plus ou moins longue, dont on se sert dans une multitude de travaux, pour soulever de gros fardeaux, en introduisant une de ses extrémités sous le fardeau, & mettant un coin ou point d'appui près de cette extrémité ; on fait ensuite une pesée à l'autre extrémité, & ce qu'on appelle *un abattage*. L'action du *levier* est en proportion de sa longueur, mais cette longueur a des termes que l'usage ou le calcul fait fixer.

Lorsque le *levier* est de fer, on l'appelle une *pince*. On s'en sert pour faire agir le treuil d'une chèvre, d'une grue, l'arbre d'un cabestan, &c.; dans l'artillerie, pour mouvoir les pièces de canon, les mettre en batterie, &c.

LEVIS. (*Voyez* PONT-LEVIS.)

LÈVRE. (*Voyez* CAMPANE.)

LÉZARDE, s. f. Désunion continue qui a lieu dans un ouvrage de construction, mais surtout de maçonnerie. Il se fait de fréquentes *lézardes* dans les murs construits en moellons ou en petites pierres mêlées de ciments, soit lorsque les fondations cèdent d'un côté, soit lorsque l'ouvrage a été mal lié, soit lorsque le ciment est de mauvaise qualité. On appelle aussi ces désunions, des crevasses.

Il a été beaucoup parlé des *lézardes* qui se manifestèrent, il y a plus d'un siècle, dans la construction de la coupole de Saint-Pierre. (*Voyez*, au mot COUPOLE, les développemens que nous avons donnés sur cet accident de construction.)

LIAIS. C'est le nom d'une pierre fort dure, qu'on tire des carrières d'Arcueil près Paris.

La pierre de *liais* est compacte, d'un grain très-fin, & elle comporte, dans l'exécution, le plus beau fini. La chapelle de Versailles est bâtie en pierre de *liais*. Cette pierre s'emploie très-favorablement par le sculpteur. Les beaux bas-reliefs de Jean Goujon, à la fontaine des Innocens, sont de pierre de *liais*. On en fait des chambranles de cheminée, auxquels la peinture donne les couleurs du marbre.

LIAISON, s. f. Ce mot exprime l'union qui existe entre les objets, & il peut se prendre au figuré comme au simple. Cependant, en architecture, l'idée morale exprimée par ce mot se rend plus volontiers par les mots *union*, *accord*, *harmonie*. (*Voyez* ces termes.) *Liaison* est plus volontiers un mot de construction. On s'en sert pour exprimer la manière d'arranger & de lier les pierres, les moellons, les briques, en sorte que ces différens matériaux s'enchaînent entr'eux & les uns sur les autres, ce qui a lieu lorsque les joints de l'assise supérieure répondent aux lits des pierres inférieures. On dit *liaison à sec*, lorsque les pierres sont posées dans ce même système, mais sans aucun mortier dans les joints. Ainsi le sont, dans les ouvrages de l'antiquité, les marbres & les pierres dures.

LIAISONNER, v. act. C'est arranger les pierres d'un édifice, de manière que les joints des unes portent sur le milieu des autres. C'est aussi remplir de mortier les joints des pierres.

LIBAGE, s. m. Quartier de pierre, ou gros moellon dur, rustique & d'un emploi difficile dans les paremens. On les équarrit ordinairement d'une façon grossière, & on s'en sert dans les fondations ou dans les garnis.

Les *libages* se tirent du ciel des carrières. Une pierre de taille, lorsqu'on n'en peut rien faire, devient *libage*.

LIBON. Architecte né en Élide, & qui construisit à Olympie le célèbre temple de Jupiter Olympien, monument dont il n'existe, à ce qu'il paroit, aucun vestige, mais dont il est facile de retrouver l'ensemble, la composition & la dimension, au moyen de la description exacte & fort étendue que Pausanias en a faite, & des analogies frappantes que cette description nous prouve avoir existé entre ce temple & celui du Parthénon à Athènes, dont nous connoissons avec une certitude complète tous les détails.

« L'ordonnance du temple (dit Pausanias, » liv. V, chap. 10) est dorique. Son extérieur est » environné de colonnes. Il est construit en pierre » du pays. Sa hauteur jusqu'au sommet du fron- » ton est de 68 pieds, sa largeur est de 95 pieds, » sa longueur est de 230 pieds. L'édifice est cou- » vert non de tuiles en terre cuite, mais de dalles » de marbre pentélique, taillées en manière de » tuiles. On dit que l'invention de cette sorte » de couverture est due à un certain Bizès, de » l'île de Naxos..... A chaque extrémité du com- » ble (ou du fronton) est placé un grand vase de » bronze doré, fait en forme de chaudière, & sur » le point milieu du fronton s'élève une victoire » également dorée. Au-dessous de cette statue est » un bouclier d'or sur lequel est sculptée une tête » de Méduse. Le bouclier a une inscription qui » apprend & le nom de ceux qui l'ont consacré & » le motif de sa consécration..... En dehors, sur » la bande qui règne au-dessous des colonnes, il » y a des boucliers dorés, au nombre de vingt-un, » consacrés là par le général romain Mummius, » après qu'il eut terminé glorieusement la guerre » d'Achaïe, pris Corinthe & chassé les Corin- » thiens d'origine dorique. Dans le fronton anté- » rieur du temple sont représentés les prépara- » tifs du combat à la course de char, entre Pelops » & Œnomaüs. La figure de Jupiter occupe le » milieu du tympan du fronton. A la droite du » dieu est Œnomaüs, le casque en tête. Près de » lui est Stérops son épouse, une des filles d'Atlas. » En avant du char & des chevaux, qui sont au » nombre de quatre, est assis Mirtyle, écuyer » d'Œnomaüs; il est accompagné de deux hommes » dont on ne dit pas les noms, mais on voit qu'ils » sont là commis par Œnomaüs à la garde & au
» son

» soin des chevaux. L'extrémité du fronton est
» occupée par le fleuve Cladée, qui, après l'Al-
» phée, reçoit des Eléens le plus d'offrandes. Les
» figures que l'on voit à la gauche de Jupiter,
» sont d'abord Pélops & Hippodamie, le cocher
» de Pélops, ensuite les chevaux & deux écuyers.
» Ici le fronton se rétrécit, & cet espace est oc-
» cupé par le fleuve Alphée..... Le fronton anté-
» rieur qu'on vient de décrire, est l'ouvrage de
» Pæonius, natif de Mendes en Thrace. Celui de
» la façade postérieure du temple est d'Alcamènes,
» contemporain de Phidias, & après lui le pre-
» mier dans l'art de faire des statues. Il a repré-
» senté, dans ce fronton, le combat des Centaures
» & des Lapithes aux noces de Pirithoüs. Celui-
» ci occupe la place du milieu. Près de lui sont,
» d'un côté Eurytion, qui lui a enlevé son épouse,
» & Cénée qui combat contre le ravisseur; de
» l'autre, Thésée frappant de sa hache les cen-
» taures. On y voit un centaure enlevant une
» jeune fille, & un autre qui se saisit d'un beau
» jeune homme. Alcamènes, je le pense, a traité
» ce sujet, parce qu'il avoit appris dans les
» poésies d'Homère, que Pirithoüs étoit fils de
» Jupiter, & que Thésée descendoit de Pélops à
» la quatrième génération. Il y a aussi, au temple
» d'Olympie, plusieurs sujets relatifs aux travaux
» d'Hercule. Le bas-relief qui règne au-dessus
» d'une des portes du temple, contient la chasse
» du sanglier d'Arcadie, les combats d'Hercule
» contre Diomède, roi de Thrace, & contre Ge-
» ryon dans l'île d'Erithrée. On l'y voit soutenant
» le ciel à la place d'Atlas, & purgeant de son li-
» mon le territoire des Eléens. Dans le bas-relief
» au-dessus de la porte de l'opisthodome, Hercule
» est figuré enlevant le baudrier d'une Amazone,
» dérobant la biche de Diane, terrassant le tau-
» reau de Gnosse, tuant à coups de flèche les oi-
» seaux stymphalides, étouffant l'hydre & le lion
» de Némée. En entrant par la porte de bronze
» dans le temple, on voit à droite, en avant d'une
» colonne, Iphitus couronné par son épouse En-
» chiria, ainsi que le portent les vers élégiaques
» qu'on lit sur ce monument. L'intérieur du naos
» est orné de colonnes & de portiques qui s'élé-
» vent jusqu'en haut; on passe dessous pour aller
» à la statue de Jupiter. Un escalier tournant a été
» pratiqué pour monter jusqu'au comble. »

Il est facile, comme on voit, en remettant ensemble, dans leur ordre, tous les détails de cette
description, de recomposer le plan & l'élévation
du monument. D'abord on voit que le plan général
du temple, à quelques variétés près que je ferai remarquer, est le même que celui du Parthénon à
Athènes. (*Stuart, Antiq. of Athens, tom. II, pl. 2,
chap. 1*.) Les dimensions en sont aussi presque
semblables. Le Parthénon, selon le dessin de Stuart,
a 95 pieds français de large. Le temple d'Olympie,
selon Pausanias, avoit 95 pieds grecs, qui, convertis en pieds français (le pied grec fait 11 pou-

Diction. d'Archit. Tome II.

ces 4 lignes & demie), font 91 pieds. Le Parthénon, selon le plan de Stuart, a 219 pieds de long.
Le temple d'Olympie avoit, d'après Pausanias, 230
pieds grecs, qui se réduisent à 218 pieds français. Il
étoit donc à peu près égal, en longueur, au Parthénon, & de trois à quatre pieds moins large.

D'après le texte de la description, il étoit extérieurement environné de colonnes; ainsi il formoit un périptère amphiprostyle. Il avoit une
porte à chacune de ses extrémités. L'ordre dorique dont se composoient les colonnes du dehors,
prouve que chaque façade du temple (comme
on le verra plus bas) fut formée de huit colonnes, dont le diamètre inférieur dut être de
cinq pieds & demi à six pieds. Cette proportion
étant donnée aussi par le temple du Parthénon, il
ne peut pas y avoir eu dans les ailes moins de
dix-sept colonnes, en comptant deux fois celles
des angles.

La conformité jusqu'ici est frappante entre les
deux édifices. Du reste, le texte de Pausanias,
ainsi qu'on a pu le voir, fait mention de tout ce
qui constitue le plan & l'ensemble du Parthénon.
Il est question des portes de l'opisthodome, ce qui
autorise à placer cette partie du temple, dans le
même lieu & dans la même disposition qu'au temple
d'Athènes.

Les colonnes & les portiques intérieurs dont le
temple d'Olympie étoit orné, sont si conformes à
ce qui étoit pratiqué dans l'intérieur du Parthénon, où Spon & Wheler virent encore ces galeries, & où Stuart a retrouvé sur le pavé l'indication des colonnes, qu'on pourroit, avec toute
certitude, rétablir le plan intérieur du temple que
nous décrivons sur celui que nous lui comparons.
D'après cette disposition indubitable, l'intérieur
du temple d'Olympie se composa de deux parties,
de l'opisthodome, qui dut avoir 60 pieds sur 40,
& du naos, formé par deux files de colonnes à
double rang en hauteur, retournant probablement
d'un côté & de l'autre dans la largeur du temple,
& produisant peut-être une galerie supérieure
tournant autour des murs. Le naos intérieur aura
eu à peu près 95 pieds de long. La largeur d'un
mur à l'autre aura été de 60 pieds, & entre les
colonnes, l'espace aura été e 30 à 34 pieds. C'est
dans cet espace en largeur qu'il faut chercher à placer le trône de Jupiter avec ses dépendances.

LICE, s. f. Ce mot, dans le langage moderne,
correspond à ce que l'on appelle, soit *carrière* dans
les stades & cirques des Anciens, soit *arène* dans
leurs amphithéâtres. La *lice*, dans les tournois,
étoit un lieu préparé pour les courses de tête, de
bague & autres exercices. La *lice* étoit fermée
d'un côté par un rang de palissades, de l'autre
par des toiles. Le mot *lices*, au pluriel, se dit,
lorsque des deux côtés de la palissade, il y avoit
deux barrières fermées de côté & d'autre par des
toiles. On appeloit *lices closes*, celles qui étoient

de toute part entourées de barrières, pour empêcher que personne y entrât, hormis ceux qui devoient courir.

LICÉE. (*Voyez* Lycée.)

LICENCE, s. f. On a vu au mot CONVENTION, que chaque art d'imitation étant borné à ne pouvoir représenter qu'un seul côté, si l'on peut dire, du modèle universel ou de la nature, & se trouvant dès-lors resserré dans une enceinte souvent fort étroite, pour produire le genre d'illusion qui lui est propre, il s'est établi entre l'art & la nature, ou plutôt entre l'artiste & ceux auxquels son ouvrage s'adresse, certaines concessions réciproques, au moyen desquelles, d'une part, on n'exige point de l'art au-delà de ce que la nature de ses moyens comporte, & de l'autre l'art exige certaines facilités, certaines extensions, qui élargissent en quelque sorte le cercle imitatif dans lequel il doit agir.

Les conventions sont donc des espèces de pactes ou d'accords, en vertu desquels nous nous prêtons à tout ce qui peut, sans trop d'invraisemblance, faciliter l'effet des combinaisons que l'artiste emploie pour nous séduire, pour captiver nos sens & notre esprit.

C'est, en partie, sur les conventions particulières à chaque art, que repose le système de son imitation, & il y en a qu'on peut appeler *nécessaires*, qui tiennent à son essence & sont les conditions indispensables de son être & de son action. Il en est d'autres qui tiennent plus spécialement à l'exécution de détail qu'au système de l'ensemble, & qui ne sont que des conséquences du besoin qui a fait admettre les premières, & on les appelle des *licences*.

Les conventions nécessaires de chaque art entrent donc moins dans le cercle des règles que dans celui des principes, en tant qu'elles en complètent le système. Les *licences* sont au contraire des exceptions aux règles.

L'architecture, sans être un art d'imitation directe, participe, comme on l'a dit plus d'une fois, aux propriétés & aux principes des arts, qui ont dans la nature un modèle positif, & c'est par son système que l'architecture grecque s'est en partie assimilée à ces arts. S'étant donné pour modèle le genre de construction primitive qu'une longue habitude avoit naturalisé, elle dut s'imposer la nécessité d'y être fidèle. Cette nécessité fut le principe heureux qui écarta de ses inventions le vague & l'arbitraire où tombe l'esprit, lorsqu'il manque d'une raison fondamentale dans ce qu'il imagine, c'est-à-dire, d'une cause qui puisse expliquer pourquoi il agit ainsi & pourquoi il n'agit pas autrement.

Cette raison ou cette cause, le génie de l'architecture grecque l'a trouvée, & l'art se l'est appropriée. C'est là-dessus que repose son principe imitatif ou son système.

Mais à peine l'architecture auroit-elle pu se conformer avec une entière exactitude, aux conditions imposées par son modèle, même dans les édifices les plus simples, & assujettis au moins de besoins possibles. Lorsqu'il fallut, pour satisfaire les besoins si divers de la société, trouver des combinaisons plus compliquées, le type primitif fut contraint de se ployer à plus d'une sorte de concessions, pour s'accommoder à ce qu'exigeoient des sujétions variées. De-là naquirent les conventions nombreuses de cet art, qui, pour la plupart, sont devenues des principes elles-mêmes, & qui, suggérées par le besoin & sanctionnées par le génie, ont formé l'ensemble de son système constitutif.

Par exemple, c'est en vertu d'une de ces conventions, que l'architecture d'un temple admet dans l'intérieur même du naos, un autre ordre de colonnes, d'une proportion différente, & avec toutes les parties constitutives de l'entablement. Si l'on argumentoit à toute rigueur, d'après l'idée d'une imitation, non pas prise métaphoriquement, mais prise dans le sens absolu, il ne devroit point y avoir d'entablement dans l'intérieur, puisque les parties de l'entablement dorique, par exemple, représentent les extrémités de toitures & de couverture, qui ne peuvent pas, dans la réalité de la chose, exister, & par conséquent se faire voir tout à la fois au dehors & au dedans. Mais il a été convenu, que l'intérieur de l'édifice ne se trouvant pas dans le cas d'être vu en même temps que l'extérieur, doit subir une comparaison qui dénonceroit l'invraisemblance dont il s'agit, ou se considéreroit en lui-même & sans rapport avec l'ordonnance du dehors.

Je mets également au nombre, non pas des *licences*, mais des conventions de l'architecture, l'emploi que l'on fait des triglyphes, dans la façade antérieure d'un bâtiment, où il n'est pas censé que puissent aboutir les bouts des solives du plafond. Piranesi paroit avoir pris un soin fort inutile, pour justifier cette pratique, en imaginant un système de plafond de charpente en échiquier, par suite duquel, il pourroit y avoir des bouts de solives apparens aux quatre côtés de l'édifice. Evidemment le triglyphe, né de l'usage qu'on connoît, & devenu ornement commémoratif sans doute, mais toutefois ornement, il n'y eut plus moyen de l'admettre dans une partie de l'entablement, sans le rendre commun à l'ensemble, ou il seroit résulté de-là un manque d'accord choquant : & telle est l'origine des conventions, c'est-à-dire, une sorte de nécessité qui forceroit, ou de renoncer au système imitatif en entier, ou de produire, par un scrupule d'imitation excessive, une foule de disparates & d'incohérences.

On peut en dire autant de la méthode de placer sous la base du fronton, des mutules qui étant, comme l'on sait, des parties indicatives ou représentatives des chevrons dans la toiture, n'ont ou ne peuvent être censées avoir une place vraisemblable, que sur les côtés longitudinaux de l'édifice. Mais la même nécessité de symétrie a fait de la méthode dont il s'agit, une de ces conventions que personne ne songe à contester.

J'ai cité ces exemples, que quelques-uns estiment être des *licences*, pour faire voir ce qu'elles sont, en faisant comprendre ce qu'elles ne sont réellement pas. La ligne qui sépare les conventions des *licences* ne sera pas difficile à tracer, si les premières se rapportant au système de l'architecture qu'elles ont établi ou complété, ont créé elles-mêmes les règles, lorsque les *licences* ne se rapportent qu'aux règles dont elles sont des infractions accidentelles.

Licence, ainsi que le mot l'indique, veut dire *permission*. Toute permission donnée, fait supposer qu'il y avoit une chose défendue. Or, dans tout art, les règles prescrivent, défendent ou permettent. La *licence* est donc la permission de faire, dans certains cas, ce qui est généralement défendu. La *licence* ne viole donc pas la règle, puisqu'elle est une exception, & que toute exception est une véritable reconnoissance de la loi.

Les besoins auxquels l'architecture est soumise, sont si nombreux & si variés, qu'il y a pour l'artiste une multitude de cas, où il est forcé de sacrifier l'observation rigoureuse de la règle, à une convenance plus impérieuse.

Ainsi nous voyons que la règle de l'égalité entre les entre-colonnemens, règle si généralement respectée par les Anciens, souffrit aussi chez eux plus d'une exception : & ce fut une *licence* suffisamment autorisée, que cette inégalité de l'entrecolonnement du milieu, dans le péristyle antérieur des temples romains, que l'on observe dans plusieurs de leurs monumens, & que Vitruve justifie d'après le besoin que le culte avoit de cet écartement de colonnes, pour certaines processions & cérémonies religieuses. Rien ne porte mieux le caractère d'une *licence*, c'est-à-dire, d'une exception nécessaire, & rien ne prouve mieux combien peu certains architectes modernes en ont compris l'intention, que l'abus qu'ils ont fait de cette exception, en se regardant autorisés par elle à produire la même irrégularité, sans qu'aucun besoin en réclamât l'emploi.

Il n'y a encore rien qui repose sur des règles plus fixes, que la division en trois parties, & l'emploi de ces trois parties dans l'entablement de l'architecture grecque. Cependant nous avons, chez les Anciens, des exemples de la suppression de quelqu'une de ces parties. Cette *licence* se trouve autorisée, comme on le voit, dans l'intérieur du grand temple de Pestum, par la convenance des deux ordres placés l'un sur l'autre : car il est évident qu'un entablement complet eût par trop rapetissé la dimension & l'effet du second ordre. Mais de pareilles *licences* veulent être autorisées par une raison évidente, & ce seroit une grave erreur dans ce cas, comme dans bien d'autres, que de convertir en règle ce qui est l'exception à la règle.

Comme il y a des *licences* que le besoin autorise, il en est aussi de moins importantes, dont le goût seul est juge, & qui ont lieu dans la seule vue de faire produire un meilleur effet, soit à l'ensemble, soit à chaque partie d'un monument. Il se peut, par exemple, qu'on supprime à une base de colonne la plinthe que les règles lui ont assignée, & qu'on le fasse par raison d'utilité, comme on l'a fait à l'ordre ionique des temples de Minerve Poliade & d'Erechtée, parce que des plinthes carrées, sous des péristyles étroits, y auroient occasionné une saillie incommode. Il est permis aussi à l'architecte d'opérer de semblables suppressions, en vue de l'harmonie générale de son ordonnance. C'est ainsi que, dans toutes les parties, dans tous les détails qui constituent le caractère propre de chaque ordre, de chaque membre ou de chaque profil, il est des modifications nombreuses, permises à l'artiste. Les règles n'ont fixé, à cet égard, qu'un certain *medium* de proportions, & c'est en deçà ou au-delà de ce *medium*, que le goût a la liberté de se resserrer ou de s'étendre dans une certaine mesure, selon ce qu'exigent la position de l'édifice, la distance du point de vue, & certaines considérations prises de la nature même du caractère que réclame le monument.

On a prétendu donner dans cet article, non l'énumération des *licences* que le besoin & le goût autorisent en architecture (le détail en seroit trop long), mais seulement une idée générale, & toutefois précise, de ce qu'il faut entendre par le mot *licence*; mot dont on a trop souvent confondu le sens & la signification, avec l'idée qu'il faut attacher aux mots *convention* & *abus*. (*Voy.* ces mots.)

Nous avons établi la différence entre la convention & la *licence*. Quant à celle qui existe entre la *licence* & l'abus, elle résulte clairement de la signification du premier de ces mots : car, puisque la *licence* est une permission, elle ne sauroit être un abus. Or, la permission est fondée sur des motifs plausibles : & ces motifs sont la nécessité de tolérer un petit inconvénient pour en éviter un grand. Mais toute infraction à la règle, qui n'a point un pareil motif, est un abus.

Il est arrivé dans les temps modernes, que certains esprits faux ont conclu, de ce qu'il étoit quelquefois permis de déroger à la règle pour des raisons évidentes, qu'on pourroit y déroger sans raison. Au lieu de regarder l'exception comme preuve de l'existence de la règle, ils ont regardé l'exception elle-même comme une règle, & dès-lors il n'y eut plus de règle pour eux, & on a vu ce qu'est devenue l'architecture sous le règne de cette anarchie.

L'usage est souvent inconséquent dans les acceptions qu'il donne aux mots. Celui de *licence*, qui, en morale, a une signification différente, & qui a produit le mot *licencieux*, a fait prendre le change à la critique du goût, comme le montre l'article suivant.

LICENCIEUX, adj. Cet adjectif comporte, en architecture, une idée différente de celle qu'exprime son substantif.

On a vu dans l'article précédent, que *licence*, en architecture, est *chose permise : licencieux*, au contraire, exprime l'idée de tout ce qui est & doit être défendu.

Le goût qui a fait transporter ce mot dans l'architecture, est par excellence le goût de Boromini & de son école.

LIEN, f. m. (*Construction*.) Pièce de bois dans l'assemblage d'un comble, pour lier les poinçons avec les faîtes & les sous-faîtes. Il y a aussi des *liens* cintrés qui servent de courbes dans les enfoncemens des combles, & dans l'assemblage des fermes rondes des vieux pignons.

LIEN DE FER. Morceau de fer plat, coudé & cintré, pour retenir quelques pièces de bois dans un assemblage de charpente ou de menuiserie.

LIEN. (*Terme d'architecture hydraulique*.) Nom qu'on donne généralement à toute pièce de charpente de pont, qui porte en décharge contre deux autres & qui les lie. Telle est la pièce qui assure le poteau d'appui d'une lice avec la pièce de pont en saillie.

LIERNE, f. f. (*Construction*.) Pièce de bois qui sert à entretenir deux poinçons sous le faîte d'un comble, & porter le faux-plancher d'un grenier.

LIERNE RONDE. Pièce de bois courbée selon le pourtour d'une coupole. Plusieurs de ces *liernes* étant assemblées de niveau, forment les cours de *liernes* par étages, & reçoivent à tenons & mortaises les chevrons qui forment la courbure d'un dôme.

LIERNE DE PALÉE. (*Terme d'architecture hydraulique*.) Pièce de bois qui sert à entretenir les files de pieux d'une palée avec boulons. Elle sert pour le même usage à la construction des batardeaux. Lorsque la *lierne* est employée à pousser des files de palis-à-planches, on l'appelle *longuerrine* : elle est différente de la moise, en ce qu'elle n'a point d'entaille pour accoler les pieux.

LIERNER, v. act. (*Construction*.) C'est attacher des liernes.

LIERNES, f. f. pl. On se sert de ce nom ordinairement au pluriel, pour désigner, dans les voûtes gothiques, ces nervures qui forment une croix, & qui, par un bout, se joignent aux tiercerons, & par l'autre à la clef.

LIERRE, f. m. La feuille de ce végétal entre si fréquemment comme élément de la décoration ou de l'art d'orner l'architecture & les ouvrages qui en dépendent, qu'il est difficile de ne pas en faire mention.

Les feuilles du *lierre* se voient sur les vases, sur les frises des édifices, sur les colonnes autour desquelles elles sont censées grimper, selon la propriété que la nature leur a donnée. Ces feuilles, dont la forme a quelque ressemblance avec celle de la vigne, est, comme celle-ci, par ses découpures & par sa forme, très-favorable à la sculpture.

LIERRE. (*Jardinage*.) Le *lierre* est au nombre des arbres qui conservent en tout temps leur verdure ; aussi concourent-ils avec ceux de ce genre, à former ce qu'on appelle *les jardins d'hiver*.

Le *lierre*, dont la propriété est de s'attacher à tout ce qu'il rencontre, sert fort souvent à garnir les murs des jardins, pour y faire disparoître l'idée de clôture. Il faut remarquer que le *lierre* ne tapisse les murs que parce que ses branches sont pourvues d'une espèce de pattes qui entrent dans les joints ou intervalles des pierres : aussi, lorsqu'il peut servir à conserver les murs de maçonnerie, formées de ciment, il tend à détruire les murs de pierres de taille, parce qu'il opère la désunion des pierres. C'est ainsi que Pausanias nous a donné un exemple de cet effet à un temple de la Grèce, qu'on voyoit de son temps dans une espèce de ruine, parce qu'un *lierre* qu'on avoit laissé étendre ses bras à l'entour de ses murs, en avoit désuni toutes les pierres.

LIGNE, f. f. Ce mot, dans son acception élémentaire, n'appartient à l'art, qu'autant que celui-ci emprunte le secours de la géométrie, & sous ce rapport, on sait que la *ligne* est une étendue qui n'a qu'une seule dimension, la longueur, & la distance d'un point à un autre.

En architecture, on emploie les *lignes* à tracer les plans & les projets des édifices, à faire les démonstrations de perspective ; mais, dans ces cas, la *ligne* n'y est pas considérée géométriquement, on se sert des mots *traits* & *contours*, qui sont plus d'usage dans les arts du dessin.

On use aussi du mot *ligne*, en architecture comme en peinture & en sculpture, mais d'une manière encore plus vague, pour exprimer l'effet général d'une composition, sous le rapport de la combinaison plus ou moins simple, plus ou moins heureuse, des formes qui en constituent l'ensemble. Comme on dit qu'une figure, un groupe, un tableau, un fond de paysage ou de décoration, offrent des *lignes* simples ou compliquées, claires ou confuses, grandes ou minutieuses, on dit de même en architecture, qu'un plan a une élévation ont de belles *lignes* ou non. Cela signifie le parti pris par l'architecte a été ou non conçu & rendu, de manière à se développer facilement

& agréablement, à offrir un ensemble clair & d'un effet simple.

Ainsi, *ligne* se prend quelquefois dans le sens de forme, de trait, de contour, & de la même manière que le latin employa le mot *linea*, qui a été souvent mal interprété, comme nous le ferons voir à la fin de cet article.

Pour achever ce qui regarde les acceptions du mot *ligne*, en architecture ou dans la construction, nous dirons qu'on appelle :

Ligne de pente, celle qui, dans l'appareil des pierres, est inclinée suivant une pente donnée, comme l'arrasement (*voyez* ce mot), pour recevoir le coussinet d'une descente droite ou biaise, la *ligne* de la montée d'un pont, la *ligne* rampante d'un fer à cheval, par rapport à la *ligne* de niveau tirée sur le même plan.

Ligne de niveau, celle qui se trouve parallèle à l'horizon.

Ligne en talus, celle qui est aussi une *ligne* de pente, mais suivant la largeur.

Ligne d'aplomb, celle qui est verticale & perpendiculaire à une *ligne* de niveau.

Ligne ponctuée, celle qui sert à marquer, sur le dessin, un objet qu'on veut indiquer comme étant derrière un autre, tel que le profil d'une église derrière son portail. On en use aussi sur le plan, pour marquer les aplombs de ce qui est en l'air, comme les rampes d'escalier, les poutres, les corniches, les arêtes de voûte, &c. ; enfin, pour faire connoître les diamètres, les largeurs & les hauteurs des voûtes.

Ligne alongée, celle qui, dans la coupe des pierres, est tirée à côté d'une autre, & d'un même centre, comme l'inclinaison des voussoirs d'une plate-bande, à mesure qu'ils s'éloignent de la clef. La *ligne ralongée* est aussi une *ligne* hélice ou qui tourne en vis ralongée, selon le rampant plus ou moins roide d'un sentier à vis. Dans la charpenterie, la *ligne ralongée* a une autre signification, c'est l'excès de la longueur d'un arestier sur celle des chevrons ; on la nomme aussi *reculement* ou *ralongement d'arestier*.

On appelle *ligne*, une cordelette dont se servent les maçons ou les charpentiers, pour aligner les façades des édifices, les murs, les pans de bois, pour fixer l'épaisseur de la construction.

La *ligne* est la douzième partie du pouce. On nomme *ligne d'eau*, dans l'hydraulique, la 144e. partie d'un pouce d'eau, laquelle fournit 133 pintes d'eau en 24 heures, c'est-à-dire, près d'un demi-muids de Paris.

Ligne, comme nous l'avons vu, s'emploie quelquefois dans les arts du dessin, comme signifiant les traits ou les contours d'une composition, d'une figure. Mais le mot *linea*, en latin, étoit le mot propre, & le seul qu'on eût pour signifier la même chose. Une multitude de passages prouve que les écrivains s'en servoient, pour exprimer l'idée que nous attachons à ce qu'on appelle le dessin ou le contour fait au trait d'une figure : & voilà ce qui a produit ce grand nombre d'interprétations ou paraboles outrées, qu'on a données du passage où Pline, racontant l'espèce de défi qui eut lieu entre Apelles & Protogènes, employa plusieurs fois le mot *linea*. Et c'est parce que dans des lexiques assez récens, on trouve encore l'article *ligne d'Apelles*, que nous avons cru devoir noter ici l'impropriété de cette locution, quoique le point de critique dont il s'agit soit moins du ressort de ce Dictionnaire.

La vérité est que le récit de Pline, aussi vrai qu'il est vraisemblable, ne contient autre chose que l'expression fidèle d'un débat entre deux peintres qui, au lieu de tracer ce qu'on appelle, dans le sens simple, une *ligne*, tirent l'un après l'autre, & improvisèrent sur un très-grand fonds, le contour d'une figure probablement grande, avec une finesse matérielle de trait toujours croissante, finesse très-difficile à réaliser avec le pinceau dont ils se servirent, finesse qui, pouvant ne pas être regardée comme un mérite en soi, est toujours l'indication d'une main exercée & d'une rare habileté. Selon le même récit, le premier fit une figure au-dessus de laquelle le second en fit une autre. La troisième figure coupa les deux autres ; c'est-à-dire, que son trait ou dessin passa sur le trait ou les contours dessinés des deux premières. Rien de plus simple que cette explication qu'on n'avoit point encore donnée de ce débat. On en trouvera les développemens & les démonstrations par le dessin, dans une dissertation de nous, qui fait partie du tom. V des *Mémoires de la classe d'histoire & littérature ancienne*, ou de l'*Académie des inscriptions & belles-lettres*, faisant suite aux *Mémoires de l'Académie royale des inscriptions & belles-lettres*.

LIGORIO (Pirro), mort en 1580. On ignore la date de sa naissance.

Cet architecte napolitain a plus de réputation parmi les artistes que dans le monde. On cite en effet, avec quelque certitude, peu de monumens importans de lui ; mais les études qu'il fit d'après les ouvrages de l'antiquité, les souvenirs qu'il en a laissés dans les recueils de dessins qu'on a de lui, & encore son goût & son style formés sur les grands modèles de l'art, tout cela a mis son nom en recommandation auprès de ceux qui exercent ou professent l'architecture.

Pirro Ligorio avoit été nommé architecte de Saint-Pierre, sous le pontificat de Paul IV. Mais les difficultés qu'il paroît avoir eues avec Michel Ange, engagèrent le Pape à le priver de son emploi, bien que, comme compatriote, il fût porté à lui être favorable. Ainsi *Pirro Ligorio* ne laissa aucun monument de son talent dans la construction de la grande basilique. On dit toutefois qu'il s'y trouve quelque chose de lui ; c'est le dessin du mausolée du pape Paul IV, qui lui fut demandé par Pie IV.

On donne à Rome, pour avoir été construit sur les desseins de *Pirro Ligorio*, le palais Lancellotti, sur la place Navone. Sa façade, toute en bossages & en refends, est d'un bon caractère : la masse en est d'une belle proportion, sans offrir de parties ni de détails fort remarquables.

Mais on s'accorde généralement à regarder comme un ouvrage de *Pirro Ligorio*, un des monumens de Rome qui rappellent le plus le goût & l'idée qu'on peut se former d'une petite habitation antique ; c'est la *Villa Pia*, autrement dite *Casino del Papa*, qui fait le principal ornement des jardins du Vatican.

Voici la description abrégée que donnent de ce charmant & pittoresque ensemble MM. Percier & Fontaine, dans leur ouvrage *des plus célèbres maisons de plaisance de Rome & de ses environs*.

« La *Villa Pia* est située dans les jardins du
» Vatican à Rome ; elle fut commencée par le
» pape Paul IV, & terminée par son successeur
» Pie IV, d'après les desseins du célèbre *Pirro Li-*
» *gorio*, architecte napolitain. L'habitation est
» un modèle de bon goût & d'élégance. Elle a été
» bâtie à l'imitation des maisons antiques, dont
» *Pirro Ligorio* avoit fait une étude particulière.
» Cet habile artiste, qui joignoit aux talens d'un
» architecte, les connoissances d'un savant anti-
» quaire, a su rassembler, dans un très-petit
» espace, tout ce qui pouvoit concourir à faire
» un séjour délicieux. Au milieu de bosquets de
» verdure, & au centre d'un amphithéâtre orné
» de fleurs, il construisit une loge ouverte, qu'il
» décora de peintures & de stucs agréables. Il
» l'éleva sur un soubassement baigné par les eaux
» d'un bassin entouré de marbres, de fontaines
» jaillissantes, de statues & de vases. Deux esca-
» liers qui conduisent à des palais abrités par de
» petits murs ornés de niches & de bancs en mar-
» bre, offrent un premier repos, à l'ombre des
» arbres qui les entourent. Deux portiques, dont
» les murs sont recouverts de stucs, donnent
» entrée à une cour pavée en compartimens de
» mosaïque, fermée par un mur d'appui & en-
» tourée de bancs agréablement disposés : on y
» respire la fraîcheur d'une fontaine dont les eaux
» jaillissent du milieu d'un vase en marbre pré-
» cieux ; au fond de la cour, & en face de la loge,
» un vestibule ouvert, soutenu par des colonnes,
» précède le rez-de-chaussée du pavillon princi-
» pal : il est orné de mosaïques, de stucs & de
» bas-reliefs d'une composition admirable. Les
» appartemens du premier étage sont enrichis de
» peintures magnifiques ; enfin, du sommet d'une
» petite loge qui s'élève au-dessus des bâtimens,
» on découvre les jardins du Vatican, les plaines
» que le Tibre parcourt, & les plus beaux édifices
» de Rome. Cette charmante habitation est en-
» tourée d'un fossé qui la garantit de l'humidité
» de la montagne, sur le penchant de laquelle
» elle est bâtie. Les mosaïques, les stucs, les pein-
» tures, les sculptures qui décorent les intérieurs
» & les façades de ce délicieux monument, sont les
» ouvrages de Federico Zuccheri, Federico Baro-
» cci, Santi di Tito, Leonardo Cugni, Durante del
» Nero, Giovanni del Carso Schiavone & Orazio
» Sammacchini, artistes célèbres qui ont concouru
» à la perfection que l'on remarque dans son en-
» semble. Les fontaines de la cour intérieure &
» de la loge en face du Casin, ont été exécutées
» sur les desseins de Gio. Vasanzio, dit *il Fiam-*
» *mingo*. »

Sous le fronton antérieur de la *loggia* ou du petit vestibule qui, placé au-dessus de la fontaine, fait comme le frontispice de tout cet ensemble, on lit l'inscription suivante :

PIUS IUL. MEDICES. MEDIOLANEN. PONTIFEX. MAXIMUS.
IN NEMORE. PALATII VATICANI. PORTICUM. ASSIDATAM.
CUM. COLUMNIS EUMIDICIS. FONTIBUS. LYMPHAEO.
IMMINENTEM. E. REGIONE AREAE. EXSTRUXIT.
ANN. SAL. M. D. L. X. I.

Pirro Ligorio étoit à la fois peintre & archi-tecte. Il y a de lui, en divers endroits, des orne-mens peints en manière d'or.

Il fit beaucoup de desseins d'après les restes des monumens antiques, & ces desseins forment un grand recueil qui a passé dans la bibliothèque du roi de Sardaigne à Turin. Ils sont au reste plus curieux à consulter comme témoins constatant l'état dans lequel étoient alors les monumens, qu'utiles à étudier comme portraits fidèles de leurs détails, & autorités exactes sur leurs proportions. On a depuis porté plus de scrupule dans ce genre de travail. Un ouvrage qui dépose & des connoissances locales & du goût de *Pirro Ligorio*, en fait d'antiquités romaines, est sa restitution du plan & de l'élévation de Rome antique, où l'on trouve des vérités puisées aux sources, mais surtout des vraisemblances fort heureuses, & capables d'inspirer les architectes qui, à défaut de la réalité qui s'est perdue, aiment encore à se nourrir de réminiscences.

Pirro Ligorio fut ingénieur d'Alphonse II, dernier duc de Ferrare, & répara, par ses ordres, tous les dommages que les inondations du Pô avoient causés dans cette ville. Il y finit ses jours.

LIMAÇON. (*Voyez* VOUTE EN LIMAÇON.)

LIMANDE, s. f. Pièce de bois plate & étroite comme une membrure, qui, dans la charpenterie, sert à différens usages.

LIMANDES, s. f. pl. (*Terme d'architecture hydraulique.*) Pièces de bois qui servent à tenir les pales de la chaussée, d'un étang ou d'un moulin. (*Voyez* PALE.)

LIMON, s. m. Terme dérivé du latin *limus*, qui signifie de biais ou de travers.

C'est une pièce de bois de quatre à six pouces d'épaisseur sur neuf à dix de largeur dans les maisons ordinaires, qui sert à porter les marches d'un escalier & les balustres.

LIMOSINAGE, s. m. Nom général qu'on donne à toute maçonnerie faite de moellon à bain de mortier, & dressée au cordeau avec paremens bruts. On l'appelle ainsi parce que cette sorte de maçonnerie se fait par des ouvriers qui jadis étoient exclusivement *limousins*. On dit aussi *limosinerie*.

LINÇOIRS, s. m. pl. Espèces de moulets au droit des cheminées & des lucarnes, pour retenir les chevrons.

LINÉAIRE (Perspective). C'est ainsi qu'on appelle cette partie de la perspective qui produit son effet au moyen des lignes & de leur direction, pour la distinguer de cette autre partie, dont l'effet a lieu par la dégradation des teintes, & qu'on appelle *perspective aérienne*. (*Voyez* PERSPECTIVE.)

LINTEAU, s. m. On donne ce nom à une pièce de bois posée sur les jambages d'une porte ou d'une fenêtre, pour en former par le haut la fermeture. C'est ce que Vitruve appelle *antepagmentum superius*.

LINTEAU DE FER. C'est une barre de fer carrée, qu'on place dans la feuillure de la plate-bande d'une baie, pour en porter les claveaux. Les extrémités de ce *linteau* sont polies & scellées dans les pieds-droits de la baie.

On nomme aussi *linteau*, dans la fortification, le cours des pièces de bois posées horizontalement, sur lesquelles sont attachés & cloués tous les pieux de la palissade d'un chemin couvert, à un pied & demi au-dessous de leur pointe.

LIS (Fleur de). Les *fleurs de lis* qui sont les armoiries des rois de France, & sont devenues des symboles de ce royaume, entrent comme ornemens dans une multitude de parties de l'architecture & de la décoration. On en a décoré les frises des entablemens, les chapiteaux des colonnes. On les emploie aussi en plein relief dans les travaux de la serrurerie, comme couronnemens des grilles.

LISSE, adj. On donne cette épithète, dans l'architecture, à tout corps uni, & qui ne reçoit point d'ornement, à toute partie d'édifice qui n'est point percée de croisées. On appelle *colonne lisse*, celle qui n'a pas de cannelures; *frise lisse*, celle où l'on n'a rien sculpté; *architrave lisse*, celui qui n'a point de faces. Les parties *lisses* sont, dans l'architecture, un moyen d'effet, de contraste & de variété. Les plus grands objets comme les plus petits détails, tirent leur valeur des oppositions qui leur sont ménagées. Comme une colonnade fait plus d'effet si elle se détache sur un fonds simple & *lisse*, que si ce fonds est percé de portes, d'objets saillans, renfoncés ou travaillés, qui font une diversion nuisible à l'impression de l'unité, de même un travail d'ornement veut être accompagné de parties *lisses* qui en laissent briller les détails.

LISTEL ou LISTEAU, s. m. Ce terme vient de l'italien *lisbello*, ceinture.

C'est une petite moulure carrée & unie, qui couronne ou accompagne une autre moulure plus grande, ou qui sépare les cannelures d'une colonne, d'un pilastre.

On l'appelle aussi *tenie*, *réglet*, *ceinture*, *filet*. Les menuisiers la nomment *mouchette*.

LIT, s. m. Les constructeurs se servent de ce mot en parlant de la situation naturelle d'une pierre quand elle est dans la carrière.

On dit d'une pierre qu'elle a deux *lits*.

Le *lit* de dessus, qu'on appelle *lit tendre*, & celui de dessous qu'on appelle *lit dur*. Selon la différence des emplois, on met à découvert l'un ou l'autre; par exemple, dans les terrasses, dans la fabrication des dalles, &c., on met le *lit* dur en dessus.

On appelle aussi *lit de dessus* d'une pierre, celui sur lequel on pose une autre pierre, & *lit de dessous*, celui sur lequel la pierre s'appuie.

Lit, dans ces cas & dans plusieurs autres, est synonyme de *surface*.

Lorsque le *lit de dessus* d'une pierre & le *lit de dessous* d'une autre pierre sont placés horizontalement, cela forme, dans les murailles, ce qu'on appelle une assise, un étage de pierres; lorsque les *lits* forment un joint incliné ou perpendiculaire à l'horizon, comme dans les arcs & les plates-bandes, cela forme ce qu'on appelle *lits en joints*.

Lit indique toujours l'idée d'une surface plane & courante, & on le prend souvent dans le sens de *couche*; ainsi on dit un *lit de mortier*, pour dire une *couche de mortier*. On dit de la construction des murs, qu'ils seront formés de plusieurs *lits* alternatifs de briques, de moellons, de pierrailles, &c.

LIT DE CANAL ou DE RÉSERVOIR, se dit du fond même d'un canal. Ce fond est, ou de sable, ou de glaise, ou de pavé, ou de ciment, ou de cailloutis.

LIT DE PONT DE BOIS. C'est le plancher composé de poutrelles & de travons avec son couchis.

LOGE, s. f. Ce mot, qui vient de l'italien *log-*

gis, a, dans la langue de l'architecture, deux acceptions assez différentes.

On traduit effectivement par le mot *loge*, ce que les Italiens, dans leurs édifices, appellent *loggia*, & la *loggia* se dit de beaucoup de parties très-remarquables dans les plus grands bâtimens. On appelle ainsi, tantôt un portique couvert, formé de colonnes ou d'arcades au rez-de-chaussée d'un palais, tantôt une galerie découverte qui aboutit aux appartemens, tantôt une suite de portiques formant galerie continue dans l'intérieur d'une cour, tantôt ce que nous appellerions un *balcon*, tantôt une espèce de donjon ou de belvédère, tel qu'il s'en trouve au haut de la plupart des habitations à Rome. Ainsi on appelle *loge pontificale*, *loggia pontificale*, cette arcade, au milieu du frontispice de Saint-Pierre, d'où le Pape donne la bénédiction. On appelle *loggia di Raphael* ou *del Vaticano*, cette série de galeries ouvertes, dans la cour du Vatican, qui a été décorée par Raphaël & par ses élèves.

Au reste, il faut dire que le mot *loge*, en français, ne s'applique à tous ces objets que lorsqu'on parle des édifices de l'Italie. L'usage ne l'a point introduit dans le vocabulaire de l'architecture française, parce qu'effectivement l'emploi de la chose exprimée par le mot italien, est beaucoup moins commun en France & dans tous les pays du Nord.

Les autres emplois du mot *loge* sont plus usités. On dit :

LOGE DE FOIRE. C'est une cabane en planches, servant de boutique pour les marchands forains qui viennent y étaler.

LOGE DE MÉNAGERIE. On appelle ainsi, dans une ménagerie, une petite salle basse, bien murée & sûrement fermée, où l'on tient des animaux féroces, rares ou étrangers. Cette *loge* a une ouverture grillée en avant.

LOGE DE PORTIER. C'est le nom qu'on donne à l'entrée des maisons ou des palais, à une petite habitation où le portier voit ceux qui entrent & ceux qui sortent, ouvre la porte & répond aux demandes.

LOGES DE SPECTACLE. Ce sont de petits cabinets ouverts par-devant, séparés par de minces cloisons, qui règnent autour d'une salle de spectacle, qui se louent quelquefois à l'année, ou qui s'ouvrent selon le prix d'un tarif connu, à ceux qui veulent y prendre place. Il y a ordinairement plusieurs rangs de *loges* les uns au-dessus des autres, & le nombre de ces rangs dépend de la hauteur de la salle.

Quelquefois les *loges* d'une salle de spectacle ne sont qu'un balcon continu, divisé par de petites cloisons qui ne s'élèvent pas au-dessus de la hauteur du coude d'une personne assise.

La disposition des *loges* telles que les exige l'usage des spectacles modernes, a toujours été un des plus grands embarras qu'aient rencontré les architectes dans l'ordonnance des théâtres. Deux systèmes ont été suivis à cet égard, & l'un & l'autre offrent de nombreuses objections. Là où les usages (comme en Italie) veulent que chacun puisse être au spectacle comme dans une pièce close, & se rendre invisible s'il lui plaît, on a fait des *loges* autant de cabinets particuliers, & chaque rangée de *loges* offrant, dans toute la circonférence, une suite de cabinets séparés par des cloisons, ces cloisons forment, dans toute leur hauteur, des espèces de supports pour chaque étage, en sorte que ces étages n'offrent point à la vue le vice d'un porte-à-faux continu. Ailleurs (comme en France), où les spectateurs qui occupent les *loges* n'y sont le plus souvent séparés que par de petites cloisons, qui n'excèdent pas la hauteur des devantures de chaque rang, chacun de ces rangs présente une saillie qu'ordinairement rien ne supporte. Le besoin de laisser la vue du théâtre libre, de tous les points de la circonférence des *loges*, n'est pas la seule raison qui a autorisé l'usage de ces porte-à-faux continus. Il faut effectivement avouer que le peu de hauteur qui existe entre chaque rangée de *loges*, a dû détourner les architectes d'employer les ordres de colonnes à de pareils supports. Beaucoup de dispositions différentes ont été tentées, pour faire accorder les usages de nos spectacles avec les convenances de l'architecture, & il ne paroît pas que cet accord soit trouvé. Peut-être, dans la nécessité d'avoir des rangs de *loges* non interrompus par des séparations, & cependant sans porte-à-faux, la meilleure disposition seroit-elle celle qui vient d'être employée au théâtre nouveau de l'Odéon, & qui consiste à donner pour support à chaque rang, comme à un balcon, des espèces de consoles peu saillantes, qui n'incommodent point ceux qui sont dans l'intérieur de la *loge*, & qui offrent de quoi rassurer suffisamment les yeux contre le mauvais effet du porte-à-faux.

Ces détails suffisent à cet article. D'autres trouveront une place plus étendue aux mots SALLE DE SPECTACLE, THÉATRE.

LOGEMENT, s. m. Se dit du local qu'on habite. C'est un synonyme d'appartement, si l'on veut, mais toutefois il exprime & donne l'idée d'un local moins étendu, moins riche & moins cher. Les palais, les hôtels, ont des appartemens. On trouve des *logemens* dans les maisons bourgeoises. Enfin, *logement* peut se dire même d'une seule pièce.

LOGIS; s. m. Terme assez général pour dire habitation, maison. On appelle *corps de logis*, une partie principale d'un bâtiment. Il se prend aussi pour une partie qui en sera séparée. C'est ainsi

ainsi qu'on dit occuper un petit *corps de logis* sur un jardin, sur une cour.

LOMBARDO (Pierre), Vénitien de naissance, fut architecte & sculpteur. En 1482, par ordre de Bernard Bembo, qui gouvernoit Ravenne, alors soumise à l'État vénitien, il sculpta dans cette ville le mausolée du Dante. C'est une sorte de chapelle près l'église de Saint-François.

Pierre Lombardo bâtit à Venise, l'église de Saint-Jean & Saint-Paul. Elle est de forme carré-long, & a dans le fond une chapelle élevée, où l'on monte par un escalier de seize gradins ornés de balustres. La façade de l'église est à deux ordres; le premier corinthien, le second ionique, divisé par des arcades qui supportent une riche couronnement, au-dessus duquel s'élève un fronton circulaire non moins orné. Cette composition tient en quelques points du goût antique qui renaissoit alors. Le monastère attaché à cette église est également l'ouvrage de *Lombardo*, qui bâtit aussi l'église des Chartreux.

Mais l'ouvrage peut-être le plus célèbre, ou du moins le plus connu de *Pierre Lombardo*, à Venise, est la tour de l'horloge sur la place de Saint-Marc. Sur un portique voûté, soutenu par des colonnes & des pilastres d'ordre corinthien, & d'un aspect assez majestueux, s'élèvent trois étages l'un sur l'autre, décorés de pilastres & d'entablemens corinthiens. C'est sur le premier étage qu'est le cadran qui indique les heures. Le second étage se distingue par un tabernacle avec une statue en bronze de la Sainte-Vierge. Au troisième on voit un grand lion de marbre. Le sommet se termine par une terrasse où est suspendue la cloche, sur laquelle viennent frapper & sonner les heures, deux statues gigantesques en bronze. L'édifice est enrichi de marbres, d'émaux, de dorures. On y a, dans la suite, ajouté des colonnes, supplément assez inutile.

Lombardo, aidé de ses deux fils, Tullius & Jules-Antoine, fit l'architecture & la sculpture du mausolée qu'on voit dans Saint-Marc, en l'honneur du cardinal Jean-Baptiste Zeno.

Il reconstruisit à Rialto les magasins des Allemands, qu'un incendie avoit détruits. Il donna les dessins de l'église de Sainte-Marie (*mater domini*), en forme de croix latine, de l'école de la Miséricorde, du cloître Sainte-Justine à Padoue, & de beaucoup d'autres édifices. (*Traduit de Milizia.*)

LOMBARDO (Martino), *Martin Lombard*, probablement de la famille de Pierre Lombard. Un de ses ouvrages remarquables fut l'école, ou la confrérie de Saint-Marc. Cet édifice consiste en deux grandes salles, une à rez-de-chaussée, divisée en trois nefs par deux rangs de colonnes corinthiennes; l'autre au-dessus, entièrement dégagée, avec une chapelle dans le fond, & séparée du

Diction. d'Archit. Tome II.

reste de la pièce par trois entre-colonnemens. L'escalier y est bien entendu, & la façade est décorée d'ordonnances en marbre, profilées de fort bon goût.

On peut encore lui attribuer l'église de Saint-Zacharie, dont la façade à deux ordonnances, est couronnée par un fronton circulaire. Cet édifice tient beaucoup du précédent. (*Traduit de Milizia.*)

LOMBARDO (Tullio & Antonio), fils de Pierre *Lombardo*, furent, comme leur père, architectes à la fois & sculpteurs, & sculptèrent conjointement les bas-reliefs de la chapelle de Saint-Antoine de Padoue, ouvrage fort recommandable.

Tullius Lombardo fut l'architecte de l'église de la *Madona grande* à Trévise, de trois chapelles dans l'église de *San Polo*, & de la chapelle du Saint-Sacrement dans la cathédrale de cette ville.

A Venise il construisit l'église de Saint-Sauveur dans un plan singulier, c'est-à-dire, dans la forme d'une croix patriarchale avec trois transversales, une plus large & deux plus petites, mais égales entr'elles. L'église a donc trois croisées formées par trois grands arcs qui montent jusqu'au sommet. Le plan seul pourroit donner une juste idée de cette combinaison, dont on vante l'élégance & l'unité. (*Extrait de Milizia.*)

LOMBARDO (Sante), fut fils de Jules-Antoine *Lombardo* & neveu des deux autres, dont il a été fait mention.

C'est lui qui fut l'architecte du bâtiment si connu à Venise, sous le nom de l'*Ecole de Saint-Roch* (*Scuola di San Rocco*). On y admire l'escalier à deux rampes qui se réunissent dans un vaste pallier, d'où l'on continue à monter par une troisième rampe isolée entre les deux premières, & éclairée par une coupole. La largeur de cette rampe est égale à celle des deux autres ensemble. Ces dernières ont leur accès orné de colonnes supportant des arcades: belle composition réunie à une belle exécution. La façade se compose de deux ordres de colonnes composites cannelées, & de pilastres sans diminution. Les ornemens & le luxe des marbres y ont été prodigués.

On fait encore plus de cas, à Venise, d'un autre ouvrage de cet architecte, le palais *Vendramini*, moins pour ses trois ordonnances corinthiennes, que pour la belle proportion du tout ensemble & pour son magnifique entablement, qui ne le cède à aucun de ceux qui sont le plus vantés.

On attribue à *Santo Lombardo* l'architecture du palais Trevisani, à Santa Maria Formose, & celle du palais Gradenigo. (*Traduit de Milizia.*)

LONG-PAN, s. m. C'est ainsi qu'on nomme, dans la bâtisse, le plus long côté d'un comble, lequel côté a environ le double de la largeur du toit.

LONGRINE, s. f. (*Terme d'architecture hydraulique*.) (*Voyez* LISSES DE PALÉE.)

LONGUERAINE, s. f. (*Voyez* LISSES DE PALÉE.)

LOQUET ou LOQUETEAU, s. m. (*Terme de serrurerie*.) Pièce de menus ouvrages en fer, qu'on fait mouvoir sur une platine, pour ouvrir & fermer par haut & par bas un ventail de porte ou un guichet de croisée. Il y en a de courts à bouton, & de longs à queue, avec une poignée.

LORME. (*Voyez* DELORME.)

LOSANGE, s. m. Figure qui a quatre côtés formant deux angles aigus & deux angles obtus.

On emploie souvent cette figure dans les desseins des compartimens de peinture arabesque, & l'on y place soit des camées, soit des danseuses, soit des allégories. Les pavemens en marbre admettent aussi volontiers des figures en *losange*, surtout dans les encadremens qui servent de bordures à de plus grands compartimens.

On dispose fréquemment en *losange* les bois qui entrent dans la charpenterie des maisons.

LOSANGE DE COUVERTURE. C'est un *losange* formé par des tables de plomb disposées diagonalement, & jointes à couture, pour couvrir la flèche d'un clocher. Cette disposition ressemble à un pavé de briques posées à plat & en épi.

LOSANGE DE VERRE. Carreaux de verre posés sur la pointe, dans les panneaux de vitre en plomb.

LOSANGES ENTRELACÉS. (*Voyez* PAN DE BOIS.)

LOUP, DENTS DE LOUP, s. m. pl. Ce sont de gros clous qui servent à attacher les poteaux des cloisons.

LOUVE, s. f. (*Construction*.) C'est un outil de fer attaché à un câble, & qui sert, par l'action de la grue, à enlever les pierres.

Il y a plusieurs formes de *louve*: la plus moderne, & celle dont on s'est servi dans les dernières grandes constructions, est ainsi fabriquée. Deux fortes barres de fer sont assemblées par un boulon, comme des ciseaux; elles portent aux bouts d'en haut deux anneaux mobiles, en place des anneaux fixes des ciseaux; les autres bouts de ces barres sont recourbés en dehors. On introduit dans le trou, de forme conique, qu'on a pratiqué dans la pierre qu'il faut enlever, les deux bouts des barres de fer serrés l'un contre l'autre, tandis que cette contraction tient les anneaux éloignés l'un de l'autre. On lie alors le câble aux deux anneaux, & l'on fait jouer la grue qui soulève la pierre. Son poids force les deux anneaux à se rapprocher & à se serrer, & ce rapprochement écarte les crochets, & les force de saisir la pierre dans la partie large du trou conique.

Vitruve, liv. 10, 2, semble avoir décrit un instrument semblable; car il l'appelle *forfex*, ciseau. *Ad rechamum imum ferreis forfices religantur, quorum dentes in saxa ferrata accommodantur*.

Il y avoit, dans l'antiquité, différens mécanismes employés à l'enlèvement des pierres. Toutes les pierres déplacées de leur appareil, dans les ruines des temples d'Agrigente, font voir à leurs deux petits côtés une entaille en forme de fer à cheval, qui servoit à recevoir l'épaisseur des câbles qu'on assembloit & qu'on nouoit, de manière à former un angle qui s'attachoit sans doute au câble de la machine à enlever les pierres. Ces câbles sortoient ensuite, sans aucun obstacle, du canal qu'ils occupoient, lorsque la pierre étoit définitivement polée & assemblée.

LOUVETEAU. (*Voyez* LOUVE.)

LOUVEUR, s. m. C'est le nom de l'ouvrier qui fait le trou à une pierre pour la *louver*, c'est-à-dire, y mettre la louve.

LUCARNE, s. f. C'est une fenêtre de médiocre grandeur, prise ordinairement dans un comble, & pratiquée au-dessus de l'entablement d'un bâtiment, pour donner du jour aux chambres qu'on appelle *galetas* ou *greniers*. Le mot *lucarne* paroit évidemment dérivé du mot *lux*, *lucis*, lumière, ou *lucerna*, lanterne.

On donne différens noms aux *lucarnes*, selon leurs formes ou leurs positions diverses.

On appelle:

LUCARNE A LA CAPUCINE, une *lucarne* couverte en croupe de comble.

LUCARNE BOMBÉE, celle qui est fermée en quart de cercle.

LUCARNE DEMOISELLE, une petite *lucarne* de charpente qui porte sur les chevrons, & qui est couverte en contrevent ou en triangle.

LUCARNE FAITIÈRE, celle qui est prise dans le haut d'un comble, & qui est couverte en manière de petit pignon, fait de deux noulets.

LUCARNE FLAMANDE, celle qui est construite de maçonnerie couronnée d'un fronton, & appuyée sur l'entablement.

LUCARNE CARRÉE, celle dont la largeur est

égale à la hauteur, ou qui est fermée en plate-bande.

LUCARNE RONDE, celle qui est cintrée par sa fermeture, & dont la baie est en rond.

LUNETTE, s. f. Espèce de voûte qui traverse les reins d'une autre voûte en berceau, soit pour en soulager la portée ou en diminuer la poussée, soit pour donner du jour dans un intérieur.

On appelle *lunette biaise*, celle qui coupe obliquement un berceau, & *lunette rampante*, celle dont le cintre est corrompu, comme cela arrive sous une rampe d'escalier.

Lunette a encore d'autres significations. On appelle ainsi une petite baie dans un comble, dans la flèche d'un clocher, pour donner de l'air à la charpente, une planche épaisse dans laquelle on pratique une ouverture circulaire, dont on forme le dessus d'un siège d'aisance.

Dans la fortification, on appelle *lunette*, une espèce de petite demi-lune qu'on construit vis-à-vis des places d'armes, des angles rentrans du chemin couvert, & au-delà de l'avant-fossé, ou vis-à-vis des faces d'une demi-lune, pour la couvrir & lui servir de contre-garde; les grandes *lunettes* couvrent entièrement les faces de la demi-lune, les petites *lunettes* n'en recouvrent qu'une partie.

LUNGHI (Martin), naquit aux environs de Milan, s'exerça d'abord dans les travaux de marbrerie, étudia ensuite l'architecture, y devint habile & s'y fit un nom assez célèbre.

Sous Grégoire XIII il travailla à Rome au palais Quirinal, appelé *de Monte Cavallo*, & il fit de cette grande construction, la partie à laquelle on donne le nom de *Torre de venti*.

Martin Lunghi bâtit, pour les pères de l'Oratoire, l'église appelée *la Chiesa nuova*. Il en commença aussi la façade, qui depuis fut terminée par *Fausto Rughesi de Monte Pulciano*. Cette façade, quoiqu'elle se compose de deux ordres l'un au-dessus de l'autre, & malgré les ressauts qui s'y trouvent, ne laisse pas d'avoir un aspect assez majestueux. On trouve plus de correction dans la façade qu'il fit à Saint-Jérôme *degli Schiavoni*, près de Ripetta. Elle est aussi à deux ordres de colonnes. C'est encore du même genre que devoient être les façades par lui commencées à l'église de la Consolation & des Couvertis au *corso*; mais toutes les deux en sont restées, sans être terminées, à l'ordre inférieur.

C'est à cet architecte qu'on doit le campanile du Capitole, la restauration de l'église de Sainte-Marie à *Transtevere*, & le palais Altemps à l'*Apollinare*.

Un des principaux ouvrages de *Martin Lunghi*, & des plus connus à Rome, est le palais Borghèse.

Le plan de cet édifice n'en est pas la meilleure partie, mais son défaut provient des prolongemens qu'il reçut après coup. On y admire la belle distribution des étages, le bel espacement des croisées & la forme de leurs chambranles. On voudroit que l'architecte eût moins multiplié, dans son élévation, ces petites fenêtres appelées *mezzanini* en Italie, & que nous appelons *entresol*; leur grand nombre tend à diminuer l'effet général de l'ordonnance. La cour est d'une belle dimension, à deux rangs de portiques soutenus par des colonnes accouplées. L'ordre inférieur est dorique; les colonnes du rang supérieur sont ioniques, & on en compte en tout cent. Deux escaliers conduisent aux appartemens: le grand paroît un peu roide; l'autre est ce qu'on appelle *en limaçon*, avec des colonnes isolées. (*Tiré de Milizia.*)

LUSARCHE (Robert de), architecte du treizième siècle.

Ce fut lui qui commença, l'an 1220, la célèbre cathédrale d'Amiens, qui fut continuée par Thomas de Cormont son fils, & ne fut achevée qu'en 1288. Quant aux deux tours du portail, le travail n'en fut terminé que vers la fin du quatorzième siècle.

La cathédrale d'Amiens est une des plus grandes églises gothiques, si elle n'est pas la plus grande qu'il y ait en France. Elle porte en tout 415 pieds de long. La longueur de la croisée d'un portail à l'autre, est de 182 pieds.

La nef & la croisée, égales en hauteur, portent du pavé à la voûte 132 pieds; leur largeur est de 42 pieds 9 pouces.

Le chœur a une pareille largeur, mais sa hauteur n'est que de 129 pieds. On trouve de semblables irrégularités dans presque toutes les églises gothiques, parce que les parties n'en ne sont pas toujours construites ensemble.

Les bas côtés de la nef ont 60 pieds 8 pouces de haut; ceux du chœur n'ont que 57 pieds 8 pouces.

La hauteur totale de l'édifice, depuis le pavé jusqu'au coq du clocher, est de 402 pieds.

Le portail a 150 pieds 2 pouces de long.

Une des tours a 210 pieds d'élévation; l'autre porte 190 pieds.

Tout cet intérieur est remarquable par une grande élévation, & par l'effet de hardiesse & de légèreté qui en résulte.

Dans les opinions de ces temps, pour faire une cathédrale parfaite, il auroit fallu réunir le portail de Reims, les clochers de l'église de Chartres, le chœur de celle de Beauvais, & la nef de celle d'Amiens.

LUTRIN, s. m. On donne ce nom à une sorte de support en manière de piédestal de colonne ou de balustre, soit en marbre, soit en bronze, soit en bois, sur lequel s'élève un pupitre simple ou double, fixe ou tournant, & qui se place au milieu du chœur d'une église. Le *lutrin* sert à ouvrir les livres de prières, de plain-chant, &c., & c'est en avant que sont placés les sièges des chantres.

LYCÉE, *lyceum*. C'est le nom qu'avoit reçu & que porta un des plus célèbres gymnases d'Athènes, celui où Aristote avoit établi son école. Comme les gymnases avoient, outre les lieux d'exercice, des allées d'arbres pour la promenade, les leçons du philosophe avoient quelquefois lieu sous ces ombrages. Aristote avoit coutume de donner les siennes en se promenant : de-là ses élèves, & depuis les sectateurs de sa doctrine, furent appelés *péripatéticiens*.

Le nom de *lycée* comme ceux de *musée*, *prytanée*, *gymnase*, ont été, dans les temps modernes, donnés à certains établissemens littéraires ou d'instruction publique. Il y a souvent fort peu de rapport entre l'objet de ces institutions & celui du *lycée*, à Athènes. Mais ces emprunts de noms étrangers tiennent à l'habitude où l'on est, d'aller chercher dans l'antiquité des noms pour des choses nouvelles. (*Voyez* GYMNASE.)

LYCHNITES. Sorte de marbre blanc qu'on appeloit ainsi du mot *lychnos*, lampe. C'est au marbre de Paros que Pline, *liv. XXXVI*, chap. 5, donne le nom de *lychnites*. Quelques lexiques ont donné pour raison de ce nom, que probablement ce fut parce que ce marbre brilloit comme une lampe : étymologie mal imaginée, & qu'on auroit pu se dispenser de mettre en avant, si l'on se fût souvenu qu'à l'endroit même où il parle du *lychnites*, comme désignation du marbre de Paros, Pline ajoute qu'il fut ainsi appelé, parce que c'étoit à la lumière des lampes qu'on le tailloit dans les carrières, & Pline cite Varron à l'appui de cette notion étymologique. *Quoniam ad lucernas in cuniculis cæderetur, ut autor est Varro.*

LYMPHÆA. Espèce de grottes artificielles. (*Voyez* NYMPHÉES.)

LYON, *Lugdunum*. Cette ville, aujourd'hui une des principales de la France, eut aussi une haute importance sous la domination romaine. Auguste en fit la métropole de la Gaule celtique, & il y séjourna trois ans. Claude y naquit & lui fit accorder le droit de cité romaine. Elle fut réduite en cendres sous le règne de Néron, par un incendie dont Sénèque a peint d'un seul trait les terribles effets. *Una nox fuit inter urbem maximam & nullam.* (Senec. epist. 91.) Bientôt *Lyon* renaquit de ses cendres par les libéralités de Néron. Trajan y fit bâtir plusieurs édifices.

La position de *Lyon* est la cause de la prospérité non interrompue de cette ville. Mais cette prospérité même, & la grandeur à laquelle elle est parvenue dans les siècles modernes, nous expliquent pourquoi il y reste peu de monumens de l'architecture antique. Il est dans la nature des choses que les bâtimens vieillis & délaissés servent de moyens pour en rebâtir de nouveaux, & plus grande sera la ville qui succédera à une ville antique, moins il s'y conservera de monumens de ses anciennes constructions. Ce respect pour l'antiquité, ce sentiment qui engage à veiller à la conservation de ses vestiges, ne se produisent ordinairement que dans des temps où l'on peut en sentir le mérite, & surtout après que de grandes pertes ont éveillé beaucoup de regrets. C'est ce qui est arrivé à *Lyon*, où, depuis quelques années, le zèle de quelques amateurs & administrateurs, s'est porté à la recherche de tout ce qui porte le caractère d'antiquité, dans cette ville & dans ses environs.

Le Muséum qu'on y a formé, renferme un très-grand nombre d'ouvrages d'art antiques, en bronze, marbre & autres, des mosaïques très-précieuses, des autels, des cippes, des inscriptions d'un grand intérêt : telle est celle qui fut trouvée sur la montagne de Fourvières, & qui remplit la face principale d'un autel dont le milieu est orné d'un *bucranium*. Cette curieuse inscription rappelle la cérémonie du taurobole offert l'an de J. C. 160, pour la santé de l'empereur Antonin-le-Pieux, & pour la prospérité de la colonie.

Les restes d'architecture antique sont peu nombreux à *Lyon*. Toutefois il en subsiste encore assez pour témoigner de son antique magnificence.

On voit dans le jardin botanique, sur la colline de la Croix-Rousse, l'emplacement qui avoit servi jadis, à ce que quelques-uns croient avoir servi tout à la fois de naumachie & d'amphithéâtre. Le terrain ayant été creusé, on y découvre encore un reste de l'ancienne entrée principale de l'édifice, & des voûtes qui formèrent les corridors.

Dans la vigne de l'ancien couvent des Minimes, on voit des restes de portiques qui appartinrent probablement à un théâtre.

Près de-là, dans une vigne qui fait partie de l'ancien couvent des Ursulines, est une construction souterraine, qu'on croit avoir été une conserve d'eau pour l'usage d'un bain qui existoit plus bas.

Au-dessus de la porte Saint-Irénée il y a six arcades, & en continuant sa route on en découvre un plus grand nombre, faisant partie d'un aqueduc qui apportoit de fort loin, & par plus d'un embranchement, des eaux abondantes à *Lyon*.

LYRE, s. f. Instrument à cordes, un des plus usuels dans la musique des Anciens, & dont on trouve un nombre prodigieux de copies & d'imitations, dans les ouvrages d'art de l'antiquité.

La *lyre* n'est guère usitée dans la musique moderne, depuis que beaucoup d'instrumens de formation nouvelle ont donné aux compositeurs des moyens d'effet plus variés, plus forts & plus étendus.

LYR

Toutefois la *lyre* est restée, dans le langage de l'allégorie & dans celui de l'ornement, le symbole de la poésie, de la musique, de l'harmonie ; & la forme agréable à l'œil de cet instrument s'emploie toujours dans l'architecture, comme un de ces signes de convention, qui rappellent à tout le monde l'idée qu'on veut exprimer.

Ainsi, tout le monde entend qu'une *lyre* accompagnée de griffons, dans une frise, doit désigner un lieu consacré à la musique ou à des concerts.

Une *lyre* seule, placée sur la porte d'un théâtre, veut dire *théâtre lyrique*.

LYRIQUE (Théâtre). Nom qu'on donne à un théâtre où l'on représente des pièces en musique.

MAC

MACHECOULIS, s. m. Terme de fortification dans les anciens châteaux-forts.

C'est une espèce de galerie, d'allée, de passage, pour marcher à couvert tout autour du bâtiment, & qui est garnie d'une devanture faite de dalles ou de briques. Ces sortes de galeries sont portées & soutenues en saillie sur des corbeaux de pierre ; & comme il y a des espaces à jour, c'est par-là qu'autrefois on jetoit des pierres pour défendre le pied de la muraille, & empêcher qu'on ne la vînt escalader. On voit encore des *machecoulis* bien conservés autour des remparts des villes & des châteaux d'Avignon, de Carpentras, de Tarascon, & de beaucoup d'autres édifices bâtis depuis le douzième jusqu'au quinzième siècle.

MACHINE, s. f. Se dit, en général, d'un appareil d'instrumens disposés avec art, & de manière à pouvoir produire différens mouvemens avec avantage, en économisant, soit le temps, soit les forces qu'on emploie.

Ordinairement on distingue les *machines* en simples & en composées.

Au nombre des *machines* simples, on compte le levier, la poulie, le coin, la vis, le plan incliné, &c.

On appelle *composées*, les *machines* faites par la réunion de plusieurs machines simples, pour augmenter la force ou la vitesse : tels sont les moulins, les machines hydrauliques, &c.

Cette division élémentaire n'est pas entièrement satisfaisante. On a proposé de diviser en six classes les différens genres de *machines*, ainsi qu'il suit :

Première classe. Les machines qui servent à lever & à pousser un fardeau d'une manière avantageuse : tels sont le levier, le rouleau, la poulie, avec ses différentes compositions, la grue, le cric, la vis, &c.

Seconde classe. Les machines qui servent à fabriquer différens objets en moins de temps, ou en plus grand nombre, ou d'une manière plus commode qu'on ne le feroit, sans les employer : telles sont toutes les espèces de moulins, les *machines* à monnoyer, à battre le blé, à filer, à tricoter, &c.

Troisième classe. Les *machines* à faire élever l'eau.

Quatrième classe. Les *machines* qui servent à mesurer le temps ou la distance.

Cinquième classe. Les *machines* employées immédiatement comme outils à préparer & à faire toutes sortes d'ouvrages, telles que les métiers de tisserand, le tour du tourneur, le rouet. Ces *machines* diffèrent de celles de la seconde classe en ce que, dans celles-ci, la *machine* fait le travail, & que la force, qui souvent est inanimée, ne met en mouvement qu'une partie de la *machine*, tandis que dans les *machines* de la cinquième classe, c'est une force animée qui produit les principaux mouvemens d'après les règles prescrites, mais de manière cependant à ne point exclure la direction que l'esprit doit donner aux mouvemens ; en sorte que la machine n'est qu'auxiliaire, dans l'opération de l'homme.

Sixième classe. On range dans cette classe toutes les *machines* qui agissent sur l'air, & toutes celles qui servent aux démonstrations de la physique.

L'architecture, par les nombreux rapports qu'elle embrasse, est, sans contredit, l'art qui met en œuvre le plus grand nombre de *machines*. Il seroit superflu de s'étendre ici sur tous les agens mécaniques qui concourent à la formation, à la manipulation, à l'emploi de tous les matériaux, de tous les instrumens qui entrent dans tous les ressorts qu'elle met en œuvre, & produisent les résultats de toutes ses combinaisons.

Les *machines* qui sont plus directement du ressort de l'art de bâtir, sont, sans contredit, celles dont on use pour extraire les pierres, remuer & élever les fardeaux énormes des matériaux qui forment la construction des édifices. Nous en parlerons ici d'autant moins, que toutes ces *machines* sont décrites aux mots particuliers qui les désignent.

tels que CABESTAN, GRUE, POULIE. (*Voyez* ces articles.)

MACHINE DE THÉATRE. On appelle de ce nom cette multitude de rouages, de poulies, de cordes, de cabestans qui servent à faire mouvoir les décorations sur nos théâtres.

On nomme encore ainsi toutes les décorations qui paroissent descendre du ciel ou s'élever de terre, & demeurent stationnaires, comme suspendues par une puissance surnaturelle. On désigne communément ces *machines* par le nom de *char*, parce que plusieurs d'entr'elles ont la figure d'un char traîné par des chevaux ou par des dragons, comme dans les tragédies de *Médée* ou d'*Armide*. Quelquefois on les nomme *gloire*, parce que, dans certaines représentations, les dieux de la Fable y paroissent au milieu de nuages lumineux, comme sont ceux que produisent les rayons d'un soleil couchant. Enfin, on appelle *machines*, sur le théâtre, toutes ces compositions décoratives qui sont le résultat de certaines forces, que l'art du machiniste est tenu surtout de cacher aux yeux du spectateur.

Les *machines de théâtre* employées par les Anciens, différoient beaucoup de celles dont on se sert aujourd'hui. On croit que cette différence tenoit surtout à celle de leur scène, qui ne devoit point avoir de plafond. Dès-lors les dieux & les autres apparitions d'en haut, n'auroient pu avoir leur point d'appui & de mouvement placé dans les combles, comme cela se pratique dans les scènes des théâtres modernes, qui sont clos & couverts.

» Le rideau de l'avant-scène, ou le *siparium*, » ne se manœuvroit pas chez les Anciens comme » chez nous. Derrière le massif du *pulpitum*, étoit » un petit contre-mur de la même hauteur ; & » c'est dans l'espace vide qu'ils laissoient entre » eux, que la toile descendoit pendant la représentation. On la relevoit au moyen de supports » à coulisse, que l'on faisoit monter par une corde » attachée à un treuil. Des vestiges de ce mécanisme sont parfaitement visibles au théâtre de » Pompeii. Les crapaudines & les points d'appui » des cabestans & des treuils existent encore. » Cette manière de faire mouvoir la toile, si différente de celle que l'on emploie aujourd'hui, » provient, comme on l'a dit, de ce que les » théâtres anciens étoient découverts, & que » l'on ne pouvoit faire descendre aucune machine par les moyens dont on use de nos jours. » Le même système de treuils & de cabestans servoit à faire mouvoir sur des cordes tendues » le char aérien de Médée, ou le monstre marin » sur lequel l'Océan venoit visiter le malheureux » Prométhée. S'il s'agissoit de faire descendre quelque divinité du haut des cieux, un long levier » placé dans la partie latérale du théâtre, derrière les décorations, & couvert sans doute de » nuages peints, supportoit à son extrémité le » dieu nécessaire au dénouement (*deus ex machiná*). Ce levier, en s'inclinant vers la terre, » traçoit un arc de cercle qui faisoit dépasser » l'extrémité de la machine au-delà des décorations ; alors Jupiter ou les interlocuteurs ailés » d'Aristophanes, se montroient aux spectateurs. » Quand le levier se relevoit, le mouvement inverse faisoit disparoître son extrémité, & le » personnage qui y étoit attaché derrière la partie » supérieure des décorations. Telle étoit la simplicité des *machines* dont les Anciens se servoient dans leurs théâtres. Elles étoient placées » sur les côtés de la scène. Vitruve appelle cet endroit *periactus*. C'étoit aussi là qu'on faisoit entendre le bruit du tonnerre. » (*Ce paragraphe est extrait d'une dissertation de M. Mazois, sur la forme & la distribution des théâtres antiques.*)

Ce que ce passage peut avoir de satisfaisant est encore insuffisant, pour lever toutes les obscurités qui nous cachent le mécanisme des décorations scéniques sur les théâtres des Anciens, surtout si l'on embrasse la matière dans toute l'étendue que comporte la diversité des temps, des pays, des édifices mêmes, & des spectacles qu'on y représentoit ; surtout encore si l'on veut expliquer ce sujet par les faits très-divers, que les passages des Anciens nous ont transmis.

Il est d'abord un premier fait dont il faut tenir compte, c'est que tous les théâtres ne furent pas découverts. Nous ignorons ensuite quels pouvoient être, dans ceux dont il ne nous reste plus que les pierres ou la maçonnerie, les moyens mécaniques dus à la charpente, & qui devoient suppléer au manque de comble & de toiture. Comme il y avoit un rideau qui s'élevoit & se baissoit, rien n'empêche de croire que ce rideau, dans sa partie supérieure, alloit se raccorder, comme cela se pratique sur nos théâtres, à des draperies suspendues dans toute la largeur de la scène, & dont l'objet auroit été encore de cacher aux spectateurs tous les moyens mécaniques placés sur le mur même de la scène, & avec lesquels on manœuvroit toutes les machines propres aux apparitions, descentes, enlèvemens, &c. (*Voyez* SCÈNE & THÉATRE.)

MACHINE HYDRAULIQUE. On appelle ainsi toute *machine* qui sert à élever & à conduire les eaux. Tout ce qui tient à la science de l'hydraulique est du ressort d'un autre Dictionnaire. Nous ne devons au plan de celui-ci que ce genre de notions abrégées qui touchent à l'architecture. C'est pourquoi nous renvoyons le lecteur aux articles, qui traitent d'une manière sommaire des différens moyens employés par la science de l'hydraulique.

MACHINISTE, s. m. On donne ce nom, dans les théâtres, à celui qui dirige les machines, qui les dispose, & commande les ouvriers pour les faire agir.

MAÇON, s. m. On donne à ce mot diverses étymologies, mais on n'est d'accord sur aucune.

Dans le langage ordinaire on appelle *maçon*, un ouvrier spécialement employé à ce genre de bâtir que l'on nomme *maçonnerie* (*voyez* plus bas), & que l'on distingue de celui qu'on nomme *construction*. Ainsi, le *maçon* est celui qui fait tous les genres d'ouvrages de la bâtisse, dans lesquels on emploie les moellons, les pierrailles, les briques, les mortiers à chaux & ciment, le plâtre & l'argile, & autres matières semblables. Le savoir du *maçon* consiste à bien disposer & assembler les matériaux avec ordre & liaison, à bien préparer les mortiers, à bien employer le plâtre, à faire les enduits & les crépis, à pousser & trainer les moulures des corniches en plâtre.

MAÇON (Maître). On appelle ainsi, à Paris, l'entrepreneur de bâtimens qui emploie les compagnons *maçons*, surveille leurs travaux & répond de leur ouvrage.

MAÇONNAGE, s. m. Ce mot, qu'on trouve dans le *Dictionnaire de l'Académie française*, & qui cependant n'existe pas dans les Dictionnaires d'architecture, est indispensable dans l'art de bâtir, pour exprimer le résultat du travail matériel du *maçon*, & le distinguer de l'art de maçonner, auquel on a affecté le mot *maçonnerie*. Ainsi l'on dira d'un mur, d'une cloison, d'une bâtisse en général, que le *maçonnage* en est bon ou mauvais. On dira qu'on a payé tant pour le *maçonnage* d'une maison.

MAÇONNER, v. act. C'est travailler à un bâtiment fait avec le genre de matériaux désignés au mot MAÇON. On dit : il y a bien à *maçonner* dans cette maison, il faut *maçonner* cela d'une autre sorte. On se sert encore de ce mot pour dire boucher une ouverture. Il faut *maçonner* cette porte, cette fenêtre.

MAÇONNERIE, s. f. Ce mot se prend sous deux acceptions. On lui fait quelquefois signifier l'ouvrage du maçon, & l'on dit une bonne ou une mauvaise *maçonnerie*; il est alors synonyme de *maçonnage*. On s'en sert pour exprimer d'une manière générale l'ensemble des procédés de l'art de maçonner. C'est dans ce dernier sens que cet article fera considérer le mot de *maçonnerie*.

Il désigne particulièrement cette manière de bâtir qui emploie des matériaux peu considérables, peu dispendieux, d'un transport & d'une manipulation plus facile & plus économique que ne le sont les pierres de taille. Cette manière de bâtir avec des briques, des moellons, des mortiers, du plâtre & d'autres sortes de liaison, produit cependant des ouvrages assez solides pour braver les injures des temps ; & les divers genres de *maçonnerie* des anciens Romains nous ont laissé de nombreuses preuves de la bonté de ces procédés.

Le mot de *maçonnerie* répond en français au mot *structura* des Latins. Cependant l'usage a réduit le mot français à une acception moins étendue & moins importante. *Structura*, comme nous allons le voir, embrassoit, selon Vitruve, tous les genres de bâtir, en y comprenant les constructions en pierres de taille. *Maçonnerie*, au contraire, exclut chez nous l'idée d'emploi des grandes masses de pierres & de leur taille, & ce mot ne convient, comme on l'a dit, qu'à l'emploi & à la disposition des petits matériaux combinés avec le mortier & autres liaisons. Nous donnons plus volontiers le nom de *construction* à l'emploi, à la disposition & à la taille des pierres ou des marbres dans les édifices. (*Voyez* CONSTRUCTION.) Ce n'est pas qu'on ne l'applique aussi, dans le langage ordinaire, aux bâtisses faites de moindres matériaux. Ainsi l'on dira que la construction d'un édifice est en briques ou en moellons. Mais il n'y a pas réciprocité d'emploi entre les deux mots : & l'on ne dira jamais que la *maçonnerie* d'un édifice est en pierres de taille.

Nous nous étendrons fort peu, dans cet article, sur la *maçonnerie* moderne d'après le sens que nous avons donné à ce mot. Une multitude d'articles de ce Dictionnaire renferment les notions de détail que cette matière comporte. Mais nous avons cru qu'il seroit agréable au lecteur de trouver ici réunis les élémens de la *maçonnerie* ou *structura* des Anciens, tels que Vitruve nous les a transmis dans le chapitre VIII de son deuxième livre. *De generibus structurae & eorum qualitatibus, modis ac locis*.

« Les différentes espèces de *maçonnerie* sont » le *reticulatum*, qui est actuellement le plus » employé, & l'ancienne, appelée *incertum*. Le » *reticulatum* est plus agréable à la vue, mais il » est moins sujet à se lézarder, parce que les ma- » tériaux qui composent les paremens, ne forment » liaison ni dans leurs lits, ni dans leurs joints.

» La *maçonnerie* appelée *incertum* a au con- » traire ses pierres posées en liaison, & enclavées » les unes dans les autres. Cette disposition de pa- » remens ne présente pas une aussi agréable appa- » rence, mais elle forme une bâtisse plus solide » que le *reticulatum*.

» L'une & l'autre de ces *maçonneries* doivent » être faites en très-petites pierres, posées à bain » de mortier, pour procurer aux murs construits » de cette manière, une plus grande durée : car » lorsqu'on épargne le mortier, les petites pierres » tendres & poreuses qu'on y emploie, absorbent » tout l'humide qu'il contient, avant qu'il fasse » corps, ce qui lui ôte toute sa force ; mais si la

» quantité de mortier est surabondante, les murs
» contenant plus d'humide, ne se desséchent pas
» sitôt, & le mortier a le temps d'acquérir une
» force suffisante pour en lier toutes les parties.

» Aussitôt que l'humide du mortier aura été
» absorbé par l'aridité des moellons, la chaux se
» désunira d'avec le sable, & ne formera plus un
» corps capable de les lier, & les murs n'ayant
» plus de consistance, tomberont en ruine en fort
» peu de temps.

» C'est ce qu'on peut remarquer dans quelques
» monumens des environs de Rome, dont l'exté-
» rieur est construit en marbre ou en pierres de
» taille, & le milieu en blocage battu. On voit
» que l'aridité des moellons ayant absorbé tout
» l'humide du mortier, avant qu'il ait fait corps,
» ces moellons s'écroulent, & causent la ruine des
» revêtemens par la désunion de leurs joints.

» Pour éviter cet inconvénient, il faut, après
» avoir réservé un espace vide au milieu, cons-
» truire à l'intérieur des murs de deux pieds d'é-
» paisseur, en pierres rouges équarries, ou en
» tuileaux, ou en moellons durs ordinaires, & re-
» lier les pierres des revêtemens avec des cram-
» pons de fer scellés en plomb. Si ces construc-
» tions sont faites ainsi, au lieu de l'être sans
» ordre, l'ouvrage pourra se conserver sans acci-
» dent un temps infini, parce que les joints étant
» bien reliés entr'eux, & les pierres bien posées
» sur leurs lits, elles ne pousseront point; alors
» les revêtemens, liés par des crampons, ne pour-
» ront plus tomber.

» C'est pourquoi il ne faut pas dédaigner la
» *maçonnerie* des Grecs. Ils ne se servent pas de
» moellons tendres pour les paremens; mais quand
» ils manquent de pierres de taille, ils forment
» les paremens avec deux moellons qu'ils posent
» en liaison sur les deux paremens, comme dans
» les constructions en briques, & par ce procédé
» ils procurent à l'ouvrage une durée éternelle.

» Les Grecs construisent de deux manières dif-
» férentes, dont l'une est appelée *isodomos*, &
» l'autre *pseudisodomos*. L'*isodomos* est ainsi nom-
» mé, parce que tous les rangs de pierres, ou les
» assises de chaque parement, sont de même hau-
» teur. L'autre s'appelle *pseudisodomos*, parce que
» les assises sont de hauteur inégale, & parce que
» les pierres ont différentes grandeurs. Ces deux
» espèces de *maçonnerie* sont également solides;
» premièrement, parce que les moellons étant durs
» & compacts, n'absorbent pas toute l'eau du
» mortier, & qu'ils lui conservent l'humide néces-
» saire pour former une masse durable. Ces moel-
» lons ayant leurs lits bien dressés & posés de ni-
» veau, ne peuvent pas se détacher du mortier,
» mais étant reliés dans toute l'épaisseur du mur,
» ils forment une construction des plus durables.

» Les Grecs ont encore une espèce de *maçon-
» nerie* qu'ils appellent *emplecton*, dont les ha-
» bitans de nos campagnes font usage. Les pierres
» ont leurs paremens seuls dressés; le reste de la
» pierre reste brut, & forme liaison avec les
» pierres du parement correspondant & le mortier.
» Mais nos bâtisseurs, qui ne visent qu'à la
» promptitude, après avoir élevé les pierres des
» paremens, en remplissent le milieu de moel-
» lons & de débris de pierres jetés sans ordre:
» d'où il résulte que le mur se compose de trois
» bâtisses isolées, deux qui sont les paremens, &
» la troisième est le remplissage intermédiaire. Les
» Grecs ne procèdent pas ainsi. Après avoir placé
» les pierres des paremens alternativement, selon
» leur longueur & leur largeur, pour former liai-
» son dans l'épaisseur du mur, ils ne remplissent
» pas le milieu de moellons jetés indistinctement,
» mais ils le garnissent au contraire de pierres
» d'une égale épaisseur, & de plus ils en placent
» d'autres par intervalle, & assez grandes pour
» faire parement d'un côté comme de l'autre. Ils
» nomment ces pierres *diatonous*, & elles servent,
» en reliant les murs, à augmenter leur solidité.

» C'est pourquoi celui qui voudra, d'après
» notre ouvrage, faire des constructions durables,
» devra préférer le genre que nous venons de dé-
» crire. Qu'il se persuade que les bâtisses en moel-
» lons tendres, malgré leur belle apparence, se-
» ront de peu de durée. Voilà pourquoi les
» experts appelés pour estimer la valeur des murs
» mitoyens, ne les évaluent pas selon le prix
» qu'ils ont coûté, mais ils déduisent, d'après les
» titres & marchés, autant de quatre-vingtièmes
» qu'il y a d'années qu'ils sont faits, & ils n'ordon-
» nent de payer que le surplus. Ils fondent leur
» décision sur ce que ces murs, selon eux, ne
» peuvent durer plus de quatre-vingts ans. Mais
» quant aux murs de briques, tant qu'ils se sou-
» tiennent bien d'aplomb, ils ne déduisent rien
» de leur valeur, & ils les estiment autant qu'ils
» ont coûté. » (*Traduction de M. Rondelet, dans
la Théorie de l'art de bâtir.*)

On appelle :

MAÇONNERIE DE BLOCAGE, une *maçonnerie* faite de menues pierres jetées à bain de mortier. On pratique cette *maçonnerie* très-habituellement en Italie, où la pouzzolane, mêlée avec la chaux, est d'un grand secours pour faire une semblable liaison. On remarque dans les constructions de cette espèce qui se sont le mieux conservées, que les remplissages en petits moellons ou blocages paroissent avoir été arrangés avec un certain ordre, en sorte qu'ils sont tous enveloppés d'une quantité à peu près égale de mortier, & qu'aucuns ne se touchent à cru. Cette quantité, comparée au volume des petites pierres en blocages, est un peu moins de la moitié. On a observé encore que la grosseur des blocages étoit proportionnée à la grandeur des masses qui en sont formées. Dans les murs de deux pieds d'épaisseur & au-dessous, tels que ceux dont les paremens sont en petits

moellons

moellons équarris ou en briques, les pierres de remplissage sont moindres que la grosseur du poing.

La *maçonnerie* de ces murs paroit avoir été faite par encaissement, dans des espèces de moules mobiles en planches, à peu près comme ceux dont on se sert pour le pisé. Les trous qu'on remarque dans les ruines de plusieurs murs antiques de Rome, qui ont été dépouillés de leurs paremens, indiquent la position des traverses de bois qui servoient à ces encaissemens.

La précaution que les anciens constructeurs romains avoient, d'arraser & de battre de quatre pieds en quatre pieds leur *maçonnerie de blocage*, obvioit à l'inconvénient du tassement, dont ce genre de construction est susceptible : aussi on ne remarque, dans presqu'aucun des murs antiques qui existent, ni lézardes, ni disunions. Ces murs, dépouillés de leurs paremens, paroissent ne former qu'une seule masse.

Les murs & les points d'appui de la plupart des grands édifices de Rome antique, ont été construits en *maçonnerie de blocage*, revêtue de briques ou de petits moellons de tuf. On peut les considérer comme ayant été moulés & ne formant qu'une seule pièce. On voit qu'il a fallu des efforts pour détruire les parties qui manquent, puisque celles qui sont dépouillées de leurs revêtemens, existent dans cet état depuis des siècles, & que les édifices ou parties d'édifices antiques, construits dans le même genre, auxquels on a donné une destination, se sont conservés en aussi bon état que les édifices modernes.

MAÇONNERIE DE BRIQUES. (*Voyez* l'article BRIQUE, où l'on s'est étendu sur tous les détails de ce genre de bâtisse.)

MAÇONNERIE EN CAILLOUX. Les Anciens & les Modernes s'en sont servis pour faire des revêtissemens de murs & des aires de pavé.

Vitruve, *liv. I, chap.* 5, recommande au constructeur de se servir, selon les lieux, de pierres, de moellons, de briques ou de cailloux (*sive silex*).

Les constructeurs romains savoient effectivement tirer un parti avantageux de tous les matériaux qu'ils rencontroient dans les divers pays où ils avoient à bâtir. Lorsqu'ils employoient des cailloux en revêtement, ils observoient, dans la disposition de cette sorte de *maçonnerie*, la méthode de l'*opus incertum*, afin de relier l'ouvrage dans tous les sens. Ils disposoient les cailloux du parement dans un ordre irrégulier, de façon que chacun fût au moins soutenu par deux points, & enclavé par ceux qui l'environnoient.

Quelques constructeurs modernes ont fait cette *maçonnerie* par rangs horizontaux d'assises régulières. Cette disposition est vicieuse, en ce que chaque caillou, considéré indépendamment du mortier, ne porte que sur un point, & n'a pas une

Diction. d'Archit. Tome II.

assiette suffisante. Ces sortes d'ouvrages manquent alors de solidité, & les matériaux sont sujets à s'écrouler.

MAÇONNERIE dite DE LIMOSINAGE. C'est celle qu'on pratique habituellement dans les bâtisses ordinaires, en posant des moellons sur leur lit, & en liaison, mais sans que leurs paremens soient dressés.

MAÇONNERIE DE MOELLONS. Celle où les moellons d'appareil, & de même hauteur, sont équarris, bien gisans, posés de niveau en liaison, & piqués en leurs paremens.

MAÇONNERIE EN LIAISON. *Maçonnerie* faite de carreaux & de boutisses de pierre, posées en recouvrement les unes sur les autres.

MADERNO (Charles), architecte, naquit en 1556, à Bissone, dans le territoire de Côme en Lombardie.

Il quitta sa patrie fort jeune, pour se rendre à Rome auprès du chevalier Dominique Fontana, son oncle, sous le pontificat de Sixte-Quint.

L'étude du dessin l'occupa d'abord, & son goût l'ayant porté à travailler en stuc, il fut employé avec succès dans les travaux de ce genre, que le Pape & Fontana, son architecte, se plaisoient à favoriser. Ces sortes d'ouvrages éveillèrent bientôt en lui l'amour de l'architecture, & des grandes entreprises qui illustrèrent cette époque. C'étoit le temps où Sixte-Quint faisoit relever & replacer les grands obélisques qui décorent aujourd'hui les plus belles places de Rome. Dominique Fontana avoit la surintendance de ces travaux, & *Charles Maderne* ne négligea aucune des occasions de seconder son oncle dans l'érection de ces masses énormes. Aussi devint-il en peu de temps capable de le remplacer.

Sixte mourut sur ces entrefaites. Le cardinal Alexandre Montalto chargea Fontana de l'érection du catafalque qui, selon l'usage, devoit être élevé à la mémoire du pontife. Il paroit que Fontana se reposa sur *Charles Maderne* de l'exécution des dessins de la cérémonie funèbre, dont Jérôme Rainaldi, architecte célèbre, nous a conservé, par la gravure, l'ensemble & les détails.

Sous trois papes qui se succédèrent en très-peu de temps, les travaux restèrent suspendus jusqu'à ce que Clément VIII monta sur le trône. Ce pontife avoit connu *Charles Maderne*, & étant cardinal, il avoit eu l'occasion d'apprécier son talent. La fortune de l'architecte fut faite.

Plusieurs circonstances y concoururent, & les travaux vinrent en foule au-devant lui.

Le cardinal Salviati, dont *Charles Maderne* avoit achevé le palais près du collège Romain, lui confia la conduite de l'église de Saint-Jacques des incurables, commencée par François de Vol-

Nnnn

terre. Le chœur, le grand autel & la façade de ce monument furent terminés par *Maderne*, avec autant de solidité que de richesse.

La direction de Saint-Jean des Florentins lui fut ensuite donnée ; il en construisit le chœur & la coupole, dont la forme aiguë a quelque chose de maigre & qui sent le goût gothique.

Par ordre du cardinal Rusticucci, il éleva la façade de l'église de Sainte-Susanne, près des thermes de Dioclétien. Cette façade est à deux ordonnances l'une au-dessus de l'autre ; celle d'en bas a six colonnes corinthiennes avec deux pilastres angulaires. Six pilastres composites forment le second étage, & un grand fronton couronne le tout. On ne dira rien ici de ce goût de façades, dont le siècle où vécut *Maderne* multiplia les modèles, & dont cet architecte ne contribua pas peu à encourager les abus. En effet, que dire d'un fronton dont les deux parties rampantes ont une balustrade ? Où une balustrade peut-elle être plus improprement placée ? *Maderne* avoit précédemment achevé, pour le même cardinal, un palais situé dans *Borgo Nuovo*, près la place de Saint-Pierre : & dans le même temps il fit devant l'église de Saint-Louis des Français, un fort beau palais pour la famille Aldobrandini.

L'année 1605 fut remarquable par un événement honorable pour *Maderne*. Paul V fut élevé sur le trône pontifical. Il voulut avoir la gloire d'achever le plus superbe monument de Rome, la basilique de Saint-Pierre. Ce grand édifice en étoit à peu près au point où Michel Ange en avoit laissé la construction. Selon le plan qu'il avoit arrêté, il ne devoit plus y avoir à faire que le portique, pour le compléter dans le dessin d'une croix grecque. Paul V ne se contenta pas de la gloire de terminer l'ouvrage de ses prédécesseurs, il voulut y ajouter du sien. Il commença par demander à neuf des principaux artistes de Rome & de Florence un dessin de portique, ce qui annonçoit l'intention de ne plus s'en tenir au projet de Michel Ange.

On convient assez que, dans la conception générale de son projet, occupé de l'intérêt de l'art, & dominé par la pensée de l'unité d'où il vouloit faire résulter l'impression de la grandeur, Michel Ange avoit un peu oublié d'introduire, dans son ensemble, certaines pièces dont les usages du christianisme réclament l'emploi. Il n'avoit désigné, dans l'intérieur, aucun endroit pour le chœur des chanoines, pour la sacristie, &c. L'extérieur du monument ne devoit guère se prêter aux additions que ces accessoires auroient exigées ; car tout avoit été disposé pour que la basilique fût isolée, & que toutes les parties en fussent symétriques & régulières au dehors.

Ces considérations engagèrent à donner au plan de l'édifice une extension, qui ne pouvoit avoir lieu que du côté de la branche orientale de la croix grecque, c'est-à-dire, du côté de l'entrée, qui n'étoit pas terminé, & où l'on avoit toute la liberté de s'étendre.

Entre tous les projets proposés pour l'augmentation de la basilique de Saint-Pierre, celui de *Maderne* eut l'approbation du Pape. Il paroît que ce projet, qui eut un commencement d'exécution, ne parut pas encore suffisant. On représenta que l'édifice ne seroit point assez vaste, pour contenir la foule qu'attiroient à Rome certaines cérémonies extraordinaires, telles que celles de l'année sainte, celles du couronnement des papes, d'une canonisation, &c. On objecta encore que le nouveau temple ne renfermeroit pas dans son enceinte tout le terrain consacré de l'ancienne basilique, & où reposoient les corps de plusieurs martyrs, de plusieurs papes. Enfin, pour déterminer à abandonner tout-à-fait le projet d'achever l'église selon les desseins de Michel Ange, on regarda comme un grave inconvénient, que le portique par lui conçu, n'eût point une *loge* extérieure, d'où le Pape, selon les rites les plus anciens, devoit donner la bénédiction au peuple.

Il fut décidé qu'on feroit un nouveau projet d'agrandissement. *Maderne* étendit donc son premier plan. Le dernier qui fut mis à exécution, & d'où est résulté l'état actuel de Saint-Pierre, consista à alonger la partie orientale de la croix grecque, par trois grandes arcades de la même hauteur que celles de Michel Ange, avec la même ordonnance, la même élévation de voûtes ; à pratiquer des espèces de bas côtés & des chapelles correspondantes à chaque ouverture d'arcades, à continuer au dehors les mêmes ordonnances, & à raccorder le tout par un portique qui rappelât l'attique extérieur, qui donnât un vestibule spacieux à l'église, une *loge* pour la bénédiction papale, & à prolonger ce vestibule, de manière qu'en face il masquât la vue des parties latérales de la basilique. De ce prolongement sont résultés sans doute des inconvéniens ; mais de-là est né aussi, sans aucun doute, le projet de la magnifique place qui fait un des plus beaux ornemens de Saint-Pierre.

Pour ce qui regarde l'intérieur de la basilique, on a reproché à *Maderne* trois défauts essentiels dans son projet d'agrandissement.

1°. On trouve que les bas côtés auroient dû être assez larges pour s'aligner avec les arcades construites par Michel Ange, dans les branches méridionale & septentrionale de la croix, de sorte que l'œil, dès l'entrée, pût percer sous ces nefs latérales jusqu'à l'extrémité occidentale. Or, c'est ce qui ne peut avoir lieu dans la disposition présente. Au contraire, la vue est bornée par les piliers de la coupole, auxquels les bas côtés se terminent d'une manière peu agréable.

2°. On ne peut s'empêcher de reconnoître que les bas côtés sont trop étroits, comparés surtout à la largeur de la grande nef.

3°. L'espace des mêmes bas côtés qui sépare

chaque chapelle de l'arcade de la grande nef à laquelle elle répond, étant beaucoup plus long que large, *Maderne* a été obligé d'élever les coupoles de ces six chapelles sur un plan ovale, forme d'une exécution toujours difficile, & qui entraîne certains contours forcés, que l'art du plus habile architecte ne sauroit éviter.

Enfin, on a reproché à *Maderne* l'extension en largeur du frontispice de l'église, ce qui a dérobé la vue des extrémités circulaires des branches méridionale & septentrionale. Mais il est vrai de dire aussi qu'on lui demanda un frontispice décoré de clochers.

Voilà pour la disposition.

Mais *Maderne* fut encore accusé de bien d'autres erreurs, dans la construction de cette vaste entreprise, qu'il poussa avec une incroyable activité; car en sept ou huit années le tout fut achevé ; & en 1614 le temple étoit, à des détails d'ornement près, dans l'état où nous le voyons. Les erreurs dont on parle appartiennent à l'histoire du plus célèbre monument moderne, & cette histoire se divisant entre les architectes qui y ont eu part, nous ne pouvons en placer nulle part mieux le détail que dans la vie de *Maderne*.

Quand on songea à reconstruire la basilique de Saint-Pierre, on ne fut pas libre dans le choix de l'emplacement. Toutes sortes de raisons obligeoient d'ériger de nouveau temple sur le terrain occupé par l'ancien, & jamais il n'y en eut qui demandât, de la part des architectes, plus d'attention & d'habileté. Ce terrain est un vallon formé par deux coteaux du mont Vatican, dont l'un regarde le midi & l'autre le nord. Toutes les eaux qui sortent de ces deux coteaux, viennent par-dessous terre se rendre dans le vallon, & surtout dans la partie méridionale qui est plus basse que l'autre. Outre cela, dans ce vallon avoit existé autrefois le cirque de Néron, & ce monument étant ruiné au temps de Constantin, ses fondemens avoient servi à asseoir toute la partie méridionale de l'ancienne basilique : aussi avoit-elle toujours paru foible, & ce n'étoit qu'à force de réparations, qu'on étoit parvenu à la faire subsister jusqu'au pontificat de Jules II.

Bramante, en commençant la construction du nouveau Saint-Pierre, ne prit pas les précautions qu'auroit dû lui prescrire un terrain mauvais par lui-même, & qui, de plus, s'étoit élevé de quinze pieds par les ruines du cirque & d'autres anciens édifices. En effet, lorsqu'on creusa pour fonder le portique, on trouva à cette profondeur l'ancienne voie triomphale. Bramante, avec sa précipitation ordinaire, avoit fondé les quatre piliers de la coupole, & ces massifs étoient si insuffisans, que tous ses successeurs commencèrent toujours leurs opérations, par assurer de plus en plus la consistance de ces piliers. Michel Ange, plus habile, fut encore plus précautionneux que tous ceux qui l'avoient précédé. Tant qu'il fut chargé de cette grande construction, il employa toutes les ressources de son art & de son génie, pour donner à ce grand édifice une solidité à l'épreuve des accidens.

Maderne n'avoit point fait d'études sérieuses de la construction. Il n'étoit devenu, si l'on peut dire, que par occasion architecte. La sculpture & les travaux de stuc avoient occupé ses premières années, & il paroît qu'il dut à la faveur, les préférences qu'il obtint sur ses concurrens.

Manquant des leçons que donne l'étude & des lumières que procure la pratique, il fit plus d'un genre de faute dans les fondations de son édifice, & lorsqu'il s'en aperçut, il aima mieux les pallier que les réparer. D'abord il ne se livra pas assez attentivement à l'examen de son terrain. Ensuite il se confia imprudemment au fond sur lequel il construisit. La solidité de ce fond étoit factice, puisqu'elle venoit uniquement des restes de constructions & de fondemens de l'ancien cirque de Néron, lequel avoit été fondé lui-même sur un terrain mouvant.

A ces fautes, *Maderne* en ajouta une autre qui en rendit les effets plus fâcheux. Le sol eût-il été des plus solides, la hauteur & la pesanteur des constructions à élever, exigeoient des fondations d'un grand empatement, appareillées avec soin de pierres dures & renforcées de contre-forts en talus, appuyant la partie des fondemens sur laquelle les élévations doivent porter perpendiculairement. Au lieu de cela il se contenta de faire des massifs à pierres perdues, ce qu'on appelle en Italie à la *rinfusa*, genre de maçonnerie bon pour des constructions ordinaires, & qui n'acquiert qu'avec le temps, toute la solidité dont il est susceptible.

Enfin, on prétend encore que *Maderne* se trompa dans l'alignement de son édifice. La surface du terrain où il devoit opérer, étant couverte des débris de l'ancienne basilique & des matériaux nécessaires à la nouvelle, il paroît qu'il s'écarta de la ligne du centre, & conduisit les fondations beaucoup trop vers le nord. Tant qu'on travailla sous terre, la déviation ne fut pas sensible; on s'en aperçut lorsque la maçonnerie fut au niveau du sol. *Maderne* ne voulut point donner à connoître qu'il s'étoit trompé, & il crut que dans un aussi vaste ensemble, l'erreur ne se pourroit pas apercevoir. Toutefois, pour se redresser, il ramena le plus qu'il fut possible ses élévations sur la ligne des anciennes, mais sans élargir les fondations. Il arriva de-là qu'à l'extrémité du portique, du côté du midi, les fondations n'eurent qu'un pied quatre pouces d'empatement ou de ressaut, hors de la perpendiculaire de l'élévation. C'est ce qu'on reconnut dans les visites qu'on fit par la suite forcé de faire dans cette partie de l'édifice.

Charles Fontana qui, par ordre du pape Innocent VI, a fait la description de la basilique de

Saint-Pierre, assure que, malgré tous les efforts de *Maderne* pour redresser ses lignes, les architectes aperçoivent un coude dans la nef de ce grand édifice.

Mais ce n'est pas là le défaut que quelques critiques modernes reprochent le plus au continuateur de la basilique de Saint-Pierre. A leur dire, le grand tort, le tort irréparable de cet architecte, est d'avoir alongé de trois arcades la nef d'entrée, & de s'être tout-à-fait éloigné du plan de Michel Ange. Selon le plan arrêté par ce grand-homme, un fait que le temple devoit consister presqu'uniquement dans la coupole. Du moins cette coupole, accompagnée de quatre croisillons d'une petite étendue, & ne comprenant que la largeur d'une seule arcade, auroit attiré à elle seule toute l'attention, & l'impression de sa grandeur auroit été augmentée, par le parallèle des quatre petites nefs qui n'auroient eu rien à lui disputer. Le spectateur, en entrant dans le temple, n'auroit eu que la coupole en vue, & son attention n'en eût été distraite par rien. Il y auroit eu unité de plan, unité d'impression. C'est, dit-on, à ce changement qu'il faut s'en prendre, si Saint-Pierre paroît moins grand qu'il n'est. M. Milizia, dans sa vie de *Charles Maderne*, est celui qui a le plus enflé la valeur de ces reproches & exagéré leur importance.

Nous ne prétendons pas soutenir ici une controverse sur un point de théorie spéculative, dont les élémens sont souvent très-vagues, & dont les bases sont très-variables. Nous avouerons même que le projet de Michel Ange avoit certainement pour lui, l'avantage de l'unité & du genre de grandeur que l'unité produit. Toutefois la justice veut que de pareils procès ne soient pas jugés d'une manière aussi tranchante, & il convient de se rappeler ici les raisons que nous avons données plus haut, & en vertu desquelles on décida d'agrandir Saint-Pierre. Or, ces raisons suffiroient pour disculper *Maderne*. Mais ceux qui regrettent avec tant d'amertume le plan de Michel Ange, & qui regardent le changement de la croix grecque en une croix latine, comme un défaut insoutenable, semblent avoir oublié que cependant la croix latine avoit été projetée par Bramante, ainsi qu'on peut le voir par le plan que Serlio nous a conservé, & qu'il a publié pag. 34 de son *Traité d'architecture*. Revenir à ce plan, c'étoit donc revenir à l'idée première du premier architecte, & l'on ne voit pas quel si grand défaut en peut trouver là.

Est-il bien vrai ensuite que ce soit à ce prolongement de la nef d'entrée, que soit dû l'effet dont se plaignent ceux qui trouvent que Saint-Pierre paroît moins grand qu'il n'est ? Nous avouerons que la coupole n'y joue plus, comme dans le plan de Michel Ange, le principal rôle, & que deux très-grandes parties s'y divisent l'attention, savoir, une vaste coupole & une nef immense. Ce sont donc deux grandeurs mises à côté l'une de l'autre; mais d'après cela les deux plans ne peuvent plus se comparer. Le Saint-Pierre de Michel Ange eût eu sans contredit la grandeur morale qui procède de l'unité, & le Saint-Pierre actuel a une grandeur positive & réelle qui provient de la dimension. Il ne se peut pas qu'une augmentation de cent quatre-vingts pieds en longueur ait, dans aucun sens, rapetissé l'église. Ce qu'il faut dire, c'est que l'on a l'habitude de comparer l'intérieur de Saint-Pierre aux intérieurs des églises gothiques, plus légères & plus dégagées dans leur construction, & d'ailleurs extraordinairement disproportionnées dans les rapports de leur hauteur avec leur largeur. Or, c'est précisément par l'effet de la juste proportion entre ces deux dimensions, que la totalité du vaisseau intérieur de Saint-Pierre fait un moindre effet, sur des yeux habitués à la disproportion gothique. Saint-Pierre paroît moins grand, proportion gardée, qu'une église gothique d'une dimension inférieure, précisément par la même raison qu'un homme d'une corpulence proportionnée à sa hauteur, paroîtra moins grand qu'un homme plus petit, mais grêle, sec & décharné.

Charles Maderne mérite peut-être beaucoup plus de reproches sous le rapport du style, du goût d'ordonnance & d'ornement du péristyle qu'il éleva en avant de la basilique. On lui a su fort mauvais gré de l'attique de son frontispice, & toutefois il trouva cet attique déjà établi dans l'ordonnance extérieure de l'église. Il est vrai qu'il n'étoit pas d'une nécessité absolue de le rappeler, puisque le frontispice, par l'extension que *Maderne* lui donna en largeur, devoit empêcher qu'on ne pût apercevoir les flancs de l'édifice, lorsqu'on seroit en face. Nous savons aussi tout ce que peut donner de difficulté à l'architecte, cette nécessité d'établir une *loge* pour la bénédiction pontificale, dans le frontispice. De-là, en effet, le besoin de deux étages, de fenêtres ou d'arcades dans le portique supérieur : de-là enfin l'impossibilité de faire quelque chose de simple & de grand. Toutefois rien ne peut justifier cet emploi de disposition irrégulière des colonnes maladroitement engagées, ce manque absolu de symétrie & d'effet dans les masses, ce mauvais goût de détails qui rapetissent toute cette ordonnance. Ce fut sans doute un malheur pour la basilique de Saint-Pierre, d'avoir été plus d'un siècle à terminer. Pendant ce temps le goût avoit subi de tels changemens, que ce n'étoit plus, pour ainsi dire, la même architecture. Il suffit de dire, en effet, que Borromini avoit déjà paru.

Maderne n'avoit si fort élargi la façade du temple, qu'afin de pouvoir y ériger, aux extrémités, des tours ou campaniles qui devoient faire un accompagnement à la coupole. Mais la foiblesse des fondations de son portique, l'avoit empêché d'exécuter son dessin. En effet, le frontispice étoit à peine achevé, que l'extrémité méridionale s'ouvrit tout-à-coup en plusieurs endroits. Il est à remarquer que cet endroit du terrain, est précisément le plus mauvais de tout le vallon, & que là, comme dans un réservoir, se rendoient toutes les eaux souterraines des environs, pour aller ensuite se décharger dans le Tibre. Afin de prévenir la chute du portique, *Maderne* fit creuser, mais à trop peu de distance des fondemens, un seul puits qu'il remplit de pierres perdues avec de la chaux. Cela n'ayant pas suffi, & le mal continuant, on creusa d'autres puits qu'on remplit comme le premier. Le terrain parut prendre alors un peu de solidité, & le portique s'acheva. Mais la suite fit voir que ces précautions prises après coup, n'avoient point détruit la cause du mal. Ce qui arriva lorsqu'on voulut, quelques années après, élever les campaniles projetés par *Maderne*, appartient à la vie de Bernin. (*Voyez* l'article BERNIN.)

Maderne, après avoir terminé les ouvrages de Saint-Pierre, s'occupa de ceux du palais pontifical, sur le mont Quirinal. Cette entreprise fut pour lui une assez belle occasion de montrer des talens d'un autre genre. L'on convient qu'il s'y fit honneur dans la construction de la chapelle papale de la grande salle, & dans la disposition des appartemens. *Maderne* ne fit que terminer des travaux déjà commencés ; mais il semble que c'ait été sa destinée. Au reste, on sait qu'il y a souvent plus de difficulté à rachever les ouvrages d'autrui, qu'à en imaginer de nouveaux.

Les réparations & les embellissemens qu'il fit au palais Olgiati, vis-à-vis l'église des Stigmates, à celui de la famille Borghesi, & au palais Ludovisi, en face de l'église des Saints-Apôtres, ajoutèrent à sa réputation.

Il existoit dans les ruines du temple de la Paix une belle colonne de marbre blanc, cannelée, d'un seul morceau. *Maderne* proposa au Pape de la faire transporter sur la place de Sainte-Marie-Majeure. Le projet fut approuvé. Cette colonne est celle qu'on voit actuellement du côté de l'entrée de cette basilique, sur un piédestal en marbre, & couronnée par une figure en bronze de a Sainte-Vierge tenant l'enfant Jésus.

Près des thermes de Dioclétien on voit un ouvrage de *Maderne*, c'est l'église qu'on appelle *de la Victoire*. Il n'y a que l'intérieur qui soit de lui. Le portail, à deux ordres de colonnes l'un sur l'autre, fut construit par Soria.

On lui attribue encore la construction de l'église de *Santa Lucia in Selce* & du monastère de Sainte-Claire.

On ne parlera point des augmentations que *Maderne* fit dans l'église de la Minerve, comme l'architecture du chœur, la chapelle de l'Annonciation, & celle de la famille Aldobrandine. Mais il faut dire que c'est sur ses plans que furent élevés le chœur, le rond-point & la coupole de Saint-André de la Valle, monument commencé par Pierre-Paul Olivieri.

Le marquis Lancellotti lui confia l'achèvement de son palais, situé rue des *Coronari*, & il le termina à l'exception de la porte, qui fut exécutée sur les dessins du célèbre peintre appelé *le Dominiquain*. Il dut au même seigneur l'érection de la belle chapelle qui porte le nom de cette famille, à Saint-Jean de Latran.

Peu d'ouvrages furent commencés ou achevés du vivant de *Maderne*, sans qu'il y ait eu part, & sa réputation, qui s'étendit hors de l'Italie, le fit appeler en consultation sur presque toutes les grandes entreprises.

Un de ses meilleurs ouvrages à Rome, est sans doute le palais Mattei. Le goût de la façade se rapproche, pour la simplicité & la belle disposition des étages, du goût des maîtres qui précédèrent *Maderne*, & fort heureusement il n'y a laissé échapper aucun de ces caprices qui sont devenus, dans les bâtimens de son âge, le signe de la décadence de l'art.

Urbain VIII avoit chargé *Maderne* de lui faire les plans du grand palais, un des plus magnifiques de Rome, qui, sous le nom de *palais Barberini*, fut exécuté par Bernin, cet architecte célèbre, qui remplaça *Maderne* dans toutes les grandes entreprises, & devint à son tour l'homme de son siècle.

Maderne avoit su réunir ces connoissances variées, que la profession d'architecte rendoit alors nécessaires à l'artiste qui en portoit le nom. L'architecture comprenoit la science de l'ingénieur civil & militaire. La confiance que *Maderne* avoit su inspirer à tous les papes sous les règnes desquels il vécut, lui fit donner la commission de reconnoître la forteresse de Ferrare, & d'en lever les plans. Une autre fois il fut chargé d'aller à Pérouse, pour détourner l'inondation des eaux de la rivière de Chiana. A son retour il fut décoré de l'ordre de l'Éperon-d'Or, que le Pape lui donna avec une chaîne très-riche. Attaqué de la pierre, sur la fin de ses jours, il mourut à l'âge de soixante-treize ans, en 1629.

Charles Maderne occupe une place remarquable dans l'histoire de l'architecture. Outre le grand nombre des travaux qui occupèrent le cours d'une assez longue vie, il eut l'avantage de continuer & d'achever le plus grand édifice qu'aient élevé les Modernes. Les changemens qu'il y opéra, les additions & les modifications qui furent son ouvrage, sont d'une telle importance qu'il mérita de donner son nom à une partie considérable de ce monument. Quoique beaucoup d'architectes s'y soient succédés, la postérité toutefois n'a gardé la mémoire que de trois d'entr'eux : Bramante, premier auteur du projet ; Michel Ange, auteur de la coupole & des quatre parties de la croix grecque, & *Charles Maderne*, qui augmenta la basilique d'un tiers & en fit le frontispice. Entre la fondation par Bramante & la confection de l'édifice par *Maderne*, un siècle s'étoit écoulé; mais, dans ce siècle, l'architecture, ainsi que tous les autres arts, avoient éprouvé un changement de goût notable. Le goût n'étoit pas encore arrivé au dernier point de dégradation, puisque Boromini fut l'élève de *Charles Maderne*. Mais il convient de dire que déjà le grand principe d'unité avoit disparu. L'imitation des ouvrages antiques, modèles plus ou moins parfaits de cette unité, avoit cessé d'être en vogue. L'esprit d'innovation, qu'on prend trop souvent pour le génie, s'étoit déjà emparé des architectes. On ne voyoit plus d'invention que dans le bizarre & le compliqué. Un espacement régulier & symétrique de colonnes, eût passé pour une pauvre composition & un masque d'originalité. Il faut avouer, en effet, que si le génie devoit consister, en architecture, dans les combinaisons inusitées de ses élémens, le plus haut degré du génie sera le bizarre, & Boromini aura été l'homme de génie de l'architecture.

Il est loin heureusement du goût de *Maderne* à celui de son disciple : on cite même de lui des ouvrages, tels que le palais Mattei, qui respirent encore le bon goût, & qui ont la sagesse de l'école précédente. Mais déjà, en suivant l'ordonnance beaucoup trop découpée que Michel Ange avoit appliquée à l'extérieur de Saint-Pierre, *Charles Maderne* fut induit à se croire autorisé aux petites divisions, aux ressauts, aux détails mesquins, qui, dans une masse aussi colossale, deviennent bien autrement vicieux.

Ce sera toujours sur le frontispice de Saint-Pierre qu'on jugera du goût, du talent & de l'invention de *Charles Maderne*, & malheureusement on doit dire que l'architecture moderne n'a rien produit de plus insignifiant en soi, de moins convenable au caractère d'un tel édifice. Ceux ensuite qui examinent l'œuvre de l'architecte, abstraction faite de la propriété, de l'impression, de l'effet, sont encore obligés de convenir que sa composition, jugée en elle-même, ne présente ni un bel ordre, ni une distribution de parties bien raisonnée, ni détails classiques, ni ornemens bien ajustés, & qu'en définitive, c'est un morceau aussi froid dans son ensemble, qu'insipide dans ses parties.

MADRIERS, s. m. pl. (*Construction.*) On donne ce nom, dans la charpenterie, à des pièces de bois méplates, de 3, 4, 5 ou 6 pouces d'épaisseur, sur 10, 12, 15 & 18 pouces de largeur.

On s'en sert pour faire les pilotis, & au fond des tranchées, dans les terrains de mauvaise consistance, pour asseoir les fondations des murs.

On s'en sert pour soutenir les terres dans les tranchées qu'on fait pour bâtir, & dans les fouilles des mines.

On s'en sert pour former le plancher des plate-formes des batteries de canons & de mortiers, &c.

MAGASIN, s. m. C'est un lieu où l'on tient toutes sortes d'objets de service, toutes sortes de marchandises pour les débiter, soit en gros, soit en détail.

MAGASIN D'ATELIER. Hangar fermé en manière de baraque, où un entrepreneur fait serrer tous les équipages d'un atelier, comme échelles, doffes, cordages, outils, &c., qui sont sous la garde d'un seul homme chargé de leur entretien. Il y a dans les grands ateliers, des *magasins* particuliers de charpenterie, d'autres où l'on tient de la taille, de l'ardoise & des lattes pour les couvertures, des *magasins* de serrurerie, contenant de gros & menus fers, d'autres de menuiserie, de vitrerie, &c. On met également dans ces *magasins*, & ce qui provient des démolitions, & les matériaux neufs. Il y a des gens chargés d'avoir soin de tous ces objets, & de les distribuer par comptes.

MAGASIN DE MARCHAND. C'est, chez un marchand, un lieu plus ou moins spacieux, soit à rez-de-chaussée, soit au premier étage, où sont renfermées les marchandises relatives au genre de son commerce. Quand le *magasin* est contigu à une boutique, on l'appelle *arrière-boutique*. Il y a un art d'éclairer diversement les *magasins*, & d'y faire venir le jour selon la nature des marchandises, qui peuvent paroître avec plus ou moins d'avantage, selon la manière dont elles sont éclairées.

MAGASIN GÉNÉRAL DE MARINE. Lieu où l'on enferme & où l'on distribue toutes les choses nécessaires à l'armement des vaisseaux. Les *magasins* particuliers sont ceux qui sont destinés à renfermer les vivres, les poudres, les câbles, le goudron, &c. Chacun de ces *magasins* porte le nom de ce qu'il renferme.

MAIANO (Giuliano da), architecte florentin, né en 1377, mort en 1447.

Il naquit à *Maiano*, petit endroit proche de Fiésole. Son père étoit ouvrier en pierres & en faisoit commerce. Il vint s'établir à Florence, & là naquit *Giuliano*, au milieu des travaux propres à faire naître à la fois en lui le goût de la sculpture & celui de l'architecture, dont l'usage de ces temps contribuoit encore à réunir la pratique.

Divers ouvrages de sculpture en marqueterie & en ornemens, que les Florentins nomment *tarsis*, le rendirent célèbre & le firent appeler en diverses villes; mais l'architecture devint bientôt son art favori, & Alphonse, roi de Naples, lui confia la construction du palais de Poggio Reale. Ce fut pour le temps un magnifique ouvrage. L'artiste y développa toutes les ressources d'un génie fécond. Rien de ce qui fait le luxe & l'agrément d'une habitation royale n'y fut épargné, & le goût de l'architecture répondoit à sa richesse.

Malheureusement il ne reste que des souvenirs de ce monument.

Naples a toutefois conservé un ouvrage de *Giuliano da Maiano* : c'est une belle porte en marbre, d'ordre corinthien, en manière d'arc de triomphe, enrichie de grandes figures & de bas-reliefs. On la voit encore à Castel Nuovo, mais dans un site étroit & environné de bâtimens qui empêchent l'œil d'en jouir.

Giuliano da Maiano fut bientôt appelé à Rome par le pape Paul II, pour construire dans le palais du Vatican. Mais le Pontife lui réservoit une plus grande entreprise, & qui devoit perpétuer son nom. On veut parler du palais de Saint-Marc, un des plus vastes édifices de Rome, & dans la construction duquel il fut mettre en œuvre un grand nombre de matériaux provenant des ruines du Colisée. On lui a toutefois attribué à tort la destruction de cet ancien monument. Il est constant que des causes très-antérieures à cette époque avoient contribué de toutes sortes de manières, à la prodigieuse dégradation de l'amphithéâtre. Les matériaux gisoient à terre dans les terrains adjacens, & l'architecte du palais de Saint-Marc, comme d'autres le firent par la suite, se contenta d'employer des pierres qui n'avoient plus de destination.

Giuliano da Maiano fut chargé par Jules II, du soin d'élever, en l'agrandissant, la coupole de l'église de Lorette. Il ne conduisit l'ouvrage que jusqu'à la corniche. Ce fut son neveu *Benedetto da Maiano* qui la termina.

Forcé de retourner à Naples, pour finir des travaux qu'il y avoit commencés, il mourut dans cette ville, âgé de 70 ans. Le Roi lui fit faire d'honorables funérailles, & lui fit élever un tombeau en marbre.

MAIANO (Benedetto da). *Benedetto* paroît avoir été l'élève de Giuliano son oncle, & comme lui il s'occupa, dans sa jeunesse, des travaux de sculpture d'ornemens en bois & en marbre. Vasari vante, parmi ses premiers ouvrages, ceux qu'il fit pour la porte de la salle d'audience de la Seigneurie, à Florence. Ce sont de petits enfans qui jouent avec des rinceaux ; on y remarque la figure d'un petit Saint-Jean enfant, qui a deux brasses de proportion.

Naples & Faenza exercèrent successivement ses talens en sculpture, & de retour à Florence, il mit le comble à sa réputation dans cet art, par les magnifiques compositions des bas-reliefs en marbre, qu'il exécuta pour la chaire de l'église de Sainte-Croix, ouvrage qui fut payé des deniers d'un riche marchand, citoyen de Florence, nommé *Pierre Mellini*. *Benedetto*, en adossant cette chaire à un des piliers de l'église, avoit projeté d'en pratiquer la montée à travers le pilier même, ce qui devint le sujet de beaucoup de difficultés & de contestations ; car les administrateurs de la fabrique s'opposoient à ce qu'on affoiblît, par un semblable percé, la solidité d'un pilier. Toutefois on proposa des mesures d'exécution si bien garanties, qu'à la fin le projet fut adopté, & *Benedetto* se fit encore beaucoup d'honneur, par les moyens qu'il employa pour renforcer le pilier, & le préserver des inconvéniens qu'on avoit redoutés.

Vasari nous représente *Benedetto da Maiano* comme un homme qui fit peu d'ouvrages en architecture, mais qui y porta un jugement excellent, un esprit plein de ressources : ce dont il fit preuve dans certains travaux du palais de la Seigneurie, où il exécuta différentes distributions, avec autant de talent que de succès, & aussi à un portique de l'église de la *Madona delle Grazie*, hors d'Arezzo.

Philippe Strozzi l'ancien, un des plus riches citoyens de Florence, vouloit laisser un monument de ses richesses dans l'érection d'un palais qui transmît son nom & sa mémoire. Il fit choix de *Benedetto da Maiano*, qui lui donna le modèle d'un palais isolé de toute part, colosse d'architecture & de construction, qui est encore aujourd'hui au nombre des merveilles de Florence. *Benedetto* en commença la construction, dont nous dirons peu de choses ici, parce que la plus grande part d'honneur, dans cette entreprise, est restée à Simone dit *Cronaca*, qui s'y est immortalisé par le beau couronnement qu'il y exécuta, par la cour qu'il y acheva, & par tous les détails qui ont fait de ce palais une des plus célèbres curiosités de la ville. (*Voyez* à l'article SIMONE DETTO IL CRONACA.).

Benedetto da Maiano mourut âgé de 54 ans, l'an 1498, & fut honorablement enterré à Florence, dans l'église de Saint-Laurent.

MAIGRE, adj. (*Construction.*) Épithète qu'on donne, en maçonnerie, à une pierre dont on a enlevé trop de superficie, & qui, se trouvant plus petite que l'endroit qu'elle doit remplir, laisse par conséquent ses joints trop ouverts. En charpenterie, un tenon ou un lien est *maigre*, lorsqu'étant trop mince, il ne remplit pas son entaille ou sa mortaise.

MAIGREUR, s. f. Le vice qu'indique le mot *maigreur*, attaque les productions de l'architecture, comme celles de tous les autres arts.

La *maigreur* est un défaut dans la conformation des individus, de quelque cause qu'elle provienne. Un de ses principaux effets est d'altérer les proportions de la nature, qui consistent essentiellement dans le rapport que la hauteur ou la longueur doit avoir avec la largeur, soit des parties, soit de l'ensemble. Ainsi, une personne maigre ou amaigrie par cause de maladie, perdant de l'ampleur & de l'embonpoint de ses formes, paroîtra d'une stature grêle & alongée.

Tel est aussi, comme on sait, l'effet pour la vue, des figures dont le genre tient au goût des écoles primitives, dans les tableaux du quinzième siècle. La *maigreur* est un de leurs caractères distinctifs.

Dès que l'imitation du corps humain eut fait connoître la science des proportions, il fut impossible que l'architecture ne s'en appliquât point les principes. Quoiqu'opérant avec d'autres élémens sur un autre ordre de formes, il fut naturel qu'on reconnût à un édifice la propriété d'exprimer des rapports de parties agréables ou non : & l'homme, dès qu'il raisonna sur ces rapports & sur ces causes, ne put pas s'empêcher de trouver, dans la conformation de son propre corps, le type des proportions auxquelles il se plut à assimiler ses ouvrages.

De-là l'idée de toutes les analogies que la théorie de l'architecture a puisées dans l'étude de la nature.

De-là l'idée de *maigreur*, appliquée tantôt à un goût d'architecture, tantôt à un édifice ou à une ordonnance, tantôt à chaque détail.

Une architecture a de la *maigreur* quand le principe originaire de sa formation, ou la construction primitive qui lui servit de type, y ont accrédité l'emploi de supports élancés, de grands vides, & de tous ces jeux de caprice que le goût de bâtir des Arabes, par exemple, ou des gothiques, nous fait voir.

Un édifice ou une ordonnance a de la *maigreur*, quand il y manque un juste rapport entre les pleins & les vides, quand on y cherche ce genre de grandeur qui tient à la seule hardiesse de l'élévation, quand l'idée de solidité n'y est pas rendue dominante, quand on met la beauté dans la légèreté, & qu'aucun principe de proportion ne règle les relations que chacune des dimensions d'un objet doit avoir avec les autres dimensions.

Chaque détail peut avoir de la *maigreur*, selon qu'il est mal accompagné, ou selon qu'il est mal exécuté : car la *maigreur* résulte aussi souvent de la manière dont les objets, les profils & surtout les ornemens sont sculptés ; & il en est, à cet égard, de cet effet en architecture, comme de celui que produit le travail du ciseau en sculpture ; quand l'artiste joint à une manière de voir mesquine, une manière de faire roide & sèche.

MAIL, s. m. C'est le nom d'un jeu qui a donné son nom au local où on le jouoit autrefois.

C'étoit une allée d'arbres de trois ou quatre cents toises de long ; sur quatre ou cinq de largeur, bordée d'ais attachés contre des pieux à hauteur d'appui, avec une aire de recoupes de pierre, couverte de ciment, où l'on chassoit des boules de bois avec un mail ou maillet ferré & à long manche.

MAILLÉ. (*Voyez* Fer maillé.)

On appelle aussi *maillée*, c'est-à-dire, présentant l'image de mailles, cette sorte de maçonnerie qu'on appelle aujourd'hui *réticulaire*. C'est l'*opus reticulatum* des Romains. (*Voyez* Maçonnerie & Reticulatum.)

MAILLER, v. act. C'est, dans le jardinage, d'après un petit dessin de parterre graticulé, tracer le même parterre en grand sur le terrain, par carreaux égaux en nombre à ceux du dessin. Cette opération est la même que celle d'après laquelle on fait la copie d'un tableau, en le mettant ce qu'on appelle *aux carreaux*.

C'est encore, dans les espaliers des jardins, espacer des échalas par montans & traverses, à intervalles égaux, soit carrés, soit en losanges.

MAILLES, s. f. pl. Ce sont les intervalles carrés, ou en losanges, que forment des échalas croisés & liés de fils de fer, dans le treillage des murs de jardin. La grandeur ordinaire de chaque *maille* est de quatre à cinq pouces en carré, pour les berceaux ou les cabinets de treillage, de six à sept & de neuf à dix pour les espaliers.

MAIN, s. f. Nom qu'on donne à une pièce de fer recourbée de différentes manières, qui sert à enlever toutes sortes d'objets ou de fardeaux.

MAIRRAIN, s. m. Bois de chêne refendu en petites planches minces, dont on lambrisse quelquefois des couvertures cintrées, & dont on se sert encore pour faire des panneaux de menuiserie.

Le mot *mairrain* vient, dit-on, du mot latin *materiamen*, qui signifioit anciennement toute sorte de bois à bâtir, comme il paroît dans plusieurs ordonnances, & dans la traduction que Jean Martin a faite du *Traité d'architecture* de Leo Baptista Alberti.

MAISON, s. f. Ce mot vient du latin *mansio*, habitation.

Le mot *maison* est devenu le terme général qui exprime toute espèce d'habitation, en exceptant toutefois celles des rois, des princes, qu'on appelle du nom de *palais*, nom qu'on donne aussi aux édifices occupés par de grands établissemens publics. (*Voyez* Palais.)

Il n'y a point de mot, en architecture, qui comprenne autant de notions variées, parce qu'il n'y a rien, dans le fait, de plus divers que ce qu'on appelle une *maison*, considérée selon la différence des temps, des pays, des climats, des âges de la société, des formes de la civilisation, des usages domestiques, des mœurs, des richesses, des états, des professions, & d'une multitude de causes qui influent sur la forme, la disposition, la mesure & l'ornement des habitations.

Plus ce mot semble donc offrir de notions, plus

il est sensible qu'un article ne sauroit les renfermer. D'ailleurs, le système de division qui appartient à la forme de Dictionnaire, a nécessairement réparti les détails renfermés sous cette dénomination, dans une multitude d'articles dont le nombre seroit trop long à indiquer, & que le lecteur saura trouver de lui-même.

On se bornera donc ici à présenter les notions les plus succinctes sur l'objet de cet article; & comme il n'y en a point où l'on puisse mieux placer les connoissances d'antiquité, sur la disposition générale des *maisons* grecques & romaines, nous allons rapporter ce que Vitruve nous en a appris.

La *maison* des Grecs, selon Vitruve, étoit partagée en deux séries d'appartemens, l'une pour les hommes, *andronitis*, l'autre pour les femmes, *gynæconitis*. Ces *maisons* n'avoient point de vestibule, comme celles des Romains.

D'abord on traversoit un passage où se trouvoient, de chaque côté, quelques corps de logis. Ce passage conduisoit à une galerie appelée *prostas*, d'où on entroit dans de grandes salles, où les femmes travailloient avec leurs esclaves à différens ouvrages. Ensuite venoit la chambre à coucher, *thalamus*, & à l'opposé, la pièce nommée *antithalamus*, destinée aux visites. Autour des portiques de la galerie, il y avoit des chambres & des pièces consacrées aux usages domestiques. Dans cette partie de la *maison*, se trouvoit une salle à manger.

Un passage conduisoit à l'appartement du mari. Cet appartement se composoit de quatre grandes salles carrées, propres à contenir quatre lits de table à trois places, avec un espace suffisant pour le service, la musique & les jeux. Les femmes n'étoient point admises dans ces salles de festin. A la suite étoit un portique pour la conversation & la promenade, une salle d'audience, une bibliothèque & une galerie de tableaux.

Auprès de la *maison*, il y avoit encore un petit corps de bâtiment, séparé de l'édifice principal, uniquement destiné à loger des étrangers.

Il paroit vraisemblable que les *maisons* des Grecs n'avoient, en général, qu'un étage; qu'elles se terminoient en terrasse, ce que prouvent plusieurs passages, & ce que nous avons rapporté à l'article ILLUMINATION, de l'usage où l'on étoit, à Athènes, d'éclairer par des flambeaux, de dessus les *maisons*, la pompe des panathénées.

Les fenêtres paroissent avoir été pratiquées de manière à faire venir le jour d'en haut, & l'on croit que les *maisons*, par la nature même de leur disposition, avoient peu de fenêtres sur la rue.

On sait, par divers passages des auteurs, que les *maisons* des particuliers, à Athènes, étoient modiques & avoient peu d'apparence. Au temps de Démosthènes, on citoit les *maisons* de Miltiade & de Thémistocle, comme se distinguant fort peu de celles des simples citoyens. Nous croyons devoir citer ici le passage de l'orateur athénien,

Diction. d'Archit. Tome II.

dans sa harangue contre Aristocrates, parce qu'en même temps qu'il fait connoître l'état des choses à cet égard, il en donne aussi la raison.

« Ceux (dit Démosthènes) qui connoissent
» la *maison* de Thémistocle, celle de Miltiade,
» & des autres grands-hommes de ce temps-là,
» voient que rien ne les distingue des *maisons*
» ordinaires. Quant aux édifices publics, ouvrages
» de nos pères, ils les ont construits si beaux &
» en si grand nombre, qu'ils n'ont laissé à leurs
» descendans aucun moyen d'enchérir sur leur
» magnificence. Nous avons sous les yeux les
» vestibules, les portiques, les arsenaux, le Pirée,
» & les autres embellissemens dont nous leur
» sommes redevables. De nos jours, l'opulence
» des particuliers qui se mêlent des affaires de
» l'Etat, est portée à un point, que les uns se sont
» bâti des *maisons* qui surpassent en beauté nos
» grands édifices..... Quant aux ouvrages que la
» ville fait construire, ils sont si modiques & si
» misérables, que j'aurois honte d'en parler. »

On voit par-là qu'il arriva à Athènes ce qui arrive partout, que le luxe des *maisons* augmenta à mesure que diminua celui des monumens publics; & il est probable que la Grèce ayant perdu, avec son indépendance, des occasions de dépense pour l'entretien des armées & des flottes, le superflu des richesses dut s'employer en dépenses particulières, & que la construction des *maisons*, ainsi que leur magnificence, dûrent y gagner.

Les Romains qui, contre l'usage des Grecs, vivoient en commun avec leurs femmes, dûrent nécessairement adopter une autre disposition dans l'intérieur de leurs *maisons*. Ainsi, comme on l'a dit plus haut, la *maison* grecque n'avoit pas l'*atrium* ni le *cavædium*, dans lequel on entroit immédiatement. Devant l'entrée de la *maison* romaine, étoit une espèce de porche, appelé *vestibulum*. Les Romains avoient, à ce qu'il paroit, emprunté leur *atrium* des Etrusques. Ordinairement il formoit un carré assujetti à des proportions différentes, & dont on comptoit cinq espèces (*voyez* ATRIUM). L'espèce toscane étoit la plus simple; la corinthienne étoit la plus magnifique, il y régnoit une colonnade tout à l'entour. Les appartemens étoient situés sur les deux côtés longs de l'*atrium*. En face de la porte d'entrée, se présentoit le *tablinum*, ou la salle des archives; il y avoit tout autour différentes salles à manger, des salons de compagnie, d'autres pièces pour la bibliothèque, la galerie des tableaux, &c.

Cette distribution, dans la *maison* romaine, varioit suivant l'état ou les occupations du propriétaire; encore faut-il dire que ces notions, que nous a transmises Vitruve, ne s'appliquent qu'à ces *maisons* occupées par une seule famille plus ou moins riche, & où l'architecture pouvoit, n'importe à quel degré, déployer ses ressources. En général, il paroit aussi résulter de la description

Oooo

de la *maison* romaine, qu'elle n'avoit qu'un rez-de-chaussée. Mais il est évident que tel ne pouvoit pas être le genre du plus grand nombre des *maisons*, & surtout de celles qui servoient d'habitation à plus d'une famille. On sait que ces *maisons* avoient beaucoup d'étages. Pour remédier aux abus de cette multiplicité d'étages, & à l'insalubrité qui en résultoit, Auguste avoit ordonné que les *maisons* n'eussent pas plus de soixante-dix pieds de hauteur. Dans la suite, Trajan en borna l'élévation à soixante pieds.

Au reste, on doit dire que rien n'est moins facile à établir, que la connoissance précise des *maisons* chez les Anciens, tant il y eut de diversités, selon les temps, les pays, les fortunes, les conditions & les usages.

Les découvertes de Pompéii ont jeté cependant quelques lumières sur cette partie de l'antiquité. Malheureusement presque toutes les *maisons* de l'intérieur de la ville ont leurs élévations détruites; il n'en reste plus que les plans, & les murs qui formoient les appartemens à rez-de-chaussée : tout incomplètes que soient ces habitations, il est très à désirer que l'on essaie d'en restituer l'ensemble. On doit espérer que si l'on achève de déblayer les cendres qui ont enseveli cette ville, on trouvera dans une *maison* ce qui manque à l'autre, & que de cette réunion de recherches il résultera de quoi se faire une opinion très-vraisemblable, sur une matière tellement diverse de sa nature, que les notions puisées dans les écrivains ne peuvent guère servir à lever toutes les contradictions. Les *maisons* particulières sont partout les édifices les moins durables. Parmi un si grand nombre de ruines antiques, tant à Rome que dans la Grèce, on ne sauroit affirmer qu'il reste quelques vestiges de *maisons*.

Pour ce qui regarde les *maisons* des pays & des temps modernes, il n'y a pas de sujet qui se prête moins à une analyse descriptive. Les mœurs de presque toutes les nations de l'Europe n'offrent point de ces données, ou de ces conditions permanentes, qui tendent à assujettir les habitations à une forme ou à une disposition, qu'on puisse regarder comme étant commune au plus grand nombre. Dans une ville telle que Paris, il n'y a peut-être pas deux plans de *maisons* entièrement semblables, soit que ces *maisons* soient soumises aux besoins des locations, soit que l'architecture puisse en disposer avec liberté, l'intérieur & l'extérieur. On ne peut donc faire autre chose que renvoyer celui qui voudroit se former une idée des diversités qui existent entre les *maisons* des différentes nations, aux recueils qui ont été faits en chaque pays, des ouvrages les plus remarquables en ce genre. On trouve de ces recueils en assez grand nombre : tels sont ceux qui ont été faits pour Rome, Florence, Venise, Gênes : tels sont, en Angleterre, les ouvrages d'Inigo Jones, de Gibbs, &c. En France, l'architecture françoise de Blondel, &c.

MAISON D'ARRÊT. On se sert de ces termes pour dire une prison. (*Voyez* PRISON.)

MAISON DE CAMPAGNE. (*Voyez* CAMPAGNE (Maison de), article dans lequel on a réuni avec beaucoup d'étendue, & les notions historiques que les Anciens nous ont laissées sur leurs *maisons de campagne*, & les notions de théorie applicables aux ouvrages de ce genre, dans les temps modernes.)

MAISON DE DRUIDE. On a donné ce nom, en Angleterre & dans d'autres pays, à ces sortes de constructions singulières que nous appelons *pierres levées*. (*Voyez* LEVÉES.)

MAISON-DE-VILLE. On donnoit assez généralement, jadis, & l'on donne encore quelquefois ce nom à l'édifice qui renferme l'administration municipale d'une ville; on lui donne même encore le nom de *maison commune*. Cependant le mot *hôtel* ayant prévalu dans l'usage en France, comme synonyme de palais, on dit le plus ordinairement *hôtel-de-ville*. (*Voyez* HÔTEL.)

MAISON DE PLAISANCE. Le mot *maison de campagne*, comme on peut le voir à cet article, & selon l'usage ordinaire, signifie, d'une manière fort générale, toute habitation construite hors des villes, mais pour des habitans de la ville (ce qui la distingue de la *maison* rustique), soit que les citadins y fixent leur séjour, soit qu'ils y passent seulement un certain temps de l'année. La *maison* de campagne ne comporte pas, à la vérité, l'idée d'une grande étendue ou d'une exploitation de terres, mais elle ne l'exclut pas non plus.

Il semble que cela même est ce qui établit une différence entre la *maison* de campagne, & ce qu'on appelle *la maison de plaisance*. Celle-ci indique une habitation située hors des villes, uniquement pour le plaisir de ceux qui s'y rendent, un local enfin qui ne comporte aucun accessoire rustique, qui n'admet que ce qu'il y a d'agréable, & exclut tout ce qui peut être utile dans le séjour de la campagne. La *maison de plaisance* avec beaucoup moins de dépendances, avec une moins grande étendue, soit de terrain, soit de bâtisse, consiste presqu'uniquement dans l'agrément d'un jardin, de la position & de la vue.

MAISON RUSTIQUE. Dans la classification que comporte le mot *maison*, on appellera ainsi les habitations des villageois, de ce qu'on nomme *paysans* ou *gens de campagne*.

On donne aussi ce nom à des bâtimens qui entrent dans l'ensemble d'une grande propriété, d'un grand établissement rural, & de ce qui complète la totalité des bâtimens que comprend une

MAL   MAL   659

terme ou une grande *maison* de campagne, lorsqu'il s'y joint une exploitation considérable.

On appelle du nom de *maison rustique*, une ferme, une métairie avec ses dépendances. Elle doit être spacieuse, aérée, & propre à loger, sans confusion, les hommes & les animaux nécessaires à la culture des terres.

La *maison rustique*, dans le plan d'une grande *maison* de campagne, contribue à l'agrément de la *maison* ou du château dont elle dépend, si sa construction, selon le caractère propre de la chose, est mise en rapport avec les plantations, avec les points de vue & avec l'ensemble du jardin : bien entendu que ceci entre dans le système du jardinage irrégulier.

MALANDRES, s. f. pl. On appelle ainsi, dans les bois à bâtir, des nœuds pourris qui empêchent que les pièces, après avoir été équarries, puissent être employées.

MALE, adj. La force étant en général, chez l'homme comme dans toutes les races d'animaux, l'attribut du genre masculin, & cette propriété étant sensible aux yeux & se manifestant par le caractère prononcé des formes, on a donné, dans tous les arts, l'épithète de *mâle* à tout ouvrage, à tout objet qui porte empreint le caractère auquel on est habitué à reconnoître la force.

On appelle un dessin *mâle*, celui dont les formes expriment la vigueur, & dont le trait est franc, hardi & sans tâtonnement. On appelle *mâle*, une couleur qui n'a rien d'affecté, de fade. On appelle *mâle*, une composition dont les lignes sont prononcées grandement, dont le parti général est simple & grandiose.

La qualité qu'on désigne par l'épithète *mâle*, entre aussi dans le nombre de celles que l'architecture exprime. Il semble même qu'elle appartiendroit très-naturellement à cet art, & l'on pourroit dire, au sens propre, si l'on prenoit dans le même sens, ce que Vitruve rapporte de l'invention ou de la formation des ordres dorique & ionique, dont le type & les accessoires se seroient, dit-il, modelés sur les proportions de l'homme & de la femme. Tout cela ne peut, à la vérité, s'entendre que dans le sens d'une imitation par analogie ; il n'en résulte pas moins cependant que le dorique & l'ionique représentent les deux qualités principales qui distinguent les deux sexes, savoir, la force & la grâce. Dès-lors, le caractère dorique est le caractère *mâle*.

Ce qu'on appelle *mâle*, en architecture, est synonyme de force, de puissance, de solidité, d'énergie. Des proportions plus ou moins massives, une ordonnance simple & économe de détails, plus de plein que de vide dans les extérieurs des édifices, des matériaux d'une grande dimension, l'emploi des bossages, de la saillie dans les profils, de la hardiesse dans l'exécution

matérielle ; voilà ce qui donne à l'architecture, ou, pour mieux dire, à ses ouvrages, un caractère *mâle*.

MALFAÇON, s. f. (*Construction*.) Ce mot, par sa seule composition, donne sa définition ; il signifie *mauvaise façon*, *mauvaise manière de faire*, ou *manière de faire mal*.

Ce mot se dit dans tous les travaux de bâtiment, de tout défaut, soit de matière, soit de travail, provenant ou de l'infidélité, ou de l'épargne, ou de l'ignorance, ou de la négligence.

Le nombre des *malfaçons* est infini. On va se contenter d'en faire connoître les principales, ou les plus ordinaires, dans les divers travaux de bâtiment.

MALFAÇONS *en maçonnerie*. C'est ne pas poser les pierres sur leur lit, ne pas faire un cours d'assises de la même épaisseur, dans toute sa longueur ; c'est faire des plaqués & des incrustations dans les murs de médiocre épaisseur, & particulièrement dans les chaînes ; c'est fermer des cours d'assises avec de trop petits clausoirs ; c'est poser des pierres dont les paremens sont gauches ; c'est asseoir des moellons de plat, dans la construction des voûtes, au lieu de les mettre en coupe ; c'est laisser des jarrets & des balèvres aux voûtes ; c'est élever des murs qui n'ont point d'empatement, de retraite, ni de fondement ou de fruit suffisant ; c'est employer du mortier où il n'y a pas la quantité de chaux nécessaire, ou qui en a trop ; c'est se servir de plâtre éventé ou noyé ; c'est mettre des sentons de bois au lieu de fer, dans les languettes des tuyaux de cheminée ; c'est ne pas couvrir suffisamment de plâtre les chevêtres ; c'est mal clouer les lattes, pour les enduits des plafonds, &c.

— *en charpenterie*. C'est mettre en œuvre des bois défectueux ou tortus, ou plus forts qu'il n'est nécessaire, dans la vue d'augmenter le toisé ; mettre trop ou trop peu de solives, poteaux ou chevrons dans les planchers, pans de bois & combles ; ne pas assembler les bois à tenons & mortaises, & par d'autres coupes suivant l'art, & les arrêter en place avec des dents de loup, &c.

— *de couverture*. C'est employer de la tuile mal cuite, de l'ardoise de mauvaise qualité, leur donner trop de pureau, ne pas les attacher sur le lattis, faire les plâtres trop maigres.

— *de menuiserie*. C'est employer du bois trop vert ou qui a des défauts, cacher l'aubier, les nœuds vicieux, &c., avec des tampons, de la suiée ; faire des panneaux ou du parquet trop minces, &c.

— *de serrurerie*. C'est se servir de fers de mauvaise qualité, aigres, cendreux, pailleux, &c. ; faire les tirans ou harpons, les ancres trop longs ou trop courts ; faire les pièces de fer trop grosses,

Oooo 2

pour en augmenter la pesanteur; faire les menus ouvrages trop légers, les serrures mal garnies, & sans bonne rivure, &c.

— *de vitrerie.* C'est employer du verre moucheté, cassilleux, ondé, gauche, &c.

MALTHA. Ce mot désignoit, dans l'antiquité, un ciment, un corps glutineux, qui avoit la faculté de lier les corps les uns avec les autres. Les Anciens nous apprennent qu'il y en avoit de deux sortes, le naturel & le factice : celui-ci, qui étoit fort en usage, se composoit de poix, de cire, de plâtre & de graisse. Il y avoit une autre espèce de *maltha* factice, dont les Romains se servoient pour blanchir les murs intérieurs.

La *maltha* naturelle est une espèce de bitume avec lequel les Asiatiques enduisent leurs murailles. Lorsqu'il a une fois pris feu, l'eau ne peut plus l'éteindre, & elle ne contribue au contraire qu'à l'enflammer davantage.

MANEGE, s. m. Lieu propre à l'équitation : il y en a de couverts; il y en a en plein air.

Les Romains, dans leurs maisons de campagne, en avoient, à ce qu'il paroît, de découverts, qu'ils appeloient *hippodromes*. Tel étoit celui que Pline-le-Jeune nous décrit dans sa maison de Toscane. Son enceinte, dit-il, est formée de platanes dont les troncs sont revêtus de lierre. (*Voyez* cette description au mot CAMPAGNE (Maison de).)

Les *manéges*, tels qu'on les pratique aujourd'hui, sont de grands bâtimens couverts, ordinairement en carré-long, éclairés d'en haut, & dont l'aire est formée soit de sable, soit de crotin de cheval, où l'on dresse des chevaux, & où la jeunesse apprend à monter à cheval.

On donne aussi le nom de *manége* à des emplacemens circulaires & disposés en manière d'amphithéâtre, où l'on fait manœuvrer des chevaux, & où l'on donne des représentations d'exercices ou de danses sur des chevaux.

Le *manége*, dans le palais dont il fait partie, peut devenir un ouvrage d'architecture remarquable, uniquement à l'extérieur; car l'intérieur comporte la plus grande simplicité. On cite parmi les *manéges* destinés à l'instruction de la jeunesse militaire, celui qui a été bâti par le prince de Saxe-Gotha, en Allemagne. On le dit remarquable par le goût qui a présidé à sa décoration.

MANIER, v. act., se dit, dans tous les arts, de l'exercice des instrumens propres à chacun d'eux. Ainsi on *manie* plus ou moins habilement le pinceau, le ciseau, le crayon, la règle, le compas, &c.

MANIER, A. BOUT. (*Construction*.) C'est relever la tuile ou l'ardoise d'une couverture, & y ajouter du lattis neuf avec les tuiles qui manquent. C'est aussi, sur une forme neuve, asseoir du vieux pavé, & en remettre du nouveau à la place de celui qui est cassé.

MANIÈRE, s. f. C'est un mot emprunté dans le langage des arts, aux habitudes ordinaires de la vie; car, bien que *manière* soit le synonyme de *façon*, *méthode*, on l'applique à ce qu'on appelle la façon d'être des personnes, lesquelles effectivement ont chacune, comme on le dit, leurs *manières*, qui les distinguent & les font reconnoître.

Il en est de même des artistes & de leurs ouvrages, où chacun se fait remarquer par certaines habitudes particulières, qui deviennent leur caractère distinctif.

Ces diversités tiennent à celles que la nature elle-même a mises entre les individus, & on les observe dans chacune des parties qui constituent un art.

On dit la *manière* de dessiner, la *manière* de peindre, la *manière* de draper, la *manière* de composer, &c., & c'est surtout cela qui compose la façon de faire d'un artiste, ou cette sorte de physionomie qu'on appelle sa *manière*, & à laquelle un œil tant soit peu exercé reconnoît le maître.

Il y a non-seulement la *manière* du maître, il y a celle de son école, il y a celle de son siècle. Chaque pays a dans ses ouvrages une *manière* qui n'est pas celle d'un autre pays.

Ce mot se dit plus volontiers en peinture & en sculpture, qu'en architecture. C'est qu'effectivement la *manière* se rapporte beaucoup à ce qui dépend de l'action directe & personnelle du pinceau ou du ciseau, à ce que l'homme exécute par lui-même. Or, l'exécution, en architecture est beaucoup moins immédiate; & quoiqu'elle résulte aussi du goût, du sentiment & des qualités particulières de l'architecte, cependant elle n'est pas le produit réel d'une action, qui soit celle de l'inventeur. Celui-ci a besoin de mains étrangères & d'un travail qu'il se borne à diriger.

Toutefois cette direction imprime encore à l'exécution d'un édifice, un certain caractère qui dévoile la *manière* du maître.

Du reste on se sert aussi du mot *manière*, en architecture, pour exprimer le goût de bâtir, de composer & d'orner. On s'en sert surtout pour ce qui regarde l'art des profils. On dit qu'un architecte a une *manière* de profiler sèche, large, grandiose, maigre, &c.

MANIÉRÉ, adj. m. On use de cette épithète pour exprimer l'abus qu'on fait, dans le monde, de ces manières qu'on appelle *agréables*. Un homme *maniéré*, est un homme qui a de l'affectation & un maintien trop recherché.

Maniéré signifie aussi, dans le langage des arts, une habitude d'outrer l'agréable, & plus généralement encore toute espèce de prétention à paroître, qui fait sortir de la vérité naturelle.

MANIVELLE, f. f. C'est une pièce de fer coudée deux fois à angle droit, que l'on ajuste à l'extrémité de l'essieu d'une roue de machine, pour la faire tourner.

MANŒUVRE, f. m. On appelle de ce nom celui qui, dans la bâtisse, sert le compagnon maçon ou le couvreur, qui gâche le plâtre, nettoie les calibres, &c. On appelle aussi *manœuvres*, ceux qu'on employe à porter le mortier, les moellons, les terres, &c. On donne le nom de *goujats* aux moindres *manœuvres*, à ceux qui font des travaux encore plus communs, qui, par exemple, ne sont employés qu'à porter le mortier sur l'oiseau.

MANŒUVRE, f. f. Ce terme signifie, dans l'art de bâtir, le mouvement libre des ouvriers & des machines, dans un endroit serré & étroit, pour pouvoir y travailler; comme dans une tranchée, pour élever un mur d'alignement au cordeau; dans un batardeau, pour fonder une pile de pont, &c.

Afin que la *manœuvre* puisse avoir lieu, il doit y avoir au moins six pieds d'espace; par exemple, six pieds de distance entre le batardeau & la pile, suffisent pour laisser la *manœuvre* libre.

MANSARDE, f. f. On dira encore à la vie de François Mansart, ce qu'est cette sorte de fenêtre qu'on appelle ainsi, du nom de celui qui passe pour en être l'inventeur. On nomme toutefois ainsi des lucarnes prises dans les combles, de quelque manière qu'elles soient pratiquées.

La *mansarde* consiste en cela, que le comble où on la pratique se trouve brisé ou ployé, comme on voudra dire, de manière à former une ligne perpendiculaire & une ligne inclinée. L'objet de cette disposition du comble est d'éviter, dans l'intérieur des chambres éclairées par des lucarnes de comble, cette partie rampante ou inclinée qui en rend l'usage fort incommode, & qui oblige, si l'on veut plafonner ces intérieurs & en rendre l'habitation régulière, de boucher, par une cloison, l'espace compris entre le plancher & la pente du toit. L'habitude qui régna long-temps en France de ces combles d'une hauteur démesurée, & dont la capacité intérieure étoit perdue pour l'habitation, fit chercher les moyens de mettre à profit ces espaces, & ensuite d'y pratiquer des logemens commodes, & c'est ce qui a fait inventer cette sorte de comble brisé.

MANSART (François). Le nom de cet architecte célèbre s'écrit souvent *Mansard*, par un *d* à la fin, & il paroit, par le mot *mansarde*, sorte de fenêtre à laquelle on a donné son nom, que l'usage en a souvent dénaturé l'orthographe.

Cependant la manière dont nous écrivons ici son nom, est prouvée par plus d'un témoignage authentique; d'abord par les signatures originales de cet architecte, que l'on peut voir sur les registres de l'Académie royale d'architecture, ensuite par le nom de sa famille, qui étoit originaire d'Italie, & ce nom étoit *Mensarto*.

Michaelo Mensarto cavaliere romano fut le chef de cette famille, qui se naturalisa en France il y a plusieurs siècles. On la voit dans nos monumens historiques, constamment attachée au service de nos rois de la troisième race, jusqu'à Louis XIV, soit en qualité d'ingénieur (le titre d'architecte ne datant que du siècle de Louis XIII), soit en qualité de sculpteur ou de peintre, ou d'employé dans les bâtimens du Roi.

Selon d'Argenville (*Vie des fameux architectes*), François Mansart naquit à Paris, en 1598, & il eut pour père Absalon *Mansart*, charpentier du Roi, qui, selon le même biographe, n'étant point en état de lui donner des leçons d'architecture, le plaça comme élève chez son beau-frère, Germain Gautier, architecte du Roi. Entre ce récit & celui de Charles Perrault, on trouve cette différence, que le père de *François Mansart* étoit architecte, & qu'étant mort lorsque son fils étoit en bas âge, celui-ci fut placé, pour apprendre l'architecture, chez son oncle.

Ses dispositions naturelles paroissent l'avoir singulièrement aidé à profiter des leçons de son maitre, & même à pouvoir y suppléer. Comme il débuta de bonne heure & fournit une assez longue carrière, il remplit de ses ouvrages Paris & les environs de cette ville. La liste en est nombreuse. Les principaux furent le portail de l'église des Feuillans, rue Saint-Honoré, le château de Berny & le château de Baleroy en Normandie, celui de Blezancourt, une partie de celui de Choisy-sur-Seine & de celui de Petit-Bourg, le nouveau château de Blois, qu'il bâtit en entier, une partie des intérieurs des châteaux de Richelieu & de Coulomiers; les dehors du château & des jardins de Gesvres en Brie; la plus grande partie de celui de Fresne, où il fit une chapelle qui fut, si l'on peut dire, le modèle de l'église du Val-de-Grâce, à Paris; le château de Maisons; l'hôtel de la Vrillière & l'hôtel de Jars; l'église des Filles-Sainte-Marie, dans la rue Saint-Antoine; une partie de l'hôtel de Bouillon; le portail des Minimes de la place Royale, jusqu'au second ordre exclusivement; l'achèvement de l'hôtel Carnavalet, & l'élévation de sa façade; l'église du Val-de-Grâce; des projets pour l'achèvement du Louvre.

Cette liste est tirée de la note biographique de Charles Perrault sur *François Mansart*, dans son *Recueil des Hommes illustres*.

Il est facile d'y voir que le plus grand nombre des édifices érigés par *François Mansart* n'existent plus. Les uns ont été détruits, d'autres ont été tellement changés ou modifiés, qu'on auroit peine à y reconnoitre le talent de leur premier auteur.

François Mansart a joui sans doute d'une grande

réputation dans son siècle; mais comme il n'a produit aucun de ces ouvrages qui, soit par un genre de mérite, soit par un autre, sont capables de fixer l'attention de la postérité, nous ne croyons pas que l'histoire & le goût de l'architecture aient beaucoup à regretter les pertes dont nous venons de parler. Il suffira, pour faire apprécier le style & le talent de cet architecte, de choisir entre les ouvrages qui restent de lui, quelques-uns des plus remarquables, & que leur position dans la capitale, met chacun à même de mieux connoître.

A en juger par les plans que J. F. Blondel nous en a donnés dans son *Architecture française*, l'église des Minimes de la place Royale eût été, si *François Mansart* l'eût terminée selon ses projets, un des monumens les plus complets & les mieux pensés de cet architecte. Il y a dans l'ensemble de la disposition, du plan & de l'élévation à l'extérieur, quelque chose qui annonce de l'invention & du goût. C'eût été une masse assez imposante; & l'accord du frontispice, de la grande coupole, avec les deux corps avancés & leurs petites coupoles, eût présenté un effet varié, pyramidal, & bien entendu dans son genre; mais *Mansart* n'ayant point achevé son ouvrage, & le projet étant demeuré incomplet, on ne sauroit plus guère parler de cette composition que sous le rapport des détails de son architecture. A cet égard on convient que l'ordonnance dorique du rez-de-chaussée y est d'un genre assez sage & d'une exécution fort pure. Le seul reproche qu'on peut y faire, s'adresse peut-être moins au goût de *Mansart* qu'à celui de son siècle, où déjà les types des ordres grecs avoient perdu leur valeur & leur vraie signification, dans les variétés des combinaisons bizarres auxquelles on les avoit contraints de s'assujettir. Ainsi *Mansart*, par la disposition inégale des espacemens de ses colonnes, & par les aggroupemens de pilastres que la mode avoit introduits, dut trouver beaucoup de difficultés à ordonner les tryglyphes & les métopes de la frise, de manière à produire des espaces égaux. On vante l'habileté avec laquelle il sut ou vaincre ou éluder ces difficultés. Nous dirons seulement qu'il faut plaindre l'artiste d'être soumis à de telles sujétions, & de mériter d'être loué, pour avoir vaincu de semblables obstacles: car il n'en peut résulter pour lui d'autre avantage que l'absence d'un défaut; & l'absence d'un défaut ne sauroit être l'équivalent d'une beauté.

François Mansart fit preuve de talent, & en même temps, d'un désintéressement d'amour-propre qui n'est pas une vertu très-commune, dans sa restauration de l'hôtel Carnavalet, rue Culture–Sainte–Catherine. Cet hôtel avoit été bâti le siècle précédent, sur les desseins d'Androuet du Cerceau; & il faut avouer, d'après ce que nous en voyons, & d'après l'élévation extérieure qu'en a conservé J. F. Blondel, que cet extérieur étoit d'un goût lourd, maussade, & privé de toute espèce de beauté. Mais la porte avoit été conçue dans un meilleur goût, & le ciseau de Jean Goujon, qui l'orna, ajoutoit à son prix. *François Mansart*, chargé de donner une autre façade à cet hôtel & de le terminer, s'étudia à conserver l'avant-corps de la porte, & il réussit assez bien à adapter une nouvelle ordonnance d'architecture aux masses de l'ancien bâtiment. Toutefois, la chose à laquelle il paroit n'avoir point pensé, fut d'accorder aussi son style & son goût de décorer, à celui de cet avant-corps, en sorte que cet ensemble présente réellement l'union de deux styles opposés. Mais ces différences appartiennent aux deux siècles qui y imprimèrent leur goût. Il y a bien quelque chose d'un peu maigre dans celui du seizième, mais celui du dix-septième manque déjà de pureté, de finesse & de correction, & le genre d'ornement y est sans valeur. Cependant l'ordonnance ionique de l'étage supérieur annonce une assez exacte observation des règles; & si *François Mansart* avoit pu renoncer à la manière déjà accréditée des ressauts & des accouplemens, & s'il eût réduit à plus de simplicité la disposition de son ordre, s'il eût suivi, dans le soubassement du rez-de-chaussée, le genre de refends ou de bossages de l'avant-corps, s'il eût abandonné les grands combles & couronné le tout par une belle corniche, ce petit palais auroit pu être mis au nombre des ouvrages classiques de son siècle.

C'est à peu près ce qu'on est forcé de dire de presque tous les ouvrages de *François Mansart*. Malgré la haute réputation dont il jouit en son temps, on citeroit difficilement de lui un édifice qu'on pût proposer à l'étude des jeunes architectes.

L'église de la Visitation de Sainte-Marie (rue Saint-Antoine) a dû quelque réputation au nom de son auteur; mais, ni le plan, ni l'élévation, ni la décoration de cet édifice, ne peuvent soutenir l'examen d'un goût exercé. Sans doute, parmi les monumens modernes de ce genre, c'est-à-dire, d'un genre aussi favorable à l'art, il seroit difficile d'en citer un d'une composition plus lourde, plus ingrate, plus dénuée d'imagination. L'église consiste en une coupole dont la forme générale n'a rien de répréhensible. Mais rien de moins ingénieux que ce qui en forme le tambour; rien de plus maussade que le frontispice, rien de moins proportionné que la porte d'entrée avec la masse de ce frontispice.

« L'intérieur de la coupole est décoré de huit
» pilastres corinthiens de deux pieds neuf pouces
» de diamètre, dont les bases sont attiques, &
» les chapiteaux à feuilles de persil & d'une
» exécution médiocre. Sur ces pilastres règne
» un grand entablement orné de modillons & de
» rosaces encaissées. La cymaise supérieure de
» l'entablement est supprimée; au-dessus s'élève
» la voûte en calotte, laquelle est terminée par
» une lanterne, dont le sommet est peint. La

» voûte est percée de quatre croisées qui se
» terminent en cintre surbaissé. Leurs intervalles
» sont décorés de compartimens d'architecture
» d'assez bon goût, ornés de cartels & de drape-
» ries en sculptures, d'un dessin lourd & pesant,
» ainsi que tous les ornemens qui se remarquent
» dans l'ordonnance de cette église. »

Ce qu'on vient de lire est extrait de J. F. Blondel, dans son *Recueil d'Architecture française*, tom. II. pag. 152.

L'église de l'abbaye du Val-de-Grâce, située rue du faubourg Saint-Jacques, & qui, dans son état actuel, est encore un des principaux monumens d'architecture de Paris, auroit offert un ensemble bien supérieur à celui qui existe, si *François Mansart* avoit été le maître de donner suite à ses plans. Son projet embrassoit, en avant de l'église, une grande place circulaire qui, ouverte de l'autre côté de la rue, auroit donné un point de distance convenable pour jouir de l'ensemble de l'église & de son dôme. Il paroît que ce furent la grandeur même & la magnificence de ce projet, qui firent renoncer *François Mansart* à sa continuation. La reine Anne d'Autriche, effrayée de la dépense, voulut exiger de l'architecte qu'il se resserrât dans des bornes plus étroites. On avoit d'ailleurs fait entendre à la Reine, que jamais elle ne seroit assurée de rien, avec un artiste qui, avant tout, prétendoit à être indépendant, & qui avoit pour habitude de changer ses projets à mesure de leur exécution; elle ôta donc à *François Mansart* la conduite du monument.

L'église n'avoit été élevée par lui que jusqu'à la hauteur de neuf pieds au-dessus du sol. Jacques Lemercier fut obligé d'en continuer la construction sur les desseins de *Mansart*, & il la porta jusqu'à la hauteur du premier entablement, où elle resta quelque temps. Enfin, en 1654, la Reine nomma Pierre le Muet, auquel elle associa Gabriel le Duc, & ce furent ces deux architectes qui achevèrent le monument & en élevèrent la coupole.

Il n'y a de *François Mansart* que le plan général & le dessin de l'élévation ou de l'ordonnance de la nef. Elle consiste en trois arcades élevées sur des pieds-droits, avec un ordre de pilastres corinthiens d'un goût sage & d'une assez belle proportion. La disposition des chapelles & tout l'ensemble de ce plan offrent une imitation heureuse de plusieurs des églises de Rome, & il n'y a aucun doute que la grande basilique de Saint-Pierre, qui étoit alors achevée, & devenoit le type général de l'architecture de toutes les églises, fut le modèle que *Mansart* s'étoit proposé de suivre, & dont s'écarta encore moins, dans le tout comme dans les parties, chacun des architectes qui eut part à la confection du Val-de-Grâce.

François Mansart se contentoit fort difficilement, ce qui est souvent une qualité pour l'architecte surtout, lorsqu'il porte cet esprit dans l'invention & la composition de ses projets. Mais aussi, en architecture, cette qualité deviendra un très-grave défaut, si l'artiste qui n'a su s'arrêter à rien, prétend changer ses projets à mesure qu'il les exécute : ce fut le défaut de *François Mansart*. Nous lisons dans les notions biographiques de cet homme célèbre, que, chargé par le président René de Longueil, surintendant des finances, de lui bâtir le château de Maisons, près Saint-Germain, à peine en eut-il construit une partie, il la fit abattre sans avertir le propriétaire, qui, heureusement, avoit donné de pleins-pouvoirs à l'architecte, & ce qu'on appelle *carte blanche* pour la dépense.

Mais il est difficile que les ordonnateurs des grands travaux publics, aient le droit d'être ainsi complaisans. *François Mansart* avoit été consulté par Colbert, sur la manière de faire la principale façade du Louvre. Le ministre obtint de lui non-seulement un projet, mais un grand nombre de desseins qui témoignoient à la fois de la fécondité & de l'instabilité de son imagination; la plupart n'étoient que des esquisses peu arrêtées. Lorsqu'on l'engagea à s'arrêter à une composition, pour fixer sur une seule le choix du Roi, cette proposition lui parut incompatible avec son génie, & il aima mieux perdre une aussi belle occasion de développer son talent, que de renoncer à la liberté de changer d'idées, s'il lui en venoit de meilleures.

C'est d'après ce refus qu'on prit le parti d'engager Bernini à venir donner en personne, à Paris, des projets pour le Louvre.

Le mot *mansarde*, écrit de cette manière, & qui, avec cette orthographe, est devenu vulgaire, a occasionné, comme on l'a déjà dit, l'incertitude sur la manière d'écrire le nom de *François Mansart*. On lui attribue effectivement l'invention de ces fenêtres en comble brisé, qu'on appelle *mansardes*. Cet usage fut une suite ou un effet de l'habitude de ces combles élevés, qui couronnoient alors tous les bâtimens. Il fut naturel de chercher à mettre à profit, dans les habitations, le vaste espace des greniers produits par les combles; & alors on imagina le comble brisé, qui se compose d'une partie droite & d'une partie couchée, ce qui donna dans l'intérieur de ces étages de nécessité, le moyen de les plafonner. La *mansarde* est un équivalent de l'attique.

François Mansart mourut en 1666, âgé de soixante-huit ans.

MANSART (Jules-Hardouin) naquit en 1645. Fils d'une sœur de François *Mansart* & de *Jules-Hardouin Mansart*, premier peintre du cabinet du Roi, il fut élevé dans la profession de son oncle, & devint l'héritier de ses talens, de sa réputation & de ses travaux. Aussi fit-il une fortune immense sous Louis XIV. Ce Prince lui donna le cordon de Saint-Michel, le fit son premier architecte, avec le titre & l'emploi de furintendant & ordonnateur général de fes bâtimens, arts & manufactures. Les plus grands édifices de cette époque furent élevés fur les deffins de *Jules-Hardouin Manfart*, & aucun architecte n'eut autant de crédit, de fortune & d'honneurs.

Un des principaux ouvrages de *Jules-Hardouin Manfart*, fut le château royal de Clagny, commencé en 1676, & achevé en 1680. Il y avoit employé un ordre dorique furmonté d'un attique. L'édifice avoit deux ailes en retour. Le milieu de la façade étoit occupé par un grand pavillon où fe trouvoit le falon; on y entroit par trois arcades égales; il y avoit deux corps de bâtiment faifant encore retour avec les ailes, mais ils fe compofoient d'un feul rez-de-chauffée en arcades à plein cintre, avec deux avant-corps où étoient les portes. Entre chaque arcade, & fur leurs piedsdroits, étoit une table faillante, & au milieu des impoftes, un bufte avoit été placé fur une confole. Cet édifice ne fubfifte plus que dans un ouvrage intitulé : *Les plans, profils & élévations du château de Clagny...... du deffin de M. Manfart, architecte du Roi, mis en lumière par M. Michel Hardouin, contrôleur des bâtimens de S. M., qui les a gravés lui-même.*

Jules-Hardouin Manfart eut les deux plus grandes entreprifes de fon fiècle, celles du château de Verfailles & du dôme des Invalides à Paris, & il eut encore un avantage affez rare en ce genre, celui de les terminer.

Il ne fauroit être ici queftion de donner la defcription du château de Verfailles. Elle occupe la moitié d'un volume in-folio, dans le quatrième tome de l'*Architecture françaife* de J. G. Blondel. Un abrégé de cette defcription, pour peu qu'il embraffât toutes les parties d'un auffi vafte enfemble, feroit encore hors de mefure avec cet article, & un femblable abrégé, fans le détail des plans & des élévations, auroit l'inconvénient d'apprendre peu de chofes au lecteur.

Plus le fujet a d'étendue, plus nous ferons forcés d'en réduire ici les notions à ce qui intéreffe le jugement qu'il faut porter du talent de *Jules-Hardouin Manfart*. Or, cet objet peut être facilement rempli, en nous bornant à parler de l'enfemble de la compofition, du goût de l'architecture, & des principaux morceaux qu'on admire le plus dans le château de Verfailles, tels que la chapelle, la galerie, l'orangerie. Nous ferons encore d'autant plus difpenfés de nous étendre fur ces trois derniers morceaux, qu'ils trouvent à d'autres articles leur defcription & leur développement. (*Voyez* CHAPELLE, GALERIE, ORANGERIE.)

Le château de Verfailles, comme tous les critiques l'ont obfervé jufqu'ici, ne préfente un tout, un enfemble architectural que du côté des jardins. Le côté qui fait face à l'avenue par laquelle on y arrive, donne l'idée d'une ville plutôt que d'un palais, tant les maffes en font difparates, & tant diverfes pour le ftyle & la proportion, font toutes les parties qu'on a en vain tâché depuis de coordonner en un enfemble régulier.

Il ne paroit pas que *Jules-Hardouin Manfart* doive être regardé comme refponfable de ce défaut de compofition, d'enfemble & de fymétrie. Effectivement, ce grand palais n'eut pas l'avantage d'une création unique. Il lui eft arrivé, comme à beaucoup d'autres, d'être un agrégat fucceffif de bâtimens dus à différentes époques. Louis XIII, dès l'an 1624, ayant acquis la feigneurie de Verfailles pour en faire un rendezvous de chaffe, y avoit bâti. Louis XIV, en 1660, le fit réparer & embellir de peintures; à peine ces réparations étoient terminées, qu'il le fit augmenter de plufieurs dépendances, pour y pouvoir féjourner & y tenir fon confeil. Ces bâtimens ne plurent point, & ils furent démolis pour faire place à trois principaux corps de bâtimens fur les deffins de Leveau. Ces nouveaux bâtimens finis, l'ancien petit château parut défagréable, ne pouvant figurer avec les conftructions nouvelles. On propofa à Louis XIV de le démolir, pour le reconftruire d'une manière plus convenable : le Roi s'y oppofa, voulant, difoit-il, conferver les ouvrages de fon prédéceffeur. Ce ne fut que long-temps après qu'il fe détermina à permettre qu'on le doublât par de nouveaux murs de face, qui font aujourd'hui une partie de ceux qu'on remarque du côté des jardins. L'hiftoire des augmentations qui, peu à peu, déterminèrent à faire du château de Verfailles le palais principal des Rois, montre avec évidence que *Manfart*, appelé à ce grand ouvrage, fe trouva déjà lié à beaucoup d'antécédens qu'il fallut conferver, & affujetti à des données qu'il dut admettre, & auxquelles il fut contraint de fe conformer.

Ainfi fe réunirent plufieurs caufes qui déterminèrent l'enfemble de la compofition. Cet enfemble, nous avons déjà dit qu'il ne falloit le confidérer que du côté des jardins. Maintenant les excufes précédentes admifes, fi on le juge en lui-même, on reconnoit au premier coup d'œil, qu'il renferme un vice énorme de difproportion; c'eft le manque de rapport qui exifte entre une façade dont l'étendue a, peu s'en faut, treize cents pieds en longueur, & dont l'élévation n'a pas plus de foixante pieds en hauteur. Tous les critiques fe font enfuite trouvés d'accord fur l'efpèce d'infipidité de cette longue ligne, qui règne avec une telle monotonie, que quelques-uns l'ont comparée à une longue muraille. Il eft certain qu'il n'y a ni maffe ni mouvement; les petits avant-corps de colonnes qui s'y trouvent difpofés par intervalles, n'y produifent aucun effet; que le foubaffement qui porte l'ordre, l'ordonnance de l'étage principal, & l'attique continu, n'ont d'autre mérite, dans cet enfemble, que celui de la régularité & de la fymétrie, mais

font

sont chacun dans leur genre, d'une conception mesquine, d'un goût commun, & le moins propre à donner quelque valeur à la composition de ce grand édifice.

Si *Jules-Hardouin Mansart* a pu trouver, dans les parties de l'édifice auxquelles il fut contraint de se rallier, des raisons qui doivent le faire excuser sur le manque de hauteur dans sa masse générale, & sur la foiblesse d'invention dans la composition, il sera difficile de le justifier sur le goût & le style de son architecture, considérée dans ce qu'exigeoit une si grande conception.

Il n'y a, à vrai dire, rien de très-répréhensible dans le style de *Jules-Hardouin Mansart*, rien qui tienne de la bizarrerie des formes beaucoup trop accréditées de son temps. Ce qu'on peut reprocher à son goût, c'est un manque absolu de caractère. Il n'a pas de formes vicieuses, mais il n'en a pas de hardies; il n'a pas de partis capricieux, mais il n'en a pas d'ingénieux; il n'est pas incorrect, mais il manque de pureté. Ses profils n'ont pas plus d'élégance que d'énergie; les rapports de toutes les parties sont tels, qu'aucune n'a d'effet. Sa façade offre une devanture banale, commune, qui auroit aussi bien convenu à un hôtel de six croisées de face, & qui, il faut le dire, n'eût été propre qu'à un médiocre édifice. Nul détail d'ornement ne réveille l'aspect de ses ordonnances; son exécution est molle & sans nerf, & la construction même, dont l'apparente solidité ajoute tant au caractère de l'architecture, ici se trouve, comme tout le reste, médiocre & de nul effet. Enfin, ce qu'il faut avouer, c'est que la seule grandeur de ce monument, consiste dans la longueur de la ligne sur laquelle il est construit.

Jules-Hardouin Mansart trouva dans la confiance de Louis XIV & le goût du Roi pour la magnificence, de plus heureuses occasions de développer son talent, en l'appliquant à enrichir le vaste ensemble du palais de Versailles, par des monumens où son génie paroît avoir eu plus d'indépendance. Une de ses meilleures productions & un des ouvrages qu'on admire le plus, & avec le plus de justice, est la chapelle qui fut bâtie par la suite, & ajoutée avec assez d'habileté au palais. En son genre, cette chapelle est un monument unique, & l'architecte y a fait preuve de goût, d'invention & de plus d'une sorte d'habileté. On en trouve la description à l'article CHAPELLE. (*Voyez* ce mot.) Quoique quelques-uns aient attribué à le Nôtre l'idée générale de l'orangerie de Versailles, & que le parti de composition de ce monument en fasse particulièrement le mérite, cependant il est certain que l'architecture & son exécution en furent confiées à *Jules-Hardouin Mansart* par Louis XIV, & que cet architecte s'y acquit un double honneur, l'un en réalisant avec autant de succès un beau projet, & l'autre encore plus rare, si ce qu'on raconte est vrai, en sacrifiant son amour-propre à l'intérêt de l'art.

Diction. d'Archit. Tome II.

(*Voyez* ORANGERIE.) Nous avons déjà parlé, à l'article GALERIE, de la proportion que *Jules-Hardouin Mansart* donna à celle du château de Versailles. Il reste à dire que cet ouvrage, sans offrir de détails classiques, sera toujours compté parmi les productions modernes les plus magnifiques, pour la grandeur, la disposition & la richesse de la décoration.

On ne finiroit pas si l'on vouloit parcourir en détail toutes les productions de *Jules-Hardouin Mansart* à Versailles. Le grand Commun, l'ancienne paroisse, la maison des Missionnaires, établie pour la desservir, les bâtimens de la Ménagerie, ceux de Trianon, furent son ouvrage. Ce qu'on appelle de ce dernier nom, ne consistoit autrefois qu'en trois pavillons, que le Roi avoit fait construire à la place d'un hameau nommé *Trianon* : mais cet édifice ayant été démoli, notre architecte y substitua un bâtiment d'un seul étage, décoré d'un ordre ionique en marbre, & couronné par une balustrade ornée de figures & de vases. Les palais de Marly furent encore une de ses productions les plus élégantes.

Il construisit avec une célérité extraordinaire la maison de Saint-Cyr. Nous lisons qu'on employa à ces travaux jusqu'à deux mille cinq cents ouvriers, en y comprenant les soldats qu'on y occupa. Les travaux commencèrent le 1er. mai 1685; & cet édifice, qui consiste en un corps de bâtiment de 108 toises de long, lequel forme trois cours de front, séparées par deux ailes, fut mis en état d'être meublé le 15 mai de l'année suivante, & entièrement achevé au mois de juillet de la même année.

Le chef-d'œuvre de *Jules-Hardouin Mansart* est, sans aucun doute, le dôme des Invalides, à Paris.

Ce dôme qui, par sa grandeur, sa construction & sa richesse, doit se placer sur la première ligne des monumens de ce genre, & qui, selon le jugement du plus grand nombre, y occupe la troisième place, a cela de particulier, qu'il n'entra point, comme tous les autres, dans le plan & la combinaison de l'ensemble d'une église en croix, dont la coupole réunit les quatre branches. La coupole des Invalides est, à vrai dire, un édifice isolé, & cette position a pu donner à son auteur quelques facilités de se livrer à son imagination, tant dans la disposition que dans les moyens de construction dont il fit usage.

Il paroît certain que le projet d'une coupole n'étoit point d'abord entré dans les vues de l'ordonnateur de ce monument, ni dans les desseins de l'architecte des Invalides. L'église, telle qu'elle fut conçue & achevée par Libéral Bruant, en est la preuve; & lorsqu'on conçut l'idée d'embellir l'ensemble des Invalides par un dôme, ce dôme ne put trouver place qu'au bout de l'église, ce qui produisit, réellement & dans le fait, deux églises

Pppp

à la suite l'une de l'autre, & sans aucun rapport entr'elles.

Quoi qu'il en soit, ce fut pour *Jules-Hardouin Mansart* une difficulté qu'il eut à vaincre, & l'on convient assez généralement qu'il parvint à lier son dôme à l'église, & à opérer le raccordement des deux architectures avec intelligence & habileté.

Nous n'entrerons point ici dans les détails des mesures, ni dans ceux de la description de ce grand & magnifique ouvrage. A l'article COUPOLE (*voyez* ce mot), on s'est livré avec la plus grande étendue, à tous les genres de recherches & de descriptions que ce sujet comporte.

Il ne peut être question ici, c'est-à-dire, dans la notice biographique de l'auteur du monument, que du talent de cet auteur, que de son invention générale & de son goût d'architecture.

Jules-Hardouin Mansart, plus libre, comme on l'a déjà dit, dans la conception de sa coupole, que les autres auteurs de semblables édifices, puisque cette coupole ne devenoit que l'accessoire ou l'appendice de l'église, fut naturellement porté à en faire comme un monument à part & un temple séparé, avec des dispositions uniquement en rapport avec lui. Si effectivement on en considère le plan, on voit, par la distribution des chapelles qui environnent ce dôme, que ce dôme est un tout, un ensemble fort différent des autres, qui ont à s'élever sur les reins des nefs d'une église. A vrai dire, le dôme des Invalides porte de fond, & la grande solidité que l'architecte trouva dans les massifs accessoires dont il pouvoit disposer, lui donna le moyen d'introduire une nouveauté dans les quatre piliers de sa coupole. Il les perça par des arcades, sans nuire à la fermeté de ses points d'appui, & ces percés lui procurèrent, avec une légèreté fort heureuse, des dégagemens qui donnent entrée dans les chapelles d'angle, & produisent dans tout cet ensemble quelque chose de varié, de pittoresque, qu'on ne trouve point ailleurs. On ne sauroit nier que, sous ce rapport, *Jules-Hardouin Mansart* n'ait fait preuve de beaucoup de talent.

Après que la coupole de Saint-Pierre eut été exécutée dans les vastes dimensions qu'on lui connoit, par le génie non moins vaste de Michel Ange, cette coupole devint le point d'imitation de tous les architectes, mais elle fut aussi le désespoir de ceux qui furent chargés de semblables entreprises; car il ne pouvoit plus se présenter d'occasion de rivaliser en grandeur, en élévation & en majesté avec la basilique de Saint-Pierre; & refaire en petit ce qu'on avoit vu en si grand, devenoit une redite insipide. *Jules-Hardouin Mansart* aux Invalides, & le célèbre Wren dans Saint-Paul à Londres, parvinrent cependant à pouvoir mettre en parallèle leur ouvrage avec celui de Michel Ange. L'architecte anglais qui élevoit Saint-Paul, dans le même temps que *Mansart* faisoit les Invalides, s'approcha davantage, pour la forme, la grandeur & le caractère du modèle, qui alors fixoit tous les regards. *Jules-Hardouin Mansart* visa plus à faire du nouveau, & il y parvint en plusieurs points.

Nous avons parlé de la nouveauté des piliers percés. Mais une invention plus ingénieuse fut celle des trois calottes concentriques, les deux intérieures en pierre, l'extérieure en charpente, qui s'élèvent sur la tour du dôme. Déjà, comme l'on sait, Michel Ange avoit pratiqué à Saint-Pierre deux voûtes également concentriques, dont l'objet principal est de permettre à l'architecte d'user d'une courbe différente, selon l'exigence de la forme prescrite au dehors, & de la forme qui convient au dedans. *Jules-Hardouin Mansart*, en triplant sa voûte, eut d'abord la faculté de donner à celle du dehors une élévation qui, étant en rapport avec l'ensemble extérieur, eût été démesurée avec celui de l'intérieur. Vu le diamètre de 75 pieds auquel se réduit la largeur de la coupole en dedans, & vu la hauteur de 120 pieds qu'elle auroit eue, il est visible que sans la réduction que lui fait subir le système des trois voûtes, qui diminue de plus de trente pieds la hauteur intérieure, le rapport de la largeur & de la hauteur déjà plus fort qu'il ne le faudroit, peut-être, seroit devenu extrêmement disproportionné.

Mais l'architecte sut tirer de la combinaison de ses trois voûtes un moyen ingénieux pour éclairer les peintures de sa coupole par des jours tirés du second ordre des fenêtres extérieures, & de façon que ces fenêtres, cachées par la voûte de la première calotte tronquée, éclairent le sommet de la seconde, sans que le spectateur puisse deviner d'en bas d'où vient cette lumière.

Si l'on apprécie maintenant le goût d'architecture de *Jules-Hardouin Mansart* dans cette grande conception, on doit dire que c'est sans comparaison, de tous les ouvrages, celui où il a mis le plus de pureté, d'élégance & de sagesse. Les plans & les élévations de ces sortes de monumens ne doivent pas être jugés avec la sévérité que comportent les édifices susceptibles de dispositions simples. Rien de plus facile que de sacrifier ici, soit à la solidité nécessaire, soit au genre de décoration, soit aux besoins de la construction, l'unité de plan & d'élévation, & pour peu qu'on prétende à faire du neuf, rien de plus facile que de tomber dans la bizarrerie. Il faut dire que l'architecte du dôme des Invalides s'est tenu dans un milieu encore très-bon, entre la sévérité des formes & cet excès de relâchement, que l'usage avoit déjà introduit dans les combinaisons de l'art de bâtir & de décorer. Cet édifice se recommande par une construction soignée, par une exécution précieuse, par une observation de régularité dans les formes, par des profils généralement purs. On n'y trouve presque point de formes biaises ou bâtardes, d'ornemens capricieux, de détails insignifians. Il n'y a sans doute rien de classique, mais les principes y sont respectés dans les choses essentielles. Ajoutons que le tout ensemble a un aspect mêlé de magnificence & d'élégance, de légèreté & de solidité, de variété & de simplicité qui en fait, pour tout spectateur, un objet d'étonnement, & qui lui a toujours concilié l'admiration même de ses critiques. Ce qu'on vient de dire sur l'intérieur de ce beau monument, chef-d'œuvre du siècle de Louis XIV, s'applique dans la même mesure, & avec les mêmes termes, à l'extérieur de la coupole, & autant pour son ordonnance que pour sa décoration.

Jules-Hardouin Mansart n'ayant pu, comme on l'a dit, faire du dôme des Invalides qu'une addition ou un prolongement à l'église déjà terminée, fut tenu de lui donner une entrée particulière, & un frontispice du côté où l'édifice aboutit à la campagne. Ce frontispice fut composé ou conçu, & il ne pouvoit guère l'être autrement, pour s'accorder à l'élévation du dôme, dans le goût régnant alors des portails à plusieurs ordres l'un sur l'autre. Une justice à rendre à l'architecte, c'est que cette composition, formée des deux ordres dorique & corinthien, offre une meilleure ordonnance que beaucoup d'autres; qu'elle se raccorde avec beaucoup de régularité aux parties latérales de l'édifice, & qu'au moins on n'y est pas blessé par l'emploi de ces prétendus contre-forts en forme d'ailerons, dont les bizarres contours déparent ordinairement la composition de ces devantures d'église. *Jules-Hardouin Mansart* avoit projeté d'accompagner cette façade d'une colonnade avec quatre corps de bâtiment plus élevés, dans le goût de celle qui forme la place de Saint-Pierre à Rome. C'eût été sans doute une fort belle chose; mais auroit-elle été convenablement placée hors de la ville, dans un lieu inhabité, & n'auroit-ce pas été une dépense mal employée, une magnificence perdue?

L'année 1699 fut remarquable dans la vie de *Jules-Hardouin Mansart*, par la construction qu'il fit de la place de Louis-le-Grand, dans le même endroit où étoit celle de l'hôtel de Vendôme, dont elle a conservé le nom. Ses bâtimens avoient été élevés à la hauteur du premier étage. Ils furent démolis, & l'étendue de la place fut diminuée d'un tiers. Dans ses dimensions actuelles, elle a 75 toises sur 70; sa forme est un octogone; son architecture est en pilastres corinthiens avec des avant-corps formés de colonnes du même ordre. Sous ce grand ordre règne un stylobate découpé en refends & percé d'arcades servant de portes aux habitations diverses, qui se partagent toute la circonférence de cette grande ligne de bâtiment. On a fait plus d'une critique de cette place & de son architecture; on a blâmé les frontons des avant-corps; on a blâmé ses pesantes mansardes; on a reproché à l'architecte de n'a-

voir ménagé à cette grande enceinte que deux issues, ce qui lui donne l'apparence d'une cour plus que d'une place. Nonobstant cela, on doit dire que depuis, il ne s'est encore rien fait d'aussi recommandable en ce genre.

On n'en excepte pas la place des Victoires, dont le même architecte a donné les dessins. Son plan décrit un ovale, & son élévation est à peu près dans le goût de la précédente, mais en pilastres d'ordre ionique. Cette place, du reste, quoique plus petite que celle de Louis-le-Grand, a dû à sa situation l'avantage d'avoir plus d'issues & des percés plus variés.

Le bonheur qui avoit toujours accompagné *Jules-Hardouin Mansart* dans ses grandes entreprises, sembla l'abandonner dans un ouvrage d'une moindre importance; on veut parler de la construction du pont de Moulins sur l'Allier. Deux architectes, avant lui, avoient jeté sur cette rivière un pont qui ne tarda pas à être renversé; il avoit en effet été construit dans un endroit, où le fond étoit un sable mouvant d'environ cinquante pieds d'épaisseur. On prétend qu'un entrepreneur représenta à *Mansart* l'impossibilité d'asseoir de solides fondemens sur un semblable terrain. Nonobstant l'observation, notre architecte s'obstina à croire ce terrain meilleur qu'il n'étoit. Il commit encore la faute de ne pas proportionner l'ouverture des arches, au volume d'eau qu'elles avoient à recevoir dans le temps des crues. Aussi, l'ouvrage fut à peine achevé, que l'impétuosité des eaux l'entraîna, & il n'en resta qu'une arche qui, se trouvant fendue, fut démolie depuis pour la commodité de la navigation.

Jules-Hardouin Mansart fut véritablement l'architecte de son époque, le savori de Louis XIV, l'artiste le plus propre à répondre aux intentions de ce grand Roi, & à le seconder dans toutes ses vues. Il ne lui manqua rien de tout ce qui peut faire la gloire d'un artiste; il réunit aux plus grandes entreprises, les emplois les plus éminens. Ayant été nommé, en 1699, surintendant des bâtimens du Roi, après la démission de M. de Villacerf, il alla prendre séance à l'Académie royale de peinture, avec le titre de protecteur. Les obligations que ce titre lui imposoit, furent remplies par lui avec beaucoup de succès: il représenta au Roi que l'Académie desiroit renouveler l'ancien usage interrompu depuis quelque temps, d'exposer ses ouvrages à la vue du public. Le Roi approuva ce dessin, & voulut que l'exposition eût lieu dans la grande galerie du Louvre. S. M. donna ordre au garde-meuble de la couronne, de fournir les tapisseries & tout ce qui seroit nécessaire, pour mettre la grande galerie en état de recevoir l'exposition. A peu près dans le même temps, *Jules Hardouin-Mansart* obtint du Roi le rétablissement de la somme entière de pensions, que les dépenses de la guerre avoient fait réduire à moitié, & il fit accorder à l'Académie toutes

Pppp 2

les figures moulées sur l'antique, qui devoient servir non moins à la décoration de ses salles, qu'à l'étude des élèves.

Jules-Hardouin Mansart mourut presque subitement à Marly, en 1708, à l'âge de soixante-trois ans. Son corps fut transporté à Paris & inhumé à Saint-Paul sa paroisse, où on lui éleva un mausolée qui fut sculpté par Coysevox.

MANSIO. Mot latin qu'on traduit par *mansion*, & qui signifie proprement *demeure*, *séjour*. Les Romains en usoient pour désigner les lieux où ils laissoient reposer momentanément les troupes dans leurs marches.

C'est de ce mot qu'est venu celui de *maggione* en italien, de *maison* en français.

MANTEAU DE CHEMINÉE, s. m. On appelle ainsi, dans toute pièce où il y a une cheminée, la partie de cette cheminée qui est apparente, sans y comprendre le tuyau qui souvent s'y trouve en saillie, & qu'on décore aujourd'hui particulièrement avec des glaces ou des trumeaux.

Les parties du *manteau d'une cheminée* sont les jambages, le chambranle, & dans les anciens bâtimens, la gorge ou attique, & la corniche.

On donne à l'assemblage de ces diverses parties le nom de *manteau*, parce qu'effectivement elles servent à couvrir ce qu'on appelle la *hotte* & le *tuyau* de la cheminée.

MANTEAU DE FER. C'est la barre de fer qui sert à tenir la plate-bande, ou anse de panier de la fermeture d'une cheminée : elle porte sur les jambages, & ses extrémités étant coudées, sont scellées dans le mur de dossier.

MANTONNET, s. m. C'est une espèce de tenon qu'on pratique sur la tête des pilotis, pour arrêter les madriers ou plates-formes qu'on pose dessus, & qu'on y attache avec des chevilles barbelées.

Ce nom se donne aussi à une petite pièce de fer qui soutient ou arrête en accrochant. Telle est, par exemple, celle qui retient & soutient le battant d'un loquet.

MANUFACTURE, s. f. On appelle ainsi une étendue de terrain distribuée en différens corps de bâtiment, qui renferment des logemens, des salles, des laboratoires, des magasins, & toutes les pièces nécessaires pour la fabrication des ouvrages qui doivent y être exécutés.

Il y a des *manufactures* qui forment une grande masse d'édifice : telle est la manufacture royale de porcelaine à Sèvres. Il y en a qui se divisent en plusieurs cours & corps de logis, comme la *manufacture* royale des tapisseries des Gobelins.

Une *manufacture* est un bâtiment dont la condition première est l'utilité ; & comme le principe de tout établissement commercial est l'économie, on comprend que l'architecture d'un semblable édifice exige le nécessaire & se refuse au luxe de la décoration. Ainsi le caractère d'une *manufacture* doit être la simplicité.

MARBRE, s. m. Les Grecs nommoient *marmaron*, d'où les Latins ont fait *marmor*, la matière que nous appelons *marbre*. Ainsi l'origine de ce mot est grecque, & c'est du poli comme de l'éclat de cette matière, que ce nom lui vint, car le verbe *marmairein* veut dire reluire. La propriété qu'a le *marbre* de recevoir de l'éclat & du poli, a fait & fera peut-être long-temps donner le nom de *marbre* à des substances que les naturalistes ne rangent plus parmi les *marbres*, mais parmi les pierres. En suivant cette théorie, nous ne rangerons pas parmi les *marbres* dont nous parlerons, les porphyres, les granits & autres espèces dont on trouvera les notions à des articles particuliers.

Notice abrégée des marbres les plus célèbres dans l'antiquité.

Dans son ouvrage sur l'*Origine des loix*, Goguet prétend, avec plusieurs auteurs, qu'Homère ne connoissoit pas le *marbre*. On ne trouve, selon lui, dans l'*Iliade* & dans l'*Odyssée*, aucun mot qu'on puisse croire désigner cette matière. Il est à croire au contraire qu'elle étoit alors fort connue, & qu'on savoit la travailler & la polir. Iris trouve Hélène occupée, dans son palais, à faire un voile éclatant. L'expression qu'emploie Homère signifie mot à mot, brillant comme du *marbre* ; cette expression prouve que c'est de *marbre* blanc, & de *marbre* poli qu'Homère a prétendu parler dans cette comparaison. L'île de Chio fournit beaucoup de *marbres* blancs, ainsi que l'île de Crète. En général, le *marbre* blanc est très-commun dans l'Asie mineure, c'est-à-dire, dans le pays qu'Homère a dû le mieux connoître.

Il est à regretter que les Traités des auteurs grecs, qu'ils avoient composés sur les pierres, soient perdus. Selon Pline, Sotacès & Thrasyllus avoient donné beaucoup de détails sur les *marbres*. C'étoit en effet de la Grèce qu'on tiroit les *marbres* les plus célèbres. C'étoit-là que les riches patriciens de Rome, qui mettoient tant de prix, dans leurs édifices, à la magnificence des matières, tiroient les *marbres* dont ils les décoroient, ainsi que l'indique Juvénal. Les palais ne paroissoient magnifiques, qu'autant qu'ils étoient revêtus de *marbres* grecs, & c'est pour ce genre de luxe que Stace loue la maison de campagne de Pollion.

La dureté qui procure le beau poli, & la pureté de la couleur, étoient & sont encore les qualités les plus recherchées dans les *marbres*. Les *mar-*

bres grecs avoient en cela l'avantage sur les *marbres* d'Italie.

Sous l'empereur Claude on commença à teindre les *marbres*, pour en faire des contrefaçons des *marbres* bigarrés. Sous Néron on diversifia les couleurs, en transportant à l'un les taches ou les veines d'un autre.

Les ouvriers qui travailloient le *marbre*, s'appeloient en grec, *lithotomoi*, *lithocopoi*, *lithourgoi*, *lithoxooi*. C'est qu'en général le *marbre* blanc s'appeloit *pierre blanche*, *lithos leucos*. Chez les Romains on appeloit *marmoraris* ceux que nous appelons *marbriers*, c'est-à-dire, employés aux travaux mécaniques que l'emploi du *marbre* comporte. Chez les Grecs, les mots qu'on vient de rapporter, & qui signifient au propre, *travailleurs en marbre*, s'appliquoient aussi aux sculpteurs en statues, & se donnèrent souvent aux plus habiles & aux plus célèbres artistes en ce genre.

Les *marbres* offrent au naturaliste qui veut les classer, d'assez grandes difficultés. On les a quelquefois rangés d'après les variétés de leurs couleurs; mais ici se découvre l'inconvénient qui a lieu dans une semblable classification pour les pierres précieuses. Tout le monde sait que des gommes très-différentes ont la même couleur, & d'autres, quoique d'une même nature, sont de couleur fort diverse. Il en est de même du *marbre*. C'est là ce qui a produit cette foule de dénominations données aux *marbres* d'après leur couleur. La classification par pays est sujette à un semblable inconvénient, & l'on ne sauroit admettre celle que les Romains avoient adoptée, en disant *marbre* de Tænare, de Paros, de Carysle, &c.

La nature de leur pays donna aux Grecs l'occasion d'employer fréquemment le *marbre* dans tous les ouvrages d'art. Plusieurs de leurs contrées leur en offroient les plus riches carrières. Souvent on en découvroit de nouvelles, & la découverte en étoit due aux monumens mêmes dont on creusoit les fondemens. Ces *marbres* s'employoient dans le pays, mais on en faisoit venir aussi du dehors. Les Athéniens employèrent pour la construction de leurs grands édifices, soit le *marbre* penthélique, soit celui du mont Hymette, que l'on préféroit dans l'exécution, pour sa blancheur & pour ses propriétés. Les carrières de la Phrygie fournissoient un *marbre* blanc mêlé de différentes couleurs. Près de Mégare on trouvoit un *marbre* coquilleux, qu'on employoit aussi pour les édifices, mais il n'avoit pas beaucoup de dureté. Près de Phigalia, en Arcadie, on exploitoit un *marbre* gris avec des veines rougeâtres, qu'on employa à la construction du temple d'Apollon Epicurius.

Presque toutes les îles de l'Archipel avoient des carrières de *marbre*. Celui de Paros étoit le plus estimé; on l'employoit pour en faire des statues plutôt que pour des constructions. Les Ephésiens tiroient leur *marbre* du mont Prion, situé près de leur ville. Les habitans de Tries employoient pour leurs bâtimens publics, un *marbre* gris qu'on trouvoit dans les environs. A Mylasse en Carie, il y avoit un *marbre* fin de couleur blanche. L'île de Proconèse, près du promontoire de Sigée, dans l'Asie mineure, étoit célèbre par ses belles carrières de *marbre*, & a peu de distance d'Alexandria Troas, on trouvoit du *marbre* blanc.

Les Romains n'apprirent à connoître le *marbre* qu'après leur conquête dans la Grèce; du moins, avant cette époque, on n'étoit point dans l'usage à Rome de l'employer à bâtir. Metellus Macedonicus, contemporain de Mummius le destructeur de Corinthe, bâtit à Rome le premier temple en *marbre*; mais bientôt cette matière y fut employée, surtout en colonnes, pour les péristyles des temples & dans les vestibules des maisons. Ce luxe alla croissant, & il n'y eut pas de riche qui n'orna de *marbre* étranger ses habitations, à la ville comme à la campagne. On n'avoit pas encore découvert les carrières de Luna en Italie, où probablement ils ne trouvoient pas assez varié dans ses couleurs, le *marbre* de ces carrières; c'est ce qui les engagea à dépouiller de leurs colonnes les édifices de la Grèce, pour en orner ceux de Rome. Ils transportèrent aussi de toutes sortes de pays, des blocs pour les faire travailler. Ce fut ainsi que cette ville en vint à réunir des ouvrages faits de tous les *marbres* & de toutes les pierres rares & dures, dont il existe encore, dans la Rome moderne, tant de vestiges & de restes remarquables.

Une inscription publiée par Winckelmann, & ensuite plus correctement par Marini, fait mention des *tabularii à rationibus marmorum*. Il paroit que les empereurs qui faisoient transporter à Rome tant de *marbres* précieux pour leurs constructions, avoient, dans les différens lieux, des esclaves chargés de ce soin; ceux-ci les transmettoient, à Rome, à d'autres employés qui étoient nommés *à marmoribus*, *à rationibus marmorum*. Ils tenoient des états des pierres ou des *marbres* qu'ils avoient fait dégrossir & embarquer, de leur numéro, de leur qualité, de la date de leur embarquement, &c., & tout cela servoit à régler leurs comptes.

Quels que soient le mérite & la valeur des *marbres* de couleur, les *marbres* blancs semblent avoir eu encore plus de réputation, comme ayant été particulièrement employés dans les travaux de la sculpture. Le penthélique fut un des *marbres* qu'on exploita le plus, surtout dans l'Attique. Horodes Atticus en avoit épuisé une carrière, pour construire le fameux Stade panathenaique qui étoit à Athènes: ce *marbre* servit à faire beaucoup de statues. Scopas en avoit fait un grand nombre, ainsi que Praxitèles. Cicéron parle d'hermès de *marbre* penthélique, qu'Atticus lui avoit envoyés de Grèce. Selon Winckelmann, un certain *marbre* blanc dont la caffure est à gros grains mêlés de particules brillantes comme des grains de fel, & qu'à caufe de cela on appelle, en Italie, *marmo falino*, feroit du penthélique; mais il paroît que Winckelmann s'eſt trompé. Tels ne font pas les caractères du *marbre* penthélique, aujourd'hui bien mieux connu par des fragmens du temple même de Minerve, à Athènes, qu'on conſerve au Muſée Britannique; car on ne peut révoquer en doute que ce temple ait été bâti avec du penthélique.

Le célèbre naturaliſte Dolomieu avoit déjà reconnu le caractère de ce *marbre* dans beaucoup de ſtatues & d'ouvrages, dont les Italiens ont déſigné la matière ſous le nom de *cipolino*, à cauſe de ſes feuillets & de ſes couches, qui le font reſſembler à l'oignon, *cipola*. De-là, ſans doute, le grand uſage qu'on en faiſoit en le débitant en lames, ſoit pour des dalles, ſoit pour des tuiles, dans les couvertures des temples. Il eſt clair que c'eſt ſa fiſſilité qui le fit employer ainſi. Ce *marbre* ſe reconnoît à la fineſſe de ſon grain & à de petites traces de pierres ferrugineuſes & noirâtres qui en rompent l'homogénéité, & le rendent fiſſile aux endroits où elles ſe rencontrent. Les tables des inſcriptions d'Herodes Atticus ſont de cette eſpèce de *marbre*, que Viſconti appelle *cipolla bianca*, & que Dolomieu a démontré être du penthélique.

Il a été fait auſſi un grand nombre de ſtatues, & nous en poſſédons beaucoup en *marbre* penthélique. On peut citer entr'autres le groupe d'Apollon avec le griffon du Capitole à Rome, le Faune en repos, le ſarcophage des Muſes, le Guerrier appelé vulgairement *Phocion*, le Ménandre, le Jaſon, long-temps appelé *Cincinnatus*, le Diſcobole en repos, le Bachus en repos, & une multitude de buſtes & de bas-reliefs qu'il feroit difficile de déſigner.

L'île de Paros a été célèbre de toute antiquité par ſes carrières de *marbre*. Strabon dit qu'on l'appelle l'*excellente*, à cauſe de la beauté de ces *marbres*. C'étoit du mont Marpeſſus, dans cette île, qu'on le tiroit. On lui donna auſſi le nom de cette montagne & celui de *lygdinum*, à cauſe du promontoire de Paros, appelé *Lygdos*. La beauté de ce *marbre* l'a fait vanter par les poëtes, qui en empruntèrent la comparaiſon dont ils avoient beſoin dans leurs deſcriptions. Il paroît que ce *marbre* étoit beaucoup plus propre que le penthélique, pour tous les ouvrages qui exigeoient de la délicateſſe. Il ſe diſtingue par de gros grains cubiques dont il ſemble formé. On donne comme étant de *marbre* de Paros, la belle ſtatue de Mercure, jadis appelée *Antinoüs*, au belvédère à Rome; la Diane chaſſereſſe, jadis dans la galerie de Verſailles; la Pallas de Villetri; le beau fragment d'une ſtatue de Cupidon; la figure connue ſous le nom de *Cléopâtre*; l'Amazone, la ſtatue de Junon du Capitole, &c.

On trouve quelquefois un très-beau *marbre*, que les marbriers appellent *marbre de Paros*, & qui, très-certainement, n'en eſt pas: mais on ne ſauroit dire de quelles carrières il fut jadis tiré. Pline dit, en effet, qu'il y avoit dans la Grèce pluſieurs *marbres* qui ſurpaſſoient en blancheur celui de Paros. D'où il réſulte qu'on ſe trompe lorſqu'on prend excluſivement pour *marbre* de Luna ou de Carrare, tout *marbre* qui offre plus de blancheur & d'éclat que celui de Paros. Les buſtes des têtes qu'on croit être celles de la Tragédie & de la Comédie, ſont de ce *marbre*.

Au nombre des *marbres* blancs employés par les artiſtes de l'antiquité, il faut citer le *marbre* du mont Hymette, qu'on tiroit des carrières d'un mont ſitué dans l'Attique. Ce *marbre* blanc eſt de couleur un peu cendrée. Au temps de Xénophon on en faiſoit des temples, des ſtatues, des autels, non-ſeulement pour Athènes, mais encore pour d'autres pays où on les exportoit. Après la conquête de la Grèce, les Romains emportèrent auſſi chez eux des colonnes de *marbre* du mont Hymette. Ce fut l'orateur Lucius Craſſus qui en eut le premier dans ſa maiſon, ſur le mont Palatin, & ce fut pour cela qu'il fut ironiquement appelé par Marcus Brutus, *Vénus palatine*. La ſtatue célèbre de Méléagre eſt faite avec du *marbre* du mont Hymette.

On tiroit du *marbre* blanc de l'île de Thaſos, fameuſe par ſes marbrières. Il n'étoit pas auſſi eſtimé au temps de Domitien, qu'il le fut auparavant: cependant le monument des Domitiens étoit revêtu de ce *marbre*, au rapport de Suétone. Pierre Belon prétend que le revêtement extérieur de la pyramide de Ceſtius, à Rome, eſt de *marbre* de Thaſe. Au temps de Sénèque, ce *marbre* étoit ſi commun, que les piſcines en étoit revêtues. Il étoit pourtant encore aſſez eſtimé ſous Adrien, puiſque les Athéniens placèrent deux de ſes ſtatues en *marbre* thaſien, au temple de Jupiter Olympien, terminé par cet empereur.

Les Anciens avoient déjà exploité les carrières de Luna (aujourd'hui Carrare); ils y trouvèrent un *marbre* plus blanc que celui de Paros, mais moins compacte, & donnant un moins beau poli. C'eſt en grande partie de ce *marbre* que furent faits à Rome beaucoup d'ouvrages de ſculpture. On cite un grand nombre de ſtatues fort célèbres exécutées avec ce *marbre*, & ſelon des témoignages fort reſpectables, la ſtatue d'Apollon, dit *du belvédère*, ſeroit de *marbre* de Luna; ce qui confirmeroit l'opinion de ceux qui penſent que ce fut une belle copie faite d'après un bronze plus ancien. Toutefois les connoiſſances propres à faire diſcerner infailliblement l'âge des ſtatues antiques, par la qualité de leurs *marbres*, ſont encore & ſeront peut- re toujours très-incertaines. On s'eſt convaincu que dans une ſeule & même carrière, on trouve des variétés de *marbres* qui ont une grande reſſemblance avec les *marbres* d'autres carrières; & puis comment vérifier toutes ces variétés dans les carrières exploitées par les Anciens? & qui dira si une variété qu'on n'y trouvera plus, n'y a pas existé jadis? tant sont nombreuses les diversités de ce qu'on peut appeler *les veines de marbre* dans les carrières!

Parmi les autres *marbres* connus des Anciens, on peut citer le *marbre phellensis*, tiré du mont *Phelleus*, le *marbre coralitique*, qui recevoit ce nom d'un fleuve nommé *Coralios*, en Phrygie. Ce fleuve se nommoit encore *Sangarius*, d'où ce *marbre* a encore reçu le nom de *sangurium*, après le temps d'Heraclius-le-Grand. On trouve chez les écrivains la mention d'ouvrages faits en *marbre sangarien* & en *marbre coralitique*. Selon Pline, il est d'un blanc qui approche de celui de l'ivoire, & il a quelque ressemblance avec cette substance : on l'a souvent confondu avec le *marbre de Paros*.

Stace fait mention d'une autre espèce de *marbre*, qu'il appelle *marbre de Tyr* : probablement on le tiroit du mont Liban, d'où Salomon fit extraire les *marbres* qu'il employa à la construction du temple de Jérusalem. Le *marbre* de Tyr se distinguoit par la finesse de son grain & par sa blancheur. Le roi Herodes s'en servit pour construire son prætorium & son palais. Il en fit aussi élever des colonnes sur des ports de mer.

Selon Pline, le *marbre* de Lesbos étoit d'un blanc livide. Philostrate le dit noir. Il ajoute qu'Herodes Atticus, après la perte de son épouse Régilla, en fit revêtir l'intérieur de son appartement. Ces deux témoignages se concilient aisément, les mêmes carrières pouvant donner du *marbre* gris & du *marbre* noir.

On tiroit du marbre blanc des carrières de Cyzique, dans l'Asie mineure : il étoit connu sous ce nom. Dans les environs de la ville de Synnada, on exploitoit le *marbre* appelé *phrygien*. On l'appeloit indistinctement *marmor synnadicum* & *marmor phrygium*.

Parmi les *marbres* noirs on distingue celui de Tænare, promontoire de la Laconie : il étoit fort recherché. Properce & Tibulle vantent les colonnes de *marbre* de Tænare. Le *marbre* de Numidie ou de Lybie, dont la patrie est indiquée par ces noms, porte communément celui de *noir antique*. Marcus Lepidus fut le premier, selon Pline, qui en fit transporter à Rome pour l'ornement de sa maison. On l'appeloit aussi *marbre luculléen*, du nom de ce riche Romain qui en avoit employé une si grande quantité.

Les carrières de l'île de Chio fournissoient un *marbre* noir, transparent & bigarré; on le tiroit surtout du mont Pélinée : Pline en fait mention. Strabon parle aussi des marbrières de Chio, & le philosophe Carneades en avoit auparavant fait mention. Les habitans de Chio en avoient construit leurs murs, & comme ils les montroient avec affectation à Marcus Cicéron : *Je serois bien plus émerveillé*, leur répondit-il, *si vous les aviez faits de pierre tiburtine*.

On cite encore un *marbre* de Lydie d'un bleu-noirâtre, tirant sur la couleur du fer. Le *marbre* obsidien, *marmor obsidianum*, étoit aussi de couleur noire : il prit ce nom d'un certain *Obsidius* qui en fit la découverte dans l'Ethiopie. Les physiciens pensent que cette substance doit se ranger dans la classe non des *marbres*, mais des pierres silices.

Le *marbre* qu'on appelle *rouge antique*, portoit jadis le nom de *marmor lybicum* : il est aujourd'hui devenu fort rare.

La beauté des *marbres* appelés *de couleur*, consiste dans l'éclat de leurs teintes, dans la bigarrure de leurs veines, comme la beauté du *marbre* blanc consiste dans sa netteté & l'absence de toute tache. Le *marbre* coloré, celui surtout qui est à plusieurs couleurs, étoit plus particulièrement employé dans l'architecture; cependant il y a des exemples d'ouvrages de sculpture faits avec des *marbres* bigarrés.

L'île de Proconèse, une des Sporades, dans la Propontide, fournissoit un *marbre* blanc marqué de veines noires, droites, obliques ou sinueuses. On l'appeloit *marbre de Proconèse*, ou bien *marbre de Cyzique*, parce que Proconèse étoit situé vis-à-vis de Cyzique, ou encore, d'après un passage de Strabon, parce que les beaux édifices de Cyzique étoient faits de ce *marbre*. Il étoit très-employé du temps des empereurs Honorius & Théodose-le-Jeune, ainsi que l'atteste l'historien Zozime. Le code de Théodose fait mention d'un *marbre* de Troade, qui étoit blanc, avec des taches noires.

Le *marbre* du mont Taygète étoit fort célèbre chez les Anciens : sa couleur étoit verte. Stace vante ce *marbre* dans la description de la maison de Pollion. On le nommoit aussi marbre de Laconie. Il paroit qu'il n'étoit pas d'une seule couleur, mais blanc & vert, ce qui lui avoit fait donner, par quelques auteurs, le nom d'*herbosus*. On en pavoit les salles. Ce *marbre* est connu aujourd'hui sous le nom de *vert antique*.

Le *marbre* de Caryste étoit d'un vert mélangé. Il portoit le nom de la ville de Caryste en Eubée, d'où on le tiroit. Le *marbre* des colonnes d'Herodes Atticus, est le *carystius* des Anciens, aujourd'hui *cipollino verde*, qu'on tiroit des carrières de Négrepont, dont Herodes Atticus avoit séparé & secouru les villes.

Le *marbre* Atracien étoit mélangé de blanc, de vert, de bleu & de noir ; il venoit d'Atrax en Thessalie, sur le fleuve Pénée. Basile le Macédonien orna de huit colonnes de ce *marbre* la basilique qu'il fit construire à Constantinople.

Le *marbre* appelé *marmor tiberium* ou *tiberiasum* fut exploité en Egypte, sous Auguste & Tibère. Il étoit vert, & avoit des grains gris & d'un vert clair. Selon Pline, il y avoit une petite différence entre le *marmor augustum* & le *marmor tiberium*. Les taches du premier étoient plus rapprochées entr'elles que celles du second.

Le *marbre* synnadique, appelé aussi *phrygien*, étoit blanc & rouge. Le premier de ces noms lui venoit de la ville de Synnas en Phrygie. On n'en avoit d'abord tiré que de petits blocs ; mais au temps de Strabon, les Romains en faisoient venir des colonnes entières, qu'on traînoit vers la mer, où on les chargeoit sur des vaisseaux. Pline cite la basilique de Paulus ou la basilique Æmilienne, parmi les plus beaux édifices de Rome ; elle étoit remarquable par ses colonnes de *marbre* phrygien. Ovide l'appelle *marbre mygdonien* ; mais la Mygdonie étoit une partie de la Phrygie. Selon Sydonius Apollinaris, le fond de couleur de ce *marbre* eût été le blanc, & la description qu'on trouve dans la collection des auteurs byzantins, de l'urne d'Heraclius, s'accorde avec ce sentiment. Mais selon Claudien, ce *marbre* étoit parsemé de taches rondes. Ces taches, dit Stace, étoient rondes & ovales. Le *marbre* docimique, appelé ainsi de *Docimium*, ville de Phrygie, étoit aussi blanc & rouge.

Le *marbre* de Corinthe étoit jaune ; c'étoit aussi le fond de couleur du *marbre* rhodien. Selon Lysistrate, cité par Pline, il étoit marqué de gouttes d'un jaune doré ; son nom lui venoit de l'île de Rhodes. Une inscription du temps d'Adrien, rapportée par Spon, en fait mention. Le *marbre* de Mélos étoit jaune ; on le tiroit du mont Acynthus. Au temps de Justinien, on tiroit des environs de Jérusalem, des colonnes d'un jaune couleur de feu. Le mont Pellenius, dans l'île de Chio, fournissoit des *marbres* qui furent célèbres dans l'antiquité. Selon Pline, ce *marbre* avoit des taches de différentes couleurs. Quelques-unes, dit Théophraste, étoient d'un noir transparent. La Villa de Pollion à Surentum, au rapport de Stace, étoit décorée de ce *marbre*.

Nous aurions pu alonger beaucoup plus cette notice, en y comprenant un très-grand nombre de pierres dures, que l'usage des Anciens appeloit du nom de *marbre*, & que le langage commun range encore dans cette classe, mais que la science moderne en exclut.

Notice abrégée des marbres les plus connus & les plus usuels chez les Modernes.

Nous devons prévenir que l'on trouvera dans cette notice quelques-uns des *marbres* qui ont été décrits dans la notice précédente. La raison en est, qu'on n'a pas pu classer les *marbres* en antiques & en modernes, division qui eût été ridicule, mais seulement en *marbres* connus ou employés par les uns & par les autres. On trouvera aussi exclus de cette nomenclature, plusieurs noms que les dictionnaires y ont compris jusqu'ici, & qui appartiennent à la classe des pierres : ces noms, comme on l'a déjà dit, ont leurs articles séparés.

Marbre d'Auvergne. Ce *marbre* est couleur de rose, mêlé de violet, de vert & de jaune. De ce *marbre* est le manteau de la cheminée de la pièce qui est entre le salon de la grande galerie, & la salle des ambassadeurs, à Versailles.

Marbre de Balcavaire (au bas de Saint-Bertrand, près de Comminges en Gascogne). C'est un *marbre* verdâtre, avec quelques taches rouges & un peu de blanc.

Marbre de Brabançon en Hainaut. *Marbre* noir veiné de blanc ; il est assez commun. Les six colonnes torses d'ordre composite du baldaquin du Val-de-Grâce, sont de ce *marbre*. Plus son fond est noir, plus ses veines sont blanches & déliées, plus on l'estime.

Marbre de Saint-Beaume en Provence. Il est blanc & rouge, mêlé de jaune, & approchant de la *brocatelle*. On en fait des colonnes pour des retables d'autel.

Marbre Bigionero ou gris-noir. On appelle ainsi un *marbre* antique, dont les morceaux ne sont pas très-rares.

Marbre blanc. On en trouve, outre celui qu'on tire aujourd'hui de Carrare, dans divers endroits de la France : tel est celui des Pyrénées, près de Bayonne ; il est à gros grains, & ressemble au *marmo saligno* antique, mais il est plus dur & n'est pas si beau. Toutefois on l'emploie à la sculpture.

Marbre blanc veiné. C'est un *marbre* plus ou moins mêlé de grandes veines, de taches grises & d'un bleu foncé, sur un fond blanc ; il vient de Carrare. On s'en sert surtout dans l'architecture, pour faire des colonnes, des bases, des piédestaux, des revêtemens, &c.

Marbre bleu turquin. Ces deux épithètes sont un pléonasme, puisque *turchino*, en italien, veut dire *bleu*. Toutefois on appelle ainsi, en France, un *marbre* mêlé de blanc sale, & qu'on exploite dans les montagnes de Gênes. Il est d'un grand usage dans la marbrerie, surtout pour meubles.

Marbre de Boulogne (sur mer). Espèce de brocatelle, mais dont les taches sont plus grandes, & mêlées de quelques filets rouges. Le jubé de la cathédrale de cette ville en est bâti.

Marbre de Bourbonnois. Marbre d'un rouge sale & un gris tirant sur le bleu, mêlé de veines d'un jaune sale. De ce *marbre* est la cheminée de la salle du bal, ainsi que la moitié du pavé du corridor, au premier étage de la grande aile, du côté du nord, à Versailles.

Marbre appelé *brèche.* Nom commun à plusieurs sortes de *marbres* qui sont par taches rondes de diverses grandeurs & couleurs, & qui semblent formés d'un mélange de cailloux. Ce *marbre* n'ayant pas de veines, & étant comme une concrétion de cailloux, se casse comme par brèche. Le mot *brèche*, venu probablement de
l'italien

l'italien *breccia*, signifie, dans cette langue comme en français, *cassure*, *ouverture* faite dans un corps. C'est de-là que les marbriers ont appelé ce *marbre*.

Brèche antique, est celle qui se trouve mêlée de taches rondes, d'inégale grandeur, de blanc, de bleu, de rouge, de gris & de noir.

Brèche blanche. Brèche mêlée de violet, de brun & de gris, avec de grandes taches blanches.

Brèche coraline. C'est une brèche qui a quelques taches couleur de corail. On la nomme aussi *brèche sercincoline*.

Brèche dorée. Brèche mêlée de taches jaunes & blanches.

Brèche grosse ou *grosse brèche*. Brèche qui est semée de taches rouges, noires, grises, jaunes, bleues & blanches. Elle est ainsi appelée parce qu'elle a les couleurs de toutes les autres brèches.

Brèche isabelle. Brèche qui a de grandes plaques de couleur isabelle, avec des taches blanches & violettes. Il y en a quatre colonnes doriques isolées, dans le vestibule de l'appartement des bains à Versailles.

Brèche d'Italie. Il y en a de deux sortes, l'antique & la moderne. La brèche antique est noire, blanche & grise; la brèche moderne est quelquefois mêlée de violet. On la nomme aussi *brèche violette*.

Brèche noire ou *petite brèche*. Elle est mêlée de gris-brun & de taches noires, avec quelques petits points blancs.

Brèche des Pyrénées. Brèche qui a le fond brun, & qui est mêlée de diverses couleurs.

Brèche saravèche. Brèche qui a le fond violet & brun, avec de grandes taches blanches & isabelles. On appelle *petite brèche saravèche*, celle dont les taches sont plus petites.

Brèche sansoterra. Brèche qui est par taches jaunes, grises & noires. Le tombeau célèbre de la mère de Lebrun est de ce *marbre*.

Brèche dite a setta basi. Brèche qui a le fond brun, mêlé de petites taches rondes, d'un bleu sale.

Brèche de Véronne. Celle-ci est mêlée de rouge pâle, de rouge cramoisi & de bleu.

Brèche violette. Elle est d'un brun sale, avec de longues bandes violettes. Elle vient d'Italie. Il y en a deux fort belles colonnes ioniques à l'entrée de la colonnade de Versailles.

Marbre de Brune en Italie. Ce marbre est jaune, avec des taches de blanc.

Marbre brocatelle. Marbre mêlé de petites nuances de couleur isabelle, jaune, rouge pâle & gris. On l'appelle communément *brocatelle d'Espagne*, parce qu'il vient de Tortose en Andalousie, où on le tire d'une carrière qui a été exploitée déjà dans l'antiquité.

Marbre de Caen en Normandie. Ce marbre est presque semblable à celui du Languedoc

Diction. d'Archit. Tome II.

(*voyez* ci-après *marbre du Languedoc*), mais plus brouillé & moins vif en couleurs.

Marbre de Campan près de Tarbes, en Gascogne. Il est rouge, blanc & vert, mêlé de taches & de veines. Il y en a dont les veines sont d'un vert plus vif, mêlé de blanc seulement; c'est pourquoi on le nomme aussi *vert de Campan*. Ce marbre est assez commun, & on en fait plusieurs ouvrages, comme chambranles, tables, foyers, &c. Les plus grands morceaux qu'on cite de ce *marbre*, sont les huit colonnes ioniques de la cour du château de Trianon.

Marbre de Carrare, sur la côte de Gênes. Marbre généralement blanc, & le plus renommé de tous ceux qu'on emploie aujourd'hui pour la sculpture. Presque toutes les statues de *marbre* modernes, sont en *marbre* de Carrare. Il y a aussi dans ces carrières, du blanc veiné, qu'on travaille en ouvrages de marbrerie.

Marbre de Champagne. Ce marbre tient de la brocatelle (*voyez* ci-dessus), & est mêlé de bleu par taches rondes, comme des yeux de perdrix. Il y en a aussi qui est nuancé de jaune pâle & de blanc.

Marbre cipolin. C'est le *cipolino* des Italiens, dont il existe beaucoup de colonnes à Rome. (*Voy.* ci-dessus ce qui a été dit de ce *marbre*, à l'article du *marbre penthélique*.) Il paroît qu'il y eut d'autres carrières de *cipolino*, formé de grandes ondes de vert plus ou moins pâle.

Marbre de Dinant, dans le pays de Liége. C'est un *marbre* d'un noir très-pur & du plus beau grain. Il est fort commun. On en fait des tombeaux & des sarcophages. On pourroit citer un grand nombre de colonnes faites de ce *marbre*, surtout pour l'ornement des retables d'autel. Les plus belles sont les six colonnes corinthiennes du grand autel de l'église des Minimes de la place Royale, à Paris.

Marbre fleur de pêcher. Marbre mêlé de taches rouges & blanches, & un peu jaunâtres. Il vient d'Italie.

Marbre de Gauchenet près de Dinant. Marbre d'un rouge-brun, avec quelques taches & veines blanches. Il y a fort long-temps qu'on s'en sert à Paris. On en a fait des colonnes pour décorer un grand nombre d'autels dans les églises de cette ville. On en voit à l'église Saint-Louis, jadis des grands Jésuites, rue Saint-Antoine. Le grand autel de l'église de Saint-Eustache en a six, d'ordre corinthien.

Marbre de Givet près de Charlemont, frontière de Luxembourg. Ce *marbre* est noir, veiné de blanc, & moins brouillé que le barbançon. (*Voy.* ci-dessus.) Les marches du baldaquin de l'église du Val-de-Grâce, à Paris, sont faites de ce *marbre*.

Marbre de griote. C'est un *marbre* d'un rouge foncé & d'un blanc sale, qui se trouve à Cosne en Languedoc. On l'appelle aussi, parce que son rouge approche de celui des cerises qu'on appelle *griotes*.

Le manteau de cheminée du grand appartement du Roi, à Trianon, est de ce *marbre*.

Marbre de *Hou*, dans le pays de Liége. Il est grisâtre & blanc, mêlé d'un rouge sanguin. De ce *marbre* étoient les piédestaux du grand autel de l'église détruite de Saint-Lambert à Liége.

Marbre appelé *jaspe*. On trouve plusieurs sortes de ce *marbre* dont le nom vient du grec *jaspis*. Le jaspe antique est verdâtre, mêlé de petites taches rouges. Le jaspe fleuri est mêlé de plusieurs couleurs; on le tire des Pyrénées. Il y a aussi du jaspe rose & blanc par petites taches, qui est fort rare. On appelle *jaspé*, tout *marbre* qui ressemble au jaspe par la configuration de ses veines & de ses taches.

Marbre jaune. Le véritable *marbre* de ce nom est antique & fort rare; aussi ne l'emploie-t-on guère que par incrustation dans des compartimens. Il y a du *marbre* jaune qu'on appelle *doré*, parce qu'il est encore plus jaune que le précédent; on ne le trouve de même que dans des restes d'antiquité. C'est à Rome qu'on voit le plus d'ouvrages de cette matière, qu'on appelle *giallo antico*. Il a été employé en sculpture.

Marbre de Languedoc. Ce *marbre*, qu'on trouve près de la ville de Cosne, a le fond d'un rouge vif, avec de grandes veines & des taches blanches. De ce *marbre* sont les pilastres & les quatorze colonnes ioniques du château de Trianon. Il y en a qui est d'un blanc bleuâtre & gris; on l'estime beaucoup moins que l'autre.

Marbre de Laval dans le Maine. *Marbre* dont le fond est noir, avec quelques veines blanches fort étroites. C'est de ce *marbre* que sont les quatre colonnes corinthiennes & les quatre composites de l'église de Saint-Etienne-du-Mont, à Paris. Il y a aussi du *marbre* de Laval qui est rouge, mêlé de blanc sale. Beaucoup d'ouvrages en ont été exécutés.

Marbre de Leff près de Dinant. *Marbre* d'un rouge pâle, avec de grandes plaques & quelques veines blanches.

Marbre lumachelle, ainsi appelé du mot italien *lumachella*, qui veut dire *limaçon*. Effectivement, ce *marbre* est mêlé de taches grises, noires & blanches, contournées comme de petites coquilles de limaçon. Ce *marbre* passe pour être antique, ce qui voudroit dire qu'on n'en connoît plus de carrières; cependant on en trouve aujourd'hui beaucoup en Sicile.

Marbre de Margossa dans le Milanais. *Marbre* qui a le fond blanc, avec quelques veines brunes de couleur ferrugineuse. Il est assez commun dans le pays, & est d'une grande dureté. On l'a employé en partie dans la construction de la cathédrale de Milan.

Marbre de Saint-Maximin en Provence. Espèce de *portor* dont le noir & le jaune sont fort vifs. (*Voyez* ci-après *marbre de Portor*.)

Marbre de Namur. *Marbre* noir comme celui de Dinant, mais il n'est pas si beau; il tire un peu sur le bleuâtre, & il est traversé de quelques petits filets gris. Comme il est fort commun, on en fait des pavés.

Marbre noir. Il y en a de deux sortes: l'un qu'on appelle *antique*, & avec lequel on a souvent confondu le basalte ou la pierre de touche, qui n'entrent pas dans la classe des *marbres*; l'autre *marbre* noir, appelé *moderne*, se trouve en différens pays.

Marbre noir & blanc. Il a le fond noir pur, avec quelques veines fort blanches. Ce *marbre*, dont on fait des colonnes, se tire de Leff près de Dinant.

Marbre œil de paon. Il est mêlé de taches rouges, blanches & bleuâtres, & ces taches le font ressembler à ces sortes d'yeux qui sont au bout des plumes de la queue d'un paon.

Marbre piccinisco. *Marbre* approchant, pour la couleur, de celui qu'on nomme *isabelle* & *veiné de blanc*. On croit que les quatorze colonnes corinthiennes des chapelles de la Rotonde ou du Panthéon, à Rome, sont de ce *marbre*.

Marbre de Porta-Santa. C'est un *marbre* mêlé de grandes taches & de veines rougeâtres, jaunes & grises.

Marbre de Portor. *Marbre* dont le fond est noir, avec des taches & des veines jaunes. Il y en a qui est mêlé de veines blanchâtres qu'on estime moins. On le tire du pied des Alpes, vers Carrare. Les principaux morceaux de ce *marbre* sont des colonnes de onze pieds de haut, dans l'appartement des bains à Versailles, des tables, des chambranles & attiques de cheminée au château de Versailles & dans d'autres maisons royales.

Marbre de Rance en Hainaut. *Marbre* d'un rouge sale, mêlé de veines & de taches blanches & bleuâtres; il est fort commun, & on en trouve de fort différens entr'eux pour la beauté. Les quatre colonnes & les pilastres de la grande galerie, & les vingt-quatre colonnes doriques du balcon au milieu du château de Versailles, sont du *rance* le plus estimé.

Marbre de Roquebrue, à sept lieues de Narbonne. Il ne diffère du *marbre* de Languedoc, qu'en ce que ses taches sont toutes comme des pommes rondes.

Marbre de Savoie. *Marbre* d'un rouge fort mêlé de plusieurs autres couleurs, dont chaque pièce semble être mastiquée. Les deux colonnes ioniques de la porte de l'hôtel-de-ville de Lyon, sont de ce *marbre*.

Marbre de Serancolin en Gascogne. *Marbre* gris, jaune & d'un rouge-sanguin, & en quelques endroits transparent comme l'agate. On le tire d'un endroit appelé le *Val-d'Or*, ou la *Vallée-d'Or*, proche de Serancolin & des Pyrénées. Le plus parfait est devenu rare, parce que la carrière en est épuisée. On en voit, à Paris, des chambranles de cheminée dans le palais des Tuileries.

Les corniches & les bases des piédestaux de la grande galerie de Versailles, sont faits de ce marbre.

Marbre serpentin. On l'appelle ainsi, quoiqu'il soit dans la classe des roches; mais il y a un serpentin tendre qui vient d'Allemagne; & dont on fait des vases. Il ne sert point aux ouvrages d'architecture.

Marbre de Sicile. On appelle ainsi un *marbre* rouge, brun, blanc & isabelle, & fouetté par taches carrées longues, comme un taffetas rayé. On en a fait des colonnes & des chambranles de cheminée.

Marbre de Signan dans les Pyrénées. Ce *marbre* est ordinairement d'un vert-brun, avec des taches rouges. Quelquefois, dans un même morceau, ces taches sont couleur de chair, mêlée de gris, avec filets verts. Il ressemble assez au moindre vert de Campan. De ce *marbre* sont le piédestal de la colonne funéraire d'Anne de Montmorency, connétable de France, jadis aux Célestins; les piédestaux, socles & appuis du balustre de l'autel de l'église des Minimes de la place Royale, & les quatre pilastres corinthiens de l'autel de la Vierge, dans l'église des anciens Carmes, à Paris.

Marbre de Suisse. Marbre d'un bleu d'ardoise qui a des nuances d'un bleu pâle.

Marbre de Tray, près Sainte-Baume en Provence. Ce *marbre* est jaunâtre, tacheté de blanc, d'un gris mêlé d'un peu de rouge, & fort semblable à celui de Sainte-Baume; on en a fait des chambranles de cheminée.

Marbre de Theu, du côté de Namur, dans le pays de Liége. Il est d'un noir pur, doux & facile à travailler; il reçoit un poli plus clair que ceux de Namur & de Dinant. Ce *marbre* est très-propre aux ouvrages de sculpture. On en a fait quelques chapiteaux corinthiens à des retables d'autel en Flandre, & des têtes ou bustes à Paris.

Marbre vert. On en connoit deux sortes, qu'on distingue par les noms de *vert antique* & *vert moderne.*

Le *marbre vert antique* est d'un vert d'herbe mêlé de noir, par taches de forme & de grandeur inégales. Il est fort rare, & les carrières en sont ou épuisées ou inconnues. Le *vert moderne*, qu'on nomme improprement d'*Egypte*, se trouve près de Carrare, sur les côtes de Gênes. Il est d'un vert foncé & taché de gris de lin & d'un peu de blanc. De ce *marbre* sont les deux cuves rectangulaires des fontaines de la Victoire & de la Gloire, dans le bosquet de l'arc de triomphe à Versailles, & quelques chambranles de cheminées dans des maisons royales. Le *vert de mer*, qu'on tire du même pays, est d'un vert plus gai, avec des veines blanches. On en a fait des colonnes pour des retables d'autel.

Marbre del Vescovo ou de l'évêque. *Marbre* qui a des veines verdâtres, traversées de blanc par bandes alongées, arrondies & transparentes.

On donne au *marbre* différentes dénominations qui proviennent, soit des défauts qu'on y remarque, soit des façons ou des préparations que l'art lui donne. Nous allons indiquer en peu de mots les principales.

Du marbre selon ses défauts.

Marbre camelotté. Marbre qui, étant d'une seule & même couleur, paroît tapissé lorsqu'il a reçu le poli; ce qui le fait moins estimer: tel est, entr'autres, le *marbre* de Namur.

Marbre fier. Marbre réfractaire, difficile à travailler & sujet à s'éclater. Il y a souvent, dans le même bloc, des parties molles & d'autres qui résistent à l'outil, qu'on ne sauroit couper avec le ciseau, & qu'il faut gruger avec la pointe. On trouve beaucoup de *marbres* noirs de cette espèce, qu'on appelle *fière*: tel est, par exemple, le *marbre* de Namur.

Marbre filardeux. C'est le nom qu'on donne au *marbre* qui a des fils. Les *marbres* de couleur sont particulièrement sujets à cet inconvénient. On peut mettre de ce nombre, celui de Sainte-Baume & le serancolin.

Marbre pouf. Marbre qui ne retient pas ses arêtes, qui s'égrène facilement, & est de la nature du grès. Il se trouve beaucoup de *marbres* blancs de ce genre, ce qui les rend inapplicables à la sculpture.

Marbre terrasseux. C'est un *marbre* qui a des endroits tendres qu'on appelle *terrasses*, & qu'il faut remplir avec du mastic: tels sont, par exemple, les *marbres* de Languedoc & de Hou.

Du marbre selon ses façons & ses emplois.

Marbre artificiel. On donne ce nom à plusieurs sortes de contrefaçons de *marbre*, car il y a plus d'une manière de tromper les yeux en ce genre. Les Anciens firent des colonnes de *marbre* contrefaits, en incrustant dans des *marbres* d'une couleur & d'une qualité, des taches ou des plaques colorées d'un *marbre* d'une qualité différente, ou en faisant pénétrer, par le moyen de certains mordans, dans un *marbre* blanc, par exemple, des couleurs qui appartenoient à l'espèce de *marbre* qu'ils se proposoient d'imiter.

Ces procédés, qui tendent à faire des *marbres* qu'on peut appeler *artificiels*, ne sont pas inconnus aux Modernes. L'Italie moderne en use habituellement dans la décoration, & M. de Caylus a publié un procédé qui faisoit pénétrer de plus d'une ligne d'épaisseur, la couleur dans le *marbre*.

On pourroit également appeler *marbre artificiel*, cette composition de gypse que l'on colore à volonté, qui reçoit un si beau poli & qu'on nomme *stuc*; mais la dénomination de *marbre* ne lui convient pas, puisque ce procédé ne fait qu'en imiter les apparences, comme le fait, sous un autre rapport, la peinture, qui, sur toutes sortes de matières, simule les veines & les taches des différentes sortes de *marbre*.

Marbre brut. On appelle ainsi celui qui est par masses ou par quartiers plus ou moins étendus, tels qu'on les tire de la carrière, & qui n'a reçu encore de l'art aucune configuration.

Marbre de couleur. C'est celui que la nature a mêlé de toutes sortes de bigarrures & de nuances variées. On l'appelle ainsi par opposition au *marbre* blanc, ou à celui qui n'a qu'une seule couleur. On l'emploie surtout dans l'architecture.

Marbre dégrossi. Marbre qui a reçu, soit un équarrissage selon l'échantillon de commande, soit un commencement de forme par la scie, ou avec la pointe, selon la disposition générale d'un profil, d'une colonne ou d'une figure.

Marbre ébauché. Morceau de *marbre* qui, soit avec la pointe, soit avec le ciseau ou la gradine, a été développé & travaillé jusqu'au point où il ne lui reste plus qu'à recevoir le fini.

Marbre feint. On ne doit appeler ainsi que l'imitation des couleurs du *marbre* sur des matières communes, telle que la pierre, le bois, le plâtre, &c.

Marbre fini. Marbre qui a reçu de l'artiste la perfection mécanique dont sa superficie est susceptible, par le moyen des ciseaux, des râpes & des divers instrumens qu'on emploie, soit pour perforer & fouiller la matière, soit pour la polir & lui donner le lustre, &c.

Marbre poli, celui qui a reçu tous les préparatifs qui donnent à cette matière l'éclat & le lustre dont elle est susceptible. C'est au poli que les *marbres* de couleur doivent la variété de teintes & de nuances qui en rehaussent le prix, & le poli ajoute encore, dans beaucoup de parties des ouvrages de sculpture, un charme à celui de leur exécution. On se sert, pour donner le dernier poli aux *marbres*, de pierre-ponce, de peau de chien, de tuileaux, de jonc marin, de bouchon de linge, de potée d'émeri ou de potée d'étain.

Marbre statuaire. On donne ce nom au *marbre* blanc qui sert à faire des statues. Le plus beau *marbre* statuaire vient aujourd'hui des carrières de Carrare.

Marbre veiné. Ce nom désigne particulièrement, non tous les *marbres* de couleur qui ont plus ou moins des taches ou des veines, mais le *marbre* blanc lorsqu'il est tacheté ou traversé par des veines ordinairement grisâtres ou noires.

MARBRER, v. act. C'est imiter par la peinture, le mélange & la disposition des différentes couleurs qui se trouvent dans certains marbres. On dit *marbrer* un chambranle de cheminée, un panneau, &c.

MARBRERIE, s. f. Ce mot s'emploie pour désigner ou le commerce ou le travail des marbres. On dit *le travail de la marbrerie*, entreprendre la marbrerie d'un monument.

MARBRIER, s. m. C'est le nom qu'on donne, soit à celui qui entreprend & fait exécuter des ouvrages de marbrerie, soit à celui qui tient tout travaillé, & débite tout faits, les différens objets qu'on a l'habitude de faire en marbre; soit aux ouvriers, scieurs, tailleurs & polisseurs qui, chacun dans leur genre, coopèrent aux travaux des ouvrages de marbre.

MARBRIÈRE, s. f. On nomme ainsi les lieux d'où l'on extrait les marbres. C'est un synonyme des mots *carrière de marbre*, qui sont plus usités dans le langage ordinaire.

MARCHANDER, v. act. Dans l'art de bâtir, ce mot signifie prendre de l'entrepreneur une partie d'ouvrage qu'on s'engage à faire pour un prix convenu d'avance. On fait ainsi des enduits en plâtre, des ragrémens, des façades & d'autres menus ouvrages dans de grands bâtimens. *Sous-marchander*, c'est prendre une partie d'ouvrage de ceux qui ont déjà *marchandé*.

MARCHE, s. f. Ce mot est synonyme de degré (*voyez* DEGRÉ), mais on le prend dans une acception moins élevée. On dit les *marches* d'un escalier & les *degrés* d'un temple.

La *marche* est la partie de l'escalier sur laquelle on pose le pied, soit en montant, soit en descendant. Elle se compose de deux parties, la surface horizontale, qu'on appelle *giron*, & la surface perpendiculaire, qu'on nomme *hauteur*.

Marche d'angle. C'est la plus longue *marche* d'un quartier tournant. On appelle *marches de demi-angle*, les deux *marches* les plus proches de la *marche* d'angle.

Marche double. (*Voyez* PALIER.)

Marche carrée ou droite. Marche dont le giron est contenu entre deux lignes parallèles & perpendiculaires.

Marches chanfreinées. Marches taillées en chanfrein par-devant, pour en augmenter le giron, ainsi qu'on le pratique souvent aux descentes de cave & aux offices.

Marches courbes. Ce sont celles qui sont, ou bombées en dehors, ou bombées en dedans. On ne doit employer cette forme de *marche* que lorsqu'il y a nécessité, & qu'on y est contraint par quelque sujétion particulière. En effet, ces sortes de *marches* sont dangereuses à monter ou à descendre pendant l'obscurité. Généralement, rien ne doit être plus uniforme que les *marches* des escaliers, & il faut que l'œil n'ait pas besoin d'y régler le mouvement presque toujours machinal de ceux qui montent ou qui descendent.

Marches de gazon. Imitation qu'on fait des degrés de pierre, avec du gazon. On forme ainsi des espèces de perrons distribués en *marches* de terre revêtue de gazon & soutenue dans la hauteur, par des planches ou des pièces de bois qui empêchent la terre de s'ébouler.

Marches délardées. Marches démaigries en chanfrein par-dessous, & qui portent leur délardement pour former une coquille d'escalier.

Marches gironées. On appelle ainsi les *marches* qui sont dans un quartier tournant, & qui, par conséquent, sont plus étroites vers le jour de l'escalier que vers les murs.

Marches inclinées. Ce sont celles qu'on pratique de façon que leur giron ne soit pas de niveau, mais ait au contraire quelques lignes de pente, à partir du fond jusqu'à l'angle antérieur. On en use ainsi dans les escaliers de pierre qui sont en plein air, pour que cette pente y facilite l'écoulement des eaux de la pluie, & les empêche de s'infiltrer dans les joints de recouvrement qu'elles dégraderoient.

Marches moulées. Marches qui ont une moulure avec filet au bout, c'est-à-dire, au bord extérieur de leur giron, & forment un profil dans leur hauteur.

Marches rampantes. On donne ce nom à des *marches* dont le giron, très-large, est incliné & en glacis, mais de peu de hauteur, de sorte que les chevaux peuvent monter & descendre sans aucun inconvénient les escaliers formés de semblables *marches*. Il y a beaucoup de ces escaliers à *marches* rampantes dans le Vatican à Rome, & l'escalier tournant de Bramante, dont il a été fait mention à la vie de cet architecte, est ainsi disposé, de façon qu'on y fait monter les chevaux pour arriver au plus haut de l'édifice.

On se sert assez souvent de *marches rampantes* pour les descentes des écuries souterraines.

MARCHE-PALIER, s. f. C'est, dans un escalier, la dernière *marche* d'un étage ou d'un repos quelconque, lorsqu'on monte, ou la première lorsqu'on descend. Quand le palier n'est qu'un repos, dans un escalier continu, on doit en mesurer la largeur sur un certain nombre de pas égaux entr'eux, pour éviter que celui qui descend trouve un degré lorsqu'il croit avoir un espace de plain-pied à parcourir.

MARCHE-PIED, s. m. On donne ce nom, dans les usages de la vie, à un petit meuble qu'on met sous les pieds, lorsqu'on est assis.

Le *marche-pied* fut jadis un attribut de la dignité royale, & c'est à cause de cela qu'on en transporta l'usage aux divinités & aux images que l'art en multiplia.

Le *marche-pied* étoit donc particulièrement l'attribut des grands dieux, & surtout de Jupiter; & comme on avoit transporté à leur représentation l'emploi des trônes consacrés aux rois, on y transporta de même l'usage des *marches-pieds* qui accompagnent toujours les trônes.

Un très-grand nombre de monumens nous font voir sous des formes variées, & avec des accessoires divers, le *marche-pied* ou le scabellum, sous les pieds d'une multitude de divinités. Mais le plus riche de tous paroit avoir été celui que Phidias avoit placé sous les pieds de Jupiter, dans le colosse d'or & d'ivoire qui orna le temple d'Olympie.

Ce *marche-pied*, que les Athéniens appeloient *thrunion*, pour être en rapport avec la proportion du colosse, dut avoir deux pieds & plus de hauteur. Il étoit supporté par quatre lions d'or, & le champ perpendiculaire, ou, si l'on veut, l'épaisseur du plateau, étoit orné de petits bas-reliefs qui représentoient les combats de Thésée contre les Amazones. Le tout étoit, comme le reste de l'ouvrage, fait d'or & d'ivoire.

Le *marche-pied* a continué d'être un accessoire des trônes sur lesquels siége, dans les jours d'apparat, la majesté royale; mais, comme on l'a dit au commencement de cet article, c'est aussi un meuble usuel, auquel l'art de la décoration applique, pour le plaisir des yeux, les ornemens dont l'antiquité nous a transmis les modèles. Ainsi, on fait des *marche-pieds* ornés de griffons, de sphinx, de pattes d'animaux, & d'objets de cette nature.

On donne aussi le nom de *marche-pied* à de petits degrés en forme d'estrade, qu'on pratique dans les chœurs des églises, sous les stales, dans les œuvres & dans beaucoup d'autres ouvrages de menuiserie.

MARCHE-PIED est un terme des ponts & chaussées. On appelle ainsi cet espace libre qu'on laisse au bord des rivières, pour le tirage des hommes qui sont remonter les bateaux.

MARCHÉ, s. m. Ce mot se dit & du lieu où l'on vend publiquement les denrées & marchandises (*voy.* ci-après), & du prix dont l'acheteur & le vendeur conviennent entr'eux. C'est dans ce dernier sens qu'on dit *faire un bon marché*.

Le mot *marché* s'emploie pour les conventions des ouvrages à faire, comme des objets à acheter. Dans l'art de la bâtisse, on donne ce nom à toutes sortes de conventions d'entreprise.

Marché d'ouvrage. C'est une convention par écrit entre l'entrepreneur & celui qui fait bâtir, pour les prix des travaux & des ouvrages, suivant les dessins & devis arrêtés, dont on fait des copies doubles qu'on signe de part & d'autre.

Marché à la toise. Marché qui se fait pour des prix dont on est convenu, par toise de chaque espèce d'ouvrage, comme des murs en fondations, des murs de face en pierre, des murs de refend, de moellons, &c., pour les gros ouvrages ou les mêmes ouvrages légers en plâtre.

Marché au rabais. C'est ainsi qu'on désigne un *marché* qui se fait sur les dessins & devis de bâtimens neufs, ou de réparation de travaux publics, comme de ponts, chaussées, &c. Ce *marché* est délivré par adjudication au rabais à un entrepreneur qui s'oblige, avec caution, de le faire conformément au détail de ses desseins & devis, moyennant les paiemens à faire à certains termes, jusqu'à la confection définitive & à la réception de l'ouvrage.

Marché la clef à la main. Marché par lequel un entrepreneur s'oblige, envers un propriétaire, pour une somme arrêtée, de faire un bâtiment, & de fournir (outre la maçonnerie) la charpenterie, la couverture, la menuiserie, la serrurerie, la vitrerie, la peinture, le pavé, en y comprenant les échafauds, équipages & étaiemens nécessaires, de rendre la place nette & les lieux prêts à habiter dans le temps spécifié: le tout suivant les desseins & devis arrêtés entr'eux. On nomme aussi ce *marché*, *marché en tâche* & *en bloc.*

MARCHÉ, s. m. On appelle ainsi un lieu couvert ou découvert, construit ou en plein air, qui est affecté à la vente des marchandises, denrées & objets nécessaires aux besoins de la vie.

Ce que nous appelons *marché*, les Grecs le nommoient *agora*, & les Romains *forum*. Comme nous n'en avons point parlé sous ces deux mots, qui appartiennent particulièrement au Dictionnaire d'antiquités, nous donnerons ici une courte notion de ces sortes d'établissemens, qui, dans les villes de l'antiquité, étoient tout à la fois de première nécessité & d'embellissement public.

En Grèce, le *marché* ou l'*agora* étoit placé ordinairement au centre de la ville, quand il n'y en avoit qu'un. Ainsi avoit dû l'ordonner la nature des choses. Les grandes villes en avoient dans divers quartiers, selon le besoin local ou selon d'autres convenances. Dans les villes situées sur le bord de la mer, ou d'une rivière navigable, l'*agora* se trouvoit près du port.

Les Grecs donnoient à leurs *marchés*, & à la place qu'ils occupoient, une forme carrée. Ils les entouroient de vastes portiques doubles, couverts d'un toit plat, formant galerie. Ces portiques recevoient ceux que leurs affaires appeloient à la place publique, & ils leur offroient un abri contre les ardeurs du soleil & les intempéries des saisons. L'ensemble des portiques se lioit encore à d'autres édifices publics, à des temples, à des lieux d'assemblée.

L'*agora* réunissoit dans son enceinte une multitude d'objets qui en faisoient le point principal & le plus intéressant de la ville. On y voyoit les autels & les statues des dieux, des monumens en l'honneur des hommes célèbres. Ce genre de décoration se trouvoit jusque dans les plus petites villes. Pausanias en cite dont les *marchés* étoient décorés de statues: telles étoient Methana dans le territoire de Corinthe, Gytheum dans la Laconie, Coroné dans la Messénie.

Athènes eut deux *marchés* ou *agoras* principaux; l'ancien, situé dans le Céramique, & le nouveau, qui occupoit la partie de la ville appelée *Eretria*. Dans l'ancien on remarquoit un autel à la Miséricorde, un grand édifice où se rassembloient les cinq cents citoyens qui, pendant un an, formoient le conseil des Anciens. Cet édifice étoit rempli de statues & de peintures. Auprès étoit le tholus, où les Prytanes offroient les sacrifices.

La ville de Sparte avoit un *marché* ou *agora* très-remarquable; il renfermoit le bâtiment où s'assembloit le conseil des Anciens, l'édifice habité par les Ephores, les temples de Tellus, de Jupiter Agoræus, de Minerve Agoræa, de Neptune Asphalius, d'Apollon, de Junon & des Parques, les statues d'un très-grand nombre de divinités, les monumens funéraires d'Oreste, d'Epiménides de Crète & d'Apharée. L'édifice le plus curieux étoit ce qu'on appeloit *le portique des Perses*, construit du butin enlevé sur eux; il avoit été décoré de statues, au milieu desquelles se faisoit remarquer celle d'Artemisia, reine d'Halicarnasse.

L'*agora* de Mégalopolis étoit entouré de beaux portiques, & décoré de temples & de statues. L'un des portiques étoit appelé *Philippeum*, en l'honneur de Philippe de Macédoine. A côté de ce portique il y en avoit un autre moins grand, où les magistrats tenoient leurs assemblées. Un troisième portique, appelé *Myropolis*, avoit été construit du butin enlevé aux Lacédémoniens. Enfin, il y avoit un quatrième portique bâti par un citoyen de Mégalopolis, appelé Aristander. Cette *agora* renfermoit encore plusieurs temples, tels que ceux de Jupiter sauveur, des grandes déesses, de Jupiter Philius, de Vénus, &c., & des monumens de tout genre, des autels, des statues honorifiques.

Le *marché* ou l'*agora* de Corinthe avoit aussi beaucoup de temples & de statues. Le milieu étoit occupé par une figure de Minerve en bronze.

L'*agora* d'Argos n'étoit pas moins riche en statues & en monumens. Celle de Messénie renfermoit les temples de Neptune & de Vénus. Il y avoit une fontaine qui avoit reçu son nom d'Arsinoé, fille de Leucippe. Parmi les statues, on distinguoit une Cybèle en marbre de Paros, chef-d'œuvre de Damophon. L'*agora* de Tégée en Arcadie étoit ornée de monumens & de tombeaux. On y voyoit un temple d'Illithyie. Pausanias cite encore, comme des *marchés* remarquables, l'*agora* de Thespies en Béotie, celle d'Elatée en Phocide. L'*agora* d'Elis datoit des temps les plus anciens, & se distinguoit des autres en ce que les portiques n'étoient percés de rues. Le portique du côté méridional étoit d'ordre dorique, & formoit trois galeries. Un autre portique, séparé du premier par une rue, étoit appelé *portique de Corcyre*, parce qu'il avoit été bâti du butin enlevé sur les Corcyréens; il étoit aussi d'ordre dorique, & composé de deux rangées de colonnes séparées par un mur, de sorte qu'il formoit deux galeries, l'une donnant sur l'*agora*, l'autre en dehors.

On n'a donné ces légers détails sur l'*agora* des villes grecques, que pour faire comprendre, ainsi qu'on le verra plus au long par la suite, ce qu'étoit le *marché*, quelle différence de caractère les mœurs du temps avoient dû imprimer à des lieux qui n'étoient pas seulement destinés, comme dans les temps modernes, à la vente des denrées, mais qui étoient en quelque sorte le point de centre du commerce, des assemblées & des principaux intérêts des habitans.

Rome va nous présenter les mêmes caractères dans ses *marchés*, qui se multiplièrent & s'agrandirent en proportion de l'accroissement de la population & des richesses de la grande capitale du monde d'alors.

Les *marchés* des Romains, désignés sous le nom de *forum*, soit à Rome, soit dans les autres villes d'Italie, se distinguoient de ceux des villes grecques, en ce qu'ils formoient un carré oblong, dont la largeur étoit égale aux deux tiers de leur longueur. Comme l'aire de ces *marchés* servoit aussi quelquefois d'arène pour les combats de gladiateurs, ses portiques, à cet effet dit Vitruve, devoient avoir de plus larges entre-colonnemens. On y pratiquoit des boutiques pour les changeurs & autres objets de commerce. Il paroit encore, d'après ce qui est prescrit par Vitruve, à cet égard, que le *forum* étoit environné de deux rangs de galeries l'un sur l'autre : car il recommande de faire les colonnes du rang supérieur, d'un quart moins hautes que celles d'en bas. C'est attenant au *forum* que, selon lui, devoient être établies les basiliques (*voyez* ce mot), comme aussi l'ærarium, la curie & les prisons.

Il y avoit à Rome dix-sept de ces places appelées *forum*, dont quatorze étoient destinées au commerce des denrées & autres marchandises. On appeloit celles-là *fora venalia*; les autres, où l'on rendoit la justice, étoient nommées *civilia* & *judiciaria*.

Le plus grand & le plus célèbre *marché* ou *forum*, étoit celui qu'on appeloit *forum romanum*, & qu'on croit avoir occupé l'emplacement de ce qu'on nomme aujourd'hui Campo Vaccino. Comme il étoit le premier & le plus ancien, on l'appeloit aussi *forum vetus* ou *latinum*, ou simplement *forum*. Tarquin l'Ancien, qui s'occupa de l'orner, le fit entourer de portiques. On y construisit, par la suite, des temples, des basiliques & curies. C'étoit là que se tenoient les comices & qu'étoit la tribune aux harangues.

Pendant long-temps le *forum romanum* fut le seul que posséda Rome; peu à peu il devint insuffisant pour la population, qui alloit toujours croissante. Jules-César bâtit un nouveau *forum*; entre autres embellissemens, il y fit construire un temple de *Venus genitrix*.

Auguste en fit ensuite construire un troisième, où l'on rendoit la justice : il y éleva un temple de *Mars bis ultor*, & deux portiques qui furent ornés des statues des célèbres capitaines. Ce *forum*, qui avoit beaucoup souffert, fut rétabli par Adrien.

Plusieurs des empereurs qui vinrent après Adrien, établirent à Rome de nouveaux *forum*; celui de Domitien ne fut achevé que par Nerva, & on l'appela *forum Nervæ*, quelquefois *forum transitorium*, parce qu'on le traversoit pour aller à d'autres places. Il fut embelli par Alexandre-Sévère, de statues colossales pédestres & équestres des empereurs romains.

Enfin, Trajan & Antonin en firent aussi construire. Le *forum* de Trajan, que cet empereur avoit fait bâtir par l'architecte Apollodore, fut de tous ceux de Rome, le plus riche en sculptures & en architecture. Il étoit entouré de portiques composés de colonnes d'une élévation considérable. La représentation abrégée de ce *forum*, qui se trouve sur les médailles de Trajan, fait voir que les portiques étoient ornés de statues. D'un côté du *forum* étoit un temple, & de l'autre il y avoit une basilique avec la statue équestre de l'empereur. Au milieu de la place du *forum* s'élevoit la superbe colonne qui s'est conservée jusqu'à nos jours, & dont les bas-reliefs représentent les exploits de la guerre Dacique.

Outre ces monumens qui avoient plus d'une sorte d'emploi, puisqu'ils servoient aussi de lieu d'assemblée pour les délibérations, pour les jugemens & les affaires publiques, il y avoit des *forum* qui étoient plus spécialement des *marchés* en réalité comme de nom, & particulièrement affectés à un genre de commerce ou de marchandise. Ils prenoient souvent leur nom de la nature des objets qu'on y vendoit.

Le *forum boarium* avoit reçu le sien du *marché* au bœuf qui y étoit établi, & aussi de la figure en bronze, d'un bœuf qu'on y voyoit.

Le *forum cupedinis* étoit ainsi nommé des divers comestibles & mets de table qu'on y débitoit.

Les légumes se vendoient dans le *forum olitorium*; les subhastations ou encans publics y avoient aussi lieu.

On vendoit le poisson dans le *forum piscarium*, le blé & le pain dans le *forum pistorium*, les porcs dans le *forum suarium*, &c. &c.

Ainsi, à Rome comme en Grèce, le *marché*, d'abord lieu central & de réunion pour les habitans que les besoins de la vie & du commerce rassemblent, devint, avec le développement des arts, du luxe & de la population, un monument plus ou moins spacieux, ou, pour mieux dire, un ensemble de toutes sortes d'édifices qui, par leurs usages ou leur destination, avoient plus ou moins de rapport avec le commerce, avec les affaires publiques ou privées, & les intérêts qui s'y mêlent.

Une considération particulière doit nous expliquer comment & pourquoi le *marché* public, ou les *marchés*, lorsqu'ils se multiplièrent dans les grandes villes, en raison de leur agrandissement, furent ainsi pratiqués avec des portiques spacieux occupés par des boutiques, & environnés d'édifices où se tenoient les tribunaux, les gens d'affaires, les banquiers, les changeurs, &c.

Il ne faut pas se représenter la plupart des villes de l'antiquité sous l'aspect intérieur de nos villes modernes. Il n'y a guère de ville, aujourd'hui, qui, sauf quelques quartiers ou quelques rues, n'ait, si l'on peut dire, autant de boutiques que de maisons. Le commerce plus étendu, plus généralisé, plus divisé, se fait beaucoup plus en détail. Il n'y a plus dans les mœurs actuelles, cette foule d'esclaves, d'affranchis ou de cliens qu'entretenait, par exemple à Rome, un petit nombre de familles riches. Il n'y a plus de ces grandes maisons où se fabriquoit par des esclaves, tout ce qui étoit nécessaire à la consommation d'une famille, & l'on sait que sous ce mot de famille, il falloit entendre autrefois une multitude de personnes.

Dès-lors, dans presque toutes les villes, le commerce en gros & en détail se faisoit au *marché* public. C'étoit le lieu de réunion de tout le monde; là se rassembloient acheteurs & vendeurs, qui, aujourd'hui, sont forcés de se répartir dans toutes les parties de nos villes. Ce point central du commerce de chaque ville, exigea les commodités nécessaires à une grande réunion d'hommes. De-là ces portiques pratiqués pour la circulation; de-là les établissemens de judicature, de banque; de-là ces grands ensembles si favorables à l'architecture, & qu'il seroit aujourd'hui impossible de réaliser, puisqu'aucune des nécessités qui les établirent jadis, ne pourroit contribuer à en renouveler l'usage.

Lorsque de grandes villes, telles qu'Athènes ou Rome, & beaucoup d'autres, devinrent, comme il arrive toujours, des agrégats successifs de plusieurs villes, les *marchés* publics, sous les noms d'*agora* ou de *forum*, se multiplièrent ainsi qu'on l'a vu, & toujours avec les mêmes dépendances, les mêmes accessoires, & sous les mêmes formes. Lorsqu'au contraire, dans les mœurs modernes, les villes s'étendent, & que la population, toujours croissante, en recule l'enceinte, on voit de nouveaux quartiers se former de maisons de commerce ou avec boutiques. Si des causes particulières multiplient le nombre de ceux qui vivent du commerce, on voit les boutiques se former aux dépens des maisons qui n'en avoient pas. Enfin, il faut dire que plusieurs de nos grandes villes ne sont, jusqu'à un certain point, que de vastes *marchés* publics.

Ceci donc nous explique pourquoi il n'y a point eu lieu, dans les mœurs modernes, à fonder & à construire d'établissemens publics semblables à l'*agora* des Grecs ou au *forum* des Romains.

Toutefois des souvenirs & des traditions des antiques *marchés* publics, avoient dû se conserver dans l'Italie moderne, & plusieurs de ses villes nous en retracent, dans plus d'un monument d'architecture, des vestiges très-reconnoissables.

Par exemple, on doit reconnoître à Florence, comme une tradition, on auroit presque dit un fragment des *marchés* antiques, ce beau portique en colonnes, que l'on appelle la *Loggia di mercato nuovo*. Il a quatre-vingt-huit pieds sur soixante-huit; il se divise en trois rangées de cinq colonnes qui portent des arcs. Les colonnes sont d'ordre corinthien; quatre massifs aux quatre angles, servent de contre-forts à cette construction; deux escaliers sont pratiqués dans deux de ces massifs, & conduisent au-dessus des voûtes du portique. Ce *marché* fut bâti en 1548, par le grand-duc Cosme Ier., pour le commerce des marchands de soie, qui ont à louer leurs boutiques. Sur un côté du portique, en dehors & au-dessus des marches, est cette fontaine connue par le bronze du sanglier antique de la galerie de Florence, & qui fut fondu par Pierre Tacca.

La grande place de la ville de Sienne est plus propre encore à donner l'idée des *marchés* des Anciens, sous le rapport de la forme, de l'étendue & des accompagnemens : on l'appelle *Piazza del campo*; elle a 570 brasses ou 1056 pieds de tour; sa forme en plan, rappelle celle d'une conque; elle est en effet creuse, & son enfoncement est si considérable, qu'on la prendroit pour un bassin destiné à des naumachies; elle se dessine en ovale; son pavement est en briques posées de champ, & en pierres à compartimens, ce qui contribue, comme on l'a dit, à lui donner la forme d'une coquille. Toute cette aire sert de *marché*, & à l'entour sont des boutiques & des bâtimens anciens, avec de petites colonnes disposées régulièrement. Le pape Pie II avoit eu le dessein d'y reconstruire de grands portiques, & l'on voit à l'une des extrémités de la place, un arc qui n'est point achevé, & qu'on croit avoir été construit, selon le projet dont on vient de parler, par Balthazar de Sienne. L'hôtel-de-ville donne sur cette place, qui sert encore, selon l'ancien usage du *forum* (ainsi qu'il a été dit plus haut), à donner des jeux, des luttes & des courses de chevaux.

Il y a peu de villes, en Italie, qui n'ait quelque *marché* ou quelque partie de *marché* public propre à être un souvenir des antiques *forum*. Bergame a un très-joli *marché* environné de portiques. Cet accompagnement de portiques paroit à la vérité moins remarquable dans certaines villes dont les maisons sont construites avec un rez-de-chaussée bâti en arcades, qui forment dans toutes les rues un promenoir à couvert pour les gens de pied. Aussi on s'étonne moins de trouver à Bologne & à Turin, de grands *marchés* environnés de ces sortes de portiques : mais peut-être faudroit-il dire que c'est de l'ancienne pratique des *marchés* ou *forum* entourés de portiques & d'arcades, que sera venue la méthode de construire ainsi

ainsi les maisons dont plusieurs villes d'Italie ont retenu l'usage.

Arezzo a un portique bâti par Vasari, qu'on appelle *portique des marchands*. C'est une suite de vingt arcades formant promenoir continu, avec boutiques & des escaliers qui conduisent à un étage supérieur.

A la place publique de Rimini aboutit un *marché* aux poissons, qui a cent vingt pieds de long sur quarante-huit de large, ayant de chaque côté un portique de neuf arcades.

Il seroit facile de montrer aussi dans beaucoup de nos villes, des traces de l'ancienne manière d'être des *marchés*. Ainsi il en reste de très-reconnoissables au cœur de Paris, dans ces vieux piliers qu'on appelle les *piliers des halles*, & qui règnent encore sur les places où étoit jadis presque tout le commerce des denrées. Les différences d'usage dont nous avons parlé, ont réduit presque tous les *marchés* publics au seul débit des denrées & des comestibles journaliers. Les grands dépôts de marchandises ont trouvé des places séparées dans des bâtimens indépendans les uns des autres, qu'on appelle *halles* (*voyez* ce mot), & qui se trouvent en différens quartiers.

Ce qu'on appelle donc habituellement *marché*, ainsi distingué des halles ou magasins de marchandises en gros, est aujourd'hui, presque dans toutes les villes, un emplacement en plein air, où se vendent les denrées & les comestibles. Le *marché* occupe, dans les petites villes, la place publique, celle sur laquelle donne ordinairement ou la cathédrale ou l'hôtel-de-ville. Dans les grandes villes qui ont aussi plusieurs grandes places, les *marchés* publics se trouvent répartis sur ces différens emplacemens, pour la commodité des habitans; mais cet avantage s'est trouvé fort compensé par les inconvéniens que l'embarras, le tumulte, la malpropreté & les mauvaises odeurs produisent. Les marchands, sans abri pour eux & pour leurs denrées, y sont exposés aux intempéries de l'air. On pratique, il est vrai, quelquefois des baraques ou des couvertures postiches qui remédient fort peu au mal, & qui donnent à ces emplacemens un aspect des moins agréables.

Telle est à peu près la condition de tous les *marchés* dans les villes modernes. Telle étoit celle des *marchés* de Paris, où la grande population & beaucoup de causes locales avoient considérablement augmenté les abus d'un semblable état de choses, lorsqu'enfin l'administration forma le projet de construire des *marchés* couverts & spacieux, soit aux places qu'ils occupoient, soit dans d'autres emplacemens, que les circonstances & de nombreuses démolitions ont offertes. Cette capitale peut être aujourd'hui considérée comme la seule qui ait véritablement ce qu'on peut appeler des *marchés* publics pour la vente des comestibles.

On distingue maintenant à Paris deux sortes de

Diction. d'Archit. Tome II.

marchés couverts, & établis selon deux systèmes différens.

Les uns occupent des places spacieuses, &, sans offrir de grandes constructions, laissent à la ville l'avantage de la vue même des places où ils sont établis. Leur construction économique présente dans un alignement régulier & avec les débouchés convenables, une suite de petits portiques en bois avec une toiture légère, sous lesquels les marchands se trouvent abrités, classés, selon la nature de leurs marchandises. A vrai dire, ces *marchés* offrent plutôt l'image de ce qu'on appelle une *foire* ou un *marché* temporaire, que celle d'un établissement durable. Mais ils réunissent à l'économie de la bâtisse, l'agrément de la circulation de l'air, & la liberté de la vue pour toutes les maisons qui environnent la place. Tels sont les *marchés* qu'on appelle *de la place des Innocens*, *de la place des Jacobins*, *de la rue des Prouvaires*, &c.

Les autres *marchés*, sans comparaison les plus remarquables, sont des constructions en pierre de taille, avec portiques ou arcades & de vastes toitures de charpente, disposées de façon à y laisser circuler l'air.

Le plus vaste, le plus solide & le plus commode de tous, est le *marché* Saint-Germain, bâti par M. Blondel. La première pierre en fut posée le 15 août 1813, à l'un des angles intérieurs de la cour, du côté de la rue de Seine. Son plan présente un parallélogramme rectangle de 92 mètres (46 toises) de largeur sur 75 (37½ toises) de profondeur. Toutes les façades intérieures & extérieures de ce grand corps de bâtiment sont percées d'arcades semblables. Cette disposition uniforme n'est interrompue qu'aux pavillons d'angle, où deux arcades de chaque côté sont ouvertes seulement par en haut & dans leur partie cintrée. L'arcade entre les deux dont on vient de parler, se trouve sur l'axe de chacune des quatre grandes galeries dont elle fait l'entrée particulière, tandis que le milieu de chacune des quatre façades a trois arcades spécialement réservées au passage des voitures qui doivent pénétrer dans la grande cour du *marché*.

Sous les spacieuses galeries qui forment le grand quadrangle, quatre cents étalages de marchands sont disposés sur quatre rangs, & laissent partout une circulation libre & commode. Des jalousies fixées dans les arcades, en forment les ouvertures, & auroient peut-être rendu l'intérieur un peu obscur, si la toiture n'eût été disposée de la manière la plus favorable à l'introduction de la lumière & au renouvellement de l'air. Pour obtenir ce double effet, on a réservé des ouvertures barlongues au-dessus de chaque arcade. Elles sont pratiquées entre la plinthe qui couronne les arcades dans toute l'étendue de chaque façade, & l'architrave en bois qui porte la saillie des combles, tant dans l'intérieur de la cour qu'à l'extérieur. Ces combles sont à deux égouts, mais les deux pentes ne se joignent pas en un faîtage. Elles laissent entr'elles un intervalle assez large, qui est recouvert lui-même par un petit toit continu un peu plus élevé, & supporté par des poteletts au droit de chaque ferme. Ainsi l'air est continuellement renouvelé dans cette région supérieure des galeries.

La cour du *marché* a 60 mètres, ou 30 toises de large, sur 45 mètres, ou 23 toises. Le milieu doit être occupé par une fontaine.

A la suite du grand carré de bâtiment qui forme le *marché* proprement dit, & dans un emplacement abrité au midi par les maisons de la rue du Petit-Bourbon, est un corps de boucheries isolé, semblable, dans sa façade, à l'un des côtés du *marché* qui lui est parallèle. Pour assainir le corps de cette boucherie, on l'a élevé de quelques marches, & l'on a pratiqué au-dessous des caves qui sont éclairées dans la hauteur de la retraite. Ces caves, dont les divisions, au nombre de vingt, correspondent aux divisions du dessus, ont été distribuées en cent cinquante cases grillées, qui forment autant de serres ou de magasins. On y arrive par un grand vestibule qui coupe le corps de la boucherie en deux parties égales.

La disposition du plan général de ce *marché*, ses proportions, la bonne construction du tout ensemble & la pureté d'exécution, se réunissent à beaucoup d'autres considérations pour recommander le talent de l'architecte, qui, sans doute, sous une direction moins économe, auroit pu, en satisfaisant aux besoins matériels qu'exige un tel monument, donner quelque chose de plus au goût, cet autre besoin qu'on aime à voir réuni, & qui peut toujours se joindre aux entreprises de simple utilité.

Après le *marché* Saint-Germain, on doit, pour l'importance & la grandeur, citer le *marché* Saint-Martin, commencé en 1811, terminé en 1816. L'architecte du monument, M. Peyre neveu, avoit conçu un projet que l'esprit d'économie ne lui a pas permis de réaliser. Dans ce projet on auroit conservé les murs d'enclos qui avoient été construits jadis en même temps que ceux de Philippe-Auguste. A ces murs de six pieds d'épaisseur, on auroit adossé des portiques en pierres de taille, sous lesquels se seroit tenu le *marché*. Au-dessus en auroit élevé de vastes galeries qui auroient été de plain-pied avec le premier étage du grand bâtiment occupé aujourd'hui par le Conservatoire des arts & métiers. Ces galeries eussent été destinées aux expositions des produits de l'industrie, qui ne sauroient être placées dans un lieu plus analogue à cet objet. Diverses considérations firent renoncer à ce projet. La première pierre, qui en avoit été posée, fut retirée, & l'on en plaça une nouvelle pour le *marché* tel qu'il est exécuté.

Ce *marché* présente un parallélogramme de 100 mètres (50 toises) sur 60 mètres (30 toises), & se compose de deux vastes portiques, ayant chacun neuf travées sur la longueur & quatre sur la largeur. Chaque travée comprend trois arcades dont une sert d'entrée ; les deux autres, qui ne s'ouvrent point jusqu'à terre, étant fermées par des persiennes ou jalousies fixées. L'arcade d'entrée est aussi fermée par une grille, pour que, hors des heures de la vente, personne ne puisse s'introduire dans le *marché*. La distribution de l'intérieur est marquée par seize piliers qui supportent la charpente sur laquelle repose la couverture. La travée du milieu, plus élevée que celles des côtés & des extrémités, favorise l'introduction de la lumière & la circulation de l'air dans l'intérieur.

Ce *marché* peut contenir au moins trois cent vingt-quatre places. Deux petits bâtimens d'une architecture analogue ont été construits du côté de la rue Sainte-Croix : l'un sert de corps-de-garde ; dans l'autre sont établis les bureaux de l'inspecteur de police. Une fontaine jaillissante, élevée au milieu de la grande cour du *marché*, & décorée d'un groupe d'enfans en bronze, donne un nouvel agrément à cet ensemble, qui est placé en face du grand bâtiment du Conservatoire dont on a parlé ; de façon qu'on jouit de la vue de cette grande masse, qui n'en est séparée que par une grille.

Selon le projet, à peu près consommé aujourd'hui, de donner de semblables *marchés* aux différens quartiers de Paris, & de transporter dans leur enceinte tous ceux qui se tenoient jadis dans les rues & dans les places, on a profité de beaucoup d'emplacemens d'églises démolies, dans le voisinage des lieux occupés par les anciens *marchés*.

C'est ainsi que sur le quai des Augustins, où se tenoit en plein air le *marché* à la volaille, & sur les terrains de l'église du couvent détruit, on a élevé le *marché* qu'on voit aujourd'hui : il présente, entre quatre murs percés d'arcades, trois nefs parallèles, dont celle du milieu est plus large & plus élevée que celles qui l'accompagnent. Cet ensemble, qui paroit jusqu'à présent surabondant pour le genre de commerce qu'on y fait, est à la fois commode & grandiose. M. Happe en a été l'architecte.

La place Maubert étoit l'emplacement d'un *marché*, que le quartier populeux qu'il occupoit, contribuoit à rendre d'autant plus incommode & malsain. L'église du couvent des Carmes, située dans le voisinage, étant devenue sans emploi, on l'a abattue, & sur ses débris on a élevé le *marché* qu'on appelle *des Carmes* ; & ainsi s'est trouvée désobstruée & nettoyée la place dont on a parlé. La disposition du *marché* des Carmes, dont la construction a été confiée à M. Vaudoyer, rappelle celle du *marché* Saint-Germain, & en général tout porte à croire qu'une direction uniforme & monotone dans ses conceptions, a pu assujettir les architectes à n'être que les traducteurs de plans donnés, & d'idées à peu près sorties d'un seul moule, s'il est permis de le dire.

Quelques différences semblent cependant se faire remarquer dans le *marché* des Blancs-Manteaux, construit par M. Lépine, sur le terrain du couvent des Filles-Saint-Gervais, & où l'on a transporté le *marché* en plein air de la place Saint-Jean. Cet édifice consiste en une vaste salle. L'entrée est une grande arcade, au travers de laquelle on aperçoit d'abord l'intérieur du *marché*, & ensuite un autre corps de bâtiment destiné à une boucherie.

Il y auroit encore à citer d'autres établissemens de ce genre, moins importans par leur construction, & qui ont contribué à faire disparoître dans cette grande ville une multitude d'embarras, de désordres & de sujets d'insalubrité. C'est ainsi que le *marché* aux fleurs, qui se tenoit jadis sur un des quais de Paris les plus embarrassés, a trouvé maintenant, entre les ponts au Change & Notre-Dame, un emplacement planté d'arbres & orné de fontaines, ce qui a fait un lieu agréable de ce qui n'étoit jadis qu'un local aussi embarrassé qu'incommode aux acheteurs comme aux vendeurs.

On ne sauroit nier que les établissemens dont on vient de consigner ici une mention fort abrégée, ne soient une des nouveautés les plus recommandables, & Paris peut actuellement se vanter d'être la seule ville qui jouisse d'une semblable commodité. Peu d'années, grâce à des circonstances favorables qui ont fourni des terrains qu'on n'a pas eu besoin d'acquérir, ont mis le Gouvernement à même de compléter un système de police & de salubrité dont on ne sauroit lui savoir trop de gré.

Mais après avoir rendu à ces établissemens & à l'esprit d'utilité publique qui les a dirigés, la justice qui leur est due, il peut être aussi permis de regretter que, sous le rapport de l'art & de l'embellissement, un goût plus élevé, un système moins mesquin & moins rétréci, n'aient pas présidé à leur disposition générale, à leur architecture, à leur exécution.

Ce qui souvent, dans une ville telle que Paris, s'oppose à la grandeur des projets, c'est la rareté ou la cherté du terrain. Ici, par suite des destructions d'églises, & d'autres circonstances, de vastes emplacemens ont été à la disposition des ordonnateurs. Les *marchés* qu'on devoit y établir, auroient pu devenir des objets d'embellissement, par les aspects ou les points de vue qu'ils auroient offerts de toute part. Au lieu de cela ils ont été disposés, la plupart, de façon à être renfermés entre des rues & des maisons qui les cachent, si l'on peut dire, aux passans. C'est surtout au *marché* Saint-Germain que cette observation est le plus applicable, parce qu'étant le plus beau de tous, il fut construit sur un terrain libre, qui auroit permis de le faire apercevoir de plus d'un côté. Généralement on peut dire de presque tous ces monumens, qu'ils ont été disposés de manière à contribuer le moins possible à la décoration de la ville. En fait d'objets d'art & d'embellissement, il ne suffit pas d'être, il faut paroître; & ce qui est une vertu en morale, est un défaut en décoration.

L'architecture de presque tous les *marchés* de Paris n'offre rien, à la vérité, qu'on puisse appeler *disconvenant* au caractère de leur emploi. Il y règne au contraire un genre simple & sans traces de mauvais ou de faux goût; mais ils paroissent taillés, pour ainsi dire, tous sur une sorte de patron uniforme, & ce patron semble avoir été façonné dans un système de nullité d'art, dans un dessin formé d'éloigner tout ce qui peut appartenir à l'architecture. Effectivement, à peine y trouve-t-on trace des ordres, de leurs profils & des membres qui donnent de l'effet ou de la variété : à peine y trouve-t-on des bandeaux aux arcades ou des moulures dans ces bandeaux. Il y a économie, pour ne pas dire avarice de détails & des moindres ornemens. On a prétendu que cette économie d'art avoit pu être prescrite par l'économie d'argent. C'est ce que nous ignorons; mais ce que nous savons, c'est qu'il y a, en architecture, toujours des moyens de varier la physionomie des objets, d'imprimer à très-peu de frais, aux édifices, le cachet de l'art & du goût, quand on laisse l'artiste libre dans ses projets. Ici tout porte à conclure qu'une direction sans goût, sous le rapport de l'art, opposée même par habitude, par système & par ignorance, à tout ce qui fait le charme de l'architecture, a assujetti ceux qu'elle a chargés de l'exécution des *marchés*, aux froids calculs de son système, & à l'unisson d'une méthode dont le toisé est le seul génie.

L'exécution & la construction de ces *marchés* donnent lieu aux mêmes observations. Il y a dans les diverses manières de bâtir, de tailler & d'employer les matériaux, plus d'une ressource pour faire briller les masses d'un monument, en détacher les parties, en faire ressortir les effets. Tout, dans ces bâtimens, a été soumis au même unisson, à la même monotonie, à la même économie d'esprit, de goût & de variété. Les portiques qui constituent ces bâtisses n'ont point, en général, assez d'épaisseur; ils sont plats & minces, & dans le *marché* Saint-Martin, par exemple, on a poussé l'économie de matière dans les piliers, jusqu'à une sorte de mesquinerie, qui se feroit à peine pardonner dans l'ouvrage d'un particulier, ou dans un édifice qui est donné à construire au rabais.

MARDELLE, s. f. On dit aussi MARGELLE, & même ce dernier mot, quoique le moins usité, devroit prévaloir comme plus conforme à l'étymologie *margo*, *marginis*. Aussi le Dictionnaire de l'Académie françaife dit *margelle*.

La *margelle*, comme l'étymologie nous l'indique, est le rebord d'un puits, & ce rebord confiste, ou dans une bâtisse circulaire de pierres, ou dans une pierre percée & creusée circulairement, posée à hauteur d'appui, & qui fait autour de l'orifice d'un puits, une sorte de petit mur. Quelquefois cet appui, au lieu d'être circulaire, est carré ou à pans. Quelquefois on le fait en barres de fer grillées.

Les Anciens firent très-fréquemment en marbre les *margelles* de puits. On les a jadis confondues avec les autels, parce que la forme est effectivement la même que celle des autels circulaires. C'est ce qui est arrivé au *puteal* du Capitole, qui a servi de base, dans le *muséum* de ce nom, à un grand vase de marbre. Le vase, dont le pied recouvroit la partie supérieure du socle dont il s'agit, avoit empêché de reconnoître ce qu'avoit été originairement ce corps circulaire : & dans le catalogue des antiquités du Capitole, il étoit inscrit sous le nom d'*autel*. Cependant Winckelmann, qui avoit eu l'occasion de le voir chez le cardinal Alexandre Albani, avant la cession qui en fut faite au Muséum du Capitole, déclara que ce prétendu autel étoit entièrement creux, & que ses parois intérieures avoient été cannelées par le frottement des cordes, ce qui démontra qu'il avoit servi de *margelle* à un puits.

Les fouilles de Pompeii en ont fait découvrir de semblables en marbre, à l'exception des bas-reliefs dont est orné le puteal du Capitole. Dans la plupart des maisons il y avoit une citerne, & cette sorte de puteal étoit l'orifice par lequel on puisoit l'eau, qui, étant à une très-petite profondeur, permettoit de n'employer que le secours d'une corde pour descendre & faire remonter à bras le seau. Cette corde devoit ainsi user intérieurement la surface & le rebord du puteal.

Il ne faudroit pas croire cependant que l'on ait eu habituellement pour le service domestique, des *margelles* de puits richement sculptées & ornées de bas-reliefs, comme est celle du Capitole, autour de laquelle sont représentés les douze grands dieux, d'une sculpture dont le goût tient de celui de l'école d'Egine.

Foggini, dans son explication des planches 21 & 22 du tom. IV du *Museo Capitolino*, dit avoir vu dans l'ancien cloître de Saint-Jean-de-Latran, un puteal également circulaire en marbre, ayant intérieurement des vestiges de l'action de la corde qui servoit à puiser, & extérieurement des sculptures d'un art fort imparfait.

M. Dodwel a publié dans un ouvrage imprimé à Rome en 1812, sous le titre de *Alcuni bassi rilievi della Grecia descritti e publicati in otto tavole*, un puteal trouvé à Corinthe, orné de bas-reliefs dans le style de celui du Capitole. L'auteur conjecture que ce puteal ou cette *margelle* appartenoit à un puits sacré du temple de cette ville.

Effectivement, quand on pense que les lustrations entroient dans toutes les cérémonies religieuses, de telle sorte que presque tous les temples avoient pour cet objet des fontaines, des citernes ou des puits, on est très-porté à croire que les monumens de sculpture, en ce genre, qui sont ornés de figure de divinités, appartenoient aux puits sacrés.

MARMORARII. Nom qu'on donnoit à ceux qui exploitoient les marbres. Nous les app-lons carriers. Mais le nom de *marmorarii* paroit avoir convenu plus particulièrement à ceux que nous appelons *marbriers* ou travailleurs en marbre. Ils formoient jadis un *sodalitium* ou une confrérie qui avoit ses écoles, ses privilèges, ses patrons, ses dieux protecteurs.

MARMORATUM. Varron parle d'un stuc ainsi appelé, & fait avec des marbres pilés. On l'employoit à faire des enduits dont la dureté égaloit celle du marbre même. C'est de ce stuc que sont presque tous ces revêtemens de murs, dans les bâtisses romaines. On en a détaché de grands morceaux qui, soumis à un nouveau poli, ont formé des dessus de tables aussi solides que brillans & curieux.

MARMOUSET, s. f. Espèce de sobriquet, ou terme de dérision dont on use pour désigner certaines figures humaines, mais grotesques, de mauvais goût, & d'un travail pire encore, qu'on voit dans les édifices gothiques, appliquées soit à servir de support, soit à former des gouttières, &c.

On donne aussi, depuis quelque temps, ce nom à des espèces de chenêts massifs, & qui se terminent en avant par une tête humaine, ou quelque figure grotesque.

MAROT (Jean), architecte & graveur d'architecture, naquit à Paris, vers le milieu du dix-septième siècle, & il florissoit encore au commencement du dix-huitième.

Outre plusieurs édifices dont il fut l'auteur, mais dont la connoissance n'est pas parvenue jusqu'à nous, on a cité le portail de l'église des Feuillantines, au faubourg Saint-Jacques, à Paris, morceau d'architecture dans le goût des portails qui étoient alors à la mode, mais où, cependant, *Jean Marot* évita beaucoup de bizarreries que la mode avoit aussi accréditées. On trouve encore qu'il fut l'architecte de plusieurs hôtels assez considérables, mais qui, en changeant de maîtres, ont aussi changé tant de fois de nom, qu'on auroit de la peine à les indiquer aujourd'hui.

Jean Marot paroit toutefois s'être encore plus occupé à faire des dessins d'architecture & à les graver, qu'à conduire ou à exécuter des bâtimens. Aussi est-il plus connu par ce qu'on appelle *son œuvre*, que par ses monumens.

Quoique cet architecte n'ait pas réussi à se faire un grand nom dans l'architecture, il passa néanmoins pour un homme de mérite, tant par ses connoissances théoriques, que par une certaine exactitude qu'il mit à ne pas s'éloigner des règles de la bonne architecture. Le recueil gravé de ses desseins en offre la preuve, & l'on peut y considérer avec intérêt beaucoup de ses inventions, qui montrent un homme plein de goût & nourri dans les principes des édifices de Rome. La collection surtout de ses petits temples antiques qui termine son recueil, déposée en sa faveur.

On est redevable aux soins de *Jean Marot*, d'avoir transmis à la postérité, par le moyen de la gravure, dans laquelle il excelloit, la plupart des anciens édifices, & des autres monumens de la France qui existoient de son temps, & qui avoient quelque réputation. Il en a donné au public deux recueils de format différent; l'un, qui ne se trouve plus, en un gros volume in-folio, connu sous le titre du *Grand Marot*, lequel contenoit deux cent soixante planches, toutes dessinées & gravées de sa main, & un autre plus petit & fort connu, auquel on a donné le nom de *Petit Marot*.

On ignore également & l'année de la naissance & l'année de la mort de cet architecte. Tout ce qu'on sait sur le pays où il étoit né, ou du moins ce qu'on peut en présumer, c'est qu'il avoit pris le titre d'*architecte parisien*, ce qui a fait croire qu'il étoit de Paris. Du reste, il est sûr qu'il y a passé une assez grande partie de sa vie, & qu'il est mort dans cette capitale.

Marot (Daniel). On présume qu'il étoit de Paris, & de la famille du précédent. Ayant quitté la France lors de la révocation de l'édit de Nantes, il passa en Hollande, où le prince d'Orange, depuis roi d'Angleterre, le prit à son service, en qualité de son architecte. Il avoit un génie fertile: il dessinoit facilement & gravoit fort bien. A Amsterdam il mit au jour, en 1712, un recueil de ses œuvres en un volume in-folio très-considérable, contenant une grande quantité de planches d'architecture, de décorations de théâtre, d'ornemens de toute espèce, dessinés & gravés par lui.

Daniel Marot mourut à la Haye, quelque temps après la publication de ce recueil, avec le titre d'architecte de Guillaume III, roi d'Angleterre.

MARQUETERIE, s. f. On donne le plus ordinairement ce nom à un assemblage de bois rares & précieux, soit d'une seule couleur, soit de plusieurs, dont les morceaux, débités en feuilles minces, sont appliqués sur un fond de menuiserie.

Tantôt, comme on l'a dit, des feuilles de bois précieux sont disposées ainsi, de façon à ce que leurs veines & les accidens de leur contexture produisent des espèces de desseins plus ou moins réguliers. Tantôt on fait servir la réunion de bois divers, par leurs espèces & leurs couleurs, à former des compartimens agréables. D'autres fois on découpe les feuilles de ces bois selon des formes variées, & de leur assemblage il résulte des espèces de tableaux, de fleurs, de fruits & de figures.

C'est à Florence que prit naissance le goût de la *marqueterie*, & cet art, sous le nom de *tarsia*, *lavori a tarsia*, fut porté très-loin par des artistes qui possédoient, outre le talent mécanique du genre, le savoir du dessin, l'invention & le mérite de la composition.

Sous la main ou sous la direction d'hommes célèbres, parmi lesquels on compte Brunelleschi, Benedetto da Mayano, &c., on vit une multitude de grands travaux de *marqueterie* orner les chaires des églises, les stales des chœurs, & toutes sortes d'objets d'ameublemens. Quelques-uns de ces ouvrages sont devenus & sont restés des modèles, non-seulement pour l'art de la *marqueterie*, mais pour l'art du dessin, & les artistes les admirent & les consultent encore aujourd'hui, comme une heureuse application de la science & du goût, à l'embellissement des objets usuels.

L'art & le goût de la *marqueterie* se sont propagés en France, & depuis le renouvellement des arts, chaque siècle a imprimé à ce genre de travail un caractère particulier. C'est surtout aux objets d'ameublement qu'on en a fait l'application; & comme les formes, ainsi que la grandeur des meubles, dépendent beaucoup de la dimension des intérieurs, le genre de la *marqueterie* a varié de siècle en siècle. Dans le dix-septième on faisoit de grandes armoires, & ce fut alors qu'un ouvrier, nommé *Boule*, imagina un genre de *marqueterie* formé de lames d'ébène, avec un enchâssement de petites découpures en lames de cuivre, dont il faisoit toutes sortes de fleurons & d'ornemens à compartimens.

Ce fut le grand emploi qu'alors on faisoit du bois d'ébène, dans les meubles, qui fit donner à l'art de la *marqueterie*, & à ceux qui l'exercent, les noms d'*ébénisterie* & d'*ébéniste*. Le goût des meubles de Boule devint général, & aujourd'hui que la mode en est passée, on ne laisse pas de rechercher encore, & de payer comme des curiosités assez chères, les morceaux faits selon ce procédé de *marqueterie*.

Dans le siècle suivant, le goût de la *marqueterie* se rapprocha davantage du genre de celle de Florence. On employa toutes sortes de couleurs de bois dans les compartimens appliqués sur le fond de menuiserie. On donna, par la teinture, toutes les nuances qu'on voulut aux lames de bois, & la *marqueterie* devint une sorte de mosaïque ou de peinture. Mais les meubles de cette époque se sont bien moins conservés, soit parce qu'ils étoient établis avec peu de solidité, soit parce que le temps & les différences de température en ont fait déjeter les compartimens, soit parce que les couleurs vraies ou factices des bois ont perdu leur éclat.

Comme tout, en fait de luxe, est sujet à de continuelles variations, le goût de la *marqueterie* qu'on vient de décrire a passé de mode, & depuis long-temps on n'emploie guère, dans les meubles & les revêtemens en bois, qu'une seule espèce ou une seule couleur de bois: l'acajou surtout est devenu la matière la plus usuelle, & l'on se contente d'en assembler les plaques ou lames sciées fort minces, de manière à produire des ramages réels ou factices dans les compartimens.

MARQUETERIE DE MARBRE. Les marbriers donnent eux-mêmes ce nom à un travail d'assemblage en marbres divers, au moyen duquel ils produisent le même effet que celui des bois de couleurs.

Ce genre de travail est sans doute fort ancien; & quand on lit dans Pline, avec quel succès les marbriers de son temps, à Rome, savoient teindre les marbres, incorporer dans l'un les couleurs de l'autre, & former dans l'intérieur des appartemens, les compartimens les plus bigarrés, on ne peut se refuser à croire qu'ils possédèrent une extrême habileté en ce genre. Comment, d'ailleurs, en auroit-il été autrement, puisqu'ils connurent & pratiquèrent tous les genres de mosaïque? Or, la *marqueterie* en marbre est, à vrai dire, une sorte de mosaïque ou d'art d'imiter la peinture avec des pierres de couleur réelles ou factices, c'est-à-dire, des émaux.

Florence, qui, dans les quinzième & seizième siècles, donna la plus grande vogue à la *marqueterie* en bois, par des ouvrages aussi remarquables pour le mécanisme que pour le goût du dessin, a encore l'honneur d'avoir porté au plus haut point d'habileté la *marqueterie en marbre* & en pierres dures. Ce genre de mosaïque, qui continue d'y être pratiqué, n'a trouvé, jusqu'ici, de rivalité nulle part. Les ouvrages de mosaïque en pierre dure de Florence, sont parvenus à être des peintures aussi précieuses par la matière que par le goût & l'harmonie des couleurs.

MASCARON, s. m. Ce nom vient de l'italien *mascherone*, qui, dans cette langue, est un augmentatif de *maschera*, & signifie un *grand* ou *gros masque*.

L'usage fort ancien de placer de grosses têtes grotesques, soit sur des clefs d'arcades, soit à l'orifice des fontaines, a fait appeler ces têtes du nom de *masques*, genre de représentation que les habitudes du théâtre grec ou romain avoient prodigieusement multiplié dans tous les ouvrages de l'architecture & de la décoration.

Le mot de *mascaron* comporte donc l'idée d'un masque fait de caprice, d'une tête de fantaisie, qui exprimera quelque caractère voisin de la caricature, & dont on a peut-être, dans l'architecture moderne, fait un peu d'abus. (*Voyez* MASQUE.)

MASCHERINO. On ne connoît ni la date de la naissance, ni celle de la mort de cet artiste, qui fut à la fois peintre & célèbre architecte. Ce qu'on sait, c'est qu'il naquit à Bologne, & qu'il mourut à Rome, sous le pontificat de Paul V, à l'âge de quatre-vingt-deux ans.

Mascherino construisit, dans cette dernière ville, au palais Quirinal, dit *de Monte-Cavallo*, ce portique qui est au fond de la cour, avec la *loggia* & la petite façade en pilastres accouplés. C'est encore de lui, dans le même palais, l'escalier en limaçon construit sur un plan elliptique.

Le grand bâtiment où se trouve aujourd'hui l'établissement qu'on appelle *du Mont-de-Piété*, fut autrefois bâti sur ses dessins, pour être le palais du prince de *Santa-Croce*.

Il a construit l'église de *Sante-Salvador in Lauro*, sur le plan d'une croix latine, avec une coupole & avec des colonnes corinthiennes accouplées, à peine détachées du mur. Les ressauts de l'entablement & les pilastres ployés dans les angles, n'y produisent pas un effet heureux.

La façade du palais de *Santo Spirito* est de *Mascherino*; la composition en est simple & bien entendue. L'église du même nom est encore un ouvrage recommandable du même architecte. Elle s'élève sur un grand escalier demi-circulaire, avec deux ordres de pilastres composites, dont les entre-colonnemens sont ornés de niches & de tablettes, le tout couronné d'un beau fronton sans ressaut ni brisure. Ces deux monumens sont estimer dans leur auteur, & un goût simple & un caractère porté vers la sagesse.

On ne sauroit dire ni grand bien ni grand mal de la façade à deux étages de colonnes corinthiennes & composites qu'il fit à l'église *della Scala*.

Il acheva encore le portail de la *Transpontina*, qui avoit été commencé par *Salustio Peruzzi*, fils du célèbre *Baltazar Peruzzi*.

Mascherino parvint au terme d'une très-longue vie, sans avoir éprouvé le déclin de l'âge. Il n'eut, dit-on, que dix jours de vieillesse: ce furent les derniers de sa longue carrière, & les seuls où il ne put suivre en personne ses travaux. Mais son esprit resta toujours jeune.

MASQUE, s. m. Les jeux du théâtre, les représentations scéniques, chez les Grecs & les Romains, & diverses institutions y avoient tellement multiplié l'usage des *masques*, qu'aucun objet ne se trouve plus fréquemment répété dans les ouvrages de tous leurs arts. La peinture, la sculpture, la gravure, l'architecture de ces peuples, nous ont transmis des figures innombrables de *masques* scéniques ou autres, & il n'y a point de collection d'antiquité qui ne nous en offre de nombreux modèles.

Le *masque*, dans les arts modernes, est fort loin d'avoir eu la même vogue, les mêmes emplois & autant de significations; aussi ne l'emploie-t-on que comme un signe symbolique du théâtre, & c'est peut-être sous ce seul rapport, que le goût de la décoration se permet de l'introduire, soit dans l'architecture, soit dans les ornemens de nos salles de spectacle.

Les *masques* des Anciens, destinés à exprimer toutes les variétés des âges, des physionomies, des passions, sont effectivement devenus pour nous une sorte de recueil de modèles d'expression, dont les traits exagérés, comme ceux de quelques savantes caricatures, peuvent devenir d'utiles leçons dans l'étude des caractères de tête.

On a dit au mot MASCARON, qu'on employoit ces sortes de figures dans les clefs des arcades. Beaucoup d'édifices nous montrent cet emploi, & nous indiquent aussi comment il seroit possible de faire de cet usage trop souvent insignifiant, une occasion d'exprimer diverses affections, & les passions variées qui donneroient quelqu'intérêt à ce genre d'ornement.

MASSE, s. f. On use de ce mot, dans la langue des arts du dessin, d'une manière plus ou moins figurée.

Ainsi, le sens du mot *masse* est plus détourné de son acception positive, dans l'application qu'on en fait aux ouvrages de la peinture. Lorsque parlant, soit des effets variés de la couleur & de la distribution des clairs & des ombres, soit de la disposition des figures & des groupes dans un tableau, on dit que les *masses* sont plus ou moins bien balancées, plus ou moins heureusement liées entr'elles, plus ou moins bien imaginées, il est certain qu'on attribue au seul effet, à la seule apparence qui constitue la couleur, la propriété de pesanteur ou d'agrégation qu'exprime, au sens simple, le mot *masse*.

Il semble qu'on use du mot *masse*, en théorie d'architecture, ou en décrivant ses ouvrages, dans un sens plus voisin du sens littéral ou positif de cette expression.

La composition d'un grand édifice surtout, offre en toute réalité, des corps ou des agrégations de parties, véritables *masses*, à proprement parler, & selon l'idée qu'on se forme des objets de la nature, qui, tels que des élévations, des blocs, des montagnes, des assemblages de matières, sont les *masses* primordiales.

On prend donc le mot *masse*, en architecture, dans un sens matériel & aussi théorique, lorsqu'on dit que la *masse* d'un bâtiment a ou n'a pas de caractère, de grandeur, d'effet, de solidité; car alors on parle de son ensemble, & cet ensemble se considère sous le rapport effectif de la matière, & sous le rapport théorique de l'effet qu'il produit sur notre ame.

Distribuer heureusement les *masses* d'un édifice, c'est opérer, dans l'aspect général de son ensemble, des variétés de lignes, soit horizontales, soit perpendiculaires, qui contribuent à en multiplier les effets, à rompre la monotonie d'une seule ligne trop prolongée, ou l'uniformité d'une seule ordonnance.

Un exemple de ce que sont l'absence de *masses* dans un grand édifice, ou l'emploi de *masses* variées, se présente naturellement à l'esprit, si l'on veut faire la comparaison du château de Versailles du côté des jardins, & du château des Tuileries à Paris. Ce dernier est aussi varié dans ses *masses*, considérées sous le rapport des changements de lignes, d'ordonnances ou de formes pyramidales, que l'autre est uniforme & monotone.

Nous n'entendons rien prescrire sur cet objet dans cet article; il ne s'agit ici que de faire saisir par l'analyse des exemples, l'idée de ce qu'on entend par *masse*, en architecture.

Une *masse* uniforme & simple peut convenir au caractère d'un édifice, comme une composition de *masses* variées peut faire le mérite d'un autre. Mais on voit que ces notions appartiennent à des articles d'une théorie plus générale que ne semble le comporter le sujet de cet article.

MASSE DE CARRIÈRE. Nom qu'on donne à un amas de plusieurs lits de pierre les uns sur les autres, dans une carrière.

MASSIF, s. m. Ce mot se dit proprement, en architecture ou dans la construction, de ce qu'on appelle le *solide d'un mur*.

On nomme *massif de pierre*, le corps d'un mur qui ne se compose ni de moellons ni de blocages, mais uniquement de quartiers de pierre.

On appelle *massif de moellons*, ce qui fait un corps de maçonnerie, comme l'est la masse des fondations.

On dit *massif en briques*, de celui qui est formé d'un corps de maçonnerie en briques, fait à bain de mortier, & qu'on revêt ensuite, soit de pierres, soit de dalles de marbre, &c.

Massif est une sorte de nom général qu'on donne, dans les bâtimens, à beaucoup de parties d'ouvrages. On dit le *massif* d'un escalier, le *massif* d'un perron, le *massif* d'une culée, le *massif* d'une fondation, le *massif* d'un piédestal, &c.

MASSIF. (*Jardinage.*) Ce mot, ainsi que celui de *masse*, s'emploient très-fréquemment en parlant des jardins, de l'art de leur composition & des effets que cet art fait produire.

L'art du jardinier consiste effectivement à prévoir, dans les plantations qu'il ordonne, les résultats variés des *masses* que produiront un jour les arbres lorsqu'ils auront atteint leur croissance. Il entre dans ces combinaisons, tantôt d'opposer des pleins aux vides, tantôt de resserrer la vue pour exciter la surprise par l'effet subit d'une ouverture qui découvre de beaux aspects, tantôt de masquer des sites ingrats par des *massifs* d'arbres, tantôt de faire jouer entr'eux, par d'heureuses oppositions, les genres variés d'arbres, de feuillages, de fleurs, &c.

Le mot *massif* se donne toutefois plus volontiers à un moindre assemblage d'arbres, & le mot *masse* semble comprendre des parties de bois plus considérables.

Massif d'arbres est synonyme de *groupe d'arbres*. (*Voyez* GROUPE.)

On dit aussi *massif* de gazon, pour exprimer de grands espaces gazonnés. On dit *massif* d'arbustes, *massif* de fleurs.

MASSIF, adj. m. Épithète qu'on donne, en architecture, à tout corps de bâtiment, à tout genre de construction, à tout détail de profils ou de modinature, à toute base, à tout stylobate, à tout couronnement dont la matière, la forme, le goût ou le style semblent l'opposé de ce qu'on est convenu de reconnoître pour léger, svelte, délicat, &c.

Les mots *lourd* & *lourdeur* sont, dans le langage ordinaire, les opposés de *léger* & *légèreté*. Cependant ayant, à son article, traité de la légèreté, nous n'avons point fait les articles LOURD ou LOURDEUR, parce que ces mots indiquent, en général, dans l'opinion des artistes, un défaut qui n'a besoin d'aucune définition, ou dont la notion se trouve implicitement comprise dans celle de son contraire.

Massif ne semble pas comporter une acception aussi défavorable; car il est plus d'un sujet en architecture, où le genre *massif*, non-seulement est recevable, mais convenable & même nécessaire. On sait que certains édifices, comme citadelles, greniers, prisons, corps-de-garde, veulent être traités dans un caractère *massif*. Des murs *massifs*, soit dans leur épaisseur, soit dans leur apparence, sont exigés même par le goût, dans certains cas.

C'est le propre d'un soubassement d'avoir un caractère *massif*. Lorsque l'édifice est de nature à réclamer ce caractère, il faut que tout y participe, l'ordonnance générale, l'ordre qu'on y introduit, & les profils qui s'y appliquent.

Les palais de Florence sont d'un caractère *massif*, & aussi trouve-t-on que les entablemens qui les couronnent, partagent ce caractère.

Comme il n'y a pas de véritables synonymes dans les langues, malgré la confusion que l'usage amène dans leur emploi, nous pensons que l'on pourroit, à toute rigueur, contester la différence que nous avons cherché à établir ici entre *lourd* & *massif*. Mais c'est au goût seul à prononcer sur ces sortes de distinctions.

MASTIC, s. m. C'est le nom d'une espèce de gomme qui vient d'un arbrisseau appelé *lentisque*. Cette gomme, ainsi que beaucoup d'autres productions résineuses, sert à former une sorte de colle propre à joindre, à rassembler les parties séparées ou désunies des ouvrages d'un grand nombre d'arts. Elle a donné son nom à toutes les sortes de compositions qui servent à cet objet, & même à celles dans lesquelles on ne la fait pas entrer.

Mastic se dit donc de toute composition dont on use pour attacher un corps à un autre, ou pour en remplir les désunions.

Il faut toutefois excepter, dans cette définition, les compositions dont on se sert pour maçonner & lier les pierres entr'elles, comme, par exemple, le plâtre & les cimens faits avec la chaux, le sable & autres ingrédiens.

Les *mastics* se font d'une multitude de façons différentes, dont on se dispensera de donner ici l'énumération complète.

Les Anciens en avoient de plusieurs espèces. Tantôt c'étoit un mélange de poix, de cire blanchie, de briques pilées, de chaux fine, à quoi on ajoutoit de l'étoupe & du goudron. Tantôt c'étoit une dissolution de sel ammoniac, mêlée avec de l'étoupe, du soufre & de la poix. Tantôt ils employoient une composition de sang de bœuf, de chaux fine, ou d'écailles d'huitres pilées, ou de poix, ou de suif fondu & de cendres de bois passées au crible, ou de chaux fine & d'huile, le tout réduit à la consistance d'une pâte. Ces *mastics* étoient mis en œuvre, surtout dans les bains, les deux premiers dans les bains chauds, les autres dans les bains froids, dans les fontaines & les citernes.

Quelquefois, lorsqu'il s'agissoit de boucher les fentes ou les crevasses de la bâtisse, on frottoit d'huile l'intérieur de ces crevasses, avant d'y introduire le *mastic*, pour en rendre la liaison plus intime.

On avoit un *mastic* particulier pour le marbre. Il étoit composé de résine, de chaux vive, d'une dose d'émaux, d'huile, de sang de bœuf. Après avoir pilé les corps solides, on faisoit du tout une sorte de pâte qui approchoit beaucoup de la substance du marbre.

Les Modernes ont, ainsi que les Anciens, plusieurs espèces de *mastics* pour remplir les joints des marbres, des bois, & en assembler les compartimens ou en réunir les fractures. On leur donne des noms divers, selon la nature des ouvrages ou la diversité des ouvriers qui les emploient.

Ainsi on dit :

Mastic de fontainier. C'est un mélange de poix-résine fondue, avec un ciment passé au sas. On en enduit de la filasse pour envelopper les nœuds des tuyaux de grès.

Mastic de menuisier. C'est une composition de cire, de résine & de briques pilées dont on se sert pour masquer les nœuds, & remplir les fentes du bois.

Mastic de sculpture ou de mouleur. Ce mastic se fait à peu près comme le précédent. On s'en sert pour faire les pièces des moules dans les parties où l'on ne sauroit employer le plâtre.

Mastic de terrasse. Composition du genre des précédentes,

précédentes, dont on use pour réparer les fentes des aires pratiquées sur les terrasses.

Mastic de vitrier. C'est un mélange de blanc d'Espagne & d'huile, d'une consistance à demi ferme, avec lequel on borde en dehors les carreaux de vitre, dans les feuillures des croisées ou des châssis de fenêtres.

MASURE, s. f. Se dit des débris encore debout d'un bâtiment abandonné ou condamné à être détruit.

Il se dit aussi figurément d'une méchante habitation qui menace ruine : *il s'est retiré dans une méchante masure.*

MATÉRIAUX, s. m. pl. Nom général qu'on donne à toutes les différentes matières qui entrent dans la construction d'un bâtiment, comme sont les pierres, les bois, les fers, les tuiles, les briques, moellons, &c.

On assemble des *matériaux* avant de bâtir. On construit des hangards pour recevoir & travailler les *matériaux*; on établit des magasins pour les ranger, & on prépose des gardiens pour veiller à leur entretien & à leur conservation.

MAUSOLÉE, s. m. Les Modernes ont donné ce nom à un monument funéraire placé dans des églises ou dans des cimetières, ouvrage le plus souvent composé de figures sculptées, de symboles & d'allégories, & quelquefois réuni à des décorations d'architecture, soit isolées, soit adossées.

Le *mausolée*, chez les Modernes, est tantôt un monument durable, tantôt une décoration temporaire, comme on le pratique dans les catafalques. Souvent cette sorte de monument est élevé sur les restes mêmes de l'homme qui y sont renfermés. Souvent aussi le *mausolée* est un véritable cénotaphe, un monument honorifique, lorsque le corps de celui qui y est représenté est inhumé ailleurs, ou l'est dans un lieu de l'église différent de celui qu'occupe le monument.

Nous distinguerons donc le *mausolée* du *tombeau* (*voyez* ce mot générique, qui comprend tout ce qui a rapport aux usages & aux monumens funéraires), en ce que *mausolée* donne l'idée d'un ouvrage d'art plus ou moins étendu, lorsque *tombeau* ne désigne en particulier aucune forme, aucune manière d'être, aucune destination, & peut les renfermer toutes.

On peut dire que le mot *mausolée* exprime, chez les Modernes, l'idée des plus grands & des plus riches monumens funéraires.

Il en fut de même chez les Anciens, de qui nous avons emprunté ce mot, quoiqu'il règne la plus entière différence entre les *mausolées* antiques & ceux des Modernes.

Des mausolées antiques.

Tout le monde sait que les anciens Romains surtout empruntèrent le nom de *mausolée*, du grand monument funéraire qu'Artémise, reine de Carie, avoit élevé dans la ville d'Halicarnasse, à Mausole son époux, & que ce nom devint celui des plus magnifiques tombeaux de l'antiquité.

Il peut être curieux de rechercher ici quelle fut l'origine & quels furent les modèles de ces constructions somptueuses, qui tiennent une si grande place dans l'histoire de l'architecture.

Quant à l'origine des *mausolées*, en général, on pourroit dire qu'elle se trouve, comme celle de tous les tombeaux, chez les Anciens, dans la croyance établie du dogme de la résurrection, ou du retour à une vie quelconque. Sans une perspective de ce genre, sans l'opinion que les restes de l'homme avoient à remplir une destinée future, il est invraisemblable qu'on eût fait tant de dépense & pris tant de soins, s'il ne se fût agi que de la conservation du souvenir des individus. Bien d'autres sortes de monumens auroient suffi au désir de cette immortalité, que les hommes peuvent attendre des ouvrages de l'art.

Il n'y a que la puissance d'un dogme religieux qui soit capable de rendre aussi remarquable qu'elle le fut chez les Anciens, la pratique des tombeaux & des *mausolées*. La passion de la gloire paroit n'y avoir obtenu que le second rang; & s'il n'eût été question que de satisfaire l'orgueil dans de tels ouvrages, il est probable qu'on les eût faits autrement. Toujours il est certain que le premier de tous les sentimens qui concoururent à leur exécution, fut le désir de conserver individuellement, & dans la plus grande intégrité possible, les corps des défunts.

De-là, chez les Egyptiens, l'embaumement; de-là ce soin particulier de dérober à toute recherche le lieu précis de l'édifice où le corps étoit placé. Le même esprit, quoiqu'avec moins de grandeur ou de dépense dans les moyens, se retrouve chez les Grecs & les Romains. S'ils n'entassèrent pas d'aussi hautes montagnes de pierre dans leurs tombeaux, ils en firent toujours les édifices les plus solides & les plus durables que leur architecture ait produits, & la preuve en existe dans la conservation de plusieurs de ces monumens, aux restes desquels on donne encore aujourd'hui le nom de *mausolée*.

Voilà ce qu'on peut dire de l'origine générale des *mausolées*, qui furent, chez les Grecs & chez les Romains, les plus magnifiques de leurs tombeaux.

Mais il faut montrer maintenant quels furent, dans l'histoire de l'art, les modèles où l'architecture puisa l'idée, le genre & la forme de ces somptueux & magnifiques édifices.

L'histoire des usages funéraires des Grecs, transportés depuis à Rome, nous fait voir la route que suivit le génie des architectes, & le point d'où il partit.

C'est dans l'usage de brûler les corps, que se

découvre le type du genre de monumens appelés *mausolées*, & ce type est le bûcher appelé *pyra*. Les bûchers ordinaires, sur lesquels on brûloit les corps des particuliers, n'étoient d'abord rien autre chose qu'un assemblage de bois, qu'on entremêloit de diverses sortes de combustibles. Chacun, à ce qu'il paroît (du moins à Rome), étoit le maître de disposer des apprêts de son bûcher & de le placer dans son terrain. Nous voyons sous Claude, Valerius Asiaticus ordonner, avant de se faire mourir, les préparatifs de son bûcher dans ses jardins, & recommander qu'on le plaçât de manière que la fumée n'endommageât point la verdure de ses arbres. (*Tacit. Annal. liv.* 10.)

Quelques passages déposent du luxe que quelques particuliers de Rome se permettoient jusque dans leurs bûchers. On destinoit quelquefois des bois précieux & rares à devenir la proie des flammes. Il paroît aussi, à en croire Pline, que les riches entouroient de toiles peintes la pile de bois qui formoit le bûcher : *Ne quis miretur*, dit-il, *& rogos pingi*.

Il est indubitable que, dans les pays où l'usage de la combustion avoit lieu, le luxe dut s'emparer de très-bonne heure de la décoration des bûchers. Lorsque, pour honorer la mémoire des princes ou de ceux qu'on vouloit déifier, l'art fut appelé à embellir ces apprêts funéraires, la magnificence & la flatterie franchissant les bornes d'une vanité vulgaire, érigèrent des monumens auxquels on donna toujours le nom de *bûcher*, quoique le véritable bûcher fût caché par les décorations d'architecture qu'on élevoit à l'entour.

Le premier de ces ouvrages dont le souvenir nous ait été transmis, est le célèbre bûcher de Denis l'Ancien, tyran de Syracuse, construit par son fils, l'an 1er. de la 103e. olympiade, c'est-à-dire, quarante ans avant la construction de celui qu'Alexandre érigea en l'honneur d'Héphestion.

Quoique le bûcher décoratif de Denis soit le plus ancien que nous connoissions, on doit conclure, de sa magnificence même, qu'il n'aura pas été le premier essai de l'art en ce genre. Or, la somptuosité de ce monument est attestée par le soin que plusieurs écrivains avoient pris d'en conserver la mémoire. L'historien Timée s'étoit plu à le décrire, & selon Theon, dans ses *Progymnastiques*, Philiste, au second livre de son histoire de Denis, en racontant les funérailles de Denis, avoit fait une mention particulière de ce bûcher.

Mais, au dire de Diodore de Sicile, le bûcher d'Héphestion surpassa, pour la magnificence, tout ce qu'on avoit fait auparavant, & ne laissa aux âges futurs aucun moyen d'aller plus loin.

Ce bûcher, modèle des bûchers d'apothéose des Romains, & type indubitable des grands tombeaux de Mausole & de ceux qui, sous le nom de *mausolée*, furent élevés aux empereurs de Rome, ayant été décrit par Diodore de Sicile, de manière à ce qu'on puisse s'en former une idée fort claire ;

nous allons en donner ici la description traduite.

« Alexandre (dit l'historien) commença par
» rassembler des architectes & un grand nombre
» d'artistes habiles. Ayant ensuite fait démolir,
» dans une largeur de dix stades, une partie des
» murs de Babylone, recueillir la brique cuite
» provenant de la démolition, & aplanir l'espace
» où devoit s'élever le bûcher, il lui donna une
» forme carrée, d'un stade de longueur en tous
» sens.

» L'espace du monument fut divisé en trente
» compartimens. On y établit des planchers de
» charpente, formés de troncs de palmier : le
» tout fut ordonné sur un plan quadrangulaire,
» ensuite on plaça les ornemens dans tout ce
» pourtour.

» Quant à la décoration du soubassement, elle
» se composoit de deux cent quarante proues de
» quinquirèmes en or. Ces proues avoient sur
» leurs flancs, deux archers de quatre coudées
» de proportion, le genou en terre ; elles étoient
» surmontées par des statues d'hommes armés,
» hauts de cinq coudées. Les intervalles étoient
» décorés de tapis de pourpre.

» Au-dessus s'élevoit le second étage, dont la
» décoration consistoit en flambeaux de quinze
» coudées : ces flambeaux, à l'endroit de leur
» poignée, avoient des couronnes d'or : au-dessus
» de leurs mèches, il y avoit des aigles les ailes
» déployées, regardant en bas ; & à leur extré-
» mité inférieure, des dragons le regard dirigé
» vers les aigles.

» A la troisième périphérie, on avoit repré-
» senté des chasses d'animaux de tout pays.

» On voyoit dans le quatrième étage, figurés
» en or, les combats des Centaures. Le cinquième
» étoit orné de taureaux & de lions placés dans
» un ordre alternatif.

» La partie supérieure (ou la plate-forme d'en
» haut) étoit occupée par les trophées des ar-
» mures macédoniennes, & de celles des Bar-
» bares, disposées de façon à désigner la bra-
» voure des uns & la défaite des autres.

» Le tout étoit couronné par des syrènes creuses,
» dont la cavité étoit capable de recevoir & de
» cacher les musiciens qui devoient exécuter le
» chant funèbre en l'honneur du mort.

» La hauteur de l'ensemble étoit de plus de
» cent trente coudées. »

Mon intention étant de faire voir que les bûchers décoratifs ou de consécration des Grecs & des Romains furent les modèles de ces vastes tombeaux à plusieurs étages, auxquels, d'après celui d'Halicarnasse, on donna le nom de *mausolée*, il conviendroit de prouver ici que le bûcher d'Héphestion, quoiqu'ouvrage de charpente, fut un ensemble architectural dont les différens étages avoient été décorés de toutes les parties constituantes de l'architecture. Mais cette discussion étant de nature à trop alonger cet article, je me permettrai de renvoyer le lecteur au tom. IV des Mémoires faisant suite à ceux de l'Académie des inscriptions & belles-lettres, où j'ai donné, d'après le texte de Diodore de Sicile, la restitution de ce monument. Je pense y avoir démontré, contre l'opinion & le dessin de M. de Caylus, que le bûcher d'Héphestion ne doit pas être restitué par de simples bandes ou zônes d'ornement, & que si Diodore n'a parlé ni des ordonnances, ni des masses d'architecture qui formoient ce grand ensemble, c'est qu'il étoit entré dans le plan de sa description de ne parler que des sujets d'ornement; que ce monument étoit précisément de même nature que ces bûchers d'apothéose, qu'on voit si fréquemment sur les médailles, & dont Hérodien a si bien décrit la forme pyramidale en les comparant à ces tours qui servent de phares sur les ports de mer.

Il suffira ici, pour montrer la conformité du bûcher des empereurs romains avec celui d'Héphestion, de citer la courte description d'Hérodien.

« A l'endroit le plus spacieux du Champ-de-Mars, on élève sur un plan quadrangulaire, régulier, & en forme d'édifice, une charpente qui n'est liée que par un assemblage de bois de la plus grande dimension.

» Cet espace, on le garnit intérieurement de matières combustibles. L'extérieur est revêtu d'étoffes d'or, décoré de statues d'ivoire & de peintures diverses.

» Au-dessus de cette bâtisse s'élève un autre étage semblable pour la forme & les ornemens, mais d'une moindre largeur; il est percé d'arcades & de portes ouvertes.

» Sur celui-ci, il y a un troisième & un quatrième étage, qui vont toujours en diminuant de circonférence jusqu'au dernier (c'est-à-dire, le cinquième), lequel est le plus étroit de tous.

» On peut comparer la forme de cette construction à celle des fanaux appelés *phares*, qui, sur les ports de mer, servent pendant la nuit à diriger par leur clarté, & à conduire les vaisseaux en lieu de sûreté. »

Ainsi, d'après ces deux descriptions, le bûcher grec & le bûcher romain se ressemblent de tout point. Tous deux sont bâtis sur un plan quadrangulaire; tous deux ont un premier étage ou rez-de-chaussée en charpente, orné en dehors de draperies; tous deux ont des peintures & des statues; tous deux ont des étages qui s'élèvent l'un au-dessus de l'autre au nombre de cinq. Si l'on consulte les médailles, on voit que le bûcher des empereurs se terminoit, dans sa plate-forme d'en haut, par quelque groupe de char ou autres objets, comme celui d'Héphestion par des syrènes.

Maintenant si l'on veut comparer, dans les deux pays, les grands tombeaux auxquels on donna le nom de *mausolée*, savoir, pour prendre un point de comparaison fixe, celui d'Halicarnasse & ceux d'Auguste, par exemple, & d'Adrien à Rome, qui furent appelés *mausolées* d'après celui de Mausole, dira-t-on que les bûchers de consécration qui ont un si exact rapport avec les monumens d'architecture réelle, qu'on appela *mausolées*, furent conçus & exécutés sur le plan & dans les formes de ces édifices? ou ne croira-t-on pas plutôt que les édifices temporaires des bûchers furent les modèles que l'architecture réalisa postérieurement en matières plus solides?

Je ne prétends point entrer ici dans la question des différences de sépultures chez les différens peuples, question qui ne peut trouver sa place qu'à l'article général TOMBEAU; je n'entends pas rechercher non plus jusqu'à quel point le goût & le luxe des tombeaux ont pu venir d'Egypte en Grèce, ou en Etrurie, & de-là à Rome. Bornant la question à l'origine architecturale des monumens appelés *mausolées*, je demande s'il n'est pas naturel de l'aller chercher dans les masses architecturales des bûchers élevés en l'honneur des princes ou des personnages célèbres. Je n'ignore pas qu'en ce genre il arrive un temps où le modèle devient copie lui-même, & où la copie peut devenir modèle. Nul doute que quand l'architecture se fut emparée de la décoration des bûchers, elle put, dans ces édifices temporaires, recevoir aussi ses modèles des édifices bâtis en matières durables. Mais il s'agit ici uniquement du genre, & non de l'espèce; il s'agit de savoir si le genre des bûchers décoratifs à étages & en pyramides, n'a pas dû suggérer le genre des *mausolées* à étages & en pyramides.

Et d'abord je vois que le plus ancien de ces édifices dont l'histoire nous fasse mention, est le tombeau de Mausole, qui ne dut pas être construit avant la 106e. olympiade, & je vois que ce fut dans la 103e. olympiade qu'on éleva, pour les funérailles de Denis le tyran, à Syracuse, ce magnifique bûcher dont l'historien Timée a fait la description. La magnificence de ce monument temporaire nous est attestée par cela seul, & cette magnificence est une preuve elle-même que le monument à qui on l'appliqua, avoit été déjà précédé par d'autres. Le luxe de la décoration ne naît pas ainsi en une seule fois, & du premier coup; & quand on pense que ce fut à peine quarante ans après que parut le bûcher d'Héphestion, qui, selon Diodore, effaça tout ce qu'on avoit fait avant & tout ce qui fut fait depuis en ce genre, on se persuade que les architectes de Denis le tyran avoient en plus d'un exemple à suivre dans leur composition.

Tout porte à croire que la passion des riches & dispendieux monumens de sépulture s'étoit accrue & répandue par les modèles de ces bûchers, dont la description, ainsi que nous en avons plus d'une preuve, avoient dû exciter l'émulation des artistes & l'ambition des princes.

Aussi voyons-nous le tombeau de Mausole, élevé en marbre par Artémise, nous rappeler, dans sa masse, ses formes, ses dimensions & ses étages, ce que présentent les descriptions des bûchers.

Le tombeau de Mausole, en remettant ensemble les parties de la description de Pline, s'élevoit sur un soubassement très-étendu, qui avoit de circuit quatre cent onze pieds. Il se composoit d'une masse formée par un stylobate & une colonnade isolée de trente-six colonnes; deux de ses faces avoient soixante pieds de large; les deux autres faces, que Pline appelle les *fronts*, & que nous appelons les *façades* du monument, doivent, d'après la distribution des trente-six colonnes, avoir eu quarante pieds. La hauteur de cette masse étoit d'à peu près trente-sept pieds & demi. Sur cette masse, c'est-à-dire, au-dessus de la colonnade, existoit une partie pyramidale ayant vingt-quatre degrés. La hauteur de la pyramide étoit égale à celle du *ptéron*, ou de la colonnade qui, en ôtant de ses trente-sept pieds & demi l'élévation du stylobate, & peut-être de l'entablement, n'auroit eu vraisemblablement que vingt-quatre pieds. C'eût été un pied pour chaque degré de la pyramide. Au sommet de cette pyramide, étoit un quadrige en marbre. Le monument entier, en y comprenant son couronnement, avoit cent pieds d'élévation.

On voit donc que le tombeau de Mausole avoit, comme le bûcher d'Héphestion, un soubassement beaucoup plus large que le monument; qu'il s'élevoit par étages, & qu'il avoit pour couronnement, ainsi que les bûchers représentés sur les médailles, un quadrige.

Le tombeau de Mausole donna, comme on l'a dit, son nom aux grands tombeaux qu'érigèrent les Romains; & comme, chez eux, nous voyons la plus grande similitude entre les bûchers de consécration & les *mausolées* de leurs empereurs, nous ne pouvons également nous empêcher de croire qu'il y eut imitation en ce genre, non-seulement des monumens de la Grèce, mais des bûchers honorifiques même, dont l'usage s'introduisit à Rome avec celui de la consécration ou de l'apothéose.

Ce genre d'adulation n'eut pas lieu à l'égard de Jules-César, dont le corps fut brûlé au Champ-de-Mars, sur un bûcher ordinaire, & sans autres cérémonies que celles qui se pratiquoient aux funérailles des grands & des riches citoyens.

Pline-le-Jeune nous apprend (*Panégyrique de Trajan*, chap. 2) que Tibère fut le premier qui, aux funérailles d'Auguste, donna l'exemple de l'apothéose ou de la consécration.

Ne pourroit-on pas attribuer à ce premier exemple l'érection du premier *mausolée* qui ait été élevé à Rome, celui d'Auguste, dont Strabon nous a donné quelques détails, & dont les restes existent encore? Si l'on en croit ce géographe, le *mausolæum*, ainsi qu'il l'appelle, consistoit en une grosse levée de terre, c'est-à-dire, de terrasses qui s'élevoient sur un très-haut soubassement de marbre blanc. Ces terrasses en étages, qui, sans doute, alloient diminuant de circonférence, étoient plantées de haut en bas, en arbres verts, sans doute de cyprès, & le tout étoit couronné par la statue d'Auguste en bronze. Or, pour qu'elle pût être vue au-dessus des arbres, cette statue dut être érigée sur un massif très-exhaussé, & tel qu'on voit sur les bûchers d'apothéose, celui qui supporte les quadriges, &c.

Le *mausolée* de l'empereur Adrien va nous offrir une masse & des détails encore mieux d'accord, avec les masses & les détails des bûchers représentés sur les monnoies impériales. Nous y observons d'abord un très-haut soubassement de près de cinquante pieds d'élévation, formé, selon Labaco, de bossages ou de refends en marbre. Au-dessus s'élevoit, sur un socle & fort en retraite, un étage de belles colonnes (qu'on voit aujourd'hui dans la basilique de Saint-Paul). Un second étage d'une moindre circonférence, & décoré de pilastres, venoit ensuite, & toujours en diminuant, c'est-à-dire, dans une forme pyramidale; une masse d'un moindre diamètre supportoit, à ce qu'on croit, un couronnement qui se terminoit par l'énorme pomme de pin en bronze, qu'on voit au bas de la grande niche du belvédère, au Vatican. Ainsi, selon toutes les apparences, le *mausolée* d'Adrien étoit à cinq étages.

D'après le nom de *septizonium* qui lui fut donné, & d'après les dessins qui se sont conservés de ses ruines, il est certain que le *mausolée* de Septime-Sévère étoit à sept étages. Il fut construit par cet empereur lui-même, qui, à l'exemple de beaucoup d'autres, voulut voir de son vivant son propre tombeau. Le dessin dont nous venons de parler nous fait voir une masse d'ordres d'architectures, élevés l'un au-dessus de l'autre, & qui devoient former un ensemble pyramidal.

Nous rechercherions inutilement dans les siècles du Bas-Empire, des traces de ces tombeaux appelés *mausolées*. Il est probable qu'avec le déclin des arts, de l'architecture & de la richesse publique, ces vastes entreprises dûrent cesser d'avoir lieu, & que si l'usage des tombeaux construits subsista toujours, comme nous le prouve celui de Théodoric à Ravennes, on dut se déshabituer de donner un nom pompeux à des constructions qui n'eurent plus de magnificence.

Des mausolées modernes.

La religion chrétienne qui renouvela la face du Monde en y introduisant un nouvel esprit, ne put pas ne point changer les opinions sur lesquelles les arts avoient jusqu'alors fondé leur empire. Tout prit une autre forme dans les croyances, dans les idées métaphysiques & morales, dans les usages de la vie, dans les rapports sociaux & domestiques. Cette grande & dominante passion de l'espèce humaine, l'orgueil lui-même, se trouva, si l'on peut dire, vaincu par une vertu nouvelle, inconnue à l'ancien monde, l'humilité. Une révolution complète dans l'ordre moral devoit être l'effet de l'influence toujours croissante, d'une religion qui tenoit sa force de cela même, qu'elle contrarioit presque tous les penchans auxquels l'Univers avoit toujours cédé. La passion des richesses vit honorer la pauvreté; l'égoïsme ou l'amour de soi eut à céder la place qu'il occupoit dans le cœur de l'homme, au renoncement à soi-même : les plaisirs des sens, jadis divinisés sous le nom de *volupté*, furent bannis dans la nouvelle morale par l'abstinence & la mortification. Les idées d'une vaine immortalité, le vague espoir d'une vie future, dont le plaisir sensuel étoit la perspective ou la récompense, avoient rétréci la croyance religieuse aux seuls soins de la conservation du corps, seul appelé aux jouissances d'un nouvel être, comme seul il avoit participé au bonheur de la vie terrestre. Dans une religion toute sensuelle, le corps étoit tout l'homme : flatter les sens étoit l'art de tous les arts, & les habitudes d'une morale adulatrice avoient fait proscrire toute idée, toute image capable de blesser la délicatesse du goût. De-là ces soins superstitieux qui défendoient non-seulement de présenter à la vue l'image de la mort, mais même d'en rappeler l'idée dans le discours. Aussi, à peine, dans cette multitude de monumens sépulcraux, trouve-t-on la moindre représentation de la mort, où si l'on a cru saisir dans quelques emblèmes le signe de cette idée, il ne s'y montre que revêtu d'allégories, c'est-à-dire, de formes qui cachent la chose même qu'elles font comprendre.

Il devoit en aller autrement dans la religion chrétienne. Le signe fondamental de cette religion est un signe de mort. Ses principaux mystères, ses croyances, ses cérémonies, sa morale, semblent s'appuyer sur le tombeau. C'est vers cette fin qu'elle dirige nos affections, nos pensées, nos réflexions. Le passage d'une vie à une autre devint le dogme principal, le fond de la doctrine religieuse. La mort dut toujours être présente à l'esprit; elle devint le but de toutes les pensées, &, comme on l'a dit, elle fut l'école de la vie.

Sous l'influence de cette profonde & sérieuse doctrine, d'autres usages dûrent s'introduire dans les sépultures. Habitué à vivre en idée au milieu des tombeaux, le chrétien, loin de repousser l'image de la mort, dût l'accueillir surtout dans les monumens funéraires. De nouveaux temples, & d'une disposition toute nouvelle, avoient succédé à ceux du paganisme; l'autel des temples étoit le tombeau de quelque martyr, de quelque saint inhumé en ce lieu. Ainsi, tout naturellement, l'idée de temple & celle de sépulture se trouvèrent réunies; de vastes souterrains furent pratiqués sous les vastes nefs des églises. La distinction du lieu saint avec les terrains que la religion n'avoit pas encore bénis, inspiroit à ceux que l'enceinte consacrée avoit rassemblés pendant leur vie, le désir de s'y trouver encore réunis après leur mort. Lorsque le culte rendu aux saints eut contribué à rendre plus respectables encore les lieux où reposoit leur dépouille, ce fut une pieuse ambition de placer encore sa sépulture, sous la sainte garantie des patrons vénérés dont l'Eglise renfermoit les restes. Et voilà la cause de ce zèle, qui peupla les églises de tombeaux & de monumens de sépulture.

Lors donc que l'idée ou l'image de la mort, dans les sépultures des païens, sur les sarcophages qui renfermoient leurs corps, n'avoit osé frapper les yeux ou les esprits, cette idée & cette image devinrent dominantes dans les représentations mêmes que la sculpture chrétienne empruntoit à l'antique sculpture. Nous avons dans les ruines d'antiquité un assez grand nombre de ces sarcophages, où, indépendamment des bas-reliefs historiques & mythologiques sculptés sur leurs quatre faces, on voit le personnage du mort lui-même, & quelquefois de sa femme, représenté vivant & assis, à demi couché sur une espèce de matelas ou de lit. Tel est, pour citer le plus connu de ces monumens, celui d'Alexandre-Sévère dans la galerie du Capitole, à Rome. Il y a quelque exemple de figures représentées dormantes : on en voit ainsi une de femme sur un sarcophage étrusque. Mais je pense qu'on n'en citeroit aucun où le personnage soit figuré mort, ou sculpté ainsi en plein relief.

Les plus anciens tombeaux chrétiens, en héritant de ce type des sarcophages païens, sont au contraire toujours surmontés de l'image du personnage vu mort & étendu sur le lit funèbre, autour duquel avoient eu lieu les cérémonies religieuses. L'usage d'exposer les corps des défunts avec leurs habits & les accessoires de leurs dignités, s'est conservé jusqu'à nous. Il fut général autrefois, & il est encore généralement pratiqué dans certains pays.

Tel fut donc, dans les premiers temps du christianisme, le type universel des tombeaux sculptés & placés dans les églises, dans les cimetières, dans tous les lieux saints où l'inhumation étoit admise. Toute l'Europe chrétienne est encore remplie de ces anciens monumens, & la composition en est si simple, que les rappeler c'est les décrire.

On ne sauroit sans doute leur donner le nom de *mausolées*. Mais c'est là qu'il faut aller chercher le type de ceux qui, depuis & pendant plusieurs siècles, ont exercé le ciseau des sculpteurs; & par type j'entends deux choses, premièrement le motif moral ou l'idée puisée dans l'image de l'homme mort; secondement le caractère distinctif qui réduisit les *mausolées* chrétiens à être des ouvrages de sculpture (même en supposant que l'architecture se mêle à leur décoration), au lieu d'être des édifices dispendieusement construits, comme le furent les *mausolées* de l'antiquité.

Les dogmes de la religion chrétienne sur la destinée des hommes après le trépas, & sur la résurrection des morts, n'ont point dû faire attacher à la conservation individuelle des corps, une importance aussi superstitieuse que celle qui régna dans l'antiquité. Les honneurs que cette religion rend aux morts, & le soin qu'elle permet de prendre des restes de l'homme, tiennent à un autre genre d'idées. Elle se contente d'honorer, dans ces restes, le membre de la société religieuse dont il semble continuer de faire encore partie. Elle regarde le corps du chrétien comme uni mystérieusement par la vertu des sacremens, à celui du chef & du fondateur de l'Eglise. Quant au dogme de la résurrection, il n'eut & n'a encore aucune influence sur l'emploi des monumens funéraires. La croyance que Dieu, qui organisa toute la matière, peut à son gré la réorganiser, a suffi pour empêcher de pousser à l'excès le soin de la conservation identique de chaque individu.

Tout, dans les pratiques des Chrétiens, en fait de monumens sépulcraux, procède uniquement des affections sociales; tout a sa source dans les tendres illusions des ames sensibles, & dans ces penchans de la nature que la religion ne contrarie point toujours, qu'elle favorise même souvent, surtout lorsqu'elle en a épuré le principe.

Ainsi, comme l'on voit, de cette diversité d'opinion religieuse sur le respect dû aux morts, est provenue la différence principale qui existe entre les tombeaux ou *mausolées* des Chrétiens & ceux du paganisme.

Le *mausolée* moderne, au lieu d'être un édifice consacré à la conservation spéciale du mort, n'a plus été qu'un monument consacré à sa mémoire ou à sa représentation. Les lieux destinés à l'inhumation s'étant trouvés bornés à l'emplacement des cimetières ou des églises, le *mausolée* dut être fort restreint dans son étendue & sa composition. Souvent il fut un véritable cénotaphe, & son objet allégorique fut de conserver le souvenir d'un nom, plutôt que l'existence d'un corps.

Ceci explique comment l'architecture, qui fit jadis presque tous les frais des *mausolées* antiques, n'est entrée le plus souvent pour rien, & seulement quelquefois comme accessoire de décoration, dans l'exécution des *mausolées* modernes, devenus ainsi le patrimoine de la sculpture.

Nous pouvons aussi par-là nous expliquer comment le caractère des *mausolées* modernes, n'ayant pas trouvé de modèle déterminé dans les œuvres de l'antiquité, où chaque art s'est habitué à puiser ses élémens, les types & son goût, ce caractère n'a pu se donner un principe qui fixât le genre de composition de ces monumens, & en resserrât les combinaisons dans un cercle d'inventions généralement admises & partout adoptées.

Toutefois, comme on l'a déjà indiqué, la nature inspire à peu près partout aux hommes les mêmes sources d'invention. Cet esprit d'imitation qui sait se rencontrer sur certains points, les peuples même qui ont eu entr'eux le moins de communication, avoit fait naître les grands *mausolées* modernes des quatorzième & quinzième siècles, non pas d'un type semblable pour la forme, mais d'une analogie pareille pour l'idée, à celle qui donna lieu jadis aux merveilles d'architecture qu'on appela *mausolées*. La cérémonie funéraire du bûcher correspondoit autrefois aux cérémonies funéraires des obsèques chrétiennes. Dans l'une & l'autre cérémonie, le corps étoit exposé à la vue des assistans, & ce spectacle étoit accompagné de toutes les marques de deuil. Le bûcher fut bientôt caché par des ornemens & des peintures. L'architecture l'entoura de ses formes & en fit un édifice, & cet édifice, comme on l'a vu, fut le modèle des *mausolées* bâtis. Dans le christianisme, l'exposition du corps aux obsèques des morts, fut aussi le spectacle qui frappa les sens. Cette exposition, selon le rang, la puissance ou la richesse de la famille, donna lieu à une certaine pompe décorative. La simple civière ou le brancard orné de drap noir, sur lequel le mort étoit couché, s'éleva bientôt sur des gradins. Le *cataletto* devint le *catafalco*. Les arts s'emparèrent de cette représentation, on y ajouta des candelabres, des symboles, un impérial, comme en font foi, non-seulement les descriptions des temps passés, mais les ouvrages de nos jours en ce genre: & voilà quel fut le vrai modèle de l'art, dans la composition des plus grands *mausolées* de sculpture, que l'Italie surtout a multipliés à un degré prodigieux, dans le cours de deux siècles.

Il seroit inutile de rechercher dans l'histoire de l'art moderne, de semblables compositions avant le treizième siècle, c'est-à-dire, avant que Nicolas de Pise eût donné à la sculpture son premier essor. Tous les tombeaux qui précèdent l'époque de ce sculpteur, ne sont, comme on l'a dit, que des représentations plus ou moins grossières & sans art, de personnages morts, couchés, les mains jointes, avec les habits de leur profession ou de leur rang. Tel est encore, dans les souterrains de Saint-Pierre, le tombeau assez remarquable du pape Boniface VIII, qui date du commencement du treizième siècle.

Les premiers tombeaux composés en manière de catafalques, ou les premiers *mausolées*, sont à Assise, celui d'une reine de Chypre, faussement attribué par Vasari à un certain Fucio; celui du cardinal Gonsalvi, à Sainte-Marie-Majeure à Rome, par Giovani Cosmate; celui du pape Benoît XI, à Pérouse, par Jean de Pise, dont on peut voir les dessins, tom II de l'*Histoire de la sépulture moderne*, par M. Cicognara, ou dans les *Monumenti sapolcrali della Toscana*.

Le premier se compose d'un grand soubassement, sur lequel s'élève un second plan qui porte le lit funèbre où est couchée la princesse. Deux petits anges placés près du lit, soulèvent les rideaux comme pour la faire voir. Dans cette composition, qui, comme le plus grand nombre de celles de ce genre, est adossée au mur, on voit au-dessus du sujet principal, un socle qui porte en plus petit une figure de la Vierge, celle de la Reine, & la figure d'un lion. Le tout est enfermé dans une arcade d'architecture & de décoration gothique.

Le *mausolée* du cardinal Gonsalvi à Sainte-Marie-Majeure, & celui de Benoît XI à Pérouse, paroissent avoir été des répétitions assez exactes de cette composition : même soubassement, même estrade pour le lit où le cardinal est couché, même idée des deux anges, même fond de draperies ; seulement le haut de l'arc gothique renferme une mosaïque. Le monument du Pape, à Pérouse, présente aussi avec un soubassement plus riche, le pontife couché, vêtu de ses habits pontificaux, sur le lit d'exposition. Des anges aussi semblent avoir écarté les rideaux de l'espèce d'impérial qui s'élève au-dessus du lit, & cet impérial fournit le motif d'un autre plan où la Vierge se trouve entre deux saints.

Ces trois *mausolées*, image fidèle de l'exposition du mort dans les catafalques, témoignent, par l'architecture & le goût d'ornemens gothiques, de l'ancienneté de l'usage qui avoit fourni à la sculpture l'idée que nous voyons dominer avec plus d'art & de goût, pendant les deux siècles suivans, dans les plus magnifiques *mausolées*.

Les deux *mausolées* qu'on voit à Naples, du duc de Calabre, dans l'église de Santa-Chiara, & de la mère du roi Robert, à Santa-Maria Donna Regina, & qui datent, le premier de 1328, le second de 1323, présentent dans leur architecture les mêmes détails de goût gothique : mais déjà la masse a plus de variété, la composition plus de mouvement ; le lit d'exposition du corps mort est élevé avec plus d'invention sur des supports allégoriques, sur des plans ornés de bas-reliefs. Du reste, toujours le même type d'idée fondamentale, savoir, le lit d'exposition, dont les rideaux de chaque côté sont relevés par un ange.

Nous trouvons que l'architecture, le goût de la décoration, la composition & l'art de sculpter ont fait de grands progrès dans le *mausolée* élevé au pape Jean XXIII, par Donatello, à Florence. Déjà l'ordre corinthien se montre avec toute sa régularité dans un beau soubassement orné de niches & de statues, avec un attique surmonté du lit où est couché le Pape en habits pontificaux. Il y a dans le couronnement de ce grand ensemble, beaucoup plus de simplicité, d'harmonie & de proportion. Les anciens types y sont suivis, mais améliorés, mais réduits à des formes beaucoup plus heureuses. C'est ce qu'il faut dire surtout de ce baldaquin ou impérial qui accompagne le couronnement, & de ce chapeau de cardinal adroitement suspendu au-dessus de la tête du Pape.

Il faut suivre dans le second tome de l'*Histoire de la sculpture moderne*, par M. Cicognara, ou dans les *Monumenti sepolcrali della Toscana*, la série de *mausolées* que le quatorzième & le quinzième siècle virent élever à l'envi dans toutes les villes d'Italie. C'est là qu'on se forme aisément l'idée du goût & de l'esprit qui présidèrent à ces grandes compositions, & de la route que parcourut le génie de ces siècles. On y voit le type déjà présenté comme modèle de ces inventions, constamment observé, mais successivement modifié, embelli par les ornemens de l'architecture, par les détails de la sculpture. A mesure que l'art se développa, on renonça à plusieurs accessoires des premiers *mausolées*. Une belle & sage architecture forma les supports & les encadremens du lit d'exposition ; des figures allégoriques en devinrent les accompagnemens. L'idée du lit avec baldaquin & rideaux, se conserva jusqu'à l'époque du monument de la Beata Villana, par Bernardo Rossellino. Mais on passa bientôt à l'idée de placer l'image couchée du mort, sur le sarcophage où ses restes véritables étoient renfermés : tels sont les *mausolées* de Barbara Manfredi à Forli, de Leonardo Aretino, dans Sainte-Croix à Florence, de Pietro Noceti à Lucques ; tel est le chef-d'œuvre de Desiderio de Settignano, ou le *mausolée* de Marsuppini, dans l'église de Sainte-Croix à Florence, ouvrage dont il faut admirer également & la sage composition, & l'élégante exécution.

Presque tous les *mausolées* dont on vient de faire mention, & une multitude d'autres, sont des compositions mêlées de sculpture & d'architecture, adossées aux murs des églises, & où les artistes enchérirent de luxe, de variété, de magnificence ; & il ne paroit pas que l'art en ce genre ait pu aller plus loin que dans le grand *mausolée* d'André Vendramin, dans l'église *dei Serviti*, à Venise, ouvrage où les plus célèbres artistes du temps travaillèrent, & qui ferma la suite des grands travaux du quinzième siècle en ce genre.

Comme nous ne prétendons donner ici qu'une notice historique sur le goût des Modernes en fait de *mausolées*, nous n'avons ni pu ni dû nous assujettir à des descriptions séparées, qui auroient fait de cet article un ouvrage.

Il faut toutefois faire connoître une des variétés de ce goût, dont les effets pénétrèrent aussi en France, lors de la naissance des arts, sous François 1er.

Les compositions dont on vient de parler, toutes conçues dans l'idée, &, sans aucun doute, d'après la réalité des catafalques ou des expositions plus ou moins solennelles, qu'on faisoit du défunt dans les pompes funèbres, sont, pour la plupart, comme on l'a dit, adossées aux murs. Cependant il s'en trouve aussi, mais naturellement en moindre nombre, qui sont isolées, dans lesquelles le corps est étendu sur le sarcophage que supportent des colonnes. On en voit un semblable à Saint-Dominique de Sienne; quelques autres, comme celui de la Chartreuse de Pavie, nous font voir le personnage mort, étendu sur un sarcophage, lequel est placé sous un édifice isolé à deux arcades, au-dessus desquels s'élève un attique orné de figures & de bas-reliefs. Un *mausolée* de ce genre, & beaucoup plus ancien, puisque le style d'architecture en est gothique, est celui de Signorio Scaligero, à Vérone: le personnage y est représenté couché nu, sur un sarcophage, au milieu d'un petit édifice à deux rangs de colonnes.

Il est difficile de ne pas trouver là le genre des *mausolées* de Louis XII, de François Ier. & de Henri II à Saint-Denis, & de n'y pas reconnoître le même caractère de type ou de modèle, puisé dans les représentations temporaires des pompes funèbres & des catafalques. À l'égard de la nudité dans les personnages représentés morts, on ne sauroit affirmer qu'elle ait tenu à l'usage des cérémonies du temps; & nous croyons plutôt qu'elles furent une licence de l'artiste, qui, ayant à représenter ces rois avec leurs habits royaux, & agenouillés sur les couronnemens de l'édifice, aura imaginé de les faire voir tels qu'ils étoient dans le tombeau.

On vient de dire quel fut le caractère des compositions de *mausolées*, jusqu'au commencement du seizième siècle; comment l'architecture & la sculpture réunies empruntèrent aux usages funéraires les modèles de leurs compositions, & comment ces compositions, fondées sur un type reçu & consacré, durent se perpétuer, comment enfin elles se perfectionnèrent, toujours dans les mêmes données, à mesure des progrès que firent les arts.

Mais le seizième siècle opéra une révolution dans tous les arts. L'étude, la connoissance & l'admiration croissante de l'antique, donna à tous les artistes d'autres modèles, d'autres systèmes, d'autres idées d'imitation, amena le dégoût pour tous les ouvrages conçus pendant les trois siècles précédens, sous l'influence d'un autre principe. En effet, quelque notion que l'on eût eu des œuvres de l'antiquité, qui certainement avoient frappé les yeux & conduit le goût de quelques-uns des hommes éminens de cette période, il est constant que l'influence de ces ouvrages étoit purement individuelle, & bornée à l'ouvrage même, comme morceau d'étude. Mais le génie de l'antiquité n'avoit pas encore paru sur l'horizon, & sa lumière n'avoit pas encore pu éclairer tout le domaine des arts. L'architecture antique, encore debout dans les monumens de Rome, avoit banni le goût gothique & la manière timide & mesquine qui précéda l'âge des Alberti, des Bramante. Il ne se pouvoit point que la sculpture, dont chaque jour reproduisoit les monumens enfouis, tardât à s'associer aux progrès du goût de bâtir. Les collections d'antiques des Médicis à Florence, les découvertes de Rome, remirent en honneur les principes d'imitation des Anciens. Déjà depuis du temps, la manière maigre des sculpteurs du quinzième siècle, le génie de composition de leurs monumens, avoient fait place à un style plus large, plus varié. Michel Ange Buonoratti acheva de donner au dessin & à l'imitation du corps humain, une impulsion dernière.

Michel Ange, doué d'un génie puissant, aspira à l'originalité dans tous ses ouvrages. Il dédaigna de suivre toutes les routes battues avant lui: aussi nul ne s'écarta davantage des types & des formes de *mausolées* consacrés par trois siècles d'usage.

Malheureusement l'antique ne présentoit aucun modèle à suivre dans la composition de ces genres de monumens. Les sarcophages sculptés des Anciens, autrement dit ces tombes ornées de bas-reliefs, qu'on plaçoit dans les chambres sépulcrales, n'offroient que des sujets de compositions, qui souvent avoient eu fort peu de rapport aux personnages qu'ils renfermoient, & ces sujets n'en avoient plus du tout avec les croyances & les usages du christianisme: Toutefois quelques sculpteurs semblent s'être modelés sur quelques-uns de ces grands sarcophages: tel, par exemple, que celui d'Alexandre-Sévère, cité plus haut, & quelques autres du même genre, où l'on voit la statue du personnage représenté vivant, & sculpté de façon à servir de couronnement à son tombeau. La meilleure imitation de ce genre se fait remarquer à l'église de l'*Annunziata*, à Florence, dans le *mausolée* d'Angelo Marzi, fait par Julien de San Gallo, qui, dans un autre tombeau, celui de Paul Jove, cloître de Saint-Laurent, nous a laissé un modèle de bon goût, de noblesse & de simplicité. Mais il est sensible que ces sortes de compositions sont bornées dans leur invention, & se prêtent on ne peut pas moins à la magnificence que le génie de l'art & celui de la vanité ambitionnent.

Michel Ange, poussé par ces deux aiguillons dans le projet de *mausolée* que le pape Jules II vouloit lui faire exécuter de son vivant, imagina une vaste composition qui n'avoit pas encore eu de modèle, & qui n'eut pas d'imitation. Elle étoit un mélange d'architecture & de sculpture. Un massif quadrangulaire orné de niches, décoré par des termes, faisant pilastres, auxquels étoient accolées des figures captives, devoit supporter un second massif plus étroit, autour duquel auroient été placées des statues colossales de prophètes & de sibylles (le célèbre Moïse est la seule de ces statues qui ait été exécutée): au-dessus de ce massif devoit s'élever par retraite une masse pyramidale, où des bronzes & d'autres figures allégoriques, selon les descriptions un peu diverses entr'elles, de Vasari, de Condivi, auroient trouvé place.

On peut soupçonner qu'une semblable composition avoit pu être inspirée par les décorations des pompes sépulcrales en usage dans les catafalques.

falques. Quoi qu'il en foit, ce vafte projet, dont il ne refte que trois ftatues & quelques légères efquifles, n'ayant pas reçu fon exécution, n'eut aucune influence fur le génie qui, dans la fuite, préfida aux compofitions de *mausolée*. Michel Ange lui-même, dans fes deux *mausolées* des Médicis à Florence, les réduifit à un type beaucoup plus économique. Il s'écarta des inventions du fiècle qui l'avoit précédé en plufieurs points importans, & il fut peut-être caufe que la fculpture n'y eft plus revenue. On n'y trouve plus cette idée imitative de l'ufage d'expofer le perfonnage mort fur le lit funéraire, ou fur le farcophage qui en tenoit lieu. Dans les deux *mausolées* de la chapelle Saint-Laurent, à Florence, Julien & Laurent de Médicis font repréfentés chacun par une ftatue du genre honorifique, affife & placée dans l'entre-colonnement du milieu d'une ordonnance d'architecture adoffée, qui s'élève au-deffus du farcophage, dont le couvercle, recourbé & en volutes, fert de fupport à deux figures allégoriques. Ce font, au tombeau de Julien, la Nuit & le Jour, à celui de Laurent, le Crépufcule & l'Aurore, ftatues célèbres, dont nous ne faifons mention ici, que pour montrer le changement d'idées qui accompagna le changement de type dans les *mausolées*.

Les monumens funéraires des grands-ducs Ferdinand & Côme II. de Médicis, dans la bafilique de Saint-Laurent, furent exécutés depuis par Jean de Bologne & Tacca fon élève, dans le même goût. Ils n'offrent que la ftatue honorifique de chacun de ces princes, élevée dans une niche, au-deffus de leur farcophage, fans figures ni bas-reliefs. Mais le type adopté par Michel Ange fut confacré de nouveau, & imité avec une parfaite fidélité au *mausolée* de Paul III à Saint-Pierre, où le Pape fut repréfenté par Guillaume *della Porta*, élève de Michel Ange, dans une ftatue affife, en bronze, avec un farcophage placé au-deffous & furmonté de deux figures de femmes allégoriques en marbre, couchées l'une d'un côté & l'autre de l'autre.

Le même type de *mausolée*, le même fyftème d'accompagnemens en figures allégoriques devint général, & ce fut ainfi qu'autour du tombeau de Michel Ange, dans Sainte-Croix, à Florence, furent exécutées par des élèves de ce grand-homme, les ftatues allégoriques des trois arts du deffin. Tel eft affez généralement le genre des *mausolées* qui trouvèrent place dans la nouvelle bafilique de Saint-Pierre. Les niches & autres efpaces qui purent en recevoir, commandèrent à la fculpture l'emploi de compofitions compatibles avec l'architecture, & avec la fymétrie de ce grand édifice.

Bernin lui-même, porté au ftyle pittorefque déjà introduit de fon temps dans la fculpture, ne marqua ce changement de goût dans le *mausolée* du pape Barberini, Urbain VIII, qui fait pendant à celui de Paul III, que par le ftyle de fes figures & le caprice des draperies; il fe conforma au genre & au fyftème de compofition allégorique & fymétrique alors régnans. Mais ayant par la fuite à placer au-deffus de la porte de l'ancienne facriftie de Saint-Pierre, le *mausolée* du pape Alexandre VII, il imagina de faire fervir cette ouverture à l'effet & au motif d'une compofition nouvelle. Il jeta donc une draperie qui mafqua la régularité de l'ouverture; il en fit fortir une mort fous la forme d'un fquelette, foulevant la draperie, & montrant au Pape l'arrêt de fon heure dernière, dans le clepfydre qu'elle tient en main. Cette invention pittorefque en fculpture eut le fuccès d'une nouveauté brillante, & encore celui que le goût & la renommée de Bernin furent donner à tous les ouvrages de cet artifte ingénieux.

En France, lorfque le goût des arts fleurit de nouveau fous le règne de Louis XIV, on vit s'accroître le luxe des *mausolées*, dont le genre avoit paffé fubitement dans le fiècle précédent, de la manière monotone & fans art du gothique, à celle qu'on a fait remarquer dans les grands tombeaux des rois, à Saint-Denis. Avant l'époque du dix-feptième fiècle, les tombeaux des perfonnages célèbres étoient en petit nombre, & ils avoient été conçus dans des idées fort fimples. Le plus fouvent ils confiftoient dans une ftatue agenouillée, & l'imagination des artiftes s'occupoit fort peu d'en varier les compofitions. Une très-grande bonhomie fait le caractère de prefque tous les monumens de cet âge.

La fculpture, en prenant au dix-feptième fiècle un nouvel effor, reçut naturellement l'impulfion que l'Italie étoit en poffeffion de donner au goût du refte de l'Europe. Alors s'introduifit auffi le genre des *mausolées* compofés de la ftatue du perfonnage & d'un farcophage accompagné de figures allégoriques. Les *mausolées* de Colbert, de Bignon, de Turenne, de Lebrun, &c., font dans ce goût. Mais en même temps auffi le genre pittorefque & dramatique dont Bernin avoit donné l'exemple, s'empara du génie des artiftes. Plufieurs compofitions plus ou moins heureufes, donnèrent un nouveau crédit à cette manière. Le *mausolée* du cardinal Richelieu offrit l'idée d'une forte de fcène pathétique, à laquelle une belle expreffion, une exécution foignée & la réputation de l'artifte donnèrent de l'éclat. Bientôt il n'y eut plus de type convenu qui pût fervir de régulateur aux conceptions des *mausolées*. Le goût du dramatique devint général; on voulut que chaque compofition parût une fcène de théâtre. Les perfonnages furent mis en action. On appela au fecours de l'art le preftige des fonds artificiels, des marbres de couleur, des nuages, des draperies. Une poétique d'un genre nouveau établit de nouvelles allégories, un merveilleux compofé d'images plus ou moins repouffantes. On mit aux prifes les

Diction. d'Archit. Tome II.

vivans avec la mort; on n'imagina plus que des temps & des squelettes armés de faux, des tombeaux qui s'ouvrent ou qui se ferment, des sépulcres brisés, des résurrections, des enlèvemens. Tout *mausolée* prétendit à être un poëme ou un tableau.

Au milieu de ce grand nombre d'inventions qui, pendant un siècle, ont tourmenté l'imagination des sculpteurs, à peine en cite-t-on deux ou trois, dans lesquelles un motif ingénieux ou pathétique, ait pu faire pardonner à la sculpture, d'être sortie du cercle de ses attributions naturelles. On y voit avec peine l'artiste sacrifier à une illusion qui se dément d'elle-même, à des métaphores que leur réalité fait évanouir, cette beauté tranquille, cette expression pure de la vérité, qui est par-dessus tout la poésie de son art. Encore faut-il dire, qu'ayant substitué à des types raisonnables & à des formes consacrées, les caprices d'un esprit sans règle, l'artiste n'a que trop souvent cru être quitte par une pensée nouvelle, de toute science, de tout ce qui fait le fond de l'art. Aussi, à peine ces ouvrages peuvent-ils soutenir l'œil d'un connoisseur.

Le faux goût d'invention dont on vient de parler, s'est fait remarquer particulièrement en France, & il règne encore aujourd'hui en Angleterre, où, jusqu'à présent, aucun système de composition propre à la sculpture, & d'accord avec l'architecture, n'a pu s'établir. On fait le tour de l'abbaye de Westminster, sans pouvoir être arrêté par un monument propre à contenter à la fois la raison & le goût, le sentiment & le jugement. C'est dans ce pays surtout que ce genre d'ouvrages a manqué d'un principe d'imitation, d'un type régulateur. La religion ne s'est mêlée en rien aux premières conceptions, & plus le goût de ces monumens s'est accru, c'est-à-dire, depuis un demi-siècle, plus les artistes ont senti ce vide d'une idée fondamentale qui servît d'appui à leurs compositions. Les *mausolées* sont en Angleterre de simples monumens politiques, que le culte admet dans les églises, mais sous la condition d'être sans rapport avec un culte qui n'admet point d'images. Les *mausolées* les plus modernes, quel que soit le mérite de leur exécution, sont des compositions presque toujours dramatiques, dans lesquelles on voit contraster de la façon la plus révoltante pour le goût, des costumes disparates, des allégories déplacées, des sujets du genre idéal avec des personnages du genre vulgaire, ou de ce qu'on appelle *le genre du portrait*.

Cependant l'Italie a vu se reproduire depuis trente ans, sous le ciseau du célèbre Canova, des *mausolées* dans lesquels, fidèle au type des monumens de Saint-Pierre, ce grand artiste, rénovateur du goût & du style de l'antique, a su mêler à des compositions simples & grandioses, une manière plus correcte, des formes plus pures que celles des ouvrages qui l'ont précédé dans cette basilique. On veut parler des *mausolées* du pape Ganganelli, Clément XIV, dans l'église des Saints-Apôtres, à Rome, & du pape Rezzonico, Clément XIII, dans Saint-Pierre, monumens d'une proportion colossale, où l'on trouve, indépendamment du mérite fondamental de l'art, une belle disposition, des figures allégoriques pleines d'expression & de noblesse, & un ensemble harmonieux pour l'œil comme pour l'esprit. La plus grande composition de cet artiste en ce genre, est celle du *mausolée* de l'archiduchesse Christine dans l'église des Augustins, à Vienne en Autriche. Cette composition dramatique, si l'on veut, ne sort pas cependant d'un ordre d'idées compatible avec la simplicité que demande la sculpture. L'auteur fait voir l'entrée d'une pyramide servant de fond à sa composition, qui s'élève sur trois degrés; il fait arriver au tombeau d'une manière processionnelle, une suite de personnages allégoriques à la tête desquels est la Vertu, qui va déposer l'urne de la princesse; elle est accompagnée de deux jeunes filles & de la Charité, sur le bras de laquelle s'appuie l'Indigence. Au côté opposé de la porte est couché & groupé avec un lion, symbole à la fois moral & héraldique, un génie ailé pleurant: ce génie est celui de la famille, ce que désignent les écussons de l'époux & de l'épouse placés autour de lui.

Le second artiste dont nous parlons, s'est exercé encore dans beaucoup d'autres compositions de tombeaux où, sectateur de l'antique, il s'est étudié à en reproduire les erremens sous certaines formes, particulièrement celles des cippes, qui offrent en petit, d'agréables motifs de bas-reliefs.

En France, les circonstances d'un nouvel ordre de choses, un grand déplacement opéré dans les usages, les opinions, les rapports, les états & les fortunes, ont déshabitué de la pratique des *mausolées*. Les églises ayant été dépouillées de leurs monumens, & de nouveaux réglemens ayant porté les inhumations dans des cimetières ou de vastes terrains situés hors des villes, la sculpture s'est trouvée déshéritée d'un de ses plus riches patrimoines. Du moins ce n'est plus que par des exceptions assez rares, que quelque inhumation peut avoir lieu dans les églises, & fournir l'occasion de quelque *mausolée* un peu important.

Si, dans ces circonstances, on peut former un vœu, c'est que les *mausolées* déplacés, qui probablement seront rétablis dans les lieux saints, & n'y seront plus que des cénotaphes, fassent insensiblement rentrer la sculpture dans son ancienne attribution. L'exemple des monumens ainsi rendus à leur premier emploi, pourra engager à en faire de semblables qui ne seroient plus qu'honorifiques, puisque le corps des personnages ne les accompagneroit pas.

Cependant, il faut le dire, ces monumens ainsi

privés du motif religieux qui, pendant tant de siècles, avoit donné de l'intérêt à leurs inventions & les avoit entourés des sentimens qui agitent puissamment sur le cœur de l'homme, courroient risque de ne plus être que des monumens de parade, dénués des affections qui font la vie des ouvrages de l'art. Il faut croire encore que là où seront déposées les dépouilles mortelles de l'homme, la aussi l'amitié, la reconnoissance, la vanité & toutes les passions de ce genre, continueront d'élever avec plus ou moins de dépense, le monument consacré à sa mémoire : tant il est naturel de vouloir confier à la conservation des restes de l'homme, le soin de perpétuer son souvenir, & par conséquent de réunir l'idée de monument à celle de sépulture !

Depuis que de vastes emplacemens en plein air ont été destinés aux inhumations publiques, la facilité d'avoir au plus bas prix un monument sépulcral, en a multiplié l'usage à un tel point, qu'on peut prédire que la fragilité de ces monumens d'un jour, en dégoûtera promptement la vanité. Cependant de plus grands & de plus solides ouvrages se sont élevés sur un grand nombre de tombes, & c'est là qu'on peut juger ce que devient l'invention quand aucune idée dominante, aucune croyance profonde, aucune institution, aucune analogie avec des rites consacrés, ne lui servent d'appui.

C'est surtout dans les restes de l'antiquité que presque tous les artistes ont été chercher leurs motifs de composition. Ces nouveaux cimetières sont des espèces de recueils de tout ce que comprennent les collections d'antiques en fait de tombeaux. Toutefois l'art, & surtout l'art de la sculpture, ont peu de chose à attendre du nouvel usage d'inhumation, tant que l'on n'adoptera point un plan qui présente un ensemble de constructions, de portiques, de souterrains, où des emplacemens divers, mettant à couvert les inventions du ciseau, permettront à l'art d'y déployer ses ressources.

A l'article CIMETIÈRE (*voyez* ce mot), nous avons donné pour modèle en ce genre le cimetière de Pise. C'est encore sur ce type qu'il seroit le plus convenable de se régler. Un semblable plan peut réunir tout ce qu'exige la salubrité, tout ce que les mœurs & les distinctions de fortune ou de naissance ambitionnent dans l'érection des *mausolées*, & un pareil ensemble où s'accumuleroient avec ordre & régularité les monumens successifs des générations, deviendroit, au bout de quelques siècles, le dépôt le plus intéressant pour une nation, le plus utile à son histoire. Il seroit aussi une école pour les artistes, & d'un grand encouragement pour les arts.

MÉANDRE, f. m. Quelques-uns écrivent *mæandre*, en suivant de plus près l'orthographe des langues anciennes.

Les Grecs & les Latins ont donné ce nom à cette espèce d'ornement que l'on nomme en français *guillochis* (*voyez* ce mot), & ils appellèrent cet ornement *méandre*, parce que les lignes qui le forment, & qui, dans leurs inflexions diverses, reviennent sur elles-mêmes, sembloient imiter le cours du fleuve Méandre, dans l'Asie mineure. Strabon d'ailleurs nous apprend (*lib.* 12) qu'on appeloit du nom de ce fleuve, tout ce qui avoit une forme oblique & sinueuse.

Il est certain que sur les monnoies de plusieurs villes grecques de l'Ionie, on voit l'ornement en guillochis, devenu le symbole du fleuve sur le bord duquel ces villes étoient situées.

Quelques modernes ont confondu l'ornement en guillochis ou le *méandre*, avec celui qu'on appelle *postes* (*voyez* ce mot). Les Italiens de nos jours comprennent aussi le guillochis & les postes sous la dénomination générale d'*ornemens à la grecque*. En France, on a long-temps appelé le *méandre* une *grecque*, & cette dénomination n'est pas encore aujourd'hui tout-à-fait hors d'usage.

Les auteurs de certains Dictionnaires se sont trompés lorsqu'ils ont assuré que les Anciens n'avoient point employé cet ornement dans leur architecture; les exemples que nous avons cités de cet emploi à l'article GUILLOCHIS, nous dispenseront de nouvelles preuves.

On sait que le *méandre* simple & composé, c'est-à-dire, à doubles lignes en retour, fait un des ornemens ordinaires des vases grecs peints, improprement appelés jusqu'à présent *étrusques*.

MÉDAILLON, f. m., vient du mot *medaglione*, augmentatif en italien du mot *medaglia*, médaille. Il signifie donc *grande médaille*.

On donne ce nom, dans la décoration de l'architecture, à certains tableaux ou bas-reliefs de forme circulaire ou ovale, qui ornent le dedans ou le dehors des édifices, & qu'on suppose être suspendus ou arrêtés par de gros clous, desquels s'échappe ordinairement de chaque côté, en semblant voltiger, une bandelette ou un ruban qui est censé former l'attache du *médaillon*.

Les *médaillons* sont des ornemens d'un genre un peu banal, qui ne laissent pas de faire un assez bon effet, lorsqu'ils sont employés avec goût & avec réserve. On y représente en peinture des vues de paysage, des camaïeux, des traits d'histoire, & en sculpture des portraits, des emblèmes, des chiffres, &c.

Perrault a fait entrer les *médaillons* dans la décoration de sa colonnade du Louvre, & de l'aile de cet édifice qui donne du côté de la rivière. Il l'employa aussi d'une manière moins heureuse dans le projet de son arc de triomphe.

Généralement on peut dire que cette espèce d'ornement est mieux à sa place dans les intérieurs des galeries, qu'au dehors des édifices; & on n'en trouve, je pense, aucun modèle dans l'antiquité, à moins qu'on ne veuille leur assimiler les *clipei* ou boucliers.

Le *médaillon* rappelle trop clairement l'idée d'un tableau suspendu, pour qu'il convienne d'en faire avec beaucoup de vraisemblance, l'ornement extérieur d'une ordonnance d'architecture.

MÉDIONNER, v. act. Terme qui, en langage d'experts, signifie compenser, comme lorsque, dans les toises de crépis & d'enduits, on compte trois, quatre ou cinq toises pour une, quand il ne s'agit que d'une refaçon ou de la réparation d'un vieux mur.

MELONNIÈRE, s. f. (*Jardinage.*) C'est un petit jardin séparé & clos de murs ou de haies, où l'on cultive des melons sur des couches & sous des cloches ou des châssis de verre.

On doit placer la *melonnière* dans l'endroit le plus exposé au midi, & dans les maisons ordinaires on lui donne trente à quarante pieds de large, sur à peu près autant de long. Les murs qui forment la *melonnière* ne doivent pas avoir plus de trois pieds & demi de haut. Il est nécessaire que ces murs soient surmontés d'un petit chaperon ou d'une tablette de pierre, de même que le mur fait pour donner de l'abri du côté du nord, & qui, pour défendre les couches de l'influence du froid, doit être tenu plus haut que les autres.

MEMBRE, s. m. Comme l'architecture a toujours trouvé dans le corps humain, un type & un modèle intellectuel de proportion, de rapports & de combinaisons, elle a dû naturellement en emprunter aussi beaucoup de noms & de termes.

C'est ainsi qu'un édifice est réputé être un corps, & par conséquent les parties de ce corps s'appellent aussi *membres*.

On donne donc le nom de *membre* non-seulement à toute grande partie du système architectural, selon lequel l'édifice est construit, comme, par exemple, à une frise, à une corniche, mais aussi aux parties plus petites, dont les plus grandes se composent.

On appelle *membre* une simple moulure, & l'on appelle *membre couronné*, une moulure lorsqu'elle est accompagnée d'un petit filet, au-dessus ou au-dessous.

MEMBRE CAVE. (*Voyez* SCOTIE.)

MEMBRETTE, s. f. Nom que Vignole donne à ce qu'on appelle *alette.* (*Voyez* ce mot.)

MEMBRON, s. m. C'est une baguette ordinairement de trois quarts de ligne d'épaisseur, qui sert d'ourlet à la bavette d'un bourseau, & aux ensafures d'un comble.

MEMBRURE, s. f. Pièce de bois, communément de trois pouces de gros sur sept de longueur, qui sert à former les bâtis de la plus forte menuiserie, comme ceux des portes cochères, & à en recevoir les panneaux assemblés à rainures & languettes.

Il y a aussi des *membrures* de charpenterie qu'on appelle *limandes*, & qui, étant plus épaisses que les autres, servent à divers usages dans les machines.

MÉNAGERIE, s. f. On appelle ainsi une grande enceinte entourée de loges grillées, où l'on renferme des animaux étrangers ou féroces. Il y a derrière ces loges un conduit où aboutissent des portes qui peuvent donner entrée dans ces loges.

Une *ménagerie* est un établissement de luxe & de curiosité, entretenu ordinairement par les souverains, & dans le voisinage des parcs ou des jardins de leurs palais. Telle était la *ménagerie* de Versailles, aujourd'hui vide. Ce qu'on possède en France d'animaux à tenir dans une *ménagerie*, est depuis plusieurs années réuni au Jardin du Roi, à Paris, autrement dit *Jardin royal des Plantes.* L'étendue & les variétés du terrain ont permis de donner à cette *ménagerie* une disposition plus agréable & mieux en rapport avec les mœurs des animaux & l'étude de l'histoire naturelle. Quelques-uns de ces animaux sont moins renfermés, que parqués dans des espaces dont ils ne peuvent toutefois s'échapper, & où ils jouissent d'une plus grande liberté.

MENEAUX, s. m. pl. Ce sont des montans ou des traverses faites, soit en pierre, soit en bois, soit en fer, qui servent à séparer l'ouverture d'une croisée.

On ne fait plus guère aujourd'hui de *meneaux* en pierre, tels qu'on en voyait dans les anciens palais. Il ne s'en fait à présent qu'en fer aux vitraux des églises modernes. Pour ceux en bois, tels qu'on en pratique encore, ils sont assemblés avec les montans & les traverses des dormans.

On nomme *faux meneaux* ceux qui, n'étant pas assemblés avec le dormant de la croisée, s'ouvrent avec le guichet.

MENIANE, s. f. On appelle ainsi, en Italie, les petites terrasses, les balcons ou loges, soit ouvertes, soit fermées avec des jalousies, pour voir au dehors sans être vu.

Ce mot vient du latin *mæniana.* C'était, à Rome, des espèces de balcons ou terrasses soutenues sur des colonnes. Nous avons déjà dit à l'article COLONNE, qu'un certain Mænius, en vendant sa maison, s'était réservé une colonne sur laquelle il fit élever un balcon d'où il pouvait voir les spectacles. De-là tira son nom ce genre de terrasses en bois supportées par des colonnes.

Vitruve place de semblables *mæniana* dans le forum dont il décrit l'ensemble.

Il y avoit à Rome une partie de ces *mœniana* dans le forum qui servoit, à ce qu'il paroît, à l'exposition des tableaux. Pline nous parle d'un certain Serapion, grand peintre de décoration de théâtre, & qui faisoit de si vastes tableaux, qu'un seul, dit-il, occupoit les *mœniana*.

MENSOLE, s. f. (*Voyez* CLEF.)

MENUISERIE, s. f. C'est, en parlant de l'art en lui-même, celui de travailler, de polir & d'assembler les bois pour les menus ouvrages, tels que portes, croisées, lambris, meubles, &c. On emploie quelquefois aussi cet art à faire des colonnes, des entablemens & autres ornemens d'architecture qui s'appliquent sur un bâtis de charpente.

Menuiserie se dit aussi, non de l'art, mais de l'ouvrage, & l'on dira une belle *menuiserie*, une *menuiserie* bien exécutée.

L'art de la *menuiserie*, dit d'Aviler, comprend trois parties : 1°. la connoissance des bois ; 2°. l'assemblage ; 3°. les profils.

Le bois le meilleur pour les travaux de *menuiserie* est le chêne, qu'on choisit tendre & doux à employer, de droit fil, sans nœuds vicieux, aubier, malandres, flaches, & surtout bien sec. Pour qu'il ait cette dernière qualité, il faut qu'il soit débité & scié cinq ou six ans avant que d'être employé. (*Voyez* BOIS.)

Après la connoissance des bois, vient l'art de leur assemblage. Cette partie de la *menuiserie* a plus d'une branche, car les assemblages se font de diverses manières ; savoir, carrément, à bossement, en onglet, en fausse coupe, à clef, à queue d'aronde, à queue perdue, &c. (*Voyez* ASSEMBLAGE.)

Enfin, l'art de profiler consiste à faire dans les bois, avec différens outils, des gorges, des tores, des boudins simples ou à baguette, des becs de corbin, des doucines, &c.

Selon que ces sortes de moulures sont appliquées, ou qu'elles se trouvent en une plus ou moins grande quantité, on donne différens noms à la *menuiserie* considérée comme ouvrage. On l'appelle *menuiserie à petits cadres*, *menuiserie ravalée*, *menuiserie embrevée*, & à divers compartimens composés de bâtis, montans, traverses droites ou chantournées, &c.

Pour l'intelligence de tout ceci, *voyez* ASSEMBLAGE *par embrèvement & par ravalement*.

On appelle *menuiserie d'assemblage*, celle qui consiste en bâtis & panneaux assemblés à tenons & mortaises, rainures & languettes, collés & chevillés, & qui est *dormante*, comme le sont toutes les fermetures.

On appelle *menuiserie de placage*, celle qui se fait de bois dur & précieux, débité par feuilles, & qui est plaquée par compartimens sans saillies, sur la *menuiserie* d'assemblage. Cette sorte de menuiserie est celle que pratiquent les ébénistes ou ceux qui travaillent en marqueterie. (*Voyez* ce mot.)

La *menuiserie* entre pour tant dans les objets & les moyens d'ornement & de décoration employés par l'architecture, qu'elle participe jusqu'à un certain point du goût & des études de l'architecte. On doit désirer qu'elle se subordonne aux règles & aux convenances de l'art de bâtir, & que ses formes, ses contours, ses ornemens, paroissent au moins être en rapport avec les principes généraux, & le système qui préside à la construction des édifices.

Cet accord du goût de la *menuiserie* avec celui de l'architecture, est d'autant plus désirable, que l'art de façonner les bois dans les meubles & beaucoup d'autres objets, pouvant se prêter avec assez de facilité à tout l'arbitraire d'un crayon capricieux, & l'ouvrage de ce genre ne semblant point exiger la gravité de formes qu'exigent les monumens, un esprit de mode propage bientôt dans les objets qu'on a le plus souvent sous les yeux, un genre bizarre auquel on s'accoutume ; le goût se familiarise avec ces défauts, & de proche en proche, cette manière se communique aux plus grands ouvrages. Ce qu'on avance ici, n'est pas une vaine spéculation : on n'a fait au contraire que décrire une des causes de la corruption de l'architecture dans le dix-septième siècle ; car il est évident, comme on l'a dit ailleurs, que tous ces enroulemens, ces ressauts, ces découpures qui déparèrent les édifices de cette époque, étoient des emprunts faits à l'art de dépecer ou de découper en bois, toutes les formes qu'on appliquoit à la *menuiserie* du temps.

MENUISIER, s. m. C'est celui qui travaille en ouvrages de menuiserie. Un bon *menuisier*, indépendamment des connoissances pratiques de son état, doit avoir appris les élémens du dessin, savoir tracer des profils, esquisser des ornemens, n'être pas étranger aux principes de l'architecture.

MÉPLAT, adj. On donne ce nom, dans la charpente, à une pièce de bois de sciage qui a beaucoup plus de largeur que d'épaisseur. Telles sont une *membrure*, une *plate-forme*, &c. (*Voyez* BOIS *& FER* MÉPLAT.)

MERCIER (Le). On a fort peu de détails sur la vie de cet architecte, qui fut toutefois fort célèbre en son temps, & qui a laissé beaucoup d'ouvrages propres à perpétuer & à recommander sa mémoire. L'année de sa naissance est ignorée. Tout ce qu'on sait de relatif à sa personne, c'est qu'il naquit à Pontoise, sur la fin du seizième siècle, & qu'il mourut pauvre à Paris, en 1660.

Il paroit que *le Mercier* avoit fait un long séjour en Italie, & tout prouve qu'il y avoit puisé dans l'étude des monumens de l'antiquité, les principes du bon goût & de la belle architecture. On voit qu'il étoit déjà à Rome en 1607, ce que nous apprend une estampe qu'il y grava, & qui représente le modèle fait par Michel Ange, de l'église de Saint-Jean des Florentins. En 1620, durant son séjour dans cette ville, il grava le catafalque de Henri III, dont il avoit donné le dessin. L'ordonnance de cette composition est formée de colonnes doriques sans base.

Le Mercier, de retour à Paris, trouva un protecteur aussi éclairé que puissant dans le cardinalde Richelieu, qui paroît lui avoir ordonné, dans la même année, l'exécution de deux grands édifices.

Le premier, commencé en 1629, fut le palais de ce cardinal, appelé d'abord ainsi, ou Palais-Richelieu, devenu depuis palais d'Orléans, mais qui avoit été précédemment nommé *Palais-Royal*, lorsqu'après la donation que le cardinal en avoit fait au Roi, la régente Anne d'Autriche & le Roi son fils quittèrent le Louvre & vinrent s'y établir. Les nombreuses transformations que ce palais a éprouvées dans presque toutes ses dépendances, ont laissé subsister fort peu de l'architecture de *le Mercier*. On s'accorde à ne reconnoître pour être son ouvrage, que quelques parties de la seconde cour, où l'on voit encore des proues de vaisseau sculptées en reliefs avec des ancres & autres attributs de marine, répétés sur tous les trumeaux. Ces attributs, qui furent également multipliés au château de Richelieu en Poitou, faisoient allusion à la charge de surintendant de la marine & du commerce, dont le ministre étoit revêtu.

Le second monument dont le cardinal de Richelieu chargea dans le même temps notre architecte, fut celui de la Sorbonne. La première pierre en fut posée l'an 1629.

Jusqu'alors le collège & l'église de Sorbonne n'avoient dû leur célébrité qu'aux écoles fondées jadis en ce lieu par Robert Sorbon, qui donna son nom à cet établissement long-temps renommé, & que la révolution seule a fait disparoître, en changeant la destination de toutes ces constructions. Le cardinal de Richelieu voulut faire de ces écoles un monument remarquable, qui ajoutât à l'importance des études théologiques & à la gloire de son nom.

Ce grand ensemble se compose de deux parties distinctes, mais réunies entr'elles, le bâtiment de l'école & l'église, dont la façade principale donne sur la place appelée du nom de l'établissement, *Place de la Sorbonne*.

Le corps de bâtiment destiné aux écoles consiste dans une grande & belle cour, qui n'offre rien de remarquable ni dans sa construction, ni dans sa masse, ni dans son architecture. Son principal, ou plutôt unique ornement, est le petit péristyle en colonnes isolées, qui, de ce côté, fait une des façades de l'église & la joint aux grandes ailes des bâtimens dont on a parlé. Ce frontispice, qui a six colonnes & s'élève sur un perron de dix marches, est couronné d'un fronton. Le tout offre une assez bonne imitation des portiques ou péristyles des temples antiques. Quelques détails de disposition gâtent cet ensemble : on veut parler de l'inégal espacement des colonnes & de leur accouplement dans les angles. Cette distribution a sans doute eu pour motif d'offrir dans les angles un point de résistance à l'effort des platesbandes & à celui du fronton. Malgré ces défauts, ce portique produit un beau point de vue dans la cour, & l'élévation même du terrain sur lequel il est construit, ajoute à son effet.

Le portail de l'église, du côté de la place, est dans le genre des portails ou de ce qu'on appelle de ce nom : c'est un frontispice en placage, composé de deux ordres l'un au-dessus de l'autre, le premier corinthien, le second composite, avec de grands ailerons qui, selon l'usage assez général de ces devantures, semblent servir de contre-fort au second étage & en raccorder la masse à celle de l'étage inférieur. Pour être juste, & au goût près de ce genre de composition, l'architecture y est assez pure & d'une assez belle exécution, & le style des ornemens n'y a rien de capricieux.

La coupole de cette église est d'une forme fort sage & fort correcte à l'extérieur, & elle peut tenir sa place parmi les coupoles du second ordre. La décoration de l'intérieur eut de la réputation par les peintures de Philippe de Champagne. Cette coupole surmontoit jadis le célèbre mausolée du cardinal de Richelieu. Nous parlons de cet intérieur comme on parleroit d'un monument détruit. Il a déjà subi en partie une destruction réelle, qui a pourtant été interrompue, & à laquelle on a même remédié. Mais depuis trente ans, ce monument, par une sorte de fatalité, semble condamné à changer sans cesse de destination, & dans ces vicissitudes il nous offre la meilleure théorie de la destruction pour les édifices, c'est de les faire souvent passer d'un emploi à un autre.

Le Mercier eut l'honneur de contribuer le premier à l'agrandissement de la cour du Louvre, qui, comme on l'a dit à l'article de Pierre Lescot, ne devoit avoir, selon le premier plan, que le quart de la superficie qu'elle occupe aujourd'hui. Lorsqu'on eut formé le projet de l'agrandir, *le Mercier* fut chargé de la direction de cet ouvrage. Il suivit donc les desseins de Pierre Lescot dans toute l'ordonnance du rez-de-chaussée, du premier étage & de l'attique, & il en conserva la disposition générale, même dans toutes les parties inférieures de ce pavillon qu'on appelle *le pavillon de l'Horloge* ou *des Caryatides*. Ce pavillon, comme plusieurs autres qui ont été supprimés depuis, étoit comme une sorte de tradition de ces hautes tours ou donjons à toits exhaussés, qui régnoient dans tous les châteaux gothiques, &

qui s'élevoient aussi sur les constructions de l'ancien château du Louvre.

Pour se conformer à l'usage, *le Mercier* plaça dans ce pavillon, au-dessus de l'attique, une ordonnance décorative composée de huit caryatides groupées par deux & en bas-relief saillant. La sculpture de ces caryatides a fait la réputation de Sarrazin, & l'on n'a pas cessé jusqu'ici d'en louer l'ajustement & l'exécution. Quant à l'architecture de ce couronnement, quoique le genre pittoresque adopté par *le Mercier* ait pu y autoriser plus d'une sorte de liberté, on ne sauroit s'empêcher d'y blâmer la multiplicité de ces frontons concentriques, qui rapetissent l'effet de cette composition.

Il faut citer avec éloge le vestibule du même pavillon, que *le Mercier* orna de deux rangs de colonnes ioniques accouplées, & où il sut réunir assez d'élégance au caractère grave & solide, que le genre de construction en voûte exigeoit dans une semblable ordonnance.

Le Mercier eut une assez grande part dans toutes les entreprises de son siècle. On a vu à l'article de François Mansart, que cet architecte ayant perdu la faveur de la reine Anne d'Autriche, il fut remplacé dans la conduite de l'église du Val-de-Grâce par *le Mercier*, qui l'éleva, tant en dedans qu'en dehors, jusqu'à la hauteur de la corniche du grand ordre de pilastres.

Le Mercier succéda de même à Metezeau dans l'exécution de l'église des prêtres de l'Oratoire, rue Saint-Honoré. Obligé de terminer une composition dont il n'avoit pas donné la première idée, & qui semble n'avoir pas été conçue très-heureusement d'abord, il s'étudia à en corriger les défauts; il alongea le monument de la partie circulaire qui sert de chœur. On observe que dans son ordonnance, il espaça les métopes d'une manière un peu irrégulière, & qui contraste avec l'exacte distribution qu'il avoit observée au monument de la Sorbonne.

Le dernier ouvrage de *le Mercier* fut l'église de Saint-Roch, rue Saint-Honoré. Il la commença en 1653. La première pierre fut posée par Louis XIV. On y plaça deux médailles, l'une avec le portrait du Roi, l'autre avec celui d'Anne d'Autriche sa mère, ayant toutes deux Saint-Roch au revers.

Le plan & l'élévation de cette église n'offrent ni une idée, ni un caractère d'un genre particulier. C'est une répétition d'un très-grand nombre d'églises, depuis qu'on y a appliqué le style des arcades & des pieds-droits ornés de pilastres. Pour juger entièrement du talent de *le Mercier* dans cette grande entreprise, il auroit fallu qu'il eût pu l'achever, soit dans l'ensemble, soit dans les détails. Mais la mort l'enleva lorsqu'il n'avoit encore construit, que le chœur & une partie de la nef. Elle resta long-temps imparfaite, sans être voûtée, & n'ayant qu'un simple plafond en bois. Les libéralités du Roi & les dons de plusieurs paroissiens la firent achever. Quelques additions successives en ont augmenté l'étendue en longueur. Quant au portail, ce fut Robert de Cotte qui en donna les dessins, & ce fut son fils qui en acheva l'exécution.

Quoiqu'on sache très-peu de chose sur *le Mercier*, on lit dans quelques biographes, qu'il étoit premier architecte du Roi. Il paroît qu'en cette qualité il avoit commencé à faire travailler à la grande galerie du Louvre, qui n'avoit reçu encore aucune disposition, & qu'il avoit fait exécuter dans sa voûte différens compartimens pour y placer les tableaux que le Poussin étoit appelé à y peindre. Mais ses projets ne furent point agréés. Le Poussin les fit supprimer, & ceux qu'il voulut y substituer n'eurent pas un meilleur sort.

On attribue encore à *le Mercier* d'autres ouvrages, entr'autres l'église de l'Annonciade à Tours, & le château de Richelieu.

MERLIANO (Giovani da Nola) naquit en 1478 & mourut en 1559.

Jean de Nola, ainsi qu'on l'appela, au lieu de suivre la profession de son père qui étoit marchand, s'éprit de l'amour du dessin, & entra comme élève chez *Agnello Fiore*, sculpteur & architecte napolitain. Bientôt le désir d'apprendre croissant en lui avec l'ambition de parvenir, il se rendit à Rome pour y chercher de meilleurs maîtres & de plus grands modèles.

De retour à Naples, il s'adonna sans relâche à des travaux de sculpture, & il s'y fit un tel honneur, que son talent en ce genre éclipsa celui de tous les sculpteurs ses contemporains en cette ville. Les principales églises de Naples sont ornées d'ouvrages de son ciseau. On vante surtout ses mausolées d'André Boniface, dans l'église de Saint-Severin, & du vice-roi Pierre de Tolède, dans le chœur de Saint-Jacques des Espagnols.

Jean de Nola fut l'architecte de l'église de Saint-Georges des Génois, & de Saint-Jacques des Espagnols. Il fit du *Castello Capuano* le siège d'un tribunal, & y pratiqua des salles immenses, qui cependant paroissent encore petites, en raison de l'affluence des plaideurs & gens d'affaires.

Il eut part à la direction des fêtes qui furent données à Charles-Quint, lorsqu'il retourna triomphant de l'expédition de Tunis. Sur la place de la porte de Capoue, on érigea un arc triomphal percé de trois arcs en avant & d'un dans ses flancs, décoré de colonnes corinthiennes, & enrichi de peintures & de sculptures faisant allusion aux exploits de l'Empereur.

Jean de Nola donna les dessins des palais du prince S. *Severo* & du duc *Della Torre*. Ce sont de belles masses d'architecture, d'une heureuse disposition & d'un très-bon goût.

Il avoit orné la pointe du môle, à Naples, d'une fontaine où étoient représentés les quatre principaux fleuves du Monde. Ces figures ont été depuis transportées en Espagne par le vice-roi dom Pierre-Antoine d'Arragon.

Jean de Nole fut chargé de présider à l'embellissement de Naples, en opérant le percé magnifique & l'alignement de la grande rue de Tolède, qu'il auroit pu faire arriver jusqu'au palais du Roi. Il fournit avec distinction & avec l'estime générale, autant pour son talent que pour ses qualités morales, une longue & tranquille carrière, & mourut âgé de quatre-vingt-un ans. (*Tiré des vies de Milizia.*)

MERLONS, s. m. pl. C'est un terme de fortification par lequel on désigne ces petits murs élevés, espacés également par les créneaux, au-dessus des murailles & des machecoulis.

MESAULA. Dans la distribution & le plan des maisons grecques on nommoit *mesaula*, dit Vitruve, ce qu'on appeloit à Rome, sans savoir d'où venoit cette dénomination, *androna*. C'étoit une petite cour qui séparoit deux corps-de-logis ou deux salons appelés *aulæ*. Or, *mesaula* signifie *inter aulas*.

MESURE, s. f. On appelle ainsi ce qui sert de règle pour déterminer une quantité. Cette sorte de règle varie selon les lieux, les temps & les objets auxquels on l'applique.

Ainsi chaque art peut se donner, indépendamment des *mesures* reçues pour tous les usages, une *mesure* particulière prise d'une partie convenue d'un tout connu. Dans le dessin, par exemple, on prend pour *mesure* la tête de l'homme ou le pied. Dans la tête, on prend le nez, &c.

L'architecture s'est fait de même, pour déterminer l'étendue de ses ouvrages & en régler les rapports, une *mesure* particulière qu'on appelle *module* (*voyez* ce mot), & qu'on tire d'une des dimensions de la colonne.

L'idée générale de *mesure* entre sous tant de rapports dans les combinaisons de l'architecture, qu'on pourroit y rapporter la théorie entière de cet art, puisque les proportions sur lesquelles il se fonde, ne sont autre chose que des calculs de *mesure*. (*Voyez* PROPORTION.)

Mesure signifie aussi *dimension*. Ainsi on dit prendre les *mesures* d'un édifice, d'une colonne, &c. Lorsqu'on lève un plan, c'est par la *mesure* des dimensions de chaque partie. Dans cette opération on prend des *mesures*; en rapportant sur le papier celles que l'on détermine avec quelqu'instrument.

Donner des mesures, c'est régler la proportion de ce qu'on dessine, par rapport à l'usage du lieu & à la connoissance qu'on en a.

MESURER, v. act. Prendre les mesures d'un objet quelconque. C'est par cette opération qu'on acquiert la connoissance précise de la proportion d'un édifice. C'est au soin qu'ont pris les architectes modernes de *mesurer* les monumens antiques, qu'on doit de se former une juste idée du système de leurs proportions, tant dans l'ensemble que dans toutes les parties dont il se compose.

MÉTAGÈNES, fils de Ctésiphon, Crétois de naissance, succéda à son père dans la construction du célèbre temple d'Ephèse, & paroît avoir hérité de tous ses talens dans l'architecture & dans la mécanique.

Nous avons, à l'article de Ctésiphon, renvoyé le lecteur au mot MÉTAGÈNES, pour y trouver réunies les deux mentions que fait Vitruve des moyens mécaniques employés par le père & par le fils, pour conduire des carrières où l'on travailloit les masses énormes de marbre qui devoient entrer dans la construction du temple d'Ephèse.

« Il ne sera pas hors de propos (dit Vitruve)
» de rapporter l'invention ingénieuse que Ctési-
» phon employa pour transporter les colonnes qui
» devoient servir au temple de Diane. Cet archi-
» tecte ayant à amener les fûts des colonnes, de-
» puis les carrières où on les prenoit, jusqu'à
» Ephèse, & n'osant pas se fier à des chariots,
» parce qu'il prévoyoit que le terrain de la
» route étant peu ferme, la pesanteur des far-
» deaux qu'il avoit à conduire, feroit enfoncer
» les roues, il assembla quatre pièces de bois de
» quatre pouces d'épaisseur, savoir, deux qui
» avoient la longueur du fût de la colonne, les
» deux autres aux deux bouts, ayant en longueur
» la mesure à peu près du diamètre. A chacune
» des extrémités de la colonne il ficha un boulon
» de fer taillé à queue d'aronde & il l'y scella
» avec du plomb. Les pièces de bois de chaque
» petit côté de l'assemblage dont on a parlé,
» étoient percées d'un trou circulaire garni de
» fer, formant un anneau dans lequel entroit le
» boulon scellé à chaque extrémité de la colonne.
» Il relia par des tenons de bois de chêne, les
» angles du bâtis. Les boulons cramponnés dans la
» colonne avoient toute facilité de jouer & de
» tourner dans les anneaux, de sorte que lorsque
» les attelages de bœufs tirèrent, la colonne
» tournoit sur elle-même par l'effet de la rotation
» des boulons dans leurs anneaux.

» Ctésiphon ayant de cette manière transporté
» toutes les colonnes au lieu de leur destination,
» Métagènes son fils adopta le même procédé
» mécanique pour le transport des blocs de l'ar-
» chitrave. Il fit une machine qui se composoit
» de deux roues d'environ douze pieds de diamè-
» tre, & il arrêta son bloc à chacune de ces roues
» par des boulons tournant aussi dans leurs écrous.
» Ainsi les bœufs tirant la machine, les boulons
» passant dans les écrous des roues, forçoient
» celles-ci de tourner, & avec elles le bloc d'ar-
» chitrave qui y étoit attaché.

» L'idée de cette double machine est due à
» l'imitation

» l'imitation de ces cylindres avec lesquels on
» unit le terrain des palæstres. Mais la chose ne
» réussit avec cette facilité, que parce que, d'une
» part, la distance des carrières au temple n'étoit
» que de huit mille pas, & de l'autre, parce que
» le terrain offrit une superficie égale, sans mon-
» tées ni descentes. » (*Vitruve*, liv. X, chap. 6.)

Métagènes paroit avoir eu une grande part à la construction du temple d'Ephèse, dont son père n'avoit élevé que les colonnes, si l'on en croit le récit de Vitruve.

On sait que ce temple fut un des plus considérables de l'antiquité. Il avoit, dit Pline, été construit aux frais de l'Asie entière. C'étoit effectivement assez l'usage, que pour des temples dont le culte réunissoit les habitans de diverses contrées, chaque pays contribua, par une cotisation particulière, à la dépense d'une colonne; & c'est de cette sorte que furent payées les cent vingt-sept colonnes qu'on y admiroit. Elles avoient soixante pieds de hauteur; trente-six avoient été ornées de sculpture. La longueur totale du temple étoit de quatre cent vingt pieds, & sa largeur de deux cent vingt.

Si l'on en croit le peu que les voyageurs modernes nous ont rapporté sur les ruines d'Ephèse, il semble qu'à peine on y trouve des témoignages de l'existence de ce grand édifice; & si quelques restes en déposent encore, il seroit difficile de se flatter qu'ils pussent offrir des autorités suffisantes pour restituer le monument d'après la courte description de Pline : car une sorte de fatalité a voulu que les plus vastes ouvrages de l'antiquité soient ceux dont il nous est parvenu le moins de détails. On ne sauroit en accuser Pline, puisque ces objets étoient un véritable hors-d'œuvre dans son ouvrage. Il nous en avertit lui-même à la fin de sa courte notice sur le temple d'Ephèse. Les autres objets d'ornement de cet ouvrage, dit-il, sont la matière d'une description en plusieurs volumes; mais cela est étranger à l'histoire de la nature. *Cætera ejus operis ornamenta plurium librorum instar obtinent, nihil ad speciem naturæ pertinentia.* (Pline, liv. XXXVI, chap. 14.)

Un passage de Vitruve nous apprend que *Métagènes* avoit publié un ouvrage sur l'ordonnance ionique du temple d'Ephèse. (*Vitruve*, liv. VII, præfatio.)

Ce grand monument a exercé, le siècle dernier, la critique du marquis Poleni, qui, dans une dissertation qu'on trouve, tome I des *Mémoires de l'Académie de Cortone*, a tenté de retrouver en dessin le plan, la disposition & l'élévation du temple d'Ephèse, d'après les passages des auteurs anciens. Mais au temps de ce célèbre antiquaire on manquoit, sur la disposition des temples antiques, d'un grand nombre de connoissances que les recherches des voyageurs modernes ont multipliées dans cette matière, plus féconde en variétés qu'on ne pense. Nous pensons qu'il y auroit moyen de remettre dans un meilleur ensemble toutes les parties du plus célèbre temple de l'Asie, sans sortir des documens de Pline. Mais ce seroit ici une digression que la nature d'un dictionnaire ne comporte pas.

Métagènes (de Xypète). Plutarque, en désignant par le nom de ce lieu l'architecte qui travailla au temple d'Eleusis, nous prouve assez clairement qu'il ne faut pas le confondre avec *Métagènes*, fils de Ctésiphon, qui étoit de Crète, & qui sans doute naquit aussi dans cette île.

Selon Strabon & Vitruve, le premier architecte du temple d'Eleusis étoit Ictinus. Mais il paroit que dans cet immense édifice il arriva, comme cela a presque toujours lieu dans les grandes entreprises de l'art de bâtir, que plusieurs architectes s'y succédèrent à des intervalles de temps assez considérables. On peut concilier facilement les notions de Vitruve & de Strabon avec celle de Plutarque, qui nomme Corœbus comme le premier architecte, *Métagènes de Xypète* comme le second, & enfin Xénoclès comme le dernier. Vitruve parle d'Ictin comme architecte de la cella, & de Philon comme de celui qui éleva le péristyle en colonnes du frontispice du temple. Strabon ne fait mention que d'Ictinus. Or, on voit que Vitruve surtout ne parle que de la partie extérieure du temple, c'est-à-dire, de la *cella*, & de son péristyle dorique en avant. Plutarque, au contraire, borne son récit à la construction intérieure. Ce fut, dit-il, Corœbus qui éleva les colonnes à partir du sol & y plaça les architraves, sur lesquelles *Métagènes* érigea la frise & le second ordre de colonnes. (Ceci ne peut regarder que l'intérieur du naos.) Enfin, Xénoclès y construisit dans le comble ce qu'on appeloit l'*opaion*.

Voilà la seule mention que nous trouvions sur le compte de *Métagènes de Xypète*, qui n'eut d'autre part dans ce grand ouvrage, que la construction du second rang de colonnes, qui, selon l'usage des temples hypæthres, régnoit ainsi au-dessus du premier ordre. (Un exemple de ce genre de disposition existe encore aujourd'hui dans l'intérieur du naos du grand temple de Pæstum.)

MÉTAIRIE, s. f. (*Voyez* FERME.)

METAL, s. m., vient du grec *metallon*, *metallum* en latin. C'est le nom général qu'on donne à toute substance minérale qui est formée dans les entrailles de la terre, ou qui se trouve quelquefois à sa superficie, & qui a la propriété d'être fusible & malléable.

Les seuls métaux que l'art de bâtir emploie, sont le fer, le cuivre & le plomb. On s'en est servi de tout temps pour former les crampons destinés à lier les pierres entr'elles. Le plus grand nombre des crampons, dans l'antiquité, se fit en cuivre (*voyez* CRAMPON); mais on en fit auſſi avec le fer, qui a effectivement le déſavantage de s'oxider promptement, & qui, par cette raiſon, eſt moins durable.

L'uſage des métaux, dans l'architecture, remonte à la plus haute antiquité, & l'on ne ſauroit décrire le nombre d'emplois qu'on en fit, & qu'on en fait encore aujourd'hui dans les couvertures (*voyez* COUVERTURE), dans les clôtures (*voyez* GRILLE).

Les emplois du fer ſurtout ſont innombrables. Ce *métal* eſt devenu plus commun chez les Modernes qu'il ne paroît l'avoir été dans l'antiquité, où le cuivre fut plus uſuel (*Voyez* au mot FER, tous les emplois de ce *métal*.)

Le *métal* dont l'antiquité a fait le plus diſpendieux uſage, fut le cuivre ou le bronze. Ils ſ'employèrent en charpentes métalliques, & l'on a rendu compte de ces prodigieux travaux au mot BRONZE, &c.

Le plomb a été appliqué par les Anciens aux ſcellemens. Les Modernes l'emploient ſouvent en couverture, ſur les terraſſes ou ſur les toits de charpente. (*Voyez* PLOMB.)

MÉTALLIQUE, adj. des deux genres. Qui eſt de métal, qui concerne les métaux. Il ſe dit, non d'un ouvrage qui ne forme qu'un corps ſolide de *métal*, comme une ſtatue, mais d'un ouvrage qui ſera un compoſé de parties faites de métal. On appellera *charpente métallique* celle qui, au lieu de chevrons de bois, aura des montans de fer ou de bronze.

METEZEAU (Clément). Il naquit à Dreux, vers la fin du ſeizième ſiècle. Son père & ſon grand-père avoient exercé l'architecture. Le premier fut architecte d'Henri IV. Ce fut le ſecond qui éleva le grand portail de l'égliſe de Dreux.

Clément Metezeau fut ingénieur de Louis XIII. Il achera, dit-on, cette partie de la galerie du Louvre, qui s'étend depuis ce palais juſqu'au premier guichet, ſur le quai. Son architecture ne manque pas de régularité. Mais l'ordonnance diviſée en deux étages par un attique ou mezzanine, n'a ni grandeur ni unité, & l'on peut trouver moins de richeſſe que de meſquinerie d'ornement, dans l'emploi de ces boſſages vermiculés, & plutôt ciſelés que ſculptés en petits ornemens.

En 1612, *Clément Metezeau* jeta les fondemens de l'égliſe de l'Oratoire, rue Saint-Honoré. Diverſes circonſtances l'empêchèrent de pourſuivre l'exécution de cet édifice, qui fut achevé par Lemercier.

On cite de lui pluſieurs châteaux qui n'exiſtent plus. Quelques deſſins qui ſe ſont conſervés de l'arc de la porte Saint-Antoine, démoli il y a une quarantaine d'années, peuvent faire juger de ſon talent.

Il ſubſiſte encore de lui un hôtel qui, bâti ſur les terrains deſtinés à former l'emplacement que doit comprendre la réunion du château des Tuileries à celui du Louvre, eſt menacé d'une prochaine deſtruction; c'eſt l'hôtel Longueville. Son nom, malgré beaucoup de changemens de deſtination, s'eſt conſervé, & l'on aura à regretter, dans ſa démolition, une bonne maſſe de conſtruction & des détails d'aſſez bon goût.

Lorſque Marie de Médicis fit conſtruire le palais du Luxembourg, *Clément Metezeau* donna des projets qu'on aſſure n'avoir pas été inférieurs en mérite, à ceux qui eurent l'avantage d'être préférés par la Reine.

Mais l'ouvrage qui, dans le temps, donna le plus de célébrité à cet architecte, fut le projet & l'exécution de la fameuſe digue de la Rochelle, lorſque cette ville ſoutint un ſiège contre Louis XIII, en 1627 & 1628.

Pompée Targon, ingénieur italien, avoit exécuté avec peu de ſuccès différens projets, qui tendoient à couper toute communication entre les Rochelois & les flottes de l'Angleterre. *Clément Metezeau*, durant le blocus, avoit dit que pour emporter la Rochelle, il faudroit faire ce qu'avoit fait Alexandre pour ſe rendre maître de Tyr, jeter une digue dans la mer. Depuis long-temps il ne rêvoit qu'aux moyens d'exécuter cette idée. Lorſqu'il en eut rédigé & combiné les plans & les moyens, il ſe rendit à la Rochelle, & ſoumit ſes procédés & ſes deſſins au Conſeil, qui les approuva.

Le 30 novembre ſuivant fut commencée cette digue fameuſe. Elle avoit 740 toiſes de long; d'un côté elle partoit de l'avant-port au bas d'une pente dominée par le fort Louis, & ſe terminoit de l'autre côté dans l'anſe des Meuilles.

Ainſi, pour fermer à l'ennemi le port de la Rochelle, on ferma preſqu'aux Rochelois le chemin de la mer. Le Roi tarda peu à ſe rendre maître de la place, qui lui réſiſta un an deux mois & ſeize jours.

On grava ces vers au bas du portrait de *Metezeau*.

Herrice palmam retulit Metezeus ab hoſti,
Cum repellenteſ aggere cinxit aquas.
Dicitur Archimedes terram potuiſſe movere,
Æquora qui potuit ſiſtere non minor eſt.

MÉTOCHÉ, ſ. m. Ce mot n'eſt pas la traduction du mot grec μετοχη, employé par Vitruve, *liv. III, chap.* 3. C'eſt le mot même. Il eût été difficile aux traducteurs de lui trouver un équivalent, puiſqu'il ne ſe trouve que dans Vitruve, & dans un ſeul paſſage de cet écrivain, où l'on comprend à la vérité ce qu'il a voulu exprimer par-là, mais où l'on eſt auſſi porté à croire qu'il peut y avoir eu erreur de copiſte.

Metochè eſt employé pour déſigner, comme le dit clairement Vitruve, l'eſpace vide qui ſépare les denticules, de telle manière que la face du denticule ait en largeur la moitié de ſa hauteur.

Interfectio quæ græcè μετοχή dicitur, sic est dividenda, uti denticulus altitudinis suæ dimidium partem habeat in fronte.

On a cru que *metochè* auroit pu venir du verbe μετεχω, qui, signifiant *partager avec un autre*, indique une idée de division. D'autres ont trouvé dans quelques manuscrits μετατομη, qui voudroit dire *interfectio*.

Je ne sais si ce texte de Vitruve ne comporteroit pas une correction plus simple & plus naturelle. Il me semble du moins que cet écrivain, quelques pages plus bas, nous la donne lui-même. En parlant des métopes de la frise dorique, & en comparant ces espaces ou ouvertures qui originairement étoient entre les triglyphes, ou autrement les bouts des solives, aux espaces qui séparent les denticules, il dit en propres termes : on nomme *métopes* les intervalles qui se trouvent entre les denticules, comme ceux qui sont entre les triglyphes. *Utraque enim & inter denticulos, & inter triglyphos quæ sunt intervalla metopæ nominantur.* (Liv. IV, chap. 2.)

D'après cela, je ne vois aucune difficulté à changer le mot μετοχή contre le mot μετοπή, & il y a lieu de s'étonner que les traducteurs de Vitruve n'aient pas fait ce rapprochement.

MÉTOPE, s. f. Ce mot est grec (μετοπή). Les Latins ont dit *metopa*.

La *métope* dans l'architecture, c'est-à-dire, dans la frise de l'ordre dorique, est cet espace quadrangulaire qui sépare les triglyphes.

De l'origine des métopes.

On a eu plus d'une fois l'occasion, en développant le système de la charpente ou de la construction en bois chez les Grecs, & l'imitation ou la transposition que l'art en fit dans les édifices de pierre, de faire remarquer combien cette imitation étoit lisiblement écrite dans l'ordre dorique, & surtout dans sa frise.

L'origine des *métopes* est clairement manifestée dans cette ordonnance, & les preuves historiques appuient encore cette démonstration. Un passage d'Euripide, déjà cité par Winckelmann dans ses observations sur l'architecture des Anciens, fait assez voir, ou que du temps de ce poëte, l'usage de laisser vides les intervalles des solives dans les entablemens, régnoit encore à quelques bâtimens, ou que le poëte a suivi des traditions connues, par fidélité pour des pratiques qu'on savoit avoir anciennement existé. Au moment où, dans la tragédie d'*Iphigénie en Tauride*, Oreste & Pylade se concertent sur les moyens de pénétrer dans l'intérieur du temple de Diane, pour enlever le simulacre de la déesse, Pylade propose à son ami de passer entre les *triglyphes*, à l'endroit du vide par lequel il se laissa descendre. (*Iphig. in Taurid.* v. 118.)

D'après cela, il est constant que les *métopes* des plus anciens temples dont Euripide nous donne l'idée, étoient à jour, & offroient dans leurs ouvertures le seul passage qu'il y eût pour pénétrer dans le temple dont la porte étoit fermée.

Vitruve, chap. II, liv. 3, sans contredire cette origine de la *métope*, semble jeter de l'embarras & de l'obscurité sur cette théorie. Personne ne reconnoît & ne montre d'une manière plus positive, comment s'est formé le système de l'ordre dorique & celui de sa frise (*voyez* TRIGLYPHE). Mais envisageant ce système dans la réalité de la construction, telle qu'elle eut lieu postérieurement, au lieu de voir dans la *métope* une ouverture entre deux têtes de solive, οπη, trou, μετα, entre, *entre-trou*, il fait voir que ce qu'il appelle *intertignum*, l'entrevoux, ou le lieu occupé par la *métope*, fut rempli par la construction, *intertignium struxere*, qu'on orna les têtes des solives de tablettes peintes qui firent le triglyphe. De sorte qu'il résulte de la manière dont il se figure & dont il décrit cette origine de la frise dorique, que ce qu'il appelle *métope*, est *l'intertignium*, ce qui est indubitable, mais que le triglyphe est *l'opa*.

Comment se peut-il qu'il ait été conduit à donner le nom d'*opa*, *trou*, *ouverture*, au triglyphe, qui, étant censé le bout de la solive, est nécessairement un corps plein, lorsque tout devoit le conduire à appliquer le mot *opa* au trou ou au vide produit par l'intervalle qui existe entre deux solives, avant que la construction vienne à le remplir ?

Il faut remarquer d'abord, qu'au temps de Vitruve, il se faisoit de très-faux raisonnemens sur le système imitatif de l'architecture; nous en avons la preuve dans l'article même dont il s'agit, où notre écrivain réfute sérieusement l'opinion de ceux qui prétendoient voir dans les triglyphes une imitation des fenêtres (*fenestrarum imagines esse triglyphos*). Remarquons ensuite que Vitruve ne paroît pas, dans la théorie de la frise dorique, avoir soupçonné l'existence des *métopes*, comme ouvertures restées vides dans les plus anciens édifices; qu'au contraire, considérant la *métope* purement & simplement en architecte, il n'y voit jamais qu'un intervalle, mais un intervalle rempli par la construction entre deux triglyphes. Enfin, il nous paroît que la composition du mot μετοπή, *metopa*, *interforamen*, qui peut se présenter sous deux sens différens, a été interprétée par lui dans le sens le plus opposé à la nature des objets dont il s'agissoit.

Cette dernière considération me paroît la plus importante ; & comme il s'agit ici de contredire l'autorité d'un ancien auteur écrivant sur son art, & comme ce point a déjà exercé plus d'un critique, entr'autres Carlo Fea, qui, en définitive, a cru que dans le doute, il valoit mieux s'en tenir à l'opinion de Vitruve, nous croyons devoir expliquer bien clairement l'objet de cette difficulté.

Elle tient donc à la composition du mot μετοπή, *interopa*, *entre-trou*, qui, comme tous les mots ainsi composés, en grec, en latin & en français, peuvent donner lieu à une sorte d'ambiguïté. En effet, *interlinea, intervallum*, signifient bien *linea quæ est inter, vallum quod est inter*, comme *entre-côte* veut dire ce qui est entre deux côtes. Mais s'il s'agit d'objets qui se répètent en alternant entr'eux, il se pourra qu'on appelle aussi *interligne*, non l'espace qui est entre deux lignes, mais la ligne qui sera entre deux espaces ; *entre-côte*, non la chair qui est entre deux côtes, mais la côte qui est entre deux chairs ; *entre-modillon*, non l'intervalle qui sépare deux modillons, mais le modillon qui est entre deux espaces. Je dis que cela se pourra, non que je croie que cela se doive ; tant l'usage, en toutes les langues, a fixé dans le sens contraire la signification de ces mots composés.

Vitruve nous paroît cependant, par l'interprétation qu'il fait du mot *métope* en grec & en latin, être tombé dans cette sorte de contresens. Nous avons fait voir comment, faute d'avoir eu en vue la notion primordiale de la *métope*, il a été conduit à chercher l'application du mot *opé opa*, dans le triglyphe même, ou dans le lieu qu'il occupe.

Voici sa phrase. « Les Grecs appellent *opa*, » le lit qu'occupent dans la bâtisse, les solives & » les ais, de même que les nôtres appellent ces » trous-là *columbaria*. Ainsi l'entre-solive, qui est » entre deux *opas*, a été nommé *métope*. » *Opas enim Græci tignorum cubilia & asserum appellant, uti nostri ea cava, columbaria ; ita quod inter duas opas est intertignium, id metopa est apud eos nominatum*.

Ce que Vitruve appelle donc ici *métope* ou *entre-trou*, n'est pas le trou qui est entre deux solives, mais seulement l'espace qui est entre deux trous de solive. Ces trous de solive sont ce que nous appelons *trous de boulin*, qu'on appeloit *columbaria* à Rome, c'est-à-dire, des trous laissés ou pratiqués de la même façon, pour servir de nids aux pigeons, dans le haut des bâtimens, ou pour leur servir d'entrée dans les colombiers.

Or, il nous est impossible de ne pas reconnoître ici une méprise de Vitruve : 1°. parce qu'il donne au mot composé *métope, entre-trou*, une explication contraire à l'usage grammatical ; 2°. parce que cette explication détournée est inutile, dès qu'on se reporte à l'image toute simple que produisent des solives également espacées sur une maîtresse poutre, & laissant nécessairement entre elles un vide ; 3°. parce qu'il répugne à toute bonne interprétation de se figurer ici les solives déplacées pour produire un trou de boulin. Or, cette bizarrerie d'explication devient frappante dans les mots qu'emploie Vitruve : *Quod inter duas opas est intertignium, id metopa est nominatum*. Mais si la métope est la même chose que l'*intertignium* ou l'entre-solives, la *métope* placée entre deux solives, suppose donc l'existence des deux solives, & non l'existence des deux places qu'occuperont ou qu'auront occupées ces deux solives.

Il nous semble que, n'en déplaise à la théorie de Vitruve sur ce point, le mot *métope* nous explique suffisamment, par sa composition, ce que fut & ce qu'est réellement cette partie de la frise dorique, ramenée à son origine, & que la signification de cette partie, attestée par les monumens & l'usage naturel & nécessaire des constructions de charpente, a des témoignages trop clairs pour qu'on puisse élever là-dessus le moindre doute.

La *métope* fut donc l'espace resté vide entre deux solives placées sur leur architrave ; & comme, ainsi que nous l'apprend Vitruve, lorsqu'on eut coupé ou arrasé les bouts de solive, un ornement peint, découpé en trois *glyphes*, & appelé de-là *triglyphe*, vint masquer la vue désagréable de ces extrémités de solive, de même l'accord de la décoration voulut qu'on bouchât ces entre-solives, & qu'on ornât ces intervalles par des symboles ou des figures.

De la disposition des métopes.

La distribution des *métopes*, dans la frise dorique, est nécessairement subordonnée à celle des triglyphes, qui, ainsi qu'on le verra à cet article (*voyez* TRIGLYPHE), ont dans l'ordonnance générale certaines places obligées, comme, par exemple, celle qui correspond à chaque milieu du diamètre de la colonne. Dans tous les temples doriques grecs, on observe que l'ordonnance picnostyle des colonnes s'est trouvée très-favorable à la disposition des *métopes*, parce que cette ordonnance, tout à la fois simple & symétrique, permit un espacement régulier de triglyphes & de *métopes*. L'ordre dorique grec n'admettant généralement pour la largeur de l'entre-colonnement que la largeur du diamètre de la colonne, & quelques parties en plus, la frise put être divisée en espaces parfaitement uniformes. Un triglyphe tombant au milieu de chaque colonne, & au milieu de chaque entre-colonnement, la *métope* y occupe constamment un espace qui comprend une partie du diamètre & une partie de l'entre-colonnement.

La seule variété de disposition qui ait lieu selon cette méthode, dérive de l'usage général chez les Grecs, de placer un triglyphe à l'angle. Pour sauver aux yeux la petite irrégularité du manque d'aplomb du triglyphe d'angle sur le centre de la colonne, & l'inégalité de *métope* qui devoit en résulter, on gagnoit de proche en proche, par un espacement progressivement plus large, cette différence, en sorte que le triglyphe d'avant celui de l'angle, ne répond pas non plus au milieu de l'entre-colonnement, & l'on faisoit la *métope* qui précède le triglyphe d'angle un peu plus large ; ou bien encore, selon les paroles mêmes de Vitruve (*liv. IV, chap*. 3), on resserroit les entre-colonnemens d'angle, de la largeur d'un demi-triglyphe.

Ces petites inégalités se font à peine sentir dans les monumens, ainsi que le prouve ce nombre considérable de temples doriques grecs, que le temps nous a conservés. On conçoit difficilement, d'après cela, que les architectes anciens même, ainsi que nous l'apprend Vitruve, pour sauver une si petite inégalité dans l'espacement & la disposition des *métopes*, se soient livrés aux soins superflus qu'ils ont pris.

On entend aussi peu comment Vitruve a pu dire, que pour éviter le défaut ou d'extension dans la *métope*, ou de resserrement dans l'entre-colonnement, les Anciens avoient évité d'appliquer l'ordonnance dorique aux temples. *Hoc autem sive in metoparum longitudine, sive intercolumniorum contractionibus efficiatur, est mendosum. Quapropter antiqui evitare visi sunt in ædibus sacris doricæ symetriæ rationem.* (L. 4 c. 3.) Il faut sans doute, ou que Vitruve n'ait eu personnellement aucune connoissance de ce nombre de temples doriques en Grèce, qui, de son temps, devoit y être bien plus considérable, que ne l'est aujourd'hui pour nous celui de leurs ruines, ou que, par le mot *Anciens*, il n'ait voulu parler que de ses prédécesseurs à Rome.

Il est probable que s'il a connu par des dessins les temples de la Grèce, il connoissoit beaucoup mieux ceux de son pays, & sa méthode sur l'ordre dorique & la disposition de sa frise, semblent prouver qu'il avoit suivi sur ce point les erremens de l'usage des temples romains, où l'architecture s'étoit fort écartée de la simplicité du type grec.

En effet, il prescrit de placer une demi-*métope* aux angles, méthode que les Modernes ont aussi suivie. Il recommande de leur donner à toutes autant de hauteur que de largeur. Ses règles, dans la distribution des triglyphes & des *métopes*, dépendent de la disposition des colonnes de ses péristyles. Toujours d'après son principe, il doit se trouver un triglyphe à l'aplomb de chaque colonne, quelle que soit la diversité d'entre-colonnement. Au temple exastyle, dans l'entre-colonnement du milieu, qui doit avoir en largeur le double des autres, il place trois triglyphes & quatre *métopes*; même division de triglyphes, même disposition de *métopes* au tétrastyle.

Lorsque l'ordonnance dorique, sortant de la simplicité qu'exige l'emploi des colonnes isolées, s'applique, soit aux compositions en arcades, en pieds-droits & en portiques, soit à d'autres conceptions architecturales, la régularité commandée par la disposition de la frise, offre à l'architecte de fort grandes difficultés. C'est surtout dans les ressauts, dans les accouplemens des colonnes, dans les divisions multipliées de l'entablement, que ces difficultés deviennent insurmontables. Alors l'emploi de triglyphes ployés ou accouplés, de demi-*métopes*, ou *métopes* rétrécies & alongées; se

trouve être une conséquence forcée du parti adopté par l'architecture. Nous ne dirons rien ici de tous ces vices de disposition, ni de tous les expédiens employés par les architectes modernes, pour forcer le type le plus régulier qu'il y ait, à se ployer aux combinaisons les plus irrégulières.

Il nous semble que c'est à ceci qu'il conviendroit d'appliquer l'exemple de Tarchesius, de Pytheus & d'Ermogènes, qui, pour éviter les petites irrégularités de disposition des *métopes* dont nous avons parlé, renoncèrent dans la construction de quelques temples, dit Vitruve, à employer l'ordre dorique.

De l'ornement des métopes.

L'espace intermédiaire entre les triglyphes, offrit naturellement un champ propice aux ornemens de la sculpture. Dans les édifices d'une modique étendue, le champ de la *métope* ne comporta guère d'autres sujets que ceux qui dépendent des symboles ou caractères allégoriques. Des patères, des ustensiles de sacrifice, des couronnes, &c., remplissent, selon le caractère & l'emploi du bâtiment, un fond qui peut, ou rester lisse, ou recevoir plus ou moins de richesse.

La manière la plus riche de décorer le champ des *métopes*, fut sans contredit celle dont les ruines d'Athènes nous ont conservé deux modèles très-remarquables, dans les temples de Thésée & de Minerve. Les *métopes* de ces deux temples sont occupées par des groupes de figures d'un bas-relief fort saillant. Ces sujets, qui forment comme autant de tableaux séparés, se composent de deux figures représentant le plus souvent une lutte ou un combat entre deux adversaires : l'espace ne comportant pas un plus grand nombre de personnages.

Il s'étoit conservé au temps de Stuart, dix-huit *métopes* du temple de Thésée, plus ou moins bien conservées. Elles occupoient la façade du frontispice antérieur du temple, & une partie en retour de chaque côté; le reste n'avoit pas été terminé : il ne s'en trouve que quatre à chaque retour. Les sujets de ces *métopes* sont les travaux d'Hercule & les combats de Thésée. On trouve pour le genre de composition & le style de l'exécution, une assez grande conformité entre cette sculpture & celle du temple de Minerve. Mais les sujets des *métopes* de ce dernier temple l'emportèrent sur ceux du temple de Thésée, autant pour la grandeur que pour la hardiesse de l'exécution & de la composition.

Ce genre de sculpture ou d'application de l'art de sculpter, à la décoration de l'architecture, étant fort peu connu, & l'importation faite par lord Elgin à Londres, d'un assez grand nombre de *métopes* du temple de Minerve, nous ayant mis à portée de considérer & d'examiner par nous-mêmes cette partie curieuse de l'art des Anciens, nous allons consigner ici quelques-unes des observations que ces ouvrages nous ont fait faire.

Lorsqu'on voit de près, ou du moins à une petite distance (telle que celle qui les sépare du spectateur au Muséum britannique), les groupes des *métopes* du temple de Minerve, ce qui frappe le plus d'abord, c'est la grande saillie donnée par la sculpture à ces sujets. Les Modernes ne se sont guère permis dans les ornemens des *métopes*, que des sujets légers & dont la saillie n'excède pas celle des montans du triglyphe. Ici ce sont des groupes tellement saillans, que plusieurs ont des parties en l'air & détachées du fond ; que d'autres ne tiennent au fond que par quelques points du marbre, tout le reste étant évidé de façon qu'avec peu de travail, on les détacheroit de leur fond pour en faire des groupes isolés.

Quelques personnes ont de la peine à croire au bon effet de ce genre d'ornement, exécuté dans un semblable système. Cependant, si l'on replace ces groupes au point de distance qui étoit celui de leurs *métopes*, si l'on admet, comme cela fut, (quoique Stuart ne l'indique pas, mais comme cela a été avéré par les derniers voyageurs anglais), que le fond de la *métope* avoit été tenu en renfoncement sur le nu du parement de l'architrave, on voit que ces sculptures ne débordèrent pas autant qu'on est porté à se le figurer. D'ailleurs, elles étoient placées immédiatement sous la grande saillie des mutules & de la corniche, & elles devoient figurer au-dessous des statues de ronde bosse des frontons. Il faut encore penser à la saillie des tailloirs & des chapiteaux de l'ordre dorique sans base, qui constituoit l'ordonnance du temple, & offroit le caractère d'architecture le plus prononcé.

On doit donc se persuader que le sentiment seul de l'harmonie générale prescrivit à la décoration le genre saillant de ces sculptures. La distance d'où on les voyoit, dut en réduire de moitié la dimension & en affoiblir l'effet, qui néanmoins ne put être que très-piquant. Ces groupes, encadrés comme ils l'étoient dans leurs *métopes*, devoient paroître comme des espèces de camées saillans, auxquels la saillie même donnoit une vivacité d'effet, qui suppléoit au charme d'une exécution plus étudiée.

Ce qu'on admire dans les sujets si nombreux des *métopes* du temple de Minerve, c'est l'inépuisable variété des compositions. Selon les usages modernes, il seroit douteux qu'on prit la peine de varier ainsi le même sujet & d'en diversifier autant la composition. La *métope* étant un ornement courant & répété, il auroit pu suffire de faire alterner entr'elles cinq ou six variétés de composition, pour éviter l'inconvénient d'une redite trop monotone dans une même rangée. A plus forte raison la répétition des mêmes groupes auroit-elle pu avoir lieu aux faces du temple, ou aux côtés correspondans de l'entablement, côtés que le spectateur ne peut jamais embrasser du même coup d'œil.

Dans les *métopes* du temple de Minerve, on a porté au plus haut point la recherche & le soin de la variété. Il paroît, d'après les esquisses du recueil de Nointel, que quelques *métopes* du côté méridional du temple, avoient quelques groupes dont les sujets différoient de la presque totalité des autres. A cela près, il est certain qu'on répéta plus de quatre-vingt fois, dans cette série de groupes, la même représentation, c'est-à-dire, celle d'un Athénien & d'un centaure, tantôt combattant, tantôt vainqueur, tantôt vaincu.

Deux difficultés se rencontrèrent pour varier ces compositions : l'une fut la configuration, toujours la même, du champ & du cadre, car rien ne s'oppose plus à la variété que cette uniformité ; l'autre difficulté résulta de la forme du centaure, moitié homme, moitié cheval, figure dont l'ensemble & les mouvemens ne dûrent pas se prêter facilement à des changemens de composition, surtout dans un espace aussi resserré. La destination de ces sortes de sculptures, vouloit aussi des lignes simples, peu de complication dans les attitudes & les mouvemens, & il falloit observer ce caractère d'écriture monumentale, si l'on peut dire, caractère fort différent de celui que les Modernes ont trop souvent donné à leurs bas-reliefs, même à ceux qu'ils destinoient à figurer dans leur architecture.

Tout ceci semble rendre assez bien raison du genre de ces compositions, de la manière dont elles sont exécutées, & peut-être aussi des inégalités qu'il est facile d'y apercevoir.

Ces inégalités sont de deux espèces, l'une de composition, l'autre d'exécution.

On comprend d'abord que, pour ce qui regarde la composition, un sujet toujours le même, & de deux figures, dans un espace aussi toujours le même, ne sauroit dans toutes ses variétés offrir des motifs également heureux. Il y a un certain nombre de combinaisons dont l'esprit de l'artiste doit s'emparer tout d'abord, & celles-là sont les meilleures. L'obligation de redire toujours la même chose, sans pourtant se répéter, force d'adopter des partis moins expressifs, des idées moins favorables au développement du sujet : & c'est ce qu'on peut remarquer dans les compositions de ces *métopes*. Quelqu'imagination qu'on ait, il n'est pas aussi facile de multiplier les aspects d'un groupe en bas-relief, que ceux d'un groupe en ronde bosse. Or, dans ces *métopes*, quoique le relief soit très-près d'être ronde bosse, l'aspect est toujours uniforme, c'est-à-dire, ne se présente que d'un côté. Quelques-uns des groupes qu'on voit dans la collection britannique, ont véritablement une grande beauté d'action, de mouvement & d'expression ; mais d'autres ont quelque chose d'un peu gêné, de moins significatif, & dans plusieurs, on aperçoit qu'une belle invention de composition a été comme comprimée par le cadre qui la circonscrit.

La seconde sorte d'inégalité est celle de l'exécution : il y a des groupes qui offrent, avec un dessin grandiose & correct, des vérités d'ensemble & de détail parfaites, les recherches d'un fini extrême, & d'un rendu qu'on pourroit regarder comme superflu ; il y en a où l'on trouve quelques négligences, quelques duretés de formes peu rendues, quelques parties restées en état d'ébauche ou incomplètes. Ces sortes de défectuosités ne paroissoient peut-être pas dans le lieu occupé par les *métopes*. On est d'autant plus porté à le croire, que l'effet de ces sculptures, à la place qu'elles occupent aujourd'hui, quoique de moitié moins élevées qu'elles ne l'étoient jadis, est beaucoup meilleur, que lorsqu'elles étoient plus rapprochées de la vue. Il est certain encore que l'aspect de ces ouvrages, qui ne sont au fond que de la sculpture d'ornement, devoit particulièrement valoir, par leur situation à l'égard du spectateur, par la lumière qu'ils recevoient, & par beaucoup de circonstances qui font souvent disparoitre à tel endroit donné, des irrégularités qui deviendroient sensibles dans un autre endroit.

Généralement, le style de tous ces groupes est grand & simple, le dessin en est quelquefois naïf & vrai, le plus souvent il est hardi & peu détaillé. Les formes y sont écrites avec fermeté, & parfois avec une certaine roideur qui tient au principe de l'effet local dont j'ai parlé. Dans plusieurs compositions on s'est contenté de la simple indication des draperies & autres accessoires, ce qui tient à ce système d'abréviation propre du bas-relief antique, c'est-à-dire, d'un genre qui participe plus ou moins de celui de l'écriture par signes figuratifs.

On ne sauroit douter que le plus grand nombre des groupes des *métopes* n'aient été plus ou moins terminés en place, & n'aient reçu sur le monument même le fini qui leur convenoit. Cependant il paroit encore plus certain qu'ils furent tous ébauchés, travaillés & plus ou moins avancés dans l'atelier. Ce qui l'indique, c'est la manière dont les quartiers de marbre, sur lesquels ils sont sculptés, furent enclavés dans la construction générale. M. Cokerell, architecte anglais, qui a fait sur l'édifice même une étude approfondie de tous les détails de sa construction, a observé que chacun des quartiers de marbre, servant de fond aux groupes des *métopes*, entroit dans les rainures d'une coulisse propre à le recevoir. Or, ces soins ne furent vraisemblablement pris, que pour avoir la facilité de placer chaque pièce après qu'elle fut exécutée ; & c'est à ce procédé qu'on a dû aussi de déplacer sans peine les morceaux qu'on a enlevés.

Ce genre de bas-reliefs, ou pour mieux dire, de hauts reliefs fouillés, détachés & isolés du fond, dans un grand nombre de leurs parties, fait voir encore qu'un semblable travail n'auroit pu avoir lieu en place, sans un temps, des peines & des dépenses infinies. Il a fallu nécessairement, pour vaincre ces difficultés, pouvoir remuer & tourner dans tous les sens, le bloc de marbre, ce qui n'a pu se faire que dans l'atelier.

Il paroit impossible que chaque groupe des *métopes* ait été exécuté sans un modèle préalablement arrêté, pour bien déterminer les saillies & les renfoncemens. Il a dû suffire que ce modèle eût la moitié de la dimension prescrite, & fixât le mouvement de l'ensemble ainsi que le jeu de la composition.

Cette sculpture semble porter en soi toutes les instructions nécessaires pour faire juger la manière dont elle fut exécutée, la valeur qui lui fut propre, & le rang qu'on doit lui assigner. Les groupes des *métopes* formoient certainement entre les divers genres de sculpture du temple de Minerve, une catégorie particulière & distincte des deux autres. Elle aura été confiée à un chef de travaux d'un mérite subalterne, & exécutée par une classe de sculpteurs qu'on appelleroit en Italie *scarpellini*.

Il falloit à cette sculpture beaucoup de cet effet qu'on obtient par le *fouillé*, par des noirs, par des parties tranchées, par des formes hardiment détachées. De-là un travail souvent sec & dur, vu de près, un dessin quelquefois brusquement prononcé. On doit dire qu'aucune série de sculptures du temple de Minerve ne perd plus que celle-là au déplacement. Toutefois il ne faut pas une grande intelligence en ce genre, pour concevoir que ces ouvrages sont ce qu'on a voulu qu'ils fussent, à raison de leur destination & de leur emplacement ; que, considérés sous les rapports qui leur sont propres, ils doivent être réputés d'un mérite égal à celui des autres. Si même on les juge relativement à ce qu'ils font un être, c'est-à-dire, comme objets de *sculpture d'ornement*, on leur trouvera plus de perfection encore que ce genre n'en exige, & n'en a jamais eu dans aucun monument.

Métope barlongue. C'est une *métope* qui, dans la distribution de la frise dorique, a plus de largeur que de hauteur. On a vu que les Grecs ont usé de ce procédé dans la *métope* qui précéda le triglyphe d'angle ; mais ils ont observé de rendre cette inégalité aussi peu sensible qu'il fut possible. Les Modernes ont souvent beaucoup trop abusé de cet exemple dans la disposition des *métopes*.

Métope (demi-). Selon le système de Vitruve, qui consiste à établir toujours le triglyphe à l'aplomb du centre de la colonne, le triglyphe que les Grecs plaçoient à l'angle, se trouvant placé à l'aplomb du centre de la colonne d'angle, il reste entre ce triglyphe & l'angle de l'entablement, un espace qui forme la moitié d'une *métope* ; l'autre *demi-métope* se trouve en retour.

MÉTOYERIE, f. f. C'est une limite qui sépare deux héritages contigus, appartenant à deux ou à plusieurs propriétaires. Ainsi on dit que deux voisins sont en *métoyerie*, lorsque le mur qui partage leur maison est mitoyen, s'il n'y a point de titre contraire.

MEULIÈRE, f. f. C'est le nom qu'on donne à une sorte pierre de roche poreuse, dont on fait les meules de moulin. Les quartiers & fragmens de cette pierre dure forment, à Paris & dans ses environs, une espèce de moellon jaunâtre, dont on fait la maçonnerie des murs & d'autres constructions très-solides. Cette pierre rocailleuse & remplie de trous est propre surtout à recevoir le plâtre & les mortiers dont on use, & qui contractent avec elle une très-grande adhérence. Cette sorte de moellon ne peut recevoir aucun poli; il forme, quand on le laisse à découvert, une construction rustique, qui, selon le genre des édifices, s'entremêle quelquefois assez heureusement avec des paremens ou des bandeaux de pierre. On le recouvre le plus souvent d'un enduit avec lequel il fait un corps d'une grande consistance.

La *meulière* s'emploie aussi avec beaucoup d'avantage dans les fondations des édifices.

MEUTE. (*Voyez* MUETTE.)

MEXICAINE (ARCHITECTURE). C'est pour être fidèle au plan qu'on s'est tracé dans ce Dictionnaire, plan qui doit embrasser l'universalité de l'art de bâtir en tous temps & en tous pays, que l'on a consacré un court article à l'exposition de ce qu'on sait, sur l'état où étoit l'architecture au Mexique, lors de sa conquête.

Les récits faits alors par Fernand Cortez & d'autres Espagnols, sur la foi desquels plusieurs critiques se sont laissé abuser, ces récits, disons-nous, ont été réduits à leur juste valeur par l'historien Robertson, dont nous allons emprunter les notions suivantes. (*Hist. de l'Amériq.* liv. 7.)

Les villes du Mexique, quelque grandes & peuplées qu'elles fussent, paroissent avoir été plutôt l'asile d'hommes qui ne font que sortir de la barbarie, que l'habitation paisible d'un peuple policé.

D'après la description qu'on nous donne de Tlascala, on peut dire que cette ville ressembloit beaucoup à un village indien. Ce n'étoit qu'un amas de huttes basses, dispersées çà & là, selon le caprice de chaque propriétaire, bâties en terre & en pierre, couvertes de roseaux, & ne recevant le jour que par une porte si basse, qu'on ne pouvoit y entrer qu'en se courbant.

Quoique la situation de Mexico, sur le lac, eût produit une disposition de maisons plus régulière, la structure du plus grand nombre n'en étoit pas moins grossière. Les temples mêmes & les édifices publics, ne paroissent pas avoir mérité les éloges pompeux qu'en font les historiens espagnols. Autant qu'il est possible d'en juger par leurs descriptions obscures & peu exactes, le grand temple de Mexico, le plus célèbre de la Nouvelle-Espagne, assez élevé pour qu'on y montât par un perron de cent quatorze marches, étoit une masse solide de terre, en forme carrée & revêtue en partie de pierres. Chaque côté de sa base avoit quatre-vingt-dix pieds; & comme il alloit en diminuant, l'édifice se terminoit dans le haut par un espace d'environ trente pieds carrés, où étoit placée une figure de la Divinité, & deux autels sur lesquels on sacrifioit les victimes.

Les autres temples les plus célèbres du Mexique ressembloient tous à celui de Mexico. Le temple de Cholula, qu'on regardoit comme le plus sacré de cette contrée, en étoit aussi le plus considérable. Ce n'étoit cependant qu'un mont de terre solide, dont la base, selon Torquemada, avoit plus d'un quart de lieue de circuit, & quarante brasses de hauteur.

Suivant les différentes figures des temples qu'on trouve dans les peintures gravées par Purchas, il y a lieu de croire que tous ceux des Mexicains étoient construits de la même manière.

A en croire les historiens espagnols, le palais de l'empereur & les maisons des principaux nobles montroient plus d'art & d'industrie que les édifices précédens, puisqu'on peut difficilement concevoir plus de grossièreté dans les premiers ouvrages d'une nation, qui commence à élever des monumens publics.

On voyoit, dit-on, dans ces palais, quelqu'élégance de dessin, & des distributions assez commodes. Cependant, si de semblables édifices eussent existé dans les villes du Mexique, on en trouveroit encore quelques vestiges. Par la manière dont Cortez conduisit le siége de Mexico, nous pouvons croire que tous les monumens un peu considérables de cette capitale furent détruits. Mais comme il ne s'est écoulé que deux siècles & demi (au temps où écrivoit Robertson) depuis la conquête du Mexique, il paroît impossible qu'en un espace de temps si court, des édifices si vantés aient disparu sans laisser la moindre trace de leur existence. Comment s'expliquer que dans les autres villes, celles surtout qui ne furent point emportées de vive force, il n'y ait aucune ruine qui atteste l'ancienne magnificence dont on parle?

Dans les plus petits villages des Indiens, il y a des bâtimens d'une plus grande étendue & d'une plus grande élévation que celles des maisons de particulier. Ceux où se tient le conseil de la peuplade, où on s'assemble dans les fêtes publiques, sont magnifiques, si on ne les compare aux autres. La distinction des rangs & l'inégalité des propriétés étant établies parmi les Mexicains, le nombre des grands édifices devoit y être aussi plus considérable que dans les autres nations de l'Amérique: Il ne paroit pourtant pas qu'il y en ait eu aucun qui méritât, par sa magnificence

magnificence ou sa solidité, les pompeuses épithètes que les auteurs espagnols leur donnent en les décrivant. Il est probable que, bien que plus ornés, & construits sur une plus grande échelle, ils étoient bâtis de ces matériaux légers & peu durables, qu'on employoit pour les maisons ordinaires, puisqu'en moins de deux cent cinquante années, le temps en a emporté jusqu'aux moindres vestiges.

Lorsque plus d'un voyageur fidèle & impartial décrit quelques ruines qui paroissent avoir fait partie d'un bâtiment en pierre & gazon, recouvert de terre blanche & de chaux, & affirme ensuite n'avoir trouvé aucun reste d'ouvrages anciens dans l'empire du Mexique; il faut entendre par-là, qu'il n'y reste rien qui puisse donner une idée de puissance & de magnificence, dans l'art de bâtir des anciens Mexicains. On ne sauroit en effet révoquer en doute qu'il reste des vestiges de bâtimens & de construction à *Otumba*, *Thascala*, *Cholula*, &c.

D. Franc. Ant. Lorenzana, ci-devant archevêque de Tolède, dans son introduction à l'édition des cartes de la *Relation de Cortez*, qu'il a publiée à Mexico, parle de quelques ruines qu'on voit encore dans plusieurs villes par lesquelles Cortez a passé en se rendant à la capitale. Mais on n'en a point donné de descriptions, & ces ruines paroissent si peu considérables, qu'à peine suffisent-elles pour faire voir qu'il y a eu autrefois quelques bâtimens en ces endroits.

Le grand tertre de terre à Cholula, auquel les Espagnols ont donné le nom de *temple*, s'y trouve toujours, mais sans le moindre escalier pour y monter, & sans aucune apparence de pierre. Cette élévation ne paroit maintenant qu'une montagne naturelle, couverte d'herbes & d'arbrisseaux, & peut-être qu'elle n'a jamais été rien de plus.

On trouve dans diverses relations, mais sous des noms d'endroits différens entr'eux, des descriptions de monumens pyramidaux & par retraites, dont il paroît qu'il reste assez de fragmens pour qu'on puisse s'en figurer & en restituer l'idée. C'est ce qu'a tenté de faire D. Pietro Marquez, dans un petit ouvrage qu'il a publié à Rome en 1804, intitulé : *Due antichi monumenti di architettura messicana*. Il tira ces renseignemens, ainsi qu'il nous l'apprend, de la gazette littéraire de Mexico, où furent décrits deux monumens mexicains, l'un en 1785, l'autre en 1791, par D. Giuf. Ant. Alzate.

Le premier monument se voyoit dans un lieu appelé *Papantla*. Sa forme est pyramidale, & l'on entend la forme ou la configuration générale; car sa ligne d'élévation n'est pas continue comme celle des pyramides d'Egypte. C'est ce qu'on appelle (& il s'en trouve de semblables en Egypte) une *pyramide à étages*, formée de six corps en retraite l'un sur l'autre. Le corps ou degré inférieur paroit avoir eu cent pieds de long dans chacune de ses quatre faces. La relation ne donne point les mesures des autres corps, mais on y voit que chacun avoit dans sa hauteur un certain nombre de niches carrées, d'environ trois pieds en tout sens : le corps ou le degré inférieur en a vingt-quatre à chaque face, le second en a vingt, le troisième seize, le quatrième douze, le cinquième dix, le sixième huit. On présume qu'il dut y avoir un septième degré qui eut six de ces niches à chaque face. Sur une des faces de cette pyramide, dont les degrés étoient trop élevés pour servir à monter au faîte, il y avoit un escalier fort spacieux, qui coupoit tous les degrés de la pyramide, & par lequel on arrivoit à la plate-forme supérieure, où l'on présume qu'étoit construite une petite chapelle, renfermant les idoles auxquelles on faisoit les sacrifices.

D. Pietro Marquez a donné dans un petit dessin la restitution de ce monument, & nous ne pouvons qu'y renvoyer le lecteur pour s'en faire une idée plus précise.

Le même écrivain a recueilli dans les documens dont nous avons parlé plus haut, quelques notions sur un autre monument mexicain, si l'on peut réellement appeler ainsi, en architecture, une montagne pyramidale en terre, que l'on s'entoura, à ce qu'il paroit, dans sa circonférence, que de quatre ou cinq enceintes de pierres, dont l'objet avoit été de retenir les terres. Le plus grand nombre de ces enceintes avoit disparu, lorsque fut faite la relation d'après laquelle D. Pietro Marquez a donné quelques légers dessins de ce monument. Il se termine aussi en une plate-forme, qui doit avoir été occupée par un petit temple, selon l'usage de ce pays & de plusieurs autres. On a été divisé d'opinion sur la destination de cette montagne, ainsi revêtue d'enceintes. Quelques-uns ont voulu qu'elle ait été un ouvrage de fortification ; mais ce qui semble renforcer l'opinion qu'elle fut un monument religieux, c'est que l'assise des pierres d'en bas, ou ce qu'on pourroit appeler *le soubassement*, est sculptée en figures qu'on croit avoir été les hiéroglyphes du pays : or, un tel accessoire convient fort peu à un ouvrage d'architecture militaire. Le nom de cette montagne, *Xochicalco*, interprété par ceux qui ont conservé quelque connoissance de la langue *mexicaine*, seroit aussi ce ne peut pas moins d'accord avec cette destination.

MEZZANINE. Ce mot est italien, *mezzanina*. C'est un petit étage intermédiaire entre deux plus grands. (*Voyez* Entresol.)

MICHEL SAN-MICHELI. (*Voyez* San-Micheli.)

MICHELOZZO MICHELOZZI, architecte florentin. On ne cite ni la date de sa naissance ni celle de sa mort; mais tous les détails de sa vie prouvent qu'il naquit dans la première moitié du quinzième siècle.

Michelozzo étudia d'abord la sculpture sous Donatello, & il s'appliqua aussi au dessin. Il se rendit habile dans presque toutes les parties des arts; mais une prit bientôt le dessus sur les autres. Je veux parler de l'architecture. On ne tarda pas à s'apercevoir que Brunelleschi avoit eu un successeur. L'architecture, surtout dans la construction des maisons & des palais, est fort subordonnée à la manière de vivre & aux usages domestiques. Il est difficile que les bâtimens conviennent long-temps, lorsque les mœurs changent, & que ces changemens appellent de nouveaux besoins qui, à leur tour, exigent de l'art de nouvelles ressources.

Michelozzo passa de son temps pour l'homme le plus ingénieux à adapter, dans la construction des palais, le luxe de l'art aux sujétions & aux convenances des besoins intérieurs. Cosme de Médicis avoit su distinguer son talent en ce genre; il le mit bientôt à l'épreuve. Brunelleschi lui avoit fait précédemment un modèle de palais, dont il paroît que le défaut avoit été d'être trop grand & trop dispendieux. *Michelozzo*, averti par cet exemple, & connoissant les intentions de Cosme, lui présenta un modèle en relief du palais, qui depuis a passé à Florence dans la famille Riccardi & en a porté le nom. Cosme agréa le projet, & l'on vit s'élever à Florence le premier palais qui réunit à une belle architecture, des distributions à la fois spacieuses & commodes. Vasari, qui donne quelques détails de ses appartemens, ajoute qu'il n'en est pas un qui ne soit capable de loger les plus grands princes de l'Europe, & que, bien que ce palais ait été bâti par & pour un simple citoyen qu'étoit alors Cosme de Médicis, cependant il a reçu depuis, & fort convenablement, rois, empereurs, papes & tout ce que l'Europe a de plus éminens personnages. Le palais de Médicis (aujourd'hui Riccardi) est effectivement une des masses les plus imposantes de Florence; l'emploi des bossages y imprime un caractère de force & de solidité prodigieuse. Les fenêtres y sont, comme au palais Pitti, en arcades divisées par une colonne qui en fait deux croisées. Le soubassement du palais, où est comprise la hauteur de la porte, donne à cet ensemble un aspect imposant. Il est couronné par un entablement riche, mais un peu trop massif, & qui est inférieur à celui du palais Strozzi.

Le plan du palais comprend deux grandes cours; la moins spacieuse est la plus riche. On y admire le portique d'en bas & la colonnade du haut, formant ce qu'on appelle, en italien, une *loggia*, correspondante au portique inférieur.

En 1433, Cosme de Médicis fut exilé à Venise. *Michelozzo*, qui l'accompagna volontairement, y trouva plus d'un emploi de son talent, soit à bâtir des maisons pour de riches particuliers, soit à embellir d'autres habitations. Ce fut aux dépens de Cosme qu'il construisit, pour le monastère de Saint-Georges, la belle bibliothèque qu'on y admire. Ces travaux contribuoient surtout à charmer les loisirs de l'illustre exilé, qui fut rappelé l'année suivante dans sa patrie. Ce retour fut un triomphe, & *Michelozzo* en eut sa part.

Cosme de Médicis le chargea bientôt de réparer le grand édifice appelé *le Palais de la seigneurie* ou *le Palais vieux*; & par réparer, il faut entendre non-seulement ce qui regardoit la solidité dans la construction de cette grande masse, élevée, à ce qu'il paroît, avec peu de soin en 1298, par Arnolphe, mais aussi ce qui se rapportoit à la distribution de son intérieur, distribution sans art, & telle que le comportoient les usages beaucoup moins exigeans de ce siècle. Les travaux de *Michelozzo*, dans cette vaste restauration, eurent un double mérite, celui d'une rare habileté quant à l'ouvrage, & celui d'un grand désintéressement de la part de l'architecte; car il est peu d'entreprises moins flatteuses pour l'amour-propre d'un artiste, que ce travail, qui consiste à reprendre en sous-œuvre des piliers, des colonnes, des masses de bâtimens, à substituer des matériaux à des matériaux, à renforcer des arcs, à doubler des contre-forts, à boucher des lézardes, à redresser des plafonds, à donner un niveau égal aux pièces destinées à être de plain-pied, à pratiquer de nouvelles ouvertures pour de nouvelles dispositions. Tout cela exige beaucoup de soin, de prudence & d'intelligence dans l'art d'étayer & de soutenir les parties qu'on restaure, & dans l'art de se raccorder avec l'ancien, de manière à cacher la restauration. *Michelozzo* répondit avec un rare succès aux intentions de Cosme. Après avoir satisfait à tout ce qu'exigeoit la solidité, il eut encore le mérite de donner à ce vaste intérieur une sorte d'unité qu'il n'avoit jamais eue, par une distribution nouvelle qui en lioit toutes les parties, & toutefois leur donnoit des dégagemens tels, que les seigneurs, qui jadis n'occupoient qu'une seule grande salle à eux tous, y eurent chacun un appartement commode & séparé.

Vasari s'est plu à décrire ces travaux de *Michelozzo*, qui, en améliorant l'ouvrage de son prédécesseur, n'avoit pas laissé moins à faire au siècle suivant, pour redonner à ce palais une forme encore meilleure. Un nouveau Médicis, Cosme II, ayant voulu, en 1538, habiter le palais vieux, désira qu'un goût plus moderne en rajeunît encore & la disposition & la décoration. Mal entendu & mal servi dans ses projets par ses architectes ordinaires, il fit venir de Rome Vasari, qui, au bout de six mois, lui présenta un modèle en bois du palais, réduit dans tous ses détails à une disposition plus conforme. Médicis accepta le projet: Vasari se mit à l'œuvre, &, selon ses propres paroles, il fit du palais vieux, un palais tout nouveau; tellement, dit-il, que si les premiers fondateurs de cet édifice, fi Arnolphe & *Michelozzo* revenoient au monde, ils ne reconnoîtroient point leur ouvrage. Ce palais, dont on admire aujourd'hui les intérieurs, a cessé depuis long-temps d'être la demeure des grands-ducs, & il est probable que si quelqu'un de ces princes vouloit y fixer aujourd'hui son séjour, le bâtiment seroit encore condamné à une nouvelle métamorphose; car, lorsque l'architecture ne commande point aux usages, il faut bien que les usages se soumettent à l'architecture.

On cite un assez grand nombre d'ouvrages de *Michelozzo*, qui, pour avoir peu de célébrité, n'en témoignent pas moins de la fécondité de son talent. Tels sont, à Florence, le couvent des Dominicains & le noviciat de Sainte-Croix; à Mugello, le palais Cassigiuolo, élevé par ordre de Cosme Ier., dans le goût d'une forteresse; à deux milles de distance de Florence, le palais de la Villa Carreggi, ouvrage remarquable par sa magnificence; à Fiesole, pour Jean de Médicis, fils de Cosme Ier., un superbe palais dans lequel l'architecte se montra aussi habile qu'ingénieux, à réunir l'utile & l'agréable, à profiter des dispositions du terrain montueux où il éleva son bâtiment; profitant des parties inférieures pour y placer, sous des voûtes, les écuries, les caves, tous les accessoires & toutes les dépendances de nécessité; se réservant, dans les parties supérieures, la distribution des étages propres à l'habitation.

Michelozzo donna dans le même temps les projets d'un hôpital pour les pèlerins, & Cosme en envoya le modèle à Jérusalem, pour le faire exécuter à ses dépens.

Il n'y avoit point d'entreprises que Cosme ne confiât à *Michelozzo*. C'est ainsi qu'il eut recours à lui pour faire arriver à Assise, des eaux dont cette ville manquoit. Occupé de ce travail, *Michelozzo* en préparoit un autre: c'étoit le plan de la citadelle de Pérouse. Ramené à Florence, il y bâtit le palais Torna Buoni, dans le même genre à peu près que celui de Médicis, excepté qu'il n'employa point les bossages & ne lui fit pas un si riche couronnement.

Lorsque François Sforce, duc de Milan, eut fait présent d'un palais dans sa capitale à Cosme Ier., celui-ci voulut que son architecte favori le mit à même de prouver au duc le prix qu'il attachoit à ce présent, sentiment qu'il ne pouvoit mieux exprimer qu'en ornant cette habitation, par les ressources de l'art les plus propres à en augmenter la valeur.

Michelozzo avoit été plutôt l'ami de Cosme Ier. que son architecte. Pierre ayant succédé à son père, hérita des mêmes dispositions, ce qu'il montra dans le monument élevé à la mémoire de Cosme, la chapelle de l'Annonciade, dans l'église des Servites de Florence; car il voulut qu'on l'élevât sur les desseins & sous les yeux de *Michelozzo*, que l'âge rendoit déjà moins capable de vaquer personnellement à tous les travaux que sa réputation lui procuroit. Ce fut ainsi que fut exécutée cette célèbre chapelle où Pagno di Lapo Partigiani, sculpteur de Fiesole, fit un bel assemblage des richesses de l'architecture & de celles de la sculpture.

Michelozzo mourut âgé de 68 ans, & fut enterré dans l'église de Saint-Marc à Florence.

MI-COTE. Façon de parler adverbiale dont on use pour désigner la situation d'une maison bâtie vers la moitié de la hauteur d'une colline, situation qui est fort agréable pour la vue. On dit *une maison de campagne à mi-côte*.

MILASSA ou MYLASA, aujourd'hui *Melasso*. Ville antique de l'Asie mineure, où il s'est conservé de fort beaux restes d'antiquités.

Chandler dit que sur un rocher escarpé, environ à deux lieues au sud de *Mylasa*, il a vu un château dont la muraille est fondée, dans cet endroit, sur des degrés de marbre, & il soupçonne que ce pourroit être là l'emplacement du temple de Jupiter Carien. Mais cette idée, dit M. de Choiseul-Gouffier, ne peut être regardée que comme une conjecture extrêmement vague. De tous les temples qui décoroient cette ville, un seul avoit échappé à toutes les causes de destruction. Ce monument, dédié à Rome & à Auguste, fut détruit peu de temps avant que ce dernier voyageur eût visité l'Asie mineure. On n'en voit plus que des fragmens employés dans la bâtisse d'une mosquée.

Pocoke en avoit donné les desseins, & c'est d'après lui qu'on peut s'en former l'idée. Ce temple étoit hexastyle & périptère, ayant sept colonnes dans ses ailes, en comptant les colonnes d'angle. Il surmoit presqu'un carré. Les colonnes d'ordre composé, ainsi que la frise, avoient été richement ornées.

A un quart de lieue de *Mylasa*, est un édifice de marbre blanc, d'une forme & d'une exécution intéressante. C'est un tombeau à deux étages, dont le soubassement, fort élevé, comprend une porte qui mène à la chambre sépulcrale. Il n'y a aucun escalier pour monter à la partie supérieure, formée d'une colonnade quadrangulaire avec des pilastres carrés aux angles. La plate-forme qui porte ces colonnes, est percée par un trou qui répond à l'intérieur de la chambre pratiquée dans le soubassement.

Les colonnes dont on parle, offrent plus d'une particularité: d'abord leur plan est ovale, ensuite il règne dans la hauteur de leur fût, & seulement dans la partie des entre-colonnemens, une bande dont on devine difficilement le motif & l'usage. Ce n'est pas, au reste, le seul exemple de colonnes ovales qu'il y ait dans l'antiquité.

Les cannelures des colonnes & des pilastres du tombeau de *Mylasa*, n'occupent que les deux tiers supérieurs du fût, exemple assez rare dans les monumens anciens. L'entablement, supporté par des colonnes, n'a point de corniche. Cette suppression paroît avoir été motivée par les degrés qui forment le couronnement de l'édifice, & peut-être aussi doit-on attribuer à la même cause, la bizarrerie de forme de la frise.

L'ensemble du monument rappelle en petit l'idée du tombeau de Mausole, qui se terminoit par une partie pyramidale composée de vingt-quatre degrés, s'élevant de même au-dessus d'une colonnade quadrangulaire. A *Mylasa* on voit encore plusieurs degrés qui formoient l'amortissement pyramidal du tombeau. Ce que cet amortissement a de particulier, c'est qu'il formoit dans la partie intérieure, ou le plafond de la colonnade, une sorte de voûte. Il faut entendre par-là un plafond creux, formé par étage des pierres même de la petite pyramide. Ce plafond est richement décoré, & sculpté avec beaucoup de luxe.

Aucune inscription n'apprend quel siècle a vu s'élever cet édifice. Si l'on estime toutefois l'âge des monumens par le plus ou moins de pureté & de correction dans les formes & les proportions, on sera porté à croire que le temps de la belle architecture étoit passé lorsque ce tombeau, du reste fort intéressant, fut élevé.

A l'est de la ville de *Mylasa*, est une porte en marbre blanc, que M. de Choiseul-Gouffier fit mesurer avec le plus grand soin. Le dessin, dit-il, en est pur, & les proportions en sont belles. Les défauts qu'on pourroit y remarquer, ne sont que dans les détails de son entablement, dont la frise est extrêmement basse, & semblable à celle du tombeau qui vient d'être décrit. Mais la hauteur totale de l'entablement est ici dans un rapport très-léger avec les pilastres, qui sont d'une bonne proportion. La hauteur de l'arcade n'a guère plus d'une fois & demie sa largeur, proportion que les Anciens ont presque toujours observée, & qui fait paroître les ouvertures très-grandes.

Sur la clef de l'arcade est une double hache, symbole du Jupiter de Labranda, dont le temple appartenoit aux Mylasiens.

MILET. Cette célèbre capitale de l'Ionie peut à peine montrer quelques témoins de son ancienne existence. On croit voir encore des fragmens du grand temple d'Apollon Didyme, à quelques cent quatre-vingts stades de *Milet*, sur un territoire qui dépendoit de cette ville. Il en reste trois colonnes encore debout, surmontées d'une simple architrave & entourées d'un amas prodigieux de marbres brisés. Ces colonnes & quelques bases encore en place, ont fait croire que là étoit ce temple d'ordre ionique, l'un des plus magnifiques & des plus vastes qui aient jamais été élevés. Il étoit décastyle, dyptère & hypæthre, quant à la disposition intérieure de ses deux rangs de colonnes l'un au-dessus de l'autre. Il resta hypæthre de fait, ou découvert, comme on l'entend ordinairement, puisque Strabon & Pausanias disent que l'on ne fit jamais la dépense de lui donner une ouverture.

De tous les édifices superbes qui embellissoient la ville de *Milet*, il ne reste plus que des marbres mutilés, la plupart à demi enterrés, & des vestiges très-authentiques d'un théâtre construit tout en pierre, & qui avoit été revêtu de marbres & de sculptures.

MILLIAIRE (Pierre). On dit colonne ou borne *milliaire*, selon la forme qu'on donne à ce signe numérique des distances sur les chemins.

La *colonne milliaire* qui, à Rome, étoit placée dans le forum, comme point de départ des autres pierres *milliaires*, étoit véritablement taillée en forme de colonne ou de demi-colonne, surmontée d'un globe de métal doré.

Les pierres *milliaires* des routes romaines étoient de forme beaucoup plus simple.

Chez beaucoup de nations modernes où l'on compte les distances par mille pas géométriques, on place de même des pierres sur les routes, & on y grave le chiffre qui indique le nombre de milles.

Les pierres *milliaires* qui, jusqu'à une certaine distance de Paris, sont placées sur les routes qui aboutissent à cette capitale, sont des espèces de bornes circulaires faites de grès.

MINARET, s. m. C'est une espèce de tour isolée qui s'élève par étages, ayant un balcon souvent en saillie, & qui, chez les Turcs, est placée près des mosquées. C'est-de-là qu'on appelle le peuple à la prière, & qu'on annonce les heures.

On donne généralement le nom de *minaret* à toutes ces espèces de tours si communes dans l'Asie. Les Chinois en ont de semblables qui s'élèvent comme des clochers, jusqu'à deux cents pieds de hauteur. (*Voyez* CHINOIS (Architecture).)

On élève quelquefois des *minarets* dans les jardins du genre irrégulier, où l'on introduit, sous différens noms, des édifices dans le goût chinois.

MINUTE, s. f. On appelle ainsi, dans l'échelle dont on se sert pour mesurer les membres de l'architecture, tantôt la trentième, tantôt la dix-huitième, & tantôt la douzième partie d'un module. (*Voyez* MODULE.)

MIROIR, s. m. Les ouvriers appellent de ce nom, dans le parement d'une pierre, une cavité causée par un gros éclat quand on la taille.

Miroir se dit d'un ornement en ovale qu'on taille dans des moulures creuses, & qui est quelquefois rempli de fleurons.

MIROIR DE PARTERRE. (*Terme de jardinage.*) C'est un petit rond formé par une plate-bande ou par un simple trait de buis.

MNÉSICLÈS, architecte grec, célèbre par la construction des propylées, édifice qui formoit l'entrée de la citadelle ou de l'acropole d'Athènes. Ces magnifiques vestibules dont Pausanias a vanté surtout les plafonds en marbre, se sont conservés jusqu'à nos jours, dans des ruines qui ont permis d'en reconnoître l'ensemble. On en a donné la description à l'article ATHÈNES.

MODÈLE, s. m. En architecture, on appelle ainsi l'exécution en relief, mais dans une dimension fort réduite (le plus souvent), d'un édifice ou d'une portion d'édifice, pour en mieux faire connoître l'effet, soit à ceux qui commandent l'ouvrage, soit à ceux qui sont chargés de l'exécuter.

On a dit que le *modèle* se faisoit le plus souvent en petit. Il y a effectivement quelques exemples de ce qu'on peut appeler le *modèle* d'un monument fait de la grandeur même du monument. Ainsi le grand arc de triomphe projeté par Claude Perrault, à l'entrée du faubourg Saint-Antoine, fut exécuté en un *modèle* de maçonnerie, dans toutes les dimensions & avec tous les accessoires d'ornemens destinés à l'ensemble, qui finit par n'être point réalisé en matière durable. De nos jours on a vu aussi quelques projets de monumens rendus en *modèles* de charpente & de toiles peintes, qui représentoient exactement la réalité. L'arc de triomphe de l'Etoile, déjà très-avancé, mais abandonné depuis quelques années, s'élève à l'endroit même où un *modèle* semblable à l'exécution, avoit mis pendant long-temps le public à même de juger de ses proportions & de l'effet de sa masse.

On fait aussi des *modèles* en grand des parties des édifices. Tout le monde sait que Michel Ange ne voulut point se hasarder dans l'exécution de l'entablement qui devoit couronner le palais Farnèse à Rome, avant d'avoir essayé l'effet de sa masse, de ses profils, & de leurs rapports, dans un *modèle* placé sur l'angle du palais. Ce *modèle* avoit été fait en bois. Tous les jours encore, pour les grands édifices qui exigent une connoissance positive & non spéculative de la forme & de l'effet de certains détails, on fait, sur ce qu'on appelle le *tas*, des *modèles* en plâtre, par exemple, de chapiteaux, d'entablemens, de profils : ces *modèles*, placés à la distance d'où l'ouvrage définitif doit être vu, servent singulièrement à faire juger ce que produiront, du point de vue donné, les objets qu'il faudra réaliser. Ils font connoître s'il y a trop ou trop peu de détails, s'ils sont trop ou trop peu saillans, ce qu'il faut y ajouter ou en retrancher. Sans ces essais préliminaires, il seroit difficile, surtout d'après de simples dessins, de se rendre compte de ces particularités, & l'artiste le plus expérimenté n'oseroit pas se fier à ses seules conjectures sur tous ces points.

L'usage des *modèles* exécutés en relief & en petit, paroît avoir été connu & pratiqué de tous temps. L'antiquité nous en fourniroit même des exemples, quoique Vitruve, dans les différentes expressions qu'il emploie, telles qu'*ichnographie*, *orthographie*, *scénographie*, pour désigner la représentation qu'on fait des édifices, n'indique rien qui puisse s'appliquer à ce qu'on entend par *modèle*. Mais Vitruve ne parle que du dessin. Cette manière élémentaire & habituelle de produire les inventions de l'architecture, & son silence à l'égard de la pratique des *modèles*, ne prouve rien de plus contre cette pratique, chez les Anciens, que le silence des traités d'architecture moderne à cet égard. Un passage de Cicéron, écrivant à Cælius, *l. II, epist.* 8, fait voir que cette pratique devoit être usuelle, car ce n'est que dans les choses d'usage, qu'on prend ordinairement ses comparaisons. « Je ne vous demande point (dit-il) de » me parler du passé & du présent, j'attends de » vous des vues certaines sur l'état de la république, telles qu'en peut donner un homme qui » voit de loin. Il faut que, dans vos lettres, je » puisse voir comme dans un *modèle*, ce que sera » l'édifice de la république » : *Ut ex litteris cùm formam reipublicæ viderim, quale ædificium futurum sit, scire possim.* Le mot *forma*, qui signifie aussi *moule*, est le terme technique pour exprimer le *modèle* du genre de celui dont on parle, & rapproché du mot *ædificium*, il ne laisse aucun doute sur l'acception qu'on lui donne.

Chez les Modernes, l'usage de faire en relief les *modèles* d'édifices, paroît avoir existé très-anciennement dans l'architecture, & avoir été plus fréquent autrefois qu'il ne l'est aujourd'hui. Nous voyons entre cent exemples qu'on pourroit citer, le *modèle* fait par Brunelleschi, de sa coupole de Sainte-Marie-des-Fleurs. (*Voyez* BRUNELLESCHI.) Nous avons dit à la vie de cet architecte & à celle de Michelozzo, que Cosme de Médicis ayant demandé au premier un projet de palais, il fut effrayé de la dépense, & s'adressa au second pour en obtenir un moins dispendieux, & l'on a vu que Brunelleschi brisa de dépit son *modèle*. Vasari dit avoir mis six mois, à faire en bois, le modèle de la restauration du palais vieux de Florence. A Rome, on conserve au Vatican les modèles en bois & en pierre des différens projets de la basilique de Saint-Pierre.

Pour ne citer qu'un seul exemple à Paris de cette pratique, nous parlerons du *modèle* en pierre, de la nouvelle église de Sainte-Geneviève, d'après lequel a été exécutée la coupole de ce monument.

On fait les *modèles* des édifices de plusieurs matières différentes. On en fait en carton, en bois, en châssis revêtus de toiles, en plâtre ou en talc.

MODERNE (ARCHITECTURE.) On a donné plus d'une fois, & dans plus d'un genre, le nom de *moderne* à une architecture, ou, pour mieux dire,

à une manière d'architecture régnante ; mais cette qualification n'a pas tardé à devenir fausse & à disparoître. Ainsi, l'on trouve dans certains lexiques, que la seule architecture qu'on puisse appeler *moderne*, « est celle qui participe de la gothique, dont elle retient quelques caractères de
» légèreté ou de délicatesse, qu'elle réunit aux
» caractères de l'art des Grecs, dont elle em-
» prunte les membres & les ornemens, toutefois
» sans proportion ni bon goût de dessin, comme
» on peut le remarquer aux châteaux de Cham-
» bor, de Chantilly, dans l'église de Saint-Eus-
» tache à Paris, & dans les monumens de cette
» époque. » Cela ne signifie rien autre chose, sinon que le goût gothique a subi successivement des variations fort sensibles, & qu'il y eut une époque où le goût antique, ayant commencé à se répandre en Europe, il se fit dans les édifices gothiques, un mélange de formes & d'ornemens qui leur donnèrent une physionomie nouvelle, & voilà ce qu'on appela dans le temps, *architecture moderne* ; mais cette dénomination ne peut plus s'entendre, à moins qu'on n'ajoute, comme quelques-uns l'ont fait, le mot gothique. Dans ce sens, il est sûr qu'il y a eu un goût gothique *moderne*.

On a aussi appelé en son temps *architecture moderne*, celle des édifices construits en France, après l'abandon total du gothique, dans le goût & la manière de l'architecture des Grecs & des Romains, autrement dite *l'architecture antique*. Cette appellation ne peut être admise que sous un certain rapport de temps & de circonstances. Il est permis, en effet, d'appeler *moderne* cette architecture, soit en tant qu'elle est celle des Modernes, soit parce qu'elle a succédé à d'autres qui avoient régné avant elle. Au fond, le nom de *moderne* ne sauroit convenir à une architecture qui compte trois mille ans d'antiquité. Tout ce qu'on peut accorder, c'est que les Modernes lui ayant fait subir les variétés que de nouveaux besoins & des convenances d'un autre genre ont pu exiger, ils lui ont imprimé un goût qui, étant le leur, s'appellera, si l'on veut, goût *moderne* ; & c'est dans ce sens que lorsque l'on oppose un goût à l'autre, on dira *l'architecture moderne*, par opposition à l'architecture antique ; & nous nous sommes servis souvent nous-mêmes de cette manière de parler, quoique nous ayons établi dans tout cet ouvrage, que notre architecture est celle des anciens Grecs ou Romains, en un mot, l'architecture antique.

MODILLONS, s. m. pl. Le mot *modillon* vient de l'italien *modiglione*, terme par lequel Galiani, dans sa traduction de Vitruve, a traduit le mot *mutulus*, mutule, qui s'applique à l'ornement de la corniche dorique. (*Voyez* MUTULE.)

Vitruve n'a point employé d'autre mot que celui de *mutule* ; & comme, dans ses ordonnances ionique & corinthiennes, il ne donne que des denticules aux corniches de ces deux ordres, nous ne pouvons pas savoir s'il se seroit servi d'un autre terme pour désigner, dans l'ordre corinthien, la forme très-différente de mutules qui lui est propre. Cette différence de forme se remarque dans tous les édifices corinthiens antiques qui ont des mutules ; & comme il se trouve de ces édifices qui, ainsi que le temple de Nîmes, datent du siècle même de Vitruve, & portent des mutules ou des *modillons* dans leur corniche, nous sommes forcés de penser que Vitruve, en ne donnant que des denticules à son corinthien, a exprimé plutôt son opinion que l'autorité d'un usage reçu.

Il est donc constant que les *modillons* sont au corinthien, ce que les mutules sont au dorique.

Les *modillons* sont de petites consoles renversées, qui dans la corniche répondent au milieu de la colonne. Ces consoles sont plus ou moins ornées, plus ou moins contournées, selon le caractère de richesse de l'ordonnance. Les architectes, même dans l'antiquité, ont usé de plus d'une variété en ce genre. La principale est celle qui touche à la forme du *modillon*. Quelquefois on en a disposé, ce qu'il faut appeler à *contre-sens*, c'est-à-dire, qu'on a placé le *modillon* de manière à ce que la console qui en forme le corps, présente de front son grand enroulement. Cela se voit ainsi à la corniche du temple de Nîmes, qu'on appelle vulgairement *la maison carrée*. On appelle ces *modillons*, des *modillons à contre-sens*.

On donne encore d'autres noms aux *modillons*, selon les différences que des usages plus ou moins fondés en raison, y ont introduites. On dit :

Modillons à plomb. Ce sont ceux qui étant de biais, ne sont pas d'équerre avec la corniche rampante d'un fronton, comme on les fait ordinairement, & ainsi qu'ils sont pratiqués dans les bâtimens antiques.

Modillons en console. Ce sont des *modillons* qui ont moins de saillie que de hauteur, & dont l'enroulement inférieur passe sur les moulures de la corniche & se termine à la frise. On pratique quelquefois ces sortes de *modillons* dans l'architecture moins correcte des intérieurs d'appartemens.

Modillons rampans. *Modillons* qui sont non-seulement d'équerre avec la corniche de niveau d'un entablement, mais aussi avec les deux corniches rampantes d'un fronton, parce qu'ils représentent le bout des pannes qui, dans le système de la charpente, portent les chevrons.

MODINATURE, s. f. Ce mot, qui seroit imité du mot *modanatura* italien, pour exprimer dans l'architecture, l'assemblage & la distribution des membres, des profils ou des moulures d'une ordonnance, n'est pas encore passé dans le Dictionnaire de la langue française, ni même adopté généralement dans le langage de l'art. Cependant il n'y en a pas d'autre pour rendre cette idée. Nous en avons usé quelquefois dans ce Dictionnaire; & nous n'avons pas été les premiers à le faire. M. d'Hancarville, tom. I, pag. 75 de son *Recueil d'antiquités étrusques, grecques & romaines*, a écrit : « quant aux règles de la *modinature*, & » même des proportions relatives que quelques-» uns croient d'une si grande importance, il pa-» roît qu'elles étoient beaucoup moins estimées » des Anciens, qui les regardoient plutôt comme » des moyens subordonnés aux grandes maximes » qu'ils suivoient, que comme des règles posi-» tives, &c. »

MODULE, f. m. On appelle ainsi, en architecture, une mesure dont l'élément est pris dans une des parties qui constituent l'ordonnance des édifices, ou dans une fraction quelconque d'une de ces parties, & d'après laquelle on détermine la hauteur & la grosseur des colonnes, ainsi que les rapports & les proportions de tous les membres.

Les Grecs appeloient cette sorte de mesure *embatès* ; chez les Romains on lui donna celui de *modulus*, d'où vient le nom de *module*, usité dans le même sens en français.

Le *module*, ainsi qu'on le voit, peut être une mesure variable, c'est-à-dire, que chaque architecte peut s'en faire une à volonté, avec laquelle il détermine & règle les proportions de chaque partie de l'ordonnance, des colonnes avec leur chapiteau, avec l'entablement, & de l'entablement avec chacun de ses profils.

On prend le plus souvent pour élément du *module*, le demi-diamètre de la colonne; on divise ce *module* en minutes, & chaque minute en parties de minute.

Vignole divise son *module* en douze minutes, pour les ordres toscan & dorique, & dix-huit pour les trois autres ordres.

Presque tous les architectes ont divisé le demi-diamètre en trente minutes. Il semble par les proportions du péristyle du Louvre, que Perrault l'a divisé en trente minutes, & chaque minute en quarante-trois parties.

MOELLON, f. m. C'est ainsi que l'écrit le Dictionnaire de l'Académie française. Il se trouve écrit Moilon dans la plupart des ouvrages d'architecture. Quel que soit l'usage à cet égard, la manière autorisée par l'Académie semble être la plus conforme à l'étymologie, qui sans doute est le mot *moelle*, soit parce que la matière à laquelle on donne ce nom, à Paris surtout, est tendre & moelleuse, soit parce que la construction en *moellons*, recouverte de pierre de taille ou autrement, semble être l'ame des massifs, & ce que la moelle est au bois.

Le *moellon*, dans quelque pays qu'on en use, & à quelque construction qu'on l'applique, est une pierre de moindre volume & de moindre qualité, & comme le rebut des produits de carrière. Il y a cependant des *moellons* qui sont de pierre dure & paroissent n'être que les éclats ou les cassures de plus grands matériaux, ce que les Latins appeloient *cœmenta*. A Paris il y a un *moellon* fort dur, c'est celui qu'on appelle de *pierre meulière*. (*Voyez* ce mot.)

Le *moellon* s'emploie dans les fondations des bâtimens, dans les murs de médiocre épaisseur, & pour former le garni des gros murs, des grandes masses. Le plus propre à la bâtisse, est celui qui est ferme, âpre, plat & de bonne assiette. On estime beaucoup, à Paris, celui qu'on tire des carrières d'Arcueil, parce qu'il a beaucoup de consistance.

On donne différens noms au *moellon*, ou selon ses qualités, ou selon les diverses manières de le mettre en œuvre & de le travailler. On dit :

MOELLON BLANC. Dans le langage des ouvriers, ce n'est pas un vrai *moellon*, c'est un simple plâtras qu'on emploie par fraude; c'est donc un défaut, une malfaçon.

MOELLON BLOQUÉ. C'est celui qui n'offre qu'une masse informe & incapable d'être régulièrement taillée. Tels sont les morceaux de pierre de meulière ou autres, qu'on ne sauroit poser qu'à bain de mortier, dans cette sorte de maçonnerie qu'on appelle *de blocage*. On nomme en quelques endroits ce *moellon*, *tête de chèvre*.

MOELLON D'APPAREIL. *Moellon* qui est équarri comme un petit carreau de pierre, & proprement piqué pour être employé en parement extérieur, & mis en liaison dans un mur de face.

MOELLON DE PLAT. *Moellon* qui est posé sur son lit dans les murs qu'on érige d'à plomb.

MOELLON EN COUPE. C'est un *moellon* posé de champ dans la construction des voûtes.

MOELLON GISANT. C'est le *moellon* qui a le plus de lit, qui est le mieux fait, & où il y a le moins à tailler pour le façonner.

MOELLON PIQUÉ. *Moellon* qui, après avoir été ébousiné, est piqué jusqu'au vif avec la pointe du marteau. Il sert pour les voûtes, les puits, &c.

MOISES, f. f. pl. Pièces de bois en manière de plates-formes, avec entailles, lesquelles, jointes ensemble par leur épaisseur avec des boulons, servent à entretenir les autres pièces d'un assemblage de charpente, les palées ou files de pieux des ponts, & les principales pièces des grues, gruaux & autres machines. *Moiser*, c'est mettre des *moises*.

MOISES CIRCULAIRES. *Moises* qui servent à la

construction des moulins, à élever les eaux, & à d'autres usages.

Moises coudées. Ce sont des *moises* qui, pour se croiser & accoler un poinçon au-dessous de son bossage, ne sont pas entaillées, mais délardées de leur demi-épaisseur, afin qu'elles puissent se loger dans l'assemblage.

MOLE. Ce mot est italien, venu du latin *moles*, & ne signifie autre chose que *masse*. Les lexiques en ont fait à tort un mot français qui, selon eux, signifie une espèce de mausolée. Rien de plus abusif. Les restes du grand mausolée d'Adrien ont été appelés à Rome *mole Adriana*, la masse Adrienne. Une sorte d'usage a fait dire aux Français, le môle Adrienne. Mais ce mot n'a point passé dans la langue pour signifier ce qu'on prétend qu'il exprime.

MÔLE, f. m., se dit en terme d'architecture hydraulique, d'un massif de construction fondé dans la mer par le moyen de batardeaux, ou à pierres perdues, qu'on place en avant d'un port, pour le mettre à l'abri de l'impétuosité des vagues, ou pour empêcher, quand on le veut, l'entrée des vaisseaux.

MONASTÈRE, f. m., est synonyme de couvent, & se dit des édifices qu'habitent des religieux ou religieuses, de quelqu'ordre qu'ils soient.

MONNOIE, f. m. Ce mot s'emploie souvent par abréviation, en sous-entendant les mots *hôtel de la*.

C'est ordinairement, dans une grande ville & dans celles qui ont le privilége d'un *hôtel des monnoies*, un édifice bien bâti, qui renferme les fourneaux, moulins & balanciers dont on se sert pour la fabrication des *monnoies*, & où logent les officiers ou préposés à la surveillance de cette administration, & aussi les ouvriers qu'on emploie à la fabrique.

Il y a quelques *hôtels des monnoies* qui sont des monumens remarquables. On cite celui de Venise, appelé *la Zecchia*, qui est de l'architecture de Scamozzi. (*Voyez* ce nom.)

L'hôtel des monnoies à Paris est un des principaux monumens de cette ville, autant par la beauté de sa position que par la grandeur de son architecture & la solidité de sa construction. L'architecte fut M. Antoine, qui sut tirer un beau parti & une distribution très-heureuse d'un site ingrat. La première pierre de cet édifice fut posée le 30 avril 1771. Il se divise en trois grandes cours & plusieurs autres, moins considérables, toutes entourées de bâtimens.

La décoration de la façade principale, qui a près de soixante toises de longueur sur le quai, consiste en un avant-corps de six colonnes ioniques, élevées sur un soubassement de cinq arcades ornées de refends. Un grand entablement avec consoles & modillons, couronne l'édifice dans toute sa longueur. L'avant-corps est surmonté d'un attique, au-devant duquel sont six statues, représentant la Loi, la Prudence, la Force, le Commerce, l'Abondance & la Paix.

La seconde façade, sur la rue Guénégaud, offre un attique sur un soubassement de même hauteur que celui de la première, &, comme celui-là, orné de bossages. Sur l'avant-corps du milieu, sont quatre figures représentant les quatre élémens. L'extrémité du grand bâtiment forme pavillon à l'autre bout, uniquement pour la régularité de la décoration.

Le principal corps de l'édifice, ayant face sur le quai, renferme un superbe vestibule orné de vingt-quatre colonnes doriques; un bel escalier que décorent également seize colonnes ioniques; un immense & précieux cabinet de minéralogie, plusieurs cabinets de machines, des salles pour l'administration & de vastes logemens.

Au fond de la grande cour est la salle du monnoyage: elle a soixante-deux pieds de long sur trente-neuf de large. L'architecte a pris la précaution de l'isoler, afin d'éviter aux autres bâtimens les effets de la secousse & de l'ébranlement produits par le jeu des balanciers. Au-dessus sont la salle des ajustemens & un autre atelier. Le surplus des constructions est employé aux fonderies, aux laminoirs & à quantité d'autres dépendances.

La cour principale a cent dix pieds de profondeur sur quatre-vingt-douze de largeur. Elle est entourée d'une galerie. La salle des balanciers s'annonce par un péristyle de quatre colonnes doriques. La voûte intérieure est supportée par quatre colonnes toscanes. Dans le fond est une statue de la Fortune.

Le cabinet de minéralogie dont on a déjà parlé, qui occupe l'avant-corps du milieu au premier étage, est décoré de vingt colonnes corinthiennes d'un grand module, qui supportent une tribune régnant au pourtour, dans la hauteur du deuxième étage. Il est orné de bas-reliefs & d'arabesques. Les corniches, les chambranles des portes & des croisées, sont enrichis d'ornemens sculptés & dorés. Quelques-uns ont pensé que trop de richesses d'art avoient été prodiguées à un local, qui sembloit destiné à tirer son principal éclat, des richesses seules de la nature, qui y sont renfermées.

MONOLITHE, adj. Cette expression a été employée par les Anciens, & l'est encore aujourd'hui pour signifier un ouvrage fait d'une seule pièce. Néanmoins ce nom ne convient qu'à ceux qu'on a l'habitude de faire de plusieurs morceaux, à cause de leur grandeur, & qui, nonobstant cette grandeur, ont été pris & taillés dans un seul bloc.

On a quelquefois employé le mot *monolithe* à l'égard de colonnes d'un seul morceau; mais dans l'antiquité, l'antiquité, il a plus spécialement désigné ces sortes de sanctuaires égyptiens qui formoient, comme on l'a dit (*voyez* ÉGYPTIENNE, Architecture), au fond ou à l'extrémité de tous les corps de bâtiment de leurs temples, la pièce la plus mystérieuse & aussi la plus petite.

Hérodote a parlé d'une de ces pièces ou chambres *monolithes*, qui avoit été taillée dans un seul bloc de granit, & qui avoit été placée à Saïs, dans le temple de Minerve. Elle étoit longue de vingt-une coudées, large de quatorze & haute de huit. Dans l'intérieur elle avoit dix-huit coudées de long, douze de large & cinq de haut. Le roi Amasis avoit fait transporter cette masse de la ville d'Éléphantine à Saïs, & il avoit employé à ce transport trois mille hommes pendant trois ans.

MONOPTÈRE, adj. Mot grec qui signifie *à une seule aile*. Les Grecs, comme on l'a dit plus d'une fois, appeloient *ailes*, dans les temples, ces rangées de colonnes dont leur *cella* étoit entourée. Ainsi l'on appeloit *diptère*, celui qui avoit deux ailes ou deux rangs de colonnes autour de ses murs. *Périptère* étoit le nom général de ceux qui n'avoient qu'un rang de colonnes. Il sembleroit que *monoptère* devroit être le mot propre pour désigner exclusivement cette sorte de temple.

Cependant Vitruve, *l. IV, chap. 7*, nous apprend qu'on faisoit des temples circulaires de deux sortes, les uns *monoptères*, sans mur de *cella* : voici ses paroles : *aliæ monopteræ sine cella columnatæ constituuntur*; les autres périptères, *aliæ peripteræ constituuntur*. Ainsi on donnoit, dans ce cas, le nom de *monoptère* au temple, non parce qu'il n'avoit qu'un rang de colonnes autour du mur, mais parce que n'ayant point de mur, la seule colonnade constituoit le temple.

Cependant *monoptère* pouvant grammaticalement surtout, signifier le temple dont la *cella* n'est environnée que d'un seul rang de colonnes, par opposition au diptère qui en a deux, nous croyons, comme nous l'avons dit à l'article HERMOGÈNES, que Vitruve a employé le mot *monoptère* dans ce dernier sens, en parlant du temple de Bacchus à Téos, qui fut, selon l'invention d'Hermogènes, un *pseudodiptère*, & devoit certainement avoir une *cella* ou un mur, comme Vitruve le dit, mais qui, par la suppression de l'aile intermédiaire ou de la seconde colonnade, fut réellement à une seule aile & *monoptère*. (*Voyez* HERMOGÈNES.)

MONOTRIGLYPHE, adj., signifie à *un seul triglyphe*. Vitruve emploie ce mot, *l. IV, ch. 11*, à l'égard d'une de ces dispositions de temple qui, dans son système, devoit avoir l'entre-colonnement du milieu beaucoup plus large que les autres, & dont l'architrave, dans cet entre-colonnement, avoit trois triglyphes & quatre métopes, lorsque l'architrave des deux autres entre-colonnemens n'avoit qu'un triglyphe & deux métopes.

Si cette dernière disposition doit être désignée ainsi, toutes les architraves d'entre-colonnemens, dans les temples doriques grecs, étoient *monotriglyphes*.

MONTAGNE. (*Jardinage.*) Dans le système des jardins irréguliers qui comprennent de vastes étendues de pays, on profite des élévations que le terrain fournit, pour procurer des aspects, qui font croire au spectateur qu'il se trouve en pleine campagne, & que le jardin n'est point le résultat de l'art. L'art toutefois, en ce genre, est d'user de ces matériaux tout formés, de manière à les embellir par des accompagnemens de plantations ou de fabriques.

Nous ne parlerons pas ici de ces *montagnes* factices qu'un art, singe de la nature, élève dans de petits jardins, aux dépens de la terre qu'on élève d'un côté, pour la transporter de l'autre, & pour se procurer ainsi ce qu'on appelle des mouvemens de terrain.

MONTAGNE D'EAU. C'est une élévation de rocailles, de pierrailles, de coquilles, &c., en forme pyramidale, d'où sortent différentes nappes d'eau, différens bouillons & jets. Telle est celle du bosquet de l'Étoile à Versailles.

MONTANS, s. m. pl. C'est, en général, le nom qu'on donne à des corps placés à plomb : tels sont les corps ou les saillies aux côtés des chambranles, qui servent à terminer les corniches & les frontons qui les couronnent. Il y en a de simples & de ravalées.

MONTANS DE CHARPENTERIE. Ce sont, dans les machines, des pièces de bois à plomb, retenues par des arcs-boutans.

MONTANS DE LAMBRIS. Espèces de pilastres longs & étroits, très-souvent ravalés, avec chute de festons, & servant à séparer les compartimens d'un lambris.

MONTANS D'EMBRASURE. Espèces de revêtemens en bois ou en marbre, avec des compartimens arrasés ou en saillie, dont on lambrisse les embrasures des portes & des croisées.

MONTANS DE MENUISERIE. Ce sont, dans l'assemblage des portes & des croisées, les principales pièces de bois à plomb, qui sont croisées carrément par les traverses.

MONTANS DE SERRURERIE. Ce sont des espèces de pilastres composés de divers ornemens, contenus entre deux barreaux parallèles, pour séparer & entretenir les travées des grilles de fer.

MONTÉE, f. f., se dit de la pente d'un coteau, d'une montagne, ou de l'espace plus ou moins étendu, plus ou moins escarpé qu'il faut parcourir pour arriver au sommet.

Le même mot, dans l'architecture, se dit des degrés ou des pentes qui conduisent à un édifice. Ainsi l'on dit, à Rome, *la montée du Capitole*. Rien ne donne plus de majesté & de grandeur à un monument, que d'avoir une assez grande *montée* pratiquée en avant.

On appelle aussi vulgairement *montée*, un escalier, parce qu'il sert à monter aux divers étages d'une maison. (*Voyez* ESCALIER.)

MONTÉE DE VOUSSOIR OU DE CLAVEAU. C'est la hauteur du panneau de tête d'un voussoir ou d'un claveau, considéré depuis la douelle jusqu'à son couronnement. Les claveaux ordinaires des portes & des croisées doivent avoir (si leur plate-bande est arrasée) au moins quinze pouces de *montée*, prise à plomb, & non pas suivant la coupe.

MONTÉE DE VOUTE. C'est la hauteur d'une voûte depuis sa naissance, ou première retombée, jusqu'au-dessous de sa fermeture. On la nomme aussi *soufflure*. Une voûte est d'autant plus hardie, qu'elle a moins de *montée*. Lorsqu'une voûte est en plein cintre, sa *montée* est le rayon du cercle, ou la moitié de son diamètre; lorsque la voûte est surbaissée, sa *montée* est moindre que la moitié de son diamètre.

MONTÉE DE PONT. (*Terme d'architecture hydraulique.*) C'est la hauteur d'un pont, considérée depuis le rez-de-chaussée de la culée, jusque sous le couronnement de la voûte de sa maîtresse arche.

MONTER, v. act. C'est, en construction & en maçonnerie, élever, à l'aide de machines, du chantier sur le tas, les matériaux déjà préparés pour être placés & employés. En charpenterie & en menuiserie, *monter* se dit de l'assemblage des pièces & de leur pose en place. *Remonter*, c'est rassembler les pièces de quelques vieux combles ou pans de bois, dont on fait resservir les matériaux.

MONTI (Giacomo), architecte bolonois, qui mourut en 1692. L'église de Saint-Augustin, à Modène, ouvrage fort estimé, fut bâtie sur ses desseins & sous sa direction.

A Bologne, sa patrie, il éleva la belle église dite *Corpus Domini*. Il donna les desseins des ornemens du chœur de Santo-Petronio. Il se construisit une magnifique galerie dans sa propre maison, appelée *le palais Monti*. Mais son plus grand ouvrage fut cette longue suite de portiques qui, de la porte de Bologne, qu'on nomme *de Sarragosse*, conduit dans une étendue de deux milles, à la montagne de la *Guardia* & à l'église, où se conserve une madone dite de Saint-Luc. Cette grande construction fut entreprise en 1674. *Monti* érigea cet arc magnifique qui sert d'entrée aux portiques dont on a parlé; il suivit ces travaux avec un zèle infatigable, mais il mourut avant d'en voir la fin. (*Extrait de Milizia.*)

MONTOIR, f. m. C'étoit, dans les usages des temps anciens, une pierre taillée par degrés, & placée, soit sur les grandes routes, soit près des murs des maisons, à côté des portes, pour aider à monter à cheval, avant qu'on eût employé plus généralement le service des étriers.

On prétend qu'on voyoit encore, il y a peu de temps, des restes de ces *montoirs* à Paris, près de quelques anciens bâtimens.

MONUMENT, f. m. C'est, à l'entendre dans le sens générique du mot & de la chose, un signe propre à rappeler la mémoire des faits, des choses & des personnes. Ce mot est l'équivalent du mot *mnéma* chez les Grecs.

Monument, soit dans l'acception qu'on vient d'indiquer, soit dans des acceptions plus particulières, s'applique à une multitude d'ouvrages des arts, & c'est ainsi qu'on s'en sert en parlant du plus grand édifice, & de la plus petite médaille.

L'idée de *monument*, appliquée selon le langage ordinaire aux ouvrages de l'architecture, désigne un édifice, soit construit pour servir à éterniser le souvenir des choses mémorables, soit conçu, élevé ou disposé, de manière à devenir un objet d'embellissement & de magnificence dans les villes.

Sous ce second rapport, l'idée de *monument*, plus relative à l'effet de l'édifice, qu'à son objet ou à sa destination, peut convenir & s'appliquer à tous les genres de bâtimens. C'est ainsi qu'on a vu, dans certains temps, de simples particuliers faire de leurs maisons des monumens publics, & qui sont encore réputés tels, par la grandeur & la richesse qui y furent déployées.

Les palais des souverains & des grands sont partout au nombre des grands & des plus beaux *monumens*, que les villes & les Etats renferment.

Le mot de *monument*, l'idée qu'il exprime, & le luxe ou la magnificence qui s'attachent à cette idée, conviennent surtout à ces grands établissemens d'utilité publique, qui entrent en première ligne dans les besoins des peuples, & auxquels une sorte d'instinct de convenance, a toujours voulu que l'art imprimât un caractère extérieur, qui marquât leur importance & avertît le spectateur de leur destination.

Il est inutile de dire que les temples sont, dans cet ordre moral d'idées, les premiers des *monumens*: aussi ont-ils été toujours, & sont-ils partout les édifices qui annoncent de plus loin les habitations des hommes, qui s'élèvent au-dessus des autres bâtimens, & sont, sous le rapport de l'architecture, la principale décoration des villes.

Les palais de justice, les hôtels-de-ville, les maisons d'instruction publique, les sièges d'administrations, les théâtres, les lieux d'assemblées publiques, doivent être mis au rang des édifices que leur nature place parmi les *monumens* les plus importans.

Il y a toutefois peu d'établissemens, même d'un genre plus modeste, qui ne puissent devenir, pour l'architecture, des objets dignes du nom de *monument*. Ce n'est pas toujours le luxe des ordres, la pompe de la décoration, qui constituent, dans l'opinion de l'artiste, le caractère de *monument*. L'étendue du plan, l'élévation des masses, la solidité de la construction, la symétrie & de belles proportions, feront d'un hospice, d'une caserne, d'une halle, d'un marché, de véritables *monumens* dans le sens que l'art attache à ce mot.

Les préceptes à donner en cette matière, ne sauroient trouver place dans cet article, précisément parce que sa généralité même pourroit y faire entrer tout ce qui est du ressort de la théorie de goût, que comporte l'architecture. Or, comme tous les élémens & les développemens de cette doctrine forment le sujet d'une multitude d'articles de ce Dictionnaire, nous ne pourrions que répéter ici, trop en abrégé, ce qui se trouve ailleurs, aux différens noms des divers édifices auxquels on donne le nom de *monument*. L'article CARACTÈRE renferme aussi beaucoup de notions & observations applicables à l'art de donner aux édifices l'apparence de *monument*.

MONUMENTAL, adj. Ce mot a été employé depuis quelque temps, surtout par les voyageurs qui ont décrit les monumens de l'Egypte, pour désigner cet aspect imposant que de grandes masses, une simplicité de lignes, une sorte d'uniformité de plan & d'élévation, une construction de blocs de pierres gigantesques, donnent aux édifices de ce pays.

Le terme *monumental* pourroit donc entrer avec beaucoup de raison, dans le Vocabulaire de l'architecture.

Sans l'employer même dans le sens que paroissent lui donner les édifices de l'Egypte & les constructions primitives des peuples, où la grandeur & la solidité étoient au premier rang des qualités architecturales, *monumental* pourroit devenir l'épithète du goût, du genre de composition, de l'exécution, de l'aspect général de tout édifice, dont le caractère extérieur répondroit à l'idée qu'on se forme d'un *monument*. Rien n'empêcheroit de dire qu'un édifice, selon qu'il a été ou n'a point été conçu dans cette intention, a ou n'a point le style *monumental*.

Cet adjectif a été aussi appliqué, & non sans raison, au goût de la sculpture, lorsqu'elle est destinée à s'associer avec l'architecture; & c'est dans ce sens qu'on dit *sculpture monumentale*. Nous pensons encore que l'emploi de ce mot devroit être sanctionné par l'usage. Il est, en effet, difficile de rendre par un terme plus expressif, la différence de composition, de manière & d'exécution, qui doit exister entre des figures, soit de bas-relief, soit de ronde bosse, entre des détails d'ornemens ou accessoires qui se présentent en rapport avec les formes de l'architecture auxquelles leur effet est subordonné, & les mêmes objets vus isolément & indépendamment de tout accompagnement. Par exemple, le style *monumental* des bas-reliefs sera celui où les figures seront composées dans le goût contraire à celui du tableau ou de la perspective. Le style *monumental* des statues demandera de la simplicité de pose, peu de mouvemens violens, point de draperies volantes, point d'attitudes dont les lignes trop diversifiées, contrastent avec celles de l'architecture. Il y a de même un style *monumental* d'ornemens, considéré, soit dans le choix des objets qui doivent être d'un genre grave, soit dans leur composition, qui doit laisser briller les fonds, soit dans leur exécution & la manière de les travailler, qui doit être précieuse sans minutie, terminée sans trop de découpure.

L'idée qu'on attache au mot *monument*, en architecture, étant toujours l'idée la plus élevée, & celle qui porte l'esprit à tout ce qui est grand, fort, durable, il y aura aussi une construction *monumentale*. Il est inutile de dire que ce sera celle qui emploira des matériaux solides & d'une grande dimension, qui élevera des masses imposantes, qui produira de grands effets, mais plutôt par la simplicité des moyens, que par les combinaisons artificielles de la science.

MORAILLON, s. m. (*Terme de serrurerie*.) C'est, dans une serrure à bosse, le morceau de fer qui coule avec le verrou, & qui fait le même effet. On dit que ce mot vient de *morail*, qui, en bas breton, signifie *loquet*.

MORCEAU, s. m. Dans le langage ordinaire, on emploie ce mot en bonne part, & dans un sens admiratif, le plus souvent, comme lorsqu'on dit d'un tableau, d'une statue, c'est un *beau morceau*, un *excellent morceau*. On dit de même un *beau morceau d'architecture*.

MORCES, s. f. pl. On appelle ainsi les pavés qui commencent un revers, & qui sont des élèves de harpes, pour faire liaison avec les autres pavés.

MORESQUE, adj. des deux genres. On a long-temps employé ce mot comme synonyme du mot *arabesque*, pour exprimer, soit le goût d'orner, dont les édifices *moresques* avoient transmis des modèles assez remarquables aux restaurateurs de l'architecture antique, vers le quinzième siècle, suit à ces ornemens particulièrement composés de rinceaux, de fleurons, de compartimens variés, sans mélange de figures d'animaux, qui firent la réputation des ouvrages arabes ou mores. Voilà pourquoi on avoit appelé *moresques*, ces ornemens, auxquels le nom d'*arabesques* est resté. (*Voyez* ARABESQUE.)

MORESQUE (ARCHITECTURE). Ce qu'on appelle ainsi, est le goût de bâtir qui brilla quelque temps dans les édifices des Arabes, lorsqu'ils furent parvenus à établir leur domination en Afrique & en Espagne.

Au mot ARABE, nous n'avons donné que des notions très-générales, ou, pour mieux dire, des indications de ce que ce peuple guerrier & fanatique exécuta, dans les seuls arts dont sa religion lui permit l'emploi. L'architecture, entre les arts du dessin, avoit été le seul qu'il put pratiquer. L'Égypte, la Palestine, la Syrie, la Sicile, ont conservé des monumens bâtis par les Arabes, & qui peuvent faire connoître les sources où leur goût a puisé, & ce que leur génie peut y avoir ajouté.

Il faut dire, avant tout, qu'on se trompe lorsqu'on attribue principalement aux Arabes l'esprit d'invention. Ces peuples manquoient infailliblement & des ressorts & des moyens qui font naître cet esprit. Ils avoient, au contraire, les qualités qui portent à perfectionner les détails; ils ne furent prompts ni à concevoir, ni à s'instruire. Occupant la plus grande partie des pays habités jadis par les Grecs; vivant au milieu des souvenirs des écoles d'Alexandrie, d'Éphèse, de Carthage, ils furent long-temps avant de profiter de ces traditions. Pendant les deux premiers siècles de l'hégyre, ils continuèrent à mener une vie errante, demeurant sous des tentes & vivant de pillage. Les Juifs & les Chrétiens, répandus au milieu d'eux, étoient les seuls qui eussent quelqu'instruction & s'occupassent d'arts mécaniques. Ce ne fut qu'au temps des Abassides qu'ils commencèrent à traduire & à connoître les ouvrages des Grecs, & encore seulement d'après les versions syriaques. Enfin, si ce peuple brilla quelque temps sur la scène du Monde, s'il contribua à civiliser l'Europe en sortant lui-même de la barbarie, il se replongea dans les ténèbres sitôt qu'il eut répandu la lumière.

Ces réflexions préliminaires nous montrent déjà ce qu'il faudra penser, au fond, de cette architecture des Arabes ou des Mores, en Espagne, malgré l'éclat qu'elle répandit alors, & l'influence qu'elle eut, à n'en pas douter, sur l'art de bâtir du reste de l'Europe d'alors. (*Voyez* GOTHIQUE.)

Les restes considérables que l'Espagne a conservés des édifices dus à ses anciens conquérans, ont été visités depuis peu par beaucoup de voyageurs éclairés, & le beau recueil des antiquités arabes d'Espagne, publié à Londres par Murphy, en 1816, peut mettre les critiques à portée d'estimer, sous tous les rapports, l'architecture *moresque*, en se formant une juste idée de son goût. C'est donc particulièrement à cet ouvrage que nous renverrons le lecteur qui désirera en juger par lui-même.

Cet ouvrage contient les développemens des trois plus remarquables édifices *moresques* en Espagne, savoir, à Cordoue, la grande mosquée, à Grenade, le palais appelé l'*Alhambra*, & celui qu'on nomma *Generalife*.

La mosquée de Cordoue avoit été commencée par Abderame, second roi de Cordoue; elle fut terminée par son fils, vers la fin du huitième siècle. C'est un carré-long d'à peu près 600 pieds, sur 400, formé par un mur crénelé, avec des contre-forts qui le font aussi. La hauteur du mur varie selon les différens côtés, depuis 60 pieds jusqu'à 35; leur épaisseur est de 8 pieds. Ce grand quadrangle se divise intérieurement en deux parties, savoir, une cour de 200 pieds environ, sur la longueur de l'édifice, & de la mosquée proprement dite, formant à peu près un carré de 400 pieds, où l'on compte 19 nefs composées par 17 rangs de colonnes du midi au nord, & 32 nefs moins larges du levant au couchant. Ces nefs, dans la direction du nord au midi, ont chacune 16 pieds de large, sur 400 pieds de long; la largeur des nefs, dans l'autre direction, est moindre.

On compte que toutes ces nefs qui se croisent, donnent ensemble 850 colonnes, lesquelles, réunies aux 62 colonnes de la cour qui précède, forment un total de près de 1000 colonnes. Le diamètre des colonnes est d'un pied & demi; leur hauteur varie depuis huit jusqu'à douze diamètres, c'est-à-dire, que leur hauteur moyenne est de 15 pieds. Les chapiteaux sont une espèce de corinthien ou composite fort élevé. Les colonnes n'ont point de socle ni de base, & se terminent par un congé; elles supportent des arceaux fort élevés, qui vont d'une colonne à l'autre. Il ne paroit pas qu'il y ait autre chose que des plafonds de bois peints; chaque rangée forme en dehors un petit toit continu, & chaque toit est séparé par un canal en plomb.

Avant les changemens survenus dans cette mosquée, en 1523, il y avoit en face de la porte d'entrée, un renfoncement circulaire où l'on conservoit le Coran, & où brilloit toute la richesse des ornemens & des marbres précieux. La plus grande valeur de cet édifice est encore aujourd'hui celle des beaux marbres dont sont faites la plupart des colonnes. Le plus grand nombre provient infailliblement des restes d'antiquités romaines de cette ville; ce qui le prouve, c'est la différence de travail dans les colonnes qu'il a fallu se procurer pour les appareiller. Les architectes arabes n'ayant point trouvé, dans les débris de l'antiquité, la quantité de bases, de fûts & de chapiteaux dont ils avoient besoin, y ont suppléé par les copies informes qu'ils ont faites des morceaux antiques, & ce parallèle seul prouve le manque d'habileté de ces peuples dans cette partie de l'architecture.

Au commencement du seizième siècle, il fut question de convertir en église chrétienne la mosquée de Cordoue, qui avoit probablement elle-même succédé à une basilique antique. Il se fit alors de grands changemens dans l'intérieur de la mosquée. Au milieu de cette sorte de quinconce de colonnes, on éleva une église, ou, pour mieux dire, un sanctuaire, & cinquante-sept chapelles furent pratiquées intérieurement & tout à l'entour du mur d'enceinte. Quoique ces additions & mutations aient gâté l'aspect général de cet ensemble, il est toujours facile d'en jouir & de s'en représenter l'effet. Cet effet (disent certains voyageurs, entr'autres M. de la Borde) est celui d'une sorte de forêt de colonnes, dont les perspectives s'étendent si loin, que l'œil n'en mesure pas le terme. Les personnes qui traversent cette forêt en différens sens, paroissent des ombres légères, qui passent sans qu'on entende le bruit de leur pas & qu'on distingue leur figure. Une lumière foible & mystérieuse frappant quelques-unes des nefs, & laissant les autres dans l'obscurité, empêche qu'on se rende compte du plan général. Cet ouvrage des hommes paroit une singularité de la nature.

La mosquée de Cordoue passe pour être un des plus anciens monumens de l'*architecture moresque* en Espagne. Il paroit même qu'originairement son enceinte étoit moins spacieuse, & que son plan, plus régulier, ne comprenoit que onze nefs, la principale faisant face d'un côté à la porte, & de l'autre au renfoncement où l'on conservoit le Coran. Cette mosquée, ainsi distribuée, est décorée de toutes parts d'ornemens en stuc, peints de différentes couleurs & ornés de légendes en or, à l'imitation des églises du Bas-Empire.

Il est impossible de douter que les architectes qui bâtirent la mosquée de Cordoue aient non-seulement connu, mais en vue d'imiter, & aient imité réellement le goût de cette architecture byzantine, où l'on voit de même les murs, les arcades, les pavés, toutes les parties de bâtimens couverts de peintures à l'encaustique, de mosaïques, de compartimens de marbres précieux, & de découpures d'ornemens. De tout côté, à cette époque, on envoyoit chercher des architectes à Constantinople. Le goût de décorer devenoit un mélange des élémens de l'architecture greco-romaine & des desseins bizarrement colorés, dont les étoffes de l'Inde fournissoient les modèles. Il est visible que les Arabes, qui n'avoient inventé chez eux aucune espèce d'arts, se répandant dans les pays où ils étoient cultivés & qui offroient à leur imitation, non-seulement d'anciens exemples, mais une pratique toujours continuée, ne durent faire autre chose que s'approprier ce qui étoit sous leurs yeux & sous leur main.

La mosquée de Cordoue offre de ceci une démonstration complète. Il résulte, & des documens historiques sur ce monument, & du récit des voyageurs, & de la vue des desseins fidèles, soigneusement rendus dans l'ouvrage anglais déjà cité, que cet édifice est non-seulement une tradition de l'architecture antique, mais est un composé des ouvrages romains très-nombreux en Espagne. Les colonnes de marbre sont de proportion corinthienne; les chapiteaux sont des corinthiens composés; beaucoup de parties de frise & d'entablement appartiennent aux Romains. Ces arcs portés sur des colonnes, sont l'imitation fidèle de la manière de bâtir du Bas-Empire. L'ensemble du plan & l'espèce d'atrium qui précède la mosquée, retracent avec exactitude les plans des basiliques. Enfin, il n'y a réellement de *moresque*, qu'un certain goût d'orner, dont on voit que sont religieusement exclues toutes espèces de figures d'animaux. Le genre qu'on pourra appeler *moresque*, se trouve aussi dans certains arcs de porte, dont le cintre, ainsi qu'on le fera remarquer plus bas, outre-passe le demi-cercle, & semble être un caractère propre & distinctif de la manière arabe.

Le monument le plus curieux que l'Espagne ait conservé du goût *moresque*, est celui qu'on appelle *Al-Hambra*, qui remplissoit la double destination de palais & de forteresse. Il est situé sur le sommet du coteau escarpé qui domine la ville de Grenade. Les murs suivent exactement le contour du plateau, & leur épaisseur, comme leur situation, devoit faire de ce lieu un asyle presqu'inaccessible; mais si l'aspect extérieur des tours présente l'idée de guerre, l'intérieur offre une réunion de tout ce que le génie du plaisir & de l'industrie peuvent créer de plus voluptueux. Selon les voyageurs qui ont visité ce séjour, on s'y croit transporté dans un de ces palais que la poésie orientale faisoit bâtir par les Fées.

On monte par une route irrégulière, couverte de bois antiques & coupée par des ruisseaux, jusqu'à la porte de l'Al-hambra, construite en plein cintre outre-passé.

Après avoir passé cette porte, on arrive à deux cours oblongues, dont l'une est connue sous le nom de *cour des lions*, & est célèbre dans l'histoire des Arabes. C'est autour de ces deux cours que sont distribués, à rez-de-chaussée, tous les appartemens du palais, les uns destinés à la représentation, ayant la vue sur la campagne, les autres plus frais, plus retirés, n'ayant que de foibles ouvertures sur les portiques intérieurs, mais tous décorés d'ornemens en stuc peint, de carreaux de faïence & de marbres les plus précieux.

La description de toutes ces pièces offriroit peu d'agrément, & c'est au dessin à redire les inventions de l'architecture. Nous nous contenterons d'observer que plusieurs de ces pièces indiquent encore leurs anciens usages par les noms qu'elles portent. On vous montre la salle de bain du Roi & celle de la Reine; de grands bassins étoient creusés au milieu de ces salles, où l'eau arrivoit avec abondance. On voit des chambres à coucher, où les lits étoient placés dans une alcove, sur une estrade de faience, & près d'une fontaine; car tout avoit été fait & pratiqué pour procurer de la fraicheur. Dans le salon de musique, quatre tribunes exhaussées étoient remplies par les musiciens, tandis que toute la cour étoit assise sur des tapis aux bords d'un bassin d'albâtre. Dans le cabinet de la Reine, on trouve une dalle de marbre percée d'une infinité d'ouvertures, pour laisser exhaler les parfums qui brûloient sous la voûte. Partout les fenêtres, les portes, les jours sont ménagés, de manière que les aspects les plus rians, les effets de lumière les plus doux, reposent les yeux, & les courans d'air, ménagés partout dans les voûtes, viennent renouveler dans tous les sens, la fraicheur délicieuse dont jouissent toutes les parties de cet intérieur.

Les voyageurs & les ouvrages auxquels nous devons des descriptions & des notions plus ou moins circonstanciées des monumens de l'*architecture moresque* en Espagne, après avoir décrit le château de l'Al-hambra, font mention d'un autre palais situé sur une montagne voisine. On appelle ce château *Generalif*; il est aujourd'hui dans un état presque complet de ruine: toutefois ce qui en reste, prouve qu'il ne le cédoit point à l'Al-hambra, soit en grandeur, soit en richesse. C'est le même goût, les mêmes distributions, les mêmes détails, & l'on doit croire que les deux édifices sont du même temps.

Nous n'avons cité ces monumens, dont l'ouvrage de Murphy a publié les détails avec exactitude, que pour en faire le texte des observations critiques qui sont du ressort de l'architecture. Nous renverrons donc le lecteur à la vue des dessins, pour apprécier l'opinion que nous croyons qu'on doit se former de l'art des Arabes en Espagne, art qui, certainement, a exercé quelqu'influence sur le goût contemporain de ce qu'on appelle *le gothique*.

Une des premières réflexions que font naître la connoissance des monumens *moresques* & les relations des voyageurs, c'est qu'il faut beaucoup rabattre de l'idée qu'on se forme du génie de ceux qui ont élevé ces édifices, & de la puissance de l'art de bâtir qu'on y a déployée. D'abord les voyageurs conviennent que les matériaux employés dans ces bâtisses, sont fort loin de pouvoir être comparés aux grandes entreprises de tous les peuples de l'antiquité, chez lesquels la grandeur des pierres & la solidité des masses étoient le premier luxe des bâtimens. On ne voit point (dit M. Alexandre de la Borde) dans les édifices *moresques*, ces masses de marbre ou de granit, ces grandes pierres soulevées avec force, & placées ou jointes avec un art extrême. Rien n'y rapelle les pratiques de l'Egypte, de la Grèce, de l'Etrurie ni des Romains: aussi rien n'explique mieux l'étonnement dont fut frappé le voyageur arabe Abdallatif, à la vue des monumens de l'Egypte. Les matériaux des monumens *moresques*, sont d'une petite espèce & d'un appareil encore plus mesquin. A peine les murs de ces grandes enceintes ont-ils des chaines ou des contre-forts en pierre de taille; tout y est maçonnerie, rien n'y est construction; la brique y est employée presque partout, & presque toujours sans régularité. Des enduits de stuc recouvrent la maçonnerie, & c'est à la peinture qui diversifie ces enduits, que les intérieurs doivent l'admiration qu'ils excitent.

Il faut dire à peu près la même chose des combinaisons de l'art de bâtir dans les édifices *moresques*. On n'y découvre réellement rien de grand, rien de hardi, rien qui fasse supposer de grands moyens. Les coupoles ou les dômes qui couvrent quelques-unes des salles de ces intérieurs, n'ont ni beaucoup de hauteur, ni un grand diamètre, & elles ne supposent aucune connoissance profonde des ressources de la mécanique. On ne voit nulle part de grandes voûtes portées à ce degré d'élévation qui étonne. Cette forêt de colonnes de la mosquée de Cordoue est précisément une preuve d'impuissance de l'art. Il fallut peu d'efforts pour établir des arcs d'une colonne à l'autre, dans tous les sens, car aucune de ces arcades n'a plus d'une vingtaine de pieds d'ouverture. Les descriptions mêmes donnent à entendre, que le bois entroit dans la composition de tous ces plafonds.

Si l'on considère les édifices *moresques* sous le rapport des formes, tant générales que particulières, rien n'annonce, dans l'ensemble, l'esprit d'invention; ces ornemens tant vantés n'offrent rien à l'extérieur qui ressemble à un parti de composition: point de frontispices qui annoncent, par des masses imposantes, l'entrée des édifices; point de dispositions caractéristiques. On ne sauroit dire que les Mores d'Espagne aient des ordres à eux; ils employèrent ou les colonnes antiques qu'ils trouvèrent toutes faites, ou des colonnes qu'ils firent grossièrement tailler à l'instar de ces modèles; & comme ils usèrent des matériaux de l'architecture antique, sans connoitre ou soupçonner le système imitatif de cette architecture, les principes d'ordre & de proportion, il est résulté de-là, que des colonnes ne furent pour eux, que des supports ou des points d'appui.

Pour ce qui regarde les formes particulières de l'*architecture moresque*, il ne semble pas non plus qu'on puisse y distinguer ce qui constitue dans cet art le caractère de l'originalité, c'est-à-dire, d'une manière d'être, née de causes locales ou naturelles. Les Arabes, comme on l'a dit, lorsqu'ils se répandirent hors de leur pays, n'y avoient point cultivé les arts; ils durent nécessairement se former sur les modèles qui frappèrent leurs yeux, & ces modèles furent ceux de l'architecture byzantine ou de l'architecture greco-romaine dégénérée. C'est avec ces élémens dénaturés, & c'est encore avec les matériaux des édifices délaissés du Bas-Empire, qu'ils formèrent d'abord leur goût & leurs habitudes, & ensuite leurs monumens. Lorsqu'on analyse en détail ces monumens, on y retrouve presque toutes les pratiques de la décadence de l'art. Une des plus évidentes, est la forme d'arcades sur colonnes qui fut générale dans le Bas-Empire. Ainsi on ne trouve dans les édifices *moresques*, aucune trace de plates-bandes sur colonnes.

Les formes d'arcades qu'on adopta, sont toutefois particulières à cette architecture. On peut les diviser en deux classes : l'une de ces formes consiste dans un arc plein cintre outre-passé, c'est-à-dire, que ce cintre est un cercle dont on n'auroit retranché que le quart. Cette forme seroit vicieuse dans une construction en pierre ou en claveaux, parce que la charge perpendiculaire qui porteroit sur de tels arcs, manqueroit, dans les parties inférieures du cintre, de la résistance nécessaire. Lorsqu'on bâtit avec de petits matériaux ou des briques, & avec un ciment qui fait un seul corps de toutes ces petites parties, la consistance de ce tout est telle, qu'on peut se jouer des coupes & des formes commandées par la solidité & les lois de la pesanteur.

C'est ce que les architectes *moresques* ont encore mieux montré dans la seconde forme d'arcs ou de cintres dont leurs édifices nous présentent des exemples multipliés. On peut appeler ces arcs, *des arcs à trois cintres*, dont un supérieur & deux qui l'accompagnent. Les architectes gothiques, dans certaines parties de constructions légères, ont imité ce genre de découpures. On trouve encore une autre forme de découpure appliquée à beaucoup de cintres des arcades *moresques*, où la forme du cintre se compose d'une ligne ondoyante, qui sans doute aura été inspirée par la méthode des arcs à trois cintres. Plusieurs ont déjà remarqué que la forme d'arc aigu & de voûte ogyve n'existe pas dans les édifices *moresques*. Quant à l'arc aigu, on doit dire que les desseins de l'Alhambra font voir dans la cour où est la fontaine dite *des lions*, plusieurs arcs qui se terminent en pointe, & semblent véritablement un caprice de découpure plutôt qu'un système de construction. A l'égard des voûtes ogyves, ces desseins présentent si peu de portiques vus en plafond, & si peu de coupes, qu'il est difficile de prononcer sur ce point. Les dômes effectivement n'offrent rien qui se rapporte à la forme ogyve.

Mais, on le répète, le genre de bâtisse employé dans ces édifices, permit de ces jeux de caprice, de ces découpures fantastiques, qu'une construction en grand & en pierres auroit certainement repoussées. S'il y a des arcs en pointe, ce ne sont que des badinages de construction.

Lorsqu'une architecture ne repose point sur un type originaire & sur les raisons fondamentales de la construction, il est fort naturel que le génie des architectes se porte à des détails d'ornement, à des bizarreries de formes qui doivent flatter par leur étrangeté même, ceux qui ne demandent à l'art que le plaisir des sens.

On ne sauroit nier, & que les architectes arabes aient eu exclusivement ce plaisir en vue, & qu'ils aient réussi à le produire.

C'est sous le rapport de l'ornement, ou de ce qu'on appelle *décore*, en architecture, que les bâtimens *moresques* ont une sorte de charme qui séduit le spectateur. L'ornement proprement dit, ou ce qu'on nomme ainsi, dans l'art des Grecs & des Romains, s'offrit aux architectes arabes d'Espagne, dans un très-grand nombre d'édifices antiques, & ils s'en approprièrent beaucoup de détails; ces détails, il est vrai, n'occupent plus les places auxquelles ils avoient été consacrés jadis. Les membres qui les avoient reçus, ou les parties constitutives de l'entablement & de l'ancien système, ayant été méconnus, on pourroit aussi penser que les décorateurs *moresques* n'y virent que des objets insignifians; & c'est bien effectivement ainsi que se trouvent employés dans cet immense assemblage de broderies, les modillons, les denticules, les rinceaux, les volutes, & même beaucoup de chapiteaux qui n'ont plus ni forme caractéristique, ni indication d'aucun ordre en particulier.

Le goût de broderies & d'ornemens peints, que les Arabes tenoient très-probablement de l'Inde, paroît avoir pasfé, chez eux, des étoffes précieuses dans la décoration de leur architecture. Ce goût ayant prévalu, les formes même furent obligées de se mettre d'accord avec lui : de-là ces habitudes de dentelures dans les arcades, dans les tribunes, dans les élévations de leurs intérieurs; de-là cette profusion de petits travaux, de détails minutieux, tels qu'on en voyoit sur les armures, sur les bijoux & les habillemens de ces peuples. Ce fut ce même esprit manufacturier, si l'on peut dire, qui devint le génie de leur décoration en grand.

Rien n'approche de la prodigalité, de la diversité & de la variété qu'ils portèrent dans leurs ornemens intérieurs : ce n'est que peinture, incrustations, mosaïque, dorure, rinceaux, feuillages, &c. La représentation des animaux & de la figure humaine ne pouvant trouver place dans ces compositions, il fallut y suppléer par les combinaisons de toutes sortes d'imitations des objets de la nature, & de toutes les fantaisies dont le champ est sans bornes.

Or, rien n'est plus favorable à l'emploi des couleurs & à l'effet qu'elles peuvent produire sur les sens, que ces sortes de desseins qui permettent tous les contrastes, & l'amalgame de toutes les substantes, où tout ce qui brille est bien reçu, & où le goût n'est admis à demander raison de rien.

Cependant on découvre dans cette immensité d'ornemens, des détails agréablement exécutés, & des parties de rinceaux d'un jet & d'un contour fort heureux. Les pavemens offrent des incrustations en marbre, des entrelas & des dessins d'une composition élégante. Murphy a donné les détails d'une colonne polygone, ornée sur toutes ses facettes de rosaces incrustées, qui seroient, dans une décoration arabesque, un effet très-agréable.

Le mot *arabesque* nous rappelle que les édifices dont on parle, ont été une des sources où la décoration que les modernes ont ainsi appelée, a été puiser quelques-unes de ses ressources. (*Voyez* ARABESQUE.)

On ne doute pas qu'un artiste intelligent ne soit capable de trouver encore dans les monumens *moresques* d'autres motifs ingénieux, & d'enrichir de quelques idées nouvelles, le domaine de l'architecture. Par exemple, on voit très-fréquemment répété, dans les voûtes ou les dômes qui n'ont point d'ouverture, une manière qui doit être fort agréable, d'y introduire l'air & la lumière. Des cônes polygones de terre cuite creusés, sans doute, font partie de la maçonnerie de ces voûtes, & y sont répartis avec symétrie souvent dans toute leur circonférence. Ces cônes façonnés & creusés de manière à transmettre la lumière, doivent, par la force de leurs angles rentrans & saillans, produire l'effet d'étoiles rayonnantes, dans la concavité de l'espèce de ciel formé par la courbure de la voûte.

MORMANDO (Gian-Francesco), architecte florentin, né en 1455, mort en 1552.
— Il étudia l'architecture sous le célèbre Alberti, reçut encore de meilleures leçons à Rome, des monumens de l'antiquité, & alla se fixer à Naples, où il gagna l'amitié des plus célèbres architectes de ce pays.

L'église de S. Severino, une des plus remarquables de cette ville, fut son ouvrage; elle lui fit une telle réputation, que Ferdinand le Catholique, roi d'Espagne, l'appela pour lui bâtir un palais & une église. On prétend qu'il y fut employé plutôt comme musicien que comme architecte, ce qui lui valut un double traitement.

De retour à Naples, il termina l'église de S. Severino, & travailla encore au monastère qui en dépendoit.

On cite comme un ouvrage de *Mormando*, à Naples, plusieurs palais célèbres, entr'autres le palais Cantalupo, sur la côte de Pausilipe.

Ce fut à ses frais qu'il bâtit, embellit & dota la jolie petite église *della Stella*, près S. Severino. (*Extrait de Milizia.*)

MORTIER, s. m. (*Construction.*) On appelle ainsi une composition de chaux mêlée avec du sable ou une espèce de sable, débris des matières volcaniques, qu'on appelle en Italie *pouzzolane*, ou bien encore avec du ciment, c'est-à-dire, des morceaux de tuileaux concassés. Ce mélange se fait ordinairement avec deux parties de sable & une de chaux vive, ou avec trois cinquièmes de sable sur deux cinquièmes de chaux. Ces doses varient selon les qualités respectives des matières mélangées. Quand la chaux est grasse & de sorte qualité, on met jusqu'à trois quarts de sable sur un quart de chaux.

Le *mortier* de pouzzolane se fait de la même manière. (*Voyez* POUZZOLANE.)

Le *mortier* de ciment se compose à peu près de même. On mêle le ciment avec la chaux, en plus ou moins grande quantité, selon qu'elle foisonne, & l'on s'en tient à peu près aux doses portées pour le sable.

La composition qu'on appelle *mortier*, a la propriété de se durcir, d'unir fortement les pierres & de faire corps avec elles. Pour obtenir ces résultats, il faut que les matières qui entrent dans ce mélange, soient bien choisies; il faut encore que le volume des pierres soit dans le rapport convenable avec celui du *mortier*.

L'élément principal d'un bon *mortier* est la chaux, matière qu'on obtient de certaines qualités de pierres appelées de-là *calcaires*; qui, après avoir été exposées à l'action du feu, sont susceptibles de se dissoudre dans l'eau, & de produire une pâte fine, blanche & onctueuse.

Nous ne dirons rien de plus sur la chaux, ayant déjà traité très au long de cette matière, dans un autre article. (*Voyez* CHAUX.)

Il pourroit être curieux, & sans doute il conviendroit dans tout autre Dictionnaire que celui-ci, de rendre compte des causes qui produisent l'adhérence du mortier aux pierres, & des raisons qui donnent à la chaux les propriétés qu'on lui connoît.

Quand on a lu diverses théories des chimistes, à cet égard, on aperçoit pour résultat, que les propriétés de la chaux sont bien connues, mais qu'on n'est d'accord ni sur la nature, ni sur la véritable cause des effets qu'elle produit.

Tous les auteurs qui, depuis Vitruve, ont traité ce sujet, conviennent avec lui, que les pierres à chaux, soumises à la calcination, perdent, par l'action du feu, les parties aqueuses & volatiles qui servent de lien à la terre calcaire, dans la formation des pierres; mais les chimistes ne sont pas d'accord sur la nature des parties volatiles qui se dégagent des pierres à chaux pendant la calcination. Les uns ont pensé que c'étoit un acide sulfureux; d'autres ont reconnu une substance qu'ils ont appelée air fixe ou gaz, désigné dans la nouvelle nomenclature méthodique de chimie, par le nom d'*acide carbonique*.

La grande question seroit de savoir si la causticité, ou propriété alcaline que la terre calcaire semble

semble acquérir par l'effet de la calcination, vient, comme le pensent Vitruve & plusieurs célèbres chimistes, des parties ignées qui se combinent avec cette terre pendant la calcination, & qu'elle perd lorsqu'elle reste long-temps exposée à l'air, dont elle absorbe l'humidité, ou si cette propriété lui est naturelle.

Cette question, intéressante pour la science, est indépendante des propriétés de la chaux & des effets qu'en résultent. Il suffit de bien connoître ces propriétés pour en tirer le plus grand avantage dans les arts.

Les plus anciennes constructions en *mortier*, qu'on trouve en Italie, paroissent être celles des tombeaux qu'on a découverts aux environs de quelques anciennes villes bâties par les Tyrrhéniens ou les anciens Etrusques. On sait que les Etrusques étoient, avant les Romains, le peuple le plus puissant d'Italie. Les habitans de la partie de ce pays qui étoit connue des Grecs sous le nom de *Tyrrhéniens*, passoient pour avoir inventé, ou plutôt perfectionné l'art de la maçonnerie, qu'ils enseignèrent aux autres peuples d'Italie. Il paroît que c'est d'eux que les Romains empruntèrent d'abord & leur bâtisse & les procédés de leur maçonnerie. Ces procédés paroissent avoir fort peu varié depuis, & leur méthode de faire le *mortier*, ne fut pas différente de celle que l'on pratique encore aujourd'hui à Rome & dans toute l'Italie.

Lorsqu'on examine avec soin les restes des anciens édifices romains, & que l'on en compare le *mortier*, avec celui des édifices de Rome moderne, on reconnoît que celui-ci, au bout d'un certain laps de temps, a acquis une dureté égale à celui des édifices antiques. On voit par plusieurs parties des constructions de Saint-Pierre de Rome, où la brique est apparente, que le *mortier* qui en fait la liaison, est aussi dur que celui du panthéon d'Agrippa, du temple de la Paix, & d'autres fragmens d'édifices de la même antiquité.

L'excellence qu'on attribue au *mortier* des anciens Romains, provient autant des bonnes qualités de la chaux & du sable qu'ils employoient, que de l'attention qu'ils avoient de le bien broyer, afin d'augmenter l'union & de faciliter le mélange des matières. On peut être assuré que plus le *mortier* est broyé, plus il acquiert de consistance, & plus il durcit promptement.

Il y a près de trente ans que MM. Loriot & de la Faye proposèrent chacun une méthode nouvelle de faire le *mortier*, se fondant l'un & l'autre sur des passages de Vitruve, qu'ils expliquoient à leur gré. On peut voir l'analyse de ces deux méthodes dans le premier tome du *Traité de l'art de bâtir*, par M. Rondelet.

Il est essentiel d'observer que la bonté du *mortier* dépend autant de la manière de le faire, que de la qualité des matières qu'on y emploie; de sorte qu'avec de très-bonnes matières, on peut ne faire qu'un *mortier* médiocre. L'excellence du

Diction. d'Archit. Tome II.

mortier des constructeurs romains est due, plus qu'on ne pense, aux précautions qu'ils prenoient pour bien faire. Après avoir choisi & rassemblé leurs matériaux, ils cuisoient eux-mêmes leur chaux pour l'employer tout de suite; c'est pourquoi le *mortier* des Romains, dans tous les pays où ils ont bâti, est également bon.

Pour parvenir à faire le meilleur *mortier* possible, les procédés à suivre peuvent plutôt s'indiquer que se prescrire d'une manière précise, comme l'ont fait plusieurs auteurs, en désignant les doses ou les qualités; le fait est, qu'en ce genre, les doses dépendent des qualités des matières, & ces qualités sont très-variables.

Il y a de la chaux vive, telle que celle de Melun, qui absorbe, en s'éteignant, deux fois & demie son poids d'eau, avant de former une pâte moyennement liquide, comme il faut qu'elle soit pour faire le *mortier* ordinaire, sans qu'on soit obligé d'y ajouter de l'eau.

Il se trouve d'autres chaux qui ne consomment, pour se réduire en pâte d'une égale consistance, qu'une quantité d'eau égale à leur poids. Différentes expériences ont montré que, pour faire un bon *mortier* avec la première de ces pâtes, il faut mêler trois parties de sable de rivière avec une partie & demie de chaux, & qu'en faisant usage de la seconde pâte, il en faut deux parties pour trois de même sable. Ces deux *mortiers*, lorsqu'ils sont également bien broyés, acquièrent, avec le temps, à peu près la même consistance.

On remarquera que, dans le premier de ces *mortiers*, la quantité de chaux en pâte est moitié de celle du sable, & que, dans le second, elle en est les deux tiers; cependant tous ceux qui, depuis Vitruve, ont écrit sur l'art de bâtir, ont répété que pour faire un bon *mortier*, il suffisoit de mêler une partie de chaux éteinte avec deux parties de sable de rivière. Mais il faut supposer qu'il s'agit d'une chaux dont la qualité sera supérieure à celle de la chaux de Melun, qui passe cependant pour être très-bonne.

Pour réussir à faire, dans tous les cas, le mélange convenable, il faut une certaine expérience, qui fasse juger du degré de consistance que doit avoir la chaux bien fusée, & que doit avoir aussi le *mortier* bien broyé. C'est ce degré qui détermine la quantité de sable nécessaire au mélange qui forme le *mortier*.

En définitive, deux opérations sont nécessaires, à matériaux égaux en qualité, pour faire un bon *mortier*. L'une est l'extinction de la chaux, l'autre son mélange avec le sable.

Pour éteindre la chaux, deux procédés sont bons: l'un consiste, lorsque le bassin est préparé, à se procurer un baquet plein d'eau jusqu'aux trois quarts, & un panier plat à claire voie. On remplit de panier de chaux vive, en réduisant, si l'on veut, les plus fortes pierres à la grosseur du poing. On tient ce panier plongé dans l'eau du baquet, jus-

Zzzz

qu'à ce que la surface de l'eau commence à bouillonner, alors on retire le panier, & on jette dans le bassin les pierres qui commencent à s'échauffer & à se fondre, en ayant soin de jeter de l'eau à mesure, & on laisse celles qui ne seront ni échauffées ni fendues. On remplit de nouveau le panier; on continue l'opération tant qu'il y a de la chaux vive à éteindre, & on met de côté les pierres qui n'ont pas pu se dissoudre. Le second procédé consiste à écraser les pierres de chaux vive avec un cylindre de pierre dure ou de fonte, avant de la jeter dans le Bassin. Tout ce qui résiste à l'action du cylindre, doit être rejeté, comme n'ayant pas le degré de cuisson convenable. Ce second moyen, moins embarrassant que le premier, exige une aire en pierre dure, qui sert aussi à broyer le *mortier*. On a soin de remuer la chaux dans le bassin, à mesure qu'elle se dissout, afin de faciliter la fusion & d'obtenir une pâte d'une consistance uniforme.

L'autre opération est celle, au moyen de laquelle on mêle la chaux avec le sable, ou les autres matières qui doivent servir à former le *mortier*. Cette opération, qui contribue beaucoup à la bonté du *mortier*, a besoin d'être faite avec beaucoup d'attention. Pour opérer le mélange absolu des matières & faciliter l'entière dissolution de la chaux, il ne suffit pas de la brouiller avec le sable, comme on se contente de le faire imparfaitement en beaucoup d'endroits. Il faut que les matières soient broyées sur une aire battue & dressée; le mieux seroit que l'aire fût formée par des dalles en pierre dure, & il seroit mieux encore de se servir, au lieu du morceau de bois appelé rabot, de l'instrument en fer dont on use en Italie, & qui est une sorte de truelle emmanchée à un long bâton, & qui broie beaucoup mieux, en exigeant moins d'eau, parce qu'on peut, non-seulement presser la matière, mais la retourner comme avec une truelle. Généralement, plus & mieux le *mortier* est broyé, plus il acquiert de force & de consistance, & plus promptement il durcit.

MOSAÏQUE, s. f. Les antiquaires ne sont d'accord ni sur la première origine de ce mot, dérivé du latin, ni sur la raison de son étymologie. L'opinion la plus claire est que, *mosaïque* étant le même que *musaico* en italien, le mot vient du latin *musivum*. Cette recherche, du reste, seroit mal à sa place dans ce Dictionnaire, où l'on traitera de la *mosaïque* sous les seuls rapports qu'elle a avec l'architecture. Pour toutes les autres notions qui se rapportent, soit à la peinture, soit à l'archéologie, nous renverrons aux Dictionnaires particuliers de l'une & de l'autre.

La *mosaïque*, définie d'une manière générale, est un ouvrage par assemblage de petits morceaux de pierre, de marbre, de cailloux, ou de matières vitrifiées & coloriées, qu'on réunit sur un fond quelconque, avec du stuc, du mastic, ou toute autre substance, & dont on polit les surfaces.

La *mosaïque* peut se considérer sous différentes divisions, en tant qu'antique ou moderne, en tant que composée de pierres naturelles ou de pierres artificielles, en tant qu'employée à faire des pavemens ou employée en tableaux. Il y auroit peut-être encore d'autres divisions; comme, par exemple, la *mosaïque* en pierres fines, telle que le *lavoro a composto* de Florence, la *mosaïque* en relief, c'est-à-dire, appliquée à faire les superficies d'une statue ou d'un corps en relief : il y en a des exemples dans les ouvrages du Bas-Empire.

Le travail primitif de la *mosaïque*, quel que soit le pays où il ait été inventé (si toutefois un art aussi simple dans ses élémens, a eu un inventeur), ce travail, disons-nous, consista d'abord dans une de ces opérations où tous les hommes se rencontrent. On assembla des cailloux pour faire des aires saines & solides, ou les lia entre eux par un mortier. Les cailloux qu'on employa se trouvèrent de plusieurs couleurs, & il fut aussi naturel d'assortir entr'elles ces couleurs, surtout le blanc & le noir, qu'il l'est encore partout où l'on revêt les paremens des murs, avec des pierres à fusil cassées, comme en Angleterre, de faire figurer dans des compartimens fort simples, les pierres blanches & les pierres noires : voilà l'origine de la *mosaïque*.

On ne sauroit dire dans combien de pays, la méthode de faire des aires avec de petits cailloux, est encore usitée. Elle est surtout très-commune en Italie, où l'usage des mortiers à la chaux, forme des liaisons très-solides. Nous ne pouvons pas douter que cette méthode ait existé chez les Grecs.

Bientôt on dut imaginer de fendre les gros cailloux, de les diviser en petits morceaux égaux & quadrangulaires, qui devoient se mieux rapprocher entr'eux, présenter un marcher plus uni & une surface plus facile à polir. Quand on connoit le bon marché, la solidité, l'agrément de ce genre d'assemblage, & la facilité qu'il y a de le réparer dans les parties qui se dégradent, on ne s'étonne pas que la plupart des cours, dans les maisons de Pompeii, aient été ainsi pavées.

Ce genre de pavement pourroit, dans des recherches sur l'origine & les progrès de la *mosaïque*, passer pour avoir été le second degré d'invention de cet art. De-là il n'y eut qu'un pas à ce goût d'ornement en compartimens simples, qu'on trouve appliqué à plusieurs de ces pavemens, où des bandes de cailloux de couleur noire surtout, divisés de même en petits corps carrés ou en cubes, forment quelques variétés de dessin. Il en existe dans les collections, & l'on trouve partout, des restes de ces sortes de *mosaïques* en couleur blanche & noire.

Les cailloux offrant des variétés de couleur assez nombreuses, on dut promptement imaginer de les faire servir à produire quelques-uns des effets de la peinture, dans des pavemens plus soignés, & destinés à des intérieurs. Une multitude de *mosaïques* qui se sont conservées jusqu'à nos jours dans les débris des édifices, nous montre un très-grand nombre d'ouvrages qui peuvent, à différens degrés, passer pour des modèles de goût, pour des chefs-d'œuvre du genre décoratif, qui est applicable à des pavemens.

Ces pavemens, qu'on pourroit encore classer selon le plus ou le moins de richesses d'ornemens, se divisent en deux catégories assez distinctes. Il y a les *mosaïques* à ornemens & les *mosaïques* à figures.

Dans les premières on trouve toutes les sortes de formes, d'idées, de caprices & de badinages, qui entrent dans l'arabesque; des entrelas, des festons, des rinceaux, des enroulemens, des chimères, des symboles, des masques, &c. Ces desseins, exécutés avec beaucoup de goût & d'effet, ressemblent toutefois, par la nature même de la matière employée dans cette contrefaçon de la peinture, plutôt à des esquisses qu'à des ouvrages du pinceau rendus & finis. Il est inutile de faire des citations de ces morceaux, tant ils sont nombreux & connus.

Les cailloux de couleur employés à ces ornemens, ne donnent point ordinairement de tons vifs & tranchans, & bientôt on imagina de mêler à ces substances naturelles, des cubes de matière artificielle, c'est-à-dire, de vitrification que l'on pût colorer à volonté, & avec lesquels on obtint toutes les nuances, toutes les dégradations qu'on jugea nécessaires, & aussi les tons les plus vigoureux.

Le plus grand nombre des *mosaïques* à figures qui forment la seconde classe dont on vient de parler, sont ainsi composées des deux matières. Les décorateurs qui présidèrent à l'exécution de ces sortes d'ouvrages, paroissent y avoir fait une compilation de tous les genres de sujets qui pouvoient flatter les yeux & le goût. Les *mosaïques* à figures ne doivent pas être jugées comme des tableaux, ni sous le rapport du dessin ou de la composition, ni sous celui de la perspective. Il ne faut jamais perdre de vue que c'étoient des pavemens, que cette seule destination & la manière seule dont on étoit contraint de les voir, ne comportoient & n'exigeoient point la perfection d'un tableau.

Les *mosaïques* de cette classe qui plaisent le plus, sont certainement celles qui, composées dans le goût des compartimens d'un plafond, présentent un ensemble symétrique de rapports & d'intervalles occupés par des figures. On doit mettre sur la première ligne de ces ouvrages, la grande *mosaïque* qui fut trouvée il y a quarante ans à Otricoli, & fut placée, après avoir été facilement restaurée, dans la salle circulaire du Museo Pio Clementino, dont elle fait aujourd'hui le principal & le plus bel ornement. Elle est circulaire & se divise en quatre compartimens, au centre desquels est une tête de Méduse. Dans une de ces zones, sont représentés des combats contre des centaures; la dernière zône renferme, dans des espaces beaucoup plus grands, des groupes de tritons & de néréides, dont les figures sont de grandeur naturelle.

Cependant les Anciens ont exécuté en pavés de *mosaïque*, des compositions qui ont une apparence de tableaux : telle est celle qui, au palais Barberini, à Rome, représente l'enlèvement d'Europe, avec les groupes de ses compagnes qui s'enfuient sur le rivage de la mer, dont le point de vue occupe la partie supérieure du tableau. Ce morceau fut trouvé à Palestrine, l'ancienne Præneste, & paroît avoir fait partie des pavemens du temple de la Fortune, où fut trouvée la célèbre *mosaïque* appelée *de Palestrine*, qui représente une espèce de tableau de l'Égypte. Selon Pline, cet ouvrage auroit été exécuté au temps de Sylla, dans le temple de la Fortune, & avant lui, le travail de la *mosaïque* n'auroit point été connu à Rome.

La *mosaïque* de Palestrina, la plus curieuse sans doute, sous beaucoup de rapports, de toutes celles qui nous sont parvenues, est toutefois d'un goût de composition beaucoup moins analogue au caractère qui convient à l'architecture; car rien n'y indique un ensemble décoratif de lignes ou de compartimens, qui en fasse un objet de pur ornement. Cependant le peu d'étendue de ce morceau permet de croire qu'il pût n'être qu'une partie ou un milieu d'un tout plus grand; & nous voyons dans d'autres grandes *mosaïques*, que ce qui nous paroît faire comme un tableau séparé, n'est souvent que le sujet détaché d'un des compartimens d'un grand ensemble.

Ainsi, la grande *mosaïque* d'Italica est un carré-long, dont l'étendue se divise en deux parties, l'une extérieure, qui contient une double rangée de formes circulaires ou de médaillons, contenant les bustes des Muses ou autres sujets. La partie intérieure est un parallélogramme, où l'artiste a représenté un cirque, les combattans en char, à cheval, &c...... Cette sorte de tableau n'est, comme on voit, que le milieu d'une composition à compartimens.

Ce fut une idée fort ingénieuse & fort conforme au génie de la *mosaïque*, que celle qui avoit été exécutée à Pergame, par Sosus, dans la salle des banquets de cette ville. L'artiste se proposa pour motif, l'imitation d'un pavement, sur lequel seroient tombés, & n'auroient point encore été balayés, tous ces restes ou débris de service, que les convives jetoient ou laissoient tomber à terre. De-là cette salle fut appelée *asarote*, non balayée. Toutefois il y avoit un morceau de cette composition qui représentoit un vase de métal où buvoit une colombe, & sur les bords de laquelle on voyoit d'autres colombes se grattant ou déployant leurs ailes au soleil. Ce petit tableau put très-naturellement faire partie d'une bordure entourant la *mosaïque*, & où d'autres sujets semblables auroient trouvé place.

Ce sujet nous est parvenu, & on voit cet ouvrage du travail le plus fini qu'on connoisse en *mosaïque* faite de pierres naturelles, au Muséum du Capitole à Rome. Les paroles de Pline, dont nous n'avons donné qu'une traduction libre, décrivent si exactement ce petit tableau en *mosaïque*, tel qu'on le voit dans ce Musée, qu'il seroit impossible de le décrire ni autrement ni mieux.

On ne sauroit concevoir de raisons plus foibles, que celles par lesquelles Winckelmann a combattu l'opinion, que la *mosaïque* des colombes du Capitole étoit la même que celle de Pergame. Ce morceau, dit-il, a été trouvé, dans la villa Hadriana, incrusté au milieu du pavement d'une *mosaïque* plus grossière, mais entouré d'une bande de fleurs d'un travail aussi délicat que celui de la *mosaïque* du milieu. Là-dessus, Winckelmann croit qu'il y auroit eu les plus grandes difficultés à enlever & à transporter ce petit tableau fait de tant de pierres, comme si de nos jours on n'en transportoit point partout de semblables. Il ajoute qu'il faudroit aussi supposer qu'on auroit enlevé de Pergame la bordure de fleurs, ce qui n'auroit pas, ce nous semble, encore rien de difficile. On voit, au contraire, que l'incrustation de cette charmante *mosaïque* dans une plus commune, prouve que ce fut un morceau rapporté, qu'on vouloit faire briller davantage par ce contraste : & quant à la bordure, rien n'empêche de croire qu'on l'auroit faite à Rome : déjà il a été observé que tout au moins il seroit possible que la *mosaïque* des colombes du Capitole ait été une copie faite d'après celle de Pergame ; & , dans ce genre, une telle copie vaut l'original. Nous pensons donc que ce petit sujet fut placé dans les compartimens de la *mosaïque* de Sosus.

Pareille destination fut celle d'une multitude de petits sujets séparés, tels que des comédiens, des masques, des signes du zodiaque, des génies, & toutes sortes de divinités ou d'allégories.

Pline nous apprend que de l'usage de paver les salles & les cours en *mosaïque*, on passa promptement à celui d'en orner les intérieurs & les voûtes (*cameras* : camera veut dire l'un & l'autre), & que l'on employa le verre à ce genre de décoration. Il ne paroît pas qu'on ait découvert aucun reste de *mosaïque* antique appliquée à cette destination dans les ruines des édifices ; mais l'emploi des matières vitrifiées continua d'avoir lieu dans le travail de la *mosaïque*. Il finit même par devenir unique & exclusif dans les *mosaïques* du Bas-Empire.

Sainte-Sophie, à Constantinople, a sa coupole revêtue d'une *mosaïque* formée sans beaucoup de régularité, de petits cubes de verre doré, d'à peu près deux lignes de superficie, & incrustés dans une couche de mortier d'un peu moins d'un pouce, & d'une fort grande dureté. Ce fut particulièrement dans les pratiques de ce procédé, que se perpétua l'art de la peinture pendant les siècles qui suivirent la destruction de l'Empire romain. Les portails des basiliques, les apsides, furent revêtus en *mosaïque* & décorés de cette manière par les figures colorées grossièrement, du Christ, de la Vierge & des Apôtres.

Cet art ne cessa pas d'être exercé en Italie, comme en font foi les plus anciennes basiliques, & il ne paroît pas que les Grecs aient contribué à ces ouvrages autant qu'on le pense.

Cependant les Vénitiens, au commencement du treizième siècle, ayant attiré chez eux quelques peintres grecs, Apollonius, un de ces peintres, passe pour avoir montré l'art de la *mosaïque* à André Tafi, & avoir travaillé avec lui à quelques peintures dont les sujets étoient tirés de la Bible.

Bientôt après, Gaddo Gaddi s'exerça en ce genre, & fit des ouvrages dans plusieurs villes d'Italie. Giotto, élève de Cimabue, & né en 1276 au plus tard, exécuta le grand tableau de *mosaïque* qui est sur la porte de l'église de Saint-Pierre à Rome, où il a été transporté de l'ancienne basilique. Cette peinture, connue sous le nom de *nave di Giotto*, représente la barque de saint Pierre agitée par la tempête.

La *mosaïque* sembla dès-lors avoir tout-à-fait changé de destination ; on ne l'employa presque plus en pavé, que figurant avec des carreaux de marbre dans de petits compartimens dorés, mêlée à l'autre sorte de *mosaïque* faite de petites pièces de marbre , ce qui forma par la suite un genre à part.

La *mosaïque* en figures colorées aspira dès-lors à devenir de la peinture & à la remplacer, comme on le dira tout-à-l'heure.

Mais avec les progrès des arts du dessin, on vit, en Italie, se perfectionner & arriver promptement à un très-haut degré, cette sorte de *mosaïque*, appelée *sectilia* par les Romains, *lavoro di composto* par les Florentins, & que nous appellerions plutôt *marqueterie de marbre*.

Beccafumi, né en 1484, se fit une grande réputation par l'exécution de son pavé de la coupole de Sienne, ouvrage aussi remarquable par la beauté de la composition que par le dessin & l'expression, & où les grands artistes du siècle suivant puisèrent des idées & des leçons. Cette sorte de *mosaïque* ou marqueterie, ne se compose que de plaques de marbre, mais de trois teintes différentes, l'une d'un blanc très-clair, l'autre d'un gris obscur, & la troisième noire. Ces différens morceaux sont si bien taillés & joints si bien ensemble, qu'ils font l'effet d'une peinture en grisaille, ou noir & blanc. Le premier marbre fait les clairs & les parties saillantes, le second sert aux demi-teintes, & le troisième est pour les ombres.

Beaucoup d'ouvrages moins importans & moins célèbres furent faits ainsi, & enfin le goût pour cette sorte de travail paroit s'être concentré à Florence, où il a reçu dans des morceaux moins étendus, mais plus précieux par la matière, une sorte de perfection nouvelle. On veut parler de ces *mosaïques* en pierres fines, où les substances les plus rares se trouvent taillées & réunies avec un art infini, de façon à représenter, sans qu'on aperçoive l'art qui les rassemble, une multitude d'objets, dont les tons variés & nuancés semblent défier la magie de la peinture même. On ne fait guère en ce genre que de petits tableaux, qu'on destine à être des tables ou des objets de luxe & d'ostentation.

On a vu que la *mosaïque*, dans son origine & dans ses progrès chez les Anciens, n'avoit eu d'autre prétention que d'être, par l'emploi des formes ou des figures coloriées, un ornement des pavés & aussi des murs où on l'appliquoit, à la manière du genre de peinture appelée *arabesque*. Toutefois on a remarqué certains ouvrages de *mosaïque*, dans lesquels l'art d'une véritable illusion fut porté, par l'effet & les nuances des matières coloriées, beaucoup plus loin que le génie de l'ornement ne l'exige, surtout dans des pavés. Il ne paroît pas qu'on ait excédé ce point autrefois, & qu'on ait jamais tenté de remplacer par ce travail de la *mosaïque*, celui de la peinture historique, c'est-à-dire, de faire ou de contrefaire des tableaux proprement dits, avec ce mécanisme.

L'emploi exclusif du verre, dans les cubes dont se compose la *mosaïque*, dut naturellement porter à étendre son ressort. Dès qu'on eut vu que toutes les teintes & les moindres nuances des tableaux pouvoient être facilement imitées par la pratique de colorer le verre, & par la réunion des cubes de verre réduits aux dimensions les plus petites, on comprit que, par ce moyen, on contreferoit les tableaux & qu'on imiteroit la peinture dans ses nuances les plus fugitives.

L'emploi que le moyen âge fit de la *mosaïque* pour la décoration des églises, dut naturellement porter les esprits à faire de ce genre un remplacement de la peinture. Ce qui avoit manqué à la perfection mécanique de la *mosaïque* du moyen âge, avoit eu pour cause évidente la barbarie & l'imperfection du dessin & de l'imitation. Lorsque l'art eut reçu de nouveau tout son développement, il fut impossible de ne pas faire marcher du même pas, ce moyen d'imiter, par la *mosaïque*, les chefs-d'œuvre de la peinture. La solidité, l'espèce d'éternité attachées à cette manière de peindre, firent désirer de l'appliquer de nouveau aux grandes décorations des voûtes & des coupoles.

Un vaste édifice sembloit surtout réclamer cet emploi. Au commencement du dix-septième siècle, le pape Clément VIII fit orner en *mosaïques* toute la partie intérieure de la coupole de la nouvelle basilique de Saint-Pierre. Parmi les artistes qui y furent employés, on distingue Paul Rossetti & François Zucchi. Tous les ornemens en figures, qui remplissent les compartimens de la coupole, furent terminés avec beaucoup de succès en 1603. La durée de la *mosaïque* tient à la bonne qualité des mastics. Vers le même temps, Jean-Baptiste Calendra inventa un nouveau mastic qui contribua beaucoup à accréditer, dans la décoration des édifices, l'emploi de la *mosaïque*. Il exécuta dans l'espace de quatorze années, les grandes *mosaïques* des pendentifs de la coupole, qui représentent les quatre pères de l'Eglise, d'après les peintures de Lanfranc, d'André Sacchi, de Romanelli & de Pellegrini.

Ces grands travaux de *mosaïque* persuadèrent de plus en plus, que ce procédé étoit propre à reproduire, dans d'immortelles copies, les ouvrages souvent périssables du pinceau, & il arriva enfin à la *mosaïque*, le même sort qu'à la tapisserie. Ce dernier art aussi n'eut d'abord d'emploi qu'à terre, soit pour garantir du froid, soit pour orner & couvrir les planchers. On en fit ensuite des tentures sur les murs intérieurs. L'art se perfectionnant, on y traça des ornemens, puis des figures; enfin, on conçut l'idée d'en faire des copies des plus beaux tableaux, & c'est là aujourd'hui sa plus brillante destination.

L'église de Saint-Pierre fut encore l'occasion qui ouvrit à l'art de la *mosaïque* cette nouvelle carrière. Plusieurs causes qui tiennent à la situation du terrain occupé par ce vaste édifice, causes dont nous avons rendu compte à l'article MADERNE, ne tardèrent pas à prouver que la peinture à fresque, ou à l'huile, y étoit attaquée par l'humidité. On résolut de ne plus compromettre la durée de plusieurs peintures estimées, & de les remplacer par des copies en *mosaïque*. Dès-lors toutes les chapelles de Saint-Pierre reçurent des tableaux de ce genre.

Il se forma, au commencement du dix-huitième siècle, une école de mosaïquistes, d'où sont sortis les plus habiles artistes en ce genre.

Le projet de ne plus admettre dans Saint-Pierre que des tableaux en *mosaïque*, fut cause que, non-seulement on remplaça ainsi les anciennes peintures, mais que l'on fit exprès d'une dimension, à la vérité plus grande, les copies des plus célèbres tableaux des grands maîtres. Quelque distance qu'il doive y avoir des originaux à leurs copies, toutefois le mérite de celles-ci est tel, que l'on y est trompé au premier coup d'œil. A tout événement on peut espérer qu'en cas de destruction des originaux, ces répétitions transmettroient aux âges les plus éloignés, une grande partie des mérites qui ont distingué la peinture moderne.

Depuis que Saint-Pierre s'est trouvé terminé en *mosaïque* dans tous les détails de sa décoration, cet art dispendieux, long-temps alimenté par cette grande entreprise, & contrarié par les événemens, semble avoir perdu de sa vogue. Il a tenté de se répandre hors de l'Italie, & il y a peu de pays qui n'en possède des ouvrages. Mais il est douteux qu'il y trouve, soit dans le genre de construction, soit dans les convenances décoratives, les causes qui l'ont fait prospérer en Italie, & surtout à Rome, qui paroît destinée à être le centre de ce genre de travail.

Le dernier renseignement que nous puissions recueillir à cet égard, nous apprend qu'on va transporter à Vienne, dans l'église des Italiens, place des Minimes, une copie exacte, en *mosaïque*, de la cène de Léonard de Vinci, ouvrage dont l'original est presque détruit, & du genre de ceux que l'art de la *mosaïque* est particulièrement appelé à reproduire & à perpétuer.

MOSQUÉE, s. f. C'est le nom qu'on donne aux temples des Arabes & des Musulmans.

Nous avons eu l'occasion de voir à l'article ARCHITECTURE MORESQUE, que les Arabes, qui n'avoient point d'art chez eux, lorsqu'ils se répandirent, par la conquête, dans les pays précédemment soumis à la domination romaine, n'y inventèrent point d'architecture, & que le caractère qu'on reconnoît comme leur étant propre, dans les édifices qu'ils élevèrent, consista spécialement, à quelques détails de formes près, dans le goût d'orner & dans une manière de décoration portée jusqu'à la prodigalité. Plusieurs des *mosquées* que les Mores bâtirent en Espagne, le furent avec des restes d'édifices romains; & lorsqu'ils n'eurent pas de matériaux tout formés à employer, ils imitèrent plus ou moins exactement les modèles qui s'étoient présentés à eux.

Les Turcs firent de même, & ils commencèrent par s'approprier pour leurs *mosquées*, en beaucoup d'endroits, les temples antiques qu'ils trouvèrent en bon état. Ainsi la grande basilique de Justinien, à Constantinople, devint, & est encore aujourd'hui la plus célèbre *mosquée* de cette ville. Nous avons vu ailleurs, que le temple de Minerve, à Athènes, qui avoit été converti en église chrétienne, passa sans presqu'aucun changement au culte de Mahomet. Il paroît que des restes du temple de Salomon, & sur son emplacement, s'est formée & élevée la *mosquée* de Jérusalem.

Les Turcs furent environnés de trop de débris de l'architecture greco-romaine, pour qu'une grande partie du goût de bâtir de cette architecture, n'ait pas été adoptée par eux; & cet effet dut arriver d'autant plus sûrement, qu'ils n'avoient en propre, avant leur invasion, ni art, ni savoir, ni connoissance.

Ce pourroit être ici le lieu de donner les descriptions de quelques *mosquées* turques, si ces monumens, qui sont à peu près les seuls d'après lesquels il soit possible de juger de l'architecture turque, ne devoient pas trouver plus naturellement leur place à l'article où nous en traiterons. (*Voyez* TURQUE (Architecture).)

MOUCHETTE, s. f. Les ouvriers appellent ainsi le larmier d'une corniche; & lorsqu'il est refouillé ou creusé par-dessous, en manière de canal, ils le nomment *mouchette pendante*.

MOUFLE, s. f. C'est une machine composée de plusieurs poulies enchâssées séparément, & retenues avec un boulon dans une main de bois, de fer ou de bronze, appelée *écharpe* ou *chape*, & qui sert, dans les bâtimens, à enlever les plus pesans fardeaux. On trouvera la théorie de cette machine dans le *Dictionnaire de Mécanique*.

MOULER, v. act. C'est l'action de faire un moule, & aussi de jeter ou d'imprimer dans le creux appelé *moule*, les matières fluides ou molles, telles que plâtre liquide, terre glaise ou cire, qu'on destine à prendre l'empreinte de la figure du creux.

Le mot *mouler* appartient surtout à la sculpture (voyez le *Dictionnaire des Beaux-Arts*); cependant on l'a fait entrer dans celui-ci, à cause des usages assez fréquens que l'architecture fait des procédés du moulage. Ainsi nous avons vu dans la vie de Bramante, que ce fut à l'aide de moules placés sur les cintres, & qu'il fit remplir de stuc, que furent formés sur place les grands caissons des voûtes de Saint-Pierre.

L'architecture doit encore à l'art de *mouler*, la répétition économique d'un grand nombre de parties des entablemens, comme consoles, modillons, mutules, enroulemens, soit en stuc, dans les constructions où l'on emploie les enduits de chaux & cimens, soit en plâtre, dans les décorations des intérieurs, où l'on admet aussi beaucoup d'objets moulés, qui entrent avec assez d'agrément dans les combinaisons variées des arabesques.

Les Anciens employèrent très-souvent l'art de *mouler* pour obtenir du creux où on les imprimoit, des bas-reliefs en terre que l'on faisoit cuire, & que l'on peignoit de toutes sortes de couleurs. On en faisoit des frises, des ornemens de corniche, des mascarons, &c. C'est à ce grand emploi qu'ils firent du moulage, que l'on doit le grand nombre de bas-reliefs en terre cuite qui nous sont parvenus, &qui, par l'exacte identité des mêmes sujets, montrent, indépendamment d'autres preuves, qu'ils ne sont point des bas-reliefs modelés, mais des bas-reliefs *moulés*. Une telle pratique entroit pour beaucoup dans cette division de l'art de sculpter, à laquelle on donna le nom de *plastique*.

MOULIN, s. m. C'est un bâtiment qui renferme des meules mises en mouvement par le vent, par l'eau, ou par tout autre moteur.

Si le moteur est le vent, on nomme le *moulin*, *moulin à vent*. Il est composé d'une cage, d'une meule, d'un frein, & de volans garnis de toile, qui font mouvoir la meule quand le vent les fait tourner.

On appelle *moulin à eau*, celui qui confifte en un petit bâtiment établi fur un bateau. Il fe compofe d'une meule, d'une farce, d'une lanterne, d'une huche, d'une trémie, d'un frion & d'une roue qui, tournant par l'action de l'eau courante, met en mouvement toutes les parties de la machine.

On a employé, depuis quelques années, la vapeur d'eau, ou les pompes à feu, comme principe moteur du mécanifme qui fait tourner les meules des *moulins*.

Voilà tout ce que nous avons à dire fur un objet étranger aux matières de ce Dictionnaire. Pour ce qui regarde la conftruction des *moulins*, dans leur partie extérieure, il faut encore fe borner à dire que leur cage fe fait tantôt en bois, tantôt en maçonnerie légère. Comme il faut pouvoir tourner le *moulin* felon les pofitions du vent, pour qu'il agiffe fur les ailes ou volans, on établit les cages en bois, ou pour mieux dire en planches, fur un maffif qui fert de pivot, & fur lequel on fait tourner à volonté toute la cage. Si le *moulin* eft en maçonnerie, on le conftruit ordinairement en forme de tour ronde, & le moulinet qui fait tourner les ailes eft établi dans la partie fupérieure, formant un chapeau mobile au-deffus de la tour ronde. Lorfqu'on veut prendre le vent, on n'a befoin que de faire mouvoir & tourner ce chapeau, au moyen d'un très-long levier ou par tout autre expédient.

Quant à l'antiquité de l'invention des *moulins*, il eft conftant, d'après différens paffages des anciens écrivains, que les *moulins* à eau furent connus des Anciens, & qu'ils furent tout-à-fait femblables aux nôtres. On employa fort généralement les *moulins* à bras, auxquels fuccéda probablement l'ufage de moudre à l'aide des animaux.

On donne le nom de *moulin* à une machine qui fert à la fabrication des monnoies, pour préparer les lames de métal. On le donne encore à différens inftrumens qui entrent dans les pratiques des manufactures ou des ufages de la vie.

MOULURE, f. f. Ce mot nous donne fon étymologie d'une manière inconteftable : il vient de *moule*. L'origine de l'objet qu'il exprime, eft-elle la même ? Dirons-nous que ce fut à l'art de mouler qu'on dut les objets qu'on appelle ainfi, ou que ce nom leur fut donné parce qu'ils ont l'air d'être le produit du moulage ? Or, on fait que les objets qui fortent des moules, font remarquables par une fimilitude identique. Comme l'art de faire des *moulures* confifte à leur donner ainfi, dans la répétition qu'exige la fymétrie des parties, une entière & exacte reffemblance, il nous femble que cette apparence d'avoir été coulées dans un même moule, a pu faire donner aux membres ou profils des entablemens, le nom de *moulure*.

La *moulure* eft une faillie plus ou moins grande, au-delà du nu d'un mur, d'une furface, d'un corps quelconque, tels que colonne, pied-droit, arcade, entablement, chambranle, panneau, autel, cippe, vafe, &c.

Moulure eft donc une forte de nom général qu'on donne à toutes ces parties plus ou moins importantes qui entrent dans l'art des profils. Sous ce rapport, chaque *moulure* a fon nom, & chacun de ces noms a fon article dans ce Dictionnaire. (*Voyez* QUART DE ROND, DOUCINE, TALON, LARMIER, CYMAISE, &c.)

On donne cependant, dans le langage technique de l'architecture, des noms particuliers à certaines formes de *moulures*. On dit :

MOULURE EN DEMI-CŒUR ou TALON A TÊTE.

C'eft une *moulure* qui eft compofée, dans fa partie fupérieure, d'un tore ou baguette, joint au talon qui en fait la partie inférieure. On l'emploie ordinairement aux cadres & aux bordures, dont elle forme le profil.

MOULURE INCLINÉE. Nom qu'on donne généralement à une face d'architrave qui n'eft pas dreffée à plomb, mais qu'on incline en arrière par le haut, afin de gagner de la faillie. On trouve de ces *moulures inclinées* à plufieurs corniches architravées modernes, & auffi dans plus d'un monument antique.

MOULURE LISSE. *Moulure* qui n'a point d'ornement taillé, & dont le mérite dépend de la beauté de fon contour.

MOULURE ORNÉE. *Moulure* fur laquelle on a taillé des ornemens de divers genres, foit en relief, foit en creux.

MOULURES SIMPLES. Ce font celles qui n'ont point de filets qui les accompagnent : telles font la doucine, le talon, l'ove, le tore, la fcotie, l'aftragale, le filet, la gorge, la couronne, la baguette. Par oppofition, on appelle *moulures couronnées*, celles qui font accompagnées d'un filet.

MOUTON, f. m. C'eft un billot de bois garni de fer, ou c'eft une maffe de fer qu'on élève par le moyen d'une fonnette, & qu'on laiffe retomber fur la tête des pilotis, pour les enfoncer en terre.

Les Anciens ont, fans contredit, connu cette puiffante machine ; car Vitruve, parlant d'un terrain fur lequel on veut établir des fondations, dit que, s'il n'eft pas folide, on l'affermira en y chaffant des pilotis à l'aide du *mouton* (*machinis*). *Vitruve*, l. 3. c. 5. Céfar fait auffi mention, dans fes Commentaires, de cette manière de pratiquer les fondations.

Les antiquaires croient encore qu'on employa

cette espèce de *mouton* que l'on appelle *hie*, pour frapper les fortes monnoies. Le marteau eût été un instrument trop peu puissant & trop peu expéditif.

On appelle *hie*, un *mouton* très-pesant, qu'on lève avec un engin, par le moyen d'un moulinet, & qu'on laisse ensuite tomber en lâchant le déclit, ce qui donne un coup beaucoup plus fort que celui du *mouton* ordinaire.

MOUVEMENT, f. m. Le *mouvement* qui est un des caractères particuliers de tous les êtres animés & organisés, qui est l'attribut extérieur & sensible de la vie; le *mouvement* est aussi ce qui donne particulièrement aux ouvrages de l'art, l'espèce de vie qui leur est propre. C'est par le *mouvement* plus ou moins gradué, plus ou moins exprimé, que l'imitation des corps nous plait, soit dans l'attitude & l'action d'une seule figure, soit dans la composition des scènes qui comportent un grand nombre de personnages.

Mouvement se prendra donc, dans ces arts, sous deux acceptions : l'une positive, qui exprime au sens simple, l'état des corps, opposé à l'état de repos ; l'autre métaphorique, qui signifie, au sens figuré, les qualités & les propriétés morales, qui sont le contraire de roideur & de monotonie.

Il est bien clair que l'on ne peut appliquer à l'architecture, l'expression & l'idée de *mouvement*, que sous ce dernier rapport, le rapport figuré ou métaphorique.

Ainsi le *mouvement* sera, en architecture, une qualité synonyme de variété. (*Voyez* VARIÉTÉ.)

On met 2 *mouvement* dans le plan d'un édifice, lorsqu'on le dispose sur des lignes qui, par des formes saillantes ou rentrantes, donnent à la distribution des intérieurs, certaines facilités de dégagement, certaines diversités d'exposition, certaines variétés d'accès, auxquelles la simplicité d'une ligne de bâtiment uniforme se refuse.

On met du *mouvement* dans l'élévation d'un édifice, soit lorsque, par le *mouvement* du plan, on s'est ménagé des avant-corps ou des arrière-corps, soit lorsque l'on compose cette élévation, de manière à ce qu'elle présente des masses diversement élevées, des lignes contrastantes, soit lorsqu'on y emploie plusieurs ordres, ou des oppositions frappantes entre les pleins & les vides.

On met du *mouvement* dans la décoration d'un édifice, par toutes les sortes de moyens qui dépendent du génie de l'architecte, lequel emploie à produire cet effet, la diversité même des matériaux & de leurs couleurs, la diversité des procédés dans la manière de les tailler, les oppositions des parties lisses avec les parties ornées, l'emploi de la sculpture, des bas-reliefs, des ornemens, &c.

Ce qu'on appelle *mouvement* est donc une qualité louable en architecture; mais, comme toutes les qualités de genre, elle a aussi son excès qui en fait un vice. Il y eut un temps où la manie du *mouvement* ou de la variété qu'on appela ainsi, fut poussée à un tel point, que les plans des édifices furent tracés, non plus en vue des besoins réels & des convenances propres au monument, mais d'après le caprice d'une invention puérile, qui sembla faire un jeu de la combinaison de toutes les figures que le crayon pouvoit tracer. On vit de même, dans les élévations, proscrire les lignes droites, les contours réguliers, les courbes simples. Tout fut échancré, contourné, mixtiligne : la décoration eut le même sort, & nous avons assez fait connoître les excès de cette manie de *mouvement*, aux articles BIZARRERIE, BOROMINI. (*Voyez* ces mots.)

MOYE, f. f. C'est, dans une pierre dure, cette matière tendre qui suit son lit de carrière, & qui produit le délitement. On reconnoît cette matière, lorsqu'après avoir été exposée aux injures de l'air pendant quelque temps, elle n'a pu y résister.

Moyer une pierre, c'est la fendre selon la *moye* de son lit. On appelle *pierre moyée*, celle dont la partie tendre a été abattue.

MUET (Le), architecte né à Dijon, en 1591, mort en 1669.

Son père étoit garde provincial de l'artillerie de Bourgogne : il est à présumer que cet emploi fut ce qui tourna les premières dispositions de son fils vers le génie militaire. Nous lisons que le jeune *le Muet* fut employé en Picardie par le cardinal de Richelieu, à des travaux de fortification; mais le goût pour l'architecture civile prit bientôt, chez lui, le dessus.

Le Muet fut un des architectes les plus employés de son temps, si l'on en croit les notices qu'on trouve des hôtels & maisons de particuliers qu'il construisit. On cite dans le nombre, les hôtels de Laigle, de Luynes, de Beauvilliers.

Il fit aussi plusieurs châteaux en diverses provinces. Ceux qui lui acquirent le plus d'honneur, furent le château de Chavigny en Touraine, pour M. de Chavigny, secrétaire d'État, & celui de Pont en Champagne, pour M. Bouthillier, surintendant des finances.

La réputation de *le Muet* lui valut une des plus flatteuses distinctions ; on veut parler du choix que fit de lui Anne d'Autriche, pour achever l'église du Val-de-Grâce à Paris, lorsque les travaux de ce grand monument furent repris l'an 1654. Il en dirigea en chef la construction, depuis la première corniche, où François Mansart l'avoit laissée, jusqu'au couronnement de l'édifice, & il eut le bon esprit de ne pas s'écarter des desseins du premier architecte.

Quelques critiques ont prétendu cependant que *le Muet* avoit pu les altérer, & sortir des intentions de son prédécesseur, dans la partie de la décoration surtout, & on lui attribue ce goût pesant de sculpture, dont les voûtes paroissent plutôt chargées qu'embellies.

MUE

Le Muet eut fous lui, pour infpecteurs généraux, deux architectes habiles qu'Anne d'Autriche voulut affocier à ces travaux, favoir, Brontel & le Duc. C'eft à ce dernier qu'on attribue généralement l'achèvement de la coupole du Val-de-Grâce.

En 1656, *le Muet* commença l'églife des Auguftins de la place des Victoires. Il mourut avant de l'avoir terminée, à l'âge de 78 ans.

On a de fa compofition trois ouvrages de théorie d'architecture, qui dans leur temps eurent du fuccès. Le premier, dédié au Roi, eft *la Manière de bâtir pour toutes fortes de perfonnes* (in-folio). Il contient les plans & les élévations de plufieurs édifices de fa compofition, deftinés furtout à des habitations de particuliers (fa date eft 1623). On peut juger, d'après ce recueil, que *le Muet* eut généralement un goût fage, réglé, & formé fur les modèles de l'antiquité. C'eft particulièrement dans le ftyle d'ornemens qu'il pèche. Il fuivit trop les erremens qui dominoient de fon temps. L'ouvrage dont on parle, auroit pu fans doute être mieux fait. Mais il eut le mérite de venir le premier, & on ne peut lui refufer celui d'avoir mis en vogue une meilleure manière de diftribuer les appartemens. Cette partie qu'on appelle la *diftribution*, eft fans doute celle qui dépend le plus des caprices de l'ufage; mais elle a auffi des règles de convenance qui ne font pas tout-à-fait arbitraires, & *le Muet* fut des premiers à les reconnoître & à les mettre en pratique.

Un fecond ouvrage de *le Muet*, imprimé en 1632, eft intitulé : *Règles des cinq ordres d'architecture de Vignole, revues, augmentées & réduites du grand au petit* (in-8°. avec figures).

Le troifième de fes ouvrages vit le jour en 1645, & a pour titre : *Traité des cinq ordres d'architecture dont fe font fervis les Anciens, traduit de Palladio, augmenté de nouvelles inventions pour l'art de bâtir* (avec 75 figures en taille-douce). On a reproché à *le Muet* d'avoir fouvent fubftitué, dans cette traduction, fa penfée à celle de fon auteur. Il en convient de bonne foi, & il avoue qu'il a, dans plus d'un cas, préféré aux proportions données par Palladio, celles qui font reçues en France.

MUETTE; on dit auffi MEUTE, f. f. C'eft ordinairement, dans le parc d'une maifon royale ou dans fes dépendances, un bâtiment avec chenils, cours, écuries, &c., dans lequel logent les capitaines des chaffes & les officiers de la vénerie. Il y a de ces bâtimens à Saint-Germain-en-Laye, à Fontainebleau : il y en avoit un autrefois dans le parc du bois de Boulogne, près Paris.

Le mot de *muette* vient de ce que les gardes-chaffes apportent dans ce bâtiment, pour y être confervées, ce qu'on appelle *les mues*, ou les bois que les cerfs mettent à bas, & qu'on rencontre dans les forêts.

Diction. d'Archit. Tome II.

MUR

MUFLE, f. m. C'eft, dans l'ornement, la repréfentation de la tête d'un animal, foit naturel, foit imaginaire ou capricieux.

Ainfi il y a des *mufles* de lion, de tigre, de belier, de bouc, &c.; & il y a des *mufles* de fphynx, de griffon, de dragon, de chimère.

Les *mufles*, de quelque nature qu'ils foient, trouvent place dans une multitude de parties, foit des édifices, foit des objets décoratifs. On voit fouvent des *mufles* de lion placés fur les cymaifes des corniches, où ils repréfentent les iffues des gouttières. L'extrémité des conduits de fontaines eft volontiers ornée de *mufles* d'animaux, dont la gueule ouverte donne paffage à l'eau. Les cafcades, dans les divers accidens qui diverfifient le jeu des eaux, font remplies de différentes fortes de *mufles* d'animaux : il eft certain que c'eft particulièrement à cet emploi hydraulique qu'on trouve affectée cette forte d'ornement. Les fculpteurs gothiques en ont fait, fi l'on peut dire, un abus dans leurs gouttières ou leurs gargouilles, par l'excès de bizarrerie avec lequel ils ont traité ce genre d'ornement.

MUID, f. m. C'eft le nom d'une mefure de capacité, dont on fe fert dans le langage de la maçonnerie, pour exprimer une quantité donnée de chaux ou de plâtre. Ainfi pour la chaux, ce qu'on appelle *muid*, doit contenir l'équivalent de fix futailles ou *demi-muid*; & pour le plâtre, de trente-fix facs, chacun de deux boiffeaux & demi.

MUR, f. m. MURAILLE, f. f. Nous réuniffons dans un feul article ces deux mots, véritablement fynonymes, quoiqu'on puiffe établir entr'eux quelques acceptions diftinctes, dans quelques-uns des emplois qu'on en fait.

On trouve en effet dans le *Dictionnaire de l'Académie françaife*, « que le *mur* eft un ouvrage
» de maçonnerie; que la *muraille* eft une forte
» d'édifice; que le *mur* eft fufceptible de diffé-
» rentes dimenfions; que la *muraille* eft un mur
» étendu dans fes différentes dimenfions; que l'on
» dit les *murs* d'un jardin & les *murailles* d'une
» ville; que le propre du *mur* eft d'arrêter, de rete-
» nir, de féparer, de partager, de fermer; que
» l'idée particulière de *muraille*, eft celle de cou-
» vrir, de défendre, de fortifier ou de fervir de
» rempart, de boulevard. »

Il feroit fans doute à defirer que ces diftinctions repofaffent fur un ufage conftant; mais il eft évident que les deux mots formés l'un de l'autre, comme *muraglia* en italien l'eft de *nuro*, ne fauroient fournir à l'efprit des acceptions auffi diftinctes que celle des mots latins *murus*, *mœnia*, *parietes*. Il eft évident qu'on dit auffi fouvent les *murs* que les *murailles* d'une ville. Quand même on prétendroit que le *mur* ne doit s'entendre que fous le rapport de maçonnerie, tandis que la *muraille* eft un édifice, nous douterions encore de la justesse de cette distinction. Si l'on soutient que *muraille* s'applique à une construction étendue, comme, par exemple, *la grande muraille* de la Chine, nous demanderons pourquoi, selon l'usage reçu, on appelle les *longs murs*, ces deux longues murailles qui réunissoient le port du Pirée à la ville d'Athènes.

Le mot *mur* étant donc le mot générique, c'est à ce mot seul que nous appliquerons le peu de notions qui seront la matière de cet article. Nous disons le peu de notions, non que le sujet n'en comporte un grand nombre & des plus étendues. Mais la construction des *murs* renfermant, si l'on peut dire, dans l'art de bâtir, tout ce qui forme la masse des édifices, ou comprend que déjà les notions diverses, qui formeroient la substance générale de cet article, ont trouvé leur développement dans une multitude d'articles de ce Dictionnaire, sous les rapports théoriques, pratiques & historiques, tels que Bossage, Construction, Incrustum, Maçonnerie, &c., & qu'ainsi il ne doit plus nous rester à considérer le *mur* que selon la diversité des caractères de sa construction, & selon la diversité de ses emplois.

Il est évident que de l'emploi qu'on fit des *murs*, résulta chez les Anciens, & résulte encore aujourd'hui la différence de leurs constructions.

L'usage des *murs* pour séparer les propriétés, dut être à peu près aussi ancien que la société considérée dans l'état de civilisation; mais ces clôtures particulières ne purent jamais être fort dispendieuses, ni fort durables, & ce ne sera pas là qu'on cherchera les exemples de la construction appliquée aux *murs* chez les peuples tant anciens que modernes.

L'idée de *mur* ne se présente à l'esprit comme ouvrage d'art, & digne de quelqu'admiration, que dans l'emploi qu'on en fit pour la défense des villes, pour la clôture des monumens remarquables, ou des enceintes religieuses. Plus les peuples formoient de petits États, plus les cités avoient besoin d'être défendues contre les aggressions des voisins. L'Égypte soumise à la domination d'un seul, ne paroît pas avoir eu le besoin de garantir ainsi toutes ses villes par des *murs* d'enceinte ou de fortification. Ce qu'on trouve dans ce pays de *murs* ou de restes de *murs*, hors les constructions des temples, n'indique rien qui ressemble à des défenses militaires : ces débris sont ordinairement en briques crues.

Il n'en fut pas ainsi de tous les petits États de la Grèce, dès les temps reculés. La plupart des villes étoient murées, & l'on employoit à ces constructions des blocs de pierre d'une dimension énorme. Au temps de Pausanias, il ne restoit plus de Tyrinthe que ses *murs*, qu'on disoit avoir été jadis bâtis par les Cyclopes. *Les pierres*, dit-il, *en étoient d'un tel volume, que deux mulets auroient à peine ébranlé la plus petite*. C'étoient des blocs de pierre rustiquement taillées, αργοι λιθοι. De

plus petites pierres y étoient disposées de manière à servir de liaison aux plus grandes. Voilà la traduction exacte du passage de Pausanias; & il nous est impossible d'admettre la version des traducteurs, qui porte : *Les interstices sont remplis de petites pierres qui servent de liaison aux grosses*. Le texte grec ne parle point d'*interstices* entre les pierres. Cette méthode d'appareil ne s'est jamais vue, & l'idée de liaison par de petites pierres, remplissant ces prétendus interstices, est en construction une idée tout-à-fait fausse. Il n'y a qu'un mortier qui puisse, en pareil cas, remplir de grands joints; mais de petites pierres lancées dans ces espaces n'y auroient formé aucune sorte de liaison. La liaison opérée par les petites pierres dont il s'agit, ne me paroît avoir dû être, entre plusieurs manières de mélange de grosses pierres & de petites dans l'appareil, que des pierres posées dans leur longueur sur chaque joint, lesquelles faisoient parpain des deux côtés, & se présentoient par leur petit côté à l'à plomb des joints : ce que Vitruve appelle *diatonous*.

Le même goût pour les pierres à énorme dimension, se remarque dans les débris considérables de *murs* de ville, qui nous sont parvenus des anciens Étrusques. Nous avons donné à l'article Étrusque (*Architecture*), des détails sur des *murs* de ville dont les pierres ont vingt-deux pieds de longueur.

Il existe encore de nos jours, dans les ruines d'un très-grand nombre de villes en Grèce, en Italie, en Espagne, des restes de *murs* qui ont été ou des *murs* de villes, ou des enceintes de temples. Ces *murs* sont formés de blocs considérables de pierres taillées irrégulièrement & de dimensions incertaines. Cette méthode de construire ne donne pas de beaux paremens; tous ces joints formés par le hasard en toutes sortes de sens, présentent l'idée d'un réseau à mailles irrégulières. On peut en dire ce qu'a dit Vitruve de la maçonnerie, qu'il appelle *opus incertum*, & qui est à la construction des blocs polygones irréguliers, précisément ce qu'est la maçonnerie en moellons à la construction en pierres de taille; elle ne présente pas, dit-il, un aspect agréable : *Non speciosam præbent structuram*.

Cette sorte de construction appliquée aux *murs* de ville, le fut assez long-temps, à ce qu'il paroît, & eut la préférence pour plusieurs raisons. D'abord elle étoit économique, parce que la pierre qu'on y employoit, soit pierre de lave, soit toute autre pierre cassante que donnent les délitemens des rochers, a ses paremens tout dressés, & il n'étoit question que d'en assortir les autres avec la règle de plomb ou la règle lesbienne, aux traits angulaires des pierres déjà posées; ensuite, s'il y eut économie de travail, il n'y eut pas moins épargne de matière. La construction à assises régulières impose bien davantage l'obligation d'une certaine symétrie dans les lits & dans les joints. Dans la construction irrégulière dont on parle, il n'y a, à proprement parler, point de lits ou d'assises, & les joints ne commandent aucune symétrie. On peut toujours employer les blocs sans perte de matière, & à côté d'un très-grand, on en placera un autre beaucoup plus petit. Il paroît enfin que cette construction sans lits horizontaux, appliquée aux *murs* de fortification, put avoir l'avantage d'opposer aux moyens d'attaque ou aux machines de guerre, plus de difficulté à les détruire, attendu qu'une pierre de dessous enlevée, ne faisoit point crouler la pierre supérieure.

Du reste, il paroît que ce genre de construction ne fut guère employé qu'en murailles, & ne sera point entré dans l'exécution de tous les autres ouvrages de l'architecture. Il continua toutefois d'être appliqué au pavement des routes, & la ville de Florence a encore aujourd'hui ses rues pavées dans ce système d'assemblage.

Si ces *murs*, dont il nous reste beaucoup de vestiges qui annoncent une ancienne destruction, furent réellement des fortifications, il faut admettre qu'ils étoient dans l'intérieur munis d'un massif assez épais, pour qu'en cas d'attaque il fût possible aux assiégés d'y faire les manœuvres nécessaires à sa défense.

C'est ce que Vitruve prescrit à l'égard des *murs* de villes fortifiées. Selon lui, la *muraille* doit avoir en épaisseur assez d'espace pour que deux soldats armés puissent, en s'y rencontrant, passer sans difficulté. Il recommande en outre de doubler ces *murs* d'un terre-plein dans certaines circonstances ; du reste on pouvoit y employer, selon lui, toutes les sortes de matériaux, selon les lieux où l'on bâtissoit. Les matériaux qu'il indique, sont les pierres de taille qu'on a équarrit, *saxa quadrata* ; les pierres siliceuses, *silices* (telle est la nature de celles dont on a parlé) ; les moellons, *cæmentus* ; les briques cuites ou crues, &c.

La brique fut généralement employée par les Romains à faire les *murs* de ville, & cette matière a l'avantage d'offrir un travail facile à faire & facile à réparer. Quant aux procédés employés par les constructeurs pour exécuter toutes les sortes de *murs*, il en est fait mention dans ce Dictionnaire, à divers articles, tels que MAÇONNERIE, EMPLECTON, RETICULATUM, &c.

Nous ne dirons donc rien de plus de la construction des *murs* dans l'antiquité ; nous ne pourrions le faire sans nous répéter. Quant à ces grands travaux de longues murailles qui furent construites, non plus pour la défense d'une ville, mais pour mettre un pays, une contrée entière à l'abri des attaques ou des incursions de leurs voisins, on en trouve le détail dans le *Dictionnaire d'Antiquités*.

Les Modernes ont certainement égalé, & auront probablement surpassé les Anciens dans l'étendue, la force & la dépense des *murs* de fortifications. Un nouveau système d'attaque & de défense, commandé par l'invention des moyens d'agression que la poudre à canon a mis en œuvre, devoit obliger à construire les remparts des villes de guerre dans un genre tout différent. Mais ceci, comme on le voit, est l'objet d'un autre Dictionnaire.

Il ne nous reste donc qu'à indiquer ici les différens emplois des *murs*, ou les variétés qu'on fait servir à ces emplois. Ces variétés sont désignées par les diverses épithètes qui les expriment, & que l'usage a associées au mot *mur*. On dit :

MUR BLANCHI. C'est un *mur* qui est regratté avec des outils, s'il est de pierre, ou imprimé d'un lait de chaux ou de plusieurs couches de blanc, s'il est en maçonnerie.

MUR BOUCLÉ. C'est ainsi qu'on appelle un *mur* qui fait ventre avec crevasse.

MUR CIRCULAIRE. *Mur* dont le plan est un cercle, comme est le *mur* du chevet d'une église, d'une tour, d'un puits, &c.

MUR COUPÉ. *Mur* dans lequel on a fait une tranchée, pour y loger les bouts des solives, ou les poteaux de cloison, soit en bâtissant, soit après coup. La coutume de Paris permet cette pratique lorsque le *mur* est mitoyen. Mais il vaut mieux soutenir les poutres avec des sablières portées par des corbeaux de fer.

MUR CRÉNELÉ. *Mur* dont la charpente est coupée par créneaux & merlons, en manière de dents, plutôt souvent par ornement, que pour servir de défense.

MUR CRÉPI. C'est celui qui, bâti en moellons ou en briques, a été couvert d'un crépi.

MUR D'APPUI. *Mur* d'environ trois pieds de haut, qui sert d'appui ou de garde-fou à un pont, à un quai, à une terrasse, à un balcon. On fait aussi pour clôture dans les jardins, des *murs* d'appui. Cette sorte de *mur* s'appelle encore *parapet*.

MUR DÉCHAUSSÉ. *Mur* dont la bâtisse est ruinée au rez-de-chaussée.

MUR D'ÉCHIFFRE. (*Voyez* ÉCHIFFRE.)

MUR DE CLÔTURE. On appelle ainsi généralement tout *mur* qui sert à renfermer une cour, un jardin, un parc, &c.

Quand le *mur de clôture* qui sépare deux héritages vient à tomber, l'un des propriétaires peut contraindre l'autre à contribuer pour sa part dans la reconstruction, jusqu'à une hauteur de dix pieds, depuis le rez-de-chaussée au-dessus de l'empatement de la fondation, y compris le chaperon.

Les plus simples *murs de clôture* sont de moellons ou de cailloux, maçonnés avec de la terre grasse. Ceux qu'on fait de meilleure construction, sont bâtis avec des chaînes de pierres, de douze en douze pieds, & larges de deux à trois pieds, sur une épaisseur qui est ordinairement de quinze à dix-huit pouces, & maçonnés avec moellon & mortier en chaux & sable.

Mur de douve. C'est le mur intérieur d'un réservoir, qui est séparé du vrai mur par un corroi de glaise d'une épaisseur quelconque, & qui est fondé sur des racineaux & des plates-formes.

Mur de face. On appelle ainsi tout ce qui constitue les façades extérieures des maisons sur la rue, ou sur cour & jardin. On donne aussi à ces murs de face les noms de murs antérieurs ou postérieurs, comme on nomme ceux de côté murs latéraux. On les fait avec toutes sortes de matériaux; mais ils sont toujours considérés comme gros murs, ainsi que ceux qu'on appelle de refend. (Voyez plus bas.)

Mur dégradé. C'est un mur dont les matériaux sont ou ruinés ou tombés, & dont les enduits sont enlevés.

Mur de parpain. Mur dont les assises de pierre ont toute la largeur nécessaire pour faire face d'un côté & de l'autre.

Mur de pignon. Mur qui, dans une bâtisse quelconque, se termine en pointe, & sur lequel le comble s'appuie & se termine.

Mur de pierres sèches. Espèce de contre-mur qu'on élève à sec & sans mortier contre les terres, pour empêcher que leur humidité ne pourrisse le vrai mur. On en a ainsi pratiqué un derrière l'orangerie des jardins de Versailles. Les pierrées & les puisards sont faits ordinairement avec des contre-murs: on en construit aussi dans le fond des puits, pour faciliter le passage de l'eau.

Mur de refend. On appelle ainsi les murs qui partagent les appartemens dans les maisons, ceux qui séparent plusieurs maisons appartenant à un même propriétaire, ceux qui divisent les chapelles d'une église.

Mur de terrasse. Mur qui soutient les terres d'une terrasse, & qui doit être d'une épaisseur proportionnée à sa hauteur, avec talus & contreforts, ou recouvremens.

Mur en ailes. Mur qui s'élève depuis le dessus d'un mur de clôture, & qui va en diminuant pour arc-bouter le mur de face & le pignon d'un corps-de-logis, qui n'est pas appuyé d'un autre.

Mur en décharge. C'est celui dont le poids est soulagé par des arcades bandées d'espace en espace dans la maçonnerie. Tel est le mur circulaire en briques du Panthéon, à Rome.

Mur en l'air. On appelle ainsi tout mur qui ne porte pas de fond, mais qui au contraire porte, comme l'on dit, à faux, par exemple, sur un arc,

sur une poutre en décharge, qui, par conséquent, est élevé sur un vide ou pratiqué pour quelque sujétion en bâtissant, ou percé après coup. On donne encore le nom de mur en l'air à celui qui est accidentellement porté sur des étais, pour être repris ou rebâti en sous-œuvre.

Mur en surplomb ou dévasé. Mur qui penche en dedans. On le nomme aussi mur forjeté.

Mur en talus. Mur qui a une inclinaison sensible, qu'on lui a donnée exprès pour arc-bouter contre des terres ou pour résister au courant des eaux.

Mur mitoyen, qu'on appelle aussi commun. C'est un mur également situé sur les limites de deux propriétés qu'il sépare. Il est bâti à frais communs par les deux propriétaires. L'un d'eux peut bâtir contre ce mur, & même le hausser, s'il a suffisamment d'épaisseur, en payant les charges à son voisin, c'est-à-dire, de six toises l'une. Si l'épaisseur n'est pas suffisante, il lui est libre de le réédifier à ses dépens, & de prendre le surplus d'épaisseur de son côté.

Malgré cette liberté, ou, pour mieux dire, par suite de cette liberté que deux propriétaires ont sur un mur mitoyen, il n'est point dans le bâtiment de partie plus sujette à contestations. Tout ce qui regarde cet objet appartient à une jurisprudence des bâtimens qui ne fait pas partie de ce Dictionnaire.

On appelle mur non mitoyen ou particulier, celui qui n'appartient qu'à un propriétaire, & contre lequel un voisin peut bâtir, en payant la moitié, tant dudit mur que de sa fondation.

Mur orbe. Mur de maison fort haut, qui n'est percé d'aucune porte ni d'aucune fenêtre, où toutefois on figure des croisées par l'effet de renfoncemens ou de chambranles, ou par des enduits noirs, pour faire symétrie avec les parties d'édifices correspondans, & uniquement en vue de la décoration. On appelle ainsi ce mur, du mot latin orbus, qui signifie privé de lumière.

Mur pendant ou corrompu. Mur qui est en péril imminent de s'écrouler.

Mur planté. Mur fondé sur un pilotage ou sur une grille de charpente.

Mur sans moyen. La coutume de Paris donne ce nom à un mur qui, par un privilège spécial, ne peut jamais devenir commun, en sorte que les propriétaires des biens contigus ne peuvent bâtir qu'à une certaine distance.

MURENA (Carlo), architecte romain, né en 1713, & mort en 1764.

Son éducation & ses premières études l'avoient destiné à entrer dans la carrière de la jurisprudence & du barreau: mais un goût particulier pour l'architecture l'entraîna vers l'exercice de cet art, dont il reçut les principes à l'école de Nicolas Salvi.

Murena trouva bientôt un protecteur éclairé dans le cardinal Barberini, qui lui procura une protection encore meilleure, en l'adressant au célèbre architecte Louis Vauvitelli, qui construisoit alors le lazaret d'Ancône. C'étoit une occasion favorable pour associer aux études de l'architecture civile, la science de la construction hydraulique. *Murena* profita si vite & si bien des leçons qu'il recevoit, que Vauvitelli lui confia, peu de temps après, la conduite des différentes constructions dont il ne pouvoit pas se charger personnellement.

Bientôt Vauvitelli ayant été choisi par le roi des Deux-Siciles pour lui élever le magnifique château de Caserte, *Murena* se trouva dans le cas d'opérer seul & de voler de ses propres ailes.

Il y a beaucoup d'ouvrages de *Murena*. L'on n'indiquera ici que les plus connus. De ce nombre est le monastère des Olivetains de Monte-Morcino, à Perouse, dont il construisit de fond en comble & termina l'église. Ce fut son premier édifice. Dans le même temps, il donna les dessins du tabernacle en marbres précieux qui orne la cathédrale de Terni. Peu après, il bâtit à Foligno l'église des religieuses de la Sainte-Trinité.

Sa réputation, en s'augmentant, lui procura des travaux à Rome, où il fit construire, dans l'église de Saint-Antoine-des-Portugais, la belle chapelle de Zampaï. Le plan de cette chapelle est en carré-long. Il y a une grande richesse d'architecture; mais on y desireroit un goût plus pur. Critiquer ces détails, comme l'a fait Milizia, ce n'est autre chose que s'en prendre à la mode qui dominoit alors. Il fut un temps où l'on faisoit l'architecture riche, parce qu'on ne savoit plus la faire belle.

La sacristie que *Murena* bâtit à Rome pour l'église de Saint-Augustin, est un ouvrage bien remarquable. Quoique la figure soit rectangulaire extérieurement, les angles en ont été arrondis dans l'intérieur pour former une coupole ovale. La voûte passe pour être d'une belle coupe. Toutefois on blâme, dans cet ensemble, des ressauts de corniches & de frontons.

Les bâtimens des Chartreux, que *Murena* fit élever, sont un ouvrage bien entendu, conçu & exécuté avec beaucoup d'intelligence. On y admire la simplicité de la façade & la distribution des intérieurs, où se trouvent réunies la commodité & la régularité.

Dans l'église de Saint-Alexis, il se fit honneur par l'érection de la chapelle Bagni & par le grand-autel de Saint-Pantaléon, qu'il ne put terminer. Sa réputation, qui alloit toujours croissant, lui auroit procuré beaucoup d'occasions de l'accroître encore, si une maladie cruelle ne l'eût enlevé dans la vigueur de l'âge & du talent. Il mourut âgé de cinquante-un ans.

Charles *Murena* étoit homme de bien; il avoit l'esprit très-orné; il aimoit son art & le travail avec passion. Personne n'eut plus de promptitude que lui dans l'exécution. Quoique venu dans un temps où la licence du mauvais goût avoit discrédité les vrais principes de l'architecture, il sut toujours conserver une certaine noblesse de style à toutes ses inventions. On trouve qu'il y a toujours dans ses projets une raison qui satisfait l'esprit du spectateur. Il eut enfin le mérite de se préserver en grande partie des abus & des caprices, qui firent long-temps une sorte de jeu, d'un art dont le principal mérite se fonde sur des règles immuables, car ce sont celles de la raison.

MURER, v. act. On se sert de ce mot pour exprimer deux opérations qui, si l'on veut, n'en sont qu'une, si ce n'est que l'une comprend une idée plus générale, l'autre une plus bornée & plus particulière.

Murer, généralement, veut dire *clore de murailles* un espace quelconque. C'est dans ce sens qu'on dit un terrain *non muré*, ou autrement, non clos de murs.

Murer signifie, dans une acception plus restreinte, boucher une ouverture, fermer avec de la maçonnerie une baie dans l'épaisseur d'un mur, ou une embrasure de porte ou de fenêtre. Dans ce sens, on dit *murer une porte*.

MUSÉUM. Ce fut le nom d'un établissement littéraire fondé à Alexandrie par les Ptolémées, où l'on enseignoit les connoissances qui, selon l'opinion mythologique ou allégorique du temps, se trouvoient réparties entre les Muses. Les Muses avoient donc naturellement donné leur nom à ce célèbre gymnase, qui étoit orné de portiques, de promenoirs, de grandes salles pour conférer ou converser, & d'une pièce particulière où ceux qui habitoient ce lieu mangeoient ensemble.

MUSÉUM ou MUSÉE. Le nom du gymnase d'Alexandrie, devenu célèbre dans l'histoire des sciences & des lettres, est un de ceux que les Modernes ont emprunté aux Anciens, & ont transporté à certains établissemens qui ont eu plus ou moins de conformité avec ceux qui jadis portèrent le même nom. *Muséum* ou *musée*, car l'usage a francisé ce mot, est aujourd'hui la dénomination affectée à un lieu, à un bâtiment, où se trouvent rassemblés les divers objets d'art dont on fait des collections.

Il n'entre point dans ce qui fait la matière de ce Dictionnaire, d'embrasser les notions qui s'attachent au mot *musée*, lorsque l'on veut se représenter ce qu'un *musée* renferme. En prononçant ce mot, l'idée du plus grand nombre des hommes doit se porter vers le nombre, la valeur, la rareté, la beauté & l'ordre des objets dont se compose un *musée*. Il n'appartient, au contraire, à cet article de parler de ces établissemens que sous le rapport de l'édifice ou du local qui contient les collections d'art.

Il n'y a pas très-long-temps que l'on s'est occupé de construire ou de disposer avec magnificence des édifices exprès, pour en faire des *musées*, & le nombre n'en est pas encore considérable en Europe.

Sous toutes sortes de rapports, le premier rang est dû au *Musée du Vatican*, qui a été, pour la plus grande partie, élevé & construit par le pape Pie VI, avec des accessoires d'une magnificence peu commune. L'ensemble de ce *musée* consiste principalement en une suite de salles qui sont de plain-pied avec ce qu'on appelle *le Cortile di Belvedere*. Les morceaux les plus remarquables de cet ensemble, sont la salle qu'on appelle *des Fleuves*, divisée en deux par des colonnes ; la salle octogone des Muses, la grande salle circulaire avec coupole, dont le pavé est formé de la mosaïque d'Otricoli ; le vestibule où se trouve la porte Egyptienne, & où l'on arrive par le riche escalier en colonnes de marbre de Carrare. On n'a pas compris ici toutes les autres pièces déjà existantes avant la construction de celles dont on vient de parler.

Depuis que le nom de *musée* est devenu plus en usage, on l'a donné, & sans doute avec beaucoup de raison, au bâtiment *degli Uffizi*, à Florence, qui renferme la précieuse collection que l'on connoît aussi peut-être encore davantage sous le nom de *Galerie de Florence*. Cet édifice, appelé *Fabrica degli Uffizi*, avoit été originairement bâti par Vasari, & consiste en un vaste carré-long de portiques, ou, pour mieux dire, une colonnade d'ordre dorique formant promenoir, au-dessus de laquelle s'élève le bâtiment, que Bernard Buontalenti augmenta d'un étage, occupé aujourd'hui par la galerie publique du *musée*. Cette galerie donne entrée dans un fort grand nombre de salles ou de pièces décorées avec goût, où sont réunies les diverses richesses d'art & de curiosité qui font du *Musée* de Florence un des plus précieux de l'Europe.

Un *Musée* célèbre, celui de Portici, qui renfermoit les objets de tout genre que reproduisent journellement les découvertes des villes jadis enfouies sous les laves & les cendres du Vésuve, a été, dans ces derniers temps, transféré dans un des beaux édifices de Naples, qui s'appeloit & qu'on appelle encore *Palazzo degli studi*. Le roi des Deux-Siciles a réuni, dans ce beau local, toutes les richesses éparses des diverses collections appartenant au gouvernement, & ce *Musée* doit être compté parmi les plus beaux qu'il y ait. Le monument, il est vrai, n'avoit pas été originairement destiné à cet emploi ; mais sa disposition s'y est trouvée extrêmement favorable, & les grands travaux intérieurs & extérieurs qu'on y a ajoutés, le placent au rang des meilleurs ouvrages d'architecture dont Naples puisse se vanter.

Le *Musée* royal de Paris occupe un local célèbre, & dont il ne conviendroit pas de parler ici fort longuement, puisque ce local est formé d'une partie de la cour du Louvre, & de l'étage supérieur de l'immense galerie qui unit le Louvre au palais des Tuileries. Cette galerie, la plus considérable qu'il y ait en Europe, a été divisée, sans être coupée dans sa longueur, par des colonnes qui interrompent une continuité, dont l'œil auroit éprouvé la fatigue, & ces divisions ont servi à classifier les principales écoles de peinture.

Le local du *Musée* qui renferme les statues antiques, au rez-de-chaussée de la partie méridionale & occidentale du grand quadrangle de la cour du Louvre, se compose d'une longue suite de salles décorées avec goût & avec magnificence. On y remarque la grande & belle salle qu'on désigne par la tribune des Caryatides de Jean Goujon, la salle du prétendu Gladiateur, la salle de la Diane, une salle égyptienne, & un très-grand nombre d'autres revêtues de marbre.

L'architecture doit aussi se vanter, dans les nouvelles dispositions qui ont été récemment terminées, de la construction d'un escalier qui conduit du *Musée* des antiques à celui des tableaux, escalier aussi ingénieux dans son plan que riche dans ses élévations.

Nous répétons que nous avons dû nous borner ici à la simple notice des bâtimens presque tous connus & déjà décrits, où sont placées les célèbres collections d'ouvrages d'art dont on vient de parler, & sans nous occuper des mérites respectifs de ces collections : ainsi, on ne trouvera point étonnant que d'autres célèbres collections n'aient ici aucune mention, si le local qu'elles occupent, ne mérite point d'être mis au rang des monumens de l'architecture.

On a donné souvent le nom de *musée* ou de *museum* aux recueils gravés des ouvrages qui forment les collections publiques ou particulières, & l'on a souvent abusé de ce nom, en l'appliquant à beaucoup de collections, dont les objets sont étrangers aux études & au culte des Muses.

MUSTIUS, architecte, qui fut employé par Pline-le-Jeune à lui rebâtir un temple de Cérès.

Nous n'avons d'autre notion de cet architecte que celle qui se trouve dans la lettre où Pline le charge de cette entreprise : c'est pourquoi nous pensons qu'on trouvera ici avec plaisir la traduction de cette lettre :

A Mustius.

« Je me vois obligé, par l'avis des aruspices,
« de rebâtir plus en grand un temple de Cérès qui
« se trouve dans mes terres. Il est vieux & petit,
« d'ailleurs très-fréquenté un certain jour de l'an-

» née ; car, aux ides de septembre, il s'y rend beaucoup de peuple de tous les pays d'alentour. On y traite beaucoup d'affaires, & on y acquitte beaucoup de vœux. Cependant il n'y a, dans le voisinage, aucun abri contre le soleil ou contre la pluie. Je ferai donc une œuvre de religion à la fois & de magnificence, si j'ajoute au nouveau temple des portiques : l'un sera pour la déesse, & les autres à l'usage des hommes. Ainsi, je vous prie de m'acheter quatre colonnes de marbre, de telle espèce qu'il vous plaira ; de plus, tous les marbres nécessaires au pavé du temple & à l'incrustation des murs. Il faudra avoir aussi une statue de la déesse : le temps a mutilé celle de bois qu'on y avoit anciennement placée. Quant aux portiques, je ne pense pas que nous ayons besoin de faire rien venir des lieux où vous êtes, si ce n'est un dessin conforme à ce qu'exigera le terrain ; car il ne sera pas possible de le bâtir autour du temple. Il est environné d'un côté par le fleuve, dont les rives sont escarpées, & de l'autre par le chemin. Mais au-delà de ce chemin est une vaste prairie, où il me semble que l'on pourroit bâtir les portiques en regard avec le temple, à moins que vous, dont l'art sait vaincre les difficultés, n'ayez quelque chose de mieux à me communiquer. Adieu. »

Pline-le-Jeune avoit hérité du goût de son oncle pour les beaux-arts. Un très-grand nombre de ses lettres nous le montrent non-seulement comme un amateur instruit, mais comme un protecteur aussi actif qu'éclairé. Il paroit que sa fortune, d'accord avec son goût & avec ses emplois publics, l'avoit mis à même de favoriser les grands travaux de l'art de bâtir. Nous trouvons, en effet, qu'il avoit fait construire des bains pour les Prusiens dans la ville de Nicomédie ; qu'il avoit, dans la même ville, réparé les dommages d'un incendie qui avoit consumé plusieurs maisons de particuliers, deux édifices publics, un temple d'Isis, & le palais ; qu'il avoit élevé un aqueduc pour donner de l'eau à la ville ; qu'il y avoit rebâti un temple de Cybèle ; qu'à Nicée, il avoit fait achevé .... théatre ; à Synope, un aqueduc considérable, & fait voûter à Amastris un égout public.

MUTILER, v. act. Ce mot se dit plus volontiers des ouvrages de sculpture ou des statues, auxquelles le temps & les causes nombreuses de destruction ont fait perdre quelque partie de leur ensemble. Dans ce cas, on emploie ce mot pour les ouvrages d'art, comme à l'égard des hommes que les accidens de la guerre ont privés de quelque membre.

On se sert aussi du verbe *mutiler*, en architecture, dans deux cas différens, soit pour exprimer qu'un chapiteau, qu'un entablement, par exemple, ou une colonne, ont perdu leur intégrité par le fait des fractures que mille accidens divers ont pu y opérer ; soit lorsqu'on veut exprimer qu'a été retranché, de certaines parties constitutives d'un ordre ou d'un ensemble de parties, quelqu'un des membres qui les doivent composer.

Ainsi, dans ce dernier sens, on dira d'un architrave corinthien qu'il est *mutilé*, si l'on en retranche la saillie des bandes ou moulures, comme l'a fait Lemercier au péristyle de la Sorbonne. Un entablement sera *mutilé* si l'on en retranche la frise, ou si on se permet de la découper pour y faire passer des objets étrangers. Une corniche sera *mutilée*, si on l'interrompt par des croisées, comme on le voit, pour en donner un exemple à la corniche de la galerie du Louvre, où des chambranles interrompent sa continuité.

MUTIUS (Caïus). Deux passages de Vitruve l'un, *lib.* 3, *cap.* 1, l'autre, *lib.* 8, *Præfat.*, nous apprennent que *Caïus Mutius* fut l'architecte du temple de l'Honneur & de la Vertu qu'avoit fait bâtir Marcellus, celui qui prit Syracuse. Le souvenir de ce temple s'est conservé, surtout par la belle idée qu'il paroit que sa disposition retraçoit puisque, voulant réunir les deux divinités de l'Honneur & de la Vertu dans un seul local, & que les rites ne permettoient pas, Marcellus en avoit ordonné les parties intérieures de manière que l'une conduisoit à l'autre, comme la vertu mène à l'honneur.

De quelle façon *Caïus Mutius* exécuta-t-il ce projet ? Si l'on en croit Vitruve, il n'y auroit eu qu'un temple : dès-lors il auroit été divisé sur sa largeur en deux pièces, dont l'une donnoit entrée dans l'autre. Nous disons que cela paroit avoir été ainsi, puisque, dans le premier passage cité, Vitruve met le temple de l'Honneur & de la Vertu au nombre des temples péripières, avec l'exception qu'il n'avoit pas de *posticum*. Honoris & Virtutis sine postico à Mutio facta.

Dans le second passage cité, *Mutius* auroit fait preuve, en construisant ce temple, d'une grande habileté & d'un savoir profond, dans les proportions soit des colonnes, soit des profils ; & s'il eût été de marbre, selon Vitruve, on l'auroit mis au nombre des plus remarquables édifices, autant pour la magnificence que pour la beauté de l'art.

C'est dans ce temple que le sénat rendit le décret qui rappela Cicéron, qui dit lui-même & de lui-même : *In templo Honoris & Virtutis honos habitus esset virtuti.*

MUTULES, s. f. pl. Ce sont, dans la corniche de l'ordre dorique, des objets correspondans à ceux que nous avons dit s'appeler *modillons*, chez les Modernes, dans les corniches des autres ordres. Le mot *mutule*, qui, ainsi qu'on l'a remarqué à l'article MODILLON (*voyez ce mot*), étoit le terme en Latin appliqué à tous les ordres, est resté aujourd'hui appliqué au seul ordre dorique.

Les *mutules* sont au nombre de ces membres

la modénature grecque qui, dans le dorique surtout, témoignent de l'origine de l'architecture, c'est-à-dire, de ce système imitatif des Grecs, dans l'art de bâtir, système dont on a tant de fois parlé.

Il faut citer ici le passage de Vitruve, liv. 4, chap. 11 : « D'autres enfuite, dans d'autres ouvrages, firent projeter à l'aplomb des triglyphes » les bouts des forces, & ils ont incliné cette projection. Ainsi, de même que la disposition des » solives donna naissance aux triglyphes, de même » aussi de la projection de l'extrémité des forces » sont nées les *mutules* sous la corniche. C'est pourquoi, dans les édifices de pierre ou de marbre, » les *mutules* sont taillées en plan incliné, pour » imiter l'inclinaison des forces qui ont nécessairement cette pente dans les toits, pour l'écoulement des eaux. Ainsi, dans le dorique, le » système des triglyphes & des *mutules* est un système imitatif. »

Cette origine, que Vitruve donne aux *mutules*, est prouvée par tous les monumens doriques de la Grèce, où les *mutules* ont l'inclinaison dont il parle. Ce qui confirme encore non-le fait, mais la raison de ce fait, ou l'esprit imitatif dont il s'agit, c'est que si on se place en face d'un fronton d'ordre dorique, & qu'on examine sur son profil une *mutule* d'angle, la ligne de son inclinaison est la même que celle de la partie rampante du fronton.

La distribution des *mutules*, dans la corniche dorique grecque, est réglée par celle des colonnes ou des triglyphes, en sorte qu'à l'aplomb de chaque triglyphe, il y a une *mutule*. La seule variété en ce genre est celle qui résulte du triglyphe à l'angle ; ce qui fait que, comme ce triglyphe sort hors de la ligne d'aplomb, la *mutule* subordonnée au triglyphe, éprouve la même différence.

La *mutule* a son plafond divisé ordinairement en trois rangs de petites parties circulaires pyramidales, que les uns ont comparées à des clous, les autres à des gouttes, & c'est le nom de gouttes qu'on leur donne, car en latin Vitruve les appelle *guttæ*. Quel est le sens originaire de cet ornement ? Il n'y a pas là-dessus de conjecture pleinement convaincante. Les *mutules* étant ou représentant les extrémités des forces, ou des chevrons inclinés du toit, rien n'empêcheroit de présumer qu'on ce auroit pu, dans les toits couverts en planches, comme on en pratique encore dans beaucoup de pays, affermi la planche du bord du toit & l'affermir avec des clous qui auroient traversé le bout du chevron, & que cette pratique auroit donné le modèle des gouttes des *mutules*.

Rien, au reste, de plus superflu que de telles recherches. L'imitation des types de la charpente ou de ses procédés dans l'architecture grecque, est prouvée par assez de témoignages irrécusables, pour qu'on soit dispensé d'en invoquer qui seroient sujets à contestation. Nul doute que, dans l'esprit de ce système, il ne faille faire la part des causes inconnues, ou même de celles qui tiennent au goût de l'ornement, à la symétrie, & au besoin que l'art a dû avoir, d'accorder quelque chose au plaisir des yeux, & au sentiment des convenances dans les rapports d'objets qui, à tout prendre, procéderent de l'esprit d'imitation sans être une véritable imitation, encore moins une copie servile.

C'est ce qui nous fournit la réponse à l'objection que s'est faite M. Leroi (*Ruines des monumens de la Grèce*, tom. I, pag. 44) : « Je ne sais, » dit-il, par quelle raison les Anciens mettoient » des *mutules* au-dessus du milieu des métopes, » comme on en voit dans tous les temples doriques grecs ; & je ne suis pas moins surpris » que Vitruve ait enseigné cette méthode. » M. Leroi a voulu dire que la *mutule* étant l'extrémité des forces ou des chevrons, l'espacement de ces chevrons devant être le même que celui des solives, & par conséquent des triglyphes qui en représentent l'extrémité, il devroit régner entre deux *mutules* un espace correspondant à l'espace qui sépare deux triglyphes.

Sans doute on pourroit répondre, que peut-être au temps où s'est formé ce modèle en construction de bois, réalisé depuis en pierre par l'architecture, ce genre de couverture exigea une réunion de chevrons dans le toit, plus serrée & plus nombreuse que celle dont on se forme gratuitement l'idée, & qu'ainsi, en multipliant les *mutules*, on put suivre les erremens de la charpente aux temps primitifs.

Mais quel besoin a-t-on de ces commentaires hypothétiques, lorsqu'on voit dans l'ordonnance dorique, & plus encore dans les autres, une multitude de petites concessions opérées par le goût & le besoin de la régularité ? N'avons-nous pas reconnu que les triglyphes, même aux frontispices des édifices, étoient dans ce des concessions ; que les triglyphes à l'angle n'avoient pas de raison plausible dans la réalité de la chose ? Et combien d'autres détails de ce genre n'indiqueroit-on pas, qui sont de légères exceptions à la règle, je dirois même qui en font plutôt l'extension que la transgression !